Allgemeines Juristisches Oraculum, Oder Des Heil. Römisch-teutschen Reichs Juristen-facultät, Welche Das Römisch-teutsche Bürgerliche Und Peinliche Recht ... Gründlich Abhandelt, Und Durch Responsa ... Erläutert...

Anonymous

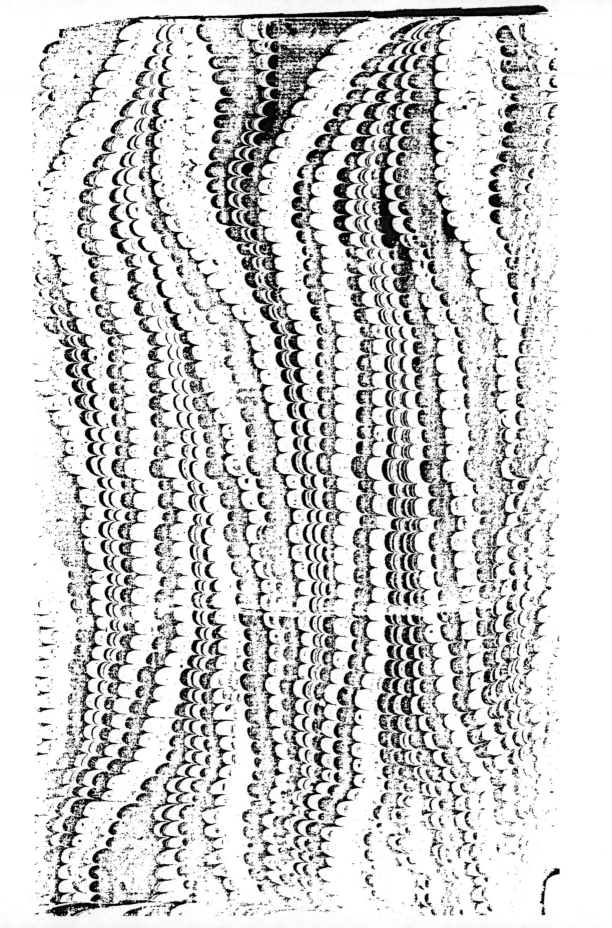

2⁰

-5

Allgemeines Juristisches

ORACVLVM.

V. Band.

Allgemeines Juristisches

ORACVLVM,

Oder

Des Heil. Römisch-Teutschen Reichs

Juristen-Facultät,

welche das

Römisch-Teutsche Bürgerliche und Peinliche Recht

nach denen im

CORPORE JVRIS CIVILIS ROMANI

befindlichen Büchern und Titeln derer Pandecten auch dahin zugleich in Institutionibus,
Codice und Novellen einschlagenden Materien,

mit denen

Fürsten- Kriegs- Berg- Kauff- Wechsel- Schiff- See- Handel- Innungs- und
Dorff- Rechten,

Nebst Kaysers CAROLI Vti und andern im Röm. Teutschen Reich neuerlich publicirten
Hals- Gerichts- und Criminal- Ordnungen,

nach beendigten

PRINCIPIO COGNOSCENDI

und vorgängigen Einleitung des Göttlichen- Natur- und Völker- Rechts, wie auch
anderer im Römischen Teutschen Reiche üblichen Rechte

Den Statum derer in Bürgerlicher Gesellschaft, auf verschiedene Art lebenden Personen,

als das

PRINCIPIVM ESSENDI

nach obigen Rechten in natürlichen Zusammenhang, so wohl historisch
als critisch betrachtet,

durch

RESPONSA, CONSILIA, ENVNCIATA, DECISIONES,
OBSERVATIONES, ARBITRAGEN, PARERE und Rechtlichen
Bedencken erläutert,

 und also theoretico - practisch abhandelt;

wie auch

jede abgehandelte Rechts- Materie mit den besten Autoribus überall bewährt,

Zu derer Richter, Consulenten, Agenten, Procuratoren, Advocaten, Notarien und aller
Rechts-Gelehrten allgemeinen Nutzen und Besten brauchbar ans Licht
stellet

Die Hochteutsche Rechtsgelahrte Societät.

V. Band.

Leipzig, 1748.
Verlegts Johann Samuel Heinsius.

GEORGIVS II.

D. G. Magn. Britann. Franc. et Hibern. Rex.

Defensor Fidei, Dux Brunsv. et Luneburg. S. R. I. Archi-Thesaurarius & Elector.

Dem

Allerdurchlauchtigsten,

Großmächtigsten Fürsten
und Herrn,

HERRN

Georg dem Andern,

König von Großbritannien,

Franckreich und Irrland,

Beschützern des Glaubens,

Hertzogen zu Braunschweig

und Lüneburg,

Des Heil. Römischen Reichs

Ertz-Schatzmeistern und

Chur-Fürsten rc. rc.

Unserm Allergnädigsten König, Chur-Fürsten
und Herrn.

Allerdurchlauchtigster,
Großmächtigster König,
Allergnädigster König
und Churfürst,

So glorwürdigst Eure Königliche Majestät durch Dero so weiseste Königliche Regier- als klügeste Kriegs-Macht-Kunst das Gleichgewichte von Europa dem gantzen Römischen Teutschen Reiche zum besten, wider die mächtigsten Europäischen Potentaten bis hieher hülfreichst beschützet, und zu gleicher Zeit den in Schottland Landverderbli-

chen

chen Aufstand siegreich beendiget; hingegen aber in Welschland und Braband den so sehnlichst gewünschten Ruh- und Stillstand unter denen streitenden Waffen, denen durch Krieg zerstörten und verwüsteten Ländern zum besten allgemein hergestellet;

So gesichert verspricht sich gantz Europa, daß von Eurer Königl. Majestät als Großbritännischen Friedens-Schildes weisesten Gott und Recht nach Dero Sinnbilde zum Grunde habenden Veranstaltungen, nach vorgängig verschafften Waffen-Stillestande, ein allgemeiner Friede, als die Frucht von Dero glorwürdigsten Bemühungen bey den kriegenden Staaten, dermahlen glücklichst erfolgen werde.

Und ob nun wohl die Welt-Geschichte das Welt-berühmte Rom, wegen seiner klugen Regenten, einen Inbegriff kluger und weiser Regierung, wie auch nützlicher Wissenschafften zu benahmen, sich nicht entblödet; so ist doch in Ansehung Eurer Königlichen Maj. klugen Staats- und Krieges-Einrichtung so wohl, als weisesten Einführung derer nützlichsten Wissenschaften und heilsamsten Landes-Gesetzen das vormalige Römische Regiment, gegen Eure-Königliche Majest. so Christlich klug, als weise eingerichteten Königlichen und Churfürstlichen Länder Regierung in keine Betrachtung zu ziehen;

Angesehen Eure Königliche Majestät mit Dero Königlichen Ahnen, Uhr- und Uhr-Uhr-Ahnen das glücklichst blühende Königreich Groß-Britannien mit Dero Chur-Landen, nach der Geschichtschreiber Ausrechnung über

eilf

eilf hundert acht und vierzig Jahr ruhmwürdigst beherrschet, und schon vor zwey tausend siebenhundert und funfzig Jahren, also weit über der Römer Zeit-Rechnung ihres gehabten Regiments, eine Königliche Crone getragen haben; dahero ist kein Zweifel, es werde die Vorsicht des allergrösten Monarchens Himmels und der Erden Eure Kön. Majest. mit Deroselben Königl. Nachkommen Dero Königreiche und Chur-Lande, auch künftig bis auf die späteste Nachwelt beglücktest, und also unsterblich regieren lassen.

Nachdem nun Eurer Königlichen Majestät erbliches Königreich Groß-Britannien von niemand, als dem allermächtigsten Monarchen, lediglich abhanget, und keiner höhern menschlichen Gewalt unterworffen ist: Als ist kein Wunder, daß in Eurer Königlichen Majestät geheiligten Person, des Großbritannischen Monarchens so wohl, als in denen Durchlauchtigsten Königlichen Nachfolgern, ein Innbegriff aller klugen Britannischen Königlichen Regenten, und tapfersten Krieges-Helden sich vorstellig machet, da diese niemand, als den Herrn aller Heerschgaren allein zu fürchten Ursache haben.

Denn ob wohl, Allergnädigster König und Herr, viele Königliche von Dero Ahnen aufgezeichnete ausnehmende Helden-Thaten der Welt bekannt; so wollen wir diese nicht wiederholen, sondern nur die von Eurer Kön. Maj. und Dero Hertzogs von Cumberland Königlichen Hoheit in höchster Person glücklichst befochtenen Siege, so wohl bey Dettingen, als im

a 3   rebelli-

rebellischen Schottlande, als lebende Beyspiele nur ruhmwürdigst anführen; indem wir diese Königliche Helden-Thaten mit der Nachwelt mehr zu bewundern, als solche allhier nach Würden zu beschreiben uns können in die Gedancken kommen lassen: Zumahlen in **Eurer Königlichen Majest.** höchsten Person nach des **Kaysers Justiniani** Ausspruch, das wahre Ebenbild eines grossen Königs sich auf zweyerley Art ausnehmend ausdrucket, da **Allerhöchst Dieselben,** so wohl **Dero** Königl. und Chur-Lande mit gantz Teutschland durch **Ihre** siegreiche Waffen zu beschützen, als auch mit den heilsamsten Gesetzen zu regieren, sich andern Regenten zum Beyspiel ruhmwürdigst darstellen.

Weil nun **gantz Britannien** so wohl, als **Dero Chur-Lande,** wir wegen eines so siegenden als heilsam Gesetz- und mächtigsten Schutz gebenden **Königlichen Regentens** billig unter die beglücktesten Länder in Europa zu rechnen haben;

Als werden **Eure Kön. Maj.** nach **Dero** angestammten Königl. Hulde als ein Beschützer der Gerechtigkeit nicht umgnädigst aufnehmen, wenn **Allerhöchst Denenselben** wir durch allerunterthänigste Zueignung des **allgemeinen Juristischen Oraculi,** welches so wohl das Göttliche, Natur- und Völcker-Recht, als Menschliche und insonderheit das Teutsche Bürgerliche in **Dero** blühenden Landen, gebräuchliche Recht zugleich abhandelt, auch uns dieser Glückseligkeit von **Dero** Königlichen Schutz theilhaftig zu machen, in aller Unterthänigkeit erbitten; zugleich aber bey solcher Gelegenheit **Eurer Königlichen Majestät**

wegen

wegen des, durch Allerhöchst Deroselben weisesten und klügsten Friedens-Anstalten dem grösten Europäischen Welttheil verschafften Ruh- und Stillestand dahero vorgängig jubilirend Glück wünschen, weil die Frucht des so längst gehofften Friedens in diesem 1748sten Jahre, unter göttlicher Gnade, unausbleibend zu erfolgen scheinet.

So glücklich nun der vor hundert Jahren unter den Europäischen Potentaten in dem 1648sten Jahre der am 24 October unterschriebene Westphälische Friedens-Schluß zu seiner vollkommenen Reife gelanget, und dadurch die damahligen bekriegten Länder mit ihrer gleichsam verweseten Glückseligkeit von neuen wieder belebet hat: So gewiß lässet uns die Vorsicht des Höchsten hoffen, daß gantz Europa durch Eure Königl. Maj. mit Dero mächtigsten Alliirten **Gott und Recht zum Grunde habenden Friedens-Anstalten** der allgemeine Friede in Aachen in diesem Jahre werde verschaffet, und der gröste Theil Europens, nebst Dero Königreichen und Landen, mit Friede und Ruhe beseliget, auch gleichsam von neuen zu grünen und zu blühen anfangen werde.

Wir schätzen uns also höchstglücklich zu seyn, daß **Eure Königl. Majest.** wir eben an diesem vor 100 Jahren beglückten Friedens-Monat October unser **allgemeines Juristisches Oraculum** derer Göttlichen, Natur- und Völcker- wie auch übrigen Bürgerlichen Rechte in aller Unterthänigkeit zueignen können; **Eure Königliche Majestät** werden als ein höchster

Be-

Beſchützer Göttlicher und Menſchlicher Rechte dieſes allgemeinen
Juriſtiſchen Oraculi allerunterthänigſte Zueignung um ſo
mehr allergnädigſt aufzunehmen, und ſo wohl **Dero mächtig-**
ſten Königlichen Schutz dem Rechtsgelehrten Werck,
als der Hoch-Teutſchen Rechtsgelehrten Societät künfftighin
angedeyen zu laſſen, aus hoher Königlicher Gnade geruhen;
Worgegen wir in allertiefeſter Ehrfurcht verharren

Allerdurchlauchtigſter
Großmächtigſter König,
Allergnädigſter König, Chur-Fürſt
und Herr,

Eurer Königlichen Majeſtät

allerunterthänigſte Treu- und Pflicht-
gehorſamſte

Die Hochteutſche Rechtsgelehrte
Societät.

Leipzig den 24 Octobr.
1748.

✖✖✖✖✖✖✖✖✖✖✖✖✖✖✖✖✖✖✖✖✖✖✖✖✖✖✖

I. N. S. S. T.

Vorbericht
an den geneigten Leser.

Nachdem wir nun im Isten Theile bey des allgemeinen Juristischen Oraculi Vorbericht von dem Alterthume der auf= und abgekommenen, wie auch wieder aufgelebten sowohl, als Nutzen derer Römisch= und Teutschen Responsorum, Consiliorum und Rechtlichen Bedencken; im IIten Bande aber von der unentbehrlichen Anwendung des im Isten Bande ausgeführten Göttlichen=Natur= und Völcker=Rechts in der Bürgerlichen und Peinlichen Rechts=Gelahrheit vor die Gesetz gebenden Regenten und Gerechtigkeit handhabenden Ministres in Teutschland, unserm vorgesetzten Titel und beygefügten Grund = Riß gemäß vorredend gehandelt; hingegen in des IIIten Bandes Vorbericht den Nutzen und nöthigen Gerichts = Brauch der Römischen Rechts = Gelahrheit in Teutschlands Gerichten vor alle ächte Rechts=Gelehrte, Richter und Consulenten überhaupt angewiesen, und sodann im IVten Bande den besondern Nutzen der mit der Römisch=Teutschen Rechts=Gelahrheit genau verbundenen Rechts= Geschichte vor unsere Rechts = Gelehrte theoretische und practische Mitbürger eben so brauchbar als nützlich, weitläuftig ausgeführt vorzusetzen, uns schuldigst erachtet: Als wollen wir nunmehro in diesem Vten Bande unsers Vorberichts des allgemeinen Juristischen Oraculi unser Augenmerck auf folgende Frage, und deren Ausführung wider die nach der Billigkeit allein vermeynt sprechenden Rechts = Gelehrten, Urthelsprecher und Consulenten dahin insbesondere eingerichtet seyn lassen: Ob aus dem willkührlichen Gesellschafts= oder Vernunft = Recht die in Gerichts=Stühlen sitzenden Urthel= und Recht=Sprecher denen streitenden Partheyen ihre rechtliche Meynung bey denen vorfallenden zweifelhaften Rechts= Fällen ohne Anwendung und Gebrauch des in Teutschland üblichen Römisch=Teutschen Rechts und der besonders angenommenen Gewohnheiten, Observantz= Stadt= Innungs= und Dorf= wie auch Land = Rechten von Rechts wegen alleine zu ertheilen fähig und berechtiget seyn, und also das gemeine Wesen mit der Bürgerlichen Gesellschaft nach ihrer so verschiedenen Eintheilung durch die gesunde Vernunft oder Jus naturæ alleine zu Recht beständig überhaupt können bestritten werden? Wir könten zwar diesen fragenden Zweifels = Knoten durch das beym Natürlichen Recht von allen Gelehrten bis dato noch streitige und unausgemachte Principium und den daraus zweifelhaft und ungewiß fliessenden Folgerungen sogleich auflösen, und daher verneinend beantworten; gestalt wir zu solchem Ende bey unserm Principio cognoscendi, sowohl vom Göttlichen=Natur= und Völcker=Recht in vorigen IV Bänden überhaupt gehandelt, als auch dieserwegen von den Römisch = Teutschen und Gewohnheits= auch übrigen Fürsten= Kriegs = Berg = Kauf = Wechsel = Schiff = See=Handels=Innungs= Land = und Dorf=Rechten den besondern Unterschied bey iedem derer Rechte, desto weitläuftiger theoretico - practisch angewiesen haben.

    Wir wollen aber diese unsere verneinende Meynung durch folgendes Rechtliches Bedencken, nach seinen buchstäblichen, noch gründlicher erweisen, und an den Tag legen, welches der vormahlige grosse Rechtsgelehrte Hochfürstl. Heßische Hofgerichts=Assessor, Herr D. Jacob Lersener, zu Marburg schon im vorigen Seculo ausführlich beantwortet, als dieser seinen Bericht auf folgende Frage dem Staat zum Besten erstatten sollen:

Rechtliches Etats= Bedencken:

Ob es besser sey, nach gewissen beschriebenen und sonst bewährten, bräuchlichen Rechten, Gesetzen, Gewohnheiten und Ordnungen, oder nach eigener Vernunft, Sinn, Witz, Gutbedüncken und selbst gefaßter Billigkeit, wie auch eignem Gewissen zu regieren, Gesetze und Urthel zu machen, Regiment, Recht, Gleichheit, Gehorsam, Friede und Einigkeit zu erhalten?

Rechtliches Bedencken.

Wie schier nichts ist von den löblichen und Gedächtniß würdigen Alten, unsern Vorfahren, so wohlgemeynt, so recht geredt, so ehrlich gehandelt, und so heilsam eingesetzt, das nicht in diesen geschwinden Zeiten angefochten, oder ie zum wenigsten disputirlich gemacht werde: Also wird auch bey vielen gefragt und in Zweifel gezogen: Ob es besser sey, zu Erhaltung Friedes und Einigkeit, und beyzulegen allerley Art, irrige und zänckische Sachen, den gemeinen beschriebenen oder sonst bewährten Rechten, Satzungen, Ordnungen und Uibungen, so von Anbeginn im Heil. Römischen Reiche aufgerichtet, und bis daher gebraucht worden seyn, oder einer ieden Obrigkeit, Richters und Amt-Verwalters selbst eigener Vernunft, Sinne, Witze und Gutbedüncken, das etliche nach der Billig- und Erbarkeit nennen, zu folgen, darnach zu erkennen, zu richten und zu urtheilen?

Wiewohl nun den Gelehrten und Erfahrnen wohl bewußt, welcher unter den beyden obgemeldten der sicherste und beste Weg sey, darum sie wohl meiner Vermahnung nicht bedürfen, so werden doch viele Leute gefunden, die davon keinen, oder geringen Verstand und Erfahrung haben, und die oftmahls aus ihrem eigenen Sinn, oder böser Deutung anderer verführet, und des, das der Wahrheit entgegen, überredet werden. Darum habe ich, aus Verleihung des Allmächtigen, mir fürgenommen, einen gegründeten, wahrhaftigen Bericht und Unterweisung auf die hieroben angestellte Frage zu thun und zu beschreiben, denjenigen damit zu dienen, die sich die Wahrheit zu lernen angelegen seyn lassen: Aus welchem Bericht, ob Gott will, zu erschöpfen seyn soll, daß Land und Leute wohl zu regieren, den gemeinen Nutzen zu fördern, erbarlich zu leben, niemand zu beschädigen, und einem ieden das Seine zu lassen, das ist, wie ein ieder vor sich selbst unsträflich leben, denn auch gegen andere sich gebührlich halten solle, nichts auf dieser Erden nothdürftigers, nützlichers, bessers, sicherers und beständigers seyn kan, denn gute, nothdürftige, nutzbare, eheliche, mögliche, gleiche, beschriebene oder sonst nahmhafte Rechte, Gesetze und Ordnungen a) haben und halten. Darum auch geglaubet wird, und ist die Wahrheit, als hierunten folgt, daß die Gesetze eine Gabe Gottes seyn, die Gott den Menschen durch die Fürsten, Obrigkeiten, Gelehrte und Verständige austheile und erhalte; Hinwiederum, daß nichts gefährlichers, ungestalters, schädlichers und unbeständigers sey, denn wo man nach eigenem Wahn, Gutbedüncken, erdichteter Billigkeit zu regieren, und Regiment zu erhalten fürnimmt b).

Daß dem also sey, und dieweil der hochberühmte Philosophus Aristoteles spricht: Daß wir denn erst ein iedes Ding recht erkennen lernen, wenn wir desselbigen Ursprung und Ursachen seines Anfangs erkennen; so wollen wir, dem Spruch Aristotelis nach, anfänglich besehen, wenn, durch wen, und warum gewisse und nahmhaftige Gesetze und Rechte, sonderlich im Römischen Reiche, erfunden und aufgebracht, und was die Gesetzgeber darzu bewogen habe, Gesetze, Rechte und Ordnungen zu beschreiben, und daß die durch Gewohnheit und Gebräuch gehalten würden, dem Volcke und den Unterthanen einzubilden; Daraus gönnt es Gott, erscheinen soll, welcher unter den beyden obberührten Wegen der bequemst sey.

Ursprung der Rechte.

So viel denn betrifft den rechten Grund und Brunqvellen der Gesetze, so ist ohne Zweifel, und wird durch die Heil. Schrifft und Historien bezeuget, daß die Hebräer ihre Gesetze und Rechte von Gott empfangen haben, durch ihren Obersten und Führer Mosen. Von den Hebräern aber haben ihre Gesetze und Rechte die Egyptier, von den Egyptiern die Griechen, von den Griechen die Römer; doch insonderheit von den beyden vornehmsten Städten, Athen und Lacedämon, haben die Römer ihre Gesetze holen lassen, die darnach in zwölf Tafeln verfasset und fürgestellt worden seyn c): Darnach fürters sind unsere Rechte geflossen, als hernach weiter folget. Wer solches begehrt eigentlich zu ergründen, der lese und halte gegen einander die Rechte, Gebote und Verbote des Gesetzes im Alten Testamente und die Gesetze der gemeldten zwölf Tafeln d), und wird befinden, daß sie sich in vielen

Stücken

a) Præcepta Juris Instit. de justit. & jur.
b) C. quo jure dist. & l. nam & Demosthenes ff. de legat. Proverb. c. 2. Plato de LL. Lib. 1 in Physic.
c) § & non ineleganter Instit. de jur. nat. gent. & civ.
d) L. 2 § postea ff. de orig. jur.

Stücken vergleichen, und daß schier nichts in den zweyen Tafeln und andern Gesetzen Mosis begriffen, davon nicht in den zwölf Tafeln der Römer auch etwas befunden wird: Wie solches der hochgelehrte, fürtreffliche und weitberühmte Doctor Joannes Oldendorpius wohl aufgemerckt, und in etlichen seinen Büchern an Tag gethan hat a). Welchem darinnen mit weiterm Erklär- und Auslegungen gefolget D. Conradus Heresbachius in epitome Christianæ Jurisprudentiæ seu juris Cæsarei juxta ordinem Decalogi redacti. Dergleichen ist beynahe durch alle andere Gesetze des Römischen Rechtens, welche ihre sondere Nahmen von ihren ersten Anfängern gehabt, auch zu ersehen, daß die mit dem Gesetze der Hebräer in vielen Stücken übereinstimmen, wie hier unten folgt, und zum Theil dargethan werden soll.

Und obwohl im Anfang, und vor den Zeiten Romuli, die vorigen Könige ohne gewisse, nahmhaftige Gesetze und Rechte, wie Titus Livius und der Rechtsgelehrte Pomponius solches bezeugen, allein nach ihrem Bedüncken und Willen regieret haben b); So hat doch Romulus, nachdem die Stadt mit Gebäuden und Inwohnern mercklich zugenommen, wahrgenommen, daß es unmöglich seyn würde, eine solche Menge des Volcks unzertrennt bey einander in Furcht, Gehorsam, Friede und Einigkeit zu erhalten, es geschehe denn durch ordentliche Gesetze und Rechte. Derohalben er denn auch in öffentlicher Versammlung der Bürger, und iedermänniglich Gesetze und Rechte gegeben und bestätiget, auch Raths-Herren aus den Aeltesten, und andere Obrigkeiten verordnet, die darüber halten möchten c). Denn als gemeldter Rechtsgelehrter, Pomponius, bezeuget, so ist es wenig nütze, Gesetze, Rechte und Ordnungen in einer Stadt oder Commun aufrichten, wenn nicht Obrigkeiten seyn, die darüber halten. Wie können sie aber darüber halten, wenn sie deren nicht gelehret und verständig seyn, und nicht wissen das Recht von dem Unrechten, und das Billige von dem Unbilligen ordentlicher, beständiger Weise zu erkennen und zu scheiden? Verächtlich ist es, und stehet übel an, antwortet Quintus Mutius dem Servio Sulpitio d), einem Raths-Herrn, Nahmhaftigen oder Edelmann, und dem, der anderer Leute Sachen verwalten soll, daß er das Recht nicht wisse, oder in den Rechten nicht erfahren sey, damit er will und soll täglich umgehen.

Nach Romuli des ersten Königs tödtlichen Abgang hat Numa Pompilius der andere König 42 Jahr regieret e), und unter den Römern durch gute Gesetz und Furcht der Strafe ein solch züchtig und ehrlich Leben angerichtet, daß die umliegende Land und Leute, welche Rom zuvor nicht eine friedsame Stadt, besondern als ein feindlich Lager und Wagenburg hielten, sich mit den Römern, als die nun gottesfürchtig, menschlich, ruhig und friedsam wären worden, zu befreunden begehrten, und die mehr zu bescheidigen unziemlich achten. Also haben Romulus, Numa Pompilius, und die andern folgenden Könige f), ihr Königlich Regiment und Monarchiam 244 Jahre lang, durch Gesetze und Rechte, welche alle von einem, genannt Sextus Papyrius g), zusammen in ein Buch gefast worden seyn, erhalten. Und ist kein Zweiffel, wenn der siebende und letzte König L. Tarquinius Superbus und seine Söhne nicht so stolziglich, verächtlich, wider Recht, aus eitel Gewalt und Muthwillen, sich ihres Königlichen Standes mißbraucht, sondern hätten über dem Rechten gehalten, dem auch gemäß gelebt, sie und ihre Erben würden wohl in Königlichen Ehren und unverjagt blieben seyn. h).

Zum andern, wiewohl die Römer, nachdem sie den Königlichen Stamm vertrieben, und die Königlichen Gesetze, aus gefastem Widerwillen auch ausgetilget i), wiederum haben bey die zwanzig Jahre lang, kein beschrieben Recht gebraucht, besonders nach ungewissem Gutbedüncken geregieret: So hat sie doch die unvermeidliche Nothdurfft in ihrer Stadt und in ihren Gebieten, Ungehorsam, Empörung, Ungleichheit, böse Policey, Unfriede und Uneinigkeit zu vermeiden, dahin geleitet, daß sie auf vorgegangenem wohlbedachtem Rath und Bewilligung gemeiner Stadt, ihre stattliche Botschafft in Græciam abgefertiget, und durch dieselbigen ihre geschickte Legaten, der Athenienser und anderer vortrefflicher Städte in Griechenland, Gesetze, Rechte, Gewohnheit und Sitten haben abschreiben und aufmercken lassen k), die sie auch hernachmahls nach ihrer Stadt und Herrschafft Besten und Gelegenheit, durch die zehen darzu verordneten Männer, Decemviri genannt, erstlich in zehen, folgends in zwölff Taffeln verfassen,

b 2   und

a) In lib. variarum lectionum in tit. de divino præcepto in princ.
b) L. 1 ab urbe condita, L. 2 § 2 ff. de orig. jur.
c) L. 2 § post originem 13 ff. eod. tit.   d) Ead. l. 2 § Servius.
e) Liv. L. 1 ab urbe condita.   f) Liv. in fin. lib. 1.
g) L. 2 § postea aucta d. t.   h) Liv. in fin. lib. 1.
i) L. 2 § exactis d. t.   k) Liv. lib. 3 ab urbe cond.

und öffentlich für die Augen haben stellen laſſen a).   Und ſtehet zu glauben, daß diß eben deren Urſachen auch eine geweſen, darum die Römer die Geſetze lieber anderswo holen, denn die aus ſich ſelbſt vorgegeben haben wollen, damit aller Verdacht und Argwohn unter ihnen würde bey- gelegt, und niemand gedencken möchte, daß ihre eigene Geſetze aus Gunſt oder Haß, oder um eigenes Nutzens willen, oder iemand zum Vortheil oder Nachtheil wären angericht und geſtiff- tet worden.   Solche Geſetze haben die Römer, von Zeiten zu Zeiten, nach Nothdurfft und Er- forderung der Händel gebeſſert, und ernſtlich darüber gehalten, allein Recht und Gerechtigkeit unter denen Privatis und Unterthanen zumahl zu erhalten: Darum ſie auch 464 Jahre unge- fährlich, dieweil das Regiment bey den Råths - Herren geblieben, und ihre Ariſtocratia ge- ſtanden, ſo männlich, redlich, und erbarlich gelebt und gehandelt, daß ſie nicht allein ihrer Stadt wohl vorgeſtanden, die vor Gewalt vertheidiget, ihre Feinde überwunden, ſondern auch ausländiſche Völcker und viel Provincien in Europa, Aſia, Africa, unter ihre Gewalt und Gehorſam gebracht, und dadurch ein unvergänglich Lob und Nahmen erworben haben.   Und wenn wir alle Zeiten und Veränderungen der Regimente und Obrigkeiten, ſo zu Rom ie ge- ſchehen, aufmercken, ſo hat die Stadt kaum beſſer geſtanden, denn als ſie durch die jährliche Veränderung der 2 Conſulum, der Råths - Herren oder Bürgermeiſter, inwendig von guter Policey, auswendig aber mit Kriegs - Führung geblühet hat, daß auch ein Sprichwort davon aufkam: Die Römer konten auch auf ihren Stůlen ſitzen, Krieg führen, die Uiberhand be- halten, und ihren Feinden ſteuren.

Wie ſolte es aber möglich ſeyn, daß die Römer ſo ehrlich können gelebt und gehandelt haben, wenn ſie nicht Anweiſung und Züchtigung gehabt hätten?   Wie mochten ſie aber an- ders angewieſen und in Zucht gehalten werden, denn durch Geſetze und beſtändige Rechte?   Was wären die aber nütze, wenn darüber mit Ernſt und Strenge der Strafe nicht wäre ge- halten worden b)?

Zum dritten, als nach den obgeſchriebenen 464 Jahren ungefährlich c), durch innerliche Zerrüttung und Partheylichkeit der Häupter und Oberſten, das Römiſche Regiment abermahls verwandlet, und vor gut angeſehen worden, daß wiederum ein Princeps und Oberſter erweh- let würde, dem aller Gewalt aufgetragen würde, und der dem Reich vorſtehen, und das wohl regieren möchte ꝛc d).   Von dannen auch die Monarchia der Kayſer entſproſſen, da haben Julius Cæſar, der erſte Kayſer, und alle nachfolgende auch vernommen, unmöglich zu ſeyn, Gleich und Recht im Reich ohne Geſetze zu erhalten: Darum ſie auch die vorhin aufgerich- tete Geſetze, die mancherley Nahmen von ihren Stifftern und Einſetzern gehabt, nicht allein ge- handhabet, ſondern wo es die Noth erfordert, und ſo etwas in vorigen Geſetzen gar nicht oder nicht genugſam verſehen, fernere Satzungen, Edicta und Conſtitutiones beſchreiben laſſen: Wie auch bey unſerm Gedencken, als in etlichen Abſchieden der gehaltenen Reichs-Täge zu be- ſinden, und in Zeiten des regierenden Kayſers Caroli des fünften geſchahe.   Darum meynet recht Juſtinianus, der Kayſer e), daß die Kayſerliche Majeſtät nicht allein mit Waffen gezie- ret, beſondern auch mit den Rechten bewapnet ſeyn müſſe, auf daß beyde in Zeit des Krieges, und auch des Friedes, recht geregieret werden möge, und ein Römiſcher Kayſer nicht allein den Feinden mächtig genug ſeyn, ſondern auch durch gebührliche ordentliche Wege, der Boßheit der Muthwilligen, Zänckeriſchen und Unrechtfertigen ſteuren könne.

Damit aber niemand gedencken dürffte, daß die Leges, Conſtitutiones, Geſetze und be- ſchriebene Rechte, zu Vortheil der Regenten und Geſetzmacher, und den Unterthanen zu Nach- theil aufgerichtet, und die Geſetzgeber nicht wolten das Recht, das ſie andern auflegten, ſelbſt tragen: So haben ſich die Römiſchen Kayſer den Rechten ſelbſt unterworffen, und bekennet, es ſtehe Kayſerlicher Majeſtät wohl an, und ſey von ihr ehrlich zu hören, daß ſie Geſetze und Rechte, ſo ſie andern giebt und auflegt, ſelbſt halten wolle.   Darum ſtehet auch in Decretis Patrum, daß ſich denn möge eine Obrigkeit darzu verlaſſen, daß ihre Geſetze von männiglich ge- achtet und gehalten werden, wenn ſie die ſelbſt nicht verachtet, und dasjenige zu thun ſich nicht gelüſten läſt, das ſie andern Leuten verbeut.   Dieweil nun der Kayſer, den doch das Geſetz, Lex Regia, ausziehet, und die Fürſten, ſo von Kayſerlicher Majeſtät Regalien haben, und die Fürſtenthümer zu Lehen tragen, den Rechten ſich unterwerffen;   So ſoll es billig einem andern, der geringers Standes iſt, nicht zuwider ſeyn, daß man ihm ſagt zu thun, was recht iſt, und zu laſſen, was unrecht iſt, oder er gebührlicher Straffe von wegen ſeiner Uibertretung zu gewar- ten haben ſolle.   Iſt ihm auch ohnedem zu ſehr zuträglich f).

So

---

a) L. 2 § poſtea ff. de orig. juris.   b) L. 2 § poſt originem ff. de orig. jur.   c) Gell. lib. 20 c. 1.
d) C. ad. l. 2 § noviſſime, & l. 1 ff. de conſtit. prin.   e) Proœm. Inſtitut. L. un. C. de Inſtit. Cod. confir.
f) L. ex imperfecto ff. de leg. 3, l digna vox C. de leg. L. ex imperfecto C. d. teſta Inſt. Quib. mod. teſt. infirm.
l. 1 ff. quod quis in ali. c. juſtum eſt diſt. 9, L. ex imper. C. de Teſtam.

So viel sey gesagt vom Ursprung, Herkommen und Ursachen unserer beschriebenen Rechten, von andern Gesetzgebern, ausserhalb dem Römischen Reich, als da seyn Foroneus, der den Griechen, Mercurius Trismegistus, der den Egyptiern, Solon, der den Atheniensern, Lycurgus, der den Lacedämoniern und die andern mehr Gesetz und Recht gegeben haben a). Wir wollen ietzunder geschweigen, und allein so viel anzeigen, daß die Erfahrung bezeugen, daß kein Reich ohne Gesetz und Recht ie hat beständig bleiben können. Und obwohl die Regimente in Königreichen, Landen und Städten, seyn zu Zeiten verändert worden, daß dennoch die Rechte und Gesetze geblieben, oder aber andere an der vorigen stat gegeben worden b). Es haben wohl Päbste in ihren Decretalen gesetzt, daß man im Königreich Franckreich, sonderlich in der weit umgriffenen Volckreichen Stadt Paris, und in den darum liegenden Städten nicht solt die Kayser-Recht, sondern an derselbigen stat, ihre Rechte lehren und lernen: Dennoch müssen sie bekennen, und liegt am Tage, daß sie derselben ihrer Canonum und Satzungen, ein gut Theil aus den beschriebenen Kayserlichen Rechten gezogen haben, wie solches fast durch alle Titel der sechs Bücher ihre Decretalien, und auch im Buch Clementis des Pabsts öffentlich zu ersehen. Sollten auch die Parlament in Franckreich, die Venediger, ja auch die Consistoria und Rotæ selbst zu Rom, und andere Land und Städte, die gantz oder zum Theil etwas besonders, und nicht den Kayserlichen Rechten unterworffen seyn wollen, was sie aus den Kayserlichen Rechten gezogen haben, wieder geben, sie würden nichts, oder nicht viel behalten. Wenn auch Herr Eck von Repkau das Kleid, damit sein Sachs angezogen ist, wieder abziehen, und es den Römischen Kayser-Rechten, daraus es genommen, wieder folgen lassen solte, wie gar bloß und ungestalt würde er doch stehen? Es haben wohl auch andere Länder und Städte ihre besondere Rechte, woraus aber seyn sie genommen, denn aus dem Zeughaus und Rüstkammer der Römischen Rechten? Daraus offenbaret sich, daß kein Regiment, noch Policey, ohne gewisse nahmhafftige Rechte und Gesetze möge beharrlich und beständig bleiben. Darum spricht auch Valerius Maximus, ob man schon bekriege und erobere Städte, Land und Leute, wo nicht das Recht gehalten, und demselbigen sein ordentlicher Lauff gelassen, ob denn schon so viel Reichthum gehäufft würden, daß sie bis an den Himmel reichen möchten, so können sie doch keinen Bestand haben rc. Hier meyne ich, wer sich will wohl umsehen, der wird dessen viel Exempel finden, in alten und neuen Historien.

Wir reden aber hier nicht von eigennützigen und beschwerlichen Gesetzen, Auffsatzungen, Geboten und Verboten, und die gleich seyn, wie der Anacharsis zu dem Solon, einem aus den sieben Weisen sagt, den Spinnweben, dadurch die grossen Fliegen dringen, die kleinen aber darinnen hängen bleiben c). Oder wie des Dionysii Syraculani gewesen d), der aus argem Vorsatz ein Gesetz über das andere ausgehen und geschehen ließ, daß sie nicht gehalten würden, allein darum, daß ihm solches viel zutragen und die Aufnahme vermehren möchte: Oder wie der Epitades ein Gesetz machte, dadurch er einem ieden frey ließe, daß er möchte, wem er wolte, das Seinige vergeben, das darinne suchend, daß er seinem Sohn, den er hassete, enterben möchte e); Sondern wir reden von guten Gesetzen und Rechten, die ehrlich, billig, natürlich, möglich, vernünfftig und nach eines ieden Landes Art und der Zeit Gelegenheit dienstlich, nothdürfftig und nützbar seyn, darinne kein eigener Nutz, Nachstellung und Gefahr, sondern das gemeine Beste der Lande, Städte und der Leute Wohlfart, Besserung, Friede und Einigkeit gesuchet werde. Also seyn unsere beschriebene Rechte, davon Cicero f) schreibet, daß wir dadurch angeleitet werden, unsere bösen Lüste zu zwingen, alle bösen Begierden einzuziehen, und das unsere zu vertheidigen, von dem aber das unsere nicht ist, unsere Gedancken, Augen und Hände abzuwenden: Daher er auch nennet das Gesetze der zwölff Taffeln, davon hier oben, eine Liberey und Buch-Kammer aller Liebhaber der Weisheit: Als wolte er sagen, was weitläufftig die Philosophi und Liebhaber der Weisheit haben in ihren Büchern beschrieben, wie man ein erbar und unsträflich Leben führen solte rc. das wäre alles, doch kürzlich, in den gemeldeten zwölff Taffeln begriffen. Denn unser Recht lehret und gebeut, ehrlich zu leben, niemand zu beschädigen, iedermann, das sein ist, folgen zu lassen g).

Wiewohl nun aus hieroben gethanem Bericht erscheinet, daß die Gesetze und Rechte nütze, heilsam und gut seyn, und daß man deren mit nichten entbehren kan, so wollen wir doch, wozu sie sonderlich dienen, und wie sie einem iedweden, wie er sich in seinem Stande halten, was er thun und lassen soll, vermahnen, kürzlich, doch nicht alle, das auch nicht möglich, sondern etliche Exempel erklären: Also unter andern vielen heilsamen Satzungen, die zu Erhaltung Christlicher

b 3

Reli-

a) C. Moyses dist. 7.   b) C. super de Privileg.
c) Apud Plutarchum in vita Solonis.   d) Erasm. de leg. cond.
e) C. erit autem dist. 4.   f) Lib. 1 de Orat.   g) Instit. d. just. & jur. § juris præcepta.

Religion aufgerichtet seyn, verordnen die Rechte, daß niemand, wes Standes er sey, von der hohen Dreyfaltigkeit und unserm Christlichen Glauben, und derselbigen Religion leichtfertiglich disputiren, und in Zweiffel ziehen, und disputirlich machen solle, das einmahl recht disponiret und geordnet ist ꝛc. a). Wie könte doch ein besser und heilsamer Gesetze gegeben werden? Wer glaubt, daß solche jämmerliche Mißverstand, widersinnige Lehren, Ketzereyen und Zertrennungen erwachssen wären, wenn über diesem Edict oder Constitution gehalten, und die Sachen bey den Verständigen allein geblieben, und nicht durch die Finger gesehen worden wäre, daß ein ieder, ohne Unterscheid, davon hätte schreiben, reden und urtheilen dürffen? Gott erkennet es, aus was Grund und Verstande solches von manchem beschehen! Es ist aber festiglich zu glauben, wenn schon die zwieträchtigen Sachen durch eine Christliche Concordiam verglichen würden, daß sie nicht lange bestehen könte, wenn nicht über dem, was Recht beschlossen und definiret worden wäre, gehalten werden solte.

Item, damit iedermann erkenne, daß unser Recht der heiligen Schrifft nicht zuentgegen sey, sondern vielmehr dieselbige fördere und handhabe, so wird in unsern Rechten wiederholt, und ferner ausgebreitet, alles, was Gott in den heiligen zehen Geboten kürtzlich verfassen und durch Mosem seinem Volck hat vortragen lassen. So viel denn das erste Gebot belanget, davon ist die Constitution oder Gesetz derer drey Kayser Martiani, Valentiniani und Theodosii, an die Stadt Constantinopel zu lesen, dergleichen die Constitutiones und Satzungen dieser und anderer Kayser von der Kirchen, Kirchen-Diener, Bischöffen, Jüden, Ketzern, Zwiespaltigen, Widertäuffern, Abtrünnigen und Schwartzkünstlern, dergleichen an vielen andern Orten unserer alten Rechte, darinne von den göttlichen Rechten, dem Gottes-Dienst und Gottes-Dienern gehandelt wird b). Das andere Gebot wird gelehret und gehandhabt, wenn unsere Rechte durch den Eid und die Beruffung oder Bezeugung auf Gottes Nahmen die Gewissen rühren, diejenigen, so sich des mißbrauchen, an Ehren, Leib und Haabe strafen, oder so der Mißbrauch oder Meyneid dem Richter verborgen bleibt, die Rache dem, der aller Hertzen Gedancken und Anschläge erkennet, heimstellen. Item, da sie alles Gotteslästern und Schwören, als dadurch Gott hoch erzürnet werde, verbieten c). Das dritte, da sie von Ferien und Feyertagen, sonderlich den heiligen Sonntag verordnen, daß derselbige von allen Gerichts-Handlungen und andern üppigen Geschäfften, auch Spielen und Tantzen, frey seyn soll d). Das vierte, da sie die Kinder dem Gehorsam ihrer Eltern unterwerffen, den Eltern Gewalt geben, undanckbare Kinder zu enterben, die unbändigen, und die ihre Eltern beleidigen, zu straffen, und da sie deren nicht mächtig genug seyn, zu Vollziehung solcher Straffe, von der Obrigkeit Hülffe zu fordern. Item, da sie die Kinder, so ihre Eltern ertödten, sammt einem Hund, Hahn, Schlangen und Affen, in einem ledernen Sack einzunehen, und auf das Wasser zu werffen, und also vom Leben zum Tode zu bringen, befehlen e). Das fünffte, da sie nicht allein die Todtschläger, sondern auch die mit mörderischer Wehre, einem, daß sie ihn mögen umbringen, nachgehen, und die Balger zu züchtigen, verordnen f). Das sechste, wenn sie nicht allein den Ehebruch und Nothzucht mit dem Schwerdt richten, sondern auch die, so erbarn unbeleumdeten Frauen und Töchtern nachstellen, sie dadurch in ein Gerüchte zu bringen, ungestrafft nicht lassen g). Das siebende, da sie den Diebstahl etwan mit der zwey- oder vierfältigen Wiedergeltung, folgendes aber aus dringenden Ursachen, mit Staupen-Schlägen, oder Strang zu straffen befohlen haben. Item, daß sie die Wucherer, Vorkäufferer, Betrüger, Fälscher und dergleichen, so anderer Leute Nahrungen und Güter, ungebührlicher Weise nachstellen, angreiffen h). Das achte, wenn sie die Gewissen, bey Verlust der Seelen Seligkeit, vom Falschen abschrecken, die Zeugen, Kundschafft der Wahrheit zu geben, zwingen, die, so falsche Zeugniß geben, oder die Wahrheit verschweigen, welches gleich so viel ist, gestrafft haben wollen. Wenn auch der Richter den Zeugen vorhält, wo sie nicht recht zeugen, daß sie denn durch solch ihr falsch Zeugnißgeben und Verhelung der Wahrheit, in Gottes Gericht fallen, den Richter betrügen, und die Parten, so sonst obsiegen möchte, unbillig zu beschweren, Ursache geben. Wörderst, daß man nach Eröffnung der geführten Zeugen-Sage, keine Zeugen mehr zulassen solle, zu vermeiden, daß nicht falsche Kundschafft zugerichtet werden möge i). Das neunde und zehende, da sie wollen,

daß

---

a) L. Nemo C. de sum. Trin. & fide cathol. 1 ad Tim. 6.

b) C. de sum. Trin. & fide cathol. C. de sac. Ecc. C. de Episco. C. de Episco. audient. C. de Hæret. & Manich. C. ne san. Bap. C. de Apost. C. Nemi. licet sig. C. de Ju. & Cœl. C. d. Paga. C. de Malefi.

c) L. de perjurio ff. de crim. stel. L. Jurisjurandi. C. de Jurej.

d) L. dies festos. C. de feriis.   e) L. Item in potestate ff. de iis, qui sui. Instit. de pat. po. C. de lib. præte.

f) Ad l. Corn. de Sica.   g) ff. & C. ad l. Jul. de adult. & stup. L. Item ap. Labeonem ff. d. ini.

h) Instit. de obl. quæ ex delict. De pace ten. L. improb. C. ex quib. cau. inf. irro.

i) L. Nullum C. de test. In Auth. atqui C. de prob.

daß niemand den andern durch List, Betrug, Behendigkeit und andere Finantzen, um das Seinige betrügen und bringen soll, dahin sich denn der gröste Theil unserer Rechte lencken, Betrug, List und alle Ungerechtigkeit zu tilgen, und iedermann bey dem Seinen zu handhaben. In Summa, wie Christus unser Seligmacher lehret a): Was ihr gerne wollet, das euch die Menschen thun solten, das thut ihr ihnen auch. Also sagen unsere Rechte, was ein ieglicher an einem andern für Recht hält, das soll er an seiner Person wiederum Recht seyn lassen b). Davon hat der Kayser Alexander, der Sohn Mammææ, nicht allein einen Reim oder Sprichwort geführt, sondern auch mit der That vollzogen. Denn wenn er einen Missethäter züchtigen ließ, muste der Büttel mit lauter Stimme ausruffen: Was du nicht gerne hättest, das dir geschehe, solches soltest du einem andern auch nicht thun. Ingleichen vermahnen die Rechte den Kayser selbst, auch Fürsten und Herren, wie sie sich gegen die Unterthanen halten, und gedencken sollen, daß sie nicht darum Herren heissen, daß ihnen derwegen gezieme, nach ihrem Willen, mit den Unterthanen, und ihren Gütern alleweise, umzugehen, sondern daß sie denen vorzustehen, dieselbigen zu beschützen, und einen ieden bey seinen Rechten zu handhaben, von Gottes wegen und Amts halben, von Gott verpflichtet seyn c).

Ingleichen, wie eine iede Obrigkeit und Richter in ihrem Amte sich halten, die Leute gutwillig hören, sich leichtlich zu Zorn oder Beyfall einer Partey, auf schlechten Wahn und Bedüncken nicht bewegen lassen. Wie sich Unterthanen gegen ihre Obern, Dienstleute gegen ihre Herren, Kinder gegen ihre Eltern, und wiederum, eins gegen das andere, sich halten sollen: Wie in peinlichen Sachen vorsichtiglich umzugehen, die Gefangenen menschlich und reinlich in Gefängnissen, die nicht zur Qvaal, sondern zur Verwahrung allein erfunden und zugelassen, verwahret werden sollen: daß die Obrigkeit und ihre Befehlhabere, ohne redliche beweisliche Ursachen, Argwohnt und Vermuthung, deren sich der Bezüchtigte nicht wohl entladen könne, zur peinlichen Verhör nicht eilen, auch einem ieden Bezüchtiger und Angeber nicht beyfallen sollen, sondern fleißig Acht darauf haben und nachfragen, wes Standes, Wesen, Herkommens der Bezüchtigte sey. Item, was für Leute seyn, die ihn bezüchtigen: in welchem Fall denn zu besorgen, daß sich viel vergriffen: Denn man findet, die Lust darzu haben, Leute zu stocken und zu peinigen, suchen allerley neue Künstlein unmenschlicher Marter, dadurch sie auch den Allerunschuldigsten dahin ängstigen können, daß er, was sie wollen, und das ihme nie geträumet, oder in Sinn gefallen, bejahen müsse, vermeynen, sie haben ihr Amt damit wohl ausgerichtet. Wie oft sind Leute also getödtet worden? Wie oft sind Leute auf solche Bekänntniß gerichtet worden, deren Unschuld sich hernach befunden hat? Nicht ist dieses zu verstehen, daß hierum böse Buben sollen, da man es Fug hätte, verschonet werden, sondern daß man vorsichtig sey, und niemand unbillige Gewalt anlegen solle d).

Ferner wird in Rechten gelehret, daß Güter, die gefunden, gestohlen, oder im Meer durch Schiffbruch versenckt, oder Noth halben ausgeworffen seyn, oder so gestraffte Uibelthäter, oder Leute, die sich aus Kranckheit und Ungedult, oder Unvernunfft selbst umbringen, oder Fremdlinge, die in fremden Landen sterben, hinter sich lassen, und dergleichen, nicht mögen von der Obrigkeit und ihren Befehlhabern confiscirt, eingezogen und behalten werden, sondern sie sollen die denjenigen, deren sie gewesen, oder derselbigen Erben wieder zustellen und folgen lassen: Ingleichen, daß nicht leichtlich Neuerungen vorzunehmen seyn, sondern allewege darinne das beste und gemeine Gedeyen bedacht werden solle, wenn man das ändern und davon abstehen will, das sonst lange für recht und billig ist gehalten worden: item, unsere Rechte wollen, daß ein ieder gegen dem andern seine Sache, Förderung und Gerechtigkeit mit gebührlichen Rechten suchen und ausführen, und mit der That selbst gewaltig ohne Erkenntniß und Erlaubniß nichts fürnehmen solle, und das also genau, daß auch der Gläubiger sein Unterpfand kaum Macht haben solle anzugreifen und einzunehmen, ohne Zugeben des Richters, ob er wohl beredt und bedingt wäre, daß der Gläubiger vor sich selbst solches zu thun, um Nichtbezahlung willen, Macht haben sollte e).

So aber iemand Rechts versagt würde, oder Gewalt geschähe, dem geben die Rechte und des Reichs Ordnung Anweisung, wes er sich auf den Fall zu halten habe. Aber hier
findet

a) Matth. 7.   b) ff. quod quisque juris.

c) L. bene C. de quad. præsc. L. 2 C. In quib. caus. lib. 11. videatur Historia de Achab & Naboд in 1 & 3 Regam.

d) L. observandum ff. d. off. præsid. L. Milites C. de quæstio. L. qui sentent. C. de Episc. aud. Auth. ut nulli Judic. in fin. L. Auth. damnum ff. de pœn. C. de custo. Reo. Bartho. in tractat. de carcer.

e) Instit. de re. divi. in fin. L. Qui levanda ff. ad L. Rho. de jact. Auth. Navigia C. de fu. & serv. corrup. C. de bon. eo. qui mor. Auth. omnes peregrini commu. de succes. L. in reb. novis ff. de const. princ.

findet man unbändige Köpfe zu Zeiten, die stracks mit der Faust rechten wollen, denen kein Schuh gerecht ist, man lasse sie denn das Leder nach ihrem Gefallen schneiden. Ferner, ob einer aus Armuth, Unvermögenheit, Furcht und dergleichen Ursachen sein verhofftes Recht nicht vermocht auszuführen, oder keinen, der ihme dienen wolte, haben könte, demselbigen sollen durch die Obrigkeiten und von Amts wegen Advocaten und Vorsprachen gegeben werden: Desgleichen, was mit Gewalt, Betrug, Hinterlist und aus Furcht geschieht, daß solches unrechtmäßig, unbündig und wiederruflich sey: Item, die Rechte lehren, wie einer Injurien, die ihm zugefügt, verfolgen solle, setzen auch Zeit und mancherley Ursachen, darinne und darum man Schmähe-Sachen verschweigen, oder die verjähren und verlöschen können, und solches darum, damit die bittere Rachgierigkeit unter den Leuten aufhören, und tranquillitas und Friede erhalten werden möge. Also hat Thrasybulus aus grosser Liebe seines Vaterlandes wohl und löblich bey den Atheniensern gethan: Als die gegen einander verhitzt, verbittert und bewegt waren, richtete er ein Gesetz auf, welches er darum Amnestiam, auf Griechische Sprache, das ist, ein Gesetz der Vergessenheit nennet, und die Athenienser vermittelst ihrem Eide darauf zu schwören vermocht, daß ein iedermann seine vorhin erlittene Injurien vergeben, erlassen, und deren nicht mehr eingedenck seyn wolte ꝛc. Dadurch aller Widerwille aufgehaben, die Empörung gestillet, Friede und Einigkeit wieder aufgerichtet, und die herrliche Stadt wieder in ihr voriges Wesen und Stand gebracht ward. Es wäre fürwahr zu wünschen, daß Gott auch einen solchen Mann zu diesen Zeiten erweckte, der durch ein solches oder dergleichen Mittel die bewegten Gemüther der Gliedmassen in unterschiedenen Reichen wieder einrichten und versöhnen möchte: Wie der löbliche Fürst, Hertzog Erich der Aeltere, seliger Gedächtniß, solches zu rechter Zeit wohl bedacht, und für diesem tun Heil. Reiche gern darzu geholfen hätte, und nun zu hoffen stehet, daß friedliebende Hertzen aus Gottes Verleihung thun wollen, können und werden, und daß man darinn dem Kayser, Tito Aurelio Antonino Pio, folgen werde, welcher pflegte zu sagen: Daß er lieber wolte einen Bürger erhalten, denn tausend Feinde erschlagen: Damit, als ich achte, meynende: Solte er viel Krieg führen, so müßte er auch viel seiner Unterthanen in die Schanze schlagen. Darum hielte er dafür, es stünde einem Kayser, der ein Vater des Vaterlandes seyn, und in alle Wege das gemeine Beste fürsetzen solte, besser an, er behielte seine Unterthanen unverletzet, denn daß er mit unwiederbringlichen Schaden derselbigen einen weltlichen zergänglichen Ruhm des Kriegführens und Obsiegens so theuer erwerben, und also mit einem güldenen Hamen, als der Kayser Octavius pflegte zu sagen, fischen solte a).

Ferner ist in Rechten verordnet, daß man Müßiggänger und gesunde starcke Leute, die sich der Allmosen, Betteln und anderer seltsamer Parthierung behelffen, zur Arbeit zwingen, oder sonst nicht dulden solle b); Ob iemand verkürzt, vervortheilt und betrogen, wie das wieder zu bringen sey; wie ein ieglicher das Seinige behalten, andere Güter mit Recht fördern und erwerben, oder die Seinige veräussern möge: Item, wie ein ieder in allen Bürgerlichen und peinlichen Sachen, sein Recht und Unschuld bewahren möge: Von allen Contracten, Kauffen, Verkaufen, Leihen, Gesellschafften; Belehnungen, Erbfällen, Testamenten, Uibergaben, Dienstbarkeiten und Gerechtigkeiten in anderer Leibeigenthümlichen Gütern. Item, von Ehe-Sachen, Heyrathen ꝛc. Daß der Obrigkeit Einsehen gebühre, daß alle menschliche Nothdurfft, in einem billigen Werth, und um einen ziemlichen Pfennig, erlanget, und nicht durch die Wucherer, Vorläuffer, Monopolas, Dardanarios, Verfälscher der Gewicht, Maaß und Ellen ꝛc. beschweret werden: Denn auch von Kriegshändeln und ihren Rechten. Sie warnen die Richter dieser Welt, die über andere Leute zu richten gesetzt seyn, daß sie also in dem erschrecklichen Gerichte Gottes, der alle ihre Händel siehet, gerichtet werden sollen, gleichwie sie zwischen andern Leuten gerichtet haben. Item, wie man allen rechtlichen Sachen in nahmhafftiger Zeit abhelffen, die Bürgerlichen nicht über drey und die peinlichen Rechtfertigungen nicht über zwey Jahre aufziehen

a) L. extat ff. de eo quod metus causa. C. Ne quis in sua causa. L. ut vim ff. de justit. & jur. L. scientiam § Qui cum ff. ad L. Aquil. L. Nec quicquam ff. de off. proconf. &c. ff. de in integr. restitut. ff. Quod met. caus. gest. est. ff. de dolo malo. ff. & C. & Instit. de injur. C. de ead. toll. in fin. L. Nam salutem ff. de off. præf. vig. Sueton. in vita Cæf. Octavii.

b) C. de mendicam. Val. lib. 11 in alleg. loc. de in integr. rest. ff. de Aedil. edict. L. fin. ff. de leg. L. 1 ff. de præf. urb. L. pretia ff. ad L. falcidiam. L. Annonam ff. de extr. crim. C. de monop. ff. & C. de usu. ff. & C. ad L. Corn. de falf. C. Jus militare. dist. 1 ff. de re milit. L. rem novam C. de judic. L. properandum C. de judic. L. Quisquis C. de postulando. L. illud & l. privilegia C. de sacr. Eccl. L. divus ff. d. off. præsid. L. creationib. ff. d. Epis. audien. L. Orphan. & L. Si quis C. de Epis. & Cler. ff. & C. de tuto. & cur.

hen solle. Daß man ein Aufsehen auf die Advocaten und Procuratores, die anderer Leute Sachen in ihrer Verwaltung haben, tragen solle, damit sie ihre Sachwältigen und Principal vergeblich und vorsetzlich nicht aufhalten, sondern was zur Sachen nothdürftig und förderlich, allein vorbringen: Wie man Wittwen, Waysen, unmündige Kinder, Leute, die ihrer Vernunfft beraubt, auch denen, die mit Alter und Gebrechlichkeit beladen, und allen erbärmlichen Personen vorstehen, ihre Güter verwalten, und sie unterhalten solle ꝛc.

Und weil die Oberherren, Amtsverwalter und Befehlhaber, unterweilen ihren Amtsverwandten beschwerlich seyn, und dieselbige aus eigenem gefastem Widerwillen, doch unter dem Schein ihres Amts, bedrucken und verfolgen: ●

So haben die Rechte darvor gebauet, wie sich der Bedrückte mit Recht, der Injurien, so ihm also angelegt worden, erwehren möge: Sie haben wohl bedacht, daß die vom Adel, hohen Standes, ehrliche Geschlechte und wohlhabende Leute, die des Jahrs groß Einkommens haben, nicht sollen Kauffhändel treiben, damit der gemeine Mann und die Händler neben ihnen bleiben, und an ihren Gewerben nicht verhindert werden mögen a).

Nicht ohne sonderliche Ursachen und Bedencken hat der Kayser Justinianus verordnet, daß die Amtsverwalter und Befehlhaber Zeit ihres währenden Amts und Befehls, nicht sollen contrahiren, Handthierung treiben, Güter an sich kauffen, und Häuser bauen ꝛc. In Summa, es ist niemand, wes Standes oder Wesens der sey, dem die Rechte nicht zu gut kommen, und fürbilden, wie er erstlich für sich selbst ehrlich leben, und zum andern, wie er auch gegen andern sich unverweislich halten soll. Ja sie kommen nicht allein zu gut, den Lebendigen, sondern auch den Verstorbenen, und nicht allein denselbigen, sondern auch denen, so in Mutter Leibe seyn, und noch gebohren werden. Der Verstorbenen nehmen sie sich an, wenn sie über ihrem guten Leumut, auch ihre Begräbniß halten, derselben Ehre und Unschuld, gegen den bösen Affterreder, so auf todte Leute übel und schändlich zu kläffen pfleget, verthädigen. Denn, nehmen sie sich an deren, die noch gebohren sollen werden, wenn ein Mann eine schwangere Frau nach seinem tödtlichen Abgang nach sich läst. Item, wenn sie verbieten, ein schwangere Frau, so gestorben ist, eher zu begraben, man habe denn die Frucht zuvor erlangt, wie ich denn einen nahmhafften Mann kenne, welcher dermassen aus seiner todten Mutter Leib ist genommen worden. Und da iemand die beschriebene Gesetze recht ansehen, und ihren Inhalt mit Verstand erwegen wird, ist zu befinden, daß die Römischen Gesetzgeber anders nichts vor Augen gehabt, und nichts mehr gesucht haben, denn allein die heilsame Gerechtigkeit, und was iedermann insgemein, oder insonderheit zum besten gelangen, und zu Erhaltung eines gottseligen, unsträflichen, erbarlichen, friedsamen, bürgerlichen und gefälligen Lebens dienen möchte, daß sie solches damit förderten. Was aber der Gerechtigkeit zuwider, iedermann insgemein, oder insonderheit Schaden bringen, und ein solch Leben, wie itzt gemeldt, hindern oder zerrütten möchte, daß sie solches dadurch abwendeten. Also kömmt auch einer gantzen Gemeine zum besten, daß die Uibelthäter ungestrafft nicht bleiben sollen. Denn die Schärffe und Rache der Straffe, ist eine Zuchtmeisterin und Anweiserin, unstrafbar und unsichtiglich zu leben. Hierzu gehöret auch, daß man die Gassen, Wassergänge, Brunnen, Privet ꝛc. rein halte, todte Thiere, als Hunde, Katzen und dergleichen Unflat, darein nicht werffen solle: Daß sich niemand seiner Nahrung mißbrauche, und ob einer befunden, der seine Güter übel verbrächte, daß man demselbigen Vormünder setze: daß man die Häuser im Bau halte, und nicht verfallen lasse, damit die Städte nicht verunstaltet werden ꝛc. Diß sey nun zu einem kurtzen Bericht und nothdürftiger Unterweisung genug von unsern Rechten, wie dieselbigen angefangen, worzu sie noth und nütze seyn; welches aber keiner widerfechten wird, es geschehe denn aus Unverstand, wie hie oben gemeldet, oder aus Bosheit, davon hie unten weiter b).

Dieweil von gewöhnlichen und bräuchlichen Rechten hierinne auch gemeldet, denn von Statuten, Stadt-Rechten und Privilegien, so ist nicht vorbey zu gehen, daß gute Gewohnheit, Gebräuche, Statuten, Privilegien, Land- und Stadt-Recht, wenn die seyn herbracht und erlanget, wie sie solten billig und von Rechts wegen, wie sie auch das Recht alsdenn zuläßt und bestätiget, gehalten, vorgezogen und gehandhabt werden. Und ist der Rechtsverständigen Meynung nicht, wie ihnen von vielen ohne Wahrheit wird zugeleget, solche Gewohnheit, Gebräuche und Rechte zu verhindern, oder zu unterdrucken; man soll sie zuförderst beobachten:

a) L. nec magistrat. ff. de injur. L. Nobiliores C. de Commer. & mercat. L. unica C. & contra juch.

b) L. 1 ff. de injur. ff. de sepul. vio. ff. de rel. &c. ff. de mor. inf. L. negat. de mort. infe. L. Ita vulneratus ff. de L. Aquil. L. de pupillo ff. de Nov. op. nun. Inst. De his qui sunt sui & § Sed & major. Inst. de cura § furiosi.

achten: Aber sich auch derselbigen Gewohnheit und Recht, und Freyheit zu mißbrauchen,
ist auch nicht zugelassen, noch zu loben a).

So viel denn anlangt den andern Theil der im Anfang angestellten Frage, als etliche
vermeynen, daß es besser seyn solle, ausserhalb den gemeinen beschriebenen, oder sonst gewissen
nahmhaftigen Gesetzen und Rechten, nach eigener Vernunft, Sinn, Witz und Gutbedüncken,
das sie nach der Erbar= und Billigkeit nennen, zu handeln, zu regieren und zu richten, rc.
Darauf achte ich nunmehr überflüßig und ohne Noth zu seyn, den verständigen Leser mit
weiterer Antwort aufzuhalten. Denn die obgemeldten Historien, und die Erfahrung selbst
bezeugen, daß solche Regimente nie seyn beharrlich, noch dem gemeinen Nutz und Besten leidlich gewesen. Nicht, daß ich Vernunft, Sinn, Witz, Erbar= und Billigkeit verachte, sondern mit Bestand dargethan haben will, daß es besser sey, nach beschriebenen, oder sonst gewissen, vernünftigen, erbarlichen, billigen und bewährten Gesetzen, Rechten und Ordnungen, die allbereit vorhin nach der eingepflantzten, angebohrnen Billigkeit, Vernunft, Verstand,
Erbarkeit und Gewissen frommer, erbarer, ehrliebender, unpartheyischer, gelehrter und erfahrner Leute und Gesetzgeber erfunden und aufgebracht, denn nach unzeitigem blossen, widrigen, eigenem Bedüncken und selbst gefaßter Billigkeit zu regieren und zu richten.

Wie können Richter gewiß seyn, oder wer will es eben bey ihnen bleiben lassen, oder
gläuben, daß sie den Rechten und der Billigkeit gemäß gerichtet haben, wenn ihnen das beschriebene, oder sonst gewisse, gebräuchliche Recht, Gesetze und Ordnung nicht Zeugniß geben?
Hilf Gott, wie viel ungleiche Urtheile würden heraus kommen, wenn ein ieder im Rechtsprechen
keine Maaß haben solte, würde man ihrer zwantzig und mehr, iedweden in ein Gemach allein
einsperren, würden leichte so viel Urtheile, als deren Köpfe seyn, heraus gegeben werden,
und ein iedweder wohl noch gar darauf stehen wollen, daß seine Meynung der Billigkeit gemäß wäre. Denn in einer ieden Sache dasjenige, so billig ist, zu judiciren, ist nicht so
leichte, wie es insgemein dafür gehalten wird, sondern erfordert vorher eine genugsame Wissenschaft, was in ieder Sache recht oder unrecht sey, und daß man klug und beständig unterscheiden könne, aus was Ursachen und Umständen von dem Recht abzutreten, und für demselben die Billigkeit zu erwählen, ne arbitrium judicaturi sit vagum, sed regulatum.
Es kan wohl einem nach seinem Sinn und Neigung bedüncken, etwas recht oder billig zu seyn,
so doch nichts unrechters oder unbilligers wäre. Könte auch wohl der Richter seine Affecten
besser gelten lassen, als eben auf die Weise, da ihm nach seinem Gefallen zu urtheilen verstattet würde? wie solches statlich ausführet der herrliche Philosophus Aristoteles b).

Es haben ehrbare, verständige, gerechte und unpartheyische Richter noch zu thun genug, und bekümmern sich oft, wie sie sich selbst und die Partheyen verwahren mögen, wenn
sie schon in beschriebenen, oder bräuchlichen Rechten wohl und viel erfahren seyn: Ich geschweige, daß sie gelüsten solle, auf ihr Gutbedüncken zu trauen und zu urtheilen. Welches
niemand besser verstehen mag, denn der damit ist umgegangen, und ihm das hat angelegen
seyn lassen. Wie könte einer, wenn er durch ein unrechtmäßig und unbillig Urtheil beschweret
würde, sich der Beschwerungen entledigen, wenn es für Recht seyn und bleiben müßte, was
die Richter nach ihrem Wahn sprechen, wenn nicht Rechte wären, daraus der Beschwerte
anzeigen könte, worinne er den Rechten zuwider, durch Unverstand, Affecten oder Bosheit
des Richters beschweret wäre? Warum seyn anders Appellationes, das sind Berufungen
vom Unter= an Ober=Richter, erfunden, denn daß einer sein Recht gegen unverständige,
partheyische, gewaltige Richter vertheidigen könne c)? Wie kan er es aber thun, wenn er
nicht den Unverstand, Partheylichkeit, Gewalt, Unrecht, rc. des Richters darthun kan?
Wie kan er das aber anders darthun, denn daß er anzeigen möge, er sey wider das oder
das geschriebene oder bräuchliche Recht beschwert? Wie würden sich doch eigensinnige, un-
richtige Richter, da einem dieß, dem andern das billig deucht, so langsam vergleichen und
entschliessen, wenn nicht vorgebildete Rechte wären, denen sie folgen müßten? Wie können
doch vernünftige Leute so verstockt seyn, daß sie solches nicht erkennen wollen? Sie möchten doch ansehen die Sterne des Himmels, die Elemente, alle Gewächse des Erdreichs, alle
Thiere in der Luft, im Meer und auf der Erden, die alle und iegliche in ihrem Geschlechte
ihre Gesetze, Ordnung, Maaß und Ziel haben: Wie solts denn kommen, daß der Mensch,
dem solches alles zum Besten geschaffen, nicht auch gewisse nahmhaftige Gesetze, Regeln und

Ord:

---

a) L. de quib. cauſ. Et aliis seq. legi ff. d. LL. Bart. in L. cunctos populos, C. de sum. Trin. L. omnes
    populi ff. de juſt. & jur.

b) 1 Rhet. 1; 3 Pol. 16, 4 Pol. 4 & 2 Polit. 9.   c) L. 1 ff. de App. & relat.

Ordnungen haben müßte, die ihm Maaß und Anweisung geben, damit er sich deren Dinge aller als ein Verwalter zu rechter Maaß und Weise gebrauchen möge? Also daß der Stoische Philosophus Chrysippus recht gesagt, und die Römer löblich gefolget: lex est regula justorum & injustorum, præceptrix faciendorum & prohibitrix non faciendorum, das ist: Das Gesetz ist eine Richtschnur, darnach man messen kan, was recht oder unrecht ist, eine Gebieterin dessen, was man thun, und eine Verbieterin, was man unterlassen soll a).

Von der Billigkeit wissen wir wohl, daß man saget, enge Recht, weit Unrecht. Darum setzen und lehren unsere Rechte, daß die Billigkeit der Schärfe des Rechten soll vorgezogen werden, nicht aber, wie die ein ieder bey ihm selbst träumet, und nach seinem Bedüncken ihm fürbildet, sondern, wie die entweder von den Römern beschrieben, oder bräuchlich, oder so dem Richter aus Zulassung der Rechte, etwas mit guter Vernunft zu lindern oder zu schärfen, würde heimgestellet, wie solches in vielen Fällen bürgerlicher und peinlicher Sachen geschieht, darinne ein ieglicher verständiger Richter noch zu thun genug gewinnet, damit er nicht zu viel oder zu wenig thue. Es muß im Regiment, nach der Politicorum Lehre, nicht allein das natürliche Recht und die Billigkeit seyn, sondern auch jus legitimum vel positivum, so der Gesetzgeber ordnet. Nun lässet sich in allen Sachen die Billigkeit nicht appliciren, sondern muß oft das scharfe Recht, wie zumahl in Bestrafungen der Uibelthaten geschieht, gebrauchet werden, und das Beste thun: wie auch in Civil-Sachen, wenn sie magis odiosæ, quam favorabiles seyn: denn dasjenige, so odios, ziehet sich zum Bösen, das favorabile aber zum Guten; darum muß in jenem das strenge, in diesem aber das gelinde Recht oder Billigkeit Maaß geben b).

Daß auch etliche fürwerfen, das Recht habe eine wächserne Nase, die Doctores, Gelehrten, Advocaten, Procuratores deuteten und dehneten es, wohin sie wolten; unterstehen sich, gute Sachen böse, und böse gut zu machen, und hätten hie und dort Urtheile gesprochen, die hernach wiederrufen seyn c). Dargegen wiederhole ich, wie hier oben angezeigt, daß die Rechte an sich gut, nütz und vonnöthen seyn, und Leute, man nenne sie gleich Doctores, oder anders, erfordern, die sie verstehen, lehren, gebrauchen, und in iedwedem Regiment darüber halten mögen. Und ist indem viel gelegen an einer ieden Obrigkeit, daß sie nicht, als Rehabeam that d), junge, wilde, unversuchte, ungezogene Leute, sondern solche Doctores, Gelehrte, Räthe und Richter erwähle, bestelle und gebrauche, die, wie auch Jethro e), der Priester Midian, Mosi gerathen hat, gottesfürchtig, wahrhaftig, gelehrt und nicht geitzig oder eigennützig seyn, und die, wie der Kayser Justinianus f) solches vonnöthen schätzt, zuförderst und vor allen Dingen zur Redlichkeit des Gemüths seyn auferzogen: von denen sich nicht zu besorgen, daß sie thun, wie Amon, der seinen Herrn, den König Artaxerxem, durch seinen bösen Rath und Angeben beynahe verführet hätte. Denn als die Historie daselbst meldet g); so werden oft der Könige Rathschläge durch bösen Rath und Angeben verführet. Die auch nicht antworten, wie jenes Weib, welche, als sie ihr Stief-Sohn, Anton. Caracalla, nackend ansahe, und sprach: Ey gerne wolt ich ꝛc. antwortete, geliebts, so geziemts. Unsere Rechte lehren, wie Richter, Beysitzer, Räthe, Rechtsgelehrte, Advocaten, Procuratores geschickt seyn sollen. Ob darunter nun befunden würden, die ihres Amts und Verpflichtung vergessen, und der Rechten sich mißbrauchten, oder aus Unverstand irreten, wie zu besorgen, daß solches alles viel geschehe, die gewarten ihrer Strafe. Darum ist das Recht nicht zu verwerfen, darum sind alle, die nach den Rechten richten, oder sich des sonst gebührend gebrauchen, nicht zu verachten. Denn man darunter noch viel redliche Leute findet, die anders ungern, denn was den Rechten und der Billigkeit eben ist, fürnehmen oder thun wolten. Ein solcher ist gewesen der fürtreffliche, theure Papinianus, der hat lieber von dem Kayser Bassiano Antonino Verfolgung leiden, denn unbillige Sachen, die derselbige Kayser an seinem Bruder begangen, vertheidigen wollen. Sonder Zweifel, wenn der fromme Papinianus dem Kayser hofieren wollen, würde er nicht das Geringste an des Kaysers Hofe verlieren seyn. Also sollen alle Rechtsgelehrte und Räthe auch seyn und thun, und ob sie anders thäten, das muß man den Rechten oder guten Gesetzen nicht zumessen, noch die derowegen verwerfen: Sonst müßte man auch

c 2   alle

---

a) L. 2 de legib.   b) Summum jus, summa iniquitas, L. in omnib. ff. de reg. Jur. L. placuit C. de Jud. Arist. 5 Eth. 10 & 1 magn. moral. 33.

c) Quintilianus respondet ad hanc object. l. 2 c. 17.   d) 1 Reg. 11.   e) Exod. 18.

f) In procemio Digest. § Illud vero.   g) Esth. c. 13, 14, 15 & 16.

alle Künste, darunter auch die Heil. Schrifft selber, welche viele grobe Ketzer noch heutiges Tages zu ihrem gefaßten Wahn und Irrthum wörtlich allegiren und brauchen, um des Mißbrauchs willen abthun. Ja, man müßte auch kein Schwerdt mehr machen, dieweil selbiges eben sowohl zum Mord und Beschädigung, als zur Gegenwehr und Nothdurft gebraucht wird a).

So ist es auch ein Sprichwort: Das Recht sey wohl ein fromm Mann, der Richter aber oft ein Schalck. Schreiben und lesen können, ist das nicht gut und nöthig? Wie viel sind aber befunden, die sich des zu unziemlichen Dingen mißbraucht haben? Solte man darum die Kinder davon abziehen, und nicht mehr lernen lassen? Nein, nicht also, es steckt nicht im Schreiben und Lesen, sondern in einem bösen Gemüthe, das sich des Schreibens und Lesens nicht recht thut gebrauchen, und das auch wohl thäte und böse bliebe, wenn es schon nicht schreiben oder lesen könte. So sagt auch recht der weise Aristoteles b): Man müßte gedulden etliche Irrthümer der Gesetzgeber und der Obrigkeiten. Warum denn nicht auch zuweilen der Richter? Die Gesetze sind, ihrer Natur nach, also beschaffen, daß sie universal, und überall auf iede Fälle nicht können gerichtet seyn; der Gesetzgeber ist auch ein Mensch, so irren kan: Ingleichen kan der Richter in legum applicatione ad facta hominum sich verstossen, daß er wegen ein und anderer Circumstantien oder Umstände, so er nicht gewußt, ihm verschwiegen, oder er so genau nicht beobachtet hat, irret. Und kan doch solches durch Appellationes und andere Mittel, wodurch die Urtheile widerfochten, noch wohl geändert werden. Zuweilen sind die Sachen also verwirret, weitläuftig und intricat, daß über dergleichen vor diesem die Oracula consuliret, und sich fast kein Ausschlag ereignen thut. Oft sind die Sondersatzungen und Particular-Gewohnheiten, weil sie de indifferentibus statuiren, und gleich viel, was darinne geordnet worden, einander zuwider, daher hier dieses, dort jenes Recht und Urtheil gesprochen wird, und doch kein Unrecht ist, wenn mans nur recht verstehen oder begreifen will. Das Recht bleibt auch an sich gewiß und ungetadelt, obgleich in Applicatione verfehlet würde.

Man sagt ferner, mancher soll sich berühmen, er wolle eine Sache lange Jahre, ehe sie zu Recht ausgedrtert werden soll, aufziehen. Das mag seyn: Daß er es aber mit Recht thun solte, das mag nicht seyn, sondern es ist seinem eigenen Gewissen, seiner Profeßion und Gelübde entgegen, und in Rechten verboten: Thut er es aber, so ist er ein Verkehrter und kein Rechtsgelehrter, er thut wider die Kayserliche Constitution: Quisquis C. de post. und wider die Constitution: Rem non novam C. de jud. und hier hat stat das Sprichwort: Die Gelehrten die Verkehrten. Denn wie ein gelehrter und frommer Mann viel Gutes schaffen kan, also dargegen wiederum kan ein Gelehrter und Verkehrter, der sich der Lehre mißbrauchet, viel Unraths anrichten. Es kan wohl ein Gelehrter auch ein böser Mann darneben seyn, aber die Lehre hat eben so viel Schuld daran, als das Wort Gottes an einem strafbaren Prädicanten, der wohl gelehrt ist, und doch der Lehre nicht recht folgt, sondern übel lebt. Sonst ist aber eins, indem viel an dem Richter gelegen, und gehöret seinem Amt zu, daß er verzügliche, gefährliche und unerhebliche Ausflüchte und Behelffe der Partey, oder ihrer Advocaten, Patrocinanten abschneiden und nicht zulassen solle. Dieweil aber der Richter der Parteyen, oder ihren Rathgebern in ihr Hertz nicht sehen, und nicht allezeit vermercken kan, ob etwas zur Nothdurfft der Sachen, oder aus Gefahr und Betrug, von ihnen vorgewandt werde, so ist in Rechten heilsam versehen, ob einer ie den Richter betriegen könte, daß er darnach vor Gott, der aller Menschen Gedancken und Anschläge erkennet, und den Meyneid nicht ungerochen läst, scheuen und sich entsetzen müsse! Indem, wenn ihm auferlegt wird, einen leiblichen Eid zu Gott, und seinem heiligen Evangelio zu schwören, daß er keiner Gefahr brauchen wolte, sondern glaube, er habe gute Ursache zu klagen, oder sich der Klage zu widersetzen: warum er gefraget werde, daß er nicht leugnen will, was er glaubt, wahr seyn: daß er keines falschen Beweises sich gebrauchen wolle, keine betriegliche Verlängerung suchen, nichts um der Sachen willen gegeben oder verheissen habe, noch geben oder verheissen wolle; denn allein denen Personen, welchen die Rechte zulassen zu geben. Wolte Gott, daß die Partey und ihre Patrocinanten oder Rathgeber, dieses wohl und recht bedächten, es würden gewißlich viel zurück gehen, und von ihrem unbilligen Zancken abtreten. Es ist ein erschrecklicher sorglicher Eid, und stehet zu fürchten, daß sich viele hierinne vertieffen, und die erschrecklichen Urtheile Gottes über sich selbst fällen, die da offt von ihrem eigenen Gewissen über-

zeugt

---

a) L. rem. ne. no. C. de jud. L. Nec Magistrat. ff. de ini. L. Hoc edictum ff. de in Jur. om. jud. C. de Assess. L. 1 de just. & jur. L. Quisquis C. de postulando, C. d. pœn. jud. qui mal. jud. &c. Videatur Quintilianus in allegato loco.   b) 2 Pol. 8.

zeugt werden, daß sie den Zanck zu erwecken, oder sich der Klage zu widersetzen nicht Fug haben. Auch geschichts offt, daß nicht aus Unwissenheit oder Vorsatz des Richters, sondern aus ihrer eigenen Versäumniß und Nachläßigkeit, die Parteyen beschwert oder aufgehalten werden in dem, daß sie ihre Gerechtigkeit nicht genugsam oder gebührlicher Weise dargethan, und der Richter, nachdem das vorgebracht ist, richten muß a).

Wiewohl auch möchte vorgegeben werden, der Rechte, und zumahl der Römischen, so an den meisten Orten, nächst den Satzungen und Ländischen Gewohnheiten gebrauchet werden, wären zuviel, auch so schwer, daß sie die Unterthanen nicht wissen können: So wäre zu antworten aus dem Aristotele b), daß die Wissenschafft eines ieden Dinges, also auch der Gesetze sey, daß es einer von sich selbst lernen kan, oder auch so viel darzu thut, wie er schuldig, daß er von andern sich des lasse belehren. Dergleichen sind die Schrifftgelehrten in Republica Judæorum, und die Rechtsgelehrten bey den Römern und andern Völckern. Daher denn die Römischen Gesetze dißfalls mit dem Aristotele klar einstimmen. Und gehöret hieher die Antwort, so dem reichen Manne wiederfuhr; wie er bat, ihm zu vergönnen, daß er seine Freunde warnen möchte, damit sie nicht auch an den Ort der Qval kämen: Sie haben Mosen und die Propheten, laß sie dieselben hören. Aber, warum geschichts, daß die Misonomi, das sind die, die Gesetze und beschriebene Rechte verhassen, und nicht leiden können, so hart darwider streben? Darum, daß etliche aus ihnen so gutdünckende und steiff in ihrem Sinn seyn, und so viel von ihnen selbst halten, daß sie nichts gelten lassen, was nicht aus ihren Köpffen kommet, und sie nach ihrem Wahn nicht begreiffen können. Die andern aber sind darum ungeduldig, daß sie ihren Willen nicht können treiben, wie wir des auch schöne Exempel haben, in den Historien von der Römer Geschichten. Denn als der sieben Könige Regiment, wie hier oben angezeiget, zu Rom ein Ende hatte, und die jungen Gesellen, welche zärtlich an dem Königlichen Hofe auferzogen, und nach ihrem Willen zu leben, gewohnt waren, vernommen, daß man ein ander starck Regiment anzurichten vorhätte, dadurch ihnen ihr Uibermuth und eigener Wille gebrochen werden möchte, beklagten sie sich und meyneten, es wäre vorhin ein gut Leben gewesen, die Könige hätten sich zu Gnade und Verzeihung lassen bewegen, durch die Finger gesehen, einen Unterscheid unter den Leuten zu halten gewußt; würde man aber Gesetz anrichten, so wäre es aus, die wären taub, unerbittlich, den Armen nützer als den Gewaltigen, da wäre keine Gnade, da hülffe nichts, wenn einer über die Schnur getreten hätte: wie sie das auch hernach befunden, da ihrer etliche, auch in ihres Vaters L. Junii Brʋti, des ersten und obersten Bürgermeisters Gegenwärtigkeit gestäupt, und vom Leben zum Tode sind gerichtet worden. Also gehet es auch noch zu, daß niemand so sehr das Recht scheuet, und die Gesetze verhasset, als die, so ihres eigenen Willens und Gefallens zu leben gelüstet, wie sie denn wohl thäten, wenn ihnen nicht gesteuret würde, und sie sich vor der Straffe nicht fürchten dürfften. Denn die Krafft des Gesetzes stehet in Gebieten, Verbieten, Zulassen, Verhängen und Straffen. Und ist iedermänniglich daran gelegen, daß die Uibelthäter ungestraft nicht bleiben, nicht, wie auch Plato lehret, daß die vorige begangene Uibelthat damit wiederbracht werden möge, sondern daß es der Thäter nicht mehr thun, und auch daß andere sich daran spiegeln sollen ꝛc. Will sich nun einer vor der Strafe nicht besorgen, der lebe und thue recht. Angelus, der Rechtsgelehrte sagt: Es sey recht und geschehe Gott ein Dienst daran, wenn man die Räuber frisch auf der That ergreiffe, und gleich aufhencke. Will nun einer die Ebentheuer nicht bestehen, daß er gehangen werde, der lasse andern Leuten das Ihrige, so darf er sich vor dem Galgen oder Rabe nicht fürchten. Voluntas suum cuique tribuendi alia spontanea est, alia quæ fit vi & compulsione quadam civili c).

Ob aber iemand hie sagen wolte, er verachte nicht die Gesetze und Rechte, sondern er halte, daß es besser sey, die irrigen Sachen in der Güte beyzulegen, denn in langwierige Rechtfertigung sich einlassen ꝛc. Das gebe ich ihm nach, in besondern Sachen, welche die Parteyen allein belangen, das rathen und lehren auch unsere Kayser-Rechte, wie, zwischen welchen Personen, in was Sachen beständige Verträge mögen beschehen. Darum auch in der Ordnung der Bücher unsers

c 3　　　　　　　　　　　　　　　　　　　　　Rech=

---

a) C. de dilation. ap. interp. Ex c. de jura. calum. L. 2 & Auth. principales C. de jurejur. prop. calum. In Auth. ut litigato. jurent in prin. coll. 9 § 1. L. Jurisjur. c. de reb. cred. & jurejur.

b) 3. Eth. 3.

c) L. 10 de bon. poss. l. 5 § f. quis ord. in bon. poss. L. illicitas ff. de off. præs. Jason super tit. Instit. de action. § Si minus. Liv. lib. 2 ab urb. condi. Liv. eod. lib. L. legis virtus ff. de leg. L. ita vulnerat ff. ad L. Aquil. L. Bona fides ff. de poss. L. Si operis de pœ. Plato de Rep. L. Si quis ff. pœ. & in alleg. l. bona fides C. de Abig.

Rechtens, die zweene Tractate oder Titel, de pactis & transactionibus, das ist, von gütlichen Verträgen, vorhergehen, ehe denn von dem rechtlichen Proceß, und wie einer den Andern mit Recht besprechen solle, angefangen wird. Damit Justinianus, der Kayser, hat anzeigen wollen, daß allewege zuvor die Güte solte versucht werden, ehe denn die Sachen zu Recht verfasset würden. Und ist abermahl gewiß, daß in solchen Handlungen, die also zur Güte werden vorgenommen, gelehrte und erfahrne Leute vielmehr Nutz schaffen, und die Parteyen besser unterrichten und verwahren können, denn andere, die weder aus Lehre noch Erfahrung, sondern allein nach ihrem Bedüncken hereingehen; und die Sachen offtmahls mehr irrig, denn richtig machen a).

Wenn aber die Güte entstehet, und die Parteyen der gütlichen Weisung nicht folgen, oder keinen Machtspruch willigen wollen, und die Sachen also in der Güte nicht können entschieden werden, denn ist gnugsam hier oben dargethan, und folget beschließlich und unwidersetzlich, daß denn und auch sonst gut Regiment, Fried und Einigkeit zu erhalten, nichts nützers, nothdürfftigers auf Erden ist, darnach man alle Sachen und ein iedermann sich selbst richten möge, denn gute nothdürftige, nutzbare, ehrliche, mögliche, gleiche, beschriebene oder sonst beständige Gesetze, Recht und Ordnung haben und halten: Hinwiederum, daß nichts gefährlichers, ungestalters, schädlichers und unbeständigers seyn möge, denn wo man nach eigenem Wahn, Gutbedüncken, erdichteter Billigkeit zu regieren und Regiment zu erhalten, vornimmt, wie ein ieder Erfahrner und Verständiger aus oben erzehlten Historien gründen, und aus der Erfahrung selbst das alles begreiffen, bekennen, und nicht in Abrede seyn wird.

Wie nun dieses Rechtliche Bedencken schon im vorigen Seculo entworffen, und bis dato die ächten Rechts-Gelehrten solcher Lersenewischen Meynung in so weit, als die Rechte im Römisch-Teutschen Reich nicht geändert, dermahlen nicht absagen können: Also haben wir nach dem alten Teutschen Stylo solches Rechtliche Bedencken stat des zu meldenden Inhalts von dem Vten Bande ungeändert unserm Rechtsgelehrten Leser mittheilen wollen; und da wir nun den Inbegriff dieses Vten Bandes allhier weitläufftig zu berühren, uns entübriget sehen, indem der vorgesetzte Inhalt des allgemeinen Registers unserm Leser vollkommene Nachricht davon ertheilet. Nachdem nun unser Rechtsgelehrter Leser durch dieses vorhergehende Rechtliche Bedencken den Unterschied von selbst, zwischen Recht und Billigkeit, zu beurtheilen, im Stande seyn wird, welches dermahlen besser, ob nach der vermeynten Billigkeit, oder vorgeschriebenen Rechten, zugleich die streitigen Rechts-Fälle zu entscheiden seyn; Als haben wir uns dahero um so mehr allhier genöthiget gesehen, die in Teutschland üblichen Rechte und Reichs-Gesetze in vorigen IV Bänden, in so weit wir diese zur Zeit zur Grundlegung nöthig erachtet, bey unserm angenommenen Principio cognoscendi so wohl vorgängig historisch, als theoretico-practisch, desto gründlicher und weitläufftiger zur Ausführung des Principii essendi unserm Leser vor Augen zu legen; In diesem Vten Bande aber wollen wir mit dem Principio Essendi, oder mit dem zum Grund gelegten Statu Familiæ, aus welchen die übrigen Menschlichen Gesellschafften derer Herrschafften und Unterthanen mit andern ihren Ursprung nehmen, zu derer Rechts-Gelehrten nützlichen Gerichtsbrauch, unser mit Gott glücklich angefangenes Rechtsgelehrte Werck unermüdet fortsetzen, und also unserem in letzterer Vorrede beschehenen Versprechen Gnüge thun: Jedoch werden die übrigen zu unserer Teutschen Rechts-Gelahrheit, und vornehmlich des Principii cognoscendi gehörigen Reichs-Grund-Gesetze an behörigen Orten einzuschalten, auch die wichtigsten Teutschen Landes-Gesetze am Ende ieden Titels gebührend beyzubringen, wir uns künftig zugleich angelegen seyn lassen. Womit wir unsern geehrtesten Lesern uns bestens empfehlen.

a) L. & C. d. pact. & transact. c. ut litigantes d. off. ordin. in 6 c. Si primates; q.2 ubi gloss. 1.

Leipzig,
den 29 Sept. 1748.

Die Hochteutsche Rechtsgelehrte
Societät.

Inhalt

Inhalt des V Bandes

Des

Juristischen Oraculs.

So=

Inhalt.

Daß man also in diesem Bande ausser den Rechtlichen Bedencken, deren Anzahl sich auf 50 erstrecken, 131 Responsa, Consilia, Decisiones, Enunciata und Observationes antrifft.

✳✳✳✳✳✳✳✳✳✳✳✳✳✳✳✳✳✳✳✳✳✳✳✳✳✳✳✳✳✳

Des allgemeinen
Juristischen Oraculs
Fünfter Band.

Die I. Rechtliche Betrachtung.

Von der Handwercker und Handwercks-Zünfften in Teutschland Ursprung, wie auch Verfall derselben in allerhand Mißbräuche.

§. 1.

Es ist von uns in des allgemeinen Juristischen Oraculi IVten Band nach dem Entwurff unsers auf dem Titel-Blatt befindlichen Grund-Risses die Ausarbeitung bestmöglichst theoretico - practisch befolget worden; weil wir nun in sothanen IV Bandes XI Capitel auf dem 902 Blatt von Handwercks-Innungen zu handeln angefangen, auch bereits das Reichs-Gutachten vom 22 Junii 1731 samt dessen Beylage sub Signo ☉ und Kayserliches Commissions-Decretum ratificatorium obigen Reichs-Gutachtens vom 4ten Sept. 1731 der Handwercker abgestellte Mißbräuche betreffend zum Grund der neuen Zeiten eingeschaltet, und solches mit einem politischen Bedencken, ob die in Teutschland errichteten Zünfte, Innungen, Zechen und Gilden in einem Lande abzuschaffen, oder zu des Landes Besten beyzubehalten erläutert begleitet; Als wollen wir, nunmehro allhier dasjenige noch ergäntzen, was dort wegen Enge des Raums nicht ausgeführet werden können, und allhier in dieser Iten Rechtl. Betrachtung der Handwercker und Zünffte Ursprung in Teutschland, auch derselben Verfall und Mißbräuche betrachten, sodann in der IIten was zu Abschaffung solcher Mißbräuche von denen Kaysern auf Reichstägen verordnet, und endlich was in verschiedenen Reichs-Landen deßfalls geschehen, zu unserm Augenmerck nehmen, solches aber mit Responsis in der IIIten practisch erläutert und mit Autoribus bewährt vorstellen.

§. 2.

Nachdem von Abschaffung der Mißbräuche bey denen Handwercks-Zünfften in Teutschland auf vielen vorigen und jetzigen Reichs-Tägen so wohl als in verschiedenen Fürstl. Reichs-Landen ist gehandelt, und diese Sache vor einiger Zeit, bey Gelegenheit der von Handwercks-Gesellen an einigen Orten verübten Insolentien, wiederum in Bewegung gebracht worden, und davon in denen öffentlichen Zeitungen täglich Meldung geschehen, mithin viele begierig seyn werden, hiervon eine genauere Wissenschafft zu haben; so hat man denenselben Jurist. Oracul V Band.

erstlich von der Handwercker und derselben Zünften Ursprung, wie auch Verfall in allerhand Mißbräuche, zweytens was zu Abschaffung sothaner Mißbräuche auf denen Reichs-Tagen geschehen, drittens, was deswegen in denen Fürstlichen Reichs-Landen vorgegangen, viertens, was für Schrifften von dieser Sache herausgegeben worden, an diesem Ort Nachricht zu geben, nicht unangenehm zu seyn erachtet.

§. 3.

Ob nun zwar, was den Ursprung der Handwercker betrifft, die alten Teutschen eine sehr einfältige Lebens-Art geführet, und zu ihrer Kleidung entweder eine Decke, welche sie um sich hiengen, und mit einem Stefft, in Ermangelung einer Spange, zumachten, oder eines Kleides, das nicht weit, sondern eng und überall am Leibe glatt anlag, sich bedienet a); ihren Hunger mit geringer Speise, wildem Obst, frischem Wildpret, oder geronnener Milch, ohne grosse Zurichtung und Lecker-Bißgen gestillet b), auch in schlechten Gebäuden, wozu sie weder Kalck noch Steine gebrauchet c), gewohnet, zudem auch keine Commercien mit andern Völckern getrieben, folglich dabey und übrigem schlechten Haus-Wesen keine grosse Künstler vönnöthen gehabt haben; so ist doch nicht zu glauben, daß sie ohne alle Handwercker solten gewesen seyn: immassen so wohl zur Verfertigung der Krieges-Waffen, als der beym Acker-Bau und Hauswesen nöthigen Werck-Zeuge und Geräthe dergleichen erfodert worden.

a) Tacit. de M. G. Cap. XVII.
b) Id. C. XXIII.
c) Idem C. XVI.

§. 4.

Es wurden aber die Handwercker in solchen Zeiten von keinen freyen Leuten getrieben, als welche allein dem Kriegeswesen ergeben gewesen, und wann sie nicht im Kriege begriffen waren, die Zeit mit Jagen oder Müßiggehen zubrachten a), auch meyneten, es sey eine Bärenheuterey, daß man durch Schweiß erwerben wolle, was durch den Degen könte erlanget werden b); sondern es waren solche der Knechte Verrichtung; welche Gewohnheit noch lange Zeit beybehalten worden, bis die Freygelassene

A

sene sich denen Handwerckern gewidmet haben. Dann nachdem in dem achten und folgenden Jahrhunderten eine grosse Menge der Knechte aus der Knechtschafft, auf Einrathen der Bischöffe, als käme solche mit der Christlichen Religion nicht überein, erlassen worden, haben sich dieselbe in die neu erbauete Städte begeben, und durch die Handwercke ihre Nahrung gesuchet, wovon Christoph Lehmann c) also schreibet. "Ferner ist zu wissen, daß diejenige, so der Leibeigenschafft und Dienstbarkeit durch vorberührten Proceß einen ledig gesprochen, erstlich hierdurch zu dieser Freyheit kommen, daß sie in den Reichs-Städten zu Inwohnern, doch nicht zu Bürgern angenommen worden, dazu keiner, der eines andern Herrn Leibeigen, gereichen, und der gemeinen Rechte der Freyen fähig werden können. Der Verfolg aber giebt zu vermuthen, daß offt die Städte und Obrigkeiten durch Leibeigene ansehnliche Leute müssen seyn hintergangen worden, als wann sie Freye wären, weil man in folgenden Zeiten sothanem Betrug mit diesem Mittel begegnet, daß so zu Bürgern in Städten wollen aufgenommen werden, mit Brieflichen Schein, so man Mann-Recht nennt, müssen darthun, daß er Niemands eigen Mann sey, oder nachfolgenden Herrn habe,. Diesem hat auch Conring beygestimmt d), nur daß er vermeynt, die Arme unter denen Freyen hätten zugleich die Handwercke getrieben, deme aber Herr Thomasius sel. sehr widersprochen e). Gleichwohl aber müssen sich noch viele Knechte in denen Städten und unter denen Handwerckern befunden haben, weil in späten Zeiten gantze Städte vom Recht der Tod-Fälle, welches dem Herrn über die Knechte zustehet, sind befreyet, und der Knechtschafft erlassen worden, dessen die Stadt Braunschweig ein Exempel ist, von welcher Meibomius f) erwehnet, daß dieselbe erst An. 1114 von Hertzog Otto, dem Strengen, von der Knechtschafft sey befreyet worden.

a) Idem cap. XVII.
b) Idem cap. XIV.
c) In seiner Speyerischen Chronicke Lib. II. c. 20.
d) De Urbibus §. 83.
e) in seiner Diff. de Jure dandæ civitatis.
f) T. III. S. R. G. p. 205.

§. 5.

Wann aber die Handwercke in gewisse Zünffte und Innungen gebracht worden, solches scheinet noch sehr zweiffelhafftig zu seyn. Der berühmte Cantzler der Hällischen Universität, Herr von Ludwig, hat dafür gehalten a), daß auf des Kaysers, Henrich des Voglers, Verordnung solches geschehen, und sich auf die Zeugnisse Wittichindi, Dirmari, Gobelini, Personæ und Rothonis beruffen, welchem aber Herr Gœbel, Prof. Juris zu Helmstädt, in seiner Præfation über des Adami Bejeri Buch de Collegiis Opificum nicht beystimmen und die angeführte Zeugnisse wollen gelten lassen. Christoph. Lehmannus hat in seiner erwehnten Chronicke b) vermeynet, daß die Handwercks-Zünffte bey denen Freyen Reichs-Städten, und in der Stadt Speyer zu den Zeiten Henrichs des V ihren Anfang genommen hätten. Dieses ist gewiß, daß seit dem eilfften Jahrhundert die Handwercks-Zünfte dergestalt überhand genommen, daß Kayser

Friedrich der II und dessen Sohn, Heinrich, Römischer König und Reichs-Verweser, wie auch Rudolphus Habsp. solche, wegen vieler verursachter Unordnung, wieder aufzuheben gesuchet c) haben, woraus aber zwischen den Stadt-Obrigkeiten und Zünfften viele Unruhen entstanden und diese gegen jene sich nicht allein maintenirt, sondern auch in die Rath-Häuser und zu dem Stadt-Rath sich den Weg eröffnet haben.

a) In seiner Differtat. de Opifice exule in pagis.
b) Lib IV c. 14.
c) Wovon die Kayserliche Verordnungen bey Laur. Friesio in seinem Chr. Wurzb. p 557, Joh. Mich. Heineccio in Antiq. Gosl. L. 3 p 301 und Herrn Lünig in dem Reichs-A. P. Sp. Cont. IV p. 1 nachzusehen.

§. 6.

Am allerwahrscheinlichsten scheinet zu seyn, daß dergleichen Zünffte von denen Römern entlehnet, und durch die Bischöffe aus Italien nach Teutschland sind gebracht worden, angesehen auch selbige zu Erbauung der Städte in Teutschland grossen Anlaß gegeben, und um solche florissant zu machen, viele Leute aus Italien dahin gezogen haben. Weilen auch die Zünffte bey denen Römern grosse Gewalt und das Recht hatten, eigene Gesetze zu machen und die Gerichtsbarkeit in ihren Sachen zu halten; so ist es auch ohne Zweifel daher geschehen, daß dieselbige in Teutschland sich dergleichen angemasset, insonderheit nachdem die Römische Rechte in Teutschland eingeführet worden, und die Zünffte bey dem Rathhäuslichen und Stadt-Wesen etwas mit zu sagen Macht überkommen haben.

§. 7.

Solcher gestalt aber ist es auch zugleich geschehen, daß die Zünffte in viele schädliche Gewohnheiten und Mißbräuche verfallen, wovon ehemahlen ein Verzeichniß, unter dem Titel: Designatio mehrfacher Mißbräuche und Unordnungen bey den Handwercks-Zünfften, auf dem ietzigen Reichs-Tag zum Vorschein kommen, folgenden Inhalts:

1. Macht der verbleibende Unterscheid zwischen geschenckt- und nicht geschenckten Handwerckern, nicht allein wegen des Geschenks, seltsamen Gruß-haltens und Gebens, (derentwillen die Handwercks-Pursch öffters ein groß Stück Landes vergeblich um den Weg gesprenget werden, sondern auch insgemein grosse Unordnungen und Mißbräuche, indeme jene vor diesen, in Annahm gewisser Leute zu denen Handwerckern, und sonsten besser seyn wollen, als die andern.

2. Was in denen Reichs- und Policey-Ordnungen, als An. 1568 und 76 verordnet worden, daß der Mißbrauch, wegen Mitzulassung der Leinweber, Barbierer, Trompeter, Schäffer, Müller, Zöllner, Pfeiffer, Bader, und anderer dergleichen, mit ihren Kindern zu denen Handwerckern, wircklich abgeschafft seyn sollen, deme widersetzen sich zum Theil die Handwercker, Meister und Gesellen, und wollen einige dergleichen Personen, und auch andre, als Förster, Todten-Gräber, diejenige Lands-Gericht- und Stadt-Knechte, so mit denen Malefiz-Personen bey den strengen Fragen oder Execution und Urthel, auch andern etwa infamirenden Actibus gantz und gar nichts zu thun haben, sondern alleine der Obrigkeiten Diener und Aufwärter seyn, wie auch die Marck-Meister samt denen Ihrigen, bey denen Handwerckern nicht allein nicht leiden,

sondern

sondern auch, wenn sich ein Handwercks-Mann in dergleichen Tochter oder Wittib, oder auch, zu einer, die zuvor aus von ihme, oder einem andern zu Unehren gebracht worden, verheyrathet, ihme Un gelegenheit machen.

3. Wann ein Handwercks-Mann oder Gesell einige Gebrechen, als Ehebruch, Diebstahl rc. begangen, und darüber auch nach ausgestandener obrigkeitlichen Straffe bey dem Handwerck passiret würde, oder auch vor alt- und langen Jahren, über Mannes-Gedencken geduldet worden; ingleichen da ein Meister sein im Ehebruch ergriffenes Weib, nach obrigkeitlicher ausgestandener Straffe wiederum zu Gnaden annimmt, und mit ihr hauset, wollen derentwegen gantze Zünffte und Meisterschafften für unrichtig und unredlich gehalten werden, und die Handwercks-Pursch aufstehen, einander umtreiben und abstraffen.

4. Der mehrfache Unterschied und die Discrepantzien der Handwercks-Laden und sogenannten Haupt- und Neben-Capiteln, zumahlen denen, so sich an etlichen Orten theils Handwercker selbst, in Aufrichtung von diesem angemasset haben, sodann die verschiedene Haltung der Lehr-Jahre bey ein und andern, und weniger auch die Lehr-Jungen, giebt die grosse Confusion und Trennung, also, daß ein Handwerck an diesem Ort will redlicher seyn als am andern, und die Handwercker an sich ziehen, und wer sich bey solchen Laden nicht einschreiben lässet oder abfindet, für unredlich in Lehrung und Meisterschafft, ohnerachtet er der beste Meister geachtet, auch mit continuirlichem Umtrieb bald da, bald dort, in Arbeit nicht befördert werde.

5. Wegen Verarbeitung der s. v. Hunds-Häute treiben an vielen Orten im Römischen Reich, die Roth- und Weiß-Gerber unter einander auf, und wollen diejenige, so sie nicht verarbeiten, die andern für unredlich halten; so auch nur vor diesem dergleichen verarbeitet, ohngeachtet sie solches de facto eingestellet, oder aber mir durch die jüngsten Meister verrichten lassen, und sollen sich die Handwercks-Pursch, so an dergleichen Orten arbeiten, an mehr denn einem Ort, von Handwercks wegen abstraffen lassen rc.

6. Wann ein Handwercker ungefehrlich einen Hund oder Katze todt wirfft, oder schlägt, oder in der Werckstat s. v. gratia, in einen Leh, oder ander Lettich ertrincket, der nur eine todte Katze anrühret und dergleichen, will man eine Unredlichkeit daraus machen, so gar, daß die Abdecker sich eigenmächtig anmassen, solche Leute mit Schlagung des Messers in die Thür-Schwellen, und Abholung der Personen zu ihrer Arbeit, oder aber einen Abtrag an Geld, nach eigenem Gefallen zu nöthigen.

7. Wann einer aus denen Handwerckern mit dem Scharff-Richter, Abdecker und dergleichen Leuten, ungefehrlich isset, trincket, oder sonst, selbst, oder durch die Seinige bey derselben Hochzeiten erscheinet, und mit iemand derselben tantzet, will man auch eine Unredlichkeit daraus erzwingen und das Gesinde aufstehen.

8. Unehlich-gebohrne Kinder, welche aber durch nächerfolgte Ehe der Eltern, oder aus Kayserlicher Majestät Macht, von einem Comite Palatino sind legitimiret worden, will man bey einigen auch wohl geringen Handwerckern nicht passiren lassen,

entweder bey der Lehrung, oder aber in der Wanderschafft, treiben derentwillen Meister und Gesellen einander auf.

9. Wenn ein Handwercker wegen einig prätendirten Verbrechens und wider ihn abgehabten Verdachts, zur gefänglichen Rechafft, und weiterer Inquisition kommen, seine Unschuld aber durch die ausgestandene Tortur ausgeführet, und darüber Obrigkeitlich ist absolviret worden, will man einen solchen an theils Orten für untüchtig halten, und weiteres bey denen Handwerckern nicht passiren lassen.

10. Es soll auch bey dem Weiß-Gerber-Handwerck ein seltsamer Mißbrauch seyn, daß ein Geselle in Arbeit, wenn er sähe, daß ein Kind nehen ihme von einer Banck zu todt fiele, solches nicht aufheben darff.

11. Bey Losstehlung der Lehr-Jungen giebts viel seltsame ungebührende Mißbräuche, als unter andern zum Exempel, daß die Gürtlers-Gesellen einen Lehr-Jungen bey der Losstehlung mit der Ruthen straffen, wie nicht weniger bey den Meister-Stücken viel übermäßige Unkosten zu machen, geschweigen der unnöthigen auf Jahr und Tag langwierigen und vergeblichen Kostbarkeit an Stücken, so hernach nichts nutzen oder zu gebrauchen.

12. Ein Mißbrauch ist auch, daß die Meisters-Söhne in Lernung und bey Erlangung der Meisterschafften, auch mit denen, so Meisters Wittib oder Tochter heyrathen, besser und anders gehalten werden, denn insgemein, ja daß man an etlichen Orten ins Handwerck heyrathen muß, wenn man zur Meisterschafft kommen will.

13. Ein allgemeiner ebener Mißbrauch ist, daß wer an einem Ort einmahl schon die Meister-Stücke gemacht und Meister worden, auch darum außzulegen hat, wenn er sich an einem andern setzen will, daselbsten nochmahls die Meister-Stücke machen muß, und ehender nicht für Meister passiret wird.

14. Die Handwercker, so nicht um den Tag-Lohn arbeiten, sondern ihre Arbeit überhaupt anschlagen, als Schmiede, Schlösser, Wagner, Schreiner, Sattler, Riemer, Weber, übernehmen die Leute nach ihrem Gefallen im Lohn, auch bey wohlfeilen Zeiten, um gesteigerten Preis.

15. Die Handwercks-Pursche verbinden sich öffters mit einander aus liederlichen Ursachen und einer blossen Halsstarrigkeit, von einem und dem andern Ort aufzustehen und zu wandern, verschreyen selbe bey andern, wenn sie von der Obrigkeit ihrer Mißbräuche, Ungehorsams und Widerspenstigkeit halber abgestrafft werden, und verursachen, daß kein Gesinde mehr daselbst leichtlich Arbeit nehmen will, sondern treiben einander selbsten derentwillen auf.

16. Was ein Meister angefangen, soll der andere nicht ausmachen, noch seine Arbeit wohlfeiler geben, denn der andere, welches ein altverbotener, aber noch immerwährender Mißbrauch ist.

17. Theils Handwercker wollen sich von ihrer ordentlichen Obrigkeit Jurisdiction in Handwercks-Sachen so gar erimiren, und auf ihre Erkenntniß, Gebot und Verbot nichts geben, daß, wer bey der Obrigkeit unter ihnen derentwillen eine Klage angestellet, sie selbigen darum straffen, und von deren Erkenntnissen für ihren Handwerckern, Haupt-

baben und Capitaln, provociret und vermittelt seyn wollen.

18. In theils Handwercks-Ordnungen selbsten, auch wohl vor Alters von höchsten Orten bestätiget, sind solche ungereimte und seltsame Clauseln, Sitt- und Gewohnheiten enthalten und bekräfftiget, die in nichts anders, denn einem Mißbrauch und Unverstand bestehen, als da ist unter vielen andern, zum Exempel, bey etlichen, daß kein junger Meister, ob er schon viel Jahr auf seinem Handwerck im Römischen Reich gewandert, gleichwohl das Handwerck nicht treiben darff, bis er gewisse Jahr in dem Ort gewohnet, und die sogenannte Bruderschafft drey, vier, fünff, und mehr Jahr nach einander besuchet.

Item, daß sie sich in den Geburts-Briefen und andern Kundschafften gewisser Formularien gebrauchen, worinnen theils unvernünfftige und überflüßige, theils denen Rechten und Reichs-Constitutionen gar zuwiderlauffende Wörter und Clauseln begriffen, als, daß des Producenten Vater und Mutter nicht Pfeiffer, Schäffer, Müller oder weidischer Art, noch von dergleichen Eltern Herkommens seyn, daß sie bey ihrer Hochzeit öffentlich zur Kirchen und Strassen geführet worden.

19. Die Handwercker bilden ihnen insgemein ein, und wollen in ihren Zünfften behaupten eine bessere und mehrere Redlichkeit, dann andere, als Crämer, Wirthe, auch wohl andre in hohen Würden, so gar, daß ein Schäffer und Küffer bey dem Handwerck, als man ihnen vorgehalten, warum sie ein durch nachgefolgte Ehe legitimirtes Kind nicht zum Handwerck lassen wollten, da doch ein solches so gar zu hohen Dignitäten gelangen könnte, so keck seyn dürffen und vermelden, ob wohl ein solcher auch ein grosser Herr werden könne, so soll er doch kein Schäffer nicht werden.

20. Diese und mehr andere Unordnungen und Mißbräuche bey denen Handwerckern, die noch weiters zu erinnern und zu additen begehrt werden möchten, haben im H. Röm. Reich fast durchgehends also eingerissen, und hat die Halsstarrigkeit der Handwercks-Pursche dermassen überhand genommen, daß ohne durchgehende nachdrückliche Remedirung und Execution dessen, was in alten Reichs- und Policey-Ordnungen heilsamlich zum theil versehen, und noch disponiret werden möchte, keine Obrigkeit vor sich allein ohne durchgehende Zusammensetzung aller Stände und machende Gleichheit, die völlige Remedirung erheben kan, weilen sie die fremde Handwercks-Pursche nicht länger, denn sie bey ihren Meisterschafften in Arbeit bleiben, in ihrer Macht und Gewalt haben, und die Zünffte mehr auf solche ihre seltsame Statuta, Mißbräuche und Herkommen, denn alle Obrigkeitliche Gebot und Verbot, halten, ita, ut sere mali mores bonos leges jam perduxerint in potestatem suam, & tyrannidem huc usque exerceant.

§.

Es sind aber dieser Mißbräuche mehr und können selbige abgetheilet werden nach denen Lehr-Jungen, Gesellen, Meistern, und Handwercks-Zünften überhaupt. Zu denen Mißbräuchen, in Ansehung der Lehr-Jungen, gehören 1) daß von Erlernung der Handwercker pflegen ausgeschlossen zu

werden, nicht allein die Huren und natürliche Kinder, Findlinge, auch diejenigen, welche entweder durch die Heyrath der Eltern vor der Gebuhrt der Kinder, Landes-Fürstliche Rescripte, oder Comites Palatinos, sind legitimiret worden, sondern auch der Bahrierer, Bader, Leinweber, Schäffer, Müller, Pfeiffer, Trompeter und andrer Kinder; 2) die bey Annehmung und Aufdingung der Lehr-Jungen viele unnöthige Solennitäten, als Probe, Angebung des Nahmens, Darstellung vor der Zunfft, legitimation durch Vorzeigung des Geburts-Briefes, Annehmung und Einschreibung des Nahmens in die Zunfft-Matricul und dabey vorgehende abgeschmackte Gebräuche, wie auch viele aufwendende Kosten; 3) daß, weilen die Lehr-Jahr nicht aller Orten gleich seyn, diejenige, welche wenigere Jahre gelernet haben, an solchen Orten, wo mehr Jahre im Gebrauch seyn, nicht Handwercksmäßig geachtet werden; 4) das übermäßige Lehr-Geld, oder denen, welche solches nicht erlegen können, an stat dessen viele aufgelegte Lehr-Jahre, wie auch des Lehr-Gelds und der Lehr-Jungen Wohlverhaltens wegen erfoderte unmäßige Caution; 5) daß die Lehr-Jungen mehr zur Arbeit bey dem Haus-Wesen, als zu Erlernung ihres Handwercks, von denen Meistern angesetzt und dergestalt hart gehalten werden, daß selbige die Lehr-Jahre verlassen müssen, von andern Meistern aber zu Vollziehung der Lehr-Zeit nicht wieder angenommen werden.

§. 9.

Die Mißbräuche in Ansehung der Gesellen betreffen entweder die ihnen obliegende viele Beschwerden, oder derselben schädliche Gewohnheiten, und gehören zu der ersten Gattung 1) die unnöthige Gebräuche des Frey- oder Los- und Gesellen-Sprechens, deren jene von denen Meistern, diese aber von denen Mit-Gesellen geschiehet, und der neue Geselle dadurch in ihre Gesellschafft aufgenommen wird, mithin die viele dabey vorgehende unanständige und zum Theil unchristliche Ceremonien, wie auch aufwendende grosse Kosten; 2) das sogenannte Umschauen und viele bey Antretung der Wanderschafft unnöthige Gewohnheiten, 3) die lächerliche Grüsse, und wann selbige von Wort zu Wort nicht können hergesagt werden, verweigerte Annehmung der Gesellen, 4) die Unkosten, welche die Gesellen bey denen geschenckten Handwerckern zu Unterhaltung derer fremden Gesellen ihrer Zunfft aufwenden müssen, und dabey gewöhnliche Schmausereyen, mit Versäumniß ihrer Arbeit, grossen Schaden der Meister und des gemeinen Wesens, 5) der Alt-Gesellen ungebührliches Verhalten gegen die Jung-Gesellen, und dieser Verächtlichkeit. Von der andern Gattung sind 1) der Gesellen am so genannten blauen Montag, und zu andern Zeiten, gewöhnliche Müßiggang und Schmausereyen; 2) die Bedingung gewisser Kost von ihren Meistern; 3) die angemasste Jurisdiction über ihre Mit-Gesellen und Meister, mit Bestraffung und Schelten oder Unehrlichmachung derselben durch Anschlagung an die schwartze Taffel derjenigen, welche ihren unvernünfftigen Gewohnheiten nicht nachleben; 4) Aufstand und Empörung derselben gegen die Meister und Obrigkeiten, dergleichen vor einiger Zeit zu Würtzburg, Augspurg, Wien und andern Orten vorgangen;

5) Ver-

‡) Verlassung ihrer Meister mittelst ihres nach bekannten Verbrechen ohne Abschied von Nöthigen sehen ... Was die Mißbräuche in Ansehung der Weiber her ist, so bestehen solche vornehmlich darinnen, daß die Meisterschafft einigen unbilliger Weise gäntzlich sich versagt, andern aber die Erlangung derselben allzuschwer und dergestalt kostbar gemacht wird, daß die jungen Meister mit Schulden beschweret und nachgehends ihr Handwerck zutreiben außer Stand gesetzt werden, wie dann zu solchem Mißbrauch gehören ‡) daß nicht allein die zur Meisterschafft sich angebende Gesellen, sondern auch der selben Frau oder Braut Geburt, Leben und Wandel unbilliger Weise zum öfftern getadelt und denenselben unnöthige Schwierigkeiten gemacht; 2) diejenige aber, welche das Handwerck bey keinem Meister, sondern von sich selbst, oder an solchen Orten gelernt, allwo keine Geburts- und Lehr-Brieffe im Gebrauch sind, folglich dergleichen nicht aufweisen können, ohnangesehen sie sonst ihre Kunst tüchtig erlernet haben, nicht weniger auch ‡) bey einigen Zünfften die Verheyrathete von Erlangung der Meisterschafft ausgeschlossen, die Unterthanen theils aber unter solcher Bedingung, daß sie eines Meisters Tochter hinkünfftig zur Ehe nehmen wollen, zugelassen, allen aber, 4) welche zur Meisterschafft für fähig gehalten werden, außer derer Meister Söhnen, und Schwieger-Söhnen, welche vor andern viele Freyheit genießen, die Erlangung derselben schwer gemacht wird, nicht allein mit unnöthiger Zeit-Versplitterung durch das Jahr-Arbeiten und Muthen, sondern auch dabey und auf die Alt-Fränckische Meister-Stücke, Schmausereyen deß so genannten Materie- und Meister-Essens und sonst aufzuwendende vergebliche Kosten, auch 5) die Jung- oder zuletzt aufgenommene Meister von denen Aelteren mit her...

machet werden, ... und andern Diensten das schwerer und zu derselben Schaden von ihrer Arbeit abgehalten werden.

§. 11.

Nicht weniger finden sich bey denen Handwercks-Zünfften überhaupt schädliche Gewohnheiten, dergleichen sind 1) der eingeführte Unterscheid zwischen denen geschenckten und ungeschenckten Handwerckern, deren jene eine besondere Ehre und Rechtlichkeit vor diesen sich rühmen, und nicht nur die beschwerliche Geschencke vor die fremden Gesellen ihren Zünfften aufgebracht haben, sondern auch denen, welche in ihre Gesellschafft wollen aufgenommen werden, vor andern unnöthige Schwierigkeiten machen; 2) der Unterschied zwischen denen Haupt- oder Kreis- und Neben-Laden, deren jene keine vor redlich erkannt wollen, welche sich bey ihnen nicht angegeben haben und einschreiben lassen; 3) die unter sich gemachte Verbindungen, daß keiner seine Waare wohlfeiler als andere machen oder verkauffen möge; 4) daß an vielen Orten keine als unverheyrathete und mit solcher Bedingung angenommen werden, daß sie eines Meisters Tochter heyrathen wollen, und so lange solches geschiehet, alle Jahr eine gewisse Straffe, welche das Brümel-Bier genennet wird, erlegen müssen; 5) die zu großem Præjuditz ihrer Landes-Herren gemachte Vereinigung mit denen Zünfften in andern Landen, wodurch geschiehet, daß dergleichen mit auswärtigen Zünfften es haltende Handwercks-Leute ihrer rechtmäßigen Obrigkeit entzogen werden; 6) die besondere Gerichtsbarkeit und Macht, deren sich die Zünffte anmassen, nicht allein in Handwercks-Sachen eigene Gesetze zu machen, sondern auch Recht zu sprechen, ihre Mitglieder zu bestraffen, und dieselbe nach eigenem Gefallen durch Anschlagung an die schwartze Tafel oder anderes gewöhnlicher Schelten und unehrlich machen aus ihrer Zunfft zu stossen.

✳✳✳✳✳✳✳✳✳✳✳✳✳✳✳✳✳✳✳✳✳

Die Zweyte Betrachtung.

Was zu Abschaffung der Handwercks-Mißbräuche von denen Kaysern und auf Reichs-Tägen verordnet worden.

§. 1.

ES maßen die Kayser Friedrich der II und Rudolph von Habsburg die Zünffte wegen vieler damahls bereits von selbigen verursachten Unordnungen wieder aufzuheben bedacht gewesen, solches ist in vorhergehender Betrachtung §. V nachzusehen. Der Kayser Sigismundus ist derselben Meynung gewesen, in dessen vorgehabten weltlichen Reformation a), Cap. IV folgendes enthalten: Es ist auch zu wissen, daß in denen guten Städten, nehmlich Reichs-Städten, Zünffte sind, die sind nun sehr gewaltig worden, und muß man die Zünffte gröblich kauffen. Sie machen Gesetze unter ihnen, als etwa Städte gethan haben; Sie ordnen an vielen Städten den Rath, wie viel aus ieglicher Zunfft in den Rath gehen sollen. Dies heißt in einer Stadt una politicas, und ist nicht eine rechte Gemeinsamkeit, als ich

sage. Ist es eine Zunfft, die man straffen soll von ihres Handwercks wegen, daß sie prakticiren, das einer Gemeinden in einer Stadt nicht wohl kömmt, als Metzger, die das Fleisch zu theuer geben, oder Becker, die das Brot zu klein backen, oder Schneider, die zu grossen Lohn nehmen, und desgleichen, wie das nun ist, daß von Zünfften, die in dem Rath sitzen, und der Stadt und Gemeine Treu und Wahrheit geschworen haben, so hilfft doch die eine Zunfft der andern, als ob ich spreche: Hilff mir, so helff ich dir desgleichen mit übersehen: Damit ist dann die Gemeine betrogen, und geben keine rechte Pfennworte. Das erkennet nun männiglich wohl, daß es gröblich wider GOtt und Recht ist, und werden die Eyde übersehen, und ich fürchte, daß mancher kömme schlüglich und unbedächtlich in die Hölle. Es ist nun alles kommen in Gewohnheit, daß es sie zum recht dünckt, noch nichts daraus beichtend, daß

daß sie hoch schwüren bey Gemein und Stände. Allein man aber inen worden, daß Städte gut wurden, und iedermann dem andern getreu wäre, so thäte man Zünffte ab, und wäre männiglich gemein, und wäre niemand den andern beiständig, und würde der Rath lauter. Welche denn des Raths wären, was sie riethen, das hätte so keinen Hammerschlag noch Hülffe, als nun geschehe, und würden rechte Pfenwerk gebüt, und häuffelen sich die Städte gänzlich. Sonst so spricht iedermann, ich würde übersetzt.

a) Bey dem Göldasto Const. Cap. V. 189.

2. Es ist alles in der Stadt übersetzt und sind Herren und Land-Leute darum denen Städte gram. Wenn in denen Städten alle Dinge feile wären, Herren und iedermann wäre ihnen auch gram. Sonst wäre einer erzürret zu einer Zunffte, so wäre die gantze Zunfft erzürnet. Laß man es in gemeinsam kommen, es soll sicher niemand getreu, dieser Rath ist gut, und will euch sagen, wie. Wenn diese Ordnung nun gehalten müß werden, so sucht es sich in Rechten selber, daß es nicht bestehen mag. Habe man sonst Gesellschafften, daß niemand den andern ausschlage von allen Handwerkern, und gehen zusammen, so geht es wieder kalt noch warm, und ist iedermann den andern gleich, und seyl die Räthe dick und viel unbekümmert. Und Cap. V. Es ist auch zu wissen ein Arges in den Städten und auf dem Lande als viel Luden, daß einer Gewerb hat, nicht als ihm zugehöret.

3. Einer ist ein Wein-Mann, und hat dabey Saltz seil oder Euch.

4. Einer ist ein Schneider, und treibt auch Kauffmannschaft. Mag wer nun paß mag, der Lauff und Verkauff, welcher bey ihm bedünkt den Pfenning zu gewinnen oder zu bringen.

5. Wolt ihr aber hüten das Kayserliche Recht gebieten? Unse Förderer sind nicht Nürren gewesen. Es sind Handwerck darum erdacht, daß iedermann sein täglich Brot gewinnen soll damit, und soll niemand dem andern greiffen in sein Handwerck, damit schickt die Welt ihre Nothdurft, und mag sich iedermann erhalten. Ist einer ein Wein-Mann, so gehe er damit um, und treibe kein Gewerb, ist er ein Brot-Becker, derselb er kein Handwerck ausgenommen. Und man soll die hüten bey Kayserlichen Acht, und bey 40 Marck Goldes, wo man innen würde, daß die Reichs-Städte das übersehen, daß niemand den andern in sein Handwerck greif mit keinerley Gewerbe. Geschähe es aber, und man sein innen würde, so soll diese Pön ohne alle Gnade in eines Römischen Königes Cammer gehen, und dennoch in die Gehorsam gehen zu Ungnad.

Seit der Zeit ist diese Sache hintangesetzt geblieben bis auf den Reichs-Tag zu Augspurg Anno 1530, auf welchen und denen folgenden davon fleißig gehandelt und beschlossen worden, in der

Reformation guter Policey zu Augspurg 1530

Tit. 39. §. 1. Dieweil im Heil. Reich deutscher Nation gemeiniglich in Städten und Flecken, da inn dann bisher die geschenckte und ungeschenckte Handwercks spielarten, sind wegen der Meister, Gesellen, Knecht und Lehrknaben viel Unruhe, Widerwillen, Nachtheil und Schaden, nicht allein unter ihnen selbst, sondern auch zwischen derselben Handwercks-Meistern und andern, so Arbeit von ihnen ausbereit, gemacht und gefertiget dadurch sollen, von wegen des müßigen Umgehens, Schämens und Zechens derselben Meister, Söhn und Handwercks-Gesellen bisher vielfältig entstanden sind, demnach wollen Wir, daß ihnen, denselben geschickten und ungeschenckten Handwercken, als viel dero in Heil. Reichs-Städten oder andern Flecken ist Gebrauch die Handwercks-Gesellen, so jährlich oder von Monat zu Monat von ihnen die fremden ankommenden Gesellen, die Dienst begehren, um dieselben Dienst zu werben und zu andern bishero verwehet worden, in allerweg abzusein. Als aber iemand von denselben fremden ankommenden Handwercks-Gesellen in einer oder mehr Stadt oder Flecken ankommen, Dienst oder selben Meister begehren, der soll sich alweg, von solcher Euch wegen, bey desselben nechsten Handwercks Zunfft oder Stuben-Knecht, oder, wo keine Zunfft oder Stuben wären, bey desselben Handwercks-Gesellen angenommenen Wirth oder Vater, oder bey dem jüngsten Meister, so iederzeit desselben Handwercks seynd, oder aber bey denjenigen, so von einer ieden Obrigkeit dazu verordnet sind, oder werden möchten, anzeigen. Derselbe Zunfft oder Stuben-Knecht, der angenommen Wirth oder Vater oder verordnet für sich selbst, oder durch seinen Knecht, oder jüngsten Meister, soll auch alsdann zu iederzeit mit getreuem Fleiß, und wie der Ort der Gebrauch ist, denselben ankommenden Handwercks-Gesellen um Dienst oder einen Meister sehen und werben, in aller Maaß, wie auch dem allem das sämmtliche Schencken und Zehrens, zum Auf- und Abzug, oder sonst in ander Weise keinesweges hinfüro gestattet werden. Es sollen auch ruhige Straffen von obgemeldeten geschenckten oder nicht geschenckten Handwercks-Meistern, Söhnen und Gesellen nicht nicht fürgenommen, gehalten oder gebraucht, auch keine den andern weder schmähen, noch auf- oder umtreiben, noch unredlich machen. Welcher aber das thäte, das doch nicht seyn soll, so soll derselbe Schmäher solches vor der Obrigkeit des Orts ausführen. Oder aber der hierin ungehorsam erscheine, der soll für unredlich gehalten werden, so lange und viel, bis daß, wie obstehet, ausgeführet wird. Und was sonst ein ieder Spruch und Fürderung zum andern, um Sachen, so ein Handwerck nicht betrifft, hat, oder zu haben vermeint, das soll ihn ieder vor der Obrigkeit in Städten oder Flecken, darinnen sie betreten werden, oder sich enthalten, und um Sachen ein geschenckt oder nicht geschenckt Handwerck belangend vor der Zunfft oder denselben Handwerck nach gutem ehrbaren Brauch der Ort, wie sie berührt, austragen; Und welcher Meister Sohn oder Gesell, sich obgemeldt ansehen Erkänntniß und Vertrag nicht annehmen, noch haben wollte oder würd, soll im Reich deutscher Nation in Städten und Flecken ferner zu arbeiten, und solch geschenckt oder nicht geschenckt Handwerck zu treiben, nicht zugelassen, sondern aufgetrieben, und hinweg geschaffet werden, darnach sich männiglich habe zu richten.

§. 2. Doch

§. 2. Doch einer ieden Obrigkeit, so Regalien von Uns und dem Heil. Römischen Reich hat, unbenommen, diese Unsre Ordnung, nach eines ieden Landes Gelegenheit, einzuziehen, zu ringern und mäßigen, aber in keinen Weg zu erhöhen, oder zu mehren.

§. 3. Und daß alle und iede obgemeldete Puncten und Artickel dieser unser Ordnung, so zu Wohlfart, Aufnehmen und Gedeihen gemeines Nutzens mit Rath, Wissen und Willen Churfürsten, Fürsten und Stände also fürgenommen und aufgerichtet sind, durch einen ieden Stand des Reichs, wes Würden oder Wesens der wäre, bey Vermeidung Straff und Pön, wie obgemeldt, strenglich gehalten wird, und vollzogen werden. Das ist Unser Will und ernstliche Meinung. Geben rc.

Reformation guter Policey zu Augspurg im Jahr 1548.

Tit. 36. Und nachdem die Handwercker in ihren Zünfften, und sonst zu Zeiten sich mit einander vereinigen, und vergleichen, daß einer seine gemachte Arbeit oder Werck in feilem Kauff, nicht mehr oder weniger, verkauffen soll, denn der andre, und also einen Anschlag oder Steigerung machen, daß diejenigen, so derselben Arbeit nicht dürfftig und kauffen wollen, ihnen sie ihres Gefallens bezahlen müssen rc. Meynen Wir hiermit ernstlich, und wollen, daß solches von denen Obrigkeiten hinfüro keiles weges geduldet oder gestattet, sondern gebührliches Einsehen gethan werde, wo es aber darüber von Handwercken geschehe, daß alsdann die Obrigkeit nach Gestalt der Sachen sie unnachläßlich straffen sollen.

Tit. 37. §. 1. Als auch an etlichen Orten der Gebrauch ist, daß die Leinweber, Barbierer, Müller und dergleichen Handwercker in den Zünfften zu andern, dann ihrer Eltern Handwerckern nicht aufgenommen noch gezogen werden, und aber ja unbillig, daß diejenigen, so eines ehrlichen Herkommens, Handels und Wesens, ausgeschlossen werden sollen; so wollen Wir solche beschwerliche Gebräuch und Gewohnheiten hiermit aufgehebt und vernichtiget haben: Setzen, ordnen und wollen demnach, daß die Leinweber, Barbierer, Schäffer, Müller, Zöllner, Pfeiffer, Trommeter, Bader, und die, deren Eltern sie gebohren sind, und ihre Kinder, so sich ehrlich und wohl gehalten haben, hinfüro in ihren Zünfften, Gaffeln, Amten und Gilden keineswegs ausgeschlossen, sondern wie andre redliche Handwercker belangt, in denen wollen wir den Obrigkeiten Ordnung und Satzung, nach eines iedes Gelegenheit, zu machen hiermit befohlen und auferleget haben.

§. 2 & 3. Wird dasjenige wiederholet, was in Reformation guter Policey zu Augspurg Anno 1530 Tit. 39 enthalten.

§. 4. Wir wollen auch, daß die Handwercks-Knecht und Gesellen den Meistern nicht eindingen, was und wie viel sie ihnen iederzeit zu essen und zu trincken geben; doch, daß die Meister ihre Knechte und Gesellen dermassen hälten, daß sie zu klagen nicht Ursach haben, darinn die Obrigkeiten auch iederzeit Einsehen thun sollen.

§. 5 und 6 wird wiederholet, was in Reform. guter Policey zu Augspurg Anno 1530 Tit. 39 §. 2 & 3 enthalten.

Reichs-Abschied zu Augspurg Anno 1551.

§. 83. Weiter haben Wir in Bericht erfunden, daß die viel gemeldete Policey-Ordnung in ihrem Artickel von den Handwercks-Knechten, Söhnen, Gesellen und Lehr-Knaben, bis anhero nicht gäntzlich vollzogen sey, dann obgleich etliche Städte der Ordnung nachzusetzen wohl geneigt gewesen, und fürgenommen, so haben sich doch die Handwercks-Gesellen diesen widersetzet, und sind darüber verzogen, welches den Meistern derselben Handwercker nicht zu geringem Nachtheil gereichet, aus dem erfolgt, wo nicht alle Stände durch das Reich deutscher Nation gemeiniglich in ihren Obrigkeiten über diese Ordnung zugleich halten, daß die nicht gehandhabt, oder in stete Uibung gebracht werden möge.

§. 84. Derowegen so setzen und befehlen Wir, daß nach dato dieses Reichs-Abschieds eine iede Obrigkeit im Reich deutscher Nation, in ihren Städten und Flecken, die Handwercks-Meister und Gesellen beschickten, den vorgemeldten Artickel in der Policey fürhalten, und sie erinnern, daß der Inhalt desselbigen von Uns und gemeinen Ständen des Reichs also beschlossen und aufgerichtet sey, mit ernstlicher Vermahnung, demselbigen bessers Fleisses nachzukommen: da auch einer oder mehr Handwercks-Gesellen einem andern sein Gesinde schmähen, oder angreiffen würden, so soll von Uns die Obrigkeit, unter welcher der oder die begriffen, hiemit Befehl haben, daß sie mit der Straffe, vermöge der Policey, gegen dieselbigen fürgehen, und folgends, so sie die der Gefängniß erlediget, sie geloben und schwören lassen, die Ordnung in dem, stett und fest zu halten.

Reichs-Abschied zu Augspurg Anno 1559.

§. 75. Weiter haben Wir auch mit Churfürsten, Fürsten und Ständen, den abwesenden Räthen, Bothschafften und Gesandten, was auf vorigen Reichs-Tägen der Policey halben gehandelt, zu Gemüthe und Bedencken geführet, und unter andern befunden, wiewohl ermeldter Hochlöbl. Gedächtnisses Kayser Carl, unser nächster Vorfahr, Bruder und Herr, sich letztlich mit Churfürsten, Fürsten und Ständen, einer Reformation bemeldeter vorhin aufgerichteten Policey-Ordnung im 48 Jahr allhie verglichen und entschlossen, dieselbige auch in das Heil. Röm. Reich publiciren und auskunden lassen, darinne der geschenckten und ungeschenckten Handwercken, zu Vorkommung aller Unruhe, Widerwillens und Nachtheils, so von wegen des müßigen Umgehens, Schenckens und Zährens der Meister-Söhnen, Gesellen, Knechte und Lehr-Knaben vielfältig entstanden, heilsame Versehung beschehen, solche Versehung auch im folgenden 51 Jahre verneuret worden, daß dennoch derselbigen nicht allein gar wenig gelebt, sondern auch, da gleich in etlichen Städten solcher Ordnung gehorsamlich, und wie sich gebühret, nachgesetzet werden wollen, von deswegen, daß nicht alle Stände durch das

das Röm. Reich deutscher Nation gemeiniglich in ihren Obrigkeiten über dieser Ordnung zugleich halten, handhaben, und in die Uibung bracht, die Handwercks-Gesellen sich deren widersetzt, darüber verzogen, oder sich sonst allerhand ungebührlichen Muthwillens erwiesen.

§. 76. Derowegen Wir dann, auf räthlich Gutbedencken gemeiner Reichs-Stånden, eine Nothdurfft zu seyn erachtet, obangeregten Artickel der Policey-Ordnung, von Handwercks-Söhnen, Gesellen, Knechten und Lehr-Knaben zu erneuren, zu verbessern, und in Wircklichkeit zu bringen, wie wir dann denselbigen also hiermit wissentlich alles Inhalts verneuren, und nachfolgender Gestalt verbessern. Setzen, ordnen und wollen, daß in berührten geschenckten und ungeschenckten Handwercken, als viel der im Heil. Reich, auch, Unsern Erb-Königreichen und Landen, in Städten oder andern Flecken, im Gebrauch, die Handwercks-Gesellen, so jährlich oder von Monaten zu Monaten, den fremden ankommenden Gesellen, die Dienst begehren, dieselben Dienst zu werben und zu andern bishero erwehlet worden, abseyn sollen.

§. 77, 78, 79 wird wiederholet, was in Reform. guter Policey zu Augspurg A. 1530 Tit. 39 v. wo aber iemand usque ad § 2 enthalten.

§. 80. Damit denn auch dieses alles in desto gleichmäßigere Wircklichkeit und Haltung gebracht und vollzogen werde, so haben Wir Uns ferner mit gemeinen Ständen eines offenen Mandats, derowegen in das Reich auskunden, und unverlangt, nach dato dieses Reichs-Tags-Abschieds, anzuschlagen verglichen. Setzen, ordnen und wollen dabeneben, daß eine iede Obrigkeit, in ihren Fürstenthumen, Landen, Städten, Flecken, Amten und Gebieten, innerhalb dreyer Monaten, nach dato dieses Abschieds, die Handwercks-Meister oder Gesellen beschicken, ihnen den Inhalt dieses Unsers und des Heil. Röm. Reichs Beschluß fürhalten, daß auch demselben steht, fest, unverbrüchlich nachgesetzt, sie mit allem Ernst vermahnen und anhalten, die Uiberfahrer und Verbrecher aber, mit gebührlicher Thurm-oder anderer Straffe, vermög obgemeldeter allhie im 48 Jahr reformirter Policey-Ordnung, und darauf folgender Reichs-Abschied, auch nach Gelegenheit eines ieden Orts alten Herkommen und Gewohnheit ernstlich vollfahren soll.

Reichs-Abschied zu Augspurg Anno 1566.

§. 178. Ferner haben Wir Uns mit Churfürsten und Ständen, daß, obwohl im 48 Jahr eine heilsame Policey-Ordnung bedächtlich verglichen, und ins Reich ausgekündigt, in deren unter andern wohl bedächtlich von wegen der geschenckten Handwerck Versehung, auch verschlichenes 59sten Jahres dieselbige Mandata renoviret, erneüret, und deswegen weiter heilsame gute Ordnung aufgesetzt, und aber solchem nicht allenthalben, wie sich gebühret, nachgesetzt, dadurch gemeinen Handwercks-Leuten selbst nachtheiliger Schaden entstanden. Demnach setzen und gebieten Wir hiemit ernstlich, daß alles, was hiebevor angeregter geschenckts Handwerck halben beschlossen, statuirt und ins Reich ausgekündt, durch Churfürsten, Fürsten, Stände und

alle Obrigkeiten in Frey-und Reichs-auch andern Städten und Flecken, steiff und festiglich gehalten, dasselbig allzumahl treulich vollzogen, und Handwercks-Meistern, Knechten und Gesellen, keinesweges gestattet werden soll, sich demselbigen zu n ider setzen, und in einigen Weg verwegerlich zu erzeigen, alles bey Vermeidung Pön und Straffe zehen Marck Löthiges Goldes, die alle und iede Uibertretter Unserm Kayserlichen Fisco unnachläßlich zu entrichten, schuldig seyn und bezahlen sollen.

Reichs-Abschied zu Speyer An. 1570.

§. 152. Als dann abermahls auf ietziger Reichs-Versammlung uns angelangt, obwohl Wir hiebevor in etlichen Reichs-Abschieden zuvorab in An &c. Vierzig acht zu Augspurg publicirter Policey-Ordnung, und seithero die Mißbräuche der geschenckten und ungeschenckten Handwercken gäntzlich abzuthun, allen und ieden Obrigkeiten geboten, so wollen doch angemeldte schädliche Mißbräuche nicht allenthalben aufgehebt werden, darum wir nochmahls gemeine Edict und Mandata ausgehen, und an gebührende Oerter anschlagen zu lassen bedacht seyn, wollen demnach allen und ieden Ständen und Obrigkeiten hiemit geboten haben, solchen unsern Mandaten schuldigen Folg und Gehorsam zu leisten, alles bey Vermeidung unserer Ungnade und anderer Pön darin verleibt.

Policey-Ordnung zu Franckfurth Anno 1577.

Tit. 15. §. 1. Zudem, daß bey etlichen Handwercken, als Kannengiessern, Tuchscheerern und dergleichen, so sie fremde Gesellen grüssen, und zur Arbeit anstellen, unnothwendiger Kosten mit dem Wein-Gang und Beherbergen aufgewandt, und folgends auf die Arbeit geschlagen würde, daß auch grosser Zwiespalt entstehet unter den Handwercken, derowegen, daß sie an allen Orten nicht gleiche, sondern unterschiedliche Lehr-Jahre und Gewohnheit haben, darum sie die, so ausgelernet haben, an allen Enden nicht zulassen.

§. 2. Uiber das trägt sich auch in den Handwercken allerhand List und gefährlicher Betrug zu, gemeinen Nutz und Nachtheil, so fällt auch täglich des Kostens und Lohns halben, Irrung und Mißverstand für, zwischen Meistern und Gesellen, welchen allen oberzehlten Mängeln statlich zu begegnen, dieselben abzuwenden, und darin gute Ordnung und Maaß fürzunehmen, die unvermeidliche Nothdurfft erfordert.

§. 3. Dieweil Wir aber bedacht, daß in allen solchen Puncten eine gemeine beständige richtige Ordnung, Ungleichheit der Lande, auch deroselben Gebrauch, Gewohnheit und Sitten halben, und den von deswegen, daß Speis und Tranck in einem Land in ziemlichen, in dem andern aber in einen viel höhern Kauff ist, mit wohl fürgenommen, und in das Werck gebracht werden möge, sondern daß in solchem Unterscheid nach iedes Landes Gelegenheit zu halten seyn will, so haben Wir für nothwendig geachtet, alle solche Puncten der Obrigkeit eines ieden Orts zu befehlen.

§. 4. Demnach setzen, ordnen und wollen Wir hiemit ernstlich gebieten, daß Churfürsten, Fürsten und gemeine

gemeine Stände in allen und ieden obgemeldten Puncten, Articeln, und angezogenen Mängeln, in ihrer Obrigkeit Landen und Gebieten, nach Gestalt, Gelegenheit und Gebrauch derselben, gute ehrbare Richtigkeit und beständige Ordnung und Maaß, zu Beförderung des gemeinen Nutzens, und Abwendung übermäßiger Kosten, auch zu Verhütung und Abstellung gefährlichen Betrugs, und andern Mängel zum förderlichsten, nehmlich in halben Jahrs Frist, den nechsten machen, den ihren verkünden, und in das Werck bringen, darüber auch ernstlich und festiglich halten, und die Ungehorsamen straffen sollen, bey Vermeidung einer Pön, nehmlich zwo Marck löthiges Golds, die eine iede Obrigkeit, so dem, wie obstehet, nicht nachkommen, oder zu geschehen, verschaffen würde, sich auch des Verzugs beständiglich nicht entschuldigen möcht, Unsern Kayserlichen Fiscal unnachläßig zu bezahlen schuldig seyn soll.

Tit. 37, 38 § 1, 2, 3, 4, 5, 6, 7 wird dasjenige wiederholet, was in der Reform. guter Policey zu Augspurg An. 1548 Tit. 36, Tit. 37 § 14 und in der Policey-Ordnung zu Augspurg An. 1530 Tit. 39 § 1 & 3 enthalten.

Reichs-Abschied zu Regenspurg Anno 1594.

§. 123. Und als auch bey diesem währenden Reichs-Tag, Beschwerungs-weis fürbracht, ob wol bey vielen gehaltenen Reichs-Tagen bey den Articeln der Policey-Ordnung statuirt und versehen, wie es mit den geschenckten u. ungeschenckten Handwerck zu halten, und daß keiner, es seyen Handwercks-Söhne, Gesellen, Knecht oder Lehr-Knaben, den andern mit Zehren zum An-und Abzug belästigen, noch auch einer den andern schmähen, auftreiben, oder sonst injuriren, vielweniger auf-oder umtreiben, und vor unredlich angeben soll, es wäre denn das Verbrechen oder Injuria gnugsam ausgeführt, und da hierüber iemand verbrechen wird, daß er von eines ieden Orts Obrigkeit gestrafft werden soll, nach fernerm Innhalt gedachter unterschiedlichen ins Reich publicirten Policey-Ordnungen. Daß iedoch dem zu entgegen, an vielen Orten die Handwercks-Meister den Muthwillen gebrauchen sollen, daß keiner ums Geld arbeiten will, wann derjenige, der seiner bedarff, zuvor bey einem andern hat arbeiten lassen, ob man auch gleich dem ersten nichts schuldig blieben ist, neben demselben auch die Gesellen die Meister schelten, und halten die andern Gesellen ab, dahero es sich offtmals zuträgt, daß in einer Stadt, oder auch in einem Lande, ein Handwerck ohne Gesellen verbleiben muß, dahero grosse Unrichtigkeit erfolget, daß nemlich, auf schlecht bloß Angeben etlicher muthwilligen Gesellen, ohn alle rechtmäßige Ursach und Aufführung, andre Gesellen auftreiben, dieselbige sowohl als die Meister selbst, an fremde Ort für ihre Zunfft fordern, mit Straffen belegen, die Handwercks-Gesellen umtreiben, die Meister auch, wie nechst angedeutet, verbrechen, und durch diesen gantz gefährlichen Muthwillen, den Communen und Städten, zu sonderlichem Nachtheil und Aufwieglung des gemeinen Manns, Unordnung und Beschwerden zufügen.

§. 124. Wie denn auch fürkommen, daß sonderlich in etlichen Städten die Handwercks-Meister, neue Innungen machen, und drein setzen, daß sonderlich in etlichen Städten ein Lehr-Jung drey oder vier Jahr lernen soll, und unterstehen sich hernach die Alt-Meister in andern Städten, welche viel Jahr zuvor, dem damals üblichen Handwercks-Brauch nach, redlich ausgelernet, ihr Meister-Recht gewonnen, und das Handwerck ohne iemands Einred, lange Zeit geruhiglich getrieben haben, zu tadeln, und die Gesellen, so bey denselbigen vor aufgerichten neuer Innungen, redlich ausgelernet haben, oder sonst den alten Meistern arbeiten, zu schelten, aufzutreiben und zu nöthigen, entweder anderwärts zu lernen, oder sich von den neuen Innungs-Meistern ihres Gefallens, auch ohngeacht, was hierinnen die Obrigkeiten zur Billigkeit verschafft und anordnet, straffen zu lassen, und was dergleichen mehr.

§. 125. Als haben Wir zu Vorkommung desselben, Uns mit Churfürsten, Fürsten und Ständen und sie sich hinwieder mit Uns verglichen, setzen und wollen, wo hinfüro im Heil. Reich, eines und anders Orts, dergleichen Zerrüttung, Unordnung, Mißbrauch und Ubertretung obgedachter geschenckter und ungeschenckter Handwercker, neuen ungewöhnlichen Innungen, fürlauffen, daß es nicht allein bey den Pönen, in mehr angedeuten, sonderlich in deren An. ꝛc. viertzig acht, zu Augspurg aufgerichtet, und hernach zu Franckfurt An. ꝛc. siebentzig sieben, der wenigern Zahl, erneuerten Policey-Ordnungen, verbleiben, sondern auch gegen den Ubertreter, nach Gestalt befundener Mißhandlung, mit Leibes-Straff, Staupen-Schlägen, und dergleichen von eines ieden Obrigkeit, da die Mißhändler befunden, verfahren werden soll.

3.

In dem Westphälischen Friedens-Schluß a) ist enthalten, daß von Reformation der Policey auf dem nächst künfftigen Reichs-Tage solle gehandelt werden, auf dem aber zu Regenspurg An. 1653 und 1654 gehaltenen Reichs-Tag, nur von Appellation der Bürger und Unterthanen, in Policey-Zunfft-und Handwercks-Sachen, an das Kayserl. und des H. R. Reichs Cammer-Gericht, folgendes b) beschlossen worden.

Also soll es auch daneben gehalten werden, wann Sachen, die bey einem Stand insgemein eingeführten guten Policey-Zunfft-und Handwercks-Ordnung anhangen, durch Appellation an Unser Kayserl. und des Heil. Röm. Reichs Cammer-Gericht gezogen werden wollen, daß der Richter, ehe er die Processe erlernet, iedes Orts Obrigkeit, und des status publici mit einlauffendes Interesse, mit seinen Umständen, wohl erwegen, fürnehmlich aber in dergleichen Sachen keine Inhibition leichtlich erkennen, sondern dafern solche Sache, wider selbigen Orts hergebrachte vernünftige und den Reichs-Constitutionen gemäße Handwercks-, und andre hergebrachte rechtmäßige Ordnung läufft, zu Abschneidung des in denen Reichs-Constitutionen, so hoch verbotenen Auftreibens und Scheltung der Meister und Gesellen, und andern Ungelegenheiten ab, und an des Orts Obrigkeit, daß die ohne das die Gewalt haben, dergleichen Statuta,

Jurist. Oracul V Band.   B   nach

nach Gelegenheit der Läuffte und Zeiten, zu wiederruffen, und zu ändern, verweisen.

Das Policey-Wesen aber, und was ein ieder Kreis deswegen vor rathsam ansehen würde, ist auf nächstkünfftigen ordinairen Reichs-Deputations-Tage c) zu Franckfurt, ausgesetzt verblieben, nachdem aber solcher Frucht-los ausgelauffen, so ist die Reformation der Policey auf dem ietzigen Reichs-Tage Anno 1666 wieder vor die Hand genommen, und wegen der Anno 1669 proponirten Handwercks-Mißbräuche, nach geschehener Delibera-

tion, ob es besser, die Handwercks-Zünffte gar aufzuheben, oder nur derselben Misbräuche abzuschaffen, dieses letztere rathsamer d) befunden, und zu dem Ende Anno 1671 ein Auffsatz gemacht worden, welchen wir im IV Bande fol. 924 sqq. beygebracht haben.

a) Art. VIII § 3.
b) Reichs-Abschied Anno 1654 § 106.
c) In selbigem Reichs-Abschied § 195.
d) Wovon die Acta bey dem Autore der meditationum ad Instr. Pacis in Mantissa III über den VIII Art. Spec. VII p. 1403, 1516 u. f. nachzustehen.

✳✳✳✳✳✳✳✳✳✳✳✳✳✳✳✳✳✳✳✳✳✳✳✳✳✳✳

Die Dritte Betrachtung.

Was zu Abstellung der Handwercks-Mißbräuche in verschiedenen Reichs-Landen verordnet worden.

1.

Daß denen Reichs-Ständen das Recht zustehe, Handwercks-Zünffte aufzurichten, wie auch denenselben Statuta zu ertheilen, und solche wieder zu ändern oder gar aufzuheben, daran ist nicht zu zweiffeln. Dann obschon die Handwercks-Sachen zu dem Policey-Wesen des Heil. Teutschen Reichs mit gehören, folglich deswegen auf Reichs-Tägen, wie aus voriger Betrachtung erhellet, gehandelt, und Verordnungen gemacht worden; so stehet iedoch solches nicht im Wege, daß nicht auch denen Reichs-Ständen die Macht zukomme, solcher Sachen wegen in Dero Landen Versehung zu thun, so wohl vermöge der Ihnen zustehenden Landes-Fürstl. Obrigkeit, als beständiger Observantz zu folge, angesehen die Reichs-Stände iederzeit nach ihrem Gefallen Handwercks-Zünffte aufgerichtet, und dieselbe mit gewissen Statuten versehen, solche auch wieder geändert und gar aufgehoben haben, wie solches nicht allein die bereits in dem dreyzehenden Jahrhundert vorhandene Exempel der Ertz-Bischöffe zu Trier a) und Magdeburg b) und der Bischöffe zu Würtzburg c), sondern auch alte und neue Verordnungen in Handwercks-Sachen bezeugen, dahero dem Reichs-Cammer-Gericht in Sachen, die der bey einem Stand insgemein eingeführten guten Policey-Zunfft- und Handwercks-Ordnung anhangen, keine Inhibition zu erkennen, sondern solche an des Orts Obrigkeit zu verweisen, als welche ohne das die Gewalt habe, dergleichen Statuta nach Gelegenheit der Läuffte und Zeiten zu wiederruffen und zu ändern, in dem letztern Reichs-Abschied anbefohlen wird.

a) Bey Browero Annal. Trev. Lib. XIV § 135.
b) In dem Chron. Magdeb. bey Meibomio T. II p. 329.
c) In des Laurentii Frisii Chron. Würtzb.

2.

Dahero dann verschiedene Reichs-Fürsten sich höchst-rühmlich angelegen seyn lassen, die Handwercks-Mißbräuche in deroselben Landen abzuschaffen, wie denn zu Ende von denen Durchlauchtigsten Fürsten zu Brandenburg nicht nur in denen Land-Tags-Recessen de Anno 1550, 1572, 1612 und insonderheit 1653 § 72 wegen der Handwer-

cker, daß, was bey denen Innungen vor undencklichen Jahren eingeführet, insonderheit was Zucht und Ehrbarkeit betrifft, es dabey in seinem vigore zu lassen sey, und daß Handwercker rechtmäßiger Weise gelernet, und deswegen mit untadelhafften Geburts- und Lehr-Brieffen versehen seynd, von Gilden und Zünfften nicht ausgeschlossen werden können, doch daß sie auch den Statutis mit Gewinnung der Gilden ein Gnügen thun, aber bey Verfertigung der Meister-Stücke und Ausrichtungen keinesweges übersetzt werden sollen, Versehung gethan, sondern auch in der letzten Policey-Ordnung de Anno 1688 folgende heilsame Verordnung a) publiciret worden;

a) cap. 16 p. II p. 182 in dem Corp. Constitut. Magdeb.

"§. 1. Obwol für Alters die Zünffte und Innungen darum erfunden, damit iederzeit in denen Handwercken gute ehrbare Ordnung gehalten, und allein die zur Meisterschafft zugelassen werden, die ehrbares guten Wandels, und ihres Handwercks kundig und erfahren, auf daß männlich mit tauglicher und rechter Arbeit versehen werden möchte; so giebt doch die tägliche Erfahrung, daß der Vorfahren gute Intention bey denen Handwercken sehr mißbrauchet werde, dahero alle und iede Obrigkeit, unter derer Botmäßigkeit Zünffte und Innungen zu finden, auf dieselben sonderliche gute Achtung haben und verfügen sollen, damit die iedes Orts eingerissene Mißbräuche ungesäumet abgethan werden ꝛc."

"§. 2. Bey denen geschenckten und gemeinen Handwercken soll kein Lehr-Junge aufgenommen werden, er sey denn rechter ehelicher Geburt, welcher aber unehelicher, doch nicht von einem in Rechten verdammten Beyschlaffe, sondern von solchen Eltern gebohren, die dazumal einander hätten zur Ehe haben können, und wären dieselbe gebührend legitimiret, die sollen weder von Erlernung der gemeinen, noch geschenckten Handwercke ausgeschlossen seyn, sondern auf Vorzeigung ihrer Legitimations-Urkunden, da sie sonsten eines untadelhafften Wandels, aufgenommen werden; diejenigen aber, welche von dem in Rechten verdammten Beyschlaffe erzielet worden, ob sie gleich eine Legitimation ausgebracht, soll kein Handwerck in die Lehre aufzunehmen schuldig seyn, es wäre denn gar ein gerin-

gedachtem Handwerck, bey welchem solche Personen aufzunehmen hiebevor bräuchlich gewesen, und man sie
in denselben Handwercken unvereinlich hätte passiren lassen rc.

"§. 3. Und weilen wegen der Nachrichter,
Stock-Meister und Stadt-Knechte Kinder, ob
die zu denen Handwercken aufzunehmen, vielerley
Irrungen bisanhero vorkommen, so sollen zwar der
Gerichts-Frohnen Kinder von Erlernung eines ehrlichen Handwercks, und Recipirung in eine Gilde
oder Zunfft nicht ausgeschlossen werden, diejenigen
Frohnen und Knechte aber, welche mit denen Mal-
letz-Personen bey Peinigung, Ausführung und
Hinrichtung derselben wircklich zu thun und Hand
anzulegen haben, deren Kinder sollen sich der Handwercker enthalten, sie wären denn erzeuget, ehe ihre
Väter zu solchem Dienst kommen rc.

"§. 4. Als auch zum öfftern Klage vorkommen,
wie bey etlichen Handwercken, welche keine Landes-
Fürstl. confirmirte Ordnung haben, die Meister,
wenn ihnen ein Lehr-Junge angedinget würde, ein übermäßiges Lehr-Geld fordern, auch die Lehr-Jungen mit unziemlichen Aufdinge-Geld und Zehrun-
gen beschweren, dadurch denn offtmals taugliche
geschickte Knaben von Handwercken abgehalten werden; so soll die Obrigkeit iedes Orts bey denen
Handwercken, da man sonst Lehr-Geld giebet,
ein leidliches und gebührliches Aufdinge-Geld bestimmen, der Zehrung aber bey Aufdingung sollen,
bey unnachläßiger Straffe, die Zünffte und Handwercker sich enthalten, obgleich der Lehr-Junge seine Eltern, Vormünde und Verwandten sich dazu
freywillig anerböten, massen denn bey der Aufdingung iedesmal iemand aus dem Raths-Stuhle
zugegen seyn soll."

"§. 5. Weil auch bey Städten, Flecken und
auf dem Lande viel Knaben seyn, die zu denen Handwercken sehr geschickt, aber Unvermögens halber das
Lehr-Geld nicht bezahlen können, so soll iedes Orts
Obrigkeit in dergleichen Fällen die Versehung thun,
daß solche Knaben dennoch ohne Lehr-Geld aufgedinget, und dagegen die Zeit der Lehr-Jahre auf
der Obrigkeit Ermäßigung etwas erstrecket werde."

"§. 6. So soll auch ein solcher armer Lehr-Junge auf diese sonderliche Lehr-Jahre dergestalt angenommen werden, daß, nach Endigung derselbigen er seinem Meister noch ein halb Jahr Gesellen-
weise bey bloßer Kost ohne Lohn zu arbeiten, und
sich also zu verschreiben schuldig sey."

"§. 7. Ob wol an ihm selbst billig, daß iede
Stadt und Ort ihre Bürgers-Kinder zu Lernung
der Handwercker vor andern befördern soll, so sollen doch die Meister in Städten auch der Bauern
Kinder, wenn zumahl der eingesessenen Bürger Kinder zu Erlernung des Handwercks auch gelangen
können, zur Lehre annehmen."

"§. 8. Die Meister sollen die Lehr-Jungen in
gebührender Zucht halten, ihnen den Trotz, Muthwillen und andere Ungebühr nicht verstatten, sonderlich aber sie in der wahren Evangelischen Religion
und guten Sitten, so viel möglich unterweisen, an
denen Feyer-und Buß-Tagen zu Besuchung des
GOttes-Dienstes halten, und zur Kinder-Lehre
schicken, dieselbigen auch und damit sie ihr Handwerck desto besser erlernen, zu keiner andern Haus-
Arbeit, als was einem Lehr-Jungen obliegt, ge-

Jurist. Oracul V Band.

brauchen, und da sie einer Zucht und Straffe bedürffen, dieselbe sie mit gebührender Bescheidenheit
fürnehmen, ihnen auch die zu Erhaltung der Gesundheit benöthigte Speise und Tranck reichen."

"§. 9. Ein Lehr-Junge soll die in ieder Handwercks-Ordnung geordnete, oder sonst gebräuchliche Jahre auslernen, und nicht in des Meisters Gewalt stehen, demselben ein oder mehr Jahre oder
Monat an denen Lehr-Jahren zu schencken und
nachzulassen; wäre aber ein Lehr-Junge so geschickt,
und des Alters, oder es wären billige Ursachen vorhanden, daß ihme der Lehr-Jahre halber etwas
nachzusehen, soll solches anderer Gestalt nicht, denn
mit der Obrigkeit Vorwissen auf derselben Ermäßigung beschehen."

"§. 10. Gleichwie die Aufdingung, also soll auch
die Loszehlung an einem Werckel-Tage in Beyseyn einer Raths-Person geschehen, gestalt denn
alle liederliche Verkleidung, und andre unzuläßige
Possen, welche dabey bisanhero vorkommen, bey
nahmhaffter Straffe zu unterlassen."

"§. 11. Da nun ein Lehr-Junge ledig gezehlet
worden, soll er nicht eher zur Meisterschafft gelangen, er habe denn zuvor die Wanderschafft angetreten, und wenigstens nach ausgestandener Lehr-
Zeit ein Jahr in der Fremde, und ferner auch ein
halb Jahr bey einem oder mehr Meistern desselben
Orts, wo er das Meister-Recht zu erlangen gedencket, gearbeitet, von welchem halben Jahre iedoch derjenige, welcher eine Meisters-Wittwe oder
Tochter zu heyrathen gesonnen, befreyet bleibet."

"§. 12. So aber rechtmäßige Ursachen vorhanden wären, daß einem oder andern an der Wanderschafft oder denen Jahren, die er bey denen Meistern mit Arbeit zubringen soll, etwas nachzulassen,
soll dasselbe nicht durch die Zünffte, sondern iedes
Orts-Obrigkeit geschehen."

"§. 13. Ein ieder, welcher in ein Handwerck
als Meister sich zu geben verlanget, soll, ungehindert dessen Statuten auf eine gewisse Anzahl gerichtet, in denen Städten Magdeburg und Halle gegen Abstattung 10 Thlr. in denen übrigen Städten
aber, nach Ermäßigung der Obrigkeit gegen Erlegung 5, 6, zum höchsten 8 Thlr. und Verfertigung
eines nutzbaren Meister-Stücks, welches täglich
gegen gerechten Werth verkaufft werden kan, recipiret und aufgenommen werden; bey Verfertigung des Meister-Stücks aber sollen iedesmal einige Personen aus dem Raths-Stuhle zugegen seyn,
doch weder Zeit währender Arbeit, noch nach
derselben Endigung kein Wein, sondern Bier, auch
nur zur Nothdurfft, auf eine Person ein halb Stü-
bichen, aber nicht das geringste an Victualien aufgesetzet werden, ob sich gleich der junge Meister, dessen Eltern oder Anverwandten dazu freywillig an-
böten, und zwar bey nahmhaffter Straffe. Es
sollen auch die Frey-Meister, welche wir Uns iedes
Orts und zwar in iedem Handwercke einen zu setzen vorbehalten, eben sowohl als die andern Handwercks-Meister, so ihre Meister-Stücke gemacht,
völliges Handwercks-Recht geniessen, und nicht geringer, denn jene, gehalten werden."

"§. 14. Alldieweil bey derer Innungen, Zünfften und Handwercker Zusammenkünfften, zum öfftern allerley Unordnungen und Unbescheidenheit für-
gehet, und die Innungen, Zünffte und Handwercks-

B 2 Leut-

Leute bisweilen ein mehrers, als was ihre Städten zulaffen, vornehmen; als sollen hinfuro alle
Innungen, Zünffte und Handwercke, wann sie zusammen kommen wollen, der Obrigkeit es anzeigen,
damit sie nach Befinden jemand aus ihrem Mittel
dazu verordnen können, welcher allen Unordnungen,
Unbescheidenheit und Zänckerey steuren, und be-
durffendes Falls der Obrigkeit Bericht davon erstatte. „

"§. 15. Die Innungen, Zünffte und Handwercker sollen ihre Glieder weder höher noch in andern Dingen, als in ihren Statuten exprimiret und
enthalten, straffen. „

"§. 16. Diejenigen Händel und Sachen, wovon die Statuten der Innungen und Handwercker
nichts disponiren, sollen sie bey nahmhaffter Strafe vor sich nicht ziehen, sondern sofort an die Obrigkeit zur Untersuch- und Bestraffung verweisen, und
soll denen Innungen und Handwercken nicht frey
stehen, über die Obrigkeitliche Straffe eine absonderliche Geld-Busse zu dictiren, wann es nicht in
ihren confirmirten Statutis also versehen ist. „

"§. 17. Wiewol jedem Handwercks-Mann
unverwehret, sich, so gut er kan und mag, um Arbeit zu bewerben, so ist doch nicht zu dulden, daß,
wann einer die Arbeit gedinget, ein anderer solche hin-
terlistig an sich bringe, sondern es sind diejenigen,
welche sich dessen unternehmen, ernstlich zu bestraffen. „

"§. 18. Wann aber derjenige, welcher die Arbeit verdinget, wahrnehmen solte, daß dieselbe nicht
fleißig und nach Art und Weise wie er sie verdinget, verfertiget wird, soll ihm frey stehen, die Arbeit einem andern anzudingen. „

"§. 19. Als auch die Erfahrung bezeuget, daß
die Handwercker sich heimlich verbinden, ihre Arbeit um ein gewisses Geld, und noch wohlfeiler zu
machen, und denselben, welcher die Arbeit um einen
billigen Werth fertiget, zu straffen oder sonst zu verfolgen; so soll jedes Orts-Obrigkeit auf solche Ver-
bündnisse möglichstes Fleisses Acht haben, und da sie
dergleichen in Erfahrung bringen oder es bey ihnen
geklaget würde, solche Handwercker nachlässich und
ernstlich straffen. „

"§. 20. Allermassen bey vielen Handwercks-
Leuten die böse Gewohnheit eingerissen, daß sie ihnen eine Arbeit andingen lassen, zu deren Verfertigung auch eine gewisse Zeit setzen, bisweilen auf
solche Arbeit Geld voraus nehmen, die Arbeit aber
auf die bestimmte Zeit dennoch nicht verfertigen,
das empfangene Geld, zu Zeiten auch wol die ihnen zugestellte Materialien anderweit verbrauchen;
so soll jedes Orts Obrigkeit diejenigen, welche die
angedingte Arbeit, bevorab, wann sie Geld oder Materialien darauf empfangen, in der benannten Zeit
nicht liefern, zu Verfertigung der Arbeit alles Ernstes anhalten, und hierüber ihre Handwercker nach
Beschaffenheit des Verzugs, und andrer Umstände,
nebst Erstattung der Unkosten unnachlässig bestrafen. „

"§. 21. Da ein Handwercker die ihm zur Arbeit anvertraute Sachen verderbte, soll er den Werth
zu erstatten schuldig seyn. „

"§. 22. Kein Handwercksmann soll den andern
schmähen, austreiben, unredlich machen, noch jemand die Zunfft oder Handwerck verbieten, son-

dern da ein Meister oder Gesell etwas verübte, warum er in Straffe zu nehmen, oder ihm das Werck
zu legen, so sollen die Handwercker solches der Obrigkeit hinterbringen, und derselben Verordnung erwarten: Schmähete aber einer den andern, soll
derjenige, welchem die Schmäh-Worte widerfahren, solches, sobald er es in Erfahrung bracht, der
Obrigkeit eröffnen, immittelst aber an seinem Handwercke nicht gehindert werden, sondern dieselbe un-
ausseztlich fortstellen, auch die Handwercks-Gesellen, bey Straffe der Anrüchtigkeit, den Gescholl-
tenen in der Arbeit zu dulden schuldig seyn. „

"§. 23. Würde sich aber ein Gesell oder Meister, oder ein gantzes Handwerck unterstehen, einen
Meister oder Gesellen, als unredlich zu erklären
und aufzutreiben, der, oder diejenigen sollen ohne einige Begnadigung mit Landes-Verweisung oder
nach Befinden gar mit Staupenschlag bestraffet
werden. „

"§. 24. Wie denn auch denen Meistern und
Gesellen, welche in unsern Landen nicht wohnhafft,
noch sich darinne enthalten, und sich des Auftreibens
derjenigen Meister und Gesellen, welche in unserm
Hertzogthum Magdeburg gescholten, oder vom
Handwerck vor anrüchtig erkläret werden, theilhafftig machen, in unserm Hertzogthume kein Handel und Wandel zu verstatten, und da sie darinnen
betreten und überführet würden, daß sie mit denen
in unserm Hertzogthum wohnenden Meistern und
Gesellen colludiret hätten, sollen sie mit der vorberührten Straffe, gleich denen Eingesessenen beleget,
und daß solches unnachlässig erfolgen solle, durch ein
gedrucktes Edict jedermänniglichen kund gemacht
werden, welches die Handwercker auf ihre Kosten
an jedem Ort, wo Zünffte und Handwercker im
Reiche sich befinden, zur Nachricht zu liefern schuldig seyn sollen. „

"§. 25. Nachdem auch an einigen Orten unsers
Hertzogthums Magdeburg, die Meister ihren Gesellen des Montags den Müßiggang verstatten,
woraus unbillige Versäumniß der Arbeit, auch un-
nothdürfftige Zehrung und Nachtheil erwachsen, so soll solcher Müßiggang bey nahmhaffter
Straffe abgestellet, und die Gesellen von Montags
bis Sonnabend zur Vesper-Zeit stetige Arbeit behalten, auch diejenigen Gesellen, welche sich dessen
verweigern, im Hertzogthum Magdeburg, an keinem Orte gedultet werden. „

"§. 26. Nachdem auch zuweilen die Handwercks-
Gesellen denen Meistern weiter nicht arbeiten wollen, es werde ihnen denn in allen gefuget, und also in
ihren eigenen Sachen Richter seyn wollen, woraus
vielerley Irrungen und Versäumniß in der Handwercks-Arbeit entstehet; So soll jedes Orts Obrigkeit desfalls ein Einsehen haben, und die widerspenstigen Handwercks-Gesellen zur Arbeit anhalten,
denjenigen aber, welche bey ihrer Widersetzlichkeit
beharren, andeuten, daß ihnen im Hertzogthum
Magdeburg ferner zu arbeiten nicht verstattet werden solle. „

"§. 27. Denen Innungen und Handwercken
soll zwar frey stehen, gewisse Statuten aufzurichten,
oder dieselbe zu erneuern, doch daß selbige zuvor der
Obrigkeit zur Durchsehung und Einrichtung übergeben, des Magistrats Erinnerungen beobachtet,
und darauf Uns als der hohen Landes-Obrigkeit

ju

zu gnädigster Confirmation unterthänigst überreichet werden."

"§. 28. Alldieweiln auch die Handwercker die Leute nach Gefallen schätzen, so soll dißfalls ehestens eine absonderliche Tax-Ordnung gemachet, und zu der Handwercker und Zünffte Wissenschafft publiciret werden."

"§. 29. Ein ieder, der Handwercks-Gewohnheit halten will, soll sich in einer Stadt häuslich niederlassen, und mögen dazu die Einwohner, in denen Vorstädten, welche es nicht über Rechts verjährte Zeit herbracht, nicht gestattet, in denen Dörfern aber keine Handwercker, denn Schmiede, Zimmerleute, Böttiger, Schneider, Leinweber und Rademacher gedultet werden."

3.

So sind auch nachhero viele heilsame Verordnungen in denen Churfürstl. Brandenburgischen Landen gegen die Handwercks-Misbräuche ergangen und verordnet worden in denen Edicten von denen Jahren

1690 den 19 Julii wegen des Entweichens der Lehr-Jungen bey denen Manufacturen, daß selbige, ehe und bevor ihre Lehr-Jahre gänzlich verflossen, sonder erhaltenen schrifftlichen Abschied nicht aus der Lehre treten, widrigen Falls aber daß zur Straffe solches Verbrechens vors erste mal sie die Lehr-Jahre von neuen wieder anfangen, würden aber einige zum andern mal desertiren, solche ein Jahr lang in den Karren geschlossen und zum Festungs-Bau oder anderer Arbeit gebraucht werden, nach Verlauff aber solcher Zeit, bey ihren Meistern wieder in die Lehre zu treten gehalten seyn, auch die Manufacturiers keine Lehr-Jungen, Meister, Gesellen und Ouvriers ohne Vorzeigung eines schrifftlichen Abschiedes nicht aufnehmen und dieselbige, damit sie zum desertiren nicht bewogen werden mögen, wohl, ehrlich und dem Versprechen nach, und wie es gebräuchlich, zu halten.

1697 den 23 April. Wegen der Pfuscher und Störer auf dem Lande, daß weilen zu folge der Policey-Odnung c. 26 §. 29 versehen, daß ein ieder, der Handwercks-Gewohnheit halten will, sich in einer Stadt häuslich niederlassen, in denen Dörfern aber keine Handwercker (ausser Schmiede, Zimmerleute, Böttiger, Schneider, Leinweber, Rademacher) gedultet werden sollen, die Haupt- und Amt-Leute, Arendatores, und übrige Gerichts-Obrigkeiten auf dem Lande und in denen Dörfern auf die Pfuscher und Störer genaue Obsicht halten, und solche aufheben sollen.

1710 den 28 Aug. Daß diejenigen, welche in dem Zuchthause zu Spandau gesessen und während der solcher Zeit über ein und das andere Handwerck und Wissenschafft wohl erlernet und begriffen, ihre Lehr-Jahre ausgestanden, und zu tüchtigen Gesellen derjenigen Profession, welche sie erlernet, erkläret worden, als ehrliche und untadelhafftige Zunfftmäsige Leute aufgenommen und denen Artikels-Briefen gemäß tractirt werden sollen.

1723 den 6 Sept. Wegen der Meister-Stücke, daß die bey denen Handwercken bisher üblich gewesene kostbare Meister-Stücke, weil es damit zum Ruin des neuangehenden Meisters gerichtet, abgeschafft und dagegen solche Meister-Stücke

verfertiget werden, so Kauffmanns-Gut seyn, und wozu sich Abnehmer finden; Jedoch selbige dergestalt gemacht werden, daß man daraus urtheilen könne, ob der Verfertiger das Meister-Recht zu erhalten tüchtig sey. Auch alle vor und bey Verfertigung des Meister-Stücks üblich gewesene Schmausereyen und Unkosten mit Bewirtung derer Meister, so bey Ausarbeitung des Meister-Stücks als Zeugen zugegen seyn müssen, gänzlich und bey Verlust des Privilegii abgeschafft werden sollen; Wann aber wider einen Gesellen ein gegründeter Verdacht, daß er das Meister-Stück nicht allein gemacht, derselbige sich vor dem Magistrat eidlich purgiren müsse.

4.

Die Durchlauchtigste Churfürsten von Sachsen haben diese importante Sache nicht weniger sich angelegen seyn, und in Deroselben Ao. 1542, 1550, 1555, 1612, 1623, 1651, und 1661 publicirten Policey-Ordnungen gegen die Handwercks-Misbräuche heilsame Verordnungen a) ergehen lassen, worunter insonderheit diejenige, welche in der letzten Policey-Ordnung Tit. XXI sich befinden, wie folget lauten:

a) Welche in dem Corpore Augusteo P. I, ein Auszug aber aus selbigem in Sam. Stryks Repertorio Juris Saxonici, v. Handwercker, befindlich.

"§. 1. Wir wollen zwar, daß die Handwercker, so bestätigte Innungen vorzulegen haben, darbey geschützet und die zunfftmäßige Störer abgeschafft werden sollen."

"§. 2. Nachdem aber etliche Handwercke solche Innungen nicht wenig misbrauchen, auch dafür halten, daß niemand dergleichen Meister, welche doch die Arbeit so gut, als sie, und offtmals um einen viel leichtern Lohn verfertigen, von fremden Oertern zu erfordern, und ihnen Arbeit zu geben befugt wäre, so ist unser Befehlich, die Räthe in Städten und andre Gerichte sollen die Handwercker von solchem Beginnen ernstlich abmahnen."

"§. 3. Ingleichen: Lassen wir die Handwercker, so nach Landes-Gebrauch, Abschieden, und andern beständigen Herkommen, in einem oder dem andern Dorffe sitzen und nur denen Innwohnern zur Haus-Nothdurfft arbeiten, bey ihrem Befugniß verbleiben."

"§. 4. Was der Lein-Weber, Barbier, Schäfer, Müller, Zöllner, Pfeiffer und Bader, wie auch derer Amts-Frohnen, Stadt- und Land-Knechte Kinder betrifft, dieselbe sollen zu folge des Heil. Reichs verbesserter Policey-Ordnung de Anno 1577, (die wir disfalls hiermit allerdings wiederholen), bey allen und ieden Handwercken, wann sie ehrliche Geburt darthun können, und sich sonsten ehrlich verhalten, unweigerlich auf- und angenommen, am allerwenigsten aber die Gerichts-Personen, die bey denen von Adel und Ritter-Gütern auf dem Lande, das Beystecken verrichten müssen, oder ihre Kinder, von ehrlichen Handwercks-Zünfften deswegen ausgeschlossen, da ein oder das andere Handwerck dergleichen sich unterstehen würde, sie unter diesem Vorwande von denen Innungen auszustossen oder darein nicht zu recipiren, wider dieselben, als nicht minder wider diejenigen, die sie deshalben vor unehrlich halten wollen, von dem Magistrat iedes Orts mit Geld-

oder Gefängniß-Straffe nach Befindung unnachläßlich verfahren werden.„

„§. 5. Weil auch öffters unziemliches Auftding-Geld und allzuhohe Zehrung bey derer Lehr-Jungen Aufnehmung aufgewendet, und ihrer viele von denen Handwerckern dadurch abgeschreckt werden, so sollen die Beamte und Räthe in Städten fleißig Aufsicht haben, daß die Meister und Handwercke hierinnen niemanden zur Ungebühr beschweren, sondern vielmehr alles unordentliche Wesen, welches bey Aufnehmung, mit etwan also genannten Taufen oder üppigen Hänseln vorzugehen pfleget, gänzlich abschaffen, oder deswegen ernstlich bestraffet werden.„

„§. 6. Niemand soll auch eher nicht zur Meisterschafft gelangen, er habe denn zuvor so wohl in seiner Wanderschafft, als bey einem oder mehr Meistern desselben Orts, wo er Meister werden will, die in iedes Handwercks Ordnung bestimmte Zeit erfüllet, iedoch, daß solches in kleinen Städten oder Flecken so gar genau nicht gesucht, sondern vornehmlich dahin gesehen werde, ob er sein Handwerck ehrlich gelernet, und vor einen Meister bestehen könne.„

„§. 7. Denen Handwercks-Gesellen soll kein guter Montag zugelassen, vielweniger ihnen Umgänge und andere Zusammenkünffte, welche auf Fressen und Sauffen hinaus lauffen, und sonderlich zur Fasten-Zeit eingeführet werden wollen, verstattet werden.„

„§. 8. Es ist ihnen auch keinesweges nachzulassen, aus eigenem Muthwillen, in dem Handwercke aufzustehen und ihren Meistern weiter nicht, es werde denn in dem, das sie fürnehmen, nach ihrem Begehren gewillfahret, zu arbeiten, und also ihre Selbst-Richter zu seyn, sondern es sollen die Anfänger und Urheber, nach Gestalt ihrer Verschuldung, mit Gefängniß oder sonst, und die andern Handwercks-Gesellen ihren Meistern weiter zu arbeiten, angehalten; welche aber solches nicht thun, und darinne widersetzlich seyn, auch mit Gefängniß, und sonst ernstlich gestraffet werden.„

„§. 9. Die Handwercksmeister sollen sich an billigem in unserer Tax-Ordnung verordneten Lohn begnügen lassen, und sich im geringsten nicht mit einander vereinigen, daß einer seine Arbeit oder Werck nicht in geringerm Werthe verkauffen, dingen oder machen soll, denn der andere, bey Vermeidung unnachläßiger Straffe.„

„§. 10. Derer Straffen sollen sich die Handwercker anderer Gestalt nicht anmassen, als nur so viel und ferne es ihnen in ihren Innungen erlaubet ist.„

„§. 11. Kein geschmäheter Meister oder Geselle, ehe dann er Beschuldigung überwiesen, soll aufgetrieben oder sein Handwerck zu treiben von dem Handwercke deswegen gehindert, sondern diejenige, so andere beschuldigen und es nicht erweisen können, selbst für unredlich gehalten, und ihnen das Handwerck ferner zu treiben nicht nachgelassen werden.„

„§. 12. Wiewol dasjenige, was in Handwercken geredet und geschlossen wird, sonst billig in geheim zu halten, daferne es aber wider Uns, oder Unsers Brüderliche und andere Obrigkeitliche Verordnung, oder auch wider die Rechte und Ge-

setze lieffe, soll es Pflichtmäßig eröffnet und angezeiget werden.„

„§. 13. Nachdem auch öffters die Handwercks-Leute diejenigen, so ihrer Arbeit bedürffen, übersetzen, untüchtige Arbeit verfertigen, unter dem Schein des Trinck-Geldes vor die Gesellen, absonderlich Lohn fordern, in kurtzen und langen Tagen keinen Unterscheid halten, neben dem Tage-Lohn auch Bier, Branntewein und dergleichen fordern, die Arbeit gantz nachläßig und untreulich verrichten, langsam an dieselbe kommen, sich gegen die Bau-Herren trotziglich erweisen, theils nur auf die Gedinge dringen, die Bau-Herren vervortheilen, und was dergleichen unfertige Händel mehr; So thun Wir alle diese Mißbräuche hiermit gäntzlichen verbieten, und iedes Orts Obrigkeiten dabey nochmals anbefehlen, nach itzigem Zustand eingerichtete billigmäßige Tax-Ordnung denen Handwerckern vorzuschreiben, festiglich darüber zu halten, da es die Nothdurfft erfordert, solche zu revidiren und zu verbessern, auch die Verbrecher ernstlich zu straffen.„

„Was hierüber in Erledigung der Landes-Gebrechen derer Handwercks-Leute halben angeordnet und decidiret, das wollen Wir gleichfalls anhero wiederholet, und solchem allenthalben nachzukommen, Krafft dieses nochmals anbefohlen haben.„

§.

In denen Chur- und Fürstl. Bräunschweig-Lüneburgischen Landen ist Anno 1692 eine a) Verordnung und Reglement wegen Einrichtung der Aemter und Gilden, auch Abschaffung bey denen Künstlern eingerissene schädliche Gewohnheiten und Mißbräuche publiciret worden, und darinnen die Verfügung also geschehen:

a) Welche in denen zu Hannover 1711 herausgegebenen Chur- und Fürstl. Braunschweig-Lüneburgischen Landes-Constitutionen befindlich, und, wie verlautet, mit einigen Verbesserungen soll publiciret werden, dahero man es anitzo nur bey Erzehlung derselben Innhalts bewenden lassen.

§. 1, 2. Was diejenige, welche zu Meistern wollen angenommen werden, zu thun und zu prästiren haben.

3. Von denen præstandis derjenigen, welche anderwärts bereits das Meister-Recht erlanget haben, und in die Zünffte wollen aufgenommen werden.

4. Von Wanderschafft der Gesellen.

5. Von denen Innungs-Geldern, die ein Meister-Geselle in die Amts-Lade zu erlegen pfleget.

6. Daß diejenige, welche præstanda præstiren, ohne Unterscheid, ob es Fremde oder Einheimische, ob sie im Reiche oder anderer Orten gelernet und gearbeitet haben, sollen aufgenommen werden.

7, 8, 9. Wie es mit denen in die Lade zu erlegenden Geldern zu halten sey.

10, 11. Daß keine Zusammenkünffte ohne der Obrigkeit Vorwissen von denen Zünfften sollen gehalten werden.

12. Daß die Meister und Gesellen sich unter einander nicht bestraffen sollen.

13. Daß denen Zünfften keine Briefe ohne Vorwissen der Obrigkeit an auswärtige Zünffte zu schreiben soll erlaubt seyn.

14. Wie

14. Wie es mit Entscheidung der Handwercks-Streitigkeiten solle gehalten werden.

15. Daß ein anderer die angefangene Arbeit zu verfertigen sich nicht weigern solle.

16. Wie zu verfahren, wenn eine Arbeit nicht recht verfertiget zu seyn Klage entstehen solte.

17, 18. Klage derjenigen, welche die Arbeit nicht zu gesetzter Zeit verfertigen, und wie viel Gesellen von einem Meister zu halten.

19. Daß denen Wittwen der Meister das Handwerck fortzusetzen frey stehe, und zu was dieselben verpflichtet.

20, 21, 22, 23, 24, 25, 26. Von der Lehr-Jungen Annehmung, Lehr-Jahren, Entweichung, Fortsetzung der Lehr-Jahre, nach dem Tode des Meisters Lossprechung.

27. Von der Gesellen Verhalten.

28. Wozu der Meister verpflichtet, wenn er vermuthet, daß sein Gesell wegen Schulden oder Verbrechen wegzugehen intentioniret sey.

29, 30, 31. Daß die Gesellen keine Meister und Handwercks-Gesellen bestraffen und schelten sollen, und wie die Streitigkeiten zwischen selbigen zu entscheiden.

32. Daß die alte Amt- und Gilden-Brieffe, Artikel, Gebräuche und Gewohnheiten, welche nach solchem Reglement nicht confirmiret, cassiret seyn sollen.

6.

In denen Ertz-Hertzog-Oesterreichischen Landen ist man ebenfalls bereits vor langer Zeit bemühet gewesen, die schädliche Handwercks-Gewohnheiten abzuschaffen, wie dann nicht nur in Ferdinandi I Handwercks-Ordnung deswegen heilsame Verfügungen a) gemacht und insbesondere von Maximiliano II unter dem 1sten Aug. 1567 die Zusammenkünffte der Gesellen bey Ankunfft der reisenden Handwercker, und unter dem 12 Nov. 1571 der blaue Montag von Ferdinando III, unter dem 26 Jan. 1656 der Handwercker Schaltungen verboten, sondern auch von Leopoldo I unter dem 9 Dec. 1689 auf beygebrachte Gravamina gegen 18 Handwercks-Mißbräuche 1) wegen Ertheilung derer Privilegien ohne Consens derer Obrigkeiten, 2) Präterirung erster Instantz, 3) unnöthiger Kosten bey der Einverleibung, 4) grosse Inconvenientz bey Verfertigung der Meisterstücken, 5) der Handwercks-Weigerung, 6) doppelter Bestraffung, 7) Theurung derer Arbeiten, 8) Nichteinnehmung der Jung-Gesellen, 9) langwierige Verhartung, bey einem Meister, 10) Hemmung der Arbeit, 11) gemachten gleichen Tar, 12) Nichtausmachung einer von andern angefangenen Arbeit, 13) Geschenckten Handwercker, 14) ungerechter Verstossung, 15) Nicht-Heyrathung einer deflorirten, 16) blauen Montag, 17) gewissen Anzahl derer Handwercker, 18) Excessen derer Gesellen folgendermassen verordnet worden:

„Wollen dahero nochmalen gnädigst verordnet und gemessen anbefohlen haben, daß, so viel das erste Gravamen betrifft, hinfüro ohne Vernehmen derer Interessirten und Obrigkeiten keine neue Freyheit ertheilet, oder die alten vermehret und extendiret werden sollen. Auf die andere Beschwerde aber wollen Wir die causas litigiorum unterscheiden und denen Zünfften, wenn eine Sache pure & simpliciter das Handwerck und dessen Ordnung betrifft, wie bishero, also auch fürohin, soweit primam instantiam, als die Erkänntniß und Bestrafung ihrer Ordnung vermag, gnädigst zulassen; was aber andere Händel concerniret, die nicht eigentlich das Handwerck betreffen, auch nicht von der Zech oder Handwercks-Genossen angebracht worden, in selbe sollen sich die Zunfft und Zechen, wie sich bishero etliche unterstanden, nichts einzumischen haben: Nicht weniger zum Fall eine solche Handwercks-Irrung und Streitigkeit entstehe, die bey der Zunfft nicht entschieden werden solte, selbige vor demjenigen Magistrat und Obrigkeit, wo die Zech aufgerichtet ist, und ihre Zusammenkunfft halten, gehörig seyn solle, von denen, so an die Sache per appellationem oder bisweilen durch andere Weg zu Unserer N. O. Regierung devolvirt werden kan, wie auch auf den begebenden Fall, wann der Künstler oder Handwercks-Mann sich nicht stellen und der Ordnung accommodiren will, die Zech schuldig seyn solle, ihrer Grund-Obrigkeit solches schrifftlich anzuzeigen, und mit Exprimirung der Ursachen die Stellung zu begehren, da aber solches nicht vollzogen oder rechtmäßige Entschuldigung beygebracht, ermeldete Unsere N. O. Regierung, unverwehrt bleiben soll bey Anruffung der Zech, und Producirung des Ersuch-Schreibens, die Justitiam zu administriren, und sich der Execution zu gebrauchen: wie Wir dann denen Zechen alles Ernsts anbefehlen, sich nicht selbsten der Execution anzumassen, und andern in die Häuser zu fallen, zumalen viele Passionen und andere Excesse verübet werden, sondern solches durch Gerichts-Personen verrichten zu lassen. Was das dritte Gravamen generale derer unnothwendigen Gastmahlen und Beschauen betrifft, wollen Wir gnädigst, daß bey einer ieden Handwercks-Ordnung in specie etwas gewisses leidentliches ausgesetzet, auch so denn darüber beständig gehalten werde. Zu Abstellung der vierten Beschwerde, daß hinfüro keine überflüßige oder theure Materia, sondern zum verkauffen taugliche Sachen zum Meisterstück aufgegeben, das mißrathene denen Gesellen nicht hinweggenommen, oder in der Beschau eine Paßion gebraucht, weniger ein Gesell mit einer weitern Geld-Straffe beleget werden solle: als dem ohne das Straffe genug, daß er mit der Meisterschafft suspendiret, den Unkosten umsonst aufgewendet hat; Damit aber in fraudem legis um so viel weniger etwas gehandelt, und heimliche monopolische Statuta nicht so leicht gemacht werden können, sollen allezeit zu solchen Actibus, Meister-Stück angeben, beschauen, Jungen aufdingen, lossprechen und dergleichen, allhier von dem Stadt-Magistrat, auf dem Lande aber von iedes Orts Obrigkeit, wo die Zechen sind, ein oder zwey Commissarien geordnet, und ohne derselben Beyseyn etwas vorzunehmen, nicht verstattet seyn, doch soll eines solchen Commissarii halber nicht grössere Spesa aufgewendet, oder derentwegen ein Salarium oder Verehrung begehret werden. So viel das fünffte Gravamen betrifft, solle es zwar bey dem, was gegen Ertheilung der vidimirten Abschrifften von denen Privilegiis, wie auch Contribuirung derer Unkosten bishero üblich gewesen, noch weiters verbleiben, iedoch dabey verhütet werden, daß die Wienerische Zechen und Zünfften ausser angeregter Prärogativa

rogativa und schlechter Recognition, sich keines weitern Rechts oder Superiorität anmaſſen, auch diejenige, ſo ſich in eine ſolche Filial-Lade einverleiben zu laſſen verlangen, nicht ſchuldig ſeyn, ſich zu Wien derentwegen anzumelden. Belangend die ſechſte Beſchwerde, wollen Wir gnädiglich verordnet haben, daß allda das Jus Præventionis dergeſtalt ſtat habe, daß derjenige, ſo wegen eines geringen Verbrechens von der Obrigkeit abgeſtrafft worden, weiter von dem Handwerck nicht belegt werden könne, und vice verſa da derſelbe von dem Handwerck mit einer Straffe beleget worden, von der Obrigkeit gleichfalls nicht mehr angeſehen werden, in denen gröſſern Verbrechen aber es, wie in der andern Remedirung vermeldet wird, gehalten werden ſolle. Das ſiebende Gravamen abzuſtellen, haben Wir erſt jüngſthin Unſere neugemachte Handwercks-Satzungen publiciren laſſen, worauf Wir Uns dies Orts beziehen, und denenſelben gehörſamſt nachzuleben hiemit abermahlen gnädigſt anbefehlen. Zu Abſtellung des achten Gravaminis wollen Wir, daß ehe und bevor einer zum Meiſter wircklich angenommen, ſich zu verſprechen oder zu verheyrathen angehalten werden ſolle. Zu Abhelffung der neunten Beſchwerde oder vielmehr groſſer Unordnung verordnen Wir gnädigſt, daß keine gewiſſe Zeit präfigiret, ſondern ein Geſelle, der ſeiner ehrlichen Geburt, und daß er das Handwerck redlich gelernet, auch in andern vornehmen Städten darauf gewandert ſey, genugſame Zeugniß aufzuweiſen hat, alſo daß er ihme das gewöhnliche Meiſter-Stück zu verrichten getrauet, von demſelben nicht verhindert werden ſolle, ob er gleich vorhero bey einem allhieſigen Meiſter eine kurtze Zeit gearbeitet: Allein damit er dennoch an ſelbigem Ort, wo er zu Meiſter zu werden verlangt, ſeine Kunſt und Erfahrenheit, auch vor dem Meiſter-Stück in etwas zeige, ſolle derſelbe Geſell ſchuldig ſeyn, ein halbes Jahr bey einem oder mehr Meiſtern ſelbiges Orts in Arbeit zuzubringen. Ferner wollen wir die Eingangs angeführte 10, 11 und 12 Beſchwerden und Mißbräuche, als nemlichen, wann ein Herr einem oder andern Meiſter die Arbeit nicht bezahlt, oder daran etwas ausſtändig geblieben, keinem andern Meiſter eine ſolche Arbeit anzunehmen, ingleichen keinem Meiſter wohlfeiler als dem andern zu arbeiten; oder aber da einem Herrn die bey einem Meiſter angedingte und noch nicht gar verfertigte Arbeit einem andern zu geben belieben würde, ſolche demſelben auszumachen nicht erlaubt ſeyn ſolle, hiemit gäntzlichen und bey Straffe abgeſtellet haben. Belangend das dreyzehende Gravamen, ſeynd die geſchenckte Handwerck durch doppelte Reichs-Receſſe de Anno 1548 und 77 ſchon längſten verboten, und denen Reichs-Ständen bey Straffe zwey Marck Gold, ſolche böſe Gewohnheit zu aboliren geboten worden, dahero Wir dieſen Abuſum, welcher noch dato höchſtſchädlich im Schwang gehet, hiemit gleichfalls aufheben, in gnädigſter Erwegung, daß durch dieſen Mißbrauch dem Publico ſehr viel geſchadet wird. Nicht weniger wollen Wir auch den vierzehenden Mißbrauch, als welcher der geſunden Vernunſt keinesweges gemäß, allerdings abgeſtellt, und anbey gnädigſt anbefohlen haben, daß, im Fall ein Künſtler oder Handwercker, ex petulantia einen dergleichen Exceß begehen würde, die Straffe derentwegen der ordent-

lichen Obrigkeit reſerviret ſeyn ſolle. Uiber den funffzehenden Mißbrauch, welcher dem Juri Civili und Canonico zuwider, ſtatuiren Wir, daß das Handwerck demjenigen, ſo eine deſtoratam ab alio heyrathet, an der Treibung des Handwercks und Meiſter zu werden keinesweges verhinderlich ſeyn, ſondern alles der ordentlichen Obrigkeit, da die Umſtände eine Beſtraffung nach ſich ziehen, ſolche gegen demſelben vorzukehren, zuſtehen ſolle. Zu Aufhebung der ſechzehenden Beſchwerde, als muthwilliger Ausſetzung aus der Arbeit, verordnen Wir gnädigſt und ernſtlich, daß ein ſolcher Handwercks-Geſell, ſo offt er einen halben Tag von der Arbeit ausſetzet, ein halbes Wochen-Lohn, und wegen eines gantzen Tags ein gantzes Wochen-Lohn iedesmal zur Straffe verwircket haben, und der Meiſter nach Abzug der verſäumten Zeit den Uiberreſt in die Lade zu legen, der Geſelle aber in der Arbeit fortzuſahren ſchuldig ſeyn; und da er ſich dieſem widerſetzen und gar aufſtehen wollte, durch den Rumor-Hauptmann oder Profoſen, und auf dem Lande durch die Gerichts-Diener in Band und Eiſen zu Ausdienung der Zeit angehalten, oder da er entlauffen würde, von keinem Meiſter im Lande mehr angenommen oder befördert werden ſolle: welche Straffe gleichfalls auf diejenige, ſo bey einem Herrn Wochenweis angedingt ſeyn, dergleichen blauen Montag zu machen ſich unterfangen, verſtanden iſt. Schlüßlichen wollen Wir auch den ſiebenzehenden und achtzehenden Mißbrauch dergeſtalt aufgehebt und abgeſtellet haben, daß, quoad primum (obwohlen bey etlichen Handwerckern, deren man nicht ſo viel oder doch nicht ſo offt vonnöthen, bisweilen gut iſt, daß die Anzahl reſtringiret und dahin geſehen werde, die Städte mit andern gemeinen Weſen nützlichen Leuten zu erfüllen) ſolches allezeit in Arbitrio eines ieden Magiſtrats und Obrigkeit verbleibe, nach denen veränderlichen Zeiten und Umſtänden die Anzahl zu vermehren oder zu mindern, damit denen Monopoliis kein Platz eingeräumet werde. Quoad ſecundum aber wird denen Meiſtern anbefohlen, die Geſellen alſo zu halten, daß ſie ſich darinnen zu beſchweren und an andere Ort zu begeben nicht billige Urſach haben. Benebenſt wollen Wir auch andere vorhin im Schwang gegangene Abuſus, die Wir ſucceſſive durch abſonderliche Patente und Ordnungen abgeſtellt, hiemit abermahlen wiederholen, und dieſelbe bevörderiſt, daß keiner aus ſeinem Handwerck heyrathen, wie auch der Bader, Müller, Leinweber, Spielleute, Halter und dergleichen Leute Kinder ein Handwerck zu lernen nicht angenommen werden ſollen, nicht weniger die Scheltung und Auftreibung der Geſellen, gäntzlichen aufgehebet haben.„

"Demnach befehlen Wir gnädigſt und ernſtlich, daß ſo wohl bey denen Obrigkeiten, als denen Künſtlern und Handwercks-Leuten dieſer Unſer wiederholt, allergnädigſten Verordnung nachgelebt, und bey hoher Geld-auch nach Beſchaffenheit der Sachen, Leibes-Straffe, darwider keinesweges gehandelt werde; Wornach ihr euch zu hüten ꝛc.„

Es haben auch des weiland glorwürdigſten Kayſers Carls des VI Majeſtät zu Abſchaffung der ſchädlichen Handwercks-Mißbräuche in Deroſelben Erb-Landen Allergnädigſte Vorſorge getragen, und zu dem Ende An. 1722, was inſonderheit den Aufſtand der

Hand-

Handwercks-Gesellen betrifft, folgende Verordnung ergehen lassen.

"Wir Carl der Sechste von Gottes Gnaden, erwählter Römischer Kayser, zu allen Zeiten Mehrer des Reichs, in Germanien, zu Hispanien, Hungarn, Böhmen, Dalmatien, Croatien, Sclavonien rc. König, Ertz-Hertzog zu Oesterreich, Hertzog zu Oesterreich, Hertzog zu Burgund, Steyer, Kärnthen, Crain, und Würtemberg, Graf zu Habspurg, Flandern, Tyrol und Görtz rc. Entbieten N. allen und ieden Geist- und Weltlichen, Unsern getreuen Vasallen, Inwohnern, Bürgern und Unterthanen, was Stands, Würden oder Wesens dieselbe sind, absonderlich aber allen Hoff-befreyt und Bürgerl. Meistern und Gesellen derer Handwercker insgemein, wo sie in Unsern Oesterreichischen Erb-Landen wohnhafft und angesessen sind, Unsere Kayserl. und Landes-Fürstliche Gnade, und alles gutes, und geben Euch hiemit gnädigst zu vernehmen, was massen Uns öffters mißfällig beygebracht worden, daß die Handwercks-Bursche nicht allein ihren Meistern, sondern auch der von Uns aufgestellten Obrigkeit sich freventlich widersetzen, Unser zu Erhaltung guter Manns-Zucht und Aufnahme derer Handwercker gnädigst gemachten Ordnung nicht nachleben, und wann sie dazu verhalten werden wollen, oder sonst einem Gesellen was zusteht, nicht allein aus der Arbeit ausstehen, sondern auch die in der Arbeit verbleibende Mit-Gesellen vermittelst verbotener Scheltung aus denen Werck-Stätten vertreiben, sich zusammen rottiren und solchergestalt ihren Unfug durch Sperrung der Arbeit behaupten, und anstat, daß die Gesellen ihre vermeynte Beschwerden bey der gehörigen Obrigkeit anbringen und ihre Ausrichtung geziemend erwarten, mit darbey anfahren, ihr Verlangen mit trutzen und pochen erzwingen wollen. Wie nun aber der Meister hiedurch in seiner täglichen Nahrung und Gewerck gehemmet, das gemeine Wesen mit der nöthigen Arbeit nicht zulänglich versehen, andern auch zum Ungehorsam Anlaß gegeben wird, Wir aber als Herr und Landes-Fürst solche Mißbräuch und höchststraffbares Aufführen in Unsern Landen ferner zu gestatten keinesweges gesinnet seyn; als ist an alle und iede Handwercks-Zünfften, deren Gesellen, Knechten und Jungen Unser gnädigster und ernstlicher Befehl, und wollen, daß hinfüro keiner, weniger alle zugleich, unter was Vorwand es immer sey, aus der Werckstatt ausser der Zeit aufstehen, sondern wann sie, Gesellen, gegründete Beschwerden wider die Meisterschafft oder sonst haben, dieselbe bey der vorgesetzten Obrigkeit der Ordnung nach anbringen, und allda Recht erwarten, so ihnen auch ohne alle Weitläufftigkeit gantz schleunig ertheilet werden solle. Da nun iemand darwider handeln, eigenmächtig aus der Arbeit austreten, oder seine Mitgesellen durch die ohnedem schwer verbotene Scheltung aus der Werckstatt vertreiben würde, der oder diese sollen vermöge Unsern Mandat von ihrem erlernten Handwerck es weiter zu treiben hoc ipso ohntüchtig, mithin auch zu Erhaltung der Meisterschafft oder Hoff-Freyheit in gesamten Unsern Erb-Landen auf ewig unfähig seyn, der Anführer, Aufhetzer, oder Rädelführer aber als Friedensstörer und Verächter Unser Landes-Fürstl. Befehl angesehen, also gleich mit Arrest beleget, in Band und

Jurist. Oracul V Band.

Eisen zur öffentlichen Arbeit nacher Belgrad oder ein anderes öffentliches Gräntz-Haus, und wohl gar nach Beschaffenheit deren Umständen wider sie mit Galeeren-Straff, ewiger Landverweisung, auch Leib- und Lebens-Straff verfahren werden.„

"Betreffend aber die Scheltung derer in der Arbeit verbleibenden Mitgesellen, sind dieselbe denen von Unsern Vorfahren aufgerichteten Handwercks-Ordnungen ohne dem zuwider, welche Wir hiemit in allen Puncten erfrischet und denenselben ohnabbrüchig nachgelebet wissen wollen, massen auch ein dergleichen Gesell oder Meister nicht für gescholten gehalten, sondern bey seiner Arbeit gelassen, und dergleichen Schelten oder derjenige, welcher neben dem vermeintlich gescholtenen nicht arbeiten wolte, von ieden Orts Obrigkeit ohnverzüglich auf erstes Anzeigen entweder des Beleidigten, oder des Meisters, nach Beschaffenheit des Verbrechens, oder Widersäßigkeit mit wircklicher Geld- oder Leibes-Straffe ohne alle Verschonung beleget werden solle. Ferners haben wir auch mißfällig vernommen, daß einige Wirth oder andere Leut in allhiesigen Vorstädten dergleichen aus der Arbeit ausgestandenen widerspenstigen Handwercks-Purschen Unterschleiff geben, dieselbe nicht allein mit Speis und Tranck versehen, sondern auch zu Ausführung ihres sträflichen Unternehmens die benöthigte Geld-Mittel vorstrecken. Wann nun künfftighin iemand dessen überwiesen würde, dieser soll nicht allein desjenigen, was er auf obige Weis als Mithelffer derer Anführere beleget werden. Gebieten darauf allen und ieden Obrigkeiten, Burgermeistern, Richtern und Räthen Gemeinen und Handwercks-Zechen, deren Meister, Gesellen und Jungen ernstlich und festiglich mit diesem Brief und wollen, daß sie ob dieser Unserer Sache und Ordnung, welche eine iede Handwercks-Zunfft zu ihrer und der Gesellen-Lade legen, und alle Quartal öffentlich ablesen lassen solle, festiglich halten und handhaben sollen, darwider nichts thun, noch andern zu thun gestatten in keinerley Weis, als lieb einem sey Unsere schwere Ungnad und Straffe zu meiden. Es geschicht auch hiemit Unser ernstlicher Will und Meynung. Geben in Unser Stadt Wien den 20 Junii 1722. Unserer Reiche des Römischen im Eilfften, derer Hispanischen im Neunzehenden, derer Hungarischen und Böhmischen aber im Zwölfften.

a) Welche in Frantz Antonii Edlen Herrn von Guarient, Codice Austriaco befindlich.

7.

Ob nun zwar in denen angeführten Reichs- und Landes-Fürstlichen Constitutionen viele heilsame Verfügungen gegen die Handwercks-Misbräuche gemacht worden, die Ursach aber, warum selbige den erwünschten Zweck nicht erreichet haben, ohne Zweifel diese gewesen, daß die Reichs-Constitutionen niemals zur Execution gebracht worden, die Landes-Fürstl. aber, weil das Handwercks-Wesen durch das gantze Teutsche Reich zusammen hanget, diese Sache nicht hehen können; so scheinet zu gäntzlicher Abstellung sothaner Handwercks-Misbräuche nöthig zu seyn, daß entweder eine Reichs-Constitution deswegen gemacht, und zur Execution gebracht, oder falls solche nicht leicht zu hoffen, von einigen benachbarten Reichs-Ständen ein zulängliches Reglement zu dem Ende concertiret, und mit

C   denen

denen übrigen Reichs-Ständen, welche demselben beyzutreten Bedencken tragen möchten, ein Vergleich getroffen werde, daß allerseits Handwercks-Zünffte, ohngeachtet einiger Orten bey selbigen gemachten Veränderungen, für redlich zu achten, und zu halten seyn solten.

Des Reichs-Schlusses
wegen Abstellung der Handwercks-Mißbräuche, in denen Königl. Preußischen Landen unter dem 6 August geschehene Publication.

Nachdem man von dem Ursprung der Handwercks-Zünffte und Verfall derselben in vielerley Mißbräuche, wie auch was zu solcher Abstellung auf denen Reichs-Tägen verordnet worden, Erwehnung gethan, so hat man zu Fortsetzung dieser Sache ferner vermelden wollen, daß sothanen Reichs-Schlusses Publication auch in denen Königl. Preußischen Landen durch ein Patent unter dem 6 August dieses Jahres folgender massen geschehen:

Wir Friedrich Wilhelm, von GOttes Gnaden, König in Preussen, Markgraf zu Brandenburg, des Heil. Römischen Reichs Ertz-Cämmerer und Churfürst, souverainer Printz von Oranien, Neufchatel und Vallangin, in Geldern, zu Magdeburg, Cleve, Jülich, Berge, Stettin, Pommern, der Cassuben und Wenden, zu Mecklenburg, auch in Schlesien zu Crossen Hertzog, Burggraf zu Nürnberg, Fürst zu Halberstadt, Minden, Camin, Wenden, Schwerin, Ratzeburg, Ost-Frießland und Meurs, Graf zu Hohenzollern, Ruppin, der Marck, Ravensperg, Hohenstein, Tecklenburg, Lingen, Schwerin, Bühren und Lehrdam, Herr zu Ravenstein, der Lande Rostock, Stargard, Lauenburg, Bütow, Arlay und Breda 2c. 2c. Thun kund und geben allen und ieden Unsern Regierungen, Krieges- und Domainen-Cammern, auch Steuer-Räthen und Magistraten in den Städten, nicht minder insonderheit allen Handwercks-Innungen und Zünfften, und welche auf einige Weise mit darzu gehören, wie auch überhaupt allen und ieden Unsern getreuen Unterthanen in Gnaden zu vernehmen. Demnach in den bisherigen, bey dem noch fürwährendem allgemeinen Reichs-Convent zu Regenspurg, gepflogenen Berathschlagungen unter andern auch ein Gutachten von den sämmtlichen Churfürsten, Fürsten und Ständen des Heil. Römischen Reichs, wie die vielfältige bey den Handwercks-Zünfften seither denen in vorigen Zeiten vom Reich gemachten Policey-Ordnungen eingeschlichene Mißbrauche am 22 Jun. des nächst-

verwichenen 1731 Jahres abgefasset und Ihro Röm. Kayserl. Majestät zur Genehmhaltung durch Dero dasige Commißion überschicket worden. Ihro Kays. Majestät auch sothanes Gutachten durchgehends ratificiret und darüber ein Patent begreiffen und ins Reich ergehen lassen, welches von Wort zu Wort lautet wie folget:

Und Wir dann allem dem, so in obstehendem vermittelst eines allgemeinen Reichs-Schlusses zu Stande gebrachten Kayserlichen Patent enthalten ist, auch in Unsern sämmtlichen zum Teutschen Reich gehörigen Provinzien und Landen von männiglich, den es angehet, niemand ausgeschlossen, bey Vermeidung Unserer höchsten Ungnade und nachdrücklicher Straffe, genau nachgelebet, mithin selbiges überall zur Execution gebracht wissen wollen; Als haben Wir es gewöhnlicher massen zu publiciren, und zu iedermanns Wissenschaft zu bringen, allergnädigst verordnet.

Wir gebieten und befehlen auch allen Unsern Regierungen, Kriegs- und Domainen-Cammern, Commissariis locorum und Magistraten der Städte in Unsern Provinzien und Landen des Heil. Röm. Reichs so gnädig als ernstlich, darüber mit allem Ernst und Nachdruck zu halten, und im geringsten keine Contraventiones dagegen zu verstatten, als weßhalb auch die Fiscale, nicht minder die Gewercks-Beysitzer iedes Orts vigiliren und die Contravenienten den Magistraten oder Cammern sofort zur Bestraffung anzeigen müssen. Es soll auch dieses Patent alle Jahre einmal denen Handwercks-Innungen und Zünften von ihren Gewercks-Beysitzern vorgehalten, und insonderheit die Lehr-Jungen bey ihrer Lossprechung deutlich vorgehalten werden, wobey sie durch einen Handschlag angeloben müssen, daß sie alle dem, was darinnen enthalten ist, gehorsamlich nachleben wollen.

Urkundlich haben Wir dieses Patent höchst-eigenhändig unterschrieben und mit Unserm Königlichen Insiegel bedrucken lassen. So geschehen und gegeben zu Berlin den 6 August 1732.

Friedrich Wilhelm
(L. S.)

Fr. W. von Grumbkow,
F. von Görne,
A. O. von Viereck,
F. M. von Viebahn,
F. W. von Happe.

❉ ❉ ❉ ❉ ❉ ❉ ❉ ❉ ❉ ❉ ❉ ❉ ❉ ❉ ❉ ❉ ❉ ❉ ❉

Die Vierte Betrachtung.
Von dem zünftlichen Wesen und daraus fliessenden Recht und Pflicht überhaupt.

§. 1.

Aus dem, was bishero bereits gesaget worden, folget, daß diejenigen, welche sich in eine Zunfft begeben, und mit Artickeln versehen haben, einen gantz andern Stand und Ansehen, Statum, Qualité, haben als zuvor, derowegen kan es nicht anders seyn, es muß diesen Leuten sammt und sonders einiges besonderes Recht zukommen, als vorher nicht gewesen, dagegen ihnen auch einige Pflicht und Schuldigkeit obliegen. Solche Rechte und Pflichten fliessen entweder aus der Natur und Wesen einer Zunft, oder entstehen aus Willkühr; auch sind über dieses die Zunfftgenossen denen gemeinen Rechten und Landes-Ordnungen unterwürffig, wie bekandt.

§. 2. Die

§. 2.

Die Natur und Wesen der Zünffte zu erforschen, will rathen, daß man sie selbst einsehe, und sich nicht in Betrachtung gleichmäßiger Dinge einlasse, wie D. Beyer lehret a). Ich will auch nicht haben, daß man mit andern Juristen in andern Juris partibus um die Distinction inter essentiale & naturale sich bekümmere, sondern ich sage kürtzlich: Das Wesen und Natur einer iedweden Innung bestehet in gesellschaftlicher Vereinigung und Verbindung etlicher Personen um gemeinen Nutzens willen b).

a) De Colleg. opif. cap. 13 § 1.
b) Conf. Bodinus de republica lib. 3 cap. 7 p. m. 526 sqq. D. Beyer de Colleg. opif. cap. 13 § 2.

§. 3.

Diese Verbindung geschiehet durch Einwilligung und Consens der Zunfftgenossen, wie oben gedacht worden, und wircket so viel, daß ein iedweder sich dem Willen der Zunfft unterwirfft, und daher in Innungs-Sachen, nicht seinem Willen, sondern dem, was die meisten Stimmen wollen, folgen muß a). Ich sage in Innungs-das ist, eine gantze Innung angehenden Sachen; denn in Sachen, die einen ieden insonderheit angehen, kan nichts geschlossen werden, wo nicht alle und iede einwilligen b). Es ist aber zu mercken, daß gleichwie in allen Collegiis, also auch in Zünfften, in der Versammlung votiret werden müste, sonst wenn gleich alle Mitglieder ihre Meynung eintzeln, von Haus aus, schrifftlich von sich geben, so ist es doch kein Schluß der Zunfft. L. 2. Cod. de decur. massen in Collegialischer Versammlung, nicht in eintzeln Personen, das Recht, Jus Collegii bestehet c).

a) vid. L. 4 ff. quod cujusque univers. nom. L. 19 ff. ad municipal.
b) L. 28 ff. commun. divid. Bodinus de rep. lib. 3 cap. 7 p. m. 532.
c) Cap. 55 X. de Elect. conf. gloss. lat. jur. Saxon. ad artic. 55 lib. 2.

§. 4.

Der gemeine Nutzen, wovon § 2 allhier gedacht, bestehet darinne, daß niemand an dem Orte das Handwerck treiben darff, als der in der Zunfft ist, welches ihr commune bonum, und bestes Gut ist, welches sie in Eingehung der Zunffte intendiren, und nachher allezeit begehren, wovon anderwerts gehandelt. Derowegen haben Innungen Fug und Macht Zusammenkünffte zu halten, und allda über ihren gemeinen Nutzen zu rathschlagen, gemeine Lade und Insiegel zu haben, zu gemeinem Nutzen Anlagen zu machen, Jungen aufzudingen, zu unterrichten und loszusprechen, neue Meister in die Innung zu nehmen, von Tüchtigkeit oder Untüchtigkeit eines Wercks oder Arbeit Zeugniß oder Urtheil zu geben, in Sachen das Handwerck angehend, zu erkennen und zu richten. Aber in Zünfften, so aus vielen zusammen vereinigten Handwerckern bestehen, hat kein Handwerck oder Meister, mit andern seinen Zunfftgenossen, in Aufdingen, Lossprechen der Jungen zum Gesellen, und Meistermachen etwas zu thun, sondern solches muß, vor eben demselben Handwerck, welches einer lernen will, worinnen er Gesell und Meister werden will, geschehen. Ausserhalb wenn in der Stadt keine Lade desselbigen Handwercks ist, iedoch mit Wissen der zusammen vereinigten Meisterschafft a).

Jurist. Oracul V Band.

a) Laut Fürstl. Rescript. Parere der Kammacher in Wien, Dreßden, Leipzig in Actis judic. uffn Rathhaus zu Jena der Kammacher daselbst contra die Kammacher zu Nürnberg Vol. II & III.

§. 5.

Dagegen bestehet die Pflicht und Schuldigkeit der Zunfft und aller Zunfftgenossen darinne, daß sie den Ort, wo sie ihre Innung haben und wohnhafft sind, mit guter tüchtiger Arbeit und Waaren ihres Handwercks oder Gesellschafft versehen, in allen ihren Handlungen und Geschäfften, Fleiß, Fürsichtigkeit, Treu und Glauben adhibiren, im Preis ihrer Waare, oder Belohnung ihrer Arbeit niemand übersetzen noch betrügen, auch deßwegen keine Vereinigung unter einander machen, sich nicht wegern zu bessern oder zu verfertigen, was ein anderer gemachet, oder angefangen hat, die Innungs-Artickel und darinne erlangte beneficia nicht mißbrauchen, allenthalben denen Reichs- und Landes-Ordnungen sich gemäß bezeigen a). Hiernechst ist Zünfften, nicht verwehret liegende Gründe, Zunffthäuser, Wiesen ꝛc. anzuschaffen; Aber sie geniessen da mit andern Bürgern und Einwohnern gleiches Recht, wo ihnen nicht etwas besonders eingeräumet worden wäre. Wenn eine Zunfft sonst nichts hat, so hat sie doch eine Lade (ein altes Zunfftstück, dessen in L. 1 ff. quod cujusque univers. nom. gedacht wird) Innungs-Artickel, oder andere Urkunden, wie auch ein Insiegel, auf welches gemeiniglich ein Werckzeug, oder andere Handwercks-Zeichen gestochen sind. Die Lade ist das Behältniß der Urkunden, Insiegels und anderer Mobilien, welche etwa in Bechern, Schüsseln, Kandeln, Tellern und dergleichen bestehen.

a) vid. Reform. polit. de anno 528 tit. Von Handwercken in gemeinen Fürstl. Sächsischen Landes-Ordnung tit. 63. Fürstl. Landes-Ordnung Hertzog Ernsts, part. 2 cap. 3 tit. 38. Carpz. p. 2 const. 6 def. 11.

§. 6.

Zünffte sind zusammengesetzte vereinigte Personen, nach dem, was § 2 seqq. gesaget worden; daher wenn eine Zunfft etwas zu fordern, so kan es ein eintzeln Mitglied derselben nicht fordern, und wenn eine Zunfft etwas schuldig ist, so sind die eintzeln Glieder derselben nicht schuldig zu bezahlen L. 7 § 1 ff. quod cujusque univers. nom. Es wäre dann, daß die Zunfftgenossen sich sammt und sonders obligirt hätten, in welchem Fall ein ieder pro rata bezahlete; woferne aber Zunfftgenossen, ieder ausdrücklich zur gantzen Summa (ieder in solidum) sich verschrieben hätten, so müste freylich einer allein, welcher verklaget wird, alles bezahlen. Wenn nun eine Zunfft bezahlen soll, und gemeiner Lade oder Vermögen nichts vorhanden, so wird eine Anlage gemachet, nicht nach denen Häuptern oder Personen der Zunfftgenossen, sondern nach eines iedweden Vermögen oder Erwerb; L. II Cod. de Oper. publ. Auch müssen die Nachkommen in der Zunfft ihrer verstorbenen Vorfahren gemachte Schulden bezahlen helffen, weil sie an deren stat treten und itzo eben die Zunfft mit ausmachen, die vorher gewesen ist.

a) Colerus de process. execut. p. 1 c. 3 n. 366 sqq. Carpz. p. 2 const. 16 def. 24, 25, 26.
b) L. 7 § fi. quod cujusque univers. nom. L. 76. ff. de Judic. Coler. de proc. execut. part. 2 cap. 3 num. 369 usque 372.

C 2 §. 7. Hat

§. 7.

Hat eine Zunfft in Gerichts-Sachen zu thun, so muß sie durch einen Syndicum erscheinen, welcher wenigstens von dem meisten Theile bestätiget sey, worinne auch das Votum oder Stimme eines Vaters dem Sohne, oder die Stimme eines Sohnes dem Vaters behülfflich ist. L. 3 & 5 ff. quod cujusque univers. nom. Wofern aber eine Zunfft in wenig Personen bestünde, so sollen sie alle erscheinen, ohne eine Nullität zu begehen. Philippi disp. supra alleg. th. 33. In delictis oder Verbrechen meynet man zwar, eine Zunfft habe keinen dolum, L. 15 §. 1 ff. de dolo, mithin könne sie nicht sündigen, noch weniger gestraft werden; Allein wenn in guten Dingen zusammen gestimmet werden kan, so kans auch wohl in bösen geschehen, und obschon alle Zunfft-genossen nicht einwilligten, so heißt es doch, die Innung des Handwercks hat es gethan, refertur ad universos, quod fit publice per majorem partem a). Die Zünffte werden gestrafft nach Beschaffenheit ihrer Verbrechen, entweder an ihren Beneficien, indem ihnen dieselben entnommen, dagegen andere Handwercks-Leute von fremden Orten in die Stadt invitiret werden; auch können sie gestrafft werden an Geld und Gut. Aber in Leibes-Strafen gehets gemeiniglich über die Urheber, und diejenigen, die böses gethan haben b).

a) L. 160. ff. de R. J. conf. D. Beyer, de Colleg. opif. cap. 22 § 2 n. 1705. Mynsing. cent. 4 obs. 78 & 79.

b) Conf. Bodin. de republ. lib. 3 cap. 7 p. m. 537.

Von Zusammenkunfft eines Handwercks oder Zunfft.

§. 8.

Wenn eine Zunfft in vielen zusammengesetzten vereinigten Personen bestehet, so sind Zusammenkünffte nöthig, damit die Zunfftgenossen sich mit einander besprechen mögen. Solche Zusammenkünffte sind ordentlich alle Qvartale bey iedwedem Handwerck oder Zunfft, allwo nicht nur iedweder Zunfftgenosse erscheinen, sondern auch etwas Geld, ein Groschen oder mehr, nach ieder Zunfft Herkommen, in die Lade legen muß. Er muß präcise auf die Stunde oder Minuten, da er bestellet und geladen wird, erscheinen, oder wo er nicht kommen kan, sich beyzeiten entschuldigen lassen; fehlet er aber darinne, so wird er gestrafft. Bey manchen Zünfften wird eine kleine Kerze angezündet, und wer nicht kommet, weil die brennet, der wird gestrafft a).

a) D. Beyer de Colleg. cap. 15. n. 1223.

§. 9.

Alle und iede Meister und Zunfftgenossen sollen in der Versammlung sich stille und eingezogen halten, und schweigen, wenn es der Obermeister befielet, bey des Obermeisters Umfrage einer dem andern nicht ins Wort fallen oder vorreden, sondern warten bis ihn die Reihe trifft, und alsdann bescheidentlich sein Bedencken oder Votum von sich geben; keiner soll den andern Lügen straffen, noch mit losen Worten begegnen; Sie sollen auch nicht fluchen, schwören, Gewehr bey sich haben, noch sich wider das Handwerck auflehnen rc. Alles bey gesetzter Straffe, welche alsobald von dem, der sich vergehet, eingetrieben wird. Hat einer wider einen Meister oder Gesellen was zu klagen, so muß er es vor versammletem Hand-

wercke bescheidentlich vorbringen und auf seine Klage nach Beklagtens Antwort, gebührlichen Bescheid erwarten. Im übrigen wird von allerhand Sachen, die Zunfft angehend, in der Versammlung gehandelt, nicht weniger die Lehrjungen aufgedungen und losgesprochen, u. s. w. Was vorgehet, geschiehet alles vor offener Lade, und wenn die Zeit vorüber ist, so machet der Obermeister die Lade zu, und giebt den Schlüssel dem Beysitzer.

§. 10.

Es trägt sich offt zu, daß Handwercke und Zünffte ausser den ordentlichen Qvartal-Zusammenkünften zusammen beruffen werden müssen, wenn nemlich ausserordentlich, unvermuthet, was vorfället, etwa obrigkeitliche Verordnung zu publiciren, oder auf eine Zuschrifft von andern Orten zu antworten, oder sonst iemand was verlanget, und dergleichen, solche Zusammenberufung heisset bey theils Handwercken ein Handwerck machen; aber es wird da weiter nichts tractiret als die Angelegenheit der Sache, welche vorgefallen ist. In manchen Orten wird eine Handwercks-Zusammensprache eine Morgensprache genennet, nemlich zu Magdeburg, Lübeck, v. D. Beyer de Colleg. cap. 15 § 2, 3. Wiewohl auch die Zusammenkünfte vieler Meister aus vielen Städten und Zünfften eines Handwercks, so zuweilen in Meßzeiten, vornehmlich unter den Tuchmachern auf dem Gewandhause gehalten werden, Morgensprache heissen. Handwercks-Lexicon hac voc.

§. 11.

Was in Handwercks-Versammlungen geredet und geschlossen wird, das ist billig geheim zu halten, wofern es aber wider die Rechte, obrigkeitliche Personen und Ordnungen wäre, so soll es pflichtmäßig angezeiget werden, Fürstl. S. Goth. Landes-Ordnung p. 2 c. 3 tit. 38 in F. Dieweil aber niemand frembdes in eine zünfftliche Versammlung gelassen wird, und ein Zunfftgenosse nicht gerne zum Verräther werden will, so ist besser, wenn denen Zünfften bey nahmhafter Strafe untersaget wird, ohne Vorwissen der Obrigkeit, und einen Deputirten oder Commissarium darzu zu erbitten, keine Zusammenkunft zu halten, wie an vielen Orten bräuchlich und in dem Concluso der 3 Reichs-Colleg. de anno 1671 geordnet ist a).

a) Conf. D. Beyer de Colleg. opif. cap. 15 n. 1192. Marpergers Vorbericht von Handwercks-Zünfften, p. 40.

Von Innungs-Artickeln.

§. 12.

Wenn nun diejenigen Personen, welche in eine Zunfft treten wollen, mit einander einig sind, so entwerffen sie gewisse Articulos, durch welche sie sich unter einander verbinden, zu ein und anderer Ordnung in ihrem Handwercke. Ob nun solche Artikel in alten Zeiten schrifftlich sind verfasset, oder nur mündlich verabredet worden, solches gehet uns heutiges Tages nicht viel an, ist auch in effectu einerley; Jedoch wird in einer alten Chur- und Fürstl. Sächsischen Constitution de anno 1541, welche der Landes-Ordnung Herrn Friedrich Wilhelms, und Herrn Johansen, Gebrüdere Hertzoge zu Sachsen, cap. 63 einverleibet, der Innungs-Briesse ausdrücklich gedacht.

§. 13.

§. 13.

Heutiges Tages ist es wohl gewiß, daß die Innungs-Artickel alle schrifftlich verfasset, und nach dem Zustande und Beschaffenheit iedwedes Handwercks oder Profeßion eingerichtet werden, iedoch ist auch noch manches, das nicht darein geschrieben worden, sondern bloß auf Handwercks-Gewohnheit bestehet. In denen Innungs-Artickeln nun wird gehandelt von Bestellung eines oder mehr Ober-Meisters, Zunfft-Meisters, Ober-Aeltesten, oder wie es nach Beschaffenheit ieder Zunfft, auch der Landes-Sprache genennet wird, von Beysitzern, von Jung-Meistern, von Zusammenkunfft der Zunfft oder Handwercks-Genossen, wenn und wie offt dieselbe geschehen, und was darbey beobachtet werden solle? Von Einkauff der Handwercks-Materialien, von Verfertigung guter Waare oder Arbeit, und deren Schaue, von Verkauffung der Waare, von Ständen und Buden, und deren Verlösung, von Jungen lernen, von Aufdingen und Los- oder Freysprechen, vom Gesellenhalten, von Wanderjahren, von der Gesellen Herberge und Schencken, von Gewinnung des Meister-Rechts, von Meister-Söhnen und Töchtern, von Meisters-Wittwen, von Dorff oder Land-Meistern, von Pfuschern, Störern und Hausirern, von Aufheben, von Handwercks-Strafen, von ehrbarn Leben und Wandel, von Begräbnissen, von welchen allen, und was etwa sonst vorkommt, in nachfolgenden gehandelt wird.

§. 14.

Wir wollen aber hiemit nicht sagen, als wenn alle und iede diese Puncte, in iedweder Zunfft Artickeln enthalten wären, oder davon disponiret würde, sondern unsere Meynung ist, daß von diesen Dingen in denen Artickeln pflege gehandelt zu werden, und was in einem nicht ist, dennoch in andern sey, inmassen die Handwercke und Professionen gar vielerley, wie männiglich bekannt. Zum Exempel, diejenigen Handwercke, die nichts machen, als was bey ihnen bestellet wird, die haben nichts von Einkauff der Materialien, Verkauff der Waare, Ständen, Buden rc. in ihren Innungs-Artickeln zu gedencken, weil derjenige, der ihre Arbeit bestellet, ihnen Materialien anschaffet, und das daraus gemachte Ding als sein Eigenthum behält oder annimmet, dem Handwercksmann aber dagegen seinen Lohn gibt. Desgleichen die ungeschenckten Handwercker haben nichts von Schencken, u. s. f. Die Absicht aller Zünffte ist oben im dritten Bande des Jurist. Orac. von der Geschichte der Handwercker auf dem 395 Bl. § 5 angezeiget worden, einfolglich leicht zu dencken, daß die Innungs-Genossen, so viel an ihnen ist, ihre Innungs-Artickel darnach einrichten werden. Damit aber die guten dem gemeinen Wesen heilsame Absichten nicht ausgelassen werden, davor sorget die Obrigkeit.

§. 15.

Die Innungs-Artickel sollen von Rechtswegen nichts in sich halten, als was das Handwerck, Kunst oder Profeßion angehet, und womit es zu thun hat. Daher wenn sie andere Dinge, von Erbschafften, Schuld-Sachen, und was sonst vor die Obrigkeit gehöret, mit einfliessen lassen, so ist es von keinen Kräfften a). Auch will man, daß die Innungs-Artickel denen gemeinen Rechten, und der natürlichen Billigkeit nicht entgegen seyn, sonst sie ebenfalls nicht gelten sollen b). Aber gleichwie die Statuta der Städte, wenn sie von dem Landes-Herrn confirmiret sind, gelten, ob sie schon denen gemeinen Rechten entgegen c). Also ist wohl von den bestätigten Innungs-Artickeln eben dergleichen zu behaupten.

a) Carpz. p. 2 Const. 6 def. 10. Richter decis. 80 n. 7, 8.
b) L. 3 Cod. de prec. Imper. offer. Carpz. p. 2 Const. 6 def. 11 n. 3. Richter. decis. 80 num. 9.
c) D. Thomas. in not. ad Huber. posit. Instit. tit. de iure nat. Gent. & civ. num. 35. conf. Brunnem. ad L. 1 Cod. de Summ. Trin. num. 4.

§. 16.

Uiber dieses saget man, daß die Innungs-Artickel niemanden obligiren, als diejenigen, die in die Innung gehören, und Glieder derselben sind, welches auch natürlich ist, indem ihr Zunfft-Recht aus Zusammenstimmung und Einwilligung entstehet. L. 40 ff. de LL. Carpz. p. 2 Const. 6 def. 9 num. 4. Aber wegen der Landesherrlichen Confirmation, welche allen Unterthanen auferleget, sich nach denen Innungs-Artickeln zu richten, sowohl als der von der Zunfft intendirten, auch mittelst der Confirmation erhaltenen Ausschliessung anderer, kan solche Regel nicht universal seyn, sondern sie muß viele Exceptiones leiden. Nemlich eine Zunfft kan zwar niemanden, als ihre Genossen, vor sich laden und richten, aber wenn ein anderer, der nicht aus der Zunfft ist, mit Arbeiten, Aufkauffen, Hausiren rc. ihnen Eingriff thut, so sind sie bald mit ihren Artickels-Briefen bey der Obrigkeit, und erlangen Hülffe wider ihre Störer.

Von Confirmation der Innungs-Artickel.

§. 17.

Es wollen zwar einige Rechts-Gelehrte ex L. f. Cod. de Jurisdict. ex L. 2 Cod. de Constit. pec. behaupten und statuiren, daß Handwercks-Leute, in Sachen ihr Handwerck angehend, vor sich könnten Statuta machen, und obrigkeitlicher Confirmation nicht nöthig hätten, indem sie nemlich durch die Gesetze schon confirmiret wären a). Aber der Regent ist der Haupt-Ursprung und Qvelle aller Gerichtsbarkeit eines Landes, ohne dessen Willen nichts bestehen kan, und die obgedachte Leges haben das nicht einmal, was sie haben sollen. Denn L. fin. Cod. de Jurisdict. präsupponiret geordnete Richter der Handwercks-Leute, er saget aber nicht, daß die Negotiationes selbst sich Richter setzen könnten; L. 2 Cod. de Const. pec. handelt von Geld bezahlen, und constituere heist nichts anders als Zahlung versprechen, keinesweges aber Statuta oder Constitutiones machen b). Dannenhero geschichts nicht aus einer wider gemeldte Gesetze eingeführte Gewohnheit, daß Innungen und Zünffte von dem Landes-Herrn confirmirt werden, wie Schneidew. in Comment. Instit. tit. de Jur. Nat. Gent. & Civ. § 9 Jus autem civile num. 15 meynet, sondern die politische Klugheit und Recht der Regenten erfordert solches c).

a) Vid. Brunnem. ad alleg. L. 2 num. 12. Ahasv. Fritsch. de Colleg. opif. part. 2 Cap. 2 § 1.
b) Conf. Brunnem. ad dd. LL.
c) Conf. Hahn ad Wesenb. tit. de LL. verb. decreta. num. 2.

§. 18.

§. 18.

Also ist gewiß, daß die Artickel der Innungen, und Zünffte, nicht gültig sind noch bestehen, wann sie von denen Regenten nicht confirmiret werden; und gleichwie die Statuta derer unter Regierung eines Oberherrn stehenden Städte Confirmations nöthig haben, also und noch vielmehr die Innungs-Artickel, der Handwercker und Zünffte a). Die alten Römischen Kayser hatten selbst Achtung drauf, daß ohne ihr Wissen und Willen, keine Zunfft in ihrem Reiche aufkommen möchte; heutiges Tages aber, und zwar in Teutschland, stehet das Recht, Zünffte zu bestätigen, bey Churfürsten, Fürsten und Ständen, vi juris territorialis, nicht bey denen Unter-Obrigkeiten, es sey denn aus Indulgentz der Obern, inmassen die Jenaischen Lohgerber eine alte von dasigem Stadt-Rathe confirmirte Innung in ihrer Lade haben b). Und es sollen an keinem Orte einige Handwercks-Artickel Gebräuche oder Gewohnheiten paßiret werden, sie seyn dann von iedes Orts Obrigkeit confirmiret, und bekräfftiget, hingegen alle diejenigen, welche von denen Handwercks-Leuten, Meistern uud Gesellen, allein für sich, und ohne Obrigkeitliche Erlaubniß, Approbation und Confirmation aufgerichtet worden, oder inskünfftige aufgerichtet oder eingeführet werden möchten, sollen null, nichtig, ungültig und unkräfftig seyn, besage Conclus. der 3 Reichs-Colleg. de an. 1671 c).

a) Struv. Jurispr. lib. I tit. 2 §16.

b) Wesenb. ad eumque Hahn de Colleg. & Corpor. Ahasv. Fritsch de Colleg. Opif. p. 2 cap. 2 num. 2 disp. Lipf. anno 1680 sub præs. d. Philipp. hab. §12 & 39.

c) Vid. Anonym. Bericht von Handwercks-Zünfften pag. 40.

§. 19.

Bey der Confirmation ist zu beobachten, daß die von denen Handwercks-oder Zunfftgenossen abgeredete und aufgesetzte Artickel dem Landes-Herrn unterthänigst vorgetragen, und deren Confirmation erbeten werde, worauf dann dieser mit seinen Räthen überleget, oder mit dem Stadt-Rathe des Orts, wo die Handwercks-oder Zunfftgenossen und Supplicanten wohnen, communiciret, und dessen unmaßgebliches Bedencken erfodert a). Der Stadt-Rath stellet die Sache in Uiberlegung, vernimmt auch wohl die Bürger, oder deren Ausschuß darüber, insonderheit diejenigen Handwercke, die diesem nahe kommen, und einige dergleichen Waaren machen, oder in ihrem Kram führen; Wann nun ein Contradicent sich findet oder nicht, oder was sonst die Obrigkeit dabey zu bedencken hat, an den Landes-Herrn unterthänigster Bericht, samt unmaßgeblichen Gutachten erstattet.

a) Conf. Ahasv. Fritsch de Colleg. opif. P. 2 c. 2.

§. 20.

Wann nun die Confirmation von dem Landes-Herrn resolviret worden, so wird sie gegeben und ausgefertiget, in dieser Form und Weise: die Confirmation und Innungs-Artickel werden zusammen in ein Instrument gebracht, Eingangs stehet der Nahme und Titel des Landes-Herrn mit dem Vortrag: Von Gottes Gnaden Wir N. Hertzog zu N. thun kund und gegen männiglich; Demnach uns die gesamte Meistere des N. zu N. ihre Handwercks-

Innungs-Ordnung oder Artickel überreichet, und unterthänigst angelanget, Wir dieselben gnädigst zu confirmiren geruhen wolten, und dergleichen; dann folgen die Artickel, von Anfang bis zu Ende; darauf der Schluß, etwan also: Als confirmiren wir aus Landes-Fürstl. Hoheit, Macht und Gewalt, vorbeschriebene Innungs-Artickel, hiemit, und krafft dieses ernstlich begehrend, daß denenselben in allen Punckten und Clauseln treulich nachgelebet, darüber strecklich gehalten, und dawider in keinerley Wege gehandelt werde, befehlen daraff allen und ieden Unsern Ritterschafft, Amtleuten, Räthen der Städte, Richtern, Gemeinden, über solche neuconfirmirten Ordnung steiff und fest zu halten, die redlichen Meistere und Gesellen dieses N. Handwercks dabey iederzeit bis an Uns zu schützen, und zu vertheidigen, auch die Verbrechere gestalten Sachen nach unnachläßig zu bestraffen; daneben behalten Wir Uns vor, nach Gelegenheit der Zeit und Umstände diese Innung zu ändern, zu verbessern, oder da sie mißbraucht würde, gantz oder zum Theil aufzuheben und zu wiederruffen, inmassen denn, auch diese Confirmation keinesweges zu Schmälerung unserer Landes-Fürstl. Obrigkeit gemeynet, weniger Uns dadurch eine und die andere Person, nach Besindung und Gelegenheit, solcher Innung fähig zu machen, benommen seyn soll. Urkund haben Wir Uns eigenhändig unterschrieben, und Unser Fürstl. Insiegel daran zu hangen befohlen, so geschehen rc.

Wenn die Confirmation samt denen Innungs-Artickeln in etlichen Bogen bestehet, wie es gemeiniglich ist, so wird es in einen saubern Band eingebunden, eine seidene Schnur durch oder darum gezogen, und das Insiegel daran gehanget, darauf der Zunfft entweder immediate, oder mittelst des Stadt-Raths, welches gewöhnlicher, zugestellet, wovor Impetranten etwas Geld in die Cantzeley entrichten, so viel es iedes Orts Herkommen mit sich bringet.

§. 21.

Die Landesherrliche Confirmation ist gleich einem Privilegio, und erstrecket sich auf alle, die in der Zunfft nachfolgen oder darein kommen. Aber ein Privilegium, das einem eintzelnen Meister gegeben wird, endiget sich mit dessen Person. Alle Privilegia oder Confirmationes werden gegeben salvo jure tertii. Brunnem. ad L. un. Cod. de metrop. Berytho n. 3. Derowegen wird um mehrerer Sicherheit willen, bey Ertheilung der Privilegien die Ordnung gehalten, daß man vor allen Dingen mit Fleiß erkundige, ob einiger Stadt, Zunfft oder iemand anders dadurch präjudiciret werde, ehe und zuvor man aber dieselben darüber gehöret, und entweder ihre Einwilligung erlanget, oder die Contradiction unerheblich besindet, dergleichen Privilegia nicht pflegen ausgefertiget zu werden. Ungeachtet nun gesaget wird, daß die Confirmationes und Privilegia gegeben werden, salvo jure tertii, so wird doch der Einwohner Freyheit eingeschräncket, indem sie sich an die Innungs-Genossen, oder andere privilegirte Personen müssen weisen lassen. In combinirten Handwercken, wo die Zunfft aus verschiedenen Handwerckern bestehet, aber ein Handwerck zu der Zeit der Confirmation fehlet, gehet die Verbindlichkeit weiter nicht als auf die Anwesenden

und

und die sich hernach gutwillig darzu begeben; Derjenige aber, der nicht will, ist nicht in die Zunfft zu zwingen, obschon seines Handwercks in denen Innungs-Artickeln gedacht wäre. Das Exempel eines paßirten Casus ist oben angeführet.

a) Brunnem. ad tit. Cod. de Silent. & decur. eor. n. 21.
b) Churfürstl. Sächsl. Erledigung de anno 1653 & 57 tit. von Justiz-Sachen. §. 100.

§. 22.

Im übrigen dürffen die Innungs-Genossen sich nicht einbilden, daß der Landes-Herr, durch seine ertheilte Confirmation, sich ihnen zu etwas obligiret hätte. Nein: die Confirmation geschiht nicht zu Schmälerung der obrigkeitlichen Gerechtsame, dazu bleibt ihm die Macht zu verändern, zu verbessern, oder gar aufzuheben, frey, wie auch einige Personen der Innung fähig zu machen, laut der bey Confirmation der Innungen angefügter Reservation. Inzwischen ist doch eine Aufhebung der Zünffte so leichtlich nicht zu vermuthen, Bejer de Colleg. cap. 22 num. 1754, weil sie in ihrem Herkommen gegründet sind, und das, was vorlängst als billig angenommen worden, ohne Noth nicht zu ändern ist; L. 2 ff. de const. Princip. Auch des Fürsten in der Confirmation gegebener Wille die Krafft eines Gesetzes hat, wornach er selbst in decidendo sich richtet a). Gnung, daß sich der Landes-Herr die Macht, Zünffte aufzuheben und dergleichen, reserviret, woraus dann auch dieses zu folgen scheinet, daß deren Confirmationes nicht länger gelten, als der Landes-Herr lebet, indem mit seinem Tode sein Wille aufhöret, cap. 5 de Rescript. in Sext. Jedoch weil die Regenten ihrer Vorfahren ertheilte Privilegia zu confirmiren, mithin die Unterthanen bey ihren erlangten Rechten zu handhaben pflegen b), so können zwar die Innungen bey ihren Artickeln verbleiben, aber sie müssen sich solche von dem succedirenden Landes-Herrn wieder von neuen confirmiren lassen c).

a) L. 1 ff. eod. L. 3 Cod. de testam. Can. 2 dist. 9.
b) Brunnem. ad L. 33 Cod. de Episc. & Cleric. n. 24.
c) Hahn ad Wesemb. tit. de LL. verb. decreta. conf. Ahasv. Fritsch. de Colleg. opif. p. 2 cap. 2 §. 2.

Von Erklärung und Auslegung der Innungs-Artickel.

§. 23.

Gar offt trägt sichs zu, daß über den Verstand der Innungs-Artickel Zweifel oder Streit entstehet, indem entweder die Worte nicht deutlich gnug, oder gar was ausgelassen ist. Nun hat man zwar gewisse regulas interpretandi, welche wir in dem 2ten Theile des dritten Bandes unsers Juristischen Orakels im dritten und vierten Capitel, f. 465-491 angeführet: aber obgleich der Billigkeit gemäß, daß eine Dunckelheit der Innungs-Artickel, aus gemeiner Handwercks-Gewohnheit, und Intention der Verfasser, die nemlich die Artickel gemacht haben, erkläret, mithin der Mangel erfüllet werden müsse, L. 37 ff. de LL. so kan man doch nicht davor stehen, daß in praxi solches allemal beobachtet, und die Auslegung so gemacht werde. Denn es ist dagegen eine andere Regel, daß Statuta und Innungs-Artickel strictissime zu interpretiren, nach welcher man sich insgemein richtet a). Daher darff ein Handwerck oder Zunfft weiter nichts prätendiren, als was der buchstäbliche Inhalt ihrer Artickels-Briefe besaget. Auch kan ein Stadt-Magistrat oder andere Unter-Obrigkeit ihnen in judicando aut decidendo weiter nicht helffen.

a) vid. Struv. Synt. J. Civ. exerc. 2 th. 49, 50. Ahasv. Fritsch. de Colleg. Opif. p. 2 c. 3.

§. 24.

Dannenhero muß ein Handwerck seine Zuflucht zu dem Landesherrn nehmen, welcher ihm helfen kan, so er will, und es dem gemeinen Wesen nützlich ist. Mit der Auslegung des Landes-Herrn muß ein Handwerck oder Zunfft zufrieden seyn, wenn sie schon wider wäre, theils weil die Zunfftgenossen sich zu imputiren haben, daß sie bey Abfassung ihrer Artickel die Deutlichkeit nicht besorget, oder gar etwas ausgelassen haben, theils weil der Landes-Herr die Macht zu interpretiren hat, vermöge seines hohen Regale, und in der Confirmation beschehenen Reservation.

§. 25.

Hiernächst geschichts auch öffters, daß zwischen Handwercken, wegen einiger Arbeits-Stücke oder Führung der Waaren, und dergleichen Streit entstehet, wobey auch eine Art der Auslegung nöthig; Zum Exempel: Wenn Schwartz- und Schönfärber wegen des Färbens, einiger Dinge Kram-Handwercke wegen Führung einiger Waaren rc. streitig werden. Ist nun kein Statutum, Ordnung oder Artickel disfalls vorhanden, so wird denen Litiganten, oder streitenden Parteyen auferleget, von gleichmäßigen Handwercken auswärtiger Städte Zeugnisse beyzubringen, welche Arbeit oder Waare vor diesen oder jenen gehöre, darauf die Sache nach Befinden entschieden. Hat nun dieses stat, wo gar keine Artickel vorhanden sind, so kan auch wohl stat haben, was wir im 23ten §. gesaget, zumal wenn man erweget, daß die Artickel meistens aus Handwercks-Gewohnheiten genommen werden a).

a) Conf. Schilter Exerc. 2 §. 17.

Die

Die Fünffte Betrachtung.

Von denen eine Zunfft aufrichtenden Personen, und ob einer in zwey Zünfften seyn könne.

§. 1.

Wie nun bey den Handwercks-Zünfften die Personen allenthalben mit vorkommen; so kan man allhier von den Rechten der Personen nicht wohl, sondern, wie denn Titius in Præf. ad Jus publ. dieses selbst billiget. Es soll aber hiermit gemercket werden, daß, weil man heutiges Tages nichts als aufgerichtete Zünffte vor sich hat, und man eigentlich nicht weiß, wie iede vor Alters aufgerichtet worden, folglich von denenselben Personen nichts gesagt werden könne; Jedoch wenn man siehet, aus was vor Personen, die heutigen Handwercke und Zünffte bestehen, nemlich aus Leuten von ehrlicher Geburt, die ihr Handwerck rechtmäßig erlernet, ihre Jahre gewandert, und sich zum Meister-Recht qvalificiret haben, auch währender Meisterschafft Zunfftmäßig leben, so kan man leicht urtheilen, was vor Personen Zünffte oder Innungen aufrichten, oder aufgerichtet haben.

§. 2.

Jedoch muß man sich nicht übereilen; denn wie hat einer Zunfftmäßig lernen, wandern, und Meister werden können, wo noch keine Zunfft gewesen ist? Also fällt das, was von lernen, wandern ꝛc. gesaget worden, allhier weg, desgleichen auch das Meister-Stück, und andere præstationes, und es ist mehr nicht nöthig, als daß die Personen, welche eine Innung aufrichten, darzu qvalificirt und geschickt sind. Dieses hat man an einer unlängst aufgerichteten Strumpfwircker-Innungen gesehen, allwo ein ieder ehrlicher Mann, der in dem Strumpfwircken begriffen, und dasselbige gebührend fortzusetzen fähig war, ohne Absicht auf seine Lehr-Jahre, und andere dergleichen Umstände, in die Innung auf und angenommen wurde. Siehe das Fürstl. Sächs. Weimar. Reglement der Strumpfw. §. 23.

§. 3.

Der Personen, die eine Zunfft anrichten wollen, mögen viel oder wenig seyn, iedoch wird in Rechten erfordert, daß ihrer nicht unter drey seyn sollen per L. 85 ff. de V. S. welches gantz natürlich ist. Denn wenn zwey einander im votiren widersprechen, so kan nichts geschlossen werden, es müste denn unter diesen zweyen des ältesten Stimme vorgehen. Wo aber die Zunfft einmal angerichtet ist, da bleibt das Recht auch in einer Person, wenn schon die andern alle abgiengen a). Also müssen die Personen, welche in eine bereits aufgerichtete Zunfft aufgenommen zu werden verlangen, nach denen Artikeln der Zunfft qvalificiret seyn, zum Exempel ehrlich gelernet, gewandert haben, u. s. w. wovon in folgenden an gehörigen Orten gemeldet wird. Die Personen, welche Innungen confirmiren, sind keine Glieder derselben, also ist von ihnen nichts zu gedencken, ausser was etwa oben bey der Confirmation, vorgekommen.

a) L. 7 in f. ff. quod cujusque univers. nom.

§. 4.

Folget nun die Erörterung der Frage: Ob einer in zwey Zünfften seyn könne? darauf wird Ja und Mein geantwortet, iedoch mit Unterschied. Eines theils giebt es Handwercke, die nicht so frequent sind, und öffters nur eintzeln in Städten sich befinden, zusammen aber aus vielen Städten eine Zunfft und gemeine Laden, haben, zum Exempel, die Kupffer-Schmiede in Weimar, Jena, und Arnstadt, desgleichen auch die Bader, und an den herum gelegenen Orten, halten ihre Innung und Lade, zu gewissen Zeiten zusammen, und sind, mit einem Wort, völlig zünfftig, nichts destoweniger sind die in Jena wohnende Kupfferschmiede, Mitglieder der Schmiede-Zunfft daselbst. Also ist die Frage zu bejahen a). Jedoch ist dabey kein Zwang, sondern ein solcher eintzeler Meister kan aus einer Innung des Orts bleiben, wenn schon die Innung mit darauf gerichtet wäre, wie zum Exempel der Jenische Sägenschmied, den die Schmiede-Zunfft, vorgebend er gehöre zu ihnen, zu sich zwingen wollte, obtinirte. Desgleichen kan auch wohl ein Meister in zweyen unterschiedl. Städten Meister werden, und daselbst Gewerckschafft treiben, zum Exempel ein Seiffensieder in Halle und in Naumburg b). Andern theils, wenn ein Meister neben seinem Handwercke, das er treibet, noch eine andere Profeßion exerciren, und mit in der andern, folglich in zweyen Zünfften seyn wollte, so gebe es nicht an, per L. 1 §. 2 ff. de Colleg. & corp. dessen Disposition Schilter an obgemeldtem Orte vor billig und gut erkennet, ob er wohl meynet, es sey in Teutschland anders. Aber es ist dieses Recht allerdings auch in Teutschland, welches nicht nur bezeuget das alte Sprichwort: Viel Handwercke verderben einen Meister, sondern auch Kayser Sigismundi Reformation cap. 5, also lautend: "Unsere Vorfahren sind keine Narren gewest. Es sind Handwercke darum erdacht, daß iedermann sein täglich Brot damit gewinnen soll, und soll niemand dem andern in sein Handwerck greiffen. Ist einer ein Weinmann, so gehe er damit um, und treibe kein Ding dazu. Ist einer ein Brotbecker, dasselbe treibe er, und ꝛc. ꝛc. kein Handwerck ausgenommen. Und man soll das halten, bey Kayserl. Gebot, und 40 Mark Goldes pœn &c.,, Also ists unlängst in Jena practiciret worden, als die Strumpfwircker daselbst eine Innung aufrichteten, an einem Buchführers Diener, der einen Strumpfwircker-Stuhl hatte, und darauf arbeiten ließ; So wurde er gefragt: Ob er bey dem Strumpfwircken bleiben, und das Buchführen aufgeben, oder bey diesem bleiben, und jenes aufgeben wollte, und weil ihm dieses lieber war, so muste er das Strumpfwircken mit dem Stuhl von sich lassen c).

a) Siehe die Decision derer Herren Leipziger, beym Schilter in præx. Jur. Rom. Exercit. 49 §. 55.

b) vid.

b) vid. Resp. Scab. Lipf. ap. Philipp. ad ordin. proc. Sect. tit. 2. Conf. 3.

c) Gleichmäßige Verordnung ist auch zu befinden, in dem Hochfürstl. Sächß. Weimarisch. Reglement der Strumpfwürcker § 24. confer. Schilter. exerc. 49 § 54. & Brunnem. ibid. alleg. Bejer de Colleg. opif. cap. 4 § 6 usque 8. Disp. de Colleg. opif. sub Præsid. D. Philipp. anno 1680 Lipf. hab. § 43. Richter Decif. 80 num. 40.

§. 5.

Von andern Collegiis, ob ein Mann in zweyen sitzen könne? hier zu gedencken ist impertinent, weil nur von Handwercks-Zünften die Rede ist, und in andern andere Verordnungen, oder Observanzen vorhanden, von welchen auf die Handwercks-Zünffte nicht argumentiret werden mag a). Aber dieses läßt sich hier fragen: Ob ein zünfftiger Handwercks-Mann in einem andern Collegio, das keine Handwercks-Innung ist, mit sitzen könne? darauf ist regulariter mit Ja zu antworten, es wäre denn besonders Verbot an einem und dem andern Orte. Also siehet man, daß in vielen Städten zünfftige Handwercks-Leute in dem Raths-Collegio derselbigen Stadt sitzen, wie schon vor Alters geschehen b). Wenn nun etwas vorgehet, wobey ein solcher Handwercks-Mann und Raths-Beysitzer interessirt ist, so wird ihm von dem Bürgermeister, oder wer sonst in der Raths-Stube das Directorium hat, angesaget, daß er entweichen sollte, worinnen er auch Folge leistet. Es gehet auch gar wohl, und noch eher an, daß ein zünfftiger Handwercks-Mann in einem Commercien-Collegio Beysitzer seyn könne c).

a) vid. Beier de Colleg. opif. cap. 4 § 8.

b) besage Kayser Sigismunds Reformation welche wir oben angeführet.

c) vid. Marpergers Commercien-Colleg. cap. 3.

Von den Obermeistern und Zunfftmeistern.

§. 6.

Es saget Glossa latina ad jus Saxon. artic. 55 lib. 2, daß iedwede Zunfft einen Obermeister erwehlen könne. Ich aber wollte sagen, daß er der Zunfft höchstnöthig sey, und sie einen haben oder erwehlen müste. Denn solche Moral-Personen als Zünffte sind, können sich, so zu reden, weder bewegen noch regen, wo nicht einer ist, der ihnen vorstehet, sie dirigiret und beweget. Die Obermeister werden nach Beschaffenheit der Innungen und Landes-Sprache verschiedentlich genennet: Gaffel-Meister, Gilden-Meister, Oberältesten ꝛc. welches ein iedweder bald mercken kan, wenn er nur die Function ansiehet. Ihre Wahl geschiehet im versammleten Handwercke oder Zunfft, nach denen meisten Stimmen, indem es eine Sache ist, die die gantze Zunfft angehet.

§. 7.

Wenn etwa Uneinigkeit bey dieser Wahl unter denen Zunfftgenossen entstehet, so gelanget die Sache an den Stadt-Rath, oder andere ordentliche Obrigkeit, die darinne Entscheidung thut. Die Obermeister-Wahl richtet sich in vielen Städten, nach den jährlichen Abwechselungen der Raths-Aemter, da denn die neuen Obermeister dem sitzenden Rathe, von denen abgehenden Obermeistern präsentiret, und diese von dem Rathe vereidet, und

Jurist. Oracul V Band.

confirmiret werden, so in alten Sächß. Rechten gegründet ist, besage der Glossa ad artic. 43. Weichb. in diesen Worten: "Wenn die Rathsmann zu Rathhaus gehen, so gehen alle Handwercke zusammen in ihre Morgensprach, so kiesen denn die Rathsherren alle, ieglich Handwerck sonderlich die ihren ꝛc.„ a). Der Eid, den die Obermeister schwören, gehet dahin, daß sie mit allem Fleiß über die Innungs-Artikel und Willkühr halten, des Handwercks Nothdurfft beobachten, die Uibertreter bestraffen, und alles thun und leisten sollen, was einem Handwercks-Meister disfals zustehet ꝛc. Noch besser ist der Eid der Oberältesten in dem Fürstl. Weimarisch. Reglement vor die Strumpf-Fabric Sorge zu tragen, deren Aufnehmen zu befördern, über gute Ordnung zu halten, auf sämtliche Fabricanten Acht zu ben, daß sie keine untüchtige Waare verfertigen, dieselben öffters zu visitiren, die befundene Unrichtigkeit abzustellen, in denen die Fabric angehenden Irrungen unpartheyisch zu verfahren, dieselbe in aller Kürtze beyzulegen, oder darüber an Hochfürstl. Regierung zu berichten, dem Reglement genau nachzuleben, auch daß von andern nachgelebet werde, Fleiß anzuwenden ꝛc.

a) vid. D. Bejer de Colleg. cap. 15 num. 1171.

§. 8.

Zu dem Obermeister-Amt ist regulariter ein ieder Zunfftgenosse tüchtig, iedoch ist's wohl gethan, daß man alte, erfahrne, beredte, erbare Meister, so gut man sie in der Zunfft hat, denen jungen, unerfahrnen, einfältigen oder etwa liederlichen Meistern in dieser Wahl vorziehet, Fürstl. Sächs. Weym. Reglement § 21. Auch giebt es Fälle, da einer bisweilen übergangen werden kan und muß, nemlich wenn einer eine schimpfliche Nachrede unausgeführet auf sich sitzen hätte, oder gar in Inquisition verfallen wäre, oder auch mit dem Handwercke einen schweren widerwärtigen Proceß führte, und dergleichen a). Das Obermeister-Amt und Verrichtung bestehet darinne, nebst dem was oben § 7 enthalten, daß er die Zunfftgenossen und Mitmeistere in die Zusammenkunfft beruffen lasse, in versammleten Handwerck das Wort führe, Umfrage halte, Vota colligire, das Anbringen der Zunfftgenossen anhöre, und darauf Bescheid gebe, denen Interessenten oder Partheyen das Entweichen andeute, damit Er mit andern Mitmeistern rathschlagen und votiren könne, das Handwercks-Buch entweder selbst, oder durch einen des Schreibens erfahrnen Meister, wo nicht ein besonderer Handwercks-Schreiber bestellet ist, führe, die Lade und Mobilien wohl bewahre, die Quartal-Einlagen, und andere Gelder einnehme, und davon die benöthigte Ausgaben, zum Exempel vor die Gesellen-Herberge u. a. dergleichen entrichte, auch deswegen Rechnung ablege, entweder quartaliter oder jährlich bey Ablegung seines Amts und dergleichen.

a) Conf. D. Beier de Colleg. opif. cap. 6 § 8.

§. 9.

Er ist in Handwercks-Sachen ordentlicher Richter, dessen Gerichtbarkeit nicht zu recusiren, juxta L. f. Cod. de jurisd. omn. Judic. add. gloss. lat. ad Jus Saxon. lib. 2 artic. 55, iedoch aber nicht alleine, sondern mit Zuziehung seiner Zunfftgenossen; Wiewohl eigentlich dis Römische Gesetz hieher gar nicht zu ziehen, weil unsere Zünffte anders beschaffen,

D

schaffen, als die Römischen und unsere Zunfftmeistere aus der Zunfft erwehlet werden, dahergegen die Römer von Hofe aus welche setzten a). Die Innungs-Artikel, und redliche Handwercks-Gewohnheiten sind des Obermeisters Richtschnur, wornach er die Streitigkeiten entscheidet, und die Verbrecher gestraffet, aber über die in Artikeln gesetzte Summe ist zu straffen nicht erlaubet. Findet sich iemand über des Obermeisters Bescheid oder Verfahren beschwehret, so muß er an den Stadt-Rath, oder andere ordentliche Obrigkeit gehen. Woferne aber der Obermeister selbst was begehet, so richtet ihn, wenn es eine Handwercks-Sache ist, die Zunfft, wobey der alte Obermeister, Extribunus, das Wort führet b).

a) vid. Cuiac in paratitl. Cod. de Offic. mag. offic. & ad L. 6 Cod de fabricens. it. ad L. 3 Cod. de præpos. Sacr. cubic. Brunn. ad L. 1, 4, 5. Cod d. officio mag. offic & ad L. 3 & 6 Cod. de fabric. it. ad L. un. Cod. de pistor.

b) vid. Bodin. de rep. cap. 7 p. m. 527. D. Bejer de Colleg. opif. cap. 4 § 11.

Von Beysitzern und Geschwornen.

§ 17.

Sonst heissen Beysitzere alle Assores eines Collegii, und in solchem Verstande sind alle Handwercks-oder Zunfftgenossen Beysitzere, das ist, sie sitzen im versammleten Handwercke oder Zunfft bey einander, geben auf Umfragen des Obermeisters ihre Stimmen, deliberiren vom Nutzen der Zunfft, und dergleichen mehr. Aber es sind in Handwercks-Zünfften eigentlich Beysitzere des Obermeisters, Adjuncti, Gehülffen und Beystände, zwar nicht eben in allen, sondern nur in zahlreichen Handwercken a). Sie gelangen durch Wahl der Zunfftgenossen dazu, eben wie die Obermeistere, wechseln auch also jährlich um; und wo die Obermeistere nach ihrer Wahl, dem Stadt-Rathe vorgestellet werden, wie wir oben § 7 haben gemeldet, da geschiehet denen Beysitzern ein gleiches, werden auch also vereidet, und von dem Rathe confirmiret. Zum Exempel bey dem Buchbinder-Handwerck zu Jena, laut deren Artikel, sollen erwehlet werden, zwey Obermeister und zwey Beysitzer, und iedes Jahr im Amte einander abwechseln, welches auch bey andern Handwercker daselbst gehalten wird.

a) D. Bejer de Colleg. opif. cap. 7 § 1.

§ 18.

Weil nun, wie gesagt, der Beysitzer des Obermeisters Gehülffe ist, und in vorhergehenden §. 8 schon gesaget, was des Obermeisters Amt sey, so ist leicht zu ermessen, was der Beysitzer Verrichtung sey, nehmlich dem Obermeister in seinem Amte allenthalben beyzustehen, der Zunfft Nutzen zu fördern, und Schaden zu verhüten, und so weiter. Insonderheit hat der Beysitzer den Schlüssel zur Handwercks-Lade, ohne welchen der Obermeister sie nicht öffnen kan; auch haben sie bey manchen Zünfften die Visitation der Werckstäte, Waaren und dergleichen über sich a). Geschworne sind in der That eben das, was die Beysitzere, nur daß sie bey einer Zunfft so, bey der andern anders genennet werden; Ihre Benennung ist von dem Eide, den sie leisten müssen, gleichwie die Beysitzere auch thun, und was weiter etwa dabey vorkommen solte, kan man aus iedweder Zunfft Verfassung und Artikeln lernen.

a) vid. Fürstl. Sächs. Weim. Reglement § 15.

Von Jungmeistern.

§. 19.

Der Jüngste im Handwercke oder Zunfft heist der Jungmeister, und ist des Handwercks Knecht oder Bote, wie einige Artickel reden; Also muß er dem Obermeister zu Gehorsam stehen, so offt es befohlen wird, die Innungs-oder Handwercksgenossen in das Handwerck oder zur Zusammenkunfft laden, bitten, bey den Zusammenkünfften, Meister-Essen u. d. g. auffwarten, einschencken rc. Jedoch soll iede Obrigkeit Einsehen haben, daß er in solchen Verrichtungen nicht zu hart beschweret, und zu seinem mercklichen Schaden von seiner Arbeit gehindert werde a). Bey geschenckten Handwercken, wenn kein Gesell in der Stadt ist, muß er die ankommenden fremden Gesellen auf der Herberge empfangen, nach Arbeit umschauen, und sie in die Werckstat führen, oder wenn keine Arbeit in der Stadt vor sie ist, mit dem gewöhnlichen Geschencke ausbringen, das ist zur Stadt hinaus begleiten, und mit dem Handwercks-Gruß versehen.

a) vid. R. concl. d. anno 1672. Anonym. Vorbereit. von Handwercks-Zünfften pag. 44.

§. 20.

Bey diesem Amte bleibet er so lange, bis ein anderer Meister wird, der ihn dann ablöset, und diesen Dienst auch so lange verrichtet, bis wieder ein jüngerer kommt, und Meister worden ist. Ist der Jungmeister etwa über Land oder verreiset oder kranck, wenn ihn der Obermeister verlanget, so versiehet der nechste vor ihn die Stelle, oder wird von dem Jungmeister darum angesprochen. Der Jungmeister geniesset vor seine Bemühung (in einigen Handw.) einige Ergötzlichkeit, und Erlaß an Einlagen oder Quartal-Geldern, auch werden ihm, wenn auf iemandes Verlangen das Handwerck zusammen gebeten wird, Gebühren bezahlet. Es ist ihm auch erlaubt, an seine Stelle einen andern zu verschaffen, der seine Dienste thut. Hingegen in Orten und Zünfften, wo gewisse bestellte Diener, Boten oder Knechte sind, ist er von diesen Diensten befreyet a).

a) Conf. D. Bejer de Colleg. opif. cap. 7 § 8, 9.

Die

✠✠✠✠ ✠ ✠ ✠ ✠ ✠ ✠ ✠ ✠ ✠ ✠ ✠ ✠ ✠ ✠ ✠ ✠ ✠ ✠

Die sechste Betrachtung.

Von Gewinnung des Meister-Rechts, dem Jahrarbeiten, Muthen, Meister-Stück und Meister-Essen.

§. 1.

Derjenige der in seinem Lehrjungen- und Gesellen-Stande in des Meisters Werckstat seine Jahre zugebracht, dessen Handwercks-Nahrung befördern helffen, und selbst dabey das Handwerck wohl begriffen hat, gedencket nun auch in den Meisterstand zu treten und seine Handwercks-Nahrung zu treiben, im massen alsobald bey Auffdingung eines Lehrlings nichts anders im Vorsatze gewesen. Er gelanget aber nicht so schlechterdings darzu, sondern er muß verschiedene Dinge vorher überlegen, prästiren und zu Werck richten, ehe er dessen theilhafftig wird. Zuförderst muß er bey sich überlegen, ob er so viel im Vermögen habe, als zu Anfahung einer Handwercks-Nahrung nöthig ist, und ihm nach Abtrag der Meister-Kosten, so viel übrig bleibe, wie auch ob er geschickt genug, und sich getraue gute Meisterliche Arbeit zu fertigen, auch sein Meisterstücke zu machen, u. d. gl. Hernach und wofern er etwa einem Handwercke ergeben ist, das beschlossene Werckstäte hat, so muß er sich bekümmern, wo er in eine Werckstat komme, in welcher er seine Meisterliche Nahrung treiben könne; denn was würde es zum Exempel einem Becker helffen, wenn er Meister werden wolte, ohne ein Backhaus zu haben.

§. 2.

Würde aber gleich von einem Handwercke die Meisterschafft ertheilet ohne Werckstat, wie zum Exempel die hiesigen Becker einen zum Meister machen, der kein Backhaus hat, so ist doch leicht zu ermessen, daß ein solcher Meister den völligen Genuß des Meister-Rechts nicht habe, bis er zum Besitz einer Werckstat gelanget. Wenn nun nach vorhergängiger sothaner Uberlegung, einer das Meister-Recht zu gewinnen bey sich beschlossen hat, so muß er bey dem Handwercke sich gebührend angeben, und sein Verlangen vorbringen, darauf des Handwercks Resolution oder Antwort erwarten, welche gemeiniglich darinne bestehet, daß ihm das Meister-Recht nicht versaget sey, hingegen derselbe beybringen solle, daß er das Handwerck rechtmäßig nach Handwercksbrauch bey einem ehrlichen zünfftigen Meister erlernet, hernach seine Wanderjahre verrichtet, und bey ehrlichen Meistern gearbeitet, dabey sich wohl verhalten habe. Die rechte oder Zunfftmäßige Erlernung des Handwercks wird dargethan durch den Lehrbrieff, wovon unten in der 8ten Betrachtung, die Wanderzeit aber durch die Kundschaften, welche der Geselle sich geben lassen, an den Orten wo er in währenden Wanderjahren gearbeitet hat. siehe unten die 9te Betrachtung. Jedoch ist dieses nur zu verstehen von denen Wanderjahren, denn wenn er über dieselbe Zeit in der Fremde gewesen wäre, so brauchte er von solcher Uibermasse keine Kundschafft. Nebst dem wird ihm angedeutet, beyzu-

Jurist. Oracul V Band.

bringen, daß er Handwercks-Gewohnheit gemäß zu einem Gesellen gemacht worden sey, massen, wie wir unten in der 9ten Betrachtung gedencken, ein aus der Lehre losgesprochener Handwercks-Pursch bey einigen Handwercken besonders zum Gesellen gemacht wird. Oder wo es nicht geschehen, so muß es noch vorher geschehen, obgleich eben keine besondere Zeit erfordert wird, binnen welcher er in solchem gemachten Gesellen-Stande verbleiben müste a). Nach diesem wird ihm angezeiget, wie er vermöge der Artikel oder Handwercks-Gewohnheit sein Jahr arbeiten und muthen, dazu das Muthgeld erlegen müsse, worauf er endlich ein Meisterstück zu machen, Meister-Essen zu geben, auch Meistergeld zu bezahlen habe, wovon unten besonders.

a) D. Beier in Meister cap. 5 num. 145.

§. 3.

Ja was noch mehr ist, so wird auch wiederum nach dem Geburths-Brieffe gefraget, ungeacht beym Auffdingen in die Lehre einer vorgeleget werden müssen. Daher, wenn etwa derselbe noch in derjenigen Lade wäre, vor welcher er aufgedungen worden, so muß er ihn mit etwas Gelde auslösen, und an den Ort bringen, wo er Meister werden will. Und obschon einer, der ein Handwerck zu lernen in die Lehre angenommen und in das Buch eingeschrieben, seiner Geburt halben einmahl untadelhafft geachtet worden, mithin höchst unbillig ihm wiederum Quästion zu moviren, so weiß man doch, daß eines Schäffers Sohn, der ein Handwerck ehrlich erlernet, auch darauff gewandert, sonst aber keinen Fehler hatte, nicht ohne schweren seinen künfftigen Handwercks-Verlag verzehrenden Proceß zum Meister-Rechte gelangen kunte. Wenn aber gleich die ehrliche Geburt seine Richtigkeit hat so kan doch unter der Zeit, da er auf dem Handwercke gewesen, in seinem Gesellenstande, etwas vorgegangen seyn, das zu Erlangung des Meister-Rechts untüchtig machet. Denn wenn er Dieberey oder Hurerey getrieben, sich mit Huren führet oder verkuppelt; Wenn er andere schändliche Thaten verübet hat, oder dem Nachrichter unter den Händen gewesen, so wird er Widerspruch finden vermöge ihrer alten Regeln: Die Handwercke müssen so reine seyn, als hätten sie Tauben gelesen, was unehrlich ist, können Zünffte nicht leiden ꝛc. a).

Nun wäre zu wünschen, daß dieses nicht nur in denen bey Handwercks-Leuten unrein oder unehrlich geachteten Dingen, sondern auch bey ihren unrecht vor zuläßig gehaltenen Uibervortheilungen und Handwercks-Practiquen also gehalten würde; Marperg. in Commerc. Colleg. cap. 2 p. m. 285: Allein weil wir in der Unvollkommenheit leben, und insonderheit Handwercker und Kramer sich vor Sünden schwerlich hüten, Sirach Cap. 27; so sehen sie zwar ihnen hierinne etwas nach, ohne deswegen aus der Zunfft zu schliessen, sie müssen sich aber auch gefallen

D 2　　　　　　　lassen

lassen, daß ihre in obgemeldeten Dingen prätendirte Reinigkeit übersehen, oder nicht attendiret werde, zumahl wenn sie damit die Gesetze der Republick touchiren wolten, in welchem Falle sie durch hinlängliche Straffen zum Gehorsam zu bringen sind.

a) D. Beyer im Meister cap. 4, und in Lehr-Jungen cap. 5 § 5.

§. 4.

Die Handwercks-Zünffte sind nur allein in Sachen, ihr Handwerck angehend zu richten und zu straffen befugt; die andern Civil- und Criminal-Sachen, leichtfertige Beywohnung, Hurerey, Dieberey u. s. f. werden nach den Gesetzen des Landes, von denen geordneten Obrigkeiten entschieden, gerichtet und gestraffet, und wer nach denen Gesetzen und Urtheilen des Landes und der Obrigkeiten nicht unehrlich wird, den können auch Zünffte nicht unehrlich machen, noch sich wegern in ihre Zunfft zu nehmen a). Insonderheit was die Dieberey anlanget, so ist nur von Kleinigkeiten die Rede; denn in grossen Deuben, wo der Dieb gehencket, oder mit Staupenschlägen des Landes verwiesen wird, hat es seine gewisse Wege, indem jene nicht mehr leben, diese aber ihre infamiam oder Unehre mit sich tragen, und auch ausser Landes zu ehrlichen Bedienungen und Genuß eines Zunfft-Rechts untüchtig oder verwerfflich sind b). Ob nun wohl an Seiten der Zünffte vorgewendet werden möchte, daß auf die Intention und bösen Willen des Diebes mehr zu sehen, als auf das entwendete Ding, und die Entwendung eines geringschätzigen Dinges ebenfalls ein Diebstahl sey; § 16 Inst. de R. D. folglich auch ein kleiner Diebstahl infamire oder unehrlich mache: so ist doch dagegen zu wissen, daß heutiges Tages niemand infam sey, als der durch richterliches Urtheil also condemniret wird, welches in Kleinigkeiten nicht geschiehet c).

a) Reformat. guter Policey zu Augspurg Anno 1530 und 1548 aufgerichtet, tit. von Handwercks-Söhnen. Chur- und Fürstl. Sächs. Constit. in der Landes-Ordn. tit. 63 und in der 12ten Betracht. unten ein mehrers nachlesen. Carpz. p. 2 Const. 6 def. 10. Richter decis. 80.

b) Carpz. p. 4 const. 47 def. 12. Richter decis. 80 n. 34.

c) Schilter pr. Jur. Rom. Exercit. 4 § 36. conf. D. Beier im Meister, cap. 4 § 2.

§. 5.

Wegen Hurerey-Sachen, und aller anderer Verbrechen, deren Bestrafung keine Unehre nach sich ziehet, oder im Urtheil nicht erkannt wird, ist einem Handwercks-Purschen das Meister-Recht nicht zu verweigern, sondern nur allein wegen derjenigen, die infamiren, wohin gehören die Meineydigen und Deserteurs von der Miliz a). Es meldet zwar D. Beyer in seinem Tract. vom Meister c. 4 § 3 n. 122, daß ein wegen Hurerey verdächtiger sich vorher reinigen müste, ehe er zum Meister angenommen werden könne, und es ist wohl zu glauben, daß es nach seinem Anführen wircklich also practiciret worden sey, auch in diesen sowohl als andern Beschuldigungen noch practiciret werden könne; Aber es ist ein Unterscheid zu machen, unter dem was de facto geschiehet, und unter dem was von Rechtswegen geschiehet oder geschehen soll. Demjenigen, der eine von ihm selbst oder von einem andern geschwängerte heyrathet, ist das Meister-Recht zu versagen b), und obwohl der berühmte Jurist David Mevius in einem Responso anders statuiret, daß nemlich ein solcher abgehalten, und

nicht zum Meister-Recht gelassen werden könne, so hat er doch in seinem Commentario ad Ius Lubec. Carpzovium allegiret, und dessen Meynung approbiret; Wobey zu mercken, daß deme, was ein Rechtsgelehrter in seinen Commentariis statuiret, mehr zu trauen, als was er in seinen Consiliis zuweilen setzet c).

a) D. Beyer de Colleg. cap. 5 § 48, wie auch in Civil-Sachen, wo auf die Verurtheilung infamia folget. Carpz. p. 4 const. 45 def. 10. Richter decis. 80 num. 27 & 34. Od. in tit. ff. de his qui not. infam. conf. Schilter exerc. 10 § 35 seqq.

b) Carpz. p. 2 const. 6 def. 13, 14. Beyer im Meister cap. 4 n. 131. & de Colleg. cap. 5 § 17, 21, 24.

c) Mynsing. Cent. 6 Obs. 60. D. Beyer im Meister cap. 5 § 24 num. 333 seqq.

§. 6.

Einer der unter des Nachrichters Händen gewesen, wenn er nemlich zur Staupen gehauen worden, welches unehrlich machet, kan von dem Meister-Recht abgehalten, oder desselben entsetzet werden. Richter decis. 80 n. 28. Aber die Tortur machet nicht unehrlich, obschon ein Inquisit nicht völlig losgesprochen, sondern in eine Strafe condemniret worden wäre. Derowegen ist er von einer Zunfft nicht abzuhalten, vielweniger derjenige, der nur terriret oder geschrecket worden ist a). Die Landes-Verweisung machet nicht anders unehrlich, als wenn das Verbrechen, weßwegen die Landes-Verweisung geschehen, unehrlich machet b), oder wenn im Urtheil einer unehrlich, anrüchtig erkannt wird c). Die zeitliche Verweisungen, auf ein, zwey oder mehr Jahre, geben dem Verweisten Erlaubniß, nach Verfliessung der Zeit wieder zu kommen, und seine vorige Rechte wieder zu geniessen d). Ja sie werden mit Gelde und Gefängniß, mit einem Jahr Landes-Verweisung oder 10. 20. 50 Thaler Geld, oder mehr, nach eines jeden Vermögen, und wer es so verbüsset, der bleibet in seinen Würden e). Auch in denen grösten Verbrechen, deren Strafe unstreitig infamiam nach sich ziehet, und ehrlos machet, wird die die Unehre gereiniget, dadurch, wenn die Obrigkeit die ordentliche Strafe in eine ausserordentliche verwandelt, und den Delinqventen in der Stadt oder Lande duldet; Derowegen können Zünffte einen solchen Mann von sich nicht ausstossen f).

a) Richt. decis. 80 num. 30, 33.

b) Richter decis. 93 num. 23.

c) Schilter Exerc. 10 § 36.

d) Richter decis. 93 num. 20 seqq.

e) vid. Richter decis. 93 num. 12, 13, 18, 19, 20. conf. Beyer de Colleg. cap. 5 § 50. Ahasv. Fritsch de Colleg. opif. p. 2 cap. 4 num. 20 seqq.

f) Carpz. decis. 285. Beyer de Colleg. opif. cap. 5 n. 457 cap. 16. 1289.

§. 7.

Und obwohl ein anders ist von der Zunfft ausstossen, ein anders aber in dieselbe nicht annehmen, so kommet es doch endlich hier auf eins hinaus; denn einmahl ist der Mensch, der zum Meister angenommen zu werden begehret, des Handwercks theilhaftig worden, indem er es gelernet, und bisher demselben obgelegen hat, hernach wann einer deßwegen, weil er durch das Verbrechen nicht ehrlos wird, nicht aus der Zunfft zu stossen, so muß ein anderer, der seines Verbrechens wegen auch nicht anrüchtig erkannt

kannt worden, von Annehmung in dieselbe nicht abgewiesen werden, zumahl die Rechte keine Abweisung gestatten, als aus erheblichen Ursachen, und wo es ausdrücklich geordnet: Vielmehr befehlen und denen Zünfften auflegen, diejenigen, welche das Meister-Recht zu gewinnen vorhabens, ohne vergebenes Disputat aufzunehmen a). Einer der einen Hund, oder dergleichen todt geschlagen, wie auch derjenige, der aus Zwang eine Execution verrichtet, zum Exempel die Ohren abschneiden müssen, ist von ehrlicher Zunfft nicht abzuhalten. Noch weniger der, welcher mit Nachrichtern isset, trincket, conversiret und contrahiret, oder Schulden halben in eine Meisterey die Immißion erhalten hat b).

a) Chur-Sächsische Erled. von Justitz-Sachen § 98 in fin.
b) Richter decis. 80 num. 20, 21, 26. Ahasv. Fritsch de Colleg. opif. p. 2 cap. 4 num. 7, 8.

§. 8.

Im übrigen und wann ein Handwercks-Pursch zu seiner Wanderschaft bey unehrlichen oder unzünfftigen Meistern sich aufgehalten und gearbeitet hätte, so ist er auch verwerfflich, und kan nicht angenommen werden, bis er dieses Handwercks-Verbrechen verbüsset, und davor eine Geld-Strafe gegeben hat a). Die Wander-Jahre werden ästimiret und beurtheilet nach dem Orte, wo einer das Handwerck gelernet hat, nemlich von dannen muß er weg wandern, und sich anderwerts versuchen; wenn er nun in einer Stadt, worein er gewandert, und eine Zeit gearbeitet hat, Meister werden will, so kan ihm das Handwerck nicht ansinnen, daß er nach ihren Artickeln erst wandern müste, sondern wenn der Mensch von seiner Lehrstadt aus gewandert ist, und solchemnach seine Zeit in der Fremde, wenn er auch gleich in der Stadt, wo er Meister werden will, seine Wanderzeit zugebracht hat, so hat er denen Artickeln und Handwercks-Gebrauch ein Gnüge gethan, und ist mit seinem Suchen nicht abzuweisen b). Ist in der Stadt, wo der Handwercker sich nieder zu lassen gedencket, keine Zunfft dieses Handwercks, so suchet er das Meister-Recht an einem andern Orte, bey seinen Handwercks-Genossen, und vor der Lade (wann auch schon einer da wäre, so kan er ihn doch nicht zum Meister machen. Beyer Lehrjungen cap. 7 num. 424), zeigt seinen Geburts- und Lehr-Brief, wie auch Kundschafften auf, giebt die Gebühren, so nehmen sie ihn zum Meister an, des Muthens, des Meisterstücks, auch anderer Beschwerniß ist er befreyet, sondern giebt sein Quartal-Geld, und läst bey varfallender Gelegenheit Jungen auf dingen und lossprechen. Woferne etwa einer ohne Vorzeigung des Lehr- oder Geburts-Briefes, zum Meister gemachet worden seyn soll, welches zwar nicht leichtlich geschehen wird, (iedoch an einem Orte geschehen ist) so solte man meynen, es hätte der Mann sein Recht einmahl erlanget, und wäre nachher nicht schuldig, deshalb Red und Antwort zu geben, noch dieselben darzubringen. Allein weil die zünfftige Meisterschaft nicht bestehen kan, wenn es an der Lehre und ehrlicher Geburt fehlet, so muß er des erlangten Meister-Rechts ungehindert, sich damit zu legitimiren wissen, indessen bleibet er in quasi-possession des Meisters, bis er die Briefe bey gebracht hat oder nicht.

a) D. Beyer in Meister, num. 29.

b) D. Beyer in Gesellen cap. 4 num. 25. Philipp. disp. Thes. 25.

Von Jahr-Arbeiten und Muthen.

§. 9.

Hierinne ist bey allen Handwercken eine durchgängige Gleichheit nicht auszufinden. Denn wo eine gewisse Anzahl der Meister und Werckstäte sind, da wird das Jahr-Arbeiten und Muthen nicht stat haben, weil dem Publico daran gelegen, daß die erledigte Werckstat bald wieder besetzt werde. Desgleichen achten diejenigen Handwercker, welche einzeln in Städten wohnen, das Jahr-Arbeiten und Muthen nicht. Hingegen die Handwercke, welche in der Menge in Städten beysammen wohnen, da ist beydes das Jahr-Arbeiten und Muthen gar gewöhnlich, (wiewohln auch nicht bey allen) und in ihren Artickeln die Zeit beschrieben, wie lange einer zubringen, und wie er sich dabey verhalten müsse, woraus zu schliessen, weswegen es eingeführet worden sey, nemlich, damit die Anzahl der Meister nicht zu groß werde.

§. 10.

Derjenige nun, welcher das Meister-Recht zu gewinnen begehret, muß sich bey dem Handwercke angeben, und als ein Jahr-Geselle, wie er auch genennet wird, lassen einschreiben, auch bey seinem Meister Abschied nehmen, und en qualité eines Jahr-Gesellens die Jahr-Arbeit antreten a). Bey einigen Handwerckern haben sie Freyheit zu aller Zeit sich anzugeben, und sich zur Jahr-Arbeit einschreiben zu lassen, bey andern aber ist nur ein gewisser Tag im Jahre, welcher, wenn er von einem, der sich angeben will, versäumet wird; so muß er warten, bis derselbe auf das künftige Jahr wieder kommt, und alsdenn besser aufmercken. D. Beyer in Meister cap. 5 num. 150. Wenn gleich der Handwercks-Pursch, über seine Wander-Jahre in der Stadt, wo er Meister werden will, gearbeitet hätte, so ist er doch deshalben von dem Jahr-Arbeiten nicht befreyet. Trägt sichs etwa zu, daß zwey oder mehr Gesellen zu gleicher Zeit sich angeben, und nur einer zuläßig, so müssen sie losen, welches der erste sey, und dieser wird alleine vor einen Muth-Gesellen eingeschrieben, der andere aber zur Gedult verwiesen, bis nach den Artickeln die Zeit kommt, da wieder einer angenommen werden kan, inzwischen hat er den Vorzug vor andern, die sich nachher angeben.

a) D. Beyer in Meister cap. 5 n. 168.

§. 11.

Einige Handwercker pflegen vor die Werckstat und Meister zu sorgen, wo der Geselle die Jahre arbeiten soll, oder es pfleget auch der Geselle sich um eine Werckstat umzuthun, wenn aber derselbe aus Neid, damit die Anzahl der Meister nicht vermehret und er aus Ungedult zum Weggehen bewogen, hart gehalten oder vexiret wird, wo er die Jahr arbeitet; wie D. Beyer meldet in Meister cap. 5 n. 168; so ist es höchst unrecht, und wider alle Landes-Gesetze, welche wollen, daß geschickten Handwercks-Gesellen der Zugang zum Meister-Rechte nicht ungebührlich schwer gemachet werde, und kan dann ein solcher Geselle bey der Obrigkeit darüber klagen und rechtliche Hülffe erwarten. Bey andern Handwerckern, wo es in des Gesellen Willkühr stehet, eine Werckstat, worinnen er seine Jahre arbeitet, zu erwehlen, da soll doch keine andere, als eines Meisters Werckstat erkieset werden, wie einige wollen; Allein man muß die Innungs-Articfel ansehen, ob sie die Werckstäte der Wittweiber ausdrücklich ausschliessen, sonst wo dieses nicht wäre, da müsten die Werckstäte der Wittben mit andern Werckstäten der Meister disfalls gleiches Recht haben, zumal ihnen erlaubt, einen Gesellen aus einer Werckstat auszuheben; allenfalls kan doch, wann daran gelegen, deshalben Landes-Fürstl. Dispensation erlanget werden a).

a) D. Bejer im Meister cap. 5 num. 160.

§. 12.

Woferne aber der Jahr-Geselle mit der Wittbe oder deren Tochter verlobet wäre, so lassen die Ehe-Ordnungen nicht zu, daß zwey Verlobte vor der Copulation in einem Hause wohnen; Also werden andere Mittel ergriffen, welche gemeiniglich dahinaus lauffen, daß die Jahr-Arbeit und Muthen mit billigem Geld bezahlet, der Bursch zum Meister erkläret, und sodann mit seiner Braut copuliret werde a). Ist keine Jahr-Arbeit vor dem Jahr-Gesellen in der Stadt, oder der Meister, bey dem er ist, kan ihm nicht Arbeit geben bis zu Ende, so wird erlaubet an einem andern Ort das Jahr zu arbeiten oder zu erfüllen, Id. all. loc. loc. num. 153, es würde denn Geld davor genommen. Soll ein Jahr-Geselle mit wenigerm Lohn zufrieden seyn, als ein anderer, so ists zwar hart, aber wenn und wo es so eingeführt ist, da muß man sich accommodiren müssen. Id. ibid. num. 166.

a) D. Bejer. ibid. num. 161.

§. 13.

Nach dem Jahr-Arbeiten geht die Muthung an, oder es ist bey manchem Handwercke Jahr-Arbeiten und Muthen einerley, und eins in dem andern begriffen a). Welches auch aus iedweden Handwercks-Artickel am besten zu ersehen. Wo nun beydes üblich, da fähet das Muthen an, wenn die Jahr-Arbeit zu Ende ist, und währet so lange, als die Zeit gesetzet ist, ein Jahr oder weniger. Id. ibid. num. 180. Das Muthen muß mit gewissen Formalien angefangen und fortgesetzet werden, nemlich, wie in andern ihren Dingen, also haben sie auch hier gewisse Worte, durch welche das Verlangen des Gesellens, dem Handwercke zu bestimmter Zeit eröffnet, und hernach alle Quartal wiederholet wird, und wo er darinne einmal etwas versiehet oder versäumet, so muß er sein Muthen ganz von vorne wieder anfangen. Id. ibid. num. 183 & 184.

§. 14.

Uiber dieses muß auch ein Stück Geld, welches in denen Innungen benennet, oder sonst herkommens ist, und gemeiniglich das Muth-Geld, oder Muth-Groschen, genennet wird, entweder nur bey der ersten Ansuchung, oder auch bey allen Wiederholungen erleget werden. Das beschehene Angeben zur Jahr-Arbeit und Muthen, samt dessen Wiederholung, wie auch Erlegung des Geldes, wird in das Handwercks-Buch durch den Obermeister oder den Handwercks-Schreiber eingeschrieben. Im übrigen wird nicht mehr als einer, auf einmal zum Muthen angenommen oder zugelassen, gleichwie vom Jahr-Arbeiten gesagt ist. Weil nun mit diesen

Jahr-Arbeiten und Muthungen, wie auch andern præstandis, viel Handwercks-Gesellen, welche gute Arbeit zu verfertigen erlernet haben, abgehalten, und in ferne Städte getrieben werden, so ist in einigen Landen denen Stadt-Obrigkeiten anbefohlen, hierinne ernstes Einsehen zu haben, und denen Zünfften solche Verzögerung, und unnöthige Kosten, bey Aufnehmung tüchtiger Gesellen, keinesweges zu verstatten a).

a) Vid. Churfürstl. Sächsische Erledigung, tit. von Justiz-Sachen § 98.

Vom Meister-Stück.

§. 15.

Das Meister-Stück ist ein Werck oder Arbeit, welches derjenige, der Meister zu werden vorhabens ist, verfertigen, und dadurch seine Kunst und Geschicklichkeit beweisen muß. Die Stücke zu arbeiten, welche gemachet werden müssen, sind entweder in denen Articfeln iedes Handwercks, oder gar in der Landes-Ordnung vorgeschrieben, wornach man sich richtet, oder werden von dem Handwercke besonders vorgeschrieben oder aufgegeben a).

a) Ahasv. Fritsch. de Colleg. opif. p. 2 cap. 7 num. 6. D. Bejer im Meister cap. 8 num. 214.

§. 16.

Derjenige, dem ein Meister-Stück zu machen aufgegeben wird, muß es machen ganz alleine, ohne eines andern Hülffe, ausser was ihm etwa ein Junge handreichet. Er muß es machen an dem Orte, wo er von dem Handwercke angewiesen wird, binnen der Zeit, die in denen Artickeln, oder von dem Handwercke bestimmet ist. Das Handwerck gibt Achtung, daß das Meister-Stück von dem Gesellen alleine, ohne eines andern Beyhülffe gemacht werde, daher wo es nicht in Beysepn des ganzen Handwercks zu machen ist, da werden einige Meister vom Handwercke darzu beschieden, daß sie entweder stets bey der Arbeit seyn, oder doch fleißig visitiren. Es muß aber dabey alle Gefehrde, Neid und Hinderniß vermieden werden, dahero wäre höchst unrecht, wenn sie den Gesellen so verirten, daß er was versehen müste, oder das Werck nicht zu Stande bringen könte, in welchem Falle ein Commissarius von der Obrigkeit darzu zu erbitten. Id. ibidem num. 209 seqq.

§. 17.

Die Materialien zu dem Meister-Stück schaffet entweder der Geselle selbst an, und behält also das daraus gefertigte Stück, oder das Handwerck, in welchem Fall dieses das daraus verfertigte bekommet. Id. ibid. num. 216. Alle Unkosten zu Verfertigung des Meister-Stücks gehen über den Gesellen, daher muß er auch denen Meistern, welche dabey seyn, vor ihre Mühe und Versäumniß etwas geben nemlich Geld oder eine Mahlzeit, die davon das Materien-Essen genennet wird, nach iedem Handwercks Herkommen, iedoch mit Vermeidung alles Uiberflusses. Id. cap. 9 num. 283. Wenn das Meister-Stück fertig ist, so meldet er es dem Ober-Meister, und bittet, daß er die Besichtigung desselben möge anstellen, erleget deshalb das gewöhnliche Geld und Fodergebühren, und wenn das Handwerck beysammen, so stellet er die gefertigte Meister-Stück dar, das Handwerck aber beschauet und examinirt dieselben.

§. 18.

§. 18.

Nun sind zwar die Handwercks-Meister in Examinir- und Censirung des Meister-Stücks ziemlich accurat, iedoch soll dabey billige Masse und Temperament gehalten werden, anerwogen iedweden nicht gegeben in allen Dingen zu excelliren oder Meister zu seyn, und alles auf ein Haar zu treffen, auch manches Handwercks Thun nicht ist künstliche Arbeit zu machen, sondern nur was gemein und gangbar ist. Dannenhero werden zum Exempel bey denen Fleischhauern etliche Pfunde, welche der Stück-Meister in Schatzung des Viehes verfehlet, übersehen und unbestrafft gelassen, und so in andern mehr. Alle Fehler, welche an denen Meister-Stücken nach Uibersehung des genauesten zu befinden, werden mit gewissen Geld-Straffen beleget, nach Proportion derselbigen, iedoch soll ein Unfall, casus fortuitus, ausser Straffe seyn, auch soll ein Anfänger durch die Geld-Straffen nicht zu sehr erschöpfft werden a). Wenn der Geselle mit Verfertigung des Meister-Stücks, über die gesetzte Zeit zugebracht hat, so wird er ebenfalls gestrafft, zum Exempel bey den Jenaischen Buchbindern hat er 14 Tage darzu, zu einem gantzen Meister-Stück, wie viel Tage er nun länger darüber zubringet, so viel Thaler ist er zu erlegen schuldig. Ist das Meister-Stück gar zu voller Fehler, dergestalt, daß er damit gar nicht bestehen, noch vor einen Meister passiren kan, so wird er abgewiesen, von neuen wieder zu wandern, das Jahr zu arbeiten, oder zu muthen, dadurch das Handwerck besser zu begreifen. Id. ibid. num. 230 seqq.

a) Ahasv. Fritsch. alleg. cap. 7 n. 5, Beier in Meister cap. 8 num. 233.

§. 19.

Bestehet einer zum andern mahle nicht, so wird er abgewiesen, wie vorhin; woferne er aber zum drittenmale wieder nicht bestehen solte, dann würde alles verlohren, und er nimmer wieder zuzulassen seyn. ibid. num. 232. Wenn einer mit heimlicher Beyhülffe eines Meisters das Meister-Stücke vollbracht hätte, und dessen hernach, da er zum Meister erkläret worden, überführet würde, so ist zwar derjenige, welcher den Vorschub und Hülffe gethan, zu bestraffen, id. ibid. num. 207. Aber es ist der andere des durch solchen Betrug erlangten Meister-Rechts nicht zu entsetzen, weil das Meister-Recht mit dem Meister-Stück keine nothwendige Connexion hat, und eines ohne das andere wohl bestehen kan. Denn es sind die ersten Zunfft-Genossen alle des Meister-Rechts theilhafftig worden, ohne ein Meister-Stück zu machen, wovon anderwärts gehandelt worden, und es geschicht noch heutiges Tages, daß ohne Machung eines Meister-Stücks, durch Dispensation, oder in andere Wege, einer zum Meister-Recht gelangen könne, wie in folgenden gemeldet wird. Ja es wird bey manchen Handwercken gar mit einander kein Meister-Stücke gemacht, noch eines zu machen verlanget, zum Exempel bey denen Lohgerbern zu Jena, und andern mehr. vid. Beier in Meister cap. 8 num. 204 seqq. Bey andern bestehets in des Menschen Belieben, ob er ein Meister-Stück machen, oder davor etwas Geld erlegen wolle? id. ibid. n. 213. Weil auch in vielen Meister-Stücken solche altväterische Dinge mit gemachet werden müssen, welche

hernach, wenn sie als Meister-Stücke gefertiget sind, niemanden nutzen, mithin nicht verkauffet werden können, so haben einige Politici daher Gelegenheit genommen, deswegen zu erinnern, wie damit Unrath gestifftet, und angehende Handwercks-Meister ohne Noth beschweret würden, u. dadurch so viel ausgerichtet, daß die gar alte Meister-Stücke, so nicht wieder zu verkauffen seyn, durch obrigkeitliche Verordnung abgeschaffet, und an deren stat andere, und zwar solche, die wieder ins Geld zu bringen und zu verkauffen sind, und an denen man von der Geschicklichkeit des angehenden Meisters genungsam urtheilen könne, in einigen Landen eingeführet worden; Auch haben einige Handwercke selbst, in Erwegung des Nutzens und Schadens, vor die alten unbrauchbaren Meister-Stücke andere gangbare angenommen, z. E. die Seiler, anstat des alten Kriegs-Seiles, wornach heutiges Tages nicht mehr gefraget wird, machen nun ein Klobenseil, wie die Bau-Leute brauchen a).

a) Id. ibid. num. 220 & 221. Fritsch. de Colleg. opif. mantiss. 2 art. 9.

§. 20.

Inzwischen sind diejenigen Handwercke, bey welchen das Meister-Stück üblich ist, zum theil so strenge, daß sie auch Leuten, die an andern Orten schon Meister gewesen, und nun in ihre Zunfft begehren, ansinnen, ein Meister-Stück wiederum, nach Inhalt ihrer Artickel, zu machen, und das Meister-Recht zu erhalten, immassen die Buchbinder-Artickel zu Jena expresse besagen, daß ein solcher frembder Meister, der allda sich niederlassen und das Meister-Recht gewinnen will, alles das leisten müsse, was einem andern oblieget, ehe er in das Handwerck angenommen werden möge a). Es ist dieses zwar viel, zumahl wenn man erweget, daß sonst ein auf eine Person gelegter Character bey derselben verbleibet, und mit ihr von einem Ort zum andern getragen wird, Huber. posit. ff. tit. de LL. n. 30, 31, auch ein von wenig Gesellen zum Gesellen gemachter Handwercks-Bursch davor allenthalben paßiret, hiernächst gleichsam schimpflich, denjenigen, der an andern Orten schon versucht und tüchtig gefunden worden, wiederum zu versuchen, und an dessen Geschicklichkeit zu zweifeln b).

a) conf. D. Beier im Meister cap. 11 num. 391.

b) D. Beier im Meister cap. 8 num. 204.

§. 21.

Allein es ist zu wissen, daß das Meister-Recht ein Local-Werck sey, welches nicht weiter als in derselbigen Stadt und darzu gehörigen Districte getrieben werden darff, da hergegen die Gesellen flüchtige Bursche sind, welche in allen Werckstäten, hier und dar arbeiten können, und weil derjenige, der sich seines Rechts bedienet, niemanden Unrecht thut, so kan ein solcher Mensch sich nicht entschuldigen, ein Meister-Stück an dem Orte, wo er itzt Meister zu werden vorhat, zu machen, auch andere praestanda zu leisten, wo ihm nicht das Handwerck disfalls Gefälligkeit erweisen, und einigen Erlaß thun wolle. Zu dem wird ein in seiner Kunst oder Handwerck erfahrner und geübter Mensch keine Examinatores scheuen, wenn nur redlich mit ihm verfahren wird, und die Kosten nicht allzuhoch gesteigert werden. Bey einigen wirds also gehalten,

daß

daß der Fremde seiner ehrlichen Geburt und untadelhaften Lebens, rechtmäßig ausgestandener Lehr- und Wander-Jahre, behörig erlangten Meister-Rechts und beobachteter Handwercks-Gewohnheit, richtige Zeugnisse, an den Ort, wo er hinziehen will, einbringe, ein Meister-Essen geben, und ein Stück Geld erlege, welches theils der Obrigkeit, theils der Handwercks-Laden, theils den Armen zufällt a).

a) Georg. Beier spec. jur. geom. cap. 15 th. 60.

§. 21.

Endlich will noch gedencken, was das Fürstl. Sächs. Weimar. Reglement der Strumpf-Manufacturen vor Proben und Meister-Stücke habe. In der VIIIten Betrachtung unten wird gesaget, daß ein Lehrling vor dem Lossprechen ein paar Mannes-Strümpffe auf Englische Art mit Zwickeln und Blumen, wie sie ihm von den Geschwornen aufgegeben worden, mit eigener Hand verfertiget haben müsse; Hernach wenn er ein bis zwey Jahre bey einem Meister gearbeitet hat, und an dem Orte, da er sich niederzulassen gedencket, das Bürgerrecht erlanget, danebst auch einen Wircker-Stuhl, der sein eigen ist, in Gegenwart der Geschwornen mit eigener Hand aufsetzet, dazu fünff Gülden vor alle Unkosten überhaupt erleget, so soll er ohne Hinderniß dazu gelassen werden. vid. Regsem. § 28 et 32. Auf diese Weise werden die Werckstäte der Meister mit guten tüchtigen Gesellen besetzt, danebst die Gewinnung des Meister-Rechts erleichtert, dahergegen bey andern Handwercken die Jungen, nach Verfliessung der Lehrjahre, losgesprochen werden, sie mögen etwas erlernet haben oder nicht, und müssen hernach die Meister, die ihnen Arbeit geben, sich mit ihnen plagen, oder die Arbeit verderben lassen, wo sie nicht ihnen lieber Abschied geben, welches jedoch diesen Purschen auch nicht gut noch nützlich ist.

Vom Meister-Recht und Meister-Essen.

§. 22.

Wenn nun das Meister-Stück tüchtig befunden oder die Mängel verbüsset worden, oder bey Handwercken, wo kein Meister-Stück bräuchlich, sonst nichts mehr im Wege stehet, so folget die Abstattung des Meister-Rechts und Meister-Essens, auch Annehmung zum Mitmeister. Jedoch muß er auch vorher das Bürger-Recht, an dem Orte, wo er Meister werden will, entweder erlanget haben, oder währender Muthzeit, oder wenigstens kurtz nach dem Meister-Recht erlangen, sonsten darff er zum Meister nicht gemachet werden, oder woferne dieses geschehen, er doch nicht auf dem Handwercke arbeiten a).

a) D. Beier in Meister cap. 7 num. 202.

§. 23.

Meister-Recht wird genennet das Geld, welches nach Inhalt der Artickel nebst einigem zinnern Geschirre in die Handwercks-Lade gegeben wird. Zum Exempel die Lohgerber 20 Gulden; die Buchbinder zu Jena haben 6 alte Schocke nebst einer zinnern Schüssel 3 Pfund schwer; Die andern Handwercke auch so viel als ihre Artickel besagen a). Es ist dieses, daß man bey Eintritt und Aufnahme in ein Collegium, Zunfft oder Gesellschafft, etwas giebet, gar ein alter Gebrauch b); welchen die Handwercks-Zünffte gar leicht haben annehmen können. Hernach und zwar vornemlich wird Meister-Recht genennet die Befugniß, Recht und Macht, die der Mann durch Gewinnung des Meister-Rechts erlanget, nemlich alles Recht, was einem zünfftigen Meister zustehen mag, sein Handwerck zu treiben, Materialen einzukauffen, seine verfertigte Waaren zu verkauffen, Jungen zu lernen, Gesellen zu setzen, oder zu fördern, und in Summa alles vor sich oder nebst seinen Mitmeistern zu verrichten, was bisher gesaget worden, oder noch wird gemeldet werden, iedoch seiner Jungmeister-Pflicht unbeschadet c).

a) conf. D. Beier all. loc. num. 353.

b) vetus hic mos est, ut pro ingressu aliquid praesteur prioribus Scholz, Officii, Collegii &c. inquit Cujac in Comment. ad L. 7 Cod. de prox. sacr. scrin. &c. conf. L. penult. § 2 3 ff. de leg. 3.

c) conf. D. Beier in Meister cap. 11 et 12.

§. 24.

Das Meister-Essen bestehet in einer oder mehr Mahlzeiten, welche der ietzt Meister werdende auf seine Kosten ausrichtet, wozu alle Mitmeister, deren Weiber und Kinder geladen werden, oder ungeladen nachfolgen a). Wenn nun das Handwerck an Mitmeistern zahlreich ist, so muß der gute Mensch auch viel anschaffen; Damit aber ein angehender Meister nicht zu sehr beschwehret werde, so pfleget die Obrigkeit gewisse Ordnung vorzuschreiben, daß etwa nicht mehr als eine Mahlzeit von den Gerichten gegeben, Weiber und Kinder ausgeschlossen, dabey auch nicht übermäßig getruncken werde, insonderheit einige Abgeordnete des Raths dabey zu seyn. Id. ibid. num. 316. Bey einigen Handwercken ist dieser Schmauß oder Meister-Essen auf eine gewisse Summe Geldes gesetzt, zum Exempel bey denen Lohgerbern soll er nicht über 10 Fl. kosten, laut ihrer Artickel.

a) D. Beier in Meister cap. 9 n. 196.

§. 25.

Zu dieser Ausrichtung, Schmauß und Mahlzeit wird offt eine Frist eines gantzen, halben oder viertel Jahres, von Zeit des erlangten Meister-Rechts, verstattet, zum Exempel die obigen Buchbinder haben ein viertel Jahr Nachsicht a), und wenn einer hernach nicht einhalten, sondern das Essen verwegern wollte, so kan er von dem Handwercke darzu gezwungen werden, auch so gar mit Legung des Handwercks. Id. ibid. num. 319. Die Ertheilung des Meister-Rechts geschiehet durch blosse Renunciation oder Erklärung des Handwercks oder dessen Obermeisters, ohne weitere Umstände, und wird dem neuen Meister darzu Glück gewünschet. Und nachdem bisher der gemeine Weg, das Meister-Recht zu gewinnen, gezeiget worden, welcher, wie man siehet, gar beschwerlich und weitläufftig ist, so wird in folgenden von einigen kürtzern Mitteln, darzu zu gelangen, zu lesen seyn.

a) conf. D. Beier all. num. 316.

Die

✳✳✳✳✳✳✳✳✳✳✳✳✳✳✳✳✳✳✳✳✳✳✳✳✳

Die Siebende Betrachtung.

Von Gewinnung des Meister-Rechts in kürtzerm Weg, 1) bey Meisters Söhnen, Töchtern und Wittwen, 2) bey Gnaden- und Frey-meistern, und 3) bey privilegirten Meistern und Monopolisten.

1) Bey Meisters Söhnen, Töchtern und Wittwen.

§. 1.

Die ersten, die in kürtzerm Weg zum Meister-Rechte gelangen, sind die Meisters-Söh-ne, welche von ihrer Kindheit an bis zu dem Meisterstande vielerley Vortheile vor an-dern haben, und ist nichts daran gelegen, ob sie schon gebohren, ehe der Vater ein Meister oder zünff-tig worden a). Anlangend die Lehre, so darff ein Meister seinen Sohn nur einschreiben lassen an einem Qvartale, so ist es genug zum Aufdingen, und wo er nicht gantz frey ist von Geldgeben, so wirds doch nicht viel seyn. Woferne aber etwa ein Meister verstürbe, ehe er seinen Sohn zur Lehre einschreiben lassen, so kan er doch bey der Mutter, die das Hand-werck mit Gesellen fortsetzet, lernen und wird nur auf einen andern Meister eingeschrieben, welcher solchermassen ein Lehrmeister ist ohne That. Hey-rathet aber die Mutter wieder einen Mann des Handwercks, so kan ihn der Stiefvater auf sich in die Lehre einschreiben lassen.

a) Carpz. p. 2. cap. 10. d. 32.

§. 2.

Wäre etwa in denen Handwercks-Artikeln ver-sehen, daß ein Meister zwey Jungen auf einmal nicht lernen dürffte, so wird des Meisters Sohn als Lehrjunge nicht gezehlet, daher kan der Vater neben ihm noch einen fremden Jungen annehmen, und lernen a). Meisters Söhne sind an die in de-nen Artikeln gesetzte oder sonst gewöhnliche Lehr-Jahre nicht gebunden, sondern ihr Vater oder Stiefvater kan sie der Lehre freysprechen, wenn es ihm gefällig ist, nur muß es vor offener Lade gesche-hen, allwo es in das Buch geschrieben wird, gleich-wie beym Aufdingen auch geschehen. An Wan-derjahren und Kundschafften haben sie ebenfalls Vortheil, und wenn sie mit Gelde zu bezahlen sind, so kommen sie leidlicher davon als andere. Beier in Gesellen cap. 4 num. 251. Zum Exempel, ein Loh-gerber muß drey Jahr gewandert und bey ehrlichen Meistern in der Fremde gearbeitet, auch deshalb Kundschafft aufzuweisen haben; einem Meisters-Sohne aber ist genug, wenn er zwey Jahr gewan-dert und ein Jahr Kundschafft hat. Das Jahr-Arbeiten und Muthen bey Handwercken, wo es ge-wöhnlich ist, wird Meisters-Söhnen nicht angemu-thet, indem sie meistens davon befreyet sind, Beier in Meister cap. 5 num. 172.; jedoch wollen die Arti-kel des Buchbinders-Handwercks zu Jena, daß ei-nes Meisters Sohn, wenn er zuvor zwey Jahre ge-wandert, etwas erfahren und gelernet hat, drey vier-tel Jahre muthen solle. Bey vielen Handwercken dürffen Meisters-Söhne keine Meister-Stücke ma-chen b), und wenn sie gleich bey einigen nicht gantz

Jurist. Oracul V Band.

davon befreyet wären, so werden sie doch nicht so viel beschwehret als andere.

a) D. Beier in Lehrjungen cap. 8 num. 506.
b) D. Beier in Meister cap. 8 num. 241.

§. 3.

Was das Meister-Geld anlanget, welches bey Ertheilung des Meister-Rechts in die Lade gegeben wird, so meynet D. Beier im Meister cap. 10 num. 366, daß es ihnen über die Helffte schwerlich erlassen werde, welches dahin gestellet seyn lasse, weil von diesen und andern dergleichen Dingen keine vollkom-mene Nachricht vorhanden. Das Meister-Essen sollten sie wohl billig geben, damit doch das Hand-werck etwas geniessen möge, welches vielleicht auch also gehalten wird, wiewol solches ieden Handwercks-Gewohnheit überlassen. Eines Meisters Sohn kan sich auch zum Meister erklären lassen, und bey sei-nem Vater in der Werckstatt bleiben, inmassen das in der Xten Betrachtung gemeldte Gesetz hier nicht entgegen ist, weil der Vater den Sohn in seiner vä-terlichen Gewalt und Familie behält, auch die Werck-stat seine ist, und ihm der Handwercks-Erwerb zu theil wird. Bey der Gelegenheit ist auch mit we-nigen zu gedencken, daß diejenige, welche an dem Orte Meister werden wollen, wo sie das Handwerck erlernet haben, einigen Vortheil geniessen in Gewin-nung des Meister-Rechts, und mit leichtern Kosten darzu kommen, zum Exempel nach Jenaischen Lohger-ber Articuln tit. 3 hat einer, der daselbst gelernet hat, fünff Gülden Erlaß am Meistergelde vor einen andern, der allda nicht gelernet hat, bey andern dür-fen sie weniger zum Meister-Stück machen, wie-wohl ich eben nicht sage, als wenn es bey allen Handwercken also wäre a).

a) conf. Beier in Meister cap. 8 n. 339, item in Lehrjun-gen cap. 10 § 10.

Von Meisters-Töchtern.

§. 4.

Eines Meisters Tochter kan bey manchem Hand-wercke arbeiten lernen trotz einem Gesellen, und da ist ihrem Vater erlaubet, sie auf der Werckstat sitzen zu haben und stat eines Gesellen, oder neben demselben arbeiten zu lassen, ob sie schon zur Lehre nicht eingeschrieben noch losgesprochen werden a). Denn es sind Handwercke eigentlich männliche Ge-schäffte; daher wenn die Töchter aus ihrer Vater Hause und von ihrem Tische gehen, so dürffen sie nichts machen, oder auf dem Handwercke arbeiten, sonst werden sie als Pfuscherinnen angesehen. Und als eine Knopfmachers Tochter, deren Eltern catho-lisch, sie aber Lutherisch und von ihnen gezogen war, Landes-Fürstl. Erlaubniß erhalten, das Knopfma-chen zu treiben, und sich damit zu nehren, so ist das aus keine Consequenz zu machen. Im übrigen sind auch viel Handwercke, bey welchen eines Meisters

E   Tochter

Tochter wenig oder gar nichts arbeiten lernen und helffen kan oder darf.

a) Richter deciſ. 80 n. 42.

§. 5.

Dem ſey nun wie ihm wolle, ſo wird derjenige, der eines Meiſters Tochter heyrathet, und des Handwercks iſt, mit wenigen Koſten, und näheres Weges zum Meiſter-Recht gelaſſen, als ein anderer, der eine Fremde heyrathet. Der eines Meiſters Tochter heyrathet, hat Erlaß an Jahrarbeiten, Muthen, Meiſter-Stückmachen, und insgemein eben die Beneficia oder Nutzbarkeiten, die ein Meiſters-Sohn hat, wenn er Meiſter werden will a). Zwar wundert ſich D. Beier, daß die Handwercke, welche deswegen das Jahr-Arbeiten und Muthen eingeführt, damit der Leute Geſchicklichkeit und geführter Lebens-Wandel erforſchet werden möge, dieſe nöthige Vorſorge um ihrer Töchter Heyrath willen unterlaſſen, ibid. n. 172. Allein es iſt nicht ſo, daß das Jahr-Arbeiten und andere Dinge deshalben eingeführt ſind, ſondern deßwegen damit die Anzahl der Meiſter nicht ſobald anwachſe, und dergleichen, Id. in Geſellen cap. 4 n. 253 und de Collegiis cap. 5 num. 208. Zu dem ſo kan ein Meiſter an einem Geſellen bald ſehen, was an ihm zu thun, und wie ſeiner Tochter mit ihm gerathen ſey.

a) D. Beier in Meiſter num. 172 & 242.

Von Meiſters Wittben und Meiſters Weibern.

§. 6.

Gleichergeſtalt hat derjenige, der eine Meiſters Wittbe heyrathet, eben die Vortheile in Erlangung des Meiſter-Rechts die derjenige hat, der eines Meiſters Tochter heyrathet a). Weil aber noch mehr von ihnen, wie auch von des Meiſters Weibern zu gedencken iſt, ſo habe das nöthigſte auf einmahl allhier vorbringen wollen, gleichwie im vorigen § 4 et 5 von Meiſters Töchtern auch geſchehen. Einer Meiſters Wittbe iſt erlaubet, das Handwerck fortzuſetzen, eben, wie ihr Mann noch lebete, derowegen kan ſie Geſellen halten, und weil nicht alle gleich geſchickt ſind, eine Werckſtat ohne Meiſter zu verſehen, ſo wird einer Wittben die Macht gegeben, einen geſchickten Geſellen aus eines Meiſters Werckſtat auszuheben, und in ihrer Werckſtat zu gebrauchen, und wenn derſelbe Geſelle Abſchied nimmet, ſo kan ſie dergleichen wieder thun zu dreyen mahlen b), iedoch reſtringiren es die Jenaiſchen Buchbinder-Artikel auf das erſte Jahr. Auch in andern Dingen, nehmlich in Einkauf der Materialien, Verkauf der Waare, Zuſchauung der Geſellen 2c. wird eine Wittbe und deren Werckſtat andern Meiſtern und deren Werckſtäte gleich geachtet.

a) D. Beier im Meiſter cap. 8 num. 242.
b) D. Beier im Meiſter cap. 5 n. 161.

§. 7.

Aber in Handwercks-Verſammlungen haben ſie keinen Sitz und Stimme, dahero wenn ſie zum Handwerck geladen werden, ſo geſchiehets anderer Urſachen halben, etwa das Quartal-Geld zu erlegen, und dergleichen. An Quartal-Gelde giebet ſie entweder ſo viel als ein Meiſter, oder weniger, wie es bey iedwedem Handwercke Herkommens iſt, im übrigen wird ihnen kein Gruß gebracht, und ſie

geben auch keinen von ſich, wie auch kein Geſchencke, und wenn ſie einem Geſellen Kundſchafft geben ſollen, ſo geſchiehet es durch das Handwerck, wiewohl auch die Meiſter nicht bey allen Handwercken Kundſchafft geben, ſondern das Handwerck. Es gehet auch wohl an, daß eine Wittbe das Handwerck fortſetze ohne Geſellen zu halten, indem ſie nehmlich von andern Meiſtern Waare annimmet, und dieſelbe wiederum verkauffet, oder ihren Handwercks-Genuß gegen ein gewiſſes Geld einem andern abtritt wie zum Exempel die Jenaiſchen Fleiſchhauers Wittben einen Meiſter auf ſich ſchlachten laſſen, und davor wöchentlich ein gewiſſes Geld nehmen.

§. 8.

Will eine Wittbe das Handwerck nicht fortſetzen, ſo ſtehet ihr ſolches frey, und kan es mit dem Handwerke halten oder nicht, aber in jenem Fall giebet ſie Quartal-Geld, iedoch weniger als eine, die das Handwerck treibet. Eine Wittbe, die das Handwerck treibet, oder es mit hält, iſt ſchuldig, ſich allewege denen Handwercks-Artikeln und Gewohnheiten gemäß zu bezeigen, ſonſt wird ihr Handwerckslegen oder andern Straffen wider ſie verfahren eben wie wider einen Meiſter. Eine Wittbe kan bey dem Handwercke klagbar was anbringen, oder Beklagtin Stelle vertreten, und ſich verantworten, ohne daß ſie einen Vormund nöthig hätte. Des Meiſters Weiber können auch auf dem Handwerke arbeiten lernen, mithin ihren Männern dißfalls Dienſte thun, und neben denen Geſellen auf der Werckſtat ſitzen a).

a) Richter. Deciſ. 80 num. 42.

§. 9.

Es gehet zwar ſolches nicht auf allen Handwercken an, wird auch nicht allenthalben gelitten a), iedoch können ſie dem Manne beyſtehen in Kramſchafft halten, Verkauffung der Waare und dergleichen. Was eines Meiſters Weib oder Wittbe in ihrem Kram und Gewerbe ſchlieſſet und handelt, das iſt unverbrüchlich zu halten, obſchon kein Vormund dabey geweſen b). Eine Weibs-Perſon, die einen Meiſter heyrathen will, und beym Handwercke nicht bekannt iſt, muß ein Zeugniß ehrlicher Geburt und Wandels beybringen, wie in den Buchbinder-Artikeln zu Jena cap. 5 expreſſe geordnet.

a) D. Beier in Lehrjungen cap. 4 num. 129.
b) Carpz. p. 2 Conſtit. 15 Def. 16.

2) Bey Gnadenmeiſtern, Freymeiſtern.

§. 10.

Aus dem, was in denen nechſt vorgehenden 9 bis geſaget worden, iſt zu erſehen, daß die Meiſters Söhne und diejenigen die Meiſters Töchter oder Wittben heyrathen, in kürtzere Wege zu dem Meiſter-Rechte gelangen, weil nun aber nicht alle Meiſters Söhne ſind, noch ſich mit Meiſters Töchtern oder Wittben verheyrathen können, ſo wäre nicht undienlich, wenn auch dieſen mit einigen Mitteln und Vorſchlägen ohne die obgemeldten Aufzüge und Beſchwerlichkeiten zum Meiſter-Recht zu gelangen, an die Hand gegangen werden könte. Es ſind zwar die Handwercks- und Innungs-Artikel von denen Landes-Herrſchafften confirmiret,

in

in der Absicht, daß darüber solle gehalten, und die Meister darbey geschützet werden, wie oben in der 4ten Betracht. zu lesen; Nichts destoweniger geben sie in ihren Landes-Ordnungen und sonst bisweilen zu erkennen, daß sie denen Aufzügen und Umschweiffungen, welche die Handwercke bey Annehmungen neuer Meister machen, nicht gar zu gnädig seyn, sondern vielmehr kürtzere Wege lieben a). Ja es weisen die Confirmationes derer Innungen, daß dieselbe zu Schmählerung der Landesobrigkeitlichen Macht keinesweges gemeinet, vielweniger dadurch eine oder die andere Person der Innung fähig zu machen benommen seyn solle.

a) Siehe Churfl. Sächs. Erled. der Landtags-Gebrechen tit. von Justiz-Sachen § 9z.

§. 11.

Wenn nun einer aus natürlicher Zuneigung, Application und Fleiß, von sich selbst oder nach kurtzer Anweisung eines andern, wie denn darinne die Ingenia und Fähigkeiten der Menschen gar verschieden sind, ein Handwerck, Kunst oder Handthierung begriffen, aber weder zunfftmäßig, das ist rechtmäßig gelernet noch gewandert, mithin weder Lehrbrieff noch Kundschafft aufzuweisen hat; so muß er bey der Obrigkeit vorstellen, daß er die Handthierung wohl verstehe, und alle, oder die gewöhnliche Proben zu machen bereit sey, dahero bitten, dem Handwercke aufzulegen, daß es ihn, gegen die gewöhnliche prästanda, als ein Mitglied der Zunft annehmen möge. Und obwohl solches öffters schwer zugehen möchte, so ist es doch nicht allzeit schwer, noch weniger unmüglich oder impracticabel, vielmehr billig, daß solche Personen, deren es ohnedem wenig giebet, der Innungen theilhafftig gemachet, und von der Gelegenheit, sich von ihrer Kunst zu ernehren, nicht ausgeschlossen werden a). Ein anderer, der zwar die Lehre zunfftmäßig ausgehalten, und davon freygesprochen ist, aber nicht gewandert, hat, muß sehen, was an dem Orte, wo er sich niederzulassen gedencket, dißfalls Rechtens sey; Denn wenn das Wandern zum Meisterwerden nicht erfordert wird, wie in dem Fürstlich-Sächs. Weimarischen Reglement, oder doch mit wenigem Gelde zu bezahlen ist rc da braucht es nicht viel Mühe; wo aber ohne Wandern keiner angenommen werden soll, wie in der Fürstlich-Sächs. Gothaischen Landes-Ordnung part. 2 c. 3 tit. 38 versehen, da muß er erhebliche Ursachen oder Entschuldigungen, weswegen er nicht wandern können, anzuführen haben, nemlich, daß er kräncklichen Leibes, oder seiner Mutter, einer Wittbe, die Werckstat versehen müssen, oder ein Weib genommen, oder ausserhalb der Stadt Unsicherheit gewest rc. und sodann Landsherrliche Dispensation aus diesen und andern bewegenden Ursachen oder aus lauter Gnade, gebührend suchen und erwarten. b)

a) Conf Ahasv. Fritsch de colleg. opif. p. 2 cap. 5 n. 12. D. Bejer in Lehrjungen cap. 2 num. 54.

b) vid. Chur-Bayerische Policey-Ordnung lib. 4 tit. 1 art. 8. Ahasv. Fritsch. de colleg. opif. p. 2 cap. 3 n. 7 & mantisl. 2 art. 8. Beier in Gesellen cap. 4 num. 193.

§. 12.

Wenn nun gleich dieses etwan zu Abwendung der Lehr- und Wander-Jahre hinlänglich befunden werden möchte, so scheinet es doch eine andere Bewandniß das Jahrarbeiten und Muthen eine andere Bewandniß

Jurist. Oracul V Band.

zu haben, und dißfalls wenigere Ursachen sich zu entschuldigen vorhanden zu seyn. Allein es wird auch offt daran nicht fehlen: denn es kan sich zutragen, daß ein Handwercks-Pursch in die Fremde so weit sich verlauffet, oder unter die Soldaten geräth, daß er nicht wieder kommen kan, wenn er will, und wenn er hernach, da die jungen Jahre weg sind, wiederkommet, und in eine Zunfft verlanget, so ist billig, daß er mit Jahr-Arbeiten und Muthen verschonet werde; besonders veteranus Miles, ein alter wohl verdienter Soldat, oder gewesener Officier, welcher auch nicht auf die untere Stelle im Handwercke, sondern besser hinauff neben die Obermeister zu setzen, als vor etlichen Jahren geschehen a). Desgleichen wenn einer beweibet wäre, so müste ihm an Jahr-Arbeiten und Muthen Dispensation wiederfahren, weil durch solche Handwercks-Statuta eheliche Beywohnung nicht zu trennen, auch denen Verlobten dißfalls nachgelassen wird, wie oben gedacht, Betr. 6 §. 12. b).

a) conf. D. Beier in Meister cap. 5 num. 173

b) Chur-Bayerische Policey-Ordnung. D. Beier. Ahasv. Fritsch mantisl. 2 art. 8.

§. 13.

Was das Meisterstück anlanget, so scheinet, als wenn einer, ohne seine eigene Schande zu entdecken, sich dessen nicht entbrechen könne. Dieweil aber doch nicht alle Handwercke welche haben, auch darzu viel Zeit und Unkosten erfordert werden, hernach wenn das Meisterstück fertig, dasselbige entweder niemanden nutzet, oder nicht iedermans Kauff ist; so mag deßhalb gar wohl Dispensation gesuchet und gegeben werden, insonderheit wenn der gute Pursche arm ist, und das Handwerck zu Fertigung des Meisterstücks nichts hergeben kan noch will. Id. ibid. cap. 8 num. 225. Ueberhaupt pflegt man auch darauff zu sehen, daß derjenige, den ein Stadt-Rath bereits zum Bürger angenommen hat, von Auffnahme in ein Handwerck oder Zunfft nicht abgehalten werde; Id. ibid. num. 235: gleichwie auch mit denenjenigen, welche etwa stumm oder taub sind, oder andere Gebrechen an sich haben, billig verfahren wird, iedoch daß sie in der Zunfft mit Verrichtung dessen, wozu sie ihrer Natur nach untüchtig sind, verschonet bleiben oder übergangen werden. Id. ibid. num. 105--112.

§. 14.

Um dieser angeführten und anderer gleichmäßiger Umstände willen kan einer des Meisterrechts in kürzern Weg theilhafftig werden, aber von Zünfften alleine ist es schwerlich zu erlangen, indem dieselben über ihre Artikel und deren buchstäblichen Innhalt in diesem Punct strenge halten, damit die Anzahl der Werckstäte nicht vermehret werde, und wenigstens damit entschuldigen, daß sie es vor sich nicht thun könnten. Dannenhero ist von niemanden als der Obrigkeit oder denen Lands-Herren Dispensation mit Nutzen zu suchen, welcher die angeführten Ursachen überleget, auch das Handwerck oder Zunfft dabey höret, und darauff, nach Befinden, mittelst eines Rescripts an den Stadt-Rath oder andere Unter-Obrigkeit die Dispensation gantz oder zum Theil ertheilet, mit Befehl: dem Handwerck anzudeuten, Supplicanten in die Masse, als

C 2   vor-

vorgeschrieben, zum Mitmeister oder Zunfftgenossen anzunehmen a).

a) Conf. D. Bejer in Meister cap. 6 num. 186 seq.

§. 15.

Ob nun wohl der Landes-Herr solches thut aus bewegenden Ursachen, und Krafft habender Landes-Fürstl. Macht, laut der bey Confirmation der Artikel angehengten Reservation, (siehe oben Betrachtung 4); so geschiehet es doch mit der Bedingung, daß denen Innungs-Artickeln oder andern Ordnungen daran nichts abgehen, noch ihnen präjudiciret seyn solle. Id. ibid. num. 188 seq. Solche Meister werden hernach von andern genennet Gnaden-Meister, Recompens-Meister, öffters aus Verachtung, welches Gelegenheit zu Injurien-Processen geben kan, D. Bejer in Meister cap. 1 num. 42 & cap. 10 num. 369. Noch mehr aber sind Gnaden-Meister diejenigen, welche ohne Anschung vorgedachte Umstände aus lauter Gnade des Landes-Herrn der Innungen theilhafftig gemachet werden.

§. 16.

Frey-Meister sind die in Herren-Höfen, Frey-Häusern, Dom-Höfen rc. sitzen, und daselbst ihr Handwerck treiben. Diese sind an die Innungen des Orts nicht gebunden, und können Gesellen fördern, so viel sie deren nöthig haben, jedoch dürffen sie ausserhalb ihrer Befreyung und vor andere Leute ausser dem Hofe oder Freyheit nichts machen. D. Bejer in Meister cap. 14. Obschon solche Leute schrifftliche Privilegia nicht aufzuweisen hätten, so haben sie doch die Freymeisterschafft ipso facto, indem sie von dem Herrn des Frey-Hofes angenommen, und geheget werden, und sind daher niemanden anders Rechenschafft zu geben verbunden, woferne sie in ihren Schrancken bleiben. Weil aber Herren-Dienst, laut des bekannten Sprichworts, nicht erblich ist, auch wegen der Gesellen offt Verdrüßlichkeiten vorgehen, so bewerben sie sich öffters um die Zunfft-Genossenschafft, und werden ohne vorhergehendes Muthen und Meister-Stück machen rc. gegen eine Discretion, welche die Lade als ein gefunden Geld annimmt, auf- und angenommen. Danebst sind Frey-Meister, die neben anderen ihres Handwercks in der Stadt, oder andern nicht gefreyeten Orten wohnen, und ihre Profeßion treiben, aber an die Innung oder an deren Artickel, wie auch andere Handwercks-Gewohnheit nicht gebunden sind, daher in die zünfftliche Versammlungen nicht gehen, noch sich dahin citiren lassen. Diese müssen ihre Concessiones und Exemptiones oder Befreyungen haben von demjenigen, der die Innungs-Artickel confirmiret hat, weil vermöge der Confirmation niemand an dem Orte das Handwerck treiben darf als ein zünfftiger Meister, und niemand dispensiren oder exmiren und befreyen kan, als der das Gesetz gegeben. Also wo ein Stadt-Rath die Zünffte confirmiret, da kan er auch Frey-Meister setzen, sonst aber nicht a).

a) Vid. D. Bejer in Meister c. 12 n. 451.

§. 17.

Diese Freymeisterschafft kan nun gegeben werden völlig, also daß er alles dürffe exerciren, wie ein zünfftiger Meister, oder auf gewisse Maaß und Weise und mit Einschränckung der Profeßions- oder Handwercks-Gewerbschafft, welches am besten

aus denen Freyheits-Briefen oder Privilegiis zu ersehen, und darnach eines ieden solchen Mannes Zustand, und Befugniß zu beurtheilen ist a). Hieher gehöret die Frage: Ob einer auf sein Bürger-Recht arbeiten könne? Einige sind der Meynung, daß einer, der ein Handwerck oder Kunst gelernet, wenn er in einer Stadt Bürger worden, sein Handwerck oder Kunst treiben dürffe, wenn er nur keine Gesellen halte, oder Jungen lerne, noch in die Handwercks-Zusammenkunfft komme b). Nun ist zwar wohl dem zünfftlichen Wesen gemäß, daß ein Freymeister weder Jungen lernen, noch Gesellen setzen, noch in der Zunfft erscheinen und mit dotiren könne; Denn das Wort, Freymeister, bringet so viel mit, daß er von denen zünfftlichen Gesetzen frey seyn will; Also kan er nicht zunfftmäßig Jungen lernen, da er ausser der Zunfft ist, wie denn auch ein solcher ausgelernter Junge hernach auf dem Handwercke nicht fortkommet.

a) Conf. Handwercks-Lexicon v. Freymeister.

b) vid. D. Bejer in Meister cap. 2 n. 377.

§. 18.

Aber daß ein Bürger-Recht solche Freymeisterschafft ertheile, oder in sich begreiffe, das wird mit dem zünfftlichen Wesen nicht einstimmig seyn, vielmehr ist das Bürger-Recht sowohl als die natürliche Freyheit, durch die zünfftliche Meisterschafft eingeschräncket, daß, wo Innung ist, niemand das Handwerck treiben dürffe, als derjenige, der ein Mitgenosse der Innung ist a). Obschon in dem Fürstl. Rescript, worauf sich D. Bejer in Meister cap. 2 num. 377 die Worte also lauten möchten, daß Supplicanten auf sein Bürger-Recht zu arbeiten erlaubet seyn solle, so ist doch auf das Wort nicht, sondern auf die Sache selbst zu sehen; Denn wenn das Bürger-Recht so viel gestattete, so wäre nicht nöthig, Meister zu werden, auch würde mancher nicht als Pfuscher aufzuheben seyn rc. Also ist sich auf das Bürger-Recht in diesem Stücke nicht zu verlassen, sondern, wenn einer, ohne das Meister-Recht zu gewinnen, darauf arbeiten, und also seine Nahrung suchen will, so muß entweder keine Zunfft an dem Orte seyn, oder wo eine ist, so muß er von dem Herrn, der die Zunfft-Artickel confirmiret hat, Erlaubniß oder Concession erlangen und ausbitten, gleichwie der gethan, der das von D. Bejern all. num. 377 erwehnte Fürstliche Rescript ausgewirket und erbeten hat. Im übrigen kan auch ein Landes-Herr einem Freyheit geben, sein Handwerck zu treiben und zu wohnen in einer Stadt, ohne daß er dürffe Bürger werden, und unter des Stadt-Raths Jurisdiction stehen b).

a) vid. Fürstl. Sächs. Weimarische Reglem. der Strumpf-Manufacturen § 14. D. Bejer de Jure prohibendi c. I num. 2 & 3.

b) Bejer de colleg. opif. cap. 9 § ult.

3) Von privilegirten Meistern und Monopolisten.

§. 19.

Die im vorigen Articul erwehnte Freymeistere sind auch privilegirte zu nennen, weil sie aus Fürstl. oder Landes-herrlichen Concession, die einem Privilegio gleich ist, ihr Handwerck treiben; Aber es sind noch andere Arten privilegirter Meister, von welchen hier etwas gehandelt werden soll. Dieses

sind

sind Leute, die eine Stadt und umher liegende Landschafft alleine versehen, und keinen andern ihres Handwercks neben sich dulten wollen, weswegen sie Monopolisten genennet werden. Und damit ihnen dieses angehe, so müssen sie Landesherrlich Privilegium nothwendig haben. Die in den vorigen §phis gemeldete sind zufrieden, wenn sie in einem gefreyeten Orte, oder in einer Stadt unter andern Meistern, iedoch ausser der Zunfft arbeiten und sich so hinbringen können; Diese aber wollen über ihr völliges Meister-Recht, noch ein Recht haben, andere ihres Handwercks oder Profeßion von dem Orte abzuhalten, und ihnen zu verwehren, sich nebst ihnen auch daselbst häuslich nieder zu lassen und das Handwerck zu treiben. Jene suchen die Ausübung natürlicher Freyheit wider den zünfftigen Zwang; Diese hingegen bemühen sich den zünfftigen Zwang in ihrer Person zu vermehren und sich alleine zuzueignen und dergleichen.

§. 20.

Diejenigen Handwercker und Profeßions-Verwandte, die nur einzeln und in weniger Anzahl in Städten umher wohnen, ungeachtet sie zünfftig sind, und es mit einer anderswo befindlichen Lade halten, wircken offt von ihren Landes-Herren solche Privilegia aus, damit sich ihnen niemand an die Seite setze, und ihnen ihre Nahrung schmälere; Desgleichen thun auch andere, die nicht zünfftig sind, und sich Künstler nennen, u. s. w. Gleichwie nun vermöge der Confirmation einer Innung niemand an dem Orte die Profeßion treiben darff, als die zünfftigen Meister, und die, so das Meister-Recht gewinnen; Also erlanget dieser ein Privilegium, daß keinem andern von seiner Profeßion allda nieder zu lassen, das Meister-Recht zu gewinnen, und sein Handwerck zu exerciren erlaubet wird. Also ist zum Exempel hier ein privilegirter Peruqvenmacher, dort ein privilegirter Kupferschmiedt, anderswo ein privilegirter Schleiffer u. s. w.

§. 21.

Die Privilegia an sich selbst sind zwar gemeiniglich nur personal, aber sie werden doch auch wohl auf die Erben extendiret; Ja man findet privilegirte Werckstäte, welche aber andere Nahmen führen, und im Patrimonio oder Eigenthum stehen, wie ander Gut. Ein solcher Meister nun gelanget auch in kurtzen Weg zum Meister-Recht ohne Muthen und dergleichen, und hat mit seinem Gewerbe oder Waare das Monopolium an dem Orte, und zugehörigem Districte. Zwar sind Monopolia gemeiniglich verhaßt; Weil aber solches nur von unrechtmäßigen zum gemeinen Nachtheil eigenmächtig vorgenommenen Monopoliis zu verstehen, da hergegen diese von denen Regenten herrühren, welche wissen, was ihren Landen und Leuten zuträglich ist; Hiernächst bey Ertheilung dergleichen Privilegien vorher Erkundigung eingezogen wird, ob einiger Stadt-Zunfft, oder iemanden anders dadurch Präjudiz geschehe, darauf das Privilegium anders nicht, als mit Einwilligung derselben, oder wo deren Contradiction unerheblich, ertheilet wird, vid. Chur-Sächsische Erledigung von Justiz-Sachen §. 100; überdies Mittel sind, den Monopolisten zur Schuldigkeit zu bringen, so ist daran nichts gehäßiges, oder unbilliges zu statuiren.

§. 22.

Wer nun was verlanget, das des Handwercks ist, der muß es bey diesen holen oder machen lassen, indem kein anderer da ist; Hingegen ist er schuldig, den Ort und dessen Einwohner mit guter tüchtiger Arbeit oder Waare zu versehen, und die Leute mit dem Preise nicht zu übersetzen, oder auch seine Waare taxiren zu lassen, eben wie anderwärts gesagt worden. In Zwang-Mühlen, Zwang-Back-Häusern, und dergleichen muß man denen Leuten das ihre getreulich zurück geben, und sich an dem gesetzten Lohn begnügen. Daher, wenn z. E. ein Bauer, der zu einer Ausrichtung etliche Braten im Back-Hause hat, Achtung geben läst, daß das Bratenfett, wie vorher geschehen, nicht entwendet werde, so hat weder der Becker noch der Herr des Back-Hauses Ursach, darüber sich zu beschweren, sondern vielmehr könte der Herr seines Zwang-Back-Haus-Rechts wegen des Misbrauchs verlustig werden, Struv. S. J. C. Exerc. 2 th. 31. Im übrigen sind die freyen Jahrmärckte denen Bürgern und Einwohnern zuträglich, allwo sie, wenn es ihnen gefällig, allerhand Waaren von Fremden einkauffen, und solchergestalt den Monopolisten übergehen können.

§. 23.

Wenn der privilegirte Meister oder Monopolist mit Tode abgehet, so müssen dessen Erben, im Fall das Privilegium sich auf sie erstrecket, bey Zeiten um eine andere tüchtige Person besorget seyn, wie ingleichen in solchen Werckstäten derselben zu thun schuldig ist. Gehet es einem solchen privilegirten Handwercks-Manne wohl an dem Orte, und ein anderer seines Handwercks oder Profeßion siehet solches, wie er nemlich vor 2, 3, oder mehr Gesellen nebst denen Lehr-Jungen vollauf zu thun, und Abgang habe, so ist er nicht allezeit sicher. Denn ein anderer, welcher sich sonst, wenn das Privilegium nicht wäre, auch dahin setzen, und seine Profeßion treiben könnte, wird ebenfalls nach Hofe gehen, und ein Privilegium, neben dem ersten seine Handthierung zu treiben, auszuwircken sich bemühen, worinne es selten fehl schläget, weil ein Regent durch Ertheilung eines Privilegii sich seine Hände nicht bindet. Von andern Monopolisten, die in Handel und Wandel, in Aufkauff und Steigerung der Waaren und dergleichen dem gemeinen-Wesen schädlich sind, wollen wir hier nichts gedencken. Wer Lust hat, kan in Marpergers Commercien-Collegio cap. 13 oder andern Autoribus davon lesen.

Die

Die Achte Betrachtung.

Von Jungen-Annehmen und Lernen, Geburts-Briefen und Aufdingen, was Meister und Lehrjunge binnen den Lehr-Jahren zu beobachten, ingleichen von Lossprechen und Lehr-Briefen.

§. 1.

Dieses ist ein nicht geringes Stück des Meister-Rechts, so zu Beförderung der Handwercks-Arbeit und Nahrung sowohl als zu Erhaltung der Handwercke und Künste dienlich und nöthig ist. conf. D. Beyer in tract. vom Meister cap. 13 num. 444. Jedoch entstehet diese Macht nicht eben aus dem zünfftlichen Wesen, sondern es ist vielmehr ein iedweder Handwercker und Künstler, ehe er zünftig worden, befugt gewesen Jungen zu lernen, oder in seiner Kunst zu unterrichten. Aber nachdem die Zünffte allenthalben eingeführet sind, so wird solche natürliche Freyheit eingeschräncket, oder gar bey Seite gesetzet, und davor geachtet, als käme das Recht Jungen zu lernen aus denen Zünfften, derowegen wird ein Junge, der bey einem unzünfftigen Handwercker oder Pfuscher gelernet hat, nicht fortkommen, sondern sich von neuen in die Lehre begeben und auslernen müssen.

§. 2.

Ein zünfftiger Meister nun darf vor sich alleine keinen Jungen in die Lehre nehmen, sondern das Handwerck oder Innung muß darum wissen und darein willigen. Denn weil der Junge der Handwercks Kunst oder Profeßion theilhaftig zu werden vorhabens ist, so muß dessen Reception oder Aufnahme zur Lehre nicht in dem Willen eines einzelnen Meisters, sondern bey der gantzen Zunfft bestehen, zumahlen einige Umstände an Seiten des Lehrmeisters sowohl als des Lehrjungen vorher zu überlegen und zu beurtheilen sind. An Seiten des Lehrmeisters ist zu bedencken 1) daß bey manchen Profeßionen ein Meister nicht dürffe zwey Jungen zugleich zu einer Zeit in der Lehre haben, 2) daß ein Meister in denen ersten Jahren nach erlangtem Meister-Recht noch nicht dürffe Jungen lernen, 3) daß ein Meister, wenn er einen Jungen ausgelernet gegeben, in so viel Jahren keinen wieder annehmen dürffe, welches bey vielen Handwerckern beobachtet wird, damit ihre Profeßion nicht überhäuffet werde, indem viele sich nicht darauf nehren können, zum Exempel bey den Kammachern. vid. D. Beyer im Tractat von Lehr-Jungen cap. 7.

§. 3.

Ein Trompeter, woferne er nicht sieben Jahre nach Endigung seiner Lehr-Jahre und beschehener Freysprechung seiner Kunst obgelegen, auch einen rechten Feldzug gethan hat, darf keinen Jungen in die Lehre nehmen a). Die Strumpffwürcker im Weymarischen Fürstenthum dürffen nicht mehr ohne Unterscheid so grosse Menge Jungen lernen, sondern nachdem einer Stühle hat, darnach darf er Jungen annehmen oder nicht; als auf 2 bis 3 Stühle soll ein Junge, auf 4 bis 5 Stühle zwey, auf 5 bis 6 Stühle aber drey zu lernen zugelassen werden. vid.

Reglem. §. 26. An Seiten des Lehrjungen ist zu bedencken, ob er Kundschaft ehrlicher Geburt aufzuweisen vermögend, wie auch ob er Lust zu dem Handwerck oder Profeßion habe, groß und starck, auch geschickt genug darzu sey? Weswegen eine Versuch-Zeit von 2, 4 bis 6 Wochen gebräuchlich, oder in denen Articeln determiniret ist, binnen welcher der Meister den Jungen disfalls ausforschen, und länger nicht bey sich behalten darff.

a) vid. Disp. de Buccinis eorumque jure sub præs. Excell. Wildvog. Jenæ hab. §. 24. und die Trompeter-Privilegia in des Jurist. Orac. III Band auf dem 894 Bl.

Von Geburts-Briefen.

§. 4.

Die Kundschaft ehrlicher Geburt, wovon im vorhergehenden §. gedacht ist, ist ein Geburts-Brief, oder schrifftliche Zeugniß, daß der Junge von ehrlichen Eltern, aus einem unbefleckten Ehebette erzeuget und gebohren sey, von der Obrigkeit des Orts ausgestellet. Wenn schon ein Lehrling ohne Geburts-Brief, in dem Fall wo die ehrliche Geburt notorisch, in die Lehre genommen würde, (das doch nicht leichtlich geschiehet) so wird doch keiner zu Erlernung eines Handwercks gelassen, der unehrlicher Geburt sey, weswegen wir uns auf alle Innungs-Articel und Handwercks-Gewohnheit beruffe a).

a) conf. Fürstl. Sächsische Gothaische Landes-Ordnung p. 2 c. 3 tit. 38. Fürstl. Sächs. Weymar. Reglement der Strumpff-Manuf. §. 28.

§. 5.

Ehrliche Geburt geschiehet durch ehrliche Eltern in rechtmäßigem Ehestande. Ehrliche Eltern sind, die in der Republik gelitten werden, und nicht infam oder ehrlos gemacht worden. Infam oder ehrlos sind diejenigen, die wegen grober Verbrechen mit Staupenschlägen des Landes verwiesen, oder gar am Leben gestraffet worden; desgleichen wird in geringerm Verbrechen, auch einigen Contracten, wo Betrug und Wucher mit unterlaufft, nach denen in Teutschland eingeführten Römischen Rechten, bisweilen infamia erkannt, wiewohln der Teutsche andere principia hat, indem er sagt, man solle lieber zehen helffen ehrlich als einen unehrlich machen a). Von solchen Eltern soll einiger Schandfleck denen Kindern angehänget werden, weswegen sie zu erbaren Handwercken nicht zu lassen, bevoraus wo deren Innungs-Artickel also lauteten, und Beyer führt aus des Mevii Decisionibus an, daß dergleichen Statuta wohl könten gemachet werden, nicht daß die unschuldigen Kinder gestrafet, sondern daß die Eltern aus Furcht der Kinder Unglücke zu verhüten, von Missethaten abgehalten würden b).

a) Schilter prax. jur. Rom. exercit. 10 §. 35.
b) conf. Stryk in not. ad Lauterbach. tit. de his qui not. infam. verb. transmittitur.

§. 6.

§. 6.

Dahingegen statuiren göttliche und menschliche in der Natur und gesunden Vernunft gegründete Gesetze, daß das Verbrechen oder erlittene Strafe eines Vaters denen Kindern keinen Schandfleck anhänge, und sich weiter nicht erstrecke als auf die Person des Uibelthäters L. 20, 26 ff. de pœnis L. 22 Cod. eod. der Sohn soll nicht tragen die Missethat seines Vaters a). Weil nun diese Gesetze und Rechte mehr zu ästimiren, als der vorgemeldte Wahn, und die Obrigkeit denen Kindern dererjenigen, die wegen einiger Missethaten ehrlos worden sind, ohne Bedencken ehrlicher Geburt geben kan und wird, so sind sie von Erlernung erbarer Handwercke nicht auszuschliessen. conf. Ahasv. Fritsch. de Colleg. opif. p. 2 cap. 4 n. 18.

b) Deut. 24 v. 16. Ezech. 18 v. 20. conf. Grotius de J. B. & P. lib. 2 cap. 21 § 12, 13. Pufendorff de I. N. & G. lib. 8 cap. 3 § 33. Beyer in Lehrjungen cap. 6 num. 364 sqq.

§. 7.

Uiber dieses sind noch andere Leute, welche die Handwercker abscheuen, und deren Kinder nicht in ihre Zünffte lassen, nemlich Stadt- und Land-Knechte, die in allen Sächsischen Rechten Frohnboten genennet werden, Land-Rechte lib. 3 art. 56. Ferner auch die Nachrichter, Abdecker oder Schinder u. s. f. Diese Leute sollen turpes, schändliche Personen seyn, oder levis notæ maculam auf sich haben a). Weiln aber turpes, & levis notæ macula laborantes diejenigen sind, die infamia facti laboriren oder schändliche Thaten thun, Brunnem. ad L. 27 de inoffic. testam. hingegen denen Gerichten aufwarten, Befehle ausrichten, und Urthel vollstrecken, keine schändliche Thaten, sondern vielmehr, als GOttes Werck rühmlich sind b); so scheinet nicht, daß man diese Leute unter die schändlichen Personen rechnen könne c). Oder vielleicht sind diese Leute darum verhaßt, weil sie ihr Amt mit der Leutseligkeit und Barmhertzigkeit nicht verrichten, wie sie sollen, nemlich ohne Haß und Zorn, dem Nächsten zu Dienst, GOttes und der Gerechtigkeit Befehl zufolge d), sondern vielmehr denen armen Sündern ihr Verbrechen höhnisch vorrücken, und wider sie wüten. Damh. prax. Crim. cap. 152. Aber wolte GOtt! daß nicht auch unter Gerichts-Personen bisweilen welche wären, die der Lehre Sirachs cap. 10 v. 6: Kühle dein Müthlein nicht, wenn du straffen solst, nöthig hätten, derohalben und nachdem diese darum nicht schändlich noch unehrlich sind, so werden es deren Befehl-Ausrichter auch nicht seyn. In Summa: Sie haben ihres Dienstes und Verrichtung wegen keinen schändlichen Mackel an sich, auch vor diesem nicht gehabt, vielmehr sind bey denen alten Teutschen nur erbare, fromme, reiche, wohlgesessene Leute, so von männlich ein gut Lob gehabt, zu diesem Amte erwehlet und gebraucht worden. Schilter prax. Jur. Rom. exerc. 10 coroll. 4.

a) Struv Jurisprud. lib. X tit. 13 § 18. Schneidw. ad § 1 instit. de inoffic. test. n. 17. Beyer in Lehrjungen cap. 6 num. 256.

b) vid. Gloss. ad Jus Sax. lib. 3 art. 56.

c) Conf. Lauterbach. Compend. tit. de his qui not. infam. pag. 63 & 64. ibique Tit. obf. 83 & 84. Ahasv. Fritsch de Colleg. Opif. p. 2 cap. 4 num. 4 seqq.

d) vid. Gloss. ad Jus Saxon. lib. 3 art. 56.

§. 8.

Die heutige gantz widrige Opinion muß in denen fremden Rechten und Sitten in Teutschland eingeschlichen seyn; Ob sie aber aus denen Römischen oder Civil-Rechten entstehet, weil die Römer zu diesem Amt schlechte geringe Leute brauchten, die nicht Bürger waren, noch in der Stadt wohneten, Rosin. antiqu. Rom. lib. 7 cap. 48; Poller. Histor. for. Rom. lib. 5 cap. 14; oder aus denen Canonischen und Päbstlichen Rechten? Solches wollen wir andern zu untersuchen überlassen, conf. D. Kress in not. ad Constit. Crim. Car. V p. 157. Dem sey wie ihm wolle, so ist nunmehr die Gewohnheit da, welche bey denen Handwercks-Leuten so feste eingewurtzelt ist, daß sie allen Umgang und Conversation mit solchen Leuten nach Möglichkeit fliehen, wenigstens dieselbe nicht in die Zünffte nehmen, noch ihnen Handwercke lernen a).

a) vid. Richter decis. 80. Beyer in Lehrjungen c. 6 § 3, 5.

§. 9.

Wegen ihrer Kinder machet das Bayerische Recht einen Unterschied, daß die Kinder derjenigen, welche mit den Malefiz-Personen bey der strengen Frage und Vollziehung der peinlichen Urthel nichts zu schaffen, noch Hand angelegt gehabt, ohne Hinderniß zu Lernung der gemeinen Handwercke gelassen werden solten; hingegen, welche mit Malefiz-Personen zu thun und Hand angeleget gehabt, deren Kinder solten sich der Handwercker enthalten, sie wären denn gebohren, ehe ihr Vater zu solchem Dienst gekommen, in welchem Fall sie nicht solten ausgeschlossen seyn. Beyer in Lehrjungen cap. 6 num. 293. Aber das bald darauf num. 296 folgende Leipziger Responsum statuiret, daß die Kinder der Nachrichter, Gerichts- und Stadt-Knechte ohne Unterschied zu Erlernung der Handwercke angenommen werden könten, und solches einer Zunfft nicht nachtheilig noch aufrücklich sey, weil solches in Rechten nirgend verboten, und diese Leute in Verrichtung ihres Amts mit keinen unziemlichen Dingen umgehen, über dieses dergleichen böse Gewohnheiten durch die Reichs-Abschiede abgeschaffet, und der Eltern Zustand und Condition denen Kindern nicht präjudiciret a). Das was bisher gesaget, gehet zwar eigentlich nur die Frohnen und Nachrichter an, sammt ihren Kindern, was ist nun zu statuiren von dem in dem 7 § gedachten Abdecker? Auch diesem ist seines Standes und unreinlichen Arbeit halber infamia, weder juris noch facti anzuhefften, wie also deutlich und wohl gesprochen beym Richter decis. 80 num. 25.

a) Conf. Marpergers Vorbericht von Handwercks-Zünfften p. 42.

§. 10.

Die Schweinschneider haben auch hieher gerechnet werden wollen, aber es sind Responsa vorhanden, daß, weil diese Handthierung in Rechten nirgend verboten, noch zu befinden, daß diejenige, so solche treiben, vor anrüchtig zu achten, sie zu Aemtern wohl gezogen, und deren Kinder in Zünffte oder Innungen sich zu begeben mit Bestande Rechtens nicht verwehret werden möchten. D. Beyer all. loc. num. 320 sqq. Die Schäfer sollen vorigen beyden gleich seyn, weil sie gestorbenen Schafen die Haut abziehen und die lebendigen castriren; Aber es ist in Reichs-Abschieden von ihnen geordnet, daß sie, wie andere

andere redlichen Handwercker sollen auf und angenommen werden. Reform. polit. de anno 1548. Nichts destoweniger weiß man, daß mit vergeblichen Proceß manchen grosse Mühe, Aufenthalt und Unkosten gemacht worden.

§. 11.

Hiernechst muß ein Knabe, der zu einem Handwerck gelangen soll, ehrlich gebohren seyn; das ist, seine Eltern müssen rechtmäßig copuliret, und er darauf empfangen und zu rechter Zeit gebohren seyn. Land-Recht lib. 1 artic. 36. Daher werden ausgeschlossen alle die daran Mangel haben, welches zwar seine Richtigkeit hat, aber die Legitimatio per subsequens matrimonium, & per Principis Rescriptum aut Comites Palatinos machet groß Aufsehen unter denen Handwercks-Leuten, welche sich nicht einbilden, daß das was einmahl so geschehen, wieder anders geschehen könne, so wenig ein Kind wieder in seiner Mutter Leib gehen, und wieder gebohren werden kan, worinne sie oballegirten Text des Sächs. Rechts vor sich haben. Inzwischen verhält sich in Rechten also: Die Legitimatio per subsequens matrimonium geschiehet, wenn zwey Personen, die sich mit einander fleischlich vermischet hätten, einander hernach heyrathen; Dann wird dem Ehestand zu Ehren die vorige Sünde vergessen, und davor gehalten, als wenn sie flugs anfangs vor dem Beyschlaff wären copuliret gewesen; mithin geniessen auch die aus solcher Vermischung erzeugte diesen Vortheil, daß sie als eheliche Kinder geachtet werden, einfolglich sind sie zu Erlernung ehrlicher Handwercke zuläßig a)

a) Hahn ad Wesenbec. tit. de his qui sui vel alien. &c. verb. per subsequens matrimonium. Richter decif. 80 num. 14 Beier in Lehrjungen cap. 5 §. 12.

§. 12.

Mit der Legitimation per Principis Rescriptum aut Comites Palatinos gehets also zu: Seine Kayserliche Majestät oder einer Dero Pfaltzgrafen ertheilen ein Diploma oder offenen Brieff, worinne aus Kayserl. allerhöchster Macht und Gewalt, aller Fehler, er möge aus unehrlicher Geburt, oder anderer Beschmitzung entstehen, aufgehoben und ausgetilget, und die Person andern ehrlichen Leuten gleich gemachet wird. Weil nun Kayserliche Maj. dieses thun können, so ist kein Zweiffel, es müssen die Handwercks-Leute solche legitimirte in ihre Zünffte anzunehmen gehalten seyn a). Jedoch mag nach Beyerischen Rechten denen aus verdammter Vermischung, Ehebruch, Blutschande rc. erzeugten und gebohrnen die Legitimation zur Aufnahme in ein Handwerck nicht helffen b). Ob nun wohl dieses also von Rechts wegen geordnet und darnach gesprochen wird, so lehret doch die Erfahrung, daß Handwercks-Leute solchen legitimationibus sich widersetzen, auch zuweilen obtiniren, oder doch so viel zu wege bringen, daß der legitimirte, wenn er den Proceß nicht aushalten kan, davon lauffen, oder sonst abstehen muß. Ein Findelkind ist nicht anzunehmen, denn wenn man ihm gleich die Präsumption ehrlicher Geburt zu statten kommen lassen wolte, so ist doch starcke Præsumption in Contrarium, und wo ein Statutum ehrliche Geburt erfordert, da ist die Præsumptio nicht hinlänglich. Ahasv. Fritsch de Colleg. p. 2 cap. 5 n. 6.

a) Hahn ad Wesemb. tit. de his qui sui vel alien. verb. per diploma Principis. Beier all. loc § 10.
b) Ahasv. Fritsch. de Colleg. opif. mont. 2 art. 2.

§. 13.

Wie aber, wenn einer keinen Geburts-Brieff schaffen kan? wie es denn offt gehet, daß einem zwar das Recht nicht fehlet, aber wohl dessen Beweis; indem durch Krieg, Pest, Brand rc. die Urkunden wohl wegkommen können. Darauf ist nicht anders als negative zu antworten, weil die Zunfft-Rechte diesen Beweis erfordern, und ein Recht nicht attendiret wird, wo es am Beweise fehlet, es wäre denn daß der Mensch iederzeit vor ehrlich gebohren wäre geachtet worden a). Endlich ist noch zu erinnern, daß die Kinder, welche bey einem zünfftigen Handwerck in die Lehre eingenommen werden wollen, freygebohrne, nicht Leibeigene seyn müssen, wozu auch die Wendischen gehören, derowegen auch dieser Umstand, oder Beschaffenheit in dem Geburts-Brieffe ausdrücklich zu melden, wiewohl es nicht aller Orten beobachtet wird b).

a) conf. Philipp. d. Disp. thes. 18. Fritsch p. 2 cap. 5 num. 5 infr. artic. 28.
b) Beier in Lehrjungen cap. 5 num 168 seqq.

Von Auffdingen.

§. 14.

Wenn nun der Punct von ehrlicher Geburt und Herkommen des Lehrjungen seine Richtigkeit hat, und durch den Geburts-Brieff bescheiniget ist, der Junge auch Beliebung und Geschicklichkeit zu dem Handwercke hat, so schreitet man zu dem Auffdingen, oder es wird wohl vorher noch ein Contract, zwischen dem Lehrmeister an einem, dem Lehrjungen, dessen Eltern und Pflegern am andern Theil geschlossen, in welchem man wegen des Lehrgeldes und dessen Abtrag einig wird, wiewohl bey manchen Handwercken oder Künsten, ein gewisses Lehrgeld ist, zum Exempel bey denen Trompetern 100 Thlr. mancher Knabe auch umsonst gelernet wird, wogegen er aber länger in denen Lehr-Jahren verbleiben muß, in welchen Fällen dieser Contract unterbleibet. Das Auffdingen ist eine Verrichtung, da der Junge dem Handwercke vorgestellt, und zur Lehre eingeschrieben wird, geschiehet nicht anders als bey versammleten Handwercke und offner Lade; Daher wenn der Junge oder die Seinigen des Handwercks ordentliche Zusammenkunfft nicht abwarten will, so muß dasselbige auff dessen Kosten zusammen gebethen werden; Jedoch sind Handwercke an manchen Orten, die gar keinen Jungen auffdingen, an- oder vornehmen, als nur allein in ihren ordentlichen Qvartal-Zusammenkünfften, oder auch des Jahres nur einmahl, und wenn dieser Tag versäumet wird, so muß der Junge warten bis wieder über das Jahr a).

a) vid. D. Beier in Lehrjung. cap 7 §. 5.

§. 15.

Ist nun die Zeit zum Auffdingen vorhanden und das Handwerck beysammen, so wird der Junge nebst seinem Vater oder oder Vormunde vorgelassen, welcher denn, oder sein Vater vor ihn, das Handwerck um Aufnahme ersuchet, und seinen Geburts-Brieff darleget, nebst dem gewöhnlichen

Auffdin-

Aufdinge-Geld, etwa 4 Fl. oder was sonst üblich ist; darauf antwortet der Obermeister, nimmt das Geld und Geburts-Brieff an, läst denselben vor dem sämtlichen Handwerck ablesen, herum votiren, ob einer oder der andere etwas einzuwenden hat, wann dann alles richtig befunden wird, legt er ihn in die Lade, wie auch das Geld, wo nicht etwas zu ihrer Ergötzlichkeit angewendet, oder unter die Meister vertheilet wird, zu Vergeltung ihrer Versäumniß; Auch wird des Jungen Nahme in das Handwercks-Buch eingeschrieben, in diesen Formalien ohngefehr: Heut dato ist N. nebst seinem Sohne N. vor dem Handwercke erschienen, und hat diesen aufs Handwerck lassen aufdingen 3, 4 oder mehr Jahr, davor dem Handwercke die Gebühr erleget, So geschehen rc. Der Junge aber gelobet an, daß er seinem Meister getreu seyn, das Seinige nach Vermögen verrichten und nicht davon lauffen wolle. In dem Fall wenn ein Handwercksmann mit einer andern Zunfft es hält, wie oben gemeldet, da muß das Auffdingen nicht vor dieser Zunfft, sondern vor dem Handwercke, das der Junge lernen will, und vor dessen Lade auswärts geschehen, zum Exempel ein Jenaischer Kammacher, der es mit andern Kramer Handwercken daselbst hält, muß seine Lehrjungen zu Erffurt oder Nürnberg, wo die Kammacher-Lade ist, aufdingen lassen a).

a) D. Beier all. loc. cap. 7 § 8.

§. 16.

Bey einigen in gantz geringer Anzahl sich findenden Handwercken und Künstlern geschiehet das Auffdingen nur in Gegenwart zweyer Kunstverwandten, zum Exempel bey denen Trompetern, laut deren Privilegien, oder es wird auch wohl ein Auffdinge-Brieff auffgesetzet, und von beyden Contrahenten auch Zeugen unterschrieben. Offt muß ein Lehrling Caution stellen, daß er nicht davon lauffen, noch den Lehrmeister bestehlen wolle, welches jedoch wo des Jungen Vater ansäßig ist, oder der Junge gar nichts in Vermögen hat, wohl unterwegens bleiben kan und muß. Ein Meister, der einen Jungen Versuchungs wegen zu sich nimmt, soll denselben über die in den Artickeln gesetze Versuchzeit nicht bey sich behalten, sondern entweder auffdingen lassen, oder wieder heim schicken, widrigenfalls wird er gestrafft a).

a) D. Beier in Lehrjungen cap. 7 § 1.

Von Lehrjahren, und was binnen der Zeit Lehrmeister und Lehrjunge zu beobachten habe.

§. 17.

Wenn der Lehrjunge auffgedinget, und in das Buch eingeschrieben ist, so fähet sich seine Lehrzeit an, und während zwey, drey, vier, fünff und mehr Jahre, nachdem es eines iedes Handwercks oder Kunst Artickel oder Observanz mit sich bringet. Der Lehrmeister nimmet den Lehrling zu sich in sein Haus und Kost, führet denselben das Handwerck redlich und treulich an, giebet acht auf dessen Thun, straffet dessen unartige Sitten und Ungehorsam, versorget ihn mit Essen und Trincken, läst sich dessen Gesundheit nach Vermögen angelegen seyn rc.

Jurist. Oracul V Band.

Der Lehrling soll zu Begreiffung des Handwercks, fleißige Obacht haben, dem Meister getreu und gehorsam, in Verschickungen seine anbefohlne Verrichtung hurtig ausrichten, verschwiegen, auch iederzeit auffwärtig seyn, die gesetzte Lehrzeit willig ausstehen, sich über seinen Jungenstand nicht erheben, noch denen Gesellen wiederspenstig erzeigen, vielmehr denenselben, dem Herkommen gemäß, gehorsamen und deren Unterrichtung annehmen, das bedungene oder gewöhnliche Lehrgeld zu gesetzten Zeiten auszahlen, oder von seinen Eltern und Pflegern besorgen, keinen Schaden thun, oder denselben ersetzen, sich mit nöthigen Kleidern versehen, wenn er kranck und bettlägrig wird, auff bessere Unterhaltung, Artzney und Wartung bedacht seyn rc. a). Die Lehrjahre sind genau auszuhalten, und ob es wohl einem Jungen helffen möchte, wenn ihn der Meister vor der Zeit lossprechen läst, welches aber an einigen Orten in denen Gesetzen verboten; Bayrisch. Lands-Ordn. lib. 4 tit. 1 art. 7; so werden doch die Jahre, welche ein Meister vermöge der Articul zu gewarten hat, ehe er wieder einen Jungen in die Lehre nehmen darff, nicht von der Zeit der frühzeitigen Losgebung, sondern von dem Tage an, da vermöge der Artickel der Junge freygesprochen werden sollen, gerechnet b).

a) D. Beier all. tr. cap. 10, 11. b) Id. ib. cap. 9.

§. 18.

Ein Meister soll seinen Lehrjungen weiter nicht, als zum Unterweisen und Arbeiten, keineswegs aber zu anderer unanständiger Arbeit gebrauchen, oder Aufflauff der Waare und Gesellschafft mit ihm machen, gleichwie auch von Gesellen gesagt wird a). Woferne ein Meister seinen Lehrjungen über die Gebühr tractiret, so ist er befugt, bey der Obrigkeit wider ihn zu klagen, und rechtliche Hülffe zu erwarten b).

a) vid. D. Beier im Gesellen cap. 1 num. 99.

b) L. 5 § f. & L. 6 ff. ad L. aquil. D. Beier in Lehrjungen cap. 10.

§. 19.

Das Lehrgeld ist 20, 30, 40, 50 Gülden, Thaler, oder mehr, wie es bey iedem Handwercke Herkommens, oder im Auffdinge-Contract behandelt ist, darzu ein Bette, worinne der Junge während der Zeit schläffet, hernach aber der Meister behält; Jedoch wird zuweilen gar kein Lehrgeld gegeben, wie schon gedacht, aber in solchem Fall muß der Junge ein Jahr oder was mehr in der Lehre bleiben, und mit Arbeit dasselbige ersetzen. Weswegen in Bayern seine Ordnungen sind a). Solte es sich zutragen, daß ein Lehrmeister vor Ablauff der Lehrjahre verstürbe, so sind dessen Erben verbunden, den Lehrjungen bey einem andern Meister auslernen zu lassen, wo nicht die Wittbe, wenn sie das Handwerck mit einem tüchtigen Gesellen fortsetzet, solches thun könnte; In jenem Fall bekommet der auslernende Meister einen Theil des Lehrgeldes pro rata, und auff ehrlicher Leute Erkäntniß b).

a) vid. Ahasv. Fritsch Mantiss. 2. art. 3, 4.

b) conf. Fürstl. Sächs. Weim. Reglem. § 30.

§. 20.

Stirbt der Lehrjunge vor Verlauff der halben Lehrjahre, so ist das halbe Lehrgeld verfallen, nach den halben Lehrjahren aber das gantze, oder es wird

F auf

auf ehrlicher Leute Erkäntniß gestellet, was des Verstorbenen Jungen Vater noch zahlen, oder von dem bezahlten zurück fallen solle a). Entlaufft der Lehrjunge, oder bleibt sonst wider des Lehrmeisters Willen aus der Werckstat, so ist entweder das pränumerirte Lehrgeld oder die bestellte Caution verfallen, oder er muß mit Nachlernen oder Geld die Zeit, so lange er weg gewesen, ersetzen b).

a) D. Beier in Lehrjungen cap. 2 num 744 seqq.
b) conf. L 14 § 1 ff. de statu liberis. Ahasv. Fritsch. de Colleg. Opif. p. 2 cap. 5 n. 14.

Von Lossprechen und Lehrbrieffen.

§. 21.

Wann die Lehrzeit zu Ende ist, so wird der Lehrling losgesprochen, und ihm ein Lehrbrief gegeben, es wäre denn das Lehrgeld noch nicht völlig bezahlet, und der Lehrmeister wolte das Lossprechen, oder den Lehrbrief bis dahin verhalten, welches er mit Recht wohl thun kan. Zum Lossprechen wird das Handwerck abermahl zusammen geladen, oder es geschiehet auch bey denen gewöhnlichen Handwercks-Zusammenkünfften, und der Meister bekennet alsdann, daß der Junge seine Jahre redlich ausgestanden, das Handwerck wohl begriffen, und sich verhalten habe, wie einem ehrlichen Jungen anstehet, derowegen er denselben hiermit frey und von der Lehre losgebe, und dergleichen.

§. 22.

Darauf giebet das Handwerck den Jungen loß, und schreibet solches in das Handwercks-Buch, etwa also: Heut dato den
ist Meister N. N. vor dem Handwercke und offener Lade erschienen, und hat seinen Lehrjungen, nahmentlich N. N. welcher vor drey Jahren aufgedinget worden, ausgelernet gegeben, und gut Zeugniß ertheilet rc. D. Beier in Lehrjungen cap. 12.

Der Lehrbrief wird mit Vordruckung des Handwercks-Siegels ausgefertiget, und darinne bekennet, daß der Mensch das Handwerck wohl erlernet, seine Jahre redlich ausgestanden, und sich wohl verhalten habe, derowegen er denen sämmtlichen Handwercksgenossen oder Professions-Verwandten, und sonst männiglich bestens anbefohlen und recommendiret wird.

§. 23.

Bey einigen Handwerckern und Künstlern wirds beym Lossprechen gehalten, wie beym Aufdingen, siehe oben dieser Betr. § 15 & 16, und der Lehrbrief nur von dem Lehrherrn oder Lehrprintzen ausgestellet, und von ihm nebst zwey Zeugen unterschrieben, auch mit seinem eigenen gewöhnlichen Petschafft besiegelt, oder dasselbige an den Brief gehenget. Ob nun gleich der Meister, oder der ausgefertigte Lehrbrief saget, der Junge habe das Handwerck wohl begriffen, so gehets doch wohl manchmahl noch hin); daher ists besser, wenn ein Lehrling nicht eher losgesprochen wird, er habe denn vorher ein Stück Arbeit, das ihm ein Obermeister aufgiebet, mit eigner Hand rechtschaffen verfertiget, und dadurch seine Geschicklichkeit bezeuget a).

a) Fürstl. Sächs. Weim. Regl. der Strumpf-Manufact. § 28.

§. 24.

Uibriges geschiehet das Lossprechen und Ausfertigung des Lehrbriefs allenthalben auf Unkosten des losjusprechenden Lehrlings, welcher ins besondere noch etwas Geld in die Lade erlegen, oder einen Schmauß ausrichten, (d. i. den Lehrbraten verschencken) muß, nach iedes Handwercks Gewohnwohnheit, und ohne Uibermaaß. Conclus. de anno 1671 a). Bey vielen Handwercken wird ein äusserlicher Actus, in welchem der Junge, als ein grober Klotz gehauen, gehobelt, mit Wasser begossen oder sonst gehudelt und gehänselt wird, celebriret, und vorgenommen, dadurch anzuzeigen, daß der Junge nunmehr in einen andern Stand trete, derowegen derselbe seine grobe Art ablegen, und sittsamer werden müsse, gleich wie man auch durch die Academischen Depositiones zu verstehen geben will. Allein obwohl die Deposition als eine von denen alten auf uns fortgepflantzete Ceremonie auf einigen Academien beybehalten wird, so kan doch ein vernünfftiger Mensch dieselbe nicht anders als eine Thorheit ansehen, derowegen sie auf vielen Universitäten abgeschaffet, oder nicht recipiret ist.

a) Marperger im Bericht von Handwercks-Zünfften pag. 43.

§. 25.

Wann ein Mensch an seinem Leibe einen unreinen Flecken hat, so wird er zwar mit Wasser abgewaschen, aber die Flecken oder Fehler des Gemüths mit Wasser abwaschen wollen, ist sehr einfältig; und wenn du an deinem Leibe einen Höcker oder Oberbein hast, so darffst du nicht zum Tischer gehen, um mit dem Hobel, noch zu dem Zimmermann um mit dem Schlichtbeil es weg zu bringen, sondern der Chirurgus muß dir helffen, und dennoch wird dadurch dein Gemüth gebessert. Die Besserung des Gemüths und Annehmung guter Sitten muß mittelst Liebe zur Tugend von innen heraus gewircket werden, nicht von aussen hinein, durch solche abentheuerliche Händel, welche gar recht verboten worden. Churfürstl. Sächs. Policey-Ordn. tit. 21 § 5. Fürstl. Sächs. Gothaische Landes-Ordn. part. 2 Cap. 3 tit. 38 § Auch soll alles unordentliche rc. Philipp. disp. de Colleg. th. 22.

✳✳✳✳✳✳✳✳✳✳✳✳✳✳✳✳✳✳✳✳✳✳✳✳✳✳✳✳

Die Neunte Betrachtung.

Von Gesellen, deren Wander-Jahren, der Herberge und Schencken, wie auch Umschauen und Arbeit, der Kost und Wochen-Lohn, ingleichen ihrer Zusammenkunfft, Strafen und Aufstand.

§. 1.

Ein aus der Lehre gegebener, freygesprochener, wird ein Geselle, der in Werckstäten um ein Wochenlohn arbeitet, und dadurch des Meisters Arbeit und Nahrung befördert, auch sich selbst, ie mehr und mehr qvalificiret; Sie werden auch genennet Knechte, Knappen, Diener, 2c. wie es hier oder da gebräuchlich ist, und müssen allenthalben vor redlich passiren, wenn sie bey einem redlichen Meister gelernet haben, obschon an andern Orten andere Gebräuche und mehr Lehrjahre wären a). Weil er aber nichts erfahren, noch so viel begriffen hat, als ein alter Geselle, so muß er diesen weichen, wird von ihm noch geduzet und Jünger genennet, darff in Zusammenkünfften der Gesellen sich nicht an den Tisch setzen, muß ihnen Bier einschencken, kriegt weniger Wochenlohn, weniger Geschencke, u. s. w. b).

a) alleg. Conclus. de anno 1671. & Marperg. Vorher. zum Handwercks zünfften pag. 44. Hub. polit. ff. tit. de legibus n. 30.
b) D. Beier in Gesellen cap. 2.

§. 2.

Ein Jünger darf mit Lehrjungen nicht vertrauet umgehen, mit ihnen weder conversiren noch spielen, oder er wird gestrafft, bey geschenckten Handwercken hat er den Vortheil, daß er kein Geschenck geben darff. D. Beier in Gesellen cap. 2 num. 71. Derowegen sehnen sich viele nach dem Gesellenstand, welchen sie nach Gefallen mit Consens der Meister annehmen können. id. ibid. num. 63. Aus einem Jünger wird ein Geselle gemachet durch die Gesellen in deren Zusammenkunfft gemeiniglich mittelst einiger Cerimonien, als Schleiffen, Hobeln, und dergleichen, in welchem Fall, das was in voriger Betr. §24 gesaget worden, hieher zu ziehen, wobey wieder geschmauset, oder der Gesellenbraten verschencket wird. Jedoch ist der Unterschied unter Gesellen und Jünger, mithin das besondere Gesellenmachen bey allen und ieden Handwercken und Professionen nicht gebräuchlich a).

a) conf. D. Beier in Gesellen cap. 2 & 3.

§. 3.

Wandern heist wenn ein Geselle in die Fremde ziehet, und in andern Werckstäten sich in seinem Handwercke übet. Die Jahre, wie lange ein Geselle wandern soll, sind in allen Innungs-Artikeln benennet, und gar unterschiedlich, bey manchen Handwerck zwey, bey manchen drey Jahre oder mehr. Er wandert aus von der Stadt, da er gelernet hat, und muß sich ausser derselben aufhalten, so lange die Wanderzeit währet. Jedoch darf er eben nicht flugs auslauffen, so bald er losgesprochen ist, sondern er kan noch eine Zeit der Stadt bleiben, und bey seinem Lehrmeister, oder einem andern arbeiten, es wäre denn, daß er keine Arbeit bekom-

Jurist. Oracul V Band.

men könte, und also fort müste. Er kan mit hinauslauffen, oder auf denen nähesten Städten herum bleiben, nur muß er dem Handwercke nachziehen, und seine Zeit bey ehrlichen Meistern zubringen, und solches bescheinigen durch die Kundschafften, welches sind schrifftliche Attestata, der Meister oder eines Handwercks des Orts, wo der Geselle in Arbeit gestanden a). Jedoch wird erlaubet 14 Tage bey Unehrlichen oder Unzünfftigen zu arbeiten, bleibt er aber länger bey ihnen, so muß er es bestraffen, wenn er in ehrliche Gesellschafft begehrt.

a) vid. Fürstl. Sächs. Gothaisch. Landes-Ordn. part. 2 cap. 3 tit. 38.

§. 4.

Wenn nun der Pursch zum Fortwandern sich fertig machet, so nimmt er vor seiner Abreise gebührend Abschied, wie Handwercks-Brauch ist, und empfähet den Gruß an Meister und Gesellen, so weit das Handwerck redlich ist, wird darauf durch einen Gesellen oder zwey ausgebracht und begleitet a). Zum Ablauffen und Ausbringen der Gesellen, ist gemeiniglich der Sonntag oder Montag frühe gewidmet, damit die Gesellen in der Werckstat nicht versäumen; oder wo es ja in der Woche geschehen müste, so darff der ausbringende Geselle oder Altgeselle nicht über 2 bis 3 Stunden aussen seyn, und den Fremden nicht weiter als bis an das äusserste Thor begleiten. id. ibid. num. 227.

a) D. Beier in Gesellen cap. 4 §6.

§. 5.

Abschied nehmen heist auch, wenn ein Geselle, der bey einem Meister in Arbeit stehet, demselben die Arbeit aufsaget, und da muß er aus der Stadt wandern. Abschied geben ist, wenn der Meister dem Gesellen die Arbeit aufsaget und ihm seinen verdienten Lohn bezahlet; da kan der Geselle in der Stadt bey einem andern Meister Arbeit nehmen a). Ein Geselle darff in der Woche nicht Abschied nehmen, auch muß er wenigstens 14 Tage bey einem Meister gearbeitet haben; woferne aber einer sich verlauten läst, er wolle auf den Tag, die Woche wandern, und thuts nicht, so wird er um ein Wochenlohn gestraffet. Sonst kan er alle Sonntag Abschied nehmen, aber ein Strumpfwircker-Gesell in dem Weimarischen muß 14 Tage vorher aufkündigen. Weim. Reglem. §31.

a) D. Beier cap. 4 § 5.

§. 6.

Jeder Geselle, ehe er noch abreiset und von seinem Meister Abschied nimmt, ist schuldig alle Anforderung, so die Obrigkeit oder sonst iemand daselbst an ihm haben möchte, richtig zu machen, oder auszuführen, und die Meister sollen fleißig acht geben, daß der Abschied nicht etwa wegen eines begangenen noch nicht kundbaren Verbrechens begehret

F 2 werde,

werde, sondern solchenfalls mit Ertheilung des Abschiedes an sich halten, und es der Obrigkeit anzeigen a). In übrigen ist das Wandern unumgänglich nicht nöthig, sondern um Wohlstandes willen, damit der Pursch in seiner Jugend etwas erfahre, und das Handwerck mit versuchten Meistern besetzet werde, eingeführet und geboten: vid. Churfl. Policey-Ordn. tit. 21 § 6. Fürstl. S. Goth. Landes-Ordnung, all. loc. Wiewol der Nutzen so groß nicht seyn soll als der Schade und Mißbrauch, nach dem Urtheil des Hochadel. Herrn von Seckendorff im Teutschen Fürsten-Staat, Zugabe § 41 pag. m. 170. Daher wirds an manchen Orten nicht geachtet, sondern es ist gnug, wenn der Geselle ein paar Jahre auf dem Handwercke arbeitet b). Die Handwercks-Zünffte selbst gestatten darinne Dispensation, theils gegen Erlegung eines Stück Geldes, theils in anderer weise, wovon beym Meisterwerden.

a) Laut Conclus. der 3 Reichs-Colleg. de anno 1671 aus Marperg. Vorbericht von Handwercks-Zünfften p. 41.
b) vid. Fürstl. Sächs. Weim. Rügl. § 32.

Von der Herberge und Schenken.

§. 7.

Die Handwercks-Zünffte sorgen vor ihre Gesellen, damit sie, wenn sie von fremden Orten eingewandert kommen, eine Herberge finden mögen; Und zwar so halten sie die Meister entweder in ihren Häusern, oder erwehlen einen Gasthoff darzu, in welchem Falle das Handwerck aus der Lade davor etwas gewisses zahlet. Jedoch sind auch Professiones, die solche Vorsorge unterlassen, und deren Gesellen sich selbst um Herberge bekümmern, gleich wie andere reisende Leute thun. Bey welchem Handwercke nun eine Herberge ist, da müssen die wandernde und an dem Ort ankommende Gesellen nothwendig einkehren; desgleichen wann ein Geselle in der Stadt von seinem Meister Abschied bekommet, oder er Abschied nimmet, so muß er auf die Herberge sich begeben, bis er Handwercks-Brauch gemäß ausgebracht, das ist, von einem Gesellen zur Stadt hinaus begleitet, oder nach Arbeit umgeschauet wird.

§. 8.

Hat ein Geselle an seinen Kleidern etwas zu bessern, oder ist kranck, und muß sich curiren lassen, so geschicht es auf der Herberge a). Nicht weniger halten die in der Stadt arbeitende Gesellen auf der Herberge ihre Zusammenkunfft alle 4 Wochen Sonntags oder Montags zu Mittage um 12 Uhr, wohin sie auf Befehl des Altgesellen durch den Junggesellen geladen werden. Der Wirth in der Herberge wird von ihnen Herr Vater, insgemein der Gesellen Vater, genennet.

a) D. Beier in Gesellen cap. 5.

§. 9.

Bey geschenckten Handwercken wird auf der Herberge das Geschencke gegeben; Daher wenn ein fremder Geselle in eine Herberge gewandert kommet, so giebet ihm der Herr Vater die erste Mahlzeit, dann sendet er, auf Ersuchen des Fremden, nach dem Oerten oder Junggesellen, und wenn der kömmt, so meldet der Fremde seinen Gruß, zeiget auch wohl Kundschafft, und erwartet, wie man ihm Handwercks Gewohnheit widerfahren lasse.

Dieser antwortet wieder nach ihren alten unter sich gewöhnlichen Formalien, welche immer einerley gewesen, und noch sind. Nach diesen und ehe weiter etwas vorgenommen wird, so wird den ankommenden Gesellen nach Arbeit umgeschauet, das ist, in Werckstäten umgefraget, ob Arbeit vor ihn vorhanden sey, oder nicht. Ist keine Arbeit vor den Gesellen vorhanden, so wird ihm ein Geschenck gegeben, und er schreibet seinen Nahmen und Geburts-Stadt in das Gesellen-Buch, gibt vor die Armen 1 Gr. oder 6 Pf. in die Armen-Büchse, wird ihm auch auf sein Verlangen um die Gebühr, die Artickel vorgelesen, alsdenn wandert er wieder zur Stadt hinaus, in Begleitung 1 oder 2 Gesellen, dem Handwercks-Gebrauche gemäß. Bekommt er aber Arbeit, so giebet man ihm nach 14 Tagen das grosse Geschencke, dahergegen voriges das kleine Geschencke genennet wird.

§. 10.

Desgleichen wenn ein Geselle von seinem Meister Abschied bekommet, oder er selbst Abschied genommen hat, so gehet er auf die Herberge, empfähet da das Geschencke, und wird so dann wie gewöhnlich ausgebracht, auch ihm der Gruß mitgegeben. Ein Geschencke nennen sie, welches ankommenden; Ausgeschencke, welches weggehenden Gesellen gegeben wird; das grosse Geschencke geschicht bey Zusammenkunfft der Gesellen, das kleine nur von einem. Derjenige, der die wandernde Gesellen auf der Herberge empfähet, umschauet, und mit Geschencke versiehet und ausbringet, ist nicht allezeit der jüngste Geselle, sondern auch wohl ein Alt-Geselle, oder in Mangel der Gesellen, der Jung-Meister a). Ein Geselle, der in einer Stadt das Geschencke genossen, darff binnen einer Zeit, z. E. 1 Viertel Jahr, nicht wieder an den Ort kommen, und sich beschencken lassen b).

a) Besiehe der Buchbinder Artickel zu Jena, it. D. Beier in Gesellen cap. 8 num. 457.
b) conf. D. Beier in Gesellen cap. 7.

Von Umschauen und Arbeit der Gesellen.

§. 11.

Ein ankommender Geselle muß sich lassen bey denen Meistern nach Arbeit umschauen, oder bewerben, wie also von alters her der Brauch gewesen, und in Reichs-Gesetzen geordnet ist, und zwar in der Reform. guter Policey zu Augspurg An. 1530, wie wie auch Anno 1548 aufgerichtet, tit. von Handwercks Söhnen. Damit nun durch die Umschaue niemanden Nachtheil zuwachse, vielmehr unter denen Werckstäten Gleichheit gehalten werden möge, so pflegen die Meister gewisse Ordnung zu machen, welche bisweilen auf eine Tafel verzeichnet ist, die davon die Gesellen-Tafel genennet wird; Daher darff kein Meister einen wandernden Gesellen von der Strasse zu sich ruffen, ihm Arbeit anbieten, oder ein Lauffschreiben geben, noch auch so viel Gesellen setzen oder füdern, als er will, sondern er muß erwarten, bis ihm der Geselle zugeschauet wird, und sich nach denen Artickeln richten, und mit der bestimmten Anzahl der Gesellen begnügen lassen. Es wäre dann, daß er von Hochfürstl. gnädigst. Herrschafft begnadiget wäre, mehr Gesellen zu halten, als die Artickel vermögen.

§. 12.

§. 12.

Wenn zwey oder mehr fremde Gesellen gewandert ankommen, so müssen sie darum loosen, welcher im Umschauen der erste sey. Bekommt einer Arbeit in derselben Stadt, wo er eingewandert ist, so wird er durch den Alt- oder Jung-Gesellen in die Werckstat eingeführet, und ihm das Bündel hingetragen, wo nicht, so wird er ausgebracht, wie vorgemeldet. Wolte ein gewanderter Geselle gar nicht arbeiten, noch sich umschauen lassen, so mag er weggehen, wie er herkommen ist, und wird ihm kein Geschencke gegeben. Einer, der vor etlichen Wochen an dem Orte gearbeitet, und von dem Meister Abschied genommen hat, aber vor der Zeit, die er vermöge der Ordnung wegbleiben soll, wiederkommet, wird abgewiesen, und nicht umgeschauet, es wäre denn, daß es verstrafft würde a).

a) conf. D. Beier in Gesellen cap. 2.

§. 13.

Die Arbeit muß der Geselle redlich und getreu verrichten, wie sie von dem Meister angewiesen wird; In geheim darff er nichts machen, noch weniger betrügliche Arbeit verfertigen. Z. E. Ein Schlösser-Geselle soll ohne Vorwissen des Meisters keine Capital- und Nachschlüssel machen. Ein Seiler-Geselle kein Flachswerck in gezwirnte Arbeit einziehen. Und also durchgehends bey andern Handwerckern. Jedoch ist bey manchen Handwercken denen Gesellen erlaubt, bey Feyerabend gegen ein Trinck-Geld etwas zu machen. Kein Geselle soll den andern von der Arbeit abziehen, noch seines Meisters Arbeit in einer andern Werckstat verrichten, auch nicht mit seinem Meister Gemeinschafft, Compagnie oder Gesellschafft halten, einkauffen oder verkauffen. Inzwischen gibt er mit Acht auf den Lehr-Jungen, nimmt sich der Werckstat treulich an, wenn der Meister nicht zugegen ist.

§. 14.

Frühe muß der Geselle zu rechter Zeit aufstehen und an die Arbeit gehen, und nicht eher als Abends zu der gewöhnlichen Stunde aufhören; Aber beym Morgen-Brot und Mittags, wie auch Abends vor dem Licht anzünden, pflegen sie einige Ruhezeit zu haben, nach iedes Handwercks Herkommen und Gewohnheit. Diejenigen Feyer-Tage, welche in der Stadt, da er arbeitet, gefeyret werden, feyret er auch, desgleichen auch diejenige, welche bey seinem Handwerck bräuchlich sind, z. E. Fastnacht, Johannis, Jacobi, Bartholomäi, Martini und dergleichen. Dagegen aber muß er in denen Werckel-Tagen wieder fleißig seyn. Der gute Montag, welcher sonst alwöchentlich des Sonntags Bruder gewesen, ist abgeschaffet, und nur jährlich etliche mal in Qvartal-Zeiten, oder wie es sonst geordnet worden, zulässig a).

a) Churfürstl. Bayer. Land- und Policey-Ordnung lib. 4 tit. 1, 19. Fürstl. Sächsis. Goth. Landes-Ordnung p. 2 cap. 3 tit. 38. Ahasv. Fritsch. de Colleg. opif. Mantiss. 2 p. 574. D. Beier in Gesellen cap. 9 num. 513. it. Handwercks-Leric. voc. guter Montag.

Von Kost und Woche-Lohn der Gesellen.

§. 15.

Vor die Arbeit bekommet der Geselle Kost und Lohn; Und zwar so wird die Kost gegeben entweder in natura, dazu ein Woche-Lohn von 3, 4, 6, 8, 10,

bis 12 Groschen, oder mehr nach der Geschicklichkeit des Gesellens, und des Handwercks Gewohnheit: oder es wird ein mehrerer Lohn gegeben, welcher das Kost-Geld in sich begreifft, wovon sich der Geselle selbst beköstigen muß. Bey einigen Handwercken haben die Gesellen die Freyheit an des Meisters Tische gegen ein gewisses erleidliches Kost-Geld zu speisen, welches der Meister von dem Woche-Lohn abziehet, und das übrige dem Gesellen herausgiebet.

§. 16.

Wenn nun der Meister dem Gesellen Kost giebet, so gebühret ihm also zu speisen, damit die Gesellen zu klagen nicht Ursach haben mögen; Hingegen sollen die Gesellen auch vorlieb nehmen, oder des Meisters Kost nicht verachten, und nicht vorschreiben, noch weniger mit eindingen, was und wie der Meister speisen soll a). Das Woche-Lohn ist zwar schon bey allen Handwercken bekannt und durch das Herkommen eingeführt, theils nach denen Stücken, theils nach denen Wochen, iedoch bestehets nicht in puncto, sondern es kan besonders das Woche-Lohn etwas mehr oder etwas weniger seyn, derowegen wird zwischen Meister und Gesellen, dasselbe bedungen und verabhandelt, und dieser Contract oder Handel genennet Leykauff machen b). Nach diesem Contract wird das Woche-Lohn, so viel als verwilliget worden, ausgezahlet. Wofern aber ein Geselle in seiner Arbeit versäumet oder Schaden thut, so wird ihm an Woche-Lohn so viel abgezogen. Geschicht das Versäumniß wegen einfallender Festtage, so ist zu wissen, daß ein Festtag in der Woche am Lohne nichts verringere, wenn aber zwey Festtage in einer Wochen fallen, so wird nur einer abgezogen, der andere mit verlohnt, würden drey Festtage, so ist nur die halbe Woche zu verlohnen, welches bey allen Arbeits-Leuten so zu halten, laut Chur- und Fürstlich. Sächsischer Constitution de anno 1482 c).

a) Reformation guter Policey zu Augspurg 1548. tit. von Handwercks-Söhnen ꝛc. § Wir wollen ꝛc.
b) D. Beier in Gesellen num. 471 & 478.
c) in D. Beiers Tract. von Gesellen num. 486.

§. 17.

Uiber die Kost wird auch dem Gesellen ein Bette gehalten, wobey gleichfalls die Billigkeit zu beobachten, wiewol denen Mühlknappen solches nicht widerfähret. Wenn ein Meister seinem Gesellen Lohn schuldig bleibet, und dieser klagen soll, so will man wissen, wie die Action oder anzustellende Klage zu benennen sey: dieses zu erfahren, muß man wissen, was vor ein Contract zwischen Meister und Gesellen geschlossen worden a). Die alten Römer hatten ihre genera obligationum & actionum, welche mit ihren Rechten in Teutschland bekannt worden sind, dahingegen die alten Teutschen davon nichts wusten, und dennoch Justitz administrirten. Einige Obligationes entstunden aus der Stipulation, oder wörtlichen Versprechen, einige aus Einwilligung, einige ex factis, oder aus Thaten ꝛc. und darnach wurden die Klagen genennet nach denen Contracten. Zum Exempel actio ex stipulatione, actio depositi, actio locati &c. Das übrige nännten sie pacta nuda, welche keine Obligation wirckten, obschon noch so viel wäre darum geredet worden.

a) D. Beier in Gesellen cap. 9 num. 496.

§. 18.

§. 18.

Bey uns Teutschen und andern Völckern, ist eine iedwede Einwilligung zweyer Personen vermögend, eine Obligation oder Verbindlichkeit zu wircken, in solchen Sachen, worinne unter denen Leuten gehandelt werden mag, also ist das einige Fundamentum agendi ex consensu, der Contract möge genennet werden wie er wolle a). Die Erzehlung der Geschichte, welche in allen Klagen geschehen muß, giebt zwar zu verstehen, daß eine Sache anders als die andere, und z. E. Kauff nicht Miethe sey; aber es ist deswegen doch nur ein Grund, woraus die Obligation entstehet, nemlich der Consens und Einwilligung beyder Contrahenten.

a) Conf. Schilter pr. Jur. Rom. exerc. 8 § 5 & exerc. 12 § 17. Stryk. de act. invest. Sect. I m. 3 § 3.

§. 19.

Die Einwilligung oder Consens geschicht nicht nur allein mit ausdrücklichen Worten, sondern auch bey vielen stillschweigend, nach denen Römischen Principiis nicht nur, sondern auch, und noch ehe, nach denen Regeln der natürlichen Billigkeit, und in Teutschland üblichen Rechte. vid. Schilt. alleg. exerc. 8 § 7 seqq. Wenn nun der ausdrückliche Contract, den Meister und Geselle wegen der Arbeit und Wochelohn mit einander machen, locatio Conductio ist, so wird der stillschweigende, wenn ein Geselle in eine Werckstat tritt, und darinne arbeitet, und der Meister ihn annimmt, keiner aber wegen des Lohns etwas saget, wohl auch nichts anders seyn a). Dannenhero hat ein Geselle in Erlangung seines Lohns, nach Römischen Rechten, allezeit actionem locati, er möge mit dem Meister ausdrücklich contrahirt haben oder nicht; Nach den heutigen Rechten darf er nur in Gerichten vorbringen, daß er bey dem Meister in Arbeit gestanden, und so viel Lohn von ihm zu fordern habe, darauf bitten, der Richter wolle Beklagten die Zahlung mittelst seines Bescheides zuerkennen.

a) vid. Stryk in not. ad Lauterb. tit. loc. Cond. verb. vix potest.

Von Zusammenkunft der Gesellen und ihrer Strafe, wie auch vom Aufstand.

§. 20.

Die Gesellen halten ihre Zusammenkünfte auf der Herberge in Beyseyn des Gesellen-Vaters und Beysitzers zu gewissen Zeiten, Sonntags oder Montags, alle vier Wochen, oder wie es bey iedem Handwerck bräuchlich ist. Sie haben aber dabey einen Meister oder Gesellen-Beysitzer (wie schon gemeldt) welches entweder der jüngste, oder der darzu erwehlt ist, und auch der Laden-Meister genennet wird; Beyde oder einer sollen wohl Achtung geben auf der Gesellen Vornehmen, daß alles fein ordentlich zugehe, und dem Handwerck zum Nachtheil nichts berathschlaget werde, auch die Gesellen einander über die Gebühr nicht bestraffen, noch einen Aufstand erregen und dergleichen.

§. 21.

Zu der Zusammenkunft werden sie auf Befehl des Altgesellens geladen, durch den Junggesellen, und sind verpflichtet präcise auf die Stunde zu erscheinen, die ihnen benennet wird, es hätte denn einer seines Aussenbleibens erhebliche Ursache, die er melden, und damit sich, durch den, der ihn einladet, entschuldigen lassen muß. Bey der Zusammenkunft muß iedweder Geselle einen Groschen oder sonst etwas Geld erlegen, und der aussenbleibende einschicken, welches Geld gesammlet und denen Krancken und Nothleidenden zum besten angewandt wird. Es wird auch ein Altgeselle gewehlet, ingleichen eine Junggeselle, entweder alle vier Wochen, oder wie es sonst unter ihnen gebräuchlich ist. In der Versammlung muß ieder Geselle (bey der Lade) sich ehrbar und höflich erzeigen, desgleichen, wann sie Geschencke halten, keiner den andern zum Trincken nöthigen, noch sich volltrincken, fluchen und dergleichen. Der Junggeselle muß fleißig Achtung geben, und, wenn einer wider die Ordnung oder Handwercksbrauch etwas begehet, solches anzeigen, ihme die Büchsen vorsetzen, auch mit keinem Gewehr bey der Lade sitzen und dergleichen. Danebst wird auch Umfrage gehalten, und da ist ein ieder Geselle oder Jünger, der etwas weiß, das in den vier Wochen, oder seit letzter Zusammenkunft, wider Handwercks-Gewohnheit vorgelauffen, solches anzuzeigen schuldig, bey Straffe eines halben oder gantzen Wochenlohns.

§. 22.

Sind Vota zu colligiren so wird derjenige Geselle erst gefraget, der zuletzt von Fremden eingewandert ist. Die Dinge, worüber sie straffen, sind, ausser was bereits gemeldet, etwa diese, welche in ihrer Zusammenkunft vorgehen, nemlich wenn einer den andern zum trincken nöthiget, sich volltrincket, Bier verschüttet mehr, als er mit der Hand bedecken kan, fluchet, schwöret, lästert, den andern Lügen straffet, oder in seine Rede fällt, mit der Hand auf den Tisch schläget, kurtz oder lang Wehre hervor bringet und dergleichen a). Ferner, und zwar auch ausser denen Zusammenkünften, wenn Alt- und Junggesellen nicht thun, was ihres Amtes ist, wenn ein Geselle nicht auf der Herberge einkehret, in der Woche von des Meisters Arbeit Abschied nimmet, zu bald wieder an den Ort kommet, da er Geschencke empfangen, verbotene Arbeit machet, Pfuscherey treibet, oder bey Pfuschern und gescholtenen Meistern arbeitet, einen andern Gesellen von der Arbeit abführet, eines andern Gesellen oder Meisters Arbeit verachtet, und dergleichen. D. Beier cap. 11.

a) D. Beier in Gesellen cap. 12.

§. 23.

Uiber diese und dergleichen Klage oder Verbrechen pflegen die Gesellen zu straffen, und zwar nach Unterschied der Umstände und begangenen Fehlern mit 1, 2, 3, 4 Gr. auch einem halben und gantzen Wochenlohn und so weiter. Dieses sind nun Uibertretungen, welche nicht gar groß und von einzeln Gesellen begangen, von der Gesellschaft aber als einer vereinigten Person bestraffet werden; Wenn aber die Gesellen sich zusammen vereinigen oder verschwören wolten, nicht in ihrer Meister Werckstäte zu gehen, noch zu arbeiten, bis dieses oder jenes geschehen wäre, (welches Aufstand genennet wird) so sollen sie wissen, daß solches in denen Gesetzen verboten, auch natürlicher Billigkeit entgegen sey. Denn wenn ein Geselle beleidiget wird, so kan ihm die Gesellschaft nicht in allen Dingen helffen und beystehen, sondern er muß seine Zuflucht zu demjenigen nehmen, der die Beleidigung zu ahnden berechtiget

tiget ist, und die Handwercks-Gesellschaften sind darum nicht angerichtet oder zugelassen, daß sie einander oder sich selbst helffen sollen. Wolte gleich vorgewendet werden, es sey das, was vorgehe, der Handwercks-Gewohnheit entgegen, und weil es nicht abgeschaffet werde, so könten ehrliche Gesellen nicht in solchen Werckstäten bleiben, sonst machten sie sich gleicher Sünde theilhaftig, und würden von Fremden unehrlich geachtet, so ist doch das, was wider Handwercks-Gewohnheit geschehen seyn soll, auf andere Weise abzuthun, sie aber sind nicht befugt, deshalb aufzustehen oder Aufstand zu machen.

§. 24.

Es wird demnach der Aufstand, das Aufstehen der Handwercks-Gesellein, als ein das gemeine

Wesen angehendes, dessen Ruhe störendes Beginnen angesehen, und ist daher vorlängst verboten, besage Reformation guter Policey zu Augspurg Anno 1530 und 1548 aufgerichtet, dagegen geordnet, daß nie Handwercks-Gesellen mit und neben demjenigen, der sich an Handwercks-Gewohnheit vergangen, mithin nach ihrer Einbildung unehrlich ist, zu arbeiten schuldig seyn sollen, so lange bis die angezogene Injurien und Schmähung gegen ihn, wie sichs gebühret, erörtert werde. Wie die Erörterung solcher Handwercks-Schmähung geschehen, davon wird unten gehörigen Orts zu lesen seyn, desgleichen wird auch gesaget werden, daß Handwercke weiter nicht urtheilen dürffen, als in Sachen ihr Handwerck angehend, das übrige aber vor die Obrigkeit gehöre, welcher sie nicht ins Amt greiffen dürffen.

✳✳✳✳✳✳✳✳✳✳✳✳✳✳✳✳✳✳✳✳✳✳✳✳

Die Zehnde Betrachtung.

Von guter Arbeit oder Waare, deren Schau oder Probe, der Werckstäte, dem Einkauf der Handwercks-Materialien, ferner dem Verkauf der Waaren, und den Buden und Ständen.

§. 1.

Nichts nutzende, liederliche, bald verderbliche Arbeit oder Waare zu machen, stehet nicht meisterhaftig; derowegen wird bey wohl eingerichteten Zünften und Handwerckern deshalb heilsame Versehung gethan, oder wo es nicht geschehen ist, so soll es doch von Rechts wegen geschehen. Nach Lübischem Recht, welcher Handwercksmann falsch Werck machet, der soll fünf Thaler, so oft er betroffen wird, zur Strafe geben, und das falsche Werck soll verbrennet werden a). Dieses desto besser zu befördern, wird Handwerckern auferleget, gut Werckzeug zu halten, und das geringe, womit nichts gutes zu machen, abzuschaffen. Also sind zum Exempel die halbeiserne Strumpfwürcker-Stühle im Fürstenthum Weymar verboten, weil keine tüchtige Waare darauf zu machen. Reglem. §. 5. 6. Wenn auch gleich Handwercks-Leute allerhand Materialien gut und böse ausarbeiten und zubereiten können, so dürffen sie doch dieselben zu keinem andern Gebrauch verkauffen, als worzu sie tüchtig sind. Zum Exempel die Lohgerber machen allerhand Leder von Ochsen, Kühen, Pferden u. s. w. gar, und zu allerhand Gebrauche dienlich, aber sie dürffen die verdächtigen (das ist gefallenen) Kuh-und Roß-Leder nicht zu Flick-Leder verschneiden und verkauffen, bey Strafe 5 Fl. von einem Kuh-und 2 Fl. von einem Roß-Leder, laut Artickel der Jenaischen Lohgerber tit. 9.

a) Marpergers Commercien-Colleg. cap. 14 p. m. 373.

§. 2.

Zu Beförderung guter Arbeit und Waare dienen auch die Probe, Schau und Tax, so in allen wohl eingerichteten Städten üblich sind; also haben die Goldschmiede, Kannengiesser ꝛc. ihre Probe, nach welcher sie arbeiten müssen, oder dieselben die guten Metallen mit geringen nicht vermischen dürfen, und wenn das Stück fertig ist, so wird ein Zeichen

mit einem Stempel darauf geschlagen, damit angezeiget, daß es die Probe halte. Die Tuchmacher, Zeugmacher und dergleichen müssen ihre gefertigte Tücher und Zeuge von dazu bestellten Meistern beschauen lassen, wonach ihnen ein oder mehr Zeichen an das Tuch geschlagen wird. Denen Fleischern, Seifensiedern, Beckern ꝛc. wird ein Tax gegeben durch die Marckherren oder Schatzmeister, jenen nach Beschaffenheit des geschlachteten Viehes, diesen nach dem Gewichte, zu welchem Ende ihnen das Brot und Semmel öfters nachgewogen wird. Von dieser Materie sind die Landes-Ordnungen nachzusehen, insonderheit die Churfürstl. Sächs. Tax-Ordnung der Handwercker a). Nicht weniger ist in iedweder Stadt öffentlich Maaß und Gewichte, wornach die Kram-Handwercke ihre Waare ausmessen, und abwägen, oder auch ihre eigene Maasse und Gewichte darnach richten müssen, welche öfters unversehens abgeholet und nach dem öffentlichen Stadt-Gewichte und Maaß probiret, darauf die falsch befundene bestraffet werden.

a) Conf. Die Fürstl. Sächs. Gothaische Landes-Ordnung p. 1 cap. 3 tit. 38, 39, 40, 41, 42, 43, 44 und Ahasv. Fritsch. de colleg. opif. p. 1 cap. 8 & append.

§. 3.

Die andere Handwercker, die nur bestellte Arbeit machen, und darzu die Materialien bekommen, oder auch selbst verschaffen, müssen sich ebenfalls redlich bezeigen, und nicht mehr fordern, als sie zu der bestellten Arbeit wircklich brauchen, oder wo sie die Materialien selbst haben und hergeben, nicht theurer anschlagen, als sie werth sind und gemeiniglich verkauffet werden. Die Abgänge, oder was nach verfertigtem Wercke übrig bleibet, gehören demjenigen, der die Materie hergegeben, und das daraus zu machende Ding bestellet hat, welchen sie Arbeit-Herrn nennen; denn gleichwie er seine Materie zu nichts anders giebet, als zu dem Dinge, das daraus soll gemacht

macht werden, dieselbe auch in der gefertigten Arbeit wieder bekommt, also muß er auch nothwendig den Uiberbleibsel wieder haben, dagegen der Handwercksmann an seinem Lohne sich begnügen. Die zu einem Wercke empfangene Materialien gar auszutauschen, und davor andere geringere zu nehmen, würde einem Handwercksmanne durchaus nicht anstehen, sondern derjenige, der sich also vergehen würde, ernstlich zu bestraffen, oder als unerheblich zu declariren seyn.

§. 4.

Wenn aber, ungeachtet dessen, was gesaget worden, ein Handwercksmann dennoch jemanden mit untüchtiger Arbeit oder Waare, ingleichen mit falschen Maaß und Gewichte betrüget, und darüber in Schaden setzet, so ist es nicht genug an der in denen Innungs-Artickeln oder Landes-Ordnungen gesetzten Straffe, sondern derjenige, der den Betrug und Schaden erlitten hat, kan solchen durch verständige Meister und erfahrne Leute ästimiren, oder schätzen lassen, wornach der Beschädiger den seinem Nebenmenschen verursachten Schaden vor allen Dingen zu ersetzen schuldig, allermassen das Gesetz, welches die Erstattung des verursachten Schadens befielet, so alt und heilig ist, daß es durch keine andere Verordnung aufzuheben a). Daran ist nichts gelegen, es mag der Handwercksmann den Schaden thun er selbst in eigener Person, oder seine Gesellen, und Jungen: es mag geschehen aus Vorsatz und Muthwillen oder aus Ungehorsam und Versehen. In Erlaß- oder Linderung der Strafe können einige dergleichen Entschuldigungen dienlich seyn, keines weges aber in Ersetzung des Schadens; und wenn der Meister seinen Gesellen oder Jungen dißfalls was imputiren kan, so mag er seinen Regreß an sie nehmen, und den Arbeitherrn, der den Schaden erlitten hat, vergnügen. Nicht allein die Werckleute, sondern auch ihre Erben müssen des Dinges, was sie gemachet haben, Gewehr leisten b).

a) Grot. de J. B. & P. lib. 2 cap. 17. Pufendorff de J. N. & G. lib. 3 cap. 1. conf. t. t. ff. 11 mensor falsum modum dix ibique D d. Peinl. H. Ger. Ordn. artic. 113.

b) L. 8 Cod. de oper. publ. Philippi alleg. Disp. thes. 40

§. 5.

Auch diejenigen Künstler und Handwercker, welche zu taxation eines bereits verfertigten oder zu Uiberschlagung der Kosten eines verfertigenden Wercks oder Gebäudes erfordert werden, sollen sich wohl in acht nehmen, daß sie den wahren Werth des Dinges angeben, und durch Geringschätzung der aufzuwendenden Kosten niemanden etwas anzufahen verleiten, zu dessen Vollführung bernach mehr angewendet werden muß, als der Bauherr will oder kan. Wesenbec. in paratitl. ff. tit. si mensor falsum modum dix. ibique Hahn. Welches insonderheit die Baumeister mercken möchten, wie auch das Gesetz der alten Ephesier, daß, was ein Bauherr über den vierten Theil Kosten mehr, als der Baumeister angeschlagen und geschätzet hat, auf den Bau verwendet, von diesem ersetzet werden müsse a).

a) vid. Pufendorff de I. N. & G. lib. 5 cap. 6 § 1.

Von Werckstäten.

§. 6.

Eine Werckstat wird genennet der Ort, wo ein Meister sein Handwerck treibet, und ist unterschiedlich nach der Beschaffenheit des Handwercks, denn ein Schneider hat seine Werckstat bey sich in seiner Stuben, ein Schmid in der Esse und auf dem Amboß, ein Gerber in dem Gerbehause x. Einige Handwercke, als die Maurer, Zimmerleute x. werden an gewisse Orte, wo sie ihre Arbeit machen sollen, von dem ... .sherrn angewiesen, desgleichen sollen auch andere Handwercke, die sonst gewisse Werckstäte haben, sich daran nicht binden, sondern ausserhalb sich anweisen lassen, und daselbst ihre Arbeit verrichten, wie an theils Orten bey Straffe geboten, daß nemlich ein Handwercksmann sich nicht weigern solle, in anderer Leuten Häusern, auf deren Verlangen zu arbeiten a).

a) vid. D. Beier in Meister cap. 12 num. 402.

§. 7.

Andere Handwercker haben ihre öffentliche Werckstäten, zum Exempel die Fleischhauer das Schlachthaus. Andere sind an gewisse, bisweilen einer Herrschafft oder Gemeinde gehörige Orte und in gewisser Anzahl beschlossen, zum Exempel Barbierer, Badstuben, Backhäuser x. und da kan einer an dem Orte nicht Meister werden, wenn er will, sondern wenn er in eine Werckstat kommen kan, welches in allen Handwercken, wo gebundene Zunfft ist, sich so verhält. D. Beier de officinis num. 52. Oder wenn gleich einem das Meister-Recht verstattet wird, so geschiehet es doch nur auf künfftige Hoffnung eine Werckstat zu erlangen a).

a) D. Beier all. loc. num. 70.

§. 8.

Im übrigen hat ein Handwercker, der das Meister-Recht gewonnen, freye Macht eine Werckstat, worinne er sein Handwerck füglich treiben könne, anzulegen wo er will. Jedoch darff es nicht geschehen in demjenigen Hause, worinne bereits ein Meister desselbigen Handwercks wohnet, oder seine Werckstat hat. D. Beier all. loc. num. 82. Wiewohl in Städten, wo viel Fabricanten sind, die ihre Verleger und Abnehmer haben, dieses wohl nicht in acht genommen werden dürffte. Auch soll ein Handwercksmann, der seine Arbeit mit vielen Klappern und Lermen verrichtet, nicht neben einem Gelehrten ziehen, und daselbst seine Werckstat halten, Id. ibid. n. 48, desgleichen die Strassen mit seinem Geschirre nicht belegen, damit gemeine Wege nicht verhindert, noch die Nachbarn beschweret werden.

§. 9.

Ein Handwercksmann kan auch seine Werckstat aus einem Hause in das andere verlegen, wo nicht Special-Verbot vorhanden ist, es möge das Haus sein eigen oder nur gemiethet seyn. Die Werckstäte, wo starck Feuer innen gehalten wird, müssen wohl verwahret werden, damit denen Nachbarn kein Schaden geschiehet, auch dürffen einige Dinge gar nicht in Häusern präpariret werden, zum Exempel die Buchdrucker sieden ihre Farbe vor der Stadt. Die Tuchmacher dürffen in ihren Häusern keine Farbe-Kessel haben a).

a) vid. D. Beier de tabernis c. 5

§. 10.

§. 10.

Ein Meister soll sich mit einer Werckstat begnügen, und nicht zwey halten; Gleichwie er ist ein Leib, ein Bürger, ein Meister, und nicht zwey, also auch nur eine Werckstat, nicht zwey. D. Beier von Werckstäten num. 134 seqq. Im Gegentheil will man auch nicht zulassen, daß zwey Meister in einer Werckstat seyn, Id. ibid. num. 76 seqq. Es wäre denn daß ein verarmeter Meister bey einem Meister vor Gesellen arbeitete, in welchem Fall aber doch nur ein Meister in der Werckstat wäre, indem der andere die Stelle eines Gesellen vertritt. Wenn es auch gleich eines Meisters Sohn oder Eydam wäre, so soll es nicht zugelassen seyn, daß er in dem Stand eines Meisters bey dem Vater in einer Werckstat sich befinde. Id. ibid. n. 80. Aber wenn der Vater das Handwerck nicht mehr treiben kan oder will, und der Sohn an stat und in Namen des Vaters die Meisterschafft treibet, oder bey dem Vater vor Gesellen stehet, und ihm an die Hand gehet, so kan es wohl paßiren, theils weil dadurch dem Vater Hülffe geschiehet, und sein Recht, patria potestas, nicht gekräncket wird, theils weil nicht wircklich zwey Meister in einer Werckstat sind, indem Vater und Sohn zusammen einen Handwercks-Erwerb haben, auch sonst Vater und Sohn vor eine Person zu halten.

§. 11.

Diejenigen Werckstäte, die ein Meister nach seinem Willen anrichtet, und bey ihm bestehen, die endigen sich mit dessen Willen oder Absterben, ausser was etwa von Wittben unten gesaget wird. Hingegen die gewissen determinirten Werckstäte, wenn sie dem Meister eigenthümlich, ingleichen die so einer Herrschafft, oder Gemeinde, oder auch andern Privat-Personen zugehören, bleiben beständig, und werden als andere eigenthümlich oder Patrimonial-Gut auf die Erben verfället, können auch gleich anderm Eigenthum verkauffet werden, zum Exempel die Barbier-Stuben, deren eine an manchem Orte um 2, 3 bis 400 Thlr. anderer Orten wie Leipzig zu 2000 Thlr. verkaufft wird.

§. 12.

Ist einer in einer gemietheten Werckstat, und treibt darinne seine Handwercks-Nahrung, es gehöre nun dieselbe einer Herrschafft, Gemeinde, oder Privat-Person, so entrichtet er davor seinen bedungenen Zins oder Pachtgeld, und muß sich gefallen lassen, daß, nach Verfliessung der Pachtzeit, wenn nicht mit neuen contrahiret wird, er daraus weiche, und sein Fortun weiter suche; zum Exempel die Pacht-Müller, Becker und dergleichen. Trägt sichs etwa zu, daß eine Werckstatt eine Zeitlang liegen bleibet, so kan sie doch allezeit wieder erneuert und in vorigen Stand gebracht werden, zum Exempel Mühlen, Backhäuser. Bey Verkauffung der Werckstäte hat auch das Näher-Recht stat, da die Anverwandten, und Einheimischen denen Fremden vorgezogen werden.

Von Einkauff der Handwercks-Materialien.

§. 13.

Diejenigen Handwercks-Leute, die auf den Kauf oder Krahm arbeiten sind besorget, daß sie guten Einkauff an Materialien haben. Ich nenne dasjenige Materialien, woraus die Handwercks-Leute ihre Waaren machen, oder verfertigen, gleichwie Bau-Materialien genennet werden, woraus man etwas bauet; Also sind Lumpen des Papiermachers, die Wolle des Tuch- und Zeugmachers, die rauchen Leder des Gerbers Materialien, u. s. w. Auch schadet Handwercks-Leuten an ihrer Erbarkeit nichts, ob sie alle gleich nicht lauter reinliche Materialien haben, sondern es ist genung, wenn sie die Arbeit ihrem Handwercke gemäß, an ihnen verrichten, und wenn vilior operatio praecupirt ist, dann sind sie fähig ad operationes nobiliores, zum Exempel: die Gerber dürffen dem umgefallenen Vieh die Häute nicht selbst abziehen, noch die Flechsen aus dem Leder ziehen, die Seiffensieder den Talch nicht selbst ausnehmen, sondern nachdem die Abdecker solches alles gethan, so sind Häute, Flechsen und Talch denen Handwerckern zum Leder Garmachen, und Seiffensiedern zuläßig und dienlich a). Die Papiermacher wissen sich gemeiniglich mit Privilegien zu versorgen, daß sie zu den Einkauff der Lumpen in gewissen Districten alleine haben, und kein fremder Lumpensamler, oder Aufkauffer, in demselben Districte zum Einkauff gelassen werden möge.

a) vid. Responf. in D. Georg. Bejern Specim. Jur. Germ. lib. I cap. 15 thef. 70.

§. 14.

Insgemein pflegen die Landes-Ordnungen den Einkauff der Handwercks-Materialien zu befördern und zu verordnen, daß die Land-Leute ihre rohe Materialien in die Städte zu Marckte bringen, und das haußiren und verkauffen auf dem Lande verboten seyn solle a). Wenn nun darüber ordentlich gehalten, auf dem Lande das Aufkauffen verboten, hingegen der Landmann in die Stadt auf dem Marckt gewiesen wird, so kan der Handwercksmann seine zum Handwercke nöthige Materialien einkauffen, oder wo dieses nicht hinlänglich, so muß die Nothdurfft durch Kaufmanschafft besorget, und von Fremden eingebracht werden; Auch ist dem Handwercksmann nicht zu verwehren, seine Handwercks-Materialien aus der Fremde selbst zu holen, oder zu verschreiben b). Wegen der Wolle erinnern die Politici, daß man sie nicht rohe ausser Landes verhandeln, sondern vorher Zeug oder Tuch daraus machen lassen solle, welches auch in andern Dingen zu practiciren, wenn es angehen will c).

a) vid. Churfl. Sächf. Landes-Ordnung, wie auch Erledigung der Landtags-Gebr. von Justitz-Sachen § 106. Fürstl. Sächf. Landes-Ordnung de anno 1689 tit. 62. Fürstl. Sächf. Goth. Landes-Ordn. p. 2 cap. 3 tit. 134, 37, 47.

b) Marperg. Commerc. Colleg. cap. 9 p. m. 227.

c) conf. Reform. polit. de anno 1548 tit. Von Verkauffung der wüllene Tücher §. Nachdem auch ic. Churfl. Sächf. Erledigung von Justitz-Sachen § 106. Seckendorff in Teutschen Fürsten-Staat. add. ad part. 2 cap. 8 § 41 pag. m. 168.

§. 15.

In einigen Landen werden die fremden Waaren mit starcken Licent oder Accis von Einheimischen beleget, oder nichts zu arbeiten gestattet, als was mit dem Landes-Fürstl. Stempel gezeichnet ist a). In dem Einkauff selbst halten die Handwercks-Leute dieses Recht, Gewohnheit oder Ordnung, daß derjenige, der eher zu einer Waare kommt,

kommt, und darum handelt, von einem andern dazu kommenden nicht gestöret, oder überboten werden dürffe, welches sie heissen (in den Kauff fallen) und in denen Innungs-Artikeln gemeiniglich bey einer gewissen Summe Geldes verpönet oder untersaget, auch sonst gemeinen Rechten und Billigkeit entgegen ist, desgleichen auch dieses, daß ein Handwercksmann sich nicht bewerben solle um Arbeit, die ein anderer schon angedungen hat.

a) vid. Marp. Commerc. Colleg. p. 234.

c) vid. Schilter. jur. Rom. in for. Germ. exerc. 0. 30 § 134. Chur-Bayerisch. Land-Recht lib. 4 tit. 1 art. 15.

§. 16.

Es ist aber die Einkauffung der Handwercks-Materialien gemeiniglich eine Meisterliche Verrichtung, dem Meister gehörig, nicht denen Gesellen und Lehrjungen; Derowegen ist in vielen Innungs-Artikeln denen Meistern bey nahmhaffter Straffe verboten, Gesellen und Jungen auf den Marckt, oder andre Orte zuschicken und einkauffen lassen. Jedoch ist dieses nicht bey allen Handwercken so; denn wer siehet nicht, daß die Fleischhauer ihre Knechte und Lehrjungen auf das Land senden und Viehe einkauffen lassen?

Von Verkauff der Waare, von Buden und Ständen.

§. 17.

Diejenigen Handwercks-Leute, die auf den Kauff arbeiten, haben Abkäuffer, Abnehmer nöthig, und wenn es ihnen daran fehlet, so sprechen sie: Es ist keine Nahrung, das Handwerck gehet nicht. Dazu ist Kauffmanschafft gut, welche abnimmet, und in der Fremde verhandelt, was in der Stadt überflüßig; dagegen einbringet, was fehlet und nöthig ist, auch daneben denen armen Handwercks-Leuten mit Vorschuß beyspringet a): Indessen bleibt doch denen Handwercks-Leuten freye Macht, welche aus dem Eigenthums-Recht entspringet, ihre Waaren selbst zu verkauffen, so gut sie können, wie man in Städten allenthalben siehet, es wäre dann daß ihnen solches insonderheit untersaget wäre, und sie ihre Waare an die Kaufleute verlassen müsten, als in dem Hochfl. Sächs. Weimar. Reglement geschehen. all. loc. conf. D. Beier de tabern. cap. 2.

a) vid. Fürstl. Sächs. Weim. Regl. der Strumpff-Man. § 6 seqq.

§. 18.

Die Handwercks-Leute verkauffen diejenigen Waaren, die sie selbst machen, und sind darum keine Kaufleute. D. Beier de Tabernis cap. 4 n. 237. Jedoch führen die Nadler, Seiler, und andere, mehrere Dinge im Verkauff als sie selbst machen, werden aber deswegen noch keine Kaufleute genennet. Krahmer-Handwercke nennet man sie wohl, darum, daß sie Läden und Buden haben, die Märckte bauen, und beziehen; kan auch wohl seyn, daß sie an etlicher Orten mit der Krahmer-Zunfft halten. Sie verkauffen ihre Waaren, wie und wenn sie wollen, in ihren Häusern, Läden, Buden, auf den Wochen-und Jahrmärckten gegen baar Geld, oder auf Borg und Credit. Und wann ein Käuffer das creditirte Kauffgeld nicht bezahlt, so kan der verkauffende Handwercksmann bey dessen ordentlichen Richter klagen, alsdenn wird ihm dazu

verholffen, gleichwie auch demjenigen, der ums Tagelohn arbeitet, und etwas zu fodern hat.

§. 19.

Ob ein Handwercksmann, der in einer andern Stadt zu Marckte ist, seine daselbst habende Waare gegen andere vertauschen, und diese eingetauschte Waaren in seine Stadt oder Heimat bringen, und daselbst wieder verhandeln könne? Solches ist eine Frage, welche in einem Responso der Stadt Dantzig de anno 1631 beym Marperg. im Commerc. Coll. cap. 9 p. m. 227 zwar bejahet wird, iedoch mit dem Bedinge, daß sie solche Waaren zu Schaden der Krahmer nicht Ellen oder Pfund weise verkauffen; Allein wir glauben, es werde ihnen aller Orten nicht gestattet, oder doch wenig Profit bey diesem Handel gelassen werden. Daß ein Handwercksmann, neben seinem Handwercke, auch einen Handelsmann abgeben könne, wenn er sich immatriculiren läst, solches ist in demselbigen Responso auch zugelassen, iedoch mit der bedinglichen Maasse, daß das Handwerck mit der Handlung, welche er vorzunehmen suchet, eine Compatibilität habe, auch eine reale Manufactur sey; Sonst aber ist zu Dantzig, Lübeck, Stettin, und andern Handels-Städten dieses Recht, daß keiner zugleich ein Kauffmann und Handwercker seyn könne. vid. Responf. der Städte, Dantzig und alten Stettin beym Marperger pag. 226, 227. it. D. Beier de tabernis cap. 4 num. 236.

§. 20.

Im übrigen bedienen sich Handwerckesleute, zu desto besserm Verkauff ihrer Waare, der Stände und Buden, auf dem Marckte oder darzu gewidmeten Häuser, allwo sie sich gerne beysammen halten, Handwerck bey Handwerck, und um die Ständelosen, welches an fremden Orten alsbald vor Auslegung der Waare, zu Hause aber bey Quartal-oder andern beliebigen Zeiten geschiehet. Einen Meister ist nicht erlaubet, zwey Stände oder Buden zu halten, und darinne zugleich feil zu haben, es sey in oder ausser Jahrmarcks-Zeiten. Ein Meister darff andere zu seinem Handwercke nicht gehörige Waare, in seinem Krahme führen, wenn dermahln kein Meister desselbigen Handwercks in der Stadt wäre; sobald aber einer sich einfindet, so muß der vorige die zu des ankommenden Handwercke gehörige Waaren ablegen. Machet aleich der Handwercksmann nicht selbst so viel Waare, als er in seinem Krahme führet und verkauffet, so ist ihm doch erlaubet, von andern Meistern seines Handwercks solche einzukauffen, und zwar alles nach dem Herkommen, und alten Observanz eines iedweden Handwercks, welches insonderheit zu beschreiben unnöthig ist.

a) D. Bejer de tabernis cap. 5 num. 267 et 273.

§ 21

Was von denen Buchdruckern und ihrem Krahm weitläufftig disputiret D. Beier in tract. de Tabernis cap. 3, solches ist mit Behutsamkeit anzunehmen. Denn wenn der Buchdrucker ums Lohn etwas drucket, so muß er sich daran begnügen, und ausliefern, was er gedrucket hat; drucket er aber mehr als bestellet und bedungen ist, so geschiehet es invito Domino, wider des Herrn Willen, worinne der Drucker kein jus Commercii hat; und ob sie wohl auf Universitäten Disputationes nach-

nachschiessen, und sodann verkauffen, so geschicht es doch mehr de facto als de Jure; Also wenn der Buchdrucker auf seine Kosten etwas drucket, so ist ihm damit zu handeln wohl erlaubt.

§. 22.

Im übrigen sollen die Kramhaltende Handwercks-Leute denen umschauenden Käuffern und Marckt-Leuten freyen Willen und Zutritt lassen, und sie nicht von eines andern zu sich abruffen. Insgemein soll ein iedweder Handwercksmann dem andern seine Kunden nicht abspenstig machen, noch demselben in Vertrieb seiner Waare hinderlich seyn, dieselbe auch, sowol dessen Arbeit, weder tadeln noch verachten. In Verkauff seiner Waare, muß der Handwercks-mann das Maaß und Gewichte derjenigen Stadt brauchen, wo er feil hat oder zu Marckte ist, und darff niemanden vervortheilen noch über-theuren.

§. 23.

Vor allen Dingen ist zu mercken, daß das Hau-siren bey zünfftigen Meistern, durchgängig eine verhaßte, verbotene, verpönte Sache sey, derohal-ben ieder rechtschaffener Meister, in- und ausser-halb seiner Wohnstadt, sich dessen enthalten mü-ste a). Ob die Buden oder Laden, worinne der Handwercksmann feil hat, sein eigen oder ge-miethet seyn, daran ist nichts gelegen; Er muß aber zumal in fremden Städten, dem Magistrat ein Stand- oder Stäte-Geld geben, nach iedes Orts Herkommen.

a) Fürstl. Sächsis. Landes-Ordnung, cap. 92. Fürstlich-Sächs. Weim. Reglement der Strumpffwürcker §. 8. Chur-Braunschw. Edict beym Marperger in Commerc. Colleg. cap. 9 p. m. 234.

❉ ❉ ❉ ❉ ❉ ❉ ❉ ❉ ❉ ❉ ❉ ❉ ❉ ❉ ❉ ❉ ❉ ❉ ❉ ❉

Die Eilffte Betrachtung.

Von Land- und Dorf- auch fremden Meistern, ingleichen von Störern, Hausirern und Pfuschern.

§. 1.

Land-Meister werden genennet diejenige Handwercks-Meister, die in Städten ein-zeln wohnen, und an ihrem Ort keine Zunfft haben, daher es mit der Lade und Zunfft, die in einer andern Stadt ist, halten. Die Lade wird daher genennet eine Kreis-Lade, indem nicht nur die in derselbigen Stadt wohnende, sondern auch die in andern Städten sitzende Handwercks-Mei-ster, bey derselben ihre zünfftliche Versammlungen halten. Oder auch eine Haupt-Lade, wenn die in andern Städten wohnende Handwercker auch etwa zuweilen ein klein Handwerck von wenig Personen machen, aber doch bey der Lade der grössern Stadt verbleiben, und daselbst in denen Haupt-Qvartalen erscheinen a). Doch geschichts auch wohl, daß in einer kleinern Stadt die Haupt- oder Kreis-Lade eines Handwercks sich befinde, und in grössern Städ-ten Meister unter sich habe, welche ihre Land-Mei-ster sind. Z. E. Ehedessen haben die Nadler zu Jena bey der Lade zu Bürgel gestanden. Also kömmt es nicht auf die Grösse oder Prärogativ der Stadt, sondern darauf an, wo ein Handwerck zu-erst aufkommen, und an andere Orte Meister ge-machet ꝛc.

a) D. Beier de Colleg. Opif. cap. 9 num. 690.

§. 2.

Haupt-Qvartal, welches Wort allein bey dieser Art Handwercks-Leuten gebräuchlich zu seyn schei-net, ist derjenige Qvartals-Tag, da alle Meister und Innungs-Genossen in und ausser der Stadt und kleinen Städten desselbigen Landes oder Bezircks wohnend, so viel deren zu dieser Lade gehörig, bey der Haupt- oder Kreis-Lade zusammen kommen, und ihre Handwercks-Gewohnheit halten ꝛc. Wenn nun ein Handwercker an einem Orte sich setzen, und allda sein Handwerck treiben will, so gibt er sich an bey der Kreis- oder Haupt-Lade, nennet den Ort, und läst sich darauf zum Land-Meister

Jurist. Oracul V. Band.

machen a). Desgleichen, wenn einer einen Lehr-Jungen annehmen oder losgeben will, so geschichts bey dieser Lade, wie oben gedacht, und so in andern Handwercks-Sachen mehr. Wiewohl doch auch wohl bey Neben-Laden etwas dergleichen vorge-nommen wird und paßiret.

a) D. Beier in Meister cap. 1 num. 37 seq.

§. 3.

Dorff-Meister sind die auf den Dörffern woh-nen, und können auch Land-Meister genennet wer-den, gleichwie man einen Unterschied machet zwi-schen Stadt und Land, und unter diesen die Dorff-schafften verstehet. Aber wenn man sich erinnert dessen, was oben angeführet worden, wie nemlich Handwercke in die Städte gehören, und eine bür-gerliche Nahrung sind, wogegen die Bauers-Leute ihren Acker- und Feld-Bau abwarten, und sich da-mit ernehren solten, so scheinet, als wäre nicht viel von Dorffmeistern zu sagen. Jedoch weil man siehet, daß heutiges Tages hin und wieder auf Dör-fern Handwercks-Leute wohnen und daselbst arbei-ten, so wird schon eins und das andere von ihnen zu gedencken seyn.

§. 4.

Nemlichen nicht allerley Handwercker dürffen sich auf die Dörffer setzen, sondern nur solche, die zu der Bauers-Leute Nothdurfft dienen, und das, was sie am nöthigsten brauchen, verfertigen, z. E. Schmiede, Leinweber, Schneider, Schuflicker, und dergl. auch dürffen sie denen vom Adel und Geist-lichen nicht arbeiten, noch weniger aufm Kauff oder in die Städte, sondern wie gesagt, nur denen Bau-ers-Leuten und lauter grobe Arbeit a). Nicht viel sondern nur wenige solcher Handwercker sollen auf denen Dörffern wohnen, etwa in einem Dorffe ei-ner, oder in zwey Dörffern einer, nach dem es nem-lich die Nothdurfft der Bauers-Leute erfordert; Und können keine Gesellen halten, und Jungen ler-nen, es wäre denn, daß die Meister in der Stadt

darein

darein willigten b). Auch die Dorff-Schulmeister, welche etwa Handwercks-Leute sind, müssen nichts als geringe Arbeit vor die Bauers-Leute verfertigen, keinesweges aber auf Herren-Höfen oder aufm Kauff arbeiten. Id. ibid. §21.

a) D. Beier de Colleg. Opif. cap. 8 § 17 & 22. it. 24.
b) D. Beier de Colleg. opif. cap. 9 § 18 & 23.

§. 5.

Dieses alles geschieht darum, damit die Städte bey ihren Rechten, und guten Zustand und Nahrung verbleiben, auch die gute Handwercks-Arbeit nur in ihnen gesuchet werden möge. Derowegen ist auch denen von Adel, ob sie schon Erb- und Ober-Gerichte haben, und schrifftsäßig sind, nicht erlaubet, in ihren Dörffern Handwercks-Leute zu setzen oder zu hegen, und dadurch denen Handwerckern in Städten Abbruch zu thun. Id. ibid. §26, 27. Ja man hat Exempel, daß Handwercks-Leute, die sich in Dörffern angesetzt und vermehrt gehabt, ungeacht sie lange Zeit gedultet worden sind, dennoch ihre Wohnungen verlassen, und in die Städte ziehen müssen, aus der Ursach, weil Handwercke und Manufacturen bürgerliche Nahrung sind a).

a) vid. Fürstl. Sächsis. Weimarisches Reglement der Strumpf-Manufacturen § 1.

§. 6.

Es gehet aber solches Stadt-Recht nicht in infinitum, sondern es hat gewisse Schrancken, nemlich nach Sachsen-Recht eine Meile, Land-Recht lib. 3 artic. 66. Welch Dorff nun ausser der Meilen lieget, daselbst mögen Handwercks-Leute nach Gefallen wohnen, und arbeiten, iedoch die Strumpf-Fabricanten in Weimarischen ausgenommen, es sey denn aus besonderer Landes-Fürstl. Conceßion a). Hingegen in Dörffern binnen der Meilen liegend, werden Handwercker nicht anders gedultet als in die Masse, wie im 3 und 4 § dieser Betrachtung gedacht wird. Jedoch will man hier einen Abschnitt machen, nemlich der Viertel-Meile von drey Vierteln, und statuiren, daß in Dörffern über eine Viertel- bis zur gantzen Meile die Handwercks-Leute, besagter Massen, zu dulten, keinesweges aber und gar nicht in Dörffern die einer Stadt binnen der Viertel-Meile nahe liegen b). Es wäre dann, daß einige Dörffer aus Fürstl. Begnadigung auf Land-Tags-Abschieden, oder durch Verjährung die Gerechtigkeit erlanget hätten, einige Handwercker in sich zu haben, gleichwie auch Personen Privilegia erlangen können, sich aufs Dorf zu setzen, und daselbst Handwerck zu treiben.

a) vid. Reglem. § 1, 2. D. Beier alleg. cap. 9 § 2.
b) Id. all. cap. 9 § 6, 11 seq.

§. 7.

Die Meile wird gemessen mit einer im Lande gewöhnlichen Meßruthe, oder darzu gemachten Rade durch die ordentliche gemeine Strasse und Fahrweg, nicht über den Fußsteig, noch weniger über Qverfeld, vor den äussern Schlagbaum der Stadt, bis an den Eingang des Dorffes; In Sachsen hat eine Meile sechzig Gewende, iedes Gewende sechzig Ruthen, und eine Ruthe achthalbe Elen, wo aber eine Stadt eine eigene Erbruthe hätte, die mehr hielte, so mag sie dieselbe zu Messung ihres Territorii oder Stadt-Recht-Bezircks brauchen a).

a) Landr. lib. 3 artic. 66 ibique Gloss. D. Beier de Colleg. cap. 9 § 2 seqq.

§. 8.

Uibrigens müssen die Dorff-Meister ihr Handwerck ebenfalls recht gelernet haben, u. sich den Handwercks-Bräuchen gemäß verhalten, iedoch sind sie an die Wander- und Muth-Jahre nicht gebunden a). Von Rechtswegen, nemlich nach den Grundsätzen der Zünffte, müssen sie mit denen in der Stadt Innung halten, zumahlen wenn sie Gesellen setzen oder Jungen lernen wollen, iedoch ist einiget Orten ihnen frey gestellet, mit denen Innungen in der Stadt zu halten, und in ihren Zusammenkünfften zu erscheinen oder nicht. Bayr. Landes-Ordnung all. loc. Ihre Lehr-Jungen, wenn sie welche annehmen dürffen, siehe § 4, müssen sie in der Stadt, unter welcher sie bezircket sind, und vor desselben Handwercks Lade aufdingen und einschreiben, auch nach geendigter Lehr-Zeit wieder lossprechen lassen; desgleichen, wenn sie eines Gesellens benöthiget sind, müssen sie bey den Meistern in der Stadt sich melden, welche ihnen, wenn einer gewandert kommet, und sie die Reihe trifft, einen zuschicken a).

a) Bayr. Lands-Ordnung ap. Ahasv. Fritsch. mantiss. 2 art. 2 Philipp. dict. disp. thes. 2.
b) D. Beier im Gesellen cap. 8 num. 430.

§. 9.

Auch die über eine Meile von einer Stadt wohnende müssen es mit denen in der Stadt halten, wo sie nicht wollen vor Pfuscher geachtet werden. D. Beier de Colleg. opif. cap. 8 num. 671. Wiewohl dieselbe gemeiniglich vor sich Zunfft machen, und gewisse Artickel confirmiren lassen, eben wie die in denen Städten. Ja auch in Dörffern binnen der Meile findet man Handwercker, die ihre besondere Innungs-Artickel, Zusammenkunfft und Lade haben, obgleich nicht allemahl in einem Dorffe, doch aus vielen zusammen. Es haben diese Dorff-Handwercke, ob sie schon eigene Innungen haben, nicht so viel Gerechtigkeiten als die in denen Städten, damit diesen ein Vorzug bleibe, wiewohl die confirmirte Artickel iedweder Dorff-Zunfft darinne den Ausschlag geben müssen. Wie in Städten die Räthe, also sind in Dörffern die Amt-Leute oder Gerichts-Herren ordentliche Richter über die unter Handwercks-Leuten entstandene Streitigkeiten, wenn sie von dem Obermeister und Beysitzern nicht entschieden werden können.

Von fremden Meistern.

§. 10.

Fremde Meister sind Meister einerley Handwercks in verschiedenen Städten und Zünfften befindlich, sintemalen das zünfftliche Wesen, wie schon gedacht, ein Local-Recht ist, mithin, was nicht zu dieser Zunfft oder Lade gehörig, vor auswärtisch oder fremde zu achten a). Weil nun die Städte in denen Landen eine zwey oder mehr Meilen von einander liegen, und in allen Handwercks-Leute wohnen, die zünfftig sind, so gehet das Zunfft-Recht des einen Orts weiter nicht, als bis an die Gräntzen des andern, und ist sodann iedweder Handwercksmann eines Orts fremde, gegen den Handwercksmann des andern Orts.

a) Conf. D. Beier de Colleg. opif. cap. 10.

§. 11.

Wenn auch gleich eine Zunfft in Meistern aus vielen Städten bestehet, die in einer Stadt die Lade haben,

haben, so ist doch iedweder Meister einer Stadt gegen den in einer andern Stadt fremde, ob sie schon in einer Zunfft begriffen sind, und vor einer Laden erscheinen, aus Ursach, weil die Meisterschafft ein Local-Recht, und ein iedweder nur auf einen gewissen Ort Meister wird. Es ist aber wohl zu mercken, daß hier von Meistern einerley Handwercks die Rede sey. Denn obschon Meister verschiedener Handwercker aus entlegenen Orten auch fremde gegen einander sind, so haben sie doch keinen Anstoß gegen einander, wie die von einerley Handwercke, und sind also hieher nicht gehörig. Demnach ist unter fremden Meistern diese Regel und Ordnung, daß niemand den andern mit Arbeiten, Verkauff der Handwercks-Waaren, Vor- oder Aufkauff der Handwercks-Materialien u. s. w. Eintrag thun, oder überziehen solle. Was du wilst, daß dir die andern nicht thun sollen, das thue du ihnen auch nicht. Also und gleichwie die Meister an einem Orte keine Waare ihres Handwercks von andern Orten zu sich lassen wollen, also sollen sie auch keine an andere Orte, wo zünfftige Meister sind, bringen. Desgleichen wer in seinem Orte einen Meister von einem andern Orte nicht arbeiten lassen will, der soll auch an andern Orten nicht arbeiten.

§. 12.

Nicht anders ist es mit dem Einkauff der Handwercks-Materialien; und da die Bauers-Leute vermöge der Landes-Ordnung gehalten sind, das was sie zu verkauffen haben, in die Städte zu Marckte bringen, also begnügen sich Handwercks-Leute damit billig, und gehen nicht auf die Dörffer, noch weniger in die zu einer andern Stadt bezirckte, um denen in der andern Stadt wohnenden Meistern die Materialien vorweg zu nehmen. Obige Ordnung findet nur stat, wenn an dem Orte, wo der fremde Meister mit Arbeit oder Waaren hinkommet, ebenfalls Meister des Handwercks sind; Dann woferne der Ort des Handwercks entblösset wäre, so können ohne Hinderniß Fremde ankommen. Wie auch nur in dem Fall, wenn das Handwerck ihm Stande ist, den Ort mit Waaren und Arbeit gnugsam zu versehen; denn wo dieses nicht wäre, so wird fremden Meistern gestattet, mit Waaren ihres Handwercks an demselben Ort zu kommen, oder daselbst zu arbeiten, wie z E. in Leipzig fremde Fleischhauer und Becker Fleisch und Brot in die Stadt bringen, welches in andern nicht so, auch nicht nöthig ist. Oder wenn die einheimischen Meister ihrer Innung misbrauchten, die Leute entweder mit Arbeit aufhielten, und in dem Lohn übersetzten, oder sonst vervortheileten, so werden Fremde eingelassen, es sey mit Waaren oder zu der Arbeit. Churfürstl. Sächsis. Erledigung rc. von Justiz-Sachen § 98. D. Beier cap. 10 § 4.

§. 13.

Wenn ein Fremder oder Auswärtiger in einer Stadt, wo er sonst fremde ist, Meister wird, auch das Bürger-Recht gewinnet, wie oben gedacht, so erlanget er zwar das Recht, daß er an beyden Orten darf Meisterschafft treiben, und Werckstäte halten, aber er muß die an iedem Orte gefertigte Waare daselbst verkauffen, es wäre denn, daß ihm nachgelassen würde, seine Waaren von einem Orte zu dem andern zu führen a). Uibrigens und wiewol

dergleichen nicht offt geschiehet, so ist doch ein solcher zweystädtiger Meister, in Ansehung der andern, ein Fremder. Hiernächst werden fremde Waaren und Handwercker eingelassen, zu Erhalt- und Beförderung des Commercii, vornemlich in denen Jahrmärckten, so lange dieselbe nach ieder Stadt Gerechtigkeit stehen und gehalten, auch an manchen Orten, ein- und ausgeläutet werden. Wenn aber die Zeit vorüber, so muß der fremde Handwercks-Mann und Kramer mit seiner Waare, so viel er deren nicht verkaufft hat, wieder fortreisen.

a) Conf. Philipp. ad Ordin. proc. Sax. tit. 2 consf 3.

§. 14.

Auch sind in manchen Städten gewisse Wochen-Marcktäge, z. E. in Jena der Dienstag dergestalt gefreyet, daß fremde Handwercker mit Waaren dürffen einkommen, und dieselb verkauffen, auch wieder etwas, so ihnen zu ihrem Handwerck nöthig, einkauffen und mit sich nehmen. Und dieser Gelegenheit bedienen sich Handwercks-Leute reciproce, indem die aus dieser Stadt in jene, und aus jener in diese, und so weiter, zu Marckte ziehen, iedweder nach seinem Gefallen; Weiln nun der Jahrmärckte in allen groß und kleinen Städten Deutschlandes gar viel sind, wie bekannt, so kommt solches auch denen Leuten zu gut, die der Handwercks-Arbeit nöthig haben, welche sich dann von einem Jahrmarckt bis zu dem andern, mit fremden Waaren ersehen, und die Handwercks-Leute in der Stadt übergehen können, wenn sie wollen, und es nützlich befinden.

§. 15.

Bey dieser Marckt-Beziehung ist zu observiren, daß der Fremde, oder von einer Stadt ankommende Handwercksmann sich richten müsse nach dem Recht und Gewohnheit derjenigen Stadt, wohin er zu Marckte gekommen, so wohl was das Maaß und Gewichte, als die Auslegung der Waare betrifft. Daher müssen sie sich Stände und Buden anweisen lassen, auf welchen sie ihre Waare auslegen mögen, und sich nach der Zeit richten, wenn sie auslegen, und wieder einlegen. Oder sie loosen auch wohl unter sich, und mit denen in der Stadt um die Stände, wie es nemlich bey iedem Handwercke Herkommens ist. Vor die Stände und Buden entrichten sie dem Rathe derselbigen Stadt etwas Geld nach iedes Ortes Herkommen, nicht weniger wegen eingeführter Waare etwas Zoll und Geleite vor die Landes-Herrschafft.

§. 16.

Maaß und Gewicht wird ihnen entweder aus dem Rathhause, oder Marckt-Amte der Stadt, wo sie sind, gegen einiges weniges Geldes Erlegung geliefert, oder sie schneiden sich hölzerne Maaßstäbe nach der am Rathhause hangenden eisernen Elle, oder lassen die verkauffte Waaren auf der Raths-Wage ab- oder zu wiegen, und dergleichen a). Wiewol vieles nach der Hand, ohne gemessen, und ohne gewogen, verkaufft wird, z. E. Hüte, Schuhe, Müsse rc. An vielen Orten überlassen die Handwercker ihre Waaren an die Kaufleute, und bleiben zu Hause in ihrer Werckstat, welches eine gute Sache, wenn der Handwercksmann dabey nicht sehr gedrücket, noch ihm sein ehrlicher Verdienst abgezwacket wird b).

G 3   a) vid.

a) Vid. Marperg. Commerc. Colleg. pag. 365 & 371.
b) Conf. Fürſtl. Sächſ. Weim. Reglement der Strumpf-Manuf. § 6.

§. 17.

Dieſes, was von 13 § bisher gesagt worden, gehet nur diejenigen Handwercker an, die Waaren fertig machen, und dieselbe feil auslegen können; Die andern Handwercker aber, welche auf Gedinge und bestellte Arbeit warten müſſen, können nicht auf die Märckte ziehen, dagegen ziehet auch keiner von andern Orten, in den Ort ihrer Wohnung. Jedoch wenn von auswärtigen Orten etwas bey ihnen bestellet, und nachdem es fertig, abgeholet wird, so können sie auch in die Fremde arbeiten, ob aber sie die gemachte Waare selbst überbringen können, an den andern Ort, wo zünfftige Meister des Handwercks sind, das läſt man iedweden auf seinen Hazard ankommen; denn wenn er gleich vorgiebet, es sey das Uiberbringen mit eingedungen, so ist es doch facti, und ein ehrlicher Handwercksmann nimmt sich billig disfalls in acht a). Wir wollen aber nicht sagen, als wenn es allenthalben seyn müſte, sondern wir geben gerne zu, daß denen Leuten Freyheit gelaſſen werden könne, von andern Orten Handwercker zu einer Arbeit zu holen oder zu verschreiben, und die in der Stadt zu übergehen, gleichwie in Chur-Bayern die Dorf-Handwercker nicht verwehren dürffen, daß in dem Orte oder Gerichte, darinnen sie wohnen, fremde Meister, auf Erfordern und Begehren arbeiten mögen. b).

a) Conf. D. Beyer de colleg. opif. cap. 10 num. 940.
b) Vid. Ahasv. Fritsch de Colleg. opif. mantiſſ. 2 art. 2.

§. 18.

Ein vor allemahl iſt gewiß, daß iedweder Landes-Herr oder Republick vor die Jhrigen und deren Nahrung sorget, wie aus denen Landes-Ordnungen und Statuten der Reichs-Häuser und anderer Städte zu sehen, und wenn eine Republick oder Landes-Herrschafft gleich viele Städte unter sich begreiſet, so halten sie doch gerne die einmahl eingeführte Ordnung, und weil das Meister-Recht ein Local-Werck iſt, auch mancher Handwercksmann mehr in der Opinion, als in der Wahrheit künstlicher geachtet wird, als ein anderer, so iſt nicht unbillig, daß die Einwohner angewiesen werden, ihren Mitbürgern und Nachbarn bedürffenden Falls Arbeit zu geben vor Fremden, iedoch iſt acht zu geben, daß sie die Arbeit fördern und die Leute nicht überseßen, welches alles weise Regenten zu moderiren wiſſen a).

a) Conf. Ahasv. Fritsch de Colleg. opif. mantiſſ. 1.

Von Störern und Hausirern.

§. 19.

Ein Störer iſt, der in einer Stadt oder deren Bezirck, wo er nicht Meister worden iſt, sein Handwerck treibet; Ein Hausirer, der mit seinen Waaren keinen Marckt-Stand oder Bude hält, sondern dieselbe in Städten und Dörffern, von Haus zu Haus käuflich ausbietet. Wer eine Differenz oder Unterscheid unter diesen beyden machen will, der hat den Grund dazu in vorstehenden Beschreibungen, in der That aber kommet es auf eins hinaus, daß nemlich beyde verboten und unzuläſſig sind, nicht nur nach denen Zunfft-Rechten, sondern auch in denen Landes-Ordnungen. Denn es iſt schon offt gesagt,

daß die Handwercker an gewiſſen Orten ihr Meister-Recht erlangen, und daselbst ihre Handwercks-Nahrung treiben, und von fremden Orten keiner den andern überziehen, das iſt, mit Arbeit oder Waare an andere Orte kommen solle, auſſer an Jahrmarckts-Zeit und in andere zuläßige Maaße; desgleichen, daß sie ihre Waaren, wie gebräuchlich, auslegen, damit Marckt halten, keinesweges aber herum tragen und zum Verkauf ausbieten mögen.

a) Vid. Beier in Meister cap. 14 & 15 & de Colleg. opif. cap. 9 n. 876. Fürſtl. Sächſ. Weymarisches Reglement der Strumpf-Manuf. § 8, 9. Fürſtl. Sächſische Gothaische Landes-Ordnung p. 2 c. 3 tit. 38.

§. 20.

Wenn nun zünfftige Meister sich nicht genügen laſſen, an dem Orte wo sie Meister worden, und ihre meisterliche Nahrung zu treiben befugt sind, sondern in andere Orte, auſſer denen zuläßigen Marckt-Zeiten ausgehen, und daselbst negotiiren, so werden sie Störer oder Hausirer, wovor sich aber rechtschaffene Zunfftgenoſſen billig hüten. Denn es iſt billig, das ein iedweder mit seinem Zustande zufrieden sey, und was er will, das ihm ein anderer nicht thun soll, das muß er demselben auch nicht thun.

§. 21.

Es geschiehet aber auch das Stören und Hausiren meistentheils von unzünfftigen Leuten, die in Städten und Dörffern sich aufhalten, und bald diese bald jene Handwercks-Arbeit vornehmen, damit denen zünfftigen Handwercks-Leuten Eingriff thun. Welches in Landes-Ordnungen allenthalben verboten a). Ferner wird gestöret, wenn ein Handwercker nicht bey seiner Arbeit, ein ieder nicht bey seinem Gewerbe bleibet, sondern thut, was einem andern gehörig, zum Exempel, wenn ein Zimmermann Tische, Bäncke rc. macht, ein Barbier Thee, Coffee, Taback rc. verkauffet, oder damit handelt.

a) Conf. Churfürſtl. Sächſ. Erledigung tit. von Justiz-Sachen § 98.

§. 22.

In Summa das Stören und Hausiren mag geschehen auf was Art und Weise es wolle, so iſt es alles verboten und unzuläßig, und iedweder zünfftiger Handwercker, oder anderer Innungs-Genoſſe iſt vermöge seines Zunfft-Rechts gehalten, sich dergleichen nicht nur selbst zu enthalten, sondern auch behörigen Orts anzuzeigen, wo einer oder der andere sich disfalls vergienge. Iſts ein Zunfftgenoſſe, der sich hierinne vergangen hat, so wird er abgestrafft vor der Zunfft, iſts aber ein Auswärtiger, so wird die Obrigkeit um Hülffe angeruffen, und die eingebrachte Waare der Hausirer und Störer weggenommen, oder auch ihre Personen arretiret, oder mit Gelde bestraffet nach Inhalt ieder Zunfft-Artickel.

§. 23.

Aus dem, was gesaget worden, erscheinet, daß derjenige, der vor andere Leute gegen Bezahlung an Geld oder Geldes werth Handwercks-Arbeit fertiget, und damit denen zünfftigen Meistern Abbruch thut, ein Störer sey; dagegen iſt derjenige, der vor sich oder die Seinigen, und zu seines Hauses Nothdurft, ein oder die andere Handwercks-Arbeit verrichtet, kein Störer, darinne ihm auch kein Verbot zu thun a). Hiernechst iſt bekannt, daß nicht alles
Hausiren

Hausiren verboten, nemlich dererjenigen, die mit fremden Waaren, die in der Stadt nicht fabriciret werden, als da sind die Glas-Leute, Tabulett-Träger rc. und diese müssen Erlaubniß haben von der Stadt-Obrigkeit, ehe sie herum gehen dürffen.

a) vid. D. Beier im Meister cap. 14 § 3.

Von Pfuschern.

§. 24.

Das Wort Pfuscher und dessen Bedeutung ist bekannt genung, aber dessen und anderer dergleichen Wörter Ursprung und Herstammung ausgrübeln wollen, ist vergeblich und über Menschen Vermögen a). Nemlich: Pfuscher sind Leute, die Handwercks-Arbeit machen, ohne in einer Zunfft zu seyn. Jedoch kan das Stören und Hausiren auch von zünfftigen Leuten geschehen, wie im vorigen § 21 sqq. gedacht, aber die Pfuscherey wird alleine getrieben, von Unzünfftigen, und wenn einer zünfftig wird, so höret er auf ein Pfuscher zu seyn, und wird ein ehrlicher Meister. Mancher Pfuscher ist in seiner Arbeit so vollkommen als mancher Meister, unter welchen auch keine Gleichheit, indem mancher solche Arbeit machet, die besser seyn könnte. Und wenn ein Pfuscher zünfftig wird, so wird an seiner Handwercks-Geschicklichkeit nichts gebessert, sondern nur die unzünfftige Qvalität abgeleget, und davor die zünfftige angeleget.

a) vid. D. Beier in Meister cap. 14 n. 480.

§. 25.

Bey Pfuschern fragt sichs nicht, wie und wo sie das Handwerck erlernet haben, sondern es ist genug, wenn sie es können, und die Leute mit ihrer Arbeit verwahren, so wird auch nicht groß auf die Zierlichkeit gesehen, sondern es ist genug, wenn die Arbeit gut und tüchtig ist. Jedoch sind viele unter denen Pfuschern, welche in Werckstäten gelernet, und darinne die Fundamenta des Handwercks begriffen haben; diese, wenn sie etwa aus der Lehre entlauffen sind, oder sonst etwas angerichtet haben, weswegen sie nicht in die Zunfft gelangen können, legen sich aufs Pfuschen, und suchen sichere Oerter zu ihrem Aufenthalte, damit sie keine Zunfft verjagen könne, verschaffen sich Kundschaft unter denen Leuten, geben wohlfeiler, und treiben ihr Handwerck oder Pfuscherey so gut sie können.

§. 26.

Woferne ein Pfuscher auf den Verkauf arbeiten muß, und mit bestellter Arbeit sich nicht hinbringen kan, so bemühet er sich um Abnehmer, oder leget sich aufs Hausiren, oder ziehet solche Hausirer und Umträger an sich, und liefert ihnen die Waare,

gestalten er selbsten keinen Marckt beziehen, noch unter ehrlichen Meistern feil haben darff. Derowegen solten die zünfftigen Meister mit Leuten, die ein Handwerck erlernet, hernach aber etwas verbrochen haben, nicht so strenge verfahren, und sie aus der Zunfft nicht ausschliessen, sondern erwegen, daß das, was geschehen, nun nicht zu ändern sey. Insonderheit solten sie diejenigen, welche der Landes-Herr nicht an Ehren straffet, noch aus dem Lande verweiset, aus ihren Zünfften nicht treiben; oder, wenn schon einer an einem Orte verweiset wäre, denselben doch an dem andern Orte, wo ihn die Obrigkeit duldet, wieder einnehmen und dergleichen.

§. 27.

Diejenigen, die einen Geburts-Mangel an sich haben, oder Bescheinigung ehrlicher Geburt nicht beybringen können, wenn sie sonst geschickt sind, werden unbillig von Handwercken und Zünfften ausgeschlossen; Denn da sie oft höher würden fähig werden, wie man Exempel hat, conf. Buch der Richter cap. 2, warum nicht auch der Geringern? Wenn es aber so seyn soll, daß solche Kinder vom Handwercke ausgeschlossen bleiben müssen, so ist besser, daß man sie nicht in die Lehre annimmt, zumahln dem Contract und dessen Gewehr gäntzlich zuwider, einen Menschen in etwas zu unterrichten, das er hernach nicht treiben, noch darbey fortkommen kan, wie verständige Handwercker selbst sagen, man solle keine Pfuscher ziehen.

§. 28.

Die Geschicklichkeit, Handwercke und Künste zu erlernen und zu treiben, kommt nicht von der Geburt, also scheinet auch der Geburts-Brief nicht viel nütz zu seyn, und so ein Handwercks-Pursche die Geschicklichkeit sein Handwerck zu treiben besitzet, und an dessen Ausübung natürlicher Weise nicht verhindert wird; so soll man ihn solches treiben, und sein Stück Brot dabey erwerben lassen. Aber es wird dieses alles nichts helffen, sondern die Zünffte bleiben bey ihrem alten Herkommen, und wenn man gleich ein Handwerck an einem Orte darzu beredet, so würden doch die andern von Stadt zu Stadt widerstreben, und diesen zu schicken und zu schaffen machen. Also ists nicht anders, es müssen Pfuscher seyn und bleiben, so lange zünfftige Meister sind. Inzwischen bedienen sich zünfftige Handwercker ihres Rechts, und treiben die Pfuscher auf in der Stadt und umher liegenden Landschafft, so weit es gehen will, und zu erlangen ist, von dessen Art und Weise zu verfahren, unten in der folgenden Betrachtung mit wenigen gesagt wird a).

a) Conf. Marpergers Vorbericht von Handwercks-Zünften p. 32.

✳✳✳✳✳✳✳✳✳✳✳✳✳✳✳✳✳

Die Zwölffte Betrachtung.
Von dem Handwercks-Zwang, Gericht und Strafen, wie auch Aufheben.

§. I.

Es ist schon offt gesaget, was die Absicht der Zünffte sey, nemlich, daß niemand in der Stadt und an dem Orte das Handwerck treiben dürffe, als der zünfftig ist, welches gewiß das gröste oder Hauptstück des zünfftigen Mei-

ster-Rechts ist, woraus alles andere fliesset, was nur gesaget werden kan a). Dieses heist Jus prohibendi, oder Zwang-Recht, und hält nicht nur alle, die ausser Zunfft sind, ab von Treibung des Handwercks, sondern es obliget und nöthiget auch alle und iede Einwohner des Orts, daß sie, wenn sie des Handwercks

Handwercks bedürfftig sind, zu einem zünfftigen Meister gehen, und sich dessen Arbeit oder Waare bedienen müssen. Zwar ist es natürlicher Billigkeit gemäß, daß man Nachbarn und Mitbürgern lieber einen Handwercks-Verdienst zuwende und gönne als Fremden, aber es ist doch nach natürlichem Rechte keiner dazu gezwungen, sondern er kan arbeiten lassen wo er will, und von wem er will.

a) vid. D. Beier im Meister cap. 12 per tot. impr. n. 463. conf Fürstl. Sächs. Weimaris. Reglem. der Strumpfw. § 14.

§. 2.

Dagegen wo Zunfft ist, da wird die natürliche Freyheit aufgehoben, und man wird genöthiget, die Meister des Orts um Arbeit anzusprechen, und sie zu brauchen oder ihre Waare zu käuffen. Jedoch sind die Meister verbunden, die Arbeit bald, gut und tüchtig, in redlichem Preis, so gut als man es von andern haben kan, zu verfertigen, wie oben gemeldet.

§. 3.

Das Zwang-Recht nun entstehet aus und mit der Zunfft, und erstrecket sich über dieselbige Stadt, und über den gantzen District, und alle Einwohner desselben, insonderheit wider die darinne wohnende Störer und Pfuscher, nicht weniger auch wider die fremden oder auswärtigen Meister, ob sie wohl an ihrem Orte zünfftig sind, indem, wie gedacht, die Zünffte auf gewisse Orte und Districte gegeben und eingeschräncket sind a). Diejenigen Handwercke, deren Anzahl wenig ist, und die in grossen oder Haupt-Städten ihre Zunfftladen haben, und von da aus in die unter ihnen bezirckte Städte Meister machen, haben ihr Zwang-Recht weiter als die andern Handwercke, die in allen Städten Zunfft und Lade haben, daher gestatten sie nicht, daß eine Zunfft in die zu einer andern Lade bezirckte Städte Meister setzen b). Obschon die zu einer Zunfft-Lade bezirckte Städte, nicht in dem Lande oder Territorio desjenigen Herrn, dem die Stadt, wo die Lade ist, gehöret, gelegen sind, so erstrecket sich doch das Zunfft-Recht dahin, denn es wird hier vornemlich auf die Handwercks-Gewohnheit gesehen, und wo diese beobachtet wird, da ist alles gut: hernach siehet man, welche Kreis- oder Haupt-Stadt, oder vielmehr darinne befindliche Zunfft an diesem oder jenem Orte Meister gesetzet habe oder nicht, oder was etwa dißfalls verglichen ist, und schliesset daher, daß diese Stadt in Ansehung dieses Handwercks, unter dieser oder jener Haupt-Stadt oder darinne befindliche Handwercks-Lade bezirckt sey c).

a) D. Beier de Jure prohib. cap. 4.
b) Id. all. loc. cap. 4 n. 142 & cap. 1 num. 147.
c) vid. D. Beier all. loc. cap. 2 num. 460.

§. 4.

Also wenn ein Meister gantz alleine an einem Orte, und in einer andern Stadt wohnet, so hat er das Recht, daß er alleine das Handwerck an demselben Orte treiben dürffe, und kein anderer, und das daher weil er zünfftig ist, und Handwercks-Gewohnheit hält, oder weil er von seiner Zunfft- und Kreis-Lade auf diese Stadt zum Meister gemacht ist a). Kommt ein anderer dieses Handwercks an demselbigen Ort, um sich allda häuslich nieder zu lassen, und sein Handwerck zu treiben, so muß er sich bey derjenigen Lade, die dem ersten auf

diesen Ort zum Meister gemacht hat, gebührend angeben, und sein Meisterrecht gewinnen, oder sich mit dem Meister des Orts abfinden, wie in Jena nach lang geführtem Proceß endlich mittelst Vergleichs geschehen ist, oder woferne der Ort zwey Meister dieses Handwercks nicht ertragen, und sie sich daselbst nicht ernähren könten, so wird er gar abgewiesen. Id. all. cap. 4 num. 142. Setzet sich aber einer dennoch an dem Ort oder auch an einem Ort, wo gar kein Meister des Handwercks ist, ohne bey einer Lade das Meisterrecht genommen zu haben, so wird er vor einen Pfuscher oder ungültig gehalten, und ihm kein Geselle zugelassen, noch dessen Lehrlinge geduldet ꝛc. Id. all. loc. & cap. 2. num. 470.

a) Id. all. loc. cap. 4 num. 153.

§. 5.

Der Zwang ist auch unter denen Handwercken selbst, also daß einer nicht darff machen, das, was eines andern Handwercks ist, zum Exempel: der Zimmermann, wenn er gleich Brete hobeln und zusammen fügen kan, darf solche Arbeit nicht machen, sondern er muß sie dem Tischer oder Schreiner überlassen. Der Tischer, wenn er die Thür fertig hat, überläßet das Haspen-Bänder- und Schloßanschlagen dem Schlösser. Die Beutler sollen nicht Strümpffe und Hosen machen, sondern denen Schneidern überlassen ꝛc a). Ja einige Handwercke haben unter ihren Meistern selbst diesen Zwang, daß ein Meister von seinem Mitmeister keine Arbeit fertig zu machen annehmen, noch einen andern geben darff, bey gesetzter Straffe. Wodurch sie intendiren, daß diejenigen Meister, die vor andern Zulauff haben, mögen abweisen, was sie mit ihren Gesellen und Jungen nicht fertigen können, damit andere Meister auch angesprochen und gesuchet werden.

a) vid. D. Beier de Jur. prohib. cap. 2 in f.

§. 6.

Der vorher § 5 gemeldte Zwang unter verschiedenen Handwercks-Leuten gründet sich in Handwercks-Eigenschafft, die noch schwerer auszumachen, und ein Handwerck mit seiner zugehörigen Arbeit, von dem andern noch weniger zu unterscheiden seyn soll, als die Essenzen und Formen der natürlichen Geschäffte zu erforschen oder zu ergründen sind, zumahlen die Handwercks-Leute wegen Mangel der Philosophie keine distincte Concepte darinne hätten, noch denen Gelehrten davon Information geben könten a). Nun ist zwar wahr, die natürliche Dinge, deren Wesen, Eigenschafften und Kräffte, sind schwer zu ergründen und zu unterscheiden, nichts destoweniger haben sie ihre Gestalt an der blossen äusserlichen Gestalt, it. Geschmack, Geruch, ꝛc. bey sich, iedoch richten sie sich nicht nach den Menschen, noch nach seiner Schul-Philosophie, sondern der Mensch muß sich ihnen appliciren, wenn er deren Virtutes erkennen lernen will. Aber das wüste man nicht, warum in denen Handwercks-Eigenschafften und darzu gehörigen Arbeiten so grosse Schwierigkeit seyn sollte, sondern man ist der Meynung, daß weil hier alles von menschlichem Verstand und Willen dependiret, gar leichte auszumachen sey, was zu diesem, oder zu jenem Handwercke gehöret, wie auch, daß jeder verständiger Handwercksmann, der reden kan, denen Richtern und Gelehrten sattsame Information davon zu geben fähig

hig

big sey, es wäre denn, daß die Schul-Philosophie eines Mannes Ingenium so eingenommen hätte, daß in ihm des Handwercks-Mannes Information keinen Concept fassen könnte.

a) vid. D. Beier de jure prohibendi cap. 1 num. 16.

§. 7.

Des Schumacher-Handwercks Eigenschafft ist, Schuhe, Stieffel, rc. machen, das Leder aber, so sie dazu brauchen, gar zu machen, gehöret vor die Gerber: der Hutmacher machet Filtz-Schuhe, aber sie sind gantz andern Ansehens als die, welche der Schuster machet. Der Sporer machet Sporen, Stangen, Steigbügel und dergleichen. Die Striegel aber scheinet anderer Art und Sägen-Schmids Arbeit zu seyn, iedoch aber kan sie dem Sporer zugeeignet werden, obschon an andern Orten es anders wäre, inmassen denen Haupt-Unterschieden der Handwercke nichts abgehet, wenn gleich ein Stück Arbeit zweyen gemein wäre, oder hier diesem, dort jenem, zugeeignet würde. In dem Handel oder Kram mit Handwercks-Waaren ist es eben so, daher darff niemand an einem Orte, wo ein zünfftig Handwerck, oder nur ein einzeler Meister ist, mit Waaren desselbigen Handwercks handeln, es wäre denn, daß der Mann seinen Handel getrieben, ehe der Handwercksmann daselbst sich niedergelassen hätte, in welchem Falle er dabey zu lassen, wie also rescribiret worden ist bey D. Beiern all. tr. cap. 10 in f. Aber es ist bekannt, daß Handwercke, welche sonst allerhand Waaren auf ihren Buden führen, wenn einer des Handwercks, das zuvor nicht da gewesen, dahin kommet, diejenigen Waaren, die zu diesem Handwerck gehören, und von demselben gemacht worden, ablegen müssen, wie in denen Artikeln der Schmiede-Zunfft zu Jena versehen. Auch weiß man, daß in einem kleinen Städtlein ein Bürger, der auswärts Töpffe einkauffte, und daheim wieder verkauffte, diesen Handel einstellen muste, als ein Töpffer dahin zog.

§. 8.

Wenn ein Handwerck etwas, das ihm gehöret, und seiner Eigenschafft ist, nicht achtet und liegen läst, ein anderer aber dessen Fabricirung vornimmet, und in Schwang bringet, so ist das Jus prohib. demselben abzusprechen, zum Exempel: ein Becker nimmet das Toback-Pfeiffenmachen vor, und da ihm solches angehet, verläst er sein Becker-Handwerck, und nähret sich mit Tobacks-Pfeiffen fabriciren. Die Töpffer wollten ihm solches verbieten, aus der Ursach, weil es in ihr Handwerck gehörte Thon zu formiren und zu brennen, allein weil sie selbst gestehen musten, daß sie nie dergleichen gemacht hätten, so wurden sie abgewiesen, hingegen der Becker bey seiner neuen Fabric geschützet. Also ist decidiret worden in Coburg a). Wofern die Handwercks-Eigenschafft nicht zureichen sollte, eine zwischen zwey Handwercken über eine Arbeit, oder Waare entstandene Streitigkeit zu entscheiden, so nimmt man andere adminicula oder Hülffs-Mittel zur Hand, nemlich die Observanz, Possession, Vergleich, Landesherrliche Conceßion und dergleichen. Beier c. tr. cap. 1 num. 18.

a) D. Beier all. tr. cap. 2 § 7, 8.

Jurist. Oracul V Band.

§. 9.

Endlich ist bekannt, daß niemand Lehrjungen in dem Handwercke unterrichten könne, als zünfftige Meister, welche auch nicht mehr annehmen, noch mehr Gesellen setzen durffen, als die Innungs-Artikel erlauben, wie auch daß vor Gesellen keiner arbeiten dürffe, als der das Handwerck recht gelernet hat, und dergleichen, welches doch eigentlich nicht unter den Handwercks-Zwang gehörig, wiewol iedweden darinne sein Wille zu lassen a). Vielleicht könnte hieher gezogen werden eine andere Art des Zwangs, da nemlich ein einzeler Meister etwas, das sonst seines Handwercks ist, nicht machen darf, es sey denn das gantze Handwerck dabey, und lege mit Hand an. Zum Exempel: ein Zimmermann darf keinen Galgen bauen oder ausarbeiten, es lege denn das gantze Handwerck mit Hand an. Die Fälle kommen zwar selten vor, aber doch halten die Handwercks-Leute darauf, und wer sich darinne vergehet, der ist Zunfft-Recht los, oder gescholten. Ihre Meynung gründet sich darinne, daß sie nichts unreines arbeiten wollen, und diese Dinge, ihren Gedancken nach, unrein sind. Ja sie gehen so weit, daß sie ihren Zunfft-Genossen nicht zulassen, daß einer etwas von den Dingen angreiffe, und darinne hülffliche Hand leiste, zum Exempel, wenn ein Galgen oder Rad aufgerichtet wird, so darf kein zünfftiger Handwercker, der nicht dazu gehöret, v. gr. ein Leinweber, mit zugreiffen, wenn es schon die Noth erforderte. In der That ist kein Ding oder Arbeit unrein oder unehrlich, und wenn alle Meister, die an einem solchen Dinge arbeiten müssen, nicht unrein oder unehrlich werden, so könte einer, der es allein machete, auch nicht unehrlich werden. Aber wie gesagt, ihre Meynung ist nun so, und wird auch wohl so bleiben.

a) conf. D. Beier de Jure prohibendi cap. 6, 7.

§. 10.

Der Handwercks-Zwang wird zu Werck gerichtet, vornemlich mit Hülffe der Obrigkeit, laut Landesherrlicher Confirmation, wovon oben. Die auswärts gemachte Waare, wenn sie in dem Orte eingeführet wird, wird weggenommen, und confisciret, halb der Obrigkeit, und halb dem Handwercke; wenn der Meister dabey ist, so kan er auch wohl arrestiret und mit Geld-Straffe angesehen werden, welches auch denen widerfahren kan, die von einer Stadt in die andere gehen und arbeiten. Hernach wird der Handwercks-Zwang auch zu Werke gerichtet mit Schelten, indem sie denselben nicht vor ehrlich an seinem Handwerck achten. Letztlich ist noch zu erinnern, daß der Handwercks-Zwang auf die Jahrmärckte und denenselben gleich gefreyete Wochenmärckte nicht zu extendiren sey, wie auch nicht, auf das, was einer vor sich, oder die Seinigen, selbst machen kan oder will a).

a) D. Beier de Jur. prohib. cap. 2 num. 66.

Vom Handwercks-Gericht und Straffen.

§. 11.

Das Wort Handwercks- oder Innungs-Gericht ist unter Handwercken und Zünfften nicht bräuchlich; hier aber wird es gebraucht, um der

H   Aehnlich-

Aehnlichkeit willen, und weil Entscheidung der Streitigkeiten in der That ein Gerichte ist. Sie, die Handwercke, sagen nicht: Gerichte halten, vor Gericht laden, sondern ein Handwerck machen, vors Handwerck, in die Zunfft bitten, ihre Sprüche sind und heissen nicht Sententiæ, Bescheide oder Urtheil, sondern es sind blosse Aussprüche, oder Gutachten, Weisungen, Pareres, wiewol das Wort Bescheid auch bräuchlich ist a). Es bestehet demnach solches Gericht in denen Handwercks- oder Innungs-Genossen, Kläger und Beklagter finden sich unter ihnen, da hingegen die übrigen, insonderheit Obermeister und Beysitzer, Richters Stelle vertreten; Advocaten sind nicht bräuchlich noch zuläßig, die Citation verrichtet der Jungmeister oder Innungs-Knecht, die Execution thun sie bisweilen selbst, bisweilen mit Hülffe der Obrigkeit.

a) vid. D. Beier de Colleg. cap. 18 num. 1501 & cap. 19 num. 1556. conf. Marperg. de Commerc. Colleg.

§. 12.

Die Sachen, worinne sie Gericht halten und urtheilen mögen, sind, die ihr Handwerck und Zunfft angehen, nemlich die, wovon in diesen Betrachtungen geredet wird. Vor Zeiten mögen sie ihre Gerichtsbarkeit vermuthlich auf allerhand andere das Handwerck nicht angehende Dinge erstrecket haben, Aber in den Reichs-Gesetzen und denenselben conformen Landes-Ordnungen sind ihnen diese Schrancken gesetzet, daß sie weiter nicht, als in Sachen ihr Handwerck angehend, richten und straffen dürffen a). In höchstgedachter Fürstl. Sächs. Landes-Ordnung ist ein Mandat, worüber sich etliche Chur- und Fürsten auf gehaltenem Tage zu Naumburg Anno 1541 wegen der eingerissenen Misbräuche bey denen Handwercken verglichen haben, also lautend: "Demnach haben sich die Chur- und Fürsten so nechst verschienes Galli zur Naumburg beysammen gewest, dieser Ordnung Gebot und Verwarnung verglichen und vereiniget, sind auch bedacht darüber zu halten, nemlich daß die Handwercker Meister und Gesellen in ihren Liebden, und unsern Fürstenthümen und Länden hinfürder keine Straffe, in keinerley Sachen, thun oder nehmen sollen, denn die so ihnen die Amtleute oder Räthe in Städten; so die Gerichte haben, darunter sie wohnen, oder darunter sich die Sachen und Gezänck, darum sie straffen wollen, zutragen werden, nachlassen und erlauben. Aber die Straffe, die ihnen in ihren Zunfft-Briefen ausdrücklich nachgelassen und gegeben ist, mögen sie üben, doch unschädlich denen Gerichten, daß sie, vermöge der Vorbehaltung in denen Innungs-Brieffen auch solche Straffe aus vorstehenden billigen Ursachen lindern und aufheben mögen; Da sich auch solcher Straffe halben, oder auch von wegen des Schmähens und Auftreibens zwischen den Gesellen unter sich selbst, Irrung zutrügen, derer sie sich selbst nach guten erbarn Brauch nicht gütlich verrichten könten, darinn sollen sie unsere Amtleute, oder aber der Räthe unserer Städte, die über sie Gerichte haben, Weisung dulden, und allwege den guten Ordnungen, die durch die Obrigkeit und Gericht gemacht, gehorsamlich geleben, und nachgehen. Wo aber jemands, es sey einer oder mehr, Meister oder Gesellen, der Weisunge, so unsere Amtleute oder Räthe

unserer Städte, darüber sie die Gerichte haben, der Straf und anderer Irrung halben thun werden, oder auch derselben Ordnunge halben vermeynen, daß ihnen zu kurtz und Unrecht geschehe, die mögen Uns, als die Landes-Fürsten, darum ansuchen, oder an uns gebührlich beruffen, dem soll bey Uns an Billigkeit und Rechten kein Mangel seyn. So auch einer den andern gedencket aufzutreiben, und ihm etwas unehrliches, das er sollt geübt oder gehandelt haben, zumessen würde, der soll dasjenige, was er dem andern, aufgelegt, oder zugemessen hat, vor der Obrigkeit des Orts auf den Geschmäheten, den er will auftreiben, wie gnugsam und recht ist bringen, und ehe er das auf ihn führet und bringet, soll der Geschmähete in seinem Handwerck gefördert werden, und unaufgetrieben bleiben, auch die Gesellen, die neben ihm arbeiten, und die Meistere, die ihm auf ihrer Werckstat Arbeit geben, redlich seyn, und nicht aufgetrieben werden; Und so der Schmäher die Sache in einer Zeit, die ihm die Obrigkeit und Gerichte des Orts dazu benennen soll, wie recht und gnugsam ist, auf den Geschmäheten nicht erweisen noch bringen wird, und also in dem Ungehorsam, und säumig oder fällig erschiene, so soll er für unredlich gehalten werden, so lange bis er sich mit deme, den er geschmähet, und mit denen Gerichten vertrage. Und welche Meister, Sohn oder Geselle, in Unsern Landen, und Fürstenthümen obgemeldte unsere Ordnunge nicht annehmen noch halten, sondern in einem oder mehr wissentlich, oder vorsetzlich darwider thun oder handeln würde, den Unsern und die unter Uns wohnen und arbeiten zu Schaden, der soll in Unsern Landen vor unredlich gehalten, und sein Handwerck zu treiben, nicht zugelassen, sondern ausgetrieben, und hinweg geschafft, oder auch, da er ein muthwillig Aufstehen machete, oder darzu Ursach geben würde, zu Gefängniß eingezogen, und nach Grösse seiner Uibertretung gestraffet werden. Hierum begehren wir ernstlich befehlende, daß ihr alle, und jeder insonderheit, ob dieser Unserer Ordnung gesträckl. haltet, und die Uibertreter wie obgemeldet in Straffe nehmet, und hierinne an eurem Fleisse nichts erwinden lasset."

a) vid. Reform. guter Policey de anno 1530 & 1548 tit. von Handwercks-Söhnen &c. Fürstl. Sächs. Landes-Ordnung de anno 1589 tit. 63. Carpz. part. 1 Const. 6 def. 9, 10. & decis. 285. Beier de Coll. cap. 16 num. 1287.

§. 13.

Dieses Mandat ist denen Reichs-Abschieden gemäß; Derowegen haben die Handwercks-Zünffte keine Gerichtsbarkeit in Schuld-Sachen, Kauff, Tausch, oder andern Contracten, auch nicht in Dieberey, Hurerey und andern Verbrechen, und wenn sie in solchen vor sie nicht gehörenden, oder in ihren Artickeln nicht erlaubten Sachen einiger Cognition sich anmassen, darüber rathschlagen, Bescheid geben, richten oder straffen, so werden sie deswegen von dem Magistrat oder Landes-Herrn gestraffet. Wofern sie aber laut ihrer Artickel, oder wohlhergebrachter Gewohnheit berechtiget sind, in einigen solchen Dingen zu richten und zu straffen, so werden sie dabey billig gelassen. Als z. E. die Seiffensieder in Zänckereyen und Injurien, so unter ihnen, ihren Weibern, Kindern, und Gesinde entstehen, in

Sach-

Sachsen-Lande haben. Kommt nun eine Handwercks-Sache in der Zunfft vor, und einer ist Kläger, welcher von einem andern nach Handwercks-Brauch etwas begehret, so höret der Ober-Meister und übrige uninteressirte Zunfft-Genossen (denn der Kläger und der Beklagte müssen entweichen) bey der Parteyen Vorbringen an, erkundiget die Wahrheit, oder läst zulänglichen Beweis von denen Parteyen beybringen, und siehet dann, wie weit eine Part vor dem andern gegründet sey, und giebet darauf den Bescheid. Oder wo es eine Sache, die nach denen Artickeln zu bestraffen ist, und angegeben worden, so wird ebenfalls die Wahrheit untersuchet, darauf die Straffe nach Inhalt der Artickel dictiret. Findet sich eine Part beschweret, so gehet er an den Stadt-Rath, oder andere ordentliche Obrigkeit, allwo die Sache gleichfalls kurtz vorgenommen und entschieden wird, auch werden daselbst keine Advocaten zugelassen, es wäre denn, daß die Sache einige Ausführung nöthig hätte, in welchem Fall nach der Proceß-Ordnung des Orts verfahren wird. Beruhet eine Part bey dem Ausspruch des Handwercks, so schicket er sich gemeiniglich zur Folgeleistung an, und träget ab, was ihm dictirt worden; Geschicht es aber nicht, so brauchen die Zünffte ihr Recht und ihre Executions-Mittel wider einen Ungehorsamen.

§. 14.

Diese Mittel bestehen darinne, daß sie entweder demselben keinen Gesellen zukommen lassen, oder ihm keinen Lehrling aufdingen, oder nicht in das Handwerck und zünfftliche Versammlung beruffen, oder sein Auflege-Geld nicht annehmen, oder ihm von dem Marcktstand-Loose abweisen, und dergleichen. Diese und dergleichen Mittel währen so lange, bis der Mann sich zu Abtrag der dictirten Handwercks-Straffe bequemet.

§. 15.

Die Handwercks-Straffen sind Geld-Bussen, die die Handwercks-Zünffte denen, die sich an Handwercks-Gewohnheit und Artickeln vergangen, und darwider gehandelt haben, auflegen, und sind eben nicht hoch, auch können sie von der Obrigkeit moderiret werden, laut der oben §. 12 angezogenen Hoch-Fürstlichen Verordnung. Die Handwercks-Straffen ziehen die Zünffte ein, und berechnen sie, verwahren sie in ihrer Lade, oder geben sie Anlehns-Weise als Capitalia aus, um im Nothfall, wenn etwa eine processualische Rechtfertigung, Erneuerung der Confirmation, oder sonst was vorfallen solte, davon anzuwenden, auch wird wohl zu Zeiten ein Schmäußgen davon ausgerichtet, oder auch ein liegend Gut gekauffet rc. Offt werden Handwercks-Straffen mit Zuziehung und Hülffe der Obrigkeit eingetrieben, in welchen Fällen sie gemeiniglich höher ist, als wenn das Handwerck alleine straffet, und sich selbst hilfft, und da fällt die Hälffte sothaner Straffe der Obrigkeit heim, die andere Hälffte aber bleibet dem Handwercke.

§. 16.

Mit Gehorsam oder Gefängniß können Handwercks-Zünffte nicht straffen, noch weniger mit Schlägen oder dergleichen, gestalten ihnen solches in einigen Artickeln schwerlich zugelassen wird. Vid. D. Beier de Colleg. opif. cap. 16 num. 131.

Jurist. Oracul V Band.

Wenn schon, wie gedacht, einige Handwercks-Sachen, zwischen zweyen Meistern, unter sich und wider einander, oder zwischen einem Meister und einem gantzen Handwercke wider das andere zur processualischen Ausführung gedeihen, wobey Advocaten zugelassen und gebrauchet, dieselbe auch endlich nach Handwercks-Recht und Gewohnheit entschieden worden; so ist doch die Ordnung und Weise zu verfahren, modus procedendi, von der in derselbigen Stadt und Lande, in andern bürgerlichen Sachen eingeführten Proceß-Ordnung nicht unterschieden: derowegen ist nicht nöthig hier davon ausführliche Meldung zu thun, und wenn auch gleich allenfalls bisweilen von der Proceß-Ordnung abgegangen, und die apices juris übersehen würden, so kan doch ein verständiger Advocat solches selbst mercken, und seinen Clienten nach Nutzen rathen, wenn es anschlagen will.

§. 17.

Wegen der lateinischen Wörter: Notio, Jurisdictio, imperium mixtum &c. vid. D. Beier de Colleg. opif. cap. 16 §. 7, darff man sich hier nicht bekümmern, welches eigentlich auf die Gerichtsbarkeit der Handwercke und Zünffte zu appliciren sey. Denn eines Theils ist die Sorge vergeblich, weil diese Wörter denen Zünfften und Handwerckern unbekannt, auch in unsern Gerichten und Cantzeleyen teutsch geredet und geschrieben wird; Andern Theils sind die Gerichtbarkeiten realiter nach ihrer Wircklichkeit, nicht verbaliter nach ihrer Benennung anzusehen, und man darff sich nicht einbilden, daß die zu uns in Teutschland, über das Alp-Gebürge gestiegene Römische alte Gerichts-Policey- und Staats-Wörter, die teutschen Gerichten in ihre alte Römische Arten verändern, oder denen teutschen Gerichts-Herren und Gerichts-Innhabern, durch die etwa von denen Rechts-Lehrern gebrauchte Benennung oder Imposition präjudiciret werde, sondern es sind vielmehr die teutschen Gerichtbarkeiten von oben, bis unten, nemlich von dem höchsten, bis zum niedrigsten Gerichte, aus der teutschen Staats- und Landes-Verfassung zu beurtheilen und zu erkennen.

Von Auffheben.

§. 18.

Dieses ist ein Mittel, welches wider die Haussirer, Störer und Pfuscher gebraucht wird: Denn weil, wie offt gesaget, das Handwerck niemand treiben darff als redliche zünfftige Meister, die ihr Meister-Recht gebührend erworben haben, desgleichen weil die zünfftige Meisterschafft in gewisse Orte und Districte eingeschränckt ist, so werden die Leute, die sich hierinne vergehen, aufgesucht, aufgehoben und versaget. Weil nun die Haussirer, Störer und Pfuscher wissen, daß ihnen nachgetrachtet wird, so halten sie sich heimlich und verborgen, dahingegen die Zünffte forschen, und kundschafften, wo solche Leute ihre Niederlage, Auffenthalt und Einkehr haben.

§. 19.

Ist der Pfuscher von der Zunfft, zum Exempel ein Geselle, der etwa in einem heimlichen Orte arbeitet, massen ein Geselle keine meisterliche Verrichtung vornehmen, noch ausser eines Meisters Werck-

Werckstat, oder in gewisse Masse der Herberge arbeiten darff, wie oben gesaget; so kan ihn das Handwerck oder Zunfft vor sich nehmen, und nach ihren Artickeln abstraffen. Ist er aber außer der Zunfft, so muß die Obrigkeit um Hülffe angeruffen werden, indem die Zünfftliche in vorhergehenden § 14 erwehnte und andere Mittel nicht hinreichend sind. Dann wird solchen Leuten ihre eingeführte Waare, aufgekauffte Handwercks-Materie, vorhabende Arbeit weggenommen und verfällig erkläret nach Inhalt der Artickel, auch wohl noch darzu der Uibertreter arrestiret und bestraffet. Es geschicht auch zuweilen, daß einige Abgeordnete aus der Innung, mit Bewilligung der Obrigkeit und zugegebenen Frauen, an die Oerter, wo sie mercken, daß heimliche Pfuscher und Störer sitzen und arbeiten, umgehen; diejenigen nun, die sie auf der That betreffen, nehmen sie weg, und führen sie vor die Obrigkeit zur Bestraffung, und diese Expedition oder Verrichtung wird an einigen Orten Bönhasen jagen genennet.

§. 20.

Also bestehet das Aufheben 1) in Abnehmung der eingeführten Handwercks-Waare, und Vertreibung der Hausirer, 2) in Abnehmung der Auf- oder vorweg gekaufften Handwercks-Materialien und Vertreibung der Vor- und Abkäuffer, 3) in Abnehmung der Handwercks-Arbeit und Handwercks-Zeugs, auch Verbietung der Handwercks-Arbeit und Kunst-Geschäffte. Vorzeiten sind die Zunfft-Genossen gar strenge verfahren, dergestalt, daß sie auch die Glieder, mit welchen die Pfusch- und Störerey getrieben worden, verderbet, wie denn z. E. die Trompeter einem, der auf der Trompete geblasen, die vordern Zähne aus dem Munde gestossen, die Schneider eine Nadel durch den Daumen geschlagen haben, damit diese Personen künfftig nicht mehr in ihre Kunst und Handwerck pfuschen können. Aber es ist diese Art zu verfahren gar unmenschlich und unproportionirlich mit dem was gesündiget worden, wenn anders das Sünde zu nennen, was in der That keine ist. Heutiges Tages wird dergleichen nicht mehr gestattet, sondern die Zünffte dürffen nicht thun, als was ihre Artickel besagen. Auch kan ihnen die Obrigkeit in Aufhebung der Pfuscher und Störer nicht allenthalben helffen, sondern wo Dom-Herren und andere Frey-Häuser sind, da werden offt Pfuscher aufgehalten, fremde Waaren eingeführet, und die rohe Materialien an auswärtige Aufkäuffer verhandelt.

✳ ✳ ✳ ✳ ✳ ✳ ✳ ✳ ✳ ✳ ✳ ✳ ✳ ✳ ✳ ✳ ✳ ✳ ✳

Die Dreyzehnde Betrachtung.

Vom Schelten und Auftreiben, dem Selbst-Schelten, ingleichen dem Handwercks-Legen, wie auch Verlust des Meister-Rechts, und endlich von Aufhebung und Dissolution der Zünffte.

§. 1.

Hier wird nicht ein iedwedes Scheltwort verstanden, auch nicht das, welches ein Meister wider seinen Lehrling, oder auch etwa gar wider seinen Gesellen ausstösset, sintemal solches in der Intention den Lehrling oder Gesellen zu bessern oder zu corrigiren geschiehet, und nichts zu bedeuten hat a). Sondern Schelten heist hier, wenn ein Handwercks- oder Zunfft-Genosse dem andern etwas beymisset, oder beschuldiget, wider Handwercks-Gewohnheit und Erbarkeit gethan zu haben, weswegen er entweder zu bestrafen, oder vor unehrlich zu achten, und aus der Zunfft zu stossen. Denn weil sie ehrbare Handwercke, und so reine seyn wollen, als hätten sie die Tauben gelesen, so ist derjenige, der wider Erbarkeit, gute Sitten und Handwercks-Gewohnheit handelt, geschimpfet, und ein Zunfft-Genosse, der solches erfähret, kan es nicht verschweigen, sonst wird er eben wie jener.

a) D. Beier de Coqvic. part. 3 § 3 num. 141. Berger Oecon. jur. lib. 3 tit. 9 th. 14 num. 2.

§. 2.

Auftreiben ist, wenn ein gescholtener Handwercks-Geselle in keiner Werckstat geduldet wird, und kein anderer ehrlicher Geselle neben ihm arbeitet, noch mit ihm umgehet; oder einem Meister kein ehrlicher Geselle zugeschauet, er auch nicht in das Handwerck geladen, noch auf Märckten in das Stand-Looß mitgenommen wird, und dergleichen; denn wenn schon Auftreiben eigentlich nur von Gesellen, die von einem Orte zum andern lauffen, und also fortgetrieben werden, zu sagen ist, so kan es doch wohl von iedwedem gesaget werden, der zünfftlicher Gesellschafft entsetzet ist. Jedoch haben Schelten und Auftreiben mit einander genaue Verwändniß. Denn wer gescholten ist, der wird aufgetrieben, und wer aufgetrieben wird, der ist gescholten. Und das geschiehet nicht nur mündlich, in und außer den Handwercks-Versammlungen, bey Mitgebung des Grusses, bey dem Ein- und Ausschencken, bey der Umfrage und so weiter, sondern auch schrifftlich, indem sie ihn in das schwartze Register oder schwartze Tafel einschreiben, in die Ferne nachschreiben, in die Kundschafft setzen, das ist, wenn sie ehrlichen Gesellen bey ihrer Abreise Kundschaften, oder schrifftliche Zeugnisse ihres Wohlverhaltens mitgeben, so schreiben sie auf die andere Seite also: Hanß Ladensack (oder wie er sonst heisse) ist nicht vor ehrlich zu halten, bis er nach N. kommt, und seine Sache ausmachet. Dannenhero ist in die Kundschafft gesetzt, eben so viel als gescholten, und das wird so lange continuiret, und durch die hin und wieder wandernde Gesellen von Stadt zu Stadt getragen, dergestalt daß der Gescholtene nirgends Ruhe hat, so lange bis er komme, und seine Sache ausmache, oder sich abstraffen lässet.

§. 3.

§. 3.

Diese Sache hat denen Regenten viel Bedenckens verursachet, derowegen sind scharffe Verordnungen deshalben publiciret worden, unter welchen nur das Reichs-Gesetz aus der Reformation guter Policey de anno 1548 hier anzuführen, angesehen die Chur- und Fürstliche Landes-Ordnungen damit meistentheils übereinkommen. Dieselbe aber lautet also: "Es soll auch kein Handwercker den andern weder schmähen, noch auf- und umtreiben, noch unredlich machen. Welcher aber das thäte, das doch nicht seyn soll, so soll derselbe Schmäher solches vor der ordentlichen Obrigkeit des Orts ausführen; Ob aber hierinne Ungehorsam erschiene, so soll er von derselben Obrigkeit nach gestalten Sachen gestrafft, und für unredlich gehalten werden, so lang und viel, bis das, so obstehet, ausgeführet ist. Es soll auch derjenige, so geschmähet worden, keineswegs ausgetrieben, sondern bey seinem Handwerck gelassen, und die Handwercks-Gesellen, mit und neben ihm, wie sich gebühret, erörtert werden. Und was sonst ein ieder Spruch und Forderung zu dem andern, um Sachen, so ein Handwerck nicht betrifft, hätte, oder zu haben vermeinte, das soll ein iedweder vor der Obrigkeit, darunter sie betreten werden, oder sich enthalten, und um Sachen, ein geschencktes oder nicht geschencktes Handwerck belangend, vor der Zunfft, oder demselben Handwerck, nach gutem ehrbaren Bräuch der Orte, wie sich gebühret, austragen. Und welcher Meisters Sohn oder Geselle solch obgemeldt Ansehen, Erkenntniß und Vorträge nicht annehmen wolte, oder würde, der soll im Reich teutscher Nation, in Städten oder Flecken ferner zu arbeiten, und solche geschenckte oder nicht geschenckte Handwercke zu treiben, nicht zugelassen, sondern ausgetrieben, und weggeschaffet werden. Doch wo einiger sich beschwert befinde, dem soll unbenommen seyn sich für die nechste Obrigkeit zu beruffen, darnach sich männiglich haben zu richten„. Diesem nach soll ein einzelner Handwercker nicht schelten, sondern wenn er von seinem Zunfft-Genossen was ungleiches siehet oder höret, oder sonst was an ihm hat, so soll er es, wo es eine Sache, vor das Handwerck gehörig, dem Handwercke, wo es aber eine Sache vor die Obrigkeit gehörig, der Obrigkeit anzeigen, und sich an deren Weisungen begnügen.

a) Conf. Chur- und Fürstlich-Sächsische, item Chur-Bayerische Landes-Ordnung.

§. 4.

Aber die Handwerck, Gesellschafften und Zünffte brauchen das Schelten und Auftreiben als ein Zwangs-Mittel ihre Genossen zum Gehorsam, und schuldiger Abfindung zu bringen, und sonderlich dienet es wider die Gesellen, welche nirgend seßhafftig, sondern, nach ihrem Sprichworte: Heute hier, morgen in der weiten Welt sind, und also krafft dieses Mittels genöthiget werden, zurück an den Ort zu kehren, und ihre Sache auszumachen, oder zu einer Handwercks-Straffe sich zu bequemen. Ein Gescholtener muß nothwendig wieder zurück an den Ort, und vor dessen Handwercks-Lade, wo die Scheltung entstanden, oder er muß unehrlich bleiben, allermassen solche Sache an keinem andern Ort erörtert oder abgethan werden kan und soll a).

Und indem wir gesaget, es sey das Schelten und Auftreiben ein Zwangs-Mittel, die Zunfft-Genossen zu Gehorsam und schuldiger Abfindung zu bringen, so erweiset solches nur ihre gewöhnliche Formel: N. N. wird nicht vor redlich gehalten, bis et nach N. komme, und seine Sachen ausmäche; sondern es erscheinet auch daraus, daß das Schelten und Auftreiben keine Straffe sey b).

a) D. Beier de Convic. part. 2 num. 139.
b) Conf. D. Beier de Colleg. opif. cap. 2 in util. §66.

§. 5.

Wenn ein einzelner Handwercker einen andern schilt, so wird der Gescholtene nicht unehrlich, sondern er ist bey seinem Handwercke zu lassen, auch sind andere ehrliche Gesellen neben ihm zu arbeiten schuldig, so lange bis die angezogene Injurien und Schmähung gegen ihm, wie sich gebühret, erörtert, und er einer solchen That, die ihm zum Handwercke unfähig machet, überwiesen wird. Wird nun die Beschuldigung wahr befunden, und der Beschuldigte überwiesen, so wird, in Handwercks-Sachen, demselben eine Handwercks-Straffe, nach Beschaffenheit des Verbrechens, und Inhalt der Innungs-Artickel, dictirt und auferleget, und wenn er die nicht williget oder widersetzlich ist, so dann pfleget derselbe, durch einen Schluß der Zunfft gescholten, oder in die Kundschafft und schwartzes Register gesetzet zu werden, so lange bis er sich bequemet a). Dagegen wenn die Beschuldigung unwahr, oder von dem Diffamanten und Schmäher nicht beiwiesen werden kan, und zwar binnen der Zeit, die ihm bestimmet wird, so ist nicht nur solches dem Diffamanten oder Geschmäheten an seinem ehrlichen Nahmen gantz unschädlich, wie in dem vorhergehenden gesaget ist, sondern der Injuriant oder Schmäher wird sonst vor unehrlich gehalten, vermöge des im 3ten § angezogenen Reichs-Gesetzes. Jedoch geschiehet solches auch nicht stracks, sondern es wird demselben vorher eine Straffe im Handwercke auferleget, und wenn er die nicht williget, alsdann wird er unehrlich und aufgetrieben.

a) D. Beier de conv. n. 260.

§. 6.

Die Zeit, binnen welcher eine Beschuldigung oder Schmähung bewiesen werden soll, ist etwa 14 Tage oder 4 Wochen, zumahl unter Gesellen, welche in solchen Zeiten Zusammenkünffte halten, nach allem scharf forschen, und die Straffen eingeliefert haben wollen. Obschon im vorhergehenden 4 § gesaget worden, daß das Schelten und Austreiben ein Mittel sey wider die Gesellen zu verfahren; so sind doch auch die Meister davon nicht befreyet; ungeachtet wider sie andere Mittel vorhanden sind, indem niemlich dieselben von dem Stand- Loos ausgeschlossen, und nicht in die Zunfft vor offene Lade erbeten werden, niemand mit ihnen hebet und leget, keine Gesellen zuschauet, auch keiner bey ihm arbeitet, und dergleichen. vid. § 14 der 12ten Betrachtung.

§. 7.

Denn wenn gleich die Meister deshalben, weil sie seßhaft sind, nicht so von einem Ort zum andern sich treiben lassen, als die Gesellen, so ist es doch in der That eben so viel, wenn sie von zünfftlicher Gesellschaft, Gerechtigkeiten und Nutzungen ausgeschlossen

H 3

schlossen

schlossen werden, und eben deswegen, weil der Meister nicht ehrlich oder gescholten ist, arbeitet kein Geselle bey ihm, hat kein Meister neben ihm feil, und dergleichen conf. § 2 a). Ja sie werden so wohl in die Kundschaften gesetzet als die Gesellen, exempli gratia: Meister Rosenhan zu Jena wird nicht vor redlich gehalten, bis er nach Nürnberg kommet, und seine Händel austräget. Meister Job Aberdam zu Marburg mit seinen drey Söhnen, als Jonathan, Conrad und Walther, wird nicht vor redlich gehalten, bis er nach Cölln kommet, und seine Sache ausmachet. Meister Gregorius Meise von Nürnberg, Meister Christian Klein zu Saalfeld, Meister Hans Georg Klinger der Jüngere von Stutgard, Levin Stock von Winterthurn, diese alle sind nicht vor redlich zu halten, bis sie nach Nürnberg kommen, und ihre Händel austragen. Meister Hieronymus Stichling zu Braunschweig, Christoph Ebert von Halle, und Martin Reger, die drey werden nicht vor redlich gehalten, bis sie nach Nürnberg ihr Straf-Geld schicken.

a) D. Beier de Colleg. opif. cap. 18 § 9 n. 1506.
b) vid. D. Beier de Colleg. opif. cap. 18 § 9 n. 1504 seq.

§. 8.

Ein Meister soll zwar das Recht haben, daß er einen Gesellen, der ihn gescholten hat, und darauf fortgereiset ist, nicht nachziehen dürffe. v. D. Beyer im Meister cap. 12 num. 425. Allein wenn das observiret wird, was § 5 dieser Betrachtung gesaget worden, wie es denn vermöge der Reichs-Gesetze und Landes-Ordnungen observiret werden muß, so ist nicht zu sehen, was ein Meister vor einem Gesellen dießfalls vor ein Vorrecht habe. Denn der Geselle, wenn er wider einen Meister was hat oder weiß, muß dem Handwercke solches anzeigen und beweisen; wo er nun das nicht thäte, sondern fortlieffe, so würde er ja selbst unehrlich, nicht der von ihm gescholtene Meister, einfolglich hat der Meister nicht nöthig demselben nachzureisen, beweiset er es aber, so wird die Sache an demselben Orte und vor desselben Handwercks-Lade abgethan oder bestraffet.

§. 9.

Die Dorf-Meister, Land-Meister müssen freylich nach der Stadt, worinne die Zunfft und Lade ist, mit der sie es halten, reisen und ihre Sache ausmachen; Aber ein Meister kan doch nirgends als vor seiner Lade, mit der er es hält (in Sachen vor die Handwercke gehörig) angeschuldiget werden, daher gegen die Gesellen in allen Städten wo sie arbeiten, ja auch wo sie durchreisen und Händel unter einander bekommen, und vor denen darinne befindlichen Handwercks-Zünfften erscheinen und ihre Sachen ausmachen müssen und können. Ist das Verbrechen, welches ein Handwercker den andern beschuldiget, vor die Obrigkeit gehörig, so muß es bey derselben angebracht und erwiesen werden; darauf erkennet die Obrigkeit eine Strafe nach Beschaffenheit des Verbrechens, oder wenn die Beschuldigung falsch oder unerweislich ist, so wird der Beschuldigte absolviret, dagegen der Beschuldiger oder Ankläger gestraffet, wie § 5 gesaget worden.

§. 10.

Die Zünffte dürffen in solchen vor die Obrigkeiten gehörigen Sachen den Beschuldigten nicht vor sich laden, noch in der Sache Untersuchung oder Ver-

hör pflegen, weniger denselben unehrlich sprechen oder straffen, sondern sie müssen warten, bis die obrigkeitliche Sententia condemnatoria gesprochen, und darnach erst sehen, ob er dadurch unehrlich erkannt, mithin in der Zunfft zu dulden sey oder nicht. Oder wo sie es de facto thun, so müssen sie gewärtig seyn, daß sie von der Obrigkeit darüber zur Rede gesetzet und gestraffet, auch das Schelten zurück zu nehmen angehalten werden. Conf. Richter dec. 80 n. 32 in verbis: Jedoch sind sie, bis solches wider ihn ausgeführet und gänzlich erörtert, er auch unredlich gemachet, vor ihren Amts-Bruder (Zunfftgenossen) zu halten schuldig a).

a) Conf. § 13 der 12ten Betrachtung.

§. 11.

Es können Handwercks-Zünffte einen, der famosen Verbrechens beschuldiget und deß überwiesen ist, unter sich nicht leiden, weil er seinen ehrlichen Namen verlohren hat. Richter decis. 80 num. 34. Jedoch aber müssen sie sich, wie gedacht, nach der Sententia condemnatoria richten. Denn wenn in derselbe der ehrliche Name reserviret und vorbehalten, oder die ordentliche Straffe in eine ausserordentliche verwandelt wird, so sind sie gehalten, denselben in ihrer Zunfft zu dulden, und neben ihm zu arbeiten, oder mit einem Wort: Das Zunfft-Recht geniessen zu lassen nach wie vor. vid. Resp. 2p. Richter. decis. 80 num. 31 in verbis: sondern auch 100 Fl. Straffe anstat der euch zuerkannten Landes-Verweisung, sowohl 50 Fl. Unkosten erleget, von der ordentlichen Straffe der muthwilligen Todtschläger absolviret worden ... so seyd ihr jedoch bey so gestalten Sachen nicht allein nicht infamis worden, sondern auch euer Schuster-Handwerck ins künftige zu treiben, ehrliche Gesellen zu fördern, Jungen zu lehren und in der Meister Zusammenkunft zu gehen befugt a). Es wird hier, nemlich in Sachen, da die Obrigkeit untersuchet, die unter Handwercks-Leuten gewöhnliche Zeit, wovon oben § 6 gedacht, nicht beobachtet, sondern die Handwercker müssen sich nach der Obrigkeit und dem bey ihr geführten Proceß richten, und darauf ihren Schluß fassen, ob er in der Zunfft zu dulden oder nicht? Aber die Zeit der Obrigkeit anzuzeigen ist gar gar kurtz, nemlich es muß gleich des andern oder dritten Tages geschehen. D. Beier de Convic. p. 3 c. 10 n. 326 sqq.

a) Conf. Berger Oecon. jur. lib. I tit. 2 § 14.

§. 12.

Die Entschliessung aber des Handwercks kan und soll denen Rechten nach nicht anders seyn, als daß, wenn der Mann nicht unehrlich gemachet worden, er in der Zunfft zu lassen, wo er aber unehrlich erkannt, derselben zu entsetzen, wie schon mehr gedacht. Aber ich kan hier nicht verhalten, daß, wenn die Handwercke einen durch richterlichen Spruch oder Sentenz unehrlich erklärten Mann nicht wieder in ihre Zünffte lassen, solches gantz was anders sey als ihr Schelten und Auftreiben. Nemlich durch das Handwercks-Schelten wird keiner an seinen bürgerlichen Stande unehrlich, sondern nur am Handwercke oder Innungs-Rechte, jedoch nicht immer oder Zeit Lebens, sondern nur so lange, bis er sich bequemet und mit dem Handwercke abfindet: Ja das Handwercks-Schelten ist ein Mittel, wodurch er geladen und geruffen wird, als ein aus Hand-

werck-

wercks-Gewohnheit sich verirrter Mensch, wieder zu ihnen kehren, und sich Handwercks-Gewohnheit zu unterwerffen. Aber diejenigen, die durch richterliche Sentenz unehrlich erkläret worden sind, die sind an ihrem bürgerlichen Stande und Namen unehrlich, also können sie nicht in ehrlichen Zünfften bleiben, sondern werden derselben gar entsetzet, und Zünffte verlangen sie nimmer wieder unter sich.

§. 13.

Die Handwercks-Genossen sind schuldig und gehalten, den Aussprüchen und Erkänntnissen der Zünffte und Obrigkeiten nachzuleben und zu gehorsamen, welcher aber das nicht thäte, der soll in dem gantzen Römischen Reich Teutscher Nation zu arbeiten, und sein Handwerck zu treiben nicht zugelassen, sondern ausgetrieben werden, besage oben §. 3 angezogenen Reichs-Gesetzes. Jedoch wo einer sich beschweret befindet, dem bleibet unbenommen, an die Obrigkeit zu gehen oder sich zu beruffen; Er muß aber wohl zusehen, daß er seine Sachen fein ordentlich und nicht verkehrt anbringe und tractire, sonst wird er mehr Schaden, als Nutzen, davon haben.

Rechtliches Bedencken.

§. 14.

Zu mehrern Unterricht wollen wir einen Fall anführen aus D. Beiers Tractat de Convic. opif. Ein Meister des Töpffer-Handwercks zu Eisleben hatte sich an Handwercks-Gewohnheit vergangen, und wurde von dem Handwercke, Inhalts ihrer Articul, mit einer Straffe beleget, als er aber zu gebührender Abfindung sich nicht bequemet, so wird er gescholten, er aber achtet auch dieses nicht, sondern ziehet unvertragen von dannen. Desgleichen sein Gesell, weil er in des Meisters Wercksat, währender Scheltung, gearbeitet, oder sonst ihm beygestanden hat, wird mit 12 Groschen bestraffet, und da er sich nicht geben wollen, sondern unvertragen fortgezogen, in das schwartze Register geschrieben. Von dem Meister ist weiter nichts zu erzehlen, immassen derselbe vermuthlich die zünfftliche Gesellschaft gar verlassen haben wird, aber der Gesell kommet nach Zeitz in einer Wittwen-Wercksat, die ihn bey sich behält, ungeacht die Nachricht: Daß der N. zu Eisleben im schwartzen Register stehe, und nicht vor ehrlich zu halten, bis er dahin komme, und seine Sache ausmache; ihm nachgefolget. Derowegen, und weil der Gesell alle Erinnerungen und Vermahnungen, nach Eisleben zu gehen und sich abzufinden, verachtet, so wird er sammt seiner Meisterin von dem Zeitzischen Töpffer-Handwercke vor unehrlich erkläret, endlich ihnen das Handwerck gar geleget. Sie verklagen darauf das Töpffer-Handwerck zu Zeitz bey dem Stadt-Gerichte daselbst, und erhalten einen guten Bescheid dieses Inhalts: Weil beklagtes Handwerck von Klägern nichts unehrbares beyzubringen gewust, ausser das prätendirte Einschreiben zu Eisleben, welches in den Reichs-Abschieden verboten, so wird Beklagten ernstlich untersaget und auferleget, die Kläger in ihrer Arbeit, Thun und Vornehmen nicht zu hindern, sondern Handwercks-Gewohnheit nach sich gegen sie zu bezeigen, ufn Fall sie aber, wie auch das Handwerck zu Eisleben über die Kläger zu beschweren hätten, und ihre Klage bey den Stadt-Gerichten anbringen würden, so soll

ten sie gehöret, und nach Befindung mit gebührlichem Bescheide versehen werden. Den 17 Mart. 1626. Der Bescheid wird Rechtskräftig; die Wittwe mit ihrem Gesellen treibet das Handwerck fort; Dieser wird Meister und Bürger in Zeitz, heyrathet seine Meisterin, und ist ruhig etliche Jahre; Als aber ein fremder Gesell das Eislebische Einschreiben wieder mitbringet, mit Vermelden, daß zu Eisleben Zeitzische Gesellen nicht befördert würden rc. rc. klaget er wieder zu Zeitz, und wird nach vorigem Bescheide geschützet, auch durch Fürstliche Regierungs-Rescripte de anno 1637 & 1640. Über dieses schreiben die Stadt-Gerichte zu Zeitz an den Stadt-Magistrat in Eisleben und ersuchen denselben in Subsidium Juris: Dieser giebt dem Töpffer-Handwercke zu Eisleben ernsten Befehl dieses Inhalts: Weil solch ihr Meister und Gesellen Aufreiben, durch klare Reichs-Abschiede und Churfürstl. Sächsische Landes-Ordnungen bey hoher Straffe verboten, daß sie ihres unbefugten Einschreibens und Scheltens gegen N. N. und alle andere Meister und Gesellen gäntzlich und bey Straffe 30 Thaler sich enthalten, alle Bürgers-Söhne und Gesellen zu Zeitz, so daselbst gearbeitet und anherkommen, uneaufgetrieben lassen, solche allhier befördern, und da sie wider N. N. oder iemand anders, etwas fürzunehmen bedacht, solches ordentlicher Weise bey der Obrigkeit thun, und sich an Gleich und Recht begnügen lassen solten. Signatum Eisleben den 12 Febr. 1641. Darauf soll es wieder eine Zeitlang stille worden seyn, und die Leute müssen ihres erlangten Rechts und dessen ruhigen exercitii oder die Art und Weise dasselbige zu erlangen und sich dabey zu erhalten nicht verstanden haben, daß es nicht beständig dabey geblieben, saget D. Beier de convic. p. l. num. 32. Aber zu geschweigen, daß es leider! schlecht genug, wann man die Leute in persequendo Jure irren lässet, so scheinet es so eine Beschaffenheit gehabt zu haben, wie mit einer nicht recht, oder nur obenher zugeheilten Wunden, welche wieder aufbricht, ehe man sichs versiehet. Denn wenn man bedacht hätte, daß das Töpffer-Handwerck zu Eisleben die Sache zuerst vorgehabt, und darinne Weisung gegeben, auch dem Manne, als damahligen Gesellen bey ihnen 12 Groschen Straffe dictiret, der sich aber darwider gesetzet, und unvertragener Sache davon gereiset, so konte es ja nicht anders seyn, als daß er gescholten und in ihr schwartzes Register geschrieben, mithin billig aufgetrieben wurde, zumahl die Reichs-Gesetze selbst verordnen, daß diejenigen, welche die zünfftliche und obrigkeitliche Ansehen, Erkäntniß und Verträge nicht annehmen wollen, auf dem Handwercke zu arbeiten nicht zugelassen werden sollen. Vid. supr. § 3 & 13. Und obwol in allerhöchst gemeldten Reichs-Gesetze einem, der sich beschwert zu seyn erachtet, zugelassen, an die Obrigkeit zu gehen, so hätte er doch nirgends, als bey dem Stadt-Magistrat zu Eisleben, sich beschweren können, und es darauf ankommen lassen müssen, ob seine Beschwerden erheblich erkannt würden oder nicht? Inzwischen hat sich in der Sache ferner zugetragen, daß er aus dem schwartzen Register keinesweges ausgestrichen, sondern wieder mit hergelesen, darzu das gantze Handwerck in Zeitz, weil es ihm beygestanden, mit gescholten worden. Darüber beschweret sie sich nun bey dem Magistrat zu Eisleben, und beziehen

ziehen sich auf die vorherige Pönal-Auflage. Aber der Magistrat zu besagtem Eisleben fertiget Citationes aus zu einem Termin, um darüber rechtlich zu verfahren; Hingegen wollen die zu Zeitz nicht nach Eisleben, beziehen sich auf ihr Jus quæsitum, und versuchen alle Mittel, werden aber durch Rescript der Fürstlichen Regierung zu Zeitz nach Eisleben gewiesen; um ihre Sache daselbst aus zumachen, den 22 Jul. und 15 August 1648. Ehe nun das Verfahren absolviret, oder nach rechtlicher Erkänntniß verschicket wird, stirbt der Mann zu Zeitz, und dessen Wittwe berichtet dessen Tod nach Eisleben, erhält darauf von dem Rathe daselbst den Bescheid: Weil ihr Hauswirt Todes verfahren, daß auch die Streitigkeit zwischen ihm und dem Töpffer-Handwercke aufgehoben. Dieses hatte wohl seine Richtigkeit bey dem Stadt-Magistrat zu Eisleben und in der Person des Verstorbenen, welcher nicht mehr vor Gerichte, noch vor einem Handwercke erscheinen, noch weiter aufgetrieben werden konte. Allein das Handwerck zu Eisleben war anderer Meynung, und ließ nicht nach ihre vorige Weise zu wiederholen, und des Verstorbenen hinterlassene Wittwe zu schelten. Und obwol der Stadt-Magistrat zu Zeitz vor sie nach Eisleben schrieb und intercedirte, so war es doch vergebens. Derowegen resolvirte sich die Wittwe zu dem, was ihr verstorbener Mann nicht thun wollen, und reisete nebst ihrem Gesellen von Zeitz nach Eisleben zu dem Töpffer-Handwercke selbst, versöhnete sich mit demselben, und bezahlete fünf Thaler Straffe, nicht auf einmal, sondern auf Termine. Dadurch wurde diese Sache gründlich gehoben, und der Wittwen beglaubtes Instrument darüber ertheilet, auch allen Handwercks-Genossen angezeiget, dieser Wittbe und Gesellen allen förderlichen Willen zu erweisen, den 31 Octob. 1652. Aus diesem Casu ist zu ersehen, wie und wasmassen das Handwercks-Schelten und Auftreiben, unbeschadet der Reichs- und Landes-Gesetze, exerciret oder zu Wercke gerichtet werde, und zwar nicht nur wider einen Handwercks-Genossen, der sich vergangen, und dem wider ihn ergangenen Handwercks-Spruch widersetzet hat, sondern auch wider diejenigen, die ihm beygestanden, und am Handwercke behülfflich gewesen oder Vorschub gethan. Weil aber, wie man saget, eine Schwalbe keinen Sommer machet, so wollen wir noch ein Exempel anführen.

Zweytes Rechtliches Bedencken.

§. 15.

Ein Bürger und Kammacher zu Jena wird von dem Handwercke zu Nürnberg, allwo eine Haupt-Lade desselbigen Handwercks ist, in die Kundschaft gesetzet: darüber beschweret er sich bey dem Stadt-Rath zu Jena, welcher vor ihn nach Nürnberg an den Rath schreibet, also: Uns hat N. N. hiesiger Bürger und Kammacher mündlich fürbracht, wie daß sich die Kammacher zu Nürnberg unterfangen wolten, ihn gantz unverschuldet in die Kundschaft zu setzen, und vor einen ungültigen Meister zu halten. Dannenhero er uns gehorsamlich gebeten, bey Unsern Hochgeehrten Herrn es dahin zu richten, damit dieses ihr Vornehmen verhindert, und er an seinem ehrlichen Namen und Handwercke ungekräncket bleiben möge. Wann dann Eingangs gemeldter N. N.

ein ehrlicher unbescholtener Meister ist, und wegen seines Wohlverhaltens bey uns ein gutes Zeugniß hat, über dieses, da er etwas verbühret, nicht auf solche eine Art und Weise, welche die Reichs-Gesetze bey hoher Straffe verboten, sondern anderer zuläßiger Gestalt, nach Anleitung der Rechte mit ihm zu verfahren; Als zweiffelt uns gar nicht, daß Unsere Hochgeehrte Herren an diesem Beginnen, da es sich angebrachtermassen verhält, ein grosses Mißfallen tragen werden. Gelanget demnach an dieselbe unser dienstergebenes Bitten, Sie wollen bey dem Kammacher-Handwercke zu Nürnberg die nachdrückliche Verfügung thun, damit das Setzen in die Kundschaft nachbleibe, oder daferne es allbereit geschehen, unverzüglich wieder abgethan werde. Hieran vollbringen dieselbe ein Werck der heilsamen Justitz und wir rc. Jena den 16 Mart. 1676. Der Rath zu Nürnberg antwortet hierauf folgender Gestalt: Was an Uns dieselbe auf Anbringen und Bitten N. N. unterm Dato den 16 Martii nächsthin abgehen lassen, das ist uns zu rechte eingehändiget worden. Nachdem wir nun bedeutetes Schreiben denen allhiesigen Geschwornen des Kammacher-Handwercks, um ihren Bericht vorhalten lassen, haben selbige solchen dahin erstattet, daß besagter N. sich fast freventlich unterstanden, ihr gesamtes Handwerck gantz unverantwortlich, und also strafbarer Weise dahero zu schänden und zu schmähen, weil selbiges einen Altenburgischen Kammacher, welcher allein von der Meisterschaft zu Erfurt ehrlich gemachet, sondern auch von Ihro Fürstl. Durchl. zu Sachsen-Altenburg vor redlich erkannt worden, auch davor angenommen. Uberdieß hätte auch mehr gedachter N. sich nicht entblödet, zwey Gesellen ohne Kundschaft, dem aller Orten üblichen Handwercks-Gebrauch entgegen, zu fördern. Wie nun aber dahero ernantte hiesige Meister denselben nicht für gut halten können; Also, obwol selbige hierum seithero sich zu ihme versehen, es würde derselbe derentwegen ein Schreiben an hiesiges Handwerck abgehen lassen, und sich selben vergleichen: So wäre doch von ihme, dessen bekannten Widerspenstigkeit nach, ein solches unterlassen, hingegen ein fast anzügiges Schreiben an ihren Mitmeister N. N. abgelassen, also hierdurch dieses verursachet worden, daß selbiger auf Verlaub des allhiesigen Löblichen Rüg-Amts bis zu Austrag seiner Sachen in die Kundschaft gesetzet worden. Wann dann sie die Geschworne, und das gesamte Handwerck hierdurch nichts denen Reichs-Constitutionibus zuwider lauffendes verhandelt, hingegen die in dergleichen Fällen zuläßige Mittel vor die Hand genommen: Als letzten ist zu verläßigen, auch recht und billigmäßiger Hoffnung, es werde viel ernannter angewiesen werden, sich persönlich anhero zu stellen, und darauf mit dem gesammten Handwerck, sowol deren wider sie ausgestossenen Schmähwort halber, als auch derentwegen, daß er wider Handwercks-Gebrauch zwey Gesellen ohne Kundschaft gefördert, und denn auch der bereits verursachten und noch verursachenden Unkosten wegen, sich abfündig zu machen. So wir in Antwort unberichtet nicht lassen wollen rc. Nürnberg den 5 Jun. 1676. Conf. D. Beier de Colleg. opif. cap. 18 § 10.

Es ist aber so bald noch nicht geschehen, daß er nach Nürnberg gereiset wäre, und sich abgefunden hätte,

hätte, sondern man hat noch vielerhand Einwendungen gemachet, unter andern auch dieses, daß es sich nicht gezieme, seine Unterthanen an frembde Gerichte zu stellen rc. Allein man hat geantwortet, daß die so genannten Haupt-Laden einer innocenten Beschaffenheit seyn, und dadurch derer Reichs-Städte Handwerckern nicht nachgesehen werde, einiger Jurisdiction über frembder Herrschafften Unterthanen sich anzumassen, sondern die vorsichtige Vorfahren quasi ex mutuo pacto in solchen Städten, wo etwan das Handwerck am ersten erfunden oder geheget und vermehret worden, solches darum von undencklichen Jahren her eingeführet haben, damit die Einstimmigkeit der Handwercks-Genossen, und dero Ordnung desto bequemlicher möchte gehandhabet und Confusion vermieden werden rc. "Wenn Meister N. der es vorher mit denen Erffurtern und deren Lade gehalten, sich von diesen nach Handwercks-Gebrauch beurlaubet hätte, oder sich annoch beurlaubete, und solches durch ein beglaubtes Attestat beybrächte, dann die Lehrlinge bey einer ihm selbst beliebigen Sächsischen offenen Lade einschreiben und zu Gesellen machen liesse, so lange und viel bis seine Mitmeister zu Jena auf drey oder mehr sich würden vermehret haben, endlich gleich andern Werckstäten, ein sonderbares Corpus machen, und eine Handwercks-Lade vor sich aufrichteten, als wodurch die gute Harmonie dieses Handwerck's im gantzen Römischen Reich mit erhalten würde, ꝛ ꝛ ꝛ ꝛ so sey es unverwehret. So aber, da bemeldter N. eigenmächtiger Weise, von denen Erffurthern ab- und zu der Kramer-Zunfft in Jena getreten, Jungen aufdingen und lossprechen, Gesellen und Meister machen wollen, das sey unrecht, und woferne er sich nicht bequemen würde, so möchte er mit seinem Anhange vor sich bleiben, sie würden ihm kein Gesinde zukommen lassen, auch die Seinigen nicht annehmen rc." Dieses war die Meynung der Nürnberger, mit welchen auch andere Kammacher-Innungen übereinstimmeten, wie aus denen eingeschollenen Gutachten oder Pareres von Wien, Dreßden, Leipzig zu ersehen, und in denen disfalls ergangenen Actis aufm Rathhause zu Jena befindlich.

Also half dem guten Manne all sein Wehren und Vornehmen nichts, sondern er muste endlich doch mit denen Nürnbergern sich abfinden, wenn er wolte ein ehrlicher Meister seyn; Aber er ist so gelinde nicht darvon gekommen, als im vorhergehenden Casu geschehen. Wenn ein Handwercks-Mann oder Geselle ein solch Verbrechen begehet, dessen Bestrafung eine infamiam oder Verlust ehrlichen Nahmens nach sich ziehet, so ist er bey dem Handwercke auch unehrlich und in ihrer Zunfft nicht zu dulten a).

a) Richter decis. 80 num. 35.

§. 16.

Nachdem nun das, was bisher gesaget worden, zwischen einem Schmäher und Geschmäheten vorgehet, sollen die übrigen Handwercker, Meister und Gesellen, sich stille verhalten, in ihrer gewöhnlichen Arbeit fortfahren, keinen Aufstand erregen und dergleichen. Aber in zünfflicher Versammlung kan und soll iedweder sein Bedencken von sich geben, nachdem was Handwercks-Brauch ist, und die vor das Handwerck gehörige Dinge, dem Ober-Meister und Handwercke, die andern vor die Obrigkeit gehörende anzeigen, ie eher, ie besser, damit die Sache vertragen werde, ehe sie in auswartige Orte komme a).

Jurist. Oracul V Band.

hörende anzeigen, ie eher, ie besser, damit die Sache vertragen werde, ehe sie in auswartige Orte komme a). Also siehet man, daß das Schelten kein Thun eines eintzelen Handwerck's sey, sondern durch die Zünffte oder Innungen, oder auch selbst durch die Obrigkeiten vollstrecket werdet, gestalten auch diejenigen Gescholtenen, die sich wieder einfinden und bequemen, vor Zünfften und offnen Laden wieder ehrlich erkläret werden, indem man ihnen darüber beglaubten Schein ausstellet, oder solches auf denen Kundschafften meldet u. s. w. dahergegen die andern, die sich nicht bequemen, vor sich bleiben mögen, wo sie nemlich an einem Orte sitzen, wie h præc. gesaget, vor der Lade entfernet, unter Obrigkeitlichen Schutz, oder wo die Zunfft an dem Orte ist, so müssen sie entweder das Handwerck fallen lassen, oder anderswohin ziehen, und etwa Pfuscher abgeben.

a) D. Beier de Convic. pag. 3 cap. 9 num. 321 & cap. 10 num. 326 seqq.

§. 17.

Es sollen noch Mittel seyn, die einem Gescholtnen zu statten kommen, davon D. Beier de Conviciis part. 3 cap. 13 handelt. Nemlich 1) ein gütlichen Vertrag der beyden, die mit einander etwas haben, ehe noch die Sache dem Handwercke, oder denen Gerichten, angezeiget oder geklaget werde; iedoch muß derjenige, der es nöthig hat, das Vergleichs-Document oder Schein stets bey sich tragen, damit wenn etwa an einem Orte ihm wieder Vorwurff geschehe, er sich damit helffen und schützen könne. 2) Wenn aber das Schelten schon geschehen, und einer von weiten nicht gerne dahin will, so sey es dienlich, daß er seine Obrigkeit anruffe, und bitte, daß sie an die Obrigkeit derjenigen Zunfft, wo dis Schelten herrühret, schreiben, und dieselbe in subsidium juris ersuchen, das Handwerck zu vernehmen, weswegen dieser gescholten worden, mit Vermelden, daß das Handwerck an ihrem Ort erbötig wäre, den Mann nach Befinden, Handwercks-Gewohnheit gemäß, abzustraffen, und dis eingehobene Straff-Geld den Meistern ihres Orts zuzusenden rc. Diese Cautel ist practiciret worden im Jahr 1657 von einem Hutmacher zu Braunschweig, welcher als Geselle zu Jena noch was auf sich hatte, und deshalb gescholten wurde; Dieser giebt sich gleich, so bald er die Jenaische Scheltung vernommen, bey seinem Handwerck zu Braunschweig an, das Handwerck imploriret die Stadt-Obrigkeit, wie gedacht, diese den Rath zu Jena, daß also diese Sache in kurtzem gehoben wurde. Ferner wird 3) recommendiret das Remedium Legis Diffamari, krafft dessen ein Gescholtener seine Obrigkeit imploriren und den Diffamanten dahin citiren lassen kan; nach diesen 4) Arrestirung der Person, von welcher das Schelten herkommet, wie auch der Gesellen, die die Scheltung umtragen; oder auch 5) daß ein gescholtener Geselle solte von Werckstat zu Werckstat lauffen, und in ieder die zugelassene vierzehen Tage arbeiten.

§. 18.

Das erste Mittel ist gut, wann es verschwiegen bleibet, wo nicht, so werden beyde gestraffet, der eine, daß er sich an Handwercks-Gewohnheit vergangen, der andere, daß er es verschwiegen und nicht angezeiget hat. Der Vergleichs-Schein ist wohl dienlich sich zu Abweisung dessen, mit dem der Vergleich geschlossen ist, der aber, so zu straffen befugt, läst sich daran nicht hindern. Das andere Mittel ist besser, wenn es allezeit angehet und deferiret wird. Das dritte wird nicht viel helffen, weil die Diffamanten nicht leicht erscheinen, auch die im Gerichte erkannte Auflegung des Stillschweigens von denen Zünfften nicht attendiret wird, eben wie in der kurtz vorher erzehlten Sache Rechtskräfftige Bescheide und Rescripte nicht attendiret worden. Das vierte ist nicht practicabel, noch hinlänglich; Denn wo sie mercken, daß man Gescholtenen den Rücken hält, so schelten sie die gantze Zunfft, und meiden den Ort, und wenn gleich einmal einer arretiret wird, so wirds doch damit nicht aus. Das fünffte ist desperat.

§. 19.

Wie ist es aber mit der Retorsion, und was ist hier damit auszurichten? Retorsio steckt im Gesetze, welches den vor unehrlich hält, bis ers erweiset. Beym Carpz. prax. crim. quæst. 97 num. 37 ist ein Responsum, also lautend: "Da ihr nun darwider, so bald ihr es erfahren, bey gemeldtem Handwercke eine rechtmäßige Retorsions-Schrifft eingewendet, solche auch durch das Handwerck dem Injurianten zugeschicket, derselbige darauf stille geschwiegen ꝛc. so hättet ihr dergestalt eure Ehre zur Nothdurfft gerettet.„ Conf. Bayerische Landes-Ordnung lib. 4 tit. 1 art. 18. Das Responsum ist wohl gut, aber unsers Erachtens nicht nach denen Gesetzen, die Handwercks-Leuten vorgeschrieben sind. Denn wer da schilt, der muß die Scheltung darthun, oder er wird selbst vermöge der Gesetze vor unehrlich geachtet. Also ist die Retorsion des Mannes nicht nöthig, und der Schelter hat nicht stille schweigen dürffen, wo die Beschuldigung wahr ist; Einer muß bestraffet werden, entweder der Schelter, wenn er seine Schmähung nicht erweiset, oder der Gescholtene, wenn er überwiesen wird. Zu dem ist das Schelten und Auftreiben keine blosse Injuria, sondern eine Citation, an den Ort zurück zu kommen, und seine Sache auszumachen. Nun aber hat wider eine Citation die Retorsion nicht stat. Man hält dieses vor das beste Mittel wider das Schelten und Auftreiben, wenn sich ein ieder Handwercks-Genosse sein nach Handwercks-Gewohnheit richtet; und wenn er ja etwas versiehet, sich nur bald zu der Straffe verstehet, gestalten dieselbe ohne dem nicht hoch, und die Ungelegenheit, die aus der Widersetzlichkeit erfolget, viel grösser ist. Man bedencke den obigen Fall mit dem Töpffer, was er vor Ungelegenheit erlitten hat, etliche 20 Jahre, die er anfangs hätte mit 12 Groschen abwenden können. Wird er unschuldiger Weise geschimpfet, so hat er in viel angezogenen Reichs- und Landes-Gesetzen, seine Satisfaction und Sicherheit, indem nemlich er nicht kan aufgetrieben werden, bis die Beschuldigung erwiesen, darüber auch der Schelter selbst unehrlich wird. Dazu kan er, so er will, actionem injuriarum anstellen.

Von Selbst-Schelten.

§. 20.

Es ist gar gemein, daß Leute in ihren Reden und bey Versprechungen, allerhand Betheurungen brauchen, worunter auch das Selbst-Schelten, nemlich: Ich will nicht ehrlich, ein Schelm seyn, und dergleichen, wenn ich dieses nicht thue, halte, oder lasse. Daher wird nicht unbillig gefraget: Ob ein Mann, der sich vermißt und selbst schimpffet, und doch nicht erfüllet, was er dabey zugesaget hat, nicht vor unehrlich zu halten, zumal ein Zunfft-Genosse, der so rein seyn soll, wie eine Taube, mithin derselbe zu bestraffen, oder aus der Zunfft zu stossen? Darauf wird geantwortet, daß dem alten teutschen Glauben und Treue allerdings gemäß, alle Versprechungen zu erfüllen, oder sich dem, was dabey gesaget oder gelobet worden, zu unterwerffen, allermassen die alten Teutschen so gar ihre Freyheit auf das Spiel oder Duell gesetzet, und dadurch gutwillig verlohren gegeben haben, worüber sich der Römer, Tacitus, wundert, sagend: Ea est in re prava pervicacia, ipsi fidem vocant. De mor. Germ. cap. 24. conf. Schilt. prax. Jur. Rom. Exercit. 3 §. 1.

§. 21.

Aber heutiger Zeit sind die Teutschen gantz anders, und gleichwie es mit dem Eidschwüren, und dergleichen Vermessungen im gemeinen Leben gehet, daß dieselben unbedachtsam und aus Gewohnheit hin geredet werden, ohne die darunter gethane Versprechungen zu erfüllen, also ist es mit denen Vermessungen bey Schelm-Schelten auch. Wir sagen nicht, daß ein solcher Mann nicht könne verklaget, und zu Erfüllung des gethanen Versprechens, mittelst richterlichen Zwangs angehalten werden; sondern wir meynen, daß du ihm deshalb nicht vor einen Schelm, oder wovor er sich selbst gescholten hat, ästimiren sollt; Thust du es aber doch, und er verklaget dich bey dem Gerichte, so must du ihm eine Abbitte und Ehren-Erklärung thun. vid. Stryck de Caut. Contract. Sect. 2 cap. 6 §. 17. Zwar ist es wohl an dem, daß ehrliche Leute, denen an Haltung gegebener Parole gelegen, hernach solchen Leuten nicht mehr trauen; Aber er verlieret doch darüber seine Ehre nicht, indem laut der heutiges Tages üblichen Gesetze ein solch Pactum verboten, mithin ohne Effect ist. vid. Stryck all. loc. Die Injurien kommen von andern, nicht von sich selbst, und wenn derselbe injuriiret, so stehet es bey dem Injurianten, ob er remittiren oder ad animum revociren wolle, und er thue was er wolle, so wird doch sein ehrlicher Nahme nicht verletzet, als welches ohne Urtheil und Recht nicht geschiehet. L. 5 §. 1 ff. de extraordin. cognit. Wenn auch gleich bey der alten Römer Zeiten ein freygebohrner Mensch, der gegen Empfang eines Stück Geldes sich selbst verkauffen lassen, auf seine Freyheit sich nicht beruffen könte, L. 2 & seqq. ff. quib. ad libert. proclam. non lic. so schickt sich doch das nicht hieher, weil, wie gesagt, durch solche Vermessungen ein ehrlicher Nahme nicht verloren gehet, einfolglich darauf sich zu beruffen unverwehret ist. Vid. D. Beier de convic. opif. part. 3 c. 5. per tot. impr. num. 227 & 228.

§. 22.

Wenn man nun gleich sagen wolte, daß solche Betheurungen unter Handwercks-Leuten in gewissen Verstande zu toleriren seyn, Id. ibid. num. 229, so muß man doch zeigen, aus was vor Gründen und weshalben, oder was besonders daraus erfolge. Nun ist §. 21 schon gesaget, daß nach denen

denen heutigen gemeinen Rechten aus solchen Assertionibus nichts folge, noch dadurch iemand seinen ehrlichen Nahmen verliere. Also müste gezeiget werden, daß in Handwercks-Gewohnheit und Innungs-Artickeln ein anders eingeführet oder geordnet sey. So lange aber dieses nicht geschiehet, und in Artickeln nicht gefunden wird, so lange kan ein solcher Mann nicht Unehrlich gemacht, noch ihm das Handwerck geleget werden. D. Beier all. tr. cap. II num. 338. Wenn nun gleich Handwercke oder Zünffte ihre Genossen, die sich bey Schelm-Schelten vermessen, und nicht einhalten, bestraffen, so geschiehet es doch nur in wenig Gelde, keinesweges in Unehrlichmachen oder Handwerck-Legen, welches schwerlich wird erlaubet seyn, inmassen solches mit dem Verbrechen keine Proportion hat.

§. 23.

Auch wird es wohl nicht anders zuläßig seyn, als in Handwercks-Sachen, und unter Zunfftgenossen: daher als ein Handwerck auf eines auswärtigen Creditoris Anbringen einen Mitmeister, der sich zu Bezahlung einer Schuld bey Schelmschelten obligiret und nicht eingehalten, vor sich geladen und in der Sache Verhör gepflogen, auch den Debitorn deßhalb von der Lade und Versammlung ausgeschlossen hatte, so wurde dasselbe von Hochfürstl. Regierung, wohin die Sache von dem Stadt-Rath gelanget war, in eine ziemliche Geldstraffe condemniret, in Betracht denen Zünfften in Schuld-Sachen keine Cognition zustehet, wie offt gedacht. Also ist der Schluß, daß die Versprechung bey Schelmschelten, wenn nicht eingehalten wird, auch unter Handwercks-Leuten, und in ihren Sachen nicht unehrlich mache, sondern nur eine kleine Geld-Straffe verwircke, woraus zwar noch grössere Ungelegenheiten folgen können, wenn der in Abtrag der Straffe widerspenstig ist. Woferne aber in einigen Innungs-Artickeln was anders disfalls geordnet wäre, so hat es dabey sein Bewenden.

Von Handwercks-Legen.

§. 24.

Das Handwercks-Legen heist, wenn ein Handwercksmann sein Handwerck nicht treiben darff. Man findet nicht in allen Innungs-Artickeln davon, dennach ist es wohl bey allen Handwercken üblich, wenn es die Nothdurfft erheischet, und geschiehet also, daß einem Meister von dem Handwercke oder Zunft angesaget und geboten wird, auf dem Handwercke nicht zu arbeiten, bey Straffe einer gewissen Summe Geldes. Und so lauten davon die Innungs-Artikel der Tuchmacher zu Bürgel, welche zwey Gülden Straffe setzen. Gemeiniglich wird es gebrauchet als ein Hülffs-und Executions-Mittel, einen widerspenstigen Handwercks-Meister zu Gehorsam zu bringen, deren einige oben §. 10 der 12 Betracht. gemeldet, und zwar so ist es dem Grad nach, das höchste und äusserste Mittel, indem es die Treibung des Handwercks völlig leget, dahingegen die andern nur in gewisse Masse die Handwercks-Nahrung hindern oder verbieten. Und also darff ein Meister, dem das Handwerck geleget ist, gar keine Handwercks-Arbeit machen, weder in noch ausser seiner Werckstat, worinne er

noch übler dran, als ein gescholtener Meister, der doch noch arbeiten, auch von 14 Tagen zu 14 Tagen Gesellen haben kan.

§. 25.

Derowegen mögen Handwercks-Leute und Zünffte wohl zusehen, daß sie zu diesem Mittel nicht schreiten, ehe und bevor alle andere versuchet worden, und nicht helffen wollen, anerwogen es gar hart und injuriös, einem seine Arbeit zu untersagen, L. 13 §. f. ff. de injur. dahergegen wo ein Handwerck rechtlich, Legung recht- und Innungsmäßig verfähret, da kan es Injurien-Klagen vermeiden, sintemahl die Ausübung seines Rechts nicht injuriös zu achten, juris executio non habet injuriam. L. 13 §. 1 ff. de injur. Jedoch woferne die Handwercks-Legung mittelst eines Gebots geschiehet bey Straffe zum Exempel zweyer Gülden, da ist der Schade und Gefahr so groß nicht, sondern wenn der Mann nicht pariret, und wider Verbot arbeitet, so ist er in die Geld-Straffe verfallen, welches im Verfahren im Circkel ist. Erst weil die Straffe nicht geben will, wird ihm das Handwerck geleget, hernach, wenn er die Handwercks-Legung nicht achtet, so verfällt er wieder in Straffe.

§. 26.

Derowegen ists besser, wenn die Handwercks-Legung so geschehen kan, daß ihm zu arbeiten nicht müglich, wenn er gleich wolte. Nemlich wenn ihm etwa die Werckstat verschlossen, oder das Handwercks-Zeug entnommen wird; wie denn zum Exempel bey Tuchmachern und dergleichen Handweckern der Würckstuhl, oder nur dessen Lade, und dergleichen Hauptstücke, kan verschlossen werden, auch wohl einiger Orten gebräuchlich ist, und auf Befehl des Ober-Meisters von dem Jungmeister verrichtet wird. Woferne nun ein Handwerck weiter gehet, und die Obrigkeit um die Frohnen anspricht, sodann durch dieselben, mit Ketten womit die Uibelthäter gebunden werden, eine Werckstat oder Stul beschliessen lässet, so ist es eine Injurie, die der Mann vindiciren kan. L. 32 ff. de injur.

§. 27.

Im übrigen währet die Handwercks-Legen, so lange bis sich der Mann nach Handwercks-Gewohnheit und Ausspruch accommodiret; Dann wird es wieder aufgehoben, und ihm erlaubet sein Handwerck zu treiben, hernach wie zuvor. Also ist die Handwercks-Legung keine gäntzliche Ausschliessung vom Meister-Recht, auch regulariter Zünfften nicht erlaubet, einen ihrer Genossen aus der Innung zu stossen oder zu excludiren. Vid. D. Beier de Colleg. opif. cap. 16 num. 1322.

Von Verlust des Meister- und Zunfft-Rechts.

§. 28.

Wenn ein Meister oder Zunfftgenosse in die vorher gemeldte Handwercks-Straffen verfallen ist, und darinne beharret, so kan er endlich des Meister-oder Zunfft-Rechts gar entsetzt und ausgeschlossen werden. D. Beier in Meister cap. 13. Oder auch wenn ein Meister selbst die zünfftliche Versammlung nicht achtet, nicht dazu kommet, sein Einlege-Geld nicht giebt, und dergleichen. Item durch

durch Verziehen wird das Meister-Recht an dem Orte, von welchem er gezogen, verlohren, inmassen, wie offt gedacht, das Meister-Recht ein Local-Werck ist; Und wenn er nach einiger Zeit an den vorigen Ort wieder kommen wolte, so müste er sein Meister-Recht wieder gewinnen, jedoch ohne eine Meister-Stück zu machen. D. Beier all. loc. n. 470.

§. 29.

Mancher kan Armuths wegen seine Meisterliche Handwercks-Nahrung nicht fortsetzen, derowegen muß er solche verlassen, und entweder sonst was vornehmen oder in anderer Meister Werckstäten sein Brot suchen, und vor Gesell arbeiten, so aber nicht bey allen Handwerckern angehet, indem die Gesellen neben einem solchen nicht arbeiten. Id. num. 473. Mancher weiß andere Nahrung zu treiben, und läst deshalben die Handwercks-Nahrung gutwillig fahren; Aber solche, ungeacht sie die Meisterliche Handwercks-Nahrung nicht fortsetzen können noch wollen, behalten doch die übrigen Zunfft-Rechte und Gerechtigkeiten, halten es mit der Zunfft, heben und legen in die Lade ꝛc. ꝛc. Und solches thun sie theils um ihrer Kinder willen, wenn etwa dieselbe dermahleins in das Handwerck wolten, massen, wie gedacht, Meisters Söhne und Töchter seinen Vortheil haben, theils um ihret willen, damit sie, wenn sich Zeit und Gelegenheit ändert, die Handwercks-Nahrung wieder anfangen können, so ihnen unverwehret ist.

§. 30.

Vornemlich werden des Meister- und Zunfft-Rechts verlustig diejenigen, die wegen begangener Verbrechen unehrlich erkläret, oder zur Staupen gehauen, und des Landes verwiesen werden, inmassen, wie offt gedacht, niemand als ehrliche Leute in die Zünffte angenommen und darinne gedultet werden. Richter decis. 80 num. 34 seqq. Hernach wird denenjenigen, die mit Gerichts-Dienern, Nachrichtern, und ihren Knechten umgehen, essen und trincken, ihnen in ihren Verrichtungen helffen, oder sich selbst ihrer Hülffe bedienen, das Handwerck geleget, und sie dessen verlustig erkläret.

§. 31.

Es geschiehet aber nicht ipso facto, daß einer des Meister-Rechts verlustig wird, es wäre denn, daß man das Verziehen in § 28 wie auch das Absterben also achten wolte, so wohl angehet. Sondern es muß geschehen durch rechtliche Erkänntniß oder Obrigkeitlichen Ausspruch, oder auch mittelst freywilliger Absagung des Mannes, und es pflegen gemeiniglich Landes-Herrschafften denen Innungen zu verbieten, jemanden seiner Innung oder Handwercks aus eignem Vornehmen ohne rechtliche Erkäntniß zu entsetzen a). Oder woferne Zünfften vermöge ihrer Artickel erlaubt ist solches zu thun, so mögen sie sich wohl fürsehen, daß recht und Innungsmässig verfahren, und der Mann nicht übereilet, noch ungehört ausgestossen werde. Id. ibid. num. 1333.

a) D. Beier de Colleg. cap. 16 num. 1322 & cap. 21 num. 1681.

§. 32.

Dahero wenn ein Zunfftgenosse Handwercks-Gewohnheit gar zuwider lebet, obschon dißfalls die

Exclusion in denen Artikeln vergönnet wäre, so muß doch die Zunfft den Mann erstlich brüber vernehmen; Warum er solches thue ꝛc. Und dann erst nach Befinden die Exclusion desselben resolviren, welcher hernachmahls nicht pöniiten, oder wieder eingenommen zu werden begehren kan a). Hergegen wenn ein Zunfftgenosse ein famös Verbrechen begehet, dessen Bestraffung ordentlicher Weise unehrlich machet, so müssen die Zünfte mit der Exclusion warten, bis dieselbe Straffe zuerkannt, und zur Execution gebracht wird, woferne aber dieselbe in eine gelindere ausserordentliche, nicht unehrlich machende Straffe verwandelt würde, müssen sie die Exclusion unterlassen, und den Mann, nach wie vor, unter sich und in ihrer Zunfft behalten, sind auch nicht befugt, in ihrer Zunfft, demselben eine Geld-Straffe anzumuthen b).

a) Philipp. all. Disp. th. 52.
b) Carpz. decis. 283. Beier de Coll. opif. c. 16 num. 1289.

§. 33.

Der Verlust des Meister-Rechts, worinne er bestehe, oder was er wircke, und nach sich ziehe? das ist aus dem obigen, insonderheit aber aus dem 23ten § der 6ten Betracht. zu ermessen: Nemlich weil die zünfftige Meisterschafft vermag und setzet, daß niemand an dem Orte und dessen Districte das Handwerck oder Profession treiben darff als ein zünfftiger Meister, so folget unstreitig, daß derjenige, der seines zünfftigen Meister-Rechts verlustig worden, die Profession oder Handwerck unterlassen müsse, und ferner nicht mehr exerciren dürffe, oder wo er solches thue, derselbe als ein Pfuscher und Stöhrer angesehen und tractiret werde. Man kan auch nicht sehen, wie derjenige, der freywillig oder unter Verweigerung der Qvartal-Einlagen der Zunst absaget, sein Handwerck fortsetzen könne? Ex hypothesi juris Opificiarii nach denen Grundsätzen der Handwercks-Rechte, kan es nicht angehen, so wenig als zwey widerwärtige Dinge zugleich seyn können; Jedoch wenn ein Handwercks-Mann, etwa wegen eingerissener Verbitterung zwischen ihm und seinen Mit-Meistern, oder anderer Ursachen halben, nicht in die Zunfft kommen, sondern davon los und ledig seyn will, so kan ihm solches wohl vergönnet, daneben sein Handwerck alleine fort zu setzen nachgelassen werden. Conf. D. Beier in Meister Cap. 13. Aber es ist solches so dann kein völliger Verlust des Meister-Rechts.

§. 34.

Weil die Commoda des Meister-Rechts auch auf Weib und Kinder sich erstrecken, so fragt sich nicht unbillig, ob auch, wenn ein Mann seines Meister-Rechts verlustig wird, dessen Weib und Kinder derer bey der Innung habenden Gerechtigkeiten verlustig worden? darauf antworte, daß von Rechtswegen die Strafen weiter nicht gehen, als auf die Personen, die sie verdienet haben, siehe oben fol. 19 § 6 Daher ist ein Sohn eines ob delictum famosum aus der Innung gestossenen Vaters vom Meister-Recht nicht abzuweisen, und er geniesset bey dessen Mittheilung eben die Vortheile der Meister-Söhne, als wenn sein Vater das Verbrechen nie begangen hätte, noch der Innung verlustig worden wäre. Wie also decidiret worden beym Carpz. decis. 298. conf. Ahasv. Fritsch. de Colleg. opif. p. 2 cap. 4 num. 18. Dagegen in Handwercks-Sachen, wenn einer wider Handwercks-Gewohnheit sich setzet, und darüber ausgeschlossen wird, so gehet die Exclusion auch auf Weib und Kinder. D. Beier im Meister cap. 13 num. 466. Jedoch wenn diese sich zu Handwercks-Gewohnheit offeriren und gebührend abfinden, so sind sie wieder anzunehmen, weil cessante causa cessat effectus, und Zünffte ihre Genossen auf immer nicht ausschliessen können: Es wäre denn in ihren Innungs-Artikeln also geordnet, und sie dazu privilegiret, welches deswegen wohl geschehen könne, damit die Eltern von Missethaten desto mehr möchten abgehalten werden, Mevius statuiret, conf. Ahasv. Fritsch. all. loc. num. 19. siehe oben fol. 38 § 5. und fol. 67 § 22.

Von Aufhebung und Dissolution der Zünffte.

§. 35.

Weil die Zünffte in Teutschland und einigen andern Reichen sehr lange gestanden haben, und gemeiniglich vor nöthig, und dem gemeinen Wesen nützlich geachtet, folglich allem Ansehen nach wohl bleiben werden, so lange als die Welt stehet, dagegen nicht zu vermuthen, daß sie ihre erlangte Rechte verscherzen, oder von sich stossen möchten, so scheinet vergeblich zu seyn, von deren Aufhebung oder Dissolution zu gedencken. Nichts destoweniger bleibet doch wahr, daß alles in der Welt veränderlich, und nichts so beständig, das nicht vergehe, absonderlich die menschlichen Anstalten oder Instituta, daher wenn gleich anietzo nicht vermuthet wird, daß Zünffte sich zerschlagen werden, so kan doch dergleichen einmahl unverhofft vorfallen.

§. 36.

Wie nun die zünfftliche Verbindung ehemahls unter Handwercks-Leuten entstanden ist, also ist natürlich, daß dieselbige hinwieder aufgelöset werden könne. L. 35 ff. de R. J. und wird so dann der zünfftliche Zustand unter Handwercks-Leuten abgethan, und ihr Thun und Lassen nur nach gemeinen Landes-Gesetzen gerichtet. Daß aber die Zünffte durch eigenwillige Zusammenschlagung der Handwercks-Leute entstanden seyn, ist aus obigen daher zu schliessen, weil ihre Regeln und Gewohnheiten im Eigennutz gegründet, an welchen von vielen Seculis her die Regenten zu compesciren und zu bessern gehabt, wie in Teutschland Kayser Friedrichs Reformation, woraus oben etwas angeführet worden, ingleichen viele nachfolgende Reformationes, Reichs-Abschiede, Conclusa, auch Landes-Gesetze und Ordnungen bezeugen, und das letzte Reichsgutachten de anno 1731.

§. 37.

Also müste die Dissolution der Zünffte natürlicher Weise, durch aller zu ieder Zunfft gehörigen Genossen gemeine Erklärung, daß sie Zunfft-Recht nicht mehr haben noch halten wollten, geschehen. Aber wenn der Neid und Eigennutz unter denen Leuten und Handwerckern aufhöret, und sie Lust und Liebe bekommen, andere ohne Unterscheid neben sich arbeiten, und ein Stück Brot verdienen zu lassen, dann werden auf solche Weise Zünffte sich auch dissolviren. Wenn sie nicht in die Absagung des Zunfft-Rechts consentiren, so wird die Zunfft nicht

aufgehoben, sondern sie bleibet bey denen übrigen nicht absagenden bis auf einen a).

a) L. 7 § ff. quod ejusdemque univers. nom. Bodin. de rep. lib. 3 cap. 7 p. m. 518.

§. 38.

Desgleichen, wenn gleich an einem Orte das Zunfft-Recht aufgegeben würde, so bleibet es doch an dem andern, und die welche der Zunfft absagen, müssen entweder das Handwerck liegen lassen, oder sie werden von denen andern vor Pfuscher und unehrlich geachtet, welches ihnen viel Ungelegenheit machet, weswegen sie sich, zu Aufgebung der Zunfft so bald nicht resolviren werden. Wenn die Zünffte nicht aus blosser Einwilligung der Handwercke, sondern aus Obrigkeitlicher Anordnung entstehen, so sind die Zunfft-Genossen allesamt nicht vermögend dieselbe aufzuheben, und wenn schon einer oder mehr davon absagen können, so müssen sie doch zugleich das Handwerck verlassen, und können es ferner nicht treiben, vid. Fürstl. Sächs. Weimarisch. Reglem. der Strumpf-Manuf. § 14. Ingleichen werden auch diejenigen, welche statuiren, daß die Zünffte dem gemeinen Wesen nützlich, nicht zu gestehen, daß Handwercker eigenwilliger Weise ihre Zünffte aufheben können.

§. 39.

Hiernechst kan eine Zunfft aufgehoben werden, durch Unachtsamkeit, wenn die Zunfft-Genossen, um das Zunfft-Wesen und Artikel sich nicht bekümmern, und ieden gehen lassen wie er will. Also ist vor Zeiten zu Jena die Innung der Fuhr-Leute oder Kärner zergangen a). Hier können nun die Vertheidiger der Zünffte Nützbarkeit, daß der Stadt kein Nachtheil dadurch zugewachsen, vielmehr hat man, als unlängst solche Kärner-Zunfft wieder aufgerichtet werden wollte, dawider als eine schädliche Sache protestiret, und deren Anrichtung verhindert.

a) vid. D. Beier de Colleg. cap. 21 num. 1669.

§. 40.

Ferner und nachdem bekannt, daß alle Zünffte ihren Bestand, Wesen und Seyn, in des Landes-Herrn Willen haben, und ihre Artikel nicht gelten, als wenn sie confirmiret sind, so folget, daß sie durch einen widrigen Willen des Herrn aufgehoben werden können, inmassen diese Clausel und Vorbehalt bey allen Confirmationen zu lesen ist. Siehe oben fol. 22 § 16. a). Insonderheit werden Zünffte aufgehoben wegen Mißbrauchs, Empörungen und dergleichen; wovon Exempla aus denen Geschichtschreibern anführet b). Massen Zünffte ebenfalls delinquiren, oder Missethaten begehen können, wie oben gesaget ist.

a) conf. § 11 Inst. de J. N. G. & C.
b) D. Beier de Colleg. opif. cap. 21 num. 1754 seq.

§. 41.

Wenn nun schon ein Landes-Herr eine und die andere oder auch alle Zünffte aufhebet, so darff man sich doch nicht bekümmern, wie die Handwercks-Arbeit gemachet, und die Einwohner dißfalls versehen werden, allermassen doch Handwerke seyn können ohne Zünffte, auch in der That an vielen Orten wirklich sind, die nicht nur das Land mit ihrer Arbeit versehen, sondern auch einen Uiberfluß machen, der durch die Kaufleute in ferne Orte verhandelt wird a). Werden gantze Städte durch Krieg,

Pestilentz

Pestilentz rc. verödet, so vergehen zwar die darinne befindliche Zünffte auch, aber sie können mit Wieder-Aufbauung der Stadt von neuen angerichtet werden. Woferne eine Zunfft, die ausgehet, eigne Güter hat, so fragt sichs, wem dieselben zufallen? Darauf wird verschiedenes zu antworten seyn, nemlich wenn eine Zunfft wegen Mißbrauchs, oder eines Verbrechens aufgehoben wird, so kan die Landes-Obrigkeit die Güter einziehen, oder confisciren. Vid. L. 3 pr. ff. de Colleg. & Corp. Stirbt aber die Zunfft aus, so hat die Confiscation nicht stat; Dagegen wo die Zunfft-Genossen mit gemeiner Einwilligung von einander gehen, und die Innung aufgehoben, so ist ihnen nicht zu verwehren, ihre Zunfft-Güter zu verkauffen, und das Kauff-Geld zu theilen b).

a) conf. Beier all. cap. 22 num. 1758.
b) Conf. Bodin. de rep. lib. 3 cap. 7 p. m. 528. D. Beier de Colleg. cap. 22 num. 1760.

* *

Practische Anwendung der Handlung-Künste- und Profeßion- auch Handwercks-Innungs-Rechte.

§. 1.

Nachdem wir vor nöthig angesehen, unserm Grundriß gemäß allhier die Grundlehren von Handwerck- und Innungs-Rechten nach denen principiis cognoscendi und essendi vorauszusetzen, indem diese besondern Rechte im gemeinen Leben denen Rechtsgelehrten, wes Standes dieselben seyn, so nöthig, ja fast noch nöthiger als die gemeinen Bürgerlichen Rechte seyn, indem der Consulente und Richter diese in Vortragen sowohl als Decidiren zu seinem Augenmerck vor jenen sich bedienen muß, sodann allererst in zweiffelhaffter Erklärung sich nach den ersten richten muß; Als wollen Wir zum gemeinen Besten derer consulirenden und richtenden Rechtsgelehrten nicht nur derer Künstler als Goldschmidte, sondern auch derer allgemein vorkommenden Handwercker Innungs-Artickel in Abschrifft, wie auch einige Ceremonien, welche bey geschenckten Handwercken, als Buchbindern, gebräuchlich, allhier noch beyfügen, nachdem wir oben bereits von denen Kauffleuten und Kramern, die Innungs-Artikel mitgetheilet, damit bey Errichtung, Verbesserung und Aenderung dergleichen Artikel ein Rechtsgelehrter sich nur in etwas Raths erholen könne, am Ende aber wollen wir diese obige Grundlehren von denen Handwercksgebräuchen mit Responsis, Consiliis und Autoribus practisch bewährt und erläutert vorstellen.

I.

Der Goldschmiede zu Leipzig Innungs-Artikel.

Von Gottes Gnaden Wir Johann Georg der Andere Hertzog zu Sachsen, Jülich, Cleve und Berg, des Heiligen Römischen Reichs Ertzmarschall und Churfürst, Landgraf in Thüringen, Marckgraf zu Meissen, auch Ober- und Niederlausitz, Burggraf zu Magdeburg, Graf zu Marck und Ravensberg, Herr zu Ravenstein, vor Uns, Unsere Erben und Nachkommen, thun kund und bekennen mit diesem Unserm Briefe gegen männiglichen. Nachdem Uns unsere liebe getreue, sämmtliche Oberältesten und Innungs-Verwandte der Goldschmiede zu Leipzig unterthänigst zu erkennen gegeben, was massen der weiland Durlauchtige, Hochgebohrne Fürst, Herr Johann Georg der Erste, Hertzog und Churfürst zu Sachsen rc. Unser in Gott Hochselig ruhender Herr Vater und Gevatter, ihnen ihre hiebevorn unter sich aufgerichtete Innungs-Artickel sub dato den neunten Januarii, Anno Ein tausend Sechs hundert und Viertzig in Gnaden bestätiget, mit gehorsamster Bitte. Wir als ietzo regierender Chur- und Landes-Fürst, wollten berürte Artikel, die Uns, durch ihren ietzigen Oberältesten Johann Heinrich Reinhardten in Originali fürgetragen, und worvon vidimirte Abschrifft in Unserer Cantzeley behalten worden, gnädigst renoviren und confirmiren, daß Wir dannenhero, und weil Wir Unserer Unterthanen Nutz, Gedeyen und Aufnehmen zu befördern iederzeit geneigt, dies Suchen angesehen, und mehr besagte Innung gleichfalls gnädigst bestätiget haben, welche dann von Worten zu Worten lautet, wie hernach folget:

Zum ersten, es soll kein Gesell, er habe hier oder anderswo gelernet, er freye gleich auch ins Handwerck oder nicht, zum Meister angenommen noch zugelassen werden, er habe denn zuvor nach ausgestandenen Lehrjahren vier Jahr in der Fremde gewandert, ihme auch die Muthung ehe nicht verstattet werden, er habe dann seinen richtigen Geburts- und Lehr-Brief beyhanden, und ein Jahr bey dieser Stadt allhier gearbeitet, damit man sich seiner Gelegenheit und Geschicklichkeit wohl erkundigen möge; So aber einer, der allhier gelernet, sich neben einem Fremden zugleich angeben würde, soll die Muthzeit bey einem erbarn Handwercke, wie sie sich hierinnen vergleichen werden, stehen, welcher dem andern vorgehen solle, und woferne sie sich hierinnen nicht vereinigen könnten, auf E. E. und Hochweisen Raths-Erkenntniß gestellet werden.

Zum andern, die Zeit betreffende, soll ein Fremder nach seiner Muthung sechs Jahr, einer aber, der allhier gelernet hat, fünf Jahr, und aufs wenigste bey zwey Meistern, seine Zeit arbeiten, würde er aber eines Meisters Wittbe oder Tochter ehlichen, soll er nur zwey Jahr bey einem Meister seine Zeit arbeiten, hingegen eines Goldschmieds Sohn allhier soll an keine Zeit gebunden seyn; Jedoch aber soll er ausserhalb Leipzig aufs wenigste zwey Jahr vor einen Gesellen gewandert, auch nichts destoweniger sein Stück wie andere; intmassen hernacher angezeiget wird, verfertiget haben. So soll auch hinfüro zur Muthung mehr nicht, denn alle Jahr einer zugelassen werden, und zum Muthpfennige jährlichen
lichen

lichen, bis zu Vollendung der Muth-Jahre, einen Reichs-Thaler erlegen, sich auch bey seinem Meister, bey dem er seine Zeit arbeitet, also verhalten, wie es einem ehrlichen Gesellen wohl anstehet und gebühren will. Würde aber einer vor sich oder durch andere seinem Meister Schaden und Ungelegenheit zufügen, soll ein ehrbar Handwerck den Verbrecher Handwercks-Gewohnheit nach, um anderthalben Gülden (iedoch E. E. Raths Strafe unbeschadet) zu straffen oder wohl gar zu enturlauben befugt seyn.

Zum dritten, soll keiner zum Meister-Stück zugelassen werden, es sey dann ihm die unberüchtige Person, wofern er mit dem Meister-Stück bestehen möchte, ehrlich versprochen und zugesagt.

Zum vierten, würde sich begeben, daß ein Fremder und eines Meisters Sohn zugleich in Stücken sitzen wollten, soll der Fremde ein Viertel-Jahr, bis des Meisters Sohn das Stücken verfertiget, zu warten schuldig seyn.

Zum fünften, ein ieder, der Meister werden will, soll das Meister-Stück in des Obermeisters Laden, innerhalb eines Viertel-Jahres Frist verfertigen, nemlich eine Ackeley-Blume, nach Form der Visirung, iedoch allerdings, daß sie dem in der Innungs-Lade liegenden Abrisse gemäß, nichts grösser, nichts höher oder niedriger, auch nichts, enger oder weiter, die Spitze soll also hoch seyn, wie in ietzo gedachtem Abrisse zu sehen ist. Ein Siegel mit Schild und Helm, und ein Thierlein im Schild samt den Buchstaben: einen güldnen Ring mit Arbeit und Farben geschmelzet: dem Obermeister, bey der er sein Meister-Stück machet, soll er wöchentlich einen halben Thaler zu geben schuldig seyn. Würde er aber in der bestimmten Viertel-Jahrszeit das kleinste Stück nicht fertig mache, soll er dem Handwerck vor ieden Tag, so er länger daran arbeitet, einen Reichs-Thaler Straf geben.

Zum sechsten, wann er nun das Meister-Stück verfertiget hat, soll er solches dem Handwercke vortragen, und darüber erkennen lassen, wofern er nun damit bestehet, und ehe er zum Meister gesprochen wird, soll ein Fremder, der ausserhalb des Handwercks sich verehlicht, sechzig Gülden, so er aber ins Handwerck freyet, vierzig Gülden, eines Goldschmids Sohn aber zwanzig Reichs-Thaler also bald neben dem Meister-Stücke erlegen, die Mahlzeit aber innerhalb Monatsfrist zu geben schuldig seyn; wann er aber nicht bestanden, so soll er sich des Handwercks ein Jahr enthalten, und besser lernen, bis so lange er ein solch Meister-Stück wohl machen kan, und welcher also zum Handwerck bestätiget und zugelassen wird, der soll alsdann seinen Laden ehe nicht aufmachen, er habe dann zuvor das Bürgerrecht bey E. E. Rathe allhier erlanget.

Zum siebenden, da er nun solchen allen nachgelebet, und ihm das Handwerck gereichet ist, soll er binnen eines Viertel-Jahrs Frist, mit der, so er verlobet, und die er beym Handwerck angemeldet, die Ehe durch den öffentlichen Kirchgang zu vollziehen schuldig seyn, so er aber über solche Zeit ungefreyet verbleiben würde, soll ihme einen offnen Laden zu halten nicht vergönnet werden, es sey dann, daß er von Natur zum Ehestand ungeschickt sich befinden möchte: ebnermassen soll auch eines Meisters Sohn allhier nach Verfertigung des Meister-Stück's über vierteljährige Zeit unverheyrathet nicht verbleiben, sonst soll ihm gleichergestalt einen offenen Laden zu halten nicht gestattet werden.

Zum achten, ingleichen, so einer eine nehmen würde, so unehrlich gebohren, und nicht ehelich gezeuget worden, oder sonsten an Ehren sich verruckt hätte, demselben soll sein Handwerck allhier zu Leipzig nicht gestattet werden, ob er gleich vorhin dem Handwercke alle seine Gerechtigkeit gethan hätte.

Zum neunten, ein ieder Goldschmied allhier zu Leipzig, soll sein Silber also ordnen, giessen und arbeiten, damit die Marck dreyzehn Loth fein Silber halte, bey Pön eines Gülden, da es aber geringer und unter zwölff Loth befunden wird, soll er der Gebühr nach wohl höher, wie dann auch derowegen von E. E. Rathe gestrafft werden, welche alle das Silber, so allhier von den Goldschmieden verarbeitet, auf den Strich und mit dem Streicher bestechen sollen, darnach die Arbeit ist, und sich leiden will, was aber über acht Loth wiegt, sollen sie zeichnen mit dem Zeichen, so vom Rath darzu verordnet ist, dabey der Meister, so er gemacht, sein Zeichen auch schlagen soll, und welcher darüber betreten, der seine Arbeit nicht zeichnen liesse, der soll dem Handwercke einen Gülden zur Busse geben, und hierüber noch in E. E. Raths Straffe seyn: was auch die bey den Meistern finden, das nicht gut ist, und von ihnen nicht genugsam erkannt, das sollen sie zerschlagen, und denselben Meister heissen besser machen, wo er aber das Silber nicht besser machen, und solches überfunden würde, so sollen die Schaumeister ihm das alles vor falsch Silber nehmen, und E. E. Rath allhier überantworten. Das Gold, so allhier verarbeitet wird, soll auch nicht geringer, als eines Reichs Gold-Gülden seyn, so auf sieben und zwanzig Reichs-Groschen gemünzt worden, würde aber iemand darüber betreten, soll derselbe ebnermassen, wie oben beym Silber gemeldet, bestraffet werden.

Zum zehnden, es soll kein Goldschmied Meßing vergulden, oder das Silber mit Meßing legiren, bey Verlierung seines Handwercks.

Zum eilfften, es soll auch keiner kein Glas oder Tobletten, oder was sonst falsch von Steinen ist, oder genannt werden mag, in Gold versetzen, auch bey Verlust seines Handwercks.

Zum zwölfften, es soll kein Goldschmied einem Gesellen oder andern, in seinem Krame oder Werckstat, er sey auch Bürger oder nicht, halb Werck zu arbeiten vergönnen oder verstatten, bey Verlust seines Handwercks.

Zum dreyzehnden, es soll kein Meister gestohlen Silber kauffen, sondern ein fleißiges Aufsehen haben, ob ihm von iemands, und besonders fremden oder andern unbekannten Leuten, verdächtig Silber, insonderheit aus Kirchen und Stifften, als von Kelchen, Monstranzen, Sacrament-Büchsen, oder dergleichen zugebracht würde, daß er solches nicht kauffen, sondern ein ieglicher, dem solches Silber oder Gold zukömmt, der soll das aufhalten, oder bestätigen, und einen Goldschmied oder zweene für sich fordern, und denselben Verkäuffer heissen seinen Wehrmann vorstellen, oder daß er es rechtmäßiger Weise an sich bracht, beybringen, wo er nun solches nicht thun, noch seinen Wehrmann bringen kan, solch Silber oder Gold soll er dem Rathe oder

Gerichten

Gerichten einantworten; daferne aber iemand etwas von Gold oder Silber, oder andern dergleichen Geschmeide verlohren, und er solches bey den Goldschmieden allhier angesaget so soll ein Fremder dem Ober-Meister einen Thaler, ein Einheimischer aber einen halben Thaler, neben einer Specification geben, dargegen der Ober-Meister schuldig seyn soll, solches allen Gewercken anzuzeigen, damit wenn einem oder dem andern solches oder dergleichen zu handen stossen möchte, er dasselbe an sich behalten, und derjenige, so es verlohren, hinwiederum darzu gelangen möge.

Zum vierzehenden, es soll niemand, er sey dann ein Goldschmiedt allhier, ausserhalb der Märckte, Gold oder Silber abtreiben, legiren und schmelzen, vielweniger einen offenen Laden halten, Zubel-Waaren hinter oder vor dem Glas-Fenster aussetzen, dieselben sie seyn eigen oder ihme von fremden Jubilirern und Goldschmieden in Märckten allhier gelassen worden, in die Wirths-Häuser und Gasthöfe, wie bishero geschehen, zu vertreiben, und zu verkauffen tragen, und damit hausiren gehen.

Zum funffzehenden, es soll kein Meister in seiner Werckstat mehr, dann 3 Gesellen und 2 Lehrjungen oder 2 Gesellen und 3 Lehrjungen halten, bey Pön eines Güldens.

Zum sechzehenden, so ein Lehrjunge von einem Meister aufs Handwerck genommen wird, der soll sich bey dem Meister (gegen Leistung genugsamer Bürgschafft oder Vorstandes) zu lernen zum weniasten 4 Jahr versprechen, sonsten soll ihn der Meister nicht aufnehmen, und ehe der Meister ihn aufnimmt, so soll er zu vorhin dem Handwercke glaubwürdige Urkund bringen, daß er ehrlich gebohren und eines guten Herkommens sey, und daß er sich frömmlich gehalten habe; Wann er nun solches gethan, so soll er alsdann dem Handwercke einen Thaler einzuschreiben geben. Da aber ein Lehrjunge die 4 Jahre ohne erhebliche Ursachen nicht ausstehen würde bey seinem Meister, so soll er hier und anderswo zum Handwercke nicht zugelassen werden, er habe sich denn zuvor mit seinem Lehrmeister und dem gantzen Handwercke verglichen und vertragen.

Zum siebenzehenden, so auch ein Junge über ein Vierteljahr bey einem Meister wäre, soll der Meister schuldig seyn, einen Thaler in die Laden zu geben, er sey aufgedinget oder nicht. Im Fall auch da einem Jungen der Meister verstürbe, und seine hinterlassene Wittbe den Laden nicht aufhalten wolte, soll er Macht haben, die Lehr-Jahre einem andern auszulernen: so sie aber den Laden, darzu sie zwey Jahr lang, und weiter nicht, Bedenckzeit haben soll, auffhalten will, so soll sie ihre Werckstat mit einem tüchtigen Gesellen, der entweder bey dieser Stadt ein Zeit-Arbeiter, oder eines hiesigen Meisters Sohn ist, versehen, auch das Gold oder Silber, so sie wird verarbeiten lassen, ebnermassen, wie ein ander Meister beschicken, und zeichnen bey obbeniemter Straffe.

Zum achtzehenden, es soll auch kein Meister seinem Lehrjungen an seiner versprochenen Lehrzeit etwas nachlassen, oder schencken, noch mit Gelde abgekauffet werden, sondern wie er ihm versprochen, und ins Handwercks-Buch eingeschrieben worden, also auslernen, und wenn er seine Zeit ehrlich und redlich ausgestanden hat, soll ihm sein Meister dem Handwercke vorstellen, und er alsdann gegen Erlegung eines Reichs-Thalers losgezehlet und ausgeschrieben werden.

Zum neunzehenden, kein Goldschmied soll dem andern seine Gesellen, weder vor sich noch durch andere, aus der Werckstat ohne desselben Meisters Wissen und Willen bey Strafe zwey Gülden abspannen oder abwendig machen, der Gesell aber soll innerhalb eines Vierteljahres Frist allhier zu arbeiten von keinem Meister gefördert oder aufgenommen werden. Würde auch ein Geselle gegen seinen Meister sich ungebührlich verhalten, der soll gleicher Gestalt innerhalb eines Vierteljahres allhier in der Stadt von keinem Meister mit Arbeit unterhalten und gefördert werden.

Zum zwanzigsten wenn ein erbar Handwerck zusammen gefordert wird, soll ein ieder Gewercke sich zu rechter Zeit einstellen, würde er aber ohne erhebliche Ursachen eine Viertelstunde zu langsam kommen, drey Groschen, so er gar aussen bliebe, sechs Groschen, dem Handwercke zur Straffe geben. Es soll auch keiner, er sey auch wer er wolle, weil die Lade offen stehet, ohne Erlaubniß des gantzen Handwercks weg gehen, bey Straff 6 Groschen; ingleichen sollen die 2 jüngsten Meister bey offener Laden den andern Handreichung zu thun, schuldig seyn: so sich auch begebe, daß dem Handwercke zum besten iemand solte besprochen werden, oder sonsten im Handwerck Streit vorfallen möchte, sollen die 2 jüngsten Meister zur Verschickung sich brauchen zu lassen, ebenmäßig verbunden seyn.

Zum ein und zwanzigsten, so einer dem andern bey Versammlung des Handwercks mit unhöflichen Worten angreiffen, oder Lügen straffen würde, soll ein erbar Handwerck befugt seyn, denselben der Verbrechung nach, iedoch nicht über andert halben Gülden zu straffen, doch E. E. Rath und den Gerichten ihre Straffe übernommen.

Zum zwey und zwanzigsten, so einem Meister sein Weib, Kind oder Gesinde mit Tode abgienge, soll ein ieder Meister mit seinem Weibe, woferne er nicht erhebliche Ursachen hat, bey Straff 6 Groschen, der Leichen folgen; dieweil auch die Gesellen, die Leichen nicht aus Pflicht, sondern aus gutem Willen zu tragen pflegen und Mangel an Gesellen fallen wolte, sollen die jungen Meister in solchem Fall die Leichen tragen zu helffen verpflichtet seyn.

Zum drey und zwanzigsten, es soll auch keinen, er sey auch wer er wolle, und der bey dieser Stadt nicht Meister, gestattet werden, in Gold und Silber zu arbeiten, schmeltzen, abtreiben, oder legiren, weder in noch ausser der Stadt, so weit E. E. Hochweisen Raths Bothmäßigkeit und Weichbild sich erstrecket.

Zum vier und zwanzigsten, auch sollen die 2 bestätigten Ober-Meister jährlichen aufs wenigste vier mahl bey den andern Meistern das Gold und Silber zu streichen abholen, und dasselbe mit Fleiß besichtigen, damit derjenige, dessen Gold oder Silber untüchtig befunden worden, gebührlichen, wie oben vermeldet, gestrafft werde.

Zum fünff und zwanzigsten, item sie sollen auch jährlichen 4 mal Quartal halten, als vierzehen Tage nach dem Petri-Pauli-Marckt (zu welcher Zeit dann ein neuer Ober-Meister an dessen stat, der

Ab-

abtritt, soll erwehlet werden) und vierzehn Tage nach den 3 Leipziger Märckten, da auch zwischen den Qvartalen etwas vorfallen möchte, sollen die 6 ältesten Meister, oder nach Gelegenheit der Sachen zwölff zu dem Obermeister gefordert werden, damit dieselbe nach Befindung möchte verglichen, oder in Verbleibung E. E. und Hochweisen Rath zu verabschieden vorgetragen werden.

Zum sechs und zwanzigsten. So offt die Schau-Meister das Gold, Silber, zu besichtigen haben, soll iedem ein halber Reichs-Thaler von dem Handwercke gereichet werden, do auch iemand das Handwerck wollte zusammen fordern laßen, soll er außer den Meistern, die deßwegen frey seyn sollen, einen Reichs-Thaler zu geben schuldig seyn.

Zum sieben und zwanzigsten. Die zwey jüngsten Meister sollen die Leichentücher, so in der Kirche verwahrlich gehalten werden, mit waschen und und saubern in gebührliche Acht nehmen, auch des Jahres über uffs wenigste vier mal darzu sehen, und die Schlüssel dazu bey sich behalten, damit kein Schade dazu geschehen möge, ingleichen sollen sie über die Harnisch und die dazu gehörige Rüstung, so wohl die Feuer-Eymer, so unter den Meistern ausgetheilet, ein Register halten, und dieselben jährlich, wann ein neuer Obermeister erkohren wird, oder demjenigen Jungenmeister, so zu diesem verledigten Amte möchte bestellet werden, mit Uiberreichung der dazu gehörigen Schlüßel, und gegen Ausantwortung einer Qvittung, bey Straff anderthalben Gülden, berechnen; würde aber eins oder das andere, durch derselben Nachläßigkeit verwahrloset, oder gar verlohren werden, sollen sie nach Befindung der Sachen und Erkänntniß eines erbaren Handwercks solches hinwiederum auf ihre eigenen Kosten zu erstatten schuldig seyn.

Zum acht und zwanzigsten, so offt das Handwerck beysammen ist, und Qvartal gehalten wird, soll ein ieder Meister drey Groschen in die Lade geben, damit dieselbe wegen allerhand vorfallenden Ausgaben, nicht möchte geschwächet werden.

Zum neun und zwanzigsten. Wann die Schaumeister herumgehen, welches denn jährlich viermal geschehen soll, so sollen die Gesellen, so viel ihrer bey dieser Stadt arbeiten, allezeit einen Groschen, und also jährlichen vier Groschen in die Büchsen zu geben schuldig seyn, damit von demselben armen, krancken und preßhafften oder beraubten Goldschmieds-Gesellen, so deßen beglaubten Schein beybringen würden, eine Beysteuer möchte gereichet werden.

Renoviren, confirmiren und bestätigen auch obverleibte Innungs-Artickel der Goldschmiede zu zu Leipzig aus Landes-Fürstlicher Macht und von Obrigkeit wegen, hiemit und in Krafft dieses, und wollen, daß denenselben in allen und ieden Puncten und Clauseln durchaus nachgelebet, und dargegen und wider nichts gethan, gehandelt noch für-genommen werde, und gebieten darauf Unsern ietzigen und künfftigen Haupt- und Amtleuten, ihsonderheit aber dem Rath zu Leipzig, wie auch allen andern Unsern Unterthanen und Verwandten, ermeldte Goldschmiede auf ihr Ansuchen, wann und so offt es von nöthen, bey dieser Unserer Begnadigung und Confirmation ihrer Innung, iederzeit bey

Jurist. Oracul V Band.

an Uns treulich zu schützen, zu schirmen und handzuhaben, damit sie sich deren, ohne männigliches ungebührende Hinderung oder Einhalt, geruhig und ordentlich gebrauchen mögen; Jedoch Uns, Unsern Erben und Nachkommen, an Unsern hohen Landes-Fürstlichen Obrigkeiten und Gerichten, unabbrüchlich, auch allen und ieden, so hierwider privilegiret, oder ein anders über verwehrte Zeit herbracht, und deßen in rechtmäßigen Gewehren und Gebrauch sind, sowol männiglichen an seinen Rechten ohne Schaden; So wollen Wir auch Uns und Unsern Erben, die Innung Unsers Gefallens, und nach Gelegenheit der Zeit und Läuffte, zu ändern, zu beßern, zu mehren, zu mindern, auch gantz oder zum Theil wieder aufzuheben und abzuschaffen, hiemit vorbehalten haben.

Treulich und sonder Gefehrde, zu Urkunde haben Wir Uns mit eigenen Händen unterschrieben, und Unser grösser Insiegel hieran wissentlich hängen laßen, und geben zu Dresden am zehenden Monats-Tage Martii, nach Christi Unsers lieben HErrn, Erlösers und Seligmachers Geburt, im ein tausend, sechs hundert, neun und sechzigsten Jahre.

Johann George Churfürst.
C. W. v. Lüttichau.
C. Schindler.

II.
Der Tischer und Büchsenschäffter zu Leipzig Artickel und Handwercks-Ordnung.

Von GOttes Gnaden, Wir Johann Georg, Hertzog zu Sachsen, Jülich, Cleve und Berg, des Heiligen Römischen Reichs Ertz-Marschall und Churfürst, Landgraf in Thüringen, Marckgraff zu Meissen, auch Ober- und Nieder-Lausitz, Burggraf zu Magdeburg, Graf zu der Marck und Ravensberg, Herr zum Ravenstein, vor Uns, Unsere Erben und Nachkommen, thun kund, und bekennen, daß Uns Unsere liebe getreuen, die Meistere des Tischer-Handwercks zu Leipzig etliche Innungs-Artickel, so sie vor vielen undencklichen Jahren gehabt, und von dem Rathe daselbst bestätiget worden, auch anietzo mit zweyen neuen zuletzt angehängten Puncten vermehret, in Unterthänigkeit vortragen und bitten laßen, daß Wir, als der Lands-Fürst ihnen dieselben confirmiren und bestätigen wolten.

Wann Wir dann Unserer Unterthanen Nutz und Aufnehmen zu befördern geneigt, und von dem Rathe allda zu Leipzig vernommen, daß er dieses der Tischer Suchen mit Fleiß erwogen, auch mit denen benachbarten Städten daraus communiciret, und so viel befunden, daß darbey nichts sonderliches zu erinnern, zuförderst aber von denen Vesten und Hochgelahrten, Unsern auch lieben getreuen verordneten Cantzler und Räthen allhier, welche solche Innung gleichfalls mit Fleiß verlesen, berichtet worden, daß solchem Ihren, der Tischer Suchen und Bitten, wegen Confirmirung berührter Innung wohl zu deferiren; Als haben Wir auch dannenhero

hero solche gnädiglich confirmiret, welche von Wort
zu Wort lautet, wie folget:

Zum ersten. Wann dem Handwercke von wegen
Unsers gnädigsten Herrn des Landes-Fürsten, oder
des Raths Geschäffte fürfallen, derhalben die Meister auf eine gewisse Stunde zusammen geboten oder
gefordert werden, welcher auf solche ernannte Stunde
zu dem Handwercke nicht kommen, und ohne merckliche Ursache aussen bleiben, und ungehorsam seyn
wird, der soll das dem Handwercke verbüssen, bey
einem Pfund Wachs.

Zum andern. So das Handwerck gedachter,
oder anderer Ursachen halben bey einander ist, soll
sich niemand übriger Worte befleißigen, bey der
Pön und Busse drey neuen Pfennige, so offt ihm
solches von dem Ober-Meister untersaget und verboten wird, und er solch Verbot verachtet.

Zum dritten. Es soll auch niemand Gezäncke mit
Worten, noch mit Wercken erheben, noch einer
den andern Lügen straffen, bey einem Pfund Wachs,
so oft das geschiehet.

Zum vierten. Welcher auf ernanntem Handwercke
Meister werden will, der soll alle Qvartal des Jahres muthen, und seinen Groschen bringen, und so er
eines verfehlet, so soll er die andern verlohren haben.
Er soll auch auf das Qvartal die nachfolgende verzeichnete Meister-Stücken anfahen zu machen, und
wenn er mit denen Meister-Stücken bestehet, alsdann so soll er dem Handwercke zu Erhaltung des
Harnisch und anderer Nothdurfft alsbald zwene
Rheinische Gülden geben, es wäre denn eines Meisters Sohn allhier bey Uns, oder ein Gesell des
Handwercks, der eines Meisters nachgelassene Witwe oder Tochter ehelichte, die sollen der
zwey Gülden und der Muthung gefreyet seyn, und
sollen unter den dreyen Meister-Stücken eines machen, welches sie wollen. Zum ersten einen verschlos-
senen Tisch, nach seiner Art und Theilung des
Maaßstabes, wie es sich auf dem Handwercke eignet und gebühret. Zum andern, eine Kleider-Tru-
hen, auch nach ihrem Maaß und Theilung mit ge-
schnittenen Fuß und Beystädel, es soll ihm aber nachgelassen werden, solches zu machen auf die welsche
oder teutsche Art. Zum dritten einen eichenen gefütterten Fenster-Rahmen, mit vier Thürlein über-
gesetzt, und daß ein iedes Thürlein in alle 4 Felder
gerecht sey, und in die untern zwey Rück-Fensterlein
der Maaß und Grösse. Dieser obermeldten Meister-Stücke mag sich ein ieder am Ober-Meister erkundigen.

Zum fünfften. Es soll auch ein ieder Meister, so
er eine Haus-Arbeit machet, was dasselbe sey, die
ungefährlich zwene Gülden mag werth seyn, nicht
heimschaffen, desgleichen keinen Fenster-Rahmen,
es sey denn zuvor durch die verordneten Meister besichtiget, bey Straffe eines Pfund Wachs, so offt
einer befunden wird, und so oft ein Meister unfleißig
befunden, soll er gestrafft werden, nach Befindung
der Sachen und Erkenntniß des Handwercks.

Zum sechsten. Es soll auch ein ieder Meister verpflichtet seyn, einem Herrn oder Bürger in seinem
Hause zu arbeiten um einen ziemlichen Lohn, nach
Gelegenheit der Zeit, und darnach die Arbeit künst-
lich ist, wäre es aber Sache, daß ein Herr oder
Bürger eines Gesellen bedürffte, soll er dem Meister auf einen Gesellen geben 12 Groschen, das La-

ger und die Kost darzu, der Meister soll aber die Arbeit mit Zeug und Zuschicken versorgen.

Zum siebenden. Es soll auch kein Meister Lehr-
Jungen aufnehmen unter 3 Jahren, es wäre denn,
daß der Junge vor das dritte Jahr Geld geben
wolte, so soll ers mit des Ober-Meisters Erlaubniß
thun, und soll ihn 14 Tage versuchen, und ihm des
Handwercks Gewohnheit unterrichten, und ihm von
Stund an vor denen zweyen ältesten Meistern ihre
Gebote und des Handwercks Gelegenheit sagen,
und zu Ohren bringen, und so er ihn gedinget hat,
soll derselbe Lehrjunge gedachtem Handwercke alsobalden
12 Groschen ganghafftiger Müntze geben und auflegen, und derselbe Meister, der ihn gedinget hat,
soll dem Jungen solche Zeit keinerley Geschenck noch
Gabe verheischen, bey des Handwercks Busse.

Zum achten. Ein ieglicher Meister, so dieses
Handwercks ist, soll alle Weih-Fasten 12 Pfennige
zu des Handwercks Nothdurfft einlegen.

Zum neunten. Kein Meister soll mehr, denn drey
Gesellen haben, den vierten aber nur auf 14 Tage
halten, auch über zwene Jungen nicht annehmen,
bey des Handwercks Busse.

Zum zehenden. Es soll niemand unter den Meistern oder Gesellen, so die beysammen seyn von
Handwercks wegen, keinen Degen, noch andere
mördliche Gewehr in das Handwerck tragen, bey
einem halben Pfund Wachs, in die Meister-Lade
zu legen.

Zum eilfften. Wann Gesellen anhero gewandert
kommen, so sollen die Meister, so am längsten keinen gehabt, so sie das Handwerck treiben, am ersten ersuchet, und mit Gesellen versorget werden,
und so derselbe Meister Gesellen nicht nothdürfftig,
so soll man gehen, da ein Gesell in der Werckstat
ist, und darnach, wo ihrer zwene seyn, und sofort
an, auf daß alle Meister zugleich versorget werden.

Zum zwölfften. Kein Gesell soll von seinem Meister in der Wochen Urlaub nehmen, dann auf den
Sonntag, ein Meister aber, so er redliche Ursachen
hat, mag einem Gesellen Urlaub geben, wenn er
will.

Zum dreyzehenden. Es soll auch kein Geselle guten Montag machen bey einem Pfund Wachs.

Zum vierzehenden. Wenn sich ein Geselle unter-
stünde auf Schlössern, in Kirchen, Klöstern, auch
denen Bürgern, oder Bauern zu arbeiten, ohnedes
Handwercks Erlaubniß, und sich also Meisters un-
terwinden würde, der soll allhier auf dem Handwercke vor untüchtig gehalten werden, bis so lang
er sich allhier mit dem Handwercke vertragen
hat.

Zum funffzehenden. Es soll auch niemand ohne
des Handwercks Wissen und Willen einen Tischer-
Meister oder Gesellen in seinem Hause halten, noch
arbeiten lassen, der da nicht Bürger, noch Meister ist.

Zum sechzehenden. Niemand soll sich unterstehen
geleimete Arbeit zu machen, was Tischers Handwerck belanget, als Thor, Thür, Taffeln, Stuben-
decken, ingleichen keine Leisten einzuschieben, auch
keine Krack-Steine oder Kälber-Zähne unter die
Gesimse zu machen, und dergleichen.

Zum siebenzehenden. Es soll sich niemand unterstehen, gefütterte Fenster-Rahmen zu machen, weder

der eichene, kieferne, noch tännene, er sey den Meister auf dem Tischer-Handwercke, und Bürger allhier.

Zum achtzehenden. Das Handwerck soll alle und iegliche Jahre auf den nechsten Dienstag nach dem Oster-Marckte zweene Ober-Meister, einen von den alten, und einen von den jungen Meistern setzen und kiesen, und die beyde gekorne Obermeister sollen des Handwercks Harnisch und Geräthe innen haben und bewahren, und der jüngste Meister soll auf Befehl des Ober-Meisters, so es die Nothdurfft erheischet, das Handwerck zusammen fordern, und erbieten.

Zum neunzehenden. Wann sich Zwietracht zwischen Meister und Gesellen des Handwercks halben erhübe, solchen Irrthum und Gebrechen sollen sie vor dem Handwercke, nach des Handwercks Erkenntniß entscheiden und richten, bey einem Pfunde Wachs.

Zum zwantzigsten. Ob ein Meister, oder Vorsteher des Handwercks und der Brüderschafft Geld empfinge, von Meistern oder Gesellen, der soll zu der Zeit, so man Handwercks-Meister setzt, vollständige Rechenschafft darum thun.

Zum ein und zwantzigsten. Die Meister sollen auf ieglichen Sonntag vor dem Jahrmarckte in des Ober-Meisters Hause versammlet werden, und ihre Ordnungen und Statuta hören, als nemlich, daß ein ieder stehe feil zu haben, nach den Aeltesten, wie er einkommen, und Meister worden ist, und einer den andern seinen Raum lasse, als nemlich 6 Ellen bey einem Pfunde Wachs.

Zum zwey und zwantzigsten. Keiner soll dem andern seine Arbeit versprechen, oder die Arbeit abspannen, bey einem Pfunde Wachs, so offt ein oder der andere befunden wird.

Zum drey und zwantzigsten. Kein Meister soll dem andern sein Handwerck legen, hinter des gantzen Handwercks Wissen und Willen, bey einem Pfunde Wachs.

Zum vier und zwantzigsten. So ein Meister oder Meisterin mit Tode abgienge, so sollen die vier jüngsten Meister die Leich zu Grabe tragen, bey einem Pfunde Wachs, so offt einer das versäumet, es wäre denn in Sterbens-Läufften, da gefährliche Kranckheiten regieren, so mag er einen andern vor sich bestellen.

Zum fünff und zwantzigsten. So iemand aus dem Handwerck verstürbe, sollen alle Meister und Weiber richtig nachfolgen, und der Vigilien Ende aysharren bey einem halben Groschen, so offt iemand säumig erfunden wird.

Zum sechs und zwantzigsten. Weiln auch der fremden Meister halben, daß nemlich dieselben zwischen denen gewöhnlichen Leipziger Jahres-Messen keine Tischer-Arbeit zu verkauffen herbringen, weniger dieselbe vor Einläutung des Marckts aussetzen und feil haben mögen, unterschiedliche Verordnung von dem Rathe daselbst, durch öffentlichen Anschlag publiciret, auch am 26 December Anno 1624 anderweit wiederholet und bekräfftiget worden: So soll es hinfuro nochmals also gehalten, und die Meister des Tischer-Handwercks zu Leipzig, als welche disfalls in geruhiger Posseß sind, darbey geschützet und gehandhabet werden.

Jurist. Oracul V Band.

Zum sieben u. zwantzigsten. Demnach vor vielen Jahren sich Irrungen und Streitigkeiten zwischen denen Meistern des Tischer-Handwercks und denen Zimmerleuten zu Leipzig der Arbeit halber erhoben, u. endlich die Sache nach geschehener Appellation, auf eingeholtes und Kraft Rechtens verrichtetes Urtheil durch E. E. Rath daselbst, am 7ten August Anno 1619 erörtert, und verabscheidet worden; Als soll es bey ietzo berührtem Decret allerdings verbleiben, und selbigem von beyden interessirten Theilen ohnverbrüchlich nachgelebet werden.

Zum acht und zwantzigsten, und nachdem auch schlußlichen zwischen denen Tischern und Glasern zu Leipzig der eichenen und gefütterten Fenster-Rahmen halben Zwiespalt entstanden, und durch die drey Räthe in Beyseyn und mit Bewilligung beyder Handwercker dieser Artickel unterm Dato Montags nach Visitationis Mariæ Anno 1535 erkläret, und von neuem geordnet worden, daß nun hinfuro die Glaser keine eichene Fenster-Rahmen, sie seyn gefüttert oder ungefüttert, weder in der Stadt noch aufs Land machen sollen, aber kieferne und tännene Rahmen, gefüttert und ungefüttert, in die Stadt und aufs Land ohne Eintrag und Verhinderung der Tischer wohl fertigen mögen: So ist es auch anietzo dabey nochmals verwendet und allerdings verblieben.

Confirmiren und bestätigen auch obverleibte Innungs-Artickel und Innung aus Landes-Fürstlicher Macht und Obrigkeit wegen hiermit und Kraft dieses, also: Daß sie dieselben ordentlicher Weise gebrauchen sollen und mögen, iedoch unsern Erben und Nachkommen an Unsern Obrigkeiten, Gerichten und Gerechtigkeiten uunabbrüchlich, auch allen und ieden, so hierwider privilegiret, oder solches über verjehrte Zeit anders herbracht, unnachtheilig und unschädlich. So wollen Wir auch Uns und Unsern Erben und Nachkommen solche Ordnungen Unsers Gefallens und nach Gelegenheit der Zeit und Läuffte zu bessern, zu mindern, zu mehren, gäntzlich oder zum Theil aufzuheben, vorbehalten haben.

Und gebieten darauf allen und ieden, Unsern ietzigen und künfftigen Haupt- und Amt-Leuten, Schössern und Rath, vorerwehnter Stadt Leipzig, auch sonst allen andern Unsern Amt-Leuten, Amts-Verwesern, Richtern, und andern Unterthanen und Verwandten, so von dem Handwerck der Tischer zu Leipzig ersuchet werden, sie bey solcher aller ihrer Begnadigung und Confirmation, wie vor berührt, treulich bis an Uns zu schützen und zu schirmen, damit sie derer, wie obstehet, ohne männigliches Verhinderung und Einhalt, geruhiglich gebrauchen mögen. Zu Urkund mit Unserm hieran hangendem größern Insiegel wissentlich besiegelt, und geben zu Dreßden den 27 September nach Christi Unsers lieben Herrn Geburt, im ein tausend sechshundert drey und funfzigsten Jahre.

Johann George, Churfürst.

Heinrich von Friesen.

III.
Leipziger Becker-Handwercks-Innungs-Artickel.

Von GOttes Gnaden, Wir Friedrich August, Hertzog zu Sachsen, Jülich, Cleve und Berg, auch Engern und Westphalen, des Heil. Römischen

Reichs Ertz-Marschall und Churfürst, Landgraf in Thüringen, Marckgraf zu Meissen, auch Ober- und Nieder-Lausitz, Burggraf zu Magdeburg, Gefürsteter Graf zu Henneberg, Graf zu der Marck, Ravensberg und Barby, Herr zu Ravenstein.

Vor uns, Unsere Erben und Nachkommen, bekönnen und thun kund, nachdem Uns unsere liebe getreue, die Ober- und andere Meister des Becker-Handwercks zu Leipzig, in Schrifften vorbringen lassen: Welchergestalt Unsere in GOtt seligst ruhende Vorfahren, die Hertzoge und Churfürsten zu Sachsen rc. ihre hiebevor aufgerichtete Innung gnädiglich confirmiret, und ihnen darüber sonderbare Bestätigungs-Briefe ausfertigen lassen. Mit angehefter untertänigster Bitte, Wir, als nunmehr regierender Chur- und Landes-Fürst, wolten dieselben ebenfalls gnädigst verneuren.

Daß wir diß Suchen angesehen und angeregte Innungs-Artickel anderweit confirmiret haben, welche von Wort zu Wort lauten wie folget:

Erstlich sollen alle, die das Becker-Handwerck allhier lernen wollen, zuvor lebendige oder schrifftliche Kundschaft ihrer ehrlichen Geburt fürbringen, und soll ein ieder zwey Jahr lernen, und wann er bey seinem Lehrmeister anzieht, soll er dem Handwerck alsobald Einen Thaler in die Lade geben, und sich mit seinem Lehrmeister um das Lehrgeld, als besten, vertragen, und dieselbe baar verlegen, iedoch soll kein Meister unter zehn Gülden Lehrgeld nehmen, auch ohne Vorwissen des Handwercks keine angenommen werden, würde er aber drey Jahr in seinen Lehr-Jahren verharren, so soll er das Lehrgeld entnommen seyn.

Zum andern. Wer allhier will Meister werden, der soll sein Handwerck in Städten und Orten, da Innungen seyn, die nach Gewohnheit des Handwercks sich halten, arbeiten und backen, recht und redlich gelernet, und zwey Jahr zur Lehr ausgestanden; auch nach ausgestandenen Lehr-Jahren für einen Gesellen zwey Jahr, so er aber eines Meisters Sohn ist, ein Jahr auf dem Handwercke gewandert haben, und soll ein ieglicher seiner Lehr eine Kundschaft und schrifftliche Urkund, daß er sein Handwerck, immassen wie obstehet, gelernet habe, dem Meister fürlegen.

Zum dritten. Wann ein Fremder um das Handwerck der Becker muthen will, der soll, da er als ein Gesell seine Jahre auf dem Handwercke gewandert, auch zuvor einen Meister allhier zwey Jahr, oder da er vorgesetzte zwey Jahr gar nicht, oder nur die Helffte derselbigen gewandert, zuvor einem Meister albier drey Jahr die Werckstat versorget haben, darnach mag er auf die erste Morgensprache erscheinen und begrüssen, und die gantze Versammlung des Handwercks deshalben freundlich anreden, und zum Zeugniß ihnen alsobald acht Groschen vier Pfennige auflegen, darnach zu der andern Morgensprache Kundschaft seiner ehrlichen Geburt den Meistern schrifftlich vorlegen, oder lebendige Gezeugen, die das gute Wissenschaft haben, vorstellen, und soll wiederum acht Groschen vier Pfennige aufzulegen schuldig seyn, soll auch eher nicht zur Materi gelassen werden, es habe sich dann eine Banck verlediget, wie es dann mit eines Meisters Sohn der Muthung halber, wie mit einem Fremden gehalten werden soll.

Zum Vierten. Wann solches geschehen, soll er einen erbarn Rath, ob er demselbigen zum Bürger annehmlichen, vorgestellet werden, und da seiner Person des Bürger-Rechts halben kein sonderlich Bedencken vorfallen, und ein Erbarer-Rath sich dessen, und ihm das Meisterstück fertigen zu lassen, erklären würde, soll er, er sey fremde oder einheimisch, da er auch gleich eines Meisters Sohn oder eines Meisters Tochter oder Wittwe ehelichte, sein Meister-Recht mit etlichen Meisterstücken beweisen, nemlich: Er soll ein Schoß Brot und ein Schoß Semmeln ein Pfennig werth in einem Ofen, da er vormals nicht gebacken, alles nach Brauch des Handwercks backen, er soll auch über die verfertiaten Meisterstücke, in Gegenwart zwey Vier-Meister, die darzu sonderlich verordnet, Erkänntniß dulden und leiden, und da er mit dem Meisterstücke bestanden, soll er alsobald dem Rathe wieder vorgestellet werden, und so er zum Bürger angenommen, soll er, da er ein Fremder, zu Bekräftigung der Meisterschaft, da er auch gleich eines Meisters Wittwe ehelichte, dem Handwercke dasjenige, so bishero bräuchlich gewesen, als funfzehen Gülden erlegen, wäre er aber eines Meisters Sohn, oder nehme eines Meisters Tochter, so soll er dem Handwercke nur die Helffte von der Gebühr, als sieben Gülden, zehn Groschen, sechs Pf. erlegen; Würde aber ein Meisters Sohn eines Meisters Tochter ehelichen, und also beyde Personen aus dem Handwercke zusammen freyen, soll er solcher Gebühr zu Erlangung der Meisterschaft gäntzlich befreyet, und nicht mehr denn einen Thaler für die Kobel, das Zeichen in der Mühle und anders, was im Handwercke dießfalls wegen eines jungen Meisters bräuchlich, dem Handwercke zu erlegen schuldig seyn.

Zum fünften. Da eines Meisters Tochter einmahl aus dem Handwercke freyen würde, hernachmals aber wieder auf das Handwerck freyet, soll derjenige, so sie ehelichet, nichts weniger als wie ein Fremder, da er nicht eines Meisters Sohn, das Handwerck gewinnen, und also seines Weibes wegen, ob sie gleich eines Meisters Tochter gewesen, durch ihre vorige Verheyrathung aber einmahl aus dem Handwercke gefreyet, keinen Vortheil haben.

Zum sechsten. Da einer der Meister das Küchelwerck anfangen wolte, so soll er dem Handwercke zur Gebühr dreyßig Groschen entrichten.

Zum siebenden. Da einer oder mehr mit dem Meisterstücke nicht bestehen würde, soll er noch ein halb Jahr auf dem Handwercke arbeiten, und dasselbe besser lernen, und alsdann über ein halb Jahr das Handwerck wiederum begrüssen, ihme die Meisterstücke fertigen zu lassen, zu vergönnen, da er dann nach Erkänntniß des Handwercks von neuem die Meisterstücke, immassen wie oben bemeldet, machen soll.

Zum achten. Es soll auch kein Meister Mattinshörner oder Butter-Bretzeln auf den Kauf backen, vielweniger dieselbigen durch andere Leute hausiren herum tragen lassen, bey Straffe eines neuen Schocks, wie denn auch kein Meister Pfennig-Semmeln ohne Erlaubniß des Ober-Meisters backen soll, bey ebenmäßiger Straffe.

Zum neunten. Der jüngste Meister soll das Handwerck und die Meister, so oft sie sich ihrer Nothdurft nach, zu unterreden willens, auf der Ober- oder
Handwercks-

Handwercks-Meister Befehl zusammen fordern, auch alle dasjenige was ihnen von den Handwercksmeistern befohlen, treulich ausrichten, so er auch darinnen säumig, oder sonsten sich widerspenstig erzeigte, so offt es geschicht, soll er sechs Groschen zur Buße dem Handwercke in die Lade geben.

Zum zehenden, wann auch die Meister sich versammlet, wie dann ein ieder auff geschehene Erforderung, bey Straff 3 Groschen, in der Person zu erscheinen schuldig seyn soll, er könne denn seines Außenbleibens redliche und erhebliche Ursachen anzeigen, und sich derwegen bey den Handwercks-Meistern entschuldigen lassen, und die Lade aufgemachet, und einer oder mehr, sich ungebührlich erzeigen, und aus Frevel unterstehen würde, einen Lügen zu straffen, so offte das geschicht, soll er, der Verbrecher, dem Handwercke 3 Groschen in die Lade geben, und damit die Schmach verbüsset haben.

Zum eilfften, es soll ein ieder, wenn die Meister beysammen seyn, es sey in der Morgensprache, oder sonsten, sich an sein gebührendes Ort setzen, züchtig, still und friedlich seyn, und des Handwercks oder auch seine Nothdurfft mit der Handwercks-Meister Erlaubniß bescheidentlich vortragen, sich alles Zankens und Unbescheidenheit enthalten, und sich des Handwercks Bescheid, und Befehlich gehorsam erzeigen, bey Straffe 12 Groschen.

Zum zwölfften, es sollen auch jährlich ein Ober-Meister und demselbigen 3 andere Meister zugeordnet, und sie als 4 Meister, wie in andern Handwercken und Zünfften üblich, gewehlet und wenn der neue Rath aufgehet, präsentiret und gewöhnlicher Weise bestätiget und bereidet werden, die dann über alle des Handwercks Artickeln fest halten, des Handwercks Nutz betrachten, die Uibertreter, so viel Handwercks-Sachen betrifft, darinnen wider diese Artickel einem oder mehr, von einem Meister gehandelt würde, in Straffe nehmen und alles dasjenige, was den Handwercks-Meistern zustehet, treulich ausrichten. Welcher auch zum Handwercks- oder Obermeister erwehlet, und sich des wegert, der soll ohne alle Nachlassung ein neu Schock zur Strafe geben, und sollen in Handwercke drey Handwercks- oder Ober-Meister seyn, da denn einer ein Jahr um das andere das Regiment führen, und ieden seine 4 Meister wie obgemeldet, zugeordnet werden sollen.

Zum dreyzehenden, welcher Meister einen Becken-Knecht oder Mahl-Knecht, so in der Mühle dienen oder mahlen, Getreyde oder Mehl abkauffet, oder sonsten durch Parthiererey an sich bringet, weil es vermuthlich gestohlen Guth, der soll dem Rath in die Straffe verfallen seyn, und auch dem Handwercke 1 Thaler zur Buße geben; darzu soll auch kein Meister dem andern das Getreyde in der Stadt oder auf denen Dörffern, weil der Meister, so im ersten im Kaufe gestanden, noch in Handlung stehet und nicht abgangen ist, oder an ander Ort in Kauff stehet, bey einem Thaler Strafe aus der Hand kaufen.

Zum vierzehenden, es sollen auch iährlich in dem Handwercke 2 Morgensprachen, die eine den Montag vor dem Ostertag, die andere den Montag nach dem Michael-Tage gehalten werden, welcher Meister auch zur selbigen nicht kommen würde, und seines Außenbleibens keine erhebliche Ursache hätte, und derselben halben Erlaubniß bitten lassen, der soll auf iedes mal 3 Groschen zur Buße geben, da aber einer so langsam käme, und gleichwohl von der Morgensprache nicht gar außbliebe, 1 Groschen 6 Pfennige erlegen.

Zum funffzehenden, wenn auch das Handwerck bey der Morgensprache zusammen ist, und sich iemands ungebührlich, nemlich mit Fluchen, (wenn nicht Gotteslästerungen dabey sind, welches der hohen Obrigkeit zu denunciren, und gebührend zu bestrafen wäre) ingleichen mit übel nachreden dem Handwercke, oder auch andern Leuten, auch sonsten als ein Trunckenbold sich halten, ausserhalb des Handwercks sich schelten würde, der soll um ein Viertheil Rastrum oder nach Gelegenheit seiner Verbrechung auf des Handwercks Erkäntniß gestrafet werden; iedoch dem Rathe hierinnen wegen der Gerichte seine Gerechtigkeit und Strafe fürbehalten.

Zum sechszehenden, wenn die Meister in der Mühle kobeln, und einer den andern durch Listigkeit verhindert, so offt es von einem erfahren, und solcher Betrug über ihn bewiesen würde, soll er vom Handwercke um einen Thlr. bestraffet werden, wie dann auch bey Vermeidung gemeldter Strafe kein Meister den andern von der Mühle treiben, sondern in seiner Ordnung, wie er sich angeschrieben, des Mahlens warten soll.

Zum siebenzehenden, soll kein Scheider oder Helfer in der Mühlen, einem Meister sein Guth auswechseln, oder mit des andern Getreyde vermengen, auch keinen Meister sein Guth ungeräden heimführen, bey Straffe eines Thalers.

Zum achtzehenden, wenn auch der Meister oder Meisterin ihr Gesinde in Bäncken und sonst im Handwercke sich schelten, oder die solches thun, soll auf iedesmahl dem Handwerck 3 Groschen zu geben verpflichtet seyn, und soll keiner dem andern seine Kauffleute von der Banck abruffen, bey Straffe 3 Groschen.

Zum neunzehenden, wenn auch das Gesinde in Bäncken Gotteslästerung oder sonsten unnütze garstige schandbare Worte und Reden treiben, oder dergleichen unzüchtige Schamper-Liedlein singen würde, soll es das nechst dabey sitzende Gesinde dem Handwercks-Meister anzumelden verpflichtet seyn, da denn die Handwercks-Meister solch leichtfertiges Gesindlein, es sey Junge oder Magd in gebührende Straffe nehmen, auch nach Gelegenheit dem Verbrechenden die Brot-Banck gäntzlich verbieten, oder nach Wichtigkeit des Verbrechens, der Obrigkeit angeben sollen, würde aber das nächst dabey sitzende Gesinde solches nicht anmelden, und es in andern Weg offenbar werden, soll beydes dem verbrechenden Theil, so wohl demjenigen, der solche Lästerung, Schamper- und Schand-Worte und Liedlein gehöret, und nicht angemeldet, die Brotbanck unsäumlich gäntzlichen verboten werden.

Zum zwantzigsten, wenn die Handwercks-Meister umsenden zu Meistern, daß sie in die Bäncke tragen und backen sollen, und einer alsdenn sein Mehl verleugnet würde, der soll dem Handwerck 12 Groschen erlegen, und dem Rath zu fernerer Strafe heim gewiesen werden.

Zum ein und zwantzigsten, auf dem Sonntage aber soll kein Meister, es sey denn, daß es die hohe Noth-

K 3

Nothdurfft erfordert, zu backen genöthiget werden, auf daß das Gesinde möge zur Predigt gehen, und auf den Nothfall sollen diejenigen zu backen schuldig seyn, welchen der Handwercks-Meister in ieglichem Viertel Gebot thun wird.

Zum zwey und zwanzigsten, wenn sich eine Banck erlediget, und 2 junge Meister, als ein Becker und ander Meisters Sohn, zugleich materiren wolten, so offt es geschiehet, soll der Becker-Sohn dem andern vorgezogen werden.

Zum drey und zwanzigsten, da auch ein Meister, wer der auch sey, do er auch gleich eines Meisters Sohn sey, oder eines Meisters Tochter geehliget hätte, sein Handwerck aufgiebet, oder an einen andern Ort sich begeben würde, und nach Verfliessung eines Jahres wieder anhero kommen, und sein Handwerck wie zuvor treiben wolte, ihme aber sein Bürger-Recht bey seinem Abzuge von E. E. Rath auf sein Ansuchen und Bitten ausdrücklich nicht vorbehalten worden, so soll ihm das Handwerck zu treiben nicht gestattet, sondern, wenn er das Bürger-Recht wieder gewinnen kan, er auch das Handwerck wieder treiben will, soll er wie ein Frembder das Handwerck mit Erlegung funffzehn Gulden Gebühr wieder gewinnen, iedoch der Meisterstück gefreyet seyn; da aber ein Meister sein Handwerck Armuth oder Alters halber aufgebe, und gleichwohl von der Stadt sich nicht wendete, er aber das Handwerck hernachmahls wieder begehren würde, so soll ers nicht wieder gewinnen, sondern möge wieder anfangen, wenn er will; Wäre aber einem von hinnen gewandten das Bürgerrecht von E. E. Rath vorbehalten worden, und er sich wieder anhero wenden, und das Handwerck t. eiben wolte, so soll er solches nur mit vier und zwanzig Groschen wieder gewinnen.

Zum vier und zwanzigsten, wenn auch ein Meister oder Meistern des Handwercks in diesen gesetzten Artikeln einen oder mehren, oder auch sonsten dem Handwercke bußfällig würden, und er oder die sich derselbigen Busse aus Verachtung zu geben weigern, und auf E. E. Rath beruffen, und vor E. E. Rath doch unrecht befunden würden, soll er, oder die, noch eines so viel, als zuvor erkannt, dem Handwerck zugeben unnachläßig verpflichtet, auch E. E. Rath seine sonderliche Straffe vorbehalten seyn.

Zum funf und zwanzigsten, es sollen auch hinfüro, und in künfftigen Zeiten nicht mehr Meister angenommen noch gefördert werden, denn so viel Brot-Bäncke allhier im Brot-Hause, deren 32 erbauet, sind, noch iemand gestattet werden, von neuen einen Backofen zu erbauen; wie sich denn in Annehmung der Meister das Handwerck darnach zu achten, auch also die Austheilung machen soll, damit alle Tage, Vor- und Nachmittage, Brot in Brot-Bäncken gefunden werde.

Zum sechs und zwanzigsten, es soll auch kein Meister dem andern sein Gesinde abmiethen, es werde denn zuvor von seinem Meister beurlaubet, bey Straffe zweyer Thaler dem Handwerck zu erlegen.

Zum sieben und zwanzigsten, es sollen auch die Meister hinfuro die Semmeln und Brot mit Häfen, und nicht mit Sen oder Zeug backen, bey Straffe eines Thalers, so offt er darwider handelt.

Zum acht und zwanzigsten, wenn ein Meister, Meisterin, oder iemand des viel gemeldeten Handwercks verstürbe, sollen die zwölf jungen Meister die Leiche zu Grabe tragen; da aber einer aussen bleiben würde, soll er auf iedesmal, als da ein Meister, oder Meisterin stürbe, sechs Groschen, von einem Kinde aber drey Groschen zur Straffe geben, und sollen alle Meister und Meisterin mit der Leiche, es sey ein Meister, Meisterin, oder derselben Kinder, eines zu Grabe und wieder heimgehen, bey Straffe drey Groschen, zur Zeit aber graßirenden Pestilenz, so Gott verhüte, soll niemand zu tragen verbunden seyn; Würde aber einer aus naher Freundschafft, damit er den Verstorbenen verwandt, oder sonsten aus erheblichen redlichen Ursachen zu tragen verhindert, soll er einen andern Meister an seiner Stelle ausrichten, damit derhalben kein Mangel vorfallen, und sich mit demselbigen gebührlich vergleichen.

Zum neun und zwanzigsten, wenn auch ein Meister des Handwercks versterben würde, so soll seiner hinterlassenen Wittiben das Handwerck in ihrem Wittben-Stande auf ihr Leben durch einen Werckmeister und durch Gesellen zu treiben, nachgelassen seyn; Würde sie sich aber anderweit also ausserhalb des Handwercks verehlichen, soll sie alsobald das Handwerck übergeben, und ihr fernet zu treiben nicht verstattet werden.

Zum dreyßigsten, es soll auch kein Bauer nach E. E. Hochweisen Raths Anordnung, noch iemands, wer der auch sey, ausser dem Handwerke allhier in der Stadt, oder in den Vorstädten, ausserhalb der beyden Marcktäge, Brot und Mehl, auch Kleyen feil zu haben, oder zu verkauffen nachgelassen seyn; Doch mögen die Bauer-Becken und der Woche zwey mahl, als den Dienstag und Freytag Brot herein zu Marckte tragen, dergestalt, daß sie es herein tragen, und nicht führen; weder auf Wagen noch auf Schaubekarn, dasselbe auch vor die Waage verschaffen, damit es gewogen, und um seinem Werth gegeben werden möge, sollen auch nicht länger feil haben, als bis die Glocke zwölffe schläget, und was sie nicht verkaufft, dasselbe wieder hinaus tragen, und nicht in die Bürger-Häuser, oder auch in den Collegiis verschleiffen, und einlegen, wie denn gleichfalls die Bürger, so solch Brot bey sich einsetzen lassen, in E. E. Hochweisen Raths Straffe seyn sollen; da auch iemand hierüber in oder ausserhalb des Raths Gerichten solchen zuwider handelte, sollen die Meister Macht haben, demselben das Brot und Mehl, sowohl die Kleyen zu nehmen, und ins Hospital tragen zu lassen; darauf denn auch ein Hochweiser Rath der Straffe ferner Verordnung thun wird. In Jahrmärckten aber soll ihnen die erste Woche zu backen, erlaubt seyn, iedoch, daß es der Ordnung nach, auf den Marckt getragen, und daselbst gewogen werde, die Zahlwoche aber sich mehr nicht, als wie zu anderer Zeit der vorgesetzten beyden Tage gebrauchen, und wenn iemand darüber betreten, soll ihme das Brot gleichfalls genommen werden.

Zum ein und dreyßigsten, so viel die Kuchen und Semmeln betrifft, soll den Fremden alleine in den Jahrmärckten die erste Woche dieselben feil zu haben erlaubet, und sonsten das ganze Jahr über, bey Verlust der Kuchen und Semmeln verboten seyn.

Zum

Zum zwey und dreyßigsten, es soll auch kein fremder Meister oder Pfuscher, noch iemands anders, ausser den Jahrmärckten allhier in der Stadt, oder in den Vorstädten Pfefferkuchen feil haben, oder zu verkauffen herum tragen lassen, es sey auch gleich in ausgeschnittner verguldeter Arbeit, oder an kleinen Küchlein, bey Verlust derselben.

Zum drey und dreyßigsten, was an Straffen iedesmal einkömmt, sollen die verordneten Handwercks-Meister, und welche zur Lade legen, und dasselbige alle Jahr dem Handwercke berechnen, auch wenn wohlfeile Zeit, solches dem Handwercke zum besten, an Getreyde anlegen, dasselbe aufschütten, damit zu vorfallender Nothdurfft das Handwerck einen desto bessern Vorrath haben, und die Meister sämtlich ihr Handwerck und Nahrung mit desto mehrerm Nutz und ihrem Aufnehmen treiben können.

Zum vier und dreyßigsten, es sollen auch die Meister sich iederzeit im Backen des Brots und Semmeln, dem Reglement, so ihnen von E. E. Rathe iedesmal gegeben wird, gemäß erzeigen, welcher Meister aber befunden wird, daß er demselbigen zuwider gehandelt, und mehr als einmal darüber betreten wird, derselbe soll nicht allein in des Handwercks, sondern auf E. E. Raths ernste Strafe seyn, und an ein paar Semmeln ein Loth, aber an ein paar wohl ausgebacknen Brot zwey Loth paßiren sollen, und soll sonsten allenthalben bey E. E. Raths Anordnung, so denen Herren, welche zum Brotwägen verordnet, oder denenjenigen, so ihnen zugeordnet sind, schuldig seyn, auf ihr Begehren die Brot-Schrancken aufzuschliessen, und von denselbigen ein paar Brot oder Semmeln, wo und auf welcher Schicht es demjenigen, so da wieget, gefällig, aufziehen und wägen zu lassen, bey E. E. Raths willführlicher Straffe.

Confirmiren und bestätigen auch diese Innungs-Articul und Handwercks Ordnung, aus Landes-Fürstlicher Macht und von Obrigkeit wegen, hiermit und in Krafft dieses also, daß sie dieselben ordentlicher Weise gebrauchen sollen und mögen, jedoch uns, unsern Erben und Nachkommen, an unsere Obrigkeit, Gerichten und Gerechtigkeiten unabbrüchlich, auch allen und ieden, so hierwider privilegiret, oder solches über verwehrte Zeit anders hergebracht, unnachtheilig und unschädlich. So wollen wir auch uns, unsern Erben und Nachkommen, solche Ordnung unsers Gefallens, und nach Gelegenheit der Zeit und Läuffte, zu bessern, zu mindern, zu mehren, gäntzlich oder zum Theil aufzuheben, vorbehalten haben.

Und gebieten darauf unsern ietzigen und künfftigen Kreis- Haupt- und Amtleuten, wie auch dem Rath obbemelter Stadt Leipzig, und sonsten allen andern unsern Amt-Leuten, Amtsverwesern, Richtern, Unterthanen und Verwandten, so von gedachten Meistern des Becker-Handwercks ersucht werden, sie bey solcher ihrer von uns aufs neue bestätigten Innung, bis an uns, und so offt es ihnen vonnöthen, zu handhaben, zu schützen und zu schirmen, damit sie derselben, wie obstehet, ohne männiglichs Verhinderung und Einhalt, geruhiglich gebrauchen und geniessen mögen. Daran geschieht unsere Meynung. Zu Urkund mit unserm hieran hangenden grössern Insiegel wissentlich besiegelt. Und

geben zu Dreßden, am 16ten Monatstag October, nach Christi unsers lieben Herrn Geburt, im ein tausend sechshundert und vier und neunzigsten Jahre.

Friedrich August.

V. E. Pölnitz.
Magnus Lichtwer.

IV.
Innungs-Articul des Schumacher-Handwercks zu Leipzig.

Von GOttes Gnaden Wir Friedrich Augustus, König in Pohlen, Hertzog zu Sachsen, Jülich, Cleve, Berg, Engern und Westphalen, des Heil. Römischen Reichs Ertz-Marschall und Churfürst rc. Landgraf in Thüringen, Marckgraf zu Meissen, auch Ober- und Nieder-Laußtz, Burggraf zu Magdeburg, Gefürsteter Graf zu Henneberg, Graf zu der Marck, Ravensberg und Barby, Herr zu Ravenstein rc. Vor Uns, unsere Erben und Nachkommen, thun kund mit diesem unsern offenen Brief iedermänniglich:

Demnach Uns Unsere liebe Getreue, die Meister des Schumacher-Handwercks in Unserer Stadt Leipzig in Schrifften allerunterthänigst angelanget, Wir, als ietzo regierender Chur- und Landes-Fürst wolten ihre vormals und bis anhero von dem Rathe daselbst gehabte, vor einiger Zeit aber auf Unsern deßfalls ergangenen Befehl durchsehene, und zu Unserer Confirmation anhero eingeschickte Innungs-Articul und Handwercks-Ordnung nunmehro zu des gesammten Handwercks Besten und um mehren Schutzes willen bestätigen, daneben auch dasjenige, was sie bey ein und andern Articul desselben zu desto mehrer Erläuterung unmaßgeblich zu erinnern, der Nothdurft befunden, zugleich allergnädigst bewilligen; daß Wir auf des Raths zu Leipzig erstatteten allerunterthänigsten Bericht, nachdem Wir berührte Innung nochmals mit Fleiß durchgehen, und wie es der Zustand ietziger Zeit und des Handwercks erfordert, einrichten lassen, dem Suchen in Gnaden statt gegeben, und solche Innung bestätiget haben, wie selbige in folgenden Artickeln bestehet:

1. Soll ein ieder, der hier Meister werden will, durch briefliche Urkunden oder sonst genugsamen Beweis haben, daß er ehrlich Herkommen sey, und nicht von solchen Eltern, so denen Rechten nach, in ehrlichen Zünfften, Innungen, oder Handwercken nicht geduldet werden, gebohren seyn.

2. Soll er sein Handwerck recht und tüchtig, auch an solchen Orten, da Zunfft und Innung ist, und zwar wenigstens drey Jahr gelernet haben.

3. Soll auch ein ieder, nachdem er seine Lehre redlich ausgestanden, ehe er muthet, drey Jahr ausser der Stadt gewandert und sich etwas versucht haben.

4. Wenn auch ein fremder Geselle allhier Meister werden will, soll er seinen Geburts- und Lehr-Brief dem Handwercke zeigen, welcher denn abgelesen, und von ihm ein Thaler in die Lade, zwölf Groschen dem Ober-Meister, und drey Groschen dem Handwercks-Boten entrichtet werden sollen. Wann selbiger tüchtig befunden, alsdann kan er sich bey dem Ober-Meister anmelden, und gegen Erlegung zwölff Groschen, seine drey Jahr einschreiben lassen,

laßen, auch selbige Zeit über bey einem Meister allhier beständig arbeiten.

5. So aber ein fremder Geselle eines Meisters Tochter heyrathet, soll er nicht länger denn 2 Jahr zu arbeiten schuldig, und das dritte Jahr ihm erlaßen seyn.

6. Nach vollbrachter Jahr-Arbeit soll er seine drey Muthungen verrichten, die erste nach den Weyhnachts-Ferien, davor er dem Ober-Meister einen halben Thaler giebt, die andere nach Ostern, und die dritte nach Michaelis, und iedesmaliger Muthung 6 Groschen zur Lade erlegen, auch sich iederzeit gegen dem Handwercke verhalten, daß keine Klage über ihn komme. Da er sich aber nicht der Gebühr nach verhalten würde, es sey mit Verfeyern, oder auch, daß er andern Gesellen zu feyern Ursach gäbe, oder wie es sonst seyn möchte; so soll solches an den Rath gebracht werden, welcher es gebührend bestraffen, oder nach Gelegenheit und Befinden, die Muthung gar vor nichtig erklären wird.

7. Derjenige, so außer dem Handwercke zu heyrathen willens, soll wegen seiner Braut ehrlichen Geburt und Herkommens Zeugniß ins Handwerck bringen, und ohne des Landes-Herrn Vorwißen und Verordnung keine berüchtigte Person, wenn gleich dieselbe von einem Comite Palatino legitimiret worden, dem Handwercke obtrudiret werden.

8. Nach vollbrachter Muthung soll er tüchtig Leder zum Meisterstück anschaffen, solches durch die Ober- und Schnitt-Meister besichtigen laßen, und wenn sie es gut befinden, er alsdenn sein Meisterstück mit seiner eigenen Hand und in einer Woche verfertigen, nemlich ein paar Stiefeln, wie es die Mode, ein paar Manns-Schuhe, ein paar Weiber-Schuhe, ein paar Pantoffeln nach der Mode, und ein paar Bauer-Schuhe, welches alles ein ieglicher, er sey eines Meisters Sohn oder ein Fremder, heyrathe auch gleich eines Meisters Tochter, oder eine andere, zu machen schuldig ist, so er aber in einer Woche nicht fertig worden, soll er wegen der darüber zugebrachten Zeit dem Handwercke in eine leidliche Geld-Buße verfallen seyn, iedoch bey Verlust derselben über Gebühr nicht beschweret werden, also denn dem Handwercke das Meisterstück aufweisen, und daßelbe sehen laßen, und wenn solches vom ganzen Handwercke nicht tüchtig befunden worden, soll ihm das Handwerck auf ein Jahr, binnen welcher Zeit er es beßer lernen möge, versaget seyn.

9. Wenn er mit Erlaubniß des Ober-Meisters sein Meister-Eßen giebt, welches iedoch mehr als drey Gülden, inclusive des Getränckes nicht kosten soll, ist er nicht schuldig mehr zu bitten, als die zum ältesten Tisch gehören, deren auch einen ieden er seine gebührende Oerter, geben soll wie bräuchlich.

10. Wenn er sein Meister-Eßen gegeben, soll er dem Rath, daß ihm das Bürger-Recht zuerkannt wird, gestellet werden, und zufördert denen drey Ober-Meistern, die vom Rath ihme zugesprochene drey Thaler geben, und alsdenn er zu einem Meister gemacht werden, worauf er ins Handwerck, und zwar, wenn er eines Meisters Sohn ist, oder eines Meisters Tochter oder Wittwe heyrathet, in die Handwercks-Lade 5 Thl. 21 Gr. und in die Leichen Caßa 3 Thl. 19 Gr. heyrathet er aber eine andere außer dem Handwercke, oder ist gar noch nicht verheyrathet,

heyrathet, in die Handwercks-Lade 7 Thl. 21 Gr. und in die Leichen-Caßa 5 Thl. 19 Gr. zu entrichten schuldig ist, alsdenn ihm Handwercks-Gerechtigkeit wiederfahren, und er zu einem Meister auf- und angenommen werden soll.

11. Es soll kein Meister dem andern seine Wohnung und Laden aus-miethen, oder einen dem andern sein Gesinde und Dienstboten, auf was Art und Weise es wolle, abwendig machen, bey Straffe drey Thaler zur Lade, der obrigkeitlichen besondern Bestraffung abbrüchig, immaßen denn dem beleidigten Theil zu Ausführung seines Befugnißes, auch sich bey der Wohnung und Laden zu erhalten, die Sache sofort an den Rath zu bringen frey stehet.

12. Es soll kein Meister mehr denn 2 Gesellen und einen Lehr-Jungen fördern, ausgenommen seine Söhne, kein Meister auch dem andern zugeschnittene Arbeit ins Haus schicken, es wäre denn, daß er keinen Gesellen fördere, und die Arbeit selbst verfertige, bey 10 Thaler Straffe, so er darwider handelt, welche halb dem Rathe und halb zur Handwercks-Lade gegeben werden soll.

13. Es soll keiner sich unterstehen, dem andern seine Kaufleute vom Stande wegzuführen, oder seine Schutz-Gäste abzuspannen, oder durch sich oder seine Gesinde, bey 1 Thaler Straffe zur Lade, der obrigkeitlichen Bestraffung, dafern es an selbige gelanget, ohnbeschadet.

14. Es soll keiner dem andern von seinem Stande dringen, noch mit List davon bringen, sondern wo ihm sein Loos hinfället, soll er stehen und keinen andern seine Stangen vor seine Bude machen, bey Straffe 1 Thaler, auch solle keiner mit loosen, der hernach nicht feil hat, oder nur etliche Tage feil haben will, bey gleichmäßiger Buße.

15. Es soll keiner, der nicht zünfftig ist, desgleichen auch die Cramer in oder außer der Stadt, zwischen denen drey Meßen neue Arbeit feil haben, oder trödeln tragen, es seynd mit Filz oder Peltzwerck gefütterte oder andere Stiefeln, Schuhe oder Pantoffeln, iedoch wird hiervon die ausländische Arbeit, als Engelländische, Frantzösische und dergleichen ausgenommen, bey 15 Thaler Straffe, und wenn er sich wieder darüber betreten läßet, bey höherer Straffe, welche halb dem Rathe und halb dem Handwercke verfallen seyn sollen.

16. Es soll kein Meister denen Cramern neue Arbeit, als Stieffeln, Schuhe, Pantoffeln, verfertigen, sofern sie damit allhier einzeln handeln, und die Leute in der Stadt versorgen wollen, bey Straffe 10 Thaler, halb dem Rathe und halb dem Handwercke.

17. Es soll kein Störer oder Pfuscher, welcher es nicht mit dieser Innung hält, und zünfftig ist, in oder außer der Stadt das Handwerck zu treiben, unter einer Meilwegs geduldet werden, auch keinen Schuhflicker anders als mit einfachem Drath und Hals- oder Stirn-Leder zu flicken verstattet seyn.

18. Würde sich ein Störer betreten laßen, daß neue Arbeit oder neu Leder bey ihm gefunden würde, soll er mit obrigkeitlicher Hülffe aufgehoben, und zur Straffe 10 Thaler halb dem Rathe oder Amte, oder unter weßen Jurisdiction der Störer betreten wird, und halb dem Handwercke in die Lade geben, desgleichen die angetroffene Arbeit des Raths Zucht- und Wäysen-Hause, oder dem Amte, wenn der Verbrecher darunter gehöret, verfallen

seyn,

seyn; und eben dergleichen Straffe auch von den Wirthen und Hausgenossen, so dergleichen Sachen wissentlich und vorsetzlich hegen und aufhalten, durch die Obrigkeit angebracht werden.

18. Es soll kein Meister oder Meisterin, oder die Seinigen die Arbeit in oder ausser der Stadt haustren tragen, und denen Leuten zu kauffen anbieten, es geschehe denn aus Dürfftigkeit bey 1 Thlr. Straffe zur Lade, vielweniger fremde Arbeit kauffen, und dieselbe wieder verkauffen, bey gleicher Busse zur Lade.

20. Es soll kein Meister einen Lehrjungen annehmen, ohne des Handwercks Bewust bey Straffe 1 Thaler, wird aber ein Lehrjunge mit Bewust des Handwercks angenommen, soll er 14 Tage versuchen, gefället es ihm dann, so mögen sie des Lehr-Geldes einig werden, und soll der Junge innerhalb 14 Tagen sein ehrlich Geburts-Zeugniß ins Handwerck bringen, und so dann 3 Jahr an einander lernen, und dem Lehrmeister das Lehrgeld alsobald, wenn er aufgedinget wird, die andre Helffte aber, wenn er halb ausgestanden, entrichten, auch soll er dem Handwerck geben 2 Thaler, wenn er wieder losgesprochen wird, daß die erste 2 Thaler in die Handwercks-Lade, die andern 2 Thaler aber in die Kirchen-Casse geleget werden.

21. Da sich es aber zutrage, daß der aufgedingte Junge ohne erhebliche Ursache davon liesse, und nicht auslernete, soll er bey seinem Meister vom neuen anheben zu lernen, und ihm die vorige Zeit nicht zu gute gehn.

22. Wenn aber ein Junge, so das Schuster-Handwerck gerne lernen wollte, so arm und unvermögend wäre, daß er kein Geld geben könnte, der soll über vorgesetzte Zeit noch ein gantzes Jahr länger, als ein anderer Lehrjunge, so das Geld entrichtet, und also 4 Jahr zu lernen schuldig seyn, und solches letzte Jahr der Meister, welcher ihn in die Lehre annimmt, an stat des Lehrgelds achten und halten.

23. Wenn ein Schuh-Knecht sein Geräthe auf die verordnete Herberge gebracht, und Lust hat zu arbeiten, soll er von dem Vater oder Angehörigen demjenigen Meister, so zu der Zeit in dem Verzeichniß auf der in solcher Herberge vorhandenen gewöhnlichen Tafel die Ober-Stelle hat, ordentlicher Weise zugebracht werden. Da nun der Schuh-Knecht 14 Tage bey demselben gearbeitet, mag der Meister ihm zusprechen; können sie beyde des Löhnes nicht einig werden, und der Schuh-Knecht will wieder fortwandern, soll er, wenn er wieder arbeiten will, ohne Verzug sein Geräthe wieder auf die Herberge zu tragen verbunden seyn, bey Busse acht Groschen.

24. Es soll auch kein Schuh-Knecht, wenn er seinem Meister zuarbeiten zugesaget, Macht haben, binnen der verglichenen Zeit aufzustehen, und Abschied zu nehmen, oder gar heimlich davon zu gehen. Daferne aber solches von einem geschehen würde, derselbe soll seinem Meister zur Straffe einen Thaler erlegen, und entweder zuwandern schuldig seyn, oder binnen einem halben Jahr von keinem Meister allhier wieder in Arbeit genommen werden.

25. Der Gesellen Ziel soll gehalten werden, das erste nach Johannis Bapt. und das andere nach dem Weihnachts-Feyertagen.

26. Es soll kein Meister oder Meisterin dem Schuh-Knecht guten Montag geben, würde aber ein Geselle auf Montag oder Dienstag oder andern Tag ohne wichtige Ursache oder seines Meisters Willen und Vorwissen muthwillig und vorsetzlicher Weise feyern, so soll derselbe Schuh-Knecht wandern, und in einem halben Jahre zu keinem Meister allhier in Arbeit gebracht werden.

27. Es soll aber der Meister nicht verbunden seyn verfeyert zu geben, sondern da er ihn will ferner arbeiten lassen, es in des Meisters Willen stehen, und der Schuh-Knecht dem Handwercke vor ieden Tag 3 Groschen zur Straffe erlegen, auch selbige entweder seinem Meister, daß er sie dem Handwercke zustellen, oder dem zur selben Zeit vorsitzenden Ober-Meister selbsten, ehe und bevor er wieder zur Arbeit gelassen wird, zur Lade einliefern.

28. Und so sich zutrüge, daß ein Geselle ausser denen Auflage-Tagen feyerte, und der Meister selbige verschwiege, und es dem vorsitzenden Ober-Meister denselben Tag nicht meldete, soll er dem Handwerck deshalber 6 Groschen Straffe geben, weigerte er sich aber, so soll er vom Rathe darzu angehalten, auch nach Befinden willkührlich bestraffet werden, nicht weniger die dem Handwercke gehörige Busse zu erlegen angehalten werden.

29. Da auch ein Geselle in der Woche aufstehen, und ohne Ursache wandern, auch vor die Meister-Häuser oder Laden kommen, und andere Gesellen aufreden und sie mit ihm zu wandern veranlassen würde, so soll derjenige, der aufgestanden ist, und andere Gesellen mit aufgeredet hat, vom Rathe mit Gefängniß, oder sonst willkührlich bestrafft, auch die andern so sich aufreden lassen, mit 1 Thl. Strafe angesehen werden, von welcher Geld-Straffe nach Befinden der Handwercks-Lade auch etwas soll mitgetheilet werden.

30. Es soll kein Geselle auf dem Handwercke Zwietracht oder einen Aufstand machen, noch sich an unzüchtige Weibes-Personen hengen, oder sonst ärgerlich verhalten, da er aber in diesem Stücke verbricht, soll er auf dem Handwercke nicht gelitten noch gefördert werden.

31. Es soll ein ieder Ober-Meister, wenn man zu gewöhnlicher Zeit, als Montags nach Pfingsten das Handwerck von neuen pflegt zu bestätigen, dem gantzen Handwerck von allen zur Lade eingekommenen Gelde und Brieffschaften Rechnung thun. Da sichs nun befände, daß ein Ober-Meister dem Handwerck schuldig, und er nicht alsobald bezahlen würde, so soll er vor den Rath gebracht, und von selbigem sofort zum Ersatz aus seinem bereitesten Vermögen ohne vorhergehende Ausklagen und Weitläufftigkeit mit Nachdruck angehalten, auch nach Befinden, das vorhandene Handwercks-Vermögen keinem, der nicht genugsam angesessen, oder Caution bestellet, anvertrauet werden.

32. Wenn der vorsitzende Ober-Meister seine Rechnung dem gantzen Handwercke richtig abgeleget, und dasselbe damit zufrieden, soll er dem andern neuen Obermeister dieselbe überantworten und liefern.

33. Wenn der neue Ober-Meister das Handwerck angenommen, soll er dem abtretenden Ober-Meister vor seine Mühe, welche er das Jahr über gehabt, 5 Thl., und des Handwercks Schreiber vor Papier

pier und Lohn 4 Fl. nicht weniger dem Handwercks-Boten 4 Gr. Lohn entrichten.

34. Es soll keinem Meister aus der Handwercks-Lade was geborget werden, er habe denn gnugsame und dem Handwercke annehmliche Versicherung gegeben.

35. Da sichs begäbe, daß ein Meister nach seinem Absterben dem Handwercke schuldig blieben, soll seine nachgelassene Wittib und Kinder dieselbe Schuld von seiner Verlassenschafft sofort zu bezahlen verbunden seyn, auch durch Obrigkeitliche Hülfe dazu angehalten werden.

36. Es sollen auch alle und iede Schulden, so das Handwerck aussen stehen hat, allemahl wenn Morgensprache gehalten wird, unterschiedlich denen alten und jungen Meistern vorgelesen werden, und der Ober-Meister mit Fleiß dahin trachten, daß sie schleunig und so bald möglich eingebracht werden mögen, auch nach erheischender Nothdurfft dem Rathe über des Handwercks aussenstehende Schulden ein Verzeichniß übergeben, und derselbe aus Obrigkeitlicher Hülffe zu deren Einbringung angesucht, dem Handwerck auch ohne Verursachung unnöthiger Unkosten darzu verholffen werden.

37. Es sollen auch die alten die jungen Meister, wenn sie etwas im Handwercke vorbringen, nothdürfftig und mit Glimpff anhören, sie mit unfreundlichen Worten nicht anlassen, sondern sich bescheiden gegen dieselbe erweisen; dargegen auch die jungen Meister die alten in Ehren halten, in billigen Dingen ihnen gehorchen, und sich aller Gebühr gegen dieselben bezeigen.

38. Alle und iede Straffen, darein ein oder ander Meister durch Uibertretung dieser confirmirten Artickel verfallen, sollen innerhalb 4 Wochen von dem Ober-Meister gemahnet, und eingebracht werden, und da er die Folge bey denen Schuldnern nicht haben kan, er solches dem Rathe zu erkennen geben, der alsdann nach Befinden dieselben hierzu gebührend anzuhalten wissen wird.

39. Es soll kein Meister den andern bey drey Gr. Lügenstraffen, oder sonst mit Schmähungen oder Ehrenrührigen Worten angreiffen; Würde sich aber einer mit dem andern gar schlagen, so soll der Ober-Meister bey Vermeidung willkührlicher Straffe der Obrigkeit zu gebührender Bestraffung anzeigen.

40. Trüge sich es zu, daß ein Meister wegen eines schweren Verbrechens, welches ihn an seinen Ehren anrüchtig machet, zur Inquisition gezogen würde, der soll beym Handwerck vor Austrag der Sache nicht gelitten, oder da es zweiffelhafftig, darüber rechlich erkannt werden.

41. Da ein Meister das Handwerck verächtlicher Weise und ohne Ursache übergäbe, davon zöge, und dasjenige, was er dem Handwerck schuldig, oder zu entrichten hätte, nicht abführete, dem soll zwar solches Handwerck auf ein gantzes Jahr aufbehalten werden; Fände er sich aber in Jahr und Tag zum Handwercke nicht wieder ein, und vergliche sich mit demselben, so soll er dessen gantz und gar verlustig, und selbiges aufs neue zu erwerben verbunden seyn.

42. Die Meister, welche den Petri- und Pauli-Marckt nach Naumburg beziehen, sollen keinem Mit-Meister ohne des Handwercks Vorbewust seine Arbeit mitnehmen, bey 6 Gr. Straffe.

43. Stirbet ein Meister oder eine Meisterin und Kind, so soll ein ieder Meister zu rechter Zeit, und ehe die Leiche gehoben wird, vor dem Hause, darinnen die Leiche ist, seyn, und alsdenn mit der Leiche zum Grabe folgen, darnach sich wiederum vors Haus, daraus die Leiche getragen, verfügen, bey Busse 1 Gr. 6 Pf.

44. Ist eine Leiche ausserhalb des Handwercks, und wird vom Handwercke begehrt, so sollen solche Meister, die zur Leiche gefordert werden, alle mitgehen, bey Busse 1 Gr. 6 Pf.

45. Die 12 jüngsten Meister sollen iedesmahl die Leiche tragen; Würde aber einer aussen bleiben, oder sich sonsten saumen, und nicht zu rechter Zeit erscheinen, der soll dem Handwercke 6 Gr. Straffe in die Lade geben.

46. Ein ieder Meister oder Witben-Frau, so das Handwerck treibet, sollen alle Qvartale in die Handwercks-Lade 2 Gr. geben, die Wirbe aber, so das Handwerck nicht treibet, nur 1 Gr.

47. Es soll kein Meister an einem Sonn- oder Feyertage gemachte Arbeit auf den Laden hängen, auch seine Schu-Knechte oder Jungen unter der Predigt nicht arbeiten lassen, sondern sie in die Kirche schicken, bey Busse 6 Gr.

48. Die Morgensprachen sollen gehalten werden, die erste am Montage nach Mariä Geburt, die andere am Montage in der Zahl-Woche des Weihnachts Marckts, die dritte in der Zahl-Woche des Oster-Marckts.

49. Welcher Meister durch des Handwercks Boten zur Versammlung auf Morgensprache oder sonsten in Sachen vors Handwerck gehörig, erfordert wird, und nicht erscheinet, oder hat seines Aussenbleibens nicht gnugsame Entschuldigung oder Ursache, daß er entweder auf der Wache, verreiset, oder kranck, soll dem Handwercke zur Straffe geben 1 Gr. 6 Pf.

50. Ist ein Meister dem Handwerck schuldig, und wird derowegen gefordert, bleibet er ohne Entschuldigung oder vorhergemeldete Ursache aussen, der soll, so offt er es übertritt, dem Handwercke 1 Gr. 6 Pf. Straffe erlegen.

51. Es soll kein Meister seinem Weibe, Kindern, Gesinde, auch sonst niemanden dasjenige, was in Zusammenkünfften in Handwercks-Sachen gehandelt wird, bey Straffe 6 Gr. offenbaren.

52. Sollen die 30 jüngsten Meister in Feuers-Noth, da GOtt vor sey! sobald angeschlagen wird, auf seyn, die 15 jüngsten mit ihren Eymern zum Feuer, die andern 15 jüngsten aber mit ihren Eymern vors Rathhaus eilen, und daselbst fernere Resolution erwarten, bey des Raths und Handwercks unnachläßlicher Straffe. Wie es denn auch bey demjenigen, was sonst in der Feuer-Ordnung disfalls verordnet werden möchte, unveränderlich bleibet.

53. Und letzlich, da die Meister zu Naumburg in Meß-Zeiten auch in andern umliegenden Städten auf Jahrmärckten gleich andern dahin kommenden fremden Meistern ihre Arbeit beschauen lassen, und ieglicher von seiner Arbeit 1 Gr. Schau-Geld entrichten muß, so soll ihnen in Zukunfft von allen fremden Schumachern, welche die drey Leipziger Messen besuchen, wenn der Obermeister ihre Arbeit beschauet hat, ebenfalls 1 Gr. abzufordern, nachgelassen seyn, und solch Geld in die Leichen-Casse gebracht werden; Im übri-

übrigen aber alle zur Lade einkommende Gelder zu keinen unnöthigen Sachen und Processen, sondern dem gantzen Handwerck zum Nutzen oder zu nothdürfftiger Versorgung verarmter oder gebrechlicher Zunfft-Genossen, derer Wittben und Waysen angewendet werden.

Confirmiren, ratificiren und bestätigen auch vorherstehende Innung aus Landes-Fürstlicher Macht und von Obrigkeit wegen hiermit und in Krafft dieses, und wollen, daß solcher in allen Artickeln, Clauseln, Inhalt und Meynungen nachgegangen, und darwider nicht gethan, noch gehandelt werde, iedoch Uns, Unsern Erben und Nachkommen, an Unsern Landes-Fürstlichen Obrigkeiten und Gerechtigkeiten, auch denen, so hierwider besonders privilegirt, oder ein anders über Rechts verwehrte Zeit redlich herbracht, und sonsten männiglich an seinen Rechten ohne Schaden.

Gebieten hierauf Unsern ietzigen und künfftigen Kreis-Haupt- und Amtleuten des Leipziger-Kreises und zu Leipzig sowol dem Rathe daselbst, mehrerwehntes Handwerck bey dieser ihnen ertheilten Innung auf ihr geziemendes Ansuchen, und so offt es die Nothdurfft erfordert, bis an Uns gebührend zu schützen, zu schirmen und zuhandhaben, damit sie derselben ohne iemandes Hinderniß und unbefugten Eintrag geruhig geniessen und gebrauchen mögen. Wir behalten aber Uns, Unsern Erben und Nachkommen, solche Handwercks-Ordnung nach Gelegenheit der Zeit und Läuffte unsers Gefallens, zu ändern, zu mehren, zu mindern, auch gantz oder zum Theil wieder aufzuheben, ausdrücklich bevor. Treulich sonder Gefährde. Zu Urkund haben Wir Unser grösser Insiegel daran hängen lassen, und geben zu Dreßden, den sieben und zwantzigsten Monats-Tag Februarii nach Christi unsers lieben HErrn und Seligmachers Geburt im Ein tausend sieben hundert und vierzehenden Jahre.

Egon Fürst zu Fürstenberg.

(L. S.)

W. S. von Kötteritz.
Gottfr. Adolph Oferal.

Daß vorherstehende Abschrifft mit dem auf Pergament geschriebenen von Jhro Königl. Majestät in Pohlen und Churfürstl. Durchl. zu Sachsen allergnädigst dem Schumacher-Handwercke allhier ertheilten Innungs-Confirmation-Original, mit dero in rothem Wachs gedrucktem grösseren Jn-siegel, in einer grossen hölzernen Capsul und daran an einer gelben und schwartzen gedreheten seidenen Schnure hangend, nach gehaltener fleißigen Collation von Wort zu Wort gantz übereinstimmend befunden worden, bezeuge ich zu Ende unterschriebener Kayserlichen geschworner und bey E. E. Hochweis. Rathe allhier immatriculirter Notarius mit dieser meiner eigenhändigen gefertigten Schrifft und Unterschrifft, auch vorgedrucktem mir conferirten Notariat-Signet und Hand-Perschafft. Signatum Leipzig, den 17ten Decemb. 1716.

(L. S.)

Daniel Körsten,
Imperialis Notarius Publicus juratus, atque ab amplissimo Senatu Lipsiensi immatriculatus, ad hoc omnia legitime requisitus.

Jurist. Oracul V Band.

V.
Des Wagner-Handwercks Innungs-Artickel in Chur Sachsen.

Von Gottes Gnaden, Wir Johann Georg der Vierte, Hertzog zu Sachsen, Jülich, Cleve und Berg, auch Engern und Westphalen, des Heiligen Römischen Reichs-Ertz-Marschall und Churfürst, Land-Graff in Thüringen, Marckgraff zu Meissen, auch Ober- und Nieder-Lausitz. Burg-Graff zu Magdeburg, Gefürsteter Graff zu Henneberg, Graff zu der Marck, Ravensberg und Barby, Herr zu Ravenstein rc. Vor Uns, Unsere Erben und Nachkommen, thun kund und bekennen mit diesem unserm Briefe, gegen männiglich: Daß wir auf unterthänigstes Ansuchen unserer lieben Getreuen, derer Meister des Wagner-Handwercks zu Werdau abgefassete, und von unserm Amtmann zu Zwickau Francisco Romano, auf Unsern ergangenen Befehlich übersehene und corrigirte Innung, gnädigst bestätiget, welche von Worten zu Worten lautet, wie hiernach folget:

Erstlichen, sollen jährlich zwey Vormeistere vom Handwerck gewehlet, und von E. E. Rath gewöhnlichen verpflichtet werden, welche dann die ordentliche Qvartal, oder, wann es sonsten die Nothdurfft erfordert, zusammen kommen und das gantze Handwerck darzu erfordern lassen sollen.

Zum andern, wenn das Handwerck zum Qvartal, oder sonsten zu erfordern, sollen die Vormeister solches dem jüngsten Meister anbefehlen, welcher denn schuldig seyn soll, die Zusammenforderung und andere Aufwartung, wie es ihm anbefohlen, bey Strafe 5 Groschen dem Handwerck verfallen zu seyn, fleißig zu verrichten, auch das Jung-Meister-Amt so lange, bis ein anderer kömmt, zu verwalten, die Versammlung aber des Handwercks soll vor Mittage um 11 Uhr an einem Wercktage geschehen, und wer zu gesetzter Stunde nicht erscheinet, soll einen Groschen Straffe geben, wer aber gar aussen bleibt, und hätte dessen keine erhebliche Ursache, soll 5 Groschen in die Lade Straffe erlegen: wann auch im Land- oder anderer Meister eine Wittfrau sich Handwercks-Gewohnheit gemäß nicht bezeiget, ihre Qvartal-Groschen nicht richtig erlegen, noch sonsten Handwercks-Gewohnheit mit halten wolte, der oder dieselbe sollen auch des Handwercks verlustig seyn, auch soll kein Meister, noch Gesell in die Versammlung einige mördliche Wehre noch Messer bringen, sondern dieselbe zu Hause lassen, bey Straffe eines halben Gülden, halb E. E. Rath allhier, und halb in die Laden, und ein ieder sich gegen den andern sich in Worten und Wercken freundlich und friedlich erzeigen, sonderlich aber des Fluchens, Schwörens, Schändens und Schmähens sich enthalten, bey Straff 5 Groschen von einem Schwur oder schlechten Fluch, von Schänden und Schmähen aber eines halben Güldens, der Obrigkeit, welcher es alle Wege, sonderlich wenn Gotteslästerungen vorgegangen, angezeiget werden soll, gebührender Straffe unbenommen. Da nun auf beschehenes Erfordern die Meister also beysammen sind, soll bey offener Laden die Umfrage gehalten werden, und ein ieder in solcher Versammlung sich bescheidentlich züchtig, und erbarlich verhalten, keiner den andern schimpffen, noch verachten, so wohl keiner vor dem andern etwas reden, bis es an ihn kommt, und er befragt werde, solches auch allwegen mit Gunst und Erlaubniß thun, bey Straffe 2 Groschen in die Lade, und wer vor offener Lade in Sachen das Handwerck betreffend, von einem seiner Handwercks-Verwandten beklagt wird, der soll auffstehen und beydes Kläger und Beklagter, ihre Nothdurfft mit gebührender Bescheidenheit und Glimpff fürbringen, bey Straffe 5 Groschen dem Handwerck in die Lade, auch soll keiner dem andern Lügen strafen, bey ietzt gemeldter Straffe, so offt es geschiehet. Was auch in Handwercks-Sachen für offener Lade gehandelt wird, so ferne es nicht der Obrigkeit und dem gemeinen Wesen zuwider, solches soll ein ieder Meister verschwiegen halten, und davon seinem Weibe, Kindern oder Gesinde, oder in den Bierzechen, noch sonsten öffnen und davon plaudern, bey Straffe 5 Groschen dem Handwerck in die Laden.

Zum dritten, wenn einer das Handwerck lernen will, soll er erstlichen seiner ehrlichen Geburt genugsame Kundschafft aufflegen, und wenn es damit richtig, soll er, wenn er Lehr-Geld giebet, auff 3 Jahr auffgedinget werden, und ins Handwerck einen Gülden dem Rath allhier und einen Gülden, und einen Gülden, dem Churfürstl. Sächßl. Amt, alsbald er beym Meister antritt, erlegen. Würde aber ein Meister einen Lehrjungen annehmen, ehe und bevor solche drey Gülden erlegt, der soll solche selbsten zu geben schuldig seyn, und soll kein Lehrjunge, länger denn 14 Tage, doch mit des Handwercks Vorbewust zum Versuch stehen, bey Strafe 3 Groschen in die Lade. Ein ieder Lehrjunge auch soll ein ieder vor offener Lade, oder zum wenigsten alt und neuen geschwornen Meistern angesaget werden; kein Meister auch soll auf einmal mehr als einen Lehrjungen halten, und da man bey denen Land-Meistern Jungen, so nicht aufgedinget, daß sie arbeiteten oder arbeiten helffen, antreffen würde, soll der Land-Meister in einen Gülden Straffe verfallen seyn, halb dem Churfürstl. Sächßl. Amte, und halb dem Handwerck: wann aber eines Stadt-Meisters Sohn aufgedinget wird, soll er nicht mehr denn einen halben Gülden dem Churfürstl. Amte einen halben Gülden dem Rathe, und auch so viel dem Handwercke zu geben schuldig seyn: die Wittfrauen dieses Handwercks sollen nicht Macht haben, Lehrjungen anzunehmen: trägt sichs aber zu, daß ein Meister verstürbe, der bey seinem Leben einen Lehrjungen angenommen, und derselbe nicht ausgelernet hätte, mag derselbe Lehrjunge, wenn es ihm also gefällt, bey seines Meisters Wittben, da sie einen tüchtigen Gesellen in ihrer Werckstat hält, das Handwerck völlends auslernen, im Fall aber es dem Jungen nicht anstünde, auch die Wittfrau das Handwerck mit Gesellen nicht triebe, so mag derselbe Lehrjunge bey einem andern Meister des Handwercks, bey welchem er will, seine versprochene Lehrjahre auslernen, ein mehrers aber als er mit dem verstorbenen Meister einig worden, und so viel der ermangelnden Zeit nach es austrägt, zu geben nicht verbunden, der Meister aber ihn aufzunehmen, schuldig seyn.

Zum vierten, soll kein Meister vor sich selbst, noch durch sein Gesinde, oder andere, dem andern seine Gesellen abspänstig machen, bey Straffe eines Gülden, halb denen Gerichten, welchen es anzumelden, und halb dem Handwerck, und soll kein Meister mehr, denn einen Gesellen fördern, auf daß die andern Meister und Wittweiber auch Gesellen bekommen können: da es sich aber begäbe, daß alle Meister mit Gesellen versehen wären, oder etliche keine Gesellen halten wolten, und es schickten Gesellen um und fänden nicht Arbeit, so mag derjenige, der zuvor einen Gesellen hat, auch den andern oder mehr fördern, und daß in allwege alle Meister und Wittwen des Handwercks, durch die umschauende Gesellen, ob sie Gesellen dürffen oder nicht, zuvor ersucht seyn: woferne auch sichs begäbe, daß eine Wittfrau eines Gesellen bedürfftig wäre, soll selbe Macht haben, bey einem Meister einen aus der Werckstat zu heben, welcher ihr beliebet; da auch gar keine Gesellen in Arbeit stünden, die umschauen könten, so sollen die fremden Gesellen selbsten, wenn sie Arbeit begehren, umschauen gehen; da aber ein Geselle in einer Werckstat selbsten Abschied nehme, und bey einem andern Meister an solchem Orte, unter 4 Wochen arbeiten würde, der soll einen Gülden Strafe ins Handwerck zu erlegen schuldig seyn, woferne ihn aber der neue Meister darzu verursachet hätte, so soll der Meister solchen Gülden Strafe unweigerlich erlegen, halb dem Rath, halb dem Handwerck, hätte aber der Geselle von seinem Meister Abschied bekommen, so mag er arbeiten, wo und wenn er will, bey einem andern Meister.

Zum fünfften, wann einer dieses Handwercks, er sey ein fremder oder einheimischer, Meister werden will, derselbe soll zuvor 2 Jahr lang auffm Handwerck gewandert haben, er habe auch hier oder anderswo gelernet, doch muß derjenige, so anderswo gelernet, seine ehrliche Lehre bescheinigen.

Hiernechst soll er verpflichtet seyn, ein halb Jahr zu arbeiten, zuvor anzusagen, ehe er zur Muthung gelanget, es wäre denn, daß einer eine Wittfrau, oder Meisters Tochter heyrathete, oder eines Meisters Sohn, die sollen von Jahrarbeiten, oder Ansagen befreyet seyn, und so dann soll er drey viertel Jahr nach einander muthen, bey der ersten Muthung 6 Groschen, bey der andern 4 Groschen, und bey der dritten 3 Groschen nebst iedesmahligen Forder-Geld erlegen: wann nun also die 3 Muthungen geschehen, soll er durch die Meister, das selbst angeschaffte Holz zum Meisterstück besichtigen, und solche nebst Erlegung gewöhnlicher Farder-Geldes darzu erfordern lassen, so dann alsobald anfangen sein Meisterstück zu machen, ehe und bevor er aber damit zugelassen wird, soll er nechst Auf-und Einlegung seines Geburts-und Lehr-Briefs, dem Handwercke, wenn er ein fremder-oder eine Wittbe, noch Meisters Tochter heyrathet, 6 Gülden, eines Meisters Sohn aber 3 Gülden erlegen, wie denn ein Fremder, wenn er eine Wittwe des Handwercks, oder Meisters Tochter heyrathet, auch zu einem mehrern, als eines Meisters Sohn, nemlich drey Gülden zu erlegen, nicht verbunden seyn soll. Wenn solches erfolget, soll er nachfolgende Stücken machen nehmlich: zwey Karn-Räder, ein Vorder-Wagen-Gestell auff 3 Pferde und ein paar Rüst-Leitern. Die zwey Karn-Räder sollen im Naben zwischen allen

allen Speichen Holtz haben, und eine rechte Weite, wie sich gebühret, ausgebohret, eine Felge auch so lang als die andere seyn, und ein eng Feld so weit als das andere, auch eine rechte Land-Höhe haben, wie Karn-Räder seyn sollen, und zugleich gestürtzet werden, sollen auch in der rechten Cirkel-Runde seyn, die Fugen sollen alle zusammen treffen, die Felgen auf dem Gestämme ohne Keil aufstehen, und keiner Speichen helffen, das vördere Wagengestell auf drey Pferde, soll zwischen der Deichsel und Armen vollständig am Holtz seyn, dasselbe einmal auflegen und abschnüren, die Schaale auf der Art, mit dem Schloß, Nagelloch, und die Lengscheit-Löcher, item die Artlöcher, sollen in einen Cirkel begriffen seyn und eintreffen; Die Rüstleitern sollen neun Ellen in der Länge seyn, zwischen dem Gestämme, im Bauch drey Ellen hoch; die vördere Schwinge Ellen, die hinterste aber fünf Viertelellen hoch, und sollen vorn drey, hinten nur zwey Schwingen haben, auch alle Tag ein Stück verfertigt werden. Und wenn er an derselben anfangen will, soll ers acht Tage zuvor dem Handwerck anmelden, auch wenn er daran machet, soll allemahl ein Meister, so lange er an solchen Stücken machet, darbey seyn, und derselbe Meister mit einem Trunck und Stücke Essen versehen werden, die Meister auch Macht haben, den jungen Meister in eine Werckstat, wohin sie wollen, sein Meisterstück darinnen zu verfertigen, zu weisen. Ein armer Gesell aber, der so viel Verlag zu thun nicht vermöchte, wie auch eines Meisters Sohn, und derjenige, der eine Wittfrau des Handwercks heyrathet, kan wohl nur bey einem oder zwey Stücke von vorhergehenden zu machen, zu welchem er selbst Lust hat, gelassen werden. So auch ein fremder Meister, der an einem andern Orte schon sein Meister-Recht erlanget, anhero ziehen, und allhier sein Handwerck treiben wollte, der soll nach Gelegenheit und seinem Vermögen, etwa vier Gülden, oder höchstens sechs Gülden in die Lade zu geben schuldig, und sonder mehrern Abtrag sein Handwerck des Orts zu treiben befugt seyn, dergleichen auch einer, so auf dem Lande Meister werden will, zu thun verbunden, eines Landmeisters Sohn aber soll zwey Stücke, welche ihm das Handwerck ansaget, verfertigen, und im übrigen andern Meisters-Söhnen gleich sich bezeigen. Soll dahero keiner, so vorhin nicht anderswo gewesen, sich einiger Arbeit für sich selbst unterfangen, bis er die Meister-Stücke verfertiget, und dieselben für richtig und tüchtig erkannt worden, bey ernster Straffe nach Erkenntniß des Handwercks. Wann ihm aber das Meisterrecht zugesaget, welches eher nicht geschehen soll, bis alles nach Gebühr richtig, so soll er dem Handwerck ein Viertel Bier, neben einer gewöhnlichen Mahlzeit, jedoch ohne sonderbare Unkosten geben, und so dann mag er sein Handwerck treiben, wie ein anderer Meister. Es soll auch keiner über dem Meister-Essen, es sey Meister oder Geselle einigen Unwillen anfangen, bey Straffe eines Gülden dem Handwerck: Der Obrigkeit aber, der es jederzeit anzumelden, ihrer gebührenden Straff unbenommen.

Zum sechsten, es soll kein Meister seinen Bauherrn mit dem Lohn übersetzen, da aber solches geschehe, und dasselbe geklaget würde, sollen die geschwornen Meister auf ihre Eidespflicht, die Arbeit, und was der Meister daran verdienet hat, schätzen, damit sich niemand des Uibersetzens halben zu beschweren habe, woferne aber der Bauherr noch nicht damit zufrieden, soll es durch Vermittelung der Obrigkeit erörtert werden.

Zum siebenden, welcher Meister Busse, oder anders ins Handwerck zu erlegen, schuldig ist, der soll allezeit, wenn Qvatember gehalten wird, solches bey Straffe 5 Groschen erlegen, weil anders die Vormeister an ihrer Rechnung verhindert würden.

Zum achten, sollen die Meister alle Qvartal zusammen kommen, und ein ieder Meister einen Groschen zu Erhaltung dieser Ordnung in die Laden einlegen, auch solch Geld die geschwornen Meister neben andern des Handwercks Einkommen treulich zu berechnen schuldig seyn, die Lade soll ein zweyfaches Schloß, mit zweyen Schlüsseln, und den einen Schlüssel der älteste Meister, den andern ein Vormeister haben, und zu sich nehmen.

Zum neunten, wenn einer, er sey Meister oder Geselle, des Handwercks oder desselben Versammlung zusammen fordern lässet, soll er 5 Groschen, ein Fremder aber, so nicht des Handwercks ist, 6 Groschen zu geben schuldig seyn.

Zum zehenden, soll der junge Meister ohne Vorwissen des ältesten Geschwornen Meisters nicht ausreisen, bey Straffe 2 Groschen, wie ingleichen kein Vormeister, ohne des andern Vorbewust, und Bestellung des Handwercks, bey Straffe 3 Groschen.

Zum eilfften, wenn ein Lehrjunge ein Zeugniß seiner Lehrjahre beym Handwercke suchet, soll er einen Orts-Gülden das Siegel aufzudrücken geben, solches auch ein Fremder zu thun schuldig seyn, der des Handwercks Siegel Kundschafft halber bedarff.

Zum zwölfften, soll vor offener Laden kein Bier auf den Tisch noch zu der Versammlung gebracht werden, es sey dann die Handwercks-und andere Sachen, darum die Zusammenkunfft geschehen, allenthalben verrichtet, und die Lade geschlossen, und zu solchem Bier, so getruncken möchte werden, sollen die Meister von dem ihrigen eine Anlage machen, wann sie truncken wollen, und nichts von dem Qvatember-Geld, noch von des Handwercks überrechneten Vorrath darzu gebrauchen.

Zum dreyzehnden, weil sichs vielfältig zuträget, daß Störer befunden werden, die ums Lohn sich der Wagner-Arbeit unterfangen, sollen dieselbe nach Inhalt der Landes-Ordnung, wo sie in der Meile erfahren und angetroffen werden, gewöhnlicher massen aufgehoben, und das Handwercks-zeug weggenommen, solches auch in die Gerichte, durch welche der Störer aufgehoben wird, und er in zehen Thaler Straffe verfallen seyn, halb auf dem Lande in das Churfl. Sächßl. Amt, in der Stadt dem Rathe, und allwege halb dem Handwerck in die Lade. Es soll auch kein Schmied, weder in der Stadt, noch auf dem Lande bey ebenmäßiger Straffe mit solcher Pfuscher-Arbeit sich verwirren, noch handeln, und da einer etwan mit solcher Störer-Arbeit hausiren gienge, durch den Land-oder Stadt-Knecht weggenommen, und von iedes Orts Obrigkeit, unter welcher er betreten wird, bestraffet werden, was aber ein ieder Hauswirth selbsten, oder durch sein Gesinde, so er in Kost und Lohn hat, machen und verfertigen kan, das wird ihm billig ungehindert

L 3　　　　　　　　　　　　　　　　　　　　gegön-

gegönnet, doch soll kein Meister der Wagner ihme was von Geräthe darzu leihen, vielweniger etwas vor sich, in seiner Werckstat machen zulassen, so wohl auch keinen Meister des Wagner-Handwercks, ihme in seiner Werckstat von einem, der das Handwerck nicht redlich gelernet, ohne was im Walde geschicht, helffen zu lassen, nicht gestattet werden, bey Straffe (wegen des letztern) eines Güldens, halb des Orts Obrigkeit, halb in die Laden dem Handwercke.

Zum vierzehenden, soll kein Meister noch Geselle des Wagner-Handwercks, auf die Dörffer stören lauffen, einige Arbeit neu oder alt verfertigen, auch keinen Schmidt, (außer einen Schmid in Langenbernsdorff, vermöge eines Amts-Abschieds) noch Bauer dieselbe auffs Dorff selbsten bringen oder treiben, bey Straff eines Güldens, halb dem Churfürstl. Sächßl. Amte, halb dem Handwerck in die Lade.

Zum funffzehenden, wenn nach Gottes Willen, einem Meister sein Weib, Kinder oder Gesinde, auch Gesellen verstürben, soll der junge Meister, Meister und Gesellen zum Leichgang erfordern, die Meister und Gesellen auch einander zu Grabe tragen, und welcher Meister und Geselle sich dessen verweigern und auf Erfordern ohne genugsame erhebliche Ursachen aussen bleiben würde, der soll 5 Groschen zur Straffe geben.

Zum sechzehenden, sollen die 2 Vormeister alle Jahr richtige Rechnung thun, und bey solcher, denen Meistern diese Handwercks-Ordnung und Artikel, deutlich allezeit vorgelesen werden, sonsten sollen die Gesellen dieses Handwercks, einander höher nicht denn um 3 Groschen zu straffen Macht haben, und wann sie sich nicht vergleichen können, die Meister neben denen Gesellen vertragen, auch soll kein Gesell Verbrechens wegen, weg lauffen noch wandern, bey Straffe eines halben Güldens, halb dem Rathe, halb in die Lade.

Zum siebenzehenden, soll kein Meister seinen Gesellen in der Wochen-Abschied geben, und woferne es geschehe, soll er ihm das volle Wochen-Lohn zu geben schuldig seyn; hingegen, wenn ein Gesell in der Wochen Abschied nehmen würde, so soll der Meister ihme das Wochen-Lohn zu geben nicht schuldig seyn, dem Handwerck auch frey stehen, einen solchen Gesellen um ein Wochen-Lohn zu bestraffen.

Zum achtzehenden, wenn ein fremder Gesell einwandert, soll der Geselle, so in Arbeit stehet, selben mit 18 Pfennigen, wann aber zwey kommen, mit 2 Groschen 3 Pfennigen auszulösen, verbunden seyn, die Meister aber die fremden Gesellen Handwercks-Gewohnheit nach, herbergen.

Zum neunzehenden und letzten, soll ieder Meister und Geselle dieses Handwercks, ingleichen die Witt-Weiber und Zunfftgenossen, sich überall dieser Ordnung gemäß bezeigen, wer sich aber muthwillig widersetzet, und nicht gehorsamen will, iederzeit 10 Gr. 6 Pf. dem Churfürstl. Sächsis. Amte, 10 Gr. 6 Pf. E. E. Rath allhier, auch 10 Gr. 6 Pf. dem Handwerck zur Straffe verfallen seyn.

Confirmiren und bestätigen auch vorherstehende Handwercks-Ordnung, aus Landes-Fürstlicher Macht und von Obrigkeit wegen, hiermit und in Krafft dieses, und wollen, daß derselben in allen und

ieden Artickeln, Inhalt und Meynungen nachgegangen, und darwider nichts gethan, gehandelt, noch fürgenommen werde, und befehlen hierauf Unsern ietzigen und künfftigen Hauptleuten des Ertz-Gebirgischen Kreises, und Amtleuten zu Zwickau, auch allen Unsern Beamten, Unterthanen und Verwandten, Eingangs ermeldtes Handwerck der Wagner zu Werda, bey dieser ihrer von Uns gnädigst bestätigten Innung iederzeit und so offt es die Noth erfordert, bis an Uns zu schützen, zu schirmen und handzuhaben, damit sie sich deren ohne männiglich unbefugten Einhalt und Hinderung ruhiglich geniessen und gebrauchen mögen, iedoch Uns, Unsere Erben und Nachkommen an Unsern hohen Landes-Fürstlichen Obrigkeiten und Gerechtigkeiten, auch denen, so hierwider privilegiret, oder ein anders über Rechts verwehrte Zeit herbracht, auch sonsten männiglich an seinen Rechten ohne Schaden; So wollen Wir Uns auch und Unsern Nachkommen, diese Innungs-Artickel nach Gelegenheit der Zeit und Läuffte, Unsers Gefallens zu ändern, zu verbessern, zu vermehren und zu vermindern, auch gantz oder zum Theil wieder zu cassiren und aufzuheben, hiermit vorbehalten haben.

Treulich und sonder Gefehrde, zu Urkund mit Unserm anhangenden grössern Insiegel besiegelt, und geben zu Dreßden am 27ten Monats-Tag Junii, nach unsers HErrn und Heilandes JEsu Christi Geburt, im ein tausend, sechs hundert, drey und neuntzigsten Jahre.

(L. S.)

VI.

Der Wagner, Rade- und Stellmacher zu Eisenberg Innungs-Artickel.

Von Gottes Gnaden, Wir Christian, Hertzog zu Sachsen, Jülich, Cleve und Berg, auch Engern und Westphalen, Landgraf in Thüringen, Marckgraf zu Meissen, Gefürsteter Graf zu Henneberg, Graf zu der Marck und Ravensberg, Herr zum Ravenstein rc. Bekennen und thun kund und gegen männiglich, daß Uns die Meister des Wagner-Rade-und Stellmacher-Handwercks Unserer Fürstl. Landes-Portion, Eisenberg, Roda, Ronneburg und Camburg, unterthänigst angelanget, daß Wir ihre vormalen am 2ten November An. 1613 aufgerichtete, und von dem Durchlauchtigsten Fürsten, Unsers freundlich geliebten und geehrten Herrn Vetters, Lbd. Herrn Friedrich Wilhelm, Hertzogen zu Sachsen, Jülich, Cleve und Berg, Landgrafen in Thüringen, Marckgrafen zu Meissen, Gefürsteten Grafen zu Henneberg, Grafen zu der Marck und Ravensberg, Herrn zu Ravenstein rc. Höchstseligsten Gedächtniß, gnädigst confirmirten Innung und Handwercks-Ordnung renoviren mit neuen, ietzigen des Handwercks vermehrten Zustande nach eingerichteten Artickeln, zu Abschaffung aller Unordnung und Misbräuche, hingegen Einführung löblicher Ordnung und Handwercks-Gesetze verbessern, und solche gnädigst confirmiren möchten; Als haben Wir dieselbe auf vorher von Unserm Amte allhier zu Eisenberg u. dem Stadt-Rath erforderten unterthänigsten Bericht, und dererselben ohnmaßgebliches, iedoch Pflichtmäßiges Gutachten, daß solche nützlich und zuläßig seyn befunden, bis auf Unser, Unserer Erben,

und

und Nachkommen Verbesserung oder Wiederrufen in folgenden Artickeln gnädigst confirmirt und bestätigt, immassen dieselben von Worten zu Worten hernach folgen. Als:

Art. I.

Es sollen die Meister der Wagner, Rade- und Stellmacher in denen Städten, und auf dem Lande, welche sich in diese Ord- oder Innung begeben, es mit ihnen halten, und wenn sie derselben fähig, des Jahres einmal, benanntlich den ersten Montag nach dem Sonntag Trinitatis zum Haupt-Qvartal zusammen ungefordert sich nacher Eisenberg verfügen, und bey dem Obermeister daselbst angeben, ein ieder weder alle dasjenige, was dem Handwercke zuwider seyn möchte, gebührend anmelden und berichten, darauf um Aender- und Abschaffung fleißige Unterrede halten, damit dasjenige, so wider diese Ordnung und Innung lauffen möge, keinen Fortgang gewinne, sondern abgewendet werde. Es soll auch iedweder Meister obgedachten Montags nach Trinitatis 6 Groschen zum Qvartal-Gelde erlegen. Da nun ein Meister auf diese bestimmte Zeit, oder auch sonst, so er zum Handwercke erfordert wird, sich nicht einstellen, sondern ausbleiben, auch nicht gnugsame Ursachen seines Aussenbleibens einschicken würde, derselbe soll allewege dem Handwercke einen halben Gülden zur Straffe erlegen; Die Eisenbergischen Meister aber wollen allezeit den Montag nach iedem Qvartal zusammen kömmen, und ein ieder allerwege einen Groschen zum Qvartal erlegen, auch was einer oder der andre zu klagen hat, und billig ist, abschaffen, oder auch nach Befindung der Sachen, das Verbrechen vor offner Lade bestraffen, und welcher Meister auf solche Zeit oder auch, wenn das Handwerck Noth halben zwischen den Qvartalen zusammen kommen müste, auf vorhergehendes Erfordern, ohne sonderbare erhebliche Ursache aussenbleiben, und nicht erscheinen wird, derselbe soll iedesmal dem Handwercke zweene Groschen zur Straffe, ohne einiges Einwenden, erlegen. Woferne auch ein Meister ein gantzes Jahr, ohne erhebliche und trifftige Ursachen beym Handwerck nicht erscheinet, soll er zweene Gülden zur Straffe erlegen, und darnechst ernstlich angemahnet werden, der Innung inskünfftige gehorsamlicher nachzuleben. Würde aber ein beharrlicher Ungehorsam von selben Meister verspüret, und doch in andern folgenden Jahren das Handwerck von ihm nicht besuchet werden, soll er aus dem Handwercks-Buche gethan, und weiter vor keinen Meister geachtet werden.

Art. II.

Wenn ein Meister einen Lehr-Jungen annehmen will, so soll der Junge das Handwerck 14 Tage zuvor versuchen, da nun ihm solches gefällt, und er sich mit dem Lehrmeister des Lehr-Geldes halber verglichen, und einig, soll der Meister den Jungen aufs nechste Qvartal dem Handwercke vorstellig machen, desselben redliche Geburt und Herkommens schrifftlichen Schein vorlegen, und da der Junge vor redlich erkannt, soll derselbe, soferne er Lehr-Geld giebt, auf zwey Jahr, da er aber keines zu geben vermag, auf drey Jahr, das Handwerck zu erlernen aufgedinget werden, und also vor das Lehr-Geld ein Jahr länger zu stehen, schuldig seyn, so balden auch, wenn er das Vermögen hat, zwey Gülden, wenn er aber

unvermögend, nur einen Gülden in die Lade, dann fünff Groschen Forder-Geld, und zehen Groschen dem Rath, nebst zwey Groschen dem Handwercks-Schreiber, einzuschreiben, erlegen, sich darneben verbürgen, daß er getreu seyn, und nicht entlauffen wolle. Würde aber ein Lehrjunge von seinem Lehrmeister ohne gnugsame Ursache entlauffen, und sich in einem Viertel-Jahre nicht wieder einstellen, und was er versäumet, wieder einbringen, der soll die Zeit seiner Lehre gäntzlich verlustiget seyn, und aus dem Handwercks-Buche gethan werden. Gäbe aber ein Meister einem Lehrjungen Ursache, daß er sich davon machen und entlauffen müste, so soll der Junge es dem Handwercke anzeigen, und klagen, darob denn der Meister zur Rede gesetzet werden soll, befindet sichs, daß der Meister Schuld an des Jungens seinem Entlauffen ist, soll er dem Handwerck 3 Gülden zur Straffe erlegen, und den Jungen auslesen. So aber der Meister des Jungens gäntzlich entlediget seyn wollte, so soll er, der Meister, ihm, dem Jungen, auf seine, des Meisters, Unkosten, einen andern Meister, der den Jungen unterweiset, und vollends auslernet, verschaffen, damit der Junge an seiner Wohlfart nicht gehindert werde. So sichs aber begäbe, daß ein Meister mit Tode abgienge, so soll der Wittbe frey stehen, den Jungen vollends auszulernen, würde es aber ihre Gelegenheit nicht seyn, so soll die Wittbe den Jungen einen andern Meister vermögen, der ihn auslernet, und die Lehre bekennet. Wenn nun ein Lehrjunge obgemeldeter massen seine zwey oder drey Jahr redlich vollbracht, und ausgestanden; so soll der Meister ihn vor öffentlicher Lade und Handwercke ausgelernet geben, und sodann der ausgelernte Junge vor einen Gesellen erkannt werden, doch soll derselbe dem Handwercke wie bey dem Einschreiben, wenn er vermögend, zwey, da er aber unvermögend, einen Gülden in die Lade, fünff Groschen Forder-Gebühren, und 2 Groschen dem Handwercks-Schreiber erlegen, darauf ein erbar Handwerck ihme eine schrifftliche Kundschafft seines redlichen Lernens und Verhaltens, gleich andern Handwercken verfertigen lassen, nachmahls solche mit dem Handwercks-Siegel bedrücken und ausantworten soll, iedoch um seine Gebühr. Es soll auch kein Meister, welcher einen Jungen gelernet, unter Jahres-Frist einen andern wieder annehmen, bey Straffe eines Gülden. Die Meisters-Söhne sollen ebener massen vor dem Handwercke aufgedinget werden, und zwey gantze Jahr lernen, ehe sie der Lehre losgesprochen, hingegen bey denen halben Gebühren gelassen werden, und die Meisters-Söhne zwey Jahr, die andern aber ohne Unterschied 3 Jahr wandern.

Art. III.

Wann ein Geselle gewandert kommt, soll er nach der Herberge fragen, und wenn er dahin gewiesen, und Beweis hat, daß er das Handwerck redlich gelernet, so soll er bey dem Meister, den die Reihe trifft, der Ordnung nach, wie die Gesellen iedesmal einwandern, Herberge, auch Essen und Trinken, wie es der Meister auf seinem Tische hat, geniessen. Da nun Gesellen in Arbeit stehen, sollen derselben einer dem gewanderten Gesellen bey denen Meistern um Arbeit schauen und fragen, auch da Arbeit vorhanden, soll der Geselle den fremden Gesellen stellen in die Werckstat weisen, und einführen, und den künfftigen Tag (weil an Sonn- und Festtagen dergleichen gänzlich verboten) seine Umfrage und Geschencke mit ihm nach Handwercks-Gebrauch, halten und verrichten. Es soll auch kein Geselle ohne gnugsame Ursache in der Woche aus der Arbeit bey einem Meister aufstehen, und Urlaub nehmen, sondern ehe er sich von dannen machen will, es dem Meister acht Tage vorher verständigen, daß der Meister sich darnach achten, und sich nach einem anderen Gesellen umthun kan, es soll auch kein Geselle, so Urlaub genommen, bey einem andern Meister des Orts, wo er gearbeitet, wieder in Arbeit treten, sondern vier Wochen aufsthalb bey einem Meister arbeiten, bey Straffe eines Güldens. Welcher Geselle aber ohne Ursache in der Woche Urlaub nimmt, der soll dem Handwerck einen halben Gülden zur Straffe erlegen, und dazu des Wochenlohns bey dem Meister verlustig seyn. Es soll auch kein Geselle den andern, welcher in Arbeit stehet, zu wandern aufreden, noch ihm dazu Ursache geben, welcher solches thut, der soll dem Handwerck einen Gülden zur Straffe erlegen, würde er sich hierüber davon ziehen, und die Straffe nicht erlegen, so soll er von keinem Meister gefördert werden, so lange, bis er sein unrechtmäßiges Beginnen verbüsset und verstraffet hat.

Art. IV.

Wann ein Geselle allhier, oder in denen unter dieser Innung begriffenen Städten, oder auf dem Lande Meister werden will, soll er vor dem Quartal sich bey dem Obermeister angeben, und eines Meisters Sohn seine zwey- ein fremder aber seine dreyjährige Wanderschafft dem Handwercke darlegen, so dann ein ganzes Jahr bey einem Meister arbeiten, woferne ein Meister verhanden, der ihm so lange Arbeit geben kan, da aber keiner vorhanden, welcher einen solchen Gesellen ein Jahr fördern kan, so soll derselbe Geselle des Handwercks Abschied erwarten, und hernach arbeiten, wo er kan, ordentlich aber nach denen Quartalen drey Viertel Jahr muthen, und iedesmahl, wenn er seine Muthung thun und erlegen will, zu vorher dem Handwerck acht Groschen Forder-Gebühren erlegen, und denn seine Muthung iedesmal mit sechs, sage 6 Gr. zahlen, auch dem Handwercks-Schreiber 2 Groschen einzuschreiben mit beylegen, und wenn der Geselle hier und anderwärts, der es mit hiesigem Handwerck halten und Meister werden will, das Meister-Recht auf vorstehende Masse zu gewinnen, sich angegeben: So sollen die specificirten Gebühren in hiesiger Fürstl. Residentz- und Kreis-Stadt, allwo die Lade stehet, abgegeben, und zum Meister-Stück von dem, der sich allhier setzen will, ein vierspännig Strassen-Rad, ein vorderer Kutschbock, eine vierspännige Vörder-Achse, und ein paar vierspännige Rüst-Leitern; Da es aber in einer andern Stadt hiesigen Fürstl. Landes-Antheils sich niederlassen wolte, von ietzt vorgeschriebenen Stücken nur dreye, welche die Meister aufgeben wollen, oder da er nur auf dem Lande sich zu setzen vorhabens, von diesen Stücken nur zwey, welche die Meister angeben, zum Meisterstück gemacht werden. Wann nun diese Stücke verfertiget, und von den Meistern besichtiget worden, soll er zuvor einen Gülden und

dem Handwercks-Schreiber zwey Groschen erlegen, und da die Stücke tüchtig, und recht von dem Handwercke erkannt, soll er zu einem Meister vor öffentlicher Lade gesprochen werden, und er darauf denen Meistern ein Meister-Essen von einer Mahlzeit, nebst einem dreyeimerichten Faß Bier zu geben schuldig seyn, zu solcher Mahlzeit aber nur die sämtlichen hiesigen Meister, und aus iedweder Stadt ein Meister, neben dem Beysitzer von denen hiesigen Land-Meistern genommen, und dabey aller Überfluß vermieden werden. So aber ein Geselle mit obgedachten Stücken nicht bestehen würde, soll derselbe nach Befinden der Mängel gestraffet werden, und da derselben zuviel, soll er wiederum wandern, und sein Handwerck besser lernen und erfahren, in einem halben Jahrs-Frist bey dem Handwercke sich wieder anmelden, um die Stücke zu machen, wieder vornehmen, und sich, wie vorher gedacht, dabey verhalten, auch sollen iedesmahl bey währender Arbeit der Meister-Stücke, zwey Meister sich befinden, denen der Gesell Essen und Trincken, auf seine Kosten, iedoch ohne Überfluß und nur zur Nothdurfft verschaffen soll, es sey gleich ein fremder oder eines Meisters Sohn. Sonsten sollen zwar die Meisters-Söhne gleich fremden in diese Ordnung einmuthen, iedoch aber die obigen benahmten Stück auf ihre Kosten nur halb machen, und da sie damit bestehen, zu Meistern gesprochen werden, auch vor das Meister-Essen in allen nur drey Gülden geben. Meisters-Töchter aber, so sie einen Wagners-Gesellen oder Wittber, der es mit dieser Innung nicht gehalten, sich aber darein begeben will, freyen würden, sollen ebenermassen dabey, was eines Meisters Sohn befreyet, gelassen werden. Es sollen auch Meister und Gesellen nach Ehre und Redlichkeit freyen, und in das Handwerck nicht bringen ein Weib aus einem gemeinen Hause, welcher solches vornimmt, soll in dieser Ordnung nicht gelitten werden. Käme es auch darzu, daß derer Gewercken einer mit Tode abgienge, soll der Wittben das Handwerck zu treiben nachgelassen werden, doch daß sie sich aller Gebühr dieser Ordnung nach, verhalte, und ihr Quartal-Geld allezeit einschicke, wo sie aber solches nicht thun würde, soll ihr auch nicht nachgelassen werden, das Handwerck zu treiben. Würde aber eine solche Wittbe einen Gesellen oder Meister von einem fremden Orte, wo er zuvor Meister gewesen, und diese Innung allhier nicht mit gehalten, freyen, soll derselbe auch den halben Theil des Meisterstücks zu machen befreyet seyn, gleich denen Meister-Söhnen, doch soll von ihm ein Meister-Essen, oder drey Gülden dafür, dem Handwerck gegeben werden. Wann einer, so auf dem Lande sich niedergelassen, und Meister worden, hernach um seiner Besserung willen in die Stadt ziehen, und sich daselbst einsetzen wolte, so soll er die noch rückständigen Meister-Stücke zu machen, und eine Mahlzeit zu geben, auch was sonst bey Verfertigung der Stücke vorher erzehlter massen gebräuchlich, zu thun schuldig seyn. Der jüngste Meister soll des Handwercks Diener seyn, und demselben aufwarten, so lange bis er von einem andern entlediget wird. Wann auch ein Fremder, so anderswo sein Meister-Stück gemacht, und Meister worden, sich in diese Ordnung begeben wolte, der soll zuvor seines Handwercks-Erlernung, und daß er seine Wander-

schafft

schafft verrichtet, auch seiner ehrlichen Geburt und Herkommens gewisse Kundschafft vorlegen, so nun dieses vor recht erkannt, soll er obige benannte Stücke sämtlich auf seine Unkosten verfertigen, dabey er den beyden Meistern gleich als ein Gesell Essen und Trincken nach Nothdurfft verschaffen soll; da nun dieselben von einem gantzen Handwercke vor tüchtig, und rechtsam ausgesprochen, soll er auf- und angenommen werden, und dem Handwerck ein Meister-Essen, an Speise und Tranck, wie obgedacht, geben, und sich dessen, was die Ordnung sonsten vermag, verhalten; Wo aber ein solcher Meister die gesetzten Stücke zu machen, sich nicht verstehen wolte, soll er nebst einer Mahlzeit 1c Gülden geben, und davon das Fürstl. Amt 3 Gülden, der Rath 3 Gülden, und der Gottes-Kasten drey Gülden, iedes Orts, wo er sich setzen will, bekommen, das Handwerck aber die übrigen 6 Gülden behalten.

Art. V.

Die Wagner, Rade- und Stellmacher lassen zu, daß aufn Lande, sonderlich in denen Holtz-Dörfern diejenigen, so des Handwercks nicht sind, die Pflug- und Schub-Karren-Räder, item alles Geschirr-Holtz machen und verfertigen, und solches verkauffen mögen, aber die Axen einzuschneiden, und Karn-Gestelle zu machen, haben sie sich gäntzlich zu enthalten, auch Pflüge, höltzerne Egden, Schub-Karn, Schleiffen und Schlitten bleiben denen Wagnern, Rade- und Stellmachern allein zu verfertigen, iedoch daß sie solche um billigen Preis geben, und weil denen Seilern Pflug-Räder und Schwingen mit zu führen, in einem vormals ertheilten Privilegio verstattet, so bleibt es zwar dabey, iedoch daß selbe die Pflug-Räder von denen Wagnern, Rade- und Stellmachern abnehmen, die dann solche um billigen Preis, wie die Bauren solche geben, zu lassen, schuldig seyn sollen. Welcher nun, ausser der oben beym Eingang dieses Articels verstatteten Waare, die andre zu machen, sich unterstehet, dem soll solche Arbeit nicht alleine weggenommen, sondern auch der Uibertreter drey Gülden Straffe, halb dem Amte oder Rathe, und die andere Helffte dem Handwercke zu erstatten, angehalten, oder da er die Straffe zu geben nicht vermöchte, mit Gefängniß von der Obrigkeit beleget werden, damit also solch Laster der Störerey abgeschaffet, und diejenigen, so solche Sachen kauffen, desto besser verwahret werden mögen. Es sollen aber auch die Meister die Leute mit gedingter Arbeit und Fleissen fördern, und dieselben nicht verziehen, dadurch denen Leuten Hinderung entstehet; Auch soll kein Meister das Handwerck geringen oder verstümpeln, und bleibet denen Hauswirthen, sie mögen seyn, wo sie wollen, so selbsten, oder durch ihr Gesinde, wenn es an ihrem Tische und Lohn ist, etwas zur Nothdurfft machen, oder machen lassen können, solches zu thun unverwehrt.

Art. VI.

So sichs begäbe, daß einem Meister sein Weib oder Kinder mit Tode abziengen, so sollen die Meister das Verstorbene zu Grabe tragen, geschehe aber solches nicht, so sollen sie doch mit zu Grabe gehen, welcher Meister aber solches nicht thun, und er, sein Weib oder Kinder nicht darzu schicken, und

also es übergehen will, soll dem Handwercke fünff Groschen zur Straffe erlegen.

Art. VII.

Wann ein Meister auf freyem Marckte, oder sonst Holtz, welches zum Handwercke dienlichen, kauffen will, soll kein Meister dem andern in Kauff fallen, dadurch Uneinigkeit und Theurung des Holtzes halber vermieden werde, wer aber solches thut und verübet, der soll dem Handwerck einen halben Gülden zur Straffe erlegen, auch nach Gelegenheit in der Obrigkeit Straffe verfallen seyn.

Art. VIII.

Es soll auch kein Meister, noch Geselle den andern an seinen Ehren angreiffen, schmähen und lästern, und wo einer sich solches unterstehet, und iemand injuriren würde, deme soll das Handwerck geleget werden, so lange bis er solche Schmäh-Worte dargethan und erwiesen, der gescholtne Meister und Geselle aber, wofern er sich gegen das Handwerck verpflichtet, seine Sachen hinauszuführen, soll das Handwerck treiben, und da man befunden, daß er unrecht geschmähet und es wichtig, soll der Injuriant in der Obrigkeit Straffe verfallen, dem Handwercke aber seine Straffe auch nicht entnommen seyn, damit solch Laster nachbleiben müge. Es soll auch kein Meister vor dem Handwercke und der Laden unbescheidene Worte treiben, noch mördliche Wehren bey sich tragen, und wer solches verübet, soll dem Handwercke einen halben Gülden zur Straffe erlegen, kein Geselle, so einen andern gescholten, und solches über den Gescholtenen noch nicht ausgeführet, oder aber was unrechtes verübet, und man dessen Gewißheit hat, der soll von keinem Meister gefördert, sondern aufgetrieben werden, so lange bis er seine Sache ausgeführet, und richtig gemacht hat. Es sollen auch Meister und Gesellen, wenn sie etwas vor dem Handwercke vorzubringen haben, es selbst thun, und allezeit um Gunst und Erlaubniß bitten, wer darwider thut, soll, so offt es geschicht, zweene Groschen zur Straffe erlegen.

Art. IX.

Welcher Meister und Geselle in denen obbeschriebenen Artickeln und sonst strafffällig wird, der soll die ihm angedeutete Straffe von Stund an, (er habe sich dann darwider zu beschweren, dringliche Ursache) dem Handwercke erlegen, und weder Straffen, noch sonst etwas, bis zum Haupt-Qvartal verzögern, oder schuldig bleiben, ausser dem er das Handwerck nicht treiben, sondern damit stille halten soll, damit kein Verzug daraus erfolge, und soll der Obermeister alle Jahr aufs Haupt-Qvartal, Montag nach Trinitatis, über Einnahme und Ausgabe dem Handwercke Rechnung thun, die Straffen und anders, woran die Obrigkeit Theil hat, richtig abtheilen, und davon einen Drittel dem Fürstl. Amte, und ein Drittel, dem Rath treulich zustellen, auch die Rechnung, woferne sie von Importantz, oder sonst der Nothwendigkeit seyn wolte, vor dem Rath gebührend justificiren, damit man sehen kan, wie es im Handwercke her und zugehen müge. Es sollen auch auf solchem Haupt-Qvartal allerwege neue Ober- und Handwercks-Meister vom Handwercke erwehlet, nachmahls vor dem Rathe vorstellig gemacht, und sodann von demselben gleichwie in andern

dern

dern Handwercken Herkommens confirmirt und vereidet werden.

Art. X.

Soll kein Meister einem, er sey, wer er wolle, dem er zwar nicht gearbeitet, und welcher sonsten bey einem andern Mit-Meister arbeiten lassen, etwas verfertigen oder arbeiten, er habe dem Nachricht, daß er dem vorigen nichts schuldig blieben wäre; Würde denn sich zutragen, daß er ihm noch schuldig, so soll der Meister ihm nicht eher arbeiten, bis der vorige befriediget, bey Straffe eines Güldens, halb dem Amte oder Rathe, und halb dem Handwercke, damit kein Meister an seiner Nahrung Schaden leide.

Art. XI.

Hat sich das gesamte Handwerck dahin verglichen, daß wenn unter denen Meistern und Gesellen ein Streit vorgehen möchte, und der Nothdurfft erheischet, daß ein oder mehr Meister die Sache und Streit beyzulegen, und vertragen zu helffen, erfordert werden müsten, damit sie ihrer Versäumniß nicht in Schaden kommen, sie, die fremden Meister von ieder Meile drey Groschen bekommen, und derjenige, so in dieser Streit-Sache Unrecht haben wird, benebst der Straffe selbige alsobald erlegen, iedoch über zwey Fremde dazu nicht erfordert werden sollen. Welcher Meister nun hierzu erfordert wird, und nicht erscheinet, auch keine Entschuldigung thun lässet, der soll dem Handwercke 6 Groschen zur Straffe erlegen, damit Fried und Einigkeit auf solche Maasse desto besser im Handwercke erhalten werden möge.

Confirmiren und bestätigen demnach vorhergehende Innungs- und Handwercks-Artickel hiemit gegenwärtiglich und gnädigst, krafft dieses Briefs, und wollen, daß derselben in allen Puncten und Clauseln getreulich und unverbrüchlich nachgelebet; und darwider nicht gethan, noch gehandelt werden soll; Wie Wir denn hierauf allen Unsern Räthen, Amts-Haupt-Leuten, denen von der Ritterschafft, Amtleuten, auch Bürgermeister, Richtern und Räthen der Städte, sonderlich aber Unsern ietzigen und künfftigen Beamten, auch dem Stadt-Rathe zu Eisenberg, Roda, Camburg und Ronneburg, hiermit ernstlich befehlen, daß sie, ob dieser Unserer confirmirten und begnadeten Ordnung, steif und fest halten, die redlichen Meister und Gesellen des Wagner-Rade- und Stellmacher-Handwercks, so offt es Noth, und sie derentwegen ersuchet werden, bis an Uns schützen und handhaben, die Verbrecher aber unnachläßig straffen; Jedoch behalten Wir Uns, Unsern Erben und Nachkommen, wie gemeldet, ausdrücklich vor, diese Ordnung nach Gelegenheit der Zeit und Läuffte, zu verändern, zu bessern, auch gar oder zum Theil aufzuheben, wie Wir oder Unsere Nachkommen es iedesmahl nothwendig, nützlich, und gut zu seyn befinden und erachten werden: So soll auch dieselbe Uns an Landes-Fürstlicher Hoheit und Obrigkeit, Gericht und Gerechtigkeit unabbrüchig, desgleichen ermeldtes Handwerck schuldig seyn, sich des Heiligen Reichs Ordnungen und Abschieden, so derer Handwercke halben aufgerichtet, so viel sie betrifft, auch der zu Naumburg Anno 1541 eingangenen Vergleichung, und denen Unsern publicirten Landes-Ordnungen disfalls allenthalben gemäß zu erzeigen, und darwider, bey Vermeidung Unserer ernsten Straffe und Ungnade nicht zu handeln. An dem allen geschicht Unsere gäntzliche Meynung. Zu Urkund mit Unser eigenhändigen Unterschrifft und hieran hangenden Insiegel bekräfftiget, und geben in Unser Residentz Christiansburg in Eisenberg, den 8 Januarii Anno 1703.

Christian Hertzog zu Sachsen.

(L. S.)

VII.

M. Friedr. Friesen, Prof. des Gymn. zu Altenburg, Ceremoniel der Buchbinder, in welchem nicht allein dasjenige, was bey dem Aufdingen, Lossprechen, und Meisterwerden nach den Artickels-Briefen unterschiedener Oerter vor langer Zeit her in ihren Innungen und Zünfften observiret worden, sondern auch diejenigen lächerlichen und bisweilen bedencklichen Actus, wie auch Examina bey dem Gesellenmachen vorgestellt, und mit Anmerckungen ausgeführt.

1. Was wollen wir von dem Buchbinder-Handwercke voraus mercken?

Daß es 1) ein geschencktes, 2) höchstnöthiges und 3) kluges Handwerck sey.

2. Was ist dabey zu erinnern, indem es ein geschencktes Handwerck heisset?

Daß dieses Handwerck mit allem Recht geschencket genennet werde, wenn man erweget, daß die Güte GOttes denen Sterblichen ein sonderlich Kleinod, gleichwie durch Erfindung der so nützlichen Druckerey, als auch des Bücherbindens verehret.

3. Was ist mehr zu erinnern?

Es haben Christliche Obrigkeiten unterschiedene Gebräuche, welche vormals einigen Anstoß denen zarten Gewissen verursachet, aus guter Vorsicht abgeschaffet, und die andern guten Anstalten wegen der bessern Verpflegung derer armen Gesellen nach Vermögen gefördert.

4. Woraus erhellet die Nothwendigkeit dieses Handwercks?

Nachdem das Bücherschreiben, mit dem Wachsthum der Druckerey in der Welt ie mehr und mehr zugenommen, so hat man darauf gedacht, wie die gedruckten Bücher besser genutzet und conserviret werden. Denn ob man wohl die geschriebenen Bücher mit einigen Bänden versehen, so erfordern doch die unterschiedenen Formate derer gedruckten Bücher vornemlich eine Einkleidung, damit derjenige, der sie nutzen will, solche desto bequemer, und mit leichterer Mühe durchlesen könne. Zu geschweigen der vielen künstlichen Futteralen, welche zum Geschmeide, als Jubelen, Ringen, Messern, Gabeln, Löffeln und andern Instrumenten, welche von künstlichen Buchbindern verfertiget werden, darwider zwar an etlichen Orten, als in Nürnberg die Futteralmacher theils protestiren, theils aber mit ihnen halten.

5. Was ist ferner zu mercken?

Daß die Bände der Bücher, sie seyn so köstlich als sie wollen, uns eine gute Erinnerung der menschlichen Schwachheit geben können. Denn wenn man bedencket, daß das zarte Pappier vor allerhand äusserlichen

serlichen

serlichen Zufällen zu bewahren, mit einem Bande umgeben werde. So fället dem Gemüthe gar bald dieser Gedancke ein, daß der barmhertzige GOtt stracks nach dem Fall den so vielen Schwachheiten unterworffenen Leib mit einer Hülle versehen.

6. Warum kan es ein kluges und gelehrtes Handwerck genennet werden?

Die Ursachen lassen sich hier nicht alle anführen, wegen der Enge des Pappiers: Allein man erwege nur, ob nicht ein verständiger Buchbinder sowol das Judicium als auch die Memorie anwenden müsse, wenn er ein recht Werck unter der Hand hat, daß er erstlich das Buch collationire, mit gutem und nicht stinckendem Planier-Wasser planire, im Aufhangen und Faltzen nicht zerreisse, ehe er es hefftet, nochmals richtig collationire, und so zuweilen etwas angeschossen oder angedruckt, fleißig nachsuche, damit in keinem Stücke etwas versehen, und das Buch nicht verderbet werde. Sehen wir die unterschiedenen Arten derer Bände an, und wie viel neue und artige Moden die Bücher einzukleiden erfunden werden, so müssen wir allerdings einem rechtschaffenen Meister den Titel eines klugen beylegen. Ja es weiset die gantze Arbeit dieses Handwercks, daß man Klugheit dabey gebrauchen müsse, wie solches der Herr Johann Gottfried Zeidler in seinem Büchelgen, so er die Buchbinder-Philosophie tituliret, weitläuftig erwiesen, zuweilen aber auch sehr gestolpert. Ein Buchbinder muß auch verschwiegen seyn, denn in Königlichen, Chur- und Fürstlichen Archiven, Cantzeleyen, Raths- und Gerichts-Stuben bekunnt er vielmahl curieuse Dinge zu hefften in seine Hände, welche wohl denen grösten Staats-Ministern zu sehen, versaget werden.

7. Daß es bey etlichen ein sehr verachtetes Handwerck sey.

Unverständige Leute meynen, es brauche ein Buch nicht viel Mühe und Kosten, indem sie vielmal kommen, bringen Bücher, welche doch sauber sollen eingebunden werden, und wollen sie doch gleichwol den andern Tag wieder haben, da bedencken sie nicht den Spruch Salomonis: Alles hat seine Zeit! Ja sprechen sie, wie bald ist denn so ein Buch fertig, wie bald schmieret man denn so ein Bißgen Gold auf den Schnitt, oder wenn es fertig und man verlanget, was recht und billig ist, da thäte es Noth, man sagte alles her, was wie viel man darzu thäte, absonderlich ist es beym Bauersvolcke sehr unbekannt und veracht, weil sie vermeynen, das Buchbinder-Handwerck sey eines von den geringsten, und halten dafür, wenn sie eine Wasserquelle oder den Habermann haben, so ist es schon genug vor sie, wenn es hoch kömmt, so ist noch eine Bibel, womit sie sich 100 und 50 Jahre behelffen können.

Von denen Lehr-Jungen.

I. Wie wird es bey derer Aufdingung gehalten?

Es ist dem Lehrlinge 14 Tage an etlichen Orten bis 4 Wochen zu versuchen erlaubet, ob das Gemüthe auch die Lust behalte solches fortzusetzen. Wenn nun die ersten 14 Tage verflossen, und der Lehrmeister will den Lehrling noch länger zur Probe behalten, muß er es zuvor melden, sonsten verfället er in Straffe.

2. Was muß ein Junge bey seinem Antritt thun?

Er muß seinen Geburts-Brief nebst Erlegung 6 Groschen Forder-Geld, 6 Groschen Einschreib-

Geld und einen Thaler in die Lade legen, und bey öffentlicher Lade mit Hand und Munde angeloben, bescheiden, munter, treu und ehrlich sich zu verhalten, und durch glaubwürdige Personen seiner Treue gnugsame Versicherung machen lassen.

3. Wie lange muß ein Lehrling stehen?

Hierbey kan keine allgemeine Regel gegeben werden, sondern nachdem die Umstände seyn, nachdem muß ein Lehrling 4, 5 oder mehr Jahre aushalten.

4. Was ist hierbey zu wissen?

Ein Meister darf an etlichen Orten nicht zwey Jungen zugleich annehmen, sondern wenn er einen zwey oder drey Jahr in der Lehre gehabt, alsdenn kan er noch einen annehmen, er kan an manchem Ort zwey Jungen zugleich annehmen, aber nur einen Gesellen dabey, doch wird iederzeit an allen Orten des Meisters Sohn nicht darzu gerechnet, denn zwey Jungen und ein Geselle machet die Werckstat besetzt, oder zwey Gesellen und ein Junge, doch werden einiger Orten mehrere in einer Werckstat gelitten, als in Leipzig und an andern Orten, doch muß ein ieder wissen, ob er Jungen nöthig hat oder nicht, indem gemeiniglich viel Jungen wenig Nutzen stifften, hieher kan der bekannte Vers gezogen werden: Ne quid nimis, Zu viel ist ungesund.

5. Wie wird es gehalten, wenn eines Lehrlings Meister stirbt?

Wenn der Lehrling noch im Anfange seiner Lehr-Jahre begriffen, so ist die Meisterin gehalten, ihm einen andern Lehrmeister zu schaffen, wenn auch der Lehrling seine Lehr-Jahre fast zurücke geleget, so kan kein Geselle einen Lehr-Jungen, welcher ob er gleich bey einer Wittfrau in Arbeit stehet, ausgelernet geben, und wenn der Junge auch gleich nur noch 6 Wochen zu lernen hätte, so solte er wohl noch ein gantz Jahr bey einem andern Meister auslernen, ehe er losgesprochen wird, doch wann er das seinige verstehet, kan ihn die Wittfrau zum wenigsten bis das letzte Viertel-Jahr behalten, und ihme durch ihre gute Recommendation mit dem Viertel-Jahr bey dem neuen Meister die Auslernung zuwege bringen.

Von denen Gesellen.

1. Was geschiehet, wenn einer soll losgesprochen werden?

Erstlich werden die Künstverwandten oder Handwercks-Meister (ist einerley, indem ja iedwede Kunst mit der Hand muß getrieben werden) um eine gewisse Stunde bey Straffe in des Herrn Ober-Meisters Behausung von dem Jung-Meister, die Gesellen aber von dem Jung-Gesellen auf die Herbergs gefordert, und da begeben sie sich in des Ober-Meisters Behausung. Wenn nun die Meister und Gesellen bey dem Ober-Meister versammlet seyn, so wird der Vortrag von dem Lehrmeister gethan, daß nemlich dieser Lehrling seine Jahre nun treulich und ehrlich ausgestanden, welcher numehro von dem Handwerck frey gesprochen, und vorgestellet wird, sie hätten ihn nun als ihren Mitgesellen auf- und anzunehmen, worauf denn solches von dem Altgesellen beantwortet wird, wenn er würde thun, was einem rechtschaffenen Gesellen zukommt, und sich aller vorigen garstiger jungenhaften Aufführung entschlagen, so wolten sie ihn vor ihren Mitgesellen erkennen, welches er bey Meistern und Gesellen angeloben muß zu halten, worauf er die Gebühren erleget, auch

schuldig

schuldig ist den Meistern und Gesellen eine Mahlzeit
zu geben; nebst Verehrung eines silbernen Schildes
an den Credentzer oder Willkommen. Nach geschehener Gegen-Antwort und des in die Lade gegebenen
gewöhnlichen Geldes, werden vor offener Lade unterschiedene Ceremonien observiret.

2. Welches seyn solche Ceremonien?

Der Gesellen-Vater ersuchet zuweilen die Gesellen, und bittet um Darleihung eines Messers: Weil
aber keiner kein geschliffen Gewehr vor offener Lade
bey sich haben darf, so würde derjenige in Straffe
verfallen, welcher ein Messer verlangen wolte. An
etlichen Orten gehet dieses die Gesellen nur allein an,
und geschiehet nur, wenn sie beysammen seyn, weil
den Gesellen ausdrücklich verboten wird, kein tödt-
liches Gewehr oder Messer bey sich zu haben, bey
Straffe eines halben Wochen-Lohns, wie solches
ihre Artickel beweisen.

Was werden weiter vor Ceremonien bey den Gesellen mit dem Aufgestandenen observiret?

Nach diesem muß er mit den Gesellen auf die
Herberge gehen, wenn sie denn alle beysammen,
samt Herrn Vater und Herrn Beysitzer, so hebet
der Altgeselle folgende Anrede an:

Mit Gunst, Herr Vater, Herr Beysitzer, wie
auch Kunstliebende Gesellen, sie sollen bedancket seyn,
daß sie mit des Herrn Vater's Bewilligung und des
Junggesellens Erforderung erschienen seyn; die Ursache ist, daß wir heute unsern gewöhnlichen Auflege-
Tag haben, als wolle ein ieder belieben, soviel Wochen soviel Dreyer aufzulegen, auch ist die löbliche
Gebrauch, daß drey gebührende Umfragen gehalten
werden.

Mit Gunst, hat einer oder der andere etwas zu
klagen, der stehe auf, und bringe seine Klage ordentlicher Weise für, weil der Herr Vater und Beysitzer und kunstliebende Gesellen noch beysammen
seyn; also mit Gunst zum ersten. Es ist auch weiter
der löbliche Gebrauch, daß wo Ordnung und Lade
ist die Gewissens-Frage herum gehet, damit wenn
welche vorhanden, die solche nicht gehöret, es vor
ein billig Geld lernen können.

Wie heisset denn die Gewissens-Frage?

Der Altgeselle fängt an: Ich N. N. gebürtig von
N. bekenne bey meinem guten Gewissen, daß ich in
N. bin examiniret und zu einem vollkommenen Gesellen gemacht worden, meine beyden Zeugen sind
gewesen N. N. gebürtig von Nürnberg und N. N.
gebürtig von Leiptig, habe auch kein tödtlich Gewehr
oder Messer bey mir, also mit Gunst.

Was ist von den angestellten Mahlzeiten insonderheit zu mercken?

Daß alle Gastmahle billig sollen wohlriechend gemacht werden. Die köstliche Salbe des frommen
Weibes zu Bethanien, breitete sich mit dem herrlichen und penetranten Geruche, nicht allein in dem
Gemache oder Zimmer, sondern auch in dem gantzen
Hause aus; Ja es riecht noch alles wohl, wenn
wir von dieser Geschichte predigen hören. Kein
Zweiffel ist auch, daß nichts ungebührliches oder
schandbares bey dieser Mahlzeit, zumal in Beyseyn
des holdseligsten Herrn JEsu, wird vorgebracht
worden seyn. Man solte wünschen, daß alle schöne
Discourse, so damals vorgebracht sind, uns zur
Nachricht möchten aufgeschrieben worden seyn. Da

wird es nicht geholffen haben, wie der Italiäner Fri-
goni an einem Orte redet: Zu Hofe und bey Zusammenkünfften redet einer von der Liebe, der ander
vom Spielen, der dritte von Hoffart, und so fort;
aber nißuno di Dio, keiner von GOtt. Ach!
leider sind unsere Gastgebote mit nichts anders als
mit groben Zoten und Possen, ärgerlichen und schändlichen Thaten angefüllet, daß daher jener, als er zu
einer Gasterey gieng und gefraget wurde, wo er hin-
gienge? geantwortet: Pecoratum, wie das Vieh
zu leben.

Was haben wir vor eine Morale bey dem Gewissens-Tische oder Gewissens-Frage?

In Portugall wird das hohe Königliche Gericht
Mensa conscientia genennet, der Tisch des Gewissens, und sollen alle diejenige, so dabey zu thun haben, sich einbilden, daß sie an dem Tische des Gewissens sitzen und dasselbe wohl in acht nehmen.

Was mercken wir ferner hierbey?

Bey den Alten war vor diesem der Tisch eine heilige Sache. Was Solis menia, oder der Sonnen-
Tisch sey, findet man bey dem Herodoto Lib. 3.
nemlich eine Wiese oder Aue, mit Gebratenen von
allen vierfüßigen Thieren angefüllet, da in der Nacht
die Bürger der Obrigkeit solches in aller Eil hinsetz-
ten, und wenn es lichte wurde, ein iedermann davon
essen durffte; die Einwohner derselben Landschaft
bildeten sich ein, es werde die Mänge dieser Speisen
von GOtt hergegeben, daher sie auch denselben Solis mensam oder den Sonnen-Tisch nenneten.

Was wird ferner observiret, wenn die Gesellen vor öffentlicher Lade beysammen seyn?

Es darf keiner nicht fluchen oder schwören bey
Erlegung etwas Straffe in die Armen-Büchse, welche ihm der Junggeselle vorsetzen muß, und daß dieses dabey allezeit in acht genommen wird, daß so
vielmahl, als einer in die Armen-Büchse etwas stecket, von allen darzu gesaget werden muß: Grossen
Danck wegen der Armen, und unterläst einer solches zu sagen, so wird ihm auch die Büchse vorgesetzt, worauf der Junggesell iederzeit Achtung zu geben hat, bey Straffe.

Was mercken wir hieraus?

Daß das Fluchen ein sehr schändlich Laster ist,
und die lieben Alten absonderlich darauf gesehen haben, wie sie es durch gelinde Straffen der Jugend,
die ohnedem zu allem Bösen sehr geneigt ist, möchten dadurch abgewöhnen. Ludovicus II König in
Franckreich war dem Fluchen so feind, daß er seine
Unterthanen scharf hielt, ihnen das Fluchen abzuge-
wöhnen; kam einer das erstemahl, so ließ er ihn prügeln, kam er das anderemahl, so ließ er ihn mit einer
glüenden Zange die Zunge verletzen. Und als ihm
seine Räthe zuredeten, es wäre ja gar eine zu schwere
Straffe, indem es leichte zu versehen, so musten sie
diese nachdenckliche Antwort hören: Wie künte ich
meinem GOtt grössere Ehre anthun, als wenn ich
das Fluchen abschaffe, dadurch sein Name so gelä-
stert wird. Als zu dem seligen Vater Luthero auch
einer einsmals kam und sich beklagte, daß das
Fluchen sich nicht abgewöhnen, er könnte das
Fluchen sich nicht abgewöhnen, und solle ihm doch deswegen einen guten Rath mittheilen; so sagte Lutherus: Er solte eine Fluch-Büchse machen, daß so oft
er fluchete, und die Seinigen ihn daran erinnerten,

er einen Gülden oder Thaler in die Büchse legete, er würde sichs hoffentlich bald abgewöhnen.

Was ist ferner bey öffentlicher Lade in acht zu nehmen?

Es darf keiner seinen Finger auf den Tisch legen, geschweige denn eine Hand, und da es einer aus Unachtsamkeit versiehet, wird ihm die Armen-Büchse vorgesetzet, worein er eine Geld-Buße legen muß, zum Unterhalt der armen Gesellen.

3. Wie wird es ferner gehalten?

Wenn von dem aufgesetzten Saltze und Brot ein ieder ein wenig gekostet, und die Reihe an denjenigen kommt, der ein Geselle will werden, so dancket er und nimmt es nicht an. Darauf fraget ihn der Altgeselle, warum er nicht wie die andern thun wolle? Darauf antwortet jener: Weil ich noch nicht examiniret bin.

Was ist hierbey zu erinnern?

Das Saltz ist allezeit als etwas sonderliches bey unterschiedenen Handlungen gebraucht worden, und sagte unser Heiland nicht ohne Ursache, wiewohl in einem höhern Verstande, zu seinen Jüngern: Habt allezeit Saltz bey euch, denn das Saltz ist ein Bild der Klugheit, so die menschlichen Handlungen gleichsam angenehm und schmackhafftig machet, auch ehemalen sehr angenehm gewesen, wie denn aus der Historie bekannt, daß ein Indianischer Printz Sineandora dem Spanier Gonsalo Ximenio vor eine Schüssel voll Saltz eine reiche fast unerschöpfliche Smaragden-Grube geschencket.

Was ist noch bey dem Saltze zugedencken?

Es ist zwar an den meisten Orten gantz abgeschaffet, doch ist es eine löbliche Gewohnheit gewesen, indem ja das Saltz das alleredelste Gewürtze ist und mag wohl darauff gesehen seyn, daß sie ihr Gewissen und Verstand dadurch schärffen sollen, gleichwie das Saltz alles scharff machet.

4. Was wird bey dem Gesellen-Machen ferner beobachtet?

Wenn der Lehrling den Alt-Gesellen auf die Fragen: Ob er sich wolle examiniren lassen? Ob er wolle ausstehen, was andere Gesellen haben ausgestanden? Ob er der Gesellschafft etwas vor ihre Mühe, und wie viel er geben wolle? mit Ja geantwortet, so giebet er zu mehrerer Versicherung den Handschlag.

5. Was geschiehet weiter?

Die Gesellen kleiden den Lehrling an, setzen ihm einen papiernen bunten Hut auf, binden ihm um den Leib und Beine papierne Späne, und kehren ihm mit den Besem, gleich als ein staubigtes Holtz ab.

6. Was gehet ferner vor?

Es kleidet sich ein Gesell, als ein Barbierer an, zu diesem kommt ein anderer Gesell, und saget, es sey ein vornehmer Herr da, der wolle gerne bedienet seyn. Nachdem nun der Lehrling hintritt, bietet man ihm einen Stul zu sitzen, ziehet aber solchen, so bald er sich setzen will, hinweg, und dieses geschiehet etliche mahl. Endlich wird er mit einem hültzernen Messer possirlich geputzet, und mit Kley-en gepudert.

7. Wie wird es ferner gehalten?

Darauf bringet einer ein rund Stückgen Holtz, so etwan anderthalbe Spanne lang, und Armes dicke ist, und saget, er wolle gerne dieses Buch binden lassen, wie bald es könne fertig werden, darauf darff der Lehrling sagen: in 2 Stunden.

8. Wie gehet es ferner zu?

Nun muß sich der Lehrling auf das Höltzgen vor einem Meister oder Alt-Gesellen niedersetzen, und auf die Fragen, wie nemlich mit Einbindung eines Buches von Anfang bis zu Ende müsse verfahren werden, accurat antworten.

9. Was geschiehet unter dem Examine?

Ein ieder Gesell hat einen Rühr-Löffel in der Hand, und einer ziehet zuweilen dem Lehrling das Höltzgen unvermerckt weg, und wirfft es auf die Gasse. Darauff laufft der Lehrling und holet es wieder. Wenn er nun wieder kommet, kriegt er etliche Schläge mit denen Rührlöffeln von denen in der Reihe stehenden Gesellen, so da ruffen: Gesellschafft zur Arbeit! zur Arbeit! So bald sich der Lehrling vor seinen Examinator nieder gesetzet, fraget dieser jenen: Woher Gesellschafft? darauf wird von dem Lehrling geantwortet: Von der Arbeit. Ferner von was vor Arbeit? da muß nun der Lehrling wohl mercken, wovon zuletzt geredet worden, sonst kriegt er von dem Examinatore einen Schlag mit dem Rühr-Löffel auf die flache Hand. Ingleichen wenn gefraget wird, woher der Lehrling dieses oder jenes z. E. Leim, Zwirn, Hefftnadel 2c. hernehme? So muß er antworten: Von der Wittfrau, als bey welcher er arbeitet.

10. Wie lautet der gantze Proceß, den ein Lehrling von Bindung eines Buches hersagen muß?

Also, wenn mir eine Person ein Buch zu binden überbringet, so heisse ich sie willkommen, biete ihr einen Stuhl zu sitzen und frage: wenn ich das Buch empfangen, wie es solle gebunden werden? sehe zu, daß ichs mit Maculatur an ein reines Ort lege, mag es auch wohl collationiren. Wann es gantz ist, so ziehe ichs aus, und gebe Achtung, daß nichts zurissen, auch nicht durch einander gebracht werde, und lege Maculatur an beyden Seiten. Darnach nehme ich einen Topff mit Wasser, thue Leim darein, nachdem das Buch dicke ist, und koche über dem Feuer das Planier-Wasser, ich probire es auf der Hand, oder mit etlichen Tropffen, thue Alaun hinein, halb so viel als des Leims gewesen, nehme den Schaum ab, und seihe es durch ein Tuch. Dann krieg ich ein Bret, lege hinten etwas unter, Maculatur darauff, ziehe durch 2 oder 3 Bogen, gebe Achtung, daß nichts zerissen, und gleich auf einander gelegt werde, lege wieder Maculatur und ein Bret drauff, preß es aus, erst in der Mitten, und dann an beyden Enden, die Presse allezeit gleich zugedrehet, nehme es wieder aus, und räume das Planier-Geschirr hinweg. Ich nehme das obere Bret hinweg, stäube die Schnüre ab, und henge es mit dem Creutz darauff, sehe daß nichts zerissen, und so aufgehenget werde, daß nichts herunter falle. Wann es nun trucken, schiebe ich es mit dem Creutz ohne Verschieben und Abfallen zusammen, nehme es ab, und lege es ordentlich auf Maculatur auf einander. Nun es auf Maculatur, thue ich es von vorne anfangende, und ohne Zerreissen fleissig auf, streiche Runtzeln, Ecken sauber aus, und lege Maculatur darauf. Brings darnach zum Schlag-Stein, lasse unterwegen nichts fallen, lege Maculatur auf den Schlag-Stein, und schlage das Buch legeturenweis hart und fein gleich aus dem Faltze. Dann bring ichs wieder vom Schlag-Stein, faltze es auf einem glatten Bret

Bret fein gleich, streiche Runtzeln und Ecken fleissig
aus, was zerrissen, flicke ich sauber mit Mund-
Leim: Darauf stecke ich ein, nach Alphabeth, Cu-
stos und Schrifft, stosse es gleich, presse es fein saubern Brettern ein, und treibe die Presse gleich
starck zu, nehme es wieder aus, mache die Legeturen etwas über ein halb Alphabet, brings auf ein
Bret zum Schlag-Stein, lege Maculatur drauf,
und schlage es hart, hinten etwas mehr als vornen
und die Ecken nicht ab. Darnach presse ich es Legeturenweis, zwischen saubern Brettern fein gleich
und starck ab. Unterdessen knüpffe ich sieben
Bänd, und spann die auf, samt einer Schnur,
(wornach ich das Buch gleich aufheffte,) auf der
Hefft-Lade, an die Hacken und Stifft, auch oben
an die Spindeln ein Schnur und Reiff, und wäch-
se Fäden. Dann nehme ich das Buch wieder aus,
lege die Legeturen ordentlich auf einander, mache
das Vorsetz-Papier nicht zu klein, collationire es
nach den Einsteck-Bogen 1, 2, 3, oder 4. messe es mit
einem Circkel in acht Theil, richte die Bünd darnach ein, und heffte das Buch gleich auff, nicht zu
hart, und nicht zu weich, laß nichts fallen, stech
mitten in Bogen, ziehe den Faden hart an, und sehe auch zu, ob es recht eingestecket. Wann ich es
nun heraus hab, klopff ich den Rücken mit dem
Leim-Hammer fein sacht um, daß kein Faden zer-
springet, und keine Bogen zu weit hervorschiessen,
die Presse schmier ich ein wenig mit Fett, rücke darinn
das Buch unten und oben gleich rund, auf daß es
einen rechten Faltz bekomme, treibe die Presse
gleich zu, schneide es ausser den Fitz-Bänden ein,
wasche Pergament aus, schneide es in rechter Länge und Breite zu, und mache den Leim warm,
nicht dick und nicht dünn. Alsdenn mache und gebe ihm überall gleich Leim, mache den Leim-Hammer etwas warm, reibe es starck ab, fahre nicht
mit dem Hammer ins Buch, theile den Leim gleich
aus, reibe mit dem Faltz-Bein das Vorsetz-Pappier
an, leime das Pergament über, reibe es fest an, lei-
te die Bünde gleich, reibe sie hübsch an, und klopffe
die Fitz-Bünde gantz nieder. Wann ich es trucken,
nehme ichs wieder aus, sehe zu, daß das Pergament, und Vorsetz-Pappier nicht abgerissen werde,
klopffe den Rücken ein wenig um, setze die Breter
gleich in Faltz, und also in die Preß, presse es starck
ab, und die Presse gleich zu. Unterdessen rüste ich
alles zum beschneiden, nehme das Buch aus, messe
mit dem Circkel vom Rücken auf das halbe Buch,
schlage das erste Blatt darnach um und abpunctire also eben, probire das Puncturen durch Einschneiden an dem Linial mit dem Messer, setze das
Buch mit Unter-und Ober-Beschneid-Brettern in
die Beschneid-Presse, daß das Ober-Bret just der
Preß gleich sey, führe den Beschneid-Hobel gleich
auf die Preß, daß ihn nicht unter, noch über sich gehen, auf daß der Schnitt nicht rauch werde, und
der Hobel auf der Preß nicht poltere. Dann nehm
ichs wieder aus, abpunctire es unten, von hinten,
an dem Punctur-Holtz, lasse unten mehr Spacium,
als oben. Wann ichs ausgenommen, klopffe ich
den Rücken allgemach gleich, binde ich das Buch
mit Bind-Höltzern gleich auf, helffe ihm mit un-
terstecken, wanns etwa nicht recht just wäre. dann
abpunctire ich vorn, und schneide nach der Punctur
hinten ein, setze es gleich darnach ein, und führe den

Hobel ohn unter-und über sich gehen glatt durch,
nehme es wieder aus, binde es ab, klopffe den Rücken, sacht um, und ziehe ab, was noch ist stehen
blieben mit dem Messer, doch ohne Einreissen, und
schneide auch nicht zu viel weg. Hierauf richte ich
die Breter nach der Länge zu, und hoble sie glatt,
hinten etwas dünner, als vornen, stosse einen Faltz
daran, der sich gleich in den Faltz am Buch eingelegt. So dann zeichne ich durch die Bünd ab,
und bohre sie an, ohne Verspalten auch nicht zu viel
und zu weit, und nehme sie aus, daß sich die Bünde just darein legen, dann schneide ich Pflöcker von
weichem Holtze, nicht zu dick, und nicht zu dünn,
mache den Leim warm, ziehe die Schnüre durch die
Breter, stecke etwas zwischen das Bret, und den
Faltz, daß nicht zu hart angepflöcket werde, tuncke
die Pflöcker in Leim, und pflöcke an, daß die Breter nicht spalten, und die Pflöcker gantz hinein geschlagen werden, daß sie sich nicht ins Buch pressen,
schneide sie aussen glatt weg, leime das Pergament
und Papier an, geb ihm nicht zu viel Leim, und im
Einpressen mit 2 Ober-Bretern nicht zu hart ge-
preßt, daß er nicht durchschlage. Wann es trocken, nehm ichs heraus, formirs vornen, und zeichne rings um ab, schneide sie darnach gleich aus recht
am Schnitt weg, lasse sie nicht zu dick auch nicht zu
dünn, damit ichs ausschweiffen kan, richte gleich ab,
daß das Buch gleich und feste stehet, unten und
oben gleich hoch, und vornen etwas breiter. Dann
mache ich die Farbe von Zinnober mit Gummi-
Wasser an, probire sie erstlich an einer Ecken, ob
sie nicht zu starck oder zu schwach sey, und färbe es
Ein gleich, daß die Farbe nicht abspringe, wann sie
trocken, und nicht hinein fliesse. Nun setze ich in
die Preß mit zwey Bretern, und glette es überall
gleich glänzend ohne Einstossen des Glett-Zahns
und Verschiebung der Farbe. Wann ichs nun
heraus habe, so schneide ichs beym Capital ein, mache die Capital von Leinwand und Schnüre, doch
daß die Schnüre nicht zu lang seyn, setze es in die
Preß, und capitale es an, unten und oben gleich
hoch, und nehme mich in acht, daß kein Leim auf
den Schnitt komme, wanns trocken, so besteche
ichs, daß der Faden gleich an einander liege und
gleich sachte angezogen. Dann schneide ich das Leder zu, nicht zu groß und nicht zu klein, schärffe es
aus, fein gleich, ohne einschneiden, am dicksten Ort
schmiere ichs erst an, legs zusammen, und laß erwei-
chen. Unterdessen schneid ich das Buch ein, mit
dem Cirkel ins Gevierte gemessen, hinten die Küstlein gleich weit und tief, und vornen mit Kerben,
schweiffe auch aus, aber nicht gar zu dünn, daß es
dein Leder keinen Schaden bringen kan, und raspe-
le es überall gleich zu, absonderlich zwischen den
Bünden, putze den Rücken sauber ab, und reißt
inwendig am Bret das Papier aus, was nicht an-
geleimt ist, denn schmiere ich das Leder gantz an,
auch den Rücken, pappe die Fäden an vom Capital,
und überziehe das Buch, wende das beste vornen,
schlage es auch vornen erst ein, strecke es über den
Rücken fest an, schneide es beym Capital ein, daß
sichs am Faltz wohl schliesst, lege Schnüre ein, gebe etwas Kleister, drücke es fest an, schlage unten
und oben auch ein, schneide die Ecke weg, doch daß
die Breter wohl bedecket werden, mit dem Faltz-
Beine reibe allenthalben wohl an, wie auch die

Bün-

Bünde, und presse mit reinem Maculatur und Schmier-Bretern sachte eingepresset, daß der Kleister nicht durchschlägt, die Schnur-Schnüre hart angezogen, daß mans wohl sehen kan, über 1 und neben die Bünde 3, auch beym Capital zweymal dreyfach. Dieweil es aber trocknet, schmiere ich Riemen, die sich just in die Küstgen legen, und nicht zu breit, oder zu dick seyn. Dann winde ich die Schnüre von dem Buch wieder auf, nehme es aus, wische es sauber mit Seiffen-Wasser aus, mache eine Glut auf, wärme Streich-Eisen und Rollen, erstlich auf einem andern Stück Leder probirt, daß nicht zu heiß oder zu kalt sey. Nun dann die Kanten gestrichen, aussen herum visirt, und neben das Ausschweiffen, und rings um gestrichen, darzwischen ein Ketten-Röllchen, darneben die Crantz-Rolle, unten und oben doppelt bey einander geführt, hart angehalten, daß es alles nett und wohl kan gesehen werden, wiederum herum gestrichen, und ein Absatz gemacht, daran die Bilder-Roll nicht unter über sich geführt, wieder rings gestrichen, die Laub-Roll daran, mit noch zwey kleinen Absätzen mit dem Cirkel abgemessen und gestrichen, Platz zum Stock gelassen, zulezt das Ausschweiffen um die Bünde zusamt den Riemen eingestrichen. Nun den Stock warm gemacht; doch daß er nur ein wenig über lau sey, in der Preß an allen Orten gleich aus auch unverruckt, und nicht unten über sich hinein gedrückt. Darauf schlage ich die Buckeln an am vordern Deckel, die vordern Ecken erstlich, und schlage die Stifft ohne krümmen durchs Bret ganz durch, auf daß sie sich fest vernieten lassen, dann die hintern Buckeln an dem vordern Deckel, und darnach die mittlere. Auf diese Weise auch auf den hintern Deckel; zwicke dann auch die Stifft nicht zu kurz ab, daß sie einen Kopf geben, schlage die Buckeln an die Kanten fest an, daß das Buch nicht wacklend stehet. Nun heng ich die Hacken, nachdem ich von Riemen die Spitzen hab abgeschnitten, fest an, verniete sie starck, daß sie nicht wancken, auch nicht krumm stehen, schlage darnach die Mütterlein an dem vordern Deckel an, daß sie sich an die Korben fein anlegen, nicht auf das Bret, auch nicht weit davon weg, nicht schieff, auch fest damit sie sich nicht bewegen. Darauf schneide ich hinten auf, nicht breiter als die Küstlein seyn, daß die Riemen just hinein mögen gehen. Hierauf claudire ich, nicht zu starck oder zu los, daß sichs wohl schliesset, und doch leichte kan aufgemachet werden. Also schlage ich die Hacken, mit Schild-Meßing aufgelegt, fest an, daß sie fein gleich stehen, und im Anschlagen nicht wieder verschoben werden. Wenn nun das Leder etwas zu breit angeschlagen, schneide ichs rings um aus, und pappe das Buch an, daß sich das Papier nicht ausstrecke, reibe an ohne Kunzeln und Verschieben. Laß das Buch zu trocknen offen stehen.

11. Was geschiehet ferner?

Es muß der Lehrling sein Holz, so man das Buch nennet, auf den Tisch setzen, da denn die Gesellen ihn mit den hölzernen Rühr-Löffeln auf die Finger klopfen.

12. Was geschiehet nach solchem Examine?

Es wird noch ein so genanntes Post-Examen, darinne dem Lehrlinge lauter Scherz-Fragen vorgeleget werden, angestellet.

13. Welches sind die Scherz-Fragen, so dabey vorkommen?

Wir wollen nur etliche hier anführen.

Quæst. Welches sind die besten Buchstaben in allen Büchern?

Resp. Die schwarzen oder auch die krummen.

Quæst. Was ist höchst Unrecht und doch keine Sünde?

Resp. Einen lincken Handschuh an die rechte Hand ziehen.

Quæst. Wo wird der erste Stifft hingeschlagen?

Resp. Auf den Kopff.

Quæst. Wie viel Stiffte braucht man zu einem wohl beschlagenen Buche?

Resp. Keinen.

Quæst. Was macht das Buch, wenn es auf dem Tische stehet?

Resp. Einen Schatten.

Quæst. Warum setzt man einen Hahn auf die Kirch-Spitze?

Resp. Weil, wenn es eine Henne wäre, müsten die gelegten Eyer herab fallen; und die Buchbinder könten wenig Eyer-Weiß zu ihrer Arbeit bekommen.

Quæst. Wie kömmt die Katze aufs Tauben-Haus?

Resp. Rauch.

Quæst. Wo nahm Adam seinen ersten Löffel?

Resp. Bey dem Stiele.

14. Wie wird es ferner gehalten?

Die Gesellen bringen ein Bret, darauf das A B C ganz versetzet, und sagen, er habe das Buch ganz verderbet, er solle die Bogen besser collationiren, darauf muß er nach der Ordnung des Alphabets ieden Buchstaben geschwinde auslöschen, darbey er mit hölzernen Löffeln auf die Finger geklopffet wird.

15. Was geschiehet endlich?

Die Gesellen geben ihm noch ein Bret, darauf diese Worte? O! wo stehet mir mein Kopff? Kopff mein mir stehet wo? O! Nachdem muß er Ut, Re, Mi &c. singen, und wenn das Wort Kopff kömmt, mit dem Bret das Haupt bedecken, sonst kriegt er darauf die Demonstration mit den hölzernen Rühr-Löffel.

16. Was ist noch zu erinnern?

Man hatte sonsten noch einen Actum oder Ceremonie dabey, da nemlich dem neuen Gesellen Wasser oder Wein auf den Kopff gegossen, und ein gewisser Name, nebst seiner Verehrung von denen Beyständen gegeben ward. Weil aber solcher Actus einigen Anstoß wegen der Heil. Tauffe verursachet, so hat an etlichen Orten das löbliche Handwerck selbigen abgeschafft.

17. Wie sollen sich denn die Gesellen gegen einander verhalten?

Der Alt- und Jung-Gesell sollen den Fremden auf die Reise begleiten, doch nicht über 3 Stunden wegbleiben.

18. Wie sollen die Gesellen sich bey dem Geschencke verhalten?

Es soll der, dem das Geschencke gehalten wird, oben angesetzt, und die Artickel vorgelesen werden. Darauf schenckt der Alt-Geselle zwey Meister-Kännlein voll, in die andern nur so viel, daß der Boden bedecket ist, und setzet solche demjenigen vor, dem das Geschencke gehalten wird.

19. Was

19. Was muß nun der Geselle thun, dem geschenckt wird?

Er muß drey Truncke thun, nemlich einen dem Vater, einen dem Beysitzer, und einem der Frau Mutter zu Ehren.

20. Was gehet weiter vor?

Dem Gesellen, dem geschenckt wird, muß der Crantz aufgesetzet werden, und so offt er hinaus gehet, muß der Jung-Gesell mit ihm gehen. Verhält er sich nicht erbar, so muß er eine gewisse Straffe leiden.

21. Wie sollen sich die Gesellen gegen einander in Kranckheit verhalten?

Wenn ein Geselle kranck, so sollen die andern wechsels weise bey ihm wachen, und wenn einer stirbt, sollen ihn die Meister begraben lassen.

Von den Meistern.

1. Was muß derjenige, gethan haben, der da will, Meister werden?

Er muß gewisse Kundschafft aufweisen, daß er bey einem ehrlichen Meister sein Handwerck gelernet, 3 Jahre gewandert, und vor offener Lade sein Examen ausgestanden habe, auch vor drey Ordnungen und Laden gewesen.

2. Was muß derjenige, so Meister werden will, ferner thun?

Er muß sich bey dem Ober-Meister angeben, und ein gantzes Jahr arbeiten, von Qvartal zu Qvartal bey dem Ober-Meister und gantzen Handwercke, um die Muthung bitten und iedesmal etwas gewisses an Geld erlegen.

3. Wie viel Zeit ist zur Verfertigung des Meisterstücks gesetzet?

Innerhalb 14 Tagen müssen alle Stücke fertig seyn, doch muß das planiren schon geschehen seyn.

4. Welches seyn die Stücke, so da müssen verfertiget werden?

Eine Weymarische Bibel in Regal-Folio in Schwein-Leder mit Clausuren und roth auf dem Schnitt. Zum andern die Lüneburgische Bibel in Qvarto in Corduan, glatt verguldet mit Frantzösischen Clausuren, desgleichen ein Band in Qvarto von 8 bis 9 Alphabethen in weiß Pergament, grün auf den Schnitt. Ferner ein länglichtes Partes-Buch von vier/Buch Pappier in weiß Pergament auf Schweins-Leder Art gestempelt und blau musiret auf dem Schnitt. Endlich ein Buch in Octavo in roth Kalb-Leder Frantzösisch verguldet.

5. Haben etliche hiebey eine Freyheit?

Diejenigen so Meisters-Söhne seyn, oder Meisters Töchter nehmen, dürffen nur 2 unterschiedliche Stücke nach Unterscheid des Orts machen.

6. Was ist hierbey ferner zu wissen?

Daß woferne sich zwey zugleich angeben, das Meister-Recht zu erhalten, so soll derjenige, welcher am längsten daselbst gearbeitet, den Vorzug haben, und der andere ihm nachwarten, der aber ein Meisters Sohn ist, oder dessen Tochter zur Ehe nimmt, der soll allen andern vorgehen.

7. Was ist ferner zu wissen?

Daß dem neuen Meister ein Schild auszuhängen nicht eher vergönnet wird, bis er das Meister-Recht erlanget.

7. Welches Meisterstück wird verworffen?

Wenn die Bogen verhefftet, oder die Schrifft weggeschnitten oder ein Bogen ausfällt oder das Leder am Stempel verbrannt, so wird es nicht angenommen.

COROLLARIA.

I. Nullus Liber est tam malus qui non aliqua ex parte prodesse possit. d. i.

Kein Buch ist so böse daß es nicht einigen Nutzen schaffen könne.

II. Liberi & Libri faciunt ut eruditi sint mandici.

Gelehrte haben nur Bücher und Kinder.

III. S. Petrus Cœlestinus ist im Buchbinden wohl erfahren gewesen.

IV. Constantinus M. hat das Evangelien-Buch in Gold und Edelgesteine einfassen und einem Bischoff zum Geschencke überreichen lassen.

V. In der Bibliothec zu Altorff seyn 2 Bücher, deren eines in Octavo, und kan 8 mahl aufgethan, zeiget auch allemal eine andere Materie.

VI. Zu Regenspurg haben die Benedictiner die 4 Evangelisten, so 2 Brüder mit Lombardischen Buchstaben geschrieben und in rothem Sammet gebunden, mit goldenen Leisten wie auch Edelgesteinen besetzet.

VII. Der Abt zu S. Gallen Harmut genannt, hat das neue Testament mit Golde geschrieben und in einen mit Gold und Perlen gestickten Band in ein Kloster verehret.

VIII. Als Helmstädt wurde den 17 Nov. 1710 folgendes geschrieben: Hier hat man eine Buchbinders-Wittwe nebst ihrem Sohn, durch Deputirte zur Gräflichen Würde beruffen, denn ein Gra, von Aalfeld in Dännemarck 2 Söhne gezeuget, und davon der eine den andern erstochen, und darauf sich mit der Flucht salviret, mithin das Buchbinder-Handwerck erlernet und sich verheyrathet, auch zu Magdeburg sich gesetzt. Ob nun wohl dessen Frau etwas von solcher Begebenheit wuste, auch ihr Mann darüber gestorben, ist der gantze Verlauff jetzt erst, da der alte Graf von Aalfeld, als des Buchbinders Vater, und des Knabens Groß-Vater starb, entdecket, und dieser Knab, als Erbe des Landes beruffen, auch durch dessen Unterthanen abgeholet worden. Solchergestalt kan dieser Buchbinders Sohn, mit besserm Rechte ein Graf, als jener Schneider ein Edelmann genennet werden.

Was ist vor ein Beruffs-Spruch zu mercken?

Psalm 40 v. 8: Siehe ich komme, im Buch ist von mir geschrieben, deinen Willen mein Gott thue ich gerne, und dein Gesetz hab ich in meinem Hertzen.

Was ist vor ein Trost-Spruch zu mercken?

Psalm 34 v. 10: Die den Herren fürchten, haben keinen Mangel an irgend einem Gute.

Und mit der Christlichen Kirchen:

Schreib meinen Nahmen aufs beste ins Buch des Lebens ein, und binde meine Seele gar feste ins schöne Bündelein.

Nun ist noch mit wenigen zu berühren, welche Städte es in Deutschland und andern Landen mit einander halten. So viel mir wissend will ich hieher setzen, es kan aber ein iedweder nach Belieben es selber vermehren, was etwa hier möchte übergangen worden seyn, welches ich dem hochgeneigtem Leser anheim will gestellet haben, ich mache also den Anfang.

Wie-

Wie viel sind Examinationes in Deutschland und andern Orten?

Sechzehn.

Wie heissen sie?

Altenburg in Meissen, Breßlau in Schlesien, Franckfurt an der Oder in Ober-Sachsen, Hamburg in Nieder-Sachsen, Helmstädt in Nieder-Sachsen, Leipzig in Meissen, Lübeck in Nieder-Sachsen, Magdeburg in Nieder-Sachsen, Münster in Westphalen, Nürnberg in Francken, Posen in Polen, Prag in Böhmen, Rostock im Mecklenburgischen, Schweidnitz in Schlesien, Wien in Oesterreich, Wittenberg in Ober-Sachsen.

Sind sonsten keine mehr?

Nein? Es sind sonsten im gantzen Römischen Reiche keine mehr anzutreffen, sondern müssen an die ietzt bemeldeten Oerter reisen, wenn sie sich wollen lassen examiniren, es darff auch keine mehr angerichtet werden ohne Bewilligung des Kaysers, welches viel Geld kostet.

Welche Städte haltens mit einander?

Hievon wollen wir nachfolgendes melden:

Altenburg hat ihre eigene Lade und Examination, und sind mit derselben zu halten verbunden der gantze Altenburgische Kreis, welche keine Lade vor sich haben, und müssen mit ihnen heben und legen, auch bey sie Meister werden, wie auch die Jungen allda auffdingen, lossprechen und examiniren lassen, als Eisenberg, Ronneburg, Schmölle, Waldenburg, Borna, und andere Oerter, wo Buchbinder sind. Augspurg hat ihre Lade vor sich, Braunschweig hat seine Lade vor sich, Berlin hat auch eine schöne Lade, und ist da eine geschlossene Innung, indem keiner über die Zahl darff Meister werden, es halten es auch die benachbarten kleinen Oerter mit ihnen, als Fürerbock und andere mehr. Cöln am Rhein, allwo auch Ordnung und Lade, allda aber der Handwercks-Gebrauch gehalten wird, und müssen sich diejenigen zu Cöln lassen abstraffen, welche in Holland gearbeitet haben. Dreßden, allhier ist auch eine feine Lade, und müssen es alle herum liegende kleine Oerter mit dieser halten, auf die Art wie wir schon angeführet. Eilenburg hält es mit Leipzig. Franckfurth am Mayn, allda ist auch eine feine Lade. Gera hat auch ihre Lade vor sich. Helmstädt, allwo Examination. Hamburg, allda ist auch eine, aber das Handwerck nicht geschlossen. Hanover ist auch eine schöne Lade. Jena hat ihre Lade vor sich. Leipzig hat Ordnung und Lade, mit welchen es nachfolgende halten, als: Taucha, Eilenburg und Wurtzen. Meissen gehöret unter Dreßden. Merseburg ist vor sich. Magdeburg, allwo auch Ordnung und Lade ist. Naumburg hat ihre Lade vor sich, mit welchen es eines Theils mit halten haben die Weissenfelser, welche aber auch gesonnen seyn eine Lade auffzurichten, weil sich ietzo ihre Zahl will vermehren. Nürnberg hat eine Lade, auch ietzo ein gantz neues Examen. Oschatz hat auch ihre Lade vor sich. Prag hat auch Ordnung und Lade, und halten sich iederzeit viel Gesellen da auff, welche sich auch examiniren lassen. Pegau muß es mit denen zu Zeitz halten. Regenspurg hat auch gar eine feine Lade. Torgau hat auch ihre Lade vor sich. Wien, allda ist auch eine schöne Ordnung und Lade, wie denn sehr viele und vornehme Buch-

Jurist. Oracul V Band.

binder da seyn. Wittenberg, allda ist auch Ordnung und Lade, hat auch welche die es mit ihnen halten. Wolffenbüttel hat eine Lade vor sich. Weissenfels hält es eines Theils mit denen zu Naumburg. Zeitz hat auch ihre Lade vor sich, und müssen alle diejenigen mit ihnen halten, welche zum Stiffte und Fürstenthum gehören. Zwickau hat eine Lade vor sich.

RESPONSUM I.

Ob die Los- und Kuchen-Becker der Stadt Alten-Stettin ein wohl fundirtes Recht und Befugniß haben, alles Los-Brot zu backen, sich allein anzumassen, und den Weiß- und Rocken-Beckern solches verbieten zu lassen, berechtiget sind?

Species Facti.

Der Casus, darüber mein in Rechten begründetes Responsum erfordert wird, ist dieser: Es haben die Weiß- und Rocken-Becker der Stadt Alten-Stettin, darinne ihr Amt und Zunfft eines von den vier Haupt-Gewercken, und wohl vor 200 Jahren gewesen ist, im Gebrauch gehabt, nicht allein Fast-sondern auch Los-Brot zu backen; immassen sie davon Stücken, als Semmel und Panecken in ihrem Meisterstücke backen und aufweisen müssen, der ein guter Theil von undencklichen Jahren bis ietzo also geübet, auch dessen in ihren Rollen oder Privilegio, als darinne ihnen Semmeln, als ein Species von Los-Brot zu backen erlaubet, verwahret zu seyn vermeineten. Hingegen haben in alten Zeiten die Los-Becker in Stettin kein eigen Amt gehabt, sondern zu befinden, daß vormahln nie ein eintziger Los-Becker in derselben Stadt gewesen. Als aber nach gerade immer mehr und mehr sich allda gesetzet, die des Los-Backens sich gebrauchet haben, dieselbe etwa vor 40 Jahren unter sich eine Beliebung gemacht, wornach ihr Gesinde und Lehr-Jungen sich richten sollen, darüber auch von E. E. Rath daselbst eine Confirmation erhalten. Wann aber die Vielheit der Los-Becker, ingleichen, daß diesen ein Scharne am Fisch-marckt eingeräumet, den andern Weiß- und Rocken-Beckern an ihrer Nahrung abbrüchig war, haben sie deßwegen, daß so viel angenommen wurden, sich bey dem Herrn Lands-Fürsten beschweret, von demselben dann hierüber ein Behör vorgenommen, und endlich verabscheidet: Daß E. E. Rath in Annehmung der Los-Becker allewege der Weiß-Becker geruhen, die Anzahl der Los-Becker darnach moderiren wollen und sollen, daß der gemeine Nutz gesuchet, und iedes Theil seine Nahrung haben könne. Gleichwohl zu und nach der Zeit haben Weiß-Becker nach wie vor Los-Brot gebacken, und ist nicht, daß Los-Becker ihnen solches zu verwehren unterstanden, ohne was im kurtz verwichenen Jahre geschehen, wie denn ex actis zu befinden, daß erstlich Anno 1648 ietztgemeldeter Los-Becker bey E. E. Rath und folgends bey den Cammer-Herren sich beklaget, daß die Weiß-Becker sich unterstanden, dergleichen Art wie sie als Kuchen-Becker gewohnt zu backen, darauf ihnen solches zu verbieten gesucht haben. Dabey doch ausdrücklich sich vernehmen lassen, das Butter-Kringel und Milch-Brot zu

N

backen,

backen, sie ihnen nicht verbieten könnten, allein, daß sie des Hausirens damit sich enthalten möchten. Wann nun hierüber von den Cammer-Herren und des Raths Deputirten Behörung angestellet, ist darauf den 4 Sept. Anno 1652 mittelst eines publicirten Bescheides, den Weiß- und Rocken-Beckern bey einer nahmhaften Straffe untersaget, sich alles Losbackens, es sey an was Art Brot es wolle, hinfüro gäntzlich zu enthalten: davon die Weiß- und Rocken-Becker an das löbliche Hof-Gericht appelliret.

Wann aber ihrem Hoffen zuwider es bey obbemeldetem Königlichen Hof-Gericht den 27 Jan. jüngsthin publicirten Urtheil gelassen, und vermeinet wird, daß per implorationem restitutionis in integrum, ein besser Recht zu erhalten sey, darum sie solches ergreiffen wollen, so wird gefraget, ob zu Rechte sie ein besser Urtheil zu gewarten haben? Nun beruhet die Decision dieser Frage hierauf: Ob die Los- und Kuchen-Becker ein wohl fundirtes Recht und Befugniß haben alles Los-Brot zu backen, sich allein anzumassen, und den Weiß- und Rocken-Beckern solches verbieten zu lassen, zumahlen im Fall mit Recht und Grunde beybringlich wäre, an Seiten der Los- und Kuchen-Becker ein solch jus peculiare, quod alios excluderet, nicht erlanget, sie auch des juris prohibendi sich nicht gebrauchen, noch super turbatione klagen mögen. Nun lässet sichs anfänglich ansehen, als wenn den Los- und Kuchen-Beckern allein das Los-Brot zu backen zuständig, dahero den andern solches billig zu untersagen sey. Dann einmahl befindet sich aus Deroselben Anno 1615 von E. E. Rath zu Alten-Stettin erhaltenen Amts-Rolle und Privilegien, daß den Los- und Kuchen-Beckern die Amts-Gerechtigkeit gegeben, also daß nicht ein ieder sich der Handthierung oder Gewercks gebrauchen, sondern das Amt gewinnen, derowegen zuvorher, was zu demselben gehörig, gelernet, geübet und mit einem Meisterstücke erwiesen werden solle. Dabey aber aus den Rechten, insonderheit der Hansischen Städten Gewohnheit bekannt, daß die solch Amt gewonnen, alleine was darzu gehörig, üben, hingegen die erhaltene Amts-Gerechtigkeit, oder jus opificii ändern, die Amtsgenossen nicht seyn, sammt dessen Uebung verbieten können. Ut enim ideo opificia in civitatibus incerta collegia distincta & singulis sua jura, privilegia & officia attributa sunt, ut quisque ea, quam didicit & profitetur, functione contentus in & ex ea victum quærat, alios non turbet, aut mediis ex sua arte victum quærendi privet, & unumquodque opificium unius hominis indolem & vires exigit, nec pluribus unus sufficere potest. Bornit. de rer. suffic. tract. 2 cap. 5. Berlich. part. 1 dec. 26 num. 2; ideo isti fini atque prudenti instituto majorum hoc quoque convenit, ut quod artis aut opificii sui est, opifices sibi solis vindicent, aliis qui nec artis, nec collegii sui sunt, id interdici efficiant. Richter dec. 80 n. 38 seq. part. 1.

Zum andern ist nicht blosser Dinge den Los- und Kuchen-Beckern die Amts-Gerechtigkeit gegeben, sondern zugleich, daß es für ein beschlossen Amt seyn solle, nemlich daß eine gewisse Anzahl Personen darinn an- und aufgenommen, ausser derselben die Freyheit des Amts niemand verstattet werden solle. Convenit inter JCtos, quod licet commercia

& opificia gentium jure libera sint, magistratui tamen ex causa publicæ utilitatis liceat, commercia & opificia ad certa loca certasque personas restringere, imo & Monopolia facere. Uti post allegatos Bald. lib. 5 consil. 409 num. 14. Tib. Decian. in tract. crim. lib. 7 cap. 21 num. 5. Lather. de Cens. lib. 3 cap. 14 num. 34. Hippol. a Collib. in princ. cap. 34 col. vers. aker casus docet. Carpzov. in resp. Elect. 42 num. 17 lib. 1, cuiusmodi instituto restrictivo & exclusivo aliarum, quæ numerum excedunt, personarum is effectus est, ut solæ, quæ in numero sunt, jura collegii habeant, aliis vero interdicta sint. Inclusio enim certi numeri eorum, qui illum excedunt, exclusio est. l. cùm Prætor 12, ibi gloss. ex Dd. ff. de Judic. Tiber. Decan. resp. 64 n. 11 vol. 7.

Vors dritte seyn sowohl die beyden Handwercks der Weiß- oder Fast- und die Los- und Kuchen-Becker, als auch die Materie, so von ihnen handthieret und gewircket wird, an Nahmen gantz unterschieden, und ist ausser Zweiffel, daß wie ein mercklicher Unterscheid ist, unter Weiß-Fast- und Los-Brot, so können auch die, so es bearbeitet, nicht eines Amts seyn. Si idem iidem omnes potuissent, cur diversum nomen iis tribueretur, quos vis ac potestas socialset. l. si idem 7 C. de Codicill. qui nomine eximuntur, fructu quoque carebunt. l. a nullo 4. C. de Feriis. vitanda est rerum atque nominum confusio l. fin. C. de legit. tut.

Zum vierten, wie unstreitig, daß beyde Aemter unterschieden, auch dero Manufacturen unterschiedlich, so ist auch recht und billig, daß dieselbe nicht confundiret, vermischet, eines von dem andern turbiret oder beeinträchtiget werde. Detestantur enim jura veluti rem publice privatimque noxiam promiscuis actibus rerum turbari officia, & aliis creditum alios subtrahere. l. consulta 23 C. de Testam. ex alterius quicquam actibus ad akeram partem illicita usurpatione transferri. l. in provinciis 4 C. de Numer. act. multiplici officio aliquem fungi. l. ille 13 § tempestivum 4 ff. ad SC. Trebell. l. fin. in princ. C. de Ass. & Domest. & in specie de Fabricensibus traditum est in l. 3 C. de Fabricens. quod propriis artibus inservire debent, quod justa ex ratione extenditur ad omnia opificia, ut non permittitur opificia confundi, unumque artificem uti alterius opificio. Georg. de Cabed. part. 1 decis. 158. Carpzov. resp. Elect. 47 n. 7 lib. 1.

Darzu fünftens kommt die den Rechten zustimmige, und in denen an der Ost-See belegenen Städten, die ihre gewisse Aemter und Innungen haben, übliche Meynung, daß niemand zu zweyen Aemtern zugleich zu verstatten, sondern in einem, so er gewonnen, sein Brot zu erwerben, sich vergnügen lassen solle.

Vors sechste verstatten die Weiß- und Rocken-Becker den Los- und Kuchen-Beckern nicht, daß sie weiß oder Rocken-Brot backen, darum was sie nicht wollen, das ihrem Amt wiederfahren, auch von eines andern Amts Rechten sich nicht anmassen, sondern sich dessen hinwiederum enthalten sollen. Iuxta Christianæ charitatis a Christo traditæ, compendium & per Legislatores reipublicæ valde commendatum in l. 11. t. ff. quod quisque jur.

Zum

Zum Siebenden führen die den Los- und Kuchen-
Beckern gegebene Amts-Gerechtigkeit und Privilegien dieses bey sich, daß diejenigen, so dieselbe erlanget, der in der That genützlich gebessert seyn mögen, zumahln dergleichen Gerechtigkeiten und Privilegien ihre Kraft und Wirckung in dem Genieß
haben. Ideo inter JCtos convenit, Privilegia
utut, velut jura singularia, sua natura stricti juris
sint, eum tamen intellectum habere debeant,
ex quo aliquid operentur, Dec. in l. 1 in fin. C.
de Sec. nupt. Felin. in c. 1 num. 4 ibid. Ripan.
42 X. de Rescript. præsertim circa istum finem,
cuius gratia conceduntur. Bartol. in l. f. in ff.
de Constit. Princ. potius enim de effectu beneficii in impetratione & concessione cogitatum
intelligitur, quam de hac ipsa. l. si venditor. 6
princ. de serv. ex port. ideo omni via & modo
ad effectum perduci oportet ordinata, l. sancimus 46 § sed Deo 3 C. de Episcop. & cler. cum
paria sint aliquid non fieri vel effectum non habere. l. fin. ff. quod quisque jur. Wann aber
die Weiß- und Rocken-Becker solten zum Losbacken zugelassen werden, weil deren eine grosse Anzahl,
die auch bessere Gelegenheit hätten, das Los-Brot
zum Verkauf auszubringen, scheinet, dadurch die
Los-Beckern ihre Nahrung gantz entgehen, oder
zum wenigsten ihnen solche zu entziehen, in der Weiß-
und Rocken-Becker-Rechten stehen würde.

Welches vors achte Hertzog Barnim durch das
Fürstliche Decretum den 23 August Anno 1600 den
Weiß-Beckern ertheilet, verhüten wollen, angesehen, daß diese, über E. E. Rath der Stadt Alten-
Stettin sich beklaget, daß so viel Los-Becker angenommen würden; zwar die Anweisung geschehen,
darinne Maaße soll gehalten werden, doch angefüget, es also solle moderiret werden, daß der gemeine
Nutz gesuchet, und ieder Theil seine Nahrung haben könne. Wie nun solchem Fürstlichen Decreto
gemäß ist, daß sowohl Fast- als Los-Becker zugleich
ihre Nahrung haben, so ist demselben unzweiffend-
lich entgegen, daß unter den beyden Aemtern eine
gedoppelte Nahrung mit des andern Verkürtzen und
Beschwehr habe, das ander aber das seine nicht
vollkömmlich geniessen könne. Juri adversantur
concursus causarum lucrativarum in eodem
subjecto, § si res aliena Instit. de Legat. l. omnes
l. ex promissione 19 ff. de oblig. & Act.
nec bono aut æquo convenit, aut lucrari aliquem cum damno alterius, aut damnum sen-
tire per alterius lucrum, l. jure 6 § fin. ff. de jur.
dot. ideo unusquisque actus illuc redigi debet,
ut utrique parti bene faciant, neutri onerosus
sit. l. cum apud C. de comm. serv. manum. C.
juvenis X. de sponsal. Bald. ad l. bonorum quæst.
3 C. qui admitt. ad bon. poss.

Zum neunten, würde es eine grosse Ungleichheit
zwischen diesen Aemtern und dero Gliedmassen abgeben, und zur bürgerlichen Ruhe wenig dienen,
wann eines mit Verstattung dessen, so dem andern
zugehörig, aufgeholffen, das andere, bey ermangeln-
dem Schutz bey dem Seinigen, und erleidenden Eintrag, von andern untergedrücket würde. Quod
quam contrarium est concordiæ civium & tran-
quillitati civitatis, tam etiam alienum est a jure,
quod æqualitatem valde amat l. illud. C. de Collat. l. fin. C. comm. utriusque jud. eamque in omni-

bus servari iubet l. pen. C. comm. divid. ideoque
non vult præcipi cæteris, quorum par conditio
esse debet, l. quod autem. 6 § sciendum 7 ff. qua
in fraud. credit. sed exigit ex utraque parte æqua
lance æquitatem servari l. iubemus 21 § 1 C. de
Repud.

Vors zehende, als der Aemter Gerechtigkeiten
und Privilegia von der Obrigkeit Concessionen
und Begnadungen dependiren, ist zuvorderst darauf zu sehen, was von deroselben den Aemtern concediret, und was in den Rollen und Privilegiis
nicht enthalten, oder sonst ausdrücklich nachgege-
ben, davon ist zu halten, daß der sich dessen anmasset, es mit Unfuge thue, l. fin. ibid. gloss. C. de
offic. Quæst. Wann demnach in der Weiß-
und Rocken-Becker Privilegio von dem Losen-
Brot-Backen nichts enthalten, haben sie dessen sich
auch nicht zu gebrauchen. Cum Privilegium ultra
expressa non intelligendum sit. Iason. in l. si con-
stante n. 7,1 ff. solut. matrim. Bolognet. in l
omnes populi. n. 235 ff. de Just. & iur.

Und ob wohl Eilfftens in der Weiß- und Rocken-Becker alten Rollen der Privilegien, so etwa Anno 1543 ertheilet, das Wort Semmeln enthalten, und daraus angezogen werden will, als wann
dadurch auch ihnen das Los-Brot mit nachgege-
ben; so ist doch noch nicht gewiß, sondern sub lite, ob
Semeln Los-Brot seyn, sondern die Kläger, wie auch
die Cammer-Herren der Stadt Alten Stettin halten dafür, daß nach Märckischem Gebrauch Wecken
also weiß Fast-Brot seyn, welche Deutung dann
so viel mehr zu amplectiren, weil dieselbe dem Nahmen und Amt der Fast-Becker gemäß, und der
Los-Becker Amt weniger schädlich ist. Cum ea
semper adhibenda sit privilegiorum, interpretatio, quæ minus incommodi & damni aliis
attrahit. l. Imperatores ff. de servit. rust. præd.
1 1 § merito § si quis a Principe ff. ne quid in
flum. publ. ideoque illa semper cum clausula
salvo jure tertii accipienda, Rol. a Vall. cons.
45 num. 12 vol. 4.

So viel weniger zum zwölfften mögen die Weiß-
und Fast-Becker sich darauf beziehen, da bey dem
Wort Semmeln selbst, so sie zum Beweis allegiren, Zweiffel ist, in welchem Verstande solches anzunehmen, nec enim interpretatio Privilegii dubii
desumi potest ex verbo dubio, hoc facere nihil aliud esset, quam petere Principium,
& id pro probatione habere velle, de quo controversia superest. Hypol: Riminald. cons. 363
n. 93 & cons. 569 num. 57.

Vors dreyzehende, als in der alten Anno 1543.
dem Amte der Weiß- und Rocken-Becker gegebenen Rolle oder Privilegio nicht wiederholet, sondern ausgelassen, zur gewissen Anzeige, daß weilen
damahlen das Amt der Los-Becker bereits angerichtet, und mit gewissen Privilegiis versehen, denen aber das Semmel-Backen zuwider, dadurch
vorigen Privilegiis derogiret, omissum enim dis-
ponentes nec voluisse intelliguntur. l. liberato
§ pen. ff. de ann. legat. decis. in l. semper in sti-
pulationib. n. 4 ff. de R. J. Tiraquell. in l. si unquam verb. libertus n. 17 & 18 C. de revoc.
don.

Zum vierzehenden, scheinet gantz ungereimt zu
seyn, daß die Weiß- und Rocken-Becker Los-Brot

backen solten, welches Backwerck doch von ihnen nicht gelernet wird. Qui enim exercebunt artem, quam non didicerunt, cum ut quis artificium exerceat, oporteat non solum illud didicisse, sed etiam examinari & collegio dignus iudicari debeat. Gloss. l. 3. C. de Fabricens. Georg de Cabed. decis. 158 n. 3 part. 1, quo sine qui alterius artem vel opificium exercet, fraudulenter agere, ac coercitionem mereri censetur. Carpz. resp. Elect. 47 n. 11 lib. 1.

Und ist daran so viel weniger vors funffzehende zu zweiffeln, weil Los-Brot- und -Kuchenbacken viel schwerer geachtet wird, dann der Fast-Becker Gewercke, angesehen diese Lehrjungen nur ein Jahr, hingegen der Los-Becker Jungen zwey Jahr lernen müssen.

Vors sechzehende, wird in dem den 4 September Anno 1652 publicirten Bescheidt gemeldet, ist auch ex Actis anders nicht zu befinden, die Weißbecker zu Behauptung ihrer Intention, daß sie gleich den Los-Beckern Los-Brot zu backen und feil zu haben berechtiget seyn sollen, nichts beständiges beygebracht noch bescheiniget, dahero ex defectu probationis mit ihrem Vorbringen nicht zu hören, dicere enim non sufficit, nisi id, quod dicitur, probetur. Gloss. in l. 1 § interdum ff. si quadr. paup. feciss. cum si affirmans negatum non probet, negatum probasse censeatur & pro probato habeatur, quod ex adverso non demonstratur, contrarium, l. 1 C. de prob. gloss. in l. 1 verb. compellere. C. de Jur. Emphyt. Ripa in l. ex facto. § si quis rogatus n. 7 ff. ad SC. Trebell.

Zum siebenzehenden meldet itzo erwehnter Bescheid, allbereit in vorigen Zeiten gegen der Fast-Becker angemassete Turbation gebührmässige und nachdrückliche Verordnung angestellet sey, daher nicht kan gesaget werden, daß dieselbe in quieta possessione gewesen. Wiewohl nun obgemelte argumenta nicht geringen Schein haben, und dahero bey denen so bisher in den Sachen geurtheilet, Zweifels frey verursachet, daß den Weiß- und Rocken-Beckern das Los-Brot zu backen untersaget. Wann aber die Sache gründlich erörtert und alle Umstände, insonderheit worauf die Beklagten sich begründen, und wie weit den Klägern das Jus prohibendi zustehen möchte, genau betrachtet werden, wird sich darauf hoffentlich aufgeben, daß itzt bemelte Weiß-und Rocken-Becker zu vorberegtem Backen dergestalt befuget, daß sie dabey zu lassen, und ihr Backen pro turbatione nicht möchte geachtet, beschuldiget, verdammet oder verboten werden. Erstlich wird von den Weiß-Beckern dieses pro fundamento ihrer Befugniß zum Los-Backen geleget, daß ehe und zuvor die Becker so häuffig als itzo in der Stadt Alten-Stettin sich niedergelassen, ja ehe sie Amts-Gerechtigkeit erworben, ihnen frey gewesen Los-Brot zu backen, dessen sich auch also gebrauchet haben, demnach auch dabey billig zu lassen, bis erscheine, wodurch solches ihnen abgenommen worden. Quælibet res censetur ex suo principio l. Pomponius. 15 ibi Bartol. n. 2 ff. de Negot. gest. l. si Procuratorem 8 ibi gloss. ff. mandat. l. tutor datus ff. de Fidejuss. nec præsumitur quid mutatum ex ea conditione in qua primitus fuit. Menoch. lib. 6 de Præsumpt. præs. 25 numer. 3 & p. 42 num. 13.

Wann nun nicht befindlich, der Gebrauch, welchen das Amt der Weiß-Becker vormahlen, ehe die Los-Becker Amts-Gerechtigkeit erlanget, gehabt und beybehalten, gehabet und verboten, so kan auch wenig der Los-Becker Jus prohibendi einig rechtschaffen Fundament haben, als den Weiß-Beckern ohne zu Recht beständige Ursache, worzu sie vorn befuget, zu benehmen. Quod enim non mutatur, cur stare prohibeatur, l. Sancimus. C. de Testam. l. præcipimus in fin. C. de Appellat. Zum andern ist solche der Weiß-Becker Befugniß aus ihrem alten Anno 1543 ertheilten Privilegio zu behaupten, als darinne ihnen nebenst den Wecken auch Semmeln zu backen frey gegeben: nun ist aber überflüssig den Verstand des in Pommern ertheilten Privilegii aus der Marck zu holen, sondern alleine nachzufragen, wie in der Stadt Alten-Stettin das Wort gebrauchet werde. Verba enim cuiusvis dispositionis sic accipi & exponi debent, ut accipit & præloquitur usus vulgaris loci in quo dicuntur, l. cui dens. 11 ff. de ædil. Edict. l. cum qui probabilem. C. de Episcop. & cler. c. 1 X: de cleric. resid. Bartol. in l. omnes populi. numer. 28 ff. de Just. & jur. juxta illud commune, sentimus cum peritis, loquimur cum vulgo, ex quo fit, ut ubique etiam in his, quæ stricti juris sunt, loquendi mos potius attendatur, quam verba uti prolixius docet Gædd. cons. Marpurg. 37. num 886 vol. 4, ideo & horum proprietati communis sensus prævalet. Menoch. de A. J. Q. lib. 2 cas. 489 num. 1. Valasc. consult. 186 num. 4, & extraneus intellectus habeatur, qui non consonat auribus vulgi, Bald. in tit. de Pac. constant. sentent. 2 vers. optioni ad verb. recuperarunt. in fin. numer. 5. Wann nun die Weiß-Becker getrauen aus dem gemeinen Gebrauch des Wortes Semmeln in der Stadt Alten-Stettin beyzubringen, daß solches von Losen-Brot vulgariter geredet und gedeutet werde, haben sie sich auf ihr Privilegium billig zu begründen, und was sie von dem Märckischen Gebrauch angezogen, ist nicht zu attendiren. So viel weniger, daß wann Semmeln, nach solchem, Wecken seyn solten, dero gantz superflue gedacht, da diese expresse erwehnet, und es contra communem interpretationum regulam liesse, quæ non admittit verba esse superflua, otiosa & sine virtute operandi. l. si quando ff. de legat. 1. c. si Papa de Privileg. in 6. Tiber. Decian. resp. 32 num. 63 vol. 3. Dec. ad l. 1 in fin. C. de Secund. nupt.

Vors dritte haben die Los- und Kuchen-Becker nichts vor sich zu Behauptung ihrer Intention, und des Juris prohibendi oder de turbatione conquerendi anzuführen, als ihres Amts Privilegium, daß darinne ihnen das Losbacken frey gegeben. Nun ist aber solches nicht genug, hievon die Weiß-Becker, als die vor solchem Privilegio sich des Los-Backens gebrauchet, davon zu excludiren oder Krafft dessen zu erhalten, daß die von ihrem vorigen Gebrauch abstehen müssen, sondern darzu würde erfordert, daß darinne enthalten, sie alleine und nicht die Weiß-Becker vorgemeldtes Brot zu backen solten bemächtiget seyn. Ausserdeme können sie sich daraus des Juris prohibendi als darinne nicht begriffen, nicht anmassen, Privilegia stri-

ſtricti juris ſunt, nec ultra tenorem verborum intelliguntur aut extenduntur. c. recipimus 8 X. de Privil. Enenkel de privil. milit. lib. 2 privil. 5 n. 10, nec ultra probant, quam corporeis oculis in iis legitur & quod tenor illorum expreſſe oſtendit. c. ad probationem C. de Probat. l. 7 ff. de his quæ in teſtam. del. Burſat. conſ. 205 num. 1.

Und wann vors vierte unleugbar, daß vor der Los-Becker Privilegio die Weiß-Becker des Losbackens ſich gebrauchet, in ſelbigem aber daſſelbe ihnen nicht benommen, ſo iſt ſo viel weniger es durch einige Interpretation dahin zu extendiren. Privilegium enim in damnum tertii non eſt trahendum, nec cum alicuius damno operari debet l. reſcripta 7 C. de Prec. imper. off. l. nec avus, 4 C. de Emanc. lib. l. ex facto 43 ff. de vulg. & pupill. ſubſt. Cravet. conſil. 966 num. 4; ſed accipiendum ſemper eſt cum clauſula ſalvo jure tertii Rol. a Vall. conſ. 45. num. 12 vol. 4. Hipp. Rimin. conſ. 566 n. 141 conſ. 811 n. 72.

Darzu vors fünffte kommt, daß weil durch keinen Buchſtab das Los-Backen den Weiß-Beckern verboten, das Los-Beckern alleine ſine excluſione juris vel facti aliorum ſolches zugeleget, die darüber gegebene Privilegia und Conceſſiones nicht privative können verſtanden werden. Inmaſſen dann die Rechts-Gelehrten, gar vernünfftig dafür halten: Quod conceſſio alicui facta de eo, cujus alter uſum ſeu exercitium habuit, in dubio cumulative, non privative facta intelligitur. Bald. in l. un. § ubi autem. num. 6 C. de Caduc. toll. Bartol. in l. ſi un. l ff. de re judic. Banl. in tract. de Nullit. ſent. ex defect. juriſd. numer. 175 & ſeqq.

Und erkläret dieſes alles zum ſechſten die Obſervanz und Gebrauch zum beſten, nachdem ohnleugbar, daß nicht weniger vor dem von den Los-Beckern erhaltenem Privilegio, als hernach die Weiß-Becker ſich des Losbackens angenommen und gebrauchet. Quæ obſervantia optima interpres eſt cum privilegii, Joſeph. Ludov. concl. 38 num. 26, tum cujusvis humanæ diſpoſitionis, quæ nunquam meliorem interpretationem capere poteſt atque ex practica ſubſecuta. Bald. ad l. illud ff. de Excuſ. tut. Bartol. ad l. diuturna ff. de Legib. Jaſon in l. rem quæ nobis de Acquir. rer. dom. a qua minime oportet recedere, Bald. in c. un. de Feud. ſin. culp. non amitt. Hippol. Rim. conſ. 165 num. 28, ſed potius verba diſpoſitionis offendere & negligere. Socin. Jun. conſ. 75 num. 12 vol. 2, cujus quippe eſt efficaciæ, ut omnem defectum præcedentis diſpoſitionis ſuppleat, & ſi quid omiſſum ſit, pro expreſſo & cuncta ut & obſervantur, facta eſſe, haberi efficiat. Felin. in c. ſicut num. 42 de ſent. & re jud. Grammat. deciſ. Neap. 106 num. 9. Cravett. conſ. 19 num. 4.

Wann auch zum ſiebenden ſolchem nach das Amt der Weiß-Becker in poſſeſſione vel quaſi des Losbackens geweſen, und bis zu der Zeit, da ſuper turbatione geklaget, geblieben, hat es ſo viel weniger Bedencken, daß ſie dabey ferner zu laſſen. In poſſeſſione ſua vel quaſi nemo eſt turbandus. l. un. C. de Prohib. ſequeſtr. pecun. l. 1 l. ordo C. de Execut. rei jud. multo magis nemo ea privandus ſine judiciali cognitione, l. fin. C. ſi per

vim vel al. mod. c. licet Epiſcopus de præbend. in 6 ibi gloſſ. Felin. in c. cum olim X. de ſentent. & re jud. Jaſon in l. juſte num. 11 ff. de Acquir. poſſeſſ. quin potius qui poſſidet, defendendus eſt in uſu rei vel juris, donec adverſarius in petitorio obtineat, cum pro poſſeſſione ſemper militet optima juris præſumtio. Vultej. conſ. Marpurg. 34 num. 100 & ſeq. vol. 4.

Deſſen Conſideration achtens an die Hand giebet, wie gar übel von den Los-Beckern in puncto turbationis geklaget, und noch unfüglicher darauf den Beklagten als fort das Backen des Loſen-Brotes verboten. Wann jene zu Recht ein ſolch Vorbot erhalten wollen, hat ihnen zufördersſt obgelegen beyzubringen, daß ihnen der Los-Becker Amt alleine competire das Losbacken, ſie allein deſſen in Beſitz und Gebrauch ſeyn, dahero ihnen das Jus prohibendi zuſtehe. Nun iſt aber ſolches von ihnen nicht alleine nicht erwieſen, ſondern der Weiß-Becker poſſeſs vel quaſi iſt offenbarlich am Tage, dabey billig dieſe bey ſolchem Gebrauch ſolten geſchützet, zum wenigſten aber mit einigem Beweisthum ihrer Befugniß beleget ſeyn.

Actore non probante obtinet poſſeſſor. Ripa in c. ſæpe X. de reſtit. ſpoliat. nec cogitur titulum ſuæ poſſeſſionis allegare l. cogi. 11 C. de Petit. hæred. l. 4 C. de Edend. l. fin. ff. de rei vindic. nedum onus probandi in ſe ſuſcipere. c. ad audientiam X. de Præſcript. c. ex literis X. de probat. Menoch. lib. 2 de A. j. Q caſ. 48 n. 12 & 34. eaque utilitas eſt non veræ ſaltem ſeu corporalis, ſed & quaſi poſſeſſionis, uti late docet Maſcard. de Probat. vol. 3 concluſ. 1194. Unde etiam ſit, ut poſſeſſor qualiscunque ſit hoc ipſo, quod poſſeſſor eſt, plus juris habet eo qui non poſſidet, l. 2 ff. uti poſſid. § retinendæ Inſt. de Interdict. Otaſc. dec. 108 num. ult. potiorque eius cauſa cenſeri debet in retinendo, quam Actoris in agendo. Specul. in tit. de Advocat. § 7 verb. cautius. Seb. Med. in tr. de conſerv. poſſeſſ. verb. aut in conſervando gloſſ. 2 part. 3 num. 289.

Zum Neunten, was Anno 1600 von dem Amt der Weiß-Becker wegen Zulaſſung der vielen Los-Becker wider E. E. Rath der Stadt Alten-Stettin geklaget, darauf von dem Hochſel. Landes-Fürſten reſolviret, zeiget ſattſam an, daß die Weiß-Becker ſich des Los-Backens zugleich gebrauchet haben, und den zugelaſſenen Los-Beckern nicht weiter das Backwerck eingeräumet, dann ſo weit es jenen unnachtheilig. Wie dann handgreiflich, daß, wann den Weiß-Beckern das Los-Backwerck nicht frey und erlaubet, ſondern es den Los-Beckern privative zu geeignet geweſen, ſie über die Los-Becker und Vermehrung derer Anzahl nicht klagen können, oder dürffen. Es auch gantz überflüßig geweſen, ſolche Fürſtl. Verordnung oder Abſchied ergehen zu laſſen, daß E. E. Rath in Annehmung der Los-Becker allewege der Weiß-Becker geruhen, und die Anzahl der Los-Becker darnach moderiren wolle oder ſolle, daß der gemeine Nutzen geſucht, und iedes Theil ſeine Nahrung haben könne. Dahero keines auf das præſuppoſitum quadriret, daß die Weiß-Becker ſich des Los-Backens nicht anmaſſen können: Zumahlen ihnen alsdann gleich viel gelte, ob wenig oder viel Los-Becker wären, ihnen nirgends darinne

N 3　　　　　　　　　　könte

könte geschadet werden, wann sie nicht zu dem Los-Backen befuget.

Quomodo vero nihil præsumitur inutiliter aut inepte dispositum, nec quicquam in Ducalibus decretis supervacuum habendum, l. si quando ff. de Legat. 1. l. fundus qui ff. de fund. Instruct. & Instrument. leg. cap. si Papa X. de Privileg. in 6, ita non potest non superioris Decreti is esse intellectus, ut relinquatur Actoribus, id quod obtinuerunt antea & quod imminui querebantur exercitium.

Und was zum zehenden An. 1581 die Weiß-Becker bey dem löbl. Landes-Fürsten, Herrn Johann Friedrich über den Rath zu Alten-Stettin sich beschweret, daß man den vierten Los-Becker einsetzen wollen, haben J. F. D. solches unbillig, und dafür geachtet, die drey Los-Becker neben den alten Weiß-Beckern die Stadt mit Brot zur Nothdurfft wohl versorgen könnten, darauf befohlen, daß die Supplicanten bey ihrer Nahrung gelassen, und darinne nicht turbiret würden, woraus eine gewisse Anzeige zu nehmen, die Weiß-Becker eben die Art Brot zu backen befugt, so die Los-Becker backen, angesehen sie sonst sich über diese nicht beschweren können, noch durch dieselbe beschweret wären.

Vors eilffte ist ausser Zweifel, daß von vielen langen und fast unhinterdencklichen Jahren von den Weiß-Beckern geübtes Losbacken eine præscriptionem würckte, quæ vim habet privilegii c. super quibusdam § præterea. X. de verb. signif. & contract Bald. in l. 1 C. de servitut. Schrader. de Jur. in corp. emphyt. mol. §5 numer. 40, sine qua etiam possessio viginti annorum efficit, ut præsumatur justus titulus. Decian. consi. 35 n. 31 vol. 3. Wesenb. consi. n. 79.

Zum zwölfften gibt ein statlich Argumentum der disseitigen Befugniß das Meister-Stücke, welches die Weiß-Becker bey Gewinnung ihres Amts backen müssen, darunter denn Semmeln und Pawecken, als species von Los-Brot seyn, davon dieser beständiger Schluß zu machen, daß ein iedes Handwerck dazu krafft seiner Innung befuget, davon er die Probe oder Meisterstück verfertigen und aufweisen müssen. Ita enim ex Statutis & moribus invaluit, ut nemo in collegium vel ad Opificium admittatur, nisi qui per certum temporis spatium pro ratione & difficultate artis fuerit informatus & testimonium, einen Lehr-Brief acceperit, cursuque peregrinationis peracto et prævio examine artis suæ specimen conditum, ein Meisterstück, ediderit. vid. Richter. decis. 80 num. 41 part. 1; quod igitur est objectum speciminis, id non potest quoque non esse objectum artis aut opificii, cum singuli addicti arti suæ, in eo, quod artis est, illud exhibere, seque receptione dignos ostendere debeant.

Vors dreyzehende beruffen sich die Beklagte auf ihr neues Privilegium, welches An. 1615 ertheilet, darinne ihnen auch die Art Brot, so man Crummanicken nennet, und im Species des Losen-Brotes ist, zu backen erlaubet, so dann auch eine unzweifentliche Anzeige, daß das Los-Backen den Weiß-Beckern nicht benommen sey. Alias enim in genere prohibita omnes quoque Species censentur prohibitæ, Nic. Everhard. in Top. legal. loc. 6 a gen. ad spec.

Zum vierzehenden kömmt zu vorigen der Kläger in actis, besage des den 5 Septembr. Anno 1648 gehaltenen Protocolli enthaltene eigene Confession, quæ omni alia quavis probatione major est. Dec. in l. cum te transegisse num. 7. C. de Transact. & notorium inducit atque ostendit. c. significarunt X. de Testib. Cravett. consi. 958. num. 18.

Zumahlen sie nachgeben und gestehen, daß die Weiß-Becker Milch-Brot, wie dann Butterkringel wohl backen mögen, so unzweifentlich Los-Brot ist.

Zum Funfzehenden betrifft diese Sache nicht wenig die curam annonariam publicam, welcher gemäß ist, darob zu sehen, daß zuförderst die Städte und Communen mit gutem Brot in wohlfeilem Kauffe versehen werden, als dessen Arme und Reiche nicht entbehren können, dahero so viel weniger was dahin gerichtet, zu restringiren. Uti in terminis notabiliter monet Carpzov. responsi. jur. Elect. lib. 1 Tit. 5 resp. 41 num. 19, ubi scribit; Est factio & venundatio panum tale factum, quod non potest in vitio poni aut in crimine, merito itaque pro licito atque concesso negotio habetur, cui juri quisque operam dare debet, in communi vitæ consortio reique familiaris quærendæ augendæque studio. Idque eo magis, quoniam panum pinsendorum ac vendendorum occupatio ad vitam hanc mortalem, sustinendam est necessaria, quod enim ad corporis ac vitæ nostræ, imo etiam nostrorum & generaliter proximi nostri necessitatem pertinet, id unicuique non permissum modo esse debet, sed & commendatum.

Wie nun dem gemeinen Besten der sämtlichen Bürgerschafft, insonderheit der lieben Armut daran mercklich gelegen, daß alle Monopolische Ordnungen bey den Waaren, davon der gemeine Unterhalt zu nehmen, verhütet bleiben: Sicut & illiciti ac perniciosi Monopolii species habetur, quando aliquid statuitur, quod annonam arctat ad damnum publicum & quæstum privatum. Tib. Dec. intr. crim. lib. 7 cap. 21 num. 11. Guid. Pap. consi. 212 num. 1.

Hingegen was zum Unterhalt der Einwohner gereichet, zum wenigsten beschrencket, oder zu weniger Leute Nutzen mit der Armut Beschwer nicht gerichtet werde, quæ præcipua habetur causa interdictionis Monopoliorum, ne pauperes graventur. Damhoud. prax. rer. crim. cap. 132 n. 15. Decian. cap. 21 num. 3. Borchold. consi. 17 col. 7 versi. Uiberdis alles seynd ꝛc. lib. 1.

So wird in dessen reiffer Betrachtung niemand hierinne der Weiß-Becker Intention entgegen seyn können, sondern ein ieder vernünfftiger, bevorab bey nicht befundener ausdrücklicher alten Verordnung, dadurch es verboten, dafür achten, viel zuträglicher zu seyn, daß den Weiß-Beckern Los-Brot zu backen verstattet werde, als daß in so grosser volckreichen Gemeine, den wenigen Los-Beckern solches zu geeignet werde. Quod etiam convenit libertati commerciorum, quibuscunque modis promovendæ & dilatandæ, non restringendæ. Coler. de Processi. execut. part. 1 cap. 10 num. 68. *Ut igitur ista & quicquid istius causa statuitur, valde favorabile & salutare habetur, Salycet. in l. un.

C. de

C. de Monopol. Ita dubitandum non est apud prudentes, favorem meriturum, quod a Reis petitur atque intenditur.

Zum sechshenden giebt eine bewegliche causam dicendi, daß die Beklagten vorgeben, und zu behaupten getrauen, daß wann ihnen das Los-Backen solte gäntzlich untersaget werden, sie sich nicht würden ernehren können, sondern wie des Losen-Brotes mehr genossen wird, also die Loß-Becker derer Anzahl weniger ist, alle Nahrung an sich bringen, das Amt der Weiß-Becker aber, darinne vielmehr Zunfft-Genossen seyn, zu Grunde gehen würde. Welches nicht allein litteræ & menti des Fürstl. Abscheides de Anno 1609 zuwider, sondern auch an sich unbillig und den Rechten entgegen. Cum Magistratus parentis vicem plebi exhibere l. in defensoribus 4 C. de Defens. civit. & secundum quod possibile est, omnium commodis prospicere debet, l. si quis filium 34 C. de Inoffic. testament.

Endlich beruffen sich die Weiß-Becker auf der benachbarten Städte Gebräuche und Gewohnheiten, welchen nach zwar den Los-Beckern ihre Rollen und Freyheiten gegeben, den Weiß-Beckern aber nichts destoweniger das Losbacken verstattet und verboten ist. Ex quibus moribus vicinorum locorum non infirmum sumitur argumentum ad interpretationem statutorum l. de quibus ff. de Legib. Cravett. consl. 118 num. 3 & 4. Menoch. consl. 9 num. 22 lib. 1. Castrens. consl. 437 n. 2 lib. 2, præsertim circa ea, quæ collegia & opificia concernunt, de quibus constat, quod civitates Hanseaticæ studeant, se circa ea quam maxime illæ & quandam similitudinem morum & statutorum conformare.

Wer nun obgemeldte rationes in reiffer wohlbedächtlicher Erwegung betrachtet, wird hoffentlich daraus zu satter Gnüge befinden, daß die beklagten Weiß-Becker wider vorige Bescheide die restitutionem in integrum wohl vermuthen können, wann nur von ihnen articuliret und bewiesen wird, daß 1) vor Alters sie des Losbackens sich gebrauchet, 2) nachdem die Los-Becker ihr Privilegium erhalten, dadurch ihnen, was sie zuvor gehabt, nicht benommen, 3) nach der Zeit bis zu erhobenem Streit sie in ruhsamen Besitz und Gebrauch geblieben seyn. Demnach folglich seyn wird, daß sie dabey billig zu schützen, die actus possessorii pro turbatoriis nicht können beschuldiget werden, die Kläger so gestalten Sachen nach kein Ius agendi aut prohibendi haben, sie vielmehr ex præscriptione verwahret, und von vorigem Gebrauch aus verschiedenen obangeführten Ursachen nicht abzubringen. Dagegen kan nichts irren oder verfangen, was die widrige Meynung zu behaupten angeführet. Dann so viel die erste rationem dubitandi betrifft, hätte es damit allerdings seine Maasse, wann die Weiß- und Los-Becker also unterschieden wären, und verschiedene Aemter hätten, darunter keine Gemeinschafft wäre, und von anfangs der Unterscheid gemachet wäre, so wären und blieben sie billig separiret, und hätte eins dem andern nichts vorzugreiffen, oder ein zumischen. Als aber vorerwehntem nach mit den Backwercken in Alten Stettin es eine weit andere Beschaffenheit hat, und die Weiß-Becker in notoria possessione vel quasi des Losbackens von alters gewesen, hernach, wie die Los-Becker ex Pri-

vilegio Amts-Gerechtigkeit erhalten, solches ihnen nicht untersaget oder benommen, so kan bey selchen Umständen es nicht opponiret werden. Wie dann auch daneben hieraus der Unterscheid gantz mercklich, daß nicht anfänglich und zugleich den Weiß- und Los-Beckern Aemter, Rolle, Rechte und Privilegia unterschieden, sondern die Weiß-Becker Fast- und Los-Brot zu backen Fug gehabt, von diesem hernach den Los-Beckern etwas nach gegeben, dadurch aber den Weiß-Beckern, was sie vorhin gehabt, nicht benommen werden kan, auffer diesem wird die Sententz, quod nemo jure dubium collegiorum uti possit, also limitiret, nisi quis per longum tempus in duobus collegiis fuerit, vel aliam justam causam habeat, cur permitti debeat uti his, quæ ad aliud collegium spectant, uti tradit Richter decis. 80 n. 40, ubi ICtos Ienenses ita statuisse & respondisse refert. Wann nun ex longo tempore sowol als ex aliis causis, wie in obigen erwehnet, sich die Weiß-Becker des Losbackens gebrauchet, solches aus ihren Privilegiis behaupten, so ist daraus ihr Recht zu dem, was hernach den Los-Beckern eingewilliget, offenbar, wiewohl auch sonst die allegata in contrarium sich hie nicht wohl appliciren lassen, da noch in quæstione ist, ob die Los-Becker solch Recht haben, daß aufser ihnen niemand das Los-Brot feil haben möge. so die Weiß-Becker ihnen nicht aus schlechten Rechts-Gründen streiten, sie auch nicht beygebracht haben. Das andere argumentum contrarium ist so ferne zwar gültig, daß die den Los-Beckern in dem Privilegio gegebenen Freyheiten und Rechten keine andre als die unter der Zahl seyn, fähig worden. Aber dahin mag es nicht gereichen, daß den Weiß-Beckern, was sie gehabt, damit benommen sey. Als nun ausfündig zu machen, daß diese eben wohl Los-Brot zu backen bemächtiget und gewohnet, so kan ihnen nicht präjudicirlich seyn, daß der Los-Becker Amt auf gewisse Personen beschlossen, vielmehr in Ansehung der vielfältigen Klagen über die vielen Los-Becker, ingleichen des offterwehnten Fürstlichen Decreti de An. 1600 wird sich befinden, in favorem der Weiß-Becker dasselbe also verordnet. Ideoque minime id oportet detorqueri l. quod favore C. de Legib. l. ea lege ibi gloss. ff. Locat. Hieneben ist anzumercken, daß in dem Privilegio nicht gemeldet, daß die Los-Becker alleine sich des Losbackens gebrauchen sollen, noch weniger, daß damit was die Los-Becker zuvor gehabt, aufhören, darum daß beschlossen Amt, quod ad personas recipiendas non ad genus opificii refertur, nicht dahin gereichet, daß andern ihre Befugniß genommen werde. Die dritte illatio ex diversitate nominis kan nichts wircken, da communicatio rerum am Tage oder auch erweislich zu machen, non aliter procedit argumentum a nomine quam in dubio, si non appareat rem ab illo discrepare, ubi aliud in rebus est, quam in nominibus, illarum qualitas hic prævalet. Tib. Decian. resp. 30 n. 23 vol. 1. Cravett. consl. 84 n. 12. Wann nun erweislich, daß die Weiß-Becker des Losbackens sich gebrauchen, so kan der Unterscheid in dem Namen nichts irren. Die vierte ratio dubitandi procediret alleine bey denen Aemtern und Zünfften, so gantz unterschieden, und also verfasset, daß eins dem andern nicht vorgreiffen könne, oder da die Gewer-

ker unterschieden, daß dem einen nicht erlaubet, so
dem andern beygeleget. Hie aber bey gegenwärtigem Fall ist zwischen den Weiß- und Los-Beckern
nicht ein solcher Unterscheid, sondern beyde gebrauchen sich des Backwercks, jene haben vor Alters
solches in Fast- und Los-Backen geübet, diesen aber
alleine das Los-Backen also gegeben, daß sie den andern solches nicht benommen. Was pro quinta
ratione dubitandi angeführet wird, ist also limitirt,
nisi per longum tempus quis jure duplicis collegii usus fuerit, aut alia justa causa adsit, ob
quam eo uti deceat. Richt. d. decis 80 num. 40.
Welche Umstände dann obgedachtem nach hie vorlauffen.

Zum sechsten, findet die eingeführte æquitas alleine statt, wann dabey die æquitas oder Gleichheit
sich befindet. Non potest enim nisi omnia eadem & paria sint, exigi, ut quod quis sui causa
statui cupit, eodem utatur, cum idem jus minime sit, Wesenb. in parat. ff. quod quisque jur.
Thoming. dec. 26. quod vel minima circumstantia variat. Allhie aber in præsenti causa ist zwischen den Weiß- und Los-Beckern ein gar mercklicher Unterschied, angesehen, jene vor langen Jahren,
und ehe diese einige Amts-Gerechtigkeit erlanget,
des Los-Backens sich gebrauchet, und dazu befuget gehalten, diesen aber nur das Los-Backen, und
ohne Abbruch der andern Nahrung, erlaubet.
Was vors siebende von der Wirckung der Los-Becker Privilegii angeführet, ist ohne Grund, nach
dem alles, so in demselben enthalten, ihnen wircklich bleibet, und so weit es immer mit Recht geschehen mag, zu ihrem Vortheil gereichet, daß aber
dadurch den Weiß-Beckern, was sie vor dem Pri-
vilegie gehabt, und nach demselben nicht weniger dann
vorhin geübet, solle benommen werden, ist in dem Privilegio nicht enthalten, noch den Rechten gemäß.
Nunquam enim illud in aliorum præjudicium aut
injuriam operari & accipi debet. l. rescripta 7 C.
de prec. imper. offer. l. nec avus 4 C. de Emanci-
cip. lib. Fab. in C. lib. 9 tit. 29 definit. b n. 2.
So soll auch ihr Privilegium keine andere Wirkung haben, dann daß ihnen das Los-Backen frey
sey, wodurch ihnen Gelegenheit zu besser Nahrung,
also Vortheils gnug gegeben: daß sie aber dessen
alleine gebrauchen mögen, ist ihnen nicht eingeräumet, können es auch um ihres eignen Nutzens willen, den andern, die sich dessen vorhin gebrauchet,
nicht begehren. Hoc foret lucrari cum alterius
jactura, quod æquitati naturali contrariatur, per
quam justius multoque tolerabilius habetur a lucro submoveri, quam damno alterum affici.
l. ut si quis § sed si adita. ff. de relig. & sumpt.
fun. l. suis cui § fin. ff. de furt. l. fin. C. de acquir.
poss. Die achte ratio dubitandi mögte etwas gelten, wann darüber die Frage wäre, ob und wie weit
durch die Privilegia den Weiß- und Los-Beckern
ihre Nahrung annoch zu geben und beyzulegen wäre, da sich die Gleichheit besser könnte fassen lassen.
Als aber die Sache in denen terminis nicht beruhet, sondern die Weiß-Becker in possessione des
Los-Backens mit seyn, solches ihnen mit Rechte
nicht kan genommen werden, so wird vergeblich von
einer æqualitæt disputiret, die sonst annoch bey der
gegenwärtigen Intention nach, Zweiffel hat, in Betrachtung daß wie in Actis gemeldet, des Los-Brots

mehr verkaufft wird, dann des andern, hingegen
die Los-Becker wenig, der Weiß-Becker mehr, dahero wann diese nicht solten etwas am Los-Brot
mit backen, die Los-Becker gar einen grossen Vorzug haben, und gar keine æqualitæt seyn würde.
Dahin was der Hochlöbl. Fürst in dem gemeldten
decreto gesetzet hat, zielet, als darinne den Weiß-
Beckern zu gute verfüget, daß der Los-Becker
nicht so viel solten angenommen, auch es sonsten damit also angestellet werden, daß beyde Theile bey
Nahrung bleiben, so wie in obigen vor Augen gestellet, keinen andern Verstand hat, oder haben kan,
denn daß die Weiß-Becker bey dem Los-Backen
gelassen werden. Aus welchen zugleich die nona
dubitandi ratio ihre Abfertigung erlanget, welche
auch hierum gar übel die æqualitæt præsupponiret, da der beyden Rechte und Befugniß gantz ungleich seyn, darum nicht gleich können gehalten werden. Das zehende argumentum contrarium hin-
tertreibet einmal der Buchstab der Weiß-Becker
Rollen oder Privilegii, immassen in secunda decidendi ratione erwiesen, daneben die vieljährige
Observanz und Gebrauch. Usus & observantia
est privileg. optimus interpres. Cravet. conf.
100 num. 4 Menoch. conf. 104. num 13. Ferner be-
dürfft es, so viel die Weiß-Becker betrifft, keines absonderlichen Privilegii, da dieselbe vor Alters des
Losbackens sich gebrauchet, und in antiqua posse-
sione vel quasi gewesen, quæ ex se vim Privilegii habet. Cravett. de antiq. temp. part. 4 §
nunc ergo n. 13. Die im eilfften begriffene Deutung
des Wortes Semmeln, refutiret gleichergestalt,
was circa secundam decidendi rationem angeführet ist, dabey man hier gar nicht in casu dubio versiret, daß man nöthig hätte, die in dubiis
gebräuchliche interpretationum regulas hervor-
zusuchen, sondern weil unleugbar, daß nach der
Stadt Alten-Stettin Gebrauch Semmeln Los-
Brot seyn, so ist auch ausser allen Zweiffel, daß
solch Wort in dero Privilegio, welches an jetzt bemeldten Orte von der Obrigkeit ertheilet, nicht anders zu verstehen sey. So vielmehr, weil die Practica solches erkläret, indem die Weiß-Becker die
Semmeln als Los-Brot gebacken, und welchen alleine genugsam ist, sowohl den wahrhafftigen Verstand der Worte, als der Beklagten Befugniß zu behaupten, das Meisterstück in solchen Speciebus aufweisen. Solchem nach wird zum Zwölfften gar
übel hie erforschet, wie in dubio die Worte des
Privilegii zu verstehen, da kein dubium, sondern
klare Worte, und die offenbare Praxis ist. Cessat præsumptiva interpretatio, quando verba
clara sunt. l. ille aut ille § cum in verbis ff. de
verb. oblig. maxime si contrarii probatione jam
est elisa, Menoch. de præsumpt. lib. 1 quæst. 75
num. 1. Und ob, wie bey der dreyzehenden ratione
dubitandi erwehnet, in der Weiß-Becker neuen
Privilegio der Semmeln nicht gedacht, folget daraus gar nicht, daß damit ihre vorige abgeschaffet
sey, zumahlen mit dem geringsten darinne nichts gemeldet, woraus erscheinet, daß man vorigen Gebrauch aufheben oder ändern wollen. Quod non
reperitur expresse correctum, id stare non prohibetur, l. sancimus C. de Testam. l. præcipimus
32 in fin. C. de Appellat. Correctio nunquam præsumitur. Hier. Pap. consl. 109 n. 112, sed in omni
dis-

ni dispositione vitatur velut odiosa nec verisimilis. Honded. conf. 8 n. 49 vol. I. ideoque, nec
per tacitos intellectus, præsumtiones & conjecturas inducitur. Glof. in c. cupientes § qui
per viginti. de Elect. in 6. Fg. Jin. in C. nonnulli
§ sunt alii. X. de rescript. nec unquam admittitur nisi expresse eius mentio fiat, vel ex inevi-
tabili necessitate sequatur. Bartol. consf. 72 n. 5.
Dec. consf. 97 n. 5. Und als nicht weniger nach
dem neuen Privilegio, denn vorhin die Weiß-Becker sich des Losbackens gebrauchet, und ihnen nie
bis zu diesem erhobenen Streit verwehret, so ist so
viel offenbar, daß durch das letzte, das erste nicht gehoben sey, nulla declaratio melior est, quam ex
facto post ea subsecuto, Mandel. consf. 62 n. 9
& consf. 64 n. 31, ex vulgari practica quæ omnium antecedentium interpres est. Tiraquell.
in tr. le mort saisit le vif part. 2 declar. 16 in fin.
Dec. consf. 11 n. 9. Sonst giebt auch die omissio
für sich alleine kein argumentum correctionis, sondern es wird dafur gehalten, quod in nova hominis dispositione omissum relinquatur anteriori
justæ provisioni l. si extraneus ff. de Condict.
causf. dat. l. si cum dotem. ibi Dd. ff. solut. matrim.
Bartol. in l. Gallus ſ & quid si tantum ff. de lib.
& posthum. Die vierzehende ratio dubitandi
laboritet falsi præsuppositi vitio, nachdem erweislich, daß die Weiß-Becker nicht allein das Los-
Backen üben, sondern auch darauf ein Meisterstück
machen, also die eine Probe ihrer Lehre aufweisen.
Und ob, wie zum funffzehenden angezogen, nach der
Los-Becker Privilegio, dero Lehrjungen etwas länger lernen müssen, geschiehet doch solches bey ihnen
ex nova constitutione, so die Weiß-Becker wider ihre Privilegia und Gebräuche nicht obligiret,
so folget nun daraus nicht, daß die Los-Becker
unter sich also vereiniget, ihre Jungens etwas länger in der Lehre und Dienst bleiben müssen, dahero
in weniger Zeit das Los-Backen nicht möge gelær-
net werden. Bey dem Weiß-Beckern beweiset
die Probe und Meisterstück das contrarium, weilen auch den Los-Beckern das Kuchenbacken mit beygeleget, und solches eine absonderliche Lehre erheischet, kan wohl seyn, daß deswegen bey diesen das
Lehrjahre etwas weiter extendiret seyn, so aber
gleichwohl der Sachen wenig geben wird. Die
sechzehende ratio dubitandi ist, zwar in E. E. Raths
decreto enthalten, aber dasselbe in diesem passu sehr
beschwerlich und allein zur Erhaltung der restitution in integrum gnugsam, daß man den Beklagten den Beweis ihrer Gerechtigkeit aufbürden wollen, so in consideration der Sachen Umstände geschehen sollen, angesehen einmal den Klägern und
nicht den Beklagten der Beweis ihres Vorgebens,
als wann sie alleine zum Los-Backen befuget, obgelegen. Cum actoris sit probare quod assevera-
rit, alias reus etsi nihil præstiterit, obtinere debeat. l. qui accusare. 4 C. de edend. l. actor. quod
23 C. de probat. Tiraquel. de jur. primogen.
quæst. 17 opin. 11 n. 20. Daneben weil die Weiß-
Becker in notoria vel quasi possessione des Los-
Backens gewesen, solches zu erweisen sich anerboten, ja Gegentheil es nicht benehmen können, demnach dadurch von allem Beweisthum befreyet,
Cum ex jure constet, possessionem liberare ab
onere probandi, idque in adversarium, quem
Jurist. Oracul V Band

actorem facit, rejicere l. circa 14 ff. de probat. l.
libertis. 7 ſ ult. ff. de lib. cauf. l. 1 C. de alien.
jud. mut. cauf. Menoch de A. J. Q. lib. 2 caf. 48
n. 12 & remed. adipisc. posf. 4 n. 794, idque
non in corporalibus modo, sed etiam insin-
corporalibus procedat, ut quasi possessio
æque relevet, & eam doceri sufficiat. l. sicuti
8 § sed si quæratur. ff. si serv. vind. l. 1 ſ 1 ibi
glosf. ff. de Itin. act. priv. Mascard. de Prob.
concl. 1194. num. 25 & seqq. Uiber das ist auch
den Rechten nicht zustimmig, daß den Weiß-Beckern zugemuthet, sie nicht nur die Possesf, son-
wannenhero sie dazu berechtiget, beybringen solten,
und weil solches nicht geschehen, man sie des Loß-
Backens, dessen sie doch in langjähriger Uibung gewesen, entsetzen wollen. Id quod juri contrariatur per ea, quæ docet Carpz. in resp. elect. 95
n. 18 & seq. lib. 3, ubi tradit non cogi possessorem cuiquam possessionis titulum allegare, aut
probare, sed qualiscunque sit, eo ipso quod
possessor est, potiorem esse adversario. Was
zuletzt gemeldet von denen geschehenen Verboten,
dadurch vorhin den Weiß-Beckern das Los-Backen solte untersaget seyn, ist ex actis von der Zeit,
da etwa Anno 1648 dieser Streit sich erhoben, nicht
zu befinden, wird auch von den Beklagten nicht gestanden, sondern dagegen eingewandt, daß sie von langen und fast unter hinterdencklichen Jahren in ruh-
sammen Besitz und Gebrauch solches Gewerckes gewesen, dahero dann, wenn hievon einiger Zweifel
gewesen, oder noch wäre, sie zu dessen Beweis zu-
verstatten, und mit dem Verbot nicht zu belegen.
Setze auch ausser Zweiffel, daß auf ergebenden solchen Beweisthum, sie bey dem werden geschützet,
und wider dasjenige, so daran behinderlich, in integrum restituiret werden. So ich dann zu begehrten
meinem Responso auffsetzen und mit eigner Hand unterschreiben wollen. Geschehen in Strahlsund den
22 Martii Anno 1653.

RESPONSVM II.

**Ob die Stricker-Zunfft befugt und berech-
tiget sey, ihre fabricirende Waaren
zu färben?**

Als uns hierbey zurückkommende Acta zugeschicket,
und daraus zu vernehmen gegeben worden, welcher
Gestalt zwischen denen Strumpffstrickern und Schön-
färbern zu Dünckelspühl, einige Streitigkeiten wegen des Färbens entstanden, auch hierüber und
hauptsächlich über die Frage:

Ob die Stricker-Zunfft befugt und berechtiget sey,
ihre fabricirende Waaren zu färben?

Unsere rechtliche Meynung und Gutachten cum rationibus dubitandi & decidendi gebeten worden,
demnach sprechen wir vor Recht:

Rationes dubitandi.

Obwohl die Schwartz- und Schönfärber, besonders der Raths-Verwandte, Volbrecht Christian
Sch. in seiner an die Römisch-Kayserl. hochansehnlichen Commißion gestellten Imploration-Schrift
sub præs. den 19 Octobr. 1729 zum Grunde ihres
anmaßlichen juris prohibendi sich hauptsächlich,
und fast lediglich mit rebus iudicatis behelffen wollen.

Nachdem 1) von dem hochpreislichen Kayserl.
Reichs-Hof-Rathe die von Bürgermeister und Rathe

the Augusf. Confeff. einseitige Aufnahme Gottfried Glozens zum Schön-Färber, durch das sub Lit. B nducirte Definitiv-Urthel wiederum caßiret und aufgehoben, auch berührter Gloz von dem gesuchten Bürger-Recht abgewiesen.

2) Von der Kayserl. hochansehnlichen Commißion in Anno 1697 in Anzahl und Aufrechthaltung der Farbestäten durch den Receß sub Lit. C Ziel und Maaß gesetzet.

Und 3) denen Strumpfstrickern nur das Färben des Garns und der Wolle in denen Häfen verstattet, hingegen das Färben der Waaren und Strümpfe in Kesseln und Weyd-Kufen, besage Raths-Protocolli sub D verboten.

Auch 4) in diversis casibus nach denen inductis sub Lit. E dergleichen bey namhafter Straffe inhibiret worden, und alle solche Bescheide in rem iudicatam erwachsen wären.

Mitfolglich 5) nach der Schwartz-Färber übergebenen Beschwerungs-Memorialen sub F & G decretiret und erkannt worden, daß die bey denen Strickern sich befindende Färbe-Kessel heraus gerissen, und auf das Rathhaus gebracht werden sollen.

Worwider 6) der Impetratischen Strumpfstricker, die in Rechten erlaubte Provocations- und Appellations-Remedia nicht gebrauchet, sondern sothane Sentenzen in rem iudicatam erwachsen lassen, quæ pro veritate habeatur.

L. 207 ff. de Reg. Jur. Gail. 1. Obf. 44 n. 7,

sive bene sive male iudicatum fuerit.

Hunn. encyclop. jur. P. 2 t. 22 c. 6 n. 3 ibique citt. DD.

& faciat ex non debito debitum,

L. 1 C. de condiĉt. indeb.

ita ut nihil restet amplius, quam ut iudicati fiat executio,

Hunn. c. l. n. 8,

& per aliam contrariam sententiam rescindi nequeat.

Carpzov. P. 1 c. 26 D. 14.

Dahero es wegen der Färbereyen keiner weitern Untersuchung bedurffe, sondern Imploranten zu manuteniren wären;

Und also 7) nach aufgehobener gerichtlichen Kundschaft sub Lit. H und derer Imploranten schrifftliches sub Lit. I, auch hernach ad protocollum sub K mündlich beschehenes Anruffen, der löbliche Raths-Theil Aug. Conf. welcher vorhin An. 1728 in Senatu per unanimia die Resolution mehrmahlen mit ausmachen helffen, nicht befugt gewesen sey, die Execution ihrer in Lit. G den 13 Nov. 1722 selbst mit erkannten Urthel zu versagen und zu hindern, daß die Justitz noch ohnadministriret verbliebten, damit die verbotene Frettereyen und Stümpeleyen impune fortgetrieben würden, da doch Innhalts der Kayserl. Wahl-Capitulation art. 17 Ihro Kayserl. Majestät die in Kraft Rechtens erwachsene Urthel an die Execution in keinerley Weise wollen gehemmet oder gehindert wissen.

Rationes decidendi.

Demnach aber und dieweil die Strumpfstricker zu Dünckelspühl 1) ausser Zweiffel sowohl als die Schwartz- und Schön-Färber mit ihrem gewöhnlichen Innung- und Handwercks-Rechte confirmiret und versehen sind, mithin

2) Nach denen gemeinen Rechten und Reichs-Constitutionen ihnen unverwehret bleiben muß, ihre

Arbeit und Waaren dergestalt zu verfertigen und zuzurichten, wie es nach ihres erlernten Handwercks Art und Eigenschaft an andern Orten im Römischen Reiche gewöhnlich ist, und dann

3) Hin und wieder in Teutschland, wo auch besondere Schwartz-Färbereyen zu befinden sind, denen Strumpfstrickern unverwehret ist, nicht nur ihr Garn und Wolle, sondern auch die verfertigten Strümpfe und andere Waaren auf allerhand Art zu färben und zuzurichten, massen auch

4) Keine ratio differentiæ oder vernünftiger Unterscheid zu ersehen, warum ihnen nicht eben sowohl erlaubt seyn solte post specificationem ihren fabricirten Waaren, als vorher dem Garn und der Wolle, welches die Materie zu sothanen Waaren ist, die behörigen Farben zu geben, da vielmehr

5) Vernunftmäßig zu schliessen, daß bey denen fabricirten speciebus mehr und andere Vortheile der materiæ nudæ & crudæ, von welchen besondern Handgriffen die Schwartz- und Schön-Färber die eigentliche Wissenschaft nicht haben, wie denn auch

6) Nicht zu ermessen ist, warum denen Strumpfstrickern ihre Farben nur in Häfen und nicht eben sowohl in Kesseln und Weyd-Kuffen zuzurichten erlaubt seyn solte, cum magis & minus non varient speciem, & opificia possint esse distincta, licet iisdem instrumentis utantur.

Dn. de Wernber Part. 3 Obf. for. 236.

Und wenn 7) die Strumpfstricker gezwungen seyn solten, ihre Waaren nicht selber nach ihrer Art und Vortheil zu färben, sondern bey denen Schwartz-Färbern nach ihrer alten und groben Art färben zu lassen, dieselben ausserhalb auf denen Messen und Jahr-Märckten mit ihren Waaren und deren Vertreib gegen andere, welche die übrige selber färben dürffen, würden sitzen bleiben, weil diese vielmehr vor Stümpeley zweyerley Professionen würde ausgeschrien und verachtet, und dennoch die Waaren wegen zweyerley Arbeit nicht vor den Preis, wie bey dem Selbst-Färben könnten gelassen werden.

Wodurch also 8) nicht allein das Strumpfstricker-Handwerck zu Dünckelspühl mit der Zeit in decadence und gäntzlichen Ruin verfallen, sondern auch so viele Catholische und Evangelische arme Leute Reichs- und Landes-Unterthanen in der Stadt und auf dem Lande, welche sich mit Wollen, Kortät, Spinnen und Stricken ernehren können, verderben und an den Bettelstab bringen würden.

Da doch 9) alle opificia und was zu deren Handthierung nöthig und behufftig ist, in rebus merє facultatis & libertate naturali bestehen,

Beyer de jur. probib. P. 1 c. 1 § 1 n. 2.

bis ein oder ander Collegium mit dem Zunfft-Zwange constituiret oder a superiore privilegiret wird: Nam prohibiturus alios, ante debet ipse privilegiatus esse,

Beyer d. l. § 7 n. 28 seq. Mev. P. 5 Dec. 170;

dergleichen Privilegia und Jura prohibendi aber, respectu tertii zu interpretiren sind.

B. de Lyncker. comm. f. L. 1 t. 14 § 12 p. 103. Lauterbach. comp. jur. tit. de consti. princ. p. 10.

Haud vero ex privilegiis alicuius iuris concessivis confestim prohibitio desumi potest; est enim naturali libertati contraria & ob id stricti iuris. Ideoque quantum ad alius generis opifices, nulla
prohibitio

prohibitio inde erui poteſt. Quinimo præſta-
ret certis caſibus, privilegia actus ac iura ſolita-
ria petentibus negare ad evitanda monopolia,
ſupplantationes egenorum, multaque adeo inde naſcitura litigia,

*vid. Beyer c. l. cap. 2 § 5 n. 57 ſeqq. conf. Mev. P. 9
Dec. 100 per tot.*

worwider der Schwartz-Färber implorantiſches Anführen nichts erhebliches vor ſich hat.

Anerwogen 1) das angezogene Reichs-Hof-
Raths-Decret ſich auf das Strumpfſtricker-Hand-
werck tanquam res inter alios facta & ob diver-
ſas rationes gar nicht appliciren läſſet; Denn die
Strumpfſtricker haben ihr Bürger-Recht behörig
und rechtmäßiger Weiſe erlanget, und bis dato erhalten, ſind auch nicht geſonnen eine beſondere Fär-
be-State, vor andere Leute, oder andern ihre Sachen zu färben, und dadurch denen Schwartz- und
Schön-Färbern Eintrag oder Abbruch zu thun, ſondern nur ihre eigene Strümpffe und Strick-Waa-
ren nach ihrer Art und Wiſſenſchaft zu färben, welche ſie auch auſſerhalb, ohne daß die Schwartz-
Färber ihnen ſolches verwehren können, färben zu
laſſen befugt ſind, welches alles bey dem Schön-
Färber Klotzen ceſſiret hat; jam vero res iudicata
inter alios & in diverſa plane cauſa acta, tertio
nec nocet nec prodeſt.

*L. 63 ff. de re iudicat. L. 2 § 4. C. quib. res iudic.
non noc. Scaccias de ſent. & re iud. gloſſ. 14 qu. 12.*

Vielweniger kan 2) denen Strickern der ſub C inducirte Receß präjudicirlich ſeyn, da ſie denſelben nicht
mit bewilliget oder geſchloſſen, ſondern nur die Färber und Farbe-Staten unter ſich und deren numerum concluſum angehet, dergleichen die Stricker
anzuſtellen niemahls Willens geweſen, dargegen der
§ 5 ſothanen Receſſes ihnen ſowohl, als ſonſt iedwedem Bürger frey ſtellet:

NB. Seine Sachen hier in der Stadt oder auſſerhalb au fremden Orten färben zu laſſen.

Dahero nicht zu ermeſſen iſt, warum nicht denen
Strickern ſowohl als denen Tuch-Zeug-und Hutmachern erlaubt ſeyn ſolle, ihre Waaren in ihren
eigenen Häuſern und Werckſtäten nach ihrer erlernten Kunſt und Wiſſenſchaft aus Weyd und andern
Schön-Farben zu färben? Da zumahl in angezogenem Receße denen Schwartz-Färbern die Weyd-
Kufen und zinnerne Schönfarbe-Keſſel nicht einſt
erlaubet ſind, geſchweige, daß ſie ein jus prohibendi & eripiendi vel confiſcandi wider die Stricker
ſolten erzwingen oder prätendiren können, ſiquidem
contradictio, quæ fit ſine iure contradicendi,
nulla eſt,

L. 13 C. de reſcind. vend.

und was hingegen denen Strickern in ſothanem Receße expreſſe nicht verboten iſt, ſolches vor zugelaſſen
muß geachtet werden.

Mev. P. 1 Dec. 155 num. 8.

Wannenhero die Imploranten 2) ex falſa & erronea hypotheſi aus dem Raths-Protocoll ſub D
ein Verbot der Keſſeln und Weyd-Kufen erdichten;

Mithin 4) die toties einſeitig von denen Schwartz-
Färbern extrahirten Raths-Inhibitiones ſub Lit.
EE. um ſo mehr pro turbationibus ſub & obre-
priis, als pro iuſtis rebus iudicatis, anzuſehen
ſind, in Betracht nicht zu befinden, daß die Impetraten wider des Impetrantens, als eines anſehnlichen

Juriſt. Oracul V Band.

Raths-Glieds einſeitige Sollicitationes mit ihrer
Gegen-Nothdurfft wären gnüglich gehöret worden,
hingegen der Senator Sch. in ſeinem Memorial
vom 11 Sept. 1722 ſub Lit. F. ſelbſt bekennen muß,
daß E. Hochl. Magiſtrat verſchiedentlich NB. favorable concluſa vor ihn hochgeneigt zu ergehen habe
belieben laſſen, wie denn das vitium nullitatis ex
concluſo primo in alle folgende, und ſich auf das
πρῶτον ψεῦδος fundirende concluſa mit eingeſchli-
chen; Prima enim ſi nulla eſt, nulla quoque eſt
eius confirmatoria;

Gail. 1 Obſ. 127 num. 33;

cum inhibitiones, quæ executionis ſpecies ſunt,
citationem partis adverſæ & cauſæ examinatio-
nem præerequirant,

Mev. P. 2 Dec. 39 n. 5 ſeq.

Weswegen 5) Imploraten ſich an die Memorialien und das dadurch erſchliche Decret ſub F & G
nicht zu kehren gehabt, und denenſelben impune
nicht pariren, ſondern wider dergleichen turbationes ihre Poſſeß vel quaſi des Haus- oder Selbſt-
färbens continuiren, und ſich dabey conſerviren können, und die ihnen de facto hinweg genommene
zinnerne Farbe-Keſſel und Weyd-Kufen cum omni
cauſa zu reſtituiren ſchuldig ſind. Nam ſpoliatus
licet ab ipſo iudice,

L. 6 C. unde vi, c. 7 X. de reſtit ſpol. Gail. 2 Obſ. 76.

illico eſt reſtituendus, cum omni cauſa & intereſſe.

*L. 1 § 34 ſeq. L. pen. ff. de vi & vi arm. L. 6 § 9
C. unde vi.*

Und endlich auch alles, was 6) von der veritate rei
iudicatæ ejusque executione ex Legibus & Doctoribus angeführet iſt, allhier um deswillen ſich
ſchwerlich appliciren läſſet, weil wider dergleichen
Decreta und Sentenzen, welche an dem defectu
ſubſtantialium proceſſus als citationis & recognitionis cauſæ laboriren, keine Provocations- und
Appellations-Remedia nöthig ſind, ſondern dieſelben ohnedem nicht in rem iudicatam erwachſen,
und propter nullitatem inſanabilem in 30 Jahren können angefochten und umgeſtoſſen werden;

*Rec. Imp. de Ann. 1654 § 121 ſq. Gail. l. 1 Obſ. 127;
Dn. Berger Oecon. Jur. l. 4 t. 28 § 10 nbt. 1 &
Eleff. Diſc. for. p. 1026 ſeq*

Mithin 7) die gerichtliche Kundſchaft ſub Lit. A
nebſt denen abermaligen ſchrift-und mündlichen Anrufen, des Raths-Verwandten und Schwartz-Fär-
bers, Sch. ſub I & K, ob er ſchon bey ſeinen
Collegis und Religions-Verwandten ſo viel Ingreß
gefunden, daß per majora reſolviret worden, von
der Execution den Anfang zu machen, mithin die
Weid-Kufen heraus zu reiſſen und einzuſchlagen,
Domini Evangelici aber hierunter vorſichtiger und
behutſamer verfahren, und Juſtiz-mäßig reſolviret
haben, vorhero die Beklagte vernehmen zu laſſen,
zumal da ſie wohl gemercket, daß ihre vorhin præcipitanter ertheilte Inhibitiones, dazu ſie durch Impetrantens importunes Sollicitiren induciret worden, bey
der allergerechteſten Einſicht Sr. Röm. Kayſerl. Majeſtät und Dero höchſtpreißlichen Reichs-Hof-Rath
nicht möchten allerdings approbiret und gut geheiſſen
werden.

Deciſio.

So ſind wir der Rechts-gegründeten Meynung,
daß die Stricker-Zunfft allerdings befugt und be-

rechtiget sey, ihre fabricirende Waaren selbsten, so gut sie können, in Häfen, Kesseln oder Weid-Kufen zu färben, mithin das ihnen de facto hinweggenommene Werckzeug cum omni causa ohne Entgeld zu restituiren sey. V. R. W. 1732.

Scabini Jenenses.

RESPONSVM III.

Ob Nachrichter unehrlich, und ob deren Kinder zu Handwercken zuzulassen, ingleichen ob Handwercker ohne Verletzung ihrer Ehre mit den Nachrichtern Umgang pflegen können?

Auf euren uns zugeschickten Bericht, und angehengte Rechts-Fragen, sprechen Wir verordnete Doctores des Churfürstl. Sächsischen Hof-Gerichts und Schöppenstuhls zu Wittenberg und anfänglich auf die

Erste Frage

vor Recht:

Wollet ihr zuförderst wissen, ob das Nachrichter-Amt an und vor sich selbst vor arnüchtig und unehrlich, und die Nachrichter pro infamibus oder doch levi macula laborantibus zu halten, auch ob sie nicht allenfalls darwider plenissime restitutionem famæ erhalten könnten.

Rationes dubitandi.

Ob nun wohl insgemein opinione hominum das Nachrichter-Amt vor anrüchtig gehalten wird, und bey den meisten Völckern schon vor langen Zeiten die Scharff-Richter nicht vor Leute so integræ famæ & existimationis wären, geachtet worden,

Vid. Gad. ad L. 42 ff. de verb. sign. n. 10.

Dahero auch unter denen Rechts-Lehrern einige sie unter die Personen, so infamia facti,

Vid. Speid. in spec. voc. Hencken. Carpz. dec. 18 n. 17.

die meisten aber unter diesen ob vile & sordium vitæ genus levi macula laborantibus rechnen.

Vid. Struv. ex 7 tb. 2. Richter part. 1 Dec. 53 n. 6. Berger ad Lauterb. p. 883. Moncken & Schapff. ad tit. de his, quæ non dantur infamia.

Und deswegen sie zum Bürger-Recht nicht gelangen, noch in ein Handwerck aufgenommen werden könten, behaupten.

Carpz. P. C. Q. 137 n. 59. Berger. Oecon. L. 1 tit. 2 c. 13 n. 9. idem Elect. disc. n. 1006. ubi ita in supremo Apellationum senatu iudicatum esse refert Struv. C. l.

Die Nachrichter aber zum öfftern entweder dergleichen Verrichtungen vorhin, ehe sie zur Meistery gelangen, exerciret, oder auch noch dabey treiben, ferner an vielen Orten fast durch ein beständiges Herkommen dahin gebracht, daß man die Nachrichter von andern Gesellschafften, und sonderlich von Handwercken und Zünfften ausschliesset, auch wohl hin und wieder dergleichen Artikel von der Landes-Obrigkeit confirmiret seyn mögen, dahero diejenigen, welche zu Vermeidung alles Streits und sich ereigneten Zweiffels Absolutionem ab omni macula & declarationem honoris zu erlangen, allerdings hierunter den sichersten Weg erwehlen, jedoch einige Rechts-Lehrer in Gedancken stehen, daß contra infamiam facti & levem maculam keine Restitution impetriret werden könne.

Trecher de infam. cap. ult. n. 12. Milles d. princip. Imp. cap. 53 §. 12.

Rat. decid.

Dieweil aber dennoch die blosse opinio hominum, wann sie keine notionem legis zum Grunde hat, auch keine effectus in jure haben kan

Gribner dissert. de jur. Princip. Imp. restituend. faw.

und das Amt der Nachrichter an und vor sich selbst nicht unehrlich, sondern in einer Republic nöthig und nützlich ist,

Carpz. P. C. P. 2 n. 55. Zopper in lege Mosaic. L. 5 c. 7 n 3.

Wie denn nicht allein in republica Judaica die executiones durch vornehme Königliche Bediente, Trabanten, Soldaten und andere dergleichen Personen geschehen, sondern auch bey denen Teutschen noch vor etlichen 100 Jahren an vielen Orten durch die Raths-Herren, oder ● in crimine homicidii, durch das Entleibten nechste Anverwandten verrichtet worden,

Besold. in Thesaur. pract. p. 865. Rittershus. d. jure Asyl. c. 4. Beyer vom Hencker-Gelde: Cap. 1 Dec. 12. Muller in annalibus Sax. ad ann. 1470. p. 40. Andler Constit. imperial. Tomus II. voc. b.

daher Nachrichter vor infam zu achten in Rechten nicht gegründet, diejenigen auch, welche sie denen personis macula levi laborantibus an die Seite setzen zum Theil nur von denjenigen, welche zugleich das verstorbene Vieh abdecken, reden.

Vid. Richter l. c. n. 20. Stryk. in us. m. t. de his qui notant. infamia §. 4.

Die meisten Nachrichter aber das Abdecken nicht selber verrichten, sondern ihren Knechten zu verrichten überlassen, auch nicht alle vor dem, und ehe sie eine Meisterey erlanget, sich darzu gebrauchen lassen. Ferner daß sie zum Bürgerrecht nicht gelassen werden, ebenfals keine Consuetudo universalis ist, sondern an etlichen Orten nicht nur das Jus incolatus sondern auch das Jus civitatis denen Nachrichtern zugestanden wird, endlich wenn schon per consuetudinem oder auch durch confirmirte Innungs-Artikel die Scharff-Richter hin und wieder von denen Gesellschafften der Handwercks-Leute ausgeschlossen, oder auch Personis aliqua macula laborantibus gleich geachtet wären, dennoch die infamia facti, als levis macula, dispensatione principis au-gehoben, und ihnen eine völlige restitutio honoris wiederfahren könne.

Gribner. c. l. §. 15 & 17.

Gestalt von den Schweins-Schneidern, daß sie dergleichen restitution erlanget,

Horn. de jur. Proëdrias dec. 2 n. 10 p. 59.

anführet, das Jus restituendi aber contra hujusmodi maculam einem jeden Landes-Herrn in seinem Territorio,

Gribner. l. c. §. 7 seqq. Tit. jur. Publ. L. 5 c. 3. 8. 73. Brunnen. dissert. §. §. 20.

und der meisten Rechts-Lehrer Meynung nach zugleich Kayserl. Majest. in imperio

Vitriar. C. 3 ❡. 97. Schrader. part. Spec. sect. 1 cap 16. §. 2. Hert. de superioritate territorial. th. 16.

zustehet

So sind die Scharffrichter vor infam oder auch ohne Unterscheid schlechterdings pro vilibus & levi macula laborantibus nicht zu halten, sie mögen auch wider dergleichen maculam, wann sie schon an etlichen Orten pro vilibus geachtet würden, plenam restitutionem & honoris declarationem wohl suchen und erlangen.

Auf eure

Andere Frage

sprechen wir vor Recht.

Wollet ihr belehret seyn, ob auch deren Nachrichter Kinder und Kindes-Kinder vor dergleichen Leute zu achten, daß sie keine Handwercker lernen, noch zu andern Ehren gelangen könten?

Rationes dubitandi.

Ob nun wohl einige Rechts-Lehrer auch der Scharffrichter Kinder ad personas aliqua nota ignominiæ laborantes referiren.

Habn. ad Wesenbec. Tit. de his qui sunt sui vel alien. jur. n. 3 & ad tit. de his qui not. infam. n. 2.

Hiernechst bey unterschiedenen Handweckern durch Gewohnheit, oder auch durch die Handwercks-Artickel die Scharffrichter zu Erlernung desselben nicht admittiret werden.

Rationes decidendi.

Dennoch aber und dieweil auch nicht einmahl der Scharffrichter selbst schlechterdings und ohne Unterschied levi macula, und wenn auch dieses schon präsupponiret würde, doch die levis macula ohne dem nur ein vitium personale ist, so auf die Kinder nicht transferiret wird, wenn sie nicht auch selbst die väterliche Verrichtung treiben, sich zum Abdecken und dergleichen Dingen gebrauchen lassen, gestalt nicht allein von der levi macula überhaupt, daß selbige nicht ad hæredes gehe, und die filii castratorum, lictorum &c. zu Erlernung eines Handwercks oder auch zu Erlangung anderer Ehren-Aemter zu admittiren.

Stryck. u. m. ss. tit. de his qui notantur infam. § 6. Carpz. Dec. 112. Brunnem. ad ff. dict. Tit. ad rubr. n. 7.

sondern auch von denen Scharffrichters Söhnen, wenn sich auch ihr Vater zum Abdecken brauchen lassen, daß sie deswegen an Erlernung eines Handwercks oder anderer Kunst nicht gehindert werden können.

Richt. Dec. 8 n. 25. Stryck c. l. Berger in Oeconom. l. 1 Tb. 2 § 13 n. 6. Knipschild. d. civitat. Imper. lib. 5 c. 2 n. 59,

und andere Doctores ausführlich und gründlich behaupten, also wegen der Kindes-Kinder um so viel destoweniger den geringsten Zweifel haben kan, und die Gewohnheit der Handwercker disfalls, in soweit sie denen Rechten zuwider, unbeständig, auch dergleichen Artickel, wenn sie nicht in specie confirmiret, vor ungültig zu achten.

So sind deren Nachrichter Kinder und Kindes-Kinder unter die personas levi macula laborantes keinesweges zu zehlen, sie mögen auch an Erlernung eines Handwercks oder anderer Kunst ordentlich, und wo sie nicht durch von der hohen Landes-Obrigkeit confirmirte Artickel davon excludiret, keinesweges gehindert werden.

Zum letzten und auf die

Dritte Frage

erachten wir Rechtens zu seyn.

Ob Handwercks- oder andere ehrliche Leute ohne Verletzung ihrer Ehre und Ausschliessung vom Handwerck, mit denen Nachrichtern umgehen, die Verstorbenen zu Grabe tragen oder begleiten, oder bey Hochzeiten, Kindtauffen, und dergleichen Ausrichtungen als Gäste erscheinen dürffen?

Wenn nun schon einiger Rechts-Lehrer Meynung nach diejenigen, welche mit denen Nachrichtern eine besondere Gemeinschafft und Familiarität pflegen, auch aliqua macula laboriren.

Carpz. p. C. p. 1 c. n. 59.

Dieweil aber dennoch die Doctrin de levi macula carnificum und also auch die daraus fliessende Meynung ausser Zweifel, wenigstens, solches nur de singulari aliqua familiaritate zu verstehen, und keinesweges auf diejenigen, welche mit denen Nachrichtern essen und trincken, oder bey deren Hochzeiten und Kindtauffen sich einfinden, oder auch die Scharffrichter zu Grabe begleiten, zu extendiren.

Richter l. c. n. 28. Knipschild l. c. n. 72.

immassen dergleichen officia humanitatis eben keine besondere Familiarität inferiren.

So mag iedermann, ohne Verletzung seiner Ehre oder besorglichen Exclusion von seinem Handwercke bey dergleichen Gelegenheiten mit denen Scharffrichtern wohl umgehen, auch bey ihnen als ein Gast erscheinen, alles V. R. W. Urkundlich mit des Hof-Gerichts Insiegel versiegelt.

Verordnete Doctores des Churfürstlich-Sächsischen Hoff-Gerichts und Schöppen-Stuhls zu Wittenberg. M. Apr. 1714.

RESPONSUM IV.

Ob die Gewohnheit, daß Leinweber, Müller, Bader und anderer dergleichen Söhne nicht in Gilden und Zünfften aufgenommen werden, billig abgeschaffet sey?

Man wird nicht gar leicht Leute finden, die mehr und genauer auf ein ehrliches-Herkommen sehen, als die Handwercker, deshalben sie niemand, der nicht recht ehrlicher Geburt, in ihre Zünffte nehmen wollen,

Ben. Carpz. Decis. 192 num. 1 part. 2 arg. 1, filius qui fuit ff. d. Constit. 1 æpos. Proculo ff. de V. S.

und halten sie, ob dergleichen, wiewohl unbilligen Gewohnheiten, so steiff und fest, daß sie auch in ihrer thörichten Einbildung, nicht ohne Präjuditz anderer, sich für geehrter halten, denn andere.

Ben. Carpz. Decis. 18 num. 1 & 2.

Gleichwie aber alle Gewohnheiten und Statuta, so der Vernunfft zuwider, und keine rechtmäßige sind, für nichts zu achten, also wird auch diejenige Gewohnheit, oder vielmehr derselben Misbrauch verworffen, welche bey unsern Vorfahren üblich gewesen, daß der Leinweber, Barbierer, Müller, Schäffer, Zöllner, Bader, Pfeiffer und Trompeter-Söhne nicht allein ein ieder in seiner Eltern Handthierung, keinesweges aber, obsie gleich ein gut Gerücht, und ein erbar Leben geführet, in andern Handwercken auf und angenommen werden sollen. Dahero man auch noch findet, daß an vielen Orten, damit ja eines ehrlicher Geburt desto glaubhaf-

D 3　　　　　　　　　　ter

ter am Tage liegen möge, in den Geburts-Briefen unter andern auch diese Clausula ausdrücklich mit eingerücket wird: daß der, welchem ein Zeugniß ertheilet wird, nicht von einem Müller, Schäffer, oder dergleichen Eltern gezeuget sey.

Zu dem Ende hat der Römische Kayser Carolus V dergleichen Gewohnheit im Römischen Reiche gänzlich abgeschaffet, wie zu ersehen im Reichs-Abschiede de An. 1548 Von Reformation guter Policey, tit. von Handwercks-Söhnen, ibi.

> So wollen wir solche beschwerliche Gebräuche und Gewohnheiten hiemit aufgehebt und vernichtet haben. Setzen, ordnen und wollen demnach, daß die Leinweber, Barbierer, Schäffer, Müller, Zöllner, Pfeiffer, Trompeter, Bader, und die, deren Eltern, davon sie gebohren sind, und ihre Kinder, so sie sich ehrlich und wohl gehalten haben, hinfüro in Zünfften, Gaffeln, Amten und Gilden keinesweges ausgeschlossen, sondern wie andere redliche Handwercker aufgenommen und darzu gezogen werden sollen.

Welches Rudolphus II wiederholet im Reichs-Abschied de An. 1577 verbesserte Policey-Ordnung tit. 38. *Matth. Stephan. de jurisdict. lib. 2 p. 2 c. 8 nu. 43 & 44. Joh. Limn. de Jure Publ. lib. 4 c. 8 n. 299. Dn. Carpzov. part. 2 Constit. 6 Def. 12 num. 1 lib. 6, Resp. 99 num. 4, Decis. 18 num. 3 & Decis 191 num. 2. Richter. Dec. 80 n. 10 & seqq. vid. Dn. Sam. Stryckius in Usu Moderno ff. l. 3 tit. 2 § 2 & 6.*

Und eben dieses hat Joh. Georg. II, Churfürst zu Sachsen, Christmildesten Andenckens, in der erneuerten und vermehrten Policey-Ordnung de An. 1661 tit. von Handwercken insgemein, 21. was der Leinweber 4 so gar auf die Amts-Fronen, Stadt und Land-Knechte, auch andere dergleichen Leute Kinder, extendiret, auch daß diejenigen, welche erwehnte Personen in ihren Innungen nicht einnehmen, oder auch wohl für übel berüchtiget halten würden, von dem Magistrat eines jeden Orts, mit einer Geld-Straffe oder Gefängniß nach Gutbefinden, ohne einige Erlassung derselben solten angesehen werden, ernstlich geboten. Ita pronunciarunt Scabini Lipsienses auf Ansuchen Georgii Reiners zu Kemnitz, M. Majo Anno 1641: Seyd ihr unlängst von dem Rath zu Kemnitz zum Bürger aufgenommen worden, habt darauf euch mit eines Fleischhauers Tochter in ein Ehegelöbniß eingelassen, und bey dem Fleischer-Handwercke um das Meister-Recht Ansuchung gethan; Ob nun wohl dasselbige aus denen Ursachen euch verweigert werden will, daß ihr bey euren Lehr-Jahren ein Ziegen-Böcklein castrirt, und eines Schäffers Sohn seyd, auch mit eurem Geburts-Briefe, darinnen ihr eines Zimmermanns Sohn genennet werdet, den Rath und das Handwerck hintergangen; Dieweil aber dennoch das Fleischer-Handwerck euch einmal nicht zum Jungen, sondern auch, nach der beschehenen Castration zum Fleischer-Knecht angenommen, dieselbe aus Unverstand von euch in der Jugend vorgenommen, wegen desselben niemand des Handwercks sich verlustig machet, der Schäffer-Söhne Inhalts der Reichs-Constitutionem von ehrlichen Zünfften nicht ausgeschlossen, und der Geburts-Brief

nicht von euch, sondern eurem Vater, ohne eure Anleitung bey dem Gerichts-Verwalter ausgewircket, und niemand durch denselben geschadet worden, N. M. i. e. f. So möget ihr auch von dem Fleischer-Handwerck nicht ausgeschlossen werden, sondern es sind die Meister, wann ihr euch gebührend darum bewerbt, zum Meister anzunehmen schuldig, V. R. W.

Et Jenenses M. Januar. Anno 1636 auf Ansuchen Caspar Beckens zu Gotha. Obgleich euer Vater ein Pacht-Schaf-Meister gewesen, und vor dessen unterschiedliche, als Leinweber, Müller, Schäfer- und dergleichen von etzlichen verworffen werden wollen: Jedoch, dieweil in denen Rechten sonderlich des Heil. Reichs Constitutionen solche Gebräuche abgethan, und daß angezogene Personen in die Zünffte angenommen werden sollen, constituiret worden; So können die Gerber zu Gotha, aus angezogenen Ursachen, daß euer Vater ein Pacht-Schaf-Meister gewesen, euch nicht tadelhafft machen, noch verwerffen, sondern da sie keine andere erhebliche Ursache haben, seynd sie euch ohne fernern Auffenthalt zu einem Meister anzunehmen schuldig, und in nochmaliger Verweigerung von der Landes-Fürstlichen hohen Obrigkeit billig dazu mit Ernst anzuhalten, V. R. W.

Anlangend den letztern Casum, so haben Scabini Lipsienses Mens. Octobr. Anno 1646 auf Ansuchen der Gerichte zu N. als folget, gesprochen: Ist euer gewesener Gerichts- und Stadt-Knecht, anietzo aber Marckt-Meister daselbst P. V. Vorhabens, seinen Sohn, auch P. V. genannt, das Fleischer-Handwerck lernen zu lassen, immassen er ihn auch zu Meister, E. E. Bürgern und Fleischhauern verdinget; Nachdem aber solches vor das Handwerck kommen, haben die Fleischhauer gedachtem E. E. es ernstlich verwiesen, stehen auch in denen Gedancken, weil des Jungen Vater eine Zeitlang Gerichts- und Stadt-Knecht, dessen Groß-Vater auch etliche Jahr Ober-Stadt-Knecht zu Z. gewesen, es möchte dasselbe dem Handwerck an ihrer Innung und bey andern Meistern den Fleischhauern aufrücklich seyn. Ob nun wohl fast davor gehalten wird, als wären dergleichen Personen nichts weniger, als die Scharffrichter anrüchtig, und derohalben sie und die ihrigen in ehrlichen Zünfften und Gemeinschafften nicht wohl zu leiden. Dieweil aber dennoch solches in Rechten nirgend versehen, die Gerichts- und Stadt-Knechte auch in Verrichtung ihres Amts mit keinen unziemlichen Dingen umgehen, auch solches auf den Dörffern von Schultheissen und Schöppen, so vor ehrliche Leute, wie billig, halten werden, selbsten verrichtet wird; Und diese dergleichen böse Gewohnheit durch die Reichs-Abschiede abgeschaffet, und der Eltern Zustand und Condition den Kindern, zumahl in diesem Fall, da sich der Junge P. V. wohl verhalten, und als er zur Welt gebohren, sein Vater noch nicht Stadt-Knecht gewesen, nicht präjudicirlich seyn kan ꝛc. So mag ietzo genannter P. V. an seiner Geburt nicht getadelt, oder vor anrüchtig gehalten werden, sondern er wird zur Fleischer-Zunfft und das Handwerck zu lernen, billig zugelassen: Es ist auch solches der Zunfft nicht nachtheilig oder aufrücklich, V. R. W.

S. Stryck.

RESPON-

RESPONSVM V.

Ob die Unter-Obrigkeit die Statuta derer Handwercker ändern könne?

Species facti.

Ist Caius gesonnen bey der Schuster-Gilde zu Verona Meister zu werden, welche von ihm prætendiret, daß er einen richtigen Geburts-Brief einliessern, und das Muth-Jahr bey einem Meister gebührend aushalten solle.

Rationes dubitandi.

Ob nun zwar Caius einen Gerichtlichen Geburts-Brief produciret, er auch eine Obrigkeitliche Conceßion ausgebracht, daß das Handwerck ihn ohne Muth-Jahr zum Meister-Recht zulassen solle. Welche um so viel kräfftiger zu seyn scheinet, indem von dieser Obrigkeit die Handwercks-Artickel confirmiret worden, und derselben solche zu vermehren und zu vermindern frey gelassen:

2. decidendi.

Weil aber dennoch ein 1) iedweder, so Meister werden will, sich den Statutis loci accommodiren muß, daselbst aber durch die einmahl confirmirte Innungs-Artickel beyde requisita conjunctim erfordert werden, daß nemlich ein richtiger Geburts-Brief einge-liessert und das Muth-Jahr gehalten werde; das erste aber durch den übergebenen Brief nicht erfüllet, denn wenn gleich der 2) error in pænomine von solcher Wirckung nicht ist, daß dadurch ein Instrument unkräfftig gemacht werden kan, so fehlet es dennoch daran 3) daß des Caji Eltern im Geburts-Briefe nicht exprimiret, vielweniger Zeugen abgehöret, die von dessen ehrlicher Geburt Nachricht gegeben, ein 4) Judex aber extra Protocollum nichts beständiges attestiren mag. Hier-nächst auch 5) die Erlassung des Muth-Jahres in einer Unter-Obrigkeit Gewalt nicht stehet; und 6) die reservirte Macht, Innungs-Artikel zu mindern, Terminos habiles præsupponiret, wenn nemlich solches nicht ad unius hominis instantiam, son-dern prævia cauſæ cognitione et deliberatione mit der ganzen Zunfft geschicht, zumahl da bey die-sem Fall kein speciale Interesse publicum con-curriret:

Deciſio.

So erscheinet daraus allenthalben so viel, daß das Schuster-Handwerck zu Verona den Cajum, bevor er sich wegen des Muth-Jahres mit ihnen verglichen, und einen bessern Geburts-Brief über-liesfert, zum Meisterrecht zuzulassen, nicht schuldig. V. R. W.

S. Stryk.

RESPONSUM VI

Ob ein Meister wegen eines unerbaren Handels könne vor Ehrenlos erkläret werden?

Species Facti.

Hat im Julio 1635 auf Ordre und Geheiß des Steph. Hanbaums, Meister und Hof-Schneiders zu Sultzbach, durch seinen damaligen Lehr-Jun-gen, Hans Schallern, gegen den Abend vor der

Thörsperrung in dem Stadt-Wasser-Graben be-schehene Einschleuberung eines hierdurch auch ersoffe-nen Hunds, dannenhero die von einem ehrsamen und erbaren gesamten Schneider-Handwerck daselbst über, und wird dieses facti autorem und Urhe-bern, ihren Mitmeister, vorgemeldeten Hanbaum, sub dato den 11 Jul. des 1653sten Jahrs derentwe-gen erhobenes auch proseqvirtes Klagen betreffend, haben wir wohl durchlesen, und collegialiter nach Genügen erwogen, befinden (ausser unnöthigen Re-capitulation oder Erzehlung, deren über und hin-über active und passive gewechselter Schrifften und dessen bis zur Inrotulations-Zeit vorgeloffenen Verfolgs) daß das κενόμενον und dieser ganze Eh-reneiffrige Reputation-Schneiders-Krieg, um Absterſion und Verwahrung all und iedens in das wohlzuünfftige und cancellirte Schneider-Handwerck einreissenden unerbaren Handels oder Wandels angesehen seye, und dannenhero auf fol-gende hauptsächliche resolvirliche Fragen bestehe, nehmlich:

Quæstio I.

Ob Meister Steph. Hanbaum, durch diese sei-ne Anschaffung und dem Discipel ertheilten Befehl, nemlich den Hund ins Wasser zu werffen, sich ge-gen allgemeiner erbarn Schneiders-Gesellschafft so hoch und also vergriffen, daß er derentwegen für ei-nen untüchtigen ehrlosen Meister zu halten, deme das Handwerck niederzulegen, er aller Handwercks-Gerechtigkeit, als Jungen zu lehren, Gesellen zu fördern, öffentlichen Schild und Scheere auszu-hencken, bey andern ehrliebenden Meister-Zusam-menkünfften unberedt niederzusetzen, seine Stimme zu geben, auch zumahlen, die ihme von 32 Meistern anvertraute Schneider-Archiv oder Laden bey sich behalten dörffte, oder nicht?

Rationes decidendi.

So viel nun die Erledigung dieser Frage be-trifft, sprechen und erkennen wir Dechant, Senio-res, Professores und Doctores der allhiesigen Ju-risten-Facultät des Universal-Studii zu Würtz-burg hiemit zu Recht, daß Meister Hanbaum, durch sein unbedachtsames Geheiß, Juſion, und abgege-benen bereitenden Befehl, so viel gar nicht, noch dieses verwircket habe, daß er einen untüchtigen Meister, dem in einigerley Weg noch Weise das Handwerck niederzulegen, oder auch einiger bey die-ser 1 Frage erzehlten Freyheiten, für unfähig zu er-kennen, sondern um so viel hauptsächlich von ange-stellter Klage zu absolviren, ledig und los zu declari-ren und zu sprechen seye. Und solches aus nachfol-genden Ursachen, weil das Schneider-Handwerck weder aus ihren eigenen Privat-Statuten, noch brieflichen Urkunden, oder auch sonsten, wie sichs zu Recht eignet und gebühret, erwiesen, daß ein unbe-dachtsam und ausgesonnener Juſſus so viel mit sich bringe und nach sich ziehe, daß dieselbe einen sonst ehrlichen Handwercksmann infam mache ꝛc. aeqtue actore non probante reus etiam si nihil præsti-terit, absolvi debet, per jura notaria. Fürs an-dre, daß ad infamiam incurrendam ein dolus malus nothwendig reqviret wird, qui non præsu-mitur, sed probari debet. Nun ist aber des Meister Hanbaums Intention und Meynung gar nicht

nicht gewesen, dem ehrsamen Schneider-Handwerck einen Schandfleck ꝛc. noch auch ihme anzuhencken, oder auch einigen Despect der Zunfft anzuthun. Fürs dritte, daß der gesammten Meister Schneider die den 11 Jul. 1653 vor Rath gethane petition contestando litem gar nicht dahin gehet, noch zielet, daß man den Hanbaum exautoriren, sondern ein Weislöbl. Rath die günstige Verordnung thun solle, damit sie des Handwercks unangefochten verbleiben mögen, so ist dann Hanbaum auch in kein mehreres zu condemniren; ratio in promptu est, quia post litem contestatam non licet variare actionem aut libellum.

Decisio.

Ist also die erste Frage erlediget, nemllichen, daß er der Hanbaum für einen redlichen Meister, Einwendens ungehindert, zu erkennen, und die ihm spoliato abgenommene Laden oder Truhen ohnverlängt zu restituiren seye. V. R. W.

Quæstio II.

Ob der Hanbaum, wann er aus dem rühmlichen Schneiders-Handwercke nnd deren vorerzehlten und mehr benanntbarlichen Gerechtigkeiten nicht zu entsetzen, und ieder ins Handwerck giebiger Buß und Aussöhnung befreyet, und dafür mit Urtheil und Recht durch Obrigkeitliche Sprüche zu declariren, ledig und los zu sprechen sey, oder aber nicht?

Decisio.

Anlangend diese Frage, sprechen und erkennen wir zu Recht, daß Hanbaum, andern inskünfftige zur exemplificirender Abscheu, eine doch leidentliche und von dem Landes-Fürsten moderirliche Geld- oder Wachs-Busse in die Laden zu vermitteln, und dann fürs andere, um Reconciliation und Aussöhnung der gesammten Handwercke einen ziemenden und genossenen Ehren-Trunck zu geben und zu reichen schuldig seye.

Quæstio III.

Ob der Hanbaum die aufgelauffene Gerichts-Unkosten, ꝛc. nach rechtlicher Ermäßigung und Moderation, facti specifica liquidatione zu zahlen schuldig seye?

Decisio.

Es wird Hanbaum in die beweisliche Gerichts-Unkosten, (salva moderatione iudiciali) dem Schneider-Handwerck zu refundiren, hiemit condemniret und verdammet, und solches aus gewissen und hierzu bewegenden Ursachen. V. R. W.

M. Jun. 1655.　　　　Herbipolenses.

RESPONSUM VII.

Ob die Gerber zu Jena bey ihrem Privilegio, dadurch Fremden der Einkauf rauher Waaren verboten ist, zu schützen?

Als ihr uns berichtet, wasgestalt das Lohgerber-Handwerck allhier am 14. Sept. 1714 ihrer hiebevor errichteten und nach ietzigem Zustand erneuerten Handwercks-Ordnung und Innungs-Artickel gnädigste Confirmation erhalten, in welchen unter andern tit. 8 geordnet, daß zu Abwendung des Pfuschens und Störens in dem Lohgerber-Handwerck, sowohl auch des durch Einkauffung der Felle und Leder denselben entstehenden Schadens alle schädliche Aufkäuffung

abgestellet und unterlassen werden, dahero alle Fleischer und andere, welche ihrer Handthierung nach rauches Leder und Fellwerck nicht zubereiten dörffen, in und ausserhalb der Stadt Jena des Einkaufs dieser rauchen Waare sich gänzlich enthalten, und wer sich darwider betreten liesse, des Ortes Obrigkeit unter welcher der Aufkauf geschehen, oder auch wo der Uiberfahrer betroffen würde, mit 5 Gr. und Verlust der aufgekauften Waare dem Handwerck verfallen seyn, auch damit aller Unterschleiff verhütet, und dem Fürstlichen Geleite nichts entzogen werde; Inhalts der Fürstlichen Sächsischen Landes-Ordnung diejenige, so rauche Felle und Leder zu verkauffen hätten, solche entweder denen Gerbern in ihren Wohnhäusern anbieten, oder auf öffentlichen Marckt zu feilem Kauf schicken oder bringen sollten und möchten, da selbst diejenige, welche nach Gelegenheit ihres Handwercks Leder oder Felle gar machen und zubereiten können, solche kauffen. Dergleichen tit. 12, daß fremde und anderer Orten wohnende Meister Fug und Macht haben solten, an denen Dienstag-Wochen-Märckten zu Erhaltung des freyen Commercii und des Fürstlichen Geleits ihre Leder groß und klein in ganzen Häuten zum feilem Kauf anhero bringen, solche aber nirgend anders als unterm Rath-Hause in der Waage auszulegen, keinesweges aber, wie bishero wahrgenommen worden, mit ihrem Leder bey Straff 50 Fl. halb der Obrigkeit und halb dem Handwerck verfallen, hausiren zu gehen, doch sollten fremde Meister verdächtige Roß- und Küh-Leder nach Jena zu bringen nicht berechtiget, sondern solches zu thun gänzlich verboten seyn, bey Verlust der Waare, halb der Obrigkeit und halb dem Handwerck verfallen. Hingegen die Jenaischen Lohgerber nach dem 9ten Titel sollen die gefallene Leder bey dasiger Meisterey im Gedinge behalten, damit die Sattler und Riemer an obgedachtem Leder keinen Mangel hätten. Es solte auch kein Fremder in- oder ausserhalb der Stadt, in Gasthöfen, bey denen Schustern oder anderswo einiges Leder nieder zu legen sich unterstehen, im widrigen aber diese niedergebrachte Waare der Obrigkeit verfallen seyn. Dessen unangesehen sey es nach wie vor ziemlich unrichtig zugegangen, indem die fremden Gerber aus denen in der Nähe herum gelegenen Orten bey hiesigen Fleischern, auch auf denen Dorffschaften die rauchen Leder und Felle vorweg gekauft, hergegen die garmachten heimlicher Weise denen Schustern allhier auf allerhand Manier zugeschaffet, worgegen ihr zwar alle Mittel hervorgekehret, solche Eingriffe abzuwenden, und den Magistrat allhier gebeten, durch Zuschrifften an die Magistrate derselben eure neu-confirmirte Artickel kund zu machen, und ihre Bürger vor Schaden und Ungelegenheit zu warnen, welches iedoch nicht bewerckstelliget worden; daher ihr euch entschliessen müssen, an die Lohgerber-Innungen derselben Orten folgendergestalt zu schreiben: Es ist unter andern üblichen Handwercks-Gewohnheiten diese nicht die geringste, daß ein iedweder, der an einem Orte das Meister-Recht gewonnen, daselbst und in demselben Orts Bezirck sein Handwerck mit arbeiten, einkauffen und verkauffen alleine treiben, keinesweges aber andere zünfftige Meister und Handwercker an andern Orten überziehen solte, ausser was etwa mit kauffen und verkauffen an freyen Jahr-Märckten zugelassen ist, immassen unsere Vorfahren

ren

ren im Jahr 1674 den 8 Oct. durch ein Hochfürstlich
Rescript erhalten folgenden Inhalts:

Nachdem bey Uns die hiesigen Lohgerber wegen
des ausser den Dienstags-Wochen-Märckten
allhier fast täglich herein verhandelten Leders,
und ihnen denen hiesigen dadurch zugezogenen
grossen Abbruchs ihrer Nahrung sich unterthänigst beschweret: Als begehren Wir hiermit,
ihr wollet Supplicanten mit ihrer Nothdurfft
eigentlich hierüber vernehmen, und nach Befinden euch eurer Stadt-Jurium hiebey gebrauchen, damit sie bey dem üblichen Herkommen,
wider alle Unbefugniß gebührend geschützet und
klaglos gehalten werden mögen.

Dessen aber ungeachtet muß hiesiges Lohgerber-
Handwerck erfahren, wie einige der ihrigen sowohl
durch sich als durch ihre Kinder und Gesinde ausser
den freyen Jahr- und Wochen-Märckten in hiesiger
Stadt sich einfinden, wo sie nur können, auch sogar
in hiesigem Schlacht-Hause rauche Leder einkauffen,
bestellen und Geld darauf geben, und mit sich hinweg
führen, hingegen unter allerhand Vorwand gegerbte
Leder herein bringen, dadurch sowohl in Steigerung
des rauchen Leders und Fellwercks, als auch in Rin-
gerung unsers gar gemachten Leders an unserer Handwercks-Nahrung grossen Schaden und Abbruch
thun. Dieweil uns aber dergleichen in die Länge
zu erdulden nicht anstehet, ausser daß wir garge-
machte Leder, keine gefallenen in hiesiger Waage der
Dienstags-Wochen- und Jahr-Märckte zu verkauffen nicht verwehren, dieselben auch von selbst ermessen, daß solches Zunfft, Recht und Gewohnheit liebenden Meistern nicht anstehet, sie auch, wann es
bey ihnen geschähe, nimmermehr leiden würden: Als
können wir nicht umhin, E. E. Lohgerber-Handwerck
solches zu verständigen, dabey zu bitten, den ihrigen
solches zu eröffnen, und dergleichen uns schädliches
Uiberziehen zu untersagen und zu verwarnen, gestalt
wir denjenigen, den wir hinfüro ertappen, vor tüchtig nicht erkennen und wider denselben obrigkeitliche
Hülffe zu suchen nicht ermangeln werden, verharrend.
Jena den 15 Jun. 1716. An E. E. Lohgerber-Handwerck zu Kahlen; in simili nach Pöseneck und
Bürgel.

Welch Schreiben die Kahlischen und Pößnecki-
schen Lohgerber denen Fleischern nicht gezeiget, sondern ihnen auch die Originalia gar gegeben, und
von sie durch Versehen und Unwissenheit des Ober-
Meisters-Sohnes, der annoch ein junger Meister, und
dem sein, anderer Verrichtungen halber ausgehender
Vater die Besiegel- und Bestellung gedachten
Schreibens aufgetragen, stat des grünen Wachses
mit rothem, so ihm bey der Hand gewesen, versiegelt,
hat gedachtes Fleischer-Handwerck in einem weitläufftigen Schreiben an Ihro Hochfürstl. Durchl.
und Dero Regierung die Sache gar odiös vorgetragen, als hätte ihr höchst verwegener und nie er-
härter Weise euch unterstanden, an die auswärtigen
Lohgerber zu Kahla, Pößneck rc. öffentliche Ausschreiben, und zwar sub cera rubra & sigillo publico,
ergehen zu lassen, mittelst welchen ihr ihnen die freyen
Commercien bey hiesiger Stadt unter eigenmächtigen angemasten Schelten oder bedrohter Untüchtig-
Erkennung verwehren und untersagen wollen, wodurch ihr wider die Reichs-Constitution von Auftreibung der Handwercker gehandelt, auch unverant-

Jurist. Oracul V Band.

wortlichen Eingriff in die Landesherrschafftliche Ter-
ritorial-Gerechtigkeit und potestatem legislato-
riam, auch Gleits- und Steuer-Regal gethan, und
was dergleichen mehr, am Ende auch gebeten, euch
exemplarisch zu bestraffen, welches dann E. E. Rath
in dem abgestatteten Bericht nicht undeutlich secun-
diret, wenn er unter andern setzet:
Es scheinen die Lohgerber wohl zu weit gegangen
zu seyn, daß sie denen fremden Gerbern allen
Handel ausser denen freyen Jahr-Märckten
schrifftlich zu untersagen sich unterfangen rc.
Daher es dem kommen, daß eurem Handwerck
100 Rthl. Straffe dictiret worden, und ob ihr wohl
vorgestellet, wie der aller Orten übliche Brauch mit
sich bringt, daß ein Meister den andern nicht überziehen solle, solches auch durch Attestata einiger Lohgerber-Handwerck von vornehmen Handels-Städten bestärcket, des rothen Wachses halber aber den
jungen Meister eidlich abhören lassen, welcher er-
härtet, daß er nicht gewust, daß mit rothem Wachse
zu siegeln verboten wäre, sondern gedacht habe, es
sey gleich viel, ob mit grünem oder mit rothem
Wachse gesiegelt werde, und was dergleichen mehr
ihr angeführet, so ist doch die obige Strafe weiter
nicht als auf 20 Rthl. erlassen, und im übrigen bey
80 Thl. verblieben.
Wenn ihr denn über nachgesetzte Fragen unsere
Rechtliche Meynung zu ertheilen gebeten.

Quæstio I.

Ob ihr wegen obiger Zuschrifften und ohngefehr
dabey gebrauchten rothen Wachses eine Straffe verwircket, und wie hoch allenfalls dieselbe nach des
Handwercks armen verschuldetem Zustande sey?

II.

Ob vermöge der Landes-Ordnung, euren Innung-
und Städte-Rechts die Land-Leute nicht gehalten,
ihre rauche Felle anhero zu Marckte zu bringen oder
euch anzubieten?

III.

Ob ihr diejenigen fremden Gerber, die eure freundliche Zuschrifften denen hiesigen Fleischhauern gegeben, und dadurch ihre Störerey zu stabiliren gesucht,
nicht vor untüchtig erkennen, auch den Regreß wegen Schaden und Unkosten an ihnen nehmen könnet?
Demnach sprechen wir, und zwar auf die

Erste Frage

für Recht:

Rationes 1 dubitandi.

Obwohl denen Innungen und Handwercken über
ihre Innungs-Verwandten und Innungs-Sachen,
so zu ihrem Handwercke gehören, einiges analogum
Jurisdictionis ex concessione Principis zustehet,
welche sich doch auf andere auswärtige Innungen
nicht erstrecket, noch wider selbige exerciret werden
mag: zudem das Schelten und dahero entstehende
Auftreiben derer Handwercker in denen heilsamen
Reichs-Constitutionen bey harter Straffe verboten
ist, daß also es scheinen möchte, ob habe euch nicht
gebühret, an die Lohgerber zu Kahla, Pößneck und
Bürgel zu schreiben, und ihnen sub comminatione
der Untüchtigmachung die Uiberziehung hiesiger Meister und den Einkauf der rohen Felle nebst Zufüh-
rung der Leder zu verbieten, und dadurch das freye
Commercium zu hindern, mithin in die Fürstlichen
Territorial-Rechte einzugreiffen, und die Fürstliche
Gleits-Einnahme zu schwächen. Uiberdieß auch

P   denen

denen, so veram Jurisdictionem haben, nicht ohne
Unterscheid, vielweniger einem Handwercke erlaubet ist, ihre Schreiben mit rothem Wachse zu siegeln, sondern dieses allein denen Reichsständen, und
denen es von Röm. Kayserl. Majestät als ein besonders Privilegium aus Gnaden concediret worden, zustehet.

2 Decidendi.

Dennoch aber, und dieweil 1 eure Innung die
Klare von Hoher Landes-Herrschafft gnädigst confirmirte Artickel vor sich hat, vermöge deren ausdrücklich verboten ist, daß alle Fleischer und andere,
so ihrer Handthierung nach, rauches Leder und Fellwerck nicht zubereiten dürffen, in und ausserhalb
der Stadt Jena des Einkauffes dieser rauchen
Waare bey Verlust derselben, und 5 Fl. Strafe
sich gänzlich enthalten, auch diejenige, so rauche
Felle zu verkauffen haben, solches entweder denen
Gerbern in ihren Wohn-Häusern anbieten oder
auf öffentlichem Marckte zu feilem Kauff bringen
oder schicken sollen.

Solchemnach 2 ihr den Magistrat hiesiger Stadt,
daß er denen Obrigkeiten anderer benachbarten
Städte diese Artickel kund machen und ihre Bürger vor Schaden warnen lassen möchte, gebeten.

Allein 3 weil solches nicht geschehen, an die
Innungen selbiger Städte zu schreiben und sie um
Abstellung dergleichen ungebührlichen Beginnens
zu ersuchen wohl befugt gewesen.

Inmassen denn 4 dieses nirgends verboten, sondern vielmehr die Art einer denunciationis evangelicæ hat, so Jure canonico.

Can. 19 cauf. 2 quæst. 1 & cap. 13 X. de Jud.
gegründet.

Zu dem 5 was allhier sonderlich zu erwegen, ihr
euch keine inhibition angemasset, sondern die auswärtigen Meister, wie die Worte lauten, nur gebeten, denen ihrigen dergleichen Vornehmen zu untersagen.

Weniger 6 ihnen das freye Commercium untersaget, vielmehr euch ausdrücklich erkläret, ihnen
nicht etwa bloß auf denen Jahr-Märckten die Leder
allhier in der Wage zu verkaufen nicht zu wehren.

In übrigen 7 was vor eine doppelte Warnung
wegen Erkennung der Untüchtigkeit in casum contraventionis und daß man Obrigkeitliche Hülffe
suchen würde, mit angehenget worden, eines Theils
iederman, als eine Verwarnung und Schutz-Wehre wider besorglichen nachtheiligen unbefugten Eingriff und Anmassung vergönnet, andern Theils ein
besonderes bey Handwerckern hergebrachtes Recht
und Gewohnheit ist, so denen Reichs-Abschieden
nicht zuwider, und von dem verbotenen Schelten
und Auftreiben unterschieden, wie solches unser vormaliger College Herr Doctor

*Beier in Jurispr. Opific. de Colleg. Opificum cap. 10
§ & sequ. it. de Jure prohib. cap. 1 § 2 & cap.*
4 § 1 & 6 nec non d. convic. opific. cap. 8
ausgeführet hat.

Endlich 8 wegen Siegelung mit rothem Wachse
ihr leichtlich zu entschuldigen seyd, indem solches weder mit des ganzen Handwercks Bewilligung, noch
durch den Obermeister selber, sondern in dessen Abwesenheit wegen anderer Verrichtung vom Sohne
aus blossem Unverstande, vermöge dessen eidlicher
Aussage geschehen, und dergestalt kein animus delinquendi vorhanden, aus welchem sonst ein delictum æstimiret werden muß.

Vornehmlich 9 das Schreiben nicht etwan an
die Herrschafft oder Dero Regierung, sondern an eine auswärtige Innung abgegangen, bey welchem
ganzen Actu nicht zu vermuthen, daß ihr dadurch
eurer Hohen Landes-Obrigkeit zu nahe getreten,
sondern euch allein des Rechts, das ein ieder Privatus hat, einen andern von unbefugten Anmassungen gütlich und mit Erwehnung, daß man widrigen Falls zu rechtlichen Hülffs-Mitteln greiffen
müsse, abzuwarnen gebrauchen wollen.

Decisio.

So habet ihr in Ansehung angeführter Umstände, euch die in Rechten gegründete Hoffnung zu machen, daß die gnädigste Herrschafft, auf anderweit
beschehenes Suppliciren, zumahl wegen des Handwercks verarmten Zustandes mit der dictirten
Straffe wo nicht gänzlich verschonen, doch solche,
annoch um ein ziemliches in Gnaden mindern werde.

Anreichend hiernechst die andere Frage.

Quæstio 2.

Rationes 1 dubitandi.

Ob wohl die Commercia reguloriter libera
seynd, und einem ieden das seinige, wohin und an
wen er will, zu verkauffen frey stehet.

2 decidendi.

Dennoch aber und dieweil 1) einer Hohen Landes-Obrigkeit unverwehret ist, zu Beförderung des
gemeinen Besten die Freyheit des Kauffens und
Verkauffens, zu restringiren.

Und denn 2) die Gnädigste Herrschafft in den euch
ertheilten Innungs-Artickeln, nach Innhalt der
Fürstl. Sächßl. Landes-Ordnung, darauf sich angeregte beziehen, tit. 8 verordnet, daß alle Fleischer
und andere, welche ihrer Handthierung nach, rauches Leder und Fell-Werck nicht zubereiten dürffen,
in und ausserhalb der Stadt Jena des Einkauffes
dieser rauchen Waaren sich gänzlich enthalten, hingegen alle diejenigen, so rauche Felle und Leder zu
verkauffen haben, solche denen Gerbern in ihren
Wohn-Häusern anbieten, oder auf öffentlichen
Marckt zu feilem Kauff bringen sollen.

Und zwar 3) dieses aus der Ursache, damit das
Pfuschen und Stören in dem Lohgerber-Handwerck vermieden, und das Fürstliche Geleite vermehret werden möge.

Decisio.

So seynd dannenhero die in diesem District wohnende Land-Leute, vermöge der Landes-Ordnung
und eurer Innungs-Artickel, ihre rauche Fell-Waaren anhero zu Marckte zu bringen oder euch anzubieten schuldig.

So viel endlich die dritte Frage belanget.

Quæst. 3.

Rationes 1 dubitandi.

Ob wohl die Innungen ex concessione Principis das Befugniß haben, ein oder das andere
Mitglied ihrer Zunfft, so sich den Innungs-Artickeln nicht gemäß bezeiget, für untüchtig zu erkennen und zu bestraffen.

2. decidendi.

Alldieweil aber die Communication eures an die
fremde Gerber abgelassenen Schreibens mit den hiesigen Fleischhauern kein solcher Actus, so an sich wider
Handwercks-Gebrauch oder eure Innungs-Arti-

kel

kel wäre, über dieses dahin stehet, in was vor Meynung sie diese Communication vorgenommen, und ob sie die Intention gehabt, dadurch ihre Störerey zu stabiliren, welche hingegen die Fleischer ihres Orts begangen, nicht zu vermengen, noch aus derselben unumgänglich folget.

Decisio.

So könnet ihr berührte fremde Gerber, weder deshalben, was sie gethan, vor untüchtig erkennen, noch wegen des von denen Fleischhauern hieselbst, durch ihr Angeben bey hoher Fürstlicher Herrschafft euch zugezogenen Schadens und Unkosten einen regreß an sie nehmen. V. R. W.

inserat.

Als ihr auch ferner berichtet, was Gestalt in eurer Innung tit. 9 deutlich versehen:

Daß kein fremder verdächtige, nemlich gefallene, gar gemachte Leder anhero zum Kauff bringen solle bey Verlust derselben.

Ingleichen tit. 12:

Daß fremde Meister verdächtige Roß- und Kuh-Leder nach Jena zu bringen nicht berechtiget, sondern ihnen solches zu thun gänzlich verboten seyn solle, bey Verlust sothaner Waare.

Dessen ungeachtet die fremde Gerber und hiesige Schuster vermeinen, daß dadurch die Jahr-Märckte nicht begriffen würden, sondern die Fremde an denen Jahr-Märckten, gefallene oder verdächtige gar gemachte Leder anhero bringen dürfften. Dannenhero gefraget wird:

Quæstio.

Ob unter solchem Verbot die Jahrmarkts-Zeiten nicht auch mit begriffen, und das an denenselben anhero gebrachte gefallene und verdächtige Leder nicht eben vor verfallen zu achten?

Rationes 1 dubitandi.

Ob wohl in Jahr-Markts-Zeiten einem iedweden seine Waaren einzubringen und zu verkauffen frey gelassen, auch berührte Artickel von diesem Punct insonderheit nichts melden.

2 Decidendi.

Dennoch aber und dieweil die gefallene Leder an sich für verbotene Waare zu achten, und deswegen solche auf dem Marckte zum Kauffe zu bringen verboten ist, eure angeführte Innungs-Artikel auch ratione der Zeit keinen Unterscheid machen, sondern insgemein haben wollen, daß dergleichen Leder anhero zu bringen gänzlich verboten seyn solle.

Decisio.

So seynd dannenhero die Jahr-Märckte unter der Prohibition mit begriffen, und wenn solche Leder anhero kommen, diese für verfallen zu achten. V. R. W.

Mense Mart. 1717.　　　Scabini Jenenses.

RESPONSVM VIII.

Ob die Gerber Menschen-Häute gerben und zurichten können, ohne Abbruch ihrer Ehre?

Species facti.

Habt ihr zeithero etlicher gerechtfertigter armen Sünder cadavera seciret, und nachmals bey Gerbern, Riemern und andern, so mit Häuten und Fellen umzugehen pflegen, gerben und zurichten lassen wollen, dessen sich aber gedachte Handwer-

Jurist. Oracul V Band.

ker verweigert, mit Fürwenden, als wenn sie dadurch an ihren Ehren und gutem Nahmen benachtheiliget würden, und aus den Zünfften gestossen werden möchten.

Quæstio.

Ob gedachte Handwercker die Menschen-Häute zu gerben und zuzurichten schuldig?

Rationes 1 dubitandi.

Ob nun wohl an dem, daß ein armer Sünder durch die ihm zuerkannte Todes-Straffe anrüchtig und ehrlos wird, derowegen männiglich, ausserhalb seines Amts und des Nothfalls, sonderliche Gemeinschafft mit ihm zu haben, nicht unbillig Bedencken träget.

2 decidendi.

Dieweil aber dennoch durch die ausgestandene Todes-Straffe der Verbrecher solche infamia sowol, als das Delictum selbst gänzlich purgiret und auffgehoben wird, also daß hernach an dem cadaver keine Macula mehr vorhanden, noch auch zwischen demselben und andern verstorbenen Menschen-Cörpern einiger Unterscheid ist, derowegen auch solcher cadaverum sectio und anatomia zu Recht zuläßlich, darüber auch das bonum publicum die Zurichtung der Menschen-Häute, als welche zu vielen nützlichen Sachen gebraucht werden mögen, erfordert.

Decisio.

So haben sich obgedachte Handwercker mit ihrem Einwenden nicht zu behelffen, sondern sie seynd nach verbrachter Anatomie die Menschen-Häute zu gerben schuldig, und mögen dannenhero an ihren Ehren von niemand angegriffen, noch aus den Zünfften gestossen werden, in ferner Verweigerung auch werden sie hierzu von der Obrigkeit durch gebührliche Zwangs-Mittel billig angehalten. V. R. W.

Mens. Febr. 1696.　　　Scabini Lipsiens.

RESPONSVM VIIII.

Ob in dem zwischen den Barchent-Tripp- und Zeugmachern gegen die Kramer zu L. geführten Proceß wegen Führung und Verkauffung der Zeuge eine Reformatoria zu hoffen?

Species facti.

Hat das Barchent-Tripp- und Zeugmacher-Handwerck eures Orts, wie die Kramer daselbst, wegen angemaßter Führ- und Verkauffung derer Zeuge, Klage angestellet, und zum Grund derselben ihre Innungs-Articul und das darinne mit ausgedruckten Worten enthaltene Jus prohibendi gesetzet, dahingegen Beklagte exceptionem præscriptionis vorgeschützet, in währendem Proceß aber bis auf zweene, als Lorentz E. und Johann Georgen R. davon abgestanden. Als nun itzt ermeldte beyde Kramere nach geführter Bescheinigung und Gegenbescheinigung mit Klägern hierüber verfahren, und zum Urthel beschlossen, ist aus dem Schöppen-Stuhl zu Leipzig ein Urthel eingeholet, und darinne beyderseits Beklagten die streitige Führ- und Verkauffung derer Zeuge gänzlich aberkannt worden.

Quæstio.

Wannenhero, und nachdem dieselben hierwider eine

P 2

eine Leuterung eingewendet, vorietzo, ob hierauf eine Reformatoria zu hoffen, Zweifel entstehen will, nach mehrerm Inhalt des uns zugeschickten Berichts und derer Beylagen.

Rationes 1 dubitandi.

Ob nun wohl zu Behuff der angezogenen Præscription fürnehmlich angeführet wird, daß vermöge des Zeugens-Rotuli sub C in Langensaltza über 30, 40 biß 50 Jahren Kramer gewesen, so wol daselbst allerhand Zeuge geführet, und in ihren Häusern, auch Buden auf dem öffentlichen Marckte verkauffet, gestalt denn die von denen Vorfahren disfalls ergriffene, und ohne des Zeugmacher-Handwercks Widerrede fortgestellte Possess, nach Anleitung bekannter, als Successoribus Beklagten ebenmäßig zu statten kommen müsse, da besonders in gedachten Handwercks-Innungs-Artickeln allbereit derer Kramer, als eines zu der Zeit vorhandenen Corporis, Erwehnung geschehen.

2. Decidendi.

Dennoch aber und dieweil Beklagte beyderseits, so vorietzo allein diesen Proceß fortsetzen, an und für sich selbst den streitigen Zeug-Handel über Rechtsverwährte Zeit nicht ausgeübet, ingleichen pro heredibus oder auch successoribus singularibus derer vorigen Kramer nicht zu achten, also auch deren hiebevor diesfalls erlangten Possess sich keines weges zu erfreuen, gestalt dann in angezogenen Rechten, ut tempus possessoris veteris cum tempore præsentis ad complendam præscriptionem conjungi possit, allerdings ein justus Successionis titulus erfordert wird, da hingegen in gegenwärtigem Fall dergleichen gäntzlich ermangelt, in mehrer Betrachtung, daß Beklagter eigener Zeugen Aussage nach die Kramer keine Zunfft oder Innung haben, also vor ein beständiges Corpus nicht zu halten, hierüber in deren Zeugmacher Innungs-Artickeln nur in natürlichem Verstande, also ohne Absehen auf dergleichen Beschaffenheit benennet werden.

Decisio.

So erscheinet dannenhero so viel, daß Beklagte auf ihre eingewandte Leuterung, einer Reformatoriæ sich nicht zu getrösten. V. R. W.
Vitebergenses.

RESPONSUM IX.

Ob ein Handwerck einen, welcher sich mit eines Amts-Frohnes Tochter verheyrathet, in die Zunfft aufzunehmen schuldig sey?

Uf euere an uns gethane zwo Fragen, darüber ihr unsere Rechts-Belehrung gebeten habt, erachten wir nach fleißiger Verlesung und Erwegung derselben in Rechten gegründet, und zu erkennen seyn. Und erstlich auf eure erste Frage;

Quæstio I.

Hat Conrad Hartmann ein Schuster, so dieses sein Handwerck in Leipzig ehrlich erlernet, sich mit euer Tochter ehelich versprochen, und sich zu Waldenburg zu setzen, und daselbst seine bürgerliche Nahrung nebenst seinem Handwerck zu treiben gemeinet, es will aber das Schumacher-Handwerck dessen Orts ermeldten Hartmann zum Meister nicht aufnehmen.

Rationes 1 dubitandi.

Ob nun wohl ermeldtes Handwerck zu ihrem Behuff, daß ihr in Fürstl. Sächsischen Amt Altenburg Amts-Frohne seyd, und es ihnen dahero, wann sie einen, der eines Land-Knechts Tochter ehlichte, zu ihrem Mit-Meister annehmen solten, an ihren Ehren und Handwercke nachtheilig seyn würde, vorwenden, und demnach euch vor eine anrüchtige Person halten wollen.

2. Decidendi.

Dennoch aber und, dieweil nach Anleitung der Rechte, die Amts-Frohnen oder dergleichen Land-Knechte unter unehrliche Leute nicht zu zehlen, ihr auch sonsten in diesem eurem Dienste euch iederzeit treu, fleißig und sonsten also erwiesen, daß euch mit Bestande nichts unerbares nachgesaget werden kan.

Decisio.

So mag auch daher das Schuster-Handwerck zu Waldenburg vorbesagten eures künfftigen Eidams Conrad Hartmanns Suchen mit Fug nicht abschlagen, sondern ist ihm zum Meister, und hierauf, wenn er das erfüllet, was ihm disfalls zu thun obgelegen, in ihr Handwerck aufzunehmen schuldig, kan auch in Verweigerung dessen gerichtlich belanget werden.

Quæstio II.

Zum andern, und auf eure andere Frage; Habt ihr obangeregtes der Waldenburger Schuster Vorgeben, daß sie euch vor eine anrüchtige Person halten wolten, vor eine Injurie aufgenommen, und solche euch zur rechtlichen Vindication zu Gemüthe gezogen.

Rationes 1 dubitandi.

Ob nun wohl sie, daß es von ihnen nicht in Meinung euch dadurch zu schmähen, sondern zu ihrer Nothdurfft beschehen, vorschützen mögen;

2. Decidendi.

Dennoch aber und dieweil solche vor sich ehrenrührige Worte seyn:

Decisio.

So seyd ihr auch wider vorerwehnte Schuster Injuriarum zu klagen wohl befugt, iedoch woferne sie sich obberührter massen und zugleich, daß sie von euch nichts als Liebes und Gutes wüsten, gerichtlichen erklären würden, so seynd sie nebenst Erstattung derer aufgewendten Unkosten dabey billig zu lassen. A. V. R. W. 1656.
Lipsienses.

RESPONSUM X.

Ob ein Handwerck einen Zunfft-Genossen wider Landes-Fürstlichen Befehl nöthigen könne, seiner Frauen Geburts-Brief vorzuzeigen?

Species facti.

Hat H. G. H. euer Mit-Meister ein Ehe-Weib genommen, welches unecht gebohren. Ob nun zwar selbiger dieses sein Ehe-Weib seinem Vorgeben nach, durch einen Comitem Palatinum legitimiren lassen, weigert sich selbiger doch euter Innung das Instrumentum legitimationis vorzuzeigen, sondern bringet vielmehr bey eurer Landes-Herrschafft allerhand Befehle wider eure Innung aus, und führet sich sonsten eurem Berichte nach, gegen dieselbe gar widersetzlich auf; Dahero ihr auf folgende Fragen belehret seyn wollet:

L. Ob

I. Ob ermeldter G. nicht schuldig sey, vor eurer Innung das Instrumentum legitimationis zu produciren?

Ob es nun wohl scheinen möchte, daß gleichwohl eure Innungs-Artickel vermöchten, daß ihr keinen Meister oder Gesellen in eurer Innung zu dulten gehalten wäret, der sich mit tadelhaffter oder anrüchtiger Leute Töchter verehlichet hätte; nachgehends solches auch 1) der gemeine Gebrauch in Handwerckern, welche Innungen hätten, mit sich brächte; Ferner an dem Instrumento legitimationis selbsten nicht weniger gelegen wäre, von wem und wie solches abgefasset worden, daß man deshalben euch nicht verdencken möchte, daß ihr solches anzusehen verlanget;

Dieweilen aber euerm selbst eigenen Geständnisse nach, öffters erwehnter G. sich dieserwegen bey der Hochfürstlichen Landes-Herrschafft bereits gemeldet, und das Legitimations-Diploma vorgewiesen haben wird, nachgehends eure Innungs-Artickel selbsten euch in diesem Fall nichts weiters einräumen, als daß ihr 2) der Obrigkeit Erkenntniß darüber in solchen Fällen erwarten sollet; welchemnach ihr euch eigener Erkenntniß anzumaassen, nicht befugt seyd; ferner vielmehr dergleichen Vornehmen der Innungen 3) in den Reichs-Abschieden höchstens improbiret und verboten wird, daß sich keine Innung nach Obrigkeitlichem Ausspruch unterstehen solle, ihre Mit-Meister oder Gesellen auffs neue und vor sich anzufechten;

Fritschius in Thes. Pract. voc. Handwerck p. 644. Endlich 4) klar am Tage lieget, daß die Kayser, welche die erbare Handwercke privilegiret, keine unehrbare Person in Zünfften zu dulten, solchen deswegen keine Jurisdiction eingeräumet, sondern dieselbige an die Obrigkeit eines jeden Orts verwiesen haben.

Zu geschweigen, daß 5) im Anfang, als die Handwercke noch von denen Knechten allein geübet worden, zwar nöthig gewesen, daß man selbige durch dergleichen Verordnungen und Innungen in den Werth gesetzet, daß freye Leute sich derselben befleißigen mögen; solches aber 6) heut zu Tage kaum mehr nöthig ist, weil sowohl die Knechtschafften, als auch die Gewohnheit aufgehoben worden, daß die Handwercker von Knechten oder Leibeigenen getrieben werden, mithin die Handwercker sich selbsten nicht wohl vorsehen, wenn sie durch dergleichen unnöthigen und scrupulösen Zwang das alte Andencken von der Knechte ihren Handwerckern verneuern, solches auch eure Innung um so weniger nöthig hat, weil eure, der Buchbinder Profeßion sordides mit sich führet, dadurch ihr nöthig hättet, euch eines Vorwurffs so leicht, als andere geringe Handwercker zu besorgen:

Als halten wir dafur, daß sich eure Innung nach denen Obrigkeitlichen Decretis zu bescheiden, und nicht befugt sey, die Production des Legitimations-Diplomatis öffters erwehntem G. aufzulegen.

II. Wird gefraget:

Ob 7) das Legitimations-Diploma ins besondere mit auf die Innungen gerichtet seyn müsse?

Ob es nun wohl scheinen möchte, daß gleichwol 8) Legitimationes ihre besondern Gradus hätten,

nach welchen ihr hieselbst auch eures Orts fragen möchtet;

Dieweil aber euch einmal das Obrigkeitliche Decret genug seyn mag; nachgehends die Legitimationes unter gemeinen Leuten keinen andern Endzweck, als 9) der Handwercker halben haben mögen; ferner hieselbst die Legitimatio nicht euren Mit-Meister oder Gesellen, sondern nur dessen Ehe-Weib betrifft, welche euch destoweniger Nachtheil zuwecken kan:

Als halten wir dafur, daß es 10) unnöthig sey, daß die Legitimatio Quæstionem eben insonderheit mit auf die Innung gerichtet seyn müsse.

III. Wird gefraget:

Ob ermeldter G. nicht die dieserwegen euch verursachten Kosten zu restituiren gehalten, auch seines üblen Bezeigens wegen von euch bestraffet werden möge?

Ob ihr nun wohl in den Gedancken stehet, als wenn ermeldter G. temerarius Litigator wäre, folglich die Unkosten allein zu tragen hätte, nachgehends sich derselbe zu euren Innungs-Briefen gleichfalls bekant, worinnen enthalten wäre: Daß sich alle Meister vernünfftig und bescheiden aufführen oder widrigenfalls mit einer Straffe von dem Handwerck angesehen werden sollen; Darwider euerm Vorgeben nach, der öffters genannte G. gehandelt hätte;

Dieweilen aber wir, als aus der ersten und andern Frage erhellet, des gemeldeten G. sein Vornehmen fur gegründet halten; Nachgehends die Regel auch hieselbst stat findet, 12) qui jure suo utitur, nemini facit injuriam; ferner selbiger, wenn ihm etwas von euch imputiret würde, zuförderst mit seiner Nothdurfft gehöret werden musste:

Als halten wir dafur, daß 13) ermeldter G. euch die Unkosten zu erstatten nicht gehalten, auch noch zur Zeit ihr unbefugt seyd, ihn euren Innungs-Artickeln nach mit einiger Straffe zu belegen. V. R. W.

RESPONSUM XI.

Ob dasjenige Kind, welches aus frühzeitigem Beyschlaff entsprossen, vor unehrlich zu achten?

Species facti.

Hat euer Meister C. C. C. mit einer Wittwen, so in erster Ehe 4 Kinder gezeuget, sich in ein Ehegelöbniß eingelassen, sowol selbiges am 27 Januarii nechsthin vermittelst priesterlicher Copulation vollzogen.

Quæstio.

Als nun ermeldetes Weib am 7ten September darauf frühe um 4 Uhr einer Tochter genesen, seyd ihr selbigen Kinde die ehrliche Geburt zu fechten, ingleichen zu Vorkommung allerhand hierunter besorgenden Vorwurffs, gedachten C. wegen unternommenen frühzeitigen Beyschlaffs in Straffe zu nehmen gemeynet, nach mehrerem Inhalt eures uns zugeschickten Berichts.

Rationes 1. dubitandi.

Ob nun wohl etliche der Gelehrten dafur halten, daß die Kinder, so im achten Monate gezeuget worden, vor ehrlich nicht zu achten,

P 3   *Caranza*

Caranza de partu c. 11 n. 6 seqq. Bachov. ad Treutl. V.I Disp. 1 th. 5 lit. c. Feltmann. differt. de Jure in re & ad rem disp. 5 th. 101.

hiernächst ebenmäßig, unterschiedener Rechts-Lehrer Meynung nach, denen Zünfften und Innungen das Imperium mixtum auf gewisse Maße zuständig.

Mev. ad Jus Lubec. Lib. 4 tit. 13 art. 3 n. 27.

2. Decidendi.

Dennoch aber und dieweil andere bewährte Rechts-Gelehrte mit besserm Grunde behaupten, daß partus octimestris allerdings pro legitimo zu halten,

Paul. Zachias quæst. Medico-Legal. libr. 1 tit. 4 n. 6 seqq. Armis. de part. hum. legit. term. disp. 3 th. 11. Lud. Bonaventura Libro 10 de octimestri partu c. 35 seqq. Carpz. 2 tit. 13 def. 226. Hahn. ad W. tit. de stat. hom. n. 3.

In Erwegung fürnemlich, daß in denen Kayserlichen Rechten zu Beschreibung eines partus legitimi eigentlich zwey tempora extrema, nemlich der 7 und 10 Monat geordnet.

L. 12 d. statu hom. L. 3 § 11 et 12 de suis et legit. bered. L. 29 pr. d. Liber. et posthum. W. 39 c. 2.

Also nicht abzusehen, was maßen die mittleren Monat füglich hiervon ausgeschlossen werden mögen, da besonders dergleichen Octimestris partus dem neunten Monat desto näher, demnach pro maturiori et in natura perfectiori, zu achten, wie denn gestalten Sachen nach, und da in gegenwärtigem Fall euer Mit-Meister assistentiam Juris communis für sich hat, derselbe mit dem Reinigungs-Eid nicht beleget werden mag.

Arg c. ult. X. d. præsumt. L. 51 pro soc. Lauterbach. in Colleg. π. tit. d. his qui sui vel alieni juris § 10.

Zu geschweigen, daß Jure novo das Absehen diesfalls nicht auf das tempus conceptionis, sondern nativitatis zu richten, folgends auch denenjenigen Kindern, welche im ersten und andern Monat nach vollzogener Ehe gebohren worden, der status legitimorum natalium nicht zu entziehen.

L. 11 C. de natural. lib.

Decisio.

So erscheinet dannenhero so viel, daß das von C. E. C. erleute Kind vor ein ehrlich gebohrnes, auch aus der Ehe erzieltes Kind zu halten, also ihr mehr erwehnten C. diesfalls zu bestraffen nicht berechtiget. V. R. W.

RESPONSUM XIII.

Ob derjenige, der mit keinem Privilegio versehen, denjenigen, der ihm ins Handwerck gegriffen, zu einigem Abtrag dieserhalb anhalten könne?

Ist einem gewissen Mann zu Berenburg ein Ziegenbock auf dem Felde vor dem Hirten aufstößig worden, und es hat derselbe, als er es erfahren, ermeldeten Ziegenbock, ehe er noch verrecket, abstechen, in sein Haus tragen, durch den Schweinhirten abziehen, und das Fleisch hinwegwerffen lassen, die Haut aber vor sich behalten, und du, ob besagter Mann dir diesfalls Abtrag zu thun schuldig? des Rechten berichtet seyn wilst nach mehrerm Inhalt des uns zugeschickten Berichts.

Rationes Dubitandi.

Wenn du nun gleich über die Meisterey zu Berenburg richtig beliehen, auch diesfalls deine Lehn-Brieffe, und erlangte Privilegia vorzulegen hast; Hiernächst dieserhalben gewisse Zinsen abzustatten, so wohl andere Beschwerung zu tragen, und die Häute von dem grossen Viehe denen Bürgern wieder zu geben verbunden, im übrigen den Bock kein Fleischer, sondern der Schwein-Hirte abgezogen;

Rationes Decidendi.

Dennoch aber und dieweil dergleichen Privilegia und Cavillerey-Gerechtigkeiten bloß auf das von sich selbst verreckte Vieh sich erstrecken, und in Ansehung, daß selbige der natürlichen Freyheit zuwider lauffen, auf diejenigen Fälle, wenn ein krankes oder beschädigtes Vieh abgestochen wird, nicht zu ziehen; einem jeglichen auch mit dem Seinigen seines Gefallens nach zu handeln, und Schaden zu verhüten, ordentlicher Weise unverwehret, also daran, ob der Schweinhirte, oder ein anderer den Bock abgezogen, wenig gelegen:

Decisio.

So erscheinet hieraus so viel, daß derjenige Mann, von dem deine Frage handelt, dir diesfalls einigen Abtrag zu thun nicht schuldig; Du köntest und woltest denn, daß du auch mit einem ausdrücklichen Privilegio, dergleichen krancken und abgestochenen Viehes halber versehen, oder dergleichen Befugniß sonsten hergebracht, wie recht, erweisen, auf solchen Fall hättest du dich dessen billig zu erfreuen. V. R. W.

RESPONSUM XIV.

Ob die Zeugwircker bey ihren privilegirten Innungs-Artickeln wegen des Sardinischen Garn-Handels wider das Tuchmacher-Handwerck zu schützen seyn?

Nunmehr aus denen Acten und der Partheyen Einbringen so viel zu befinden, daß Beklagte, so viel das streitige klare Sardinische Garn betrifft, von angestellter Klage zu entbinden, und loszuzehlen. V. R. W.

Rationes decidendi.

Es haben beyde Theile wider den den 11 Jun. 1689 gegebenen Bescheid Leuterungen eingewendet, und Beklagte sich hierüber, daß so viel das klare Sardinische Garn betrifft, sie von der angestellten Klage nicht entbunden, sondern Klägern bessere Bescheinigung, daß angeregtes Garn eigentlich zu ihrem Handwerck gehöre, und dessen vornehmstes Stück sey, hingegen zu beklagten Tuchmacher-Handwerck nicht gebrauchet werden könne, auferlegt worden, beschweret. Ungeachtet nun Klägere zu Behauptung solchen Bescheids anzuführen, daß, als sie von denen Leinewebern, mit welchen sie sonst conjungiret gewesen, gesondert worden, in ihren Innungs-Artickeln und zwar art. 1 dieses, daß in der Stadt und Amte Pegau keinem, so auf dem Handwercke der Zeugwircker nicht Meister, einerley Arbeit, welche zu demselben eigentlich gehöret, auf den Kauf und ums Lohn zu machen gestattet werden, sondern selbiges bey Vermeidung gewisser Straffe gäntzlich verboten seyn solle; ingleichen art. 10, daß keiner, der nicht das Meister-Recht bey denen Zeugwirckern erlanget, sich bey Straffe 6 fl. unterstehen solle, in gedachter Zeugwircker Gewerbe und Handthierung ben den geringsten Eingriff zu thun, deutlich geordnet, und dahero im Fall daß das streitige klare Sardinische Garn eigentlich zu der Zeugmacher Pandwerck gehöre, und dessen vornehmstes Stücke sey, beybracht werden solte, Klägern billig berührten Garn-Handels halber das jus prohibendi zu statten kommen, und also Beklagte sich dessen gänzlich enthalten müssen;

Dennoch aber und dieweil die Zeugwircker wider die Tuchmacher wegen des Sardinischen Garn-Handels, worauf itzo vol. 2 fol. 24 sie fürnemlich ihre Intention gerichtet, allbereit vol. 1 fol. 7 anno 1662, ingleichen vol. 1 fol. 100 anno 1674 Klage angestellet, und hierauf anfangs vol. 1 fol. 85 der Bescheid, daß ermeldte Tuchmacher bey denen Chur- und Fürstlichen Mandatis, so wohl Innungen und Privilegien, insonderheit auch, wie aus dem Eingangs erwehnten Bescheide zu ersehen, wegen des Sardinischen und gezwirnten Garns zu lassen, nachgehends das Rescriptum decisivum vol. 1 fol. 113, in welchem die Zeugwircker mit solchem ihrem Suchen nochmals abgewiesen worden, erfolget, gestalt auch angezogener Bescheid, wie nicht weniger das Rescriptum decisivum, als hierwider gedachte Zeugwircker sich ad Serenissimum Rescribentem einer Appellation angemasset, nach beschehener derselben nachdrücklichen Rejection vol. 1 fol. 18 Krafft Rechtens erreichet, hiernechst Beklagte allbereit vol. 2 fol. 30 die daher rührende Exceptionem rei iudicatæ vorgeschützet, auch selbige aus denen daselbst angezogenen Actis publicis in continenti bescheiniget; Bey welcher Bewandniß dann der zumahl nur auf beyder Theile Gehör eingerichtete, und vol. 2 fol. 18 befindliche Befehl contra rem iudicatam nicht zu attendiren, ingleichen an Beklagtens Seiten mehrere Gegen-Bescheinigung nicht erfordert werden mögen, zu geschweigen, daß so viel deter Zeugwircker erlangte Innungs-Artikel betrifft, selbige insonderheit auf das ius prohibendi wegen des streitigen Garn-Handels nicht eingerichtet, auch ordentlich eines und andern wohl hergebrachtem Recht unbeschadet zu verstehen, hierüber die natürliche Freyheit zu handeln, da zumal selbige in gegenwärtigem Fall vermittelst der Chur- und Fürstlichen ergangenen Befehl, sonderlich de anno 1626 und der Tuchmacher Innungs-Artikel bestärcket worden, sehr favorabel, und leichtlich nicht einzuschräncken.

So haben wir davor gehalten, daß so viel Beklagter Leuterung betrifft, voriger Bescheid, in massen in unserm Urthel enthalten, zu reformiren sey, und also auf Klägerer Leuterung ferner nicht erkennen mögen.

de Berger.

CONSILIVM XV.

Ob ein Handwercker wegen eines erschlagenen Hundes, damit er das Fell und das Fett zu Erhaltung seiner Gesundheit erlange, sich dadurch infam oder ehrenlos mache, dergestalt, daß man ihn aus dem Handwerck stossen könne, und was für eine Klage wider den Abdecker anzustellen, daß man das auf den vergeblichen Proceß verwendete Geld wieder erlangen könne?

Utrum opifex ob id, quod canem interfecerit, quo pelle detracta, adipeque inde obtento suo mederetur morbo seu malo, infamiam juris aut facti, aut levis notæ maculam incurrat, proptereaque e Collegio, cuius hactenus extitit membrum, eiici queat? Quæ actio tali competat opifici contra Excoriatorem, ad repetendam pecuniam vexationis redimendæ gratia ei solutam?

Es hat Johann Melchior R. Bürger und Metzger in S. zufolge des hme in Franckreich hiebevor gegebenen Raths, wegen seines an einem Fuß schon damals sich geäusserten Schadens, sich des ᵬ h. Hunde-Schmalzes, wie solches warm in des Hundes Leib zu haben, nebenst der Haut eben dieses Schadens wegen zu Strümpffen zu bedienen, vor ohngefehr anderthalb Jahren zwey seiner eigenen Hunde, an abgelegenen Orten, den einen nemlich im Schönaicher, den andern beym Magstädter-Wald allein ohn einiges Menschen Gegenwart, todt geschlagen, das Schmalz c. v. warm übergeschlagen, die Felle abgezogen, mit Zurücklassung des Luders bereiten gegeben, und den Gebrauch solchen Mittels bey ihm wohl bewährt erfunden.

Als nun ein solches von seinem Bruder, dem er es aus brüderlichem Vertrauen entdeckt gehabt, wegen des strengen Haltens, dem Knecht, dem diesem sofort weiter propalirt worden, ist bald darauf das Gerücht davon, und zwar, wie gemeiniglich zu geschehen pflegt, mit einem starcken Zusatz, ob hätte ermeldter R. Hunde vor Kälber gemetzget und verkauft, erschollen, und weilen es geheissen, er sey nicht mehr redlich, der Schinder würde ihm das Schind-Messer vor die Thür stecken ist er dergestalten geängstiget worden, daß, da ers vorhero vor keine so weit aussehende Sache gehalten, hernach aber sich derenthalben einer so grossen Gefahr und Schimpf exponirt sehen müssen, er nimmer aus noch ein gewußt, und in solcher Angst deme ihm eingebildeten Schimpf zu entgehen, sich zu dem Nachrichter daselbst zu S. begeben, der dann zwanzig ihm abgeschickte Rthlr. angenommen, und über das ihn an Herrn Forstmeister Juncker S. von M. gewiesen, dem er auch 13 Fl. 30 kr. geben und unter dem Schein, als wann er Hunde hätte durch den Forst lauffen lassen, als eine Straffe pro forma verurtunden müssen, wormit er der Sachen geholffen zu haben, ihm gänzlich, aber fälschlich eingebildet.

Dann als inzwischen das factum unter dem Handwerck kund worden, haben es seine Mit-Meister so balde der Obrigkeit gar grell angebracht, und drauf gedrungen, ihm, als einem der sich infam gemacht, und das Handwerck in Schimpf und Spott gesetzet, nebst Reservation der Herrschaftlichen Strafe, das Metzgen niederzulegen. Welches, nachdem er durch Fürstlichen Befehl anfänglich nur von dem Handwerck suspendirt, endlich auf noch weitere über einige Umstände, als, wo dieses Hund-Abziehen geschehen, wo die Hunde hinkommen, ꝛc. (wohl vermuthlich zu dem Ende, daß man erfuhre, ob er mit dem Fleisch Gefährde gebraucht? wie das falsche Geschrey gelautet hatte), vorgenommene Examination und erstatteten fernern Bericht auch geschehen, indem ihm durch einen in Copiis sub Num. 2 beygeschlossenen Fürstlichen Befehl de dato den 23 Nov. verwichenen

nen achtzigsten Jahrs das Handwerck totaliter niedergelegt worden.

Indem er aber hierüber allerbestürzt herum gegangen, und seine Frau sich gleichfalls dergestalt bekümmert, daß sie wegen bey ihr angesetzter starcker Schwermuth von ihrem Beicht-Vater mit Trost sorgfältigst wieder aufgerichtet werden müssen, ist ihr der Weg Supplicirens von guter Hand eingerathen, dem zufolge sie ein unterthänigstes Memoriale sub Num. 3 beygefügt, Ihro Hochfürstlichen Durchl. übergeben, auf welches durch abgelassenen Befehl Num. 4 ihm R. an die Hand gegeben, sich mit den Meistern des Metzger-Handwercks absundig zu machen, und so sich solches nicht practiciren lassen wollte, nochmahlen zu suppliciren, und alsdenn ferner Resolution zu erwarten.

Obwohlen nun er sich bey den Ober-Meistern darum angemeldet, haben sie ihn doch schlechterdings abgewiesen, und, wie sie sich ungescheut vernehmen lassen, in allen benachbarten Reichs-Städten an die Metzger-Zünffte geschrieben, solche an sich zu hencken, ihn R. desto odiöser zu machen, und mithin von dem Handwerck in perpetuum, aus purem Neid und Misgunst, weil er ein Fremder, zu verstoßen; Trachten also ihm die ansuchende Fürstliche Begnadigung nur je länger je schwerer zu machen, indem sie gantz keck vorgeben, wenn solche erfolgte, sie auch nimmer vor redlich erkennt, und weder sie noch ihre fördernde Knecht und Jungen mehr paßirt würden. Derowegen oft ermeldter R. entschlossen, nochmalen bey Ihro Hochfürstl. Durchl. um Begnadigung und Wiedergestattung der Treibung seines erlernt und erwanderten Handwercks gnädigst veranlaßter maßen unterthänigst einzukommen.

Wann er dann, daß solches mit desto besserm Grunde, Succeß und Nachdruck geschehen möge, von Uns Decano und übrigen Doctoribus der Juristischen Facultät allhier unsere rechtliche Belehrung über nachstehende fünff Fragen begehrt:

1. Ob nemlich ein solches Versehen, da ein Handwercks-Mann einen Hund nicht turpis lucri causa todt schläget, sondern des c v. Schmaltzes und Felles zur Artzeney sich bedienet, ullam juris vel facti infamiam, oder auch saltem levis notæ maculam gebähren könne?

2. Ob ihm als einem Metzger deshalb mit Recht sein ordentlich erlernt und erwandertes Handwerck, mithin seine eintzige Nahrung gesperrt werden könne?

3. Nachdem solches geschehen, ob gnädigste Herrschaft ex plenitudine potestatis ihme nicht die Wiedertreibung mit Haltung und Beförderung Knecht und Jungen, wie vorhero, gnädigst bewilligen? Und ob

4. Die Metzger allda und in dem Lande, von ausländischen deswegen vor unredlich erkannt, und ihre Knechte auch Jungen außer Landes aufgetrieben werden, mithin seine Mitmeister unter solchem Vorwand ihn von der Lade ausschließen können? So dann

5. Ob nicht der Forstmeister und Nachrichter die ihm ohnbefugt abgepreßte Gelder wieder heraus zu geben schuldig seyn?

Wir auch sothanem billigen Begehren nicht wohl entseyn können; als haben wir nach fleißiger Durchlesung der hiewieder mitkommenden Beylagen, sobald

es anderer unverzüglichen Amts-Geschäften und Sachen halber immer seyn mögen, in Unserm versammleten Collegio von allen und ieden reiflich deliberirt und einmüthig befunden, auf vorgesetzte Fragen, den Rechten gemäß zu seyn, wie aus nachstehendem Begriff umständlich zu vernehmen.

Und zwar betreffend die Principal-und Präjudicial-Frage, daraus der andern Entscheidung zu nehmen: Ob ein solches Versehen, da ein Handwercksmann einen Hund nicht turpis lucri causa, sondern des c. v. Schmaltzes und Felles sich zu dem an sich habenden Schaden zu bedienen, todt schläget, ullam Juris aut facti infamiam, oder auch saltem levis notæ maculam ihm gebähren könne? So antworten wir darauf negative, und daß er weder infamiam Juris aut facti, noch levis notæ maculam dadurch ihm zuziehe.

Dann obwohln in contrarium angezogen wergen möchte, 1) daß gleichwohl dergleichen actus, Hunde todtschlagen und abziehen, den Wasen-Feld-oder Klee-Meistern, welche daher auch a præcipua sibi commissi muneris parte Schinder und Abdecker genannt werden, zuständig seyn, und also ein Handwercksmann einen Hund todtschlagend und abziehend, dem Schinder und Abdecker in sein Amt und Verrichtung falle, dahero, weil er solche Arbeit verrichtet, nicht unbillig demselben auch gleich geacht zu werden scheinet.

Nun aber seynd Schinder und Abdecker vieler Rechts-Lehrer Meynung nach personæ infames, infamia facti scil. laborantes.

vid. Richter. part. 2 Dec. 80 n. 23 verbis: Quanquam etiam excoriatores pro infamibus habeantur &c. Speidel. voc. Zunfft &c. verf. Ac licet excoriatores, vulgo die Schinder, pro infamibus habeantur.

Wenigstens ist außer Zweiffel, daß sie levis notæ macula, quæ est macula, quæ honestorum virorum opinione aut ob defectum legitimorum natalium, aut sordidum vel abiectum vitæ genus, aut mores & actiones non dolosis quidem, ab honestate tamen recedentes, inuritur, laborirten;

Denn wer kan contra ipsius Sacri Codicis suffragium,

Num. 19 verf. 11, 16, 18

leugnen, sordidum, vile & abjectum esse, quod sectantur, vitæ genus, angesehen sie in Verrichtung ihres Amts und Handthierung ja mit unsaubern, verächtlichen und unziemlichen Dingen, e. g. canum rabidorum aut scabie vel aliis inutilium interfectione, pecorum, quæ ex vitio vel morbo decesserunt, inspectione, fœda pellium detractione &c. umgehen, derowegen sie überall pro levis notæ macula aspersis, obscuris, abjectis & vilissimis gehalten werden.

Dn. Richter. d. Dec. 80 n. 20 ibi: Die Feld-Meister aber betreffend, möchte deren mit andern habenden Conversation denselben einen Vorwurff und Aufruck geben &c. *Harpprecht ad §. 1 Inst. de inoff. testam. n. 22. Bocer. d. 6 Disp. 8 th. u. Hahn ad Wesenbec. tit. de his qui not. infam. n. 22. Dn. D. Lauterbach. b. m. Disp de singul. Fratr. Jur. p. 15 n. 2. Dn. D. Fromman. Disp. de lev. nœ. macul. th. 20.*

Consequenter

Consequenter scheint pro tali auch zu ästimiren seyn, der ihnen in ihr Amt und Verrichtung fället.

2) So scheinet das contrarium, daß nemlich ein
Handwercks-Mann, der einen Hund um Genieß des
Schmaltzes und Felles willen todtschlägt, infamis
werde, oder wenigst levis notæ maculam contrahire, erweislich zu machen, das Sächsische Land-
Recht lib. 2 art. *** lib. 3 art. 48. verbis: Schlägt ein
Mann einen Hund zu todt, als er ihm und den Seinen Schaden will thun, er bleibt es ohne Schaden,
ob er das schwören thut, daß er eine Nothwehr
thate, und ihm anders nicht steuren kannte.

Ex iis enim per argumentum a contrario sensu, (quod in Jure fortissimum esse dicitur

l. 1 § 1 ff. de offic. ej. cui mand. est jurisdict. l. 20
§ 6 ff. de testam. Everb. a Mittelburgo Top. leg.
loc. a contrario sensu n. 2.

quia ex mente legis venire intelligitur,

ut est gloss. notab. in d. l. 20 § 6 de testam. que dicit sensum contrarium pro lege accipi, ita ut illud,
quod venit a contrario sensu, habeatur perinde,
ac si expressum esset in lege. Everb. a Mittelburg.
d. l.

et in juribus statutariis quoque locum habet

Everbard. d. l. n. 22, 23,

colligi posse videtur, quod si quis canem sibi
suisque aut rebus suis non nociturum occidat,
quacunque etiam alia ex causa, infamiam aut
levis notæ maculam incurrat.

3) Ist textus similis im Weichbild art. 122.
Schlägt ein Mann einen Hund zu todt, als er schaden will, er bleibt es ohne Wandel, da er schwören
thut, daß ers um Nothwehr gethan hab etc. daraus
eben dasselbe, argumento a contrario sensu deducto, fliesset.

Und obwohl dieses nur Jura Statutaria seyn, dahero inferirt werden möchte: Jura Statutaria ac
Provincialia obligant ex Jurisdictione conden-
tium vel recipientium saltem eos, qui sub ista
degunt. Cum ergo nos jurisdictio ista non
contineat, nec nos constringet Iuris illius constitutio, aut aliis locis facta receptio, juxta istud
commune Dd. traditum: Statuta omnia deficere
& cessare ratione non subditorum.

Vid. Joson. in l. cunctos. lect. 1 n. 17 & lect. 2 n. 55.
C. de SS. Trinit. Tiber. Decian. Cons. 71 nu. 13
vol. 5. Surd. vol. 1 Cons. 59 n. 19. Menoch. Cons.
264 n. 11 & Cons. 270 n. 21. Pruckmann. vol. 1
Cons. 17 num. 17, ubi plurib. autoritatibus hoc
firmat.

So scheinet doch, daß dis Orts, daraus ein Argumentum auf gegenwärtigen Fall genommen und
appliciret werden möge, weil die Iura Communia
& Statutaria nostra hierinne nichts definiren, sondern deficiren, quo casu recte recurrimus ad vicinorum locorum Iura, ceu quæ de loco ad locum non habentem dissimilia jura, recte porri-
guntur.

Ant. Gabriel. comm. conclus. lib. 5 tit. de præscript.
Concl. 7 n. 15. Rauchbar. lib. 1 qu. 36 n. 15. Cephal. lib. 3 Cons. 709 n. 35.

Insonderheit 4) weilen es ohne dem also an vielen Orten, zumalen bey den geschenckten Handwercks-
zern gehalten und observirt wird.

Jurist. Oracul V Band.

teste Lundenspur. ad Ordin. Prov. Würt. pag. 212.
Knipschild. de Jurib. & Privil. Civit. lib. 5 c. 2
nu. 75.

5) Gehet auch dahin das Præjudicium, welches
Franc. Pfeil referiret, hisce verbis: Hat ein Flei-
scher-Jung in seines Herrn Banck Fleisch zu verkauffen sitzend, einen Hund am Schaden befunden
und, demselben zu wehren, in eilender Hitz sein
Schlacht-Messer genommen, nach dem Hunde geworffen, und ihn also getroffen, daß er hinweg,
doch nicht weit gelauffen, dann umgefallen und gestorben, dürfft er dann eidlich betheuren, daß solches nicht aus Fürwitz oder Muthwillen den Hund
zu tödten, sondern zu Verhütung und Abwendung
seines Herrn Schadens eine Nothwehr gethan, und
ihm nicht anders steuren können, so hätte er nicht
allein sich nicht scheltbar und damit des Handwercks
unwürdig gemacht, noch einige Straffe verwircket,
sondern blieb des gantz ohne Schaden. U. R. W.
Pfeil. Cons. 143.

Dessen allen iedennoch ungeachtet, bleiben wir
beständig bey der Negativa, und halten davor, daß
ein Handwercks-Mann einen oder zwey Hunde, um
sich des Schmaltzes und der Felle zu seinem an sich
habenden Leibs-Schaden zu gebrauchen, todtschlagend und abziehend, weder infamiam juris vel facti, noch levis notæ maculam ihm zuziehe oder
contrahire.

Und solches aus folgenden Ursachen. 1) Weilen
infamia Juris contrahirt wird, aut, cum quis tale
quippiam designat, quod publicis legibus notorie turpe atque probrosum habetur, ita ut regulariter excusationem & defensionem non re-
cipiat, tuncque infamia talis sola vi & autoritate
legis absque judiciali cognitione incurritur,
quia lex ejus generis factum immediate notat
& maculam inde contractam confirmat; aut
cum quis civili vel criminali judicio de crimine
a lege itidem, sed non immediate, ut priori casu, notato propriam condemnationem passus
fuerit; atque sic regulariter at hoc, ut quis infamis & infamia Juris notatus, ein ehrloser, unehrlicher, verleumbter Mensch, dicatur, duo requiruntur: 1) ut aliquid, quod moraliter turpe censeatur, fecerit, & 2) illud ipsum lex immediate
vel mediate notaverit.

l. 5 § 1 de extraord. cognitione, verbis: qui ex delicto nostro minuitur & consumitur l. 13 C. ex
quib. caus. infam. l. 7 ff. de publ. jud. l. 43 §
pen. de rit. nupt. Hahn ad tit. de jud. not.
infam. num. 3 pr. Dn. D. Lauterbach. p. m. Exercit. Conclus. forens. 10 concl. 2.

Dergleichen factum und crimen aber ist dieses
nicht, wann einer einen Hund todtschlägt und abzieht
um sich des Schmaltzes und Felles davon zu seinem
Leibs-Schaden zu bedienen, derhalben kan auch von
dem, der solches gethan, nicht gesagt werden, daß
er infamia juris notata persona seye.

Welches 2) dadurch bestärcket wird, quod contra eum, qui dolo, petulantia, vel culpa, alterius
canem vulneravit vel occidit, Legis Aquiliæ
actio, ex tertio illius Legis capite, expresse con-
cedatur,

§ 13 Inst. d. l. Aquil. junct. § præced. 3 seqq.

illa autem condemnatus non fiat infamis

Q

arg.

arg. l. pen. ff. ad l. Aquil. Dn. D. Lauterbach. p. m. d. Exerc. Cancl. for. 10 concl. 6. Vinn. ad § 2. Inst. de pœn. temere litig. n. 2.

2) Ist infamia facti ebenmäßig eine solche macula, quæ ex turpi aliquo facto, citra autoritatem Iuris tamen, contracta est, & inde etiam non omni quidem prorsus honestatis opinione aliquem spoliat, sed tamen pudorem apud bonos gravesque viros onerat. Wird also sowol ad infamiam facti, als ad infamiam Iuris irrogandam in universum turpe aliquod factum, illudque proprium, h. e. ab ipsomet, cujus existimatio maculatur, admissum, erfordert.

l. 4, 5 § 1. de extraord. cognit. Habn. d. l. Honoratiss. Collega Dn. Frommann. Disp. de levis not. macul. th. 6.

Weil aber derjenige, so einen Hund zu besagtem Ende todtschlägt und abziehet, nichts begehet, das moraliter turpe, fließt von selbst, daß er auch deswegen nicht kan pro infami, infamia facti laborante, gehalten werden.

1) Inuritur levis notæ macula 1) ob defectum legitimæ nativitatis,

R. Pol. de Anno 1548 & 1577 tit. von Handwercks-Söhnen, ibi: so ehrlichen Herkommens & tit. von leichtfertigen Bey-wohnungen, Habn. ad tit. de his, qui not. infam. n. 2. Dn. Collega D. Frommann. cit. Disp. th. 11, 14, 16. Carpzov. p. 2 dec. 111 num. 5. Thessaur. dec. 126.

2) Ob electum vitæ genus sordidum, vel non sordidum quidem, vile tamen & abjectum,

Ref. Polit. de dd. Ann. cit. tit. ibi: Handwercks-Söhnen, verb. Ehrlichen Handels und Wesens &c. Dn. D. Frommann. d. Disp. th. 12, 20 & 3 seqq. ibique allegat,

3) Ob mores & actiones dolo quidem non infectas aut ejus convictas, leves tamen & ab honestate recedentes,

Reform. Polit. de Anno 1530 tit. von leichtfertiger Beywohnung, Ref. Polit. de Anno 1548. tit. 25 & Anno 1577 tit. 26. l. 11 § 11 de dol. mal. Dn. D. Frommann. d. l. th. 26 seqq.

Nun kommt die erste und dritte causa allhier gar in keine Consideration, weil ihm R. deswegen nie einiger Streit erreget worden, weilen aber ob secundam causam die Feld- und Wasen-Meister, Schinder und Abdecker, inter levis notæ macula aspersos gerechnet werden, und er denselben in ihre Verrichtung gefallen, indem er zwey seiner Hunde todt geschlagen, und die Felle ihnen abgezogen, wollen ihm seine Mit-Meister deswegen auch levis notæ maculam imputiren. Aber es ist bekannt, quod finis facta distinguat, & intentio agentium regulet actus ad finem intentionis. l. 3, l. 8, l. 19 de R. C. Indeque omnis actus ex fine & principali intentione agentium dijudicetur.

l. 4 de R. C. l. 44 de condict. indeb. l. 39 de furt. l. 14 C. de jud. Barbos. lib. 1 c. 25 ax. 37, 38.

Et adeo semper, quo respectu, fine & intentione quid fiat, inspiciendum sit.

Wesenbec. 6 Consl. 269 n. 41.

Und ausser allen Zweifel, daß er R. ihm nicht fürgenommen, sich und die seinen mit Hintansetzung seines erlerneten und erwanderten, auch bishero getriebenen ehelichen Handwercks, mit dergleichen unziemlichen, garstigen und unstätigen Arbeit, damit

die Feld- und Wasen-Meister, oder Abdecker und Schinder umgehen, daß sie ihnen und den ihrigen des Lebens Nothdurfft und Unterhalt dadurch erwerben und gewinnen, zu ernehren und künfftighin fortzubringen, auch ea intentione, daß er solches thun wolte, durchaus seine zwey Hunde nicht zu todt geschlagen und abgezogen, wie leicht zu erachten, und die gesunde Vernunfft einem ieden von selbst dictirt, sondern allein zu dem Ende, daß zu Curirung seines Schadens am Fuß h. e. zuförderst des Schmaltzes, so warm es in des Hundes Leibe zu haben, sodann der Felle habhafft werden möchte.

Cessirt also auch secunda und mithin omnis causa, ob quam quis levis notæ macula conspurcatur, ut sic non possit non, cessante ac negata causa, cessari ac negari etiam effectus.

c. cessante X. de appellat. l. 6 § 2 de jur. patron. l. 40 de hered. instit. l. 52 C. de Episc. & Cler. Duen. reg. 82. Barbos. l. 3 c. 10. ax. 12.

Und daß 5) allein electio & exercitium hujusmodi vitæ generis ac rationis sibi suisque vitæ sustentandæ necessaria istiusmodi sordidis & honestos minime decentibus laboribus quærendi, mache, daß einer pro levis notæ macula notato gehalten werde, und dannenhero pro tali nicht gleich zu æstimiren sey, der dergleichen etwas, so der Feld- und Wasen-Meister Verrichtung sonst ist, ein oder andermal alia intentione thue, v. gr. einen Hund, des Schmaltzes und Felles zur Cur habhafft zu werden, todtschlägt und abziehet, tradit in terminis

Honor. Collega Noster Dn. D. Frommann *sæpe cit. Disp. de lev. not. macul. th. 12, 24, verbis nec porro macula hac conspurcatur, qui canem vel rabidum, vel scabiosum vel quemcunque sciam citra necessitatis casum interfecerit.*

Und ist 6) solches auch daraus abzunehmen, daß in widrigem Fall, wann man einen Hund, der einen Hund ausser der Gefahr und Noth tödtet, für unehrlich, unredlich und levis notæ macula asperso halten, und von ehrlichen Gesellschafften ausschließen wolte, folgen würde, daß auch die Medici und Studiosi Medicinæ, als die auf Universitäten und sonsten, nicht nur cadavera hominum ultimo supplicio affectorum anatomiren, sondern auch gar häufig andere Thiere, und Hunde insonderheit, tödten und seciren, pro levis notæ macula aspersis zu halten, von ehrlichen Gesellschafften auszuschließen, und ad nullas dignitates zu admittiren wären, welches ungereimt und der Experientz zuwider wäre.

7) Ist also in imputanda levis notæ macula nicht zu sehen auf des gemeinen Mannes und der Handwercker nichtige und ungegründete Opinion und Judicium, die offt unschuldigen, (als hier dem Consulenten) maculam quandam zumessen, und hergegen infames ehren,

dicente Brunnemanno ad rubr. tit. ff. de his qui not. infam. num. 3.

Denn obwohl dieselbe denjenigen, so einen Hund oder Katze todt geschlagen, ob es gleich auch casu vel ex necessitate geschehen, für unredlich ausschreyen, so heißt es doch billig allhier berührter Ursach halben, vanæ voces populi s. vulgi non sunt audiendæ

juxta

juxta Refcriptum Diocl. & Max. impp. in l. 12 §
1. C. de pœn.

Sondern es ist zu sehen auf das Judicium bonorum, gravium & honestorum, quidque illi hac in re definiant, & quem pro turpi, inhonesto ac infami habeant.

Heig. part. 1 quæst. 21 n. 33 seq. Berlich. p. 2 Dec. 299 n. 40. Carpz. p. 2 dec. 112 n. 6.

Certum autem est vulgus in hoc, quod canem ex tali causa occidentem, pellemque ei detrahentem, labe aliqua aspersum esse existimet, viros graves & prudentes sibi assentientes non habere, sed horum opinione illum macula haud laborare.

Und obwohl gesagt werden möchte, daß er ja das Schmaltz und Fell von dem Nachrichter haben können, und er also mit dem, daß er die Hunde selbst todt geschlagen und abgezogen, einig lucrum intendirt, deswegen er billig pro levis notæ macula notato zu halten: So ist doch zu bedencken, 1) daß er das Schmaltz, so warm als es in des Hundes Leibe, wie ers haben müssen, von dem Nachrichter nicht so wohl haben können, und ihn also nicht das lucrum, sondern die Noth und Begierde, das Schmaltz also warm zu bekommen, und dadurch seines Schadens los zu werden, dazu veranlasset; 2) Quod non quævis ex re sordida lucri intentio sufficiat ad hoc, ut quis levis notæ maculam incurrat, sed requiratur, ut quis pro se suisque sustentandis sordidum & abjectum vitæ genus elegerit & exerceat.

Wann dann neque Legibus, neque gravium & honestorum virorum judicio die existimatio dessen, der einen Hund todtschlägt und abziehet, sine electione ejusmodi vitæ generis, nur zu dem Ende, daß er sich des Schmaltzes und des Fells zu seinem an sich habenden Schaden möge bedienen können, für gekränckt gehalten wird, kan er auch a vulgo nicht pro levis notæ macula asperso gehalten werden, cum non simplicis vulgi, sed gravium & honestorum virorum opinio eam importet.

Und mag hierwider nichts irren, was vor in dubitandi rationibus dagegen angeführet worden. Denn belangend die erste, so läßt sich nicht schliessen von den Excoriatoribus, oder von den Feld-Wasen- und Klee-Meistern auf einen Handwercks-Mann, der sein erlerntes Handwerck treibet, und einen oder zwey seiner Hunde todtschlägt und abziehet, um durch das Schmaltz und von den Fellen gemachten Strümpffen seinen Schaden zu curiren. Jene sind nicht zwar infames, sondern levis notæ macula aspersi, ob electum sordidum vitæ genus, dum sibi suisque vitæ sustentandæ necessaria ex mortuorum animalium cadaveribus, ea excoriando, quærunt. Diesem wird honestorum, gravium ac prudentum virorum judicio dergleichen macula nicht imputirt, weil er solches nicht sub electione ejusmodi vitæ generis gethan, per supra deducta.

Ex secunda & tertia dubitandi ratione mag gleichfalls nichts beständiges beschlossen werden. Nam primo Jus commune in hunc casum providit, ut ostensum in reddenda decidendi ratione, ut sic non opus habeamus, ut recurramus ad Jura Provincialia Saxonica. Secundo non habet locum argumentum à contrario sensu

Jurist. Oracul V Band.

in Statutis, quando illa disponunt circa casum provisum à Jure communi, qualis est hic noster per modo dicta.

Everhard. loc. a contrar. sensu n. 22.

Tertio etiam non procedit argumentum illud a contrario sensu, quando inde absurdum resultat, quod hic etiam fieret, ut ostensum in ratione decidendi sexta.

Everhard. d. l. n. 7.

Was 4) de quorundam locorum observantia & consuetudine angeführt, ist zwar so, daß einige, insonderheit die geschenckte Handwercker, sich bishero unterstanden, nicht allein diejenige, so, (auch ohngefehr oder aus Noth,) einen Hund oder Katze todt geschlagen, sondern noch vielmehr andere, von ihnen vor anrüchtig gehaltene Personen von ihren Handwerckern auszuschliessen, aber es seyen solche ihre Statuta und consuetudines, als irrationabiles & odiosæ, communi Cæsaris & Statuum Imperii consensu abrogirt und reprobirt.

Reform. Polit. de Anno 1548 & de Anno 1577 tit.
von Handwercks-Söhnen.

Und ist eben dieser Mißbrauch, nebst andern Unordnungen, so ihren Ursprung aus Unverstand, Haß, Neid, Mißgunst oder Muthwillen genommen, und gar häuffig bey den Handwercks-Zünfften eingerissen, erst auf noch fürwährendem Reichs-Tag mit in Consideration gekommen, und durch ein General-Reichs-Conclusum, von Mißbräuchen und Unordnungen bey denen Handwercks-Zünfften, typis jam exscriptum nebenst den andern aufgehoben.

vid. Balthas. Venator. Relation. ver. in præsent.
Imp. Comit. gestar. relat. 4 n. 18 abus. 17. Ahasv.
Fritsch. in addit. ad Limn. l. 4 de Jur. Publ.
cap. 8 n. 299 & Ipf. Conclus. Imp. hoc anno
editum.

Belangend endlich das Præjudicium, so ex Pfeilio dahin gezogen, ist bekannt, quod præjudicata necessitatem sequendi non faciant, nisi ubi lex certa de casu proposito non adest, aut quæ adest, valde dubia existit, & ille modus pronuntiandi in consuetudinem venit.

ut l. 38 de legib. explicat Mev. part. 5 dec. 282.
Hahn. ad tit. ff. de re jud. n. 8.

Ja es ist auch solches præjudicium vielmehr für den R. als wider ihn.

Aus dieser resolution und Ausführung der ersten quæstion nun ergiebt sich, was auf die andere Frage:

Ob ihm deßhalb mit Recht sein ordentlich erlernt und erwandertes Handwerck, mithin seine einzige Nahrung, von seinen Mitmeistern gesperrt werden könne?

zu antworten. Nemlich, daß solches mit Recht nicht geschehen könne.

Equidem ad disciplinam honestatemque publicam pertinet, ut recipiendi ac tolerandi in Collegiis mercatorum & opificum sint honestæ vitæ atque famæ,

Mev. part. 5 dec. 117 n. 1. Fritsch. de Colleg. Opific.
part. 2 cap. 4 n. 9.

eoque non improbandum eorum pro conservandis bonis moribus studium, quod in Collegiis suis præ se ferre solent. Excitatur enim eo ipso in recipiendis ac jam factis membris cura

& studium sectandi vitæ innocentiam vitandique morum corruptelas.

Mev. d. p. 5 Dec. 117 & p. 3 dec. 39. Fritsch. d. l.

Minime tamen concedendum est, ut sub eo obtentu injusta faciant vel irrogent. Cohibendus est nimius illorum rigor, per quem sæpe delicta faciunt, quæ non sunt, aut ita puniunt leviora, ut rationi atque æquitati haut conveniat.

Mev. d. p. 3 dec. 39.

Quod & hic faciunt, dum Joh. Melchiorem R. ob id, quod duos interfecerit canes, quo adipe inde obtento suo mederetur morbo seu malo, e Collegio suo ejicere conantur, ita quidem, ut perpetuo exclusus manere debeat. Quod sane admodum iniquum & cum maxima injuria conjunctum, quia nihil admisit tali exclusionis pœna dignum.

Es kan ja niemand leugnen, daß die höchste Unbilligkeit sey, einen zu einem Amt untüchtig zu machen, sine autoritate legis, und da einer in Rechten ausdrücklich vor untüchtig dazu nicht erkannt.

Nam inhabilitare aliquem ad actum, ad artem aut Collegium, & eum removere ab officio, ordineque suo deturbare, pœna est, ut probatur

l. si is qui heres 11 de vulg. & pup. subst. quem text. ad hoc allegat Joh. Crotus in repet. l. 1 de nov. oper. nunc. n. 31. l. 9 ff. de pœn. l. cognitionis § minuitur ff. de var. & extraord. cognit. Modest. Pist. Vol. 1 Cons. 46 num. 5. Hartm. Pistor. l. 1 q. 30 n. 28. Carpz. p. 1 dec. 18 n. 8. Berlich. p. 2 dec. 299 n. 24. Mev. ad Jus Lub. p. 4 tit. 13 art. 3 addit. ad num. 41 circa sin.

Pœna autem imponi non debet, nisi in casibus a Jure expressis.

l. si quis § Divus, de relig. & sumpt. fun. c. cum is de sent. excomm. in 6. Idem Crot. d. l. Modest. Pistor. Berlich. Carpzov. dd. ll.

Nec sicuti facti quæstio in arbitrio judicantis est, ita similiter etiam pœnæ impositio ejus voluntati committitur, sed autoritati legis reservatur.

l. ordine 15 pr. ad Municipal. l. 14. C. de pœn. c. bonus judex. 3 q. 7. Carpzov. d. l. n. 9.

Non admitti in Collegium, oritur ex Jure Collegii, nec pœna est, at ejici, pœnæ species est non levis, dum tollit existimationem & victus facultatem, cujus remotio non minus gravis est, quam si homo enecetur.

arg. l. 4 ff. de agnosc. & alend. liber. Mev. part. 3 dec. 39 n. 7 & ad Jus Lubec. p. 4 tit. 13 art. 3 addit. ad. n. 41.

Ideo sine magno crimine non irroganda.

Mev. d. l.

Sicut de alia quavis privatione Juris, libertatis ac officii quoque vulgo traditur, eam imponi non debere, nisi a lege expresse constituta sit.

Andr. Tiraquell. in l. si unquam verb. revertatur n. 249 C. de revoc. donat. Alexand. lib. 1 Cons. 103 n. 15. Hartm. Pist. l. 1 q. 30 n. 36 & l. 2 q. 36 n. 13. Carpz. p. 2 dec. 112 n. 16. Berlich. d. dec. 299 n. 33. Mev. d. l

Nun findet man aber in Rechten bey dero Lehrern nirgend, daß der seinen eigenen oder auch eines andern Hund ex tali causa todtschlägt, sine electione sordidi vitæ generis, vor untüchtig zu einem Amt, zu einer Kunst oder Handwercks-Zunfft gehalten werde, oder darum solle ab officio removirt, und ex Collegio, in quod receptus, rejicirt werden.

Nec casus hic inter causas infamiæ vel in Edicto de his, qui notantur infamia, vel in Codice, vel in Catalogo infamium, qui in c. infames. 6 q. 1 extat, numeratur, nec ullibi etiam inter causas levis notæ maculæ refertur, ut dici possit ob infamiam vel inustam levis notæ maculam eum excludi.

l. 2. C. de dignit. & simil.

Statuta Collegiorum, quæ id velint, in Ducatu nostro non extant, si alibi locorum extant, non loquuntur in ejusmodi terminis, in quibus hic versamur, & si tali de casu loquerentur, ad id minime sufficiunt, quatenus Juri Communi aut rationi contrariantur & vel ad proprium commodum vel ad aliorum invidiam & injuriam tendunt.

l. 4 ibi Gloss. & Dd. ff. de decret. ab ord. faciend.

Quæ idcirco etiam antea allegatæ Constitutiones & novissimum Conclusum Imperii cassa atque irrita fecerunt.

Mev. ad Jus Lub. p. 4 tit. 13 art. 3 in addit. ad num. 41 in fin.

Die dritte Frage belangend, ob nemlich, nachdem solches gleichwohl geschehen, daß er von dem Handwerck excludirt worden, Ihro Hochfürstl. Durchlaucht. als seine Gnädigste Herrschafft vigore Superioritatis Territorialis Ihme nicht die Wiedertreibung mit Haltung und Beförderung Knecht und Jungen, wie vorhero, gnädigst bewilligen können?

So erscheint ex antecedentibus, daß, weil er R. weder Infamia juris vel facti, noch levis notæ macula revera laborirt, es auch eigentlich keiner famæ restitution, quæ ex plenitudine potestatis & gratia Principali fiat, vonnöthen. Nachdem es aber gleichwohl geschehen, daß er von dem Handwerck excludirt worden, so ist kein Zweiffel, daß Ihro Hochfürstl. Durchlaucht. ihme die Wiedertreibung dessen, mit Haltung und Beförderung der Knechte, wie vorhero, gnädigst bewilligen können.

Dann könnten sie solches thun, wann er ob perpetratum aliquod delictum infamans revera infamis worden, und deswegen juste excludirt wäre, wie die Juris publici Doctores insgemein agnoscien, quod Principes Imperii nostri Subditis, qui propter turpe factum infamia notati, famam restituere possint, ita ut ab ipsis impetrantibus famæ restitutionem omnis inusta adimatur macula, quasi nulla inhonesta vita præcessisset, ac sublata prioris criminis memoria ipsi cæteris integræ existimationis hominibus æquiparentur, & omnia pristina recipiant jura, atque ex veriori sententia pro integris & legalibus personis, si infamia Lege Provinciali saltem aut Jure Civili Justinianeo irrogata, ubique in Imperio habeantur.

vid. Thom. Michael. de Jurisdict. concl. 47. Coler. de Jurib. Imper. concl. 40. Bocer. de Regal. c. 2 n. 115. Besold. in delib. Jur. ex l. 1 ff. tit. 4 rubr. de restit. fama p. m. 95 seq. Limn. lib. 4 Jur. Publ.

Publ. c. 8. n. 302. Myler. de Stat. Imp. cap. 53 n. 3, 4 & in addit. ad Rumelin. A. B. p. 3 D. 3 th. 13. Schutz. V. 1 D. 6 th. 21 lit. C. Heiden. de Superiorit. Princip. Imp. th. 81 ap. Fritsch. vol. 1 Ex. Jur. Publ. 10. Simon. de Jurisdict. Territ. Stat. cap. 7 §. 1.

Wie vielmehr können sie es ietzo, da er revera neque juris aut facti infamia, neque levis notæ macula laborirt.

Auf die vierte Frage zu kommen: Ob die Metzger zu S. und im Lande von ausländischen deswegen vor unredlich erkannt, und ihre Knechte auch Jungen ausser Lands aufgetrieben werden, mithin seine Mitmeister unter solchem Vorwand ihn von der Laden ausschliessen können? ·

So halten wir dafür, daß wann das factum des R. werde mit allen seinen circumstantiis ehrbaren, verständigen und unpartheischen Meistern anderer Orten vorgetragen werden, sie ihn deswegen gar nicht vor unredlich und des Handwercks unfähig achten werden, weniger seine Mitmeister vor unredlich erkennen, und dero Gesinde der Ursach halber aufzutreiben suchen: denn solches ihr Beginnen, wann sie es sich unterfiengen, schnurstracks wider die Reichs-Ordnungen liesse, als worinne gar hart verboten, was die beyde priora quæstionis membra in sich halten.

Vid. Ref. Polit. de Anno 1548 & Anno 1577 tit. von Handwerks-Söhnen, Gesellen, Knechten und Lehr-Jungen § Es sollen auch &c. verb. auch keiner sie andern schmähen, noch auff-und umtreiben oder unredlich machen &c.

Qui § de singulis exagitantibus quidem loquitur & disponit, ad Collegium tamen, ubi ea malitia utitur, peræque ex similitudine rationis pertinet.

Arg. l. 9 § 1 ff. quod met. causa. Mev. p. 7 dec. 84 n. 5. D. Eric. Maurit. part. 2 Consil. 8 num. 38.

Derowegen, daß es geschehen werde, vermuthlich nicht zu præsumiren.

Secundum l. 15 ff. de condit. instit.

Sollte es aber 2) wider Vermuthen de facto geschehen wollen, könnte man solchem durch gebührende Rechts-Mittel schon begegnen, und die Contravenientes bey ihren Obrigkeiten deswegen finden, denen vor allegirte Reichs-Constitutiones severam custodiam sancitorum per congruas malignantibus impositas pœnas enixe commendirt, daß sie also hülffliche Hand zu leisten schuldig seyen.

Dn. Eric. Maurit. d. l. Mev. loc. cit. n. 9.

Deme nach 3) seinen Mitmeistern keines weges zu gestatten, unter dem Vorwande ihn von der Lade auszuschliessen, damit man nicht dadurch tacite consentiendo solche ihre verbotene Mißbräuche und Unordnungen gleichsam probire, und ihnen die Macht, welche ihnen die Jura nehmen, wieder gebe, idque in casu non necessario, da man sie durch rechtliche Mittel bey ihren Obern wohl nöthigen kan.

☞ *Vid. omnino Mev. d. dec. 84.*

Derohalben 4) auch in similibus casibus die Stände des Reichs durch solche Considerationes sich von dergleichen Concessionen nicht abhalten lassen, sondern vielmehr ex usu publico zu seyn erachtet, durch dergleichen Concessiones solche conatus zu hemmen.

Was endlich die fünffte und letzte Frage betrifft: Ob nicht der Forstmeister und Nachrichter der ihm ohnbefugt abgepreßte Gelder wieder heraus zu geben schuldig seyen? So scheinet zwar ersten Anblicks R. befugt zu seyn, die ihm von dem Forst-Meister und Nachrichter abgepreßte Gelder per actionem quod metus causa, zu repetiren.

Denn wer vi majorisque mali metu gezwungen worden, einem etwas zu geben, der kan solches per actionem quod metus causa mit Fug repetiren.

t. t. ff. & C. de his qui vi met. cauf.

Aber es ist keine vis & justus metus, qui actioni quod metus causa locum faciat, erwiesen. Denn er R. führet selbst an, daß da sein factum kund worden, und es geheissen, er sey nicht redlich mehr, der Schinder würde ihm das Schindmesser vor die Thüre stecken, er also geängstiget worden, daß er nimmer aus noch ein gewust, und als ein einfältiger Mann, in solcher Angst an stat daß er bey einigem Rechts-Gelehrten oder sonst verständigen Mann hätte Raths fragen sollen, sich, dem ihm eingebildeten Schimpf zu entgehen, zu dem Nachrichter, der ihn weiter zum Forstmeister gewiesen, begeben, sind also sie ihm nicht nachgegangen, sondern er zu ihnen kommen, und ihm selbst die Furcht eingejagt, welche zumahlen so beschaffen, daß darum actio quod metus causa nicht stat findet.

l. 7 pr. ff. quod metus causa, ex qua liquido probatur, quod non sufficiat timor vexationis vel infamia ab alio inferenda.

So scheint auch Condictio indebiti hierinfalls nicht anzuschlagen, weil er ihnen dieses gleichsam de fama cum ipsis transacturus gezahlet, quod autem transactionis causa solutum est, condictione indebiti repeti nequit.

l. 65 § 1 de cond. indeb. arg. l. 2 C. eod. l. 6 C. de jur. & fact. ignor.

Und ob wohl in allegata l. 65 § 1 diese notable limitation hinzu gesetzt wird, nisi evidens calumnia detegatur, und diese allhier ziemlich herfür leuchtet, indem sie besagtes Geld von ihme R. abgenommen, da sie doch wohl gewust oder wenigst wissen sollen, daß sie von ihm nichts zu erfordern.

Vid. Berlich. p. 2 dec. 263 n. 28 verbis: sive calumniosa sit ex parte actoris sive ex parte rei, puta quia scit se aliquid petere non posse. Lud. Roman. Conf. 517 n. 18 verf. secundo.

So kan doch condictio indebiti nicht stat haben, auch um dieser Ursach willen, quia sciens & ex errore juris indebitum solvit, qui autem sciens & ex errore juris indebitum solvit, ei condictio indebiti non competit.

l. 1 § 1, l. 24 l. 26 § 3, l. 62 ff. de cond. indeb. l. 9 C. ad l. Falc. l. 10, l. 6 C. de jur. & fact. ignor. Dn. D. Lauterbach. ad tit. de cond. indeb. n. 13, 14.

Er ist aber nichts desto weniger wohl befugt, per condictionem ob turpem vel iniustam causam daffelbe zu repetiren. Nam transactio, quam quis facit super re clara solum, ut vexationem redimat, turpitudinem continere dicitur, & quod datum est gratia vexationis redimendæ, repeti potest tanquam datum ex turpi causa, quia eum in finem datum, ne iniuria inferatur.

Ber-

Berlich. d. dec. 263 n. 29. Aym. Cravella vol. 1 Conf.
152 n. 10. Oldrad. Conf. 280 n. 1.

Si autem alicui quidquam datum, ne injuriam alteri faciat, turpiter id accepisse, indeque
Conditioni ob turpem causam locum esse, expresse dicitur

in l. 4 § 2 ff. de condict. ob turp. vel injust. causam.
Dn. D. Lauterbach. p. m. ad d. t. § 1 n. 3

Similiter & quod ex coacta stipulatione solutum, accipiens ex injusta causa tenet, proinde-
que per condictionem ob injustam causam
etiam ab eo repeti potest, licet minor sit metus,
quam qui in Edicto quod metus causa requiritur.

l. 7 ff. de cond. ob turp. vel injust. causf. l. 3 C. de
cond. ob turp. causf. Brunnemann. ad l. 6 seq ff.
d. t.

Welches rc.

den 1 Julii Anno 1681.
Tubingenses.

CONSILIVM XVI.

Ob denen Fleischern erlaubt fremd Vieh zu kauffen?

Als derselbe uns einen Bericht und Manual-
Acten, so in 3 Voluminibus hiebey wieder zurück
gehen, und die Uibernehmung des Gräflichen Herrschafftlichen Merz-Viehes betreffend, zugefertiget,
und unser Rechtliches Bedencken über 3 Fragen erfordert; Demnach achten wir Decan. Ordin.
&c. erwogenen Umständen nach für Recht.

1. Obschon die Fleischer des Städtgens Moscau
Anno 1698 dahin durch eingeholtes Urtheil entschieden sind, daß sie das Herrschafftliche Vieh um
billigen Preis nach dessen Beschaffenheit anzunehmen rc. schuldig seyn; solches auch durch ein Königl. Rescript vom 28 Julii 1708 dahin bestätiget
und erläutert ist, daß die Fleischer iedesmahl so viel
Stück Schaf-Vieh, als sie füglich schlachten, und
sowohl zu Muscau als anderwerts vertreiben, auch
inmittelst unterhalten können, um billigen Preis,
nach Beschaffenheit des Viehes, wie man sich deswegen vereinigen, oder solche durch gewisse von unserm iedesmahligen Amts-Hauptmann verordnete
unpartheyische Haus-Wirthe ermäßiget wird, anzunehmen schuldig, und, so lange hievon etwas übrig, fremd Vieh an sich zu bringen nicht befugt
seyn sollen; sie auch öffters citiret worden, und nicht
erschienen, hingegen fremd Vieh geschlachtet zu
haben betroffen worden, mithin bereits die Sache
in dem Stande zu seyn scheinet, daß sie in Kosten,
Schaden und Straffe condemniret werden mögen.

2. Alldieweil aber bishero ex Actis noch nicht erscheinet, daß die Fleischer der obgemeldten Königl.
Erläuterung, wodurch die streittige Sache erst entschieden, und bis dahin noch Rechtshängig und un-
erörtert geblieben ist, sich widersetzet, noch sich geweigert hätten, so viel von dem Herrschaftlichen
Schaf-Vieh um billigen Preis zu übernehmen,
als sie zu Muscau und anderwerts vertreiben, und
indessen erhalten könnten: Solches auch in so weit
nur den Rechten und Herkommen gemäß ist;
massen dieses Privilegium der Erbgerichts-Herr-
schafft dahin gehet, nicht daß die Unterthanen auch

dasjenige, dessen sie nicht bedürfftig, von der Herrschafft zu kauffen, sondern, was sie ohnedem von andern kauffen würden, da sie es in gleicher Güte und
gleich billigem Werth von ihrer Herrschafft haben
können, von derselben vielmehr als von fremden
solches zu nehmen angehalten werden mögen: Gestalten solche Privilegia, die zumahlen wie dieses,
wider die gemeine jura communia gentium
lauffen, nach welchen Rechtens, neminem invitum
emere cogi,

l. 11 C. de contrah. emt. l. 16 C. de Jur. del.
allezeit dahin zu interpretiren und einzuschrencken,
daß die Unterthanen, dadurch nicht gar zu sehr
graviret oder gefährdet worden.

Coppen. decis. 59 n. 28.

Maßen zwar die Obrigkeiten denen Unterthanen
Onera zur allgemeinen Nothdurfft aufzulegen wohl
bemächtiget sind; im übrigen aber als Landes-Vä-
ter deren Aufnehmen vielmehr zu besorgen, als zu
behindern trachten.

arg. l. 34 verf. sed Nos C. de Inoff. test. l. 4 C. de
Emancip. l. 2 § 10 ff. Ne quid in loc. publ. Carpz.
lib. 1 Resp. 42 num. 10.

Aus den Acten aber so viel erscheinet, daß nicht
über den Inhalt der Königl. Verordnungen und
dem Privilegio selbst gestritten werde, sondern es
darauf ankomme: 1) Ob die Fleischer eine solche
Menge, als 600 Stücke füglich vertreiben und indessen unterhalten können, und deswegen sie alle
auf einmahl anzunehmen schuldig seyn; 2) in was
vor einem Preis dieselben zu kauffen; und 3) ob die
Fleischer das Vieh auszuheben befugt seyn? Daß
demnach denen ergangenen Rechten und dem Inhalt der ergangenen Urtheil und Königl. Verordnungen gemäß sey, daß ad 1) wie die Fleischer, wann
sie von fremden Kaufleuten mehr nicht, als was sie
füglich zu vertreiben und zu unterhalten sich getrau-
eten, erhandeln würden, also mehr auch auf einmal von der Herrschafft zu übernehmen nicht angehalten werden mögen, wann aber dieselbe verhandelt, so denn weiter von der Herrschafft Vieh nach
ihrer Bedürfftigkeit zu übernehmen schuldig, auch,
als lange dessen vorhanden und tüchtig ist, fremd
Vieh einzukauffen nicht befugt seyn, sondern da solches von etlichen nach der Publication der Königl.
Verordnung geschehen, dieselbe allerdings straffällig seyn würden.

Ad 2) daß die Fleischer ohngefehr so hoch, als sie
es von Fremden etwan kauffen könten, anzunehmen; und ad 3) sie zwar das Vieh auszusuchen
nicht befugt, iedoch aber, da einige Stücke nicht
Banckmäßig befunden werden sollten, solches anzunehmen nicht schuldig seyn. Würde man hierüber in facto Streitigkeit, und zwischen beyden die
Frage entstehen, ob die Fleischer ein mehrers füglich vertreiben und unterhalten könnten, und also
auf einmahl mehr zu nehmen hätten, oder, wie der
Preis zu setzen? oder ob ein Stücke banckmäßig
sey oder nicht? wäre zuvörderst solches nach dem
Inhalt der Königl. Verordnung, bey dem Königl.
Budißinischen Amte, wenn beyderseits die Nothdurfft eingebracht, und beyde Theile zulänglich gehöret sind, gebührend zuerörtern und zu entscheiden,
oder wenn schon in loco ein ordentlich mit Rechts-
und Proceß-verständigen Personen besetztes, oder
wenigstens mit einem solchen tüchtigen Syndico versehenes

schenes Gericht wäre, und daselbst die Acta ordentlich geführet worden, dennoch weil solches in causa propria domini nicht würde selbst sprechen können, die Acta zum Spruch Rechtens zu verschicken; auch, da alsdann die Fleischer deme nicht nachkommen, oder auch indessen fremd Vieh einkauffen würden, so dann mit Pönal-Mitteln wider sie zu verfahren.

Woraus dann die Erörterung der angehängten Fragen von selbsten ohne weitere Ausführung sich dahin ergiebt; weil die Fleischer vorwenden, daß sie ein mehrers zu vertreiben und zu unterhalten sich nicht getrauen, mithin auf einzuzahl mehr zu übernehmen, nicht vermögen, sie auch ihres Erscheinens halber Ursachen anzeigen, und es andern ist, daß sonderlich solchen Leuten, die ihres Gewerbes und Nahrung halber selten zu Hause sind, ein geraumer Termin angesetzet werden müsse; aus den Acten auch nicht eigentlich erscheinet, ob sie nach der Publication der Königl. Erläuterung, Vol. D. fol. 49 befindlich, fremd Vieh eingekauft, daß demnach solches alles zuvor rechtlicher Gebühr und Ordnung nach zu entscheiden, und sodann über die beyden ersten Fragen ferner zu erkennen was Rechtens.

Was aber die dritte Frage betrifft, obschon wider die Unterthanen wegen ihres Ungehorsams zuweilen auch mit Landesverweisungen gestalten Sachen nach verfahren werden mag;

Carpz. part. 2 const. 51 def. 16 &c.

Alldieweil aber daselbst der Fall gemeldet wird, darvider die allgemeine Pflicht der Unterthanen mißhandelt wird, und dieselbe der Obrigkeit alle Dienste versaget, mithin wieder aus der Obrigkeit verwiesen werden mögen; disfalls aber er nur Innungs-Sachen und ein in den Rechten sonst unbekanntes Privilegium betrifft, worunter keine Proportion zu machen; daß demnach daraus auf gegenwärtigen Fall nicht zu schliessen, sondern höchstens etwan dahin eine Gleichheit zu treffen, daß wie jene endlich des Landes verwiesen, also diese aus der Innung gesetzt werden möchte.

Daferne aber jedoch, wenn sie mit ihrer Nothdurft zureichend gehöret, und darauf wider sie ein Rechts-Spruch gehöriger Orten ergangen, sie sich demselben ungehorsam widersetzen würden, und durch andere gelindere Straffen nicht gebändigt werden könnten, möchte sodann endlich wider sie auch mit der Landsverweisung verfahren werden. V. R. W.
Vitebergenses.

CONSILIUM XVII.

Ob erlaubt ist, daß die Fleischer kein fremd Vieh handeln sollen?

Als derselbe uns abermahls einen Bericht sammt denen hierbey in 6 Voluminibus wieder zurückkommenden wider die Fleischer daselbst wegen Uibernehmung des Gräfl. Herrschafftl. Metz-Viehes verhandelte Acta zugefertiget, und darüber ferners Rechtliche Bedencken erfordert: Demnach achten wir Decan. Ord. &c. erwogenen Umständen nach für Rechte, daß es bey der Volum. 4 fol. 44 befindlichen Taraxion der Schöpse und Schafe, so viel den Preis desselben Jahres betrifft, zu lassen; es wollten und könten denn die Fleischer beweisen, daß sie das Vieh von fremden in viel geringerm Preis hätten lauffen

können, und dadurch dergestalt geschehet wären, daß die Schöpse und Schafe nicht an die Helffte des gesetzten Werths reichten. Ferner sind diejenigen, welche nach dem Inhalt des Königlichen Rescripts vom 28 Jul. 1708 das Vieh von der Herrschaft in gleicher Beschaffenheit haben können, und dennoch fremd Vieh geschlachtet haben, deswegen straffällig, und dennoch auf einen geraumen Termin, wenigstens von 8 Tagen zu citiren, mit ihrer Nothdurft darüber zu hören, und sodenn, wenn sie dessen nicht in Abrede sind, oder auf den Fall Leugnens gebührend überwiesen würden, zuförderst der Gräflichen Herrschaft den Schaden, welchen sie daduch erlitten, daß an statt des beweislich von ihnen geschlachteten Viehes sie nicht so viel von dem herrschaftlichen genommen und geschlachtet haben, zu erstatten, und darneben mit willkührlicher Gefängniß auf ein oder zwey Tage, nachdem sie viel oder wenig geschlachtet haben, zu bestraffen, auch die ihrenthalben absonderlich verwandte Gerichts-Kosten nach richterlicher Ermäßigung zu ersetzen schuldig. Wegen dessen aber, daß sie nicht die gantze Zahl auf einmahl nehmen wollen, sondern als selbige denen zweyen Eltesten wider ihren Willen zugeschickt worden, dieselbe solche lauffen lassen, wodurch Schade und Pfändung verursachet, auch an der Anzahl in die 97 Stück abgangen, wie auch wegen ihres beschuldigten Ungehorsams wäre die Sache bey dem Königlichen Ober-Amt fürzustellen, und wann darüber wie Rechtens verfahren, sodann auch darinn zu erkennen was Rechtens. V. R. W.

Rationes dubitandi & decidendi.

Obschon die Fleischer des Städtgens Muskau sich beschweren, daß die Volum. 4 fol. 44 verfügte Taraxion des Schaf-Viehes zu hoch und unbillig, hingegen an Seiten der Hochgräfl. Herrschaft auch, daß den Fleischern indessen und bis sie es vertun können, von derselben die freye Trist angerechnet, und dann ferner angezeiget wird, was maßen die Herrschaft einen billigen Preis selbst zu setzen habe, und wenn die Fleischer sich über dessen Unbilligkeit beschweren, solche auf ihre Kosten beweisen müsten, und so lange sie solches unterlassen, sie in culpa & mora wären. Ferner wie die Fleischer darauf betroffen sind, daß sie fremd Vieh eingekauft und geschlachtet, auf die ergangene citationes aber, ob sie gleich, wie fol. 72, 73, 74 erscheinet, einheimisch gewesen, nicht erschienen, daß die beyden Eltesten, welche in solchem Fall das Handwerck repräsentiren, heimgeschickte Vieh à 300 Stück lauffen lassen, welches in der Irre also herumgegangen, und, als es viel Schaden gethan, gepfändet, auch, weil es dadurch verderbet ist, und darauf den Winter durch das harte Futter nicht ausstehen können, an die 97 Stück davon umkommen, vor welchen Schaden demnach die Fleischer wegen ihres Ungehorsams allein zu stehen haben.

Alldieweil aber wie, unsern Pflichten nach, nicht anders finden können, als daß das Privilegium der Hochgräflichen Herrschaft sowohl seiner rechtlichen Beschaffenheit nach, als auch, wie es durch das Königliche Rescript erkläret und bestätigt ist, nur darinne bestehe, daß was die Fleischer sonst von fremden ihrer Füglichkeit nach kauffen und schlachten aber wieder verhandeln würden, sie Kraft dieses

ses

ses Privilegii von ihrer Hochgräflichen Herrschaft, so lange sie es allda in gleicher Beschaffenheit haben können, zu nehmen gehalten sind. Und müssen wir demnach unsers Ermessens zum beständigen Grunde sezen, daß im übrigen der Fleischer Condition nicht gravior oder deterior gemacht werden könne, als sie seyn würde, wenn sie es von fremden kaufsten; Angesehen die Fleischer unter keiner andern Beschaffenheit vi huius Privilegii das Vieh zu nehmen gehalten seyn können, als wie sie Fleischer sind, die ohnedem das Vieh zu ihrer Fleischer Nahr- und Handlung, so gut sie können, von fremden erkaufsten würden, Kraft der von der Natur den Menschen zustehenden freyen Handlung, & vi iure gentium homini competentis libertatis commerciorum, worauf sich fundiret

l. u. C. de contrab. emt. l. 16 C. de Jur. delib. &c.

welche Freyheit so lange bleibt, bis erwiesen werde, wie weit dieselbe durch ein Privilegium restringiret sey, weil die Privilegia, welche contra libertatem naturalem verliehen werden, und wodurch andern ein onus zuwächst, sonder Zweiffel strictissimi iuris sind.

c. 9 c. 16 X. de Privileg.

und zumahlen specialiter erwiesen werden müssen.

l. 1 C. de Mandat. Princ.

Aus diesem Privilegio und Königl. Rescripto aber, wie auch sonsten, aus denen Acten nicht erscheinet, noch erwiesen wird, daß diese libertas naturalis weiter restringiret sey, als daß die Fleischer ihre Nahr- und Handlung nicht mit fremden führen sollen, so lange sie gleiche Wahl bey der Herrschaft haben können;

Als können wir unsers ohnvergreifflichen Orts nicht dafür halten:

1.) Daß die Fleischer alles Herrschaftliche Vieh zu übernehmen, und, da sie selbige in dem Jahr nicht verthun würden, alsdenn den Rest auf das folgende Jahr aufzuheben schuldig seyn sollen; weil solches von einem Jahr ins andere in infinitum gehen würde; dahingegen das Königliche Rescript es dahin einschräncket, was sie füglich verthun können.

Sonsten auch das Privilegium keine gewisse Grenzen haben, und der Rest, was sie nicht verthun, immer auf der Fleischer Gefahr bleiben würde; die Fleischer aber so wenig als andere Unterthanen gezwungen werden mögen, ausser den Schrancken ihrer Nahrung Vieh zu kauffen, um es selbst zu consumiren, oder auf ihre Gefahr aufzubehalten. Dahero wir nicht finden, daß aus diesem Privilegio weiter wider die Fleischer verfahren werden möge, als zu behüten und zu verhüten, daß sie kein fremd Vieh schlachten oder einbringen mögen; sondern die dawider handeln, mit Straffe und Erstattung des herrschaftlichen Schadens angesehen werden. Es wäre denn und könte erwiesen werden, daß die Unterthanen bloß zu Trutz der Herrschaft mit Schaf-Vieh zu handeln, wie sie sonsten mit fremden thun würden, oder ihre Zunfft erfordert, vorsetz- und gefährlicher Weise unterliessen, welches denn billig nach Befinden zu straffen wäre.

Wie wir denn auch 2) dahero nicht dafür halten können, daß die Schlächter alles Herrschaftliche Vieh zu kauffen gehalten, noch auch, daß die Herr-

schaft, als Verkäuffer für sich einen Preis zu sezen, bemächtigt, und die Fleischer, wann sie damit nicht friedlich auf ihre Kosten ein anders zu beweisen gehalten wären; weil in venditione der Preis nicht arbitrio venditoris, sondern consensu utriusque partis beraumet wird.

Princ. Inst. de Emt. & Vendit. l. 2 § 1 ff. de contrah. emt. l. 13 C. eod. tit.

Da denn, wenn disfalls die Herrschafft und Fleischer darüber nicht einig werden könten, weil es ein negotium utriusque partis ist, & utriusque utilitatem spectat, auch der läufige Preis auf beyde Theilen Kosten ausgefunden werden muß;

l. 13 ff. d. Imp. in rem dot. fact.

Weil aber disfalls gewisse Taxatores vom Königlichen Ober-Amt bestellet, und von beyden Theilen einmahl angenommen worden, ist es eben so viel, als wenn communi consensu partium das pretium constituiret wäre.

l. fin. c. de Contrah. emt. § 1 Inst. de Emt. & vend.

Und können demnach die Fleischer dawider keine Beschwerde führen, wann sie nicht ex causa læsionis enormis die Taxation umstossen und beweisen können, daß die Schafe und Schöpse nicht halb so viel werth, als sie taxiret sind.

ex l. 2 C. de Rescind. vend. l. 79, l. 80 ff. Pro soc.

Weswegen denn auch disfalls dahin gesprochen worden. Noch können wir 3) aus erst benannten Ursachen erkennen, daß die freye Trifft und dergleichen zu berechnen, und zu dem Preis zu schlagen, falls sie dessen nicht gebrauchten, wann sie mit Fremden handelten; und vermög der oftgedachten Königl. Rescripti sie auf einmahl nicht mehr anzunehmen schuldig sind, als sie füglich, also absque novo onere & periculo, verthun möchten.

Noch auch 4) daß in denen Puncten, darinnen sich beyde Theile widersprechen, der Gräflichen Herrschafft Hoff-Gericht in deren propria causa, welche derselben Privat-Interesse betrifft, erkennen oder sprechen können. Massen obschon dessen Iurisdiction ausser Streit ist, so kan doch niemand seine Iurisdiction in propria causa exerciren;

l. 10 ff. de Jurisd. Rubr. & tot. tit. C. Ne quis in sua causa jud.

Weil dann wir solche Puncten finden, worüber die Fleischer noch nicht zulänglich gehöret, die noch der Gebühr ausgeführet sind; als den Punct, daß sie nicht erschienen, da ihnen doch keine zulängliche Frist anberaumet, sondern sie sofort auf den folgenden Tag citiret worden, da sie, oder ihrer viele nicht einheimisch sind, sondern ihrer Nahrung nachgehen, und also sich und ihre Sachen in Zeiten dahin nicht einrichten, noch insgemein sich bereden können; Imgleichen den Punct, ob die Fleischer eine solche Menge, als ihnen zugeschickt worden, füglich verthun können, und also zugleich anzunehmen schuldig gewesen; folgends, weil sie solches nicht gethan, den Schaden an Pfändung, Abgang ze. zu tragen gehalten seyn, und dergleichen; als haben wir nicht anders gekunnt, als dieselbe zur weitern Ausführung bey dem Königl. Ober-Amt auszusetzen, und allenthalben, wie in der Urthel enthalten, zu erkennen.

Vitebergenses.

CONSI-

CONSILIUM XVIII.

Ob der Stadt-Rath denen Gerbern ein Privilegium ertheilen kan, daß diese das Recht haben, die Schuhmacher zu zwingen, das Leder bey ihnen zu kauffen?

Species facti.

Es haben die Roth-Gerber zu Zittau wider die Schuhmacher daselbst, wegen Einfuhre und Niederlage, sowol des einheimischen Roth-Gar-Leders, als derer Pohlnischen Juchten, Klage erhaben, worauf am 7ten Sept. des 1648sten Jahres, daß beklagte Schuhmacher sich dessen gäntzlich enthalten solten, ein Abschied ertheilet, welchen aber gedachte Schuhmacher ex capite nullitatis angefochten, und auch eine Correctoriam dieses Inhalts erhalten: daß sie bey der Einfuhre und Niederlage des fremden Leders und Juchtens so lange zu lassen, bis die Rothgerber sie, vermittelst eines ordentlichen Possessorii oder Petitorii daraus gesetzet; welche letztere Sententz dann Krafft Rechtens erlanget, und sie sich desselben Rechtes bisher ruhiglich gebrauchet; Am 9ten Febr. aber dieses Jahres hat der Rath zu Zittau, auf der Roth-Gerber abermahlige Imploration-Klage, solchen Bescheid ertheilet: daß die Schuhmacher wegen des Roth-Gar-Leders, sich schlechterdings nach dem ersten am 7ten September. des 1648sten Jahres gegebenen Bescheide halten solten; von welchem Bescheide Leuterung eingewendet worden, und obgleich lite pendente die Gerber ein Rescriptum Electorale ausgewircket, ist doch auf Anhalten derer Schuhmacher, zwischen denen Partheyen diese Sache endlich zu einem Compromiß gediehen, und sind dieselben von dem Rath zu Zittau, auf vorgehenden gnädigsten Befehl, mit zwo gewechselten Gesetzen zu verfahren, und darüber rechtlich Erkenntniß zu gewarten, verwiesen worden, nach mehrerm Innhalt eurers Berichts, und der Beylagen.

Rationes 1 dubitandi.

Wann nun gleich die Roth-Gerber zu Behauptung ihrer Sachen, und des vorgeschützten Privilegii oder Iuris prohibendi, einwenden, daß sie dasselbe durch des Raths zu Zittau am 7ten Septemb. des 1648sten Jahres ertheileten Abschied, indem derselbe Krafft Rechtens erlanget, erhalten, und daß gemeldter Abschied auch durch einen andern de publicato den 9ten Febr. dieses 1671sten Jahres confirmiret worden; Hierüber auch die Obrigkeit des Orts, als der Rath zu Zittau solche Freyheit und Privilegium denen Roth-Gerbern ertheilet, damit das gemeine Beste dadurch befördert, und beyde Zünffte, sowohl der Schuhmacher als der Rothgerber, bey einander möchten bey guter Nahrung erhalten werden.

Rationes 2 decidendi.

Dennoch aber und dieweil die Schuhmacher 1) naturalem libertatem vor sich haben, das Roth-Gar-Leder, wie viel sie dessen zu ihrem Handwerck vonnöthen, einzukauffen; 2) Euren Berichten nach aus den ausgestellten Attestatis sowol erhellet, daß solches in andern Sechs-Städten, wie auch in Schlesien, Meissen, und andern benachbarten Orten, ihnen frey gelassen;

Jurist. Oracul V Band.

3) Solche Freyheit auch in ihren Innungs-Articleln Art. 3 de Anno 1553 und 1564 ausdrücklich confirmiret, und bestätiget mit diesen Worten: Daß im Fall die Schuster sich von Gerbern im Kauff der Leder übersetzt befinden, ein ieder Schuster soll und mag, wenn es ihm gelegen ist, vor seine Werckstat selbst zu gerben Macht haben, auch innerhalb der Stadt und ausserhalb Landes rohe Leder zu seiner Nothdurfft einkauffen und verarbeiten;

4) Aus derer Gerber Innungs-Art. 16 de An. 1625, ingleichen ihrem in einer Supplication de Anno 1650 selbst eigenem Geständniß erhellet, daß denen Schuhmachern vermöge alter Verträge, zu allen Zeiten des Jahres, einländisch und fremd Leder vor ihre Werckstäte, von Leipzig, Naumburg, Prag, Breßlau zu holen, und hierüber auch An. 1662 abermahls ein Vergleich aufgerichtet, und von der Obrigkeit confirmiret worden;

5) Ferner der vom Rath zu Zittau den 7 Sept. des 1648sten Jahres ertheilte Bescheid eurem Berichte nach, denen Schuhmachern niemahls publiciret, noch zu deren Wissenschafft kommen, zu dem auch an ihm selbsten, ratione materialium, eine solche Freyheit und neues Privilegium in sich hält, welches libertatem commerciorum verhindert, auch von Churfürstl. Durchl. zu Sachsen, als deme dieses jus concedendi privilegia allein gebühret, niemahls bekräfftiget, und dannenhero durch eine andere Sententz de publicato den 18ten Julii An. 1650 wiederum corrigiret, der letzte Abschied aber vom 9ten Febr. dieses 1671sten Jahres, durch eingewendte Leuterung und Churfürstl. gnädigste Befehle a viribus rei judicatæ suspendiret; und dann endlich 6) die Schuhmacher von Anno 1670 in unverrückter Possession des Einkauffs fremder Leder sich befinden.

Decisio.

So erscheinet dannenhero aus diesen und andern Ursachen so viel, daß gedachte Schuhmacher in possessione vel quasi des Einkauffs fremder Leder, so viel ihnen zu ihrem Handwerck von nöthen, bis die Roth-Gerber ihr jus prohibendi entweder in processu ordinario, oder petitorio, besser, als beschehen, ausgeführet, billig zu schützen; und mögen dieselben, ehe und bevor solches geschehen, vom Rath zu Zittau, daß sie das Roth-Gar-Leder bey denen Roth-Gerbern daselbst alleine nehmen und kauffen, mit Recht wider ihren Willen nicht angehalten werden. V. R. W.

CONSILIUM XIX.

Ob Handwercks-Weiber, die ihren Männern in ihrer Handwercks-Nahrung behülflich sind, sich zu Recht beständig für dieselben verbinden können?

Auf eingewandte Supplication, in Sachen, Annen Dorotheen Röseners, Caspar Heinrich Riepin Eheweibs, Supplicantin an einem, entgegen sel. David Heckern, nachgelassener Wittbe, und einige andere Creditores, Supplicaten, am andern Theil, erkennen rc. Daß zuvörderst, die vorhin ausgeklagte 21 Thlr. 12 Gr. Capital, samt denen a tempore moræ aufgelauffenen Zinsen, der darwider ein-

R

eingewandten Supplication ungehindert, zu bezahlen, und zu exeqviren, im übrigen aber derselben gestalten Sachen nach annoch deferiren, und Supplicantin mit ihrer Intervention, der dawider eingebrachten Exceptionen ungeachtet, zu hören sey. Daferne nun dieselbe mit dem Beweis ihrer illatorum ordentlich verfahren, auch, daß sie dieselbe, wann die sämtlichen Creditores aus ihres Mannes Gütern bezahlet werden solten, nicht mehr daraus wieder bekommen könte, allenfalls, da solches geleugnet werden solte, beybringen, mithin ihre Supplication in behöriger Zeit, wie Rechtens perseqviren würde, ergehet sodann weiter was Rechtens. Würden aber hingegen Klägere binnen gewöhnlicher Frist beweisen können, daß auch Handwercks-Frauen, darum, weil sie ihren Männern in ihrer Handwercks-Nahrung behülflich sind, für oder neben denselben sich Rechtsbeständig verbinden könten, oder sonsten deren Schulden tragen helffen müsten, wäre so dann Intervenientin abzuweisen, und und die Gerichts-Kosten zu erstatten schuldig. V. R. W.

Rationes decidendi.

Weil die Schuld der 21 Thlr. 12 Gr. ordentlich erkannt, auch die Urthel in Krafft Rechtens und zur Execution gediehen, ohne daß die Frau mit ihren Illatis vorhin sich angegeben, und dann Rechtens, quod res judicata aliis scientibus & tacentibus noceat:

l. pen. & ibi Dd. ff. de Re jud.

Als ist zuvörderst dabey es billig gelassen worden, die Ursache aber, warum wir die fürgeschützte Supplication nicht verwerffen können, bestehet darauf, weil aus den Acten weder in formalibus noch in materialibus ein zulänglicher Mangel daran erscheinet. Massen, was die formalia anbetrifft, so ist die Supplication am siebenden Tag nach dem Bescheide eingekommen, also nicht verspätet, und ob sie schon darauf abgeschlagen worden, so ist doch eine solche interlocutio, die nicht audita utrinque parte geschehen, nur ein nudum præceptum, welches von dem Herrn Richter wieder aufgehoben werden kan, und erwächst nicht in vim judicati.

l. 5, l. 4 Comm. epist. 1, 14 ff. de Re jud. l. 19 in fin. ff. de Rec. arb.

Wie denn auch dessen ungehindert, über die Qvalität der Supplication annoch zu erkennen angenommen ist.

Was aber die materialia betrifft, so wird zwar verschiedentliches fol. 125 wider die Intervention eingewendet, welches wir aber noch zur Zeit für zulänglich nicht halten können. Angesehen

1) doch aus den Ehe-Pacten erhellet, daß sie solches zu fodern gehabt, und ihr Ehemann, ehe er noch in Abgang der Nahrung gerathen, durch die Qvittung gestanden, daß ers bekommen; sie sich auch überdem auf Zeugen bezieht, und also im Verfolg sich zeigen wird, ob solches zum Beweis zulänglich, oder durch ihren Eid allenfalls zu supliren sey.

Und werden

2) die Fräuliche beneficia dadurch nicht gehoben, wenn eine Ehe-Frau an ihres Mannes Nahrung und Gewerbe Theil hat, und beydes von dem Genuß und von der Arbeit oder Mühe participirt, weil das allen Ehe-Frauen suo modo zustehet; sondern wann sie als eine wahre mercatrix auch vor sich

und zu ihrem absonderlichen Nutzen die Handlung treibt.

Gail. 2 Obs. 90 n. 5, 6. Mev. ad Jus Lub. lib. 1 tit. 5 art. 7 n. 115 & lib. 3 tit. 6 art. 21 n. 39, 40 & 41. Brunn. ad Auth. sive a me n. 7. C. Ad SCt. Vellej.

Welches wie es nicht anders als speciali pacto geschiehet, also zuvorderst solche pacta erwiesen werden müssen.

Brunn. d n. 7.

Massen sonsten eine Ehe-Frau nicht iure societatis negotiatoriæ, sed iure & officio uxoris concurrit, und operas uxorias præstirt.

Mev. dd. loc.

Daher folget, was dadurch erworben wird, in rem mariti versum intelligitur, obschon derselbe davon seine Frau officio maritali, nicht anders als wie seine Kinder und Gesinde, die eben sowohl operas filiales & domesticas præstando concurriren, officio patrisfam. erhalten muß.

l. 3 § 3 ff. de In rem vers.

Welches alles am wenigsten zweiffelhaft ist, in zunfftmäßigen Handwerckern, welche dem Mann und nicht der Frauen gehören, ob selbige schon von dem Mann davon erhalten wird, und darinne ihm uxoriis operis an Hand gehet; dahero wann

3) Eben dieses gefraget wird, ob sie correa debendi sey, da per Auth. si qua mulier C. de SCt. Vell. sie mit ihrem Manne bekanntlich keine correa debendi seyn kan.

Und 4) keine zulängliche renunciatio dieser Auth. si qua mulier enthalten, gestalten in der ersten Obligation fol. ❦ derselben gar nicht, sondern alleine SCto Vellej. wovon das beneficium ist; in der zweyten fol. 42 nicht specialiter,

vid. Joh. a Sande lib. 3 tit. 11 def. 4.

in keiner jurato renunciiret ist; welches letztere sonderlich nach allgemeiner Rechts-Lehre ad d. Auth. erfodert wird; Massen, weil außer dem SCto Vell. besonders durch dieses Beneficium d. Auth. verordnet ist, daß eine Ehe-Frau neben ihrem Mann propter metum & reverentiam sich nicht verbinden könne, so ist propter eandem rationem die renunciatio eben so ungültig, als die obligatio; Es sey dann, daß eidlich d. Auth. renunciiret worden, weil solches nach denen Regeln der Canonischen Rechten für beständig gehalten wird.

Bart. n. 4 & Dd. comm. ad d. Auth. Si qua mulier C. de SCto Vellej. Moller. p. 2 const. 16. Carpz. ad. d. const. 16 def. 1 & seqq. Joh. a Sande l. 3 tit. 11 def. 2. Rauchbar. part. 1 quæst. 34 num. 12 & 15.

Womit dann auch, was von ihrer Gefängniß ferner angeregt wird, hinfällt, und dahero wir nichts erhebliches in Actis finden, so wider die Intervention und Materialia eingebracht worden. Und ist hingegen bekannten und üblichen Rechtens, daß eine Ehe-Frau, wann die Creditores ihres Mannes Vermögen wegnehmen, und ihn ermittiren wollen, so daß sie wegen ihrer Illatorum wircklich periclitirt, alsdann interveniren könne, und, so weit solche erweislich sind, wider diejenige, so kein besseres Privilegium oder Vorrecht haben, zuzulassen sey. Angesehen sie sowohl eine Creditrix als die übrige, und darneben sonderlich privilegirt ist: gestalten dann auch solches also jure & usu fori hergebracht ist.

Mev.

Mev. part. 3 dec. 208 & part. 4 dec. 59.

Es beziehen sich zwar die Acta auf ein Statutum loci, cap. 14 §, so aber nicht bevaelegt ist. Ob wir nun zwar vermuthen, daß solches nach dem Inhalt anderer im Reich ausgegangenen Statuten und üblichen Gewohnheiten von besondern Negotiationen der Frauen zu ihrem besondern Nutzen, oder von wahren gemeinschafftlichen Handthierungen, nicht aber von zünfftigen Handwerckern, in welchen die Frau operas uxorias dem Mann prästirt, handele oder zu verstehen sey; so haben wir dennoch auf allen Fall den Beweis dem Klägern reservirt, und zu dem Ende dis Clausel der Urtheil angehänget „auch im übrigen, wie darinne enthalten, billig erkennet 2c.

CONSILIVM XX.

Ob derjenige, so für einen Lehrjungen gut gesagt „wenn dieser was veruntrauet, dafür zu hafften verbunden?

Auf elligervandte Revision, und erfolgte Antwort, in Sachen Fränz Philipp Mangbold, Klägers und Impetranten, an einem, wider Daniel Iselin, Beklagten und Impetraten, am andern Theil, erkennen wir Bürgermeister und Rath der Stadt Hamburg, auf eingeholten Rath der Rechts-Gelährten, für Recht; Daß es bey der am 27 October 1707 ergangenen Urtheil, der darwider fürgekehrten Revision ungeachtet; jedoch mit dem Anhänge zu lassen:

Daß die beyde abgehörte Zeugen, der geschehenen Publicationis attestationum ungehindert, nochmals über den Punct zu vernehmen, ob sie vermittelst ihres bereits in der Sachen abgelegten Eides, eigentlich wissen und sagen können, daß Beklagter nicht nur für die Treue und Redlichkeit des Jungen sein Wort gegeben, sondern auch absonderlich, was Kläger für denselben vorschiessen würde, zu bezahlen übernommen. Wann solches geschehen, und der vorigen Urtheil gelebet, ergehet sodann ferner was Rechtens V. R. W.

Rationes decidendi.

1) Obschon Impetrantischer Seiten fürgewendet wird, daß (1) aus des entlauffenen Kauffjungens Schreiben die Summe des Kostgeldes so wohl als dessen, so veruntreuet ist, zulänglich erwiesen; (2) Beklagter I. auch selbst gestanden, daß sie für Treue ihr Wort gegeben; und 3 durch beeidigte Zeugen bewiesen würde, daß sie für den Vorschuß, worunter auch das Kostgeld gehöre, gut gesprochen, (4) des Jungens Vater auch dem Beklagten aufgetragen, wegen Kostgeld-Spesen und Caution Klägern zu vergnügen. Und (5) wann an dem Beweis etwas gefehlet, Kläger ad suppletorium, laut Statuti zuzulassen. Vorab da (6) seine Handels-Bücher er zu beschwören befugt wäre. Oder (7) wenigstens, Beklagter des Jungens Hand difficiren, oder auch (8) was Kläger in Replicis sonderlich geleugnet, probiren sollen.

Alldieweil aber 1) zwar Beklagte Iselins gestehen, daß sie für Treu und Redlichkeit gut gesaget, solches auch durch die Zeugen erwiesen, und sie davon durch die mit des Jungens Vater erfolgte Correspondenz gar nicht erledigt sind; Klägern aber

Jurist. Oracul V Band.

auch dieses in vorigem Urtheil nicht aberkannt, sondern nur das Qvantum des Veruntreuten besser zu beweisen auferlegt, und dadurch er gar nicht gravirt ist. Maßen, des Jungen Schreiben und Bekentniß, ob es schon wider ihn selbst zurückig ist, dennoch wider einen Dritten, als wie der Beklagte ist, keinen Beweis machen kan, folgends besserer Beweis des veruntreueten Qvanti, ihme billig auferlegt; hingegen 2) Kost-Geld und andere Spesen, mit gutem Fug ihme abgeschlagen sind, und hierinne sein Eid in supplementum oder Handels-Bücher ihme nichts fürtragen mögen; angesehen dißfalls mit Beklagten nicht gestritten und gefragt wird, ob der Junge oder sein Vater das Kostgeld und den Vorschuß schuldig sey, sondern ob Beklagte auch für diese Schuld sich verbürget haben: so in Actis der Gebühr nicht erwiesen; maßen die Zeugen von dem Kostgelde überall nichts, von dem Vorschuß aber nichts beständiges aussagen; indem der erste Zeuge zwar ad Art. 2 Inter. 3, worinne des Vorschusses gedacht wird, solches insgemein bejahet; aber hernach ad Inter. 6, da er über die Worte gefragt wird, antwortet, daß er so genau es nicht sagen könte. Testi autem titubanti non creditur. Der zweyte Zeuge aber ad art. 2 Int. 3, ad Inter. 6 alleine nur von der Treue des Jungens deponirt; und ob er schon hernacher den Art. 3 generaliter affirmiret, dennoch dieser Artickel zweymembra hat, von der Treue und von dem Vorschusse; worauf er generaliter antwortet; anstat er über einen jeden Punct besonders gefragt werden, und antworten sollen; maßen sonsten der Beweis unvollkommen.

Ferrar. pract. in form. excip. contra pasc. verb. Multiplices. Bocer. class. 6 disp. 14 n. 36.

und daher, non obstante attestationum publicatione, diese Zeugen ihre Aussage zu erläutern schuldig, und zu dem Ende nochmals darüber abzuhören sind.

Carpz. de Process. tit. 14 art. 4 n. 39 & seqq.

Inmassen die Bürgschafften strictissimi Iuris sind, und ein Bürge weiter nicht belanget werden kan, als er versprochen zu haben, überwiesen ist; dißfalls aber gantz verschiedene obligationes und causae sind, Treue, Vorschuß und Kostgeld, welches alles distinctae causae obligationum sind, und wie die verba sonderlich in Bürgschafften stricte zu verstehen, also ein anders ein Vorschuß oder mutuum, ein anders Kostgeld ist; welches absonderlich exprimiret werden sollen, quia alias non expressa pro omissis habentur.

l. 99 ff. de verb. obl.

Ubrigens nicht genug ist, daß des Jungens Vater dem Beklagten aufgetragen, mit Klägern das Kostgeld, und die Spesen zu behandeln; weil solches keine fidejussio apud Actorem, sondern ein Mandatum zwischen Beklagten und des Jungens Vater, also res inter alios acta ist, woraus alleine mandans, nicht aber der Kläger Action anstellen kan; dem Beklagten auch frey gestanden, ein solch mandatum nicht anzunehmen, oder auch da er schon angenommen hatte, deme re integra zu renunciren.

§ 11 de Mandat.

Als ist, wie in dem Urtheil enthalten, billig erkannt worden.

Con-

CONSILIVM XXI:

Ob diejenigen, so krafft eines Privilegii in
ein Handwerck aufgenommen, paria jura mit
denen Mit-Meistern, wobey sie sich
recipiren lassen, zu geniessen haben?

Als uns ein Bericht, und Copie des Königl.
Rescripts vom 24 Jul. 1709 und eine Frage zugefertiget, und darüber unser rechtliches Bedencken
erfordert; Demnach achten wir Dec. Ord. &c.
befundenen und erwogenen Umständen nach für
Recht: Haben Ihro Königl. Majest. in Preußen
den Schlächtern auf der Königs-Stadt am 24 Jul.
1709 wie beyliegt die Gnade verliehen, daß sie auf
producirung ihrer Geburts- und Lehr-Briefe gegen
Darlegung 10 Rthlr. in dem Gewercke der Fleischhauer in Berlin auf und angenommen werden sollen,
so auch geschehen, und haben die Meister derer
Fleischhauer in Berlin, nicht nur auf allen Haupt-
Qvartalen, sondern auch in allen andern Hand-
wercks-Angelegenheiten und Zusammenkünfften
sie mit dazu fordern lassen, und vor öffentlicher Lade vor rechtschaffene ehrliche Meister gleich ihnen
erkannt, auch zeithero zugelassen, daß sie, die Fleischhauer auf der Königstadt, das Fleisch in Berlin
verkauffen mögen; Sie auch und ihre Gesellen ihrem Privilegio in allen Puncten nachleben, die
Kundschafften, mit in der Berlinischen Meister-
Lade legen, Lehrjungen einschreiben und lospre-
chen müssen; auch E. E. Magistrats Beysitzer beym
öffentlichen Hand-Wercke, bey Erlegung der 10
Rthlr. und Vorzeigung der Geburts- und Lehr-
Briefe ausgesprochen: Nun seyd ihr auch Meister
in Berlin; und könnet euer Fleisch verkauffen in
Berlin, wie auf der Königstadt; sie haben aber
dessen ungeachtet mit den andern ietzo Klage erhoben, nennen sie 10 Thaler-Meister, die mit ihnen nicht paria jura hätten, sondern gehöreten mit
ihrem Fleischverkauffen nur auf der Königsstadt,
solten Berlin damit meiden, da sie doch gleiche
onera und Handwercks-Lästen tragen. Und wird
demnach gefraget: Ob nicht die, so krafft ihres
Privilegii in ein Gewercke aufgenommen, paria jura mit denen Mit-Meistern, wobey sie sich recipiren lassen, zu geniessen haben?

Rationes dubitandi & decidendi.

Ob nun wohl ein auf einseitiges Suchen erhal-
tenes Privilegium andern zum Nachtheil nicht gereichen kan; in Rechten auch bekannt ist, daß solche Privilegia nicht anders verstanden werden, als
salvo jure tertii, und mit Vorbehalt eines ieden
andern Rechtens;

*l.13 princ. & §1 ff. de Tutor. dat. l. 40 ff. de Adm.
tut.*

Immassen denn auch die hohe Obrigkeit die
ertheilten Privilegia nicht anders verstanden haben
will, als so weit sie einem dritten nicht verkleinerlich
sind,

*l. 1 § 10 & 16 ff. Ne quid l. 8 ff. de stipul. prad.
l. 12 ff. de Relig.*

und sonsten sie auf ungleiche Vorstellung obre-
pticie erhalten zu seyn scheinen.

Rubr. & tot. tit. C. si contr. jus vel util.

Ferner auch es das Ansehen gewinnen mögte,
als wann das Privilegium allein dahin zu verstehen, daß sie nicht zu Berlin, sondern in der Königs-
Stadt alleine das Meister-Recht haben sollten: So
kan man doch aus dem Bericht nicht sehen, worauf
eigentlich der Streit beruhet, und was die Meister
von Berlin bey solchen berichteten Umständen für
Ursachen zu contradiciren haben könten; vorab
aber, ob die in der Königstadt darum angefochten
werden, weil keine Meister des Fleischhauer-Ge-
werckes, oder weil sie fremde, und keine Bürger
zu Berlin, sondern auf der Königsstadt sind. Angesehen das erstere darum nicht verstanden werden
kan, weil aus dem Königl. Rescript so viel erscheinet, daß sie nicht nur vor dem Privilegio schon Fleischer in der Königstadt gewesen, und daselbst das
Handwerck wircklich geübt, sondern auch in allerhöchst gedachtem Rescript ausdrücklich das Gewercke der Fleischer in der Königsstadt genennet
werden. Und dahero uns Bedencken macht, wann
sie schon in der Königstadt vorhin ein Gewercke
haben und üben, und also Meistere solchen Gewercks
sind, wie sie noch erst zu Berlin Meister zu werden,
und ein Meisterrecht zu verfertigen schuldig seyn
können, oder dazu eines Privilegii benöthiget gewesen. Massen entweder, da sie schon vorhin Ge-
wercks-Meistere sind, und in der Königstadt nach
Inhalt des Rescripts, solches getrieben haben, sie
allenthalben für Meister gehalten werden müssen,
und dazu keines neuen Privilegii bedürffen: oder
aber, da sie nicht Meister sind, auch in der Königs-
Stadt dafür nicht gehalten werden, und ein Gewercke haben können: wie sie doch vor dem Privilegio schon gewesen, und bereits in rescripto das
Gewercke in der Königsstadt genennet werden.

Das zweyte aber, eben wenig gemeynet seyn kan,
weil das Königliche Rescript dahin lautet, nicht daß
sie für Bürger, sondern daß sie für Meister gehalten, und ihnen nicht ein Bürgerrecht, sondern ein
Meisterrecht gegen Erlegung der 10 Rthlr. verstattet worden; zumahlen, da, wann schon die Königsstadt pro suburbio nur gehalten würde, dennoch in Rechten die suburbia cum urbe paria jura haben.

*arg. l. 1 §1. ff. de off. praf. urb. Hartm. Pract.
obl. tit. ult. Miscell. cap. 1 Observ. 24 Carpz.
Decis. illustr. lib. 1 dec. 2 n. 13 & seqq. Knipschild. de Civit. Imp. lib. 1 cap. 1 num. 79 &
seqq.*

Wie aber auch dem allen, und es wolle gleich
wider die Fleischer in der Königsstadt angezogen
werden, daß sie nicht Meister, oder daß sie fremde
seyn, so ist ihnen nicht nur ex privilegio regio
das Gewercke zu Berlin mit gewissem Beding
verstattet, sondern es hat auch dem Bericht nach,
das Gewercke zu Berlin mit Vorwissen und
Gutfinden des Magistrats verbis & factis darinne
gehelet, und seit den 24 Julii 1709 die Fleischer
in der Königs-Stadt für Mit-Meister vielfältig
agnosciret, zur Gemeine-Lade, des Gewercks Zusammenkünfften und andern des Gewercks Noth-
dürfftigkeiten zugelassen, mithin das Privilegium
völlig angenommen und erkennet.

Das Königl. Rescript auch auf die Königsstadt
nicht restringiret werden mag, weil so viel aus
dem Rescripto selbst man vernehmen kan, sie da
schon

schon ein Gewercke gehabt, es auch an den Magistrat zu Berlin gerichtet, auf dessen Gutbefinden ertheilet, und daß es zu Berlin eingerichtet werde, befohlen, auch also von wohlgedachtem Magistrat erkennet und verordnet, und von dem Gewercke zu Berlin angenommen worden: Als können wir nicht anders aus den angeführten Umständen schliessen, als daß die Fleischhauers in der Königs-Stadt zu Berlin das Gewercke des Fleischhauens so wohl, als die übrigen Meister exerciren mögen und in so weit paria jura haben. V. R. W.

de Cocceij.

CONSILIUM XXII.

Ob eine Innung, welche wissentlich und wohlbedächtig einen einer andern Profession zugethanen, ohne Vorbehalt und Einschrenkung zu ihrem Mitgliede an- und einnimmt, hernach nicht verhindern könne, daß selbigem nicht die Lade, wenn ihn die Ordnung treffe, könne übergeben werden?

Species Facti.

Es hat die gesamte Buchdrucker-Gesellschafft zu N. N. euch, ungeachtet ihr nur der Schrifftgiesserey zugethan, und diese erlernet, zu einem Mitgliede nach vorgehender Erlegung allen desjenigen, was bey der Gesellen- und Herren Antritt das Herkommen erfordert, euch dergestalt, daß ihr sodann aller der Buchdrucker-Innung zukommenden Beneficien fähig seyn sollet, auf- und angenommen, wie ihr denn auch alle halbe Jahre gehörige Einlage gegeben, zu den Zusammenkünfften und General-Sitzen erfordert, sowohl nach Gelegenheit, wenn ihr zu langsam erschienen, oder gäntzlich aussen blieben, dem Innungs-Gebrauch nach bestraffet worden; Hingegen nicht weniger in favorabilibus denen andern gleich geachtet, und eure Portion an eingebrachten Straf-Geldern erhalten: Nachdem aber nunmehro euch die Ordnung trifft, die Lade der Gesellschafft bey euch zu haben, und in Verwahrung zu nehmen, will gedachte Innung euch diesfalls übergehen, und zu solcher Ehre nicht zulassen; nach mehrerm Inhalt eures uns zugeschickten Berichts.

Rationes 1 dubitandi.

Wenn nun gleich an Seiten der Buchdrucker-Innung vorgewendet wird, daß ihr die Buchdruckerey niemahls erlernet, noch darauf gewandert, weniger darauf Meister worden, also ihr die Lade bey euch zu haben, und was der Innungs-Brauch, sonderlich bey Aufnehmung derer Gesellen und Herren erfordere, zu verrichten nicht capabel wäret;

Rationes 2 decidendi.

Dennoch aber und dieweil die Buchdrucker-Gesellschafft euren Zustand, und daß ihr nur ein Schrifftgiesser, wohl gewust, dessen ungeachtet aber euch zu ihrem Mitgliede, nach Leistung allen desjenigen, so ein Geselle und Meister erlegen muß, schlechterdings ohne einige Bedingung eingenommen, überdies ihr euch erboten, vor iedem General-Sitz die Lade dem folgenden Buchdrucker-Herrn ins Haus zu schicken, also die vorgeschützte im-

pedimenta wegfallen, die Buchdrucker-Gesellschafft ihr auch selbst beyzumessen hat, daß sie hierunter bey eurer Einnehmung sich nicht besser in Acht genommen, und wie es wegen der Lade zu halten, deutlich exprimiret, da sie doch solches vermöge der Rechte gar wohl thun, und solche eure Einnehmung in ihre Gesellschafft mit Setzung gewissen Ziels und Masse umtrencken können.

Decisio.

So erscheinet dannenhero allenthalben so viel, daß die Buchdrucker-Innung euch die Lade euch zu übergehen, und solche dem folgenden zu übergeben, nicht befugt, sondern selbige gegen euer beschehenes Erbieten euch zu überlassen schuldig. V. R. W.

CONSILIVM XXIII.

Ob ein Schneider, der in eines Fürsten Landen Meister worden, in einer andern Stadt aber, so in eben des Fürsten Landen gelegen, sein Meister-Recht exerciren, und zur Grab-Gesellschafft ohne Entgeld kommen könne?

Ist Sempronius ein Meister des Schneider-Handwercks zu Döbeln, als er eine Schneider-Witbe eures Ortes zu heyrathen entschlossen gewesen, auf vorhergehende 2 gnädigste Befehle durch den Rath zu Dreßden bey seinem diesfalls in die Churfürstl. Landes-Regierung eingegebenen Suchen geschützet, und dem Schneider-Handwercke daselbst, daß sie ihn allen Stücken vor ihren Mitmeister erkennen, und bey Begräbnissen, auch sonsten allenthalben also tractiren sollen, auferleget worden, und es verlanget derselbe Krafft solcher Andeutung, gegen 6 Pf. wöchentliche Einlage in die unter den Dreßdmischen Schneidern absonderlich aufgerichtete Begräbniß-Gesellschafft aufgenommen zu werden, so wohl daß ihme oder den Seinigen bey der ereigneten Todes-Fällen das gewöhnliche Quantum an Gelde daraus gereichet werden möchte, nach mehrerm Inhalt des uns zugefertigten Berichts und der Beylagen.

Rationes 1 dubitandi.

Ob nun wohl angeführet werden möchte, daß Inhalts des Documents sub C niemand in die Schneider-Innung zu Dreßden ohne Verfertigung des Meister-Stückes und Abtrag des dazu gehörigen Geldes aufgenommen werden dürffte, auch hiervon die Verheyrathung an eines Meisters Witbe keinesweges befreye; Ferner in dem gnädigsten Rescript Sempronio alle Kosten insgemein erlassen worden, und dahero, daß weiter nichts von ihm gefordert werden könne, vielmehr derselbe als ein Mitmeister, zu allen und ieden Befugnissen der andern Handwercks-Meister gelassen werden müsse, es das Ansehen gewinnet.

2. Decidendi.

Dennoch aber und dieweil der Schneider zu Dreßden Innungs-Artikel nur diejenigen Personen, so allererst Meister werden wollen, und dieser ihrer Geschicklichkeit halber eine Probe abzulegen haben, betrifft, Sempronius aber dergleichen zu Döbeln bereits zu Wercke gerichtet, also auch in andern Orten, zumahlen in denjenigen Städten, so unter einem Landes-Fürsten gehören, davor allerdings geachtet werden muß, auch das gnädigste Rescript

R 3 sub

sub C nach eingezogener gnugsamer Erkundigung diese Streitigkeit gäntzlich entschieden, und die Obrigkeit des Orts in der angeregten Verordnung den Inhalt sothanen Rescripts keinesweges überschritten: Hingegen die unter dem Schneider-Handwercke in Dreßden absonderlich aufgerichtete Begräbniß-Casse, darein er zur Zeit nichts eingeleget, ihme oder den Seinigen baares Geld gezahlet werden solle, mit Bestande nicht prätendiren kan, die ertheilte gnädigste Privilegia auch auf solchen Fall nicht füglich zu erstrecken sind.

Decisio.

Es erscheinet daraus allenthalben so viel, daß ermeldeter Sempronius zwar zu allen demjenigen, was in des Raths zu Dreßden diesfalls ertheilten Verordnung enthalten, ungehindert zuzulassen, in die erwehnte Grabe-Gesellschafft aber anderer Gestalt nicht als gegen Erlegung eines gewissen hiezu geordneten Geldes aufzunehmen. B. K. W. Anno 1695. M. Febr.   de Berger.

CONSILIVM XXIV.

Ob ein Handwerck einen, der sich seiner Geburt wegen nicht legitimiret, zum Meister-Recht zuzulassen schuldig?

Species facti.

Ist E. gesonnen bey der Schuster-Gilde zu B. Meister zu werden, welche von ihm prätendiret, daß er einen richtigen Geburts-Brief einliefern, und das Muth-Jahr bey einem Meister gebührend aushalten solle.

Rationes 1 Dubitandi.

Ob nun zwar E. einen gerichtlichen Geburts-Brief produciret, er auch eine Obrigkeitliche Concession ausgebracht, daß das Handwerck ihn ohne Muth-Jahr zum Meister-Recht zulassen solle, welche um so viel kräfftiger zu seyn scheinet, indem von dieser Obrigkeit die Handwercks-Artickel confirmiret worden, und derselben solche zu vermehren und zu vermindern frey gelassen.

2 Decidendi.

Weil aber dennoch ein iedweder, so Meister werden will, sich denen Statutis loci accommodiren muß, daselbst aber durch die einmal confirmirte Innungs-Artickel beyde Requisita conjunctim erfordert werden, daß nemlich ein richtiger Geburts-Brief eingeliefert, und das Muth-Jahr gehalten werde; das erste aber durch den übergebenen Brief nicht erfüllet. Denn wenn gleich der Error in prænomine von solcher Wirckung nicht ist, daß dadurch ein Instrument unkräfftig gemacht werden kan; so fehlet es dennoch daran, daß des E. Eltern im Geburts-Brieffe nicht exprimiret, vielweniger Zeugen abgehöret, die von dessen ehrlichen Geburt Nachricht gegeben, eines Judicis Protocollum aber nichts beständiges attestiren mag, hiernächst auch die Erlassung des Muth-Jahrs in einer Unter-Obrigkeit Gewalt nicht stehet, und dieses reservirte Macht, Innungs-Artickel zu mindern, Terminos habiles præsupponiret, wenn nemlich solches nicht ad unius hominis instantiam, sondern prævia causæ cognitione et deliberatione mit der gantzen Zunfft geschicht, zumal da bey diesem Fall kein speciale Interesse publicum concurriret.

Decisio.

So erscheinet daraus allenthalben so viel, daß das Schuster-Handwerck zu B. den E. bevor er sich wegen des Muth-Jahres mit ihnen verglichen, und einen bessern Geburts-Brief überliefert, zum Meister-Recht zuzulassen, nicht schuldig. B. K. W.
Sam. Stryk.

CONSILIVM XXV.

Ob ein Uibertreter der beschwornen Statuten einer Handwercks-Zunfft, weil er eidbrüchig worden, von der Handwercks-Gilde auszuschliessen? Und wem in diesem Fall das Recht darüber zu erkennen, zustehe?

An transgressor iuratorum statutorum collegii opificum ab horum consortio, ex capite periurii, possit removeri? Et cui hoc casu competat cognitio?

Species facti.

Hat U. B. ein Schuster und Bürger ihres Ortes, vor einigen Monaten, da die Schützen in G. aufgezogen, seine Büchse aus seinem Hause losgeschossen, und dadurch ohngefehr einen oben im Fenster gegen überstehenden Handschuhmacher-Gesellen getroffen, daß er des dritten Tages davon verstorben, darauf es nach angestellter Inquisition dahin gediehen, daß dem Inquisito die Relegatio auf 3 Jahr zuerkannt, an stat dessen er in 100 Fl. zu dem Armen-Hause senatu condemniret worden, deshalb die ehrliche Schuster-Gilde denselben gildenmäßig zu tractiren nicht vermeynet, und deshalb belehret seyn will:

Quæst. 1.

Ob nicht B. wegen notorie verübten Eidbruches, krafft angelegten Gilde-Artickels sub B, und seines gethanen eigenen Angelöbnisses der Schuster-Gilde verlustig worden sey?

Rationes 1 dubitandi.

Wenn nun gleich eingewandt werden möchte, daß ein ieder zu G. wohnender Bürger vermittelst seines Bürger-Eides schwören muß, sich denen Satzungen gemäß zu bezeigen, darinnen unter andern begriffen, daß bey öffentlichem Freyschiessen kein Bürger mit Gewehr in seinem Hause oder auf der Gassen, wodurch Leute pasiren, umgehen und schiessen solle, solches Edict auch alle Jahr erneuret wird, dessen ungeacht B. dennoch bey öffentlichem Aufzuge der Schützen geschossen, und dieses Unglück verursachet, auch dergestalt wider seinen Bürger-Eid gehandelt; und in einer ehrlichen Schuster-Gilde-Willkühr expresse enthalten, daß wenn ein Gilds-Bruder eidbrüchig würde, er alsdenn nebst seinen Kindern an der Gilde nichts mehr haben solte.

Rationes 2 decidendi.

Weil aber dennoch nicht 1) eine iedwede Uiberschreitung der beschwornen Statuten einen Meinseid mit sich führet, sondern 2) ad periurium in dolus reqviriret wird, ut quis periurii pœna affici possit.

Can. in dolo l. cauf. 22 qu. 2. Hering. de Fidejuss. cap. 19 n. 27. Seewer de Juram. L. 1 c. 27 n. 55.

Vbi

ubi 3) itaque per culpam iuramento non satisfit, proprie periurium non est,

Hering d. n. 117. Gilhausen in arbor. Criminal. c. 2 tit. 4 n. 14.

und in diesem Fall, daß B. den Schuß gethan, kein 4) propositum violandi Statuta Civitatis aut committendi periurium vorhanden gewesen, wie denn auch die erfolgte Entleibung und deshalb zuerkannte Strafe keine Infamiam nach sich ziehet, weil er nicht ob dolum, sondern nur ob culpam condemniret worden; condemnatus 5) autem ob damnum sine dolo datum, non sit infamis.

Per L. infamem 7 ff. de publ. judic.

ingleichen keine 6) pœna an und vor sich, sondern nur die Causa pœnæ infamiret,

L. ictus fustium 22 ff. de his qui not. inf.

Conclusum.

So ist derselbe dahero der Schuster-Gilde ex capite periurii für verlustig nicht zu achten.

Quæstio 2.

Die andere Frage betreffend:

Ob E. Edl. Rath zu G. contra Pactum sub A der ehrlichen Schuster-Gilde allda mit Fuge aufbürden könne, daß sie wider ihren Willen Inquisitum hinfüro Gildenmäßig tractiren müsse?

Rationes dubitandi.

Obgleich die Schuster-Gilde befugt ist, ohne Zuthuung und Confirmation eines Edlen Raths zu G. Statuta aufzurichten, der Rath auch mediante pacto sich dahin verbunden, ihnen in ihren Statutis keinen Eintrag zu thun;

Rationes decidendi.

Weil aber dennoch hieselbst kein casus, denen Statutis directo contrarius seu infamiam involvens, vorhanden, und also hieselbst nur die 7) quæstio iuris ist, an aliquis pro infami reputandus sit, vel non? Darüber allerdings dem Senatui als Judici ordinario die Cognition zustehet;

Conclusum.

So ist daher billig, daß sie sich hierunter des Raths Erkenntniß unterwerffen.

Quæst. 3.

Auf die dritte Frage:

Ob auf den Fall, da die ehrliche Schuster-Gilde diesetwegen vom Inquisito coram Amplissimo Senatu G. belanget werden sollte, E. Edler Rath in dieser seiner eigenen Sache cognosciren könne, und nicht vielmehr dieselbe, nach dem höchstpreißl. Kayserlichen Reichs-Hoff-Rath zu Wien oder Kayserl. Cammer-Gericht zu Wetzlar gehöre?

Rationes dubitandi.

Obgleich ihre Handwercks-Statuta nicht a Senatu, sondern vielmehr ex generali confirmatione Imperatoria dependiren, und also E. Edler Rath daselbst in ihren Privilegiis, Gerechtigkeiten und Willkühren zu beeinträchtigen, nicht befugt;

Rationes decidendi.

Weil aber hierdurch die Schuster-Gilde der Jurisdictioni Senatus nicht erimiret worden, sondern vor demselben ihr forum competens primæ instantiæ allerdings behalten muß, hier auch nicht die Frage ist, ob die Statuta recht oder unrecht, oder

che wider der Gilde Willen zu verändern seyn? sondern nur: Ob B. contra Statuta gehandelt? dergleichen Cognitio, an quis contra LL. Imperatoris in Imperio, an contra Constitutiones principis quis peccaverit? einem 8) ieden Unterrichter frey stehet, indem ihm die Interpretatio doctrinalis nachgelassen ist, dum non iudicat de Lege, sed secundum Leges, an scilicet contra illas peccatum sit, vel non?

L. 13 & 14 ff. de LL.

Conclusum.

So erscheinet daraus allenthalben so viel, daß die ehrliche Schuster-Gilde in dieser Sache die primam Instantiam coram Senatu G. zu decliniren nicht befugt sey. B. R. W. 1695.

S. Stryk.

CONSILIUM XXVI.

Ob diejenigen Kinder in ein Handwerck können aufgenommen werden, deren Eltern eines Verbrechens beschuldiget worden, das eine Lebens-Straffe nach sich ziehet?

Factum.

Als Hans Jacob K. wider die Gewandschneider Gilde zu Nordhausen eine Klage erhoben, ihn in ihr Collegium einzunehmen, die Gilde aber solches vermöge ihrer Litis contestation verweigert, und hierauf die Actus probatorius und reprobatorius also ergangen, daß bey jenem der Kläger zu seinen 8 Art. probat. einen Geburts-Brief beygebracht, dagegen aber von dieser, der Beklagten Seiten eine Exception-Schrifft bey denen Disputations-Gesetzen übergeben, und darinnen pro principali causa excludendæ actionis gebraucht worden, und gestalt das in Libello von Klägern angeführte medium concludendi pro insufficienti in reprobatione billig gehalten, so viel ihrer Seits dargethan, und bewiesen sey, daß die Gilde ratione receptionis in Collegium gar nicht auf die libellirte Erlernung des Gewandschnitt-Handels restringiret, oder daran gebunden, sondern die Aufnahme in die Gilde allein in mera facultate Collegii & Collegiatorum bestehe, welcher Freyheit aber, wann ihnen eine Person obtrudirt werden solte, allerdings zu entgegen liesse. So seynd darüber folgende Fragen zu erörtern vorgefallen:

1) Ob der von Klägern producirte Geburts-Brief in hoc actu probationis ordinariæ, pro sufficienti zu admittiren, und einen rechtsbeständigen Beweis gebe, bevorab da ein und andere bey gedachtem Geburts-Briefe gebrauchte Zeugen hernach wider einige Beschaffenheiten des Klägers darinnen gemeldeten Eltern ein Widriges in facto laut des der Exception-Schrift beygefügten Rotuli eidlich deponirt.

2) Ob nicht Beklagte ob debilitatem medii concludendi, wie gemeldet, von angestellter Klage, cum refusione deren vor und nach Veränderung der Klage verursachten Unkosten, und bis zum End-Urthel vorbehaltenen Unkosten zu absolviren, und hingegen sie vielmehr bey ihrer bishero gehabten freyen Exceptione recipiendi obrigkeitlich zu manuteniren seyn möchten?

Rationes

Rationes dubitandi & decidendi.

Wiewohl nun anfänglich und bey der ersten Frage 1) diejenigen Zeugen, so zur Aufrichtung des K. betreffenden Geburts-Briefes hiebevor erfordert worden, nunmehro ausgesagt, daß klagenden K. Vater einstens einen Hammel gestohlen haben solle. 2) Die eine Zeugin, Maria Fischers deponiret, als ob bemeldeten K. Vater einen eisernen Topf entwendet. Dieweil aber zum 1) die Testes, wie aus ihren Depositionen erhellet, singulares, hæsitantes, variantes, auch de auditu seyn, und zwar die Beschuldigungen von einer solchen Person gehöret haben wollen, welche selbst ein öffentlicher Dieb gewesen. Ingleichen als 2) die Zeugin nicht allein gantz arm, und dahero (bevorab aus denen Actis erweislich, daß man mit Versprechung ein und andern Zeugen zu corrumpiren getrachtet), nicht omni exceptione major; sondern auch über das Testis unica ist, auch de alio furti genere und zwar eben wohl de auditu deponiret.   Hingegen (1) das von klagenden K. sub signo ☿ producirtes Documentum publicum seiner ehr-und ehelichen Geburt und Herkommens von euch recognosciret, und an demselben sonst kein Mangel angezogen werden können.   Dannenhero es freylich in hoc ordinario in eum finem, worzu es produciret worden, plene probiren muß, auch (2) sub signo ☉ seines gewesenen Lehrherrns Christoph Windolts in Nordhausen Lehr-Brief de An. 1659, worinnen derselbe ihn zum Lehr-Jungen auf 8 Jahr gedingt, dazu kommt. Und nicht allein 3) von eben gedachtem Windolten durch eidliche Aussage, daneben bekräftiget wird, daß der Kläger K. sowohl solche seine Lehr-Jahre ehrlich ausgestanden, als hernach in seinen Diener-Jahren gantzer achthalb Jahr sich treu und ehrlich verhalten; sondern auch 4) ihm durch viele andere unverwerffliche Personen eines redlichen und unverwerfflichen Lebens und Wandels Zeugniß gegeben wird.

So ist solchemnach nicht abzusehen, was an oft-gedachten K. quoad vitam inculpatam & honestam, oder auch seines ehrlichen Herkommens halber, desideriret, und auf was Weise insonderheit der von ihm herfürgebrachte Geburts-Brief untüchtig gemacht werden könne. Zumahl dann über dieses alles, wann auch gleich K. Vater ein Schäfer gewesen, und in specie mit dem Auswircken umgangen wäre, oder auch gar gestohlen hätte, deren aber doch keines erwiesen; dennoch er, der klagende K. dessen ungeachtet, und wann ihm etwa sonst nichts hinderlich seyn würde, in die Gilde aufgenommen werden müste.

vid. Policey-Ordnung zu Franckfurt de An. 1577 tit. 38 § 1. Imo & Excoriatorum der Abdecker filii recipiendi sunt. Schneidewein ad § Non autem Instit. d. inoff. Testam. Richter Dec. 80 n. 2. neque adeo die Sauschneider abinde arceri possunt.

Juxta Habnium ad Wes. Tit. de his qui not. infam. fol. 158.

ut nec filii, quorum pater vel mater de atrociori crimine diffamati fuere,

Dav. Mev. Part. V Dec. 118.

imo nec illi, quorum parentes ob commissum crimen ultimo supplicio affecti sunt, velut multis rationibus deducit

Benedictus Carpzovius P. 2 Dec. 192.

Vielmehr ist aus den Zeugen-Aussagen zu befinden, daß Klägers Vater in 40 Jahren der Kühe nicht gehütet, (qua ratione si hoc ipsum vile esset vitæ genus, deposita ea vilitate, velut desinente causa, ne quidem ipse parens Actoris ab Opificum Collegio arceri potuisset.

Juxta Mev. Lib. IV ad Jus Lub. Tit. 13 art. 3 add. ad n. 39.

er auch niemahl mit dem Auswerffen umgangen, sondern dasselbe Hans Peter zu Clettenberg über 30 Jahr verrichtet habe.   Er der Vater habe sich sauerlich und ehrlich ernährt; der Mutter Vater Caspar Buße sey nicht einst ein Schäfer, oder doch seine meiste Lebens-Zeit ein Schneider gewesen, auch seine Söhne in die Zunfft genommen worden.   Der Kläger habe ein und andermahl des Sommers die Amts-Lämmer abgewehnet, welches alles andere Handwercks-Meister und insonderheit der Metzger Kinder ums Lohn auch thäten, aber dahero nicht vor Schäfers-Jungen gehalten würden. So ist auch in denen andern rotulis, ausser dem Clettenbergischen nicht das geringste, so denen Beklagten zu statten kommen könnte, und im Klettenbergischen neben demjenigen, so vorhin abgelehnt worden, unter andern in Depos. Test. 1 & 2 ad art. reprob. gleichwohl auch dieses befindlich, daß Klägers Vater niemanden was gestohlen, weder jemanden betrogen noch belogen habe.

Was nun hiernechst die andere Frage de medio concludendi, dessen der Kläger sich gebraucht, anbelanget; obwohl die Gilde dasselbe um deßwegen nicht für zulänglich halten will, dieweil die Gilde diese Eigenschaft habe, daß die Gildegenossen, nach freyem Belieben, und ohne Absehen, ob sich der recipiendus auf den Gewandschnitt verstehe, und solchen erlernet habe oder nicht, denselben in die Gilde aufzunehmen und davon abzuhalten, befugt seye, welches sie daraus erweislich zu machen gedencken, dieweil in solcher Gilde sich nicht wenig Personen und sogar auch Literati befinden, welche sich auf den Gewandschnitt niemahlen begeben, noch darüber die Lehr-Jahre ausgestanden, auch 2) die Gilde sich dahero um Annehm- und Lossprechung der Jungen nicht bekümmere.

Nachdem aber jedoch aus denen ietzt angezogenen momentis diejenige Freyheit, welche darzuthun die Gilde sich angemasset, nicht dargethan; Gestalt es zum 1) nicht folgt, es werden auch Gelehrte und des Gewandschnitts unerfahrne mit in die Gilde genommen; deßwegen können andere dessen erfahrne davon abgehalten werden: sondern vielmehr sollen diejenigen, so ihre Lehr-Jahre ausgestanden, darzu um so vielmehr verstattet werden, dieweil auch sogar andere, die des Gewandschnittes unerfahren seynd, mit eingenommen zu werden pflegen: woran auch der Gilde selbst und dem gemeinen Wesen gelegen ist: Und ist nichts neues, daß bevorab in einigen grossen Städten, ubi Democratiæ vel simpliciter vel ex parte locus ist, die Gelehrte sich zu einer oder andern Gilden begeben, aber doch deswegen kein eintziger Handwercker, so nur præstanda præstiret, davon zurück gewiesen wird. Daß aber bey der Gewandschnitt-Gilde sich um die Aufdingung und Lossprechung der Jungen von den Gildegenossen nicht bekümmert werde; daraus folgt nicht, daß

man

man auf die Lehr-Jahre, und daß darinnen sich einer
redlich gehalten, bey der Exception kein Absehen habe; sonst hätte des Klägers Lehr-Herr bey seiner Aufdingung nicht versichern dürffen, daß es mit dem
Geburts-Briefe noch Zeit sey, wenn er hiernechst
losgesprochen würde; Auch die Gildegenossen selbst
nicht vonnöthen gehabt, sich dergestalt grosse Mühe
und Kosten zu machen, in perquirendis per tot
loca natalibus & vita anteacta des Klägers und
seiner gantzen Freundschaft.

Uiber dieses wolte dergleichen angemaßte Freyheit
der Gewandschneider-Gilde denen gemeinen Rechten zuwider seyn. Siquidem ius commune cuilibet
permittit artes exercere, quas didicit in quolibet loco: nisi etiam statuto requisitis debitis
instructo, libertas ea restricta reperiatur.

Ern. Cothmann Vol. 3 consl. 93 n. 66.

At vero de eiusm. statuto hic non constat; nec
etiam penes ipsa Collegia situm est, ut aliquem
ad Collegii consortium inhabilem reddant.

H. Pistor. P. I qu. 30 n. 25.

Quapropter, si oiusmodi statutum vel maxime
exstaret, id ipsum tamen ne quidem attendendum foret.

*Per doctr. Mevii in lib. IV ad Jus Lub. Tit. 13 art. 3
add. ad n. 39 p. 117 ibi:*

Statuta Collegiorum ad id non sufficiunt, nempe
ut quem iure aut libertate privent, eumque ad
Collegium inhabilitare velint, quatenus Iuri
communi aut rationi contrarientur & vel. ad
proprium commodum vel ad aliorum æmulationem odium & invidiam tendunt.

*Conf. eund. P. 3 Dec. 38 n. 5 & in dict. Tit. 13 art.
add. ad n. 1.*

ubi impedimento & noxis Collegiorum adscri-
bit, quando arbitrio suo collegium sancit, quos
sibi associare velit, & dum alios ex quovis fere
prætextu plerumque efficto, plerosque enim
meliores artifices excludunt, aut multifariam
affligunt, non paucos a cœtu civium & incolatu arcent. At hæc, ait, & similia ex abusu sunt.

Daß wir dannenhero um ob angeführter und anderer mehrer Ursachen willen das medium concludendi, dessen sich der Kläger bedienet, nicht allein
pro sufficienti halten, sondern auch anders nicht
befinden können, denn daß von ihm solcher Grund
seiner Klage zur Gnüge, wo nicht überflüßig, dargethan und erwiesen. Auch in Erwegung aller Umstände die Gewandschneider klagenden K. in ihre
Gilde ohne fernern Anstand mit einzunehmen, auch
ihm hierüber die von ihm angewendete Kosten zu erstatten, und der ihm durch solche unnütige Vorvei-
gerung zugestossener und erlittener Schäden halber
mit ihm sich billigen Dingen nach abzufinden gehalten
und verbunden seyn. Alles V. R. W.

CONSILIVM XXVII.

Wie die Privilegia, welche zu des Dritte-
manns Schaden ertheilet, auszulegen seyn.

Species Facti.

Haben C. und I. die F. Vater und Sohn, nebst
ihrem Schnurmacher-Handwerck auch mit allerhand geringen Waaren Handel getrieben, und als

Jurist. Oracul V Band.

sie gemercket, daß ihnen solches von der Cramer-
Innung nicht möchte gut geheissen werden, haben
sie sich Anno 1693 den 25 Jun. an die gnädigste Landes-Herrschaft gewendet, derselben supplicando
vorgestellet:

　Wie sie nebst ermeldeten ihrem Handwerck ihre
　Nahrung durch Verkauffung einiger Kleinig-
　keiten, nemlich Grütze, Hirse, Leinsaamen und
　dergleichen, so eben keine sonderliche Wissen-
　schaft vom Cramer- und Kauf-Handel erfor-
　derten, zu erwerben suchten, und dabey gebe-
　ten, daß sie bey ihren üblichen Handlung ge-
　lassen, und, weil keine eigene Höcken-Gilde
　in H. wäre, zu welcher sonst ihre Handlung
　gehörte, Ihro Hoch-Fürstl. Durchl. Kraft
　Landes-Fürstlicher hoher Macht und Gewalt
　der Cramer-Gilde in Dero Stadt H. ohns
　Verstattung Rechts-Processes zu befehlen ge-
　ruhen wolten, daß dieselbe sie die F. in Dero
　Gilde gegen billige Abfindung einnehmen
　müssen;

　Worauf sie auch am 8 Jul. besagten Jahres ein
　Hoch-Fürstliches Rescript an den Rath zu H. des
　Inhalts erhalten, daß der Rath der Kramer-Gilde
　auflegen solte:

　Daß sie die F. in ihre Gilde aufnehmen, sie auch
　ihrer bisherigen Nahrung und Handel lassen
　müsten, welches der Gilde an ihrem erhaltenen
　Privilegien ohnschädlich, auch künftig ohne
　Conseqventz seyn solte,

welchem Rescript ihrer Seits nachzuleben, die F.
nicht allein durch ihre Unterschrift bezeuget, sondern
auch gegen die Gilde sich ausdrücklich erkläret
haben:

　Daß sie keine Waaren mehr, als sie bishero ge-
　habt, und andere von ihrer Handthierung
　hätten, feil zu haben verlangten,

worauf sie auch in der Kramer Gilde aufgenommen
worden; Ist C. F. nachhero verstorben, und hat
sich der Sohn, J. F. unterfangen, ausser vorerzehlten, auch allerhand lange Waaren, als Cattun,
Parchent, Rasch, und dergleichen, anzuschaffen, und
feil zu haben, welches die Cramer-Gilde nicht zugeben können, sondern sich desfalls bey dem Rath
zu H. beklaget, und um ein Mandatum Inhibitorium an ermeldeten F. Ansuchung gethan haben,
Worauf der Rath terminum zum Verhör angesetzet, und nachdem solches vor sich gegangen, den
21ten Dec. 1697 erkannt hat,

　Daß die Kramer-Innung schuldig wäre, inner-
　halb 4 Wochen beyzubringen, daß dem be-
　klagten F. die Gilde mit der ausdrücklichen
　Erklärung, sich hinkünfftig der langen Kram-
　Waaren zu enthalten, zugeschlagen, und von
　demselben respective angenommen worden;

Wider welchen Abschied die Kramer-Innung zwar
des beneficii supplicationis sich bedienet, es ist
aber die interponirte Supplication darnechst als
ohnerheblich verworffen worden, und als die Innung darwider eine Appellation an die Hochfürstl.
Regierung zu W. eingewendet, hat sie die formalia introducendæ appellationis nicht beobachtet,
weshalben auch solche Appellation abgeschlagen
worden. Hat sich darauf, nach etwa 2 Monaten,
die Kramer-Innung an Ihro Hochfürstl. Durchl.

S　　　　　　　　　　　selbst

selbst gewendet, ihre Nothdurfft vorgetragen, und
am 8ten Julii 1698 ein gnädigstes Rescript an den
Rath zu H. erhalten,

Daß, weil das von denen F. Anno 1693 erhaltene
Rescript klar im Munde führe, daß sie nur
bey ihrer damaligen Nahrung und Handel
solten gelassen werden, der Rath, was die F.
damals vor Waaren gehabt, sich erkündi-
gen, und sie zugleich dahin anhalten solt, daß
sie ihren Handel zum Präjudiz der Kramer-
Gilde nicht extendirten;

Es ist auch, obgleich F. mit einer weitläufftigen
Gegen-Vorstellung bey Ihro Hochfürstl. Durchl.
eingekommen, am 11ten August besagten Jahres
noch zur Zeit bey dem vorigen am 8ten Julii ertheilten Mandato gelassen worden, und weil sich F. nicht
allein hierdurch, sondern auch durch das a Senatu
nach eingekommenen gnädigstem Rescript vom 8ten
Julii an ihn ertheilte mandatum inhibitorium
vom 15 Julii 1698 des Inhalts:

Daß er keine andere Nahrung und Handel, als
dessen er bis zum 8 Julii 1693 und zu der Zeit,
da er deshalber am 25ten Junii selbigen Jahres an Ihro Hochfürstl. Durchl. suppliciret
gehabt, und darauf die Kramer-Gilde gewonnen, sich bedienet, hinfüro gebrauchen und führen, auch seinen Handel der Kramer-Gilde
zum Nachtheil nicht extendiren solte,
höchst beschweret befunden, hat er darwider des
beneficii supplicationis sich bedienet, wogegen die
Kramer-Gilde mit ihrer Exceptions-Schrifft bereits eingekommen, und also förderlichst ein Urthel
in der Sache vermuthet wird, daher dieselbe anfänglich berichtet seyn wollen:

1) Ob sie sich nach dem in der Exceptions-
Schrifft gethanen petito eines obsieglichen
Urthels wohl zu getrösten haben?

Rationes dubitandi.

Ob nun wol gegenseitig vorgewendet wird, daß
die Kramer-Gilde sich an ihrem Beweis versäumet
habe, indem in dem Abschied vom 21ten Dec. 1697
der Terminus probatorius auf 4 Wochen gesetzt
gewesen, welcher von der Zeit an, da die an Hochfürstl. Regierung interponirte Appellation am 22ten
Mertz 1698 abgeschlagen worden, zu lauffen angefangen, die Kramer-Gilde aber solchen nicht beobachtet, sondern zwey gantze Monate stille gesessen, bis
sie den 18ten May d. a. sich an Ihro Hochfürstl.
Durchl. gewendet habe, und dabey Rechtens sey,
quod terminus probatorius sit peremtorius, &
de momento in momentum currat, ut ipso jure
istius lapsus excludat labi patientem, seu intra
illum probare negligentem.

Mev. P. 7 dec. 36. Carpz. P. 1 cons. 16 def. 4 seq.
und ob sie gleich darauf vor sich ein favorabel Rescript erhalten, ihr dennoch solches nicht zustatten
kommen möge; weil sie den gerichtlichen Verlauff
der Sachen, und daß F. ex lapsu termini probatorii schon ein jus quæsitum erlanget, in dem übergebenen Supplicato verschwiegen, und also erwehn-
tes Rescript vitio sub- & obreptionis behafftet
sey, dannenhero auch das a Senatu ertheilte
mandatum inhibitorium von keinen Kräfften seyn
könne, als welches sich auf sothanes Rescriptum
gründet, ja obgleich auch hernach am 11 August 1698

es bey vorigem Mandato gelassen werden wollen,
dennoch solches Mandatum dadurch nicht kräfftig-
get werden können, weil es, wie F. eigene Worte
n. Act. 32 lauten, unter diejenige zu rechnen; quæ
contra jus elicita & proinde ab omnibus judicibus refutanda sint.

L. 7 C. de prec. Impr. offerend.

Hiernächst was den beygebrachten Beweis an sich
selbst betrifft, F. vorgiebet, daß der von der Kramer-
Gilde ad Acta gegebene Extract aus dem Innungs-
Buch ein pur erdichtetes Werck sey, auch noch einige
aus der Kramer-Gilde im Leben wären, welche bey
geschehener Reception in der Gilde gegenwärtig gewesen, und allenfalls eidlich erhalten könnten, daß
die Annehmung in solche Gilde unter der angegebenen Bedingung, keine lange Waaren zu führen,
nicht geschehen sey, hergegen aber Beklagter die
volle Gilde-Gelder erlegen müssen, er zugleich von
der Gilde zu der grossen Morgensprache gleich andern Gilde-Genossen gezogen worden, den Wachs-
Pfennig gleich andern erleget, und mit dem Contri-
butions-Quanto höher, als vorhin, nemlich als ein
Kramer, beleget worden sey, daher er auch billig mit
allem demjenigen zu handeln freye Macht haben
müsse, was andern, die in der Kramer-Gilde sich
befinden, zugelassen sey.

Rationes decidendi.

Dieweil aber dennoch die Regel, daß nach verflossenem termino probatorio kein Beweis ferner
zu verstatten, viele Abfälle hat, und aus erheblichen
Ursachen iemand contra lapsum istius termini
wohl kan restituiret werden, welches beneficii sich
insonderheit collegia und universitates zu erfreuen
haben,

*Brunnem. proc. civ. c. 18 n. 15. Carpz. de proc. tit.
13 art. 1 n. 173 seqq.*

und solche Restitutio allhier durch Ertheilung des
Rescriptes von 8ten Julii 1698 bereits würcklich geschehen, es auch dabey, obgleich Gelegenheit durch
weitläufftige Schrifften solches zu hintertreiben gesuchet, dennoch am 11 August besagten Jahres gelassen worden ist, und also vicium sub- & obreptionis demselben nicht opponiret werden kan, auch
hiernächst, und da iedem Richter bey solcher Bewandniß eine oder andere Partey wider solchen
lapsum termini zu restituiren zugelassen ist; vielmehr die hohe Landes-Obrigkeit solches zu thun bemächtiget gewesen, cum & alias probatio in secunda instantia admittatur, etsi in prima terminus probatorius a judice præscriptus sit elapsus,

Mev. P. 8 dec. 49.

Absonderlich da vom Gegentheil vor Erhaltung
der ersten Rescripti keine Ungehorsams-Beschuldi-
gung übergeben worden, und bekantem Rechtens
ist, quod terminus non labatur, si pars adversa
lapsum non urgeat,

Id. ad jus Lub. P. 5 tit. 8 art. 2 n. 25 seqq.

zu geschweigen, daß das Rescript vom 8 Jul. 1698
nichts anders, als eine Interpretatio authentica
Rescripti prioris ist, welche, wenn gleich gar kein
remedium contra lapsum termini übrig gewesen
wäre, dennoch wohl erbeten werden können: Hiernächst aber aus dem von beyden F. übergebenen
Supplicato deutlich zu sehen ist, daß sie damahls
mit keinen langen, sondern nur mit dergleichen Waaren

ren gehandelt, welche sonst vor die Höcker gehören, sie auch weiter nichts begehret haben, als daß sie nur dabey gelassen, und solchen Handel ferner fortzuführen, in die Kramer-Gilde aufgenommen werden möchten. Ferner das Hochfürstl. Rescript ausdrücklich im Munde führet, daß die F. bey ihrer bisherigen Nahrung und Handel nur gelassen werden solten, unter welches Rescript beyde F. diese Worte geschrieben:

Bekennen hiermit, diesem Hochfürstlichen Rescript nachzuleben,

welches nach vernünfftiger Erklärung so viel heisset:

Bekennen hiermit, daß wir nach Inhalt dieses Rescripts nur angenommen werden, wir keine andere, als die bisherige Nahrung und Handel treiben wollen;

Bey welcher Bewandniß nichts schaden würde, wenn auch gleich diese Bedingung bey der geschehenen Reception laut des Innungs-Buches nicht ausdrücklich wäre wiederholet worden, welches doch aber vermöge besagten Buches geschehen, und selbiges so lange Præsumtionem veritatis vor sich hat, bis von Beklagten ein anderes erwiesen worden; wowider gar nicht hindert, daß Beklagter die volle Gilde-Gelder, und den Wachs-Pfennig gleich andern entrichten müssen, ingleichen derselbe zu der grossen Morgensprache gefordert, und ihm höhere Contribution, als vorhin, aufgelegt worden wäre, weil dieses alles mit der unter gewissem Bedinge geschehenen Reception nicht streitet, sondern sehr wohl beysammen stehen kan:

So erscheinet daraus allenthalben so viel, daß die Kramer-Innung eines obsieglichen Urthels, wie in dem petito der übergebenen Exceptions-Schrifft n. Act. 46 gesuchet worden, allerdings denen Rechten nach, sich zu getrösten habe.

2) Auf die

Andere Frage

erachten wir vor Recht:

Wollen dieselben ferner berichtet seyn:

Ob der Schnurmacher J. F. pendente hac lite einige so genannte lange Kramer-Waaren sich zulegen dürffen, welche er sonst vor Anno 1693 den 8ten Jul. zur Zeit des erhaltenen Hochfürstlichen Rescripts nicht gehabt, noch geführet hat?

Rationes dubitandi.

Obwohl J. F. anführet, daß er nach erlangtem solchen Hochfürstl. Rescripto mit dem Kram-Handel sich besser zu helffen gelernet, welchen er An. 93 noch nicht verstanden, und also auch dergleichen Waaren, wie ietzt, damals nicht führen können, überdem auch sein ietziger Handel, gegen andere zu rechnen, nur noch in Kleinigkeiten bestünde;

Rationes decidendi.

Dennoch aber und dieweil bey der vorigen Frage ausgeführet worden, daß vermöge ertheilten Hochfürstlichen Rescripti vom 8ten Julii 1693 J. F. keine andere Waaren, als er damahlen gehabt, zu führen berechtiget sey, er auch kein besser Recht dadurch erlangen mögen, wenn er gleich nachhero den Kauff-Handel besser, als vorhin erlernet, cum in decidendis controversiis non factum, sed jus considerari oporteat,

Jurist. Oracul V Band.

Fincke lib. obs. 100 n. 13.

nec quæ sunt facti, ea possint tollere, quæ sunt juris,

Arg. L. 8 ff. de his, qui sui vel alien. jur.

und endlich ihm gar nichts wider den klaren Inhalt des Hochfürstlichen Rescripts vorzunehmen frey gestanden, wannenhero die Ausflucht, daß die besagtem Rescripto zuwider angeschaffte Waaren, in Vergleichung mit andern Kramern annoch für Kleinigkeiten zu achten, F. nicht zu statten kommen mag, privilegia enim principis, quatenus in præjudicium tertii tendunt, stricte sunt accipienda,

L. 2 § 10 & 16 ff. ne quid in loc. publ. Tusch. pract. concl. Lit. R. concl. 211 n. 1. Menoch. l. 3 præsum. 97 num. 15.

So ist J. F. auch pendente hac lite einige so genannte lange Kramer-Waaren, welche er sonst vor Anno 1693 den 8ten Jul. als zur Zeit des erhaltenen Hochfürstl. Rescripts nicht gehabt, noch geführet hat, zuzulegen nicht befuget gewesen.

3) Auf die

Dritte und letzte Frage

erachten wir vor Recht:

Wird gefraget:

Wie die Seiden-Kramer-Innung sich wider den Schnurmacher F. am besten ferner schützen, und demselben die Handlung der noch Anno 1693 den 8ten Jul. etwa zugelegten langen Kramer-Waaren am sicherste hinwieder legen oder verwehren könne?

Rationes dubitandi.

Ob nun zwar sonsten, absonderlich wenn der Kläger sein habendes Recht in continenti erweisen kan, wider den andern, welcher Neuerungen macht, durch scharffe Pœnal-Mandata, ohne Verstattung ordentlichen und weitläufftigen Processus, und wann solchen nicht Folge geleistet wird, durch die wirckliche Execution verfahren zu werden pfleget, auch die Seiden-Kramer-Innung das ihr wider F. zustehende jus prohibendi der langen Kram-Waaren aus seinem eigenen Supplicato und darauf ertheilten Hochfürstlichen Rescripto sofort zu erweisen vermag:

Rationes decidendi.

Weil aber dennoch die Sache einmahl Rechtshängig und dem Schnurmacher wider das ergangene Mandatum Inhibitorium, das Beneficium Supplicationis zugelassen, auch von den Parteyen darüber verfahren worden;

So ist auch die Seiden-Kramer-Innung nunmehro das nechstens erfolgte Urthel zu erwarten schuldig; es ist aber dieselbe, wenn solches Urthel, wie nach Ausführung der 1sten Frage rechtlich zu hoffen, vor sie ausfallen solte, sodann um die Renovation des am 15 Jul. 1693 von dem Rath zu H. ertheilten mandati inhibitorii, und wann F. darauf nicht pariren solte, um die wirckliche Execution, und daß ihm die dem Hochfürstlichen Rescripto zuwider zugelegte Waaren weggenommen werden mögen, anzusuchen wohl befugt, und hat sich disfalls von dem Rath rechtlicher Willfahrung, denen Rechten nach, zu versehen. V. R. W.

C. Thomasius.

CON-

CONSILIVM XXVIII.

Ob die im Kriege von den Frantzosen den
Englischen Kaufleuten zur See genommene
und in Franckreich von Teutschen Kauff-
leuten gekauffte, und ins Reich gebrachte
Waaren für contreband zu halten?
Oder ob selbige als ein Reprise
zu confisciren?

Species Facti.

Cajus, ein Reichs-Bürger hat, durante bello,
mit Kayserl. Special-Permißion, seine in Lyon ge-
führte Handlung, an seinen in der Schweitz verbür-
gerten Tochtermann, und dessen Compagnie, doch
mit Beybehaltung seines Interesse dabey, übergeben.
Und weilen durch einen Frantzösischen Armateur, von
denen Engelländern eine starcke Prise von Levanti-
schen Waaren, als Indigo, Cottoni, Coffee rc. gemacht worden; welche zu Nantes feil geschlagen,
und von einer starcken Compagnie erhandelt worden,
worunter sich auch unterschiedliche Genfer, Schweizer
und Teutsche befinden, so haben ermeldte des Caji seine
Leute, welche die Handlung unter ihrem Rahmen
führen, von ermeldeten Genfern auch zwey Ballen
Cottons-Leimwand eingethan; willens, dieselbige,
als eine anhero passable, und oder Tariffa expresse
begriffene Waare nach Holland über-Teutschen
Boden zu senden: Allermassen sie selbige, solches Absehens, wircklich nach Basel gehen lassen.

Nun hat E. hochlöblicher Schwäbischer Kreis
vor einigen Jahren eine Tariffa auffsetzen lassen von
denjenigen Waaren, welche, mit dem Imposto, aus
und in die Schweiz, auch ausser der Hostilien, aus
und in Franckreich gehen können: Und ist bey deren
Verfassung Cajus selbsten, als Kreis-Deputatus,
gesessen; und gleichwie selbige also aufgesetzter vom
hochlöbl. Kreis approbiret worden; also hat er nie
anders gewust noch gesehen, als daß ermeldeten Cottons oder Indianischen Leimwand der Paß anhero
undisputirlich gelassen worden.   Und weilen die
Passage von Basel, wegen der Völcker, etwas unrichtig angegeben werden wollen, und man dannenhero solche lieber von dannen wieder zurück,
und über Lindau und Nürnberg gehen lassen wolte,
so hat Cajus zu allem Uberfluß, etliche Wochen
vorher, ehe die Waare den Reichs-Boden betreten,
bey eines Hochlöbl. Kreises in Lindau verordnetem
Præside über die Impost- und Con-
treband-Sachen bestellten Judicii, welcher auch anhero die Pässe den Waaren, nach Befindung derselben, ertheilet, oder abgeschlagen, angemeldt, ihm
alle Beschaffenheit dieser Waare entdecket, und
auf Befragen, ob solche passabel? in Antwort erhalten, daß er sie gantz sicher könnte lassen hergehen,
und trüge man keine Difficultät, selbige mit einem
Kreis-Paß zu begleiten.

Nun ist zwar nicht ohne, daß von hocherfagt
einem Hochlöbl. Kreis-Directorio, zu Conservation des Impost- und Contreband-Wesens, dem
Hochfürstl. Baadischen Hof-Rath, Herrn Octavio rc. die Commißion und Direction aufgetragen
worden, und darauf derselbe sich in Lindau wircklich eingefunden, und bey geraumen Monaten daselbsten traiteniret.   Es ist aber darbey in der Tariffa nicht allein keine Aenderung nicht gemacht;
sondern auch dem vorherigen und continuirenden
Herrn Præsidi seine Gewalt, wenigst als viel disseits
wissend, und, aus dessen actibus zu sehen gewesen,
nicht limitiret worden; gestalten auch eben damalen,
als obige Anfrage von Cajo geschehen, sein des
Herrn Præsidis Antwort und Resolution, absolute,
ohne einige Remißion, oder Verweisung an Herrn
Octavium, der selbiger mahlen nicht in loco gewesen, erfolget ist.

So balden aber die Waare angelanget, so ist
selbige zwar nicht von dem Herrn Præside; sondern
auf angeblichen Befehl wohlermeldten Herrn Octavii, von dem anwesenden Fiscal-Procuratore, alsobald hand-fest gemacht, und unter dem Prætext oder
Nahmen einer Reprise bey löblichem Kreis-Gericht
belanget, auch daselbsten wircklich vor Contreband
erkläret, und dem Fisco adjudiciret worden: Unangesehen mit allen Umständen remonstrirt worden,
daß man (1) die Waare bona fide, (2) auf vorherige Requisition des Judicis ordinarii; (3) mit
dessen Consens und Wissenschafft aller Umstände,
nach seiner ietzmaligen eignen Bekenntniß; (4) auch
auf gegebene Parole, solche mit gewöhnlichen Pässen zu versehen, (5) als eine von Natur innocente
und in der Tariffa expresse enthaltene; (6) auch
anhero bey andern undifficultirlich paßirte Waare,
auf den Reichs-Boden gehen lassen; (7) daß auch
von eben dieser Englischen Prise andere gleichfalls
der Tariffa unterleibte, und aus Franckreich gekommene Effecti ohne Anstoß paßiret; auch selbige
(8) als in der vierten und nicht mehr in Frantzösischer Hand stehend, vor eine Reprise nicht könne
geachtet, und widrigenfalls, ohnedem nicht dem
Kreis; sondern, jus postliminii, denen Schaden
gelittenen Engelländern zugehörig wäre: (9) Daß
auf diese Weise man meynen müste, (so man doch
von dem Herrn Præside, nach dessen iederzeit gebrauchter Realität und Aufrichtigkeit, keines weges vermuthen kan), daß man sich contra Jus Gentium zu Herüberbringung der Waare inducirt befände: Und (10) dergleichen mit Willen eines Hochlöblichen Kreises, dem er Cajus hingegen (11) doch
so viel gute Dienste geleistet, zu geschehen nimmermehr glauben könne; ja vielmehr (12) in Contrarium exempla habe, da einigen exteris, welche
von den Kreis-Contreband-Commißariis ihre in
Franckreich originarie fabricirte und gemachte
Waare auf den Reichs-Boden zu bringen dolose
inducirt worden, ermeldte Waare judicio contradictorio wiederum ledig geschlagen, und an Hand
gelassen worden: wie dann auch (13) in dubiis ohnedem contra Fiscum, und (14) allhier um so mehr
zu sprechen seyn wolle, weilen die Waare, so lange
sie in Händen der Engelländer gewesen, gar ausser
aller Disputation vor passabel gestanden, und da
sie nunmehro wieder in fremder Hand, auch wiederum billig pro tali zu halten: Ja es haben (15)
viel Engelländer und Holländer selbsten unterschiedliche Sorten der ihnen also hinweg genommenen
Waaren wiederum erkauffen lassen: welche dem
Käuffer allenthalben frey und ungehindert erweislich paßirt worden.

Entstehet also die Frage: Ob, nach anhero angeführten Umständen, diese beede Ballen Quæstionis mit
Bestand

Bestand Rechtens immermehr vor eine Reprise oder Contreband gehalten und angesehen werden können, und ob nicht vielmehr, aus vorgekommenen Ursachen, und darunter sonderheitlich wegen ertheilter Parole des Herrn Præsidis, die Waare vor innocent zu declariren, und entweder durch das Reich zu passiren, oder wenigst dem Cajo, oder seinen Leuten, des Absehens vollkommen wiederum an Hand zu geben sey, damit solche zurück und dahin geführet werden möge, wo sie sich vor ertheilter Parole befunden hat?

Nachdem nun ich Endesbenannter freundlich ersuchet worden, über diese Qvästion meine rechtliche Gedancken schleunigst zu überschreiben, so habe, zu Förderung der heilsamen Justitz, dieselbe in reifes Bedencken zu ziehen keinen Umgang nehmen sollen; und weilen dieselbe in zwey Membra sich abtheilet, in deren erstern zu untersuchen: Ob die quæstionirende zwey Ballen Cotton als Contreband-Waaren? Und im andern: Ob selbige, als eine Reprise, der Confiscation von Rechts wegen unterworfen? so erfordert die Nothdurfft, deren iedes besonders zu examiniren.

So viel nun hiebey das erste Membrum concerniret: Ob dieser Cotton, als Contreband-Waaren habe können confisciret werden? So hat es zwar wohl, ersten Augenblicks, einig Ansehen, als ob auf dasselbe mit Ja zu antworten; aus dieser hauptsächlichen Consideration, daß in deren, sub dato den 6 Novembr. Anno 1697 von der Röm. Kayserl. Majest. allergnädigst ertheilten Confirmation deren, wegen diesen Krieg über in Schwaben regulirten Commercii-Wesens, Contrebanden, und imposto gemachten Verordnung, in Artic. 4 per expressum enthalten, daß die aus Franckreich kommende Waaren, generaliter, alle vor contreband zu halten, deren Einfuhr halber auch NB. die geringste Dispensation nicht stat haben; sondern alles, so in solche Qvalität fällt, so gleich confisciret werden solle: Mit dieser notanter angehängten Ausnahme, daß von diesem Verbot der Einfuhr nur etliche wenige, so nicht ad Luxum; sondern ad necessitatem vitæ dienen, und nirgends her als aus Franckreich zu haben, als da sind Saffran, Grünspan rc. zu eximiren.

Wann nun alle und iede aus Franckreich kommende Waaren in das Reich einzuführen generaliter verboten, und alle solche Waaren, da die nicht specialiter in dicto Articulo 4to excipirt, pro Contrabandis seu illicitis Mercibus, angesehen werden sollen, so scheinet es fast ein Latus per se zu seyn, daß auch von diesen zweyen Ballen Cotton kein ander Judicium gefället werden könne, und dahero die Pœna Confiscationis jure optimo maximo decretirt worden sey.

Sicut enim nativus huius nominis Contraband significatus in præsenti, universas illas merces complectitur, quæ ex terra hostili, contra istam saluberrimam prohibitionem, in Imperium importantur, dictione hac ab Italis ad nos translata, quibus Bando, inter alia, est publica prohibitio vel proclamatio, notante du Fresne, in Gloss. voc. Bandum, & Bandire, vel bannire idem innuit, quod publico banno edicere, statuere: du Fresne, d. l.

Sic, ut di bando illud fere vocetur, quod Prin-

cipis vel Magistratus permissu sit, & in specie quod vendere publice permissum, cuiusque commercium haud prohibitum est: & e contra di contrabando, quod facere vel vendere prohibitum est, sicque Robbe di contrabando, merces illicitæ, quasi dicas contrabando, seu contra publicam proclamationem, Legisque specificam prohibitionem,

Martini, in Diss. de mercib. illicit. cap. 1 § 21, Galaniz. de vectigal. jure cap. 5 num. 1. Dietherus in addit. ad Besoldi Thesaur. pract. voc. Krieg, & Contraband, Fritsch. in Append. ad Besold. ead. voc.

ubi etiam Germanos, Hispanos, Gallos, atque alios populos sua dictam dictionem Civitate donasse, & omnis generis prohibitas Merces illa significare, scribunt:

Ita certum videtur, quod, cum in laudata modo ordinatione universæ ex Gallia profectæ merces, generaliter, pro illicitis & prohibitis mercibus, seu contrabandis, & ob istam qualitatem, confiscabiles declarentur, ista adeo generaliter dictata pœna etiam impræsentiarum locum obtineat. Cum utique ille, qui dicit omne, nihil exclusum velit; per congesta Barbosæ locupl.

axiomat. lib. 13 cap. 21 axiom. 1.

Et exceptio certarum duntaxat mercium, quoad reliquas omnes, contrariam regulam supponat & firmet;

L. 12 § 43 vers. denique ff. d. instr. vel instrum. leg. L. 12 d. testib. Bartol. Decius, Cagnolus, & Dares commun. ad L. 1 de reg. jur. Barbosa axiomat. lib. 5 cap. 23 axiom. 24.

Et ejusmodi generalis ec enixa dispositio tantumdem operetur, acsi singulæ species sub genere prohibito contentæ specifice & sigillatim enumeratæ essent.

Barbosa lib. 7 cap. 2 axiom. 11.

Vor das zweyte, wann gleich in proposito Herr Cajus sich darauf bewerffen wolte, daß er eines Hochlöbl. Schwäbischen Kreises in Lindau verordneten Präsidi des daselbsten über die imposto und Contraband-Sachen bestellten Judicii, noch ehe er die Waaren quæstionis von Basel nacher Lindau führen lassen, von derselben Beschaffenheit umständliche und völlige Nachricht gegeben, auch demselben, ob ihme, solche herein zu führen erlaubet oder nicht? specialiter gefragt, und dieser hierauf ihme nicht allein die Verwilligung darzu ertheilet, und daß er die Waaren ohne alle Gefahr in das Reich bringen dürffe, Versicherung gegeben; sondern ihme noch ferner dieselbe mit einem Kreis-Paß zu begleiten Versprach gethan: So scheinet iedoch, daß solches ihme der Ursachen nicht zu statten kommen könne, alldieweilen in mehr gemelder von Ihr. Kays. Majest. allergnädigst confirmirter löblichen Kreises-Verordnung, juxta supra notata ausdrücklich enthalten, daß wegen dergleichen aus Franckreich kommender Waaren Einfuhr auch die geringste Dispensation nicht stat haben solle. Dann weil dieses eine Sache ist, die Herrn Cajo, als einem vornehmen Handelsherrn, nicht verborgen seyn können, oder wenigstens nicht sollen, so will es das starcke Ansehen gewinnen, daß ermeldten Herrn Präsidis ertheilte Verwilligung und Verspruch

G 3

spruch eines Passes ihme nicht relevirn könne.

Qui enim aliquid scire debuit & potuit, tam est in culpa, quam ille qui scit;

L. 5 ibique Glossa, Bartol. Bald. Angelus, Jason, Salycetus d. reb. credit. L. 15 Cod. de resc. vendit. L. 7 § 2 ibique Dynus ff. pro empter.

Et qui scire quid potest, nec tamen scit, perinde habeatur, acsi sciret.

Cap. ult. X. de clandest. despons.

Unde dicunt, quod ille, qui negligit scire, quod scire debuit, nulla excusatione dignus existimetur;

Can. ideo prohibetur 15 in fin. distinct. 37. Fulv. Pacian. consf. 107 num. 8. Æmil. Verallus Dec. 107 in fin.

Et cum quilibet LL. scire teneatur;

L. 1 L. 2 ff. de LL. L. 9 Cod. eod. L. 12 Cod. d. jur. & fact. ignor.

proinde nec quemquam eorundem ignorantia excuset vel relevet.

L. 7 L. 9 ff. de jur. & fact. ignor. Bertazzol. Consult. decis. 2 consf. 203 num 3. Vultej. in consf. Marpurg. vol. 2 consf. 30 num. 184.

Unerachtet aber dessen, und was irgends noch weiter von gleichem Schlag vorgebracht werden möchte, bin ich deren beständigen rechtlichen Meynung, daß die quästionirende zwey Ballen Cotton, sub nullo prætextu vor contraband angesehen, oder sub isto titulo als confiscabel, angesprochen werden können, aus nachstehenden Rationibus:

Dann da wird allerforderst in Facti specie notanter gemeldet, daß als ein hochlöbl. Schwäbischer Kreis, vor wenig Jahren, eine Tariffa von denjenigen Waaren, welche mit dem imposto aus und auch in die Schweitz, auch (ausser den Hostilien) in und aus Franckreich gehen können, aufsetzen lassen, in derselben auch dergleichen Indianische Leinwand, oder Cottons, als ein species innocenter Waaren, nominatim angezeichnet, und diese Tariffa von hochlöbl. Kreis nicht allein approbirt; sondern es auch bis acto dergestalten damit gehalten worden, daß man in specie wegen solcherley Mercium niemanden einigen Eintrag oder Anspruch gemacht; sondern selbige iederzeit ungehindert passiren, ja gar mit Pässen begleiten lassen: wovon dann Herr Cajus, als der bey Auffsetzung mehrgemeldter Tariffa als Kreis-Deputatus, selbsten gesessen, ungezweiffelt und völlige Wissenschafft hat.

Quemadmodum ergo frequentissime fit, ut a bellum gerentibus hujusmodi publicæ significationes etiam ad alios populos edantur, quibus illi declarant, an & in quantum commercia eum hostibus permissa esse velint;

notante Grotio d. J. B. & P. lib. 2 cap. 2 num. 6 in not.

Quæ si insuper habentur, a negotiantibus eisdem spernentibus eo magis excusata haberi debet subsequens manus injectio;

juxta ea, quæ legimus apud Marquardum de jure merciator. lib. 1 cap. 16 n. 20. Thuan. histor. lib. 96 ad Annum 1589. Meurs. histor. Danic. lib. 18 11. Cambden. ad Ann. 1589 & 1595.

ubi multa de talibus inter Anglos & Hanseaticas Civitates controversiis leguntur;

Ita si quis iisdem conformiter agat, & pet-

missas in illis merces invehat, vel evehat, tunc nec illa gravissima confiscationis, neque aliud pœnæ genus, salva justitia, pedem figere poterit: cum certissimum Juris principium sit, quod, ubi nulla subest culpa, ibi etiam nullus cuicunque pœnæ relictus sit locus;

L. 131 ibi: Pœna sine Fraude esse non potest ff. d. V. signific. L. 22 in verbis: Ibi esse pœnam, ubi & noxia est Cod. d. pœn. L. 8 ibique Ddr. Cod. d. legat. Hartmann. Pistor. lib. 1 q. 30 num. 27.

Et ubi nulla demonstrari potest culpa, ibi etiam nullum possit esse delictum, vel pœna delicti.

Cap. cum voluntate 54 X. d. sentent. excommunicat. Cap. sine culpa 23 d. Reg. Jur. in 6. Cap. 6 vers. Hi quoque X. de homicid. Thomas de Thomasset in flor. leg. leg. 283.

Ut adeo id, quod culpa caret, & legitime factum est, in damnum revocari Jura haud patiantur.

per L. 4 Cod. ad L. Jul. de adulter. Augustin. Barbosa in axiomatib. voc. culpa axiom. 16.

Pro secundo, wann auch in solcherley Fällen, da iemand zugleich verbotene Waaren, seu indubias contrabandas, in einem andern ballot innocente Waaren gepacket und eingeführet, diese, wann sie zumahlen andern Personen zuständig seyn, nullatenus angefochten noch abgestossen; sondern ohne einigen Aufenthalt frey passirt, und mit der Einführung oder Confiscation bloß gegen die eigentliche Contraband-Waaren procediret werden solle; Allermassen in mehr besagt allergnädigster Kayserlichen Confirmation, disertis his verbis, disponirt zu befinden, in sæpe cit. artic. 4.

Auch der rechtlichen Billigkeit gemässer zu seyn erachtet

Antonius Matthæus in tract. de auction. lib. 2 cap. 7 num. 6. Jacob. Wissembach. in Dispp. ad pandect tit. de publican. vectigal. & commiss. th. 25. Struv. exerc. ad π 39 th. 50. Brunnemannus ad L. 11 num. 3,

ubi contrariam consuetudinem iniquam appellat

Joh. Marquardus, de jure mercator. lib. 2 cap. 4 num. 31,

ubi istam communiter a Ddbus receptam sententiam nuncupati

Alberic. Gentil. Advocat. Hispan. lib. 1 cap. 20. Christinæus Decc. Belgicar. vol. 3 Dec. 101 num. 15. Bocer. de regal. cap. 2 num. 210. Gölniz de regali vectigal. jure cap. 5 num. 3.

Wie viel eher werden dann in præsenti, Herrn Cajo, und seinen Leuten, diese gantz innocente, und in der Tariffa zur freyen Einführung specialiter erlaubte Waaren, ohne einige Ansprach Confiscit- und Einziehung vorbehalten werden mögen? da in jenem andern Fall, ubi nempe simul prohibitæ & licitæ merces invehuntur, nicht wenige Rechts-Lehrer deren Meynung seyn wollen, quod tam licitæ, quam prohibitæ, Confiscationi obnoxiæ sint;

per L. 3 Cod. de fun. naut. L. 11 § 2 d. publican. vectigal. & commiss. Struv. d. l. Petr. Ferrariensis in form. lib. sup. solut. pedag. Petr. Frider. tr. de mandat. lib. 2 cap. 43 § 8 num. 16. Guido Papæ Dec. Gratianop. 572. Nicol. Botrius Dec.

178 num. 24 & sq. Joh. Bapt. Costa de facti scient. & ignor. consuet. 1 distinct. 46 num. 2. Ziegler. d. jurib. Majest. lib. 2 cap. 12 § 5. Conferat. Marquardus de jure mercator. lib. 2 cap. 4 num. 34.

Für das dritte ist hierbey fürnemlich und hauptsächlich zu considerien, daß wenn auch dergleichen Indianische Leinwand oder Cotton ex numero mercium prohibitarum, sive contrabandarum, durch ermeldete Tariffa nicht specifice excipirt; sondern diesfalls noch einiges Dubium abhanden wäre, oder auch, der Ursachen, daß in specie diese zwey Ballen Cottons nicht in Franckreich gezeuget, sondern denen Engelländern durch einen Französischen Armateur abgenommen, und nachgehends zu Nantes öffentlich verkaufft worden, einige dubitatio erregt werden wollte; nachdem jedoch Herr Cajus hierinnen alle mögliche Sorgfalt und Vorsichtigkeit angewandt, die in solcherley Fällen ein ehrlich und fleißiger Handelsmann immer, non saltem ad dolum; verum etiam culpam a se amoliendam, anwenden sollte, könte, oder möchte, indem er nemlich des auf das Imposto- und Commercien-Wesen von dem Hochlöbl. Kreise nach Lindau verordneten Judicii Herrn Præsidi, welcher ie und allweg vor die in und aus Franckreich, auch in und aus der Schweitz gehende Waaren, nach Befindung derselben, die Päsfe ertheilt, oder selbige abgeschlagen, die wahre Beschaffenheit dieser Waaren entdeckt, und, auf Befragen: Ob dieselbe paſsabel? in Antwort erhalten, daß er selbige gantz sicher hergehen lassen könte, und man dieselbe mit einem Kreis-Paß zu begleiten keine Difficultät trüge; So zeigt sich von selbsten, daß dieser Waaren Confiscation mit einigem Bestand nicht erkannt werden können.

Certe enim si in genere Confiscatio, ex unanimi omnium sententia, non aliter obtinet, quam si dolus malus ejus, contra quem princeps vel magistratus eandem exercere vult, liquido demonstretur;

ut ex Jasone, Ploto, Carpano, Decio, & Ddb. commr. testatur Sebastianus Guazzinus, tract. de Confiscat. bonor. in Conclusionis 13 limitat. 7. pag. mihi 34.

Si in specie, ex capite defraudati portorii seu vectigalis, merces non aliter in commissum cadunt, seu in fiscum coguntur, quam si quis merces, quas invehit, vel evehit, apud publicanum dolo malo non indicet; ac proinde ad pœnam commissi fundandam dolus malus præcise, & quidem ab illo, cujus merces sunt propriæ, commissus requiritur;

tex. express. in L. 8 verbis: fraudati vectigalis Crimen. L. 11 § 2 L. 16 § 10 ibi: Non per Fraudem, sed per Errorem. & § 11 d. publican. vectigal. § commiss. Reichs-Abschied zu Augspurg d. Anno 1530 §. miewohl auch der Abschied 92 ibi: Daß leichtfertige muthwillige Personen die Zöll fürsätzlich muthwillig verfahren.

Ac proinde, si mercator suas merces decenter professus fuerit, tametsi publicanus nihil exegerit, ista pœna haud obtinet; sed sola mercium, ad istam pœnam prorsus amoliendam, professio sufficit;

d. L. 16 § 12 ff. d. tit. ibique Brunnemannus num.

11. Matthæus tr. de auction. cap. 7. Struv. exerc. ad n. 39 th. 52.

Itemque in casu, si mercator vel vector, partem mercium occultaverit, & tantum cæteras professus fuerit, pœna Confiscationis non nisi in tantum, in quantum Dolus in non profitendo commissus est, locus conceditur;

Bertachin. tract. de gabell. num. 8 & 9. Rosentbal. de feud. cap. 5 concl. 41 num. 2. Joh. Bapt. Villalobos in commun. opinion. voc. Gabella, ubi scribit, banc sententiam esse communem. Paulus de Castro ad L. Si laborante § Cum in eadem ff. ad L. Rhod. de jact. Loccenius de jure marit. lib. 1 cap. 8 § 7. Marquard. d. jure mercator. lib. 2 cap. 4 num. 30. Sixtin. de regalib. lib. 2 cap. 6 num. 191. Mevius ad Jus Lub. pqrt. 2 tit. 3 art. 6 n. 11.

Imo, si ex concorditer ab omnibus Ddbus recepta sententia, pœna privationis, sive propter omiſsam Mercium professionem, sive aliam ob causam, non aliter quisquam affici debet, vel potest, nisi fuerit in Dolo;

Baldus lib. 5 conf. 229 num. 2. Rolandus a Valle lib. 3 conf. 42 num. 19. Ludolph. Schrader. de feud. part. 9 secundæ part. sect. 7 n. 9. Marquard. d. lib. 2 cap. 4 num. 41. Regner. Sixtin. d. cap. 6 num. 193. David Mevius d. artic. 6 num. 15 ibi: Si fraude omittatur. Klock. de contribution. cap. 19 num. 539.

ubi Dolum hujus pœnæ necessarium & substantiale Requisitum appellat.

Et e contra quævis Causa sufficere creditur, ut Mercator, vel Vector, ob Gabellam non solutam, ab ista Pœna excusetur; ut in terminis

Crevetta conf. 905 num. 8. Menoch. conf. 98 num. 12. Surdus conf. 307 num. 20. Marquardus d. l. num. 42. Mevius d. l. num. 16

in verbis: Quicquid excusat a Fraude, eximit a Pœna.

Sub quo ergo vel colore, impræsentiarum, isti rigidæ Pœnæ locus tribui poſset, cum tamen in Cajo non saltem nulla Doli vel Fraudis suspicio hæreat; sed is omnia palam, cum specifico his rebus præpositæ Curiæ præsidis præscitu, imo plane ab ipso, de secura harum Mercium invectione, etiam libello (quem Jctus vocat in L. 4 § 1 de publican.) ad publicanos, sive publicæ fidei Schedula ei promiſsa, durch Versprechung eines Kreis-Paß oder Paß-Zettels, certior redditus, atque ita vel maxime bona fide peregit?

Pœna namque commissi Dolum malum & fraudem semper præsupponit, habent verba nobilissimi Domini a Gölniz,

d. tract. de regal. vectigal. jure cap. ult. num. 6 pag. nob. 262.

ibi: Pœna enim commissi.

Neque aliter illi Pœnæ locus decernitur, quam si de Delicto, atque animo fraudulento, qui in dubio notorie haud præsumendus; sed ab eo, qui illum allegat, probandus.

tex. Cardinalis in L. 18 § 1, ubi ita Ulpianus: Qui dolo dicis factum aliquid, docere Dolum admiſsum debet ff. d. probation. Abbas lib. 1 conf. 48 num. 3 vers. Tertio probo. Beretta conf. 53 num. 5. Roland. a Valle vol. 3 conf. 42 num. 16. Rutger.

Rueger. Ruland. de commissar. part. 4 lib. 2 cap. 5 num. 59. Sixtin. d. l. num. 195. Gölniz. d. p. 262. Judicantibus constet.

Caspar Ziegler. de jurib. Majest. lib. 2 cap. 12 § 2. ibi: Juvanda & promovenda sunt commercia &c. & § 8, ubi ita:

Ut, inquit, pœna commissi obtineat, necesse est, scienter Dolo malo res sint celatæ.

Klock. d. cap. 19 num. 539.

ubi scribit: In causa defraudati Vectigalis inprimis Dolum, ceu necessarium & substantiale requisitum, probari debere.

Surd. conf. 307 num. 19. Bertazol. conf. trimia. 256 n. 13. Jos. Ludovic. concl. 15 num. 79.

Ubicunque vero Dolus ab aliquo abest, ibi etiam pœnam, soli Dolo præstitutam, cessare debere, res loquitur ipsa, & plenæ hinc inde loquuntur Leges.

Conferat. præter supra adductos txx. Lex 7 § 4 d. jurisdict. Lex 23 § 2 in verbis: Cæterum si quis Errore, si Casu fecerit, cessabit. Edictum ff. de Ædil. Menoch. conf. 28 num. 23.

Und wenn man gleich, viertens, Herrn Cajo dieses entgegen halten wollte, daß, nach dem von eines hochlöbl. Schwäbischen Kreises Directorio, zu Conservation des Impost- und Contraband-Wesens, dem Hochfürstl. Baden-Badischen Hof-Rath, Herrn Octavio, die Commißion und Direction noviter aufgetragen worden; auch derselbe sich hierauf in Lindau wircklich eingefunden, und bey getaumen Monaten daselbsten trattenirt, von derselben Zeit an die Gewalt denen Handelsleuten, diese oder jene Waaren ein- oder auszuführen, facultatem zu ertheilen, auch dieselbe, hoc nomine, mit guten und gültigen Pässen zu versehen, nunmehr nicht mehr bey wohlgedachter Curiæ præside; sondern vielmehr bey ihm, Herrn Octavio, gestanden; und dahero das alles, was zwischen mehr wohlgedachtem Domino Præside, und ihme, Herrn Cajo, verhandelt worden, ihm nicht zu statten kommen möge: So ist doch, pro primo, ex præmissa Facti Specie hieber zu erholen, daß, ungehindert dessen, daß Herrn Hof-Rath Octavio, in diesen Affairen, das Directorium eingeräumt worden, iedennoch im übrigen nicht nur in der Tariffa keine Aenderung gemacht, sondern auch dem vorherigen, und bis daher continuirenden Herrn Præsidii seine Macht und Gewalt, zum wenigsten, so viel Herr Cajus hievon in Erfahrung gebracht, und aus seinen Actionen zu sehen gewesen, nicht laminirt worden; sondern alles, in so weit, in seinem ungeänderten statu verblieben; Wannenhero diese Einrede im wenigsten nichts in den Weg legen kan. Und wenn gleich, Secunda, Herr Cajus hierinnen einen Irrthum begangen, und, an stat, daß er sich bey Herrn Hof-Rath Octavio hätte anmelden sollen, er hingegen den Herrn Præsidem per Errorem begrüßt hätte; so dienet doch hierauf zur beständigen Antwort, daß er dieses, non vana simplicitate delusus, sed justißimo errore commotus gethan, um willen er, nemlich, auch nach des Herrn Hof-Raths Octavii Ankunfft, den Herrn Præsidem das alles, was er, in Krafft seines characteris, vorhero gethan, noch immer verhandeln, und ohne Aenderung darinnen verfahren gesehen, dieser Error ihm gar nicht zu Schaden gereichen könne.

Tum per ea, quæ in simili Vlpianus nos docet, in L. 3 princip. in verbis: Si quis Patrem familias esse, credidit, non vana simplicitate deceptus, nec juris ignorantia; sed publice Pater familias plerisque videbatur, sic agebat, sic contrahebat, sic muneribus fungebatur, cessabit SCtum ff. d. SC. Macedon.

Tum præcipue ex eo, quod, ut hactenus prolixius evictum fuit, ad hoc, ut pœna Commissi obtineat, Culpa plane non sufficiat; sed Dolus malus, seu dolosum propositum præcise requiratur. Quid vero proposito seu dolosæ Voluntati (omnia in universum maleficia distinguenti, autore Paulo, in L. 53 princip. de furt.) tam contrarium est, quam Error, imperitiam detegens, & omnem in Errante Consensum excludens?

L. 15 d. jurisdict. L. 116 § 2 d: R. Jur. L. 4 § ult. Si quis caution. jud fist. c. fact. non obtemp. L. 35 d. A. R. D. L. 9. in verbis: Cum ullus sit, Errantis consensus Cod d. jur. & fact. ignor. Cardinal. Seraphinus Dec. 190 num. 2 Cels. Bargalius tr. de Dolo lib. 2 cap. de Dolo vero & præsumpto divis. 1 num. 47. Sigism. Scaccia tr. de commerc. & camb. § 2 Q. 7 part. 2 ampliat. 9 num. 77. Menoch. conf. 279 num: 20.

Tum, quod inde tunc quoque, si quis, ex probabili aliquo errore, suas Merces haud professus sit, atque ita Magistratui, in solutione vectigalis seu portorii, damnum aliquod intulerit, pœna Confiscationis omni modo remissa censeri debeat,

in. tx. expreß. in L. fin. § 10.

ibi: Divi Fratres rescripserunt, cum Quidam non per Fraudem, sed per Errorem in causam commissi incidisset, ut duplo vectigali contenti Publicani servos restituant, ff. d. publican. post Rol. a Valle, & Beroium,

Caspar Klock. de contribut. cap. 19 num. 540. Struv. exerc. ad π. 39 tb. 52. Peregrin. tract. de jure fisci, lib 6 tit. 5 num 35.

Quod enim scelus Error habebit? cum consilio & animo defraudandi destituatur, qui, per errorem, res vel prorsus non profitetur, vel falso profitetur. Ita namque juris est, ut interpretatio fraudis seu Doli non ex solo eventu, sed inprimis & semper ex consilio fraudantis desumi debeat, generali & optimo verbo Papiniani in L. 79 d. Reg. Jur.

Caspar Ziegler. d. jurib. Majest. lib. 2 cap. 12 § 8.

Dessen, Tertio, hiebey nicht zu geschweigen, daß damals, als Herr Cajus wegen dieser Leinwand bey dem Herrn Præside angefragt, Herr Hof-Rath Octavius nicht in Loco gewesen, und mithin Herr Cajus in seiner Meynung, daß er, Herr Præses, in illius absentia, in diesen Affairen zu disponiren Gewalt und Macht habe, desto eher und leichter gestärckt werden können.

Vor das fünffte ist hiebey wohl in Obacht zu nehmen, daß nicht nur dergleichen Indianische Leinwand-Waaren, bis anhero, andern Kauffleuten, unweigerlich paßiet, und auf den Reichs-Boden einzuführen erlaubt; sondern daß auch so gar eben von dieser Englischen Prise, andere, ebener maßen, der Tariffa einverleibte, und aus Franckreich auf

Lindau

Lhidau gekommene Effecti, ohne Anstoß, paßirt worden. Nun ist allbekannten Rechtens:

Quod una eademque Res, von einerley Prise gekommene Effecti, welche alle und iede der Tariffa inserirt, non debeat diverso censeri jure.

L. 23 ff. d. usurp. & usucap: ibique Brunnemann. num. 2 Cap. Quia circa. 22 X. de privil. Cap. Cum in tua 30 X. de decim. Anton. Mongcbus Dec. Luc. 21 num. 23. Surd. de alim. tit. 2 Q. 15 num. 150. Tiraquell. d. retr. lignag. § 1 gloss. 18 num. 23 & § 8 gloss. 5 num. 14 ante fin. Cavallos commun. opin. contra comm. tom. 4 Q. 899 num. 36.

Et tametsi non exemplis, sed Legibus iudicandum sit;

L. 12 d. offic. P Id. L. 13 Cod. de sententiis & interlocution. cap. 1 X. d. Postulat. Prælat. Thomas de Thomasset in florib. LL. reg. 110. Frid. Pruckmann vol. 2 cons. 12 num. 24 & sq. Ern. Cothmann. vol. 1 cons. 18 num. 198. Marquard d. iure mercat. lib. 1 cap. 16 num. 21 & seq. Franc. Niger Cyriacus contrèv. for. 695 num. 26.

Tamen ista brocardica tum demum procedit, quando certa & clara, in contrarium Legis dispositio extat; haudquaquam vero in casu dubio, multoque minus in eiusmodi casu, ubi Dominum Cajum ipsissima litera in Tariffa expressa, & (ut proxime videbimus) Juris quoque Communis dispositio adiuvat.

Alexander Tartagn. lib. 6 cons. 150. Augustin. Barbosa axiomat. lib. 5 cap. 28 axiom. 9.

De cætero namque ipsæ etiam Leges haud dedignantur iudicare exemplis;

L. 38 ibique Glossa ff. de LL. Glossa in cap. fin. distinct. 10. Abbas ad cap. Afferte. n. 1 vers. Nota quod exemplis X. de præsumpt.

imo etiam frequenter a similibus ad similia nos procedere admoneant.

L. 12 ibique Glossa ff. d. LL. Barbosa d. loc.

Und dieser æquissimæ decisioni mag im wenigsten nichts præjudiciren, was in præcedentibus, pro contrariæ sententiæ stabilimento, an- und ausgeführet worden: Sintemahlen obgleich die in hieoben referirter allergnädigster Kayserl. Confirmation, Artic. 4 befindsame Worte in hac illimitata atque indefinita generalitate abgefaßt zu seyn scheinen, daß alle aus Franckreich kommende Waaren generaliter vor contraband zu halten, und derselben Einfuhr auch die geringste Dispensation nicht statt haben, sondern alles sogleich confiscirt werden solle; so ist doch wider die aus diesen formalibus gezogene doppelte Rationem dubitandi pro primo, in fleißiges Bedencken zu nehmen, daß Ihro Kayserl. Majestät und E. Löbl. Kreis in diesem vierten Articul selbsten, in adjecto und gleich bald, notabiliter hinzusetzen: Daß alle aus Franckreich kommende Waaren vor contraband zu halten, und alles, so NB. in solche Qvalität fällt, confiscirt werden solle. Welche Worte haud obscure unter denen aus Franckreich kommenden Waaren einen Unterscheid andeuten, daß nemlich dieselbe regulariter zwar allesamt vor Contraband-Waaren geachtet werden sollen; nicht aber diejenige, so in solche Qvalität, nach ihrer Natur (jungat. Marquard d. iure mercator lib. 1 cap. 16 num. 32.) oder auch in Kraft deren, in des Kreises Tariffa specialiter erörtert.

Jurist. Oracul V Band.

haltenen Exemption, nicht gehören und fallen. Dann ja sonsten diese verba in hoc ipso Articulo otiosa seyn würden:

Qualis interpretatio cum Juri haud congruat, ut quod nullum quoque verbum, otiose & sine virtute operandi positum existimat; per late congesta in axiomatibus Barbosæ,

in voc. Verbum axiom. 23.

Quare rectius dicimus, quod quo sensu illa dicti Articuli verba initialia accipi debeant, ex hoc ipso adiuncto desumi oporteat, monente Romano,

Cons. 231. Socino Juniore vol. 2 cons. 163 n. 28 & 29. Cacherano Dec. 50 num. 10. Sixtino in cons. Marpurg. vol. 3 consil. 7 num. 6.

Quandoquidem verba, ex adiunctis, declarantur & limitantur;

L. 70 § 1. L. 91 ff. d. leg. 3. Paulus de Castro vol. 2 cons. 357 num. 3.

Atque ob limitatam & coarctatam dispositionem, verba in minori & infirmiori significatu accipiuntur;

Bartol. ad L. Si mater § Eadem ff. d. except. rei judic. num. 4. Jason ad L. Si domus § fin. de leg. 1. Anton. Trigona singulari jur. 16. Hieron. Panischmann Pract. Qq. lib. 1 Q. 21 num. 90.

Pro 2do seynd hierbey noch vielmehr diese Worte wohl zu considiren, daß die in sæpius notatis verbis enthaltene illimitata Generalitas noch mehr durch diese gleich folgende apertissimam Limitationem restringirt werde, wann post ista generaliter sonantia verba, immediate hinzugesetzet wird: Doch also und dergestalten, daß falls, NB. andere innocente Waaren bey dergleichen Contraband in einem andern Ballot gepackt oder eingeführet, solche nicht angefochten, sondern ohne Aufenthalt frey paßirt, und mit der Einziehung und Confiscation NB. bloß gegen die eigentliche Contraband-Waaren procedirt werden sollte. Da dann nicht nur die Worte: doch also und dergestalten, die vorstehende Generalitas haud obscure ad solas illicitas Merces seu Contrabandas restringirt; sondern auch unter diesen, sodann denen innocenten, oder wie gleich hernach folgt, unschuldigen Waaren, dieser merckliche Unterscheid, daß die Confiscation bloß gegen die NB. eigentliche Contraband-Waaren decernirt werden solle, constituirt wird.

Illas, siquidem particulas: Jedoch also und dergestalten, esse limitatorias, & præcedentia generalia verba limitare, restringere, atque modificare, nemo adeo rudis est uta facile nesciat.

Adeatur Schrader vol. 2 cons. 36 num. 1. Menoch. cons. 131 num. 17. Reusner lib. 3 cons. 8 num. 34. Gaddaus in conss. Marpurg. vol 1 cons. 24 n. 184. Brunn. cons. 164 num. 31.

Et quod verba sequentia declarent præcedentia, dubitandum non est, per notata

Farinacii part. 4 cons. 30 num. 115. Surdi Dec. 288 num. 10 cum seqq. Marii Antonini varr. resol. lib. 3 resol. 1 num. 60. Cardinalii Tuschi lit. V concl. 144 num. 21.

Und obgleich pro tertio, die in hoc ipso Articulo quarto zuletzt angehängte Exceptiones dieser Interpretation Platz zu lassen scheinen, sondern alles, was daselbsten nicht specifice excipirt, vor eigentliche Contraband-Waaren zu halten zu seyn scheinet;

net; cum, ut supra retulimus, Exceptio utique in non exceptis regulam firmet: Nachdem iedoch als proxime erwehnt, eben dieses Articuli diserta verba, die Straffe des Einzugs oder Consiscation einig und allein auf die eigentliche Contraband-Waaren expressissime restringiren, auch, wie gemeldt, selbsten inter Merces innocentes & contrabandas, einen Unterscheid setzen: so muß sowohl bey dieser klaren und heitern Disposition, hæc dicti brocardici, quod Exceptio Regulam in contrarium firmet, Limitatio admitti werden: Quod illud in casibus, ubi alia dari potest interpretatio, nullum locum obtineat.

Federicus de Senis consf. 233 num. 3 versf. Non obstat. Barbosa lib. 5 cap. 23 axiom. 24 versf. Limita axioma.

Sodann ist pro quarto aus allen denen in præmissa Facti Specie angeführten Circumstantiis, nicht undeutlich zu erlernen, daß, was in diesem Articulo quarto von innocenten oder unschuldigen, sodann von Contraband-Waaren, iuxta hactenus deducta etwas undeutlich verordnet, in deren von E. Löblichen Kreis, per Deputatos, wohlbedächtlich verfaßten, und nachgehends von denselben approbirten Tariffa mit besserer Erläuterung und mehrern Specialien determiniret, und in völlige Richtigkeit gesetzet seyn müsse: Alldieweilen nun in classem licitarum seu innocentium Mercium, auch diese Indianische Leinwand oder Cottons nominatim referirt, auch dieselbe, bis acto bey sothaner Qvalität iuxta supra relata, ungeändert gelassen worden: so bleibt es in dieses Articuli Entscheidung bey dem allkündigen axiomate iuris: Quod in claris debeamus stare expressis; & quod in claris nulla ulterius hæsitatio vel quæstio admitti debeat.

Æmill. Verallus part. 1 dec. 28 num. 3. Herm. Vultej. in consf. Marpurg. vol. 3 consf. 31 n. 17. Menoch. consf. 27 num. 1

Und so viel von dem ersten Membro.

Anlangend nun auch das andere Membrum: Ob nemlich diese zwey Ballen Cottons, als eine von Feind eroberte Reprise, mit Fug und Recht haben können oder sollen confiscirt werden?! so bin ich der gänzlichen rechtlichen Meynung, daß solches vielweniger, als das erstere membrum affirmiret werden könne; in reiffer Betrachtung, daß, wann auch in offenen Fehdes-und Krieges-Zeiten durch auswärtige Feinde zu Lande oder Wasser etwas weggenommen wird, die also von ihnen abgenommene Sachen entweder alsgleich und in continenti, oder erst nach Verlauf einiger Zeit, sive ex intervallo, durch Krieges-Gewalt dem Feind wieder hinweggenommen und abhändig gemacht werden, iedoch weder im ersten noch letztern casu solche recuperirte Sachen dem Fisco heimfallen, sondern, primo in casu, denenjenigen Dominis, denen selbige in Zeit solcher Abnahme zugehört, wieder abgefolget werden müssen; und in casu secundo, weder der Obrigkeit, noch denen vorigen Besitzern, sondern dem, so dieselbe ex manibus Hostium recuperirt hat, überlassen werden müssen und beständig verbleiben.

Daß im ersten Fall, wann nemlich die, von feindlichen Völckern, zu Lande oder Wasser, durch Krieges-Gewalt weggenommene Waaren und andere Sachen, in continenti, das ist, ehe dieselbe feindliche Trouppen, die genommene Waaren in ihre

Præsidia, Guarnison oder Lager, oder andere securas stationes gebracht,

Conferat. omnino Joathimus Bürger Observ. milit. tentur. ? O. 55. novissime Dn. Hoppius ad § 17. verb. Statim J. d. rer. civ. & A. var. D.

oder auch, ex nonnullorum Populorum consuetudine, vor Verlauf einer Zeit von 24. Stunden,

notante Grotio de I. B. & P. lib. 3 cap. 6 § 3.

ubi hoc recentiori Gentium jure inter Populos Europæos introductum recenset

Alberico Gentili in Advocat. Hispan. lib. 1 cap. 3. Rudolph. Gadoss. Knichen. Oper. Polit. lib. 1 part. 4 cap. 10 num. 4. Bechmann. ad lib. ff. 41 exprc. 14 num. 47.

Id quod ex Germanicis LLbus venire, ad exemplum nempe eius, quod de Fera vulnerata, non sine ratione Lege Longobardorum cautum,

Lib. 1 tit. 22 § 6 advertis Tesmatus in not. ad d. Grotii locum. Vide tamen Ziegler. ad eund. § & Petr. Bellinum de re milit. part. 2 tit. 1 n. 11.

ubi Jura hoc non habere, scribit:

Oder, iuxta Obrechtum, wann man den Feind noch verfolgt und nachjagt, ad d. § 3, etiam intra ipsorummet Hostium præsidia, quod hucusque dictis addit

Vincentius de Franchis Dec. Neapolis. 268 n. 5 ibi:

Vel recuperatur per milites insequentes etiam intra præsidia:

Ihnen wieder hinweggenommen und aus ihren Händen recuperirt werden, solche recuperirte und gerettete Sachen in allwege ihren vorigen Possessoribus und Dominis, ohne Bezahlung einigen Precii, müssen restituirt werden, und von ihnen eben so, als wann sie niemahlen durch feindliche Gewalt, weggenommen worden wären, ceu a veris & plenis illarum Dominis, vendicirt werden können, das erhellet sowohl ex his Juris principiis, quod quamdiu Hostis, cum rebus ereptis seu nobis ablatis, in locum tutiorem sese nondum recepit, Dominus animum & spem, illas recuperandi, nondum deponat,

Argum. Leg. 5 princip. & § 1 ff. d. A. R. D.

Et contra quoque Hostis, illius iuris, quod ex apprehensione initium sumit sibi stabiliendi atque continuandi, sicque firmi earundem Dominii acquirendi, fiduciam nondum concipere possit:

argum. Leg. 51 d. Reg. Jur.

Ac proinde Dominium illarum rerum ab eo, qui usque huc Dominus fuit, necdum discesserit,

ad. L. 5 princip. & L. 44 d. A. R. D. § 12 Inst. eod. L. 8 § fin. famil. ercisc. Albericus Gentil. Advoc. Hispan. lib. 1 cap. 2. Grot. d. num. 3. Bürger Obs. militar. C. 1 Obs. 55.

Wie nicht weniger ex æquissima Romanorum Observantia, qui, teste historia, res per Hostem ereptas, sed in fuga ab illo recuperatas, pristinis Dominis reddendas censuerunt æquissime. Hincque, cum, sub Lucretio, Romanus Exercitus, in direptione agri Romani, Volscos aggressus esset, & ab illis deletis ingentem prædam reportaret, illa omnis in Campo Martio exposita fuit, ut suum quisque, per Triduum, cognitum libere abduceret autore Livio,

Annal lib. 3 cap. 10.

Et

Er enim Julius & Posthumius, Tarquinienses. & populationibus redeuntes, oppressissent, receptis agrorum suorum spoliis, Romam reversi sunt, ubi Biduum ad recognoscendas suas res rarum Dominis; tertio demum incognita veniere sub hasta. Similiter cum Gracchus, devicto Hannone, multam prædam adduxisset, omne Pecus excepit, quod intra XXX dies Domini cognovissent; referente eodem. lib. 24. cap. 26.

Quomodo etiam David, captivum populum, ex Amalecitarum manu eripiens, res suas singulis merito relinquebat, neque præda id nomine venire sinebat: eo quod Res, fere instar accessorii, personam ac dominum, necdum in præsidia Hostis deductam, sequeretur haud dubie, ut bene advertit

Dn. Schilter. exerc. ad π. 50 § 11 in fin. Addat. Knichen. alleg. th. 10 num. 3.

abs ex Jurisprudentum communi hoc placito, quod ab Hostibus capta, & a Nostris in fuga recuperata, non sane Recuperatoribus cedant, sed pristinis Dominis, etiam non refusb. illarum Pretio, modis omnibus reddi debeant.

Didacus Covarruvias ad Cap. Peccatum part. 2 § 11 num. 8 d. R. J. in 6. Jac. Menoch. lib. 5 præsumpt. 29 num. 28. Virgil. Pingizner. Q. 49 num. 6. Ayala de jure & offic. belli lib. 1 cap. 5 num. 35. Dn. Hoppius d. l. Bürger. d. Obs. 55.

ubi vide omnino

Vincent. de Franchis d. Decif. 268.

qui scribit, hanc sententiam esse communem.

Bechmann. ad d. lib. π. 41 exerc. 15 num. 37. Petr. Augustin. Morla in empor. Jur. p. 1118. 12 Q. 6 num. 7. ibi: Quando res ab Hostibus captæ statim recuperantur, priusquam Hostes eas deferant intra sua præsidia, nondum censentur Hostium factæ; ideo, cum Dominium maneat apud eos, a quibus ablatæ sunt, eisdem restitui debent. Carpzovius in Jur. For. p. 4 C. 35 D. 9 num. 4.

ubi ita: Aliud tamen dicendum, si capta ab Hostibus statim in fuga fuerint recuperata. Hæc enim Domino suo, absque ulla pretii refusione, restitui, ipsissima suadet Æquitas. Neque in Hostium dominio esse censentur, quæ non ad eorum possessionem securam pervenerunt; sed in ipsa fuga fuere recuperata. Ergo non Recuperatoribus cedunt; sed Domino suo sunt restituenda. Quæ verba ad apicem sua etiam facit

David Mevius ad Jus Lub. part. 4 tit. 1 art. 10 num. 17,

ubi addit, secundum hæc non semel responsum esse & judicatum.

Quomodo etiam notabiliter Scabini Lipsienses mense Februar. Anno 1634 apud Carpzovium cit. loc. ubi ita in fine: Hat das Kayserliche Volck, bey euch, im Gebirge vor wenigen Wochen, viele Städte und Dorffschafften geplündert, und theils in Brand gesteckt, auch Vieh, Pferde und andere Sachen mehr mitgenommen, und es seyn dem Feinde, an etlichen Orten, von den Einwohnern, die abgeraubte Pferde und andere Sachen wieder abgejagt worden, so nunmehr von den Eigenthums-Herren in Anspruch genommen, und wieder begehrt werden rc. So werden solche dem Feind abgejagte Stücke denen rechten Herren, billig gefolget, und sie mögen, nach Gelegenheit dißfalls, darfür einige Erstattung zu thun nicht gedrungen werden. V. R. W.

In dem andern Fall aber, wann nemlichen die, von dem Feind, wie gesagt, zu Wasser oder Land abgenommene Waaren oder andere Sachen, bereits wircklich in salvo, seu in plenam Capientium potestatem atque securitatem, in des Feindes Gewahrsam, seu in Hostium Castra, præsidia, portus, vel fines, gebracht, und in specie ein dem Feind abgenommenes Schiff, dergestalten, in Hostium præsidia geführt worden, ut jam ibi, in tuto sit, & non illico ab Hostibus recuperari queat, sicque intra præsidia Hostium pernoctaverit, ut hanc in rem disserit

Caspar Zieglerus de jurib. Majest. lib. 1 cap. 34 § 80. Sigismundus Scaccia tr. de commerc. § 1 Q. 1 num. 140, 144 & seq. Anton. Matthæus, Matthei nepos, ad § 17 in fin. Inst. d. rer. divis. & A. ear. D.

ist in unseren Rechten und bey dero Lehrern eine gantz ausgemachte und unstreitige Sache, daß alle dermassen abgenommene Merces und andere Mobilien (exceptis paucissimis, in quibus videlicet Postliminium obtinet, de quibus

Marcellus in L. 2 ff. de captiv. & postlimin. reverf. Cicero in Topic. Gall. Æl. apud Fest. Grotius d. J. B. & P. lib. 3 cap. 9 num. 13 & seqq. Vinnius ad § 5 num. 2 Inst. quib. modis P. P. solv. Ziegler. d. cap. 33 § 82. Dn. a Kulpis in Colleg. Grot. exerc. 14 pag. 167 & seq. Loccenius de jure marit. pag. 142 num. 4.

ubi etiam de Usu hujusdem Juris moderno disquirunt, post Herald. Schotan. Cunæum & alios Dn. Schiltet. exerc. ad π. 50 § 11) denen feindlichen Völckern, so dieselben weggenommen, dergestalten per hanc hellicam occupationem acquirirt worden, ut ipsi plenum & absolutum, idemque perpetuum & irrevocabile, earundem Dominium, procul dubio acquirant;

per L. 28 d. acq. rer. domin. L. 5 § ult. L. 51 § 1 ff. eod. § 17. Inst. d. tit. L. 1 § 1 d. A. vel A.P. Addat. Maximil. II Fuß-Knecht Bestallung de Anno 1570 artic. 62 in verbis: Was ein ieder in Schlachten, Stürmen, oder sonsten, den Feinden abgewinnet, soll einem ieden bleiben.

Dn. Hoppius ad § 17 Inst. d. R. D. Ziegler d. cap. 33 § 82.

Æque acsi illas res, Emtionis, vel alio ad dominium transferendum idoneo & habili titulo acquisivissent: Ex quo certum est, Jura nostra, quoad perfectionem Dominii acquisiti, inter Acquisitionem, quæ fit jure Belli, & illam, quæ titulo Venditionis, Permutationis, aliove quocunque, nobis obtingit, nullatenus distinguere;

ut signanter Marquardus de jure mercator. lib. 1 cap. 15 num. 41. Forster. d. Domin. cap. 8 num. 167. Bürger. Obs. militar. centur. 1 O.

T 2 &c.

54. 2. *Addai. Covarruvias ad Cap. Peccatum p. 2 § 11 num. 8 verf. Hinc mirum.*

ubi dicit, harum rerum, quæ per Hostes capiuntur, Dominium, vere & statim, a prioribus Dominis ad Hostes transire

Ex quo ita emphatice Glossa ad artic. 2 Weichbild. Saxon. das, was ich meinem rechten Feind nehme, das ist mein. Cui similia leguntur in Jure Lubecensi art. 10 referente Feltmanno, Responso militari 6 n. 10.

Et verissime Dionysius Halicarnassæus: Bello, ait, acquirendi, Lex justissima, in excerpt. Legat. JCti Batavi p. 2 consult. 151 n. 13.

In tantum, ut inde eum, qui res, in legitimo bello, ab Hostibus captas, ut suas, retinet, etiam in foro conscientiæ seu interno securum pronuncient.

Menochius tr. d. præsumt. lib. 6 præsumpt. 96 num. 1.

Ubi Thomam de Aquino, S. Antonium, Alphonsum de Castro, de Turrecremata, & plures allegat

Damhouder. in Prax. crim. cap. 82 num. 6 & 10 post plures, Vultej. in conss. Marp. vol. 4 conss. 48 num. 138.

Wann nun solcherley, vom Feind, in seine Gewahrsame und sicheren Possess gebrachte Waaren oder andere Mobilien, erst eine Zeitlang hernach, sive ex intervallo, von einigen Freunds-Völckern wieder erobert, und recuperirt worden, so ist zwar unter denen Civilis & Gentium Juris Doctoribus, kein geringer Disput: Ob dieselbe denen pristinis Possessoribus & Dominis zu restituiren? Oder aber demjenigen Principi vel Domino, cujus nomine Bellum geritur, zu Händen zu liefern? Oder endlich ipsis singulis, easdem recuperantibus, Militibus überlassen werden sollen?

Ut videre est, apud laudatum Covarruviam *ad Cap. Peccatum. part. 2 § 11 n. 8 verf. Nihilominus tamen. Molinam d. J. & J. tr. 2 D. 18 num. 5 & seqq. Morlam in empor. jur. tit. ult. num. 7 & 8, post plures, Harpprecht. ad d. § 17 Inst. d. R. Div. Bocer. de bello c. 15 num. 7. Mevium ad Jus Lubec. part. 4 tit. 1 artic. 10 num. 16. Ayalam de jure & offic. belli lib. 1 cap. 5. Pusendorff. d. J. N. & G. lib. 8 cap. 6 § 25. Carpzov. p. 4 C. 35 D. 9 num. 2. Feltman. in Decad. Respp. militar. R. 6. B. Lauterbachium in Disp. de benefic. competent. Corollar. 103 & passim Alios.*

Daß aber dieselbe von derjenigen Obrigkeit, in deren Territorium dergleichen wieder eroberte Merces, a militibus illas recuperantibus, gebracht werden, sub ullo colore solten mögen confiscirct werden, das ist wohl niemahlen iemanden zu Sinne kommen. Wannenhero auch dis Orts, da die von einem Französischen Armateur, denen Engelländern abgenommene Waaren und Schiffe, dem Feind, obschon nicht wieder von einigen Alliirten, bellicosa manu weggenommen; sondern die in demselben gewesene Waaren, in Franckreich, zu Nantes, publice verkaufft, und unter andern, auch von Herrn Caji Leuten, die qvästionirende zwey Ballen Cottons, ex manu verorum earun-

dem Dominorum, und zwar nicht einmahl aus ermeldten Französischen Armateurs Händen immediate; sondern von einigen Genffer Kauff-Leuten, so dieselbe von ihm zu Nantes erhandelt, legitime erkaufft worden, unter keinem, auch nur Scheingrund, propugnirt werden kan, daß diese Waaren, als eine Englische Reprise, im Nahmen des löblich-Schwäbischen Kreises, confiscirt werden mögen; sondern es müsten selbige, im Fall sie wahrhafftig vor eine Reprise paßiren könten, denen pristinis Dominis, nemlich denen Engelländern, welchen selbige zugestanden, ex valde paucorum definitione, quam & suam facit Pusendorff d. § 25, sed non aliter, quam pretio earundem refuso, (in quo omnes consonare, elucescit ex iis, quæ habet

Carpzovius J. F. p. 4 C. 35 D. 8 num. 10 cum seqq.

& tum ex Theologis, tum JCtis bene firmat

Menochius de præsumpt. lib. 5 præsumpt. 29 n. 26 & seqq. Georg. Frantzk. lib. 2 Resol. 9 n. 47. Joh. Philippi, ad Decis. Saxon. 37 Obs. 1 n. 4. Bürgers d. Obs. 54.)

restituirt; oder aber sie müssen, juxta exemplum nostrorum militum vel amicorum, res nobis areptas ex Hostium manibus recuperantium, quo quibus plerique Ddres pugnant; prout latius videre est, apud Collegam meum,

Dn. Grassum in peculiari Dissert. de Recuperat. bellica § 30 junctis tribus præAdd.

deroselben Emtoribus, seu veris & plenis illarum Dominis, justo & validissimo Emtionis titulo effectis, ohne einige Einrede in Händen gelassen werden.

Sicut enim, ex hoc ipso immoto principio, quod utique, per bellicam occupationem, Dominium rerum revera amissum sit, & ad Hostem occupantem, sub nomine Prædæ, plenissime transierit; sicque unum idemque cum aliis ad Hostes pertinentibus rebus Patrimonium effectæ sint, rectissime adstruitur, quod, si postea nostri vel socii Milites, ex intervallo, res illas recuperent, illæ pariter Militi eas recuperanti seu occupanti, eodem Prædæ titulo, cedere; non vero ad pristinum illarum Dominum, ut, qui nihil porro juris vindicare sibi potest, reverti debeant:

Salycet. ad L. Ab hostibus num. 3 Cod. de postlim. reverf.

Cui concordi Nostrates suffragio subscribere & stuinatim illum sequi annotavit, post alios,

Vincentius de Franchis Decis. 268 num. 5. Coballus resoll. criminal. centur. 2 Resol. 140 num. 8. Gasp. Anton. Tessaurus Qq. forens. lib. 2 Q. 93, verf. Limitatur prima Regula ex Aristot. & Platone, eleganter Borcholten ad § Servitus. n. 2 Inst. d. J. Person. Joh. Herm. Stamm. d. servit. person. lib. 1 tit. 1. cap. 3 num. 18 in fin. Gerhard. Feltmannus in Decad. Respp. militar. Resp. 6 num. 10, 11 & 12. Philipp. Andreas Oldenburger, in Itinerar. jurid. tract. 4 § 580 in fin. Joach. Bürger. d. Obs. 55 centur. 1. Vincent. de Franchis d. Decis. 268 n. 5, optime Petrus Augustin. Morla in empor. Jur. part. 1 tit. 12 Q. 6 n. 7.

ubi

ubi etiam Regia Castellæ lege hanc doctrinam specialius approbatam recensет

Joh. Otto Tabor racemat. crimin. 2 tb. 30 in fin. Covarruv. ad d. cap. Peccatum. part. 2 § 11 num. 7 d. R. I. in 6.

ubi plures collaudat , & Regiam Hispaniæ Constitutionem pro eadem allegat

Joh. Schilter exercit. ad m. 37 § 11.

Quemadmodum porro, si tales res ad nostros Amicos, sive socios belli, sive non socios, multoque magis, si eadem ad Amicos partium belligerantium ambarum communes, seu vendicionis, seu alio consimili titulo pervenerint, suum statum haud mutant , nec ad pristinos Dominos eapropter, revertuntur; prout recte Gomvenses, navem Turcicam a se captam in portum Cretensem Venetorum , eum temporis utriusque partis amicorum, vi tempestatis adacti, appellentes, id pro se allegarunt; frustra dissentiente Alberico Gentili, in sua Advocat. Hisp. quem rectissime, hoc nomine, prensavit

Cuneus, advertente Schiltero, cit. loc. & prolixius Marquardo de jure mercator. lib. 1 cap. 13 num. 25 & pluribs seqq.

Ita nec dubitandum, quin idem etiam in casu proposito, ubi istæ per Gallos, quibusdam Anglis, bellica occupatione ereptæ merces, in Gallia publice jure pleni indubie in iisdem quæsiti Dominii, distractæ & per varios mercatores justo pretio comparatæ, tandemque pro parte in Germaniam invectæ sunt, adstrui debeat, argum. Legis 32 ad L. Aquil. Legis 10 & seqq. ff. d. LL.

Ex quo ita in terminis, quod ajunt, terminantibus exactissimus Germaniæ nostræ Jureconsultus Casp. Zieglerus: ex hoc, inquit, quod mobilia nullo postliminii jure censentur; sed in præda sint, consequitur, qui rem mobilem, quæ in præda est, vel ab hoste emit, NB. omni securitate gaudere, nec posse eam rem, ullo modo, a pristino Domino repeti, aut vindicari, ne quidem, si intra præsidia suæ civitatis, ab ipso concive, aut vicino suo reducta fuerit,

de jurib. Majest. lib. 1 cap. 33 § 82.

Quibus gemina fere tradit Joh. Brunnemannus: Cæterum, inquiens, si miles aliquo titulo juris licito & oneroso recuperavit, ut privatus, (sive tanquam paganus, quem etiam alias privatum appellat ipse Justinianus, in L. 19 Cod. d. post.) non puto cogendum esse, ut mobilia empta restituat gratis; sed accepto prius pretio a se soluto; haud immerito addens, se non intelligere, quomodo Tessaurus (Qq. forens. lib. 2 Decis 98 num. 4.) dimidium saltem pretii emptori tribuat, ad d. L. 28 num. 3 d. capt. & postlimin. reverti

Sed & alibi Zieglerus: illud, scribit, quæsitum est, num, qui bello capta emit ab hostibus, condemnari queat, ut, recepto pretio, res emptas restituat pristino Domino? Affirmat Gothofredus in L. 28 ff. eod. Sed male, ni fallor; quod de hominibus constitutum est, ad res cæteras applicatur. Illis enim postliminium est, quo statum pristinum recuperant; At hæ id præda sunt, quæ Dominium pristinum extin-

guit, & ita sit capientis, aut eius, qui causam a capiente habet, ut invitus eam distrahere non compellatur. Non igitur facere possum cum Sigismundo Finkelthaus, quando Obs. 56 defendit, verum Dominum res a militibus hostibus per excursus ablatas, & tertio alicui venditas, absque pretii refusione, repetere posse,

in not. ad Grot. lib. 3 Cap. 8 § 7.

Pariformiter B. Professor Simon: Maxima, inquit, diversitas subest inter res mobiles, rapina vel furto, & vi aperta hostili ereptas. Illas, utpote visio reali affectas,

L. 2 Cod. d furt. L. 23 Cod. d. R. V. L. 16 C. d. eviction.

omni modo pristinis suis Dominis vindicari posse indubitatum est: Quo facit Reuterbestallung art. 30 rubr. Plünderung und Schatzung der armen Leute im Reich de Anno 1580 zu Speyer. Hæ vero in dominium occupantis abeunt, adeoque in præda sunt.

d. l. 28 d. captiv. & postl. rev. § 17 Inst. d. R. D. ibique Schneidewin. & Glossa Weichbild. Saxon. art. 2 pag. 4.

nec ab antiquis suis possessoribus, (ne quidem refuso pretio, ut tamen opinatur Gothofred. ad L. 12 § 7 de captiv. multo minus absque pretio; quemadmodum voluit Finckelthaus Obs. 56, cui satisfactum per ea, quæ habentur in differt. paraphrast. ad Grot. lib. 2 cap 10 § 9 th. 32 & seqq). repeti, jure gentium, & Civili, possunt.

in not. ad Grot. lib. 3 cap. 6 § 7.

Imo ipse, horum jurium peritissimus Grotius, hoc extra controversiam esse, scribit, quod, si Jus gentium respiciamus, quæ hostibus per nos erepta sunt, ea non possint vindicari ab his, qui ante hostes nostros ea possederant, & bello amiserunt; eo quod jus gentium hostes primum dominos fecerit dominio externo, deinde nos; addens, ita se Jephtam adversus Ammonitas fuisse tuitum, quia ager ille, quem Ammonitæ vindicabant, ab Ammonitis jure belli, ut & pass alia a Moabitis ad Amoræos, & ab Amoræis ad Hebræos transiisset. Itemque Davidem, quod ipse Amalecitis, & hi antea Palæstinis eripuerant, pro suo habuisse ac divisisse.

d. lib. 3 cap. 6 § 7.

Nec minus id etiam pro certissimo tradit *Iob. Jac. Wissembach Disp. ad pandect. part. poster. Disp. 39 th. 23.*

ubi ita constanter: de mobilibus, ait, rebus generalis in contrarium regula est, ut postliminio non redeant; sed in præda sint. L. 28 de captiv. Quare & commercio parata, ubicunque reperiuntur, manent ejus, qui emit, nec apud pacatos reperti, aut intra fines perducta, vindicandi jus est Domino.

Idem hoc eleganti verborum compendio obsignat novissime Dominus a Kulpis: de rebus mobilibus generalis in contrarium regula est, ut in præda sint, ita ut commercio paratæ, maneant eorum, qui emerunt.

in Colleg. Grotiano exercit. 14 § 2 lit. O. Additur Valer. Andr. Desselius, in not. ad Zef.

R 3

com-

tx. Cardinalis in L. 18 § 1, ubi ita Ulpianus: Qui
dolo dicit factum aliquid, docere Dolum admis-
sum debet ff. d. probation. Abbas lib. 1 conf.
68 num. 3 vrrs. Tertio probo. Beretta conf. 83
num. 5. Roland. a Valle vol. 3 conf. 42 num. 16.
Rutger.

Federicus de Senis consi. 233 num. 3 versi. Non obstat. Barbosa lib. 5 cap. 23 axiom. 24 versi. Limita axiomæ.

Conferat. omnino Joachimus Bürger Observ. milit. centur. 1 O. 55. novissimè Dn. Hoppius ad § 17 verb. Statim J. d. rer. civ. & A. var. D.

Addatur Valer. Andr. Desselius, in not. ad Zes.

com-

commentar. Justitut. tit. d. R. D. & A. ul. D. 5. Item ea quæ ex hostibus in fin.

ubi scribit: quantum ad res, quas hostis eripuerat, recuperatas, dicendum videtur, eas, quarum est postliminium, recuperatas Dominis prioribus esse restituendas: non etiam eas, quarum non est Postliminium, quod NB. perfecte semel hostium sint factæ, ut illis ereptæ cedant capientibus.

Quæ verba Desselius verbotenus descripsit ex ipsiusmet Zœsii, ad quem hæc commentatur, commentario ad Pandectas, tit. d. A. rer. D. th. 18, ubi Zœsius hæc addit: Quod si aliquis, Res aliorum ab hoste redemerit; alias perituras, dictat ratio, eidem refundundum esse pretium; quippe qui rem salvam fecerit.

Eandemque sententiam suam etiam faciunt *Jacobus Cujacius lib. 19. Obs. 7.* eidemque subscribens *Diodorus Tuldenus ad tit. Cod. d. postlimin. revers. usus. 3, ibi: Sed Cujacii sententia vera est. David Mevius ad jus Lubec. p. 4. tit. 1. artic. 10 num. 16 juncto num. 14.*

in verbis: Mobiles in præda sunt, nec semel captæ, revertuntur, receptæ, ad Dominos; sed recipientium, tanquam hostiles, fiunt; & proinde non possunt vindicari a Dominis, videlicet pristinis.

Henr. Bocer. tr. de bello cap. 15 num. ult. Francisc. Erdmannus Kell de postliminio § 24.

ubi ita: ex his, inquit judicium sit de illa quæstione: an, qui rem mobilem, ab hoste captam, emit, priori Domino eam gratis restituere cogi possit? quod negatur, quia res transit cum sua causa. Cum ergo causæ rei mobilis ea sit, ut vetus possessor eam ab occupante repetere nequeat, sequitur, quod nec eam a novo emptore invito recipere possit:

licet dissentiat Finckelthaus Obs. 56. Non obstat Lex 2 Cod. de furt. L. 23 Cod. d. rei vindic.

quia, a re Furto ablata, ad rem bello ereptam, male argumentando proceditur. Illic enim Autori (videlicet Furi) nulla Dominii externi exceptio competit; quare mirum non est, si ea nec successori detur, (rei sc. emtori, qui eandem a Fure coemit). At hic contrarium est demonstratum. Joach. Bürgers C. 1 Obs. milit. 55. in verbis: Covarruvias & Ayala (ocis ibi citatis) ad hoc maxime respiciendum arbitrantur, an & quomodo res captas in suum potraxerint dominium, vel non? Num in sua præsidia secum tulerint, Ob sie die Beute bey ihrer Garnison, oder Lager, in salvo eingebracht, ita, ut demum post intervallum, ab eisdem, vel alio, cui eas cesserunt, vel vendiderunt, recuperatæ sint? vel num statim, antequam ad suas redierint stationes, & aliquantisper quiete rem captam possederint, hosti rursus ademptæ sint.

Quod priori modo fiat capientis, inque ejus Dominium transeat; posteriori non item. Post plures Petr. Augustin. Morla d. l. ubi scribit, hoc ipsum, quod res mobilis bello capta ab hostibus non sit restituenda prioribus Dominis, servari de consuetudine.

Es sind zwar etliche wenige Rechtsgelehrte der Meynung, daß auch solcherley, von dem Feind eroberte Mobilien, die man demselben nicht in con-

-tinenti, und nach eho dieselbe in seine sichere Gewahrsam gebracht, sondern ex intervallo, wieder abgenommen hat, denen vorigen Dominis müssen restituirt werden;

imprimis per LXX. in L. 2 & L. 12 cod. d. postlimin. revers. l. 44 ff. de Acq. R. D.

Ex quo ita Covarruvias: Mihi jure Romanorum magis probatur Angeli distinctio, in hunc sensum, ut res a Romanis virtute bellica quæsitæ, etsi ab hostibus iterum captæ fuerint, rursusque a Romanis militibus e potestate hostium, etiam ex intervallo, ablatæ sint, priori Domino omnino restituendæ sint.

ad Cap. peccatum part. 2 § 11 in 3 versu. Nihilominus tamen d. R-Jur. in 6.

Et Joannes Brunnemannus: Ex hac, inquit, ratione, quia militem nostrum defensorem subditorum; non Dominum esse decet. ix. L. 12 Cod. de postlimin. reversi forte liceret concludere, mobilia etiam nostra ab hoste ablata, & a milite nostro, etiam ex intervallo, recuperata, suis Dominis esse restituenda.

ad d. l. 12 n. 3 Cod. d. postl. rev.

Wannenhero man sagen möchte, daß, wann auch dergleichen, denen unsern, vom Feind genommene Mobilien, auch nachdem dieselbe in vollkommene Sicherheit von ihm gebracht, durch unsere mercatores oder andere emptores eingehandelt und erkaufft worden, dieselbige dennoch denen vorigen Dominis abgetreten werden müssen.

Aber, daß diese Meynung a communi interpretum Schola verworffen, und besagte Lex 2, ut & Lex 12 Cod. d. postlimin. reverss. auf die obbemerckten ersten Casum, wenn nehmlich dergleichen, durch feindliche Hand abgenommene Mobilien, demselben in Fuga oder ehe er solche in securitatem pleniorem gebracht, wieder weggenommen den, communissime restringiret werde, auch diese Distinctio inter res illico sive in continenti, & ex intervallo recuperatas usu fori approbiret sey, das erhellet ex hactenus operose deductis, und bekennet zumahlen der selige Brunnemannus dieses ebenfalls selbsten, quod hucusque a nobis evoluta Distinctio inter res, illico & ex intervallo recuperatas, sive res in præsidia hostium delatas, vel non delatas tum jure civili, tum ab ejus Ddbus sit approbata, ad d. L. 12 num. 4 Cod. d. postlim. reversi. Consentit ut imprimis.

Petrus Augustin. Morla, in super. Jur. part. 3 tit. 119. 6 num. 7.

In daß diese Doctrina, quod res ab hostibus occupatas, & in plenam ipsorum potestatem delatas, si postea hostibus rursus eripiantur, vel a nostris aut amicis mercatoribus coëmantur, & vel ita, vel alia consimili ratione, in nostram aut amicorum terram defendur, prioribus Dominis haud oporteat restitui, nicht ex pura & mera civili ratione, introducirt sey, sondern vielmehr in dem allgemeinen Völcker-Recht approbiret sey, das erhellet aus deme, so in proxime præcedentibus, ex universalis hujus Jurisprudentiæ peritissimis Doctoribus, mehrers angeführet worden.

Daß aber in specie auch das, so in L. 44 d. A. R. D. pro firmamento contrariæ sententiæ enthalten zu seyn scheinet, gantz und gar nichts in

Weg

Weg zu legen vermöge, das erheitert mit gutem und
sattsamen Bestand

Jacobus Menochius de præsumtion. lib. 5 presumpt.
29 num. 26, ad quem hoc studio brevitatis remitto.

Und gesetzt, diese Meynung, quod Mobilia,
etiam ex intervallo, Hostibus rursus erepta,
vel ab illis redempta, prioribus Dominis restitui
debeant, sey der Billigkeit und dem allgemeinen
Juri Gentium gemässer: So ist doch, pro Primo,
dabey wohl zu bemercken, daß, obgleich, ex sententia laudati Covarruviæ & Brunnemanni, die
vormalige Domini deren Restitution zu urgiren befugt; Sie iedoch dabey selbsten pro æquissimo erkennen, daß sie doch, tali casu, ad Precii resusio-
nem obligirt seyn: Allermassen de hoc ipso specifico casu, quando nempe Res aliqua per Hostes erepta, & ab illis, Commercio, redempta
fuit, a laudato Covarruvia also geschrieben wird:

Profecto, quoties non bellica virtute, sed
Commercio, dato redemptionis precio, res
aliena fuerit ab hostibus redempta, Dominus
prior eam petere poterit, soluto pretio redemptionis.

d. §. 11 num. 7.

Cui & hactenus subscribere nullus dubitat.

Brunnemannus ad L. 2 num. 3

in verbis: Captas etiam ab Hostibus res, si ab
Hostibus redimantur, oblato demum precio restitui debere.

Cod. d. postlimin. revers.

Licet enim, in casibus, ubi furto, vel rapina,
etiam a Militibus præsidiariis, vel errantibus,
aut prædonibus, res alicui ablata, omnis in universum earundem Possessor, tametsi millesimus,
& vel maxime bonæ fidei, & qui eandem in publico foro, sub expressa & solenni hac protestatione, quod eandem vero Domino restituere
velit, emit, Domino illam vindicanti, nullo
Precio refuso, restituere teneatur;

per supra citatam L. 2 Cod. d. furt. L. 3 L. 2. Cod. d.
R. V. L. 16. Cod. d. eviction. Peinl. Hals-G.
Ordn. artic. 207 cum sq. & artic. 213. Franzk.
lib. 2 Resol. 9 per tot,

Ad cujusmodi quoque Casus, wenn nemlichen
eines Kriegsführenden Fürsten oder Herrn Unterthanen, oder auch seine Freunde, Conföderirte,
oder die, so neutral seyn, von seinen eignen Soldaten beraubt worden, illa omnia,

qua Franzkius d. Resol. 9. Finckelthaus d. Obs. 56. Rich-
ter Decis. 96 & alii tradunt, quod nempe, pro rebus
ab illis ablatis, & modo vindicatis, nullum Pre-
cium refundendum sit, rectissime restringit Ger-
hardus Feltmannus, sæped. Resp. milit. 6 num 16
& sqq. Zieglerus, Wissembachius, Simon & Alii,
locis supra adductis. D. Lauterbach ap. Schützium,
in Compend. Lection. ad tit. de rei vindicat. in fin.
Addatur ipse Franzkius d. Resol. num. 47 & sqq.
Carpzov. d. p. 4 C. 35 D. 10. Richterus d. Decis.
96. num 103.)

Tamen aliud in Rebus ab Hostibus redem-
ptis admitti debere, communissima Omnium
definitio est. Cum enim, ut supra prolixius
ostensum, tales Res illico Capientium fiant;

L. 5 L. 21 d. acquir. R. D.

Quocirca Dominus, suo, per vim hostilem,
dominio evolutus, pretii redemptionis, ab illo

expensi, qui Ipsius negotium utiliter gessit, re-
fusionem, illibata Æquitate detrectare potest
neutiquam; prout in individuo de his disserit
Tabor

in racemat. crimin. 2 th. 50 in fin. post plures, quot
laudat, laudatus Franzkius d. Resol. 9 num.
49 & 50 D. Lauterb. in Coll. theor. pract. tit. de
rei vindicat. th. 23 ibi: Vel ab hostibus sit redem-
ta, Molina d. J. & J. tr. 2 Disp. 222. Vasquez.
de restitut. cap. 9 § 2 Disp. 5 num. 28. Bürgert
observ. militar. centur. 1 Obs. 54.

Welchem nach, ob auch schon, heut zu Tage,
einiger Orten, speciales hanc in rem Sanctiones
in medio, daß die, durch feindliche Gewalt abgenommene, aber aus Frindes Hand redimirte Mobilien, denen vorigen Dominis, auf ihr Anmelden,
wieder eingeräumt werden müssen;

Gestalten, daß dieses a Serenissimo Saxoniæ
Electore solcher massen verordnet worden, exhibito
integro Sanctionis tenore, a Johanne Philippi,
in mehrerem gewiesen wird

in Decis. Electorali 90 & duab. ad illam Observa-
tionib. Bened. Carpzovio J. F. p. 4 C. 35 D. 8.
Zieglero d. jurib. Majest. d. lib. 1 cap. 33 § 82
in fin. Simone ad Grot. lib. 3 cap. 6 num. 7.

So hat auch dieses, etiam in Civilibus, weiter nicht stat, als daß demjenigen, der dieselbe redimirt hat, sein ausgelegtes pretium, und andere
dabey gehabte Sumptus und Mühwalt gebührend
bezahlt werde;

ut inprimis videre est apud Carpzovium tit. los.
Schulz. ad tit. Instit. de oblig. quæ ex delicto nasc.
lis. P. Taborem cit. lo.

Ja es gehen die mehresten Doctores so weit, daß
auch de Rebus, in Bello, ratione tum Modi,
tum Causæ injusto ablatis, kein ander judicium,
quam quod itidem precium pro redemptione
illarum expensum Redimenti reddendum sit,
zu fällen sey: De quo inprimis conferri merentur,
quæ tradit, præ aliis, Dominus a Kulpis, qui,
in terminis, ita: Si, inquit, Causa belli fuit injusta, cum Jure interno id a Latrocinio nihil
distet, omnia restituenda sunt illis, quibus fuerant
erepta, nec ab iis tantum, qui ceperunt; sed & ab
aliis, ad quos quoquomodo res pervenit: Quanquam, si commercio res talis ad aliquem pervenit, nondum expeditum sit, an is ei, cui res fuit
erepta, pretium a se numeratum imputare possit? Nisi, quod Grotii sentencia verior sit & re-
ceptior inter præclari nominis lectos, posse imputari, in quantum ipsi, qui rem amiserat, vali-
tura fuerat desperatæ possessionis Recuperatio,
in quod etiam venit æstimatio laboris & periculi,

in Colleg. Grotiano exercitat. 14 ad lib. 3 cap. 9 § 16.
Addantur ipsius Grotii verba lib. 2 cap. 10 § 9
& lib. 3 cap. 16 § 3. & sqq. de rebus, per Piratas
ablatis, & a nostris militibus recuperatis, com-
mentatur Covarruvias ad Cap. Peccatum p. 2 §
11 num. 8 vers. Nec ad has d. R. J. in 6.

ubi itidem tales res prioribus quidem Dominis
restituendas; sed tamen & militibus justam laboris & expensarum mercedem solvendam dicit.

Wann nun diejenige, denen einige Mobilien,
in Civili, vel injusto, &, juxta paucorum quorundam sententiam, etiam in justo cum Exteris
bello)

bello) durch Feinds-Gewalt weggenommen, und durch andere redimirt worden, dieselbe nicht anderst wieder an sich zu ziehen oder zu vindiciren berechtiget seyn, als wann sie bereit seyn, das darvor ausgelegte Pretium nicht allein; sondern auch die dabey gehabte Müh und Gefahr zu restituiren und bezahlen: So erbricht sich von selbsten, daß erstlich im Fall, wann ja diejenigen Englischen Kaufleute, denen diese Waaren zugestanden, und durch den Französischen Armateur entwehrt worden, einige Ansprach an dieselbe formiren würden, sie Herrn Cajo unvermerklich das vor dieselbe bezahlte Pretium, samt allem, deshalben, bis er damit nach Basel gekommen, aufgewandten Unkosten zu restituiren, also ihn plenarie zu indemnisiren, unvermeidlich verbunden wären. Vor das andere leget sich, aus der gantzen bisherigen Deduction, sonnenklärlich an Tag, daß, man mag diese beyde Ballen Cotton vor eine Reprise ansehen, oder nicht; jedoch ein Hochlöbl. Schwäbischer Kreis, keine, weder in civili, noch in Communi Gentium Jure ullo modo gegründete Prätension, zu derselben Confiscirung, zu formiren befugt sey:

Um so weniger, da, über alles bis daher ausgeführtes, in præmissa Facti Specie noch weiter signianter gemeldet wird, daß auch von eben dieser Englischen Prise, andere, gleichfalls der Tariffa einverleibte, und aus Franckreich nach Lindau gebrachte Effecti, ohne einige Ansprach paßirt worden seyen. Dann, wie solte dieses sonsten in oculis Justitiæ mögen justificirt werden, daß von einerley Prise, ceu aliquo Toto, der eine Theil confiscirt, der andre Theil aber frey paßirt werden solle?

Contra illa vulgatissima Juris nostri dictetia: Quod, quicquid juris est in Toto, idem etiam obtineat in qualibet ejus parte; modo eadem (ut hic) in quavis illius Totius parte obtineat ratio; & pars illa ejusdem sit qualitatis, cujus est Totum:

L. 76 ubi vulgo Scribentes ff. d. R. V. L. 17 § penult. ff. d. pact. L. 28 ibique Glossa, d. instr. vel. instrum. leg. L. 21 d. leg. 1. L. 65. L. 77 §. 6 d. leg. 2. Anton. Faber in rational. ad d. L. 76 ff. d. t. Francisc. Niger Cyriacus controv. for. 388 num. 21.

Quod vel Totum approbandum, vel Totum reprobandum sit:

L. 16 ff. d. administr. tutor. L. 7 ff. d. bon. libertor. Augustin. Barbosa in axiomatib. voc. Totum axiom. 4.

Quod una eademque res non debeat diverso censeri jure;

ut jam supra audivimus ex L. 23 ff. d. usucap. & & late exornat Hieronymus Gigas consil. 63 num. 4. Garsias Mastrillus in Decc. Sicilian. p. 1 Dec. 78 num. 3. Cyriacus controv. for. 72 num. 33.

Quod in judiciis, sive apud Magistratum, nulla debeat accepto Personarum haberi, & quod uni jus & fas est; in aliis injustum reputari haud possit, per ea, quæ legimus in Cap. 12 ubi optime Peckius d. R. Jur. in 6. L. fin. Cod. d. fructib. & lit. expens. L. 6 hr fin. Cod. d. teilporib. in integr. restitut. Scaccia d. judic. part. 1 gloss 10 n. 50 & sqq. Matth. Stephani. d. offic. judic. lib. 1 cap. 9 num. 22 cum sqq.

Welchem allem nach ich nochmals der beständigen Meynung bin, daß, bey so gestülter Sache,

ein Hochlöbl. Kreis, auf qvästionirende zwey Ballen Cotton, mit Fug und Recht keine Prätension formiren könne; sondern selbige entweder nach dem heitern Innhalt mehrbesagter Tariffa, eben so, als auch andere, aus dieser Engelländischen Prise, von Teutschen Kaufleuten, eingehandelte Effecti, frey zu paßiren, oder wenigstens Herrn Cajo die Erlaubniß zu geben sey, dieselbige wieder ohne einige Beschwerung nach Basel zurück zu führen.

Das einige, so hiebey noch einigen Scrupel erregen könte, bestehet in diesem, daß man irgends sagen möchte, daß dieser in Anno 1688 von der Cron Franckreich, absque ulla justa Causa, & sine prævia denunciatione, angefangene Krieg, ein tum ratione Causæ, tum Modi, ungerechter Krieg sey. De cujusmodi bello illa passim circumferunt; Moralistæ præsertim, quod id nil distet à Latrocinio; & bellatores in tali bello pro prædonibus & latronibus haberi debeant. Quorsum illud cumprimis Scytharum referendum, qui ita in sua in Alexandrum Magnum oratiofise: At tu, invehuntur, qui te, gloriaris, ad persequendos latrones venire, omnium Gentium, quas adisti, latrones

ap. Curt. lib. 7 cap. 8. Jungat Grotius lib. 2 cap. 22 § 3.

Ex quo etiam Javolenus in specie servum a latronibus ereptum, post ab Hostibus captum, & ex horum dein manibus recuperatum, tandemque venditum, usucapi valere, ex eo negat, quod fuerit surreptus; & exinde furtivus factus.

in L. 27 d. captiv. & postlimin. reverf.

Itemque Paulus in L. 19 eod. nec non Ulpianus, ibidem in L. 24 a Piratis aut latronibus captum, servum neutiquam fieri generaliter pronuntiant; imo Hostium numero illos solos habendos, qui populo Romano, vel contra, bellum decrevere.

Quibus convenienter communis etiam Ddrum Schola, quoties illi de bellica acquisitione, in suis Commentariis, Responsis, vel Decisionibus loquuntur, ad justum bellum eandem restringunt. Unde ita præ aliis serio Covarruvias: Hæ, ait, leges apud Christiani Orbis Principes probatæ quidem sunt & stabilitæ, quoad res bello justo captas: Nec possumus, qui Christianam religionem profitemur, inficias ire, quin res bello captæ, per Hostem inique & Tyrannice bellum indicentem, minime a veris Dominis, ad Hostes jure transferantur: Nec lege Divina, nec humana in Hostium verum Dominium transierunt. Omnium etenim consensu receptum est, capta in bello effici capientium; modo bellum id justum sit.

ad Cap. Peccatum p. 2 § 11 n. 8 d. R. J. in 4. Plura hanc in rem exhibet Ludov. Molina. d. J. & J. tr. 2 D. 118 n. 9 & sqq Alb. Gentil. de jure belli lib. 1 cap. 2 Pett. Bellin. de re milit. p. 2 cap. 1 num. 2. Moria d. Q. 6 num. 7 in fin. Herm. Vultej. in conf. Marp. vol. 4 Resp. 48 num. 107 cum sqq. & passim alii.

Es kan aber in præsenti auch dieser Einwurf die qvästionirende Confiscation, sub nullo colore, legitimiren, principaliter deswegen, weilen, wann auch schon dieses gäntzlich eingeräumet wird, daß dieser Krieg, weder ratione Causæ, noch Modi,
pro

pro legitimo & iusto angesehen werden könne, in diesem iedoch fast alle Gelehrte unanimiter übereinstimmen:

Quod Domini rerum, etiam in tali bello, per Hostes captarum, earundem Dominum, tametsi non secundum internam; tamen iuxta externam, se ad merum Jus Gentium, neque sine rationibus referentem justitiam, amisisse censendi, & econtra tum hii ipsi, qui easdem ceperunt, tum qui illas vel commercio, vel denuo bellicosa manu, ab Hostibus adepti sunt, pro Dominis earum dominio, quod vocant externo, haberi, & in sua proinde possessione, iudiciaria autoritate defendi debeant;

Grotius lib. 3 cap. 6 § 2.

Et hoc quidem intuitu Boni communis, præcipue ob litium & bellorum pericula, omnibus Gentibus damnosa, ne videlicet privatorum huiusmodi litibus ipsa publica quies nimium turbaretur, & ex adeo incerta, & perpetuo cuiuslibet impetitioni obnoxia rerum possessione, immortalibus fere bellis invitæ Gentes implicarentur.

Grotius d. lib. 3 cap. 10 § 5 ibique in additionibus ex Gronovio Tesmarus lit. f.

Nimirum Jus Gentium, hac ipsa de causa, ut communem humanæ Societatis quietem sartam tectam præstaret, tales Hostium, in bello illegitimo, Actus, stricto Jure haud valentes, de facto quasi in exercitium deductos, sua auctoritate, non minus tuetur, quam Jus quoque Romanum eum, cui per iniustam Judicis sententiam res adiudicata; ubi pariter Dominium, in persona Victoris, notorie ex hac sola externa ratione, quæ in rei judicatæ auctoritate, ceu non nisi cum dispendio Boni publici infringenda, sese fundat, firmatur. Et proinde omnino indulgendum putarunt Gentes moratiores, ut rei in tali quoque bello ereptæ Alienatio pro valida habeatur, & qui tali externo dominio eam possidet, adversus quoscunque etiam ipsum rei Dominum, eandem vindicantem, iudiciaria auctoritate defendatur, ad minimum tamdiu, donec Dominus, eidem totum ab ipso expensum Pretium, cum cæteris, quæ supra notavimus, impendiis, plenarie restituat, ut videre est apud

Job. Tesmarus in not. ad Grot. lib. 3 cap. 6 § 2 lit. d. Dn. à Kulpis de extra. 14 th. 3. & ipsummet Grotium d. lib. 3 cap. 16 § 1 num. 1, ibique Gronov. tit. 1.

Neque illa quam diximus, iniusti Belli & Latrocinii comparatio hæc impedit; ut quæ non absoluta vel universalis est; sed ad moralitatem ipsius actionis & internam iustitiam modis omnibus restringenda; ipso Grotio advertente, d. cap. 16 § 1, ubi iterum Tesmarus res, ait, acquisita in bello iniusto, iure externo, sit Capientis, nec eripitur possessori per Judicem: Jure enim Gentium sufficit hic titulus. Nec obstat, quod eiusmodi bella gerentes, furum instar, & latronum sint: Hoc enim tangit ius internum; non externos effectus: d. tit. 1.

Haudquaquam vero ad hunc exteriorem non acquisitionis, vel impregnationis vitii furtivitatis, aliosque consimiles Juris effectus extendi debet.

Jurist. Oracul V Band.

Henniges ad Grot. d. cap. 16 § 1.

Ja daß diese Sententia auch in ipso Romano & Canonico Jure ihre stattliche fundamenta habe, das erhellet sowohl ex hac indefinita Legum dispositione, quod ex Hostibus capta Capientibus cedant;

L. 4. L. 5 § 1, L. 28, L. 30 ff. de captiv.

Als insonderheit ex L. 19 princ. eod. ubi JCtus, naturali æquitate ius Postliminii introductum esse, scribit, ut, qui per iniuriam ab extraneis detinebatur, is, ubi in fines suos rediisset, ius pristinum reciperet. Quæ ipsa verba hoc egregie evincunt, quod, tametsi ex una parte iniustum sit bellum, tamen capta capientium fiant, & iure postliminii gaudeant.

Nec non ex d. L. 5 § 2 & L. 6 ff. de captiv. ubi etiam a latrunculis exteræ gentis, de quibus haud dubie omnibus constat, quod illi, pro suæ nationis barbarie, nec bellum indicere, nec de iustis eius causis solliciti esse soleant, ereptæ res illis cedere dicuntur, nulla itidem iniustitiæ, circa acquisitionem ratione admissa.

Itemque ex Cap. Si Episcopus 3 de supplenda Prælat. negl. in 6, ubi Episcopus a schismaticis captus fit capientium, eiusque Sedes, æque acsi ille mortuus, vacare dicitur, donec ipse revertatur: Cum tamen schismaticos contra suum Episcopum non nisi iniustum fovere bellum certissimum sit.

Ex quo etiam Grotius isti Gentium Juri, quod proxime retulimus, etiam tunc locum tribuit, tametsi res sit cum gente tam barbara, ut sine indictione aut causa, omnes exteros & res eorum hostiliter tractare pro iure habeat; addens ita in summo Parisiensi Auditorio iudicatum fuisse, quod videlicet bona Francorum civium, ab Algeriensibus capta, dominium belli iure mutaverint, ac proinde, cum recepta ab aliis essent, eorum effecta sint, qui eadem receperunt.

Lib. 3 cap. 9 § 19.

Eidemque sententiæ præclarissimos passim Ddres subscribere, elucescit ex iis, quæ ex pluribus congessit laudatus

Vultejus d. consil. 48 num. 139. Natta cons. 484 n.5 & seqq. Cravetta cons. 912. Franzk. lib. 2 Resol. 9 num. 48 & sqq. Pufendorf d J. N. & G. lib. 8 cap. 8 § 1. Carpzov. d. C. 35. D. 8. D. Greß d. Diß. th. 20.

ubi illam de bello, ratione tum causæ, tum modi iniusto, plena manu statuminat.

Wann nun auch in einem so beschaffenen Krieg, die durch feindliche Gewalt abgenommene Mobilien, tum ipsismet Hostibus tales res capientibus, tum omnibus causam ab Hoste habentibus, acquirirt werden, auch dergleichen Acquirentes bey ihrem erworbenen Dominio externo, von iedes Orts Obrigkeit gelassen, gehandhabt und geschützt werden müssen, bis dergleichen rerum Domini dieselbige lösen, und das davor an den Feind bezahlte Pretium cum reliquis impendiis, vollkömmlich erstatten; wie d. denn remitto ad deducta Carpzovii, d. Def. 8. per totam.

So bleibe es nochmahlen ungewiß hierbey, daß auch Herr Cajus bey deren nicht einmahl immediate aus des Französischen Armateurs Händen, sondern

sondern von einigen Genevensibus Mercatoribus eingehandelter Leinwand-Waaren oder Cottons, si non plane interno, saltem externo, & secundum jus Gentium acquisito Dominio, von der höchsten Reichs-Obrigkeit selbsten zu schützen, und, indem die Engelländer, ja auch alle übrige hohe Hrn. Alliirte ebenmäßig mit denen, auch von eben diesem Feind, zu Wasser und zu Land eroberten Prædis, tota die id docente, es also halten, daß nemlich diejenige, so dergleichen was erobern, oder die von dem Feind eroberten Güter an sich erkauffen, pro captarum, vel commercio comparatarum rerum Dominis undisputirlich gehalten werden, diesem allen nach auch Herrn Cajo keine Quästion movirt, geschweige diese Waaren, absque ullo in Jure fundato prætextu, confiscirt werden sollen; sondern selbige ihm, ohne weitern Auffenthalt, von Rechts wegen abzufolgen.

Welches also in Eil, zu verlangter Rechtsbelehrung, salvo rectius sentientium quorumcunque judicio, dienstlich nicht verhalten sollen. Signat. Tübing. den 14 Mart. Anno 1697.

F. C. Harpprecht. D.

DECISIO XXIX.

Ob die Handwercker die in einer andern Werckstat verfertigten Waaren verkauffen können?

Die Schnurmacher klagten über die Hutmacher, und wollten denenselben Hüte mit Schnüren zu verkauffen nicht gestatten. Dieweil aber die Hutmacher denen Schnurmachern in ihr Handwerck, mit Verfertigung einiger diesen zukommenden Waaren, dergestalt nicht fielen, sondern vielmehr die Schnüre von ihnen kaufften, und sodann solche bevorab an ihren Waaren, denen Hüten, deren sie sonst nicht wieder los werden könnten, hinwiederum verkaufften; wodurch sie denen Schnurmachern keinen Eintrag thäten. Auch, obschon denen Hausirern art. 10 der Schnurmacher-Ordnung verboten, mit einigen, diesen zukommenden Waaren zu handeln: Dennoch denenselben nicht verwehret, entweder auf Jahrmärckten, oder sonst ohne Hausirern, solche an allermänniglich zu verhandeln: Welchergestalt denen Hutmachern unverwehret ist, dergleichen Waaren sonsten wo zu erhandeln, und damit ihre Hüte auszuschmücken. Immaßen auch denen Pferdehändlern ihre Pferde mit Zaum und Halffter, auch wohl mit Sattel und Zeug, wie ingleichen denen Kürschnern und Hutstaffirern, auch Schustern ihre verzierde Waaren zu verhandeln, nicht untersaget noch eingeleget werden kan: So hat man daraus den Mangel des Juris prohibendi billig erwogen, und der darauf vergeblich gegründten Klage nicht stat gegeben, jedoch aber die Unkosten, weil die Kläger einigen Schein zu haben vermeynet, und ihr Collegium auf alle Wege wahrzunehmen gehabt, übergangen. Mens. Sept. 1699. nach Eisenach.

de Lyncker.

DECISIO XXX.

Ein Handwercksmann darff sein Handwerck nicht als Bürger treiben, wenn die Handwercks-Zunfft rechtmäßige Ursache ihn zu verwerfen hat.

Non debet permitti opifici, ut opificium exerceat, qua Civis, si iustam habeat eum reiiciendi causam Collegium Opificum.

Ein Fleischhauer-Geselle meldet sich bey der Knochenhauer-Gilde an, um zum Meister aufgenommen zu werden; die aber ihm dasselbe abschlägt, weil er in Beschuldigung stehe, etliche Schweine einigen Orts gestohlen zu haben. Er aber schlachtet hierauf für sich, durch Vorschub seines Schwieger-Vaters, und vertreibet mehr Fleisch denn andere im Handwerck: worauf das Handwerck die Obrigkeit imploriret, um bey seiner Innung geschützt zu werden, und daß dem Pfuscher diese Störerey niedergelegt werden möchte. Nun ist zwar an dem, daß eine böse Nachrede niemanden an seinem ehrlichen Nahmen verkürzen kan, nec per convitium solum infamia quis notari potest, l. 1 & t. t. de his qui not. inf. aut honor eius & dignitas denigrari contumelia, qua premitur l. un. C. de famos. libell. Donell. L. XV Comm. c. 38. Auch mag die Obrigkeit demjenigen, qui ob opificum pervicaciam recipi non vult, non attento Collegii iure, die Uibung des Handwercks auf sein Bürger-Recht wohl verstatten. Mevius II Dec. 157.

Dieweil aber der Gesell durch etliche Zeugen, so das Handwerck abhören lassen, sehr graviret, auch dem Verlaut nach sein Schwieger-Vater mit denen Eigenthümern der Schweine sich abgefunden. Et vero qui in crimine, sanguinis pœnam non inferente, transigit, infamiam incurrit l. 1 l. 4 l. 6 § 3 de his qui not. inf. l. 1 l. 8 C. eod. Auch in eine Zunfft niemand aufgenommen werden soll, nisi qui honeste natus, honeste præteritam ætatem transegit, & honeste Collegii jura impetrat: Auch nit darinne geduldet wird, nisi qui in posterum se honeste gerit; Mevius L. IV Jus Lub. Tit. 13 a. 3 n. 42. Wie dem auch niemanden Pfuscherey zu treiben, nachzulassen: Cum Opifices Jus prohibendi habeant. Id. d. l. und dißfalls sie zur Verweigerung der Aufnahme, gerechte Ursach haben: So werden sie von der Obrigkeit billig gehört, und ist diese schuldig auf beschehene Denunciation, wider denselben mit der Inquisition zu verfahren. Mens. Febr. 1690 nach Northausen.

de Lyncker.

DECISIO XXXI.

Was die Legitimatio per rescriptum Principis vor Effect habe?

Auf angebrachte Klage und erfolgtes Verfahren in Sachen Richard B. Klägers an einem und Philipp Jacob B. und Consorten Beklagten am andern Theil erkennen auf eingeholten Rath der Rechts-Gelehrten vor Recht:

Daß Klägers Suchen gestalten Sachen und Umständen nach nicht allein nicht stat finde, sondern derselbe auch des ihm in dem qu. vermachten legati derer 200 fl. nunmehro zu verlustig zu achten, wie auch die verursachte Unkosten dem Beklagten nach deren vorgehenden Liquidation und darauf erfolgter richterlicher Mäßigung zu erstatten schuldig sey. B. R. W.

Rationes dubitandi.

Obwohl des Klägers natürlicher Vater David Joachim

Joachim B. in seinem hinterlassenen Testament seine übrigen Bluts-Freunde als ietzige Beklagte allein zum Erben eingesetzet, seinen natürlichen Sohn aber, ietzigen Kläger übergangen, und nur mit einem legato von 200 Fl. bedacht, gleichwohl aber derselbige a comite palatino völlig legitimiret, auch in dem Legitimations-Patent denen legitime natis in allen Stücken gleich geachtet worden; welches auch denen gemeinen Rechten gemäß zu seyn scheinet, gestalten nach denenselben, zumahlen in casu deficientium liberorum, die legitimatio per rescriptum Principis, sive mediate, sive immediate facta, denen natürlichen Kindern alle Jura legitime natorum tribuiret, adeo ut sicut illi tam ex testamento quam ab intestato necessario succedere patri debeant, alias vero testamentum tanquam inofficiosum rescindi possit;

Mevius p. 9 D. 125.

mithin der Kläger mit dem hinterlassenen legato nicht zufrieden zu seyn vor schuldig erachtet werden möchte; da ihm wenigstens die legitima und zwar titulo institutionis honorabili nach denen angeführten Gründen, wie einem ächtgebohrnen Kinde gebühret, in dessen Verbleibung er also genugsam fundiret zu seyn scheinet, seines Vaters Testament ex capite præteritionis anzufechten, und über den Haufen zu stossen. Und ob zwar von den Beklagten angeführet worden, daß die legitimatio auf sein, nicht aber seines Vaters Anhalten ertheilet worden, als in welchem Fall denen Rechten nach die legitimati kein Jus succedendi bekommen, dennoch aus denen in actis angeführten Gründen sich hervorthut, daß sein Vater wo nicht expresse, iedoch tacite, darein consentiret, daß er nicht allein dartwider nicht protestiret, sondern vielmehr dem ietzigen Kläger selbst darzu in dem fol. 39 befindlichen Schreiben implicite gerathen, folglich in der That Autor davon zu seyn scheinet, mithin gedachte Legitimation billig für eine solche gehalten werden möchte, darum der pater naturalis ordentlicher Weise angehalten, und er deswegen das Ansehen gewinnen will, als ob des Klägers angebrachte Klage genugsam in denen Rechten gegrindet wäre, die pœna privationis aber nicht stat finden könne.

Rationes decidendi.

Dieweil aber dennoch das in actis befindliche Legitimations-Patent deutlich an den Tag leget, daß der Kläger einzig und allein für sich um die Legitimation gebeten, und keinesweges ad preces patris naturalis solche erhalten, welches doch sowohl nach denen Römischen als heutigen Rechten unumgänglich nöthig ist, wenn ein naturalis filius die völligen Jura succedendi sich anmassen will;

Nov. 89 c. 9. Stryck. V. M. L. 1 tit. 6 § 18. Lyncker. Resp. 182 n. 24.

mithin woferne sich ein solcher vor sich per rescriptum Principis vel comitem palatinum legitimiren lässet, solches weiter nichts operiret, als daß seine von der Geburt anhangende macula dadurch getilget, und er quoad collegia opificum & munera publica vor tüchtig erkläret wird;

Stryck. cit. loc.

welches auch der Haupt-Endzweck von des Klägers Legitimation gewesen, sintemahlen man ihn ex defectu natalium in die dasige Brauer-Gilde nicht

Jurist. Oracul V Band.

annehmen wollen, bis er sich pro legitimo erklären lassen, welche declaratio aber nicht in præjudicium seines natürlichen Vaters interpretiret werden können, noch ihm das Recht benehmen können, den Kläger pro lubitu gleich einen extraneum in seinem testamento zu bedencken, da anderer Gestalt, und wenn er ihn seiner Erbschaft nach seinem Tode fähig wissen wollen, er ohnfehlbar selber um die Legitimation würde angehalten haben; in dessen Verbleibung und da noch darzu derselbe seinen Widerwillen in testamento deutlich genug erkläret, der Kläger sich nicht zum Erben aufdringen kan, cum invito nemo hæres agnoscatur.

§ 7 I. de adoption.

& omnis legitimatio intelligatur sub clausula salvo iure tertii,

Ludovici in doctrina Pand. lib. I tit. 6 § 10.

wogegen im geringsten nichts verfänget, daß sein pater naturalis gleichwohl dagegen sich nicht moviret, sondern connivendo die Legitimation zugelassen, gestalten er eines theils solche suo dissensu nicht hätte hindern können, auch wenn er gleich in dem folio 39 befindlichen und eigenhändig geschriebenen Briefe ihn darzu encouragiret, dennoch solches weiter nichts inseriret, als daß er ihm die dadurch erhaltene Aufnehmung in die Brauer-Gilde gegönnet, keinesweges aber aller jurium familiæ gleich einem ächtgebohrnen Kinde theilhaftig machen wollen; diesemnach da aus allen angeführten Gründen offenbar, daß Kläger nicht den geringsten Schein des Rechten vor sich hat, sondern temere litigiret, und die Condition, unter welcher ihm sein natürlicher Vater das obenbenannte legatum vermachet, nicht erfüllet, vielmehr ohne alle Raison dagegen gehandelt, er nicht allein desselben sich dadurch nach der ausdrücklichen Testamentarischen Disposition verlustig gemacht, sondern auch die auf diesen Proceß bisher verwandte Unkosten dem billig erstatten muß; So hat, wie geschehen, erkannt werden müssen.

Nomine Facultatis Juridicæ
Mense Majo MDCCXIIX.

DECISIO XXXII.

Ob derjenige, der ein Verbrechen begangen, könne in eine Handwercks-Innung eingenommen werden?

Ein Beckers-Gesell unterstehet sich die Schlüssel zu der Custodie, worinne eine Dirne, so wegen beschuldigten Diebstahls eingezogen worden, aus der sogenannten dunckeln Kammer zu nehmen, die Custodie damit aufzuschliessen, und mit der Dirne, Wein und Bier zu trincken; worüber er vom Amts-Knechte chappet wird. Ob nun wohl derselbe sich dessen billig enthalten sollen: Dieweil er aber deswegen allbereit bestraft, und er hierdurch an seinen Ehren gestalten Sachen nach keinen Abbruch erlitten, er auch kein solches Verbrechen, so wider die Handwercks-Articfel begangen: So mag demselben in seinem Suchen das Meister-Recht vorietzo zu gewinnen, sonder Vorwurff wohl gewillfahret, und er zum Meister auf- und angenommen werden; ist auch vorhero ihn das Handwerck deshalben nochmahlen in Straffe zu nehmen nicht befugt. Mens. Jun. 1687 nach Weymar.

U 2   DECISIO.

DECISIO XXXIII.

Ob einer wegen einiger Deuben aus dem Handwerck zu stossen?

Furtum modicum non infamat. Nec ob hoc ex Collegio Opificum quis ejici vel repelli potest.

Ein Schuster-Gesell, so bey einem wohlhabenden Hof-Schuster arbeitet, nimmt zwar, unwissend seines Meisters, jedoch im Beyseyn des Mit-Gesellens und Lehrjungens, ein paar Flick-Sohlen, und besetzt einem Beutlers-Gesellen, so sein guter Freund, umsonst, damit ein paar Schuh, nachgehends wird er mit seinem Mit-Gesellen zu unfrieden, und dieser wirfft ihm den Diebstahl vor. Nun vergleicht er sich zwar mit seinem Meister, dem er 4 Gr. vor die Sohlen giebt, und bleibt noch über ein halb Jahr in der Arbeit. Es schilt ihn aber wiederum ein ander, und wird im Handwerck ein Aufstand; wollen auch die Meister, als er sich verlobt, und Meister werden will, denselben nicht annehmen: Der Diebstahl sey geständig, die Abfindung mit dem Meister präjudicire dem Collegio nicht; und weil der Diebstahl infamire: würden ihnen, da sie den Kerl unter sich litten, alle Gesellen aufstehen, auch ihre Kinder auf ihrer Wanderschafft nicht gedultet, und allenthalben aufgetrieben werden. Ob nun wohl ein furtum, auch in re minima, begangen wird, § 16 I. d. R. D. und vielmehr der animus und forma delicti, als die Grösse des Objecti, dasselbe constituirt; ein furtum auch absque dolo nicht begangen wird, und dahero, als ein delictum, die infamiam nach sich ziehet. Alldieweil aber der Geselle das wenige Leder nicht heimlich, sondern in Anwesenheit anderer, abgeschnitten: in iis vero quæ palam fiunt, simplicitas potius, quam dolus, præsumitur; eaque innocentiæ proxima est, arg. l. 68 d. R. N. Richter. in Adverb. Jur. voc. Palam. Gestalt er auch solches nicht für sich genommen, sondern einem Freund dasselbe zuwenden wollen; dem er auch das Leder umsonst aufgesetzt, ut adeo lucri faciendi animus fere cessare videatur; saltim animi non ea malitia sit, quæ fures arguit. l. 53 ff. d. furt. quin causa potius inspicienda est, l. 39 ff. eod. Auf Seiten aber des Domini er dafür wohl halten können, daß sein Meister ein solch gering Stück Leder nicht achten würde, zum wenigsten bey dem Gesellen eine Credulität gewesen: quæ non minus ac error, a dolo excusat; l. 1 in f. d. abig. Damhoud. pract. Crim. c. 110 n. 10, neque furtum committit, qui voluntate Domini se rem contrectare, credere potest. Clarus V sent. § furtum. n 31 ibique Bajard. in add. Und nachdem der Werth schon längst ersetzt, nichts mehr, als die quæstio de infamia, übrig ist, die denn wie die doli actio eben deshalben nicht stat findet, ob rem modicam, velut infra duos aureos, l. 9 § 5, l. 10, l. 11 d. dolo mal. add. C. pen. d. crim. falsf. Gestalt die infamia, in gewisser Massen dem Tod gleich zu achten. Carpz. l. qu. 11, 94 n. 73 & q. 136 n. 47. Also auch dahero die actio injuriarum, in levioribus injuriis, nicht infamirt. Id. d. l. die Abfindung auch mit den læso, in delictis privatis, die Straffe derselben mindern muß; Id. qu. 80 n. 89

seqq. wec sequitur, furtum esse, idcirco actionem furti infamantem dari; imo nec dolus actionem doli semper perit, nec furtum, velut inter conjuges & liberos, actionem furti producit. Atque Zasius in Parat. d. dolo malo n. 20 Senatum, actionem furti, ob rem minimam, non sine indignatione rejecisse, scribit. So ist derowegen dieses furtum nicht dergestalt beschaffen, daß der Gesell dadurch infamia habe notirt, oder aus einer ehrlichen Zunfft verstossen werden können. Hat auch derselbe einer Restitution eines Comitis Palatini, dessen Macht sich ohnedem auf die pœnam infamiæ, quæ ex facto turpi cuiquam instigitur, so schlechter Dinge nicht erstreckt; noch derselbe, denen Rechten oder judicatis zum Nachtheil der ordentlichen Obrigkeit Eingriff thun, oder eine solche Verfügung darinne, wie in adolenda nota vel macula, treffen kan, nicht vonnöthen, sondern hat nur allein die hohe Landes-Obrigkeit um Schutz unterthänigst anzugehen; welche dem, ohne dies wider die Reichs-Constitutiones lauffenden Austreiben, zumal bey dieser Beschaffenheit, wohl begegnen wird. Mens. Jun. 1688 nach Eisenach.

de Lyncker.

DECISIO XXXIV.

Wenn einer eines Verbrechens wegen von der Obrigkeit zur Straffe verurtheilet, aber von dem Landes-Herrn begnadiget wird, ist das Handwerck ihn in die Zunfft aufzunehmen schuldig.

Publico Judicio damnatum, sed famæ a Principe restitutum, in Collegium Opificum omnino recipiendum esse.

Mevius beschläfft seines Vaters-Bruders Wittbe; und wird darüber des Landes verwiesen. Nach etlichen Jahren erlangt er von der Landes-Herrschafft, gegen Erlegung eines gewissen Stück Geldes, die Reception: und wird allein an den Stadt-Rath Befehl, daß sie ihn wiederum zum Bürger annehmen solten; sondern auch, auf anderweites Suppliciren, ein Rescript, das Handwerck, weil die Herrschafft Mevium in vorigen Stand gesetzt, dahin zu halten, daß es denselben wiederum in die Zunfft einnehmen möge. Nun ist zwar Mevius, durch sein Verbrechen und Straffe, in infamiam Juris gerathen:

Freber. d. Fama III c. 16 n. 4.

dergleichen Leute in ehrlichen Zünfften nicht zu dulten:

Carpz. 1 Dec. 17 & 6 Resp. 100. Richter. 2 Dec. 80 num. 35.

auch wird dafür nicht gehalten, wann schon der Princeps einem Condemnato die Straffe erläßet, daß er zugleich auch dadurch die Infamiam aufgehoben habe.

l. 7 C. de sent. pass. & restit.

Unerachtet er gewollt, daß er wiederum zum Bürger-Recht gelassen werden solte: quoniam civis quoque esse potest, qui infamis est. Alldieweil aber doch, aus dem Rescripto, welches die Aufnahme in das Handwerck betrifft, der animus principis, & quod omnimodo illum restitutum cupiat,

piat, genugsam abzunehmen; non ita non potest non infamiam quoque sustulisse. Ein Fürst des Reichs aber diejenige infamiam, welche vi jurisdictionis ejus iemanden inferirt ist, eadem potestate wieder abnehmen kan;

Rhet. Lib. 2 Inst. Jur. Publ. Tit. 9 § 5.

Welche Restitutio auch nicht nur intra territorium restituentis, sondern auch ausser demselben, aller Orten, ihre Gültigkeit hat.

Analeg. Lynckeriana ad Schweder. Jus Publ. P. II Sect. I c. 16 § 2.

So mag das Handwerck Mevium bey solcher Bewandniß, ohne Gefahr wohl einnehmen: und haben sich dahero einigen Vorwurffs, oder daß sie bey öffentlichen Jahrmärckten anderer Orten von dem Loose abgesondert werden möchten, nicht zu befahren. Mens. Novembr. 1695.

de Lyncker.

DECISIO XXXV.

Ob ein Gärtner, welcher nicht wenigstens in einem Gräflichen oder Fürstlichen Garten gelernet, überall paßire?

Dihlner, ein Fürstl. Sächsis. Gärtner, kommt in Erfahrung, daß Legenmann, der vorhero eine Zeitlang bey ihm, als Gesell sich aufgehalten, zu Wolffenbüttel den Gärtner-Gesellen daselbst weiß machen wollen, daß sie diejenige, so bey ihm, Dihlnern in der Lehre gestanden, nicht solten für rechtschaffene Gesellen paßiren lassen: Weil er nicht zum wenigsten in einem Gräflichen oder Freyherrlichen Garten, sondern in einem Edelmanns Garten zu Hälffte seine Kunst gelernet habe: Gestalt es sich zugetragen, daß, als ein Geselle von Caffel, den er Dihlner, als einen Jungen in der Lehre gehabt, und losgesprochen, nach Wolffenbüttel, den Garten daselbst zu besehen, kommen: derselbe von denen Gärtners-Gesellen, eben um ietztgedachter Ursach willen, schimpflich abgewiesen worden. Dahero Dihlner, Legenmannen ex L. diffamari citiren zu lassen gemeinet.

Wiewohl nun approbirte Zünffte sich, auf gewisse Puncte und Regeln, auch præter Statuta generalia unter sich vereinigen können,

l. f. C. d. Jurisd. omn. Jud. l. 2 § 2 C. d. constit. pec. Knipsch. V. d. J. & Priv. Civ. Imp. c. 2 n. 24. Carpz. II, 6, 9, l. & I. N. 48 n. 1.

puta de iis rebus, quæ dispositioni eorum relictæ credi possunt,

Mevius IV J. Lub. tit. 13 n. 3, n. 35,

& ad artem s. opificium ipsorum, eosque, ut opifices tales, pertinent,

Knich. d. Territ. Jur. c. 1 num. 267. Schurff. 2 Cons. 79 n. 1 & 3 c. 34 n. 5, 6.

Dieweil aber iedoch solche Statuta und Vereinigungen anders nicht gültig seyn mögen, als wenn sie vernünfftig, und von verständigen Meistern, mit gutem Vorbedacht und aus erheblichen Ursachen, eingeführet, und durchgehends für billig und recht ermessen werden können: siquidem Statuta irrationabilia protinus rejiciuntur;

Mevius d. L. 4 tit. 14 t. 3 n. 38. M. Stephani II d. Jurisd. Imp. R. G. part. 2 c. 8 n. 24.

maxime vero clandestina pacta & pravæ consuetudines reprobantur:

Schütz. Vol. II J. Publ. P. 2 Diss. 9 th. 9 a.

quæque inter opifices aliquod præjudicium generant,

Berlich. Dec. 26 n. 4. Carpz. 2, 6, 11, 3,

aliorumque juri damnosa aut obstantia sunt,

l. 27 § 4 d. pactis. Mevius d. l.

insonderheit, wenn dergleichen zu ehrlicher Leute Beschimpffung und Verkleinerung, und hingegen anderer unzeitigen Herfürdringung abgesehen,

H. Pist. I qu. 37 n. 17.

und aber noch nicht allenthalben angenommen worden, daß ein Gärtner, welcher nicht in einem derer obigen Garten gelernet, für verwerflich geachtet werden solte, wann er anderst bey einem tüchtigen und bewährten Meister gelernet. Wiewol iedoch Dihlner, auf Verordnung des Herrn Grafen zu Mannsfeld, bey dem damaligen Amts-Gärtner zu Helffte, drey Jahr daselbst die Gärtner-Kunst erlernet: auch solcher Garte zu dem Amt gehöret, und vor einen Gräflichen Garten allerdings zu achten, ohne daß er Dihlner, nach ausgestandenen seinen Lehr-Jahren bey unterschiedenen Chur- und Fürstlichen Gärtnern wohl gelitten, und für einen rechtschaffenen Gärtner-Gesellen auf Vorzeigung seines Lehr-Brieffs, iederzeit geachtet worden: Gestalt auch andere Fürstl. Sächsischen Gärtner, dessen Losspreckung für beständig gehalten, und darüber statliche Atteftate gegeben. Approbatus vero a tribus vel quatuor magistris, idoneus utique censendus est.

l. 7 C. d. Profess. & Medic. Carpzov. I. N. 47 n. 11 Stephan. d. c. 8 n. 54.

Diesemnach ist Dihlnern von Legenmannen zu viel geschehen; und mag er ihn deswegen wohl belangen. Mens. Jul. 1689.

de Lyncker.

OBSERVATIO XXXVI.

Ob die Collegia, welche nicht durch die Einwilligung des Landes-Herrn sind bestätiget worden, für unerlaubt zu halten?

Alle Collegia, auch der Handwercker, vornemlich, wenn sie ein Monopolium betreffen, werden vor unerlaubt gehalten, wofern sie nicht durch denjenigen, der die Landes-herrliche Hoheit hat, sind bestätiget worden. Vid. L. 1 ff. de Colleg. & Corp. So daß ein ausdrückliches Privilegium erfordert wird, weil die blosse Toleranz nicht zulänglich ist. L. 8 C. d. Hered. instit. Daher auch das Ansehen und die Gewalt einer niedrigen Obrigkeit nicht so viel vermag, daß sie ein neues Collegium gültig machen kan. Add. Resolut. Grav. de Anno 1609 tit. von Justitien-Sachen § 18. Dergestalt hat unsere Facultät Mens. Januar. 1721 auf Befragen Ferdinandi Florindi Jur. pract. zu Dreßden gesprochen:

Obwol die ietzigen Riemer zu Döbeln denen Sattlern daselbst, Ackersielen, aus weiß gaar Leder zu machen, zu verbieten, und diesfalls ein Jus prohibendi zu haben, daher vermeinen, weiln besage des am 6ten Junii 1651 aufgerichteten gerichtlichen

U 3 Trans-

Transacts, drey dazumahl zu Döbeln gewesene Sattler vor sich, und ihre Nachkommen, zweyen zu eben solcher Zeit, daselbst gelebten Riemern, wegen verschiedener ihrer Sattler-Profeßion gehörigen Stücken, ein Jus prohibendi zugestanden, indem vermöge solchen Vergleichs die Sattler nur gewisse Arbeit zu fertigen und zu führen, vor sich und ihre Nachkommen, sich anheischig gemacht, denen Riemern hingegen die Reitschelden von weiß gaar gemachten, oder aus der ersten Loh gezogenen Leder zu machen, ingleichen auch die Sielen von dergleichen zu futtern, und zu verkauffen, nachgelassen, welcher Convention und Transact, die ietzigen Sattler nachkommen, und des Flickens der Acker-Sielen mit weiß gaar Leder und anderer denen Riemern allein nachgelassener Arbeit sich enthalten müssen, quia ex omni conventione obligatio nascitur

L. 7 § 4 ff. d. pact.

& contractus legem ex conventione accipiunt,

L. 1 § 6 Cod. Deposit. Molina de Just. & Jur. tract. 2 Disp. 527 n. 1.

ita ut id, quod ab initio meri fuit arbitrii, ex postfacto in necessariam præstationem convertatur.

L. 17 § 3 ff. Commod. L. 5 C. de Obl. & Act. L. 20 & 39 Cod. de Transact. L. 14 § 9 de Ædilit. Edict. L. 26 Cod. de Administr. tutor.

Bevorab da der Vergleich gar deutliche und klare Maaße giebt, welche Arbeit denen Sattlern, und welche hergegen denen Riemern zukome, daß demnach disfalls weiter kein Zweiffel übrig sey; Nihil enim magis congruit bonæ fidei, quam quod inter contrahentes convenit, dictumve est, præstari,

L. 1 ff. de Pact. L. 11 § 1 Cod. de Ædilit. Edict.

et in omnibus actibus id, quod contrahentes senserunt, est inspiciendum.

L. 9 ff. de reb. credit. L. 9 Cod. de Hered. instit. L. 17 Cod. de Donat.

Dabey denn nicht zu übergehen, daß die Sattler nicht nur vor sich, sondern auch vor ihre Nachkommen transigiret hätten, daher nunmehro die ietztlebenden, dieser Convention nicht zuwider handeln könten, weiln aus dem Rechten satsam zu behaupten, daß ein Collegium und dessen Membra und Successores, das, was von ihren Vorfahren abgehandelt worden, anzufechten nicht befugt seyn.

L. 7 § 2 ff. Quod cujusque universit. ubi Dd.

Welches allhier in gegenwärtigem Fall, um so viel mehr stat finden müste, da lange nach Aufrichtung obigen Transacts, die Anno 1699 zu Döbeln gewesenen 4 Riemer wider drey zu eben der Zeit gelebten Sattler, wegen ein und anderer wider den Vergleich d. Anno 1651 unternommenen Contravention vor dem Rathe daselbst klagbar, und in dem darauf ertheilten am 16ten May 1699 publicirten Bescheid, die Riemer bey mehr besagtem Receß geschützet, und diese sowohl, als die nachher, ferner wider Paul Schiltern, und Andreen Gräbnern, erfolgte zwey auf eben den Receß sich gründende Decrete rechtskräfftig worden, daher denn denen Sattlern, auch res judicata im Wege stünde, woraus denen Riemern ein Jus quæsitum erwachsen, welches ihnen nunmehr nicht wieder entzogen werden könne.

L. 5 fin. Cod. de Pact. L. 5 ff. d. Jud. § ult. Inst. de his, qui sui vel alien. jur. Mev. C. 49 n. 18.

quia res judicata firmissimum jus tribuit, & pro veritate accipitur,

L. 207 ff. d. Reg. Jur. L. 25 ff. de Stat. hom. L. 3 pr. Cod. de Agnosc. & alend. liber.

ita, ut judex ex non ente faciat ens;

Michaelis apud Klock. Vol. 2 Consil. 45 n. 3 & Mev. p. 3 Decis. 104 n. 1 & 2.

Hiernächst das erstere Raths-Decret auf das Sattler-Handwerck ausdrücklich gerichtet und abgefasset sey, diesemnach die ietzigen Sattler, und Nachkommen im Handwercke, oder doch die darinnen ausdrücklich bemeldte noch lebende, Paul Schilter, und Andreas Gräbner, dadurch ebenfalls obligiret werden:

Dennoch aber und dieweil bekannt, quod Collegia & Monopolia per se sint de jure prohibitorum, & tamdiu præsumantur illicita, donec probentur concessa,

L. 1 ff. Quod cujusque univers. L. 1 L. 3 § 1 Cod. de Coll. & Corp. L. 8 Cod. de Hered. inst. Mascard. de Probat. conclus. 319 n. 3.

und dem Anführen nach, der Anno 1651 transigirenden drey Sattler zu Döbeln Innung nicht confirmiret, auch zur selben Zeit, sie so wenig als die ietzigen, von hoher Landes-Obrigkeit einige Conceßion und Confirmation erlanget gehabt, ohne welche doch ein dergleichen Collegium oder Innung nicht bestehen kan; Iis enim non licet per se exsurgere atque existere, sed a superiori excitari, constitui & conservari debent, eorumque concedendorum facultas, ad jus superioritatis pertinet.

Mev. P. 4 Dec. 301.

Woraus gar klar erscheinet, daß die transigentes, die drey Sattler An. 1651, als dieselben denen Riemern gewisse Arbeit zu fertigen nachgelassen, vor eine Innung nicht zu achten gewesen, noch dergleichen constituiren können, vielmehr aber nur als singuli anzusehen seyn, derer Handlungen und Vergleich weiter nicht, als nur allein auf ihre Person sich erstrecket, und bey ihrem Absterben gänzlich erloschen ist, solchemnach dieselbe als eine res inter alios acta so wenig, als der An. 1699 am 16 May eröffnete, und auf obigen Receß sich fundirende Raths-Bescheid und übrigen Decreta, wenn solche gleich in rem judicatam ergangen, die ietzo zu Döbeln lebende Sattler nicht obligiren können, weiln bekannt, quod pacta & conventiones, ad alias personas extendi non debeant, ne per alterum alteri iniqua inferatur conditio

L. 1 & tot. tit. Cod. res inter alios act. per L. 27 § 4 ff. de Pact. Natt. consil. 63 n. 28. Cephal. consil. 21 n. 14 & Consil. 35 n. 29.

& sententia inter alios lata aliis non præjudicet;

L. 15 ff. de Except. rei jud. L. 65 ff. de re jud. Hartm. Pistor. p. 4 quæst. 29 n. 1.

Bevorab, da überdies einige von denen ietzigen Sattlern An. 1699 noch nicht in Döbeln und zur selben Zeit weder mit in lite gewesen, noch in denen Decretis benennet sind, und ob wohl Hans Paul Schilter und Andreas Gräbner damals Beklagtens Stelle vertreten haben, absonderlich auch die noch den 16ten May 1699 publicirten zwey letztern Decreta auf ihre Personen ausdrücklich gerichtet,

und

und gesprochen seyn, diese dennoch daher wider sie keinen Effect haben können, weiln eines Theils der am 16 May 1699 publicirte Bescheid sub B wider das Handwerck der Sattler, und nicht wider Schiltern und Gräbnern in specie abgefasset, andern Theils in diesen so wol, als in den zweyen, nachher erfolgten der An. 1651 errichtete Receß zum Fundament gesetzet worden ist, welcher aber, wie oben bereits angeführet, die ietzigen Sattler nicht obligiren mag, folglich das Raths-Decret sub B, worinnen ohne dem, denen Riemern der Ackersielen halber, ein mehrers, als der angezogene Receß selbst in sich hält, und damalen in lite gewesen, zuerkannt und nachgelassen werden wollen, sowol wegen dieses præsuppositi, als auch, daß er auf das Sattler-Handwerck, welches doch damalen ein non ens gewesen, eingerichtet, nicht bestehen kan, sententia & res judicata enim ex falsa & erronea causa lata impugnari potest,

L. fin. Cod. si ex falsis instr.

ac errore reperto corruit,

Mev. P. 3 decis. 104. Stryk. ad Brunn. Ius eccles.
L. 3 c. 9 § 10.

immo ipso jure pro nulla habetur;

Zasius ad L. 33 ff. de re jud.

mithin wenn gleich die Sattler zu Döbeln und sonderlich Schilter und Gräbner, sich nach der Publication wider angezogene Decreta nicht moviret, solche dennoch ihnen unnachtheilig seyn müssen;

So erscheinet daraus allenthalben so viel, daß die zu Döbeln ietzo sich aufhaltende Sattler, wider den Riemer daselbst actionem negatoriam anzustellen, und derselben per replicam, die wider den Receß sub A und Raths-Bescheid sub B und übrigen zwey Decreta zustehende Actionem nullitatis zu inseriren wohl befugt. V. R. W.

OBSERVATIO XXXVII.

Ob ein Handwercks-Mann deswegen nicht von der Gilde ausgeschlossen werden müsse, wenn er sich mit einer Frau, die unehlicher Geburt ist, verheyrathet hat?

Es gründet sich dieses darauf, daß es der Ehre gar nicht nachtheilig, sondern vielmehr gut und lobenswürdig ist, eine Geschwängerte zu heyrathen, in C. 20 X. d. Sponsal. Daher von selbst folgt, daß die eheliche Verbindung damit einer Person, welche aus unehligem Beyschlaff erzeuget ist, vielweniger zu tadeln sey, weil nicht diese, sondern ihre Eltern den Fehler begangen haben. So hatten Scab. Lips. Mens. April. 1720 auf Requisition des Bürgermeister und Rath zu Saalfeld, in causa Johann Heinrich E. contra das Schuster-Handwerck zu Saalfeld, gesprochen, Verb. daß Beklagter vor allen Dingen, anderer Gestalt und besser als geschehen, sich zu legitimiren schuldig, und es ist Kläger, des beschehenen Einwendens ungeachtet zum Meister-Recht des Schuster-Handwercks zuzulassen. V. R. W.

Rationes decidendi.

Obwol Beklagte anführen, daß Kläger daher zum Meister-Recht nicht zu admittiren, weiln er die-

jenige geheyrathet, so er zuvor in Unehren erkannt, sein Schwieger-Vater auch nach dem Attestat. fol. 16 und roc. fol. 5 vor der Trauung sich mit seinem Eheweibe fleischlich vermischet habe, und die Ehe, durch priesterliche Copulation nicht vollzogen worden, sondern jener darüber verstorben, und aus solchem congressu, a desponsatis commisso, Klägers Ehefrau erzeuget, dessen Zulassung denn wider ihre Innungs-Artickel sey, vermöge deren lauter eheliche und unbescholtne Leute das Meister-Recht erlangen könten;

Dieweil aber dennoch Kläger des begangenen stupri halber, nach dem gerichtlichen Attestat fol. 55 bereits bestrafft, und er die vorhero in Unehren erkannte Welbes-Person nachgehends geheyrathet, durch die hernach erfolgte Verheyrathung das vitium antecedens purgiret worden, sowol daß dessen Schwieger-Vater nach öffentlicher Verlobung, iedoch vor erfolgter Trauung, seine Braut geschwängert und gestorben, und aus solchem anticipato concubitu, Klägers Eheweib erzeuget, dieses ein delictum parentum, nicht liberorum ist, welches diesen so wenig, als denjenigen, so dergleichen Person heyrathet, zu imputiren, und im übrigen die angezogenen Innungs-Artickel, von dergleichen Verbrechen zu verstehen, welche ein delictum, dadurch einer anrüchtig gemachet wird, præsupponiren; Endlich in der Vollmacht, die fol. 49 b. benannten Personen, als welche auch mit zum Handwerck gehören, ermangeln; So ist ꝛc.

Quam sententiam, interposito leuterationis remedio, confirmavit Ordo Vitenbergensis Verb. der Leuterung ungeachtet ꝛc.

Rat. decid.

Obwol beklagtes Handwerck der Schuhmacher eines Theils, auf seine Innungs-Artickel, vermöge welcher kein Meister oder Schuh-Knecht eine Person, die eines öffentlichen bösen Gerüchts ist, und bey gezünfften Handwerck nicht zugelassen wird, bey Verlust seines Handweckes zur Ehe nehmen solle, beziehet, andern Theils auszuführen bemühet ist, daß Klägers Eheweib, von keiner ehelichen Geburt, und dahero ihr Ehemann in das Handwerck nicht aufgenommen werden können, auch beyde Theile in diese quæstionem facti sich weitläufftig intromitiret, und darüber unterschiedliche Zeugen abhören lassen, aus deren Aussagen so viel erscheinet, daß es mit denen angezogenen sponsalibus, und ob dergleichen vorgegangen, annoch zweifelhafftig, und Beklagte dahero in denen Gedancken stehen, daß allenfalls Klägers Schwieger-Mutter ihr Gewissen hierüber vermittelst Eides zu eröffnen schuldig;

Dieweil aber dennoch sonst auch derjenige, der eine von einem andern geschwängerte Person heyrathet, um deswillen von dem Handwercke nicht zu excludiren,

Vid. Cap. 20 X de sponsal. Carpz. p. 2 Const. 6 Def.
14. Struv. Jurispr. rom. germ. For. L. 1 Tit. 13
§ 9.

Demnach dergleichen exclusion um so viel weniger in demjenigen Fall stat haben mag, da iemand eine aus unehrlicher Geburt erzeugte Person heyrathet, als von welcher, da nicht sie, sondern die Eltern in delicto versiret, daß sie eines bösen Gerüchts, und dahero keinen Meister heyrathen dürffe, nicht gesaget

gesaget werden mag, gestalt die angeführte Innungs-Articul, wie die Scabini Lipsienses, bey denen rat. decid. vorigen Urtheils wohl angemercket,
von dergleichen Verbrechen zu verstehen, welche ein
Delictum, dadurch einer anrüchtig gemacht wird,
præsupponiren, folglich auf gegenwärtigen casum
gar nicht zu appliciren: also auch die Quæstion
von denen sponsalibus gantz unnöthig und vergeblich: zu geschweigen daß in dubio, und wenn
die Sache, wie bey dem ietzigen casu zweifelhafftig,
die præsumtion pro sponsalibus, & legitima na-
tivitate zu fassen, und im übrigen, Klägers Schwie-
germutter, so wohl der angeführten Ursachen halber, als auch dahero, weil sie gantz nicht in lite, kein
Eid angesonnen werden mag; Endlich Beklagter
den Mangel der Legitimation nunmehro suppliret, &c.

Sic pronunciavit F. J. K. & confirmavit F. I. W.

OBSERVATIO XXXVIII.

Ob derjenige, der eine Person, die schon
von einem andern geschwängert ist, zur
Frauen nimmt, dieserhalb von der
Handwercks-Zunfft oder Bürger-
meister-Stelle auszuschliessen ist?

Die Ursach ist, weil niemanden, durch eines andern Vergehen infam wird oder levis notæ macula erwachsen kan, vid. C. 20 X. d. sponf.

Um so viel mehr, da durch Vollziehung der Ehe
auch der Fehler verbessert wird, woferne eine Person sich etwa zum Beyschlaff hätte verleiten lassen.
Dd. ad C. 6 X. Qui fil. sint legit. Carpz. ad
p. 2 C. 6 d. 14 A. d. obf. super: Dergestalt hat
unsere Facultæt Mens. April. 1689 auf Befragen
Bürgermeister und Raths des Städtlein Weissen-
bergs gesprochen: Verb. hat in dem Städtgen
Weissenberg in der Oberlausitz N. N. seines Handwercks ein Leineweber, so vor etlichen Jahren zum
Bürgermeister erwehlet worden, mit einer gewissen
Person, ehe sie zum andern mahle an N. N. verheyrathet, geschwängert worden, Bekanntschafft gemacht, und ungeachtet er sich sowol vor euch, als
vor dem Leineweber-Handwerck zu Budissin erkläret, daß er von angeregter Person abstehen, und
selbige seiner bisher geführten Intention nach,
nicht heyrathen wollte, dennoch mit derselben die Ehe
vermittelst Priesterlicher Copulation, vollzogen,
nach mehrerm Inhalt eures Berichts und der Beylagen.

Wenn nun gleich angeführet werden kan, daß
die vollzogene Ehe, mit einer berüchtigten Person,
so wohl dem Respect des Bürger-Meister-Amts,
als auch der Leineweber-Zunfft höchst nachtheilig ist,
er auch, ehe er hinwieder zur Regierung gelanget,
auf die von euch und im Nahmen der Gemeinde
beschehene Anfrage, daß er nicht zuwider seyn, sondern von seiner vorhabenden Heyrath abstehen wolte, sich erkläret; Ferner in dergleichen Fällen, wenn
einer sich ad non faciendum verbindet, und dennoch seinem Versprechen zuwider lebet, von denjenigen, welchen er sich verbindlich gemacht, ad interesse belanget werden kan, bevorab, wann wie
im gegenwärtigen Fall geschehen, der Stipulator

dolose, dem promittenti etwas zu conferiren
induciret worden;

Dennoch aber und dieweil, nirgends in denen
Rechten, bey Verlust seines Ehren-Amts eine geschwängerte Person zu heyrathen verboten, die der
strupratæ, aus der Schwängerung entstandene macula auch bereits durch die andere mit dem Verstorbenen N. N. beschehene Verehligung, purgiret
worden, und ein Bürgermeister, ungeachtet er eine
solche Person zur Ehe hat, dennoch seinem Amte
wohl vorstehen, und der Gemeine Beste suchen
kan; hierüber es in keines privati Gewalt stehet,
durch dergleichen Vorwurf, der Leineweber-Zunfft,
einen Schandfleck zuzuziehen, oder sie dißfalls an
ihrer Gerechtigkeit zu beeinträchtigen; Ferner das
von N. N. gethane Versprechen, nicht unter dem
Bedinge geschehen, daß wenn er darwider handeln
würde, er seines Bürgermeister-Amts und Leine-
weber-Innung verlustig seyn solte, also ex conventione er dessen nicht entsetzet werden kan; endlich
kein beständig Interesse, in Ansehung, daß ihr
durch die dem Versprechen zuwider vollzogene Heyrath einige einen Effectum juris nach sich ziehende
Læsion darzuthun, nicht vermöget, ausgeführet
werden mag;

So seyd ihr mehrgedachten N. N. so wohl bey
dem Bürgermeister-Amt als der Leineweber-Zunfft
ferner zu dulten schuldig.
B. R. W.

de Wernher.

OBSERVATIO XXXIX.

Welcher Gestalt die Zünffte, Künste und
Handwercker gewisse Innungs-Artickel
errichten und selbige zur Execution
bringen können.

Auch die Gemeinden, Zünffte und Handwercker
haben, wie wir bereits oben erinnert, auf gewisse
Masse das Recht, in den zu ihrer Zunfft gehörigen
Sachen gewisse Statuta, Handlungs-oder Kunst-
wie auch Handwercks-und Innungs-Artickel
durch Vergleiche und Verbindungen unter sich aufzurichten, auch auf die darwider handelnde gewisse Straffen zu setzen, und diese zur Execution zu
bringen;

arg. L. 2 § fin. cod. de legib. & Constitut. princ. L.
fin. Cod. de jurisdict. omn. jud. L. fin: ff. de Col-
leg. & Corpor. Carpz. P. II C. 6 def. 9

nur daß solche Verordnungen (a) nicht wider die
Landes-Gesetze, vielweniger wider die Billigkeit;

L. unic. Cod. de Monopol. Carpz. cit. loc. defin. 9,
19, 21. item L. I Resp. 40, 48. Richter de Sta-
tu Colleg. P. II Dec. 80.

und (b) von der hohen Landes-Obrigkeit confirmiret;

Ziegler de jurib. Majest. L. I c. 3 tb. 18 Carpz. P.
III. decis. 298.

auch (c) die zur Execution zu bringende Straffen,
nicht über die in den Innungs-Artickeln determinirte Summen erhöhet werden dürffen.

Beyer Advocat. rer. opificial. perit. c. 5 § 6

Ein mit diesen Requisitis versehenes Statutum
mercatorum vel opificum ist so gültig, daß auch
selbiges ohne höchst triftige Ursachen von einer Un-
ter-

ter-Obrigkeit nicht verändert werden kan, welches wir oben schon durch Responsa als sonsten des mehrern erläutert.

Zum Beschluß dieser practischen Anwendung von dem Innungs-Rechte wollen wir unsern geneigten Lesern noch 3 Formulare eines Geburts-Aufding- und Lehr-Briefes mittheilen.

Geburts-Brieff.

Ich W. L. von Harstall, auf Mihla, und Altenvorschla, entbiete allen und ieden, wes Würden und Standes die seyn, denen dieser offene Brief zu sehen, hören oder lesen vorkömmet, meine bereitwillige Dienste, darneben zu wissen fügende, daß vor mir erschienen, Margaretha S. weiland Matthes S. gewesenen Huf-Schmiedts und Inwohners. allhier, nachgelassene Wittib, und zu erkennen gegeben, wie daß ihr Sohn Liborius S. seines Handwercks auch ein Huf-Schmied, gesonnen wäre, in der Hochfürstl. Sächsischen Residenz-Stadt I. mit E. E. Handwerck der Huf-Schmiede sich in Zunfft, und allda wohnend nieder zu lassen, deswegen er seiner ehrlichen Geburt, ehrlichen Herkommens und Verhaltens, Kundschaft und Zeugniß, dessen er sich seiner Ehren-Nothdurfft nach, zu aller Beförderung, und sonst vorfallender Gelegenheit zu gebrauchen haben möchte, bedürfftig wäre, mit demüthiger Bitte, ihme dessen schrifftlich beglaubten Schein mitzutheilen und widerfahren zu lassen. Wenn ich denn dieses Suchen vor billig befunden, auch vor mich selbst allezeit geneigt bin, einem ieden zu seiner Nothdurfft beförderlich zu erscheinen: So habe ihme solches nicht verweigern können, sondern darauf zwey meiner Unterthanen, Nahmens Hans G. und Curt B. beyde Gerichts-Schöppen, und Mitnachbarn allhier, als glaubwürdige Zeugen, vor mich erfordern lassen, dieselbe mit Ernst und bey Eides-Pflicht, damit sie zuförderst Gott dem Allmächtigen und mir, als ihrem Gerichts-und-Lohn-Juncker, zugethan und verwandt, befragt, und eigentliche Erkundigung eingezogen, was ihnen um gedachten Liborius S. eheliche Geburt und Herkommen bewust, und es vor gründliche Bewandniß habe, welche denn mit entblössten Häuptern, wohlbedächtig und einhellig, bey ihrem guten christlichen Gewissen bekant, ausgesaget, und diesen Bericht gethan, daß ihnen wohl wissend, kund und wahr sey, daß mehrgedachter Liborius S. von ehrlichen christlichen und fromen Eltern erzeuget und gebohren, sein rechter natürlicher Vater wäre gewesen, der ehrbare Matthes S. auch Hufschmied und Inwohner allhier, die Mutter Margaretha, N. sel. allhier nachgelassene eheleibliche Tochter, welche beyde Eheleute nach GOttes Ordnung und christlicher Gewohnheit sich in den Stand der heiligen Ehe begeben, und den dritten Sonntag nach Trinitatis, Anno 1636 allhier zu Mihla öffentlich zu Kirch und Straßen gangen, und sich durch den damahligen ordentlichen Pfarrern, Herrn M. Franz H. ehelich copuliren lassen, in welchen ihrem Ehestande sie unter andern mehr Kindern, diesen ihren Sohn erzielet und zur Welt gebohren, den 28 Martii Anno 1649 allhier zu Mihla, welcher von Liborio C. Mitnachbarn allda, dem Herrn Christo in der heiligen Tauffe vorgetragen, vom Herrn M. Heinrich Himmeln, als noch lebendem treufleißigen Pfarrer hiesiges Orts,

Jurist. Oracul V Band.

dem Gnaden-Bund Gottes einverleibet, und Liborius genennet worden.

Weilen denn oben-gemeldte Personen diese seine eheliche Geburt, erzehltermassen kräfftiglich bezeuget, mir auch selbst anders nicht bewust; Als attestire hierauf zu Steuer der Wahrheit, in Krafft dieses offenen Briefs, daß offt ernannter Liborius S. von ehrlichen und christlichen Eltern in einem reinen, unverdächtigen, keuschen und unbefleckten Ehebette, aus freyem teutschen Geblüte, recht ächt und ehrlich erzeuget und herkommen, und nicht der Art ist, welche man in ehrlichen Handthierungen, Zünften und Gewercken zu tadeln oder gar zu verwerffen pfleget. Gelanget demnach hiermit an alle und iede, wie obgedacht, denen diese Geburts-Kundschafft zu lesen, oder hören vorkommet, mein respective freund-und fleißiges Bitten, sie wollen solchen allen, wie erzehlet, sonder Bedencken nicht allein vollkommenen Glauben beymessen, sondern diesen Liborium S. um seines ehrlichen Herkommens und guten Verhaltens willen zu aller Beförderung sich recommendiret und anbefohlen seyn lassen, in ehrliche Zünffte und Innungen gutwillig auf- und annehmen und sein Vorhaben nicht verhindern, damit dieser meiner wahrhafften Kundschafft und Beförderungs-Schrifft er fruchtbarlichen Genieß empfinden möge; das wird er hinwieder danckbarlich erkennen und ich bin es in allen andern Begebenheiten um einen ieden, nach Standes Erheischung, zu verschulden, gantz willig und geflissen. Urkundlich habe ich mich eigenhändig unterschrieben, und mein adelich angebohren Petschafft zu Ende dieses Briefs hängen, und selbigen offt ernanntem Liborio S. aushändigen lassen. Geschehen Mihla den 19 Junii Anno 1676.

Aufding-Brief.

Zu wissen, kund und offenbar sey männiglichen mit diesem Brief, daß anheut dato der ehrsame Meister A. B. Schumacher und Bürger zu C. seinen Sohn D. dem auch ehrsamen Meister E. F. gleichfalls Bürgern zu G. ihn das H. Handwerck zu lernen, auf Weise und Maaß, wie hernach folget, und in Beyseyn zu End bemeldeter hierzu insonderheit beruffener und erbetener Gezeugen antrauet; Nemlichen und für das erste, so soll er E. F. gedachten Jungen D. itzund alsobalden zu sich in seine Behausung und Werckstat nehmen, und ihn die nechste, nach dato dieses Briefs kommende 2 Jahr, das H. Handwerck, und was demselben anhängig, mit Fleiß und in solchen Treuen, daß es dem Lehrjungen nütze, ihm aber, dem Lehr-Meister, rühmlich sey, lehren, und ermeldte Zeit ihn den Lehrjungen, der Nothdurfft nach, mit Essen und Trincken unterhalten, versehen und versorgen. Hiergegen aber soll gedachter D. der Lehrjunge, sich in mehrermeldten zwey Jahren, wie einem ehrlieben den Jungen geziemet, ehrlich, redlich, aufrichtig, fromm, wohl und unklagbar verhalten, besagtem E. seinem Lehr-Meister, wie nicht weniger desselben Ehefrauen, in allen billigen Sachen gehorsam leisten und was ihm von denselben iederzeit anbefohlen wird, fleißig und treulich verrichten, ihren Nutzen, Ehr und Frommen, so viel ihm möglich, fördern und Schaden oder Nachtheil warnen und wenden, auch die berührte 2 Jahr ausdienen. Und soll demnach erwehnter A. B. sein, des Lehrjun-

X   gens

gens Vater, ihm, Meister E. F. für Essen, Trincken, Mühe und Arbeit und Unterrichtung liefern und entrichten J. Geldes; und seiner Ehefrau zu einer Verehrung K. guter, gänger und genehmer Währung; auch den halben Theil, samt der Frauen Verehrung, nach Verfliessung des ersten halben Jahres, den andern halben Theil aber zu Eingang des andern Jahres bezahlen. Also und mit folgendem Anhang, wann der D. der Lehrjunge vor Verscheinung des ersten halben Jahres, ohne billige oder erhebliche Ursachen von ihm E. F. dem Lehrmeister gehen oder lauffen, oder aber nach dem Willen Gottes des Allmächtigen Tod, verbleichen würde; daß dann er A. des Lehrjungen Vater ihme E. dem Lehrmeister für Essen und Trincken, nach Bieder-Leuten Erkentniß, seinen Willen machen solte. Im Fall aber er D. der Lehrjunge, nach dem er das erste halbe Jahr völlig erreichet, etwan durch den zeitlichen Tod hingenommen, oder ohne erhebliche Ursachen, hinweg lauffen würde: Daß dann ihme E. dem Lehrmeister das halbe Lehr-Geld; Woferne aber der D. der Lehrjunge, nach Verscheinung des vollkommenen ersten Jahres, und also in dem andern Jahr, ohne rechtmäßige Ursache, von ihme sich begeben oder Todes verscheiden würde, daß auf solchen Fall E. dem Lehrmeister das gantze und vollkommene Lehr-Geld verfallen seyn, und bezahlet werden solle. Da auch inzwischen und mehr angezogenen beyden Jahren Meister E. der Lehr-Meister Todes abgehen würde; daß seine hinterlassene Erben, ihm D. den Lehrjungen, in ihren Kosten bey einem andern ehrlichen Meister auslernen zu lassen, schuldig und verbunden seyn sollen, erbarlich, getreulich und ohne Gefährde.

Wann dann nun beyde Theile, diese Verdingung in den vorgeschriebenen Worten, Clauseln, Puncten und Artickeln angenommen, dasselbige Verding also zu halten, in Beywesen der ehrenhaften M. N. O. P. und Q. R. allerseits Bürger zu S. als Gezeugen, und T. des Kayserlichen Notarii hiezu insonderheit beruffen, erfordert und erbeten, einander bey Hand gegebenen Treuen zugesagt, gelobet und versprochen, auch aller und ieden Gnaden, Freyheiten, geistlicher und weltlicher Gerichten, Rechten, Auszügen und Behelffen, so ein oder die andere Partey, samt der Rechten gemeiner Verzeihung, ohne vorhergehende Sonderung widersprechend, sich wohlbedächtig verziehen und begeben haben: Als sind zu künfftiger Gedächtniß dieser Briefe zwey, an Worten gleiches Inhalts, verfertiget, mit einer Hand geschrieben, Kerfweis aus einander geschnitten, und auf beyder Parteyen Anhalten, mit T. des Kayserlichen Notarii, und gleichfals Bürgers zu S. Insiegel besiegelt, doch ihme und seinen Erben ohne Schaden rc.

Lehr-Brief.

Wir N. N. und N. N. Bürger, und in dieser Zeit verordnete und geschworne respective, Alt-und Jung-Meister, sammt allen unsern Amt- und Zunfft-Brüdern, der löblichen Chirurg- oder Barbierer-Kunst, in der Königlichen Dännemärckischen, im Fürstenthum Holstein an der Elbe belegenen Veste Glückstadt, entbieten allen und ieden, wes Standes, Würden oder dignitæten sie seynd, denen dieses vorkömmt, insonderheit aber allen wohl

ermeldter löblichen Chirurg- oder Barbirer-Kunst verwandt- und zugethanen ehrsamen Meistern und Gesellen, an was Ort oder Enden die seyn mögen, unsern gebührenden und freundlichen Gruß und geben ihnen hiermit zu vernehmen, daß heute unten dato, vor uns und dem gantzen Amte, als wir deßwegen sonderlich versammlet gewesen, erschienen ist N. N. des Ehren-Wohlgeachten und Vornehmen N. N. Bürgern allhier eheleiblicher Sohn, und hat uns gebührlich zu vernehmen gegeben, was massen er bey den Ehren-Wohlgeachten und Kunstreichen Meister N. N. Bürgern und dieser Zeit unsern Mit-Amts-Verwandten und Zunfft-Brudern allhier, 2 Jahr lang vor einen Lehrjungen gedienet und nun nach geendigten solchen Lehr-Jahren gewillet wäre, im Namen Gottes sich auch in die Fremde zu begeben und ein mehrers zu versuchen, mit angehängten bittlichen Ansuchen, wir möchten ihme seiner ausgestandenen Lehrjahre und seines Verhaltens schrifftlichen Schein ertheilen. Wann wir dann solchem geziemenden Ansuchen und Bitten billig stat geben und auf unser und des gantzen Amts gebührliches Befragen derselbe ob Ehren gemeldter unser mit Amts-Verwandter und Zunfft-Bruder N. N. bey der Pflichten, damit er uns und dem Amte verwandt ist, freywillig und öffentlich bekannt und wahr gesagt, daß bey ihm der gemeldte N. N. seine zwey gantze und volle Lehrjahre an einander nemlich von Ostern Anno N. bis Ostern Anno N. nicht nur vollkommen ausgestanden, und die gemeldte Kunst und was darzu gehöret, gelernet, sondern auch sich iedes mal getreu und fleißig, gehorsam, ehrlich, züchtig und allermassen gantz rühmlich wohl verhalten und bezeiget habe, daß er und die Seinigen, wie auch männiglich mit ihm zufrieden gewesen: Er auch dannenher ihn seiner Lehre, frey, ledig und los gesprochen hat: Und wir solches alles in gutes Anmercken genommen, auch gedachten N. N. (als er sich so fort gegen uns und das gantze Amt, aller Gebühr nach bezeiget) in unser Amts-Buch eingeschrieben haben. Als certificiren, bekennen und bezeugen wir hier mit von diesem allen Krafft dieses Briefs, nechst Gebühr-freundlichen Ersuchen, Bitten und gütlichen Begehren, man wolle nicht allein solch unserm wahrhaften Gezeugniß guten und völligen Glauben beymessen, sondern auch offt ermeldten N. N. seiner wohl ausgestandenen Lehre und guten Verhaltens halber, in Amt, Zunfft, Gilden, und ander löblichen Gesellschafft, Beliebungen und Zusammenkünfften, gerne und willig auf- und annehmen, und sonst mit Gunst und wohlgeneigten Willens-Erweisung, bester massen recommendiret haben wollen, mit Erbietung, solches in gleichen und andern Fällen, äusserster Möglichkeit nach, gantz gerne zu erwiedern. Zu Urkund dessen, haben wir unsers Amts Insiegel an diesen unsern ausgegebenen offenen Lehr-Brief gehangen, das ist geschehen und gegeben, in obgemeldter Königl. Veste Glückstadt den April im Jahr nach Christi unsers Erlösers Geburt, N. N. &c.

Die Autores, welche von den Künsten, Professionen und Handwerckern geschrieben, wollen wir am Ende der Abhandlung von dem Dorff- und Bauern-Rechte mit beyfügen.

Das

Von dem Dorf-Rechte.

Das I Capitel.

Von dem Ursprunge der Dörffer insgemein.

§. 1.
Verbindung mit den vorigen Capiteln.

Nachdem wir nun bisanhero das Statuten-
und Innungs-Recht theoretico-practisch so brauch- als nutzbar abgehandelt;
Als müssen wir unsern Rechtsgelehrten
Liebhabern auch einen Grund zu denen Dorff-Rech-
ten allhier legen, weil dieses Recht im gemeinen Leben so viel Streitens als das Stadt- und Innungs-
Recht verursachet, und also die Dörffer nach ihrem
Ursprung vorgängig betrachten, sodann aber mit dero
Rechten beschlüssen, angesehen unser Teutschland
vor alten Zeiten nicht wie jetzo mit Städten besetzet,
sondern nur mit offenen Dörffern bewohnet worden,
welche nahe bey einander gelegen, und zuweilen wohl
aus gar wenig Häusern bestanden, wie aus der alten Historie, absonderlich Francisco Irenico Exeg.
German. lib. 9 c. 16. Andr. Knichen de super.
Territ. c. 4 n. 137 zu sehen. Woraus auch zugleich abzunehmen, daß ob wohl die Teutschen eines
von den ältesten Völckern in Europa, sie doch in Erbauung der Städte fast die langsamsten gewesen,
nachdem malen aus denen Historien des Eginhardi,
Wittichindi, Nithardi und andern, welche Caroli Magni und Pipini Lebens-Lauff der Nachwelt
hinterlassen, offenbar ist, daß fast allezeit von den
Dörffern und offenen Oertern Meldung geschiehet,
selten aber der Städte gedacht wird: und schliessen
dahero Besoldus de civitatibus Imperii num. 2.
Conringius de civitat. German. Origine nicht
unbillig, daß zu der alten Fränckischen Könige, sonderlich Caroli Magni Zeiten, die Städt in geringer
Anzahl in Teutschland gewesen, als aber zu Zeiten der
Carolingischen Kayser die Hungarn offtmalige Ein-
fälle mit grosser Grausamkeit verübten, begunte man
nach und nach sich nach einer sicheren Retirade um-
zusehen, und die offenen Oerter mit Mauren und
Graben zu umgeben.

§. 2.
Der Ursprung der Städte.

Absonderlich aber nachdem das teutsche Kay-
serthum auf die Sachsen gebracht wurde, hat man
mit allem Eifer angefangen, Städte und Festungen hin und wieder aufzuführen; denn der Kayser
Henricus Auceps ließ durch seine Autorität an vielen Orten die Flecken befestigen und bemauren, und
neue Städte anlegen, dabey auch die Verordnung
ergehen, daß iederzeit der neunte Mann von dem
Lande in die Städte ziehen, und von allem verhandenen Getreide und Feld-Früchten, in solche neu
erbaute Städte sollte gebracht werden, damit bey
obhandener Krieges-Gefahr an Lebens-Mitteln
ein zulänglicher Vorrath vorhanden wäre, wie zu
sehen beym Lehmanno in der Speyerischen Chronica lib. 5 c. 1. Gryphiander de Weichbildis

Jurist. Oracul V Band.

Saxonicis 34 num. 4 & 5. Dieser Unterschied
der Wohnung machte nun auch dazumahl einen Unterscheid unter den Landes-Einwohnern, daß dieselbe in Bürger und Bauren distinguiret wurden;
Unter denen die Bauren den Namen von Bauen
des Landes und des Ackers, die Bürger aber von
denen Bürgen, das ist, denen befestigten Städten,
darinnen sie ihre Wohnung bekommen hatten, und
dieselbigen zu vertheidigen schuldig waren. Es kan
hievon weiter nachgesehen werden Cluverus de Germania Antiqua lib. 1 cap. 16. Freherus de Orig.
Palatin. pars 1 cap. 7. Limnæus de Jure publico
n. 18 & 19. Mullerus Archologia ordinum imperii cap. 16. Knichen de Superioritate Territoriali cap. 4 n. 164.

§. 3.
Warum der Teutschen Wohnungen Vici oder Pagi heissen.

Daher kommt es auch, daß in denen alten Scribenten allezeit, wenn von denen Teutschen geredet
wird, ihre Wohnungen Vici oder Pagi genennet
werden; da sonderlich Tacitus sagt, vicos locant
non in nostrum morem connexis & cohæren-
tibus ædificiis: suam quisque domum spatio
circumdat. Wiewohl man bey Benennung des
Worts Pagus zu mercken hat, daß solches nicht allezeit ein Dorff bedeute, sondern zuweilen in viel
weiterer Signification genommen werde, also daß es
einen gantzen Strich Landes, oder auch eine gantze
Provintz bezeichne: solchergestalt wird Oesterreich
in einem alten Brieffe des Kaysers Ottonis des
Dritten genennet Pagus Bojoariæ: Hessen wird
ebenfalls Pagus tituliret, in einem Brieffe des Kaysers Henrici Aucupis, und Julius Cæsar lib. 1 de
Bello Gallico nennet den Zürichschen District in der
Schweitz Pagum Tigurinum. Woraus ohne
Zweiffel seinen Ursprung annoch heutiges Tages haben wird, daß die Städte in der Schweitz, welche
Glieder der Eidgenossenschafft sind, Cantons ge-
nennet werden.

§. 4.
Was ein Dorf sey, von deren Unterschied.

Wenn man von einem Dorffe einige Beschreibung geben sollte, könte man sagen, daß es sey ein
Ort, bestehend aus viel oder wenig Gebäuden, welche mehrentheils ohne Ring-Mauren aufgebauet,
und kein Stadt-Recht zu geniessen haben.

Es ist hieraus abzunehmen, worinne der Unterschied einer Stadt und eines Dorffes eigentlich bestehet, nemlich, daß eine Stadt gewisse Privilegia,
so denen Bürgern eigen sind, zu gebrauchen haben,
auch mehrentheils mit Mauren und Wällen umgeben, und deren Einwohner zu Bürgerlicher Nahrung destiniret sind, die Dörffer aber solche Oerter,
welche mit keinem Stadt-Recht versehen, und zum
Land- und Ackerbau aptiret, auch mehrentheils offen gelassen sind.

X 2

§. 5.

§. 5.

Was wesentlich zum Dorff gehört.

Es wird aber zu den wesentlichen Stücken eines Dorffes eben nicht absolut erfordert, daß dasselbe wenig Häuser in sich habe, indem es bekannt ist, daß man in Teutschland Dörffer antreffe, welche zwey, drey, bis vierhundert Feuerstädte in sich begreiffen, da hergegen Städte zu finden, welche auch aus nicht mehr als 50 oder 60 Häusern bestehen.

Es ist zum andern auch nicht schlechterdinges nothwendig die Befestigung mit Wall und Mauren, zumahlen man in vielen Landschafften Dörfer findet, so mit Mauren und Thoren verwahret sind, wiewohl dennoch die meisten Dörffer offen liegen. Zu alten Zeiten aber hat man keinen Flecken oder Dorff gefunden, welches mit einiger Befestigung wäre verschlossen gewesen. Inzwischen ist daraus so viel abzunehmen, daß nur ein Accidental-Unterscheid, die Befestigung der Mauren und Wenigkeit der Häuser.

§. 6.

Wie vielerley die Dörffer in Teutschland seyn.

Es sind aber die Dörffer in Teutschland nicht einerley Gattung. Dann man findet einige, welche niemand als dem Römischen Reich unmittelbar unterworffen, und dahero freye Reichs-Dörffer genannt werden, davon unter andern das Instrumentum Pacis art. 5 § 2 verordnet, daß sie gleich den übrigen Ständen des Reichs in ihren vorigen Stand durch den Friedens-Schluß sollen gesetzt werden.

Es beschreibet derselben Zustand und Beschaffenheit weitläufftig Goldastus in der Dedication seiner Reichs-Handlungen, allwo die Nahmen obgedachter Dörffer zu finden, in folgenden Worten: Es sind freye Reichs-Dörffer Suffelheim, Godranstein, Chamb, Ulechles, und andere so mit Hohen- und Nieder-Gericht begabet, allein Kayserliche Majestät ohne Mittel unterworffen: Es sind auch freye Reichs-Leute auf der Leutkircher Heyde und zu Meglos. vid. Ludolphus Hugo de statu Regionis Germaniæ cap. 1 § 8 & cap. 5 § 9.

§. 7.

Deren fernere Eintheilung.

Es werden ferner die Dörffer eingetheilet in die Amts-Dörffer und Junckern-Dörffer. Jene sind, welche denen Fürstl. Aemtern ohne Mittel unterworffen, und durch die Amt-Leute, Amts-Vögte oder Gohgreffen, oder wie sie anderwerts genennet werden, die Amts-Schösser verwaltet werden. Diese werden auch sonst genannt Gerichts-Dörfer, darinnen die Edelleute die Jurisdiction haben. Denn in Ansehung der Herrschafft, wenn dererselben mehr als einer sind, werden auch einige Dörfer genannt Gemeinschaffts-Dörffer, wann nemlich ein, zwey oder drey Herren zugleich über ein Dorf zu gebieten haben, welches an vielen Orten befindlich, wo die Familien groß und ein ieder ein eigen Gut nicht behaupten kan. vid. Gail. de Pignor. c. 20. Knichen de Super. Territor. c. 4 num. 46.

✳✳✳✳✳✳✳✳✳✳✳✳✳✳✳✳✳✳✳✳✳✳✳✳✳✳✳✳✳✳

Das II Capitel.

Von Leibeigenschaffts-Recht überhaupt.

§. 1.

Die Leibeigenschafft ist eine rechtliche Verbindung, wodurch iemand seinem freyen Stande zum Nachtheil und Beschwerde, einem andern zu Abstattung gewisser onerum, welche so wohl auf seiner Person, als Gütern hafften, verbunden ist:

Stamm. tr. de bon. propriis lib. 3 Cap. 1 num. 3
Otto tract. von der Leibeigenschafft Part. 2 p. 9.

§. 2.

Da nun im Gegentheil die Römische Servitus Personarum, oder Knechtschafft definiret wird, daß sie sey eine constitutio juris Gentium, welche jure Civili Romano approbiret, und wodurch iemand eines andern Eigenthum gegen die Natur, unterworffen wird:

Heinecc. Element. Jur. Civ. Lib. I Tit. 3 § 79.

So siehet man dadurch sattsam, daß eines mit dem andern nicht confundiret werden müsse, sondern daß die Leibeigenschafft ein gantz ander Ding sey, als gemeldete Römische Knechtschafft, wie dann auch die Knechte anders benahmet, und latine Servi, die Leibeigene aber Homines proprii seu Glebæ adscripti genannt werden.

Berger. Oecon. jur. Lib. 1 tit. 2 § 8.

§. 3.

Die Differentz zwischen beyden trit ferner und insonderheit dadurch hervor, daß die Knechte bey denen Römern gar keinen Statum, weder Civitatis noch Libertatis hatten, sondern pro nullis & mortuis geachtet wurden, einfolglich nichts eigenes hatten,

§ 1 Inst. de his qui sui vel alien. L. 2 pr. ad Leg. aquil. Arnis. de Republ. c. 3 Sect. 1 n. 8 & cap. 3 Sect. 8.

auch kein matrimonium, sondern nur contubernium contrahiren konten:

L. 32 & 209 ff. de reg. Jur. Vinnius in notis ad Instit.

Dahingegen diese allerdings eigene Güter besitzen, und in allen Handlungen jure liberorum geniessen, als welchem nach ihnen auch das jus Connubiorum, Contractuum & Testamentorum auf gewisse Masse, in so weit es nemlich dem Leibeigenthums-Rechte nicht zuwider ist, ohnstreitig zukömmt. Sebast. Franck. in der Kayser-Chronic. fol. 241. Speidel in spec. voce Leibeigen. Hopp. ad § 4 Inst. tit. de jure person. in usu.

Weiter haben auch die Leibeigene

1) facultatem standi in Judicio,
2) gehören selbe nicht, wie die Römische Knechte, zur Familie des Leib-Herrn,
3) können in Ansehung des Allodii, in so weit es ihnen zukömmt, contrahiren, auch
4) testiren,
5) haben sie ihre Kinder in väterlicher Potestät,
6) können Zeugniß vor Gericht geben, auch gegen

gen ihren Herrn selbst, nach erlassener Pflicht ad istum actum. C. venerabilis in fin. X c. de Test. Cog.

junct. cap. veniens, in fin. eod. Rütger Rul. de Commiss. part. 1 lib. 5 cap. 11 per tot. Wesenbec. ad ff. tit. de Test. n. 3. Masiard. de Probat. c. 395 n. 14 sqq.

7) können cum Dominis suis contrahiren,
8) acqviriren sich und nicht ihrem Leib-Herrn Jure Dominii, und
9) stehet ihnen frey ihre Güter quoad allodium zu alieniren,

Vultej. de feudis cap. 4 n. 7. Hering. de fidejuss. c. 7 n. 317 seqq. Husan. de Homin. propr. c. 6 n. 24 seqq. Mynf. 2 obs. 23.

Womit auch die observance in der Grafschafft Hoya, wie aus nachfolgenden Capitibus mit mehren zu ersehen seyn wird, völlig übereinstimmet.

§. 4.

Indessen ist iedoch nicht abzuleugnen, daß die Knecht- und Leibeigenschafft eine sehr genaue Connexion mit einander, und diese von jener den Ursprung habe, und solchemnach auch von der Römischen Servitute Personarum sich gar füglich in vielen Stücken, wo es nicht auf libertatem naturalem, sondern nur auf die zu leistende onera ankömmt, auf die heutige Leibeigene ex jure Romano argumentiren lasse.

§. 5.

Denen Teutschen ist zwar in älteren Zeiten die Knechtschafft eben so wenig, wie denen Juden, Griechen und Römern unbekant gewesen, gestalten dann Julius Cæsar de Bell. G. Cap. 13 von denen Teutschen Knechten diese Worte schreibet: In hos eadem sunt Jura, quæ Dominis in servos (scilicet Romanos); fast ein gleiches vermeldet Tacit. de Mor. Germ. cap. 5, allwo er sich von denen Teutschen, in Ansehung ihrer Knechte, folgendes vernehmen lässet: Verberare servum ac vinculis aut opere coercere rarum, occidere solent, non disciplina & severitate, sed impetu ac ira ut inimicum, nisi quod impune est. Woher dann auch vermuthlich das alte Teutsche Sprichwort: Er ist mein, ich kan ihn sieden, oder braten: entstanden seyn mag. Vid. Brunckm. de Reg. § solut. potest. cap. 1 n. 108. Allein an und vor sich waren die Einwohner selbst des gantzen Teutschlandes, wie aus der Historie sattsam bekannt, freye Leute, welche nichts höhers ästimirten, als die ihnen angebohrne Freyheit, und dannenhero selbe bis aufs äusserste gegen die Römer defendiret haben, iedoch hat die Leibeigenschafft schon vierhundert Jahr nach Christi Geburt bey denen teutschen Völckern, welche jenseit des Rheins gewohnet, als selbe von dem König Clodoveo bey Zülpich überwunden worden, den Anfang genommen, welchem Beyspiel Carolus Magnus, als er die Sachsen und Westphalen zu paaren getrieben, gefolget ist, und diese Völcker, welche beständig zum Aufruhr geneigt waren, mit dem schweren Joch der Dienstbarkeit beleget hat. Lehmann. Chron. Spirens. tit. 2 cap. 20. Ja zuletzt wurde bey denen Teutschen die Dienstbarkeit so gemein, daß, wenn sie im Spiel ihr Geld verlohren, mancher seinen Leib nebst der Freyheit auf einen Wurff ankommen ließ. Tacit. de Mor. Germ. c. 24. add. Voet. ad § 4 t. de stat. hom. pag. 105.

§. 6.

Dieweilen aber mit dem einen Volcke härter wie mit dem andern, und sonderlich mit denen, welche wieder rebellirten sehr scharff verfahren wurde, so rühret daher, daß die Leibeigenschafft in Teutschland nach Unterschied der Provintzien sehr different ist. v. g. in der Lausitz sind die Leibeigene mit Leib und Gut ihren Edelleuten unterworffen, und müssen allerhand Arbeit und ungemessene Dienste verrichten, wobey sie noch dazu zum öfftern mit Schlägen übel tractiret werden. In Pommern und Mecklenburg ist selbe nicht viel leidlicher, und in Polen und Liefland noch auf einen weit barbarischern Fuß: Speid. in Spec. voc. Leibeigene Leute.

In Franckreich werden die Leibeigene Homines manus mortuæ (Hommes des mains mortes) genannt, und ebenfals sehr hart gehalten, und können von dem Ihrigen weder inter vivos noch mortis causæ disponiren. Ren. Choppin. de Doman. lib. 1 tit. 14 n. 11.

§. 7.

Ob nun gleich dieses harte Joch der Dienstbarkeit in denen in vorstehenden §pho benannten Ländern durch eine undenckliche Gewohnheit eingeführet worden, so ist jedennoch solche Strenge, inter Christianos, gegen alle natürliche Billigkeit, und kan unter selben eine solche Consuetudo, weil selbiger die rationabilitas fehlet, de jure nicht bestehen, welchemnach dann auch das Leibeigenthum in Westphalen, und sonderlich in der dazu gehörigen Grafschafft Hoya auf einen weit gelindern Fuß gesetzet worden, und bestehet das Hoyaische Leibeigenthum eigentlich nur darinne, daß derjenige, welcher damit behafftet ist, es sey in Flecken oder Dörffern, (gestalten in denen Städten gar keine Leibeigene vorhanden seyn) dem Leib-Guts- oder Eigenthums-Herrn mit Weib und Kind solchergestalt eigen ist, daß er ihm im Leben beständig getreu, hold und gehorsam seyn muß, und von dem Hofe und Gute, so ihm eingethan ist, ohne den gewöhnlichen Verlaß nicht weichen darff, vielmehr demselben wohl fürstehen, und davon die schuldige Dienste, als welche von denen Meyern mit dem Gespan, von denen übrigen aber mit der Hand geschehen, also, wie sie von Alters hergebracht sind, zusammt denen übrigen Abgifften iedesmahl gebührend ableisten, bey seinem Ableben aber dem Eigenthums-Herrn seinen Nachlaß, oder den im Leben gemachten Erwerb der Erbvertheilung untergeben muß, im Leben aber davon frey disponiren kan. Auch sind alle die von einem solchen Leibeigenen gezeugte Kinder, ohne Ausnahme, so lange Leibeigen, bis sie endlich manumittiret werden, oder sich frey kauffen.

§. 8.

Anbey ist iedoch nicht zu leugnen, daß die Leibeigene in der Grafschafft Hoya vor geringe und schlechte Leute gehalten werden, und werden selbe dahero, so lange sie im Leibeigenthum verbleiben, zu keinen Ehren-Aemtern admittiret, auch in keine Aemter und Gilden auf- und angenommen. *add. Constit. de Notariis de anno 1512 §. Erstlich ordnen wir rc. rc.*

So bald sie aber frey gekauffet, wird ihnen diese Prærogative nicht mehr disputirlich gemachet, sondern gemeiniglich in denen Erlaß-Briefen

X 3

fen

fen expreſſis verbis zugeſtanden, vid. infr. Cap.
VII § 2.

Mev. Part. 4 Dec. 133 n. 2. Stryk in uſu Pand. tit.
de Stat. hom. § 8. Otto d. tr. part. 4 pag. 49
& 50, it. 58.

Weiter ſo können Leibeigene bey einem Teſtament einer freyen Perſon keinen Zeugen abgeben,

dict. Conſt. § die Form. eines Teſt. und überhaupt
wird es loco cautelæ ſeyn, wenn man dergleichen
geringe Leute, welchen man nicht gar zu groſſen
fidem beymeſſen kan, zu wichtigen Geſchäfften nicht
adhibiret, ſondern ſo viel immer möglich, an deren
ſtatt freye Leute erwehlet, welche ab hoc vili vitæ
genere entfernet ſeyn.

※ ※

Das III Capitel.

Von der Art und Weiſe, wodurch die Leibeigenſchafft conſtituiret wird.

§. 1.

Daß das Leibeigenthum anfänglich denen überwundenen Völckern als eine Straffe auferleget worden, ein ſolches haben wir aus
dem vorigen Capite § 5 erſehen: Heute zu
Tage wird hauptſächlich das Leibeigenthum
1) durch die Geburt, 2) wenn iemand auf leibeigene Güter ziehet, 3) per pactum, 4) per emtionem
& venditionem, 5) durch die Præſcription, und
6) durch die Verehlichung conſtituiret.

§. 2.

Betreffend den erſten Modum, ſo folgen die
Kinder dem Zuſtand der Eltern. Wer alſo von leibeigenen Eltern gebohren, iſt demjenigen auch leibeigen, dem die Eltern eigen ſind, und iſt überall keine Geburt davon ausgeſchloſſen.

§. 3.

Zeuget demnach ein leibeigener Ehemann mit
einer freyen Perſon (welche auch, wie infr. c. 3 § 19
gezeiget werden ſoll, durch eine ſolche Heyrath ſelbſten leibeigen wird) Kinder, ſo ſind dieſe ebenmäßig
demjenigen leibeigen, welchem der Vater unter gehöret, anerwogen denen Leibeigenen, wie oben cap.
2 § 3 gemeldet, das jus connubiorum zuſtehet, und
einfolglich die Geburt, ſo wohl in Anſehung dignitatis, als ſtatus, dem Vater folget. L. 19 ff. de
ſtatu homin. L. definimus 13 C. de agr. & cenſ.
Nov. 162 cap. 2. Ingleichen heyrathet ein freyer
Mann eine leibeigene Frauens-Perſon, ſo werden
die aus ſolcher Ehe erfolgende Kinder gleichfalls eigen, und gehören demjenigen Herrn, welchem die
Mutter mit dem Eigenthum verhafftet iſt. Otto
Tr. von der Leibeigenſchafft part. 3 p. 17.
Lehmann in Chron. Spirenſ. l 2 cap. 19. L. partum 7 C. de R. V. L. & Serv. 5 § Ingen. de Statu hom. L. fin. de agr. & Cenſ. c. un. X. de ſtat.
& liber. L 19 ff. de rer. div. ibique Schneidewin.
n. 2. Dieweilen aber die Römiſche Knechte mit
unter das Vieh gerechnet worden, auch kein matrimonium, ſondern nur ein contubernium contrahiren konten, (cap. 2 § 3) hingegen aber die Leibeigene, was ihren ſtatum anbetrifft, freye Leute ſeyn,
ihnen auch berührter maſſen das jus connubiorum
zuſtehet, (dict. § 3) ſo ſolte es faſt das Anſehen haben, als wenn die allegirte Römiſche Leges in hoc
paſſu nicht applicable wären, um ſo weniger da es
einigen hart vorkommen möchte, daß in jenem Fall
die Leibeigene denen freyen Leuten, in dieſen aber

den Knechten gleich geachtet, und einfolglich allezeit
pejor conditio vor ſie erwehlet werden ſolte:
Nachdem iedoch beydes in praxi nicht nur recipiret
iſt, ſondern auch der Satz, daß die Kinder einer
leibeigenen Mutter ebenfals leibeigen werden, wenn
der Vater gleich frey iſt, durch die Oßnabrückiſche
Leibeigenthums-Ordnung c. 2 § 2 folgendergeſtalt
beſtätiget wird:

Der Geburt nach wird einer ein Eigenbehöriger, wann er von einer leibeigenen Mutter gebohr-
ren, dann wann gleich der Vater frey, ſo folgen
dennoch die Kinder der Condition der Mutter, ſie
mögen von dem Vater erben und auf der Stelle gebohren ſeyn oder nicht, womit auch das teutſche
Vulgare: Die Kinder gehören zur ärgern Hand,
übereinſtimmig iſt. Add.

ſtamm. de Serv. Perſon. l. 3 c. 15 n. 1. Schmid. ad
jus Bavar. Tom. 2 tit. 4 art. 5 n. 3. L. ne dius 21
C. de agr. & Cenſ.

So tragen wir kein Bedencken, dieſer Meynung
beyzupflichten: Allein, wann beyde Eheleute leibeigen ſind, die Leibeigenſchafft iedoch verſchiedenen
Herren gehöret, ſo, daß der Mann dem Titio, die
Frau aber dem Mævio zuſtehet, wie wird es ſo dann
mit denen Kindern gehalten?

Reſp. Weilen mater certa, pater autem
ſemper incertus: So iſt, unſrer Meynung nach,
allemahl für den Eigenthümer der Mutter zu pro-
nunciiren.

§. 4.

Zeuget eine leibeigene Weibes-Perſon auſſer
der Ehe Kinder, ſo folgen dieſelbe dem Zuſtand der
Mutter, und werden gleich derſelben leibeigen. arg.
L. 3 C. de Injuſt. Nupt. L. Mulier 6 de agric. &
cenſ. wenn iedoch die Mutter zur Zeit der Empfängniß der Geburt, oder in der mittlern Zeit frey geweſen, ſo ſind die Jura vor die Freyheit ſo favorabel,
daß das Kind allemahl vor frey gebohren zu
halten.

Balthaſ. pract. reſ. Tit. 4 reſol. 9. n. 6. pr. J. de Ing.
L. & Serv. § 1 ingenui de ſtatu hominum.

§. 5.

Ein Vater-loſes Kind, deſſen Mutter frey iſt,
wann ſie das Kind gleich auf einem leibeigenen Hofe
gebohren hat, bleibet iedennoch frey, ohngeachtet es
auf dem Hofe über Jahr und Tag verbliebe, auch
darauf groß gezogen würde, denn die Lufft machet
allhie nicht eigen, wie in der Pfaltz. Speidel. in not.
Polit. voce Wildfangen, und in der Land-Graf-
ſchafft

schafft Hessen, vid. Heßisches Eigen-Buch § 9.
Welch Mann oder Weib kommet aus andern Landen über die Dietz-Salze Eckmanns Rodt- und
Reddingsbeck in dies Land, nemlich in das Gericht
zu Gladenbach, in das Gericht zu Lirfeld, oder in
andere Unsers gnädigen Herrn von Hessen Gericht, die sollen Unsers gnädigen Herrn von Hessen
eigen seyn.

§. 6.

Schwängert ein leibeigener Mann eine freye
Weibes-Person; So wird iedoch das Kind nicht
vor eigen gehalten, denn quoties extra justas nuptias nascitur partus, quoad statum, proprie sic
dictum, matrem sequitur L. 24 ff. de statu
hom.

Es wäre dann, daß der Vater das Kind zu sich
nicht nur auf den leibeigenen Hof nehme, und darauf groß machete, sondern auch davon aussteurete,
allermassen es so dann in hoc puncto, als ein eheliches Kind anzusehen seyn würde. Vid. infra
§ 15.

§. 7.

Der zweyte Modus, wodurch die Leibeigenschafft constituiret wird, ist dieser, wenn sich iemand
auf leibeigene Güter begiebet, L. 2 C. de heredit.
action. Husan. cap. 5 n. 43, diesem zu folge, wird
der, oder diejenige, welche einen leibeigenen Hof annimmt, wenn selbige gleich frey gebohrne Personen
sind, demjenigen leibeigen, welchem sothaner Hof gehöret, vid. infr. § 14, eben also ist es auch im Jahr
1739 im Amte Nienburg in Ansehung Johann Dietrich Köhns Wittwe zu Lohe gehalten worden, als
welche Wittwe von einer leibeigenen Stätte gebohren, und sich frey gekauffet, nechst dem aber wieder
vor Leibeigen erkannt worden, weil sie abermals auf
einen leibeigenen Hof gezogen, und selben angenommen. Hiemit accordiret einigermassen die Ravenbergische Leibeigenthums-Ordnung Cap. 1 § 12.

"Wenn eine freye Person auf unser oder ander
Guts-Herren Eigenthums Erbe heyrathet, daß alsdann ohne sonderbare gerichtliche, oder für Notarien
und Zeugen vorgegangene Renunciation ihrer Freyheit, dieselbe ipso facto ins Leibeigenthum, dessen,
dem das Erbe, oder Kothe gehörig, sich begeben zu
haben geachtet werden."

§. 8.

Hieraus folget von selbsten, wenn eine freye
Mannes-Person auf einen leibeigenen Hof sich an
eine leibeigene Wirthin et vice versa verheyrathet,
daß sodann beyde mit ihrer Descendentz Leibeigen
werden. Eine gleiche Bewandniß hat es, wenn 2
freye Ehe-Gatten durch Erkauffung des Juris Colonarii, oder durch annehmender Schenckung desselben, oder ex alio titulo sich auf eine leibeigene
Stätte begeben, und werden dieselbe auf gleiche
Masse leibeigen.

§. 9.

Heyrathet ein freyer Mann oder freye Frau nur
auf gewisse Regierungs-Jahre auf einen leibeigenen Hof, so wird ein solcher, oder eine solche iedennoch ebenfalls leibeigen, und zwar ex ratione, weil,
wie § 7 gezeiget worden, ein Freyer unmöglich leibeigene Güter besitzen kan, und dahingegen die Qvit-
tirung derselben nach Ablauf einiger Jahre kein
modus tollendi der Leibeigenschafft ist, iedoch ge-

niesset ein solcher, oder eine solche bis an den Tod die
Leibzucht auf dem Hofe. Vid. infr. Cap. 5 § 15.

§. 10.

Stirbet einem Leibzüchter die Ehefrau, und selbiger schreitet zur zweyten Ehe, trifft aber selbige mit
einer freyen Person, welche sich ihrer Vorweserin
in der Ehe-Leibzucht ausbedinget, und wircklich darinn tritt; So wird nicht minder auch eine solche
freye Person leibeigen, anerwogen dieselbe sich solchergestalt auf gewisse Weise auf leibeigene Güter
begiebet, und solche ad dies vitæ wie bona propria
geniesset, als welches des Leibeigenthum, wie gesaget, zuwege bringet.

§. 11.

Giebet aber eine solche freye Weibes-Person,
die einen leibeigenen Leibzüchter heyrathet, sich so
wenig durch wörtliche Ausdrückungen, als auf son-
stige Weise, in das Eigenthum, als wenig sie sich
den Genuß der Leib-Zucht nach des Mannes Tode,
noch auch den Sitz auf der Stelle verschreiben lässet, ziehet auch nach Ableben des Mannes wieder
ab, so verstehet sich von selbst, daß sie ihre Freyheit
behalte, und nicht eigen werde.

§. 12.

Die Antretung der Güter geschicht dadurch,
wenn der Leib-Herr den Eigenbehörigen in die Güter immittiret, welches der Auflaß genannt wird,
und geschiehet selbiger nicht von Gerichts- sondern
Guts-Herrschaffts wegen. Vid. Hoyaischer Land-
Tages-Abschied de anno 1697 § 32.

§. 13.

Sonst ist noch zu mercken, daß kein Vater
befugt sey, seinem in der Freyheit gebohrnen Kinde
vor sein Haupt dem Herren, dem er sich eigen ergiebet, mit leibeigen zu geben, angesehen das Recht,
welches denen Römern ihre Kinder zu Knechten zu
verkauffen, gewöhnlich nicht nur moribus gäntzlich,
sondern auch schon Jure Romano selbst per L. 2 C.
de patr. qui fil. suos dist. ausser dem Fall, wenn
die Eltern aus höchster Armuth dazu necessitiret,
abgeschaffet worden.

Husan. de Hom. propriis c. 3 n. 33 seqq.
Wenn iedoch die Kinder gleich anfangs entweder
expressis verbis, oder tacite darin willigen, oder
falls sie noch minderjährig, nach erlangter Majorennität et ratihabiren solten, daß sie von ihren Eltern leibeigen gegeben worden, so kan solche Uliber-
gabe ins Leibeigenthum, welche so dann per modum
contractus geschiehet, gar wohl bestehen: Wenn
aber dergleichen Umstände nicht vorhanden seyn, so
haben die Kinder nicht nöthig, die von denen Eltern
dieserhalb errichtete pacta zu halten.

L. 10 Liberos C. de liber. cauf.

§. 14.

Wann solchemnach freye Personen leibeigene
Güter annehmen, und sich dadurch leibeigen ergeben,
so bleiben iedennoch die Kinder, welche sie vorhero gezeuget, freye Leute, obgleich die Eltern leibeigen werden, es wäre dann, daß gemeldte Eltern solche Kinder nicht nur mit auf den leibeigenen Hof nehmen,
und darauf groß zögen, sondern auch davon aus-
steureten, gleichwie ein solcher Fall im Jahr 1738
im Amte Nienburg in Ansehung Annen Sophien
Kleinschmidts zu Lohe also decidiret worden.

§. 15.

§. 15.

Die dritte Art und Weise, wodurch das Leibeigenthum erlanget wird, geschiehet per pactum, oder contractum, wenn sich nemlich iemand, der zuvor frey gewesen, einem andern zur Leibeigenschafft übergiebet.

Es sind zwar einige Rechts-Lehrer, wie Otto in Tract. von der Leibeigenschafft part. 3 pag. 19 anführet, welche meynen, daß dergleichen pactum, weil es die Freyheit eines freygebohrnen Menschen aufhöbe, mithin wider die Ehrbarkeit stritte, nicht zuläßig wäre, womit übereinstimmig sind

L. 1 §. 2 de propr. bom. exh. L. conv. de lib. cauf. L. nec si volent. L. interrogatam c. eod cap. lator. X. de Pignor. Bald. in L. fin. C. de Transact. Sichard. in pr. C. Locat. n. 3.

Alldieweilen aber, wie supra cap. 2 §. 2 gezeiget worden, es eine gantz andere Beschaffenheit mit der Römischen Knechtschafft, als mit dem ietzigen Leibeigenthum hat, und durch letztere die libertas naturalis nicht verlohren gehet, dazu auch, dergleichen Verträge, da sich einer zu stets währenden Diensten verbindet, denen gemeinen Kayserlichen Rechten §. fin. Inst. de jur. perf. L. cum scimus C. de agr. & Cenf. L. fin. C. de Transact. L. 6 & 10 C. de liber. cauf. wie auch dem Jure Canonico C. Grand. X. de suppl. negl. prol. in 6to Cap. inter dilect. X. de donat. Ja so gar dem göttlichen Worte Alten Testaments Deut. 15, v. 12 seqq. & Genef. 47 nicht entgegen sind, weiter auch, wie im Neuen Testamente selber der Apostel Paulus des Philemonis Knecht Onesimum, ob er schon viel bey seinem Herrn vermocht, dennoch von der Knechtschafft nicht zu befreyen verlanget.

vid. c. un. Epistola ad Pbilem.

So ist es wohl ausser allen Zweifel, daß ein ieder sich in tantum seiner Freyheit begeben, und gewisse leibeigene Bauers-Pflichten auf sich nehmen könne.

Hufan. de Hom. propriis cap. 3 n. 5. Gail. de arrest. c. 7 n. 6.

Womit die Osnabrückische Leibeigenthums-Ordnung cap. 2 §. 1 hisce verbis consentiret: „Die Ursachen und Fundament des Eigenthums sind heutiges Tages die Geburt, Eigengebung rc.„

§. 16.

Der vierte Modus ist die emtio venditio, wenn iemand den fundum mit samt den Eigenbehörigen verkaufft, als welche Veräusserung in Rechten wohl erlaubet ist.

Gail. 2 Obf. 62 n. 5 seqq.

Was aber die Veräusserung der Bauren alleine anbetrifft, so ist dieselbe gäntzlich verboten.

L. 2 L. Quemadmodum 7 C. de agric. & Cenf.

Wiewol die Gewohnheit vieler Orten ein anders eingeführet hat.

vid. Hufan. de propr. bom. c. 6 n. 89.

§. 17.

Zum fünfften wird die Leibeigenschafft acquiriret durch die Præscription: Es scheinet zwar, als wenn der L. liber Homo ff. de acquir. rer. dom. C. sine possef. de R. J. in 6to Inhalts, welcher kein liber homo possediret, einfolglich auch nicht präscribiret werden kan, entgegen stünde; Dieweilen aber allhie nicht eigentlich die Person, sondern nur dessen leibeigene Dienstleistungen präscribiret werden; So fällt dieser Zweifel damit hinweg, addatur L. Litibus C. de agric. & Cenf. Und fraget es sich demnach nur noch, wie viel Jahre zu dergleichen Verjährungen erfordert werden? und wird darauf geantwortet, daß, wenn iemand inter præsentes 10 Jahr und inter absentes 20 Jahr lang die Pflichten eines Leibeigenen verrichtet, v. g. den Erbtheil, Verlaß und Freylaß bezahlet hat, so entstehet dahero eine Præsumtio Juris der Leibeigenschafft, und wird der Leib-Herr dabey geschützet, iedoch ist diese præsumtio nicht juris & de jure, sondern leidet allerdings probationem in contrarium, welche so dann der Eigenbehörige zu übernehmen schuldig ist.

L. litibus 10 pr. C. de Agricol. & Cenf. Hufan. de propriis bom. n. c. 3 n. 10 seqq. & c. 5 n. 21 & seqq. per L. circa 14 de Prob. c. querelam 24 de Elect. L. eam qua 21 C. de lib. cauf. L. ordinata pr. ff. eod. Cuj. 18 obf. 23 L. ult. C. ubi cauf. stat. agi deb. Balthasar pract. resol. Tit. 4 ref. 2 n. 1.

Wenn aber iemand dergleichen leibeigene Præstationes nicht verrichtet, so hat er præsumtionem libertatis vor sich, und muß also derjenige, welcher einen solchen, als Leibeigenen, in Anspruch nimmt, den Beweis führen, es wäre dann, daß in dem Amte, allwo der in Anspruch genommene wohnet, die Leibeigenschafft in Flor wäre und prävalirte, mithin fast durchgängig auf den Gütern hafftete.

Stamm. de servit. person. lib. 3 cap. 32 n. 6. Otto dicto Tract. part. 3 pag. 20 & 21.

§. 18.

Hat aber iemand vor sich und seine Vorfahren gantzer 30 Jahr, wie ein Leibeigener Dienste gethan, so ist ein solcher und dessen Nachkommen vor leibeigen zu schätzen, solchergestalt, daß wenn gleich nach solchem Zeit-Verlauff selbige ihre Freyheit zu beweisen, sich anmassen wolten, ihnen solches nicht mehr erlaubet wird;

L. cum satis pen. §. 1 C. de Agrit. & Cenf. L. cum qui Colleg. C. de fund. rei priv. Hufan. de hominibus propr. c. 5 n. 22. Stamm. de Servit. lib. 3 c. 13 n. 20.

mithin findet dasjenige, was von der Præscription der 30 Jahr gesaget worden, noch mehr Platz in tempore immemoriali.

§. 19.

Der sechste Modus, wodurch die Leibeigenschafft constituiret wird, ist, wenn eine freye Frauens-Person sich an einen Leibeigenen vereheliget, obschon selbiger keine leibeigene Güter besitzet, nam uxor est consors omnis vitæ humanæque domus, und muß nicht nur des Mannes domicilium, sondern auch condition folgen.

L. 1 ff. de nuptiis. L. fæm. de Senat. L. Mulieres C. de dign. l. fin. §. iidem adminic. L. Si cum dot. 23 §. si maut. solut. matrim.

Es ist aber die Frau, wenn sie ex errore einen solchen Leibeigenen geheyrathet hat, nicht gehalten, mit nach den Leibeigenschaffts-Ort zu ziehen.

Heig. p. 1 ill. quest. 14 n. 22 seqq. Sanchez de Matr. tom. 2 lib. 1 disp. 13.

Und kan auch von dem Leib-Herren in gerührtem Fall dazu nicht gezwungen werden.

Sanchez.

Sanchez. de Matr. tom. 2 l. 1 disp. 41 n. 3. Heig.
p. 1 Ill. quæst. 14 n. 22 sqq. Mev. Tract. von dem
Zustande, Abforderung und Wiederabfolge
der Bauers-Leute *q. 2 n. 151 & 157 p. 30 & 37.*

§. 20.

Wenn aber eine freye Mannes-Person eine leibeigene Frau heyrathet, so wird derselbe dadurch nicht
leibeigen, anerwogen nur die Frau der Condition
des Mannes, nicht aber dieser der Condition jener
folget, dazu auch dem Leib-Herrn durch solche Mariage nicht präjuditiret wird, weil die Kinder aus
selbiger Ehe aller Orten, wo das Leibeigenthum introduciret ist, leibeigen werden.

Schmid ad stat. Bavar. Tom. 2 tit. 4 art. 8 n. 5.

§. 21.

Es werden war noch ein und andere Modi mehr
bekannt, wodurch die Leibeigenschaft constituiret wird,
v. g. daß diejenige, welche grosse Verbrechen begangen, in die Leibeigenschaft gestossen werden.

Stamm. de serv. pers. lib. 1 tit. 2 cap. 1.

Und ferner, daß auch nach denen Canonischen Rech-

---

ten das Concubinat eines Priesters mit der Leibeigenschaft bestraffet werde.

c. cum multa 15 quæst. 8.

Welches nicht minder vordem in Sachsen bey denen
boshaften Schuldnern gebräuchlich gewesen. Vid.
Sächsische Policey-Ordnung de Anno 1577 Tit.
Von verdorbenen Kaufleuten.

In denen *legibus 12 tabularum* war ein gleiches
verordnet, wenn der Debitor dem Creditori gebunden übergeben würde. Gell. not. attic. 20 c. 1.
welcher Modus aber *jure Codicis* aufgehoben worden. *L. ob as. C. de act.* nicht minder konnte auch
durch richterliche Sentenz die Servitut imponiret
werden, wann selbige jemand aus seiner Schuld,
oder Verbrechen verdienet hatte, und war sodann
der Fiscus desselben Herr, *§ 1 ff. de fund. dot.* welches aber ebenmäßig gänzlich aufgehoben ist *per auth.
sed hodie C. de donat. inter virum & uxorem
Nov. 22 c. 8.* Weilen aber überhaupt alle diese und
dergleichen *modi* in *praxi* keinen Nutzen mehr haben;
So hat man dieselbigen nur mit wenigen allhier berühren wollen.

Das IV Capitel.

Worinne der Effectus der constituirten Leibeigen-schaft in Ansehung der Personen, sowohl des Leib-Herrn, als des Eigenbehörigen, bestehe.

§. 1.

Der Effectus von der constituirten Leibeigenschaft bestehet in gewissen Pflichten oder
Obliegenheiten.

Was nun zuförderst die Obliegenheiten
anbetrifft, welche ein Eigenbehöriger seinem Leib-
Herrn zu prästiren schuldig ist; so bestehen dieselbe
entweder in omittendo vel committendo (thun
und lassen).

§. 2.

In omittendo bestehen folgende: Ein Leibeigener muß alles dasjenige unterlassen, was des Herrn
Ehre, Würde und Existimation lädiren kan, sintemahlen desselben Person von ihm allemahl heilig und
ehrwürdig gehalten werden soll.

Menoch. A. I. Q. Cas. 250 n. 7.

§. 3.

Niemand kan zweyen Eigenthums-Herren Leibeigen seyn, und darff also kein Leibeigener eines andern Leibherrn eigenen Hof annehmen, oder sich ihm
sonsten zu eigen geben, er habe sich dann vorhero
frey gekauffet.

Osnabrücksche Leibeigenthums-Ordnung cap. II

§ 3.

Wer sich einem andern eigen ergeben will, muß
frey seyn, und soll nicht eher auf eine Stäte gelassen
werden, er habe dann vorhero von seinem Guts-
Herrn den Frey-Brief gedungen und angeschaffet.

Ravenbergische Leibeigenthums-Ordnung c. I §. 10.

Ist sie (scil. die Person) eines andern Herrn
Eigenthum, soll sie gehalten seyn, zuförderst die Ver-
wechselung zu suchen, oder sich frey zu kauffen it. § 9.
Und weilen dadurch, wenn in andern Eigenthum die

Jurist. Oracul V Band.

---

hende Personen auf unsere oder andere Guths-Herrn
Erbe oder Kothen oder Leib-Zucht gelassen, werden
viele Inconvenientien entstehen, fremde Herren-Sterb-
Fälle ziehen, und dero Behuf darauf Erbtheilung
halten, auch die von sothaner Person gebohrne Kinder dem Leibeigenthum der Mutter folgen, und also
dem Guths-Herrn zum mercklichen Beschwer gereichen.

So sollen hinfüro unsere Beamte mit Fleiß dahin sehen, daß sothane Leute, ehe und bevor sie sich
des fremden Eigenthums gänzlich liberiret, auf unsere Güter nicht gelassen, sondern die Auftracht verweigert und bis dahin abgewiesen werden, welches
denn andern Guts-Herren in dergleichen Fällen gleichmäßig verstattet und frey gestellet wird.

§. 4.

Gleicher Gestalt ist es einem Eigenbehörigen nicht
erlaubet, zwey Stäten anzunehmen, wenn schon
selbe einem Herrn angehören, angesehen sowohl das
Publicum als der Leib-Herr darunter leidet, wenn
zwey Höfe nur mit einem Colono besetzt seyn, wannenhero dann auch in Anno 1743 dem Beysitzer Bar-
thold Schumacher zu Wietzen Amts Nienburg, welcher zwey leibeigene Stätten acquiriret, anbefohlen
worden, sich von der einen wiederum abzuthun.

§. 5.

Auch darff ein Eigenbehöriger nicht eigenmächtig
austreten, und ausserhalb Landes gehen, vielweniger die unterhabende Güter verlassen, oder er wird
selbiger und des ihm daran zustehenden Erb-Rechts
verlustig.

Ordinat. Osnabrug. Art. 19 cap. 4.

Sind aber die Anerbe, oder die Kinder vor erfol-
geter Erledigung der Stäte in fremde Lande, ohne

D   Einwilligung

Einwilligung und Vorwissen des Guts-Herrn gezogen, so mag bis zu deren etwanigen Wiederkunfft die Sache auf ein Jahr lang ausgestellet, nach dessen Ablauf und einer vom Guts-Herrn im Kirspell, wo das Gut belegen, geschehener öffentlicher Verabladung, aber die Stände mit neuen Eigenbehörigen besetzet werden, und werden gedachte Anerbeis und Kinder wegen der ungebührlichen Ausbleibung, und daß sie nach dem Erbe und dessen Zustand sich nicht behörig umgesehen, des Anerben-Rechts verlustig. Gleichwie dann auch, den gemeinen Rechten nach, denen Leibeigenen nicht vergönnet ist ihrem Herrn zu verlassen, oder ohne dessen Willen ihr domicilium anderswohin zu wenden.

L. si quis prad. L. si Coloni C. de agric. & cenf. L. 1. C. de ferv. fugit, L. cum fatis 23. C. de agric. & Cenf. Gail. de arrestis c. 8 n. 13 & seqq.

Otto tr. von der Leibeigenschafft part. 3 p. 16. Es stehet auch einem Herrn frey den ausgetretenen Leibeigenen, wenn er sich gleich allbereit einem andern Herrn leibeigen gegeben, zu vindiciren, oder falls er noch wircklich auf der Flucht begriffen, als einen debitorem arrestiren zu lassen.

L. 1 C. quand. lic. unicuique sine jud. se vind. Brunnem. ad L. 14 de agr. & cenf. Porgießer de statu serv. L. 5 cap. 2 § 20.

und begehet derjenige, welcher wider des Herrn Willen einen solchen Flüchtling in Schutz nimmt, auch auf Erinnern davon nicht absteht, einen Diebstahl.

Stamm. de serv. pers. l. 3 c. 15 n. 1. L. 26 de furt. Brunnem. ad L. 1 ff. de fugitiv.

§. 6.

Weiter darff ein Leibeigener sich nicht unterstehen, wider Wissen und Willen des Leibeigenthums-Herrn zu heyrathen, oder verliert dadurch die Anwartschaft zu denen Leibeigenen Gütern, und zwar aus der Ursache, weil dem Leib-Herrn nicht angemuthet werden kan wider Willen eine Wirthin auf den Hof zu nehmen, vid. Hoyaischer Land-Tages-Abschied de anno 1697 §6 Auch wollen wir u. u. und §32:

Und nachdem, was die Beschwerde betrifft, daß unsere Beamte in den Grafschaften Hoya sich eine Zeit her angemasset haben sollen, in derer von Adel und anderer Freyen Meyer-Hof wider ihren Willen die sogenannte Auflassung zu verrichten, die Billigkeit erfordert, daß niemand genöthiget werde, wider seinen Willen jemanden in seinen Meyer- oder Kothhof zu nehmen, wollen wir, daß, wann hinfürs die Meyer und Köther und andere derer von Adel und freyen Leute heyrathen, und die Auflassung oder Zusage zu thun ist, die einfreyende Person auf den Meyer- oder Kothhof gelassen werde, denselben besitzen, und daran das Meyer- oder Colonierecht haben solle, solche Auflassung iedesmahl von dem Guts-Herrn, der die Hebung des Weinkaufs unstreitig hergebracht, oder da solche Hebung streitig seyn solte, von demjenigen, welcher der Dienste von dem aufzulassenden Gut geniesset, geschehen und derselbe vom Amte darinne keineswegs beeinträchtiget werden soll: zumahlen diese Auflassung nicht sowohl vor einen actum Jurisdictionis zu achten, als daß nur der Guts-Herr mittelst derselben acht zu haben hat, daß seine Höfe mit tüchtigen Hauswirthen und Hauswirthinnen wiederum besetzet werden, add. Jus Colonar. Osnabr. cap. 18 § 1.

Will der Anerbe zur Ehe schreiten, so soll er oder sie eine solche Person aussuchen, welche Gott fürchtet und eines so guten Gerüchts ist, daß der Guts-Herr dawider nichts mit Bestande einzuwenden habe, und welche das Erbe mit einem proportionirten Stück Geldes oder sonsten verbessern könne.

Es ist auch in der Grasschaft Hoya hergebracht, daß die Prediger die Trauung nicht verrichten, bevor ihnen nicht der so genannte Ehe- oder Copulier-Zettel vorgezeiget worden. Hieber fraget es sich aber, ob solcher Copulier-Zettel von den Aemtern, als Gerichts-Herren oder von denen Leib- als Guts-Herren ausgestellet werden müsse? Respondetur: Die Ertheilung des Copulier-Zettels kömmt nach dem allegirten Hoyaischen Land-Tages-Abschied de anno 1697 § 6 & 32 ohnstreitig denen Aemtern zu, dieselbe dürffen es aber, Inhalts derselben, und der Observanz nach, nicht ehender einem Meyer-Mann worüber einem Privato die Leibeigenschafft, oder auch nur die blosse Guts-Herrschafft zustehet, ertheilen, bis ein solcher Guts-Herr mit zuforderst in sothane Ehe gewilliget, und darüber seinen schrifftlichen Consens ausgestellet, als welcher beym Amte zu produciren, und wird dagegen offtgemeldeter Copulier-Zettel zurück ertheilet.

Eine gleiche Bewandniß hat es mit denen Anerben der Höfe, denn würde selbigen der Ehe-Zettel ohne Gutsherrlichen Consens ertheilet werden könte, so würde dadurch gewissermassen dem Guts-Herrn per indirectum ein Subjectum zum Wirth oder Wirthin obtrudiret, welches iedoch mehr allegirten beyden §phis des Hoyaischen Land-Tages-Abschiedes entgegen seyn wolte. Welchergestalt die Praxis hie mit einstimmig sey, ein solches vermeldet folgendes von dem Amte Ehrenburg in causa der Hoyaischen Landschaft, entgegen dem Amtmann zur Nienburg, als selbiger obiges in Zweiffel ziehen wollen, ertheiltes Attestatum: Nachdem bey Königl. und Chur-Fürstlichen Amte allhie ein beglaubtes Attestat nachgesuchet worden, wie es mit Ertheilung des so genannten Ehe- oder Copulier-Zettels in dem Fall gehalten werde, wenn solches von einem Meyer-Mann oder Meyer-Frau, oder auch nur Anerben eines Hofes, worüber nicht dem Amte, sondern einem Privato die Guts-Herrschaft zustehet, gehalten wird, und es dann an dem, daß der bisherigen Observanz nach solchenfalls der Ehe-Zettel vom Amte nicht ehender ertheilet werde, als bis der oder diejenige, welche darum ansuchet, vermittelst eines Scheines von seinem Guts-Herrn hinlänglich beygebracht, daß derselbe in die Ehe consentiret, und die von seinem Meyer-Mann oder Meyer-Frau, oder Anerben des Hofes zu heyrathende Person als Wirth oder Wirthin auf seinen Hof nehmen wolle, solches alte Herkommen auch dem § 6 und 32 des Hoyaischen Land-Tages-Abschiedes völlig gemäß:

Als hat man obiges zu Steuer der Wahrheit hiedurch Amtswegen attestiren und beglaubigen sollen. Signatum Ehrenburg den 9 Dec. 1743.

K. Gr. B. a. C. B. C. Beamte daselbst.
J. P. Hahn. Ruche.

Ein gleiches Attestat hat auch das Amt Hoya besagter Landschaft unterm 18 December 1743 ertheilet, und weil fast ipsissima verba darinne enthalten, so erachte überflüßig zu seyn, solches gleich vorigen allhie wörtlich zu inseriren.

Jedoch ist kein Leib-Herr befuget seinen Eigenbehörigen in Ansehung der Verehligung zu einem Individuo zu zwingen, sondern muß ihm unter denen Personen, welche obnahmhaft gemachte Qvalitäten besitzen, die freye Wahl lassen, Balthasar Pract. resol. Tit. 4 ref. 6 n. 7. Solte es sich auch begeben, daß ein Leibeigener wircklich wider Willen des Leib-Herrn die Ehe vollzöge, und selbe hätte sonsten die gehörige requisita, so wird sie deshalben nicht dissolviret, eine solche Frau aber genießet nicht die Jura, welche sonst denen Wirthinnen zu statten kommen, v. g. die Successio in Colonia, denn darzu wird der Leib-Herrn Consens erfordert, selbe wird also auch nicht zum Weinkauf gelassen, die Sponsalia aber werden ob justam causam contradicendi Domini als ungültig geachtet, und können denen Rechten nach nicht bestehen.

§. 7.

So darf sich auch kein Eigenbehöriger der Güter eigenmächtig abthun, und den Hof übergeben, mithin sich auf die Leibzeit setzen, sondern muß deshalb zuförderst die Einwilligung des Leib-Herrn nachsuchen, videatur Cellische Landes-Verordnung, wie es mit Redintegrirung der Meyerhöfe zu halten vom 1 Jul. 1699 § 10.

§. 8.

Weiter wird zu denen Pflichten, welche in omittendo bestehen annoch referiret, daß ein Eigenbehöriger gegen seinen Leib-Herrn keine ehrenrührige Klagen anstellen, noch denselben criminaliter actioniren darf, und was dergleichen Effecte mehr sind, welche aber allhier nur obiter berühret werden, weilen sie in praxi wenig Nutzen mehr haben.

Stamm. de bom. propr. lib. 3 cap. 19 per totum.

Was iedoch in Ansehung der anzustellenden Klagen, sowohl gegen den Leib-Herrn selber, als gegen andere im Bißthum Oßnabrück Rechtens sey, lehret die dasige Leibeigenthums-Ordnung cap. 14 § 3.

Da auch die Eigenbehörige auf Antrieb anderer sich ihrem Guts-Herrn öfters widersetzen, und gegen denselben Proceße führen, und zwar aus denen Mitteln der gutsherrlichen Güter und zu deren grössesten Schaden, so soll solches Unwesen nicht gestattet werden, sondern wenn ein Eigenbehöriger wider seinen Guts-Herrn Proceß erhalten soll, so soll derselbe bey sonst erwartender exemplarischer, auch wohl dem Befinden nach Straffe der Abmeyerung die Unkosten aus seinen eigenen und nicht des Guts-Herrn Mitteln stehen und tragen: Es wäre dann, daß solcher Eigenbehöriger zu dem Proceß unstreitig befugt, und seine Klage auf offenbare Rechte gegründet wäre, solchemfall sind demselben die Kosten doch ohne Versatz oder Veräusserung der immobilium, abzufolgen; sonst und überhaupt sollen Eigenbehörige ohne Bewilligung seines Guts-Herrn, mit einem andern keinen Proceß anfangen, falls aber der Colonus solchen zuwider dergleichen unternehmen und in ietzterwehntem Fall seines Guts-Herrn Consens nicht sofort zugleich vorzeigen und einbringen würde, soll desselben Klage an keinem Gericht angenommen oder Proceß verstattet werden. Jedoch wird cap. eod. § 5 hinzu gefüget, daß obiges nicht gar zu rigoureus

Jurist. Oracul V Band.

verstanden werden solle, und fällt also dadurch diese Verordnung in praxi guten Theils hinweg, wie es dann ohnedem der Billigkeit gemäß ist, daß niemanden, er sey so geringe, wie er wolle, der Weg Rechtens versaget, derowegen auch die Landes-Herren selber, welche sonsten denen Legibus Civilibus nicht unterworffen seyn, L. 31 ff. de LL. § ult. ff. Quib. mod. Testam. infirm. ihren Unterthanen nicht verwehren, Processus gegen sie anzustellen und gegen sie Recht zu suchen. L. Digna vox C. de LL.

§. 9.

Die persönliche Obliegenheiten eines Eigenbehörigen, welche in faciendo bestehen, sind folgende:

1) Muß derselbe seinem Leib-Herrn alle Reverentz und Gehorsam erweisen, arg.

L. 1 & T. T. de obs. parent. & patron. præst. auch nach der Freylassung.

Husan. de Hom. propr. c. 5 n. 19.

2) Muß er alle hergebrachte Dienstleistungen und Abgifften richtig prästiren: Worinne aber solche Dienstleistungen eigentlich bestehen, davon lässet sich keine General-Regel vorschreiben, sondern es muß darauf gesehen werden, was Herkommens, und ieder Leibeigene bishero vor Pflichten prästiret hat, iedoch hat der Leib-Herr die præsumptionem juris vor sich, daß ein ieder Eigenbehöriger dasjenige leisten müsse, was die übrige seines gleichen in demselben Amte zu prästiren gehalten seyn, und würde also dem Eigenbehörigen, welcher sich dagegen leget, die Exemption davon, mithin probatio in contrarium obliegen.

Im Oßnabrückischen ist unter andern hergebracht, daß die Kinder der Eigenbehörigen eine gewisse Zeit lang ohne Entgeld, wie Knecht oder Magd, dienen müssen, gleichwie aus der Leibeigenthums-Ordnung cap. 5 § 10 erhellet.

Einiger Eigenbehörigen Kinder müssen auch eine gewisse Zeit dienen, welches aber gleichfalls unterschiedlich ist. Insgemein kan ein Guts-Herr seinen eigenbehörigen Knecht oder Magd anhalten, daß er oder sie ein halb Jahr umsonst dienen muß. Wo es aber hergebracht, daß sie ein Jahr lang dienen müssen, da hat es dabey sein Verbleiben, und werden solchen darauf ein Schilling Oßnabrückisch oder 12 Pfenning, oder was und wie viel sonst etwa gebräuchlich, gesandt; worauf sie unweigerlich hergebrachter massen dienen müssen, wann aber die Dienstzeit verflossen, und sie vorhero zu rechter Zeit aufgesaget, und wieder nach Hause wollen, können sie, da der Dienst geendet, wider Willen nicht aufgehalten werden.

Sonsten sind die eigenen Personen bis zum Freykauf nach Verfliessung des siebenden Jahrs, wie es hergebracht, den Dienst zu wiederholen schuldig, ibidem spho 2. Solten aber dieselbe weiter dienen wollen, so bleibet dem Eigenthums-Herrn, bey welchem solches erweislich hergebracht ist, gegen Bezahlung so vielen Miethlohns, als der Knecht, oder die Magd bey andern hätte verdienen können, der Vorzug: Wo aber solches nicht hergebracht, da können die Eigenbehörige wider ihren Willen nicht aufgehalten werden, welcher personelle Dienstzwang aber in denen Grafschaften Hoya nicht hergebracht ist.

§. 10.

Dahingegen gebühret dem Leib-Herrn, daß er seine Eigenbehörige in gutem Wohlstande zu erhalten, sich bestens angelegen seyn lasse, und deren Aufnahme, nach äusserstem Vermögen zu befördern suche, deswegen auch ein Leib-Herr seinen Eigenbehörigen nicht verwehren kan, Handel und Wandel, oder dergleichen Gewerbe zu treiben, und sich dadurch einen Nutzen zu schaffen, wenn nur dadurch die cultur des Hofes nicht verabsäumet wird.

Ferner muß ein Leib-Herr mit seinen Eigenbehörigen christlich umgehen, dieselbe nicht schlagen, noch prügeln, oder sonsten übel tractiren, sondern, fals sie etwas verbrechen solten, es der Obrigkeit zur Bestraffung anmelden.

§. 11.

Auch stehet dem Leib-Herrn nicht frey die hergebrachte Dienstleistung zu verhöhen, noch sonsten unter keinerley Vorwand, den Zustand des Leibeigenen zu verschlimmern.

arg. L. cum satis 22 C. de agric. & cens. Stam. de Servit. Person. l. 3 c. 21 n. 10, addatur infr. Cap. V §. 15.

§. 12.

Jedoch ist ihm unverwehret die Person des Leibeigenen entweder allein, oder mit samt dem Hofe zu vertauschen, zu verkaufen, oder von einem Vorwercke, oder Gute, wozu er gehöret, abzunehmen, und an ein anders zu verlegen, wenn nur seine Umstände nicht dadurch verschlimmert werden: es stehet zwar entgegen L. 2 & 7 C. de Agricol. Cens. & Colon. ne originarii sine terra perinde atque rustici censitique servi alienarentur.

Stryk. in us. Mod. tit. de Statu Hom. § 9.

Alleine allhie will das Römische Recht keinen Platz finden, gestalten die Observantz fast in allen Teutschen Provintzien das Gegentheil zeiget, welcher auch die Osnabrück. Leibeigenthums-Ordnung cap. 3 § 4 mit diesen Worten hinbey tritt:

Es stehet auch dem Eigenthums-Herrn frey, die Eigenbehörige an andere zu übertragen, oder zu veräussern, und wird alsdann derjenige, welcher dieselbe rechtlicher Weise titulo oneroso vel lucrativo erhandelt, gekaufft, oder an sich gebracht hat, Eigenthums-Herr.

Solcher neue Eigenthums-Herr soll so dann es bey denen alt-hergebrachten Pflichten bewenden lassen, und die Eigenbehörige mit neuen Diensten oder Auflagen der jährlichen Præstandorum, oder daß sie davor Geld erlegen sollen, auch sonst über die alt hergebrachte Gewohnheit, wann zumal die Erben nicht vergrössert sind, sondern in dem Stand wie sie vor gewesen, verbleiben, nicht beschweren ꝛc. ꝛc. item Capite 2 do § 7

Durch Ankauff und Tausch werden gleichfalls Eigenbehörige dem besagten Stifft acquiriret, wie dann die sogenannte Ravensbergische Freye durch einen Vergleich ans Stifft gebracht, und die Dom-Capitel einige von Adel und sonstigen Privatis wieder verkauffet worden ꝛc. Und verschläget dagegen nichts, daß die homines proprii nicht, wie die Römische Knechte in commercio seyn, und dahero dem Anschein nach nicht verkauffet werden könten, angesehen die Eigenbehörige selber vor ihre Person nicht, sondern nur deren Dienstleistungen

und Pflichte verkauffet werden; Hiebey aber entstehet die Quæstio: Wenn ein solches leibeigenes Gut mit samt dem Colono verkauffet wird, ob sodann diejenige, welche von solchem Hofe herstammen, davon aber abgefunden seyn, und sich anderwerts aufhalten, mit in das Eigenthum des Käufers treten, oder ob selbe dem Verkäufer verbleiben? Ich halte davor, daß selbe in dem Betracht, weil die Leibeigene mit zum Hofe gehören und pro parte fundi geachtet werden, allerdings mit verkaufet worden, und dem Käuffer leibeigen werden, wenn gleich im Kauff-Contract nichts davon erwehnet worden.

§. 13.

Weil im vorstehenden §pho gesaget worden, daß durch den Verkauff die Condition des Eigenbehörigen nicht verschlimmert werden darff, so folget daher, daß der Verkäuffer den Verlaß-Brief ohnentgeldlich ertheilen, der Käuffer auch keinen Weinkauff nehmen dörffe, sondern nur lediglich in den Platz des vorigen Herrn trete.

§. 14.

Lässet ein Eigenthums-Herr mehr Kinder oder Erben nach sich, so kan dadurch die Herrschafft nicht vervielfältiget werden, gestalten ein Eigenbehöriger nicht schuldig ist, die Eigenthums-Herrschafft in Theilung treten zu lassen, und mehrere Leib-Herren zu übernehmen.

Würden iedoch die Güter des Leib-Herrn unter mehr Erben vertheilet, so wird der Eigenbehörige nur allein demjenigen eigen, dem das Gute zufällt, welchem er zugeschrieben ist, und die übrige erlangen an ihm gar kein Recht. Bleiben aber die Güter in Communion, so muß der Eigenbehörige iedennoch in seinem vorigen Wesen verbleiben, und also weiters gehalten und gelassen werden, als hätte er nur einen Herrn, welchen zu Folge die ständige Abgifften so wohl als Erbfall und Freylassungs-Gelder nur von einem Leib-Herrn gefordert werden dürffen, welcher so dann seinen Mit-Erben heraus geben muß, und werden selbe alle nur pro una Persona gehalten. Mit denen Diensten aber verbleibet er alleine dem Gute, welchen er von Alters her zugethan gewesen: Stünde iedennoch ein Eigenbehöriger in ungewissen Dienst, und dieser erstreckte sich dahin, daß ausser des Guts-Acker-oder andern Bau-Diensten auch extraordinaire oder Neben-Dienste auf des Herrn, oder dessen Bediente, Verfahren über Feld oder auf Reisen zu thun, Herkommens wäre, durff ihm dergleichen nicht weiter, als von einem derer Erben angemuthet werden, auch kan unter denen Erben selbst darunter keine Aenderung gemachet, und der Eigene von diesem, hernachmahls von jenem wieder genommen werden, sondern so lange die Gemeinschafft verbleibet, behält ein Eigenbehöriger in Abforderung der Neben-Leibdienste seinen einmal bekommenen Herrn. Es können aber auch dergleichen Neben-Dienste nicht anders gefordert werden, als wie sie hergebracht sind, auch müssen dieselbe darunter Maasse haben, daß sie nicht mehr gefordert werden, als des Leibeigenen Hauswesen sie entrathen: mithin der Eigenbehörige ohne sein und des Hofes Nachtheil leisten kan. Denn wenn der Leib-Herr darunter Maaß und Ziel überschreiten solte, so können selbe von der Landesdes-Regierung secundum boni viri arbitrium & consuetudinem loci definiret werden.

Berger in Oecon. jur. lib. I. tit. 2 § 8 n. 2 & 3.

§. 15.

Kan nun also ein Eigenbehöriger so wohl in Ansehung seiner Person, als Güter verkauffet werden, so folget auch daher, daß ein Leib-Herr die præstationes, welche er zu leisten schuldig ist, ebenfalls einem andern vermieten könne, vid. D. Struv. in tract. de jur. vill. c. 5 § 19; es verstehet sich aber dabey von selbst, daß die Ableistung des Dienstes bey Verpachtung eben wenig und gleich also, wie beym Verkauff, Eigenbehörigen dürffte beschwerlicher gemachet werden.

§. 16.

Zum Beschluß dieses Capitels ist noch von Bedemunds-Recht, welches im Bißthum Osnabrück Platz findet, einige Erwehnung zu thun. Worinne selbiges eigentlich bestehe, zeiget die Leibeigenthums-Ordnung cap. 16 § 1, 2, & 3.

Das so genannte Bettemunds (Bedemund) Recht, exerciret der Guts-Herr gegen denjenigen, welcher dessen eigenbehörige Magd beschwängert hat: Wann also jemand eine solche Magd defloriret, oder geschwängert hat, oder derselbe muß nach altem Gebrauch sich mit dem Guts-Herrn, mittelst einer Tonne Butter, oder so gut er kan, abfinden.

Solte aber selbe zum zweyten und mehrmalen beschwängert werden, so kan der Guts-Herr zwar weiter keinen Bettmund, jedoch aber vom Thäter deßwegen, daß er die Eigenbehörige noch mehr deterioriret hat, eine billigmäßige Satisfaction fordern.

Würde aber derjenige, welcher eine eigenbehörige Magd schwängerte, dieselbe, bevor das Kind gebohren, heyrathen, so ist er den Bettemund zu geben nicht schuldig.

In der Graffschafft Hoya aber ist solcher Bettemund nicht hergebracht, aussen im Amte Syke, weshalben der Hoyaische Land-Tages-Abschied de Anno 1697 folgendes verordnet:

Was jedoch in specie die im Amte Syke gesessene von Adel und Freye betrifft: Nachdem so wol aus einem alten Erb-Register des Hauses und Amte Syke de Anno 1581, als andern alten Nachrichtungen, und von denen Beamten nach und nach eingesandten Berichten erhellet, daß die im besagten Amte gesessene von Adel und Freye von alten Zeiten her, wann ihrer Guts-Leute Töchter zum ersten mal Unzucht getrieben, die Bettemund und an deren stat die gewöhnliche Huren-Brüche genossen, gedachte von Adel aber auch sich auf verschiedene Actus beruffen wollen, daß sie nicht weniger bey dem zweyten und dritten Fall die Bestraf- und Exigirung solcher Huren-Brüche von Alters hergebracht, so sollen ihnen die Huren-Brüche von dem ersten Fall, wie sie dieselbe von Alters her zu erheben hergebracht, ferner völlig gelassen werden, und dem Amte nur die in solchem erstern Fall vor dem genossenen fünff Bremer Marck oder 2 Rthlr 16 mgr. verbleiben, hingegen die Neuerung, da denen von Adel und Freyen in gemeldtem Amte Syke auch in diesem ersten Fall nur die Halbscheid von den gefallenen Huren-Brüchen von deren Guts-Leute Töchter eine Zeither zugestanden, gäntzlich damit aufgehoben seyn, wann es aber zum andern Fall kömmt, sollen das Amt Syke und die Guts-Herren in solchem Amte die fallende Huren-Brüche theilen und jeder Theil den Halbscheid davon genießen.

Was aber den dritten oder vierten Fall betrifft, soll die Bestraff-und Erhebung der Brüche, wann es bey einer Geld-Busse gelassen wird, dem Amte allein verbleiben, und die von Adel und Freye davon nichts zu prætendiren haben.

✳✳✳✳✳✳✳✳✳✳✳✳✳✳✳✳✳

Das V Capitel.

Von dem Recht, welches die Leibeigenschafft in Ansehung der Güter zuwege bringet.

§. 1.

Alle und jede Guts-Herrschafft in der Graffschafft Hoya, einfolglich auch das Leibeigenthums-Recht bringet mit sich, daß das Dominium des Hoffes, oder des fundi dem Leib-Herrn verbleibet, dahingegen auf den Colonum weiter nichts transferiret wird, als der Erb-Nießbrauch, Brl. Lünebl. Ober-Appell. Ger. Ordn. Part. 2 tit. 15 § 30.

Wäre die Execution wider einen Meyer vorzunehmen, und dessen Guts-Herr hätte in diejenige Schuld, desfalls die Execution geschehen soll, nicht consentiret; So können die Meyer-Güter, als welche nicht dem Colono, sondern dem Guts-Herrn gehören, an sich nicht angegriffen werden.

Der Herr Ober-Appellations-Rath Pufendorff ist zwar, in Ansehung der Meyer-Güter, in Introd. in Proc. Brunsuico-Lüneburgic. part. 29 § 7 der Meynung, daß davon denen Colonis das Dominium utile zuständig sey, und führet unter andern deshalb die Ursachen an: Weilen (1) denen Erb-Zins-Leuten das Dominium utile an den unterhabenden Gütern zustünde und vermöge der Constitution de anno 1699 die Meyer Güter denen Erben-Zins-Güttern gleich gemachet worden, und (2) nur besagte Constitution denen Meyer-Leuten ratione rerum ad prædia eorum pertinentium, rei vindicationem zueigne, welchem noch 12 andere Argumenta hinzugefüget werden. Alleine da quoad Ium in besagter Verordnung de anno 1699 die Meyer-Güter denen Erben-Zins-Güttern in einigen Stücken v. g. ratione Successionis, ingleichen, daß so wenig von jenen, als diesen etwas ohne Gutsherrlichen Consens veräussert werden solle, und also nur in tantum aber in totum gleich gemachet worden, gestalt darinne

darinne Cap. I. § 1 per verba, sie mögen Schillings-
Meyer, Erben-Zins- oder dergleichen Güter seyn,
satsam hervor tritt, daß sothane Güter iedennoch
diverser Gattung bleiben, ob sie gleich in ein und
andern Stücken exæquiret worden und dann ad
2dum mehr gerührte Constitution nach Ausweisen
ihres eigenen Inhalts, lediglich ihr Augenmerck auf
die Conservation der Höfe genommen und dannenhero vermuthlich denen Colonis, contra apices
juris Civilis Romani die ihnen nach selbigen nicht
zustehende rei vindicationem, in dem Betracht,
zugebilliget hat, weilen es denen Höfen am zuträg-
lichsten ist, daß die Inhaber derselben zu Verhütung Weitläufftigkeit und Kosten, die dazu gehörige
und davon veräusserte Pertinentien selber vindiciren und wieder herbey schaffen können, ohne daß selbe
secundum dictum jus strictum Romanum zuförderst deshalb ihre Guts-Herren anzuruffen, und
diese suo nomine die Klage anzustellen nöthig haben, zu dem auch sowol das Meyer-, als auch insonderheit das Leibeigenthums-Recht etwas mehr
als den blossen usum fructum, und zwar so etwas,
welches dem dominio utili sehr nahe kommt, und
welches wir Erb-Niesbrauch oder jus perpetuæ
Coloniæ nennen, involviret, und dannenhero auch
secundum jus Romanum denen Colonis, welche
dergleichen Güter inne haben, wenigstens actio Vectigalis, seu Emphyteuticaria rei vindicatio utilis, nicht zu versagen seyn wolte, L. 15 § 26 ff. de
Damn. inf. L. 1 § 1 ff. si ager vectig. wogegen die
übrige annoch von dem Herrn Ober-Appellations-
Rath Pufendorff angeführte 12 Ursachen nichts verschlagen wollen: So bin ich des Davorhaltens, daß
es bey Entwerffung offtgedachter Constitution de
anno 1699 die Meinung nicht gewesen, daß denen
Meyer-Leuten, durch Zustehung der rei vindication, ein stärckeres Recht, als sie vorhin gehabt,
mithin wircklich das völlige Dominium utile zugestanden werden sollen, und werde ich in solcher Meinung um so mehr bestärcket, weilen vor allegirte
Ober-Appellations-Gerichts-Ordnung Tit. 1 § 30
als eine weit neuere Verordnung den Casum klärlich decidiret, und also den gantzen Zweifel hebet.

§. 2.

Solchem zufolge dann kan der Eigenbehörige
von dem ihm eingethanen Gute nichts verkauffen,
versetzen, vertauschen, verschencken, verpfänden noch
sonsten weder inter vivos noch mortis causa veräussern, oder beschweren, denn alles, was darunter
ohne des Guts-Herrn Wissen und Willen vorgehen
möchte, ist ipso jure null, nichtig und krafftlos,
und können solche veräusserte Pertinentzien besagter
massen entweder vom Guts-Herrn, oder von dem
Meyermann, mithin auch Eigenbehörigen selber vindiciret werden. Es wäre dann, daß erstlich der
detentor solch Pertinentz allschon vor dem 1650ten
Jahre besessen, oder zweytens zum Hofe eigentlich
nicht gehörig, sondern speciali titulo dazu acquiriret worden, vid. Constit. de redintegr. vill. c 1
§ 2, 3 & 4, oder drittens, so viel die Versetzung insonderheit anbelanget, daß ex necessitate v. g.
tempore belli, und zu einer solchen Zeit, da der
Guts-Herr abwesend, und periculum in mora
vorhanden, ein Pertinentz vom Hofe auf einige und
höchstens 4 Jahr verpfändet wird. Es muß aber

ein solches, so bald die Gefahr vorbey, dem Guts-
Herrn angezeiget, und die versio in rem erweislich
gemachet werden. vid. Hoyaischer Land-Tags-Abschied de Anno 1697 § 5. Und weil es bey dem
5ten Gravamine, die Veräusserung und Versetzung
der Meyer-Höfe, oder deren Pertinentien ohne der
Guts-Herren Consens, und wie es bey Wiederbesetzung der wüsten Höfe mit solchen also davon veräusserten Gütern zu halten, betreffend, dabey sein
ungeändertes Verbleiben hat, daß nach Anweisung
Cap. 44 der Policey-Ordnung, und deren in der,
unseren getreuen Prälaten, Ritter- und Landschafft
unsers Fürstenthums Lüneburg im Jahr 1686 den
26ten Novembr. ertheilten Resolution enthaltenen
Declaration von denen Höfen und Kothen, sie mögen Schillings- oder Meyer-Güter seyn, gantz keine
von Alters dabey gewesene Ländereyen, Aecker, Wiesen,
oder andere Pertinenzien, wie die immer Namen haben mögen, vielweniger die Höfe selber ohne Consens des Guts-Herrn verpfändet, versetzet,
oder sonsten, es geschehe unter welchen Schein es
immer wolle veräussert; und da sich iemand unterstehen würde, dieser Verordnung zuwider zu handeln, alle und iede solche Verpfänd- Versetz- und
Veräusserung ipso iure null und nichtig seyn,
und dafür geachtet, auch da die Sache vor Gerichte gebracht werden möchte, dafür erkannt und geurtheilet, die Gläubiger aber, zumahlen da es mit
den Besitzern der Höfe zum Concurs kommen solte, oder sonst ein anderer Hauswirth darauf gesetzet werden müste, an die Schuldner selber, oder
deren Erben und ihre eigenthümliche Güter sich zu
halten, mit ihrer Forderung angewiesen werden sollen. So hat ein ieder sich darnach zu achten, und
allen Fleiß anzuwenden, daß die solchergestalt zer-
rissene und in Verwirrung und Abgang gerathene
Güter und Höfe nach und nach wieder redintegri-
ret werden mögen.

Jedoch werden die in vorberegter Declaratoria
enthaltene Special-Fälle ausgenommen, als wenn
die Verpfänd- und Veräusserung mit des Guts-
Herrn Einwilligung geschehen, oder in einem sonderbaren Nothfalle, als etwa in einer äussersten Krie-
ges- oder andern dergleichen Noth, welche GOtt
gnädig verhüten wolle, da man des Guts-Herrn
Consens entweder wegen dessen Abwesenheit, oder
weil die Sache keinen Verschub leidet, nicht haben
kan, ein Pertinentz-Stück von einem Hofe auf wenige Jahre, als aufs längste 4 Jahr lang, verpfändet, aber nicht gar davon veräussert, solches auch,
so bald die Gefahr aufhöret, oder es sonst füglich
geschehen kan, dem Guts-Herrn angezeiget würde,
und daneben erweislich gemachet werden könte, daß
die in einem solchen Nothfall nicht länger, dann auf 4
Jahr, aufgenommene Gelder in des Hofes Nutzen verwandt, und derselbe dadurch im Stande erhalten
worden, also daß in diesen ietztgemeldeten Fällen,
nemlich wann entweder des Guts-Herrn Consens
verhanden, oder ein Pertinentz-Stück eines Hofes
in einem Nothfall verpfändet wird, die Verpfänd-
und respec. Veräusserung vor gültig gehalten, und
den Gläubigern aus denen ihnen also verpfändeten
Gütern, wenn es noch innerhalb der 4 jährigen zu
Einlösung der Hypotheck determinirten Zeit ist, zu
dem ihrigen verholffen werden soll.

Es

Es muß aber der Inhaber solchen Stückes, wenn er sich auf einen von obengedachten Fällen beziehet, solche innerhalb 2 Monaten erweislich machen, vid. dict. Const. de redint. vill. cap. 1 § 4. woselbsten auch, so viel die von Anno 1650 von denen Höfen erblich veräusserte Pertinentien in specie anbetrifft, weiter verordnet worden, daß derjenige, welcher auf ein solch Stück Ansprache zu machen vermeinet, solches von Ablauff des 1700ten Jahres thun, oder weiter damit nicht gehöret werden solle.

Hiebey ist jedoch noch zu mercken, daß wann der Colonus, oder dessen Erbe die rei vindication anstellen, dieselbe gehalten seyn, zufürderst das pretium zu refundiren, dahingegen der Dominus das veräusserte Pertinens wiederum, ohne Entgeld, zu dem Hofe zu nehmen befugt ist.

vid. Const. de redintegr. c. 1 § 2 & 4.

So bald jedoch auf die Restitution des veräusserten Stückes erkannt wird, so muß nicht allein selbiges an und vor sich, sondern auch cum fructibus perceptis & percipiendis restituiret werden, qui enim contra legum interdicta mercatur, in mala fide est, L. 7 C. de agr. & cens.

§ 3.

Wann aber der Guts-Herr in die Veräusserung consentiret; So verstehet sich von selbst, daß so dann, soweit die alienatio als oppignoratio der Leibeigenen und sonstigen Meyer-Güter gültig sey, ohne daß des Domini Territorialis Consensus dazu erfordert werde. Denn obgleich Arg. der Cellischen Policey-Ordnung cap. 44 auch die Einwilligung des Landes-Herrn desideriret wird, womit der von dem Herrn Geheimten Justiz-Rath Struben in tractatu de jur. villic. allegirte Land-Tags-Abschied de anno 1645 per verba: Ohne S. Fürstl. Gnaden und Guts-Herrn Consens etwas zu veräussern, übereinstimmig ist; So hat man jedennoch davor, daß solches nur lediglich von denen Herrschafftlichen Meyer-Leuten zu verstehen, und dannenhero obigen passus aus dem Land-Tags-Abschiede de anno 1645 folgender gestalt zu interpretiren sey: Ohne Sr. Fürstlichen Gnaden (wenn die Coloni Herrschafftlich seyn) oder ohne der Guts-Herren (falls selbe Privatis zukommen) Consens zu veräussern, und elasfolglich nicht beydes copulative, sondern disjunctive verstanden werden müsse.

§ 4.

1. So viel ist jedoch an dem, daß bey Herrschafftlichen Meyer-Leuten, oder Eigenbehörigen der Amts-Consens zu Alienirung und Verpfändung der zu deren Höfen gehörigen Pertinentien, nicht hinlänglich sey. Denn obgleich in der wegen Redintegrirung der Meyer-Höfe unterm 1ten Jul. 1699 ergangenen Verordnung cap. 1 nur lediglich der Amts- oder Gutsherrliche Consens erfordert wird, so folget jedoch daher nicht, daß die Beamte solchen Consens propria Autoritate ertheilen dürffen, ohne vorhero davon ad Cameram Regiam zu berichten, gleichwie in derer vermöge der Cellischen Landes-Verordnung de anno 1699 per verba: So begehren an statt Serenissimi &c. Wir hiemit, ihr wollet hinführo keinen einigen Amts-Unterthanen, es sey unter was Prätext es immer wolle, Geld auf die Höfe kathen

oder deren Pertinentien an Aecker, Wiesen, Weiden oder sonsten in Verzinsung, oder die Pertinentien dafür zu gebrauchen, zu leihen, beym Amte für euch den Consens ertheilen, sondern davon zuförderst euren Pflichtmäßigen mit allen vorhandenen Umständen eingerichteten Bericht, schrifftlich anhero erstatten, ausdrücklich anbefohlen worden. Wiewohl diese Verordnung in soweit nur zur observance gekommen, daß die Beamte den Consens nicht simpliciter und indefinite, wohl aber, wenn es die Umstände erfordern, auf einige wenige und etwa 3 bis 4 Jahre vor sich ertheilen dürffen.

§ 5.

Ob nun gleich solchem zu folge ein Creditor, welcher ohne Gutsherrlichen Consens Gelder hergeschossen, an denen Höfen selber kein Recht hat; So stehet ihnen jedennoch frey, sich an des Debitoris Person und dessen Allodial-Vermögen zu halten, und daraus die Bezahlung wahrzunehmen, vid. supra § 2 & ibi alleg. § 5 des Hoyaischen Land-Tages-Abschiedes, item Constitut. de redinteg. vill. c. 1 § 1 & 2 das Meyer- oder vielmehr Eigenthums-Recht, scil. der Erb-Niesbrauch der Colonie aber, welches dem Eigenbehörigen an dem unterhabenden Hofe zuständig ist, kan keines weges mit angegriffen, oder verkauffet werden, ex ratione, weil sonst dadurch dem Leib-Herrn wider Willen ein ander Colonus obtrudiret würde.

§ 6.

Hiebey fraget sich aber, ob die Creditores nicht auch ex fructibus der Leibeigenen Colonie zu satisfaciren seyn? Et respondetur: was die fructus existantes anbelanget; So werden selbige pro parte fundi gehalten;

L. 44 ff. de R. V.

und haben dennach die Creditores kein jus daran. Denn als im Jahr 1725 die damalige Beamte zu Nienburg über das Vermögen eines dem Hedemann zustehenden Meyermanns einen Concurs erreget, und dabey die Colonie administriren lassen, mithin von denen daraus auffkommenden Revenuen die Gläubiger befriediget; So ist solches Verfahren von Königl. Justiz-Cantzley zu Hannover vor null und nichtig declariret worden, und hat dieselbe befohlen, dem Guts-Herrn den Hof cum fructibus perceptis & percipiendis wiederum einzuräumen, wie aus nachgesetzter Sentenz in mehren zu ersehen.

In Concurs- und Priorität-Sachen sämtlicher Hedemanschen Creditoren, ist diesen, wie auch Ernst Gottlieb von Hedemann, sodann Albert Meyers Erben, des von denen Beamten zu Nienburg, unter dem 5ten hujus anhero eingesandten Bericht-Schreibens &c. Copey erkannt, und darauf der Bescheid:

Nachdemmalen

1) Die in forma probante producirte und bey denen interessirten Theilen agnoscirte Verschreibungen klar ergeben, daß nicht der von Hedemann, sondern sein Meyermann Johann Heinrich Rode derer 600. Rthl. quæst. halber verus Debitor, und der von Hedemann nur, qua Guts-Herr, in die dieserwegen vorgenommene Versetzung seinen Consens unter die Verschreibung quæst gesetzet hat, mithin zu der Bezahlung seines Meyers Schuld, noch dazu ex propriis nicht anzuhalten ist.

2) Das

2) Das Amt und übrige Parteyen passim in Actis nicht entkennen, daß der von Hedemann Guts-Herr, der Debitor Rode sein Meyer sey, und die Wiese zum Meyer-Hofe gehöre, nach klarem Inhalt derer Landes-Gesetze, sonderlich der, der Hoyaischen Landschafft Anno 1697 ertheilten Resolution § 5 alle Verpfändungen derer Meyer-Pertinentzien sub pœna nullitatis verboten, und im Concursu die vom Guts-Herrn nicht consentirte Creditoren mit ihren Forderungen nicht an dem Meyer-Hofe, dessen Pertinentzien, oder Guts-Herrn, sondern an des Cridarii Person, dessen Erben, und eigenthümliche Güter, gewiesen worden; diesem zuwider,

3) Und an stat die Beamte über diese unverbogene Verordnung, gleich allen anderen halten sollen, wie sie sich nicht entsehen, vielmehr erdreistet, derselben stracks entgegen, und ohne einmahl den ihnen bekannt gewesenen Guts-Herrn darüber zu hören, den gantzen Meyerhof zu des Banquerout gewordenen Hedemannschen Gutsmannen Concurs zu ziehen, und nicht consentirte, gleich consentirten Schulden, davon zu zahlen, ungeachtet sich nur zwo mit Gutsherrlichen Consens versehene Verschreibungen gefunden haben, als des Dietrich Roden auf 29 Rthl. welchem zwey Stück Landes zu zwey Himten Einsaat, und Cord Scharringhausens auf 70 Rthl. dem 4 Scheffel Saat-Land eingethan worden, und zwar Antichretice, verfolglich,

4) Diesen beyden Creditoribus nebst Albert Meyern, welchen auf gleiche Weise derer 600 Rthl. wegen, die Wiese quæst. eingeräumet gewesen, diese ihnen verschriebene und loco pignoris, in Besitz gegebene Stücke zur Ungebühr, auch wider Recht und Billigkeit entrissen, und ad Corpus bonorum gezogen, dem von Hedemann aber auf eben solche Art der Genuß seines Meyerhofes genommen worden,

5) Albert Meyers Erben, als veri Creditores, derer 600 Rthl. quæst. mit dem von Hedemann darunter verstanden sind, daß des Ludewig Halenbecks oblato gemäß, demselben die dem Albert Meyer versetzte Wiese, gegen Erlegung derer 600 Rthl. und jura Cessa Antichretice eingethan werde; und dann

6) Der von Hedemann die ihm vorenthaltene seines Meyerhofes Einkünffte mit Schaden und Kosten zurück verlanget: Als wird derer Beamten Verfahren, so weit es dem Meyerhof, und dessen Gefälle betrifft, hiemit als null und nichtig cassiret und aufgehoben, und sie angewiesen, den Dietrich Roden, auch Cord Scharringhausen und stat Albert Meyern in Halenbeck, die denenselben mit Gutsherrlichen Consens versetzt gewesene Pertinentzien bis zu ihrer Bezahlung wieder einzuräumen, einen ieden die davon gehobene fructus perceptos & percipiendos zu restituiren, dem von Hedemann aber das übrige des Meyers-Hofes auch cum fructibus perceptis & percipiendis, iedoch nach Abzug derer erweislich ausgegebenen publiquen Abgissen, zur Wiederbesetzung sofort wieder einzugeben, und ihm alle dieserwegen verursachte Schaden und Kosten zu bezahlen. Wie übrigens man nicht zweifelt, daß die Beamte dieses sich vors künfftige zur Warnung dienen lassen, und von solchem illegalen Wesen selbst abstehen werden; So sind selbige das mal mit der sonst gebührenden Straffe verschonet, und wird

hingegen ihnen solches ihr Verfahren hiemit alles Ernstes verwiesen. Decret. in Consilio. Hannover den 17ten Jul. 1743.

K. G. B. ꝛc. J. C. B. C. F. C. A. D. V. D. und Räthe.
von Bernstorff.

Betreffend aber die fructus perceptos, so gehören selbige ohnstreitig mit ad Allodium und kommen einfolglich denen Creditoribus zu gute;

vid. tamen Dom. Struv. de jure villic. cap. 3 § 24. allwo derselbe davor hält, wenn der Colonus bonis cediret, ex gratia aber des Domini den Hof behält, daß solchenfalls die Creditores, ex fructibus villæ satisfaciret werden müssen, falls selbe so einträglich, daß nach Abzug der Gutsherrlichen Gefälle und Unterhalt des Cridarii annoch ein Uiberschuß vorhanden.

Ob nun gleich diese Meynung, vor inserirter Sentenz streitig zu seyn scheinet; So lässet sich iedoch beydes gar wohl conciliiren, wenn man nur inter fructus perceptos & extantes distinguiret, denn da nur jene, wie obgesaget, mit ad allodium diese aber pro parte fundi, woran denen Creditoribus kein Recht zustehet, geachtet werden, so kan ein judex ratione solcher, keine Administration erkennen.

§. 7.

Aus denen vorstehenden §phis haben wir zwar generaliter ersehen, daß das Eigenthum des Leibeigenen Hofes dem Leib-Herrn und nur lediglich der Erb-Nies-Brauch dem Colono zustehe, es will aber auch nöthig seyn, daß wir eines ieden jura etwas specieller und umständlicher beschreiben.

§. 8.

Die jura des Eigenbehörigen bestehen in folgenden: Sobald derselbe den Leih des Hofes vom Guts-Herrn erlanget, kan er sich dessen nach seinem besten Wissen und Vermögen annehmen, selbigen niessen und gebrauchen, iedoch salva substantia, und so, daß species fundi nicht mutiret wird.

argumento L. 3, L. 13 § 4 ff. de usufruct. L. 54 § 13 ff. de jure dotii.

§. 9.

Ein Eigenbehöriger geniesset demnach alle fructus sowol naturales, als industriales ohne Ausnahme, wie ihm dann auch unverwehret bleibet, Ein und anderes Pertinentz, nicht aber den gantzen Hof zu sublociren.

L. Sylva in usu moderno ff. tit. locat. Conduct. § 32 dissentit tamen Ludewig Jur. Clientelar. Sect. 3 cap. 4 § 1 lit. r.

Allein in Ansehung eines Thesauri, welcher auf dem Leibeigenen Pertinentzien gefunden wird, fraget es sich, ob selbiger dem Leib-Herrn, oder Eigenbehörigen, anheim falle? Respondetur: Da der Eigenbehörige gar kein Eigenthum an dem unterhabenden Hof hat (§ 1 h. c.) Hingegen aber ad plenam thesauri acquisitionem das völlige Dominium erfodert wird; so ist in solchem Betracht der Eigenbehörige hoc casu, als eine persona extranea, zu considerieren, welchemnach dann der Schatz, wenn er nach selbigem mit Vorsatz gegraben, dem Leib-Herrn gäntzlich anheim fällt.

L. an. C. de thesaur.

Dahin

Dahingegen ein ieder die Hälffte bekömmt, wenn selbiger von ohngefehr gefunden wird.

L. un. in fin. Cod. de Thesauris.

So acquiriret auch ein Eigenbehöriger nicht eigenthümlich, was seinem unterhabenden Hofe per alluvionem, oder insulam in flumine natam hinzu kömmt, sondern hat nur lediglich davon, auf maasse wie von der Coloney selber, den usum fructum, nam accessorium sequitur naturam sui principalis; was iedoch in Ansehung der Inseln in der Grafschafft Hoya in specie Rechtens sey, lehret der Land-Tages-Abschied de 1697 § 11, als woselbst deshalb folgendes verordnet.

Was die Inseln betrifft, so in unsern beyden Grafschafften Hoya in der Weser oder anderen allda befindlichen fliessenden Wassern oder Strömen künfftig etwa werden möchten, zumahlen diejenigen Inseln, so ietzo schon wircklich vorhanden, billig demjenigen, welcher solche bisher in Genuß und Besitz hat, verbleiben; Ob uns zwar selbige, nach der fast allerenden üblichen observance, krafft der Hohen Landes-Fürstlichen Obrigkeit und uns daher zustehender Regalien zukommen, wir uns auch dessen zu begeben nicht gemeynet seyn; So wollen wir iedoch, wann etwa künfftig ein oder ander Fall sich zutragen, und die Accolæ sich bey uns unterthänigst melden, und ihnen dergleichen Inseln zu lassen, behörig suchen würden, mit denenselben, in Ansehung, daß insgemein die Anliegere von ihrem Lande bey Entstehung dergleichen Inseln grossen Verlust leiden und zu conservation der Ufer beständige Unkosten anwenden müssen, billigmäßige Handlung darüber pflegen lassen, und uns dem Befinden nach erklären, ob und wie ihnen in ihrem Gesuch entweder durch Conferirung zu Lehn oder in Emphyteusin, wie wir es denn gnädigst gut finden werden, gegen respectiv. Entrichtung einer gewissen recognition und Canonis willfahret werden können.

Ein Eigenbehöriger aber muß den ihm eingethanen Hof und alles was auf sothane Art demselben hinzukömt in allen, wie einem guten untadelhafften Haushalter gebühret, wohl vorstehen, und den Acker tüchtig bauen, auch dem Leib-Herrn alles gebührend leisten, was von alters her von dem Hofe und Gute abzutragen ist. Er darf auch kein jus Colonarium oder Eigenthums-Recht, wider Willen des Leib-Herrn, weder an extraneos, noch an seine eigene Kinder cediren, und abtreten, arg. des Hoyaischen Land-Tags-Abschiedes de Anno 1697 § 6.

Auch wollen wir VI nicht gestatten, daß wenn auf den Höfen Kinder ausgesteuret, oder abgefunden werden, und denenselben zum Brautschatz, oder sonst ein gewisses Pertinentz-Stück mitgegeben oder ein Leib-Geding daraus verschrieben werde, solches ohne des Guts-Herrn Consens geschehe.

Dem obgleich dieser §phus nur die alienation pro parte verbietet; So ist iedoch dadurch die alienatio de toto corpore noch vielmehr untersaget.

§. 10.

Dieweil der Eigenbehörige nur lediglich den Erb-Nieß-Brauch, nicht aber das dominium utile an Hofe hat (§ 1 h. c.) So folgt weiter daher, daß er dem fundo keine servitutem formalem solchergestalt aufliegen könne, daß selbe gültig bleibe, wenn gleich ein fremder Wirth auf den Hof

Jurist. Oracul V Band.

---

kommt, nam resoluto jure dantis, resolvitur etiam jus accipientis; So lange er aber selber, oder dessen Erben, welche seine facta prästiren müssen, den Hof behalten, ist eine solche servitus allerdings zu Rechte beständig: Im Gegentheil aber kan kein Eigenbehöriger eine servitutem dem Hofe acquiriren, sintemalen dazu wenigstens das dominium utile erfodert wird, dahingegen der Eigenbehörige nur den Erb-Nieß-Brauch hat, *L. 15 § fin. ff. de usufr. vid. tamen Dn. Struv. in tract. de jur. vill. c. 3 § 32*, allwo derselbe cum Grotio und andern daselbst allegirten Rechts-Lehrern der Meynung ist, daß ein Meyermann allerdings dem prædio villicali servitutem acquiriren könne, und zwar aus der Ursache, quia pactis in tertii favorem initis vis obligandi haud deneganda, da nun zu dem der Erb-Nieß-Brauch dem dominio utili sehr nahe kommt, so können wir nicht anders, als solcher Meynung ebenmäßig beypflichten.

§. 11.

Vor solchen Erb-Nieß-Brauch ist der Colonus gehalten, seinem Leib-Herrn von dem Gute allerhand Pflichten zu leisten.

§. 12.

Die erste Pflicht, welche der Leibeigene vor den ihm geliehenen Hof zu leisten hat, ist der Weinkauff, oder Leib-Pfennig, welchem der neue Wirth, oder Wirthin, so bald sie den Hof annehmen, entrichten müssen.

Solchen Weinkauff müssen alle Wirthe und Wirthinnen abtragen, welche aus der Freyheit sich auf eine Leibeigene Stäte begeben, nicht minder auch diejenige Leibeigene, welche aus einem Amte in das andere auf leibeigene Stäte, sie mögen einem Guts-Herrn gehören, oder nicht. ziehen.

Was aber die Söhne der leibeigenen Wirthe und Wirthinnen anbelanget, so sind selbige in einigen Aemtern vom Weinkauf befreyet, in andern aber müssen sie im Gegentheil gleichfalls zahlen, und wo letzteres hergebracht, ist niemand vom Weinkauff exemt.

Wie viel übrigens zum Weinkauff erleget wird, davon ist in der Grafschafft Hoya kein durchgehendes und gewisses Principium v. gr. im Amte Nienburg wird ex æquo & bono gehandelt, dahingegen im Amte Ehrenburg so viel zum Weinkauff entrichtet wird, als die halbjährige Contribution des Hofes in ord. triplo beträgt, die Kinder, iedoch welche auf sothanen Höfen gebohren, sind gantz frey davon.

Im Amte Altenbruchhausen giebt ein Vollmeyer 12 Rthlr. und so nach Proportion diejenige, welche geringere Stellen bewohnen.

Die Leibeigenthums-Register ieden Amts oder Adelichen Guts werden deshalb Maß und Ziel setzen.

§. 13.

Sonsten ist in Ansehung des Weinkauffs noch zu mercken, daß wenn die Guts-Herrschafft über einen Colonum zwischen zweyen Guts-Herrn streitig ist, so dann derjenige pro domino geachtet werde, wer solchen Weinkauff hergebracht, wenn aber auch solches in lite seyn solte, so wird derjenige vor den eigentlichen Guts-Herrn geachtet, welcher die Dienste von der Coloney geniesset. vid. Hoyaischer Land-Tags-Absch. § 32.

Z **§. 14.**

§. 14.

Die übrigen præstanda, welche in der Grafschafft Hoya von den Höfen gehen, bestehen in Geldgefällen, Mahl-Kühen, Zins-Schweinen, Spann- und Hand-Diensten, Zins und Zehnd-Rocken, und dergleichen, wie iedes Orts hergebracht.

§. 15.

Weilen die Dienstleistungen und Pflichte originetenus indefinit gewesen;

D. Struv. de jur. villic. cap. 5 § 15.

So folget daher, daß in dubio auch noch heute zu Tage selbige pro indeterminat, (ungemessene Dienste) gehalten werden.

In der Grafschafft Hoya aber sind so viel mir bewust, und ich in Erfahrung ziehen können, alle Pflichten, welche ein Eigenbehöriger seinem Guts-Herrn zu leisten hat, determiniret (gemessene Dienste) welche von dem Eigenthums-Herrn nicht eigenmächtig erhöhet werden können, vid. ord. pol. Luneb. Cap. 44 § 8, womit auch cap. 13 § 3 der Oßnabr. Leibeigenth. Ordnung hisce verbis consoniret:

Es kan aber ein Eigenthums-Herr dem Colono die Dienste nach seiner Willkühr nicht verhöhen, oder an stat der Dienste dem Eigenbehörigen wider seinen Willen Dienstgeld aufdringen, sondern muß, wann dieser die Dienste in natura zu leisten schuldig, ihn dabey lassen. L. cum satis 22 C. de agr. & cens. Stamm. de serv. persl. l. 3 c. 21 n. 10. Sicuti enim invito Creditori aliud pro alio solvi nequit, ita nec Creditor aliud pro alio exigere potest.

Dafern aber der Eigenbehörige davor Geld geben, und der Guts-Herr solches annehmen solte, hat es zwar dabey sein Bewenden, es kan aber der Eigenbehörige, wann der Eigenthums-Herr die Dienste über kurtz oder lang in natura wieder von ihm fordern solte, sich auf keine Weise mit der præscription schützen, sondern ist selbige sodann nach wie vor zu leisten schuldig, es wäre dann, daß der Leib-Herr die Dienste forderte, der Eigenbehörige aber selbe abzuleisten sich weigerte, und hiernachst die im Rechten determinirte Zeit absque ulla interruptione verflösse.

Vid. D. Struv. in tr. de jur. villic. c. 5 § 21 & 22.

§. 16.

Worinne sothane Pflicht- und Dienstleistungen im Oßnabrückischen eigentlich bestehen, enthält ferner die Leibeigenthums-Ordnung Cap. 14 § 1: Die sogenannten Pachte, welche in Korn, Geld, Schweine, Gänsen, Enten, Hünern und dergleichen bestehen, müssen jährlich abgeführet werden, wobey iedoch zu bemercken, daß wann in denen Registris sich findet, daß ein Eigenpflichtiger ein feist Schwein zu geben schuldig sey, wann Mast ist, solches letztere nicht darauf verstanden werden solle, wann er auf seinem Grunde keine Mast hat, sondern wann in dem Hoch-Stiffte an denen mehresten Orten Mast ist.

§. 17.

Wann nun ein Eigenbehöriger solche Pflichte gar nicht, oder nicht zu rechter Zeit abführet; So kan der Guts-Herr darauf pfänden, muß aber die Pfände in dem Amte, darinne die Pfändung geschehen, oder von dem Orte ab, da die Pfändung vorgenommen, nicht über zwey Meilweges, iedoch innerhalb Landes lassen. Hoyaischer Land-Tages-Abschied § 4.

Was dann viertens das Pfand-Recht betrifft, verbleiben denen, so die Civil-Gerichte über ihre Guts-Leute haben, solche ihre Befugnisse, und mithin das Pfand-Recht ohne dem billig, diejenigen in beyden Grafschafften Eingesessenen von Adel aber und anderen Freyen, so Adeliche Güter besitzen, welche solche Civil-Gerichte über ihre Leute nicht hergebracht, wie sie aber dennoch laut der von dem Beamten eingelangter bey denen Acten befindlicher Berichte, das Pfand-Recht zu exerciren fast durchgehends befugt; Also wollen wir ihnen insgesammt dasselbe über solche ihre Guts-Leute dergestalt gönnen, daß um bekanntlicher Zinse, Dienste, Pachte und anderer dergleichen præstandorum halber sie gedachten Pfand-Rechts gegen besagte ihre Guts-Leute auf deren Höfen sich gebrauchen, und dadurch zu den ihrigen verhelffen mögen, iedoch sollen sie sich dabey dem, was in dem 12 Cap. unserer Policen-Ordnung, dieses Puncts halber verordnet, in allen gemäß bezeigen, und nach dem Inhalt desselben die Pfände in dem Amte, darinne die Pfändung geschiehet, oder von dem Orte ab, da die Pfändung vorgenommen, nicht über zwey Meilweges, iedoch innerhalb Landes lassen.

Diese Pfändung erstrecket sich aber nicht auf ungeständige und illiquide præstanda. Auch dürfen die Pfände, welche auf die geständige Gefälle genommen, nicht propria autoritate distrahiret werden, sondern solches competiret, als actus jurisdictionis, der ordentlichen Obrigkeit, gleichwie solches aus nachgesetztem Cellischen Regierungs-Rescripto, auch ergangenen Decreto ex Cancellaria Regia zu Hannover breiterern Inhalts zu ersehen.

Unsere rc.

Ab dem Copeylichen Anschluß habt ihr in mehren zu ersehen, was euer Guts-Mann Siemer Riemann, Einwohner zu Lohe (Amts Nienburg) wegen eines zur Ungebühr ihm abgepfändeten Pferdes, gestern allhier fernerweit beschwerend vorgestellet, darneben nachgesuchet, und gebeten hat. Ob nun wohl denen Guts-Herrn ihre Guts-Leute um geständige Schulden und Gefälle vermöge Fürstl. Resolution zu pfänden erlaubet, nachdem euch iedoch die im imperante bezahlte 2 Rthl. Mich. Schatz auf ungeständige Dienste abzurechnen, und hiernechst auf solche Gefälle ein Pferd zu pfänden, ja dasselbe gar zu verkauffen nicht gebühret; So wollen wir deßfals eure Verantwortung innerhalb 14 Tagen erwarten, inzwischen an Ser. U. G. F. und Herrn stat an euch hiemit begehret haben, ihr wollet klagenden Riemann das abgepfändete Pferd sofort wieder an Hand schaffen, und deßfals klaglos stellen, damit fernerweite Verordnung zu machen, nicht nöthig seyn möge, ihm auch da dieser Sache halber auf eure eingesandte Schrifft ergangene Decretum, binnen 8 Tagen insinuiren lassen, und Wir sind rc.

Cell den 7ten Mart. 1703.

An den Oberhauptmann V. N. N.

Das

Das Decretum, welches de eadem materia aus Königlicher Justitz-Cantzley zu Hannover ergangen, lautet, wie folget:

Hiemit ist dem Hauptmann N. N. zur ꝛ ꝛ des von denen Beamten zu Nienburg seines Meyers Johann Heinrich Bocks zu Sebbenhausen abgepfändeten und zeithero vorenthaltenen Pferdes halber, unterm 17ten Jun. a. c. fernerweit anhero erstatteten Berichts ꝛc. ꝛ. samt Anlagen Copey erkannt, und Bescheid; Ob zwar denen Guts-Herren der Grafschaft Hoya die Pfändung gegen ihre Meyer in einigen Fällen vermöge Cellischer Policey-Ordnung und des Hoyaischen Land-Tages-Abschiedes zustehet, dieses auch dem von N. N. nicht gestritten wird.

Nachdemmahlen aber iedennoch darunter kein Actus jurisdictionis zu verstehen ist, und also dem von N. N. nicht gebühret hat, das gepfändete Pferd quæst. eigenmächtig taxiren zu laßen und zu behalten, als welches zur Jurisdiction gehöret, und unter einer Pfändung nicht mit begriffen ist: Als läßt man es bey dem am 2ten Nov. vorigen 173ten Jahres ertheileten Mandato de restituendo, des bishero geschehenen Einwendens ohngehindert lediglich bewenden, maßen dann der von N. N. solchem Mandato binnen denen nechsten 14 Tagen nunmehro zu geleben, Kraft dieses aber eins angewiesen wird, mit dem Anhange, daß widrigenfalls und in Verbleibung deßen, andere Verordnung gemachet werden solle.

Decret. in consil. Hannov. den 22 Aug. 1732.
K. G. B. Z. C. F. B. E. J. E. v. D.
v. D. und Räthe.
Hycke.

§. 18.

Wie weit im Osnabrückischen das Pfändungs-Recht gehe, zeiget die dasige Leibeigenthums-Ordnung cap. 14 §. 1.

Würde sich nun N. in Abführung solcher Pachte säumhaft bezeigen, so ist der Guts-Herr bemächtiget, denselben anzupfänden zu laßen, oder die Drescher dahin zu senden, und das Korn auf des Eigenbehörigen Kosten abdröschen zu laßen.

§. 19.

Zuweilen aber und wenn der Colonus enorme Unglücks-Fälle: v. g. Krieg-Verwüstung, Hagel-Schlag, Mißwachs, Vieh-Sterben erlitten, und bannenhero von dem unterhabenden Gute nicht so viel zu erübrigen vermag, daß er seine Subsistenz davon habe, und dazu dem Leib-Herrn die schuldige Pflicht prästiren kan, so pfleget demselben eine Remißion ertheilet zu werden.

Wie hoch sich solche erstrecke, und in welchem Fall sie der Leib- oder Guts-Herr zu ertheilen schuldig, davon findet sich in der Grafschaft Hoya keine Landes-Ordnung. Wenn also deshalb zwischen dem Leib-Herrn und Eigenbehörigen Zwistigkeit entstehen solte, und jener sich der Billigkeit nach nicht wolte finden laßen; So würden die hohen Landes-Collegia darunter ex æquo & bono Verfügung zu machen haben. Wie weit die Remißion derer publiquen Abgifften ertheilet werde, deshalb setzen die im Jahr 1687, 1692, 1704 und 1700 emanirte Verordnungen Maaß und Ziel, und könnte man selbe sich auch einigermaßen bey denen Leibeigenthums-Gefällen und Meyer-Zins zur Direction dienen laßen.

Jurist. Oracul V Band.

§. 20.

Allein wie, wenn der Leibeigene in Armuth geräth, daß sein Vermögen Schulden halber subhastiret werden muß, kommt sodann dem Leibherrn der ihn zu leistenden Pflicht halber das jus hypothecæ zu?

Balthas. pract. resolut. Tit. 4 res. 1 n. 9 ist der Meynung quod utique, und zwar aus der Ursache, weil es ein Erben-Zins-Herr hat, warum also auch nicht vielmehr der Leib-Herr? Allein es ist noch gar nicht ausgemachet, daß dem domino directo in re emphyteuticaria eine Hypotheca tacita zustehe, vid. Lauterbach in Colleg. Theor. pract. lib. 20 tit. 2 in quib. caus. pig. vel hypot. tac. cont. und wird dahero unsrer Meynung nach wenigstens unter denen personellen Prästationen und denenjenigen Abgifften, welche von denen Gütern selber gehen, ein Unterscheid zu machen seyn: denn da im erstern Fall die Obligation personnel ist, so kan selbe auch nichts anders als eine personelle Prästation gebehren. So viel aber den letztern Fall betrifft, so siehet man zwar nicht ab, woher iemand indistincte behaupten will, daß einem Leib-Herrn tacita hypotheca in bona des Eigenbehörigen competire; was aber die fructus anlanget, so sind wir mit dem Herrn Geheimden Justitz-Rath Struv. in tract. suo de jur. vill. cap. 4 §. 9 des Davorhaltens, daß in selbigen dem Leib-Herrn allerdings tacita hypotheca zukommen wolle, und zwar aus der Ursache, weilen auch einem simplen Locatori prædii rustici besagte fructus tacite verhypothecirer seyn. L. 7 ff. in quib. caus. pign. vel hypoth. vid. tamen Mev. p. 4 dec. 127.

§. 21.

Wenn ein Eigenbehöriger oder sonstiger Guts-Mann einen Häusling oder Mieß-Mann auf seinen Hof nimmt, so muß ein solcher an dem Leib- oder Guts-Herrn, wann es eine Manns-Person, jährlich 1 Rthl. und wenn es eine Weibs-Person 18 gl. Dienstgeld bezahlen, in natura aber zu dienen, ist selbiger nicht gehalten, es dürffen auch dergleichen Häuslinge sine consensu Domini nicht eingenommen werden, und falls sie selbigem nicht länger anstehen, so kan er sie vom Hofe fortschaffen. Hoyaischer Land-Tags-Abschied vom Jahr 1697 §. 9. Es sollen auch 9) die Guts-Herren von den Häuslingen, welche in ihrer Guts-Leute Häuser eingenommen werden, welches dann iedesmahl mit ihrem Consens geschehen soll, den sogenannten Dienst-Thaler zu genießen haben, der Schutz-Thaler aber verbleibet dem beständigen Herkommen in der Grafschaft Hoya nach unsern Aemtern, und ist solcher denselben einzuliefern, iedoch bleibet dem Guts-Herrn frey, wenn sie die Häuslinge in ihrer Guts-Leute Häusern nicht ferner dulden wollen, selbige fortzuschaffen. Wiewohl dasjenige, was in diesem §pho des Dienst-Thalers wegen verordnet, in allen Aemtern v. g. im Amte Nienburg noch nicht zur Observantz gekommen.

§. 22.

Außer denen dem Leib-Herrn von dem Eigenbehörigen zu leistenden Pflichten, muß letzter auch von dem Hofe dem Landes-Herrn die onera publica, v. g. Contribution, Land-Folgen ꝛc. ableisten, und in allen Nachbar gleich thun.

§. 23.

Dahingegen muß der Leib-Herr alles und iedes, was zu dem eigenbehörigen Hofe und Gute von Alters

Z 2 her

her geleget gewesen, oder weiter darzu kommt, unverruckt dabey lassen, und selbiges nicht verschmälern.

§. 24.

Eben so wenig darf er die hergebrachte Præstanda erhöhen, es wäre dann, daß die fructus des Hofes vermehret würden, v. g. wie oberwehnet per alluvionem, seu insulam in flumine natam.

Vid. Dn. Struv. in tract. de jure villic. c. 5 § 23.

Wiewohl in Ansehung der Alluvion noch dieses zu bemercken, daß die Abgifften deshalb nicht vermehret werden können, wenn der Eigenbehörige vor seinem Lande teichen und dämmen muß.

Vid. Dn. Struv. Tract. de jure villicorum cap. 3 § 2.

§. 25.

In denen vorhergehenden §phis ist gezeiget worden, worinne das Leibeigenthums-Recht, in Ansehung des Leibeigenen Gutes oder Hofes selber bestehe; ehe wir nun zu dem allodio schreiten, wird noch nöthig seyn, daß zufördert gezeiget werde, was vor Sachen eigentlich zum Hofe gehören, und im Gegentheil allodial seyn. Die unterm 1 Jul. 1699 wegen Redintegrirung der Meyer-Höfe ergangene Cellische Landes-Ordnung giebt darunter Maaß und Ziel, und gehöret Inhalts derselben folgendes:

a) Zum Hofe.

1) Alle in- und ausserhalb Zauns belegene Gebäude, wie die Namen haben, welche nicht vom Colono selbst, oder seiner Frauen Eltern und Groß-Eltern erbauet, von denenjenigen Gebäuden aber, welche der Colonus selbst, dessen oder seiner Frauen Eltern errichtet, gehöret nur die Hälffte zum Hofe, die andere Hälffte aber zu des Coloni allodio.

2) Die Zäune um den Hof, wie auch auf dem Felde, ingleichen alle harte und weiche Holtzungen, Obst- und andere in oder ausserhalb Hofes stehende Bäume, nicht weniger die noch in den Wiesen und Weiden befindliche Gräserey, auch auf den Bäumen hangende Mast.

3) Die Hälffte der, von der beym Hofe beschehenen Aussaat zu hoffen stehenden Korn- und Flachs-Erndte, und zwar das Korn mit dem Stroh, wie auch die Hälffte des noch im Felde oder Garten stehenden Weissen-Kohls und hangenden Obsts, ohne, daß der Colonus oder seine Erben, wegen der im Lande befindlichen Gail- und Gahre, oder seiner in Bestellung des Ackers angewandten Kosten und Arbeit, einige weitere Erstattung zu fodern befugt seyn soll. Wie dann auch überdem, die in- und ausserhalb Hofes annoch vorhandene Düngung und Plaggen Matt dem Hofe ohne Entgeld anheim fallen. Im Gegentheil gehöret blosserdings:

b) Zum Allodio.

1) Diejenigen Stücke, so vorhin beym Hofe nicht gewesen, sondern etwan von dem Colono selbst, oder dessen Eltern an Ländereyen, Wiesen, Holtzungen, Immen, Zäunen und dergleichen Rechts zuläßiger Weise ist erhandelt, denenselben angeerbet, oder geschencket worden, woferne aber dergleichen Stücke 30 Jahre oder länger bey dem Hofe gewesen, soll es als zu solchem gehörig, und folglich nicht pro Allodio gehalten werden, es wäre dann, daß der Colonus durch Documenta und schrifftliche Urkunden, oder unterwerffliche Zeugen in continenti probiren könnte, daß es von seinen Erblassern neu

zugekauffet, nicht aber, als vorhin zum Hofe gehörig und etwan versetzet, wieder eingelöset sey.

2) Die Hälffte von denen in- oder ausserhalb Hofes befindlichen und erfordernden Falls, iedes Orts gewöhnlichen Taxa, auch sonsten ihrem Zustande und Beschaffenheit nach, anzuschlagen stehenden Gebäuden, es sey an Wohn-Häusern, Scheuren, Ställen, Spieckern, Schafkoven und wie sie Nahmen haben möchten, in so weit solche Gebäude von dem Colono selbst, dessen und seiner Frauen Eltern, oder ihren Groß-Eltern nicht erbauet seyn, wie dann, daferne die Gebäude von weitern Vor-Eltern, oder auch andern herrühren und erbauet seyn würden, der Colonus oder dessen Erben und Angehörige daran einiges Eigenthum nicht haben, sondern selbige dem Hof völlig zugehören sollen.

3) Alle vorhandene Baarschafften, Haus-Geräth, Mobilien, Instrumenta rustica, ingleichen alles auf dem Hofe vorhandene grosse und kleine Vieh, es wäre dann, daß von diesen letztern der Colonus von dem Guts-Herrn ohne Bezahlung etwas bekommen, welchenfalls diesem billig Satisfaction gegeben werden muß.

4) Alles eingeerndtete Heu, Korn, Flachs, Obst, und andere Früchte ohne Unterscheid.

Was aber an dergleichen noch im Felde oder Garten vorhanden, und noch nicht eingeerndtet ist, davon wird nur die Hälffte, und zwar das mit dem Stroh zu des Coloni allodio gerechnet.

§. 26.

Aus vorstehender Beschreibung der zum Hof und Allodio gehörigen Sachen tritt unter andern mit hervor, daß auch die gesammte Holtzung gäntzlich zum Hofe gehöre.

Dabey ist iedoch noch zu mercken, daß daraus dem Leibeigenen sowohl das Brenn- als Nutz- auch Bau-Holtz, in so ferne es ohne Ruin der Holtzung geschehen kan, ohnentgeltlich verabfolget werden müste, derselbe darf es aber nicht eigenmächtig hauen, ausser was das Lese-Holtz anbetrifft, als dessen er sich wohl von selbsten anmassen kan, sondern muß den Leib-Herrn darum ersuchen, und von selben den sogenannten Stamm-Zettel auswircken, falls solches nicht geschiehet, ist der Eigenbehörige Wrugen fällig, und wird beym Land-Gerichte bestraffet, vid. Hoyascher Land-Tags-Abschied vom Jahr 1697 § 7.

Was dann das Holtz oder Bäume in derer von Adel und freyen Guts-Leute Wohnhöfen, Wiesen, Immen, Zäunen, Garten und andern deroselben eigenthümlichen, oder sonst zu keiner Forst oder gemeiner Holtzung gehörig, oder darinn belegenen Ländereyen anbelanget, erklären wir uns gnädigst dahin, daß wie keinem Guts-Mann gebühret, vor sich dergleichen Bäume zu hauen oder fällen zu lassen; also wir gnädigst geschehen lassen können, daß ihnen von denen Guts-Herrn zu ihrer Nothdurfft etwas von solchen Bäumen erlaubet werde, und sie also mit deren Einwilligung dieselbe hauen mögen, es sollen aber dieselbe, wann der Ort, da der Baum gehauen wird, eines Amtes Jurisdiction unterworffen, schuldig seyn, ihres Guts-Herrn Consens iedesmahl, wenigstens einen Tag vorhero, ehe der Hau geschiehet, bey solchem Amte vorzeigen, oder widrigenfalls und da sich befinden wird, daß sie sich eigenmächtig und ohne vorher beschehene Vorzeigung ietztgedachten Gutsherrlichen Scheins solcher Holtzfällung unternommen,

nommen, daß sie deswegen bey den Land-Gerichten zur gebührenden Straffe gezogen werden, gewärtigen, solche Bestraffung iedoch dem Guts-Herrn an seinem, wegen Erstattung des Schadens habenden Rechte, allerdings unverfänglich seyn.

Conf. Herrn Georg Wilhelms zu Celle glorwürdigsten Andenckens, unterm 28 Mart. 1705 ad Grav. 2 des Hoyaischen Land-Tags-Abschiedes vom Jahr 1697 ertheilete Declaration.

Es fraget sich aber hieben weiter quid iuris, wenn etwa durch einen Wind-Sturm, oder sonstigen Verfall ein gut Theil der Holtzung umgeschlagen würde? Respondetur: Das Holtz gehöret zwar unstreitig mit zum Hofe, mithin dem Leib-Herrn; weilen aber iedoch der Nieß-Brauch des Hofes dadurch vergeringert wird, im Gegentheil aber der Eigenbehörige die vorige Præstanda zu leisten schuldig bleibet; so hält man der Billigkeit gemäß zu seyn, daß das Holtz verkauffet und hinwiederum zum Besten des Hofes verwandt werde, v. g. durch Ankauffung eines Pertinentis, gestalten solchenfalls weder dem Herrn noch dem Eigenbehörigen präjudiciret wird, sondern alles in vorigen Umständen bleibet, oder, wenn der Leib-Herr sich dazu bequemen will, so muß er auch an denen jährlichen præstandis etwas fallen lassen.

§. 27.

Von allen diesen zum Allodio gehörigen Gütern kan der Leibeigene inter vivos nach Gutbefinden, ohne den Leib-Herrn darum zu fragen, disponiren, und dieselbe verschencken, oder sonsten nach Gefallen veräussern, und obgleich dadurch der Leib-Herr post mortem des Eigenbehörigen, in Ansehung des Erb-theils leidet; so hat er iedennoch durante vita des Leibeigenen deshalb kein jus contradicendi.

§. 28.

Nach dem Osnabrückischen Leibeigenthums-Recht ist noch als etwas besonders zu mercken, daß ein Eigenbehöriger zwar die bona immobilia, welche er bey dem Leibeigenen Hof acquiriret, inter vivos wieder alieniren, mortis causa aber davon nicht disponiren könne. Osnabrück. Leibeigenthums-Ordnung cap. 2 §. 11.

Was ein Eigenbehöriger an fremden Gründen, woran das Prædium keine Anwartschafft gehabt, von neuen erwirbt, das acquiriret er dem Erbe, doch stehet ihm frey, solches bey seinem Leben wieder zu verkauffen. Thut er aber solches bey seinem Leben und gesunden Tagen nicht, sondern stirbt darüber weg, so bleibet es bey der Stätte, und kan nachgehends, wann der Sterbfall darüber gangen, ohne Bewilligung des Guts-Herrn nicht davon veräussert werden rc. Wenn auch ein Leibeigener die acquirirte unbewegliche Güter bey Lebzeiten wieder alieniret; so hat der Leib-Herr den Näher-Kauf. Osnabr. Leibeigenthums-Ordnung, cap. 15 §. 5.

Solte der Erwerber aber solche durch seinen Fleiß angeworbene Güter wieder losschlagen und veräussern wollen, so stehet ihm solches nach Inhalt Cap. 11 §. 2 zwar frey, doch ist er gehalten, solches seinem Guts-Herrn anzuzeigen, und mag dieser, wann er selbige vor den von andern angebotenen Werth behalten wolle, den Näher-Kauf haben; ist aber der erste Erwerber Todes verblichen, so stehet seinen Kindern solche Veräusserung nicht mehr frey, sondern es sind die erworbene Güter, wie gedacht, denen übrigen eigenthümlichen gleich zu achten rc. rc.

§. 29.

So viel die Verschenckung in specie anbetrifft; so kan ein Eigenbehöriger nicht über die Hälffte von seinem Allodial-Vermögen weggeben, allermassen solches nach seinem Tode der Beerbtheilung unterworffen ist, und zudem so muß die Tradition der zu verschenckenden Sachen sofort geschehen, ohne daß sich der Eigenbehörige den Nieß-Brauch ad dies vitæ vorbehalten kan, sintemahlen solches in fraudem Domini seyn würde, und auf solche Weise ein Leibeigener per indirectum von allen seinen Sachen post mortem solchergestalt disponiren könnte, daß dem Leib-Herrn zu beerbtheilen nichts übrig bliebe.

Die Osnabr. Leibeigenthums-Ordnung verordnet davon cap. 2 §. 3 dieses:

Die bewegliche Güter aber betreffend, soll ihnen zwar zugelassen seyn, einen Theil derselben, iedoch nicht über die Hälffte, bey dem Leben ohne einigen Vorbehalt des Nieß-Brauchs, Unterhalts oder sonst, an einen oder andern völlig zu verschencken, iedoch, daß die Tradition und Auslieferung sofort geschehe, und das Erbe dadurch nicht beschweret werde, würde aber solche Tradition bis zu erfolgenden Todes-Fall ausgesetzet, so ist die Schenckung null und nichtig rc.

Womit die Ravenbergische Leibeigenthums-Ordnung cap. 1 §. 24 übereinstimmig ist:

Nachdem einige Eigenbehörige sich öfters unterstehen, per donationes inter vivos, auch mortis causa dieses oder jenes zu verschencken, in Meynung ihren Guts-Herrn solches zu entziehen; So ordnen und wollen wir, daß ihnen zwar erlaubet seyn solle, etwas, aber nicht ultra semissem bonorum mobilium inter vivos pure & absolute ohne einzige Reservation ususfructus, Unterhalts oder sonsten, wann sofort extraditio geschicht, einem oder dem andern, da er sonsten das Erbe nicht graviret, zu verschencken. Wann aber die Traditio usque ad eventum mortis differiret wird, soll die donatio null und nichtig seyn rc.

In diesen allegirten Verordnungen ist zwar nur die Rede von denen bonis mobilibus, wir halten aber dafür, daß ob identitatem rationis legis, auch bey denen Immobilibus acquisitis ein gleiches Platz finde. Wiewohl wir in Ansehung beyder, der fernern Meynung sind, daß in der Grafschaft Hoya, weilen man allda bey der Beerbtheilung mit denen Eigenbehörigen so scharff nicht verfähret, die Proprietät von einem oder andern Stücke wohl verschencket, und der ususfructus resolviret werden künne, wenn nur die donatio modica und dabey kein dolus vorhanden ist.

§. 30.

Eine gleiche Gewalt aber hat der Eigenbehörige nicht, über sein Allodial-Vermögen mortis causa zu disponiren, denn da nach seinem Tode, wie unten vorkommen wird, davon die Hälffte dem Leib-Herrn zum Erbtheil gehöret; So muß solches der Eigenbehörige seinem Domino voraus lassen. Denn falls er solches nicht thut, sondern etwan bey Lebzeit dolose so viel veräussert, daß der Leib-Herr den ihm zukommenden Erbtheil aus dessen Gütern nicht zu erhalten vermag, so kan selbiger das veralienirte per actionem Calvisianam utilem in so weit repetiren, als es zu Ergäntzung seiner Erb-Portion

Z 3 nöthig

nöthig ist, L. 1 § 4. L. 3 § 3 ff. si quid in fraud. Patron. L. 1 c. eod. Von der übrigen dimidia über kan er eben so gut mortis causa als inter vivos disponiren. Wenigstens ist dieses in den gemeinen Rechten also gegründet. In der Osnabrückischen Leibeigenthums-Ordnung aber Cap. 14 § 4 ist denen Leibeigenen die Dispositio mortis causa gäntzlich benommen per verba:

Nachdem denen Eigenbehörigen einen letzten Willen zumachen benommen, so folget von selbst, daß sie auch mortis causa oder von Todes wegen nichts verschencken können, weshalben alle dergleichen donationes und Uibergaben, so auf den Todes-Fall gerichtet, ungültig und unkräfftig sind.

Womit das Ravenbergische Leibeigenthums-Recht Cap. 1 § 25 accordiret.

§ 31.

Die Testamenti factio passiva aber kömmt allen und ieden Eigenbehörigen ohnstreitig zu: Osnabr. Leibeigenth. Ordn. c. 4 § 22.

Weilen auch darüber offt Streit entstehet, ob Eigenbehörige von freyen Erben durch Testamentarische Verordnung zu Erben eingesetzet werden, oder durch ihre Anverwandten ab intestato, oder ohne Testament succediren können; so soll solchen Eigenbehörigen der Eigenthum in diesem Fall nicht verfang- oder schädlich seyn, sondern dieselbe ohne Unterschied, sie seyn Frey oder Eigen, nach Ordnung der gemeinen Rechten überall völlig succediren, und bey allen unsern Gerichten darnach geurtheilet werden.

§ 32.

Ferner wird annoch in diesem Capite zu erörtern seyn, wie es mit Regulirung des alten Theils und Aussteurung der Kinder von Leibeigenen Höfen zu halten sey: In Ansehung des ersten ist ausser allen Zweiffel, daß dazu, weilen selbe allemal vom Hofte erfolget, indistincte des Guts- oder Leib-Herrn Consens erfordert werde, oder widrigen falls ungültig sey. Hoyaischer Land-Tages-Abschied de Ao. 1667 § 6.

So viel aber die Aussteur der Kinder anbetrifft, so folget solche regulariter aus dem Allodio, so daß ermeldte Kinder an den Hoff deshalber gar keinen Anspruch zu machen. Wie dann auch nicht einmal das commodum juris colonarii in consideration gezogen wird. Vid. Struv. de jure villici cap. 3 § 20 & ibi ordinat. polit. Cellens. cap. 43 § 4. Ist es aber Schillings-Gut, so darff derjenige, dem der Hoff durch den Guts-Herrn geliehen wird, seinen Mit-Erben wegen Aecker- und Wiesen nichts geben, dann sie nicht ihm, sondern dem Guts-Herrn zuständig seyn, iedoch ist an sich selbsten billig und Recht, daß er sich wegen der Baarschafft nachfahrenden Haabe, des HausGeräths, und was sonsten zum Erbe gehörig, mit seinen Mit-Erben vertrage und abfinde. Welches auch nunmehro bey denen Meyer-Gütern Platz findet, weilen selbe per Const. Cellens. de anno 1699 de redintegrandis curiis villic. quoad separationem fratrum & sororum mit denen Schillings-Gütern gleich gemachet, mithin darinne gleichfalls verordnet worden, daß die Zustadung der Kinder lediglich ex allodio erfolgen solle, und wird demnach der Guts-herrliche Consensus dazu gar nicht erfordert, wie

aus nachstehendem Hannoverischen Regierungs-Rescript an die Hoyaische Landschafft sub dato Hannover den 18 Febr. 1737 des mehrern zu ersehen.

Unsere rc.

Wir haben so wohl aus der unterm 9ten Jul. a. p. übergebenen Vorstellung, als auch aus Eurer, auf der Beamten zur Hoya erstatteten Bericht unterm 3ten Octob. erforderten, und unterm 29ten Nov. a. p. von euch eingebrachten Erklärung in mehren vernommen, was ihr in specie wegen der von dem Behrischen Gutsmann Dittmer Castens ausser dem von seinem Guts-Herrn constituirten und beym Amte beschriebenen Braut-Schatz, noch besonders gethanen Auslobung von 100 Rthlr zu erkennen gegeben, auch in genere wegen einer auszulassenden Verordnung, daß einem Meyermann ausser dem mit Bewilligung derer Guts-Herren beschriebenen und ingrossirten Brautschatz aus seinem Allodio noch besonders und ohne derer Guts-Herrn Vorwissen etwas zu verschreiben, sub poena annullationis nicht gestattet werden möchte, vorgestellet und gebeten haben.

So viel nun erwehnten special-Casum betrifft, so werden die Parteyen, da derselbe rechtshängig ist, das richterliche Decisum darunter zu erwarten und demselben zu geleben haben. Was aber die gesuchte General-Verordnung belanget, so ist-dasjenige, was ihr deßfalls aus denen Landes-Gesetzen angeführet, in gehörige Erwegung genommen, und in deren Conformität befunden worden, daß derer Guts-Herren Consens bey Beschreibung eines Brautschatzes, in denen Fällen nöthig sey, wenn die Beschreibung die Höfe selbst angehet, und entweder daraus, oder aus denen Stücken, welche mit dem Hoffe und Cultivirung des Landes eine inseparable Connexion haben, geschiehet, gestalten solches in der Hoyaischen Land-Tages-Resolution de 1697 § 6 deutlich enthalten, und vermöge derselben der Guts-Herrliche Consens in denen eigentlich rectificirten und die Höffe selbst angehenden Special-Fällen erfordert wird. Was aber die Guts-Leute ausser dem Meyerhoffe und damit verknüpften Allodio sonst eigentlich an Baarschafften und andern beweg-und unbeweglichen Gütern haben, so findet sich in keiner Landes-Verordnung, daß wenn die Meyere daraus in dotem etwas mitgeben, oder auch so gar donationes thun, und sonst nach der in Rechten vergönneten Freyheit darüber disponiren wollen, derer Guts-Herren Consens im geringsten nöthig sey; Und ob wohl von euch einige Stellen aus der Land-Tages-Resolution de 1697 und der Policey-Ordnung angezogen, und von euch, als ob dieselbe in genere von allen und ieden, auch aus dem Allodio bestehenden Hochzeits-Verschreibungen handelen, angegeben und vorstellig gemachet sind, bey deren Conferirung sich gleichwohl das Gegentheil befunden, indem in gedachter Land-Tages-Resolution die Consens-Erforderung, auf die in der Resolution vorbrachte Fälle, deren drey nahmhafft gemachet sind, restringiret ist; In der Policey-Ordnung aber von dem ausdrücklichen Consens derer Guts-Herren, nichts zu finden, sondern nur von der gerichtlichen Concurrentz und Ingrossirung gehandelt wird, welches so viel eines ieden Eigenthum, und kleine Meyer-Höfe betrifft, bißhero bey bekannter massen nicht in Observantz gewesen, auch darinne nicht von denen Landes-Unterthanen überhaupt die Rede ist;

So finden wir um so vielmehr bedencklich, derer Guts-Leute bishero gehabte freye disposition über ihr Eigenthum auf einige Weise zu limitiren, als damit die Conditio und status derer Unterthanen wie auch der bisherigen Landes-Verfassungen genau verknüsset ist.

Was aber die Verschreibungen aus denen Guts-herrlichen Höffen betrifft, deßfalls giebt die Land-Tages-Resolution de 1697 klare Maaß und Ziel, und falls denen Guts-Herren der Graffschafft Hoya gegen dessen Inhalt etwas angemuthet, oder derselben von denen Guts-Leuten nicht gelebet werden wollen, werden wir denenselben, wie in allen andern billigen Dingen nachdrückliche Beförderung zu leisten, nicht entstehen.

Hannover den 18 Febr. 1737.
An die Hoyaische Ritter- und Landschafft.

Non obstat Resolutio Hoyensis de 1697 § 6, quæ statuit, daß der Brautschatz aus den Höfen gelobet werde. Denn das Allodium est pars curiæ, und wer also die Abfindung ex allodio bekommt, der erhält selbe so zu reden, gleichfalls aus dem Hofe, vid. Struv. de jur. villic. Cap. 1 § 21.

Sonsten ist noch bey Aussteuer der Kinder ex Allodio zu beobachten, daß dieselbe zu denen dazu gehörigen Immobilibus selber keine prætension machen können, sondern zufrieden seyn müssen, wenn ihr Antheil ihnen von denjenigen, welcher den Hof oder Stelle annimmt, davon anbaaren Gelde heraus gegeben werde. Cellische Policey-Ordnung Cap. 44 § 2.

Wofern solche Aecker und Wiesen alte Erb-Güter seyn und also nur vom Groß-Vater oder Groß-Mutter dazu gebracht, so sollen diejenigen, so auf den Höfen und Kothen bleiben; die andere, unangesehen sie gleich ihnen dazu berechtiget seyn, mit einem ziemlichen Gelde; Wie sie sich dessen unter sich, oder durch ihre Guts-Herrn, Nachbarn und Freunde vereinbaren können und mögen, oder, da sie dergestalt nicht zu vergleichen, Unsere Beamte, wie hoch die andere nach Gelegenheit des Hofes, und der Kothen, auch der Besitzere Vermögens mit Gelde abzufinden, moderiren und setzen zc.

Wie es deswegen in Oßnabrückischen gehalten werde, ist zu ersehen, in ordinatione Colonaria Artic. 7 c. 15.

Die Auslobung des Braut-Schatzes, als wodurch der Anerbe öffters mercklich beschweret wird, betreffend; So lassen wir es bey denen von Unserm gottseligen Vorfahren an der Regierung solcherhalben gemachten Verordnung, auch errichteten Land-Tages-Abschieden bewenden, daß nemlich kein Leibeigenbehöriger den Brautschatz nach eigener Willkühr ausloben dürffe und könne, sondern die Eltern, wann dergleichen Auslobung geschehen, sollen nebst denen Kindern bey dem Guts-Herrn sich angeben, des Erbes Zustand auffrichtig eröffnen, alle darauff hafftende Schulden, sie seyn von ihm oder von seinen Vorfahren gemachet, anzeigen, und alsdann nach gethanem Vorschlag der Guts-Herren Entscheidung erwarten müssen, welcher dann dergestalt darunter zu verordnen, und zu setzen wissen

wird, daß niemand sich darunter zu beklagen befugte Ursache haben mag.

Wann iedoch in der Graffschafft Hoya bey denen Leibeigenen Gütern, und in locum der ihnen sonsten aus dem Hofe zukommenden Alimenten aus der Stäte ein Braut-Schatz determiniret wird, so kan solches freylich ohne des Leib-als auch zugleich Guts-Herrn Consens nicht geschehen. Hoyaischer Land-Tags-Abschied de Anno 1697 § VI.

Auch wollen wir 27 nicht gestatten, daß wann aus den Höfen Kinder ausgesteuert oder abgefunden werden, und denenselben zum Braut-Schatz, oder sonsten ein gewisses Pertinenz-Stück mit gegeben, oder ein Leibgeding daraus verschrieben wird, solches ohne Consens der Guts-Herren geschehe sondern nach dem in nachfolgenden Fällen. als: (1) Wenn aus den Höfen einiger Brautschatz oder sonst etwas ausgelobet, (2) den Eltern von den Kindern ein gewisses daraus versprochen wird, nicht weniger (3) einige Ländereyen davon zu verhypotheciren, oder als ein Leib-Geding zu verschreiben ist, von Unser Fürstl. Regierung vermöge des unterm 25ten Febr. Anno 1693 abgelassenen Rescripts an die Beamte der Unter-Graffschafft Hoya allbereit eine gewisse Verordnung ergangen: So lassen wir es dabey bewenden, und wollen dieselbe hiermit noch weiter dahin erläutert haben, daß in vorberegten Fällen der Adelichen und Freyen Guts-Herrn Meyer und Köther, Kinder und Töchter-Männer, oder der Eltern Vormünder und nächste Verwandte ihr Anliegen, wegen constituirenden Braut-Schatzes, Gegen-Vermächtnisses und Leib-Gedinges, auch anderer kindlicher Abfindung und Auslobung ihrem Guts-Herrn vortragen und von demselben, was und wie viel zu geben, consentiren und determiniren lassen, und wann solches geschehen, und denen Beamten es schrifftlich zur Ingrossirung überreichet, diese sodann, und nicht ehender die Ingrossirung in das Amts-Buch verrichten, sonst aber ohne des Guts-Herrn Consens und deßfalls beygebrachten und beglaubten Schein in dergleichen Fällen dem Protocoll nichts inseriren, vielweniger denen Verlobten einigen Ehe-Zettel ausstellen sollen.

§. 33.

Allein es füget sich, wenn gar kein Allodium vorhanden, ob sodann der Leib- oder Guts-Herr gehalten sey, den Kindern in subsidium ex Colonia einen Brautschatz zu verschreiben?

In denen hiesigen Landes-Verordnungen ist davon nichts enthalten, allein die natürliche æquität erfordert iedoch solches, und bey dem Amt Nienburg findet sich vor dem Ehe-Protocoll-Buche davon folgendes Principium notiret:

Aus denen Höfen wird nach der Constitution de anno 1699 nichts beschrieben; sondern was ein auszichendes Kind zum Antheil und folglich zum Braut-Schatz bekomt, muß ex allodio folgen: wäre aber ein Hoff dermassen verschuldet, daß die ausgehende Kinder ex allodio nichts bekommen könten, wird, wenn es große Höfe sind, in subsidium denen Töchtern wohl ex colonia etwas, und etwan 5 bis 10 Rthlr. verschrieben, damit sie nicht indotata bleiben.

Ein

Ein gleiches erscheinet auch einiger maffen aus nachgefetzter von Königl. und Chur-Fürstlicher Justitz-Cantzeley zu Hannover am 8ten Jul. 1722 gesprochenen Sententz.

In Sachen Herrmann zum Hengste und Consorten Klägern wider Behrent Dietrich zum Hengste Bekl. ist Kläger gegenseitiger Vorstellung Copey erkannt, und weilen diejenige Gelder, womit die Miterben in der Graffchafft Hoya von denen Höfen abgefunden werden, alsdenn an den Hof wieder zurück fallen, wenn die Abfindung der Kinder in Subsidium aus dem Meyer-Hofe und dazu gehörigen Pertinentzien (scil. geschiehet rc.)

§. 34.
Aus diesem Decret tritt also auch weiter hervor, daß bey solcher subsidiarischen Aussteurung denen Kindern ex Colonia der Brautschatz wieder an den Hof falle, welches nemlich von dem Falle zu verstehen, wenn der Ausgesteurte ohne Leibes-Erben verstirbet.

Ebenmäßig bleibet der kindliche Antheil in der Stäte, oder fällt wieder dahin zurück, wenn die auszusteurende Person ohnverehliget verstirbet, immassen also in Sachen Christian Eilfs nachgelassenen Wittbe entgegen Johann Lages im Amte Nienburg gesprochen worden,..

In Sachen Christian Eilfs nachgelassenen Wittbe Appellantin an einem entgegen und wider Johann Lages Appellaten am andern Theile, erkennen Groß-Brit. zum Chur-Fürstl. Braunschw. Lünebl. Hof-Gerichte verordnete Hofrichter, Räthe und Assessores vor Recht: Daß Appellate dasjenige, was er zu beweisen auf sich genommen, durch den am 16ten Nov. publicirten Rotulum sattsam erwiesen, dannenhero des verstorbenen Dietrich Bleenhorst kindlicher Antheil, da er sich nicht verheyrathet, dem Wirth auf der Stelle anheim gefallen, und zu dessen Nutzen und Eigenthum billig verbleibet. So viel die von der Appellantin zurück geforderte 70 Rthl. Legations-Gelder anbetrifft rc.

Eberhard Ludewig v. Alten.

§. 35.
Wenn ein Kind von einer Leibeigenen Stäte in ein ander Amt, oder auf einen Hof über welchen einem andern Herrn das Leibeigenthum zustehet, oder auf einen freyen Hof heyrathet, so muß selbiges von seinem kindlichen Antheil oder Brautschatz ein gewisses Abfindungs-Geld, welches der Verlaß genannt wird, erlegen, iedoch ist solches nicht in allen Aemtern der Grafschafft Hoya recipiret, auch deshalb kein durchgängiges Principium.

In dem Amte Ehrenburg ist es *decima pars dotis*.

§. 36.
Durch diese Erlegung der Verlaß-Gelder aber wird die Freyheit nicht erlanget, sondern derjenige, welcher selbigen bezahlet, bleibet nichts desto minder leibeigen, ja, wenn er sich gleich vorhero frey gekauffet, so muß er iedennoch solche Verlaß-Gelder geben, angesehen selbige ex bonis erfolgen, ohne Absicht auf die Person, dieselbe sey frey, oder eigen, und wird solcher Verlaß nur lediglich vor die Verabfolgung des Dotis aus der leibeigenen Coloney in einen andern Hof, über welchem eben demselben

Guts-Herrn die Leibeigenschafft nicht zustehet, erleget.

§. 37.
Bisher haben wir gesehen, worinne die Gerechtsame des Leib-Herrn, und den Eigenbehörigen, ratione der von letzten, unterhabenden Gütern, bestehe. Nun müssen wir auch noch mit wenigen erwehnen, aus was Ursachen ein leibeigener Colonus des Hofes entsetzet werden könne.

§. 38.
In Ansehung der Abmeyerung ist in dem Hoyaischen Land-Tages-Abschiede de anno 1697 §. 29 folgendes generaliter verordnet:
Wegen Abmeyerung der übelhausenden Meyer, bleibet solche den Guts-Herrn in denen in Rechten zugelassenen Fällen billig, und soll ihnen von unsern Beamten darinne der geringste Eintrag nicht geschehen. Wann aber derentwegen einige Contradictiones sich ereignen werden, soll sodann die Sache vor dem Judicio, wohin sie ihrer Natur nach gehöret, summariter cognosciret, und wann ja einiger schrifftlicher Proceß verstattet werden müsse, sodann einem ieden Theil nur 2 Sätze zu thun vergönnet, und darauf in der Sache ein End-Urtheil gesprochen werden.

§. 39.
Es fraget sich aber hiebey, was solches vor Fälle sind, weshalb, denen Rechten nach, die Abmeyerung zugelassen?
In der Cellischen Policey-Ordnung ist Cap. 44 §. 8 verordnet, daß die Erben der Schillings-Höfe und Kohten dabey so lange sollen gelassen werden, als sie die præstanda richtig abführen, per verba: Daß die Schillings-Höfe und Kohten zusammt allen ihren Zubehörungen bey den Erben, so lange sie dem Guts-Herrn an Diensten, Zinsen, Pachten und andern, wie es von Alters hergebracht, davon bey rechter Zeit leisten, geruhig gelassen, und sie ohne Verwirckung und unser Erkenntniß von den Schillings-Gütern durchaus nicht verstossen werden sollen. Welcher Meyermann aber also die Gefälle nicht richtig bezahlet, kan den Rechten nach abgemeyert werden.

§. 40.
Die zweyte Ursache, warum ein Meyermann, oder Eigenbehöriger der Coloney kan entsetzet werden, ist, wenn er dem Gute nicht als ein guter Haus-Vater vorstehet, sondern selbiges herunter bringet und ruiniret, und sich auf die faule Seite leget, L. 3 C. Locat. cond. L. 3 C. de jure emphyt. Stryck de abusu jur. quæst. c. I n. 39, womit die Cellische Landes-Constitution de anno 1699 de redintegrandis villis c. 1 §. 7 & 8 solchergestalt übereinstimmig ist, daß wenn das Meyer-Gut bereits herunter gebracht, der Meyerman innerhalb drey Monaten nach der ihm schrifftlich und in Gegenwart zweyer Zeugen zuthuenden Ankündigung, den Hof zu räumen, gehalten werden.

Falls aber durch den üblen Haushalt eines Coloni allererst der Ruin des Hofes imminiret; so muß ihm der Guts-Herr 6 Monat-Frist verstatten, und wenn er, während selbiger, sich nicht bessert, auch keine Caution, daß er sich hinkünfftig haushälterisch aufführen wolle, bestellet, so kan er ebenmäßig des Gutes entsetzet werden.

§. 41.

§. 4.

In andern benachbarten Provintzien, auch so gar im Lüneburgischen und Hannoverischen selber, sind noch verschiedene Ursachen mehr, als legal anzusehen, warum die Meyer-Leute von den unterhabenden Gütern können vertrieben werden. Allein da es ausgemachten Rechtens, quod nemo juri suo privandus, nisi hoc expresse cautum sit, vid. Dn. Struv. in tract. de jur. villic. c. 8 §. 13; dergleichen provisio legis aber sich im Hoyaischen nicht findet: So getrauen wir uns auch nicht zu behaupten, daß aus andern Ursachen, als welche ob recensitæ, die Meyer-Leute in der Grafschafft Hoya der Höfe beraubet werden können.

§. 5.

Allein es fraget sich, ob durch die Entsetzung

der Güter die Leibeigene frey werden? Resp. es ist ein Unterschied zu machen, ob ein Leib-Herr seinen Eigenbehörigen ohne legitime Ursache, und also de facto vom Hofe jaget; oder ob solches prævia causæ cognitione durch Urthel und Recht geschehen. Erstern Falls wird der Eigenbehörige allerdings frey, dann die causa principalis der Leibeigenschafft ist das unterhabende Gut. Cessante autem causa cessat etiam effectus, Balth. pract. res. tit. 4 res. 7 n. 6 & res. 9 p. 5.

Im letztern Fall aber bleibet der Abgemeyerte Colonus allerdings leibeigen, sintemahlen es wider alle Rechte wäre, wenn selbiger ex propria negligentia & culpa einigen Vortheil ziehen, und so gar die Freyheit acquiriren solte.

✳✳✳✳✳✳✳✳✳✳✳✳✳✳✳✳✳✳✳✳✳✳✳✳✳✳✳✳✳✳✳✳✳✳

Das VI Capitel.

Von dem Erb-Rechte bey dem Leibeigenthum.

§. 1.

Bey dem Erb-Rechte, so wie solches das Leibeigenthum mit sich bringet, sind folgende beyde Fälle in Erwegung zu ziehen.

1) Welchergestalt die Leibeigene unter einander succediren, und

2) Was vor eine Erb-Portion dem Leib-Herrn an dem Nachlaß seines Leibeigenen zukommen solle.

§. 2.

Was die Succeßion der Leibeigenen unter sich betrifft; so ist schon in Ansehung der Güter, oder Höfe oben Cap. V §. 2 gezeiget worden, daß einem Leibeigenen die Potestät davon zu testiren, oder sonsten mortis causa zu disponiren, nicht frey stehe, es sey dann, daß der Leib-Herr darinne consentire, und wenn solches nach Vorschrifft und Maaßgebung der gemeinen Rechte geschiehet; so hat es dabey sein völliges Bewenden, vid. inf. §. 4.

Betreffend aber das Jus succedendi ab intestato, so muß man,

1) Auf die hiesige Landes-Ordnungen,

2) Auf die Hoyaische Consuetudines, und hiernechst

3) Auf das jus Commune sehen.

Erstere geben Maaße und Ziel, quid juris in Successione descendentium.

Die 2te determiniren Successionem Conjugum, und nach dem 3ten ist das Jus Succedendi ascendentium et Collateralium zu beurtheilen.

§. 3.

Nach denen hiesigen Landes-Ordnungen haben den Vorzug die Söhne vor den Töchtern, die Kinder erster Ehe vor denen Kindern zweyter Ehe, und die ältern Kinder vor denen jüngern, jedoch mit der Limitation, wenn sie alle gleich tüchtig befunden werden, gestalten sonsten jederzeit der Tüchtigste genommen wird.

Cellische Landes-Verordnung vom 19ten May 1702.

So reden und wollen Wir nach gepflogener Communication mit Unsern getreuen Prälaten,

Ritter- und Landschafft hiemit gnädigst, daß wann künfftig ein Colonus in dem Hoff sterben, oder sonst sich der Wirthschafft abthun, oder mehrere Kinder nachlassen, oder haben würde, sodann die Söhne vor den Töchtern den Vorzug haben sollen, solchergestalt daß allemahl der älteste, wann er dazu tüchtig, und dem Hofe nützlich vorstehen kan, derselbe zum Wirth genommen, und der Hof eingethan, wenn aber dieser dazu nicht tüchtig wäre, alsdann der nechstfolgende, und so weiter bis auf den jüngsten Sohn inclusive continuiret, und also allemahl dem tüchtigsten der Hof übergeben lassen. Im Fall aber, da von allen Söhnen keiner dem Hof vorzustehen tüchtig wäre, alsdann es auf eine von den Töchtern, in gleicher Ordnung, wie bey den Söhnen, gehalten werden solle, kommen, und dieselbe sich in den Hof zu befreyen befugt ꝛc. ꝛc.

Diese Verordnung ist auch unterm 29ten Jan. 1720 hisce verbis wiederholet.

Nachdem vorgekommen, daß in der Grafschafft Hoya mit Annehmung der Höfe keine durchgehende Gleichheit gehalten, sondern an theils Orten die Höfe dem ältesten, an andern aber dem jüngsten Sohn eingethan werden; Und dann nach vorgeflogener Communication mit getreuer Ritter- und Landschafft bey der in diesem Monat gehaltenen Diät resolviret worden, daß überall in der gantzen Grafschafft Hoya denen ältesten, wann sie dazu tüchtig und geschickt sind, die Höfe vorzüglich vor den jüngern Söhnen eingethan werden sollen; alsermassen auch solches vermittelst publicirter Constitution vom 19ten May 1702 bereits verordnet worden, Als gebieten und befehlen wir hiemit allen und ieden Obrigkeiten, Gerichts- und Guts-Herren, Beamten und insgemein allen Haus-Vätern in unserer Grafschafft Hoya, daß sie sich nach dieser Verordnung gehorsamlich achten, und respective darüber nachdrücklich halten sollen.

Und thut zur Sache nichts, ob die Kinder all schon vom Hofe abgefunden, oder nicht, gleichwie aus nachgesetztem Sententz zu ersehen.

Jurist. Oracul V Band. A a In

In Appellations-Sachen anietzo restitutionis in integrum unsers Obrist-Lieutenant Wilken Friederich Behr Implorantens, Appellatens und Bekgt. an einen wider Joh. Dietrich Wopsen Imploraten, Appellanten und Klägers, wie auch dessen Schwester-Sohne Joh. Dietrich Prechten am andern Theile, in puncto ermeldeten Johann Dietrich Prechten verwegerter Succession im Meyer-Rechte, wird beyden Theilen das am 13ten Sept. a. c. abgehaltene Protocollum dem Imploraten aber und Johann Dietrich Prechten, die vom Imploranten eingebrachte Deductio Causalium und und so rubricirte reservirte Production zur Nachricht communiciret, und von Uns von Gottes Gnaden Georg dem andern König ꝛc.ꝛc. vor Recht erkannt: Daß die eingebrachte Causales so beschaffen, daß sie zur weiteren Ausführung anzunehmen. Würde nun der Implorante der Obrist-Lieutenant Behr, immassen ihm zuthun oblieget, die angegebene Gewohnheit der Grafschafft Hoya, vermöge selbiger eine Tochter, wann sie einmahl aus dem Hofe gefreyet, und von dem Inhaber des Meyer-Hofes der Brautschatz und kindliche Antheil constituiret, nicht eins in casu des ledigen Anfalls und gäntzlichen erledigten Meyer-Hofes einiges Succeßions-Recht weder vor sich noch ihre Erben in dem Jure Colonario zu prätendiren befuget sey, der Gebühr Rechtens erweisen, und was er diesfals beyzubringen vermeinet, in proxima Ordinaria einbringen: So ergehet sodann ferner in der Sache was Recht ist ꝛc. ꝛc. Publ. im Ober-Appellat.Gerichte Celle, den 4ten Nov. 1727.

Ad Mandat &c.

Welches Probandum, nach ausweisen folgender Urthel, aber von Herrn Imploranten nicht beygebracht worden. Im Sachen Johann Dietrich Wopsen, wie auch dessen Schwesters-Sohns, Johann Dietrich Prechten, Appellanten, ietzo Imploraten, entgegen den Obrist-Lieutenant Wilcken Friedrich Behr, Appellaten, ietzo Imploranten, in puncto ermeldeten Johann Dietrich Prechten verwegerter Succeßion, im Meyer-Rechte, nunc restitutionis in integrum, wird die von dem ietzigen Imploranten den 21 Jan. jüngsthin übergebene Deductio causalium &c. denen ietzigen Imploraten Copeyl. zur Nachricht communiciret, und von Uns von Gottes Gnaden, Georg dem andern, König von Groß-Britannien, Franckreich und Irrland, Beschützer des Glaubens, Hertzog zu Braunschweig und Lüneburg, des Heil. Röm. Reichs Ertz-Schatzmeister und Chur-Fürsten ꝛc. hiemit zum Bescheide ertheilet: Alldieweilen es im gegenwärtigen Fall keinesweges eigentlich auf eine Succeßion collateralium, sondern vielmehr darauf ankommt: Ob des Appellanten und ietzigen Imploraten, Johann Dietrich Wopsen Schwester-Sohn, Johann Dietrich Prechten, als einem descendenti, nicht, Krafft des von seinem Groß-Vater Dietrich Wopsen erlangten Juris colonarii, ein Succeßions-Recht an der Koht-Städte quæstionis vor einem extraneo zustehe. Und aber ermeldter Johann-Dietrich Precht diesfals, so wohl in Jure Provinciali, als communi intentionem fundaram hat;

Immassen so wohl nach denen Constitutionibus hiesiger Landen, und insonderheit der Braunschw. Lünebl. Policey-Ordnung Cap. 44 § 8, wie zugleichen denen Edictis vom 27ten May 1702 und 29ten Jan. 1720 denen Erben indistincte das Succeßions-Recht in denen Meyer- und Schillings-Gütern zugeeignet, und dabey gar kein Unterscheid gemachet wird, ob die descendentes in denen Höfen sitzen bleiben, oder nicht, als auch denen gemeinen Rechten nach, die renunciationes stricti juris seyn, und ultra expreßa, und in dessen faveur dieselbe geschehen, ja sogar ultra incogitata nicht zu extendiren; Und dann dahero aus der blossen Constitutione dotis oder portionis filialis, wann nicht ein oder anderer Orten ein anders etwa hergebracht, keinesweges eine gäntzliche Separation, oder tacita renunciatio des auf den ledigen Anfall einem Erben und Descendenten competirenden Succeßions-Rechtes zu inferiren stehet, der nachgelassene Beweis auch eben wenig in negativa simplici, wie des Imploranten Schrifft-Steller zu behaupten intendiret, beruhet; Und ausser dem alles dasjenige, was ietzo abermahlen eingebracht, bey berigen Relationibus aus dieser Sache, mit gebührender Sorgfalt erwogen worden: Als kan diesem allem nach, dem beschehenen Gesuch nicht deferiret werden, sondern man lässet es vielmehr bey der jüngsthin unterm 4ten Nov. ꝛc. p. abgesprochenen Urthel schlechterdings bewenden. Celle, den 6ten Febr. 1728.

(L. S.)   Ad Mandatum &c.
                    Wriesberg.
                    Eichfeld.

Jedoch zeiget die Observantz, daß die ältesten Kinder nicht gar leicht und ohne erhebliche Ursachen vorbey gegangen werden;

Nach dem Osnabrückischen Leibeigenthums-Recht ist die ordo succeßionis eben also, ausser, daß die jüngsten Kinder vor den ältern den Vorzug haben; Osnab. Leibeigenthums-Ordn. Cap. 4 § 1 & 5.

§. 4.

Allein es fraget sich, ob solche ordo succeßionis descendentium ab intestato von denen Eltern per testamentum consentiente domino könne mutiren, und also in der Grafschafft Hoya der älteste Sohn vorbey gegangen, mithin der jüngere oder wohl gar ein Collateralis zum Erben des Hofes eingesetzet werden?

Der Herr Geheimte Justitz-Rath Struv führet davon in seinem tractat de Jure villicorum C. 3 § 28 einen Casum an:

Es hat nemlich in anno 1689 der Meyer zu Magelsen Amts Hoya seiner Schwester-Sohn zum Erben des Hofes eingesetzet, wodurch aber die jüngere Schwester, welcher sonsten der Hof gebühret, vorbey gegangen worden.

Als nun hierauf die damahlige Hoch-Fürstl. Cellische Regierung von 6 Beamten aus der Grafschafft Hoya Bericht eingeholet, wie es in dergleichen Fällen bisher gehalten worden.

So sind die Acta an die Universität Rostock zum Spruch Rechtens verschicket worden, da dann der durch das Testament eingesetzte Erbe eine obsiegliche Urthel erhalten, welche auch hiernechst in der Leuterations-Instantz von der Universität Halle confirmiret worden; und ob schon der Gegentheil davon

davon ad cameram Imperii appelliret; so ist es iedennoch zuletzt durch einen gütlichen Vergleich dabey geblieben.

Nun ist zwar nach Zeit die im vorigen §pho allegirte Constitutio de anno 1702 & 1720 emaniret, worinne denen ältesten Kindern vor den jüngern, wie auch denen Söhnen vor denen Töchtern der Vorzug in successione bey denen Meyer-Höfen zuerkannt worden, und hat es demnach das Anscheinen, als wenn dadurch denen Eltern auch consentiente domino die facultas testandi benommen worden: dieweilen aber regulariter alle Gesetze, welche de ordine succedendi reden, nur von dem Fall zu verstehen, da kein Testament, oder andere dispositio mortis causa vorhanden, und dann aus der angezogenen Constitution nicht hinlänglich zu ersehen, daß denen Eltern, die ihnen denen gemeinen Rechten nach zustehende potestas Testandi genommen werden sollen: So hält man davor, daß selbe ebenfalls nur sodann Platz finde, wenn keine testamentarische Verfügung vorhanden; denn die leges provinciales müssen allemal solchergestalt interpretiret werden, daß man in dubio die Meynung erwehle, welche am wenigsten von denen gemeinen Rechten abweichet. Da nun, wenn die Jura des Coloni, und des Leib- oder Guts-Herrn zusammen genommen werden, daraus plenum dominium entstehet:

⬤ So ist wohl ausser allen Zweifel, daß dieselbe unanimi consensu secundum jus commune davon frey disponiren können, dissentit tamen Dn. Struv. in jam ante laudato tract. de jur. villic. c. 3 § 30. Indessen ist iedoch im Jahr 1742 in causa Johann Dietrich Meyering zu Lembe Amts Nienburg entgegen seinem jüngern Bruder Johann Meyering in puncto der Succession auf der väterlichen Leibeigenen Stäte dem jüngern Bruder, welchen der Vater zum Erben eingesetzet, der am 29 Januar. 1702 emanirten Constitution ohngeachtet, der Vorzug in hoc puncto vor dem ältesten gelassen worden.

§. 5.

Wie klärlich nun die Successio descendentium aus denen allegirten Landes-Verordnungen hervortritt, so undeutlich und vielem Zweifel ist hingegen die successio conjugum unterworffen, und indem dieselbe aus einem besondern Rechte der Grafschafft Hoya herrühret, vermeinen wir, daß es nicht ohne Nutzen seyn solle, wenn wir solches allhie etwas umständlicher ausführen, als es das Leibeigenthums-Recht sonsten an und vor sich erfordert hätte: Dieses Recht, oder Consuetudo wird vulgo Längst Leib, Längst Gut genannt, und enthält dieses in sich, daß der überlebende Ehegatte, wenn keine Kinder entweder aus solcher, oder denen etwan vorhergehenden Ehen vorhanden, des zuerst versterbenden Erbe sey, mit Ausschliessung aller Descendenten und Seiten-Verwandten.

Daß solche Gewohnheit in der Grafschafft Hoya in Observanz sey, ist zwar wohl ausser allen Zweifel, wie die sub Nris I, II, III, IV, V, VI, VII & VIII nachgesetzte Documenta des mehrern klärlich zeigen.

Nro I.

Actum auf dem Land-Gerichte zur Hoya den 5

Jurist. Oracul V Band.

Jul. 1650. In Erbschaffts-Sachen Herrmann Alhusen und Consorten Kläger wider den Meyer zu Mahlen Bekl. Wenn die Ehe bestätiget; So erbet nach dieses Landes Gebrauch ein Ehe-Gatte dem andern und heisset Längst Leib, Längst Gut rc.

Nro. II.

Des Durchlauchtigsten und Hochgebohrnen Fürsten und Herrn, Herrn Christian Ludwig, Hertzogen zu Braunschweig und Lüneburg, Unsers gnädigsten Fürsten und Herrn, wir Jobst Jasper Klencke Land-Drost der Nieder-Grafschafft Hoya und Diepholtz, und Heinrich Kramer, Amtmann zur Hoya, geben hiemit iedermänniglich zu vernehmen, was massen sel. Heinrich Schmidts zur Liebenau unmündige hinterbliebene Erben um ein Attestatum bey uns anhalten lassen, ob nicht in hiesiger Grafschafft von undencklichen Jahren die durchgehende gemeine Gewohnheit unwidersprechlich hergebracht, daß unter Ehe-Leuten, wann Ehemann und Ehefrau ohne erzeugete Kinder von einander absterben, der letzte überlebende Ehe-Gatte, so dann dem andern erbe, und es dahero heisse, Länger Leib, Länger Gut.

Wann nun der Wahrheit zu Steuer wir Land-Droste und Amtmann obgemeldet hierüber kein anderes attestiren können, als daß so wol in der Nieder- als Ober-Grafschafft Hoya von undencklichen Jahren, eine uralte bey denen Aemtern und Gerichten wohl observirte Gewohnheit gewesen, und bis in die heutige Stunde continuirlich exerciret und gehalten wird, Länger Leib, Länger Gut, und daß der überlebende Ehe-Gatte den abgestorbenen, daferne keine beständige in Rechten gegründete Ehe-Pacta zwischen Ehe-Leuten aufgerichtet vorhanden seyn, in Flecken und Dörffern erben;

So haben wir gegenwärtiges Attestatum unter unser Handschrifft und Pettschafft ertheilet. So geschehen zu Nienburg und zur Hoya den 17 Octobr. Anno 1656.

(L. S.) Jobst Jasper Klencke.
(L. S.) Heinrich Krahmer.

Nro. III.

Demnach bey Uns Churfürstl. Braunschweig. Lüneburgis. verordneten Räthen, der Apothecker zur Hoya, Herrmann Neteler, geziemend nachgesuchet, daß, weilen in der Grafschafft die Gewohnheit Längst Leib, Längst Gut, bey denen Ehe-Leuten und Bürgern obtinirte, ihm darüber, und daß darauf in Churfürstl. Raths-Stube gesprochen würde, ein gerichtlich Attestat ertheilet werden möchte; Und es dann an dem, daß in solchem Fall, wenn Kinder vorhanden, und nach eines ihrer Eltern Tode nachbleiben, ratione Successionis iederzeit nach Disposition der gemeinen Rechte gesprochen, wann aber keine vorhanden, so dann vorgedachte Gewohnheit bisher allhie beständig observiret und darnach judiciret worden.

So haben wir solches hiedurch attestiren wollen.

Urkundlich des hierunter geletgten Churfürstlichen Cantzley-Siegels. Geben Hannover den 17 Dec. 1711.

Churfürstl. Braunschw. Lüneburgische verordnete Räthe.

(L. S.) Denecke.

Aa 2 Nro. IV.

Nro. IV.

In Sachen des Sieben Meyers Ernst Christian Meyers Appellanten an einem, wider Ehlert Meyers nachgelassene Wittwe Appellaten an andern Theile, erkennen Königl. Groß-Britannis. zum Churfürstl. Braunschw. Lüneburgischen Hof-Gerichte verordnete Vice-Hof-Richter, Räthe und Assessores vor Recht:

Weilen notorium, daß in der Grafschafft, wenn Mann und Frau keine Kinder erzielet, oder hinterlassen, auf begebenden ein oder andern Theils Todes-fall, der letzt-lebende dem Verstorbenen succedire und erbe, daß demnach Appellatin von von Appellanten wegen seines Bruders, Appellatin Mann, hinterlassenen Verlassenschafft gemächten Anspruche und Forderung zu absolviren sey.

Wie wir dann dieselbe hiemit absolviren. Was den Braut-Wagen anlanget, soll, wenn Appellatin desfalls ihre Nothdurfft, so sie, Einwendens ohngeachtet, binnen Monats Frist a publicato dieses anzurechnen, hieselbst einzubringen hat, wird verhandelt haben, sodann auch ferner ergehen, was Recht ist. V. R. W. Public. Hannover den 16ten Junii 1718.

(L. S.) Ernst Friedrich v. Rehden.

Nro. V.

In Sachen Frantz Wilhelm Meyers uxorio nomine und dessen Schwagers Johann Christoph Meyers Klägers wider Peter Dietrich Witten Beklagten in puncto prätendirter Erbfolge, oder Succeßion des Beklagten Ehefrauen Judith Annen Elisabeth Meyers, als der Kläger respective Schwester und Frauen Schwester, wird, nach denen ergangenen Acten, für Recht erkannt:

Demnach in der Grafschafft Hoya und insonderheit in diesem Amte die Gewohnheit Längst Leib, Längst Gut, unter Ehe-Leuten, wann von ihnen keine Kinder nachbleiben, und in denen Ehe-Pacten nicht ein anders disponiret, beständig hergebracht, auch sowol allhier, als in superiori Judicio darnach gesprochen worden, Kläger auch nicht erwiesen, daß, wenn einige derselben conforme Ehe-Pacten darneben errichtet, so bey Rathhause nicht confirmiret, daß dieselbe darum für ungültig erkannt, ferner Kläger auch gestehen, daß ein von der verstorbenen Mutter approbirter Medicus zu der Patientin gefordert, und von Beklagten admittiret worden, item daß der besagten Mutter mit Vorwissen Bürgermeister und Rath die Besuchung der Patientin in des Beklagten Hause nachmals untersaget worden, übrigens aber nicht angezeiget, vielweniger zu beweisen übernommen, daß Beklagter der Mutter Magd, als der Verstorbenen Wärterinnen, oder jemand anders geheissen, ihr wider des Medici Verordnung saure Milch und saure Suppen zu geben, wodurch ihr Tod befördert worden, ausser dem aber nicht würde erfolget seyn, daß derowegen Beklagter alles Einredens ohngeachtet, für seiner, verstorbenen Frauen Erbe zu declariren, und nicht nur von Restituiren ihrer Mit-Gifft zu absolviren, sondern auch prævia Collatione der empfangenen, zu deren noch ungetheilten väterlichen Erbschafft pro rata zu admittiren sey. V. R. W. Public. Hoya den 27ten Febr. 1722.

(L. S.)　E. v. d. Horst.

Nro. VI.

In Sachen Herrmann Wolters Klägers wider Adrian Bergs Wittwe, Beklagtin, wird denen in dieser Sache bey hiesigem Gerichte verhandelten Acten und eingekommenen Zeugen-Verhören nach, damit erkannt: Daß weilen der Beklagtin die von Kläger exhibirte Articuli probatoriales zeitig genug behändiget, sie also die Versäumniß der vor dem anberahmten Termino einzubringen befohlenen Interrogatorien sich selber zu imputiren habe, weilen auch Kläger das übernommene Probandum des ihm zu 200 Rthl. und zwar ohne Bedingung exprommittirten Braut-Schatzes genugsam erwiesen, überdies der Succeßion halber in der gesamten Grafschafft Hoya unter Ehe-Leuten, bey dem Bürger- und Bauren-Stande, wann sie keine Kinder nachlassen, die Regel Längst-Leib, Längst-Gut, in beständiger Observance ist: So wird Beklagtin damit vertheilet, die noch unbezahlte Braut-Schatz-Gelder als 130 Rthl. nebst Zinsen de anno 1722 an, da die ausgelobte Termine allesamt hätten bezahlet seyn sollen, an Klägern zu berichtigen, und findet die von Klägern gemachte Einwendung, daß die erhaltene 10 Rthl. zu Bezahlung der Bürger-Gelder besonders versprochen, als unerwiesen keine stat. Die Unkosten werden gegen einander compensiret. V. R. W. Publ. Steyerberg den 23 Jul. 1729.

Nro VII.

Hiemit ist Adrian Bergs nachgelassener Wittwen zur Liebenau, wie auch Herrmann Woltern zur Hoya, des von dem Amte Steyerberg unterm 10 hujus anhero erstatteten Berichts Copey erkannt, und nach geschehener Conferirung und Erwegung derer von der Wittwe Bergs eingebrachten Gravaminum mit denen eingesandten Actis prioris instantiæ, der Bescheid, daß die Gravamina unerheblich befunden, und es dahero bey der Sententia a qua vom 23 Jul. a. c. lediglich zu lassen, und selbige zu confirmiren sey.

Wie wir es dabey lassen und selbige confirmiren, dabeneben Remissoriales erkennen. V. R. W.

Decretum in Consilio.

Hannover den 26ten November 1729. Königl. Groß-Britannische zur Churfürstl. Braunschw. Lüneburgischen Justitz-Canßley verordnete Director und Räthe.

Stryke.

Nro. VIII.

Wir Bürgermeistere und Räth der Stadt Nienburg an der Weser bezeugen hiemit, demnach der hiesige Bürger und Brau-Meister Johann Heinrich Horstmann Uns zu vernehmen gegeben, wie er einige Nachricht benöthiget wäre, ob in dieser Stadt und Grafschafft Hoya eine beständig hergebrachte Gewohnheit sey, daß ein Ehe-Gatte dem andern, wenn keine Ehe-Stifftung noch Testament verhanden, vermöge der Regel Längst Leib, Längst Gut ab intestato erbe und succedire, anbey gebeten, in unserm Archiv desfalls nachzusehen, und ihm eine Gewißheit davon zu geben, und wir denn solches ihm nicht zu versagen vermocht; So attestiren wir hiemit nach fleißiger Durchsehung Unsers Archivi, daß nicht allein solche Gewohnheit hier longa & inveterata consuetudine eingeführet, sondern auch solches

solches im Jahr 1629 den 14ten Auguſt. auf Anſu-
chen des damaligen Fürſtl. Braunſchw. Limeburg-
giſchen Amtmanns Johannis Plaggen und den 10
Dec. 1638 auf Bitte Joachim Palms aus Oſt-
Frießland, auch im Jahr 1704 den 30ten Aug. auf
Requiſition des damaligen Churfürſtl. Braunſchw.
lüneburgiſchen Obriſten wegen an Affeln im Gerichte
publice atteſtiret, und darnach geſprochen worden.
Geſtalt uns denn überdem auch wiſſend, daß dergleichen Atteſtata ebenfalls von weil. Land-Droſten
Jobſt Jaſper Klencken ertheilt worden: dieſes alles
haben wir zu Steuer der Wahrheit hiemit bezeugen, und mit Unſerm Stadt-Inſiegel beglaubigen
wollen.

So geſchehen Nienburg in Senatu am 6 Mart.
1724.

Bürgermeiſtere und Rath der Stadt
Nienburg.

Luder Thyes Synd.

§. 6.

Allein es fraget ſich:
1. Ob ſolche Conſuetudo nur in Anſehung des
Allodii, oder auch der Höfe ſelber gelten
ſolle?
Und erſteren falls:
2. Ob darunter alle Allodial-Güter oder nur die
Dotalia verſtanden werden?
Auch im letzteren Fall:
3. Ob ſolche Succeſſio Conjugum nur lediglich
in Anſehung der Meyer-Erben-Zins und
Schillings-Güter, oder auch bey denen Leibeigenen Höfen Platz finden ſoll?
Weiter ſo iſt
4. Die Quæſtio, ob ſothane Regel Längſt Leib,
Längſt Gut bey Vollenziehung der Ehe tacite verſtanden werde, oder ob nöthig ſey,
daß ſelbe allemal in pactis dotalibus expreſſis verbis mit ausgedrücket werde?
Und
5. Ob dieſe allegirte Hoyaiſche Conſuetudo allein unter Bauren und Bürgern, oder auch
unter Herrſchafftlichen Bedienten und den
Adel Platz greiffe?

Daß ermeldete Conſuetudo nur lediglich ſich
aufs Allodium extendire, ſind viele der Meinung,
und zwar aus der Urſache, weilen ſelbe dem Meyer-
Rechte, nach welchem dem Colono das Eigenthum
des Meyer-Guts nicht zuſtändig iſt, ſondern deſſen
Recht nur hauptſächlich in einem Erb-Nieß-Brauch
beſtünde, zuwider wäre, mithin dadurch dem juri
des Guts-Herrn präjudiciret würde, gleichwie die
Univerſität zu Kiel, in Sachen Siemers contra
Haken und Benecken in Anſehung eines zu Gliſſen
im Amte Liebenau belegenen Meyer-Hofes alſo geurtheilet und ſolche ihre Sententz mit nachfolgenden
rationibus beſtärcket hat.

Rationes Decidendi in cauſa.
Siemers contra Hacken und Benecken.

Hat der Doctor Medicinæ Robbert Hacke zu
Bremen ſeinen Meyer-Hof zu Gliſſen Amts Liebe-
nau nach dem deſſen Meyer Cord Siemers ohne
Leibes-Erben verſtorben, einem andern Namens
Ge:d Benecke, ungeachtet ſelbiger mit dem letzten
Colono Cord Siemers nicht in Bluts-Freund-

ſchafft geſtanden, und hingegen gedachten Cord Siemers Bruder, Gerd Siemers Tochter, Marlene
Siemers, Andreas Reinecken Ehefrau den Meyer-
Hof wiederum nach Meyer-Recht anzunehmen ſich
erboten, eingethan, und ihn damit bemeyert.

Es hat aber bemeldete Anne Marlene Siemers
ſolcher wegen bey dem Königl. und Churfürſtlichen
Hof-Gericht zu Hannover, wider den Doctorem
Haken Klage erhoben, und am 22ten Nov. 1731
Num. Actor. 50 ein Urtheil erhalten; daß die mit
Vorbeygehung des defuncti Coloni Erben an einen
Extraneum von dem Beklagten unternommene
Bemeyerung nichtig, mithin derſelbe die Klägerin
mit dem qvæſtionirten Meyer-Hof zu Gliſſen, zu be-
meyern ſchuldig ſey, welches Urtheil auch in Krafft
Rechtens getreten. Als nun in Conformität dieſes
Judicati ein Spruch am 29ten Julii 1734 Num.
Actor. 76 erfolget, daß der ietzige Innhaber des
Meyer-Hofes, Namens Gerd Benecke, Anklägerin
denſelben anzutreten, und einzuräumen gehalten
ſey, hat ſelbiger zwar Supplicationem dagegen eingewandt, es iſt aber darauf am 4ten April 1735
Num. Actor. 101 erkannt: ~~daß~~ es der eingewandten Supplication ungehindert bey dem Decreto
vom 29ten Jul. 1734 und der darinne erkannten Abtretung des Meyer-Hofes quæſt. zu laſſen.

Wider welches Urtheil Gerd Benecken ſowohl
als Doctor Hacken Erben reſtitutionem in integrum und zugleich wider das darinne bemerckte Reſcriptum Supplicationem eingewandt, erſterer
auch eine Juſtifications-Schrifft eingebracht, worauf von Klägern und Supplicatin excipiret, und ferner von den Parteyen verfahren worden. Ob nun
wohl der Hakiſchen Erben Anwald wider das publicirte Urtheil und das darinne erkannte Reſcriptum
ſtante pede reſpective ſupplicationem und reſtitutionem in integrum eingewandt, hiernächſt
Gerd Benecke dieſelben remedia intra decendium
interponiret und zur Hand genommen, auch dieſer,
materialium und Gravaminum loco, angeführet,
daß in der Graffſchafft Hoya und Diepholt, vermöge des alten Landes-Gebrauchs unter Ehe-Leuten in Anſehung der Erbnehmung Längſt Leib,
Längſt Gut, gelte, mithin auf die nachgebliebene
Wittwe des Cóloni, wenn keine Erben vorhanden,
das Jus Villicale gebracht werde, wie dieſes Dn.
Struv. in Comment. de jure Villicor. Cap. 8 § 3
bezeuge, ſolchemnach aber die hinterbliebene Wittwe
in dergleichen Fall, als Domina des Meyer-Hofes
und des geſammten Nachlaſſes ihres verſtorbenen
Mannes ſich anmaſſen möge, dergeſtalt, daß ſie nicht
nur deſſelben Bruder und Schweſtern, ſondern auch
die Eltern davon ausſchlieſſe, woraus denn folge,
daß die Wittwe, den von ihrem verſtorbenen Ehemann, vermöge des unter Ehe-Leuten eingeführten
modi ſuccedendi nach der Regel: Längſt Leib,
Längſt Gut, erlangten Meyer-Hof nach Gefallen
an andere und extraneos zu veräuſſern Macht habe, cum heres ſit Dominus continuetque Dominium.

*ſ ult. Inſt. de hæred. qual. & diff. L. 2 ff. de liber-
& Poſthumis:*

Der Eigenthümer aber mit den ſeinigen nach Belieben verfahren kan,

L. 21 Cod. Mandat.

Beſonders auch die Clauſel, Längſt Leib, Längſt
Gut,

Gut, von der Kraft ist, daß dadurch auf den nachgebliebenen Ehe-Gatten nicht der Ususfructus formalis, wie Hertius vermeynet, sondern ipsum Dominium des Nachlasses des verstorbenen Conjugis fortgehe,

Vid. Collega nostri Dris Hartmanni Dissert. de efficientia Clausul. Pact. dotal. Längst Leib, Längst Gut, habit. Kiliä 1730.

und denn der letzte Colonus des qvästionirten Meyer-Hofes Cord Siemers ohne Leibes-Erben verstorben, und dessen hinterlassenen Wittwe solchen Meyer-Hof an Beklagten und Supplicanten Gerd Beneken, mit Bewilligung des Guts-Herrn Doctor Haken abgetreten und überlassen, Supplicant auch derselben unehlichen Tochter, um von aller Ansprache sich zu befreyen, etwas gewisses heraus gegeben, wozu noch kommen, daß der Klägerin und Supplicatin Vater zwey ältern Brüder Meincke und Heinrich Siemers in solche Uibergabe des Meyer-Hofes, da sie doch vermöge Constitutionis sub dato Celle den 19 May 1702, nach welcher der erledigte Meyer-Hof dem ältern Sohne zufället, das grösseste Jus contradicendi gehabt, gerichtlich consentiret, wiewohl in Betrachtung vorgedachter Landesgebräuchlichen successionis Coniugum die Wittwe des letzten Coloni Cord Siemers den Consens der Brüder desselben zu der Veräusserung des Meyer-Hofes quæst. nicht bedurft, dennoch aber und dieweil die Hakische Erben die eingewandten supplicationem und daneben gesuchten restitutionem in integrum, nicht prosequiret, sondern desert werden lassen, imgleichen Gerd Benecke post lapsum fatalium die Justification eingebracht, und mithin auch in Ansehung seiner die interponirten remedia für erloschen zu achten, folglich in dieser Betrachtung sententia a qua abermahl in Kraft Rechtens getreten, wobey es denn billig verbleibet.

L. 1 C. de re iudicat.

Hiernechst, wenn auch so viel Supplicaten Gerd Benecken betrifft, die von ihm eingewandte Remedia für erloschen nicht zu achten wären, nichts desto weniger die in der Justifications-Schrifft vorgebrachte Gravamina unerheblich und in voriger Instanz bereits vorgekommen sind, angesehen der Meyer-Contract seinem Entzweck und seiner Eigenschaft nach dem Colono oder Meyer das Eigenthum des Meyer-Gutes nicht zuwege bringet, sondern dessen hauptsächliches Recht in einem Erb-Nieß-Brauch bestehet: Contractus enim Villicalis nihil aliud est, quam locatio conductio, qua Colono prædium, hæreditario iure utendum, fruendum, conceditur, pleno dominio penes Concedentem manente.

Dn. Struve Comment. de iure Villic. cap. 2 § 9.

Mithin es dem Wesen und der formæ substantiali des Meyer-Contractes widerstreitet, wenn die successio Coniugum antiqua secundum Parœmiam: Längst Leib, Längst Gut; nach welcher der hinterlassene Ehe-Gatte des Verstorbenen Güter eigenthümlich erlanget, auf die Meyer-Güter gezogen werden könnte, zumahlen, daß solche Mutua Coniugum successio in der Grafschaft Hoya auf die Meyer-Güter sich nicht erstrecke, selbst aus der von den Supplicanten angezogenen Herrn Struven commentatione de iure Villicorum sich behaupten lässet, indem daselbst cap. 8 § 2 gemeldet wird, daß durch

die Landes-Constitution vom Jahr 1702 die antiquiores, nach welchem in der Grafschaft Hoya die jüngern Söhne den ältern ratione successionis in bona Villicaria vorgetreten, abgeschaffet, und extinctis filiis die Succession in dem Meyer-Hof den Töchtern zugestanden worden, woraus es sich zugleich dafür ansehen lässet, daß auch die daselbst angegebener massen vor alters übliche Successio Coniugum in Ansehung der Meyer-Güter, vermöge des erwehnten Juris Constituti aufgehöret, wie denn auch dieses die Hoyaische Landschafts-Resolution vom Jahr 1697 § 6 bestärcket, Kraft welcher die Meyer-Güter ohne des domini Bewilligung weder alieniret noch verpfändet, noch ein Braut-Schatz und Leib-Geding darinne verschrieben werden mag.

Vid. Dn. Struve cit. loc. § 9.

welches allein genugsam zu erkennen giebet, daß die Wittwe des Coloni, falls dieser ohne Leibes-Erben verstorben, an dem nachgelassenen Meyer-Gute kein Dominium erlange, dessen Effectus der Verstorbene selbst nicht gehabt, und demnach im gegenwärtigen Fall die von des letzten Coloni Cord Siemers nachgelassener Wittwe angeblich vorgenommene Veräusserung des Meyer-Hofes quæst. an Beklagten und Supplicanten widerrechtlich und nichtig ist, solche Veräusserung auch dadurch, daß der Dominus seinen Consens dazu ertheilet, nicht kräftig oder gültig worden, massen nicht einmahl der letzte Meyer Cord Siemers seinen Bluts-Freunden die Erbfolge in dem Meyer-Hofe mit Consens des Guts-Herrn entziehen mögen.

Vid. Dn. Struv. de iure Villicor. cap. 3 § 2.

Hiernechst die Acten ergeben, daß Supplicant vor der ad liquidandum verordneten Commißion mit der Supplicantin sich eingelassen, und wegen der ihm Kraft Judicatorum zu verstattenden Meliorationem mit derselben sich verglichen, nicht weniger die für den vorigen Meyer bezahlte Schulden in Rechnung gebracht, folglich wider diese seine facta und wider den mit der Klägerin getroffenen Vergleich ferner keinen Anspruch an dem Meyer-Hofe quæst. zu machen befugt ist, und dahero durch die ergriffene remedia supplicationis & restitutionis zusammt den Hackischen Erben den Proceß contra res Judicatas & transactionem temere aufgehalten, mithin nebst selbigen die expensas retardatæ litis, gleich wie bemeldete Erben besonders die per decretum vom 19ten Dec. 1733 moderirte Termins-Kosten tragen, zu erstatten.

per L. 79 ff. de judic.

So ist nach Inhalt des Urtheils erkannt worden V. R. W. Urkundlich Unsers vorgedruckten Facultät-Insiegels. Actum Kiel den 22 Oct. 1737.

(L. S.)

Decanus, Senior und Professores der Juristen-Facultät daselbst.

§. 6.

Als jedoch nechst der Zeit, wie im Amte Nienburg ein nemlicher Casus ventiliret worden, und derjenige Advocatus, welcher das Längst Leib, Längst Gut defendiret, die Sache besser, wie in dem vorigen casu ausgeführet, und diese hergebrachte consuetudinem nothdürfftig erwiesen, darauf auch von der Universität Rostock ein am 23ten Jan. 1741 publicirtes lichtes getwieriges und mit nachfolgenden rationibus decidendi bestärcktes Urthel erhalten.

In Restitutions-Sachen Cord Henrich Achmus, Appellanten, modo Imploranten an einem, wider Johann Friedrich Achmus, Appellaten, modo Imploranten am andern Theil, erkennen Königl. Groß-Britan. zum Churfürstl. Braunschw. Lüneb. Hof-Gerichte verordnete Hof-Richter, Räthe und Assessores auf eingeholten Rath auswärtiger Rechts-Gelehrten vor Recht, und denen verhandelten Acten gemäß: Daß bey richtigen formalibus, die Materialia auch vor unerheblich nicht zu achten, mithin die am 2ten Aug. 1737 publicirte Urthel sowohl, als auch die am 29sten Jun. a. p. dahin zu reformiren, daß Beklagter Appellant und Implorant pro vero possessore der Stelle quæst. cum annexis zu halten, und dabey billig zu schätzen, hingegen Appellat und Implorat aus der pendente lite erschlichenen Possession zu ermittiren, ingleichen die zu dem Hofe gehörige Ländereyen cum omni causa wiederum abzutreten, und dem Appellanten und Imploranten die gantze Erbschaft ruhig zu lassen, schuldig sey. Als Wir denn solchergestalt beyde Urthel reformiren compensatis Expensis von Rechtswegen.

Daß dieses Urthel denen Rechten und Uns zugesandten Acten gemäß, bekennen wir Decanus, Senior und andere Doctores und Professores der Juristen-Facultät in der Universität Rostock. Urkundlich mit Unserm Facultäts-Insiegel bedrucket. So geschehen den 2ten Dec. 1740.

Publ. Hannover den 23ten Jan. 1741.
(L. S.) L. v. Hacke.
Golsdorf.

Rationes dubitandi & decidendi in causa Achmus contra Achmus

Ob nun gleich Kläger und Appellat, modo Implorat den 1 Aug. 1736 den Hof quæst. mit Zubehör in Gegenwart zweyer Zeugen in Besitz genommen, und

2) Durch die Rechtskräftige Amts-Bescheide vom 15 Octobr. 1735 und 14 April 1736 erstrittenen Jura, sowohl in possessorio als petitorio schon bey Lebzeiten der Wittwe erlanget hat; so daß

3) Appellant die Possession nach der Wittwen Tode sich nicht habe anmassen können, sondern da auch

4) Die dortigen Landes-Constitutiones insonderheit die Braunschw. Lüneb. Policey-Ordnung cap. 44 § 8 und die Edicta vom 19ten May 1702 und vom 19ten Jun. 1720 dem ältesten Sohne die Succession in den Höfen attribuiren, sey

5) Die Wittwe Achmus nicht befugt gewesen, ihm das angeerbte Succeßions-Recht in quæst. Kücherey so wenig per Actum inter vivos als inter mortuos zu entziehen, dahero

6) Derselben Testamentum nuncupativum von selbsten zerrinne, weil ihr die facultas disponendi gemangelt. Denn

7) Die angegebene Gewohnheit: Längst Leib, Längst Gut, sey nicht mit ihren gehörigen requisitis erwiesen, und contra Constitutiones Provinciales. Hingegen hat

8) Appellat dem auf den ledigen Anfall ihm angediehenen Succeßions-Recht niemahls renunciret, und wenn er gleich

9) Der Wittwe bis an ihrem Tode diesen Hof gelassen, sey dadurch seine Ansprache nicht erloschen.

Dennoch aber und dieweil

1) Appellant, modo Implorant nach dem Tode seiner Schwiegerin und Erbverlasserin von der Verlassenschaft sofort Possession genommen, und

2) Auf Amts-Befehl durch den Haus-Vogt Meyer pro herede declariret worden. Actor. n. 7. Dahingegen

3) Appellat lite pendente die Possession ergriffen, und zu der Zeit, da possessio nicht mehr vacua gewesen

Possessione autem sua, nemo extraiudicialiter privandus est.

Wernh. Obs. select. parti. 7 obs. 3 n. 35. Carpz. lib. I Resp. 1 n. 28 & 29.

4) Allhier nicht die Quæstion ventiliret werde, wer von beyden in den Hof quæst. ab intestato succediren soll, sondern: Ob Appellant als heres institutus der Wittwe Achmus vor Appellaten die Präferenz habe, und ob der Wittwe Achmus geschehene Vermächtniß zu Recht beständig sey? Als können

5) Die allegirten Landes-Constitutiones hier nicht Platz greiffen, weil die Partheyen nicht über ihres Vaters, oder ohnbefreyten Bruders Hof streiten, sondern wegen eines durch ihren Bruder auf dessen Wittwe erblich transferirten, und Appellanten per testamentum nuncupativum vermachten Hofes im Proceß begriffen. Vielweniger suppeditiren

6) Die abgegebenen Amts-Decreta dem Appellaten ein Recht auf quæst. Erbschaft, denn dieselbe sind bey Lebzeiten der Erblasserin und also zu frühzeitig ertheilet worden, da bekannten Rechtens, die wegen einer Erbschaft competirende Actiones nicht eher Platz ergreiffen, als bis der Erbverlasser gestorben.

Nam viventis nulla est hereditas.

Schapff. Sym. Tit. de hered. pat. n. 5.

Folglich hat Appellat so wenig sich bey Lebzeiten der Wittwe Achmus eine Action anmassen, als durch Amts-Bescheide pro herede erkläret werden können. Zu geschweigen, daß diese Bescheide contra consuetudinem Provincialem abgegeben, folglich ipso iure null, und niemahls in rem iudicatam erwachsen

L. 2 s. quando prov. non est necesse.

Dum excedens consuetudinis formam, legem ipsam excedens dicitur.

Monoch. de A. J. 2 lib. 2 cas. 71 n. 1.

Denn

7) Daß in der Graffschaft Hoya die Gewohnheit hergebracht, daß in Ermangelung ehelicher Kinder, der überlebende Ehegatte des andern völliger Erbe sey, welches die Regel: Längst Leib, Längst Gut anzeiget, solches hat Appellant sattsam erwiesen, theils durch ein Rescriptum Regiminis Cellensis theils durch die angeschlossene Præjudicia,

Num. 44. 55-61.

wodurch derselbe bestärcket, daß nach dieser Observanz noch heut zu Tage gesprochen werde.

Nam quod statuto potest induci, idem etiam inducitur consuetudine.

Mynf. Resp. 49 n. 26. Vultej. inter Conf. Marp. Conf. 29 Vol. 2 n. 39.

Wie

Wie denn,

8) Appellat in seinen Exhibitis nicht hat zeugnen können, daß er selber bey Verheyrathung seines Bryders das Verlaß gesprochen, d. i. seine Schwiegerin die damalige Braut für seines Bruders völlige Erbin declariret, und auf die Regel Längst-Leib, Längst Guth verwiesen.

Folglich da

9) Alexander Achmus ohne Kinder verstorben, so ist dessen hinterbliebene Wittbe völlige Erbin von ihm worden, und hat also von denen ihr eigenthümlich zugefallenen Gütern nach Gefallen disponiren, und dem Appellanten excluso fratre suo vermachen können. Wann dann

10) Appellant von seiner Schwiegerin in Gegenwart 7 darzu erbetener Zeugen nuncupative zum Erben eingesetzet, und ihm der Hof quæst, nebst allem Zubehör mit stillschweigender Ubergehung seines Bruders, ietzigen Appellaten vermachet worden; Als haben wir Inhalts der Urthel gesprochen, und die Unkosten aus bewegenden Ursachen compensiret. Alles von Rechtswegen. Gegeben, Rostock in Collegio nostro den 2ten Decembr. Anno 1749.

Decanus, Senior, und andere Doctores und Professores der Juristen-Facultät in der Universität hieselbst.

So haben die Herren Kilonienses beym Verhör dieser Sache, und als selbe wiederum an sie gelanget, ihre Meynung dahin geändert, daß sie die Regel, Längst Leib, Längst Guth, general angenommen, und demjenigen Theile, welcher das Contrarium behaupten wollen, nur den Beweis, daß davon die Colonen-Güter exempt wären, reserviret, Gleichwie solches ab nachgesetztem Urthel cum rationibus decidendi des mehrern hervortritt.

Sententia.

Auf interponirte Supplication und fernere Einbringen in Sachen Johann Friederich Achmus zu Wietzen Klägers und Supplicanten an einem entgegen und wider Cord Heinrich Achmus, nunmehr dessen Wittbe, daselbst Bekl. und Supplicatin am andern Theil, in puncto einer streitigen Hof-Stäte, und was dem anhängig; erkennen Königliche Groß-Britt. zum Churfürstl. Braunschw. Lüneb. Hof-Gerichts verordnete Hof-Richter, Räthe und Assessores auf vorgehabten Rath auswärtiger Rechts-Gelahrten vor Recht: daß es bey den am 23 Jan. 1741 publicirten und Num. act. 69 befindlichen Urtheile zu lassen. Es könte und wolte denn Kläger und Supplicant, daß die Stelle quæst ein Brinckssitzer-Guth sey, nicht minder binnen Ordnungs-Frist besser, als beschehen, darthun und erweisen, daß von der in der Grafschafft Hoya recipirten Gewonheit: längst Leib, Längst Guth, und dem dadurch auf den nachlebenden transferirten völligen Eigenthum die Brinckssitzer- und Colonen-Güter exempt seyn, so wäre selbiger annoch damit billig zu hören, Beklagtens und Supplicantens Gegen-Beweis, Eides-Delation und andere rechtliche Nothdurfft vorbehältlich und Zuläuige sodann in der Sache ferner was Recht ist. V. R. W.

Daß dieses Urtheil denen Rechten und Uns zugeschickten Acten gemäß sey, bekennen Wir Decanus, Senior, Doctores und Professores &c.

Actum Kiel in Collegio nostro den 13 Apr. 1742. Hannover, den 4 Jun. 1742.

(L. S.)   J. v. Westenholtz.

Rationes Decidendi in causa Achmus contra Achmus.

Hat bey dem Amte Nienburg, Johann Friederich Achmus nach Absterben seines ältesten Bruders Sander hinterbliebenen Wittbe eine daselbst im Dorffe Wietzen Brinckerey-Sitz-Stelle, welche gedachte Wittbe bis an ihr Ende in Besitz gehabt, als nunmehro ältester Bruder, wider seinen jüngern Bruder Cord Heinrich Achmus, Inhalts der Landschafftlichen Verordnung de anno 1702. Krafft deren allemal der Aelteste, wenn er dazu tüchtig und dem Hofe nützlich vorstehen kan, derselbe zum Wirth angenommen, und der Hof eingethan; Wenn aber dieser dazu nicht tüchtig, alsdenn der nachfolgende, und so dann weiter bis auf den jüngsten Sohn continuiret werden solte rc.

in Anspruch genommen, und, non obstante, daß Bekl. dagegen sich auf die dasiger Orten recipirte Gewonheit und Regel: Längst Leib, Längst Guth bezogen, und dieserhalb vorgewendet, wie ihm diese Stelle von der vorgedachten Wittbe vermachet, und überliefert worden, dennoch der Bescheid vor Kläger, und dahin, ausgefallen, daß

Klägern die Brinckssitzerey quæst, zuerkannt worden.

Alles nach mehrerm Inhalt derer

sub num. II

beyliegenden Amts-Acten primæ instantiæ.

Als aber hierwider Beklagter das Remedium appellationis interponiret, testante Protocollo Actor. primæ instantiæ

sub num. 25

und Justifications-Schrifft

sub num. 6

übergeben, ist zwar die Sache zu weiterer Handlung angenommen worden,

num. 16 seqq.

iedennoch aber eine confirmatoria Decreti prioris instantiæ erfolget.

num. 40.

Hierwider hat Beklagter das remedium Supplicationis und nach dessen rejection, das remedium restitutionis in integrum ergriffen,

num. 41, 48,

auch ein beyfälliges Urtheil

sub num. 69

erhalten.

Dahingegen hat Kläger das remedium supplicationis eingewendet,

num. 71,

und sind hierauf Acta zu anderweitigem Spruch anhero versendet worden. Ob nun zwar in denen Actis und denen von Klägern und Supplicanten eingereichten exhibitis sich unterschiedene Momenta hervor thun, woraus erscheinen könte, weshalb der in Actis primæ instantiæ

sub num. II Lit. A

enthaltene und nochmals in superiori instantia

sub num. 40

bestätigte Amts-Bescheid gleichfals zu confirmiren sey; Zuerwogen,

1) Kläger

1) Kläger und ietziger Supplicant aus denen von 15 October 1731, und 14 April 1736 ertheilten, und in Krafft Rechtens getretenen Bescheiden, ein erstrittenes Recht, an der Städe quæst. erhalten zu haben, scheinen möchte, als worauf insonderheit

num. 2, num. 18 p. 1, 2, num. 63, num. 71 provocket wird, bevorab da

2) diese Gerichtliche Aussprüche durch die

sub num. 19 & 20

angelegte præjudicia bestärcket worden, vermöge deren

Ein Meyer gar kein Recht über den Hof, weder per Actum inter vivos, noch ultima voluntate, zu disponiren sich anmassen kan.

Als auch

3) In denen Landes-Constitutionen begründet zu seyn erachtet werden könte, als worinnen

denen Erben indistincte das Successions-Recht in denen Meyer- und Schillings-Gütern zugeeignet, und darbey keinen Unterscheid gemachet wird, ob die Descendentes in denen Höfen sitzen bleiben oder nicht;

welches die anliegenden Copeyl. Edicta, sub dato den 19 May 1702, it. sub dato den 29 Jan. 1720, nicht minder die Policey-Ordnung cap. 44 § 8 in sich fassen, nach Anzeige Exhibiti

sub num. 21, 22, 23.

Dennoch aber und dieweilen

4) die angeschlossene Amts-Acta ergeben, welchergestalt klagender Johann Heinrich Achmus seine Intention auf den Casum successionis ab intestato gegründet, und ex hoc capite gebeten, nach dem Tode des Sander Achmus Wittbe, ihn sodann bey seinem Successions-Recht zu schützen, auch hierauf den obangeführten Bescheid von 15ten October 1735 erhalten:

Nachhero aber der Status causæ sich so weit geändert, daß nach Absterben vorgedachter Sander Achmus Wittbe das

sub num. 2 Act. prim. instant.

Copeylich angeführte Testamentum nuncupativum zum Vorschein kommen, mithin das vorhin ertheilte Judicatum auf diesen novum supervenientem casum, propitio jure nicht mag extendiret, noch daher eine Exceptio rei judicatæ genommen werden;

Etenim rei judicatæ exceptio non obstat, & si idem petatur, a quo quis absolutus est, si petitio aliam causam habeat, variat enim causa actionis proxima, exceptio rei judicatæ non datur. L. 2 § 2 de except. rei jud. Mev. Part. 3 Decis. 307;

nicht minder

5) Die wegen streitiger Ergreiffung der Possession ergangenen Bescheide gegenwärtige Petitorien-Klage nicht entscheiden, oder derselben präjudiciren können,

si quis enim prius de possessione egerit, postea in rem agens, non repellitur per exceptionem, quia possessio proprietatem non statim determinat. L. 14 § fin. de except. rei jud. Struv. Synt. jur. Civ. Exercit. 45 th. 21;

hiernechst

6) Die in num. 2do allegirte ratio dubitandi, wird dadurch in gegenwärtigem Fall ent-

Jurist. Oracul V Band.

kräfftet, weilen annoch unter denen Partheyen disputabel, ob die Stelle quæst. zu den Meyer-Höfen und Brincksitzers-Gütern zu rechnen sey, oder nicht? Allermassen Beklagte vorgiebt, daß die Stelle quæst. ein freyer und von allen oneribus eximirter Hof wäre;

Act. prim. inst. num. 9.

Act. secund. inst. num. 31 fol. 9.

einfolglich hätte die Achmus Wittbe von dem Hof valide disponiren, und selbigen auf den Beklagten und Supplicaten per dispositionem istam Testamentariam transferiren mögen.

num. 6 pag. 23 & seq.

Wannenhero denn auch

7) Die vorangeregte Landes-Constitutionen ad præsentem casum nicht applicable seyn. In mehren Betracht solche von dem Fall handeln, wenn Kinder vorhanden, Söhne, oder Töchter, und weme sodann unter selbigen der Hof solte zugetheilet werden; Massen die Redintegrirung der Meyer-Städe durch vorbenannte Verordnungen vornemlich intendiret, und die Zergliederung derselben untersaget wird; Welches aber an und vor sich die Disposition des Meyer-Besitzers nicht hindert, in so weit selbige keine Separation der Meyer-Stücke nach sich ziehet:

Habet enim jus colonarium in nonnullis Provinciis speciem quandam utilis dominii in fundo, id quod rem in bonis ac dispositione Colonarii, licet dependente & quodam modo restricta relinquit. Hanc. Tr. von Erb-Meyer-Recht Part. I cap. 6.

Und obwohl

8) Nach denen Braunschweigischen und Bremischen Verordnungen die Meyer-Güter denen prædiis conductitiis mehr als denen dominicis verglichen werden wollen;

Strube de jur. villic. cap. 2 § 4.

So ist auch

9) diesem Principio in gegenwärtigem Fall so schlechterdings, nicht zu inhäriren, gestalten die inducirte Gewohnheit in der Graffschafft Hoya, vermöge deren ein überbleibender Ehe-Gatte, völliger Erbe von der Verlassenschafft des verstorbenen, wenn keine Kinder vorhanden, durch den gewöhnlichen Gerichtlichen Verlaß, declariret wird, wie aus denen Anlagen und allegirten Præjudiciis

num. 6 pag. 18.
num. 55 & seqq.
num. 63 pag. 12.

deutlich erhellet, die Güter dasiger Orten gantz anders modificiret, und denen Besitzern derselbigen per consequentiam ein mehrers und freyers Recht nothwendig zuleget, als andere Meyer-Güter haben und geniessen können.

Consuetudo enim derogat juri tam communi quam Provinciali, cap. fin. X. de Consuet. § 2 Inst. de jure Nat. Gent. & Civ.

Allermassen

10) aus diesem asserto, der in der Graffschafft Hoya durchgängig recipirten Gewonheit, Längst Leib, Längst Gut, wie aus dem

sub num. 56

anliegenden Amts-Bericht erscheinet, die qualitas

hæreditaria

hæreditaria und effectus communis dominii der
dasiger Höfe sich zu Tage leget:

> Clausula enim, Längst Leib, Längst Gut, effi-
> cientia ea est, ut ipsum dominium tribuat,
> uti optime contra Dominum Hertium de-
> ducit Dominus Hartmann de dicta clau-
> sula th. 10.

Da aber inmittelst

11) Kläger asseriret, daß diese Gewonheit sich
auf die dasigen Köhterey-Stellen nicht extendiren,
num. 71 pag. 5;

dieses monitum auch

12) Durch die in denen Amts-Acten
sub num. II

dem Amts-Bescheid subnectirten rationes decidendi füglich unterstützet, und zu weiteren Beweis und Untersuchung billig ausgesetzet wird:
Massen allda gantz probabel und juxta analogiam
juris provincialis geurtheilet wird; welchergestalt

1) Noch nicht dargethan sey, daß der vermeyntlichen Testatricin das eingewandte längst
Gut, verschrieben worden, und wenn gleich
dargegen gestellet werden wolte, daß es dessen
nicht brauchte, da solche Regel in der Grafschafft Hoya üblich, es iedennoch nicht ausgemachet sey, daß solche vorgeschützte Consuetudo in toto Comitatu, mit in dasigem Amte Nienburg üblich, als woran in judicando
bisanhero annoch gezweifelt worden, da in
dem Amte das Leibeigenthum vorhanden, welches mit der Regel nicht compatible, und
wenn auch dieses gleich nicht wäre;

So sey doch

2) das längst Leib, längst Gut, nur auf eigenthümliche Güter und Allodialia zu ziehen, keinesweges aber das jus Colonarium daruntet
zu begreiffen,

als welches

3) nach deutlichen Buchstaben der Policey-Ordnung Cap. 44 §. 41 nicht dem Colono, wohl
aber dem Guts-Herrn zustehe, worüber er
nicht disponiren könne.

Hiernechst

4) eben diese Landes-Ordnung in dem angezogenen Cap. 44 §. 8 weiter sanciret, daß die Schillings-Höfe und Kothen bey denen Erben geruhiglich gelassen, und solche ohne Landesherrliche Erkenntnisse davon durchaus nicht verstossen werden sollen.

Dabenebst

13) die jenseits ad probandam istam consuetudinem allegirte Præjudicia und Nachrichten
nur general und indefinite reden, mithin eine exception und restriction quoad bona Colonaria nicht
præcludiren:

> Siquidem omnis Consuetudo stricte atque
> ita est interpretanda, ut quam minime a
> jure communi recedat, Cothmann. Resp.
> 84 n. 48.

So hat man gestalten Sachen nach vor richtig
und billig geachtet, Klägern annoch den Beweis
offen zu lassen, so wohl die qualitatem der Hof-
Stellen quæst. als auch die restriction der angeführten Gewonheit in Ordnungs-Frist zu erweisen. Denn obwohl

14) Kläger vermeynet, es sey die obermeldte
Gewohnheit der Graffschafft Hoya durch die promul-
girten Landes-Ordnungen und Edicta wieder aufgehoben worden. Num. 18 p. 6, Num. 63.
Dahero dann

15) einen Beweis zu führen unnöthig zu seyn
scheinen möchte;

> Licet enim consuetudinis magna sit vis, ta-
> men non est ea, ut legem postea latam vin-
> cere queat. L. 2 C. quæ sit Long. Consuet.

So ist doch dahingegen

16) aus denen Anlagen sub Num. 57, 58, 59,
60, 61 ersichtlich, was massen auf obangeregte Gewonheit, auch nach der Zeit, da schon obbeschriebene Verordnung ergangen, dennoch in denen höhern
und niedern Judiciis gesprochen, und dieserhalb selbige in ihrem vigore beybehalten worden, und derohalben keine andere exception, als durch die erl-
weisliche Qvalität der Meyer-Güter zu infringi-
ren sey.

Und ob auch wohl

17) das obangezogene in seinen rationibus
decidendi enthaltene Attestatum des Hrn. Amtmanns, die Qvalität dieser Stelle quæst. durch eine inducirte Application dem Klägern zu statten
kommen könte; so ist doch solches ad probandam exceptionem consuetudinis semel generaliter receptæ nicht hinlänglich, wenn nicht andere Casus
singulares und præjudicata zu deren Behuf mit
können angeführet werden.

> Neque enim nuda cujuslibet judicis assertio
> sufficienter consuetudinem quoad merita cau-
> sæ probat, nisi plures simul ex actis pub-
> licis adducat actus, in quibus hoc vel illud jus diu ob-
> servatum fuerit. Carpzov. Part. I Dec. 3 Num.
> 10 & seqq. Man hat endlich auch dieserwegen

18) Beklagtens Anführen, daß der Verlaß der
Stelle quæst. von Klägern selbst an die verstorbene
Wittbe geschehen, und dadurch seinem prätendirten
juri nicht allein renunciiret, sondern auch das volle
Eigenthum der quästionirten Stelle auf die Testa-
tricin transferiret,

Num. 54; Num. 66,

in vorstehenden Urtheil übergangen, weil dieser Punct,
wegen der abseiten Klägers erfolgten an einigen Orten bey der Regel Längst Leib, Längst Gut, stat findenden Erklärung, die streitigen Zweifel nicht hebet,
da es bey gegenwärtigen Umständen hauptsächlich
auf die Qvalität der Güter und der Stellen quæstionis ankömmt, ob selbige unter denen freyen und
testamentarischen Erb-Gütern, Inhalt der oballegirten Gewonheit mit begriffen sey, oder nicht, ju-
massen davon so wohl der Valor des producirten
Testaments, als auch das Decisum der gantzen
Sache, unsers Erachtens, dependiret, und darauf
sich sonder Zweiffel die von Klägern erhaltene Confirmatoria gründet.

Haben also denen Rechten und uns zugefertigten
Acten gemäß, vorstehender massen wohl sprechen mö-
gen. Urkundlich unsern vorgedruckten Facultät-
Insiegels. Actum Kiel in Collegio nostro den 13
Apr. 1742.

(L. S.)

Decanus, Senior, Doctores und Professores
der Juristen-Facultät daselbst.

S. 8.

§. 8.

Weilen aber Supplicant den ihn auferlegten Beweis in Verfolg der Sache nicht beyzubringen vermocht; So sind die in denen vorigen beyden §phis allegirte Sententien respective vom 23 Jan. 1741 und 4. Jun. 1742 vom Königl. Hof-Gerichte, wie aus der gegenwärtigen §pho annectirten Urthel hervor tritt, confirmiret, und mithin dadurch das längst Leib, längst Gut, in diesem Fall durch drey conforme Sententien bestätiget worden.

Sententia.

In Restitutions-Sachen Johann Friedrich Achmus Klgr. modo Impetranten an einem, so dann weiland Cord Achmus hinterlassenen Kinder constituirte Vormündere Peter Albrecht Meyer und Dietrich Reinecke Rutenkamp Bklgt, modo Impetraten an dem andern Theile, erkennen wir Königl. Groß-Brit. zum Churfürstl. Braunschw.Lüneb. Hof-Gerichte verordnete Hof-Richter, Räthe und Assessores vor Recht: daß es des eingewandten und verfolgten Remedii restitutionis in integrum ohngeachtet bey denen unter dem 23 Januarii 1741 und 4ten Jun. 1742 eröffneten Erkäntnissen lediglich zu lassen, und selbiges nicht nur in dieser Restitutions-Instanz anderweitig zu confirmiren, und zu bestätigen, sondern auch, weilen die Acta satsam darlegen, daß der in der letzten Urthel von 4ten Jun. 1742 nachgelassene Beweis auf die Art, als solcher in dicta sententia erfordert, nicht beyzubringen stehe, nunmehro in Ansehung dessen, die mehr berührte Urthel zu purificiren, mithin Kläger und Impetrant binnen 6 Wochen a publicato dieses, bey Vermeidung Richterlicher Hülffe, der Urthel vom 23ten Jan. 1741 ein völliges Genügen zu leisten schuldig sey. Als wir denn solchergestalt erkennen, purificiren und confirmiren, die Unkosten aber aus bewegender Ursachen gegen einander aufheben und vergleichen von Rechts wegen.

Publ. Hannov. den 22 Aug. 1743.
Hake, Golsdorff.

§. 9.

Um diesen Satz iedoch noch desto mehr zu befestigen: So will ich davon auch ein præjudicium beybringen. Es verstirbet nemlich in anno 1736 ein Herrschafftlicher Vollmeyer zu Lohe Amts Nienburg, Nahmens Wolter Meyer, ohne Leibes-Erben, und hinterlässet nebst seiner Ehe-Frauen auch einen Bruder, Ernst Meyer genannt; zwischen diesen beyden kommt es, in Ansehung so wohl der allodial-Verlassenschafft, als des von dem defuncto herkommenden Meyer-Gutes selber zur Klage, indem ein ieder beydes und zwar jene solches, nach der Regel, Längst Leib, Längst Gut, und dieser secundum jus commune, und denen Landes-Verordnungen prätendiret. Anfänglich wurde zwar der Streit nicht völlig gehoben, sondern die Wittwe Zeit Lebens bey dem Hofe quæst. geschützet, und dem Bruder des Erblassers, sein Recht vorbehalten; endlich aber ist die Sache zum faveur der Wittwen abgethan worden.

§. 10.

Indem nun auch hiedurch sich satsam zu Tage leget, daß die so öffters erwehnte Regel, Längst Leib, Längst Gut, ebenmäßig die Succession, nicht alleine ratione allodii, sondern auch in Colonia zu wege bringe:

Jurist. Oracul V Band.

So wird, damit die ob §. 6 gemachte erste Frage ihre abhelffliche Maaße haben, wir wollen iedoch noch zum Überfluß ein Amts-Attestat davon anhero setzen.

Demnach bey diesem Königlich- und Churfürstl. Amte ein beglaubtes Attestat über nachfolgende Frage nachgesuchet worden, was vor eine Observance in diesem Amte Lemforde, bey denen dem Leib-eigenthum unterworffenen Höfen in puncto successionis gehalten werde; wann nemlich ein Sohn auf solcher väterlichen Städe heyrathet, und für seiner Frauen, ohne eheleibliche Kinder verstirbet, mit Hinterlassung eines, oder mehrer ohnverheyratheter Gebrüder, oder Geschwister, ob sodenn eine solche nachgebliebene Wittwe, ohngeachtet sie den Hoff vorhin habe beweinkauffet, wider ihren Willen schuldig sey, und zu Rechte angehalten werden könne die Administration des Hofes einem von ihres seel. Mannes Brüdern abzutreten, und dagegen mit einer billigen Leib-Zucht, nebst Heraus-gebung ihres eingebrachten und Kindes Antheils von der Städe, sich begnügen und abfinden zu lassen, oder ob sie nicht krafft der Beweinkauffung befugt sey, auf die Städe eine anständige Person mit Guts-herrlichen Consens wieder zu heyrathen, und die Administrirung des Hofes nach wie vor zu continuiren? So wird der Wahrheit zu Steuer hiemit attestiret, daß nicht nur im hiesigen Amte, sondern auch in dem benachbarten Mindischen und Osna-brückischen, eine feste und ohnwidersprechliche Observance sey, daß, wann ein dergleichen Colonus oder Colona mit Guts-herrlichen Consens angenommen, die Heyrath ordentlich vollenzogen, und wann auch gleich der Ehegatte, zu welchem derselbe auf die Städe heyrathet, gleich nach vollenzogener Hochzeit, ehe und bevor der Weinkauff noch wircklich bezahlet worden, mit Tode abgehen solte, (wie ich denn während meiner Bedienung dergleichen Exempel gehabt) der oder dieselbe ihm ein perpetuum jus coloniæ zu dem aufgelassenen Prædio erworben, und keinesweges wider Willen davon abgetrieben werden könne; sondern die auch ohne eheleibliche Kinder hinterbliebene Wittwe befugt sey, eine dem Guts-Herrn mitanständige Person hinwieder auf die Städe zu heyrathen, ohne daß des abgelebten Mannes nachgelassene Brüder und Schwestern die Städe können prätendiren, sondern das von ihrer Elterlichen Städe nichts mehr, als ihme bey der Aufnahme der nachgebliebenen Wittwe verschrieben oder versprochen worden, mit Recht verlangen können. Weshalben denn dieses öffentliche Gezeugniß zu männialiches Nachricht unter meiner des zeitigen Ammanns eigenhändigen Nahmens Unterschrifft und beygedruckten Amts-Siegel ausgefertiget worden. So geschehen Lemförde, den 11 Dec. 1720.

(L. S.)   Cordemann.

§. 11.

Wolte iedoch iemand, obigen allen ohngeachtet, bey der Meynung bleiben, daß die Regel, Längst Leib, Längst Gut, sich nur auf die bona recepti-tia und paraphernalia, nicht aber auf die dotalia mit erstrecke: So ist iedoch quoad quæstionem secundam §phi quinti h. c. ausser allen Zweiffel, daß auch darunter die dotalia mit begriffen und davon keinesweges exemiret seyn. Nachstehende 3 Sententien sind daven klare præjudicia.

B b 2   In

In Sachen des Schmiedischen Curatoris bonorum Klägers entgegen Wolter Borcherdings Beklagten, wird, denen in dieser Sache exhibirten Schrifften nach, hiemit vor Recht erkannt, daß Beklagter Wolter Borcherding, Einwendens ohngeachtet, die dem sel. Schmidt uxorio nomine aus dem untern 15ten Jan. 1716 gemachten Recesse, welcher durch die bey Königl. Justiz-Cantzeley unterm 20ten Octobr. 1717 publicirter Urthel confirmiret, schuldig gewordene und gebliebene 100 Rthlr. ad corpus bonorum allerdings zu liessern schuldig, zumalen dessen Frau vor ihrem Absterben nicht anders darüber disponiret, einfolglich Maritus aus der bisher in denen Graffschafften Hoya hergebrachten so wohl bey Unter- als Ober-Gerichten in Contradictione approbirten Gewohnheit, ihr gäntzlicher Erbe geworden; Mit denen prätendirten Rosen aber wird Kläger, da sie nicht stipuliret abgewiesen, die Unkosten auch gegen einander compensiret. V. R. W.

Von solcher Urthel hat nun zwar Wolter Borcherding appelliret, es ist aber nichts desto minder nachstehende Confirmatoria erfolget:

In Sachen Wolter Borcherdings Appellanten an einem entgegen und wider den Schmiedischen Curat. bonorum Semler, Appellaten am andern Theil; Erkennen Königl. Großbritannische zum Churfürstl. Braunschw. Lüneb. Hof-Gerichte verordnete Räthe und Assessores vor Recht: Daß es der eingewandten Appellation ungehindert bey dem von dem Richter erster Instanz abgesprochenen Judicato zu lassen, selbiges zu confirmiren und zu bestätigen sey. Als wir dann selbiges hiemit confirmiren. Compensatis expensis, von Rechts wegen. Publ. Hannover am 28ten Octob. 1728.

(L. S.)   H. Schilling.
Ahlers.

Und ob auch gleich gegen diese Sententz das Remedium supplicationis ergriffen worden; so sind iedennoch die beyde erste Urthel durch nachfolgende 3te Sententz noch mehr befestiget worden:

In Sachen Wolter Borcherdings Appellanten, ietzo Supplicaten, wider den Schmiedischen Curat. bonorum Bürgermeister Semler, Appellaten, ietzo Supplicanten, erkennen Königl. Großbritannische zum Churfürst. Braunsch. Lüneb. Hof-Gerichte verordnete Hof-Richter, Räthe und Assessores vor Recht. Nachdemmalen in notorietate beruhet, daß in der Graffschafft Hoya Ehe-Leute, wenn keine Kinder vorhanden, einander ab intestato beerben, daneben in der Schmiedischen beym Amte Steierberge am 27ten Febr. 1725 publicirten und in Krafft Rechtens getretenen Priorität-Urthel diese Erbfolgs-Gewohnheit: Längst-Leib, Längst-Gut, fest gestellet worden, der dagegen gemachte Einwurff aber, ob wäre sothane Gewohnheit nur bey bonis dotalibus zu verstehen, unerheblich: So ist Appellante und Suplicate, Einwendens ohngehindert, die quæst. 100 Rthlr. an das Schmiedische Corpus bonorum zu bezahlen schuldig, mithin die von Cölln eingeholte allhie am 20ten Decemb. 1730 publicirte sub No. Act. 33 befindliche Urthel zu ändern, und dagegen die so wol beym Amte Steierberg am 5ten Octob 1725 eröffnete, und allhier unterm 28ten Octob. 1728 erfolgte sub No. Act. 13 sich befindende Confirmatorie-Urthel le-

diglich zu confirmiren, die Unkosten aber gegen einander zu compensiren, als wir dann solchergestalt respective ändern, bestätigen und vergleichen, von Rechts wegen. Publicat. den 12 Julii 1731.

(L. S.)   E. A. v. Iken.
Golsdorff.

§. 12.

Ferner wende mich zu der ratione successionis conjugum movirten 3ten Quæstion, welche darinne bestehet, ob die so offt gemeldte Regel Längst Leib Längst Gut, nur lediglich bey Meyer-Erben, Zins und Schillings-Gütern Platz habe, oder ob selbe auch auf das Leibeigenthum zu appliciren sey?

§. 13.

Es scheinet zwar, daß sothane Regel oder Consuetudo nicht auf die leibeigene Colonien zu extendiren seyn wolle, und zwar ex ratione, weilen der Leibeigene, an den unterhabenden Höfen gar kein Eigenthum haben, mithin wie eben Cap. V § 2 gezeiget worden, davon weder inter vivos noch mortis causa disponiren, einfolglich deshalb keine consuetudinem introduciren können. Dieweilen aber, iedennoch denen Leibeigenen der Erb-Nießbrauch an sothanen Höfen zustehet, Cap. V § 1), und also von dem Leib-Herrn solcher denen Erben der Leibeigenen nicht genommen werden, und demnach von jenem nach dem Ableben dieser von denen Höfen nicht allerdings franc und frey disponiret werden kan; sondern die ordo successionis auf gewisse Masse observiret werden muß, (§ 3 h. c.): So siehet man nicht ab, was im Wege stehen solte, warum nicht ratione hujus ordinis succedendi in usu fructu hæreditario eine Gewohnheit introduciret werden könne, sintemahlen es einerley ist, ob sich der Dominus fundi in diesem Stück nach dem jure scripto oder consuetudinario richten müsse.

Daß auch solches dem Eigenthums-Rechte gemäß sey, zeiget die Osnabrückische Leibeigenthums-Ordnung Cap. 4 § 22 per verba:

Wann ein leibeigener Ehe-Gatte auf dem Erbe oder Kothe durch den Tod abgegangen, ist dem überbleibenden vergönnet, mit Einwilligung des Guts-Herrn darauf zu heyrathen.

Womit dann ebenfalls das Ravenbergische Jus colonarium C. I § 23 übereinstimmig ist.

§. 14.

Daß auch diese mutua successio conjugum in der Graffschafft Hoya bey Leibeigenen Gütern wircklich Platz finde, erweiset der weil. von Herrn Ober-Amtmann von Hugo zur Stolzenau ad Rescriptum der vormaligen Cellischen Regierung abgestattete Bericht, als in welchem die leibeigene Güter von dieser Regel nicht eximiret worden. Das Rescript lautet also:

Unsere rc. rc.

Demnach zu wissen verlanget wird, was es mit der von denen Partheyen zum öfftern allegirenden Gewohnheit in der Graffschafft Hoya Längst-Leib Längst-Gut vor ein Bewandniß habe, und ob, auch in welchen Fällen eigentlich in dem Euch anvertrauten Amte beständig hergebracht, daß von denen Eheleuten der letztlebende des verstorbenen gantze Verlassenschafft erbe, auch ob deswegen einige, und was für præjudicia fürhanden? So begehren an stat Serenissimi unsers gnädigsten Fürsten und Herrn, wie hiermit an euch, ihr wollet hierauff euren

pflicht-

pflichtmäßiger gründlichen Bericht förderſamſt anhero erſtatten, und zugleich die etwan verhandene præjudicia einſchicken. Wir ſeyn ꝛc.

Celle den 21 Apr. 1687.

Fürſtl. Braunſch. Lüneb. zur Regierung verordnete Geheimte Räthe.

Heinrich Speiermann.

Die Antwort iſt darauf folgende:

Fürſtliche ꝛc.

Es wird nach Ew. den 21ten April abgelaſſenen und den 29ten ejusdem beym Amte gelieferten Befehle, gehorſamſt unterdienſtl. berichtet, wie die ſo genannte Gewohnheit Längſt Leib Längſt Gut, in dieſem Amte in ſolcher Obſervanz ſey, daß nicht allein dieſelbe in denen von einigen Jahren her errichteten Ehe-Receſſen insgemein allegiret, ſondern auch ohne Streit bey allen in begebenen Fällen gütlich angenommen werde, dahero auch keine præjudicia, das ich wüſte oder erfahren können, allhie beym Amte verhanden, gleichwohl finde nicht, daß in denen alten doch wenigen beym Amte verhandenen Ehe-Pacten de anno 1600 die benannte Gewohnheit wörtlich allegiret, wiewohl daraus zu erſehen, daß es darinne desmahl ſchon alſo wie ietzo gehalten worden. Weil nun ſolche Gewohnheit von niemand beſchrieben, und dem Anſehen nach zu weilen mißbrauchet worden, ſo befinde doch, wie ſelbige abſonderlich darinne beſtehe, daß der letzlebende Ehe-Gatte, wann keine Kinder verhanden, des verſtorbenen gantze Verlaſſenſchafft ſo wohl an Immobilien als Mobilien, wo dieſelbe auch herrühren, erbe und behalte, auch dasjenige, welches dem Verſtorbenen zu ſeinem kindlichen Antheil oder Braut-Schatz verſprochen, und bey Abſterben noch unbezahlet iſt, ſo wohl als bey deſſen Lebzeiten zu fordern habe, und erben ſelbige letzlebende Perſon, wenn ſie nicht minder verheyrathet, ab inteſtato deren Verwandte. Wann Kinder vorhanden, ſo behält zwar der Letzlebende die völlige Adminiſtration der Güter, und hat Macht dieſelbe, ſo lange deſſen vermögſame Jahre gehen, wieder zu befreyen, ſo daß auch der andere Ehe-Gatte Zeit ſeines Lebens nach des wieder verheyratheten Tode bey den Gütern verbleibet, und entweder ſeinen völligen Unterhalt davon hat, oder auch bey entſtehendem Streit ſeinen Antheil nach der Güter Beſchaffenheit auf Lebzeit alleine adminiſtriret, und zu genieſſen hat, nach deſſen Tode aber fällt dar Antheil, oder ſo genannte Leib-Zucht, wieder bey die Güter, dagegen verbleibet deſſen Eingebrachtes und was demſelben zuſtändig iſt, allteſamt bey den Gütern; doch die Kinder des verſtorbenen und aus erſter Ehe aber behalten die Succeſſion, oder das Recht, Haus und Güter zu bewohnen, doch haben die in der andern Ehe gezeugte Kinder mit denen aus erſter Ehe, wofern in denen Ehe-Pacten davon kein anders diſponiret, gleiche Erbſchafft, oder Ausſteuer von den Gütern zu fordern. Weil aber groſſer Mißbrauch darinnen vorgehet, und die Gewohnheit zu weit extendiret werden könte, ſo, daß die Kinder aus erſter Ehe dadurch, wann die Mobilia veräuſſert, und die Güter deteriorieret worden, nicht das ihrige bekommen mögen, als wird den Anverwandten, oder auch geſetzten Vormündern, wie doch ſelten geſchiehet, daß Vormünder begehret oder geſetzet werden, ſo lange einer der Ehe-Leute lebet, zugelaſſen, daß

ſelbige bey errichteten Ehe Receſſen der andern Ehe ein gewiſſes den Kindern erſter Ehe vorbehälten und verſchreiben laſſen.

§. 10.

Stolzenau, den 5 Maji 1687. C. Hugo.

§. 15.

Ein gleiches erhellet auch ab einem uns zu Handen gekommenen Atteſtat des Herrn Amthmanns Struben zu Lemförde, welches wir allhie gleichfalls wörtlich zu inſeriren nicht undienlich erachten:

Nachricht

Von der Succeſſion der Eigenbehörigen im Amte Lemförde.

In dem Amte Lemförde hat allemal das jüngſte Kind aus der erſten Ehe, und zwar ſo lange Söhne vorhanden, der jüngſte Sohn, in deren Ermangelung aber die jüngſte Tochter das Erb-Recht zu prätendiren, und haben die Kinder erſter Ehe ein ſolches Vorrecht, vor denen aus letzter Ehe erzeugten, daß, wenn gleich aus erſter Ehe keine Söhne, und Töchter vorhanden, dennoch die jüngſte Tochter aus erſter Ehe, ohne Unterſcheid, es komme die Stelle von dem Vater oder Mutter her, denen Söhnen letzter Ehe vorgehet. Wenn das jüngſte Kind als der An-Erbe es ſey ein Sohn oder Tochter, bey der Eltern Abſterben noch gantz klein, und die Stelle ohne Nachtheil, bis zu des Anerben mannbaren Jahren, nicht kan hingehalten werden, oder wenn der Anerbe Gebrechlichkeit halber, ſolcher nicht vorſtehen kan, alsdann iſt der Guts-Herr bemächtiget, einen andern von des abgelebten Coloni Kindern, und zwar welchen er will, iedoch daß allemal die Söhne einen Vorzug vor den Töchtern haben, zu nehmen; Es wird aber ſolchenfalls dem Anerben, auſſer ſeiner portione filiali, ein Præcipuum vor dem Abſtand nach des Guts-Herrn Ermeſſung zu gebilliget. Wenn keine Kinder vorhanden, hat die Succeſſio conjugum ſtat, dergeſtalt und alſo daß der letzlebende Ehegatte des verſtorbenen gantze Verlaſſenſchafft, ſo wohl an Immobilien als Mobilien, wo dieſelbe auch herrühren, erbet, anbey dasjenige, was dem verſtorbenen zu ſeinem kindlichen Antheil oder Brautſchatz verſprochen, und bey deſſen Abſterben noch unbezahlet iſt, einzufordern hat, und demnechſt, wenn er ohne Kinder verſtirbet, und nicht wieder geheyrathet hat, die Güter auf ſeine des letzlebenden hæredes ab inteſtato devolviret.

Wenn aber gleich Kinder vorhanden, ſo behält dennoch der letzlebende Ehe-Gatte die völlige Adminiſtration der Güter, und hat Macht dieſelbe ſo lange, deſſen vermögſame Jahre gehen, wieder zu befreyen, ſo, daß auch der wieder auf die Stelle gehende zweyte Ehe-Gatte Zeit ſeines Lebens, auch nach des Wiedergeheyratheten Tode bey den Gütern verbleibet, und entweder ſeinen völligen Unterhalt davon hat, oder bey entſtehendem Streit ſeinen alten Theil, oder Leib-Zucht, nach der Güter Beſchaffenheit, auf Leb-Zeit alleine adminiſtriret, und zu genieſſen hat, nach deſſen Tode aber fället der alte Theil oder die Leib-Zucht, welches in dem Amte Lemförde vor beyde Alte conjunctim der 6te, und vor einen der 12te Theil des Hofes iſt, auſſer in dem Dorffe Leinbruch, da beyde Alten den 3ten und einer den 6ten Theil des Hofes zur Leib-Zucht ge-

genieſſen, wieder an die Stelle, dahingegen verbleibet deſſen Eingebrachtes, und was demſelben zuſtändig iſt, bey der Stelle, iedoch haben die in der andern Ehe erzeugte Kinder, mit denen aus der erſten Ehe, woferne in den Ehe-Pacten davon nichts anders diſponiret, gleiche Ablage und Aussteuer zu fordern. Lemförde den 31ten Dec. 1734.

J. J. Strube.

§. 16.

Bey dieſem Atteſtate iſt noch als was beſonders anzumercken, daß darinne denen jüngſten Söhnen der Vorzug vor den ältern in Succeſſione zugeſchrieben worden, welches vermuthlich daher rühren wird, weil das Amt Lemförde nahe an dem Biſthum Oſnabrück belegen, und ſich in dieſem Stück nach der daſigen Leibeigenthums-Ordnung am mehreſten gerichtet haben wird, als Inhalts welcher, nicht nur die jüngſte Söhne, ſondern auch die Töchter vor denen ältern die Präferentz haben. Vid. jus Colon. cap. 4 §. 1, allwo dieſerwegen folgendes verordnet: Wann ein eigenbehöriges Erbe oder Stände durch den Tod des Coloni Manns oder Weibs, oder beyder, oder auch durch Abtretung derſelben und Annehmung der Leib-Zucht zur neuen Beſetzung, oder ſonſt eröffnet wird, und Söhne vorhanden ſind, ſo kan unter ſelbigen der jüngſte das Erb-Recht vor ſeinen Brüdern und Schweſtern prätendiren, und ſoll auch darunter denenſelben vorgezogen werden, falls er von dem Guts-Herrn dazu tüchtig erachtet wird. Item dict. cap. §. 5: Iſt dem Fall, da keine Söhne, ſondern nur Töchter vorhanden, hat die jüngſte Tochter vor den älteren das Anerbrecht zu prätendiren. Würde aber der jüngſte Sohn oder Tochter vor ihren älteren Brüdern, oder Schweſtern, oder wircklicher Betret- und Annehmung des Erbes oder Guts mit Tode abgehen, oder ſich freykauffen, und ſich, falls er oder ſie freyen Standes mit Gutsherrlicher Einwilligung nicht eigen geben wollen, oder auch ſonſten annehmlichere Condition erlangen, wie §. 2 hoc cap. erwehnet, zu freyer Verordnung des Guts-Herrn geſtellet, welche Perſon er geſchickt befindet, das Erbe anzunehmen, wobey iedesmahl zu beabachten, daß, ſo lange Kinder aus der erſten Ehe vorhanden, ſelbige denen Kindern anderer und mehrer Ehen in der Succeſſion und Uiberlaſſung des Guts vorzuziehen. Add. ordinat. Colon. Ravensb. cap. 1.

Wie dann auch vor dem in der Graffſchafft Hoya an einigen Orten die jüngern Kinder denen älteren vorgezogen worden, und wenigſtens deshalb in älteren Zeiten kein gewiſſes Principium feſte geſetzet worden. Vid. Conſtitutio vom 1ten Jul. 1699 §. 11.

Zum Beſchluß dieſer Haupt-Qväſtion müſſen wir annoch eine Neben-Frage erörtern: wie es nemlich in dem Fall, wenn der Ehe-Gatte, von welchem der Hof herſtammet, verſtirbet, und nebſt ſeiner Wittwe auch unmündige Kinder, welche den Hof nicht ſofort annehmen können, hinterläſſet, gehalten werde?

Reſpondetur: Wenn ein ſolcher Caſus vorfällt, ſo kan durch einige hundert præjudicia erwieſen werden, daß in der gantzen Graffſchafft Hoya deshalb folgendes Herkommens ſey:

Der Hof wird beyderſeits Falls dem andern überlebenden Ehe-Gatten ſo lange als wircklicher Wirth oder Wirthin gelaſſen, bis daß der rechte Anerbe zur Majorennität gelanget, und wenn ein ſolcher Ehe-Gatte die Regierung nicht füglich alleine fortſetzen kan: So wird ihm auch wohl vergönnet, wiederum auf die Stäte zu heyrathen, es werden aber ſodann gewiſſe Regierungs-Jahre feſte geſetzet, nach deren Endigung der Hof wieder abgetreten werden muß.

Bey Regulirung ſothaner Regierungs-Jahre wird das Augenmerck auf das Alter der Kinder voriger Ehe ſolchergeſtalt genommen, daß, wie geſaget, dem rechten An-Erben der Hof nach geendigter Minderjährigkeit reſtituiret wird, oder wann etwan die Regierungs-Jahre zu kurtz fallen wollen, ſo werden wohl nach Beſchaffenheit der Sachen und Umſtänden des Hofes einige und ohngefehr 3 bis 4, iedoch höchſtens nicht mehr als 6 Jahre über die Majorennität zugegeben, damit denen rechten Erben die ihnen von ihren Eltern angeſtammete Güter nicht gar zu lange vorenthalten, oder wohl gar entzogen werden. Womit auch die Oſnabrück. Leibeigenth. Ordn. c. 4 §. 22 übereinkömmt, verbis: Wenn ein Leibeigener Ehe-Gatte auf dem Erbe oder Kothe, durch den Tod abgangen, iſt dem überbleibenden vergönnet, mit Einwilligung des Guts-Herrn wieder darauf zu heyrathen; iedoch muß die Perſon, welche durch ſolche Heyrath wieder auf die Stäte kommt, ſich eigen geben, und den Weinkauff bezahlen, ſind aber Kinder aus voriger Ehe vorhanden, ſo ſoll die Bewohnung des Erbes auf gewiſſe von dem Guts-Herrn determinirende Jahre geſetzet, und gedachter Perſon ſolche Zeit über Erbe, und Stäte zu bewohnen verſtattet werden, iedoch kan ſolche Zeit und Jahre von dem Guts-Herrn nicht weiter, als bis zur Majorennität der Anerben, oder aufs längſte bis derſelbe 30 Jahr alt, falls er ſonſt nicht vor untüchtig gehalten wird, und daher nicht zuzulaſſen iſt, ausgeſetzet werden.

Weiter iſt dabey Herkommens, daß nicht nur die aus ſolcher zweyten Ehe erfolgende Kinder vom Hofe denen Kindern erſter Ehe gleich ausgeſteuret werden, ſondern es bekommen auch beyde Ehe-Gatten, falls ſie wohl hausgehalten, eine billigmäſſige Leibzeit; worentgegen aber deren Eingebrachtes im Hofe verbleibet, docalitium enim abſorbet dotem, Carpz. P. 2 c. 41 def. 3; wolten ſelbe iedoch ihrn repetiren, ſo ſtünde es ihnen zwar frey, alsdann wolte auch die Aussteuer ihrer Kinder und die Leibzeit ceſſiren.

§. 17.

Die 4te im Sypho 6to enthaltene Frage iſt dieſe, ob die Regel, Längſt Leib, Längſt Gut, allemal tacite bey Vollenziehung der Ehen verſtanden werde, oder ob man ſelbe denen pactis dotalibus expreſſis verbis inſeriren müſſe? Die ehemalige Beamte zu Nienburg haben letzteres durch folgendes Atteſtat bejahet.

Es wird hiemit atteſtiret, daß ratione Succeſſionis Conjugum ab inteſtato, wenn hierüber in hieſigem Amte ſich Streitigkeiten ereignen, auf die Gewohnheits-Regel Längſt Leib, Längſt Gut, nicht ehender attendiret, als wenn dieſe Clauſel in denen errichteten und vom Amte, oder Guts-Herrn confirmir-

femirten Ehe=Pactis mit inferiret gewesen, in Ent=
stehung dessen aber iederzeit secundum jus civile
geurtheilet und gesprochen worden. So geschehen
Nienburg den 13 Jan. 1729.

(L. S.)

H. M. Teuto, F. L. Kruse.

Dieweilen es aber contra naturam & essenti=
am Consuetudinis ist, daß sie solte müssen per pa=
ctum=stipuliret werden, der übrige Inhalt dieses
Capitels auch das Gegentheil satsam zeiget, so wird
diese irrige Meinung keiner weiteren Widerlegung
bedürffen.

§. 18.

Die §pha6to erörterte 5te Quæstio ist: Ob selbe
nur lediglich bey Bürgern und Bauren, oder auch
bey denen Herrschafftlichen Bedienten, dem Adel,
Militär=Personen, und der Geistlichkeit gültig sey?
Unter denen Herrschafftlichen Bedienten ist diese
Consuetudo nach folgendem von der vormaligen
Hochfürstl. Cellischen Justitz=Cantzley ertheileten
attestato nicht hergebracht: Demnach der zeitige
Apothecker zur Hoya Herrmann Meteler in einem
am 13ten dieses eingebrachten Memorial geziemend
vorgestellet, wie er in gewisser Angelegenheit eines
Attestati dahin benöthiget, daß in der Grafschafft
Hoya unter denen Bürgern und Bauren, wann
keine expresse dispositio successionis verhanden,
die Gewohnheit: Längst Leib, Längst Gut, unter
den Ehe=Leuten recipiret sey, und dieselbe einander
nicht nur cum exclusione collateralium, sondern
auch so gar parentum, ab intestato succedirten,
ihm solches ein solches zu ertheilen nachgesuchet und
gebeten: So ist es an dem, daß, denen Rechten nach,
eine dergleichen Consuetudo, Krafft deren Con=
juges sibi invicem succediren können, exclusis eti=
am ascendentibus, introduciret werden könne. Und
obwol vor einigen Jahren, in deren in causa des
Stuten=Meisters zur Hoya Johann Georg Wilden
wider Berendt Echten Testaments=Erben, bey hie=
siger damals Fürstlichen Regierung ergangenen
Actis, daß der Appellante Wilde, einer solchen
Consuetudinis Längst Leib, Längst Gut, sich nicht
bedienen könte, per sententiam vom 10ten Mart.
1704 zu Recht erkannt worden; So ist iedennoch sol=
ches guten Theils darum geschehen, weil er eine der=
gleichen per consuetudinem unter Bürger und
Bauren introducirte observance auf sich als einen
Herrschafftlichen Bedienten nicht zu extendiren be=
fugt gewesen, vielmehr erhellet aus einigen, dieser
Gewohnheit wegen, bey ietztermeldeten Actis befind=
lichen schrifftlichen Anlagen, daß zu verschiedenen
malen die Ehe=Leute, einander exclusis parentibus
ab intestato geerbet, wie solches die Exempla Adel=
heid Meyers, so ihren verstorbenen Mann Claus
Stackenschneider, obgleich dessen Mutter annoch gele=
bet, in seinen Gütern völlig succediret, laut Hoyai=
schen Amts=Protocolli de An. 1674, ingleichen
Jobst Deckens aus Bücken, welcher nach Anzeige
des gemeldeten Hoyaischen Protocolli de 1693 sei=
ner Frauen Güter, exclusis parentibus, völliger
Erbe worden, nicht weniger Margarethen Rinck=
meyers den erst vor kurtzer Zeit ihrem Manne Cord
Nietert zu Stoppeloh eingegebenen Hof An. 1695,
obgleich der Vater Arend Nietert annoch im Leben
gewesen, geerbet, Inhalt des Stolzenauischen Amts=

Protocolli, wie auch Annen Morings von Erxern,
so ihres Mannes Dietrich Kortummen Hof, gleich=
falls vermöge gemeldeten Amts=Protocolli de An.
1703 vivente adhuc, mortui mariti, matre, geer=
bet, in mehrern bezeugen. Weilen man aber hie=
bey nicht in sichere Erfahrung gebracht, ob diese
Leute derentwegen mit ihres verstorbenen Ehe=Gat=
ten gerichtliche Klage geführet, oder daß
prævia sufficienti causæ cognitione, dem überle=
benden Ehe=Gatten die bona per sententiam adju=
diciret seyn; so hat man dieses stat des gebetenen
Attestati hiemit zu ertheilen, und Supplicanten
damit zu Steuer der Wahrheit an die Hand zu ge=
hen sich Gerichts halber schuldig erachtet. Decre=
tum in Consilio Cell. den 18 May 1713.

Solchem zu folge hat auch das Amt Hoya in
causa des Dragoner Prangens contra Johann
Bornemann nach Ausweisen unten stehenden Pro=
tocolli nicht darauf erkannt. Actum Hoya den
26sten Febr. 1731.

Herrmann Prange Klgr. contra
Johann Bornemann Beklagten.

Kläger prätendiret aus den Ehe=Protocolls vom
21ten Jan. 1728 seiner Frauen Braut=Schatz, so
darinne beschrieben. Beklagter: seine Tochter, Klä=
gers Frau, hätte keine Erben nachgelassen, also ge=
stünde er ihm nichts. Es wäre denn, daß er war=
ten wolle, bis eines von seinen Kindern die Stäte
annehme, da Klägere denn 40 Rthl. in leidlichen
Terminen bezahlet werden solten. Kläger ist mit
solchem Erbieten nicht friedlich, beziehet sich auf das
Hoyaische Recht Längst Leib, Längst Gut. Be=
klagter repetiret priora.

Bescheid.

Weilen die Regel Längst Leib, Längst Gut, so
in dem producirten Protocollo nicht reserviret wor=
den, nur unter Bürgern und Bauren in observance
ist, so kan solche dem Kläger als einem in Krieges=
Diensten stehenden Reuter nicht zu statten kommen,
iedoch hat es dabey sein Bewenden, daß die von
Beklagten aus Gutheit dem Kläger versprochene
40 Rthl. in leidlichen Terminen, wann zuförderst
der Hof wieder angenommen, bezahlet werden solle.

Publ. in præsentia partium ut supra

In fidem Copiæ

E. v. d. Horst.

Jedoch ist hiebey, als ein notabler Umstand zu
mercken, daß Königl. Justitz=Cantzley zu Hannover
sothanes Erkenntniß in der Appellations=Instantz
folgender gestalt reformiret habe.

Sententia.

In Appellations=Sachen Herrmanns Prangens,
Appellanten und Querulanten an einem entgegen
und wider Johann Bornemann Appellaten und
Querulaten am andern Theile in puncto dotis:
Erkennen Königl. Groß=Britannis. zum Churfürstl.
Braunschweig. Lüneburgischen Justitz=Cantzley zu
Hannover verordnete Director und Räthe vor
Recht:

Daß vom Richter voriger Instantz übel gespro=
chen, wohl appelliret, und daher der bey dem Amte
Hoya den 26sten Febr. 1731 abgegebene Amts=Be=
scheid dahin zu reformiren, daß Appellate dem Ap=
pellanten den qvästionirten und ausgelobten Braut=
Schatz

Schatz nach Maßgebung des den 12ten Jan. 1728 beym Amte Hoya abgehaltenen Ehe-Protocolli heraus zu geben schuldig, maßen wir solchergestalt erkennen, reformiren und schuldig vertheilen, die auf diesen Proceß hinc inde verwandte Unkosten aber aus dazu bewegenden Ursachen gegen einander vergleichen und aufheben. B. R. W. Publ. Hannover den 5ten Jul. 1732.

In fidem Copiæ
E. v. d. Horst.

§. 19.

Wolte man indeſſen dieſer Intuitu einer Militair-Perſon ergangenen Reformatoria ohngeachtet, bey der vorigen Meynung verbleiben, daß das Längſt Leib, Längſt Gut, iedennoch bey denen Herrſchafftlichen Bedienten nicht Platz finde;

So würde auch unſerm Davorhalten nach ein gleiches in Anſehung der Geiſtlichkeit und graduirten Perſonen, als welche jenen zu äquipariren, zu ſtatuiren ſeyn. Hingegen wären zu denen Herrſchafftlichen Bedienten nicht mit zu referiren, die Bürgermeiſtere, Syndici, Camerarii und Raths-Herren in denen Städten, Notarii und Advocaten, vielweniger Unter-Vögte, Dorff-Schulmeiſtere, Kirchen-Vorſtehere, und dergleichen Perſonen, welche gemeiniglich von denen Bauers-Leuten ſelber genommen und ausgewehlet werden.

§. 20.

Nachdem nun die Regel Längſt Leib, Längſt Gut, damit abgehandelt worden: So iſt annoch in Anſehung der Succeſſion unter denen Eigenbehörigen ſelber, ratione der Leib-Züchter zu beobachten, daß, wann ein ſolcher oder eine ſolche verſtirbet, ſodann der Wirth auf der Städe, alles dasjenige erbe, was ſelben zum Altentheil von der Städe mit gegeben worden, und davon noch wircklich bey deſſen Ableben vorhanden iſt, mit gäntzlicher Ausſchlieſſung der übrigen Erben. Was aber die auf der Leib-Zucht erworbene, oder ſonſt acquirirte Güter anbelanget; So gehet es nach der obbeſchriebenen Ordine Succeſſionis, ohne, daß der Wirth auf dem Hofe, qua talis, einiges Recht vor andern voraus hat, als welches nachfolgendes Præjudicium mit mehren bekräfftiget.

In Sachen Caſten Hoyer Appellanten entgegen und wider Hermann Stubbemann Appellaten, am andern Theile, erkennen Königl. Groß-Brit. zum Churfürſtl. Braunſchw. Lüneb. Hof-Gerichte verordnete Hof-Richter und Aſſeſſores vor Recht, daß Appellat ein anders ohngeachtet, die von dem Leib-züchter Johann Stubbemann auf der Leibzucht erworbene bona wol dem Appellanten zu theilen ſchuldig, wie wir denn alſo erkennen und das judicatum a quo dahin reformiren, compenſatis expenſis. B. R. W. Publ. Hannover, den 3ten October 1737.

E. A. v. Ilten.

Um dieſe Urthel deſto deutlicher zu verſtehen, iſt zu wiſſen nöthig, daß ein ieder von denen ſtreitigen Theilen eine Tochter von dem Erblaſſer Johann Stubbemann zu Sundwalde Amts Bruchhauſen zur Ehe gehabt, und Appellat, weil er den Hof mit der einen Tochter beheyrathet, die von ſeinem Schwieger-Vater auf der Leibzucht erworbene Güter al-

leine prätendiret hat, und von deren Mit-Erbſchafft Appellanten gäntzlich ausſchlieſſen wollen.

§. 21.

Weiter iſt dabey zu beobachten, daß diejenige, welche einmal auf die Leibzucht gegangen, als emeriti, ferner kein Succeſſions-Recht an denen Höfen ſelber prätendiren können, ſondern davon gäntzlich ausgeſchloſſen ſeyn, es wäre dann, daß der Guts-oder Leib-Herr ſie wieder zum Colono annehmen wolte; Als welchen falls denen übrigen Verwandten dagegen kein jus contradicendi zukommen kan.

§. 22.

Ebenmäßig verlieret derjenige ſein Succeſſions-Recht, welcher ſich frey kauffet. vid. Osnabr. Leib-eigenthums-Ordnung c. 11 § 2.

Wenn ein Leibeigener die Freyheit erhalten hat; ſo verlieret er das Succeſſions-Recht und wird zu den etwa erledigten Gütern nicht zugelaſſen, es wäre dann, daß der Eigenthums-Herr gegen gebührliche Qualification denſelben hinwieder annehmen wolle, auf ſolchen Fall giebt er den erhaltenen Frey-Brief dem Eigenthums-Herrn wieder zurück, und tritt in deſſen Eigenthum.

§. 23.

Bisher haben wir de ordine ſuccedendi, unter denen Eigenbehörigen, gehandelt, nunmehro aber ſchreiten wir zum Leib-Herrn ſelber, was nemlich demſelben vor eine Erb-Portion aus dem Nachlaß ſeines Eigenbehörigen zukommen wolle.

§. 24.

Wenn ein Eigenbehöriger verſtirbet, ſo gehöret dem Leib-Herrn von ſeinem Nachlaß das Mortuarium, oder Erbtheil, welches, auch ſonſt wohl Wall, Verfall und todte Hand, manus mortua, genannt wird, welche letztere Benennung daher entſtanden ſeyn mag, weilen in alten Zeiten es ſo damit gehalten worden, daß, wann ein Leibeigener Mann verſtorben, und nichts verlaſſen, man ihm die rechte Hand abgehauen, und ſolche dem Herrn geliefert. Schottel de ſingular. & antiq. in German. jur. cap. 2 § 17.

§. 25.

Dieſer Erbtheil wird von Manns und Frauens-Perſonen gezogen, ſie ſeyn auf einem ihren Leib-Herren zugehörigen Hofe oder nicht, ſie ſitzen wie Häuslinge, oder wohnen auf freyen Gütern, die ſie acquiriret, oder aber die andern zugehören. Jus colon. Osnabr. cap. 6 § 2.

Dahero, wenn ein eigenbehöriger Mann oder Frau verſtirbet, er oder ſie ſeye ihres Guts-Herrn Colonus oder nicht, und wohne auf ſeinem oder andern eigenen, oder auch freyen Gütern, ſo wird der oder dieſelbe dennoch vom Guts-Herrn beerbtheilet.

Es verſchläget auch ferner nichts, ob der Leibeigene abweſend, oder gegenwärtig ſey, ſintemalen der Leib-Herr ſeine Erbſchafften allerends, wohin ſich ſeine Eigenbehörige mit oder wider ſeinen Willen gewendet haben, zu verfolgen, befugt iſt.

§. 26.

Die Qvantität dieſes Erbtheils iſt nicht allerwärts gleich, denn an einigen Orten ſuccediret der Herr entweder in totum wie in Franckreich, oder

pro

pro parte, wie v. g. in Piemont, Montferrat und Savoyen, woselbst er den dritten Theil bekommt.

Men. 2 A. l. Q. 230 n. 7. Mayer. de adv. arm. c. 7 n. 755. Balth. pract. resf. tit. 4 n. 1.

§. 26.

In der Grafschafft Hoya wird der Erbtheil gemeiniglich gedungen, und nach dem Zustande des Nachlasses gemäßiget, wobey alle diensame Auffsicht geführet, und dahin gesehen werden muß, daß ein Hof im Stande bleibe, mit Ableistung derer præstandorum inne zu halten. Falls aber ein Hof in solchen guten Umständen ist, daß er dergleichen Auffsicht nicht bedarff, und man so dann scharff verfahren will, so wird zum Erbtheil die Hälffte des gesammten Allodii genommen, womit das *jus Colon.* Osnabr. cap. 6 §. 1 übereinstimmet; Der so genannte Sterb-Fall ist der halbe Erbtheil der beweglichen Güter, so von dem im Eigenthum Verstorbenen nachgelassen, auch an die Guts-Herren nach dem Herbringen nach verfallen sind, und nach Belieben des Guts-Herrn ausgezogen, oder auf ein gewisses Geld verdungen wird. Bey solchem Verding aber bleiben die gesammte Güter des Verstorbenen so lange dem Guts-Herrn verpfändet, bis das stipulirte Geld bezahlet worden, vid. *jus Col.* Osnabr. cap. ult. §. 5.

§. 27.

Nach dem Osnabrückischen Leibeigenthums-Recht sind auch ferner die Anerben allenfalls schuldig, alle ausstehende Gelder, Forderungen, Baarschafften und gänzliche fahrende Haabe getreulich anzugeben: denn was hievon verschwiegen wird, ist dem Guts-Herrn verfallen, ohne daß er davon abzugeben gehalten ist, und bleibet ihm unverwehret, die Wahrheit vom Nachlaß, mittelst leiblichen Eides eröffnen zu lassen. vid. *Leibeigenthums-Ordnung* cap. 6 §. 6 & 7.

§. 28.

Stirbet einem Eigenbehörigen die Ehe-Frau, so muß der Ehe-Mann von ihrem eingebrachten Nachlaß dem Guts-Herrn den Erbfall geben, und wird derselbe wieder gedungen.

§. 29.

Wenn auf eigenbehörigem Hofe der Wirth verstirbet, so ziehet der Leib-Herr den Erbfall, und was demnechst übrig bleibet, wird der Wittwen gelassen, wenn sie die Regierung behält, übergiebt sie sie aber, so bekommt der neue Wirth dasselbe, er muß aber davon für die Begräbniß-Kosten stehen, und die Erben abtheilen, auch alle übrige Schulden abtragen.

§. 30.

Stirbet danechst die Wittwe, sie mag viel oder wenig Jahre auf der Leibzucht gesessen haben: So gebühret dem Leib-Herrn wiederum der Erbtheil und wird selbiger nach den Umständen des Hofes behandelt.

§. 31.

Was das Osnabrückische Leibeigenthums-Recht anbelanget, so ist deshalb wegen der in denen drey vorstehenden §phis benannten Fällen in der Leibeigenthums-Ordnung c. 6 § 3 folgendes verordnet.

Wann einer von beyden im Ehestand lebenden Eigenbehörigen verstirbet, so wird die Halbscheid aller verlassenen Mobilien, aus des Verstorbenen

Jurist. Oracul V Band.

quota und Erbtheil vom Guts-Herrn, falls er will, in natura gezogen, und der noch lebende Ehe-Gatte, auch die Kinder davon ausgeschlossen, die andere Halbscheid solcher. Mobilien verbleibet aber dem übergebliebenen Ehe-Gatten, so lange bis der, oder die gleichfalls mit Tode abgehet, alsdann erbet der Guts-Herr ferner.

§. 32.

Wenn ein Wirth oder Wirthin durch eine zweyte Ehe, oder zur Regierung auf gewisse Jahre in die Stelle gekommen, so wird auch für dieselbe nach ihrem Tode der Erbfall gegeben, und selbiger ebenmäßig gedungen, entstehet aber die Dingung, so fällt nur dasjenige in die Erbtheilung, was ein solcher, oder eine solche in den Hof gebracht, und darauf erworben hat.

§. 33.

Uibergiebet ein Wirth oder Wirthin oder beyde mit einander im Leben dem Nachfolger den Hof, es geschehe von rechten, oder Stief-Eltern, so bekommt die neue Wirthschafft alle fahrende Haabe und das ganze Erbe, so viel die Alten nicht davon mit auf die Leibzucht nehmen, sie ist aber daentgegen schuldig, nechst wenn solcher Alten Sterb-Fälle sich begeben, für die Erb-Fälle bey dem Guts-Herrn einzustehen.

§. 34.

Versterben derer Eigenbehörigen Kinder, die sie annoch in ihrer Gewalt und in ihrer Kost haben, bekommt der Guts-Herr keinen Erbtheil; So bald sie aber ihr eigen (wie es bey ihnen heisset) werden, nemlich wenn eine Tochter ausgesteuret gewesen ist, oder sie, oder auch ein Sohn ihr besonder Hauswesen angenommen, oder sonst *separatam œconomiam* angestellet, so wird solcher Nachlaß dem Guts-Herrn verfället, und das übrige bekommen die Erben. Nach der Osnabr. Leibeigenthums-Ordnung cap. 6 § 4 wird es hoc casu folgender gestalt gehalten: Wenn ein Sohn oder Tochter, welche *separatam œconomiam* angestellet, oder auch bey ihren Eltern sich ein besonder *peculium acquiriret*, so succediret denenselben der Leib-Herr, wenn sie völlig 25 Jahr alt sind, und ihnen eine Aussteuer mit des Guts-Herrn Consens ausgelobet worden, oder wenn eine dergleichen *Expromissio* nicht geschehen und sie unverheyrathet versterben, so bekommt der Leib-Herr weiter nichts, als was sie etwan baar ausgeliehen, iedoch nach Abzug der Begräbniß-Kosten, und sonstigen übrigen Schulden.

§. 35.

In einigen Hoyaischen Aemtern v. g. in dem Amte Ehrenburg ist hiebey noch etwas besonders anzumercken, daß dergleichen Kinder, welche bey denen Höfen und also in *familia parentum* verbleiben, in dem Fall, wenn sie sich nicht verheyrathen, und über 50 Jahr alt werden, iedennoch den Erb-Theil geben müssen, und ohngeachtet das Hagestolzen-Recht in denen gesammten Chur-Hannoverischen Landen aboliret worden, so ist iedennoch dasjenige, was allhie von denen Leibeigenen Hagestolzen gesaget worden, in *observance* geblieben.

§. 36.

Sonsten wird es mit der Leibeigenen Guts-Leuten Schwestern und Brüdern, die bey ihnen auf den

C c   Höfen

Höfen ohnverheyrathet verbleiben, in Ansehung der Beerbtheilung eben also gehalten, wie ietzo von denen Kindern erwehnet worden.

§. 37.

Wenn sich Eigenbehöriger Kinder oder Geschwister als Häuslinge setzen, und sich nicht frey kauffen, so wird deren Nachlaß gleich also beerbtheilet, als wenn sie Wirthe wären.

§. 38.

Nicht minder, wenn sich Leibeigene Kinder oder Geschwister auf freye Güter, oder sich gar weg in ferne Länder begeben, und sich nicht frey gekauffet haben, so ist der Eigenthums-Herr befugt, ihre kindliche Erbtheile zur Sicherheit zu behalten, und sich allenfalls davon bezahlet zu machen. Auch ist der Leib-Herr weiter befugt, solchen ihm zukommenden Erbtheil ausserhalb Landes und aller Orten durch Compaß und Kummer verfolgen zu lassen, und muß ihm selbiger verabfolget werden, wenn gleich eines Eigenbehörigen Erbschaft auch schon in die Hände eines dritten Besitzers gekommen wäre. In denen Vereinigten Niederlanden findet iedoch solches nicht Platz: denn nachdem selbe gegen die Spanische Crone ihre Libertät erstritten, so abhorriren sie dergestalt von dem jure servitutis personarum, daß wann auch schon von andern Orten her Knechte dahin gebracht werden, selbe sogleich, wenn sie ihr territorium betreten, die Freyheit überkommen, und denen, welchen sie entflohen, nicht restituiret werden. Voet ad Inst. tit. de Jur. pers. in fin. pag. 110.

§. 39.

Stirbt ein ausser der Ehe erzeugeter, der vom Vater oder Mutter wegen, einem Guts-Herrn eigen ist, ohne Frau und Kinder, so gehöret dessen gantzer Nachlaß dem Leib-Herrn, es wäre dann, daß die Mutter desselben noch lebete, auf welchen Fall der Leib-Herr und die Mutter den Nachlaß ieder zur Hälffte bekommen.

§. 40.

Wenn zweyerley Leib-Herren Eigenbehörige, welche sich entfernet haben, oder sich auch finden lassen, einander heyrathen, und im Eigenthum eine iede Person seinem Leib-Herrn verblieben ist, wird es mit dem Erbfall folgendergestalt gehalten: Stirbt der leibeigene Mann vor der Frau, so bekommt des Mannes Eigenthums-Herr von seinem Nachlaß den Erbfall, und hernechst nach dem Ableben der Ehe-Frau ist derselbe Nachlaß dem Herrn zu verfallen, dem sie eigen gewesen; stürbe aber die Ehefrau vor dem Mann, so bekommt derselbe Eigenthums-Herr von ihrem Ehemann zugebrachten dote sowohl, als denen Paraphernal-Gütern in soweit beyderley noch vorhanden sind, auch wenn sich bona receptitia finden sollten, den Erbtheil. Verstürben aber Kinder von solchen Eheleuten, die unterschiedene Eigenthums-Herren hatten, allschon bey ihrer Eltern Lebzeit, und hätten etwas erworben, so gehöret von ihnen der Erbfall demjenigen Leib-Herrn, welchem ihre Mutter Leibeigen ist.

§. 41.

Die unbewegliche Güter, welche ein verstorbener Eigenbehöriger Meyer an den Hof gebracht hat, und durch seinen Tod demselben auf ewig einverleibet sind, können nicht zum Erbfall gelassen werden, sondern fallen dem neuen Wirthe gleich also zu, als die übrige Antheile des Hofes. Accessorium enim sequitur naturam sui principalis.

✳ ✳

Das VII Capitel.

Von den Modis, wodurch die Leibeigenschaft aufgehoben wird.

§. 1.

Nachdem alle Sachen wie ihren Anfang also auch ihre Endschaft erreichen können: also ereignet sich auch solches bey der Leibeigenschaft.

§. 2.

Der erste und vornehmste Modus, wodurch die Leibeigenschaft aufgehoben wird, ist die Freylassung, und geschiehet selbe entweder gratis, sowohl inter vivos als mortis causa, oder durch den Freykauf, und werden gemeiniglich letztern Falls ordentliche Frey-Briefe ertheilet, wovon wir allhie ein Formular inseriren wollen.

Wir 2c.

Für Uns, Unsere Erben und Nachkommen hiermit urkunden und bekennen, daß Wir Unser Leibeigen gebohrnen erzeuget, der Leibeigenschaft, womit Uns Er, seiner Geburt nach, bis anhero verwandt gewesen, auf sein unterthänigstes Ansuchen erlassen haben. Thun das auch und erlassen denselben Kraft dieses und dergestalt also, daß er Uns mit der Leibeigenschaft weiter nicht unterworffen, besondern davon gäntzlich befreyet seyn, und ohn Unser, oder unser mitgedachten Behinderung, nach seiner guten Gelegenheit in- oder ausserhalb Unser Lande in Städten, Flecken oder Dörffern, sich niederlassen, Handthier- oder Nahrung treiben, auch gleich andern freygebohrnen Personen in Aemtern, Zünfft und Gilden auf- und angenommen werden möge. Zu Urkund dessen haben Wir diesen Frey-Brief unterzeichnen und mit unserm Sigill bedrucken lassen. So geschehen N. N. den 26 Febr. 1735.   N. N.

Auch findet sich eine andere Formel in cap. eum redemtor. 12 q. 2.

§. 3.

Ein Eigenthums-Herr aber ist nicht schuldig wider seinen Willen einen Eigenbehörigen frey zu lassen, wer also frey seyn will, muß seinen Leib-Herrn darum angehen, und die Erlangung der Freyheit von ihm geziemend suchen, auch den Freykauf der Billigkeit nach behandeln, indem so wenig in dem Osnabrückischen als in der Grafschaft Hoya deshalb ein gewisses Principium introduciret ist.

Vid. ius Colon. Osnabr. cap. 8 §. 1.

Wer

Wer im Eigenthum gebohren, und gern die Freyheit haben will, muß sich deshalben bey seinem Guts-
Herrn gebührend angeben, und die Ursachen, warum er die Freyheit verlange, anzeigen, unter welchen
die vornehmsten diese sind: Wann er, oder sie auf
eine anderweite Stelle zu wohnen, oder auch in eine
Stadt, oder Amt und Gilde kommen kan, findet
der Guts-Herr solches der Wahrheit gemäß, so
giebt er solchem eigenbehörigen Knecht oder Magd,
dem Herkommen nach, vor ein billiges die Freyheit,
und ertheilet denenselben darüber einen Schein, oder
Frey-Brief.

Solte indessen der Eigenbehörige mit dem Leib-
Herrn über das Qvantum der Freykaufs-Gelder nicht
einig werden können; so kan letzter höchstens nicht
mehr prätendiren als die Hälffte seines Vermögens,
immassen ihm nur, wie oben cap. 6 § 26 erwehnet worden, so viel und nicht mehr zum Erbtheil aus des Eigenbehörigen Gütern zukommt.

§. 4.

Hat ein Leibeigener Kinder, kauffet aber für dieselbe die Freyheit nicht wircklich mit, so kommt solchen im Leibeigenthum gezeugten Kindern ihrer Eltern
Freykauf nicht zu statten, sondern sie bleiben dem
Guts-Herrn eigen.

§. 5.

Ebenwenig werden die Güter von dem Leibeigenthum befreyet, wenn gleich der Colonus manumittiret, und des Guts nicht in specie im Erlaß-Briefe
mit gedacht wird, denn die Laß-Briefe sind stricti
juris und nicht leicht ausser dem buchstäblichen Inhalt zu extendiren.

§. 6.

Wann aber der Mann erlassen, wird die Frau
auch vor erlassen & vice versa gehalten, ob præ-
sumtam manumissoris voluntatem, indem nicht
anders zu urtheilen, als daß, da er dem einen Ehe-
gatten die Freyheit gönnet, er auch selbe dem andern
ob individuam vitæ societatem einwilligen wollen.
Frider. Mind. de proc. lib. 3 c. 19 n. 18 & 33.

§. 7.

Zu Dignitäten werden zwar keine Leibeigene admittiret (vid. cap. 2 § 8) wenn selbe aber dennoch
zu solchen Ehren-Stellen gelangen solten, welche mit
ihrer Condition nicht compatibel, so werden sie dadurch frey.
*L. ult. C. de agric. & Cens. N. 22 c. 11. Balth. pract.
ref. tit. 4 ref. 9 n. 7.*

Ein solcher aber muß iedennoch dem Leib-Herrn
desswegen gebührende Satisfaction leisten, und etwan
ein ander Subjectum in seinen Platz stellen, oder den
Freykauf bezahlen.
*L. super 6 C. qui milit. poss. L. si quis C. eod. Nov.
123 c. 179. L. si ego ff. § 1 de publ. in rem act.*

Wie denn auch noch vor wenig Jahren ein Pastor im Fürstenthum Minden, als eines Eigenbehörigen Vollmeyers zu Balge Amts Nienburg Sohn,
den Frey-Brief lösen müssen.

§. 8.

Der Eigenbehörige kan aber nicht wider Willen
darzu angehalten oder gezwungen werden, daß er
sich frey kauffe, ausser in folgenden Fällen, welche
sich in der Obserbanz gründen.

1) Alle Heuerlinge, so von denen Leibeigenen entweder im Amte oder auswerts sich zur Heuer setzen,

Jurist. Oracul V Band.

ingleichen diejenigen leibeigenen Weibes-Personen,
welche Heuerlinge, so nicht Leibeigen, heyrathen,
müssen sich von dem Leibeigenthume zuförderst frey
kauffen.

2) Müssen auch die Leibeigene, die Kriegs-Dienste
nehmen, oder wenn leibeigene Töchter an Militair-
Personen sich verheyrathen, von ihrem Patrimonio
den Freykauf erstehen, und respective von dem Leibeigenthum sich lösen und

3) Sind auch nicht weniger die Spurii, so von
einer leibeigenen Mutter erzeuget, und sich als Heuerlinge setzen wollen, gehalten, den Freykauf zu dingen.

§. 9.

Es fraget sich aber, wer eigentlich manumittiren
könne? & Resp. weilen die manumissio eine species
alienationis ist, so ist niemand dazu befugt als der
Eigenthum-Herr, iedoch ist dazu das dominium
utile hinlänglich genug, und können demnach die Vasallen und Emphyteutæ füglich manumittiren: denn
obgleich diese dem Domino directo unterworffen
sind, so sind es iedoch nicht deren Eigenbehörige,
nam hominis mei homo non est meus homo,
L. Modestinus de donat. C. imperial. § firmiter
de prohib. Feud. alien. per Frid. L. possess. 2
C. de fund. patrim.

§. 10.

Auch kan ein Ehe-Mann, welcher mit seinem
Weibe Land-Güter befreyet, die dazu gehörige Leibeigene loslassen, angesehen er pro Domino dotis
gehalten wird, pr. l. quibus alien. lic. vel non. L.
Si prædium 23 C. de Jur. dot. l. cum in fundo 78
pr. eod. L. dotale 13 § 7 de fund. dot.

Jedoch erlauben die Rechte dem Ehemann die
Manumißion nicht länger, als bis er noch solvendo
ist, und es also ohne der Frauen Nachtheil geschehen kan, L. Serv. 21 de manumiss. L. 3 C. de iur.
dot. L. 1, L. fin. C. de Serv. pign. dat. man.

§. 11.

Aus obigen folget, daß weder die Tutores, L.
si Tutor 6 C. de Serv. pign. dat. manum. L. nec
fideicommiss. 6 C. qui man. non poss. noch Beamte und andere Officianten, wenn sie nicht mandatum cum libera haben, L. Procurat. & seqq. de
procurat. C. qui ad agend. de procurat. in 6.
Prunckm. 1 Consf. 3 n. 3, noch diejenigen, welche
Güter Pfandweise besitzen, angesehen sie selbst in empfangenem Stande wieder lieffern müssen, L. si non
4 C. de his qui a dom. man. manumittiren können, wiewohl in Ansehung der letztern iedennoch die
Manumißion so lange gültig bleibet, als ihr Recht
fortdauret, L. 9 in fin. pr. verf. sin vero grat. C.
Commun. de manumiss.

§. 12.

Es giebt aber Casus, da auch der unstreitige Ei-
genbehörer ad tempus verhindert wird zu manumittiren, v. g. wenn er sein Gut verpachtet, oder
versetzet hat, wenigstens gelanget die Manumißion
in præiudicium tertii ehender zu keinem Effect, bis
daß der rechte Herr das Gut wieder an sich gebracht,
L. 3 C. de serv. pign. dat. man. ein anders wäre,
wenn das Gut nur generaliter verhypotheciret, al-
wo die manumissio, wenn sie nicht offenbar in fraudem Creditorum geschiehet, allerdings zugelassen.
L. 1 & T. T. qui &a quib. man. non lic. L. 1 & T.
T. C. qui man. poss.

§. 13.

Wie aber, wann ein Eigenbehöriger mehr Leib-Herren hat, kan sodann der eine alleine wider der übrigen Willen manumittiren? Resp. Bey denen Römischen Knechten gilt zwar die manumissio platterdings ob favorem libertatis, L. 1 § 1 & 2 C. de comm. Serv. man. Allein in Ansehung der Leibeigenen wird ein Unterschied zu machen seyn, 1) ob der eine Leib-Herr das Eigenthum am Hofe allein und der andere nur gewisse Dienste und Gefälle habe, letztern Falls kan derjenige, welchem nur gewisse Pflichten zu leisten sind, die Erlassung nicht hindern, sondern muß seinen Regreß ad indemnitatem consequendam, an den rechten Herrn nehmen, erstern Falls aber ist wieder ein Unterschied zu machen, ob res adhuc integra, oder ob die manumissio schon vollzogen sey, priori in casu wird die manumissio nicht zugelassen, quia in causa communi melior est causa prohibentis, L. Sabinus 28 pr. Comm. divid. posteriori autem in casu bleibet die Erlassung ebenfalls gültig, und kan der manumittirte Eigenbehörige nicht wieder vindicirt werden.

§. 14.

Der zweyte Modus, wodurch die Leibeigenschaft sich endiget, ist interitus totalis prædii servientis, Husan. c. 8 n. 17 per L. 1 C. de J. Emph. L. qui usum fruct. 36 pr. de usufr. arg. § pen. es wäre dann, daß der Leib-Herr solche Eigenbehörige mit andern leibeigenen Coloneyen wieder bemeyern wolte, Mev. Tract. von Instand und Abfoderung der Bauren in Teutschland n. 57.

§. 15.

Drittens endiget sich die Leibeigenschaft durch allzugrosse Tyranney und Grausamkeit, denn obgleich regulariter niemand zum Verkauf gezwungen werden kan, L. 11 C. de contr. Emt. so ist iedennoch dem publico daran gelegen, ne quis re sua male uteretur, und kan demnach ein Leib-Herr, welcher gar zu starcke Sävitz gegen seine Eigenbehörige bezeiget, und sonderlich auf ergangene gerichtliche Mandata nicht davon abstehet, angehalten werden, dieselbe bonis conditionibus i. e. iusto pretio zu verkauffen, oder Laß-Briefe zu ertheilen, arg. § 2 I. de his qui sui vel alien. iur. sunt. Wie solche Sävitz beschaffen seyn müsse, davon kan nachgelesen werden Gail. obs. 17 n. 1 seqq. it. 2 obs. 62 n. 16 in fin.

§. 16.

Der 4te und nechst der Freylassung gemeinste Modus ist die Präscription, wenn nemlich die Leibeigene vorgeben, daß sie so viel Jahre in possessione vel quasi der Freyheit befindlich gewesen. Es wird aber dabey ein Unterschied zu machen seyn, ob der Eigenbehörige seine servile Condition gewust, oder nicht, erstern Falls kan derselbe wegen des ihn begleitenden malæ fidei sich mit keiner 10, 20, 30 nach Husans Meynung in suo tr. de hom. propr. c. 11 n. 8 auch nicht einmahl mit einer Präscription von 100 Jahren schützen. add. L. 1 C. de serv. fug. L. 1 C. de long. temp. præscr. quæ pro libert.

L. 1 C. cum scimus 22 § 1 C. de agric. & cens. L. fin. C. ne de stat. def. L. quid autem 10 de liber. cauf. c. possess. X. de R. J.

Es kömmt auch die Präscription denen Kindern nicht zu gute, wenn sie gleich in bona fide seyn. Fab. in C. lib. 7 tit. 4 def. 1 n. 3. L. cum heres 11

de divers. temp. præscr. nec obstat Tot. Tit. C. ne de stat. def. post quinque.

Gestalten allhie nicht sowohl die Frage ist de statu des Verstorbenen, sondern vielmehr des annoch Lebenden. Fab. in C. lib. 7 tit. 6 def. 1. Falls aber die Eigenbehörige mit Wissen und Willen ihrer Leib-Herren sich in ferne Lande begeben, so sind sie als in mala fide constituirte Flüchtlinge nicht anzusehen, und können also innerhalb (secundum L. omnes 4 in fin. C. de præsc. 30 vel 40 an.) 40 Jahren præscribiren, wenn aber ein Eigenbehöriger in bona fide befangen, so kan selbiger, weil er pro re immobili zu achten ist, innerhalb 10 Jahren inter præsentes und binnen 20 Jahren inter absentes die Präscription vollenden. L. un. C. de usucap. transform. L. fin. & T. T. C. de præsc. long. temp. vid. tamen L. 2 C. de long. temp. præsc. quæ pro libert.

In der Oßnabrückischen Leibeigenthums-Ordnung ist cap. 10 § 1 davon folgendes enthalten:

Der Eigenthum verjähret, wenn ein Eigenbehöriger, der Eigenthums halben besprochen worden, derselbe aber solchen ableugnet, und der Guts-Herr dabey beruhet, und darauf der geistliche Guts-Herr 40 Jahr, der weltliche aber 30 Jahr lang stille schweiget und nicht widerspricht.

§. 17.

Wenn aber die Rede nicht de statu eines Meyermanns oder Meyer-Guts, ob selbiger oder selbiges Leibeigen oder Leibfrey, sondern nur von ein und anderer Prästation, welche der Eigenbehörige zu leisten schuldig ist, v. g. wenn der Leib-Herr jährlich ein ein Zins-Schwein, eine Mahl-Kuh oder ein Qvantität Korn fodert: So werden solche Abgifften per præscriptionem sowohl acquirirt als verlohren, wie die übrige in commercio befindliche Sachen. Z. E. Mevius verkauffet an Sempronium seinen Eigenbehörigen, den Cajum samt unterhabenden Hofe, wovon vermöge Kauf-Briefes jährlich unter andern præstandis auch 6 Himbten Rocken gegeben werden sollen.

Wann nun Cajus solch Korn ohne Wider-Rede 10 Jahr lang inter præsentes abträgt, ohngeachtet er dazu nicht verbunden, so ist die Präscription vollendet, und bleibet demnach die Abgifft zu ewigen Zeiten auf der Coloney haften.

§. 18.

Wegen der Frohn-Dienste, welche sowohl mit der Hand als dem Gespann verrichtet werden, ist jedoch insonderheit noch zu mercken, daß selbe lediglich non usu nicht präscribiret werden; denn in præscriptione iurium negativorum fänget die Verjährungs-Zeit nicht ehender zu lauffen an, als von Zeit der geschehenen Contradiction. Gail. 2 obs. 60 n. 4. L. 7 de usufr. leg.

§. 19.

Wenn aber der Widerspruch erfolget, und demnechst auch keine Dienste wircklich abgeleistet werden, so werden selbe innerhalb 30 oder 40 Jahren völlig präscribiret. L. cum scimus C. de agric. & cens.

§. 20.

Allein wie, wenn die Eigenbehörige per tempus longissimum von 30 oder 40 Jahren, stat der Frohn-Dienste ein gewisses Geld gegeben haben, wird sodann dadurch die Freyheit von wircklicher Leistung

der

der Dienste præscribiret? Rsp. quod non; denn die exactio operarum ist eine res meræ facultatis, welche nicht præscribiret wird. L. viam 2 de via publ. Gail. 2 obf. 18 n. 5. L. Proculus 26 de dam. inf. L. ¶ § denique 12 de aqu. pluv. arc. es ist ie- doch dieses ebenmäßig von dem Fall zu verstehen, wenn keine Contradiction dagegen erfolget ist.

§. 21.

Falls aber der Leib-Herr 30 oder 40 Jahre uni- formem pecuniam (ein beständiges und egales Dienst-Geld) vor die wirckliche Ableistung des Frohn-Dienstes angenommen; so kan er solches ei- genmächtig nicht erhöhen, sondern muß entweder da- mit oder mit der Prästation des Dienstes in natura zufrieden seyn.
Berl. p. 2 const. 6 n. 2 seqq.

§. 22.

Zum fünfften wird die Leibeigenschaft geendiget per bannum imperii, denn dieweilen man mit de- nenjenigen, welche darein verfallen, gar keine Gemein-schaft mehr haben darf, so folget auch, daß man nicht nöthig habe selbigen Dienste oder Pflichten zu leisten.

§. 23.

Sonsten werden von denen Rechts-Lehrern noch ein und andere Modi, wodurch die Leibeigenschaft sich endiget, angeführet, v. gr. 1) Wenn ein Eigen- behöriger ohne seine Schuld verarmet und den Hof verlassen muß, 2) wenn er dem Leib-Herrn den Hof aufkündiget, 3) wenn er dem Leib-Herrn andere tüchtige Wirths-Leute vorstellet, um daraus einen an seiner Stat zu erwehlen, als welcher Modus in- sonderheit auf der Insel Rügen introduciret, 4) wenn der Leib-Herr seinen Eigenbehörigen in Zeit der Noth, v. g. tempore belli nicht aßistiret, sondern in Nö- then stecken lässet, 5) wenn der Leib-Herr excommu- niciret wird und dergleichen mehr: weilen aber solche nicht aller Orten recipiret, und insonderheit in der Graffschaft Hoya nicht in Observanz seyn, so haben wir selbige allhie nur nachrichtlich mit wenigen be- rühren wollen.

✳✳✳✳✳✳✳✳✳✳✳✳✳✳✳✳✳✳✳✳✳✳✳✳✳

Das VIII Capitel.

Von den vornehmsten Remediis oder Actionibus & Exceptionibus, welche dem Leib-Herrn und Eigenbehörigen, so- wohl in Ansehung der aufrecht zu erhaltenden, als zu endigenden Leib- eigenschaft zukommen.

§. 1.

Die Mittel, durch welche die Gerechtsame der Leibeigenschaft beybehalten und conserviret, oder wenn sie verlohren gegangen, wieder recuperiret werden kan, betreffen entweder die Person oder die Güter des Eigenbehörigen.

§. 2.

Betreffend die Person, so hat der Eigenthums- Herr hauptsächlich folgende actiones vor sich: 1) rei vindicationem, wenn nemlich sein Eigenbehöriger widerrechtlich von einem andern, welchem er nicht zukommt, possediret und vorenthalten wird, angese- hen die rei vindicatio nicht nur ratione rerum im- mobilium sed etiam mobilium competiret. L. de jur. 37 pr. ad munic. c. dilectus X. de appell. 2) Condictionem ex L. 14 C de agric. & cens. vermöge dessen dem Herrn des Entlauffenen, wenn er solchen bona fide possediret, sofort geholffen wer- den, die causa originis & proprietatis aber her- nach erst untersuchet und ausgemachet werden soll: Mithin hat der, dem der Leibeigene entlauffen, nicht nöthig, sein Eigenthum zu erweisen, sondern es ist ihm zuförderst die restitutio zu erkennen; 2) actionem præiudicialem utilem, wenn nemlich iemand eine Person als seinen Eigenbehörigen v. gr. ex emto, stipulatu, donatione &c. in Anspruch nimmt L. 1 § per hanc 2 de R. V. und mit eben derselben Action kan auch der Eigenbehörige, welcher in Anspruch ge- nommen, gegen den angeblichen Leib-Herrn vel agen- do vel excipiendo sich vernehmen lassen, und bit- ten, daß der Richter seinen freyen Stand declarire; 4) actionem ex lege diffamari vel si contendat, welche ebenmäßig beyden Theilen zu gute kommt; 5) actionem servi corrupti utilis, welche wider diejenigen Platz findet, so die Eigenbehörige abspen-stig machen, und von ihren Pflichten abmahnen und abhalten, L. 1 L. 5 § 2. L. 10 de serv. corr. Stamm. de serv. personal. lib. 1, tit. 4 c. 2 n. 2, Lauterb. ad ff. tit. de serv. corr. § 4, 6 & 10; 6) Remedium ex L. 1 & fin. C. in quib. caus. colon. cens. dominos accul. poss. wenn nemlich der Leib-Herr die Eigen- behörige mit übermäßigen, oder nicht hergebrachten Pflichten beschweret, und wird durch dieses Reme- dium nachgesuchet, daß der Dominus das zu viel genossene restituiren, auch künftighin nicht mehr als ihm zukommt, fodern dürffe. add. L. 23 § 1 vers. ca- veant C. de agric. & censit. 7) das interdictum uti possidetis utile; 8) actionem quod metus causa, wenn die Dienste und Frohnen mit Gewalt erpresset; 9) Exceptionem præscriptionis, welche sowohl dem Leib-Herrn als Eigenbehörigen zu gute kommt.

§. 3.

In Ansehung der Güter kömmt ebenmäßig beyden zu statten die rei vindicatio oder vielmehr letztern die actio vectigalis, seu rei vindicatio emphyteu- ticaria utilis (cap. 5 § 1), mithin auch die interdicta uti possidetis, quorum bonorum, utrubi &c. die actio confessoria & negatoria, auch in Ansehung der Real-Abgisten, gleichwie bey denen personellen Prästationen exceptio præscriptionis, quod me- tus causa & remedium ex lege diffamari &c.

§. 4.

Es könnten allhier noch weit mehr actiones und exceptiones alleciret werden, allein weil ein ieder, welcher die Jura verstehet, schon selbsten ermessen wird, was vor remedia juris bey diesem oder jenem Vor- fall auf das Leibeigenthum appliciret werden können: so haben wir es bey diesen wenigen bewenden lassen wollen.

✗✗✗✗✗✗✗✗✗✗✗✗✗✗✗✗✗✗✗✗✗✗✗✗✗✗✗✗✗✗✗✗

Das IX Capitel.

Von Reichs-Dörffern.

§. 1.
Verbindung.

Und weil uns vormals Herrn D. Gottlob August Jenichens, dermahligen Professoris Giessensis, Abhandlung von Reichs-Dörffern und Reichs-freyen Leuten, von Ihm annoch in Leipzig mitgetheilet worden, wollen wir solche wegen der gelehrt beschehenen Ausarbeitung allhier zum nützlichen Gebrauch einschalten, weiln diese Abhandlung von unserer Societät vollkommenen Beyfall gefunden.

§. 2.
Von denen Reichs-Dörffern hat man bishero keine vollständige Nachricht, ohnerachtet sie eine ausführlichere Untersuchung verdienen.

Wie nun also in seiner Abhandlung unter denen unmittelbaren Reichs-Gliedern, welche zwar keine Reichs-Stände sind, iedoch alle und iede mit der Reichs-Unmittelbarkeit verbundene Vorrechte und Gerechtsamen in ihren Gebieten auszuüben haben a), die Reichs-Dörffer b) den Beschluß machen, weil Teutschland ehemals von dergleichen Dörffern wimmelte, welche nachher mehrentheils durch Versatz oder freywillige Unterwerffung mittelbar geworden sind c), und die Reichs-Gesetze dererselben theils mit klaren d), theils mit solchen Worten gedencken e), aus denen man sicher schliessen kan, deren Verfasser haben dadurch die Reichs-Dörffer anzeigen wollen: Also hat man gleichwol von ihnen keine vollständige Nachricht. Einige Lehrer des Staats-Rechts haben, ich weiß nicht aus was Ursachen, mit deren Erwehnung sich keine Mühe machen wollen. Andere haben Melchiors von Haiminsfeld, Goldast genannt, Nachricht f) von der Beschaffenheit derer Reichs-Dörffer ihren Büchern wörtlich einverleibet, und dadurch ihre Unwissenheit auf eine geschickte Art verborgen. Etliche haben zwar etwas ausführlicher von ihnen gehandelt, und verdienen deswegen der vornehme Verfasser des Europäischen Herolds g), der Verfasser des Teutschen Reichs-Staats h), Georg Melchior von Ludolff i), Burcard Gotthelff Struv k), Immanuel Weber l), der Regierungs-Rath Johann Maximilian von Günderrode m), der gelehrte und ernermüdete Herr D. Johann Jacob Moser n), und Herr Hofrath Johann Jacob Schmauß o), ihren gebührenden Ruhm. Allein ihre Nachrichten sind theils zu kurtz, theils mangelhaft, theils gewisser massen irrig, daß ich gewiß überzeuget bin, ich werde keine vergebene oder überflüßige Arbeit unternehmen, wenn ich derer Reichs-Dörffer wahre Beschaffenheit und Vorrechte mit einer mehrerern und genauern Aufmercksamkeit, und besserern Behutsamkeit untersuche, als bisanhero von andern geschehen.

a) Die Altorffischen Rechts-Gelehrten behaupten in ihrem rechtlichen Gutachten vom Monat August 1716 ad Quaestionem II, welches in der Vera & genuina facti specie in Sachen Gochsheim und Sennfeld, bey der unmittelbaren Reichs-Dorffschafften in Francken,

contra Se. Hochfürstl. Gnaden, Herrn Johann Philipp, Bischoffen zu Würtzburg, und Hertzogen in Francken & Consortes, unter denen Beylagen eine Stelle einnimmt, Bl. 118. diese unumstößliche Wahrheit mit folgenden unwidertreiblichen Gründen: Es ist kein Zweifel, daß nicht die freye Reichs-Dörffer solten pro Dominis territorialibus gehalten werden können. Denn da sie Immediati sind, ob gleich sonder Dignität, und inferioris, ja infimi ordinis, warum solten sie nicht, gleich andern kleinen Reichs-Städten, und Imperii immediate Subjectis, alle Jura Immediatis competentia haben, geniessen und exerciren können, zumahlen da heutiges Tages, nicht wenig bewehrter Publicisten Meynung nach, das Jus territoriale nicht personale, sondern reale ist, das ist, non personae dignitatem, sed patrimonii qualitatem respiciret: Quum jus territoriale territorio proprie sic dicto, i. e. Ditioni & Districtui Imperatori & Imperio immediate subdito, tamquam subjecto suo, insit, consequenter non status, utut quoad personam immediati, sed territorii (suo possessori realem tantum Immediatatem solius territorii ratione competentem tribuentis) propria affectio sit: uti scribit & hoc fusius explicat I. L. Schmidt, Equ. Ordin in Franc. Secretarius, in Disp. inaug. de Superioritate territoriali Nobilibus Imp immediatis competente, cum quo praeter alios concordat Mauritius in Specie facti adictatus in notis ad Capitulationem Leopoldi Art. III scribens: Jus territoriale magis videri affectionem & essentiale consecutivum Immediatis, quam Dignitatis. Addatur Mingius de Superioritate territoriali Thes. 44 & M. Stephani in Discurs. IX Thes. 5. Da nun also, wie gedacht, das Jus territoriale non personae, (denn sonsten müsten auch alle Apanagiati Principes es haben,) sed rei ipsi, e. territorio (a quo & territoriale vocatur) inhäriret, und auch dergleichen Jus & Superioritatem territorialem alle und iede hohe und niedere Reichs-Stände ratione territorii sui sine omni contradictione geniessen und exerciren, (denn was Knichen in Tractat. de Jure territoriali wider der Reichs-Städte Superioritatem territorialem anführet, ist sattsam von andern Doctoribus refutiret, quum nesciverit, ut Tabor P. I Cap. VI n. 13 loquitur, distinguere jura realia a personalibus, sive jura dignitatis & praerogativae a juribus potestatis, die hohe Landes-Fürstliche Obrigkeit von der hohen Landes-Obrigkeit;) so können auch in solchem Verstand und Absehen die pagi Imperii immediati ad exemplum civitatum Imperialium aliorumque immediate Imperio subjectorum gar wohl des Juris & Superioritatis territorialis fähig gehalten werden.

b) In der Lateinischen Sprache heissen solche pagi Imperii immediati. Man muß sie aber nicht mit denen alten Teutschen Pagis, oder Gauen verwechseln, oder gar vor einerley halten, von welchen, (daß ich andere mit einem wohlbedächtigen Stilleschweigen übergehe) Andreas Knichen de superioritate territoriali Cap. IV n. 118 sqq. in denen zusammengedruckten Operibus p. 53–56, Jo. Fridr. Pfeffinger in Vitriario illustrato T. II p 574 sqq. Jac. Carol. Spener in der seiner Notitia Germaniae antiquae beygefügten Notitia Germaniae mediae C. V § 1 p. 462, 463 und Jo. Textor in der Nassauischen Chronick Cap. I § 1 p. 1–3 eine feine und richtige Nachricht ertheilet haben, und vor denen Christian Lehmann in der Speyerischen Chronick im IV Buch IV Cap. Bl 285 meldet: Alle Städte dies und jenseit des Rheins, welche reich und geistlichen und weltlichen Regent, das ist, ein Bischoff oder Graf im Nahmen des Reichs regieret, dieselben haben bey Zeiten der Caroliner und der Sachsen Regierung, nicht Reichs-Statt, Civitates Regiae, oder Regni, Oppida, Villae, Castra, Reichs-Flecken, Reichs-Dörfer

fer, oder Burggen geheissen, und sind dem Reich unmittelbar zugehörig gewesen.

c) Der preiswürdige und höchstverdiente Kayserliche
Reichs-Hofrath, Herr Heinrich Christian von Senckenberg, in der nützlichen Sammlung von ungedruckt-
und raren Schrifften im II Theile im Vorbericht, § 9,
wo er anmercket, daß ihm wohl hundert Exempel von
dergleichen unmittelbaren Reichs-Dörffern vorgekommen sind.

d) Instrumentum pacis Osnabrugensis Art. V § 2 p. 21.
der schönen Auflage, so der ungemein geschickte Herr
Prof. Johann Rudolph Engau zu Jena 1738 in 4 besorget, in denen Worten: comprehensa libera Imperii nobilitate, ut & communitatibus & Pagis
Immediatis. Die dem andern Friedens-Executions-
Haupt-Receße vom Jahr 1650 sub Lit. A beygefügte
Designationem Restituendorum in tribus terminis
sub primo termino n. 37 p. 863 des ersten Theils des
beliebten Kaylischen Corporis Juris puris publici S. L.
R. G. verbis: Sochsheim und Seinsfeld contra
Würtzburg, ingleichen die daselbst sub Lit. B befindliche Specificationem Restituendorum in tribus mensibus n. 21 p. 868 verbis: Reichs-Dorff Althausen contra Teutschen Orden, wegen angegebener Turbation
in Ecclesiasticis & Politicis.

e) Reichs-Abschied vom Jahr 1544 § 33 im II Theile
der Ausgabe, so der ungemeine Herr Reichs-Hofrath
von Senckenberg besorget hat, Bl. 501, verbis: und
dergleichen andern Personen, welche in den Anschlä-
gen des Heil. Reichs nicht begriffen. Reichs-Abschied
vom Jahr 1564 § Und wollen wir 29 im III Theile der vortrefflichen Auflage derer Reichs-Abschiede, so
wir dem hochberühmten Herrn Reichs-Hofrath von
Senckenberg zu dancken haben, Bl. 207 verbis: so
nicht Stände des Heil. Reichs, jedoch dem Heil. Reich
Immediate unterworffen. Instr. Pacis Osnabr. Art.
XVI § 5 p. 80 der schätzbaren Engauischen Auflage
verbis: sive communitatibus. Wahl-Capitulation
Ihro Röm. Kayserl. Majestät Francisci des I § 2 p. 3
derjenigen Ausgabe, welche wir dem geschickten M.
Heinrich Gottlieb Francken zu dancken haben, verbis:
sonst auch einen jeden bey seinem Stand und Wesen
zu lassen, unter welchen Worten, wie Frid. Nitzschius
in comm. ad Capitulat. Josephi Art. III Cap. VII § 6
n. 35 p. 238 und 239 sehr wohl davor hält, die Reichs-
Dörffer mit begriffen sind. Was vor Veränderungen
übrigens mit diesen Worten in vorigen Capitel vorgegangen, erzehlet Nitzsch am angeführten Orte, und
Herr D. Moser in denen Anmerckungen über Kayser
Caris des VII Wahl-Capitulation im II Theile Bl.
9 s. f. und im III Th. Bl. 17.

f) in der Zuschrifft derer Reichs-Handlungen Bl. 19.
Ich will geschweigen derer freyen Reichs-Leute auf der
Leutkircher-Haid und zu Meglos 2c. der freyen Reichs-
Dörffer Suffelnheim, Godramstein, Gamß, und an-
dere, so mit hoch-und niedern Gerichten begabt, und
allein Kays. Maj. ohne Mittel unterworffen sind.

g) im I Theile V Hauptstück III Titel Bl. 770.

h) im VI Th. IX Cap. § 1 Bl. 1415-1417.

i) in Symphor. Consultat. & Decis. for. Vol. I p. 850-
923.

k) in Corp. Jur. publ. Cap. XXXII § 25 & 26 p. 1245-
1247.

l) in Diss. de jure circa sacra pagorum immediatorum.
Gießæ 1717 habita.

m) in der Abhandlung des Teutschen Staats-Rechts im
V Buch XXI Cap. § 11-13 Bl. 944. 945.

n) in dem Grund-Riß der heutigen Staats-Verfassung
des Teutschen Reichs im V Buch I Cap. § 5 Bl. 616
und in der Nachlese zu seinem Compendio Juris publici moderni Regni Germanici Bl. 589. 590.

o) in Compendio Juris publici S. R. I. Lib. I Cap. XV
§ 6 p. 41.

§. 3.
Derer Reichs-Dörffer Ursprung.

Ihren Ursprung muß man in denenjenigen unruhigen und unseligen Zeiten suchen, in welchen sich die

Provintzen auf eine vor das Römische Reich nicht
allzuvortheilhafte Art trenneten, und aus einander
giengen a). Absonderlich befanden sich in Schwaben und Francken, als in welchen beyden Ländern
eintzig und allein noch Reichs-Dörffer übrig sind, einige Dörffer, welche wegen ihres Wohlverhaltens
die vollkommene Gnade derer Hertzoge, und von
diesen herrliche Freyheiten erlanget hatten. Wie
nun die Trennung derer Provintzien erfolgte, so ge-
langten diese Dörffer, eines früher, das andere spä-
ter, zu der Reichs-Unmittelbarkeit, zumahl da das
grosse Interregnum, an welches kein redlicher teutscher Patriot ohne Furcht, Entsetzen und Grauen
dencken kan, ihnen vollends die schönste Gelegenheit
an die Hand gab, sich von dem Landsäßigen Joche
gäntzlich zu befreyen. Unter denen Reichs-Ständen konten sie wegen ihres geringen Standes keinen Platz
bekommen. Die Reichs-Städte hätten ihnen keine
Stelle in ihrem Collegio eingeräumet. Es war also
kein Mittel übrig, als daß sie an dem Nahmen und
dem Zustande derer unmittelbaren Reichs-Unterthanen sich begnügen liessen b).

a) Herr Regierungs-Rath von Günderrode am angef.
Orte im II Buch IV Cap. § 15 Bl. 232 und im V
Buch XXI Cap. § 13 Bl. 945. Ludolph Hugo de
statu regionum Germaniæ Cap. I § 8. Imman. We-
ber l. c. § 4 not. (n). Lud. Peter Giovanni, oder Joh.
Peter von Ludewig in Germania Principe in Notitia
Austriæ Cap. II p. 258. 259. Extincta supplicio Con-
radini 1269 gente Hohenstauffia plerique Sueviæ Or-
dines a Ducis nomine abhorruerunt, malueruntque
Cæsari proxime & quod dicunt, Immediate subesse.
Factum igitur est, quod Sueviæ Marchiones, Comites,
Episcopi, Prælati, Nobiles, Landsassii, Civitatesque
ac Pagi omnes ex hoc tempore absque Duce inter-
medio (als unmittelbare Reichs-Stände) parerent
Imperio. Siehe auch, und zwar vornehmlich Jacob
Speners teutsches Jus publicum im III Buch II
Buch VII Cap. § 4 Bl. 15, 16. Ich weiß dannenhero nicht, was ich von Heinrich von Cocceji besondern
Meynung, so er in Diss. de charactere Statuum Imperii Sect. III § 7 vorträget, dencken soll, wenn er
schreibet: In immediata terra vici hi jam ante immediati & Imperii fuerunt, als ab Impp. non jus immedietatis, sed civitatis saltem adepti sunt.

b) Spener am angef. Orte.

§. 4.
Beschreibung derer Reichs-Dörffer.

Die Reichs-Dörffer sind dem Reich unmittelbar
unterworffene, auch mit hohen und niedern Gerichten und allen andern der Unmittelbarkeit anklebenden
Rechten und Gerechtsamen begabte Dorf-Gemein-
den, welche sie theils durch Kayserliche Begnadigungen, theils durch eine undenckliche Verjährung, theils
durch die Reichs-Gesetze erlanget haben, in so weit
sie sich nicht einiger derselbigen durch gewisse Verträge begeben haben.

§. 5.
Sie sind nur in Francken und Schwaben anzutreffen.

Da die Reichs-Dörffer grösentheils aus denen
Ruinen derer getrennten Provintzien und besonders
derer Hertzogthümer Francken und Schwaben, entstanden sind a), so darf man sich keinesweges verwundern, wenn man solche ausser obigen Provintzen
in denen übrigen Gegenden Teutschlands vergebens
suchet b).

a) § 3.

b) Herr Regierungs-Rath von Günderrode im V Buch
XXI Cap. § 13 Bl. 945.

§. 6.

§. 6.
Verzeichniß derer Reichs-Dörffer.

Nach Herrn Hofrath Johann Jacob Schmau-sens a) Bericht sind folgende Reichs-Dörffer vor-handen: Als in Francken, Seenfeld und Gochsheim, ohnweit der Stadt Schweinfurth, über welche der Bischoff in Würtzburg Schutz-Herr ist, die in die Reichs-Pfleg von Weissenburg in Nordgau gehö-rige vier Dörffer, Kahldorf, Petersbach, Biburg und Wengen a). Ingleichen Priessenstatt, Hutten-heim, Maynberheim, Heydringsfeld, Sainsheim, Ahausen am Mayn. In Schwaben, Grossen-Gartach bey Heilbronn b), Ulskirchen im Rieß, Suffelheim c), Godranstein d).

a) Am angef. Orte.
b) Diese sollen nach Johann Christian Lünigs Anzeige in des Reichs-Archivs Partis Specialis 4ter Continua-tion und Fortsetzung des II Theils Bl. 812 nebst der Reichs-Pflege im Jahr 1680 gantz und gar aboliret worden seyn.
c) Ich vermuthe, daß dieses Grossen-Gartach eben der-jenige Ort sey, von welchem ich in Mart. Zeilleri Orter-Beschreibung des Schwaben-Landes, so sich bey seinem zu Ulm 1653 gedruckten Chronico parvo Suevia befindet, Bl. 269 lese: Grossen-Gartach, ein schöner Fleck, der ietzt aber meistentheils in der Aschen lieget. Dabey aber ein Weinberg ist, in dem der allerbeste, köstlichste Wein wächst, so fast den Heilbronner herab sticht.
d) Dieses Reichs-Dorf wird von einigen auch Suffeln-heim, von andern Suffelsheim, ja von andern, Z. E. dem Herrn Regierungs-Rath von Günderrode, am angeführten Orte im V Buch 21 Cap. § 11 Bl. 944 Schuffelsheim geschrieben, und von dem vornehmen Verfasser des Europäis. Herolds am angef. Orte, dem Verfasser des Teutschen Reichs-Staats am angef. Orte, Goldasten am angef. Orte, dem Herrn Regierungs-Rath von Günderrode am angef. Orte, Joh. Nicolao Hertio in Diss. de specialibus R. G. Imperii rebus publicis, earumque diversis nominibus & figuris Sect. I § 10 p. 15, Ludolph Hugo am angef. Orte, Dietrich Herrmann Kemmerich in introductione ad jus publi-cum Imp. R. G. Lib. IV cap. 19 § 4 p. 910, Johann Lymnäo Tom. I add. p. 58a. Joh. Friedrich Pfeffin-ger in Vitriario illustrato Tom. II Lib. I Tit. 19 § 1 p. 835, Johann Schiltern in institutionibus juris pu-blici R. G. Libr. I tit. 23 § 4 p. 235, Gabriel Schwe-dern in introd. ad jus publicum noviss. Part. Special. Sect. II cap. 17 p. 910, Burc. Gotthelff Struven am angef. Orte cap. 22 § 25 p. 1245 unter die Reichs-Dörf-fer gerechnet. Es hat aber, wenn man Herrn D. Mo-sers Bericht in der Nachlese zu seinem Compendio juris publici moderni Regni Germanici Bl. 590 und Hrn. Struvens Versicherung am angef. Orte vor wahr an-nimmt, dieses ehemahlige Reichs-Dorf nunmehro ei-nen Landes-Herrn, und gehöret zu dem Hertzogthum Zweybrücken.
e) Auch dieses Dorff wird unter verschiedenen Nahmen angezogen. Goldast, Hertius, Hugo, Lymnäus, Pfef-finger, Schilter, Schweder und Struv an angef. Or-ten legen ihm den Nahmen Godramstein bey. Der Europäische Herold und Kemmerich machen Godram-stein daraus. Hulderich Eyben in Electis juris feu-dalis verwandelte es in Galramstein, und der Ver-fasser des Teutschen Reichs-Staats, wie auch Herr Regierungs-Rath von Günderrode führen es unter dem Nahmen Gebran an, und vermehren durch die abgekürtzte Endigung Stein die Anzahl des Reichs-Dorffs Gamb. Uibrigens ist dieses Reichs-Dorf an-ietzo gleichfalls, wie Suffelheim, dem Zweybrückischen Hertzogthum einverleibet. Herr D. Moser und Struv an angeführten Oertern.

§. 7.
Fernere Fortsetzung des Verzeichnisses derer Reichs-Dörfer.

Ausser diesen von Hrn. Hofrath Schmausen ange-merckten Reichs-Dörffern verdienen folgende annoch angeführet zu werden: Gamb a), Megloffs b), Hey-mersheim auf der Tzwysten c), Althausen, Luste-naw d), die vier Kellnhöfe e) bey Lindau gelegen, der Kellnhof zu Oberreutnau, der Kellnhof zu Schö-naw, der Kellnhof zu Rickarbach und der Kellnhof zu Aeschbach f), ingleichen die zu dem Amte Wendelstein gehörige Dörffer Nuwenreute, Dornhennebach und Robesreuth h), wie auch das Dorff Rode i), ohnweit Franckfurt gelegen.

a) Es bekömmt dieses Dorff ebenfalls verschiedene Be-nennungen, und heisset bald Gambs, bald wiederum Gams. Siehe die in der Anmerckung d) angezogene Schrifftsteller. Unter denen aber der Verfasser des Teut-schen Reichs-Staats und Herr von Günderrode am allerunbilligsten mit diesem Dorffe um-gegangen sind, dessen Nahmen gäntzlich verändert, und mit Stein-Gamb auf eine überaus irrige und unge-gründete Art vertauschet haben. Ich muß nicht ver-gessen zu erinnern, daß dieses Dorff eben dasjenige traurige Schicksal betroffen, welches Suffelheim und Godramstein so schmertzlich besessen. Moser und Struv an angef. Oertern.
b) Zeiler am angef. Orte Bl. 302: Es sollen vor diesem ihr, der Stadt Isny, Schutz und Schirm die Richter, Räthe, Gemeind und freye Leute zu Megless oder Megloß, (so ein Fleck und Schloß beym Wasser Argen) als dem Heil. Reich immediate zugehörig, befohlen gewesen seyn. Gottfr. Ferd. de Buckisch & Lœwen-fels in observat. histor. polit. in Instrumentum Pacis ad Art. 5 Observ. 11 p. 141: Ein Reichs-Dorff ist Pa-gus Meglitz ad Argen situs, qui antehac fuit sub pro-tectione Civitatis Isny, ac hodie sub Serenissimæ Do-mus Austriacæ patrocinio vivit. Zacharias Geitzkofler in Comm. ad Matriculam Collectarum Imperialium de Anno 1521, in Adami Contreii Corpore juris pu-blici S. I. R. G. Tom. I Part. V p. 110: Den Richtern Räthen und Gemeind, und freyen Leuten zu Megleß als dem Heil. Reich immediate zugehörig, sind ihre Reichs-Freyheiten Anno 1521 confirmiret, und in der Stadt Isny Schutz und Schirm befohlen worden. Diese habe ich selbst als eine Pfandschaft von weiland Friedrich Ilsings Erben als Kayserlicher Commissarius übernommen, und dem hochlöblichen Haus von Oe-sterreich Pfands-weise eingeräumt.
c) Struv. l. c. p. 1246: Talis villa immediata olim fuit villa Heymersheim auf der Tzwisten, quam tamen Carolus IV Anno 1355 Coloniensi Archiepiscopo con-cessit. Aus dem Diplomate, welches Georg. Chr. Johannis in Tabulario n 17 p. 49 der Vergessenheit ent-rissen, ersehen wir, daß diesem Dorffe ehedem ansehn-liche Freyheiten zugestanden. Und lautet es: Vene-rabilis Wilhelmus, Coloniensis Archiepiscopus, Sa-cri Imp. per Italiam Archi-Cancellarius, Princeps noster dilectus, in nostra constitutus præsentia nobis significare curavit, quod quum villa Heymersheim auf der Zwisten, cum suis pertinentiis & appendiciis infra parochiam eiusdem villæ non sit in alicuius Domini, de quo constet, superioritatis dominio constituta, sed certæ personæ dictæ villæ & parochi sibi consueverint eligere inter se annales iudices, de alto iudicantes ibidem.
d) Lustenau ist ein Reichs-Hof, der seine Reichs-Frey-heiten ob dem Gericht Höchst und Fussach, gleich ob Höchster Holtz, der Landstraß nach, so von Lindau ins Land herauf, in Chur-Walden gehet, gelegen; wel-cher mit hohen, niedern und forstlicher Obrigkeit, Steu-ren, Zinsen, Föhlen, Glässen, Leibeigenschafft, groß und kleinen Zehenden, und Kirchensatz, dem Grafen von Hohen-Ems zugehörig. Zeiler am angef. Orte, Bl. 578, 579. Strub am angef. Orte Bl. 1246. Geitz-kofler am angef. Orte meldet, daß den Leuten, so in das Reichs-Höfgen Lustenau gehörten, ihre Reichs-Freyheiten, und daß sie nicht weiter, als ihre Reichs-Steuer ist, sollen versetzet werden, doch salvo iure Domus Austriacæ, si quod habet, zu Worms im Jahr 1521 bestätiget worden seyn.

e) Bey

e) Bey denen Teutſchen beſtelleten ordentlicher Weiſe die Knechte den Ackerbau. Doch ſchämeten ſich bisweilen auch freye Leute nicht, dieſe Beſchäftigung über ſich zu nehmen. Es waren alſo zweyerley Coloni. Zu der erſten Art gehören die völligen Knechte; zu der andern diejenigen, welche zwar vor ihre Perſon frey waren, aber von denen Gütern eben die Dienſte und Pflichten leiſten und abtragen muſten, wie die erſtern. Das Haus und der Hof mit allem Zubehör, welchen ein ſolcher Colonus von der erſten Claſſe ſowohl als andern beſaß, ward Colonia genannt. Die eigentlichen Bedingungen, unter welchen dergleichen Höfe überlaſſen wurden, kamen auf die bloſſe Willkühr des Herrn an. Es iſt aber nicht der mindeſte Zweiffel übrig, daß die Coloni nicht die Coloniæ erblich inne gehabt haben ſolten. Dabey muſten ſie die Oberherrſchaft ihrer Herren darüber erkennen, und gewiſſe Dienſte und Abgiften davon leiſten. Aus dieſen Coloniis nun ſind die in Elſaß, Schwaben und andern Orten vorhandene Köllnhöfe, unſtreitig entſtanden. Herr Geh. Rath Friedrich Carl Buri, in der ausführlichen Erläuterung des in Teutſchland üblichen Lehn-Rechts im I Theile p 811, 812. Sie werden Calenhöfe, Cöllnhöfe, Kellenhöfe, Köllnhöfe, Kellerhöfe, Joh. Petr. de Ludewig de iure clientelari Germanorum in feudis & coloniis Sect. III cap. 1 § 1 not. b) p. 140, und Sect. III cap. 3 § 4 not. t) p. 163, ja an einigen Orten Cellæ genennet, wie Herr Geh. Rath Buri am angef. Orte Bl. 823 aus Beſoldi Theſauro practico anmercket. Sie haben ihren Nahmen keinesweges a gula, von der Kehle, welche irrige Meynung Joachim Vadianus in Epiſtola zu H. Bullingerum de obſcuris Allemannicorum verborum ſignificationibus beym Goldaſt Tom. II Rerum Allemannicar. p. 60 zuerſt auf die Bahn gebracht, und in ſolcher Paul Matth. Wehnern in Obſervationibus practicis hac voce zu einem treuen Nachfolger gehabt, ſondern von denen Coloniis, den Keltnhof zinsbar ſind, bekommen, Joh. Schilter in Diſſ. de bonis laudemialibus § 15, in eiusd. Codice juris Alemannici feudalis p. 385. Sie ſind von denen in eigentlichem Verſtande genommenen Erb-Zins-Gütern (prædiis emphytevticis) gar nicht unterſchieden. Coloniæ enim, ſchreibet Schilter in Curiis Dominicalibus § 27. in eiusd. Cod. juris feud. Alem. p. 361, und beruffet ſich zugleich auf du Freſne und Tabors Beyfall, ſive Coloniæ ſunt ædes & agri coloni ſive emphytevici. Und der von Ludewig ſetzet l. c. Sect. III cap. 3 § 4 not. t) p. 163 die Erbzins-Lehen und Cöllnhöfe in eine Claſſe. Ohnerachtet man nicht leugnen kan, daß die Geiſtlichen viele Kellnhöfe beſitzen; ſo iſt dennoch dererjenigen Meynung höchſt verwerflich, welche träumen, es wären ſolche hauptſächlich denen Geiſtlichen zuſtändig, oder ihnen wohl gar zum Unterhalt gegeben worden. Buri am angef. Orte Bl. 823.

f) Marqvard von Schellenberg muſte im Jahr 1430 auf Befehl Kayſers Sigismundi die ihm bishero Pfandweiſe übertragene Begtheilige Gerechtſamen an dieſen vier Reichs-Kellnhöfen gegen Empfang des Pfand-Schillings, an die Reichs-Stadt Lindau abtreten. Es beſtätiget ſolches die darüber aufgerichtete Urkunde, welche der Verfaſſer der Lindauiſchen Deduction p. 494 und Wilhelm Ernſt Tentzel in Vindiciis Conringianæ cenſuræ Diplomatis Ludoviciani Lindavienſis cap. 8 § 6 p. 171 zum Gedächtnis derer Nachkommen aufbehalten hat: Die vier Kellnhof bey Lindau gelegen, der Kellnhof zu Oberreitnau, der Kellnhof zu Schönau, der Kellnhof zu Nickatbach, und der Kellnhof zu Aeſchach, mit ihren Rechten, Nutzen und Zugehörungen, die zu Uns und dem Heil. Reiche, on Mittel gehören, die von Schellenberg verpfändet geweſen ſind uff Wieder-löſung.

g) Kemmerich l. c.

h) Der hochverdiente Herr Hofrath Adam Friedrich Glafey in Anecdotorum S. R. I. hiſtoriam ac jus publicum illuſtrantium collectione num CC p. 302: Wir Karl 2c. Bekennen 2c. Daz Wir an haben geſehen die nutzen getrewen Dienſt. die uns und dem heiligen Reiche unſer lieben getrewen Ulrich. Niclas. Bartolt. Conrad. Johans. gebruder. und Eberhart vogt von Wenz-

Juriſt. Oracul V Band.

belſteyn offt gethan haben. und ſie um ir Erben und nachkomen. noch tun ſollen und mugen in künfftigen zeiten dovon ſo haben wir in die gnade getan und tun mit deſem gegenwertigem briefe, daz wir ŏdit unſer nachkomen an dem Reich Römiſchen Kayſer, oder Kunige ſolche dörffer. die in das Ampt gehören, zu Wendelſteyn mit Namen Ruwenrente, Dornhennebach und Robescreut. die wir yn verſatzt hab.n vor. M. pfunt haller, die ſie uns geleget hant. als in den briefen. vollkomentlicher begriffen iſt. die wir yn daruber geben haben. nymer in rheinen zeiten von yn yren el chen frawen odir nachkomen.

i) Herr Hofrath Glafey am angef. Orte num 349 p. 473 führet eine Urkunde vom Kayſer Carl den IV vom Jahr 1360 an, in welcher er obbemeldtes Reichs-Dorff Gottfrieden von Stockheim vor 400 Pfund Heller und 300 Gülden verpfändet. Weil ſowohl dieſes Reichs-Dorff, als auch die in voriger Anmerckung angezogene Reichs-Dörffer von allen Lehtern des Staats-Rechts mit Stilleſchweigen übergangen worden ſind; ſo glauben wir, dem meiſten Theile unſerer Leſer werde es zu einem angenehmen Gefallen gereiche, wenn wir beſagte Urkunde nach dero wörtlichen Inhalte mittheilen: Wir Karl 2c. Bekennen 2c. Daz wir haben angeſehen merckliche getrewe Dinſte. die uns und dem Reich: Gottfried von Stockheim unſer lieber getrewer oft getan hat, und noch wolgetun mag und ſoll in kumfigen Ezeiten, dorumb erlauben und gunnen wir ym von beſundern gnaden, mit keiſerlicher macht und rechter wizzen, daz er und ſeine erben ſollen und müegen daz Dorf Robe gelegen owendig Frankenfurt, von den Leuten, den es von dem Reiche vormals verſetzet iſt umb vierhundert pfundt haller Frankenfurder werung ledigen und loſen. und dazſelbe dorf ſlahen wir im von beſundern gnaden dreyhundert guldein Florencjer gewichte, und gut von golde. die wir im von dinſtes wegen, den er uns und dem Reiche getrewlich getan hat, ſchuldig ſein. Alſo daz er und ſeine erben daz egenante dorf Robe mit allen ſeinen Rechten, nuczen und zugehörungen, die das heilige Reich bo ſelbiſt, von aldirs gehabt, und auch noch da hat, innehaben und genießzen ſullen, an alles hindernizze, uncz als lange, daz wir oder unſe nachkomen, an dem Reiche, daz egenante dorf von dem obgenanten Gottfride und ſeinen Erben, an allen afflag umb die egenannten vierhundert pfund haller und dreyhundert guldein, gar und genczlich geledigen und gelöſen. Mit urkund, Datum Nuremberg Anno LXo. in die Sancti Nicolai Regnorum &c. Per Scultetum de Oppienheim Heinricus Auſtralis.

§. 8.

Gochsheim und Sennfeld, wie auch Althauſen behaupten die Gerechtſamen derer Reichs-Dörffer am ſtandhaffteſten.

Keine Reichs-Dörffer aber haben ihre Reichs-Unmittelbarkeit, Freyheiten und Gerechtigkeiten ſtandhaffter behauptet, und ſind nachdrücklicher dabey vom Kayſer und Reich geſchützet worden, als Gochsheim und Sennfeld, wie auch Althauſen, welche noch dieſen heutigen Tag den vorzüglichen Namen derer Reichs-Dörffer nicht dem bloſſen Namen nach, ſondern in der That und Wahrheit führen.

§. 9.

Einige Beſonderheiten und merkwürdige Nachrichten von Gochsheim und Sennfeld.

Gochsheim und Sennfeld ſind von denen alleräälteſten Zeiten Kayſerlicher Majeſtät und dem heiligen Reich ie und allerwegen unmittelbar zugethan geweſen a). Kayſer Heinrich der VI ſorgete bereits im Jahr 1234 in einer an das Hoch-Stifft Würtzburg ausgeſtellten Urkunde b) vor die Reichs-Freyheit des Dorffs Gochsheim auf eine ihm ungemein rühmliche Art. Reſervamus, lauten ſeine eigene Worte, autem nobis jus, quod in villa Gochsheim ab antiquo dignoſcimus habuiſſe. Wobey wir nicht zu erinnern vergeſſen müſſen, daß

D d

unter

unter denen Worten ab Antiquo nicht das Schwä-
bisch-Fränckische Haus, sondern die alten Kayser
verstanden werden c). Denn Heinrich redet in
dieser Urkunde als Kayser, und nicht als Herr über
seine Erb-Staaten, da denn die Worte ab Antiquo allemal die Vorfahren am Reich, d. i. die vorigen Kayser anzeigen. Zu dem sind so viele un-
wiedertreibliche Gründe vorhanden, daß Gochsheim
von Alters her ein Fränckisches Reichs-Guth gewesen, daß man denjenigen billig vor einen unbe-
sonnenen und thörichten Zweiffler halten muß, welcher einer so klaren und offenbaren Wahrheit durch
sein unverschämtes Leugnen widerspricht. Beyde
Dörffer, Gochsheim und Sennfeld, waren Zugehörungen der Reichs-Vogtey Schweinfurt d).
Im Jahr 1559 begnadigte Kayser Ferdinand der
I. die Stadt Schweinfurt mit der Schutz-
Schirm-Gerechtigkeit über beyde Dörffer e),
wodurch aber selbige Stadt bekannter massen, wie
bereits andere gründlich dargethan, keine Gerichtsbarkeit und Landes-Hoheit über sothane Dörffer
bekommen hat f). Weil aber Schweinfurt in einigen Irrungen mit Würtzburg befangen war, so
trat ermeldte Stadt, um Pflantzung und Erhaltung mehrers Friedens, Ruhe und guten nachbar-
lichen Willens g), den ihr über beyde Dörffer
verliehenen Schutz durch einen besondern Vertrag
im Jahr 1572 an Würtzburg ab h), welchen Kayser Rudolph der II auf Verlangen beyder Gemeinden nach reiffer und wohlbedächtiger Uiberlegung
der Sachen im Jahr 1578 bestätigte i), vermöge
dessen die Bischöffe zu Würtzburg ewige unwiderruf-
liche Reichs-Vögte, Schutz und Schirm-Herren
beyder Dörffer seyn, solche auch jenen und wegen
des Reichs huldigen und schwören solten k). Im
Jahr 1632 veränderte sich die Scene in etwas.
Die Schweden behielten in Teutschland die Oberhand, liessen denen geistlichen Catholischen Fürsten
ihre schwere Hand fühlen, züchtigten das Stifft
Würtzburg mit wohl verdienten Ruthen, und
schenckten im Jahr 1632 der Stadt Schweinfurt
die bishero von ihr dem Stiffte Würtzburg über-
lassene Gerechtsamen über beyde Reichs-Dörffer
l). Sothane Verschenckung muste Frantzen,
Bischoffen von Würtzburg, zu einem erwünschten
Vorwande dienen, beyde Dörffer am Kayserlichen
Hofe verhaßt zu machen, und vorzugeben, als wenn sie
selbige denen Rebellen beygesellet hätten, und um
die Belehnung über bemeldte beyde Dörffer ernstlich
anzuhalten m). Er war auch so glücklich daß ihm seine
ungerechte und widerrechtliche Bitte zugestanden
ward. Kayser Ferdinand der II trug gedachte
beyde Dörffer dem Stifft Würtzburg zu Lehen auf,
entzog solche eigenmächtiger Weise dem Reiche,
und verwandelte sie aus Reichs-Unterthanen in
Würtzburgische Landsassen n). Dessen Exempel
stellete sich sein Sohn, Kayser Ferdinand der III
zu einer unseligen Nachfolge vor, und schützte das
Stifft Würtzburg bey der einmahl erlangten Belehnung o). Allein die Evangelischen sahen ein
so Reichs-Gesetz-widriges Verfahren nicht mit
gleichgültigen Augen an. Sie rückten unter ihre
Beschwerden auf dem Westphälischen Friedens-
Congreß auch dieses als ein groß Gravamen ein,
daß von der Reichs-Stände Land und Leuten, wie
auch Immediat-Reichs-Dörffern, z. E. Gochs-

heim und Sennfeld, auch andern, absolute disponiret werden wolle p). Sie schlossen sie ferner
mit in den Westphäl. Frieden ein q), setzten sie unter diejenige, welche unverlängt restituiret werden
solten r), und schützten sie durch ein von Kayser Fer-
dinands des III verordneten Commissarien aus-
gesprochenes rechtl. Urthel bey ihrer Unmittelbarkeit s). Würtzburg hat zwar dann und wann seit
dieser Zeit einige Eingriffe gewaget, und, durch
Verleitung böser und übelgesinneter Rathgeber,
beyde Dörffer um ihre Reichs-Unmittelbarkeit zu
bringen gesuchet t). Allein das Reichs Cammer-
Gericht hat allemal, wie in vorigen u), als neuern Zeiten x), sich dieser beyder Dörffer mit Nachdruck angenommen, und sie nicht so wohl dem Namen nach als in der That vor unmittelbare Reichs-
Dörffer erkennet y). Diesem herrlichen und un-
gemeinen Beyspiel ist der hochpreisliche Reichs-
Hofrath in denen jüngern Zeiten nachgefolget, und
hat verschiedene wohl ausgearbeitete und höchst ver-
ehrungswürdige Conclusa zum Vortheil beyder
Dörffer ergehen lassen z). Und wem ist wohl unbekannt, daß diese Reichs-Dörffer ihre gerechte Beschwerden so gar der Reichs-Versammlung zu un-
verlängter Abhelffung demüthig und geziemend
vorgetragen haben aa)? Ja was brauchet es
weiter Zeugnisse, da die Wahrheit Würtzburg
mehr als einmal das offenhertzige Bekenntniß abgezwungen: Gochsheim und Sennfeld sind Reichs-
Dörffer bb)?

a) Vera & genuina facti Species §2 p. 3.

b) Leuckfeld in Append. ad Antiquitates Pœldenses p. 358.

c) Es fället also auf einmal der Zweiffel weg, welchen sich
Spener am angef. Orte not. e) Bl. 16 unnöthiger
Weise machet.

d) Vera & genuina facti Species § 2 & 3 p. 2, als woselbsten angeführet wird: Daß die jeweilige Römische Kayser zu Schweinfurt ein eigenes Reichs-Vog-
tey-Amt, und dazu einen ordentlichen Reichs-Vogt
und Amtmann verordnet gehabt, welchem Reichs-
Vogt-Amt, nebst andern Oertern, auch Gült-Bau-
ern und sonstigen Particular-Einkünften und Gefällen Gochsheim und Sennfeld gleichfalls incorpori-
ret gewesen wären. Nun hätte mehr anberegte
Reichs-Stadt Schweinfurt von undencklicher Zeit
Chur-und Fürsten zu Schutz-und Schirm-Herren
angenommen gehabt, da denn derjenige, welcher
Schutz-Herr gewesen, auch insonderheit das Amt der
H Reichs-Vogtey gehörig, worunter obreferirter massen auch Gochsheim und Sennfeld begriffen gewesen,
verwaltet, und einen besondern Unter-Vogt, so beständig zu Schweinfurt gewohnt, an stat der Römisch-Kayserl. Maj. treulich bestellet, welcher beyde Reichs-Dörffere in Verwaltung gehabt, da im
übrigen deren Innwohnere dem Schutz-Herren, als
Amtmann der Kayserlichen Maj. und dem H. Reich
getreu und gehorsam zu seyn, gelobet und geschworen,
gestalten dann auch diese Schutz-Herrn, wenn sich
zwischen der Stadt Schweinfurt und beyden Reichs-
Dörffern Irrungen zugetragen, auf der Kläger un-
terthaniges Ansuchen Autoritatem interponiret, und
die Gebühr an stat der Kayserlichen Majestät und
des Heil. Reichs verfüget hätten.

e) Struv. l. c. p. 1245. Herr D. Moser in der Nachlese zu seinem Compendio juris publici moderni Regni Germanici Bl. 589.

f) Vera & genuina facti species § 4 p. 2, wo sich auf
Gailium Libr. II Obs. LIV Num. 1, 2, & 3 Magerum
de Advocatia armata Cap. II Num. 209, den Verfasser des Berichts von Reichs-Vogteyen p. 12 & in
Notis Lit. FFF & GGG und die Acta Lindaviensia
p. 512

p. 512 beruffen, und diese unumstößliche Wahrheit in ein helleres Licht gesetzet wird.

g) So lauten die Worte in Kaysers Rudolph des II Confirmation beyder Verträge zwischen Friedrich, Bischoff zu Würtzburg, und der Stadt Schweinfurt, auch Bischoff Julio und denen beyden Dörffern, Gochsheim und Sennfeld, die Reichs-Voigtey über dieselbe Dörffer betreffend, vom Jahr 1572 und 1575, wie wir solche in der Vera & genuina facti specie p. 68 lesen.

h) Er ist datiret uf Montag nach Quasimodogeniti den 14 Aprilis Anno 1572 und in Herrn D. Mosers Reichs-Stätischen Hand-Buch im II Theile XLII Cap. Num. XXII Bl. 688-693 anzutreffen.

i) Kayser Maximilian II trug Bedencken, den zwischen Schweinfurt und Würtzburg wegen der Reichs-Voigtey über beyde Dörffer errichteten und ihm zur Confirmation vorgetragenen Vertrag zu bestätigen, weil ihm unbekannt war, ob solcher Vertrag den demelten beyden Dörffern auch annehmlich oder präjudicirlich seyn möchte. Siehe Kayser Rudolphs des II Confirmation vom Jahr 1570 in Vera & genuina facti specie p. 68. Es erfolgte dannenhero, daß Bischoff Julius mit Schultheissen, Gericht und Gemeinden beyder Dörffer einen absonderlichen und neuen Schutz-Vertrag unter dem 11 Jenner 1575 vollzog, welcher in der Vera & genuina facti specie p. 22 & 23 nachgelesen werden kan, und in dessen Schlusse p. 23 die Schultheissen, auch Gericht und gantze Gemeinden beyder Dörffer Gochsheim und Sennfeld bekennen, daß obvermeldeter Vertrag und Abrede mit ihrem guten Wissen und Willen, auch zeitlichen vorgehabten Rath zugangen und geschehen sey. Gleichwohl verzog es sich mit der gesuchten Confirmation, weil die Einwilligung der beyden Dorfschafften annoch ermangelte. Siehe Bischoff Julii zu Würtzburg Schreiben an Georg Ludwig von Sainsheim vom 7 Jul. 1578 in Vera & genuina facti specie p. 70. Als aber beyde Dörffer um Bestätigung des mit Bischoff Julio getroffenen Vergleiches in einem eigenen Schreiben, so gleichfalls in Vera & genuina facti specie p. 131 seinen Platz angewiesen bekommen, allerunterthänigst ansuchten, so confirmirte Kayser Rudolph der II endlich mehrerwehnte Verträge den 26 Nov. 1578, wie aus der in die Veram & genuinam facti speciem p. 68, 69 eingedruckten Kayserl. Confirmation erhellet.

k) In dem von Kayser Rudolph den II an Georg Ludewig von Sainsheim ausgestellten Commissoriali beym Lünig am angef. Orte Bl. 306 sqq. und Herrn D. Mosern im II Band Bl. 149 heisset es: Daß gedachte beyde Dörffer Gochsheim und Sennfeld, seiner des Bischoffs zu Würtzburg Andacht und Dero Nachkommen, als ihren ewigen unwiederruflichen Reichs-Voigten, Schutz und Schirms-Herrn von wegen des Reichs huldigen und schwören sollen. Welches auch die beyde Dörffer in dem Schutz-Vertrag vom Jahr 1575 § Ernstlich sollen und wollen wir ꝛc, in Vera & genuina facti specie p. 22 versprochen hatten.

l) Johann Gottfried von Meiern in denen Actis Executionis Pacis in der Vorrede zum 2 Bande Bl. 10.

m) Siehe an die Römisch-Kayserl. Majestät allerunterthänigst Memoriale vom Herrn Bischoffen zu Bamberg und Würtzburg præl. 4 Maji Anno 1635 Reichs-Hof-Rath, Gochsheim und Sennfeld betreffend, in Vera & genuina facti specie p. 124 12e, aus welchem wir zugleich erlernen, daß bereits Bischoff Philipp Adolph von Kayserl. Majestät begehret hat, beyde Dörffer dem Stifte zum Reichs-Lehn anzusetzen.

n) Römischer Kayserlicher Majestät Lehen-Brief, Herrn Francisco, Bischoffen zu Bamberg und Würtzburg, ertheilet, de dato 11 Septemb. Anno 1635 über beyde Reichs-Dörffer Gochsheim und Sennfeld, befindet sich in Vera & genuina facti specie p. 125.

o) Siehe Kaysers Ferdinand des III Mandatum dehortatorium an beyde Gemeinde de dato den 27 No-

Jurist. Oracul V Band.

vember Anno 1637 in Vera & genuina facti specie p. 125, 126.

p) Mich. Londorpii Actor. publicor. Tom. V L 2 Cap. CXV § 6 p. 1056, Tob. Pfanneri Histor. Pac. Westphal. L. 3 § 35.

q) Dieser Dörffer Restitution ward in dem Gutachten der Evangelischen zu Oßnabrück im November 1645 verlanget. Johann Gottfr. von Meiern Acta Pacis Westphalicæ Tom I p. 816, desgleichen in dem den 14 Mertz 1648 von denen Evangelischen unterschriebenen Articul über die Religions-Gravamina, von Meiern Tom. V p. 567. Welches auch so viel wirkte, daß der Reichs-Dörffer Gerechtsamen in dem Westphälischen Friedens-Schlusse Artic. V § 2 gleichsam von neuen verwahret und bestätiget wurden.

r) Siehe die dem Friedens-Executions-Receß de dato 16 Jun. 1650 sub Lit. A beygefügte Designation Restituendorum in tribus terminis, in welchen Gochsheim und Sennfeld contra Würtzburg als Restituendi in primo termino n. 37 stehen. Er ist nachzulesen in Herrn Reichs-Hofraths von Senckenberg vortrefflichen Ausgabe derer Reichs-Abschiede im 3 Theile Bl. 637.

s) Nicht allein Herr Christian, Marckgraff zu Brandenburg-Bayreuth, ließ an seinen Mit-Executorn, den Bischoff zu Bamberg, unter dem 17 April 1649 ein Schreiben ergehen, des Innhalts: Daß der Bischoff es dahin vermitteln helffen solte, daß der Zustand beyder Gemeinden mit Schutz-Verwandnuß gegen dem Stift Würtzburg restituiret werden möchte, wie es vor Alters gewesen, und alles dasjenige, was bey vergangenen Motibus sie ihnen entzogen zu seyn, sich beklaaten, ihnen wieder eingeräumet, und darüber den Ausländischen Anlaß zur Diffident, als wenn man zum Frieden keine rechte Meinung hätte, und im alten Trab zu verfahren gesonnen wäre, desto eher benommen würde, auch die Cavillationes, daß dem geringsten, nicht wie den hohen Ständen, wiederfahre, unterbleiben möchten; wie auch in die Veram & genuinam facti speciem p. 127 eingedruckten Schreiben deutlich erhellet, sondern es erfolgte auch die wirkliche Restitution, vermöge des Receßes de dato Schweinfurt den 4 (4) Aug. 1649 dahin, daß dickbemeldete Dorfschafften sich von dato an wieder unhinderlich ihrer Freyheiten und Immedietät, auch was dero anhanget, Fug, Recht und Macht haben sollen zu gebrauchen. Man schlage den Restitutions-Receß in der Vera & genuina facti specie p. 31 und beym Weber an angef. Orte § 7 not d) p. 18 nach, woselbst aber die Worte: Fug, Recht und Macht haben sollen zu gebrauchen, vermuthlich aus Nachläßigkeit des Setzers weggeblieben seyn.

t) Von diesen unverantwortlichen Eingriffen legen die von mir in Bibliothecæ Deductionum S R. I. Lünigion-Jenichianæ Parte I Bl. 447 u. f. dem Titel nach angeführte Deductiones die untrüglichsten und unleugbarsten Proben ab.

u) Tria, schreibet von Ludolph am angef. Orte Bl. 888, Mandata super constitutione de pignorantibus fuere decreta, ad instantiam pagorum, contra Dominum Episcopum Herbipolensem, dudum ante tabulas Pacis Westphalicæ & cum in exceptionibus sub & obreptionis ubique negata esset immedietas ad infringendam vim mandati ob defectum requisiti primarii, rejecto hoc primario exceptionum paritoriæ sententiæ fuere latæ & per has quæstio immedietatis aperte decisa, adeo, ut frustra plane hæc toties quoties in controversiam ab Herbipolitanis deducatur. Vide Acta primi Mandati die Pfändung betr. Anno 1593, Sent. 13 Febr. 1596. Acta Mandati die Pfarr-Bestellung der Schul- und Kirchen-Diener betr. Anno 1594, Sent. 8 Mart 1596. Acta Mandati die Pfändung, die Annehmung und Besetzung des Gerichts und gemeinen Aemter betr. Anno 597, Sent. parit. 6 Sept. 597. Es gehören auch hieher die von dem von Ludolph am angef. Orte Bl. 916 angezogenen Acta Mandati de non turbando atque impediendo perſequi litem & relaxandis captivis S. C. & Sententia paritoria in contumaciam 5 Febr. 1624. Siehe auch veram & genuinam facti ſpeciem p. 23-29 und das in ſolche p. 120, 121 eingerückte Verzeichniß derer Proceſſen zwiſchen Gochsheim, Sennfeld und Würtzburg, vom Januar. Anno 1593-1597 bep einem höchſtpreißl Kapſerl. und Reichs-Cammer-Gericht ausbracht.

x) Des Kapſerlichen und des Heil. Röm. Reichs Cammer-Gerichts zu Wetzlar Protectorium und Salvus Conductus vor die bepde Reichs-Dörffer Gochsheim und Sennfeld contra denn Herrn Biſchoffen Johann Philipp zu Würtzburg und deſſen Räthe und Beamten ꝛc. vom 23 Jun. 1702 ſtehet bepm Lünig am angeſ. Orte Bl. 811 und Caſſandri Thucelii Reichs-Staats-Actis im 2 Theil im XXIV Cap. Num. 6 Bl. 859, in welchen ihnen die Reichs-Unmittelbarkeit mit klaren und ausdrücklichen Worten bepgeleget wird. Es hat überdiß das Cammer-Gericht zwey Cammer-gerichtliche Urtheile unter den 14 May 1717 und den 28 Mart. 1718 zu ihrem Vortheile ausgeſprochen, und ſie in bepden vor Reichs-Dörffer erkläret. Vera & genuina facti ſpecies p. 39 & 40.

y) Vom Ludolph am angeſ. Orte Bl. 888 bedienet ſich höchſt merckwürdiger Ausdrückungen: In Camera pagi Gochsheim & Sennfeld ſemper fuerunt agniti pro immediatis, non voce ſaltem & vocabuli luſu, quem abhorrent Leges Imperii & Judicia, ſed re ipſa & effectu.

z) Reichs-Hofraths Concluſum Jovis 12 Martii 1716 in Vera & genuina facti ſpecie p. 21 verbis: Da die Kläger Reichs-Unterthanen ſeynd. Kapſer Carl der VI laſſet ſich in dem Abmahnungs-Schreiben an den Biſchoff zu Würtzburg unter dem 8 May 1716 in Vera & genuina facti ſpecie p. 124 alſo vernehmen: Nachdem aber dieſe Supplicantes Reichs-freye Unterthanen ſeynd. Und noch im Jahr 1727 hat der Reichs-Hofrath die Unmittelbarkeit bepder Dörffer in einem wohlabgefaßten Concluſo Martis 10 Jun. 1727 nachdrücklich gerettet. Siehe Herrn D. Johann Jacob Moſers merckwürdige Reichs-Hofraths-Concluſa im VI. Bande, Num. CCCXVI Bl. 402 u. f. Mehrere Reichs-Hofraths-Concluſa, in denen die Unmittelbarkeit bepder Reichs-Dörffer behauptet wird, kan man bep Herrn D. Moſern am angeſ. Orte Bl. 831-849 nachleſen.

aa) Im Jahr 1570 meldete ſich Gochsheim und Sennfeld auf dem Reichs-Tage zu Speyer, erinnerte, daß ſie hiebevor mit Schweinfurt, als freye Reichs-Dörffer, einen Schutz-Herrn erwehlet, und bat, weil Schweinfurt ſie unter ſich ziehen will, um einen beſondern Schutz-Herrn vor die Declaration. Diarium Ludovici Comitis Wiegenſteinii, continens Acta judicii aulici in Comitiis Anni 1570 in des Herrn Reichs-Hofraths von Senckenberg auserleſenen Sammlung von ungedruckten und raren Schrifften im 2. Theile Bl. 43. Und daß bepde Gemeinden ſich im Jahr 1720 und 1722 mit zwey unterthänigen Memorialien an die hochlöbliche Reichs-Verſammlung gewendet, und zu dieſem vornehmen Corpore ihre Zuflucht genommen haben, iſt mir in Bibliothecæ Deductionum S. R. I. Lünigio-Ienichianæ Parte I p. 450, 451 angemercket worden.

bb) Wir beruffen uns deswegen auf Biſchoff Friedrichs zu Würtzburg Vergleich mit der Stadt Schweinfurt wegen der bepden Reichs-Dörffer, Gochsheim und Sennfeld, und der daher entſtandenen Jrrungen vom Jahr 1572 bep Herrn D. Moſern im Reichs-Städtiſchen Hand-Buche im 2 Theile XLII. Cap. Num. 22 Bl. 689 verbis: bepder Reichs-Dörffer, auf den Schutz-Vertrag zwiſchen weiland Herrn Biſchoff Julio zu Würtzburg, und bepden Reichs-Dörffern, Gochsheim und Sennfeld vom Jahr 1575 in Vera & genuina facti ſpecie p. 22, auf Biſchoff Julii Schreiben an Georg Ludewig von Seinsheim von 7 Jul. 1578 in Vera & genuina facti ſpecie p. 130 verbis: Unſers mit den bepden Reichs-Dörffern ver-

faßten Vertrags, auf Biſchoff Johann Philipps Schreiben an bepde Reichs-Dörffer vom 20 Sept. 1650 in Vera & genuina facti ſpecie p. 121 verbis: bey damahliq vorgegangener Reſtitution in die vorige Reichs-Immedietät, auf nur erwehnten Biſchoff Schreiben vom 5 Mart. 1654 in Vera & genuina facti ſpecie p. 121 verbis: bey eurer Reſtitution in die vorige Reichs-Immedietät. Und in denen Quittungen über das eingelieferte Schutz-Geld vom Jahr 1716, 1717 und 1718 de dato den 27 Nov. 1716, den 27 Nov. 1717 und den 13 Jenner 1719 in Vera & genuina facti ſpecie p. 121 bekommen Gochsheim und Sennfeld die vorzüglichen Namen: Reichs-Dörffer.

§. 10.

Einige Beſonderheiten und merckwürdige Nachrichten von Althauſen.

Gleiche Verwandniß hat es mit dem Dorffe Althauſen. Es hat bep dem Weſtphäliſchen Friedens-Schluſſe eben dasjenige günſtige Schickſal erfahren, welches denen bepden Reichs-Dörffern angediehen. Sein Name wird unter denenjenigen Perſonen, Provintzen und Gemeinden geleſen, welche ſich dieſes dem Teutſchen Reiche ſo geſegneten Friedens-Schluſſes zu erfreuen haben ſollen a). Seine Gerechtſame ſind durch den Reichs-Deputations-Spruch b) in eine mehrere und vollkommenere Sicherheit geſetzet worden. Seine heutige Reichs-Unmittelbarkeit iſt keinem Zweiffel unterworffen c). Nur üben in ſolchen der Biſchof zu Würtzburg benebſt den Marckgrafen von Brandenburg-Onoltzbach die geiſtlichen Gerechtſamen, iedoch nicht ohne ſtarcken Widerſpruch des Teutſchen Ordens-Meiſters, aus d).

a) Siehe die dem Friedens-Executions-Haupt-Receß vom Jahr 1650 ſub Lit. B. angehengte Specificationem Reſtituendorum in tribus menſibus Num. 21 in Herrn Profeſſ. Kablens Corpore juris publici S I. R. G. im Erſten Theile Bl. 868. verbis: Reichs-Dorff Althauſen contra Teutſchen Orden wegen angegebener Turbation in Eccleſiaſticis & Politicis.

b) Wir leſen ſolchen in Anton. Fabri Europäiſchen Staats-Cantzley im 58 Theile Bl. 253, allwo der Reichs-Deputations-Spruch in Reſtitutions-Sachen der Gemeinde des Dorffs Althauſen contra des hochlöblichen Ritterlichen Teutſchen Ordens Regierung vom 6 April (26 Mart.) 1651 gantz eingerückt iſt, und in welchem das Dorff das Prädicat eines Frey-Dorffes erhält, welches Prädicat ihm in der Declaratoria der Reichs-Deputation gleichfalls bepgeleget wird. Faber am angeſ. Orte Bl. 255. Es werden ihm auch daſelbſt alle diejenigen Rechte und Gewohnheiten, ſo es vermöge Schirm-Briefs und Herkommens mit Beſetzung und Anordnung aller Aemter und deren Aufſicht hergebracht, vorbehalten.

c) Herr D. Moſer in dem Grund-Riß der heutigen Verfaſſung des Teutſchen Reichs im V Buch 1 Cap. § 5 Bl. 616. Struv am angeſ. Orte Bl. 1246.

d) Struv am angeſ. Orte.

§. 11.

Was die Reichs-Dörffer vor Titel ſich bedienen.

Unter ihre Vorrechte rechnen wir, daß ſich die Reichs-Dörffer, wenn im Namen der gantzen Gemeinde etwas verhandelt wird, Reichs-Schultheiß, Gericht und Gemeinde zu N. a) oder Reichs-Schultheiß, Gericht und Gemeinde des Reichs-Dorffs N. b) oder Reichs-Schultheiß, Bauermeiſter, Gericht und Gemeinde des Reichs-Dorffs N. c) oder Reichs-Schultheiß und Gericht zu N. d) oder Reichs-Schultheiß und Gemeinde zu N. e) ſchreiben, und gemeiniglich die erſte oder andere Art in ihren Schreiben und Ausfertigungen gebrauchen, da hinge-

hingegen sie von andern, und besonders denen
Reichs-Gerichten, den Titel: Schultheiß, G'richt
und Gemeind f), Schultheiß, Gerichts-Personen
und Dorfmeister g), Schultheiß, Dorfmeister und
Gericht h), Schultheiß, Gericht und Dorfmeister i),
Schultheiß, Dorfmeister und Gemeind k) bekommen. Wie denn auch ihre Einwohner nicht
Reichs-Bauern, welche Redens-Art denen Reichs-
Gesetzen schnurstracks zuwider ist l), sondern Hausgenossen m), und nicht selten Bürger n) genennet
werden.

f) Vera & genuina facti species p. 37, 82. Wenn im
Namen der beyden Reichs-Dörffer Gochsheim und
Sennfeld etwas ausgefertiget wird, so pfleget sothane
Ausfertigung unter folgender Titulatur zu geschehen:
Reichs-Schultheisse, Gerichte und Gemeine derer
beyden unmittelbaren Reichs-Dorffschafften Gochsheim und Sennfeld.
b) Vera & genuina facti species p. 33, 79.
c) Vera & genuina facti species p. 80.
d) Vera & genuina facti species p. 30, 82, 131.
e) Vera & genuina facti species p. 34, 79.
f) Vera & genuina facti species p. 68.
g) Vera & genuina facti species p. 122.
h) Vera & genuina facti species p. 25, 26, 29, 128. Lünig
am angef. Orte p. 811. Thucelius am angef. Orte
p. 859.
i) Vera & genuina facti species p. 130.
k) Vera & genuina facti species p. 23.
l) Von Ludolph am angef. Orte Bl. 888 und 903.
Appellatio der Reichs-Bauern, sind seine eigene Worte,
Legibus Imperii non est conformis, & non sequitur:
Es sind Dorffschafften, ergo sind die Einwohner
Bauern. Appellatio pagorum in Germania habet
sensum longe alium. Vide Lehmanni Chron-Spir.
L. 4 Cap. 4 § die vierte. Es verdienen also diejenigen einen billigen Verweis, welche diese treue und gehorsame Reichs-Unterthanen mit dem verächtlichen
Namen unmittelbarer oder freyer Reichs-Bauern belegen, unter denen Jo. Frid Rhetius in Instit. jur.
publ. L. 1 Tit. 19 § 27 p. 297, und Georg. Adam. Struv
Diss. de requisitis statuum Imp. R. G. § 12 die vornehmsten sind.
m) Siehe den Receß, welchen der Graf von Henneberg
als Reichs-Amtmann in denen Reichs-Dörffern errichtet vom Jahr 1500 bey dem von Ludolph am angef. Orte Bl. 855 verbis: betrachtet und bewogen die
Verwandniß der Hausgenossen zu Gochsheim unter
einander. Und in der Form des Eides beyder Dörfer Gochsheim und Sennfeld gegen Churfürst Fri-
drichen, Pfaltzgrafen, beym Ludolph am angef. Orte
Bl. 867 heisset es: Solchen obbeschriebenen Eid sollen alle und iede Hausgenossen und ihre Söhne, die
über 14 Jahr alt sind, = = geloben und schwören.
n) So lesen wir in Kaysers Ruperti Urkunde vom Jahr
1402 beym Schilter am angef. Orte Bl. 236 Unsern
und des Reichs Lieben Getreuen Schultheissen, Schös-
sen und Bürgern in dem Dorffe zu Niedern Ingelheim. Und Weber am angef. Orte § 8 drucket das
lateinische Wort homagium, oder dem Eid, welchen
neue Einwohner bey ihrer Aufnahme schwören müssen,
auf eine überaus geschickte Art durch das Teutsche
Wort: Burger-Pflicht, aus. Das Wort Burger ist
überdis in Schwaben, und denen am Rhein liegenden
Ländern ein dasigen Bauern gewöhnlicher Nahme,
welche auch ihre vornehmsten Obrigkeitlichen Personen Burgermeister zu nennen pflegen, da hingegen
solche in Sachsen sich an dem Titel: Bauermeister
und Schultheiß beghügen müssen. Schilter in Codice
Juris Alemanici feudalis in Comm. ad Cap. 151 § 1
p. 311.

§. 12.
Ihre Gerechtsame in geistlichen Dingen.

Ihre Gerechtsamen in geistlichen und weltlichen
Dingen sind ungemein ansehnlich. Sie haben zu
allen Zeiten die Ober-Aufsicht in geistlichen Sachen
ausgeübet a), welche ihnen in dem Westphälischen
Friedens-Schlusse b) völlig zugestanden und freygelassen, nicht aber, wie einige ungegründet vorgeben, von neuem gegeben worden. Sie haben die geistliche
Gerichtsbarkeit c) in eben dem hohen Grade, wie andere hohe und vornehme Reichs-Stände. Sie bestellen folglich und verwalten vor sich ganz allein
und ohne iemands Zuthun alle geistliche Aemter,
nehmen die Rechnung über die geistlichen Güter und
Gefälle ab, führen die Ober-Aufsicht über Kirchen
und Schulen, stellen Kirchen-Visitationen an, setzen
Kirchen- und Schul-Diener ohne iemands Präsentation und Confirmation ein, und nach Befinden
wieder ab, fertigen ihnen eine Instruction, wie sie sich
in ihren Aemtern zu verhalten haben, aus, verbessern
die eingerissenen Mängel d), bauen, stiften und versehen ihre Kirchen mit denen nöthigen Einkünfften
ganz allein aus ihren eigenen Mitteln, und erhalten
solche nebst Pfarr- und Schul-Gebäuden in baulichem Stand und Wesen e). Sie dürffen die
geistlichen Sachen vor ihrem Consistorio, welches
aus dem Reichs-Schultheissen, einem Rechts-Gelehrten, ihrem und einem benachbarten Pfarr-Herrn
bestehet, entscheiden f). Von ihren in geistlichen
Sachen ausgesprochenen Urtheilen findet keine Beruffung an die höchsten Reichs-Gerichte stat g).
Sie haben das Recht, Fest- und Feyer-Tage zu
verordnen, solche auf einen gewissen Tag zu verlegen, oder auch gar wieder abzuschaffen, und das
Recht zu reformiren, können sie eben sowol unter denenjenigen Einschränkungen, unter welchen es der
Reichs-Ritterschafft zugestanden worden, in ihrem
Gebiete, wie jene ausüben h).

a) Vera & genuina facti species § 5 p. 2.
b) Art. 5 § 2. Siehe auch Henr. Hildebrandi Diss. de
Anno decretorio Cap. 2 § 7.
c) Diese Wahrheit ist, ausser denen in denen Streitigkeiten zwischen Gochsheim und Sennfeld herausgekommenen und von mir in Bibliotheca Deductionum
S. R. I. Lünigio-Jenichiana Parte 1 p. 447 sqq. ange-
merckten Deductionen, von Imman. Webern in Diss.
de jure circa Sacra pagorum Imperii immediatorum
Giessae 1717 habita mit so starcken und überzeugenden
Gründen dargethan worden, daß man den Namen
eines tollkühnen Zweislers verdienen würde, wenn
man auf den ungereimten Einfall gerathen wollte,
selbiger zu widersprechen. Siehe auch den Teutschen
Reichs-Staat am angef. Orte Bl. 1417. Hertius l. c.
Herr D. Moser im Grund-Riß der heutigen Staats-
Verfassung des Teutschen Reichs am angef. Orte
Bl. 616.
d) Vera & genuina facti species § 5 p. 2. Annotationes
resutatoriae über die Würtzburgische so intitulirte
Actenmäßige Speciem facti N. 61, 66 in Vera & genuina facti specie p. 93, 94 n. 70 und 72 p. 96. Ex-
tractus Replicarum in Sachen beyder Reichs-Dörffer
Gochsheim und Sennfeld contra Würtzburg und Consortes de non contraveniendo Paci religiosae, & Instrumento Pacis Westphalicae § Im übrigen, in Vera
& genuina facti specio p. 110. Im Jahr 1593 haben
5 beeidigte und instrumentirte Zeugen ausgesaget, daß
beyde Reichs-Dörffer, Gochsheim und Sennfeld, vor
10, 20, 30, 40 und länger Jahren Priester und Seel-
sorger der Augspurgischen Confession gehabt, und für
sich angenommen. Siehe die Beweis-Artickel in Vera
& genuina facti specie p. 127. Und in dem Reichs-
Schultheissen und Gericht zu Gochsheim und Sennfeld, an den Herrn Amtmann zu Mainberg Schreiben
vom 5 Jan. 1594 in Vera & genuina facti specie p.
122 heisset es: Gleichmäßig ist es mit dem Pfarr-
Herren und Schul-Dienern beschaffen, daß dieselbe
nicht

nicht von denen vorigen Schutz-Herren, die dannoch des mehrern Theils unserer Religion gewesen, sondern von unsern Vor-Eltern seligen, und uns, fürnemlich aber vor, und seithero des aufgerichteten Religions-Friedens angenommen und beurlaubet worden Zwey Besold = und Bestallungs-Briefe zweyer Gochsheimer Pfarr-Herren lesen wir in der Vera & genuina facti specie p. 29, 30, 31. In dem ersten M. Caspar Haasen den 23 Sept. 1635 ertheilten Vocations-Schreiben p. 29 wird ausdrücklich gesaget: Wenn uns aber das Jus Patronatus gehörig. Und in dem andern im Jahr 1644 an Athanasium Schrikeln gerichteten Besold-und Bestallungs-Briefe p. 31 wird gemeldet: daß der Gemeind das Jus Patronatus über solche Pfarr von uralten Zeiten hero, vermög der alten Freyheiten, Recht und Gerechtigkeiten gehörig.

e) Vera & genuina facti species § 7 p. 3. Weber l. c. § 12 & not. u)

f) Weber l. c. § 19.

g) Weber l. c. § 18.

h) Weber l. c. § 19.

§. 13.
Ihre Gerechtsamen in weltlichen Dingen.

Nicht geringer sind ihre Rechte, Freyheiten und Gerechtigkeiten in weltlichen Dingen. Sie sind mit hohen und niedern Gerichten begabet a). Sie errichten vor sich Dorff-Ordnungen b). Sie haben das Recht einen Schultheissen zu erwehlen c), und wieder abzusetzen, Gerichts-Personen zu verpflichten, und sie wider ihrer Pflicht zu erlassen, auch andere gemeine Diener anzunehmen d). Ihre Schultheissen und Gerichtliche Personen erhalten, so gar in Kayserlichen Urkunden den Namen Obrigkeiten e). Sie vereiden die neuen Einwohner, bestraffen die Meineide, falsch Gewicht, Elle, Maaß und Scheffel, erörtern die Grentz-Streitigkeiten, vergönnen denenjenigen, so darum gebührlich ansuchen, die Gast-Back-Baderey-Schmiede-Gerechtigkeit, bevormunden derer verstorbenen Gemeinds-Leute Kinder, fordern von denen Vormündern jährlich Rechnung, und entsetzen solche, wenn sich ein gegründeter Verdacht äussert, ihres Vormundschafftlichen Amts f). Ja sie beschäfftigen sich nicht bloß mit der Ausübung der Gerechtigkeit, sondern üben auch alle andere mit der Landes-Hoheit verbundene Gerechtsame aus g). Sie sind von allen Abgaben befreyet, erlegen eine gewisse Summe zu denen Reichs-Steuern, welche sie durch eine billigmäßige und gleich durchgehende Anlage zusammen bringen h), und schreiben auch bey allerhand unvermeidlichen und unentbehrlichen Bedürffnissen eine gemeinschafftliche Steuer aus i). Und daß ich endlich alles kurtz zusammen fasse, so können sich die Reichs-Dörffer aller und ieder Gerechtigkeiten und Freyheiten in ihrem Gebiete erfreuen, welche die freye Reichs-Ritterschafft in ihrem Gebiete auszuüben berechtiget ist, in soferne sie nicht einiger derselben durch gewisse Verträge freywillig und ungezwungen begeben haben.

a) Der Teutsche Reichs-Staat am angef. Orte p. 1417. Goldast am angef. Orte. Und was wollen die in der Anmerckung c § 7 eingerückten Urkunde befindlichen Worte: De Alto judicantes ibidem anders sagen?

b) Die Ausantwortung der Dorffs-Ordnung an die Reichs-Dörffer Gochsheim und Sennfeld wird in dem Restitutions-Receß vom Jahr 1649 in Vera & genuina facti species p. 30 dem Stiffte Würtzburg gemessenst und ernstlich auferleget. Es wird auch in des Kayserlichen und des Heil. Röm. Reichs Cammer-Gerichts zu Wetzlar Protectorio und Salvo Conductu

vor die beyden Reichs-Dörffer Gochsheim und Sennfeld beym Thucelio am angef. Orte p. 859 der Dorffs-Ordnung namentlich gedacht.

c) Solcher soll zu Gochsheim und Sennfeld iedesmal aus denen sieben Gerichts-Personen genommen und erwehlet werden. Schutz-Vertrag zwischen weiland Bischoff Julio zu Würtzburg und beyden Reichs-Dörffern zu Gochsheim und Sennfeld vom Jahr 1575 in Vera & genuina facti specie p. 22. Bey dem Reichs-Dorff Heymersheim auf der Zwysten war, wie aus der in der Anmerckung c § 7 enthaltenen Urkunde erscheinet, hergebracht, jährlich neue Richter zu erwehlen.

d) Mandatum & Citatio auf die Pfändung die Annehm-und Besetzung des Schultheissens-Gerichts x. betr. vom Jahr 1597 in Vera & genuina facti specie p. 26, 27. Annotationes refutatorie n. 61 in Vera & genuina facti specie p. 91. Weber l. c. § 10. Siehe auch, was Althausen anbelanget, die Anmerckung b § 10.

e) In Vera & genuina facti specie § 4 p. 2.

f) Weber l. c. § 10.

g) Weber l. c. § 8 sqq.

h) Teutscher Reichs-Staat am angef. Orte Bl. 1417. Herr Reg. Rath von Günderrode am angeführten Orte § 11 Bl. 944. Spener am angef. Orte Bl. 17, welcher dabey erinnert, daß ihnen ihre Anlage nicht fürgeschrieben, sondern von ihnen selbst ausgemacht, und dem Reiche oder vielmehr dem Kayser eingehändiget werde. Gochsheim und Sennfeld stehet dieses Vorrecht noch bis auf diese Stunde zu. In dem Schutz-Vertrage vom Jahr 1575 § So und wann, in Vera genuina facti specie p. 22 heisset es: sollen und wollen wir unter uns selbsten anlegen, die Anlag einbringen, und an die Würtzburgische Cammer liefern. Sind die Reichs-Steuern auf den gemeinen Pfennig oder andere Gewißheiten gerichtet, so erlegen die Gochsheimer und Sennfelder dieselbe solcher Bewilligung gemäß. Ist aber der Reichs-Anschlag des Römer-Zugs zu Grunde geleget, so zahlen sie denen Würtzburgischen Unterthanen gleichförmig. Würtzburg hat ihnen dieses annehmende Recht, nemlich das Jus collectandi & subcollectandi eingestanden. Siehe die von Bischoff Johann Philipp zu Würtzburg an die beyden Reichs-Dörffer unter dem 20 Sept. 1650, den 15 Mertz 1651 und den 5 Mertz 1654 erlassene Schreiben in Vera & genuina facti specie p. 121, 122. Unter andern befiehlet ihnen der Bischof im letztern Schreiben p. 122 ihr Contingent anzuschlagen und zu colligiren, und zwar NB. nach euerer in des Reichs-Matrikel begriffener Quota, woraus man überzeugend darthun kan, daß die Reichs-Dörffer denen alten Matrikeln ordentlich mit einverleibet gewesen, und der Satz wenigstens von denen ältern Zeiten nicht angenommen werden könne: daß die Benennung in der Matrikel ein sicheres und unbetrügliches Kennzeichen der Reichs-Standschafft sey. Man schlage Geißkostern am angef. Orte beym Cortrejo am angef. Orte Bl. 109 und 110 nach, wo er Exempel von einigen Reichs-Dörffern beybringet, welche ehedem in der Reichs-Matrikel begriffen gewesen. Ja Gochsheim und Sennfeld ist der neuesten Reichs-Matrikel in Herrn D. Kahlens Corpore juris publici S I. R. G. im II Th. p. 288 mit 5 Mann zu Fuß oder 20 fl. an Gelde angesetzet. Es sind auch diese beyde Gemeinden bey dem hergebrachten Jure collectandi & subcollectandi vom Kayserl. Hofe mächtig geschützet worden, wie unter andern aus dem Reichs-Hof-Raths-Concluso Jovis 5 Nov. 1716 in Vera & genuina facti specie p. 115 erhellet, in denen Worten: 1. Cum Cassatione des Würtzburgischen Decreti inhibitorii fiat Mandatum de non impediendo collectationem ad publicas necessitates Impetranti Communitatis. Mehrere können in Herrn D. Mosers merckwürdigen Reichs-Hofraths-Conclusis im V Bande Bl. 831 und im VI Bande Bl. 402 nachgeschlagen werden.

i) Weber l. c. § 9, welcher ihnen auch das Recht erblose Güter sich zuzueignen, und die Forst-und Jagd-Gerechtigkeit zuschreibet.

Das

✴✴✴✴✴✴✴✴✴✴✴✴✴✴✴✴✴✴✴✴✴✴✴✴✴✴✴✴✴✴

Das X Capitel.

Von denen Reichs-freyen Leuten.

§. 1.

Ausser denen Reichs-Dörffern giebt es auch Reichs-freye Leute. Deren Ursprung.

Teutschland kan nicht allein Reichs-Dörfer, sondern auch Reichs-freye Leute als unmittelbare Reichs-Unterthanen aufweisen. Sie stammen vermuthlich von derjenigen Art Knechten ab, welche unter dem Nahmen Fiscalini a), homines fisci b), servi regii c), homines proprii, qui regii dicuntur d), miseri homines, qui regii dicuntur e), Lidi f), des Königes geeignete Leute, deren Leib und Gut Königlicher Cammer unterworffen, und zu Erbauung ihrer Cammer-Güter gebrauchet werden g), Fiscals-Leute, Reichs-Leute h), und vielleicht unter verschiedenen andern Nahmen, in denen Urkunden hin und wieder vorkommen.

a) Carl du Fresne unter dem Worte Fiscalino. Strub am angef. Orte p. 1246. Joachim Potgiesser de Staru servorum L. I Cap. IV § 5 p. 173 sq. welcher gar wohl anmercket, daß diese Art Leute in einigen Urkunden Servi proprii, mancipia, heissen.

b) Burckhardus, Monachus St. Galli, Libro I de Casibus Monast. St. Galli apud Goldastum Rerum Alemannicarum T. II. Potgiesser am angef. Orte § 6 p. 174.

c) So schenckte Kayser Otto der I im Jahr 966 dem Magdeburgischen Stiffte ein Gut, cum omnibus ad id jure pertinentibus — Servis Regiis. Potgiesser am angef. Orte § 5 p. 174.

d) In Kaysers Wenceslai Urkunde vom Jahr 1398, in welcher er Rupert dem jüngern, Churfürsten zu Pfaltz die Erlaubniß ertheilet, sothane bishero verpfändet gewesene Leute einzulösen, in Defensione juris Palatini in homines proprios Parte I Cap. III § ult.

e) In dem zwischen dem Churfürsten zu Pfaltz, und dem Bischoff zu Speyer im Jahr 1415 aufgerichteten Vertrag an nur angef. Orte Cap. IV § 13.

f) Ja Kaysers Ottonis des I Urkunde vom Jahr 970, darinnen er das Stifft Magdeburg mit einem dergleichen Knechte beschencket, beym Casp. Sagittario in Antiquitatibus Magd. p. 125, wo die Worte also lauten: Et quemdam nostræ Imperatoriæ proprietatis Lidum Opoldum nuncupatum. Strub l. c. p. 1246 beruffet sich ebenfalls auf diese Stelle, und erdencket eine neue Benennung dieser Art Leute, indem er sie mit dem Titel Lidi Opoldi beehret. Es ist aber dieses ein offenbarer Irrthum, anerwogen der Kayser ja ausdrücklich saget: Lidum, Opoldum nuncupatum, und folglich das Wort Opoldus den Namen des Knechtes andeutet. Von denen Lidis überhaupt finden sich auserlesene Anmerckungen in Polycarpi Leyseri Diss. de Servis servorum Helmst. 1727 proposita § 4, und ist höchlich zu bedauern, daß dieses grundgelehrten Mannes Comm. de Singulis servorum Germanorum speciebus, so in gedachter Dissertation § 6 versprochen, nicht zum Vorschein gekommen. Denn er war allein im Stande diese Lehre in ein recht helles und gewisses Licht zu setzen.

g) So beschreibet sie Stumpff in der Schweitzerischen Chronid L. IV cap. 27, mit welcher Beschreibung diejenige vortrefflich übereinstimmet, so uns Potgiesser am angef. Orte § 5 p. 173 von diesen Leuten machet. Hi fiscalini, schreibet er, in villis Regiis, quas Reges & Imperatores per Germaniam cis- & trans-Rhenanam possidebant, maximam partem conspiciebantur, ibique agros & vineas colebant, eorumque census & vectigal fisco regis inferebatur.

h) Defensio jur. Palat. P. I Cap. I § 2.

§. 2.

Deren Verzeichniß.

Unter diesen Reichs-freyen Leuten haben die freyen Leute auf der Luckilicher a), oder Leutkircher b), oder Landkircher c) Heyde sich vornemlich berühmt gemachet. Kayser Ludewig der V versichert ausdrücklich d): Daß diese Leute vor Alters hergebracht; wo Sy hinfahrend, es seye in die Reichs-Stätte, oder in andere Stätte, daß in Ir Guth darnach dienen soll, sie sollen auch nach Ir todt niemand pfanden, oder nöthen, noch er mag für keinen Herrn geen, dem Sy ietzo auch für den Sy fürbaß versetzet oder verkümmert werdent. Kayser Rupert bestätigte im Jahr 1402 alle Freyheiten und Gerechtigkeiten Unsern und des Reichs lieben Getreuen den freyen Lüten uf Luckilicher Heyde gesessen, die sie haben von seliger Gedächtniß etwan Römischen Kaysern und Königen e). Eben dieser löbliche Kayser ertheilte im Jahr 1402 eine Urkunde Unsern und des Reichs lieben Getreuen, Schultheissen, Schöffen und Bürgern in dem Dorffe zu Niedern-Ingelheim, das die Lüte, die in dem Sale zu N. Ingelheim wonende sint, alle solche Freyheit haben, als die in demselben Dorffe zu wonen haben f). Wie denn auch mehrerwehnter Kayser Rupert eine von Kayser Ludewig dem V Anno 30 Regni & 17 Imperii vigiliis Pentecostalibus Unserm Richter zu Hennburg, ad preces Abbatis & Conventus zu Prufftingen in ostermeldtem 1402 Jahre bestätiget hat g).

a) In Kaysers Ruperti Urkunde vom Jahr 1402 beym Schilter am angef. Orte p. 235.

b) Europ. Herold am angef. Orte. Teutscher Reichs-Staat Bl. 1417. Heinrich von Cocceji in Dissertat. de charactere Statuum Imperii Sect. III § 8. Goldast am angef. Orte. Herr Reg. Rath von Günderrode am angef. Orte § 12 p. 945. Hugo l. c. Cap. V § 6. Kemmerich l c. Herr D. Moser in der Nachlese zu seinem Compendio juris publici moderni Regni Germanici p. 590. Schilter am angef. Orte. Herr Hofrath Schmauß am angef. Orte. Vitriarius in Institur. jur. publ. T. IV L. III Tit XXI § 8. Georg Heinrich Wegelin in Spicilegio Observationum ad Capitulationem Augustissimi Imp. Caroli VI in Appendice ad Art. I p. 340.

c) Vitriarius am angef. Orte.

d) In der Verstattung unterschiedener Freyheiten vor die freyen Leute auf der Leutkircher Heyde vom Jahr 1337 beym König in des Reichs-Archivs Partis Specialis IVter Continuation und Fortsetzung des andern Theils Bl. 403.

e) Schilter am angef. Orte Bl. 235.

f) Schilter am angef. Orte Bl. 236.

g) Schilter am angef. Orte Bl. 236.

§. 3.

Kaysers Sigismundi Begnadigung, daß die freyen Leute auf der Leutkircher Heyden nicht alieniret werden sollen.

Eben diese freye Leute auf der Leutkircher-Heyde begnadigte Kayser Sigismund mit der Freyheit, daß man sie von dem Heil. Reich nicht verkauffen,

verpfän-

verpfänden, versetzen noch veräussern solle, und nennet sothane Freyheit ein alt Herkommen und gute Gewohnheit a). Kayser Maximilian der I erlaubete ihnen, ihre Reichs-Steuer unter einander selber anzulegen und einzubringen b). Auf dem Reichs-Tage zu Worms im Jahr 1521 wurden eben diesen freyen Leuten ihre Reichs-Freyheiten, und absonderlich, daß sie von dem Reiche nicht sollten versetzet werden, abermahls bestätiget c). Und im Jahr 1621 erhielten sie von Kayser Ferdinanden dem II eine in sehr huldreichen Ausdruckungen abgefassete Confirmation aller und ieder ihrer Privilegien d). Dergleichen Reichs-freye Leute sollen auch im Nassauischen e), Limburgischen f), in Francken, im Marckgrafthum Brandenburg-Onoltzbach und der gefürsteten Abtey Ellwangen g), anzutreffen seyn. In welche Classe auch diejenigen müssen gerechnet werden, deren Potgiesser g) unter dem Nahmen Reichs-freye Hobs-Leute gedencket. Die Kayser, unter denen diese Art Leute unmittelbar stunden, giengen mit ihnen vielmals gar sehr verschwenderisch um, und versetzten sie an andere, wodurch aber ihrer Reichs-Freyheit nicht der allermindeste Eintrag und Abbruch geschahe h).

a) Es beruffet sich auf diese Sigismundische Bestätigung Kayser Ferdinand der II in der Confirmation aller und ieder Privilegien der freyen Leute auf der Leutkircher Heyd vom Jahr 1621 beym Lünig am angef. Orte p. 805.

b) Kaysers Maximilian des I Vergleich mit denen freyen Leuten auf der Leutkircher Heyd stehet beym Lünig am angef. Bl. 803.

c) Geitzkofler am angef. Orte, beym Cortrejo am angef. Orte Bl. 109.

d) Man suche solche beym Lünig am angef. Orte Bl. 805.

e) Wegelin l. c. p. 341. Pariter ex Chronico Nassoviensi Textoris notat B. D. Hertius, etiam Nassoviæ Comites liberos ejusmodi homines (Reichs-Leute) in Comitatibus ac Dynastiis suis tenere, quod Genus hominum e regiis servis, qui fiscalibus agris & domaniis Regum addicti erant, superesse putat in Diss. de hominibus propriis Sect. I § 3. Auf eben diese Nassauische Chronick, so von Johann Textor aufgesetzet worden, und deren Bl. 41 beziehet sich gleichfalls Potgiesser l. c. § 6 p. 174. und Struv p. 1247. Ich kan aber die angeführte Stelle in der neuesten Ausgabe der Textorischen Chronick, so zu Wetzlar 1712 in Fol. die Presse verlassen hat, weder auf bemeldeten Blatte, noch sonsten an einem Orte derselben antreffen, ohnerachtet ich in Aufsuchung derselben alle ersinnliche Mühe angewendet habe.

f) Wegelin l. c. p. 340.

g) Limnæus in iure publico Tom. IV Addit. ad Libr. I Cap. VII § 64 p. 66. Dantur etiam in Franconia, Marchionatu Onoldisbacensi, Districtu Elwangensi, & Locis finitimis, qui, tam ratione personæ, quam bonorum, nullum habent Dominum, nec protectorem sibi quærunt, quem voluerint, etiam ex privatis aliquem. Herr Regierungs-Rath von Günderrode am angef. Orte § 12 Bl. 945. Jo. Friedr. Pfeffinger in Virriario illustrato Tom. II L. I Tit. XIX § 1 not. f) p. 837. Struv l. c. p. 1247. Wegelin l. c. p. 340. Es sind diese Leute niemanden unterworffen und völlig frey, können einen Schutz-Herrn nach eigenem Belieben erwehlen, geben solchem ein gewisses sehr geringes Schutz-Geld, z. E. ein Ort, oder zwey Ort eines Gülden, ingleichen ein Fastnachts-Huhn, dürffen ihm, so offt es ihnen gefället, den Schutz wieder aufkündigen, sind von allen und Wesen Abgaben gäntzlich befreyet, und erlegen nur zu denen Reichs-Steuern einen proportionirlichen Beytrag. Martinus Magerus von Schönberg de Advocatia armata Cap. VI n. 27, 28, 29 p. 198. Ein dergleichen freyer Reichs-Unterthan war Hans Khone zu Rüdern. Magerus l. c. n. 40 p. 199. Joh.

Berchhold von Wepler auf der Eck, Mager l. c. n. 62 p. 201, und Johann Weber von Killingen. Magerus l. c. n. 63 p. 202. Diese Leute können, wens sie wollen, den Schutz ihren Schirms-Herrn wieder aufsagen, da sie denn nebst ihrem verfallenen Schutz- und Schirm-Geld einen oder zwey Gülden als ein Nach-Geld erlegen, welches sie auch bey der Aufnahme zu entrichten pflegen, wie aus denen von Magero eingerückten Schirm-Briefen klar und deutlich erhellet.

h) am angef. Orte § 6 p 174.

i) So erlaubte Kayser Wenceslaus im Jahr 1398 dem Churfürsten von der Pfaltz die innerhalb denen Aemtern Moßbach und Laudern sich aufhaltende und denen von Rosenberg versetzte Reichs-Leute einzulösen. Es befindet sich die darüber ausgefertigte Urkunde in Justicia causæ Palatinæ pro Wildfangiatu P. I Cap III § ult. und drucket sich darinnen der Kayser folgender massen aus: Profitemur & manifestum facimus hasce lecturis legendasve audituris, scilicet de hominibus propriis, qui Regii dicuntur inter Mosbacum & Laudum, circiter tractum illum degentibus, qui Nomine S. R. I. Rosenbergiis pignorati, qualescumque illi sunt, aut quomodocumque appellentur, quod nos Cellisssimo Ruperto, juniori, Comiti Palatino ad Rhenum, Duci Bavariæ, Avunculo nostro dilecto & Principi concesserimus & singulari ex gratia indulserimus & mandaverimus, Regios Istos Nostros Homines prædicto Rosenbergio S. R. I. nomine redemtos in manum tutelamque suam recipere & retinere pro eo ære, ut Rosenbergiis oppignorati. Und in der Charta Nobilium Adelsheimiorum de Anno 1754 in Justitia causæ Palatinæ pro Wildfangiatu P. I Cap. IV § 3 heisset es: Homines Regii prædicto Regi Romano, Domino nostro clementi, ejusque hæredibus Comitibus Palatinis Regni iterum operas præstabunt, quemadmodum alii Homines Regii, qui ad prædictum pignus Imp. pertinent. Einige zehlen auch hieher die freyen Leute zu Meglets, oder Megloß. Weil aber in denen alten Urkunden allezeit derer Richter, Räth, Gemeind und freyen Leuten zu Megloß gedacht wird, wie ich in der Anmerckung h § 7 gelehret habe, und überdiß der vornehme Verfasser des Europäischen Herolds, Buckisch und Strub an angef. Oertern Megloß mit deutlichen Worten ein Reichs-Dorf nennen, so habe ich mich vor berechtiget gehalten, selbigem eine Stelle unter denen Reichs-Dörffern einzuräumen.

§. 4.
Ihre Gerechtsamen.

Sothane freye Reichs-Leute sind dem Reiche ohne Mittel unterworffen a), leben in einer vollkommenen Freyheit, sind von allen dingpflichtigen und persönlichen Abgaben und Beschwerungen gäntzlich befreyet, thun nur zu denen Reichs-Steuern einen freywilligen Beytrag, den sie unter einander anlegen und zusammen bringen b), und geniessen alle diejenigen Rechte, Freyheiten und Vorzüge, soweit sie nemlich solcher fähig sind, welcher sich die Reichs-Dörffer, vermöge alten Herkommens, redlichen Gewohnheiten, Reichs-Gesetze und Kayserlicher Begnadigungen zu erfreuen haben.

a) Wo die Reichs-Gesetze, welche ich oben in der Anmerckung d) und e) angezogen habe, derer pagorum immediatorum, derer dem Heil. Reich immediate unterworffener, Erwehnung thun, so werden allemal nebst denen Reichs-Dörffern auch die Reichs-freye Leute darunter verstanden. Mit dieser meiner Meynung stimmet Herr Wegelin in Spicilegio Observationum ad Capitulationem Augustissimi Imp. Caroli VI in Append. ad Articulum I p. 339 völlig überein, wenn er über die Worte: Sonst auch einen ieden bey seinem Stand und Wesen lassen, unter andern glossiret: Enimvero non communitatibus & pagis immediatis solum, sed & Liberis istis Hominibus, qui Cæsari & Imperio nullo medio subjecti passim in Germaniæ regionibus degunt, hæc formula cautum intelligitur.

b) Siehe die Anmerckung q § 3.

§. 5.

§. 5.

Wunsch vor die Erhaltung dieser treuen und redlichen unmittelbaren Reichs-Glieder.

Ich wünsche vor GOtt, daß es unserm Allertheuersten und Allerglorwürdigsten Kayser, dem mit denen allervortreflichsten Leibes- und Gemüths-Gaben reichlich ausgezierten und Gott und Menschen angenehmen Frantz dem I allergnädigst gefallen wolle, diese unmittelbaren Reichs-Glieder, welche öfters mehr, als manche vornehme Grafschafft zu denen Reichs-Steuern beytragen, und im geringsten nicht geachtet haben, sich dem gemeinen Besten vollkommentlich und weit über Vermögen aufzuopfern a), in seinen besondern Macht-Schutz zu nehmen, bey ihren alten wohlhergebrachten Rechten, Gewohnheiten und Freyheiten in geistlichen und weltlichen Dingen, nach Dero selbsteigenen allerhöchsten und allerverehrungswürdigsten Versiche-

rung b), großmüthigst zu schützen, und denenjenigen Ihre gerechte und schwere Ungnade empfinden zu lassen, so diese ob wohl geringen, doch iederzeit treuen und gehorsamen Reichs-Glieder um ihre Reichs-Unmittelbarkeit zu bringen, oder wenigstens zu beleidigen und zu bedrängen sich unterfangen. Durch welches edelmüthiges Bezeigen Allerhöchst-Dieselbe tausendfachen Segen über Ihr Allerdurchlauchtigstes Haus bringen, Dero Regierung verewigen, und Dero Gedächtniß noch der spätesten Nachwelt verehrungswürdig machen werden.

a) Sind Worte, deren sich die beyden Reichs-Dörffer Gochsheim und Sennfeld in denen Anmerckungen über das Würtzburgische Memoriale Informativum ad Num. 57 p. 31 bedienen.

b) Wahl-Capitulation Art. I § 2 p. 3 nach der Herausgabe, welche der gelehrte Herr M. Heinrich Gottlieb Francke besorget hat, verbis: Sonst auch einen ieden bey seinem Stand und Wesen zu la...

✳✳✳✳✳✳✳✳✳✳✳✳✳✳✳✳✳✳✳✳✳✳✳

Das XI Capitel.

Von den Einwohnern der Dörffer oder Bauren nach den Römischen Rechten, und ihrer heutigen Beschaffenheit.

§. 1.

Warum die Bürger Burgenses heissen.

Es ist oben allbereit Meldung geschehen, woher die Bürger so wohl als Bauren ihren Nahmen führen. Dabey dann ferner zu wissen, daß man die Bürger oder Stadt-Einwohner vor alten Zeiten Burgenses genannt, weilen die Städte auch im Latein zuweilen Burgum eine Burg hiessen. Daher man in denen alten Stadt-Siegeln noch insgemein diesen Nahmen antreffen pfleget: Sigillum Burgensium de Goslar, de Hildensem &c. Es kan hievon weiter nachgesehen werden, Hering. Tract. de Jure Burgor. Die Bauren aber werden auch sonst wohl Acker-Leute, Land-Leute rc. benahmet, weilen nemlich ihre Profeßion vornemlich darauf beruhet, daß sie den Feld- und Acker-Bau abwarten, und damit ihre Nahrung suchen. Und werden demnach unter den Nahmen Bauren, vornehmlich verstanden die Leibeigenen, Lassen und andere Dienstpflichtige Leute, welche von einem Guts-Herrn ein gewisses Stück Landes zu geniessen einbekommen, und dagegen demselben viel oder wenig zu dienen schuldig sind. Zum andern auch diejenigen, welche auf dem Lande leben, dennoch aber von Diensten und Hals-Eigenschafft befreyet seyn, und weder zu dem Adel, noch zu denen Bürgern können gerechnet werden: Und von denenselben wird hier meistentheils die Rede seyn.

§. 2.

Von Beschaffenheit der Bauren, nach den alten Römischen Rechten.

Es findet sich augenscheinlich, daß wie diejenigen Gesetze, die wir heutiges Tages in Corpore Juris finden, gegeben sind, es viel eine andere Beschaffenheit mit den Bauren gehabt, als ietzo, welches nicht durchgehends von allen genau observiret, und daher unterschiedliche Irrthümer in Applicirung derer alten Rechte auf unsere Zeiten begangen sind. Die Bauren oder Agricolæ (wie sie durchgehends alle genennet werden) werden nach der Römischen Jurisprudenz in fünf Classes eingetheilet,

Jurist. Oracul V Band.

welche sind erstlich, Rusticani, zum andern Adscriptii oder Glebæ adscripti, drittens Originarii, viertens Censiti, fünfftens Coloni.

Rusticani waren, welche zwar auf dem Lande wohneten, doch aber niemand zu dienen schuldig waren, und nur von ihren Aeckern, so ihnen eigenthümlich zustunden, eine jährliche Steuer-und Korn-Gefälle zum gemeinen Schatz bezahleten. Und damit sie solchen iederzeit abführen könten, ist eine harte Straffe gegen diejenigen verordnet, so sie zu einigen Diensten nöthigen würden, leg. 1 & 2 Cod. ne Rusticani ad ullum obseq. Perezius in tit. n. 1.

§. 3.

Was Adscriptitii und Originarii heissen.

Adscriptii wurden diejenigen genennet, welche vermittelst eines schrifftlichen Contracts ein gewiß Bauer-Gut zu bestellen verbunden waren, und von solcher Schrifft ihren Nahmen bekommen. Diese sind von Leibeigenen wenig oder nichts unterschieden, und folgen also dem Zustande ihrer Mutter, leg. 6 Cod. de Agricolis & Censitis, ibique Brunnemannus, Novella 54 & 16e. Diese kunten auch ihre Freyheit nimmer präscribiren, l. 23 Cod. d. tit. durfften auch von denen ihnen eingegebenen Höfen nimmer abweichen, Perezius in Cod. de Agricolis & Censitis. Originarii wurden genannt, welche von denen Adscriptitiis gebohren, und in deren Rechte eintreten musten, hatten ihren Nahmen davon, daß sie von denen Adscriptiis herstammeten, leg. 11 & leg. 13 Cod. d. tit. Perez. d. l. n. 33.

§. 4.

Was Censiti und Coloni heissen.

Censiti, welche auch Censibus adscripti heissen, sind, welche zwar auf einen gewissen Hof denselben zu verwalten gesetzet, doch aber nicht also, wie die Adscriptitii vor sich und ihre Kinder den Herren unterwürffig waren: Diese gaben nun jährlich vor die Länderey, welche sie besassen, einen gewissen Zins, kunten auch von solcher Länderey frey abgehen, und mit Bewilligung des Guts-Herrn ihr Recht verkauffen,

E e

kauffen, wenn sie nur ein gewisses vor den Abschoß an den Herrn bezahleten. Perez in Cod. de Agric. & Cens. n. 3. Colonos hieß man diejenigen, welche zusamt ihren Söhnen, des Guts-Herrn Acker bestellen, und davon einen jährigen Canonem bezahlen musten, leg. Agricola 18 Cod. de Agricolis & Censitis. Von diesen sind einige Coloni perpetui, welche ein Gut vor einen gewissen Zinß auf ewig zu geniessen haben, leg. 1 Cod. de variis mendicis. Einige heissen Conditionales, welche, wenn sie 30 Jahr Coloni gewesen, hernach in solcher Condition bleiben, und perpetuirlich bestehen müssen, leg. 15 & leg. 23 § 1 de Agricolis & Censitis; Wiederum andere heissen Coloni simplices, welche nur durch einen gewissen Contract einige Ländereyen um jährlichen Zins angenommen, vid. Herm. Stammius de Servitute Personali lib. 3 c. 3.

§. 5.
Von der heutigen Bauren Beschaffenheit.

Daß nun diese der alten Römer Verordnung wegen Unterscheid und Zustandes der Bauren nicht also mehr üblich sey, bedarff keines Ausführens: Denn obwohl nicht zu leugnen, daß die ietzt beschriebenen Differentien in einigen Stücken dem heutigen Unterscheid der Bauren etwas nahe kommen, auch daher von bewehrten Jure Consultis auf unsere heutige Halseigne von denen alten Adscriptitiis geschlossen werde, auch wann von denen Meyer-Rechten und andern dahin gehörigen Sachen etwas zu statuiren, die Römischen Rechte von denen Colonis, Censitis &c. vielfältig allegiret werden: So kan man doch nicht sagen, daß alle beschriebene Arten, also wie sie vor alters im Schwange waren, noch heutiges Tages üblich sind.

§. 6.
Was Mevii Gedancken von dem Zustand der Bauers-Leute.

Weil nun der vortrefliche ICtus Mevius in dem Tractat, welchen er nennet: Kurtze Gedancken von dem Zustande, Abforderung und verwiederter Abfolge der Bauers-Leute, c. 1 n. 13 von dieser Sache accurat redet, als wollen wir dessen Worte allhie beyfügen. Es befindet sich, sagt er, ietzt im Römischen Reich Teutscher Nation ein grosser Unterscheid der Bauers-Leute, und ist in allen Landen und Herrschafften derer nicht eine einzige Art: Etliche Bauren, oder Bauersleute, seynd keiner Herrschafft ausserhalb dem Römischen Kayser unterworffen, so des H. Reichs freye Bauren genannt werden, etliche werden Bauren genennet, so unter andern Fürsten, Grafen, Städten und Herrschafften auf dem Lande gesessen, und den Ackerbau auf ihren eigenen Gütern treiben, sind aber nicht diensthafft, sondern freye Leute, nichts anders, als die gemeine Land-Onera tragen, zuweilen von ihren liegenden Gründen Recognition-Gelder entrichten, im übrigen von aller Dienstbarkeit befreyet, dergleichen in Schwaben und andern Orten zu finden, und Frey-Bauren genannt werden. Stamm. de Servitute personali, Oldendorpius Classe 3 tit.) Andere sind, die zu Frohn und Diensten zwar nicht gebraucht werden, gleichwohl Aecker und Häuser von ihrer unmittelbaren Obrigkeit einhaben, und davon jährlich einen gewissen Zins oder Pacht entrichten, darum man dieselbe Pacht-Leute (an andern Orten Landsiedler) nennet, wie in Sachsen, Thüringen und an andern Orten solche sich aufhal-

ten. Andere werden nicht allein zur Pacht, sondern auch zu Dienst und Frohnen für die Aecker, welche ihnen eingethan, gebrauchet, sind daneben der Herrschafft mit einer Leibeigenschafft verbunden, daß sie nicht weichen oder auffsagen können, aber wenn es ihnen beliebig, aufstehen müssen, und dieselbe werden nach des Landes Pommern Art, eigentlich Bauren genennet, dergleichen in der Chur-Brandenb. Mecklend. Hollstein rc. zu finden. Zu diesen sind noch diejenigen zuzufügen, die zwar Frohn-Güter besitzen, mit denselben aber frey schalten und walten mögen, die danebst ihrer Herrschafft mit keiner Leibeigenschafft verwandt seyn, und dahero ihre Güter veralieniren, und sich an andere Oerter wenden können; dergleichen viel in Thüringen. Sachsen, Meissen und andern Oertern anzutreffen, vid. Frantzkius Tract. de Laudemiis cap. 10 n. 30.

§. 7.
Wie die Eigenschafft der Bauern in Teutschland sey.

Es ist hieraus zu ersehen, daß die Eigenschafft der Bauren in Teutschland nicht einerley sey, daher auch von denenselben nicht auf einerley Art zu statuiren. Denn was die heutigen Halseigenen anbelanget, kan man sie nicht in allen Stücken mit den alten Servis und Libertis der Römer vergleichen, sondern man muß mit Zasio singular. Resp. l. 2 c. 7 n. 8 bekennen, daß die eigenen Leute in Teutschland eigentlich keine Adscriptitii, noch Coloni, noch Censiti, noch Statu liberi sind, von allen diesen Arten aber etwas an sich haben. Welchen beypflichten Cothmannus Vol. 1 Cons. 42 n. 21. Statnm. de Servit. L 1 c. 2 n. 2. Denn es findet sich, daß dieselbe an einigen Orten leidlich, an andern aber hart gehalten werden; Leidlicher ist ihr Zustand in Ober- und Nieder-Sachsen, Meissen und andern Orten, härter aber werden sie gehalten in Holstein, Pommern, Lieffland, Pfaltz, Bayern. conf. Frantzkius Tract. de Laudemiis cap. 10.

§. 8.
Von Ursprung der Leibeigenen.

Von dem Ursprung und Eigenschafft derer Leibeigenen (welche an einigen Orten Lassen genennet werden, weil sie nemlich das Land zu bauen an einigen Orten gelassen sind, Wehn. Obs. pr. d. verb.) kan man sich bey denen Historicis weiteren Berichts erholen. Die Vornehmsten, so hievon Bericht thun, sind Lehmann. Chronico Spirensi lib. 2 c. 20. Husan. de Homin. propr. cap. 6 l. 24. Zas. Sing. Resp. l. 1 c. 3, Besoldus, Wehn. & Speidel. verbis Lassen, Leibeigenschafft, Mevius d. Discursu vom Zustande und Abfolge der Bauers-Leute. Und können auch die wegen des Wildfangs in der Pfaltz herausgegebene Streit-Schrifften hierinne zur Nachricht dienen. Die General-Regel, welche bey dieser Sache zu einer Richtschnur zu beobachten, ist diese; daß wenn von der Freyheit, den Rechten und Diensten der Bauren die Frage ist, man wegen deren vielfältigen Beschaffenheit die Gewohnheiten und Statuta eines ieden Orts anzusehen habe, und sich darnach richte, was selbige vor zuläßig oder vor verboten achten wollen. Kœppen. qu. 13. Vultejus de Feudis l. 1 c. 4 n. 7 & seqq. Harppr. in § præjudiciales Inst. de Act. n. 5. Mev. parte 6 Decis. 101.

Das

✳✳✳✳✳✳✳✳✳✳✳✳✳✳✳✳✳✳✳✳✳✳✳✳✳✳✳✳✳✳✳✳✳✳

Das XII Capitel.

Von den Bauer-Gütern.

§. 1.
Wie der Bauer-Güter Zustand beschaffen.

Gleichwie nun oberzehlter massen die Bauers-Leute ihrem Zustande nach unterschieden sind, also sind auch ebener Gestalt ihre Güter nicht einerley Art. Dann einige Bauer-Höfe sind von Herren-Diensten frey, und werden einiger Orten genant Siedel-Höfe, freye Bauren-Höfe: Anderer Orten nennet man sie Sattel-freye Güter. Andere aber und zwar die meisten sind den Herren-Diensten unterworffen, welche an ander Orten pflichtbare Güter, oder auch Dienst-pflichtige Güter genennet werden. Vid. Hertzog Georg Wilhelms Resolution der Hoyaischen Landschafft ertheilet, de an. 1697. An andern Orten werden dieselbe Frohn-Güter genennet, weil von denenselben die Frohnen und Dienste entweder mit der Hand oder mit den Spann kommen müssen.

§. 2.
Die Eintheilung der Bauer-Güter in Erbzins und Zins-Güter.

Uiber dem werden die Bauer-Güter eingetheilet in Erbzins-Güter oder in Zins-Güter. Jene sind, welche mit solcher Bedingung den Bauren eingeräumet, daß davon dem Guts-Herrn das Ober-Eigenthum bleibet, und dessen Recognition der Guts-Mann jährlich einen gewissen Pacht oder Canonem entrichten muß, da unterdessen, so lang solcher Erbzins richtig abgeführt wird, der Erbzins-Mann bey solchem Gute perpetuirlich bleibet, leg. fin. Cod. de Jure emphyteut. Frantzkius Tr. de Laudemiis c. 9 n. 1. Die Zins-Güter aber, so auch sonst Erb-Güter heissen, haben solche Beschaffenheit, daß sie eigenthümlich den Bauren zugehören, nur daß davon jährlich ein gewisses an den Guts-Herrn, welcher doch kein Eigenthum zu prätendiren. Siehe Chassanæum ad Consuetudines Burgund. sub rubr. 11 §. n. 1. Colerum de Processu Execut. n. 94 & seqq. Wiewohl nach einiger Meynung die bona censitica oder Zins-Güter nicht völlig den Bauren zugehören, sondern von dem Guts-Herrn müssen erkennet werden, allein die oben erzehlte Meynung ist denen Rechten und der Wahrheit gemässer, vid. Struv. Jurispr. lib. 2 tit. 12 § 16.

§. 3.
Der Unterschied von beyderley Gütern.

Es ist hieraus gantz deutlich abzunehmen, daß die Erb-Zins-Güter, mit denen Zins-Gütern (bona emphyteutica censitica) nicht mit einander zu vermengen, sondern wohl zu unterscheiden sind: Weilen aber dieselb an allen Orten nicht von einerley Art und Eigenschafft, als ist derselben Beschaffenheit vielmehr aus der Landes-Gewohnheit und täglicher Uibung, als denen General-Verfassungen zu determiniren, wie gar wohl saget Coler. de Processu Executivo part. 1 cap. 10 n. 195. Ob aber ein Gut in zweiffelhafften Fällen vielmehr vor

ein Zins-Gut oder Erben-Zins zu halten sey, würde sich hier fragen lassen? Und weilen in allen zweiffelhafften Fällen iederzeit die Præsumtio vor die Freyheit militiret, der Erb-Zins aber als ein Onus die Freyheit umschräncket, so gehet die allgemeine Præsumtio dahin, daß ein Gut vielmehr erbe, als ein Erben-Zins-Gut sey. Carpz. part. 2 Const. 39 Def. 8. Gleichwie auch solcher massen in dubio davor gehalten wird, daß ein Gut viel eher allodial als Lehn sey. Richt. vol. 1 part. 3 Cons. 7. Schrad. Tom. 1 Cons. pag. 792. Meischn. Tom. 3 Decis. 16 n. 5.

§. 5.
Wie die Bauer-Güter an sich selbst einzutheilen.

Was ferner die Eintheilung der Bauer-Güter anlanget, so werden sie ihrer Grösse nach in gewisse Hufen, zu Latein Hubas oder Mansos, und diese hinwiederum in gewisse Morgen oder Aecker eingetheilet. Es ist aber deren Grösse durchgehends nicht einerley; An den meisten Orten wird eine Hufe Landes auf 30 Morgen, anderswo auf 20 gerechnet. Ja offt in einem Amte oder Dorffe wird eine Hufe auf unterschiedliche Anzahl angeschlagen. Wo die Morgen nach der Ruthe abgemessen sind, pflegen dieselbe 120 Creutz-Ruthen in sich zu halten, wie solches in dem Bischoffthum Hildesheim und Braunschweigischen Ländern gewöhnlich ist. Die richtigste Abmessung aber solte wohl diejenige seyn, wann die Aecker-Zahl nach der Einsaat oder Einfall, wie viel Himten nemlich in ein Stück Landes können gesäet werden, angeschlagen und gerechnet wird, wie dergleichen Art in dem Hertzogthum Lüneburg mehrentheils üblich.

§. 6.
Die heilsame Verordnung bey den Bauer-Gütern.

Von diesen Bauer-Gütern sind zu deren desto besserm Aufnehmen hin und wieder heilsame Verordnung eingeführet und gesetzet worden. Unter denenselben findet die oberste Stelle diejenige, da den Bauren verboten wird, ihre Erben-Zins, Meyer-oder andere Güter nicht zu zertheilen, oder die dazu gehörige Stücke an Ländereyen, Wiesen, Holtzungen und dergleichen zu veräussern, oder von den Höfen zu bringen, vid Fürstl. Braunschw. Lüneburg. Zellische Policey-Ordnung cap. 44, item Verordnung, wie es mit Redintegrirung der Meyer-Höfe zu halten, den 1 Julii 1699, allwo denen Bauers-Leuten expresse verboten wird, daß sie von denen Höfen, sie mögen Schillings-Meyer-Erb-Zins-oder dergleichen von Aemtern oder andern Guts-Herrn relevirende oder wieder verliehene Güter seyn, gantz keine von Alters her dabey gewesen, oder sonst nach Disposition der Policey-Ordnung mit dazu zu rechnen stehenden und nicht notorie und erweislich dabey gekauffte, donirte, ererbte, oder sonst titulo plane speciali acquirirte Ländereyen, Aecker, Wiesen, Gärten, Kämpe, Holtzungen, Immen-Zäune, und andere vorbesagter massen ihrer Natur nach dazu gehörige Pertinentzien, wie selbige auch immer Namen haben mögen, noch weniger aber die Höfe selber ohne respective Amts- oder Guts-Herrlichen ausdrücklichen Consens und Einwilligung auf einigerley Weise verpfändet, versetzet, vertauschet oder sonsten, es geschehe unter welchem Vorwand oder Schein es immer wolle, veräussert, und von den Höfen abgebracht werden, die hiewider von einem oder andern nichts desto weniger unternommene alienationes und Veräusserungen an sich und ipso jure unkräfftig, null und nichtig seyn, dafür beständig geachtet, und in Gerichten davor erkannt, und ohne eintzige Ausnahme geurtheilet, die Gläubiger und Creditores aber mit ihren Forderungen an die Schuldner selbst und deren Erben, um sich aus deren Allodio und eigenthümlichen Gütern zu erholen, und ihre Bezahlung daraus zu suchen, verwiesen werden sollen. Womit auch überein kommt die Anhaltische Policey-Ordnung tit. 20, Mecklenburgische Policey-Ordnung tit. von Gewerb und Handthierung der Bauren, Würtenbergische Policey-Ordnung tit. 16. Siehe auch Jhro Durchl. Hertzog Georg Wilhelms Resolution der Lüneburgischen Landschafft ertheilet Anno 1686 n. 6.

§. 7.
Was vor Bauer-Güter darunter begriffen.

Aus dem ietzt gemeldten aber ist anben zu schliessen, daß diejenige Güter, Aecker, Wiesen und Ländereyen, welche von denen Bauers-Leuten von neuen zu dem Hofe gebracht, und durch einen Kauff, Erbschafft, Schenckung oder anderen bewehrten titulum an sich erworben, unter dieser Regel nicht begriffen, sondern denen Bauers-Leuten Freyheit gelassen ist, damit eigenes Gefallens zu verfahren, dieselbe zu veräussern, und auf wen sie wollen, zu transferiren. Denn es die härteste Art der Leibeigenschafft seyn würde, wenn man die Land-Leute dahin nöthigen wolte, daß sie auch mit demjenigen, was ihnen pleno Jure zustehet, ihren Vortheil nicht schaffen können. Und muß es billig heissen, ein ieder ist Herr über das Seinige. leg. 20 Cod. Mandati leg. 1 ff. de usuris.

§. 8.
Was vor Fälle in obiger Fürstl. Resolution ausgenommen.

Uiberdem so werden in obgedachter Fürstl. Resolution annoch zwey Fälle ausgenommen, welche nicht minder auf die Billigkeit als der obige gegründet sind. Nemlich erstlich wenn der Guts-Herr drein williget, und damit zufrieden ist. Denn man kan diesem die Macht nicht benehmen, über ein solches Gut, welches ihm zuständig ist, frey zu disponiren, leg. 25 ff. de usuris, und würde sonsten dasjenige, was dem Guts-Herrn zum Besten geordnet, zu seinem Schaden und Verdruß gereichen. Zum andern, wenn sich ein sonderbarer Nothfall ereignete, und dabey die Umstände und Gefahr also beschaffen, daß man des Guts-Herrn Einwilligung nicht erst suchen kan, wie etwan in grosser Krieges-Noth sich zutragen möchte, alsdenn ist dem Zins-Mann erlaubet, seine Pertinentzien, iedoch nicht länger als auf 4 Jahr zu versetzen. Denn es bekannt, daß die Nothwendigkeit alles erlaubet, was sonsten die Gesetze verbinden. Cap. 4 de Reg. Jur. dabey dennoch aber die Restriction gesetzet, daß vorerst die

Güter nicht gäntzlich veralieniret und verkauffet, vors andere, so bald die Gefahr aufhöret, dem Guts-Herrn die Beschaffenheit eröffnet, dabey Bescheinigung und Beweis gebracht werde, daß die also erborgte Gelder zu des Hofes Conservation und Besten angewendet worden. Solchen falls wird dem Creditori ein Jus reale an dem Hofe, und daß er daraus sein Creditum wieder fordern möge, verstattet, vid. obgedachte Resolutio de anno 1686 cit. n. 6.

§. 9.
Adlichen ist theils untersaget dienstpflichtige Güter zu kauffen.

An vielen Orten ist auch denen von der Ritterschafft verboten, die Bauer-Güter, welche der Dienst-Pflichtigkeit und andern Landes-Unpflichten unterworffen, an sich zu kauffen, oder auch diejenige Höfe, darüber sie Guts-Herren sind, und Meyer darauf sitzen haben, zu zerreissen, und die Ländereyen an ihr Ritter-Gut zu ziehen. Wovon in dem Zellischen Land-Tags-Abschied de anno 1673 verordnet, daß von denenjenigen Ländereyen, welche hiebevor den Landes-Bürden unterworffen, und so wohl bey den Aemtern eingegangen, als von denen Guts-Herren zu den Ritter-Gütern gezogen, hinkünfftig ein gewisser Anschlag gemachet, und zu denen Oneribus wieder gezogen werden sollen. Zu welchem Ende gewisse Commissarien verordnet, selbiges Werck der Billigkeit nach einzurichten. Es ist auch davon merckwürdig, was die Fürstl. Anhältische Policey-Ordnung tit. Bauer-Güter davon ordnet: Wir wollen hinfürter nicht gestatten, daß die Ritterschafft sollen Bauer-Güter ohne unsere Wissenschafft und erhebliche hochdringende Ursachen Kauffweise an sich bringen, und selbige selbst besitzen; denn wenn solches geschiehet, da wollen sie solche hernach als Ritter-Güter gebrauchen, dadurch nicht allein in die Zinsen Zerrüttung gemacht, sondern auch die Land-folge-Dienst und Steuer werden dadurch mercklich gemindert.

OBSERVATIO I.
Ob Ländereyen, welche von Bauern an die Ritter-Güter gekaufft, dadurch frey werden.

Wann aber solche Verordnungen etwa nicht stat haben, würde sich fragen: Ob solche Ländereyen, so von Bauern an die Ritter-Güter gekaufft, dadurch frey würden? Es wollen solches affirmiren Casp. Lerch. in Discursu de Equestri ordine Germaniæ pag. 170, Anton. Faber in Codice l. 9 tit. 29 Def. 3. Welche sich auf die Freyheit des Adels beruffen und vermeinen, daß die Veränderung des Besitzers auch eine Veränderung in dem Gut mache. Allein es ist solche Meynung gantz nicht gegründet, sondern muß man vielmehr sagen, daß wenn gleich denen von Adel das Recht, die Bauren-Güter an sich zu kauffen, gelassen würde, dennoch solche onera realia an der gekaufften Sache fest behangen bleiben, weilen bekannten Rechtens, quod res transeat cum suo onere, zudem auch es eine gantz übermäßige Unbilligkeit seyn würde, wann solche Güter der Last entzogen, dennoch aber, weil die Herrschafft das ihrige haben muß, dieselbe denen andern Nachbarn solten auf den Hals gewel-

zet

jet werden, contra Legem 74 ff. de R. J. Daher denn, wenn eine Länderey oder Hoff, welcher der Dienst-Pflichtigkeit, Contribution, Schatzungen oder andern Anlagen unterworffen, an einen von der Ritterschafft transferiret wird, welcher sonsten vor sich frey ist, so muß er dennoch davon die Unpflichten abstatten, und folgen die Onera den Gütern, wie der Schatten dem Körper: Wozu kommt, daß drittens die Freyheit oder Exemption von den Landes-Anlagen an sich gantz verhasset und stricti juris ist, und daher ohne Special-Concession des Landes-Herrn und Einwilligung der Landschafft niemand zukommen kan. Daher denn solche Meinung einmüthig angenommen, und bey Gerichten üblich ist, testante Kœppen. quæst. 61 n. 9 & seq. Roland. a Valle Cons. 80 vol. 3. Seidelio Speculo Notabilium, verbo Bauer-Güter. Knichen. de Vestit. pact. c. 3 n. 113 & seqq. allwo er Præjudicia beybringet, daß solchergestalt gesprochen sey: Es können auch die von der unmittelbaren Reichs-Ritterschafft sich solches Recht nicht anmassen. Joh. Noldenius in Tract. de Nobilitate cap. 14 n. 31 & 34. Bidenbach in Quæst. Nobil. quæst. 19. Ja es kan auch ein Fürst und Landes-Herr selbsten diejenigen Onera, so an einem Gute gehafftet, nicht abrogiren per leg. 18 Cod. de Exaction. Tribut. leg. 1 Cod. de prædiis Navicular. Wilh. Antonius de Rescriptis Moratoriis in Corollariis ex jure feudali Coroll. Clockius de Ærario cap. 57. Und wenn auch ein Edelmann von seinen eigenen Hintersassen sich Länderey und Güter ankauffen wolte, muß er dennoch davon die Onera übernehmen, Besold. Diss. de Nobil. § Equestrium tamen bonorum. Addatur Anhaltische Policey-Ordnung tit. 20. Sachs. Weim. Policey-Ordnung tit. 36. Wehner. Obs. pract. verbo Ding-Notel. Auf gleiche Weise, wenn Bürger- oder Stadt-Güter durch Erbschafft, Kauff- oder andere Arten an Bauers-Leute fallen würden, müssen dieselben davon die gebührende Stadt-Pflichten, Bürger- und Wacht-Gelder rc. eben wie die vorigen Possessores an den Magistrat abführen, aber die Güter den nechsten Freunden oder andern Einwohnern der Stadt überlassen, Fürstl. Mecklenburgische Pol. Ordn. tit. Von Gewerb und Handthierung der Bauren.

OBSERVATIO II.
Ob ein Bauer Lehens-fähig sey?

Es könte auch allhie die Frage berühret werden, ob ein Bauer auch eines Lehns fähig sey? Der Zweiffel kommt daher, daß im Sächsischen Land-Recht c. 2 solches nicht allerdings will gestattet werden, dessen Ursach Carpz. diese angiebt, weilen nemlich der Verfasser des Sachsen-Rechts in den Gedancken gestanden, es würde durch Ertheilung eines Lehns zugleich der Adel mitgetheilet, welches den Bauren sich nicht schicken wolte. Allein nach allgemeinen Kayserlichen Rechten ist nicht der geringste Zweiffel, daß die Frage müsse bejahet werden, Jason. in Tract. feudali tit. qui feudum dare possunt. Schenck. Baro a Lautenburg in 2 feud. 10. Nach heutiger Praxi, daß es ebenfalls richtig sey, bezeugen Coler. part. 1 Decis. 77. Tabor in Comment. 1 feud. l. Rauchbar. part. 2 c. 21. Eyben.

Electis juris feud. c. 8 n. 9. Und zwar, ob einem Bauren könne ein Lehn gegeben werden, darinne ist weniger Zweiffel, weilen, wie gedacht, man täglich viel hundert Exempel siehet, daß Bauers-Leute hin und wieder mit Aeckern und Wiesen belehnet; als ob ein Bauer einen andern womit belehnen könne? Weil aber solche Fälle sich selten zutragen, als ist unnöthig davon weitläufftig zu handeln, vid. Gryphiander de Oeconomia legali.

OBSERVATIO III.
Warum der Bauern-Käuffe gerichtlich zu machen?

Es ist auch dieses allhie zu erinnern, daß die Contracte, Recesse und Verträge der Bauers-Leute, sonderlich so sie von ihren Ländereyen machen wollen, durchgehends mit des Amtmanns oder Gerichts-Herrn Vorwissen und Belieben müssen aufgerichtet, und von denselben confirmiret werden, aus Ursachen, weilen sonsten die Land-Leute durch ihre Unwissenheit sich offtmahls übel vorsehen, und hernach durch langweiliges Gezänck in grosse Unkosten geführet werden. Bevorab hat weiland Hertzog Friederich Ulrich sub dato den 4 April 1620 ausdrücklich verordnet, daß keine Prediger noch Schul-Diener denen Bauers-Leuten Ehe-Stifftungen und Verträge auffsetzen und verfertigen sollen, sondern alle dergleichen Urkunden und Contracte vor denen Beamten oder Gerichts-Herren verrichtet, widrigenfalls aber als null und nichtig verworffen werden sollen. Womit auch übereinstimmet Anhaltische Policey-Ordnung tit. 20, allwo disponiret wird, daß alle solche Handlungen mit Vorwissen der Obrigkeit geschehen, und solche Käuffer in eines ieden Gerichts Protocoll verzeichnet werden sollen. Wie nöthig und nützlich solche Ordnungen sind, ist daraus zu schliessen, daß offtmals in einem Contract etwas, als wenn es geschehen wäre, gesetzet wird, hernach aber die Sache ausweiset, daß solches der Wahrheit nicht gemäß sey, und dahero unendliche Streitigkeiten sich entspinnen. Weil nun das Erb-Zins- oder Bau- und Erb-Recht in verschiedenen Teutschen Landen auf denen Dörffern, wie oben angeführet, meistentheils bey denen Bauren eingeführet, wollen wir bey dem Dorff-Rechte zugleich nach Herrn D. Martin. Pegii Entwurff allhier dieses zu betrachten und beyzufügen uns schuldig erachten, indem wir bey keinem andern Autore solches dergestalt brauchbar ausgeführet finden.

OBSERVATIO IV.
Von Erb-Zins- oder Bau-Rechten.
§. 1.
Von dem Wort Emphyteusis, auch was und wie vielerley das Bau-Recht sey.

Das Wort Emphyteusis wird insgemein uneigentlich in viel Wege gebrauchet, also, daß etliche damit ein Erb-Recht wollen bedeutet haben, etliche aber ein Ord-Recht, etliche aber ein Bau-Recht, und etliche eine Besserung, so doch in demselben Wort dero keines begriffen ist, dann es aus der Griechischen Sprache von dem Wort Ἐμφυτεύω, Emphytevo quod est insero, sive planto, das

Ee 3   ist

ist vom Einzweigen, Einpflantzen, Anbauen oder Ansäen herflieſſet. Aber ſo man das Wörtlein Jus hinzuſetzet, und nennet es, Jus Emphyteuticum, ſo kan man dadurch die vorberührten Bau-Rechte bedeuten. Weil es aber in den Gebrauch und Gewohnheit kommen, daß man durch dis Wort Emphyteuſin die Bau- oder Erb-Rechte will bedeutet haben, ſo will ich es auch nicht ſtreitig machen, ſondern dabey laſſen.

§. 2.
Woher das Wort Bau-Recht kommt.   Was das Bau-Recht ſey.

Das Bau-Recht aber iſt ein Verbindniß freyer Willkühr um ein Gut, das man einem Baumann leihet, damit er daſſelbe Gut oder Erbe von roher Wurtzel arbeiten ſoll, welches vorher nicht gearbeitet iſt, und die Verpflichtung, die der Herr und der Baumann um das Gut gegen einander thun, wird zwiſchen beyden ein Recht, das man ietzo nennet Jus Emphyteuticum, das man bey den Alten ein Erd-Recht genennet hat. Zu unſeren Zeiten aber verleihet man auch nicht allein rohe ungebauete Felder, ſondern die gearbeiteten und gewonnenen Grund-Stücke, von welchen man Zinſen giebet, nachdem, als ſie ſich beyde der Herr und der Baumann verbinden, und mit einander beredet, welches dann gleichfalls zwiſchen ihnen ein Recht wird. Ut L. perpetua quoque C. de ſacroſanc. Eccleſ. & L. 1 C. de Jure Emphyteutico.

§. 3.
Zweyerley Bau-Recht, ewiges Bau-Recht, zeitliches Bau-Recht, das man ein Leib-Geding oder Leib-Recht nennet.

Das Bau-Recht iſt zweyerley, nemlich ewig oder ſtetswährend, und zeitlich. Ewiges Bau-Recht iſt dieſes, wann einem Baumann ein Erbeigen zu Stäten oder ewigen Nutzen verliehen wird, das iſt; ſo lang von demſelben Erbeigen der Zins dem Grund-Herrn oder das verliehene Einkommen bezahlet wird, ſo lange ſolte es weder von dem Bau-Rechter noch ſeinen Erben, oder dem es der Bau-Rechter oder ſein Erbe verkauffet, ſchenket, und zum Heyrath-Gut giebet, oder auf einen ieglichen anderen Weg verändert, nicht aufgehoben oder genommen werden. Ita eſt tex. expreſſus in § Adeo ur. Inſtit. de loc. & conduct.

Zeitliches Bau-Recht iſt, ſo auf eine, zwey, oder drey Syrt, oder Geburt verliehen, und auf derſelben Abſterben verlediget, und dem Eigenthümer wiederum zuſtändig wird. Ut probatur in Authen. de non alienan. § Emphyteuſim aur. Dieſe zeitliche Verleihung wird der Zeit ein Leib-Geding oder Leib-Recht genennet; dann man pfleget in die Briefe eine ſolche Clauſel einzuleiben: Wir verleihen zu rechten Leib-Geding Herrn N. N. und N. N. ſeiner ehelichen Haus-Frauen, auch ihren Kindern und Enckelen auf aller derſelben Leibes-Lebenlang, und nicht länger noch ferner 2c. 2c. Und wenn nun dieſelbe Leiber mit Tod abgängen und nicht mehr im Leben ſind, ſo ſeynd uns, und unſern Nachkommen die vorberührten Leib-Gedinge und Güter wiederum frey ledig heimgefallen 2c. 2c.

§. 4.
Daß die Bau-Rechte allein an liegenden Stücken aufgerichtet werden, und daß der Eigenthums-Herr kan gegen Verleihung der Bau-Rechte am Zuſtand oder Willen Geld nehmen oder nicht.

Bau-Rechte werden allein an liegenden Stücken

verliehen. Ut in Authen. de alien. & Emphy. § Licentiam damus & Authen. ſi quas ruinas & Authen. Perpetua C. de ſacroſanc. Eccleſ. Und können auf zweyerley Art verliehen werden, entweder mit einem beſchwerlichen oder aber gewinnlichen Titel.

Mit einem beſchwerlichen Titel werden ſie verliehen, ſo der Grund-Herr anfänglich gegen die Verleihung der Bau-Rechte von dem Bau-Rechter eine Summe Geldes einnimmt, und ihm folgends auf die Bau-Rechte einen kleinen jährlichen Zins anſchläget.

Aber mit einem gewinnlichen Titel werden ſie verliehen, wann der Herr anfänglich um die Verleihung kein Geld zu Stund an, oder willenreich einnimmt, ſondern einen jährlichen Zins oder Einkommen auf die Bau-Rechte leget. Bar. in L. Si mihi & Titio in pe. col. ff. de verb. oblig.

§. 5.
Das Anleih-Geld iſt kein weſentliches Stück zu Aufrichtung der Bau-Rechte.

Und wo ein Grund-Herr gleich kein Geld um die Bau-Rechte einnimmet, ſondern ſich an den jährlichen Zins oder Einkommen begnügen läſſet, ſo iſt der Contract der Bau-Rechte nichts weniger kräftig; denn ſolches Willen-Geld iſt kein nothwendiges weſentliches Stück, als müſte man daſſelbe in ſolchem Contract einnehmen, doch ſtehet das allein bey dem verleihenden Herrn, daß er ſolches mag einnehmen oder nicht. Ita tenent Pe. & Cy. in L. 1 C. de Jure Emphy. & ibidem Saly. in 1 col. per tex. in Authen. ſi quas ruinas & in Authen. perpetua C. de Sacroſanc. Eccleſ.

§. 6.
Daß der Contract der Bau-Rechte für ſich ſelbſt kräftig, und eine beſonders unterſchiedliche Art gegen dem Beſtand, Verkauf und anderen Veränderungen hat.

Der Contract der Bau-Rechte iſt für ſich ſelbſt kräftig, hat auch von denen Contracten der Beſtände, Verkauffungen und anderer Veränderungen eine beſondere abgeſonderte Art, Natur und Eigenſchafft. L. 1 C. de Jure Emphyteut. & § adeo Inſti. de locati. & conducti.

§. 7.
Daß die Bau-Rechte ſollen ſchrifftlich aufgerichtet, und die Bedingniß darinne kräftig gehalten werden.

Wer ſein aufliegendes Gut einem andern vererben will, der ſoll es in Schrifften thun, und darinne alle Fälle, die ſich dabey ereignen, bedinglich ausdrücken, dieſelben Bedinge ſollen auch durchaus in allen Artickeln feſtiglich gehalten werden. Ita eſt tex. in L. 1 C. de Jure Emphy. & § adeo Inſti. de loc. & conduct.

Denn in Aufrichtung der Bau-Rechte iſt die Verſchreibung ein nothwendiges und weſentliches Stück. Ita not. Jaſon in L. 1 C. de jure emphy. quod in hoc contractu emphyteutico pro ejus ſubſtantia requiratur ſcriptura, firmat aperte glo. ſibi contraria in ver. alienationes in L. 1 C. de jure emphy. & glo. in § adeo in ver. neque ad locationem Inſti. locati. & glo. in L. contrahitur ff. de pig. & gl. in L. pactum quodbona fide in gl. ſi C. de pact. & gl. Joan. An plenior quam alia quæ ſit in jure in C. 1 § ſuper ver. in ſcriptis de cenſi. Lib. 6. quæ enumerat XXVIII caſus, in quibus de neceſſitate requiritur ſcriptura & de de hoc multa allegat Jason in L. 1 in ver. scriptura C. de jure emphy.

§. 8.
Die Bau-Rechte müssen durch Schrifften und nicht Zeugen erwiesen werden.

Weil dann die Verschreibung ein nothwendiges und wesentliches Stück ist zu Aufrichtung der Bau-Rechte, so kan dieselbe nicht unterlassen werden, es würde sonst der Contract des Bau-Rechts von Rechts wegen nichts seyn, dann es müssen die Bau-Rechte durch Schrifften und nicht durch Zeugen erwiesen werden, und wann keine Schrifften deshalben anfänglich aufgerichtet wären, so werden Zeugniß-Personen zu Beweisung der Bau-Rechte nicht zugelassen.

§. 9.
Wann der Bau-Rechts-Brief verlohren wäre, wie alsdann derselb bewiesen werden soll.

Wann aber die aufgerichtete Bau-Rechts-Verschreibung verloren wäre worden, so wird alsdann die Beweisung mit Zeugen zugelassen, doch daß dieselben allein von der Verschreibung und derselben Innhalt Zeugniß geben sollen. Jason in L. 1 C. de jure emphy. & in ea L. testium & ibi Bar. & cæteri C. de testibus. Bar. in L. sicut iniquum per gl. ibi C. de fide instru. & in Authen. si quis in aliqua C. de eden. & gl. in L. fi. in prin. in gl. 3 in ver. deperditum est. C. de jure emphy.

Derhalben soll der Bau-Rechter fürsichtig seyn, daß er seinen Erb-Recht-Brieff nicht verlieret, dann so er denselben verlieret, so würde seine Gerechtigkeit wancken und vonnöthen seyn, daß am Tage offenbar wäre, daß er seinen Bau-Recht-Zins 40 Jahr an einander bezahlet hätte. Per gl. 1 in L. 2 & ibi per Cy. & alios C. de jure emphy. Und würde dannoch nicht genug seyn zu beweisen, daß er in vielen Jahren als ein Bau-Rechter den Zins bezahlet habe.

§. 10.
Wie die Zeugen in dem Bau-Rechte ihre Kundschafft geben sollen.

Wo aber der Erb-Recht-Brieff um die Bau-Rechte aufgerichtet gewesen, so möchte die Erweisung mit Zeugen fürgenommen werden, die da nicht von dem Contract, sondern von dem Erb-Recht-Brieff und seinen Innhalt Kundschafft geben sollen, und diese würde also genug seyn, wie wir dann von andern Handlungen reden, zu dero Wesenheit Verschreibungen nothwendig seyn. Ut no. in c. quoniam contra falsam. de proba in L. si prætor. § 1 ff. de jud. & in c. quoniam de her. & in L. emancipatione & in L. sicut iniquum de fide instr.

§. 11.
Der Erb-Recht-Brieff soll mit fünff Zeugen bewiesen werden.

So aber einer den Erb-Recht-Brieff und desselben Innhalt mit Zeugen beweisen wolte, so müste er solches mit 5 Zeugen thun, dann die Regel ist klar, daß, so offt die Beweisung durch Verschreibungen geschehen muß, und aber dieselbe verlohren worden, so kan es nicht weniger, dann mit fünff Zeugen erwiesen werden. Ut L. testium & Authen. rogati C. de testi. quod dictum dicit

saly. & merito esse multum notandum in practica, quia non tangunt. Doc. in specie.

§. 12.
Daß die ewigen Bau-Rechte ohne sonderliche Verwirckung von niemand aufgehoben sollen werden.

Das soll aber hierneben fleissig gemerckt und behalten werden, wann einmal die Bau-Rechte einem Baumann auf ewig vererbet und verliehen sind, daß man es alsdann von ihm ohne sonderbare Verwirckung keines Weges aufheben, oder benehmen könne, obgleich ein anderer gerne ein mehrers und bessers davon reichen und thun wollte. Ita not. in L. 1 per illum tex. C. de fundis patri. lib. XI & sequitur Alexan. in Cons. LXXIX incip. circa primum de quo quæritur 1 coram quo domino in 8 col. ad fi. lib. 1 & ibi ampliat, & intelligit istud procedere etiam in persona privilegiata concedente in emphyteusin, puta in Ecclesia.

Wann aber der Bau-Rechter wider die Geding der Bau-Rechte handelt, so fällt er von dem Bau-Recht. Ita tenet Bal. in L. fi. § in ulti. col. C. communia delega. & in L. unica § 1 in 4 col. C. de cadu. tol. & in L. si in ulti. not. idem no. Albe. in L. 1 ait prætor, per illum tex. ff. de Ilo-pub. fru. Bal. in c. querelam ad fi. de jurejur.

§. 13.
So das Gut, darauf die Bau-Rechte liegen, zum Theil beschädiget oder gar verdürbe, wer alsdann den Schaden tragen solle.

So dem Bau-Rechter ein Schaden aus unversehenem Zufall begegnet an seinem Bau-Recht-Gut, so muß er denselben allein tragen, es wäre dann ein solcher Schaden, daß ihm sein Bau-Recht gar dadurch verdorben, und er denselben weiter nicht geniessen möchte, alsdann und sonst nicht muß der Grund-Herr solchen Schaden, und nicht der Bau-Rechter, dem nichts überblieben ist, entgelten. Ita est tex. in L. 1 C. de jure emphy. & § adeo in fi. Insti. de loca. & conduc. concordat c. potuit in gl. 1 X. de locat.

Wann aber zwischen ihnen ein solches Geding beschlossen wäre, wo gleich das Gut gar verdürbe, daß der Bau-Rechter nichts desto weniger den Zins, oder Dienst reichen solle, so ist er alsdann in solchem Fall den Zins zu reichen schuldig, secundum Spec. in § nunc aliqua versi CXXXVIII in tit. de loc. & est bo. tex. in L. 1 in verb. super omnibus, vel etiam fortuitis casibus.

§. 14.
So ein Erb-Recht-Haus durch eine Erb-Klufft verfiele.

So einem ein Erb-Recht-Haus durch eine Erdklufft verfiele, oder durch einen Wolckenbruch verdürbe, so ist nichts weniger der Erb-Rechter den gantzen Zins zu geben und den Schaden zu tragen schuldig, dann ob gleich das Haus verdorben ist, so bleibet doch die Hausstat alleweg, die da ist der fürnehmste Theil der Behausung. Jason in L. qui res § aream ff. de sol.

Und dieweil ein Theil an dem Erb-Recht überbleibet, so kan der Bau-Rechter der Zinsung nicht ledig werden. Ut est tex. in d. L. 1 C. de jure emphy. cum quo concordant præalleg & ita in terminis tenet Aug. in § lex itaque in Authen. de non alie & est de mente Imo. in d. c. potuit

it. in XXXVII col. & gl. in d. § adeo & Spec.
Jo. An. in addi. in d. ti. § nunc aliqua versi.
CXXXV & etiam in ver. præcedenti.

Damit aber ein solcher Zins gantz gereicht
mag werden, so soll dennoch so viel an dem Bau-
Recht-Grund überbleiben, das einen solchen Zins
ertragen könne. Bar. in d. L. 1 C. de jure emphy.
quod bene no.

§. 15.

Daß die Zunehmung des Bau-Rechts-Gutes dem Bau-Rechter
zustehet, und der Herr mag ihme deßhalben den
Zins nicht steigern.

Hergegen wird alle Zunehmung oder Besserung, so sich an dem Bau-Recht-Gut mercklich,
offenbar oder heimlich zuträget, dem Bau-Rechter zu seinem Nutzen zuständig, und wo gleich das
Bau-Recht-Gut von solcher Zunehmung grösser
oder weiter wird, so kan doch der Zins deßhalben
nicht gemehret oder gesteigert werden, damit also
eine Gegen-Gleichheit gehalten werde. Dann
gleichwie aller Schaden, er sey gleich öffentlich oder
heimlich (wann nur das gantze Gut nicht verdirbt)
allweg den Bau-Rechter antrifft, also solle ihme
auch der Nutzen billig zustehen. Ita tenet Albe.
in ulti. col. in d. L. 1 C. de jure emphy. post Jac.
de Are. & Bar. & Saly. ibidem in II col. &
quod per augmentum contingens in re emphyteutica nunquam possit augeri pensio. Tenent Pe. & Cy. in VI q. in d. L. 1 C. de jure
emphy. & Jo. An. in addi. Spec. in d. § nunc
aliqua ver. CXXXV. & cano. in d. c. potuit &
ibi Imo. in XXXVI col. faciunt no. per gl. illam multum notabilem & magistram in L. si
merces § vis major in gl. magna super ver. cui
& ibi Bar. ff. loc. de quo etiam vide Bal. in L.
ea quæ C. de alluvio. & paludi.

§. 16.

Daß der Bau-Rechter schuldig ist die Kosten, so ihm zu Unterhaltung des Bau-Recht-Gutes aufgehen, selbst zu bezahlen und
andere Bürden zu tragen.

Der Bau-Rechter ist schuldig, die grossen Kosten, so ihm zu Unterhaltung des Guts aufgehen,
selbst zu bezahlen, und mag deßhalben von seinem
Herrn nichts begehren. Jason in d. L. 1 per tex.
L. II C. de jure emphy. & ibidem Odof. & Alber. in d. L. II per illum tex. in ver. publicarum
functionum.

Und so einer, Vermöge der Städtlichen
Ordnungen schuldig ist, das gemeine Pflaster und
den Weg vor seinem Haus zu unterhalten, Steuren und Scharwärchen auszurichten, oder von gemeines Nutzens wegen etwas anders zu thun, so ist
alsdann der Bau-Rechter solche Bürden von wegen seines Erb-Recht-Haus, das er besitzet, auch zu
tragen schuldig. Ita inferunt Odof. & Albe. per
illum tex. in d. L. II de jure emphy. alleg. etiam ad hoc L. hactenus & L. si pendentes § si
quid cloacarii ff. de usufr. & Jason in d. L. II
C. de jure emphy. facit L. fi. C. sine censu vel
reli. & L. fi ff. fi. propter pub. pensita.

§. 17.

So ein Erb-Recht-Haus abbrennete, wer alsdann selbiges wiederum aufzubauen schuldig.

Wo ein Erb-Recht-Haus aus einem unversehenen Zufall abbrennete, so würde sich darum das

Erb-Recht nicht enden, dann es bleibet die Hausstat, darauf das Erb-Recht lieget, noch verhanden, darauf dann wiederum ein Haus auch wider
den Willen des Grund-Herrn kan gebauet werden.
Secundum Bal. notabiliter in L. 1 C. de jure
emphy. in IV col. in verb. modo revoco in
dubium &c.

Ja so ein solches Erb-Recht-Haus abbrennet,
so endet sich nicht das Erb-Recht, sondern der Erb-
Rechter ist schuldig dasselbige wiederum aufzubau-
en, und wo er das nicht thut, so wird er dahin gehandhabet, das er den gantzen Zins, allermassen
als wie das Haus anfänglich gestanden, reichen
muß. Ang. in d. § lex itaque ad fi. in Authen.
de non alie.

§. 18.

Ob ein Bau-Rechter kan einen Wald ausrotten, und einen Wein-
Garten darein pflanzen, und ob er kan wider den Willen des Herrn
auf eine Hausstäte, darauf er Erb-Recht hat, ein Haus
bauen lassen.

Wo gleich der Bau-Rechter seine Bau oder
Erb-Rechte auf einen Wald hätte, so kan er doch
denselben Wald wider des Herrn Willen nicht ausrotten, und einen Wein-Garten darein machen,
unangesehen, daß solches eine Verbesserung wäre
und man desselben geniessen könnte, dann es würde
also die Gestalt und Ansehen des Erb-Recht-Guts
verändert. L. usufructuarius novum ff. de usu
fr. ita refert de Nico. de Matarel.

Aber auf eine Hausstat kan der Erb-Rechter
wohl wider den Willen des Grund-Herrn ein
Haus bauen, und ist dieser zweyer Unterscheid dieses die Ursache, daß, so man das Haus abbricht, so
wird wiederum daraus eine Hausstat und kommet
in ihre vorige Form. Aber so man den Weingarten gleich wiederum ausrottet, so wird doch deßhalben kein Wald an dessen Stat, wie er zuerst gewesen. L. quæsitum § illud fortassis ff. de leg. 3. Jason addit quod ad ista bene faciat. L. hactenus §
fi ff. de usufr.

Item so zwischen dem Herrn und Bau-Rechter gehandelt worden wäre, daß er allein auf den
Baumen und nicht an Grund die Bau-Rechte haben solte, so ist ein solches Bau-Recht kräfftig, so
lange die Bäume im Grund anhangen, von wegen der unbeweglichen Wurtzeln, und wo gleich
die grünen Bäume abdorreten, und junge Schöß-
linge aus ihnen herfür schosseten, so würde nichts
weniger das Bau-Recht bleiben, in Ansehung, daß
die Stamm-Wurtzeln nicht ausgedorret, sondern
noch in dem Gewächs grünen. Bal. in L. 1 in fi.
C. de jure emphy. faciat ad hoc L. damni § si
is qui uvas cum gl. ff. de dam. infect.

OBSERVATIO V.

Von Zins und Dienst, auch von Ver-
wirckung und Entsetzung der Bau-
Rechter.

§. 1.

So der Bau-Rechter seinen Zins, Stifft und Dienst nicht zu rechter Zeit reichet, wie und wann er seiner Bau-Rechte entsetzet
werden kan oder nicht.

Wann zwischen dem Grund-Herrn und
Bau-Rechter kein Geding gemacht worden, wie
oder

oder wann er den Bau-Rechter entsetzen könnte,
und aber der Bau-Rechter den schuldigen Zins in
dreyen gantzen Jahren nach einander nicht bezahlet,
so kan ihn der Grund-Herr von dem Bau-Recht
entsetzen. Jason in L. 2 C. de jure emphy. quomodo autem intelligatur istud triennium, declarat Bal. in L. Ædem in 2 col. C. locat. & Cyn.
in d. L. 1 C. de jure emphy. in 11 q.

§. 2.

**Der von einer Kirchen ein Bau-Recht hat, und den Zins in zwey
Jahren nicht bezahlet, so kan er entsetzet werden.**

Dergleichen, so iemand von einer Kirchen oder
Geistlichen Gütern ein Bau-Recht besitzet, so kan
er derselben Bau-Rechte, so er die Gilt in zwey
Jahren davon nicht bezahlet, oder das Gut schlimmer gemacht hätte, wiederum entsetzet werden, und
muß darzu die ausständige Gilt bezahlen, und den
Schaden gleicher Weise ablegen. Ita est tex. ad
litteram in Authen. qui rem C. de sacrosanc.
Eccles.

Eben dermassen wirds auch gehalten, wann
eine Kirche ein Bau-Recht von einer sondern Person hätte, und den Zins zu rechter Zeit in dreyen Jahren (Joan. An. in Addi. spe. § Nunc aliqua versi. 22 & Saly. & Jason in L. 2 C. de jure emphy.) nicht reichte, so fället sie von ihrer Gerechtigkeit und wird davon entsetzet. Glo. est not. in
d. Authen. qui rem C. de sacrosanc. Eccles. &
Bal. in L. Placet eo tit. & glo. in d. c. potuit &
Jac. Alva. in c. 1 in § 1 in 1 q. de alie. feu. & ibi
Bal. in prin. illius tit. in 3 col. ver. quæro nunquid Ecclesia. Idem tenet do. Ant. de But. in d.
c. potuit. ubi plene hunc passum examinat in
c. constitutus Post. glo. & Doct. ibi, ex de reli. domi. Et idem tenet Specu. in § Nunc aliqua in versi. 14 & seq.

§. 3.

**Daß auch die Städte und die Minderjährige des Bau-Rechtes ent-
setzet können werden.**

Dieses hat auch also Stat wider die Unvogt-
baren oder Minderjährigen, und wider eine Stadt,
die den Zins nicht zahlen. Secundum Spec. in d.
§ Nunc aliqua in tit. in versi. 14 & 17, &
idem in omnibus istis tenet Marti. de Fano in
suo tractatu præsentis titu. in versi. 8, quæritur quid si minor &c. &c. Et Bal. in addi.
Spec. in tit. de locato in X col. & ideo etiam
dicit idem esse in hæreditate jacente.

Wo aber die Verwalter oder Administratores
der Kirchen Minderjährigen und Städte nicht zu
bezahlen vermöglich wären, und den Zins nicht zu
erlegen hätten, daß also die dreyjährige Verwei-
lung wider sie verschienen und sie von ihren Bau-
Rechten gefallen wären, so sollen sie doch auf ihr
Begehren restituiret werden. Secundum Spec.
& Joan. An. d. § Nunc aliqua versi. 15, ad
quod vide Par. in L. Imperatores ff. de publica.
Und sie sollen innerhalb vier Jahren nebst verfalle-
ner Zahlungs-Zeit, restituiret werden. Secundum
Spec in d. § nunc aliqua versi. 16 & ad hoc
vide Bar. & Doct. in Authen. quas Actiones C.
de sacrosanc. Eccles. Ludo. in Conf. CCCCVII
incip. cum præsupponat pro terra prati
&c. &c.

Jurist. Oracul V Band.

§. 4.

**So der Grund-Herr gleich einen solchen Auftrag hätte, daß der
Bau-Rechter alle Monat den Zins zahlen solt, so mag er ihn darum nicht entsetzen, wann er gleich etliche Monat nicht bezahlet,
er hätte dann drey gantze Jahr verschienen
lassen.**

Obgleich auch ein Grund-Herr ihm in Verleihung der Bau-Rechte bedinglich austragen
hätte, daß der Bau-Rechter alle Monat den Zins
zahlen solle, und aber der Bau-Rechter solche Zahlung verfässe, so mag ihn doch der Grund-Herr
weder in dreyen noch sechs Monaten, sondern erst
nach Verlauffung dreyer gantzer Jahre nach un-
bezahlten Zins, entsetzen. Jason in L. 2 in ver.
Ne autem & tenet Joan. An. in addi. Spec. in
§ nunc aliqua in ver. 88.

So einer ein Schloß mit seinen zugehörigen
Possessionen eines hohen Werths zum Erb-Recht
empfangen und anfänglich eine grosse Summe
Gelds zum Anleit gegeben, und folgends einen
jährlichen Zins benennet hätte, also daß er jährlich einen Pfennig zum Zins geben wollte, so ist ein
solcher Contract kräfftig. Secundum Jaso. in L.
1 C. de jure emphy. Wo er aber den gemeldten
Zins-Pfennig in dreyen Jahren nicht bezahlet hätte,
so verlieret er die Erb-Rechte, unangesehen daß
die Erb-Rechte eines hohen Werthes und der Zins
geringschätzig ist. Ita tenet glo. ordi. in authen.
qui rem C. de sacrosanc. Eccles. quam sequuntur ibi Bar. Bal. & cæteri, idem tenet Bal. in L.
cum allegans in 7 opposi. C. de Usur. & in rubr.
C. de contrahen. empt. in 10 opposi & in L.
quamvis, per illum tex. ff. de condi. & demonstr.
vide omnino Alex. in Conf. CV lib. III inci.
magnifice præter in VII co. ad fi. & toto sequenti. cum concor. per eum allegatis.

§. 5.

**So einer den Zins nicht gar, sondern nur zum Theil bezah-
let, so fället er vom Bau-Rechte.**

Wann aber der Bau-Rechter jährlich 10 fl. Zins
bezahlen solte, und hätte allein einen Theil daran,
als 5 Fl. bezahlet, so fället er nichts wenigers von
dem gantzen Bau-Recht. Ita tenet Jason in d.
L. 2 C. de iure emphy. & ita consuluit Old.
Lau. in conf. 29. idem tenet Bal. in rub. C. de
contrahen. empt. in X. q. & Albe. in d. authen.
qui rem, idem tenet Imo in d. c. potuit in 39 col.
idem tenet Imol. & ibi respondet ad omnia iura
allegata in contrarium, maxime per Spec. & Joh.
An. in d. c. Nunc aliqua versi. 29.

Item, so der Bau-Rechter versprochen hätte ein
hundert Gulden zur Straffe zu geben, im Fall so er
den schuldigen Zins nicht zahlet, und hätte hernach
den Zins nur eines Theils bezahlet, so wäre er in
die gantze Straffe verfallen. Jason in d. L. 2 de
iure emphy.

§. 6.

**So der Bau-Rechter den gantzen Zins bezahlet, und einen
einzigen Pfennig hätte anstehen lassen, so fället
er von dem Bau Rechte.**

Und wo der Bau-Rechter den gantzen Zins bezahlet hätte, daß nicht mehr dann ein einziger Pfenning daran abgienge, so kan er nichts wenigers seines
Bau-Rechts beraubet werden. Jason in d. authen.
qui rem. adde. no. glo. in L. Res bona ff. de
contrahen. empt. quæ notabiliter tenet quod si

F f   res

res sit vendita sub pacto, quod nisi die statuta
fuerit soluta pecunia, res sit inempta, quod si
unus solus nummus desiit solvi, reserit inempta.
Dieses hat also seinen Fortgang, es wäre dann etwan ein Pfenning ans Irrthum übersehen und unbezahlet geblieben, so wäre es ein anders. Per tex.
notab. in L. Quamvis rationes ff. de cond. &
demonstr. quam ad hoc reputat sing. Bal. in L.
pro hæreditariis in 3 col. C. de hær. vel ao ven.
Und so einer die gantze Summe des Zinses aus Unvermögen oder Armuth nicht gar zu bezahlen gehabt,
so fället er nicht von seinen Bau-Rechten, wann er
anders willig und bereit zu bezahlen. Secundum
Spec. in d. § Nunc aliqua versi. 29.

§. 7.
So des verstorbenen Bau-Rechters Erben nicht alle, sondern nur etliche den Zins bezahleten.

So ein Bau-Rechter verstorben und viel Erben
hinterlassen, darunter einen seinen Antheil an dem
Bau-Recht-Zins bezahlet, der andere aber drey
gantzer Jahre mit Bezahlung seines Antheils verzogen hätte, wird gefraget, ob das gantze Bau-Recht
dem Grund-Herrn verfallen, oder aber ob derselbige, der seinen Theil Zins nicht bezahlt, solle seines
Theils entsetzet werden? Antwort, daß derhalben
das gantze Bau-Recht und die Erben sämmtlich davon geschieden seyn sollen. Glo. ord. in L. communi dividundo in 2 in prin. in glo. magna.
in versi. confunderetur ff. communi divid. ubi
late disputatur hæc qu. Istud idem tenet Hosti
in summa in tit. de loca. in § in ver. quid
si unus ex pluribus. Idem tenet Albe. in L. II
C. de iure emphy. in IX col. idem finaliter tenet Spec. in d. § Nunc aliqua, in versi. LXX.
ubi late disputat hanc q. allegando multa ad
partes. idem etiam tenet ibi Joh. An. in addi.
istud idem tenet Bar. post Dy. & Jac. But. ubi
bene examinat hanc q. in L. fraudari ff. de publica. & idem tenet Ange. & Ludov.

§. 8.
Wann der Bau-Rechter allemahl nur am dritten Jahr die Abnutzung einnimmet, so mag er nicht entsetzet wer-den, wann er gleich in drey gantzen Jahren keinen Zins bezahlet.

Jedoch hat es eine andere Meynung, so der Bau-
Rechter allewegen erst am dritten Jahr eine einige
Nutzung von dem Bau-Recht einnimmt, dann in
selbigem Fall mag er nach Verfliessung dreyer Jahre,
darinnen er den Zins nicht bezahlet hätte, nicht entsetzet werden, sondern wo er den Zins dreymahl drey,
und also über neun Jahr unbezahlet hat anstehen
lassen, so kan er alsdenn seiner Bau-Rechte wohl
entsetzet werden. Bald. in d. L. Aedem in II col.
& sequitur Alex. in L. divortio § ob donationes in ult. col. ubi omnino vide ff. sol. matr.

Item obgleich der Zins von dreyen Jahren unbezahlt bey dem Bau-Rechter ausstünde, so ist darum
das Bau-Recht-Gut von Rechts wegen dem Grund-
Herrn nicht heimgefallen, es ist auch der Bau-Rechter von seiner Gerechtigkeit deshalben nicht geschieden, sondern diese beyde geschehen erst, so es der Herr
also haben will, und seinen Willen also erkläret hat.
Secundum Bar. in L. II C. de iure emphy. &
hoc idem dicit Bar. velle glo. parva in L. II ff.
si ager vect. vel emphy. petat.

§. 9.
Wann ein Bau-Recht-Gut dem Grund-Herrn heimfalle, wie sich der Grund-Herr in Verwirkung des Bau-Rechters erklären solle.

Hieraus entstehet diese Nutzbarkeit, daß, so du
deinen Bau-Recht-Grund von einem andern mit
Klage wiederum an dich bringen oder beweisen woll-
test, wie der Grund von wegen deiner habenden
Bau-Rechte dir zugehörig sey, daß dir alsdenn derselbe, als eine dritte Person die Einrede unbezahltes
Zinses nicht fürwerffen mag, dann du fällest darum
von deinen Bau-Rechten nicht, es geschehe dann
durch Willen deines Grund-Herrn, deswegen muß
deines Herrn Wille und Meynung wissendlich vor
Augen seyn. Ita Bar. sed idem per omnia tenet
Ang. in L. II C. de iure emphy. qui etiam allegat L. quam ad hoc reputat singularem in L.
His consequenter § 1 cum glo. ff. fam. her. ubi
habetur in simili, quod tertius non potest obii-
cere indigno: quod hæreditas ab eo ut indigno
venit auferenda. Idem etiam per omnia tenet
Sal. L. 1 C. de iure emphy. in 1 col. & Bal. ibidem in prin. & idem in effectu post multa concludit Spec. S. quod tertius non possit opponere
emphyteutæ de eius caducitate propter cessa-
tionem solutionis Canonis in tit. de locato §
Nunc aliqua in ver. LXVI & ibidem Joan. An.
in addit. idem etiam tenet Bar. in L. I in fin. ff. si
ager vectig. vel emphyteu. petatur & in L. II de
except. rei iudic. & in authen. qui rem C. de sacrosanct. Ecclef. & ibi Bal. in II & ultim. col.
per multa fundamenta comprobat hanc sententiam, & Bal. in d. L. His consequenter § 1;
idem etiam tenet Ang. in § si vero in perpetuam Authen. de non alien. ubi etiam ad hoc addit tex. in § scire autem in ver. volentibus præpositis, eo tit. idem tenet d. Ant. de But. in
conf. 27 & Paul. de Cast. in conf. CXXXIII & in
L. cum servum quispiam C. de servis fug. &
Petr. de Anet. & Imol. in d. c. potuit.

Wann du einen Bau-Rechter von seiner Besitzung
verjagt hättest, oder die Besitzung und Bau-Recht
auf andere Art an dich gebracht, und der Grund-
Herr klaget nun darauf und wolte es einziehen, so
magst du dem Grund-Herrn wohl abtreiben durch die
Exception, daß der erste Bau-Rechter, als dritte
Person sein Bau-Recht noch habe. In hoc Bar.
notabiliter tenuit, quod sic, in L. indebitis §
Sed minimi in fin. per glo. ibi ff. de cond. indeb.
& ibidem Albert. Ang. & Sal. & idem Bar. in
L. II in fin. ff. de except. rei iudic. facit quod
nob. Bar. in L. si alienam ff. sol. matri. Dann
allweil des ersten Bau-Rechters Gerechtigkeit noch
währet, kan die berührte Einrede fürgeworffen werden. Per prædicta.

Gleichfalls so der Bau-Rechter die Bau-Rechte
unersuchet der Kirchen oder sonst des Grund-Herrn
verkauffe, so fället er darum nicht von seiner Gerechtigkeit, es sey dann daß es der Grund-Herr also haben will, und sich deshalben erkläret. Ut probat
Saly. in L. fin. C. de iure emphy. Joh. de Imol.
in repet. c. fin. in 34 col. de præscript.

§. 10.
Daß niemand um versessene Gilt vor Ausgang 2 oder 3 Jah-ren solle entsetzet werden.

Item so einer von einer Kirchen ein Bau-Recht
hätte mit einem solchen Beding, daß er solle die Gilt

alle

alle Jahr am Oster-Tag bezahlen, und es wären
also zwey Oster-Täge verflossen, daß der Bau-
Rechter die Gilt nicht bezahlet hätte, und wären
noch nicht zwey gantze Jahr verflossen, so wird er
deshalben nicht von seiner Gerechtigkeit gefallen seyn.
Alex. in d. L. divortio § ob donationes ff. sol.
matr. Et ita expresse tenet Joan. An. in addit.
Spec. in tit. de loc. § Nunc aliqua ver. 87.
dann es müssen zwey gantze Jahr verflossen seyn, und
ist nicht genug, daß eine Zahlungs-Zeit vergangen ist.
Et dicit ita sentire Cyn. in d. L. II in X vel XI
q. in fin. de iure emphy. & fuit de mente Bal.
in d. L. Aedem, dum dicit, quod si singulo se-
mestri percipiebatur unus fructus aquæ principalis, licet cesset quis per duos aut tres semestres
in solutione Canonis, non cadit a iure suo.

So aber ein Bau-Rechter die zwey oder drey
Jahr mit unbezahlter Bezinsung übersässe, und nichts
weniger das Gut inhielte, auch die Abnutzungen davon einnehme, und aber der Herr sich nie declariret
hätte, daß er wollte den Bau-Rechter von seiner
Gerechtigkeit geschieden haben; so ist alsdann der
Bau-Rechter als ein Besitzer böses Glaubens schuldig, alle Abnutzung und Einkommen, so sich nach
Verscheinung der drey Jahre verfallen, dem Herrn
zuzustellen. Ita Ange. in § si vero in perpetuum
in authen. de non alien. notabiliter tenet, quia
malæ fidei possessor constitutus est, posito quod
non cadat & malæ fidei possessor ad fructus perceptos restituendos tenetur. Alleg. L. si fundum C. de rei vend. & § Hoc autem, in verbo
redditus meliores & § Si vero aliquis voluerit de aliena. & Emphy. Adde quod
idem ante Angelum notabiliter tenet Spec. in
d. § nunc aliqua in vers. X. motus per simile
de usufructuario, qui tenetur restituere fructus
a tempore ususfructus finiti per L. si pater C.
de usufr. & ita etiam tenet Alb. in d. L. II in 7
col. de quo etiam per Cyn. & Bal. in Authen. in-
cestus C. de incestis myst. & Bal. in L. si pater
C. de usufruct. & in fortioribus terminis Guil.
de Cu. Ang. & Paul. de Cast. in L. 1 C. de his,
quibus ut indig. & id quod pro hac parte ad-
ductum est de usufructuario, firmat Jason in
L. 2 C. de iure emphy. quia emphyteuta similis
est usufructuario, ita notat Bal. in L. unica in
§ 1 in 4 col. C. de caduc. tollen. Spec. in tit.
feudis in § quoniam ver. 40. Alb. in L. codicil-
lis in princ. ff. de usu & usufruct. legat. & est
glo. not. in c. 1 in fin. in verb. meliorem de
investitu. de re alien. fac.

§. 11.
Wie der Grund-Herr sein Bau-Gut, so ihm um die versessene Gilt heimgefallen, einem andern verleihen könne.

So ein Bau-Recht dem Grund-Herrn um die
versessene Gilt, die der Bau-Rechter von dreyen
Jahren unbezahlet hat anstehen lassen, zur Straffe
verfället, so kan der Grund-Herr dieselben Bau-
Rechte einem andern wohl verleihen, und ist nicht
nöthig, daß er den ersten ungehorsamen Bauer zu
solcher Verleihung beruffe, vermahne oder citire,
oder ihm die Resirmation anbiete, sondern er kan
solche Verleihung thun, obschon der ungehorsame
Bau-Rechter abwesend wäre, und dessen kein Wissen hätte, und ob es gleich wider seinen und seiner
Jurist. Oracul. V Band.

Nachkommenden Willen, Widersprechen und Verwiederung geschehe. Ita tenet Ludov. Ponta in
Consl. CCXII incip. quoad primum quo quæritur &c. in primo dubio motus potissimum per
L. ne cui C. loca & idem simpliciter sequitur
Alex. in consl. VI L. III incip. circa processum
in ultim. col.

§. 12.
Wie die Erben absteigender Linie der verledigten Bau-Rechte wiederum begehren können, und der Grund-Herr ihnen zu leihen schuldig ist.

Eben dermassen wirds auch gehalten, so einer sein
Bau-Recht unersucht seines Grund-Herrns verkauffet, und also von seinen Rechten fiele, dann in
selbigem Fall können die Bau-Rechte einem andern
verliehen werden, wo gleich der erste Bau-Rechter
nicht citirt oder ersucht wird. Ut not. declarat Bal.
in c. quæ in ecclesl. in 1 col. de constit. & sequitur simpliciter Alexan. in consl. XLIV L. III
incisl. visa facti narratione & in dubio de quo
quæritur in 1 col.

Wann sich aber ein Bau-Recht, so auf etliche
Leibe bis in die andere oder dritte Geburt verliehen
gewesen (das wir hier vorne ein Leib-Geding geheissen
haben) auf Absterben der letzten angesetzten Geburt
endiget, und der Grund-Herr wolte die Bau-Rechte
von neuem verleihen, so mögen die in absteigender
Linie bitten, ihnen dieselben Bau-Rechte zu verleihen, das können sie leichtlich erlangen, und es ge-
schiecht ihnen Unrecht, wo man es ihnen nicht verleihet. Im Fall aber, daß man es ihnen nicht wollte
leihen, so können dieselben von der absteigenden Linie
sich vor denen Obern beruffen, daß sie den Grund-
Herrn zwingen, ihnen die Bau-Rechte zu leihen.
Per tex. de iure canon. in c. bon. memor. de
de postula. præl. ita signanter voluit Bar. in L. 1
§ permittitur per istum tex. cum glo. no. ff. de
aqua quot. & est. & in L. 1 in fin. ff. de priv.
creditorum, & illud idem quod Bar. de resir-
matione tenet, sequit do. Ant. de But. in c. 1
extra de locato & Lud. in repe. rubricæ ff. de
arbi. in 19 col. & in 52 in prin. ff. sol. mat. & in
L. prætor § fin. ff. de oper. no. nun. & idem
per multa fundamenta firmat ipse Lud. in eius
consl. XXII incip. proposita mihi consultationes
habendæ veritatem &c. & ibi respondet adducta contra istud maxime ad d. L. ne cui C. loc.
& ad l. dudum C. de contrahen. empt. cum sim.
hoc tenet Bal. in addit. in tit. de loca in 11 col.
& in c. 1 quemadm. seu. ad filium pertineat, ubi
etiam tenet Bal. quod ista revocatio seu resir-
matio debet potius fieri filiæ fœmininæ ipsius
emphyteutæ quam agnatis. Dieses Begehren
der Verleihung würde aber nicht Stat haben, so
die Bau-Rechte um versessene und unbezahlte drey-
järige Gilt dem Grund-Herrn heimgefallen wäre.
Jason in L. 2 in verbo volenti C. de iure emph.

§. 13.
Wann die Erben der Verleihung in Jahr und Tag nicht begehrten, so synd sie alsdenn nach verflossener Jahres-Frist ausgeschlossen.

So aber die Bau-Rechte obgemeldter massen
durch Absterben der letztern Geburt verlediget worden, und die Absteigenden von denen Abgestorbenen
die Verleihung in nächster Jahres-Frist, als sie der
Verledigung wissend worden, nicht begehrten, sondern stille schwiegen, und also ein gantzes Jahr nach

empfan-

empfangenem Wissen vergehen liessen, so könnten
noch möchten sie solcher Verleihung der Bau-Rechte
darüber nicht mehr begehren. Quia talis facultas
seu potentia petenditalem refirmationem præscribitur anno a tempore scientiæ & taciturni-
tatis, secundum Lud. in d. L. prætor § fin. &
in d. rub. ff. de arbi. in 19 col. per text. not. in c.
Titius filios si de feu. defun. conten. sit inter
do. & agnat. quem tex. ibi multum not. Bar. &
dicit tenendum menti pro agnatis proximiori-
bus seu pro consortibus &c.

§. 14.
Daß der Bau Rechter wider den Willen des Grund-Herrn von dem Bau-Recht Grund nicht abführen mag.

Der Bau-Rechter kan von seinen Bau-Rechten
wider des Grund-Herrn Willen nicht hinweg ziehen,
damit er weiter kein Gilt oder Stifft bezahlen
dörffe. Secundum Bal. in L. 2 in ver. volenti,
in 2 col. a contrario sensu & ibidem Jason.

So der Bau-Rechter von wegen der dreyjährig-
versessenen Gilt von seinen Bau-Rechten gefallen,
so verlieret er alle Besserung, die er auf den Grund
gebessert, und kan weder dieselben Verbesserungen noch den Werth derselben von dem Grund-
Herrn begehren, sondern er muß sie dem Grund-
Herrn lassen. Secundum Bal. in L. II in ver. nomine meliorationis C. de iure emphy. & idem
tenet Bal. in rub. C. de Jure Emphyteut. & in
L. senatus § Marcellus ubi per alios ff. de legat. 1
& idem Bal. in c. 1 § si vasallus & ibidem Jac. Al-
varo in tit. hic finitur lex deinde consuetudines
&c. & idem Bal. in L. fin. § fin. C. communia
de leg. & in L. 1 ff. loca & in L. in rem act. § fin.
ff. de rei vendit. & in L. 1 in 1 col. in differentia
C. de iure emphy.

§. 15.
Wann sich die Bau-Rechte durch Absterben der Leib, oder nach Erscheinung einer benannten Zeit endiget, ste- hen die Besserungen denen Erben zu.

Hergegen so die Bau-Rechte durch Abgang der
letztern Geburt oder durch ein bestimmtes Ziel, so in
dem Erb-Recht-Brief benannt gewesen, daß sich
die Bau-Rechte solten in einer bgnannten Zeit endigen, verlediget wäre worden, so würde der Bau-
Rechter in solchem Fall die Besserungen nicht verlieren. Secundum Spec. in d. § nunc aliqua in
verf. 131 & Bal. in d. L. fin § fin. C. communia
de leg. & in c. 1 § si quis de manso. in 6 col. si
de investit. feu. controv. fue. & in d. L. senatus
in § Marcellus & vide not. pe. Rapha. cum in
consf. CCII incip. Monasterium iure locationis
perpetuæ.

§. 16.
So ein Geding gemacht wäre, daß die Besserungen bey dem Gut bleiben, solle dasselbe gehalten werden.

Wiewohl aber die Besserungen in berührten Fall,
so sich die Bau-Rechte durch Absterben des letztern
Leib, oder durch eine anaesetzte Zeit endigen, nicht
verlohren werden, noch dem Grund-Herrn innbleib-
en, iedoch so etwas darwider in Aufrichtung der
Bau-Rechter ausgetragen und bedinget worden, so
ist dasselbige kräftig; als so eine Kirche die eine Hausstat zu Bau-Recht verliehen, und darinnen ausge-
dinget hätte, daß du daselbst hin ein Haus bauen
soltest, und so das letztere Geschlecht abgienge, daß
alsdenn die angezogene Hausstat sammt der Behausung dem Gotteshause heimfallen solle, so ist ein sol-

ches Geding kräftig, und solle also gehalten werden.
Ita notab. dixit Bar. in L. jubemus nulli § sane
ultimo per illum tex. C. de sacrof. Ecclef.

§. 17.
So ein Grund-Herr mehr denn einen Erben verliesse, und der Bau- Rechter einem davon alleine den Zins ausrichtet, ob er darum von seinen Bau-Rechten gefallen sey?

So ich einen Bau-Recht-Grund von einem
Grund-Herrn hätte, und derselbe wäre mit Tod
abgangen und hätte noch Kinder hinter ihm gelassen,
daß ich also dem einen aus ihnen dasjenige ausrichte,
das ich schuldig bin und dem andern nicht, ob ich
dadurch die gantzen Bau-Rechte verliere, darauf
ist diese Antwort, daß ichs in diesem Fall nicht verliere. Ita tenet Guil. de Cu. & Bal. in L. communis libertus ff. de in Jus vocau.

Wann aber der Grund-Herr seinem Bau-Rechter eine so grosse oder noch grössere Summe Geldes,
als der Jahres-Zins ist, schuldig wäre, und der
Bau-Rechter hätte mit Bezahlung des Zinses über
3 Jahr verzogen, so ist er darum von seinem Bau-
Recht nicht gefallen, wo er sich gleich der Compen-
sation vor Ausgang der dreyjährigen Zeit nicht angeboten hätte, und doch bereit wäre die Gegenschuld
an dem Zins abzuziehen und aufzuheben zu lassen.
Ita tenet Jason in L. II in verf. ne autem q. 19
C. de iure emphyt. & ita notabiliter tenet Imo.
in C. bona fides in 9 col. extra de deposit. & reputat multum tenendum ment. idem tenet Ang.
in L. semel mora ff. solut. mat. & Joh. Fab. &
Joh. de Platea in § in bonæ fidei Inst. de actio.

§. 18.
Niemand von wegen des Grund-Herrn vorhanden ist, dem der Zins könnte bezahlet werden, als, wann der Grund-Herr mit Tode abgegangen wäre, und keinen Erben hinterlassen, ob der Bau- Rechter von seiner Gerechtigkeit falle, so er aus ge- hörten Ursachen den Zins über drey Jahr hätte anstehen lassen?

So der Grund-Herr abgestorben und keinen Erben hinterlassen, oder so die Erbschaft noch läge und
nicht angenommen wäre, daß man nicht wissen könte,
wer Erbe sey oder seyn wolle, und der Bau-Rechter hielte mit Bezahlung der Zinsen über drey Jahr
stille, so ist er darum nicht von seinen Bau-Rechten
gefallen. Alb. in L. quarta § cæterum ff. de dam.
infec. tenet simpliciter, quod isto casu emphyteuta non cadit a iure suo. Istud idem tenet
Bal. in L. II in ultimis verbis C. de iure emphyt.
per text. in L. prædia ff. de action. empt. idem
tenet Hostienf. in summa sua in tit. de loca. in
§ quid si de natura prope fin. tit. circa pen. col.
in verf. quid si hæreditate alias & sub ver. quid
emphyteuta promisit & d. Alexan. quem vide in
Consf. XCII incip. perspectis his quæ in themate
narrata sunt in 6 col. ad fin.

§. 19.
Wann der Bau-Rechter im Gefängniß lege, und den Bau-Zins nicht bezahlete, ob er von seinen Bau-Rechten entsetzet werde.

Wann der Bau-Rechter im Gefängniß gehalten würde, und den Zins in dreyen Jahren nicht
bezahlte, so könte er darum seiner Bau-Rechte nicht
entsetzet werden, dann wer im Gefängniß lieget,
hat Ehehafft verhinderliche Ursachen, also, daß er
von seines Verzugs wegen nicht kan von seiner Gerechtigkeit verstossen werden. Ita no. dermin at
Ans. de Butr. in c. significante in IIII no. extra de pig. und gesetzt, wo er gleich davon fiele,

so soll er doch wircklich restituiret werden. Ex clausula generali si qua mihi justa causa esse videbitur per l. primam in fi. & l. sed & si per prætorem, ex qui. cau. ma.

§. 20.

So der Bau-Rechter wollte den jährlichen Zins und Stifft auf zwantzig oder dreyßig Jahr dem Grund-Herrn voraus zahlen, ob der Grund-Herr den Zins anzunehmen schuldig sey.

So der Bau-Rechter sich besorget, er möchte von seinen Bau-Rechten kommen, so er den Zins in dreyen Jahren nicht bezahlte, wollte demnach solcher Sorge vorkommen, und den Zins dem Grund-Herrn auf künfftige zehen, zwantzig oder dreyßig Jahre voraus zahlte, so ist alsdann der Grund-Herr solche Vorzahlung wider seinen Willen anzunehmen nicht schuldig, er kan auch zu solcher Annehmung nicht gezwungen werden. Es wird auch der Bau-Rechter darum nicht frey, oder der Entsetzung sicher seyn, wo er gleich die Vorzahlung auf berührte Jahr verpetschirte und zu dritter Hand hinterlegte. Dann einem Herrn nicht wenig daran gelegen, daß ihm sein Wein, Getraud, Gänse, Hüner, Eyer, Käse, Schmaltz und anderes jährlich zu rechter gewöhnlicher Zeit durch die Bau-Rechter gereichet, und er also durch jährliche Reichung für einen Grund-Herrn erkennet werde, welches sonst mit einer Vorzahlung in Vergessenheit und Irrung des Eigenthums kommen möchte. Spec. in d. § nunc aliqua in ver. XLII melius in ver. seq. & ibidem Jo. An. in addi. arguunt ad partes & finaliter concludunt, quod dominus invitus non compellitur recipere solutionem tot annorum, Idem tenet Cyn. in L. II in ulti. q. C. jure emphy. & in L. si certis annis C. de pact. idem tenet Marti. de sano in tractatu præsentis tit. in IX q. istud idem tenet Bar. in L. eum qui alias incipit Jabolenus ff. de annui. lega. Bar. in L. liberos conditioni § fi. ff. de sta. li. Hoc idem tenet Guil. de Cu. & Bal. in L. plures in fi. C. de fide instru. idem Bal. in L. si quis argentum in fi. III col. C. de dona. & in L. filius fa. § divi. & i ff. de lega. 1. Pet. de Anch. in d. c. potuit & ibi Imola in XLIIII col. & mod. in L. stipulatio ista § inter certam § de verb. ob.

§. 21.

Ob ein Gläubiger, dem die Bau-Rechte um eine Schuld verpfändet sind, könne den Bau-Recht-Zins bezahlen, damit dieselben Bau-Rechte nicht verwircket werden.

Wann einem ein Bau-Recht-Grund um Schulden verbunden ist, so mag derselbe Gläubiger die jährlichen Bau-Recht-Zins wohl davon ausrichten, und durch dieselbe seine Zahlung dem Bau-Rechter sein Bau-Recht erhalten. Tex. est not. in L. vectigali in ver. tam debitor quam creditor. ff. de pig. & ibi illum tex. ad hoc no. Bar. & Ange. Also wird dem Gläubiger durch seine Zins-Zahlung seine Pfands-Gerechtigkeit, die er an dem Bau-Recht-Gut hätte, erhalten, die sonst absey würde, so sein Schuldner von denen Bau-Rechten durch nicht Bezahlung fiele, und wird durch diese des Gläubigers Zins-Zahlung dem Bau-Rechter sein Bau-Recht erhalten. Jason in L. II in ver. ne autem C. de jure emphy.

§. 22.

Ob die Zins-Zahlung, so durch eine dritte gar frembde Person geschehen, dem Bau-Rechter zu Nutzen und Erhaltung seiner Bau-Rechte komme, der sonst den Zins in dreyen gantzen Jahren nicht bezahlet hätte.

So eine dritte Person, als ein Procurator oder Aus-Richter des Bau-Rechters den Zins von wegen des Bau-Rechters ausgerichtet und bezahlet hätte, so wäre alsdann solche Bezahlung dem Bau-Rechter fürträglich. Per L. solvendo & L. quæ utiliter ad fi. ff. de nego. gest. & per regulam notabilem: quia quotiescunque tractatur de conservatione juris realis, ut est hic de conservatione juris emphyteutici, semper factum neg. gest. prodest ad illius juris conservationem & retentionem, L. Arboribus § Quid tamen ff. de Usufr. & ita tenet Ang. in d. L. Lex vectigali & Ludo. Ro. in consi. 103 incipi. viso propositæ quæstionis themate &c. juxta prin. Dergleichen, wann ich von einer Kirchen ein Bau-Recht hätte, und wären dieselben Bau-Rechte an eine dritte Person kommen, die es bis über zehen Jahr besessen, und allezeit den Zins in seinem eigenen Nahmen bezahlet, und anders geglaubet hätte, als gehörten ihm die Bau-Rechte selbsten zu, ich aber, als der Bau-Rechter hätte nichts bezahlet, sondern wäre die berührten zehen Jahre über mit der Bezahlung säumig gewesen, so kan ich dannoch von den Bau-Rechten nicht geschieden werden, dann es kommt mir die Bezahlung der dritten Person, die gar keine Gerechtigkeit auf denen Bau-Rechten gehabt, zu gut, und zu Erhaltung meiner Gerechtigkeit, es will auch gar nicht daran gelegen seyn, wer die Bezahlung gethan habe, wann es nur bezahlet ist. Quia ubi tractatur de conservatione juris emphyteutici, non refert a quo solvatur, aut quomodo, aut cujus nomine, dummodo solutum sit. d. L. arboribus § quid tamen & expressius in L. qui fundum ff. quemad. ser. amit. plures allegat, vide apud Jason. in L. II in ver. ne autem C. de jure emphy.

Wann aber der Grund-Herr die Bezahlung von der dritten Person nicht annehmen wollte, so kan man ihn wider seinen Willen nicht darzu halten. Bal. in L. Acceptum in ulti. col. in XXV q. C. de usur.

§. 23.

Der Grund-Herr ist nicht schuldig den Zins von einer dritten Person einzunehmen.

Denn weil der Bau-Rechter schuldig ist, seinen Zins nicht allein von wegen der Quittung oder Ledigzehlung, sondern auch, daß er seinen Grund-Herrn dardurch erkennen solle, zu bezahlen, und aber solches nicht kan durch einen Dritten geschehen, so folget daraus, daß eine dritte Person nicht mag den Zins wider den Willen des Grund-Herrn bezahlen. Sali. in L. acceptam in fi. in ulti. q. C. de usur. Und wo gleich die dritte Person den Zins verpetschieret hinterleget, und aber solches wider den Willen des Grund-Herrn geschehe, so würde doch dieselbe Hinterlegung dem Bau-Rechter in nichts fürtragen. Ita tenet Jason in L. II in ver. Ne autem in XXVII q. C. de jure emphy. So nun ein Bau-Rechter einer sondern Person zugehörig, die die Bezahlung der Gilt über drey gantze Jahr übersessen hätte, so wird er ferner zu Entschuldigung seines Verzugs nicht zugelassen, aber mit den Bau-Rechtern der Kirchen wird es anderst gehalten. Jason in d. L. II in verbo Ne autem in XXIX q. C. de jure emphy. latissime de hoc disputat & concludit, quod si emphyteuta privati cessaverit triennio a solutione Canonis, non poterit postea solvendo moram purgare, ut ibi per eum.

§. 24.

Wann der Grund-Herr den Bau-Rechter um Bezahlung des Bau-Recht-Zins ersuchte, und forderte der Bau-Rechter sagte, es wäre das Gut kein Bau-Recht, er wäre auch kein Bau-Rechter, ob er dadurch seine Bau-Rechte verlieret.

Wann der Grund-Herr den Zins von seinem Bau-Rechter heischte, und forderte, der Bau-Rechter aber es leugnete, als wäre das Gut kein Bau-manns-Recht, er wäre auch kein Bau-Rechter, wo er dann solches mit seinem Wissen und wider sein selbst Gewissen verleugnete, und würde alsdann der Lügen durch seinen Grund-Herrn überzeuget, so ist er von seinen Bau-Rechten und habender Gerechtigkeit gefallen, aber anders wäre es, so er das Leugnen aus Unwissenheit gethan hätte, weil er nicht gewust, ob es Bau-Recht sey oder nicht, als wann er des vorgewesenen Bau-Rechters Erbe und Nachkömmling wäre. Ita tenuit Inno. in c. cæterum. X. de judi. & facit L. in alterius ff. de reg. jur. istud item tenet Ange. in L. fi. in 1 col. per illum tex. ff. de rei vendi.

§. 25.

So ein Bau-Rechter in der Welt herum zöge, daß niemand wissen könte, wo er wäre, und ob er noch im Leben oder nicht, so ist die Frage, wie es alsdann mit denen Bau-Rechten solle gehalten werden.

Wenn der Bau-Rechter vom Hause abwesend wäre, und in der Welt hin- und wieder striche, daß niemand könte wissen, ob er lebendig oder todt sey, oder wo und an welchem Ort er wäre, hätte auch weder Kinder noch Enckel absteigender Linie, und doch darneben einen Procuratorem, oder Verweser gelassen, der alle Jahre jährlich die Stifft und Dienst dem Grund-Herrn bezahlen solte, und der Grund-Herr aber den Dienst von dem Verweser nicht einnehmen wollte, von wegen dessen, daß man zweiffelt, und keine Wahrheit könte haben, von dem tödtlichen Abgang des Bau-Rechters, der Verweser aber wolte dargegen bey der Besitzung bleiben, so lange bis man ihm gewißlich von dem Absterben des Bau-Rechters erinnern könte: So kan der Grund-Herr die Bau-Rechte nicht einziehen, er hätte dann gewisse Kundschafft, daß der Bau-Rechter mit Tode abgangen wäre. Quia ille, qui nititur & fundat se super morte alterius, debet eam probare, saltem per famam, alias præsumitur in dubio vivere. L. siquidem & ibi no. C. So. mat. & L. II § si dubitetur ff. quemadmo. testa. aperi. Ita putat verum esse Jason in L. II in ver. ne autem in XXXIV q. C. de jure emphy.

§. 26.

Wann der Bau-Rechter seine Bau-Rechte verwirckt, daran er über 500 Ducaten mit Besserung geleget, und der Herr hätte ihm die Verwirckung nachgesehen, ob solche Nachsehung einer Insinuation bedürffte.

So der Bau-Rechter viel an dem Bau-Rechts-Grund gebessert hätte, daß sich dieselben Besserungen auf eine grosse Summe Geldes erstreckten, und

hätte in dreyen gantzen Jahren keinen Zins bezahlet, daß ihm sein Grund-Herr, wann er wollte, in diesem Fall von denen Bau-Rechten entsetzen könte, und der Bau-Rechter verlöre dadurch alle seine Besserungen, wie hie oben gemeldet worden ist, und aber der Grund-Herr ihm solche Verwirckung oder Entsetzung nachgesehen und verziehen hätte, ob solche Nachsehung damit sie kräfftig wäre, im Fall da sich die Bau-Rechte und Besserungen über 500 Ducaten erstreckten, bey der Obrigkeit solte insinuiret werden. Juxta formam f. si quis argentum C. de do. & L. illud C. de sacrosanc. Eccles. & L. Modestinus ff. de do. darauf wird geantwortet durch den Baldum in c. 1 circa prin. quid juris si post alie. vel vasallus illud recuperet in usibus feu. daß keiner Insinuation vonnöthen sey, dann dieses wird mehr für ein Nach- oder Uibersehen, als für eine rechte Donation gehalten. Allegat L. in ædibus § 1 juncta d. L. Modestinus ff. de donat. istud idem tenet etiam ipse Bal. in L. si mulier ff. de condi. bo. causam.

§. 27.

So der Bau-Rechter versprochen hätte, dem Grund-Herrn den Zins in gewisser grober Müntze, die zu der Zeit aufgerichteter Bau-Rechte läuffig gewesen, zu bezahlen, und wäre folgends dieselbe Müntz in Abschlag kommen, wie es alsdann zwischen sie beyden solle gehalten werden.

Wann der Bau-Rechter seinem Grund-Herrn versprochen hätte, den jährlichen Zins alle Jahr in einerley gewisser grober Müntz, die zu der Zeit des aufgerichteten Contracts der Bau-Rechte läuffig gewesen, zu bezahlen, und dieselbe Müntze hätte sich folgends geändert, daß sie an ihrem Werth abgenommen, nun wollte der Bau-Rechter den Zins mit derselben alten Müntz nach dem alten Werth bezahlen, vermöge und Innhalt des aufgerichteten Contracts, der Grund-Herr aber wollte dieselbe Bezahlung nicht annehmen, sondern will mit der guten alten Müntz in dem Werth, wie dieselbe ietzo gängig, und nicht wie sie zur Zeit des gemachten Contracts läuffig gewesen, bezahlet seyn, wird dahero gefraget, was hierinnen recht sey, worinnen dann dieser Unterschied gebrauchet wird.

§. 28.

Unterscheid, von wegen Bezahlung des Zinses, so sich der Müntz-Schlag verändert.

Erstlich wann die alte Müntz an der Materie oder Müntz-Schlag (Gepräg) geändert wäre worden, und man finde noch eine alte Müntze, dero Gang nicht verboten wäre, so möchte der Zins von derselben alten Müntz bezahlet werden: so aber derselben Müntz-Lauff verboten wäre worden, so solle der Zins von der neuen Müntze bezahlet werden, doch nach dem Werth und Anschlag der alten Müntze, das ist, soferne die neue Müntze in einem wenigern Werth, als die alte wäre, so soll man so viel darauf geben, bis der Werth der alten Müntze erstattet werde. Utrumque expresse dicitur in C. olim causam & in c. cum canonis. X. de censi.

Zum andern, so die alte Müntze allein in ihrem Valore oder Werth geändert worden, und der Schuldner mit der Bezahlung nicht säumig gewesen, so kan er alsdann mit der alten Müntz die Zahlung thun, in dem Werth und Anschlag, wie dieselbe zur Zeit gemachten Contracts läuffig gewesen ist.

Hanc

Hanc q. format Al. de vo. in L. II in XII coll.
C. de jure emphy. & ibidem Jason multa ad
hoc allegat.

§. 29.

So der Grund-Herr in einem besonderen Fürstenthum, und der Bau-Rechter in einem anderen Land oder Gebiet wäre, ob der Bau-Rechter schuldig sey, den Zins aus seines Landes-Fürsten Land, seinem Grund-Herrn zuzutragen.

So ein Saltzburgischer Prälat etliche Bau-
Rechter in Bayerland hätte, ob dieselben Bau-
Rechter schuldig seyn, die Stifft oder Zins demselben Prälaten oder Grund-Herrn in seine Wohnung, die er im Bißthum Saltzburg hätte, nachzutragen: darauf ist die Antwort, daß die Bau-Rechter nicht schuldig sind, den Zins aus dem Land, darinne sie haussäßig sind, zu tragen. Ita determinat
Albe. post Ubertum de Bobio. Aber wohl ist
der Prälat schuldig seine Gesandten zu schicken, den
Zins zu empfangen. Per L. cum hi § eam ff. de
transact. & L. idem illa in prin. cum glo. notabili in verbo no. venit. ff. de constip. Und wo
der Prälat oder Grund-Herr um den Zins nicht
schicket, so möchten die Bau-Rechter den Zins in
Bayerland hinterlegen, und wäre also genug gethan,
dann der Bau-Rechter ist nicht schuldig mit der
Verzinsung aus seines Landes-Fürsten Gebiet zu
gehen. Tenet Bar. in d. L. item illa in prin.
in II col.

§. 30.

Wie der Bau-Rechter in seinem Haus begengen soll, daß er den Zins bezahlen wolte.

Dergleichen wann ein solcher Bau-Rechter, der
in einem andern Gebiete sitzet, und einen Zins zu bezahlen schuldig wäre, sich in seinem Hause an dem
Tag, daran er den Zins bezahlen solte, finden liesse,
und spräche, ich bin willig und bereit den Zins oder
die Stifft zu bezahlen, wann nur iemand da wäre,
der es von mir annehme rc. und liesse solches in
ein Instrument oder Brieff zeichnen. Bar. in d.
L. Item illa Jason super ista materia multa allegat in L. II in ver. ne autem in XXXVII q. c.
de jure emphy.

§. 31.

Daß der Bau-Rechter schuldig ist, seinem Grund-Herrn den Zins in ein anderes Gebiet nachzutragen, wenn sie sich dessen also verglichen haben.

So auch der Grund-Herr und der Bau-Rechter, ieder in einem besonderen Gebiet wären, und der
Bau-Rechter hätte ausdrücklich verheissen, den Zins
dem Grund-Herrn in seinem Hause zu bezahlen,
und aber der Grund-Herr seine häusliche Wohnung
verändert, und sich auf ein anders Ort gesetzet, so
ist alsdann der Bau-Rechter in Krafft des Gedin-
ges schuldig, dem Grund-Herrn den Zins in seine
neue Behausung nachzutragen, wo ihm anderst nichts
oder wenig mehr darüber gienge. Bal. in L. acceptam in XIV q. C. de usur. Aber anders wäre
es, so ihm zu viel darauf gienge, als so der Grund-
Herr sich aus einer Stadt gezogen und gesetzt hätte.
Per tex. no. per L. Menia. § si ff. de annu. lega.
Istud idem tenent Bal. & Imol. in L. cum fili.
si. § fi. ff. de verbo. oblig.

§. 32.

So der Grund-Herr religiret würde.

Wann mir auch einer, es sey gleich ein Bau-

Rechter oder anderer Schuldner versprochen hätte,
mich an einem gewissen bestimmten Ort zu bezahlen, und ich wäre hernach von demselben Ort verbannet oder religiret worden, so wird er in diesem
Fall schuldig seyn, mich an einem Ort zu bezahlen,
und er mag also bezwungen werden zur Bezahlung,
und dahin, an dessen Ort ich bin, die Bezahlung zu
bringen und zu erlegen. Tex. est cum gl. solenni
in L. usuras & ibi Bar. & Bal. C. de solut.

§. 33.

Wann der Bau-Rechter kan den Zins ausser seines Landes Gericht bezahlen, oder nicht wider den Willen des Grund-Herrn.

Item so der Grund-Herr in einem, und der Bau-
Rechter im andern Gebiet oder Herrschafft wäre,
daß der Bau-Rechter ihm den Zins nachzutragen
nicht schuldig wäre, und er doch den Zins in des Grund-
Herrn Gebiet zahlen wolte, so kan er solche Zahlung
auch wider den Willen des Grund-Herrn wohl
thun. Quod in simili not. Bal. in d. L. acceptam
in XII q. in fi. Es wäre dann das Ort, darinnen
der Bau-Rechter wohnet, dem Grund-Herrn, oder
ihnen beyden zu guten zu solcher Bezahlung fürgenommen, so wäre es alsdann anderst. Allegat Bal.
not. in d. L. usuras C. de solut. & in L. 1 in ratione sui C. de ser. expor.

§. 34.

Wer das Fuhr-Lohn von dem Getraide-Dienst zu bezahlen schuldig.

So aber der Grund-Herr und Bau-Rechter in
einer Landschafft beysammen wären, also, daß der
Grund-Herr in der Stadt, und der Bau-Rechter
vor der Stadt in einem Dorffe hauste, und der Bau-
Rechter wäre nun den Getraid-Dienst dem Grund-
Herrn in sein Haus zu liefern und zu dienen schuldig, so muß derselbe Bau-Rechter das Fuhr-Lohn,
Maut und Datz von wegen desselben Dienstes selbst
und ohne Schaden des Grund-Herrn ausrichten
und bezahlen. Bar. in L. idem illa in prin. in ulti.
col. ff. de consti. pecu. & idem magis aperte
tenet Bal. in d. L. acceptam in XI q. ubi fortius
vult, quod etiam tenebitur emphyteuta solvere
gabellam seu datium per tex. in arg. in L. medi-
terraneæ in ver. dispendii C. de anno. & tribu.
lib. 10 & ad istud de gabella, vide quod no. Bar.
in L. 1 ad fi. ff. de alimen. & cib. leg. Inno. in
c. indicante. in III char. extra. de testa. & ad id
quod dictum est cujus expensis, vide quod no.
gl. & Bar. in L. si hæres damnatus sit. ff. de vino,
tri. & oleo leg. & Bar. in d. L. 1 de alimen. &
cib. legat.

§. 35.

Ob ein Bau-Rechter von wegen Abschleiffung des Gutes seiner Bau-Rechte entsetzet werden kan.

Wann ein Bau-Rechter ein Kirchen-Gut abschleiffet, ärger oder schlimmer machet, so kan er
gleichfalls, als hätte er den Zins in dreyen Jahren
nicht bezahlet, seiner Bau-Rechte entsetzet werden.
Tex. est in Authen. qui rem & unde sumitur
C. de sacrosanc. Ecclef. Dergleichen mag auch
ein weltlicher Bau-Rechter im Fall der Abschleiffung entsetzet werden. Secundum Pe. Cy. de Pau.
de Cast. in d. Authen. qui rem & ibidem Gui.
de Suza. Bal. & Saly. in d. Authen. qui rem &
Bal. in L. divortio in § si fundum & ibi alii,
moder. ff. sal. mat.

§. 36.

§. 36.

Der Bau-Rechter kan von wegen der Abschleiffung des Gutes entsetzet werden, doch mit grösserem Unterschied.

Jedoch wird hierinnen eine Bescheidenheit gehalten, daß der Bau-Rechter von seinen Bau-Rechten nicht solle entsetzet werden, er habe dann in diesem hernach folgenden dreyen Stücken copulative sämmtlich verbrochen. Erstlich daß die Abschleiffung oder Aergerung sey einer mercklichen Grösse, dann von wegen einer wenigen Abschleiffung soll der Contract des Bau-Rechtes nicht zertrennet werden. Per L. scio ff. de in integ. resti. Zum andern, daß es eine Abschleiffung sey, die dem Grund ewig schädlich bleibet, und nicht den Frucht-Bau, denn der Vortheil der Früchte gehöret dem Bauer zu, und gehet den Grund-Herrn nichts an, er baue das Feld mit Getraid oder nicht. Aber der ewige Nutzen gehet den Herrn an, daß derselbe nicht verderbet werde: derohalben wo gleich der Bau-Rechter die Felder nicht fleißig anbauet, daß die Aecker letzer werden von wegen der Früchte, so kan er deshalben nicht entsetzet werden; doch ist es mit einem Wein-Garten anders, dann so die Wein-Gärten nicht beschnitten werden, so dorren sie ab, und verderben auf ewig, welches dann auch mit Abhauung der fruchtbaren Bäume also zugehet.

Zum dritten, daß diese Abschleiffung aus böser betrüglicher Vermessenheit und Schuld geschehe, doch wo er die geringste Schuld daran hätte, die würde ihn nicht binden. Ita no. Bal. in d. authen. qui rem in 1 col. & alleg. §. scire autem cum glo. in authen. de non alie. melius facit regula L. si ut certo §. nunc videndum & 1 cum glo. ff. commo. dann weil dieser Contract der Bau-Rechte von beyder Partheyen wegen gehandelt wird, so muß in diesem Fall der Entsetzung dareinkommen der Betrug, auch grosse und geringe, aber nicht die geringste Schuld. Ut ibi. Et idem quod ista tria copulative requirantur ad hoc, ut emphyteuta propter deteriorationem expelli posset, tenet etiam Bal. in L. III in penul. col. C. loca. & ita consuluit Fulg. in ejus consi. incip. ser. Anto. de la Cru. simpliciter secutus Bal. in locis præalleg. Daraus folget, wo der Bau-Rechter nur in einem oder zweyen und nicht in allen dreyen berührten Artikeln sämmtlich verbräche, daß er alsdann nicht könnte entsetzet werden. Per præalleg.

§. 37.

Ob ein Bau-Rechter nach Ausgang seiner Bau-Rechte das Gezimmer, oder andere Besserungen ab dem Grund hindan nehmen kan, oder nicht.

So die Bau-Rechte durch Ableiben der letztern Geburt, oder nach Ausgang der Bau-Recht-Zeit dem Grund-Herrn heimgestanden, und die Bau-Rechter hätten auf den Grund ein Haus oder andere Besserungen gebauet, und ihre Erben wolten dieselben Zimmer oder Besserungen von dem Grund hintan zu sich nehmen, ob sie das thun mögen? Antwort, daß sie das wohl thun können, doch soll die Wahl bey dem Grund-Herrn stehen, ob er das Zimmer oder andern Bau hinweg brechen will lassen, oder denen Erben dieselben bezahlen, so dann der Grund-Herr ihm diesen Weg fürnimmt, daß er die Zimmer oder Gebäu bezahlen will, so sollen dieselben Zimmer nicht dermassen, wie sie zusammen geschlossen, in dem Gebäu so gantz unzerbrochen stehend, und also werth seyn möchten, getheuert zu werden, sondern man soll sie anschlagen, so viel sie ungefähr werth seyn möchten, so sie von dem Gebäu abgebrochen und auf einen Hauffen lagen. Ita tenet Bal. in d. §. si Vasallus in tit. hic finitur lex. deinde consuetudines & in d. §. si quis de manso. in ulti. col. si de investi. feu. controvers. fue. & in Aut. excipitur C. de bo. quæ idem etiam tenet. L. in fundo in III no. ff. de rei ven.

§. 38.

Wenn der Bau-Rechter in währendem Bau-Recht die Zimmer hegführen kan oder nicht

Es kan aber der Bau-Rechter seine Zimmer, die er gesetzet hat, in Zeit währender Bau-Recht, nicht hindan nehmen, so ihm der Herr solches verboten, ehe er es hinweggeführet hätte. Bal. singul. in L. sed & si quid in principio ff. de usufr.

Jedoch kan der Bau-Rechter in Zeit währender Bau-Recht, oder so sich dieselbe mit angesetzter Zeit oder Ableiben der Geburten geendiget, und nicht um versessene Gilten zur Straffe verfallen, allezeit abbrechen und mit fortführen, so man ihnen den Werth derselben nicht bezahlen wollte. Tenet Bal. in d. §. si quis de manso. in vi. col.

So aber der Grund-Herr den Werth solcher Besserungen bezahlen wolte, alsdann wäre man ihm dieselben erfolgen zu lassen schuldig, und man könnte es ohne seinen Willen nicht wegführen. Et ad hoc adducitur, quod signanter voluit in L. in fundo in III no. per illum tex. ff. de rei vendic.

Und ob gleich der Bau-Rechter ein ausdrückliches Geding gemachet hätte, daß er zu Ausgang der Bau-Rechte oder Leib-Geding möchte alle Besserungen hinwegführen und für eigen behalten, und aber der Grund-Herr ihm zu Ende der Bau-Rechte so viel geben wolte, als er dafür bekommen möchte, wann er es wegführete, so kan der Grund-Herr das Abführen wohl verwehren. Ita voluit Bal. in d. L. in fundo. Dieses soll fleißig gemercket werden, indeme es sich offtmahls zuträget.

§. 39.

Wann des Bau-Rechters Erben die Unkosten der Besserung begehren können.

Wiewohl der Bau-Rechter schuldig ist, die grossen Kosten, die er an das Gut geleget, selbst zu tragen, davon wir oben in der vierten Observation §. 16 schon Meldung gethan, iedoch so sich das Bau-Recht nicht durch des Bau-Rechters Verwirckung, sondern durch Ausgang der aufgerichteten Bau-Recht-Zeit, oder Ableiben der letzen Leib-Gedinge geendiget hätte, so kan der Bau-Rechter oder seine Erben nicht allein die Besserungen oder derselben Werth, sondern alle nothwendige Kosten, die er an das Bau-Recht-Gut anleget von dem Grund-Herrn begehren, diß ist anderst nicht solche Kosten sind, die von Rechts wegen dem Bau-Rechter anzulegen zugehören, und dieselben nicht wieder fordern kan, es mag auch der Grund-Herr gegen Abforderung solcher nothwendigen Kosten die Abnutzung, so der Bau-Rechter von dem Gute eingenommen, nicht aufheben oder abziehen, noch compensiren. Secundum quod dixit Jason in L. 1 super III gl. ad fi. & L. II super

super verbo, nomine meliorationis. C. de
jure emphy. Bal. in L. emptor ff. de rei vendi.

§. 40.
Was die nothwendigen Koſten ſeyn?

Hierneben wird aber das für nothwendige Koſten gehalten, die der Bau-Rechter wiederum fordern kan, was er an Erbauung eines Hauſes oder
anderes Gebäu und Beſſerung geleget, ſo ewig bey
dem Gut bleibet, was er aber angeleget hat an die
Beſſerung, die alleine die Zeit ſeines Inhabens
und zu ſeiner Abnutzung und nicht länger währet,
dieſelben Koſten kan noch er nicht wieder fordern.
Vide Jaſon. in L. I ſuper III glo. ad fi. & ibi
alleg. C. de jure emphy.

Ob auch ein Bau-Rechter auf dem Bau-Recht-
Grund ein Haus oder was änderſt zimmerte, ſo wird
es nicht dafür gehalten, als habe er es mit dem Gemüth gethan, dem Grund-Herrn daſſelbe zu ſchen-
ken, ſondern es gehören ſolche Gebäude des Bau-
Rechters Erben zu, und dieſe Regel iſt: quicquid
ſcienter in alieno ſolo ædificatur, cedit illi cujus eſt ſolum. Hierinnen wird dem Bau-Rechter gar nicht ſtat. Ut per Bal. in L. II C. de
rei vendi. & in c. domino querram. in ti. hic
finitur lex deinde conſuetudi. re. incip. &c. in
uſit. feu. & in L. III C. communia utriusque
judi. per Bal. & imo. in d. L. Senatus. § Marcellus.

§. 41.
So der Grund-Herr dem Bau-Rechter bey einer Strafe verſpro-
chen hätte, ihn nicht zu entſetzen, ob er alsdann denſelben
darüber entſetzen kan oder nicht?

Ob gleich der Grund-Herr in Aufrichtung der
Bau-Rechte ſimpliciter bey einer Straffe verſprochen hätte, ihn von denen Bau-Rechten nicht
zu entſetzen, ſo wird es darum nicht ſo weit verſtanden, als hätte er ihm verheiſſen, gar auf keine Art
abzuſetzen, derohalben kan er ihm von ſeiner Gerechtigkeit wohl entſetzen, ſo er den Zins drey gantze
Jahre nach einander zu bezahlen verzogen und ver-
ſeſſen hätte. Ut eſt tex. in L. II C. de jure
emphy.

Und alſo wird dieſe Verheiſſung der Straffe verſtanden, daß ſie generaliter und weitläufftig beſchehen, den Bau-Rechter nicht zu entſetzen, welches
dahin verſtanden wird, weil der Bau-Rechter den
Zins bezahlet, und dasjenige, was er von Art und
Natur des Contracts zu thun ſchuldig iſt, hält, ſo
ſoll ihn der Grund-Herr bey berührter verheiſſener
Straffe nicht entſetzen, dann dieſer Contract der
Bau-Rechte hat dieſe ſtillſchweigende Condition in
ſich, wann der Bau-Rechter etwas ſolches verbricht,
darum ihn der Grund-Herr entſetzen kan. Secundum Bal. in L. II in IIII col. C. de jure emphy. & ibid. Sali. in 1 col. facit L. quæro. § inter locatorem ff. locati, de quo etiam per Doct.
in d. c. potuit.

Dieſes hat nun alſo ſeinen Vorgang, wann die
ſträffliche Verheiſſung alſo ſchlechterdings geſchehen
wäre, ſo aber die Verheiſſung ſich auf einen beſondern Artikel, der unhältig befunden würde, ſtreckte,
ſo hat es eine andere Meynung, als ſo der Grund-
Herr bey einer Straffe ſich verbunden, daß er wolte
den Bau-Rechter nicht abſetzen, wo er gleich den
Zins von dreyen Jahren nicht bezahlet, und darin-

Juriſt. Oracul V Band.

nen ſich vorzüglich erzeigte, ſo würde alsdann dieſelbe
Verheiſſung ihren Fortgang haben. Quia tunc
procederet q. formata in L. II in gl. magna
in verbo repellere. in II parte & Sali. in d. II
in verbo vel pœna C. de jure emphy.

§. 42.
Ob der Grund-Herr den Bau-Rechter aus eigener Gewalt entſe-
tzen kan oder nicht?

Wann wiſſentlich am Tag iſt, daß der Bauer
ein Bau-Rechter iſt, und daß er in dreyen vergangenen Jahren den Zins nicht bezahlet hätte, und
alſo folgends gewiß wäre, daß er von ſeinen Rechten gefallen, ſo mag der Grund-Herr in dieſem
Fall ihn aus eigener Gewalt entſetzen: denn da
wird von dem Grund-Herren von der Vollziehung
der That ohne einige andere Erkenntniß gehandelt,
darum, daß das Geſetz ihn zu einem Vollzieher ſel-
cher That (der Entſetzung in ſeiner eigenen Sache)
ordnet. Ut in tex. in L. II C. de jure emphy.
juncta L. devotum C. de meta. lib. XII & ita
concludit Spec. in d. § nunc aliqua verſi.
XLVIII cum Martino de Fano in tractatu præ-
ſentis ti. q. V.

Oder man weiß aber nicht, ob das Gut ein
Bau-Recht ſey, darum, daß der Bau-Rechter
leugnet der Bau-Rechte, oder leugnet auch, daß
er von ſeinen Bau-Rechten gefallen ſey, und die
Zahlung noch nicht verſchienen, alsdann und weil
die Sache alſo in Zweifel gezogen wird: Ut L.
III C. quib. ad liber. procla. non lice. plene ſcri-
bitur in L. 1 C. de procuratoribus; So kan
der Grund-Herr ihm ſelbſt kein Gericht halten,
Recht ſprechen, noch den Bau-Rechter aus eigener Gewalt entſetzen. Und iſt dieſes die Urſache,
daß in ſelbigem Fall nicht von Vollziehung der
That oder Verwirkung gehandelt wird, ſondern es
kommt erſt zur Erwegung und Erkundigung, ob
ein Bau-Rechter verhanden, ob er ſeine Bau-
Rechte verwirckt habe, dieſelbe Erkenntniß gehöret
nun dem Richter zu, und nicht dem Grund-Herrn.
Per totum ti. C. ſi quis in ſua cauſa jus ſibi dicat, & cum hac opi. videtur tranſire ibi Jo. An.
in add. hanc opi. tenet etiam Bal. in d. L. II in
IV col. C. de jure emphy. & idem Bal. in d.
§ ad hæc in ulti. col. de pace jura. fir. in uſi-
bus feu.

Dann ſo das Verbrechen des Bau-Rechters
lauter wäre, und er nichts Gerichtliches vorwendet, ſo könte alsdann der Grund-Herr ihn de facto entſetzen, ſonſten wäre es aber anderſt. Ita
formaliter dicit Bal. in præallega. § ad hæc.

§. 43.
So der Bau-Rechter ein Geding mit dem Grund-Herrn gemachet
hätte, daß ihn der Grund-Herr könte entſetzen, wann
er gleich den Bau-Recht-Zins nimmer mehr be-
zahlen thäte.

So der Bau-Rechter ein ſolches Geding mit
ſeinem Grund-Herrn gemacht hätte, wann er gleich
den Bau-Recht-Zins nimmermehr bezahlen thäte,
daß der Grund-Herr ihn dennoch von ſeinen Bau-
Rechten nicht entſetzen möchte, ſo iſt alsdenn daſſelbe Geding kräfftig. Tenetur in L. II in ea glo.
ibi L. in § ſi veniat C. de jure emphy. eam ap-
probant Doct. nullo diſcrepante, & inter cæteros Cyn. in L. II in d. Glo. in III q. C. de

jure emphy. ubi post multa allegata firmat opi-
glo. eam etiam sequitur Spec. in d. § Nunc
aliqua in ver. LXXXIX, ibi lo. An. in addi.
p. Hostien. in summa hujus tit. ver. quid si
p...s.

Dann so das Geding kräfftig ist, welches zwischen dem Grund-Herrn und Bau-Rechter beschlossen worden, wenn der Grund-Herr den gewöhnlichen Bau-Recht-Zins in drey verschiedenen
Jahren nicht bezahlet, daß ihn alsdann der Herr
zu entsetzen solle Macht haben, wie viel mehrers solle das Geding von nicht entsetzen kräfftiger seyn zu
absolviren, dann zu condemniren. L. Arrianus
cum vulgaribus ff. de a. & obli.

§. 44.
**So der Bau-Rechter seine Bau-Rechte unersucht seines Grund-
Herrn verkauset.**

Dergleichen ist auch dieses Geding kräfftig, das
zwischen beyden Theilen, aufgerichtet ist, wo der
Bau-Rechter seine Bau-Rechte verkaufft unersucht des Grund-Herrn, daß er ihn nicht entsetzen
solle. Ita notabi Spec. in d. § Nunc aliqua.

So ist das Geding eben so wohl kräfftig, wo der
Bau-Rechter das Gut abschleiffet oder ärger
machet, daß er dennoch davon nicht geschieden, noch
entsetzet solle werden. Spec. in loco præalleg.
& Jason in L. II in glo. C. de jure emphy.

§. 45.
**Ob das Geding, daß ein unehelich Kind solle an die Bau-Rechte
nach Abgang des Bau-Rechters kommen,
kräfftig sey?**

Das Geding, daß die unehlichen Kinder sollen
auf Abgang des Bau-Rechters an die Bau-Rechte
kommen, ist kräfftig darum, daß sie nicht als Erben, sondern durch einen handlenden Procuratorem daran gekommen, und daß uns die Gerechtigkeiten sächlich mögen überkommen werden, durch
Frey-Personen. Ita quærit Bal. in L. II in glo.
C. de jure emphy. L. 1 C. per quas nobis acquiratur, de quo vide Bar. & alios omnes in L.
ex facto § si quis rogatus & 1 ff. Ad Trebell.
ubi etiam per eum quid in dubio, & quid si re-
cipiatur ab Ecclesia, an veniant naturales tantum, & Pet. de Anch. & Imo. in d. c. potuit
Bald. in Authent. si quas ruinas in III col. in
prin. C. de sacrosanc. Eccles.

§. 46.
**Wann ein Kloster-Bau-Recht an die Weiber kommo, ob sie können
ausser des Klosters Gebiet heyrathen.**

Wann ein Kloster, das grosse Erbeigen und eigene Landschafften besässe, ausdrücklich bedingete, daß
die Bau-Rechte auch auf die Frauen fallen sollen,
doch woferne sie sich zu einem holden, der dem Klo-
ster-Leben unterworffen, oder der schon ein Aus-
wendiger wäre, und dem Kloster sich unterthänig
machen wolte, verheyrathet, so ist dasselbe Geding
kräfftig. De quo per Bar. in L. II § si.
C. quando & quib. quanta pars debe. lib. X &
in L. Murileguli, per illum tex. C. de mutile.
lib. XI, ubi etiam quærit Bar. stante prædicto
statuto, quid juris sit, si fœmina nubat extraneo, qui tamen velit effici de jurisdictione mo-
nasterii, an retineat emphyteusim, & per illum textum determinat quod sic.

§. 47.
**So der Bau-Rechter drey Jahr übersessen und den Zins nicht be-
zahlet hätte, folgends der Grund-Herr den Zins von ihme eingenommen, ob er ihn, den Bau-Rechter, darüber
entsetzen kan.**

Wann der Bau-Rechter den Zins drey gantze
Jahr ohnbezahlet hätte anstehen lassen, der Grund-
Herr hätte aber denselben verfallenen Zins hernach
eingenommen, mit der ausdrücklichen Protestation,
daß er dadurch seine Gerechtigkeit der verwirckten
Entsetzung nicht begeben, sondern ihm vorbehalten
wolle haben, so mag er alsdann den Bau-Rechter
über empfangenen Zins entsetzen. Wo er aber den
Zins schlechts eingenommen und von seiner Gerechtigkeit der verschulden Entsetzung keine Protestation
gethan hätte, so möchte er hernach den Bau-Rechter nicht entsetzen, dann es wird gleich angesehen,
als wäre der Saumsal des Bau-Rechters niemahls entschuldiget. Ita volunt Cy. & Sali. in
L. II in glo. C. de jure emphy. per L. II in
prin. cum glo. ff. si quis caus. & L. fi. cum glo.
ff. de eo quod cer. Jo. L. vectigalia § fi. ff. de
publico. Hoc idem quod dominus recipiendo pensionem pro tempore præterito sine protestatione sibi præjudicet in jure expellendi
Emphyteutam, tenet aperte glo. in d. c. potuit, & ibidem do. Cardinalis Flo. & Pe. de An-
cha. Ita etiam tenet Jason in L. II in glo. C.
de jure emphy. per L. si debitor ff. quib. mo.
pig. vel hypo. sol.

§. 48.
**So der Grund-Herr einen Zins von dem Bau-Rechter, der die
Bau-Rechte verwircket hätte, aufs künfftige Jahr
einnehmen wolte.**

So aber der Grund-Herr wolte einen Zins auf
künfftig, der sich noch nicht verfallen hätte, einnehmen mit der Protestation, daß er ihme dadurch die
verschuldte Entsetzung nicht vergeben wollte, sondern
vorbehalten haben, so gilt noch wircket dieselbe Protestation nicht, sondern er muß hernach den Bau-
Rechter bleiben lassen. Ita tenet Jason in L. II
in glo. & idem tenet Jacob But. ibidem referendo Albe. idem in III col. C. de jure emphy.
L. II § non male ff. de except. doli & L. qui
in futurum ff. de pac.

§. 49.
**So der Grund-Herr um des Bau-Rechters Verbrechen kein Wis-
sen gehabt und darüber den Zins eingenommen hätte, wer den
bezahlten Zins zu beweisen schuldig.**

Hierneben ist aber zu mercken, wann gleich der
Herr den verfallenen Zins eingenommen, und von
seiner Gerechtigkeit der verschuldten Entsetzung gar
nicht protestiret, und doch um des Bau-Rechters
Verbrechen kein Wissen gehabt hätte, als so er an
eines andern Grund-Herrn stat, Erbes-oder Con-
tractsweise eingestanden wäre ꝛc. daß er alsdann
den Bau-Rechter nichts weniger entsetzen mag.
Juxta opi. Dy. quam refert Jason in L. II in
glo. C. de jure emphy. So er aber weislich,
und ohne Protestation den Zins eingenommen hätte, so mag er alsdann die Entsetzung nicht vornehmen. Per præalleg.

Wann die Sache zum Streit käme, ob der
Bau-Rechter den Zins von dreyen Jahren bezahlet hätte oder nicht, so solle ihm die Beweisung,
daß er solchen Zins bezahlet, und nicht dem Grund-
Herrn, daß ihme der Zins in dreyen Jahren nicht
bezah-

bezahlet worden, aufgeladen werden. Jason in L.
II in glo. IV principali C. de jure emphy.

§. 50.
Daß der bezahlte Zins mit zweyen Zeugen bewiesen mag werden.

Es mag auch solche Bezahlung des Zinses mit
zweyen Zeugen bewiesen werden, und ist vonnöthen,
daß solche Zinszahlung durch eine Qvittung bewie=
sen solte werden.   Und wann der Bau=Rechter
also beweislich dargethan, daß er den Zins von den
nächsten dreyen vergangenen Jahren bezahlt habe,
so wird daraus vermuthet, daß er die ganze Zeit
davor den Zins völlig bezahlet hätte. Jason in d.
L. II in glo. C. de jure emphy.   Es würde
dann das Gegenspiel erwiesen.   Per d. L. qui=
cunque quæ est lex pe. C. de apochis pub.
lib. X.

Doch soll hierbey auch das gemerket werden,
daß die berührte Vermuthung, als habe der Bau=
Rechter von allen vergangenen Jahren davor den
Zins völlig bezahlet, erstattet, und ihren Vorgang
hätte, wenn die Bezahlung des dreyjährigen Zinses
eine iegliche für sich selbst iegliches Jahr besonders
geschehen wäre, dann so man solche Bezahlung von
dreyen Jahren auf einmahl unter einsten in einem
Jahr und nicht iegliches Jahr besonders gethan hät=
te, so wäre es anderst. Ita sing. limitat Bal. di=
ctam L. Quicunque in L. II C. de do. promiſ.
post not. ibi per Cyn. & idem Bal. in d. L.
Quicunque.

§. 51.
**Ob gleich der Bau=Rechter versprochen hätte, dem Herrn eine
Straffe zu bezahlen, wo er ihme den Zins nicht zu rechter Zeit
bezahlete, so kan ihm der Grund=Herr im Fall, da er den Zins
in dreyen Jahren nicht bezahlet hätte, nichts
weniger entsetzen.**

Wann der Bau=Rechter seinem Grund=Herrn
eine Straffe zu bezahlen versprochen hätte, wo er
ihm den Zins nicht zu rechter Zeit bezahlete, so kan
ihm doch dasselbige in diesem Fall, so er den Zins
von dreyen Jahren unbezahlet hätte anstehen lassen,
gar nicht fürtragen, sondern er mag nichtsweniger
entsetzet werden. Jason in L. in ea glo. ibi quod
favore, & cum hac conclusione tenent omnes
indifferenter in d. glo. & Spec. & Joan. An. in
d. § Nunc aliqua ver. XXXV & Bar. post Dy.
in L. cum pater § Libertis per illum tex. ff. de
leg. II Alex. in Consſ. CXXX lib. IV incip. in
causa & lite vertente inter universitatem.

Jedoch mag der Grund=Herr diese beyde nicht
gehaben, daß er möchte den Bau=Rechter entsetzen,
und nichts minder die versprochene Straffe von ihm
einnehmen, es wäre dann ausdrücklich also gehan=
delt worden, so möchte er diese beyde Stück erhalten.
In L. in ea glo. ibi L. Ita stipulatin fi. C. de
jure emphy. & cum hac conclusione transeunt
communiter doct. per L. Pactum C. de transſ.
& L. Pacto ff. eo. & per L. qui fidem ff. eo.
de transſ.

§. 52.
**So der Bau=Rechter einen andern Bau=Rechter setzet, und doch
ihrer keiner den Zins zahlet, wie alsdann dem Herrn
geholffen solle werden.**

Wann der erste Bau=Rechter mit Willen des
Grund=Herrn, der ihm die Possession eingeant=
wortet hatte, einen andern an seine Stat nachsetzte;
Juxta forma. L. si ver. necessitatem C. de jure

Juriſt. Oracul V Band.

---

emphy. So mag der Grund=Herr wider den=
selben andern Bau=Rechter condictione & lege
klagen. Quasi inducendo secundum emphyteu=
tam in possessionem, videatur cum eo quasi
contraxisse ratione cujus contractus sibi com=
petit illa personalis actio & sic condictio ex lege,
d. L. fi. cum ibi not. in glo. Und also mag der
Grund=Herr condictione & lege um den Zins
klagen, oder den Bau=Rechter, der nicht bezahlet
hat, entsetzen.

§. 53.
**So der erste Bau=Rechter einen andern aus eigener Gewalt
in die Bau=Rechte einsetzte.**

Oder so der erste Bau=Rechter den andern aus
eigener Gewalt eingesetzt und investiret hätte, ohne
Ersuchung des Grund=Herrn, und hätte ihm die
Possession aus eigener Gewalt eingeantwortet, so
kan der Grund=Herr um Einziehung des Eigen=
thums klagen, und wo der andere Bau=Rechter
darwider seine Einrede seines habenden Bau=Rech=
tes fürwendet, so möchte der Grund=Herr hergegen
repliciren, daß derselbe Contract nicht für kräfftig
gehalten solle werden, und das von deswegen, daß
er nicht rechtmäßig, sondern ohne Wissen und Wil=
len des Grund=Herrn aufgerichtet ist worden.
Contra L. fi. C. de jure emphy.

Item der Bau=Rechter mag seine Bau=Rechte
einem andern verleihen, und also das nützliche Ei=
genthum übergeben.   Prout declarat Bar. in L.
si quis VI § differentia circa fi. ibi Ang. ff. de
acqui. possſ. Bar. in L. II ff. de usur. & est glo.
in § adeo Insti. Loca. quam ibi ad hoc in V
col. no. Ang. de Are. dicens etiam pro hoc vi=
deri glo. in L. 1 C. de fun. patr. lib. XI, facit
quod not. Bar. & Doct. in L. Ex asse ff.
Ad Trebel.

§. 54.
**Der andere Bau=Rechter mag die Possession anders nicht,
dann von dem Grund=Herrn,
erlangen.**

Doch ist hie zu mercken, wann dieser andere
Bau=Rechter wolte die Possession haben, daß ers
nicht anders, dann allein von dem Grund=Herrn,
kan bekommen, und alsdann ist der Grund=Herr
schuldig, ihm zuzusagen, die Versehung und andere
Versicherungen zu thun. d. L. fi. ver. necessita=
tem C. de jure emphy. & ita dicunt Imo. Cyn.
& Moder. in L. si domus § fi. ff. de leg. 1 & re=
fert Ang. de Are. & sequitur in d. § Adeo in
V col.

Es mag auch der erste Bau=Rechter, so er die
Bau=Rechte einem andern verleihet, ihm eine Ge=
rechtigkeit darinnen vorbehalten.   Ita ponit Ang.
in d. § Adeo & ponit ibi glo. in fi. Dann er
mag das Bau=Recht einziehen, so ihm der andere
den Zins nicht zahlet, darum, daß derselbe das Gut
mit Willen des Grund=Herrn nicht geledigt hat;
igitur &c. Es wäre dann dem andern das Gut
mit Willen des Grund=Herrn zum Bau=Recht
verliehen, und daß ihn der Grund=Herr an Stat
des ersten zu einem Bau=Rechter aufgenommen hätte.
d. L. fi. cum ibi not. C. de jure emphy. de quo
videndus est Bar. & alii in L. Ex asse ff de Tre=
bel. In demselben Fall ist auch der andere Bau=
Rechter, so also von dem Grund=Herrn aufge=
nommen, schuldig, den Zins nicht dem ersten Bau=

Rechter,

Rechter, sondern dem Grund-Herrn zu reichen. Juxta L. si. § necessitatem C. de jure emphy. dann so der erste Bau-Rechter seine Gerechtigkeit verändert, nicht mit Verleihung zum Bau-Recht, sondern mit Verkauffen, oder Verschencken, oder aber in andere dergleichen Wege, so wird alsdann dafür gehalten, daß das Gut mit seiner Bürd der Zins-Zahlung auf den Bau-Rechter kommt. Spec. allegat. L. si. in ver. idoneus ad solvendum C. de jure emphy. & L. Cum fundus ff. communia prædiorum.

§ 55.
Daß einer kan einen Grund auf vierzig Jahr zum Bau-Recht besitzen.

Wann einer einen Grund hätte vierzig Jahr besessen, daran er kein Bau-Recht gehabt, und hätte davon den Zins gereichet, so würde daraus vermuthet, daß solches aus einem vorgehenden Bau-Rechts-Contract beschlossen sey. Cum hac conclusione magis communiter tenent omnes in glo. si. L. II C. de jure emphy. Und der Angelus sagt, daß diese Meynung gantz billig sey, daß ein solcher für einen Bau-Rechter vermuthet werde, der eine so lange Zeit den Zins oder die Stifft bezahlet hätte. Pro ea Albe. in d. L. II in glo. in VII col. addi. bo. tex. ut ipse dicit L. cum post divortium in prin. ff. de jure do. pro ea etiam allegat Sali. in d. L. II in glo. si. in XII col. tex. in c. 1 § si quis per XXX si de feu. defunct. conten. sit inter do. & agna. Es irret auch gar nicht, wo man gleich sprechen wolte, es sollte der Contract der Bau-Rechte in Schrifften aufgerichtet seyn, wie wir hieroben in der zweyten Observation § 7 gemeldet haben, als wolte man sprechen, weil keine Schrifft deshalben aufgerichtet, so gilt es nichts, dann es wird der Vorgang der Verschreibung durch die rechtliche Vermuthung genugsam probiret, daß da vermuthet, daß ein zierlicher Bau-Rechts-Contract zuvor abgehandelt sey worden. Arg. L. sciendum ff. de ver. obli. & § si. Insti. de fidejuss. & idem cum prædicta conclusione tenet Spec. in d. § nunc aliqua in ver. LXIIII & in ver. CVI & in ver. CLXII, ubi dicit quod longa præstatio inducit conjecturam, ut omnia solenniter acta videantur L. cum de in rem verso ff. de usur. & d. § si. Insti. de fidejus. Dann so einer den Bau-Recht-Zins vierzig oder dreyßig Jahr nach einander gereichet, so hat er durch solche Zahlung die Baumanns-Recht ersessen, wann ihm gleich anfänglich kein Bau-Recht verliehen wäre worden. Ita tenet Bar. in L. comperit per illum tex. C. de præscript. XXX vel XL an. & ibi Bar. allegat istam glo. & ibidem etiam supponitur. Bal. istud, idem tenet Bar. in L. III § ex contrario in II col. in prin. ff. de acquir. poss.

§ 56.
So einer einen Grund zum Bau-Recht in vierzig Jahren ersessen, ob er werde für einen ewigen Bau Rechter, oder für einen Leib-Gedinger gehalten.

So nun ein Bauer durch Bezahlung des Bau-Recht-Zinses vierzig Jahr nach einander das Bau-Recht ersessen, und folgends für einen Bau-Rechter vermuthet wird, ob er für einen ewigen Bau-Rechter, oder nur bis in die dritte Geburt, oder aber allein auf sein Lebenlang vermuthet werde: Hierinne soll

dieser Unterschied gehalten werden. Erstlich, daß man ansehen soll die Gewohnheit des Verleihers, also, so ferne er gewöhnlich gepfleget hätte die Bau-Recht bis auf die dritte Sixt, oder auf ewig zu verleihen, so soll die Vermuthung Inhalt derselben seiner Gewohnheit gehalten werden. Istam q. tangit Ange. in L. II in gl. idem quid si aliquis non emphyteuta possidens in pe. col. C. de jure emphy. Arg. L. vel universorum cum concor. ibi alleg. in glo. ff. de pig. act. & arg. L. si tertius § Cellus & quod ibi Bar. ff. de aqua plu. arcen. & id quod vult. glo. not. in L. pe. C. de fide juss.

§ 57.
Ob die versessenen Bau-Rechte für ewig oder zeitlich gehalten werden.

So man aber um seinen Gebrauch nicht Wissenschafft möchte haben, so wird im Zweiffel vermuthet, daß die Verleihung geschehen sey, nach dem gemeinen Landes-Gebrauch. Arg. L. si fundus ff. de evict. & L. licet la 1 C. de lo. So dann auch weder des Verleihers noch des Landes Gewohnheit offenbar, oder so die Gebrauche ungleich wären, und dieser Fall wäre zweiffelhafftig, so soll in solchem Zweiffel allezeit das ewige Bau-Recht vermuthet werden. Ita Jason in d. L. II in glo. item quid si aliquis C. de jure emphy. Arg. L. obligationem fere §. placet ff. de act. & ob. hoc idem tenet Ang. post Gui. de Cu. in L. qui luminibus ff. de ser. urb. præd. & idem Ang. in L. 1 in si. prin. ff. si ager vecti. vel emphy. peta. & idem Ang. in L. male agitur, post Gui. de Cu. in L. cum notissimi si. ff. C. de præscript. XXX vel XL an. & idem Ang. in L. qui in aliena. in prin. ff. de acquir. hæred. & idem Ang. in L. prætor § 1 ff. de eden. Aber die Kirchen-Bau-Rechte werden allwegen vermuthet, und bis auf die dritte Geburt verliehen. Jason in d. L. II in glo. item quid si aliquis C. de jure emphy.

§ 58.
Wie die Verleihungen der Bau-Rechte in den Verschreibungen verstanden werden, wie weit sich dieselben auf männlichen, oder weiblichen Stamme erstrecken.

So in der Bau-Rechts-Verschreibung begriffen, daß die Verleihung der Bau-Rechte geschehen sey bis auf die dritte Geburt, so wird in diesem Wörtlein, Bis, die erste Person, die das Bau-Recht empfangen hat, auch eingeschlossen, also daß derselben ersten Person drey Geburten mit gerechnet werden, nämlich der Empfahende, der Sohn und der Enckel, daß also der Stamm in der Einrechnung auch für eine Geburt gehalten wird. Hanc q. format Bal. in d. L. II in gl. item quid si quis C. de jure emphy. oder § emphyteusim in Authen. de non alienan. & sic secundum eum dictio, usque ponitur inclusive ex natura acquisitionis, quia minuit obligationem, ut sic non comprehendat tertium hæredem Arg. L. Arianus ff. de acti. & obli. Das hat also seinen Vorgang, so in der Verschreibung also stehet, daß ers ihm verleihet bis in die dritte Geburt, so wird alsdann der Stamm und also der Empfahende eingeschlossen. Et ita procedat d. § emphyteusim & § quia vero Leonis & 1 cum duob. sequen. in authen. de non aliena.

So aber der Bau-Recht-Brieff sagte, daß er ihms verleihe bis in seine dritte Geburt, so wird alsdann durch dieses Wörtlein (Sein) auch der Ur-Enckel eingeschlossen, dann keiner gebieret sich selbst. Vide Bar. in Authen. si quas ruinas in 1 col. in fi. C. de sacrosanc. Ecclel. Doch soll hierinnen die Gewohnheit des Verleihers angesehen werden, die da ist die beste Auslegerin. Juxta L. si interpretatione cum vulg. ff. de legi. & cum hac opi. ulti. tenet Pet. de Anch. in cle. 1 de Pe. & simpliciter Ang. de arre. in § adeo, Insti. loc de quo etiam per Ang. in d. §. emphyteusim in 1 col. in Authen. de test. fideicom. & Imo. in L. quod dicitur patrem ff. de verbo. ob. ubi etiam refert istam ulti. opi. Bal. in d. Authen. si quis ruinas. Vide etiam Bal. in repe. c. si pater in XX col. de test. in VI & in Addi. Spec. in tit. de loc. in IIII col. in prin. & etiam in XIII col. & in Authen. defuncto in 1 col. C. ad tert.

Es fället das Kirchen-Bau-Recht auch auf eine Weibes-Person. Videas tex. in d. § emphyteusim.

§. 59.

So ein Bau-Rechter einem Grund-Herrn zehen Gulden als ein Bau-Recht alle Jahr bezahlet, und man könnte doch nicht wissen, von welches Gutes wegen er ein Bau-Rechter wäre, wer alsdann zu beweisen schuldig sey, welche Güter Bau-Recht seyn, ob der Bau-Rechter schuldig sey, das Gut anzuzeigen, davon er den Zins bezahlet hatte, oder ob es der Grund-Herr beweisen soll.

Wann der Bau-Rechter alle Jahr einem Grund-Herrn zehen Gulden als ein Bau-Recht bezahlet hätte, und es wäre nicht offenbar, von welches Gutes wegen er ein Bau-Rechter sey, wer alsdann zu beweisen schuldig sey, welche Güter Bau-Recht seyn, ob der Bau-Rechter schuldig sey, anzuzeigen das Gut, davon er den Zins bezahlet hat, oder ob es der Grund-Herr beweisen soll. So auch der Bau-Rechter auf Ersuchung des Grund-Herrn nicht sagen wolte, von welchem Stück er den Zins reiche, und wie ihm wäre, so er den Zins nicht weiter zahlen wolte, es zeigete ihm dann der Grund-Herr zuvor, warum er den Zins zahlen solle, darauf wird geantwortet, so das Bau-Recht-Gut nicht kundbar, daß alsdann alle des zahlenden Güter vermuthet werden, Bau-Rechte zu seyn, er beweise dann etwas anders zugegen. Ut per Spec. in d. § nunc aliqua in ver. XLIIII & versiculis sequentibus, maxime in versi. LXII, idem tenet Alb. in L. si certis annis C. de pact. & in L. plures apoch. C. de fi. insti. & ponit in simile Bal. de feu. in C. 1 in 1 col. de vasallo qui contra consti. Lotha. Benefi. ali.

§. 60.

Ob der Bau-Rechter schuldig sey, dem Grund-Herrn von seinem Bau-Recht-Brief eine Abschrift zu geben.

So der Grund-Herr eine Abschrifft von dem Bau-Recht-Brief verlanget, so ist ihm der Bau-Rechter dieselbe zu geben schuldig. Istam quæstionem ponit Spe. in d. § nunc aliqua in ver. CXLI per tex. in L. prætor ait § 1 ff. de eden.

Doch soll der Grund-Herr dieserhalben den Eid für Gefehrde schwören. Ita refert & sequitur Ang. in d. L. prætor ait §1. Und das ist also wahr, so man der Bau-Rechte nicht leugnet, sonsten wä-

re es anderst. Per regulam L. qui accusare C. de eden.

So aber der Bau-Rechter seine Bau-Recht bekenntlich wäre, und sagte, er hätte keinen Bau-Recht-Brief, so kan ihn alsdann der Grund-Herr von Stund an entsetzen. Ita Ang. in d. L. prætor ait § 1 refert Bal. dicere. Gleich, als vermuthet man, daß die Bau-Rechte sich geendiget hätten. Arg. L. si servus C. quod cum eo. Es wäre dann, daß der Bau-Rechter beweiset, daß er den Zins dreyßig gantzer Jahre nach einander bezahlet hätte, alsdann würde vermuthet, daß es ein ewiges Bau-Recht wäre, wie hie oben von Ersitzung der Bau-Rechte gemeldet worden ist. Hierbey ist zu mercken, daß niemand kan gezwungen werden, den Titel seiner Besitzung vorzuzeigen. L. cogi cum si C. de peti. hære.

§. 61.

Ob der Grund-Herr muß sein Eigenthum mit dem Bau-Recht-Brief beweisen.

Wann der Grund-Herr eine persönliche Klage, die aus dem Bau-Rechts-Contract herfliest, gegen seinen Bau-Rechter führet, so kan man ihm nicht vorwerffen, ob er das Eigenthum habe oder nicht. Istam q. format Bar. in L. legata ff. de addi. lega. in L. si quis conductionis C. loca. & L. nec creditores C. de pigno. actio. So aber der Grund-Herr nicht aus dem Bau-Rechts-Contract, sondern um das Eigenthum klaget, so möchte das Eigenthum mit dem Bau-Recht-Brief regulariter nicht bewiesen werden. Ut L. ad probationem C. locati & not. per glo. in simili in L. ita ut si fur C. commo. Dann es wird der Bau-Recht-Brieff darum eingeführet oder fürgeleget, daß dadurch die Gerechtigkeit des Bau-Recht-Grundes geringert und nicht gemehret werden solle.

§. 62.

Zu welcher Zeit der Bau-Rechter den Zins zu bezahlen schuldig sey.

Der Bau-Rechter hat ein gantzes Jahr nechst nach seiner Investitur oder nach aufgerichtetem Bau-Recht-Brieff, darinnen er den Zins bezahlen soll, und ist also der Bau-Rechter schuldig, den gantzen völligen Zins zu Ausgang ieglichen Jahrs zu bezahlen. Ita ponit Sali. in L. II in glo. vel ibi non fuerat dies præfinitus C. de jure emphy. prout in simili tenent omnes gl. & doc. in colono in L. ædem C. loca & Spec. in tit. de loca. postquam versicu. sed quæritur, quando pensio sit solvenda, & Bar. in L. si servus communis Mevii ff. loca. est etiam de mente Bar. in d. l. eum qui alias incipit Jabolenus ff. d. an. lega.

§. 63.

So keine Zeit zu Bezahlung des Zinses benamt wäre.

Doch soll hierinnen dieser Unterschied gehalten werden, woferne zwischen dem Grund-Herrn und Bau-Rechter abgehandelt worden, zu welcher Zeit und was maßen der Zins solle bezahlet werden, so wird dieselbe Convention gehalten. So aber desselhalben nichts gehandelt worden, und doch in selbigem Fall eine Gewohnheit vorhanden wäre, so soll dieselbe auch gehalten werden, sonsten, wann keine Gewohnheit deswegen wäre, oder, so die Gewohnheiten ungleich wären, so ist alsdann der Bau-Rechter schuldig, den völligen Zins zu Ausgang ieg-

lichen

lichen Jahres zu bezahlen, und hat nicht Macht, denselben einzeler Weise zu erlegen. Ita tenet Jason in L. II in gl. C. de jure emphy.

§. 64.

Wie sich der Erb-Rechter halten solle, so er den Grund-Herrn nicht antreffen könnte, daß er von ihm den Zins einnehme, oder so der Grund-Herr den Zins gefährlicher Weiß nicht einnehmen wolte.

Hieroben ist gemeldet worden, daß die Geding zwischen dem Grund-Herrn und dem Bau-Rechter (in maßen wie dieselben in denen Erb-Rechts-Briefen begriffen) stricte gehalten und vollzogen werden sollen. Wann aber von wegen Verwirckung des Bau-Rechtes (ungeacht der Bau-Rechter dasselbe mit seiner Arbeit viel gebessert hätte) nichts bedungen worden wäre, so mag der Bau-Rechter, wann er die gewöhnliche Zinsen dem Herrn in dreyen Jahren nicht bezahlet hätte, seines Bau-Rechtes wohl entsetzet werden, und kan ihn nichts entschuldigen, ob er gleich sagen wolte, der Grund-Herr hätte solchen Zins bey ihm nicht gefordert oder darum geklaget, dann, was einer schuldig ist, das soll er ungefordert bezahlen.

Damit der Grund-Herr hierinnen keinen Betrug fürnehme, oder sich der Empfangung eingezogener Zinsen gefährlich verwiedere, und deshalben den Bau-Rechter nicht entsetzen will, so hat der Bau-Rechter Macht, wann er den Grund-Herrn nicht gehaben kan, oder so der Grund-Herr die Zinse von ihm nicht einnehmen wolte, daß er dieselben in Beyseyn etlicher Zeugen hinterlege, und dieselben nach diesem nicht wiedernehme. Per tex. in L. emphyteuticariis contractibus C. de jure emphy.

§. 65.

So einer ein Bau-Recht schlecht empfangen hätte, und wäre in dem Bau-Recht-Brief weder von seinen Kindern noch Erben Meldung geschehen, so ist alsdann die Frage, wie weit sich das Bau-Recht erstrecke.

Wann einem ein Bau-Recht verliehen worden, und in dem Bau-Recht-Brieff weder von seinen Kindern noch Erben Meldung geschehen, so wirds dahin verstanden, daß er solches Bau-Recht für sich und für seine Söhne, ausgeschlossen die Töchter, empfangen habe. Ita Bal. in C. 1 ad fi. quib. mo. feu. consti. po. & Bal. in § emphyteusim in Authen. de non alie.

So aber einer für sich, seine Söhne und Enckel ein Bau-Recht empfangen hätte, so werden in demselben auch diejenigen begriffen, die weder empfangen, noch gebohren seyn. Istam q. ponit Bar. in L. Hem. Item prætor ff. de suis & leg. & determinat ita per tex. in L. Paulus § Paulus respondit nepotem ff. de Bo. lib. de quo etiam per Bal. in L. qui se patris C. Unde lib. in XI col. & etiam in ulti. q. & in L. si in persona C. de fideicommiss.

§. 66.

So einer ein Bau-Recht auf sich und seine eheliche Kinder empfangen, ob auch die geehlichten darein kommen.

So einer ein Bau-Recht für sich und seine eheliche Kinder empfangen hätte, so werden die Kinder, die durch ein Privilegium geehliget worden, darinnen nicht begriffen. Bal. & Sali. in L. fi. C. de his qui. ve. æta. impe. per illum textum quem ad hoc no. Item per rationem: quia non naturaliter sunt legitimi: sed ex privilegio & ex fictione, & pro Bal. facit tex. in c. naturales si de feu. defun. conten. sit inter do. & agna. & quod not. Bal. Consil. LXX. Item simpliciter tenet d. Ale. in Consil. CXXVIII in ci. consideratis verbis Insti. in pe. col. in prin. in 1 volu. Pau. de Cast. in d. L. fi C. de his qui ve. æta. impet. refert prædictam decisionem Bal.

Es können auch die natürlichen Kinder und Bastarten, wann sie gleich geehliget werden, die Kirchen-Bau-Rechte nicht erben. Ita no. determinat Bal. in L. generaliter § cum autem C. de insti. & subst. per rationem, de qua ibi per eum & idem Bal. in addi. Spec. in tit. de loca in X. col. in ver. Emphyteusis Ecclesiæ. Imo. in L. quod dicitur patrem circa antepe. col. ff. de verbo. ob. & not. Pe. de Anch. in Cons. CCCVI, inci. circa primum quæsitum. do. Alex. in Cons. CXXVIII, inci. consideratis verbis instrumenti in XII col. ad fi. & duob. sequen. in 1 vol.

§. 67.

So einer ein Bau-Recht auf sich und seine Kinder absteigender männlicher Linie empfangen, und wäre folgends abgestorben, hätte auch keinen männlichen Erben, sondern eine Tochter hinterlassen, ob die Tochter in diesem Fall könne an das Bau Recht kommen.

Wann ein Bau-Rechter auf sich und seine Kinder absteigender Linie ein Bau-Recht empfangen, wäre hernachmahls abgestorben, und hätte keinen männlichen Stamm-Erben absteigender Linie, sondern allein eine Tochter hinterlassen, so solle alsdann dieselbe Tochter, und nicht ihre Kinder oder Nachkommen absteigender Linie zu denen Bau-Rechten zugelassen werden. Ita tenet Jason in L. II in glo. C. de jure emphy.

OBSERVATIO VI.

Von Verkauffung und Veränderung, wie auch von Anleiten (Leihkauf) derer Bau-Rechte.

§. 1.

Dabey sind zu mercken sechs kurtze Regeln.

Erstlich, daß der Bau-Rechter weder seine Gerechtigkeit noch Besserungen ohne Bewilligung des Grund-Herrn verkauffen kan, es wäre dann dieserhalben zwischen ihnen eine besondere Bedingniß abgeredet worden.

Zum andern, so der Bau-Rechter seine Gerechtigkeit verändern wolte, solle er dieselbe seinem Grund-Herrn anbieten, ob ers um eine solche Summe Geldes, die ein anderer davor geben wollen, annehmen will, und ist gedachter Bau-Rechter schuldig, auf die Antwort des Grund-Herrn zwey gantze Monate zu warten; so aber die zwey Monate verflossen, und der Grund-Herr den Kauff nicht annehmen, oder gar keine Antwort geben wolte, so kan alsdenn der Bau-Rechter ohne Bewilligung des Grund-Herrn den Kauff einem andern geben, doch daß ers nicht auf verbotene Personen verwende.

Zum dritten ist der Grund-Herr schuldig, den neuen Bau-Rechter in die Possession einzusetzen, auch mit Bau-Recht-Briefen und nicht durch einen Procuratorem selbst zu investiten.

Zum

Zum vierten soll der Grund-Herr von solchem Leihkauff, oder Anleitswegen, nicht über den funffzigsten Theil des Kauff-Geldes oder Anschlag des Gutes nehmen.

Zum fünfften daß der Grund-Herr nicht kan mit der Aufnehmung oder Einsetzung des neuen Bau-Rechter über zwey Monate verziehen, es würde sonsten der Grund-Herr nach denen zweyen Monaten seiner Bewilligung verlustig.

Zum sechsten, wann der Bau-Rechter mit Veränderung der Gerechtigkeit anders weder gemeldet ist, handelte, so würde er von seinen Bau-Rechten gefallen seyn. Per L. ulti. C. de jure emphy.

§. 2.

Daß die Bedingung, so zwischen dem Grund-Herrn und dem Bau-Rechter wegen Verkauffung der Bau-Rechte gemacht worden, daß der Bau-Rechter kan ohne Bewilligung des Grund-Herrn verkauffen, kräfftig seyn und gehalten werden solle.

Die Bedingung, so zwischen dem Grund-Herrn und Bau-Rechter von wegen Verkauffung der Bau-Rechte und Verbesserungen seynd gemacht worden, sollen gehalten werden, dann eine solche Bewilligung, daß der Bau-Rechter kan ohne Bewilligung des Grund-Herrn verkauffen oder Veränderungen fürnehmen, ist kräfftig. L. 1 C. de jure emphy. & ibi est glo. quæ illud dicit gl. parvula in verb. super omnibus & tex. in L. 2 in prin. C. de jure emphy. & ibi glo. super verb. cap. & Spec. in § Nunc aliqua in ver. 89 locat. Ita tenet Jason in L. fi. C. de jure emphy.

§. 3.

Wann eine solche Bedingung gemacht und dem Bau-Recht-Brieff einverleibet worden, daß der Bau-Rechter seine Gerechtigkeit verkauffen könne, wann er wolte, ob er solches ohne Bewilligung des Herrn thun kan.

So zwischen dem Grund-Herrn und Bau-Rechter eine solche Bedingung geschlossen worden, daß der Bau-Rechter könne seine Bau-Rechte verkauffen cuicunque voluerit, wem er wolle, wie man gemeiniglich in die Bau-Recht-Brieffe setzet, so kan alsdann der Bau-Rechter seine Gerechtigkeit unersucht des Grund-Herrn verkauffen, wem er will. Vide Jasonem post contraria allegata in L. fi. C. de jure emphy.

Dergleichen so einer ein Bau-Recht für sich und diejenigen, denen er seine Rechte verliehen oder geben wollte, empfangen hätte, so kan er gleichfalls ohnersucht des Grund-Herrn verkauffen. Quia sufficiat a principio domini voluntatem intervenisse, ita signanter tenent Bal. & Ang. in L. cum essent § qui incipit per pluri. ff. de ser. rusti. prædi. Moti arg. illius tex. & dicit ibi Bal. quod ille § est multum menti tenendus. Idem tenet Albe. in d. L. fi. in pe. col. C. de jure emphy. qui de hoc allegat tex. not. & expressum in c. 1 de feu. non habente propri. nat. feu.

§. 4.

So von Verkauffung der Bau-Rechte und Besserungen kein Geding gemacht wäre, ob alsdenn der Bau-Rechter keinen Verkauff ohne Bewilligung des Herrn thun kan.

Wann zwischen dem Grund-Herrn und seinem Bau-Rechter von wegen Verkauffung der Bau-Rechte und Besserungen keine Bedingung gemacht wäre worden, so kan alsdann der Bau-

Rechter weder seine Gerechtigkeit noch Besserung ohne Bewilligung seines Grund-Herrn verkauffen, sonst würde er von seiner Gerechtigkeit gefallen seyn. Ut dicitur in fi. L. fi. C. de jure emphy. & c. potuit.

§. 5.

Was zu Verkauffung der Bau-Rechte gehörig, damit der Bau-Rechter dieselbe unverhindert verkauffen kan.

Damit aber der Bau-Rechter seine Gerechtigkeit und Besserung desto stattlicher verkauffen kan, und dadurch sein Recht nicht verwircke, so soll er sieben Stück wohl in Obacht nehmen.

Erstlich, daß er solches Verkauffes halber seinen Grund-Herrn ersuche.

Zweytens daß er ihm die Kauff-Summe, so ihm um solche Gerechtigkeit dargeboten worden, anzeige.

Drittens daß die Kauff-Summe, die er dem Grund-Herrn anzeiget, nicht erdichtet sey, als ob ein anderer so viel darum geben wollte.

Viertens soll er auf des Herrn Antwort, ob er den Kauff annehmen wolle oder nicht, zwey Monat lang, nach beschehener Anbietung warten.

Fünfftens daß er allein seine habende Gerechtigkeit, und also das nützliche Eigenthum oder Besserung und nicht das Gut verkauffe.

Sechstens soll ers keinen verbottenen Personen verkauffen.

Siebendens und letztens, will vonnöthen seyn, daß er seine Gerechtigkeit durch Zurückhaltung des Zinses in zwey oder drey Jahren nicht verlustig mache.

§. 6.

Wann die Ursache auffhöret, so höret auch die Wirckung auf.

Ferner, daß man auf des Herrn Antwort, ob er die Bau-Rechte kauffen will oder nicht, zwey Monat lang wärten soll, wird also verstanden, daß es berührter massen seinen Fürgang habe. Hätte aber der Grund-Herr seine Meynung vor Endigung zweyer Monate declariret, daß ers nicht zu kauffen willens, so ist man hernach nicht weiter schuldig auf ihn zu warten, dann wo man einem ein Ziel setzet seinen Willen zu declariren, und er thut es noch vor dem Ziel, so höret das Ziel auf, und ist nicht nöthig, daß man desselben Ende erwarte. Ita no. can. per illum tex. L. fi. C. de jure emphy. maxime lmo. & d. Abb. & Pan. in d. c. potuit in 2 not. facit c. ab eo, & quod ibi habetur, de Appel. in 6 & quod not. do. Ant. in c. ab excommunicato, extra de rescrip. & quia cessante causa termini, debet cessare ipse terminus, & ad hoc facit L. fi. ff. ad L. fal.

Wiewohl auch der Bau-Rechter seine Gerechtigkeit und Bau-Rechte ohne Willen seines Grund-Herrn nicht verkauffen kan, so kan ers doch ohne Bewilligung des Grund-Herrn einem andern feil bieten und sich erkundigen, wie viel ein anderer ihm darum geben wolte, damit er dieselbe Kauff-Summe dem Grund-Herrn aufrichtig anzeigen könne. Ita not. eleganter do. Pan. in d. c. potuit per illum tex. in 2 no.

§. 7.

So ein Grund-Herr sein Eigenthum verkauffen wolte, ob er schuldig sey dasselbige dem Bau-Rechter anzubieten?

Wann der Grund-Herr sein Eigenthum verkaufkauffen will, so ist er nicht schuldig, dem Bau-Rechter den Kauff anzubieten, sondern er kans verkauffen wem er will, und hat in diesem Fall gegen dem Bau-Rechter deshalben nichts verbrochen, dann es ist in Rechten nirgends fürsehen, daß der Grund-Herr solle den Kauff dem Bau-Rechter anbieten. Ita dicit Sali. in d. L. fi. C. de jure emphy. unde stabit regula, quod quicunque non prohibitus alienare, potest quicunque voluerit absque alia requisitione alienare. L. dudum C. de Contrahen. empt. istud etiam dicit probari in L. prædia in versi. sane si quis C. loc. prædi. civi. vel fisc. lib. XI. vide Jasonem L. fi. C. de jure emphy.

§. 8.

So der Bau-Rechter dem Grund-Herrn eine mehrere Kauff-Summe, als ihm ein anderer geben wollen, ansagete, ob er von seinen Rechten falle.

Wann der Bau-Rechter seinem Grund-Herrn eine mehrere Summe, als ihm ein anderer um seine Gerechtigkeit geben wollen, ansagete, und der Grund-Herr wolte es so hoch nicht kauffen, so wird solches für keine Aussagung gehalten, und wo man es erfähret, soll er durch sein unwahrhafftes Ansagen von seiner Gerechtigkeit gefallen seyn. Ita Salie per tex. L. fi. C. de jure emphy. allegat. L. ubi autem conditionalis alias est L. eum qui §. cum igitur alias est §. si filius emptor ff. de in diem adiec. & L. sicut §. non videtur in fi. ff. quo mod. pig. vel hypó. sol. idem tenet Spec. per jura præalleg. in d. §. nunc aliqua in versi. XCII & Hostien. & alii in d. c. potuit & ibi Imo. in 1 not.

§. 9.

Daß der Bau-Rechter nicht schuldig ist, dem Grund-Herrn etwas an dem Kauff-Geld, so viel ihm ein anderer darum geben wollen, nachzulassen.

Der Bau-Rechter ist nicht schuldig, seinem Grund-Herrn an demjenigen Kauff-Geld, das ihm ein anderer um seine Gerechtigkeit geben wollen, etwas nachzulassen. Als so er einen gefunden hätte, der ihm um seine Gerechtigkeit fünfzig oder 20 Ducaten geben, der Grund-Herr aber wollte ihm nicht mehr dann zehen Ducaten geben, vorwendend, es wäre das rechte Kauff-Geld nicht mehr dann zehen Ducaten werth, so ist alsdenn der Bau-Rechter nicht schuldig, ihm seine Bau-Rechte um die zehen Ducaten, sondern um so viel, als ihm ein anderer geben wollen, zu lassen. Sali. in L. fi. in ver. quantum pretium ab alio re vera. in 1 col. Es wäre dann zwischen ihnen beyden anders abgehandelt worden, dabey es bleiben solle.

§. 10.

Wie viel der Grund-Herr kan zur Anlait oder Leihkauff nehmen.

Der Grund-Herr soll von dem neuen Bau-Rechter (im Fall derselbe die Bau-Rechte von einem andern erkaufft oder auf andere Weise an sich gebracht hätte) über den funfzigsten Theil des Kauff-Geldes oder Anschlag des Gutes nicht nehmen, und ist der Bau-Rechter mehr nicht zu geben schuldig. Per tex. L. fi. C. de jure emphy.

§. 11.

Wer die Anlait, oder den Leihkauff zu bezahlen schuldig.

Wann der Bau-Rechter seine Gerechtigkeit verkaufft oder übergiebet, so ist der Käuffer oder Annehmer schuldig, dem Grund-Herrn die Anlait auszurichten und zu bezahlen. L. fi. glo. sing. & ver. & ne avaritia & est glo. parva super verbo accipere C. de jure emphy.

So einer ein Haussstat eines geringen Werthes zum Erb-Recht empfinge, und bauete darauf ein sehr kostbares Gebäude, verkauffete aber hernach seine Erb-Rechte, so ist alsdann der Käuffer schuldig, den funfzigsten Pfennig des Kauff-Geldes zur Anlait zu geben, und kan ihn nicht entschuldigen, wann er gleich einwendete, er wäre nur den funfzigsten Pfennig von dem Werth der Haussstat, und nicht dem Gebäude schuldig. Ita determinat Odof. & Albe. in L. fi. C. de jure emphy. quia ædificium solo cedit. L. 1 §. quod ait ff. de superfi.

Es kan auch in solcher Contract gemachet werden und kräfftig seyn, daß einer kan eine Haussstat zum Erb-Recht empfangen, und darbey einen solchen Contract machen, daß, was er darauff bauen oder zimmern würde, sein eigen seyn und bleiben solle, ob sich gleich das Erb-Recht endigte, wie dann solche Clauseln in die Erb-Rechts-Brieffe an etlichen Orten eingerücket werden. Ita tenet Jason in L. 1 in gl. 3 q. prin. & L. fi. C. de jure emphy. Wo nun der Erb-Rechter seine Gerechtigkeit verkauffet, so hat alsdenn der Grund-Herr allein von dem Werth der Haussstat und nicht von dem Gebäude den funfzigsten Theil zu nehmen. Jason in d. L. fi. C. de jure emphy. & Spec. in d. §. nunc aliqua in versi. CXIX, quia etiam in venditione meliorationum debet servari forma d. L. fi. C. de jure emphy. & sic laudimium præstari.

§. 12.

So ein Bau-Rechter von seiner Gerechtigkeit zweyen Herren zinsen müste, als einem um eine Summe Geldes, dem andern aber um ein ausgemachtes Getraide, und er verkauffte hernach seine Gerechtigkeit, so ist die Frage, welcher unter diesen zweyen Herren die Anlait einnehmen soll.

So der Bau-Rechter dem einen Herrn jährlich 12 Ducaten Zins gebe, dem andern aber eine Anzahl Getraides lieferte, und wollte seine Gerechtigkeit verkauffen, es entstünde aber zwischen beyden Herren ein Streit, daß ein iedweder die Anlait einnehmen wollte, und man wüste nicht eigentlich, welcher der rechte Grund-Herr wäre, so soll alsdenn der Streit auf folgende Weise beygeleget werden; Nemlichen, daß man fleißig Achtung und Aufsehung haben soll, wer dem Bau-Rechter die Bau-Rechte verliehen, und dahero der Grund-Herr sey: dann es kan gar wohl seyn, daß der Grund-Herr einem Bau-Rechter ein Gut um 12 Ducaten jährliche baare Bezahlung verliehen, und folgends der Bau-Rechter mit Bewilligung des Grund-Herrn die Bau-Rechte einem andern verliehen und sich eine gewisse Anzahl Früchte vorbehalten hätte, so soll der Grund-Herr in solchem Fall heimgesuchet und darnach die Anlait bezahlet werden. Istam q. ponit Spec. in d. §. nunc aliqua in versi. XV & ita etiam tenet Jo. Fab. in L. fi. C. de jure emphy.

Es kan auch ein Grund-Herr einem andern ein Bau-Recht gegen jährlichen Zins an 12 Ducaten verleihen, und kan darbey dem Bau-Rechter auflegen, daß er einem andern jährlich eine Anzahl Getreides dienen sollte, und in solchem Fall gehöret die Anlait dem Grund-Herrn, nicht aber dem andern, dem das Getraide gedienet wird, zu. Juxta ea quæ

quæ dicit Jaſon in L. II in gl. in ver. triennium XXIII q & L. C. de jure emphy. Das hat also ſeinen Vorgang, wann man klärlich weiß, wer der Grund-Herr ſey, ſo man aber den rechten Grund-Herrn nicht weiß, ſo muß der Verkäuffer beyde Herren um Bewilligung des Verkauffes erſuchen, und der Käuffer ihnen beyden die Anleit bezahlen. Eben alſo wirds auch gehalten, da der Herren mehr wären, ſo müſte man ihrer aller Bewilligung haben und ihnen die Anleit bezahlen. Ita tenet Jo. fab. in L. fi. circa prin. C. de jure emphy.

§. 13.

So ein Bau-Rechter ſeine Gerechtigkeit mit Willen des Grund-Herrn einem andern übergeben, und derſelbe andere Bau-Rechter wolte nun ſolche Gerechtigkeit einer dritten Perſon verkauffen, wem alsdann die Anleit bezahlet werden ſoll?

Wann ein Bau-Rechter ſeine Gerechtigkeit mit Wiſſen und Willen ſeines Grund-Herrn einem andern verleihet und übergiebet, und der andere wolte nun dieſelbe Gerechtigkeit einem dritten verkauffen, ſo ſoll allweg in dieſem Fall der Grund-Herr, und nicht der erſte Bau-Rechter um Bewilligung des Verkauffes erſucht, und ihme die Anleit bezahlet werden, dann der Grund-Herr iſt dargegen ſchuldig, den neuen Bau-Rechter in die Poſſeßion einzuſetzen. Iſtem q. format Spec. in § nunc aliqua in verſi CXXVI & facit L. fi. in verſi. neceßitatem C. de jure emphy. & ibi eſt glo. or. in gl. magna in verſi. aliis vendere circa fi.

§. 14.

Wann der Bau-Rechter ſeine Bau-Rechte verſchenckt, oder in einem letzten Willen vermacht hätte, ob man in dieſen Fällen auch eine Anleit zu geben ſchuldig ſey?

So einem ein Bau-Recht geſchencket, oder in eines letzten Willen vermachet worden, oder ſo einer zu einem Erben des Bau-Rechts geſetzt wäre, ſo ſolle in dieſen Fällen die Anleit, nemlich der funfzigſte Pfenning des Werths der Bau-Rechte dem Grund-Herrn bezahlet werden. Ita vult glo. in L. fin. in ver. ne avaritia. Sali. ibidem in 2 col. in prin. & in 4 col. in fin. tenet cum prædicta gl. quod in omnibus prædictis caſibus dominus debeat habere laudimium, C. de jure emphy. idem tenet Bal. in c. litera in pe. col. in fin. de alia.

§. 15.

Wie der Grund-Herr ſeine Anleit ſich verluſtiget, ſo er den neuen Bau-Rechter nicht zu rechter Zeit will einſetzen?

Wann der Bau-Rechter ſeine Gerechtigkeit oder Beßerung einem dritten zu kauffen gegeben, und der Grund-Herr in ſelbigem Fall perſönlich und durch keinen Befehlshaber ſchuldig iſt, dem neuen Bau-Rechter die Beſitzung einzuantworten, wie ſchon vorher gemeldet worden iſt, ſo ſoll er doch zu ſolcher Einantwortung zwey Monat Zeit haben, und der Bau-Rechter iſt ſchuldig die zwey Monate darauf zu warten, ſo aber dieſelben verfloſſen, alsdann kan der erſte Bau-Rechter für ſich ſelbſt den andern in die Beſitzung einleiten, daß er ſich derſelben möge bedienen, und bedarf desweegen keiner weitern Einwilligung mehr. Wann dann der Herr in dieſem Fall die zwey Monat ſäumig geweſen, den Bau-Rechter aufzunehmen und in die Beſitzung einzuſetzen, und hätte keine rechtmäßige Urſache der Verwiederung gehabt. Secundum d. Guar. in L. fin. in ultim.

Juriſt. Oracul V Band.

col. quamvis, prout etiam dicit Sal ibi in pen. col. Dann weil der Herr darum die Anleit einnimmt, daß er dagegen die Poßeßion dem Bau-Rechter eingeben ſolle, und er ſolches aber nicht thut, ſo ſoll er auch die Anleit nicht haben. Vide Jaſon. in L. fi. C. de iure emphy.

Dieſe zwey Monate ſollen aber alſo verſtanden werden, daß erſtlich der Herr zwey Monate zum bedencken hätte, ob er das angebotene Bau-Recht kauffen wolle oder nicht. Zum andern, ſo nun zwey Monate vergangen wären, und der Herr das Bau-Recht nicht kauffen wolte, das alſo der Bau-Rechter den Kauf einem andern geben, und deshalben bey dem Grund-Herrn um die Einantwortung der Beſitzung gegen Bezahlung der Anleit angehalten wird, ſo hat alsdenn der Herr abermahl zu ſolcher Einantwortung zwey Monat, und alſo von beſchehenem Anbot vier gantzer Monat, darinnen er dem Bau-Rechter die Poßeßion geben mag, Zeit. Ita tenet Jaſon in d. L. fi. eo. tit.

§. 16.

Ob ein Bau-Rechter ſeine Bau-Rechte ohne Wiſſen und Willen des Grund-Herrn einem andern ſchencken kan?

So der Bau-Rechter ſeine Bau-Rechte einem andern ſchencken wolte, ſo iſt er nicht ſchuldig, den Grund-Herrn darum zu erſuchen, und ihm die Schenckung anzubieten, oder auf ſeine Antwort zwey Monat lang zu warten, ſondern er kan ohne ſolches Anbotes und unerwarteten Antwort es einem andern ſchencken. Doch iſt er folgends ſchuldig dem Grund-Herrn anzuzeigen, daß ers einem ſolchen geſchencket habe, dem der Grund-Herr gegen Bezahlung der Anleit zu einem Bau-Rechter annehmen und inveſtiren wolle, welches dann in zwey Monaten geſchehen ſoll, dieſes alles hat auch ſtat, ſo einer ſein Bau-Recht einem andern in ſeinem letzten Willen legiren, oder Erbſatzungsweiſe vermachen, oder aber verpfänden wolte. Vide Jaſon. in L. fi. C. de iure Emphyt. Wo aber einer ein Bau-Recht für ſich und ſeine Kinder empfangen hätte, der könnte dieſelbe weder mit noch ohne Willen des Grund-Herrn einem andern legiren, ſchencken oder vermachen, das ſeinen Kindern zu Schaden gereichen ſolte. Per L. Peto § prædium & § Fratre ff. de leg. 2 & c. 1 in Prin. de natura Succeſſ. feu.

§. 17.

Wann der Bau-Rechter ſchlecht einen Bau-Grund verkaufft, ob es dafür gehalten werde, als habe er den Grund mit völliger Zugehörung, ob er aber allein ſeine Gerechtigkeit verkauffet?

Wann der Bau-Rechter einen Bau-Recht-Grund ſimpliciter ſchlechts verkaufft oder verändert, ſo wirds nicht dafür gehalten, als habe er den Grund mit dem Eigenthum und aller Zugehörung, ſondern allein ſeine Baumanns-Gerechtigkeit verkauffet. Ita tenent Pe. & Cy. in L. fin. in glo. in 3 qu. C. de iure Emphyt. per L. Qui tabernas ff. de contrahen. empt. idem tenet Spec. in d. § Nunc aliqua verſ. 193 per d. L. Qui tabernas & L. Si domus ff. de leg. 1 & L. Si finita § de vectigalib. ff. de dam. infec. Tenet etiam Paulus de Elea. in commenta. d. c. potuit in 2 vel 3 col. & alleg. c. paſtoralis. extra de donat. &c. Quod autem Ex. de iure patronat. idem tenet Paul. de Caſt. in L. Servi. electione, § fi. ff. de leg. 1.

§. 18.

§. 18.

Welchen Personen der Bau-Rechter seine Bau-Rechte nicht verkauffen kan?

Der Bau-Rechter kan seine Bau-Rechte denen Personen, die ihm der Herr Anfangs des Bau-Rechts-Contracts verboten hätte, nicht zu kauffen geben, als wann der Herr sagte, ich will, daß du niemahls Macht haben sollest, deine Bau-Rechte dem Dietzen oder Seitzen zu verkauffen. Ita Jaton in L. fin. in glo. ibi, debeat accedere ad emptionem illius rei.

Es wird auch in Rechten verboten, daß die Bau-Rechte durch die ersten Bau-Rechter denen Hof-Leuten, Leibeigenen, Kriegs-Leuten, Priestern und Kirchen nicht zu kauffen sollen gegeben werden. Ita colligitur ex legibus allegatis in glo. in L. fin. C. de iure emphyt.

Es sollen auch die Bau-Rechte allen denen Personen, so man nicht allezeit wohl verklagen kan, nicht zu kauffen gegeben werden. Spec. in d. § Nunc aliqua in verf. CXVI Arg. in L. II in princ. ff. Qui fatis. cog. Daß aber die Bau-Rechte zu einer Kirchen nicht sollen verkauffet werden, geschiehet darum, daß dadurch der Herr viel beschweret, und um das Seine gebracht würde, und so die Kirche nicht möchte verkauffen, noch ihre Sachen schlechter machen, so möchte deshalber der Herr fürohin kein Anleit haben, es könnte auch das Bau-Recht dem Herrn nicht leichtlich heimfallen die verbrochene Straffe, wiewohl aber das Bau-Recht nicht kan einer Kirchen geschencket, legiret oder Erb-satzungsweise vermacht werden, und ist dieses wahr, daß die Kirche solches nicht behalten kan; jedoch ist ein solches Vermächtniß kräftig, daß die Kirchen für die verschafften Bau-Rechte der Werth derselben gegeben werden solle. Spec. in d. § Nunc aliqua verf. CXVI & CXVII Arg. L. filius fam. § Si quid alicui ff. de leg. I. Es wird aus Gewohnheit also gehalten, daß solche Kirchen schuldig ist, solch verschaffte Bau-Rechte innerhalb Jahres-Frist wiederum zu verkauffen. Ita dicit Spec. esse arg. ad hoc XII q. II c. Longinquitate & in c. imperialem § præterea si quis infeudatus, de prohib. feu. alie. per Frid.

Aber der Grund-Herr kan ein Gut einem ieglichen zum Bau-Recht verleihen. Cum in re propria quilibet fit moderator & arbiter. Vuigata L. in re mandata C. Man. cum isto intellectu transeunt communiter doc. in d. glo. in L. fin. C. de iure Emphyt. Es werden auch für verbotene und untaugliche Personen gehalten, die, so mercklich arm sind, auch die Weiber. Quia, non debet translatio iuris Emphyteutici fieri in personam minus idoneam, quam fuerit primus emphyteuta, per id quod habetur in simili, in c. II § similiter in tit. de L. Conradi in uf. feu. & quod habetur in L. quod autem § pen. ff. de conft. pec.

Desgleichen sollen die Bau-Rechte den mächtigen und überlegenen, auch hohen befreyeten Personen nicht zu kauffen gegeben werden. Vide Imo. idem tenent. in L. Si finita § si de vectigalibus in IV col. ff. de dam. infec. § Es wäre dann der Mächtige ein Mitgemeiner oder Gesellschäfter, und hätte es mit dem Bau-Rechter gemein und Theil, ders ihm übergeben wolte, so könnte ihm alsdann sein Mitgemeiner seinen Antheil unersucht des Grund-

Herrn zu kauffen geben. Secundum Sali. in glo. fin. C. de iure Emphyt. arg. L. Voluntas C. de fidei commiff. ex quo confocii fides & persona est per concedentem approbata.

§. 19.

Ob ein Bau-Rechter schuldig sey, dem Grund-Herrn sein Bau-Recht anzubieten, so ers mit einem andern vertauschen oder auswechseln wolte?

So der Bau-Rechter sein Bau-Recht mit einem andern vertauschen oder auswechseln wolte, so ist er nicht schuldig, solchen Wechsel seinem Grund-Herrn anzubieten, ob ers auswechseln wolte oder nicht; dann so er mit einem andern einen Wechsel getroffen, so ist er alsdann schuldig, den Grund-Herrn zu ersuchen, daß er dem neuen Bau-Rechter die Besitzung gebe, und für die Investitur seine Anleit einnehme. Ita concludit Jaion in L. fin. in glo. parva super verbo transponere; ita etiam tenet Imo. in d. c. potuit in 13 col. in prin.

§. 20.

Ein Bau-Rechter kan ohne Bewilligung des Grund-Herrn seine Bau-Rechte zum Heyraths-Gut und Widerleg-geben.

Ein Bau-Rechter kan seine Baumanns-Gerechtigkeit der Tochter zum Heyraths-Gut, oder dem Sohn zu einer Widerleg ohne Bewilligung des Grund-Herrn geben, doch dergestalt, daß dieselbe Baumanns-Gerechtigkeit bey der Tochter bleibe, wie sie bey dem Vater gewesen, also, daß sie sich eben in den Fällen bey ihr enden solle, wie sie sich bey dem Vater geendet solte haben. Es solle auch in diesem Fall dem Grund-Herrn von solchem Heyrath-Gut ein Anleit gegeben werden. Istam q. formant, & ita determinant Spec & Joan. An. in d. § Nunc aliqua in verf. 109 per plura, de quibus ibi per eos; & ibidem in verf. 110 tenet etiam Hoftien. in fum. tit. de locato in § fi. ver. nunquid ergo res emphyteutica potest in dotem dari; idem simpliciter tenet Albe. de Rosa in d. L. fin. in 2 col. C. de iure emphyt.

§. 21.

Ob ein Bau-Rechter kan seine Bau-Rechte ohne Willen seines Grund-Herrn einem andern zu Lehn verleihen?

Der Bau-Rechter kan seine Erb-Rechte ohne seines Grund-Herrn Willen zum Bestand auf eine kleine Zeit verlassen, dann, durch einen solchen blossen Bestand wird weder die Gerechtigkeit noch Besitzung übergeben. L. non solet ff. nemo prohibetur C. loc. Jedoch wann der Bau-Rechter abgestorben, ist der Grund-Herr den Bestand zu halten nicht schuldig. Ita tenet Spec. in d. § nunc aliqua in verf. 123.

§. 22.

Ob der Bau-Rechter seine Schuld-Herren mit seinen Bau-Rechten ohne Bewilligung des Grund-Herrn bezahlen könne?

Wann der Richter erkennet, daß der Bau-Rechter seine Schuld-Herren mit seinen Bau-Rechten bezahlen solte, so kan er alsdenn solche Zahlung ohne Bewilligung des Grund-Herrn fürnehmen. Bal. in c. 1 in prin. in 4 col. de prohib. feu. alie. per Fede. Jedoch solle solche Zahlung allezeit dem Grund-Herrn an seiner Gerechtigkeit und Verzinsung unschädlich seyn. Bal. allegat. plene no. in L. si finita § si qua sint iura ff. de dam. infec. & L. 1 C. de conduc. & procurat. dom. Ang. lib 11.

So

So aber der Bau-Rechter für sich selbst seine Gläubiger mit seinen Gerechtigkeiten bezahlen wollte, so müste er seinen Grund-Herrn um die Bewilligung ersuchen. Jason in d. L. fin. C. de iure emph.

§. 23.

Ob ein Bau-Rechter auf seinen Bau-Rechten einem andern eine Dienstbarkeit verleihen kan.

Ein Bau-Rechter kan ausser Bewilligung seines Grund-Herrn auf dem Bau-Recht-Grund einem andern wohl eine Dienstbarkeit verleihen; allein, wann seine Bau-Rechte sich endigen, so hat dieselbe Dienstbarkeit sich auch geendet. Istam q. ponit Bal. in L. in provinciali, quæ est lex 3 C. de ser. & aqua, & finaliter concludit post Guil. de cu. quod emphyteuta possit servitutem imponere in re emphyteutica, sine requisitione consensus domini, & durabit servitus pro tempore, quo durabit jus emphyteuticum, & non ultra. Arg. L. si is cui § fin. ff. quemadm. ser. amit. & L. Lex vectigali fundo dicta ff. de pign. & pro hac opin. Jason addit glo. ordinariam in L. II ff. de servit. tit. generali & Bal. in c. 1 § Quid ergo de invest. de reb. alie. fac. in us. feu. per illum tex.

§. 24.

Ob sich ein Bau-Rechter wegen seines Bau-Rechts ohne Bewilligung des Grund-Herrn in einen Vertrag einlassen kan.

Der Bau-Rechter kan seine Bau-Rechte, die er noch in Händen hat, seinem Widersacher, mittels eines Vertrages ohne Bewilligung seines Grund-Herrn nicht übergeben, wo er aber das thäte, so wäre er von seinen Rechten geschieden. Quia ista est alienatio L. non solum C. de præd. min.

§. 25.

So ein Bau-Rechter mehr dann einen Grund-Herrn hätte, ob er seine Bau-Rechte mit Bewilligung der mehrern, und Unwissenheit des einen, einem andern zu kauffen geben könne?

So der Bau-Rechter mehr dann einen Grund-Herrn hätte, und sein Bau-Recht-Gut wäre noch allen unvertheilet gemein, und er hätte die Bau-Rechte mit Wissen und Willen eines oder zweyer Grund-Herren, welche den meisten Theil daran zu haben vermeinen, verkaufft, und der dritte hätte nicht darein bewilliget, oder davon keine Wissenschaft gehabt, so wäre alsdann der Bau-Rechter nicht von seinen völligen Bau-Rechten, sondern nur soviel, als den dritten Grund-Herrn betrifft, gefallen. Ita tenet Guil. de Cu. Bal. & Ang. in L. communis libertus ff. de in jus vocando, cum tantum debeat puniri in parte circa quam deliquit L. rescriptum ff. de his quib. ut indig. idem etiam tenet Guil. de Cu. in L. si duo patroni in prin. ff. de jurejur.

§. 26.

Wann der Bau-Rechter seine Bau-Rechte nicht gar, sondern nur zum Theil ohne Bewilligung des Grund-Herrn verkauffet, ob er alsdann von denen völligen Bau-Rechten, oder aber nur von demjenigen Theil, den er verkauffet hat, geschieden sey?

Wann der Bau-Rechter einen Theil an seinen Bau-Rechten ohne Bewilligung seines Grund-Herrn verkaufft hätte, und dabey gemeldet, daß er nur die Bau-Rechte und genüßlich Eigenthum als ein Bau-Rechter verkauffe, so fället er nicht gantz von denen Bau-Rechten, sondern er ist von denen, so viel er verkaufft hätte, geschieden; dann es solle die Straffe nicht grösser seyn, als das Verbrechen gewesen. L. rescriptum ff. de his quibus ut indig. Ita dicit Bal. referente Jasone in L. fi. C. de iure emphyt.

So ers aber verkauffet, als hätte er das Recht eigenthümlich darzu, so ist er alsdenn von dem gantzen Bau-Recht geschieden, wann er gleich nur einen Theil und nicht das gantze verkauffet hätte. Und wird in diesem Fall der Bau-Rechter, wann ers als der Eigenthums-Herr verkauffet, geachtet, als verachte er die Person des Eigenthümers, und diese Straffe folget nicht von wegen des Verkaufs, sondern wegen der Verachtung der Person des Grund-Herrn. So man dann die Person des Grund-Herrn ansiehet, so verachte er nicht einen Theil, sondern die gantze Person des Grund-Herrn, derohalben so er in diesem Fall gleich nur einen Theil seiner Bau-Rechte verkauffet, so fället er dennoch von der gantzen Gerechtigkeit. Et pro hac doc. opus est tex. in L. quidam in iure § donationem ff. de dona. & ibi ita not. declarat Bar. respondendo ad L. rescriptum ff. de his quib. ut indig. & ita in simili dicit Bal. in c. 1 in 4 col. in fin. de alie. feu. per d. L. quidam in iure § fi.

§. 27.

So eine Hausfrau einen Bau-Rechter hätte, und er wollte seine Bau-Rechte verkauffen, ob es genug, daß ers ihrem Hauswirth anbiete oder verkündige?

So eine Hausfrau einen Bau-Rechter hätte, der seine Bau-Rechte verkauffen wollte, so ists genug, daß er ihrem Hauswirth verkündige, und ist nicht nöthig, die Hausfrau um die Einwilligung zu ersuchen, dann es ist eben so viel, als hätte ers ihr verkündiget. Tex. no. in L. aut qui aliter § sed & servis juncta glo. 1 ff. quod vi aut clam.

§. 28.

Wann der Bau-Rechter seine Bau-Rechte ohne Bewilligung seines Grund-Herrn verkaufft, dem Käuffer aber solche noch nicht eingeantwortet hätte, ob er von seiner Gerechtigkeit geschieden sey?

Wann der Bau-Rechter seine Bau-Rechte ohne Bewilligung seines Grund-Herrn verkauffet, und doch dieselben dem Käuffer noch nicht eingeantwortet hätte, so ist er darum nicht von seiner Gerechtigkeit gefallen. Ita tenet Spec. sing. in d. § nunc aliqua in ver. 95, quia verbum vendere est cum effectu intelligendum, L. 1 § hæc verba d. 1 cum vulgaribus ff. quod quisque iuris.

Jedoch hat dieser Anzug allein seinen Fürgang, so der Bau-Rechter die Uiberantwortung weder aufrichtig noch durch einen andern Schein gethan. Dann so ers vor sein eignes verkauffet, und erlaubte dem Käuffer in die erkaufte Bau-Rechte einzufahren, so ist er alsdenn von seiner Gerechtigkeit gefallen, und irret gar nicht, wann gleich der Verkäuffer folgender Zeit sein Bau-Recht wiederum an sich löste, und dem Grund-Herrn, der um solche Verkauffung nichts gewußt, seine Zinsen bezahlet hätte. Ita limitat sing. istam conclu. do. An. de Bu. in Consf. XXXIV incip. de iure absque longa allegatione planum mihi videtur &c.

Ob wir wohl allhier bey Entwerffung des Dorf-Rechts uns weitläuftiger aufhalten und noch vieles theoretico-practisches wegen der Dorff-Ordnung, Land- und Rügen-Gerichten sowohl als der Bauer-Köhren, wie auch Cent-Gerichte und Privilegien derer Bauer-Leute, auch Leibeigenen Beschaffenheiten nutzbar

nutzbar einhalten könnten; so müssen wir doch solches dermahlen versparen, weil wir mit diesem Recht das Römisch-Teutsche Recht quoad principium cognoscendi beschliessen, und wollen hingegen die von uns im Titel-Blatt berührten Special-Rechte als Fürsten- und Präcedenz-Rechte, auch theoretico-practisch, so viel als Zeit und Raum gestattet, allhier abhandeln; iedoch werden wir uns angelegen seyn lassen, alles, was in vorigen IV Bänden unsers Juristischen Oraculi bey dem principio cognoscendi beyzubringen der Raum nicht gestattet, bey künftiger Ausarbeitung des Principii essendi als Recht der Personen und Sachen desto ordentlicher nach Beschaffenheit der Titel behörig einzuschalten, und also unsern Rechtsgelehrten dennoch Genüge zu thun uns bestens bemühet.

RESPONSUM XL.

1. Ob Bauern und dergleichen auf den Dörfern, sich der Brau-Nahrung, wie auch Ausschenckens anmassen und gebrauchen können, oder ob diese Nahrung denen Brauern in Städten alleine zuzulassen?

2. Ob Bauern und dergleichen auff den Dörfern wohnenden, auf dem Lande mit allerhand Waaren, Handel und Wandel zu führen nachgelassen?

3. Ob Adeliche oder Beamte berechtiget seyn, allerley Handwercker aufs Land zu setzen, die daselbst arbeiten und ihre verfertigte Waaren verkauffen?

Es sind die Immediat-Städte im Herzogthum Hinterpommern, und Fürstenthum Camin, von ihrem Anfange und Fundation her, auf respective Kauffmannschafft, Bau- und Brau-Nahrung, wie auch Handwercker-Gilden und Zünffte, nicht allein gewidmet, sondern auch von Fürsten zu Fürsten, theils durch die allgemeine Landes- und Städte-Privilegia, Chur- und Fürstl. Reversales und Landes-Constitutiones, darinnen bestätiget worden, so gar wenn einer oder andern Stadt darinne Eindrang geschehen, die Hochsel. Landes-Herrschafft, durch geschärffte pœnal-mandata ut perpetua quasi executoralia die Contravenienten davon abzuhalten, Landes-Fürstl. und väterliche Vorsorge getragen, Krafft welcher Fürstl. Verordnungen dann die Städte sich allemahl in possessione juris prohibendi, so wohl wider die von der löblichen Ritterschafft, Fürstl. Aemter, Priester, Verwalter, Schulzen, Müller, Schmiede, Schneider, Krüger, Bauren, und insgemein, der gesammten Landmann geschützet und mainteniret. Und obwohl dann und wann eine Unordnung wollen einreissen, ist doch derselben, und zwar was die Vorkaufferey betrifft, nicht allein durch die allgemeine beschriebene Rechte, sondern auch verschiedene placata wider die Vorkaufferey, auch was das Bierbrauen auf dem Lande angehet, durch Hertzog Philippum Hochsel. Andenckens motu proprio et ex vera scientia, mit aller Stände von Prälaten, Ritterschafft und Städten, ein-

helliger Beliebung anno 1616 in der damahls gemachten allgemeinen Landes- und sogenannten Bauer-Ordnung, gewisse Versehung geschehen, wie es insonderheit wegen des Brau-Wesens auf dem Lande sollte hinfüro unter Adel und Unadel gehalten werden.

Solche obangezogene, sowohl gemeine Landes- als auch der Städte Special-Privilegia, Concessiones und Constitutiones, sonderlich die von Anno 1616 haben Sr. Chur-Fürstl. Durchl. zu Brandenburg, Herr Friedrich Wilhelm, des Heil. Römischen Reichs Ertz-Cämmerer und Chur-Fürst rc. als rechtmäßiger Hertzog in Pommern, und Fürstenthums Camin, unser gnädigster Chur-Fürst und Herr, in Ao. 1654 in dem Stargardischen Land-Tags-Abschiede, und ausgegebener Regiments-Verfassung, stattlich nicht allein bestätiget, sondern auch sothane Kauffmannschafften, Handlungen, Brau-Gerechtigkeit und Handwercks-Betreibungen, nebst denen Landes- und Städte-Privilegien, bey der Erb-Huldigung Anno 1665 anderweit renoviret und confirmiret, auch ferner Anno 1666 den 12 Martii durch ein gedrucktes öffentliches Placat, welches aller Orten auf dem Lande, und in den Städten, respective von den Canzeln publiciret, auf den Dörffern aber öffentlich promulgiret, und von denen Land-Reutern affigiret, und solches Werck endlich zum völligen Effect zu bringen, perpetuas executoriales gnädigst ausgehen lassen. In welchen Verordnungen allenthalben, daß die Monopolia auf dem Lande gantz abgeschaffet, und wegen des Bierschenckens, und Krugverlegens auf dem Lande, diejenigen von Adel, welche Anno 1616 nicht in possessione des Bierbrauens und Krugverlegens gewesen, dessen sich gäntzlich enthalten sollen. Aber denen Priestern, Verwaltern, Schultzen, Schäfern, Müllern, Schmieden, Schneidern, Krügern und Bauren, das Bier-Brauen nurten auf gewisse Masse, nemlich nurten zu ihres Hauses Nothdurfft, und nicht weiter, das Brauen aber auf die Krüge und Ausschencken, zum feilen Kauffe, insgemein gantz verboten und untersaget worden. Worzu noch gekommen, einer ieden Stadt verliehene specialissime concessiones, so denen Kauffmanns- und Brauer-Zünfften in Städten, wegen des alleinig respective Kauff-Handels und Bierbrauens gegeben worden. Uiber welche Brauer-Concessiones die Hochsel. Landes-Herrschafft, so wohl in vorigem als ietzigen Seculo, Krafft ertheileter vielfältiger anderer Constitutionen, Rescripten und Mandaten, gantz ernstlich, und bey nahmbaffter Straffe wollen gehalten wissen, desfalls sie dann dero Herren Beamten, Land-Vögte, Burgrichter und Haupt-Leute, zu immerwährenden Executoren gesetzet, wegen Abgang der Mühlen-Metzen, als der Städte Bestes und Aufnahmen, iederzeit genau zu beobachten, wie davon die Beylagen mit Uiberfluß zeugen. Ob nun zwarten die gehorsamsten Städte solche respective Chur- und Fürstliche Gnade, und Handhabung ihres uralten Rechtens, wie auch oberwehnte universales constitutiones, mit unterthänigstem Dancke billig angenommen, und inständig um völligen Nachdruck derselben publice und privatim angehalten, auch die Stadt Stargard, wie sub φ zu ersehen, perpetuas exe-
cutoria-

cutoriales erlanget; So ist es doch geschehen, daß
einige, welche theils dem Aufnehmen der Städte
nicht am besten gewollt, theils in Hoffnung eines ihnen sonst unzuläßigen Gewinnes, sich sothaner nützlichen, und der Städte Wohlfahrt concernirenden
guten Verordnungen, nicht nur vor sich pariren,
sondern auch noch andere unter dem Namen der
Ritterschafft aufbringen wollen, sich derselben etwa
vermeyntlich zu opponiren; Als daß die gute Intention den erwünschten völligen Effect nicht erreichen mögen. Und solches um so viel weniger, da
einige Chur- und Fürstliche Aemter, mittler Zeit
ihnen das Brauen und Krugverlegen de facto auch
wollen anmassen, da doch vor diesem die Hochsel.
Fürsten weder zugeben wollen, noch dero Fürstl.
Beamten sich unterstehen dürffen, daß zum feilen
Kauffe auf den Aemtern gebrauet, oder Krüge zu
verlegen, daselbst angerichtet würden; sondern es
haben auch, wie vorerwehnet, Hochgedachte Herren
Hertzoge die Land-Vögte, Haupt-Leute, Burg-
Richter und Fürstl. Beamten, vielmehr zu stetswährenden Executoren gesetzet, sowohl denen Amts-
Unterthanen, als iedes Ortes angesessenen Schloßgesessenen, Edelleuten, Priestern, Verwaltern,
Schultzen, und insgemein dem gesammten Land-
Mann, solches Brauen zu verwehren, und die Krüger das Bier auf dem Lande zu hohlen, in die
Städte zu verweisen, welches sonder allen Zweiffel
die Landes-Herrschafft nicht würde gethan, sondern
denen Brauer-Innungs-Brieffen, zum wenigsten
ein reservat und Exception wegen der Aemter angehenget haben, wenn sie nicht ex certa et justa
causa, quæ pro motu proprio habetur, nemlich
um der Städte Wohlfahrt und Aufnehmens willen,
(weil Brauen und Kauffmannschafften treiben denen Städten alleine zustehet, und darauf gewidmet
und fundiret sind) in dero Aemtern es eben so unzuläßig als bey andern befunden. Derohalben de-
sie dero Beamten und Aemter sub universali lege
prohibitiva perpetua, gleich dem andern Adel
und Land-Mann præcise mit includiret wissen
wollen. Massen denn Hertzog Johann Friedrich,
welcher doch besage unterschiedlicher Rescripten sub
numeris 4, 5 sonsten vor der Städte Wohlfahrt,
sonderlich auch in diesen Stücken zu sorgen, höchst
rühmlich ihm angelegen seyn lassen. auf dem damaligen Jagt-Hause Friedrichswalde, und in dem
Flecken Jacobshagen, bey dem Amte Satzig, belegene Brau-Häuser anzulegen, per testamentum
zwar verordnet, und selbige seiner Frauen Wittwe
zum Fürstl. Leibgedinge mit setzen wollen. Aber sothanes testamentum ist durch Instantz der Herren
Land-Stände, quoad hunc punctum annulliret,
und sothane NB. intendirte Kruglagen, als dem
Lande, sonderlich denen Städten, und dero Gerechtigkeit zuwider lauffend, gantz cassiret und abgeschaffet worden. Nach der Zeit, und bey höchstgedachter Sr. Chur-Fürstl. Durchl. zu Brandenburg,
angetretener glücklichen Regierung, ist ausser der
Herren Beamten eigenen Hauses Nothdurfft, auf
denen Aemtern, weder gebrauet noch geschencket,
bis etwa zu Friedrichswalde, vor wenig Jahren
ein Brauerwerck angerichtet, und daselbst, wie auch
zum Neuen-Hause, unweit der Stadt Stargard
Zwang-Krüge, sonderlich bey denen Holtz-Wagen,
wenn dieselbe von der Chur-Fürstl. Heiden Holtz

abholen, gemachet worden, denen mit der Zeit andere nachgefolget, und nicht allein gebrauet und geschencket, sondern auch diese nebst denen andern
Landmannen, allerhand Kauffmannschafften getrieben, Monopolia gemachet, und Handwercker auf
den Aemtern, und auf dem Lande gesetzet; daß es
also heisset: Uno inconvenienti dato, sequuntur
plura. Welchen aber mit ernstlichem Nachdruck
zu wehren, die Städte zwar öffters auxilium Regiminis imploriret, aber nicht allemahl nach Wunsch
und wircklichen Erfolg contra quoscunque Gehör
und Erfolg haben können. Wiewohl Sr. Chur-
Fürstl. Durchl. Höchstgepriesener Gemahlin
Durchl. in dero Leibgedings-Amte Treptow, wider das Brauen ernsten Einhalt gethan, und sub
n. 21 in denen Amts-Dörffern kein ander, als der
Stadt Treptow Bier zu schencken erlauben wollen.
Wider die Vorkaufferenen und Handlungen aber
auf dem Lande, stehen die gemeine beschriebene
Rechte, auch verschiedene alte Fürstl. Edicta, und
hat die Regierung noch Anno 1666 den 12 Martii
nomine Serenissimi deswegen Verbot gethan, dahero man nicht absiehet, daß bey denen andern Aemtern und Landmanne disparitas rationis sey, oder
stat finden könte. Cum a pari potentiæ causa
par effectus procedat & æquitas in paribus causis paria desideret, secundum

Everhard. in Top. leg. loco a pari p. m. 59.

Ob auch schon die Chur-Fürstl. Hochpreisl. Regierung ihr höchst angelegen seyn lassen, die Sache
zwischen der löblichen Ritterschafft und Städte
Herren Deputirten, wo nicht gantz aus dem Grunde auf einmahl, dennoch auf ein Interim zu vergleichen, so hat man doch von Seiten der Ritterschafft
den Bogen zu hoch gespannet, der Aemter aber ist
nicht einmahl darinne gedacht worden, daß dannenhero die von Städten vor ihre Posterität nicht verantwortlich gehalten, darinne begehrter Massen zu
condescendiren, sondern resolviren müssen, ihre
Action zu proseqviren, und Gott und dem Richter
anheim zu stellen. Und solchemnach würden hieraus nachfolgende Fragen zu erörtern seyn:

1) Ob die von der Ritterschafft, Churfürstl. Beamten, Priester, Verwalter, Schultzen,
Müller, Schmiede, Schäffer, Krüger, Bauren, sich der Brau-Nahrung und Krugverlages in groß und klein, wie auch Ausschen-
kens zum feilen Käuffe auf denen Aemtern
und Dörffern, auf adelichen und andern Höfen und Häusern anmassen, und gebraucht zu
können? oder, ob solche Nahrung, Brauen,
und Schencken, in groß und klein, denen
Brauern in Städten allein zu lassen sey?

2) Ob sowohl denen Chur-Fürstl. Herren Beamten, denen von der Ritterschafft, Priestern,
Verwaltern, als andern in erster Frage berührten Personen, und ingemein dem Landmanne cujus conditionis derselbe sey, anstehe und
zuläßig sey, Kauffmannschafft mit allerhand
Waaren zu treiben, und Handel und Wandel
damit auf dem Lande zu führen, und selbige
ins grosse oder kleine hinwiederum zu verthun?

3) Ob die Chur-Fürstl. Herren Beamten, und
der Adel berechtiget sind, allerley Handwercker aufs Land zu setzen, Manufacturen ver-

fertigen, und selbige, der Städte Handwerkern gleich, öffentlich verkauffen zu lassen?
Auxilio Spiritus Sancti devote prius implorato.

Geben sich auf gedachte 3 Fragen rationes dubitandi generales vel universales an.

1) Daß das Bierbrauen, Mültzen, Kauffmannschafft treiben, Handwercker aufm Lande haben,
jure naturæ et gentium frey, und keinem verboten, sondern vielmehr zuläßig und unbenommen,
und also actûs meræ facultatis sey, deren man sich,
wenn man will, gebrauchen oder nicht gebrauchen
möge.

Ea enim, quæ juris gentium sunt, licet facultatis sint, non usu non perduntur; et contra ea ne summus Princeps quidem, ne dum inferior, quicquam statuere potest.

Per Felin. et Dd. in cap. quæ Ecclesiarum X. de Con-
sistor. quia jus naturale atque gentium est immutabi-
le, § penult Instit. de jur. nat. gent. & civ.

Nun ist ja Kauffen, Verkauffen, Handel und
Wandel treiben, juris gentium, quod et ipsum
naturale appellatur

§ Singulorum Instit. de rer. divis.

2) So sey ja nebst dem ein ieder dessen, was ihm
zugehöret, selbst moderator et arbiter, und mag
des Seinen gebrauchen, wie und wo er will,

per l. in re mandata Cod. mandat. vel contra.

so gar, daß wenn er auch schon dieselben mißbrauchet, und Schaden darüber nimmet,

per l. sed & si lege § consuluit versic. dum se abuti
putant ff. de bered. pet.

Wie vielmehr mag es stat haben, wenn es zur
Wohlfart und Aufnehmen eines ieden Nahmens
und Stammes gereichet und angesehen ist, so
gar, daß auch die prohibentes injuriarum können
belanget werden,

Arg. l. qui pendentem vindemiam ff. act. empt. et l.
injuriarum actio § si quis probibeat ff. de injur.
Cravetta Consil. 6 n. 1 et 21. Capoll. in tract. de
servit. rust. præd. c. 20 n. 1.

3) Und ob zwar die von Städten einige Landes-
Constitutiones möchten wollen dawider anziehen, so
wäre doch denenselben entweder a Nobilibus et officialibus Domaniorum contradiciret, und dieselbe daher ab effectu publicarum Constitutionum vel legum suspendiret, dagegen der Adel,
Beamten und Landmann in possessione vel quasi
sich allemahl erhalten, wäre auch de præsenti noch
darinne.

4) Und solches um so viel weniger, weil weder
der Kayser noch ein ander das jus naturale
vel gentium aufheben kan. Unde regula exorta:
Quod ad negotiationem, qua quis debito modo lucrum intendit, nihil inhonestum faciat,
sed licitum, honestum, utile et bonum sibi et
aliis, maxime quando lucrum ordinatur ad domus suæ sustentationem, vel etiam ad subveniendum indigentibus, vel etiam quando negotiatio sit propter publicam utilitatem, ne scilicet
res necessariæ ad vitam patriæ desint, ubi lu-

crum non expetitur quasi finis, sed quasi stipendium laborum, secundum

Schotum et Nicol. tract. Mercat. c. 3 n. 1 & 2.

Nun finde sich in Städten offtmahls Mangel
an solchen Waaren, welche der Landmann nöthig
hätte, welche, wenn sie ja nechst in Städten wären,
gar zu theuer müsten bezahlet werden, da man sie
auf dem Lande in bessern und wohlfeilern Kauf haben könte.

5) Dagegen gülten die Land-Waaren in Städten nichts, die Bürger setzten dem Landmann den
Kauf, wie sie wolten; dannenhero diesen nicht könne verdacht werden, daß sie sowohl ihr eigen gebaue-
tes Korn, als andere Land-Waaren, nach ihrem
eigenen Belieben verbraucheten und verführeten,
und andere nöthige Waaren zu ihrem und ihrer,
wie auch der Amts-Unterthanen Besten anders-
wohl bringen und selbst verfertigen liessen.

6) Und gleiche Beschaffenheit hätte es auch mit
den Handweckern in Städten, da man die Fremden entweder mit der Arbeit nicht förderte, oder doch
im Macherlohn sehr übersetzete. Derowegen abermahlen keinem Landmann könte verdacht noch verwehret werden, seine benöthigte Manufacturen, so
wohl wegen Bequemlichkeit der Materialien, als
des Arbeits-Lohns, bey sich auf dem Lande verfertigen zu lassen. Nam omnia creduntur jure licere, quæ non apparent esse prohibita,

l. ab ea parte ff. de probat. l. si quis in conscribendo
C. de pact.

Nun scheinet es gleichwohl denen in obgedachten
Fragen gesetzten Personen nicht verboten zu seyn,
Bier zu brauen, Handel und Wandel zu treiben,
und Handwercks-Leute pro faciendis operibus
zu setzen, und sowohl ihren, als der Ihren Nutzen
zu schaffen.

Rationes Dubitandi Speciales.

Denn was die Fragen an ihm selbst anbetrifft,
so würde bey der ersten, wegen des Bier-Brauens,
Ausschenckung und Kruäberleeens derer von Adel,
denenselben eben dasjenige frey seyn, was sonsten
insgemein allen Leuten jure naturali et gentium
vergönnet ist. Denn so wenig einem Bürger in
Städten zu verwehren stehet, seinen Acker entweder
selbst zu begaten, oder einem andern sein Recht abzutreten, und sonst damit männigliches ungehindert
nach Gefallen zu schalten und zu walten; Eben so
wenig wird auch ein Edelmann, oder an stat seiner
dessen Verwalter, zu verwehren seyn, ihren gebaueten Gersten und Haber, auch Weitzen, entweder
in existentia vel natura, prout quælibet Species per se est, zu verkauffen, oder auch eine andere formam vel compositum daraus zu machen.
Dannenhero auch

Aymon Cravetta lib. I Consil. 163 n. 3,
wie auch

Schraderus vol. 2. Consil. 44 dahin zielen:

Nobilibus permissum esse, fructus in agris suis
natos, non tantum in ista vendere, in qua nati
sunt, verum etiam ex iis aliam speciem efficere
eamque vendere, at per consequens etiam ex
hordeo atque lupulo in agris suis nato, cerevisiam coquere eamque vendere.

2) Weil

2) Weil an anderen Orten, sonderlich in Pohlen und Caſſuben, das Bier-Brauen und Krugverlegen, eine der beſten Rebenuen des Adels iſt, welche auch Inhalt ihrer Conſtitutionen, libere cereviſiam aliosque liquores braxant & conficiunt. Weswegen der Pommeriſche Adel in dieſem Fall gegen dem Pohlniſchen nicht deterioris conditionis würde können geachtet werden.

3) So hörete man auch aufm Lande ſo groſſe Beſchwerführung nicht über den Mißrath des Bierbrauens als in Städten, woſelbſt mancher durch Bierbrauen am allermeiſten in Abnehmen gebracht würde, dadurch es dann geſchehe, daß ſo wenig die Kauffmannſchafft als Brauwerck, wie auch die Manufacturen in den Städten recht excoliret würden. Nam pluribus intentus minor eſt ad ſingula ſenſus.

4) Und ob zwar die von Städten ſich auf einige Privilegia, Landes-Conſtitutiones und Conceſſiones etwa beruffen wollten, ſo wären doch dieſelbe ſalvo jure nobilium zu verſtehen, darwider ſie ſich auch ihrer Compoſſeſſion des Bierbrauens und Ausſchenckens de præſenti gebrauchet.

5) Geſetzt auch, daß die Bürgere in Städten, über Menſchen Gedencken das Bierbrauen und Ausſchencken, allein auf ſich gebracht, daraus könte doch keine præſcriptio wider den Edelmann, deſſen Verwalter und andere Land-Leute, als Bauren, angezogen werden. Cum res ſit meræ facultatis

per text. in cap. ſignificaſti in princip. extra. de appellat.

alias würde hieraus eine ſervitus erwachſen, und die Edelleute ſammt ihren zugehörigen Unterthanen, wider ihre adeliche Freyheit, von dem Willen und Gefallen der Bürger dependiren. In perſonas autem & res liberas ſolo, quoad hoc, ut alius prohibere poſſit. Quia poſſum in meo & cum meo facere, quod volo, non obſtante cujuspiam prohibitione.

l. altius Cod. de ſervit. & aqua.

Memoratu enim dignum eſt, quod in ſervitutibus aliisque juribus incorporalibus negatoriis ſive negativa conſuetudo non introducatur, nec jus acquiratur, nec amittatur ante prohibitionem, nec pro nunc contra jus facultatis.

per text. gloſſ. & DD. d. cap. ſignificaſti, & in Bald. in verſ. quaro generaliter X. de appel.

6) Wozu denn kömmt, daß in prohibendi juribus negativis neceſſaria ſit contradictio, uti Dd. communiter concludunt.

Vid. Hennig Gæden. Conſil. 2 n. 8 de jure venandi volum. 7. Guido Papæ deciſ. penult. n. 13.

In dieſem Fall aber würde noch nicht allerdinge klar und erwieſen ſeyn, daß denen Edelleuten, Beamten, Clericis, Bauren, und ſonſt dem gemeinen Landmann, Bier zu brauen, und zu verkauffen verboten wäre, und ſie auf ſolch Verbot acquieſciret hätten, oder pariret. Vielmehr würde das Contrarium wahr ſeyn, daß die Ritterſchafft und Landmann über zehn, zwanzig und mehr Jahr gebrauet und Bier verſchencket, und da ſchon Verbot ergangen, ſie darum ſolches nicht abgeſtellet, auch noch bis ietzo einzuſtellen nicht gedächten, ſie die gerühmte poſſeſſion der Städte dadurch interrumpiret und infringiret, und alſo die Städte der Præſcription ſich nicht würden zu gebrauchen haben; wann auch ſchon ſolche conſuetudo ab immemoriali tempore könte beygebracht und behauptet werden, würde doch dieſelbe nicht zuläßig ſeyn, weil durch dieſelbe der Bürger Privat-Nutz dem gemeinen, und welcher allen zu ſtatten kommet, würde vorgezogen werden.

contra l. un. § 14 in verbis: Sed quod communiter C. de Caduc. tollend.

7) So würden auch von Seiten der Städte etwa auch angezogene Reſcripta der Ritterſchafft insgemein und überall nicht können ſchädlich ſeyn, oder als bindlich angezogen werden, weil die vorige Landes-Herrſchafft, ut inferior ab Imperatore, ihr jus quæſitum, etiam cauſæ cognitione, ihnen nicht nehmen können.

ſecund. Bald. in l. 1 n. 3 verſ. Nota quod plenitudo poteſtatis God. de ſervitut. & aqua.

8) So würden auch ſolche Reſcripta Principum omnimodam poteſtatem habentium allewege limitiret. Si princeps diſponat motu proprio, ſecus ſi ad inſtantiam partis.

Ludov. Roman. Conſ. 436 n. 19. Felin. cap. qua in Eccleſiarum n. 65.

Hier aber würden ſolche Reſcripta nicht motu proprio, ſed ad inſtantiam der Städte, erhalten, und könten daher nichts präjudiciren. Deſtoweniger, da dieſelbe contra jus & utilitatem publicam impetriret werden.

per tex. in l. Reſcripta Cod. de precib. Imperat. offerend. & per text. fin. Cod. ſi contra jus & utilitat. publicam.

9) Es führeten auch ſolche Reſcripta der alleinigen Conceßion, in Städten nur allein Bier zu brauen, Neuerungen ein, darwider die anderen Mitſtände, ſich billig zu ſetzen hätten. Und weil ſolche reſcripta, vel indulta ſtricti juris wären, ſo binden ſie auch nur die Perſonen, davon in reſcriptis gedacht worden. Nun wäre gleichwol durchgehends und ohne Unterſcheid denen Edelleuten ſamt und ſonders das Bierbrauen und Krugverlegen nicht verboten, ſondern nur gewiſſen Individuis, mit welchen es vielleicht eine andere Beſchaffenheit ihrer Güter gehabt habe, daß ſie das Brauen entweder nicht geachtet, und dannenhero denen Städten es ad tempus überlaſſen, oder ſich in Rechten etwas verſäumet, oder ultro (cum quilibet ſuo juri pro ſe introducto renunciare poſſit) ſich deſſen begeben, darum aber folgete nicht, daß ihrer etliche dem gantzen Ordini Nobilium hätten ſchaden können. Quia talia reſcripta intelligenda eſſent ſine alterius injuria & offenſa.

Bald. ad l. 2 § merito § ſi quis a Principe ff. Ne quid in loco publ.

10) So wären auch Stände von der Ritterſchafft, & omnes, quorum intereſt, über das Edictum vom 12 Martii 1666 weder gehöret noch dazu citiret. Ad unumquemque actum autem debet citari is, cui præjudicari poteſt, per cap. Eccleſ. S. Mariæ

Mariæ X. de conſtit. & in cap. Inter quatuor X. de Major. & obedientia l. Nam ita D. Marcus ff. de adopt. Qua intermiſſa, nec etiam ſummus Princeps poteſt decernere vel concedere in damnum tertii.

Cap. 1 de cauſ. poſſeſſ. & proprietat. l. fin. Cod. ſi per vim vel alio modo.

Dadurch denn geſchehen, daß die Ritterſchafft ſowol einzele, als insgeſamt, ſolchem Edict vom 17 Martii 1666 gerichtlich widerſprochen, auch deswegen ad perſonam sereniſſimi Electoris propriam provociret, um die Sache in Güte beyzulegen, Verſuch zu thun, maſſen darüber auch ein Edict oder Placat den 31ten May 1682 gedrucket worden, worinne die Sache limitiret und reſtringiret. Wobey utpote re transacta & ſopita, die Ritterſchafft zu verbleiben gemeinet.

11) Und ob zwar denen von der Ritterſchafft der lex Nobiliores Cod. de commerciis wollte entgegen geſetzet werden, ſo wäre doch ſolcher lex auf die Verlegung der adelichen Krüge nicht zu ziehen, weil ſolches vor keine Kauffmannſchafft zu halten, eben ſo wenig, als wenn ein Edelmann Rocken und ander Getraide, oder andere Waaren verkauffet, wodurch er aber dignitatem nobilitatis nicht verlieret.

12) Daß aber die von Städten der Ritterſchafft viele juris conſultos, mit ihren lecturis und conſiliis pro obtinenda illarum intentione entgegen ſetzeten, welche vor die Städte geſchrieben und decidiret, machete die Sache ſehr ſuſpect, weil ſolche alle civici ordinis wären, und daher propter favorem ordinis nicht anders geſprochen, auch nicht anders ſprechen werden, weil ſie auf Univerſitäten ihre Aſſeclas hätten, welche mit denen alten, als ihren Præceptoribus und Vorgängern leicht einig werden, und vor die Städte forthin ſententioniren dürffen.

Argumenta pro dominis officialibus Domaniorum Electoralium.

13) Solches alles würde auch denen Churfürſtl. Beamten zu ſtatten kommen können, angeſehen dasjenige, was denen von Adel zugelaſſen iſt, noch vielweniger dem Landes-Herrn ſelbſt kan verwehret werden. Omnia enim ſunt principis, & beatiſſimus in principatu non poteſt cogi, ſecund. Plin. in Panegyr. Weil alles, was jure naturæ & gentium frey iſt, dem Landes-Herrn nicht zu mißgönnen. Nun ſind ja Ackern, Oelpreſſen, Weinkeltern, Früchte, Korn, Wolle, Honig verkauffen, conſeqventer auch Bierbrauen, beydes jure naturæ & gentium frey, iedermann frey; Warum denn auch nicht dem Ober-Herrn des Landes? Deſtomehr, wenn er ſolches gemeinen Rechtens ſich nicht in Perſon gebrauchet, ſondern durch ſeine Beamten und Diener exerciren läſſet; Maſſen ſolches die exempla vieler Könige, Fürſten und Herren, ſowol in der Bibel als Profan-Hiſtorien, als Abrahams, Jacobs, Davidis, Salomonis, Achabs, Uſiä ꝛc. bezeugen, welche Aeckere und Weinberge gehabt, von deren Abnützungen ſie nicht allein ihr Haus- und Hofhaltung verſorget, ſondern auch das übrige

ſonſt verthan und genützet, und dadurch ihr Einkommen mercklich verbeſſert haben.

14) Man ſehe und erfahre es auch, wie heutiges Tages die Potentaten und Herren der ſchönen herrlichen Wein-Länder, in Hiſpanien, Italien, Franckreich, Teutſchland, Francken, Elſas ꝛc. die Verkaufung der Weine faſt an ſich allein haben, Zinſen von den Schencken erheben, Monopolia treiben, und mit Verarrhendirung an gewiſſe Leute und Häuſer ihnen ſtatlichen Gewinn ſucheten. Was nun einem privato recht wäre, warum ſolte es dem Fürſten nicht zugelaſſen ſeyn?

15) Von ſolcher Freyheit des Wein-Handels könte füglich auf das Mültzen und Bierbrauen, auch Krugverlag und Ausſchencken bey denen Churfürſtl. Aemtern argumentiret werden. Cum de ſimilibus idem ſit judicium.

cap. inter cæteros de Reſcriptis.

16) Und obſchon die vorige Landes-Herrſchafft nicht allemal auf ihren Aemtern Brauen und Schencken, oder Kruglagen gehabt, ſondern den Brauern in Städten ſolches überlaſſen, ſo wäre doch ſolche intermiſſio keine abdicatio vel renunciatio juris, ſondern, weil es meræ facultatis geweſen, hätte ſolches denen Aemtern nicht ſchaden können.

17) Darum dann auch Hertzog Johann Friedrich Hochſel. Andenckens, unter andern zu Friedrichswalde und Jacobshagen, einige Brau-Häuſer anrichten, und ſeiner Gemahlin Leibgedinge zulegen laſſen, welchem hernach die ſuccedirende Fürſten, und conſeqventer auch Se. Churfürſtl. Durchl. zu Brandenburg-Herren Beamten gefolget, und in allen Aemtern die Kruglagen ſelbſt verlegen laſſen. Maſſen auch ſolches das præſens exemplum in der Marck, woſelbſt auf den Aemtern gebrauet und ausgeſchencket wird, zeugete.

Pro Clericis.

18) Was ferner die Prieſterſchafft & Conſortes, ſey Rechtens: Quod nemini honeſta negotiatio interdici poſit.

per text. in l. illicitas § neque licit ff. de offic. Præſid. Neque lucrum Clericis prohiberi debeat l. 2 Cod. de Epiſcop. & Cleric.

Nun aber würde ja das Bierbrauen und Mültzen vor eine zuläßige und ehrliche Nahrung gehalten, derſelben könne es ja den Prieſtern nicht verboten ſeyn, zumalen ſie es nicht thun cauſa negotiationis, und als Kauffleute, ſcilicet ut res empta integra vendatur, quod Clericis alias prohibitum eſt

cap. fornicari & cap. negotiatorem diſtinct. 88.

Dennoch aber wenn das erkauffte Gut ſich verändert, und in eine andere Form gebracht, e. gr. aus Gerſten und Maltz-Bier gekocht wird, ſo ſcheinet es nicht dem Clero unanſtändige Handelung noch verboten zu ſeyn, weil in dieſem Fall die capacitas lucri vel injuſtitiæ ceſſiret, und nur eine Ergötzung des Fleiſſes und der Arbeit dadurch geſuchet und begehret wird.

Solches aber ſey um ſo vielmehr zuläßig, wenn es ſowol zu des Hauſes Nothdurfft als denen Dürfftigen

tigen damit zu helffen angesehen ist. Da propter utilitatem publicam, ne scilicet res necessariæ ad vitam desint, der Gewinn nicht als eine final-oder End-Ursache, sondern wie gesaget, als eine remuneratio laborum zuläßig ist.

per Joh. Rider, in tractat. de Contract. Mercatorum.

Argumenta pro Ruricolis.

19) Was die Bauren betrifft, gehöreten dieselbe mit unter die gemeine disposition juris naturæ & gentium, und wollen sie eben sowol als andere Menschen leben, und ihres Leibes Unterhalt haben.

20) Sie müssen sowol dem Landes-Herrn die contributiones geben, und Einquartierung leiden, wie die Bürgere in Städten, die Abfuhren, angariæ & parangariæ kommen auf sie (die Bauren) an, davon, sonderlich bey denen Marschen und Riemarschen, der Bürger nichts wüste oder wissen wolte.

21) Es könte ein Dorffmann nach seinem eigenen palato, und wie es seine Nothwendigkeit erfordert, das Bier sowol zu seines Hauses Nothdurfft als anderem Behuf, als Hochzeiten, Kindtäuffen, Begräbnissen, viel bequemer selbst brauen, als wenn ers aus den Städten holen solte, er könte sein Vieh mit den Trebern viel besser durchbringen, als wenn ers aus den Städten damit provisioniren solte. Es wäre auch gut in schleunigen Marschen, daß der Bauer eigen Bier hätte, als wenn man erst, wenn der Soldat ins Quartier gerücket, es aus der Stadt holen müste.

22) So ließe ja die Bauer-Ordnung, selbst dem Landmann, in den Dörffern das Bierbrauen zu, also könte es destoweniger misgönnet und verwehret werden.

Porro ad 2 Quæstionem Argumenta pro stabiliendo Monopolio se offerunt sequentia.

Obgedachte sowol General- als Special Rationes dieneten auch wider die geklagte Vorkäufferey, womit man die vom Adel, Churfürstl. Bediente, und insgemein den Landmann beschuldigen wollte, nemlich:

1) Weil Handel und Wandel einem ieden, jure naturæ & gentium, frey stünde.

2) Solches nicht quæstus vel turpis lucri causa, sondern rei familiari prospiciendi causa, und damit man allezeit in Städten des Kauffmanns Gnade nicht leben dürffte, geschehe.

3) Worauf denn eine iede, sowol hochgebohrne als gesetzte Obrigkeit zu sehen verpflichtet wäre, daß mit dem besten Vortheil, und der Unterthanen allermindesten Beschwer, ihnen Provision gemachet würde, welches nicht besser geschehen könte, als wenn die Land-Waaren an andere bedürfftige gegen Waaren zurück gebracht würden. Womit die Herrschafft denen Unterthanen viel besser aushelffen könnten, als wenn sie alles theuer aus den Städten holen, und sofort zahlen, oder doch durch Borgen die Höfe in Schulden setzen müsten, welches aber die Land-Ordnung selbst verböte, und nicht zu geben wolte, daß ohne der Herrschafft Vorwis-

Jurist. Oracul V Band.

sen und Einwilligung Schulden auf die Höfe gemacht würden. Anderer vielfältiger und zur Ablehnung der dem Lande beylegenden Vorkäufferey dienen Rationes, welche hin und wieder theils in Actis, theils in vorgesetztem, und auf diese Sache mit anzielend, angeführend zu geschweigen.

Auf die

Dritte Frage

wegen der Handwercker auf dem Lande sey es gleichfalls

1) Meræ facultatis, quæ nullo tempore præscribitur.

2) Wären die Handwercker in denen Städten entweder faul oder hoffärtig, oder gar zu theuer mit dem Macher-Lohn, und übersetzten also die Leute.

3) Es wäre der Adelichen Freyheit gemäß wenn auf ihren Höfen, Dörffern und Aemtern allerhand Handweckere, als Schmiede, Schneider, Rademacher, Leinweber 2c. sich gefunden.

4) Die Handwercker, sonderlich diejenigen, welche mit Holzwerck umgiengen, könnten die Materialien ihres Handwercks weit bessern Kauf haben, und wohlfeiler geben.

5) Der gemeine Bauer könnte nicht allemal in die Städte lauffen, und Pflug-Geräthe, oder auch wohl Kleider verfertigen lassen.

6) In Städten würden die Handwercker mit kostbaren Meisterstücken, Gewinnung des Bürger-Rechts und Amt-Rechtes sehr übersetzet, welches alles auf dem Lande frey hätten.

7) Dem gantzen Lande wäre daran gelegen, daß die Dörffer mit Leuten wieder besetzet würden, welche dem publico mit beytragen könnten 2c.

Wiewohl nun obangezogene so wohl general als special Rationes, vor die Ritterschafft, Churfürstl. Herren Beamten, Prediger und gemeinen Landmann, einen nicht geringen Schein haben, iedennoch militirten vor die Städte und ihre Brau-Gerechtigkeit ad primam quæstionem nachgesetzte

Rationes decidendi.

1) Weil schon von denen Kaysern, Diocletiano & Maximiniano, die Kaufmannschafft, worunter auch teste

Baldo ad L. Nobiliores Cod. de Commerciis,

das Brauen und Handwercksbetreiben mit gehöret

in L. Ne quis C. de Dignit. Lib. 2 tit. 9.

denen Edel-Leuten verboten, denen der Kayser Constantinus in

L. un. C. de perfectissima dignitate,

item die Imperatores Honorius und Theodosius in

Citat. l. Nobiliores C. de Commerc. & Mercat.

hisce verbis: Nobiliores natalibus & horum luce conspicuos & patrimonio ditiores perniciosum urbibus mercimonium exercere prohibemus. Item der Imperator Leo in

Z i

L. Mi-

L. Milites de locato & conducto, it. in L. viginti 2 C. de re Milit. L. Agentis C. de Præpositis agent. in rebus &c.

gefolget, und die Kauffmannschafft, wie auch die Handwercksbetreibung denen Ritterstandes-Personen und Edel-Leuten, ernstlich und bey Verlust aller dignitæt und adelichen Immunitæt verboten. Welche leges denn so klar und so alt, daß dawider nichts mag gesaget, limitiret, restringiret, noch auch durch der Zeiten Rost, vel aliud remedium juris impugnativum, deren Krafft Rechtens umgestossen werden. Sintemal hæ leges pro constitutionibus publicis & sanctionibus pragmaticis fast in der gantzen Welt angenommen. Welche auch bey dem vornehmen Adelstande, und andern so wohl Chur- und Fürstl. Bedienten und Officiren oder Beamten in viridi observantia so punctuel gehalten werden, daß man denselben, der quocunque etiam modo dawider thut, für degenerem virtutis heroicæ, und nicht für Rittermäßig achtet.

2) Welchen zustimmet die Turnier-Ordnung, die Kayser Heinrich mit Rath und Beywesen vieler stattlichen Hertzogen, Pfaltz-Graffen, Herren und Rittern aufgerichtet, articulo XI mit diesen Worten:

"Welcher von Adel in seinem Stande anders, als Adelichem Stande gebühret, sich von seinen adelichen Renten und Gülten, so ihm seine Erblehne, Dienstlehne, Rathgeld, Herren-Besoldung oder Eigenthümer jährlich tragen mag, sondern mit Kaufmannschafft, Wechseln, Fürkäuffen und dergleichen Sachen nähren, oder sein Einkommen mehren wolte, dadurch sein Adel geschwächet und verachtet würde; Wo er auch seinen Hintersaßen und Anstossern ihr Brot vor dem Munde abschneiden wolte, derselbe, so er der Stücke eines oder mehr überfahren, und dawider thun würde, soll in Turnieren nicht zugelassen werden, wo er aber darüber einreiten und Turnier halten wollte, soll man mit ihm um das Roß turniren, und ihn auf die Schrancken setzen, nach Erkenntniß Turniers Freyheit."

3) Weil nun denen von Adel der Vorzug vor andern gemeinen Orden nicht zu mißgönnen ist, so fern nebst der Geburt sie die Tugend nicht adelt, so werden sie es selbst anständlicher halten, von denen Dingen und Handlungen abstehen, welche sie mit Bierbrauen, Kauffhandel, und Vorkäufferey rc. bey ihren Ordens- und Ritter-Brüdern verkleinerlich, wo nicht gar verächtlich und inadmissibel machen können. Sintemal sie ihre Lehne, adeliche Güter und statliche Hebungen aus keiner andern Ursache haben, und besitzen und geniessen, Schild und Helm führen, Milites und Ritter genannt werden, als daß sie nach Erweiterung ihres adelichen Namens und Geschlechtes nicht nur selbst streben, sondern auch ihre Kinder und Nachkommen dazu zeitig anführen und gewehnen sollen.

5) Dannenhero ietzo dem Adel sehr nachtheilig, will nicht sagen höchst verächtlich seyn würde, ihrer Vorfahren Fuß-Stapfen zu verlassen, und sub spe lucri andere Nahrung, nach des Vespasiani

verächtlichen Ausspruch: Odor lucri bonus ex re qualibet, anzunehmen.

6) Und hierauf deuten die Worte des angezogenen

legis Nobiliores C. de Commerc.

in verbis: Perniciosum urbibus mercimonium exercere prohibemus; annexa ratione: ut inter cives & negotiatores facile sit emendi vendendique commercium; quod nobilibus plane prohibitum est dicto loco.
Ingleichen die Worte des angezogenen Turnier-Artikels:

Mit Kauffmannschafft, Wechseln, Verkauffen und dergleichen Sachen nähren, und sein Einkommen mehren. Item denen Hintersaßen ihr Brot vor dem Munde abschneiden.

Woraus zu schliessen, daß wenn sie gleich um der Ihrigen Unterhalt dergleichen Nahrung treiben wollen, es dennoch ihrem Stande nicht zuläßig sey: Videantur & probe perponderentur verba superius citatarum legum, in specie

Lex fin. Cod. Locat. conduct.

Welches dann auch noch ferner in denen Turnier-Artickeln zu Heilbronn Anno 1485 dermassen restringiret und decidiret worden: Daß eben auf diejenigen, so nicht nur selbst Kauffschläge und Handel, als andere gemeine Kauffleute, ungefährlich treiben, sondern auch die, so mit ihnen zulegen, begriffen und strafbar seyn sollen.

Franciscus Pfeil. Consil. 202 n. 37 Cent. 2. Josias Nolden, de statu Nobil. & Civ. C. 22 n. 18.

7) Dahero ist auch das Heer-Gewette entstanden, welches unter denen von Adel noch heutiges Tages beybehalten wird, dadurch sie abermal von Zünfften, Gilden, Gewerckern und bürgerlichen Nahrung segregiret und separiret seynd.

8) So fodert es auch die Justitia distributiva, ut suum cuique tribuatur. Absurdum enim est, si promiscuis artibus turbantur rerum officia.

per Bart. in L. Ne quis C. de dignit.

Et aliis creditum alius subtrahat.

per text. express. & elegant. in L. Consulta C. de testam. & quemadm. ordinantur. Berlich. Decis. 26 n. 2.

Sintemalen solche commixtio negotiorum nichts anders, denn die unvermeidliche Confusion mit sich führet, und die substantialem differentiam & vere, ut diximus, justitiam distributivam, imo unam generis humani partem, evertit.

Johan. Daut. in Tract. de Testam. n. 300 sub versic. Confusio autem illa. Wesenbec. Conment. ff. de justit. & jure n. 12 sub fin. Berlich cit. loc.

9) Derhalben denn auch die Hochsel. Fürstl. Landes-Herrschafft, und unter denen Hertzog Barnim und Philipp, Gevettern, Hertzogen zu Stettin, Pommern, in ihren, denen gesammten Landes-Ständen, von Prälaten. Ritterschafft und Städten No. 1 sub dato Alten-Stettin, Freytags nach Purificat. Mariæ als den 9 Febr. 1560 ertheilten allgemeinen Landes-Privilegien, der Städte Privilegien, Gerechtigkeiten, Uibungen und Gebräuche rc.
gnädigst

gnädigst mit confirmiret in verbis: Wir wollen auch alle vorgedachte unsere Land-Stände, und einen ieden für sich, bey allen Christlichen, gottseligen, vernünfftigen Freyheiten, Herrlichkeiten, Gerechtigkeiten, Privilegien, Rechten, Brauch und Gewohnheit, wie dieselbe von uns in diesem Privilegio, bestätiget und confirmiret seynd, und sie alle und ein ieder dieselbe in alter guter Gewehr, Besitze, Brauch und Uibung haben, lassen, dieselben auch iederzeit, wenn es von nöthen ist, und bey uns, wie sich gebühret, gesuchet wird, verneuern, bestättigen und bekräfftigen.

10) Solches ist auch von Fällen und Zufällen, und von Fürsten zu Füesten, also nicht nur continuiret, sondern auch in vorgedachtem Seculo, mittelst ergangener so vielfältiger Verordnungen und Rescripten a n. 2 bis 26 so wohl in hoher Person als dero Beamten, darab steif und feste gehalten, und dahero folgends in diesem Seculo Anno 1616 deswegen eine gemeine Landes-Constitution mit aller Stände Belieben gemachet, und ins Land publiciret worden, davon Extract sub No. 23 beyliegt.

11) Wobey es nicht geblieben, sondern es haben Ihro Fürstl. Gnaden, Hertzog Bogislav der XIV und letzter dieses Nahmens und Stammes, Anno 1629 den 30 October sub No. 26 in derg. Reversalien sich dahin gnädigst anheischig gemachet, mit diesen Worten: Daß es sowohl wegen des Brauens auf dem Lande, so sich die Ritterschafft und Pastoren, it. Fürstl. Beamten, Müller, Schäfer, Schultzen, Krügere, Bauren, Verwalter, und wie sie Namen haben, gebrauchen, und anmassen, bey der Anno 1616 publicirten Land- und Bauer-Ordnung, NB. damit die bürgerliche Nahrung in Städten keinen Eingriff leide, 2c. allerdings zu lassen sey. It. in Land-Tags Abschiede de Anno 1632 den 16 Julii zu Alten-Stettin, it. denen andern daselbst angezogenen verschiedenen Land-Tags-Abschieden sub No. 24 § beym andern Neben-Punct, ibi: Hingegen aber die Abusus und Mißbräuche, so auf dem Lande, wegen des Bier-Brauens vorgehen und dadurch den Städten in ihrer Nahrung merklicher Schade zugezogen wird, abgeschaffet werden, und ein ieder sich der Land-Ordnung gemäß verhalten solle. Dessentwegen wir dann, auf eines oder des andern Ansuchen, ernste Mandata wollen ergehen lassen. Welches nicht allein ex plenitudine potestatis & motu proprio, sondern auch ex certa Scientia geschehen, und der Städte Intention über alle maße stabiliret. Und ex hac Autoritate illustrissimorum Principum, haben dero der Zeit verordnet gewesene Herren Beamten, als Land-Vögte, Hauptleute, Bürgermeister und Rentmeistere, ja das geistliche Consistorium selbst, solche Constitutiones & Mandata Principum gar genau attendiren und exequiren müssen, davon Beylagen sub No. 8, 10, 11, 19 sattsam zeugen. Welches dann auch in interregimine Suecico also ist beobachtet worden, wie solches No. 29, 30, & 31 zu ersehen.

12) Sr. Churf. Durchl. zu Brandenburg, unser gnädigster Churfürst und Herr, haben solches auch gnädigst erwogen, und An. 1654 auf damaligem Land-Tage zu Stargard, besage Abschieds sub N 32,

Jurist. Oracul V Band.

wie auch zu der Zeit aufgerichteten Regiments-Verfassung sub N. 33, nebst allen guten Gewohnheiten, Innungen, Constitutionen, und was sie ihnen zu gute introduciret, auch insonderheit das Brauwesen auf dem Lande gnädigst bestätiget, und die vorgedachte Bauer-Ordnung de 20. 1616 pro totum confirmiret, auch hernach dieselbe den 12 Martii 1666 auf abermahligem Land-Tage, per publicum edictum sub N. 34 renoviren und stabiliren lassen.

13) So fehlet es auch ferner nicht an Special-Verordnungen des Brau-Wesens wegen, als da sind 1) einer ieden Stadt Special-Privilegia. 2) Der Brauer-Gilden Innungs-Briefe und Rollen, so confirmiret sind. 3) Die vielfältigen schon im vorigen Seculo, und nachgehends Nahmens Sr. Churfürstl. Durchl. den 6ten Julii 1668, den 28ten Januarii 1669, den 5ten Nov. 1673, den 14 Sept. 1679, it. den 8 Julii 1680, und 4ten May 1682 besage N. 36, 37, 38, 39, 40, 41, 42 gar statlich reiteriret und confirmiret worden. Welche alle der Städte Gerechtsame satis luculenter, beydes in genere als in specie behaupten, und perpetuas leges executionem habentes gemachet. Quemadmodum enim Principum placita, ita non minus privilegia, eorumque confirmatio, jus tribuunt subditis fortissimum, quippe quod privilegia ad Principium placita referantur

L. l ƒ 2 et l. 3 ƒƒ. de Constit. Princ. L. 16 ƒƒ. de leg. l. 25 C. de Episc. et Cleric. Theodor. Reingk. de Regim. Secul. et Ecclef. Lib. 2 Claf. 2 Cap. 8 n. 23. Paumeist. de Jurisdict. Cap. 4 n. 7 et C. 9 n. 8.

Nam locutio indefinita (scilicet de Privilegiis) aequipollet locutioni generali, omniaque jura universaliter comprehendit. secund.

Nattam Consil. 24 n. 21 verf. Quia ut dictum est.

Indefinita aequipollent generali.

Fridericus Purckmann Lib. 1 Consil 5 v. 5.

14) Immassen die Churfürstl. Durchl. Hohen Personen, in dieser Sache den 9 August 1668 abgestatteter Relation, welche bey denen in dieser Sache ventilirten Churfürstl. Archival-Acten verhanden, und sub signo Q beyliegenden Extract post ingressum § Nun ist an dem: solche constitutiones publicas anziehet und anführet: daß darinne denen von Adel das Bierbrauen auf die Krüge, so ferne einer seine possession vel quasi in anno 1616 nicht beybringen oder behaupten könnte, untersaget, hingegen solches denen in Städten wohnenden Bürgern zugeleget, und solches in dem am 12 Martii 1666 publicirten Edicto wiederholet worden. Conf. refut. argum. nobilium.

15) Wiewohl nun dabey will angeführet werden: Es wäre durch der Ritterschafft Contradiction solche Verordnung nicht völlig zum Effect gebracht, sondern suspendiret worden, auch ferner ex actis zu ersehen, daß der Satziger und Pyritische Adel wider der Stadt Stargard erhaltene Executorialien, Restitution nicht allein gesuchet, sondern auch an Sr. Churfürstl. Durchl. hohe eigene Person per supplicam provociret, dieselbe auch deswegen die acta originalia gnädigst avociret, bey deren Einsendung obgedachte der Churfürstl. Regierung abgestattete Relation, a parte regiminis allegiret worden;

J i 2

den; So ist doch dessen allen ohngeachtet, bey denen oben angezogenen Land-Ordnungen, Inhalt, Behörs-Beschiedes de ao. 1669 den 6 Julii sub N. 36 es allerdings gelassen, und dieselben dadurch abermeins confirmitet, die Acta aber von Höchstgedachter Sr. Churfürstl. Durchl. cum Rescripto de, dato Königsberg den 7 Febr. oder 28 Jan. 1669, sub N. 37 remittiret worden, da denn Höchstgedachte Sr. Churfl. Durchl. aus allerhand Ursachen nicht thunlich erachtet, die Sache an dero hohen Person und Hof zu ziehen.

16) Sintemahlen Höchstgedachte Sr. Churfl. Durchl. höchst erleuchter wohl angemercket, daß Dero Hochpreisl. Regierung der Städte Gerechtsame in diesem passu, und wenn es zur transmission der Acten, als einem vergönneten Land-Beneficio, kommen sollte, in actis, und so vielen statlichen, bewährten Rechtslehrern, als Schurffio, Francisco Pfeilen, Klocken, Berlich, Carpzovio und andern gnugsam fundiret und behauptet befunden. Und dannenhero denen Städten, wenn die etwa vorgeschlagene gütliche Handlung nicht verfangen solte (massen denn auch geschehen) ihr jus quæsitum nicht wollen nehmen noch sonsten Dero hohes Churfl. Wort hinterziehen lassen.

17) Welches die Churfl. Hochpreisl. Regierung um so viel weniger aus den Augen setzen kan, weil alle obrrwehnte, und bey Sr. Churfl. Durchl. Regierung ergangene constitutiones, jussu et auctoritate Serenissimi, pariter ac Potentissimi Domini Electoris Brandenburgici publiciret worden, worüber punctuel zu halten, und aller unnöthigen und ungültigen Contradiction ungeachtet, dieselbe zum Effect zu bringen, ihrem hohen Amte zustehet, auch vom Höchstgemeldter Sr. Churfürstl. Durchl. also besage der letzten Rescripten N. 37, 39, 40 et 41 &c. committiret worden.

18) Destomehr, da die Hochpreisl. Regierung in obangezogener Dero Relation nicht allein, wiewohl nurten relative anziehet, sondern es auch aus der täglichen Erfahrung, derselben mehr als zu viel kund wird, daß solches Brauen auf dem Lande zum Untergang der Städte, deren Nahrung auf Ackerbau und Bier-Brauen bewidmet, gereichet.

19) Und hindert hiewider nicht, daß man vermeynen möchte, die Kaufmannschafft und Manufacturen würden dadurch geschwächet, und nicht ercoliret, oder gar in Abgang gebracht werden. Weil, wenn die Monopolia und Vorkaufferreyen, it. die Böhnhasen und Handwercker auf dem Lande mit Ernst und Nachdruck abgeschaffet, und in die Städte gewiesen worden, wie in actis gravaminum denen Städten öffters dawider geklaget, und Remedirung gesuchet worden, beydes das Brauwerck und die Kauffmannschafft und Manufacturen, wohl wieder werden in Flor kommen, und die devastirten Städte sich wieder anbauen und locupletiren können, welches sonsten so leicht nicht zu hoffen, da promiscuis actibus rerum officia so sehr turbirt worden;

per supra allegat. Bart. in L. Ne quis Cod. de dignitat.

20) Sintemahlen ja bisher dem civico ordini fast alle Mittel zu elucitiren, beschnitten, so gar, daß unter theils Edel, Bürger und Bauren in diesem Fall fast kein Unterscheid zu spüren, da doch wahr, daß No-

bili ut Nobili gar nicht anstehet, mercantiæ artem, vel officium mechanicum ju exerciten,

per L. si quis procuratorem C. de Decur.

Si quidem nec ad aliam Cohortalinus vel Cohortalini filius audeat adspirare fortunam, cui majorum suorum exempla præjudicant.

d. L. 12 §. 2 C. de Cohortalis.

Wenn denn so wohl die gemeinen Rechte, als die Landes-Herrschafft Krafft deren, sowohl Universal-Constitutionen, als Special-Mandaten, denen von Adel nicht zugelassen, bürgerlicher Nahrung sich anjumassen; Gestalt dann davon abjustehen, sie jum öfftern theils gütlich erinnert, theils auch durch Pœnal-Befehlige darju arctiret worden: Welches unter andern aus Hertzogs Barnimi Mandat sub N. 3, so in Faveur der Stadt Camin wider Herrn Hans Flemingen et consortes sub dato Alten-Stettin, den 9ten Julii 1551 ergangen, in verbis: Nochmahlen das Mandat fürzuhalten, wiederum ju verneuern und darob zu halten, und mit ernstlichen Gebot beschaffen, von solchem Brauen und vorfänglichen Kauf gäntzlich abjustehen. Item Hertzogs Johann Friedrichs motu proprio den 13 August 1575 an den Rentmeister ju Belgard, und Bürgemeister und Rath daselbst ergangenen Befehl sub N. 4 in verb. allen von Adel, Krügern und Bauren, in unserm Nahmen ernstlich gebietet und auferleget, daß keiner von Adel hinferner sich unterstehen soll: Item Johann Friedrichs, den 17 Martii 1586 an den Hauptmann und Rentmeister ju Belgard, Wilh Kleisten und Caspar Schneidern, Befehl N. 5 et passim in allen Rescripten in verb. Demnach so befehlen wir euch, daß ihr alle Angesessene, Schloßgesessene, item die andern von Adel, Krüger, Bauren, und die sich des Bierbrauens unternommen, auch ohnangesehen, einiger derentwegen gerühmter Befreyung, in unserm euch anbefohlenen Amte bescheiden, und ihnen bey 50 thlr. Strafe ju enthalten, andeutet ꝛc. So werden die von der Ritterschafft von selbsten leicht ermessen, daß ihnen weder Kaufmannschafft, noch Bierbrauen jum feilen Kauffe, als der Städte Nahrung, gar nicht anstehe, auch von Rechts wegen ihnen nicht gebühret.

Contra Pastores et paganos.

21) So hat es wegen der Priester, Verwalter, Bauren ꝛc. um so viel weniger Zweifel, weil, was denen Grössern und Vornehmern nicht jugelassen, diesen desto mehr verboten und untersaget ist. Argumento ducto a majori ad minus, quod est argumentum forte, frequens et utile, unde si Rex non potest expugnare castrum, ergo nec miles. Quod enim non licet Majori, etiam non licet Minori.

Cap. si ergo et ibi gl. qu. 1 et Cap. si Paulus et ibi gl. 32 qu. 5. Panormit. in Cap. cum in cunctis in princip. de Elect.

Nam si id, de quo magis videtur inesse, non inest, nec etiam id, de quo minus, et ita singulariter determinat, Everhardus in Topicis Leg. Loc. a Majori.

22) Hierzu kommen, und dienen gleichergestalt die obangezogene Landes-Constitutiones, als: die Bauer-Ordnung de anno 1654, und edictum vom

12 Martii

12 Martii 1666 nebst anderen Special-Mandaten. Worüber es billig heisset: Quod Principi placuit, legis habet vigorem, per vulgaria, cum repetitione dessen, was § 13 angeführet worden.

23) Und solche Edicta, Mandata et Constitutiones haben, so wohl die Hochsel. vorige Landes-Herrschafft, als Sr. Churfürstl. Durchl. zu Brandenburg jure können publiciren, und zum Effect bringen lassen, zumahlen es klaren ausgeführten Rechtens, Quod Duces, Marchiones, Comites (multo magis Serenissimus Elector) qui habent jurisdictionem perpetuam in suis territoriis, inter subditos possint mandata et Statuta facere, per

Bart. in L. omes populi ff. de I. et I.

Quia habentur loco Principis summi in suis territoriis, et in eis possunt facere omnia, quæ potest Imperator per universum orbem, scilicet statuta generalia derogatoria juri communi, et condere rescripta, contra jus commune, cum clausula: Non obstantibus secund.

Castrensem Conf. 24 incipit super primo dubio fol. 2 et 3. Aymon. Cravetta Consil. 135 n. 2.

Et ideo statuere et prohibere possunt, ne quidem subditi eorum exerceant Mercantiam in civitatibus, in gratiam et commodum civium ibi degentium, alias concessorum.

Abbas Conf. 6 Cou. 2 vers. Ex bis dare patet.

Und solche Macht zu inhibiren, erstrecket sich auch extra territorium, scilicet ne mercentur subditi in alio loco. Secund.

Salicet. et Doctores in L. Mercatores Cod. de Commerc. et Mercat.

welches

Bartolus in L. Interdictorum § ff. de interdictis

auch auf die Städte extendiret, und durch tägliche Observantz comprobiret wird. Exemp. grat. daß tempore annonæ caritatis kein Korn ausgelassen, oder Vieh entweder an fremde Oerter verkaufft, oder an fremden Oertern propter suspicionem infectionis eingelassen wird.

per L. 1 § Carnis cura ff. de officio Præfecti urb. tot. tit. qua res exportari non debeant, L. 2 et 4 Cod. de Commerciis,

Text in Reichs-Policey-Ordnung de ao. 1575 rub. 22, 24. Solchen der hohen Landes-Herrschafft Statuten und Befehligen sind die Unterthanen zu gehorsamen schuldig

per L. 1 et 3 ff. de LL. et L. fin. ff. de Decret. ab ordin. faciend. L. 2 in fin. Cod. de Constit. Principum.

24) Zumahlen, wenn solche und dergleichen Statuta einen gewissen Zweck und rechtmäßige Ursache haben, und dem gemeinen Stadt-Wesen zum Nutzen gereichen.

Secund. Riminald. Jun. Conf. 3 n. 18. Bursal. Conf. 138 n. 9. Casp. Klock. de Contrib. Confil. 1 n. 154 et 155.

Nun findet sich in solchen Statutis, Constitutionibus, Mandatis & Rescriptis evidens & satis prægnans ratio. Nemlich: damit die Städte nicht in Verderb und Abgang gerathen, sondern in Flor, Wachsthum und Aufnehmen kommen.

Welches denn nicht besser geschehen kan, als durch Kauffmannschafft, Bierbrauen und Handwercker. Sintemalen, wie vorgesaget, auf solche Grund-Säulen die Städte, nechst der Religion und Justiz gewidmet seynd, und zwar, weil mercatura dextrum crus civitatum, und gleichsam die anima animata reipublicæ ist.

Maßen, wenn dieselbe recht in Schwang gehet, so kan sie Wunder thun, und beydes Städte und Länder berühmt und vermögend machen.

25) Darauf nun gehen die Mandata Illustrissimorum Principum, und zwar N. 2 in verbis Ducis Barnimi die zum Nachtheil und Schaden des Kauffmanns, so seine Nahrung zu Wasser und Lande suchen muß. it. Ducis Johannis Friderici an. 1586 n. 5 in verb. daß sie sich des Mehl-Backens befleißigen. It. 1595 n. 6 und Mehl vom Lande in die Städte nicht zu führen. It. an. 1604 in verb. Sowol des Bierbrauens als Vorkäufferey sich enthalten, & passim. Doch hangen gleichwohl die andere Ordnungen und andere Handwercker ja so feste mit daran, daß keine ohne die andere sich recht wohl befindet.

26) Die grosse Emporia und Städte in Pommern haben zwar in der Kauffmannschafft einigen Vorzug, doch ist so wenig in diesen als andern die Brau-Nahrung davon separiret. Gestalt denn durch unserer Vorfahren Exempel bekannt, was vor statliche Kauffmannschafft mit Verführung des Bieres von Stettin, Barth, Collberg, Stolp, Treptow, Greiffenberg, als wenn solche Nahrung denen Städten allein gelassen, getrieben worden. Man siehet auch ietzo noch im Römischen Reich, daß so wohl von See- als Land-Städten, Braunschweigische, Rostocker, Lübsche, Wißmarische, Brehmische, Zerbster, Bernauische, Duchstein, Kniesenack und deren unzehlig viel andere Biere, bey denen Teutschen und Ausländern sehr angenehm sind, so gar, daß auch die Engelländer denen Teutschen im Bierbrauen wollen nachahmen, und solches über weit und breit verführen. Gestalt dann auch die Braunschweigische Mumme gar in Africa verführet wird, und sehr angenehm ist, auch daselbst denen Engelländern aus dem Bier ein grosser Gewinn zuwächset.

Teste Tavernier in seiner Indianischen Reise-Beschreibung L. 3 C. 25.

Warum solten denn ietzo die Pommern in Städten nicht so gut Bier brauen können, als ihre Vorfahren, wenn sie nur von andern daran nicht behindert werden?

27) Solchen Eindrang aber, so von dem Adel, Landmann und Aemtern geschiehet, verbieten die offt oben gedachten Verordnungen, und ziehen die causam impulsivam an, nemlich der Städte Abgang in ihrer Nahrung, in specie aber verbieten sie es schon aus vorigem Seculo her, wie bereits angeführet, und zwar in Mandato Barnimi Ducis Pomeran. de anno 1551 den 9 Julii n. 3 in verb. Weil wir denn solches hinfort zu Abbruch der bürgerlichen Nahrung nicht gestatten können. It. Hertzog Barnimi ao. 1543 am Tage Valentini sub n. 2 incipit: Wir wissen uns zu erinnern rc. It. Hertzog Johann Friedrichs ao. 1575 den 13 Aug. in verb. Zu Abbruch ihrer Nahrung, it. ao. 1575 den 4 Nov. n. 9 in verb. Klägern zum Schaden und Nachtheil. It. Muthwillens und eigenen Vornehmens, it. unbefugten Vorhabens. It. Hertzogs Johann

Friedrichs den 7 Mertz 1586 n. 5 von Städten aber in verb. Das Bier zu Wasser und Lande verkauffet und verführet, it. in denen Fürstl. Reversalien 1629 § So soll auch wegen des Bierbrauens sub n. 26 in verb. Damit die bürgerliche Nahrung in Städten keinen Eingriff noch Abbruch leide, it. Land-Abschied ao. 1632 den 16 Jul. n. 24 § beym andern Neben-Punct in verb. und dadurch den Städten in ihrer Nahrung mercklicher Schade zugezogen wird. It. Land-Vogt, Hans Heinrich Flemings, Nahmens der Landes-Herrschafft an den Belgardischen Landreuter ertheileten executorial de dato Belgard den 5 Januarii 1604 n. 8, welche general und special-Verordnungen, so wenig per mandata contraria, als gemeine Landes-Gesetze corrigiret oder aufgehoben, vielmehr aber sowohl in dem Stargardischen Land-Tags-Abschiede, de ao. 1654 n. 32, edicto vom 12 Martii 1666 n. 34, utpote legibus et sanctionibus pragmaticis et perpetuis renoviret und confirmiret worden.

28) Massen dann die vorige Hochsel. Landes-Herrschafft nicht ohne Ursach hierauf gnädigst reflectiret, daß denen so wohl an der See, als etwas weiter ins platte Land, und von der Seekand abgelegenen Land-Onerum einiger Zufluß der Nahrung möchte gegönnet, und vor andern gelassen werden, weil respectu des Baurens und Landmannes, dessen Hof zu bauen, und die Huffen zu begahten, bey weiten so viel nicht kostet, als ein Haus in Städten, und darinne Nahrung anzurichten. Die Bauren auch nur respectu catastri communiter auf 2 Hacken-Hufen, die vornehmsten Häuser in Städten aber dagegen wegen der Kauf- und Brau-Nahrung und Handwercker, auf 4 Hacken-Hufen gesetzet worden. Worinne sonsten gar keine Proportion seyn würde, wenn denen Städten das commodum entzogen, und nur das onus gelassen werden solte. Welches dann Höchstgedachte Sr. Churfl. Durchl. höchsterläuchtet wohl ermessen, und solcher Städte Nahrung desto mehr bestätiget, damit sie NB. ihr Steuer-Contingent desto besser könnten aufbringen, davon Dero gnädigsten Rescripta von n. 3. bis 44 zeugen, desto mehr, da einigen Städten, um des Brauens und Krug-Verlags aufs Land, noch über das die refection einiger Stege und Wege, Brücken und Dämme, und zwar öffters über zwey Meilen von der Stadt, will injungiret und angemuthet werden.

29) Zudem ist es selbst der Herrschafft mercklicher Schade und Abgang, weil dieselbe gemeiniglich und fast in allen Immediat-Städten, wo nicht die Mühlen gantz, dennoch zum Theil, oder doch ansehnliche Pächte daraus zu heben haben. Jeweniger nun in Städten gebrauet, und aufs Land verthan, oder sonst consumiret wird; jeweniger wird vermahlen und vermetzet, und jemehr gehet davon alsdann an Mühlen-Intraden jährlich ab. Welches dann schon in vorigem Seculo die Landes-Herrschafft nicht mit nicht geringem Schaden empfunden und angemercket. Massen dannenhero offterwehnter Hertzog, Johann Friedrich, selbst in obangezogenen Mandatis vom 13 Aug. 1575, und 7 Martii 1586 sub n. 5 et 9 mit allem Ernst solches zu verhüten, zeitige Versehung gethan, welches hernach durch die Fürstl. Herren Officianten, als Land-Vögte, Burgrich-

ter und Hauptleute gleichergestalt verboten worden, davon unter andern das oben angezogene Executorial an den Landreuter, so von Herrn Hans Friederichen Flemingen, Land-Vogten und Hauptmann zu Stolp und Belgard, in Beylage sub n. 8 zeuget, und des Abgangs der Fürstlichen Matten oder Mühlen-Metzen expresse Meldung thut.

30) Dagegen, wenn dem Landmanne frey stehet, seine Gerste zu vermältzen oder zu verbrauen, so wird dadurch die Zufuhre denen Städten benommen, es gebieret Mangel in denselben, und kan in der Zeit der Noth, wenn etwa in Krieges-Zeiten, wie die Erfahrung leider mehr als zu viel, und noch in kurtz abgewichenen Jahren erwiesen, geschwinde Zufuhr des Landes-Herrn Armee oder Militz geschehen soll, entweder gar nicht, oder doch nicht so geschwinde, auch nicht in solcher Copia: als wenn Uberfluß in Städten vorhanden, die benöthigte Hülse geschehen. Gestalt denn auch Hertzog Johann Friedrich, Hochsel. Andenckens, Anno 1586 den 7 Martii n. 7 ausdrücklich gewollt, daß keine Gerste aus dem Lande verführet, sondern verbrauet werden solte. Zu solcher Krieges-Zeit, wie offt gedacht, sitzet der Landmann stille, siehet zu, hält das seine heimlich und verborgen, und strecket dem gemeinen Vaterlande wenig oder nichts vor. Dagegen seynd in denen Städten in solchem Fall auch die verborgensten Winckel vor dem Besuch und Eröffnung nicht sicher. Solte dann auch um solcher, und oben angezogener Ursache willen, denen Brauern und Kaufleuten und Handwerckern in Städten, nicht einige Ergötzung in præmium laborum & pro dammno evitando hinwieder zu gönnen seyn? Man hat es ja, anderer zu geschweigen, in diesem unruhigen, verwirrten und Krieges-vollen Seculo wohl erfahren, und wird es jedermann nolens volens müssen gestehen, daß, wenn nechst Gott die Städte es nicht gethan hätten, mancher Potentat von Land und Leuten, Cron und Scepter, Titel und Vermögen gantz abkommen wäre. In Städten werden Magazinen angerichtet, Garnisonen zu Beschützung des Landes verleget, Residentien angeordnet, die Justiz erhalten, die Landes-Archiva recondiret; dahin nimmt der Landmann seine Zuflucht, und suchet in Gefährlichkeiten Schutz, Herberge und Unterhalt daselbst. Und wenn es kommt, wie es leider wohl ehe geschehen, daß das platte Land verdorben wird, woraus anders erholet sich der Landmann, als aus denen Städten? Solches stünde ja wohl zu bedencken, und wäre auch um deswillen den Städten, wenn gleich keine Privilegia wären, ein kleiner Vortheil nicht zu mißgönnen.

31) Zudem ist das Brauen auf dem Lande eine recht schädliche und gefährliche Beschaffenheit. In Städten kan man die Brau-Ordnung nicht sorgfältig und behutsam genug anstellen, und kan doch, wenn Gott verhänget, leicht Schaden entstehen. Wie vielmehr aber ist solches auf dem Lande, woselbst es mehr feuerfangende Materialien, als in Städten giebet, zu besorgen; Immassen ja die tragici casus mehr als zu viel hin und wieder im Lande ausweisen, daß durch das Bierbrauen, nicht nur adeliche Höfe, sondern gantze Dörffer in Asche geleget worden.

Contra

Contra officiales Electoralium Domaniorum.

Wolte man aber hierwider einwenden, es gienge obgesetztes die Churfürstlichen Aemter nicht an, als welche unter sothanen Verordnungen expresse nicht begriffen, vielweniger zu vermuthen wäre, daß die Herrschaft sich selbst so sehr einschnüren, und durch dero Officianten und Beamten dessen sich nicht gebrauchen könnte, welches sie denen Städten gratuito überlassen; so ist doch dagegen wahr, quod Princeps sit fons & scaturigo justitiæ & æquitatis, it. lapis angularis, mit dem es heisset: Quod scripsi, scripsi

Secundum Gail. Lib. 2 Obs. 55 n. 3.

dannenhero dafür zu halten, daß, wenn die hochsel. Landes-Herrschaft ihr das jus braxandi & vendendi cerevisiam in den Aemtern, (ausser der Hofstat und dero Herren Beamten Hauses Nothdurft) hätte wollen zueignen, würde sie dero Beamten, Hauptleute, Burgrichter und Land-Vögte nicht zu Executoren wider die Contravenienten verordnet haben. Welches unter andern in Hertzog Johann Friedrichs hochseligen Andenckens ergangenen ernsten Rescript vom 7 Mart. 1586 n. 5 § Demnach so befehlen wir &c. in verb. in eurem euch anbefohlnen Amte ꝛc. genugsam zu ersehen ist. Da dem Belgardischen Herrn Hauptmann und Beamten ernstlich injungiret worden, allen, sowohl Schloßgesessenen, als andern von Adel, Krügern, Bauren und die sich des Bierbrauens unternommen, in ihrer Fürstl. Gnaden hohen Nahmen, bey 10 Thaler unnachläßiger Straffe zu verbieten, und dagegen aufzuerlegen, nach der Zeit des Brauens auf die Krüge, so lieb einem ieden angesetzte Straffe zu vermeiden, sich gäntzlich zu enthalten. Welches in subsequenti § Und da euer ꝛc. per totum repetiret wird. Ein gleiches ist auch aus dem an den Belgardischen Herrn Landvogt, Hanß Heinrich Fleming, ergangenen Executorial n. 8 zu ersehen, worinne gleichfalls Verbot bey 10 Thaler geschehen.

32) Und wenn gleich hierwider eingewendet werden wolte, solch Straf-Verbot gienge nur den Landmann als Landmann, nicht aber die Fürstlichen nunmehro Churfürstlichen Herren Beamten an, so ist doch hingegen gewiß, daß in obmentionirten, sowohl publiqven als Special-Verordnungen, wegen der Aemter nichts excipiret, weniger reserviret worden, ubi autem lex non distinguit, nec nos distinguere debemus.

L. de pretio ff. de publ. in rem act.

Et generaliter dictum, generaliter debet intelligi.

L. 1 § generaliter ff. de legat. præstand.

33) Vielmehr und noch trifftiger militiren alle wider den Adel und gemeinen Landmann oben angeführte argumenta vor die Städte, und denenselben allein competirende Gerechtigkeit des Krugverlages, weil es eine unstreitige Städte- und Bürger-Nahrung ist, welche, weil sie keinem Edelmann wohl anstehet, noch weniger denen Chur- und Fürstlichen Beamten, welche personam Principis repræsentiren, zuläßig ist. In Betrachtung, daß allhier keine causa aliqua vel ratio restringendi, puta si sequeretur absurdum vel inhumanitas, vorhanden ist.

Absurdum autem dicitur id, in quo neque ratio

neque æquitas militat, sed ex quo omne malum aptum natum est provenire.

Secund. Everhard. in topic. loco ab absurd. n. 20 & 40.

Wer wolte aber davor halten, daß, wenn der Landes-Herr denen Bürgern in Städten das Brauen allein simpliciter concediret hat, (massen dann sowohl in den General-Privilegien, als Special-Innungs-Briefen denen Brauer-Gilden in Städten geschehen,) es eine Absurdität oder Inhumanität wäre. Alldieweil solches ex certa scientia & propter bonum publicum, nemlich um der Städte Aufnehmen, hergeflossen. Verba ergo simpliciter prolata restringi debent ad id, quod est rationis, ne sequatur absurditas vel inhumanitas. Validissimum namque est argumentum ab absurdo ad interpretationem cuiusque dispositionis. Quod etiam procedit, etiamsi non allegetur auctoritas, ut inquit

Panormitanus in cap. injust. de rerum permutatione.

Nec mirum, quia sumitur a discretione naturali & formatur hoc modo: Non est asserendum, dicendum vel faciendum id, aut sumendus ille intellectus, ex quo sequi posset absurditas, inhumanitas vel inconveniens, quod in jure vitandum est.

per Everb. cit. loc. p. m. 82 n. 10.

Uiberdas kommen solche Brauer-Concessiones ex mutuo contractu vel quasi inter dominum & subditos her. Indem die Landes-Herrschaft dieselben nicht allein vor gültig annimmt und confirmiret, sondern sich auch gleichsam respectu tuitionis daran bindet, und haben will, daß niemand dawider handeln soll. Massen es eine mutua quasi obligatio ist, ex qua Princeps tenetur observare, quod promisit & contravenire non possit. Quia obligatur de iure naturali propter consensum,

Per leg. In principio ff. de Pact. & Dd. in L. dignum vox C. de LL. Decius Consil. 151 n. 11.

Incipit maximi Ponderis, ubi dicit: Principem adeo ex contractu suo obligari, ut nec plenitudo potestatis, nec ulla urgens clausula eum eximat. Quia omnes contractus, qui fiunt cum Principe, naturam bonæ fidei habent.

Bald. in cap. 1 § si quis n. 1. de Pac. constant. Decius Cons. 287 n. 6 & 7. Gail. lib. 2 observ. 55 n. 7.

Weil nun die gnädigste Herrschaft selbst sich dessen nicht gebrauchen will, welches sie gleichsam per mutuam obligationem den Bürgern allein übergeben, und darüber zu halten, so ernstlich Befehl thut, wie vielweniger werden es dero Haupt-Leute und Beamten sich anmassen, und noch dazu Zwang-Krüge, als zu Friedrichswalde geschiehet, anrichten können.

34) Dahero ist es auch vor diesem in Pommern eine gantz ungewohnte und fremde Sache gewesen, daß man auf Aemtern, ausser der Nothdurft zur Hofhaltung, Bier auf die Krüge gebrauet, und Schencken in denen Amts-Dörffern angerichtet, sondern man hat die Städte davor sorgen und sich begnügen lassen, daß die Land-Waaren in die Städte verführet, und Geld daraus gelöset worden. Nachdem aber heutiges Tages einige unter denen Beamten ihnen angelegen seyn lassen, denen Städten mehr zu schaden als zu helffen, und man ihnen darinne connivendo Gehör gegeben, haben sie dahin ferner getrachtet,

trachtet, und trachten noch dahin, wie sie der Städte Nahrung gantz an sich ziehen, und monopolia stifften mögen, dessen dann in Pommern Exempel genug seynd, indem einige Beamten nicht nur mit Korn, Wolle, Honig, Pferden, Vieh und andern Waaren, in und ausser Landes grosse Gewerbe und Kauffmannschaft treiben, sondern auch arrhendsweise das Brauwesen und Manufacturen mehr als in Städten an sich ziehen. Und solches unter dem Schein der gnädigsten Herrschaft Amts-Intraden Verbesserung. Da doch der Augenschein und tägliche Erfahrung bezeugen, daß, da heutiges Tages aus solchen Dingen eine Pension und Arrhende wird, solche arrhendatores mehr auf ihren Vortheil und Nutzen, als auf der Herrschaft Bestes sehen. Wodurch aber die Unterthanen, welche bey solchen Handlungen und Gewerben, solchen Beamten und Arrhendatoren Tag und Nacht mit ihrem höchsten und grösten Schaden zu dienen angehalten werden, nothwendig verderben müssen. Wird dann denen durch solche und dergleichen Art verdorbenen Bauren wieder geholffen, so geschiehet es von der Herrschaft vermeynten Gewinn, und die Pensionarii stecken den Vortheil in den Beutel. Und wenn diese sich reich gebrauet und gekaufschlaget, giebt man vor, es sey kein Vortheil bey solcher Arrhende, man könnte nicht mehr zurechte kommen, man wolle es lieber der Herrschaft berechnen. Wodurch denn allererst der Herrschaft Schade recht angehet, und die gemachte Hoffnung eines grossen Gewinnes gantz in den Brunnen fällt. Woran die gnädigste Herrschaft, wenn sie der Sachen rechten Bericht erfähret, durchaus keinen Gefallen haben, noch billigen kan, daß um eines oder des andern Geitzigen Reichthums willen, so viel andere Particulair-Leute verderben sollen: deshalben setzet

Neumeyer von Ramsla im Tractat vom Steuren cap. 5 fol. 271.

daß ein Regent seinen Dienern in Aemtern keine Handlung gestatten soll, welcher daselbst kan nachgelesen werden. Solche widrige Veranlassung aber, wie sie ex radice cupiditatis & avaritiæ Pensionariorum, contra prohibitionem imperialis sanctionis Pragmaticæ, occasionem delicti monopolici geben, also werden sie auch in Rechten ungültig gehalten.

Per relatos Dd. a. Klock. de Contribut. cap. 1 n 346.

Es hat ja gegenwärtigen 84sten Jahres Gelegenheit gewiesen, daß einige Beamte Geld über Geld geboten, und höher als in Städten es gegolten, daß ihnen das Getreyde möchte zugeführet werden, welches dann auch die Bauren thun müssen, da doch in Rechten ausdrücklich versehen, daß man die Unterthanen dazu nicht zwingen könne.

Per Bald. Vol. 5 Conf. 410 n. 4. & Klock. cap. 1 n. 347 & 348.

Imo tertius adversus talem prohibentem potest utiliter iudicio experiri, ut sublato mandato & abrogata prohibitione subditi pristinæ libertati, & res in integrum restituantur, & cautio de non amplius prohibendo præstetur. Et ita in Dicasterio Lipsiensi & Wittebergensi fuisse judicatum refert,

Rauchbar. Lib. I cap. 27 n. 13.

Constat enim ad instantiam civitatis Brunswigensis contra Illustr. Ducem Brunswigensem,

11 Nov. 1559. & in causa Kempten contra Memmingen; Item Passau contra Passau, ratione talium prohibitionum in Camera Imperiali mandata pœnalia decreta fuisse.

Klock. de Contrib. cap. 1 n. 351.

Sicut etiam contra eiusmodi statuta & ordinationes beneficium appellationis iura indulgent.

Klock. cit. loc. n. 352.

Et si tempus appellandi effluxerit, per viam querelæ subvenitur subditis.

ibid. cit. loc. n. 35.

35) Es kan auch, wo ja einiger Nutzen aus solchem Brauen der gnädigsten Herrschaft erwachsen möchte, de quo tamen adhuc dubitatur, derselbe ja in so groß nicht seyn, daß man dadurch die Unterthanen an ihrem Vermögen schwächen wolte. Princeps enim dum subditorum opes, quam suas ampliores facit, non minus sibi prodest, quam subditis. Denn die gewissesten Schatzmeister, spricht gedachter

Herr Joh. Wilh. Neumeyer von Ramsla, in seinem angezogenen Tractat von Steuren *cap. 5 n. 12,*

sind die Unterthanen, und ist niemand, der einem Regenten im Nothfall milder aushilft als sie, denn sie sind der nervus seiner Macht. Wenn dieser um dessentwillen verderbet wird, damit etliche wenige reich werden, die doch in der Noth wenig helffen können, so ist es gewißlich eine schlechte Sache um die Fürsten,

d. loco ſ Denn ein Fürst p. 257.

Civitatis divitiæ sunt singulorum facultates & copiæ, saget Cicero, & longe melius publicos opes a privatis possideri, quam intra unum claustrum reservari, saget Kayser Constantinus. Item Johannes, König von Castilien: Malo subjectos abundare, quam Fiscum. Denn eines Regenten Hoheit und Ansehen bestehet auf der Unterthanen Wohlstand. Will nun ein Regent seine Hoheit erhalten, so muß er dahin sehen, spricht der von Ramsla weiter, daß seine Unterthanen reich seyn, und ihre volle Nahrung haben, denn wie diese seynd, so ist auch der Regente, sind die Unterthanen arm, so ist der Regente auch arm, wie das subjectum ist, so ist auch das Prædicatum. Ein Regente kan nicht arm seyn, wenn er reiche Unterthanen hat, saget oberührter Ramsla, cit. loc. und bestätiget solches mit wie viel herrlichen Exempeln; e contra

Quod ex lacrymis oritur, nihil foedius auro est,
Qui autem gentem ditat, Rex quoque dives erit.
Certus apud populum census possessio certa,
Si sit opus longas, semper habebit opes.

saget Reusnerus.

Et nulla re conciliare facilius benevolentiam multitudinis possunt ii, qui Reipublicæ præsunt, quam abstinentia & continentia.

Cicero Lib. II offic.

36) Daß hiewider das Exempel in der Marck, woselbst auf den Churfürstlichen Aemtern das Brauwesen und Krugverlag in vollem Schwange gienge, möchte eingewandt werden wollen; so hat die Chur- und Marck Brandenburg andere Fundamental-Gesetze und Constitutiones als Pommern. Ein iedes muß nach seinen Grundsatzungen und Privilegiis,

und

und nach dem gnädigsten Wort Sr. Churfürstlichen
Durchl. wollen die Pommern nach ihren Gesetzen
und Constitutionen, darunter auch diejenigen, so von
dem Brauwesen und Kruyverlag disponiren, regieret wissen. Sintemal r. cht alles, was in der Marck
betrieben wird, in Pommern sich will practiciren lassen.
Und obschon Hertzog Johann Friedrich, hochsel. Andenckens, in vorigem Seculo den 7 Mart. 1593 zu
Friederichswalde und Jacobshagen Brau-Häuser
anlegen, und seiner Gemahlin nach seinem Tode
per testamentum vermachen wollen; so ist doch
solches sowohl von Seiten des succedirenden Landes-
Fürsten, Hertzog Barnimi, als der Stände, vor
unzuläßig, und der Stände, sonderlich der Städte
Privilegien, entgegen laufend gehalten, und deswegen so fort wieder eingestellt und abgeschaffet worden,
davon die Acta publica tunc temporis, so in archivo electorali vorhanden, sattsam zeugen, auch
unter andern die Beylage n. 28 Nachricht giebet. Es
besagens auch, wie oben angezeiget, die Churfürstl.
Reversales sub signo ☉ n. 24, welche von Fällen zu
Fällen tempore Ducum Pomeraniae, ante quam
casus aperturae extabat, bey denen Erbhuldigun-
gen allemal ausgegeben worden, daß die Städte bey
allen und ieden ihren alten Herkommen, Privilegien,
Gnaden, Gerechtigkeiten, Freyheiten, Constitutionen,
Gewohnheiten, Eintracht und Beliebung, so ihnen
Kayserliche Majestät und die Herrschaft zu Stettin-
Pommern, oder andere, die des Macht haben, gegeben und verschrieben, und sie selber dem Lande
und sich zu gute aufgesetzet und angenommen, geruhiglich und friedsam zu ewigen Zeiten bleiben, und
daran kein Eintrag und Verkürzung, noch Verkleinerung geschehen solte. Welchem Christlichen
Exempel dann die andern hochsel. Herren Churfürsten, Christhöchst milden Gedächtnisses, und denen
itzige Sr. Churfürstl. Durchl. Friedrich Wilhelmen, glorwürdigste hohe Person, als welche nicht
mehr in Hoffnung erwartender Apertur, sondern als,
Gott Lob, rechtmäßig succedirender und regierender
Landes-Herr, Kraft dero, der Hinter-Pommerischen
und Fürstenthums Camin Land-Ständen, den
7 Octob. 1665 gnädigst ergebenen Land- und Spe-
cial-Privilegien, rühmlich gefolget, und utilitatem
communem Reipublicæ dero eigenen Bequemlichkeit, allemal vorgezogen, höchst erleuchtet betrach-
tende: Quod divitiæ Principis consistant in bonis subditorum, in negotiis & commerciis, quibus acquirantur, conserventur & augeantur.

Althus. Polit. C. 32 n. 2.

Et quod non congruat magnanimo homini,
multo magis Principi, ubique utilitatem quærere

secund. Aristot. Polit. 8 Cap. 3.

37) Das Friederichswaldische Haus ist, seiner
Fundation und Gebrauch nach, nur ein Jagd-Haus
gewesen, dessen sich die hochsel. Fürsten zu ihrer Jagd-
Lust nur auf gewisse Zeit bedienet, und alles, was
zur Hofstat nöthig gewesen, sonderlich aber Bier
und Wein, von Stettin über Stepnitz dorthin bringen lassen, wofern aber ja etwas gemangelt, ist es
von Stargard geholet worden. Mit geendigter Lust
hat sich auch alles Wesen und die Hofstat geendiget.
In andern Städten, wo Fürstliche Hofhaltungen
und Residentzen gewesen, wird man kein Exempel

Juriß. Oracul V Band.

finden, daß Bierschencken und Krüge auf denen
Fürstlichen Häusern angerichtet, oder davon Krüge
aufs Land mit Bier verleget worden. Jetzo aber,
da die Beamten dessen sich unterfangen, wird, nebst
der hohen Landes-Obrigkeit handgreiflichem Schaden, die Zufuhr denen Städten gantz benommen,
und die Unterthanen, wie schon angezogen, ihre Gerste
auf die Aemter zu liefern, und also zum Vorfange
denen Städten höchstschädliche und verbotene Monopolia geheget: hätten die hochseligen Fürstl. Personen, welche von etlichen Seculis her in Pommern
hin und wieder in Städten residiret, oder Hofhaltungen gehabt, davor gehalten, daß ihnen angestanden, des Krugverlegens auf denen Fürstl. Häusern
und Dörfern sich gebrauchen zu lassen, hätten sie
vielleicht bessere Prætextus, als ietzige mehr besagte
Herren Beamten, haben können, und zumal propter injurias temporum, da die Städte per vim
majorem in die Asche gelegt, und zu Steinhaufen
geworden, die Neceßität, (welche, Gott Lob, so sehr
nicht ist,) vorwenden können.

38) Es hätte auch Hertzog, Johann Friedrich,
hochsel. Andenckens, in oben angezogenen scharfen
Mandatis, wie auch die verwittwete Fürstin zu
Wollin, Frau Anna Maria, besage Beylage n. 2,
auf Abschaffung des Bierbrauens auffm Lande so
sehr nicht dringen dürfen, weiln Jhro Fürstl. Gnaden
ihrer und ihrer Fürstl. Reputation das Brauen anständlich befunden, und solches auf den Aemtern
mehr Profit einbringen können, als die desiderirten
Metzen aus den Mühlen. Itzo aber ist es nur ein
neues Angeben, womit einer oder der andere aus
Ambitıon sich etwa ingeriret, und ein Ansehen
machen will. Verum ubi avaritia & ambitio quæ-
stuariæ artis finis est, non geritur utilitas populi
aut Reipublicae.

39) Welches dann Kayser Rudolphus An. 1579
wohl erwogen, und, auf der Stadt Braunschweig
Ansuchen, Hertzog Julio dermaßen rescribiret, daß
das Bierbrauen zu feilem Kauf, Fürstl. Personen
ungewöhnlich, dero Beamten aber unanständlich,
und ungeachtet des Vorwandes: zu verbesserter
Haushaltung, welches man heutiges Tages Revenuen nennen möchte, unzuläßig sey, wie solches

Goldastu in Reichs-Satzungen Part 2 Fol. 326.
It. Neumeyer von Ramsla in Tractat. von Steu-
ren Cap. 5 pag. 269 an- und ausführet.

40) Wann nun das Bierbrauen denen Beamten
zuläßig wäre, würden sie auch, wie sie theils mehr
als zuviel thun, der Kaufmannschaft und übrigen
Gewerben sich anmaßen, und unter allerhand Prätext öffentlichen Kauf-Handel treiben. Würden
aber nicht dadurch die Ordines politicæ confundiret, und der Bürgerstand zu Grunde gerichtet werden? Immaßen denen Herren Beamten, hierinne
viele von Adel, wollen nicht sagen die Bauren selbst,
wie die Erfahrung bezeuget, und von denen Städten
sehr darüber geklaget worden, nachfolgen, und also
solches nicht allein denen See- und andern Städten,
sondern auch folglich dem gantzen Lande höchst nachtheilig seyn würde, indem die Waaren, so über See
in die Städte gebracht, und welche der Landmann
daher zu holen pfleget, zurücke, oder doch denen
Kaufleuten unabgekaufet auf dem Halse liegen bleiben, die Schiffe anderswo einlaufen, und der See-

K f   Handel

Handel und Licenten von denen Städten sich gantz verlieren würden, wenn sie dieselbe von denen Aemtern oder Adelichen Höfen gleichsam Zwangsweise nehmen müsten, oder unter sich selbst zu finden wüsten. Welches aber eine christliche, zumahlen hohe Landes-Obrigkeit omnibus modis billig verhütet, und die Städte, nebst dem Rechte bey ihrer wohl hergebrachten Observantz contra quoscunque in hohen Landes-Fürstl. Schutz nimmt. Ea enim, quæ contra longam consuetudinem fiunt, ad sollicitudinem revocabit Princeps provinciæ. Vetustas enim habetur pro lege.

per Leg. 1 § fin. ff. de aqu. pluv. arcend.

In summa tria sunt: videlicet, Lex, Natura loci, et vetustas, quæ semper pro lege habentur minuendarum litium. Sunt verba

L. 2 ff. eod.

Welche drey Requisita dann bey denen Immediat-Städten des Hertzogthums Hinter-Pommern, und Fürstenthums Camin, sowohl was das Brauen und Ausschencken auf die Krüge, als die Kaufmannschaft, wider die Aemter, Prälaten, Ritterschaft und allgemeinen Landmann, sich allhier unstreitig befinden, und wenn schon keine andere jura vor die Städte wären, dennoch vetustatis autoritas an sich selbst in Rechten vor sufficient wird müssen erkannt werden

per L. fin. ff. dict. tit.

Præscriptio enim tanti temporis, cujus initium non extat, habet vim privilegii, et est perinde ac si Imperator concessisset. Et habet vim constituti.

L. hoc jure § ductus aqua ff. de aqua quotidiana & æstiva. Cap. super quibusdam § Præterea & ibi pulchre Panormitanus de verb. significat.

Per hoc namque tempus, cujus initium in memoria hominum non est, præscribuntur etiam ea, quæ alias non sunt præscriptibilia. Talis enim præscriptio et privilegium pari passu ambulant.

Schurff. Cent. 3 Consil. 1 n. 41. Et multa operatur vetustas. L. 1 § fin. ff. de aqua pluv. arcend.

Ubi textus dicit vetustatem vim legis obtinere. Imo Scævola respondit: solere eos, qui juri dicundo præsunt, tueri ductus aquæ, quibus vetustas autoritatem daret, tametsi jus non probaretur.

Leg. fin. ff. eadem. L. 4 C. vectigal. novum institui non posse. Schurff. cit. loc. n. 44 et seqq.
Contra Pastores & Paganos.

41) Was ferner die Priester, Arrhendatores, Krüger, Bauren rc. betrifft, so ist wegen der Geistlichen, und welche geistlichen Namen führen, oder davon dependiren, klaren ausgeführten Rechtens, daß dieselbe in weltliche Händel und Nahrungen, oder Negotiationen sich durchaus nicht einmischen sollen.

tot. tit. Ne Clerici vel Monachi secul. negot. se immisceant.

Nemo enim Deo militans implicat se negotiis secularibus.

Cap. i in fin. cit tit.

Welches aus des Apostels Pauli in der 2 Epist. ad Tim. Cap. 2 v. 4 Zeugniß seinen Grund hat. Denn wie die Clerici geistliche Ritter seyn, und seyn wollen, und mit geistlichen Waffen umgehen, also sollen sie auch in denenselben sich üben, und ihres Berufs mit allen Treuen abwarten, die Bibel und Doctores der Heil. Schrift fleißig studiren, und sich gar des Brauens, Kruge und Kaufmannschaft nicht annehmen, weil solches denen geistlichen Personen und Priestern gantz verboten ist

per Cap. fornicari 8 Distinct.

Ubi habetur: Fornicari hominibus semper non licet, negotiatio vero aliquando. Licet enim, antequam Ecclesiasticus quis sit, facto autem jam non licet utique. Nam negotiatorem Clericum, & ex inope divitem, & ex ignobili gloriosum, quasi quandam pestem, fuge, refert verba

Hieronymus Salicet. in Authent. Ad hæc n. 18 vers. & hic attende Cod. de usur.

42) Ja, was noch mehr ist, so ist denen Geistlichen und Priestern sub comminatione anathematis verboten, Gewinnes wegen Handlung zu treiben;

in Cap. secund. institut. X. Ne Clerici vel Monachi.

so gar, wenn sie dessen zwey oder dreymahl verwarnet werden, (sc. davon abzustehen,) und solches nicht nachlassen, quod perdant privilegium clericale

per text. in Cap. fin. X. de vita et honestate Clericorum.

Uiber das ist in sexta Synodo concilii Laodicensis expresse pro lege vel canone gesetzet: Quod nulli clerico liceat tabernam vel ergasterium habere (so wenig in der Pfarr als in den Krügen). Si enim hujusmodi tabernam ingredi prohibetur, quanto magis aliis administrare in ea, si vero quis tale quid fecerit, aut cessat aut deponat.

Cap. nulli distinct. 44. Quo facit apertus textus in Capit. Cleric. 14 quast. 4.

Ubi dicitur, Clerici ab indignis noverint abstinendum quæstibus & ab omni cujuslibet negotiationis ingenio vel cupiditate cessandum NB. in quocunque gradu sint, si cessare noluerint, mox a clericalibus officiis abstinere cogantur. Et mendacium est, Episcopum Sacerdotem vel Clericum se profiteri & contraria huic ordini facere.

Cap. Cavete 23 qu. ult.

Derohalben hieraus genugsam zu schliessen, daß keinem Priester, oder denen, die geistliche Präbenden haben, zugelassen sey, so wenig des Bierschenckens als Krugverlages, weder vor sich, noch arrhendesweise von andern, wie auch andern weltlichen Handels und Nahrung sich anzumassen, solches auch ihnen keinesweges zuzulassen, sondern sie an ihren Beruf und Seelsorge zu verweisen, und die Contravenienten mit gebührender Strafe, nach Disposition der Rechte, anzusehen sind: ut discant mandato munere fungi, massen dahin auch alle vorhin angezogene constitutiones & rescripta und des geistlichen Consistorii Verordnung vom 26 Sept. 1609, deter n. 19 gedacht wird, angesehen seyn, sintemalen

die

die Erfahrung mehr als lieb bezeuget, daß, wenn die Geistlichen sich der Welthändel befleißen, die Seelencura bey ihnen sorglich stehet.

Contra Paganos.

43) Was schlüßlich die Verwalter, Schäfer, Bauren, Krüger rc. anlanget, können ihnen dieselben kein besser Recht anmaßen, als ihre Herrschaft selbst: was nun denen Beamten und Junckern, oder denen von Adel, in Kraft deductorum verboten ist, solches verstehet sich vielmehr von denen Unterthanen argumento ducto a majori. Si enim id, de quo magis videtur inesse, non est, nec etiam id, de quo minus.

Capit. licet universis & ibi gl. de Testibus L. nec ex vera C. de acquir. possess.

Quod enim non licet majori, utique non licet minori.

Cap. si ergo & ibi gl. 8 qu. 1 L. qui indignus 4 ff. de Senator.

44) Dahin gehen dann auch sowol obgedachte publicæ constitutiones, als specialiter auf die Verwalter und Bauerschaft gerichtete mandata, davon die Beylagen überall und überflüßig, und unter denen, die in An. 1664 den 22 Decemb. ad instantiam der Brauer zu Treptow, Namens Ihro Churfürstl. Amts-Kammer zu Collberg, an die Treptowsche Amts-Bauren abgegangene Pœnal-Verordnungen, n. 43 wie auch der Herren Beamten daselbst, am 22 Jan. 1678 executoriales an die Holtz-Vögte sub n. 44 zeugen. Was nun daselbst recht und respective verboten ist, solches kan bey andern Aemtern, weil sie mit diesen gleicher Condition sind, nicht aufgehoben oder zuläßig seyn, weil weder die Bauer-Ordnung, noch andere constitutiones publicæ einige Limitation, Exception oder Restriction machen. Ratio enim est universalis, welche auch in Rescripto Ducis Philippi vom 25 Sept. 1619 sub n. 18 expresse gesetzet wird, damit der Bauer Bauer bleibe, seinen Hof- und Acker-Bau desto besser in Acht nehme, der Herrschaft die Dienste treulich verrichten, die Holtzungen nicht verwüsten, und die andere Handthierung denen Städten lassen, nicht aber durch voriges Brauen so wenig sich als seine Herrschaft und Nachbarn in Gefahr Brandschadens setzen dürfe. Wie dessen exempla tragica in actis mehr denn zuviel angeführet worden. Dagegen ist ratio vor die Städte diese rc. von der hochseligen Landes-Herrschaft selbst allemal angeführet, daß es eine bürgerliche Nahrung, und darum denen Bauren, Schultzen, und insgemein, außer so weit die Brauer-Ordnung darinne disponiret, (welches doch nur von Covent, oder cerevisia secundaria, welches sonst communiter ein Kessel-Bier genennet wird, da man zu einer Tonne einen Scheffel Maltz verbrauet, oder offtmals auch wohl schwächer ist, zu verstehen, und dennoch gleichwohl ohne Gefahr Feuerschadens tuto nicht conceditur worden kan, auch daraus nur lauter abusus zu besorgen), zu Abbruch und Kürtzung der Bürger-Nahrung gantz verboten; Sonst aber denen Städten alleine zu ihrem Aufwachs und Zunehmen das jus braxandi cerevisiam per tot constitutiones & rescripta gegönnet und bestätiget worden. So gar, daß auch, wie aus Beylage n. 2 zu ersehen, die hochsel.

Jurist. Oracul V Band.

Landes-Herrschaft auch die Städte n. 3 aus beweglichen und beständigen Ursachen, und um männiglichen Nutzens und Frommens willen begnadet haben, daß nicht einmal die Handwercker in Städten zu Schaden des Kaufmanns, (worunter auch die Bauren zu verstehen;

per Bald. sup. cit. ad L. Nobil. C. de Comm. & Merc.

weil sie ohnedas gemeiniglich beyde Gilden haben), so seine Nahrung zu Wasser und Lande suchen muß, bey harter Strafe und Pœn sich des Krugverlegens nicht gebrauchen müssen. So nun Bürgern und Handwerckern, die doch mit einander in Städten wohnen, und ihre Manufacturen treiben, das Brauen und Krugverlegen verboten ist, wie vielmehr kan solches denen Verwaltern, Bauern und ihrem Anhang, als welche sonst von ihrem Bau und Ackerwerck ihr genugsames und reiches Auskommen haben, verboten werden. Ne alias privilegia civitatibus concessa fiant elusoria, quod esse non debet. Verba enim privilegii debent habere pondus & effectum, & ex singulis verbis congruens interpretatio ejusdem facienda.

Per L. Item veniunt § Præter hoc 6 in verb. fin. aptanda est igitur ff. de petit. hæredit. Cravetta Consil. 135 n. 24.

Nec trahi debet ad iniquum intellectum, qui aut pravus aut callidus est.

Secund. Bald. Consil. 105 Incipit: Quæritur utrum domina Francisca Col. 2 Lib. 4.

Pravus autem intellectus inde resultaret, quando civibus per ejusmodi intellectum, ne quaquam prospectum esse liqueret, sed ipsi in sua negotiatione impedirentur. Quod intentioni & voluntati decernentis adversatur. Decretum enim ita interpretari debet, ut possit illis, quibus dominus vel Princeps prodesse voluit, non quibus noluit, prodesse.

Paul. Castrens. Cons. 52 Lib. 1 incipit super primo puncto quanta sit legit.

45) Nun ist ja nicht allein gar kein Zweiffel, sondern es besagens auch oft angezogene Fürstl. und Chur-Fürstl. Verordnungen, daß dieselben in Faveur zum Aufnehmen der Bürger in Städten, und damit sie desto besser ihr Brodt und Nahrung haben möchten, publiciret und promulgiret worden. Woraus denn keine andere Interpretation, als vor die Brauer in Städten zu nehmen ist. Daß nehmlich die hochselige Landes-Herrschafft, und anitzo Chur-Fürstl. Durchl. nicht nur Verwaltern, Bauern, sondern auch allen andern Personen und Standes-Leuten, deren in anfangs berührten beyden Fragen gedacht wird, das Bierbrauen auf die Krüge und Ausschencken zum feilen Kauffe und Vorkäufferey durchaus wollen verboten wissen. Wowider ietzo keine weitere Limitation oder Extension contra mentem & voluntatem Domini disponentis zu machen, weniger dieselbige anzunehmen, nöthige und erhebliche Ursache ist. Quis, ut supra allegatum, ratio generalis est, quæ ampliat dispositionem ad limites ipsius rationis.

Per L. Hæc actio ff. de Calumn. L. Regula § & licet, ubi Bart. & Doctores ff. de juris & facti ignorantia.

K k 2   Facit

Facit enim ratio generalis extendi dictum ad casum, ad quem alias non adaptantur verba etiam in materia stricta.

Covarr. Consil. 273 Col 2 ad fin. L. tertii.

Nam quando est expressa ratio legis, ibi æque locum habet legis dispositio, licet sit contra jus commune, & sic extenditur de casu ad casum, & de persona ad personam, per rationem expressam in lege.

gl. in Clement. ordinar. l. de Elect. versf. eligatur, ut refert Castrensf. ad L. si vero § de viro ff. solut. matri. fol. mibi 34.

Et extenditur ad omnes casus, quibus adaptatur ratio legis, licet lex strictius loquatur in parte dispositiva

per gl. in Clem. 1 de Elect.

Imo quando ratio est generalis, operatur, ut dispositio generalis, etiam generaliter intellecta, licet loquatur de aliquo casu speciali.

Bartol. in L. regula. § si quis ff. de juris & facti ignorant.

Q ia disponit de lege, non lex.

Cravetta Consil. 227 n. 3 & seqq.

Licet etiam alias mandatum dicatur stricti juris, & fines ejus diligenter custodiendi sint;

L. diligenter ff. Mandat.

Tamen etiam in mandato magis disponentis mens, quam verba inspici, & ad casus similes ejusdemque rationes extendi debet.

L. fin. § fin. ff. eod.

Et ea propter extendi debet mandatum ad casum omissum, in quo mandans verisimiliter idem dixisset, si de eo fuisset interrogatus.

Cravetta Consil. 224 n. 9.

Derohalben denn offt erwehnte Verordnungen und Sanctiones generales, sowohl die Edelleute, dero Verwalter und gemeinen Landmann, als die Herren Beamten, unter den Gehorsam und Obedientz bringen und zwingen. Nam quod juris est in totum quoad totum, id quoque juris est in parte quoad partem. Et qui dicit omne, nihil excludit. Alias uno inconvenienti dato, sequerentur plura, per vulgar. Ne dicam, quod major ratio prohibendi contra plerasque in quæstionibus nominatas personas insurgat, cum de jure communi hoc ipsis prohibitum esse satis superque declaratum sit. Worzu denn annoch kommet, daß, wenn in pluribus casibus eadem ratio ist, nach derselben alle decidiret werden: non quidem per extensionem, sed sicut genus comprehendit species: Sic generalis ratio comprehendit species casuum emergentium, ut pulcre statuit

Cynus in L. jura non in singul. ff. de L.L.

Neque enim leges, neque Senatusconsulta, ita scribi possunt, ut omnes casus, qui quandoque inciderint, comprehendantur, sed sufficit ea, quæ plerumque accidunt, contineri

L. 10 ff. de LL.

Nam ut ait Pedius: Quoties lege aliquid, unum vel alterum introductum est, bona est occasio cetera, quæ tendunt ad eandem utilitatem, vel interpretatione, vel certe jurisdictione, suppleri. Sunt verba

legis 13 ff ead.

anderer mehrer Rechts = Gründe zu geschweigen. Derhalben in Krafft deductorum dahin festiglich geschlossen wird: Daß denen Brauern in Städten das Brauen auf die Krüge und Krug-Verlag zum feilen Kauff, wie auch die Kauffmannschafft und andere Handthierung und Gewercke, als bürgerliche Nahrung allein zustehen. Hergegen denen von Adel, so ferne einige derselben anno 1616 nicht in vitiosa & interrupta, sed legitima & titulata possession gewesen und noch sind (welches doch diejenigen, so solches anziehen, vorhero rechtlicher Art nach behaupten und ausführen müssen) nicht zukomme. Gestalt dann auch in Decreto vom 6 Julii 1668, welches judicat worden, und sub n. 35 beyliegt, es also veranlasset worden, wie auch denen Chur = Fürstl. Beamten und Priestern nicht mehr, als zu ihres Hauses Nothdurfft zugelassen sey, und zugelassen werden könne; sie aber des Ausschenckens und Krug-Verlages, bey hoher Straffe sich zu enthalten schuldig seynd, wie auch denen Verwaltern, Bauern, Müllern, Krügern und ihrem Anhange, wegen der Gefährlichkeit und Mißbrauchs, non obstante dispositione eines Haus-Biers, gantz und gar nicht zuzulassen. Immassen dann pro stabiliendo civitatensium firmiore jure, auf dasjenige, was anfangs in rationibus dubitandi so wohl in genere als in specie angeführet, nachfolgend geantwortet wird. Und zwar

Ad Rationem per Oppositionem generalem

Primam: da nehmlich Brauen, Mültzen, Kauffmannschafft treiben, und Handwercker auf dem Lande setzen, juris naturæ & gentium adeoque meræ facultatis sey, welches nicht könne præscribiret werden, dawider auch weder summus Princeps nec inferior etwas statuiren könne, angeführet worden, daß Princeps das jus naturale & gentium nicht in totum aufheben, doch gleichwohl aber dasselbe zum Theil limitiren, restringiren und modificiren könne.

per § sed natural. Instit. de jure nat. Cynus in L. Rescripta verf. 4 Qu. 10 n. 8 C. de Precib. Imp. offerend.

Destomehr, si nulla vel legitima causa, cur tale quid fiat, vel statutum aliquod adsit. Justa autem, legitima & rationabili interveniente causa Princeps non solum contra jus civile, sed etiam naturale & gentium, limitando, restringendo & modificando rescribere potest.

Costa in Cap. quæ Ecclesiarum, & ibi Felinus n. 26 Decius n 18 Extra. de constit. l. sed L. Rescripta C. de Precibus Imper. offerend. l. f. C. si contra jus vel utilit. publ.

Ubi omnes Judices monentur, ne nec ullum Rescriptum, nec ullam pragmaticam sanctionem ullamque sacram annotationem, quæ generali juri vel utilitati publicæ adversa videatur, in disceptationem litigii patiantur proferri. Sed generales sacras constitutiones modis omnibus non dubitent observandas. Et in hoc

hoc passu jus naturale & gentium sit certo respectu mutabile. Dannenhero auch der usus littoris, imo æris, quæ alias juris naturæ & gentium sunt, tempore scilicet pestis & infectionis auf gewisse Maße kan und pfleget verboten werden. Und sonst auch mit dem allegirten jure facultatis es dergestalt beschaffen, daß, wenn es in actum deduciret wird, so ist es nicht mehr facultatis, sondern es kan in 30 Jahren präscribiret werden.

L. licet de jure C. de jure deliberandi.

Exempli gratia in hæredis facultate, cui delata est hæreditas, stat, adire hæreditatem defuncti vel non; tamen illa aditio non est meræ facultatis, quia si fuerit in actum deducta & ita hæreditas per hæredem adita, ex ea oritur actio sive jus, petitio scilicet hæreditatis, Ideo tali facultati seu juri præscribitur.

d. l. licet. C. de jure deliberandi.

Hier aber ist es nicht meræ facultatis, sed juris positivi: Krafft welches das Bierbrauen und Ausschencken; item, Kauffmannschafft und Gewerbe treiben, keinen, außer den Bürgern in Städten, vergönnet und zugelassen ist, dabey es denn allerdings sein Verbleiben haben muß.

Ad secundum ist zwar ein ieder des seinen moderator und arbiter, nisi jure vel rescripto Domini prohibeatur secund.

Bellemer. in cap. significante n. 8 verf. quilibet ergo X. de appell.

weswegen ein Fürst und Landes-Herr, aus Landes-Fürstlicher Macht und Krafft habenden Ober-Jurisdiction, in favorem civitatis vel alicujus collegii, diesem und jenem wohl verbieten kan, weder Bier zu brauen, Kauffmannschafft zu treiben, auch sonsten etwas zu thun, das wider solches Edict und Verbot läufft. Maßen denn auch ferner wohl verboten werden kan, daß dieser oder jener etiam in suis rebus nichts vornehmen könne, denn in angezogenem lege in re mandati Cod. mand. & contra wird geredet de dispositione juris. Quia homo non potest disponere de re sua ultra permissionem juris;

L. nemo potest 55 ff. de legat. Imo.

ungeachtet solches zu eines oder des andern Privat-Aufnehmung und Stammes Conservation angesehen, weil der Adel und Landmann, ohne die Bürger-Nahrung, doch andere Zugänge hat, zu seines Standes Erhaltung, und die Chur-Fürstl. Herren Beamten gute reichliche Salaria haben, welche aber öffters in Städten sehr fehlen, und wenn diese schon, mit grosser Gefahr, schwerer Mühe und langer Zeit etwas erwerben, so müssen sie es noch in Nothfällen, vor des Landes Conservation, nolentes volentes hinwiederum, auf einmahl, ohne Hoffnung einiger oder doch schwerer und langsamer Erstattung hingeben. Derohalben denn auch wider die prohibentes actio injuriarum destorweniger stat hat, wenn der Kauffmann der Vorkäufferey auf dem Lande wehret, die Brauer-Gilde die Land-Krüge visitiret, und

das Bier wegnimmt, auch die Handwercker die Pfuscher und Störer auf dem Lande aufheben, maßen sie solches nicht privata autoritate thun, sondern sich nur ihres Rechtens, welches sie per tot constitutiones, Privilegia & vetustatem temporis erlanget, gebrauchen. Qui autem suo jure utitur, nemini facit injuriam.

L. Proculus & L. fluminum in fin. ff. de damn. inf.

Ad tertiam rationem acceptatur, daß das Contrapart die Constitutiones & sanctiones nicht leugnen könne, die Contradiction aber wird nicht gestanden, vielweniger zugegeben, daß dieselbe ab effectu publicarum constitutionum vel legum solten suspendiret worden seyn. Das Contrarium erhellet aus der Landes-Ordnung de ao. 1616, dem Stargardischen Landtags-Abschiede de ao. 1654 und der Regierungs-Verfassung, wie auch aus dem Edict de ao. 1666, welche alle præsentibus statibus provincialibus, causa ab utraque ventilatæ & bene ponderata gemachet und publiciret, ja aus allen und ieden bisher angezogenen Chur- und Fürstlichen Verordnungen. Und ob zwar einige von der Ritterschafft sich unterstanden, wider das Edict de ao. 1666 und dessen Executions-Nebenverordnung sich vermeyntlich zu opponiren, so ist doch deßfalls, docentibus actis, wider einige derselben actio fiscalis aperiret worden, welche auch noch nicht aufgehoben ist, auch mit Vergessenheit salva conscientia propter Interesse Principis ejusque respectus læsionem non minimam, so nicht aufgehoben werden kan, wenn auch schon (quod tamen non apparet) die von der Ritterschafft universitatis nomine entweder Restitution gesuchet, oder auch ad Serenissimum sich vermeyntlich appelliret hätten, so ist doch solche appellatio docentibus actis nach ihren requisitis weder in formalibus noch materialibus beständig, vielweniger dieselbige angenommen oder proseqviret, sondern vielmehr es bey denen Constitutionibus publicis per rescriptum Serenissimi vom 29 Jan. 1669, da nehmlich Sr. Chur-Fürstl. Durchl. non obstante relatione regiminis, visis & perspectis actis judicialibus hohes Bedencken getragen, die Sache immediate nach Hofe zu ziehen, gelassen, dieselbe tacite nochmahls confirmiret, und der Behörs-Bescheid vom 6 Jul. 1668 no. 35 weder aufgehoben, restringiret, noch limitiret, sondern vielmehr bekräfftiget worden, derohalben, wo ja Dni nobiles & Dni officiales einige Possession ferner anziehen wolten, so ist dieselbe per se vitiosa, interrupta & per interdicta penitus sublata, wie solches oben bereits zur Gnüge angeführet worden.

4) Ad quartam, wormit dann auch, und aus dem, was schon bey der ersten Opposition deduciret, die quarta ratio generalis dubitandi ihre Abfrachtung hat; und unnöthig ist weiter zu refutiren, weil die ex adverso angeführte Jura mehr vor die Städte als Herren Nobiles & Consortes in terminis militiren, und hebet solches der vorgeschützte Mangel der benöthigten Waaren, oder deren theuren Verkauffs gar nicht. Weil, wenn die Monopolia auf dem Lande recht und mit Ernst abgeschaffet werden, dieselben überflüßig genug, und

um

um civilen Preis in den Städten zu bekommen seyn. Derohalben dann auch wegen solcher anzuwendenden Mühe, in Ansehung allerhand, sonderlich auswärtiger und fremder Waaren, die dem Landmann nöthig thun, und gleichwohl wenn ihn nur der Geitz und Eigensinn nicht treibet, gleichsam vor der Thüre haben, und nicht weit darnach reisen dürffen, ein billiger Gewinn dem Kauffmann quasi stipendium laborum nicht mißzugönnen, sondern zu lassen ist; denn sonsten, wenn der Landmann den Handel allein an sich ziehet, darinne keine Moderation, und bald zu viel, bald zu wenig Waare ist, dabey doch diese Händler mehr Profit suchen, als man wider die Städte darwider klagen kan.

5) Ad quintam und solche Beschaffenheit hat es auch mit der fünften Opposition. Der Handel lässet sich nicht zwingen, noch nach eines und des andern Kopf und Sinn richten. Wenn der Kauffmann weiß, daß er sicher handeln, und die erkauffende Waaren nicht auf Schaden auffüllen, noch liegen lassen darff, wird er resoluter bieten, und mehr geben, als wenn er die Land-Waaren theuer einkauffen, und hernach wieder wohlfeiler verkauffen muß. Der Kauff- und Handwercksmann lässet sein Geld nicht gerne lange stille liegen, und dahero muß er öffters, auch wohl um halben Preis die Waaren losschlagen, daß er nur Geld machen, und seinen Credit, solte es gleich mit seinem Schaden geschehen, retten kan. Es verkehret sich öffters auch die Handlung so sehr, daß, wenn der Kauffmann sich versprochen, eine gewisse Quantität Kauffmanns-Sorten an Ort und Stelle zu liefern, er aus Noth seines Contractus dem Landmanne mehr bieten und geben muß, als er selbst einmahl nicht wieder lösen kan. Wer setzet alsdann einer dem andern den Preis? Daß aber ie zu Zeiten einige Land-Waaren etwas wohlfeil werden, geschiehet per accidens, da die Waaren nicht allemahl gleich gut, und also nicht allezeit gleich hoch gelten können, oder daß Gott das Land mit seiner Güte crönet, da denn nicht zu verantworten seyn würde, wenn man vor die Armuth Theurung im Lande machen wolte. Daraus aber folget doch nicht, daß dem Landmanne schlechterdings frey stehe, sein Korn und Gersten selbst zu vermältzen, fremde Gerste zuzukauffen, zu verbrauen, oder in alia forma, als Maltz zu verkauffen, oder auch von andern Orten fremde Waaren ins Land zu bringen, oder die Land-Waaren auszuführen, und damit Gewerbe zu treiben, und dem Landmanne es wiederum zu verhandeln, weil vorher schon bey Refutation des andern Puncts ausgeführet, daß der freye Gebrauch eigener Sachen wohl könne auf gewisse Masse verboten, und die Monopolia auf dem Lande denen Städten zuwider, nicht zugelassen werden.

6) Ad sextam. Bey der sechsten Opposition beschweren sich die Handwercker in Städten vielmehr, daß sie, weil so viel Handwercker auf dem Lande geduldet, und des Adels und des Landmannes wegen alle nahrlos sitzen würden, wenn sie sich nicht von ihren Amts-Bürgern nehreten. Wenn nun keine Arbeit vom Lande bey sie gebracht wird; so hat man ja sich weder über schlechte Arbeit, oder säumige Beförderung, noch über das gesteigerte Macher-Lohn zu beklagen, worinne doch von dem Ma-

gistrat in Städten auf den geklagten Fall, leichtlich Remedirung kan. geschehen. Vielmehr findet es sich, weil die Onera in Städten fast täglich wachsen, davon aber der Landmann wenig oder nichts empfindet, die Bürger sich aus den Städten weg, und aufs Land zu wohnen begeben, da denn zuweilen wohl geschehen mag, daß einer oder ander, aus gewissen Respecten, mit einem geringen Arbeits-Lohn sich muß lassen abweisen, daher aber folget nicht, daß man die Handwercker in Städten, unter dem Vorwande einer unbilligen Übersetzung verlassen, einige Handwercker, und deren so viel als man wolte setzen, und denen Städten dieselbe entziehen wolte, weil Sr. Chur-Fürstlichen Durchl. hohes Interesse, ja des gantzen Landes mercklich darunter mit versiret, wenn die Städte populeuser gemachet, und die Handwercker in die Städte gewiesen werden. Eben so wenig würde auch daraus, quod omnia credantur iure licere, quæ non apparent esse prohibita, zu schliessen, noch apodictice zu folgern seyn, daß das Bierbrauen und Krugverlegen zum feilen Kauff, item, Kauffmannschafft treiben und Handwercker setzen, dem Landmanne promiscue frey und vergönnet sey, weil es allbereits kurtz vorher und in rationibus decidendi, vor die Städte hoffentlich genugsam beantwortet und abgelehnet worden, damit man es denn auch in so weit bewenden lässet, weil bey Beantwortung der Special-Rationen ein mehreres wird an die Hand gegeben werden, dahin denn ietzo die Antwort gerichtet ist.

Resolutio Rationum Specialium.

Und zwar ten ad Imam. So läufet deren Beantwortung principaliter in das, was eben bey denen General-Oppositionen angeführet worden, denn wenn schon ein Bürger seinen Acker andern um gewisse Pension austhut, so muß doch der Pensionarius eben wie die Bürgerschaft seinem Nachbarn nicht zu nahe seyn, eben so ist es auch auf dem Lande: Es hat ein iedes Adeliches oder ander Land-Gut seine gewisse Herrlich- und Gerechtigkeiten, die kan ein Edelmann entweder selbst gebrauchen, oder einem Pensionario einthun, aber doch, daß er, oder sein Pensionarius, seinem Nachbarn, welcher etwan ein besser Recht, als er, oder sein Principal, hat, nicht zu nahe komme, anders schützet sich derselbe wider ihn in possessione prohibendi & pignorandi. Nun sind Städte und dero Bürger mit denen von Adel, Beamten, und Landmann, weil sie in einer Provintz zusammen wohnen, freylich nicht anders als Nachbarn: Der Adel hat seine ihn absonderlich angehende Privilegia, die Städte desgleichen. Ein ieder bedienet sich der seinen, doch also, daß keiner dem andern zu nahe komme. Städte sind auf Bau- und Brau-Nahrung, Kauffmannschaft und Handwercks-Leute ab origine prima gewidmet, das ist ihre Seele, Element und Aufenthalt, und dannenhero kommet ihnen zu, die Land-Waaren, als Rocken, Gersten, Haber, Wolle, Flachs, Honig, von dem Landmanne um billigen Preis anzunehmen, und solches hinwieder in existentia vel natura, prout quælibet species per se est, zu verkauffen, oder eine andere formam vel compositum daraus zu machen. Nobilibus & officialibus autem non æque. Quia lex prohibitiva obstat, kraft welches die formam frumenti deſſen, ſo ſich ver-mültzen läſſet und verbrauen, als Gerſten, Weitzen, und Haber ꝛc. außer zu ihres Hauſes Nothdurft zu mutiren, in Pommern ihnen nicht zuläßig iſt, per jura ſuperius adducta, ſonſten wird nicht geweh-ret, daß Nobiles vel etiam pagani fructus in agris ſuis natos, in iſta forma, in qua nati ſunt, in die, zumalen nahe angelegene Städte, verkaufen können. Wenn aber ſie damit Wucher und Ver-kauferey treiben, iſt ſolches nicht zuzulaſſen. Cra-vettæ, Schraderi Meynungen und conſtellationes, wie ſie auf Pommeriſchen Horizont nicht gerichtet ſeyn, als können ſie auch denen Pommeriſchen Städten mit ihren Influentzen nicht ſchaden, wiewohl Cra-vetta in andern zu dieſem Zweck dienenden Sachen, wie oben ſchon angezogen, denen Städten mehr be-förderlich als behinderlich iſt. Dennoch aber ſetzet man in denen widrigen allegatis, inſonderheit wegen des Brauens und Bierſchenckens, autoritati Cra-vettæ & Schraderi autoritatem

Rauchb. part. 2 Quæſt. 12 n. 6. Berlich. part. 1 Deciſ. 31. Franciſci Pfeil. Vol. 2 Conſil. Carpzov. part. 6 Conſt. 6 Deſin. 4. Anton. Fab. in Cod. lib. 9 tit. 28 deſin. 18 n. 1 & 2.

und wo ja dieſe Leute Civici ordinis ſind, den von Ramsla, als einen gebohrnen Edelmann, Tiraquel-lum de nobilitat. und jenen in tractatu von Steuern Cap. 5 entgegen.

Hernach ſetzet man ihnen auch entgegen autori-tatem Ducum Pomeraniæ & ſereniſſimi ac po-tentiſſimi Domini Electoris, & ſic longe ma-jorem, quæ facit ceſſare minorem. Lumen enim majus obfuſcat minus, welches dahin am-pliiret wird, quod non interſit, an Nobiles ipſi an per alios vendere velint. Relatorum enim eadem eſt conſequentia & ratio, maſſen der Ceſſionarius kein beſſer Recht haben kan, als der Cedent ſelbſt.

2) Ad ſecundam, ſpecialiſſimam heiſſet es billig: Si vixeris Romæ, Romano vivito more. Ländlich, ſittlich. Die Pohlen und Pommern ſind in dieſem Fall weit von einander, derohalben man aus Pohlen und Pommeriſchen Conſtitutionen kei-nen Cothurnum machen kan. In Italien, Franck-reich, Spanien, Holland, Ober-Teutſchland ge-ſchiehet viel, welches ſich in Pommern nicht ſchi-cket, & e contra. Aliud enim in hoc, aliud in alio, jus obtinet, und dennoch kan man nicht ſa-gen, daß dieſes oder jenes Königreich, Provintz oder Land ſonder Ordnung ſey. Es iſt aber ſchon ange-führet, was wegen der Ritterſchafft in puncto des Bierbrauens in Franckreich aus dem Tiraquello angezogen. Siquidem nobilitas amittitur, quo-ties nobilis utitur artibus mechanicis, per eund.

Tiraquell. Cap. 17 & Bald. in L. 3 Cod. de Com-merc. & mercat.

Jetzo denen Herren Pohlen etwas näher zu treten, findet man dieſelben ſo geitzig und misgünſtig nicht, daß ſie denen Städten ihre Nahrung, und ſonder-lich das Bierbrauen, Krugverlag, auch Ausſchen-cken zum feilen Kauf, ſolten verwehren und misgön-nen, vielmehr iſt an ihnen zu loben, daß ſie dem Landmanne nicht wehren, ohne Unterſcheid das

Bierbrauen, warum allhie die principaleſte quæſtio iſt, bey ihnen nicht ſo hoch in Conſideration als in Teutſchland kommet, doch trincket der Pohle lieber ſtarck und gut Bier, als gemein Roſansky, und anſtat deſſen bedienen ſie ſich, zumahlen die vorneh-men Herren, anderer liquorum, als Ungariſchen und anderer Weine, Meht und Branntwein, dabey doch gleichwohl von denenjenigen, welche der Oerter gereiſet, obſerviret worden, daß das Mehtbrauen der Adel ſich nicht anders als zu ſeiner Hofhaltung gebrauchet, das Ausſchencken aber und ins Große zu verkaufen denen Städten alleine läſſet, wie davon die Städte Wilda und Kauren in dem Groß-Hertzog-thum Litthauen ſattſam zeugen können. Ingleichen werden auch die deſtillirte und präparirte Brannt-weine, item, die Ungariſche und andere Weine von dem vornehmen Pohlniſchen Adel aus denen Städ-ten genommen und gekaufet, damit aber keine mo-nopolia noch Abſtrickung der Bürger-Nahrung getrieben, vielmehr findet ſich Nachricht, daß der Pohlniſche Preußiſche Adel und Landſtände, wie Anno 1669 König Caſimirus die Pohlniſche Krone reſigniret, und ſede vacante zur Wahl eines neuen Königs wieder geſchritten werden ſollen, den 11 Februar. dicti anni zu Graudentz ihre Abgeordnete, deren in der Zahl 147 gewe-ſen, dahin unter andern inſtruiret, und ihnen ſehr feſte, und daß ſie zu keiner Sache, conſeqven-ter auch zu keiner Wahl ehender nicht ſchreiten ſolten, eingebunden, ſub Beylage § 15, daß der Lande und Städte in Preuſſen Privilegia durch keine Gegen-Privilegia gehoben; § 18, daß alle und iede, große und kleine Städte, bey allen ihren Pri-vilegien und wohlhergebrachten Freyheiten geſchützet; § 31, diejenigen, ſo jenſeit der Weichſel wohnen, ſol-len keine Waaren, ſo aus-und eingeführet werden, auffangen, wie auch in denen daſelbſt, und auf der Inſel gebaueten Häuſer, und Krügen dergleichen Waaren nicht freygeſtattet, noch dergleichen oder allerhand Handthierung treiben, ſondern gedachte Hackenkrüge und Krüge auf gedachter Inſel abge-brochen werden ſollten, desgleichen auch § 40, daß denen Städten kein Vorfang oder Unterſchleif ge-ſchehen ſolte, ſowohl NB. von denen Geiſtlichen, als deren Hauptleuten, in Bierbrauen, Branntwein-brennen, und Handwercktreiben, wider ihre Privi-legia, welches alles dann ſtattliche Zeugniſſe ſeyn, daß der Pohlniſche Adel denen Städten ſo mis-günſtig noch ſo aufſetzig nicht iſt, als ſonſten wohl der Adel an andern Orten und Provintzien.

3) Ad tertiam ſpecialiſſimam, höret man zwar auf dem Lande ſo ſehr über den Misrath des Bier-brauens nicht Klage führen, als in Städten, den-noch iſt auch das Bier zuweilen darnach, und pfle-get auf dem Lande Backen und Brauen auch nicht allemahl gut zu gerathen. Der Bauer und Reiſen-der muß es denn aus Noth wohl trincken, weil er es nicht beſſer haben kan. Es iſt aber gleichwohl auch gewiß, daß durch das Brauen auf dem Lan-de, weil daſelbſt viele feuerfangende Materien, als Stroh, Holtzwerck ꝛc. ſich gemeiniglich befindet, gantze Dörffer und adeliche Höfe, ehe man ſich ver-ſiehet, in die Aſche geleget werden. Gleichwie aber ein Kauffmann in Städten, ob gleich derſelbe nicht allemahl gleich groſſen Profit hat, nicht fort ſein

Ge-

Gewerbe gantz niederleget, sondern Gott und seinem
Beruff trauet, um die Stadt und Land mit Nothdurfft zu versorgen, also thut auch ein Brauer.
Denn wenn ihn schon ein Brausel mißräth, so
sorget er doch dafür, daß der verlegende Krug nicht
ohne Bier sey, und wo er es etwa selbst zu der Zeit
nicht hat, so verschaffet er es doch von seinen Nachbaren. Das Bier aber, so auf dem Lande gebrauet wird, es sey gut oder böse, wird der Krüger
gezwungen auszuschencken, es schmecke dem reisenden Mann oder nicht, welches aber eine schlechte
Provision ist. Maßen ein Reisender nicht alles
bey sich führen kan, und ihme sonderlich ein guter
Trunck angenehmer, als öffters andere Bequemlichkeit in den Krügen und Herbergen ist. Ja, mancher Bauer, der es ihme um sein Stück Brot
blutsauer werden lässet, suchet öffters seiner abge-
matteten Kräffte Erstattung in einem guten Trunck
Bier, und so er denselben auf dem Dorffe nicht haben kan, weil solche Dorff-Krüge gemeiniglich sub
Signo aquarii liegen, suchet er denselben in der
Stadt, und bringet einen lustigen Kopf, fröliches
Hertz, und gesättigten Magen, als sein Theil in diesem Leben, mit nach Hause. Demnach schadet
das Brauwerck der Kauffmannschafft gar nicht,
sondern es befördert vielmehr eines das andere.
Dagegen wenn auf dem Lande so vielerley Nahrung getrieben wird, kan der Versus: Pluribus
intentus, minor est ad singula Sensus, auf den
Landmann besser appliciret werden.

4) Ad 4tam oppositionem kan man acceptiren,
daß die von Städten Privilegia, Landes-Constitutiones, Concessiones speciales vor sich haben. Es
wird aber nobilibus & officialibus kein ander Jus
zugestanden, als daß diejenigen, so sich des Krug-
Verlages rühmen, solches Inhalt obgedachter Landes-Ordnung und Constitutionen vorher ordentlich
und ausführlich darthun und beweisen, alias gehören sie unter die gemeine disposition Legis prohibitivæ & exclusivæ, und wird bis dahin keine
compossessio ihnen gestanden, vielmehr erachten
die von Städten solche gerühmte compossessionem
clanculariam, vitiosam, legibus & sanctionibus
pragmaticis plane contrariam, & per easdem
sublatam.

5) Ad stam Rs. daß die præscriptio ab immemoriali tempore freylich an sich genug ist ad fun-
dandum jus braxandi cerevisiam contra Nobiles, officiales & Paganos. Denn obschon vor Alters eine differentz inter usucapionem & longi
temporis præscriptionem gewesen, so ist doch
heutiges Tages dieselbe aufgehoben

per L. unic. C. de usucap. transform. ibi Dd. &
Donelus Lib. 5 comment. jur. Civ. n 4.

und liberiret die Præscriptio indifferenter ab actione,

L. 3 C. de præscr. 30 vel 40 ann. Zanger de except.
part. 3 in præfat. n. 13.

so gar, daß wenn schon solche Præscriptionis exceptio von den Parten nicht vorgeschützet wird,
und doch gleichwohl ex Actis erhellet, der Richter
dieselbe attendiren und darnach officii ratione
sprechen muß per eundem

Zanger. de except. part. 3 cap. 26 n. 19. Carpzov.
part. 1 Constit. 25 defin. 1 & 2 per tot.

Nun sind ja die Städte in præscriptione longis-
simi temporis contra nobiles & Paganos, welches sie selbst nicht leugnen können, derohalben die
Städte præscriptionem loco tituli haben, und
sich deren bedienen können,

L. C. de Præscript. 30 ann.

worwider keine Facultas utendi fruendi vel non
hinfuro stat hat. Dann Venatio est juris gentium

§ 21 Instit. de rer. divis.

& secundum illud jus est meræ facultatis, &
tamen privatis etiam in propriis fundis interdum est interdicta :

Carpzov. part. 3 Constit. 22 Defin 17.

Item lapillorum & gemmarum in littore inventa-
rum occupatio est Juris gentium.

§ 5 Inst. de rer. div.

Hodie tamen succini in littore Borussiæ inven-
ti Collectio ad serenissimum ac potentissimum
Dominum Electorem Brandeburgicum spectat.
Similiter & littorum usus est juris gentium;

§ 5 Inst. de rer. div.

Et tamen hodie anchoras alienas littoribus sine Principis concessione injicere non licet, ut
ex Bodino probat,

Klock. volum. 1 Consilio 5 n. 25.

Und in solcher Meynung, da das jus naturæ &
gentium heutiges Tages sehr restringiret und
limitiret ist, stehet mir und einem andern nicht
allemal frey, mit dem Meinigen zu machen, was ich
will, sondern was die Gesetze haben wollen, derohalben mein Wille dem Zwange des Gesetzes nur
muß stille halten. Weil dann nun denen Nobilibus, Beamten und Paganis zu brauen, zum feilen
Kauffe gar verboten, so folget daraus, daß ihnen die
libertas vel facultas de rebus suis disponendi
überall und in allen Stücken nicht frey, sondern nur
auf gewisse Maße erlaubet sey. Denn gleichwie
es unrecht ist, zuläßige Handel und Nahrung zu
verbieten, so ist es auch nicht recht, unzuläßige zu
gestatten; Und weil privatio habitum præsupponiret, die Edelleute und Consortes aber das Bierbrauen und Ausschencken nicht gehabt, wie können
sie dann über Privation klagen? quod enim nunquam habui, non possum amittere, sonst würde
folgen, daß, weil der Adel und Landmann jährlich
seine, und die Beamten ihrer Herrschafft Schafe
scheeren laßen, daß sie auch fort Gewand und andere Manufacturen, als Kleider, Schuhe, Hüte,
Sattel, Pferde-Zeug daraus machen, und
solche Waaren allenthalben frey, ohne der Bürger Willen verkauffen laßen: derowegen irret nichts,
was ex adverso aus dem Baldo pro jure facultatis & Servitutibus incorporalibus wollen angeführet werden, weil auch die Servitutes incorporales in viele Wege præscribiret werden können.

5) Ad 6tam ist nicht der Städte contradiction
wider das Brauen auf dem Lande weit zu suchen,
weil die Chur-Fürstl. Archival-Acten und Städte
chartophylacia dabey überflüssig zeugen, da entgegen schaden die in diesem Fall ex adverso angezogene Consulenten, als Guido Papa denen Städten
nichts. Wider die Lands-Ordnung de Anno
1616, den Landtags-Abschied de Anno 1654 hat kein
Stand

Stand widersprochen, sondern dieselben als authentic angenommen. So ist auch das Edictum vom 12 Martii 1666 propter contradictionem civitatensium auf öffentlichem Landtage gemachet, und hernach autoritate serenissimi Domini Electoris de suggestis, so wohl in Städten als auf dem Lande publiciret und promulgiret worden. Daß aber bey dessen Execution einige privatim sonderlich im Pyritzischen District sich opponiret, ist mehr zu straffen als gutzuheissen. Auf die Provocation ad Serenissimum ist vorher schon geantwortet, unterdessen ist die ratio prohibitionis coquendi & vendendi cerevisiam nicht propter privatam, sed publicam causam civium, ne sc. egeant, quæ pietatis est,

per text. in L. Mela, ibi Pietatis intuitu ff. de alimentis & cibar. legat. & in L. Sancimus C. de S. S. Eccles.

satis munita & firma, woselbsten die Causa redemptionis captivorum & causa alimentorum gleich geachtet werden, denn auf Brauen und Backen, Nahrung und Handthierung treiben, seyn die Städte principaliter gewidmet. Der Landmann hat andere Zugänge zu seiner sustentation als der Bürger, wozu doch dieser jenem helffen und beförderlich seyn muß: wenn aber Brauen und Backen, Nahrung und Handthierung treiben von denen Städten genommen würde, wie soll eine Provinz in sich selbst ohne des Stadtmannes Hülffe und Zuthun in die Länge bestehen können? würden sie sich selbst nicht unter einander im Grund verderben? Nun aber ist durch obgedachte Privilegia und suchenden Wachsthum der Städte, dem gantzen Lande geholffen: der Landmann kan seine Gerste in die Stadt verführen und verkauffen, darff keine Gefahr, weder wegen des Mißraths und Brauens, noch wegen des Feuers besorgen, kan allewege besser durch die Städte als sich selbst mit gutem Bier versehen werden, und wenn Marchen vorgehen, oder Zuführen ins Lager geschehen müssen, so wird nicht der Landmann noch Aemter, sondern die Städte darum angesprochen, und also geschiehet dem Lande durch die Städte eine grosse Sublevation, welche hergegen vom Lande denen Städten nicht wiederfähret, wird also der

lex unica § 14 in verb. sed quod communiter omnibus C. de caduc. tollend.

vor die Städte mehr als den Landmann militiren.

7) Ad 7 auf die widrige 7de Ration, werden dem Landmanne keine jura quæsita zugestanden, es sind nur de facto angemassete attentata und keine jura, laboriten mala fide, haben weder titulum, noch possessionem veram, neque præscriptionem, und seynd daher alle diejenigen, welche sich aus der Ritterschafft und Beamten des juris braxandi & vendendi per se, vel suos pensionarios anmassen, schuldig zu beweisen, daß sie vor und in Anno 1616 in possessione quieta dessen gewesen, und wo sie solches nicht thun, oder nicht thun können, müssen sie solches Schencken und Brauen alsofort abschaffen, und sich dessen bey hoher Straffe weiter nicht anmassen, noch das jus quæsitum civitatibus kräncken oder schmälern. Invertatur ergo Argumentum.

Jurist. Oracul V Band.

tum ex adverso productum, & confirmabit jura Civitatensium contra nobiles. Quia talia jura, de quibus sic gloriantur, vel nunquam vel non recte, sed vitiose acquisiverunt. Et exinde id, quod alias civitatensium est, eorum fieri nequit. Nam quæ negotiatio civium est propria, illa non decet nobilem. At negotiatio, quæ sit vendendo cerevisiam, vel inter cives ipsos, vel ad rus (id est, so wohl in der Stadt, als auf dem Lande) est civium propria. Ergo. Der erste Satz erhellet

ex L. Nobiliores C. de commerc. & mercat. it. ex LL. torneament. Anno 938 ab Imperatore Henrico latis art. XI in verbis.

Sondern mit Kauffmannschafft, Fürkauffen, und dergleichen Sachen nähren &c. wo er auch seinen Hindersaßen ihr Brot vor dem Munde abschneiden wolte. Der andere Satz folget hieraus gleicher Gestalt, und ist also die Conclusion richtig, wenn auch schon einer oder ander ein jus quæsitum hätte, so könnte doch solches ex justa causa wieder aufgehoben werden.

Quia principem ex justa causa dominium rerum privatarum, sive res privatorum aufferre & jus alteri quæsitum tollere posse, communi Doctorum calculo comprobatum per not.

in cap. qui in Ecclesia de constit. ubi communiter Canonista & Doctores in Cap. fin. si contra jus vel utilitatem publ. Gail. Lib. 2 Observ. 56 n. 1.

Iusta autem causa dicitur favor publicæ utilitatis,

per text. in lege Barbarius ff. de off. præt. Gail. ibid. n. 2.

Favor enim publicus privatæ utilitati præferendus.

text. in cap. Imperialem in princ. de prohib. Feud. alienat. per Lothar. Lib. 2 tit. 52.

Aus welchem und was sonsten hinc inde contra nobiles angeführet, der Minor oder Gegensatz, wie oben gedacht, genugsam probiret worden. Woraus der Schluß unwidertreiblich folget, daß die Städte, nicht aber die Nobiles, Officiales Principis vel Ruricolæ ein jus quæsitum juris braxandi & vendendi haben, welches denen Städten nunmehro etiam cum causæ cognitione weiter weder gestritten noch genommen werden kan, per jura ab adversario ipsomet ibidem producta. Nulla enim fortior probatio est, quàm quæ procedit a domo adversarii

per vulg.

8) Ad octavam rationem ist kein Zweiffel, weil die Hochsel. Herrschafft die fundationes der Städte motu proprio aus eigener Bewegniß gethan, sie auch alsofort motu proprio, auf dero Wachsthum und Aufnehmen, nimirum, ut sustentationem vitæ commode habere possent, bedacht gewesen, dannenhero sie principaliter auf Backen, Brauen und andere bürgerliche Nahrung gewidmet worden, welches dann ihr Element, Seele und Leben ist, ohne welche sie tode und leblos seynd

L l   Darauff

Darauf nun haben die Städte von der hochsel. Landes-Herrschafft ihre Privilegia empfangen, welche hernach ob bene merita confirmiret, und provisione legis provincialis perpetuæ bestärcket worden; Sintemalen privilegia universitati vel collegio concessa sunt realia & perpetua

per Marquardum de jur. mercat. Lib. 4 Cap. num. 13.

Und das ist dannenhero hochlöbl. und von Sr. Churfürstl. Durchl. zu Brandenburg zu rühmen, daß dieselbe durchaus nicht zugeben wollen, daß so wenig dero, als ihrer Herren Prædecesseren facta minuiret werden sollen. Princeps enim antecessoris sui facto contravenire non potest; sed omnia servare tenetur, sive sit successor in hæreditate, sive in dignitate. Quod communiter omnibus probatum censet

Idem Marqv. cit. loc. Cap. 6 n. 15 cum multis ibidem allegatis & Doctorum autoritatibus. Et per Cravett. Consil. 455 n. 11 Vol. 3. Menoch. Consil 8 n. 12 Vol. 6.

Idque multo magis, quando privilegia non ex mera gratia sive precaria concessione, sed ob bene merita & ob remunerationem data & concessa sunt; ut hic.

Idem Marqv. Lib. 4 cap. 6 n. 25.

Daß aber die von Städten nachgehends wider einige turbatores geklaget, und Special-Rescripta erhalten, bestärcket motum principum um so viel mehr, weil dieselben, quod sæpius allegatum, nicht gewollt, daß denen Städten in ihrer Nahrung der geringste Eintrag geschehen soll; dannenhero wird motus proprius, cum scientia certa, simul ac bene meritis cumuliret, und in solchen Rescriptis solch Bierbrauen eine bürgerliche Nahrung genannt, worauf die Städte erbauet, welche sie aus beweglichen und beständigen Ursachen, um männiglichen Nutzens und Frommens willen, mit der Freyheit und Privilegio, aus vorgedachten reifem Rath begifftiget und begnadet haben, wie Rescripto der Stadt Camin, sub N. 2 zu ersehen.

Und ob man hiewider etwa wollte einwenden, sothanes Caminische Rescript gienge nur die Bürger als Bürger an, so stringiret doch solches desto stärcker wider den Landmann. Denn so Bürgern als Bürgern in favorem singulorum civium das Bierbrauen propter alimenta & vitæ sustentationem quærendam verboten ist, wie vielmehr ist es dem Adel, Beamten, Priestern, Arrhendarien, Bauern etc. als welche sonst ihre Nahrung, haben können, verboten, alias Privilegium civibus concessum fieret elusorium, quod alias pondus & effectum habere debeat

per L. item veniunt § aptanda ff. de pet. hered. & alia jura per Cravett. allegat. Consil. 135 Num. 34.

wie solches oben allbereit an- und ausgeführet.

Uiberdas wird von Städten gar nicht gestanden, daß ihre Privilegia & Rescripta contra jus & utilitatem publicam wären gegeben oder expracticiret worden; das Contrarium ist vielmehr aus obigen sattsam deduciret. Sintemalen in denenselben non uni personæ particulariter, sed generaliter omnibus, exceptis braxatoribus, (oder denen Brauer-Gilden in Städten) das Brauen und Ausschencken verboten, welche nicht nur einzeler, sondern multiplicirte rescripta vim clausulæ: Ex certa Scientia (wenn schon dieselbe darinne nicht exprimiret wäre,) haben, suspicionem sub- & obreptionis purgiren.

Jason in L. Nec damnosa n. 6 Cod. de X. Rescript.

Imo geminatio (multo magis multiplicatio) rescripti habet vim clausulæ, motu proprio

Bald. in d. l. damnosa C. de prec. Princ. offerend.

Et inducit præsumtionem plenitudinis potestatis.

Quia habet vim Clausulæ derogatoriæ, ut notat

gl. singularis in Cap. ad hoc in verbo reperit, de Rescript. Decius Consil. 173 n. 7 & 8 incipit viso Consilio,

Ubi dicit: Factum ex certa Scientia Principis in dubium revocari non posse, sed contradictori perpetuum silentium imponi debere.

Gail. 2 Observ. 56 n. 14 & seqq.

Indecorum enim esset, si Principi non liceret sua liberalitate & munificentia, in quos velit, uti

Thoming. Consil. 52 n. 72. B. Rhnan. Consil. 1. n 15.

Non enim sine solennibus fieri possunt, quæ a Principe fiunt. Quia semper proceres ad latus habere præsumitur.

L. omnibus 19 Cod. de test.

Uiber das alles, so hat solche exceptio de motu proprio nur stat in casu dubio, quando scilicet non constat de causa; Allhier aber ist die causa, nemlich das Aufnehmen der Städte nicht dubia, sed satis expressa. Unde in claris & apertis conjecturis non est opus.

L. ille aut ille ff. de legat. tertio.

9) So führen auch, ad nonam objectionem zu antworten, solche Rescripta gar keine Neuerungen ein, sondern sie stabiliren nur die alten Jura, welche von Fundation der Städte ihren Anfang genommen, und mit der Zeit dergestalt befestiget, daß daraus publicæ & totiesquoties reiteratæ & confirmatæ, imo a proceribus provinciæ pro lege patriæ acceptæ & introductæ constitutiones publicæ geworden. An welche alle und iede Personen, deren in rescriptis gedacht, oder darunter verstanden werden können, (nisi hic vel aliam contrariam & specialem concessionem vel immunitatem legibus tamen provinciæ aptam doceat) præcise verbunden seynd. Und hindert hiewider nichts, daß etwa mit einem oder andern individuo es vielleicht eine andere Beschaffenheit seiner Güter möchte gehabt haben, und derselbe entweder es nicht geachtet, sondern den Städten ad tempus überlassen, oder sich in seinen Rechten etwa versäumet haben, solches aber toti ordini Nobilium nicht schädlich seyn könte, denn in diesem Fall seynd sie alle sub universali lege

lege begriffen. Nisi quis specialiter specialem exceptionem doceat. Und haben die, welche sich des Brauens ultro begeben, oder es nicht geachtet, ietzo destoweniger sich einzumischen, am wenigsten auch, weil sie denen legibus publicis gehorsamet, einiget Straffe sich befürchtet. Denen andern aber geschicht destoweniger Unrecht, weil ihnen dergleichen Negotiation, weder Standes halben anstehet, noch sie dazu befugt seynd. Weil der Landes-Herr ex justa causa, scilicet pro utilitate publica, ut hic, einem andern sein vermeintes jus quæsitum, ut privato, wohl wieder aufheben kan, per jura superius adducta.

Daß aber 10) die Ritterschafft vorgiebet, sie wäre über das Edictum vom 12ten Mart. 1666 weder gehöret, noch dazu citiret worden; So ist ex actis archivi Electoralis & Provincialis satsam bekannt, wie viel seit dem Stargardischen Land-Tags-Abschiede, über die Haltung desselben, und die Lands-Ordnung de an. 1616 auf allen Diäten und Land-Tagen geklaget, und was darinnen verabschiedet, solches ist denen Herren Vorderständen nicht unbekannt gewesen, weil es nicht im Winckel, sondern öffentlich geschehen. Und dannenhero auch bey währendem allgemeinen Land-Tage, mehr beregtes Edictum vom 12ten Martii 1666 heraus kommen, welches hernach in allen Districten des Landes post promulgationem e suggestu, valvis templorum vel tabernariorum publicorum per ministros publicos (die Churfürstl Land-Reuter) öffentlich affigiret worden. Es seynd auch nobiles dawider docentibus actibus archivi Electoralis mit ihrer Nothdurfft, (wie oben schon gedacht), eingekommen.

Man hat vor sie bey der Regierung, mittelst übersandter Relation ad Serenissimum das Patrocinium geführet, und causam ad personam Serenissimi ac Potentissimi Domini Electoris propriam devolviret, auch zu dem Ende ambarum partium rationes cum actis mit transmittiret; aber höchstgedachter Sr. Churfürstl. Durchl. haben nicht befinden können, wie obangezogene der Städte jura lächerlich zu machen, und derohalben die Sache in ihren Judicatis gelassen. Wie kan man sagen: die Ritterschafft und Interessenten wären nicht gehöret? Gesetzt aber, nicht gestanden, sie wären nicht gehöret, so ist es doch nicht nöthig gewesen. Weil diese Sache in foro contradictorio durch den Staraardischen Land-Tags-Abschied de an. 1654 und Lands-Ordnung de an. 1616 communi statuum consensu abgethan, und hat de novo nicht in litem novam gezogen werden dürffen oder können, weil es nur eine repetitio priorum constitutionum ist, welche partibus absentibus nec citatis wohl geschehen können. Est enim privilegii impertiendi vel renovandi facultas seu actio supremæ potestatis, quam alterius contradictio impedire nequit: secund.

Alb. Bruno. Consil. 1 num. 71 verf. idem etiam vult Baldus.

Quando autem contradictione alicujus impediri res factumque nequit; citatio, ut frustranea, non est exigenda, minus concedenda,

Idem Bruno cit. Consil. n. 72,

ubi hæc adjicit: Quod si appareat Principem, vel

Jurist. Oracul V Band.

jura Principis in suo territorio usurpantem ad efficiendam rem aliquam, ita esse dispositum, ut hi, de quibus Princeps cogitavit, ne, si præsentes essent, voluntatem ejus impedire possint, valeat actus, etiam non citatis iis.

Idem cit. loc. n. 74.

Nun seynd damals Stände zusammen gewesen, und haben nicht gewehret, noch wehren können. Derohalben hierzu keiner sonderlichen Citation vonnöthen gewesen. Et hæc sententia inde quoque firmatur, quod quoties Princeps via extrajudiciali, justaque ex causa jus alteri tollit (modo aliquod penes Nobiles fuerit) aut minuit, necessaria non credatur citatio, ut post

Lud. Rom. Consil. 369 n. 29 verf. primo cum Princeps justa ex causa deducit & defendit Zythander a Bunde in tract. de jure brax. Part. 1 cap. 2 num 96.

Eine viel andere Beschaffenheit hat es mit dem Edict, und so genannten Interims-Vergleich, welches Anno 1682 wollen gedruckt werden. Weil nun rebus sic stantibus super re certa & non dubia, absque præscitu & consensu civium braxatorum, zu ihrem höchsten Schaden weder transigiren, noch diese darinne, cum res non solum præsentium, sed & posteritatis sit, consentiren, noch sich aus ihren uralten wohlhergebrachten und præscribirten Rechten geben können. Destoweniger, da die angegebene transactio, oder das Edictum, prout sonat, schlechterdinges von denen, so a parte civitatensium dazu gefodert seyn sollen, nicht zugestanden wird. Weswegen sie sich auf das bey der Churfürstl. Regierung gehaltene Protocoll beruffen, und vermeynen, daß dermaligen Herren von Städten Meynung und unvorgreiflicher Vorschlag nicht recht eingenommen sey, zu dem, woferne etwas concediret und remittiret werden könte, wird des remittentis scientia & consensus nothwendig erfodert, und hätten demnach über angezogene Transaction zuförderst die Brauer in Städten gehöret, und ihr Consens darinne mitgenommen, oder bey den Protocollis es platt sollen gelassen werden. Welches in damaliger Eil von denen Herren Civicis nicht geschehen können, weniger seynd die Erinnerungen alle attendiret worden. Uiber das gehet die Sache des Brau-Wesens nicht den Rath oder Magistrat allein, sondern die gantze Stadt und alle Bürger ratione emolumenti an. Quod autem omnes tangit, ab omnibus debet approbari.

L. fin. Cod. de aut. præst.

So stehen auch der Bürger jura nicht also, daß man darüber nach Gefallen dispensiren könte. Man kan zwar der Städte Zustand verbessern, nicht aber verschlimmern.

secund. Henning. Gæden de jure civili Consil. 5 n. 19.

wie solches gedachter

Zythander a Rubde de jure braxandi P. 1 cap. 2 n. 34 & seqq. usque ad n. 55

inclusive pro & contra mit mehrerm ausführet,

Item Dominus Brunnemannus in Consil. 58 n. 11.

wiewohl die Intention der damals erforderten Herren ex ordine civico wohl und gut gemeynet gewesen.

Was

Was 11) wider den legem nobiliores Cod. de Commerc. will eingewandt werden, als rede derselbe nicht wider die Verlegung der Adelichen Kruge, weil solches für keine Kauffmannschafft zu halten; Darauf ist zu antworten, daß alles dasjenige dem Edel-und Landmann verboten sey, woraus denen Städten an ihrer Nahrung und Handthierung Nachtheil und Schaden zuwächst, oder dadurch die Handlung kan schwächer gemacht werden. Nun ist das Brauen und Ausschencken auf dem Lande eine Hinderung der Städte Nahrung, derhalben schliesset sich, daß das Brauen denen von Adel, Beamten und Land-Leuten durchaus verboten sey.

Major patet ex d. l. C. de Commerciis. Minor lässet sich freylich ex verbis d. legis perniciosum urbibus mercimonium subsumiren. Denn es würde weder Gerste noch ander Korn, woraus man Maltz machet, denen Städten zugeführt, weniger Bier aus denenselben aufs Land geführet werden, daraus ein unwiderbringlicher Schade und Verderb der Städte erwachsen würde. Es würde auch der gemeine Mann, sonderlich die Armen, sich sehr zu beschweren Ursach haben, wenn sie die Nothdurfft an Bier und Brot in Städten nicht bekommen könten. Ja, wenn auch Streit zwischen Käufern und Verkäuffern etwa vorfiele, würde der Edelmann mehr Richter als Part seyn, und also denen Städten grosse Confusion erwecken, und den Handel wo nicht gar aufheben, doch schwer machen. Quibus concessis würde zu besorgen seyn; Quod nobiles ad sordida se conferent ministeria, & vicinis graves, præsumtione Cinguli Equestres, existeret.

L. Milites 31 & L. ult. Cod. loc. cond.

Nam negotiatio hæc respectu Nobilium est actus illicitus, p. d. L. ult. in verb. sordida audeant venire ministeria. Cod. loc. Conducti

Zythand. a Buhde cit. loc. n. 14, 15 & 16.

Und irret nicht, daß 12) die Jurisconsulti, so von dem jure braxandi vor die Städte und contra Nobiles & paganos geschrieben, civici ordinis seynd, weil dieselben nicht nach Gedüncken, sondern ohne respect personarum & dignitatum, auf ihren theuren Eid, Armen und Reichen, nach Befindung unparteyisch Recht sine collusione sprechen müssen. Pii enim Juris Consulti utrique parti jura pandant sine collusione secund.

Bald. in Authent. Habita vers. quarto nota Cod. ne filius pro patre.

Aut enim alterutrius partis causa est justa vel injusta, si justa, pandere eam justitiam etiam adversario utilissimum fuerit. Quia animus honesti & æqui studiosus, facile rationibus juris cedet.

per Nevizan. Lib. 5 Sylv. Nupt. n. 67.

Si vero injusta, juvabit partem in devia prolapsam in viam reducere.

Arumæus Lib. 2 Decis 1 n. 32 & seqq.

Doch seynd gleichwol unterschiedliche, und unter denen der von Ramsla, welche ex ordine Nobilium, vor die Städte und wider die Ritterschafft, Beamten und andere paganos und Landmann in

diesem Fall sententioniret. Wenn aber dieser Juris Consultorum Autorität einem oder andern suspect, oder nicht genugsam düncken solte, so setzet man denenselben, wie schon bey der refutatione ration. Nobil. specialissima angeführet, summas autoritates tot Imperatorum & ducum Pomeraniæ, imo ipsius Serenissimi Electoris Brandenburgici eorumque Consiliariorum Regentium, welche höher am Stande und Dignität, und mehr als sonsten Edelleute, oder der gemeine Landmann seynd, und wider welche ja wohl præsumtione juris & de jure keine Suspicion zu fassen, billig entgegen. Sonsten aber, weil Herren Nobiles von ihrer Seiten denen Städten autoritates Juris Consultorum ex ordine civico, als den Cravettam, Schraderum, Gœden objiciren, so kan ihnen ja nicht entgegen seyn, daß Städte nebst diesen auch andere Consulenten zu Rathe ziehen, da sie denn, wie weit ihre patroni, als Cravetta und Schrader ihnen beypflichten, oder assistiren können, ex supra adductis zur Genüge sind berichtet worden. Sonst müsten sie dieselbe passibus contrariis auch suspect halten, welches Nobiles selbst nicht werden thun wollen, noch thun können. Sequimur enim decisiones, non quia sic judicatum, sed quia rationabiles sunt.

per eundem Arumæum cit. loc. n. 66.

Und wer einen autorem vor sich anziehet, der muß ihn auch wider sich gelten lassen.

Was aber bey der 13) Objection von denen Churfürstl. Herren Beamten angezogen, und a minori (scilicet deren von Adel) ad majus videlicet ad personam Principis will gefolgert werden, nititur eadem hypothesi. Massen nimmermehr geglaubet werden kan, daß höchstgedachte Sr. Churfürstl. Durchl. dasjenige, was sie ex liberalitate & munificentia, motu proprio & ex certa scientia absque ullo reservato dero getreuen Städten, sowol in allgemeinen als special Privilegien wohlbedächtiglich und mit gemeinem Rathe dero Land-Stände, wegen des Bierbrauens und Ausschenckens zum feilen Kauf einmal gegeben, und hernach so öfters in angezogenem Land-Tags-Abschiede, Regiments-Verfassung, Landes-Ordnungen rc. confirmiren lassen, ietzo bey dero Pommer- und Fürstenthums Camin Herren Beamten wollen limitiret und restringiret haben. Denn ob zwar omnia Principis sunt, respectu Jurisdictionis & protectionis; So haben doch höchstgedachte Sr. Churfürstl. Durchl. allezeit, als ein gnädigster Landes-Vater, sich gegen dero getreue Städte erzeiget, und sofort bey Antritt dero glücklichen Regierung sie bey solchen Privilegien, worunter das Bierbrauen nicht das geringste ist, aus angebohrnem Hochfürstl. Gemüthe nicht nur gnädigst gelassen, sondern auch dero damals sehr ruinirten Zustand zu verbessern, auf allerhand Mittel gedacht, wie ihnen wieder auszuhelffen, und deswegen vormentionirte Verordnungen postliminio quasi reduciren, und ad pristinum statum revociren, dabey aber kein Reservat vor dero Herren Beamten vorbehalten, sondern alles sub generali & universall prohibitione seyn und bleiben lassen.

Wel-

Welchem höchst rühmlichen Exempel Sr. Churfl. Durchl. hertzgeliebte Gemahlin preißwürdig gefolget, und dero Leibgedings-Unterthanen zu Treptow, das Bierbrauen und Schencken zum feilen Kauf, durch die Churfürstl. Amts-Cammer zu Colberg, besage Beylage n. 43 ernstlich verbieten lassen, in gnädigster Consideration. daß sie kein diensameres Mittel zu der Städte Aufnehmen erachtet, als wenn Handel und Wandel, Bierbrauen und Handwercker wieder in die Städte gebracht und die Zufuhre des Getreides und anderer Land-Waaren nicht gehindert, sondern den Commercien ihr freyer Lauff gelassen würde. Welches denn auch, Gott lob, so vielen Effect gethan, daß Sr. Churfürstl. Durchl. da die Städte populeuser worden, einen mercklichen Zuschub bey dero Krieges-Expeditionen gnädigst empfunden, und deswegen der Städte Treue gnädigst gerühmet, und in gnädigsten Andencken gehalten. Unzweifelich demjenigen beypflichtende, was einsmals ein grosser Herr von denen Städten Hochfürstl. judiciret, sagende: Es sey einmal gewiß, daß die Städte robur principatus sind, wären auch Land-Stände, so auf Land-Tägen ihre Stimmen und votum hätten; wenn selbigen nun viel Mittel zuwüchsen, könten sie auch viel williger, und ihren Herren wiederum unter die Arme greiffen, willigten auch desto eher und lieber, wenn sie ihres Fürsten Landes-väterliche Affection gegen sich verspüreten, zu geschweigen, daß auch eines Fürsten Reputation darbey interessiret, welcher Ehre davon trage, wenn er ansehnliche Städte in seinem Lande hätte.

Jo. Otto Tabor de Jur. Cereviſ. cap. 1 § 1.

Die hochselige Landes-Herrschafft hat Dero Herren Räthe, Beamten und Diener wider die Contravenienten ut Executoren verordnet; Ein gleiches haben Sr. Churfürstl. Durchl. durch dero Churfl. Amts-Cammer auch thun lassen, wie das höchstrühmliche Exempel im Amte Treptow bezeuget. Und würde unzweifelich bey allen andern Aemtern das Bierbrauen zum feilen Kauffe nicht tentiret seyn, wann nicht einige Beamten spe lucri privati ihren eigenen Nutzen darunter gesuchet hätten oder noch suchetē. Höchstgedachte Sr. Churfürstl. Durchl. hätten bey Confirmation der Landes-Constitutionen, ut Princeps, Dero Aemter wohl excipiren, oder auch in Städten der Brauer-Gilden Rollen limitiren und restringirn können, wenn sie nicht gewust und höchst erleuchtet betrachtet, daß es beydes wider Dero hohes Churfürstl. Wort, und bey der Huldigung versprochene Churfürstliche Gnade, als Dero getreuen Städte Aufnehmen anlauffen möchte, und dannenhero auch nicht einmal gewolt, daß Dero Diener und Amts-Unterthanen sich dessen unternehmen solten. Ein höchstrühmliches Exempel zeiget zu Friedrichswalde vor einigen Jahren angegebenes, aber auf unterthänigste Remonstration hinwieder gantz abgeschaffetes und eingestelletes Saltzsieder-Haus. Wider das Brauen daselbst streiten gleichmäßige rationes. De similibus enim idem esto Judicium.

Cap. 6 inter cæteros de Reſcript.

Destomehr, da man aus solchen Amts-Krügen Zwang-Krüge machet, und Reisenden, e. gr. zu Friedrichswalde und auf Neuhauß bey Stargard,

zum Trincken zwinget, es sey das Bier gut oder schlimm. dadurch dann geschiehet, daß die Amts-Bauren gehalten seynd, ihr Korn und Getreide, welches sie sonsten in die angelegenen Städte zu verführen gewohnet, nicht in die Städte, sondern auf die Aemter zu bringen, dabey denn einige Beamten, als Arrhendatores, ihren Vortheil zu machen, und so etwa Schaden dabey, der Herrschafft denselben anzurechnen pflegen.

Bey solchem Aemter-Bräuwerck werden gemeiniglich keine Metzen gegeben, welches ein grosser Abgang der Churfürstl. Intraden ist, dagegen wenn die Brau-Nahrung bey denen Städten bleibet, wachsen die Mühlen-Metzen desto häuffiger zu, die Accise und Ungelder kommen dem gantzen Lande zu gute, dagegen, wenn die Herren Beamten oder Landmann die Krüge verlegen, können die Städte ihr Bier nicht los werden, weil es die Herren Beamten oder Edelmann, wegen nicht entrichteter Accise und Metzen, um ein gut Theil wohlfeiler geben können; es dürffen aber die Herren Beamten sich gar nicht entschuldigen, sie könnten die Gerste sonst nicht verkauffen, weil durch Zufuhre derselben, und anderer Land-Waaren, sie der gnädigsten Herrschafft doch genugsam Profit machen, und Sr. Churfürstl. Durchl. alsdann die Metzen ohne das genug haben können. So heben auch die angezogene exempla biblica & profana Sr. Churfürstl. Durchl. gnädigsten Willen, und der Städte Gerechtsame gar nicht auf. Denn man streitet so wenig Sr. Churfürstl. Durchl. hohen Person, als Dero Beamten bedürfftiger Hofhaltung und Hauses Nothdurfft, wormit die angezogene exempla biblica unzweiffelich auch werden zufrieden gewesen seyn. Denn man nirgends lieset, daß sie Bier-Häuser oder öffentliche Weinschencken angerichtet, und Bier oder Wein durch ihre Leute ausschencken lassen. Was aber über die Hofhaltung noch übrig gewesen, ist glaublich, daß an die Bürgere in Städten, als Land-Waare verkauffet worden, welches noch heutiges Tages gerne kan geduldet, auch Sr. Churfürstl. Durchl. gerne sehen und gönnen, und demnach solche bisher bey den Aemtern eingerissene Monopolia, als höchstschädlich, ernstlich verbieten werden.

Denn auf die 14) Objection zu antworten, daß ein iedes Reich und Provintz seine Grundsatzungen hat, wornach es muß regieret werden. Weswegen dann alles, was etwa in Italien, Franckreich rc. zulässig, sich allhie in Pommern nicht allemal schicket, vielweniger in hoc casu, ubi specialia jura obstant, welche Sr. Churfürstl. Durchl. ut Princeps & fons justitiæ gnädigst zu mainteniren, höchstrühmlich versprochen, und an dieselbe sich gleichsam gebunden haben wollen, von dem Weinhandel aufs Bierbrauen und Mältzen will appliciren, weniger, weil allhier in Pommern nicht eadem, sed dispar ratio est; dahero auch solche casus paritatis, æquitatis & identitatis rationis sich so nicht connectiren lassen, sondern freylich von andern Landes-Gebräuchen zu separiren seynd, cum ob ipsorum subditorum, non regentium utilitatem potestas principum introducta est secund.

Vaſquium in Proœmio Part. 2 Lib 1 n.10 de ſucceſſionis progreſſu. Brunnem. Conſil. 1 n. 76.

Ll 3 Es

Et quemadmodum pater liberorum, tutor pupilli bona alienare non potest; Ita nec Princeps subditorum. Idem

Brunnem. cit. loc. i, 81.

Handel und Wandel aber, wie auch Backen und Brauen, seynd der Bürger in Städten Güter, in welchen aber höchstgedachte Sr. Churfürstl. Durchl. weder durch sich selbst, noch durch dero Diener den geringsten Eindrang und Schaden nicht wollen geschehen lassen, derohalben denn auch schon im vorigen Seculo Hertzog Barnim, das von Hertzog Johann Friederichen, zu Friederichswalde, wie schon angeführet, vorgehabtes Brau-Haus, und höchstgedachte Sr. Churfl. Durchl. das Saltz-Haus daselbst, ungeachtet die damaligen Beamten davon grosses Wesen Churfürstl. Intraden machen wollen, allergnädigst wieder abgeschaffet. Nam Dominorum hoc casu & subditorum fides, ceteris paribus, secundum plus, minusve reciproca esse debet, ut docet

Gail. de arrest. Imper. cap. 6 n. 23 seqq.

Potissimum vero novationes sunt prohibitæ

L. cum satis 23 in verb. caveant autem C. de agricol. censitis & colonis.

Quamvis enim de potestate Principis disputare non liceat per jura vulgata

in L. 5 C. de divers. Rescript. & L. 3 C. de Crim. sacrileg.

Tamen de voluntate & scientia Principis non est prohibitum disputare. Quia non sustinet facile Princeps summus, si non appareat iis, quæ prava ipsi insinuatione suggesta sunt.

Cap. si quando 5 in fin. X. de Rescript. tot. Tit. Cod. si contra utilitatem publicam. L. penult. Cod. de Prec. Imp. offerend.

Quia quando jus tertii concessione Principis læditur, ut hic per officiales in Domaniis, & pars læsa sub & obreptionem allegat, tunc non de potestate, sed voluntate & scientia Principis disputatur, quod prohibitum non est juxta

Gail. Lib. 2 Obs. 58 n. 7.

quia non damnosa fisco) nec juri contraria postulare oportet.

L. 3 Cod. de precib. Imper. offerend.

Male enim interdum princeps instruitur.

text. in L 1 Cod. de pet. bonor. sublat. Gylman. Tom. 1 Symphor. Part. 2 tit. 11 n. 86. Brunnem. cit. loc. n. 158.

Derohalben solche Aeusserung des Brau-Wesens auf den Churfürstl. Aemtern, der Herren Hertzogen von Pommern, nicht eine nuda intermissio, sondern vielmehr eine abdicatio vel renunciatio juris gewesen, dessen sie sich ex justa causa, weil es zum Verderb der Städte gereichen würde, und es ihren Beamten nicht anständlich befunden, gutwillig begeben, und also denen Beamten die facultatem utendi vel non, gantz benommen; denn weil die Fürstlichen Herren Beamten executores mandatorum principum gewesen wie solches ausdrücklich aus denen von den Herren Land-Vögten und Hauptleuten gegebenen respective Verordnungen und Executorialen zu ersehen, so hätte sich wohl nicht schicken wollen, schicket sich auch ietzo noch nicht, daß sie contra expressam mentem & intentionem Principis andere straffen sollen, da sie selbst

sträflich gewesen. Massen solche denen Städten ertheilte Concessiones und Privilegia nicht mere gratuitæ seyn, sed propter bene merita simul, & hic instar contractus enstanden, und also auf ietzo, nisi cum præsentissimo civitatum damno & pernicie nicht können revociret oder limitiret werden, per ea, quæ tradit

Marquard. de jure mercatur. Lib. 4 n. 25 & seqq.

Wann nun Sr. Churfürstl. Durchlaucht aller dieser Sachen Umstände, wie sich das Brau-Wesen mit den Ständen in Pommern recht verhalte, genugsam, und als sichs gebühret, wären erinnert worden, weil Deroselben propter multitudinem causarum, & diversitatem jurium diversarum provinciarum, nicht alle und iede Statuta derselben allemahl beyfallen,

Secund. Gail Lib. 20 observ. 55 l. 2.

hätten dieselben unterthänigster Zuversicht es noch ietzo nicht billigen wollen. Non enim dicitur certior fieri, cui non omnes rei circumstantiæ atque causæ dilueide exponuntur. Alioquin si concedens ignoravit circumstantias vel qualitates, non dicitur habuisse plenam scientiam, ut ex

Tiraquello de Retract. Lig. § 36 gl. 2 n. 30 it. Wesenb Consil. 43 n. 30 deducunt. •

Ea propter si in re publica (vel Ecclesia) in qua impetratur privilegium (beneficium) extat aliquod statutum, quod impetrationi obstat, illud narrandum est, alioquin gratia erit sub- & obreptitia, & nihil penitus sperabitur. Ita decidit

Nota Decis. 13 de Rescriptis. Menochius Arbit. Jud. Lib. 2 Cent. 3 Casu 101 n. 136, 137 ubi dicit:

Quando rescriptum vitiatur ob subreptionem causatam & taciturnitate juris, quod alter in beneficio obtinet. Nam vere, qui impetrat, narrare debet, collationem alteri prius factam esse. Ita

gl. in Cap. gratia in verb. ignoranti de Rescriptio in sexto.

Ratio est, quia hic, qui priorem collationem est consecutus, dicitur obtinere jus ad rem, quod per solam occupationem plenum ac indubium reddere dicitur. Qui ergo secundam impetrationem facit, jus illud narrare debet, cum alioquin Princeps illi derogari non credatur.

Juxta Regulam L. 2 § merito § si quis a Principe ff. ne quid in loco publico.

Nun haben die Städte sothanes Rescriptum, worinne denen Churfürstlichen Herren Beamten das Brauen zum feilen Kauff etwa solte concediret seyn, weder gesehen, noch sind darüber gehöret. Wann auch, (das Städte doch nicht gestehen), dergleichen schon wäre, würden höchstgedachte Sr. Churfürstlichen Durchlauchtigkeit auf eingezogenen andern Bericht, in Krafft deductorum es gnädigst gerne cassiren und aufheben. Wird also auch dasjenige, was von Seiten der Churfürstlichen Herren Beamten, sowol wegen des Brauens als Kauffmannschafft angeführet werden mögen, hoffentlich genugsam beantwortet, und also ihnen weder Brauen noch Kauffmannschafft, als bürgerliche Nahrung zugelassen seyn.

In Ansehung, daß schon Anno 1579 den 4ten August Kayser Rudolphus an Hertzog Julium zu Braunschweig geschrieben, daß solches Bierschencken weder hohen Fürstlichen Personen anständlich, noch dero Beamten zuläßig sey, wie dessen citatus

Goldast. in Reichs-Satzungen Tom. 2 fol. 326
und

Neumeyer a Ramsla in Tr. von Steuren *Cap. 5 tb. 11 per totum*

nicht ohne Grund und Ursache gedencken. Woselbst auch unterschiedliche andere Exempel angezogen werden, welche man daselbst nachlesen und wohl erwegen kan. Von Sr. Churfürstl. Durchl. zu Brandenburg aber ist dergleichen, Gott Lob, nicht zu besorgen, weil dieselben iederzeit den gemeinen Nutzen ihrem Vortheil vorgezogen, wenn nur denenselben allemahl von denen Herren Beamten, oder denen es sonsten Amtswegen gebühret, der Sachen wahre Umstände berichtet würden. Uiber das ist es ja an andern Orten so eine gar ungewöhnliche Sache nicht, denen Fürstl. Beamten das Bierbrauen und Ausschencken zu verbieten. In Sachsen zeuget über das von Goldast und Neumeyern angeführtes Exempel, bey Braunschweig der Land-Tags-Abschied de anno 1619 den 27 Jan. dessen

Tabor de jure coquendi cerevis. Cap. 2 pag. 15

gedencket mit diesen Worten:

Vors 22) hat man gleichergestalt wegen des Bierbrauens auf dem Lande ao. 1597 zu Saltzthal beym 30 Artickel, und zu Seeffen ao. 1607 im siebenden Artickel aufgerichteten Land-Tags-Tags-Abschied de anno 1629 sub n. 24, denen Beamten das Bierbrauen gantz verboten. Denn was hätten es sonst die Städte Nutzen, wenn sie nur fremde Bier pfänden, und ihr Stadt-Bier ihnen doch nicht abgeholet werden sollte? Derohalben nicht eben auf die verba rescripti, sondern auf den mentem und intentionem constituentium zu sehen, und dahero die interpretatio, quæ semper bene et gratiose pro civibus præsumitur, zu nehmen ist;

per l. hæc actio ff. de Calumn. et l. Regula § et licet, ubi Bald. et B. ad ff. de juris et facti ignorantia.

So ist allhier auch die unvermeidliche Noth, noch das Unvermögen der Städte, Gott Lob, so groß nicht, daß dessentwegen die Herren Beamten nothwendig brauen, und die Unterthanen mit Bier und Kaufmanns-Waaren versorgen dürfften. Solchemnach wird dahin concludiret, daß denen Herren Beamten im Hertzogthum Hinter-Pommern und Fürstenthum Camin kein jus braxandi vel vendendi cerevisiam competire noch zustehe.

15) Was nun ferner der Priester objectiones, und zwar die erste betrifft, so ist zwar wahr, quod nemini honesta negotiatio interdici possit. Es kan aber dieselbe ex causa, ut hic, ex persona clerici vel religiosi, illicita werden;

Secund. Innocent. In Cap. 1 ut eum et tot. tit. et Panormitanum ibi n. 11 X. Ne Clerici vel Monachi.

Ingleichen wird auch eine sonst vergönnete Nahrung öffters unzuläßig ex loco, ut quia in Parochia vel loco Religioso fit, da es sich gantz nicht schicket, auch um der besorgenden Feuers-Gefahr nicht zuläßig, propter cupiditatem habendi et

avaritiam, welches denen Priestern gemeiniglich anhänget. Ihr Amt erfordert, Gott zu dienen, die Seelen, und nicht die Bier-Tonnen zu curiren, oder sich um weltliche Händel zu bekümmern.

tot. Tit. ne Clerici vel Monachi.

Wollen sie etwan einwenden, daß sie nicht selbst in Person, sondern durch ihre Leute brauen und ausschencken liessen, wie dasselbe so wohl die Nobiles als Domaniorum officiales auch vorbringen, so heisset es doch hic in passu mit ihnen sammt und sonders: Quod quis suo nomine exercere prohibetur; id nec per subjectam personam agere debet.

per text. in l. non utique ff. de administrat. rerum ad Civit. pertin.

Et quod non possum per me, neque per alium possum

L. Pupillus 5 § sed si 3 Cod. de aut. Tutor.

Statutum enim loquens in persona facientis, habet locum etiam in eo, qui per alium facit.

Bart. in L. 3 § si procurator ff. quod quisque Juris &c.

Quadrat hic, quod indefinita et simplex promissio de non faciendo, intelligatur tam de se, quam de illis quibus potest ille imperare.

L. inter Stipulantem in princ. ff. de verb. obligat. et L. Stipulatio ista ff. eodem.

Denen Clericis, Predigern, Prälaten, Canonicis und ihrem Anhange, ist so wenig ins grosse als kleine, Kauf-Handel, Bier zu schencken oder andere bürgerliche Nahrung zugelassen. Wenn auch die materia ex qua in aliam formam gebracht wird, weil solches per jura adducta, und die öffentliche Landes-Constitutiones verboten, und nunmehro auch ex hoc ihnen keine remuneratio laborum zukommen kan.

So ist es auch der Bey-oder Vorsorge, pro utilitate publica, ne scilicet res necessariæ ad vitam desint, bey denen Herren Predigern und Clericis gar nicht nöthig, dann ihnen schon mehr als zu viel vertrauet, daß sie sich um die Annonam gar nicht bekümmern dürffen. Im übrigen referiret man sich auf das, was oben pro fundanda intentione civitatensium mit mehrem angeführet. Und weil nun alles dasselbe, was wider die Churfürstl. Herren Beamten, von Adel, Priester, Arrhendatoren, Schultzen, Krüger, Bauren, Schäfer, Müller, Schmiede und dergleichen, so wohl wegen des Bierbrauens, Kaufmannschafft und Handwerckern ut utraque kan beygebracht werden, dahin einfliesset und daraus vor die Städte wohl kan decidiret werden: So schliesset man demnach im Nahmen Gottes pro civitatensibus affirmative, und hält man nach vorher angesetzter Facti specie, und daraus erfolgenden Rechts-Gründen auf die erste Frage vor Recht; daß die von Adel, ausser denen, welche vor und in ao. 1616 in rechtmäßiger Possession des Bierschenckens und Krug-Verlags gewesen, (welches aber die Prätendenten vorher plenarie probiren und exacte beweisen müssen; denn sonsten gehören sie mit unter die General-Disposition juris Statutarii vel provincialis prohibitivi); ingleichen die Churfürstl.

Herren

Herren Beamten, it. Priester, Verwalter, sie haben adeliche, oder auch aus denen Aemtern Güter arrhendiret, Schultzen, Müller, Schmiede, Schäfer und Bauren 2c. sich der Brau-Nahrung und Krugs-Verlags zum feilen Kauf, weder ins groß und an gantzen Gefässen, noch eintzeln und mit Bechern, oder in andern kleinen Massen, auf den Chur-Fürstl. Amts-Häusern, adelichen Höfen und Dörfern, sich gar nicht anmassen können, sondern ihnen solches insgesammt und einem ieden insonderheit, (ausser, was zur Hauses-Nothdurfft die Obern bedurffen), verboten, hergegen aber solch Bierbrauen und Krug-Verlag, item Ausschencken zum feilen Kauf ins groß und klein denen Brauer-Gilde-Verwandten in Städten zu lassen, und sie darwider vor männigliches Eindrang, durch die hohe Landes-Obrigkeit, Krafft angezogener vielfältiger Landes-Constitutionen, insonderheit der de 2o. 1616, Fürstl. Reversalen de 2o. 1629, Land-Abscheiden de annis 1632, und 1654, wie auch Churfürstl. Brauer-Placat vom 12 Martii 1666, und abstipulirenden jurium communium Einwendens ungehindert zu schützen und zu handhaben sind.

Auf die andere Frage: daß ebenergestalt, so wenig den Churfürstl. Herren Beamten, von Adel, sammt dero Verwaltern, it. den Priestern und Bauren, oder insgemein dem Landmanne, cujuscunque etiam conditiònis der, oder dieselben sind, gebühre, noch zuläßig sey, Kaufmannschafften, Vorkäuffereyen und Monopolien mit allerhand Waaren zu treiben, und Handel und Wandel, damit ins groß und klein zu führen, sondern solches alles denen Städten, als eine bürgerliche Nahrung, darauf sie gewidmet, zu lassen, und darinne eben so wohl kein Eindrang zu verstatten sey. Idque in beyden Fällen oder casibus bey Confiscation der Waaren und anderer nahmhaffter Geld-Busse, von welcher Geld-Busse die Landes-Herrschafft die Helffte, und die Städte iedes Ortes, da contraveniret wird, auch die Helffte zu geniessen haben.

Und denn auf die dritte Frage: daß die Händwercker, ohne Unterschied aufs Land nicht genommen, noch gesetzet werden können; sondern nur so weit, als die Steuer-Matricul de 2o. 1627 die geringen, und unter die contribuablen so genannte kleinen Stücke gerechnete Handwercker, als Bauer-Schneider, Bauer-Schmiede, Garnweber zuläßet; doch nur an Orten und Dörffern, da sie vor Alters in gewisser determinirter Anzahl gewesen, nicht aber in grosser Menge und Vielheit, und doch gleichwohl in denen Immediat-Städten, leut der Handwerker Privilegien und Observantz auf eine Meile Weges entfernet zu toleriren, aber nicht zu vergönnen sey, daß sie öffentliche Gewercks-Buden aufschlagen, Gesellen setzen, Lehr-Jungen halten, und so wenig in denen Dörffern an sich selbst, als auf Jahrmärckten einige Waaren, weder heimlich noch öffentlich verkauffen dürffen. B. R. W.

Salvo rectius et melius de jure sentientium
judicio &c.

No. I.

Extract von Hertzog Barnim und Hertzog Philipp, Herren Gevettere, zu Stettin, Pommern, denen gesammten Land-Ständen gegebenen Privilegien, sub dato Alten-Stettin, Freytags nach purificationis Mariæ, den 9 Febr. 1560.

Wir wollen auch vorgedachte unsere Land-Stände, und einen ieden für sich, bey allen Christlichen, gottseligen, vernünfftigen Freyheiten, Herrlichkeiten, Privilegien, rechten Brauch und Gewohnheiten, wie dieselben von uns in diesem unsern Privilegio bestätiget und confirmiret sind, und sie alle und ieder dieselbige in guter Gewehr, Besitz, Brauch und Uibung haben und hat, lassen, dieselben auch iederzeit, wenn es vonnöthen ist, und bey uns, wie sich gebühret, gesuchet wird, verneuern, bestätigen und confirmiren.

No. 2.

Barnim, Hertzog zu Stettin, Pommern. Unsern Gruß zuvor, Ehrsame liebe Getreue, wir wissen uns zu erinnern, daß wir nicht allein unsere Stadt Camin, besondern auch andere unsere Städte, aus beweglichen und beständigen Ursachen, und männiglichen Nutzens und Frommens willen, mit der Freyheit und Privilegio, aus vorbedachtem reiffen Rathe begifftiget und begnadet haben. Nehmlich, daß sich die Handwercker Bier zu brauen zum Nachtheil und Schaden des Kaufmanns, so seine Nahrung zu Wasser und Lande suchen muß, bey angesetzter Straffe und poen nicht unterstehen sollen. Nun erfahren wir dennoch glaubwürdig, daß die Handwercker in unserer Stadt Camin, solchem unsern Gebot zuwider, sich ungehorsamlich erzeigen, und andern ihren Nachbaren, so der Kaufmannschafft gebrauchen, zum Fürfange, Bier brauen und verkauffen sollen, dadurch sie dann in die Strafe, welche wir uns bis zu gelegener Zeit hiemit thun vorbehalten, verfallen seyn, und uns damit in keine Wege ferner zu gedulden. Demnach befehlen wir euch hiermit ernstlich, und wollen, daß ihr in unserm Nahmen, nochmahlen bey vorgesetzter Straffe und poen, so in unserm Brieffe, den wir des Bierbrauens halber an euch gehen haben lassen, den Handwercken in unser Stadt Camin gebietet und auferleget, daß sie des Bierbrauens sich gäntzlich enthalten, und ihres Handwerckes gewarten, oder aber ihr Handwerck gantz und gar verlassen und übergeben, und darnach des Bierbrauens mittelst Einkauffung in die Zunfft sich zu gebrauchen, hierinne gehorsamlich erzeiget, daran thut ihr unsere ernste Meynung. Datum in unser Stadt Alten Stettin, Dienstags nach Valentin Ao. 1544.

Denen Ehrsamen unsern lieben getreuen Burgermeister und Rath unser Stadt Camin.

No. 3.

Barnim Hertzog 2c. Unsern Gruß zuvor, Ehrbarer lieber Getreuer. Aus inliegenden hast du zu ersehen, was sich die ehrsame unsere liebe getreue Bürgermeister und Rath, und gantze Gemeine in unser Stadt Camin, wider Hans Fleming zu Benz, seine Schwester die Mellinsche zu Kamtze, Jochim Kunthen, zu Coppelin und Jochim Meister zu Recko gesessen und wohnhafftig, von wegen etliches Brauens, Verkauffens, und anderer ungewöhnlicher Veränderung vor uns beschweren, und darauf unterthänigst bitten thun. Ob wir nun wohl solches, als hiebevor insonderheit Hans Fleming abzustellen, Inhalts beyverwahr... Mandats geboten, und uns auch nichts anders versehen, er sollte auch deme gehorsamlich gelebet haben: So befinden wir doch ietziger Zeit das Gegenspiel, welches thes uns nicht wenig befremdet. Weil wir denn solches alles hinfort an, zu Abbruch der bürgerlichen Nahrung nicht gestatten können: Als befehlen dir hiemit, benahmte Personen, alle auf eine forderliche Zeit für dich zu bescheiden, ihnen nochmahlen, das Mandat, deren Copey wir dir hiemit verwahret zusenden, fürzuhalten, und mit ernstlichen Gebot beschaffen, von solchem Brauen und vortanglichen Kauff gäntzlich abzustehen, und zu ferneren Klagen keine Ursache geben zu lassen, damit wir auf andere Wege zu gedencken nicht verursacht werden: daran verbringest du unsere zuverläßige Meynung. Datum Alten Stettin, den 9 Jul. Ao. LI.

No. 4.

Johannes Friederich, Hertzog rc. Unsern Gruß zuvor, Ehrsame liebe Getreue; Nachdem wir in glaubwürdige Erfahrung gekommen, daß etliche von Adel, und die Krüger selbst, die Krüge zu bebrauen, und mit Bier zu versorgen, und die Bauren von den Dörffern in die Städte nichts zu führen sich unterstehen, und solches nicht allein den Städten zum Abbruch ihrer Nahrung, sondern auch unser selber zur Verkürtzung unserer Metzen gereichet, daß uns von ihnen zu gedulden mit nichten gelegen: Als befehlen wir euch hiemit ernstlich, und wollen, daß ihr die Amts-Leute, alle von Adel, Krügern und Bauren, in unserm euch anbefohlenen Amte, von Stunde an in unserm Nahmen, ernstlich gebietet und auferleget, daß keiner von Adel, Krüger, Bauer, und andere hinferner sich unterstehen sollen, einigen Krug zu bebrauen, und zu versorgen, sondern das Bier iederzeit aus den Städten zu holen, und da über solches unser Verbot sich einer solches zu thun unterstehen würde, und von Bürgermeister und Rath deswegen ersucht, daß ihr von Stunde an ihnen die Pfannen und Kessel nehmet, und ihr als die Alterleute, auch Bürgermeister und Rath, die ihr uns samtlich mit Eiden verwandt worden, solchem unserm Befehlig gelebet und nachkommet. Daran thut ihr unsere zuverläßige Meynung. Datum Alten Stettin, den 13 August Ao. 1575.

Dem Ehrsamen unserm Rentmeister zu Belgard, und lieben getreuen, Elias Otten, auch Bürgermeister und Rath daselbst.

No. 5.

Johannes Friederich, Hertzog rc. Unsern Gruß zuvor, Ehrsame liebe Getreue. Wir können euch gnädiglicher Meynung unvermeldet nicht lassen, daß uns ein grosses an unsern jährlichen Einkommen, insonderheit den hinterstehenden Mühlen-Pächten, der Ursachen bis daher fürnemlich abgegangen, als die Schloßgesessene, sowohl als andere von Adel, viel Wasser- und Wind-Mühlen in kurtzen erbauet, darauf ihr eigen zugewachsenes Korn nicht allein gemahlen, sondern daß sie darüber auch etliche ihrer Krüger, Schultzen und Bauren, wider alten Gebrauch, Bier zu brauen, und auf die Krüge und sonsten zu verkauffen, sich unterstanden. Die von Städten aber, daß sie nunmehr alles Korn ungemahlen ausschiffen, und des Mehlbackens, daß auf unsere Mühlen mehrentheils gemahlen worden, sich nicht befleißigen, auch mehrentheils der Gerste, welche zuvor in unserm Lande vermültzet verbrauet, das Bier zu Wasser und Land verkauffet und verführet, ietzt eine grosse Anzahl zusammen gebracht,

Jurist. Oracul V Band.

und in fremde Königreiche und Länder zu Wasser weggeschiffet, dadurch uns die Matten abgeben, und da dasselbe nicht zeitig abgeschaffet werden würde, von Jahren zu Jahren, ie länger ie mehr in unsern Mühlen-Pächten gewärtig seyn müssen.

Demnach so befehlen wir euch ernstlich, und wollen, daß ihr alle Angesessene durch den Land-Reuter durch diesen unsern Befehlige sich dessen hinferner zu enthalten, bereiten, und sie nach angesetzter Straffe verwarnen lasset, die anderen von Adel, Krüger und Bauren, und die sich des Bierbrauens unternommen, auch ohnangesehen einiger berentwegen gerühmter Befreyung in unserm euch anbefohlenen Amte vor euch bescheidet, und ihnen in unserm Nahmen bey pœn 50 Rthlr. unabläßig an uns zu verfallen gebietet und auferleget, sich nach dieser Zeit des Brauens auf die Krüge, so lieb einem ieden angesetzte Straffe zu vermeiden ist, gäntzlich enthalten, was sonsten die Schloßgesessene und andere von Adel, so viel sie zuvor, daß zu ihres Hauses und Hofhaltung, und die Bauren zu Verrichtung des Augstes alleine benöthiget, dabey werden sie, wie vor Alters, billig gelassen, und da einer wider dieses unser Verbot, Mehl in die Städte zu schicken, und Bier auf die Krüge zu brauen sich unterstehen würde, demselben das Mehl nehmet, und die von Adel, Krüger, Bauren, und andere, die das Bierbrauen auf die Krüge, mit angesetzter Straffe der 50 Rthlr. in unserm Nahmen verfolget. Die Schloßgesessene, die das Brauen auf die Krüge nicht nachlassen werden, zu straffen vermeldet, auch mit Bürgermeister und Rath unser Stadt Belgard redet, daß sie sich des Mehlbackens befleißigen, den Gersten aus unserm Lande nicht wegschaffen, besondern vermältzen, davon Bier brauen, und wie von Alters verführen, damit wir also wiederum unsere gewöhnliche Matten bekommen mögen, und an unser zustehenden Gerechtigkeit nicht verkürtzet werden, und damit die Armuth in den Städten und auf dem Lande des Bierkauffes sich nicht zu beschweren, euch eines gewissen Taxes unternehmet, und einander vergleichet, und jährlich nach den Gersten-Kauff das Bier höher, als es angesetzet, verkauffet, den ungehorsamen das Bier und Mehl nehmet, und um so viel ernster und fleißiger aufsehen, halb uns, und die andere Helffte den Städten davon zukommen lasset, daran geschiehet unsere ernste zuverläßige Meynung. Datum Alten Stettin, den 7 Martii 1586.

Johannes Friedericus.

Denen Ehrbaren und Ehrsamen unserm Hauptmann und Rentmeister zu Belgard, unsern lieben getreuen, Wilhelm Kleist zu Bertzow gesessen, und Caspar Schneidern samt und sonders.

No. 6.

Von GOttes Gnaden, Johann Friedrich rc. Unsern Gruß zuvor rc. Nachdem wir in glaubwürdige Erfahrung gekommen, daß etliche von Adel, und die Krüger selber, die Krüge zu bebrauen, und mit Bier zu versorgen, und die Bauren von den Dörffern in die Städte Mehl zu führen, sich unterstehen, und solches nicht allein den Städten zum Abbruch ihrer bürgerlichen Nahrung, sondern uns selber zu Verkürtzung unserer Matten gereichet, das

M m   uns

uns von ihnen zu gedulden mit nichten geb.ihret. Als befehlen wir euch hiemit ernstlich, und wollen, daß ihr als die Amt-Leute, allen von Adel, Krügern und Bauren, in unserm Nahmen ernstlich gebietet, und auferleget, daß keiner von Adel, Krüger, Bauer und andere sich hinferner unterstehen, einige Krüge zu bebrauen und zu verforgen, sondern das Bier ieder zeit aus den Städten abführen, und da über solches unser Verbot sich einer das zu thun unterstehen würde, und von Bürgermeister und Rath derentwegen erfucht, daß ihr von Stund an ihnen die Pfannen und Kessel, auch das Mehl nehmet, und ihr als die Amt-Leute, dann auch Bürgermeister und Rath, die ihr uns sämmtlich mit Eiden verwandt, solchem unsern Befehl iederzeit gehorsamst gelebet und nachkommet, daran thut ihr unsere ernstliche zuverläßige Meynung. Datum Alten-Stettin, den 13 Aug. Anno 1575.

An den Land-Vogt zu Stolpe, Schwarte Tossen Rentmeister, auch Bürgermeister und Rath daselbst, rc.

No. 7.

Johann Friedrich rc. Unsern Gruß zuvor, Ehrbare liebe Getreue. Es beschweren sich Alterleute, und Gildemeister des Bierbrauer-Gildes in unserer Stadt Stolpe, über etliche Krüger auf dem Lande, sonderlich aber über die beyden zu Trechten, so ihnen zum Vorfange und ihrer Privilegien zuwider, Bier zu brauen und auszuschencken sich unterstehen sollen, was sie auch derwegen bey dir zu beschaffen unterthänigst gesucht und gebeten, solches hast du aus dem Einschluß mehrer Länge nach zu vernehmen: Wenn wir denn der Supplicanten Suchen, sintemal es nicht unbillig, gnädig Raum und Stat geben: Als befehlen wir dir hiemit gnädig und ernstlich, wollende, daß du über ihre Rolle, so über uns ist confirmiret worden, gebührlich haltest, und vermöge derselben beyden Beklagten die ernstliche Beschaffung thust, daß sie sich des Bierbrauens hinfüro enthalten, und so ofte darwider gehandelt wird, sie gebührlich strafest, daran geschiehet unser gnädiger und ernster zuverläßiger Wille. Datum Neuen-Stettin, den 8 Mart. 1588.

An den Land-Voigt zu Stolpe.

No. 8.

Von dem Land-Voigt zu Stolpe, Schlage und Belgard.

Ich Hans Heinrich Fleming, Fürstl. verordneter Land-Vogt und Hauptmann auf Stolpe, Schlage und Belgard, zu Boicke und Wartentin Erbsessen, rc. Entbiete dir Jochim Kamholzen, des Fürstlichen Belgardischen Burggerichts Landreuter, meinen Gruß, und füge dir zu wissen, daß die Erbaren und vornehmen Alterleute, Gildemeister und gemeine Bürgerschaft der Brauer-Zunfft in Belgard, sich bey mir beklaget, und supplicando zu erkennen gegeben, wie daß etliche auf dem Lande, derer von der Ritterschaft, so unter diesem meinem anbefohlnen Amte bezwungen, sowohl auch deren Pastoren, Verwaltern, Krügern, Bauern, Bauer-Knechte, ihnen zur Verfänglichkeit, sich nicht allein des Bierbrauens auf die Dorf-Krüge hin und wieder in diesem Amte eigenthätlicher und unbefugter Weise unterfangen und befleißigen, son-

dern auch allerley Unterschleif des Korn-Kauffes treiben und gebrauchen, und dahero solches widerrechtliche Vornehmen bey ihnen sämmtlich tragenden Amts wegen, abzuschaffen gebeten.

Weil denn solches unbefugtes Bierbrauen und Vorkäufferey, ihren von Fürstlichen Gnaden einhabenden Privilegien und Gerechtigkeiten, auch allgemeinen publicirten Landtags-Abschieden zuwider, sie es denn auch den Einwohnern der Stadt Belgard, zu Vorfange und Verkürtzung ihrer bürgerlichen Nahrung und sonderbarer Theurung des Landes, und Behinderung des gemeinen Besten gereichet.

Uiber das auch Jhro Churfürstliche Gnaden die Matten entwendet werden. Solchen Unbilligkeiten und Unordnungen vorzukommen, damit die abgeschaffet, und über Fürstl. Gnaden Befehlige und Privilegiis mit Pflichtschuldigen Gehorsam gehalten werde; Befehl ich dir demnach hiemit Amts wegen und im Nahmen meines gnädigen Fürsten und Herrn, daß du dich ungesäumt a tempore insinuat. dieses zu allen denen von der Ritterschaft dieses Amts Anverwandten verfügest, dieselben ernstest, daß sie solchen Bierbrauens, wozu sie nicht befugt, (den ihren allgemeinen Land-Privilegien und Freyheiten, welche sie sich billig und ungehindert zu gebrauchen haben, nichts entnommen) sowohl der Vorkäufferey, iedes bey Straffe 100 Thaler an Jhro Fürstl. Gnaden unnachläßig zu verfallen, gäntzlich enthalten, und solches ihnen bey Verlust des Korns, Biers und Brau-Geräthes, was bey ihnen betreten, auch bey 50 Thaler Straffe unnachläßig an Jhro Fürstl. Gnaden zu verfallen gebietest. Im Fall nun hierüber einer oder ander beschlagen werden solte, so da solchem meinem Amts-Befehlige im geringsten vorsetzlicher Weise zuwider handeln würde, dich des erkundigest, dieselbe nahmhaft machest, damit ungesäumet mit der Execution wider dieselben verfahren, und die obangedeutete Strafe von ihnen abgefodert werden möget, hierin thust du meinem Amts-Befehl gemäß, und wisse dich darein zu richten. Datum Belgard, den 5 Jan. 1504.

No. 9.
Contra Pastores & Rusticos.

Johann Friedrich, Hertzog. Unsern Gruß zuvor, Ehrsame liebe Getreue, aus einliegenden geben wir euch zu vernehmen, was die Ehrsame auch U. L. G. Bürgermeister und Rath, auch Gemeinen der Stadt Treptow, Greiffenberg und Camin, wegen des vorfänglichen Bierbrauens, so sich etliche Pastoren und Bauren, derer Oerter Klägern zu Schaden und Nachtheil unbilliger Weise unternehmen sollen, abermahl an uns gantz beschwerlich gelangen lassen, und ferner in Unterthänigkeit gebeten. Nachdem wir nun vorhin derowegen unsere ernstliche Mandata an etliche der ungehorsamen Uibertreter Herrschaften gelangen lassen, und uns versehen, es solte denselben in allerweg gehorsamet worden, und aber gleichwohl ihrer viele sich dessen ungewöhnlichen Bierbrauens unserm ernstlichen Befehligen zuwider zu gebrauchen, frevelich sich unterstehen sollen.

Als befehlen wir euch gnädiglich, ihr wollet auf gedachtes unserer Städte oder ihrer Abgefertigten Anhalten, euch der Pastoren oder Bauern, so sich des Bierbrauens unsern ernstlichen ausgegangen Mandatis zu entgegen Muthwillens und eigenen Vornehmens

Vernehmens bestätigen, mit ungesparter Mühe er-
endigen; Sie zum ersten vor euch zu bescheiden,
und ihnen ernstlich in unserm Nahmen aufzuerlegen,
sich des Bierbrauens unseren vorigen Verordnungen
nach, gäntzlich zu enthalten, da sie aber in ihrem unbefugten Vorhaben muthwillig verharren würden,
ihnen alsdenn ihr Brau-Geräthe an Pfannen, Kesseln, und andern durch den Landreuter nehmen lasset,
daran geschiehet nach der Billigkeit unsere gnädige
wohlgefällige Meynung in Gnaden zu gedencken.
Datum Alten-Stetin den 4 Nov. 1575.

An Carsten Manteufeln, Land-Vogt zu Grei-
fenberg und Eustachen Manteufeln, Hauptmann zu Wollin sammt und sonders.

No. 10.

Contra Pastores & Rusticos.

Meinen freundlichen Gruß zuvor, Edle, Ehrenveste, freundlich liebe Ohme etc. Was mein gnädiger Fürst und Herr, auf Bürgermeister und Rath-
manne und Gemeinden, der Städte Greiffenberg,
Treptow, Wollin und Camin unterthänigst Suppliciren, nebst dem Hauptmann zu Wollin, mir auferleget und befohlen, das gebe ich euch aus beygefügten zu ersehen. Ob ich mich nun wohl erinnere,
daß ich in eurem Gebiete mir keine Jurisdiction, wegen meines befohlenen Amtes nicht anmaßen soll, so
befinde ich mich gleichwohl schuldig, meinem gnädigen Fürsten und Herrn unterthänigen Gehorsam zu
leisten.

Weil denn laut eingelegten Zettels etliche Pastoren und Bauren unter euch gesessen, die solch Brauwerck treiben, habe ich nicht unterlassen können, euch
das anzumelden und das zu verwarnen, damit ihr
bey dem euren abzuschaffen, und ihre Ungelegenheit
zu verhüten haben möget; da aber solches nicht geschähe, ihr auch meinen gnädigen Fürsten und Herrn
keinen erheblichen Gegenbericht thun würdet, würde
ich, vermöge habenden Befehls, nicht unterlassen
können, höchstgedachten meinem gnädigen Fürsten und
Herrn auf weiter Anhalten solches zu vermelden,
welches ich gleichwohl euch freundlich melden wollen,
damit ihr ernstlich darnach zu richten, bin euch meinen Ohmen zu dienen willig. Datum Arnhausen
den 14 Jan. Anno 1576.

Christian Manteufel.

Denen Edlen und Ehrbaren von der Osten zu
Wollenburg und Plato Erbsessen, Meinen freundlichen Ohmen samt und sonders.

No. 11.

Ich Christian Manteufel, Land-Vogt zu Greiffenberg, auf Arnhausen Erbsessen etc. Entbiete den
Edlen und Ehrenvesten, allen denen von der Osten
auf Waldenburg und Plato Erbsessen, meinen Gruß
und freundliche Dienste, und gebe euch abermahlen
aus beygefügten zu ersehen, was der Durchlauchtigste Hochgebohrne Fürst und Herr, Herr Johann
Friedrich zu Stettin, etc. mein gnädigster Fürst und
Herr Anno 75 mir auferleget und anbefohlen, was
ich euch darauf zur gehorsamen Folge an euch damahlen gelangen lassen. Ob ich nun wohl verhoff-
tet, ihr würdet darauf bey den euren das vorsätz-
liche Bierbrauen abgeschaffet, und die Klagende
von Städten deshalb klaglos gehalten haben, so haben doch gedachte von Städten mich abermahlen

Jurist. Oracul V Band.

Hochgedachtes meines gnädigen Fürsten und Herrn
Befehlig zu pariren gebeten, auch dabey erinnert,
wofern demselben nicht gehorsamet werden solte, sie
alsdenn bey meinen gnädigen Fürsten und Herrn
weiter klagen müsten. Als aber ich ohne meines
gnädigen Fürsten und Herrn Befehlig ietzo für mich
habe, und meinen gnädigen Fürsten und Herrn
in solchem und dergleichen unterthänig Gehorsam zu
leisten schuldig, auch hierinnen die hiebevor und längst
publicirte fürstlichen Mandata billig in Acht zu nehmen. Demnach und aus Kraft habenden Fürstl.
Befehls will ich hiermit abermahlen euch angesonnen, vor meine Person aber freundlich gebeten haben, Ihr wollet meinen gnädigen Fürsten und Herrn
zu unterthänigem Gehorsam bey dem eurigen solch
Bierbräuen abschaffen, und den von Städten nicht
Ursach geben, daß sie derowegen fernet Anführung
thun dürffen, im Fall es nicht geschiehet, will ich
mich hiermit gegen euch entschuldiget haben, wo ich
meines gnädigen Fürsten und Herrn Befehlig fernet
fortzusetzen gedrungen würde; will mich aber versehen, daß ihr euch hierinn der Gebühr verhalten, und
zu der euren Ungelegenheit selbst nicht Ursach geben
werdet. Habe solches gegen hochgedachten meinen
gnädigen Fürsten und Herrn, um euch zu rühmen,
und bin euch sonst vor meine Person sammt und sonders zu dienen willig. Urkündlich mit meinen erb-
lichen Petschaft besiegelt. Actum Treptow, auf
gemeinen Reichs-Tage den 14 Nov. 1576.

No. 12.

Johann Friedrich, Hertzog, etc. Entbieten allen
und ieden unsern Land-Vögten, Haupt- und Amt-
leuten, so mit diesem unsern Briefe ersuchet werden,
unsern Gruß, und thun hiermit zu wissen, daß uns
Bürgemeister und Rath unserer Stadt Treptow in
aller Unterthänigkeit und Wehmuth zu erkennen gegeben, wie ihnen, die doch wegen ietziger beschwerlichen Läuffte, auch nahe angelegenen Städten, Grei-
fenberg und Collberg, ohne das mit geringer Nahrung versehen, viele Priester, Krüger, Bauer und
Bauer-Knechte, auch Schmiede und andere, so auf
Dörffern wohnen, mit Aufkauffung des Korns und
Bierbrauens zu Hochzeit, Kindelbieren, Gilden und
Krügern, auch in dem, daß sie es selber ausschencken,
und daß allerley Vorkaufferey an Vieh, Ochsen,
Wolle, Theer, Fellen und andern vielen Eindrang
zufügen, sie auch an ihrer Nahrung dergestalt verkürtzen, daß ihre und ihrer Bürger Häuser darüber
verfallen. Sie uns auch, da wir deshalben kein
gebührlich Einsehen haben würden, an Schoß und
sonsten unsere Landes-Fürstliche Gebührniß künftig
nicht werden entrichten können, unterthänig bittende:
Wir wolten ihr hierinne geruhen, und solchen Eindrang hinwiederum gnädiglich wenden und abschaffen. Wenn wir denn billig darob seyn, daß Städte
und Communen zu Aufnehmung befördert, dabey
auch erhalten, und unser Interesse zu iederzeit uns
unverschmälert bleibe: Als befehlen wir euch hiermit sammt und sonders, gnädig und ernstlich, wollend,
daß ihr, sobald euch eine Specification der Priester,
Krüger, Bauren, Bauer-Knechte, Schmiede und
anderer, wird übergeben werden, einem ieden, der
Beklagten unverzögerlich für euch bescheidet, und
wofern ein oder mehr unter ihnen des Bierbrauens
halben kein sonderlich Privilegium fürzulegen, ihnen

samt und sonderlich ohne Unterscheid das Brauen verbietet, ingleichen alle Vorkäufferey, insonderheit das Aufkauffen des Korns bey ihnen abschaffet, und da sie hernachmals davon nicht abstehen würden, das Korn und Brau-Geräthe und alles andere, dadurch diesem unsern Befehlige künfftig zuwidern möchte gehandelt werden, nehmen und zu unsern Besten verbrauchen und anwenden, daran auch euch nichts verhindern laßet, damit vollbringet, rc. Datum Treptow an der Rega den 5 Februar. Ao. 1590.

Johann Friedrich.

No. 13.
Contra Rusticos.

Barnim Hertzog rc. Unsern Gruß zuvor, Ehrbare liebe getreue: Einliegend werdet ihr verlesen, was die Alterleute und gantze Commun der Brauer unser Stadt Schlage, sich über die von Cößlin ungewöhnlichen Zuführens ihrer Bier in eure Krüge und Bauern unternommen, schädlichen Vorkäufferey des Gerstens bey uns thun beschweren, und darauff ferner unterthäniglich suchen und bitten. Wenn denn solche vorfängliche Eingriffe, die bevor von denen aus Cößlin mißgebrauchet, die Vorkäufferey auch schädlich und nicht zu gedulten, begehren wir an euch hiemit gnädiglich und wollen, daß ihr die Bier-Fuhr der von Cößlin abschaffet, und solche nachtheilige Vorkäufferey bey den Eurigen ernstlich verbietet, verbringet daran rc. Datum Rügenwalda, den 3 Dec. Anno 1591.

An die Rameln zu Nemitz, Bartelin und Seldeckow.

No. 14.
Contra Rusticos.

Barnim Hertzog rc. Unsern Gruß zuvor, Ehrbare liebe Getreue: Was sich abermalen die Alterleute, und die gantze Commun der Brauer unser Stadt Schlage, über eure Krüger zu Nemitz, auch etliche Bauern zu Lackow, und Jacob Kahlern, und denn den Schäfer zu Seldeckow ihrer Vorkäufferey und ungewöhnlichen Bierhandels halber, bey uns zum höchsten beschweren, und ferner in Unterthänigkeit suchen und bitten, habet ihr einliegend zu ersehen. Wenn denn solch nachtheilig Bierschencken und Handthierunge an ihm unbillig: Als begehren wir hiemit an euch, wollend, daß ihr solch ungewöhnliches Bierbrauen, auch Ausschencken und vorfängliche Vorkäufferey, nochmahlen bey den Eurigen, insonderheit den obgedachten gäntzlich abschaffet und verbietet, oder andere ernste Verordnunge nebst sie gewartet: thut hierinne unsern Willen rc. Datum Rügenwalda, den 27 May 1592.

An die Rameln zu Nemitz, Bartelin und Seldeckow wegen der Vorkäufferey und Bierbrauens.

No. 15.

Johann Friedrich, Hertzog rc. Fügen dir dem Krüger zu Falckenhagen, U. L. G. Adrian Bietzken hiemit zu wißen, daß sich bey uns der Bürgermeister und Rath der Stadt Schlage, wegen des Bierbrauens und übermäßigen Kornkauffens, so der Oerter ihrer Bürgerschafft zum

Vorfange und mercklichen Schaden und Nachtheil dich unterfangen soltest, supplicirend beschweret, und um ernstlich Einsehen, und Wiederabschaffung deßen unterthänigst fleißig gebeten; Weil wir nun solche und dergleichen schädliche Vorkäufferey, so wohl das angezogene Bierbrauen, welches unsern publicirten Landtags-Abschieden und vorigen Verordnungen zuwider läufft, keinesweges zu gestatten gemeynet; So wollen wir dir hiemit ernstlich, und bey pœn 50 Rthlr. an uns unnachläßig zu verfallen, auferleget und befohlen haben, davon abzulaßen, und dich des Bierbrauens und anderer dem Armut zum Nachtheil gereichenden Aufkaufferey des Korns gäntzlich zu enthalten, mit der ernstlichen Verwarnung wo es nicht geschiehet, daß wir angesetzte Straffe abzufordern, und andere ernste Mittel wider dich vorzunehmen, nachgeben und gestatten wollen. Wornach du dich hast zu achten, und für Schaden zu hüten. Datum Alten-Stettin den 28 Sept. 1567.

No. 16.

Philippus Hertzog zu Stettin, Pommern. Entbieten dem Ehrsamen und Ehrbaren U. L. G. Jürgen Zitzewitzen, zu Barzin, Adrian Lettowen, zu Großen-Schwirsen geseßen, und Lorentz Vottesen Verwesern der Güter Wobelause und Derselben, unsern Gruß, und geben euch aus angehefftem zu ersehen, was sich bey uns die ehrsame, unsere liebe und getreue Alter-Leute, Gilde-Meister, und alle der Brauer-Zunfft Verwandte, in unserer Stadt Schlage, wider euch, wegen ungebührlicher Verschmälerung und Abbruchs ihrer Bräu-Nahrung abermalen unterthäniglich beschweret, und was sie ferner gesuchet und gebeten: Weil nun geklagtes euer Fürnehmen unser jüngst renovirten und publicirten Land-Ordnung, auch der Supplicanten Privilegien zuwider, so befehlen wir euch gnädig und ernstlich, wollend euch des vorfänglichen Bierbrauens, über eure eigene Nothdurfft, ingleichen des Ausschenckens, zuförderst aber des Aufkauffes der Gerste zu enthalten, das ist dem gemeinem Landbeschluß und der Billigkeit gemäß, und geschiehet daran unsere gnädige und ernste Meynung. Datum Alten Stettin den 28 Aug. 1587.

(L. S.)   Philippus manu sua pp.

No. 17.
Wider die Pfarr-Herren, Schultzen und Bauren.

Philippus, Hertzog in Pommern rc. entbieten dem ehrbaren unsern Hauptmann zu Treptow, und L. G. Caspar Flemingen, zu Bricke geseßen, u. G. und geben die aus angehefftem zu ersehen, welchermaßen sich bey uns die ehrsame, und auch L. G. alle Brauer in unserer Stadt Treptow, wider etliche, so wohl inn- als ausserhalb unserm Amte geseßene Pastores, Schultzen, Krüger und Bauern, daß dieselben ihnen zum Nachtheil nicht allein zu ihres Hauses Nothdurfft, sondern auch auf die Krüge, Verlöbnißen, Hochzeiten, Kindel-Bier, Gastereyen, Gilden und dergleichen Zusammenkünfften zu brauen, das Bier auszuschencken, in andere Dörffer verführen zu laßen, und darzu das Korn von ihren Nachbarn und andern einzukauffen, auf ihre Böden aufzuschütten, und andern mehr bürgerlichen Handel eine Zeithers zu gebrauchen, sich unterstanden

den und angemaßet, allerunterthänigst beschweret,
und was sie ferner gesuchet und gebeten.

Weil dann den Pfarr-Herren, Schultzen, Krügern und Bauren, das Brauen, ausgenommen ihres Hauses eigene Nothdurfft, in der Land-Ordnung
ausdrücklich verboten, dann auch durch das Brau-
en auf den Dörffern offtmahls gefährlicher Feuer-
Schade verursachet, die Bauren von fleißiger
Wartung ihres Ackerbaues abgeführet, die Holtzung verwüstet, und die Metzen an unsern Mühlen
verringert werden, welches wir hinführo nicht gestatten können oder wollen, sondern dir hiemit gnädig
und ernstlich befehlen, diejenigen, so über ihre eigene
Nothdurfft zum Verkauffe auf dem Lande brauen,
und die von Supplicanten specificiret werden, vor-
zubescheiden, und ihnen, dergleichen Brauens sich
zu enthalten, bey ernster Straffe einzubinden. Hätten aber der eine oder der andere hiergegen ein sonderlich Privilegium, oder sonsten etwas erhebliches
einzuwenden, uns davon zu fernerer Verordnung
Bericht einzuschicken. Thut daran rc. Alten
Stettin den 25 Sept. 1619.

Philippus manu sua pp.

No. 18.

Wir Superintendens und andere verordnete
Räthe des Fürstl. Geistl. Consistorii zu Alten Stettin fügen euch, den sämtlichen Pastoribus, um die
Stadt Treptow an der Rega belegen, insonderheit
euch N. N. Past. zu Gravin und Dargislaf hiemit
und aus beygehefften zu vernehmen, welchergestalt
uns alle Brauer in gemeldter Stadt Treptow
klägend vorgebracht, daß ihr wider Recht, Billigkeit
und euer Amt euch unterfangen sollet, nicht allein zu
eurer häuslichen Nothdurfft, sondern auch nunmehr
viele und große Bräuels Bier, auf die Krüge, Verlöbnißen, Hochzeiten, Kindelbieren, Gilden
und andern Conventen, an Bechern auszuschencken, und in den benachbarten Dörffern zu
verkauffen, und das Korn und anders auf Wucher
aufzukauffen, und andere weltliche Monopolia zu
treiben, und zwar solches alles nicht mit geringem
Aergerniß unaufhörlich fort zu setzen. Wenn aber
solches alles nicht alleine eurem Beruff, Stand und
Wandel, besondern auch der gemeinen confirmirten Fürstl. Land-Ordnung und beschriebenen Rechten e diametro zuwider: als haben sie uns solche
ärgerliche beschwerliche, nachtheilige und präjudicir-
liche Unordnung mit Ernst und Amts halber abzuschaffen, dienstlich angelanget und gebeten, mit welchem Suchen und Bitten sie auch, wie billig,
gehöret werden, und wollen demnach im Namen und an stat unserer gnäd. Fürsten und Herrn,
zuförderst aber euch beyden Pastoribus zu Gravin
und Dargislaff, zugleich auch allen andern, so sich
dieser ärgerlichen und präjudicirlichen Unordnung
und unbedachtsammen Vornehmens allbereits unterfangen, oder noch ietzo künfftig ins Werck zu
richten gesonnen und gemeynet seyn bey ernster Anmerckung, und einer ansehnlichen arbitrar-Straffe,
auferleget und anbefohlen haben, alsbald und an-
gesichts euch dessen zu enthalten und davon abzustehen, und keinesweges wider das erwehnte Fürstl.
Privilegium bey angedroheter Straffe, sondern eures Amts, und Standes und Beruffs gemäß zu
verhalten, oder causas quare non dem Fürstl.

Geistl. Consistorio zu fernerer rechtmäßigen Verordnung, innerhalb 4 Wochen einschicket. Das
gereichet Ihro Fürstl. Gn. zu schuldigem Gehorsam,
und habet euch sammt und sonders hernach zu achten, und so wohl für Schaden und Ungelegenheit
zu hüten. Urkundlich unter des Fürstl. Geistl. Consistorii Insiegel mitgetheilet, und gegeben zu Alten
Stettin den 26 Sept. 1609.

N. 19.

Philippus Hertzog zu Stettin, Pommern rc.
Entbieten denen Ehrbaren und U. L. G. allen Man-
teuffeln an Gravin, Droßdow, Roman, Colpin
und Trienecke berichtiget unsern Gruß, und geben
euch aus angeheftem zu ersehen, was uns die ehrsame U. L. G. Vorstehere, und alle Verwandten der
Brauer-Zunfft, in unser Stadt Treptow wider
euren Past. zu Gravin, ingleichen Martin Dasso-
wen zu Droßdow. N. Volckmann zu Trienecke,
auch andere eurer Unterthanen, wegen ungebürl-
icher und unaufhörlicher monopolischer Handthierung, mit Kornkauffen, Mältzen, Brauen, Verkauffen und Ausschencken des Biers aberma unterthäniglich zu erkennen gegeben, und was sie ferner gesuchet und gebeten. Weil denn berührtes übermäßiges Brauen auf den Dörffern, das Mehl zu verkauffen und ausschencken in der Land-Ordnung verboten, die Holtzung dadurch verwüstet, den Städten
ihre Nahrung entzogen, auch die Bauren von fleißiger Wartung des Ackerbaues abgehalten werden:
So befehlen wir euch sammt und sonders hiemit
gnädigst und ernstlich, wollende solch unordentlich
Brauen bey obgemeldten euren Unterthanen, insonderheit bey den Pastoren zu Gravin, und andern,
so euch die Supplicanten specificiren werden, unverzüglich abzuschaffen, über die Land-Ordnungen fest
zu halten, und die Widersetzigen mit unnachläßlicher Execution zu schuldigem Gehorsam zu bringen.
Thut daran unser gnädige und ernste, auch gantz
zuverläßige Meynung. Datum Alten Stettin den
1 November 1611.

No. 20.

Von Gottes Gnaden wir Anna Maria, gebohrne Marckgräfin zu Brandenburg, Hertzogin zu
Stettin, Pommern rc. Fügen den Pastoren und
Küstern, und dabeneben allen unsern Unterthanen
unsers Gebietes, Suckowschen Ortes, als Müllern,
Schultzen, Krügern, Bauren. Cossaten und sonsten hiemit zu wissen, daß uns die ehrsame unsere
Liebe besondere alle Brauer in der Stadt Neuen
Treptow an der Rega, suppl. allerunterthänigst
fürbringen und berichten lassen, welchergestalt ihr
euch unterfangen sollet, ihnen Supplicanten, zu mercklichen Nachtheil und Abbruch ihrer Nahrung,
nicht allein zu eures Hauses Nothdurfft, sondern
auch auf die Krüge, zu Verlöbnißen, Hochzeiten,
Kindelbieren, Gastereyen, Gilden und dergleichen
Zusammenkünfften, Bier zu brauen, selbsten auszuschencken, auch in andere Dörffer zu Kaufe zu verführen, und darzu das Korn von euren Nachbarn
und andern aufzukauffen, mit fernerer unterthänigen Bitten, weil solches alles der Billigkeit, auch
der alten und ietzo neu wiederholten und öffentlich
publicirten Landes-Fürstl. Ordnung zuwider;
Wir ihnen so gnädig erscheinen, und solche Unordnung

M m 3

mung in unsern Gebieten, auch dieser Orten abschaffen wolten, wenn wir nun Supplicanten Bitten, als an ihme billig in Gnaden angesehen, und
darneben angeregter Land-Ordnung, auch in diesem
Punckte gehorsamet und nachgelebet wissen wollen.
Als befehlen wir euch obgenannten allen sammt und
sonders, bey Verlust des Biers, und unserer willkührlicher Straffe, so offte hiewider gehandelt wird, hiemit ernstlich wollend, daß ihr euch des Bierbrauens
angezogener und geklagter massen, ausser eurer eigenen Nothdurfft, sowol des Aufkauffens des Korns,
zu dessen Behuf hinführo gäntzlich enthaltet, und
deswegen der Landes-Ordnung und diesem unsern
Befehl in allem gehorsamlich nachkommet, mit
nochmaliger Verwarnung, so einer oder mehr unter
euch hierüber Bier brauen, und zu dem Korn aufkauffen würde, daß solches alles iedesmal nicht allein
durch unsern Vogt, welcher dessen befehliget, denen
Verbrechern solle genommen, sondern dieselben auch
darüber mit angedeuteter Straffe beleget werden,
wornach sich ein ieder zu richten, und für Schaden
zu hüten. Urkundlich mit Unserm Fürstlichen Pettschafft besiegelt, und eigenhändig unterzeichnet.
Gegeben zu Wollin, am 18 Febr. An. 1618.

Anna Maria.

No. 21.

Frantz, Hertzog rc. Unsern Gruß zuvor, Wür-
diger, Lieber, Andächtiger und Getreuer rc. Was
wider unserer Conceßion, so du in nechsten über eine
Last Maltzes zu verbrauen erhalten, die ehrsame
U. L. G. Bürgermeistere und Rath, auch sämmtliche
Brauer in unser Stadt Treptow in unterthäniger
Supplication eingewendet, auch daneben zu verordnen gebeten, solches geben wir dir aus der copeylichen Einlage ihres Inhalts zu vernehmen, und lassen wir es zwar bey der einmahl ertheilten Conceßion
in Gnaden wohl bewenden, wofern du aber derselben geruhiglich geniessen wilst, must du dich auch in
verschriebenen terminis halten. Befehlen dir demnach gnädig und ernstlich, dich des besorgten Mißbrauchs und Unterschleiffs zu enthalten, oder wir
werden auf verspüreten Gegenfall zu der reservirten
Caßation bewogen werden. Wornach du dich zu
richten. Gegeben zu Alten-Stettin, am 14 Jan.
1619.

Dem würdigen unserm lieben, andächtigen und
getreuen Magno Fürstenowen, Pastori zu
Dargislaff.

No. 22.

Extract Fürstl. Pommerischer Land- oder Bauer-
Ordnung, von Hertzog Philipp, hochsel. Andenckens, An. 1616 publiciret.

Tit. IX.

§. 3. Ingleichen soll es auch mit der Straffe gegen Bauren gehalten werden, die nicht krügen,
sondern sonst Bier einlegen und ausschencken um
Geld, und vergebens, wenn sie unsere obgesetzte
Ordnung und Gebot überschritten; Es sollen aber
allein die Krügere, so Krügers Gerechtigkeit haben,
und sonsten niemands, vielweniger die Prädicanten,
Käuffer oder andere auf den Dörffern, bey Verlust
des Bieres, öffentlich oder heimlich Schencken hal-

ten. Es ist auch den Pfarrern, Schultzen, Krügern
und Bauren (ausgeschlossen ihre eigene Nothdurfft)
nicht zu brauen, bey Verlust des Bieres, so ein ieder
brauen wird, verboten, und sollen die Krüger, so
selbst zum Ausschencken zu brauen nicht bemächtiget,
sondern von ihrer Herrschafft an gewisse Brauer in
benachbarten Städten verwiesen seyn, nicht allein
kein ander Bier, als das, so sie von denselben holen,
ausschencken, sondern auch dasselbe Stadt-Bier mit
ihrem selbst gebrauten Bier nicht verfälschen oder
vermischen. Wenn aber der Brauer kein gut un-
sträfflich Bier hat, soll der Krüger solches seiner
Herrschafft berichten, und Erlaubniß von einem
andern Brauer Bier zu holen, erlangen. Dieweil
aber etliche von Adel, daß ihre Krügere und Bauren zu unterschiedlichen Dörffern, sowol in unsern
Aemtern, über Menschen Gedencken, gebrauet, vorgewandt, und sie sammt den ihren bey dem Gebrauch
und Gerechtigkeit geruhiglich bleiben zu lassen begehrten, haben die von Städten darwider protestiret, der Gerechtigkeit und Gebrauches nicht einstän-
dig gewesen, und daß es eine gemeine Ordnung seyn
müsse, angezogen. Ist demnach diese Sache dahin
verwiesen, da einer den andern besprechen wolte,
solte solches an gebührenden Oertern geschehen und
ausgeführet, mitlerweil aber ein ieder bey seinem
Besitz und Gebrauch gelassen werden. Die Krügere und Dorff-Leute sollen alles Bier, so sie von
Michael bis Ostern aus Städten holen, desgleichen,
was sie in solcher Zeit aus dem Kruge holen, bezahlen.

No. 23.

Folgen einige Extracte Fürstl. Land-Tags-Abschiede. Aus dem Land-Tags-Abschiede zu
Treptow, den 9 Octob. An. 1585.

Und endlich, daß wir nun eine Zeitlang her verspüret, daß die durch beyder Ort Landes An. 81 gegen Wollin verordneter Ausschuß revidirte, berath-
schlagete, verbesserte, und in den Druck verfertigte
Brauer-Ordnung, von etlichen Land-Ständen, einzeln Personen, welches uns mit Befremden vorkommen, nicht zu Wercke gerichtet werden: Weil
dann dieselbe vornehmlich der Armuth, so sich selbsten nicht zu rathen weiß, zum besten also verfasset
und gedrucket, wollen wir derselbigen im Buchstaben von männiglichen nochmalen gelebet, und gegen
die Hinterläßigen und Ungehorsamen, ohne Unterscheid des Standes und Personen, mit der einver-
leibten Straffe und sonsten zu verfahren wissen, darnach sich männiglich zu richten hätte.

Extract Land-Abschiedes de anno 1616 den 18 Martii zu Alten-Stettin.

Mit dem dritten Haupt-Punckt, wegen der
Bauer-Land- und Schäfer-Ordnung, auch den
Mandaten wider die gaddenden Knechte, starcke
Bettler, Müßiggänger, Austreter, Befehder und
ander unnütz Gesindelein, hat es nunmehr, weil un-
sere gehorsame Land-Stände mit den begriffenen
Concepten, auf abermalige Revision einig, seine
Richtigkeit, und sollen dieselbigen Ordnungen durch
öffentlichen Druck fordersamst publiciret wer-
den.

Extract

Extract Land-Tags-Abschiedes vom 16ten Julii 1632 zu Alten Stettin publiciret.

§ Beym andern Neben-Punct, ibi: Hingegen aber die Abusus und Misbräuche, so auf dem Lande wegen des Bierbrauens vorgehen, und dadurch den Städten in ihrer Nahrung mercklicher Schade zugezogen wird, abgeschaffet werden, und ein ieder sich der Land-Ordnung gemäß verhalten solle, deswegen wir denn auf eines und der andern Ansuchen ernste Mandata wollen ergehen lassen.

No. 24.

Bogislav, Hertzog zu Stettin-Pommern. Entbieten denen von Adel, Predigern, Arrhendarien, Hofmeistern, Schultzen, Krügern, Bauren und andern unserer Schlagischen Land-Vogtey begriffenen Unterfassen, unsern Gruß, und geben euch aus nachgeschriebenen mehrer Länge nach zu vernehmen, was gestalt bey uns die ehrsame, unsere liebe getreue Alter-Leut, Gilde-Meister und sämtliche Amts-Brüder der Brauer-Zunfft, in unserer Stadt Schlage sich dannenhero unterthänig beklaget, daß viele eures Mittels sich unterstünden, ihnen in ihrer Brauer-Nahrung grossen Einpaß zu thun, indem einer und ander auf die Krüge braueten, und also dieselbe der guten Stadt entzogen. Wann aber dasselbe der publicirten Land- und Bauer-Ordnung zuwider; So befehlen demnach und gebieten wir, auf der Supplicanten dabey gethanes unterthäniges Bitten, euch sammt und sonders gnädig und ernstlich, euch hierunter angezogener Brauer-Ordnung allerdings gemäß zu halten, die Krüge, welche von Alters zur Stadt belegen, und daraus mit Bier versehen und versorget worden, ihnen nicht zu entziehen; sondern euch dessen allen, bey Verlust des Biers, und anderer unserer Fiscal-Straffe zu enthalten und zu entäussern. Wir befehlen auch unsern itzigen und künfftigen Land-Vögten des Ortes gnädiglich, daß sie über vorangezogene Bauer- und Land-Ordnung festiglich halten, denenjenigen, welchen das Bierbrauen darinne verboten, und nicht zugelassen, dasselbe nicht zu gestatten, sondern wider die Verbrechere, mit obbenannter und anderer ernster Straffe zu verfahren, damit also die Supplicanten bey ihrer bürgerlichen Nahrung in besten conserviret bleiben mögen. Daran geschiehet unser gnädiger Wille und Meynung, gegeben zu Alten-Stettin, am 22 Dec. An. 1631.

Bogislaus.

No. 25.

Extract Fürstl. Reversalen. Fürstl. Gnaden, Hertzog Bogislav, den Ständen Anno 1626, den 20 Nov. gegeben.

So soll auch wegen des Bierbrauens auf dem Lande, so sich die Ritterschafft und Pastoren, item Fürstliche Beamten, Müller, Schäfer, Krüger, Bauren, Verwalter, und wie sie Namen haben, gebrauchen und anmassen, bey der An. 1616 publicirten Land-Bauer-Ordnung, damit NB. die bürgerliche Nahrung in den Städten keinen Eingriff und Abbruch leide, so weit dieser Paß decidiret, vim judicati ergriffen, und zur Observantz gebracht, allerdings gelassen seyn.

No. 26.

Extract Land-Tags-Abschiedes de An. 1582 den 16 Julii zu Alten-Stettin publiciret.

Beym andern Neben-Punckt, ibi: Hingegen aber die abusus und Misbräuche, so auf dem Lande wegen des Bierbrauens vorgehen, und dadurch den Städten in ihrer Nahrung mercklicher Schade zugezogen wird, abgeschaffet werden, und ein ieder sich der Land-Ordnung gemäß verhalten solle; deswegen wir denn auf eines oder des andern Ansuchen ernste Mandata wollen ergehen lassen.

No. 27.

Exceptiones & gravamina contra Testamentum Principis, illustr. Dom. Friderici, Ducis Pomeran. p. m. Nomine Domini Successoris, Illustr. Ducis Barnimi & Statuum &c. per D. Eobaldum Brunnemann compilatæ.

n. 6. Wegen der Brau-Häuser (scil. zu Friedrichswalde und Jacobshagen), ist iedermänniglich wissend, daß Dn. Testator Illustriss. Princeps Johannes Fridericus p. m. dieselbe, als eine besondere Beschwerung, auf der Land-Stände Anhalten, abzuschaffen, bewilliget, und wo solches nicht geschiehet, müssen die Bürger in Städten zu Grunde verderben.

Nemo autem debet locupletari cum alterius damno.

Hierauf folgen nun einige Verordnungen, so tempore interregiminis Suecici ergangen, woraus zu erweisen, daß auch zu der Zeit die von Städten nicht geruhet, sondern contra turbatores vigilant gewesen, und sich, so viel sie gekonnt, bey ihrer Posseßion und Rechten geschützet, welches hernach Sr. Churfürstl. Durchl. nachdem sie zur beruhigen Posseßion dieser Dero Erb-Landen gekommen, gnädigst gleichergestalt approbiret.

No. 28.

Von Ihro Königl. Majestät in Schweden zum Pommerischen Stat verordnete Vice-Gouverneur und Räthe, entbieten denen von Adel, Predigern, Arrhendarien, Hofmeistern, Schultzen, Krügern, Bauren und andern in der Schlageschen Land-Vogtey begriffenen Unterfassen, unsern Gruß, und geben euch aus angehafftem mit mehrerm zu vernehmen, was gestalt bey uns, Aeltesten, Gilde-Meistere und sämtliche Zunfft-Verwandten der Brauer in Schlage, sich über euch, wegen Hemmung ihrer Brauer-Nahrung, zum höchsten beschweret, und was sie dannenhero zu verordnen begehret. Befehlen darauf im Namen Ihro Königl. Majestät in Schweden ernstlich, daß ihr euch dem am 22 Sept. abgewichenen 1631 Jahres, abgegangenen Fürstl. Rescripto allerdings conform bezeigen, oder erhebliche Ursachen, warum nicht inner 4 Wochen, nach Uibereichung dieses, der Königlichen Staats-Cantzley allhier einschicken sollet. Wornach ꝛc. Gegeben in Alten-Stettin, den 3 Dec. 1645.

Nills Kagg.
Joh. Nicol. Lilienströhm.
Seb. Hempel.

No. 29.

Von wegen Reginæ Sueciæ &c. verordnete Gouverneur und Räthe. Entbieten dem Ehrenvesten und mannhafften Georg Graten, bestallten

Amt-

Amtmann zu Belgard, unsern Gr. mit Bemelden, daß die Aeltesten, Gilde-Meister und Zunfftgenossen der Brauer daselbst uns klagende zu vernehmen gegeben, welcher gestalt etliche von Adel, Pastores, Schäfer, Müller, Krüger und Bauren in selben District über das, was ihnen zu ihrer eigenen Nothdurfft zu brauen vergönnet, auf die Krüge brauen, auch sonsten Bier verkauffen und ausschencken sollen. Und als solches wider ihre innhabende Privilegia, um Ertheilunge dieser Inhibition ersuchet und gebeten; Wenn wir nun ihr Suchen dem producirten Privilegio und der Billigkeit gemäß zu seyn, befinden. So befehlen anstat Jhro Königl. Majestät unser allergnädigsten Königin und Fräulein, für unsere Person freundlich gesinnet, daß ihr Krafft eures Amtes die Klägere bey ihrem erlangten Privilegio und Gerechtigkeit manuteniret, auf ihr Anhalten wider die Verbrechere parata executione verfahret, und die im Privilegio benannte Strafen unnachläßig abfodert. Wornach rc. Datum Alten-Stettin den 7 Sept. 1640.

Joh. Lielienhöc.
Seb. Hempel D.

No. 30.

Königl. Schwedische, zum Pommerischen Estat verordnete Vice-Gouverneur, und Räthe. Fügen dem Mühlen-Visitatoren Stargardischen Districts, Hans Natzemann hiemit zu wissen, was gestalt die Brauer-Aeltesten und gantze Brauer-Gilde zu Stargard sich höchlich beschweret, daß sich viele Leute auf dem Lande, und zumalen Schultzen, Krügere, Müller, Bauren, Cossäten, auch ledige Knechte, und wie sie sonst Namen haben, unterstehen, aus ihrem Beruf zu schreiten, und die Brauer-Nahrung Supplicanten zum mercklichen Präjuditz an sich zu ziehen, und Krüge zu verlegen, und selbst Bier zu schencken. Wenn denn solches der Land-Ordnung zuwider, und wir einen ieden seiner Nahrung Schutz zu halten, geneigt; Als befehlen im Namen Jhro Königl. Majestät, wir euch hiemit ernstlich, darauf mit Fleiß acht zu haben, die Uibertreter der Ordnung zu erkundigen, sie von ihrem Unfug krafft dieses abzumahnen, das Bier, so über eines iedweden Nothdurfft zum Ausschencken oder Ausspünden befunden wird, als verfallen wegzunehmen, dasselbe in der Stadt Stargard auf die Stadt-Bude zu liefern, und alsbald unter die Armen, dahin es des letztverstorbenen Hertzogen zu Pommern Hochfürstl. Andenckens, Fürstl. Gnaden deputiret, austheilen zu lassen. Im Fall sich aber einer oder ander auf eine sonderlich habende Gerechtigkeit beruffen würde, auf solchem Fall sollet ihr mit Abnahme des Biers in Ruhe stehen, dieselbe anhero an das Königliche Gouvernement verweisen, und daß sie andere Verordnung euch inner gewissen Zeit zum wenigsten 14 Tage ausbringen sollen, ermahnen, immittelst, wie viel des Bieres verhanden, in Anmerckung nehmen, und dafern also keine andere Verordnung von ihnen ausgebracht würde, nach Ablauf der angedeuteten Zeit gegen dieselbe nicht weniger als andere Uibertreter Inhalt dieses Patents, iedoch allenthalben mit geziemender Bescheidenheit verfahren. Wornach rc. Signat. Alten-Stettin den 8ten Augusti An. 1646.

Nils Kagg.   Sebast. Hempel.   Frantz Bohl.

No. 31.

Extract Land-Tags-Abschiedes sub dato Stargard den 11 Jul. 1654.

§ Betreffend zum 10 ibi: Unterdessen aber bleibet es des Bierbrauens halber aufm Lande, ratione possessionis, bey der An. 1616 gemachten und mit Belieben aller Stände publicirten Land-und Bauer-Ordnung billig.

No. 32.

Extract der Churfürstlich-Pommerischen Regierungs-Verfassung, sub dato Cölln an der Spree, de an. 1654 den 11 Jul.

Tit. 3.
Von Confirmation der Privilegien.

Als wir auch von unsern gehorsamsten Land-Ständen um gnädigste Confirmation ihrer Privilegien unterthänigst ersuchet worden, und wir uns der unverrückten und standhafften Treu, so gegen uns und unser hochlöbl. Chur-Haus besagte unsere Stände ieder,zeit bis um diese Stunde erwiesen, erinnert, so haben wir ihnen auch darinne nichts aus Händen gehen, sondern unserer nachkommenden Herrschafft, darinnen ein löbliches Exempel hinterlassen wollen, versprechen demnach hiemit und Kraft dieses vor uns und unsere Successores, unsere Hinter-Pommerische gehorsamste Stände, bey allen und ieglichen ihren Privilegien, Gnaden, Gerechtigkeiten, alten Herkommen, Freyheiten, Constitutionen, Gewohnheiten, Vereinigungen und Beliebungen, so von Kaysern, Königen, und der Herrschafft Stettin-Pommern, Bischöffen zu Camin, oder andern, die des Macht gehabt hätten, ihnen gegeben und verschrieben seyn, oder sie selbsten den Landen sich zu gut aufgesetzet und angenommen, ruhiglich und friedsam zu ewigen Zeiten bleiben zu lassen, darinne keine Hinder-Sparung, Eintrag, Verkürtzung noch Verkleinerung zu thun oder thun zu lassen, sondern vielmehr bey vorigen Freyheiten Churfürstl. zu schützen und handzuhaben, sie auch mit keinen neuen Auffsätzen, wie die Namen haben mögen, zu beschweren, iedoch uns und unsern Nachkommen an unsern und ihren Recht und Gerechtigkeiten, Land-s-Fürstl. Autorität und Hoheit unschädlich. Wir wollen auch die gemeinen Land-Privilegia in der Form, wie wir mit unsern Ständen albereits darüber verglichen seyn, wie auch ander der Prälaten, Ritterschafft und Städten der Zünfften oder auch eintzeler Personen, Privilegien, fundationes, investituras, Rollen, Concessionen, Immunitäten und dergleichen, wenn auf unterthänigste gesuchte Special-Confirmation, die originalia werden vorhero gebührend produciret seyn, specialiter confirmiren und bestätigen.

No. 33.

Ist das Edictum vom 12ten Martii 1666 gedruckt beygeleget.

No. 34.

Ist der Extract Churfürstl. relation ad Serenissimum vom 9ten August. Anno 1668 anfahend, Nun ist an dem rc.

No. 35.

Auf fürgewesenes Behör in Sachen des Advoc. Fisci Extrah. an einen contra die Pyritzische und Saltziger Ritterschafft it. Burgermeistere und Rath der Stadt Stargard und Pyritz andern Theils wegen

wegen Verlegung der Kruͤge wird zum Bescheide ertheilet, weil das am 12ten Martii 1666 publicirte Edict ſich auf die Land-Ordnung de an. 1616 und Land-Tags-Abſchied zu Stargard de an. 1654 darinne veranlaſſet iſt, daß ein ieder beym Poſſeß des Bierbrauens, darinnen er zur Zeit der Land-Ordnung ſich befunden, geſchuͤtzet werden ſolte, und daruͤber entſtehende Streitigkeit an die Churfuͤrſtliche Regierung zu rechtlicher Entſcheidung gewieſen ſeyn, fundiret und gegruͤndet, ſo iſt es dabey zu laſſen, und will denjenigen, ſo ſich in poſſeſſione fundiren, obliegen, dieſelben buͤhrlich beyzubringen. Signat. Collberg den 6 Jul. 1668.

Notandum.

Von dieſem Beſcheide haben Nobiles inſtinctu citatorum Nobilium ad perſonam Sereniſſimi provociret, und unter dem Namen der Regierung obgedachte Relation mit gegangen, es iſt aber daruͤber Sr. Churfuͤrſtl. Durchl. Reſcript oder Remiſſorium, ungeachtet angezogener Relation, ſub dato Koͤnigsberg in Preuſſen den 7ten Februarii (oder 29 Jan.) 1669 erfolget, ſub ſeqq.

No. 37.

Friedrich Wilhelm Churfuͤrſt. Unſern freundlichen Dienſt und gnaͤdigen Gruß zuvor, hochgebohrner Fuͤrſt, freundlicher lieber Vetter, wie auch wuͤrdige, veſte, hochgelahrte Raͤthe und liebe Getreue.

Wir haben Euer unſers geheimen Raths und Hof-Gerichts-Verwalters, Matthias Krockowen, unterthaͤnigſte Relation, nebſt denen in puncto des Bierbrauens im Lande ergangenen Acten, welche hiebey wieder zuruͤck geſandt werden, wohl erhalten, und ob wir wohl aus dem vom 9ten Aug. a. pr. von Ew. Edl. und euch abgelaſſenen Bericht, Ew. Edl. und eure Gedancken dahin gerichtet finden, daß die Sache zum guͤtlichen Vergleich anhero zu ziehen, wir aber allerhand Urſachen halber ſolches nicht thunlich erachten.

So halten wir doch am zutraͤglichſten zu ſeyn, daß Ew. Edl. und ihr die Parten foͤrderlichſt vorbeſcheiden, und alsdenn moͤglichen Fleiß anwenden, ob Ew. Edl. und euren in oberwehnter Relation vom 9ten Aug. gethanen Vorſchlaͤgen nach, dieſe Streitigkeit guͤtlich gehoben, und die Parten guͤtlich verglichen werden koͤnnen, welches dann Ew. Liebden, und ihr alſo zu verfuͤgen wiſſet, weshalb wir, und wie die Sache und Handelung abgegangen, ferner Bericht erwarten wollen. Seynd Ew. Liebd. zu Erweiſung freundlich Vetterlicher Dienſte gefliſſen, euch aber mit Gnaden gewogen. Gegeben Koͤnigsberg, den 7 Febr. (oder 28 Jan.) 1669.

No. 38.

Extract ſaͤmmtl. Landſtaͤnde des Koͤniglichen Preuſſens, Dero zu der Election des Koͤniges abgeordneten Herren Deputirten An. 1669 den 11 Febr. gegebenen Inſtruction.

§. 15. Sollen der Lande und Staͤdte in Preuſſen Privilegien durch keine Gegen-Privilegia gehoben werden. §. 18. Sollen alle und iede groſſe und kleine Staͤdte bey allen und ieden ihren Privilegien und wohlhergebrachten Freyheiten, ſowol in geiſtlichen als weltlichen Sachen geſchuͤtzet werden.

Juriſt. Oracul V Band.

§. 31. Sollen diejenigen, ſo jenſeits der Weichſel auf Drobnow wohnen, keine Waaren, ſo ein und ausgefuͤhret werden, auffangen, wie auch in denen daſelbſt, und auf der Inſul gebaueten Haͤuſern und Kruͤgen, dergleichen Waaren nicht feil haben, noch dergleichen oder ſonſten allerhand Handthierung treiben, ſondern gedachte Haacken-Buden und Kruͤge, ſo auf gedachter Inſul befindlich, ſollen wieder abgebrochen, und die Zollfoderung, ſo daſelbſt eingeriſſen, gaͤntzlich wieder abgeſchaffet werden.

§. 39. Sollen die Staͤdte bey allen ihren Freyheiten und Rechten verbleiben, auch an ihrer Juriſdiction von irgend keinem turbiret werden. §. 40. Soll ihnen kein Vorfang oder Unterſchleiff geſchehen, ſowol von Geiſtlichen als auch denen Hauptleuten im Bierbrauen, Branntweinbrennen, und Handwerck treiben wider ihre Privilegia. §. 43. Im uͤbrigen ſollen alle Staͤdte von allen und ieden Beſchwerden frey ſeyn, und bey allen dero geiſtlichen und weltlichen Rechten und Freyheiten, Wohlſtande, Immunitaͤten, Satzungen der Lande Preuſſen, und Koͤnigl. Decreten verbleiben, und in allen und ieden Puncten und Clauſeln gantz ſicher und unverruͤcket behalten werden.

No. 39.

Extract Churfuͤrſtlich, gnaͤdigſter Reſolution an Dero Hinter-Pommeriſche und Caminiſche Regierung, ad inſtantiam Buͤrgermeiſter und Rath, wie auch Brauer-Gilde zu Stargard, betreffende das Bierbrauen und Ausſchencken auf dem Lande.

Daneben wollen Ew. Liebden und ihr nachdruͤcklich verordnen, daß das Brauen und Bierſchencken vermoͤge des 12ten Puncts, auf dem Lande, denen es nicht gebuͤhret, nicht geſtattet, und diejenigen, ſo die Stadt in ſolchem Fall Eindrang thun, und welche ſie benennen werden, zu Beweiſung ihrer Poſſeſſion gebetener Maſſen, und zwar ohne Verſtattung einigen und unnoͤthigen Proceſſus angehalten werden, wie dann auch Ew. Lbd. und ihr, unſer Intereſſe wegen des Mahlens und Entziehung der Metzen, hierunter zu beobachten haben werdet. Wornach ꝛc. Coͤlln an der Spree, den 5 Nov. 1673.
An die Hinter-Pommeriſche Regierung.

No. 40.

Friedrich Wilhelm, Churfuͤrſt ꝛc. Unſern Gruß zuvor ꝛc. Was Geſtalt bey uns die Brauer-Gilde zu Stargard unterthaͤnigſt einkommen, und wegen Verlegung der Land-Kruͤge, auch Brauen und Bierſchencken auf dem Lande, gnaͤdigſte Verordnung bitten, ſolches habt ihr aus dem Einſchluſſe mit mehren zu erſehen. Wenn wir dann unſere deshalb gnaͤdigſt ertheilte Willens-Meynung de dato Coͤlln an der Spree, den 5 Nov. 1673 hiemit in Gnaden wiederholen: Als befehlen wir euch hiemit gnaͤdigſt, darob gebuͤhrend zu halten, und Supplicanten klaglos zu ſtellen. Seynd euch mit Gnaden gewogen. Gegeben Waltzin, den 14 Sept. 1679.
An die Hinter-Pommeriſche und Caminiſche Regierung.

No. 41.

Friedrich Wilhelm, Churfuͤrſt ꝛc. Unſern Gruß zuvor ꝛc. Ihr erſehet aus angeſchloſſenem Supplicato

N n

daro der sämmtlichen Immediat-Städte des Hertzogthums Hinterpommern, und Fürstenthums Camin, mit mehrerm, was an uns dieselbe, wegen des Eindranges in ihrer Brau-Nahrung, Handel und Kauffmanschaft, von denen vom Lande, unterthänigst gelangen lassen, und wehmüthigst klagen. Wenn denn ein Theil dieser Klagen, nicht allein denen gemeinen Landes-Constitutionen und ergangenen Abscheiden, sondern auch unsern deßfalls gnädigst ergangenen Special-Verordnungen entgegen, und die Städte dadurch ihr Contingent beyzutragen, untüchtig gemachet werden; Als befehlen wir euch hiermit in Gnaden, dieselben bey ihren Privilegien und Gerechtigkeiten, wider allen Eindrang, wie auch bey ihrer Nahrung gebührend zu schützen, und über obgedachte Landes-Constitutionen und Verordnungen vestiglich zu halten, damit wir deßfalls nicht ferner behelliget werden mögen. Hieran ꝛc. ꝛc. Gegeben Cölln an der Spree, den 8 Jul. 1680.

An die Hinterpommerische Regierung.

No. 42.

Friederich Wilhelm, Churfürst ꝛc. ꝛc. Was die sämmtlichen Immediat-Städte in unserm Hertzogthum Hinterpommern und Fürstenthum Camin, vermittelst angeschlossener Supplic, wegen des Eindrangs in ihrer Brau-Nahrung, Handel und Kauffmanschaft, von denen auf dem Lande abermahlen unterthänigst klagen, und was sie deßfals zu verordnen bitten, solches erhellet daraus mit mehrerm. Wann wir dann deßfalls an euch in verschiedenen Mahlen, und insonders de dato Cölln, den 8 Jul. 1680 in Gnaden verordnet, und solche Klagen, welche nicht allein den allgemeinen Landes-Constitutionen und ergangenen Abscheiden, sondern auch unsern Special-Verordnungen zuwider, abzustellen euch anbefohlen, damit die Städte, ihr Contingent beyzutragen, nicht untüchtig gemacht werden möget; als lassen wir es nochmahlen dabey in Gnaden, und befehlen euch hiermit gnädigst, obbesagte Kauffund Brau-Städte bey ihren Privilegien und Gerechtigkeiten wider allen Eindrang, wie auch bey ihrer Nahrung zu schützen, darunter wider die Turbatores des Rechten und Vesselbach gemäß zu verfahren, und in übrigen über unsere gnädige Verordnung altes Ernstes zu halten, damit wir deßfalls nicht ferner behelliget werden mögen. Gegeben Cölln, den 4 May 1680.

An die Hinterpommerische Regierung.

No. 43.

Nachdem bey Ihro Chur-Fürstl. Durchl. zu Brandenburg, unserer gnädigsten Chur-Fürsten und Frauen, und Dero Beamten zu Treptow, die Bräuer selbiger Stadt eine Zeit her über die Amts-Unterthanen, wegen dero vielen Bierbräuens nicht geringe Beschwerung geführet, und darauf Ihro Churfürstliche Durchl. das Werck anhero remittiret, mit gnädigstem Gesinnen hierinne zu verordnen, was der Landes-Ordnung gemäß ist; Als wird Nahmens höchstgedachter Ihro Churfürstl. Durchl. Dero sämmtlichen Treptowischen Amts-Unterthanen hiemit anbefohlen, daß sie sich des Bierbrauens, zum Ausschencken und Verkauffen, bey dessen Ver-

lust und der willkührlichen Strafe gäntzlich enthalten, und ein mehrers, als was ihnen zu ihres Hauses eigenen Nothdurft, nach Inhalt des 9 Articuls der gemeinen Land- und Bauer-Ordnung vergönnet, brauen, auch solcher Ordnung bey Hochzeiten, Kindtauffen und andern Ausrichtungen gemäß verhalten, und über die darinne benannte Anzahl mehr Bier nicht verschencken sollen. Gestalt dann die Churfürstl. Beamten des Orts darob ein wachsames Auge haben, und die Verbrecher zu gebührender Strafe ziehen werden. Signat. Colberg, den 22 Decemb. 1664.

Churfürstl. Hinterpommerische Amts-Kammer.

Adam von Podewels.
Johann Schweder.

No. 44.

Es wird denen beyden Holtz-Vögten, als Hans Klugen und Hans Wadreyen, hiemit ernstlich anbefohlen, als abermahlen die Brauer in hiesiger Stadt Treptow sich sehr beschweret, daß die Bauers-Leute in hiesigem Amte und Dörfern das Bierbrauen zu Hochzeiten, Kindtauffen, Kirchgängen, Begräbnissen und auf Krüge noch nicht einstellen, sondern starck treiben sollen, wodurch sie nicht allein ihre Nahrung benehmen, sondern auch dero erhaltene Privilegia schwächen, die Bauren in den Dörfern in eines jeden seinem Ritt beym Schultzen zusammen fordern, ihnen obiges fürhalten, sie zu allem Überfluß für ihrem Schaden nochmahlen zu verwarnen, dafern einer oder der andere ein mehrers brauet oder kochen wird, als was von der hohen gnädigen Herrschaft alle 4 Wochen zu seines Hauses Nothdurft verordnet ist, solches verfallen seyn, und alles Bier sammt Kesseln und Küven weggenommen werden: die Strafe aber, so ihnen allemahl dabey angedeutet, wird reserviret, maßen ihr darob hiemit befehliget seyn sollet, wo ein ieder in seinem Ritt bey den Bauers-Leuten Bier antreffen werde, welches sie auf Ausrichtungen oder Ausschencken gebrauet, dasselbige zu versiegeln, wegzunehmen, und bis auf weitere Verordnung in die Schultzen-Höfe zu bringen, den Schultzen zu überantworten, und sicher verwahren zu lassen, auch ein ieder in kurtzen von allen ausführliche Relation einstatten, und hierinne gantz keinen Unterschleif zu gebrauchen. Wornach sich ein ieder zu richten hat. Signat. auf dem Churfürstl. Hause Treptow, den 22 Januar. 1678.

Churfürstl. Haupt- und Amts-Leute daselbst.

Appendix, so ad num. 34 kan referiret werden.

Friederich Wilhelm, Churfürst ꝛc. ꝛc. Haben dir unserm Landreuter zu Bartel Johann Küsten, hiemit zu vernehmen, was gestalt wir auf unterthänigstes Anhalten der Ehrbaren von Städten, in unserm Hertzogthum Hinterpommern und Fürstenthum Camin, wegen Mißbrauch des Bierbrauens auf dem Lande, gewisse Edicta und Verordnungen (wovon dir einige hierbey gesandt werden) ergehen lassen, solche auch zweifelsfrey aller Orten von den Kantzeln publiciret und zu iedermanns Notiz gebracht seyn werden,

werden, als über die sämmtliche Brauer-Zunft Verwandte in unserer Stadt Stargard, ferner unterthänigst gebeten, desfalls auch gewissen Befehl an dich zu ertheilen, und wir ihrem Suchen gnädig deferiret haben. So befehlen wir dir hiemit gnädigst und Ernstes, dich alsofort nach Empfang dieses in alle und iede Dörfer des Stargardischen und Pyritzischen Districts, absonderlich so weit sich iede Stargardischen Krugverlegungs-Gerechtigkeit erstrecket, zu erheben, ob die Publication dieser unserer Patente geschehen, fleißig zu erkundigen, die Leute iedes Ortes denenselben conformiter zu geleben, ernstlich anzumahnen, vor die angedrohete Strafe sich zu hüten, verwarnen, von den Priestern die publicirte Verordnungen abzufodern, und öffentlich zu affigiren, und wenn zu folge solchen Edicts die ordentliche Obrigkeit iedes Ortes von dem Rath, oder den Brauern zu Stargard, wegen der Contravention des Edicts belanget, und die von sothaner ordentlichen Obrigkeit erfodert wird, so wird dir hiemit gleichfalls anbefohlen, sofort die Execution wider die Verbrecher zu verrichten. Wornach rc. rc. Sign. Colberg den 22 Dec. 1666.

Churfürstl. Hinterpommerische Stathalter, Cantzler und Regierungs-Räthe.

G. von Somnitz.
Adam von Podewels.

Friederich Wilhelm, Churfürst rc. rc. Geben dir unserm Landreuter zu Pyritz aus beygefügtem zu ersehen, was sämmtliche Brauer-Zunft-Verwandten zu Stargard, wegen nicht geleisteter Parition der am 22 Dec. 1666 an dich abgelassenen Verordnung, wider dich eingebracht, und zu verordnen unterthänigst gebeten. Wir befehlen dir darauf hiemit nochmahlen ernstlich und bey 100 Rthlr. fiscalischer Strafe, vorerwehnter Verordnung vom 22 Dec. 1666 gehorsamlich nachzuleben, und dabey nichts zu versäumen. Wornach dich hast zu achten. Sign. Colberg, den 28 Mart. 1667.

Churfürstl. Hinterpommerische Stathalter, Cantzler und Regierungs-Räthe.

E. B. H. z. Croye.
Adam Podewils.

Auf der sämmtl. Aeltesten und Brauer-Zunft Verwandte zu Stargard, wegen des unzuläßigen Brauens übergebene Supplication wird zum Neben-Bescheide ertheilet, rc. rc.

Es soll auch auf des Pyritzischen Landreuters Bericht dem Advoc. Fisci nicht allein wider den von Adel zu Kremzow seine Action ferner fortzusetzen, sondern auch äußersten Vermögen nach dahin zu sehen, daß dem ergangenen Edict und erwehnter Verordnung vom 22 Dec. 1666 nachgelebet, und die Verbrecher zur gebührlichen Strafe gezogen werden, hiemit anbefohlen seyn. Signat. Colberg, den 7 Dec. 1667.

Churfürstl. Hinterpommerische Stathalter, Cantzler und Regierungs-Räthe.

E. B. H. z. Croye.
Ernst von Crockow.

Friederich Wilhelm, Churfürst rc. rc. Fügen dir unserm Landreuter zu Pyritz, Johann Küstern, aus

Jurist. Oracul V Band.

dem beygefügtem zu vernehmen, was sämmtl. Aeltesten und Brauer-Gilde-Verwandten zu Stargard, wegen des unzuläßigen Brauens für Beschwerden führen, und was sie desfalls zu verordnen unterthänigst gebeten. Wir befehlen dir darauf hiemit ernstlich, dem publicirten Patent vom 12 Mart. 1666, und der am 22 Dec. desselben Jahres ergangenen Verordnung zu folge, wider alle und iede Verbrecher alles Bedrauens und Abschreckens ungehindert, alsofort mit der Execution zu verfahren, auch bey hoher Arbitrar-Strafe alle und iede Dörfer, welche vorhin von der Stadt Stargard Einwohnern mit Bier verleget, dahin zu halten, daß sie erwehnter Verordnung geleben, und da es sich befinden solte, daß dawider gehandelt, und das Bier von andern geholet und ausgeschencket würde, so hast du wider solche Ungehorsame, wenn zuvor die Obrigkeit des Orts von Supplicanten wegen Contravention des Edicts belanget, und du von gedachter Obrigkeit erfodert wirst, Stundes an, das unzuläßige Brauen, in specie dem Dölitzischen Krüger das Ausspünden, als welches schnurstracks der gegebenen Concession zuwider, wie auch Warsinschen das Brauen und Spunden, dafern sie deswegen keine Concession vorzeigen kan, durch die Execution zu hemmen, und dich dergestalt diesem allem gemäß zu bezeigen. Wornach dich hast zu achten. Sign. Colberg, den 7 Dec. 1667.

Churfürstl. Hinterpommerische Stathalter, Cantzler und Regierungs-Räthe.

E. B. Herzog von Croye.
Ernst von Crockow.

Als Uns Decano, Seniori und andern Doctoribus der Juristen-Facultät auf der Pommerischen Universität zu Greifswalde vorgesetzte Facti species samt Beylage a num. 1 usque ad num. 44 und daraus formirte drey Fragen, nebst dem darüber abgefasseten rechtlichen Bedencken zugeschicket, und darüber unser Bedencken und Censur zu eröffnen, und mitzutheilen verlanget worden: So haben wir solches rechtliches Bedencken seiner Wichtigkeit nach mit gehörigem Fleiße verlesen, und die pro & contra angeführte Rationes, samt denen uns communicirten Beylagen, insonderheit die momenta decisionum ieder Fragen teiflich und collegialiter erwogen, und befunden in solcher Deduction allenthalben so viel, daß die in decisionibus vorberührter drey Fragen angeführte Jura textus und rationes dem Facto nach dessen Umständen auch Beschaffenheit recht und wohl appliciret, desfalls wir solchem rechtlichen Bedencken allerdings beypflichten, und da anfänglich unsere rechtliche Decision solte begehret worden seyn, wir anderer gestalt nicht würden respondiret haben. Zu dessen Beglaubigung und Urkund haben wir Salvo tamen rectius sentientium judicio unserer Facultät Insiegel hierunter drucken lassen. So geschehen zu Greifswalde den 7 Nov. An. 1685.

(L.S.)

Decanus Senior, und andere Doctores der Juristen-Facultät auf der Pommerischen Universität zu Greifswalde.

RESPONSUM XLI.

Quæstio 1.

Ob einem Privato wegen Nähe einer Stadt freystehet, in seinem Dorfe und auf seinem Grund und Boden andere Baustäte zu errichten, und zum Nachtheil und Schaden der nahe gelegenen Stadt, vornehmlich der Handwercker, ein Flecken oder Städtlein daraus zu machen?

Quæstio 2.

Ob dieses nicht, wenn es geschehen, pro injuria zu achten, und der, so es bewircket, die Gebäude wieder nieder zu reissen, und in vorigen Stand zu setzen, schuldig?

Wir Dechand, Doctores und ordinarii Professores bey der Juristen-Facultäten der alten löblichen Universität in Cöllen bezeugen und bekennen:

Demnach uns hier untergesetzter Casus und darauf formirte Fragen zugeschickt, und unsere rechtliche Belehrung oder Resolution darauf begehret, daß wir derwegen zur Beförderung der Gerechtigkeit uns etliche mahl zusammen gethan, dieselbe facti speciem und darauf gestellte Fragen reifflich und am fleißigsten in Rathschlag gezogen, und endlich per modum consilii uns darauf erkläret und resolviret, wie nachfolgend ausführlich und ferner zu vernehmen, und folget anfangs facti species, oder figuratio Casus, und demnach unser einfältiglich, rathsam und rechtlich Bedencken.

Figuratio Casus.

Es ist etwan eine grosse Meilweges von der Kayserlichen Freyen Reichs-Stadt M. im Fürstenthum N. ein Dorf O. genannt belegen, welches vorhin von wenig Haus-Leuten bewohnet, nachmahlen aber mit Vorwissen und Willen des Raths zu M. welchem es auch zu kaufen zuvor angeboten worden, an P. Q. welcher sonsten einen Hof in der Nähe daselbst liegend hat, erb- und eigenthümlich cum pertinentiis mit Hals und Hand, Wischen und Weiden, Holtzungen, Teichen und anders justo emtionis titulo verkauffet worden, welcher auch noch ietzo desselben Dorfs und Guts Eigenthümer und Besitzer ist.

Ob nun wohl in solchem Dorf vorhin in Mangel des Ackers wenig Bauer-Häuser und Katen gestanden, so hat doch hernacher Ehraedachter P. Q. eine gantze lange Reihe niedriger Häuser mit Ziegeln gedeckt, gar nicht nach Hausmanns Art, sondern wie die Buden in den Städten, darinnen Handwercks-Leute füglich wohnen können, von neuem erbauen, dasselbe Dorf sonsten mit mehrern dergleichen Häusern hin und wieder besetzen lassen, stehet auch noch im Vorhaben, derer mehr anzurichten, wie ihrer dann allbereit etliche gezimmert und aufgerichtet sind, also, daß solch Dorf die alte und vorige Gestalt und Form eines Dorfs fast verlohren, und siehet einem Flecken ähnlicher, dann einem Dorfe; ja es thut der Eigenthümer selbst solches Dorf einen Flecken intituliren und dafür halten. In demselben Dorfe oder Grund thun sich allerhand Gesindlein und Handwercker, als: Goldschmiede, Leinenweber, Schneider, Hüter, Schuster, Schlösser, Schmiede, Büchsenmacher, Becker und andere mehr aus fremden Nationen, vornehmlich aber aus dem Niederland, finden, welche von P. Q. ungeachtet sie theils der Calvinischen und Wiedertäuferischen Lehren zugethan, zuwider des heiligen Reichs Abschieden, ohn Unterscheid noch täglich auf- und angenommen, damit die neugemachten Wohnungen mehrentheils besetzet werden. Er läßt auch öffentlich zu feilem Kauf Wein und Bier schencken und auszapfen, und also ein bürgerlich Wesen in diesem Dorfe anstellen. Solche neue Einwohner vorberührtes Dorfs O. thun sich in die Stadt M. heimlich und öffentlich bey den Bürgern angeben, und daraus die Arbeit abfordern, dadurch dann gemeiner Stadt M. und den darinnen wohnenden Bürgern und Handwercks-Mann zu vortrefflichem Schaden und Abbruch ihrer Nahrung das Brodt aus dem Munde entzogen wird, darüber sie vielmahlen ihrer Obrigkeit einen Rath geklagt: weil aber auf vielfältige gepflogene Handlung wohlgedachter Rath bey dem P. Q. um Abschaffung solcher schädlichen Häuser und Handwercker angehalten, aber nichts erhalten können, sondern P. Q. des Orts auf dem Seinen nach seinem Wohlgefallen, Vortheil und Nutzen zu bauen berechtiget seyn wollen, so thun vornehmlich die Handwercker in einen Rath wegen Abschaffung solcher Handwercker zum höchsten dringen, dürfen sich auch öffentlich verlauten lassen, wo nicht daran eine Veränderung geschieht, daß endlich sie alsdann mit der That solches abzuschaffen verfahren wollen, daß also diese Dinge zu einer Sedition und Aufruhr in der Stadt M. aussehen.

Ob nun wohl demnach ein Rath bishero auf diejenigen, welche aus ihrer Stadt daselbst zu O. arbeiten, auch die Arbeit aus der Stadt abholen lassen, gute Aufsicht haben, und ihnen die daselbst gemachte Arbeit, wenn sie betroffen wird, abnehmen lassen, so geschieht doch damit dermaßen heimlicher Unterschleif, daß alles nicht genugsam kan in Acht genommen und erkundiget werden.

Nichts destoweniger wird ad æmulationem der Stadt M. und derselben Bürger und Handwercker, mit dem Gebäude verfahren, von Tage zu Tage mehr zulauffendes Volck angenommen, gehauset und geherberget, welche die mehrentheils Arbeit daselbst einen Weg wie den andern verfertigen, und hierdurch die Handwercker zu M. zum höchsten vernachtheilen und bevortheilen, also, daß endlichen einem Rath solche des Dorffs O. ietzigen Zustand und vortheilhafftige Gelegenheit zu Verschmälerung ihrer Stadt Wohlfahrt, und derselben Bürger und Handwercker Nahrung, auch zu Verhütung Unfriedens und besorgter eigenthätiger Abschaffung in die Länge zu dulten, mit nichten gebühren wolle, sondern deswegen ietzo in einen ordentlichen Proceß sich zu begeben genothdränget werden.

Damit nun dieselbe Rechtfertigung, ohne vorher erkanntem gewissen Grund Rechtens, ihnen zu Schimpff und grossen Geldes-Kosten vergeblich nicht vorgestellet werden möge: So haben dieselbe begehret,

ret, sich hierauf, ob Sie dieser Sachen halber in Jure fundirt, zuvor belehren zu lassen.

Quæstiones.

Und erstlich, ob dem Käuffer P. Q. wegen Nähe der Stadt M. als einer ansehnlichen Reichs- und Handels-Stadt, frey gestanden, in bemeldten seinem Dorff O. & sic in suo fundo & pago, als einem privato die vorigen Bauer-Häuser mehrentheils in Handwercks-Buden und Häuser zu verändern, und dardurch in injuriam ad æmulationem. auch zu Schaden und Nachtheil der Stadt M. und dero Bürger und Einwohner, vornehmlich aber der Handwercker, seinen Grund zu verbessern, und hiernechst hieraus ein Flecken oder Städtlein zu machen?

Zum andern, sintemahl de Jure injuria & æmulatio nicht præsumiret wird, auch der P. Q. solcher Aemulation nicht wollen geständig seyn, ob nicht in præsenti causa, ubi privatus ædificat ad interitum & perniciem Civitatis Imperii, wegen hierdurch zugefügten Schadens in Entziehung der Handwercker in M. Nahrung, auch wegen besorgten Aufstandes und gewisser Sedition, die bis anhero mit Bescheidenheit aufgehalten und gestillet worden, solche Anrichtung der neuen Gebäude, etiamsi sie in alieno territorio, wie auch Annehmung der fremden Handwercker, so schon dieselbe nicht Sectarii wären, revera pro injuria & æmulatione zu achten? Und ob nicht vermöge der Rechten, der P. Q. solche Handwercker wieder abzuschaffen, und in præjudicium der Stadt M. daselbst nicht zu dulten, sondern die Stadt-Gebäude nieder zu reissen, und das Dorf O. in vorigen Stand und Form zu bringen, auch mit Haus-Leuten, wie vormahls gewesen, zu besetzen und hinfüro dergleichen nicht anzustellen, dafür genugsam zu caviren und zu versichern schuldig sey?

Divino Auxilio & Christi nomine suppliciter invocato.

Rationes dubitandi.

Ob wohl nicht ohne, daß obgesetzte Figuratio Casus und zugleich besagte Quæstiones sich dafür ansehen lassen, als könnte darüber zu Recht nicht für die Kayserliche freye Reichs-Stadt M. sondern müste für den Käuffer P. Q. respondiret und geurtheilet werden, und solches aus mehr unterschiedlichen darzu bewegenden rechtlichen Fundamenten und Ursachen.

Dann anfänglich, was die erste ex facto gestellte Qvästion belanget, ob nehmlich dem Käuffer P. Q. frey gestanden, auf seinen Grund oder in seinem Dorf seines Gefallens zu bauen, zu thun und zu lassen, was ihm geliebt, und dergestalt sein Gut zu verbessern, unangesehen, daß daher der Stadt M. und ihren Bürgern, Einwohnern und Handwerckern Schaden und Nachtheil erwachse und zugefüget werde, daß solches affirmative zu decidiren seyn solle, wird aus nachfolgenden argumentis primo intuitu leichtlich eingeführt und persuadirt.

Zum ersten, dieweil es regulariter zu Recht ungezweifelt dafür gehalten wird, daß ein jeder Freyheit und Gewalt habe, in seinem eigenen Gute zu statuiren, zu thun und zu bauen, wie und was ihm

beliebt, nicht allein aus natürlicher und gemeiner aller Völcker, sondern auch beschriebenen Kayser- oder Bürgerlichen Rechten.

Jure naturali quidem, quia natura omnes liberi, id est, liberam habere facultatem & potestatem rerum pro arbitrio gerendarum dicimur. Arg. l. libertas ff. de Stat. hominis § & libertas Instit. de jure person. & tradidit in hisce terminis Jac. Philip. Port. consil. 17 n. 3. Omniaque prædia libera esse censentur, adeo, ut ad impediendum ædificium in fundo alieno, necesse sit probare servitutem pacto vel præscriptione aut testamento concessam & acquisitam esse, tex. in § fin. Instit. de serv. rust. & Urban. prædiorum, Jason in l. si priusquam n. 40 ff. de oper. novi nunc. Gail. libr. 2. pract. observ. 69 n. 2 & sqq.

Jure gentium, per notabilem textum in l. ex hoc jure, & quæ ibi notantur a Dd. ff. de Justit. & Jur. unde Jason n. 6 et alii ibidem communiter inferunt, ædificare civitates, castra, & fortilitia in suo, cuilibet liberum & licitum esse. Idem Chass. ad consuet. Burg. Rub. 13 § 9 n. 1 & sqq. Gail. de observ. 69 n. 8.

Jure civili, per l. altius, ubi Dd. & l. si in ædibus C. de servit. l. ult. § pen. ff. de servit. l. statuas C. de relig. & sumt. funer. cum concordd. Est enim quisque rei suæ liber moderator & arbiter l. in re mandata C. mand.

Und bindet hergegen nicht, ob solch Gebäu und Anordnung, die ein ieder in dem Seinen thut, den Benachbarten schädlich oder nachtheilig ist, velüti si officiat luminibus, l. cum eo ff. de servit. urb. præd. vel si fodiendo in proprio fundo Venæ putei vicini proscindantur, l. fluminum circa fin. juncta l. Proculus ff. de dam. infest. l. 1 § denique ff. de aq. plu. arc.

Aut simile detrimentum inferat, ut notatur in d. l. altius l. si in ædibus, cum concordd. ibique communiter Dd. Cepoll. de servit. cap. 39 n. 1 & cap. 47 n. 5. Duen. Reg. 38 in secunda & tertia ampl. Gail. d. observ. 69 n. 10 & sqq.

Cujus ratio est, quod nemo videatur dolo vel alteri injuriam facere, qui jure suo utitur, l. nullus videtur, ubi Dd. ff. de reg. jur. l. merito ff. pro socio l. 3 § is tamen ff. de lib. exhib. l. injuriarum § 9 de injur.

Inmassen auch nicht hindert, ob wohl zuvor niemahlen dergestalt auf selbigen Ort sey gebauet gewesen, oder etwas dergleichen vorgenommen worden, ea enim, quæ sunt meræ facultatis, non præscribuntur. l. viam publicam ff. de via pub. Balb. de præscript. in 4 part. 5 part. princip. q. 1. Cravetta de antiq. temp. part. 4 § materia n. 98 & sqq. Gabriel in suis Comm. concluf. de præscrip. concl. 10.

Neque actus voluntarius nos obligat ultra quam geratur, l. fin. C. ne uxor pro ma. l. volunt. C. de excus. tut. ubi Cyn. & in l. Creditor C. de usur. Elegant. in similibus terminis Ceph. consf. 451 n. 354 cum sqq.

Hinc etsi quis longissimo tempore in suo non ædificasset, potest nihilominus, nulla præscriptione obstante, pro arbitrio suo ædificare, cum facultate ædificandi in suo non præ-

scribatur

scribatur per d. l. cum eo, & d. l. altius Gloss. in l. qui luminibus, in verbo formam ff. de servit. urb. præd. quæ dicit, si per mille millia annorum in areola mea, quæ juxta tuum palatium fuit, non ædificaverim, attamen a vicino prohiberi non possum ædificare. Gail. d. l. post Ang. Jason. Duen. & Schurf. in locis ibi allegatis.

Zum andern, dieweil auch sonsten in Rechten zuläßig, daß ein ieder sich selbst zu Nutzen aufwache, und das Seinige verbessere, unangesehen, obwohl per accidens ein anderer dahero Schaden und Nachtheil empfähet, l pupillus ff. quæ in fraud. cred. l. si in meo ff. de aq. plu. arcend. cum ordinata charitas a seipsa, & secundum leges unicuique proprium commodum charius esse licite possit & merito debeat, quam alienum, l. præses C. de servit. & aq. l. acutissimi C. de fidei commiss.

Zum dritten, dieweil in gleichen Fällen solches mehrmahlen dergestalt zu Recht sonderlich entschieden und decidirt. Sic cuilibet licitum est, in suo facere molendinum, etiamsi damnum inde vicinis, hoc est, lucri intertrimentum afferatur, quando scilicet per novæ molæ forte propinquioris vel alias commodioris constructionem habet, molitorum frequentia, qui ad vetera ibidem existentia molendina confluere solebant, diminuitur, solitaque utilitas intervertitur, Bart. ad l. quo minus num. 2. & sqq. ibidem Jason n. 18, 12, 21 & sqq. Rip. n. 26 & sqq. ff. de flumin. Glossa & Bald. n. 2. Salic. n. 1. Cyn. Cast. & alii in l. si manifeste. C. de servit. Bald. cons. 71 vol. 2. Alex. cons. 174 n. 5 & seqq. & cons. 194 vol. 2. Corn. cons. 99 libr. 2. Curt. sen. cons. 33. Dec. cons. 373. Roland à Valle cons. 92 lib. 3. Cravetta cons. 204 lib. 2. Afflict. decis. 388. Wesenb. cons. 34 num. 28, ubi affirmat hanc esse communem, & cons. 67. Schurff. cons. 45 cent. 2.

Idem in furno tradit, Cepol. de servit. c. 50 n. 2 & Gvid. Papæ decis. 298. Pileus quæst. 36. Pet. Aurel. in pract. aurea libell. Rub. 16 de furno. Et de tabernario, cerdone, milite & similibus, Bald. cons. 463 lib. 4. Ubi inquit, si habes domum seu hospitium & multa lucraris, & ego facio aliud hospitium juxta te, & non immitto in tuum, licet pauciores homines veniant ad te, jus habes possidendi, sed non prohibendi; sic unus Cerdo non prohibet alium a Cerdonaria, nec unus miles obstat, ne alius Stipendia quærat, quoniam dona ingenii, fortunæ, honorumque omnibus patent, nam communia mundi, communia sunt omnibus, quia natura communis est. Idem sequitur & tradit Jason ad d. l. quo minus quæst. 11 col. 17 ibidem Ripa n. 82 ff. de flum. & Ceph. cons. 357 n. 11 & sqq. lib. 3. Wesenb. dicto consilio 67 num. 16. Ubi, quod nullus prohibeatur ædificare diversorium prope vicinum, qui per centum vel mille annos habuit eo loci ædificatum diversorium. Idem de Castro seu Curia, per quam reditus cum alterius injuria augetur. Respondit Wesenbec. cons. 12 n. 69.

In eandem sententiam faciunt, quæ de quæstoribus respondit Idem Bald. cons. 277 lib. 2.

De proxenetis, Pet. de Anch. cons. 157 incip. summæ prudentiæ. De Curato, Cornejus cons. 297 lib. 4; De macellario, Panorm. & alii in c. significante de appellat.

Zum vierten, dieweil im Rechten dergestalt einem ieden des Seinigen zu gebrauchen, und darauf zu thun, was ihm beliebt, zugelassen, daß im Fall durch iemand Verhinderung dargegen geschehen würde, deßhalben actio iniuriarum stat habe. Ita respondit eleganter in Ulpian. l. injuriarum § si quis me ff. de injur.

Si quis me prohibeat in mari piscari vel verriculum ducere, an injuriarum judicio possim eum convenire? Sunt, qui putant, injuriarum me posse agere. Et ait Pomponius & plerique, esse hunc similem eum, qui in publicum laborare vel lavare, vel in cavea publica sedere, vel in quo alio loco agere, conversari, non patiatur, aut si quis re mea uti me non permittat, nam & hic injuriarum agi potest.

Et est iniquum ingenuis hominibus non esse liberam facultatem disponendi de rebus suis per l. 2. in fin. ff. si quis a par. fuer. manu. Illaque privatio disponendi de rebus propriis ad arbitrium dicitur esse contra bonos mores, teste Jasone in l. nemo paciscendo ff. de pact.

Quod etiam singulariter in Jure prohibitum videtur, ne scilicet quis alium impediat, quo minus exerceat suam artem, emat, vendat, vel alia honesta exercitia faciat, per ea, quæ traduntur a Dd. ad l. unicam C. de monop. & notant. Dd. Innoc. & alii in cap. significante de appellat.

Zum fünften, dieweil eben in hisce terminis in Rechten regulariter verordnet, nachdem die Gebäude in libertate juris gentium fundirt, wie auch oben angezogen, per l. ex hoc jure ff. de Just. & jur. daß ein ieder auf dem Seinen nicht allein Häuser, sondern auch Dörffer, Schlösser, Festungen und Städte bauen und aufrichten möge. Ita notatur per Bart. n. 7, Jas. n. 6, Cast. Claud. de Sysel & alios in d. l. ex hoc jure: Textus elegans in l. per provincias C. de ædif. privat. Ubi Impp. Honorius & Theodorus rescribunt, per provincias, cunctis volentibus permittatur murali ambitu fundos proprios seu loca sui dominii constituta vallare, ibidemque latius tradunt & notant Salic. & alii Dd. Similiter text. Gloss. Bart. Albert. & alii Dd. in l. opus novum ff. de oper. publ. Item Gloss. Bart. Bald. Alber. & alii in l. 1 ff. quod cujusque univers. nomine, Idem Bart. in l. fin. ff. de colleg. illic. Rebuff. & alii in l. quicunque castellorum, C. de fund. limitroph. lib. 11. Canonistæ in c. cum ab ecclesiarum de offic. ord. & in c. Pisanis de restit. spol. Feudistæ in c. in causis § civitates muratæ per text. ibi extra munitiones facere eis licet de pac. Constant. in Usbus feud. Boër. decis. 320 n. 4 ubi plurimas allegat autoritates & Matth. de Afflict. ad const. Regn. Neapol. lib. 3 Rubr. 29 ad verba, Castra munitionesque n. 4 & seqq. Pet. Duen. in verbo ædificare Reg. 32. Gail. d. observ. 69 n. 8.

Aus welchen Fundamenten, als welche in generalibus, notoriis & cuilibet obviis decisionibus juris beruhen, zwar ein ieder, dem diese Sache und facti species

species prima facie vorkommet, dem Käufer P. Q.
in seinem Fürnehmen nicht unzeitig noch ungegründeter Weise beyfallen und Recht geben möchte.

Rationes decidendi.

Wann aber die Sache etwas tieffer und umständlicher behertziget und erwogen wird, so befinden sich
auf der Gegenseite für die Stadt M. keine verächt-
liche, noch wenigere oder ungegründete Argumenta,
daraus diese proponirte erste Quæstio, vielmehr in
negantem partem gegen den Käufer P. Q. und
sein Fürnehmen schließlich decidirt und entschieden
werden kan.

Solches deutlich zu demonstriren und zu bewähren,
ist vor allen Dingen zu considriren, obwohl ein ieder
in dem Seinen zu thun und zu lassen, was ihm gefällig, fast grosse Libertät und Freyheit habe, sowohl
ex naturali & gentium, quam civili sive positivo
jure; daß dennoch solches nicht also generaliter u. indistincte, sondern cum moderamine & civili quodam modo, ut ajunt, verstanden und angenommen
werden müsse.

Dieweil hingegen aus gleichmäßigen rechtlichen
principiis juris naturæ, und sonsten recht heilsamlich versehen, quod homo hominem beneficiis
potius afficere teneatur: neque humanitatis vinculum permittat, ut alteri damno simus vel nocumento, text. elegans in l. servus & ibi Gloss.
in verb. Affici ff. de servis expor. l. in fundo
§ constituimus ff. de rei vendic.

Hinc inter tria prima principia sive præcepta
juris, secundum prohibet alterum lædere § juris præcepta Instit. de Just. & Jur.

Et cum inter nos omnes cognationem quandam natura constituit, hominem homini insidiari nefas esse, respondit Florentin. in l. ut vim
ff. de Just. & Jur.

Estque hoc natura æquum, ut nemo cum alterius detrimento, jactura vel injuria fiat locupletior, l. nam hoc natura ff. de cond.
indeb. l. jure naturæ ff. de reg. jur. c. locupletari de reg. jur. in 6 & utrobique Dd. prout eleganter in hisce terminis Portius conf. 17
n. 21 ex dictis ll. liberam istam in suo ædificandi
vel faciendi libertatem restringendam esse concludit. Sic magis in specie respondet Ulpian.
in l. domum ff. de reg. jur. domum suam reficere unicuique licet, dum non afficiat invito
alteri, in quo jus non habet.

Imo durum & crudelitati proximum esse censetur hoc, quod ad mei prædii utilitatem vel
necessitatem ibidem ortum aut inventum est,
ad aliorum usum vicinorum injuria propagari,
l. præses C. de servit. et sq.

Quemadmodum etiam in locis publicis sæpius eleganter decisum est, licere cuilibet &
ædificare & destruere, dummodo tamen hoc
sine detrimento cujusque fiat, l. Fluminum in
princip. ff. de daman. infect. l. 2 § merito, ibi quotiescunque aliquid in publico fieri permittitur,
ita oportet permitti, ut sine injuria cujusque
fiat; Damnum autem pati videtur, qui commodum amittit, quod ex publico consequebatur,
quale quale sit ff. ne quid in loco pub. & in
l. 2 § sunt autem ibi.

Neque enim ripæ cum incommodo acco-
lentium muniendæ sunt. Oportet enim in hu-

jusmodi rebus utilitatem & tutelam facientis
spectari sine injuria utique accolarum ff. ne
quid in Flum. pub.

Similes decisiones, quibus regularis illa libertas ædificandi non solum in publicis, verum
etiam privatis locis, multis modis restringitur,
plurimæ in jura reperiuntur, & passim cuilibet
obviæ sunt.

Inmassen dann dahero, als viel diesen Fall, und
daraus gestaltte erste Quæstion belangt, anfänglich
in negantem partem indubitata juris conclusio
vorhanden, daß nämlich keinem zugelassen, in publico vel privato aut fundo proprio etwas ad
alterius cujuscunque, multoque minus ad alicujus Civitatis æmulationem vel invidiam zu
bauen oder anzurichten, ita est elegans text. in
terminis terminantibus in l. opus novum ff. de
oper. pub. ubi JCtus Marcell. respondit, opus
novum, privato etiam sine principis auctoritate
facere licet, præterquam si ad æmulationem
alterius Civitatis pertineat. Et est text. in l. 1
§ denique & in l. in summa § pen. ff. de aq.
plu. arc. ubi Gloss. in verb. non debet habere
plures concordantes ll. allegar, Dd. in l. altius C. de Servit. & aq. & in l. cum eo ff. de
Servit. urb. præd. Eleganter Jason post alios ad
l. quo minus col. 5 & Ripa n. 26 ff. de flum.
Idem Jason in d. l. ex hoc jure col. vers. Limita idm. Bart. hic ff. de Just. & Jur.

Ubi multis auctoritatibus asserit, Castrum
vel oppidum non posse ad æmulationem vel
invidiam alterius, ne quidem inimici fieri. Et
ibid. in d. l. ex hoc jure Claud. de Sysel n. 16
hanc conclusionem potissimum procedere
concludit, si ad æmulationem principis, Reip.
vel civitatis, tale ædificium fiat. Dd. in l.
per provincias C. de ædif. privat. & in l. quicunque castellorum. C. de fund. limitroph. l.
11. Innoc. & alii Canonistæ in c. Pisanis per
text. ibi in fin. de restit. Spol. Cæpol. de Servit.
cap. 30 num. 2 versu 5 fallit. Idem in hisce
terminis ædificati castri vel oppidi per multa
jura tradit Chassan. ad consuet. Burgundiæ Rub.
13 § 9 n. 1.

Et de Comitibus & Baronibus ædificantibus
castra vel fortalitia ad æmulationem. Matth.
de Afflict. ad Constit. Reg. Siciliæ lib. 3 Rub.
29 ad verb. castra, munitione n. 5. Panor. conf.
62 in 4 dubio, vers. præterea est præsumendum, lib. 2. Gratus conf. 113 in fin. lib. 1. Decius in l. nullus videtur num. 2 ff. de reg. Juris. Alex. conf. 174 col. 2 & conf. 190. Ubi addit Molin. vol. 2. Lud. Roma conf. 52 in fin.
ubi Horæ. Mand. late in addit. ad verbum,
æmulatione, hanc communiorem sententiam
adfirmant. Port. de conf. 17 n. 17 & sqq. Ceph.
conf. 130 n. 11 & sqq. Burs. conf. 97 num. 14
& sqq. Eleganter Boër. in hisce terminis decid.
520 n. 20, ubi contrario solvit & hanc communiorem esse testatur. Menoch. de arbitr. jud.
cas. 156 n. 3 & seqq. Duen. in Reg. 33 limit. 7
Andr. Gail. d. observ. 69 n. 17 & seqq. lib. 2.
Et post eum novissime Joseph. Mascardus in
suo opere de probat. concl. 620 n. 45 & seqq.
vol. 2, ubi num. 12 post Bald. Curt. jun. Ang.
& alios concludit ne quidem principem suæ civitatem

vitatem ad alterius æmulationem ædificare posse.

Dergestalt, daß, als viel apud præscriptam figurationem casus in prima quæstione gefragt wird, ob dem Käuffer P. Q. in seinem Dorff O. hab frey gestanden, ad æmulationem & injuriam der Stadt M. die Häuser zu verändern, oder hiernechst einen Flecken oder Städtlein daraus zu machen, ex præmissa in dubitata conclusione juris sine controversia negative zu decidiren.

Ob aber mehrgedachter Käuffer P. Q. nicht ex proposito ad æmulationem der Stadt M. oder animo nocendi, sondern allein seinen Grund zu verbessern, dergestalt in seinem Dorf O. mit Gebäu und sonsten verfahren, so ist gleichwohl pro negativa decisione, daß ihm solches nicht dermassen in der Nähe der Stadt M. gebühren möge, alia decisio juris communis zu consideriren, quia specialiter receptum est: Non licere in loco limitropho seu fronteria, ut vocant, vel potius in limitibus aut finibus cujuscunque provinciæ, castra, fortalitia, aut similia ædificia exstruere per text. in l. quicunque castellorum, ubi Dd. C. de fund. limitroph. lib. 11.

Quæ lex licet proprie de limitibus imperii loquatur, tamen similitudine rationis ad alias quascunque provincias aut civitates per D. extenditur, propterea, quod multa incommoda & scandala vicinæ provinciæ aut civitati, in cujus limitibus aut prope quam exstructa sunt, ex talibus ædificiis oriantur & accidant, non solum tempore belli, quod hostes eo se recipere, excursiones facere, multaque damna Provinciæ aut Civitati vicinæ inferre possent; Verum etiam ne solitus usus nundinarum, mercatuum, & similium exercitiorum Vicinæ Civitati auferatur, atque sic saltem re ipsa ad æmulationem, invidiam, vel injuriam, alterius fieri, & propterea prohibita censeantur. Ita elegantissime observavit. Dominus Gail. in d. observ. 69 n. 18, 23 & seqq. juxta postremam editionem, Ubi inter cetera refert, talium ædificiorum nomine nostra adhuc memoria arma suscepta, eaque occupata, destructa, & solo æquata fuisse, notum esse: Et tradit, quod hujusmodi ædificia licite prohiberi, & novi operis nunciationis remedio impediri possit. Item num. 24.

Quod non solum æmulatio in ædificiis, verum etiam in aliis rebus, puta in nundinis, mercatu & similibus, quæ ad alterius injuriam pertinent, consistat. Ideoque si talia a vicino quodam Domino fiant, probe a Vicinis prohiberi posse, ne hoc faciat per jura ibidem pro prædictorum corroboratione ex ordine allegata, quemadmodum etiam eadem sequitur, approbat & commendat novissime Joseph. d. l. n. 11 & 12.

Quæ omnia appositissime pro decisione hujus faciunt, & applicari possunt.

Sic in simili præter autoritatem Gailii ac Mascardi & jura ab iis allegata Bart. in d. l. quicunque castellorum, & post eum Jas. in d. l. ex hoc jure col. 2 vers. Ultra Bart. limita notant. d. l. quicunque castellorum &c. contra tenentes castra in confinibus territorii Perusini, & quod possint iis auferri. Pro quo etiam faciunt notata Bart. in d. l. 1 in princip. ff. quod cujuscunque univers. nomine in l. fiscali ff. de colleg. illic. & in l. 2 ff. de verbo. sign. Idem tradunt Innocent. & alii Canonistæ in d. c. Pisanis de restit. spoliat.

Similiter in terminis concludit Matth. de Afflict. in d. l. ad verba, castra munitionesque num. 5 post And. de Iser. ibidem per autoritatem Bart. in d. l. opus novum.

Si aliquis faciat munitionem in aliquo loco, quæ possit esse periculosa alicui Civitati, quod non debeat illi permitti, itemque esse (ut ipsius verbis utamur) si esset verecundia alteri alicui, civitati, vel ei, cui talis Civitas subjecta est. Ubi subjungit, ideo bene facere Civitates, quæ talia ædificia evertunt, vel ponunt in ruinam, (ut ipsius verbis utamur). Neque inter confines licitum esse alicui in suo solo facere castellum, aut fortalitium ad tribulationem Reipubl. vel adversus quietem alicujus Civitatis, per not. in d. l. per provincias, & l. devolutum C. de metatis libr. 12 & in libr. 2 C. de fund. limitroph. libr. 11.

Huc etiam facit vel applicari potest alia juris communis decisio, qua receptum est, licere quidem unicuique in suo ædificare, dum modo tamen legitimum spatium inter suum & Vicinorum ædificia intermittat, text. elegans in l. imperatores ibi, intermisso legitimo spatio ff. de servit. urb. præd.

Quia autem hoc spatium, quando scilicet legitimum dici possit, pro natura & qualitate cujusque ædificii diversimode in jure determinatur. Ut videre licet in l. fin. ff. fin. reg. l. si cui & l. Mœniana C. de ædific. privat. & similibus ll.

Hinc receptum est, tum demum dici legitimum spatium intermissum, quando verisimile est, quod vicinus ex tali ædificio aut nullum aut saltem modicum damnum passurus sit, ideoque hoc generaliter definiri non debere posse, sed pro qualitate uniuscujusque ædificii statui debere, ut eleganter colligit & tradit Hyeron. Cuchal. in addit. ad Decium in l. nullus videtur, ad verb. de damno infecto Verf. tertio & finaliter limites limitabam ff. de reg. Jur. Ubi inter cetera subjungit, hoc ipsum naturalem rationem exposcere, eamque servandam esse, etsi lex deficeret. Idem trad. Barth. Cæpol. in tractat. de servitut. cap. 61 de mœnianis num. 13, ubi etiam post Ang. refert.

Eadem ratione observari, ut juxta muros Civitatis vel castri non permittatur alicui ædificare, nisi tanta latitudine intermissa ad hoc, ut nihil mali vel sinistri excogitari possit, unde aliquod periculum vel damnum Civitati inferatur.

Zum dritten, weil in facto præsupponiret wird, daß Käuffers P. Q. Vornehmen der neuen ungewöhnlichen Gebäu und Entziehung der Handwercker und Nahrung der Stadt M. zu einer gewissen Sedition und Aufstand der Bürgerschafft daselbsten aussehe und Ursach gebe, ist daher abermahls sonderlich pro negativa decisione, daß ihm P. Q. dasselbe nicht gebühre, zu beschliessen.

Expediti enim juris est, opus novum vel aliquid simile, quod materiam seditionis in aliqua civitate præbeat, nemini facere licere, per elegantem text. in d. l. opus novum, ibi, vel materiam seditionis præbeat, ff. de oper. public. & ibi Gloss. & Dd. Item Gloss. ad verbi sui dominii & D. D. in d. l. per provincias. C. de ædif. privat. Gloss. ad verb. Antiquitas & Dd. in d. l. quicunque castellorum C. de fund. limit. lib. 11. Innocent. & alii in c. Pisanis de restit. spoliat.

E.

Et est ratio, quia tali casu publica utilitas debet præferri privatæ. Uti tradit Matth. de Afflict. ad constit. Reg. Neapol. d. loco in Verb. Castra munitionesque num. 5 circa finem & post eum Petr. Duen. Reg. 32 in verbo ædificare, limitatione 3 per l. Lucius ff. de evict. l. item si verberatam ff. de rei vend. l. unicam prope fin. C. de eadem toll. l. maxerum § item ff. de rauter. & honor. cum similibus.

Ampliant etiam hanc decisionem usque adeo procedere Afflict. & Duen. d. d. locis, ut idem sit, si saltem ex postfacto tale ædificium possit generare materiam seditionis, vel scandali, non obstante, quod ex speciali privilegio vel permissione summi Principis ædificatum sit; quia nihilominus debet revocari & tolli, per jure ibi allegata. Similiter in iisdem hisce nostris terminis tradit Ferrariens. in pract. ad form. libell. in tit. novi oper. nunc. in verb. novum solenniter nunciavit num. 3.

Si ex ejusmodi ædificio possit scandalum in illa regione vel inter vicinos generari, tunc habere locum operis novi nunciationem, qua prohibeatur per Gloss. in l. 1. C. de fund. limit. lib. 1. & alia jura ibi allegata.

Idem observavit novissime post alios Boër. d. decisione 320 n. 8. Gail. d. observ. 69 n. 18 & sqq. Et Mascard. de probat. d. conclusione 62 n. 12.

Sic in simili ob publicam utilitatem non est alicui concessum in suo, ne quidem id proprium commodum, ita ædificare, vel alio modo versari, ut idoneum venium & secernentem id palea secernendas a frugibus infringat, atque hoc modo inutilem aream Domino & fructuum inutilitatem faciat, per eleg. text. in l. fin. C. de servit. §4q. & tradit. Coras. lib. 3 Miscellan. cap. 24 num. 4. Boër. decis. 320 num. 14, & Cephal. de servit. cap. 39 n. 3 in fine & sqq.

Et licet regulariter quemadmodum cœlum, quod est supra solum nostrum, nobis liberum est, per l. 1 ff. de servit. pr. urb.

Ita sub eodem solo in profundum usque licitum sit Domino, quod vult facere, tollendo etiam & impediendo utilitatem aliorum, vel vicinis damnum inferendo, veluti si venas putei vicini in meo fundo præscindam, aut per cuniculum vel fossam alterius aquam evocem atque abducam, per l. flumin. in fine cum duabus in sequen. ff. de damn. infect. l. sine meo ff. de aq. plu. arc.

Attamen publica utilitate suadente Venam Metallicam, quam alter primo invenit, ne quidem sub meo fundo jure communi mihi licitum est tollere aut impedire, per text. in l. cuncti & l. quosdam ubi Gloss. 4. l. fluminum cum sqq. quod ibi non vertatur publica, sed privata tantum utilitas, quemadmodum docte explicat & tradit Castr. cons. 5 incip. causa, quæ vertitur coram Domino potestate Bergom.

Quorsum confert, quod publicæ utilitatis gratia a regulis juris communis recedatur, multaque permittantur, quæ alias interdicta prohibitaque sunt, per text. in l. Ita vulneratus vers. multa ff. ad l. Aquil. Menoch. cons. 107 n. 74. Wesenb. cons. 50 n. 15, & cons. 59 n. 6.

Ubi affirmat a quacunque dispositione ac prohibitione publicam utilitatem exceptam censeri, per l. jubemus 1 C. De Sacro-Sanctis Eccles. l. in provinciali § finali & sequen. ff. de operis novi nunciat. l. si quis in gravi § utrum ff. ad Senatus cons. Syll. D. And. Gail. observ. pract. lib. 2 observ. 56 n. 4, ubi ali-

Jurist. Oracul V Band.

quot hujus rei exempla plura congessit Hyppolitus de Marsil. in practic. criminali § aggredior a num. 61 usque ad num. 74. Ludovicus Romanus in l. si vero § de viro in 10 fall. ff. soluto matrimonio & cons. 301 num. 16 cons. 310 per totum, Rolandus a Valle cons. 26 num. 64 vol. 1.

Est enim publica utilitas magnæ importantiæ & magnæ potentiæ, ut inquit Hip. de Marsiliis Singulari 531, ubi declarat per exempla illique similia, quod privata utilitas publicæ cedere, atque hæc illi semper præferri debeat, l. unica § finali, ubi Bartol. &c. de caduci. toll. l. Utilitas C. de principibus 12. Elegans text. in cap. Imperialem in princip. de prohibita feudi alienat. & in d. l. si quis in gravi § utrum ff. ad Senatus Cons. Syllacian. l. 9. ubi omnes teste Menochio, cincto consil. 103 n. 75. ff. soluto matrimonio. Cravetta cons. 132 num. 23. Wesenb. præcitatis in locis, & ad titul. C. si contra jus vel utilitatem publicam, Menoch. cons. 137 num. 24. item de arbitrariis Judicum lib. 1 quæst. 87 num. 5. D. And. Gail. præcitat. observ. 56 n. 3. Roland. a Valle d. cons. 26 n. 47. Item, quod publica utilitas cuilibet privilegio præferenda sit, cons. 5 num. 29 vol. 1 & cons. 76 num. 9 vol. 2.

Dieweil dann nicht unbewusten Rechtens, quod liberæ Imperiales Civitates Jure Principis utantur censeanturque, inferiores vero, hoc est, mediatæ Imperio subjectæ, loco privatorum habeantur, ut testatur D. Gail. dicto lib. 2 observ. 57. n. 7 & 8, und dem heiligen Römischen Reiche hoch und nützlich daran gelegen, daß die Reichs-Städte durch Privat-Gesuch oder Vortheil nicht in Abgang gerathen, oder ihnen etwas entzogen, sondern daß dieselben bey ihrem alten löblichen Wesen, Wohlstande, Nahrung und Gewerb gelassen, gehandhabt, mehr vorgesetzt und gefördert werden mögen:

Als will erfolgen, daß des Käufers P. Q. eigen nützlich Privat-Gesuch und Vornehmen gemeinem Wohlstande obgedachter Stadt billig weichen, und er davon abzuhalten seyn solle.

Welches ohnedem in lege sæpe allegata opus novum ff. de operibus publicis wohl gegründet, si quidem in illo textu ædificium circum theatrum vel amphitheatrum fieri prohibetur, illaque prohibitio ad casum præsentem, argumento a minori ad majus affirmative sumto, efficacius applicatur.

Etenim si circa theatrum vel amphitheatrum propter publicum civitatis interesse, ne publicus aspectus vel conspectus impediatur, atque sic ex causa neque necessaria, neque evidenter, utili, ædificia fieri Imperatores vetarunt; multo magis P. Q. prohibendus est, instituto modo in confinibus civitatis M. ædificare propterea, quod illud institutum ad interitum civitatis imperialis spectet, causæque prohibitionis publicæ utilis necessariæque sint.

Cui suffragatur, quod tradidit Romanus sing. 718, officiales, stratarum posse propria autoritate destruere domum alicujus privati, ut civitas sit pulchrior, per text. in l. Aedificia. C. de oper. publicis refert & sequitur Hyppolytus de Marsil. citato § aggredior num. 68.

Zum vierten, wann gleich des Käufers P. Q. neu Gebäu und ander Thun und Lassen auf seinem Grund nicht ad æmulationem, noch in unzuläßiger Nähe der Stadt M. vorgenommen, auch keine materiam seditionis vel scandali verursachet, dieweil dennoch in der figuririen facti specie präsupponiret

D 2 wird,

wird, daß es bey dem neuen Gebäu und andern auf seines des Käuffers Grund geschehener Anordnung nicht verbleibe, sondern daß er seine Leute und Unterthanen noch darbey sich öffentlich und heimlich in die Stadt M. begeben, und daraus die Arbeit abfodern und holen, also den Bürgern und Handwerckern in der Stadt M. zu derselben vortrefflichem Schaden und Abbruch ihrer Nahrung, das Brode aus dem Munde vorsetzlich entziehen, auch gegen Befehl eines Ehrb. Raths daselbst zu M. darmit einen Weg wie den andern verfahren, und dermaßen heimlichen Unterschleif in der Stadt M. thun, daß nicht alles kan genugsam in Acht genommen werden, sondern mit Verschmälerung der Stadt Wohlfahrt und Bürger-Nahrung endlich die Handwercker zu M. zum höchsten vernachtheilen und bevortheilen.

Als wäre gleichwohl, und allein dahero zu schließen, daß ihm dem Käuffer B. Q. und seinen Leuten solches nicht gebühre, cum hominem homini, hoc pacto insidiari, damno & nocumento esse, aut cum ejusmo alterius jactura locupletari, humanæ agnationis & societatis vinculum non permittat, jutibus vulgaris & relatis, sondern könten zu Recht davon saltem actione de dolo vel in factum (quæ ex quacunque callditate vel machinatione ad fallendum alterum, & quandocunque æquitas hoc suadet, subsidiarie dantur, l. 1 & tot. ff. & C. de dolo malo & præscript. verb. & in fact. action.) abgewiesen werden.

Gestalt auch, was gesetzt wird, daß ein ieder auf dem Seinen bauen, thun und lassen möge seines Gefallens, nie nichten statt hat, sondern ausdrücklich in Rechten verboten, wenn es bey solchem Bau oder Thun und Lassen auf seinem Grund nicht verbleibt, sondern dahero (wie hoc casu, ut præsupponitur, mit öffentlich und heimlich in der Stadt M. abgeholter Arbeit, und deswegen unter denen Handwerckern daselbsten zu M. verursachter und eingedrungener nachtheiliger Unordnung geschieht), etwas schädliches in des benachbarten Grund nun oder hernachmahls ex necessaria consequentia immittirt, oder immittirt zu werden besorget wird, per nota text. in l. sicut § Arist. ff. si servit. vendi. D. & ibi Dd. Hieron. Cuchalon. in addit. ad Dec. in l. nullus videtur in ff. de reg. jur. ubi inquit, jura disponentia, quem posse in suo ædificare aut facere, dato, quod vicino noceat, debent limitari, nisi in alienum facto hominis aliquid immittatur, vel ex opere facto feu in fundo suo veniat in necessariam consequentiam in alienum immittendum, propter quod magnum damnum inferatur vicino, quia tamen dico vicinum habere jus prohibendi contra Vicinum ædificare volentem, & ita intelligendo dicto § Aristo limitabam prædicta jura.

Idem tradit Cagnolus in d. l. nullus videtur, num. 3 & Maynerius post Albericum, in l. domum suam ff. de reg. jur. Rip. in l. quo minus numero 45 in fin. ff. de flum. & prosequitur integro consl. Menoch. consl. 43.

Quinimo in lenioribus terminis non permittitur vicino, juxta vicini parietem Sterquilinium facere, ex quo paries madescat, per text. in l. si quando § secundum ff. si servit. vendic.

Neque licet alicui in sua domo artem exercere, per quam vicini malo odore vel fœtore circumve-

niantur, ut tradit & probat Franciscus Marc. decif. 483 lib. 2.

Et quamvis jure suo quisque in fundo proprio ad suam utilitatem sine æmulatione uti possit, ut tamen cum alte fodiat in suo, ne paries vicini stare possit, non admittitur, per text. in d. l. fluminum in fin. ff. de dam. infect.

Similiter licet regulariter quilibet in suo per novæ molæ constitutionem sibi prospicere, & alterius lucrum, non radicatum & mera facultate molitorum consistens, imminuere possit, attamen hoc sine controversia receptum est, ne nova mola ita ædificetur, ut per restagnationem, aut aliter invertatur solitus cursus aquæ, damnumque inde vicinis molis, vel etiam publicis viis, piscationibus, aliisque similibus inferatur, ut tradit & multis autoritatibus confirmat Wesenb. consl. 67 n. 24 & sqq. Ripa ad d. l. quo minus num. 82 ff. de flum.

Dergestalt dann auch zum fünften dahero und sonsten leichtlich zu schließen: Im Fall der Käufer B. Q. oder seine Leute es bey dem Gebäu und andern auf seinem Grund angestalten Wesen nicht verbleiben lassen, sondern darüber noch die Unordnung unter den Handwerckern zu M. desto weniger dieselben bey ihrem alten Herkommen guter Ordnungen, Ordnungen und Gerechtigkeiten bestehen könten, mit Abhaltung heimlicher oder öffentlicher Unterschleifung ihrer Arbeit, oder, was dessen Unwesens mehr geschehen mag, verursachen, daß ihme oder ihnen solches, wann schon andere oben und unten gesetzte Fundamente cessirten, Rechts wegen nicht zugelassen, sondern verboten.

Inmassen auch des heiligen Reichs Constitutionen sonderlich Anno 1671 (wie in selbigem Abschieds § nachdem auch in gemeldter Policen-Ordnung bey den sämmtlichen Reichs-Abschieden Par. 2 p. 71, vermöge der letzten Anno 1685 ausgegangenen Edition), statuiret und verordnet wird, auch hernacher etlichemahlen repetirt und verneuret, dieweil nehmlich sich befunden, ob gleich etwan eine Obrigkeit der Arbeiter, Tagelöhner, Handwercker, Wirthschaften, und dergleichen Artickeln halber, Inhalt des Heil. Reichs Constitutionen und aufgerichteter Policen-Ordnung, solche gute Ordnungen und Gesetze in ihren Gebieten anzurichten und darob zu halten, vorgenommen, aber doch die nächst anstoßenden Nachbarschaften sich nicht gleichmäßig ereignen: daß derwegen hinfüro die Herrschaften und Obrigkeit, die einander in der Nähe gesessen, und deren Städte, Dörfer und Flecken auf eine oder zwey Meilen an einander stoßen, sich einer gleichmäßigen Ordnung in obgemeldten Artickeln verhalten sollen.

Und sind sonst mehr unterschiedliche Satzungen, denen sich die benachbarte Obrigkeit, wie vorgelaut, gemäß verhalten sollen, in des Heil. Reichs Constitutionen und aufgerichteten Policen-Ordnungen, von denen Handwerckern insgemein, und in specie deren Meistern, Gesellen, Söhnen, und Lehrknaben, von Ellen, Maaß und Gewicht, item, den Wirthschaften, Arbeitern und Tagelöhnern, sammt ihren Belohnungen erfindlich; sonderlich in der Zeit nächst vorgehenden Reichs-Abschied Anno 1548, folgends mehrmahlen, und endlich oder zuletzt in deren Anno 1566 zu Franckfurt aufgerichteten Policen-Ordnung, darinnen

Sonderlich

Sonderlich Cap. 15 § Demnach setzen, statuirt, daß die Stände in ihren Obrigkeiten, Landen und Gebieten, nach Gestalt, Gelegenheit und Gebrauch derselben, über obgemeldten und dergleichen Artikeln gute, ehrbare Richtigkeit, Ordnung und Maaß zu Abstellung und Verhütung gefährlichen Betruges, und anderer Mängel halten sollen, dahin fernern Innhalts derselben gezogen.

So ist auch notorisch, was massen vielmalen in in des Heiligen Reichs Abschieden vertragen, und hochverpönlich geboten und befohlen, daß kein Stand dem andern seine Unterthanen abpracticiren, vielweniger gegen ihre Obrigkeit in Schutz und Schirm nehmen soll.

Dergestalt wofern der Käuffer P. Q. oder seine Leute etliche aus der Stadt M. gegen eines Ehrb. Raths daselbsten Befehl an sich gelängert, und dieselbige der Ort zu Nachtheil der Stadt M. unterhalten würden, wie in facti Specie präsupponiret wird, daß ihm ja dasselbe mit nichten geziemen möge.

Was auch von den Calvinischen und Wiedertäufferischen Leuten im Heiligen Reich statuiret, und daß dieselbe mit nichten sollen gebuldet, sondern abgeschaffet werden, vielweniger iemand gestattet, dieselbige einem andern nechst benachbarten Stand zu Trotz, gefährlichen Nachtheil und Widerwillen zu unterschleiffen, ist kundig und mehr offenbar, als daß es weiterer Anregung bedarf.

Und sonsten dieweil keinem zugelassen, auf dem Seinen etwas anzurichten, daher die Benachbarten etwan allein mit Rauch oder bösem Geruch, gegen ihren Willen beladen, würden, wie eben solche und dergleichen decisiones vermeldet und angezogen:

So kan zwar mehr gemeldter P. Q. vielweniger solch hochschädlich Unwesen in solcher Nähe der Stadt M. zu derselben mercklichen Gefahr und Nachtheil mit Recht oder Fugen zum unterschleiffen und anzurichten vergönnt oder zugelassen zu seyn geächtet werden.

Zum 6 ist neben dem auch sonderlich zu Recht versehen, obwohl einem iedweden wieder auf dem Seinen ad suam utilitatem ceteris paribus, unangesehen dem Benachbarten einiger Abgang oder Schaden dahero zugefüget würde, zu thun und zu lassen, was ihm gefällig, vergönnt, daß dennoch solches, da der Schade gar groß, (wie hoc casu präsupponiret wird, daß sein des P. Q. Vornehmen ad interitum et perniciem der Stadt M. gereiche), mit nichten stat habe, per l. cujus aedificium, et ibi Dd. ff. de servit. urb. praed. Hieron. Cuchal. loco in addit. ad Dec. in l. nullus videtur, ff. de reg. jur. Zaf. in lectura ad l. de pupillo § meminisse. ff. de oper. so. nunc. potissimum num. 19. Cravet. consf. 204 n. 8. Rip. ad d. l. quo minus num. 27. ff. de flum. Ceph. consf. 139 num. 15.

Zum 7 wäre bey diesem allen zu considriren, ob auch die Stadt M. quemadmodum Dominus Gailius in d. obser. 69 num. 24 attestatur, Multas Civitates Imperiales privilegia ab Imperatore obtinuisse, ut nemini liceat intra unum aut duo miliaria prope civitatem castra aedificare vel nundinas aut mercatum aliquem instituere, einig solches oder dergleichen Privilegium habe.

Dann woferne dem also, könnte dem P. Q. sein Vornehmen desto beständiger prohibirt und verhü-

Jurist. Oracul V Band.

tet werden, Receptum siquidem est ex privilegio alium prohiberi posse. Glossf. in l. sane ff. de injur. Bald. consf. 463 sub num. 5 versf. notandum, vol. 4, post quos Ceph. in hisce terminis consf. 357 n. 24 et 28. Afflict. decis. 388 n. 1, post Innoc. Hostf. et Dd. in d. c. significante de appellat. Wesenb. d. consf. 67 in fine per jura ibi allegata.

Da aber solches oder dergleichen Privilegium nicht vorhanden, wäre zu bedencken, ob auch einige mahl solche oder dergleichen Vornehmen vorzeiten oder sonsten iemahlen der Ort und in solcher Nähe der Stadt M. angefangen und tentirt, aber durch gemeldte Stadt M. bis daher prohibirt und verhütet worden.

Dann im Fall dessen ie etwas vorhanden, darauf tempus legitimum verflossen, so wäre es abermahlen expeditum, daß die Stadt M. nunmehro in potestate prohibendi sey, und solch jus oder Gerechtigkeit präscribiret hätte, also daß P. Q. oder andere dargegen nichts vorzunehmen mächtig, unangesehen, wann es schon sonsten zuvor in mera facultate beruhet, per ea, quae in hisce terminis tradunt Cepol. de servit. cap. 50, de furno num. 2 Versic. vel nisi esset praescriptum. Afflict. d. decis. 115. Wesenb. d. consf. 67 in fin. late Roland. a Valle. consf. 22 vol. 2. Cephal. consf. 451 num. 349 et seqq. Balb. de praescript. in 4 parte 5 part. princip. 9, 5 num. 3.

Wann auch gleich kein besonderes Privilegium noch prohibitio beweislich, so wäre doch die immemorialis consuetudo loci, et possessio vel quasi der Stadt M. und daß in solcher schädlichen Nähe daselbsten etwas dergleichen niemahlen geschehen, noch vorgenommen, wohl zu considriren, und nicht allerdings eitel zu achten.

Constat siquidem, talem consuetudinem, cujus initium non est in hominum memoria, habere vim tituli, Constituti, legis, privilegii, aut etiam servitutis, jure concessae, text. elegans in l. hoc jure § ductus aquae, ubi Dd. ff. de aq. quot. et aest. l.l in fine et l. 2 § Labeo ait, si in agro tuo, ff. de aq. pluv. arc. c. super quibusdam § praeterea de verb. signif.

In welchen Fällen, wenn nemlich solche und dergleichen Gerechtigkeiten ex speciali jure, titulo, constituto, lege, privilegio aut servitute herrühren, ungezweiffelt et omnium opinione keinem dargegen etwas vorzunehmen gebühret. Sic rescrib. Imp. in l. 1 C. de servit.

Si quas actiones adversus eum, qui aedificium contra veterem formam extruxit, ut luminibus tuis officeret, competere tibi existimas, more solito per judicem exercere, non prohiberis, is, qui Judex erit, longi temporis consuetudinem vicem servitutis obtinere sciet, et in l. praeses C. d. tit. praeses Provinciae usu aquae, quam fonte juris tui profluere allegas, contra statutam consuetudinis formam carere te non permittet.

Similiter in l. si manifeste C. eod. tit. si manifeste doceri possit, jus aquae, ex veteri more atque observatione per certa loca profluentis, utilitatem certis fundis irrigandi causa exhibere, Procur. noster, ne quid contra formam atque solemnem morem innovetur, praevide-

D o 2 bit,

bit. Hinc Dd. paſſim in hiſce iisdem aut plane ſimilibus terminis paria eſſe judicant, aut æquiparant, conventionem longam, ſive temporis immemorialis conſuetudinem, et privilegium, uti eſt teſtis et proſequitur integro conſ. Cephal. conſ. 357

in quæſtione, an habens hoſpitium in loco, poſſit prohibere alium conſtituere aliud hoſpitium in eodem loco, quam affirmative tali fundamento decidit. Et Julius Clarus de feud. quæſt. 30

Si quis habet jus molendinorum ex conſuetudine vel privilegio, quod alia molendina in eo loco conſtrui non poſſint; Ubi ſubjungit et refert, ſe in facto obſervaſſe, quod ſuperioribus annis, cum quidam feudatarius haberet in ſuo caſtro jus et datium hoſpitii, et alius privatus vellet in eo loco aliud hoſpitium erigere, forte ad æmulationem illius Domini, fuiſſe judicatum, quod liceret Domino eum prohibere ab ejusmodi erectione hoſpitii. Quod etiam ingenue fatetur Weſenb. conſ. 61 in fin.

Quantumvis in principali themate iſtius conſilii reſponderit, novum molendinum invitis vicinis, alia priora molendina habentibus, ædificare licuiſſe. Et probant Afflict. de deciſ. 388 n. 1 et ſeq. Goer. d. deciſ. 125. Guid. deciſ. 298 et late Jaſon col. 6, 8 et 19 atque alii Dd. in l. quo minus ff. de flum.

Actus meræ facultatis qui ſint.

Und iſt gleichwohl nicht ohne, daß in Rechten mit viel ſcharfgeſuchten Subtilitatibus, limitationibus, declarationibus et ſubdiſtinctionibus diſputirlich und intricat befunden wird: An, quando, et quomodo actibus meræ facultatis, præſcriptione vel conſuetudine derogetur, et quinam proprie dicantur actus meræ facultatis aut puræ voluntatis, ut videre licet apud Cravet. de antiq. temp. part. 4 § materia iſta n. 98 et ſeqq. uſque ad fin. cum § ſeq. circa Balb. de præſcript. in 4 part. 5 part. princ. per omnes quæſtiones, Menoch. de arbit. Jud. caſ. 160. Gabriel. in commun. concluſ. de præſcript. concluſion. 10, 11 et 12. Schurff. conſ. 1 lib. 3. Cepol. de ſervit. ruſtic. præd. cap. 4 de aquæ ductu num. 51 et ſeqq. Ubi late in utramque partem pluribus adductis fundamentis diſputat, et tandem multis diſtinctionibus, ſubdiſtinctionibus et declarationibus jura, quæ ſibi contraria videntur, conciliat.

Weil aber, was deſſen auf gegenwärtigen Fall pertinenter zu appliciren, oder nicht, ohn eigentliche Wiſſenſchafft und Erfahrenheit, wie dieſer Fall und der Oerter Gelegenheit in Grund mit allen Umſtänden beſchaffen, nicht bequemlich einzuführen:

Als wird die Stadt M. und ihre Advocaten, da dieſsfalls weiter Difficultät vorlauffen würde, ex præallegatis et ſimilibus locis ſich gebührender Deciſion wohl zu belehren wiſſen.

Zum 8 iſt neben dieſem allen zu wiſſen, daß diejenige, ſo dergeſtalt bauen, ut materia ſeditionis præbeatur, ſi poſt novum nunciatum non demoliatur ædificium, neque deſiſtant, contra pacem publicam delinquere cenſeantur, et ad conſtitutionem pacis publicæ pertineant. Ut in hiſce terminis tradit Gail. in ſuo tractatu

de pace publica lib. 1 c. 1 num. 24, per eosdem ſupra pro deciſione hujus cauſæ allegatos text. in d. l. opus novum ff. de oper. pub. d. c. Piſanis, de reſtit. ſpoliat. d. l. quicumque C. de limitroph. lib. 11. Ac Bart. Jaſ. et alios in d. l. ex hoc jure ff. de juſtit. et jure et in d. l. quo minus ff. de flum. poſt Afflict. in c. l. § palatia num. 5. Quæ ſint Regalia in uſib. feud. Chaſ. in conſuet. Burg. Rubr. 13 § 9 num. 4 et Roman. d. conſ. 52 num. 4.

In quam ſententiam etiam faciunt, quæ notat Bart. et Dd. ad l. 2 § 2 ff. de colleg. illic. et Sichard. ad Rub. C. de monopol. in fin. per elegantem text. in d. l. 2 et l. 1 ff. ad l. Jul. majeſt.

Bleibt alſo ſchließlich, daß der Käuffer P. Q. in ſeinem Vornehmen aus unterſchiedlichen Fundamentis unbefugt zu ſeyn kan erachtet werden.

Dargegen nicht hindern ſolche Argumenta, welche im Anfang pro affirmativa deciſione hujus primæ Quæſtionis angezogen und angeführt.

Dieweil wenn die folgende Argumenta, ſo in negantem partem vorbracht und appliciret, dargegen erwogen, conferirt, und examiniret werden, dahero derſelben reſolutiones, und daß ſie wol generaliter oder regulariter ceteris paribus dergeſtalt zu Recht gegründet, auf dieſen particulairen Fall aber aus allerhand und mehr unterſchiedlichen Argumenten und Urſachen nicht zu appliciren, noch hierüber ſtat und Platz haben, dabey wir es allhier in re ſatis clara, geliebter Kürtze halber wollen bewenden laſſen.

Was dann ex ordine die zweyte ex facto vorgeſtellte Quæſtion belanget, nemlich dieweil de jure injuria aut æmulatio nicht præſumiret wird, auch der P. Q. ſolcher æmulation nicht wollen geſtändig ſeyn, ob nicht in præſenti caſu ſolche Anrichtung der neuen Gebäu, etiam ſi in alieno territorio, und Einnehmung der fremden Handwercker, da ſchon dieſelbe Sectarii nicht wären, re vera pro injuria et æmulatione zu achten, fernern Inhalts ſolcher quæſtion.

Wiewohl dieſelbe gleichergeſtalt prima facie ſich dafür anſehen läſſet, als müſte ſie affirmative decidiret werden, dieweil wohl verſehenen Rechtens, quod in dubio quilibet præſumatur ædificare ad ſuam utilitatem principaliter et non ad æmulationem alterius, quodque ædificans habeat hoc pacto regulam pro ſe, et in juris præſumtione intentionem ſuam fundatam, neque utiliter ædificantem quisquam prohibere poſſit, cum nemini injuriam facere videatur, qui ſuo jure utitur. Quemadmodum eleganter tradit et probat Gail. d. obſerv. 69 num. 30 et ſeq. et poſt eum Maſcard. in ſuo copioſo tractatu de probat. d. concluſ. 260 n. 20 et ſeq. poſt Cepol. de ſervit. urb. præd. cap. 62 num. 2 verſ. in dubio tamen Menoch. de arb. jud. caſ. 156 n. 9 et alia jura ibi allegata.

Jedoch wird ſolche generalis ſive regularis deciſio gleichergeſtalt in mehr unterſchiedlichen Fällen alſo nicht gehalten werden, ſondern limitiret.

Inmaſſen dann erſtlich zu Recht verordnet, daß alle ſolche generalis præſumtio keine ſtat habe, quando ex aliquibus ſpecialibus conjecturis apparet, vicinum ad æmulationem ædificare, videlicet deliceʒ ſi vicino magnum damnum inferatur, cujus reſpectu ædificans nullam aut parvam utilitatem ſentiret, Teſte Cepolla de ſervit. urban. præd. cap. 39 de ſolo ſeu area n. 3 verſic. ſed ſi facit, per jura ibi allegata, et monet, hoc bene notandum. Eleganter Ceph. conſ. 130 num. 15, ubi plures allegat, Ripa ad h. l. quo minus num. 27 ff. de flum. Burſatus conſ. 57 num. 15.

Zum andern. Si vicini eſſent rixoſi vel æmuli, aut quando vicinus veriſimiliter non feciſſet illud opus, ſi eſſent amici; aut etiam ædificans ſolitus ſit ædificare in contemtum vicinorum, præſumitur ad æmulationem ædificaſſe. Cepol. de ſervit. urb. præd. cap. 62 de feneſtra n. 2 verſ. et ſi veriſimiliter. Menoch. d. caſ. 156 n. 10 poſt quos Maſcard. d. concluſ. 610 num. 7 et 8. Burſ. conſ. 57 num. 16 verſ. Tertio ex qua in terminis, quando rixæ, contentiones, aut alia verba præceſſerunt inter vicinos, vel quando minatus fuit in damnum vicinorum expendere, per auctoritates ibi allegatas.

Zum dritten, quando æque commode aut ſaltem cum minori detrimento vicinorum in alio loco ita ædificare potuiſſet. Rip. d. loco num. 16 et eleganter Cephal. d. conſ. 136 num. 13 et ſeqq.

Zum vierten, in hisce terminis etiam is ad æmulationem ædificare præſumitur, qui in limitibus alicujus provinciæ vel Civitatis Caſtrum, fortalitium aut ſimile ædificium extruere vellet, unde multa incommoda iſti provinciæ vel civitati accidere poſſent, et materia ſeditionis præberetur, ac propterea ædificans prohiberi poteſt. Gail. d. obſerv. 69 num. 18 et poſt eum Maſcard. d. concl. 610 num. 11. Boer. deciſ. 310 num. 8.

Zum fünften, ad æmulationem ædificare præſumitur is, qui prope civitatem aliquam invito Domino Civitatis ædificat, in quo ædificio tempore belli hoſtes ſeſe recipere, excurſiones facere, aliasque damna civitati vicinæ inferre poſſent. Gail. d. loco n. 13 et Maſcard. poſt eum, d. l. num. 12.

Et ſubjungit ibi Gail. num. 24 et 25 juxta poſtremam editionem, plane in hisce noſtris terminis, quo etiam is æmulari, aut ad æmulationem facere cenſeatur, qui intra unum vel duo milliaria prope civitatem nundinas vel mercatum aliquem inſtituit, cum æmulatio non ſolum in ædificiis, ſed etiam aliis rebus, quæ ad alterius injuriam pertinent, conſiſtat.

Quapropter ſi novæ nundinæ a vicino quodam domino propria auctoritate ſubditis ſuis permittantur, hoc ad æmulationem alterius et vicinorum locorum fieri intelligitur, et ideo probe a vicinis prohiberi poteſt, ne hoc faciat. Hinc eſt quod Imperator nunquam conſuevit alicui dare privilegium nundinarum, niſi prius adjacentibus et vicinis Civitatibus et pagis, quorum intereſſe poteſt, auditis. Ita eleganter Gailius d. loco per text. in l. nec avus 6 de Emancip. lib. cum ſimil. et notata Iaſ. in l. fin. num. 13 et 10 ff. de conſt. princ. Afflict. in c. ſi quis inveſtierit num. 19 de feud. dat. in vicem leg. Commiſſ

Quæ obſervatio et atteſtatio domini Gailii tanto majorem fidem atque auctoritatem habet, quod tota pæne ætate prius in Auguſtiſſimo Judicio Cameræ Imperialis, poſtea in aula Imperatoris, atque ſic optime in juribus et conſuetudinibus imperii verſatus ſit, ideoque ei de hac conſuetudine atteſtanti plane credendum. Plures Concluſiones, quando ad æmulationem ædificari præſumatur, apud ſupra dictos Autores reperiuntur, et tandem arbitrio Judicis committitur, ex præmiſſis et ſimilibus conjecturis, an ad æmulationem ædificatum factumque cenſeri debeat, æſtimare et terminare, Cepol. de ſervit. urb. præd. cap. 62 num. 2. Cephal. d. conſ. 130 num. 15. Menoch. de arbitr. jud. caſ. 156 num. 8. Burſ. conſ. 57 num. 17, ubi plures auctoritates allegat.

Aus welchen allen ſchließlich eingeführt werden kan: Dieweil des Käuffers P. Q. Vornehmen ad interitum et perniciem Civitatis imperii wegen ʒugefügten groſſen Schadens in Entʒiehung der Handwercker Nahrung und Einnehmung der fremden Handwercker, und daher ʒum beſorgten Auffſtand und gewiſſer Sedition geteicht, wie in facto præſupponiret wird, daß derowegen und als dergleichen mehr bedencklichen Urſachen und Umſtänden daſſelbe in effectu et revera pro injuria et æmulatione ʒu achten, und alſo per jura circa deciſionem quæſtionis in primo fundamento allegata nicht ʒu gedulten, ſondern abʒuſchaffen ſey, und vermöge der Rechte verboten und verhütet werden mag.

Bevorab dieweil nicht allein ex capite, daß dieß Gebäu und Vornehmen ad æmulationem geſchehen, ſondern aus mehr andern argumentis, wie oben ex ordine erklärt, daſſelbe ungegründet und nicht ʒuläßig befunden. Darʒu dann mehr unterſchiedliche actiones und media vorhanden, oder gebraucht werden könnten, benanntlich woſern hiebevor ihme dem Käuffer opus novum nunciiret, und er deſſelben ungeachtet gleichwohl verfahren, interdicto demolitorio de novi oper. nunc. Darauf auch geſtracks a mandato kan angefangen werden. Wie poſt alios apud Gailium lib. 1 obſerv. 16 ʒu ſehen.

Inmaſſen dann auch wegen ferner beſorgten Gebäues, und ſchädlichen Vornehmens noch opus novum nunciiret, und auf den Fall ſolches verachtet, gleichergeſtalt ad demolitionem kan gehandelt werden.

Sonſt aber, ſi opus novum nunciatum non ſit, interdicto, quod vi aut clam, vel interdicto, ut poſſidetis contra turbationem, vel negatoria, vel ſaltem actione de dolo, aut in factum, aut conditione ex lege, vel officio Judicis, aut per viam Supplicationis.

Wie ſolche und dergleichen media bey oben ex ordine über dieſer Sachen deciſion allegirten Doctoribus cuilibet obvia ſeyn, und derwegen keiner weitern Explication vonnöthen haben, ſondern nach Gelegenheit dieſer Sachen und ihrer Umſtänden auf den Oertern, da der P. Q. etwan immediate, oder forte ob ſuſpicionem omiſſo medio, oder vermöge einer Particulair-Auſtrag, da dieſelbe verhanden, (welches doch wie es mit dem allen geſchaffen oder nicht uns nicht bewuſt, derwegen uns auch darʒu ber in specie nicht gewust ferner zu resolviren) gerichtbar mögen angefangen und verfolget werden.

Und haben dis unser rechtlich Bedencken auf den zugeschickten figurirten Casum und beyde daraus gestellte oder präscribirte Quæstiones zu dem Ende per plures conclusiones eröffnet und ausgeführet. Wofern etwan dieselbe nicht alle nach Beschaffenheit dieses facti und seiner Umständen pertinenter zu appliciren, daß dennoch dahero Ursach und Anleitung geschöpfft werde, der Sachen decision weiter nachzudencken, iedoch alles cujuscunque melius de jure sentientis judicio salvo.

Zu Urkund und Bestätigung der Wahrheit haben wir Dechant, Doctores und Professores obgedacht unserer Facultäten grösser Insiegel an einer rothen seidenen Schnur an diß Consilium anhängen lassen. Datum Cölln den 26 September, Anno der weniger Zahl 86. Colonienses.

✳✳✳✳✳✳✳✳✳✳✳✳✳✳✳✳✳✳✳✳✳✳✳✳✳✳✳✳

Practische Anwendung zum Dorff-Rechte.

Verbindung mit der vorigen Practischen Anwendung des Dorff-Rechtes.

Es ist von uns bereits das Dorff-Recht, und was deme anhängig, theoretisch vorausgesetzet, auch die Anwendung durch Rechtliche Bedencken practisch angewiesen worden; welche aber von allen und ieden Rechtsgelehrten nicht vor hänlänglich möchten gehalten werden, zumahl bey den ietzigen veränderten glücklichen Proceß-Zeiten, da Richter und Advocaten binnen im Jahr mehr, als was sonst in zehn Jahren ausgeführet worden, nach iedes Landes Rechten nunmehr in einem Jahr Proceßmäßig bewircken sollen und müssen.

Wie nun hierzu eine gründlich erlernte theoretico-practische Rechtsgelahrheit so wohl als andere Hülffs-Mittel bey der praxi erforderlich seyn; Also gehet unser Absehn hauptsächlich dahin, durch diese practische Arbeit unsern Rechtsgelehrten Mitbürgern Hülffreiche Hand zu leisten, dessen sich Richter und Advocaten künfftig werden bedienen können.

Nachdem bey vormaligem graßirenden Landerderblichen Kriegs-Wesen nebst andern unzehlichen Schaden und Ungelegenheiten, die Land-Güter und dero Pertinentien, durch Raub, Brand, Plünderung und Verheerung in den äussersten Verderb gesetzet, und der von aller Nothdurfft entblössete Grund ohnniesbar gemacht ist, entstehen diesfalls zwischen den Proprietarien und Grundes-Herren an einem, und den Pensionarien, welche vermittelst aufgerichteter Verträge für gewisse jährliche Pension die Güter innen gehabt und genutzet, am andern Theile, unterschiedliche Irrungen und Streitigkeiten, welche dann in diesen verheerten Landen so gemein und häuffig erwachsen, daß fast nicht in weniger Anzahl die in diesem Puncte streitige Partheyen sich herfür geben, als zuvorn Contrahenden gewesen, dahero besorglich diese erregte schwierige Rechts-Streite den Gerichten an allen Orten vielfältige Molestien, den streitenden Theilen grosse Unruhe, Unkosten und Verbitterungen, der zum menschlichen Unterhalt höchstnöthigen agricultur bey währendem Rechts-Processe gewisse Verhinderungen, einem ieden langwierige Vorenthaltung des Seinen, dem gemeinen Besten viele Turbationes und Ungelegenheiten verursachen und anfügen werden. Solchem Unheil und ereigneten Schaden bey Zeiten vorsichtiglich fürzukommen, und die lites ante litigia durch gewisse Maaßgebung nach ietzigen vorgeschriebenen heilsamen Proceß- und Gerichts-Ordnungen klüglich zu præoccupiren, erachtet ausser allem Zweiffel ein iedweder Verständiger rathsam und gedeylich. Solches aber zu Wercke und unverfänglichen Effect zu richten, scheinet kein besser noch füglicher Mittel zu seyn, als zu Anfangs die streitigen Quæstiones, bevorab weil selbige mehr in jure, als in facto, welches ietzo notorium und Landkundig ist, beruhen, in ihren öffentlich bewusten durchgehenden Umständen und unterschiedenen Fällen reifflich zu erwägen, darüber einer in Rechten wohlgegründeten Meynung sich zu vereinigen, und solche an stat einer gewissen Richtschnur zu Ermessung eines iedwedern Befugnisse zu setzen. Wordurch hoffentlich nicht unfruchtbar geschehen würde, daß keiner de suo jure höhere Præsumptiones und Einbildungen, woraus fast alle Rechts-Streite erwachsen, bey sich machen dürffte, viele aus vorhabender Wissenschafft ihrer Competenzen sich zur Güte anschicken, Geldfressende Weitläufftigkeiten gutwillig meiden, da aber sich deswegen Rechtliche Processe anspinnen, die Richter auf vorgeschriebene gute Ordnung levato velo & brevi judicio, denselben abhelffen könnten. Also wollen wir nach der berühmten Rechtsgelehrten Herolds und Mevii Lehrart die Application folgendergestalt diese zum Dorff-Recht gehörige Materien vorstellen:

Dispositio Proponendorum.

Die Fragen, so hiebey zu erörtern und in guter Acht zu haben, betreffen fürnemlich folgende Puncte:

§ 1. Benantlich; fürs erste, die remissionem Pensionis, da ex causa belli der Pensionarius die Güter nicht ruhsam besitzen oder geniessen können, denn diese Frage entstehet:

Quæstio 1.

An, si ex causa belli Pensionarius prædiis conductis quiete uti frui non potuerit, eidem pensionis remissio facienda?

§ 2. Zum andern, die Casus fortuitos, durch welche den Gütern, dero Pertinentzien, wie auch des Pensionarii eingebrachten Haabe und Eigenthum, Schade und Verlust angefüget. Allwo gefraget wird:

Quæstio 2.

Utrum, si per casus fortuitos prædiis, vel rebus ad ea spectantibus, nec non Pensionarii propriis illatis bonis, jactura damnumve illatum sit, vel in totum, vel pro parte remissio facienda?

§ 3. Drittens, das Interesse, welches die Pensionarii von den Grund-Herren des erlittenen Schadens,

Schadens, und entgegen Genießens halber, zuförderst sich anmassen. In welchem Fall diese Frage verfällt:

Quæstio 3.

Num, Pensionarius ratione damni perpessi, & prohibiti, vel impediti ususfructus, a fundi Domino interesse petere valeat?

§. 4. Fürs vierte, die Contributiones und Unkosten, so auf die Einquartierung, Marsche und Durchzüge der Soldaten gewandt, und dem Grund-Herrn wollen angerechnet werden. Wird also gefragt:

Quæstio 4.

Quisnam Epidemica, vel sumptus in redemptionem oneris hospitum suscipiendorum impensos, & hujus farinæ alios sufferre teneatur?

Zum fünfften, ob denn durch die ergangene Landes-Ruin die Pensions-Verträge erloschen, und die Locatores und Conductores der künfftigen Jahre halber nirgends zu verbinden? Wovon diese Frage entstehet:

Quæstio 5.

An facta ruina Communi & Provinciali, Pensionalia pacta intervertantur, & Locatores & Conductores non maneant invicem ratione futurorum annorum obligati?

Letztlich, wie es wegen der Possession und Retention der verpensionirten Güter, Zeit währender Litispendenz, auch mit dem Processu in diesen Sachen anzustellen und zu halten sey? Da denn zu fragen:

Quæstio 6.

Quidnam durante lite circa possessionem, & retentionem bonorum Censititorum, ut & Processum harum causarum statuendum & observandum sit?

Erstes Rechtl. Bedencken XLII.

Vom Nachlaß der Pacht-Gelder wegen der Kriegs-Unruhen.

De Remissione Pensionis ex causa Belli.

Anfänglich nun die Nachlassung der bey dieser eingefallenen Kriegs-Unruhe fälligen Pensionen anreichende, so entstehet diese Frage: An, si ex causa belli Pensionarius prædiis quiete uti frui non potuerit, eidem pensionis remissio aliqua facienda? Und ist in den Rechten hiervon dergestalt versehen, daß dieselbe billig geschehe, wenn jemand vermöge des getroffenen Contracts die verpensionirten Güter sicher und wohl zu gebrauchen durch unabwendliche Gewalt verhindert wird. Sicut JCtus in l. si fundum 33 in fin. ff. locat. ait: Quod si colonus tuus fundo frui ab eo prohibitur aut interpellabitur, quem tu Locator prohibere propter vim majorem aut potentiam ejus non poteris, mercedem remittere aut reddere debes, & l. perinde 34 ibi: ac latronum incursu id acciderit. Welches Recht ex natura Contractus Locationis conductionis herflieset, dann weil Kraft desselben der Locator zu Verschaffung ruhiger Possession und Genießbrauches dem Colono obligirt ist: per l. 50 §. 1. l. 60 ff. locat. Cond. in locatione quippe & conductione Merces a conductore principaliter præstatur ob usum rei locatæ, ideoque si conductor re uti nequeat, me-

rito aliquid de mercede ei remittendum erit, quasi ita tacite inter eum & locatorem convenerit. l. licet 8 C. locat. conduct. Mozz. de contract. Locat. column. 5 num. 5. So folget daraus, daß in solchen Fällen, da diese von Seiten des Grund-Herrn nicht mag præstiret werden, der Pensionarius auch an seiner Seiten mit Erlegung der Pension zu verschonen. l. ex Conducto 15 §. si vis tempestatis & 38 seqq. l. 33 si fundus Verl. nam erit ff. d. t. Carpzov. p. 2 cap. 98 d. 19 num. 3 & 4. Nec enim jure quidquam desiderare potest locator a Conductore, quando ei non præstat, ad quod tenetur. arg. l. Julianus 13 §. offerri 8 ibi: Costal. ff. de action. empt. Imo, quando Casus fortuitus conductorem re uti frui prohibet, facienda est pensionis remissio, Bero decis. 249 num. 4. Menoch. consil. 27 num. 16. Carpzov. p. 2 c. 37 def. 14 per tot. Vel solo æqui & boni intuitu, licet conventio, ejusmodi non præcesserit, nec conductor de eo expresse sibi prospexerit, l. ex Conducto 15 §. si vis tempestatis 2 & §. ubicunque 7. l. si merces 25 §. vis major ff. locat. l. licet, 8 C. eod. tic. D. Carpzov. d. d. 37 ibique allegati. Uti jamdudum responderunt Scabini Lipsienses, Anno 1632 M. Febr. Verba sententiæ 1. P. P. Dergleichen Zufälle auch ohne das zu Recht auszunehmen rc. so möget ihr auf das durch Krieges-Gewalt abgetriebene Vieh zu erstatten nicht gedrungen werden; sondern es wird dieses, Werck, und wie weit euch wegen des erlittenen Schadens Remißion und Nachlaß des Pacht-Geldes zu thun, auf ehrlicher und des Wercks verständiger Leute Erkenntniß billig gestellet B. R. W.

Was nun in Rechten deswegen von denen beständerlichen Zufällen in genere verfasset, solches ziehen dieselben ausdrücklich auf die Krieges-Unruhen und Verwüstungen. d. l. ex conducto 15 §. si vis tempestatis 2 verb. si incursu hostium l. Item quæritur 13 §. exercitu 7 ff. locat. vid. late Menoch. consil. 21 n. 5. Dahers außer allen Zweiffel bey diesem leider hochkläglichen Landes-Ruin eben dasselbe cæteris paribus Raum haben müste. Worbey gleichwohl unterschiedliche Umstände und requisita considerabel und wohl in Acht zu nehmen seyn, als worauf modus (& quantum) remissionis zu förderst beruhet.

Requis. 1. Einmal ist für allen vonnöthen, den casum fortuitum, warum die remissio pensionis gesuchet wird, dessen Anfang und mit sich gefäbreter Schaden reifflich zu erwegen. Denn bey dieser Dijudication nicht genugsam denselben zu allegiren, oder auch zu erweisen, sondern es muß daneben befindlich seyn, daß zu der Zeit und in den Jahren, von welchen die Pension rückständig, er sich zugetragen und begeben. Cum enim casus & damnum debeat esse causa remissionis, hæc effectus cauſæ suæ, quæ limitata, non potest non limitatum producere effectum, l. in agris ff. de acquir. rer. domin. l. cancellaverat ff. de his quæ in testam. del. correlativus & connexus est, ut se ultra istum non extendat. Gœdd. consil. Marpurg. 49 num. 119 vol. 4. Bey diesem requisito versehen sich aber viele Pensionarii mit ihren Rechnungen und computatis sehr, indem die leider erfolgete grundverderbliche Ruin und Verheerung gleich einer General-Quittung gehalten wird, und darauf in

dieser

dieser Einbildung stehen; als wenn sie Hiedurch von aller Pension und Abtrag gäntzlich befreyet, und auch zu Abstattung dessen, so in vorigen Jahren im resto verblieben, nachdem propter vim majorem folgendes dem Contract nicht hat können nachgelebet werden, nicht mehr obligat seyn: Da doch die Rechte nie weiter die remissionem pensionis, als auf das Jahr, worinne der Schaden erlitten, zulassen, aus vorigen oder auch folgenden aber keine Ergetzlichkeit verstatten. Præsertim si pensio distributivè dicta sit pro singulis annis, non collective pro omnibus, Frantzk. num. 108 locat. cond. Conductor enim etiam propter maximam fertilitatem vel ubertatem fructuum majorem pensionem regulariter solvere non tenetur, ob generalitatem textus l. si merces 25 § vis major 6 ibi: cui immodicum lucrum non aufertur ff. locati l. 2 C. de fund. Reipubl. præsertim si hoc augmentum fructuum ex industria Coloni provenerit, e. gr. si conductor molendini auxerit unam rotam, utpote quæ industria unicuique lucrosa, non nociva esse debet, l. cum oportet C. d. bon. quæ liber. Pacion. de loc. cond. c. 51 num. 13, l. si defunctus C. d. arbitr. Tutel. idemque est si aucti fuerint fructus propter bonitatem fundi. Petr. Pacion. de loc. cond. cap. 46, vel si fructus cariùs vendantur. Idem cap. 51 num. 8. Secus dicendum videtur, si augmentum fructuum casu fortuito inopinato contingat, e. g. si molendina vicinorum casu aliquo molere desierunt, & propterea molendinum conductum magnam lucri accessionem fecit; vel si ex inundatione fluminis ditiores fiant fructus. Secus dicendum videtur de augmento ipsius rei conductæ, puta per alluvionem patentem, tunc enim pensio juxta proportionem augmenti, augeri debet, præsertim in prædiis publicis, l. 2 C. d. alluvion. ibi: pro terris scil. tributariis, quas possident, tributa agnoscant. vid. Arius Pinell. JCt. Lusitan. ad l. 2 C. de rescind. vend. lib. 1 cap. 3 n. 34, 35. Thom. Maul. tr. de locat. conduct. tit. 6 num. 75; aliud dicendum, si incrementum prædii privati sit latens; de quo augmento Mercedis conventæ videatur Petr. Pacion. Jct. Rom. cap. 51 de locat. cond. per tot.

Requis. 2. Hieneben ist die Qualität und Beschaffenheit des von dem Conductore erlittenen Schadens wohl zu ponderiren und zu erwägen, zumahln nicht alsofort eines iedweden Abgangs halber die remissio pensionis ohne Unterscheid für billig zu achten, sondern es erfordert die Rechte einen unerträglichen unleidlichen Schaden per text. in l. ex conducto 15 § si vis 2 verb. omnemque fructum tulerit, l. si merces 25 § vis major ff. locat. Ubi JCtus, addita hujus juris ratione, ait: vis major non debet conductori damnosa esse, si plus quam tolerabile est, læsi fuerint fructus, alioquin modicum damnum æquo animo ferre debeat colonus, cui immodicum lucrum non aufertur; atque ita communiter Dd. sentiunt, ex casu fortuito non aliter ad remissionem mercedis teneri locatorem, nisi damnum planè sit intolerabile. Beroi. conf. 143 n. 22 & 24 vol. 1. Decius conf. 7 num. 2. Petrus Surdus conf. 35 per tot. Cravett. conf. 95 vol. 1. Alexand. conf. 97 num. 4 vol. 3. Paris. conf. 38 num. 12 vol. 1. Natta

conf. 445 num. 2. qui scribit, mori seq. si villæ damnum dederunt, igitur fieri remissio debet. Roland. a Vall. conf. 56 num. 1 vol. 3. Burfat. conf. 81 n. 3. Wann aber der angefügte Schaden pro intolerabili zu schätzen sey, ist in den Rechten nicht specificiret, und derowegen, wie in dergleichen Fällen üblich, juxta l. 1 ff. de iureiurand. 2 si eius qualis § si se in rem. ff. de V. O. et æquo iudicis arbitrio zur Ermessung heimzustellen, ut sentiunt Ripa in l. generaliter n. 87 vers. 2 § 9 C. de revoc. Donat. Mertoch. d. A. iudic. Quæst. lib. 2 casi pro num. Sebastian. Medices in tract. de cas. fortuit. part. 2 cap. 3 num. 2. Covarruv. pract. quæst. cap. 30. Burfat. conf. 11 num. 28 & 41. Gorser. Andreas Gail. lib. 2 obf. 13 num. 1. & B. Carpz. p. 2 C. 37 d. 1 num. 3. Ubi Præiudicium Scabinorum Lipsiensium extat, cuius tenor hic est: So würde euch alsdenn auf ehrlicher Leute Ermäßigung am Pacht-Gelde ein Nachlaß billig gethan. B. R. W. Bey welcher Diiudication zuförderst das Absehen und Examen sowohl auf die quantitatem promissæ pensionis, als auf die eingekommene Abnützungen der Güter zu richten. Da nun den halben Theil der versprochenen Pension die gehabte Abnützungen, detractis seminibus &c. impossibl nicht erreichen, wird ex communi JCtorum sententia solches pro magno damno erachtet, und die Pension gestalten Sachen nach zu erlassen für billig statuiret. Sicut hanc opinionem veriorem communiorem & crebriorem esse asserunt: Bald. in l. licet C. Locat. Panormit. in c. propter sterilitatem X. eod. ibid. Immola & Joh. de Butrio, Menoch. d. cas. 76 n. 5. Soanerz in Thes. recept. sent. in verbo Conductor & in verb. sterilitas. Michael Graff. lib. 1 commun. opin. 14 quæst. 1. Gomez. lib. 2 variarum resolut. cap. 3 num. 18. Pinell. in l. 2 C. de rescind. vendit. part. 1 cap. 3 num. 22. Alexand. conf. 107 n. 18 vol. 7. Hieron. Gratus conf. 161 num. 1. Ruid. conf. 81 num. 1 vol. 1. Joh. Cephal. conf. 104 n. 3. Mozzius de locat. col. 4 de Accidental. locat. num. 15. Menoch. conf. 669 num. 11, ubi plures autoritates producit. Dn. Carpzovius part. 2 conf. 37 d. 51 n. 1 & 2. Quam sententiam quoque secuti sunt JCti Lipsienses, dum An. 1632 M. Jan. ita responderunt: Verba sententiæ: Da es nun um den Mißwachs diese Beschaffenheit hätte, daß nach Ausgang der dreyen Pacht-Jahre in solchen dreyen Jahren eingehobene Nutzungen und Früchte die Helffte des dreyjährigen Pacht-Zinses nicht erreichten; so würde euch also auf ehrlicher Leute Ermäßigung am Pacht-Geld ein Nachlaß billig gethan. B. R. W. Und ob zwar diesfalls vielfältige unterschiedliche Meynungen in den Schrifften der Rechtsgelehrten befunden werden; welche weitläufftig erzehlet und zugleich widerleget Hieron. Päntzschmann. lib. 1 illustr. quæst. 1 per tot. so ist doch zu erzehlet der einigen natürlichen Vernunft für andern gemäß; angesehen die Definition des ausgestandenen Schadens hierauf müsse gerichtet seyn, worinnen die Intention der contrahirenden Persohnen und die natura contractus bestehet. Da nun locatio conductio ist conventio de re procerta mercede utenda fruenda, Wesenbec. in Paratit. ff. locat. num. 1. Aus des Locatoris Meynung zur Einnahme der bewilligten ligter Pension; das Conductoris aber zum völligen Genieß auch gerichtet, kan es nicht anders seyn, als daß der Schade aus der grossen Discrepantz und Ungleichheit der Pension und Abnützungen æstimiret werde. Und weil sonsten in Rechten die læsio pro magna gehalten wird, wann dieselbe auf die Helffte der Aestimation iedes Dinges sich erstrecket: Barol. ad Leg. inter stipulantem 83 § sacram. ff. d. V. O. & ad l. si merces 25 ƒ Vis major. ff. locat, Eckold. ad ff. tit. d. rescind. Vendit. ƒ 1 pag. 241. i. est, quando Conductor supra dimidium convenit mercedis vel pensionis partem iustam sontit; Ist nicht abzunehmen, warum auch nicht in obberührten Fällen, wann die eingehabene fructus, deductis impensis, nicht halb so viel werth, als die Pension (welche gleichsam pretium & æstimatio fructuum cujusque anni ist) es pro magna & intolerabili damno zu halten. Welchem vorangezogenen Rechtlichen præsupposita hieselbst annoch anhängig ist, daß ein iederweder Pensionarius, dafern er zur Remission gelangen gedencket, zwischen ihme und dem Grund-Herrn deßwegen Streit vorfallen solte, nicht allein den erlittenen Schaden zu designiren und zu articuliren, sondern auch in specie zu beweisen schuldig sey. Burlat. d. consil. 11 num. 31. Natta consil. 442 num. 2. Beroi. consil. 141 n. 7 v. 1 Hieron. Gratus consil. 141 n. 9 lib. 1. Sylvan. consil. 35 num. 26 Veluti hoc ex Sententia, a Fac. Jur. Jenensi in causa Gervis Haserts & Curd Bestenbostels Jehen Anno 1630 den 27 Junii lata, patet ibi: Daß Kläger die onera realia, und Contributiones, so er wegen des Gutes Barom aufwenden müssen, sammt dem, was er nothwendig darein verbauet, eigentlichen zu specificiren, auch binnen Sächs. Frist, wie zu Recht erheblich, zu erweisen, oder auf allem Fall eidlich zu erhalten schuldig, ꝛc. B. R. W. Sintemal der vorgebildete Schade das fundamentum intentionis ist bey gesuchtem Nachlaße, quod quilibet probare tenetur. l. ei qui dicit ff. de probat. Et multo magis colonus, contra quem locator super instrumento contractus fundatam habet intentionem, damnum specifice probare debet, uti habet Corneus consil. 128 vol. 2. Mantic. de tacit. & amb. convent. lib. 5 tit. 8 num. 19. Und wird allhie mit blossen Anzeigungen und Designationen nichts ausgerichtet, sondern gehöret Beweis, und zum wenigsten, dafern derselbe ohnmöglich, massen denn auch andere Umstände die Designation glaubwürdig machen, eidliche Contestation dazu. Wie auf dessen Erfolg gilt des Locatoris negotium mehr, als des Conductoris designation, quippe quæ in nudo facto consistit. Facta autem non præsumuntur, nisi probentur. Sunt enim futura, uta incerta. l. in omni ff. de jur. & fact. ignor. Card. Tusch. tom. 2 lit. F concl. 20. Joh. Otto Tabor Thesauro locat. commun. lib. 6 cap. 1 axiom. 37. ubi tamen multas Limitationes legere licet. Quare secundum hanc doctrinam, nimirum in casu non factæ probationis, iamdudum responderunt ICti Lips. Anno 1643 Mense Decembr. in Causa Georgii Lüders & Pauli Riehards zu Leipzig Verba sententiæ: Da er aber dennoch nicht darthun und erweisen künte, daß er ein, oder das andere Jahr durch Mißwachs sonderlichen Schaden erlitten, daß er über alle Unkosten die Helffte des Pacht-Geldes von des Gutes Nutzung nicht haben können; so wäre man nach gemeinen Schluß der Rechts-Lehrer an dem Pachtgeldern ihme eine Erlassung zu thun nicht schuldig. B. R. W.

Ferner ist bey Ansuchung und Remission wohl in Acht zu nehmen, wie weit das Unglück und Schaden sich erstrecke, ob nur ein Theil, oder speciem, davon die Früchte genommen werden, oder aber ein zugleich durchgehendes Verderb die Güter betroffen. Denn es zum öfftern bey Kriegesläufften geschiehet, daß dem Ackerbau und Früchten des Landes grosse Hinderniß und Schaden zugefüget werden, an andern Abnützungen aber, so von Vieh, Holtzungen, Fischereyen und sonsten zu heben, keiner, oder geringer Abgang sey. In welchen Fällen nicht alsofort die Remission stat gewinnet, non enim Pensionis remissio fit ob lucrum non perceptum, sed ob damnum. Paris. consil. 38 num. 12 vol. 1. Quia magna est differentia inter eum, qui lucrum non facit, l. fin. Cod. d. Codicill. Beroius. consil. 141 num. 4 vol. 1. Sondern es wird angesehen, was die pertinentien der Güter abgegeben und getragen, daraus hernacher der Uiberschlag gemachet wird, wie hoch die fructus percepti sich erstrecken und ob dieselben so gar geringe, daß vorgedachter massen die pension einzubehalten sey. Cum enim totius anni fructus, ex quacunque causa & re percepti, pro una fructu habeantur, l. divortio 7 parag. si in anno ib. gloss. & Dd. ff. solut. matrimon. nunquam ad remissionem faciendam unius tantum rei ratio habetur, sed omnium rerum conductarum fructus computantur, ita ut si ex una forte illo anno nihil fuerit perceptum, si tamen aliarum ubertas id pensaverit, ea non fiat, arg. 5 de illa inst. de societat, Hieron, Gigas de Pensionibus quæst. 62 num. 16. Bald. in l. licet. num. 1 C. locati. Beroi. d. consil. 141 num. 2. Surdus d. Consil. 34 num. 22 Natta consil. 449 num. 5. Nam in hujus damni æstimatione ad effectum obtinendæ remissionem pensionis, habenda est ratio omnium bonorum, fructuum & redituum, quæ sunt comprehensa in Locatione: si enim Conductor non patitur læsionem ultra dimidium, remissio mercedis fieri non debet: Quamvis in aliquibus rebus detrimentum ultra dimidium fructuum senserit. Mantica de tacit. & ambig. convent. lib. 5 tit. 8 num. 40. Cum enim unicus contractus sit locationis, sufficit una re, & aliqua ratione Conductorem indemnem servari & confundi omnes fructus. vid. Anton. Fabrum in Cod. lib. 4 tit. 41 definit. 47. Carpzov. p. 2 c. 37 d. 12 num. 1. Ubi dicit Antonius Faber subjicit, non idem fore, si aliqua fundi conducti parte prohibitus sit frui conductor, licet restitu indemnitatem plenam attuleri: cum omnia præstare locator debeat rata re, ut Conductor frui possit, ideoque prorata ejus remissio facienda sit. Cui adstipulatur Mozz. de locat. col. 4 de Accident. locat. num. 18. Welcher Gestalt aber, und wie weit die Pension in obberührten Fälle nachzulassen, darüber sind die Rechts-Gelehrten nicht einstimmiger Meinung, wie ex Pantzschman. quæst. illustr. 3 vol. 1 & Menoch. de A. J. Q. lib. 2 cas. 777 zu ersehen. Was nicht gehabten ruhigen Genießbrauches halber die Pension nachzulassen, folget hierauf, daß die übrigen fructus nebst der gesetzten Pension zusammen zu setzen, und so weit diese jene übertrifft, davon zu ziehen und inne zu behalten. Da aber deductis omnibus expensis, an eingehobenen Früchten und Commoditäten etwas übrig, nach dem Werth derselben die pension zu erlegen sey. Uti statuunt Pantzschman. d. quæst. 3 num. 1. Castrens. in d. § vis major. Bossf. in tit. de merced. remiss. num. 3 & 4. Bursat. Consil. 399 num. 3 Roman. consil. 369 num. 31. Nevizan. consil. 90 num. 18 sq. Qui uno ore omnes concludunt, remissionem mercedis fieri debere in totum, computata fructuum parte percepta, idque satis manifeste probatur per text. in d. l. ex conducto 15 § ubicunque 7 verb. mercedis exonerationem pro rata &c. l. si merces 25 § vis major 6 ff. locat. ubi dicitur vim majorem non debere Conductori damno esse, unde sequitur, nihil eum præstare ultra quam percepit. text. in cap. propter sterilitatem 9 X. de locat. Jung. l. 15 § 4 h. t. ff. & l. 8 l. 18 C. h. tit.

Welchen nicht zuwider ist, was vorgedacht, nehmlich, daß die Remißion unzuläßig, dafern die Abnützungen nur den halben Theil der bestimmten Pension-Gelder erreichen, in Betrachtung, daß ein Unterscheid unter diesen Fragen, wenn die remissio stat gewinnen kan? und fürs andere, wie weit solche zuläßig sich befindet? Wie selbige nicht gar, ad evitandas lites, & partium iniqua incommoda zu verstatten, wird, wie sonsten in læsionibus Rechtens, das dimidium angesehen. Da aber der Schade solches übertrifft, kan und soll nicht die ganze Pension, sondern so viel, detractis detrahendis nicht genossen und eingehoben worden, nachgelassen werden; Gleich wie sonsten dem Verkäuffer, so ultra dimidium lädiret wird, ungeachtet er, dafern er et auff die Helffte nicht verkürtzet, keine actiones hat, dennoch das völlige pretium zu ergäntzen ist. l. 2 C. de rescind. vendit. Immol. in d. cap. propter sterilitatem 3 X. de locat. Eckold. ad d. t. d. rescind. vendit. § 2 pag. 251. Ubi notanter dicit: Nullam solidam rationem dari posse, cur ob læsionem ultra dimidiam, non vero tertiam aut quartam partem, venditio rescindatur, vel quod deest pretio, suppleatur; sed dependere hoc a libero Legis latoris arbitrio, conferatur Hahn in not. ad d. tit. n. 6 & Dn. Struv. Synt. jur. Civil. Exerc. 24 th. 16 pag. 889 & sq. Es werden viel gefunden, so dafür halten, daß ein Pensionarius bey begebenen solchen Fällen, was vorgelauffen, dafern er die remission darauf fähig seyn will, dem Grund-Herrn zu denunciren schuldig seyn solle. Welches aber, weiln es die Rechte nie erfordern, demnach von dem mehren Theil der Rechts-Lehrer überflüßig geachtet wird, wie solches ausführlich deduciret Hier. Pantzschmann. dict. lib. 1 quæst. illustr. 4 per tot. vid. etiam Menoch. consil. 120 num. 14 sq.

Dieses aber alles, was hieroben de remissione Pensionis wegen der vorgelauffenen Kriegs-Unruhe und verderblicher Ruin in genere gemeldet, hat viele exceptiones und Abfälle, inmassen auch in specie bey ietzt berührter Ursache viel Umstände und singulares casus sich begeben, in welchen un-

geachtet dessen, so vorgedacht, die remission nicht zu erhalten ist. Wie mit wenigen zu berühren und einzuführen nicht undienlich seyn wird. Est enim de singulis circumstantiis subtiliter inquirendum. cap. licet 9 de probat. Mornac. ad leg. 52 § in Clivo 2 ad L. Aquil. pag. 282. Quippe quæ rem egregie variant, l. 26 § 12 vers. Celsus ff. de Condict. indebit. Conferri hic potest Mevii Decisio 309 part. 4. Und zwar vors erste, ist ausser allem Zweiffel, wann in den aufgerichteten Pension-Verträgen, oder sonst durch gewisse Pacta und Vergleichungen abgehandelt ist, daß der Pensionarius, auch da er wegen der Kriegs-Beschwerden an Genießbrauch beunruhiget und behindert würde, ohne Abzug die völlige Pension erlegen wolle und solle, alsdann keine Remißion zu suchen noch zu verwilligen sey. Nam istiusmodi pactum valet, l. si quis domum 9 § Julianus 2 ff. locat. ibi gloss. & Dd. Boss. tr. de remiss. merced. n. 56. Motz d. t. column. 4 de accidental. locat. n. 50. Carpz. p. 2 c. 37 d. 17 n. 1. Huc conferatur Præjudicium, quod supra p 297 a habetur. Et in causa Wolffgangi a Wolfframsdorf. ab iisdem JCtis Lipsiens. Mens. Febr. Anno 1635 huc in modum pronunciatum est.

Ideoque maxime servandum est, utut jacturam maximam patrimonio conductoris inferat, cum fidei humanæ congruat, ea rata esse, quæ semel placuerunt. l. 1 in prin. ff. de pact. Et turpe sit fidem fallere, l. 1 ff. de Constit. Pecun. l. 1 ff. de pactis. l. 11 § 1 ff. de Act. E. V. Joh. Ott. Tabor Thes. locor. Commun. lib. 6 cap. 15 axiom. 8 ibique allegati. Nec attenditur hoc loco, quod in enorme damnum conductor inde facile incidat, & præter labores & vigilias, quas frustra impendit, pro nullo commodo mercedem solvere cogatur, cum suæ facilitati imputare debeat, cur eam conventionem inierit, nec de læsione conqueri possit ob tale factum, quod se ab initio ad lucrum & damnum peræque habere queat, utut postea facienti damnosum apparere incipiat. Vincent. Caroc. decis. 130 n. 3. Beroi. consil. 1 n. 22 lib. 2. Cothmann. consil. 30 num. 184. Læsio quæ ex futuro eventu dependet, in consideratione venire non solet. Non enim læsio est considerabilis, quando eventus, qui se habere posset ad incommodum, vel commodum, dubius est, l. de fideicommisso 11 C. de Transact. l. si pater puellæ 12 C. de inoff. Testam. Decius consil. 474 n. n. in fin. Sfort. Odd. de restit. in integr. part. 1 quæst. 4 artic. 11 num. 95. Vasq. illustr. controv. lib. 3 quæst. 67 n. 8 sqq. Cum nemo videatur lædi, ubi casus fortuiti par in utramque partem est ratio. Vid. Cravett. cons. 598 num. 10. Cons. Arg. cons. 65 n. 16. Unde, & in dubio læsionem nunquam præsumi patescit ex l. si circumscripta 6 C. solut. matrim. dos quem. pet. ubi mulier dicens se deceptam esse, in æstimatione rerum dotalium, deceptionem probare debet. Gloss. in l. si res § si mulier ff. de Jure dot. Alex. cons. 92 n. 23 vol. 6. Roland. a Val. Cons. 10 n. 9 & cons. 28 n. 27 vol. 4. Idque eo minus hic dubium est, cum istud pactum, quod duriorem facit conditionem Conductoris, locatio pensare videatur, quæ majori mercede inita fuis-

fuiſſet, niſi ille id periculum ſuſcepiſſet, quod non ſine juſta cauſa factum ab eo, qui de jure ſuſcipere non tenebatur, veriſimile eſt. Carp-zov. p. 2 c. 37 d. 17. Hinc Dn. Scabini Lipſi-enſes conductori cuidam, qui Pacto indemni-tem in ſe receperat, caſus fortuiti exceptionem denegarunt Anno 1633, dum ita pronunciarunt. P. P. Wann gleich vorgedachter Marcus Keßler, in Verwahrung des Geldes gebührenden Fleiß an-gewendet, und ein anders wider ihn nicht ausge-führet werden kan. Da er aber dennoch ſein Be-kentniß ſub A, darinne er den Rath zu vertreten und in allen Schadlos zu halten, verſprochen, ge-bührlich recognosciren würde, inmaſſen ihme zu thun obliegel etc. So wäre er ſeinem Verſprechen nach zukommen, und die Zahlung vorbemeldtem Rathe von den Seinigen zu leiſten ſchuldig. V. R. W. Daß es aber dafür zu achten ſey, es habe der Pen-ſionarius der Remißion, in Fällen, da ſie zuläßig, ſich begeben, wird eine klare ausgedruckte Conven-tion, wodurch er ſich deſſen in ſpecie entſaget, er-fordert, und iſt auſſer ſolcher befundenen ausdrück-lichen Convention keine renunciation hier anzuzie-hen. Renunciatio enim vel remiſſio juris alicu-jus, utpote quæ odioſa eſt, Cravett. conſil. 407 n. 34. & faci. eſt, Mynſ. reſ. 43 n. 38, ex conje-cturis aſtrui aut alias præſumi non debet, niſi expreſſis contrahentium verbis, pateat, Capi ſuper hoc 5 d. renunc. Bald. in L. 2 aut. ult. C. de edict. D. A. toll. Decius in l. poſtquam liti m. 4. C. de pact. Nutta conſil. 78 n. 5. Cravett. conſil. 257 n. 5. Menoch. conſil. 1 n. 212. Eſt enim quædam donatio, & dilapidatio, l. contra 28 § filius 2 ff. de pact. l. ſi quis 2 de novat. Ti-raquell. in l. ſi unquam in verb. donatione lar-gitus, num. 137 & ibid. Ripa quæſt. 11 n. 20. Et qui renunciat, alienare videtur, l. ſuit quæ-ſtionis 24 ff. de acquirend. hæredit. Quin imo ut renunciatio excludatur, capitur & ar-ripitur omnis conjectura & præſumptio, proque ſufficienti ad eam excludendam habetur. Bald. in l. ult, num. 19 C. de Dot. promiſſ. Maſcard. de probat. conclul. 454 num. 14. Tiraquell. de re-tract. Lignag. § 36 gloſſ. 2 num. 50. Imo potius error facti proprii, Maſcard. d. concluſ. 554 num. 6. Menoch. d. conſil. num. 715. Cravett. conſil. 77 num. 14. Et ſequitur præſumitur, Menoch. de A. J. Q. lib. 1 caſ. 88 num. 2. Bald. in l. generaliter num. 14 C. de non num. pecun. Dieſem nach iſt nicht gnugſam, ſo iemand, bey auffgerichtetem Penſions-Vertrage ſich obligiret, daß er wolle die Penſion unfehlbar erlegen, und ſich daran nichts hindern laſſen, Item es lauffe wie es wolle, es mögen Zeiten kommen wie ſie ſeyn, er dennoch mit der Penſion ſich richtig einſtellen-wolle: Ingleichen aller und ieden Rechten, ſo ihm die Innebehaltung der Penſion verſtatten möchten, ſich gutwillig begeben ꝛc. Es wäre denn, daß aus andern beylauffenden Umſtänden de animo con-trahentium etwas gewiſſes zu ſchlieſſen wäre. Re-nunciationes enim generales in iis caſibus, quæ majoris momenti ſunt & renuncianti maximum incommodum afferre queunt, non ſufficiunt ad excludenda renunciantis jura, Johann. de Immo-la, in l. 1 5 quæſitum num. 15 & 19 ff. quib. ap-pel. non lic. Specul. in tit. de Renunciat. § ſi.

Juriſt. Oracul V Band.

nitis num. 7 & 15. Tiraquell. in præfat. l. ſi un-quam num. 132. C. de revoc. donat. Decius con-ſil. 37 n. 1. Quæ enim notatu digna ſunt, niſi ſpeciatim & nominatim notentur, pro omiſſis habentur. l. item apud Lab. § ait Prætor ff. de injur. Tiraquell. de LL. connubial. gloſſ. 7 num. 124. Oldrad. conſil. 155 n. 2. Et potentius expreſſum operatur, quam tacitum. l. ſi ex pluribus 9 d. ſuis & legit. l. penult. ff. de in-juſt. rupt. irrit. teſt. l. 2 § ult. d. bonor. poſſ. ſe-cund. tabul. cum congeſtis a Tiraquell. de LL. Connubial. gloſſ. 1 verb. expreſſum n. 40. Id-que eo magis in pactis, quæ continent jurium renunciationem, quæ ſtricti juris ſunt, & ſtri-ctiſſime accipienda. Decius conſil. 551 n. 2 ſeq. Surd. conſil. 431 n. 20 vol. 3. Et ſemper pro eo qui renunciavit, interpretanda. Surd. d. con-ſil. 431 n. 34. Scilicet ut quam minimum noceant. Surd. d. conſil. 431 n. 339 & conſil. 32 & conſil. 446 n. 23 vol. 3. Ob auch gleich mittels Eides der conductor der Læſioni ultra dimidium, und be-neficio l. 2 C. de reſcind. vend. renunciret, ſo iſt es dennoch pro facto remiſſionis renunciatorio nicht zu achten, uti contra Franciſc. Marci deciſ. 208 ſtatuit Mozz. de locat. column. 4 de acci-dent. locat. n. 54. Wie aber ſonſt bey Abfaſſung der Verträge und Verſchreibungen, alſo begibt ſich auch allhie zum öfftern, daß die Notarii ihrem Belieben nach und aus Gewohnheit unterſchiedli-che renunciationes und Clauſulen auſſer Wiſſen und Befehl der Contrahenten, denen ſie doch an ſich ſehr nachtheilig und präjudicirlich ſeyn, anfü-gen, ſicut illæ Dd. querelæ frequentes leguntur, eos hujusmodi clauſulis ſæpius abuti. Specula-in tit. de Renunciat. parag. 1 n. 1. Bertazol. in tract. de clauſul. 39 gloſſ. 1 n. 1. Eas appo-nere, quarum virtutes ipſis non minus quam contrahentibus incognitæ ſunt, Ripa ad l. cen-turionum 79 ff. de vulg: & pupill. Magon. de-ciſ. Florent. 15 num. 4. In illis exprimendis more pſittacorum & picarum garrire, & ſine mente ſonum dare. Roman. ſingular. 51. Wann nun glaubwürdig zu machen, daß ohne Vorwiſſen und Willen des Penſionarii durch den Concipien-ten penſionis remiſſionis renunciatio dem Vertra-ge eingerückt, kan er deſſen ungehindert bey be-gebenen Fällen die Erlaſſung vermöge der Rechte erfordern: Nihili enim facienda ſunt, quæ tan-tum ex conſuetudine & ſtylo Notariorum ſunt adjecta, Caroc. in tract. de excuſſ. bonor. part. 2 quæſt. 16 num. 5. Magon. deciſ. Florent. 64. Gozadin. conſil. 30 n. 15. Decius conſil. 349, ubi ait, hoc communiter teneri. Neque ſimpli-citas Notarii partibus nocere debet. l. fin. ibi nec ſimplicitas ſuſpiciendum; & ibi gloſſ. C. d. fidejuſſ. l. ſi librarius 92 ff. de R. J. Mantic. d. tacit. convent. lib. 2 tit. 9 n. 2. Neque etiam ejus error in ſermone fidem inſtrumenti labe-factare, l. 8 d. ſtat. Hom. d. l. 92 d. R. J. l. qui habebat 54 de manumiſſ. teſtam. l. errore 7 C. d. teſtament. Cum renunciationes, quæ ſine præcedente certi oratione juris, vel rei, cui renunciatur, earum poteſtatis & efficacia invali-dæ ſint, Hyppol. de Marſil. in rubr. num. 37 ff. de fidejuſſor. Roman. conſil. 271 n. 1. Gail. lib. 3 obſerv. 77 num. 3. Vincent. Honded. conſul-

tat.

tat. 33 num. 45 seq. lib. 1. Thesaur. decis. Pere-
mont. 222 num. 3. ubi hanc communem esse testatur. Berl. p. 2 concl. 19 num. 33 & seq. Matth.
de Afflict. deciss. Neapolit. 350 n. 4. Tab. thes.
loc. commun. lib. 16 c. 31 ax. 12. Et sine animo & assensu frustra fiunt. l. legitime ff. de hæred. instituend. l. juris ff. de inoffic. testam.
Vult. consil. Marpur. 129 num. 108 vol. 2. Grammat. decis. Neapol. 57 num. 8. Eatenus saltem ob
sunt partibus, quatenus illis assensum præbere voluisse constat. Munnoz. de Escob. in Tr.
de ratiocin. cap. 28 num. 43. Es gebähret aber
dem Pensionario benzubringen, daß er niemalen gewilliget, die begriffene Renunciation zu beschreiben,
und den Contract einzuverleiben, angesehen, daß
pro scriptura Notarii eine starcke Präsumption
militiret: Vincent. Caroc. decis. 122 num. 7. Menoch. præsumpt. 44 lib. 2 & consil. 37 num. 145.
Alexand. in l. sciendum num. 33 ff. de verb. obligat. Em. Suaretz. in Thesaur. comm. opin. lit.
V n. 6. Cum enim Notarius ex suo cerebro
de jure nihil in instrumento scribere debeat, nisi de quo rogatus sit a partibus, non minus ac
alias bene & recte exerciti officii, præsumptionem pro se habet. Quodque vera dixerit &
scripserit, nec aliter, quam quomodo negotium
coram se fuerit gestum. l. si quis decurio C. de
fals. Paris. consil. 88 n. 21 lib. 3. Anton. Fab. in
Cod. lib. 6 tit. 5 def. 10 num. 7. Dn. Joh. Philippi ad Ord. process. Elect. Saxon. tit. 2 consil. 6 n. 4 & ad Decis. Elect. Dec. 20 obs. 1 &
2 per tot. Ita etiam præsumitur omnia scripta voluntate Partium scripsisse, late Menoch.
lib. 2 de præsumpt. præs. 79 n. 1 sqq. Caroc. d.
decis. 122 n. 13. Pancirol. Consil. 88 num. 16.
Wann nun bereits dergleichen pacta, darinnen der
Pensionarius, obschon des Kriegs halber Hinder-
nisse und Verheerunge einfielen, eine remission des
Miet-Geldes zu desideriren sich begeben, verhanden wären, ist man alsdenn der gewissen Meynung,
daß solche nur auf die Fälle gerichtet und zu verstehen seyn, wenn etwa der Pensionarius an dem
Genießbrauch und Possession turbiret und gehindert
wird mit nichten aber dahin zu extendiren, wann
propter vim majorem eine total ruin erfolget,
gantz keine, oder auch gar geringe Abnützung ihm
zuflossen, er auch auf den Gütern sicher nicht leben kan,
zumalen die höchste Unbilligkeit wäre, daß auf solchen
Fäll, da keine fructus seyn, Pension, solte gefordert
werden, auch nicht vermuthlich, daß dahin der Vertrag von dem promissore gemeinet, oder auch solcher Fall in Consideration gekommen. Generalis
enim renunciatio nunquam complectitur ea,
quorum dum renunciant, renunciantes memo-
res non fuerunt. l. Aquilian. ff. de Transact. l.
qui petul. ff. de pecul. Crett. in l. sciendum
num. 44 ff. de verb. obligat. Paris. consil. 20
num. 91 vol. 1. Tib. Decian. consil. 43 num. 37
vol. 3. Sed explicatio facienda est secundum illud, quod interrogati probabiliter respondissent,
Gloss. in l. tale pactum in fin. ff. de pact. Jason
ad l. Titius § Lucius Titius ff. de lib. & posthum. Tiber. Decian. resp. 31 num. 46 vol. 1.
Idque eo magis, quod ex isto pacto summa Iniquitas & conductori damnum exoriretur. Ea
vero interpretatio accipienda, quæ ita judiciem

dum, ut prævaleat, quod benignius est, & in
æquitate magis fundatum, l. semper in dubiis ff.
de R. J. l. placuit 7 C. de LL. Rol. a Vall. consil. 87 n. 18 vol. 4. Noti præterea juris est, utut in specie læsioni renunciatum sit, tamen renunciationem non extendi ad enormissimam
læsionem. Panorm. in cap. continget num. 32
X. de jurejurand. Covarruv. lib. 1 var. resol.
cap. 4 n. 5. Contrariam sententiam defendere videtur Carpz. p. 2 c. 32 d. 17 n. 5 & sqq. dicens: Nec
probabilis est eorum sententia, qui conventionem hanc sic interpretantur, ut ad casus insolitos eam extendi nolint. Excipit tamen ipse
constit. 26 def. 7 Casus rarissimos & insolitissi-
mos. Quorsum & enormissima lesio non inepte referenda erit. Similiter pactum & renunciatio, quod non possit petere remissionem mercedis, etiamsi locator non præstet fruendi patientiam, tanquam contra contractus substantiam non valet, uti post Alciat. respons. 157 n. 13
late probat Menoch. consil. 671 n. 17 seq.

Zum andern, was von Nachlassung der Pension
wegen des Kriegs-Unruhe eingeführet, hat alsdann
seinen Abfall und Exception, wann der Conductor
oder Pensionarius die casus fortuitos auf sich nimmt,
und was dadurch an Schaden zugefüget wird, zu
ersetzen sich verobligiret. Mozz. d. locat. d. col. 4
de accident. locat. num. 38. Carpz. p. 2 c. 37 d.
17 p. tot. Quando enim conductor periculum
omnium casuum fortuitorum in se receperit,
tunc audiendus non est, si postmodum remissionem mercedis petat ob causam sterilitatis, ho-
stilitatis, pestis emergentis, alcunque ob casum
fortuitum, qui supervenit. Berlich. decis. 290
n. 19. Anton. Fab. in Cod. lib. 4 tit. 41 def. 2 n.
2 & def. 33 n. 1. Dn. Struv. Syntag. Jur. Civil.
Exerc. 24 th. 14 p. 887 & th. 17 p. 891. Veluti
quoque pronunciarunt Scabini Lipsiens. Anno
1613 Mense Junio in Causa Georg Schubarts.
Verba sententiæ: So möchtet ihr bey Abtretung
des Pachts, weiln nicht zu finden, daß ihr Casum
fortuitum & insolitum zu præstiren auf euch genommen, das abgenommene Vieh zu bejahlen, mit
Bestand nicht angehalten werden. B. R. W.
Denn obschon in specie und absonderlich von dem
Kriegs-Fällen keine Meldung geschehen, hat doch
die generalis receptio casuum fortuitorum den
Rechten nach dieselbe Krafft, daß sie alle species
in sich begreifft, und eben so viel gilt, als wann sie
separatim von dem conductore recipiret, und demnach (uti nonnullis placuit) der specialis enumera-
tio nicht vonnöthen ist. Uti communis eaque
verior Dd. opinio statuit, quam tuentur gloss.
in l. sed & si quis § quæsitum ff. si quis cautionib. in jud. ib. Bart. Alexand. Rub. n. 44. Fulgos. n.
8 seq. Angel. num. 3. Roland. a Vall. consil. 16
num. 16 vol. 2. Ripa in tract. de peste tit. de
privil. contract. con. pest. num. 76. Philipp.
Part. consil. 143 n. 14. Cornel. consil. 218 n. 37
seq. vol. 1. Hier. Paneschman. quæst. 7 n. 95 &
seq. part. 1, ubi hanc sententiam pluribus rationibus confirmat, quæ brevitatis gratia me refero.
Inmaßen in den Rechten nirgends eine specialis
expressio singularum specierum erfodert wird,
sondern alleine eine specialis conventio, welche
auch alsdann geschiehet, wenn der conductor die
ca-

casus fortuitos ohne einiges individui Meldung auf sich nimmt, uti ex l. si qui domino 9 § Julianus 2 locat. l. 1 C. commodat. l. quæ fortuitis C. de pignorat. action.

Dergleichen Reception geschiehet durch unterschiedliche formulas und conceptus verborum, oder Wort-Begriffe, welche prudentis judicis arbitrio zur billigmäßigen Ausdeutung müssen hingestellet verbleiben. Veluti si conductor susceperit periculum & fortunam, tunc etiam de casu fortuito teneri dicitur. Jason in d. l. sed & quis § quæsitum ff. si quis cautionibus. Bald. in l. fin. ff. de tempor. appell. Es begiebt sich aber zum öfftern, daß die disfalls aufgerichteten pacta in Zweifel gerathen, auch wohl da sie receptionem casuum fortuitorum expresse nicht enthalten, als denn erst per varios subauditos intellectus & interpretationes dahin gezogen werden. Als zum Exempel, wenn in einem Pensions-Vertrage, zu einem, oder andern begebenen Falle, so ad casus fortuitos gehörig, die remissio pensionis ausdrücklich beliebet, wird von vielen Rechtsgelehrten dafür gehalten, daß die nicht exprimirten Fälle, hiedurch der Conductor auf seine Gefahr angenommen, und bey dero Occurentien den Weg zu der Remißion sich selbsten verschlossen, uti opinantur Alexand. consil. 3 num. 3 vol. 1. Natta consil. 449 num. 16. Paris. consil. 33 num. 9 & 10 vol. 1. Ruin. consil. 89 num. 4 vol. 1. Decius consil. 352 num. 8.

Angesehen, daß vi argumenti a contrario sensu, quod in contractibus validissimum est, l. inter socerum § num inter ff. de pactis dotal. l. pecuniam ff. si cert. pet. Natta consil. 62 num. 1. Es dafür zu achten, daß auf die nicht bedingten Fälle der Conductor sich nicht prospiciren wollen, sondern unius vel alterius casus, inclusione, die übrigen exclusiret, uti in jure semper præsumitur, l. cum Prætor 14. ff. de judic. l. maritus C. de Procurat. c. non ne X. de præsumpt. Demnach dieselbe pro omissis zu achten. arg. l. si extraneus ff. de condict. ob caus. l. si cum dotem. ff. solut. matrim.

Und wie sonst Rechtens, die extensio a casu uno ad alium nicht zu veranlassen, Alexand. consil. 45 n. 4 lib. 1. Quoniam expressio specialis omnem extensionem vitiet. l. commodissime 10 ff. d. lib. & posthum. l. si cum dotem. 22 in princ. ff. solut. matr. l. 4 de vulg. substit. Carpz. part. 1 const. 8 def. 8 n. 2 & constit. 25 d. 28 n. 6.

Zuförderst in berührtem themate; weil sonst bey Zulassung dergleichen extension das pactum odiosum, und sine singulari virtute operandi seyn würde, quod etiam juri adversatur. Bald. in rubr. C. de contr. empt. quæst. 9. Ob nun wohl vorgesetzte Meynung, und die dabey berührte Gründe statt haben könten, daß es, da in den Rechten de casibus fortuitis nichts gewisses statuiret, und die ausdrückliche Beliebung etlicher Fälle halber gemachet, per modum limitationis geschehen wäre, so gefället sie dennoch in reiffer Consideration, daß die expressio, so majoris cautionis gratia geschehen, in non expressis nicht aufhebe, was in beschriebenen Rechten davon enthalten, vielweniger in übrigen die naturam contractus invertire und verändere; Alldieweil contra expressam juris ordina-

tionem das argumentum a contrario sensu nicht Raum findet, Eberhardus in Top. legal. in loc. a contrar. sens. Noch inclusione unius alterius exclusio zu erzwingen; sondern es muß hie heissen, provisio hominis non tollit provisionem legis pleniorem. Cacheran. decis. Pedemont. 141 num. 1. Ruin. consil. 177 num. 18 & 19 vol. 1. Et casus omissus remanere debet sub dispositione juris communis, l. commodissime 10 ff. de liber. & posthum. Anchoran. consil. 356. Monald. consil. 126 n. 31 vol. 2 Joh. Ott. Tab. Thes. locorum commun. lib. 3 cap. 8 ax. 6 ibique allegat. Qui contrahentes se conformare voluisse censentur. l. 2 ff. de dot. præleg. Wesenb. 44 n. 27. Welches denn desto geringern Zweifel bey sich führet, weil in Rechten ad casuum fortuitorum receptionem von Seiten dessen, welchen sie sonst nicht betreffen, eine specialis conventio erfodert wird. l. sed & si quis § quæsitum ff. si quis cautionib. l. negotium C. de negot. gest. l. quæ fortuit. C. de pignorat. action. d. l. 1 C. commodat. Carpz. sæpius cit. loc. Woraus nothwendig folget, daß durch die Abhandlung oder Convention, wie auf einen oder andern Fall es zu halten, ohne Anschung anderer Fälle in genere aut specie, keine renunciatio casuum fortuitorum geschehe, sicut verius & communius Dd. sentiunt, uti pluribus authoritatibus & rationibus firmant Hieron. Pantzschman. quæst. 12 per tot. part. 1. Boss. in tit. de remiss. mercd. num. 16, 51. Joh. Cepol. consil. 257 per tot. Eben so wenig hat der colonus sich hierdurch begeben der Remißion der Pensionen, da er durch unglückliche Kriegs-Fälle an Genießbrauche verhindert und turbiret würde, im Fall er für alle Gefahr gehalten zu seyn sich verpflichtet, suscipiens enim in se omne periculum, non censetur suscepisse casus fortuitos. l. litis § 1 ff. de negot. gest. gloss. in d. § quæsitum ibid. Jason num. 30. Alexand. num. 10. Speculat. in tit. de locat. § 3 num. 5. Ripa tract. de peste tit. de privil. contract. num. 70 latiss. in terminis Hieron. Pantzschman. d. part. 1 quæst. illustr. per totum præsert. a num. 20 usque ad num. 49. Nisi forte alias ille tenetur ex culpa levissima. Contra naturam contractus Locationis cond. quippe in quo, ceu contractibus ultro citroque obligatoriis, (vel, qui utriusque contrahentium gratia fiunt) fieri juris est, levis tantum culpa præstatur. l. 3 § 1 ff. commod. l. si quando ff. de legat. 1, l. si ut certo § nunc videndum 1 ff. commodat. Roman. sing. 436. Aut aliter illud pactum otiosum futurum esset, l. item quæritur 13 § si quemus § ff. locat. Roman. sing. 42. Vel si adjiceretur pacto casus fortuitus, in specie adjecta clausula de omni periculo, ut exemplum declaret cætera. Gloss. in d. § quæsitum ibid. Alexand. num. 13. Bartol. Bulgar. & Dd. fere omnes Salv. in l. 1 C. commodat.

Und obschon vorgesetztes pactum de omni periculo suscipiendo, durch einen körperlichen Eid bestärcket würde, ist es dennoch nicht weiter zu extendiren, als es sine juramento sonst gelten mag. Uti prolixe per rationes dubitandi & decidendi probatur per Hieron. Pantzschman. d. p. 1 quæst. illustr. 10 per tot. Kirchov. commun. opinion.

cent.

cenc. 1 concluf. 27. Ripa in l. fi unquam § 10 C. de Revoc. donat. Es befinden fich hieneben etliche in der Meynung, wann der Conductor in dem Penfion-Contracte der exceptioni doli mali, vis, metus, læfionis &c. renunciret, daß dadurch ihme in Krieges- und andern trübfeligen Zeiten remiffionem penfionis zu erlangen benommen fey. Fulgof. in l. item quia § exercitum ff. locat. Cæpol. cautel. 48. Nevizan. confil. 91 num. 12.

Welcher Meynung beyzufallen der übliche Verstand folcher renunciationen nicht verstattet, zumahl diefelbe ad exceptiones, quæ de vi, metu, vel læfione effe poffunt ad illud tempus pertinentes, quo contractum eft, gehören, wie dann ohne das quælibet renunciatio die claufulam begreifft, rebus ita ftantibus. l. fin. ibid. Dd. ff. qui fatisd. cog. l. fin. ad municip. Bartol. in l. 1 § ad poft. operis ff. de N. O. N. Parif. confil. 3 num. 77 feq. vol. 2. Nec enim ad jura de futuris fpectat, fed reftringitur ad caufam de præfenti. l. quod Servius ib. gloff. & Dd. ff. de condict. cauf. dat. l. Paulo § 1 ff. de leg. 3. Corn. confil. 45 n. 1 v. 1. Quippe cum femper ftricti juris fit & odiofa, Gail. lib. 2 obf. 77 n. 1 v. 1, ita interpretanda, ut non credatur facta, minimumque quam fieri poteft renuncianti noceat, l. cum de indebito 25 in pr. ff. de probat. l. mater. ff. de inoffic. teftam. c. quia X. eod. c. fuper X. de renunciat. Vincent. Honded. confult. 29 n. 93 feq. vol. 1. Sic renunciatio in dubio cenfetur facta contemplatione illius, cui fit, Caftr. in l. plane, § fi duobus n. 9 ff. de legat. 1. Alex. conf. 149 n. 5 vol. 7. Et incommodum omnium fuorum hæredum. Johann. Pet. Surdus conf. 244 num. 33. Joh. Otto Tab. Thef. loc. comm. lib. 16 c. 31 ax. 9.

Wenn aber ex formulis conventionum befindlich, daß an Seiten des coloni die fufceptio cafuum fortuitorum gefchehen, ift noch übrig inter cafus folitos & infolitos, guten Unterfcheid zu machen. Dann begeben fich dergleichen unvermuthliche Fälle, fo bey Menfchen Dencken nie vorgefallen, und alfo über die Maffe ungewöhnlich wären, daß der Beyforge man nicht hätte tragen, weniger darauf die Gedancken richten können, verbleibet es, der Sufception und Renunciation unangefehen, bey den gemeinen Rechten, und betreffe der Schade den colonum nicht. Ita enim tenet communis Dd. opinio, quod conductor vel alius quispiam recipiens in fe cafum fortuitum, non intelligatur cogitaffe de infolito, multo minus eum in fe recepiffe. l. fiftulas § fin. ibid. gloff. & Dd. ff. contrahend. empt. l. jubemus 10 C. de SS. Ecclef. l. fed & fi quis § quæfitum ff. fi quis cautionib. ibi. Bartol. & Fulgof. n. 11. Bald. & Salyc. in l. licet C. locat. Ant. de Butrio in c. excommodat. Mantica de Tacit. convent. lib. 5 tit. 7 n. 29 & feq. Sebaftian. Medic. de cafib. fortuit. part. 1 quæft. 15 n. 2. Gail. 2 obferv. 23 num. 18 & obf. 52 n. 27. Gomez. lib. 2 var. refolut. c. 3 num. 1, 9. Cravett. confil. 249 n. 9. Decius confil. 7 num. 2. Natta confil. 21 num. 2. Alexand. confil. 28 num. 10 vol. 1, qui atteftantur hanc effe communem. Cum generales conventionum claufulæ ad incogitata non extendantur. l. cum Aquiliana 51. l. quæ cum tutoribus 9 § 1 ff.

de tranfact. Etfi renunciatio jurata effet: cum nec juramentum ad incognita extendatur nec obligationem, præfertim deficiente mente renunciantis, augere queat, ex Alexand. in d. confil. 28. Gail. obferv. 23 num. 20. Menoch. confil. 29 num. 19 feq. & 47 feq. ubi vide latum hujus quæftionis examen. Gomez. var. refol. 2 cap. 3 num. 19 in fin. Eman. Suarez. in thef. comm. opin. n. 28. Menoch. conf. 22 n. 18. Surd. conf. 61 n. 65, quos fequitur. Treutl. conf. 34 n. 31. vid. Fachin. 1 contr. 86. Hæn. in quæft. jur. Difp. 13 § 8. Conferatur Dn. Struv. Syntagm. Jur. Civ. Exerc. 24 th. 17 pag. 891. Ubi fub generali receptione cafuum fortuitorum & infolitos comprehendi afferit. Es wäre dann, daß vermittelft ausdrücklicher Convention der colonus alle cafus fortuitos ohne Unterfcheid, cogitatos & non cogitatos, fie hätten fich wohl ehe zugetragen oder begeben, über alles Dencken und Verfehen, auf fich genommen. Wie dann nicht ungebräuchlich ift, den Penfion-Contracten anzufügen, daß der Penfionarius auf alle Fälle, fo fich zutragen könten, bedachte und unbedachte die Penfion zu erlegen fchuldig feyn folte. Carpz. p. 2 conft. 37 d. 17 num. 8. Ceffat enim tunc juris fupra dicti ratio, nec poteft dici de cafibus infolitis non cogitaffe illos, qui incogitatum quemlibet comprehendi voluerunt. Faber in Cod. lib. 4 tit. 41 defin. 35 in fin. Bero. Decif. 226. Guid. Papæ Decif. 171 in fin. & ibid. Apoftill. Quam fententiam fecuti in cafu non fufceptorum cafuum infolitorum JCti Lipfienfi ita pronunciavere. Verba fententiæ: So möchtet ihr bey Abtretung des Pachts, weil nicht zu befinden, daß ihr cafum fortuitum & infolitum zu præcaviren auf euch genommen, das abgekommene Vieh zu bezahlen mit Beftand nicht angehalten werden, V. R. W.

Oportet autem fieri qualem mentionem hujusmodi cafuum incogitatorum in renunciatione. Confer. Dn. Struv. Exerc. 24 th. 17 pag. 891, ubi contrariam amplectitur fententiam.

Nec fufficit eam factam de quocunque jure, per quod contra promiffa venire poffit, aut fimilis generalis claufula. Claud. Seiffell. in l. interdum. § ex naufragio ff. de acquir. poff. Bero quæft. 125. Neque tamen extenditur ad valde infolitos & rariffimos. vid. Menoch. confil. 672 n. 12. Carpz. d. l. ibique allegati. Welche Fälle aber unter die Zahl der gar ungewöhnlichen Fälle, fo man cafus infolitos nennet, zu rechnen feyn, ift zu billigmäßiger Dijudication des Richters zu ftellen. Tiraquell. in l. fi unquam verb. omnia num. 31 C. de Revoc. donat. Menoch. de A. J. Q. lib. 2 caf. 80 num. 8. Ripa de peft. tit. de privil. contr. cauf. peft. num. 101. Riminal. confil. 40 n. 26, qui arbitrio judicis relictum recte putant, quis fit cafus infolitus. Bey welchen zuförderft zu beobachten, ob fich dergleichen Fälle wohl ehe und wie offt felbige fich begeben, und ob folches leicht fich zu tragen könne, alfo daß derjenige, fo cafus fortuitos fuo periculo aufnimmt, darauf dencken können und follen. Is enim fine dubio infolitus cafus eft, qui præter omnem cogitationem & verifimilitudinem evenit, licet a prudentiffimo viro cogitare potuerit. Corneus confil. 23 num. 12 lib. 2 confil. 12 lib. 4.

Db

Ob hieher gehöre die in Pommern, und dessen nächst belegenen Oertern ergangene unerhörte Grund-verderbliche Verwüstung des Landes, bey welchen fast kein Stein auf dem andern gelassen, ist nöthig bey dieser und andern Plagen mit Fleiß zu erkundigen. Wenn dis allein in Consideration käme, daß bey Menschen Leben dergleichen Verhärung Land und Leute nie gesehen noch ergangen, ist kein Zweiffel, daß vorgedachte äusserste Ruin, wozu leider diese nächstbelegene Oerter gestürtzet, nicht weniger inter casus insolitos zu zehlen seyn, als sonsten der Krieg an ihm selbsten dahin zu referiren, etlichen Rechts-Gelehrten gefallen. juxta doctrinam Cornei d. consil. 23 num. 12 vol. 2, ubi in casu belli consulens id ad insolita refert. Bellum enim dicitur non tantum casus fortuitus, l. in rebus 18 ff. commodat. sed incogitatus. Unde generali concessione immunitatis, non venit immunitas ab oneribus belli, quia immunitas non extenditur ad accidentalia, secundum communem opinionem. Alex. consil. 28 n. 8 lib. 1 & consl. 7 col. pen. lib. 3.

Solches aber halte ich nicht genug, sondern daß dis zuförderst hiebey in acht zu nehmen sey, ob aus vorhergehenden Umständen und vernünfftigen Ermessungen die erfolgete trübselige devastation zu besorgen, und in Vorbedencken zu führen, oder zu muthmassen gewesen, zumalen die casuum insolitorum exceptio hierauf sich lehnet, daß dieselbe den Renuncianten in Sinn und Gedancken nicht kommen mögen. Derowegen unterschiedene Zeiten meines unvorgreiflichen Erachtens zu betrachten seyn. Hätte, ehe und zuvor das hochschädliche Krieges-Wesen eingefallen, iemand contrahiret, periculo casuum fortuitorum renunciiret, oder sonsten desowegen etwas disponiret, würde hoffentlich niemand dasselbige auf die nacherfolgte Unruhe ziehen, welchem bewust, wie unser Vaterland darein gerathen, sicut demonstravit Mevius in discurs. Nomico-Politico de Hospitat. militar. conclus. 28 lit. l.

Nachdem aber die Krieges-Flamme einmahl das Land ergriffen, obschon anfänglich dieselbe so gar grossen Schaden nicht zugefüget, oder auch auf eine Zeitlang sich hinwiederum an abgelegene Oerter bezogen, und also intervalla quietis bey sich gehabt, (weil ex longinqua belli flamma ein totale incendium & exitium, so lange das Spiel noch nicht geendet, stets zu befahren gewesen, endlich auch, wiewohl unvermuthlich, eingefallen) mag casus, ex praesenti re semper metuendus, ad insolita & incogitata, nicht gerechnet werden, bevorab weil in Kriegs-Läufften nichts anders, als Verwüstung Land und Leute stets vermuthlich seyn soll; Dahero von den Contracten, Dispositionen, Renunciationen etc. so de casibus fortuitis solitis melden, und tempore belli gemachet seyn, die beregte hochklägliche Ruin nicht zu eximiren ist, sicut confirmatur ex iis, quae infra in limitat. 3 addentur de impedimento & casu tempore contractus instante. Quam sententiam etiam tuetur Carpz. p. 2 consl. 37 d. 15 n. 5 & seqq. in verb. Quod si jam coepto bello inita sit locatio, & tamen de ejusmodi sumptuum restitutione, aut mercedis remissione, in casu, quo Conductor frui non posset, convenerit, de illo casu videatur cogitatum, quo saevius bellum exardesceret, ut difficilior esse inciperet fruitio rei conductae, & casus sumptuum factorum. Alias non posset Conductor conqueri de eo rerum statu, qui fuit tempore conductionis, quia scienti non fit injuria, l. qui bona 13 § de illo, l. inquilino 33 ff. de damno infecto. Gail. lib. 2 obs. 23 num. 6 & 21. Anton. Fab. in Cod. lib. 4 tit. 41 defin. 30. Alias tempore belli factum dicitur, quod paulo ante, vel post factum, Bald. c. 1 col. 2 de pac. ten. Dd. commun. in l. si mulier ff. solut. matrim. l. Pedius 4 ff. d. incend. ruin. naufrag. Tiraquell. in tr. d. retract. conv. § 1 gl. 5 n. 2.

Ferner, was de susceptione periculi casuum fortuitorum obgedacht, wird auch limitiret in denen Fällen, so sich durch einiges des Locatoris Verursachen oder Hinläßigkeit begeben, daß nemlich der Conductor alsdann zu Abstattunge der Pension nicht obstrict. noch an die Renunciation verbunden sey, veluti si culpa illius damnum detur, l. si merces § culpa ff. locati, Mozz. d. locat. col. 4. de Accident. locat. num. 58. Vel etiam facto aliquo ipsius, dum nempe bellum, unde detrimenta evenerunt, per ipsum, aut contra ipsum motum fuerit, utut justum sit. Bartol. in l. eatem § qui maximus ff. de publican. Sebastian. Medic. de cas. fortuit. part. 1 quaest. 11 num. 21 versic. secundo fallit in fin. Vel si in locatoris viribus steterit amovere casum, non tamen amovit. Mozz. d. col. 4 num. 28. Ripa de peste tit. de privil. contract. temp. pest. n. 96. Id quod culpae assimilatur, l. culpa caret ff. de R. J. Nunquam autem susceptio casuum, utut amplissimis verbis facta fuerit, intelligitur de eventibus facto & culpa locatoris, Parif. consil. 40, n. 6 v. 12 lib. 1. Menoch. consl. 55 n. 13 ubi plures allegat. Adeo, ut nec justitia facti excusari queat, l. cum proponas C. de nautic. foenor. Cravett. consl. 95 num. 8. Nec enim unius culpa alteri nocere debet, l. sive haereditaria 22 ff. de negot. gest. Cum iniquissimum sit ex facto unius alterum praegravari, l. ex duobus 27 in fin. eod. l. 1 in princ. ff. de alien. judic. mutand. l. si quis in suo 33 § legis 1 C. de inoffic. testam. Menoch. 2 arbitr. jud. cas. 182 n. 48. l. factum 155 l. non debet 74 ff. d. R. J. l. sancius 42 C. de poen. c. si compromissarius 37 d. Elect. in 6. Neque culpa unius ad alterius pernitiem trahenda, l. 3 vers. non debet negligentiam, ff. d. transact. l. fin. C. de censibus, etiamsi correi, l. 32 § fin. de usur. vel socii sint, l. cum proponas 3 C. de naut. foen. l. si merces 25 § culpa 4, nisi Conductor ad id specialiter se obligasset, ut, quamvis culpa Locatoris factum, quo minus re conducta frui potuerit, nihilominus integram pensionem solvere velit, arg. l. pen. d. duobus reis, l. 70 rem pupilli salvam fore, l. 35 § fidejussores ff. d. fidejussoribus. Goed. inter consil. Marp. con. 24 n. 49 vol. 1.

Fürs dritte, kan keine remissio pensionis des Krieges und des daraus erfolgenden Schadens halber erlanget werden, wenn bey bereits angefangenen und währenden Kriege der Pension-Contract getroffen und vollzogen wird. Generaliter enim est, quod quando impedimentum suberat, haud de proxi-

proximo timebatur tempore contractus, remissionem conductori non esse faciendam. Boss. de remiss. merced. num. 85 & seq. Hyppol. de Marsil. ruhr. ff. de fidejussor. num. 226. Igneus in l. contractus num. 39. ff. de reg. jur. Calcan. cons. 24 num. 8. Riminald. cons. 29 num. 25. Carpz. p. 2 const. 37 d. 11 n. 3. Conductor enim futurum eventum, quem præsens status rei indicat, prospicere debet, l. si quis domum 9 § ff. 1 locat. Ripa tract. de peste parr. 2 num. 36. Ideoque si quod scire ac prævidere oportuit, nec debito modo præcavit, sibi maxime imputabit, frustraque conqueretur. l. bona § de illo ff. de damn. infect. l. habitatores ff. locat. Cyn. in l. ex conducto § ubicunque ff. eod. Nec decipitur, qui conditionem rei scire potuit, ex supina autem negligentia in damnum incidit. In specie de conductione tempore belli facta loquuntur Bald. cons. 329 num. 4 vol. 1. Hyppol. Riminald. cons. 40 num. 15 & seqq. cons. 202 num. 37 consil. 637. Fr. Bursat. cons. 8 num. 18. Alexand. cons. 112 n. 3 & 4 vol. 1. Aretin. cons. 140. Roland. a Vall. consil. 52 num. 9 vol. 2. Natta cons. 110 num. 9. Mozz. d. col. 4 de accident. locat. num. 32. Qui hanc rationem adjicit, quod sciens bellum esse, videatur tacite consentire in rebus belli, & beneficio, quod propter hoc comperit, renunciare. Quemadmodum locator nunquam tenetur de casu, quem conductor facile potuit prævidere, & qui solitus est evenire, l. si fundum ff. locat. Boss. de remiss. merced. num. 89. Riminald. d. consil. num. 10 & 11 vol. 1. Ein ebenmäßiges itzt zu statuiren, wann die Kriegs-Gefahr vor Augen geschweben, und in kurtzen besorglich, daß, ob schon in dem Lande, worinne die verpensionirten Güter belegen, annoch die Kriegs-Brunst nicht entstanden, dennoch ob instantem metum belli nichts desto minder der Conductor sich beymessen sollte, warum er sich periculo exponire, und sub incerto tempore incerta pacta verbindlich gewilliget habe, derowegen sich der Erlegung des versprochenen Geldes nicht entziehen möge. Portius cons. 148 num. 22, ubi ob frequentiam bellorum in Cisalpina Gallia, non putat remissionem esse faciendam. Calcan. d. consil 24 num. 8, scribens locatorem non teneri ad casum, quem conductor facile prævidere potuit, & qui solitus est evenire, Fab. in Cod. lib. 4 t. 41 def. 30. Welche Meynung aber sich nicht weiter erstrecket, als auf die Fälle, so zur Zeit des getroffenen Vertrages besorglich und ereignet gewesen, zumahln hiebey die Gelegenheit der Zeiten und des Krieges in genaue Consideration zu ziehen. Dann dafern sich zutrüge, daß nach vollzogenem Vertrage vermuthlich das Kriegs-Feuer je mehr und mehr entstünde, sich auf die Oerter, so hiebevor ziemlich verschonet, und in guter Sicherheit gelegen, extendirete, und zu Calamitäten, Ruin und Bedrückungen, so zuvorn tempore contractus nicht so gar besorglich und abzusehen gewesen, erwüchse, wäre es höchst unbillig, daß man wegen des einfallenden Krieges, nachfolgenden Beschwerden, die man so ex propinquo nicht befürchtet, keine Beschonung dem ohne das hiedurch afflictirten pensionario, zu Milderung der Pension, gönnen wolle. In Anmerckung, daß der zu Kriegs-Zeiten aufgerichtete Vertrag, die clausulam rebus sic in eodem statu manentibus, nicht weniger tacite in sich begreifft, als sonsten in allen Puncten pacta & dispositiones dahin verstanden werden. l. quod Servius ib. Jason num. 8, 9 ff. de condict. caus. dat. Pruckm. cons. 6 num. 37 vol. 1 & in terminis tradit Faber d. tit. 41. fin. defin. 30. Daher mutata conditione rei & temporum, Verträge, und deren Verpflichtungen gestringiret werden und cessiren. Zudem ist oben aus vernünfftigen Ursachen eingeführt, daß auch die ausdrücklichen renunciationes de non potenda remissione, ob causam belli incidentem, dahin nicht auszudehnen, wann etwa dergleichen Verwüstungen einfielen, wodurch alle Abnützungen gehemmet, und der Pensionarius enormissime lädiret würde. Solches aber muß eben in hac tacita renunciatione, quæ contractui tempore belli inesse, & supra dictum jus efficere videtur, gelten und in acht bleiben. Tacitum enim majoris efficaciæ & potentiæ quam expressum esse nequit. Tiraquell. in LL. connubial. gloss. 7 num. 49. Everhard. in Top. legal. in loc. ab expresso ad tacit. num. 10. Imo, quando de effectu exclusionis & privationis agitur, tunc non par est virtus Taciti & Expressi. Curt. Jun. in l. cum quid n. 13 vers. Octavus casus ff. si certum petatur. Menoch. d. lib. 4 præs. 40 n. 10. Zu geschweigen, daß beregte rationes die unvermuthlich entstehende Fälle nicht angehen, derowegen illis cessantibus jus ipsum nicht stat haben könne. Woraus unwidertreglich zu schliessen, daß obgleich in vorigen Jahren alle die in Pommern bey währenden Kayserl. und Schwedischen Einquartierungen Pension-Vergleichungen getroffen, und da zumahln die Kriegs-Beschwerden eben hart das Land bedrucket, nichts destoweniger, nachdem leider! aus andern benachbarten Oertern die gantze Last auf diese Oerter gerathen, das Land ins äusserste Verderben gestürtzet, und keiner auf dem platten Lande sicher leben können, die pensionarii hierdurch von Erlegung der versprochenen Pensionen befreyet seyn. Welches desto eher obtiniret, wenn das pactum dem contract angefüget, daß die remissio mercedis ob casum belli geschehen solle. vid. Fab. in Cod. d. defin. 30.

Viertens, wird es fast der Rechts-Gelahrten einhelligem Schluß nach dafür gehalten; der conductor sey remissionem mercedis zu suchen nicht befugt, da die fructus zu der Zeit, wenn sie a solo separiret und percipiret, durch Kriegs-Unglück oder sonsten vi majore beschädiget, verzehret oder verbracht werden. Bald. Bartol. & Castrens. in l. ex conducto § vis ff. locati. Bartol. in l. merces § vis major n. 7 ff. locat. Silycet. Fulgos. & Gothofr. in l. damnum C. locati. Gigas de pensionib. quæst. 63 n. 15. Joh. de Immol. in c. propter sterilitatem n. 7 & 8 x de locat. Burs. consil. 11 n. 7. Gazadin. cons. 95 n. 18 leg. Pantzschman. quæst. illustr. 5 n. 16 l. 1. Gail. lib. 2 obs. 23. n. 13. Anton. Faber in Codic. lib. 4 tit. 41. defin. 52 & def. 21 & 26. Dn. Struv. Syntagm. jur. Civ. Exercit. 24 th. 17. pag. 291. Qui omnes tenent, ob fructus a conductore jam perceptos, id quod sit separatione a solo & corpore, l. si quis fundi 78 ff. de Rei vindic. postea vi majore ereptos & deperditos, non æstimer-

cedis

cedis remiſſionem, cujus rei ratio in promptu eſſe videtur. Nempe, quia ex quo tempore percepti ſunt voluntate Domini, præſtantis perceptionis patientiam, quæ pro traditione eſt, arg. l. ſi quis ſaxum 6 ff. de donat. l. 2 C. ſi quis alt. vel. ſib. coloni fiunt fructus, & jure Dominil ad eum, non ad locatorem pertinent. l. ſi ſervus 61 § locavi 8 ff. de furt. § 43 Inſt. d. rer. div. & acquir. ear. dom. l. qui ſcit 25. § 1 ff. de uſur. Carpz. d. conſt. 37 def. 20 n. 4. Quam quaſi traditionem ICtus brevem manum vocat, l. 3 § pen. ff. d. don. inter Vir. Joh. Pomereſch. in not. ad d. § 43 Inſtit. d. rer. diviſ. Ideoque non ſecus ipſi, ejuſque damno intereunt, ac quemadmodum vulgata regula habet, unaquæque res ſuo perit domino. l. contractus 25 in fin. ff. de Reg. jur. l. quæ fortuitis 6 C. de pignorat. action. § cum autem Emptio Inſt. de Emption. vendit. Quia in re nihil eſt, quod imputetur locatori, quia a ſua parte perceptis a locatore fructibus contractui inito ſatisfecit. Quare iniquum foret, illum carere mercede conventa, cujus ſolutione etiam a ſua parte conductor obſequi placitis debet. Bart. in l. ſi merces 25 § vis major ff. locati. Quemadmodum his rationibus forſan moti, eandem opinionem amplexi ſunt JCti Lipſ. dum in cauſa Donat Fiſchers zu Serniſzſch Menſ. Jun. Anno 1633 ita pronunciaverunt: Verba ſententiæ): Ob nun wohl bey dem jüngſten Einfall des Feindes, euch alles Getraydig abgenommen und geraubet worden. Dieweil aber dennoch eurem eigenen Berichte nach, ſolches um Martini, da die Früchte vom Felde allbereit eingebracht, in die Scheuren geſchafft, und euer Eigenthum worden, geſchehen ꝛc. ſo ſeyd ihr auch das völlige Pacht-Geld zu bezahlen ſchuldig, und der Verpachter mag euch etwas daran zu erlaſſen, wider ſeinen Willen nicht gedrungen werden. B. R. W.

Ob nun zwar von den meiſten obgedachtes præciſe ad momentum ſeparationis & perceptionis reſtringiret, und, daß, ſo balde die Früchte a corpore ſepariret und eingeerndtet, der darauf erfolgende Schade ihn, den Conductorem, allein treffe, und a ſolutione penſionis mit nichten eximire, geachtet wird, ſolche Meynung auch, durch obberührte ſtrictam juris rationem ſich behaupten läſſet. Conferatur Carpz. d. p. 2 c. 37 d. 20, ubi num. 2 dicit: Quamvis hoc alii ad fructus a fundo tantummodo ſeparatos, & in horreo reconditos, non etiam trituratos, mundoſque factos reſtringant: So befindet ſich dennoch, daß ſolches mit der Aequität gar nicht übereinſtimme, ſondern in Betrachtung der Natur des getroffenen Penſion-Contracts, und der Contrahenten allerſeitigen Intention ſcheinet mehr billigmäßig zu ſeyn, daß die ſonſten in Rechten zuläßige petitio remiſſionis ab vim majorem nicht alſofort, und in continenti ipſa perceptione & recollectione fructuum excludiret, ſondern nach dero Einſamlung ſo viel Zeit als zur Excuſſion, Ausdröſchen und gehörigen intendirten Genießbrauch vonnöthen, ſo viel den punctum remiſſionis betrifft, dem Colono zu gute und Erleichterung, dergeſtalt, daß er des immittelſt erlittenen Raubs, Brands und andern Schaden halber von Abſtattung der Penſion, geſtalten Sachen nach entbunden ſey, wircklich gereiche. Hanc opinio-

Juriſt. Oracul V Band.

nem uti æquiorem ſequitur poſt Fulgos. in l. ex conducto 5 fin. ff. locat. & Boſſ. de remiſſ. merced. num. 90. Mozz. de locat. & conduct. col. 4 de accident. locat. num. 35 & ſeq. ubi Laurentium Sylvanum & And. Alciatum. idem ſentiunt Alciat. in reſp. 689. Natta conſil. 28 num. 2. Paul. Paris. conſil. 40 num. 11 lib. 1. Carpz. ſæp. cit. conſt. 37 d. 20 n. 3 & n. 8. Qui in ea facti ſpecie conſulti ſcribunt, mercedis remiſſionem a locatore fieri debere, ſi milites invehere ſegetes & triturare compulerunt, ut poſtea frumentis uterentur, item ſi recondita vi aſportata ſunt. Cui aſtipulantur Caſtrenſ. in d. l. ex conducto, § vis ff. locat. Cotta in memorabil. verb conductor verſ. adde. Pancirol. conſ. 49 n. 10, quos citat & ſequitur Menoch. conſ. 669 num. 9. Non videtur hinc diſcedere eruditiſſ. Anton. Fab. in Cod. d. tit. 4 def. 11 in fin. ſcribens: non ſtatim atque a ſolo fructus ſeparati ſunt, eos eſſe periculo conductoris, ſed ita demum, ſi fuerint collecti & in horreo reconditi. Quia nec ante percepti videntur, l. ſi fructuarius meſſem 13 ff. quib. mod. uſusfr. amitt. Quod non de recollectione rudium fructuum, ſed de eorum excuſſione & deductione ad perfectionem accipiendum eſſe apparet ex ejuſd. defin. ſeq. 22 num. 17 ejus tit. ubi tardius diſtrahentis periculum eſſe dicens innuit, eum, qui maturo & juſto tempore diſtractionem procurat, periculo non obligari. Einmahl iſt unſtreitigen Rechtens, daß iedweder Grund-Herr und Locator ad præſtandum integrum fructum fundi locati, ſeu ut conductori frui liceat, ex natura contractus verobligiret und ſchuldig iſt; l. ſi quis domum pr. l. ex conducto 15 § 1 ff. locat. Mozz. de locat. column. 5 de action. locat. n. 5. Nun kan aber nicht dafür gehalten werden, daß ein Penſionarius oder Colonus den gehörigen völligen Genießbrauch des ingehabten Gutes erreichet, wann er die fructus a corpore ſepariret und gehoben, nicht aber zu Aufbringung der verſprochenen Penſion nützlich anwenden können; Zumahln in contractu locationis & conductionis, qui eſt quaſi quædam emptio fructuum, ubi patientia fruendi pro traditione eſt, Bart. in l. ſi merces 25 § vis major ff. d. t. der Conductor eigentlich die Früchte nicht erlanget, welche fruchtbarlich zu genieſſen, ihm keine Zeit gelaſſen wird. Verba iſta juris, quibus dicitur, locatorem ad hoc obligari, ut frui re conducta liceat, cum effectu accipienda ſunt, ut aliquid operentur, l. 1 § hæc autem ff. quod quiſque jur. in alium. l. fin. § docere 2 ff. ne quis eum, qui in jus. Et civiliter explicanda, ne nimis conſtringatur locator. l. ſi cui 9 ff. de ſervitut. De quo in terminis recte ſcribit Mozzius d. col. 4 n. 38 his verbis: Non videretur æquum, ſi frumentum & ſegetes ſunt in palea, ita ut non ſint exciſa grana, nec excuſſum frumentum, ut propter hoc non fieri debeat remiſſio, quia hoc bona fides non patitur, cum fructus ſint imperfecti & nondum redacti ad finem, nec contractus dicatur impletus ex parte locatoris, qui tenetur ad patientiam, donec Conductor fruatur & fructus poſſit colligere, & ad finem redigere. Eadem ratione utuntur Natta. Alciat. Paris. dd. ll. Hieneben wird ſelbiges

biges nicht wenig hierdurch gestärcket, daß die Pension-Verträge auf gewisse Jahr gerichtet werden, und dabey nicht gnung sey, daß etwa in einem Theile des Jahrs der Pensionarius etliche Abnützungen ex fundo gehoben, sondern daß er das gantze Jahr durch und durch bey possess und Genieß des Gutes ruhsamlich und ungehindert gelassen, und im Fall er in aliqua parte anni daran turbiret und beschädiget, an der Pension seinen Schaden, im Fall er alicujus pretii majoris ist, zu kurtzen befugt sey. Adstipulatur huic sententiæ vel potius confirmat eandem Dn. Mevius, in decisione sua CCCIX part. 4, quam B. Lect. evolvere potest. Wann nun bereits die Früchte wohl eingeerndet werden, aber doch im annoch währenden Pension-Jahre, und zwar alsbald post separationem a solo dieselbe sine mora & facto coloni, durch unabsätzliche Schäden umkommen, weiln ex contractus lege demselben liber & securus rei usus per integrum annum gebühret, folget unwidertreiblich, daß die nuda fructuum separatio nicht anzusehen, sondern ob der Colonus seiner guten Gelegenheit nach derselben in währendem Jahre geniessen können, zuförderst zu ponderiren sey. Welches dann der Contrahenten Intention gemäß, sintemahl der Locator die beliebte Pension nur tacita hac lege, daß der Conductor der Güter innerhalb Jahres, worin die Pension fällig, ruhsam und wircklich geniessen sollte, begehret und fordert, der Conductor auch nicht ander Gestalt und Meynung, als pro integri anni usu dieselbe zusaget, wie allbereit oben sub num. 23 gedacht worden. Ex qua originaria & principali intentione & mente contrahentium omnia circa ipsum actum & contractum æstimanda sunt. l. Pomponius 15 ff. de negot. gest. l. si finit. § Sabini ff. de damn. infect. l. si id quod ff. de donat. l. clam possidere ff. de acquir. vel amittend. possess. Tiber. Decian. resp. 11 num. 4 & 5 vol. 1. Desto mehr aber ist dieses für billig und recht zu halten, weil ohne daß dem Grund-Herrn, dafern er die Güter selbst administriret, und den Pension-Contract nicht getroffen hätte, der Schade begegnet und wiederfahren wäre, daß er denselben dem Pensionario ohne sein Verursachen nicht aufbürden möge. Quando enim, si res penes auctorem fuisset, ea æque periisset, æquum est interitum ad ipsum potius spectare, quam eum, qui tempore interitus tenuit. l. item si cum 14 § quid si homo 11. quod metus cauf. l. is qui reipublicæ. 44 § ex quib. caus. major. l. si plures heredes 14 § 1 ff. deposit. Et licet aliquis debet quantitatem respectu certæ rei vel speciei, specie perempta, per casum fortuitum, etiam generis seu quantitatis obligationem extingui, & debitorem liberari placet. l. electio § si is quem ff. de noxal. action. l. Titiæ § ult. l. quidam § 2 ff. de legat. 1 l. in nave. ff. locat. Castol. in l. quod te mihi 5 ff. de reb. credit. Aus welchen obberührten Rechts-Gründen die Motiven und Ursachen, wodurch zu widriger Meynung oben angezogene JCti bewogen werden, gar leichtlich zu hintertreiben seyn. Dann was vornemlich hierzu angeführt wird, quod colonus perceptione fructuum fiat Dominus, ideoque ipsi pereant, ist zwar solches an sich Rechtens und wohl nach zu geben, dennoch aber mittels reisfer vernünff-

tiger Betrachtung, die sonst ob vim majorem zuläßige petitionem remissionis pensionum zu excludiren nicht gnug gültig. Dann ob schon der Verderb und Schade den eingesammleten Früchten zugefüget, den colonum beträffe, lässet sich daraus keinesweges folgen und schliessen, er sey dessen unangesehen nach wie vor zu Abstattung der Pension verbunden, und dessen Erlassung zu suchen nicht berechtiget. Welche an sich gantz unterschiedene Fragen, keine aus der andern erfolget. Wann dem nach gesaget wird, quod fructus pereant colono ut Domino, hat solches diesen und keinen andern Verstand, als daß nemlich dessentwegen derselbe von dem Grund-Herrn und Locatore an Erstattung nichts zu fordern, noch für den gehofften, aber verlohrnen Genieß, für seine angewandte Mühe, Unkosten, ausgestandene Ungelegenheiten und Entziehung des durch angenommenes Pension-Werck gesuchten Unterhalts, nichts zu erwarten habe, sondern den beregten, an sich nicht geringen Schaden an sein eigen Bein binden und ertragen müsse. Hierüber den Pensionarium mit Erlegung der Pension, wofür nichts in seinen Nutzen wircklich gewandt, zu beschweren, ist demselben axiomati nicht anhängig. Non enim sequitur: fructus percepti pereunt colono, ergo ille tenetur ad mercedem. Pereunt ipsi quoad amissionem operæ, sudoris, impensæ, quæsiti victus & lucri, non autem ad onus subeundum, quod respectu fructuum promissum erat, wäre auch ihm dasselbe aufzulegen gar zu unbillig. Non enim duplici oneri & damno affici debet, nec afflicto addi afflictio. l. navis 4 § cum autem 2 ff. de leg. Rhod. de jact. l. tam dementis C. de Episc. audient. l. Divus 14 ff. de offic. Præsid. l. 51 idem 11 ff. d. jurisd. omnium judic. l. pœna 9 § fin. ff. ad L. Pompej. de parricid. c. ex parte 5 de Cler. ægrot. c. si quis a proprio 2 Caus. 11 quæst. 3. Thom. de Thomasset in floribus legum reg. 10. Johan. Ott. Tabor Thesaur. locor. commun. lib. 1 cap. 46 ax. 2. Gail. 1 obs. 10 n. 5. Præsertim quando afflictus, ut hic, non dat causam novæ afflictionis. Imbrian. de primo & secundo beneficio, seu de rest. ad pinguius probandum consi. 3 n. 142. Johan. Ott. Tabor d. l. Worbey dann fürnemlich die Ursache, warum die Pension verheissen, und zugesaget, in Acht zu haben, und ob derselben ein Gnügen geschehen, zu betrachten ist. Selbige ist der Geniesbrauch, für dessen Erreichung ein gewisses aufs Jahr versprochen ist. Nun hält aber unleugbar ein ieder dafür, daß ex nudo Dominio, quod per juris fictionem perceptione fructuum acquiritur, si non potuit illud consequi fructuum excussio & usu, der Pensionarius solchen Zweck nicht erlanget, derowegen expirante fine das finitum ebenmäßig aufhöret, und wann zur Ergötzung des eingewilligten usus die Zeit nicht gelassen, wird die völlige Pension unbillig desideriret. Daß ex perceptione fructuum an seiten des Grund-Herrns dem Contract ein völliges Implement erfolget, ist vorberegten Gründen nach den Rechten nicht zustimmig; bevorab weil ex contractu nicht die blosse perceptio, sondern usus rei frugalis dem Pensionario gebühret und verschrieben ist, und solches zwar auf gewisse Maaß und Zeit, worauf nothwendig erfordert wird, daß der Pensionarius innerhalb derselben

ben

ben ungemolestiret, und unbeschädiget geblieben sey. Sonsten verbleibet es bey der Regel, omnem vim, cui resisti non potest, dominum colono praestare debere. l. ex cond. 15 §. si. vis 2 ib. Bartol. ff. locat. Ebenwenig stehet dieser Meynung entgegen, daß es fast beschwerlich scheinet, dem Grund-Herrn den zugefügten Schaden und Ungelegenheit aufzulegen, da er doch fructuum dominus nicht geworden. Dann einmal hat er sich dessen nicht zu beschweren, weil sub tacita conditione von ihm die Güter dem Colono eingethan, daß er benanntlich derselben geniesse, und für gehabten Genieß die Pension abtrage.

Wann nun ex casu improviso, & vi majori aus dem Niessen der Pensionarius behindert wird, hat der Dominus fundi wegen nicht Erstattung der conditionirten Pension sich zu beklagen kein Fug und Ursache, und zwar destoweniger, weil er ohne das selbigen Schaden, da die Verwaltung bey ihm selbst geblieben, über sich hätten müssen gehen lassen, dann nach contra naturalem aequitatem ex aliena jactura commodum & lucrum anietzo zu erjagen nicht zuzulassen ist. l. nam hoc natura 10 ff. de condict. indeb. Solte auch endlich nun im Fall ein widriges gelten, soll zugleich des Grund-Herrn und Pensionarii hierunter verfirenden Schaden gegen einander gesetzt und reiflich erwogen werden, wie sonnenklar befindlich seyn wird, daß des Grund-Herrn Schade bey nicht Erlangung der Pension (doch ohne Ansehung dessen, so sonsten an Zimmern, Vieh und Fahrnisse beschädiget, welches ad hanc quaestionem ebenmäßig nicht gehöret, als dasselbe so propriis rebus coloni an Schaden wiederführe) nur einfach, des Pensionarii aber, wenn er über seine vergebliche angewandte Sorge, Mühe und Unkosten, Entrathung seiner gesuchten Alimenten, Verlust der Aussaat, erlittener Gefahr und Beschwerden annoch die Pension für nichts erlegen solte, mehr als gedoppelt wäre, könnte nicht anders geschlossen werden, als daß des Pensionarii Suchen wegen Erlassung der Pension furnemlich zu defendiren und Raum zu geben sey.

Quoties uterque de damno vitando certat, sed dissimiliter praeferendus ille est, qui tractat de majori. l. 7 C. de relig. & sumpt. funer. Vivius decis. Neapolitan. 498 num. 16 lib. 3. Imo damnum sentire, & lucrum perdere, non est par eademque ratio. l. final. §. licentia C. de jur. delib. l. fin. §. 2 C. de Codicill. l. Proculus 26 ff. d. damno infect. Praesertim, quando lucrum nondum est acquisitum, ut cum est in spe, quia tunc lucrum amittere non est damnum sentire. l. quod autem 6 in pr. quae in fraud. cred. Secus enim est, quando lucrum est acquisitum & radicatum, quia tale lucrum perdere dicitur esse damnum l. liberto 26 ff. d. bon. libert. Id quod autem de locatore, quod scil. ante tempus conductionis finitum, & rei conductae usumfructum a Conductore quiete perceptum, lucrum radicatum & acquisitum per pensionem acquirat, dici nequit. Diese obgesetzte Meynung gewinnet allein in den Fällen stat, da der Schaden an den gesammleten Früchten allsofort nach der Recollation zustosset, und so viel als zu dero Excußion, Ausdröschung und guten Verwahrsam gehörig, der Pensionarius nicht abbrechen und haben mögen. Besiehe

Jurist. Oracul V Band.

gäbe sichs aber, daß etwa derselbe hierinne säumig, oder auch die fructus zu besserer Commodität und auf Theurung, welches in periculo & necessitate auszustellen, liegen liesse, hat er keiner Remißion zu geniessen, sondern muß nicht weniger mit dem Schaden anietzo vorlieb nehmen, als er sonst den Gewinst zu sich zu ziehen intentioniret gewesen. Ant. Faber in Cod. lib. 4 tit. 41 defin. 46 in fin. Und solches desto eher, da nur levissima culpa vel mora hierinne ihm könnte beygemessen werden, quae in negligentem transfert omne periculum & damnum ex casu ortum. Vid. Sebastian. Medic. in tract. de casib. fortuit. part. 1 quaest. 16 n. 46 & 47, ubi plurimos allegat. Quo collimat Dn. Carpz. p. 2 c. 37 d. 20 h. 6 ibi: Idque multo magis obtinet, si constet, fuisse fructus a Conductore in longius tempus asservatos, ut carius venderentur; cur enim recuset damnum suscipere, qui periculum spe majoris lucri ultro incurrere voluit. Ant. Fab. in Cod. lib. 4 defin. 46 n. 3, item n. 9. Dummodo non steterit per Conductorem, quo minus eos colligeret suo tempore: In mora enim si fuerit, perinde ad eum periculum spectabit. l. lectos 12 l 14 ff. d. peric. & comm. rei vendit. Ant. Fab. d. l. defin. 21 in fin. Hinc etiam Anno 1633 M. Majo pronunciatum est: Verba sententiae: wegen des ausgedroschenen und entwendeten Getreydes aber, weil dasselbe durch Perception euer Eigenthum worden, mag bei Locator einige Erlassung des Pacht-Geldes zu thun nicht angehalten werden. V. R. W.

Mit den colonis partiariis, so für die halbe Abnützung, oder sonsten dero einigen Antheil die Güter verwalten oder anbauen, hat es eine andere Beschaffenheit. Dann weil unter ihnen durch den Contract gleichfalls eine Societät getroffen, und Krafft deroselben aller Gewinn und Verlust gemein wird, l. pro socio 38 ff. pro soc. So thut zu allen Zeiten, ohne Unterscheid, es gerathen die fructus ante vel post perceptionem in Abgang, was zu Schaden erlitten, beyde Theile nach Maße, ieglichen beliebten Antheils betreffen. l. si merces § vis major ff. locat. ibid. Bartol. & Dd. Gleichergestalt, wann zwischen dem Grund-Herrn und Pensionario verglichen, daß die Pension nicht an Gelde, sondern an einer gewissen Qvantität der aus den verpensionirten Grund wachsenden Früchte abgetragen würde, juxta l. si olei 21 C. de locat. Ohngeachtet, daß der Pensionarius ipsa perceptione fructuum Dominus wird, daferne hernachmahlen innerhalb währenden Pension-Jahre, die Früchte beschädiget würden, erhält nicht unbillig der Conductor remißionem pensionis pro rata damni, tanquam debitor generis per modum speciei arg. l. si debitor 39 § verisimile ff. de contr. Emption. Faber d. tit. 41 defin. 22 num. 10. Ob ein ebenmäßiges zu observiren, da der Vergleich also getroffen, daß nicht in specie die Pension von den Früchten des verpensionirten Gutes, sondern in genere an gewisser Maße Korns oder andern Waaren, so sonsten aus dem Gute zu erheben, solle abgestattet werden? ist fast zweiffelhaft. Die Affirmativa, quam Anton. Faber d. tit. 41 defin. 22 sequitur, ist der Aeqvität ähnlich, wie Faber an berührten Orten vor Augen stellet.

Q q 2   Endlich

Endlich wann der Pensionarius die eingesamleten Früchte seines Gefallens zu veräussern nicht befugt, bevorab, da ex pacto & consuetudine ad locatoris aliqualem utilitatem er behindert wird, ist kein Unterscheid, ob ante vel post separationem die fructus in Verderben gerathen. Quando enim fructus affecti sunt aliqua obligatione, præsertim si ad utilitatem locatoris, & tunc pereunt, remissio mercedis fieri debet. l. Titius ff. de præscript. verb. ibid. Fulgos. Castrens. & Jason num. 3. Menoch. consl. 669 n. 4.

Zum fünfften, wird des Pensionarii eigenthümlichen Mobilien und Gütern durch betrübte Kriegesfälle Schade zugefüget, indem etwa sein eigen Vieh weggeraubt, oder sonsten etwas abgenommen, obgleich dieselbe zu besserer Fortsetzung und Verwaltung des Pension-Wercks angewandt und gebrauchet worden, gereichet solches nicht zu Erhaltung einiger Remißion, sondern juxta vulgatum, quod res pereat Domino suo, trägt der Pensionarius seinen Schaden alleine, und verbleibet dem locatori die petitio mercedis ungemindert, per ea, quæ tradit Mozzius d. tr. de locat. num. 41 seq. col. 4 de accident. l. locat. de quo in 2 quæst. plura Faber in Cod. d. tit. 41 defin. 24. Adstipulatur huic opinioni Dn. Carpz. d. consl. 37 d. 21 dicens: Multo minus vero Conductioni remissio pensionis concedenda est, si is forsan per incursum hostium, incendium, aliamve vim majorem, aut casum fortuitum, mobilia sua, ac pecora propria, quæ ipsemet in fundo conducto sibi comparavit, quæque in inventario non continentur, amiserit atque perdiderit, aliudve damnum senserit, licet nulla ipsi prorsus culpa imputari queat. Nec etiam locator ad restitutionem tenebitur, siquidem regulare est, ut periculum casus fortuiti pertineat ad Dominum, l. quæ fortuitis 6 C. de pign. act. l. contractus 23 in fin. ff. d. R. J. Quam sententiam, ceu in iure undiquaque fundatam, secuti JCti Lips. Anno 163; M. Mart. responderunt: Verba sententiæ: Und es mag Verpachter in denjenigen Schaden, so dem Pachtmanne, durch Abnehmung seines eigenthümlichen Viehes, und anderer zuständigen Mobilien und Sachen, als welche nicht in Inventario begriffen, geschehen, zu erstatten, nicht angehalten werden. V. R. W.

Wie auch vors sechste, in andern Fällen Rechtens, quod casus fortuitus imputatur ei, cuius culpa ille evenerit, wie obgedacht: eben also, wann dargethan werden kan, daß der Conductor durch sein oder der Seinen Verwahrlosen und Verursachen am Genießbrauch der Güter turbiret, behindert oder beschädiget wird, hat er sich solches beyzumessen, darum aber remissionem pensionis zu erhalten keine befugte Ursach. l. merces § conduct. ff. locat. c. propter sterilitatem ibid. Joh. de Immol. x. de locat. Ripa in tr. de peste tit. privil. cont. pest. n. 34. Bartol. in l. si uno § item cum quidam n. 4 ff. locat. Paris. consl. 38 n. 8 vol. 1. Carpz. sæpe cit. consl. 37 def. 20 n. 6 & 9. Struv. Synt. Jur. Civ. Exerc. 14 th. 17 p. 891. Quod enim sua culpa quis damnum sentit, sentire non intelligitur. l. quod quis ex culpa ff. de R. J. c. damnum de R. J. in 6.

Judicis autem officium est diligenter animadvertere, an in fundo recte versatus sit conductor, & acta fuerint quæ necessaria. Menoch. d. A. J. Q. lib. 2 cas. 78. Debet enim præstare in re conducta officium diligentis patrisfamilias, ideoque de levi culpa tenetur. l. si ut certo; § nunc videndum 2 ff. commodat. l. 1 Judicio ibi gloss. C. loc. Non tamen de levissima; nec enim negotium facit textus in § ult. Inst. de locat. Cond. & l. si merces 25 § qui columnam 7 eod. tit. ubi in Conductore talis desideratur custodia, qualem diligentissimus Paterfamilias suis rebus adhibet. Sed utroque in Casu superlativus positus est pro positivo, ut verbum explicetur secundum subjectam materiam & naturam contractus, ac significetur eiusmodi diligentia, qualem quisque diligens Paterfamilias rebus suis adhibere solet. Petr. Faber in l. Contractus 23 ff. d. R. J. & Amad. Eckold. ad tit. Loc. Cond. § 8 pag. 261. Sicuti e contrario positivus pro superlativo non raro positus reperitur, ut in § item is, cui res aliqua, verb. at is, qui utendum accipit Inst. quib. mod. re contr. oblig. l. 5 § Custodiam ff. Commod. l. 25 § non tantum ff. fam. ercisc. Alio adhuc modo superlativum hunc cum huius Contractus natura conciliat Bachov. in not. ad Treutl. vol. 1 disp. 29 th. 6 lit. E. Porro quod levis tantummodo culpa a conductore præstanda sit, apparet inter alia etiam ex Responso Scabinorum Lips. d. Anno 1633. Verba sententiæ: Es wäre denn, daß der Conductor das Geld nicht gebührlich und vorsichtig, immassen ein fleißiger Haus-Vater mit seinem Eigenthum zu thun pfleget, verwahret, und also durch seine Schuld und Verwahrlosung dasselbe von abhanden kommen wäre x. so wäre er auch den Schaden zu gelten schuldig. V. R. W.

Die hiebey täglich vorlauffende Exempel in etwas zu berühren: Wann der Pensionarius ohne dringende vermeidliche Noth frühzeitig entweder die Güter und was darauf vorhanden, stehen lässet, keine genugsame Aufsicht bestellet, begiebt sich hierauf der Unfall, daß etwas, wie bey Krieges-Zeiten üblich, die Soldaten die deserirte fructus, und was sonst hinterlassen, sich zu Theile machen und verderben, ist der Billigkeit gemäß, daß der Schade den Pensionarium allein berühre, welcher durch beständiges Verbleiben, gute Aufsicht und vernünftiges Accommodement vielem Unheil begegnen können, und die culturam & curam nicht so gar liederlich hinlegen sollen. Sehr gebräuchlich ist es in nechst eingefallenem Landverderblichen Kriegswesen an Seiten der Pensionarien befunden, ex quovis rumore & timore aufzupacken, alles was man gekonnt, zusammen zu raffen, in Sicherheit zu tragen, in eigenen Nutzen zu wenden, und davon zu gehen, dagegen, was nicht hat können fortgebracht werden, zum Verderb und Schaden des Grund-Herren stehen zu lassen, demselben nicht allein von der Pension nichts zugestehen, sondern daneben grosses Interesse zur Rechnung zu setzen. Weil aber solches officio boni patrisfamilias, der bey den Seinigen aufs äusserste ausharret, und selbiges bestem Vermögen nach, vertritt, e diametro zuwider: So ist kein Zweiffel, daß dergleichen Begebenheit die Pensionarien von ihrer Gebühr nicht relevieren und entfreyen können, es wäre

dann,

daß man eigennützigen Betrüglichkeiten Thür und Fenster eröffnen, und sie in ihrem schädlichen Vorhaben excusiren wolte. Ita pronunciarunt Ordinarius, Decanus, Senior aliique Doctores Facultatis Juridicæ Jenensis M. Mart. Anno 1627 ad requisitionem Otten und Christian Gebrüder von Walsburg. P. P. Ihr seyd dem Conductori der Kriegs-Durchzüge und Einquartirung halber, so viel den von ihm verursachten Schaden anlanget, evictionem zu leisten und zu gewehren unverbunden, und dieweil dem Conductori gebühret, den geschlossenen Contract zu halten, und sich hierinnen als einen diligentem Patrisfamilias zu erzeigen, ist er, bey solchem Zustande, nicht befugt gewesen, ohne eure Einwilligung vom Pacht-Contract abzustehen, die zu Abwendung der Einquartirung dienliche Mittel hinanzusetzen, und euch den Schaden heimzuweisen, sondern nachdem er die Feld-Früchte lange und fast ein halb Jahr zuvor eingesammlet, und in seine Eigenschaft gebracht, welche benebst der im Inventario, um einen gewissen Werth zugeschlagenen Fahrniß aufs beste zu verwahren, an sichere Oerter verschaffen, und nicht aufs letzte damit verziehen, sondern sich nach der benachbarten Exempel, die da bey Zeiten, ehe die Einquartirung sie betroffen, das Ihrige an gewahrsame Oerter abgeschickt, richten sollen: So ist er den aus seiner Fahr- und Nachlässigkeit erlittenen Schaden, ohne Nachlassung oder Veränderung des Pacht-Geldes, bis zu der Zeit, da ihm das Pacht-Gut wieder angenommen, über sich gantz und gar zu nehmen schuldig. V. R. W.

Und giebt ihnen kein Behelff der gemeine Vorwand, ad periculum expectare non teneatur, sed melius sit in tempore occurrere, quam post vulneratam causam remedium quærere. l. fin. C. quib. ex caus. maior. restit. in integr. l. 2 C. quand. lic. unicuique sine jud. Denn zu dessen Ersprießlichkeit ist vonnöthen, die Gefahr, durch welche der Pensionarius dem eingehabten fundo den Rücken zuzukehren sich genöthiget gehalten, in reiffe Consideration zu ziehen, damit nicht eben sowohl dessen vorgebildete Concepten & opinio periculi, als ipsum periculum ihm wider die Rechte fürträglich sey. Demnach so erscheinet, daß zu der Zeit wie der Pensionarius die Güter stehen lassen, und in die Rappuse gegeben, die Gefahr nicht so groß und gegenwärtig gewesen, sondern annoch ferne, er sich durch ungegründete rumores schrecken lassen, und deren besorgenden Unglück durch Rath und That fürkommen mögen, bleibt er nach wie vor zu Abtragung der versprochenen Pension obligirt, und gedeyet ihm die geschöpffte Furcht zu keiner Erleichterung. l. item quæritur 13 § exercitu 7 l. habitatores 27 § 1. in fin. l. dominus 55 § fin. ff. locat. Philipp. Post. cons. 143 n. 10. ubi de vano & minime probabili timore loquitur. Quoties enim metus relevare debet, non quilibet accipiendus est, sed maioris malitiæ. l. metum 5 ff. quod met. caus. l. 2 ff. ex quibus caus. major. Vani enim rimoris nulla æstimatio est. l. si quis ab alio 13 pr. ff. de re iudicat. l. vani 184 ff. de R. jur. Nec in consideritionem unquam venit. Multo minus ei indulgendum l. 5 l. 6 & ult. ff. quod met. caus. Cagnol. in l. si quis major num. 56 C. de trans. act. Quia non est talis formido, quæ in constantem virum cadit. Cap. cum dilectus 6 quod

met. caus. cap. Veniens 13 & c. constitutioni de sponsal. Ja. Otto Tab. Thesaur. locor. commun. lib. 11 cap. 27 ax. 6. Sed aliquando inepta est & furiosa. l. 4 C. de his qui ad Eccl. confug. Und ob bereits hernachmahlen nach Verlauff einer geraumen Zeit die Gefahr sich mehrete, und eine gäntzliche Ruin erfolgte, mag solches des Pensionarii frühzeitiges Entweichen dennoch nicht entschuldigen, sondern weil er einmahl in culpa temerariæ desertionis gewesen, stehet ihm selbiges allezeit entgegen, per ea quæ tradit Bened. Capra in tract. regular. concl. 88 incip. Regulariter ob sterilitatem n. 30. Ubi dicit, si colonus culturam omisisset, licet sterilitas eius anni exstiterit, et non esse faciendam remissionem. Quod dictum de sterilitate, ad bellum pertinet, ex rationis identitate, sicut invicem argumenta & consequentias in hac materia præbere solent. Ratio manifesta est. Culpa enim semel admissa semper obstat & nocet, nec unquam in iure reperitur, quod casus fortuitus sit modus tollendæ culpæ constitutus.

Wäre aber die Noth und Gefahr vor der Thür und also beschaffen, daß salva & secura vita & corporis integritate, der Pensionarius auf dem Lande unter den Militärischen Insolentien nicht bleiben noch ausdauren könnte, ist aus dergleichen unabkehrlichen Zufällen und vorstehenden Besorglichkeiten der Abzug und Verlassung des Gutes ihm nicht zu verdencken. Potissima enim ratio salutis habenda est, l. sed secundum 7 ff. ad SC. Trebell. nec quisquam periculo se exponere tenetur. Permittitur enim conductori ex justa causa migrare, ut liberetur a solutione mercedis futuræ, veluti si necessitas quædam urgeat. arg. d. l. Dominus 55 § 1. ff. l. fin. ff. locat. l. 1 § si pensio 4 de Migrand. ibid. Pantzschman. quæst. 13 n. 14 part. 1. Prout eadem Juridica Facultas Jenensis An. 1627 cuidam Consulenti respondit hisce verbis: Aber an dem vom Kayserlichen Kriegs-Volcke zugefügten Schaden, welchen der Conductor nicht verhüten noch abwenden können, ist derselbe nach Anleitung des Pacht-Briefes die Helffte an besagtem Pacht-Gelde innen zu behalten berechtiget. V. R. W. Und ist nicht eben nöthig, daß die Gefahr den Ort bereits berühret, sondern es genießt der Pensionarius der Remißion, da derselbe zu befürchten scheinliche und bewegliche Ursachen für zuwenden hat, sicut JCtus in l. habitatores 27 § 1 ff. locat. scribit: Si causa fuisset, cur Conductor periculum timeret, quamvis periculum vere non fuisset, tamen non debere mercedem. Atque ita se timora belli, quoad remissionem pensionis, idem judicandum esse, quod de bello Dd. scribunt. Petr. Anchoran. cons. 88. Bursat. cons. 81 n. 8. Boer. dec. 249 num. 6. Natta cons. 610 per tot. Nevizan. cons. 91 num. 2. Cæteris in memorab. in verb. conductor non tenetur vers. & supra. Utpote qui ipso bello pejor est. Panorm. in cap. potuit x. locat. Ob aber erhebliche Ursache sey, aus Furcht zu entweichen oder nicht, stehet zu des Richters Ermäßigung. l. metus ff. ex quibus caus. major. Welche aber nicht ex eventu, sondern ex principio, und demselben, so die Furcht verursachet, zu æstimiren. Metus siquidem considerari debet secundum conditionem metuentis.

gis, non exitus. Dec. in l. in omnibus n. 3 d. R.
J. per tot. Innocent. in cap. cum dilectus quod
met. cauſ. Joh. Otto Tabor Theſ. locor. comm.
lib. II c. 27 ax. 6. Ita enim jura loquuntur, ſi
cauſa timendi non fuit addita. d. l. habitatores
§ 1 d. l. dominus 55 § fin. locat. Ea quæ facile
evenire poſſunt, non quæ eveniunt, in his caſibus inſpicere oportet. Seraph. de Seraphin.
tract. de Juram. privil. 31 num. 120. Dahero be-
gabe ſich, daß ex juſto & probabili timore der
Colonus die ereignete Gefahr zu verhüten vorge-
wichen, immittelſt an den gewöhnlichen Abnützungen ein anſehnliches abgienge, ohngeachtet die Gefahr rückwendig würde, verbliebe dennoch dem Colono nicht weniger die Befugniß den Nachlaß zu
ſuchen, als ihm ſonſten abzuziehen, und dadurch der
Auffſicht zu endſeyn, dringende Urſachen zugeſtoſſen,
darwider ihm keinesweges vorfänglich, daß etwa
andere Nachbarn es glücklich gewaget, und ihnen
gelungen. Non enim exemplis, ſed jure & ratione
judicandum eſt. l. nemo C. de ſentent. & interloc.
omn. jud. Coler. in tract. de aliment. lib. 2 cap. 5
n. 32. Nec ſelix audacia aut temeritas alterius alteri,
qui prudentius quam felicius egit, præjudicio aut nocumento eſſe debet; arg. l. factum cuique ibid. Dec.
& Ferrar. ff. de Reg. Jur. Metus enim juſtus juſtam
in ſe ignorantiam habere dicitur. l. item ſi 14 in hac
act. 3 ff. quod met. cauſ. Et ideo humanitatem &
auxilium meretur. l. 14 § 5 l. ult. § 1 ibique Dd.
eod. tit.

   Wann aus Haß, Abgunſt und Feindſeligkeit
wider den Conductorem die Turbation und Beſchä-
digung erfolgte, wird in den Rechten es dafür gehalten, als wenn es ipſius culpa geſchehen wäre;
derowegen auch keine Remiſſion zuläſſig. l. ſi merces
45 § culpæ 4 ff. locat. l. in his rebus 66 in pr. ib.
Bartol. ff. ſolut. matrimon. Faber in Cod. d. tit. 41
defin. 24. Franciſcus Beccius conſil. 94 num. 26,
Nevizan. conſil. 91 num. 9 & 11, ubi exemplum hoc
ponit: ſi damnum oriatur ex parte conductoris, vel
quia ſecutus fuit partes Cæſaris & Galli, bona conducta
invaſerint, remiſſionem non peti poſſe, ſed integram
penſionem ſolvendam. Inimicitia enim culpæ æquiparatur, d. § culpæ 4 ibid. gloſſ. & Coſtal. is cum
quo 29 ff. cogimun. divid. Bald. in cap. 1 § ad hæc
de pac. firmand. Corne. conſil. 23 num. 11 vol. 1.
Et æquum eſt, damnum omne reſarciri ab eo, cujus
cauſa injuria accepta eſt, l. nam & Servius pr. ff. de
Negoc. geſt. Cum nemo alterius odio prægravari,
l. ſi quis 37 C. de inoff. Teſtam. nec alteri per alterum iniqua conditio inferri debeat, l. non debet
alteri ff. de R. J. Welches auſſer Zweifel iſt in
denen Fällen, da aus Verurſachen des Coloni etwa
durch unhöfliches Tractament, oder Correſpondenz
mit den Feinden zum Haß und Unglimpf Anlaß gegeben worden. Wann aber ohne einige gegebene
rechtmäßige Urſache der Colonus angefeindet und in
Schaden geſtürtzet wird, als ob man eben ſo wenig,
wie in dem vorigen Caſu, die Remiſſion des erlittenen
Schadens halber zu hoffen und zu erhalten, wird
durch der Rechts-Gelehrten zweyhellige Diſputation
in Zweifel gezogen. Es iſt zwar zu beklagen, daß
der Colonus unverſchuldeter maſſen verhaſſet, und
aus unverdienten Haß gegen ihn, durch Raub, Brand,
oder ſonſten Unheil angeſtiftet wird, iedennoch ſchei-

net hieraus nicht recht und billig zu ſeyn, daß ihm
ſolches zu Befreyung von der verſchriebenen Penſion
zu ſtatten kommen, und dagegen der Grund-Herr
deroſelben entrathen müſte, inmaſſen vorberegten
Rechts-Gründen nach, quod nemo alieno odio
prægravari debeat, weil der Schade in Anſehen und
aus Haß des Coloni zugefüget wird, das Unglück
ihn auch billig treffe, und nicht contra inventionem
hodernas den locatorem, ne ex injuria illi intentata
alius lædeatur, ille illæſus abire. Actus enim a-
gentium non operantur ultra eorum intentionem
l. 3 § ſi non omnis 19 ff. ſi certum petat. l. in agris 18
ff. de acquir. rer. Dominio. Jaſon in l. ſi extraneus
ff. d. acquir. vel amitt. hered. Multo minus contra
eorum intentionem, poſt Menoch. Weſenbec. & alios
Dalnerus de renunciat. cap. 19 r. not. 13. Et hinc abſurdum oriretur, quod locator teneatur ſufferre, quod
coloni hoſtes iſti inferre tentaverint, worauff der text
in d. L. ſi merces 25 § culpa locat. überreinſtimmet,
welcher generaliter de inimicitia, ohne Unterſcheid,
woher ſelbige rühre, redet. Ideoque lege non di-
ſtinguente, nec noſtrum eſt diſtinguere, l. de pretio
ff. de public. in rem action. Idque eo minus, cum
pluralis vox omnis inimicitiæ ſpecies complecti videatur. Quin potius ipſe contentus innuit, potius ac-
cipiendo de amicitia non cauſta, quam per culpam
provocata. Hæc enim non culpæ annumerari debuit, id quod improprietatem denotat, ſed vera
culpa eſt. Dn. Struv. Syntagm. J. Civil. Exerc. 24
th. 14 pag. 287.

   Hieneben wird es für recht gehalten, quod locator
damnum ex inimicitia erga ipſum conductori datum
reſarcire teneatur, etſi ſine ipſius culpa exorta
eſſet. Bartol. in l. cetem ferro § qui maximos ff. de
Publican. Hypp. Rimineld. conſil. 719 num. 7. Joh.
Cephal. conſil. 217 num. 14. Hieron. Pantſchman.
quæſt. 14 num. 57 part. 1.

   Welchen nach nicht abzuſehen, warum an Seiten des Conductoris nicht gleichmäßiges Recht ſeyn
ſolte, cum locator & conductor inſtar correlativorum
ad paria judicentur, eorumque eadem ratio ſit.
Franciſc. Becc. conſil. 45 n. 24. Dieſer Meynung
pflichtet bey Bald. & Salicet. in l. damnum C. de locat.
Anton. Faber d. defin. 24. Carol. Ruin. Conſil. 58
num. 10 vol. 1. Hieron. Pantzſchman. d. quæſt. 17
n. 61. Neque eidem obſtat, quod habetur in d. L.
in his rebus in pr. ff. ſolut. matrimon. Cum quod
de Graccho ejusque uxore ibidem profertur, ſaltem
exempli gratia adjiciatur, quod declarat, non autem
limitat, aut reſtringit juris regulam, l. regula § fin. ff.
de jur. & fact. ignorant. § fin. Inſtit. de gradib. co-
gnat. Everhard. in Topic. legal. loca. ration. leg.
larg. Dieſes ſo von dem Haß und Feindſchafft wider den Conductorem berühret, iſt alſo zu verſtehen,
wenn dieſelbe eine ohnmittelbare eintzige und gewiſſe
Urſache der zugefügten Bedrängniß und Schaden
geweſen, und ſonſten auſſer deſſen der Conductor ſolches nicht erlitten hätte. Da aber eine allgemeine
durchgehende Landes-Ruin und Zerſtörung durch
die angezündete Krieges-Flamme ergienge, kommt
hierbey nicht in Conſideration, ob etwa der Conductor für andern iram militarem provociret; zumal
der Unſchuldige nebſt dem Schuldigen alsdann gleich
gehalten muß, und auſſer der Conſideration nichts
deſto minderer, ſeinen Nachbarn gleich, erleiden
müſſen.

müssen. Vorgedachte Exception wird von vielen dahin extendiret, daß auch alsdann der Pensionarius, da er ein gottlos ärgerlich Leben führete, wegen zugefügten Hindernissen und Schaden keine Remißion zu fordern hätte, gleich als wäre durch sein Verursachen und bösen Wandel Gottes gerechter Zorn erreget, und er solches als eine wohlverdiente Strafe von dessen Hand aufnehmen müste. Jason in l. sed etsi quis § quæsitum ff. si quis cautionib. Guido Papa decis. 630. Ludov. Roman. singul. 30, qui conductori notorie scelerato, blasphemo, & impio remißionem penssionis denegant. Welche Meynung in praxi schwerlich zu attendiren ist, angesehen, aus dergleichen Calamitäten und erlittenen Ungelegenheiten eine vorhergehende culpa und unmittelbares Verursachen, sich nicht schliessen lässet. Inmassen dergleichen Unglück den frommen und erbaren Wandels geflissenen Christen so gar bald begegnet, als gottlosen Buben. Mozz. de locat. d. col. 4 d. locat. n. 29. Daneben kan der Locator; qui non debet esse ignarus conditionis ejus, cum quo contrahit, l. qui cum alio 19 ff. de R. J. dem Conductori auf angestelltes Suchen wegen Remißion der bewilligten Pension, aus sonst erheblichen Ursachen mit Fuge sein Leben und Verhalten nicht vorwerfen, weil er contrahendo seine Mores approbiret und für gut gehalten. arg. l. cum mulier 47 ff. solut. matrimon. Imputet sibi locator, quod cum ejusmodi homine contraxerit, oportuit enim eum explorare, cujus fidei & pietatis cujusque innocentiæ esset, cui rem suam locavit. arg. l. ult. § 4 naut. caup.

Die siebende Limitation ob eingeführter Regel bestehet hierinnen, daß der begebenen Kriegs-Fälle halber die remissio penssionis rechtlich denegiret werde, wann befindlich, wie in vorigen, oder auch folgenden Jahren der Colonus ein übermäßiges von dem penssionirten Gute haben und einnehmen können, cum confusis omnium annorum fructibus & penssionibus, si in plures annos locatio facta sit, quod priorum ubertati defuit, sequentium fertilitate pensetur, l. ex cond. § Papinianus ff. locat. l. licet 8 C eod. ibid. Bald. Salycet. Dd. Coler. de Process. executiv. lib. 1 cap. 10 n. 49 & 50. Gail. 2 Observ. practic. 23 num. 10. Anton. Faber in Cod. d. lib. 4 tit. 41 def. 3. Dn. Struv. Syntagm. Jur. Civ. Exercit. 24 th. 17 pag. 89. Qui addit rationem, quod scil. non tot locationes videri debeant, quot anni sunt, sed omnium annorum unica, eaque individua locatio, multas distinctasque præstationes habens. Anton. Faber in Codic. lib. 4 tit. 4 def. 3 num. 1. vid. Dn. Mev. 1 decis. 197 n. 7. Caroc. de Locat. Tit. d. remiss. merced. n. 12. Quare in plures annos locatione facta, quod priorum ubertati defuit, sequentium annorum fertilitate compensari debet. Gail. 2 obs. 23 n. 12 l. 8 C. de Locat. Molin. d. J. & J. d. 495 n. 16. In tantum ut licet forsan remissio facta esset primo anno, appareret autem ex ubertate sequentium annorum, fieri eam non debuisse, tota penssio etiam pro primo anno, qui sterilis fuit, nihilominus peti possit. L ex conducto 15 § Papinianus 4 ff. locat. l 8 l. 28 C. eod. Joh. Harpr. in pr. n. 81. Inst. d. locat. Cond. Ant. Fab. d. tit. 41 defin. 35 n. 4. Prout casu sic obtingente ad requisitionem Hansen Heinrichs von Mückau Scabini Lipsienses Anno 1622 Mens. Febr. ita responderunt: Verba sententiæ:

Worauf im folgenden Jahre der Pacht, wann er von Gott reichlich gesegnet worden, also daß er nicht allein seines im vergangenen Jahre erlittenen Schadens sich gar wohl erholen, sondern auch noch einen ziemlichen Überfluß über das ordentliche Pacht-Geld haben können etc. So ist mehr berührter Pacht-Mann den im vergangenen Jahre am Pacht-Gelde ihm erlassenen Reste, dem Verpachter gestalten Sachen nach, wieder zu erstatten schuldig. V. R. W. Exceptio est, quando remissio penssionis promissa est in singulos annos; tunc enim, si de primi anni sterilitate constet, penssionis remissio statim facienda est, id est, non expectato eo, an sequentium annorum ubertas talis futura sit, ut cum ea possit sterilitas compensari. Anton. Fabr. in Codic. lib. 4 tit. 41 def. 55 num. 3. Quin nec contingente ubertate subsequentium annorum ulla penssionis remissæ repetitio pro primo anno tum fieri potest. Fab. d. tit. 41 defin. 3 num. 5. Conferatur Georg. Frantzk. ad tit. to. d. locat. cond. n. 108. qui etiam distinguit, utrum penssio dicta sit distributive pro singulis, an vero collective pro omnibus annis, priori casu ubertas sequens est resolutiva remissionis, non suspensiva: posteriori casu fit remissio respectu totius temporis. Brunnem. ad l. ex conducto 15 § 4 locat. conduct. Idem si plures fundi una mercede locati sint, Lauterb. d. loc. § 2 th. 14. Nec etiam attenditur ubertas prioris anni, si hanc sciens locator, mercedem secundi anni dimiserit. Zœs. h. t. n. 21. aut aliud inter partes actum. Carpz. 2 c. 37 def. 13. Lauterbach d. l. Veluti ita tractatum & observatum esse in causa Eliæ Hartings zu Grimme, An. 1633 Mens. Febr. memorat Carpz. part. 2 Const. 37 d. 13 sub f.

Fürs achte, wenn jemand ein Land-Gut an sich kauft, immittelst aber bis zu Abtrag des Kauf-Schillings, auf gewisse jährliche Pension sich das Gut abtreten lässet, und dafür die fructus percipiret, ut in casu l. sicut 20 § fin. & l. seqq. ff. locat. ist alsdenn der Käufer auf gegebene Schadens-Fälle, und der Pension etwas zu remittiren nicht schuldig. gloss. Bartol. Fulgos. & Castrens. in d. § interdum l. sicut 20. Paris consil. 38 num. 18 vol. 1. Decius consil. 313 num. 4. Penssio enim illa non modo pro fructibus rei locatæ præstatur, sed etiam pro interesse pretii, a quo nullus casus fortuitus liberat, sicut nec ab alia obligatione generis seu quantitatis. Parls. & Decius d. l. Alexand. consil. 121 lib. 5. Quomodo autem ubertas multorum annorum computanda sit, vid. B. Brunn. ad d. § 4 l. 15 locat. 20, ubi n. 31 docet: Quomodo sterilitas probanda, & n. 16, quod computatio fructuum fieri debeat tam secundum qualitatem fructuum solitorum percipi, quam propter penssionis promissæ; & num. 19 quod jura non patiantur, ut propter vilitatem fructuum fiat remissio, damnum enim hocce non est in fructibus, sed in valore, ob quem deminutum non detur remissio. Utrumque igitur requiritur, ut nec dimidiam fructuum, nec penssionis consequatur Colonus, cum Franc. de Clapperiis caus. 44 qu. un. n. 11.

Schließlich cessiret die remissio penssionis, wann also der Pension-Contract getroffen, daß derselbe eine emptionem fructuum futurorum in sich begreifet, benanntlich, so der Conductor für des Jahres Abnützungen und Einkommen dem Locatori ein gewisses

der

versprochen, und selbige ihm dadurch abgekauffet.
Rip. tract. de peste tit. de privil. contract. num. 4.
Mozz. d. colum. 4 de accidental. locat. num. 24.
Hujusmodi enim pacto alea & spes empta censetur,
pro qua debetur pretium, etsi nihil acceptum sit,
l. nec emptio 8 ff. de contrah. empt. l. exemptio 13 §
final. l. seq. ff. de action. empt. Omne enim periculum, contracta ita emptione quadam statim ad emptorem pertinet. l. necessario 8 in pr. ff. de peric. & commod. rei vend. Nonnulli & eo in casu pensionis remissionem denegant, si vitium ex ipsa re oriatur, ut
si vinum eo acuerit, si ramis (i. e. Vermiculis in ipsis
fructibus eorumque praesertim radicibus natis) aut
herbis segetes corruptae, l. 15 § 2 vers. si qua locat.
cond. ibique Brunnem. qui n. 4 circa damna in fructibus contingentia distinguit 1) inter damna extrinsecus
orta, & ex ipsa re, ut illa locator, haec conductor ferat;
2) inter fructus separatos & pendentes, ita ut damnum
in illis contingens ferat Colonus, in his Dominus;
3) inter damna frequentissima, & rara sive insolita;
4) an praecedat, vel concurrat culpa conductoris,
quem vide. Item si propter vetustatem vinearum
illae minus sint fructuosae, d. l. 15 § 6 d. tit. Pantzschm.
d. l. q. 5. Quod scilicet talia vitia non extra consuetudinem accidere soleant; & quod corrumpatur solum quodammodo fructus & non intolerabile inde venire soleat damnum. Confer. d. l. 15 § 2 verb. corruptae
& verb. nihil si extra consuetudinem. Coronidis
loco placuit pro illustratione materiae huic quaestioni
primae adjicere sequentes Dn. Autoris Decisiones,
quas B. Lector conferre potest, Decisionem XXIX
Part. V, Decisionem XXXIII Part. V, Decisionem CI
Part. IV, Decisionem CII Part. eadem. Et novissime hanc quaestionem pertractat, Petr. Pacion. Tr.
d. locat. conduct. cap. 46 a n. 3 & seq. ubi n. 12 declarat hanc quaestionem notabiliter, quod bellum non
absolute & per se, operetur remissionem, sed occa-
sionaliter tantum, & causative, quod impediat conductorem uti re conducta, vel ejus fructus percipere,
& n. 22 inter damna, quae afferre solet bellum, etiam
ascribit, si debitores negotii locati effecti sunt non
solvendo, nisi intercesserit culpa conductoris, qui
omisit exigere debito tempore. vid. Ang. cons. 312
n. 1 seq.

Zweytes Rechtl. Bedencken XLIII.

Vom Nachlaß der Pacht-Gelder wegen unversehener Zufälle.

De remissione Pensionis ob casus fortuitos.

Der andere Punct, von dem Schaden und Verderb, so durch die Krieges-Fälle und Beschwerden
denen Gütern und Pertinentien, wie auch des Pensionarii eigenthümlichen Gütern und eingebrachten
Haabe, zugefüget wird, giebet Anlaß zu dieser
Frage:

Quaestio I.

Utrum, si per casus fortuitos praediis vel rebus ad
ea, spectantibus, nec non pensionarii propriis illatis
bonis jactura, damnumve illatum sit, vel in totum
vel pro parte, pensio remittenda? Bey vielen Pensionarien befindet sich die geschöpfte Meynung, daß
alles, was Zeit währenden Pension-Contract ihre
eigene Güter an Schaden, Unglück und Verderben

erleiden, sie mit gutem Fug dem Grund-Herren beylegen, und von demselben dießfalls völlige Erstattung
suchen mögen, wie dann zum öftern deswegen sonderliche Actiones und kostbare Processe von ihnen angestellet werden. Zu Bestärck- und Bescheinigung
dieses Wahns ermangelt es nicht an Schein-Grün-
den, so zuförderst auf eine vorgebildete Aequität geleget werden. Und anfänglich wird es disseits fast
unbeweglich dafür geachtet, daß der Locator den
Conductorem überall schadlos zu halten, und nicht
weniger den erlittenen Abgang zu ersetzen, als von
aller Unruhe, Turbation und Beschädigung frey zu
halten schuldig sey. Cum locator teneatur praestare,
ut secure & quiete re locata uti frui liceat, aut solvatur id, quod interest. l. si tibi 7 l. seq. ff. locat.
Wesenb. in Paratit. d. tit. ff. num. 16. Videtur justum
esse, ut si id conductor non consequatur, quidquid
ex uno non praestito damni senserit, id refundatur;
cum obligatur ad factum, eo non subsecuto, oblige-
tur ad omne id, quanti stipulantis intersit factum praestitum fuisse, § fin. Instit. de V. O. Gomez lib. 2 var.
resolut. Cap. 10 num. 12. Dn. Carpz. lib. 3 tit. 10
Resp. 99 num. 11 & 12 & lib. 5 tit. 3 resp. 15 n. 2. Anton. Fab. lib. 2 conject. 5. Jacob Cujac. tract. 8 ad
Africanum in explicat. l. & haec distinctio 35 ff.
locat.

Fürs andere, wird solches für desto billiger angesehen, weil occasione contractus der Pensionarius in
den Schaden geführet wird, welchen er über sich
und seine Haabe nicht hätte dürfen gehen lassen, wann
er an sicheren Orten sich aufgehalten hätte, ideoque
aequum, ut unde occasio damni, inde compensatio
ejus proficisci debeat. Alexand. Consil. 94 num. 4 V. 5.
Damnum enim dedisse videtur, qui occasionem damni dat. l. Praetor ait 4 § hoc autem Edicto ff. d. vi
bonor. raptor. l. videamus 11 § fin. l. qui domum 57
in fin. ff. locat. nihil interest 15 ff. ad L. Cornel. de
sicar. l. qui accidit 30 § in hoc 3 ff. ad L. Aquil. cap.
saepe 50 dist. 5 cap. fin. d. injur. Cap. de caeteris 11
de homicid.

Zum dritten, halten sie es höchstbeschwerlich und
unverantwortlich, daß sie dem Grund-Herrn zu gute,
damit er ohne einzige Mühe und Verlust die Pension und Vortheil haben möge, seinen Gütern, so
viel ihnen menschlich und möglich, sorgfältig fürstehen sollen, daneben auch den Schaden, so hierüber
einfiele, allein ertragen. Cum tamen ferendus non
sit, qui lucrum amplectitur, damnum autem ferre recusat, L. un. § 5 C. de Caduc. tollend. l. secundum
naturam 10 ff. d. Reg. Jur. Et diabolicum, alterum
in damno esse pati, qui pro commodis nostris vigilare debuit. Socin. consil. 113 num. 17 vol. 1. Nec
enim emolumenta Jurisdictionis habere debet Episcopus, qui ejus onera non sustinet. Card. Tusch. tom. 2
lit. D concluf. 13. Cum iniquum sit, ut ad unum
lucrum, ad alterum damna tantum pertineant. l. hu-
miliorib. 14 C. de suscept.

Welches dann viertens bekräftiget die naturalis ratio, quod officium suum nemini debet esse damnosum.
l. sed & si quis 7 ff. quemadmod. testam. aper. l. si
servus § quod vero; vers. idque evidentius ff. de furt.
l. inter officium 54 ff. de rei vendit. l. post legatum
5 § advocatum 13 ff. de his, quibus ut indign. l. videlicet 29 ff. ex quibus caus. major. l. si servus 61 §
quod vero 5 ff. de furtis. l. cum quaedam 26 Cod. de
admin.

admin. tut. Cap. pervenit 1 de fidejussor. cap. cum non decet 30 d. elect. lib. 6. Surd. consl. 19 num. 12. Menoch. consl. 228 n. 13 & consl. 58 n. 61 & consl. 570 num. 8. Thom. de Thomass. in flor. legum regul. 221. Tusch. pract. conclus. tom. 5 lit. O conclus. 94. Et si quis occasione ejus damnum sentit, id solus sufferre tum tenetur, l. cum duobus. 52 § quidam 4 ff. pro socio. Non enim quisquam contra suam utilitatem alii providere tenetur. Wesenbec. in paratit. de contrar. tutel. act. n. 4 & in communc. C. de sportul. n. 24. Unde etiam nec tutor alere tenetur pupillum, l. 3 § ult. ff. ubi pupill. educar.

Vors fünfte, dafern ein widriges obtiniren solte, würde der Conductor gedoppelten Schaden leiden, maffen in Anmerckung, daß er nebst dem Verlust seiner Mühe, Arbeit, Kosten und Genießbrauchs, wie auch Empfindung vieler Molestien und großen Gefahr, das Seinige beraubet seyn müßte, welches duplex damnum die Rechte nicht zulassen. l. navis 4 § cum autem 2 ff. ad l. Rhod. de jact. l. Sticho 36 in fin. de usufruct. legato, l. Titia cum Testam. 34 § qui in vita 5 de legat. 2, l. unum ex familia 67 § si rem 8 ff. eod. tit. l. 1 § interdum 12 ff. ad leg. Falcid. Alex. consil. 78 num. 10 lib. 6. Socin. consl. 302 vers. secundum corollarium. Cravett. consl. 111 n. 8 & consl. 201 n. 23. Menoch. consl. 9 num. 4, & consl. 153 n. 21, & consl. 198 n. 9, & consl. 271 n. 7, & consl. 840 num. 6, & consl. 14 num. 1, & consl. 21 num. 13, & consl. 32 n. 40 cum seq. & consil. 136 n. 9. Carl. Tusch. pract. conclus. tom. 5 lit. O concl. 136 per tot. Sufficit enim aliquem gravari in uno, nec debet gravari in altero. Cujac. ad leg. 6 de tribut. action. Cum grave sit, quod quis uno onere prematur, at multo gravius, si duplici onere suffocetur. l. cogi 16 § inde quæritur 3 ff. ad SCt. Trebel. Narta consl. 160 num. 34 & consl. 447 num. 14.

Ob nun wohl durch diesen Prätext der colorirten Aequität die Pensionarii mit ihren desideriis durchzudringen sich bemühen, und guter Hoffnung leben, kan doch dieselbe bey rechtlicher wohlbedachter Dijudication den Stich nicht halten. Maffen in den beschriebenen Rechten ausdrück- und vernünftlich versehen und statuiret, welche die Schaden, Verderben und Untergang, so durch unabkehrliche Zufälle, als Krieg, Raub, Brand und dergleichen zustoßen, eigentlich betreffen. Nemlich niemand anders, als dem Eigenthums-Herrn des Dinges, so beschädiget, verdorben oder zu nichte gebracht ist. Unde vulgata regula: Res perit suo Domino. l. quæ fortuitis 6, l. pignus 9 C. de pignorat. action. l. certum est ib. gloss. Bartol. & Dd. omnes ff. de Reb. credit. l. contract. 23 in fin. ff. d. reg. jur. l. 1 eod. depos. Narta consl. 194 tom. 1 n. 7. Joh. Otto Tab. Thes. locupl. comm. lib. 3 cap. 9 ax. 1 & 5. Nam fortuiti casus, quos humanum consilium providere aut avertere non valuit, a nemine præstantur, d. l. contract. 23 ff. de Reg. Jur. l. si ut certo 3 § quod vero 4 l. in rebus 18 pr. ff. commodat. l. 2 § si in eo tempore 7 ff. de administr. rei ad civit. pertin. Nec aliquis ad damna inde orta obligatur. l. fin. § 1 ff. ad l. Rhod. de jact. l. cum duobus § damna ff. pro socio gloss. in c. ad aures x. de Assut. & qualitat. Cephal. consil. 20 num. 12. Bartol. in l. Cæsar. num. 4 ff. de Publican. & Vectigal. Decius consil. 473 num. 7 & consil. 523 n. 3. Exceptio tamen est in malæ fidei possessore, qui semper in dolo

& culpa esse dicitur & proinde haud immerito damni præstatio ab ipso exigitur. l. in re furtiva 8 § si ex causa & l. ult. ff. d. condict. furtiv. l. item 14 § quid si homo ff. quod met. cauf. l. si alia 12 § ult. ff. deposit. l. item si verberatum 15 in fin. ff. de R. V. l. scire debemus 29 l. 82 § 1 l. fin. d. V. O. Pro quo malæ fidei possessore reputandus est & iste, qui propria sponte absque omni titulo & concessione domum alterius occupat, qui certe pro prædone possidet, ac non potest culpa carere, postquam secundum juris regulas culpæ adscribitur, immiscere se rei ad non pertinenti, l. culpa est 47 ff. de reg. jur. Quid ergo mirum, ut obnoxius sit restitutioni damni etiam per casum fortuitum dati? Sicuti etiam Facultas Juridica Liplienfis, ad requisitionem Melchior F. M. Febr. An. 1649 respondit.

Als nun in contractu locationis & conductionis, insonderheit quoad locatorem, in den Rechten kein sonderliches statuiret, verbleibet es billig bey obgedachter gemeinen in der Natur und Vernunfft wohlgegründeten Regel: Rem scil. perire suo Domino. Quoties enim exceptio ex jure verificari & oftendi non potest, standum est juris regulæ, l. ab ea parte 5 ff. de probat. l. suus quoque ff. de hered. instituend. Pacian. 1 de probat. cap. 1. Jus enim certum habet in specialibus, qui jus generale allegare potest, Corac. lib. 2 de commun. opin. 9 num. 100 & 131. Gail. lib. 2 observ. pract. 150 n. 3. Et qui regula nititur, pro eo res certa esse censetur. Panarmit. in c. ad nostram x. de appellat.

Diesem nach ist bey dieser Frage, ob dergleichen erlittene Schaden den locatorem, oder den colonum betreffen, zuförderst in Acht zu haben, wem die beschädigten Güter und Haabe zuständig und angehören. Wird derowegen durch Raub, Anzündung, Plünderung oder Verheerung der Soldaten ohne einiges Versehen und Verursachen des Conductoris, den Zimmern, Gebäuden, Viehe, Fährniß u. andern instrumentis fundi, so dem locatori zugehörig, Schade zugefüget, damit hat der Conductor nichts zu schaffen, sondern stirbt und verdirbt seinem Herrn, und dem Locatori. Nam res locata periculo locatoris cedit, l. 15 § 3 ff. locati, l. 25 § pen. eod. tit. Hoc est, quæcunque ad usum concessa, nec pertinent ad Colonum, verb. c. ædificia, pecora, fundi instrumenta, & res aliæ mobiles, & quæcunque in eo impensa, sine culpa conductoris sunt perdita, Hahn. in Obs. ad Wesenbec. tit. locat. n. 16. Ant. Fab. in Cod. lib. 4 tit. 18 def. 5 n. 1. Dn. Carpz. lib. 5 tit. 2 resp. 13. n. 2 & 3, 4 & 5. Veluti ita aliquoties pronuntiatum legimus in Carpzov. p. 2 c. 37 def. 14 in causa Marien von Pflugin, Mens. Febr. Anno 1633 in causa Georgii Schubarts zu Freyberg, Mense Junio eod. anno, nec non in causa Thomæ Haupts zu Wolffsberg, Mense Majo, eod. anno. Dafern auf die verdorbene beraubete Güter der Conductor zu dero nöthigen Conservation Unkosten angewandt, selbe aber zugleich ruiniret und aufgehoben, nehmlich, da die von demselben verrichtete nothwendige Gebäude hernach destruiret und eingeäschert, hat es gleichmäßige Beschaffenheit, daß dieser Schaden den Locatorem allein angehe, Ita enim impensæ necessariæ spectant ad dominium fundi & corporis, cui insumtæ sunt, & ab eo cuique possessori ex naturali æquitate refundendæ. l. qua ratione 9 in pr. ff. de A. R. D. l. si necessarias 8 ff. de pignor.

gnof. æ&l. l. fructus § impendi 19 ff. solut. matrimon.
l. in rebus § possunt ff. commodat. Actio, ut si
vel res ipsa, in quam facta, vel etiam ipsæ necessariæ impenſæ perierint, nihilominus per legitima juris
remedia ab ipso retineri, aut repeti possunt. d. l. necessarias ß. in pr. de pignorat. action. l. sed au ultrò
§ 1 ff. de negot. gest. Bartol. in l. in fundo num. 16
ff. de rei vindicat. Roland. a Vall. consil. 28 num. 18
vol. 1. Ruin. consil. 14 num. 3 lib. 1. Tiraquell. de
tract. convent. § 7 gloss. 1 n. 10. Prout idem obser-
vantur JCti Helmstadienses, dum ad D. Lepor. Hal-
berstadium in rescripserunt: P. P. Des gemeldtes
Capitulum B. M. V. Dann auch die beweislich angewandte Bau-Unkosten, und was ihr sonst in Respect des euch angewiesenen Wohn-Hauses, contri-
buirt und hergeben müssen, hinwieder zu erstatten
schuldig. Solte sich aber gemeldtes Capitulum dessen widerrechtlich verweigern, so seyd ihr solche Wohnung, ehe ihr eurer Forderung halber befriediget,
nicht zu räumen, sondern darinnen jure retentionis
zu verbleiben befuget; bis ihr der Kosten halber der
Gebühr contentiret und befriediget. B. R. W. Idque præter alias causas ea quoque poscit ratio, quæ
supra profertur, quod illæ impensæ impendendo acquirantur solo, vel corpori, ejusque domino, sicut
omne quod solo, inædificatur, solo cedere solet, §
cum in suo 29 Inst. de Rer. divis. l. adeo quidem
7 § eum in suo ff. de A. R. D. Ideoque ipsi merito peteunt, non conductori, qui impensas impendendo amisit. Es wäre dann, daß die angewandten
Unkosten ex pacto aut lege contractus dem Conductori zu ertragen auferleget, in welchem Falle dem
Locatori der Schade nicht aufzubürden, noch anzurechnen. Contractus enim ex conventione partium
legem accipiunt, l. 1 § si convenit 6 ff. deposit. l.
contractus 23 ff. de Reg. Jur. l. Lege 10 C. de pactis convent. l. 1 C. d. oper. liber. l. 1 C. Commodati
cap. contract. 85 de Reg. Jur. in 6. Et formam recipiunt, Card. Tusch. pract. concl. tom. 2 lit. C concl.
989 decis. 669 n. 4 apud Farin. part. 1. Etiamsi
fuerit conventum ultra, vel præter naturam contractus, idem decis. 415 n. 4 d. p. 1 recent. Ejusmodi pactum tunc subesse intelligitur, quando conventum, ut necessarias impensas in suo faceret conductor, vel ut suis sumptibus in eo, quo prædium traditur, statu conservaret. Menoch. consil. 64 n. 2
seq. ubi hoc casu ad reparationem saltem eum teneri,
non ad refectionem rei funditus destructæ, addit.
Vel si dictum, finita locatione fundum liberum ab
omni onere, & sine aliqua retentione debere restitui.
Jason in l. 2 num. 28 C. de Jur. Emphyt. Bald. in l.
jubemus § sane C. de SS. eccl. Vel si omnino levi
pensione conductio facta fuerit. Castrens. in consil.
268 col. pen. lib. 2. Was quoad utiles & volupta-
rias impensas Rechtens und zu observiren sey, soll folgendes hie unten berühret werden.

Gleichwie nun dem Locatorem der Schade und
Verderb, so dessen Eigenthum zustösset, alleine betrifft, also erfordert die gleichliebende Billigkeit,
daß der vorgesetzten Rechts-Regel nach, der Pensionarius, wenn seiner Haabe und Eigenthum solches
wiederführe, ihn auf sich nehme, und dem Grund-
Herrn, so hierzu nec ex pacto, nec ex facto obligiret, nicht aufbürde. Zumahlen sehr ungereimt und

widerrechtlich ist, den Locatorem mit Erstattung
dessen, so er nicht committiret, noch verwehren können, empfindlich zu bestrafen, bevorab da er ex rebus coloni propriis, und dero Conservation, keinen
Nutzen oder Ergötzlichkeit gehabt, sondern wie der
Pensionarius sich derselben alleine zu erfreuen gehabt, also muß ihn der betreffende Schade auch alleine betrüben. Denn weiln allhie keine Obligation
neque ex conventione, neque ex lege, neque ex delicto befindlich, kraft welcher der Locator solte verbunden obligiret seyn, so kan durch dessen keine befugte
Petition und Forderung entstehen. Nam damnum rerum conductoris propriarum, ad conductorem pertinet, cujusmodi sunt supellex, comestibilia, pecora, & quæcunque nulla ratione ad locatorem spectant, etiam impensæ sola colligendorum fructuum
causa factæ, l. 3 ff. de impens. in res dotal. Semina
die Aussaat, l. 15 § 2 & 7 ff. locat. etjam a Domino
fundi mutuo sumpta. Pacian. d. loc. cond. c. 5 n. 42,
si vero post semen projectum & culturam agrorum
flumen inundaverit, & semen mortuum fuit, conductor ob deficientiam seu non perceptionem fructuum remissionem petere potest, etiamsi receden-
te flumine non iterum seminaverit, ut ab agrorum
dominis factum fuit, quia in jure cautum non reperitur, conductorem bis seminare debere, prout Senatus Mantuanus censuit, referente ex Surdi decis.
87 per tot. Petr. Pacian. Tr. d. locat. conduct. cap. 46
n. 81; damnum igitur deficientiæ fructuum hoc in casu non provenit ex culpa Conductoris, ea enim demum culpa nocet, quæ ordinaria fuit ad casum damni, qualis prædicta non est, adeoque conductori
nocere nequit. Valasc. d. J. Emphyt. qu. 27 n. 39.
Peregrin. 5 consil. 98 n. 5. Fructus percepti & in hor-
rea, recondita l. 25 ff. d. Usucap. l. 15 ff. d. rer. div.
Nec aliter in praxi observari, sequentia Responsa
plurimum perlustrant & restantur. Ita enim pronunciatum est in causa Georgii Christophori à Milckau,
Mense Martio, Anno 1633. Verba sententiæ: Und
es mag Verpächterin denjenigen Schaden, so dem
Pachtmanne durch Abnehmung seines eigenthümlichen Viehes und anderer zuständigen Mobilien und
Sachen, als welche nicht im Inventario begriffen,
geschehen, zu erstatten nicht angehalten werden. B.
R. W. Et in causa Johannis Fischers in Leipzig,
Mense Jan. Ao. 1608. Verba sententiæ: Ob nun wohl
durch Einfallung des Kellers, euch den Pacht-Man-
ne vier Faß Bier zerschlagen worden ꝛc. So mag
doch dahero der Verpächter, weil ihr sonderlich
nicht berichtet, daß der Keller, als ihr ihn gemiethet,
schadhafft gewesen, oder solcher Schaden von ihme
verursachet worden, euch wegen berührtes Schadens Abtrag zu thun, wider seinen Willen nicht gedrungen werden. B. R. W. Nec non in causa
Georg Lüderitz Anno 1636 Mens. Decemb. Daß
der angedeutete Pensionarius erstlich den durch Miswachs und freffende Partheyen am Korn auf dem
Felde ihm zugezogenen und unerträglichen Schaden; zum andern, das Korn und Geld, so zur Pension angeschlagen, und von dem verwüsteten Hofe
nicht können erhoben werden; zum dritten, das abgeraubte Viehe, so vermöge aufgerichteten Inventarii des Amts gewesen, und dem Pensionario ist gewissen Tax nicht zugeschlagen; zum bitten, die
ausgebliebene Dienste, deren er zu Bestellung des
Ackers

Acker-Baues nicht entbehren können, in Anschlag
und zur Abrechnung zu bringen, auch den hinterstelligen Pension-Geldern inne zu behalten und zu
kürzen wohl befugt: Was ihm aber an Korn,
Butter, Bier, und Speck, auch Haus-Geräth,
Bett und Kleidern von Laden, und aus seinem Gewahrsam weggenommen und geraubet, solches kan
er mit Bestande nicht wieder fordern, sondern es
trifft der hierunter erlittene Schaden ihn allein, iedoch ist bey seinem Abtritt und zugelegter Rechnung
dabey die Billigkeit auch in acht zu nehmen. Solte
denn letzlich der mehr gedachte Pensionarius, vermöge Pacht-Verschreibung, die Sommer-Früch-
te wieder bestellen müssen, so ist er solches von den
Seinigen zu thun schuldig. B. R. W. Ut & in
Causa Francisci Kretzschmann Anno 1640 Mens. Decemb. Daß der Schade, welchen ihr an euch zuständigen Viehe, Victualien, Kleidern, auf dem Hofe durch gewaltsame Abnehmung erlitten, euch als
dominum allein betrifft, und könnet ihr derowegen
von dem Kloster mit Bestande nichts wieder fordern: es möchte sonst etwas darunter seyn, so in
das Inventarium gehörig, wäret ihr solches hinwieder zu erstatten nicht verbunden. Anlangend
aber die Contribution (ausgenommen die Gwarden
und Nachbar-Recht) welche ihr von dem Hof und
dessen Gütern entrichten müssen, denn auch den angezogenen Miswachs und Schaden, so an den
Früchten auf dem Felde, ehe dieselbe abgeerndtet
und in euer Gewehrsam gebracht, erlitten, wie hoch
denselben unpartheyische Leute anschlagen werden,
seyd ihr dem Kloster anzurechnen, und dieserwegen
Erstattung zu suchen, auch bis dieselbe erfolget, euch
des Juris retentionis zu gebrauchen, und den Hof zu
Belstorf in Posseßion zu behalten wohl befugt. B.
R. W. Ubi sub finem proxime praecedentis responsi etiam Jus retentionis approbatur. Diese Meynung wird auch in specie & in terminis durch den
klaren Buchstaben der gemeinen Rechte genugsam
bewehret und confirmiret, sicut legimus per Antonium Imp. rescriptum esse in l. 1. C. locat. ubi inquit:
Dominus horreorum periculum vis majoris, vel ef-
fracturam horreorum conductori praestare non cogitur. Cui adstipulatur perspicua constitutione Philippus Imp. in l. damnum 12 C. d. tit. cujus haec sunt
verba: Damnum quod per aggressuram latronum in
possessionibus locatis rei tuae illatum esse proponis, a
domino earundem possessionum, quam nullius criminis ream te facere dicis, resarciri tibi nulla ratione desideras. In Betrachtung dieses, hat ein iedweder Verständiger leicht abzunehmen und zu schliessen, was der gegenseitig vorgebildeten Aequität wider die ausdrückliche dispositionem & rationem Juris zu tribuiren sey. Aequitatem enim, quae non
est jure scripta, sed ex indigesto motu & concepta
affectione animi oritur, contra tenorem juris scripti
nunquam est sequenda. Bartol. & Bald. in l. C. de
legib. Jas. in l. placuit num. 3 C. de Judic. Gail. l. 2
obser. pract. 23 num. 26. Beneckendorff. in l. 1 memb.
4 part. 4 limit. 1 num. 112 ff. de R. J. Et licet nonnulli distinguant inter aequitatem scriptam & non scriptam, per l. 8 C. d. Jud. Non tamen ex cerebro
& capite alicujus aequitas nasci debet, sed ex arte
aequi & boni per rectam rationem deduci, quod si
non fiat, temeraria & captiosa dicitur. Garsi. de expen-
pens. cap. 1 num. 28. Decian. responsi. 356 n. 41 vol. 1

Jurist. Oracul V Band.

Knichen. de vestiturar. pactionib. cap. 3 num. 138.
Multi enim sub aequitatis praetextu velantur errores,
l. 91 § 3 d. V. O. Et si cerebrinum illud idolum sequi vellemus, nihil in jure certum esset, quibuslibet
praesertim Idiotis & causarum Gynecaeis ad quamlibet imaginem suas visiones detorquentibus. Zasius
consil. 10 num. 34 lib. 1. Welches desto eher allhie
in acht zu haben, weil die vorgeschützte Billigkeits-
Scheine von keiner Importantz u. Erheblichkeit seyn.

Was fürs erste des Locatoris Obligation an-
reichet, ist er zwar verpflichtet, möglichen Fleisses
darob zu seyn, daß der Conductor an dem verschriebenen Genießbrauche keinesweges verunruhiget werde, und da aus Verursachen, oder Hinläßigkeit des
Locatoris dawider etwas sich begebe, zu Ersetzung des
billigmäßigen Interesse verbunden. Da aber ohne
einige seine Schuld und Verhängen ex vi majore
solches sich zutrüge, ist er, Vermöge der Rechte nicht
weiter, als ad remissionem pensionis pro-rata damni
illati, obligiret, wie in nachfolgenden Bedencken mit
mehrern soll deduciret werden. Hierüber ist er nirgends zugehalten; Und folget daraus nicht, weil
der Locator securam possessionem & culturam zu
prästiren schuldig, daß er auch Schaden, so casibus
fortuitis, sine omni ejus culpa angefüget würden, erstatten müste. Inmassen die Obligatio a parte locatoris diese clausulam, quantum in ipso est, & per
res ejus licet, tacite in sich begreifft, und er ad im-
possibilia vera, non causata, l. 1 § 1 d. Excus. tutor.
nicht adstringiret wird, contra jura & naturalem
obligationem. Qua de re conferri possunt l. si quis in gravi 3 in princ. ubi Bartol. ff. d. SCt. Syllan. l. si stipulor 35
ff. d. V. O. l. Paulus 3 ff. quae sentent. sine appellat.
rescind. l. impossibilium ff. de reg. Jur. § impossibi-
lis 10 Inst. d. haered. instituend. Cap. nemo potest 6
de reg. Jur. in 6. Thomas de Thomass. in floribus
legum reg. 194. Cardin. Tusch. tom. 4 pract. conclus. tit. 1 concl. 54. Hieneben wann sine admissa culpa
nicht erfolget, was von Seiten des locatoris der contractus erfodert, erstrecket sich des Conductoris Befugniß und Prätension nicht weiter, als sich dessen,
wozu er verbindlich gewesen, hiedurch zu erholen,
ferner aber kan er den locatorem nicht arctiren, es
wäre dann, daß man ihn contra jura, casibus fortuitis subjiciren und dadurch obligat machen wolle.
Quos tamen nemo praestare tenetur, nisi unus specialiter eos in se receperit. Casp. Caballin. de eviction.
§ 5 n. 22. Dn. Carpz. part. 3. Decian. 290 num. 17
& part. 2 dec. 200 n. 5. So ist auch der locator ad
securam locati fundi possessionem nur verbunden,
nicht aber die Securität des Conductoris eigener Güter zu prästiren, welche mit dem Contracte nichts zu
schaffen haben, sondern zu sein selbst eigenen Gewinn
und Verderb verbleiben, unde a separatis male haec
est illatio, l. fin. ff. de Calumnia. Quippe ex quibus nihil infertur l. neque natales 10 C. de probat.
Regner. Sixtin. consil. Marpurg. 10 n. 44. Cyn. in l.
ea lege col. 3 C. d. Condict. ob causi. Cum separatorum separata sit determinatio, l. si maritus 10 C.
de donat. inter vir. & uxor. Consi. Argent. 1 cons. 2
n. 128. Ac natura, Honthem. libr. 3. de art. Notar.
cap. 19. Hinc aequum est, ut separata diverso jure
censeantur & aestimentur, l. sancimus, 34 C. de donat.
Bart. ad l. 8 § illud ff. de fidejuss. Praesertim cum
diversitatis ratio manifesta est, C. cessante x. de appellat.

Daß der Schade des Pensionarii eigenen Gütern zugefüget, wie beym andern Schein-Grunde angezogen, occasione contractus entstehe, wird mit Rechte geleugnet, angesehen nicht der contractus causa & occasio damni, sondern die Krieges-Last und Unruhe, so präter & extra contractum sich begeben. Und da ja also die Rede zu führen, daß occasione ejus es sich zutrüge, liesse sich dennoch übel schliessen, daß daher solches den locatorem treffen müsse; Zumalen der Conductor zugleich contrahens ist, ihm auch ohne Zwang beliebig, vermöge dessen er sich ausserhalb der Ring-Mauren aufzuhalten, und dannenhero mehr sich beyzumessen hat, worin er etwa beschädiget, als dem locatori. Und solches so vielmehr, weil der contract nicht zu des locatoris Nutzen alleine gemeinet, wie bey dem dritten Einwurff nichtiglich vorgegeben, sondern unter diejenigen gerechnet wird, welche utriusque contrahentis gratia getroffen und vollenzogen werden. per text. l. si ut certo 5 § nunc videndum 2 versic. sed ubi utriusque ff. commodat. Dann unleugbar ist der Conductorum Intention, daß sie fürnehmlich auf des Grund-Herrn Beste ihr Absehen nicht richten, sondern dahin sich bearbeiten, wie sie ex fundo alieno ihren Unterhalt und Gewinn suchen mögen. Drum keiner so einfältig seyn wird, daß er sich einbilden liesse, es wären die Conductores nur den Locatoribus zu Dienste, und ihre Sorgfalt wäre zu keinem eigenen Nutzen gemeynet, cui repugnat ipsa natura contractus, cujus a parte conductoris finis est, ut re locata uti · liceat. Dn. Struv. Syntagm. Jur. Civ. Exercit. 24. th. 2 p. 880 & Amad. Eckhold. ad Digest. tit. locat. § 3 pag. 255.

Woraus die denn vierte ratio dubitandi wegfällt, weiln nicht zu sehen, daß der Conductor dem locatori einig officium, quod plane gratuitum esse debet, l. 1 § fin. ff. mandat. leiste, sondern es ist zwischen ihnen ein contractus utrique onerosus, zu beyder Theile Nutzen gemeinet. So erleidet auch derselbe die Schaden nicht, ut Conductor, welche consideration sich nich weiter als auf die culturam fundi erstrecket, sondern als ein Dominus rerum suarum, in welchem Respect er nichts mit dem Locatore zu schaffen hat, als welcher denenselben ihme so gar nirgend zu verbunden ist, ut potius pro mercede res ejus illatæ ipsi locatori pignori suppositæ sint, & actione Serviana eo nomine experiri possit. § 7 Inst. d. action. Demnach auch der fünffte Vorwand des unbilligen gedoppelten Schadens zerfället, welcher nicht stat haben kan, es sey dann, daß circa eandem rem derselbe sich zugetragen, so allhier nicht zu befinden, da die operæ circa conductionem verlohren werden, der Schade aber res proprias betrifft, zu dem derselbe so beschaffen, daß zu dessen Ersetzung, der Locator nicht obligiret ist, dahero wider ihn dißwegen der Conductor nicht qveruliren kan; Verbleibet also solcher und dergleichen billigscheinenden motiven ungehindert, der in Rechten gegründete Schluß, daß der Locator zu Erstattung des von dem Conductore an seinen eigenthümlichen oder andern, dem Locatori unzuständigen Gütern, es sey Viehe, Korn, oder was es wolle, erlittenen Schaden zu antworten, oder behülfflich zu seyn, von Rechts wegen nicht schuldig sey.

Vel ex hac solummodo ratione, quod uterque sibi, & in suam contrahat utilitatem, ideoque & utriusque sit periculum; Et damnum rerum conductoris ad conductorem, per text. in l. 1 & 12 C. locat. Cond. Dn. Carpz. p. 2 C. 37 d. 21 per tot. Rerum locatarum vero ad locatorem pertineat. l. 15 § 3 l. 25 § pen. ff. d. t. Veluti hoc jamjam supra Præjudicio quodam de Anno 1633 illustratum fuit, cujus tenor hic erat. Verba sententiæ: und mag Verpachterin denjenigen Schaden, so dem Pacht-Mann durch Abnehmung seines eigenthümlichen Viehes, und anderer zuständigen Mobilien und Sachen, als welche nicht in Inventario begriffen, geschehen, zu erstatten nicht angehalten werden V. R. W.

Es wäre dann für eins erweislich, daß der Pensionarius und Locator für alle Gefahr, Hinderniß und Schaden, so aus besorglichen Kriegs-Beschwerden, oder sonsten ex casibus fortuitis herrühren möchten, zu stehen und gut zu seyn sich verpflichtet, alsdann müste er es gelten, quod pacto standum esset. Valet enim pactum, quod quis recipit in se casum fortuitum, etsi alias eo non teneretur. l. 1ib. Dd. C. commodat. l. contractus 23 ff. de R. J. l. quæ fortuita 6 C. de pignor. action. l. si quis domum § Julianus ff. locat. l. licet 8 C. eod. Sebastian. Medic. in tract. de cas. fortuit. part. 1 quæst. 12 num. 16. Gail. 2 observat. 23 num. 17. Dn. Carpzov. p. 2 c. 37 d. 17 per tot. Worbey wohl in acht zu nehmen, was in voriger Quæstion bey der limitation von dergleichen pactis weitläufftiger deduciret, welches ex natura correlativorum nicht weniger an Seiten des Locatoris, unangesehen die jura von ihm expresse nichts melden, stat hat, als es in Rechten von dem Conductore disponiret wird. Conferatur num. 80 supra quæst. 1 ibique allatum Præjudicium, quod ex natura correlativorum, & hic ad locatorem, scil. in casu vel recepti, vel non recepti casus fortuiti, applicari potest. Daraus wird erfolgen, daß vorberegte convention obligire, wann casus insoliti unvermuthlich entstünden, und den colonum an eigenen Haab und Gütern beschädigten. Ingleichen wenn culpa vel facto conductoris solches sich zutrüge, wohin alles dessen Versäumniß und Verursachen, wie auch wenn Haß, Neid und Feindschafft gegen ihn, Rauben und Plündern ergienge, vid. Fabr. in Cod. lib. 4 tit. 41 defin. 24. gehöret und zu referiren. Ferner auch da der Conductor den Schaden leicht etwa mit müglichen Fleiß, erträglichen Unkosten, Wegschaffung des Seinigen an sichere Oerter, oder sonst durch gute Fürsichtigkeit abkehren und verwehren können, dennoch lieber über sich wollen ergehen und auf den Locatorem ankommen lassen. Nam non providere aut impedire, quod a diligenti provideri poterit, culpa est. l. si putator 31 ff. ad l. Aquil. Quæ negligentem obligat casibus fortuitis. Gail. 2 observ. 22 num. 7 in fin. Sebastian. Medic. d. quæst. 12 n. 6. Qua in re nonsolum culpa ipsius conductoris, sed omnium, quos in fundum induxit, spectatur. l. videmus 11 in pr. ib. Costall. ff. locat. arg. l. 3 ff. de Publican. Quam sententiam secuta Fac. Juridica Lipsiensis, quæ ad requisitionem Melchior. T. Anno 1649 M. Febr. ita

re-

reſpondit. Verba poſteriora Reſponſi: P. P. Bevoraus weilen ſeine große Nachläßigkeit daju kommen, indem er ſich des Lehn-Gutes nicht angenommen, davon gangen, und niemands, durch welchen der Schade abgewendet und verhütet werden können, die Auffſicht anbefohlen x. So erſcheinet daraus ſo viel, daß mehrbeſagter Pacht-Mann, den durch das Feuer zugefügten Schaden wiederum gut zu thun, und entweder die abgebrannten Gebäu in vorigen Stand zu bringen, oder den rechtmäßigen Werth dafür zu erſtatten ſchuldig. V. R. W.

Huc etiam ſpectat Reſponſum facultatis Jurid. Jenenſ. de Anno 1627 ſupra jam relatum. Alldieweilen aber dergleichen conventiones, worinnen durch Ertragung der caſuum fortuitorum der locator beläſtiget wird, von denen gemeinen Rechten weit exorbitiren, viel Beſchwerden und Ungleichheiten bey ſich führen, die Obligation, ſo ſonſt ex natura contractus herrühret, mehren und beſchwerlich machen, werden ſelbige nicht allein ſtricte verſtanden und außgeleget; Sondern da aus dem klaren Buchſtaben, oder ſonſt unwiderleglichen Argumentis ſie nicht beſindlich, per ſubauditos intellectus, conjecturas, aut dubias interpretationes auch nicht ſubſumiret, oder erzwungen, ja vielmehr in dubio nach denen gemeinen Rechten, und alſo pro locatore gerichtet und gedeutet werden.

Sicut hanc generales regulæ interpretationem exigunt, quod ea ſemper accipienda ſit explicatio, quæ juri communi maxime convenit, & inde minimum diſcedit, l. 1 § ſi is qui navem ff. de exercit. action. l. 3 § hæc verba, ib, Bart. ff. de negoc. geſt. l. 2 § ſin. de adminiſtr. rer. ad civitatem pertin. Roland. d. Vall. conſil. 67 n. 86 vol. 3. Cravett. conſil. 581 n. 3. Naturæ contractus, quam ex juris diſpoſitione habet, congruit Tib. Decian. reſp. 48 n. 2 v. 1. Sicut hoc Dd. obſervarunt in explicatione § 5 Inſt. de locat. Cond. ubi ſuperlativum pro poſitivo poſitum eſſe explicant arg. l. 21 C. mand. Conf. Eckold. ad Digeſt. tit. loc. cond. § 8 p. 261. Minus obligat, minusque nocet, arg. l. ſi quid venditor 18 in ſin. d. ædil. edict. l. ſi peculium 6 § ſicut 4 de pecul. legat. Joh. Ott. Tab. lib. 9 c. 76 ax. 6. Menoch. conſ. 31 n. 52. Neutri oneroſa eſt, Caſtrenſ. in l. 1 in ſin. ff. ſi quis caution. jud. ſiſt. Cravett. conſ. 333 num. 13 l. adoptivus § 1 ff. de rit. nupt. l. cum apud C. de commun. ſerv. Manum. c. juvenis x. de ſponſal. Minimam obligationem inducit l. ſemper in obſcuris 9 ibid. Dec. & Cagnol. ff. de R. J. Und obwohl den Rechten gemäß, quod in ambiguis contra emptores, locatores, aliosque qui legem contractui apertiorem dicere potuiſſent, interpretatio facienda ſit. l. in contrahenda ff. de R. J. l. veteribus 39 ff. de Pact. Cap. contra de R. J. in 6. l. ſtipulatio § in ſtipulationibus ff. de V. O. So iſt ſolches dennoch in denen paſſibus denen locatoribus nicht zuwider, wann an einer Seiten die Außlegung der obgedachten zweiffelhaften Conventionen den Rechten der Natur und Vernunft mehr gemäß iſt, als was von Seiten des Conductoris contra jus & naturam contractus will eingeführet werden, uti hanc exceptionem ex Alberic. in d.

l. veteribus tradit Mart. Uran. conſil. 15 n. 26 vol. 2. Cum ea inprimis Interpretatio amplectenda ſit, quæ Juri, naturæ & rationi conveniens eſt, æquitatem ſapit, & majorem benignitatem in ſe continet, l. in iis 16 ff. d. condit. & demonſtrat. Menoch. arb. Jud. quæſt. 7 n. 18 & 2 arb. Jud. caſ. 199 n. 4. l. ult. C. qui bonis cedere poſſ. Maxime in caſibus dubiis, juxta Gloſſ. in cap. Statutum, de præbend. in ſexto. Jaſon in Auth. quas actiones C. de SS. Eccleſiis. Ubi alias etiam ſecundum id, quod ſieri ſolitum, ſieri debet. l. quod ſi nolit 31 § quia aſſiduus 20 ff. d. ædilit. edict. l. ſemper 34 ff. de R. J. l. eam, qui probabilem 19 C. de Epiſc. & Cler. Cravett. conſ. 77 n. 13. Dannenhero folget, daß der Conductor, wann er den pactis dergleichen widrigen Verſtand anzulegen ſich bemühet, vorher ſolchen zu probiren ſchuldig ſey.

Auſſer Zweiffel iſt es, wann der Locator verſprochen, alle Gefahr und Schaden, ſo durch das Kriegsweſen dem Conductori auf den penſionirten Gütern entſtehen möchte, auf ſich zu nehmen, daß alsdann zu Erſtattung deſſen, ſo der Conductor hernach durch Raub, Brand und Plünderung verlieret, cæteris paribus gehalten ſey. Wann aber ſimpliciter und ohne Anfügung einiges ſpecificirten caſus fortuiti das periculum er auf ſich nimmt, oder den Penſionarium ſchadlos zu halten zugeſaget, iſt das pactum nicht zu verſtehen von den fortuitis eventibus, ſo vi majore vel fortuna inclinabili ſich begeben, wie aus demſelben, was bey dem erſten Bedencken in 2 limitat. de ſuſceptione periculi vermeldet, zu confirmiren, ubi dictum eſt, ſuſceptione periculi, non includi caſus fortuitos, ſicut nec voce damni. Confer. ſupra erſtes Bedencken ut patet ex l. ſi damnatum 15 junct. l. inter cauſas 28 § 6 non omnia ff. mandat.

Es möchte dann erweislich zu machen ſeyn, daß dabey ein Abſehen auf die unglückliche Krieges-Fälle geſtellet, und in dero Conſideration das Pactum gemachet, alsdenn gilt es eben ſo viel, als wann es exprimirt, per text. expreſſ. in l. 1 C. commodat. ubi duplex hæc concluſio formatur, quod paria ſint, periculum ſuſcipere, & fortunam futuri damni, & 2) quod his formulis non cenſeatur indemnitas adverſus hoſtilem incurſionem promiſſa, niſi eius contemplatione id factum ſit. Id quoque argumentum a contrario ſenſu, quod in jure validiſſimum eſt, præter dictam comparationem probat. Expreſſum inſuper dicitur non ſolum id, quod per ſcripturam apparet, Bald. in cap. ult. col. 4 verſ. 3 quæro extr. de conſuetud. Vel oculis legi poteſt; Put. deciſ. 144 n. 2 lib. 1 l. 1 in princ. ubi Bart. & alii ff. de his, quæ in teſt. delentur. Sed & illud pro expreſſo haberi debet, quod in neceſſarium ſequens aut antecedens venit. cap. cum olim de cenſib. Gl. & Dd. in l. Prætor in pr. in verſ. expreſſum ff. de novi Operis nunc. Cravett. conſ. 556 n. 4. Menoch. d. arb. Jud. quæſt. conſ. 270 n. 28. Far. 1 conſ. 28 in addit. tit. 6. Expreſſis ſequitur l. cum quod 3 ff. ſi certum petat. Bald. in l. 1 col. ſin. C. de his, qui ant. apert. tab. teſt. Cravett. conſ. 149 n. 11 & conſ. 257 n. 6. Sub expreſſo continetur. Pariſ. conſ. 66 n. 62 Vol. 2. Cravett. conſ. 149 n. 11. Menoch. conſ. 14 n. 15

& de

& de arb. caf. 276 num. 2 cum feq. Ex expreffo infertur. d. l. Prætor ait § 1 ubi gloff. verb. expreff. ff. de nov. oper. nunciat. Ex vi verborum, quæ id important, continetur. Angel. conf. 17 col. pen. & conf. 731 n. fin, Per relationèm exprimitur. d. l. Prætor ait 5 § fi Judex 1 l. in fumma 59 § 1 ff. de Re iud. l. fi ita fcripfero 38 ff. de condit. & demonftr. Subintelligitur a Jure l. licet Imperator 74 ff. d. legat. 3 l. 1 C. d. teft. mil. Ex mente & conjecturis necefario colligitur. l. fi quis locuples 97 ff. de manumiff. teftam. Matth. de Afflict. dec. 44 n. 18. Virtualiter ineft Gail. lib. 2 obf. 2 n. 2. Sub ratione comprehenditur, l. quæfitum fcio 13 ff. d. teft. l. fi poftulaverit 27 § 13 ff. d. adult. Et denique ex eadem ratione deducitur, Surd. dec. 254 n. 40 & dec. 255 num. 23. Alldieweil aber wann obgedachte pacta nimis generaliter auf alle des Penfionarii Haabe und Güter folten gezogen werden, und Kraft dero der Locator allen Schaden ohn Unterfcheid ihm zu erfeßen fchuldig feyn, folches fehr befchwerlich wäre, und viele unbillige Confequenzen mit fich führen würde, halte ich dafür, daß apud æquos arbitros diefelben pacta den Penfionarien die Güter, fo fie als Penfionarii zu ihrer Nohdurft auf den penfionirten Gütern haben müften, alleine für Schaden verfichertcn, die übrigen facultates aber, derer fie ad vitam & familiam fuftentandam nicht bedürftig, auch nicht angiengen.

Zum andern da befindlich, daß ex culpa aut facto locatoris das fchädliche Unglück entftanden, ift billig, daß er dem Conductori Erftattung thue, cum iniquum fit, alteri per alterum iniquam conditionem inferri. l. non debet alteri ff. d. R. J. Wohin auch der Fall gehöret, wann aus Haß, Neid und Feindfeligkeit gegen des locatoris Perfon, dem Conductori Schaden wiederfähret. arg. l. fi merces 35 ff culpæ 4 ff. locat. Fab. in Cod. d. tit. 4t defin. 24. vid. quæ a parte conductoris quæft. 1 deducta funt.

Fürs dritte, wann der Conductor mit dem zeitlichen difceffu der eräugeten Gefahr fürzukommen, und das Seine zu falviren entfchloffen, durch des locatoris Anmahnen und Zurathen aber angehalten, hernach in Gefahr und Schaden geftürßet wird, competiret ihm nicht unfüglich actio mandati zu Erhaltung des erlittenen Schadens. Ista enim perfuafio cum vim mandati habeat, præfertim quia perfuadentis caufa præprimis fufcipitur, quæ alias vim coactionis habere dicitur. l. 1 § perfuadere 3 ff. de ferv. corrupt. l. 2 § fi quis volentem ff. de liber. hom. exhib. Imo plus fit perfuadere, quam compelli, d. § perfuadere l. cum qui C. de appellat. Cravett. confil. 461 n. 16. Æque hic tenebitur ut mandator, quem etiamfi ad fortuitos cafus mandatario noxios jura regulariter non obligent, l. inter caufas 26 § non omnia ff. mandat. Hunc tamen refufioni fubjiciunt, quando etiam mandans providere periculum, & vi obnoxiam fore procurationem præmetuere potuit, ex Natta conf. 168 & Immol. in c. ficut 13 x. de jurejur. Mozzius de mandat. in 4 col. ord. ult. de Natural. mandat. n. 25 in fin. Und obgleich in modum confilii der Locator den Conductorem zum verbleiben bewegte,

Et regulariter confilii nulla fit obligatio. l. conf. 47 d. R. J. ubi Petr. Faber & Dd. alii cap. quisquis præceptis 3 c. 14 q. 1 in fin. Eo, quod liberum fit cuique apud fe explorare, an expediat fibi confilium. l. mandatum 2 § tua autem 6 in fin. ff. mandati. Imo, qui exhortatur aut inftigat, mandatoris opera non fungatur, uti expreffe ait Papinianus in l. ob hæc verba 20 ff. de his, qui not. infam. Finckelth. obf. 16 num. 3. Quod & jam dudum placuit Scabinis Lipfienfibus Anno 1585 Cafparo Tafchenbergio hanc in fententiam pronunciantibus: Verba fententiæ: Wann fie nun gleich von ihm mit guten Worten und vielen Vertröftungen dahin beredet worden wäre, daß fie 2c. So mag er dennoch deswegen actione mandati, oder in factum, oder auch fonften beftändiglichen nicht belanget, noch die Zahlung zu leiften angehalten werden.

So ift demnach keine Differenz zu machen, zumalen folches confilium confulentis gratia datum, pro mandato zu achten, und ohne daß ein confilium, auffer welchen den gerathenen Weg einer fonft nicht erwählet hätte, inftar mandati obligatorium ift, & confultor ex folo confilio obligatur, fi quis citra confilium non fuiffet contracturus, per text. in l. fi remunerand. 6 § 5 mandat. Befold. in Thef. pract. p. 476. Locam. qu. 374. Bartold. in l. 2 § fi tua ff. mandati. Semper fiquidem utilitas, five id, quod intereft, fpectatur eorum, inter quos mandatum contrahitur, & maxime mandantis, adeo, ut fi nihil ejus interfit, non mandatum fed confilium dicatur. Dd. ad § 5 Inft. de mandat. Licet autem hæc mandantis utilitas æque clare non appareat ut in § 3 & 5 Inft. d. t. Tamen valet mandatum, & eft obligatorium, fi modo mandantis quacunque ratione interfit, etiamfi illa utilitas non adeo fit evidens. § 6 Inft. d. t. & arg. l. 6 § 5 eod. Spectat huc aliquo modo Refponfum Facultatis Juridicæ Lipfienf. de Anno 1594. Ejus verba: Wann es eurem Bericht nach bewandt, oder fonften zu befcheinigen, daß er euch durch fein rühmen und ausgeben feines Wohlftandes, und daß keine Gefahr vorhanden, zu dem Anlehn der 150 Rthl. beredet und bewogen hätte, oder etwas davon bekommen; So wäret ihr ihn und wofern ihr anders von dem Schuldner nicht könnet bezahlet werden, der obgedachten Summa und Intereffe wegen rechtlich zu belangen, wohl befugt, und da er fonft nichts erhebliches darwider vorzuwenden, wäre er euch die 150 Rthl. fammt gebührlichen Zinfen und verurfachten Unkoften zu erftatten fchuldig. V. R. W.

Viertens, wenn des Penfionarii Vieh, fahrende Haabe oder fonft andere Moblien zu Beftellung des Ackerbaues oder des verpenfionirten Gutes Beften gebrauchet und angewendet werden, achten es viele für billig, daß der zugefügte Schade, wo nicht ganz, dennoch zum guten Theil von dem Locatore müfte erfeßet werden. Das contrarium aber ift obgefeßter General-Conclufion mehr gemäß, es ift auch ratio diverfitatis nicht befindlich, bevorab weil der Conductor diefelbe zwar den fundum damit zu excoliren gebrauchet, iedoch nicht dem Locatori zum beften, fondern damit er die Abnüßung defto füglicher und völliger erheben könne. Und obgleich dem Locatori zum öfftern fehr damit gedienet, daß der
Con-

Conductor das Ackerwerck bestermassen einrichte, so entstehet doch hieraus keine obligatio ad resarciendum damnum postea istatum, sondern was sich an Unheil und Ungelegenheit begiebt, hat er seae facilitati, und daß er auf solche Fälle sich durch gewisse Maße gebunden, nicht besser vorgesehen, zu imputiren, und solches gestalten Sachen nach, nicht unbillig, zumahlen die Pensionarii mit gutwilliger Abschaffung des ihrigen nicht des Grund-Herrn, sondern ihren eigenen Nutzen intendiren, daher den Schäden auch auf ihn nicht transferiren können. Blieben die Güter, so mit Vieh und Fahrniß der Nothdurfft nach, nicht besetzet, so hoch als wohl begabete Güter nicht pensioniren, sondern die Pension auf dasselbige, so ihnen tradiret, nur richten, von den Ihrigen, ja sie zu eigener Commoditat auf denen locirten Gütern gebräuchen, keine Miethe abtragen, atque ita post Boss. in tit. de remill. merced. num. 91 Mozz. de locat. toto n. 41 in fin. tradit, res coloni quae sunt in fundo, & fundo deserviunt, ejus periculo esse.

Ob ein anders zu statuiren, wann durch getroffenen Vergleich der Pensionarius von dem tradirten Gute so hohe Pension, als sich sonsten, wenn es völlig eingerichtet und bestellet wäre, gebühret hätte, jährlich abzutragen schuldig, dabey aber mit seinem Viehe, Fahrniß und instrumentis rusticis dasselbe dem Grund-Herrn zu gute besitzet, und zur Nutzbarkeit bringet; Darüber ist zum öfftern in- und ausserhalb Gerichts, meines Erinnerns, ambigué disputiret worden. Ohne vorgreifflich achte ich es gewiß dafür, daferne bey obgesetztem Fall neque expresso, neque tacito pacto ichtwas bedinget und beliebet wäre, daß alsdenn des Pensionarii Willfährigkeit pro commodato zu halten sey. Und derowegen der Pensionarius, wenn seine zu der Güter Besten allda gehabte und gebrauchte Mobilien incursu latronum, incendio vel alio casu fortuito verderben und umkommen, den Schaden nicht mit mehrem Füg von dem Locatore wiederfordern könne, als sonsten ein Commodatarius darzu obligiret ist. Qui non tenetur de vi majori, aut casu fortuito, contingente rebus commodatis, dum apud eum existunt, l. si ut certo 5 § quod vero 4, l. in rebus 18 prin. ff. commodat. l. 1 C. eod. Iniquum enim esset, ut quis damnum, quod nec ipse dedit, nec occasione ejus provenit, resarciat, cum aeque, si ea res apud dominum mansisset, fuisset interitura aut damnum habitura. Igitur quemadmodum alias, ita quoque hic domino perit, l. 9 C. de pign. act. Joh. Pomeresch. ad Inst. tit. quibus mod. re contrah. obl. p. 493. Eoque magis, cum non depositi, sed Locationis Conductionis Contractus inter Locatorem & Conduct. celebratus sit, in quo, (secus ac in deposito depositarius), Locator ne quidem ad custodiam rerum Conductoris, multó minús ad damni restitutionem obstrictus est. Conf. Dn. Mevius decis. 54 part. 2, ubi Anno 1654 Mense Febr. in causa Heinrich p. t. Nolltrans contra Obristen Hans Böttichern, ita pronunciatum esse annotavit: Wann aber nebst maaßgebenden pactis der Conductor die Besitzung des Ackerwercks mit seiner Haabe auf sich genommen, sey dieselbe zuförderst zu erwegen und zu folgen. Dergleichen pacta aber, so das periculum casus

fortuiti auf den Grund-Herrn transferiren, sind alle dieselbe, woraus ein Verkauff der zugebrachten Mobilien und Haabe zu colligiren und abzunehmen. Als zum Exempel, wann der Locator dem Colono jährlich ein gewisses an der Pension dafür abzuziehen, und sich bezahlt zu machen, verwilliget; dafern solches ein austrägliches ist, und nach geendigten Pacht-Jahren zusammen gerechnet, pro pretio möge geschätzet werden. Dann wäre die Erstattung geringschätzig, ist es nichts anders, als eine locatio istarum rerum. Pretii enim quantitas declarat & praesumtionem facit, an contractus sit emptionis, an conductionis. Bartol. l. ex conventione C. de pact. Tiraquell. in l. boves § hoc sermone limit. n. n. 2 & V. S. Ob nun gleich in den ersten Jahren alles in Verderben gebracht würde, trifft der Schade dennoch den Locatorem, ungeachtet das pretium auf viele Zeiten ausgesetzet, weiln nichts destoweniger dem Conductori, als venditori in diesem Falle actio venditi zuständig ist.

Ingleichen wenn der Pensionarius mit seinem Viehe und Haabe die Höfe und Güter besetzet, sich aber zuvor einer gewissen Aestimation mit dem Grund-Herrn vereiniget, und also res aestimatas in fundum gebracht, ist ausser Zweiffel, daß alsdann der erfolgete Schade den Locatorem treffe. Nam aestimatio facit periculum ejus, qui suscepit, l. r § 1 ff. d. aestim. action. l. quaero 54 § fin. ff. locat. Ioh. Ott. Tab. Thes. Locat. comm. lib. 1 cap. 41 ax. 2. Cum emptionis vice sit, & dominium transferat, l. cum fundus 3 ff. d. tit. l. quoties ff. de Jur. dot. l. quoties C. eod. l. aestimatis ff. solut. matrimon. Tiraquell. de retract. lignag. § 1 gloss. 14 num. 20. Ideoque & commodatarius propter illam tenetur de omni casu fortuito, d. l. si ut certo § commodatum ff. commodat. Sichard. in l. 1 num. 6 C. commodat.

Daferne aber zwischen ihnen dergestalt der Vergleich vermittelt, daß nach geendigten Pension-Jahren entweder das eingebrachte soll hinwiederum abgefolget, oder auch der billige Werth dafür erleget werden, ist zuförderst in acht zu nehmen, welchem Theile in istis alternativis die Election gebühre. Wäre aus den Umständen abzunehmen, daß es dem Pensionario frey stehen solte, ob er sein Viehe und Fahrniß wegnehmen, oder lieber die Aestimation heischen wolle, ist der Locator, rebus peremptis, zu dem Werthe obligiret. Quoties res & pretium alternative sunt in obligatione, re perempta, manet obligatio ad pretium. l. emptionis § si emptio ff. de contrah. empt. l. Stichum aut. ff. de solut. Carol. Molin. in consuetud. Paris. tit. 1 § 22 n. 42. Quippe quod succedit loco rei, l. si rem 22 ubi gloss. ad verb. quia potest ff. de petit. haered. l. sed etsi lege 25 § 1, l. si possessor 52 § 1 ff. eod. l. Imperator 72 § ult. de legat. 2, l. 55 d. donat. inter vir. & uxor. Dd. in l. venditor ex haereditate 21 de hered. & act. vend. Surrogatum enim, sapit naturam ejus, cui surrogatur, l. si enim 10 § qui injuriarum 2 ff. si quis caut. in jud. sistend. Ioh. Otto Tab. Thes. locat. comm. lib. 14 c. 76 ax. 6.

Dagegen, so die Election bey dem Locatore stünde, da etwa er sich vorbehalten, das Eingebrachte fahren

fahren zu laſſen, oder das pretium zu erlegen, quæ
electio in dubio locatoris, tanquam debitoris,
in iſta alternativa eſſe debet, l. plerumque 10 §
fin. ff. de jur. dot. l. jusjurandum 15 § ait prætor
ff. de jurejur. iſt er, rebus extinctis, deperditis,
aut deterioratis, ferner nicht verbunden. Quando
enim quantitas debetur reſpectu & ratione certæ
ſpeciei, quæ ſi extaret, invito creditori a debitore tradi poſſet loco quantitatis, ſpecie perempta,
debitor liberatus eſt a quantitatis ſolutione, d.
l. plerumque 10 § fin. l. fin. ff. de jur. dot. l. 1 §
fin. ff. ſi cui plus quam per leg. Falcid. l. ſi ſervus
comm. in pr. ff. de furt. Bartol. in l. quod te
mihi ibid. Jaſon n. 15 ff. ſi cert. pet.

Zum fünfften, was von dem Penſionario denen
zum Ackerwercke gehörigen Bauern und Dienſt-
Leuten vorgeſtrecket, hernach in Verderb und Schaden gerathen, wird zwar in etlichen Fällen nicht unbefugt von dem Grund-Herrn zu erſtatten gefodert,
abſonderlich, da es auf den gewöhnlichen Hofe wäre,
ſo dem Domino fundi anzuſchaffen oblieget, angewendet, oder der Locator daſſelbe zu erſtatten verſprochen, wie auch da er für deſſen Erſtattung, ſo
die Bauers-Leute ſelbſt thun ſollen, gut geſagt, oder
dem Penſionario daſſelbe zu thun anbefohlen.
Mandatum enim tantum obligat, quantum fidejuſſio. Valent. Franc. de fidejuſſ. c. 1 n. 10 ſeq.
Hering. de fidejuſſor. c. 18 n. 2. Nec cuiquam
officium ſuum debet eſſe damnoſum, l. 22 ff.
quib. ut indig. l. 7 teſtam. quem. aper.

Sonſten wann die Hülffe und Vorſtreckung alſo
geſchiehet, daß von denen, ſo etwas überkommen,
der Penſionarius daſſelbe auf gewiſſe Maaſſe wieder fodern und haben ſolle, oder auch ohne Conſens
des Locatoris die Anleihe ergangen, iſt derſelbe zu
Erſetzung nicht verbunden, ſondern die Accipienten
ſind Debitores, bey welchen der Colonus als Creditor verbleiben muß, geſtalt dann wider Recht
wäre, daß ſine facto aut conſenſu ſuo der Locator obligari enim ex alterius
conventione nemo poteſt, § 3 Inſt de inutil.
ſtipul. l. ſtipulatio 38 in princ. & § 1 l. 83 in pr.
ff. de V. O. Cum omnes obligationes ex noſtra perſona, non alterius initium ut ſumant,
neceſſe ſit, l. quodcunque 11 ff. de oblig. & action. Carpz. p. 2 conſt. 16 def. 38 num. 4. Maxime, ſi deterior tertii conditio inde efficiatur, l. non debet 74 l. factum cuique 155 ff. de reg.
jur. cap. non debet 23 eod. tit. in 6. Facit huc
quodammodo Dn. Mevii Deciſio 89 Part. 2
quæ ibidem evolvi poteſt.

Was dem zur Beſtellung des Ackerbaues und
Haushaltung gedingetem Geſinde an Lohn bezahlet
oder gebühret, wann hernach deſſen der Colonus
der Unruhe und Hinderniſſen halber nützlich nicht
gebrauchen können, oder ſonſt eine Ruin- und De-
ſolation deſſen, ſo gebauet, erfolget, will dem Locatori zum öfftern angerechnet werden: Aber nicht
mit mehretn Rechte oder Fuge, als ſonſt die zu Ein-
ſammlung der Früchte, und andere zu Beſtellung
des Ackerbaues angewandte Unkoſten von demſelben
können gefodert werden, dero ſpecies das Dienſt-
Lohn billig zu achten. Impenſæ enim omnes,
quæ colligendorum fructuum cauſa fiunt, ad
conductorem ſpectant, nec a locatore recipi-

untur, l. divortio § impendia ff. ſolut. matrim.
l. 3 in fin. ff. de impenſ. in res dotal. Caſtrenſ. in
l. domo ff. de legat. 1. Joſeph. Ludovic. deciſ.
24 n. 12. Hahn. in Not. ad Weſenb. ad tit. Locati n. 16. Dn. Carpz. part. 2 cap. 37 d. 26 per tot.
Quod vel inde patet, quod colonus partiarius
fructuum dimidiam partem tenetur domino
præſtare, non deductis impenſis, quas ſolus facere tenetur, c. tua nobis ib. Abbas X. de Decim.
Tiraquell. de retract. lignag. § is gloſſ. 8 num. 19.
Afflict. deciſ. 252, in tantum, ut ſi eveniat damnum in ſemine poſito a Colono, qui damnum
ſit ipſius tantum Coloni. Petr. Pacion. d. loc.
con. cap. 5 n. 40, nec tenetur dominus ſemine
mutuo recepto per Colonum ex jure ſocietatis,
quia colonus de ſuo debuit ponere ſemen, adeoque huic proprie obligationem ſatisfaciens
dicitur recipere in cauſam propriam, non ſocietatis, prout in ſpecie deciſum fuiſſe in Rota
Macerat. penes Thomaſ. deciſ. 270 per tot. refert Petr. Pacion. dict. c. 5 num. 41 ad Surd. dec.
153 num. 16. Et licet Jacob. Menochius de recup. poſſeſſ. remed. 15 n. 119 exiſtimet, repeti
poſſe impenſas factas in recollectionem fructuum, cum fructus alioqui non ſint recollecti, idque probare velit per l. prætor 9 § his verbis 3
ff. de rebus autor. jud. poſſid. l. quod ſi ſumptum
37 ff. de petit. hæredit.

Eſt tamen æqua haud eſt ſententia, ſi colono
applicetur, cum iniquum ſit, ferre locatorem
inde onus, unde nullum commodum habiturus fuiſſet, & impenſas debere refundere, quas
in rem ſuam, ſcil. in fructus, qui conductoris
ſunt, feciſſet, cum ejus debeat eſſe incommodum, qui ſperavit commodum, id quod ſenſiſſe
videtur Jo. Garſias de expenſ. c. 14 n. 13. Non
obſtat d. l. prætor 9 § his verbis 3. Nihil enim
ait, niſi compenſari fructus cum impenſis.
Non additur ille caſus, ſi iſti perierint. Similiter non obſt. d. l. quod ſi ſumptum 37. Illud
enim in judicio univerſali petitionis heredita-
tis, ubi non res ſingularis ſed univerſitas ſpe-
ctatur, ejusque reſpectu impenſa in unam rem
facta æſtimatur, ſingulare eſt. Joh. Garſ. d. tr.
de Expenſ. c. 1 n. 15. Et licet ad omnem bonæ
fidei poſſeſſorem extenderetur, haud tamen ad
colonum pertineret, apparente manifeſta diver-
ſitatis ratione, quod fructus ad b. f. poſſeſſorem ſpectent, qui eorum lucrum, ſi extarent,
perciperet, ſed ſecus in conductore qui certam
penſionem ſaltem recipit, quæ ita cenſetur de-
finita, ut pro fructibus, deducta ſolita impenſa,
ſaltem debeatur. Iſtam vero, cum ob caſum
fortuitum remittere teneatur, nimis moleſtum
foret, inſuper refuſione ſumptuum eum onerare, quos Conductor non rei conſervandæ
cauſa fecit, ſed pro ſua utilitate fructuum quærendorum cauſa, puta in arando, ſerendo, de-
boſcando, & ſimili cauſa dependit; Eos enim
non repetit, ſed ſolus ſufferre tenetur. Paul. de
Caſtr. conſ. 270 n. 3 verſ. tertio principaliter
videndum eſt & ſeq. lib. 2 & in l. domos 61 ff.
de legat. 1 n. 5. Jacob. Menoch. conſ. 64 n. 17
verſ. prima eſt ſpecies lib. 1. Carpzov. p. 1 c. 37
d. 26 p. 1. Veluti ita enim in Sachen Syndicen

des

des Raths zu Delitzsch, Klägern an einem, wi Gregor. Luppen, Beklagten andern Theils, Facultas Juridica Jenensis, Mense Majo Anno 1630 pronunciavit. Verba sententiae: Was aber zu blosser Verbesserung der Nützlichkeit verwendet worden, solches ist Beklagter als Pachts-Inhaber allein zu gelten und zu tragen verpflichtet. V. R. W.

Gleichmäßige Beschaffenheit hat es mit denen Spesen, welche zur Conservation der Abnützungen und Früchte angewandt werden, dero Abtrag dem Pensionario nicht unbillig oblieget, uti post Alexend. in l. divortio § impendia n. 4 ff. solut. matrim. Menoch. de A. J. Q. lib. 2 cas. 219 num. 3 tradit. Dafeure daneben selbig nicht zu Nutze des Locatoris gereichen. Wann nemlich zu Verwahrung der Zimmer und anderer Pertinentien des Guts, oder den Colonum bey ruhigem Geniesbrauch zu erhalten, custodes eingenommen und besoldet worden ꝛc. in welchen Fällen bey Abführung der Unkosten zu sehen, auf den intendirten Nutzen, und nachdem er gemein, oder einen Theil nur angehet, von demselben auch abzutragen ist. Quo scilicet aequa commodi & incommodi proportio observetur, nec alter plus oneris, alter vero plus lucri, quam par est, sentiat, contra l. fin. § sed cum Cod. d. furtis l. penult. Cod. d. suscep. lib. 2 Julianus 13 § 19 ff. de action. Empti, l. 12 C. eod. l. secundum naturam 10 ff. de reg. jur. § item pretium Inst. de Empt. & Vend. Thom. de Thomass. in flor. reg. 105. Johann Pomeresch. in not. ad § 2 Instit. de nox. action. Dubium enim non est, quin Conductor ad restitutionem impensarum, tam necessariarum, quam utilium in rem locatam factarum, adversus locatorem experiri queat. l. si quis domum 9 § 1, l. 19 § 1 l. Dominus horreorum 55 § 1, l. cum in plures 60 § vehiculum 8 cum 1 seq. in pr. l. locat. Cujac. lib. 10 obs. 4. Berl. part. 2 dec. 250 n. 2. Pac. c. 34. Quales sunt sumptus, quos impendit Conductor ad aedificationem horrei, cellae, ad comparationem vehiculorum, aliorumque instrumentorum &c. Joh. Harpr. in pr. Inst. de locat. Con. n. 78. Recuperari siquidem possunt sumptus, qui cedunt in perpetuam utilitatem rei conductae, d. l. Domaeus horreorum 55 § 1 l. locat. Colonus 61 ff. locat. Quare & in Causa Henrici a Gersdorff zu Herkau, M. Majo, Anno 1625 ita pronunciatum est. Verba sententiae: Worauf sichs begeben, daß ihr bey währender Pacht-Zeit eine neue Scheune zu Einsammlung der Früchte erbauet und aufgerichtet, darauf ihr nebenst andern ausgelegten Kosten, in die 300 Rthl. gewendet ꝛc. So werden euch berührte 300 Rthl. bey Abtretung des Pachts hinwiederum billig entrichtet. V. R. W.

Andere Impensen und Meliorationen, so zu der Güter Besten und Nutzen angeleget, anreichend, gehören dieselbe ad onus locatoris, und muß derselbe solche dem conductori refundiren ohne Unterscheid, ob dieselbe ad temporaneam praedii utilitatem, oder ad perpetuam gereichen. Puta si ad decennium factae durant. gloss. in l. 3 f. nos generaliter in pr. ff. de impens. in res dot. fact. Castrens. in l. domos de leg. 1. Bocer. quaest. 44 n. 13 seqq. Afflict. decis. 232 h. a. Mölinz. in

Jurist. Oracul V Band.

consuet. Paris. tit. 1 § 1 gloss. 8 in fin. Tiraquell. de retr. § 1, 5 gl. t. Pac. n. 54. Non enim Conductor tenetur de suo cooperire tectum, scalas facere, & reficere, puteum purgare, fenestras ligneas, & ostia adaptare, & manutenere & alia necessaria ad utendum & fruendum re conducta facere, sed hoc spectat ad locatorem. Borgn. Cavalc. decil. 44 n. 49 part. 1. Adeoq quod toties, quoties opus erit, has expensas locator erit obligatus facere, & si conductor solverit, poterit repetere expensas omnes integras, etiam quod durante Conductione tantum essent duraturae. Natt. Cons. 449 n. 9 & n. 10 tom. 2. Berl. p. 2 decis. 150 per tot.

Und dürffen dergleichen utiles impensae nicht eben so lang beständig seyn und bleiben, bis die Pension-Jahre geendiget, oder der fundus conductus an dem Grund-Herrn hinwiederum gelanget. Meliorationum tamen aestimatio facienda est secundum tempus restitutionis rei, non secundum illud tempus, quo factae fuerunt sive pretium auctum, sive diminutum sit. Bartol. in l. domos de legat. 1 ibid. Angel. & Castrens. Joseph. Ludovic. decis. 24 n. 25. Capic. decis. 93 in fin. Mölin. in consuet. Paris. tit. 1 § 1 gloss. 97. Roland. a Vall. consil. 28 n. 14 vol. 1. Paris. consil. 16 num. 185 vol. 2, ubi hanc communem opinionem esse tradunt. Berl. p. 2 decil. 151 n. 5 ubi num. 8 ampliat. Carpz. p. 2 c. 37 d. 27 n. 3 ibique allegati. Secus ac in improprio, vel quasi usufructu: ubi quando ejus nomine cautio praestanda venit, aestimatio facienda est secundum valorem pecuniae, quae suit tempore traditionis ususfructus constituti, non secundum tempus restitutionis, seu ususfructus finiti. Herm. Vultej. ad § 2 L. de usufruct. & Joharin. Harpp. ibid. Quare Scabini Lipsienses, consulti a Joh. Nicolai zu Leißnig, Mense Augusto Anno 1637 ita responderunt: Verba sententiae: Hat euer Vater Antonius Claus, weiland Bürgermeister daselbsten, als er Anno 1620 des Amt-Schössers Matthäi Horns Tochter geehliget, 300 fl. zur Mitgifft empfangen, und als er nunmehr Todes verfahren, wird solche Mitgifft von des Weibes Vater, dem Amt-Schösser, im Namen der Tochter, als ihr eingebracht Gut, wieder gefodert. Da nun gemeldte eingebrachte 300 fl. Mitgifft, an solcher Müntze und Werth, inmassen sie euer Vater empfangen, der Witwen wiederum entrichtet werden ꝛc. So liesse sie sich daran billig begnügen, und es wäre ihr Vater ihretwegen, etwas ferner zu fordern, nicht berechtiget. V. R. W.

Ideoque licet Conductor plurimum expenderit, si parum utilitatis permaneat locatori finita conductione, illud parum debetur, si multum remanet, multum, ut tantum solvat locator, quod ad eum pervenit, ut sunt verba Joh. Garf. d. tr. de expens. c. 14 n. 13. Duae enim hae species impensarum, quae scilicet necessario fiunt, & quae voluntate Domini insumuntur, hoc jure regulariter fruuntur, quod re perempta, aut ipsae licet extinctae, debeantur: in caeteris tantum refunditur, quantum reperitur. Quod ipsum non obscure probatur, per l. si quis domum 9 § 1 ff. locat. ubi sumptus finita loca-

S s   none

tione non recipiuntur, quia quis prospicere debuit, quod evenire possit, ut perirent. Circa hancce impensarum materiam lucis multum afferunt sequentes Dni Mevii Decisiones, quæ in operibus Decisionum suarum legi possunt, utpote Decisio 42 Partis 3, Decisio 44 Partis 3, Decisio 119 Partis 3, Decisio 75 Partis 4. Die Aussaat, daferne absonderlich deswegen kein anders abgeredet, ist von dem Pensionario auf seine Kosten zu bestellen, demnach dessen Verderb, Verstörung und Zerrüttung denselben betrifft, und ist er über die remissionem pensionis keine Erstattung zu suchen bemächtiget. Damnum seminis amissi ad colonum spectat, ut ait JCtus in l. ex conducto 15 § si vis tempestatis 2 & § ubicunque 7 ff. locat. Hahn. ad parat. Wesenb. d. tit. num. 16.

Hat nun der Pensionarius den Grund wohl begatet und besäet überkommen, darneben versprochen, dergestalt nach geendigtem Contract denselben hinwiederum zu liefern, weil die Pension darnach gerichtet, und der Saat halber er ex pacto debitor geworden, entstehet keine liberation ex casu fortuito, wodurch er die Saat zu geniessen verhindert, sondern bleibet dessen unangesehen, zu Wiederersezung obligiret. Debitor enim generis, quod nunquam perire censetur, non liberatur rei interitu. l. incendium 11 C. si cert. petat. ib. gloss. Bartol. Salycet. & Dd. l. in ratione 30 § incerta 5 ff. ad Leg. Falcid. l. si de bonis 10 C. de jur. delib. Surdus de aliment. tit. 3 quæst. 16 cum seq. & consl. 391 num. 3. Tusch. d. tit. G. concl. 40 n. 2. ubi n. 3 post Paris. consl. 94 n. 8 lib. 2 ait: Quod genus non sit res mobilis, nec immobilis, sed consistens in intellectu. Itaque si genus aut quantitas promissa sit, licet quædam de genere perierint, obligatio tamen durat Cubach. in Brocard. de genere c. 22 ax. 13 pag. 412.

Es wäre dann dieselbe zu der Zeit, wie der Conductor der Krieges-Gefahr halber fundum conductum deseriren, und a lege conductionis abtreten müssen, wohl bestellet, in welchem Falle gemeiniglich es also zu halten, als wenn der Pensions-Contract geendiget, und der fundus dem Grund-Herrn wieder geliefert wäre; zumal was de damno amissi seminis gemeldet, nicht weiter als durante contractu locationis kan verstanden werden. Wann aber bey derselben der Pensionarius nicht könte geschützt werden, sondern dessen sich begeben müssen, alsdann, ausser Zweiffel, nicht weniger als andere des fundi pertinentiæ die Aussaat, und fructus pendentes periculo domini gelassen werden, cum sint pars fundi, l. fructus 44 ff. de R. V. l. qui scit § 1 ff. de usur. Sub finem Quæstionis hujus secundæ tædiosum non erit, Decisiones nonnullas Dn. Mevii ad hanc materiam quodammodo spectantes perlustrare, & in operibus suis evolvere; utpote Decisionem 260 Partis 4. Decisionem 90 ibid. Decisionem 127 Partis 5, quæ sane huic materiæ multum lucis afferunt.

Drittes Rechtl. Bedencken XLIV.

Vom Interesse, so wegen einfallender Hindernisse, wodurch der Pachter des völligen Geniesbrauchs nicht fähig seyn kan, sich gebühret.

De interesse damni ob impedimentum usus rei conductæ perpessi.

Hier ist die Frage zu erörtern: Num Pensionarius ratione damni perpessi & probibiti, vel impediti ususfructus, a fundi Domino interesse petere valeat? Wann durch die hochbetrübte Krieges-Wesen, den aufgerichteten Pension-Contracten nicht hat können nachgelebet werden, ist bey vielen diese Meinung entstanden, es wären die Pensionarii deswegen alles Interesse, zugleich das damnum emergens und lucrum cessans, von denen locatoribus zu fordern befugt, daher dann von denen unausgesessenen Hünern die Eyer zu bezahlen, und alle Abnützungen, so ex fundo conducto in bestimmten Pensions-Jahren hätten können eingehoben werden, zu ersetzen, denselben will angemuthet werden. Cum tamen, ubi remissionis ratio habetur, Conductor non id, quod sua interest, consequatur, sed mercedis exonerationem pro rata, supra damnum seminis, quod ad Colonum pertinet, l. 15 § ubicunque 7 ff. locat. Conduct. Und wie weit man hierinnen gesehet werde, ist ex responso Africani in l. si fundus 33 ff. locat. klärlich zu vernehmen, wofelbsten diese Quästion der JCtus folgender gestalt decidiret: Si colonus tuis fundo frui a te, aut ab eo prohibetur, quem tu prohibere, ne id faciat, possis, tantum ei præstabis, quanti ejus interfuerit frui, in quo etiam lucrum ejus continebitur. Si vero ab eo interpellatur, quem tu prohibere propter vim majorem, aut potentiam ejus non poteris, nihil amplius ei quam mercedem remittere aut reddere debes. Woraus ein Unterscheid der begebenen Fälle erhellet, und zwar, wann der Colonus ohne einiges Verursachen des Locatoris, oder da er durch seinen Fleiß, Sorgfalt und Fürsichtigkeit es nicht wehren mögen, casu ex vi majori turbiret, verhindert und beschädiget würde, ist über die Nachlaffung der Pension der Locator nirgend zu obligiret, per l. si in leg. 24 § Colonus 4 ff. locat. Jason consl. 109 lib. 1. Tib. Decian. 208 n. 1 vol. 2. Zumalen es den Rechten, und eingedrungenen Vernunfft zuwider, demjenigen, so in culpa oder mora niemahls gewesen, Interesse anzumuthen, quod pro pœnæ specie habetur. Et non debetur, nisi a tempore moræ. Dd. in l. lecta 40 ff de reb. cred. Quoniam non tantum lucrum amissum complectitur, l. 13 § ult. ff. rem ratam hab. l. 2 § ult. ff. de eo quod certo loc. l. 13 § 1, 2 de act. Empt. l. si fundo 33 § fin. ff. locat. Carpz. p. 3 c. 30 d. 7 n. 4. Ant. Fab. in Cod. lib. 4 tit. 24 defin. 8 n. 3. Sed & detrimentum, quod futurum timetur, l. 14 § 5 l. 67 § 1 ff. de furt. Non obstante Leg. 21 § 3 d. Act. Empt. vox interesse enim quandoque latius, quandoque strictius sumitur; Priori in sensu omnem rei utilitatem comprehendit, posteriori tantum utilitatem rei cohærentem, extranea prorsus exclusa, denotat. Cujac. ad d. l. 13 rem rat. hab.

Daneben

Daneben wäre ungereimt, casum fortuitum, ex quo nemo obligatur, causam præstandi interesse zu setzen. Spectat huc, multumque illustrat Dn. Mevii Decisio LXXXIV. quæ habetur parte II Decisionum suarum. Wäre aber dem locatori etwas beyzumessen, warum die Hinderniß entstanden, und warum er sie nicht verhütet, noch den Colonum vorher gewarnet, mag er der Ablegung des Interesse sich nicht entziehen. Menoch. consil. 119 n. 1 & consil. 571 n. 24, ubi plures allegat. Quoties conductor est impeditus uti frui re conducta, facto aut omisso locatoris, tenetur hic ad omne interesse, etiam lucri cessantis, vid. Roland. a Vall. consil. 69 n. 22 vol. 4. Qui enim non facit, quod facere debet, intelligitur facere, quod non debet. l quid sit 17 § idem ait 7 & § ult. ff. d. ædilit. Edict. l. non omnes 5 § ult. ff. d. re militar. l. 4 & 5 ff. quæ in fraud. creditor. l. qui non facit 121 ff. de R. J. Dolo autem facere præsumitur, qui fecit, quod facere non debuit. l. tutor qui repertorium 7 ff. de administrat. tutor. l. si procuratorem 8 § dolo 9 ff. mandati, l. dolo 41 ff. ad Leg. Falcid. Menoch. consil. 98 n. 30 & de præsumpt. lib. 3 præs. 55 n. 10. Sicut & ille, qui non facit, quod facere tenetur, præsumitur dolosus. Farinac. in prax. crim. p. 3 quæst. 89 n. 92. Naturali itaque æquitati adversum est, ut Locatoris dolus Conductori quovis modo noceat, per l. Et eleganter 7 ff. d. dolo & l. 5 ff. d. pact. dot. Es sind also fürnemlich drey Fälle, in welchen ausserhalb, da auch pacto solches also versehen wäre, der locator ob impedimentum fruendi ad interesse obligiret wird. Vor eines, wann durch sein Verursachen oder ex culpa, factove ipsius dasselbe herrühret, und ist dieses ausser Zweiffel, wann das factum locatoris unbefuget und unrechtmäßig ist, quo casu locatorem conductori ad totale interesse teneri, concludit Bart. in l. si uno § item cum quidam ff. locat. Gloss. in l. si de fundo per ill. text. C. eod. Im Fall aber der locator dergleichen etwas zu veranlassen befugt, wodurch der Colonus am Genießbrauch verhindert würde, und den scopum contractus nicht erreichen möchte, halten etliche dafür, daß nur remissio pensionis pro rata temporis, nicht aber das Interesse könne gesucht werden. Ferret. in tract. de Gabell. n. 297. Welcher Meynung entgegen ist, quod etsi factum locatoris possit esse justum per se, quoad illum vero, cum quo contraxit, semper in culpa esse videatur. Corn. consil. 23 vol. 1 & consil. 28 n. 20 vol. 2. Bursat. consil. 309 n. 10. Cum censeatur promittere, se nihil commissurum, propter quod impediatur usus conductoris, Bald. in cap. 1 § ad hæc, de pac. juram. n. Corn. d. consil. 38 n. 17 vol. 2. Cui consequens est, ad interesse culpam obligari. Alexand. consil. 83 n. 3 vol. 4. Locans enim rem (ejusque hæres l. 10 C. loc. cond.) primario obligatur, ut usum rei Conductori concedat, l. 15 pr. d. t. Usque ad tempus determinatum, l. 3 C. eod. & præstet ea, sine quibus uti non licet. l. 25 § 1 l. 19 § 2. ff. eod. Unde si Conductori ob dolum, culpamve locatoris vel alias, uti non liceat, ad interesse obstringitur. l. 33 vers. nam & si certus Colonus, l. 35 d. t. Dn. Struv.

Jurist. Oracul V Band.

Synt. Juris Civ. Exercit. 24 th. 10 p. 28. Solche widerwärtige Opiniones zu conciliiren ist zu fördern in Acht zu haben, ob der locator aus freyem ungezwungenem Willen oder Noth dergleichen Händel, wodurch der Colonus turbiret worden, sich angemasset, oder ob er durch einige unumgängliche Nothwendigkeit darzu gedrungen sey. In dieser Begebenheit hält man denselben billig entschuldiget, der ex necessitate solches thun müssen, ein anders aber ist in jenen Fällen zu statuiren, uti distinguitur in l. qui insulam 30 pr. l. & hæc distinctio 33 pr. ff. locat. Ex necessitate enim quæ fiunt, non dicuntur fieri in fraudem. Joh. Ott. Tab. Thes. locor. comm. lib. 12 cap. 5 ax. 18. Cum legem non habet, (Germani efferunt, Noth hat kein Gesetz) sed lex ei subjaceat. l. tutor qui repertorium 7 in pr. ff. de administr. tutor. l. ut gradatim 11 § 1 de muneribus. & honorib. l. nonsolum 10 § fin. ff. de excus. tutor. l. aliquando 5 ff. de offic. Pro-Cons. l. si quis filio 6 ff. d. injusto rupto, l. 1 C. de operis liber. l. pro tyronibus 3 C. d. privileg. domus Augustæ. Et quamvis præmium ea non mereatur, Petr. Gerard. sing. 100 num. 29 cum seq. tamen si quis ex necessitate quid gessit, facile excusatur. l. ult. ff. de separat. Et magis succurritur iis, qui faciunt actum ex necessitate, quam qui ex voluntate faciunt, l. cum postulassem 44 § 1 de damno infect. l. alienationes 13 ff. famil. hercisc. Diese actio ad interesse findet auch stat wider den locatorem, wann aus Haß, Neid und Feindschafft gegen dessen Person die Hinderniß entstanden. Nachdem solche pro culpa illius in Rechten gehalten wird, uti supra dictum, & plurib. in terminis docet. Hieron. Pantzschman. quæst. 14 n. 57 seq. part. 1. Menoch. consil. 11 num. 1, ubi ad impedimenta locatorum causa illata jus extendit. Conf. ea, quæ supra Consil. I & Consil. II hanc in rem a parte Conductoris adducta sunt.

Zum andern, wann der locator den casum fortuitum oder die zugestoßene Hinderniße durch fleißige vorsichtliche Bemühung abkehren können, solches aber hinläßig ausgestellet, kan er mit der remission der Pension nicht abkommen, sondern muß daneben wie in vorigem casu das interesse abtragen, l. si in lege 24 § pen. in fin. ff. locat. Pantschmann. d. quæst. 14 n. 2, 3, 4 part. 1. Nec enim culpa caret, qui scit, & prohibere potest, nec tamen prohibet, arg. a contr. sens. ex l. culpa ff. d. R. J. Et tenetur negligens, ex negligentia, cap. si bos 3 X. de injur. Quia par est damno. Pacian. l. consil. 10 n. 145. Imo prope fraudem accedit, l. impuberibus 7 ff. d. suspect. Tutor. Et cum ea comparatur, cap. ea, quæ contra X. de offic. Archidiacon. Est enim ea culpa magna, Cephal. consil. 577 n. 22 vol. 4 & consil. 356 num. 51 vol. 3. Dissoluta, & prope dolus. Riminald. consil. 391 n. 20. Et ei æquiparatur, Anguisola consil. 157 n. 9. Cum omne quod fit negligentia, non minus puniatur, quàm quod dolo fit, cap. dictum. 8 dist. 81. Maxime illis in rebus, ubi ex officio tenetur quis adhibere diligentiam, & non adhibet. Bursat. 328 n. 38 vol. 4.

Ebenmäßig ist es ratione interesse fürs dritte zu halten, wann die Ursachen und Anfang, des hernach

nach erfolgten impedimenti, entweder tempore
contractus bereits veranlaffet, oder auch leicht zu
wiffen und abzufehen gewefen, und dennoch folches
nicht vorher verwarnet oder angefaget, daß fich der
Colonus defto beffer hiernach zu richten gehabt hätte. Condemnandus enim eft ad omne quod
conductoris intereft; cum ex caufa frui prohibetur, quam locator contractus tempore & fcire potuerat, & praemonere potuerat. Anton.
Fab. in God. d. lib. 4 tit. 41 defin. I. Als aber
die vorfallende impedimenta und turbationes nicht
gleiche Länge beftehen, fondern zuweilen nur zwifchen den verfchriebenen Penfions-Jahren eine Zeitlang beharren, zu Zeiten auch wohl in kurtzen, oder
nach einem und den andern Jahre aufhören, was in
folchen Fällen Rechtens fey, findet fich befchrieben
in d. l. fi in lege 24 §. Colonus 4 ff. locat. Zum
öfftern begiebt fichs, daß unbegahtete wüfte Land-
Güter für gewiffe Penfion auf gewiffe Jahre ausgethan worden, die Penfionarii aber, in Hoffnung
allem Schaden nachzukommen, für ihre Mühe und
Ungelegenheit, fo die Wiedereinrichtung erfordert,
nicht ftipuliret, fondern etwa die Penfion alfo fchlecht
eingerichtet haben, daß merces laboris dabey in
acht genommen. Ingleichen daß von allen Jahren Penfiones verfprochen, da ihn in den erften wohl
nichts gebühret hätte, in folgenden aber, wenn zu
völliger Abnützung und gedeylichen Stande die
Güter gebracht, diefelben hinwiederum gemindert,
daß alfo alle Jahr zufammen gerechnet, und nach
Ermäffung der Contrahenten Intention keine Ini-
quität der Penfion halber zu befinden gewefen. Ob
nun nach eingefallener gäntzlicher Ruin und Ver-
wüftung der folgenden verhinderten Jahre halben
das intereffe den Penfionariis gebühre, ift zwifchen ihnen und den Grund-Herrn ftreitig. Daferne nichts dem Grund-Herrn beyzumeffen, erachtet man billig der Penfionarien Meynung unbefugt; inmaffen keine caufa petendi intereffe verhanden, weder ex pacto, oder facto locatoris,
deren eines in Rechten hierzu erheifchet wird, welches furder bekräfftiget wird, in l. fi quis domum
2 § hic fubjungi poteft I ff. locat. Ubi cum fine
facto locatoris exfpirat contractus, aut res locata avocatur a conductore, nulla huic actio
competere dicitur, addita ratione, quae huic
optime quadrat. Quia hoc evenire poffe, pro-
fpicere debuit. Woraus diefer Schluß zu machen, daß die begebene impedimenta, in Fällen fo
der Conductor bey fich conjecturiren follen, keine
beftändige Urfache, das Intereffe zu fordern abgeben, fondern was entftehet, der Conductor feiner
Facilität zu imputiren habe. Si enim hoc in cafu
ei penfionis remiffio non facienda, (ut fupra
a nobis fufius tradidum); multo minus intereffe
a Locatore petere ei conceditur. Non enim
decipitur, qui conditionem rei, vel ejus impedimenta fcire potuit, ex fupina autem negligentia in damnum incidit per text fupra a nobis
allegatos. Hätte er aber nichts zu des Gutes
Beften mit Wiffen des locatoris angewandt, Veluti funt Impenfae neceffariae & utiles, per quas
priftina forma vel facies domus confervatur,
absque dilatione, vel productione, feu depref-
fione, Paul. de Caftr. conf. 378 n. I lib. 1, &
per quas fundus efficitur melior, tum tamen ita

fint affixae, ut pars domus efficiantur, & ex quibus Locator finito locatione aliquam utilitatem
percepturus eft. Mozz. de loc. cond. col. da
natural. locat. n. 9 & col. ult. num. 24. Puta,
fi Conductor in domo fecerit unam Cameram,
vel furnum, aut cellarium, vel refecerit lectum,
vel parietem mox ruiturum, vel nemus ad culturam reduxerit, vel vetera aedificia ruinofa re-
ftituerit, aggeres fecerit, flumina averterit, arbores plantaverit, vites propagaverit, five in
locum demortuarum novas fubftituerit, vel domus fit facta pro habitatione Conductoris; vel
aedificia fint facta pro laboratoribus, qui aliter
non potuerint laborare; vel Colonus feu Conductor foffata vel foffas repurgari fecerit, quae
refpiciunt ad perpetuam utilitatem, de quibus
omnibus conferri poteft Berl. parte 2 Decif. 250
p. tot. Pac. c. 24 tot. ubi Autores, qui eandem
hanc amplectuntur fententiam, citant quam
plurimos. Ingleichen da er mehr gegeben, als was
Rechtes wegen die Penfion fich erftrecken können,
Forfan per errorem, aut fimilem cafum. Deffen
Erftattung hat er zu erwarten. Certiffimi namque juris, aeque ac aequitati huic maxime conveniens eft. Quod, fi Conductor non pro fua,
fed nuda Domini utilitate aliquid neceffario fuis
fumptibus auxerit, aedificaverit, vel inftituerit,
cum id non conveniffet, ad recipienda ea, vel
fumptuum refufionem, una cum intereffe, cum
Domino experiri poffit, per l. 55 31 ff. loc. cond.
& l. colonus 61 ff. eod. Puta, fi Conductor
ex melioratione nullum plane commodum fen-
tiat, neque ea una cum re conducta utatur fruatur. arg. l. 1 § ult. ff. de aq. & aq. pluv. arcend.
Prout cafu contrario obtingente, a Scabinis Lipfienfibus Anno 1625 Menf. Majo, ita pronunciatum conftat ex Carpz. p. 2 c. 37. Verba fententiae: So werden euch berührte 300 Rthl. auf-
gewendete Unkoften bey Abtretung des Pachts hinwiederum billig entrichtet, die Zinfe aber feyd ihr
geftalten Sachen nach davon zu fordern nicht berechtiget. V. N. W.
Ubi denique notandum, quod in cafu muta-
tionis monetae factae ejusmodi impenfae in ea
bonitate, quae eft tempore reftitutionis, non
quae fuit tempore impenfarum, fine refundendae.
Non enim in ejusmodi taxatione meliorario-
num infpicitur curfus monetae, qui fuit tempore impenfarum, fed qui eft tempore folutio-
nis. Aegid. Bellam. conf. 33 incip. quod fi id n.
37. Et quoniam augmentum, vel diminutio monetae non provenit ex re impenfa Conductoris, fed ex facto Principis, Conf. Lovani-
enf. verf. cum augmentum. Mutatio monetae
pro cafu fortuito habetur. l. 1 § fi eo tempore
7 ff. de adminiftr. rei ad civic. pert. quae
Conductor praeftare non tenetur, fed damnum
inde proveniens fpectat ad Locatorem, l. ficut
5 § 2 ff. commod. l. contractus 23 ff. de R. J. l. fi
fundus 33 § ult. & l. feq. ff. locat. Prout in
fimili judicandum exiftimaverunt ICti Jenenfes,
dum fuper hac re confulti Quaeftori Praefecturae
Delitianae in Caufa Syndicorum Senatus Deli-
tiani Actorum ab una; M. Georg. Luppen. Rei
ab altera parte, Menfe Martio Anno 1630 hunc
in modum refponderunt: Verba fententiae: Die

Bau-

Baukosten sind gestallten Sachen nach auf verständiger unpartheyischer Werck-Meister Anschläge
und Würderung, nach ietzo gültigen schweren Gelde nicht unbillig zu stellen. B. R. W.

Secus ac in mutuo, cujus hæc natura est,
imò pro forma ac requisito ejusdem desideratur,
ut nummi crediti eadem reddantur bonitate
& qualitate, qua dati sunt. l. ff. d. reb. cred. &
princ. Inst. quib. mod. re contr. obligat. Cui
sine consequens, mutata bonitate monetæ, secundum valorem pariter & qualitatem materiæ,
quæ fuit tempore contractus, creditum exsolvi
debere. Hoc modo neque Creditor neque
debitor læditur, quia ille minus, quam dedit,
non recipit, neque etiam magis petere debet.
Hic verò plus quàm accepit, non solvit, nec
minus reddere potest. d. l. 3 § 1. ff. d. reb. cred.
Molinæ. tract. d. usur. Q. 98. n. 49. Kohl. Exercit. 19. Besold. consil. 61 n. 4 & consil. 62 n. 6.
Matth. Berl. consil. 35 part. 2 n. 4 & 5. D. Carpz.
p. 2 c. 28 d. 4 & 5. resp. 93. num. 14 & seq. D.
Richter Decis. 74 n. 7 & seq. Brunnem. ad l. 1
& 2 C. d. Veter. Numism. Ita pronunciarunt
Scabini Lipsienses M. Augusto, Anno 1589. in
causa Ambrosii Sonnewalds zu Leipzig: Verba
Sententiæ: Hat Anno 1570. als der Contract
aufgerichtet worden, der Thaler 36 Stüber gegolten ꝛc. so ist der Schuldener die Ablegung mit Thalern, oder solchen Stübern, wie sie tempore contractus gewesen, zu thun, oder da sie nicht mehr zu
bekommen wären, den rechten Werth derselben zu
erstatten schuldig; und ihr seyd die ietzigen Stüber
anders nicht, als in ihrem rechten Werthe anzunehmen schuldig. B. R. W.

Item Facultas Juridica Jenensis, M. Majo,
Anno 1633 ad consultationem Johannis Minden
von Hamburg, PP. Daß Beklagte die Libellirte
12000 Marck Lübisch an Reichsthalern, ieden in
dem Werthe, wie er zur Zeit der Aufnahme, als
Ostern 1597, 1601 und 1605, item Michael Anno 1609 und Ostern 1611 gehalten, abzustatten
und zu erlegen schuldig, und ebenermassen die 4000
Marck Lübisch, mit solcher guten Müntz, wie dieselbe Ostern Anno 1611 und 1612 in der innerlichen
Güte gäng und gebe gewesen, sammt den hinter-
ständigen Zinsen zu bezahlen verbunden und verpflichtet. B. R. W.

Ita Facultas Juridica Francofurtensis M. Mart.
Anno 1619 ad Consultationem Frantzen von
Börglens Hæredum: PP. Dieweil ietziger Zeit
die bonitas intrinseca in der kleinen Müntze geringert, daß 30 Marck den Werth der 24 Marck al-
tererst, und kümmerlich erreichen, so habt ihr euch
nicht zu beschweren, obgleich 30 Marck, vor 24
Marck an Thalern sollen erleget werden. B. R. W.

Similiter Facultas Helmstad. Anno 1621, 30
Oct. pronuncavit.

Viertes Rechtliche Bedencken, XLV.
Von den Contributionen und Unkosten,
so auf die Einquartierungen, Marsche und
Durchzüge der Soldaten angewendet
worden.

De sumptuum Metatorum Præstatione.

Quisnam Epidemetica, i. e. sumptus metatorum nomine factos, vel in redemptionem one-

ris hospitum suscipiendorum impensos, & hujus
farinæ alios, sufferre teneatur?

Es hat sich leider bey den ietzigen Krieges-Läufften befunden, daß die auf die Land-Güter geschlagene und gerathene onera und Beschwerden, dero
Abnützungen gäntzlich absorbiret, ja zuweilen weit
übertroffen, Derowegen die Pensionarii nicht alleine
die zu Abtrag derselben angewandte Unkosten an
der Pension gekürtzet, und selbige gantz inne behalten, sondern daneben auch ansehnliche Forderungen
auf ein weit höhers herfürgebracht, und die Grund-
Herren zur Erstattung angestrenget. Dannenhero
in Zweifel gezogen wird, ob denn dem Proprietario
alle onera, Contributionen, Einquartierungen und
Durchzugs-Unkosten alleine zu tragen gebühret,
oder ob nicht hierinne gewisse Maasse zu setzen sey,
Krafft welcher die Pensionarii mit ihren weitläufftigen Rechnungen durchzugehen behindert, und ein
Theil beregter Beschwerden auf sich zu nehmen
schuldig würden? Welcher rechtmäßig abzuhelffen,
ist zuförderst, juxta normam a ICto in l. semper
24 ff. d. R. I. ad dijudicandas ambiguas lites
traditam, was in den beliebten Pensions-Verträ-
gen deswegen verabredet, zu erkundigen und in acht
zu haben. Inmassen fest darüber zu halten, was
a contrahentibus einmahl placidiret und eingewilliget. Contra quod nemini venire licet. l. post
mortem 25 ff. d. adopt. l. per fundum 11 ff. de
servit. rust. præd. l. 13 ff. commun. prædior. l.
14 C. d. R. V. Carpz. p. 2 c. 46 d. 9 n. 6. Quia
volentibus nulla fit injuria. l. nemo 187 d. reg.
jur. cap. scienti. eod. in 610. Pacto enim quis
in se recipere potest, quod alias ex negotii natura facere non cogeretur. l. non tantum 169,
l. qui utigo d. V. S. l. in traditionibus 48, l. penult. ff. de pact. l. 2 l. fin. C. de pact. inter emp.
& vend. l. 67 ff. commun. præd. l. penult. d.
Evict. Quippe quæ leges rumpant, & ex conventione legem contractus accipiunt, l. 1 § si
conveniat 6 ff. de pact. l. contractus 25 ibique
Gloss. de R. J. Unde & pacta inter partes inita, leges privatæ dicuntur, l. legem. 10 C. de
pact. Quorum vis tanta est, ut si solvatur,
quod pacto remissum, competat condictio indebiti, quasi indebite id solutum sit, quod ob
exceptionem pacti revera, & cum effectu exigi,
obstante nimirum exceptione pacti non poterat, l. 5 in fin. C. d. pact. l. si non sortem 26 §
indebitum 3 ff. de Cond. indeb. Imo in dolo
censentur ii versari, qui contra pactum suum,
& id, ad quod sciunt se teneri, agunt. l. dolus
44 ff. mandat. l. 1 § est autem 2 ff. depos. Cravett. cons. 6 n. 96 cons. 75 n. 6 cons. 100 n. 9.
Et quod dolum committat, qui contra pacta
quicquam facit. textus est in l. 2 § item quærit, si quis 4 ff. de Except. doli. Wäre aber von
den Contrahenten disfalls nichts gewisses determiniret, sondern an einigen Ort durch ein statutum oder
Gewohnheit, was in dergleichen Fällen zu observiren, eingeführet und üblich, ist davon nicht abzuweichen. Sicut quoad onera annonarum & contributionum, inter locatores & conductores
mores & consuetudinem servari monet Modestinus in l. sine hærede 32 § Lucius 6 ff. de
administr. tutel. Sunt enim consuetudines
optimæ legum interpres. l. minime 23 ff. d. legib.

gib. l. si de interpretatione 37 ff. eod. c. cum dilectus 8 de consuetud. Imo contractuum l.
quod si nolit 31 § 20 ff. de ædilit. Edict. Et
possunt, quicquid potest pactum. Joh. Ott.
Tab. Thes. Locor. commun. lib. 3 cap. 59 ax.
17. Hinc etiam mores regionis, seu Civitatis in rebus dubiis semper sunt attendendi. l. in stipulationibus 24 d. R. J. l. circa locationes 19 C.
de locat. cond. Menoch. cons. 744 num. 11.
Francisc. Pfeil. cons. 60 n. 20. Nec ab iis re-
cedendum. l. testamenta omnia 18 C. de testam.
Unde etiam videmus, omnes actiones humanas,
si non aliter provisum fuerit, a loci consuetudine, & more Regionis interpretationem recipere. l. si de interpretatione 37 ff. d. LL. l. & in
contraria 37 ff. d. usur. l. missi 7 ibi Consuetudine servata regionum C. de exact. tribut. Id
quod etiam de consuetudine vicinæ regionis,
seu vicinitatis intelligendum venit cap. super
eo 22 ibi, illud observare tenetur, quod in vicinis provinciis observatur X. de censib. In
Pommern wüste ich mich keiner gewissen ohnver-
rückt-hergebrachten Observantz in obgedachten
muneribus zu erinnern, ohne daß gemeiniglich,
was auf die Einquartierung, Marsche und Durchzüge der Soldaten gewandt, nach der Königl.
Schwedischen Cammer-Ordnung also tarirt und
vermittelt, daß für eine Mahlzeit eines Soldaten,
was Condition er auch sey, nicht mehr als 4 Gr.
der Pensionarius anrechnen soll, im übrigen auch
alles ex æquo & bono, daß der Grund-Herr
nicht zu sehr beschweret und der Colonus bey
den gehenden Landes-Beschwerden nicht gantz
frey ausgienge, moderiret worden, wie insonderheit auff den verpensionirten Fürstl. Tisch-Gü-
tern solches observiret ist. Worbey nicht vorbey
zu gehen, daß vorgedachtes auf die statuta und
consuetudines nicht gemeinet, so den Pensionari-
en, welche für ziemliche Pension die Güter inne haben, einig und allein die Beschwerden auflegen.
Non enim valet statutum, quod conductor
onera & collectas solvere teneatur pro Domino, uti post Bartol. & Bald. in l. colonus C.
de Agricol. & censit. statuit. Roll. a Vall. consil. 79 n. 11 vol. 4. Præsertim si de Metatis nostri
temporis loquamur, quæ præter omnem juris
ordinem, Joh. Ott. Tab. tr. d. metat. & Epidem. part. l. c. 8 th. 13 & c. 5 num. 9 imperialia
non exigua, vexationesque personales, imo insignia rei familiaris dispendia secum trahunt;
Ad ea enim Conductorem adstringere iniquum
esset; quia contributiones & tributa in effectu
& eventu manent dominum ædium, non Conductorem Ægid. Thomas. de collect. p. 477 n.
21 per l. his penes 4 C. de agricol. & censit.
Non obstante l. litibus 20 § 3 C. de agric.
& cens. quippe quæ de Colonis glebæ ascriptis
loquitur. Sed si a Conductore solutæ sint, videtur illud pro Locatore factum esse, & ab eo
repetenda sunt. Klock. de contribut. th. 23.
Hinc nonnulli distinguunt inter præstationem
intermediam & finalem, illa Conductori, hæc locatori competit, Joh. Otto Tab. d. tr. p. 101.
Als aber in Entstehung gewisser Verträge oder Gewohnheiten vonnöthen ist, die gemeinen beschriebenen Rechte und die Billigkeit fleißigst zu erforschen

und zu folgen, deßwegen aber vielfältiger Streit vorfällt, lassen sich dieser Richtschnure nach die Sachen
nicht besser, als vermittelst gemachten Unterscheid
der onerum und Anlagen, abrichten.

Und zwar befinden sich hierunter vor erst die Contributiones, so an gewissen Gelde, Korn oder andern
Victualien abzutragen seyn. Ob nun wohl unter
denen Rechts-Gelehrten sich etliche gefunden, so dieselbe denen Pensionariis, als Dominis fructuum
quorum onera sunt collectæ & tributa; l. 2 C.
de Annon. & tribut. l. 13 ff. de impens. ib. res.
dot. Gars. de expens. cap. 11 n. 45. Alexand.
consil. 35 n. 12 vol. 4. Grat. decis. 20 n. 2 aufbürden wollen, inter quos est Joh. de Platea in
l. 1 n. 2 C. de anno. & Contribut. Corset. in singular. verb. locatio. Vulac. de jure Emphyteut. quæst. n. 27. Kan doch solche Meynung
zu Rechte nicht bestehen, ist auch auf keinem vernünfftigen Grund gebauet, nachdem durch mehr
beliebte Meynung ein widriges approbiret und statuiret worden, uti ex sequentibus apparet. Welche unterschiedene Meynungen zu vergleichen und
diese Qvästion richtig zu determiniren, seyn zuförderst die Species und Arten der angekündigten
Contributionen zu betrachten. Denn zuweilen
werden dieselbe denen Personen aufgeleget, also daß
sie vom Haupt ein Kopff-Geld, oder auch von ihren Gütern ein gewisses entrichten sollen. Quales
sunt collectæ, quæ per æs & libram imponuntur: Capitationes, (quæ personæ tantum indici solent, nulla habita ratione patrimonii arg.
l. 3 de censib. l. 1 C. d. annon. & trib.) Assi-
gnationes, (quibus quilibet, certam pecuniam
in publicum exsolvere tenetur). Census rerum,
(qui imponuntur personæ Conductoris pro rebus habita contemplatione Patrimonii, quæstus, mercaturæ, artificii l. 6 § fin. de muner.
& hon. l. 4 d. cens. Qui in specie vocantur
collectæ (ein gewisses von Gütern zu entrichten,
Vieh-Tranck-und Scheffel-Steuern,) Contribution, (so auf die Händel und Nahrung geschlagen
wird). Wie nun solche die pensionarii billig von
den Ihrigen erlegen, also haben sie auch keine Erstattung von dem Grund-Herren zu fordern; zumalen sie nicht als Pensionarii, auch nicht von den pensionirten Gütern; sondern als cives provinciæ
und Einwohner, von ihren eigenen Facultäten diese Steuern und Imposten abtragen per d. l. rescripto 6 § fin. de mun. & hon. Imo quod ad
has Collectas Conductores ceu Cives & Incolæ
provinciæ alligati sint, patet ex Recessu Imperii de Anno 1594 § Demnach dann, & ceu
rerum suarum domini l. 4 § 2 de censib. Worzu sie nicht weniger obligiret, wann sie die Pensi-
on-Contracte nicht getroffen hätten, sich aber sonsten im Lande aufhielten. De suo enim quisque
contribuere tenetur. Peregrin tract. de fideicomm. artic. 4 n. 66 seqq. Ejusque debet esse
onus, cujus est Dominium & commodum per
vulgat. Dannenhero zu schliessen, daß die Vieh-
Steuern, so von des Pensionarii eigenem Vieh zu
entrichten, ungeachtet er solches zu Nutzen des Acker-
Wercks halte, zumahlen ihm Erstattung durch geringere Pension oder andere Wege vermuthlich
wiederfähret, dem Grund-Herrn ohne Fug und
Recht aufgebürdet und angerechnet werden. Wie
auch

auch Tranck-und Scheffelsteuren, so von Victualien, welche man zum täglichen Unterhalt gebrauchet, gegeben werden. Veluti JCti Helmstädtenses Anno 1633 Mense Augusto, ad Joh.
Simers, Regio-Lothariam, ita rescripserunt:
Verba rescripti: P. P. Dasjenige aber, was in
Ansehung eurer Person, Nahrung, und betriebe-
nen Handels euch auferleget rc. solches betrifft euch
euch allein. B. R. W.

Hieneben ist ein anderer modus contribuendi, wenn
eine gewisse Zulage von dem Grunde, dessen Hu-
sen, zugehörigen Viehe und Pertinentien gefodert
wird. Ob nun wohl von jetzt gemeldeten Gütern
der Pensionarius die Abnützungen bekömmt, weil
er aber dieselbe nicht possidiret, noch dero genießt,
als sein eigen, noch suo jure, quod exigitur ad
hoc, ut alicui munus collectarum imponatur,
Novell. 128 cap. tructus 14. Roland. a Vall. d. consil. 79 n. 13 Vol. 4. Cacheran. decis. Pedem.
83 n. 6, sondern eine gewisse jährliche pension tanquam pretium fructuum erleget, ist er die Steuren und Anlagen abzustatten nicht verbunden, son-
es muß solch onus bey dem locatore verbleiben.
Joh. de Platea in l. hi penus 4 C. de agricol.
& censit. Jason n. 14 ff. solut. matrimon. Bald.
in l. 1 verf. sexto C. de jur. Emphyt. Roll. a Vall.
d. Consil. 79 n. 10. Cacheran. d. decis. 83 n. 3.
Natta consil. 409 n. 3. Paris consil. 23 n. 10 vol. 1.
Cuirt. Sen. consil. 36. Vincent. de Franc. decis. 107 n. 1. Thomat. in tract. de collect. § pauperes n. 20 seq. p. m. 477. Nam si ejusmodi
Collectæ non pro quantitate pretii, quibus res
istæ constant, sed emolumenti fructuum, qui
inde percipiuntur, exsolvuntur, arg. l. 36 de
usur. l. 2 C. de annon. & tribut. ibique Luc. de
Penna. Sequitur & ab illo exigendas esse, qui
commodum & fructus rei conductæ sentit.
Ne, si aliam opinionem sequi vellemus, unus
commodum, alter incommodum haberet,
contra jura vulgata. Quæ potius volunt, ut o-
mne commodum aliquo incommodo compensari debeat. l. cum fisco 9 ff. ad Sc. Syllan. Cum
autem is, qui non gratis, sed pro pensione fruitur, frui non intelligatur; Nec habere dica-
mur, cujus pretium abest. l. 13 § 1, l. 14 ibidemque Gœdd. ff. d. V. S. Is vero fructu potia-
tur, qui mercedem accipit, qualis & locator,
arg. l. si ususfructus 15 § 1, l. quia qui 39 ff. de
usufruct. l. ancillarum 27 § 1. de petit. hæred.
Luc. de Penna in l. 2 C. de annon. & tribut.
Dn. Mevius part. 4 dec. 366. Qui censetur tantam in Contractum deduxisse pensionem, quæ deductis impensis æquet fructus;
Et juri & æquitati conveniens est, non a Conductore, sed locatore hasce Collectas, (Conductoris scil. propriam personam vel res non concernentes) solvendas vel exigendas esse. Prout parili modo Dn. JCti Helmstädtenses Anno
1629 M. Febr. in causa Johann. Ritters pronunciaverunt. Verba Sententiæ: Sondern es ist
dasjenige, was wegen obgemeldten Hauses in vorgehenden Krieges-Last contribuiret worden, den Unmündigen allein zuzurechnen, und der Conductor
damit nicht zu belegen. B. R. W.

Worinne kein Unterscheid zwischen denjenigen
Conductorem, so etwan auf wenig Jahr oder auf

lange Zeit pensioniren und die Güter inne haben,
zu machen, zumahlen vorberührte rationes in allen
den Conductoribus gleichmäßig, auch gleiches
Recht erfordern. Juxta illud: ubi eadem est
ratio, ibi eadem esse debet juris dispositio, l.
illud 32 ff. ad L. Aquil. l. si postulaverit 27 § 2
ff. ad L. Jul. de Adult. l. quædam 9 § numula-
rios 2 de edend. l. nauta 5 § fin. ff. naut. caup.
l. a Titio 46 ff. d. furtis. l. illud. 19 C. d. SS. Eo-
clef. § si igitur Inst. quod cum eo.

Quia indentis rationis causatur legis inden-
titatem. Valasc. de jur. Emphyteut. quæst. 29
n. 93. Sicuti etiam de Conductore ad longum
tempus tradit Pinell. in l. 1 part. 2 n. 27 seq.
c. de Bon. matern. Ruin. consil. 77 n. 6, 2 vol.
2 Bocer. tract. de collect. cap. 10 n. 31. Ingleichen die Coloni Partiarii, so vor das halbe
Theil der Früchte die Güter excoliren, dürffen die
onera nicht tragen, sondern es muß der locator
hinzutreten und die Burden sustiniren, auch pro rata portionis colonicæ, in Anmerckung, daß die
Helffte der Früchte von beregten Colonis an stat
ihrer Mühe, Arbeit und Kosten gehoben, der übrige
Theil loco pensionis geachtet, und die fructus
deductis impensis, geschätzet werden. Cacheran.
d. decis. 83 n. 6. Rol. [a] Vall. d. consil. 79 num.
24. Thomat. tr. de collect. § videndum n. 8 & 9
9. Natta consil. 409 n. 1. Wann aber von den
Pensionariis der Abtrag solcher Contribution geschehen, sind dieselbe das Verschossene wieder zu fordern befugt, l. un. § 3 ff. de via publ. Caroc. tr.
de locat. part. 2 tit. de collect. Jason consil.
109 in fin. lib. 1. Ita etiam pronunciatum est
Anno 1636, 17 Martii, a modo dictis JCtis Halberstad. in causa D. Lepor. Halberstad. Verba sententiæ: Daß vorgemeldetes Capitulum B.
M. V. die beweislich angewandte Baukosten, und
was ihr sonst in respect des euch angewiesenen
Wohn-Hauses contribuiren und hergeben müssen,
euch hinwiederum zu erstatten schuldig. B. R. W.

Quam sententiam quoque amplexa est Facultas Juridica Jenensis, dum Anno 1639 d. 27
Junii ad Consultationem Senatus Stralsund. &
ita pronunciavit: Erkennen wir vor Recht, daß
Klägern als Conductori die onera realia und
Contributiones, so er wegen des Gutes voraus
aufwenden müssen, sammt deme was er eigentlich
darinne verbauet, die beklagten Erben, als locatores, zu erstatten schuldig. B. R. W.

Neulich, so weit sie durch empfangene Quittungen und gnugsame documenta solches bescheinigen,
und darüber nicht erweislich, daß sie mit gutem Fug
und Manier der Burden sich zu entziehen vermocht.
Massen die Erfahrung bezeuget, wie zum öfftern
die Pensionarii, welchen die aus fremden Fellen ge-
schnittene Riemen nicht schmertzen, auch wohl in ihrem eigenen Profit, und die Rechnung desto stattlicher zu machen, sich propter onerum impositi-
onem immodicam nicht beschweren, sondern ankommen lassen, auch alsofort zur Abstattung sich
fertigen, und davon die Grund-Herrn gar nichts
zu wissen machen: In welchen Fällen es unbillig
wäre, daß durch der Pensionarien unzeitige Facilität der locator verkürtzet würde. Cum alias etiam id, quod facilius quis facit, vel inhibere
soleat frequentius. Cujac. ad l. 21 d. R. J.

Weil

Weil auch in etlichen Landen üblich und hergebracht, daß die zu den Ackerwercken belegene Bauren von ihrem inhabenden Acker und Viehe für sich selbst contribuiren, und die Landes-Beschwerden ertragen, kan der Pensionarius deßwegen dem locatori, ad cujus onus non spectat debitum alienum, nichtanrechnen, sondern ist seine untergebene Leute dazu anzuhalten schuldig, hat er aber vor sie etwas ausgeleget, kan er solches an der Pension auch nicht kürtzen noch wieder fordern, und den locatorem an die Bauren hinwiederum anweisen. Qui enim semel creditor factus, & alienam fidem secutus est, alteri invito suum debitorem obtrudere non potest. l. nec creditores 6 C. de novat. Es wäre dann erweislich zu machen, daß die Bauers-Leute ihren Antheil der Auflagen nicht aufbringen, noch durch zureichende erträgliche Mittel der Pensionarius es von ihnen erzwingen können, indeme dieselbe etwa in bonis es nicht gehabt, oder da sie contribuiren sollen, hinfüro Noth leiden, und die zur Bestellung des Acker-Baues nöthige Dienste nicht leisten mögen. In welchen Fällen den locatoribus, welchen die Bauer-Dienste in gutem esse zu erhalten gebühret, der abgenöthigte und in andern Wegen unwiederbringliche Vorschuß mit Fug angerechnet werd.

Betreffende die Einqvartierung und Durchzuges-Unkosten, so von denen Pensionariis angewandt worden, ist sehr zweiffelhafftig, wie es damit zu halten, ob gleich, wie die Contributiones, so auf die Güter geleget werden, selbige dem locatori alleine obliegen? oder ob nicht dieselbe der Conductor gäntz oder auch zum Theil zu tragen schuldig sey? Bey Erwägung dieser Frage ermangelt es beyderseits nicht an Motiven und Ursachen, und zwar daß dieses Beschwer dem locatorem alleine angehe, wird durch folgende rationes behauptet.

Vor eines, weil ausser allen Zweiffel die Einqvartierung und dero anhängige Ausgabe ad onera realia seu patrimonialia gehören. Sicuti iis accensentur in l. & qui 3 § minus 14, l. fin § pen. & ult. ff. de munerib. & honorib. l. sunt munera 11 ff. de vacat. & excusat. mun. l. 3 C. de mun. patrimon. Köppen. decil. 19 n. 7 part. 1.

Woraus folget, daß dieselbe bey dem Grunde verbleiben, und dessen Herrn oder possessorem treffen; imponuntur enim ejusmodi onera ipsis possessionibus sive patrimoniis. d'l. fin. § patrimoniorum. 22 ff. de muneribus & honor. Et in specie metata, seu hospitatio rei, propterem injungi dicuntur. Natta consil. 158 n. 7. Roland. a Vall. consil. 66 num. 3 vol. 1.

Zum andern wird überall für ein gemein Recht gehalten, daß der Conductor keine onera, wie die Nahmen haben mögen, des gemieteten Grundes und dero Abnutzung halber, ausstehen dürffe, l. si penes 4, l. litibus 20 § fin. C. de Agricol. & censit. Alexand. consil. 35 n. 12 vol. 4 & consil. 4 num. 5 vol. 5. Quemadmodum, communem hanc opinionem secutus, Scabinatus Lips. Mense Martio Anno 1636 in causa Daniel Schneiders zu Wetaw & ita pronunciavit. Verba sententiæ: Es hat aber der Pachtmann bis anhero in solcher Mühle auf die Einqvartierung der Soldaten viel Unkosten aufwenden müssen rc. So ist der

Rath, als Verpachter, dem Pacht-Müller solche Unkosten, auf vorhergehende liquidation und Bescheinigung, abzustatten, oder ihnen an Pacht-Zins abzukürtzen zu lassen schuldig. V. R. W.

Welches fürs dritte desto billiger zu seyn scheinet, weil die Nutzbarkeiten der Güter nicht dem Pensionario sondern dem locatori zukommen, zuwahlen jener dieselbe mit der Pension-bezahlet, und diese in locum fructuum succediret; wie droben bereits angezeiget; Onera autem sunt fructuum ejusmodi impendia, quæ militibus fiunt, prout in genere definiuntur. in l. neque stipendium t3 ff. de impens. in res dotal. l. quæro 28 d. Usu & usufr. legat.

Und wann viertens die beschwerlichen Molestien, Unruhe und Ungelegenheiten, so ein Pensionarius bey den Marschen, Einqvartierungen, und Absprißung der Soldatesca ausstehen muß, betrachtet werden, könte es für unbillig angesehen seyn, daß darüber derselbe, die darzu erforderte Unkosten von dem seinen herschiessen, und mehr dann gedoppelte onera sustiniren solle. Cum onera in uno, in alio. iterum leviari debeat. l. cum qui juravit 30 §. ff. de jurejurand. l. jure succurum 6 ff. de jure dotium. l. secundum naturam 10. ff. de R. J. Simon. Pistor. consil. 20 num. 10. Thom. de Thomass. in florib. leg. reg. 134. Nec quisquam duplici onere gravandus sit; l. navis onusta 4 § cum autem sit ad L. Rhod. de jact. l. Sticho 36 in fin. de usufr. leg. l. Titia cum Festam. 34 § qui in vita 5 de legat. 2. l. unum ex familia 67 § si rem 8 ff. eod. tit. l. 1 § interdum 12 ff. ad L. Falcid. Cum grave sit, quod qui uno onere premitur, at multo gravius, si duplici onere suffocetur. l. cogi 16 § inde quæritur 3 ff. ad SCtum Trebell. Gravett. consil. 201 n. 23 & respons. 1 pro genere n. 436. Natta consil. 160 n. 34 & consil. 447 n. 14.

Von der andern Seiten bestreiten sich nicht weniger viel bewegliche Motiven, warum dem locatori bemeldte Beschwerden gar, oder auch weiter nicht, als zum Theile aufzulegen, der Conductor aber selbige ertragen müsse, und zwar anfänglich wird dieses beweiset per textus juris, als in l. fine hærede. 32 § Lucius 6 ff. de administr. & peric. tutor. Unde apparet, ubi consuetudo contraria non est, conductores ad onera annonarum & contributionum temporalium, quæ scil. pro militis victu indicebantur, teneri, ut & in l. ex conducto. 15 § si vis tempestatis. 2 ff. locat. Ubi post verba: si nihil extra consuetudinem acciderit, damnum coloni esse adjicitur. Idem dicendum, si exercitus præteriens per lascivam aliquid abstulit. Unde potest colligi, quod ad transeuntem & divertentem militem ex rebus coloni convertitur, ejus sumptu fieri debere. Huc pertinet Responsum ad Senatum Cellensem An. 1639 M. Apr. Verbis) So viel aber die inhospitation und Einqvartierung betrifft, kan sich selbiger Conductor oder Einwohner des Hauses derselben nicht verweigern, sondern ist gleich andern dieselbe zu erstatten schuldig. V. R. W.

Welchem 2 manifesta juris ratio zustimmet, dann wie in obigen zum öfftern eingeführet, bey denen erlit-

erlittenen Schaden die vornehmste Consideration ist, cujus rebus derselbe zugefüget worden. Res enim unaquæque suo perit Domino, l. pignus 9 C. de pignor. action. Als nun die eingehobene Abnützungen, so ohne Zweiffel dem Pensionario zuständig, die marschirenden und streiffenden Soldaten consumiren, auch alles, so auf das Logis und Unterhalt angewandt, von demselben erpresset wird, ist daraus zu schliessen, daß solches ad incommoda conductoris einzig gereiche. Sicuti a Facultate Juridica Jenensi M. Martio Anno 1617 ad requisitionem Otten und Christian Gebrüdern von der Malsburg decisum fuit: Verba Decisi: Ihr seyd dem Conductori der Kriegs-Durchzügen und Einqvartierung halber, so viel den von ihme verursachten Schaden anlanget, evictionem zu leisten, und zu gewähren unverbunden. V. R. W.

Zu dessen Behauptung fürs dritte desto mehr hilfft, daß die Einqvartierung, Durchzüge und Extraordinär-Unterhalt der Soldaten denen Casibus fortuitis zugerechnet, und in Rechten üdem effectus, quos producunt alii casus improvisi, i. e. quod a nemine præstentur, denselben zugeeignet werden. Caspar. Thesaur. quæst. forens. 93. Anton. Fab. in Cod. lib. 9 tit. 29 defin. 9. Bevorab weil diese Actus militares in nechst abgewichenen Jahren gantz enormiret wider die Rechte, und von alten hergebrachten Krieges-Üibligkeiten verübet worden. Zumahlen denselben noch die metata zu Verhütung der militärischen Insolentien, in Städten und nicht auf dem Lande, l. 5 ibid. Gigas & Joh. de Platea C. de metat. arg. l. 1 C. ne rustican. ad ull. obseq. mit dieser Moderation und Beding anzulegen, daß über das Logis und ordentliches Servis die Soldatesca von ihren Wirthen nichts fodern oder erpressen sollen. d. l. 5 C. de metat. Tholos. Syntagm. Jur. lib. 19 cap. 8 num. 5. Roland. 2 Vall. consil. 66 num. 4 vol. I. Wie auch in des Heil. Röm. Reichs Reuter-Bestallung de Anno 1570 art. 43 & 92 heilsamlich versehen ist.

Als aber zuvor aus denen Rechten ausgeführet, daß propter casus fortuitos (qui a nemine præstantur, sed quem tangunt, lædunt), der Locator nicht weiter als zur Remißion der versprochenen Pension, dafern der Pensionarius durch dieselbe die Güter zu nützen verhindert worden, obligiret und verbunden sey, ist demselben nachfolgig, daß des Pensionarii Anrechnungen, wegen der Einqvartierung von der Pension nichts mehr deduciren können, als pro rata fructus impedit, und er an ruhsamer Possess und Genießbrauch verhindert worden, über dieselbe aber etwas dem locatori aufzubürden nicht berechtiget sey. Ubi tamen sciendum, quænam Metatorum præstationes inter casus fortuitos numerandæ sint. Etenim magnopere errant, qui præstationem Metatorum simplicium inter casus fortuitos numerant, adeoque inferunt, conductorem ad eam non teneri. per l. 9 C. d. Met. & Epidem. Dn. Carpz. p. 2 C. 37 d. 15. Nam cum dicitur casus fortuitos a nemine præstari, sed ad dominum rei periculum pertinere, l. 5 C. de pign. act. l. damnum 12 C. locat. Intelligitur damnum fatale. Gœdd. ad l. 71 § 1 d. V. S. n. 3. Quod majore quadam & occulta vi contingit. Rittersh. ad l. 23 de R. J. in protheor. c. 6. Cum vis vel divina, vel naturalis, vel humana, vel fluviatica ingruit. Hottom. 4

Jurist. Oracul V Band.

th. 7. Ad quos casus munus aliquod patrimoniale lege, aut more a legitimo Magistratu impositum, veluti onus metatorum esse reputatur, numerandum non est. Sed quæ citra actus militares, enormem læsionem inferentes, & hostilem incursum fiunt, & jure publico præstanda veniunt, ea non præstabit locator, sed ipse conductor. Nec enim, uti jam supra dictum, conqueri de eo casu poterit, quem prævidere debuit. arg. l. 9 § 1 ib. quia hoc evenire posse prospicere debuit. C. d. Met. & Epidem.

Viertens solte der locator beregtes ausstehen, und der colonus davon befreyet seyn, würde wahrlich eine grosse unmäßige Inäqvalität und Ungleichheit der Landes-Beschwerden daraus erfolgen, welche sonst proportionabiliter und gleichmäßig unter des Landes Einwohner zu vertheilen sind. Hæc enim æquissima omnium onerum civilium norma est, ut æqualiter dividantur, nec unus præ alio gravetur. l. & qui 3 § Præses 15 ff. de muner & honor. l. fin. C. quemadmod. civil. mun. Wesenbec. consil. 103 num. 13 seq.

Demnach nicht abzusehen, wie bey Behaltung der Billigkeit der Pensionarien Anrechnungen stat haben können, in Betrachtung hieben dieselben alle Beschwerde von sich ablehnen, da doch ex incolatu & perceptione commodorum Provinciæ von den ihrigen zu dero Abhelfung sie zugleich verbunden. Neque enim Conductor a solvendis stipendiis liber erit, si ut subditus bona patrimonialia extra ædes possidet, aut fructus quærit, vel opificium exercet, aut manibus suis in Civitate panem suum lucratur. Christ. Georg. Walther in Evnomia metatorum c. 6 § 31. Und wäre auf den widrigen Fall für die höchste Felicität zu achten, Pensionarius zu seyn, und aus anderer Leute Fellen Riemen zu schneiden, dagegen nichts nachtheiligers, als Grund und Boden haben, deren keines zu verstatten.

Sintemahl zum fünften denen Rechten zuwider, den Pensionarium per onera immensa locatoris von den gemeinen Landes-Beschwerden, so gleich durchgehend seyn sollen, zu eximiren. Da er doch nicht weniger als der locator ex contractu locationis conductionis, utriusque gratia inito, seinen Vortheil und Nutzen suchet und schaffet. Cumque Conductor id beneficii habeat, ut, quoniam in contractu locationis Conductionis utriusque utilitas vertitur, culpam levißimam non præstet, l. si ut certos § num videndum 2 ff. Commod. § ult. Inst. quib. mod. re contr. Obl. Hilling. in Donell. enucl. l. 13 c. 8 lit. A. Ant. Perez. C. d. loc. n. 28. Æquitati non refragatur, ut & oneris quicquam in se suscipiat; secundum jura, quæ volunt, illum, qui commodum aliquod sentit & incommodum quoddam sentire debere, l. 1 § fin. ff. d. aq. pluv. arc. Et omne commodum aliquo incommodo compensandum esse, l. cum fisco 9 ff. ad Syllan. Imo omne commodum, cum suo onere pertransire debere. Card. Tusch. tom. 8 lit. V concl. 374. Escobar. de ratiocin. c. 42 n. 12 & comput. 20 n. 24.

Dannenhero fürs sechste hieraus viele ungereimte böse Conseqventien fliessen und herkommen würden, benanntlich 1) daß der Conductor aus dem pensionirten Gute seinen Vortheil und Gewinn sine onere haben, 2) im Lande frey sitzen, und keine Landes-onera tragen, wenn der Grund-Herr die gantze Pension, und noch darüber ein ansehnliches zu Abhelfung der Imposten abkehren müste, 3) er nichts

darzu

darzu thun, dennoch 4) die Güter zu seinem Ge=
deyen besitzen, genieſſen, 5) alles in hohe taxam zu
bringen, 6) zu Gelde zu schlagen, 7) doppelt theuer
anzurechnen, und sich 8) durch des Grund=Herrn
Unglück und Elend zu bereichern, ja endlich 9) ex
prætextu impensarum der Güter zu impatroniren,
oder auch mit schwerem Gelde abkauffen zu laſſen,
gute Occaſion, derer sich die Penſionarii weidlich zu
gebrauchen wuſten, haben würde, wie die klägliche
und unbillige Praxis in nächsten Jahren genugsam be=
zeuget, da doch alterius jactura sich niemand locuple=
tiren ſoll. l. nam hoc natura 14 ff. de condict. indeb.
l. naturaliter 13 § fin. l. hæc condict. 66 ff. eod. l. bo=
na fides 50 ff. d. act. Empti, l. jure naturæ 206 ff. d.
reg. Jur. l. ult. C. de Uſucap. pro Empt. l. fin. § in
computât. C. de jure delib. cap. ſuam 9 de pœnitent.
cap. locupletari 47 de reg. Jur. in 6. Et qui hoc
ſcienter facit, dolum committit, l. 1 § an in pupillum
15 ff. depoſiti, l. ſi quis mancipiis 17 § Proculus ait 4 ff.
d. Inſt. act. Qui per rerum naturam alicui lucroſus
eſſe nequit, l. 5 d. pact. dotalib.

Welchem fürzukommen, nächst der Gerechtigkeit
des Vaterlandes Wohlstand erheiſchet, dann sonst
incertitudo patrimoniorum, (quæ prohibetur in l. 1
ff. d. uſucap.) und infinitas litium, ex qua totius
Reipublicæ interitus metuendus, Carpz. p. 1 c. 1 d. 1 n. 6,
duæ pestes Reipublicæ hieraus erfolgen; zu geschwei=
gen, was sonsten eines oder das andere obliegende
Beschwerden wircken und austrichten. Ut proinde
non tam consil. JCtorum Politicorum, (quorum pro=
prium est lites abbreviare, ut ait Portius consil. 142 n. 76,
& Rutg. Ruland. in tract. de commiſſ. part. 1 lib. 2
cap. 20 num. 2,) quam auxilio & autoritate Magiſtra=
tus, (cujus curæ idem quoque maximopere incumbit)
lites minuendæ ſint, l. properandum 13 C. de Judic.

Zum ſiebenden hat der Penſionarius deſto weniger
Urſache, sich zu beschweren, weil er bey währenden
Krieges=Zeiten ohnedeß die onera provincialia mit
tragen müſſen, er hätte sich aufgehalten, wo er ge=
wolt, zumahlen dero Anlage in Städten und auf
dem platten Lande alſo anzustellen, daß ſie einen ied=
weden treffen, und keiner für den andern prægravi=
ret werde. d. l. fin. C. quemadm. civ. mun. Cravett.
consil. 422 num. 1. Und iſt in keinen Rechten ver=
ſehen, daß contractus conductionis ein modus conse=
quendæ immunitatis ſeyn ſolle, sondern vielmehr, wann
dadurch iemand an die Oerter, da die Beschwerun=
gen sich mehren, geriethe, hat er sich ſolches zu im=
putiren. Nec intelligitur, quod ex ſua culpa ſentit,
damnum ſentire, l. 203 in d. R. J.

Und ſolches zwar fürs achte deſto ehe, wann zur
Zeit des getroffenen Penſion=Contracts in dem Lande,
worinne die penſionirte Güter gelegen, die Krieges=
Unruhe entſtanden, oder auch nahe vor der Thür
geweſen. Wie nun anfangs in arbitrio contra=
hentis geweſen, den Contract zu vollziehen, und per
pacta auf alle erträgliche beliebige conditiones zu rich=
ten; Alſo muß er hernachmahlen in Entſtehung ge=
wiſſer Abrede, wie in den zuvor obgeſetzten Einquar=
tierung= und Durchzugs=Fällen es ſoite gehalten
werden, erdulden und zugeben, daß ſeine Unvorſich=
tigkeit ihm zum Nachtheil gereiche, und alle Unge=
legenheit, ſo nicht auf dem Lande, tanquam onus reale
hafftet, ihm heimgeſchoben werde. In dubio enim
contractus contra illum interpretandus eſt, qui legem

contractus apertus dicere potuit, cùm ſibi imputare
debeat, quod id neglexerit, l. veteribus 39 ibid. Bartol.
& Dd. omnes ff. de pact. l. in contrahendis ib. Dec.
& Cagnol. ff. de R. J. Tib. Decian. consil. 121 num. 27
vol. 3. Molin. in consuet. Paris. lib. 1 § 12 num. 2.

Die zuvor von widriger Meynung eingeführten
rationes werden vermittelſt reifer Betrachtung alſo
beschaffen befunden, daß ſie der Penſionarien In=
tention und hohe Anrechnung nicht beſcheinigen, dann
allhie billig ein Unterscheid zu machen zwischen denen
Bürgern, Exactionen, Contributionen und Einquar=
tierungen, welche auf vorhergehende Moderation
und Peræqvation ordentlicher Weiſe, durch dieſelbe,
bey welchen die Ober=Jurisdiction und Landes=Obrig=
keit stehet, angekündiget, und auf den Grund und
dero Pertinentien einig und allein geleget werden;
und diejenigen, ſo durch der Soldateſca eigenthätliche
Diſpoſitionen und Anmaſſungen erigiret, oder auch
nicht expreſſe dem fundo, sondern denen Einwohnern
nach Maſſe und Beschaffenheit dero habenden Haus=
Haltung und Qvalität aufgebürdet werden. Von
welchen letzten nicht kan geſaget werden, daß ſie ei=
gentlich onera realia fundo inhærentia ſeyn, ſondern
werden beſter Geſtalt onera, & infortunia perſonarum
genannt, von welchen es heiſſet: den ſie treffen, den
treffen ſie.

Und ob wohl dem Penſionario occaſione fundi,
und weil er auf demſelben sich befindet, die Be=
schwerden zuwachſen, (Licet enim tributum ſint onera
ipſius rei ſeu prædii; penduntur tamen, ſi proximam
cauſam requiras, propter emolumentum, quod ex
re ipſa percipitur, adeo, ut ſi penitus inſpicias,
non tam rei, quam fructuum onera eſſe videantur.
Ant. Fab. in rat. decid. ad l. 27 § 3 de uſufr.) wieder=
fähret ihm dennoch ſolches nicht ratione fundi, daß er
etwa der Güter wegen etwas ertragen ſolle, ſondern
weil er da Haus hält, heiſt es, daß der Soldate
von ihm bey fürfallenden Marschen und Durchzügen
unterhalten werden müſſe. Und dieſes um ſo viel
deſto mehr, quoniam nudam hoſpitationem, ſeu præ=
bitionem domus ſolus Conductor regulariter præſtare
tenetur, arg. l. 2 C. d. Met. & Epidemet. Prout
etiam JCti Helmſtadienſes ſuper hac re conſulti a Se=
natu Cellenſi, Anno 1639 M. Apr. reſponderunt.
Verba Reſponſi: So viel aber die Inhoſpitation
und Einquartierung betrifft, kan sich ſelbiger Con=
ductor oder Einwohner des Hauſes derſelben nicht
verweigern, ſondern iſt gleich andern dieſelbe zu er=
ſtatten ſchuldig. V. R. W. Derowegen das con=
cluſum, quod Conductor ad nulla onera ratione fundi
teneatur, anhero nicht gehöret, inmaſſen onera fundi
ab oneribus incolatus zu diſtingviren ſeyn, und gar
zu beschwerlich fallen würde, daß der Grund=Herr
ad omnia onera penſionarii, dannenhero, weil er die
Güter innen hat, verbunden ſeyn ſolte.

Vorerzählte zweyhellige Meynungen, ſo in dieſen
Jahren zum öftern ventiliret, und wie zu beſorgen iſt,
künftig zum Rechts=Streit gerathen möchten, zu con=
ciliiren und weitläuftigen Diſput aufzuheben, er=
achte ich an meinem wenigen Orte keinen beſſern Weg
zu ſeyn, als daß man mediate rem unterſuche, und die
Mittel=Straſſe gehe. Quemadmodum in cauſis du=
biis, quando utrinque adſunt rationes præ gnantes,
mediam viam amplecti tutius æquiusque ſem er exi=
ſtimatum, perque leges monitum eſt, l. ſi ſervos 15

in fin. ff. de pignorat. action. l. filio 7 ff. ut legator. seu fideicomm. servando. cauf. pulchre & late id demonstrat Ant. Theffaur. decif. 98 per tot. Mascard. de probat. conclus. 717 num. 8. Demselben zu folgen, würden die oft berührte Unkosten zwischen dem Grund-Herrn und Pensionario zu theilen, und beyde zu deren Abtrag verbunden seyn. Quæ sane sententia propter communem utriusque utilitatem & conditionem maxima æquitate nititur, imprimis, si propter prædii locati præstantiam sumptus quoque majores exigantur. Juxta Dd. passim. Worzu folgende Motiven bewegen und reizen, vor eins, communis utilitas fundi, dann es unleugbar, daß der Pension-Contract zu beyder Theile intendirten Genieß und Nutzen angesehen und gerichtet, indem der Colonus ex alieno fundo Wohnung, Unterhalt und Gewinn, der Grund-Herr aber pro suis fructibus eine erträgliche Pension suchet, welche gemeine Nutzbarkeit, ungeachtet dieselbe allezeit nicht so gar gleich erreichet wird, die onera dennoch gemein machet. Sustinere enim debet unusquisque onus, ad quem redundat commodum, l. manifestissimi § pen. C. de furt. Matth. de Afflict. in tit. quæ sunt regal. ad verb. vectigalia num. 44 seq. Und kan von denselben der Pensionarius mit guter Manier sich nicht eximiren, er wolte denn selbst bekennen, daß er ex alienis bonis cum aliena jactura, contra jus, lucriren wolle.

Die andere Ursache ist, natura contractus, qui utriusque tam locatoris, quam conductoris gratia initur, l. si ut certo 5 § nunc videndum ff. commodat. Nach welcher es der Billigkeit gemäß zu halten, daß nicht weniger die Contrahenten, die dem Contract nachfolgige Beschwerden und Ungelegenheiten erdulden, wie sie zuvor und ein ieder für sich das zuträglichste intendiret, und darauf den Vertrag gerichtet.

Fürs dritte persuadiret selbige Meynung æqualis utriusque conditio, in Betrachtung, daß beyde Contrahenten Einwohner, und Debitores patriæ seyn, so alles Unglück und Beschwerde circa rem, cujus utilitas communiter quæritur, mit helfen ertragen, nicht aber einer dem andern die Last allein aufbürden sollen. Wie aber derselbigen Theilung geschehen solle, ist in thesi, der unzähligen hiebey variirenden Umstände halber, zu determiniren unmöglich. Derowegen es arbitrio boni viri zu committiren, dasselbe aber desto besser zu fundiren, seyn folgende Considerationes wohl zu betrachten und zu observiren.

Einmahl und vors erste, daß solches alles, so laut der Pensionarien vorgebrachten Rechnung, durch die Einquartierung, Marschen und Durchzüge consumiret ist, wohl erwogen und dabey angesehen werde, ob damahlen Sachen, so der Pensionarius vermöge des Contracts einnehmen, dafür die Pension abtragen, und ausserhalb dero Einhebung zu Aufbringung der Pension nicht gerathen können, haben müssen angewandt werden. Denn es befindet sich oftermahlen, daß die Pensionarii Erstattung für dessen Entwand begehren, so ihnen entweder nicht zugehörig, oder auch nie ad lucrum illorum gereichet wäre. Als wann sie Brennholz, Fischerey, Heu und Streu, die geleistete Fuhren u. Dienste der Bauren den Soldaten geschehen, taxiren und anziehen, und aber dennoch erweislich ist, daß sie beregter Stücken Nothdurft zu ihrer Nahrung und Acker-Bau, ohne das

Jurist. Oracul V Band.

habhaft gewesen, auch die andern ersparten Abnutzungen die zugesagte Pension erreichen mögen. Solches geschieht unfugsam, und ist so gestalten Sachen nach nicht zuläßig, bevorab, wann bey Determination der Pension dieselben Fälle nicht in Anschlag, noch taxam gekommen, oder auch nur zur eigenen Nothdurft derselben der Pensionarius zu gebrauchen, und wegen des übrigen sich nicht zu bekümmern habe, sondern vielmehr leiden müssen, daß die Taxation der Mahlzeiten, und anderer auf die Soldaten gewandte Unkosten, dadurch geringert werden. Dann weilen alles dasjenige, so der Pensionarius zu seiner Nothdurft und Nutzen nicht bedurft, sub dispositione & jure des locatoris verbleibet, und demnach ungereimt, daß er das Seine, so dem Colono perceptione oder sonsten nicht acquiriret wird, bezahlen solle, l. & si 15 in fin de contr. empt. so ist ja ausser allen Zweifel, daß der Colonus deswegen keinen Schaden anzuziehen habe, zumahl was ihm daran abgehet, noch nicht sein geworden, sondern perceptione erstlich hätte müssen von ihm erhoben werden. Damnum enim, quod est juris vel patrimonii proprii diminutio, l. 3 ff. de damn. infect. allegare nequit, qui nondum acquisivit. Thom. cons. 1 num. 93. Privatio quippe præsupponit habitum, l. 5 ff. de injust. rupt. & irrit. l. decem 116 ff de V. O. Habere autem quidquam non dicimur, priusquam acquisiverimus, l. precia rerum in pr. ff. ad l. Falcid. Sic etiam ubi damnum cessat, & æstimatio damni cessat. Laurent. Rodulus in tract. de usur. vers. nunc venit n. 14. Farinac. 1 consil. 15 num. 30. Derowegen das Recht für keinen Schaden achtet, ob gleich einer in etwas eine Zeitlang und unterweilen verhindert würde, das Seine zu mehren, und in der Nahrung zuzunehmen, sondern das hält man allein für Schaden, was einem abgehet an dem, das allbereit erworben und sein ist. arg. l. Proculus ff. de damn. infect. l. qui autem ff. quæ in fraud. credit. l. Mutius ff. pro soc. Simon. Pistor. in d. consil. Modest. Pistor. cons. 7 n. 10 vol. 1. Quamvis enim damnum pati & lucrum perdere alias paria sint, Roland. consil. 21 num. 58 vol. 2, & damnum is pati dicatur, qui lucrum amittit. l. proinde 22 § ult. & l. seq. ff. ad L. Aquil. Sic etiam damnum quis sentire dicitur, cum lucri spem amittit, l. 2 § damnum 11 ne quid in loco publ. Menoch. recuper. poss n. 420. Non tamen damnum sentire, & lucrum perdere, par eademque est ratio, nec inter se æquiparantur. l. fin. § licentia C. de Jur. deliber. l. fin. § 2 d. Codicill. l. Procul. 26 ff. de damno infect. Distinguendum siquidem inter lucrum acquisitum, & acquirendum. Posteriori modo, ut cum solummodo sit in spe, lucrum amittere, non est damnum sentire, l. quod autem 6 in pr. quod in fraud. credit. Secus est, quando lucrum jamjam est acquisitum & radicatum, quia tale lucrum perdere dicitur esse damnum, l. liberto 26 ff. de bon. libert. Pfeil. cons. 60 n. 8. Daneben ist in dergleichen Sachen und Fällen, wann der conductor de lucro captando, dagegen aber der locator de damno vitando bemühet ist, wie dann bey vorerwähnten Beschwerden und dero Anrechnungen gemeiniglich geschiehet, vielmehr dahin zu trachten, daß der locator indemnis erhalten, als dem Conductori mit dessen Nachtheil zu seinem begehrten Genieß geholfen werde. Semper enim conditio ejus, qui de damno vitando certat, melior esse debet, quam illius, qui lucrum intendit, proque illo in dubio sententia ferenda est, L 3 ff. de suspect. Tutor. l. non debet § in re ibid. Cagnol. ff. d. R. J. Bald. in l. cum mulier ff. de damn. infect. Tib. Decianus resp. 29 n. 44 vol. 2. Cum regulariter in jure id observetur, ut de damno vitando certans præferatur lucrum quærenti, arg. l. verum 11 § item quæritur 6 de minor. l. ult. C. de repud. hæred, l. 7 de Jur. & fact. ignorant. Harp. ad § 2 Instit. quibus mod. re c. O. Zuförderst aber, wann der Genieß durch des locatoris Verursachen dem Pensionario nicht entzogen, derselbe auch ad præstationem interesse oder Ersetzung dessen, so etwa hätte können lucriret werden, nicht verbunden, wie in vorhergehender Frage mit mehrerm remonstriret ist.

Zum andern sind bey obgemeldter Ermassung die angewandte Unkosten von dem Schaden, so etwan durch Diebstahl, Raub, Brand und dergleichen beyläufftige Fälle des Pensionarii eigenen, entweder in fundum translocirten oder selbst perceptione & labore suo erworbenen Güter zugefüget, wohl zu unterscheiden. Sintemahl, wie bey dem andern Puncte dieses Vorhabens weitläufftiger ausgeführt, solche Zufälle zu des Pensionarii, als Domini, Abtrag einzig gehören, und dahero mit den Einqvartierungs- und Durchzugs-Beschwerden, ob gleich aus denselben solche entstanden, nicht zu confundiren, noch zu vermischen seyn.

Vors dritte nach Abzug derer Dinge, so zu denen Impensen nicht gehören, welche zu berechnen sind, ist eine gewisse erträgliche Taxa und Anschlag dessen, so angewandt, ex æquo & bono aufzurichten. Woran, Ungleichheit zu verhüten, nicht wenig gelegen, in Betrachtung, daß gemeiniglich von denen Pensionarien der Computat ziemlich hoch gestellet, und alles aufs theuerste, wie es etwa im Lande gegolten, æstimiret wird, dadurch dann die Grund-Herren mercklich graviret werden. Welchem rechtlich vorzukommen, ist die Æstimation also anzustellen, daß das Tempus impensæ consideriret, und wie theuer ein iedes, so verzehret, dazumahlen in nechst belegenen Orten zu verkauffen gewesen, in taxam gebracht werde. In æstimatione enim definienda spectandum est tempus impensæ. Bald. in l. in fundo 38 ff. de rei vindicat. Sicut & tempus consumptionis in fructibus, quorum valor non crescit, postquam consumpti sunt, vid. Munn. ab Escob. tr. de ratiocin. cap. 17 n. 10. Secus ac in æstimatione meliorationum, quæ secundum tempus, restitutionis rei, non secundum illud tempus, quo factæ fuerunt, faciendæ. Confer. supra Conf. II hanc in rem adducta. Cæterum ad illustrationem hujus materiæ haud parum lucis adfert Dn. Mevii nostri Decisio LXI partis III, quam B. L. hic evolvere potest.

Weil auch bekannt ist, daß auf dem Lande wohlfeiler zu zehren als in denen Städten, so ist unbillig, daß von denen Pensionarien alles wie von Gastgebern, so darunter ihre Nahrung und Gewinn suchen, angerechnet werde. Und wie dieselben nicht nach ihren Gewinn, sondern ex rei veritate, das Facit machen sollen: L. si servum 33 ad L. Aquil. l. pretia servorum 63 l. in Falcidia 42 ad L. Falcid. l. unic. vers. in aliis, ibi quod revera C. de sent. quæ pro eo, quod interest. Und aber vermuthlich sie bey dem gefasseten Concept, alle Auslagen dem Grund-Herrn hinwieder anzurechnen und abzuziehen, die beste Acht- und

Sparsamkeit nicht gebrauchen möchten, bevorab weil in vielen Wegen ihnen damit gedienet seyn könte, daß die Pension bey ihnen verzehret würde, und sie die Fructus zu verführen nicht nöthig hätten, ist vonnöthen durch verständige Haus-Wirthe die taxam zu aller Billigkeit zu moderiren. Um mehrer Gewißheit und Richtigkeit willen, wäre nicht undienlich, daß so wohl die designationem, als auch die gemachete taxam, der Pensionarius, so hierinnen administratoris partes sustiniret, durch einen Eyd beschwere, wie solches denen Rechten nicht zuwider. Expensæ enim in qualibet re factæ, a quolibet administratore probari possunt & debent per juramentum, si sint præter modum, & non verisimiliter factæ. gloss. in l. nulli per ill. text. C. de Epis. & Cleric. l. si quis pro redempt. C. de Donat. Bartol. in l. comperimus C. de navicul. lib. 11. Tiraquell. in tr. de judic. in reb. exig. versic. Ex hoc fit, ubi plures pro hac sententia citat. Quando non sunt rationabiles & verisimiles, Judex non debet Jusjurandum admittere, nec etiam admissum, nisi partes consenserint. probat. vid. Mascard. de probat. conclus. 720 n. 4. Æstimationem quod attinet, eam juramento fieri posse & si judex id ratum putet, debere, indubium est. vid. Mascard. de probat. conclus. 360 n. 4 & per tot.

Befinden sich nun die angerechneten Unkosten in dem Preis und Æstimation, daß sie erträglich und ohne sonder Beschwer des Pensionarii könten abgeführet werden, wären solche nicht zu attendiren, sondern dero unbehindert, der Pensionarius die völlige Pension zu erlegen, und die wenigen Impensen über sich zu behalten schuldig, uti textus confirmat, in L. sine hærede 32 § Lucius 6 ff. de administr. Tut. & in l. si merces 25 § vis major 6 ff. locat. ubi jubetur Colonus modicum damnum æquo animo ferre, adjecta æqua ratione, quod magnum lucrum ei non aufertur & gloss. in L. ex conducto § si vis tempest. versic. Idemque dicendum ff. eod. Tiraquell. d. tract. de judic. in reb. exig. versic. 15. Modicum enim damnum ex impensis provenire, Colonum æquo animo ferre debere, cui immodicum lucrum non aufertur, jamjam dictum est, & exigit hoc L. 25 § 1, l. 25 § 6 ff. locat. confer. Dn. Struv. Syntagm. Jur. Civ. Exerc. 25 th. 17. Welche aber pro modicis impensis zu achten, muß arbitrio judicis heimgestellet verbleiben, uti ab JCtis illarum definitio isti committitur. Menoch. de A. J. Q. lib. 2 cas. 215 n. 8. Tiraquell. in l. si unquam verb. omnia vel partem n. 31 C. de revoc. donat. Cui semper, quando quid in jure definitum non est, relinquitur. l. 1 § ult. ff. d. Jur. deliber. l. in venditione 8 § 3 & 5 de bon. auctor. Jud. possid. l. de causis 4 § 1 de Officio deleg. l. 1 C. divort. facto l. 1; § 1 de annon. leg. Menoch. de arbitr. J. Q. lib. 1 in procem. n. 5 & quæst. 14 n. 3. Carpz. p. 2 c. 30 d. 41 n. 7. Der hiebey nicht so wohl quantitatem impensæ, als qualitatem fundi locati & pensionis consideriret wird, zumahlen hie nicht kan einerley Æstimation bey Contracten über grosse und geringe Güter stat haben, sondern nach dero Beschaffenheit, und des Pensionarii læsion, ist dieselbe zu richten. Wann aber die angewandten Sumtus schwer und groß, also, daß der Pensionarius, da der Abtrag ihme alleine obliegen solte, der Güter nichts zu geniessen, sondern über gehabte Mühe und Ungelegenheit, ein Ansehnliches von den Seinen zuzusetzen,

ſetzen, oder da entgegen, wann dem Grund-Herrn
dieſelben abzulegen, derſelbe nicht alleine von ſeinem
Grunde nichts überkommen, ſondern noch Geld
darüber vorſchieſſen müſte, wie es alsdann zu halten, iſt durch gemeinen Schluß zu ſtatuiren faſt
ſchwer, und nicht thunlich.

Unvorgreiffliche Vorſchläge anzufügen, ſcheinet
zuerſt nicht unbillig zu ſeyn, daß die onera hospitationis, & transitus militaris zwiſchen ihme und dem
Grund-Herrn gleich getheilet würden, und zwar aus
obberegten Urſachen, ſo communionem onerum unter ihnen billigen. Da aber hiebey, weil unmöglich
der vielfältigen Diverſität halber in eine Regel alles zu begreiffen, Differentzen und Schwierigkeiten
entſtünden, ſcheinet, daß zu mehrer Richtigkeit faſt
das beſte, und zu Verhütung aller Ungelegenheit,
der ſicherſte Weg ſey, alle Fructus und Abnützungen, wie ſie Nahmen haben mögen, ſo in demſelben Jahre, worinnen die Beſchwerden die Güter
betroffen, eingenommen, oder auch diligentia coloni
leicht zu erheben geweſen, richtig und wohl zu ſpecificiren. Wozu dann, nebſt andern Beweiſen, dem
Pensionario, mediante juramento, quod ad fructuum
perceptorum quantitatem probandam deferri de jure poteſt, Balduin. in l. ſi fundum C. de rei vindic.
Maſcard. de probat. conclúſ. 817 n. 6. die Deſignation, jedoch ſalva alia probatione zu übergeben ſoll
auferleget werden. Non enim pronunciatur ſuper
expenſis, niſi ſpecifice deſignatis, prout eleganter
Dn. Mevius in Deciſione CXXVI part. V de-
monſtravit, quæ eo nomine hic evolvi poteſt. Worauf die ſpecificirte Fructus in tariren, darvon die zu
vorn äſtimirten Impenſæ abzuziehen, und da etwas
übrig, darnach der Reſt der gebührenden Penſion
zu moderiren ſeyn wird. Denn nachdeme auſſer
Zweiffel offt bemeldte Onera von denen Abnützungen abzuſtatten ſeyn, folget unwidertreiblich, daß
pro rata utilitatis, ſo der Grund-Herr und Penſionarius aus denen Gütern haben können, die Diſtri-
bution billig geſchehe, geſtaltſam der contractus
utriusque cauſa getroffen, auch die fructus, quorum
partem penſio ad Dominum transfert, partem ſuper-
ſtitem colonus retinet, in iſto reſpectu gemein ſeyn,
und von denen, welcher Intention zum Nütze aus
denen Gütern gereichet, die occaſione bonorum &
uſusfructus vorfallende onera ex naturali lege zugleich zu erdulden ſeyn. Nam eo ipſo, quo lucri faciendi gratia invicem contraxerunt, ſocietatem quaſi ſuſceperunt, quæ jus quodammodo fraternitatis,
& proinde æqualitatis in ſe habet l. 63 ff. d. ſociet.
Unde tam lucrum, quam damnum commune eſſe debet l. 67 eod.

Ob nun wohl der Colonus, vermöge der Rechte zu
keiner Specification der fructuum verbunden, ſondern
in dieſem paſſu, zwiſchen ihme und einem Adminiſtratore, ſo auf Rechnung eingeſetzet, Unterſchied zu
halten, hat er doch ſich weiter darauf zu berufen, als ſo lange er die Penſion entrichtet, oder auch
davon die Unkoſten, ſo dem Grund-Herrn alleine
abzutragen, incumbiren, zu decurtiren hat. Wann
aber onera communia vorfallen, ſo ex fructibus
omnibus abzulegen, weil alsdann eine communio &
quædam quaſi ſocietas, zwiſchen ihnen entſtehet, iſt
nicht abzunehmen, warum er der Deſignation ſich
entziehen könne. Scilicet ad exemplum ſocii, qui

ſocio ad Inventarii confectionem, vel juratam deſi-
gnationem rerum communium tenetur. Dn. Richter.
deciſ. 58 num. 13, & ad rationes reddendas. Dn.
Struv. Synt. Jur. Civ. Exerc. 22 th. 24. Prout in ea
opinione, quod ſcilicet conductor ad deſignationis
confectionem & expenſarum, & rerum adhuc extan-
tium obligatus & obſtrictus ſit, jamdudum fuit Facultas Juridica Jenenſis, dum Anno 1639 d. 27 Junii
in cauſa Gervin Höchſtes, Klägers und Conductoris
an einem, Curd Boſtenboſtels nachgelaſſenen Erben, locatorum am andern Theil, ita pronunciavit:
P. P. Daß Kläger die Onera realia und Contributiones, ſo er wegen des Guts Parow aufwenden
müſſen, ſammt denen, was er nothwendig hinein
verbauet, eigentlich zu ſpecificiren, auch binnen
Sächſ. Friſt, wie zu Recht erheblich, zu erweiſen,
oder auf allen Fall eidlich an er alten ſchuldig. Item
in Verb. Ferner iſt auch Kläger das Inventarium
und was er bey Antretung ſeines Pachts empfangen, auszuantworten und zu erſtatten ſchuldig, 2c.
V. R. W. In dieſen Fällen nun die Penſionem
pro fructibus fundi zu rechnen, und alle Onera dem
Locatori aufzubürden, iſt der Aequität ſchwerlich zuwider, in Anmerckung der vorangezogenen Motiven
und Gründe, durch welche man den Penſionarium
viel ehe den Beſchwerden alleine unterwürfig zu ſeyn
erachten könte. Weil das Fundament der Fragen
an ſich billig, und den Rechten nicht zuwider, daß
nehmlich der Penſionarius auf den Locatorem die
controvertirten Beſchwerden eintzig und allein nicht
bringen könne, ſondern zum wenigſten erdulten müſſen, daß er nach Qvantität und Maſſe ſeines aus
dem Gute habenden Nutzens zum Abtrag cooperire,
hat er über die Deſignation und Moderation, ohne
welche zu dem Zwecke nicht zu gelangen iſt, ſich zu
beſchweren, keinen Fug. Es ſtehen auch nicht im
Wege der Penſionarien præſuppoſita und principia,
ſo zum Grunde ihrer Prätenſionen geleget werden,
als daß ſie zuvoraus ihren und der Ihrigen Unterhalt haben müſſen, bey dem Penſion-Contract von
den Ihrigen nichts zuſetzen durfften, und was desgleichen mehr vorgewandt wird, daran nichts in denen Rechten gegründet zu befinden. Einmahl iſt
der Grund-Herr ſeinem Colono zu keinen Alimenten, neque naturali neque civili jure verbunden,
demnach er derentwegen die Penſion ihme mit keinem Fuge vorenthalten, vielweniger rechtſame Petitionem anſtellen kan. Hierneben ſo ſind auch die
angewandten Koſten nicht onera realia fundi, oder
dem Grund-Herrn zuſtändig, ſondern vielmehr vi
majori, und caſibus fortuitis zu imputiren, dahero
des hiedurch abgeſchnittenen Unterhalts wegen, der
Penſionarius über den Proprietarium ſich zu beſchweren, oder etwas von ihme zu fordern, nicht mehr
Fug haben kan, als dieſer, der ob ejusmodi facta
nicht erfolgenden Penſion wegen ihn zu beſchuldigen
hat. Und gleich wie ſonſten über die verſprochene
Penſion er zu ſeiner Hausshaltung ob ſterilitatem
nichts erübern könte, daher von dem Grund-Herrn
etwas zu fodern er unbefugt wäre, alſo wann die
Nutzbarkeiten von denen Soldaten conſumiret werden, kan ihme desfalls kein ſonderbar Recht zuwachſen. Welches in allen Fällen, da ausdrücklich der
Grund-Herr dieſe Ausgaben auf ſich nicht tranş-
feriret (worunter die Conventiones, daß ſie von der

Tt 3 Penſion

Penſion zu decurtiren, in welchen dem juri & æquitati nicht renunciiret, nicht mit begriffen) zu obſerviren, nicht weniger recht, als Chriſtlicher Liebe gemäß iſt. Wornach gleichwohl auch alle Pacta, dadurch die Onera auf den Proprietarium alleine geleget werden, damit er nicht dieſelbe beſchwerlich em-
pfinde, ex æquo & bono zu interpretiren und zu mäſ-
ſigen ſeyn. Pacta enim eatenus ſaltem ſunt ſervan-
da, quatenus naturæ & rationi non refragantur. Riminald. conſil. 147 num. 3 vol. 3. Imo contractus naturam immutare non intelliguntur, l. qui fundum ff.
de contr. Empt. l. 2 C. de pact. inter Empt. & vend.
Welcher ſich dieſem zu widerſetzen gelüſten ließe,
demſelben opponirte man mit gutem Fuge das dictum Imp. Juſtiniani: Non ferendus eſt is, qui lucrum quidem amplectitur, onus autem ei annexum
ferre recuſat, in l. un. § pro ſecundo 4 C. de Caduc.
toll. Und hat dieſes deſtoweniger Zweiffel, wann
befindlich, daß über die Penſion der Penſionarius ein
Anſehnliches erübrige, alsdann kan er, tanquam pro
lucro, quod ex alieno fundo percipere ſtudet, pro
rata mit zulegen, und über die remiſſionem aut repe-
titionem penſionis debitæ vel ſolutæ keine Bezahlung
dem proprietario, de damno rei ſuæ ſollicito, anmuthen. Bono enim & æquo non convenit, aut
lucrari aliquem cum damno alterius, aut damnum
ſentire pro alterius lucro, l. jure § fin. ff. de jur. dot.
Modeſt. Piſtor. conſil. 13 n. 4 vol. 2. l. nam hoc natura 14 ff. de condict. indeb. l. naturaliter 15 § fin. l.
hæc condictio 66 ff. eod. l. bona fides 50 ff. de act.
Empt. l. jure naturæ 206 ff. de reg. Jur. l. ult. C. de
uſuc. pro Empt. l. fin. § in computatione C. d. jur.
liber. Wann aber die Ausgaben, ſo auf die Einqvartierung und Durchzüge gewandt, die ſpecificirte Abnützungen weit übertreffen, alſo, daß alles
drauf gegangen, und der Penſionarius ein mehrers
ſpendiret, gewinnet die Sache gröſſere Difficultät.
Welcher abzuhelffen, ſchlieſſe ich dahin, daß im Fall
der Grund-Herr ſolches zu tragen, expreſſe auf ſich
genommen, er daſſelbe erſetzen, oder auch, daß aus
denen Abnützungen künfftige Jahre der Colonus
deswegen ſich ergötze, und erdulten müſſe, iedoch dergeſtalt, wie oben gemeldet, daß der Penſionarius
ſich nicht gäntzlich eximire, oder einigen Genieß
darunter ſuche. In Ermangelung dieſes Conſenſus, hat der Penſionarius die Uibermaſſe zu fordern
kein Recht, noch einige actionem, ſine qua nemo
poteſt in judicio agere, l. ſi pupilli 6 in fin. ff. de
neg. geſt. Ad ſumtus enim repetendos nulla conductori adverſus locatorem competit actio, niſi aut
perpetuam utilitatem iſti habeant, aut eos ipſe conductor de jure neceſſario facere debuiſſet, l. dominus
55 § locat. Mozz. de contr. locat. col. ult. num. 25.
Puta, ſi ad decennium facta durant, gl. in l. 3 nos generaliter in princ. verſ. ſed quid ſi ff. de impenſ. in
res dot. fact. Matth. Berl. part. 2 dec. 250 n. 14. Supra fructus autem, quorum correſpectiva ſunt onera publica, locator de fundo ad nihil de jure tenetur, per text. expreſſ. in l. forma 4 § 1 ff. de cenſib.
Bartol. in l. eo temp. § qui maximos ff. de Publican.
Weſenbec. conſil. 215 n. 38. Unde ſterilibus prædiis, a quibus deſolata nihil differunt, munus ullum
imponi nequit. Socin. Jun. conſil. 33 n. 12 vol. 3. Natta conſil. 418 n. 7. Mynſing. reſponſ. 1 n. 30 decad. 15.
Zudeme iſt kein Zweiffel, daß dieſes pro caſu for-

tuito zu halten, welchen der Locator dem Conductori, wann deſſen Gütern dadurch Abbruch zugefüget
wird, zu präſtiren nicht ſchuldig, wie zum öfftern gemeldet. So wird auch nirgend in Rechten gegrün-
zu ſeyn befunden, daß ultra remiſſionem mercedis,
pro rata damni & impedimenti der Locator worzu
verbunden ſey, derowegen über derſelben der Colonus
keine Actionem haben kan. Und zwar deſtoweniger,
ſi in fundo conducto, & a milite occupato, ſubſiſtat,
& non migret; Sicuti quoad metatum diſtinguere videtur JCtus in l. 13 § 7 ff. locat. Priori enim caſu, ſi commoditate habitationis etiamnum utatur, metata æquo
animo ipſe perferre debet, neque ideo de locario aliquid
deducere poteſt. l. 2 verſ. ergaſteria, ibi ſolis dominis,
conductoribusque deſerviant C. de Met. & Epidem.

Dieſes mein unvorgreiffliches Bedencken iſt auf
die Billigkeit zufördert fundiret, und dahin eintzig
gerichtet, daß die Penſionarien nicht zu ſehr bedruc-
cket, noch die Grund-Herren durch übermäßige
Anrechnung endlich von dem ihren ſine culpa ſua
abkommen, und die Penſionarii per minutos ſumptus
endlich darinne niſteln möchten. Quod ne fiat, circa refuſionem impenſarum maxime præcaveri monet,
Celſus in l. in fundo 38 ff. de rei vindicat. Haud parum ad uberiorem hujus materiæ intellectum facit Dn.
Mevii Deciſio XC Part. II. cui ſubjungi poſſunt Deciſ. 72 ibid. 62 pr. 3 & 63 ibid. quas B. L. uberiorem
hujus materiæ explicationem deſiderans, evolvere et
legere poteſt.

Fünfftes Rechtl. Bedencken XLVI.

Ob die Penſion-Contracte durch die ver-
gangene Landes-Verwüſtung erloſchen,
und die Locatores und Conductores der
künfftigen Jahre halber zu nichts
verbunden ſeyn?

De fine locationis conductionis ob ruinam
communem provincialem.

An facta ruina communi & Provinciali, Penſiona-
lia pacta annullentur, & Locatores & Conductores
ratione futurorum annorum, obligati invicem non
maneant?

Ad meliorem hujus materiæ cognitionem D.
Mevii Deciſio CCXX Part. II conferri & evolvi
poteſt. Ob gleich in Rechten ausdrücklich nicht zu
finden, daß devaſtatio prædiorum ein Modus diſſol-
vendi contractum locationis conductionis ſey, daß
aber dennoch auf dero Erfolge die Contrahenten, dergeſtalt, wie ſie ſonſt vermöge der vorhergehenden
Vergleichung ſchuldig, hinfüro nicht mehr obligiret und verbunden ſeyn, iſt denſelben, wie auch der
Vernunft, gemäß. Omnes enim conventiones tacitam hanc conditionem & clauſulam in ſe habent;
rebus in eodem ſtatu manentibus, l. cum quis ſibi
in pr. ff. de ſolut. l. Mævia § uxore ff. de Ann. legat.
Anchor. conſil. 402 in fin. Menoch. conſ. 28 n. 47.
Adeo, ut ne juramentum adjectum diutius faciat ſubſiſtere obligandi vinculum, quam dum res in præterito ſubſiſtunt ſtatu. Menoch. d. conſil. 27 num. 48.
Jaſon in l. ſed etſi § quæſitum n. 42 ff. ſi quis caution.
Curt. Jun. in l. ſi quis major n. 30 C. de tranſact.
Sic notiſſimi Juris eſt, obligationem extingui, ſi in
eam caſum redigatur, a quo incipere non poteſt,
l. exiſtim.

l. exiſtim. poſſe 98, l. pluribus rebus 140 cum ſimilibus d. V. O. & ibid. Bartol. & Paul. de Caſtr. Joh.
Ferrar. 1 conſ. Marp. 2 num. 7. Quis autem non
videt, Contractum Locationis Conductionis a rebus
devaſtatis & ruina conſumptis, eodem modo incipere
non poſſe, quo incipit rebus adhuc ſalvis & integris,
quia ſtatus & conditio rerum, veluti cauſa eſt, ob
quam Conductor ad contrahendum perſuadetur. Deficiente autem cauſa, & obligatio deficit. Tiraquell.
l. de cauſ. ceſſant. num. 109. Cui conſequens eſt,
ut ſublata obligatione nec actio ulla ſupereſſe poſſit,
ſed ipſa cum obligatione exſpirat, l. licet 42 § ea
obligatio 2 ff. de procurat. Vult. 3 conſ. Marp. 23 n. 3.
So viel den Conductorem oder Penſionarium betrifft,
iſt nicht ohne, daß nicht alſofort ex quovis damno
fructuum derſelbe abzuziehen, und den Contractum
los zu kündigen berechtiget ſey. Unde dici ſolet,
quando fructibus impedimentum vel damnum eſt illatum a caſu fortuito, conductorem a contractu non
poſſe recedere, l. ex conducto 15 § Papinianus 4, l. ſi
fundus 33 ff. locat. l. licet 8, l. excepto 18 C. eod. Bald.
conſil. 315 vol. 3. Pantzſchmann. quæſt. illuſtr. 14 n. 43
part. 1. Wann ſich aber die Fälle begeben, daß
der Penſionarius auf dem Gute ſicher nicht verbleiben kan, an dem Ackerbau verhindert, oder ſonſten dergeſtalt moleſtiret und turbiret wird, daß er
ſcopum contractus, nemlich den Genießbrauch
nicht erreichen mag, iſt auſſer Zweiffel, daß er alsdann zu weichen und des Contracts ſich zu begeben
befugt ſey, per text. in l. item quæritur 13 § exercitu 7 l. ſi merces 35 § ſi vicino 2, l. habitatores
27 § 1 l. dominus 52 § fin. ff. locat. Berol. conſ.
140 n. 28 vol. 1. Ruin. conſ. 65 vol. 1. Surdus c.
34. Bœr. deciſ. 249 n. 9. Mozz. de locat. cond.
col. ult. n. 17.

Dann nicht weniger als der Locator aus erheblichen Urſachen, de quibus conferri poſſunt, Dn.
Struv. Syntagm. Jur. Civ. Exerc. 24. & Carpz.
p. 2 c. 37 d. 7. Dn. Franzk. n. 146 th. 12 ad h. t.
& Hahn. ad Weſenb. tit. locat. Cond. n. 15 dem
Conductori die Miete aufzukündigen, und von dem
Contract abzutreten berechtiget. l. eodem 3 ibid.
gloſſ. & Dd. C. locat. Iſt dem Conductori ex
natura correlativorum, de quibus idem judicium, ſolches auf begebene unumgängliche Fälle
(de quibus videri poteſt Hahn. ad Weſenb. d. l.)
zu verſtatten. arg. l. 3 § 7 ff. loc. Cond. Roland.
a Valle conſil. 19 n. 22 vol. 4. Bevorab, weil der
locator nicht nur ad traditionem prædii locati,
ſondern ad patientiam fruendi, und alle vorkommende Hinderniſſe aus dem Wege zu räumen obligiret iſt. d. l. ſi merces § 1 qui fundum ff. locat.
Unde illo non implente, aut volente implere
contractum, neque hic amplius tenetur. arg. l.
quæro 5 inter ibid. Bartol. ff. de lit. Beroi. conſ.
15 n. 14 vol. 3. Natta conſil. 360. Præſertim
cum non licet aſſequi cauſam finalem contractus, ſine qua aliquis non fuiſſet contracturus.
l. cum te fundum C. de Pactis inter empt. &
vendit. Cravett. conſ. 292 n. 1. Bald. conſ. 340
vol. 3. Und obſchon an einer Particul des für gewiſſe Penſion in einem contractu penſionirten Gutes, allein der Colonus dergeſtalt beſchwerlich turbiret und gehindert würde, bleibet ihm die Macht denſelben loszukündigen eben alſo frey. arg. l. ſi duos
ff. de contrah. empt. l. cum eiusdem ff. de ædil.

edict. Caroc. in tract. de locat. part. 2 ſub tit.
de conduct. imped. Tiraquell. de retract. lignag.
§ 15 gloſſ. § 13. Cum eadem ſit ratio partis, quæ
eſt totius, l. quæ de tota 76 ff. d. rei vindic. l. ſi
unus 27 § pen. ff. de pact. Gail. 2 obſ. 60 n. 6.
Si nimirum eiusdem ſit qualitatis, cujus totum.
l. Lucius 28 & ibi gloſſ. ff. de fund. inſtruct. l.
grege 21 ff. de legat. 1, l. peculium 65 l. cum pater
77 § menſæ 16 ff. de legat. 2. Wodurch er alsdann von dem getroffenen Contract befreyet wird,
daſern von vorigen Zeiten nichts rückſtändig wäre.
Hatte aber der Penſionarius zuvor mehr erleget, als
die Penſion der verlauffenen Zeit, worinnen er der
Güter genieſſen können, ausmachet, iſt ihm das Bezahlete zu repetiren unbenommen. Mozz. de col. ult.
n. 18. Bec. conſil. 54 n. 21.

Hiebey aber wird für eins erfordert, daß die für-
kommenden Hinderniſſe, wodurch der Conductor
von dem Contract abzutreten ſich bewegen läſſet, alſo
beſchaffen, daß ſie erheblich und faſt unerträglich,
auch den Genießbrauch, ſo der Contrahenten vor-
nehmſter Zweck iſt, mehrentheils aufheben. Ex impedimento namque parvi momenti, ſi non
culpa aut voluntate locatoris, ſed caſu fortuito
ac facto tertii contingit, a conductione diſcedere
aut liberationem prætendere non licet. d. l. habitatores 27 pr. ibid. Caſtrenſ. Bartol. & Salycet.
Menoch. conſ. 246 n. 21 ſeq. Hinc imprimis
juſta cauſa deſertionis requiritur, ut ſi 1) veriſimile periculum ruinæ imminere videat, ſi
2) propter ſpectra & Φαντάσματα, aliasve cauſas domus inhabitari non poſſit, ſi 3) vitium
ſit in re locata, unde neceſſario migrandum, ſi
4) obſcurentur lumina habitationis, vel alio
modo habitationi officiatur, ſi 5) adſit impetus
hoſtilis, aliave cauſa damni infecti &c. l. ſed
addes § 4 cum ſeq. ff. Loc. cond. Ritterſh. ad
Inſt. diſp. 22 § 30, 31. Et tunc pro rata temporis remiſſio fieri debet. l. 19 § 6 l. 25 § 2 ff. locat.
cond. Si autem ex nudo arbitrio, vel ex cauſa
haud ſufficienti recedat conductor, totius temporis penſionem ſolvere obligatus eſt per l. 55
§ ult. ff. eod. Hinc caſu tali obtingente, ſtudio-
ſis nimirum quibusdam conductoribus ruinam
metuentibus, ex muſeis conductis ante finitum
locationis tempus recedentibus, Senatus Acad.
Juliæ Anno 1646 ita pronunciavit: Würde der
locator per inſpectionem fabrorum lignariorum,
und andere verſtändige Baumeiſter erweiſen, daß das
Haus zur Ruin nicht geneiget, ſo wären ſodann gedachte Studioſi die vollkömmliche Penſion ihm zu erlegen pflichtig. V. R. W.

Daneben gebühret dem entweichenden Colono
ſein Vorhaben dem locatori bey Zeiten zu denunciiren, damit er ihn entweder der Beſchwerde erheben, oder auch ſeinen Nutzen, nachdem die Güter
ledig gelaſſen, deſto füglicher damit ſchaffen könne.
Stellet er dieſes hindan, verbleibet er dem locatori
zu Erſtattung alles des daraus entſtehenden Schadens nichts deſto minder ſchuldig. l. item quæritur
13 § exercitu 7 ff. locat. ibid. gloſſ. & Dd. Boſſ.
in tit. de remiſſ. mercedis n. 51. Menoch. d. conſ.
246 n. 20. Scilicet ſi locatoris copia detur, l. 13
§ 7 d. t. Loc. Cond. Gail. 2 obſ. 23 n. 5. Und
da impedimentum nicht öffentlich kundbar ſey;
Cum

Cum notorium non requirat denunciationem. Bœr. decil. 40 n. 7, & in terminis Socin. Jun. conf. 120 n. 9 & 10 lib. 3, nec allegatio opus habeat. Dd. in l. omnes populi ff. d. J. & J. Item wenn der Pensionarius ohne grosse Gefahr und Schaden die denunciationem verrichten, d. l. item quæritur § Roman. in l. si filius ff. de damn. inf. Menoch. d. consil. 246 n. 32. und selbige dem Locatori was nützen kan. Socin. Jun. d. consil. 120 n. 11.

Nach also geschehener rechtmäßigen Loskündigung, da dieselbe ihre Kraft erreichen soll, muß der Pensionarius der Güter sich begeben, und solche dem Locatori überlassen. Nimmt er sich aber derselben hinwiederum an, continuiret den Genieß-Brauch, und wendet ichts in seinen Nutzen, ist er nach wie vor ex contractu locationis conductionis gehalten, und kan ihm die protestatio actui contraria zu keinem Vortheil gereichen, wiewohl dessen Bürgen durch einmahl aufgekündigten Contract befreyet seyn, uti pulchre ostendit Roland. a Vall. conf. 69 n. 46 seq. vol. 4. Ratio, quia obligatio fideiussoris ultra durationem vel subsistentiam contractus interposita non videtur. Durare autem vel ulterius subsistere desinit contractus locationis, Conduct. denunciatione justis ex causis (superius paulo ante relatis) facta; Hinc tenetur quidem fidejussor ad id, quod ante denunciationem ex tali contractu debetur, etiam post elapsum tempus vel denunciationem factam. arg. l. 54 ff. de fidejuss. & mandat. Non vero ad mercedem ex prorogata quasi conductione debitam. l. 7 C. de locat. Cond. Quia nempe alia & nova Conductio est inita. l. qui ad certum 14 ff. eod. Quæ fidejussori ad perpetuandam obligationem nocere nequit. d. l. 7. Nunquam enim obligatio ad certum tempus limitata, invito obligato, in longum tempus prorogari potest. gloss. in cap. Constitutus de fidejussor. & in l. pen. ff. de prætor. stipul. Ant. Fab. def. 25 n. 9. Veluti in causa Gertrudæ, uxoris Andreæ Hellischers zum Horn, Mens. Nov. An. 1598 a Scabinis Lipsiensibus pronunciatum est: Verba sententiæ: Ob nun wohl nach Verfließung der dreyjährigen Pacht-Zeit der Pacht ferner prorogiret worden, dieweiln aber dennoch solches ohne euren Vorbewust und Bewilligung geschehen, und ihr euch weiter nicht als auf drey Jahr lang in Bürgschaft eingelassen 2c. so ist hiedurch eure Verpflichtung erloschen, und möget darauf von wegen der folgenden Pacht-Jahre beständiger Weise nicht belanget werden. V. R. W.

Paria autem sunt, sive obligationi fideiussoris finiendæ a partibus certum aliquod tempus expresse adjectum sit, sive a lege, vel ex natura Contractus id intelligatur. arg. l. licet 74 ff. de legat. 1, l. 1 C. de test. milit.

Welches gleichwohl auf den Fall nicht zu ziehen, wann etwa der Pensionarius nach gethaner Loskündigung wegen etlicher Impensen, Meliorationen, oder andern erheblichen Forderungen des Juris retentionis sich gebrauchen, und aus solcher Meynung die Güter einbehalten wolte. Als welches er mit gutem Fug zu thun vermag. Prout ex Responso Juridicæ Facultatis Helmstadiensis supra a nobis relato, sub fine colligi potest. Dessen Declaration durch eine Protestation zu Verhütung künftiger Irrungen an den Tag zu geben, und ad notitiam locatoris zu verschaffen nicht undienlich, ob es gleich nicht præcise vonnöthen wäre. Dieses oberührtes alles hat Raum und Stat, wann der Pensionarius gutwillig wegen der Kriegs-Gefahr oder Hindernissen a contractu recediret und abtritt. Da ihm aber ferner in folgenden in contractu beschriebenen Jahren daben zu verharren beliebig, stehet ihm solches frey. Zu zahlen dem locatori dergestalt nicht zugelassen, unter dem Prätext der entstandenen Ruin und Verwüstung von dem contractu abzustehen. Es sey denn, daß aus denen in l. æde 3 C. de locat. & cap. 3 x. eod. erzehlten Ursachen, (quarum duæ potissimum sunt, 1) si ipse dominus ædibus ad proprios usus indigeat. e. g. si locatoris domus in qua inhabitat, corruat, vel incipiat minari ruinam, ita ut tuto inhabitari nequeat, sed ponat eum in necessitatem migrandi. Pacion. d. locat. cond. cap. 56 n. 8, 9, ubi n. 10 extendit hanc supervenientem necessitatem ad casus similes, justi timoris, ob supervenientiam hostium, vel inimicorum vicinorum, cum Molin. tr. 2 q. 499 n. 6 d. j. & j. quod etiam extendit n. 19 ad supervenientem necessitatem pro habitatione liberorum locatoris, aut patris, vel matris, plura circa prædictam causam vide apud Petr. Pacian. d. locat. cond. cap. 56 per tot. 2) si conductor re male utatur) sich eine begäbe. Worunter ich denn 3) diesen casum begriffen zu seyn erachte, wann der locator das veröbete Gut hinwiederum einzurichten, und zu gutem Bau zu bringen willens ist, quod innuunt verba d. l. æde 3 si corrigere domum maluerit. Adjicitur & 4) causa, ob quam Conductor ante conductionis tempus finitum, & exactum expelli potest, nimirum si intra biennium non solvat mercedem l. 56 ff d. t. Rittersh. ad Instit. disput. 22. § 34. Hahn. ad Wesenbec. tit. Loc. cond. n. 15 pag. 658. Puta neque totam, neque pro parte; alias enim propter particularem solutionem expelli nequit, præsertim si conductor sit pauper. Cum etiam particularis solutio sit solutio. l. tutor 7 Lucius ff. d. usu & habit. Guido Papæ decis. 174 n. 1. Bachov. ad Treutl. vol. 1 Disp. 29 th. 12 lit. B. Joh. Brunnem. ad l. 2 C. de Jur. emphyteut. Sicut nec Emphyteuta, qui paupertate forte impeditur, non totum, sed partem saltem Canonis intra tempus constitutum (puta in Emphyteusi privata triennio, in Emphyteusi Ecclesiæ vero biennio) solverit, Emphyteuseos privatione puniri potest, D. Carpz. p. 2 c. 38 d. 4 n. 3. Ubi & hujus rationem adjecit Henr. Hahn. ad Wesenbec. tit. si ager vect. n. 115 p. 411. Hunn. ad Treutl. vol. 1 Disp. 19 th. 12 lit. B quæst. 49. Brunnem. ad d. l. 2 C. de Jure Emphyteut. Sicuti judicarunt Scabinæ Lipsienses M. Mart. Anno 1624 in causa Casparis Legels zu Erleberg. Verba Sententiæ: Seyd ihr in Abstattung des Erb-Zinses von eurem Gute, so ein bonum Emphyteuticum ist, über drey Jahr lang säumig gewest. Ob nun wohl dannenhero der Herr solch Gut ob non solutum canonem, einzuziehen gemeynet; da ihr aber dennoch binnen ermeldten drey Jahren eines Theils von solchem Erb-

Zins

Zins abgestattet hätter, den Rest auch vollend zu bezahlen erbötig wäret ꝛc. So würdet ihr bey euren Rechten billig gelassen, und möchtet gestalten Sachen nach des Erbzins-Guts nicht privirt werden. B. R. W.

Porro sciendum, quod casu priori, quando nimirum Dominus ædium necessitatem vel proprium usum prætendit, & ob id Conductorem ante conductionis tempus exactum expellere satagit, non sufficiat allegari necessitatem, Carpz. p. 2 c. 37 d. 6 n. 8; sed probanda est supervenisse. Hahn. ad Wesenb. tit. Loc. Cond. num. 15 p. 657. Peter Pacian. de loc. cap. 56 n. 56. Neque enim juramento locatoris standum. arg. l. 17 in fin. de Jud. Quia fieret judex in propria causa; id quod periculosum est, tot. tit. C. ne quis in sua caus. Ant. Fab. def. 51 n. 12. Imo requiritur insuper, ut ea necessitas ex postfacto supervenerit, arg. l. u § 8 de interr. in Jur. fac. Nam si jam suberat tempore locationis contractæ, neutiquam locator contractum dissolvere poterit. Hinc pro sufficienti, Conductorem ante locationis tempus expellendi causa non reputatur illa, quando Dominus ædium durante Contractus tempore pro liberis suis præceptorem in domum recipere vellet. Vel eam ob rationem, quoniam etiam ante contractum hoc scire debuisset; & proinde dici nequit, hanc necessitatem ex postfacto supervenisse. Id quod tamen necessario requiritur, scilicet in casu, quando locator tempore contractus liberos jamjam habuerit. Secus, si durante contractu supervenerint, ubi aliter dijudicandum esse, non ambigo. Ant. Fab. def. 51 n. 3 d. t. 41. Sichard. in l. 3 C. de loc. n. 6 & ibid. Accurf. verb. necessarium. Eadem quoque procedunt in fundo, aliaque re locata; non obstante, quod Sichard. d. l. 3 ad domum solummodo restringere velit. Carpz. d, def. num, 11. Hahn d. l. Mev. 2 D. 88 n. 1. (Singularem proprii usus speciem habet Dn. Mevius in Decision. 88 part. 2, si locator opus habet rem locatam creditori insolutum dandi, vel quo isti satisfiat, distrahendi, urgens enim æs alienum adeoque distractionis necessitas pro necessaria habetur causa, facitque justam expulsionem conductoris seu resignationem contractus. arg. l. si fundus 33 locat. l. magis 5 § non passim 9 de reb. eor. qui sub tut. Mev. d. l. n. 2, 3) Sic quoque Conductor expelli nequit, quamdiu locator invicem ex contractu locationis tenetur ad ea, quorum gratia jus retentionis habet, veluti docet eiusdem Dn. Mevii Decisio LXXXVII P. 2. Quibus omnibus consequens & hoc est, quod Conductor non, nisi causa cognita expelli debeat; imo judicis autoritate. arg. l. non est singulis 176 de R. J. Ant. Fab. d. t 41 def. 11. Ratio est, quia idcirco Judiciorum vigor Jurisque publici tutela videtur in medium constituta, ne quisquam sibi ipsi permittere valeat ultionem, l. 14 C. de Jud. & Cælicol. Ut si quis putet petitiones se habere adversus alium, actionibus experiatur, l. 13 ff. quod met. caus. Ne scilicet tumultui occasio detur, si locatori permissum sit, jus suum sine Judicis autoritae exequi. l. 3 de pignor. d. l. 176 de reg. jur. Unde, licet com-

muniter existimetur, Emphyteusin, ob non solutum præfixo tempore canonem, ipso jure amitti. Joh. Harpr. in § adeo autem 3 num. 130 Inst. d. loc. Cond. Salycet n. 8 & Sichard. n. 19 ad l. 2 C. de Jure Emphyteut. Sine causæ cognitione & sentencia declaratoria tamen fieri posse tradunt. Richter. decis. 84 num. 9. Berl. p. 2 concl. 46 n. 9. Carpz. p. 2 C. 38 d. 1. Hahn. ad Wesenb. num. 15. Brunnem. ad l. 2 C de Jur. Emphyteut. Sicuti etiam JCti Academiæ Juliæ Anno 1649 Mens. Jul. ad C. C. A. D. L. hoc responsum dederunt: Haben etliche des Closters S. I. Erbzins-Leute dem Erbzins-Herrn den gebührenden Canonem, welcher gar geringe seyn soll, in vielen Jahren, auch vor dem Kriegs-Wesen nicht abgetragen, so haben selbige Leute dadurch der Güter zu Rechte sich verlustig gemacht, und seynd dieselbe caduc worden, und dem Closter heimgefallen. Es ist aber der sicherste Weg, daß die Leute vor der Obrigkeit zuvor gehöret, ob etwa bey vorgegangenen Kriegs-Läufften die Leute umkommen, und keiner den Acker sich angemasset, die Kinder unbevormundet geblieben, oder ob ein oder der ander den Erb-Zins neulicher Jahre erleget, den Erbzins-Herrn damit erkennet, und zu Abtrag des hinterstelligen Canonis sich anheischig gemacht, und also in diesen und dergleichen Fällen die Billigkeit beobachtet würde. B. R. W.

Similiter Scabini Jenenses Anno 1634 Mens. Febr. ad requisitionem Wolffs Heinrichs von Geßnitz. Nec non Scabini Lipsienses M. Augusto Anno 1629 in causa Hansens von Dießkau pronunciarunt. Lim. in casu reservatæ jurisdict. Dn. Stryck d. cautel. 2 c. 9 § 39. Cæterum, si Locator justam a pacto discedendi causam haberet, præfatoque modo cum conductore procederet, non fit dubium, quin Conductor, vel invitus habitationem relinquere cogeretur. Prout Scabini Lipsiens. in causa Thomæ Harres, Anno 1598 Mens. Julio pronunciarunt. Verba sententiæ: Obwohl euer väterliches Gut Brosien Ulmannen auf 3 Jahr lang Pachtweise eingethan worden, dieweilen ihr aber dennoch euch nunmehr verehelichet, und euer Väterliches Gut selbsten zu euer und eures Weibes Nothdurft gebrauchen wollet, so ist der Conductor auch dasselbe, ungeacht, daß die 3 Pacht-Jahr sich auch zur Zeit nicht geendiget, abzutreten, und wiederum einzuräumen schuldig. B. R. W.

Coronidis loco in hac Quæst. V. notandum, quod non tantum is dicatur male versari in re conducta, qui ea male uti, quin eam deteriorem reddit, sed etiam qui ad inhonestum & improbatum usum re conducta utitur. Sic Scholares inducendo ganeas & meretrices, male dicuntur re conducta uti, & proinde etiam ante conductionis tempus exactum expelli possunt. Ant. Fab. in Cod. lib. 4 tit. 41 def. 49 num. 3. Joh. Schneidew. ad § mortuo Conductore 6. Ibique Joh. Harpr. n. 7 Inst. de loc. cond. Si tamen integram pensionem prænumeraverint, tunc ob has causas expelli non posse, Dd. existimant. Sibi enim tunc imputare Locator debet, quod recipiendo integram seu totius temporis pensionem semetipsum a jure deiiciendi excluserit.

Non autem ob alias, præter hasce IV enume-
ratas causas Conductor expelli poteſt, puta, ſi
alius majorem penſionem offerat. l. ſi olei 21 C.
Loc. Cond. Ratio, quoniam nuſpiam in Jure
plures inveniuntur cauſæ. Sine lege autem
loqui erubeſcendum eſt, ſicuti Dd. communiter tradunt, per Nov. 18 c. 5. Imo temere &
ſine lege nihil quicquam aſſerere debemus, l. 19
C. de Collat. l. 5 C. de repud. l. 13 § 7 de excuſ.
tutor. Carpz. part. 2 qu. crim. 76 n. 42. Nec
poſt perfectum Contractum a Conductore, de
rei locatæ innoxio uſu, Cautio exigi poteſt;
prout ex Mevii Deciſione CCCLVII partis V
luculenter apparet, quam eo nomine evolvere
operæ pretium erit.

Sechſt. Rechtl. Bedencken, XLVII.

Da über vorerwogene Puncte Streit vorfiele, wie es immittelſt mit der Poſſeſſione
und Retentione der verpenſionirten Güter,
wie auch mit dem Proceſſu in dieſen
Sachen zu halten ſey?

**De Retentione Bonorum Locatorum du-
rante remiſſionis proceſſu.**

Quidnam durante lite circa poſſeſſionem &
retentionem bonorum cenſiticorum, ut & proceſſum harum cauſarum ſtatuendum & obſer-
vandum ſit?

Schließlich iſt zu betrachten, welcher Geſtalt,
wann in obberegten ausgeführten Puncten Streitigkeiten und Mißverſtände vorfallen, zu verfahren, und
ohne Weitläuftigkeit auch eines oder des andern
Theils Schaden die Sachen hinzulegen ſeyn.

Hieran iſt mercklich gelegen, zumahlen ſichs zum
öftern begiebt, daß durch die hierüber vorfallende Litispendentien und angemaſte hohe Prätenſionen der
Penſionarien, denen Grund-Herrn contra jus &
æquum ihre Güter lange Zeit vorenthalten, ruiniret,
und in Verderb geſetzet, ja wohl endlich gantz entzogen und unnutzbar gemachet, zum wenigſten aber
von denſelben immittelſt genützet, keine Rechnung
abgeleget, nichts dafür gegeben, ſondern wider die
Grund-Herren aus ihren eigenen Gütern die Rechtfertigungen geführet worden. Denſelben reifflich
vorzukommen und Maaße zu ſetzen, erheiſchet die
Nothdurft, daſſelbe Mittel, deſſen ſich die Penſionarii zur Ungebühr gebrauchen, nemlich die litigia
ſuper impenſis, meliorationibus & intereſſe abzu-
ſchneiden, zu kürtzen, oder auch zu beſchräncken, damit unrechtmäßiger Neigung und Intentionen der
Zügel nicht zu weit gelaſſen werde. Quemadmodum enim alias generaliter Reipublicæ pariter
atque partium Litigantium intereſt, lites abbre-
viari ac ocyus finiri. l. fin. ff. pro ſoc. l. properandum 13 C. de jud. l. 2 C. de re jud. l. 2 in primo ff. de aqua & aq. pluv. arcend. l. 10 C. de
transfact. Frid. Bruckm. conſ. 38 n. 92. Ita inprimis hiſce in cauſis temeritas contentioſorum
hominum, in lites facile proruentium, com-
peſcenda eſt. Joh. Philipp. uſu pract. ad Inſt.
Juſt. Lib. 4 Eclog. 74 num. 12. Es befindet ſich
aber hierben, daß durch zwey Wege die penſionarii
zur Erlangung ihrer vermeynten Forderung gelangen
können, einmahl per viam actionis, indem ſie ent-

weder actione ex locato conducto, oder auch negotiorum geſtorum Erſtattung deſſen, ſo von ihnen
angewandt, oder verlohren, zu fordern befugt zu ſeyn
vermeinen, deren ſie ſich alsdenn zu gebrauchen pflegen, wann der locator den Beſitz und Detention
der verpenſionirten Güter hinwiederum überkommen.
Zum andern, per viam exceptionis, wann die
penſionarii, oder dero Angehörigen annoch auf den
Gütern verbleiben, oder auch die gebührende Penſion annoch im Seckel haben, das Jus retentionis
zu exerciren ſich anmaſſen, und Kraft derſelben die
Abtretung und Zahlung bis zu Erlangung deſſen, ſo
ſie aus den Gütern fodern, recuſiren und verwiedern.
Den erſten modum betreffende, ſtehet deſſen Pro-
ſecution zu Belieben derer, welche ſich ſolches gebrauchen wollen, und haben ſie auf eingebrachte richtige
Liqvidation ſchleuniges Rechtens ſich billig zu erfreuen.
Wann aber des juris retentionis die penſionarii
zu gebrauchen ſich gelüſten laſſen, damit unter dieſem Prätext denen Grund-Herren das Ihrige nicht
fürenthalten werde, ſind zuförderſt ihre Prätenſionen und Forderungen zu vernehmen und wohl zu erwägen. Befindet ſich, daß ſelbige, vermöge der
Rechte, ihnen zukommen, und nicht können denegiret
werden, auch an ſich erweislich und unverneinlich
ſeyn, daß der Juder ihre vorgebrachte Befugniße
abzuſehen habe, iſt denen Rechten gemäß, dieſelbe
bis zu völliger Contentirung bey der Retention zu
laſſen, und davon nicht zu entſetzen. Coler. de proceſſ. execut. lib. 1 cap. 2 n. 240, ubi ſcribit:
Conductorem gaudere jure retentionis pro expenſis, quas fecit, ut eas, dummodo liquidæ
ſint, poſſit deducere ac retinere de penſione
vel mercede locationis, etiam absque requiſi-
tione judicis. Idem tradunt Rebuſſ. in ordinar.
Reg. tit. de liter. obligat. artic. 4 gloſſ. 2 n. 44.
Pantzſchmann. qu. 15 n. 26 part. 1, ubi ad debitum intereſſe idem jus refert. Quibus enim
actio competit, iis multo minus exceptionem &
retentionem denegare oportet. l. nemo invitus
199 § cui domus ib. gloſſ. Dec. & Cagnol. de Reg.
Jur. l. 1 § quod ait Prætor ff. de ſuperficieb. Cum
etiam in caſibus, ubi nulla actione uti licet, iſta
uti liceat. l. in fundo 38 ibid. Dd. de rei vindic.
Cyn. in c. qui ad agendum x. de R. J. in 6. Atque iſto jure fruitur conductor, donec extremo
nummo, qui ipſi reſtat, potitur. Decius in l.
edita 3 n. 94 C. edend. Tiraquell. de retract.
convention. § 4 gloſſ. 6 n. 23. Non ſolum quia
Correlativorum eadem eſt ratio. arg. l. ult. C.
de indict. vid. toll. Competit enim Locatori
in bonis Conductoris prædio, vel domui conductæ illatis, jus retentionis, Ioh. Phil. Uſu pr.
lib. 4 Ecl. 46 num. 8. Matth. Coler. de proceſſ.
Execut. d. lib. 1 c. 2 n. 240. Quippe in quibus a lege proditam habet tacitam hypothecam.
l. eſt differentia 9 cum l. ſeq. ff. in quib. cauſ.
pign. vel hypoth. l. certi Iuris C. Locat. l. 4 ff.
de pactis. Tam pro mercede conventa, quam
pro intereſſe & æſtimatione deteriorationis.
Neguz. de pignor. & hypoth. memb. 4 n. 128
& 129. Sed cum hoc tantum in prædiis obtineat urbanis, in ruſticis vero res adhuc ſit dubia, propter l. 5 C. loc. ideo utile eſt, ut in contractu exprimatur, omnes res illatas in prædium
ruſticum, ſive ſciente, ſive ignorante locatore,

pro

pro pensione debere esse obligatas, suadente Dn. Stryck. de caut. sect. 2 c. 9 § 7. Et cum ipse conductor primus prædium conductum alteri possit sublocare, l. 6 C. de locat. huius sub conductoris bona autem primo locatori non sint obligata, l. 24 § 1 loc. Carpz. 5 Resp. 15 n. 10: omnino utile hoc casu pactum est, ut expresse ipsi sublocatio prohibeatur, vel ut non sublocet nisi cum consensu primi locatoris. Mantic. d. tacit. convent. l. 2 T. 2 n. 44, vel hac tamen conditione sublocet, nisi cum consensu ut sub-conductor nova se locatori prius obliget cautione, juxta Dn. Stryck. d. § 7, quod tamen in prædio urbano opus non est. Dn. Brunnem. ad l. 24 n. 6 loc. Frantzk. locat. n. 156. Sed & prop-ter regulam generalem, quæ rem debitoris re-tineri permittit, pro impensis & meliorationi-bus in ea factis; Sicuti Stabini Lipsienses in causa Mariæ Pflugin, M. Febr. Anno 1613 pro-nunciârunt; Verba sententiæ: So wird euch wegen solcher aufgewendeten Unkosten zu Erhaltung des Guts, von dem Locatore nicht unbillig gewisser Abtrag gethan, ehe und zuvor euch solches geschicht, und diese Puncte durch der Leute Erkenntniß auf billige Wege erörtert, seyd ihr euch des Juris re-tentionis, in er-celdtem Gute zu gebrauchen wohl befugt. B. R. W.

Iidem in causa Johannis Caspari a Buttins, M. Apr. Anno 1632. P. P. So seyd ihr euch bis nicht erfolgter vollständiger Zahlung des Juris retentio-nis in des Locatoris Gut zu gebrauchen wohl be-fugt. B. R. W.

Nec non JCti Facultatis Juridicæ Helmstæ-diensis Anno 1640 Mens. Decembr. P. P. Seyd ihr dem Kloster anzurechnen, und dieser wegen Er-stattung zu suchen, auch bis dieselbe erfolget, euch des Juris retentionis zu gebrauchen, und den Hoff zu Belstorff in Possession zu behalten wohl befugt. B. R. W.

Ut & Anno 1636 Mens. Mart. ab iisdem pro-nunciatum constat in causa Dn. D. Lepor. Hal-berstadii; P. P. Solte sich aber mehr gemeldtes Capitel dessen wiederrechtlich verweigern, so seyd ihr solche Wohnung, ehe ihr euer Forderung halber befriediget, zu räumen nicht, sondern darinnen jure retentionis zu verbleiben befugt, bis ihr eures re-stirenden Salarii und ander Unkosten halber der Ge-bühr contentiret und befriediget. B. R. W.

Pro ulteriori hujus assertionis confirmati-one, evolvi possunt duæ Dn. Mevii Decisio-nes sequentes; Decisio 43 Partis 3, Decisio 110 Partis 2. Et hæc omnia ita sese habent in ea re, circa quam prætensiones quis habere putat. Non tamen Conductor, vel alius quidam ejus-modi rem, in quam sumptus, vel operas non impendit, pro illa, in quam fecit, retinere po-test. Gail. 2 observ. 12 num. 5. Neguz. de pign. & hypothec. lib. 5 part. 1 membr. 4. Prout ex responso Scabinorum Lipsiensium de An 1601 colligi potest, cujus tenor hic est; Daß euch die streitigen Tücher gegen Entrichtung des gebühren-den Färberlohns billig gefolget werden; und ist dem Färber wegen des von andern Tüchern hinterstelli-gen Lohns euch diese Tücher vorzuhalten, und sich des juris retentionis darinnen zu gebrauchen nicht befugt. B. R. W.

Jurist. Oracul V Band.

Ob nun wohl den liquidis debitis & exceptio-nibus diese Retentions-Gerechtigkeit (ceu species executionis privatæ, Carpz. p. 2 c. 25 d. 20 n. 1), allein tribuiret wird, ist dennoch solches ebenfalls zu verstehen von denen Forderungen und Impensen, so in continenti ohne langen Verzug, und weit-läufftige Disputen können verificiret und beygebracht werden. Menoch. remed. recup. possessor. 172. Schrader. de Feud. part. 2 pro. 9 Sect. 2 num. 123 seq. Decius consil. 22 n. 3. Bald. de præscript. part. 1 quæst. 9 num. 12. Paria enim in jure censentur esse liquidum, & in continenti posse liquidari, arg. l. fin. C. de compens. Schrader. d. num. 123. Cravett. consil. 36 n. 17. Alexand. consil. 166 num. seq. lib. 2.

Wie aber, und wann solche Liquidation in con-tinenti geschehe, davon findet man zwar der Rechts-Gelahrten Meynungen different und streitig. Mul-tum siquidem disceptatur inter Dd. quid sit in continenti, nec adeo quaque patet. Voculæ enim: in Continenti, Mox, Illico, statim sive confestim, de sua propria significatione, viden-tur importare, momentum temporis præsentis, sine aliquo intervallo, l. continuus 137 junct. Gloss. d. V. O. Bartol. in l. 1 n. 33 ff. si certum petat. & in l. 3 n. 2 ff. ut in possess. legator. vel Triduum, arg. l. ult. verb. illico, id est, intra tri-duum proximum, C. d. Indict. viduit. junct. l. fin. verb. Continenti, id est, triduo proximo C. de error. Advocat. aut Decendium pro sub-jecta materia, arg. l. promissor Stichi 21 § si sine die ibi: confestim tecum agi poterit, sed mo-dicum tempus statuendum est, non minus de-cem dierum, ut exactio celebretur ff. d. const. pecun. vel duos, sive tres menses, arg. l. in fraudem 45 § fiscalibus 10, l. auffertur 46 § qui compensationibus 4 ff. de jure fisci. Imo qua-tuor Menses, l. ult. C. de usur. rei judicat.

Die sicherste und beste Meynung ist, welche die dijudication (wie sonsten in Fällen, davon die Rechte nichts gewisses statuet, und in vario facto sich unterschiedlich begeben, gebräuchlich) arbitrio judicis heimstellet. arg. l. 2 § si non propter vers. si quis tamen ff. si quis caut. Jud. sist. l. si domus 71 § in pecunia & Bart. ad princip. ff. de Legat. 1. Dec. in c. prudentiam § sexta extr. de Offic. deleg. Hartm. tit. 19 obs. 1. Cravett. consl. 156 n. 17 part. 1. Hartm. Pistor. part. 4 qu. 10 num. 18. Menoch. remed. adipisc. possess. 4 n. 772. Coler. de process. executiv. part. 4 cap. 2 n. 10. Ro-senthal. de feud. cap. 7 conclus. 52 num. 8.

Doch also, daß solches nicht præcise ad momen-tum temporis verbunden sey, sondern die probati-onem in continenti faciendam cum tempera-mento & spacio aliquo verstehe, v. l. 1 § si quis ita ff. ad L. Falcid. l. 1 ff. de Jure deliber. id quod neque maximum neque minimum erit, quodque magis intellectu percipi, quam certa definitione exprimi potest; Ita tamen statu-endum, ut medium quoddam contineat inter probationem paratam, & eam quæ altiore indi-get, ut pulchre demonstrat Coler. d. tract. c. 2 parti 4 n. 10 & plur. seq. Certum namque est, quod Verbum, in continenti, pro quodam me-dio inter probationem paratam, & inter indigentem alcibre iridagine, accipiatur. Felin. in cap. exceptionem n. 36 in verf. fed Bartolus extr. de except. : Derowegen von dem Richter zu Verhindung der Penſionarien übergebenen Rechnungen ein Terminus, ſo nicht zu kurtz, noch zu lang, anzuſetzen, innerhalb welchen der Beweis und Liquidation vollführet werde; und da ſolches geſchehen, iſt die probatio pro in continenti facta zu achten. Marian. Socin. in cap. un. num. 34. & 44 X. de lit. conteſt. Felin. d. cap. exceptionem num. 36 X. de except. Extra omnem ſiquidem dubitationis aleam poſitum eſt, id, quod in continenti fieri debet, de communi obſervantia ad ſex hebdomadas cum tribus diebus extenſum eſſe, & in continenti fieri dici, quod intra ſpatium ſex ſeptimanarum & trium dierum peragitur de jure Saxonico, Coler. de proceſſ. Execut. part. 4 c. 2 num. 10. Rauchb. part. 2 quæſt. 25 n. 104. Dn. Carpz. p. 1 c. 8 d. 13 n. 3 & in Proceſſ. tit. 25 art. 3 num. 7. Prout inter alia ex Reſponſo Scabinorum Lipſienſium, Anno 1634 M. Aug. ad requiſitionem Michaeln Colbarts zu Eleſin, facto patet. P. P. Ihr wollet ihm dann ſolche compenſation per modum exceptionis peremptoriæ, und in Krafft einer Solution opponiren, und dieſelbe binnen Sächſiſcher Friſt, und alſo in continenti, erweiſen und beybringen, damit werdet ihr auch bey der Hülffe billig nochmals gehöret, und wäret auf den Fall ein mehres, als 100 Fl. zu zahlen nicht ſchuldig. B. R. W.

In Verbleibung deſſen, da die Rechnungen nicht übereingeſtimmet oder zugetroffen, noch dergeſtalt, wie es ſonſt geſchehen ſollen, zur Gnüge beſcheiniget würden, ſondern annoch weiter Ausführens bedurfften, hat dasjenige ſtat, was de illiquidis folgends wird gemeldet. Von dieſen aber, ſo obberührter maſſen beſchaffen, kan ſich der Grund-Herr nicht befreyen, noch zur Reception ſeiner Güter wider des Penſionarii guten Willen gelangen, als nur durch baare Bezahlung, oder andere annehmliche Befriedigung, dann auf anerbotene, ob gleich gnugſame Caution iſt er derſelben zu weichen, und des juris retentionis ſich zu begeben, nicht ſchuldig. Cum nemo cautioni, quæ res fragilis eſt, ſe committerea teneatur, nec periculo ſe & ſua ſubdere; plusque cautionis ſit in re quam in perſona; plus cautum, ſi rem habeamus, quam ſi contra alios agere opus ſit, cujus dubius ſemper eventus, magna moleſtia & non levis impenſa; præterea metuendus in debitore lapſus facultatum, & proinde exiſtimatum eſt, nemini invito injungendum, ut ſecedat poſſeſſione, antequam liberetur & ſecurus ſit, de non ſentiendo damno & incommodo, l. cogi 8 idem quærit. l. qui ita § 1 ad SCtum Trebell. vid. Burſat. conſil. 76 num. 38 vol. 1. Ruin. conſil. 84 num. fin. vol. 1. Etſi enim ſatisdatio pro ſatisfactione eſt. L 1 ff. qui ſatisd. coguntur. Ita ut rem accepiſſe videatur, qui idonee cautam habet. Gail. 2 obſ. 41 n. 3. Cothman. conſil. 5 n. 198 vol. 1. Id tamen ad illos caſus ſaltem ſpectat, quando vel ſolutionis tempus nondum venit, vel voluntas creditoris accedit; Quo invito, qui fidejuſſoribus, aut pignore ſatisdare cupit, cum ſolvere debet, non audiendus eſt, l. item liberatur § 1 ff. quib. mod. pign. vel hypoth. l. quodſi

10 ff. de pignor. action. l. 4 § ait Prætor ff. da de re jud. Neguz. de pignor. 4 memb. 5 part. 1 n. 4. Cum ei aliud pro alio obtrudi nequeat, l. 2 § 1 ff. de reb. credit. l. cum a quo 16 C. de ſolut. Et plus cautionis ſit in re, quam in perſona, l. plus cautionis 25 ff. de R. Jur. Nec enim renunciatione, vel abdicatione Juris alicujus ſemel facta variare, &. ad illud recurrere licet; Imo ſatis abſurdum eſſet, redire quem ad hoc, cui renunciavit, l. 11 C. de reb. credit. l. 21 C. d. pact. l. ult. § ult. C. de temp. appellat. Et quoniam renunciatione ſponte facta, amittit quis jus ſuum, c. accepta. 3 & ſeq. X. de reſtit. arbitr. in fin. Conductor ſane ſi oblata cautione de jure ſuo retentionis deſiſteret, ſibi bene non proſpiceret, cum cautione poſtmodum non ſatis idonee exiſtente, regreſſum ad illud, quod repudiavit, Jus retentionis non haberet, per l. 17 § 1 ff. de acquir. hæredit. l. quæritur 14. § ſi venditor 9 ff. de ædilit. edict. l. non videtur 11 ff. ſi quid in fraud. patron. l. poſtquam liti 4 C. de pactis, d. l. ſi quis jusjurandum 11 C. de reb. credit. Farinac. 1 conſ. crimin. 7 n. 2. Berl. lib. 2 concl. 22 n. 61. Tiraquell. in tract. municip. § 1 gloſſ. 9 n. 19.

So lange aber der Penſionarius auf den Gütern Krafft habenden juris retentionis verbleibet, muß er alle Einnahme richtig berechnen, und auf ſeine liquidirte Forderung, mediante taxa, annehmen, immittelſt aber etwa pro labore oder ſonſten nichts inne behalten. Coler. dict. cap. 2 num. 140. Haud enim potioris juris eſſe poteſt Penſionarius quam alius Creditor, vel vidua, quippe quæ parili modo durante retentionis jure, ratione bonorum defuncti mariti, eadem adminiſtrare, omniaque ea, quæ ad officium negotiorum geſtoris, ac Patrisfamilias pertinent, ea qua par eſt, diligentia expedire tenetur. Coler. de proceſſ. execut. part. 1 cap. 2 n. 215 & 232. Andr. Rauchb. p. 1 q. 33 n. 34. Prout huic ſententiæ ſubſcripſerunt Scabini Lipſienſes, dum An. 1632 M. Febr. in cauſa Evæ, Viduæ Hanſen Körners, ad requiſitionem Günther Gruners zu Gören, ita reſcripſerunt: P. P. Und es iſt ſich die Wittib des Juris retentionis zu gebrauchen berechtiget, iedoch anderer geſtalt nicht, als daß das Gut von ihr pfleglichen verwaltet, und beſtellet, und nach Abzug ihres nothdürfftigen Unterhalts das übrige mit Fleiß aufgezeichnet und in Rechnung gebracht werde. B. R. W. Cumque idem aſſerendum de omnibus aliis Creditoribus, qui in bonis debitorum jus retentionis exercent, quidni etiam in Penſionario vel Conductore obtineat, arg. l. 2 in pr. C. quand. & quib. quart. pars deb. Col. d. c. 2 n. 233. Dn. Carpz. p. 2 C. 25 d. 13.

So nun des Penſionarii Rechnung und Prätenſionen vorerwehnter Beſchaffenheit nach nicht richtig, oder leicht beyzubringen, ſondern etwa in facto beſtehen, und mehrern Beweis erfordern, oder auch in Rechten unzuläßig, und deswegen der Grund-Herr nirgends zu obligiret, hat der Penſionarius des juris retentionis ſich dergeſtalt nicht zu gebrauchen, ſondern wird billig auf andere Art verfahren, und zwar nach Unterſcheid und mancherley Condition deſſen, ſo vorgewandt und gefordert wird. Cum enim retentio ſit ſpecies executionis privatæ.

vatæ. Dn. Carpz. p. 2 c. 25 d. 20 n. 1.　Quam privata etiam autoritate quandoque quis exercere poteſt, l. utique 34 ff. de damno infeſt. l. quæro 54 § inter locatorem 1 ff. locat. Jaſon in § Item Serviana n. 80 Inſt. de action.　Et proinde magis privilegiata, quàm cæteræ executionum ſpecies, quæ non niſi autoritate magiſtratus fieri debent; l. non eſt ſingulis 176 ff. d. reg. Jur. l. 14 C. d. Jud. & Cœlicol. l. 13 ff. quod met. cauſ.　Et propter pura vel liquida, nec altiorem indaginem requirentia debita vel inſtrumenta decerni poſſunt. Coler. d. proceſſ. execut. C. 1 n. 28. Heig. part. 2 quæſt. 7 num. 2. Carpz. in proceſſ. l. 22 c. 1 n. 7 & ſeq.　Imo ab iis inchoari prohibitum, l. 1 C. de execut. rei Judic. Anton. Theſſaur. deciſ. 26 n. 1.　Ne quàsquam penſionarius eo in caſu, quando rationes ejus non adeo ſunt liquidæ, & altiorem indaginem requirunt, jure retentionis frui poteſt, ne duo vel plura ſpecialia circa unam eandemque rem concurrant, contra l. cum poſt. 69 § gener. 4 ff. de Jure dot. l. 1 C. de dot. promiſſ. Ita tantùm, ut locator poſt finitum locationis contractum fundum ſuum ingredi eumque colere poteſt, dùmmodo conductorem ob impendia prætenſa ſimul remanere ſinet, in tantum, ut in tali caſu non mandetur ex cauſa ſpolii reſtitutio. Mev. 7 deciſ. 159 per tot.

Iſt nun aus den übergebenen rationibus abzunehmen, daß die prätendirte Poſten von Rechts wegen zwar mit Fuge könten gemahnet werden, als nemlich die nothwendigen Baukoſten, verſchoſſene Contributiones, und dergleichen; in facto aber annoch Zweiffel vorfiele, ob der gerühmte Vorſchub ſich in Wahrheit alſo verhielte, und der arbiter oder Richter ex probabili cauſa dafür achten müſte, daß es weiter diſcuſſion bedürffte, und darzu auszuſetzen wäre, hat der Penſionarius nicht alſo, wie in vorigem caſu, bis zu erlangter Solution, ſondern nur bis ihm anderer geſtalt Verſicherung geſchehe, des juris retentionis ſich anzumaſſen, und muß auf geleiſtete annehmliche Caution deſſen ſich begeben, oder auch der Ejection gewärtig ſeyn, jedoch daß realiter & in continenti die Caution präſtiret werde, uti in ſimilibus caſibus traditur per Conſtall. in l. in rebus 18 § poſſunt ff. commod. Neguzant. de pignorib. part. 5 membr. 4 n. 10. Barbat. conſil. 36 n. 32 lib. 2. Beroi. in cap. 1 n. 33 & 35 X. de reſtit. in integr. Schrader. d. part. 2 p. 9 Sect. 2 n. 31 & 32.　Quæ ſententia benignior eſt contraria, quæ nonnullis placuit, cum durum nimis ſit, prætextu illiquidi debiti, cujus nomine certo cautum eſſe poſſit, denegari reſtitutionem rei, quam reddi debere liquidum eſt.

Von gantz unerwieſenen Forderungen aber iſt dieſes nun zu verſtehen. Denn da aus denen Rechnungen etwas pro liquido, aut facile liquidabili könte geſchätzet werden, das übrige aber illiquidum wäre, iſt jenes von dieſem zu ſepariren; und hat es quoad liquida rationum ebenmäßige Condition, als wann es alſo beſchaffen wäre, quod nimirum Penſionarius jus retentionis exercere valeat, tam ratione liquidi partialis, quàm totalis, quippe quorum eadem ratio eſt, l. quæ de tota 76 ff. d. rei Vindicat. l. ſi unus 27 § pen. ff. de pactis. Gail. 2 obſ. 60 n. 6.　Quoniam ſunt

ejusdem qualitatis, l. Lucius 28 & ibi gloſſ ff. de fund. inſtruct. l. grege. 21 ff. de Legat. 1, l. peculium 65; l. cum pater 77 § menſe 16 ff. de Legat. 2.　Nec dubium, quin alias liquidum partiale in liquido totali contineatur, arg. l. lecta 2 ff. de reb. cred. l. in toto 80 ff. d. R. J. in 6. Non tamen liquidum cum illiquido confundi, nec illius executio per hoc ſuſpendi debet, l. 5 l. ſervi § fin. ff. de ſtatu liber.　Sed quod juris eſſe diximus in toto liquido quoad totum, idem dici oportet in parte quoad partem, l. quæ de tot. 76 de rei vindic.　Operæ pretium erit Dn. Mevii duas Deciſiones huc facientes evolvere, quarum prima eſt: Deciſio 15 Partis 1 altera, Deciſio 16 Partis 2.

Es excipiren aber hievon die Rechtsgelahrten gemeiniglich folgende Fälle.　Wann 1) in dem Penſion-Contracte durch ausdrückliche Convention, oder auch ex lege locati, die Güter wegen Expenſen, Auslagen und Meliorationen, ſo würden angewandt und geſtifftet werden, verpfändet ſeyn.　Cum nemo ex hypotheca dejici debeat, propterea, quod nondum conſtat quantum debetur. Gozadin. conſil. 100 n. 24.　Oder (2) da nicht de quanto, wie hoch die Rechnungen können verificiret werden, die Frage iſt, ſondern der locator, daß er ad impenſas, gantz nicht verbunden, verwendet, Tiraquell. de retr. Convention. § 7 gloſſ 1 n. 13. Capyc. deciſ. Neapolit. 17 n. 17 ſeq.　Item (3) da aus glaubwürdigen indiciis abzuſehen, oder zu vermuthen, daß der locator den Conductorem aus den Gütern zu heben bemühet, hernacher durch langwierigen Streit und unrechtmäßiges Verweigern, wie von Seiten der Locatoren auch nicht ungebräuchlich, bey der Naſen herum zu führen intendiret, quod ipſa æquitas & juris ratio firmat. Ingleichen (4) da etwa der Penſionarius zu Abtretung des prædii, aber cum clauſula, ſolutis prius impenſis, ſchuldig ertheilet, quaſi tum, vi ſententiæ ſui natura ſtrictè accipiendæ, realis ſolutio deſideretur, per ea quæ tradit Caſtrenſ. conſil. 270 num. 2 vol. 2. Neguz. de pignorib. part. 1 4 n. 10.　A qua tamen ſententia nonnulli, fidejuſſionem etiam admittenes etiam hoc caſu recedunt, Ripa in d. l. 4 § ait Prætor num. 7 ibid. Alexand. n. 2 ff. de re judic. Fachin. lib. 7 controverſ. 91.　Quibus tutius æquiusque quis æſtimabitur; cum Verbum ſolutionis in generali ſignificatione omnem Liberationem, quoquo modo factam, comprehendat l. quamvis 8 § 3 ff. ad SCtum Vellejan. Carpz. p. 2 c. 28 d. 23 n. 2, & fidejuſſio ſecuritatem debiti afferat, l. 1 § 8 d. oblig. & act.

Hieneben befinden ſich offt in der Penſionarien Prätenſion und Rechnungen dergleichen Poſten, ſo nimmer können bewieſen und verificiret werden, oder darzu auch vermöge der kundbaren Rechte, oder des aufgerichteten Contracts der Locator nicht obligiret, worunter die Schäden, ſo an ſeinem Eigenthum der Penſionarius erleidet, die Erſtattung des Intereſſe, wann derſelbe ex vi majori verhindert wird, Abführunge der Einquartierungs-Koſten, über die eingehobene fructus fundi &c. worvon in obigen mit mehren gemeldet.　Bey dero Erſcheinung oder Vorfallung nun können dem Grund-Herrn unterſchiedliche remedia zu ſtatten kommen.

　Vor-

Vor eins, wenn des Conductoris ungegründetes Vorgeben in etwas erhellet, damit dadurch ihm kein Nutzen, und dem Grund-Herrn durch ungebührliche Vorenthaltung seines Eigenthums einiger Schade zukomme, so kan von der Obrigkeit mandatum restitutionis sine clausula, oder auch provisionalis condemnatio ad restituendum erhalten werden, iedoch daß der Impetrant und Kläger ante executionem den Gerichten und Gegentheile eine schadlose Versicherung bestelle, per ea quæ scribit Faber in Cod. lib. 4 tit. 4 defin. 4. Ubi istam provisionalem condemnationem fieri æquissimum judicat, ut occurratur conductorum fraudibus, qui utuntur cavillatione, ut pecuniam & rem retineant. Also auch durch schleunige Rechts-Hülffe den Grund-Herrn zu den seinigen zu bringen, ist allermassen recht. Spoliatus enim ante omnia celeriter restituendus est, per vulgata. Dummodo spolium vere commillum sit, ad quod requiritur a parte dejecti certa possessio, & a parte dejicientis improba dejectio, ubi vero ambiguum adhuc, an qui restitutionem quærit, possideat, vel ubi verosimiliter allegatur, eum qui dejectionis arguitur, non dejecisse, ex causa spolii non mandatur restitutio. Mev. 7 decis. 159, ubi insimul tractat, quomodo circa Colonum ea talis habeatur. Eo ipso autem quod restituere recusat, conductor spoliare dicitur, l. Colonus 12 ff. de vi & vi arm. Cephal. consil. 47 n. 40. Alexand. consil. 33 n. 1 lib. 6. Quoniam vim facit, qui, non sinit possidentem in eo, quod possidet, uti arbitrio suo, l. vim facit n ff. quod vi. Cujusmodi Possessor locator est; nam Conductor non sibi, sed locatori possidet, l. communi 8 § neque Coloni ff. commun. divid. l. certe 6 § 1 ff. de precar. Hinc post finita locationis tempora Conductor rem conductam retinendo vis & spolii reus fit, per d. l. 11 ff. quod vi. Mev. 7 d. 159. Adeoque statim expelli debet, non locatoris propria, sed judicis autoritate, de quo paulo infra. Angel. in l. 2 n. 3 & Salyc. n. 10 de jure emphyt. Utrum vero super dubietate causæ spolii delatio juramenti locum habeat? dubitatum fuit; distinguendum tamen videtur inter jus Civile & Saxonicum, præsertim Electorale, ita ut de illo jure verior sit Affirmativa per l. 3 § 1 l. 13 § 2 l. 28 § 5 d. jurej. l. 6 § 5 de his qui not. de hoc vero Negativa, prout in causa prætensi spolii H. contra R. judicarunt Dn. ICti Wittenb. 4. Sept. 1694 h. verb. Nunmehro aus den Acten zu befinden, daß Beklagter noch zur Zeit mit dem ihme deferirten Eide zu verschonen, & Dn. ICti Helmstad. d. publ. d. 15 April. 1695 verb. die am 4 Sept. 1694 eröffnete Urthel, gestalten Sachen und Umständen nach zu reformiren, da hingegen der Inhalt des vom 5 Mart. 1694 Bescheides (dafern Beklagter den deferirten Eid zu referiren nicht gemeinet, so ist er bewandten Umständen nach, den deferirten Haupt-Eid abzuschwören schuldig, und ergehet so dann in der Sache ferner was recht ist) zu confirmiren und zu bestätigen sen. V. R. W.

Zum andern gebrauchen in obigen Fällen die locatores fruchtbarlich das remedium conductores C locat. l. non abs re C. unde vi, Krafft welches die Conductores so des Juris

retentionis nicht zu gebrauchen haben, ut Imper. in d. l. non abs re loquitur, quibus nulla legibus cognita competit allegatio, daserne sie auf erstes Anfordern alsbald, non exspectato judicium ordine, den fundum locatum nicht abtreten, sondern den Ausschlag des Rechtens erwarten, nicht allein den fundum, sondern auch daneben æstimationem illius hernachmals abzugeben schuldig seyn. de quo remedio latius tract. Menoch. remed. 11 recup. poss. per tot. Postquam nimirum Conductores cognitionis judiciariæ eventu fuerint condemnati. d. l. non abs re 10 C. unde vi. Coguntur hanc pœnam pro tanta suæ iniquitatis impudentia subire. ibid. Es ist aber hieben dem locatori unbenommen ad interesse, ob non juste restitutum prædium, actionem anzustellen, worzu ausser allen Zweiffel der selbe befugt ist.

Fürs dritte, könte endlich in obbesagtem Fall, da an Seiten des Conductoris justa retinendi causa mangelt, der Grund-Herr seine Güter propria autoritate zu occupiren und wieder einzunehmen sich wohlmächtigen, obschon dadurch der Colonus deroselben gewaltsam entsetzet und verjaget würde, uti communiori & justiori sententia placuisse ait Coler. de procell. executiv. part. 1 c. 5 n. 54 seq, ubi contraria dissolvuntur. Mev. 7. dec. 159. Wiewohl besser und sicherer, ad evitandas turbas & violentias, dieses Mittels der locator sich enthält, und autoritate judiciali, so ihm auf sein erstes Anhalten gestalten Sachen nach nicht entstehen kan, oder soll, seine Güter occupiret, l. colonus 12 l. cum fundum 18 pr. ff. de vi & vi armat. Quia idcirco judiciorum vigor, jurisque publici tutela videtur in medio constituta, ne quisquam ipsi sibi permittere valeat ultionem, l. 14 C. d. jud. et Cœlicol. Et ne vim fecisse dicatur; arg. § 1 Inst. de vi bon. rapt. Vis enim est, non solum cum homines vulnerantur, sed & tunc, quoties quis id, quod sibi deberi putat, non per judicem reposcit. l. 13 quod met. caus. Imo, qui ad tantam furoris pervenit audaciam, ille est prædo l. 7 l. 11 C. unde vi. Qui violentiam, quam omnem jura detestantur, adhibet. d. l. Certissimi insuper, & incogniti juris haud est, singulis nequaquam permittendum esse, quod per magistratum publice fieri debet. Joh. Philippi ad Decis. Elect. Saxon. dec. 77 obl. 1 n. 22. Ne occasio majoris tumultus faciendi detur. l. 176 ff. d. R. J. Quamvis contrarium sententiam defendere videatur ipse hic Mevius in Dec. 43 part. 3 vid. 7. d. 159.

Diese vorerzehlte remedia haben alsdann nur statt, wann der Pension-Contract entweder gar erloschen, wie geschiehet nach geendigten Pacht-Jahren, oder auch der locator an denselben nicht mehr verbunden, etwa wegen Nichthaltung des Conductoris, wann derselbe die Pension nicht der Gebühr erleget, oder in andere Wege dem Contract zuwider handelt. Im widrigen, so lange der Contract in seinen Würden und Kräfften bestehet, ist der Grund-Herr die verpensionirten Güter zu occupiren nicht mehr als von dem Contractu, quem servare necessitatis est, invito conductore abzuweichen befugt. Menoch. d. remed. 11 recup. possess. n. 22. Non enim Locator a Contractu resilire valet nisi

nisi certas ob causas, supra Consil. V relatas.
Entstünde aber Streit zwischen dem Grund-Herrn
und Pensionario der betagten Pension halber, in
dem dieser dero Abstattung aus vorgewandten Exceptionen sich verwiederte, ist also zu verfahren, daß
auch pendente lite, da die fürgewandte Entschuldigungen altiorem indaginem erforderten, der
Richter zu Abtrag der versprochenen Pension den
Conductorem condemnire, und den Locatorem
darzu vermittelst Rechtlicher Hülffe und Execution
verhelffe, uti æquissimum esse dicit Faber d. defi-
sin. 4. Cum enim mercedis liquida sit ex contractu obligatio, quid iniquius esse potest, quam
objectu illiquidarum exceptionum eam differri.
Unde laudabilis consuetudo sequenda est, qua
chirographa debitorum postquam confessata
sunt, dato ad solvendum termino, recta executione mandantur, reservatis quas se habere putant exceptionibus. Idque ne solutiones lon-
gis disceptationibus atque tricis involvant, & in
infinitum extrahant. vid. Mindan. de mandat.
lib. 2 cap. 74 n. 1 seq. Damit aber das Gerichte
und Gegentheil zugleich auf künfftige Fälle versichert
seyn möge, muß der Impetrant gnugsame cautionem
de indemnitate bestellen, l. statu liber. 5 pr. ff. de
statu lib. Fab. d. definit. 4. Quæ semper propter incertum interponitur, l. 1 § quamvis 11 ff.
de Collat. Et remedium est, illud, quod vel
est dubium, vel ab alio retinetur, consequen-
di, d. l. statu liber. 5 pr. ff. de stat. lib. Hering.
in tit. de Fide jussorib. c. 15 n. 117. Nam imo
per eam, si quod petitur, negatione fuerit dubium, conservatur, ac petitio differtur, l. fin.
C. quibus ad libert. proclam. Worbey gleichwohl dieses erfordert wird, daß zuvor der Locator
beweise, daß von seiner Seiten der Contract richtig
adimplitet, und von dem Conductore ihm nicht
könne exceptio non impleti contractus vorgeworffen werden, vid. Fab. d. tit. 41 defin. 55, ubi
quæ interim partes judicis citra provisionalem
adjudicationem esse debeant, adjicit. Daneben, daß die exceptio nicht ex verbis ejusdem
contractus herrühre, zumahlen alsdann, da nur in
facto dieselbe glaubwürdig, ad executionem nicht
zu verfahren ist, vid. Fab. d. tit. 41 defin. 4.
Wann auch der Pensionarius ohne rechtmäßige
Ursache und Vorwand einiger beständigen Exception, in Erlegung der verschriebenen Pension säumig
und widerlich sich bezeiget, kan ihm von dem Locatore der Contract losgekündiget, und er darauf propria autoritate expellitet werden, l. 3 C. locat. ibid.
Bartol. l. quæro. § 1 ff. eod. Jason in § item Serviana n. 18 ibid. Fab. & Zas. L. de actio. Costall.
in l. cum domini ff. locat. Riminald. consil. 212
n. 8 lib. 2. Decius in auth. qui rem n. 17 C. de
SS. Eccles. Coler. d. Process. executiv. part. 1
cap. 21 n. 236 seq. Et locator potest bona conductoris invecta & illata pro majori sua cautela
& securitate per Tabellionem describere, per
l. cum domino 56 ff. locat. cond. ibi Bald. Pacion. d. locat. cap. 40 n. 45. Gratian. disc. 117
n. 2. Bich. dec. 526 n. 20, & si per biennium conductor, non solvat pensionem, res descriptas
propria autoritate absque ministerio judicis includere. arg. l. & differentia 9 ff. in quib. cauf.
tac. Jason in § item Serviana L d. Act. n. 79, 80

& tali inclusione mediante earum possessionem
& retentionem, donec conductor mercedem solvat, acquirere potest. Bich. decis. 526 n. 18. Pacif.
d. Salvian. Insp. 3 c. 5 n. 107, quamvis locator ho-
nestius & urbanius faciat, si associationem judicis
petat. Petr. Pacion. d. locat. d. c. 40 n. 49. Cancer. var. c. 7 n. 209 p. 3, præsertim si petat licentiam ingrediendi & si non liquet conductorem
omni prorsus carere defensione. Pacion. d. c. 40
n. 53 ad 57 ibique cit. Dd. Und zwar wie die allegirten Dd. einhellig schliessen, in continenti, auf
geschehene Interpellation, und nicht erfolgete Zahlung ohne Verlauff langwieriger Zeit. Es wäre
dann, daß ein pactum de non expellendo dem
Contract einverleibet, alsdann zwey Jahr, dafern
sich dahin der Contract extendirte, und vorher nicht
aufhöret, abzuwarten, ehe die Expulsion geschehen
könne. d. l. quæro 54 § 1 ibid. gloss. Bartol. & Dd.
ff. locat. Bald. & Salycet. in l. idem 3 locat.
Wie auch ingleichen, daß selbige Zeit abzuharren
sey, wann der Conductor abwesend ist, etliche dafür halten, per d. l. cum domini 56 Loc. cond.
Wiewohl solche Meynung aus den Rechten nicht
gnugsam probiret, und nur in speciali casu locati
horrei vel ædificii, ubi includuntur fructus,
disponiret zu seyn befunden wird, de quo, sicut &
tota hac quæstioe vide plura ap. Valasc. de jure
Emphyteut. quæst. 31 per tot. & præsert. num. 6.
Weil aber bey den occupationes, so privata autoritate geschehen, viele Gefahr und Schaden besorglich, ist nicht leicht zu denselben dem Locatori
zu rathen, sondern thut für sich besser, wann er vermittelst Richterlicher Autorität seines Rechtens pfleget, uti conclusit Coler. d. a. 2 n. 237 [num. seq.
ubi alia in hujusmodi casibus observanda adduntur. Es könnten aber diese vorerwehnte Processe,
so in den angezogenen Umständen nicht weniger wohl
gegründet, als wohl gemeynet seyn, gar leicht verzögert, ja wohl gar eludiret werden, im Fall denen
streitenden Partheyen, wider welche dergleichen Er-
kentnisse ergangen, durch appellationes, leuterationes, deductiones nullitatum, oder gleichmäßige remedia die Rechtliche Sprüche und Urtheil zu
suspendiren, und für auswärtigen Gerichten mit
grossen Spesen und verlängertem Verzuge ferner die
Execution zu removiren, frey stehen sollte. Demnach die zuvor offtberührte überwichtigen Ursachen,
so in diesen Streitigkeiten summariissimum & certissimum processum erheischen, ebenermassen darzu gültig und beweglich seynd, daß bemeldte remedia nur devolutivum, mit nichten suspensivum
effectum erreichen, und dasselbe durch ein statutum
oder gemeine Bewilligung E. E. Raths und der
Ehrl. Bürgerschafft (vel unanimi consensu Magistratus & subditorum) ausdrücklich versehen
werde. Ob nun zwar hiebey dieser Zweiffel entstehen könte, ob solche statuta, dadurch appellationes
und dergleichen remedia aufgehoben, oder verändert werden, kräfftig und zuläßig seyn. Bey welcher quæstion communis Dd. opinio fast dahin
schlüßig ist, daß zu Nachtheil und Verkleinerung
der Ober-Jurisdictionen dieselbe von keiner Wirkung, sondern unerheblich seyn. Bart. in l. omnes
populi n. 27 ff. d. Iust. & jur. Bald. Perusin. tr.
de statut. § appellare n. 3. Wurmf. pract. observ.
tit. 24 observ. 29. Est enim appellatio species
defen-

defenſionis, ad præſidium innocentiæ, non defenſionem iniquitatis inſtituta, cap. 15 & 61 extr. de appell. cap. ad Romanam 8 cauſ. 2 q. 6. Adeoque nemini deneganda, arg. l. 3 § 3 ff. & l. 1 § 27 de vi & vi arm. l. 4 & 45 § 4 ad L. Aquil. Nec ſtatuto, aut conſuetudine tolli poteſt; adeo, ut etiamſi ſtatus imperii jurejurando ſubditos ſuos adigerent, ne a ſententiis in Curiis ipſorum latis appellarent ad Cameram Imperialem, tamen impune ad hoc beneficium pervenire licet. Geſtaltſam dieſelbe in dem Kayſerl. Cammer-Gerichte niemahls attendiret, ſondern dero ungehindert, Proceſſe ertheilet werden. Ord. Cam. part. 2 tit. 28 § und dieweil bishero. Gail. 1 obſerv. pract. 135 n. 12 & Obſerv. 114. Mynſinger 1 obſ. 14. Deſſen ungeacht, iſt dieſer Meynung leicht zu begegnen, und mag ſolche an dergleichen Verordnungen nicht hindern. Notabilis enim eſt textus in cap. 1 extr. ut lit. pendent. ex quo apparet, quod ſtatuta, derogantia etiam juri communi, præferenda ſint in loco ſtatuti. Cum etiam dicatur de jure competere, quod competit de jure ſpeciali. Dd. in l. omnes populi 19 ff. de Juſt. & Jur. Surdus conſ. 58 n. 3. Zu geſchweigen anitzo, daß angezogene Meynung von vielen Rechts-Gelehrten verworffen iſt. Cum plurimi ſentiant, eos, qui jure proprio perpetuam juriſdictionem & imperium obtinent, de non appellando ad ſuperiorem ſtatuta condere poſſe. Decius in cap. paſtoralis verſic. Imo quod eſt plus x. de appellat. & conſil. 533 n. 2. Roland. a Vall. conſil. 86 n. 16 vol. 1. Alberic. de Roſat. lib. 2 de ſtatut. q. 204. Auch zugleich vorbey zu geben, daß die für widrige Meynungen allegirten Doctores des Ober-Herrn Reſpect und Intereſſe einzig anſehen, und dencken einige Abkürtzung anzufügen, denen inferioribus nicht anſtändig zu ſeyn erachten. Demnach wir weiter, als adeffectum devolutivum ihre Meynung gehöret, dadurch aber effectum ſuſpenſivum den Appellationen und andern Rechts-Mitteln aus erheblichen Motiven und Urſachen zu entziehen nicht verwehren. Scaccia de Appellation. quæſt. 16 limit. 1 n. 112 & aliq. ſeq. Zumalen die Erkäntniſſe, ob und wie weit den angeſtellten Appellationen zu deferiren ſey, dem Judicio a quo beygeleget und heimgeſtellet iſt. Contard. in l. un. quæſt. 7 n. 17 & 27 nec non quæſt. 3 in fin. C. ſi de moment. poſſeſſ. Scaccia d. tract. de appellat. qu. 11 n. 1, ubi hanc communem eſſe ait, welches allhier ausführlichen zu bewehren unnöthig. Cum & alias Judici ſit integrum, eum cui notorie deeſt jus agendi, de limine Judicii repellere, nec quemvis ad agendum ac litigandum promiſcue admittere, quippe ad cujus ſolicitudinem curamque pertinet ſtudere, ut lites finiantur, accedente inſuper publica quadam ratione, l. Labeo 3 § 1 ff. de recept. arbitr. Gail. libr. 32 de pac. publ. cap. 18 n. 6. Vent. de Valent. in Parthen. litig. c. 4 n. 22.

Es iſt zu bemeldten Vorſchlages ſicherer Behauptung gnugſam, daß alleine in denen Fällen, wann, wie aus oben geführten erhellet, der klaren, rechten und natürlichen Vernunfft ſchnurgleich in Urtheilen gefolget wird, man denen appellationibus die Krafft nicht gönnen will, daß ſie die Executionen remoriren und verziehen möchten, dennoch

dabey honori ſuperioris und juri partis, indeme gleichwohl denſelben deferiret wird, nichts derogiret, ſondern den Rechten, auſſerhalb beregter Suſpenſion, der Lauff gelaſſen iſt. Quando ex legitimis argumentis apparet, appellationes inter poſitas frivolas, cavillatorias, injuſtas, fruſtratorias & invalitas eſſe, iis deferri non debet, l. ejus qui ff. de Appellat. recip. c. cum appellationib. X. de Appellat. in 6 ib. Philipp. Franc. n. 1 Carpz. d. proceſſ. tit. 18 a. 2 p. 1. Eas enim appellationum nomen non mereri, ſtatim repelli debere, proceſſum non impedire, judicis a quo manus non ligare, juriſdictionem & executionem non ſuſpendere, ut per judicem a quo geſta pro attentatis habeantur & revocentur, non efficere, per plurimas ICtorum autoritates prolixe ſtatuit & probat, D. Ern. Cothmann. conſil. 38 n. 61 & mult. ſeqq. vol. 1, quo lectorem remitto. Appellatio enim non ad deprimendam, aut differendam juſtitiam, aut defenſionem criminum, ſed ſaltem ad removendum gravamen & coercendam iniquitatem inventa eſt, l. 1 ff. de Appellat. l. un. in cap. quia reos X appellat. recuſ. Zanger. in c. ſuggeſtum n. 10 d. tit. Idcirco judex a quo iſtas frivolas & iniquas provocationes recipiens, iisque locum tribuens, tanquam defenſor alienæ malitiæ, & juſtæ cauſæ perverſor graviter peccare dicitur, Guid. Papæ tr. de appellat. qu. 120 n. 89. Lancellot. tract. de attentat. par. 2 cap. 12 ampliat. 4 princip. n. 12. Roland. a Vall. conſil. 73 n. 20 vol. 3. Meritoque non minus, ac qui juſtis non deſert, puniri debet. Contard. in l. un. quæſt. 19 n. 4 C ſi de momentan. poſſ. Scaccia in d. tr. de appellat. qu. 11 n. 4 verſic. ſub infero, primo. Id quod non eo ſaltem caſu, cum nullitas & iniquitas appellationum notoria eſt, procedit, ſed etiam, ſi ex præſumptionibus & veriſimilibus indiciis de ea conſtat. Lancellot. d. tract. part. 2 c. 12 limit. 6 n. 10. Maſuer. in addit. ad practic. Papienſ. in form. appel. a ſentent. definit. pag. m. 409. Cothmann. d. conſil. 38 n. 67.

Auſſer Zweiffel aber wird geſetzet, daß in allen und ieden obberührten Fällen, nachdem dieſelbe aus den Rechten und natürlichen Vermunfft ihre gewiſſe Abrichtung haben, und wer darunter weitläufftigen Diſputat zu erregen ſich bemühet, contra jus & æquum muthwillig ſtreitet, und zu Verzögerungen Luſt trage, die Appellationes frivolæ und unrecht ſeyn. Und der Appellans derowegen billig in die Expenſen condemnirt werde. Weſenb. in parat. ff. de appell. n. 11. Matth. Coler. de proceſſ. execut. 2 c. 1 n. 117. Zanger. d. Except. part. 2 c. 20 n. 9. Et licet de Jure Civili mulcta, pro Appellatione frivole interpoſita, alia indicetur, in l. eos qui 6 § ne temere 4. l. a Pro-Conſulibus 19 C. de Appell. A qua olim nec alienum fuit Jus antiquum Saxonic. ex cujus ſanctione temere appellans primo Judici mulctam arbitrariam ſolvebat, deinde Scabinis, quorum ſententiam tanquam injuſtam culpaverat, pœnam triginta ſolidorum luebat, ac demum tertio in expenſas cauſæ condemnabatur. Landr. lib. 2 art. 1 & art. 74 in pr. Coler. dec. 131 n. 4. Berl. concl. 50 n. 212. Uſus tamen fori hodierni in ſolis expenſis ſubſiſtit, & Jus Canonicum hac in parte

ſequitur,

sequitur, quod ita disponit in cap. ut debitus, 19 sub fin. extr. de appellat. cap. cum appellationibus, 5 eod. tit. in 6to. Wesenb. & Coler. d. l. Ferner so erfordert dergleichen Verordnungen das Unheil, so aus dem langwierigen Rechts-Streiten zwischen den Grund-Herren und Pensionarien erwachsen, wovon alsofort zu anfangs und in obigen Deductionen zum öfftern gemeldet ist. Dessen reiffere Erwägung bey einem iedwedern vermögen wird, daß er diese Sachen unter derer Anzahl rechne, so keinen Verzug erdulten, und da periculum in mora verhanden. In welchen Fällen der Appellationen, Leuterationen, nullitatum &c. ungehindert, citra attentati vicium der Richter erster Instantz zu rechtmäßiger nöthiger Verordnung billig schreitet. Lancellot. d. cap. 12 limitat. 43. Modest. Pistor, consil. 9 n. 57. vol. 2. Menoch. de recuperand. possess. remed. 17 n. 40. Asinius in praxi cap. 2 lim. 2 princ. n. 7. Marsil. singul. 258 n. 2. Welchen Zweiffeln und Controversien man nicht bedürftig, sondern gäntzlich abgeholffen wird, wann durch einmüthige Beliebung E. E. Raths, und der Bürgerschafft, oder derer, so dieselbe repräsentiren, (i. e. cujusvis alius Magistratus & subditorum) dergleichen Observantz und Gewohnheit eingeführet wird. Cum pacto appellationis beneficium tollere liceat, l. fin. § fin. C. de Tempor. & reparat. appellat. Cammer-Ger. Ordn. part. 2 tit. 28. Statutum tamen condi potest, ne appelletur, nisi juramento praestito, quod non calumniæ causa quis appellet. Mynsing. 3 obs. 57 pr. Treutl. 2 disp. 33 th. 1 lit. A. Mejer. in Colleg. Argent lib. 49 Tit. 1 th. 1 in f. quale statutum provinciale receptum in Ducatu Magdeb. ut patet ex Ordin. Process. cap. 43 § 8 seq. verbis: So viel aber die Appellationes von der Magdeb. Regierung ad Cameram Imp. an den Reichs-Hof-Rath anbelanget, soll keine Appellation eher angenommen, noch von der Regierung Apostoli ertheilet werden, es habe dann der Appellant und sein Advocat das beym Kayserl. Cammer-Gerichte disfalls eingeführte Juramentum Calumniæ bey der Magdeb. Regierung in eigner Person abgeschworen, juxta R. A. d. an. 1654 § 43, 105 & 117. Ob defectum vero insinuati statuti, hoc juramentum de non frivole Appellando hactenus in supremo Cameræ judicio altera vice per Procuratorem specialem in animam Appellantis & ejus Advocati, sub desertionis poena, praestari solet. Sic civitatibus, superiorem recognoscentibus, multa permissa sunt per modum conventionis, quæ non licent per modum legis, uti videre licet ex iis, quæ scripsit Mevius in discursu de contribut. concl. 12 lit. B. Krafft dessen Behelffs, hat die Stadt Stralsund, als welcher ex privilegiis & veterata consuetudine, plenum arbitrium statuendi, cum omnimoda jurisdictione, & concessis plurimis, iisque præcipuis regaliis, stättlich beygeleget ist, in his passibus dergleichen nicht bedurfft, wie, da es von nöthen, zur Gnüge auszuführen wäre. Dieses habe ich der Fragen und Sachen Beschaffenheit nach aus denen Rechten ausführen, und einem iedweden zu reiffern judicio anheim stellen, nicht aber einem Verständigern Bedencken etwä hiermit vergreiffen wollen. Scriptum, den 10 Mertz, Im Jahr nach Christi Geburt 1639.

Jurist. Oracul V Band.

Haud parum momenti ad illustrandam hanc materiam afferunt sequentes Dn. Mevii Decisiones, ideoque si placent evolvi possunt, utpote: Decisio XVII Partis II; Decisio CCXIV Partis II; Decisio CLXXXVII Partis V; Decisio CCCLXIII Part. V; Decisio CCXVII Partis II; Decisio CCCLXXIV Partis IV. Tandem notandum, quod locatores prædiorum, quibus materialiter vel subjective inest jurisdictio, soleant locare jusdictionem tantum ad certum usum & fundum prædii, den Dienstzwang, oder zu Eintreibung der Lehnen und Zinsen, auch anderer Gefälle, Mev. 4 dec. 246. Interdum etiam datur facultas, ut conductor delinquentes possit in ipso scelere comprehendere & carceri mancipare, cognitione salva manente locatori &c. Hinc monet B. Dn. Brunnem. ad l. si iidem 11 de jurisd. quod in conductionibus accurate cognosci debeat, utrum & quatenus conductori concessa sit jurisdictio una cum prædio locato. Nam si simpliciter, non in specie in conductorem sibi locator reservaset jurisdictionem, conductor se illi submisisse non præsumitur: si autem se etiam submisit, semper excipienda est causa Domini propria, quando cum Conductore litem habet, ut hæc pluribus explicat Mev. d. loc. Porro de remissione pensionis late videri possunt Ægid. Boss. Tract. Basil. 1578 f. & Frider. Gerdesius Gryphisv. An. 1671, 4 insuper de remissione Mercedis Joh. Heinr. Wiland. Diss. Argentor. 1638, 4.

Siebend. Rechtl. Bedencken, XLVIII.

Wenn die Inwohner eines Orts den Soldaten bey Durchzügen und Still-Lager Portiones und Rationes oder Proviant und Fourage, ingleichen auch Tractament-Gelder ohnentgeldlich zu liefern genöthiget werden, ob nicht diejenigen, so etliche Hufen Landes, aber keine Häuser besitzen, zu dergleichen Abgaben ihren Antheil tragen müssen?

Si incolæ loci cujusdam non solum Militibus, per transitiones, Durchzüge und Still-Lager, & inhospitationes, pabulum, cibaria gratis præstare, sed et contributiones & stipendia adhuc (Tractament-Gelder) persolvere coacti fuerint, an non & ibi, qui agros (etliche Hufen Landes) solum modo, nec tamen ædes isto in loco possident, ejusmodi Pertransitionum Still-Lagers & inhospitationum cæteraque prædicta onera, pro rata possessionum perferre teneantur?

Qui negativam sententiam tuentur, fundamentum intentionis suæ, inprimis in eo stabilire laborant, quando dicunt: Præstationem metatorum, vel inhospitationem non esse onus ægrorum oder der Feldmarcken, exinde, quod soli incolæ alicujus loci, non vero ii, qui hospitationem ibi non exercent, nec ædes vel prædia isto in loco possident, (die kein Feuer und Rauch halten) illud præstare teneantur. Cum etiam forenses, salgami nomine aliquid contribuere

X r   tribuere

tribuere non obstricti; nec hospitatura aliud, quam onus reale, vel domus sit, seu servitus fumantibus imposita, unde et ipsis possessoribus indicitur, non habito respectu fructuum ex re, nach den Feuerstäten, ut præstare teneantur hoc onus, quicumque habitant in domo, alle die Rauch und Feuer halten, Hahn. in Obs. ad Wesemb. tit. de muner. & honor. n. 3. Bart. ad L. Rescripto & sciendum* n. 3 ff. de munerib. Quam opinionem quoque fovere videtur Richter dec. 70 n. 54, 55, 56, & 57, ibi: Es sind Klägere, wenn sie kein Feuer und Rauch halten, Soldaten zu beherbergen, oder deßwegen gleich denen einheimischen etwas in die Qvartiere zu liefern, wie auch die heutiges Tages gebräuchliche service, welche die Haus-Wirte zu geben pflegen, zu entrichten unverbunden. Nec præjudicium Extraneis vel forensibus afferre autumant, si forsan incolæ alicujus loci in hospitationis onera ita perferenda distribuissent, ut de certo quovis agri spatio (veluti einer Hufen Landes) tanta pecuniæ summa persolvi deberet; vel qui possideret totidem agros, duos, tres, vel plures milites seu equites recipere teneretur. Esset enim hæc res gesta inter alios, quæ nec minimum quidem damnum iis afferre posset. arg. l. non debet 74 d. R. J. Cum omnes actus sine præjudicio tertii interpretandi sint per l. 12 C. de annon. & tribut. Etiamsi essent maxime favorabiles. princ. Inst. quib. man. non licet. Imo non sufficeret, quod Incolæ loci alicujus hujusmodi distributiones & dispositiones facerent, forensesque ad talia onera subeunda pro lubitu adstringerent, sed competentia hujus juris distribuendi ab ipsis prius probanda esset. Siquidem iis obstare videretur libertas naturalis; quippe in qua quilibet, æque forenses ac incolæ, tamdiu stare arbitrantur, donec contrarium eo, quo par est modo, probatum non fuerit. Si etiam omnis actus (& proinde etiam actus ejusmodi distributionis ab incolis factus) ex postfacto regulari debet secundum statuta loci, ubi celebratur l. 3 § ult. de testib. l. si non specialibus 9 de testam. l. 1 C. emancip. & alii textus citati a Carpz. resp. 2 tit. 9. Respons. 96 n. 8. Et statuta semper certas aliquas habent qualitates, juxta quas actus regulari nequit, nisi probatæ fuerint, per l. 7 § cum hoc Edictum 2, ubi Bart. n. 4 ff. quib. ex caus. in possess. Quod eo magis procedit, quando dispositio vel statuti, vel legis est odiosa. l. interpretatione 42 ff. de pœn. Salyc. in auth. minoris C. qui dare tutor. vel Curat. num. 10 vers. & quid hæc in rapt. Fulgos. cons. 20 n. 18. Hinc si actus ejusmodi distributionis vel dispositionis juxta statuta istius loci, ubi ab incolis factus vel celebratus est, regulari deberet, prius & statuta & qualitates statutorum (i. e. etiam forenses ad hujuscemodi metatorum onera subeunda obstrictos esse), utpote contra libertatem forensium tendentes, & odiosis, ab incolis ordinario modo probandæ essent, per jura antea allegata.

Deficiente autem statuto, nec opus erit qualitates ejus probare, nec actum juxta illud regulari, sed pro invalido reputatur, nulliusque momenti esse censetur. Ut proinde adeo mirum nemini videri possit, quod Illustre regimen Archi-Episcopatus jam Ducatus Magdeburg in causa Christoph Herrmanns zu Deutschenthal, wider die Gemeinde zu Steuden am 17 October 1674 casu ita obtingente, factam ab Incolis hujuscemodi distributionem insuper habuerit, huncque in modum pronunciaverit: verb. Die Haupt-Sache anlangende, erhellet aus denen Acten, und der Partheyen mündlichen Vorbringen so viel, daß Kläger wegen ihrer in der Steudischen Fluht gelegenen Aecker zu denen Einqvartierungs-Kosten etwas nacher Steuden zu geben oder beyzutragen nicht schuldig. Urkundlich. (L. S.) N.

Similiter d. 22 Maji 1676 in contradictorio judicavit prædictum Regimen his verbis: Die Haupt-Sache betreffend, sind zwar die im Fürstenthum Anhalt wohnende Sanderslebischen Bürger, welche Aecker in Erzstiftischer Magd. Hoheit besitzen, die Land-Reiß-Kreis- und andere die Aecker afficirende Steuern in solcher Hoheit nach, wie vor zu entrichten verbunden, wegen der bisherigen Einqvartierung aber sind sie etwas dahin beyzutragen nicht gehalten, es könte dann Bekl. Denunciant oder die Denunciaten die angeführte possess vel quasi, daß hiebevor dergleichen Einqvartierungs-Kosten von obgedachten derer Sanderleber Aeckern beygetragen worden, gebührend beybringen, damit würden sie billig gehöret, und so dann bey der Possession so lange geschützet, bis vom Gegentheil ein anders zu Recht ausgeführet. Nec obstat porro, quod agrorum æque ac ædium possessores alias collectas, tributa, & Steuras sufferre & præstare teneantur. Sunt enim hæ præstationes diversissimæ: Steuræ, Collectæ & onera metatorum, a quibus invicem argumentari non licet.

Ratio diversitatis consistit in eo, quod istæ, non tam æque ædibus ac agris inhæreant, quam jus personale efficiant; (i. e. a personis, quæ talia possident, præstanda sint; hæc vero tantummodo domibus & habitationibus inhæreant, jusque reale constituant, (i. e. a nemine, nisi qui eas possident, præstandæ sint), Bart. ad l. rescript. § sciendum num. 3 ff. de munerib. Quod enim dicitur munus hospitis in domo recipiendi, patrimonii, non personæ onus esse, ita accipi debet, si in eo loco domicilium ejus sit, qui hospitem recipit, alioquin quomodo reciperet? semper enim præsupponendi sunt termini habiles. Ant. Faber in Cod. lib. 9 tit. 30 def. 9 num. 11 & 12. Cur autem separatorum separata sit ratio. l. Papinianus 20 ff. de minorib. Carpz. p. 1 qu. crim. 24 n. 73. Determinatio & natura, l. si maritus 10 C. de donat. inter vir. & uxor. Hinc etiam ab uno ad aliud nihil valide inferri potest, l. neque natales 10 C. de probat. Regn. Sixtin. consil. Marp. 10 n. 44. Sive argumentatio fiat positive, sive remotive. d, l. naturaliter 12 § nihil commune 1 ff. de acquir. possess. l. permisceri 52 in pr. ff. eod. Sed æquum est, ut separata diverso Jure æstimentur. l. Sancimus 34 C. de donat. Bart. ad L. 8 § illud ff. de fidejussor. Cæterum nec negotium aliquid facit, si forsan

In-

incolæ, aliorum locorum consuetudines, etiam extraneos ad ejusmodi metatorum onera pro rata possessionem sustinenda ligantes, allegarent. Imo si vel maxime ipsis Incolis, alibi agros possidentibus, hocce contingeret, utillis in locis ad prædicta onera pro rata possessionum perferrenda adstricti essent.

Possunt enim extranei haud difficillimo nodum huncce solvere, dicendo nimirum: Esse facti, et prius probandum; secundo, si vel maxime res ita sese haberet, dubio procul vel certum statutum, vel consuetudinem, quæ legis vicem sustinet, ibidem introductum esse, cui se, sponte subjacere, non consultum foret.

Quin potius in possessione libertatis sese esse, ex qua nemo nisi probato prius contrario, & legitimis remediis expelli potest; utpote de causa publica, non privata, ad quas libertatem refert. Cravett. consf. 792 num. 3 per l. si quis rogatus 35 in princ. ff. de fidei commiss. libert. Gravi & ardua, quas inter eam annumerat Jason in l. admonendi n. 272 ff. de Jurejur. Menoch. de arbitr. Jud. qu. 2 cas. 110 n. 5. Quæque regulariter præsumitur l. libertas 4 ff. de Sat. hom. l. si tibi 10 C. de servit. Gail. 2 obsf. 69 n. 5. Hinc si vel maxime Extraneorum renuentium, & pro rata possessionum metata perferre denegantium agri, vel fructus pendentes ad instantiam Incolarum, ante vel consuetudinis, vel statuti, vel alius juris probationem executioni mandarentur, (becreutziget würden), nequaquam tamen id juste fieri statuendum est.

Partim quia executio non facienda est juris ordine prætermisso, l. si cum nulla 58 ff. de re jud. l. 1 C. de execut. rei Jud. Partim quod processum ab Executione inchoare nullo jure permissum est, d. l. 4 C. de execut. rei Jud. Carpz. p. 1 consf. 20 def. 1 num. 3. Gail. 1 observ. 13 n. 1 & obsf. 148 n. 1. Berl. 1 concl. 43 n. 1. Partim denique quia executiones sunt odiosæ, & sæpe cum peccato conjunctæ, l. 53 in pr. C. de Episc. & Cler. Præsertim si forenses in locis ubi degunt & habitant, ipsi ejusmodi onera subire coacti fuissent. Sufficit enim aliquem gravari in uno, nec debet gravari in altero. Cujac. ad l. 6 de tribut. act. Cum grave sit, quod quis uno onere prematur, ast multo gravius, si duplici onere quasi suffocetur. l. cogi 16 § inde quæritur 3 ff. ad SCtum Trebell. Cravett. consf. 201 n. 23 & resp. 1 pro genere num. 436. Natta consf. 160 n. 34 & consf. 447 n. 14. Quibus ex rationibus dubio procul jam laudatum Regimen illustre, nomine Serenissimi Principis, ad inferioris cujusdam Præfecturæ ministrum, in tali facti contingentia, hisce formalibus rescribere motum fuit, verb. P. P. Lieber Getreuer ꝛc. Du hast aus beykommender Abschrifft mit mehrern zu ersehen, wessen N. N. und Consorten, wegen ihres auf der Gemeinde N. Anhalten, von dem Unter-Amt N. becreutzigten, und auf der N. Marck erwachsenen Getreidigs sich beschweren, und was sie daneben anführen und zu verordnen unterthänigst bitten. Wann es sich nun berichteter massen verhalten solte, so sehen wir nicht, wie sie zu dem

Jurist. Oracul V Band.

nen Hülffs-Qvartieren angestrenget, und die Becreutzigung mit Bestande könne vorgenommen werden. Und ist dahero unser gnädigster Befehl, du wollest so fort nach Verlesung dieses die angezogene Becreutzigung aufheben, und Supplicanten an Wegsführung ihres Getreides nicht ferner hinderlich seyn. Hieran geschicht unsere Meynung. Dat. N. 7 Sept. Anno 1674 N.

Facit denique pro negantium opinione stabilienda, si forenses eo in loco, ubi agri siti sunt, cum Incolis commune quoddam Jus pascendi, graminis abscindendi, aquarum & aliorum ad Communitatem pertinentium (Hut- und Trifffs-Gerechtigkeit, Gräserey) non habeant, sed agri isti ad prædia sua, alibi sita, pertineant; quippe per quod itidem rationis imparitas quædam exoritur, quæ diversum jus requirit & causatur per jura jam jam allegata. Hinc, quamvis Incolæ quidam contra sententiam de dato 17 Novembr 1674, supra relatam a nobis, remedio Leuterationis usi fuerint, & ejus reformationem obtinere speraverint; Prædictum tamen illustre Regimen, spretis & neglectis ab Incolis allatis gravaminibus, dictam sententiam confirmavit hisce formalibus: P. P. Daß gestalten Sachen nach es bey vorigem Abschiede vom 17 Nov. Anno 1674 der eingewandten Leuterung ungeachtet, billig verbleibet. Urkundlich d. 1 Febr. Anno 1675. (L. S.) N.

Verum hæc tanti non sunt, ut omnes omnino Dd. huic negativæ subscribant, absque ea discessum non faciant; præsertim qui benigniorem Juris Civilis interpretationem amplectuntur, magisque æquum & bonum, quam stricti juris rigorem sequuntur. Nec enim rationes tralatitiæ aut levis momenti sunt, quæ afferuntur ab iis, qui agros, non tamen prædia, quodam in loco possidentes, æque ac incolas, vel domus inhabitantes, ad metatorum onera perferenda adstringendos esse, existimant; Sed æque Juris textus expressi ipsis succurrunt & adminiculantur, in tantum, in quantum JCtus alias sine lege loqui erubescere debet. Uti Dd. communiter tradunt per l. illum 19 C. de collation. & Novell. 18 c. 5 aliaque loca plura. Licet etiam sufficiat allegare rationem naturalem, vel æquitatem, quando non extat lex certa, vel similis, quæ decidat causam. Wesemb. consf. 2 n. 1 & seq.

Statuunt autem, qui affirmativam sententiam tuentur, uno ore omnes, sumptus pertransitionum & inhospitationum onera realia & patrimonialia esse, quæ ipsi rei imponi, inque loco possessionum sustineri & persolvi debent, per textum expressum in l. 3 § 14 ff. de muner. & honor. l. 11 ff. de vacat. muner. Mundius de muner. c. 2 n. 48 usque ad n. 58. Natta consf. 158 n. 7. A quibus regulariter nemo excusatur, nisi qui specialiter sit exemptus. l. 2 & 3 C. de muner. patrimon. Admodum autem dubitatur, quod Juris aliquo textu, forenses ab hoc onere reali specialiter exemptos esse, probari possit. Nec enim obstat (1) quod forenses absolute & simpliciter subditi non sint; (2) quod Jurisdictio generalis & quoad personam in eos,

Xx 2 vel

veluti in incolas exerceri non possit; (3) quod tamen utrumque ad onera ejusmodi perferenda requiratur. Cum nimirum (1) utique sint subditi secundum quid, scil. ratione rei, quæ ubi sita est, omnino reputatur subdita, & proinde (2) quod nihil aliud est quam jurisdictionem exercere) a judice loci, in cujus territorio res sita est, utique pro rata & modo possessionis onerari possint. Hartmann lib. 2 tit. 52 obf. 5 n. 5 & 7, nec (3) unum horum requisitorum, ob quæ quis metatorum onera perferre tenetur, in forensibus deficiat. Sic quoque Incolarum intentionem juvat, si forenses propter agros, quos possident, Ordinarias et Extra-Ordinarias Collectas, vel Steuras, (de hoc Verbo in designandis collectis hisce terris conlueto, vid. Joh. Philippi in Observat. ad Decif. Electoral. Saxon. decif. 63 obf. 2 n. 37 & feq. quovis tempore eo in loco ubi agri siti sunt, pro rata persolverint, & præsenti tempore adhuc persolvant. Præterea notissimi Juris est, quod tributum agri in eam civitatem levari debeat, in cujus territorio possidetur. l. 4 § 2 ff. de cenf. Sumptus autem pertransitionum & Inhospitationum militum in vicem Extra Ordinariarum Collectarum & contributionum succedunt, & exiguntur; Ideo necessario sequitur, & forenses pro rata & modo possessionum (quantum nimirum per factam æqualem distributionem agris eorum impositum est) persolvère eo in loco, ubi agros vel prata possident, teneri & obstrictos esse. Suadente id æquitate naturali, juxta quam facillimo negotio quilibet colligere potest, quod is, qui commoda & fructus ex certo quodam districtu sentit, & incommoda vel onera istius regionis proportionabiliter sentire debeat. Cum secundum naturam sit, onera cujusque rei eum sequi, quem sequuntur Commoda. l. secundum naturam ff. d. R. J. Et qui sentit commodum, sentire debet & incommodum. Card. Tusch. præct. concluf. tom. lit. O concl. 144 num 5. Imo omne commodum cum aliquo incommodo compensandum sit, & versa vice, l. cum fisco 9 ff. ad Syllanianum. Omne quoque commodum cum suo onere pertranseat. Card. Tusch. tom. 8. lit. V concl. 374. Escob. de ratiocin. c. 42 n. 12 & comput. 20 n. 24. Et invicem adeo æqualiter determinentur d. l. secundum naturam 10 ff. d R J. l. Plotius 49 ff. ad L. Falcid. Ut ferendus is non sit, qui commoda alicujus loci amplectitur, incommoda autem recusat. l. manifestissimi 22 § pen. C. de furtis. Steph. Gratian. tom. 5 c. 926 n. 35, ubi n. 36 limitationem aliquam habet. Et propter Christianam charitatem & jura manifesta illis oneribus nemo se eximere potest, quæ requirunt, ut proportionabilis & exacta æqualitas inter omnes servetur l. 39 C de Decurion. l. 1 C de mun. patrim. Multo magis insuper forenses ad id adstringuntur, si pertransitionis & inhospitationis sumptus, ex publica utilitate pro tuitione, & conservatione prædiorum, bonorum, & fructuum adhuc pendentium, non tantum incolarum, sed & forensium dati vel impensi fuerint, quo scil. omnia in salvo suo statu permanserint.

Si enim Collectæ pro tuitione prædiorum imponuntur, ex quibus Extranei prædia vel agros possidentes utilitatem æque ac ipsi incolæ percipiunt, & ratio oneris forensium bona, eorumque commoda una respicit, tunc hoc casu utilitas publica ex æquitate collectas sustinet. Haud enim negandum, quod ejusmodi militum defensio & bona forensium, qui terræ pinguedine fruuntur, simul concernat, & ideo merito ipsorum agris onera, non minus, quam subditorum, imponi possint. Klock. tr. de Contrib. c. 13 n. 9, 10 & 11. Et tunc maxime forenses ad ejusmodi onera realia teneantur, ubi pro tuitione loci, vel obviandis periculis, quæ commodum & defensionem bonorum forensium una concernunt, imponuntur. Christian. vol. 5 decif. 40 n. 9. Theff. decif. 93 n. 7. Klock. de Contribut. 217 n. 287 & c. 288. Prout hic casus prioribus belli temporibus jamjam decisus, aque magni nominis JCtis, & non infimi Subsellii Dicasteriis hunc in modum pronunciatum fuit; Quod scil. forenses in locis, inhospitationibus gravatis, ratione bonorum ibi sitorum, ad illas Contributiones militares pro portione eorum teneantur. Uti videre licet apud Reinking. de reg. Sec. & Eccl. lib. 1 Claff. 5 c. 4 n. 177. Quodque forenses in genere teneantur de bonis in loco sitis collectas solvere, & quidem etiam pro hospitationibus militum (Einqvartierung und Durchzüge) affirmat Rövenstrunck in Resp. Facult. Jurid. Marpurg. Resol. quæst. 7 n. 519. Cui adstipulantur Carp. Thessaurus d. decif. 93 num. 7. Klock. d. tr. de Contrib. c. 17 n. 273 & 288. Bresler. de hospitat. militar. membr. 8 t. 50. Ut plurimum autem hæcce sententia obtinet, si ejusmodi sumptus contra communem Imperii Romani hostem, pro quo Ludov. XIV Rex Galliæ, in Comitiis Ratisbon. declaratus est, impensi fuerint.

Collectas enim, quæ ortum habent pro defensione & conservatione Patriæ, omnes uniformiter, quicunque illi sint, solvere tenentur, cum ab ipsa natura ad hoc ipsum obligentur. Quando igitur milites transierunt, hospitia acceperunt pro totius Patriæ salute, etiam ab omnibus onera ferri debent. Rövenstrunck. in alleg. responf. n. 446 & 447. Et quod ob adventum Exercitus amici unus pro altero solvit, per adæquationem repetit, & ab omnibus resarciri debet. Mastel. decif. 164 n. 15 et 16. Accedit, quod si defensionis remedia iis sint introducta qui gravant, cap. suggestim, ubi vid. gloff. ult. de Appellat. Novell. 19. Et necessario defensionis onera ab iis sunt perferenda qui defenduntur, per jura in naturali æquitate fundata. Æque autem forenses eorumque bona ac Incolas eo in casu, quando contra communem imperii hostem pugnatur, defendi, quis non videt? hi ratione domuum & rerum ad ea spectantium; isti vero ratione agrorum, quos sine ædibus isto in loco, ubi inhospitationis sumptus fuerint impensi, possident. Quo nomine nequidem Ecclesia, licet privilegium in corpore Juris clausum habeat

beat, immunis est, ab istis oneribus factum belli & publicam utilitatem concernentibus l. neminem C. de SS. Eccles. Reinking. de Reg. sec. & Eccl. lib. 1 class. 5 c. 4 n. 177. Ut proinde nullus plane prætextus forensibus superesse videatur, mediante quo oneri metatorum (quod non merum ædium & habitationum, sed patrimoniale & reale onus esse paulo ante, a nobis per textus Juris demonstratum est) sese subtrahere possent. Multum tamen juvat scire, super quibus sumptibus proprie hæc quæstio nostra mota fuerit. Scilicet loquitur illa de iis sumptibus, qui per transitum militum (und durch das Still-Lager) Incolis vel universitati cuidam causati fuerint, utpote qui non solum domuum, sed & prædiorum sunt onera. Sic etiam distinguendum est inter inhospitationem, quæ fit in Civitatibus, & inter eam, quæ in pagis vel prædiis rusticis extra civitatem contingit. Priorem si consideremus, concedendum quidem est, onus ædium potius esse, quam posteriorem. Vel ex hac ratione, quoniam domus rustica, vel Casa pro vili admodum pretio & paucis interdum florenis venditur; Rationis ratio, quoniam extra usum, quem agri & prati non afferunt, vel nullum, vel exiguum admodum commodum præbent, unde hujuscemodi sumptus vel onera militaria solvi & præstari possent. Eamque ob causam in pagis hujus farinæ onera una agris, pratis, vineis, aliisque fundis fructiferis imponuntur. Nec id abs re. Nam si proximam causam requiras, penduntur omnia tributa propter emolumentum, quod ex re ipsa percipitur, adeo ut si penitius inspicias, non tam rei, quam fructuum onera esse videantur. Ant. Fab. in rat. decid. ad l. 27 § 3 d. Usufr. Veluti etiam omnibus ferme in Provinciis die Verpflegungs- und Tractement-Gelder, & onera pro alendis militibus, quæ per transitum, vel inhospitationem eorum causata fuerint, ab agris, aliisque fundis fructiferis, & alias steuras solventibus exiguntur. Id quod patescit ex d. Præjudicio a Christophoro Richtern decis. 70 n. 57 relato; ibi: Daß die Auswärtige von ihren Gütern die Verpflegung tragen zu helffen verbunden, worunter aber die heutiges Tages gebräuchliche Servis, welchen die Haus-Wirthe zu geben pflegen, ihnen nicht zuzurechnen. Moribus siquidem nostris (die Einquartierung) von in nuda & sola hospitatione, seu præbitione domus amplius consistit, prout prioribus seculis juxta jus civile in more positum fuit, quippe de quo milites in universum prohibebantur ultra debita stipendia ab hospite aliquid cœnaticorum, aut salgami nomine, exigere, tot. tit. C. de Met. & Epidemet. It. de non salgam. præst.

Sed modernis temporibus hospitatio cum sumptibus metatorum plerumque est conjuncta, & milites non solum pabulum & cibum, sed & die Löhnung ab hospitibus suis exigunt, cum raro stipendia & annonas, quibus contenti esse possent, accipiant, inque eorum defectu ex ære vitam sustentare nequeunt. Proinde vel ex stipendiorum inopia, vel ex sua militum insolentia contingit, ut ipsis in hospitiis & cibaria etiam pro ipsorum equis, famulis & meretricibus præstentur. Hahn. in Obs. ad Wesenb. tit. de muner. & honor. n. 3. Uti etiam conqueritur Joh. Otto Tabor tract. de metat. & Epidemet. p. 1 c. 13 & c. 9 n. 9 ibi: Metata nostri temporis præter omnem Juris ordinem impendia non exigua, vexationesque personales, imo insignia rei familiaris dispendia secum trahunt. Ad ea autem miserum pagi alicujus Incolam, exigui pretii Casam inhabitantem, nihilque ampl'ius in bonis habentem, adstringere, forensem autem multos agros (etliche Hufen Landes) ibidem possidentem & commoda loci percipientem ab iisdem liberum pronunciare, an æquum vel iniquum sit, longiori dijudicatione non indiget, sed semet ipsum prodit. Nec quicquam facit, si quis objiciat, vel eo nomine forenses ad hujusmodi onera subeunda adstringendos non esse quoniam usum pascuorum, aquarum & aliorum commodorum ad communitatem pertinentium non haberent, cons. paulo ante producta. Ea propter enim pro rata solummodo, & modo possessionum (so viel sonsten von einer Hufen Landes pfleget gegeben zu werden) ab iis hæc onera exigi & plus æquo ultra fructus fundorum onerari non debent; secus ac si insimul ædium possessores verso Jure (quod præc. n. requirebatur) ab Incolis censentur. Ceterum, si (uti præc. num. dictum) Incolæ hujusmodi consuetudinem provincialem, quod nimirum forenses ad metatorum præstationem propter agros, prata vel similes possessiones teneantur, inveteratam & allegare & probare possent; Vel quod majus est, si ipsi in Incolæ (veluti supra dictum) propter agros, quos alibi possident, eo nomine tenerentur; sane & æquitati & Juri consentaneum esset, ad evitandas eas, quæ ex litigiis diuturnis emergunt, molestias, eandem consuetudinem, utpote rationabilem nec Juri contrariam, & in casu simili de novo obtingente observare.

Nam ubi eadem est ratio & qualitas, ibi eadem quoque debet esset Juris dispositio, l. illud 32 ff. ad L. Aquil. l. a Titio 108 d. V. S. Et casus, quos nectit paritas, æquitas, & identitas rationis, non sunt separandi quoad Juris dispositionem, d. l. a Titio Cons. Argent. 1 cons. 51 num. 65. Parium quippe paria sunt Judicia, & ubi diversitatis ratio reddi non potest, ibi diversum jus observari non debet, l. 12 § de illo 31 ibi: nam quasi ratione ff. de usufr. Hinc quæ paria sunt in dispositione, debent etiam paria esse effectu & interpretatione, Alberic. de Rosat. in tract. statut. p. 2 in princ. n. 9. Cum de similibus idem Judicium & decisio cap. in Causis 19 vers. cum in similibus X. de sentent. & re Jud. Ut taceam, Consuetudinem parem vim habere cum lege, & optimam legum esse interpretem, l. de quibus 32 ff. de legat. § ex non scripto. Inst. d. J. N. G. & C. Et declarationi, quam dedit, standum esse. Mar. Socin. 105 num. 28 lib. 3. Sin denique, (uti jam superius dictum) Universitas quædam, vel incolæ loci alicujus inveteratam ejusmodi consuetudinem seu statutum & allegare & probare possent, non est ambigendum, quin & illius vigore, & juxta

X x 3   illam

illam distributionem metatorum' ferendorum facere possint, omnesque, qui alias ea quavis de caufa ferre obstricti sunt, isti distributioni stare necesse habeant, quodque refragantes & contumaciter resistentes forenses vel captis pignoribus, vel aliis justis & legitimis remediis ad ejusmodi metatorum sumptuum exsolutionem a Magistratu, ubi agros possident, compelli possint, conf. ea, quæ superius a nobis in contrarium allata sunt. Eam enim distributionem facere justit publica necessitas, quæ non habet legem, ex qua, quæ fiunt, in præjudicium vel fraudem tertii fieri dici nequeunt. Gail. 1 Obf. 102 n. 8. Gazadin. conf. 87 n. 15. Et tantum de hac Quæstione, in utamque partem, satis disputata, dixisse sufficiat, quæ, (salvo rectius sentientium judicio), sicuti & sex superiores & æquitatem reducendo omnium optime decidi poterit, juxta modum ab ipso Imperatore in l. 13 § 7 C. de Jud. observatum. Æquitas enim in omnibus spectanda est, l. 91 d. Reg. Jur. J. ult. circ. fin. C. fideicommiss. Ac juris rigori in judicando anteponenda. Thessaur. decis. 245 n. 7 verf. Judex enim æquitatem. Mastrill. decif. 24 in fin. Cum sit Thyriaca contra Venenum iniquitatis, Jacob. Menoch. de arbitr. Jud. quæst. lib. 1 quæst. 13 num. 17, & fundamentum interpretandi pariter leges & pacta. Bald. in L si defunctus 9 num. 8 verf. & nota quod æquitas & fundamentum C. de suis & legit. Imo sæpe nobis aliquid suggerat, ubi jure deficimus, l. 2 § 5 de aq. pluv. arc. Hinc jure meritoque harum Considerationum Juridicarum finem constituere debet æquitas.

Huc etiam pertinet illa quæstio notabilis; Utrum collectam propter avertendam jamjam imminentem deprædationem auctoritate Magistratus oppidanis impositam, forenses, qui in districtu oppidi latifundia possident, solvere etiam teneantur? quam per rationes dubitandi & decidendi pro forensibus solide & erudite pertractavit Dn. Frantzk. 1 Resol. 20 per tot.

Der Marpurgischen Juristen-Facultät Censur und Subscription.

Unsere freundliche Dienste zuvor, Ehrenveste, hoch- und wohlgelahrte, auch erbare, insonders günstige Herren und gute Freunde. Als ihr uns das von dem Ehrenvesten und hochgelahrten Davide Mevio, J. U. D. über die zwischen denen Proprietarien und Grunds-Herren an einem, und denen Pensionarien am andern Theil, enthaltene unterschiedliche Irrungen und Streitigkeiten, so in sechs Haupt-Fragen abgetheilet, abgefassetes Rechtliches Bedencken zugeschicket, und darüber unser Bedencken und Censur euch zu eröffnen und mitzutheilen ersuchet: So haben wir demnach solches seiner Wichtigkeit nach mit gehörigem Fleisse verlesen, und die pro & contra eingeführten rationes, insonders aber die momenta decisionum jeder Haupt- und Nebenfrage reiflich erwogen, und befinden darob in solcher Deduction allenthalben so viel, daß, wie von gedachtem Herrn Syndico in decisionibus vorberührter sechs Haupt- und Neben-Fragen eingeführten

juris textus und rationes dem facto, nach dessen Umständen und Beschaffenheit recht und wohl applicirt, wie dann in solcher applicatione juris ad factum, sonderlich ars Jurisprudentiæ, secundum Charondam 1 verisim. 1 & Cothman. 3 consil. 2 n. 501 bestehet, dabey auch alle solche decisiones und eingefolgte Doctorum opiniones, magis æquarationi naturali faventes, und extrema conciliando conciliantes, billig den Vorzug in Rechten haben, weswegen dann, weil allhie die tria in omni negotio observanda, videlicet quid deceat secundum honestatem, quid liceat secundum æquitatem, quid expediat secundum utilitatem, cap. magnæ 7 X. d. voto, & voti redempt. Raudens. d. analog. lib. 1 cap. 19 n. 67 wohl in acht genommen, wir solchem Rechtlichen Bedencken in fundamentalibus quæstionibus allerdings beypflichten, und da anfänglich unsere Rechtliche Decisio darüber solle begehret worden seyn, wir anders nicht respondiret hätten. Zu dessen Beglaubung und Urkund haben wir, salvo tamen rectius sentientium judicio, unser Facultät Insiegel hierauf drücken lassen. So geschehen Marpurg den 15ten Junii Anno 1639.

Decanus und andere Doctores
der Juristen-Facultät allhie.

An
Burgermeister und Rath zu Stralsund.

Statutum, so vorigen Rechtlichen Bedencken nach, den 21ten Julii Anno 1639 verfasset und publiciret.

Auf gestellte reiffe Erwegung der zwischen denen Grund-Herren und Pensionarien bey jetzigen hochbetrübten Kriegs-Zeiten entstehenden weitläufftigen Streitigkeiten, und daraus erwachsenden grossen Schaden und Ungelegenheiten, wann nemlich die Pensionarii, durch ihre zum öfftern nur fürgebildete, weder in jure noch facto gegründete prætensiones, denen Proprietarien nicht alleine viel Unruhe, Unkosten und Verbitterungen, daneben denen Gerichten grosse Molestien verursachen, sondern deswegen in denen eingehabten Gütern, bey währendem verlängerten Rechts-Streit besitzen bleiben, damit unverantwortlich umgehen, wie einem getreuen Hauswirthe anstehet, nicht excoliren und begatten, ehe deterioriren als conserviren, wenig verbessern, keine Pensionen entrichten, alles gleichwohl zu sich ziehen, dem Grund-Herrn das seine gebührlich zu beobachten und aus der Ruin zu bringen, verhindern, nichts desto minder jährlich fast ein ansehnliches über alle zugefügte Hinderniß und Schaden von dem Grund-Herrn fordern dürffen, da diesem allen durch rechtliche Wege will begegnet werden, langwierigen Litispendentien erheben, und denselben was durch Urtheil für Recht ausgesprochen, durch Appellationes, Leuterationes, deductiones nullitatum und andere Ausflüchte zu mehrer Verlängerung der Sachen, und damit sie in fremden Gütern desto länger hausen mögen, sich widerlegen, ist hieraus augenscheinlich zu befinden gewesen, wie hierdurch gemeine Stadt, Kirchen, Hospitalien, Armen-Häuser und viele Privaten das ihrige eine geraume Zeit unverhinderter massen, entrathen müssen, ja besorglich, wohl

wohl endlich darum gebracht werden, die zum menschlichen Unterhalt höchstnöthige Agricultur behindert, und den gemeinen Besten viel turbationes und Unheil entstehen.

Demnach hat E. E. Rath, diesen Besorglichkeiten so viel thuenlich vorzubauen, mit gutem contento und Belieben der ehrlichen Alter- und Hundert-Männer nach vorhergepflogener Berathschlagung angeordnet und statuiret, daß hinfüro, wann zwischen denen Proprietarien und Pensionarien Streit vorfällt, und dabey disseits des juris retentionis man sich bis zu Austrag der Sachen anmasset, über die Prätension und Forderungen beyde Theile summarie und kürtzlich, iedoch gründlich sollen gehöret werden, was deswegen vorgebracht, erwogen, und darauf was recht und verantwortlich, verabscheidet werden.

Da sich aber die Pensionarii des Appellirens unterfangen würden, alsdann die Appellation auch in Fällen, da derselben zu deferiren für Recht erkannt würde, nur alleine effectum devolutivum, nicht aber suspensivum haben, sondern der Einhaber die Güter dem Grund-Herrn, oder wer dieselbe sonst verpensioniret, zu räumen schuldig seyn, oder paratissimam executionem leiden solle. Jedoch daß dagegen von Seiten der Proprietarien, worzu vermöge der Urtheil sie etwa schuldig, vollenkömmlich nach richterlicher Ermessung erstattet, und im übrigen auf den Fall, wann in appellationis instantia ein widriges geurtheilet, was alsdann zuerkannt, abzustatten, Bürg- oder unterpfändlich ihnen Caution bestellet würde. Welches gleichfalls, wann durch andere Remedia die Sententz impugniret, zu observiren und in acht zu haben ist.

Senatus.

Ein Urtheil,
Durch welches unterschiedene Fragen, so in vorigen Bedencken erörtert, dessen Inhalt nach decidiret werden.

Auf erhobene Klage, darauf erfolgete Antwort, und weiter Einbringen, in Sachen Gerwin Haserts Klägers an einem, Curd Bostenbostels sel. Erben Beklagten andern Theils, erkennen wir Bürgermeistere und Rath der Stadt Stralsund auf gehabten Rath der Rechtsgelahrten vor Recht, aus denen Acten allenthalben so viel zu befinden, daß Kläger die onera realia und contributiones, so er wegen des Guts Parow aufwenden müssen, sammt deme, was er nothwendig darein verbauet, eigentlichen zu specificiren, auch binnen Sächsischer Frist, wie zu Recht erheblich, zu erweisen, oder auf allen Fall eidlich zu erhalten schuldig, welche gesammte Auslage und Unkosten sodann beklagte Erben ihme zu erstatten, und weil er wegen Kriegs-Gewalt und Unsicherheit das Gut nicht also, wie es ihme eingethan und gelassen worden, gebrauchen können, eine Nachlassung der Pension, was dißfalls unparteyische verständige Schieds-Leute erkennen werden, gestalten Sachen nach zu thun verpflichtet. Ferner ist auch Kläger das Inventarium und was er bey Antretung dieses Pachtes empfangen, auszuantworten und zu erstatten schuldig, daran aber, was ihm mit Gewalt abgenommen, oder beklagte Erben allbereit empfangen,

und er vorher gnugsam beybringen, oder auf allen Fall vermittelst körperlichen Eides specificiren wird, nicht unbillig zu decurtiren, und abzuziehen, von Rechts wegen.

Daß dieses Urtheil denen Rechten und uns zugesandten Acten gemäß gesprochen, erkennen wir Ordinarius, Decanus, Senior und andere Doctores der Juristen-Facultät auf der Universität Jena, zu Urkunde - unsers hierunter gedruckten Insiegels, iedoch andern Rechts-Erfahrnen Meynungen ohnbegeben. Publicatum den 27 Jun. An. 1639.

(L. S.)

MEDITATIO XLIX.
De Colono Partiario occasione L. 25 § 6 ff. locati conducti.

§. I.
Und weil wir unsern Herren ausländischen Liebhabern bey unserer anweisenden theoretico-practischen Rechtsgelahrheit bewilliget, auch lateinische brauchbare Responsa hier und da mit einzuschalten; Als haben wir solches von den Herren Ausländern sowohl als einländischen Rechts-Gelehrten auch beym Dorff-Recht und dessen Zugehör versprochener massen allhier nützlich befolgen wollen.

§. II.
Positio I.
Colonus Partiarius in Jure nostro dicitur ille, cui prædii rustici usus pro certa fructuum ibi nascentium parte præstanda est concessus, l. 25 § 6 ff. locat. conduct. quique adeo quasi societatis jure & damnum & lucrum cum Domino fundi partitur. Plinius l. 9 Epist. 37 ibi: non nummo, sed partibus locem.

II. Qui itaque domino prædii operas ad agrum, vel vineam colendam ea lege promittit, et volle ihm den Acker, oder Weinberg bauen, ut dominus eidem partem det fructuum ibi nascentium, ille secundum Juris nostri analogiam proprie Colonus partiarius non est, sed dicitur Colonus conductitius arg. d. l.

III. Idem dicendum de eo, qui ex proprio fundo certam singulis annis præstare tenetur fructuum partem, vulgo; eine jährliche Landgarbe, licet enim hic a quibusdam Dd. vocetur Colonus partiarius, Lindenspur. ad Ord. Provinc. fol. 73 n. 30. Speidel. in Specul. voc. Boden-Zins, Wehner. Obs. Pract. voc. Wiederkäufliche Zins, attamen hoc fit invita Jurisprudentia nostra, arg. d. l. 25 § 6. Junct. l. 9 s. ff. l. 10 C. locat. l. 45 de R. J.

IV. Item, qui agrum in commune quærendis fructibus accepit Societatis contrahendæ animo, Socius est, sed non Colonus partiarius, vid. l. 25 § 2 ff. pro soc. ubi datus quidem est ager quærendis fructibus in commune, sed non ipse ager in commune. Osius Aurel. ad Merill. dispunct. 24 fere in fin.

V. Sic etiam cui pars fundi quoad proprietatem est communicata, ut totum fundum, etiam

etiam condomini partem colat, fructusque inter condominos dividantur, secundum usum juris nostri, partiarius quidem est, sed non colonus partiarius. arg. d. l. 25 § 6. vid. Joh. Otto Tab. de Jure Socid. cap. 2 num. 8.

VI. Tandem quoque Colonus partiarius non est, qui pro usu prædii rustici certam fructuum ibi nascentium quantitatem illius domino promisit, arg. d. L. 25 § 6 ff. loc. Tabor de Admodiat. membr. 1 cap. 5 n. 1. Mantica de tacit. & ambig. Convent. lib. 5 tit. 2 n. 28 & seqq.

VII. Colonus partiarius neque constituitur per locationem, arg. d. l. 25 § 6, l. 5 § 2 ff. de præscript. verb. l. 1 § 9 depos. Tabor de Admodiat. membr. 1 cap. 4 num. 3 & seq. maxime num. 11 & 25, neque per Societatem, arg. d. l. 25 § 6 locat. ibique Anton. Faber. Tabor de Jur. Socidæ cap. 4 num. 9. Farinac. Tom. 1 Dec. 15 Rot. Rom. 199 n. 14. Ludov. Posth. Resol. 70 n. 1 & 2. Sed per Contractum Innominatum, Pet. Pacion. d. loc. cond. c. 5 n. 21. Tabor de Admodiat. membr. 1 cap. 4 num. 25. Anton. Fab. ad d. l. 25 § 6 loc. vid. Wesenb. ff. locat. n. 4 in fin. qui tamen quædam participat de natura Societatis, d. l. 25 § 6 locat. sed plura de natura locationis, Farinac. & Posth. dd. ll. Bald. in l. certi Juris 5 C. locat. num. 8 in fin. ibid, imo naturam locationis conductionis sapit, Paul. Bus. ad l. 2 locat. Diss. Valasc. de Jur. Emph. quæst. 30 n. 3 ibi: sed magis accedit ad naturam societatis, & eam plerumque sequitur. Et Gothofred. ad d. l. 25 § 6 locati in fin.

VIII. Hinc si Colonus partiarius finito Contractus tempore in fundo accepto remansit, contractus in annum renovatus censetur, ut ab initio in triennium, auf ein Pflug-Recht, fuerit initus, arg. l. 13 § f. ff. locat. conduct. vid. Farinac. & Posth. dd. ll.

IX. Colonus partiarius est & manet talis, licet ad decennium, vel ultra fit constitutus & receptus, arg. l. 10 C. locat. Würtb. Landr. Part. 2 tit. 17 § Und sollen. Diss. Valasc. de Jure Emph. quæst. num. 3.

X. Colonus partiarius intra tempus definitum a contractu resilire non potest, alium tamen æque idoneum sub eadem lege substituere non prohibetur, arg. l. 6 C. l. 7 ff. locat. nisi specialiter Coloni partiarii industria sit electa, & hoc actum, ut ipse sua opera agrum colat, arg. L. 31 ff. de solut. Tabor de Admodiat. membr. 2 cap. 5 num. 1 inf.

XI. Colonus partiarius pro usu fundi interdum promittit dimidiam fructuum partem, unde etiam a quibusdam vocatur, Halbbauer, vid. Joh. Otto Tabor de Jure Socid. cap. 2 num 8, interdum vero tertiam, quartam vel aliam, Tabor de Admodiat. membr. 2 cap. 2 num. 1. vid. Os. Aurel. ad Merill. disp. 24 inf.

XII. Si vero Colonus noster pro usu fundi promisisset dimidiam fructuum partem, pro quo secundum communem peritorum æstimationem tantum quinta pars esset præstanda, recte eidem remedium, l. 2 C. de Rescind. Vend. concederetur.

XIII. Ob læsionem vero, quæ venit ex nimia anni sterilitate, vel hostium irruptione, vel simili casu, Colonus partiarius nec dicto remedio agere, nec promissi remissionem petere valet, l. 25 § 6 ff. locat. etsi omnes fructus medietatem expensarum non attingerent. Franc. Marc. part. 2 Dec. Delphin. 211 num 1.

Mantic. de tacit. & ambig. Convent. lib. 2 tit. 5 num. 34.

XIV. Fundum partiarium (vid. Joh. Otto Tabor de Jure Socid. cap. 7 n. 7) Colonus partiarius colere debet suis Instrumentis, sumptibus & expensis, adeo ut illorum nomine de fructibus nihil deducere, vel retinere possit. Mantic. de tacit. & ambig. Convent. lib. 5 tit. 2 num. 33. Joh. Bapt. Cost. de facti scient. & ignor. inspect. 33 n. 7. Franc. Marc. 1 Decis. 888 num. 12. Ant. Capyc. Decis. Neapol. 20 num. 14. Menoch. de Arbit. Jud. Cæs. 315 n. 2, Diss. Gars. de Expens. cap. 14 n. 23.

XV. Idem dicendum de semine, quod de suo accipere tenetur, nec de fructibus illud deducere potest Colonus partiarius, cap. 16 vers. cum enim Deus X. de Decim. arg. l. 15 § 2 & 7 ff. locat. cond. Joh. Bapt. Cost. d. l. Mant. d. tit. 2 num. 34. Marc. d. l. Diss. Valasc. de Jure Emphyt. quæst. 30 num. 9.

XVI. Debet etiam Colonus partiarius suis sumptibus fossas ad præsentis temporis utilitatem necessarias purgare. Petr. de Ubald. tr. de duob. frat. part. 6 n. 13. Felic. de Societ. cap. 27 n. 43. Menoch. de Arb. Jud. quæst. 215 num. 4. Carpan. ad Stat. Mediol. 2 cap. 381 n. 5, fructus pendentes, ne a feris depascantur, vel a furibus surripiantur, custodire. Menoch. arb. Jud. Cas. 215 n. 3. Carpan. in Stat. Mediol. 2 cap. 382 num. 5.

XVII. Expensas vero in rem perpetuæ utilitatis gratia b. f. factas, a Domino Jure repetit Colonus Partiarius, æque ac ille, qui nummis colit, vid. l. 55 § 1, l. pen. pr. ff. locat. cond. Menoch. d. cas. 215 n. 4. Molin. d. l. & l. tr. 2 Disp. 496 n, 6, idque sine distinctione inter modicas & magnas. Felic. de Societ. cap. 27 num. 44.

XVIII. Idem dicendum est de tributis & Collectis, quas pro fundo partiario concesso solvit. Finalis enim illarum præstatio non huic Colono incumbit, sed fundi Domino, sive concedenti, qui in effectu fructus fundi lucratur; arg. l. 38 & 39 de usufr. Junct. l. 13 de impens. in res dotal. fact. l. 2 C. de annon. & tribut. Ille vero partem illorum accipit tantum pro opera & expensis. Felic. d. cap. 27 n. 46 & seqq. Petr. de Ubald. de duob. fratr. part. 6 n. 14. Vincent. Carocc. tr. de locat. Conduct. Part. 4 quæst. 39 n. 6 & seqq. ubi hanc communem esse testatur. Diss. Gars. de Expens. cap. 14 num. 22.

XIX. Decimæ vero de utraque & Coloni & Domini portione sunt præstandæ, atque sic, antequam fructus inter illos dividantur, ab illis Decimæ solvendæ, cap. 24 & 26 X. de Decimis, Vincent. Carocc. locat. cond. part. 4 quæst. 39 num. 19. Valasc. de Jure Emphyt. quæst. 30 num. 15.

XX. Colonus partiarius fundum partiarium nec civiliter, nec naturaliter possidet, sed tantum detinet. Hector Felic. de Societat. cap. 27 n. 48 in fin. Unde ab alio ejus nomine conventus Dominum nominare debet, Aloys. Ricc. part. 6 Decis. Collect. 2446.

XXI. Neque in fructibus adhuc in fundo pendentibus Jus aliquod habet, arg. l. 61 § 8 de furt. Carpan. ad Statut. Mediolan. 2 cap. 383 num. 11, sed percipiendo demum illos suos facit, d. l. 61 § 8 de furt. ar. l. 60 § 5 ff. locat. § is vero ad quem l. d. Rer. divis.

XXII. Hinc si alius illos decerpserit & surripuerit, furti quidem actionem, arg. l. 26 § 1 ff. d. furt. l. 38 § 1, l. 85 d. t. l. 60 § 5 ff. locat. Tabor in Racemat.

mat. Crim. ad l. 14 § 2 ff. d. furt. fed non condictionem certi furtivam habet, arg. l. 60 § 5 l. 1 ff. de Condict. furt. Bartol. in l. 26 § 1 ff. de furt. Ludwell. ad § is vero l. d. R. D. in fin. Diff. Vinn. ad § is vero l. de R. D. in fin. arg. l. 26 § 1 de furt.

XXIII. Fructus autem immaturos colonus nofter partiarius colligere, Carpan. ad Statut. Mediol. 2 cap. 382 num. 17, & uvas aliis vendere prohibetur. Carpan. d. Comm. ad Stat. Mediol. 2 cap. 386 n. 1 & feqq. vid. l. 61 § 8 ff. de furt. Nec maturos feparare & colligere, antequam Domino hoc denunciaverit, poteft, Carpan. ad Statut. Mediolan. 2 cap. 382 n. 21 & feqq.

XXIV. Fructus ex fundo partiario perceptos colonus partiarius ftatim tempore collectionis partiri, Carpan. d. cap. 382 num. 20. vid. Wehner Obferv. Pract. voc. Wiederkäufliche Zins, & Domino fundi partem promiffam præftare, eandemque fecundum communem Dd. Sententiam in illo loco, ad ejusdem domum vel cuftodiam deferre tenetur, Sichard. in l. 19 C. de Ufur. n. 17. Petr. de Ubald. de duob. fratrib. part. 6 num. 15.

XXV. Partiarius Colonus regulariter præftat tantum levem in abftracto confideratam, fed non culpam leviffimam, multo minus damnum cafuale. arg. l. 5 § 2 ff. commod. l. 23 d. R. J. l. 9 § 3 l. 11 § 3 l. 13 § 1 & 8 ff. locat. Carpz. part. 2 Conft. 37 Def. 24. interdum ob rei qualitatem etiam ordinarie majorem præftare tenetur diligentiam. Sic vineæ cultura ob teneram vitium naturam exactiorem requirit curam, prout demonftrat Nicol. Myler. ab Ehrenbach in Metrolog. cap. 20 § 41 num. 1 & feqq. quam proinde etiam colonus nofter adhibere debet. Unde ipfum etiam, ob modicam ejus deteriorationem ante tempus finitum expelli poffe, docet laudatus Myler. d. cap. 20 § 42 num. 2. Et ita in fupremo Burgundiæ Parlamento judicatum ex Bouvoto refert.

XXVI. Competit autem Domino, five locatori (improprie ita dicto) ad debita confequenda actio præfcriptis verbis, Ant. Faber ad d. l. 25 § 6 ff. locat. & in rebus ipfo fciente in prædium partiarium illatis, fecundum communem & receptam fententiam etiam tacita hypotheca. Menoch. de acquir. poff. remed. 3 num. 83. Statil. Pacif. de interdict. Salvian. infpect. 3 cap. 5 n. 11. Merlin. de pign. lib. 2 quæft. 67 num. 35. Mantica de Tac. & Amb. Convent. lib. 11 tit. 15. Befold. ad Jus Provinc. Wurtenb. Difp. 2 thef. 83.

XXVII. Ipfo vero Colono partiario beneficium competentiæ de jure competit vel minime. vid. Mozz. de Contract. tit. de Societ. col. 4 num 24 & Hect. Felic. de Societ. cap. 31 num. 35.

XXVIII. Jus Coloni partiarii non eft perfonale, fed in ejusdem quoque heredes tranfit, arg. l. 10 C. de locat. Bald. in l. certi Jur. C. de locat. Conduct. n. 8. Ant. Fab. ad d. l. 25 § 6 ff. loc. cond. Far. tom. 1 Dec. Rot. Rom. 199. Honded. 1 Conf. 85 n. 16. Mant. de tac. & Amb. Conv. l. 6 t. 25 n. 30. Felic. de Societ. cap. 31 num. 6, ubi teftatur de obfervantia, Diffent. Bartol. & Gothofr. ad l. 25 § 6 locat.

XXIX. Nec ob propriam indigentiam locator colonum partiarium, aut ejus heredem, ante tempus expellere poteft. Sich. ad l. 3 C. de locat. cond. num. 6.

XXX. Succeffor fingularis regulariter Colono partiario, jure noftro, ftare non tenetur, fed eundem

Jurift. Oracul V Band.

expellere poteft, etiam ante tempus contractui adjectum; licet colonus eo anno fundum colere cœperit, & in eundem expenfas fecerit, arg. L 9 C. de loc. vid. Mantic. de tac. & ambig. convent. lib. 5 tit. 11, ubi aliæ quoque Dd. inveniuntur traditiones & fententiæ.

§. III.

Cum Petri Pacionii JCti Piftorienfis Tractatus de Locatione & Conductione, Genevæ 1689 Typis impreffus, non fit in omnium manibus, is vero part. 1 cap. 5 de Colonis Partiariis, deque Contractu, qui cum eis celebratur, notatu digna collegerit, operæ pretium duximus, ejus collectanea de hac materia quotidiana quidem, fed non vulgari, hifce pofitionibus verbotenus fubjicere, quæ a num. 11 ad fin. cap. fic fonant.

Sunt, qui agros colendos recipiunt pro certa fructuum rata, feu quota parte, & vocantur Coloni Partiarii, quia fructus dividunt. Sunt autem æque Coloni ac illi, qui nummis colunt, gloff. in d. l. fi apes ver. qui nummis. Menoch. adip. rem. 3 num. 84 & feqq. & fub nomine colonorum fimpliciter in lege, vel ftatuto, æque continentur, ut poft alios dicit Caroc. de hoc tit. de invectis, quæft. 2 num. 6, licet hoc effe de jure, fecus autem ex communi ufu loquendi, qui in ftatutis attendi debet, ex eo enim venire folos partiarios dicat. Mandell. conf. 138 num. 25, quia talis ufus loquendi effet probandus, juxta tradita per Mafcard. de Statut. inter. concl. 3 num. 49. Hond. conf. 5 n. 38 lib. 2. Magon. Decif. Lucen. 15 num. 23, nifi forte effet notorius, quia tunc fufficeret eum allegare. Mafcar. d. concl. 3 num. 51. Seraph. decif. 730 n. 5. Adden. de Gregor. dec. 257 num. 14 in fin. Verum non funt proprie conductores, non enim cum iis contrahitur locatio & conductio, quæ de fui natura, & pro fui effentia pecuniam requirit, ut dicit Rot. dec. 37 num. 13 part. 2 div. & dictum eft fupra cap. 1. fed potius funt Socii, ut habetur in l. fi merces 25 § vis major ff. locat. gloff. in Inftit. tit. de locat. verb. fi merces. Menoch. Confil. 489 num. 6 & feqq. Ex verbis tamen, quibus utitur I. C. in d. l. fi merces 25 § vis major ff. locat. ibi: quafi jure focietatis, aperte deprehenditur iftam non effe focietatem propriam, ponderando dictionem illam, quafi, quæ eft nota improprietatis, prout ponderant Bald. in l. 1 num. 6 C. pro focio. Odd. d. conf. 34 num. 13 & 14. Mantic. de tacit. lib. 6 tit. 1 num. 16. & Rot. cor. eo decif. 17 num. 8 & feqq. & in reo decif. 239 num. 10 part. 2. Et ratio etiam redditur, quia non cenfetur contrahi propria focietas, ubi non participatur Dominium alicujus rei, ut ex Socin. in l. fi pafcenda C. de pactis & aliis adductis firmat, Mandell. conf. 735 num. 7 & latius Felic. in Tractat. de focietat. cap. 9 num. 42, & Duard. eodem tractat. lib. 1 cap. quæft. 3 num. 6; hic autem nullius rei communicatur dominium, quia non fiunt ifti coloni fundorum domini, imo nec illos poffident, Bero. conf. 173 n. 68 l. 1. Staiban. refol. 149 n. 48, nec Dominus fundi fit Dominus feminis, ut dicam infra. At negari non poteft, quin participet de focietate faltem quoad lucrum, & damnum, cum utrumque fit commune inter Dominum, & colonum, ut eft text. expreffus in l. fi merces 25 § vis major ad fin. ff. locat. fed in reliquis cum fit contractus innominatus, ut docet Bart. in l. fi apes 26 § item conftat, n. 1 ver. quandoque eft colonus ff. de furt. Jaf. in §

Y y   item

item Servianæ num. 17 Inst. tit. de action. Mandell. d. consl. 735 n. 6, & assimiletur potius locationi, regulandus erit secundum locationis naturam, ad text. in l. § 1 si quis servum ff. depositi, Petr. d. Ubald. de duob. fratr. part. 11 n. 32; unde dicendum hunc contractum esse quandam societatem velatam sub contractu locationis inclusam, prout dicit Bal. in l. certi juris 5 n. 8 versl. sed respondeo C. locat. quem sequitur Rota decisl. 199 num. 14 prope finem part. 1 rec. & cor. Mantic. decisl. 17 num. 11 & licet Bal. ibi in meo Codice dicat, non ideo sapere naturam locationis, & ita etiam supponit eam dicere contrariam, nempe, quod propterea sapit naturam locationis; & ita etiam supponit eum dicere, Petr. de Ubald. de duob. fratr. part. 11 n. 60 prope fin. & ista lectura magis convenit sensui Baldi, unde crediderim meum codicem esse mendosum. Et sequendo Baldum in eo sensu, in quo eum sequitur Rot. & Petr. de Ubald. ex ejus doctrina infertur, quod iste contractus sapiat de natura societatis, ac etiam de natura locationis, & dum societas est velata, & sub contractu locationis inclusa, magis late patebit in eo locatio, & strictior erit societas, unde generaliter loquendo regulandus erit cum regulis societatis ei convenientibus. Et quod regulari debeat cum regulis societatis in prædictis, quæ habentur in jure expressa in d. § vis major, nempe quoad damnum & lucrum, in reliquis vero omnibus generaliter regulari debet, cum regulis locationis & conductionis, tradunt, Fabian. de Monte de Empt. & vend. quæst. 2 n. '29. Sfort. Oddus consl. 34 n. 15. sed alii non ita stringunt effectum societatis, sed illum latius extendunt, & omnes regulas societatis applicabiles applicant, ut videre est signanter penes Bursat. consl. 330 n. 45 & plur. seqq. cum plenissime ibi cumulatis. Standum autem erit regulis locationis eo magis, si partes usæ sint locationis, & conductionis nomine, & eo contractum denominaverint, quia inde deprehenditur eas voluisse locationis regulis se submittere, prout consideravit, Rot. decisl. 37 n. 14 part. 2. Quo igitur ad locationem, scilicet quoad ea in quibus iste contractus participat de locatione, dicam suis locis. Societas vero in eo continetur, quia Dominus ponit terras, & colonus ponit operas suas in quærendis fructibus, qui sunt communes. Bart. in dict. l 1 si merces § vis major num. 3. Federic. de Sen. consl. 110 num. 1. Imo colonus non solum ponit operas suas, sed etiam instrumenta, & facit omnes expensas necessarias, etiam seminis, ut notatur in C. tua nobis de decim. Signanter per Abbatem n. 3. Natta consl. 243 n. 3. Sard. qui alios late refert decisl. 201 n. 3. Unde infertur quod licet regulariter fructus dicantur illi, qui supersunt deductis expensis l. fructus 7 ff. sol. matr. l. fundus 52 ff. famil. hercisc. tamen non ita intelligi debent in hoc proposito, quia colonus dividere debet fructus omnes absque deductione expensarum; nam alias non esset verum, quod facere illas deberet de suo, Castan. in l. si a Domino § fin. n. 3 ff. de petit. heredit. Tiraquell. de retract lign. § 15 glossl. 1 n. 19 & seqq. Franc. Marc. decisl. 211 n. 6 part. Gig. consl. 134 n. 19. & aliis adductis plene firmat Mantic. de tacit. lib. 5 tit. 2 num. 33 & 34 & Bursat. consl. 330 n. 50. Nec obstat, quod contrarium mordicus defendere conetur, Gartz. de expensl. cap. 1 num. 22 & cap. 14 num. 23, quia insistit in dicta regula, quod fructus dicantur, qui supersunt deductis expensis, quæ vero patitur limitationem in casu isto,

ut tradunt communiter Doctores præcitati, & patitur etiam limitationem, ut non procedat, quando nomen fructuum pronunciatur lingua vulgari, & sic inter idiotas prout solent esse, ut plurimum, coloni partiarii, quia tunc non intelliguntur fructus deductis expensis, secundum Rim. Sen. consl. 211 n. 11 & 15. Tiraquell. de retract. lignag. § 15 gl. 1 n. 22. ac etiam magis generaliter ubicunque profertur ab homine ex causa onerosa, ut post Bald. & alios antiquiores in d. l. fructus ff. sol. matr. & in l. 1 C. de fruct. & lit. expensl. tradit. Sim. Sen. d. consl. 211 n. 9, ubi responder contrariis. Ruin. consl. 61 n. 7 l. 1. Accedat ratio, quia cum omnis fructus jure soli percipiatur, non seminis, ut dicit text. in l. quis scit 25 ff. de usur. inde sequitur, ut fructus proprie sumpti, id est expensis deductis, spectent ad dominum, ita ut pars illa, quæ datur colono, sit pro laboribus, & expensis, quæ in ea detrahuntur, & non possit dici proprie fructus, sed improprie, ut firmat Osasch. dec. 83 num. 7, ubi propterea infert, non posse colonum pro ea collectari. At hoc regulariter, & de Jure, quando præsertim ipse colonus consequitur dimidiam fructuum, tunc enim tenetur ad omnes expensas de suo, dec. 359 n. 3 art. 2 & dec. 571 n. 13 part. 3 recent. Paitel. annot. 54 n. 22, sed ex consuetudine, vel conventione potest obtinere, Abbas in dict. cap. tuo nobis n. 3 ad fin. de decim. Cotta in memor. ver. colonus in fin. ver. nisi tamen consuetudo, Rota decisl. 266 num. 3 part. 7 rec.

Et quidem contrahi solet diversimode pro diversa qualitate agrorum, si enim sunt magis fertiles, solent fieri pacta magis utilia Domino, si vero sint minus fertiles, pacta fiunt utiliora colono, unde est, quod dominus regulariter ponit pro capitali societatis terram, & pascua, & domos ibi positas, quandoque etiam aliquid plus, videlicet boves, vel ●rum dimidiam, colonus vero ponit pro capitali instrumenta laboritii, & laborem suum, quæ instrumenta sunt boves, ligones, semen, & fimum regulariter; Ex conventione vero quandoque aliquid amplius, quandoque minus, ut tradit Sfort. Odd. consl. 34 num. 8. Quandoque etiam colonus pro expensis detrahit semen solum, & non aliud, ut dixit Rota in una Firmana, seu Maceraten. Dotis 24 Januar. 1618 coram Pirovano. Fructus vero dividendi erunt omnes æqualiter, si aliter non sit conventum, prout de jure est in societate, l. si non fuerit 19 in princ. ff. pro socio, & in nostris terminis tradit Joh. Ludov. decisl. Perusl. 14 n. 8, sed quandoque unus non percipit dimidiam sed tertiam, vel quintam, & semper, dummodo divisio fiat hoc modo per quotam, dicitur Colonus partiarius. Garz. de Expensl. cap. 14 num. 21. Et inter fructus computatur etiam palea, l. si usufructuarius messem ff. quib. mod. Natta consl. 31 n. 19, quæ propterea æqualiter dividenda erit, Ludov. dec. Perusl. 14 num. 9, sed in hoc quoque intrat prædicta limitatio, videlicet nisi pacta, vel consuetudo circa ipsam paleam aliud ferant, ut tradit Petr. de Ubald. de duob. fratr. part. 11 n. 62. Et licet aliqui etiam limitent, nisi colonus projecerit fimum, seu letamen in agros, volens eum retinere, debere sibi paleas in totum, tamen eorum opinio latissime reprobatur per eundem Petr. de Ubald. d. part. 11 n. 64, per undecim rationes late deductas, penes eum videndas, si casus occurrat; et licet videretur,

quod

quod ubi colonia fuiffet contracta ad plures annos, & in primo Colonus non habuiffet paleas, sed de suo aluiffet animalia, & fimum projeciffet, seu stercoraffet, æquitas vellet, ut anno ultimo paleas fibi totaliter retineret, quod etiam servari dixit Petr. de Ubald. in d. part. 11 sub n. 39, quem ibi (ni fallor) sequitur Caroc. tit. de paleis n. 4, tamen æquitas confiderata ceffat, ubicunque evenit, quod tot annorum dimidiam fuam partem paleæ habuerit, quod fimum projecerit absque eo, quod velit in uno etiam partem Domino tangentem: Quoniam vero, ut dictum est, Colonus percipit dimidiam, vel aliam quotam fructuum ratione laborum & expensarum, quas facit, datur intelligi, quod eorum tantum fructuum partem prædictam habere debeat, qui per culturam, & curam nascuntur, & industriales nuncupantur, non item eorum, qui sunt naturales, uti sunt fructus arborum, & arbores ipsæ, ad text. in l. fructus 45 ff. de usur. & quoad arbores vi ventorum & fluminis dejectas, aut aliter deficcatas probat text. in l. divortio 8 § fi fundum ad fin. ff. sol. matr. qui loquitur in marito, & fic in fortioribus, quia maritus majus jus habet in fructibus fundi dotalis, quàm colonus, ut advertit in proposito Garz. de expenf. cap. 14 n. 25 verf. quartum, quidquid in oppositum, videlicet, quod colonus non teneatur dare partem dictarum arborum Domino, dicat Caroc. de locat. part. 5 tit. de fidejuff. quæst. 8 n. 3. quem refert, & sequitur Marin. var. resol. lib. 1 cap. 259 n. 5. nam citat Dd. hoc non dicentes, & signanter Ang. in d. l. divortio ff. sol. matr. § in servo quoque, qui loquitur in usufructuario & dicit arbores deficcatas ad eum non pertinere, sed ad Dominum, fi nec germinales, nec sui natura cæduæ erant. Dubitari tamen potest circa id quod dictum est, damnum in dicto contractu esse debere commune per text. in l. fi merces § vis major ff. locat. an procedat non folum, quoad damnum eveniens in fructibus communibus, sed etiam fi quod accidat in iis, quæ communicari non debent, sed spectare totaliter ad colonum ex conventione, veluti fœnum, & videbatur dicendum, quod fic: per text. præfatum, ac per l. cum duobus 12 § quidam fagariam ff. pro foc. ubi; quod fi focius amiferit res penitus fuas, quas tamen habebat fecum ratione focietatis, damnum esse debet commune cum focio, Verum contrarium in dicto cafu confuluit Mandel. conf. 735, cui subscribit alias incertus Autor, & respondet ad d. § vis major, quod dicit debere esse commune lucrum, & ideo non applicatur, & ad § quidam fagariam, quod procedit, quia focius habebat illam rem pro servitio focietatis ad communem utilitatem, fecus autem erat in cafu fuo, quia colonus fœnum repofuerat ad commoditatem propriam tantum, prout videre est penes eum. Et fortius, quod fi eveniat damnum in femine pofito a colono, quod damnum fit ipfius tantum, & fi eveniat damnum in pascuis a Domino pofitis in focietate, damnum fit Domini tantum, voluit Odd. d. conf. 34 n. 23 verf. & quod non poffit, & reddit rationem, quia non intelliguntur communicata ista capitalia nifi quoad fructus inde nascituros, quæ tamen ratio convincitur insufficiens, quia ad hoc ut damnum fit commune cum focio, non est necesse rem, in qua damnum accidit, fuisse communicatam, sed fatis est, quod unus ex fociis illam penes fe haberet ad effe-

ctum ea utendi ad communem utilitatem, ut est text. clarus in d. l. cum duobus § quidam fagariam ff. pro foc. ubi expreffe habetur, quod unus ex fociis fuam pecuniam, & res proprias perdidit, & tamen, quia ea non tuliffet, nifi ad merces communi homine comparandas profifceretur, secundum Juliani fententiam damnum debet esse commune. Verum inde inferri poffet ad cafum damni illati per Latrones, de quo loquitur textus præfatus, vel fimilem, non autem fi femen feminatum non germinavit, quia quatenus poffit dici inde sequi damnum colono, fequitur etiam æque domino fundi, qui æqualiter de germine participare debebat, & propterea nil reficere debet. ut in fpecie firmat Sperel. dec. 41 n. 59, & quod fi minus colligat, quam feminaverit, adhuc de eo, quod colligit, debeat partem fuam Domino præstare, Mantic. de tacit. lib. 5 tit. 2 num. 32.

Si autem colonus mutuo receperit frumentum ad feminandum, an poffit is, qui dedit, agere etiam contra dominum, quafi colonus receperit in caufam focietatis, & proinde confocium quoque obligaverit juxta naturam focietatis, de qua per Bald. conf. 263 n. 3 lib. 5. Parif. conf. 93 num. 2 seq. lib. 1. Ofafch. dec. 150. num. 7. Merlin. dec. 606 num. 5. Non posse dicendum est, prout fuit in fpecie decifum in Rota Maceraten. penes Thomat. dec. 270 per tot. quia dum colonus ponere debet femen de fuo, fi recipit mutuo frumentum, ut fatisfaciat huic propriæ obligationi, dicitur recipere in caufam propriam, non autem in caufam focietatis, prout requiritur, ut focius obliget confocium, Surd. dec. 153. n. 16. Gregor. dec. 366 n. 1. Cavaler. dec. 38 n. 4. Rota dec. 264 n. 25 & 26, post Zacc. de oblig. can. Et in fimili de recipiente pecuniam nomine proprio, & ponente eam in Banco communi; quod non obliget focios Banci Rota dec. 66 num. 7, post Mangil. de fubhast. Imo in proposito feminis colonus partiarius illud non folum ponit de fuo, sed etiam fuum remanet, ita ut fi Dominus vendat omne jus, quod habet in terris fatis, non veniat aliquod jus in toto femine per colonum partiarium feminato, ut late confulit Odd. in d. conf. 34 per tot. quod & fortius procedit, etiam Dominus triticum pro femine colono mutuaffet, quia non propterea jus in illo femine haberet, quod dici poffet de juribus, & pertinentiis fundi, sed haberet creditum mutui nil commune habens cum fundo, adeo ut fi forte legaret fundum cum juribus & pertinentiis quibuscunque, remaneret heredi creditum, non autem pertineret ad legatarium, ut confuluit Natta conf. 243 per tot. & fequitur Gratian. difc. 126 num. 4 & 5 & Surd. dec. 201 n. 3 ad fin. ubi addit, pro hoc facere Roland. conf. 54 num. 31 lib. 5, ubi renunciatio maffaritio dicit non venire femina maffariis mutuata. Hactenus verba Pacioni.

§. IV.

Circa hanc materiam quoque notandum venit, quod a Colonis Partiariis distent conducitii, fic dicti, quando loco mercedis pecunia quoque non est constituta, sed in fundi locatione conventum est. ut certa pars frumenti, ein Gewiffes an Gerften, Korn, Weitzen ꝛc. infra vel supra medietatem fructuum præstari debeat, qualis conventio ad contractus innominatos refertur. Struv. Diff. de Admodiatione Th. 5.

§. V.

§. V.

Diſtinctam quoque naturam tam à locatione, quam ab Emphyteuſi habet Contractus Afflictus, quando nimirum pro parte fructuum exigua alicujus rei uſusfructûs impenſis & periculo conducentis per averſionem alicui ita conceditur, ut utrique poſſeſſio & jus percipiendi debitam fructuum partem ſibi ex contractu competat. De qua ſpecie conventionis videri poteſt D. Chriſtiani Friderici Jani Tractatio Juridica de afflictu, quæ Dresdæ prodiit Anno 1678.

§. VI.

Similiter quamvis modernus contractus admodiationis, ſic dictus a Gallico Admodier, maximam cum contractu locationis conductionis habeat affinitatem, in tantum ut conſenſus, merx & uſus rei, quæ in locatione conductione eſſentiam conſtituunt, in contractu quoque admodiationis eſſentialia ſint, ita ut horum uno deficiente admodiationis quoque deficiat contractus. Differt tamen Admodiatio a locatione conductione objecto ſive re locanda; Admodiare enim proprie nihil aliud eſt, quam uſum & fructum alicujus Provinciæ, vel Præfecturæ pro certa mercede pecuniaria concedere, l. 14 l. 32 §. 1 locat. vel ut explicat hunc contractum. Struv. Jpr. For. lib. 3 T. 12 §. 6. Admodiatio eſt contractus, quo reditus alicujus Provinciæ, vel Præfecturæ æſtimantur & conductori percipiendi conceduntur, certa mercede vel penſione conſtituta, quod etiam locarium dici ſolet. Vinc. Caroc. d. locat. p. 1 quæſt. 12 num. 12, 13. Vulgo: Wann ein Herr ſeinem Amtmanne das Einkommen eines gewiſſen Diſtricts oder Amts um eine gewiſſe Summe Geldes admodiret oder verarrendiret. Conferatur Chriſt. Beſold. Theſaur. Pract. cum not. Dietherr. vocab. Admodiren. P. Gregor. L. 4 cap. 5 num. 27 & L. 9 cap. 1 d. Republ. Reditus vero quæ in contractum admodiationis venire poſſunt vel non, late explicat Struv. in Diſſ. d. Admodiatione Jenæ A. 1692 habita, & Amelung. in Tr. de rei Dominicæ locatione conductione, vulgo von Verpachtung Herrſchafftlicher Intraden.

§. VII.

Tandem illuſtrat hanc materiam ſequens Reſponſum notabile Facultatis Juridicæ Jenenſis Menſ. Aug. 1613. An den Amtmann zu Schloß Vippach ertheilet, his verbis: Als ihr uns berichtet, welcher Geſtalt wegen jüngſt beſchehener Einquartierung auf dem Hauſe Schloß Vippach, ſo dem Rathe zu Erffurt euren Herren zuſtändig, und ihr Pachtweiſe innen habt, wöchentlich viel aufgegangen, alſo, daß über das Geträncke, ſo gedachter Rath aus der Stadt und das Vieh und Futterung, ſo die Amts-Unterthanen zugeführet, auch euter Herren auf dem Boden gelegenes Zins-Getraide verbacken und verfüttert, und euch von dem eurigen an Wein, Bier, Vieh und dergleichen Vorrath noch über 15000 Rthl. werth aufgegangen und mitgenommen worden, alles nach eurem Bericht mit mehren. Wann ihr denn, weme ſolcher entſtandener Schade zugewachſen, unſern B. gebeten, demn. Sp. w. v. r. Weil ihr über gedachtes Haus und Gut nur ein Pachtmann, ſo iſt der Rath zu Erffurt als Verpachter und Eigenthums-Herr, auf welche mit der Einquartierung geſehen geweſen, nicht alleine den

Schaden, wegen des verbackenen und verfütterten Getraides, über das zugeſchickte Geträncke, allein zu trägen, ſondern auch noch wegen des durch dieſe Gottes-Gewalt, welcher ihr zu widerſtehen, nicht vermöchtet, erlittenen Verluſt an denjenigen Sachen, Früchten und Einkommen, davon ihr euer Pachtgeld ſonſten gewöhnlich zu heben, zu nehmen und abzuſtatten pfleget, ſo ferne ſolcher Verluſt groß und übermäßig, etwas am Pacht- und Miethgelde nach und ſchwinden zu laſſen ſchuldig. Was euch aber an euren Proper-Gut, nicht an Früchten, ohne einige des Raths Schuld aufgegangen und mitgenommen worden, ſeyd ihr als deſſen Eigenthums-Herr, welchen der Nutz und Schade denen Rechten nach allein zuwächſt, von dem Rathe zu fodern, keinesweges berechtiget, V. R. W.

MEDITATIO L.

De Conductore expellendo ante finitam locationem, ſive commentatio legalis ad L. 3 & 9 C. de Locat. conduct. & c. 3 ſ verum X. eod.

Theſis I.

Locatio Conductio quam neceſſaria ſit humanæ ſocietati ad explendam ejus indigentiam & utilitates, non modo inde planum eſt, quod naturalis dicatur & omnium gentium contractus, l. 1 D. Locat. uſu exigente & humanis neceſſitatibus ab iisdem introductus §. 2 I. N. G. & C. l. 5 de I. & l. verum etiam ſummam illius neceſſitatem ſatis arguit, quod cum Emptione Venditione pari, quod ajunt, paſſu ambulet, ſive teſte Gajo JCto l. 2 D. h. ſimillima & proxima ſit, pretio penſioni & rei dominio utendi facultati congrue reſpondente, Grotius de Jure Belli & Pacis libr. 2 cap. 12 n. 18; unde quemadmodum ſine permutatione, indeque originem ducente Emptione Venditione ſocietas diu ſalva & incolumis eſſe non poteſt, Ariſtot. libr. 1 Polit. cap. 6, 5 Ethic. cap. 5. cum plerumque eveniat, ut alteri ſuppetat, quod alteri deeſt, l. 1 pr. de trah. Empt. Ita quoque bene conſiſtere eadem ſocietas neſciret, ſi mortales uſum rerum ſuarum ſibi invicem non poſſent interveniente pretio concedere. Innumeri ſiquidem exiſtere poſſunt caſus, quibus proprietatem ſive dominium transferre ipſi domino non eſt in tegrum, interdum etiam conditio ejus, qui rei alicujus uſu indiget, non fert, ut eandem emat & propriam ſibi faciat. Solent itaque tum paciſci contrahentes, ut uſus rei, non dominium pro certa mercede annua transferatur, qualis conventio Locatio Conductio Labeoni dicitur l. 80 §. f. D. de contrah. Empt. Adde l. 39 D. locati.

II. Summam hujus contractus utilitatem animadvertentes JCti Romani exquiſite eundem & tantum non infinitis recenſitis caſibus pertractarunt, uti & in conſtitutionum libris Imperatores partibus ſuis ſic ſatis fuere defuncti, reſcriptis plurimis ſalubriter de hac conventione emiſſis. Quæ inter cum eximium ſit illud, quod Antonini eſt in l. 3 & 9 C. Locat. ejuſque praxis frequentiſſima; placuit illas conſtitutiones, una cum c. 3 §. verum X. Locat. & aliis ejusdem argumenti textibus diſputatione aliqua propoſita pro ingenii viribus exponere.

III.*

III. Æde, inquit Imperator, quam te conductam habere dicis, si pensionem domino in solidum solvisti, invitum te expelli non oportet, nisi propriis usibus dominus eam necessariam esse probaverit; aut corrigere domum maluerit, aut tu male in re locata versatus es. Pontifex Gregorius Nonus in c. 3 X. de Locat. conduct. egregie more suo hic Juris Civilis scrinia compilavit, aliis saltem verbis, ne fraus appareat, easdem exceptiones ita proponens: Verum invito inquilino domum inhabitare vel reficere poteris, si necessitas (quæ tamen non imminebat locationis tempore) id exposcat: remissa sibi pro residuo temporis pensione: qui etiam inde rationaliter amovetur, si perverse ibi fuerit conversatus, vel cum canonem per biennium non solvisset, sibi satisfactione celeri non providit.

IV. Nos prius & inprimis circa dictam l. 3 erimus occupati, quæ Imperatore ipso dispescente duabus absolvitur partibus: regula sc. & ejusdem regulæ exceptionibus: quarum licet tres saltem hic exprimantur, quarta tamen haud difficulter ex ipsa regula potest elici, uti deinceps commodiori loco deducam, imo præter has & quintam dari posse ex legibus ibo probatum.

V. Eo ipso vero, quando Imperator Regulam ponit, eique suas exceptiones subjungit, in naturam legum videtur respexisse, quæ ex se & sui natura de iis sunt, quæ ἐπὶ τὸ πλεῖσον eveniunt l. 3, 4, 5, 6 D. de Legib. & generaliter, non in singulos casus constituuntur l. 8 D. eod. Licet enim omnis lex, quæ quidem recte lata est, Universalis esse debeat, monitore Aristotele 5 Ethic. cap. 10, ut plurimum tamen ejusmodi Universalia propunciata fieri non possunt; Polit. c. 7 verbis: quod non facile sit factu ut universe dicatur de omnibus. Non possunt omnes articuli singulatim legibus aut Senatusconsultis comprehendi, inquit Ulpianus l. 12 D. de Legib. In quibus igitur, verba sunt Arist. 5 Ethic. c. 10, necesse est dicere in universum, & recte id non potest, id quod plerumque sit, accipit lex, non ignorans peccatum, & nihilominus recto modo se habet. Peccatum enim non in lege est, neque in Legislatore, sed in rei natura, rerum enim agendarum materia ejusmodi est. Ex quibus Philosophi verbis apparet, quod ipsa rei natura non admittat, ut lex ita feratur, quo verum ἁπλῶς κ̀ κατὰ πᾶν continet. Cum igitur, pergit ibidem Aristoteles, lex in universum loquitur, & accidit in his aliquid præter Universale, tunc recte se habet, qua parte omisit aliquid Legislator & peccavit simpliciter loquens, corrigere quod prætermissum est, quod etiam Legislator sic diceret, si præsens adesset & si scivisset, lege cavisset. Quod si ergo lex ita Universaliter lata est, & aliquid eveniat, de quo ita generaliter loqui Legislator non potuit, quod forte æquitas repugnet, quæ correctio est legis, qua parte deficit universaliter loquendo, Arist. d. l. boni interpretis est, corrigere quod ita prætermissum est, qualem interpretationem ab ipsomet Imperatore factam ex lege hac tertia ad sensum patet.

VI. Autorem illa habet, uti ex Inscriptione videre est, Imperatorem Antoninum, Marcum sc. Antoninum Philosophum, qui patre Antonino Pio defuncto Lucium Antoninum Verum moribus dissimillimum, seculo post Servatorem natum II, socium

imperii sibi sumens divisum cum eo Imperium habuit. Philosophus denominatus est a vehementi illa animi ad laudatarum artium procreatricem Philosophiam applicatione; nec Imperatoriam Majestatem, quam jam adeptus erat, obesse sibi ratus est, quo minus Apollonium & Hermogenem Rhetorem discendi causa viseret; imo rebus orientalibus compositis ad omnium gentium utilitatem Athenis omnis doctrinæ Professores annua conduxit mercede; Platonem imitatus, qui tum demum beatas fore Respublicas credidit, si vel docti eas regerent; vel Imperantes omnem operam ad capessendum ingenii cultum impenderent. Hunc tantum Principem lex nostra habet Autorem, & licet nomen integrum inscriptio non contineat, tamen in jure Romano sub nomine Antonini absolute ita positi hic, quem dixi, Imperator venire solet.

VII. Profecta itaque hæc constitutio ab ejusmodi Legislatore est, cui soli leges cedere concessum est, l. fin. C. de Legibus, quive propter τὸ κύριον summa Majestate, Juris condendi potestate, quæque ad hanc maxime requiritur, vi coactiva summe fuit conspicuus. Impertita ei tum temporis fuit per modum rescripti conductrici Callimorphoniæ, precibus exhibitis Imperatorem consulenti, an convento tempore locationis conductionis nondum elapso, Locator a contractu ipsa invita resilire, & ex æde conducta eam expellere queat. Quid ad talem mulieris consultationem imperator rescripserit, hac l. 3 continetur. Notum siquidem tum ex historicis est, tum ex § 6 I. de I. N. G. & C. constit. Justiniani de novo Cod. faciendo § 2, Constitut. de Justin. Cod. conf. § 3, quod Imperatores non generales modo constitutiones motu proprio emiserint, verum etiam speciales, quando sc. de Jure consulentibus per rescripta respondebant, supplicationibus & precibus illorum inducti. Quæ rescripta licet certis personis tantum sint impertita, nihilominus tamen vim habuerunt obligandi generalem, tum per autoritatem Justiniani Imperat. dd. Constitut. rum ratione objecti, cum sint de jure quod omnes concernit, modo rescripta talia sint de Jure Universali, tum enim, quod ita per Epistolam decisum recte extenditur ad alios, in quibus eadem Juris ratio. Secus vero, si contineant Jus singulare sive privilegium, § 6 I. de I. N. G. & C.

VIII. In Germania hodie huic constitutioni autoritas sua constat, ubi recepta, non modo si una cum toto jure Romano sit recepta, atque ita ex conventione valeat; verum etiam quod principiis rectæ rationis & communi gentium consensu comprobatis apprime conveniat, uti in subsequentibus prolixius paulo disseram. Et quia hæc quæstio, a Callimorphonia mota, status est judicialis; cum hoc quærere voluerit, an ex æde conducta ante tempus conventum jure expelli queat? hinc aliæ etiam fundamenta longe certissima statim sese offerunt, ex quibus quæsitum est; ratione circumstantiarum, quamvis ex diversis diversorum principiorum generibus, Justum esse vel Injustum pronunciatur.

IX. Regula itaque ex principio Constitutionis hæc formari poterit: Æde conducta ante tempus conventum Conductorem invitum expellere non oportet. Agitur hic 1 de æde, 2 de ejus conductore, & 3 de expulsione invita: quæ omnia cum requirant præmitten-

danti

dam ambiguitatis & obscuritatis expositionem, imprimis huc veniunt memoranda.

X. Ædes apud bonos Autores non uno modo accipitur. In singulari numero absolute positum vocabulum templum vel sacrarium denotare solet. Cic. Philippica 1: Ex eo die quo in ædem telluris convocati sumus. Interdum tamen pro ædificio profano hoc numero accipitur, quamvis non adeo frequenter, ita Curtius: Excubabant Principum liberi servatis noctium vicibus proximi foribus ædis, in qua Rex acquiescebat, Idem: Stabat ad fores ædis in qua Rex vescebatur. Plurali huius numero quodvis domicilium denotatur, sacrum tamen nonnisi cum adjectione, veluti ædes sacræ §8 I. de R. D. Quicquid hujus sit, ædes hic significat ædificium, quod habitationi accommodatum est, & locationem conductionem recipit. Licet enim hic in singulari numero reperiatur positum, sacrarium tamen intelligere velle absurdum esset, cum eiusmodi loca commercio humano sint exempta, §5 & 8 I. d. R. D. de hac vero æde prædicetur, quo ipso apparet ædificium aliquod profanum fuisse, cum talia sint subjecta, qualia permittantur a suis prædicatis.

XI. Conductor dicitur vel late, & denotat quemvis accipientem rem aliquam ad usum, etiam quæ utendo consumatur, si mutuatarius, Emphyteuta possunt dici conductores. arg. l. 33 pr. D. de usuris. Nov. 160 pr. § Inst. de Locat. Conduct. In strictiori significatu conductor is dicitur, qui rem utendam accipit & præstat inde mercedem, l. 19 § 3 l. 24 §1 ff. Locat. eandemque numero finito usu restituit, l. 48 §1 ff. h. l. 25 l. 34 C. & § pen. Inst. eod. sine ulla dominii aut proprietatis exceptione d. l. 25 C. Locat. Germanice dicitur Miether, Pachtmann. Locator eodem modo sumitur 1) Late, pro quovis concedente rem ad usum. 2) Stricte denotat eum, qui rem utendam dat pro certa mercede pecuniaria. Et usurpantur ita hæ voces in locatione rerum; in operarum enim locationibus alius est eorundem usus, qui circa rerum locationem occupatus non magnopere videtur esse attendendus, videatur Hahn. in observ. Theor. Practicis ad tit. Locati pr. Frantzkius Comm. ad D. eod. tit. n. 81. Henricus Zœsius ib. n. 1.

XII. Denominantur autem ita Locator & Conductor a locatione conductione, quæ & ipsa accipitur improprie pro quavis rei concessione ad usum, etiam quæ utendo consumitur, & sic mutuum, Emphyteusin, contractum libellarium sub sese comprehendit. Proprie vero denotat solius usus pro certa mercede pecuniaria concessionem. Hahn. obs. d. t. n. 3. Vinc. Caroc. de loc. cond. p. m. 36. ubi triplicem facit Locationis conductionis acceptionem. 1) Latissimam, quæ comprehendit superficiem, censum, Emphyteusin & similes contractus, quam significationem ex praxi sibi cognitam asserit Autor, cum in instrumentis de eiusmodi negotiis confectis locationis vocabulum fuerit contentum. 2) Impropria vero, quando scilicet pensio non consistit in pecunia numerata, sed in aliis rebus fungibilibus, frumento puta, vino, oleo &c.

3) Propriam, quæ pecunia numerata interveniente constituitur; In qua ultima acceptione definitur Locatio Conductio, quod sit contractus Juris Gentium, consensu initus, quo usus rei fruendus conceditur pro certa mercede pecuniaria, l. 5 D. de I. & I. §2 I. de I. N. G. & C. § unico I. de Obligat. ex Consensu, l. 2 de oblig. & action. pr. Inst. de Locat. & Cond. l. 2 D. eod. Jungatur Hahn. obs. h. t. n. 3. & Franzkius n. 9, 10 & seq. ubi prolixe definitionem hanc explicat, quo lectorem remittimus.

XIII. Antecedens ergo eius res est; frustra siquidem consentirent inter se partes, & frustra constituerent mercedem, nisi adsit res, super qua consentiant, & pretium statuant, quare necessario adesse debet res locanda, & ad conventum tempus usus gratia tradenda, sub qua tamen persona quoque intelligitur, quatenus usus hic ex re provenit, consensu interveniente.

XIV. Res vero eiusmodi sunt omnes, quæ in commercio & usu humano esse possunt, sive sint corporales, ut ususfructus, l. 9 §1 D. h. l. 12 §. 2 D. de Usufruct. l. 11 § 3 D. de pign. Emphyteusis, l. 3 C. de Jur. Emphyteut. Feudum, 2 Feud. 9 § 1. Decimæ, c. 1 X. de decim. Mobiles (navis, vehiculum, l. 60 § 8 l. 61 §1 ff. h. t.) vel immobiles, l. 1, 2, 3 C. h. t. propriæ vel alienæ, l. 15 § 8 ff. h. t. cum nemo prohibeatur rem, quam fruendam conduxit, alii locare, nisi aliter conventum sit, l. 6 C. h. l. 7 l. 60 pr. D. Locat. modo ad eundem usum ad quem ipsi locata fuit, sublocet, l. 13 § fin. l. 15 D. de usufruct. & personæ idoneæ, l. 27 §3 D. eod. Sichardus ad l. 6 C. Locat. n. 3, 4.

XV. Arcentur hinc 1) Res non existentes in rerum natura, neque actu neque potentia, futuræ enim locari poterunt. arg. l. 8 pr. l. 34 § 2 de contrah. Empt. 2) Naturam locationis respuentes, ut 1) illæ res quarum usus est in abusu, res enim locata finito usu salva debet domino restitui, ita ut rerum fungibilium non sit locatio, nisi forte ad ostentationem, vel Pompam. arg. l. 3 § fin. commod. 2) Res simpliciter propriæ, cum proprietas usum in sese contineat, Arist. Lib. 1 Polit. cap. 6; frustra enim sic quis peteret, quod jam habet, l. neque pignus D. d. R. J. Interim sub conditione Locatio talis fieri potest. arg. l. 31 D. de V. O. 3) Servitutes, l. 44 ff. Locati, tum quia rebus inhærent & per se non existunt, tum quia est de substantia hujus contractus, ut fiat ad tempus quod servitutum naturæ contrarium est. l. 4 D. de Servitut. vid. Hahn. tit. Loc. n. 5. Henr. Zœs. ibid. n. 8 & sqq.

XVI. Personæ, quæ locare conducere possunt, omnes sunt, quæ non prohibentur, & ad contrahendum alias sunt idoneæ. Et quia contractus hic consensualis est, & ad producendam obligationem sufficit, simpliciter consensum esse, sine interventu verborum, aut scripturæ propterea mutus etiam & surdus locare conducere bene poterit, cum consensum suum recte interponat in contractibus qui solo consensu perficiuntur, l. 124 de R. J. l. 48 D. de oblig. & action. l. 4 § 1 de Pact. Signis enim declarare valet,

valet, quod verbis non poteſt, cap. 23 X. de Sponſalib.

XVII. Removendi hic veniunt 1) omnes lege, ſtatuto, vel pactione obſtante contrahere prohibiti. arg. l. fin. C. de reb. alien. non alienand. 2) Milites, qui alienarum rerum conductores, aut conductorum fidejuſſores vel mandatores fieri prohibentur, ne omiſſo armorum uſu ad opus rureſtre ſe conferant, & vicinis graves, præſumptione cinguli militaris, exiſtant l. 31 C. h. Neve dum alienas res conductionis titulo eſſe gubernandas, exiſtimant, ſuas militias, ſuamque opinionem amittant, ex militibus pagani conſtituti l. fin. C. h. Armis enim non privatis negotiis debent occupari, ut numeris & ſignis ſuis jugiter inhærentes, Rempublicam, a qua aluntur, ab omni bellorum neceſſitate defendant. Uſus tamen ſui gratia ſtabulum pro equis, vel pro rebus ad expeditionem neceſſariis poſſunt conducere. gloſſ. in l. milites & in l. fin. C. Locati. Mozzius de contract. p. 511. Harprecht. in pr. Inſt. n. 25 h. t. 3. Curiales, qui ſi conduxerint, nulla obligatio ex tali contractu naſcitur l. 30 C. h. 4. Clerici c. 1 X. Ne Clerici vel Monachi ſecularibus negot. immiſc. Ita ut & ipſi nec procuratores, nec fidejuſſores conductorum eſſe poſſint. c. 2 X. eod. in caſu tamen neceſſitatis conducere non prohibentur. c. 1 d. t.

XVIII. Conſequens, in quo ſubſtantia Locationis Conductionis poſita, l. Uſus rei dicendus eſt, ex jure ad rem, ſive obligatio ex locato conducto proveniens, qui nunquam, etiamſi Locatio ad decennium & ultra facta ſit, mutari poteſt inutile dominium, cum locatio perpetua & in plures annos facta nihilominus maneat Locatio, nec tribuat jus in re, l. 10 C. h. l. 24 § fin. D. h. Ex indole enim hujus contractus fieri non poteſt, ut dominium transferatur, vel poſſeſſio, utrumque enim repugnat. L. 39 D. Locati, l. 2 C. de præſcript. 30 vel 40 annorum, ubi ſignate dicitur. Nemo igitur qui ad poſſeſſionem conductor accedit, diu alienas res tenendo ſibi jus proprietatis uſurpat. Cui conſimile eſt, quod JCtus Labeo in l. 80 § fin. de contrah. Empt. Locationem eſſe aſſerit vel alium contractum, quando id inter partes actum eſt, ne dominium transferatur. Imo ne poſſeſſores quidem appellandi ſunt illi, qui ita tenent, ut ob hoc ipſum ſolitam debeant præſtare mercedem d. l. 2. Quibus conſequens eſt, quod conductores dominii aut proprietatis exceptionem non poſſint exponere ex locato agenti domino, ſed prius poſſeſſionem reſtituere teneantur, & tunc de proprietate litigare, l. 25 C. h. Quod ſi recuſaverint, pœnale iudicium contra ipſos ſuppeditatur, quod ad ſimilitudinem invaſoris alienæ poſſeſſionis, & rem locatam & æſtimationem victrici, parti præbere compelluntur, l. 34 C. Locati l. 10 unde vi.

XIX. Referenda II ad ſubſtantiam hujus contractus eſt ſolutio mercedis. Emptio venditio ita contrahitur, ſi de pretio convenerit, pr. Inſt. de Empt. vendit. Et locatio conductio ita contrahi intelligitur, ſi merces conſtituta ſit, pr. Inſt. de locat. conduct. l. 2 pr. D. Locat. Quæ

tamen & ipſa pretium appellatur, l. 28 § 2 D. h. t. l. fin. § fin. de leg. Rhod. de Jact. Quemadmodum ergo Emptio Venditio ſine pretio eſſe nequit, ita nec locatio ſine mercede, l. 23 D. commun. dividund. ubi ita quærit JCtus Ulpianus, quæ enim locatio eſt, cum merces non interceſſit? cui reſpondent Papinianus in l. 25 pr. de donat. inter vir. & uxor. nullam eſſe, cum locatio ſine mercede certa contrahi non poſſit.

XX. Hæc ipſa vero merces 1) debet eſſe vera ſ. uſui proportionata, unde uno nummo dicis gratia facta locatio null 1 eſt, l. 46 D. h. l. 10 in fin. de acquir. poſſeſſ. niſi animus donandi adfuerit, arg. l. 35 C. de donat. l. 25 D. de probat. 2) Certa ſit neceſſe eſt illa penſio, vel ſimpliciter, l. 52 pr. D. de donat inter vir. & uxor. vel per relationem ad aliud, quantitatem puta antea determinatam, uſu vel loco, l. 7 § 1 l. 37 D. de contrah. Emption. vel ad arbitrium tertii definire valentis, l. 25 pr. D. h. 3. Conſiſtere merces illa debet in pecunia numerata, l. 23 D. commun. divid. ubi cum fructus eſſent percepti, negat JCtus eſſe conductionem, quod nulla merces intervenerit, l. 5 § 2 de præſcr. verb. ubi expreſſe aſſerit Paulus, pecunia data Locationem eſſe, ſi vero res detur loco mercedis, non eſſe hunc contractum, ſed innominatum quempiam, l. 1 § 9 D. depoſiti, ubi dicitur, ſi præter pecuniam aliud quippiam præſtetur, non Locati agi poſſe, ſed præſcriptis verbis. Adde l. 25 § 6 D. h. l. 6 § 1 de furtis, l. 28 § 2, l. 46 l. 52 l. 58 pr. D. h. t. Locat. l. 1 § fin. D. mandat. Quæ enim ratio fecit, ut pretium Emptionis ſit pecunia numerata, eadem effeciſſe videtur, ut idem ſtatueretur in Conductione, cum iisdem Juris regulis uterque contractus conſiſtat, l. 2 ff. h. t. & uterque pretium requirat, per Inſt. de contrah. Empt. l. 28 § 2 Locat. In quibus ergo contractibus diſtincta eſſe debent res & pretium, in illis non poteſt res pro re intervenire, ſed requiritur pecunia numerata. Atqui in Emptione Venditione, Locatione Conductione diſtincta hæc eſſe debent, textibus allegatis, E. in illis non poteſt res pro re intervenire, ſed requiritur pecunia numerata. Præterea cum pecunia omnes res æſtimentur, non vero rebus fungibilibus, planum eſt, non niſi pecuniam hic intervenire poſſe, cum in Locatione Conductione etiam agatur de æſtimando ipſius rei uſu. vid. Hahn. Obſerv. Theoret. Pract. ad tit. Locat. Conduct. n. 6 & 7. Bachov. ad Inſt. tit. de Locat. Conduct. ſ 2.

XXI. Graviter hiſce obſtare videntur, 1) l. 35 § 1 in fin. D. h. t. Locat. ubi ſalvo Locationis Contractu, fructus fundi mercedis nomine penſantur. Verba JCti Africani hæc ſunt: Quod ipſum ſimplicius ita quæremus, ſi proponatur inter duos, qui ſingulos proprios fundos haberent conveniſſe, ut alter alterius ita conductum haberent, ut fructus mercedis nomine penſarentur. 2) Lex 8 C. Locati ibi: licet certis annuis quantitatibus fundum conduxerint, &c. 3) Commune illud obſtaculum l. ſi olei 21 C. h. t. Petrus Nicolaus Mozzius Tract. de Contract. p 507 duplicem facit Locationem Conductionem, propriam aliam, aliam impropriam: Illam dicit, quando pro re locata ſolvitur merces in

pecunia

pecunia numerata confistens. Impropriam, quando non folvitur eiusmodi merces, fed alia res, ut vinum, oleum & fimile quippiam ; ut ita textus hi obftantes ad impropriam effent referendi. Jungatur Vincent. Caroc. tract. de Loc. Conduct. p. 36, qui itidem in conciliatione horum textuum confugit ad acceptionem propriam & impropriam, late exponens, in quibus propria cum impropria conveniat. Cum quibus idem quodammodo videtur dicere Hahn. h. t. n. 6 et 7, ubi in contrariis hifce textibus vocabulum Locationis Conductionis improprie fumi afferit, ita tamen ut fignificet contractum innominatum. Secundum Bachov. ad l. h. t. § 2 fub fin. dici quoque poteft, fpeciale hic quippiam fubeffe, & rationem contrahendi admififfe hanc levem quafi alterationem contractus, quod merces in parte fructuum, quos ipfe fundus producit, conftitui poffit, vid. omnino Caroc. d. l. in cujus abfolutiffimo de hac materia tractatu nil quicquam nifi hoc unicum defideratur, quod ipfius fcriptum indice accuratiori fit deftitutum.

XXII Hæc ergo de Subftantialibus Locationis Conductionis dicta fufficiant; non equidem fum nefcius confenfum huc pertinere, uti per fe clarum eft, & prolixe probat Mozzius p. 517 & feqq. Verum cum hoc effentiale Locatio Conductio cum aliis contractibus habeat commune, prolixus hic effe nolui, utpote cum paffim id explicari foleant, & mihi non de Locatione & Conductione in genere, fed expulfione potiffimum Coloni fit agere propofitum.

XXIII. Refert tamen idem Mozzius p. 524, inter locationis effentiale recte etiam tempus, verum male eodem numero fefe ipfum corrigit, quamis non neceffe fit, ut diferte certum tempus femper exprimatur; quandoque enim & fine mentione temporis fit reductio, in prædiis quidem rufticis ad annum, eo ipfo enim anno, quo tacuerunt, videntur eandem locationem renovaffe, non vero in fequentibus annis, licet luftrum forte ab initio conductioni fuerit præftitutum ; in urbanis vero prædiis, prout quisque habitaverit, ita & obligatur, nifi in fcriptis certum tempus comprehenfum eft : l. 13 § fin. D. h. t. Locat. Rationem diverfitatis, quare aliud in rufticis, aliud in urbanis prædiis fit conftitutum, vide penes Mozzium p. 528.

XXIV. Expofitis jam iis, fine quibus contractus hic confiftere omnino nequit, deveniendum eft ad proprietates, five illa, quæ neceffario fubfequi folent ea, in quibus fubftantia eft pofita. Quæ inter primum locum fibi vendicat, quod locatio conductio fit bonæ fidei contractus, l. 2 § fin. D. de oblig. & act. l. 24 pr. D. h. t. l 2 l. 17 C. Locat. § 28 I. de Action. hoc eft, non modo Juftitia recta, fed una bonum & æquum hic veniat confiderandum, quod nihil aliud eft, quam ἐπιείκεια five Juftitia benigna & temperata, quemadmodum explicatur, d. l. 2 § pn. de Obligat. & Action.

XXV. Profluit hinc ftatim, quod, quæ nec dicta nec cogitata forte funt, præftare in hoc contractu æquum fit, ut confpicuum inde eft, quod licet uterque Locator & Conductor e vi-

vis excefferint, contractus hic non exfpiret, fed nihilominus active æque & paffive in heredes transeat. § fin. I. h. l. 19 § 8, l. 60 § 1 D. h. t. l. 10, l. 29. l. 34 C. Locat. Hæres enim univerfi Juris & onerum defuncti fucceffor eft, l. 37 D. de Acquir. Hæred. l. 24 d. V. S. l. 62 de R. J. et eodem modo, quo ipfe conductor, expelli non poffunt ante tempus conventum conductoris hæredes, l. 10 C. h. nifi intervenientibus illis caufis, quæ in l. 3 hic recenfentur. Diverfum nihil hic eft Jure Saxonico conftitutum, licet nonnulli autument, vid. Hahn. obf. h. t. n. 14. Richter. Dec. 81 n. 4. & feqq. ubi Articulum 77 libr. Land. R. qui obftare alias videtur, pluribus explicat, & præjudicia fubjungit. Adde Berlichium part. 2 Concl. 45 n. 2 & feqq.

XXVI. Limitatur tamen hoc 1) nifi aliter ab initio conventum, quod fcil. hæredes tali contractui non debeant effe adftricti, ratæ enim debent effe conventiones contrahentium, & contractus exinde legem accipiunt, l. 1 § 6 D. depofit. vid. Richter. Decif. 81 n. 10, ubi ita in Scabinatu Jenenfi pronunciatum refert : Ob nun wohl in folcher Verfchreibung des Pachtmannes Ehe-Weib und Erben keine Erwehnung gefchehen, und gedachter Philip Lindener vor Ablauff des erften Jahres mit Tode abgangen, fo ift doch feine Wittwe und Erben diefelbe Pachtmühle, bis fich berührte drey Jahr geendet, abzutreten unverbunden, es wäre denn alfo abgeredet und befchloffen, daß auch binnen gemeldter Zeit euch frey ftehen folte, den Pacht allezeit ein halb Jahr vorher aufzukündigen. 2) Hæredibus nihil juris eft, fi locatus fuerit ufusfructus, uti fieri poteft, quantum ad Jus Reale, l. 12 § 2 D. de ufufr. l. 11 § 2 D. de pignor. l. 8 pr. de reb. autorit. Judic. poffidend. non vero perfonale, morte enim ufusfructus finitur § 3 Inft. de Ufufr. l. 3 l. non. C. eod. tit. Nec a perfona recedere fine interitu fui poteft, l. 15 D. Famil. hercifcund. 3) Si locator quoad vellet, locaffet, tunc enim morte ipfius expirat locatio, hæredibus nihil juris relicto, l. 4 D. h. qui enim moritur, velle definit, l. 9 D. qui fine manum. 4) Limitatur etiam in fucceffore fingulari, legatario puta, vel emptore, qui Conductorem etiam ante conventum tempus expellere poffunt, de qua tamen exceptione plura in fequentibus addam, vid. Hahn. Obf. h. n. 13. Mozzium de Contractibus pag. mihi 526.

XXVII. Ex natura porro hujus contractus bonæ fidei maxime congruit, quod ex mora debeantur ufuræ, l. 2 l. 17 C. Locat. cum in omnibus bonæ fidei contractibus ex mora fint perfolvendæ, l. 32 § 2, l. 34 D. de Ufuris. Quod conductor, nifi aliter fuerit conventum, habeat poteftatem fublocandi, l. 6 C. h. t. Locat. Quod teneatur ex natura contractus ad dolum faltem & levem culpam, l. 28 C. h. cum utriusque hic verfetur utilitas, l. 5 § 2 D. commod. paucis tantum cafibus exceptis, quibus præftatio culpæ leviffimæ requiritur, veluti fi aliter fuerit conventum, l. 23 de R. I. l. 1 § 6 § 35 depof. 2. 2) Si rei natura requirat exactiffimam diligentiam, l. 25 § pen. h. 3. Si merces accipiatur pro cuftodia, l. 40 & feqq. D. h. t. 4. Si quis profiteatur artificium, l. 25 § 7 l. 13 § 6 D. h. Non obftat § pen. Inft. de Locat. Cond.

Cond. cum superlativus ibi sit positus pro positivo, quare verba ibi juxta subjectam materiam & contractus naturam sunt explicanda, vid. Hahn. observ. h. t. n. 14. Franzkium hic n. 199 & multis seqq. Vinnium ad Inst. ad d. § pen.

XXIIX. Quantum ad casus fortuitos (vide de his l. 18 D. commod.) præstare eos conductor non tenetur, l. 23 d R. I. l. 8 l. 28 C. h. t. l. 15 § l. 25 § 6 D. eod. et ita pronunciatum refert Richter Decis. 81 n. 12 verbis: Daß kein Mieth-Mann dergleichen casum fortuitum und gewaltsame Abnahme und Verlust zu prästiren und zu gelten verbunden, sondern hievon befreyet. Rectius tamen hic distinguitur, quantum ad Jus Civile, inter res Conductoris proprias & inter res Locatoris; illarum damnum ad Conductorem pertinet, l. 1 C. h. t. Sunt ejusmodi supellex, & quæcunque nulla ratione spectant ad Locatorem. In rebus ipsius Locatoris, si ejusmodi casus fortuitus contingat, ille spectat ad Locatorem, res enim locata periculo cedit Locatoris, l. 15 § 3, l. 25 § pen. D. h. Hinc si in ipso ædificio, pecoribus, vel fundi Instrumentis ejusmodi damnosi eventus sese offerant, Conductor immunis est. Vid. omnino Hahn. in observ. h. t. n. 16, ubi prolixe probat, secluso Jure Civili Conductoris damno esse sterilitates & alios casus usum impedientes. Adde & Grotium l. 2 d. l. B. & P. c. 12 num. 18.

XXIX Æquum itidem in hoc contractu & bonum est, ut conductor, si sua opera aliquid necessario vel utiliter auxerit, vel ædificaverit, vel instituerit, cum id non convenisset, ad recipienda ea quæ impendit, ex conducto cum Domino experiri possit, l. 55 § 1 D. h. l. 61 pr. D. eod. vel etiam tollere ea potest, modo prius caveat de damno infecto, ne in auferendo rem deteriorem reddat, l. 19 § 4 D. h. t. Distinguendum tamen hic, aut illæ impensæ factæ sunt fructuum colligendorum vel conservandorum gratia, e. c. quæ consistunt in arando, serendoque agro & custodiendis fructibus, & hæ spectant ad conductorem indistincte, l. 7 § 16 D. solut. matrim. aut vero respiciunt ejusmodi impensæ perpetuam rei locatæ utilitatem, ut si ædificium novum extruat vel vetus reficiat conductor, & tunc necessarias & utiles repetere potest, d. l. 7 § 16 sol. matr. l. 55 § 1 D. Locati, & habet eo nomine jus retentionis, l. 5 pr. D. de Impens. in res dotal. fact. vel etiam deductionem mercedis. vid. Franzkium ad h. t. n. 166 & seqq.

XXX. Occasione impensarum quæri solet, quis teneatur ad tributa & publicas pensiones, Locator an vero Conductor? & dicendum puto, utrumque teneri, sed diversimode; Conductor enim omnia, quæ non respectu rei locatæ, sed ratione personæ, patrimonii, quæstus, mercaturæ & artificii quod exercet, injunguntur, persolvere cogitur, l. 6 § fin. D. d. Munerib. & Honorib. l. 4 D. d. censib. Quo refer da, die Contribution. so auf die Händel und Nahrung geschlagen wird, Vieh-Tranck-und Scheffel-Steuern, Capitatio, das Haupt-oder Kopff-Geld, quæ personis & capitibus non attento patrimonio indici assolet, l. 3 D. de censibus, l. 1 C. de Annon. & Tribut. & ita in Scabinatu Jenensi pronunciatum refert Richter Decis. 81 n. 49 verb. Die Capitation-Steuern, welche dem Pachtmanne auferleget worden, ist ihme von denen Verpachtern nicht zu erstatten. Talia enim onera conductores, ut cives & incolæ sufferre tenentur, per Recessum Imperii de An. 1554 § Demnach dann etliche Stände, l. 6 § fin. D. d. Muner. & Honor. & quatenus sunt rerum suarum domini, l. 4 § 2 de Censib. quæ vero tributa ratione rei locatæ imponuntur, a Locatore sunt persolvenda, non pro quantitate pretii, qua æstimari res locata potest, sed pensionis, quæ ex locato percipitur & fructus ædium est, l. 2 C. de Annon. l. 36 D. de Usur. vocantur alias ejusmodi collationes Haus-Hufen-Land-Steuer, quæ ædium vel agrorum intuitu imponuntur, vid. Obs. Hahn. h. t. n. 26, Franzk. h. t. n. 171, Mozz. de Contr. p. 529. Et ita pronunciatum in Fac. Jur. Acad. Juliæ 1633 verb. Daß ihr dasjenige, was ihr wegen des euch elocirten Hauses an Contribution verschossen, auch sonst an jährlichen Bau und Besserung angewendet, und von euch der Gebühr kan erwiesen werden, an den versprochenen Locations-Geldern, zu kürtzen wohl befugt, dasjenige aber, was in Ansehung eurer Person und getriebenen Handels euch auferleget, solches betrifft euch allein. vide late de hac quæstione Caspar. Klock. de contributionibus cap. 11 n. 164 & multis seqq. ubi recenset Doctores, collectarum sarcinam modo in Locatores, modo in Conductores indistincte transferentes; quibus opinionibus quid veri quid falsi insit, ex modo dictis satis potest innotescere. Ipse vero Klockius distinguit inter Conductorem ad breve tempus, quem ad collectas non teneri asserit, quod is nullo modo possideat, & longi temporis conductorem, quem omnino ad hæc onera teneri asserit, n. 187 rationes hujus suæ assertionis jam tum præmiserat n. 164, quod sc. talis conductor habeat jus in re, utile dominium, & percipiat fructus jure suo, & consequenter publicas functiones suscipere teneatur, cujus tamen principii falsitatem supra memini me detexisse, unde facili etiam negotio corruunt eidem superstructa.

XXXI. Circa hospitationem militarem distinguendum putamus, aut illa est nuda, solam præbitionem domus requirens, & tribuendum hoc onus conductori, l. 2 C. de Metat. ibi: solis dominis conductoribusque &c. Ejusmodi enim onus præstare tenentur, quicunque habitant in domo, alle die Rauch und Feuer halten, & consistit hæc habitatio in eo, ut habitatores præstent militibus illa tantum, quæ habitationis causa sunt necessaria, non animalium pascua, aut hominum escas, l. 5 de Metat. vel simile quippiam. Hahn. ad tit. de Munerib. & Honor. n 3. Alia vero est hospitatio, quæ conjuncta est cum sumptibus Metatorum nomine factis, so die Einquartierungs-Kosten erfordert, & hanc Doctores modo Locatori, modo Conductori, prout cuique visum fuit, adscribunt. Gothofredus in rubrica C de Metat. Carpz Jurispr. forens. part. 2 Const. 37 defin. 15. D. Tabor de Metat. c. 1 n. 10. omnes ejusmodi sumptus a Locatore posse repeti statuunt, cum hospitatio onus sit reale, ad Locatorem,

torem, non vero Conductorem pertinens, l. 3 § 14 D. de Munerib. & Honor. Adstipulatur his Richter Dec. 81 n. 15 addito præjudicio, his verb. Als ist bey solcher Beschaffenheit der Rath zu Erfurt wegen fürgegangenen Einquartierungen auf dem Hause Vargula die unumgänglichen aufgewandten Unkosten, so viel ihr deren wie Recht liquidiren und beybringen werdet, über sich allein gehen zu lassen schuldig, und möget ihr zu derselben Abtrag und Mitgeltung keines weges angestrenget werden. Secessionem tamen ab his facit David Mevius, im Rechtlichen Bedencken wegen der Grund-Herren und Pensionarien, mediam sententiam amplexus, sumptus sc. ejusmodi inter Conductorem & Locatorem esse dividendos, quam sententiam æquiorem esse arbitramur, vid. Hahn. obs. h. t. sub fin. propter communem utriusque utilitatem & conditionem, maxime si propter prædii locati præstantiam sumptus quoque majores exigantur.

XXXII. Ex natura insuper Locationis est, ut per eam acquiratur possessio. E. g. si ego tibi donem domum, & tu eam mihi locaveris, transfertur possessio in te locatorem, l. 77 D. de rei vindicat. Unde est, quod locatio cum quolibet alio adminiculo conjuncta, probet possessionem & dominium, l. 25 C. h. nisi facta sit locatio in præjudicium tertii possidentis, vid. Mozzium p. 536.

XXXIII. Consequentia quæ ita insunt ut abesse possint, alias Accidentalia, hic sunt, quæ præter naturam eidem accedunt. E. g. si paciscatur locator, quod ante finitum tempus conductionis expellere non velit conductorem, hoc enim facere & juri suo renunciare potest, l. pen. C. de pact. Nec potest tunc expellere eum, quando propriis quoque usibus domus fuerit necessaria; pertinet huc etiam, si æstimatio rei locatæ fuerit apposita, tunc enim omne periculum ab eo præstandum, qui æstimationem se præstaturum recepit, l. 5 § 3 D. commod. ex quo textu Bartolus & communiter omnes inferunt, quod in contractibus, in quibus veniebat levissima culpa, æstimatio sci inter partes facta, operetur, ut debitor teneatur etiam de casu fortuito, si autem veniebat tantum culpa levis, æstimatio rei operatur, ut teneatur etiam de culpa levissima, l. 52 § 3 D. pro Socio. Sic ut fiat applicatio, in nostro contractu venit levis culpa saltem, æstimatio tamen rei, si fuerit apposita, facit ut præstanda veniat levissima. vid. Mozzium p. 168.

XXXIV. Ad Accidentalia itidem referendum, quicquid de alias præstatione contrahentibus placuerit, ita rata est conventio, quod Conductor debet præstare culpam levissimam, arg. l. 1 § 6 Depos. § 35 ibid. vel etiam casum fortuitum, l. 8 C. h. l. 6 C. de pignor. Action. ad quem alias non tenetur, l. 28 C. h. § 1 Inst. h. l. 23 d. R. J. Ita etiam pacto præcaveri potest, ne quidem culpam levem a Conductore deberi præstari. De doli vero aut latæ culpæ præstatione ita pacisci non licet, cum talis conventio sit contra bonam fidem, contraque bonos mores, & ideo nec sequenda, l. 17 pr. commod. l. 1 § 7 depos. l. 15 D. de condition. Inst.

XXXV. Consimili modo huc pertinet, si

fidejussores huic contractui apponantur, l. 31 l. fin. C. h. iique se obligent in omnem conductionis causam, ita ut onus usurarum tardius a Colono per moram illatarum agnoscere cogantur, l. 54 pr. D. Locat. Item si convenerit, ut conductor augeat aliquid, vel ædificet in re conducta, vel nihil innovet, l. 55 § 1 D. h. l. fin. C. de Negot. gest. quod pensio ipsi conductori interdum remittatur sine aliorum præjudicio, l. 19 C. Locat. In genere, quæcunque contrahentibus invicem possunt placere, ita ut ex natura contractus non proveniunt, ad accidentalia sunt referenda, exempla passim obvia erunt illi, qui leges sub titulo locati conducti repositas evolvere voluerit.

XXXVI. Huc usque pertractavimus ea, quæ de Locatione Conductione occasione legis nostræ erant permittenda; sequitur in ea porro: "Invitam te expelli oportet,„ quod pertinet ad Regulæ prædicatum; reliqua enim verba, si pensionem domino in solidum solvisti, commodius explicabuntur, ubi ad exceptiones fuerit deventum. Expulsio hic non significat quamvis deturbationem privatam, ita ut licitum sit Locatori Conductorem suum obtorto collo dejicere, sed denotat hic executionem publicam, causa cognita & judicis autoritate factam. In re enim propria iniquum admodum est alicui tribuere sententiæ licentiam, l. un. C. Ne quis in sua causa Jud. plerique enim mali sunt judices de suis rebus, Arist. 3 Polit. c. 6 & c. 12 verb. verum illi judicare nequeunt, quia & de suis rebus judicent, & sint in perturbationibus. Neque singulis est concedendum, quod per Magistratum publice fieri potest, ne occasio detur majoris tumultus faciendi, l. 176 d. R. J. l. 3 C. de pignor. & hypothec. l. pen. & ult. ad L. Jul. de vi priv. l. 7 C. unde vi, l. 13 quod metus causa. Vide omnino Berlichium part. 1 Conc. 67 n. 67 verb. ideoque tutius est, ut dominus a Judice petat officiales, quorum ministerio mediante expellatur colonus, & ut ultra judicem adducat secum Notarium & Testes, in quorum præsentia describantur & in Inventarium redigantur omnia, quæ ibidem inveniuntur. Sic enim non potest allegare conductor plus se intulisse, quam postmodum inveniat. Quare cavendum hic a Gothofredo in notis, qui putat Jure Civili licitum forte Locatori esse, ipso facto conductorem expellere qui jure Gallico expellatur officio Judicis.

XXXVII. Expulsio hæc dicitur invita, d. l. 3. Invitum duplex est, per vim & per ignorantiam. At enim intellectus sive cognitio impeditur, ut nesciamus id, quod scire debebamus, & oritur invitum per ignorantiam, aut vero obest, sive impeditur voluntas, ut id agere non possimus quod volumus & oritur invitum per vim sive violentum: Quod Aristoteles libr. 3 Ethic. c. 1 pr. ita describit: Violentum est, cujus principium extrinsecus tale est, ut ei nihil conferat agens vel patiens, quemadmodum si ventus implerit aliquo, vel homines qui potentes sint. Quod ut intelligatur, sciendum, voluntatem in omnia nostra membra habere imperium prorsus herile, uti Aristot. lib. 1 Polit. c 3 asserit & per inductionem facile probari potest. Quandocundocunque enim voluntas membrum aliquod vult moveri, statim ad nutum movetur, & movere sese nequit, nisi voluntas præcedens jusserit. Si ergo membra nostra ita voluntate moveantur, actio illa dicitur voluntaria, e contrario, cum non a voluntate nostra moventur, sed ab alio, tum illa actio dicitur involuntaria. Hoc est quod Aristoteles hic dicit, cujus principium extrinsecus tale est, hoc est, cum nostra conjuncta ab alio quodam, quod extra nos est ad aliquid faciendum vel non faciendum impelluntur. Jam ut ad institutum revertamur, respectu conductoris ejusmodi principium extrinsecum est; secus si restituere recusans manu militari officio judicis deturbetur, l. 68 D. de Rei vindic. verb. Qui restituere jussus judici non paret, contendens non posse restituere, siquidem habeat rem, manu militari ab eo possessio transfertur. Expulsio enim talis justa est, arg. l. 33 de Injur.

XXXVIII. Verba legis satis, ut puto, hactenus exposui, ita ut quid ea sibi velint, non queat ulterius esse incognitum, hoc scilicet: "Quod „Conductor ex æde conducta ante tempus „conventum expelli non debeat.„ In ratione hujus regulæ investiganda non est recurrendum ad l. non omnium D. de Legib. longe siquidem certissima fundamenta sese produnt, quibus solide est superstructa. Ex principiis primo Justitiæ commutativæ certum est, quod nemo cum alterius damno fieri debeat locupletior, quod & Jure Civili non est incognitum, l. 14 D. de Condict. Indeb. l. 38 de hered. petit. Injustus enim est, qui plus sumit, & non servat æqualitatem, dicit Aristot. lib. 5 Eth. c. 1 & c. 2, eum qui plus sumit, vituperamus injustitia. Hoc autem nostro casu cum conductoris damno locupletior fieret Locator, & injustus esset, si expellere pro lubitu quovis tempore colonum posset, usum residuum ipsi eripiendo, sibique applicando. Damnum etiam conductori ingens hic enasci posset, non enim statim, præsertim si amplam familiam aleret, invenire posset, qui ipsum cum rebus suis reciperet, neque etiam domicilium in tanta festinatione sibi facile conquireret, quod negotiationi suæ & vitæ generi esset accommodatum.

XXXIX. Deinde sicut ab initio libera potestas unicuique est ineundi vel non ineundi contractus, ita denunciare semel constitutæ obligationi adversario non consentiente nemo potest, l. 5 C. de oblig. & act. l. 39 C. de Transaction. quod & Juri Naturali & Gentium conveniens est, cum nihil tam congruum sit humanæ fidei, quam ea quæ placuerunt servare, l. 1 D. de pact. l. 1 D. de constit. pecun. Ut enim promissa & pacta serventur, venit ex natura immutabilis justitiæ, quæ Deo & omnibus his, qui ratione utuntur, suo modo communis est. Unde Deus ipse contra naturam faceret, si promissa & pacta non servaret. Grot. de Jur. Pac. & Bell. libr. 2 c. 11 n. 4. Eleganter Aristot. lib. 1 Rhetor. c. 15: Quicunque fidem fallit, pactionesque subvertit, is leges ipsas tollere videtur: & paulo post, præterea pleraque inter homines negotia pactis continentur, ut si quis ea irrita faciat, in ea-

dem opera mutuum inter homines commercium tollat. Et cum pactum hactenus lex quædam privata sit de certo negotio, Aristot. d. l. apparet, quod ille, qui ab eo quod semel placuit, recedere intendit, injustus etiam sit eo modo, quo injustum vocat Aristot. 5 Ethic. c. 1, eum qui legi non paret.

XL. Utitur hinc Imperator verbis non oportet, quæ, licet alias vim cogendi important, hic tamen injustitiam denotant, qualis significatio huic verbo frequentissima esse solet, ita Aristot. 5 Ethic. c. 5 verb. Si quis magistratum gerens percussit, non oportet eum similiter percuti, sed ulterius puniri, ubi τὸ oportet, sive græcum δεῖ justum vel injustum denotare cuivis patet. Ita paulo post: oportet, inquit, vicissim inservire ei qui gratificatus est, hoc est, justum est, uti ex l. 25 § 11 D. de hæred. petit. colligitur. Sic enim alias in legibus nostris vocabulum oportet dicitur de his, quæ æqua & juri ac rationi consentanea sunt, l. 13 § 1 D. commod. l. is natura D. d. R. J. E contrario τὸ non oportet, usurpatur de his, quæ vel a Jure vel æquo & bono recedunt, l. 79 § 1 de V. S. l. 21 ff. de his qui notant. infam. Quia itaque talis expulsio cum tanta injustitia foret conjuncta, hinc etiam verba hæc simul sunt præceptiva, & vetitum adeoque est, conductorem ita expellere. Indeque patet, ut uno verbo dicam, rationem Regulæ hujus dependere ex principiis ab injustitia deductis.

XLI. Quamvis autem hæc lex tertia ædis saltem mentionem faciat, extensiva tamen interpretatione adhibita longe latius extendi poterit. Hinc quod de æde hic dicitur, verum quoque est in rebus omnibus aliis locari solitis, quæ vero illæ sint, jam tum præmisimus Thesi 14. Ita procedit in fundo & prædio rustico, l. 16 C. h. l. 54 § 1 D. h. t. ubi expresse ita fuerat inter Locatorem & Conductorem conventum, quod intra tempora locationis Sejus conductor de fundo invitus repelli non debeat, & si pulsatus esset, pœnam decem præstaret Titius Locator Sejo Conductori. Quærit JCtus, an si Sejus conductor pensionem per biennium non solvat, sine metu pœnæ expelli possit? Respondet Paulus; Quamvis nihil expressum sit in stipulatione pœnali de solutione pensionum, tamen verisimile esse, ita convenisse de non expellendo colono intra tempora præfinita, si pensionibus paruerit, & ut oportet coleret. Idem est in insula conducta, l. 30 l. 35 D. h. horreis conductis, l. 56 D. h. balneis, l. 58 § 2, & aliis rebus Locationem Conductionem non respuentibus.

XLII. Ex rationis paritate nec usus rei mobilis alteri locatus, ante tempus conventum conductori est auferendus, & si casu fortuito fuerit sublatus, merces pro futuro tempore soluta repetitur, l. 9 § 4 D. h. Nihil etiam interest, utrum res corporales elocatæ sint, an incorporales in jure consistentes, ut ususfructus l. 12 § 2, l. 3 D. de usufruct. optim. text. l. 9 § 1 D. h. Item emphyteusis, si fuerit alteri locata, id enim fieri posse, patet ex l. 3 C. de Jur. Emphyteut. Vasallus quoque cum habeat jus locandi rem feudalem, modo locatio fraudulenta non fit, 2 Feud. 9 § 1, conductorem ante præfinitum tempus excludere non poteft, fed accepta mercede ipfe ad præftanda fervitia eft adftrictus. vid. Ludwell. Synopfi Juris Feudalis p. 385.

XLIII. Affinitatem magnam cum locatione conductione habet Antichrefis, i. e. mutuus pignoris ufus pro credito quafi facta eft, & in fundum aut in ædes aliquis inductus, eo usque retinet poffeffionem pignoris loco, donec illi pecunia folvatur, nec ante illam folutionem eft expellendus, l. 11 § 1 de Pignor. l. 37 de pignorat. action. unde patet, idem effe in aliis quoque cum locatione conductione fimilitudinem habentibus conventionibus.

XLIV. Quod fi vero ante tempus conventum expulfio ejusmodi de facto contingat, datur conductori actio conducti, qua liberum rei ufum ad tempus præfinitum fibi præftari petit, qui nifi præftetur, actio ei eft contra Locatorem ad intereffe lucri, quod is ex conducti, fi ea ad finem locationis usque uti licuiffet, percipere potuiffet, l. 15 § & præcipuus D. h. t. Nifi aut cafu aut vi majori dominus impeditus liberum rei ufum præftare nequeat, tum enim fufficit penfionem remittere, l. 15 § 2, aut nifi locator expellat propter illas caufas, quæ recenfentur, in l. 3 C. c. propter 3 X. Locat.

XLV. Uti autem locator conductorem invitum expellere non poteft, ita ex natura correlativorum nec conductori integrum eft, contra legem conductionis fundum ante tempus fine jufta et probabili caufa deferere; fi enim ex nudo arbitrio, vel ex caufa non fufficienti recedat, ad folvendas totius temporis penfiones ex conducto conveniri poteft, l. 55 § 1 D. h. & ita in Senatu Academico Helmftadienfi olim decifum eft, quando per infpectionem fabrorum lignariorum fatis probaverat locator, habitatoribus Studiofis, caufam non effe, cur periculum ruinæ timerent, ipfi vero cum nihilominus emigrarent, ad totius temporis penfionem exfolvendam fuere condemnati, referente Hahn. in Obferv. h. t. num. 15.

XLVI. Et fi de facto mercede aut penfione integra non foluta difcedere velit conductor, tum ipfe ejusque bona capi & retineri poffunt, donec merces vel penfio fuerit foluta, Schneidew. ad § 7 Inft. de Action. Berlichius part. 1 cap. 2 num. 236. Molignatus de jure retent. quæft. 290, 291, 292 & feq. Nec ipfe modo conductor ftare tenetur conventioni, verum etiam ejus heredes, five conductio perpetua feu temporalis fuerit, l. 10 C. h. t. qui & inviti in re locata permanere coguntur. Berlichius part. 2 conclul. 45 num. 6. Quin etiamfi conductor neque liberis neque heredibus relictis decedat, fed folum viduam prægnantem poft fe relinquat, tum illa ventris nomine etiam in conductione permanere poteft, donec partus nafcatur. Nicolaus Reufnerus Decif. 14 n. 1, 2 & feq. Berlichius d. l. n. 7.

XLVII. Dicit autem JCtus in l. 55 § 2 D. h. t. Sine jufta ac probabili caufa conductorem non poffe rem conductam deferere, quo ipfo innuit, interdum jufta interveniente caufa licitum ipfi effe a contractu recedere. Regulariter enim ex caufa fuperveniente receditur a difpofitione legitime facta, quafi fub ea conditione contractum fit, fi res manferit in eodem ftatu, c. quemadmodum X. de Jurejurando, l. 38 pr. D. de folution. Exemplum eft, 1) fi quis, cum in annum habitationem conduxiffet, penfionem totius anni dederit, deinde domus poft 6 Menfes ruerit, vel incendio confumpta fit, non cogitur exfpectare conductor, donec de novo ædificium reparet Locator, fed penfionem refidui temporis ex conducto actione repetit, l. 19 § 6 D. h. 2) Si vicino ædificante obfcurentur lumina cœnaculi, nulla dubitatio eft, quin liceat colono vel inquilino relinquere conductionem, vel fi oftio feneftrasve nimium corruptas locator non reftituat, l. 25 § 2 D. h. 3) Si exercitu veniente migret Conductor, ita ut neque Domino denuntiare, neque refiftere potuerit, l. 13 § 7 D. h. 4) Jufta ante tempus emigrandi caufa eft, fi quis timoris caufa domum inhabitare, & propter fpectra, five fpiritus malignos domui conductæ infeftos, eadem uti non poffit, l. 27 § 1 D. h. Bernhard. Schotan. in Exam. Jurid. pag. mihi 461. 5) Si propter infolitum aquarum motum quis ædificio vel molendino uti nequeat, l. 15 § 1 D. h. Gailius libr. 2 obferv. 23 num. 6. 6) Si peftis graffetur vel etiam domus minetur ruinam, vide plurimos citatos Auguftino Barbofæ collectan. in jus Pontificium ad c. 3 § verum X. de Locat. Conduct. Adde Hahn. Obferv. h. t. num. 15. Ut ergo Conductor licite ita poffit emigrare, duo ut modo innui, requiruntur. 1) Ut vel una ex his, vel alia jufta emigrationis adfit caufa, d. l. 55, & 2) Locatori, fi ejus detur, Conductor fe difceffurum effe denunciet, l. 13 § 7. Procedunt tamen hæc, fi poft contractum locationis hujusmodi quippiam fuperveniat. fecus fi jam tum tempore contractus adfuiffet, tum enim damnum hoc fua culpa fentit conductor & fentire non videtur, l. damnum D. d. R. J. Gailius 2 obferv. 23 n. 6.

XLIIX. Et hæc ad Interpretationem primæ hujus legis partis ipfius nempe Regulæ, fufficere arbitror, jam ad Exceptiones deveniam, quæ non unæ hic fefe offerunt. Prima continetur implicite in ipfa regula, hæc fcil. "Qui Loca„tori Penfionem in folidum non foluit, is ante „tempus ex Æde conducta expelli poteft.

XLIX. Penfio fignificat 1 omne illud quod pro ufu alicuius rei datur. 2 Pecuniam ex prædiorum urbanorum locatione perceptam, cui in Rufticis refpondet merces, l. 27 l. 29 D. de hæred. petit. 3 Canonem Emphyteuticum, l. 2 C. de Jur. Emphyt. 4 Mercedem a Conductore perfolvendam, nulla habita differentia rei locatæ, in qua pofteriori acceptione hic fumitur. Vid. Vincent. Caroz. part 1 quæft. 2, dicitur alias pretium, l. 28 § 2 D. hic, l. 51 § 1, Merces pr. Inft. de Locat. Conduct.

L. Non

L. Non sufficit autem penfionem effe folutam, fed requiritur, ut foluta fit in folidum. 1) In folidum folvere aliquando complectitur fortem et ufuras, l. 6 C. de diftract. pignor. l. fin. C. debit. vend. pign. imped. non poffe, hoc modo in folidum folvit fidejuffor, qui fefe obligavit in omnem caufam, præftando fortem & ufuras, l. 54. pr. D. h. 2) Opponuntur hæc verba in folidum ei, quod ad aliquem pervenit, exemplum eft in l. un. C. ex delict. defunct. ubi dicitur heredes ex delicto defuncti poft litis conteftationem in folidum, alioquin i. e. lite non conteftata, in quantum ad eos pervenit, conveniri juris effe abfolutiffimi. 3) In folidum folutio opponitur folutioni particulari, expreff. text. l. 3. pr. D. fam. hercifc.

LI. Pofteriori hoc modo refpectum involvit ad folutionem partis, qualis hic non fufficit, c. 3 X. h. t. cum tam folutio, quam exactio partium non minima fæpe habeat incommoda, l. 3 pr. D. famil. hercifc. & conductor penfionibus parere h. e. integras perfolvere debeat, qui enim penfionibus fatis non fecit, qualis etiam eft per partes folvens, fi poftea ex conducto agere propter deiectionem velit, opponi ei poteft exceptio doli, l. 54 § 1 D. h. Caufa itaque hac fuperveniente, fi ceffet conductor in perfolutione penfionis, receditur a contractu legitime inito ; ea enim femper fubeft conditio, fi penfionibus paruerit, etiamfi convenerit, ne expelleretur ante tempus, quæ ratio hic eft decidendi præcipua, a principiis humanarum actionum, feu de eo quod convenit inter contrahentes, deducta, arg. l. 55 de obl. & act. Penfio & merces, inquit Baldus in prælud. feud. eft modus & caufa Locationis, qui modus & caufa in contractibus inducit conditionem, vid. Azo ad Cod. ad h. l. 3 verb. folvifti. Zœf. ad Decret. de Locat. conduct. n. 13, adeoque pars eft contractus, & fidei datæ, l. 7 § 5 de pact. junct. l. 1 eod. Exceptio tamen hic eft, nifi Locator in particularem folutionem confentiat, præfertim cum penfio fit liquida, quilibet enim juri fuo renunciare poteft, l. pen. C. de pact. & uti aliud pro alio, confentiente Domino, folvi poteft, l. 2 § 1 D. de reb. cred. l. 12 l. 20. C. de folut. ita pars pro pecunia integra eadem ratione poteft folvi. Quod fi vero maximam partem folverit, ita ut paululum & leve quippiam refiduum fit, expelli propterea non debet, arg. l. 32 D. de condit. & demon. Modica enim a judicibus infuper habentur, l. 4. D. de in Integr. reftit. nifi in eiusmodi modico magnum fit pofitum præiudicium, ut in Emphyteufi confpicuum eft, ubi leve eiusmodi quippiam non folvens, non videtur agnofcere Dominum proprietatis, Sichard. ad l. 3 h. num. 4. Onus probandi in folidum penfionem effe folutam, cui hic incumbat, facile patet, cum is probare debeat, qui dicit, non qui negat. l. 2 D. de probat. l. 23 C. eod. § 4 Inft. de Legat. Cui confequens, quod a Locatore conventus Conductor fi fe folviffe dicat, folutionem factam docere debeat. l. 19 D. h.

LII. Neque vero præcife hic requiritur, ut folutio actualiter facta fit, fed fufficit, fi folvere

conductor fuerit paratus, cum offerens folventi fit proximus. Nov. 31 c. 2 in fin. cumque fola oblatio non omnimodam fecuritatem Conductori præftet, poterit pretium conductionis ita oblatum confignare & deponere, tum enim liberationem confequitur, l. 9 C. de folution. & liberat & fiftuntur ita ufuræ, l. 7 D. l. 19 C. de ufur.

LIII. Commode hic quæri folet, quo tempore merces five conductionis pretium fit exfolvendum? Variæ circa hanc quæftionem fuere interpretum opiniones, quibusdam principium anni folutioni præfigentibus, per l. 3 C. h. t. quibusdam medium, per l. 7 § 4 C. de Advocat. diverf. judic. quibusdam finem, § fin. Inft. de Inutil. Stipul. uti has opiniones refert Azo Comment. ad C. ad l. 3 h. Verum rectius dicitur, infpiciendum hic effe, quid actum fit inter contrahentes, quod fi appareat, fequendum eft, fi vero de eo nihil conftet, attendendus mos regionis, l. 34 de R. J. fi neque hic inveftigari poteft, recurrimus ad id, quod minimum eft. l. femper in obfcuris eod. tit. Minimum autem hic & facto facillimum eft, fi folutio mercedis finito conductionis tempore fiat, Azo cit. loc. Sichard. ad h. l. 3 n. 5.

LIV. Extenditur hæc exceptio de expellendo Conductore, fi ceffet in folutione penfionis, ut procedat, etiamfi pactum fuerit appofitum de non expellendo, vel etiam fi pœna adjecta fit. Pactum enim etiamfi juratum fit, tacitam hanc habet conditionem, fi penfionibus paruerit, l. 54 § 1 D. h. & Juramentum in fefe continet claufulam, rebus fic ftantibus c. quemadmodum X. de Jurejur. Gailius libr. 2 obf. 23. n. 9.

LV. Nec Privilegia Profefforibus, Studiofis & Literatis alias data, ipfis proderunt, quo minus penfione non foluta, queant ex ædibus, vel mufeis conductis expelli, cum nullibi fpeciale quippiam ipfis hic conceffum.

LVI. Locum etiam habet hæc exceptio in materia fublocationis, exempli gratia, fi fecundus Conductor folvat primo Conductori fublocanti, primus vero non folvat locatori principali, cui præjudicium fieri per folutionem fublocatori factam non poteft, Baldus ad l. certa C. ut in poff. legat. ut ita fecundo Conductori nihil profit tempeftiva fuo folutio; agere tamen poteft contra fublocantem ad intereffe, l. 54 § 8 D. h. Similiter etiam Conductores vectigalium, tributorum, non folventes tam tempeftive mercedem, expelli poffunt. Bartolus in l. vectigalia § non foluto D. de publican. & vectigal. in l. fundum C. de Jur. reip. Et quamvis in Inftrumento contractus pofitum fit, quod locator moleftiam inferre nolit conductori de folvenda penfione, nihilominus eum expellere poteft, fi folvere ceffet, Natta confil. 25 vol. 1. Ejusmodi enim promiffio de non moleftando, de facto intelligitur, non vero de Jure, gloffa in lege fi fervum § præter D. de acquir. hæred. nifi ita fcriptum fit, quod nullam moleftiam conductori creare velit, tum enim neque de facto, neque de jure poffet inquietari. Corfet. in fingularibus fuis verb. moleftia in fine. Afflict. decif. 329 num. 4. Vincent. Caroc. d. tr. part. 4 quæst 28 n. 38 & seqq. vid. Petr. Pacion, d. locat. p. 11 c. 55.

LVII. Non tamen semper & simpliciter exceptio hæc procedit; Aut enim locatio facta est ad longum tempus, vel ad modicum; Priori casu, aut est constituta pensio in genere pro toto illo tempore, & tum expelli potest, si non solvat tempore convento, cum ex unica pensione unica reputetur locatio; aut vero constituta fuit merces sive pensio in annos singulos & tunc conductor potest expelli, si per biennium in solutione cessaverit. l. 54 § 1, l. 56 D. h. si vero ad modicum tempus facta est locatio Conductio, statim expelli poterit conductor, cum tempus conventum elapsum est, neque biennium expectare cogitur locator; minimum tamen temporis spatium conductori dandum, quo sese præparet ad emigrandum. Utcunque enim facta sit locatio, denunciatio fieri debet conductori de futura expulsione, Ruin. consil. 167 vol. 1 Caroc. part. 4 quæst. 29 n. 50 & seqq. ut si sponte cedere velit & præstare interesse & lucrum cessans, (ad id enim tum agere potest locator), non sit opus officium judicis implorare, vid. Caroc. d. l. n. 58. Mozz. de Contract. p. mihi 563. Pacion. d. c. 55.

LVIII. Notari autem hic meretur, quod si per multos annos pensio locatori non sit persoluta, ita ut recte suo jure uti, & Conductorem expellere possit, si tamen omnium ejusmodi annorum pensionem receperit, videatur renunciasse jure expellendi, nec postea eo confugere possit, remittentibus enim actiones suas non est regressus dandus, l. 14 § 9 D. de Ædilit. edict. vid. Caroc. d. l. n. 52. Conductor etiam, licet per biennium pensio non sit soluta, celeri satisfactione sibi providere & moram purgare potest, c. 3 & 4 X. de Locat. Cond.

LIX. Et tantum de exceptione prima. Secunda continetur in his verbis: Nisi propriis usibus dominus eam necessariam esse probaverit. Quicunque ergo locator propriis usibus rem elocatam necessariam probare potest, ille ante conventum tempus conductorem invitum potest expellere. Pacion. c. 56 per tot.

LX. Per usus proprios quid hic intelligatur, explicat Pontifex c. 3 X. locati, & ejusmodi usus dicit hic intelligi, quos necessitas exposcit, ipsius scil. locatoris. Ejusmodi sunt, si domus, quam tempore locationis inhabitabat Locator, collapsa vel combusta sit, vel etiam uxorem duxerit, ob quam ædibus amplioribus opus habeat, vel alia ejusmodi necessitas urgeat, Azo com. ad c. l. 3 h. Perez. n. 31 h. t. Carpz. part. 2 const. 37 def. 6, ubi tale præjudicium subjungit : Ob wohl euer Väterliches Guth Brosius Ulman auff 3 Jahr lang Pachtsweise eingethan worden, dieweil ihr aber dennoch euch nunmehr verehliget, und berührtes euer Väterliches Gut selbst zu euer und eures Weibes Nothdurfft gebrauchen wollet, so ist der Conductor euch daffelbe, ungeachtet, daß die 3 Pacht-Jahre sich noch zur rechter Zeit nicht geendiget, abzutreten und wiederum einzuräumen schuldig. V. R. W.

LXI. Intelligendum tamen hoc de tali necessitate, quæ non imminebat locationis tempore, nec etiam prævideri potuit, sed post initum demum Contractum inopinato accidit c. 3 X. h. t. nisi enim ita sit comparata, non poterit colonus propterea expelli. Imputet enim sibi locator, quod tempore contractus sibi non præviderit, l. 3 § fin. D. ut in poss. legator. & censetur in gratiam conductoris incommodum hoc subire voluisse, cum ea quæ de novo non emergunt, novo non indigeant auxilio. Carpz. dict. defin. 6 n. 7, 8. Neque etiam ejusmodi necessitas hic requiritur, quæ dolo vel culpa Locatoris eveniat, fraus enim & dolus non debent cuiquam patrocinari, c. ad nostram X. de empt. vend. Quod notandum contra decoctores, qui non statim, postquam ad incitas sunt redacti, propriaque domo pulsi, possunt expellere rerum suarum conductores; cum enim publice expediat, ne quis re sua male utatur, § 2 Inst. de his qui sui vel alieni juris sunt, merito beneficio hujus legis censentur indigni, qui dilapidando contra publicam utilitatem peccarunt, l. 37 § 1 in fin. de minor. Tertio necessitas hæc debet esse urgens et vera, qualis non est, si velim expellere conductorem, ut cariori pensione domum locem. Quæ vero urgens et vera necessitas sit, judici dijudicandum relinquo, arg. l. 1 de jur. delib. Pacion. c. 56 n. 59.

LXII. Rationes hujus exceptionis esse possunt, quod cum quisque sibi sit proximus, propria commoda alienis anteponere liceat, cum ordinata charitas a se ipsa incipiat, l. 6 C. de servit. & aqua, ubi durum dicitur & crudelitati proximum, res nostras ad aliorum usus converti, cum ipsi iis indigemus, semper enim quando aliis res nostras concedimus ad usum, subest tacita conditio, nisi dominus ipse indigeat, justitia enim suum cuique tribuit, ne distrahatur ab alterius justiori petitione, l. 31 depos. Hahn. ad tit. commod. n. 11. Necessitas etiam licitum facit, quod alias de jure licitum non est, c. quod non est licitum X. de R. J. & N. legem non habet, c. 4 X. de Consuetud. c. 3 X. de celebrat. missar. sed ipsa legem facit, l. 27 D. de manum. testam. Exempla habemus l. 4 ad L. Rhod. de jact. ubi tempore necessitatis fiunt communia, quæ usu consumuntur, & pater tempore famis vendere potest filium, l. 1 & 2 C. de patr. qui fil. distr. Res sacræ necessitate urgente possunt alienari, l. 21 C. de SS. Eccles. c. aurum 12 quæst. 2. Possunt etiam Clerici justissima necessitate efflagitante ornamenta Ecclesiæ laicis oppignorare, c. 1 X. de Pignorib. Quæ omnia extra necessitatis causam aliter sese habent, adeoque certum est, hanc exceptionem niti fundamentis partim a justitia universali, partim ab eo, quod medium inter justum & injustum, cogente necessitate, proficiscentibus.

LXIII. Nec ob suos modo usus Locator potest expellere Conductorem, sed etiam si probaverit liberis illas ædes esse necessarias, qualem interpretationem suadet summa inter parentes & liberos conjunctio, Arist. 8 Eth. c. 12 verb.

c. 12 verb. parentes enim natos amant ut se ipsos, qui nimirum sunt ex ipsis, tanquam alteri ipsi sunt, eo quod sejuncti sint; & liberi pars parentum sunt, ibid. verb. Etenim parentes amant natos tanquam sui quid exiftentes. Eadem ergo ratio, quæ in toto, parentibus scil. in liberis ut parentibus valebit, l. 76 D. de rei vindic. idem quoque eft, si locator indigeat domo propter patrem vel avum, matrem, aut aviam, fratrem: Dd. ad t, d. locat. cond. Barbof. coll. in Jus Can. ad tit. Loc. c. 3 § verum n. 22. Lud. Molina de Juft. & Jur. tr. 2 difp. 449 n. 6; quamvis de fratre locatoris hoc neget Baldus in l. 3 h. n. 23. Petrus de Ubald. de duob. fratr. p. 8 q. 4. Pacion. c. 56 n. 20.

LXIV. Procedunt tamen hæc ita, nifi pactum fit appofitum de non expellendo, licet enim illa conventio quoad primam exceptionem nihil operetur, fi penfio scil. non fuerit foluta, neque quoad ultimam, fi re locata quis male utatur, hunc tamen heic habebit effectum, quod propter fuos & proprios ufus locator non poffit expellere conductorem, verba enim in contractibus operari aliquid debent, l. fi quando D. de legat. 1, unde multo magis tenebitur locator, si jurato ita promiferit, Jo. Sichard. ad l. 3 h. n. 7. quod adeo verum Carpz. putat p. 2 conft. 37 defin. 7, ut si tutor res minoris locaverit, & de non expellendo Conductorem ob ufus proprios minoris pactus fuerit, minor finita tutela hoc pacto præcife ftare teneatur, arg. l. 8 D. de admin. & peric. tut. Contrariam tamen Sententiam approbat Caroc. de Locat. Conduct. part. 4 q. 22, ubi cum Didaco Covarruvia lib. 2 variar. refol. cap. 15 n. 4 afferit, quovis pacto non obftante difpofitioni huic, l. 3 locum effe, cum non modo æqua sed æquiffima fit. Æquitatem autem illam tali exemplo probat, si in gravem aliquem morbum incidat Locator, uxor vel l.beri ejus, isque morbus ex peftiferis ædibus oriatur, habeat autem idem locator alias ædes, commoda aeris temperie falubriores, longe tum fc. effe æquius a pacto recedere, quam hominem perire. Quodfi vero expreffe ita fit in inftrumento fcriptum, ut expellere locator non debeat etiam pro ufu proprio, tum beneficio hujus legis valide renunciatum putat, ibid. n. 28. v. Pac. c. 56 a n. 34 ad 41. Cancer. 1 Ref. 14 n. 11.

LXV. Reftringitur quoque hæc exceptio, nifi poft fuperventam neceffitatem locator penfionem receperit, cum fic tacite beneficio hujus legis renunciaffe, & de novo contraxiffe cenfendus fit, ob neceffitatem enim, quæ adeft eo tempore, quo contrahitur, nemo expelli poteft, ut fupra fufius dixi. Ut nec dum expellendus videtur Conductor, si ædes ita amplæ & fpatiofæ fint, ut utramque locatoris scil. & Conductoris familiam capere poffint; Neceffitatis enim caufa ceffante, ceffat & id quod ob neceffitatem eft conceffum vel introductum. c. 2 X. de cuftod. Eucharift. c. quod pro 1 quæft. 1 etfi Chriftus 26 in fin. de jurejur. & fi ullo modo fieri poteft, ita facienda interpretatio eft, ne Conductori jus ad rem, quod habet ex contractu, ante tempus eripiatur.

LXVI. Diverfum quoque hic eft in colono prædii ruftici, qui propter neceffitatem ad ufus proprios a locatore expelli non poteft. Sich. ad l. 3 hic n. 6. Caroc. p. 4 q. 22 n. 35. Hahn. ad h. t. n. 15. in ejusmodi enim prædia, inquit, neceffitas talis occurrere nequit, neque etiam facultas hæc recedendi extendenda eft, cum veniat ex lege pofitiva, & revera fit contra naturam contractus fecundum se confiderati. Pac. c. 56 n. 23. Diffentit Carpz. part. 2 conft. 37 defin. 6 n. 11, difpofitionem hujus legis, quantum ad neceffarios ufus non folum in domo, fed & in fundo, aliaque re locata obtinere afferens. Specialiter quoque Studiofis conceffum volunt, quod non poffint expelli, fi propriis ufibus locator rem expofcat, Bolognet. in Authent. hab. ne fil. pro patr. Rebuff. de privil. Scholarium privil. 9. Ripa ad l. 1 in fin. D. folut. matrim. Dd. in d. c. 3 § verum. Quod tamen privileg'um fruftra fibi forte arrogant Studiofi, cum nullibi ipfis datum reperiatur, & teftetur quotidiana experientia contrarium. Singulare etiam nihil hic eft in longi temporis Conductore, quamvis multi diffentiant, Angel. conf. 2. Aug. Barb. ad d. § verum n. 29, falfo principio deducti, quod locator longi temporis habeat jus in re & utile dominium. Quæ ratio in Emphyteuta & perpetuo colono recte procedit; illi enim propter jus in re, quod habent, expelli non poffunt, etiamfi dominus propriis ufibus ædes probet neceffarias, agros enim vectigales, quamdiu penfio inde folvitur, nec ipfi Emphyteutæ, hec hæredibus auferre licet, l. 1 D. fi ager vectigal. cum hi pro certo habeant, fuum effe quod poffident, l. fin. C. de fund. patrim. & domino directo nullum jus fit, nifi ad canonem annuum. Covarruv. lib. 2 variar. refolut. c. 25. Zœf. ad D tit. Locat. n. 111. Caroc. p. 4 q. 22 n. 40. Hypotheca pro obfervantia contractus impedit facultatem expellendi. Pacion. c. 56 n. 46.

LXVII. Ultimo circa hanc exceptionem notandum, quod locator neceffitatem ad proprios ufus allegatam probare debeat apud judicem, nec ftandum folo juramento locatoris, domum ad proprios ufus fibi effe neceffariam, Carpz. d. def. 6 n. 9. Pac. n. 58. Quare fi mendaciis expulfus fit colonus, domusque alteri poftea locata, ad intereffe primo Conductori tenetur locator, & de crimine ftellionatus etiam conveniri poteft, l. 3 D. Stellionat. imo Conductor ita deceptus poterit petere, ut remittatur in rem conductam. Requiritur ergo hic circumfpectus & cautus Judex, qui dijudicare fciat, an neceffitas illa urgens & vera fuerit, quive obviare poffit locatorum malitiis, quæ variæ hic effe poffunt. Quidam enim recedere volunt a contractu ex invidia, vel odio, neceffitatem propriam allegantes, quidam ad requifitionem alterius, quidam expulfo ita conductore per aliquod tempus retinent, & poftea rurfus alteri locat, ut recte monet Vincent. Caroc. d. tr. p. 4 q. 21 n. 34. Adde Sichard. ad Cod. l. 3 h n. 6. Hahn. h. t. n. 15 & quia probatio hæc de neceffitate ad proprios ufus fieri debet apud judicem, confequens eft, quod Conductor non nifi caufa cognita expelli

debeat

debeat, & judicis autoritate, Pac. cap. 56 n. 55. Caroc. q. 2 n. 28.

LXVIII. Tertia exceptio continetur in verbis, "aut corrigere domum maluerit." Corrigere licet alias in jure nostro varias habeat acceptiones, eas tamen exponere forte fuerit supervacaneum, cum hic idem sit, quod reficere, ut explicat Pontifex in c. 3 X. h. adde l. 15 § 1 D. h. t. sive corruptam restituere, l. 25 § 2. Exceptio ergo hæc est; Locator qui conductam domum corrigere vel reficere vult, Conductorem invitum expellere potest.

LXIX. Ratio exceptionis est ab eo, quod absurdum, & alioquin menti contrahentium repugnans, desumpta, scil. quod si ita reficere vel corrigere ædes non liceret, facile possent concidere & ruere cum maximo locatoris damno, & sic quod facili alias negotio & minimis sumptibus poterat expediri, novam exstructionem & magnas impensas requireret; in tempore ergo eiusmodi ruinis succurrere melius est, quam postea damna subire, arg. l. fin. C. in quib. causæ in integr. restit. non est necess. & integra causa potius servanda quam redintegratio facienda, l. 2 C. t. eod. Unde refectionis hujus tantus favor est, ut si inquilinus dominum ædes reficere volentem prohibeat, de turbata possessione possit conqueri locator, eleganti textu l. 11 de vi & vi armat. Habet etiam dominus ædium uti possidetis interdictum l. 3 § 3 uti possid. Pacion. cap. 57 num. 2.

LXX. Patet hic statim, ad quem spectet refectio rei locatæ; videri quidem poterat, Conductori eam esse tribuendam, cum ille commodum ex ædibus sentiat, unde & onera ipsi videntur adscribenda, l. secundum naturam D. de R. J. Rectius tamen dicitur corruptorum restitutionem ad Locatorem pertinere, l. 3 & c. propter X. h. t. Qui si reficere nolit, Conductori competit actio ex conducto, l. 15 § 1 ibi: aut villa non reficitur, imo, si corrigere quod collapsum locator detrectet, conductor poterit discedere, l. 25 § 2 D. h.

LXXI. Non autem propter quamvis refectionem, etiam utilem, Conductor est expellendus, sed requiritur necessaria, h. est, qua non facta, periculum esset, ne tota domus corrueret, ut si propter vetustatem minetur ruinam, l. 35 pr. D. h. Si enim fuisset necesse demoliri, sed quia melius ædificare vellet, id fecisset locator, quanti Conductoris interest, tanti condemnari oportet, l. 30 pr. D. h. Necessario autem ædificio demolito proportione, quanti dominus prædiorum locasset, quod ejus temporis habitatores habitare non potuissent, ratio habetur, & tanti lis æstimatur. Verba sunt Alf. d. l. 30 pr. Talis etiam necessitas hic requiritur, quæ post contractum superveniat. Si enim vitium illud jam tum tempore contractus fecissent ædes, propter quod expelli debet Conductor, certe illa necessitas non excusaret dominum, quo minus inquilino teneatur ad interesse, necessitas enim, in quam volens quis se coniicit, nemini debet patrocinari, l. 2 § 6 D. si quis cautionibus. Azo comment. ad Cod. ad h l. 3. Cynus ibid. n. 1. Sichard. h. n. 8, 9. Nisi tamen

ruina illa imminens post contractum magis detegatur & sese prodat. E. g. si æstivo tempore facta sit locatio, & hyberno tempore, quod vitiis detegendis idoneum est, ruinosam, vel alio insigni vitio domum affectam appareat, tum enim huic exceptioni nihilominus locum esse vult Baldus ad l. h. æde n. 13 in fin. Caroc. p. 4 q. 23 n. 15. Refectionem autem esse necessariam, dominus, antequam expellatur Conductor, probare debet, unde adhibendi architecti & fabri lignarii, quorum arbitrio Judex fidem adhibere debet.

LXXII. Quæri hic potest, an domo ita refecta inquilinus in pristinam locationem jure sese petat restitui? Affirmat glossa in l. 3 § 3 D. uti possidetis. Quam Bartolus summopere in praxi commendat, & nobilem dicit Romanus sing. 235. Cessante enim expulsionis causa, quæ erat temporaria, pristinum habitandi jus revivicit colono ad tempus usque conventum, & si per illam refectionem ædium usus redditus sit minus idoneus, merces videtur minuenda, l. 27 D. h. E contrario vero si factus est commodior, pensio augenda est. Caroc. p. 4 q. 23 n. 6. Henr. Zœs. comment. ad tit. Locat. n. 35. vid. l. 62 pr. locat. Pac. n. 6.

LXXIII. In Emphyteusi & perpetuo colono exceptio hæc locum non invenit, cum ad meliorationes sive refectiones Emphyteuta & perpetuus colonus ipsi sint adstricti, ita ut impensas eo nomine factas exigere vel repetere nequeant, l. 2 C. de Jur. Emphyteut. Molina de I. & I. tom. 2 disp. 456 n. 1. Cæpoll. de serv. præd. c. 59 n. 18. Unde suis sumptibus purgare tenentur aggeres, & fossas, vias reficere, reparare puteos. v. Alvar. Valasc. de Jure Emphyteutico quæst. 26 n. 4. Molina d. l.

LXXIV. Quarta Exceptio continetur in verbis: "Aut tu male in re locata versata es" Male versari Pontifex in d. c. exprimit male conversari, JCtus Paulus l. 54 § 1 D. h. t. colere non ut oportet. Ulpianus, non uti boni viri arbitratu, l. 1 pr D. usufructuar. quemadmod. cav. l. 13 pr. de usufr. & quemadm. qu. utaturfr. Ut ita male versari hic sit deteriorem causam rei locatæ reddere, eaque facere, quæ in re sua quis non faceret, l. 1 § 3 Usufr. quemadm. cav. l. 15 § 6 D. de usufr. sive læsionem ex usu afferre, l. 4 C. de Usufr. vid. Pacion. cap. 54 per tot.

LXXV. Ratio exceptionis est tum ab eo, quod actum inter contrahentes censetur, justumque est, tum a principiis œconomicis & officio boni patrisfamilias desumpta; quod tacite contractui insit conditio hæc: ita locat, ita inhabitet, ut oportet, l. 54 § 1 h cum alteri per alterum iniqua conditio inferri non debet. Est enim locatio conductio contractus bonæ fidei, unde qui locat rem alicui, licet nihil expresse dicat, tacite tamen videtur injungere conductori, ut versetur in re conducta bona fide, hoc est, eo modo, quo boni patresfamilias seu quo solent frugi & temperantes homines versari, arg. l. 1 § 4 & f. l. 2 de usufr. l. 9 § 2 eod. quare si contra bonam fidem versetur in re conducta colonus, non mirum, si a domino vicissim ei

fides

sides non serventur, i. e. expellatur, quia agit contra modo dictam conditionem, quæ pars est contractus, l. 1 §. 5 & sqq. de pact. l. cum propon. C. eod. Sichard. ad h. l. 3 n. 10. Certi præterea juris est, omnes, qui aliena bona possident, jus illud male utendo perdere, ita in usufructuario constitutum § 3 Inst. de usufr. viduæ dotalitio male utente, Natta Consl. 447 n. 11 patre administrante bona adventitia liberorum &c. vid. Ernest. Cothmann. vol. 2 resp. 57 n. 188 & multis seqq. Men. de arbitr. jud. quæst. lib. 2 cent. 1 cas. 78.

LXXVI. Non autem quævis deterioratio expulsionem meretur, sed requiritur 1) evidens, enormis & notabilis, quænam autem talis sit, judicis arbitrio relinquendum. Menoch. d. cas. n. 7. 2) In re ipsa, non vero in fructibus facta. 3) Per dolum malum, latam, vel levem, non vero levissimam culpam Conductoris. E. g. si arbores fructiferas exscindat, l. 11 D. de usufr. l. 15 § 13 de jure fisci, l. 7 § 12 D. soluto matrimonio, quo casu non modo ex locato tenetur, sed etiam L. Aquil. & L. 11 Tabularum, arborum furtim cæsarum, & interdicto quod vi aut clam, l. 25 § 5 D. si scalas domus comburat, si tigna eximat itaque utatur ad usum alium, fenestras excutiat voluptatis causa cum compotatoribus, neque reficiet. v. Pac. d. c. 54 a. 5 & sq.

LXXVII. Idem si moraliter abusus sit domo locata Conductor. E. g. si inducat in ædes meretrices, aut alios homines malæ frugi, qui ibi inhonestos actus exerceant, quibus vicini offenduntur, vel detrimentum aut corruptionem familiæ suæ sentiant, tum enim Conductor potest expelli. Studiosi tamen si in domum conductam meretrices inducant, quasi hoc illis non sit novum & inusitatum & quandoque licitum, Cæpoll. de servit. urban. præd. c. 5 n. 3. Angel. Aretin. § ult. Inst. Locat. Men. de arbitr. jud. quæst. cas. 78 n. fin. non esse expellendos, male resolvunt, Bolognet. in authent. habita C. ne fil. pro patr. n. 3. 7. Rebuff. de priv. Scholarium priv. 20. Eandemque opinionem defendit Baldus, quando distinguendum putat, cui dominus locaverit, si enim a principio locet illi, quem verisimiliter scire poterat, perverse conversaturum eundem postea juxta Baldi sententiam expellere non potest. Si enim locat, inquit, domum studioso, verisimiliter cogitare debuisti meretrices subsecuturas, & imputes tibi, qui ex communiter accidentibus debuisti hoc prævidere. Secus autem si locasses honesto cuipiam vel seni, vel sacerdoti, vel viduæ, in quibus præsumitur castitas. Alii tamen Studiosum scortatorem ita expelli posse statuunt, si inde locatoris honestas, vel fama periclitaretur, vel vicinis etiam scandalum præberetur. Qua limitatione non erat opus, cum affirmativa indistincte vera sit, ejusmodi studiosum impudice viventem ante tempus posse expelli; privilegia enim Studiosis non sunt data ad explendam libidinem, sed propter adhibendam in studiis diligentiam, quo eorum scientia totus illuminetur orbis, Authent. habita C. ne filius pro patre. Refutat etiam satis horum Christianus

Jurist. Oracul V Band.

Religionis Doctorum sententiam JCtus Ethnicus Papinianus, l. 15 de condit. Institut. quæ facta, inquiens, ledunt pietatem, existimationem, verecundiam nostram, aut contra bonos mores fiunt, nec facere nos posse credendum est.

LXXVIII. Quod modo de meretrice dictum est, extendi quoque debet ad eam, quæ conjugata quidem, sed meretricio more vivit, cum ipse maritus prostitutione uxoris lenocinium exerceat, arg. l. 2 § 3 ad L. Jul. de adult. Men. dict. cas. 78. Avend. de exequend. mand. part. 2 c. 6 n. 4 & seqq. Petr. Caball. resolut. crimin. tom. 1 cas. 184 n. 3 & 4. ubi extendit hoc ita, ut uxorata turpiter vivens propter vitiosum vitæ genus ex propria etiam domo possit expelli. Idem quoque de ea videtur dicendum, quæ non quæstus gratia, sed amore capta, alicui copiam sui faciat, cum inhonesta dicatur, prout resolvit Bened. Egid. tract. de jur. & privil. honestatis art. 9 n. 7 in fin. quamvis ejusmodi mulierem e vicinia non posse expelli scribat Farinac. in pr. crim. part. 3 q. 98 n. 6. Menoch. de arbitrar. jud. quæst. cas. 329 n. 14; quæ posterior sententia forte verior est. Nam qualitas tam locatoris, quam conductoris & vicinorum hic consideranda, Pac. n. 25.

LXXIX. Non peccare tamen mortaliter volunt eum, qui locat domum meretrici, dummodo nec principaliter, nec etiam minus principaliter, meretricios amores in domo conducta exercendos intendat, sed solius habitationis usum concedat, Beja in Respons. casuum Conscient. part. 1 cas. 27. Molin. disp. 500 n. 3. Azor. Instit. moral. part. 2 lib. 12 c. 18 quæst. 3. Sanch. in præceptis Decalogi lib. 1 c. 7 n. 20. Emphyteuta non potest ob introductionem meretricum expelli. Pac. n. 34.

LXXX. Elegans etiam circa hanc exceptionem quæstio est: an procedat, si quis diversas res conduxerit & in una earum male versetur, an propterea ex omnibus sit expellendus, e. g. si quis domum & hortum simul conduxisset, & satis commode quidem in domo versaretur, in horto autem male, & dicendum videtur, quod delinquens in parte, puniendus quoque sit in parte, ne ulterius progrediatur pœna, quam reperiatur delictum. Verior tamen est sententia, inquilinum delinquentem circa unam rem, expellendum esse ex omnibus. arg. l. 11 D. de legat. 1, l. 3 § fin. de incend. ruin. naufrag. ubi si quis tollat ex naufragio unam clavum, tenetur de omnibus, qui fuerunt in navi, & sequeretur inde, quod si tantum una res esset locata alicui, & Conductor male versatus esset, e. g. in hypocausto, tantummodo exinde esset expellendus, & non ex tota domo, quod videtur absurdum & contra mentem contrahentium esse. Sichard. ad h. l. 3 n. 11. Baldus in h. l. adde colum. penult. vol. 1. Natta consl. 481 n. 21 vol. 2. Jason in L. si quis fundum § ea lege num. 5 de V. O.

LXXXI. Expelli similiter propter hanc causam potest Emphyteuta & perpetuus colonus, Authent. qui rem C. de SS. Eccles. vid. Hahn ad tit. si ager vectigal. Sub fin. ubi præjudicium tale

Aaa

tale invenies: Daß nach Anweisung sowohl des Erben Zins-Briefes, so von eurem Antecessoren Hansen Salmannen und seinen Leibes-Erben über einen Hof mit 5 Hufen Landes zu Grüningen gelegen, in Anno 1553 gegeben, als gemeinen beschriebenen Rechte, ihr diesen Hof und angehörige Ländereyen, so in keiner Besserung erhalten, sondern wüste worden und verlassen, an euch hinwieder zu nehmen befugt. B. R. W. Et cum Conductor Ecclesiæ ex pietate adstrictus sit, res ejusdem meliores, non deteriores reddere, multo magis ille fuerit expellendus, Ruinus consil. 88 vol. 1. Ad quem tamen pertineat judicare, utrum deterioraverit Conductor, Emphyteuta, vel perpetuus colonus, & male agrum coluerit, non omni ex parte planum est, Rot. Flor. ap. Magon. decis. 101 ad arbitrium boni viri hoc esse remittendum censuit; & nos judicis arbitrio id relinquimus, qui adhibitis hominibus earum rerum peritis facile de facto vel non facta deterioratione statuere potest. Qui itidem Judex cavebit, ne meliorationes in re æque seculari ac Ecclesiastica factæ compensentur cum ejusmodi deterioratione, quæ facta est ad effectum expellendi, Caroc. part. 4 q. 24. n. 8, 9.

LXXXII. Quinta denique exceptio habetur l. 9 C. h. t. his verbis: "Emptorem quidem fundi necesse „non est stare colono cui prior dominus locavit, nisi „ea lege emit. „ Consimilis textus est, l. 25 § 1 D. h. ubi ita inquit JCtus Cajus: Qui fundum fruendum, vel habitationem alicui locavit, si aliqua ex causa fundum, vel ædes vendat, curare debet apud emptorem, ut quoque eadem pactione & colono frui, & inquilino habitare liceat. Alioquin prohibitus is aget cum eo ex conducto.

LXXXIII. Non ipsi modo contrahentes, verum etiam eorum hæredes ex utraque parte, i. e. tam locatoris quam conductoris obligatos esse, jam ante ex C. h. l. fuit dictum quod ipsum tamen de successore locatoris universali, non vero de eo, qui singulari titulo rem accepit, est intelligendum, is enim, uti in hac lege 9 dicitur, stare locatione conductione a venditore facta non tenetur. De qua materia late videri potest Pacion. d. l. loc. cond. cap. 61 per tot.

LXXXIV. Dividit ipsamet lex sese in duas partes, prima est: "Emptor fundi stare colono, cui prior „dominus locavit, non tenetur. Altera; Emptor „fundi stare colono, cui prior dominus locavit, necesse „habet, si ea lege emit. „

LXXXV. Ratio prioris respectu emptoris, dependet ex principiis deficientis obligationis, adeoque injustitiæ commutativæ; quod successorem singularem autoris sui factum non stringat, cum non repræsentet ejus personam aut jus, & quia totus hic contractus atque actio inde descendens est personalis, qua Conductor se obligat Locatori & vicevers̃a, & vero successor particularis non succedit in debitis vel juribus personalibus, non ipse poterit obligari ex facto antecessoris, & hoc est quod dicitur in l. 25 D. d. O. & A. actionem personalem competere adversus eundem. Hahn observ. ad h. n. 13, quodque jure locantis resoluto, jus quoque conductoris resolvatur, l. 9 § 1 D. h. l. 31 D. de pignor. Ita ut omni fundamento agendi conductor sit destitutus. Non potest agere adversus emptorem, quem nec realiter, nec personaliter habet obligatum, cum nullum pactum, vel contractus inter ipsum & conductorem intercesserit. Neque

valet experiri contra locatorem, cui juxta principia juris gentium a proprietate rerum deducta, libera fuit rei suæ alienandæ facultas, qua ergo semel vendita ulterius eam dandi potestatem is non habet, cum dominium transtulerit, adeoque ex obligatione faciendi ad interesse tantummodo tenetur, ad quod unice conductor agere potest, Carpz. lib. 5 tit. 3 respons. 17 num. 9.

LXXXVI. Quibus omnibus nihil obstaculi potius etiamsi promiserit Locator, quod Conductorem non velit expellere, nihilque interest, utrum in principio locationis, an in medio vel ante finem venditio facta sit, semper enim migrare Conductorem oportet, Richter decis. 82 n. 5, ubi a Scabinis Lipsiensibus ita pronunciatum refert: Habt ihr die Hufen Landes, so Fabian Heßler auf 9 Jahre vermiethet, und ausgethan, von ihm dem Heßler in Vormundschaft seines halben Bruders erkauft und bezahlet, so ist der Miether, ungeachtet ob gleich die Jahre der Miethung noch nicht um seyn, von solchen Hufen nunmehr abzustehen, und euch dieselbe, oder denen ihr sie verkauft, folgen zu lassen schuldig.

LXXXVII. Neque tantum dispositio hujus legis ad emptorem venit restringenda, cujus solius hic sit mentio, verum etiam in omni singulari successorem locum sibi vendicat; Exemplum habemus in legatario l. 120 § 2 D. de legat. 1. Circa donatarium distinguendum, est enim vel omnium bonorum donatarius, & eodem modo quo hæres colono stare tenetur, aut vero certe rei, & non tenetur stare, Caroc. part. 4 quæst. 36 num. 6. Patet hic successorem singularem plus juris interdum in re habere quam ipsum auctorem, quod videtur esse contra l. nemo plus D. de R. J. cum autor non potuerit colonum expellere, durante conductionis tempore, emptor vero, vel legatarius id possint. Unde textus illi, quibus dicitur: neminem plus juris in alium posse transferre, quam ipse habeat, intelligendi sunt de universali, non vero successore regum singularium. Sichard ad C. h. l. 9 num. 4 & seqq.

LXXXIIX. Non potest vero ejusmodi successor singularis expellere conductorem, qui si prospexit de hypotheca, sive generali, sive speciali, ita Bartolus, Baldus & Salicetus in h. l. emptorem. Neguzantius de pignor. pr. membr. 1 n. 6; quia enim tum in jure reali fundatus est, non utique poterit expelli, Carpzov. lib. 5 tit. 3 respon. 17 n. 20, ubi præjudicium Scabinorum Lipsiensium subjungit. Pulchra cautela est, inquit Sichard. ad l. 9 C. h. qua potest Conductor sibi consulere, ne emptor cogat eum egredi, quia in conductione potest sic dicere: Domino locator, ego pro pensione annua tibi dabo decem, & obligo omnia mea bona ad solutionem istius pensionis, vicissim autem tu etiam ut locator obliges omnia tua bona ad observantiam contractus. Junge pluribus Bartolum in l. qui fundum D. Locat. n. 2, ibi: & ideo est consilium. Vincent. Caroc. p. 4 q. 37 n. 25. Richter. decis. 82 n. 8, ubi ita pronunciatum a Scabinis Lipsiensibus dicit: Wofern solche Hufe dem Miether verpfändet wäre, davor sichs aus eurem Bericht lässet ansehen, auf den Fall bliebe er auf seiner Miethe bis zu Ende derselben billig. Eodem modo securus est Conductor fisci, municipii vel Reipublicae, fiscus enim si post locationem a sese factam vendat, emptor tenetur stare colono, ob expressum

textum

textum l. 3 C. de mancip. & colon. patrim. Berlichius part. 2 concl. 45 n. 16. Conductor ad longum tempus, quod nihil singulare hic habet, & eodem modo quo modici temporis conductor possit expelli, ex superioribus satis, ut puto, planum est, neque moror illos, qui statuunt, illum habere jus in re, & propterea ante finitum tempus non esse turbandum, cum falsum ejusmodi principium esse constet, ex Observ. Hahn. h. t. n. 8. Non expellendum quoque esse ab emptore colonum partiarium, nonnullorum opinio est. Fab. de Empt. Vend. q. 6 membr. 18. Cephal. consc. 658 n. 8 vol. 5. Carpzov. lib. 5 tit. 3 resp. 17 n. 2.

LXXXIX. Notari vero hic meretur, quod hæc decisio, Emptorem sc. posse expellere Conductorem, procedat tantum in successore voluntario, non vero in necessario, in quem necessitate cogente dominium est translatum. E. g. creditores in fundum immissi successores sunt necessarii, & locationi a debitore ante immissionem factæ stare tenentur, l. 8 § 1 D. de reb. autorit. jud. possidend. Daniel Mollerus lib. 4 Semestr. c. 14 n. 10. Baldus in l. h. 9 n. 4 sub fin. versc. idem in eo qui succedit. Idem est, si res locata fuerit sub hasta vendita: omnis enim, qui per sententiam judicis succedit, tenetur stare locationi, nisi ea facta sit in fraudem, Carpz. lib. 5 tit. 3 responc. 17 n. 19.

XC. Neque expellere quoque ejusmodi successor potest, cujus negotia per locatorem sunt administrata. Ita pupilli & minore obligantur, & finita tutela conventum tempus expectare coguntur, arg. l. si tutelæ D. de Administ. tutor. Officium enim tutoribus damnosum esse non debet, quod utique contingeret, si licitum esset illis, quorum negotia gesserunt, conductores expellere, possent enim ita tutores a Conductore ad interesse conveniri, l. 15 § 8 D. h. Quare eodem modo, cum maritus sit legitimus administrator uxoris suæ, tenetur quoque dissoluto matrimonio stare mulier locationi per maritum in rebus æque paraphernalibus ac dotalibus factæ, arg. l. 25 § fin. D. solut. matrim. vid. plurib. Berlich. hic part. 2 concl. 45. Sichard. ad h. l. 9 n. 14. Dissentit Zoesius quantum ad res dotales h. t. locat. n. 49.

XCI. Quamvis ergo Emptor vi hujus legis expellere possit Conductorem, hic tamen ita simpliciter cedere & emigrare non debet, sed convenire locatorem potest a contractu discedentem ad interesse & damna, quæ præmaturus ejusmodi discessus secum ducit, l. 24 § 4 D. Locat. l. 30 l. 33 D. eod. Daniel Mollerus libr. 4 Semestr. c. 14 n. 1 & seqq. Berlich. part. 2 consc. 45 num. 14. Carpzov. Jurispr. Forensc. part. 2 constit. 37 defin. 5. Addito præjudicio; Ob nun wohl Kauf vor Miethe gehet, und ihr daher das Haus zu räumen schuldig seyd, so seyd ihr doch dem Verpachter wegen nicht gehaltenen Contracts ad Interesse zu belangen wohl befugt. Richter: dec. 81 n. 2 a Scabinis Lipsiensibus ita responsum allegat: Haben euch Christoph und Valentin Lauwen, Gebrüder, 4 Hufen arthaftiges Landes auf 6 Jahr lang um einen benannten jährlichen Zins zu gebrauchen eingethan, und nach Verlaufung 4 den einen Acker unserm gnädigen Herrn, dem Grafen zu Mannsfeld, verkauft, und euch derowegen die Miethe aufgekündiget: So seyn sie euch euer Interesse und Antheil, so euch aus solcher Aufkündigung der Miethe vor der bedingten Zeit erfolget, zu erstatten verpflichtet. Et decisc. 81 n. 9 verb: Es mag sich der Miether seines

Juriste. Oracul V Band.

Schadens an seinem Vermiether erholen. Cautus itaque hic erit Conductor, ne sine protestatione de consequendo interesse cedat & emigret, quod si fecerit, sibi ipsi præjudicat, nec amplius agere potest contra Locatorem ad damna & interesse. Bursatus consc. 101 n. 4 vol. 1. Caroc. part. 4 quæst. 37 num. 42.

XCII. Hactenus de prima parte legis, altera in illis verbis est, "nisi ea lege emit,„ potest ergo successor sive Emptor pacisci cum colono tacite vel expresse, quod ipsum non velit expellere, & tum stare ejusmodi pacto tenetur, quia alioquin injustus est particulariter, l. 1 de pact. l. 1 de consc. pec. Et sic a Scabinis Lipsiensibus pronunciatum anno Domini 1546, referente Richtero decisc. 82 n. 7: Daß nach gemeinem beschriebenen Gebrauch der Rechten der Käufer, wo er sich hierzu nicht verbunden, die Miethe, so ihr von Heinrichen von Kannawurf bestanden, euch zu halten nicht verpflichtet. Quo casu tamen singularis successor præstando interesse liberatur, L 25 § 1 D. h. l. 13 § pen. l. 53 § fin. de Act. Empt. Potest etiam Locator speciali pacto Conductori prospicere, & ita cum Emptore pacisci, ut colonus una cum ipso in re locata permaneat, Carpzov. p. 2 constc. 37 defin. 4 n. 3. Johann. Rudinger cent. 5 observc. 15. Richter decisc. 82 h. 7. Imprimis autem vide tam de ipsa regula hujus l. 9, quam de ejus exceptione Hahn Observc. Theoret. Practc. p. 1 ad t. locat. n. 13 & Petr. Pacion. d. loc. cond. c. 61 per tot. ubi hanc materiam latissime, per ampliationes, limitationes, declarationes & restrictiones accurate pertractat.

RESPONSUM LI.

Von dem zum Pacht überlassenen, aber nicht zu rechter Zeit tradirten und eingeräumten Amte A. und vielen daraus entstandenen Pachts-Irrungen.

Daß nach so vielen von denen Partheyen geschehenen Recessiren und eingebrachten Producten die Sache nicht unbillig pro conclusa zu halten, und hiernächst die hinc inde eingewendete Gravamina folgendergestalt erörtert seyn; Daß es

Erstlich wegen des streitigen Puncts des nicht zu rechter Zeit tradirten und eingeräumten Pacht-Guts bey dem Commißions-Recesse nunmehro zu lassen, solchem nach des Pacht-Contracts terminus a quo von Johannis an zu rechnen, und hiebey weiter zu beobachten sey, was der angeführte Commißions-Receß im Munde führet, doch müssen 2) gestalten Sachen und Umständen nach, die im Pacht-Contract gesetzten Termine der versprochenen Pension, als Weyhnachten, und Cathedræ Petri nichts desto minder behalten und beobachtet werden.

Wegen der Pfarr-Besoldung hat es 3) mit dem im ersten Jahre vom Conductore beschehenen Abtrage zwar seine Richtigkeit, das Salarium der übrigen Jahre aber ist Locator, ohne des Pachters Zuthun alleine zu tragen, und sich dieserwegen, was dem Prediger, auf der Commißariorum Veranlassung, von dem verordneten Sequester verabfolget worden, an dem Locario decurtiren und kürßen zu lassen gehalten: Immassen auch 4) so viel die Dienste betrifft,

trifft, Locator, auf des Conductoris vorhergehenden
Eid vor Gefährde, sein Gewissen wegen der von
seinen Beamten übergebenen Specification eidlich
zu eröfnen schuldig, es wäre dann, daß ihm selbige
Conductor erliesse, oder den Eid vor Gefährde abzulegen verweigerte, auf dessen Erfolge, oder die
wirckliche Praestation des Juraments, ist Verpachter die Dienste nach solcher Specification zu gewähren nicht schuldig, sondern nur diejenigen, welche erweislich hergebracht, zu dem Ende Verpachter, vermittelst Production und Vorlegung richtiger Hauß-
Bücher und anderer zum Amte A. gehöriger Documentorum, die Dienste auf sein Gut gewiesen, und
wie dieselbe in rei veritate beschaffen, zu designiren
gehalten, was nun von denselben dem Pachter ohne
seine Schuld erweislich nicht praestiret worden, oder
was ihm erweislich mehr praestiret werden sollen und
müssen, vom Verpachter aber nicht eröfnet worden,
selbiges muß ihm, so fern es liquid, an den jährlichen Pachtgeldern nicht unbillig zu gute gehen, widrigenfalls aber, da solche Praetension noch weiterer
Untersuchung benöthiget wäre, ist er selbige in separato judicio auszuführen gehalten: Allermassen er
sich auch 5) der Consumptions-Kosten oder der
praestandorum, welche denen Unterthanen bey denen
Diensten, dem Herkommen nach, gereichet werden
müssen, nicht entbrechen, noch vielweniger 6) unter
deren Behuf sich wider den Abtrag des Locarii mit
der laesione ultra dimidium behelfen kan, da er aber
von solcher Läsion nicht abzustehen, sondern solche
vielmehr auszuführen vermeynet, ist er ebenfalls
in separato judicio zu bewerckstelligen gehalten; Doch
verbleibet ihm Pachtern 7) durante locationis tempore die zur Administration übergebene Jurisdiction
nicht unbillig, dergestalt und also, daß er zu deren
Behuf, ohne Verpachters Consens, Actuarios annehmen und bestellen, auch selbige, jedoch gewissen-
haft und denen Rechten gemäß, verwalten, hingegen
Zeit währendes Pachts Locator in dieselben sich nicht
mischen, dasjenige, was Pachter angeordnet, nichts
ändern, die Unterthanen vor sich allein nicht bestrafen,
noch des Pachters Verordnungen und Abschiede reformiren und aufheben könne, wie er dann auch
schuldig und gehalten ist, Conductori dem Commissions-Receß zu folge, das Gerichts-Siegel, gegen
Vollziehung und Ausstellung des entworfenen Reversus, bey Vermeidung schärferer Verordnung, dermaleinsten auszustellen, die Unterthanen aber, oder
nomine derselben Verpachter, wenn sie durch des
Conductoris Verordnung und Abschiede beschweret
zu seyn vermeynen, müssen sich gehöriger remediorum
suspensivorum, oder devolutivorum an die Regierung zu H. alles Einwendens ungeachtet gebrauchen
und daselbsten beklagen, nach Befinden aber rechtmäßiger Verordnung gewarten, und wann hiewider
von Verpachtern gehandelt, Pachtern aber dadurch
Schaden und Nachtheil zugefüget, selbiger auch
binnen vier wöchentlicher praeclusivischer Frist beybracht worden, ist Verpachter denselben gut zu thun
verpflichtet, hingegen lieget Pachtern ob, nomine
des Verpachters, wenn es derselbe verlanget, oder
die Nothdurft der vorfallenden Gerichts-Actuum
erfordert, in dessen Beywesen sich zu denen Gerichten
vereiden zu lassen, und selbige in Verpachters Namen
zu administriren, die Ausfertigung der Lehen-Briefe

ihm allein zu überlassen, und die Notification der
Consense und Kaufbriefe zu thun, doch daß hingegen
Verpachter die Anstalt zu solcher Uiberbringung
verfüge, und die Ausfertigung nicht hindere, damit
nicht erst der Regierung darüber, auf seine Unkosten,
die er bey befundener Unerheblichkeit zu erstatten gehalten, Verordnung eingeholet werden dürfte: die
fructus Jurisdictionis muß ferner Pachter, alles seines Einwendens ungehindert, binnen einer Monats-
Frist berechnen, und solche Berechnung, die noch
rückständige Pachtzeit über, bey Vermeidung schärferer Verordnung, quartaliter continuiren, wider
welche Berechnung doch Verpachtern seine Gegen-
Nothdurft vorbehalten werden muß, inmassen ihm
auch nicht zu verweigern, daß er die dictirten Strafen
seinen Unterthanen nach Befinden remittire und er-
lasse, die attentata aber, so bey diesem Punct der
Jurisdiction vorgefallen und beyde Theile einander
beschuldiget, werden zur separaten und besondern
Untersuchung ausgesetzet; 8) hingegen hat es wegen
negligirter Jurisdictionalien mit den Benachbarten
und dadurch verursachten Unkosten bey vorigem Regierungs-Judicato sein lediglisches Bewenden, daß
Pachtern solche Jurisdictionalia zuvor eröfnet, und
sonst kündig, und nichts desto minder durch seine Fahrläßigkeit ihm Unkosten zugezogen worden: Die Besoldung des Holtz-Försters lieget 9) Verpachtern ob,
und ist er auch 10) schuldig Pachtern das nothwendige Brennholtz zu behufigen Bierbrauen,
Waschen und Backen sowohl, als in die Oefen und
auf den Herd, so fern es anders der Ertrag des
Holtzes, ohne dessen Ruin, leidet, zu reichen, den
verweigerten Abgang aber, wenn er erweislich gemacht worden, sich an den Pachtgeldern kürtzen zu
lassen, sofern aber der Ertrag der Höltzer solch ge-
sammtes Brennholtz nicht auswerfen könte oder möchte, und deswegen Verpachter sich bey seiner vormahligen Haushaltung des Holtzes zum Brauen
nicht sowohl aus seiner Waldung, als anders woher
bedienen müssen, kan sich auch Conductor eines Ne-
ben-Beytrags am Holtze nicht entschütten, noch vielweniger vor die im Dorfe wohnende Dienst- oder
andere Leute, sondern nur vor sein gepachtetes Gesinde das nöthige Brennholtz verlangen, den Ruin
aber der Höltzer, wenn er denselben durch Abstämmung nutzbarer Bäume verursachet und dessen überführet, ist er zu gelten und den erweislichen Schaden
zu ersetzen gehalten; Wegen der Fischerey ist 11) Locator seinen Pachter die wöchentlich versprochenen
6 Pfund Fische, weil der veranlaßte Vergleich noch
zur Zeit nicht erfolget, reichen oder deren Werth sich
an dem Locario abkürtzen zu lassen gehalten; Und
weil im Regierungs-Abschiede der noch hinterstellige
Vergleich binnen 6 Wochen veranlasset, oder in ent-
stehendem Vergleich eine Commißion zur Taxation
und Determination eines gewissen Locarii verordnet
worden, welche Locator zwar bey der gesuchten Commißion über andere Differentien verlanget, Conductor aber wegen vorgeschützter Inrotulation und
anderer Ursachen rückwendig gemachet, dieser wegen
hat vor Zeit solcher verlangten Commißion Verpachter in hoc puncto wegen des erlittenen und erweislich gemachten Schadens wider Pachtern fundatam intentionem so lange, bis Pachter, daß er
weder den Vergleich noch vorgeschlagene Commißion
verhindert

verhindert habe, wie ihm zu Rechte oblieget, dargethan und erwiesen; Ratione des nicht völlig gelieferten Inventarii ist 12) im Commißions-Receße,
so viel die 9 Stück Schweine und den Stürtzkarren
betrifft, allbereit Remedirung erfolget, den der-
meyntlich angegebenen Abgang der Pferde und des
gelieferten ungesunden Viehes aber muß Pachter,
weil deßen Locator nicht geständig, binnen einer vierwöchentlichen präclusivischen Frist darthum: Wann
solches erfolget, wird sich Locator die mangelnde Inventarien-Stücke an Pachtgeldern decurtiren zu laß-
sen, nicht entbrechen können; Eine Schäferey ist
auch 13) auf dem also genannten Doctors-Hofe zu A.
Locator anzurichten und anzustellen nicht berechtiget,
doch kan ihm auch nicht verweigert werden, so viel
zu halten, und gleich andern Einwohnern unter den
gemeinen Hirten gehen zu laßen, als entweder nach
Proportion des Hofs in genere, oder nach Anzahl
der Aecker in specie, andere dergleichen Guts Inhaber und Einwohner im A. zu halten, und auszu-
wintern befugt seyn; In puncto vorbehaltener Logia-
menter hat es 14) bey vorigem Regierungs-Judicato sein Bewenden, daß nämlich Verpachter seine
wesentliche Wohnung daselbst anzustellen, und darbey neben Fremde einzulogiren nicht befugt sey, den
Schaden, welcher Conductori dadurch zugewachsen,
muß ihm Locator auf gebührendes Beybringen ersetzen; doch kan auch hingegen Verpachtern die
Pferde des also genannten Doctor-Hofs in den
ausgezogenen Reitstall zu stellen nicht verweigert werden, weil könte und möchte dann Conductor beßer als
bishero geschehen, ausfündig machen, daß er durch
diese Einstallung in usu rei conductæ verhindert würde, welchen Falls Verpachter selbiges zu unterlaßen
und solchergestalt nichts anders als zu seinem Abtritt
in dem Hause A. zu gebrauchen befugt wäre; Der
Reparatur wegen hätten zwar, nach Veranleitung
des Pacht-Contracts 15) die verpachteten Gebäude
auf Locatoris Kosten anfangs besichtiget werden sollen:
Nachdem aber selbiges unterblieben und durch Ver-
anlaßung der Herren Commißariorum die Besichtigung von dem Möllen-Vogtey-Amts-Actuario Jurato I. Z. vermittelst Locatoris Bewilligung geschehen,
als hat es bey selbiger sein Bewenden, u. muß Locator
vor derselben Kosten gerecht werden: Was nun
der Zeit schadhaft gewesen, und vor ietzo bey anderweitiger Commißion, daß es absque conductoris
culpa vel casu fortuito vel vetustate schadhafter worden, oder gar eingegangen befunden wird, selbiges
kan Conductori zu ersetzen nicht zugemuthet werden,
vielmehr hat er die Refusion des wegen unterlaßener
Reparatur erweislich gelittenen Schadens zu suchen;
Was aber durch Pachters oder der Seinigen Verwahrlosung ruiniret, vor selbiges haftet er nicht unbillig, und solche Distinction muß auch in specie bey
der eingegangenen Scheune, dem Kruge und der
Mühlen beobachtet werden, auch zu dem Ende die
allbereit veranlaßte Commißion, wo es nicht bisher
geschehen, bewerckstelliget, oder zu Verhütung übermäßiger Spesen diese Untersuchung zur neuen hiernächst veranlaßten Commißion verwiesen werden:
Wie dann auch 16) von derselben, ob die Schloß-
und andere Gebäude von Pachtern übermäßig mit
Getraide beschüttet, und dadurch Schade verursacht

worden, gründliche Kundschaft eingezogen werden
kan; Ebenmäßig hat selbige 17) zu untersuchen, ob
durch Vermengung und Besamung der Brach-Fel-
der von Pachtern Verwilderung des Acker-Baues
und Schaden causiret worden, vor welchen er sodann
gerecht zu werden gehalten; Und obwohl, außer dem,
Pachtern nicht misgönnet werden kan, daß er etwan
mehr an Feldern, als ehemahl Verpachter gethan,
bestellet, so ist er doch, nach geendigten Pacht-Jahren,
das überkommene Brach-Feld in quali & quanto
zu liefern, und einfolglich dem Commißions-Receße
und Regierungs-Abschied zu geloben gehalten; Wie
es dann auch 18) wegen des Leins und Flachses bey
der Pachts-Abrede nach dem Judicato sein ferneres
Bewenden hat: Das Maltz 19.) zu A. zu machen,
und an einem bequemen dem Pachtmanne nicht hinderlichen Orte aufzuschütten, ist Verpachter allerdings befugt gewesen, hat nun Pachter solches
erweislich verweigert, und es kan binnen einer vierwöchentlichen präclusivischen Frist dargethan werden,
so muß er auch den verursachten Schaden allerdings
ersetzen; Wegen des Passus des Miswachs muß
zwar 20) Pachtern de A. &c. oder wo er denselben
darthun kan, eine Remißion, nach dem im Pacht
abgeredeten modo, angedeyhen; Nachdem aber die
beyden Besichtigungen de Anno ziemlich discrepant
seyn, diesem nach muß auch die bevorstehende Commißion die vorgelegte Original-Besichtigung alles
Fleißes perlustriren, die Discrepation wohl untersuchen, nach Befinden Zeugen, denen der Miswachs
selbiger Jahre und des Hauses zu A. bekannt, eidlich
vernehmen, nachmahls aber ein billigmäßiges quantum zur Decurtirung vom Locario setzen, denjenigen
aber, welcher darbey nicht zu acquiesciren gedencket,
zur weitern Ausführung ins Separatum verweisen.
Wird auch 21) Verpachter ausfündig machen, daß
im vorigen Jahre völlige Mast gewesen, und den
noch Conductor, dem Contract zuwider, in selbige
15 Schweine nicht einnehmen wollen, so ist ihm Conductor den Schaden und Abgang zu ersetzen gehalten;
Solte sich nun auch 22) bey nochmahliger Commißion
befinden, daß Conductor in denen verpachteten Obst-
Gärten, in welchen es nöthig gewesen, nicht Obst-
Bäume pfropfen, noch sonst Weiden stecken laßen,
so muß er dafür ebenmäßig gerecht werden. Wegen
des Credit-Wesens verbleibet es 23) bey dem ausgefallenen Regierungs-Judicato, und wird sich bey
Zulegung der Rechnung befinden, ob Pachter darwider gehandelt habe oder nicht. Die Gravamina 24)
des Raths zu S. und der gesammten Unterthanen
zu A. welche sie wider Conductorem eingegeben, werden zu besonderer Untersuchung, und nach Befinden
gebührender Bestrafung ins separatum Judicium verwiesen und ausgesetzet, ingleichen auch 25) die von
beyden Theilen einander beygemessene Thätlichkeiten
und imputirte Anzüglichkeiten, wie sey dann auch
beyde Theile derselben hinkünftig, bey Vermeidung
ernsten Einsehens, zu enthalten schuldig seyn; Weder
der Agnatorum verlangten Consens hat es nunmehro
26) seine Richtigkeit, und ist hingegen 27) dem Re-
gierungs-Decreto zu folge, die verfallene hinterstellige Pacht-Gelder Pachter, bey Vermeidung der
Hülfe, zur Cantzeley unversäumt einzusenden, und
in casu befundener moræ das Interesse zu zahlen ge-

halten:

halten: Doch kan er hingegen 28) mit grösserer Caution, gestalten Sachen und Umständen nach, oder in Ermangelung deren, mit Sequestration nicht beschweret werden; Wegen aller allbereit erörterten Puncten, hat es 29) bey vorigem Commißions- und Regierungs-Receß sowohl, als dem Regierungs-Abschied, sein Bewenden, und ist zwar zum 30) ein Theil dem andern die Unkosten, welche er durch ungehorsames Aussenbleiben bey denen Terminen und Commißionibus causiret, zu refundiren und zu ersetzen gehalten, die übrigen aber werden aus bewegenden Ursachen gegen einander aufgehaben und verglichen.

Damit aber diese der Länge nach erörterte Gravamina endlich gehoben, das Liquidum ab illiquido separiret, und der Calculus rückständiger Pachtgelder beständigst gezogen werde, als wird noch einsten einigen des Mittels der Regierungs-Räthe, welchen diese Sache am besten bekannt, und nebst denselben den vorigen Commißariis, oder an deren stat, andern der Pachte und Haushaltung kundigen Personen, Commißion dergestalt aufgetragen, daß sie sammt und sonders, wo einer oder der andere erheblicher massen verhindert würde, dieselbe sofort, nach eröffnetem Urtheil, antreten, und alles der Parteyen Einwendens, Protestirens und Supplicirens ungehindert bewerckstelligen, nöthigen Augenschein einnehmen, die streitigen Controversien von Puncten zu Puncten durchgehen, bey denenselben Beweisthum, welcher durch dienstame Documenta und unverwerffliche eidliche Zeugen in continenti beygebracht werden kan, admittiren, und solchergestalt, was sich bey ieder controvers liquid befindet, ab illiquido separiren, insonderheit aber den Calculum des rückständigen Locarii ziehen, und was in liquido bestehet, darvon decurtiren, die übrigen illiquiden Gegen-Prætensiones aber, des Conductoris sowohl, als andere illiquide Gravamina zur separaten Ausführung, oder in das Ordinarium verwiesen, und von dieser Commißion nicht ablassen, bis dieses alles vorhergehender massen bewerckstelliget worden; worauf sich so dann leicht ergeben wird, was am rückständigen Locario vom Conductore noch zu zahlen, und wie weit er vor das Interesse moræ gehalten sey; immassen so dann auch weiter verordnet werden kan, ob Locatori oder seinen Creditoribus die Pacht-Gelder, welche der Zeit zur Cantzley einzusenden befohlen worden, verabfolget werden können oder nicht, und ob er seinem Pachter F. wegen dessen Gegen-Prætensionum Caution zu bestellen gehalten sey? V. R. W.

Rationes Decidendi.

Quæstio I.

Wegen des streitigen Puncts, des nicht zu rechter Zeit tradirten und eingeräumten Pacht-Guts.

Hat der Terminus a quo des Pacht-Contracts erst um Joh. B. 1685 seinen wircklichen Anfang gehalten, daher muß derselbe um eben diese Zeit seine Endschafft nehmen, dargegen die gemachten Prætensiones und Gegen-Prætensiones, welche dieserwegen formiret werden wollen, gäntzlich ceßiren und aufgehoben seyn müssen, denn obwohl Herr Locator

diesen Punct Leuterando a viribus rei Judicatæ zu suspendiren sich unterfangen, so hat doch Conductor solcher Leuterung in hoc puncto widersprochen, in seinem hiernächst vor der anderweitigen Commißion übergebenen Gravaminibus vor höchst billig geachtet, weilen ihn Herr Locator den Pacht bis Johannis vorenthalten, daß auch die Termini solutionis geändert würden, dabey er in seiner Replic dieser Gravaminum seine Meynung zu seyn angeführet, daß wie vermöge Commißions-Recessus der Terminus a quo der gantzen Pacht-Zeit von Johannis erst wircklich angehen soll, also es auch mit denen Pensions-Terminen gehalten werden müste; da nun Conductor solchergestalt diesen Commißions-Receß quoad hunc terminum a quo, nehmlich von Johannis an selbst approbiret, und hingegen die eingewendete Leuterung impugniret, Herr Locator anbey neben in der Duplic auf diese Gravamina der Commißions-Acten zugestanden, daß er sich bey letzt gehaltener Commißion erkläret, daß er bey den Commißions-Receß, was diesen Punct betrifft, bewenden zu lassen, und seiner Leuterung zu renunciiren, welches solchergestalt gar wohl geschehen können. Licet enim Leuterans Leuterationi suæ post emissam citationem ad prosecutionem, sicque multo magis post prosecutionem, renunciare nequeat, ob jus adversario quæsitum, ut cum Rauchbaro docet Carpz. part. 1 const. 19 def. 7 in fin. perinde ut appellans appellationi in præjudicium appellati renunciare haud potest, prout ex L. ult. C. de appellat. deducit Brunnem. ad l. 28 C. eod. & probat Mev. part. 6 Dec. 191: Attamen hoc limitatur, si vel ipse leuteratus & appellatus leuterationem, aut appellationem impugnaverit, vel in renunciationem expresse vel tacite per silentium consenserit, quia silentium in Judicialibus pro consensu habetur. vid. Mev. cit. Decis. 191 n. 4 & seqq. atque Brunnem. d. l. 28 C. de appellat. n. 4. Dieserwegen führet auch duplici fundamento impugnationis scil. a Leuterato factæ & silentii, indem er der beschehenen Renunciation in Actis nirgend wo widersprochen, die Renunciation ihren Effectum dergestalt mit sich, daß der Commißions-Receß hoc in puncto die völlige Krafft Rechtens beygeleget, und einfolglich beobachtet werden muß, was bey demselben ratione restituendorum in bemeldtem Commißions-Receß, ferner sententioniret und erkennet worden, doch weiln

Zum andern in eben diesem Commißions Receß der in Pacht-Contract gesetzten Pensions-Terminen ausdrücklich gemeldet, und erkennet wird, wann Conductor in selbigem die versprochene Pension nicht entrichten, sondern sich säumig erweisen würde, daß er sodann Interesse und Unkosten zu ersetzen gehalten seyn solle, dieser Receß aber hoc in puncto weder vom Herrn Locatore noch Conductore impugniret, noch sonsten a viribus rei judicatæ suspendiret worden, dieserwegen können auch contra pacta conventa die in Pacht-Contract gesetzte Zahlungs-Termine nunmehro nicht verändert werden, sondern es hat bey denenselben sein lediges Bewenden, und zwar theils, quia contractus semel initi sunt necessitatis, a quibus invito altero nemo recedere potest, per l. 5 C. de Obl. & Act. ubi vid. Brunnem. theils auch, quia res judicata pro veritate habetur & impugnari

pugnari

pugnari nequit, per L. 25 ff. de stat. hom. & tradita
Klock. vol. 1 consil. 10 n. 530, ubi plures allegat.

Drittens ratione der Pfarr-Besoldung hat es
zwar wegen des ersten von dem Pachtmanne abgeführten Jahres, nach Inhalt des Commißions-
Recessus, seine Richtigkeit, bey denen übrigen Pacht-
Jahren aber kan Conductor mit derselben nicht beschweret werden, sondern es ist Locator solch Salarium, ohne des Pachters Zuthun allein zu tragen
und sich dieserwegen, was der Prediger, auf der
Herren Commissariorum Veranlassung der Commiss-
sions-Acten von dem verordneten Sequester bezahlet worden, vom Locario decurtiren zu lassen verbunden, und zwar 1) wegen des Pacht-Contracts,
als in welchem Herr Locator alle onera ordinaria &
extraordinaria über sich genommen; 2) daß Conductor, ausser dem versprochenen Locario, noch zu diesem Abtrage anheischig worden, die verba Contractus nichts melden, deswegen ihm selbiger um so
viel destoweniger angesonnen werden kan, weiln 3)
die Jura alle Tributa und Collectas dem Locatori beylegen, cum enim locator pro fructibus mercedem accipiat, sicque in effectu ipsemet re locata utatur, &
fruatur in effectu & finaliter quoque tributa & contributiones ipsum manere debent, vid. Gars. de expens. c. 14 n. 18. Klock. de Contribut. c. 11 n. 169.
Frantz. ad Tit. ff. Locati n. 171. Dn. Lauterbach. in
Tr. Syn. ad eund. tit. quæ ratio est, quod si de oneribus nihil dictum est, ea a Domino solvenda sint,
ut cum Gars. aliisque Brunnem. Cent. 5 Decis. 58 docet. Und wiewohl sonsten 4) die Decimarum præstatio denen Pachtern oblieget, per varios Jur. Canon. textus & doctrinam Klockii cit. cap. XI n. 173,
wiewohl auch dießfalls Brunnem. d. Cent. 3 Decis.
69 ein anders lehret, so ist doch in præsenti nicht ausfündig gemacht, daß diese Priester-Besoldung in
Decimis bestehe, sondern es geben vielmehr die Acta,
daß sie wegen 4 Huffen Landes zu præstiren sey,
welcherwegen zwar 5) Pachter sowohl mit dem Prediger als Locatore Tractaten und Abreden gepflogen, daß aber selbige zum Stande gediehen, unerwiesen, ist nun eines unerfindlich, und vom Herrn
Locatore eo ipso nicht unheiter zugestanden worden,
indem er in seiner Leuterungs-Replic wider den
Commißions-Receß vorwendet, daß er Fl. blossen
Worten geglaubet, und wann er gewust, daß er selbige leugnen würde, hätte dieser Punct anfangs der
Punctation, oder dem Pacht-Contract einverleibet, oder vor der Hochlöblichen Regierung mit ge-
rüget werden können, welchem nach, da nichts Verbindliches abgeredet worden, die Priesters-Besol-
dung bey Herrn Verpachter, denen Rechten zufolge, allerdings bestehen muß. Die übrigen bey diesem Commißions-Receß leuterando impugnirte Puncta wegen Uiberschüttung der Schloßböden, der casuum fortuitorum und des Miswachs, wie auch der
Caution, seitdem die hiernechst folgende Gravamina
und Judicata aber einst vorgekommen, dannenhero
selbige bey dieser, der Ordnung nach, considerivet
werden sollen, und ergiebet sich nunmehro nach dem
Cantzeley-Bescheid vom 28 Jan. 1687 vol. Act. 3
f. 513.

Zum vierten der Punct der Dienste, und dieserwegen von Herrn Locatoris Beamten ausgeantwor-
tete Specification, welcher wegen des Pachters Leu-

terung ungeachtet bey selbiger Sententz in alle Wege zu lassen ist, in vernünfftiger Betrachtung, daß 1)
der Pachter in seiner Replic beym Commißions-
Acten selbst zugestehen müssen, er habe von Herrn
Locatore der Ursachen wegen keine Specification
empfangen, weil Locator nicht zu Hause, sondern
lange zu B. gewesen, sonsten er solche von ihm selbsten fordern können. Da nun 2) Pachter solchergestalt von Herrn Locatoris Beamten in dessen Abwesenheit eine Specification verfänget und angenommen, kan auch selbige eher nicht pro authentica
gehalten werden, bis daß erscheine, daß sie mit
Herrn Locatoris Vorbewust extradiret worden, zu
dessen Untersuchung 3) Conductor selbst das Jurament in Vorschlag gebracht, und in Verneinungs-
Fall Herrn Locatoris Gewissen gerühret, welcher
Ursache wegen er sich des Eides vor Gefährde ohnmöglich zu entbrechen hat. Cum explorati juris sit,
quod deferens Adversario juramentum, eo pœnete
de calumnia jurare cogatur, per L. 34 § 4 ff. de Jurej. & l. 9 C. de reb. Cred. An welcher Petition
in præsenti um so viel destoweniger Zweiffel waltet,
da Herr Locator sich erst nach des Pachters Eid
vor Gefährde zu der auferlegten Eides-Leistung in
Actis offeriret. Stehet nun Conductor an, solch
Juramentum calumniæ abzulegen, so wird die injun-
gitte Eid pro præstito geachtet, eben als in dem Fall,
da selbiges remittiret worden, per l. 77 ff. de Jurej.
vid. Carpz. part. 1 Const. 12 Def. 28, atque Lauterbach. in Tractat. Synopt. de Juram. thes. 78 in fin.
Untergiebet sich erfolglich, daß in casu præstiti aut re-
missi juramenti principalis, vel si deferens de calumnia jurare nolit, darvor gehalten werden müsse,
daß auf Herrn Locatoris Befehl von seinen damahligen Beamten abschrifftlich enthaltene Specification derer zu dem Hause A. gehörigen præstandorum
nicht ausgeantwortet worden, solchenfalls nun muß
entweder der im Pacht-Contract erwehnte Anschlag
zeigen, oder in dessen Ermangelung Herr Locator,
vermittelst Production und Vorlegung richtiger
Hausbücher oder anderer zum Hause A. gehörigen
Documentorum die Dienste der Unterthanen specificiren, immassen er sich in seinem rechtlichen Einbringen
erboten, Conductori Fl. die Designation der Dienste
auf sein gut Gewissen, und wie dieselbe in rei veritate
beschaffen, zukommen zu lassen, dabey vor ihn die
Præsumption waltet, daß er weniger Dienste, als
dem Gute A. zustehen, zu dessen Præjudiz nicht designiren, noch auch grössere Consumptions-Kosten gebräuchlich und dem Herkommen nach denen Unterthanen bey denen Diensten gereichet werden müssen:
was nun von solchen erweislich hergebrachten Diensten die Unterthanen Conductori nicht præstiret, oder
auch da Conductor ausfündig machen könte, daß
ihm ein mehres als Locator designiret, geleistet worden seyn, selbiges muß ihm, so ferne es liquid, von
den jährlichen Pacht-Geldern nicht unbillig zu gut
gehen, zumahl Pachtern das Gut cum omnibus
servitiis, allen, sowohl Spann- als Hand-Diensten übergeben worden, ut alia nulla sint exclusa,
vid. in simili Carpz. libr. 5 Resp. 15 n. 15 & seqq. daß
also Locator den von Pachtern erweislich beygebrachten Abgang ersetzen muß, cum locatio conductio sit contractus bonæ fidei, per § 28 Inst. de Act.
atque ex æquitate ita declarandus, ut cum ipso prædio

dio etiam ea omnia locata videantur, sine quibus usus prædii non est. Carpz. al. Resp. 15 v. B. Da aber der vermeynte Abgang noch illiquid seyn, und in terminis ulterioris cognitionis bestehen solte, muß selbiger zur ordentlichen Ausführung ins separatum verwiesen werden, cum liquidum per objectionem illiquidi differri non debeat, præprimis in controversia inter locatorem & Conductorem, tunc enim si petitio locatoris ex contractu liquida, hujus vero in facto dubia sit, ita procedendum esse monet cum Fabr. in C. Mev. part. 4 Decis. 244 n. 6.

Was aber hierbey fünfftens die vor Pachtern Beschwerungs-weise angegebene Consumtions-Kosten oder Præstanda, welche denen Unterthanen bey denen Diensten zu reichen seyn, belanget, stehet nicht zu erweisen, wie Conductor dieserwegen wider Herrn Locatorem sich einiges Regressus mit Fuge bedienen könne, denn 1) seynd die Consumtions-Kosten, dem Herkommen nach, inseparabilia onera der Spann- und Hand-Dienste, welche von demjenigen, dem die Dienste geleistet werden, abzutragen seyn, cum uti mos habet, ita quoque rustici servire debeant, teste Mev. part. 4 decis. 133 n. 1 & 2. 2) Ist allbereit oben ex Klock. de Contribut. c. 11 n. 77 ausgeführet, quod onera mere realia, quæ ex corpore fructuum pendentur, ut gabellæ, datia & ejusmodi alia pertinent ad Conductorem; daß aber 2) die opera rusticorum und darbeystehende onera fructuum nomine zu achten seyn, ut eo modo, prout aut conventum, aut consuetum est, præstari debeant, docet Mev. part. 2 decis. 89. Dieserwegen sich Conductor solcher Consumtions-Kosten 4) um so viel destoweniger zu entbrechen hat, da zumahlen in dem Vergleichs-Receß selbiger anheischig worden, die Unterthanen wider das Herkommen nicht zu beschweren, noch ihnen die gewöhnliche Arbeit, und was sie deswegen und sonsten darbey, dem Herkommen nach, bekommen sollen, zu entziehen, oder andern an ihre stat die Arbeit zu verdingen: Weil nun dieser Receß vim conventionis hat, muß nunmehro auf Conductorem appliciret werden, quod modicum damnum aut non minus commodum usum sustinere debeat, juxta L. 25 § 6 & l. 27 ff. Locat. Zumahlen er sich selbst beyzumessen hat, daß er bey Antritung des Pachts dieser Kosten wegen sich entweder nicht besser erkundiget, oder in der Pachts-Abrede versichert, endlich auch gar diesen Receß, in welchen er sich zu solchen Præstandis verstanden, seine Verbindlichkeit erreichen lassen, aus welchem nunmehro ferner fliesset, daß er

Zum sechsten mit der eingewendeten Læsion ultra dimidium, so blosser Dinge nicht gehöret werden könne; Er hat zwar eine Specification ad Acta übergeben, vermöge deren jährlich 1963 Rthl. auf die Haushaltung zu verwenden wären, daß er solchergestalt eine merckliche Läsion und Schaden auf 1465 Rthl. 17 Groschen über sich nehmen müste; aber dieses alles ist noch zur Zeit nicht verificiret und von Herrn Locatore vor ein mit falsis præsuppositis verwickeltes Factum, so contra bonam fidem lauffe, und das Haus A. in geringen Preis zu setzen suche, geachtet worden, darbey dieser hingegen in Actis angeführet, wie der Anschlag des Guts A. das Locarium der 2000 Thlr. jährlich, mit etlichen 100 Thlr. übertreffe, und weiln im übrigen die Læsio ultra di-

midium in locatione conductione nicht bloß aus einem Jahrgang, sondern vielmehr aus denen gesammten erhobenen Nutzungen zu æstimiren seyn will, ut cum Menoch. Motz. atque Christinæo docet Brunnem. cont. 3 decis. 75 n. 1 & seq. cui suffragatur Ant. Fab. in Cod. lib. 4 tit. 41 def. 3 ; Conductori hingegen wegen des Miswachs, wann sich derselbe begeben solte, eine erkleckliche Remißion jährlich versprochen worden: daß also die probatio læsionis ultra dimidium und deren Ausführung noch zur Zeit in weit aussehenden Factis beruhet, mithin aber die solutionem mercedis in locatione conductione, ad quam consequendam executive procedi potest, per tradita Mev. part. 4 decil. 224 removiren kan; also muß abermahls Conductor, da er von derselben abzustehen nicht vermeynet, in ein separatum, zur ordentlichen Ausführung verwiesen werden: Nam si facti quæstio in locatione discutienda veniat, æquissimum est, pendente lite mercedis condemnationem provisionalem fieri, præstita per Locatorem satisdatione, ut hoc modo conductorum fraudibus occuratur, qui cum ad solutionem urgentur, sæpius hoc agunt, ut pecuniam & rem habeant. Ant. Fab. in C. libr. 4 tit. 41 def. 4 n. 4.

Siebendens verbleibet dem Pachtmanne alle zur Administration übergebene Jurisdiction, dieserwegen nicht unbillig, weilen Rechtens ist, quod prædio locato, etiam Jurisdictio, quæ prædio cohæret, locata sit, ut pluribus deducit Carpz. lib. 3 Resp. 15. Daran in præsenti um so viel destoweniger Zweiffel walten kan, daß der gepflogene Pacht die Administration der Jurisdiction, und was derselben anhängig und darzu gehörig, Conductori ausdrücklich zuleget, und kan solche Überlassung zur Administration die Restriction, welche Herr Verpachter daraus erzwingen will, gar nicht mit sich führen, anerwogen, da er mehr nicht als das Exercitium Jurisdictionis lociren und auf Conductorem transferiren mögen, quo respectu conductor im Commißions-Receß nicht unbillig ein Gerichts-Verwalter genennet worden, und selbst bekennet, daß ihm die Gerichte mit zu verwalten überlassen seyn, ein absonderliches Locarium der Jurisdiction wegen zu benennen hat, anfänglich denen Contrahentibus frey gestanden, nun aber ist es unter dem General-Locario der 2000 Thlr. und denen fructibus Jurisdictionis, welche Conductori zu berechnen obliegen, begriffen, wenn auch Herr Locator die Administration der Justitz nicht verpachten, sondern nur precario pro & lubitu revocabilem in conductorem transferiren wollen; hätte er selbiges bey Schliessung des Contracts bedingen und sich reserviren müssen, dessen Unterlassung nun hat er sich selber beyzumessen, non audiendus enim est locator excipere volens, Jurisdictionem post contractum Locationis jam perfectum sibi namque imputet, quod legem contractui non scripserit apertius, nec verbis expressis Jurisdictionem exceperit, arg. l. 39 ff. de pact. Carpz. cit. loc. Aus diesem General-Supposito ergeben sich nun die bey der Jurisdiction formirte Special-Puncte an selbsten, daß nehmlich 1) gleichwie dem Herrn Locatori über den Conductorem keine Jurisdiction zustehet, per tradita Mev. part. 4 decil. 146, atque Brunnem. Cent. 3 Decis. 25 : Also auch hingegen der Conductor sich contra Herrn Locatorem einiger

einiger Jurisdiction um so viel desto weniger anmassen könne; Doch weilen ihm einmahl die Administration der Gerichte verpachtet, so ergiebet sich per necessariam consequentiam, daß Pachter (1) die Jurisdiction, Zeit währenden Pachts, doch Rechtens gemäß, zu verwalten und dieserwegen auch ohne Herrn Verpachters Vorwissen Actuarios anzunehmen befugt, hingegen aber Herr Locator schuldig, sich in dieselbe nicht zu immisciren, quippe jurisdictione concessa ad certum usum, qua illum privative data intelligitur, ut penes concedentem nihil maneat, nisi quod reperitur reservativè exceptum, Mev. cit. Decis. 246. Zu dem Ende dann (2) Herr Locator dasjenige, was der Pachter verordnet, zu ändern nicht berechtiget, so wie auch (3) Unterthanen zu bestraffen, verlangen solte, ist er selbiges dem Conductori zu eröffnen gehalten; Und wann (4) die Unterthanen sich durch des Conductoris Verordnung oder Abschiede beschwehret zu seyn vermeynen, müssen sie sich darwider gehöriger remediorum suspensivorum oder devolutivorum an die Hochlöbl. Regierung gebrauchen, oder Herr Verpachter kan ihrentwegen bey derselben sich beklagen und rechtmässiger Verordnung gewarten. Immittelst ist (5) Herr Locator alles seines Einwendens ohngeachtet, dem Conductori, dem Commissions-Deceß zu folge, das Gerichts-Siegel gegen Vollziehung und Aushändigung des entworffenen Reversus dermaleinsten, bey Vermeidung schärfferer Verordnung auszustellen gehalten, und hinwiederum (6) wenn Pachter binnen einer vier wochentl. praeclusivischen Frist beybringen kan, daß ihm durch die vom Herrn Verpachter mit seinen Unterthanen geständlich oder sonst erweislich vorgenommene Verordnung Schäden und Nachtheil zugewachsen, solches gut zu thun und zu gelten pflichtig: Hingegen lieget (7) Pachtern ob, nominè Herrn Locatoris, wenn es entweder derselbe verlanget oder die Nothdurfft der vorfallenden Gerichts-Actuum erfordert, in Herrn Locatoris Beyseyn, sich zu den Gerichten vereiden zu lassen, bis dahin aber, weilen sich nunmehro die Pacht-Jahre zum Ende neigen, und Herr Locator bishero mit dem anheischig gemachten Handschlage vergnüget gewesen, es gestalten Sachen nach, bey diesem Handgelöbniß nicht unbillig gelassen: Es ist auch (8) Conductor die Gerichte nicht so wohl in Ihrer Churfl. Durchl. als Locatoris Nahmen zu verwalten, die Ausfertigung der Lehn-Brieffe selbigem allein zu überlassen, die Notification der Consens und Kauffbriefe selbigen zu thun, und einfolglich eher nicht ausfertigen und vollziehen zu lassen schuldig, er habe dann vorhero Herrn Locatori selbige wissend gemacht, und seine Meynung darüber vernommen; Gleichwohl hat Herr Locator die Anstalt zu solcher Uiberbringung selbst zu verfügen, und unter blossem Vorwand erheblicher Ursachen die Ausfertigung nicht zu hindern, damit nicht erst bey der Hochlöbl. Regierung darüber cognosciret, und wegen der verursachten Unkosten, welche er bey besundener Unerheblichkeit zu erstatten gehalten, Verordnung ergehen dürffte; Die fructus jurisdictionis ist auch (9) Pachter nunmehro binnen einer Monats-Frist zu berechnen und die noch rückständige Pachtzeit über, bey Vermeidung schärfferer Verordnung quartaliter damit zu verfahren gehalten.

Jurist. Oracul V Band.

unerachtet er nichts eingehoben haben will. Utut enim nihil in rationes redigi queat, ubi usus vel fructus nullus est, inde tamen haud sequitur, administratorem ad nullas rationes teneri, sed nihilominus oportet, tum de innocentia, tum de non perceptis inde fructibus, nec non de bonorum deperdito statu respondere, ut ii, quorum interest, sciant, cur nihil utilitatis habeatur & contrarium demonstrare integrum sit, vid. Mev. part. 2 decis. 220. Wiewohl Herr Locator viele hohe Straffen, mit welcher die Unterthanen beleget worden, angegeben, und die vielen Irrungen, welche Conductor mit denen Unterthanen gehabt, ein anders mit sich zu führen scheinen: muß diesemnach Conductor die fructus jurisdictionales samt und sonders, wie dieselben Namen haben mögen, nach Anleitung des Pacht-Contracts, berechnen und quartaliter, so, wie sie exigiret, einsenden, wider welche Berechnung Herrn Locatori seine Gegen-Nothdurfft billig vorbehalten, und so dann erscheinen wird, ob dieser Rechnung wegen Pachter mit einem Eid zu belegen sey, aus dem Regard aber (10) daß sich Verpachter die fructus jurisdictionales vorbehalten, kan er denen Unterthanen einige von dem Conductore dictirte Straffen, nach seinem Ermessen gar wohl erlassen, und werden in übrigen die attentata und Beschwerungen, welche bey den armen Unterthanen vorgefallen, und beyde Theile einander beschuldiget, zur separaten Ausführung und Untersuchung allerdings ausgesetzet, bey welcher, was wegen der von Schreiber am Plock geleisteten Urphede vorgelauffen, ebenfalls in Cognition gezogen werden kan.

Zum achten, hat es wegen negligirter Jurisdictionalien mit den Benachbarten und dadurch verursachten Unkosten zwar bey dem Judicato sein lediglich Verwenden: Es muß aber zufürderst an Seiten Herrn Locatoris beygebracht werden, daß Conductor selbiger zuvor wissend und kundig gewesen, und nichts desto minder durch seine Fahrlässigkeit und Negligenz verursachet, daß Herr Locator Unkosten aufwenden müssen, solchen falls ist Conductor darvor gerecht zu werden gehalten, siquidem conductor, si tertius damnum dederit, cui resistere potuit, de eo restituendo tenetur, per l. 13 § 7, l. 41 ff. Locati. Frantzk. ad tit. ff. Locat. n. 119, atque Lauterbach. in tract. Synopt. ad tit. Locat. thes. 5 circ. fin.

Zum neunten, die Besoldung des Holtz-Försters, zu der sich Conductor nirgendswo anheischig gemacht, lieget Herrn Locatori um so viel mehr ob, da er sich der Jagten ausser den Haasen- und Vogelschiessen, die Nutzung der Gehöltze, ausser nöthigen Brennholtz, und auch theils Mastung, vorbehalten, daß ihme also propter commoda, auch die onera rei billig zuwachsen, cum certi juris sit, si nihil de operibus dictum, quod ea a Domino solvenda sint, arg. l. 4 C. de agric. & censit. ubi vid. Brunnem. nec non cent. 2 decis. 57 n. 4. atque Carpz. part. 2 const. 40 def. 5. cum enim Dominus locans fructus atque pensionem accipiens in effectu ipsemet re locata utatur, merito etiam ad onera rei locatae adstringitur, vid. Harprecht. ad pr. Instit. de Locat. Conduct. Garl. de Expens. cap. 4 num. 18.

Bb b
Carpz.

Carpz. de Locat. atque l. 38 cum seq. l. 39 de Usufr. So viel aber andern,

Zum zehenden, das nothwendige Brennholtz betrifft, ist in der Punctation zu befinden, welcher massen wegen des Feuerholtzes behufigen Bier- und Brantewein-Brauens, ingleichen was in die Oefen und auf den Herd zu gebrauchen, eine gewisse Bedingung beliebet worden, welcher zu folge, nunmehro zum Feuer-Holtz, was in die Oefen und auf den Herd, zum Backen, Waschen und sonsten vor des Conductoris gepachtes Hauß, vor nöthig befunden wird, Herr Locator ihme abfolgen oder den beweislich verweigerten Abgang zu ersetzen gehalten, iedoch weil auch diese Verabfolgung ohne Ruin des Holtzes versprochen, und anbey neben Conductor durch das in hoc passu Rechtskräfftige Judicatum des Commissions-Recessus angewiesen worden, die Holtzung durch Niederhauung der Mast-Eichen nicht zu verderben, dieserwegen muß auch die indefinite verschriebene Nutzung des Brennholtzes, juxta judicis æqui & boni arbitrium, nach dem Ertrag der Höltzer, civiliter & moderate geschehen, und der Uiberschuß, wann anders Herr Locator sich des Holtzes zum brennen aus der Waldung nicht bedienen können, von Conductore beygetragen werden, immassen dann auch die in dem Dorffe wohnende Dienst- oder andere Leute unter diesem nothwendigen Brennholtz, welches auf Conductoris gepachtetes Hauß gerichtet, nicht verstanden werden mögen; Sollte nun Conductor überfündig zu machen seyn, daß er den civilen Gebrauch überschritten, und durch Abstämmung nutzbarer Bäume die Höltzer ruiniren lassen, müste er freylich den verursachten Schaden ersetzen, cum rem locatam tanquam bonus paterfamilias curare debeat, quod in eo consistit, ut rem servet atque diligenter caveat, ne perdatur aut deterior reddatur per § penult. & l. 40 ff. eod. Frantzk. ad tit. ff. Locat. n. 197, es brauchet aber alles noch zur Zeit weiterer Ausführung.

Zum eilfften, wegen der Fischerey ist Herr Locator Conductori die wöchentliche versprochene 6 Pfund Fische abfolgen, oder deren Werth sich von dem Locario kürtzen zu lassen verpflichtet, und solches dahero, weilen in dem Pacht-Contract der Fischerey halber ein Vergleich, oder in dessen Entstehung, eine unpartheyische Taxation so wohl der Seen als Teichen versprochen, bis dahin aber dem Pachter wöchentlich 6 Pfund guter Fische verschrieben worden: da nun bis auf diese Stunde weder Vergleich noch Taxation erfolget, ergiebet sich auch der Schluß an selbsten gar leichte; So viel hiernechst das, wegen nicht erfolgten Vergleichs, von beyden Theilen angegebene lucrum cessans & damnum emergens betrifft, ergiebt sich aus dem Regierungs-Judicato, daß selbiger binnen 8 Wochen getroffen, oder auf Ansuchen zur Taxation und Determinirung eines gewissen locarii Commißion benennet werden sollte: weil nun demselben zu folge Herr Locator, wie eben andere streitige Puncta, also auch über diesen die Commißion gesuchet, Conductor aber hergegen wegen vorgeschützter Inrotulation und anderer Ursachen verweigert, dieserwegen hat Herr Locator von Zeit solcher gesuchten Commißion wegen des Schadens nicht unbillig fundatam intentionem, bis Conductor, daß er den Vergleich und Commißion von solcher Zeit an nicht verhindert, oder doch der Verhinderung erhebliche Ursachen gehabt, darthut und erweiset.

Zum zwölfften, Ratione des nicht völlig geliefferten und mit ungesunden Vieh vermengeten Inventarii, ist allbereits in Commissions-Receß der Irrthum inseriret 9 Stück Schweine und des Sturtzkarrens, so a 25 Thl. 4 gr. geschätzet worden, daß sie nemlichen ausgelöschet werden sollten, Remedirung erfolget, und in Regierungs-Bescheid erkannt, daß Verpachter die angegebene Mängel der Inventarien-Stücke beantworten sollte; Indem nun Pachter in seinen gravaminibus bey der Commißion unter andern über einen Hauffen anzuschantztes ungesundes Vieh, aus dem Inventario gelassene Pferde und andere Mängel Beschwerung geführet, welche alle Herr Locator, weil sie in facto beruhen, erwiesen wissen wollen, als beruhet es denn mahln auf solchen Beweisthum, erfolget nun selbiger binnen einer vier wöchentlichen Frist, die pro omni termino zu benennen, so wird sich Herr Locator die mangelnde Inventarien-Stücke deputiren zu lassen nicht entbrechen können.

Zum dreyzehenden, verbleibet es wegen des also genannten Doctor-Hofes zu A. bey dem Regierungs-Abschiede nicht unbillig, denne zu folge Herr Locatori eine Schäfferey daselbst anzurichten nicht zukömmt, doch bleibet ihm so viel Vieh, als entweder nach Proportion des Hofs in genere, oder aber nach Anzahl dessen und ferner vermittelst darzu gelegten Aecker des Orts zu halten verstattet wird, auf gedachtem Hof zu halten, und gleich andern Einwohnern unter dem gemeinen Hirten gehen zu lassen, unverboten; Nam si villæ prædio vel funda certo jus pascendi aut compescui concessum sit, pecoribus quoque, quæ in illa villa, prædio vel fundo sunt, pascendi utilitas permittenda est, vid. Mev. part. V decis. 150, ubi n. 7 illum pecorum numerum, quem quis in villa sua alit, in pascua communia agi posse docet, daß nemlich einer auf die gemeine Weide so viel Viehes treiben mag, als er in seinem Hoff halten, ausfuttern, oder auswintern kan. Was nun andern dergleichen Höffen zu A. quoad pascua communia entweder ratione der Höffe, oder der Aecker verstattet ist, dasselbe muß Herrn Locatori nothwendig auch bey diesem fundo, so dem Conductori nicht verpachtet, zugestanden werden.

Zum vierzehenden, der Punct vorbehaltener Loglamenter hat aus dem Regierungs-Judicato seine gemessene Richtigkeit, daß nemlich Herr Locator dieselbe nach Belieben zu gebrauchen, gleichwohl aber seine wesentliche Wohnung daselbst anzustellen oder die meiste Zeit sein Hauswesen dazu führen, dabey neben auch Fremde einzulogiren nicht befugt, sollte nun durch dessen Widerhandlung Conductori bisher einiger Schade erwachsen seyn, und er könte selbigen gebührend beybringen, müste ihm Herr Locator solchen Abgang in alle Wege ersetzen, si enim locator sine justa & legitima causa impedimento est, quo minus conductor re conducta uti possit, actio conducti adversus ipsum, vel ad interesse, interveniente saltem levi culpa, vel si nulla culpa locatoris intercesserit, ad remissionem mercedis mercatis pro rata comperit, propter L. 19 §. 8 & L. 38 cum seqq. ff. Locat. Conduct. ibique Brunnem: welches aber auf weitere Untersuchung beruhet; Doch haben wir auch anbey nicht eben befinden können, warum Herr Locator die Pferde des also genannten Doctor-Hoffs in den außgezeigenen Reitstall nicht zu stellen befugt sey, es könne denn Conductor besser, als bisher geschehen, außfündig machen, daß ihm durch diese Einstallung in usu rei conductæ Eintrag geschehe, welchen falls Herr Locator solchen Stall ebenfalls nicht anders, als zu seinem Abtritt auf dem Hause A. zu gebrauchen berechtiget wäre; per antea dicta & tradita Lauterbach. in Tractat. Synopt. ad tit. Locat. §. 2 thes. 5. Confer. Frantzk. ad ff. eod. tit. num. 27.

Zum funfzehenden, hätte zwar bey der Reparatur und Besichtigung der verpachteten Gebäude freylich nach Anleitung des Pacht-Contracts §. Was den Gebäuden rc. eine Besichtigung auf Herrn Locatoris Kosten verfüget werden sollen, damit selbige dessen norman geben können, was künfftig durch Conductoris Fahrläßigkeit oder sonsten darinn oder den Seinigen Verwahrlosung zu Grunde gehen möchte, massen dann darauf das gantze fundamentum decidendi dieses Puncts beruhet, vorab, weiln in den Commißions-Receß Herr Locator erbötig worden, alle auf dem Guthe befindliche schadhaffte Gebäude, auf seine Kosten in guten Stand zu setzen, und was der Pachter darauf verwendet, und zu bescheinigen vermag, wieder gut zu thun, oder von dem gelobten Locario kürtzen zu lassen, weiln selbiges unterlassen worden; muß endlich die Besichtigung, wie selbige von dem Möllen-Vogtey-Amts-Actuario Jurato J. J. auf Verordnung der Herren Commissariorum bewerckstelliget worden, auf Herrn Locatoris Kosten gerechnet und in Consideration gezogen werden, und mannnicht mit dieser wegen, weil nach der Besichtigungs-Relation die se von Commißions wegen veranlaßte Inspection Herr Locator selbst beliebet haben soll, allermassen auch selbiges die damahls gewesene Herren Commissarii, in ihrem ad Acta gegebenen Attestato außdrücklich bekennen: dasjenige mit, was der Zeit schadhafft gewesen, und absque conductoris culpa, renutiret; oder sonsten casu fortuito schadhaffter worden, vielmehr hat selbiger, wegen unterlassener Reparatur, wann er durch selbige Schaden gelitten, und solches erweislich dargethan, dessen Refusion zu suchen, quia locator conductorem ratione rei conductæ indemnem præstare debet, hinc si velidolo vel culpa conductoris etiam deterioratum: ex re conducta sensurit, actionem ad indemnitatem habet. Lauterbach. cit loc. §. 2. thes. 17. Was aber dazumahl in esse gewesen, und durch Conductoris oder der Seinigen Verwahrlosung ruiniret worden, selbiges liegt seiner Verantwortung allerdings ob, und muß zu dem Ende entweder die allbereit veranlaßte, oder zur Ersparung der Kosten die hieydurch anzuordnende Commißion auch auf diesen Punct gerichtet werden, daß sie mit Zuziehung des Wercks verständiger Leute den Augenschein allenthalben wohl einnehmen, insonderheit aber im specie wegen der eingegangenen Scheune gründliche Untersuchung anstelle, ob durch Herrn Verpachters oder Pachters Verwahrlosung selbige

zu Grunde gegangen; Denn obgleich Herr Verpachter zu dem Ende die injurirten Bettens des Regierungs-Judicat invrietn, und daß durch Pachters Verwahrlosung der Einfall der Scheune verursachet sey, beybringen wollen, so sind doch die nochmals Zeugen non Jurati und zur Theil sub judici, welcher sonder Remißion ihrer Pflicht hierüber worden, einfolglich aber kein zulängliches testimonium ablegen, oder plenam fidem machen können, zumahln hingegen Conductor eingewendet, daß Herr Locator den Ruin dieser Gebäude befördert, und schon vor dem gepflogenen Pacht zur nöthigen Reparatur verdingen, nach demselben aber das Werck also hingehen lassen. Hierkünfftig aber (2) wegen des eingegangenen Krugs und der Mühlen das Werck gründlich untersuchet, worauf sich sodann, wer den Schaden zu tragen oder zu erstatten verbunden sey, leichtlich ergeben wird.

Zum sechszehenden hat es ebene Bewandniß wegen übermäßiger Beschüttung der Korn-Böden und Schloß-Gebäude, selbige ist an sich Conductori nicht nur im Commißions-Receß, sondern auch, in dem Regierungs-Abschied mit der Verwarnung untersaget worden, daß er widriges falls auf vorhergehende Beschädigung den zugefügten Schaden ersetzen solle; daß aber daryder gehandelt, durch übermäßige Beschüttung Schaden verursachet, ist nach zur Zeit ausfündig nicht gemachet; Denn gleich wie Conductor in seiner Leuterung eingewendet, daß er ja die Gebäude zur nöthigen Beschüttung gebrauchen müste, weil er sonst keinen Gelaß hatte, und das Getraydig so fort zu verstossen nicht schüldig wäre; also negiret er in denen Commißions-Actis solche übermäßige Beschüttung der Schloß-Gebäude, daß also solcher gestalt dieser Punct, ob Conductor wider die ergangene Sententias dennoch gehandelt? durch Besichtigung und Einziehung fernerer cognition eben so wohl zu untersuchen seyn will, als der Punct der ruinirten Scheune, Krug, und der Mühle.

Zum siebenzehenden hat es wegen Beart- und Bestellung der Aecker bey dem Commißions-Receß, und der Regierungs-Sentenz sein nochmahliges Bewenden, dergestalt und also, daß Conductor nach geendigten Pacht-Jahren das überkommene Brachfeld wiederum in quali et quanto zu liefern gehalten; doch können wir darben nicht befinden, warum Conductor eben dunante Locationis tempore des Herrn Locatoris ungleichem Beacht-Acten kricte nachzulegen gehalten sey? Denn er hat den liberum rei conductæ usum instar boni Patrisfamilias, modo conservet, atque caveat, ne deterior reddatur, prout jam antea ex Frantzk. demonstravimus. Welcher Ursachen wegen ihm eben nicht mißgönnet werden kan, daß er etwan jährlich mehr an den Feldern als Herr Locator bestellet, daferm er aber wie die letzten Herren Commissarii in deren Relation des Commißions-Acten bemercket, die Aecker nicht pfleglich brauchen, alle Jahr viel Brachfelder besäen, oder beschmieren, und dadurch Verwilderung der Aecker- und Schaden causiren solle, muß er Herrn Locatori vor dem erweislichen Schaden in alle Wege gerecht werden, par siquidem cura, quam conductor in re conducta adhibere teneatur, est, ut

in re conducta recte versetur, quoad sit, si opera necessaria suo tempore faciat, arg. l. 54 § 1 in
verbis, & ut oportet, coleret ff. Locat. atque
l. 3 C. eod.

Zum achtzehenden, wegen des Leims hat es bey
der Pachts-Abrede und dem Judicato, als welches
disfalls nicht impugniret worden, sein fernerweites
Bewenden. Allermassen dann auch

Zum neunzehenden Pachter Herrn Verpachtern das Maltz zu A. ohne Hinderniß machen und
brauen zu lassen schuldig und gehalten ist; Hat er sich
aber dessen erweislich verweigert, so ist er den dadurch zugefügten Schaden, wenn er zufoderst binnen einer vierwöchentlichen und zwar präclusivischen
Frist dargethan, zu ersetzen gehalten. Denn obwohl
Conductor einwendet, es wäre das Brauen nicht
aber das Maltzen verstattet, so sind doch diese beyde,
absonderlich bey Land-Gütern connexa und inseparabilia, in præsenti aber kommt darzu, daß bey
der Commißion, besage selbiger Commißions-Acten,
geschlossen worden, daß das Maltzmachen dem Herrn
Locatori zwar nicht gewehret werden könte, er sollte aber solches Maltz an einen bequemen Ort aufschütten; Indem nun hierauf der Commißions-Receß dahin ausdrücklich ausgefallen, daß Herr Locator das zu seinem Brauen allhier zu A. gemachte
Maltz an einem bequemen, dem Pachtmanne nicht
hinderlichen Ort aufschütten sollte, welcher in hoc
Puncto seine Krafft Rechtens erlanget, massen auch
ob dessen notorias rei judicatæ vires und der vorhergehenden Tractaten Verbindlichkeit Conductor
den durch erweisliche Verhinderung beygebrachten
Schaden zu ersetzen. Wegen des passus des Mißwachses.

Zum zwanzigsten giebt der gepflogene Pacht-
Contract § die casus fortuitos &c. gemessene Entscheidung rc. Es vermelden auch die Herren Commissarii in Commißions-Acten, daß der Mißwachs
bekant sey, zu dem Ende auch die Besichtigung durch
Notarios und Testes, theils durch Churfürstl. erbetene Commissarios bewerckstelliget worden; Und
wenn ferner Mißwachs und darauf ergangene Con-
tracts-mäßige Besichtigung beygebracht werden
kan, muß solches ob conditionis legem Pachtern
nicht unbillig zur Remißion dienen; Nachdem aller
aber sich Conductor der vom Herrn Locatore unternommenen Besichtigung und hingegen eine Chur-
Fürstl. Commißion an A. G. Z. W. ausgewircket;
über welche sich aber Herr Locator aus verschiedenen
nen Ursachen und absonderlich dieserwegen beschweret, daß der erbetene Commissarius ein gleichmäs-
siger Pachts-Inhaber sey, derowegen hat solche
Irrung die Constituirung eines liquidi verhindert, zumahlen da Herr Locator noch vorgewendet,
daß der Mißwachs nicht sowohl durch einen casum
fortuitum, als vielmehr durch Conductoris unartige Bestellung und differirte Commißions-Be-
sichtigung verursachet worden, worbey er durch verschiedene Attestata benachbarter Orten auszuführen vermeynet, daß Ao. gar kein Mißwachs gewesen
seyn solle; Allein weil selbigem Einwenden die angezogene Relation der Herren Commissariorum entgegen stehet, und in terminis maxime contradi-
ctoriis, da Conductor Fl. 2408 Thl. in Abzug
des beklagten Locarii wegen Mißwachs bringet,
Herr Locator hingegen nach seinem Anschlag mehr

nicht als 246 Thlr. 4 gr. zugestehen wollen, die Herren Commissarii aber vor den Mißwachs 1500 Thl.
ohngefehr gerechnet, dieserwegen kau diese Discrepanz
ebenfalls nicht anders, als durch nochmahlige Commißion gehoben werden, dergestalt und also, daß die
vorgelegte Original-Besichtigungen alles Fleisses
perlustriret, die vorfallende Discrepantien wohl untersuchet, nach Befinden Zeugen, denen der Mißwachs selbiger Jahre und des Hauses A. bewust,
eidlich vernommen, und hiernechst ex æquo & bono ein billigmäßiges Qvantum zur Decurtirung
von dem Locario gesetzet, derjenige aber, welcher
darbey nicht zu beruhen gedencket, zur weitern und
ordentlichen Ausführung in separato verwiesen
werde.

Zum ein und zwanzigsten, daß in vorigen Jahren
die völlige Mast gewesen, und Conductor dem
Contract zuwider 15 Schweine nicht einnehmen wollen, negiret dieser und zwar darum, weil durch die
Taxatores die Mast nicht vor voll geschätzet worden, da hingegen Herr Locator einwendet, daß
diese taxation ipso inscio geschehen, und im ganzen Lande volle Mastung gewesen; dahero dieser
Punct ebenfalls weiter zu untersuchen und bey einer
Commißion vom Herrn Locatore durch Zeugen
und sonsten ausfündig zu machen stehet, daß der Zeit
völlige Mastung gewesen, welchenfalls der Conductor Herrn Locatori den Abgang zu ersetzen gehalten.

Zum zwey und zwanzigsten, ob Conductor seinem im Regierungs-Receß ausgefallenen Erbieten nach, jährlich eine gewisse Anzahl von Obst-
Bäumen gesetzet, und gepfropffet oder nicht, und ob
selbiges in dem mit verpachteten Garten nöthig gewesen oder nicht; Ingleichen ob er Weyden habe
stecken lassen, muß der Augenschein bey vorstehender
Commißion ebenfalls zeigen und den Ausschlag geben, ob Conductor darinnen einige Saumselig-
keit begangen, welchenfalls er vor dieselbe gerecht
werden muß.

Zum drey und zwanzigsten, wegen des Credit-
Wesens hat es bey dem ausgefallenen Regierungs-
Judicaeo sein nochmahliges unveränderliches Be-
wenden, allermassen denn selbiges hoc in puncto
Rechtskräfftig worden, immassen denn auch

Zum vier und zwanzigsten, die Gravamina des
Raths zu Seehausen und der Unterthanen wider
Conductorem zu besonderer Untersuchung und
nach Befindung gebührender Bestraffung ins Separatum verwiesen und ausgesetzet werden, sa wohl
als

Zum fünff und zwanzigsten die von beyden Theilen einander beygemessene Thätlichkeiten und imputirte Anzüglichkeiten, alles nach obigem Regie-
rungs-Bescheide, welcher disfalls ein verbindliches
Jus machet, cum res judicata pro veritate habetur, per vulgata juris.

Zum sechs und zwanzigsten, ist das Gravamen
wegen der Agnatorum consens zur Verpachtung
nunmehr erloschen, indem nach Aussage der verhandelten Acten Herr Locator die Verordnung wegen
des desiderirten Agnaten consensus adimpliret.

Zum sieben und zwanzigsten aber befinden sich
wegen des Locarii verschiedene Rescripta, welche
an den Pachter Fl. in hoc puncto, und daß er die
hinterstellige Pacht-Gelder bey Vermeidung der
Execu-

Execution bezahlen solle, ergangen; Es scheinet auch ein unfreundliches Beginnen zu seyn, daß die gesamte Pacht-Jahre her er mit deren Zahlung so gar an sich gehalten, und endlich bey seinem unterthänigsten Supplicato vorzugeben sich nicht entblödet, er habe mehr Pacht bezahlet, und prænumeriret, als in 6 Jahren verfallen seyn möchte; welchem asserto doch der Herren Commissariorum unterthänigste Relation bey denen Commißions-Acten ausdrücklich entgegen stehet, indem sie unter andern melden, gefunden zu haben, daß nach Abtrag der docirten solutorum inclusivè des Mißwachses, der Conductor Fl. ihres Ermeßens über 1000 Thaler Pacht-Geld schuldig geblieben, und daß sich kein ausgezahlter Vorschuß zur Zeit, als ein geständiges liquidum auf 1500 Thlr. belauffe! so befundener Umstände wegen will fast die Vermuthung und Præsumption auf Conductorem fallen, welche von denen Pachtern in genere meldet Anton. Faber in Cod. libr. 4 tit. 41 def. 4, quod hâc plerumque cavillatione utantur, cum ad solutionem urgentur, ut & rem & pecuniam habeant. Nachdem aber Rechtens ist, quod mercedis pro re locata debita solutio valde favorabilis sit, ut facile suspendi haud debeat, hocque respectu causa mercedis summaria dicitur, a Caroc. de Locat. conduct. cap. 6, quem laudat & sequitur Mev. part. 7 decis. 296; ut adeo celerem expeditionem hoc causæ genus mereatur, ob quam processus quoque executivus locum habet, vid. Mev. p. 4 decis. 244. Dieserwegen verbleibet es billig bey denen Regierungs-Decretis, und muß denenselben zu folge, Conductor die verfallene hinterstellige Pachtgelder bey Vermeidung der Hülffe zur Hochlöbl. Cantzley einsenden, darbey er sich in casu befundener moræ der Erstattung des Landübl. Interesse nicht entziehen kan, zumahlen ihm selbiges im Commißios-Receß, welcher disfalls Krafft Rechtens erlanget, allbereit auferleget worden, und die Rechte ohn dis kundbar vermögen, quod post moram solvi debeat merces qum usuris per L. 2 & l. 17 C. Loc. ubi vid. Brunnem. Das quantum aber dieser rückständigen Pachtgelder kan bey bevorstehender Commißion, nach Abzug des Conductoris liquiden und erweislichen Gegenschulden leicht constituiret und zur Execution befördert werden! Immittelst hat es

Zum acht und zwantzigsten bey der vom Conductore bestellten Caution, biß dieses und anders noch zuwachsendes Locarium abgeführet worden, sein lediglliches Verbleiben, und wird er, in deren Regard, mit fernerer Sequestration der fructuum allerdings verschonet, unerachtet Herr Locator sich darüber sowohl, als Verwittibte von A. interveniendo beschweren wollen, allermassen dann die wegen der Caution ergangene sententiæ propter rejectionem derer darwider eingewendeten remediorum suspensivorum vires rei judicatæ erlanget, und andern nicht zu ermessen seyn will, warum Conductor über die sub initio contractus prænumerirte Cautions-Gelder und anderweit gestellte Versicherung auf 200 Thlr. mit mehrer Caution beleget werden sollte, da er doch hingegen testantibus Actis seine zum theil liquide Gegen-Prætensiones hat, und cautione superflua nicht zu beschweren seyn will, per l. 14 § 1 ff. ut legat. S. fidei commiss. cum & alioquin de cautionis modo & sufficentia judicis arbitrio standum & credendum sit, und einfolglich allhier der Hochlöbl. Regierung Determination Beyfall gegeben werden muß, teste Menoch. d. Arb. Jud. Qu. libr. 2 cas. 142 atque Mev. part. 3 decis. 55.

Neun und zwantzigstens ist zwar wegen der hinc inde aufgewendeten Expensen und Unkosten nicht ohne, daß ein Theil dem andern dieselbige, welche durch ungehorsames Aussenbleiben causiret worden, zu refundiren und zu ersetzen gehalten: solchergestalt nun hat sowohl Herr Locator diejenigen, welche er durch sein Nichterscheinen causiret, als Conductor selbige, die er solchergestalt verursachet, und darunter auch, bey der anderweitigen Commißion, besage der Commißions-Acten, auf vorhergehende Taration und richterliche Moderation zu erlegen, die übrigen müssen compensando allerdings verglichen werden, si namque controversia usque ad conclusionem probabiliter fuerit ambigua, vel propter probationes utrinque factas, vel propter ipsius negotii obscuritatem, justa subesse dicitur causa, ob quam reus a restitutione expensarum liberetur, arg. l. 79 in verbis: temere off. de jud. vid. Zas. ad l. 13 § 6 C. de judic. n. 30. Umm. ad Process. Disp. 22 n. 31. Welche Ambiguität in hac ipsa causa am offenen Tage lieget, da zumal Herr Locator wider Conductorem und Conductor hingegen wider denselben fast unzählige Gravamina geführet, bey welchen theils Conductor rechtlichen Beyfall erhalten, und noch erhält, so daß ein ieder probabilem litigandi causam vor sich hat, und die Vergleichung nothwendig geschehen muß, cum enim diversi litis sunt capita & in alio actor in alio reus victor existit, expensarum compensatio fieri solet, ob mutuam utriusque victoriam, arg. l. 39 & 47 ff. solut. matrim. vid. Mev. part. 7 decis. 241 n. 1, ubi quidem cum Fabr. in Cod. libr. 7 tit. 18 def. 27 hoc limitat, nisi major alterius partis temeritas appareat, tunc enim quoad expensas discrimen & pro una parte compensationem fieri, pro altera non fieri docent, quod probat quoque Joh. Baptist. Asin. in Prax. Jud. § 32 cap. 2 ampl. 71. Nachdem allen aber Mevius selbsten bekennet, quod ad judicis arbitrium pertineat expendere, in quo excedat alterius partis temeritas, und bey diesem Streit Conductor so wohl durch Herrn Locatorem, als hingegen dieser durch jenen sich zu beschweren vermüßiget worden; Also hat die Vergleichung nothwendig erkennet werden müssen. Schlißlichen hat es wegen der übrigen allbereit erörterten Puncten bey vorigen Judicatis sein Bewenden.

Weil aber allbereits oben angeführter maßen die solutio mercedis per Processum executivum eingetrieben, und so gar die Appellation a Sententia, quæ mercedem conductori injungit, quoad effectum suspensivum, verworffen werden kan, vid. Mev. part. 4 decis. 244 atque im Bedencken über die Fragen zwischen dem Grund-Herrn und Pensionario, quæst. 6 n. 577 & seqq. Jam in executivis, ubi liquida est Actoris intentio, quod in exceptione illiquidum est, ad illam retardandam non admittitur, sed ad alium tantum reservatur

servatur Protossinn). Idem faciendum est, quæ
exceptionem rei, circa quam actoris viæ & re-
plicans Actor loco rei est. vid. Hartmann. Pi-
ston. part. 4 q. 11. 39. atque Mev. p. 4 decif.
m̄ in sin n. 3. Confer. idem Mev. p. 2 dec. 16
& 17. Hocque prout jam antea monuimus,
quam maxime quoque in locat. conduct. concedit. Et quamvis alioquin conductor quoad
expensas in rem conductam factas habeat retentionem, hoc tamen in liquidis solum procedit, in illiquidis vero jus retentionis tollitur
per cautionem, ut recte tradunt Anton. Fab.
libr. 4 tit. 41 def. 4. Mev. part. 2 decif. 15, atque
Brunner. cent. 4 dec. 11, ubi hanc sententiam
cum Negusant. Fachin. aliisque communiter receptam esse dicit. V. R. W.

Decanus und andere Doctores der
Juristen-Facultät bey Nürnberg.
Universität zu Altdorff.

CASUS LII.

Ob und wie ferne ein After-Pachter, wenn
er vor seinem After-Verpachter vor Endigung des After-Pachtes eigenmächtig
ausgeworffen, sich der Exception oder
Spolii-Klage bedienen
könne?

An & quatenus sub-conductor ante finitam
sub-locationem a sub-locatore via facti ex-
pulsus, exceptione & actione spolii
variando gaudeat?

Per rationes dubitandi & decidendi quinque
Responsis Collegiorum Jurisprudentum
enodata.

Facti contingentia.

Als An. 1687 J. V. Pachts-Inhaber des Gräfl.
Ober- und Unter-Amts F. M. W. ein zu gedachtem
Amt gehöriges Vorwerg sublocirte, derselbe aber
das verglichene locarium der 1500 Thlr. nicht
baar sofort prænumerirte, hat J. V. den Conductorem M. W. eigenthätig aus dem tradirten Vor-
werge geworffen, und ihn wegen nicht bezahlter
1500 Thlr. ad interesse belanget, welcher Klage
M. W. Exceptionem spolii vorgeschützt, auch zu
Behauptung solcher Exception einige Zeugen abhören lassen, dawider Gegentheil seine Nothdurfft
einbracht und einen Bescheid erhalten: Das Beklagte die vorgeschützte exceptionem spolii binnen
Rechts bestimmter Zeit besser dann geschehen beyzubringen schuldig, worauf sich Beklagter der Bescheinigung angemasset, und einen Abschied erhalten:
Daß es dasjenige, so ihm besser beyzubringen obliegt, und er sich unternommen, nach Nothdurfft
beygebracht, und er daher nicht eher, bis Kläger ihm
restituiret, auf dessen Klage ad interesse sich einzulassen schuldig sey, wowider Kl. Leuterung und als
selbige bestätiget worden, Oberleuterung eingewendet,
welche zwar anfangs in quantum juris angenommen, jedoch nach genauer Untersuchung auf Gegentheils Erinnerung ebenfalls verworffen, auf Kl. anderweitige Instanz aber eine Veranlassung zum
Verfahren über derselben Erheblichkeit und Zuläs-

sigkeit erhalten, dieselbe daraus ins Chur-Sächsi.
Schöppenstuble zu Leipzig M. Apr. 1689 vor unerheblich und unzulässig erkannt, und als J. V. die
Restitution retardirte, wurde auf M. W. imploration ex L. Diffamari in Scab. Lips. M. Nov.
1689 V. R. erkannt: daß Kl. seines Einwendens
unerachtet seine erhobene Interesse-Klage binnen
Sächsis. Frist, bey Verlust derselben, gebührend
fortzusetzen schuldig, dieweil in der Auth. Qui semel
E. quomodo & quando judex, deutlich verordnet, daß wann einer einmahl wider den andern gerichtlich geklaget, und hernachmals die Sache ersitzen
lässet, ihm auf dieser Ansuchen, wann er zuvörder gebührend erinnert worden, ein gewisser Termin zu
Fortstellung seiner erhobenen Klage, bey Verlust derselben gar wohl präfigiret werden kan, zu dem Ende,
daß, wann er sodann solche Frist vorbey gehen lässet, und ferner in der Sache nichts thut, er seiner
disfalls gehabten Ansprüche sich gänzlich verlustig
machet. Woraus J. V. seiner Interesse-Klage gerichtlich renunciiret, in Meynung, sich dadurch der
Rechtskräfftig erkannten Restitution in das sublocirte Forwerg zu entbrechen, dahero entstunde zwischen denen Partheien folgende

Rechts-Frage:

Ob J. V. durch Renunciation seiner Interesse-
Klage sich bey Rechtskräfftig erkannten Af-
ter-Pachts-Restitution im Stande Rechtens
entbrechen könne?

Pro Affirmativa responderunt 1 Dom. JCti
Lipsenses.

Unsern freundlichen Gruß zuvor. Als ihr uns
Abschrifft eines Rechtl. Responsi, wie auch einer
gewissen, aus der Churfürstl. Br. R. des H. M.
m H. ergangenen Andeutung benebst einer Klage
zugeschickt, und euch des Rechtens darüber zu belehren gebeten.

Demnach erachten wir, nach fleißiger Verlesung
und Erwegung derselben, darauf in Rechten gegründet und zu erkennen seyn:

Casus.

Habt ihr hiebevor. M. W. das Forwerg W. sub-
lociret, nachdem aber, derselbe, dem disfalls auge-
richteten Contract, keine behörige Folge geleistet, und
insonderheit, die verschriebene Caution nicht bestellet, euch dessen wieder angemasset, auch weil, wegen
dergestalt nicht geleisteten præstandorum, euch grosser Schade zugezogen worden, in actione ad interesse in Anspruch genommen, dahingegen er pro
der euch actionem spolii erhoben, jedoch, da ihr
eure Klage fortgesetzet, die seinige liegen lassen, und
in dem von euch ausgebrachten Termin, exceptionem spolii vorgeschützet, auch es hiermit dahin gebracht, daß zu Recht erkannt worden. Er sey auf
eure Interesse-Klage ehe zu antworten nicht schuldig, bis ihr ihn in das Forwerg W. restituiret,
Worauf ihr wieder bey euch schlüssig worden, solcher euer Klage gänzlich zu renunciiren, und wollet
anitzo;

Questio,

Ob wann dieses geschehen, Gegentheil dennoch
Krafft angezogenen Urthels die Restitution wider
euch mit Bestande zu urgiren befugt? des Rechtens
berichtet seyn.

Rationes

Rationes dubitandi.

Ob nun wohl mehr ermeldtes Urthel in seine verbindliche Rechts-Krafft ergangen;

Rationes decidendi.

Dennoch aber und dieweil exceptio spolii bloß einen effectum suspensivum & repulsivum wirket, also und dergestalt, daß der Beklagte und Exciplens, biß zu erfolgter Restitution, mit der Einlassung zu verschonen; Dahingegen wann Kläger von seiner Klage gutwillig abstehet, und die Einlassung darauf ferner nicht fordert, er ebenmäßig zur Restitution vermöge dieser Exception nicht angehalten werden kan; gestalt dann auch allhier das Urthel diese tacitam conditionem in sich begreiffet, daß es anders nicht, als auf den Fall zu verstehen, wann ihr die Interesse-Klage fortsetzen wollet.

Decidendi.

So mag auch daher W. euch, wann ihr bey der vorgewiesenen Renunciation der Interesse-Klage beharret, zur Restitution mit Bestande nicht anstrengen. P. R. W. M. Mart. 1690.

II.

Dn. JCti Helmstadienses sequenti modo de jure responderunt ad quæsita J. V.
11 Mart. 1690.

Als uns Decano, Seniori und anderen Doctoribus der Juristen-Facultät auf der Fürstl. Julius-Universität zu Helmstädt vorgesetzte facti species, sammt bey verwahret zurückgehender Beylage sub lit. A zugeschicket, und daß wir über die darinne befindliche Frage unsere in Rechten begründete Meynung eröffnen möchten, gebeten worden: Demnach haben wir obgemeldte solches alles bey versammleten Collegio mit Fleiß verlesen und wohl erwogen; Erkennen darauf vor Recht: Verhält sich alles betrchteter Massen, welches wir denn in facto für wahr, oder erweislich supponiren.

Rationes dubitandi & decidendi.

Ob wohl M. W. actionem spolii erhoben, dieweil er iedoch nachhero davon wieder abgetreten, und anstat der Action, exceptionem spolii wider die von Herrn Consulenten angestellete Interesse-Klage eingewendet, einem iedweden Kläger aber frey stehet, vor der Krieges-Befestigung seine erhobene Klage fahren zu lassen, wann es gleich reo nicht anständig oder dienlich seyn solte, nach der Krieges-Befestigung aber; weil dadurch quasi contrahiret wird, denen litigirenden Theilen, nisi utriusque consensu, davon abzustehen, in Rechten nicht zugelassen ist, allhier aber noch keine Krieges-Befestigung vorhanden, und folglich Herr Consulent seine Interessen-Klage fahren zu lassen, wohl befugt gewesen, wo aber keine Klage verhanden, die exceptiones und in gegenwärtigem casu exceptio spolii und deren Wirkung nicht mögen stat finden; nachdem malen nun die exceptio spolii alsdann diese Wirckung bey sich führet, daß spoliatus vor allen Dingen restituiret werde, ehe er auf des Klägers erhobene Klage hauptsächlich zu antworten schuldig, da nun aber ein Kläger von seiner Klage, wie im gegenwärtigen Casu geschehen, abstehet, und alsdenn Reus hauptsächlich sich einzulassen, weiter nicht schuldig, so ist auch der Kläger in solchem Fall

restitutionem zu thun nicht verbunden, wie solches in denen Canonischen und Geistlichen Rechten allerdings verordnet,

Cap. 2 in verb. Non erit per hæc restitutio facienda X. de Ord. cognit.

dente dehn in denen gemeinen Kayserlichen Rechten nichts zuwider constituiret worden ist, und es also auch bey so bewandten Sachen in der heutigen praxi gehalten werden muß, und über dem noch hinzu kümmt, daß der Conductor M. W. die verschriebene Cäution nicht bestellet, da man doch supponiret, daß sub hoc modo oder conditione, syd nicht suspensiva, doch zum wenigsten resolutiva geschehen, und also von der Zeit an, da der modus, oder auch conditio resolutiva nicht erfolget, der Sublocations-Contract erloschen, und wieder aufgehoben ist, und folglich M. W. nicht einmal mehr pro ejusmodi possessore, dem die actio spolii zustehet, hat können gehalten werden, uti in simili fere casu tradit Mevius part. 7 dec. 179 n. 6 & 7. Cum etiam jura locatori permittant propria autoritate expellere conductorem, si nulla justa detinendi causa adsit, vid. L. si quis 25 C. locati. Jung. Anton. Faber in Cod. libr. 4 tit. 41 def. 58.

Decisum.

Bey allen diesen einlauffenden Umständen und andern in specie facti angeführten Ursachen halten wir dafür, daß Herr Consulente M. W. ihm das Forwerg P. zu restituiren, wann er seiner wider W. angestellten Interessen-Klage renunciiret, nicht schuldig sey. P. R. W.

Hisce vero non obstantibus in contradictorio ad Acta pro negativa

I.

Judicarunt Dn. JCti Wittenb. M. Maji 1690 seqq. verbis: Daß Beklt. seines Einwendens unerachtet Klägern in das sublocirte Forwerg Pf. zu restituiren und in vorigen Zustand zu setzen verbunden. P. R. W. ob sequentes

Rationes decid.

Ob gleich J. B. vermeinet, daß es M. W. am fundamento agendi ermangle, weil er bereits exceptionem spolii opponiret, und vormals auch schon actionem spolii angestellt gehabt, solche aber nicht fortgesetzet, allermassen aber M. W. nachdem er zu seinem Restitutions-Zweck nicht gelangen können, in Ansehung J. B. die Interessen-Klage fallen lassen, und dadurch M. W. um die Restitution, so er opposita exceptione spolii per indirectum intendiret gehabt, gebracht, bewährter Rechts-Lehrer Meynung nach, gar wohl nachgelassen, per modum actionis sein Recht zu verfolgen, zumaln da allhier die indirecta action recta ad restitutionem gehet, welche exceptio spolii aus per indirectum suchet; hiernächst auch von M. W. nicht eben gesagt werden kan, daß er diese Spolien-Klage sich dahero, weil er solche bereits vormals angestellet gehabt, nachmals auf exceptionem spolii gestellet, begeben, und anitzo selbige nicht von neuen hervorsuchen könne, in Erwegung, daß ad renunciationem juris sui expressis verbis facta abdicatio, oder ein solches factum, so keine andere interpretationem, als ex qua juris sui renunciatio induci

duci

duci potest, leidet, erfodert wird, da hingegen allhier die ehemalige erhobene Spolien-Klage nur zu
dem Ende von M. W. bey Seite gesetzt worden,
weil er vermeinet bey der Bewandniß, da J. B. die
Interesse-Klage ergriffen, compendiosiori via seine
Restitutions-Intention zu erreichen: So ist allerdings M. W. fundamentum agendi richtig, und
haben wir in fernerer Betrachtung, daß actio spolii
summaria ist, die Bescheinigung dem Richter geschicht, und das spolium, als es per modum exceptionis in judicium deduciret worden, gnugsam
dargethan, auf fernere Demonstration zu erkennen,
vor unnöthig gehalten, sondern alsofort J. B. zur
Restitution condemniret.

II.
Dnn. JCti Rintelienses.

Daß es der eingewandten Leuteration unerachtet
bey vorigem am 3ten Junii 1690 eröffneten Urthel
zu lassen, und Beklagter und-Leuterant derselben zu
Folge Klägern und Leuteraten ohne einigen fernern
Aufenthalt das Vorwerg P. wieder einzuräumen
schuldig sey; Gestalt wir ihn dann dazu hiermit
nochmahls schuldig, und zugleich in die Unkosten dieser Instanz, salva moderatione judiciali, fällig
erkennen; Immittelst wird dasjenige, was er an
Leuteraten wegen des in Anno 1687 den 8 Junii
mit ihm errichteten Sublocations-Contracts zu prätendiren hat, wie auch der punctus exactæ cautionis wegen der von Leuteranten angeblich beför-
genden Feuers-Gefahr, ihme vorbehalten, da denn
nach geschehener Restitution, wenn er diese Puncten
gehörigen Orts weiter urgiren wird, auch darinne
erkannt werden soll, was Recht ist. V. R. W.
den 21 Mart. 1691.

Rationes Decidendi.

Zu vorstehendem Urthel hat uns vornemlich bewogen, (1) weilen daraus, daß Kläger seine vormals
am 1 Sept. 1687 gegen Beklagten übergebene Spolien-Klage nachgehends, als J. B. fürhero fol. Act.
eine Interesse-Klage gegen ihn angestellt, ruhen lassen, und sich seines Rechts per modum exceptionis gegen die Interesse-Klage bishero bedienet,
keine tacita renunciatio der vorhin angestellten
Spolien-Klage mag geschlossen werden; Angesehen
Klägers Intention auch bey Opponirung der Exceptionis spolii auf die restitutionem spolii
gerichtet gewesen, nebst deme auch bekannt,
quod renunciatio juris sui, tanquam species
donationis, non præsumatur. (Dannenhero
die dem Kläger aus dieser vermeinten tacita
renunciatione ob mobilité exceptio non amplius
competentis, sed remissæ actionis zerfällt.
(2) So ist über die letzt von Klägern intendirte Spolien-Klage Beklagten absonderlich, und weiter noch
zu vernehmen, bey so gestalten Sachen, da Kläger
nicht allein der damahls excipiendo obmwirten
eigenmächtigen Dejection des Beklagten Vol. Act. 2
durch Zeugen nothdürftig überführet, sondern auch
dasselbe passim in actis gestehet; und vermöge des
mit Klägern in Ao. 1687 den 8ten Junii errichteten
Pachts-Contracts ihm erlaubt gewesen, zu seyn vermeinet, nicht nöthig gewesen, sondern gleich wie es
heisset, in confessum nihil restat nisi condemnatio, also ist er in voriger Urthel billig sofort zur Re-

stitution condemniret. Und weil dann (3) in puncto spolii ferner Rechtens: Quod spoliatus, &
si præsto, ante omnia sit restituendus, nec ulla
exceptio admittenda, quæ restitutionem dejecti impediat, per jura notoria & ab actore, in
exceptionibus & duplicis adducta; so hat man
noch zur Zeit und bevor die restitutio spoliati geschehen, darauf keine Restexion nehmen können, jedoch aber Beklagten dieselbe billig reserviret. Und
hat er facta restitutione plenaria der bey Uibergebung des völligen Amts ihme versprochenen 1500
Thlr. gegen Klägern hin wiederum zu agiren, wie
auch von demselben die Caution wegen angeblicher
Feuers-Sorge und Gefahr gleichfalls zu urgiren
freye Macht, noch zur Zeit aber und da ein irreparabile damnum seiner Seits zwar vorgeschätzt,
aber weder præsumirlich, vielweniger erwiesen, hat
man es nicht in Consideration ziehen können: Im
übrigen ist bekannten Rechtens: Quod privata &
propria autoritate neminem etiam injustum
possessorem aut detentorem expellere aut dejicere liceat. l. 13 ff. quod met. caus. l. ult. ff. ad
L. Jul. de vi priv. l. 7 C unde vi, l. 14 C de Judæis, l. ult. ff. de acquir. poss. Sed adversus resi-
stentem opus sit judicio, l. 176 ff. de reg. Jur.
Weilen nun Beklagter darwider gehandelt, so muß
er sich nun auch die restitutionem spoliati cum
omni causa in pœnam spoliato constitutam
gefallen lassen. Und weil er also kein erheblich gravamen leuterationis gehabt, wird er billig in die
dem Gegentheil durch sein Leuteriren verursachte Kosten condemniret. V. R. W.

III.
Dnn. JCti Rostochienses Oberleuteratione in-
terposita d. 11 Jul. 1691 ad Acta responderunt sequenti modo:

Daß der Oberleuterung ohngeachtet, vorige
Urtheln als vom 3 Junii 1690 und vom 20 April.
1691 quoad punctum expensarum zu purificiren,
und sonsten allerdings zu confirmiren, Beklagter
auch in die Unkosten dieser Instanz prævia liquidatione & moderatione zu condemniren sey, wie
wir denn vorige Urtheilen hiermit purificiren, auch
Beklagten in expensas condemniren. V. R. W.

Rationes Decidendi.

Weiln (1) Kläger die ihm vorhin zuerkannte
Caution sub fol. Actor. 387 nunmehro wirklich
præstiret, als ist nichts mehr übrig, denn daß ihme
die sub hac conditione zugebilligte Unkosten,
prævia liquidatione & moderatione, von Beklagten erstattet, und die vorige Urtheilen dergestalt
purificiret werden. Den Punctum Spolii anlangend, ist (2) von Klägern in Actis satisam deduciret; daß cessante licet exceptione spolii antea
opposita, die actio spolii gar wohl instituiret werden könne. Und weil dann (3) das spolium per
testes überflüßig bewiesen, auch die von Beklagten
selbst vorgeschlagene Zeugen, solches nicht ableugnen können; Nicht weniger Beklagter selbsten
hinc inde in Actis, da er die Umstände des facti
erzehlet, es zugestanden: So haben wir billig in re
notoria & partim confessata, selbigen ad restitutionem condemniren müssen. Zumahln auch (4)
bekannten Rechtens: daß in causis momentaneæ
possesso-

possessorii, auch citra litis contestationem, definitive könne gesprochen werden. Christinæ. c. 2 def. 155 n. 2 seq. quam refert & sequitur Brunnem. Process. Civil. c. 14 n. 3. Pontan. d. spolio lib. 4 c. 3 n. 1. Ziegler ad can. redintegr. c. 7 § 2. Scacc. d. Appell. q. 17. Lim. 6 M. 7. Wann er auch (5) in hac instantia keine justam causam litigandi gehabt, als ist er, ut temere litigans, in expensas ejus, iedoch prævia moderatione, condemniret worden. V. R. W.

Tandem hæc controversia Spoliatæ Sublocationis, postquam per viam Appellationis ad Aulam Cæsaream devoluta fuit, coram Illustri Judicio Regiminis Electoralis Brandenburg. Ducatus Magdeburg. a quo, per transactionem d. 27. Octobr. 1693 sopita est.

Mantissa.

Circa hanc materiam involuntariæ dejectionis vero hic obiter notandum, quod 1 neque actio spolii, ad restitutionem rei spoliatæ, neque exceptio spolii, ad suspendendum processum, donec restitutio fiat, unquam habeat locum, antequam allegata causa denegatæ restitutionis dubia, e. g. quod dejectus se ipsum suo facto conventionalis venditionis & traditionis spoliaverit, prius discutiatur. Mev. 9 dec. 10 n. 17 & 7 dec. 159 n. 5 & 6. Ant. Faber l. 8 C. T. 3 def. 8 n. 8. Carpz. p. 2 c. 8 def. 2, ubi præjud. d. a. 1597 refert. Zigler. ad can. redintegr. de restitut. spoliat. c. 7 § 8 & 9. Fachinæ. 8 contr. 9. Gratian. discept. 701 n. 46, ubi duo præiudicia Rotalia de An. 1611 & 1614. Alex. 1 cons. 92 n. 5. Gabriel. 5 T. 2 h. t. c. 5 n. 33, quo casu is, qui dejectionis arguitur, adversario super facto proprio conventionis & spontaneæ traditionis de jure civili Justinianeo juramentum judiciale deferre potest, l. 3 § 1, l. 13 § 2, l. 28 § 5 d. jureiur. Nec 2 etiam locum habet actio & exceptio spolii adversus constitutarium, ejusque heredes, prout in contradictorio judicarunt Dn. JCti Helmstad. in causa D. J. C. H. contra den von R. d. 27 Martii 1695 seq. verb. rat. decid. 5, 6 bis 13 vers. Den (3) Punct (5) belangend, ob die actio oder exceptio spolii allhier stat habe, so fundiret sich Gegentheil auf eine obligation cum clausula: Constituti possessorii, & hypotheca cum pacto executivo, welche veram & quamlibet possessionem in constitutarium transferiret. Post. dec. 390 n. 4 dec. 486 n. 1 & dec. 165 n. 1, dergestalt, daß auch solche possessio auf des constitutarii Erben transferiret wird, cum 3 constitutarii heredi debeatur manutentio. Post. obs. 11 n. 10; dahingegen 4 constituenti, ejusque heredi, licet actualiter possideat, manutentio contra constitutarium non debeatur. Post. obs. 52 n. 11, obs. 20 n. 36; daraus dann weiter folget, daß weil 5 der constituens ejusque heredes keine wahre Possession behalten, sondern vielmehr nomine constitutarii corporaliter allein dem Grund-Herrn, darinnen das Possessorium constituiret ist, inhäriren, und also keinen wahrhafften Besitz vor sich anziehen mögen, welches 6 iedoch so wohl ad exceptionem als actionem spolii fundandam essentialiter erfordert wird, cum non nisi possessor spoliari sua possessione possit, das

Jurist. Oracul V. Band.

van es bey so gestalten Sachen allhier ermanglet, und diesen allen die Magdeb. Process-Ordn. c. 48 § 2 in verb. oder dieselbe eignes Gewalts einzunehmen ꝛc. mercklich adminiculiret, dannenhero 7 die, so wohl ad actionem, als exceptionem spolii nothwendige zwo extrema, als possessio & spoliatio ermanglet, demnach hat im gegenwärtigen Falle weder actio nec exceptio spolii stat. Urkundlich ꝛc. V. R. W.

TRACTATIO LIII.

Von Pacht und Verpachtungen Herrschafftlicher Güter und Intraden.

De Locatione Conductione Rei Dominicae, in qua Locationis Conductionis Contractus ab Emptionis - Venditionis negotio diligentius, quam vulgo factum, discreto, & quid per rem dominicam hodie veniat intelligendum, deducto, pleraque circa publicam Locationem Conductionem Jure vel Institutis florentissimarum Europæ Rerump. speciatim recepta traduntur,

Autore Johann. Frid. Amelung, J. U. D. & Civitatis Hameliæ Syndico.

*Propositi occasio & methodus.

I. Bona Rerump. & jura ea inprimis, quæ ob reditus incertos fraudibus sunt obnoxia, vel ob singularem, qua indigent curam atque industriam, socordiæ administrantium subjacent. longe utilius sub certis mercedibus locari, quam pro stipendiis fraudulentis sæpius & sumptuosis administratoribus concredi experientia florentissimarum Europæ Rerumpubl. insuper & vel hæc sola evincit ratio, quod ut plurimum anxie magis res privata quam publica administretur. Vid. Klock. de ærar. lib. 1 c. 14 n. 92 & seqq. p. 183. Avendanno de Exequend. mandat. 2 c. 12 n. 1 p. m. 188. l. 2 C. quando & quib. part. Joh. Marquez. en el governador Christiano lib. 1 c. 27 § 2, ubi solita eruditione de administratorum rei dominicæ nonnullorum perfidia tractans exhortatur Principes eorumque supremos ministros, ne ulla dissimulatione & conniventia erga semel deprehensos in fraudibus utantur, solve quacunque etiam spe fieri posset, ulla in officiis tollerent, aut iis semel privatos restituant.

II. Circa utilissimum hoc negotium publicæ locationis conductionis utut quamplurima singulariter sint recepta difficultate non carentia, quam aut perversus privilegiorum fiscalium intellectus, aut eorum ab interpretibus Juris plus æquo facta ampliatio vel restrictio parit, tamen haud adinveniens ab ullo in eruditissimo hoc seculo data singulari opera ea tractari, sui inductus illud argumentum tibi, Benevole Lector, in hisce pagellis sistere consilio, non ut ex asse illud explerem, sed viam potius aliis struerem, quibus id magis liceret, & ut præterea tibi probarem memoriam me habere syngraphi, quo in calce Spicilegii Juris Tubingæ olim me autore

C c c

editi

editi peculiarem quandam tractationem, si otium daretur, sum pollicitus.

III. Ordo tractationis nostræ erit, ut in primo capite diligentius, quam vulgo factum, synallagma Locationis Conductionis & quomodo ab emtione Venditione essentia discernatur, explanemus, hoc enim vulgo non ita patet, & inde plurimas magni momenti lites in regiminibus fiscalibus & patrimonialibus cum conductoribus oriri passim in decisionibus, quæ lucem vident, deprehendi, ratione hac in publica locatione conductione singulari, quod necessitas momentanea plurima jura introduxerit Antiquitati non ita nota, id quod juris applicationem reddit difficiliorem. In secundo Capite dicetur, quid per Rem dominicam hic intelligatur, ut appareat, an omnia Principum & Rerump. bona privilegiis in hac tractatione traditis gaudeant, sive sint fiscalia, seu patrimonialia, an bona Principissarum & Ducissarum, Nobilium immediatorum, Civitatum Imperialium &c. In tertio Capite methodica serie singularia circa locationem Conductionem publicam recepta enucleabuntur & jure vel consuetudine Rerump. confirmabuntur.

Caput Primum.
In quo tractatur, quid per Locationem Conductionem intelligatur & quomodo ea ab Emtione Venditione discernenda.

I. Plurimas inde lites pullulare animadvertimus, quod non satis sæpe constet, ad emptionem venditionem, an vero ad locationem referenda sit concessio hujus vel illius rei dominicæ pro certa pecunia. Et sane duo hæc συναλλάγματα essentia utut differant, tanta tamen est inter ea affinitas, ut fraternizare a Dd. dicantur, vid. l. 2 pr. & § f. ff. locat. § 3 Inst. eod. Unde factum, quod verbo redimere (quod significat emere seu remere, l. 4 § 1 ff. de noxal. act. l. 47 § 6 de admin. & per tut.) antiquitus etiam Juris-Consulti fuerint usi in locatione conductione: nam ut ex Festo Calepinus ait in Dictionario verbo redemptor: proprie atque antiqua consuetudine redemptores dicebantur, qui cum facere quid conduxerant, illudque propriis expensis effecerant, tunc demum pecuniam & unam quidem certam mercedem accipiebant. Hoc quoque tradit Zasius in l. si ita stipulatus essem n. 13 ff. de V. O. quem refert Carol. Molinæus in Tr. de dividuo & individ. p. 3 num. 70 allegans l. 35 de R. V. cujus legis verba hæc sunt: redemptores qui suis cæmentis ædificant, statim cæmenta faciunt eorum in quorum solo ædificant: de qua lege infra fusius. conf. l. 24 § ibique gl. de reb. autor. jud. poss. l. 14 C. locat. cujus verba: si hi qui redemerant a vobis frumentum & hordeum annonæ inferendum accepta pecunia fefellerunt fidem, an locato agere potestis. l. 51 § f. l. 30 § 3 ff. locat. Item hoc nomine etiam indigitatur is, qui conduxit utendum fruendum, l. 11 § f. l. 15 ſ f. ff. de public. & vect. ibi vocantur redemptores vectigalium publicorum, qui tamen hinc inde in eo-

dem titulo conductorum nomine veniunt. Et hoc est quod Immola cons. 61 n. 3 ait, quod conductor late sumto vocabulo dici possit emtor; est enim verum juxta antiquam consuetudinem, qua conductor redemptor appellabatur.

II. Quinimo isti Contractus adeo fraternizant, ut non infimi nominis Jure-Consulti tam olim, quam hodie adhuc parum absit, quin invicem eos confundant, præcipue cum de Concessione jurium rei dominicæ agunt. Vid. Bald. ad l. 2 C. de R. V. ubi ejusmodi conductorem emptorem vectigalis vocat. Faust. in Consil. pro ærario p. 552 col. 2, qui dicit, Conductorem vectigalium emisse nomen transeuntium, & quod ad eum eventus & adversa fortuna spectet, l. 8 ff. de per. & commod. rei vend. l. 12. ff. de act. emt. Idem Faustus in tot. observat. 550 cl. 9, quam inscribit de conductoribus & emtoribus rerum fiscalium, eum vocat Conductorem & ex contractu locationis conductionis de eo disputat, vid. omnino § f. dictæ observat. pag. 452 obs. 54, ubi ex Polybio & Livio illum contractum vocat locationem conductionem. Vide etiam Horat. Montan. autorem alias non contemnendum de Regalib. pag. 69 § 9 ubi ait: arrendator vectigalium dicitur emtor respectu fructuum, respectu juris regalis vectigalium dicitur Conductor, & sic ex eodem negotio duos contractus facit, contra legum principia l. 1 ſ 12 ff. depos. nec minus male Carol. Anton. de Luca ad Gratian. c. 195 § 2, quando ait, quod emtio venditio vocetur iste Contractus instrumento, de quo ibi disceptat, hoc fieri, quia emtio fraternizat cum locatione conductione, & quamvis in dubio jus percipiendi gabellas & vectigalia tanquam spes aleæ videatur vendita, tamen quoad effectum est locatio, allegans Carpan. ad statut. Mediolan. Vid. itidem Aloysium Mansium in Consult. 26 part. 1 & Joseph. Alzogradum in decis. unica in tom. controv. Genuæ edito, duo fulgentia alias Italiæ summa, acriter controvertentes, an illi, quibus proventus Gabellarum ad certos annos pro certa summa pecuniæ erant concessi, emptores, an vero conductores essent, ob effectum remissionis, quam concessionarii prætendebant.

III. Ea propter cum in hisce negotiis discernendis non conveniant, eorum tamen accurata differentia cognita ad multa emergentia ex veritate dirimenda faciat, utpote diversissimos effectus hisce Contractibus, licet sibi invicem affinibus, producentibus, non parum hic profecisse videbor, si ex veris juris principiis & inexpugnabilibus fundamentis horum contractuum naturam diversam & in quo potissimum vere differant, explicuero, & ad particulares casus deinde descendam, quæ optima resolvendi ratio. vid. Alberti Alderici Tr. de Symbolicis contractib. Tit. 2 per tot. ubi cap. 1 tractat symbola locationis conductionis cum emtione venditione quoad L. 2 Cᵒ d. Resc. Vend. cap. 2 de symbolo ratione mercedis non justæ constitutæ, cap. 3 de symbolo cum Emphyteusi, cap.

4 cum

4 cum venditione, cap. 5 cum fructibus, cap. 6 quoad successorem universalem & particularem, cap. 7 an accidens sit symbolum in locatione & venditione, cap. 8 locator & conductor in quo sint symbola, cap. 9 remedia an sint symbola inter locatorem & conductorem. & cap. 10 Exceptiones an sint symbola inter locatorem & conductorem.

IV. Ubi primo occurrit firmum juris principium, Emptionis venditionis naturalem finem esse, ut res vendita alienetur, ita ut si aliter conventum, nulla venditio intelligatur, l. 80 § f. ff. de contrah. emtione, ubi claris verbis dicit Labeo, nemo potest videri eam rem vendidisse, de cuius dominio id agitur, ne ad emtorem transeat, sed hoc aut est locatio, aut aliud genus contractus. Qua in re cum permutatione maximam habet similitudinem & quasi unam naturam, quia utriusque contractus unus & idem est finis, propter quem a Jure gentium ambo inventi sunt, scilicet ut jutilia nobis inutilibus & iis quibus tantopere non indigemus, adquireremus, ut eleganter docet JCtus in l. 1 ff. de contrah. emt. Utroque enim contractu sive vendentes, sive permutantes, id agimus, ut res nostras non tam utiles secundum temporum & rerum necessitatem alienemus & alienas nobis utiliores adquiramus. Huic naturali emtionis fini minime contrarium est, quod interdum ex aliqua causa in vera emtione (l. 28 de contrah. emt.) contingat alienationem non fieri, ut quia res tradita non est, vel quia venditor rem tradens dominus non est. Nam alienatio ita de natura quidem venditionis est, ut contra eam pacisci non liceat, non tamen de substantia: cum alienatione sublata venditio non deficiat, uti Corasius lib. 3 miscell. c. 10. Unde emtionem Venditionem definio, quod sit contractus, qui solo consensu de re pro certa nummi quantitate commutanda perficitur.

V. In locatione aliter se res habet. Nam etsi & illa solo consensu perficiatur & res atque nummi interveniant, tamen non ita hoc fit, ut commutatio intendatur, imo dominium rei locatæ apud locatorem plerumque manet, l. 30 loc. ibi: non solet locatio dominium mutare. In locatione enim non agitur principaliter, ut res cum nummo mutetur. Hinc ita distinguere licet, aut in contractum venit sola traditio rei pro pecunia & est venditio, l. 65 de contrah. emt. l. 5 § 3 de P. V. aut in contractum venit pro certa mercede aliquod factum, quod locari solet, ex quo non sequitur dominium alicuius rei, & est locatio conductio. Primi membri Exemplum est in allegata lege 2 § 1 ff. locat. ubi: Cum do pecuniam aurifici, ut annulos mihi faciat ex suo

Jurist. Oracul V Band.

auro. Jhic enim artifex & transfert dominium materiæ sc. principaliter & operam atque factum præstat, quæ locari solet. Unde enim veteres valde dubitarunt de hoc contractu, adeo, ut Cassius referente Justiniano in § 4 I. de locat. cond. putaret, in eo negotio adesse venditionem materiæ & locationem operæ, sed magis ex vero obtinuit, unum hoc esse negotium, nempe venditionem, quia ex uno eodemque actu diversæ contractuum species oriri non debent arg. l. 1 § 12 ff. depos. & respiciendum, quid pincipaliter actum? in proposito autem principaliter actum videtur, ut aurifex factos annulos det, quod autem prius faciat, hoc venit ex consequentia, cum nisi faceret, istos annulos dare non posset, ita ut opera isto in casu accessorii vice fungatur, ut optime explicat Theophilus in d. § item quæritur Inst. de locat. Menoch. de retinend. poss. rem. 4 n. 15, ac satis considerat Jureconsultus in l. 65 ff. de contrah. emt.

Sed huic resolutioni etiam, si firmissimis innitatur fundamentis, gravissime obstat textus difficilis in l. in navem Saufeii 31 vers. aut eiusdem generis ff. locat. ubi: si argumentum dem aurifici, ut vasa, vel annulos mihi exinde faciat, aurifex, quamvis dominus illius argenti fiat, tamen locationis Conductionis adesse contractum habetur, & secundum nostrum principium, cum transferatur dominium illius auri & argenti, nec non annuli & vasorum, debeamus dicere adesse venditionem. Sed respond. quod dupliciter aurum argentumque dari possit aurifici: aut enim datur, ut ex eodem auro annulos, ex eodemque argento vasa conficiat; & tunc dominium materiæ datæ in ipso conductore, qui dedit illam materiam, manet, & aperte locum habet decisio l. 2 § 1 ff. locati, quod ibi adsit locatio Conductio: præter enim operam aurificis ab eo nihil desideratur, nec ab illo dominium specierum factarum transfertur, nunquam enim eius fuit, vid. infra pluribus de hac specie. Vel datur potius ut ex eodem, aut simili materiæ genere peculias species conficiat, quæ species facti est in dicta lege, in navem Saufeii &c. & tunc dominium auri & argenti dati in artificem transit, nec tamen ideo magis, cum factas species reddit, pro pecunia conventa emtio venditio est; quia si materiam inspicias, cum eam; ut vel in eodem, vel simili genere accepisset, quasi in creditum abiit, juxta l. 1 ff. si certum pet. cui credito magis satisfacit ille artifex factas species dando, quam ut vendat, atque ideo necessario fit, ut quamvis eo casu non solum factum, sed & alienatio fit contra regulam textus in l. 39 ff. locat. vera locatio conductio adsit, sed ea quæ notissimos conductionis terminos egreditur, ut contingit in pecunia deposita eiusdem legis in navem Saufeii 31 ff. locat. vers. idem juris esse in deposito &c. notaturque plene per Dd. in l. 27 ff. & 15 § 1 depos. & eleganter resolvit Car. Molin. in tract. de usur. qu. 83 n. 632. Secundi membri non verum exemplum adducit Bartol. ex d. l. 2 § cum quis, secundo responso hoc: cum do aurum vel argentum aurifici, ut ex eo annulos mihi faciat; putat igitur Bartolus ibi per con-

Ccc 2   sequen-

sequentiam dominium transferri, idemque Menoch, expresse cum aliis tradit, ubi supra n. 17, sed errore; etenim in casu illo nec secundario, nec principaliter dominium transfert annuli artifex, facit annulos ex meo auro, illi nunquam fuerunt artificis, sed statim fiunt mei, absque ulla traditione, aut datione artificis, per juris principium hodie clarissimum § cum ex aliena 35 I. de R. D. & A. R. D. l. 7 §7 ff. eod. & quamvis rem fecisset ex mea materia, meo nomine, ad quam reduci nunquam posset, mihi tamen acquireretur statim ab initio, veluti si faber lignarius, vel quicunque artifex armarium vel subsellia mihi faceret ex lignis meis, species enim facta meo nomine, mea est, l. 27 § 1 ff. de A. R. D. Verum autem illius membri exemplum est in l. 22 § 2 ff. locat. nam cum convenit mihi cum architecto, ut ex sua materia in meo solo ædificet pro certa pecunia (secus si cum hortulano contraham, ut arbores vel herbas inplantet fundo meo, rationem vide in §. si Titius alienam planam l. de R. D. & A. R. D.) nam hic principaliter factum & opera architecti vertitur, non ut dominium illarum ædium in me transfert, hoc enim non ab artifice accipio, sed ex eo, quod meo solo inædificatur, res enim meo solo inædificata ei cedit & mihi acquiritur. § 29 de R. D. l. 7 § 12 ff. eod. de A. R. D. non potest itaque dici, hic actum, ut architectus dominium ædium illarum in me transferat, quæ eius nunquam fuerunt, sed mihi ex necessitate soli acquiruntur. Et hoc egregie intellexit Jureconf. in l. 22 § 2 locat. quando dixit; locat enim artifex operam suam; sed quamvis illud ædificium mihi acquiratur, non tamen idem dici potest de materia, ex qua constat l. 2 C. de R. V. de qua vide Sarmient. L. 1 select. quæst. c. 10 n. 7 & seqq. item l. 59, 23 § f. de R. V. l. 7 § 2 ff. de except. rei jud. nam illa demum ex voluntate Architecti præsumta, aut potius necessaria, vi locationis in me transferitur. arg. d. l. 2 verbo; si non donandi animo & in d. § 29 de A. R. D. versu ibi: quia voluntate eius intelligitur alienata est d. l. 22 § 2 ff. loc. sic enim tenetur ædificare, ut non solum ædificium totum, sed & materia ipsa conductoris fiat, ut recte monet Molin. in tr. de divid. & individ. in pr. n. 18. Vide omnino l. 23 ff. de usuc. § 27 de R. D. & l. 7 ff. de A. R. D. l. 2 § 6 de empt. Cum igitur in dicto contractu principaliter veniat ædificatio, non translatio materiæ f. ædificii, scil. factum & per consequentiam translatio materiæ (quæ respectu universitatis ædificii est aliquid secundarii, uti supra) apparet ibi adesse contractum locationis conductionis.

VI. Hac resolutione prævia facillime intelligi possunt textus alias difficiles, l. 20 ff. de contr. emt. l. 65 eod. ibi verba: toties enim conductio est alicuius rei, quoties materia (explica, quæ præstatur), in eodem statu eiusdem manet, quoties vero immutatur & alienatur, emtio magis, quam locatio intelligi debet.

VII. Manet igitur firma superior nostra resolutio, cui insistendo facillime hosce contractus invicem discernes, quandocunque cum artifici-

bus contrahitur etiam aliis, quam qui ex auro vel argento nobis pro certa pecunia summa rem faciunt; utpote ex ferro, ære, stagno vel plumbo, pannis, lanis, coriis, lignis, terra, marmoribus, vel quacunque alia materia, in qua artes mechanicæ exerceri solent. Nam illa doctrina d. l. 2 § 1 loc. est generalis. Artificum genera eiusmodi plura recenset l. 1 C. de excul. artif. Castaneus in Catalogo gloriæ mundi 2 part. conf. 34. vid. l. 20, quæ de vestibus & statua agit, l. 65, quæ de tegulis ff. de contrah. emt. Ubi autem notandum, quod si cum aliquo conveniam, ut ex terra non sua, sed publica mihi conficiat tegulas, ibi locationem esse; nam cum non sibi extrahat terram, sed mihi, non transfert eius terræ in me dominium, nihil mihi nisi operam præstando. Vid. omnino l. 6 ff. de donat. verbis: plane si mercenarius meus exemit, l. 18 de acqu. pos. ibique Bartol. n. 9 secus autem si artifex prius extraxisset terram & postea cum eo conveniam, d. l. 65 locum habet. Nam tunc transfert illius dominium in me & ita casus est in d. l. 2 § 1 primo responso. Illam doctrinam etiam applicare possumus Venatoribus, piscatoribus, Aucupibus, aquatoribus, ita, ut ubi præcedit conventio, ut feras, pisces, volucres &c. mihi capiant pro pecunia, locationem dicas, quia mihi recta via eas res acquirunt, non sibi, & præter operam nihil præstant, propter l. 6 ff. de donat. Sed hisce contrarius est textus difficilis in l. 8 pr. & § 1 ff. de contrah. emt. ubi qui ante piscationem & missilium jactationem convenit, ut alius pisces missiliave ipsi daret pro certa pecunia, quæ caperet, emisse intelligitur, veraque eo casu venditio contrahitur, non locatio conductio. Igitur piscator, auceps sibi ipsi acquiret prius, non ei, cum quo convenit, secus quam nos supra statuimus, alias enim ex supra resolutis locatio conductio adesset. Respondendum in d. l. esse conventionem directam in spem capturæ & ipsam perceptionem eius quod capietur, & ob hanc spei & actus percipiendi alienationem adesse ibi emtionem venditionem l. 5 § 1 de P. V. & probat textus l. 2 ff. de act. emt. vend. idemque dicendum scil. adesse emtionem venditionem, si non in ipsam spem aut jactum percipiendi verba dirigantur, sed in id quod capietur l. 8 pr. ff. de contrah. emt. quamvis alias magna differentia inter hos duos emendi modos sit. Vid. plura apud Joh. Fabr. in C. dict. loc. def. 26. Mant. de tacit. & amb. conv. l. 11 t. 18 n. 26 & alios allegatos a Lauterbach. in tract. synopt. ab ipso edita part. 3 ff. de contrah. emt. num. 10.

VIII. Abunde satis hactenus explicuimus, quomodo eæ locationes conductiones, quæ in facto in specie sic dicta opera scil. faciendo consistunt, ab emtione venditione accurate discerni debeant, sed cum aliæ etiam sint, quæ in non facto consistunt, eo scilicet non facto, quo locatores non faciendo, sinendo, non impediendo, patiendo in conductores aliquid transferunt pro certa pecunia, quæ utique non facta sub generali facti appellatione comprehenduntur, arg. l. 38 § 1 & § 2, l. 38 § 3 de V. O. utpote quæ non simplicia sunt abnutiva, uti JCtus loquitur

in

in l. 83 § 1 ff. de V. O. sed sæpissime faciendi, curandi, præstandi, obligationem involventia, vid. § 38 § 2, l. 33 d. t. ubi de promissione: habere licere, per nos non fieri & pluribus. Cujac. ad d. l. 38 § 1. vid. etiam l. 9 pr. ff. locati. Hic non minori diligentia & exactitudine opus est ad discernendam locationem conductionem ab emtione venditione, præcipue cum eæ locationum Conductionum species nostro proposito magis accedant. Cum enim eiusmodi non factis, sive patientia jura non raro in Conductores transferantur, id quod a locationis Conductionis natura alienum, uti supra, quomodo non emtio venditio censenda?

IX. Sic igitur habendum, aut illa patientia, ille sinendi modus, illud non factum ita est comparatum, ut haberi possit pro traditione juris, potius momentanea, quam pro facto, & quod ab ea possit discerni, ex principiis supra deductis omnino dicendum, adesse emtionem & venditionem; quod si autem ita se habeat illa patientia, ille sinendi modus & ut potius pro non facto permanente & quidem eiusmodi quod locari solet, quam pro patientia momentanea, quæ traditionem involvere possit, haberi debeat, & dicendum adesse locationem conductionem, etiamsi per consequentiam & tractu temporis inde jus in eum, qui pensionem solvit, transferatur, clarissima fiet res, si exemplis eam illustraverimus.

X. In l. qui saxum 6 ff. de donat. dicitur, quod si pecuniam a te recipio, ut lapidem tibi eximas in fundo meo, venditio est, vel locatio. Non autem determinat Jureconsultus an sit venditio, an vero locatio, quod tamen utilissimum est novisse. Accursius quem ista disquisitio valde contorsit, ait, in illa lege prædium locatum, ut ex eo lapidem eximat tibi conductor, si hoc verum esset, quod qui habet uvas, vel alios fructus pendentes in fundo, vineave eos distrahere possit, per locationis conductionis contractum, ut conductor colligat illos fructus, & ita evitare leges, quæ prohibent eorum emtionem venditionem in solatium paupertatis. Vid. Sande decis. Fris. p. 199. Lauterbach. in tr. synopt. de contrah. emt. p. 234, aut iis in locis, ubi de venditis rebus solvitur decima, aut aliud jus. Uti in Hispania l. 9 recap. tit. 16 lib. 1, posset hoc modo exactio decimæ evitari, & Bartol. in l. eodem ferro § qui maximos n. 11 ff. de publicanis, dicit, quod d. l. 6 ff. de donat. vel conditio vel locatio adsit, prout partes eum contractum nominaverint. Sed vero in jure non invenitur, fructus pendentes per locationem conductionem fuisse unquam translatos, aut transferri posse, bene tamen potest vendi, § 5 I. de emt. vend. l. 78 § f. l. 25 de contrah. emt. l. 25 de act. emt. Struv. ad t. de contrah. emt. th. 27 versu aliter. Lauterbach. d. l. præsertim cum lapis non renascens in fructu non sit. l. 7 § 13 Tol. matrim. adeoque si respectu ejus locatio liceret, multo magis respectu verorum fructuum pendentium. Sed transit glossa ad aliam expositionem & intellectum d. l. 6, qui secundum Bartoli & Castrensis exemplificationes eo redit, ut si dixerit Do-

minus fundi, do tibi lapidem mei fundi pro decem argenteis ita, ut eum tibi eximas labore tuo & tuis expensis, & esse venditionem; quia principaliter de lapide tradendo pro pecunia, agitur; aut dixit, concedo tibi lapidem eximere in fundo meo pro decem argenteis ita, ut tibi & in tuam utilitatem eximas & tunc opus faciendum locatum esse, quia principaliter de fodiendo & eximendo lapide agitur &c. Et secundum hanc distinctionem doctrinam alternativam Jureconsulti in d. l. esse explicandam. Sed neque hæc Glossa subsistit, nam si verum esset quod ait, sequeretur, ibi locatorem facti sui etiam mercedem solvere, & ita utrumque locationis conductionis extremum esse ab una parte, quod inauditum, quasi ibi eximens lapidem locasset opus suum faciendum, ut lapis suus esset, præterquam quod est contra textum; nam ibi fodiens conductor appellatur.

XI. Equidem existimo in d. l. 6 recurrendum esse ad verba illius: merced conduxerat, ut paterer eum sibi eximere, quibus verbis satis aperte significat hic non prædium, non jus fodiendi fuisse locatum, ut varians Accursius existimat supra; sed potius fundi dominum factum patientiæ suæ locavisse mercede certa, quod factum utique locari solere, non est dubitandi ratio, adeque adesse locationem, vid. l. 5 § 2 de P. V. ubi tamen ita ex superioribus principiis distinguendum: Aut conventum est de pecunia solvenda ad hoc potissimum, ut dominus fundi lapidicinæ, metallifodinæ &c. patereretur dantem lapides, metalla &c. excidere, ita ut conventio sit incepta in factum patientiæ domini, & est locatio conductio, aut non illud factum patientiæ principaliter est deductum in conventionem, sed datur pecunia pro saxo metallis a dante fodientis, & est aperta venditio, & sic vere intelligenda alternativa illius d. l. 6 ff. de don. quæ dicit locationem esse vel venditionem.

XII. Contra hunc d. l. intellectum dices, quod si ille verus, omnis venditio posset fieri in terminis locationis, ita ut promittatur pecunia pro patientia, ut ego rem venditam v. g. mihi sumam, ita ut locatio sit, si cum aliquo contraham, ut patiatur me rem ejus mobilem, equum v. g. apprehendere in dominium; quod negotium nemo sanæ mentis dicet locationem conductionem, l. 5 § 1 de P. V. nec relevat illam patientia, qua quis patitur, ut equum mihi in dominium sumam esse traditionem; nam & illa qua quis patitur, ut lapides in eius fundo eximam, est quasi traditio, expresse in d. l. 6. Sed huic difficultati facile respondetur, quod magna sit differentia inter eam patientiam qua quis patitur, ut saxum & eius fundo quis eximat metalla &c. & eam, qua quis patitur, ut alter sumat equum in dominium suum. Nam præter traditionem, quam illa patientia inducit, adest etiam magna patientia præambula; prius patitur ut excidat, quod fit magna opera & immensa & postquam exemit, si adhuc Domini voluntas durat, accedit patientia, ut exportet, quæ demum patientia facit lapidem exportantis, &

ita translatio Dominii hic intervenit secundario, quæ intervalla adeo distinguenda, ut etiamsi exemisset lapidem, si tamen dominum fundi pœnituisset, antequam exportatio fieret, ille non fieret dominus, etiamsi exemisset, ut expresse hæc in d. l. habentur; At ista intervalla & ille tractus non intervenit in illa patientia qua quis patitur, ut pro certa pecunia tibi rem ejus sumas; ibi enim nihil aliud considerari potest, quam datio rei pro pecunia, adeoque venditio d. l. 5 de P. V. Aut igitur res momentaneo facto & momentanea patientia acquiruntur & percipiuntur, ita, ut sola datio & traditio considerari possit, & non est locatio conductio, sed emtio venditio (sicut in arbore cæsa etiam videtur sentire JCtus in d. l. 6 verbis emtæ &c.) nec hic conveniri posset, ut patientia illa intelligeretur locata & ut factum patientiæ principalius haberi deberet ipsa traditione; aut res ita comparatæ sunt, ut ad naturalem illarum acquisitionem factum præcedere non momentaneum sit necesse, ut de lapide eximendo diximus, & dici etiam debet de bonis aliis fructiferis, & tunc si factum patientiæ domini venit principaliter in conventionem, ita ut ille patiatur eximere, colere, fructus percipere alterum & tunc adest locatio conductio, l. 25 § 1 l. 24 § 4 locat. etiamsi per consequentiam etiam ibi aliquando fructuum dominium patientia illa transfert. Vid. omnino l. 6 § 8 de furt. verbis: etiamsi ab aliis percipiuntur, § 25 J. de R. D. & A. R. D. ipsius locatoris voluntate transit dominium in conductorem, junge l. 26 § 1 in f. eod. t. de furt. Sed de fructibus fundi & prædiorum cum res distinctione opus habeat & a Dd. valde intricata sit, in sequentibus plenius de hac re agendum erit.

XIII. Nam quia multæ leges sunt, quæ dicunt fructum fundi & vendi & locari posse, sed non determinant alterutrum. Vid. l. 8 § 1 de reb. aut. jud. poss. l. 66 de jure dot. l. 12 § 2 de usufr. Bartol. in qu. 4 incipit, Publicanus dicit, aut alieno fructus fundi mei pro unica pecuniæ quantitate semel solvenda, & est vera venditio; aut alieno pro pensione in plures solutiones & annos distributa & erit locatio, juxta singularem doctrinam Glossæ in l. 1 § 1 verbo agendo ff. de superf. quæ quidem distinctio communis est Corneo in cons. 38 lib. 2 cons. 12 lib. 4, & relatis per Tiraquell. de retract. lign. § 1 gl. 14 n. 86. Immola in l. Cotem ferro § 1 maximos ff. de public. dissentit & putat verba contrahentium attendenda esse, & si locationem dixerint, esse locationem, si venditionem dixerint, hanc esse, quodsi nomen Contractus non expresserint, tunc demum Bartoli & aliorum sententiam locum habere & pretii qualitatem esse respiciendam. Ut si dixerit Dominus fundi; Concedo tibi fructus fundi mei in decem annos proximos pro mille aureis, in eo dubio esse venditionem; si autem dixerit: pro centum aureis annuis, esse locationem. Sed neutra distinctio, penitius rem pensitanti, potest placere; nam utique hi contractus non solo nomine distinguuntur, uti ex superioribus satis constare potest, nec ulla ratio est, cur ususfructus emi non possit certo annuo pretio solvendo, gl. in l. Pomponius quærit, verbo: amitti ff quibus mod. ususfr. amittitur Unde Menoch. de retinend. poss. rem. 4 n. 18 distinguendum potius autumat, quid actum inter partes, nempe si factum principaliter venit in conventionem, esse locationem, quomodocunque pretium aut merces adhibeatur

divisim sive junctim: nam hoc locationi non obest, l. 5 § 2 ff. loc. ne tunc etiam respiciendum, quomodo partes contractum nominarint nam res acta præponderat, & pretii qualitatem, item nomen tunc demum inspiciendum, si nullo modo ex gestis constare possit, quid actum, hactenus bene Menoch. Sed ad speciales casus, ut illa fructuum alienatio bene & distincte intelligatur, ita distinguendum erit.

XIV. Aut concedo jus percipiendi seu usumfructum fundi alicujus pro certa pecunia, aut ipsos fructus colligendos, quod utique diversum apprime est l. 8 ff. de contrah. emt. illo casu iterum distinguendum, an hoc faciam in fundo meo, in quo, cum usumfructum formaliter non habeam, dici illum locasse nequeo, nam ejus rei quæ non est, nulla est locatio conductio, & hæc ad usumfructum alii concedendum noviter non sufficit, hinc hoc casu intelligor formalem usumfructum in re mea venditione, locatione non sufficiente, constituisse (vid. tamen l. 66 ff. de jure dot.) l. 8 § de peric. & commod. rei vend. Nec hic respiciendum, utrum unum pretium, sive in plures pensiones distributum; nam res acta prædominatur, uti supra dictum; fateor tamen, quod si fuerit concessus ususfructus ad certos annos, ita, ut intra illos etiam ad heredes transeat, potius locatam perceptionem fructuum intelligendam, quam venditum usumfructum; sin autem in fundo alieno concedam commoditatem percipiendi, cum hæc vendi & locari possit, pr. Inst. de usu & habitat. l. 12 § 2 de usufruct. & cum ad utrumque tam ad venditionem, quam ad locationem illius commoditatis percipiendi factum patientiæ requiratur, dubium tamen sit, an illud factum locatum, an venditum, propterea in eo dubio, & si hoc ex superioribus dilui non possit, videndum, an ex pactis adjectis animus contrahentium constet, ut si forte adjecerint ob bellum, pestem, vel similem causam, debere fieri remissionem; tunc enim locatio conductio erit, Menoch. d. rem. 4 n. 25. Quod si nec inde constet, servanda est doctrina Immolæ supra relata § præced. ut ad nomen a contrahentibus usurpatum recurrendum; sin nec illud expressum, Bartoli sententia de qualitate pretii attendenda & secundum hanc solutionem recte procedit alternativa legum supra allegatarum.

XV. Ceterum si non ipsum jus, aut commoditas ususfructus, sed fructus colligendi concedantur, distinguendum, aut conceduntur fructus jam apparentes, quia pendent, aut conceduntur futuri, illo casu cum nullum factum tale requiratur, quod alias in locatione fundi & cujusque rei fructiferæ esse solet, sed sola prompta ac patens perceptio fructuum & collectio sit, ubi ad maturitatem jam pervenerunt; atque ita rem dari pro pecunia hic appareat, dicendum est, hic veram esse venditionem, quomodocunque contrahatur, sive dixerint, partes se vendere, aut locare, uti pluribus hoc supra adstruximus ad d. l. 6 ff. de emn. subintellige tamen si concedens est dominus fructuum pendentium, ut vel dominium fundi habeat, si vero tantum sit conductor, cum dominium pendentium fructuum nondum habeat, factum potius, seu patientiam percipiendi intelligitur sublocasse. Vid. l. § 37 de R. D. & A. R. D. illa enim patientia pro traditione non potest esse dominii quod patiens non habet. Quod si futuri fructus concedantur, distinguendum, an hoc actum, ut cultura & cura pertineat ad eum,

cui

cui concedantur, & erit locatio conductio, l. 21 C. de loc. cond. quia principalius in eo contractu est, quod dominus concedens alium colere, percipere fructus patiatur, l. 27 § 1, l. 24 § 4 ff. locat. Vid. supra, & tunc fundus locatus est, sive unica pensio pro omnibus annis, sive plures pensiones solvantur, uti supra; quamvis regulariter menstrua vel annua merces esse soleat ex l. 8 C. de locat. l. item quæritur § 13 § f. l. 24 § 2 ff. eod. Bartol. in d. qu. 4 n. 11. At si ita concedantur fructus, ut cultura & cura fundi apud Dominum maneat, & soli fructus liquidi & puri absque ullo facto & labore tradendi sint ei, qui pecuniam dedit, venditio est; nam hic nihil venit aliud, quam rei traditio, l. 5 § 1 ff. de P. V. nec alterat qualitas pretii, aut nomen contractus, uti supra. Ex hisce alternativa legum doctrina, quæ de fructibus locatis vel venditis loquuntur, explicanda. Ubi insimul animadvertendum, quod si dicantur fructus in jure locari & jus percipiendi, intelligi patientiam locari domini, qua patitur colonum colere & percipere fructus, vid. § 1 L. de Us. & hab. l. 12 § 2 de usufr. l. 12 C. de loc. nam si fructus vere locati essent, dominium eorum non transiret in conductorem, titulo locationis ad id non sufficiente l. 39 ff. locat.

XVI. Latiori hac discussione opus fuit, ut accurate constare posset, quando locatio Conductio & quando Emtio venditio intelligi debeat contracta: cum enim integros videas tractatus de locatione conductione conscriptos, non satis sibi constare in principiis circa hoc negotium, id quod non potest non infinitos parere errores, operæ pretium duxi, altius eam rem repetere; quid autem profecerim, judicandum ex collatione eorum, quæ unquam de hoc argumento Dd. concinnarunt.

XVII. Jam superest, antequam hoc caput primum finiamus, applicare principia tradita ad negotium præsens locationis conductionis Rei dominicæ. Illa autem applicatio facillima est, si fiscus, Camera, aut ejus officiales fundos, prædia, vel castra integra, aut præfecturas pro certa mercede concesserint utenda, cum omnibus appertinentiis, præstationibus inde debitis operarum, aut etiam pecuniarum, aut censuum frumentariorum &c. Nam hic facillime negotium discerni potest ex iis, quæ tractavimus de fructuum fundi concessione. Ubi tamen notandum, quod primo respici debeat id, quod potissimum illius contractus facit, non quod per connexitatem forte & per modum accessionis rei, vel prædii concessi, insimul venit; ideoque si principaliter veniat perceptio fructuum ex prædiis natorum, ex eo res discernenda, non ex aliis, quæ si sola fuissent concessa, in alium forte contractum inciderent, sed cum re principali concessæ, accedant, ejus sortem & contractum sequi debent, cum enim non conveniat ex eodem negotio plures contractus facere, naturale est, a potiori denominationem facere. Adeoque etsi cum ejusmodi prædiis præfecturis veniant sæpe præstationes a Colonis debitæ, & alia jura, item aliquando fructus tempore contractus pendentes, pecora, ad culturam pertinentia conductori addicantur, quod potius ad emtionem venditionem spectat, ea tamen, utpote accessionis vice fungentia, principale negotium non alterant, sed ejus jure censentur, in ejusque actionem veniunt; de quo tamen pluribus infra ex Mant. p. 1 p. 319 de tacit. & ambig. Convent.

XVIII. Difficultas major est, si fuerint pro certa pecunia concessi principaliter reditus ejusmodi, qui consistunt in exactione pecuniæ, quales sunt apud Gallos les droits d'entrée & de sortie item les gabelles & talia, quorum ingentem farraginem vide iis apud François des Maisons au traitté des tailles & des gabelles, item apud Hannibalem Moles in decis. supremi tribunalis Regiæ Cameræ Neapolit. in Germania etiam hinc & inde, ubi nomine des Licents, Biersteuern, Accisen veniunt, et alia; At vero nostris principiis si presso inhæremus pede, facile decidi poterit, hic non aliud, quam emtionis venditionis negotium adesse, utut verba locationis conductionis in instrumento contractus reperiantur; cum non cortex verborum, sed quid actum inspici debeat, ratio autem cur pro emtione venditione militemus, hæc potissima est, quod in illis contractibus hoc principaliter agatur, ut concessionarius possit illa jura exigere tanquam procurator in rem suam, qualis sit patientia simplici concedentis, quæ hic traditionis & cessionis vice, ut alias in incorporalibus, fungitur; nisi enim procurator in rem suam esset, illa jura in suum commodum exigere non posset. Et procurator in rem suam ut fiat, requiritur omnino cessio (qualis etiam solet expresse intervenire in ejusmodi instrumentis contractuum. Girond. de Gabellis p. 4 pr. n. 19, quæ in Galliis baux des fermes vocantur, quorum multa invenis exempla apud supra citatum des Maisons) ex titulo ad dominium transferendum habili, qui non est locatio conductio, sed emtio venditio Lauterb. in Dissert. de procurat. in rem suam § 12. Vid. tamen in spicilegio Amelungii th. XI & l. 24 § f. l. 85 § 3, 47 ff. locat. Quamvis autem hic etiam dici possit, intervenire Mandatum Principis tacitum, vel expressum, ut solvantur illa jura suis conductoribus; tamen illud Mandatum nil aliud tunc erit, quàm delegatio, quæ mercis instar pro pretio venit, l. 76 de solut. Verum est intervenire hic etiam factum Principis, patientiæ non simplicis & momentaneæ, dum non solum patitur simpliciter, ut illa jura exigantur a Conductore, qualiter patitur creditor a cessionario nomen cessum exigi, sed etiam ut omnia ea fiant, quæ ad exactionem illam necessaria, aut utilia, inhabitari scil. ædes publicæ, telonia, aut etiam nova construi & fieri alia, Bertach. de gabell. p. 2 n. 65. Surd. dec. 201 n. 1. des Maisons in tr. des aides tailles & gabelles, item suspendi arma principis, l. f. de loc. publ. friv. Item omnia agi, quæ ad exactionem eorum jurium faciunt. Vid. l. 52 de act. emt. allegatum des Maisons p. 339 &c. Tamen illa patientia vel est momentanea saltem & ita comparata, sicuti illa, qua venditor patitur emtorem equum emtum sibi sumere in dominium; quomodo enim aliter explicari potest factum Principis, quo patitur concessionarium exigere & accipere jura concessa; vel si præterea adest insimul alia quædam patientia non momentanea, sicuti illa est, qua patitur inhabitationem ædium publicarum, suspensionem armorum, constitutionem officialium. Et dicendum, quod illa non veniat principaliter in conventionem, sed potius prima illa momentanea & simplex, & perinde illa interveniat, ac qua patitur Venditor, ut Emtor transeat per suum fundum ad sumendum equum. Quibus adde Mantic. l. 5 tit. 2 § 39 vers. quintus casus, ubi hactenus bene dicit, emtionem venditionem esse, si principaliter datio, aut translatio dominii, fructuum percipiendorum, vel ju-

ris

ris ususfr. &c. in negotium venit, & in consequentiam tantum adsit patientia, l. 3 ff. de usufr. Si vero patientia venit principaliter sc. non simplex, & fructuum translatio per consequentiam; adesse locationem; male autem in seqq. differentiam constituit ex promissione mercedis menstruatim, aut anhuatim, an vero unica merces promittatur pro toto tempore; nam hanc differentiam supra refutavi.

XIX. Emtionem venditionem in nostro casu adesse potius, quam locationem conductionem, consentiunt Bartol. & Dd. alii in l. 52 de act. emt. Bald. in l. 1 C. propr. publ. pensit. Clapper. cauf. fiscal. c. 49 qu. un. n. 1. Moles in decis. reg. Cameræ regn. Neapol. c. de jure dohanarum qu. 2. Ant. de Luc. adde Olea de cess. act. qu. 84 n. 11, ratione petita ex d. l. 52 & l. 8 de contrah. emt. item ad Gratian. c. 195 n. 20. Vid. etiam allegatos a Mantic. lib. 5 tit. 3. Pacion. de locat. cond. c. 31 § 21. Sed rationes non easdem adducunt, ad minimum non ita concludentes. Dissentiunt Bertachin. de gabell. p. 2 n. 2, ubi post adducta jura pro translatione facienda, dicit, quod eis non obstantibus, ipsa commoditas percipiendi videatur locata, per l. 66 ff. de ususfr. sed d. l. agit de usufructu fundi locato, ibi facilius locationem intelligi, & perceptionem fructuum ab ipso jure discerni, ipsi fatemur. Et licet ibi & in aliis legibus dicatur, fructus & perceptionem locari; tamen hoc intelligendum esse de facto locatoris locato, quo patitur; sic enim dicendum esse, supra fusius a nobis tradita ex principiis firmissimis liquere fecimus: cum locatio nihil per se transferat, sed tantummodo obliget ad operam, vel factum, non momentaneum, nec ejusmodi, quod traditionem juris directo involvit, uti fit in nostro casu, ubi Princeps patientia & facto suo, seu potius non facto, cedit tacite jura in concessionarium. Pacion. etiam in c. 13 de locat. conduct. putat, quod in dubio in gabellarum concessione commoditas potius videatur translata, quam jus, propter d. l. 66 de jur. dot. Sed huic legi jam supra ad Bertachin. respondi. Alias nullum dubium est, permanere Principem dominum Vectigalis & juris universalis, sed singula jura, quæ tempore concessionis durante inde debentur, intelliguntur cessa per conventionem quæstionis.

XX. Si quid me in contrarium movere posset, foret, quod in tit. ff. de publican. ubi tamen agitur de iis personis, quibus vectigalia concessa pro certa pensione, non fiat mentio emtionis, sed potius in l. 9, 10 f. 15 eod. appellentur Conductores ejusmodi concessionarii. Sed Respond. in dicto titulo non agi data opera de eo, quale negotium sit, quod cum publicanis initur, sed in genere de omnibus personis, quibus publici reditus qualescunque sint, conceduntur, earumque malitia coercenda. Nam agitur etiam de iis, qui metallifodinas, cretæ fodinas L. 13 pr. d. t. item prædia publica conducta habent, l. 7 ff. eod. adeoque Jure consulti insuper habuerunt, emtionis an conductionis uterentur nomine, cum agerent confuse de iis negotiis, quibus utrumque nomen accommodari posset. Hinc etiam interdum concessionarios vectigalium redemtores vocant l. 11 § f. eod. l. 60 § per ff. locati. Ut proinde nulla sit sequela; illæ personæ, quibus vectigalia pro certa pensione conceduntur, hinc & inde a Jureconsultis appellantur Conductores. E. illud negotium est lo-

catio conductio; cujus tamen natura ei non convenit, absque eo, quod hinc & inde etiam redemtores, hoc est emtores appellentur. Fatcor tamen, me non dubitare, quin ea, quæ in d. t. & alias de publicanis tradita, omni locationi publicæ pro re nata, & contra ea, quæ de hac in jure speciatim traduntur, aut consuetudine recepta publicanis, & aliis id genus concessionariis, accommodare integrum si, præcipue cum nulla diversitatis ratio evidens adest, publicanis Conductorum nomine in jure venientibus; quamvis alias ab emtione ad conductionem præprimis inexorbitantibus a communi regula argumentum non sit catholicum.

XXI. Tantum etiam de reditibus incertis in pecunia immediate exigenda pro certa pensione concessis. Sed cum licentia, aut potestas cum jure prohibendi a Principe, vel αυτοκρατίαν habente uni vel paucioribus interdum etiam collegiis concessa non raro nomine locationis conductionis veniat, Pachtung oder Verpachtung, de eo negotio etiam hic dispiciendum. Enim vero, aut illæ concessiones uni, vel paucioribus fiunt a Principe ex jure superioritatis & vigilantia pro salute subditorum, hac justa ratione, ut subveniatur publicæ necessitati & inopiæ; aut ut beatitudo Civitatis eo magis promoveatur, quæ eo perfectior, quo minus ulla destituitur commoditate, v. gr. si forte agatur de rebus nonnullis longius & non sine periculo petendis, & quod ad hanc negotiationem alliciendis nonnullis utile, etiam interdum necessarium sit, non omnibus indistincte eam licere. Et quin hic Princeps licentiam illam ad certos pauciores juste & utiliter pro Rep. restringere possit, nullum est dubium; moderato tamen & taxato rerum pretio, ne, qui eo privilegio soli utuntur, nimis subditos emungant. Hugo Grot. de J. B. & Pacis c. 12 n. n. B. Brunnem. ad l. un. C. de monop. Perez. ib. Molin. tr. de J. & J. d. 345 n. 3. Decian. tr. Criminal. l. 7 c. 21 n. 3. Qua ratione licita censentur multis in rebusp. lupuli, calcis, cerevisiæ, vinorum exoticorum, pannorum &c. monopolia. Huc etiam pertinent Collegia opificum, & artificum, eo scil. casu, quo pauciores toti sufficiunt provinciæ; plures autem sibimet ipsis damno forent, ne omnes Cives esuriant & egeant, poterit paucioribus, aut uni totum commercium committi, Zigler. de Jure commerc. § 37, item de jure constituendi mensuras &c. n. 10 & seqq. Mev. p. 3 dec. 70, item p. 8 dec. 284 & 483. Illustris Samuel. Stryk. de Dardanariis c. 4 § 3. modo tamen anxie curetur, ne isti concessionarii privilegio in detrimentum Reip. abutantur & labem contrahant, propter quam alias Monopolia vetita sunt. Ita etiam Inventoribus rei alicujus aut novæ artis, aut manufacturæ bono publico proficuæ ad tempus potest concedi, exclusis & prohibitis aliis, illius exercitium. Manell. Donat. in Suet. Tib. c. 71. Pro omnibus illis concessionibus primo in salutem Reip. comparatis, utut aliquando certa pecunia in rationes Principis inferatur, non tamen dici potest, adesse locationem conductionem, nec enim hic intervenit factum, quo patitur concedens alium uti jure concedentis seu patientis, sed potius hic adest factum Principis restringentis libertatem communem, quod locari non solet; adesset igitur potius aliud genus contractuum facio ut des, vel contra &c. Quod si autem illa negotiatio, aut

illud

illud commercium plane ad reditus Principis & publicos appropriatum, also daß daraus eine Kammer-Intrade gemachet wäre, v. gr. negotiatio salis in Gallia, Romæ typographia omnium edictorum publicorum, imposita necessitate civibus & incolis ea comparandi, & in suis ædibus affigendi, item negotiatio frumentaria, quo referri posset das Stempel-Papier, & si ejusmodi negotiationes Cameræ addictæ & jura concedantur privatis pro certa pensione, videndum, an principaliter veniat in conventionem ejusmodi factum Principis, quod translationem jurium immediatam & momentaneam, seu veram traditionem involvit; an vero tale, quod est permanens & ejusmodi traditionem non involvit; atque secundum hanc distinctionem supra pluribus explicatam dicendum, vel emtionem venditionem, vel locationem conductionem adesse. Cæterum, perinde esset, ac Lunæ vestem accommodare velle hic omnia illa jura sigillatim excutere & iis principia nostra accommodare ipsis juribus illis a se ipsis pro ratione provinciarum & temporis diversis. Jam igitur ad

Caput Secundum,

In quo, quid per rem Dominicam hic intelligatur, traditur.

I. Objectum locationis conductionis nostræ est res Dominica (vid. tit. Cod. ne rei dominicæ vel templorum vind. temporis præscriptione submoveatur), monendum tamen hic, vocem illam in latiori significatione venire, ut comprehendat omnia bona Principum sive αὐτοκρατείαν habentium, cujuscunque sint generis & qualitatis & quocunque respectu ab iis possideantur, sive destinata sint ad imperantis dignitatem tuendam, sive ad usus publicos, sive ad dominantis rem privatam, jusque & patrimonium, sive ad fiscum, Cameram, ærarium, saccum publicum, bursam communem, sive ad loculos & marsupium Principis, uti loquuntur Dd. rationemque privatam Principis pertineant. Quamvis enim non ignoremus, in Historia & legibus Romanis non tantum inter ærarium, fiscum & res Principis privatas, diu, quoad jura, fuisse distinctam, & hodie quoque multos Dd. Principi plura patrimonia attribuere. Sic Gregor. Lopez. in l. f. t. f. p. 6. Garsias a Saavedra de Hispan. nobil. p. m. 101 gl. 3 § 1 n. 28 & seqq. Matienzo l. 3 tit. 10 gl. 3. Sex dant Principi patrimonia, melius alii & quidem Pyrrhus de Mag. Rom. p. 2 n. 13. Textor ad Recess. Imp. de anno 1654 disp. 10 § 1 & 2. tria aut duo. Alterum: quod principem tanquam talem & hoc iterum ut vel ad publicum, vel ad privatum ejus usum destinatum; illud olim nomine ærarii, hoc fisci veniebat, alterum quod ad eum spectet, tanquam privatum; tamen illa distinctio tandem jure Romano, quoad privilegia fuit sublata. Vid. omnino Vinn. ad § f. Inst. de usuc. ita, ut eadem utrique Principis patrimonio sint hodie tributa, l. 6 § 1 de Jure fisc. l. 2 C. de quadrien. præscript. Et summa ejus differentiæ sublata ratio hæc videtur fuisse, quod Princeps habere debeat omnia illa jura, utique & privilegia, quæ ante L. Regiam Reip. Romanæ competebant. Nam per illam sunt in Augustum & successores, qui hodie certo respectu sunt omnes Principes, & ii, qui jure superioritatis suas

provincias suosque Status regunt & gubernant, adeo, ut ubi fiscus, ibi illa jura Reip. Romanæ antique fisco competentia. Vid. omnino Ganaverro Consf. 2 § 27. Boss. t. de fisco n. 21 versf. sed redeundo. Baldus in l. 3 C. ad SCtum Trebell. Rebuff. in rubr. n. 5 C. de jure fisc. Marchisf. decisf. 3381 n. 10. Capycium dec. 130 n. 14. Afflictus dec. 340 n. 61. Ursill. apud eundem in dec. 340 n. 6. Natta Consf. 346 n. 23. Roland. consf. 21 n. 23, 24 versf. 4. Peregr. de Jure fisci lib. 5 t 1 n. 134. At vero, inauditum, Remp. Romanam nondum occupatam ratione quorundam bonorum non omnium undecunque quæsitorum gavisam fuisse iis privilegiis v. gr. si illa bona locasset, quæ privato jure possidebat, jure privati, per omnia Rempubl. fuisse habitam; quod autem Resp. Romana secus atque Gregor. Lopez. præstantissimus alias JCtus Hispanus autumat, etiam bona habuerit jure privati, est in propatulo. Nam & illa emit, conduxit, ex causa testamenti, donationis & hereditaris multis bonis potita est, quæ ad eam non spectabant tanquam Remp. aut fiscum, sed ut privatam personam, Vid. t. t. de procur. Casf. l. 11 de evict. l. 56 de usufr. l. 2 de reb. dub. id quod etiam constat ex rerum gestarum serie (sic. Masinissa regium legavit Reip. Romanæ) multa apud Livium, Tacitum de talibus acquisitionibus; illa autem omnia utique Reip. non tanquam Reip. competebant, sed jure privati; non enim illa bona habebat tanquam regalia; jam cum ea jura quæ habuit Resp. Romana, habuerit indistincte ratione quorumvis bonorum; inauditum enim est unquam distingui, cur nos in Principe distinguemus, cum ei non minora competere debeant, quam quæ Reip. Romæ antiquæ? Garsias a Saavedra de Hispanor. nobilit. gl. 3 § 1 n. 20 & seqq. item supra allegata l. 6 § 1 de jure fisci, cujus verba sunt: quodcunque privilegii fisco competit, hoc idem & Cæsaris ratio & Augusta habere solet § f. l. de usuc. Concludo igitur, quod Jura Reip. singularia, quæ fisco competunt in locatione, ea competere Principibus in omnibus bonis, quocunque jure & respectu ea teneant.

II. Nolim autem hic credi, quasi velim refricare illud a sanioribus diu copertum Ulcus politicum, quo alii olim Jus publicum Germaniæ & potestatem Imperatoris & Statuum Imperii in publicis ex L. Regia antiqua § 6 l. de Jur. Nat. Gent. & Civili putarunt, metiendam esse; quippe cum, quæ de ea thesi præcedenti, ista fini solum addixerim, demonstrarem, quam rationem fuisse arguam sublatæ illius Jure Romano sensim inter bona Principum quoad jus privatum differentiæ, & ut insuper servirem meo proposito tradendi, nec hodie minus amplius inter bona Principum aliorumque Statuum Germaniæ esse distinguendum, sed eadem omnium bonorum circa contractus esse privilegia, quæ utique, cum contractuum ratione principes privatorum instar sunt, saltem quod in nonnullis singulari legum gaudeant providentia, ex jure privato, quatenus hoc sublatum non apparet, petenda esse & peti posse, nullus dubito, arg. eorum quæ instar omnium tradidit laude omni major Ludolphus Hugo in Dissertatione de statu region. Germaniæ c. 6, de usu & autoritate Juris civilis privati in jure territorii.

III. Deinde res dominica hic non comprehendit ea tantum, quæ sunt Principum, sed & eorum, qui

jus

jus fisci habent: nisi ea excipere velis, quæ specialiter ob Principum eminentiam introducta sunt. Huc igitur spectant omnes Imperii Germanici Status. Nam iis cum jure superioritatis jura fisci competere, nullum dubium, in specie Electoribus & Principibus tam Ecclesiasticis, quam Secularibus. Matthias Stephan. de Jurisd. lib. 2 p. 1 c 7 membr. 1 n. 5 & 6 de Episcopis. Peregrin. lib. 1 c. 2 n. 104. Carpz. ad L. Regiam c. 3 sect. 11 n. 13. Abbatibus & Abbatissis Principum dignitate & titulo coruscantibus, die Gefürsteten Aebte und Aebtißinnen, Gail. 1 obf. 30; Comitibus & Baronibus Imperii, qui immediati sunt imperii subditi, & sessionem atque jus suffragii habent in Comitiis Imperii publicis, ac propterea etiam Statibus Imperii annumerantur. Reinking. d. R. S. & E. lib. 1 clasf. 4 c. 15, ipsisque jus superioritatis, die Gräfliche, Herrliche, oder Freyherrliche Obrigkeit, jure tribuitur. Quod cum jure superioritatis re convenit. Cui consequens est, ipsos gaudere quoque jure fisci, quod juri superioritatis & territoriali annexum, ita, ut affirmative a jure territoriali ad jus fisci liceat arguere. Hinc etiam firmissime concluditur, Civitates quoque Imperiales jus fisci habere. Vid. omnino Instrum. Pacis Cæsareo-Suec. art. supra laudatus Dn. Ludolph. Hugo in d. Dissert. c. 5 § 4 in f. Reinking. lib. 1 classf. 4 c. 24. Mevius ad Jus Lubecens. p. 2 tit. 2 art. 14 n. 54 & seq. Lauterbach. Dissert. de Jure fisci c. 1 § 4.

IV. In Nobilibus Imperii Immediatis, utpote non amplius jus suffragii & sessionis in Comitiis Imperii habentibus, major dubitandi ratio. Nam hos Imperii Status adhuc esse, non sine ratione negant Limn. de jure publ. lib. 6 c. 3, aliique citati a Wurmser. exerc. juris publ. 1 qu. 17, per consequens, eos jure superioritatis non gaudere, ait Lampad. de Rep. Rom. Germ. p. 2 c. 3 n. 21, dissentientibus aliis, adhuc, jus illud hinc die hohe Landes-Obrigkeit in der freyen Reichs-Adelichen Gütern eis concedentibus. Wurms. exerc. 3 qu. 19. Gail. 2 obs. 62 num. 3. Joh. Conr. Kreidemann, von des Teutschen Adels Staat rc. qu. 4 n. 29. Sed cum nec denegantes ipsis jus superioritatis cum eo jus fisci denegent; quamvis dicant, eis illud jus & similia non jure superioritatis, sed potius ex privilegio & speciali concessione competere, ita, ut quoad hoc jus, in re ipsa omnes conveniant, & tantum de modo disputent, patet eos quoque ab iis, quæ fisco circa contractum locationis Conductionis specialiter concessa, non excludi posse.

V. Subditis Imperii Mediatis & Civitatibus provincialibus sive municipiis jus fisci regulariter non competit, nisi tacite, vel expresse hoc illis a superioribus concessum. Balthaf. Conradus Zahn in Ichnograph. Municip. c. 50. Nonnulli illud, quod Jure Saxon. jus fisci mero Imperio adhæret, Coler. p. 1 dec. 72 n. 3. Georg. Schulz in fynograph. Inst. lib. 3 tit. de fisc. lit. C. ad nostros mores generaliter sine discrimine locorum affirmant. Köppen decis. 28 p. 21, Mev. d. l. n. 64. Enim vero, quamvis in foro Saxonico Merum Imperium seu altam Jurisdictio-

nem habentes ex quibusdam causis bona fisco debita acquirant; illis tamen nec ibi plenum fisci jus competit, per ea quæ tradit Carpz. p. 2 def. 29 in f. const. 6. Nec extra forum Saxonicum ubique locorum dicta sententia obtinet, ita, ut hic merito ad cujuscunque loci & fori Constitutiones atque consuetudinem respiciendum, in quibus si simile quid constitutum, vel receptum non reperitur, ibi jure merito jus fisci illis tantum attribuitur, qui ibidem Jus superioritatis seu territoriale habent.

VI. Monendum hic etiam est, huc non tantum spectare bona & reditus Principum, sed & Ducissarum, atque Principissarum, utpote Augustarum jura habentibus. Vid. l. 6 § 1 ff. de jure fisci, ratione scil. dotalium & paraphernorum. Nam & alias Uxores ipso jure fiunt participes familiæ dignitatis, fori atque domicilii maritorum, l. 8 de senat. l. 13 C. de dignitat. l. ult. C. de incol. l. 65 de Jud. N. 105 c. 2 pr. & privilegiorum etiam personalium, d. l. 1 C. de dign. d. l. ult. C. de incol. l. 22 § 1 ad municip. N. 22 c. 36, reverentiæ l. 1 C. de in jus voc. Injuria facta uxori marito facta videtur l. 2 C. de injur. fiunt denique consortes omnium bonorum Mariti, ut iis uti possint, l. 4 C. de crim. expil. her. l. 1 rer. am. omnibusque illis juris privilegiis Maritorum Principum gaudent, quamdiu Viduæ manent. Anton. Perez. ad C. tit. de dignit. n. 55, vid. tamen Stockm. decis. Brabant. 65. An autem Sponsæ, item Uxores putativæ ejusmodi privilegiis potiantur, vid. apud eundem Stockn. decis. 62.

Caput III.

In quo Singularia circa locationem conductionem rei Dominicæ Jure & institutis primarum Europæ Rerumpublicarum recepta, traduntur.

Singularia quoad modum.

I. In bene constitutis Rebuspubl. certæ solennitates sunt præscriptæ, quas Rationales in locanda re dominica tanquam leges observare tenentur, quæ si negligantur, locatio Conductio pro infecta habenda est; quamvis sub pœna nullitatis non sint præscriptæ. vid. l. 5 C. de LL. Agunt enim officiales ex mandato legis limitato, cujus si transgressi limites fuerint, nihil, aut aliud egisse videntur. Francisc. de Ponte in tr. de potestate proreg. p. 186 n. 27. Ignatius Lasarte & Molina de decima Vendit. & permutat. p. 166 n. 2. Quæ solennitates in Hispania observandæ sint, tradit dictus Lasarte c. 18 per tot. in dicto tr. Quæ in Conciliis Civitatum Hispanicarum, vid. omnino in Petro Nunnez de Avendanno de exequ. mand. regum Hispaniæ p. 2 c. 12 ad l. 23 t. 6 lib. 3 recop. Quæ in regno Neapolitano, apud Johannem Mariam Novarium in commentar. ad pragm. Sanct. regn. Neapol. c. 5 per tot. Item Rovito ib. Quæ in Communitatibus Ecclesiastici Status per celebrem Bullam Clementis VIII dictam de bono regimine § 17, vid. latius explicatas a Cohelio ad cam. c. 46 n. 2.

II. Jure

II. Jure Romano obſervandæ ſunt ſequentes, requiritur (1) ſubhaſtatio l. 4 C. vect. nova inſtitui non poſſe, cujus in fine verba: ſub conſpectibus autem tuis, vel eorum, qui tuæ gravitati ſuccedunt, locationis cura ſervetur, item l. 4 C. de vect. & commerc. ib. B. Brunnem n. 1; alias etiam hinc & inde in legibus ſubhaſtatio præſupponitur interceſſiſſe, vid. l. 9 pr. ff de publ. Nec deeſt ratio; nam ſubhaſtatio eſt excluſivum quid fraudis & doli in quo ibet adminiſtratore Abb. 2 p. conſ. 69. Joh. de Ripa in tit de LL. reſp. 9. Et propterea etiam in florentiſſimis Regnis ubique obſervatur, ita in Hiſpaniæ Recop. l. 32 tit. 26 p. 2, ratione addita: porque rio pudieſſe en ellas ſer hecho enganno. Novi quidem Controverſiam eſſe ap. Dd. an de neceſſitate Jure Romano requiratur illa ſubhaſtatio? aliis hoc pure negantibus, aliis diſtinguentibus inter locationem temporalem & perpetuam. Quos longa ſerie allegatos vide apud Mangil. de ſubhaſtatione qu. 34 & Poſtium de eadem materia inſp. 3 § 11. Enim vero, cum putem ex ſupra allegatis legibus rem ſatis liquere poſſe, præterquam hac quæſtione copioſe ſatis apud dictos Mangilium & Poſtium tractata, operæ pretium eſſe non duco, hic in affirmativa pluribus defendenda moram nectere. Præſuppoſito igitur, ſubhaſtationem requiri, neceſſe eſt.

III. Notificandam eſſe (2) rem locandam per plures dies, qui cum non ſint expreſſi & determinati, merito reliriquuntur arbitrio judicis, l. 1 § f. de jure deliber. Debet inſuper hæc notificatio fieri decenter edictis, aut modo Præconii, in loco uſitati. vid. omnino l. 3 C. de loc. præd. civil. vel fiſcal. & Plateam ib. item l. 5 § 1 ff. quod vi aut clam. Rebuff. in Conſtit. Franciæ tom. 2 de præconiis. Faciunt huc quæ Maranta tradit in ſpeculo aureo de Citatione. In illa autem notificatione adjicienda eſt certa, & non obſcura dies, nec nimis arctata. vid. d. l. 5 § 1 ff. quod vi aut clam. l. 43 § f. de contrah. emt. Roman. conſ. 379.

IV. (3) Die & tempore præſtituto fiat locatio uno, vel pluribus rationabilibus præſentibus ad hoc conſtitutis & in eorum conſpectu d. l. 4 C. vect. nova inſtit. non poſſe, arg. l. 1 C. de fid. & jure haſtæ fiſcal.; ſecus non valebit. Baldus ad l. f. C. vect. nova inſt. non poſſe. Sequitur Alexander in apoſt. ad Bartol. in d. l. 1 C. de fide & jure haſtæ fiſcal. Avendanno de exequ. mand. p. 2 cap. 12 § 6.

V. (4) Completo tempore licitationis res adjudicetur cum cauſæ cognitione (vid. l. 1 C. de loc. præd. civ.) ei, qui in pretio alium vicerit, aut alias meliorem conditionem attulerit, l. 3 C. de loc. præd. civil. vera & bona fide, l. 4 § 11. 14 ff. de in diem addict. Melior autem conditio vel eſt pretii quantitate, vel ſolutionis loco, & tempore, vel perſonæ qualitate, vel onerum priorum remiſſione æſtimanda, l. 4 § f. l. 5 d. t. Manl. de contrahenda emtione tit. 7. Rath. de reſcind. vend. aſſert. 64. Lauterbach. ad tit. de in diem addict. tr. ſynopt. p. 248, quod cum effectu intelligendum; nam ſi ultimus licitator falſus for-

Juriſt. Oracul V Band.

te ſuppoſitus, aut ſubornatus a priore poenitente fuerit, non liberatur prior, l. 6 pr verbo falſus de diem addict. vid. tamen l. 14 § 1 ff. d. t. quod ſi in idoneo ita ſuppoſito fuerit res adjudicata, actio ex emto, locato, ob dolum habebit locum contra priorem licitatorem; quod ſi alias fraus fiat a licitatoribus, quemadmodum hoc fit multoties, ut conveniant inter ſe ſecreto, quo unus aut pauciores ſe offerant & licitentur eo effectu, ut locatio poſtmodum ſit communis, detecta ejusmodi fraude, retractanda eſt t adjudicatio, nec daretur locus ſuppletioni juſti pretii; imo res cum fructibus percepti & percipiendis foret reſtituenda. Ex requiſitis enim maxime neceſſariis ſubhaſtationis eſt, ut fiat bona fide, etiam a parte licitantium. Horat. Montan. de regal. c. vectig. p. 70 n. 9 de Ponte in tr. de poteſt. proreg. gl. cap. 5 num. 34 & 41 gloſſ. in l. eum contra C. ſi vend. pign. In Hiſpania ut fiſci utilitatibus eo melius conſulatur, & vectigalium Regiorum Conductio augeatur, permiſſum eſt rationalibus ad alliciendos Conductores & licitatores, promittere certam pecuniæ ſummam, quam prometido vocant, vel aliud ſub conditione ei, qui in certa parte mercedis plus licitetur, lib. 6 tit. 9 l. 7, 9, 10. 11 leg. 1 lib. 9 Recop. Quando autem illud proœmium lucretur plus licitans, vide apud Laurea p. 1 alleg. fiſc. 29, hanc promiſſionem non injuria ob periculum licitatoris & ſimul prudenter fieri, experiedoctus propugnat Avendanno in d. c. 2 p. part. 2.

VI. An autem, ſi ſubhaſtatione debito modo & tempore finita, & omnibus requiſitis adhibitis, adjudicatio ſemel plus licitanti facta fuerit, ei ante tempus conductionis elapſum auferri res conducta publica poſſit, & alii forte plus offerenti addici, magnus eſt Dd. conflictus. Alii enim putant, plane Principem pro libitu poſſe recedere a conductione propter l. f. § C erbis: ſi quis non perpetuo, de locat. præd. civil. Inter quos Pacion. recentiſſimus Autor in tr. de locat. cond. c. 58 n. 70. Sed iſta lex refutationem non meretur: cum loquatur de conductionis tempore finito, a quo utrique parti licet recedere, augmento licet nullo ob ato alii quamplurimi putant, licere fiſci jura habentibus recedere a prima locatione, ſi plus offeratur ab alio ex capite tacitæ addictionis in diem, quam ineſſe locationibus Conductionibus fiſcalibus arguunt per l. f. § f. de locat. præd. civil. Sed huic legi ſupra ſatisfactum, item per l. 1 C. de vend. rerum Civit. quæ expreſſe dicit, venditionibus fiſcalibus præſtituta eſſe adjectionis tempora; ſed ſi quid reſponderi hic poſſet, eſſet, illam legem loqui de venditione, in qua majus fiſci præjudicium verſatur, nec a venditione ad locationem præcipue in exorbitantibus omnimodam illationem fieri poſſe; deinde Conſtitutionem illam ad quam d. l. f. ſe refert, & quæ tempora adjectionis venditioni fiſcali determinata, in Codice non reperiri. Itidem adducunt l. 2 § f. ad municipalem, quæ de utroque contractu venditionis & locationis agit. Sed præterquam, quod & illa lex de ſola venditione quoad adjectionem explicari poſſet, etiam etiamſe refert ad Conſtitutiones alias certa tempora præſtituentes, quæ tamen deſiderantur. Ita diſputatio poſſet tentari contra Boſſ. tr. de fiſco num. 22. Guidon. Pap. deciſ. 530. Fernejum ib. Ganaverr. & omnes alios ab ipſo allegatos conſ. 2 § 16, præcipue, cum ipſis quam maxime adverſetur eo in caſu, quo aliquo jam tempore in locatione conductione conductor fuit, Conſtitutio Valeriani & Gallien. in l. 2 C. de vend. rerum Civit. cujus verba ſunt: quamvis incrementum Conductioni factæ publici prædii videatur offerri, non tamen additamenti ſpecie oportet fidem locationis infringi, præſertim cum tantum jam temporis ex contractu deceſſiſſe proponas. Nobiscum ſentiunt Bartolus in l. locatio n. 5 ff. de public. Aviſeſius in c. 32 verbo pujari. B. Brunnem. ad. l. 4 C. de vectig. & commiſſ. n. 3. Et profecto longe æquior apparet hæc negativa, ne fides fiſcalis vacillet, l. 4 C. de diviſ. præd. Maſtrill. dec. 84, debet enim firmus eſſe contractus Principis, Caſtillo lib. 7 c. 8 n. 125, aliter enim qui omnium contractuum præſul, omnium fieret exul. Satis alias fiſcalis Larrea alleg. fiſc. d. 3 n. 2. Pereg. de jure fiſc. lib. 1 tit. 3 n. 44. Tapia deciſ. ſupr. Conſil, Ital. 23 n. 102.

VII. Eopropter hanc diverſitatem Dd. aliis mordicus principi fiſco adjectionem tacitam adſtruentibus ſcribit Montan. tr. de regal. tit. vectigalia p. m. 72 col. 2, quod in arendamento (ut verbo ejus magis Italico, quam ho utar) deſtiterunt arrendantes, nec voluerint accedere. Et hinc latam fuiſſe 31 d. ſept. pragmaticam in Regno Neapolitano, qua diſpoſitum, quod ante captam poſſeſſionem arrendatoris, cujus majori oblationi candela erat extincta, in licitatione & ſubhaſtatione poſſit alius offerre, dummodo oblatio non ſit minor decima parte afflictus (vult dicere mercedis) unius anni ac fiat intra 40 dies poſt candelam exſtinctam; Capta vero poſſeſſione, major oblatio non ſit minor ſexta parte mercedis unius anni, ac fiat intra tres menſes numerandos a die captæ poſſeſſionis; quam pragmaticam ibi explicat plenius, & dicit, quod ſi poſt cœptum exercitium arrendamenti advenerit major licitatio ultra ſextam, nec primus arrendator pro eodem pretio velit præferri, hunc primum ſecundo teneri ad credentiam, vel extalium. Ubi nota, ad utilitatem fiſci receptum, quod regia Camera Neapolis ſoleat deputare in ſingulis conductionibus gabellarum Credentiarium, quem vocant, qui annotat omnes exactiones & emolumenta arrendatoris in libro (quod & in Gallia obſervatur, ubi ejusmodi obſervatores & annotatores appellantur Controlleurs & Conſervateurs, de quibus infra), quem vocant Credentiarium. Idque duplici potiſſimum fit de cauſa (1) ut convincatur arrendator de extorſionibus, aut hujus metu abſtineant, (2) ad cognoſcendos veros proventus & reditus & inſtruendos Camerarios. Jam intelligimus, quid ibi ſit; ad credentiam teneri; id eſt, pro ratione fructuum perceptorum, ad extalium exponunt, pro ratione temporis, quo duravit conductio. vid. omnino ibi Montanum.

In Hiſpania (vid. l. 6 cum aliis pluribus tit. 13 lib. 9 Recop.) poſt omnimodam addictionem intra tres menſes primi anni adjectio quartæ partis totius mercedis admittenda. vid. Ignat. Laſarte d. tr. c. 18 § 21 & ſeqq. In Delphinatu, teſte Guidone Papa in deciſ. Gratianopol. 536, quilibet venire volens intra tres menſes a die liberamenti (addictionis), auditur tertiando, tertianda autem non ultima ſumma pro qua liberamentum factum, ſed quæ primo oblata, ita, ut talis, qui tertiat, ſolvere cogatur Regi integram ſummam, pro qua addictio prima facta, una cum eo, quod aſcendit tertiamentum reſpectu ſummæ primo oblatæ; ſed ſi ille, cui primo factum fuerat liberamentum, velit offerre duos ſolidos Turoneſes pro qualibet libra (h. e. duas vigeſimas) reſpectu totalis ſummæ auditur, poſt illos tres menſes alter ipſorum primus ſcil, Conductor & l'enchereur auditur, (non alii) duplicare volens totam ſummam cum encherimentis intra alios tres menſes. Sunt verba Guidonis Papæ elegantiæ ſermonis latini, quam animi exprimendi minus curioſi. Baro ad d. deciſ. notat ex Caſſan. in Conſuet. Burgund. tit. des rentes 1. achat. quod meliorem conditionem cæteris paribus offerens liberet priorem licitatorem, nec audiatur, ſi velit ſolvere illud, quod amplius licitatus fuit, ita, ut prior maneat in Conductione; id quod Galli exprimunt per illud porter la ſolle enchére. Notandum autem, quod ſi propter meliorem licitationem poſteriorem prior conductio evaneſcat, eum pacta prioris conductoris ſervare debere. Alfaro gloſſ. 34 § 82.

VIII. Alii denique putant, licere Principi, aut jura fiſci habendi a prima addictione ob læſionem tantum recedere eam, quæ reſtitutioni in integrum minoribus indultæ locum facit. Illam enim reſtitutionem Principibus & Rebusp. competere æque, ut minoribus, conſtat ex l. 4 C. ex quibus cauſis major. l. f. & ibi Dd. C de Jure Reip. inſtar omnium Garaverr. d. conſ. 2. Sed quomodo Minori hic in caſu ſubveniendum, docet l. 7 § 8 ff. de minor. cujus verba, cum maxima huc faciant transfero: quæſitum eſt ex eo, quod in lucro quoque minoribus ſubveniendum dicitur, ſi res ejus venierit & exiſtat, qui plus licitetur, an in integrum propter lucrum reſtituendus ſit? quotidie Prætores eas reſtituunt, ut rurſum admittatur licitatio. Idem faciunt & in his rebus, quæ ſervari eis debent, quod circumſpecte erit faciendum. Cæterum nemo accedet ad emtionem rerum pupillarum, nec ſi bona fide diſtrahantur. Et diſtincte probandum eſt in rebus, quæ fortuitis caſibus ſubjectæ ſunt, non eſſe minori adverſus emtorem ſuccurrendum, niſi aut ſordes, aut evidens gratia tutorum ſive curatorum doceatur. Hactenus Ulpianus. Exemplo igitur Minorum Princeps itidem & Reſp. circumſpecte utantur illa reſtitutione contra licitationem ſemel factam, præcipue in iſtorum jurium locationibus, quæ ſubjectæ ſunt dubiis rerum eventibus ſterilitati penuriæ &c. vid. quæ ſupra de tacita Principum addictione, & l. 24 § 1 ff. de minor. Nec equum juſtumve foret, ſi uno anno parum emolumenti

lumenti habuit Conductor, & sequens annus ubertatem majorem indicet, vel carius fructuum pretium, ut tunc adveniens major licitatio admittetur.

IX. An autem remedium l. 2 C. de rescindend. vend. locum habeat, alia est quæstio; sed cum illud remedium commune sit Principi cum aliis contrahentibus omnibus, hujus loci illam non facio singularibus locationis conductionis potissimum intentus. Illud tamen admonere non supersedeo, quod publica lege sanciri possit, & quidem absque injustitia, illam legem in locatione conductione publicorum bonorum non debere locum habere tradi a Lasarte dicto tr. p. 176 § 82.

X. Ad modum locationis conductionis spectat (2) quod non possit fieri minori tempore, quam triennio l. 4 C. de vectig. & commerc. Brunnem. ib. Socin. Jun. consf. 68 n. 2. Caroc. de locat. cond. qu. 8. Boër. decisf 249 n. 1. Mantic. de tacit. & ambig. convent. lib. 5 n. 28. Sic ut sterilitas unius anni eo melius ubertate sequentium compensari possit, nec statim fiscus cogatur illam præstare. Vid. l. 35 C. de loc. l. 15 § 4 locat. quod si enim ad unum annum, aut duos annos fieret, ista spes compensationis cessaret, aut esset minor, & hanc potissimum rationem allegat. Bertachin. de gabell. p. 2 n. 16. Sed hoc tempus, pluribus in regiminibus non servari: testatur Cumanus ad d. l. 4 C. de vect. & comm. Peregr. de Jure fisci lib. 6 t. 5 num. 3, specialiter de jure Hispanico refert Alfaro, ita, ut etiam ibi minori tempore, quam triennio possit fieri gl. 34 n. 81 l. 2 tit. 18 lib. 5 recop. ibi anno nò annos. melius l. 4 eod. Ultra triennium autem locationem fiscalium bonorum fieri, non est prohibitum, secus ac in bonorum Ecclesiasticorum locatione; nam hæc absque beneplacito Pontificis ultra triennium locari non posse, in extravag. Ambitiosæ de reb. Ecclesiast. non alienand. constitutum; quæ constitutio promulgata est a Paulo II, hinc vulgo Pauliana vocatur. De qua copiosissime Pacion. de locat. cond. c. 14. Quod si autem ejusmodi res locatur, quæ non nisi singulis triennii, aut quadrienniis &c. fructum servat v. gr. sylva cædua, tot trienniis, aut quadrienniis, debet locatio fieri, quot annis res quæ annum fructum ferunt. vid. l. 7 § 7 sol. matrim. Milazz. dissert. de quæst. singulari, quot annis rei Ecclesiasticæ fieri debeat & possit locatio.

XI. Ad modum etiam referri potest (3) quod hæc locatio non debeat fieri, nisi acceptis fidejussoribus a Conductoribus; secus omne damnum resarcire tenentur rationales. Vid. l. 1 C. de loc. præd. civ. l. 3 pr. ff. de adm. & per. rerum ad civit. pertinent. l. 7 C. de fund. patrim. Præcipue autem fidejussorum acceptio injungitur rationalibus, quando locationem calor licitantium ultra modum solitæ conductionis inflaverit, l. 9 pr. ff. de publican. Enimvero, si tempore debito fidejussores non dentur, & probabiliter credi possit, quod per novam subhastationem non reperietur, qui tantam summam offerat, excusabitur a culpa rationalis, si

ad eam non devenit inhærens primæ, de quo casu late Decian. consf. 47 n. 44 versu videamus & seqq. lib. 4. Quamvis consultius adhuc & juri convenientius putarem, subhastationem iterum faciendam periculo ejus, qui fidejussores dare non potest, afin qu'il porte la folle enchére supr. th. 7 in f. Sufficit tamen fiscum consequi, quod fuit promissum, nec potest queri de nullitate locationis; etiamsi in mandato locandi adesset forma præscripta locandi cum fidejussoribus. Bardell. consf. 39, alias tral....tium est, idoneos fidejussores non præsumi, nisi probentur, l. si vero § qui pro, ubi glossf. communiter recepta ff. qui satisdare cog. Surd. dec. 295 n. 10 dec. 320 num. 7. Afflict. dec. 377 n. 5. Larrea alleg. fisc. 29 tit. 1, bonus quippe quis & integræ vitæ præsumitur, non vero facultatibus pollens; quæ qualitas est accidentalis & adventitia, non naturalis, sicut bonitas indolis.

XII. Ad hoc caput tradi (4) potest, quod, etsi in instrumento locationis publicæ non expressa fuerit una, vel altera cautio, quæ tamen multis retro annis solita fuerit in aliis Reipubl. contractibus exprimi, aut publica lege exprimi debeat, habeatur pro expressa; eo ipso enim dum accedunt Conductores ad conductionem hanc faciendam, intelliguntur consensisse in illas, sine quibus publici illi mandatarii nec soliti fuerunt, nec potuerunt locare ideoque nec præsumendi hi sunt, quod omittendo illis in necem Reip. & contra officium renunciarint quod facere extra eorum potestatem positum est. Novar. ad pragm. n. 97 l. 1 C. de pascuis. Nec possunt fiscales addere clausulas extraordinarias & insolitas. Rebuff. de fisco n 57. Aremin. Tepat. variar. de jure fisc. c. 10 versf. 12. Alfaro gl. 34 n. 80, ubi dicit ex Bertachin. de gabell. 2 part. n. 11, quod experientia compertum sit, insolitis clausulis semper fiscum decipi. Publica autem lege provideri interdum posse & debere de inserendis certis clausulis, ejus exemplum refert Boxhorn in disquisf. pol. 44. Nam postquam Amstælodami aliquando redemptores vectigalium vini sub finem anni, quo jamjam contractus redemptionis publicæ exspiraturus esset, quo plus commodi reportarent pro singulis doliis vini, mediam tantum partem vectigalis a civibus exactione exegissent. Quo factum, ut privati liberaliores in comparandis vinis essent, & redemptores, quamvis imminuto vectigali, tamen multiplicato, ingens lucrum facerent, hi quidem sibi licuisse putabant de suo remittere, sed Magistratus satis pervidens illud non sine incommodo fisci fieri Civibus in futurum comparatione vigorum sibi providentibus; id quod absque deminutione insequentium annorum vectigalium fieri non poterat. Placuit propterea, ut imposterum conditionibus contractuum cum redemptoribus vectigalium ineundorum hæc quoque inseretur cautione, redemtoribus cum privatis eo, quo dictum est modo, pacisci liceret. Boxhorn. d. loco. Posito igitur, quod illa Cautio postea inseri neglecta fuerit; tamen pro inserta habenda esset, per superius

rius

rius tradita. vid. etiam Pacion. cap. 13 num. 29.
Lasarte d. c. 19 § 83.

Caput IV.
Singularia quoad subjectum, cui debeat fieri locatio, vel non fieri.

I. Hæc locatio non debet fieri (1) minoribus, ne adversus eam restitutione in integrum utantur, l. 45 ʃ f. de jure fisc. Peregr. de jure fisc. lib. 6 tit. 5 n. 8. Menchaca de succeʃʃ. creator. lib. 2 § 14 n. 115. Hering. de fidejuʃʃ. 5 n. 3, 16. Gironda de gabellis p. 3 n. 20. Guitirez de gabellis qu. 132 n. 17 cum seqq. Alfaro de offic. fisc. gl. 34 n. 77, qui omnes tenent, idem procedere in fidejuʃʃione pro conductore, quod scil. non poʃʃit eam minor facere, Berart. de Visitat. c. 15 n. 23. Aniquinus de prævent. instrum. 7 n. 20. Faust. in Consʃ. pro ærar. cl. 9 consʃ. 39 versʃ. sic nec minores. Quod jure Hispanico roboratum est in l. 6 tit. 10 lib. 9 Recop. Sed dices, quod si minoribus locetur, hi tenentur fidejuʃʃores dare, sicut alii; fidejuʃʃoribus autem minorum restitutionis auxilium regulariter non prodest, l. 13 pr. de minor. l. 1, 2 C. de fidej. minor. B. Brunnem. ad d. l. 1. Christin. vol. 2 dec. 122 n. 5 & seqq. Respondendum enim, quod tunc soli fidejuʃʃores tantum instar principalium tenerentur, non vero principales, qui se ob restitutionem in-integrum obligationi subducerent; adeoque minus consultum foret fisco, pauciores obligatos habenti.

II. Sed, quid si de facto locata res dominica sit minoribus? Et putarem, si fiscus sibi videt proficuum non factam fuisse illam locationem, eum resilire posse; quia rationales minori non potuerunt locare, nisi parati sint Minores ad iuramentum, de quo infra; hoc enim, quod non poʃʃit fieri locatio Minori, in fisci favorem receptum, cui a rationalibus legale mandatum excedentibus renunciari non potuit: nec opus habebit hic fiscus restitutione in integrum; secus ac putat Lasarte p. 167 n. 11, sicut obligatur minor, ita & fiscum obligari, salva tamen restitutione, quod utique dici non potest; nisi asseramus simul in d. l. 45 § f. non adeʃʃe prohibitionem, sed tantum consilium, id quod absurdum. Quod autem Minor opus habeat, & uti poʃʃit restitutione in integrum, ad se liberandum a locatione conductione semel susceptâ, scil. fisco volente eam subsistere, est in l. C. si adversʃ. fisc ibi Brunnem. n. 4 & 5, quod enim in favorem fisci nullum est, hoc volente eo subsistere potest: cum quivis suo favori renunciare poʃʃit.

III. Inde autem licet deducere, quod nec omnibus illis fieri poʃʃit, qui minorum jura habent; Ratio enim eadem est, sc. metus restitutionis. Hinc nec Ecclesiis, Aliisve Piis Locis c. 1, 2, 3, 7. vid. tamen hic Nov. 123, ubi locatio Ecclesiasticis prohibetur. Tiraquell. tract. de prileg. piarum causar. p. 138. Nec Respubl. l. 4 C. quibus ex causis maj. l. 3 C. de jure reip. Bachov. ad Treutl. vol. 1 d. 11 th. 7 lib. 6. Civitatibus & similibus Universitatibus, quæ per alios reguntur & administrantur. v.

Berlich. 2 dec. 216. Brunnem. ad d. l. 4. Odd. de rest. in integr. qu. 3 art. 10 n. 6 & seqq. Carpz. 2 resp. 69. Richter. 2 decis. 71 n. 13. Sed regulam thesis antecedentis limitandam puto, si cum juramenti religione promittat minor, aut jura eius habens se servaturum contractum, nec adversus eum restitutionem petiturum juxta Auth. sacrament. puber. C. si adversus vendit. Narbon, de ætate requisita ad omnes actus humanos annorum 25 quæst. 10 n. 6 & 7. Hinc etiam jure Hispanico sub ea conditione minores expreʃʃe admittuntur ad conductionem rei dominicæ, si prius solenniter juraverint, in l. 6 tit. 10 lib. 9 Recop. quamvis alias eo jure regulariter prohibitum sit in contractibus Laicorum juramentum apponi l. 6 t. 1 lib. 3 ordinat. Lasarte p. 176 § 10. Unum satis singulare hic notat & late probat Acosta de privil. credit. reg. 2 ampl. 7 n. 29 & seqq. quod licet regulariter res minoris absque decreto hypothecæ vinculo adstringi non poʃʃit; tamen si minor contrahat cum fisco, bona ipsius censeantur tacite hypothecata, sine decreto, ex speciali favore & provisione, l. 2 ff. de reb. eor. qui sub tutel.

IV. Nec potest fieri (2) tutoribus, vel curatoribus minorum locatio publica, quamdiu administrant, aut rationes tutelæ, vel curæ non reddiderunt, l. un. C. ne tut. vel. cur. l. 159 ad L. Cornel. de falsʃ. Escobar. de ratiocin. c. 4. n. 26, quas leges Baldus dicit esse periculosas contra tutores & curatores in d. l. un. C. Ratio autem huius legis est, ne ad inopiam vergentibus tutoribus, vel curatoribus, fiscus postponatur pupillis, vel minoribus. vid. Petr. Vanderanum de privil. creditorum. Eiusmodi autem tutores & curatores cum videantur asserere, se non esse tales, tenentur crimine falsi, d. l. 1 § 9 ad L. Cornel. de falsʃ. Id quod secus explicat Gothofr. ad d. l. un. C. ne tutor vel cur. lit. D. item Brunnem. ib. non tamen satisfaciunt l. 3 C. de crim. stellion. Limitanda autem est regula: nisi deceʃʃerit pupillus, vel minor. l. 1 § 11 ff. de crim. falsi: Cum privilegium illud personale, quo gaudent, non transmittatur. (2) pœna illa non habet locum, si illæ personæ jure hereditario in contractum incidant conductionis, licet adhuc vivat is, cuius tutela, vel cura administrata, d. l. 1 § 12. Paul. Montan. de tutor. & curat. l. 31 ff. (3) limitant nonnulli dictam regulam ex d. l. un. C. ne tut. vel curat. vectig. verbis ultimis, quæ sunt: Cum autem fisco te jam obstrictum, postea tutorem esse factum dicas: periculo te excusare poteris, sentientes, quod si prius fisco hæ personæ teneantur, postea demum tutelam, vel curam suscipiant, quoad pœnam liberentur. Gvitirezz. p. 1 c. 20 n. 18, et quia tutela est munus publicum, atque necessarium. Sed per ea, quæ infra dicentur, & cum contextus legis indicet verba transcripta intelligenda esse hoc sensu, quod a tutela se eiusmodi Conductor excusare poʃʃit, illi limitationi applaudere non poʃʃum. vid. tamen l. 15 § 10 ff. de excusʃ. tutor.

V. Debitoribus Fiscalibus (3) etiam non potest locatio rei dominicæ fieri, nisi pro primis

mis debitis fideiussores idoneos dent. l. 9 § 3 de publican. & vect. Non solum pro ipsa conductione: nam ad hoc & reliqui tenentur, ut supra cap. præceden. sed & pro debito jam contracto. Simile fere est in debitore pupilli, aut minoris hoc effectu, quod a tutela, vel cura & ille excludatur. Auth. minoris C. qui dari tut. vel curat. possunt.

VI. Quemadmodum decurionibus olim in municipiis, vid. l. 4 ff. de decur. nec Rationalibus, Palatinis, apparitoribus, Comitibus rerum priuatarum, procuratoribus Cæsaris, vid. l. un. C. quibus ad Conduct. prædiorum fiscalium vect. acced. non licet. l. 46 de contrah. emt. ita nec hodie (4) omnibus illis, Qui Principibus, aut Rebusp. a Consilio sunt, ratione redituum publicorum, aut administratoribus, eorum, aut iis, qui subhastationibus præsunt, ratione officii, aut dignitatis, cum comparari possint & debeant, ob paritatem rationis supra nominatis personis, quæ jure Romano prohibentur, etsi nomine & officio quadantenus hodie non sint iidem, ad eiusmodi conductiones accedere licet. Ferret. d. gabell. n. 266. Mangel. de subhastat. qu. 97 num. 5 & seqq. Ratio autem prohibitionis eadem absque dubio est, quam qua prohibentur tutores, ne possint emere res pupillares, quod scil. nemo autor esse possit sibi ipsi, & ne præsentia nonnullorum ex numeratis ob potentiam, vel reverentiam alii a licitatione animosa deterreantur: & ita in bene Constitutis rebusp. observatur. In regno Neapolitano sancitum pragmat. V. § 6 ne syndici electi (administrationi publicorum bonorum præpositi) participare in locatione vectigalium possint; quod autem ipsis non licet, nec licebit per interpositas personas, l. 46 ff. de contrah. emt. l. 2 ff. de adm. rer. ad civitat. pertinent. l. 5 § 3 ff. de auc. tut. l. 1 § decessisse ff. de vi & vi armat. cap. qui per alium de reg. jur. in 6. B. Brunnem. ad d. l. un. n. 5. Klock. de contrib. c. 12 n. 263. Christin. dec. 62 n. 6 vol. 2. Hinc nec filii, aut patres eiusmodi personarum possunt ad hanc conductionem accedere; nisi amplius non cohabitent & rationes separatas habeant; quod tamen dubio non caret, præsertim cum prohibitio ad fraudes evitandas magis amplianda & extendenda ad omnia, quibus contraveniri legi possit, videatur quam restringenda, visa ingenii humani infausta ad leges circumveniendas felicitate & considerato metu, quo ob reverentiam patris, vel filii licitantis; quamvis patria potestate dissoluta, alii a licitatione absterrerentur. Limitationes alias apud Postium in tr. de subhastat. insp. 32 n. 64 & seqq. invenies, quas ipse examinabis, item apud Lasarte p. 167 n. 14 in f. Jure Hispanico fiscales, item Consiliarii Regiminis nequeunt conducere publica, lib. 5 l. 3 tit. 5. recop. l. 4 & 9 tit. 10 lib. 9. Avendano de exequ. mandat. c. 12 p. 191. Alfaro gl. 34 a, 77.

VII. Filiisfamilias (5) locari res dominica etiam non potest. arg. l. 3 § 1 ad Sctm. Maced. Cum enim filiusfamilias, qui vectigalia conducit in figura patria fam. vivere d. l. dicatur, sequitur necessariæ vectigalia filiisfam.

non concedi solita. Lauterbach. ad Sctm. Maced. n. 3. Brunnem. ad d. l. Ganaver. dec. 54 n. 93. Dissentit Peregr. de jure fisci lib. 6 tit 5, n. 5, qui autumat filiumf. majorem 25 annis, cum possit, pro debito in carcerem mitti. Bæza de inop. debit. c. 17 n. 79. Ex juris communis regula, l. 39 de O. & A. & l. 57 ff. de judiciis recte ad vectigalium conductionem admitti. Enimvero, quid refert, eum ad carcerem posse trahi pro ære alieno, si non habet, unde se redimat; cum enim contra filiosfam, quamdiu in patria potestate sint, executio haud fieri possit, ut plurimum proprii nihil habentes & finita patria potestate, non raro gaudeant beneficio compententiæ, ob debita in patria potestate contracta. vid. t. ff. quod cum eo qui in alien. pot. neg. Contra ipsos patresf. etiam durante patria potestate non detur actio, nisi peculiotenus (hinc concludendum male. Boler. de decoct. debit. fiscal. existimare filiumfam. peculium habentem posse admitti, tit. 1 q. 7 § 2) parum consuleretur fisco filiisfam. locando, nec quin id faciendo administratores ad litem suam faciant, ullum dubium est. Alfaro de officio fiscal. gl. 34 num. 77, nisi cum patris consensu expresso, vel tacito hoc fecerint. Boler. dict. tr. tit. 1 qu. 7 in f.

VIII. Sane in regno Neapolitano pragmat. un. tit. de Senatuscons. Maced. sub pœna privationis officiorum, & unicarum auri centum, & alia pœna Curiæ reservata. Actuarii & Notarii prohibentur annotare, aut recipere obligationes instrumenta, vel contractus aliquos a filiisfam. quibuscunque, nisi in præsentia & expresso consensu patrum, vel nisi sint emancipati, aut habitent, & vivant seorsim cum Uxoribus & familiis. Quam pragmaticam elegantissime explicat. Ganaver. decis. 54 & solide refutat Rovitum, a pœna nullitatis contractum contra d. pragmat. initum acerrime contra communem Dd. istius regni sententiam defendentem. Similem Cataloniæ Constitutionem tradit Cancer. variarum p. p. 1 c. 1 in pr. de minor. 25 annis. Cum igitur eiusmodi Constitutionibus fuerit prohibitum privatis cum filiisfam contrahere, multo minus Rationalibus id impune licebit, si temere ita cum filiisfamilias contraxerint.

IX. Fœminæ etiam (6) non possunt conducere Regia Vectigalia: cum non sint capaces administrationis seu exactionis vectigalium & tributorum; est enim illud officium & munus publicum, l. 18 § 9 l. 3 § 11 de muner. & honor. juncta l. fœminæ ff. de edend. Ita sentiunt Castrens. cons. 467 n. 2 t. 1. Lucas de Penna in l. un. Coll. 1 verum an ego C. de mulierib. Et in quo loco, quem sequitur Decius ad d. l. fœminæ. Albericus in l. 59 n. 2 ff. pro soc. ubi dicit, quod Mulieres heredes non succedant in societate Conductionis vectigalium; cum non sint idoneæ ad tales conductiones; & quod ita judicatum fuerit Parmæ. Alfaro de off. fiscal. gl. 34 n. 77. Faustus in cons. pro ærario class. 9 cons. 39. De fidejubentibus Uxoribus pro conductoribus vid. infra.

X. Judæi

X. Judæi etiam (7) videntur a conductionibus rei dominicæ arceri; cum munus sit publicum, cuius occasione eis occasio daretur pœnam, damnum, vel præiudicium Christianis inferendi. vid. l. 19 C. de Judæis & Cælicol. c. pen. X. eod. c. nulla dist. 54 &c. constituit. caus. 17 qu. 4. vid Henricum Hahn. dissert. von der Jüden-Ordnung, § 14. Id quod ad Hæreticos eorumque filios, quoad primam lineam maternam & ad secundam paternam (vid. c. 54 dist. c. infames 6 quæst. 1 c. alieni 2 qu. 7 c. quicunque c. statim de hæret. in 6) Jus Hispanicum l. 3 tit. lib. 8 recop. extendit. Avendanno de exeq. mand. p. 1 cap. 19 n. 20. Parlador. Sesquicent. differen. 108. Pichardo in § 2 de publ. Jud. n. 14 & seq. Mieres de Maioratu p. 1 qu. 1 n. 48. de Marinis lib. 2 res quotid. c. 144 n. 57 & seqq. Angelus Bosius de Patria potest. c. 3 n. 263 & seqq. Francisc. Ramos in apologetico contra Gallias §13 n. 87 & 88. Bobadilla in pol. lib. 1 c. 4 n. 26. Multis in Regnis tamen atque Principatibus hoc non observatur; in Archiducatu Toscan. certe pleraque publica a Judæis sunt redempta. Item Romæ munus proxeneticum corpori & collegio Judaico a Camera Apostolica pro certa Mercede annua concessum; taxata tamen certo proxenetico, quod excedere non possunt.

XI. De Clericis vide N. 123 c. 6. Item Militibus l. 31 C. & l. f. C. de locat. aliisque personis prohibitis sub gravi pœna res dominicas conducere, hic supersedemus agere, quod non sit speciatim circa locationem conductionem obtinens, iis personis ab omni omnino locatione conductione, non publica solum, exclusis. d. d. ll.

XII. Notandum autem valde, quod pleraque hactenus, & quoad modum locationis Conductionis rei dominicæ & personas, quibus ea non possit fieri, tradita sint præscripta fisco locanti, aut potius iis, qui rem dominicam locant ex potestate data iis a lege, & jure officii, quod sustinent; hi enim tenentur observare modos præscriptos, nec possunt personis prohibitis supra enumeratis locationes publicas facere; quod si autem Princeps liberas habeas habens in dispositione rerum suarum locet, aut mandet alicui specialiter rem suam locare tunc absurdum foret, illa requirere; nisi velis Principem deterioris conditionis facere privato quocunque. Nec refert, quod fiscus, aut Camera, sicuti alicubi solet vocari, dicatur habere mandatum Principis, et nomine Principis omnia facere. Nam habet tale mandatum a lege formam ei præscribente, adeo, ut talis forma videatur mandato inesse, quam excedere, aut negligere non potest; quod secus est in mandato concesso specialiter ab ipso Principe, non a lege, aut jure officii, prout optime distinguit & probat de Ponte de potestat. proreg. tit. 4 § 5 n. 29. Et ita decisum fuisse in venditionibus, quæ fiunt ab ipso Pro-Rege Neapolis vigore mandati specialis, quod habet a Rege Catholico, ita, ut in iis non requiratur subhastatio; secus autem in iis, quæ fiunt ibi per Cameram. vid. tamen adhuc Montanum de regal. p. 69.

Caput V.

Circa Effectum hujus Locationis Conductionis speciatim recepta.

Circa effectum speciatim recepta jam exhibituro præmittendum, aut potius ex superioribus repetendum est, quod quæcunque specialiter in nostra hac locatione Conductione sancita, aut recepta esse non docentur, de iis secundum jura locationis conductionis communia habendum, & eorum ratione consulendos Dd. qui de Locatione conductione in genere scripserunt; id quod etiam circa actionem principem locationis Conductionis, sicut cujuscunque alius Contractus, locum habet. Nam & actionem ex publica locatione conductione dari contra Principem, aut alium, qui autocraticum habet Imperium, nullum est dubium, vid. l. f. C. de locat. præd. civil. Quamvis enim alias principes legibus civilibus sint superiores, attamen eo ipso, dum contrahunt, non aliter, quam insimul pacisci possunt intelligi, quod se legibus publicis & normæ contractus, quem ineunt, præscriptæ, adstrictos velint, quatenus expresse contrariam mentem non manifestarunt, quod & privatis liceret, quam fidem faltere non possunt. Hinc actionibus ex contractu ortis, & a jure Civili qualificatis, non tam tenentur quatenus civilibus, sed quatenus fide data se ipsos, contrahendo subjecerunt; nisi ipsis illis legibus, aut publicis aliis constitutionibus speciatim in uno, vel altero ipsorum contractus sint exemti, & singulari jure gaudeant, Sousa decis. Lusit. 187 an. 7. Et cum hac limitatione verum est, quod dicitur, Principes, in contractibus, jure privati censeri, l. digna vox C. de LL. Gail. lib. 2 obs. 55 n. 7. Et quod Principum potestati quidem Deus subjecerit leges, sed non contractus, Marta de jurisd. c. 33 n. 104 & 105. Aldovin. Cons. 25 n. 3. Et sicut Princeps non est Dominus Elementorum, ita nec contractuum, ut ait Baldus c. 275 col. fin. vol. 2. Qui enim contractibus Principem obligari negat, omnium Contractuum præsulem, commerciorum facit exulem, Baldus in l. princeps ff. de LL. Roman. cons. 312 n. 21. Adde ad hanc materiam latius differentem Klock. de contrib. 1, 6 a num. 152.

II. Circa actionem autem ex locatione conductione rei dominicæ provenientem singularem (1) constitutum est, quod ea habeat judicem ipsum Principem, eosve, quibus Princeps hoc commiserit, t. t. C. ubi causa fisc. Mev. p. 6 dec. 143 n. 3. Quod speciale utique est valde; cum alias nullus possit esse judex in propria causa, l. 1 C. ut nemo in causa propria jus dicit. Et hoc datum principibus propter excellentiam & sublimitatem eorum dignitatis, l. 40 ff. l. 41 ff. de her. inst. ad eas Dd. Bartol. in rubr. Cod. ne quis in sua causa jus dicat, ubi Gothofr. Lib. 9. Menchaca de succes. creat. § 16 limit. 31 n. 22 & l. 1 contrah. illustr. c. 45 num. 8. Berart. de Visitat. c. 15 n. 7. Thomas Mieres ad constit. Catalon. in curia Alphonsi Regis coll. 11 n. 86 & 87, ubi ait, quod, licet de rigore juris Papa, aut Princeps cognoscere possit, in propria causa tamen honeste faciat, si eam alii committat: uti etiam monuit Baldus in l. proxima ff. de his quæ in testam.

del.

del. Bobadilla in politica lib. 3 c. 1 n. 38. Scipio Rovitus ad pragm. 12 de officio procur. Cæs. n. 1 & facit Marquez en el gouvernador Christiano lib. 1 c. 19 § 2. Carefco, ad LL. regnos c. 9 n. 77 & feqq. Renatus Chopinus de Domanio Franciæ lib. 3 tit. 19. Salcedo de Lege politica lib. 2 c. 13 n. 54 & Didacus de Saavedra in Emblem. pol. eo cui titulus uni reddatur § queftion es ordinaria entre los politicos fol. m. 387.

III. Jure Romano Princeps hoc Judicium commiferat Procuratori Cæfaris, qui inter fiscum & privatos jus dicebat, & rationes omnium redituum & vectigalium, quæ ad Cæsarem spectabant, procurabat, & habebat facultatem definiendi, eique incumbebat tributa & omnes reditus colligere, aliaque quæ ad fiscum & patrimonium principis pertinebant, difponere, l. 7 C. de jure fisc. l. 7 C. de edendo, l. 1 & 3 C. de subh. fide & jure haftæ fisc. l. 2 C. fi adverf. fisc. l. 2 & 4 C. ubi caufæ fisc. l. 1 C. de jurisd. omn. jud. Dion. lib. 53 Pompon. Lætus de Magistr. Roman. c. 25. Feneftella in eod. tr. c. ult. Joh. Orof. in pr. tit. de off. proc. Cæf. Anton. Olivan. de jure fisci c. 4 n. 53 & c. 5 n. 15 et c. 14 n. 123 & 125. Caspar Escalone in Gazophylac. reg. lib. 1 p. 2 c. 6 a n. 1. Novarr. in Apologetico lib. de reditib. Ecclefiæ qu. 1 monit. 24 n. 7. Joh. de la Rea tom. 1 fisc. alleg. 52 n. 11. Crefpi obf. 61 n. 14 & 15 & obf. 62 n. 3. Appellatur etiam fummæ rei procurator in l. f. C. fi propt. publ. penf. ut notant Gothofr. in l. 7 C. ubi caufæ fisc. lib. 6 & Guido Pancirolla in not. imperii Romani lib. 2 c. 35. Rovitus ad pragmat. de off. procur. Cæfur. in rubr. n. 2, ubi cum Sargento de Neapoli illuftrata c. 26 n. 24 inde Tribunal fummariæ Neapoli nomen fumferit, de quo infra: Item rationalis dicebatur, ut in rubr. C. de officio procur. Cæf. vel ration. Cynus in pr. glosfæ in l. ad fiscum C. ubi caufæ fisc. l. 1. C. de his qui fe defer. Joh. Pirrhus de Mag. Rom. 2 p. m. 16. Sed cum Princeps duplex haberet patrimonium, alterum fiscale, & publicum, quod pertinet ad ipfum principatum, Imperium, vel Regnum; alterum privatum, quod ad Principem pertinet, ut privatum, vid. rubr. C. de offic. comit. facr. larg. de off. com. rerum privat. de off. comit. facri palatii, de fund. patrim. Ad quas Cujac. Johannes de Platea in d. rubr. de fund. patrim. & Lucas de Penna in l. quemcunque n. 7 & feqq. C. de omni agro deferto. Joh. Garfia de Nobilit. Hifpan. gl. 3 § 1 a n. 19, Peregr. de jure fisci lib. 1 tit. 1 n. 6. Alfaro de off. fisc. gl. 10 n. 2 & gl. 3 § 1 n. 7 & Carleval. de judiciis disf. 2 n. 70. Gregor. Lopez in l. f. tit. 19 p. 6 gl. 4. Propterea administratio & controverfiarum de iis ortarum cognitio & definitio, ab initio pertinuit ad diverfos Magistratus, Patrimonium publicum & fiscale adminiftrantibus, quæftoribus ærarii, aut fisci rationalibus, feu Prætoribus fiscalibus. Poftea Imperatorum tempore procuratoribus fisci, aut Cæfaris, qui inter fiscum & privatos jus dicebant, l. 1 & feq. C. ubi caufæ fiscal. cum fupra adductis ll. Patrimonium privatum Comite rerum privatarum, & Comite facri patrimonii adminiftrante. Car-

Jurift. Oracul V. Band.

leval. d. loco, Cujac. in parat. ad tit. C. de off. comit. facr. largit. & officio Comit. rerum privatarum & de offic. comitis facri palat. Tamen cum poftea, ficut inter ærarium & fiscum, Vinn. ad § ult. Inft. de ufucap. & long. temp. præfcri ita etiam inter publicum Imperii patrimonium, & patrimonium Principis privatum fublata fuerit, quoad Jura differentia, fupra c. 2 th. 1, ita etiam omnia ad fiscales tracta fuerunt judices, five de patrimonio publico & fiscali, five de Principis privato ageretur, ita, ut utrumque iidem judices fiscales cognofcerent. Uti etiam obfervat & declarat Carleval. de Judiciis d. disf. 2 n. 701 in f. Francifc. de Amaya in l. 2 C. de jure fisc. lib. 10. n. 3 & feq. Joh. de Larrea alleg. 52 n. 11 t. 1. Chriftoph. Crefpin. d. obfervat. 61 n. 14 novifs. Valerian. de transact. tit. 4 qu. 5 n. 55 & feqq. Utpote cum & hodie in plerisque Regnis & Principatibus ejusmodi judices fiscales fint, quibus Principes commiferunt hanc cognitionem, & qui repræfentant Procuratores Cæfaris Romanos, eorumque tribunal.

IV. In Gallia funt pro diverfitate objectorum & poteftatis atque jurisdictionis diverfa eam in rem tribunalia, la chambre des comtes, la chambre du thréfor, la cour des aides & le confeil privé du Roy. Vid. l' Etat de France Anonymi part. 2 edit. de anno 1680 a. c. 6 p. 432 & Collegium fuper illum librum manufcriptum de Mr. Chaftre, quod deefle non poteft iis, qui recens in Gallia & ftatus ejusdem curiofi degerunt.

V. In Hifpania hæ partes ab initio commiffæ fnerunt al Mayordomo del Rey, l. 17. tit. 9 p. 2, l. 12 tit. 18 p. 4 verfu: la nueva dignidad l. 16 tit. 7 p. 6. Gregor. Lopez in l. 14 eod. tit. 7 p. 6. ibi: Vel dice, quod poteft fieri ifta delatio coram Procuratore Regis, vulgo dicto Mayor domo. Ad iftum namque pertinet inquirere & fcire reditus & jura Regis. Poftea vero ordinamento Regio, l. 1 tit. 2 lib. 6. Ad quod ordinamentum Regium duo computatores majores nominati erant, furrogati loco Comitum facrarum largitionum. Lopez in l. 6 tit. 4 p. 3 gl. 3 circa principium, ibi: Et adde etiam circa Comites facrarum largitionum, qui hodie dicuntur Contadores Mayores, & idem. Lopez in l. 14 tit. 7 p. 6 gl. 1 verbis: coram his qui præfident Judiciis rerum fiscalium & patrimonii Regni, qui vulgo dicuntur Contadores mayores, qui videntur fuccefsifle in locum Procuratoris Cæfaris, cum cognofcant de caufis fiscalibus & inter fiscum & privatum, prout de jure communi faciebat Procurator Cæfaris, l. 2 tit. 2 lib. 6 cod. reg. Guzman. de evict. qu. 8 num. 8. Sed, cum poftea experientia in caufis emergentibus doceret, aliqua deficere, & fimul Regium Philippi II patrimonium fupra modum augeret, is 20 Novembr. 1593 promulgavit novas ordinationes in l. 2 tit. 2 d. l. 9 recop. & jurisdictionem illam privative adfcripfit Confilio Regii patrimonii Præfide adfignato, id quod Confilium continet tria diverfa tribunalia:

Primum, in quo refidet Præfes Confilii & rationales feu computatores mayores rei dominicæ, ad quod pertinet locatio Regiorum redituum, exactio omnium debitorum fiscalium, & patri-

E e e   monia-

monialium, solutio Regiarum obligationum, expensæ Regiæ tam publicæ, quam privatæ, & denique totius Regalis patrimonii gubernatio & diftributio, juxta d. l. 2 c. 2 & feqq. tit. 3 eod. l. 9 recop.

Secundum tribunal eft, in quo refident quatuor, vel quinque Auditores togati, quos vocant, Computorum cum Regio Fifcali, l. 3 tit. 1 lib. 9 recop. qui habent privatam Jurisdictionem inter fifcum & privatos; aut inter privatos de caufis ex juribus fifcalibus ortis tam civilem, quam criminalem, l. 1 c. 3, 4 & 5 feqq. junct. dict. l. 1 c. 9 & expreffius c. 4 usque ad 27 inclufive tit. 2 lib. 9 recop. & l. 4 in omnibus fuis capitulis eod. tit. 2.

Tertium tribunal eft, in quo refident Computatores majores feu rationales majores computorum, qui præfunt omnibus Computis & ratiociniis eorum, qui quomodolibet adminiftrant Regium patrimonium, aut ejus reditus exigunt, aut apud quos fuit aliquid pertinens ad illud; de quorum officio & jurisdictione feu exercitii forma agitur, l. 1 & feqq. per tot. tit. 5 lib. 9 recop. Sed Philippus III die 16 8br. 1602, ut patet ex l. 3 c. 4 tit. 4 lib. 9 recop. c. 1, hæc tria tribunalia ad unum redegit, ut conftituant jam fupremum Regii patrimonii fub nomine el Confejo de hazienda y Contaduria Major della, Larrea, qui quinquennio ifti confilio interfuit, alleg. 22 n. 16, it. all. 52 a n. 10 & maxime 19 & 20. Francifc. Carillo in fupremo Cameræ Caftellæ Confeffu a fecretis in notitia adminiftrationis Regii patrimonii. Johan. de Solozano de Jurisd. Indiarum ib. 6 c. 16 verfu, aunque todo efto, ubi formationem tribunalium Indiarum recenfet. In hoc ergo Regio tribunali patrimonii, quod loco officii Procuratoris Cæsaris in Hifpania furrogatum eft, privative omnes caufæ, quæ quocunque modo ad Principis patrimonium pertinent, tractandæ & difcutiendæ funt, l. 2 tit. 2 lib. 9 recop. c. 25, vid. Joh. de Caftillo l. 7 de tertiis 12 n. 16. Cafpar. de Efcalona in gazophylacio Regio lib. 1 part. 2 c. 6 n. 1. Sed huic tribunali aliud poftea adhuc aggregatum fuit fpeciale fub nomine Aulæ Millionum, fala de Millones, quod habet exactionem & cognitionem, fuperindictorum, feu extraordinariorum impofitionum, quæ initium cœpit in iftis Regnis occafione claffis navalis paratæ a Philippo II contra Reginam Angliæ Elifabetham, quæ pofitiones vocatæ fifæ feu accifæ, vino, carnibus, oleo, aceto, & aliis ejusmodi victum neceffariis impofitæ. Vocatur Aula Millionum, forte a Millionibus, quam fummam regna Caftellæ, & Legionis occafione dicta Regi mediantibus dictis gabellis confenferunt. Balmafeda de Collectis qu. 128 a n. 19. Sebaftian. de Covarruv. en el thefodo dela lengua Caftellana, verbo: fifar. Azevedo lib. 32 tit. 19 lib. 9 & l. 15 tit. 15. Cod. lib. 1. Illa Aula Millionum eft potius Senatus Regni, quam Regis, habens ex Regis conceffione Jurisdictionem privativam, cum fub hac conditione expreffa 17 Milliones Regia Comitia confenferint Anno 1607, ut eorum adminiftratio & Jurisdictio non al Confejo de hazienda, de quo fupra, fpectaret, fed ad Aulam

Millionum, Boler. de decoct. debitor. fifcal. tit. 2 qu. 2 n. 46 & feqq.

VI. Romæ hæc Jurisdictio, cui commiffa fit vid. apud Octavium Veftrium, lib. 2 Judiciorum Romanæ Aulæ. Frecciani de fubfeudis, lib. 1 tit. de off. magni Camerarii n. 18.

VII. In Pedemonte dicitur ejusmodi Confilium Camera Ducalis. Thefaur. dec. 213 n. 1 & 4, ubi ejus formationem recenfet.

VIII. In Regno Neapolitano vocatur Regia Camera fummariæ, in qua omnes caufæ, fifcale patrimonium tangentes, cognofcuntur, & extenditur, etiamfi inter privatos lites effent, & ex iis aliquod intereffe Regio fifco competat. Afflictus in conftit. regni lib. 1 rubric. 53 in Conftit. Præfes provinciæ n. 19 & pragmat. 62 & feqq. fub tit. de offic. procuratoris. Camillus Borellus in addit. add. Bellugam in fpeculo principis rubr. 6 lit. M.

IX. In Germaniæ noftræ Principatibus, quæ Confilia hanc in rem conftituta fint, & quodut plurimum Camera vocata, hic pluribus quafi rem nimis notam operæ haut duxi annotare, lectorem remittens ad Seckendorffs Teutschen Fürften-Staat, part. 3 c. 4. Ex quo tamen non poffum non moneri, quodfi ejusmodi negotia fuboriantur, quæ altioris indaginis, & ad difceptationem juris fpectant, pro renata, vel ad regimen fecretius ftatus, vel Cancellarias, vel etiam, prout ftatus quæftionis habet, ad Confiftoria remittantur; aut cum iis communicentur. Dictus Autor § 23 & c. 24 dict. cap.

X. Hoc privilegio fori gaudet fifcus, five actor fit, five reus, ita, ut femper caufas trahat ad fuos judices fifcales, & a nemine, quantumvis privilegiato, trahatur ad extraneos, l. 2 C. fi adverf. fifcum, l. 2, 5 & feqq. C. ubi caufæ fifc. & ibid. Dd. l. cum eorum, ubi Baldus n. 7 C. de fent. & interloc. l. 3. ubi Jacobus Rebuffus n. 1 de jure fifci l. 1 C. de fidejuff. & jure haftæ fifcal. Quod procedit, etiamfi lis cœpta fit in alio tribunali, l. C. de offic. comit. facri pal. communiter Dd. in l. 24 § f. ff. fol. matrim. referente Carleval. de Judic. tit. 1 difp. 2 num. 314. Baldus in l. 1 n. 19 C. de hered. vel act. vend. Martinus Laudenf. de fifco qu. 222. Francifcus Lucan. in eod. tract. 1 part. n. 24. Boff. in praxi tit. de fifco & ejus privileg. 43. Conrado in templo Judicum lib. 1 c. 8. Idem Carleval. d. difp. 2 n. 698 & 649 infert. Privilegium miferabilium perfonarum, de quo in l. un. C. quando Imper. in pupill. & vid. non habere locum, nec procedere in caufis fifcalibus, Salgado in Labyrintho cred. p. 1 c. 7 per tot. Balmafeda de collect. qu. 99 n. 18. Guiterez. de gabellis qu. 16. Trentacinq. lib. 3 var. rer. tit. de folut. ref. 16. Valenzuela de Velazquez. conf. 200 n. 52. Ripol. de regal. c. 26 n. 82 & feqq. Crefpi obferv. 55 n. 34 & obf. 61 n. 10 & feqq. tom. 2. Fermofin. alleg. 4 n. 15 part. 2. Carpan. de Jure Adohæ qu. 49 n. 4. Tondutus in prævent. Jud. c. 30 n. 79. Ubi ex hac ratione cum Peregrino, concludit, inftantiam cœptam cum eo, cui fifcus fuccedit titulo univerfali in fifco, non tranfire, n. 76.

XI. Et non folum hoc procedit, quando fifcus eft actor, vel reus, fed etiam in caufa agitata inter

ter privatos, quæ habet dependentiam a fisco,
l. 4 C. ubi causæ fiscal. Peregr. de jure fisci lib.
7 t. 1 n. 3. Boss. in praxi tit. de foro compet. num.
117. Surdus cons. 280 n. 17. Cavallus Criminal.
cent. 1 casu 168, ubi idem tenet, quando ex causa
potest sequi præjudicium fisco, vel metus adest
collusionis inter partes privatas & n. 10, et Franchis. decis. 117 extendit, quando Fiscus habet,
vel habere potest similes causas, ne ejus jus fiat
deterius. Novar. de Electione & variat. fori qu.
40 sect. 3 n. 6. Maximin. Faustus in cons. pro
ærar. class. 9 consl. 43. Et Reverterius decis.
7 n. 1 & seqq. it. ibi de Marinis in observat.
Carpanus de Jure Adohæ qu. 49 a num. 4 ampliant ad eum, qui fidejussit pro debitore fiscali,
& solvit; quod si velit agere contra dictum debitorem, eum convenire debeat coram judice
fiscali. Cabedo decis. 119 n. 7 p. 2. Bos. de bon.
publ. n. 24, qui dicunt, quod hoc adeo procedat; ut si fiscus succedat condemnato, non cogatur sequi instantiam inchoatam per delinquentem, sed possit adire proprios judices. Adde
Christoph. Cresp. obs. 61 n. 19. Gratian. tit. 1
discept. for. c. 56 n. 12 & 13. Guzman. de evict.
qu. 8 n. 1. Ripol. variar. c. 1 de jurisd. n. 17 & 182.
Morla in Emporio Juris p. 1 t. 9 n. 98. Fermo-
sin. alleg. tt. n. 8. Marinis tom. 1 resolut. quot.
c. 146 a n. 3. Carleval. dict. disp. 2 n. 708, ubi
extendit etiam ad Cessionarium fisci ex causa
necessaria, non vero lucrativa. Olea de cess. jur.
& act. tit. 6 qu. 3 n. 30 & qu. 4 & seqq. ubi late
agit, an Cessionarius fisci possit agere executive,
vel carceri impingere debitorem, sicut cedens
posset.

XII. Hæc actio quæ fisco ex locatione competit habet (2) hanc specialem qualitatem, quod
ei supposita sint jure taciti & legalis hypothecæ
omnia bona, quæ tempore contractus initi Conductores (de subconductorum bonis vid. Lasarte de decima emtionis p. 167) habent, aut postea acquirunt, l. 2 C. in quib. causis pign. vel
hypothecæ contrah. ibi B. Brunnem. & Jul. a
Bayma, vid. Merlin. de pign. lib. 3 tit. 3 qu. 85
a n. 2, ubi de minore cum fisco contrahente, l.
1 § f. & l. seq. ff. de reb. eorum qui sub tut. Et
hæc quoque hypotheca secundum communem
Dd. opinionem, quoad futura post contractum
cum fisco initum (vid. Carpzov. const. 28 def.
103 in f.) quæsita bona, est privilegiata, ita, ut
in illis etiam anterioribus hypothecariis præferatur, per l. 28 ff. de jure fisc. Bachov. de pign.
l. 4 c. 6 n. 1 vers. & hoc speciale, & Treutl. vol.
2 disp. 24 th. 7 lit. a. Carpz. d. def. 103 & lib. 4
resp. 14 a n. 6. Richter. de jure & privileg. credit. c. 3 sect. 2 a n. 10. Brunnem. ad d. l. 2 C. in
quibus causis pign. vel hypoth. Merlin. de pignor. l. 3 tit. 3 qu. 87 n. 4 & 10, vid. tamen l. 8 &
l. f. ff. qui pot. in pign. & ibi Jul. a Bayma Me-
rend. lib. 6 contr. c. 37 & seqq. Maitre dans les
notables arrests. du Parlement arrest 18.

XIII. At vero, cum fiscus hanc tacitam hypothecam habeat non solum in bonis primipili, qui
utique ex contractu tenetur, sed etiam Uxoris
dotalibus in subsidium pro eo, quod fisco debetur ex administratione primipilari seu annonæ

Jurist. Oracul V Band.

militaris, l. 4 C. in quib. caus. pign. tacit. contr.
l. 3 & 4 C. de primipil. vid. l. 6 C. Theodos. de
cohortal. Perez. & Brunnem. ad. d. tit. de primipil. Et præterea hæc hypotheca primipilaris adeo privilegiata, ut omnibus hypothecariis
privilegiariis præferatur, d. l. 3 C. de primipil.
Brunnem. ib. (ita tamen, ut non extendatur ad
parapherna Uxorum extantia. Jul. ad Bayma a
d. l. 4 C. in quib. caus. pign. vel tacit. cont.)
cum, inquam, primipilaris causa sit patrimonium fisci destinatum militiæ, & ratio singularis
privilegii sit maximum periculum, quod ex ejus
mala administratione & defraudatione immine-
ret Imperio & Statui vid. dd. ll. Defraudatione ejusmodi stipendiorum & præmiorum ten-
dente ad eversionem Reipubl. Nam milites
privati stipendiis signa & exercitus deserere, aut
in ipsam Remp. arma convertere, experientia docente Lucas de Penna ad l. utilitas f. C.
de primip. Petrus Barbosa ad d. l. 1 p. 7 n. 3.
Hieronymus Altamir. in rubr. C. de filiis official.
c. 2 n. 23 & c. 3 a n. 8, omnino dicendum ex paritate rationis, quod etiam illud privilegium locum habere debeat, si conductor debeat ex eorum redituum conductione, qui stipendiis &
sustentationi militiæ destinati, & propterea in-
dicti, vid. omnino Ganaver. cons. 2 n. 46, adeoque ad tit. XI differentia sit facienda inter locationem conductionem factam bonorum fisci ad
cassam militarem destinatorum, & eorum, ad
alios Reip. usus spectantium, & ut illa secum
trahat privilegium hypothecæ primipilaris; hæc
vero saltem nudam hypothecam legalem & tacitam.

XIV. Hinc etiam observare licet in floren-
tissimis Regnis & Rebuspubl. receptum, quod
d. l. 4 C. quib. in caus. pig. tac. contrah. l. 3 &
4 C. de primip. Contra uxores & filios Conductorum publicorum locum habere debeat.
Quinimo in Hispania sancitum, l. 16 tit. 7 l. 9
recop. quod si conductores regiarum gabellarum, vel aliorum redituum pretium, quo eos
conduxerunt, temporibus debitis non solvant,
sic executive, & summarie contra eos & eorum
bona procedatur, & hæc subhastentur, nullus
omnino audiatur, nisi per Instrumentum probet, Conductores illos ea bona ab ipsis conducta habere, & sic omnibus creditoribus cujuscunque conditionis fiscus præferatur. Alfaro de
off. fiscal. gl. 34 n. 29. Huc facit l. 16 t. 7 lib. 9
recop. adeoque in Regno Uxores ratione dotalium excluduntur. Boler. de decoctor. debit.
fiscal. tit. 5 qu. 18 § 3. In Regno Galliæ constitutum est, par l'ordonnance du mois d'Octobr.
1648. quod omnia bona post tempus conductionis publicæ alienata, sive bona mobilia, s.
immobilia, sive in quantitate consistant, ut pecunia, sive in speciebus, maneant nexa Regi etiam ea, quibus elocantur liberi, vid. l. 18 § f. de
jure fisc. dans les notables arrests des audiences
du Parlement receuillis par Maitre Advocat en
parlement arrest 18 in f. Ubi condemnatus gener fuit Conductoris ad restitutionem totius
summæ in dotem datæ cum filia Conductoris
acceptam. Sed de ejusmodi alienatione infra
plenius. Quin imo, defunctus Rex Ludovi-

cus XIV anno 1669 d. 13 Augusti edicto aliquo apprime fisco suo consuluit, quoad distractiones suorum Conductorum bonorum & aliorum debitorum, & hypothecas in iis.

XV. Peculiare 3) in hac actione fisci est, ut si cum aliis concurrat, de ista, utpote fiscali, prius cognoscatur, & cæteræ interim quiescant, l. 35 ff. de jure fisci. Mev. p. 4 decis. 185 n. 7. Brunnem. ad d. l.35 & præterea summarie in ea procedatur; Gail. lib 1 obs. 20 § 6, & ex officio per modum inquisitionis, quæ pluribus confirmat Colerus cons. 42 n. 48 & seqq. Item, quod causa fiscalis intra sex menses alite contestata finienda, l. 13 C. de jud. l. f. C. de jure fisci. singularem habeat Advocatum, qui dicitur procurator fisci, l. 7 ff. de iure fisci, adde t. t. C. de Advocat. fisci. ibique Perez. Peregr. l. 7 t. 2, qui in causa fiscali etiam messis & vindemiarum tempore audiendus, l. 5 C. de feriis, & quidem gratis, nullis sportulis solutis. Zœsl. in comment. D. tit. de jure fisci. Etiam nonnullorum locorum obtinet, ut nec in causis fiscalibus juretur de Calumnia. Peregr. d. l. 7 t. 3 n. 4. Fisco edenda sunt instrumenta, l. 3 de edend. l. 2 § 1 & 2 de jure fisci. adde Prosp. Farign. fragm. p. m. 227, non tamen in Criminalibus d. l. 2 § 2. Huc etiam pertinet, quod non possit publicus debitor appellare, l. 4, 8. C. quorum appell. non recipiuntur. Alia privilegia fisci circa actionem quoad judicialia vid. apud Klock. de Contribution. c. 9 a n. 2.

XVI. Singulare 4) quoad actionem ex locatione conductione publica est, respectu subjecti, quod secundum communem sententiam, si plures socii contrahant cum fisco, etiamsi alias in privatis negotiationibus quisque pro parte sua societatis acquirat actionem, tamen in hoc publico negotio super vectigalibus & gabellis &c. singuli in solidum eam acquirant, per l. 27 ff. de pact. l. 34 de recept. arbitr. l. 1 § 2 ff. de loco publ. fruend. Felicius in tr. de societate c. 30 § 30. & Dd. ab eo citati Michalorius de fratribus l. 2 c. 48 n. 23. Lauterbach. vol.3 Disp. Tubing. Disp. de sociorum obligatione, quæ oritur ex conventione cum extraneis inita c. 4 § 32 n. 10 & c. 6 § 49 num. 2. Econtra etiam unusquisque in solidum conveniri potest, arg. l. 25 de pact. Dd. supra citatis locis, præcipue Lauterbach. Hinc etiam alter ab altero minus idoneo in se portionem jure desiderat, l. 9 § 4 de publican. & vect. l. 49 § f. de jure fisci, ne scilicet periculum alterius indies augeatur, l. 11, 13 ad municip. quamvis in subsidium saltem alterum pro altero teneri asserat Dn. Struv. Exercit. 39 § 39.

XVII. Quod a nonnullis tanquam speciale & exorbitans in fisco allegatur, eum posse absque mandato & cessione agere in subsidium contra debitorem debitoris sui, adeoque & Conductoris, si hic defecerit, l. 3 § 3, l. 8 ff. de jure fisci, l. 3 & 4 C. quando fisc. vel privat. Ei contradicunt alii, quasi id non fieret proprio & peculiari jure fisci, sed in consequentiam hypothecæ legalis, quam in omnibus sui debitoris bonis, adeoque & nominibus habere, supra asserimus.

Esset igitur tantummodo consectarium illius. vid. Brunnem. ad d. l. 4 C. quo etiam spectaret, quod fiscus possit in subsidium hypothecaria, vel conditione ex lege revocare & repetere, quod debitor ejus, antequam bona illius possiderentur, alienavit, aut solvit aliis creditoribus suis posterioribus, etiamsi hi bona fide acceperint, si ex onerosa, sive ex lucrativa causa, & sive solutum adhuc extet, vel non. vid. l. 18 § f. de jure fisci, l. 5 C. de privil. fisc. Hoc enim iterum consequens est legalis illius hypothecæ, idque quemvis privatum etiam posse legali hypotheca potiori munitum. vid. ex l. 3 ff. quod cum eo, qui in alien. pot. l. 52 § 1 ff. de pecul. l. 4 ff. qui pot. in pign. l. f. § Etsi præsertim vers. sin vero C. de jure delib. & aliis egregie more suo adstruit Hartm. Pistor. lib. 3 qu. 20, & eum secutus Mevius ad Jus Lubecens. p. 3 tit. 1 § 2 & seqq. Berlich. p. 1 pract. conclus. 48 n. 25, ad quos Lectorem, ut alienis parcam laboribus, remitto contra eos, qui ex hoc certo respectu jure communi singulare jus fisci effingunt. Uti sunt Rauchb. p. 2 q. 9 n. 37. Wissenb. ad t. de his qui in fraud. cred. & ex recentioribus Brunnem. ad l. 6 § 6 ff. de b. & alii plures, quorum potissimæ rationi, quod nisi hoc singulare privilegium fisci dicatur esse, totus mundus litibus repleretur supra citati Dd. præsertim Hartm. Pistor. & Mevius, item ei, quod privilegiariis nudis contra tertium possessorem non detur actio, & hypothecaria deficiat, si bona fide res a tertio absque culpa fuerit alienata, satis egregie occurrunt citatis locis; At vero, quamvis illa omnia satis speciose proferantur, tamen cum leges supra initio theseos citatæ generaliter loquantur, ideoque generaliter accipiendæ sint, hinc etiam obtineant contra debitorem debitoris ex pœna, vel mulcta, cuius ratione fisco nulla hypotheca competit, l. 17, 37 ff. de jure fisci vid. omnino Lauterbach. in tract. synopt. de Legali sive tacita hypotheca § 3 n. 9. dicendum omnino videtur, hoc speciale privilegium fisco non ratione hypothecæ, sed citra respectum hypothecæ competere. Mev. part. 8 decis. 204 num. 3.

XVIII. Illud itidem 5) singulare & non leve privilegium fisci est, quod habet in bonis etiam iis debitoris sui, adeoque & conductoris, quæ nunquam huic acquisita fuere, ad cujus elucidationem supponitur, quod regulariter debitor possit repudiare, seu contemnere lucra sibi obvenientia in præjudicium Creditorum suorum, cum acquisitionum omissio ad Paulianam non spectet, l. 6 p. & sqq. ff. quæ in fraud. cred. facta sunt, arg. l. 1 § 6 ff. si quid in fraud. patron. factum sit, l. 5 § 13 ff. de donat. int. vir. & uxor. l. 1 § 13 de collat. ratione addita, quod edictum pertineat ad diminuentes patrimonium suum, qui autem sibi non acquirit, non diminuit, l. 13 de R. J. Gratian. l. 1 discept. forens. c. 132 a n. 3 & lib. 2 c. 271. Castillo l. 5 controv. c. 122. Petr. Noquerol. alleg. 16 n. 39. Merlin. de legitim. lib. 3 tit. 2 qu. 3. Salgado in labyrinth. cred. p. 2 c. 14 num. 2. Carleval. de judic. t. 2 d. 25 n. 2 & 3, ubi columnam Dd. in comprobationem adducit. Hodierna in addit. ad Surdum decis. 140 n. 1 & seqq.

seqq. adeò, ut hoc in foro exteriori nullum habeat dubium; an autem in foro poli & conscientiæ debitori liceat in necem suorum creditorum non acquirere, non est hujus loci, negativam tamen probatam vide sis apud Molin. de J. & J. tr. 2 disp. 435. Sanchez. de Matrimon. l. 6 d. 4 n. 9 versu his tamen non obstantibus. Gratian. d. c. 271 n. 25. Valerius in differentiis utriusque juris, verbo; debitum, differentia 4 n. 5. Greg. Lopez. in l. 12 tit. 10 p. 5 gl. 2, ubi decisionem secundum negativam supremi Senatus Regii Hispanici refert. Quamvis autem regula supra adducta, quoad forum exterius inter privatos obtineat, tamen limitatur in fisco, in cujus præjudicium & fraudem debitor neutiquam potest acquisitionem omittere, l. 45 ff. de jure fisci, verbis: etsi non quæratur. Ripa in l. 1 n. 7 ff. de pignor. Rebuff. in l. alienationis verbum 28 coll. 2 versf. item fisco ff. de V. S. Socinus Jun. consf. 124 n. 6 p. 3. Bossius in praxi tit. de bonorum publicatione n. 9. Peregr. de Jure fisci lib. 6 t. 7 n. 38 & seqq. Cujac. l. 8 obsf. c. 9. Robertus lib. 3 rerum judicatarum c. 12 versf. in hac autem controversia. Fachinæus l. 13 contr. c. 56. Bargal. de dolo l. 5 c. 6 n. 83. Nec quicquam facit in contrarium l. 26 de jure fisci. Ubi reus Criminis, ex quo damnatus, amittit bona; si pendente causa emancipat filium, qui erat a quodam institutus heres, dicitur in fraudem fisci non fecisse; nam secus fuisset responsum, si ille reus jam fuisset condemnatus hactenus fisco nondum obligatus l. 15 ff. de donat. l. 20 ff. de accusat. De quarum legum varia interpretatione pluribus hic agere supersedemus; cum earum utilitas nostris moribus non adeo magna, quibus, excepto Crimine L. Majestatis, raro confiscantur bona ob crimen capitale, vid. tamen si placet Mevium p. 5 decisf. 392. Aliud circa Paulianam fisci privilegium hoc est, quod si alleget in fraudem suam esse donationem factam, onus probandæ fraudis non adhibitæ transferat in donatarium, l. 1 C. de Jure fisci, alias l. 13 C. de donat. ant. nupt. Næ dicas, hoc ultimum ad rem nostram non pertinere, quasi sufficiat fisco donato, a conductore posse hypothecaria, vel condictione ex lege, de quo supra, repetere, nam utile est utique fisco pluribus actionibus ob eandem rem experiri posse.

XIX. Quoad efficaciam actionis (6) privilegium fisci est, quod cum compensatio contra fiscum non habeat locum, (1) si ei debeatur ex vectigalibus l. 3 C. de compensf. vid. l. 17 ff. de V. S. Mæstert. tr. de compensf. q. 4 n. 3; (2) si quis debitor sit ex causa annonaria, l. 5 de jure fisci, d. l. 3 ib. neque ex frumenti, vel olei publici pecunia, zu den Korn- und Proviant-Häusern, Hahn, ad Wesenb. tit. de compensf. verba casus, 3) si ex causa tributorum d. l. 46 § 5 d. l. 3 wegen Steuer, Schoß und Schatzung, d. Hahn. d. l. 4.) si quis sit debitor alimentorum civitatis d. l. 3, quæ scil. publice præstantur in Xenodochiis, Orphanotrophiis & similibus locis degentibus l. 122 de leg. 1. Mæstert. d. q. 4 n. 5, quod Dd. ad omnia alimenta futura extendunt. vid. l. 8 ibi; Nam ea res præsentem &c. de alim.

leg. Carpz. p. 1 constf. 8 def. 4 n. 48. Mæstert. d. qu. 4 n. 1. Mar. Gjurba dec. 4 n. 48. Surdus de aliment. tit. 8 privil. 53. 5) Si quis debeat, quod statutis sumptibus inseruit, d. l. 3 C. de compensf. id est, quod ad certos usus destinatum est publicos v. gr. solvendis stipendiis Clericis, Magistratibus, Consiliariis, Professoribus &c. Bocer. classf. 4 disp. 19 th. 73 lit. E. Hahn. d. n. 10. vid. Trentacinq. lib. 3 de compensf. resf. t n. 16, ubi in decimis compensationem habere locum negat, 6) si debeatur fideicommissum Civitati, vel fisco relictum, hic enim concurrit favor ultimæ voluntatis & fisci d. l. 3. Mæstert. d. qu. 4 n. 7. 7) Si quis debeat pretium rei a fisco emtæ, l. 7 C. de compensf. l. 46 § 5 de jure fisci. Perez. in Cod. tit. de compensf. n. 15. 8) Si alia statio fisci debeat, quam quæ agit, l. 1 C. de compensf. ibi Gothofr. Mæstert. d. q. 4 n. 9. Christinæus vol. 3 dec. 39, ne scilicet fiscalium officiorum ordo ac ratio perturbetur. Brisson. tract. de solut. lib. 2 de compensf. 9) Si fisco debeat quis ex Calendario, sive Codice rationum, in quo pecuniæ creditæ continentur. (v. l. 64 de leg. 3) & ad pecuniam mutuam restituendam conveniatur, d. l. 3 C. de compensat. Ex rationibus legum ad singulas exceptiones adductarum, duas vel ipsæ continent, vel Dd. explicant, dicendum videtur, quod si eiusmodi res & reditus locatus fuerit, qui ad unam, vel alteram exceptionem referri possit, v. g. si reditus annonarii, tributarii, &c. vectigales essent locati conducti, etiam compensationem locum non invenire, ut conductores stricte loquendo, non ex re annonaria, tributaria vectigali &c. sed conducto debeant. Plane si merces promissa ad certos usus publicos destinata sit, aut fiscus conductori debeat ex alia statione, quin cesset compensatio, nulla est dubitandi ratio, l. 1. 3 C. de compensat. Quod si autem negotium ita comparatum, ut compensatio locum habeat, tamen hoc adhuc singulare habet fiscus, quod debiti probatio contra eum debeat intra duos menses adimpleri, l. 46 § 4 de iure fisci. In aliis causis tempore probationis celeris faciendæ arbitrio judicis relicto, arg. l. f. § 1 C. de compensf. l. 1 § 2 de jure delib. Ant. Pichard. ad § 30 I. de action. n. 18 & seqq. Bachov. ad Treutler. vol. 1 disp. 25 th. 8 lit. 9 in f. & seqq Mæstert. de compensat. qu. 14. Carpz. p. 1 constf. 8 def. 13 n. 2.

XX. Cum actio locati principaliter ad mercedem & pensionem solvendam competat, utique huc referri 7) debet, quod si illa non solvatur, statim expelli conductor publicus posse tempore conductionis, utut nondum impleto, l. 10 § 1 ff. de publican. & vectigal. Sed an hoc expediat, altioris est indaginis, cum metuendum, ne novus conductor minus liceretur, & publicanus a futuris pensionibus liberetur; ideoque sequestrationem proventuum, vel vectigalium periculi conductoris esse medium securissimum, per l. 20 C. de agricol. & censit. Sicuti judicatum fuit apud Franc. Clapper. p. 2 decisf. c. 76 qu. un. Ita Brunnem. ad d. l. 10 § 1; sed cum etiam novo conductori, etiamsi minus licitetur, periculo conductoris primi concedi possit & debeat, non video, cur magis seque-

stratio

ratio eligenda fit, quam nova conductio, vid. fupr. in fingular. quoad modum th. 7.

XXI. Sunt non pauci in ea opinione, debitores fifci non poſſe bonis cedere, & propter ea adducunt l. 5 C. qui bon. ced. poſſunt, l. 2 C. de exact. trib. l. facrilegi § f. ff. ad L. Jul. pecul. Sed illæ leges fane id non evincunt, fancientes, & quidem in caufis fpecialibus tributorum, & munerum publicorum, debitores fifcales carcere detinendos, cum enim olim omnes debitores regulariter illam fortunam ob æs alienum fubire cogerentur, nifi ad eam effugiendam inducto flebili ceſſionis beneficio uterentur, l. 1 C. qui bon. ced. poſſ. Bachov. ad Treutl. n. 2 D. 24 th. 4 lit. C. Brunnem. ad d. l. 2 C. de exact. tribut. fequitur, quam male concludatur, Debitores fifcales detineri poſſe carcere. E. cedere bonis non poſſe. Dicta quoque l. 5 C. de eo loquitur, qui ad effugienda munera perfonalia futura cedere bonis fatagit, id quod ei non permittitur, & de eo cafu eam legem loqui, docent Brunnem. ad eam Mev. p. 4 dec. 162 n. 1. vid. omnino Caftagna de benefic. deductio ne eget c. 13 § 15 & feqq. Bæza de inope debit. c. 12 a n. 15 usque ad 20. In terminis publicorum conductorum, vid. Jofeph. Ludov. decif. Peruf. 32 p. 1. Carpan. ad ftatut. Mediolan. c. 408 num. 68 & n. 73. Sane Jure Hifpanico Regio ceſſionis beneficium expreſſe iis, eorumque fidejuſſoribus eft præclufum, adeo ut jurare teneantur ab initio conductionis, fe ceſſionis beneficio non ufuros, nec petituros ejus juramenti relaxationem. Et quamvis petierint eam nullam fore l. 5 tit. 9 lib. 9 recop. & ita per eam notat Azevedo ib. a principio. Gironda de gabellis 4 p. § 1 n. 35. Guiterez. de gabellis qu. 136 n. 49 & qu. 170. Boler. de decoct. debit. fifcalium tit. 1 qu. 5 n. 11.

XXII. Effectus fingularis 10) locationis conductionis publicæ eft actio fingularis, quam prætor dedit ad conductorum publicorum malitiam, & damnum ab illis, aut eorum familia datum coercendum, l. 1 pr. & § 1 l. 12 § 1 ff. de publican. & vectigal. alias in duplum, alias in quadruplum, d. l. 1 l. 9 § 5 eod. tit. Quin imo, extraordinaria perfecutione poteft agi ad publicam vindictam d. l. 9 § 5. Plura de hac actione fpeciali vide ad t. de public. & vectig. a Dd. tradita.

XXIII. Ad effectus fingulares 11) referri etiam poteft, quod invita regula, qua nemo cogitur invitus locare & conducere, conductor publicus interdum teneatur reconducere, vid. omnino l. 11 § f. de publican. & vect. quæ ait: qui maximos fructus ex redemtione vectigalium confecutus, fi poftea tanti locari non poſſunt, ipfi ea prioribus fufcipere compelluntur. Bald. in l. 20 C. de hered. vel act. vend. & Peregrinus de jure fifci lib. 6 t. 5 n. 6 & alii plures. Sed Alfaro fenator confilii fifcalis Hifpanici in fuo tractatu fupra fæpius citato de offic. fifcal. gl. 34 § 5. ait, hoc nunquam fervatum fe vidiſſe, nec expedire, ut fervetur, nec conducere ut a fifco homines abfterreantur. vid. etiam l. 3 § 6 ff. de jure fifci. Putat tamen Anton. Perez. d. t. n. 13, quod verior fit negantium opinio juxta textum l. 3 § 6 d. jure fifci, ubi Div. Hadrian. refcripfit, valde inhumanum morem eſſe, quo retinentur conductores publicorum agrorum inviti, nam facilius invenientur, fi fciverint peracto luftro licere fibi difcedere, ab invitis enim

non bene agri coluntur, nec res aliæ bene cedunt, aut peraguntur. Ideo Paulus JCt. in l. 9 § 1 d. publican. dicit: finito tempore conductionis agros elocandos eſſe: nec cogendos vectigalium conductores eadem vectigalia fufcipere, nifi illi maximos fructus ex vectigalium redemtione perceperint, & tantidem elocari non poſſunt, d. l. 11 § f. d. public. Peregrin. d. j. fifci 6 c. 5 n. 6. Perez. n. 13.

XXIV. Sed, fi in eo, quod th. præced. dictum, gravantur Conductores publici, in eo iterum fublevantur, quod volentes præferantur novis conductoribus, cum tantundem offerant, l. Congruit 4 C. de locat. præd. civil. in qua lege Impp. Honor. & Theodof. A. A. Minervio Comiti R. P. refcripferunt his verbis: Congruit æquitati, ut veteres poſſeſſores fundorum publicorum novis conductoribus præferantur, fi facta per alios augmenta fufcipiant: quæ verba utique intelligenda de cafu particulari locationis conductionis publicæ feu fifcalis non ob æquitatem in ea expreſſam, quacunque alia etiam privata, uti quidam quamplurimos cavillari dicit, & egregie præ aliis probat Gizzarell. dec. 5 adde Mynfing. obf. 23. cent. 4. Tiraquell. de retract. lignagn. § 1 gl. 18 n. 6. Ratio vero, cur id juris ipfis conceſſum fit, eft, quia Reipubl. interest, ut illa facile conductores inveniat, Gyphan. ad l. 9. C. de loc. Anton. Perez. ad tit. C. locat. d. præd. civil. n. 10. hanc legem tamen procedere etiam in conductoribus gabellarum probat Afflict. de jure protimif. in rubr. n. 2. Gratian. difc. 359, & ad eum Anton. de Luca num. 7. Paccori de locat. cond. c. 20 num. 114. Brunnem. ad l. Congruit. Sed vero cum dicta l. loquatur de veteribus poſſeſſoribus fundorum publicorum, & perpetuariis Colonis, non videtur extendenda quidem ad eos, qui propter brevitatem fuæ conductionis non poſſunt dici veteres, uti cenfuit Valafc. de jure emphyteut. qu. 24 num. 2, verbo: nec illud omiferim, adeoque nec ad alios cafus extendenda, juxta Peregrin. de jur. fifc. lib. 6 tit. 5 n. 5. Gomez. 2 var. 3 n. 5. Amaya ad l. 1 C. de fide haftæ fifc. n. 32. licet contrarium pluribus aſſerere fatagat Gratian. difc. 357 num. 15 & feqq. ratione addita, cui infra a nobis occurretur, qua tanquam fundamento fubruto, deficiente, cum eo, ejusque aſſeclis haud faciendum putarem, cum deterior certe conditio hic foret fifci, quam privati conditio, non facile, rebus fic ftantibus, ad novam conductionem & majorem licitationem aliis acceſſuris, annotante Vincent. Franchif. decif. 406 num. 10. Cui, etfi refpondeat Köppen. dec. 52 num. 64. Carpz. p. 2 conft. 31 def. 8 & conft. 37 def. 8 & l. 5 refp. 19 n. 16. Gomez. tom. 2 c. 3 n. 5. hoc modo, quod ab initio plures reperientur conductores, fcientes fe poftmodum in reconductionibus prælatum iri; Attamen magis laborandum, & utilius puto, fifci rationibus pro non arcendis novis reconductoribus, qui plus licitentur, utpote qui difficilius haberi poſſunt, quam pro inveniendis ab initio conductoribus rerum fifcalium, qui nullo negotio haberi poſſunt. Sane in Regno Neapolitano d. l. congruit, non fervari, refert Tapia & Gizzarell. dec. 27, & Novar. in pragm. 5. de adminiftr. univerfit. n. 102. de Mar. ad Reverter obferv. 539 n. 2 & lib. 1. ref. 147. Anton. de Luca Gratian. d. difcept. nec in Gallia eam obtinere tradit Jo. a Sande 3. decif. fifc. t. 6 def. 2 & feq. In Hifpania vero dicit Bobadilla lib. 3 Pol. cap. 4 n. 21,

locum

locum habere tantum in locatione fundorum fiscalium, seu patrimonii Principis, secus in locatione
fundorum Civitatis, cum intersit communitatis, cujus id utilitati maxime studere debent administratores. Ant. Perez. d. l. n. 11. Cum autem communis
opinio nobis adversetur, & lites hac de re in multis
consiliis obortas fuisse decisiones in lucem hinc inde
editae, & in hac th. allegatae testentur, adde Franchis.
decis. 406, saltemque illa dubitatio novos recondu-
ctores arcere posset, utilissimum foret, ut constitutione publica huic dubitationi occurreretur, quinimo prohiberentur fiscales, clausulas inserere contractibus locationum publicarum, conductores praesen-
tes, aut potius veteres novis reconductoribus praefe-
rentes. Sane in bonis Ecclesiae dict. l. 4 non obtinere cum Carpz. 2 def. Consist. 305, & cum Vincent.
de Franch. decis. 406 n. 9 putat Brunnem. ad d. l. 4
C. de locat. praed.

Sententia der Nürnbergischen Juristen=Fa-
cultät zu Altdorff wegen Verpachtung
des Gräfl. Mannsfeld. Amts
Friedeburg.

Auf erhobene Klage, darauf eingewendete Exceptiones, erfolgte respective Interventiones, wieder-
holte Imploration und ferneres Rechtliches Einbringen, in Sachen Amtmanns Georg Heinrich Ottlebens, Klägers und respective Imploratens, an einem,
der Gräfl. Mannsfeld. Herren Burggrafs, Cantzler und Räthen, Beklagten und respective Imploranten, am andern, sodann des weil. Churfürstl.
Raths und Commissarii Johann Friedrichs von Peine
nachgelassene Witwen und Erben, und dann endlich Johann Vogts, als beyderseits Intervenienten,
am dritten Theil, erkennen S. Churfürstl. Durchl.
zu Brandenb. nach eingeholtem Rath ausländischer
unpartheyischer Rechtsgelehrten vor Recht:

Daß, so viel die Hauptsache betrifft, die Gräfl.
Mannsfeld. Burggraf, Cantzler und Räthe von
Amtmann Georg Heinrich Ottlebens, wegen des
prätendirten Pacht=Contracts, über das Ober= und
Unter=Amt Friedeburg eingebrachten Klage, gestalten Sachen und Umständen nach, zu absolviren.
Hierwider aber gedachter Georg=Heinrich Ottleben,
sammt denen Intervenienten der Peinischen Witwen
und Erben gegen Erlegung des Vorschusses, und
der in liquido bestehenden Baukosten, davon iedoch
die verfallenen und nicht bezahlten Pacht=Gelder
zuförderst zu decurtiren, und dieserwegen zur Bescheinigung und Untersuchung derer Zahlung in
schleuniger Termin anzuberaumen, oder, da sie die
darauf geschlagene Inhibition nicht los wircken würden, gegen dessen Gerichtliche Deposition, das Amt
Friedeb. alles ihres Einwendens ungeachtet, ohnver-
säumt zu räumen, und obbemeldten Gräfl. Mannsfeld. Burggrafen, Cantzler und Räthen, oder dem
neuen Pachter Johann Vogten, cum Inventario
abzutreten, anbey auch gegen den, nach geendigtem
Pacht=Contract bisher erhobene Frucht und Nutzen
richtige Rechnung zu thun gehalten, iedoch bleibet
Klagenden Amtmann Ottleben weges des mit ihm
geschlossenen und nicht ratificirten Pacht=Contracts
wider beklagte Gräfl. Mannsfeld. Burggrafen,
Cantzler und Räthe seinen Regreß unbenommen, in

massen auch denselben sowohl, als der intervenirten-
den Peinischen Witwen und Erben ihre angegebene
Reste, woferne sie richtig befunden werden, bey denen Amts=Unterthanen einzutreiben, und hiernächst
die übrigen formirten Anforderungen wider Beklagten, welche dieserwegen gewöhnliche Caution zu prästiren verbunden, in separato judicio auszuführen,
nicht unbillig vorbehalten wird, worauf sodann,
und wann allerseits Partheyen darüber gehöret, ferner
ergehen kan, was recht ist. V. R. W. Publiciret in Churfl. Brandenb. Regierung des Hertzogth.
Magdeb. 31 Oct. 1685. Quam sententiam, leuteratione
interposita non obstante in contradictorio confirma-
runt Dn. JCti Francofurt. d. publ. 12 Maji 1686 his
verbis: Daß, wann gleich die eingewendete Leuterung zuläßig, es doch derselben ungeachtet bey dem
am 31 Oct. 1685 eröfneten Urthel billig zu lassen,
massen wir dann selbiges hiermit confirmiren.
V. R. W. Et Dn. JCti Rostoch. publ. 22 Jan. 1687
judicarunt: Daß die am 31 Oct. 1685 publicirte und
12 May 1686 confirmirte Urthel der eingewandten
Oberleuterung, auch gesuchten Restitution in integrum ungehindert, nochmahlen allerdings zu confirmiren. V. R. W. Ad majorem illustrationem
hujus rei facit quoque sequens Responsum Dnn. Sca-
bin. Elect. Hallens. Den Vorpacht des ersten Pachters des Gräfl. Mannsfeld. Amts Friedeburg betreffend, M. Mart. 1686 G. H. Ottleben und Peinischen Erben ad Acta privata datum, sequentibus
verbis: Auf die uns zugefertigte und hierbey zurückkommende Privat=Acta, so wegen der Verpachtung
des Amts Friedeburg ergangen, erkennen wir V. R.
Ob wohl super eo, quod probatum non relevat, die
delatio juramenti nicht stat findet, nachdem aber im
gegenwärtigen Falle denen Gräflichen Herren Räthen
darüber das Gewissen gerühret, daß sie zur Schliessung eines weitern Pacht=Contracts ein vollkomme-
nes Mandatum und Instruction gehabt, durch solche
Gewissens=Eröffnung auch sich an den Tag geben
muß, ob Ihro Hoch=Gräfl. Gn. nachdem durch,
derer Herren Räthe mit euch Amtmann Ottleben getroffenen fernern Pacht=Contract, einen anderweitigen Contract mit Johann Vogten schliessen zu lassen
befugt gewesen, oder ob ihr nicht vielmehr jure primae
conductionis bey dem Pachte für Vogten zu manuteniren, und ob nicht die der Punctation annectirte
Worte, bis auf Ihro Hoch=Gräfl. Gnaden Genehmhaltung etc. nuda verba honoris gewesen, quod
posito legitimo mandato cum libera, haec ut super-
abundantia minime attendenda veniant, und also der
Sachen Decision davon meistentheils dependiret,
hiernächst in denen Magdeburg. Landes=Gesetzen
ausdrücklich verordnet, daß in quocunque processu,
quin & executivo die Gewissens=Rührung stat finden soll, als ist rebus sic stantibus auf die Eides-
Delation billig zu erkennen; Inmassen auch ratione
der andern Frage Rechtens, obwohl derjenige, cujus
est in re jus protimiseos, wenn er vel verbis, vel facto
sich dessen verziehen, darzu weiter nicht zu verstatten,
dem Anführen nach in facto unleugbar, daß bey vorhabenden Pacht=Schliessung mit Johann Vogten
die Gräflichen Herren Räthe der Peinischen Fr.
Witwen schrifftlich anheim gegeben, ob sie sich ad
idem locarium, so Vogt offerirte, verstehen wollte,
und da diese schrifftlich sich hingegen erkläret, daß

bey

der Pacht iht darum ferner nicht anstehe; Nachdem aber ad excludendum a retractu, specialis denunciatio cum mentione justi, quod affertur, pretii erfordert wird, und unius de pluribus quorum interest, scientia, & illi facta denunciatio nicht genugsam, Peinische Fr. Witve auch allein bey der Sache nicht interessiret, besondern dero sämmtlichen Kinder, die dem Ansehen nach insgesamt zu ihren mannbaren Jahren gekommen, und der Fr. Mutter factum ihnen, ut tertiis, gar nicht präjudiciren kan, weil Rechtens, quod jus protimiseos conventionale transeat ad omnes omnino hæredes, tam testamentarios, quam ab intestato venientes, hiernächst sie sich re adhuc integra vor erfolgter Tradition des Amts Friedburg an Johann Vogten, gemeldet, ihres Vorrechts sich zu bedienen, und eben dasjenige zu prästiren, worzu sich der letztere Vogt verbindlich gemacht, nam jus protimiseos conventionale non tribuit equidem potestatem retrahendi bona contra pactum alienata, nisi traditio rei nondum subsecuta, aut secundus pactum illud sciverit, fraudisque particeps fuerit, auch überdieß alles das, wenn ja so ein sonderliches momentum darauf, daß der Peinischen Fr. Witve von der anderweitigen Verpachtung Nachricht gegeben, gesetzet werden wolte, daß dennoch darum nicht präjudicirlich fallen kan, daß sie vielleicht geglaubet, ob müste es bey dem mit euch Amtmann Ottleben getroffenen Contract sein Bewenden haben, exceptio enim non abdicati juris retractus non nascitur ex solo venditionis vel locationis oblatæ non recepta conditione, cum alia quædam hujus causa apparet; So halten wir auch hierbey dafür, daß ihr mit dem anerklärten Vorzugs-Rechte allerdings zu hören. Und was eure Frage anbetrifft, halten wir ebenfalls vor Recht, quod conductori pro impensis in rem locatam factis jus retentionis competat, und ihr Amtmann Ottleben bey dem Amte Friedeburg nicht allein ein grosses an Baukosten zu fordern, besondern auch ob injuriam temporis von denen verpachteten Gefällen bey denen Unterthanen, die Zeit ein hohes zurück lassen müssen, welcher wegen, dem Anführen nach, das Jus retentionis dem Pächter im Pacht-Briefe ausdrücklich verschrieben seyn soll; So werdet ihr bey dem Amte billig so lange gelassen, bis wegen beyder Posten euch ein schuldiges Genügen gegeben. B. R. W. Et in eadem causa Dn. Scab. Lipf. M. Mart. 1686 his verbis: Habt ihr loco gravaminum unter andern mit angeführet, daß bey Abfassung des Urthels, die von euch George Heinrich Ottleben, denen Gräflichen Herren Räthen beschehene Eides-Delation, wie auch das vorgeschützte jus protimiseos übergangen, und ihr die Peinischen Erben mit denen angegebenen Meliorations-Kosten und zurück verbliebenen Zinsen, auch deswegen euch sonsten zustehenden jure retentionis und bestellten Hypothec bey diesem Proceßu ab- und zur absonderlichen Ausführung verwiesen worden, und wollet, ob ihr nicht hierauf eine Reformatoriam zu hoffen, berichtet seyn. Ob nun wohl vorgewendet werden möchte, daß die delatio juramenti, in Ansehung daß der anderweitige Mieth-Contract, deswegen solche geschehen, durch die aufgerichtete Punctation, so zur Perfection kommen, zur Gnüge dargethan, dießfalls nicht stat habe, hiernechst ihr, die Peinische Witve, daß ihr, als euch, daß ein anderer Pachtmann, so einen höhern

Pacht-Zins zu geben erbötig, es berichtet, und euch, ob ihr ein gleichmäßiges zu entrichten erbötig, freygestellet worden, den Pacht hierum ferner nicht verlanget, euch erkläret, dann die angegebene meliorationes, und was bey denen Censiten zurück geblieben, in illiquido beruhen, und demnach euch deshalben kein jus retentionis zustehe, die wegen der zur Versicherung der Pachtgelder erlegten 4000 Thl. nachdem der Pacht-Zins nicht abgeführt und solche dadurch getilget worden, erloschen, also ihr damit euch ferner nicht zu behelfen.

Dieweil aber dennoch, dem Ansehen nach, ihr eben darüber denen Gräflichen Herren Räthen, daß sie genugsame Instruction und Vollmacht zu contrahiren gehabt, und dahero die bey angeregter Punctation gebrauchte Worte: Bis auf Ihro Gräfl. Gn. Genehmhaltung ꝛc. nicht zu dem Ende, daß sodann erst der Contract zu seiner Beständigkeit kommen, sondern vielmehr, daß selbiger von derselben bloß vollzogen werden solte, hinzu gesetzt worden, das Gewissen gerühret: Die Peinische Witve durch ihre Erklärung sich ihr und ihren Mit-Erben an dem Pachte des Amts Friedeburg verschriebenen Vorzuges sich nicht begeben, und allenfalls dadurch euch denen übrigen Peinischen Erben nicht präjudiciren mögen. Im übrigen auch propter illiquidum das jus retentionis auf gewisse Masse stat findet, und daß die von euch zur Caution erlegte 4000 Thl. durch die versprochene und nicht entrichtete Pachtgelder getilget, und dahero die deshalben bestellte Hypothec erloschen, nicht dargethan, nach mehrerm Inhalt der überschickten Privat-Acten und eurer Frage: So habet ihr euch, wenn in denen Actis publicis und vorigem Rechtlichen Einbringen, worauf sich Gegentheil bezogen, ein anders nicht an- und ausgeführet, einer reformatoriæ wider das am 31 Octob. des abgewichenen 1685 Jahres eröffnete Urtheil zu getrösten, und möchte auf die beschehene Eides-Delation sowohl das vorgeschützte jus protimiseos, auch retentionis künftig in sententionando wohl reflectiret werden. B. R. W.

XXV. In eo autem 1) verius sublevatur Conductor, quod a successore singulari non possit expelli. Quoad emtorem fisci, vide l. f. in f. ff. de jure fisc. Quod emphyteutas, qui si expellant conductores, privantur prædiis sibi concessis, l. pen. C. de mancip. & col. lib. 11. Ratio hujus singularitatis est, in d. l. f. ff. de jure fisci. Ne teneatur fiscus conductoribus expulsis ante tempus conductionis finitum. Contra hanc rationem insurgit Scapuccin. in tr. de success. singul. ampl. 7 n. 7, & eam vocat refugium miserorum, & debilitatem intellectus allegans aliam, quæ hæc est, quod in locatione facta per fiscum, quamvis ad modicum tempus, tribuatur conductori jus in re & utile dominium; adeoque is a successore singulari æque jus in re habente, non possit expelli. Item quod contractus fisci vim legis habeant, id quod Gratian. etiam discept. 357 n. 15 & pluribus sequentibus probat, & pro fundamento, quare vetus conductor novo præferendus venditat: Sed quamvis multi sint ejus sententiæ, quod conductori rerum fiscalium jus in re competat; eis tamen adstipulari non possum, præcipue cum sit contra naturam locationis conductionis per eam principaliter jus in re transferri. Bartol. primus Autor illius hæreseos conatur eam probare per

L 2

L. 1 § 1 ff. de loc. publ. fruendo, ubi cum detur conductori publico interdictum non nisi jus in re habentibus dari solitum, argumento ab effectu ad causam tracto, concludit conductori fiscali competere jus in re; sed non justa satis consequentia; interdictum enim illud publicæ utilitatis causa a Prætore introductum est, tuente vectigalia publica d. l. 1 § 1. Minime autem quasi conductores possideant revera, aut jus in re habeant, quod si haberent, interdicto speciali opus non fuisset, cum eis interdicta aliis jus in re habentibus competentia sufficere potuissent; sed, quia illud jus in re iis non competit, ratio dubitandi, an interdictum tale habere possent, fuit, adeoque necessarium specialiter iis consulere, ut ita textus ille contrarium potius arguat; Sane, si hæc prætoris mens fuisset, dare illis conductoribus jus in re contra harmoniam juris, qua conductoribus illud denegatur, per hoc solum locatione conductione ab emtione principaliter distincta, expresse illud & disertis fecisset verbis, æque, ac hoc facere jura non neglexerunt in iis, qui agrum vectigalem t. t. ff. si ag. vect. vel emphyteut. L. ult. C. de loc. præd. civ. § 3 Inst. de loc. cond. jus superficiarium accipiunt, L 1 § 3 & 6 ff. de superf. Quæ negotia propterea specialiter a locatione conductione distincta anomalam acceperunt naturam dd. ll. Ut itaque ab iis specialibus contractibus argumentari non liceat ad omnem omnino locationem conductionem publicam; quamvis hoc facere tentet Brunnem. cum Bartolo faciens ad d. l. 1 de loco publ. fruend. Præter Bartol. dissentiunt Pinell. in l. 1, 3 p. n. 68 vers. vides igitur C. de bon. patern. Carpan. ad statut. Mediol. c. 379 & 477. Mell. dec. p. 115, ex eo fundamento juris in re conductoribus fiscalibus competentis, sed ob deducta erroneo, multa tradit consequentia. Item Avendanno de exequ. Mand. p. 1 c. 12 & 15. Moles in dec. & alii sexcenti, qui omnes Conductores fiscales procuratores in rem suam indistincte faciunt. Sed quamvis illis sæpius jura fisci cedantur, & mandata eum in finem multis in locis specialia expediantur. Boler. de decoct. debit. fiscal. tit. 2 qu. a § 2, 3. Larrea alleg. 36 n. 26 t. 1. Alphons. de Olea de cess. jurium & act. 6 qu. 3 num. 15. Tamen aut hoc non fit principaliter per ipsam locationem conductionem, sed accedente per consequentiam speciali cessione juris, quod primo non venit in contractum, quales cessiones etiam in locationibus privatis sæpe intervenire, necesse est, uti supra plus una vice annotatum. Quod si autem principaliter hoc agitur in conventione, ut jura, quæ in eam deducuntur, concessionario ad certum tempus pro pecunia certa cedantur, jam illa conventio locationis conductionis fines excedit, & potius est emtio atque venditio, aliudve genus contractus, qui habilis ad transferendum jus in re, quam locatio conductio, uti hoc supra in cap. 1 ex principiis juris latius probare allaboravimus.

XXVI. In eo etiam sublevantur 2) Conductores publici, quod necessitate subeundorum munerum publicorum non obstringantur; quod tamen non tam honori eorum datum, sed ne ipsorum facultates, quæ fisco sunt subsignatæ, extenuentur, l. 5 § 10 ff. de jur. immunit. l. 8 § 1 ff. de vac. muner. l. f. C. qui dar. tutor. poss. At vero cum Colonus seu conductor prædiorum fiscalium non excusetur l. 8 C. de excus. tut. Brunnem. & alii ad d. l. f. distinguunt inter Co-

Jurist. Oracul V Band.

lonos, & conductores prædiorum patrimonialium, & conductores prædiorum fiscalium, illos, non hos excusari putantes; sed rectius Molin. indistincte eos excusari putat, respondendo d. l. 8 C. de eo loqui colono, cujus facultates amplius fisco non sunt obligatæ, tr. 2 d. 221 n. 13. Quam nisi responsionem amplectamur, inconvenientia juris cum notabili dissonantia vix evitari poterunt. Ex superioribus autem præcipue ratione excusationis fluit, quod nec volentes ad ejusmodi munera admittantur, l. 5 § 10 & 11 ff. de jur. immunit. l. 9 ff. de confirm. tut. Molin. tr. 2 d. 221 num. 14, item quod ipsi solum, non eorum subconductores hac vacatione gaudeant, l. ult. C. quibus muner. excusentur hi, qui post implet. milit. Brunnem. ad d. l. 5 § 10.

XXVII. Tertium speciale ratione conductorum est in L 1 supra cit. & t. t. ff. de loco publico fruendo, ubi Prætor conductoribus teloniorum, vel aliorum publicorum locorum, eorumque sociis utilitatis publicæ causa dat interdictum contra turbantes, quo minus locationis lege frui ipsis liceat, quamvis non possideant. Menoch. de R.IP. rem. 4 n. 36. Sed de hoc effectu supra latius th. 23.

XXVIII. Conductor 4) vectigalium pacisci valide potest cum socio (quod regulariter non licet l. 52 § 9 & 11 pro soc. propter l. 65 § 11 eod. Mant. de tacit. convent. t. 6, 24 num. 14, vid. d. l. 52 § 9 d. t. Felic. de societ. c. 32 n. 4) ut heres ejus succedat in societate, l. 59 pr. pro soc. vid. Mantic. d. t. 24 n. 23 & seqq. Felic. d. c. 32 num. 19. Petr. Ubald. de duob. fratrib. p. 1 num. 2. Bertach. de gabell. p. 2 n. 26. Matienzo l. 1 tit. 9 lib. 5 recop. gl. num. 17 & 18.

XXIX. Huc referri 5) potest, quod conductoribus publicis competat sicut fisco privilegium & jus prædia singulorum ob non soluta jura publica distrahendi, l. 52 de act. emt. Castrens. ad eam, Bald. in l. 1 C. si propt. pensit. publ. Francus de Clapper. p. 1 c. 48, eum textum vocans notabilem. Idem autem privilegium non competere subconductoribus, arguunt Dd. ex l. un. C. quibus muner. excus. hi qui post milit. implet. & Brunnem. ad eam in fin.

XXX. E contra conductores publici in eo gravantur, quod ob evictionem contra fiscum ultra simplum non possint agere, urut procurator fisci duplum, aut triplum promiserit, l. 5 pr. ff. de jure fisci.

XXXI. Gizzarellus dec. 5 § 14 inter fisci locantis jura enumerat, quod conductores ejus non gaudent tacita reconductione, quæ inter privatos obtinet, L. 13 § f. l. 14 ff. locat. l. 16 C. eod. & probat istam suam opinionem per l. 3 § 6 ff. de jure fisc. Sed illa lex ait, quod inhumanus mos sit, quo finito tempore conductores vectigalium & agrorum retinentur inviti, neutiquam autem agit de tacita reconductione, quam etiam in publicis locum habere late e contra probat Signorol. cons. 22 num. 6 & 7, ubi dicit, non obstare, quod in iis requiratur licitatio, & sequitur Menoch. lib. 3 præs. 85 n. 14.

XXXI. Inter talia imaginaria etiam fisci jura enumerandum quid ex Baldo cons. 336 n. 2 lib. 5 ubi allegat Gloss. in l. jubemus C. de SS. Ecclesiis, in verbo, ut una pars in f. item in cons. 332 eod. lib. Annibal Moles de jure doharum qu. 12 § 15, Legem unicam C. de vendition. rerum fisc. (qua sancitur, quod fiscus rem sibi cum alio communem totam possit vendere eo invito) extendit etiam ad locatio-

F f f

nem

nem conductionem, quasi ei non debeat non licere quod minus est, cui plus licet, & quod magnæ utilitatis fisco sit, si rem communem ita possit locare suis conductoribus, qui facilius accedent, si de tota re forte telonio, aut dohana agatur locanda conducenda, quam si de parte cum aliis communi manente; hoc enim vix defendi potest. Nam illa regula: cui plus licet, ei etiam licere debere quod minus, catholicæ non est veritatis, præcipue fallit in exorbitantibus a jure privilegiis in tertii præjudicium concessis. Utile autem hoc fore fisco, nemo dubitat: at illius utilitatis hactenus in locationibus conductionibus publicis fuisse rationem per constitutiones publicas habitam, nullibi apparet. Non igitur magis hoc assertum Molis amplectendum, quam illud, quod dicit, si Princeps alicui vendat, aut concedat regale aliquod, cum eo communionem habere ob jus superioritatis, quod retinet Princeps, & directi dominii. Quapropter d. l. un. C. de vend. rerum fisc. etiam locum invenire, si Princeps velit forte alteri aliud regale concedere, quod a primo concesso non separari utile Principi esset; quod quam absurdum sit, facile quivis videt. Quod si enim superioritas, quæ Principi remanet, ad communionem juris subditis concessi sufficeret, sequeretur exinde, omnia bona subditorum esse cum principe vere communia, nam in omnibus superioritatem habet, & absque necessitate ad exercitium eminentis dominii requisita invitis subditis a principe alienari posse, ob d. l. l. un. quod nemo unquam somniavit. Ganaverro quidem in suis dec. 1 p. 91 Mole supra allegato subtilior, sed non verior.

Tantum de iis, quæ Jure & Institutis florentissimarum Europæ Rerump. circa locationem conductionem Rei Dominicæ speciatim obtinere hinc inde deprehenduntur. Fateor, non inutilem fore adhuc disceptationem multarum quæstionum, quas circa hoc negotium in multis patrimonialium & fiscalium bonorum Consiliis quotidie suboriri, decisiones eorum, quæ lucem vident, apparere faciunt; præsertim circa remissiones pensionum ob bella, pestem, mutationem monetæ, novorum vectigalium introductionem, quibus vetera diminuuntur, item circa augmentum mercedis, si proventus ex casu quodam inproviso augeantur, circa effectum renunciationum, quas multis in rebuspubl. intervenire, necesse est, quarum famosissima est, quam Jure Hispanico Conductores subire tenentur per ordinationem, quæ vocatur Lex serpens, Larrea alleg. 18 p. 1. æquitate temperata apud Souf. in decis. Lusit. 69. Anton. de Lucc. add. Grat. c. 95 § 24 in f. item circa pœnarum, v. gr. si Princeps promittat, se nolle nova indicere vectigalia, per quæ commercia saltem indirecte impediuntur: cum ob paupertatem Cives parcius emunt, de Luca d. l. § f. Et si imponat, ea cessura Conductoribus in pœnam, circa earum promissionum effectum, aut potius inefficaciam, vid. Larream pro fisco pag. 1 all. 30 & 31, contra fiscum Ant. de Luca d. l. 1, circa læsionem fisci, & alia infinita incidentia. Sed cum ista omnia ad generalem potius locationem conductionem spectent, ex ejusque aut aliis Juris generalibus principiis disputanda & dirimenda veniant, ad specialia locationis publicæ haud pertinentia, impedire non potuerunt, quominus finem huic tractationi de iis potissimum intentæ, quæ speciatim circa Locatio-

nem Conductionem publicam obtinent, hic imponerem.

DECISIO LIV.

Ob diejenigen, so Frey-Güter besitzen, von denen extraordinairen Anlagen befreyet seyn?

Species Facti.

Ist am 15 Sept. des 97ten Jahres eine Extraordinair-Anlage zur Beyhülffe der Contribution und insonderheit der Miliz von den Freysitzern und Frey-Dörffern einzubringen und in die Kreis-Steuer-Casse zu liefern durch ein von Sr. Königl. Majestät in Pohlen, und Churfürstl. Durchlauchtigkeit zu Sachsen, unserm Allergnädigsten Herrn, publicirtes Patent angesetzet, von dem Herrn aber solche von dessen 3 Frey-Gütern Ukro, Paser und Vieckeln, der Casse zu Lucka auf deren Begehren verweigert worden, nach mehrerm Inhalt des uns zugefertigten Berichts.

Rationes dubitandi.

Ob nun wohl angeführet werden möchte, daß der Herr bey Ansetzung dieser Anlage mit seiner Nothdurfft nicht gehöret, und also dieser der Freyheit seiner 3 Güter, welche mehrmalen mit Einquartirung beschweret, unternommene widrige Actus zu seinen grossen Nachtheil gereichet, cum tamen omnis, qui ob interesse aliquod ex aliquo negotio lædi potest, ad idem citari et super eo audiri debeat, l. 39 ff. de Adopt. Hillig. ad Donell l. 23 o. 2 lit. b. Hiernächst der Herr ausser erwehnten 3 Gütern noch ein Contribual-Gut, Waltersdorf inne hat, die Extraordinair-Anlage aber ausdrücklich zur Beyhülffe gar wohl innen behalten werden können, dum beneficia Principis latissime interpretanda, l. 3 ff. de Const. Princip. Enenckel Baro de Privileg. Lib. 2 c. 4 n. 4, und was in vorigen Zeiten von den Pfands-Inhabern der 3 Güter aus deren Unachtsamkeit, in solchen und dergleichen Abforderungen der Kreis-Casse bewilliget worden, denen Eigenthüms-Herren zu keinem Schaden gereichen mag. L. 74 et L. 166 ff. de R. J.

Decidendi.

Dennoch aber und dieweil angeregte Anlage extraordinair und insonderheit zur Unterhaltung der Miliz angesehen, dergleichen dem Landes-Herrn einig und allein nachgelassen ist, Nov. 161 c. 2 verb. una enim hæc res potentiæ nostræ studio et ut tributa sine querela inferantur, ex quibus et militares nutriuntur copiæ, neque enim aliter licet conservare Remp. Anton. Tab. in Cod. Lib. 4 tit. 22 def. 2 n. 1, ut nempe, quod belli sævitia introduxit, pacis lenitas sapiat. L pr. C. de Caduc. tollend. bey solcher Bewandniß auch die sonst privilegirten Personen und Güter ihrer Freyheit nicht geniessen, L. 6 C. de SS. Eccles. l. 18 § 24 ff. de Muner. et honor. c. 4, 7 X de Immun. Eccles. L. 162 ff. de R. J. Heig. Lib. 1 qu. 18 n. 23 seqq. noch mit ihrer Contradiction etwas ausrichten können, procedit etenim actus taliter gestus qui ab absente, si præsens esset, impediri nequit, L. 4 § 3, 4 ff. de Fideicom. Libert. Gail. L. 2 O. 142

n. 2.

n. 2, zumalen da die Herren Land-Stände es dem Anziehen nach vermittelst eines Land-Tags-Schlusses, also beliebet, und ein und andern Actum possessorium vor sich haben sollen, dabey sie denn zu lassen, und sothane Schlüsse von ein und andern Particular-Personen nicht wiederum zu hinterziehen sind, L. 19 ff. Ad municip. L. 164 ff. de R. J. L. 2° C. de Probat. die Possess. auch durch diejenigen, welche in den Gütern sich befinden, dem Eigenthums-Herrn zum Schaden und Vortheil erlanget und verlohren werden kan, § 6 I. per quas personis. acquiritur, § 16 I. d. Interdict. Wie denn das Guth Waltersdorff die übrigen 3 Frey-Güter von angeregter Anlage nicht entnimmet, quoniam non tantum res, sed et persona una eademque, diversis qualitatibus prædita, pro diversa haberi diversoque jure censeri potest. Aegid. Thomat. de Collect. § Subjiciunt n. 38. Carpz. L. 2 Jurisprud. Conf. def. 311 n. 11 seq. bevorab da diese Anlag dem Gute Waltersdorff so weit zu gute gehet, daß solches nebst andern contribuablen Gütern zur Ausbringung der erforderten Summe nicht höher angesetzet wird, welches sonder Zweiffel geschehen müste, wenn die Frey-Güter zugleich mit keinem Beytrag beleget wären.

Decisio.

So erscheinet daraus so viel, daß der Herr von mehrerwehnten seinen 3 Frey-Dörffern die extraordinairen Anlagen in die Kreis-Cassa zu Lucka abzugeben, und dahin zu liefern gestalten Sachen nach verbunden. V. R. W.

Also ist auch auf Anfragen Caspar Siegmund von M. zu Wittenberg im Monat May 1698 gesprochen worden.

de Berger.

DECISIO LV.

Ob die Befreyung von Contributionen zur Qualität der Güter gehöre.

Ritter-Güter, ob sie gleich keinen Adelichen Possessorem haben, sind dennoch frey von Contributionen, in term. Tiraquell. c. 20 d. Nobil. n. 170. Neque enim hæc immunitas personæ aut Nobilitatis est; sed prædii Feudalis; ne dum hoc ad Servitia Domino præstanda concessum est, duplici onere gravetur. Maul. c. 9 d. Homag. n. 68. Dann auch hingegen einer von Adel, wenn er ein Bauern-Gut acquiriret, davon die Contribution fortgeben muß. Mod. Pist. Conf. 9. Meichsn. 1 Dec. 8 n. 46. Klock d. Aerar. II c. 56 n. 3. Dahero wenn ein Ignobilis auf Herrschafftl. Befehl die Contribution entrichtet hätte: würde er dadurch seine Immunität nicht verlohren haben, sed præsumitur, solvisse per obedientiam, non ut privilegio contraveniat. Ruyn. I Consl. 196. Ferner wenn aus einem Lehen ein Erbzins-Gut gemacht wird, weil alsdenn dasselbe in die Qualität eines Allodii gesetzt, und die Lehndienste davon genommen werden, wird es dergestalt der Regel nach, der Steuer unterworffen; wo nicht dessen Befreyung docirt werden kan: Tabor. P. 3 d. Metat. et Epidem. Sect. 2. Klock d. Lib. II c. 58 n. 13, aliamque cum qualitate mutata, naturam sortitur.

Jurist. Oracul V Band.

Surd. Consl. 321 n. 12 seq. et Dec. 2. Kœppen Dec. 61 n. 4. Kömmt auch der Canon, als welcher nur in recognitionem Domini gegeben wird, und kein onus publicum ist, in keine Consideration. Hinwiederum, wenn ein solch Erbzins-Gut in ein Lehen verändert würde, muß es der Freyheit derer Feudorum geniessen. Ita de bonis, quæ Fisco denuo acquiruntur, Riminald Jun. Consl. 59 n. 58. nach Eisleben, mens. Novembr. 1678.

Rechtliche Betrachtung LVI.
Von Allodial-Gütern überhaupt.

§. 1.
Verbindung mit dem vorhergehenden.

So gründlich wir das Dorff-Recht mit dem Leibeigen- und Bau-Recht zum allgemeinen Rechts-Gebrauch mit denen Personen und ihren Diensten in vorhergehenden theoretico-practisch vorgestellet; So nützlich wird die Beschaffenheit der Allodial-Güter überhaupt sowohl als was der Erbzins- und Zins-Güter verschiedene Gattung betrifft, von uns gleichergestalt, wie das Dorf- und Leibeigen-Recht mit dem Bau-Recht abgehandelt worden, von uns theoretico-practisch zubetrachten seyn.

§. 2.
Gründlicher Unterricht von verschiedenen Gattungen der Allodial-Güter.

Daß die Antiquität das eine Auge der Rechtsgelehrsamkeit sey, müssen nicht alleine alle rechtschaffene Jure-Consulti einmüthig gestehen, sondern es ist auch eine Wahrheit, so mit keiner Objection über den Hauffen geworffen werden kan. Weswegen wir wohl nicht Ursache zu haben vermeynen, solches erst mit vielen Gründen und Exemplis weitläufftig zu behaupten, indem schon zur Gnüge bekannt, wie in diesen und nächst-vorhergehenden Seculis einige Welt-berühmte Männer in Teutschland sich gefunden, so dieses ex genuinis & antea ignoratis principiis zu eruiren die Mühe über sich genommen haben. Und dieser ihre löbliche Arbeit hat auch schon zu wegen bracht, daß man hinter viele Sachen, so man vorhero nicht gewust, nunmehro gekommen, und die disfalls ereigneten Controversien, womit sich andere schrecklich herum geschleppet, mit leichter Mühe decidiren kan.

Da nun solcher gestalt bey Tractirung eines Partis der Jurisprudenz diese nobilissima scientia, als ein nothwendiges Requisitum, damit man die Sache desto besser einsehen, und verstehen könne, erfordert wird; als haben wir in Beschreibung gegenwärtiger Materie von verschiedenen Gattungen derer Bonorum Colonariorum oder Allodial-Güter, et eruendam veritatem, solche ebenfalls nicht vorbey gehen lassen wollen. Allermassen nun solche varia instituta derer Teutschen ex reconditis Antiquitatibus Germanicis untersuchet werden, selbige aber in vielen Stücken sehr obscur seyn, so haben daher sothane affinia Feudorum auch ziemlich viele Schwierigkeiten bey sich, und judiciret der Herr Geheimde Rath Christian Thomasius, Celebr. ICtus Halens. in not. ad ff. Tit. Locat. nicht unrecht, wenn er schreibet: Daß derjenige, welcher diese Instituta richtig untersuchen und accurat aus einander setzen wollte, ein rechtes Augiæ stabulum

ju repurgiren kriegte. Hierinnen etwas rechtschaffenes zu prästiren, hat solche Arbeit der Herr Geheimde Rath Johann Peter von Ludwig ICtus
Cel. Halensis übernommen, welcher sich disfalls in
seinem gelehrten Tractat de Jure Clientelari Germanorum keine Mühe dauren lassen, diese intricate Materie gründlich zu untersuchen; Es ist auch sothanes Buch ex ea ratione hoch zu ästimiren, daß
die darinnen vorkommende Antiquitates Germa-
manicæ sehr gelehrt ausgeführet seyn, welches zu
prästiren Herr von Ludwig vor vielen andern um
destomehr capable ist, weilen er nicht nur in hoc
scientiarum genere sich sonderlich habilitiret hat,
sondern auch von dergleichen Sachen mit den aller-
ältesten und besten Documentis versehen ist.

§. 3.
Die Ursachen der Schwierigkeit wegen der verschiedenen Allo-dial-Güter.

Alleine was ist denn nun wohl die Ursache, warum sothane Dinge so schwer zu untersuchen sind?
Es kan dieses daraus abgenommen werden, weil in
denen Monumentis öffters verschiedene Nahmen,
die nichts destoweniger aus einem Instituto herkommen, zu finden sind. Man anatomire nur ein wenig die Teutschen Wörter Lehn und lehnen, so wird
es sich gar bald zeigen, wie diese überaus viele und
verschiedene Bedeutungen mit sich führen; Denn
man braucht solche so wohl pro mutuum dare, als
auch pro commodare, item locare, nec non pro
emphyteusi, censu, aliisque juribus, Feudo vicinis, vid. Lr. B. de Lyncker in Analect. Feud.
pag. 12. Herr G. R. von Ludwig dict. Tract. pag.
47 seqq. Also pflegen die Bauren zu sagen: Mein
Gut gehet dem Edelmann, oder dem Amt zu Lehn,
d. i. es ist ein Prædium Emphytevticum oder Censiticum, davon der Nobilis oder die Præfectura
das Dominium Directum hat. Insonderheit aber
heisset Lehn in seinem eigentlichen Verstande so viel
als Feudum, vid. Rhetius in Comment. Feud.
Lib. 1. tit. 1 n. 21 pag. 44. Eyben Elect. Feud.
Cap. 6 § 7 p. 99 & Hornius Jurispr. Feud. Cap.
2 § 3 pag. 46.

Weiln nun dieses Wort so vielerley Significatus
hat, darf man dasselbige, wenn es in Documentis
und sonsten vorkömmt, nicht sogleich pro Syno-
nymo Feudi halten, sondern man muß zuförderst die
andern Umstände dabey wohl erwegen. Dahero
wenn einer mit einem Gut beliehen worden, hat einen
Lehn-Brief darüber bekommen, und wird in selbigen öffters des Worts Lehn gedacht, so kan man
noch kein Feudum daraus schliessen, wie auch das
von die Constitutio Electoral. Saxon. 39 Part. 2
klare Maße giebt denn daselbst heisset es: Albdie-
weilen aber ietziger Zeit auch die schlechten Zins-
Güter an vielen Enden müssen NB. in die Lehen
genommen werden, ist es schwer einen gewissen Unterscheid zu treffen, es sey dann ein Lehn-Brief vorhanden, daraus man der Sachen gewiß seyn
könnte. Item, sonsten ist aus Empfahung der
blossen Lehen, darinnen nichts gewisses zu schliessen,
sintemahl auch die Zins-Güter, wie gemeldet, die
Lehen empfangen, ꝛc. sondern auch hierinnen gilt die
Regel: Res in dubio potius præsumitur allodia-
lis, nisi evidentiori probatione contrarium doceatur, d. i. Es wird eine iede Sache so lange allo-

dial vermuthet, bis das Gegentheil durch gnugsamen
Beweis dargethan wird. Sind also die so genannten Lehn-Leute derer Nobilium und Aemter ordentlicher Weise nichts anders als Emphytevtæ & Censitæ. Vornemlich aber findet man, daß in den alten Lehn-Brieffen das Wort Lehn von denen ietzt
erzehlten Juribus & Negotiis zu unterscheiden, dabey stehet wahres, rechtes, eigentliches Mann-Lehn,
daher diese Formul in denen Lehns-Curiis gebräuchlich: Als reichen und leihen wir euch das Gut zu einem rechten, wahren, eigentlichen Mann-Lehn. add.
L. B. de Lyncker in Anal. Feud. p. 12.

§. 4.
Der Ursprung des Wortes Lehn.

Woher aber das Wort Lehn entsprungen, darum
wollen wir uns ietzo nicht lange bekümmern. Herr
Schilter will es zwar in seinem Commentario ad
Jus Feudale Alemannicum p. 5 & 6 herleiten a
vocabulo Francico: Leudum, wie Herr Thomasius in Select. Feud. p. 38 in Not. lit. 5 gar
wohl erinnert. Es scheinet aber wohl, als wenn
das Wort Lehn seinen Ursprung daher genommen
habe, weilen die Feuda gleich Anfangs nur ad nutum concedentis revocabilia, und also gleichsam
nur geborget oder gelehnet gewesen. Vid. l. Feud.
1 § 1 & 2 und Eyben Dissert. Tit. Nob. p. 126.

Nachdem wir denn bisher mit des Worts Lehns
vielerhand Bedeutungen und Unterscheid zu thun gehabt haben; so müssen wir auch nunmehro zu dem
Wort Allodium schreiten, und mit wenigen durch-
nehmen, als welches ebenfalls unterschiedliche Be-
nennungen hat, und denen Gelehrten viel Kopfbre-
chens gemachet, zumahlen es mehr Schwierigkeit
als das Wort Lehn nach sich ziehet.

Uiber den Ursprung dieses Wortes giebt es abermahls bey den Criticis einen grossen Streit. Der
Herr Geheimde Rath von Cocceji in Hypomn.
Feud. cap. 2 § 2 meynet, es käme her von A und
Liud, welches letztere so viel bedeutete als obsequium. Hiesse daher Alod so viel, als ein prædium, quod nulli obsequio vel potestate subjectum est, das ist: welches keiner Gewalt unterwürfig noch zu gehorsamen verbunden ist. Und dieses scheinet daher auch die Ursach zu seyn, warum
der Herr Coccejus das Wort Allodium iederzeit
mit einem einfachen L schreibet, da doch andere ein
gedoppeltes L machen.

2) Bignonius, Schilterus Exercit. ad ff. 4 § 23
not. lit. C, item Comment. ad Cap. 64 Jur.
Feud. Alemann. § 7 & cap. 2 Instit. Jur. Feud.
§ 5, ingleichen Struvius in Hist. Jur. cap. 8 § 2
deduciren es von Alt, Ahl, od. ald und ode, und
sagen, es bedeute so viel als ein alt Gut, welches
lange bey der Familie gewesen: daß aber diese Ety-
mologie nicht richtig sey, kan man daraus abnehmen,
weiln in denen alten Monumentis das Wort Al-
lode gebrauchet wird, nicht allein von solchen Gütern, die bereits alt oder lange Zeit bey der Familie gewesen, sondern auch von solchen, welche der
Besitzer von einem andern oder aus einer andern Familie erst erworben.

2) Rhenanus und Vadianus halten davor, die
Allodia hätten den Nahmen von Anlöden, quoniam, wie diese Scriptores sagen, familiæ veluti
coagmentata & conjuncta h. e. inseparabilia a
familia.

familia, oder die von der Familie auf Fremde nicht könnten veralieniret werden.

4) Herr Reichs-Hof-Rath von Berger leitet in Differt. de differentia Feudi & Allodii originem hujus vocis her von Adelod, welches eben so viel sey als adelich Gut, adelich Ehe i. e. bona avita.

Und könten wir zwar mehrere Meynungen, wie mit diesem Worte gespielet, und bald da bald dorther deduciret worden, hiebey mit anführen und berühren, allein weilen dergleichen Derivationes nicht Stich halten, sondern von vielen trefflichen Juristen schon ein anders behauptet worden, als dencken wir nicht unrecht zu thun, damit man dem geneigten Leser nicht verdrießlich fallen möge, wenn wir von solcher unnützen Grillenfängerey ferner abstrahiren, sondern uns vielmehr an derjenigen Derivation begnügen lassen, welche die allerbeste zu seyn scheinet, und fast alle JCti neuerer Zeiten approbiren, wenn sie nemlich sagen, Allodium wäre zusammengesetzt von all, i. e. omnis, totus, und ode, i. e. possessio, prædium, daß dannenhero Allodium so viel heisse, als ein solches Gut, welches einem andern nexu fidelitas nicht verhaftet, sondern dem Besitzer gäntzlich gehöret. Denn daß bey den alten Teutschen ode so viel geheissen als ein Gut, daran ist im geringsten nicht zu zweiffeln, gestalten man noch heut zu Tage davon verschiedene Spuren siehet. Also saget man Kleinodia, welches so viel bedeutet, als bona pretiosa, Einöde, loca deserta. Ja es bezeuget Loccenius in Explicat. peregrin. dict. Jur. daß noch heut zu Tage in Schweden osde so viel heisse als ein Gut, Struvius in Syntagm. Jur. Feud. cap. 2 Aph. ult. n. 2 extr. L. B. de Lyncker in Annal. ibid. Item Stryckius in Exam. Jur. Feud. Quæst. 6.

§. 5.

Was die Allodia bey den alten Teutschen gewesen.

Ob nun wohl die gemeine Meynung derer Doctorum dahin gehet, daß Allodia bey den alten Teutschen nichts anders gewesen, als solche Güter, welche die Proceres dignitatis suæ tuendæ gratia oder die Vornehmsten des Reichs ihre Dignität zu mainteniren von der Republick bekommen, und unter der Hand bona avita, aviatica, Salica und Stamm-Güter geheissen, über dieses auch die Bona allodialia Procerum, darinnen etwas besonders von der hereditate privata gehabt, daß in jene Allodia die Feminæ bey denen Teutschen nicht succediren können, was aber bona privatorum anlangete, darinnen hätten sowohl Masculi als Feminæ succediret, und dahero aus diesem Præsupposito sehr viele Conclusiones gezogen, welche andern nicht anstehen wollen, so diese obscure und intricate Materie de Allodiis antiquis besser eingesehen, und disfalls sehr viele Schnitzer entdecket haben. Unter andern hat Herr Thomasius in Select. Capit. Hist. Jur. Feud. § 4 seqq. in primis 30 & 31 ex professo die opiniones communes refutiret, und sich diese Materie de Allodiis aus dem Grunde zu untersuchen die Mühe gegeben, die er aus den Antiquitatibus Germanicis so erudit ausgeführet, daß nunmehro aller Zweiffel gehoben worden, und dahero vor allen Dingen nachgelesen zu werden meritiret. Herrn Thomasium sind hierinnen auch Herr Hofr. Struv. in Synt. Histor. German. Differt. V § 11 seqq. ingleichen Herr Hofrath Langguth Celeberr. JCtus Jenensis

in Animadv. ad Henr. Cocceji Jurisprud. Publ. cap. 15 § 9 & in Animadv. ad Coccejii Hypomn. Feud. tit. 1 § 2 gefolget: Wir berühren aber hier nur so viel, wie es

1) Zwar wahr, daß die Allodia älter als die Feuda, dabey aber grundfalsch, daß die Proceres allein Allodia besessen, indem auch alle Nobiles und Ingenui dergleichen Bona gehabt;

2) Falsch, daß unter dem Wort Allodia allein Procerum ihre Bona verstanden worden;

3) Falsch, daß der Procerum ihre Bona terræ Salicæ geheissen, massen unter dem Nahmen terræ Salicæ alle und iede Bona verstanden werden, so die Franci besessen.

4) Man dieses wohl zugestehe, daß Salici dazumahl bisweilen so viel bedeutet als Palatini, i. e. Ministres, dabey aber dennoch falsch, daß unter dem Wort terra Salica allein der Ministres ihre Güter verstanden worden.

5) Unwahr, daß Bona avita vel aviatica und Allodia synonyma gewesen, sondern vielmehr richtig, daß anstat aviaticum in alten Documentis vielmehr zu lesen atviaticum, und daher ein iedes prædium bedeute, welches um die Stadt Atuaticum, oder in Terra Ripuariorum eines teutschen Volckes gelegen.

6) Unwahr, daß die Stamm-Güter von den Allodiis privatorum unterschieden.

7) Falsch, daß der Procerum ihre Güter anfangs terræ salicæ, hernach aber erst Allodia geheissen, und endlich

8) Falsch, daß dergleichen Allodia a hereditate privata separiret gewesen, sondern vielmehr wahr, daß dergleichen Güter einerley Beschaffenheit, Recht und Nahmen gehabt haben.

Gleichwie nun dieser Unterscheid zwischen beyderley Güter im Grunde irrig: Also ist auch die Distinction nicht weit her, so bereits von andern nemlich Perizonio in doctissima Commentatione de Lege Voconia, welche Herr Professor Heineccius vor etlichen Jahren in Halle wieder auflegen lassen, ingleichen von Herrn Strycken in Tract. de Succeff. ab Intest. Differt. 8 cap. 11 § 14 extr. Item Schilter. ad cap. 64 Jur. Feud. Alemann. § 7 nebst noch vielen andern sonnenklar erwiesen worden, daß nicht allein die Teutschen, sondern auch alle Europäischen und Asiatischen Völcker die Feminas in Bonis hereditariis so lange nicht zur Succeßion gelassen, so lange Masculi vorhanden gewesen.

Zwar wollen einige Juristen, die hierinnen etwas behutsamer gehen, behaupten, daß die Franci in diesem Instituto andere und diversos mores von den übrigen teutschen Völckern gehabt, und provociren daher auf die Leges Salicas, Saxonicas & Anglicanas. Allein, wer nur diese Gesetze, welche auch der Herr G. R. Thomasius in Select. Feud. p. 34 seqq. mit inseriret, recht betrachtet, wird von sothanen unterschiedenen Gewohnheiten nicht gar gründliches antreffen. Weshalber es denn dabey bleibet, und nicht übern Hauffen geworffen werden kan, daß nicht allein die Ripuarii, sondern auch die Franci, und alle andere teutschen Völcker das Frauenzimmer nur in so ferne von der Erbschaft ausgeschlossen, als so lange Männliches Geschlecht noch am Leben gewesen.

Es war dieses Institutum der alten Teutschen unvergleichlich gut, und ist auch der natürlichen Billigkeit durchaus nicht entgegen. Denn wenn Femina ihren Dotem bekommet, und noch einen Mann darzu, kan sie wohl zufrieden seyn. Die Brüder hingegen müssen Familiam propagiren, und ist daher allerdings gut, wenn diese die Güter behalten, und ihrer Familie einen Splendorem machen. Und sothaner Gebrauch, das Frauenzimmer von der Succeßion auszuschliessen, ist, wie oben bereits gedacht, nicht allein bey den Teutschen, sondern auch allen und ieden Europäischen Völckern, ja so gar bey den Juden usuell gewesen; siehe Genes. 34 v. 11 und 12, Num. 27 v. 8 sqq. und ist bey den Juden noch heutiges Tages üblich, daß sich die Feminæ an ihrem Dote begnügen lassen müssen, und wenn Masculi noch vorhanden seyn, von der Erbschaft nichts fordern können. Conf. Selden. in Tract. de Successione Ebraica. Welche löbliche Gewohnheit auch bey den Römern observiret worden, und noch zu Zeiten Ciceronis im Gebrauch gewesen, auch so gar per Legem Voconiam confirmiret worden, bis nach der Zeit der Prætor denen Feminis Bonorum Possessionem gegeben, und zuletzt der Kayser Justinianus in § 3 Instit. de Legit. Agnat. Successs. dieses Recht bekräftiget. Und weiln wir Teutschen nun das Römische Recht in subsidium einmahl recipiret, so wird nunmehro in Foris auch in diesem Stücke darnach gesprochen.

§. 6.

Wie die Allodia in weitläuftigen Verstande einzutheilen?

Immittelst sind die Allodia im weitläuftigen Verstande einzutheilen in Allodia plena, die keine Feuda seyn, und von welchen der Besitzer niemanden fidelitatem præstiren darf, und minus plena, in welchen iemanden einigermassen einiges Recht zustehet. Zu der erstern Gattung sind diejenigen Allodia zu rechnen, welche Fürsten, Grafen, Baronen 2c. als Allodia oder freye Güter besitzen, und wovon Stryckius und Struvius besondere Dissertationes de Allodiis Principum Imperii geschrieben, worunter auch die Sonnen-Lehne zu zehlen, welche einer von niemanden, als von GOtt oder der Sonnen recognoscirete, der die alten Teutschen nach heydnischer Weise göttliche Ehre erwiesen, teste Julio Cæsare Lib. VI de Bell. Gall. cap. 21 n. 2, und ist deren Lehns-Empfängniß oder Investitur mit gewissen Solennitäten vollzogen worden, indem der künftige Besitzer geharnischt frühe gegen die Sonne gestritten, und mit einem blossen Schwerdt drey Streiche Creutzweise gegen dieselbe gethan, und soll, wie Ahasv. Fritschius de Feud. Solar. § 8 berichtet, beym Hause Werberg unweit Helmstädt, die Gewohnheit noch seyn, iedoch daß der älteste aus der Familie gegen der Sonnen Aufgang mit Harnisch und blossem Schwerdt ausreite, und einen Creutz-Streich gegen dieselbe schlage, damit es kein herrenloses Gut werde, sondern ein solches Gut, so von keinem Herrn zu recognosciren verbleiben möge, und wie Rhetius in Comment. Feud. Lib. I tit. 1 n. 24 bezeuget, so haben duch vor diesem die Grafen zu Oldenburg und Hanau ihre Graf-und Herrschaften, als Sonnen-Lehne von niemand, als von GOtt und der Sonne auf dergleichen Weise recognosciret. Add. Schilterus c. 2 Instit. Jur. Feud. § 5. Stryckius Exam.

Jur. Feud. cap. 2 qu. 5. Beyerus Delineat. Jur. Feud. cap. 2 pos. 69 & 70. Hertius de Feud. Oblat. Part. II § 47 tom. 2 vol. 1 opusc. Zu der letzten Art von Allodiis aber gehören die Bona Emphyteutica seu Censitica und andere Güter mehr, welche zwar keine Feuda sind, iedennoch aber eine grosse Verwandtschaft mit denenselben haben.

§. 7.

Worinnen die bona emphyteutica & censitica bestehen?

Wir kommen nunmehro, nachdem wir von denen unterschiedlichen Bedeutungen derer Wörter Lehn und Allodium den sonderbaren Nutzen, so viel in diesen engen Begriff hat können gebracht werden, sattsam gezeiget, auf unsere gegenwärtige abzuhandelnde Haupt-Materie von denen verschiedenen Gattungen derer Allodial-Güter, und betrachten zum ersten die Bona Emphyteutica und Censitica. Es hat hierinnen die gemeine Meynung der Doctorum, daß ietztgedachte Güter von einander unterschieden, abermahls etwas apartes, welche Meynung, ob sie zwar nach denen Römischen Rechten defendiret werden kan, dennoch in denen Teutschen Rechten nicht den geringsten Grund hat. Es sagen nemlich die Herren Dissentientes, die Bona Emphyteutica und Censitica differirten nemlich von einander in 5 Stücken: 1) Hätte in Bonis Emphytevticis (i. e. Erb-Lehn oder Zins-Gütern) der Emphyteuta oder Erb-Zins-Mann nur utile, d. i. das Nutzbare oder Nieder-Eigenthum, in Censiticis (schlechten Zins-Gütern) aber der Censite sogar plenum Dominium, das ist, sowohl das Ober-oder Grund-als auch das Nutzbare oder Nieder-Eigenthum, folglich würde 2) in Erb-Zins-Gut der Census de re partim aliena, (d. i. theils von einer fremden Sache) in schlechtem Zins-Gut aber de re propria, (d. i. von seiner eigenen Sache) gezahlet. 3) Wenn ein Erb-Zins-Gut verkauffet würde, könnte der Erb-Zins-Herr innerhalb zwey Monaten das Jus protimiseos oder Näher-und Vorkaufs-Recht exerciren, Lege 3 Cod. de Jur. Emph versso. disponimus. Allein in einem schlechten Zins-Gut hätte sothanes Näher-oder Vorkaufs-Recht gar nicht stat, wie solches unter andern Carpzovius Part. II const. 21 Defin. 7. Stryckius in tract. de successs. ab Intest. disp. 6 cap. 2 § 7, ingleichen der Herr Lüder Mencken Celeber. JCtus Lipsiensis in Compend. ff. tit. si ager vectigal. § 17 p. 252 behaupten. 4) Könne dem Erb-Zins-Mann sein Erb-Zins-Gut ob canonem intra biennium vel triennium non solutum genommen werden, keineswegs aber auch das Zins-Gut ob censum statis temporibus non solutum. 5) Wenn ein Erb-Zins-Gut veräussert würde, müste der neue Besitzer dem Erb-Zins-Herrn das Laudemium majus, auf Teutsch Land-Lohn, Lehn-Geld, Ehr-Taxe oder Ehr-Schatz und zwar ordentlicher Weise 5 pro Cent abstatten, nicht aber der Censite von dem Zins-Gut, der nur Laudemium minus den Schreibe-Schilling, oder sonst kleine Lehn-Waare oder Cantzley-Gebühr genannt, vor die gerichtliche Auflassung zu erlegen schuldig wäre. Allein diesem allen ungeachtet ist dennoch die widrige Meynung als eine unstreitige Wahrheit, daß nemlich diese beyderley Güter Bona Emphytevtica und Censitica nicht von einander unterschieden, viel besser gegründet. Es hat dieses schon vorlängst der selige Herr

Herr Zieglerus eingesehen in seinen gelehrten Notis ad Ordinationem Processus Saxonici tit. 46 vers. oder censitica &c. wenn er nemlich schreibet, daß diese beyderley Güter sehr schwer von einander zu unterscheiden; welches Herr G. R. Thomasius in Not. ad Ulrici Huberi Jus Civitatis Lib. 2 sect. 4 cap. 6 n. 51. Beyerus in Posit. Feud. cap. 1 pos. 71, it. in Specim. Juris Germanici Lib. 1 cap. 23 § 5. Schilterus Exercit. ad ff. 16 § 84 & Franzkius de Laudem. cap. 10 n. 38 seqq. ebenfalls zugestehen müssen. Ja es pflichtet auch Serenissimus Elector Saxoniæ selbsten hierinnen mit bey, wenn in cit. Constit. 39 Part. 2 § alldieweil ꝛc. gesaget wird: Alldieweil aber ietziger Zeit auch die schlechten Zins-Güter an vielen Enden müssen in Lehn genommen werden, ist es NB. schwer einen gewissen Unterscheid zu treffen ꝛc. Und noch mehrern gründlichen Beweisthum davon giebet uns die Constitutio Elect. Sax. 23 Part. 2 § Wenn auch ꝛc. an die Hand, da es heisset: Wenn auch die Bona Emphyteutica oder Censitica Erb-Lehn- oder NB. Erb-Zins-Güter, darüber ein Unterthan NB. einen Lehn-Herrn erkennen muß, oder die er sonsten in Lehn zu empfangen pfleget, versetzet und verpfändet, sollen dieselbige (nemlich Bona Emphytevtica oder Censitica) anderer Gestalt nicht, denn NB. mit Gunst oder Bewilligung des Erb- oder Lehns-Herrn hypotheciret werden, und ohne daß die Verpfändung gantz nicht stat haben. Add. Ordinat. Proc. Elect. Sax. tit. 46 § Wenn aber einer ꝛc. Wie hätte denn nun wohl deutlicher die Aufhebung des Unterscheids inter Emphytevsin und Censum wollen exprimiret werden? Zudem so sind alle fünf Differentien, welche die Herren Dissentientes anführen, in der That ungegründt. Denn 1) ist falsch, daß der Censita in prædio Censitico plenum Dominium habe, wie solches nicht allein aus den Sächsischen Lib. I art. 54 und Schwäbischen Rechten cap. 71, sondern auch vornemlich ex Ordinat. Proc. Elect. Sax. tit. 46 § Würde sichs auch zutragen, daß in bonis Emphytevticis oder NB. Censiticis der Dominus Directus nicht zugleich Gerichts-Herr wäre, sondern ein anderer die Jurisdiction oder den Fundum Emphytevticum oder Censiticum hätte, soll zu Erlangung einer beständigen gerichtlichen Hypotheck, und damit sich der Dominus Jurisdictionis hernach der Hülffe destoweniger zu verweigern, NB. des Lehn-und Gerichts-Herrn Consens zugleich und conjunctim erhoben werden, welches die neue erläuterte und verbesserte Chur-Sächsische Proceß-Ordnung ad cit. tit. 46 §. Desgleichen wollen wir auch, daß keine Hypotheck sowohl bey denen Lehn- (Feudis) als auch bey denen Allodial-Gütern, (Bonis Emphytevticis seu Censiticis) NB. ohne Unterscheid der Fälle cediret werden möge ꝛc. mit mehrerm Nachdruck bestätiget. Add. Ordinat. Proc. Saxon. Gothana Part. 1 cap. 18 § ꝛ wenn Bona Emphytevtica u. Censitica ꝛc. Hier stehet ja deutlich gnug, es solte der Zins-Mann, wenn er sein Bonum Censiticum verpfänden wolte, dazu NB. seines Domini Directi Consens ausbringen. Hat nun der Censite einen Dominum Directum, so kan er sich ja wahrhaftig nicht Dominium plenum zueignen, welches auch Zieglerus in Dissert. Select. 10 de Prædiis Censiticis ruralibus § 20 seqq. Beyerus in Delin. Jur. Civil. ad ff. tit. si ager vectigalis vel emphyt.

pet. & in Specim. Jur. Germ. Lib. II Cap. 10 & 11, item Schilterus in Exercit. ad ff. 16 § 84 mit mehrern dargethan. Es giebet zwar der selige Herr Hornius in Jurispr. Feud. Cap. 2 § 14 in fin. vor, es würde in angeregter Stelle Ord. Proc. Elect. Sax. das Wort Dominus Directus abusive gebrauchet; Es findet aber dieser sonst grundgelehrte Mann nach denen Antiquitatibus Germanicis hierinnen keinen Beyfall, immassen diejenigen, so die Chur-Sächsische Proceß-Ordnung concipiret, die Sache viel besser eingesehen haben. Ja möchte wohl hier eingewendet werden, in Constit. Elect. Sax. 39 pr. Part. II wäre doch angeführte differentia deutlich genug gegründet, denn daselbst hieße es: aber solches beydes nehmlich directum & utile Dominium hat ein ieglicher schlechter Zins-Mann in allen solchen seinen Gütern ꝛc. Alleine hierauf dienet zur Antwort, Serenissimus Elector Saxoniæ will in ietzt angeführter Constitution zum wenigsten nur dieses zu erkennen geben, daß dieser Unterscheid im gemeinen Rechte, oder wie die Worte daselbst lauten: Nach gemeinen Kayserlichen Recht; gegründet sey, welches wir doch selbst nicht geleugnet, vielmehr aber feste darauf beruhen, daß nach denen Teutschen und Chur-Sächsischen Rechten unter beyden, nehmlich Erb-Zins- oder schlechten Zins-Gütern gar keine Differentz in effectu gebe. Hat nun dieses seine unumstößliche Richtigkeit, so fället 2) der andere Unterscheid von selbsten weg, wenn sie nehmlich sagen, daß von Erb-Zins-Gut der Canon theils de re aliena, von schlechten Zins-Gut aber de re propria bezahlet werden müste, da doch, wie ietzo schon gedacht, in Censu ebenfalls der Zins-Mann weiter nichts als nur Dominium utile hat; 3) haben Schilterus in Exerc. ad ff. XVI § 84, ingleichen der Herr Reichs-Hof-Rath L. B. de Lyncker in Resol. 129 in fin. vornehmlich aber der Herr Reichs-Hof-Rath de Berger in Elect. Discept. Forens. pag. 1326 & Supplem. Part. II pag. 811 sattsam erwiesen, daß auch in schlechten Zins-Gütern eben so, wie in Bonis Emphyteuticis, dem Zins-Herrn das Jus protimiseos oder Näher-Recht mit Bestande Rechtens nicht könne abgesprochen werden, welches auch nach dem Jure Alemannico Cap. 49 § 4 seine völlige Richtigkeit hat, allwo es heisset: Will er das Gut ane werden, er soll es dem Herrn NB. ee anbieten, ee andern Leuten. Will er dieß nicht, so gebe er sein Recht, wem er wolle.

Und ist deswegen zu bewundern, daß der selige Herr Ziegler in cit. Dissert. Select. Them. 10 de Prædiis Censiticis Ruralibus § 33 das Gegentheil behauptet, und sich selbst cit. loc. § 20, und in Notis ad Ord. Proc. Elect. Saxon. Tit. vers. oder censitica &c. widerspricht. 4) Gestehen wir gar gerne, daß der Censite ob non solutum censum sein Zins-Gut nicht verliere: Es findet sich aber nach denen teutschen Rechten gleiches bey dem Emphyteuta. Denn der Erb-Zins-Mann, welcher zu gesetzter Zeit, nehmlich in dreyen Jahren, den Canonem nicht reichet, wird dießfalls nach den teutschen Rechten seines Guts nicht beraubet oder verlustig, sondern muß nur entweder eine gewisse Geld-Strafe erlegen, oder Censum promobilem abführen; Wie hiervon nicht allein das Jus Prov. Suevicum Cap. 71, sondern auch das Sächsische Land-Recht Lib. 1 Art. 54 klare Maße geben, allwo es nehmlich heisset: Wer aber seinen Zins zur rechten Zeit nicht giebet, zweyfach soll er

ihn

ihn geben des andern Tages, und also alle Tage zweyfach, dieweil er den Zins innen behält; Also doch, daß ihn der Herr mit Recht verfolge, und den Zins zu seines Mannes Haus heische, denn der Mann ist nicht pflichtig, seinen Zins ausser seinem Hause zu geben, von welchen so genannten Rutscher-Zinsen unten mit mehrerm soll gehandelt werden.

Nun scheinet zwar, als wenn Serenissimus Elector Saxoniæ in obangeführten beyden Constitutionen, 38 und 39, hierinnen die Dispositionem Juris Romani, daß nehmlich ob canonem intra triennium non solutum das Erb-Zins-Gut könne eingezogen werden, nicht undeutlich approbiret hätte; Allein es ist gleichfalls dabey zu erwägen, daß nichts destoweniger itzterwehnte Constitutiones der unverwerflichen Meynung, die in denen Schwäbischen und Sächsischen Land-Rechten gegründet ist, hierinnen beypflichten, weil nehmlich in cit. Constit. 39 § fin. die Worte gesetzet: So viel nun betrifft, ob in Zweifel, sonderlich NB. der Lehn-Herr den Zins-Mann ob non solutum canonem priviren will, das Gut pro Emphyteusi oder vor ein schlecht Zins-Gut zu achten, haben unsere Verordnete das Billigste zu seyn erachtet, und dahin geschlossen, daß in dubio die Güter NB. Censitica bona zu achten, und daß der Besitzer ob non solutum Censum derselben NB. nicht zu priviren, sondern den versessenen Zins zu erlegen, und die Gerichts-Kosten, die dem Herrn aufgangen, auf Ermäßigung zu erstatten schuldig, und daß dießfalls gleichwohl auch eine wirckliche Strafe erkannt werden möchte ꝛc. ꝛc. Hier stehet nun, wenn der Lehn-Herr das Gut ob non solutum Canonem vel Censum einziehen wolte, solte man das Gut vielmehr pro Censitico halten, damit nehmlich der Lehn-Mann der Strafe der Einziehung entgienge, jedoch könte er wohl wegen des zu spät entrichteten Zinses mit einer willkührlichen Geld-Strafe beleget werden.   Aus diesem allen nun ist es nicht ohne zu ermessen, daß oben gedachte, und a Serenissimo Electore Saxoniæ angeführte Verordnung des gemeinen Kayserlichen Rechts, die Beraubung des Guts wegen des nicht zu behöriger Zeit zu liefern schuldigen Zinses betreffend, in Chur-Sachsen nicht stat habe, angesehen der Lehn-Mann sein Gut allezeit vor ein blosses Zins-Gut ausgeben, und man über dieses aus dem blossen Wort: Erb-Zins, welches im Lehn-Brief zu befinden ist, so aber meistentheils von unverständigen und derer Rechte unerfahrnen Actuariis in denen Aemtern und Gerichten darein geflickt wird, nicht so gleich ein Prædium Emphyteuticum. in dem Verstande, daß es von dem Bono Censitico differire, schliessen kan.   Denn wenn man dieses also zugestehen wolte, daß in Chur-Sachsen nach denen oben cit. Constit. 38 und 39 das gemeine Kayserliche Recht dießfalls approbiret worden wäre, so folgte nothwendig die Conclusion daraus, daß die Chur-Sächsischen Gesetze in einem und dem andern sich widersprächen, welches daraus abzunehmen wäre, weil man in cit. Ordinat. Proc. Elect. Sax. Tic. 46 § würde sich auch zutragen, und Constit. Elect. Sax. 23 Part. II § wenn auch ꝛc. keine Differentz inter Emphyteusin & Censum statuiret, hingegen aber doch den Unterscheid in cit. Constit. 38 & 39 beybehalten hätte.   Allein, wer diese Leges genau ansiehet, der wird in denenselben keine Contradiction antreffen, sondern er muß solches schlechterdings ver-

neinen, indem es eine unstreitige Wahrheit bleibet, daß in keinem einzigen Lande bessere Gesetze gefunden werden, als die Chur-Sächsischen Leges seyn, welche Prærogativ auch ihnen niemand absprechen kan. Dannenhero es dabey bleibet, daß Serenissimus Elector Saxoniæ cit loc. wie wir auch schon oben behauptet, nur die Erklärung gethan habe, daß die Discrepantz nach dem gemeinen Kayserlichen Recht gegründet, hingegen aber Dero Wille und Meynung durchaus nicht sey, dergleichen Unterscheid in Dero Landen einzuführen, und hierinnen das gemeine Kayserliche Recht zu confirmiren.   5) Ob nun zwar nach dem Römischen Recht secundum Leg. 3 Cod. de Jur. Emphyteut. in Zweifel nicht kan gezogen werden, daß gleichwie Emphyteusis a Censu in vielen Stücken differirt: Also auch nur alleine von Emphyteusi das Laudemium majus, die hohe Lehn-Waare dem Lehn-Herrn gereichet werde; So hält doch solches nach denen Teutschen Rechten, die vorhin, wie schon oben deduciret worden, inter Bona Emphyteutica & Censitica gar keinen Unterscheid machen, keinen Stich, und ist vielmehr ein anderes darzuthun und zu beweisen, was massen an ein- und dem andern Orte des Teutschen Bodens diese Gewohnheit, welche in Aemtern und Gerichten aus denen Erb-Büchern oder Erb- und Zins-Registern zu erkundigen, eingeführet ist, daß von Erb- und schlechten Zins-Gütern conjunctim sowohl Laudemium majus, als auch minus müsse gegeben werden, in andern Orten aber desselben eine andere Observantz obtinire, da man theils von obgedachten Allodial-Gütern ohne Unterscheid nur allein Laudemium minus, den Schreibe-Schilling, abführet, theils aber von beyden Gütern weder die grosse noch kleine Lehn-Waare abfordert.   Wann und in welchen Fällen sie aber zu fordern, wird in Chur-Sachsen am deutlichsten in der Meißnischen Constitutione I, (welche 1572 öffentlich nicht promulgiret, sondern nur denen Leipziger und Wittenberg. Dicasteriis zur Nachricht in pronunciando ertheilet; jedoch aber dem Codici Augusteo von J. C. Lünig eingeschaltet worden), befindlich, erkläret, verb.   Die Lehn-Waare an Oertern, da sie bishero ungebräuchlich und nicht genommen worden, soll auch daselbst nicht aufgebracht noch gegeben werden, der Oerter aber, da sie über Rechts-bewehrte Zeit gewöhnlich, oder sonst erlanget und herbracht, soll sie ferner, Krafft solcher Gewohnheit, Inhalts der Landes-Ordnung gegeben und genommen werden, und da, vermöge der Gewohnheit, nicht könte ausgeführet werden, in was Fällen die Lehn-Waare zu geben und zu fordern, und also derwegen Zweifel fürfiele, so soll alsdenn, Inhalts gemeiner Rechte, hierinnen auf folgende Meynung gesprochen werden, daß, wo ein Gut auf Erb- und Wieder-Kauf verkaufet worden, so ist der Käufer wegen der Recognition und daß er von dem Herrn in Schutz genommen, die Lehn-Waare zu verrichten schuldig, solche Lehn-Waare ist auch oder, der nicht durch einen Kauf, sondern ex titulo lucrativo das Gut erlanget, als so es ihm geschencket, oder in einem Testament vermachet wird, zu erlegen pflichtig; Ausserhalb dieser Fälle seyn die neuen Besitzer regulariter Lehn-Geld zu geben nicht schuldig, jedoch müssen sie den Lehn-Herrn recognosciren, und dem Schreiber sein gewöhnlich Einschreibe-Geld erlegen, als nehmlich, wo wo ein Gut getheilet wird, und ieder sein zugefallen Theil besitzet. Also auch, wo ein Vater seiner Tochter, die er aussteuret, ein Gut mitgiebet, so ist sie, oder ihr Mann, Lehn-Geld zu geben nicht schuldig, wo auch die Güter durch Permutation und Umwechselung verändert, so gebühret dem Herrn keine Lehn-Waare vom Besitzer zu fordern; Wann nun der Lehn-Herr stirbet, oder das Gut verändert, oder seine Kinder sich theilen, so soll keine Lehn-Waare gefordert, noch gegeben werden, desgleichen wenn der Besitzer, Zins- oder Erb-Mann stirbet, und lässet Kinder, so seyn dieselben Lehn-Waare zu geben nicht schuldig, weil sie in der vorigen Investitur begriffen, wenn aber keine Kinder, sondern Freunde seitwärts verwandt, als Collaterales und Extranei, verhanden, auf welche das Gut verfället, dieweil das Dominium in dieselbe ipso jure nicht continuiret, noch gebracht wird, so sind sie auch die Lehn-Waare zu geben pflichtig ꝛc. ꝛc. Item: Wenn von dem Lehn-Herrn das Erb-Zins-Gut oder Lehn gekauft wird, so gebühret ihm auch keine Lehn-Waare, iedoch soll in solchen Fällen allen NB. die Gewohnheit, wie obstehet, sonderlich in Achtung gehabt, und nach derselben gesprochen werden. Welches unter andern die Constitutio Saxo-Gothana de Anno 1580 Tit. XVI von der Lehn-Waare, deutlich an die Hand giebet, allwo befindlich: Daß hinfürter in Fällen, da sich Lehn-Waare zu nehmen gebühret, als wo die Güter verkauft, oder verwechselt, und der Kauf oder Wechsel wircklich vollzogen, von zwanzig Gülden einer, und mehr nicht zur Lehn-Waare sollen gefodert oder genommen werden. Wenn aber die Lehn-Herren oder Lehn-Leute versterben, oder sich sonsten NB. Veränderungen zutragen, so soll zu Bekentniß der Lehen ein Schreib-Schilling gereicht werden, es wäre denn Sache, daß es iemand über Rechts verwehrte Zeit geruhig, NB. anders hergebracht und geübet hätte. Ingleichen in Ordinat. Provinc. Saxo-Gothana d. l. verbis: In Fällen, da sich die Lehn-Waare zu nehmen gebühret, als wo die Güter verkauft oder verwechselt, und der Kauf oder Wechsel wircklich vollzogen, oder wenn einer sein Gut wieder-käuflich überlässet, ꝛc. ꝛc. nur NB. die wahrhaftig hergebrachte Lehn-Waare gefodert und genommen werden soll. Welche Gewohnheit alsdann aus denen Amts-Erb- und Zins-Registern oder Quittungs-Büchern, sammt alten Personen und Besitzern derer Güter, die zum Theil selbst Lehn-Geld erstattet, zum Theil aber auch von ihren Eltern und andern alten Leuten dergleichen gehöret haben. Wenn nun also an solchen Oertern, wo es hergebracht, die Lehn-Waare auf den Bonis Emphyteuticis seu Censiticis hafftet, so werden selbige Ehrschätzige Güter genennet, wie es aber mit solchen beschaffen sey, davon wollen wir unten handeln.

§. 8.
Ob die Erb- und Zins-Güter ohne Vorbewust des Eigenthums-Herrn zu theilen?

Zudem so ist sowohl die Erb-Lehn- als Zins-Güter, ohne Vorbewust des Ober-Eigenthums-Herrn, zu theilen verboten. Vid. die Chur-Sächsischen Mandata, die unzuläßlich Theil- und Trennung derer Allodial-Güter betreffend, & Ordinat. Provinc. Saxo-Gothana Part. II Cap. 2 Tit. 14 § und dieweil sich aber das begeben ꝛc. als müssen auch ordentlicher Weise beyderley Güter einerley gemeine Beschwe-

Jurist. Oracul V Band.

rungen und Anlagen leisten. Hier bringen nun abermahls viele Juristen, denen solches zu concipiren sehr schwer fället, mancherley Objectiones auf die Bahne, und sprechen: Man solte ihnen doch nur zeigen, worinnen denn der Unterscheid bestehe, und woher das eigentliche rechte Merckmahl zu nehmen sey, daß nehmlich ordentlicher Weise und in Ermangelung anderer Präsumtionen diejenigen Güter, so nicht allein die Bauren, sondern auch Bürger und andere Standes-Personen besässen, nichts anders wären, als Bona Emphyteurica & Censitica, massen doch dergleichen Prædia, weil man solche insgemein Lehn-Güter nennete, ja über dieses nicht allein Traditio hinlänglich wäre, sondern auch die Resignation, Gerichtliche Auflassung und Investitur erfordert würde, eben so wohl wircklich Feuda seyn könten? Denn es zeigte doch die tägliche Erfahrung, nicht sowohl in Chur-Sachsen, als auch im Brandenburgischen, ingleichen im Hertzogthum Jülich, Schwaben, ꝛc. ꝛc. daß dergleichen Lehn-Güter derer Bürger und Bauren wircklich Feuda wären, davon man nicht sowohl Servitia militaria, als vielmehr gewisse Canones jährlich prästiren müste; So cohärirten denenselben auch keine Regalien und andere Priviligien, e. gr. Jus Comparendi in Comitiis provincialibus &c. Hieher gehörten nun auch die in Chur-Sachsen so sehr freqvente Schultzen-Lehne, da nehmlich dem Besitzer stat derer Servitiorum das Schultzen-Amt zu verwalten obläge, ingleichen diejenigen Lehne in Chur-Sachsen, als e. gr. das Schultzen-Gericht in Königswalde, welches Hans Rebentisch Anno 1657 zu Lehn bekommen, und wovon die zu prästirende Servicia darinnen bestehen, daß, wie die Worte des Lehn-Briefs lauten: Der Vasall Hans Rebentisch schuldig seyn soll, die Amt-Leute zu Grünhayn der Jägermeister, so oft sie zu jagen, oder sonsten in Herrschaftlichen Verrichtungen dahin kommen würden, sammt ihren Dienern und Knechten mit ziemlichen Futter und Tranck zu versehen, und ihnen das umsonst zu geben ꝛc. Anderer Exempel zu geschweigen. Daraus gleichwohl sattsam erhellete, daß gemeiniglich die Bauer-Bürger- und Schultzen-Lehne Feuda wären, und solchergestalt die Distinction inter Feudum & Emphyteusin seu Censum keinen Grund hätte. Allein, wie dieser Unterscheid seine völlige Richtigkeit hat: Also kan man gar leichte darwider repliciren, und ihre hier eingestreueten Einwürfe zu Boden legen. Denn wer nur ein wenig in Antiquitatibus Germanicis verstret ist, der siehet gar leicht, daß solches von dem antiquo statu servorum Germanorum herrühre; Denn nach dem Schwäbischen Recht Cap. I § 2 in fin. ibi: Wer nicht von Ritterlicher Art ist, dem soll auch Lehns-Recht mangeln, & ibid. § 4 in pr. Pfaffen, Weib und Bauren, und alle, die nicht semper sind, und nicht von Ritterlicher Art geboren, die sollen alle Lehns-Recht mangeln; Ingleichen nach dem Sächsischen Lehn-Recht Cap 2 ibi: Pfaffen, Frauen, Bauren und Kauf-Leute, und alle, die nicht von Ritters-Art, vom Vater und von Aelter-Vater sind, die sollen Lehns-Recht darben; ist anfänglich denen Plebejis seu Ignobilibus schlechterdings verwehret gewesen, Feuda zu adquiriren, und ist also die restrictio, so der selige Herr Hornius in Jprud. Feud. Cap. 5 § 27 von Bauer-Lehnen machet, gantz vergeblich, denn solche waren keine Feuda, sondern nur Bona Emphy-

Emphyteutica seu Cenſitica. Die Urſache aber, warum die Ignobiles Lehns-unfähig waren, beſtunde
darinnen, daß Feuda propter ſervitia rogata & ſagata
concediret wurden, die Plebeji aber bey den alten
Teutſchen nicht capaces horum ſervitiorum waren,
indem ſie keine Soldaten abgeben konten, bevorab
da die militia als eine dignitas conſideriret wurde, die
niemand anders als ein Nobilis anzunehmen capabel
war. Vid. Sächſiſch. Lehn-Recht Cap. 2 pr. Rauchbar. Part. 2 Quæſt. 21 n. 37. Finckelthaus Diſp. Feud. 5
Th. 21.

§. 9.
Wie zu Zeiten des Kaysers Henrici Aucupis die Ignobiles die Güter erlanget?

Ob nun wohl die Ignobiles ætate Imperatoris
Henrici Aucupis einen Heer-Schild bekommen und
die Fähigkeit erlanget, daß ſie Soldaten werden,
im Kriege ſo wohl als ſonſten honorable Chargen
bekleiden, Feuda, ſo gar nobilia, ingleichen immediata adqviriren, und alsdenn auch alle Jura Vaſallorum
genieſſen können; ſo iſt doch in dubio nicht ſo gleich
zu præſumiren, daß, weiln Ignobiles oder Plebeji heut
zu Tage das pouvoir haben Feuda zu adqviriren,
ihre ſo genannten Lehn-Güter daher auch Feuda ſeyn
müſſen. Es iſt dahero ſich fleißig in acht zu nehmen, daß, wenn das Wort Lehn-Gut oder Zins-
Lehn vorkömmt, ſolches nicht continuirlich vor ein
wirckliches Feudum gehalten werde, weilen die Bona Emphyteutica ſeu Cenſitica auch bey uns Teutſchen mit eben dergleichen Nahmen beleget zu werden pflegen. Vid. Jus Feud. Alemann. Cap. 29, 109,
110, 125. Ja, ſagen die Herren Diſſentientes, es
könnte doch nicht geleugnet werden, daß Emphyteuſis mit dem Feudo in ſehr vielen Stücken gleiche Ei-
genſchafften hätte, und wie man denn ſolchergeſtalt
eine differentiam zeigen wolte? Gleichwie zwar niemand in Abrede ſeyn kan, daß dieſe beyden Inſtituta mit einander in folgenden Stücken übereins-
kommen, als 1) wie in Emphyteuſi das utile Dominium in Emphyteutam, alſo in Feudo das utile
Dominium in Vaſallum transferiret werde. 2) In
jenem das Dominum directum bey dem Proprietario;
bey dieſem aber eben daſſelbe bey dem Lehn-Herrn
verbleibe. 3) So wohl Emphyteuſis als Feudum
ordentlicher Weiſe perpetua ſeyn; 4) keines von
beyden ohne hinlängliche und in Rechten verſtattete
Urſachen dem Domino utili kan wieder genommen
werden: Alſo müſſen ſie hingegen wiederum zugeſte-
hen und einräumen, daß itztgedachte beyde Inſtituta
darinnen differiren, als nehmlich 1) daß in Feudo
ordentlicher Weiſe Fidelitas oder Vaſallagium, i. e.
der Lehns-Eid, da der Vaſall treu, hold und gewärtig ſeyn muß, præſtiret wird, in Emphyteuſi
oder Cenſu aber nicht, ob ſchon der Emphyteuta oder
Cenſite das Homagium, i. e. dem Landes-Herrn gehorſam und unterthänig zu ſeyn, abzulegen verbunden iſt, ſo darf er doch ſolchen nicht qua talis, ſondern darum, weilen er ſich im Lande aufhält und in
Schutz genommen wird, leiſten, welches Homagium
oder Hominium heute zu Tage auch alle Vaſal-
len ſo wohl in Chur-Sachſen, als andern Orten ſchwören müſſen, und zwar in folgenden Formalien: Ihrem Erb- und Lehn-Herrn (Landes- und
Lehn-Herrn) treu, hold und gewärtig, auch gehorſam und unterthänig zu ſeyn, deſſen Schaden warnen,

Beſtes fördern, und alles thun, was getreue und
gehorſame Manne und Unterthanen ihren Lehn- und
Landes-Herren von Rechts- und Gewohnheit wegen
ſchuldig ſind; 2) von jenem werden Servitia Feu-
dalia, den dieſem aber nur ein annuus canon in recognitionem Dominii directi entrichtet; 3) Der Emphytevta kan über ſein Erb-Zins-Gut ein Teſtament
machen, dem Vaſallo aber iſt ſolches gäntzlich unter-
ſaget; 4) Das Jus Emphytevticum wird auf hæredes quoscunque etiam extraneos verfället; in Feudo
aber kan ordentlicher Weiſe ſonſt niemand ſucced-
ren, als der a primo adquirente abſtammet; 5)
wenn der Vaſallus ſeinen Lehn-Herrn lädiret, oder eine Felonie i. e. Lehns-Fehler begehet, kan ihm das
Lehn eingezogen werden, dem Emphytevtæ aber nicht,
ausgenommen in denen gemeinen Miſſethaten und
Verbrechungen, als die Verletzungen der göttlichen Majeſtät, und der hohen Obrigkeit, Ketzerey,
Todtſchlag und andere dergleichen mehr. Und über
dieſes ſo giebt es vielmehr cauſas amittendi Feudum
als Emphytevſin. 6) Werden die Feuda bey denen Lehn-Höfen, die Zins-Lehne, als Bona Cenſitica ſeu Emphytevtica aber in Aemtern und adelichen Gerichten regulariter conferiret; 7) Sind
auch ſolche der Inveſtitur wegen von einander weit
und auf mancherley Weiſe unterſchieden. Und ob
ſchon in Sachſen quoad allodialia ad transferendum
rei alienatæ dominium nicht einmahl traditio hinlänglich iſt, ſondern auch die Reſignatio und Inveſtitur erfordert wird; ſo kan doch nicht ſo gleich
daraus geſchloſſen werden, daß, weilen einige Feu-
dal-Solennitäten bey den Erb-Lehn-und Zins-Gütern obſerviret werden, dergleichen Allodial-Güter
dahero auch wirckliche und wahrhafftige Feuda ſeyn
müſſen, indem diejenigen Requiſita, die ſonſten proprie ein Feudum ausmachen, bey denen Erb-Lehn-
und Zins-Gütern gäntzlich ceßiren. Von welcher
Reſignatione zwar zu mercken, daß die meiſten JCti
nicht einmahl recht wiſſen, was es eigentlich mit dieſer gerichtlichen Auflaſſung vor eine Bewandniß habe. Es fundirt ſich aber ſothane Reſignatio nicht
nur in Jure Saxonico, wie man insgemein davor hält,
ſondern in allen teutſchen Rechten, und kan daher
die Traditio Juris Romani deshalber bey uns nicht
ſtat finden, weil die Römer lauter Allodia hatten,
der Teutſchen ihre Bona aber meiſtentheils aus Feu-
dal- und Allodial-Gütern beſtehen, von welchen ſie
nur utile Dominium beſitzen. Will man nun ſein
Gut verkaufen, ſo muß man das utile dominium,
ſo man bisher gehabt, dem Domino directo reſtituiren, welcher denn hernach den künfftigen Beſitzer
wiederum mit inveſtiret. Wo dannenhero ſolche
reſignatio & nova Inveſtitura nicht geſchehen, kan
auch die Traditio extrajudicialis unmöglich von Kräften ſeyn.

§. 10.
Es werden annoch Erb-Zins-Güter an verſchiedenen Oertern Erb-Pächte genennet.

Anbey iſt noch zu gedencken, daß die Erbzins-
Güter an verſchiedenen Oertern auch Erb-Pächte
genennet werden, als a) in der Chur-Pfaltz, vid.
Chur-Pfältziſches Land-Recht im II Theil, Tit. V
p. 10 von Handthierungen, b) im Cleviſchen, vid.
Cleviſches Land-Recht Cap. 106 p. III. c) In Holland, Huberus in Prælect. ad ff. ſi ager vectigalis §
6 p. 331,

6 p. 331, & Hugo Grotius in der Einleydunge tot de Hollændische Rechts-Gelahrtheit Lib. 2 Cap. 40 van Erfpagt regt & Lib. 3 Cap. 18 van Erfpacht günnig, Simon van Groenewegen in Notis ad eundem. d) In Statutis Mechliniensibus Tit. 12 Artic. 1 & 4 von Zinsen. Sonsten will Herr von Ludwig in cit, Tract. Sect. III Cap. 4 annoch behaupten, daß die Erb-Pächte von den Bonis Emphytevticis seu Censiticis differirten, und allegiret pro argumento Leges Brandenburgicas. Alleine ob ihm gleich seine Meynung nicht fehl schläget, daß in dem Churfürstenthum Brandenburg dißfalls ein mercklicher Unterscheid sey; so läst sich doch aus seiner Meynung nimmermehr schliessen, daß bey allen übrigen teutschen Ländern eben dergleichen Difference wircklich vorhanden seyn müsse, immassen nicht nur die deshalber an vielen Orten Teutschlandes vorhandene Gesetze und Gewohnheiten, sondern auch vieler Gelehrten ihre Anmerkungen hierüber sattsam das Contrarium an den Tag legen.

§. 11.
Worinnen die Rutscher-Zinsen bestehen?

Ehe wir weiter fortgehen, muß etwas von Rutscher-Zinsen Meldung gethan werden. Es macht aber solcher Rutscher-Zins keine besondere Gattung von Zins-Gütern aus, sondern bey dergleichen Gütern wurde es gemeiniglich nach denen alten Teutschen Rechten, wie wir auch schon aus obangeführten Textibus Jurium Provincial. Sax. & Svev. vernommen, so gehalten, daß, wer auf den gesetzten Tag seinen Erb-Zins, zum Exempel 4 Groschen nicht entrichtete, den nachfolgenden Tag 8 Groschen, und den darauf kommenden Tag 16 Groschen geben muste, denn der Erb-Zins stieg wegen der Nichtzahlung täglich immer höher und höher. Auf solche Art wurden die Emphytevtæ seu Censitæ mit ihrer Lieferung richtig einzuhalten genöthiget, und waren eben dieses die Strafen, so sie, wenn der Canon zur bestimmten Zeit nicht abgeführet wurde, leiden musten. Heute zu Tage ist der Rutscher-Zins meistentheils wieder abgekommen, und wird nur der Erb- oder Zins-Mann von censu vel canonem tardius solutum mit einer willkührlichen Strafe beleget, es kan ihm aber dieserhalben nicht so gleich auch sein Gut genommen werden, wie wir schon oben mit mehrerm gehöret. Vid. Berlichius Part. II Conclus. 47 n. 5. Beyerus Specim. Jur. German. Lib. I Cap. 6 § 8 seqq. Schilterus Exercit. ad ff. 16 § 84. In Weissensee soll, wie Adrianus Beyer. in Dissert. de Censu promobili oder Rutscher-Zinsen Jenæ Anno 1715 recusa bezeuget, der so genannte Pfaffen-Hof daselbst noch heut zu Tage dergleichen Rutscher-Zinsen einheben, da nehmlich die Censiten auf Philippi Jacobi noch vor der Sonnen Aufgang in dem Dorff Scherndorff zusammen kommen, und ein ieder seinen Zins, welcher gemeiniglich nur einen Groschen ausmacht, auf einen breiten und unterm freyen Himmel stehenden Stein in Beyseyn des Verwalters und etlicher Schöppen aufzehlen. Stellt sich nun der Censite nur eine Stunde zu langsam ein, muß er schon, da er vorher nicht mehr als einen Groschen geben dürfen, nunmehro 2 Groschen zahlen. Kommt er die andere Stunde wieder nicht, muß er 4 Groschen, und wenn er noch eine Stunde langsamer kommt, 8 Groschen geben. Bleibet er

Jurist. Oracul V Band.

aber bis gegen Abend aus, kan indessen dieser Groschen ob multas duplicationes wohl auf 50 Gülden und mehr hinan laufen. Und dieses ist eine Gattung von solchen Zinsen, die alle Stunden fortrutschen, da sonsten sothane Rutscher-Zinsen ordentlicher Weise nur alle Tage dupliciret werden, und ie länger sie stehen, ie grösser sie werden. Bald auf eben diese Art ist es im Hertzogthum Braunschweig mit dem Maygassen-Zins beschaffen, allwo man im Gebrauch hat, daß der Zins-Mann von dem ihm eingeräumten Allodial-Gut in recognitionem Dominii 3 Mg. und 2 Pfennige auf eine gewisse Zeit, als an dem heiligen Weihnacht-Feyerabend, alt hergebrachten Gebrauch nach, durch einen reitenden Diener auf das Amt, darein er bezircket ist, liefern muß, dergestalt, daß, woferne er solchen Maygassen-Zins auf selbigen Tag nicht reichet, alsdenn selben von Tage zu Tage immer fort und fort, bis dem Amte behörige Satisfaction dieserwegen wiederfahren, in duplo zu erstatten schuldig ist. In Niedersachsen trifft man sonsten eine besondere Gattung derer Zinsen an, welche Gefahr-Zinsen genennet werden, i. e. bey Gefahr, das Zins-Lehn zu verlieren, wenn nicht auf einen gewissen Tag der Canon abgetragen wird. Es wird aber vorhero, ehe der Zins-Mann vom Eigenthums-Herrn das Gut eingeräumet bekömmt, also veranstaltet und verglichen, dem denn auch stricte nachgegangen werden muß: Hingegen wenn diese Condition nicht mit angehänget worden, so kan auch der Zins-Lehn-Mann wegen des zur bestimmten Zeit nicht gelieferten Canons seines Gutes nicht verlustig werden.

§. 12.
Worinnen die Schupff-Lehen bestehen?

Nach beschehener Abhandlung des Emphyteusis & Census nehmen wir die andere Speciem derer Bonorum Colonariorum, nehmlich die Schupff-Lehne, vor uns. Es sind aber diese Schupff-Lehne keine vera Feuda, wie doch Schilterus in Instit. Jur. Feud. Cap. IX § 30, ingleichen Beyerus Cap. III Posit. Feud. 69 & n not. solche davor ausgeben wollen, indem diejenigen Requisita, die zu einem Feudo wircklich gehören, hier gänzlich cessiren, sondern nichts anders als locationes precariæ, oder wenigstens solche Gattung von Erb-Zins-Gütern, welche morte possessoris exspiriren, und auf die Erben nicht verfället werden. Wollen aber ja die Erben sothane Güter haben, müssen sie selbige von neuen lösen, da iedoch dem Domino frey stehet, ob er denen Erben, oder welchen von ihnen, selbige verstatten will. Sonsten sollen dergleichen Schupff-Lehne, wie Besoldus und Wehner. in voc. Schupff-Lehn melden, viele in Schwaben noch übrig seyn. Vadianus, welcher die alten in den Archiven aufbehaltene Documenta ziemlich durchgestänckert, und die Antiquitates Germanicas gründlich untersuchet, schreibet ap. Goldast. Rer. Al. Tom. 2 Part. 1 fol. 59 hiervon folgendergestalt: Ager hoc pacto locatus antiquis vectigalis dicebatur, quem eleganter describit Paulus; &c. Non vectigalis erat, qui ad certum tempus locabatur & eo pacto, ut auferri colono, Domino volente, potuerit; nos vulgo Schupf-Lehn dicimus; i. e. Wenn ein Acker oder Gut auf diese Weise lociret wurde, so nennte man es bey den Alten zollet oder

oder zinsbar, welches sehr wohl der JCtus Paulus beschreibet, ꝛc. Es war aber dieses kein zoll- oder zinsbares Gut, welches iemanden auf eine gewisse Zeit eingeräumet würde, und zwar zu dem Ende, damit, wenns dem Eigenthums-Herrn beliebete, es dem Besitzer wieder genommen werden konnte; Bey uns wird es ingemein Schupf-Lehn genennet. Ingleichen Schottelius, der ebenfalls in seinem curieusen Tractat von unterschiedenen Rechten Teutschlandes verglichen Sachen sehr wohl investigiret, berichtet Cap. 13 §. 6 von denen Schupf-Lehnen folgendes: Sie haben daher ihren Namen, weil die Erben davon geschupffet worden, und muß das Gut nach Absterben des Innhabers eines unter den Kindern wiederum von neuem, doch nur auf seinen Leib kaufen; werden auch Fall-Güter genennet, weil sie allemal dem Herrn wieder anheim fallen. Sonsten wird insgemein davor gehalten, daß sie entweder von den Römern oder Schwaben ihren Ursprung haben sollen, welche denen überwundenen Alemanniern oder Schwaben auf solche Art eingeräumet. Vid. Besoldus Thes. pract. voce Schupf-Lehn, & in Cap. 5 & 6 de tribus domest. Societ. Speciebus, item Stryckius in Exam. Jur. Feudal. Cap. 2 Quæst. 31.

§. 13.

Was Meyer-Höfe oder Meyer-Güter bedeuten?

Wir schreiten fort, und sehen, wie die Meyer-Höfe oder Meyer-Güter beschaffen seyn. Anfänglich waren bey den alten Teutschen zu Zeiten der Fränckischen Könige diejenigen, so dergleichen in Besitz hatten, nur blosse Procuratores oder Verwalter hierüber, denn sie musten, was dießfalls adquiriret wurde, dem Eigenthums-Herrn und dessen Familie davon versorgen, ingleichen von allen eingehobenen Nutzungen alle Jahre Rechenschafft geben, davor sie ihren Meyer-Lohn bekamen: wenn nun der Verwalter oder Meyer etwan liederlich Haus hielte, oder sonsten die Güter verwüsten und ausmergeln liesse, so stunde es alsdenn in des Eigenthums-Herrn seiner Willkühr, solche wiederum einzuziehen. Vid. Acta Lindaviensia pag. 842. Choppinus Lib. 3 Doman. Franc. Tit. 20 Sect. 10 n. 7. Miræus in Codice piar. Donat. ad an. 1199, & Guillimannus Lib. 3 Rer Helvet. Cap. 6. Nach Verfliessung einer geraumen Zeit wurden diese Meyer-Güter in Pacht-Güter verwandelt, und nach Belieben, ohne Benennung der Zeit, den Bauren pachtweise überlassen, wovon der Pachter oder Meyer jährlich einen gewissen Zins an Vieh, Früchten und dergleichen reichen, und darzu die ihm eingeräumten Güter in baulichem Wesen und gutem Stande erhalten muste, iedoch konte der Locator oder Eigenthums-Herr, wenn sonsten nichts anders war verabredet und ausgemacht worden, nach Gefallen, da der Meyer in Entrichtung derer Zinsen ein, zwey, oder mehr Jahre säumig war, oder kein Marck-gebe Korn lieferte, solche Güter wiederum einziehen, und wenn der Meyer nicht recht hausgehalten hatte, ihn noch darzu willkührlich bestrafen, vid. Oldenburgerus in Itinerario Juridico Tit. 5 §. 19 pag. 116. Anton. Kappellus in Erb-Meyer-Recht Cap. 7 n. 184. Menochius de arbitrar. Judic. Quæst. Lib. 2 Cent. I Caus. 78, & Redoanus de Reb. Eccles. non alien. pag. 512 n. 117. Endlich aber bekamen die Meyer von denen Grund-Herren diese Güter, welche auch sonsten Meyer-Gedinge oder Erb-Meyer ge-

nennet werden, solchergestalt über, daß sie dergleichen, gegen Abstattung eines gewissen jährlichen Meyer-Zinses und Dienst-Geldes, erblich besitzen, und auf ihre Erben und Nachkommen transferiren konten, iedoch mit der angehängten Condition, daß denen Guts-Herren ihr utile Dominium nicht intervertiret, noch aus Meyer Erb-Zins-Güter, nach Langheit der Zeit, gemachet werden, auch alle und iede Meyer und ihre Erben, so der übrigen Jahre zu geniessen, und deswegen aufs neue zu meyern oder zu pachten nicht von nöthen hatten, iederzeit nach Verfliessung neun Jahren die Güter von neuem Meyer-weise annehmen, und an dem Oertern, da gute Aecker, und der Zins nicht zu hoch, von ieder Hufen einen Reichs-Thaler, von andern aber nach Gelegenheit einen halben oder Orts-Thlr. denen Guts-Herren vor die neuen Meyerzettel geben, vid. Frantzk. cit. Tract. de Laudem. Cap. 2 n. 11. Ingleichen an Ländereyen, Wiesen, Gärten und dergleichen bey der Meyerey nichts hinweg nehmen, noch davon reissen lassen, wie nicht weniger die innhabenden Meyer-Güter ohne Consens derer Guts-Herren andern wieder versetzen, verkaufen oder sonsten der äussern, oder auch denen Söhnen, Töchtern und andern nahen Anverwandten zur Aussteuer, Gegen-vermächtniß oder sonsten mitgeben, noch in andere Wege beschweren, auch nichts, ausserhalb nothwendigen Gebäuden, ohne derer Guts-Herren Bewilligung bauen solten, von welchen allen die Nieder-Sächsischen, absonderlich aber die Wolfenbüttelischen und Braunschweigischen Landes-Ordnungen klare Masse geben. Hieraus erhellet nun zur Gnüge, daß solche Meyer-Güter vor viel mehrers als schlechte Pacht-Güter zu consideriren seyn, zu geschweigen; daß dem Herrn des Meyer-Guts nicht gäntzlich freye Hand gelassen, oder nach gewöhnligten Meyer-Jahren das Meyer-Gut an sich zu nehmen so schlechterdings verstattet würde, ausser in denen beyden Fällen, wenn der Herr das Gut unumgänglich selbst benöthiget war, oder sich der Meyer nicht gebührend verhielte; Kappellus in Tract. vom Erb-Meyer-Recht Cap. 7 n. 189. Jedoch ist letztern Falls an vielen Orten, als in Nieder-Sachsen, ein anders eingeführet, daß, wenn der Meyer nicht, wie aufrichtigen und guten Haus-Vätern gebühret, sich gehalten, noch den Meyer-Zins zu rechter Zeit abgeführet, die Einziehung der Meyer-Güter, wegen des Abgangs der Unterthanen und Land-Folge nicht verstattet, sondern er vielmehr nach Befindungen der Gebühr gestrafet werden soll. Constitutio Guelferbytana Antoni Ulricii An. 1709.

§. 14.

Worinnen die Meyer-Güter mit Erb-Zins-Gütern übereinkommen?

Sonsten kommen diese Meyer-Güter mit denen Erb-Zins-Gütern in einigen Stücken überein, es sind aber selbige auf keinerley Weise zu confundiren, wie es doch bald die meisten Doctores thun, sondern es ist, wie schon oben deduciret worden, unter beyderley Gütern ein mercklicher Unterscheid zu machen. Ob nun zwar nicht ausser Zweifel ist, daß sothane Meyer-Güter, so man in Westphalen, Nieder-Sachsen, Schwaben, Bayern, Elsaß und in der Schweitz gleichfalls in grosser Menge antrifft, bald da, in obberührten Landschaften, denen Erb-Zins- und

andern

andern Allodial-Gütern, bald dort aber wiederum andern Prædiis nahe treten, und deren Eigenschaften an sich nehmen, auch so gar den Namen Meyer wircklich behalten; So sind doch solche, wie die zu eines iedweden Guts hergebrachten unumgänglichen requisita oder Essential-Stücke dießfalls den besten Ausschlag geben, und allen Zweifel benehmen, von einander sehr mercklich zu unterscheiden, und also ein und anders über einen Leisten nicht zu schlagen. Vid. Herrn G. R. von Ludwig cit. Tract. Sect. 3 Cap. 8. Hahnius de Jure Colonario.

§. 15.

Wo die Schillings-Güter bräuchlich seyn?

Was die Schillings-Güter anbelanget, trifft man dergleichen sonderlich in den Braunschweigischen und Lüneburgischen Ländern verschiedene an. Mit diesen Gütern verhielte es sich folgender Gestalt: wenn iemand einem Bauern e. gr. ein Erb-Zins-oder Zins-Gut gegen jährliche Lieferung, i. e. pro annuo Canone verliehe, so muste dieser gleich anfangs einen Solidum, ein gewisses Stück Geld, welches man Schilling nennete, geben; gefiele es nun dem Herrn nicht länger, den Bauer in dem Gute zu lassen, so gabe er dem Bauer einen Schilling, und konte ihn auch ohne Ursache aus dem Gute treiben. Balthasar Clamerus schreibet hiervon in Promptuario Juris Tit. IX de Bonis Solidorum p. 282 folgender massen: Im Fürstenthum Lüneburg sind etliche Güther, die heissen Schillings-Hauer, die empfahet der Bauer mit einem Schilling. So kan man ihn auch mit einem Schilling wieder davon kündigen, wie er auch selbst den Hof mit einem Schilling wieder aufsagen kan. Nachhero aber, und heute zu Tage stehet dem Herrn nicht mehr den Schillings-Hauer (oder Heur) ohne NB. hinlängliche Ursache & sine causa cognitione von dem Gut zu jagen frey, welches nicht alleine viele JCti zugestehen müssen, sondern es giebet auch die Zellische Policey-Ordnung Cap. XLIV hiervon klare Maasse, nehmlich: Wir wollen gleichwohl, daß die Schillings-Höfe oder Köthen, so lange sie præstanda præstiren; NB. geruhiglich gelassen, und sie NB. ohne Verwirckung und unsere Erkenntniß von den Schillings-Gütern durchaus nicht verstossen werden sollen. Sothane Schillings-Güter, wie sie heute zu Tage beschaffen, beschreibet am allerbesten oben belobter Schottelius cit. Tract. Cap. XVII §. 2 & 3 in folgenden Worten: Es hat aber diese Bewandtniß, so ferne der Bauer oder Meyer mit Bezahlung der Zinsen dem Guts-Herrn nicht richtig einhält, oder in Abstattung der Dienste aus Muthwillen säumig wird, oder sich sonsten nicht recht und fromm verhält; also daß der Guts-Herr, NB. billige Ursachen haben kan, mit demselben nicht länger friedlich zu seyn, oder es begiebet sich der Meyer aufs Sauffen, und geräth sonsten in zu viel Schulden, so kan so fort Schillings-Recht gebraucht werden. Nehmlich es lasset der Guts-Herr, so ferne er selber es zu thun Bedencken hat, oder der Schillings-Hof zu den Fürstlichen Aemtern gehöret, durch den Vogt, oder andere bekannten Amts-Bedienten NB. einen Schilling an den Kessel-Hacken hengen, oder an den Feuer-Herd hefften, und so bald solches geschehen, muß der Bauer ohne einige Säumniß mit Weib und Kind

Haus und Hof räumen, und hat an blosser Anschauung des hingehenckten oder angeheffteten Schillings sein End-Urtheil empfangen, und darf darwider nichts reden. Was der Bauer an Vieh, Korn und andern Fahrniß zurücke lässet, davon machet sich vor erst der Guts-Herr bezahlet, das übrige, wenn Schulden vorhanden, wird unter die Creditores vertheilet, und was annoch ihm alsdenn übrig bleibet, wird dem gewichenen Bauer abgefolget, und der Hof einem andern zu gleichem Schilling-Recht eingeräumet, und zwar nur gegen Erlegung eines Schillings, und bleibet also der Hof allezeit dem Schillings-Recht unterworffen, wiewohl iedoch die Obrigkeit es nicht leichtlich verstattet, und des Schillings-Recht gebrauchen lässet, wenn der Bauer und dessen Vor-Eltern den Hof geraume Zeit bewohnet, die Landes-Onera mit getragen, und sich mit Lieferung der Pacht und Leistung der Dienste leidlich erwiesen, auch Hoffnung zur Besserung vorhanden. Wo aber aus dem Bauer ein Sauffer, guter Faulkentzer und Taugenichts worden, so pfleget die geschwinde Abkündigung durch dieses Schillings-Recht zu erfolgen. Ja es können auch dergleichen Schillings-Güter, ohne Consens des Guts-Herrn, von Besitzern auf kinckerley Weise weder verpfänder noch veraussert werden. Vid. Zellische Policey-Ordnung de Anno 1618 Cap. 44 ibi. Und soll niemand Geld auf Schillings-Gut ohne Bewilligung des Guts-Herrn leihen, noch etwas davon kauffen. Denn so der Haus-Wirth stürbe, sind die Nachfolger in dem Schillings-Hof, wenn sie nicht dessen Erben seyn, der Schuld wegen zu antworten nicht verbunden. Es solle auch der Schillings-Bauer nichts vertheilen, sondern alles in dem Schillings-Gut unzerspüttert lassen. Resolut. der Gravam. Hertzogs Wilhelms zu Zelle; Ja es sollen alle verpfändete und versetzte Veräusserungen von den Schillings-Gütern ipso jure null und nichtig seyn. Add. Cappellus vom Erb-Meyer-Recht Tit. 17 n. 22.

§. 16.

Was Laß-Güter seyn?

Was die Laß-Güter, die man in Hessen, Solmischen &c. Landsiedeleyen nennet, betrifft, so ist ausser allem Streit, daß dieselben in zweyfachem Verstande genommen werden. Denn man nennet insgemein auch diejenigen Bona Laß-Güter, welche der Eigenthums-Herr iemanden zu seinem besten Nutzen auf eine undeterminirte Zeit gegen einen jährlichen der Nutzung nicht gar ungleichen Zins überlässet, und also eine Verpachtung mit sich führen. Auf solche Weise bleibet bey sothanen Laß-Gütern das völlige Eigenthum dem Domino Directo, und ist der Bauer, welcher ein Laß-Gut hat, vor nicht anders als ein Pachter anzusehen, der zumahl pro lubitu domini locatoris wieder aus dem Guth getrieben werden kan. Und von den Laß-Gütern in diesem Verstande redet eben die Chur-Sächsische Kirchen-Ordnung de Anno 1580 Tit. 29 ibi: Damit auch die Laß-Güter, Aecker, Wiesen, Gärten oder Fisch-Wasser, zum Pfarr-Lehn gehörende, nicht præscribiret, und unter die Leute, welche dieselbige um jährlichen nahmhafften Zins oder mit Gelde innen haben, eigene Güter, durch langen Gebrauch vermischet und eingeleibet, so sollen solche Güter ie zu Zeiten verändert, andern ausgethan und verliehen, oder aber da es die Güter vertragen mögen, um höhern und grössern Zins verliehen werden, damit die Pfarrer bey ihrem Eigenthum bleiben, und sie die Besitzer vor ihr erkaufft oder Erb-Gut nicht anziehen können oder mögen rc. und die Constitutio Elect. Saxon. 40 Part. 11 ibi: Offtmahls trägt es sich zu, daß etliche Güter von dem Besitzer, als Laß-Güter, die sie ex titulo locati & conducti haben; gefordert werden. Ingleichen die Sächß. Coburgische Kirchen-Ordnung de Anno 1626 Cap. 21 Tit. von Laß-Gütern, Aeckern, Wiesen, Gärten, und Fisch-Wassern, so zur Pfarr-Lehn gehören, wie nicht weniger die Gräfl. Sohmische Landes-Ordnung Francofurt. ad Mœnum 1612 fol. Part. 2 tit. 7: Die Landsiedeleye, ob sie wohl dem Beständer (Pachter) mit Zusatz derer Worte und seinen Erben geschieht; so ist sie doch nicht erblich, so fern darinnen auch diese Worte, zu Landsiedelern Rechten, gefunden werden. Sondern der Lehn-Herr, wenn er seine Güter zu sich zu nehmen begehret, kan dem Beständer (Pachter oder Lassen,) dieselben wieder auffkündigen, obgleich derselbe sich sonsten aller Gebühr beworben hätte. Add. Glossa Germ. im Land-R. Lib. 3 Art. 45 § 7. Wehner in Observat Voce. Zins-Gut, Berlichius part. 2 Conclus. 48 n. 1. Carpzov ad part. 2 Constit. 40 Definit. 1. Husanus de Homin. propr. Cap. 2 n. 31. Stammius de Homin. propr. lib. 3 cap. 4 n. 1. Knichen de Vestit. pact. part. 2 Cap. 4 n. 254. Struvius Synt. Jur. Feud. cap. 2 th. 10 n. 6. Schilter Exerc. ad ff. 16 § 86. Seckendorfius im Teutschen Fürsten-Staat lib. 3 cap. 2 §§ & Stryckius Exam. Jur. Feud. cap. 2 Quæst. 30.

§. 17.

Was die Laß-Güter in eigentlicher Bedeutung seyn?

In dem andern und eigentlichen significatu bedeuten die Laß-Güter nichts anders, als diejenigen Güter, welche der alten Teutschen ihre Knechte, die heute zu Tage homines proprii oder eigene Leute genennet werden, besessen. Wehner Observ. pract. voce Lassen. Rudinger singul. Observ. Centur. 3 Observat. 33. Item Ziegler Disceptat. Select. 3 Them. 10 de Prædiis censiticis ruralibus § 2: Es hatten neulich die alten Teutschen zweyerley Knechte, (1) solche mancipia oder servos, Leibeigene, dergleichen die Römer und andere Völcker hatten. Solche Knechte oder mancipia musten nun diejenigen abgeben, welche sich (a) entweder selbsten verkaufften, (b) oder von denen Teutschen im Krieg gefangen genommen worden, oder (c) sich in dem Spiel selbsten aufgesetzet, und wenn sie verspielt, zu Knechten hingegeben worden. Von welchen letztern der locus aus dem Tacito bekannt ist, wenn er nehmlich, de Moribus Germanorum Cap. 24 schreibet: Aleam, quod mirere sobrii inter seria exercent, tanta lucrandi percipiendive temeritate, ut, cum omnia defecerunt, extremo novissimo iactu NB. de libertate & corpore contendant. Victus voluntariam NB. servitutem adit. Quamvis junior, quamvis robustior alligari se ac venire patitur. Servos conditionis huius per commercia tradunt, ut se quoque pudore victoriæ exsolvant, d. i. Dem

Würffel-Spiel sind sie dermassen ergeben, daß sie, welches zu verwundern, solches bey nüchtern Muth und als ein ernsthafftes Geschäffte treiben, und auf Gewinn und Verlust dermassen erpicht sind, daß, wenn alles das übrige verlohren gangen, sie auf den letzten Wurff ihre Freyheit und eigene Person aufsetzen. Der Verspieler tritt in die freywillige Knechtschafft, ob er gleich jünger und stärcker, lässet er sich doch binden und verkauffen. Die auf solche Weise in die Dienstbarkeit gerathen, werden aus dem Lande verhandelt, damit der Gewinner seines Gewinns sich um so weniger schämen müsse. Dergleichen Arten von Knechten wurden nun, wie Tacitus meldet, verkaufft, vertauschet, rc. rc. auch eben so gehalten wie die Römischen Servi, ohne daß die Teutschen mit ihren sothanen Knechten viel gelinder umgiengen. Die andere und frequenteste Art der Teutschen Knechte waren eben diese, welche wir heute zu Tage eigene Leute oder homines proprios nennen, von welchen Tacitus de Moribus Germanorum cap. 25 ebenfalls schreibet: Cæteris servis non in nostrum morem descriptis per familiam ministeriis utuntur. Suam quisque sedem, suos penates regit. Frumenti modum dominus aut pecoris aut vestis, ut colono injungit & servus hactenus paret. D. i. Ihre übrigen Knechte brauchen sie nicht nach unserer Weise zu ordentlichen Bedienungen im Hause. Ein ieder hat seine Wohnung und sein Haus-Wesen vor sich, der Herr leget ihm, wie seinem Acker-Mann, ein gewisses an Getreide oder Vieh, oder Gewand zur Kleidung auf, und hiemit hat der Knecht seiner Schuldigkeit ein Gnügen gethan. Vor Alters hatten sie unterschiedene Namen, und zwar in Sachsen hiessen sie Lazzi, Lassen, worvon die Glossa ad Jus Provinc. Sax. lib. 1 art. 59: Wer in Sachsen-Recht zu Zins-Guth gebohren ist, der ist ein Laß, und darff sich des Guths nicht ohne des Herrn Willen unterziehen. Die sind, die unsere Eltern liessen, da sie die Land bezwungen. add. Nithardus lib. 4 Hist. Franc. ad An. 843 pag. 376 edit. du Chesn. & Wendelinus in Glossario Atvatico pag. 165. Es kommt auch daher das alte Wort, Leudi, Leudes, Leodes, Leute, Dienst-Leute, adscriptitii, zum Ackerbau angenommene Personen, so wir heut zu Tage mit dem gemeinen Wort Bauern nennen, unter welchen aber nach Gelegenheit des Landes ein grosser und mercklicher Unterscheid zu befinden, sintemahl in Sachsen, Francken, Hessen, Thüringen, Meissen dieselben nichts sonderliches von der alten Knechtschaft mehr bey sich haben, ausser, daß sie wegen der Güter ihren Herren zum Gehorsam, Zinsen, Frohn-Diensten und dergleichen auf gewisse Masse verbunden seynd. Potgieserus de Condit. & statu Serv. apud Germ. lib. 1 cap. 3 § 26 usque ad 31 & Hertius in Dissert. pec. de homin. propr. Opusc. Disp. Tom. 2 p 157 usque ad 182. In den Mecklenburgischen, Pommerischen, Preussen, Liefland, Dännemarck, Hollstein und Westphalen aber ist deren Zustand weit beschwerlicher, und iemehr dieselben gegen Abend und Mitternacht wohnen, ie härter sie gehalten werden, absonderlich in Pohlen, da ein Cmeton, wie sie da genennet werden, viel ärger dran ist, als ein Hund, also auch, daß ihnen um gar geringer Ursachen willen, Nasen und Ohren von ihren Herren

ren abgeschnitten werden, ja sie werden unter Dinge gerechnet, damit man handeln und wandeln kan,
und so gar vor unbewegliche Güter, so mit dem
Lande verkauffet werden, auch dürffen sie weiter
nichts eigenes besitzen, als was ihnen von ihren Herten eingethan wird, worvon sie doch nur das liebe
Leben haben, also, daß man im Sprichwort saget,
daß kein Haar auf dem Haupte ihre sey, ja
das Hertze im Leibe gehöre ihren Herren zu.
Was für Namen, Beschwerde und elenden Zustand die Leibeigene oder Lassen bey den alten Teutschen gehabt, und was sie ausstehen müssen, ist nach
der Länge zu lesen in der Speyerischen Chronick des
Lehmanni Lib. 1 cap. 2.   Add. Rhenanus
Lib. 2 pag. 262. Vadianus 2 p. 34. Stum-
pfius Lib. 4 Chron. cap. 27.   Wursteisen
Chron. Baſ. maiori Lib. 2 cap. 5.   Cru-
ſius Annal. Suev. part. 1 Lib. 8 pag. 212. Gry-
phiander de Weichb. Sax. cap. 24 n. 9 seq.
Gulerus in Rhætia Lib. 5 p. 59,   Magerus de
Advoc. cap. 6 n. 730. Heider in Act. Lindav.
p. 597. Stryckius Vol. 3 Disp. 21 cap. 5 Th. 15.
Huſanus de Homin. propr. cap. 2 n. 26 seqq.
& Mevius vom Zustande und Abforderung der
Bauren.   Alleine unserer Bauren ihre Condition
ist succeſſu temporis, und durch verschiedene Landes-Gesetze gar sehr mitigiret worden, daß heut zu
Tage die von Adel und andere Herren über ihre
Lassen und Zins-Leute solche Gewalt nicht mehr, so
sie vor diesem exerciret, gebrauchen dürffen, sondern
man denenselben gewisse Gräntzen gesetzet, wie sie
sich gegen ihre Lassen und Zins-Leute verhalten sollen, nemlich: daß man zwar nicht gemeynet wäre,
dem Adel und andere Eigenthums-Herren mehr ihre
Befugniß über die Lassen und Zins-Leute gäntzlich
zu schmälern; Weilen aber sich sehr viele Mißbräuche darbey ereigneten, so hätte man solche in
allewege zu verhüten und davon abzustehen. Jedoch rühret dieses noch daher, daß auch unsere Bau-
ern-Güter nichts anders als Bona Emphytevtica
seu Cenſitica in senſu Juris Germanici seyn, wovon sie nemlich ihrem Lehn-Herrn, als dessen Lassen
sie vormals gewesen, Erb-Zinsen an Gelde, Getreyde oder Frucht, auch Hünern, Eyern und andern
Abgaben liefern müssen.   Wie solches alles sehr
schön ausgeführet haben der Herr G. R. Thomasius in Disp. de homin. propriis & liberis Germanorum, und Herr G. R. Böhmer in Diſſert.
de Jure & Statu Hominum propriorum.

§. 18.
Der Ursprung der Churmede?

Von diesen Bonis derer Hominum propriorum rühret nun das Jus Mortuarium oder Churmede her, womit es diese Bewandniß hatte: Die
ſervi oder homines proprii Germanorum bekamen von ihren Herren gewisse Güter eingeräumet,
die sie anbauen, und davon, wie Tacitus cit. loc.
saget, certum modum frumenti, pecoris aut
veſtis ihren Herren jährlich liefern musten. Wann
nun dieser Knecht oder Bauer starb, war der Herr
befugt, alle dessen Güter wieder an sich zu ziehen,
damit sich aber doch gleichwohl des hominis proprii hinterlassene Familie ernähren mögte, so nahmen die Herren gemeiniglich nur die Helffte von
dem vorhandenen Getrayde und andern Sachen,

mit der übrigen Helffte aber und denen Gütern
belehnte er des verstorbenen ſervi oder Bauern
Söhne, wovon die Gloſſa ad Jus Provinc. Sax.
Lib. 3 Art. 44. allwo: der Laſſe ist ledig, weil er lebet, und wenn er gestirtzet, so belehnet der Herr
seine Kinder mit dem Laß-Guth, und theilet mit ihnen.   Das ist, er nimmt das Korn in der Scheune.   Ist nichts allda, so nimmt ers auffm Felde
halb. Bis es endlich succeſſu temporis dahin gekommen, daß sich der Herr nach Absterben des Lassen weiter nichts, als nur das beste Haupt oder
Stück, e. gr. das beste Pferd im Stall, oder der
Ochsen, Kleid oder Geld von des Lassen seiner Verlassenschafft nehmen darff, übrigens aber die Kinder bey dem Gut lassen muß.   Weichbild. Art.
50 ibi: Wenn der Laß stirbt, so ist seinem Herrn
ledig sein bestes Pferd, und seine tägliche Kleider, ob
er sie nehmen will. Sande de Feud. cap. 1 n. 35.
Goriſius Tract. 3 adverſ. cap. 13 n. 14. Anton.
Matthæi paroem. 2 n. 27. Stammius Lib. 3 de.
Servit. cap. 22 n. 7. Insbesondere beschreibet dieses Recht Harpprecht in einer Diſſertation de
Jure Mortuario cap. 6 § 9 folgender gestalt: Mortuarium eſt jus domino competens, vi cuius
ille in caſu morientis hominis proprii pro conſuetudine regionis, vel certam bonorum partem vel rem aliquam ſingularem, in talibus caſibus præstari ſolitam, aut loco illius interdum
certam pecuniæ quantitatem, ratione defuncti
ad patrimonium habita, accipit, vel ſi ille nullos liberos, aut nullos legitimos, conſuetudine
vel ſtatuto denominatos, heredes relinquat, eidem ab inteſtato ſuccedit.   D. i. Churmede ist
ein solches Recht, das dem Herrn zustehet, krafft
deſſen derselbe im Fall, wenn der Leibeigene stirbet,
nach Gewohnheit des Landes, einen gewissen Theil
der Güter, oder eine andere besondere Sache, so
in dergleichen Fällen pfleget gegeben zu werden, oder
an stat deſſelben bisweilen eine gewisse Summe
Geld, nach Proportion des Verstorbenen seinen
Vermögen, bekömmt, oder wenn er keine Kinder
oder andere nach Gewohnheit und Statuten des
Orts nahmhafft gemachten rechtmäßigen Erben hinterlässet, so erbet er ab intestato.   In Sachsen,
Thüringen und verschiedenen andern Orten ist
zwar diese hereditas laſſitica seu jus mortuarium
gantz und gar abgekommen; In Francken, Schwaben, Pfaltz und Westphalen aber ist es noch bis
dato üblich, iedoch pfleget heut zu Tage vor sothanes bestes Haupt gemeiniglich ein Stück Geld gezahlet zu werden. Zaſius lib. ſingul. Reſponſ.
cap. 3 n. 79. Und hat hiernechst dieses Recht das
beste Haupt oder Stück aus des Lassen oder Bauers Verlassenschafft zu nehmen, an verschiedenen
Orten auch verschiedene Benennungen.   Zu Latein
pfleget man es Jus mortuarium, Jus Caduci, Jus
Luctuoſum, Jus Optimi caballi, Jus Optionis,
item mortuaria zu nennen, Teutsch aber, das
Haupt-Recht oder Haupt-Fall, Gewand-Fall, Best-
Haupt, Köhr-Recht, Gläß, Erb-Fall, Erb-Recht,
Trauer-Mahl, Weidmahl, Budtheil oder Beud-
theil, Todte Hand, Todten-Zoll, Churmede, Chur-
Weyde, Baulehnungs oder Baudelings-Recht ꝛc.
Wehner. Obſ. Pract. voc. Churmede. Beſoldus
Theſ. Pract. von Gewand-Fall in addit. Hier-
von hat Schottelius in cit. Tract. cap. 2. viel
schönes

schönes und denckwürdiges aufgezeichnet, woselbst er auch n. 12 eine Constitution Hertzog Heinrichs von Braunschweig de An. 1433, worinnen dieses Recht, welches Kayser Heinricus V legem nequissimam & nefandam tituliret, abgeschaffet und in Nieder-Sächsischer Sprache eingeführet, welchergestalt die Leibeigenschafft ceßire, oder sich ein Eigenmann der Dienstbarkeit loswircken könne. In übrigen kan man von diesem Jure mortuario hinlängliche Nachricht finden bey dem Harpprecht cit. Dissert. Pontanus lib. 6 Hist. Geldr. ad An. 1226 pag. 130 n. 50. Lehmann. Chron. Spirens. lib. 2 cap. 20, lib. 4 cap. 22, item lib. 5 cap. 64. Beyer Specim. Jur. German. lib. 1 cap. 6 § 36 seqq. Hertius de Homin. propr. Sect. 3 § 9 Tom. 2 Vol. 1 Opuscul. Schilterus de Curiis Dominical. § 24 & Struvius in Histor. Jur. cap. 6 § 34.

§. 19.
Wo die Mansmat gebräuchlich?

Man pfleget auch hieher Mansmat, die man alleine in der Chur-Pfaltz mit dergleichen Namen beleget, zu rechnen, es sind aber dieselben nichts anders als Meyer- oder Bauer-Höfe, da etwa 30 Acker Feldes nebst einem Häuschen bey einander sind, wovon der Innhaber eines sothanen Mansmat seinem Domino Directo Frohnen thun, Getrayde und andere Canones annuos liefern muß. Vid. Schilter in Dissert. cit. de Cur. Dominic. § 1. Wehner. voc. Mansmat, Aventinus in Annal. Boj. lib. 7 fol. 493. Freher ad Constit. Carol. III. de Feud. voc. quot mansos. Und ie zuweilen, wie Vadianus dict. loc. schreibet, auch Erb-Zins-Güter genennet würden.

Was ein Hub- oder Hufen-Gut vor Beschaffenheit habe, und unter was für Art Güter selbiges gerechnet werde, so ist zu wissen, daß dergleichen ebenfalls ein Bauer-Gut sey, worauf sich der Bauer mit seiner Familie ernehren kan. Das Dominium Directum hiervon stehet denen von Adel oder anderen Lehn-Herren zu, und die Hüffner oder Hübner müssen davon ihren jährlichen Canonem seu Censum nebst Frohnen verrichten. Absonderlich aber müssen die Besitzere eines Hufen-Gutes, so auch Pferdner benahmet werden, Pferde- oder Fuhr-Frohnen thun, da hingegen die Hintersiedler oder Hintersassen, i. e. die kein dergleichen Huffen-Gut, worauf sie Pferde halten können, besitzen, nur Hand-Frohnen verrichten. Und sind diese Hüffner in der That nichts anders als Emphytevtæ seu Censitæ. So theilet man auch die Hufen-Güter ein in gantze, halbe, und viertel Hufen. Vid. Leiser in Jure Georgico. Und hat ordentlicher Weise ein ieder Dominus Directus über seine Erb- und Zins-Leute ratione derer Erb-Zins-Sachen eine Jurisdiction, welche auf Teutsch Hub-Gericht genennet wird, als welches wiederum seinen Ursprung hat a potestate Dominorum in servos suos juris Germanici seu rustico. Wir haben nemlich oben gehöret, daß die Bauern oder eigene Leute, wie wir selbige heut zu Tage nennen, eben eine Gattung von der Teutschen ihren Servis gewesen, über welche die Herren ihre Bothmäßigkeit exerciret. Aus dieser potestate dominorum ist

nachhero die Jurisdiction entstanden, welche in neuern Zeiten jurisdictio patrimonialis genennet wird, als welche, wie schon erwehnet, dem Erb-Zins-Herrn über ihre Emphytevtas seu Censitas zukömmt, so Herr G. K. Thomasius in Not. ad Instit. pag. 15 & in Not. ad Huberi Prælect. ff. Tit. de Jurisdictione pag. 64 sehr gelehrt gezeiget und ausgeführet. Diese Jurisdictio wird nun von denen Nobilibus in ihren adelichen Gerichten, von dem Stadt-Rath in denen Stadt-Gerichten, und wenn der Landes-Herr Dominus Directus ist, von denen Aemtern exerciret. Nur ist es in dem Pfältzischen, Straßburgischen und andern Orten üblich, daß, wenn der Erb-Zins-Herr über seine Zins-Leute in causis emphytevticis richten will, er dabey seine übrigen Emphytevtas, als Assessores, adhibiren muß, und diese Gerichte, da nemlich die Erb-Zins-Leute mit beysitzen, werden daselbsten Hub-Gerichte, Ding-Gerichte, Hub-Höfe, item Ding-Höfe genennet. Wovon Schilter in cit. Dissert. de Cur. Dominic. ausführlicher gehandelt, welche er auch seinem Commentario ad Jus Feud. Allemanic. annectiret.

§. 20.
Wohin die Kelln- oder Kalen-Höfe zu zehlen?

Zu den Gattungen der Allodial-Güter werden nicht unbillig die Kelln- oder Kalen-Höfe gezehlet, von welchen wir auch, wie sie entstanden und was sie vor Bewandtniß gehabt, allhier Erwehnung thun wollen. Es kam um das XIte oder längstens um das XII. Secul. die Caland-Brüderschafft auf, und bestunde aus Geist- und Weltlichen Manns- und Weibes-Personen, auch schlugen sich iezuweilen wohl gar Fürsten und Herren zu selbiger. Sothane Caland-Brüderschafften hatten ihre Pröbste, Secretarien und andere Bediente mehr, ihre eigentliche Absicht und vornehmste Verrichtung zielte anfangs dahin, daß sie denen aus ihrer Compagnie Verstorbenen wolten Seelmessen halten lassen, das Armuth versorgen, an Feyertage zusammen kommen ꝛc. Nachhero gieng ihr Absehen nur sonderlich dahin, daß sie in ihren Zusammenkünfften wacker schmaußten, denen Einfältigen und Abergläubischen durch Vermächtnisse, Erbschafften, Schenckungen ꝛc. sehr viele Güter an sich brachten, welche Güter sie Caland-Höfe nenneten, und selbige nachhero denen Bauers-Leuten um einem gewissen Pacht oder pro annuo Canone einräumeten; Ja sie setzten ihre Compagnie in einem solchen florissanten Zustand, daß sie von denen Zinsen, die ihnen die Bauern von ihren eingeräumten Kellen-Höfen, welche nicht anders als Erb-Zins-Güter waren, jährlich auf einem gewissen Tag reichen musten, und nicht allein in Gelde, Getreyde, Wein, Oel, Hünern, Gänsen, Eyern und dergleichen, sondern auch in Diensten und andern Schuldigkeiten, sie mochten auch noch so geringe seyn, als sie wolten, bestunden, einen recht Fürstlichen Staat führen konten. Vid. Besoldus Part. 4 Consil. 180 n. 131 seqq. Wehnerus voc. Kelln-Hof. Ap. Paulin. Rer. Germ. in Chron. Otberg. de An. 1396 pag. 175. Wir Kaland-Brüder Eer Johannes, Probist des Kalandes ꝛc. und alle Kaland-Brüder ꝛc. ubi & Nos Kalands Insiegel. Et de Anno 1226; Nos fratres Kalendarum in

Otber-

gen. ibid. pag. 174. Item de an. 1518. qui-
quibus quid venditur den Wirdigen Herrn De-
cen und Kalands-Herrn tho N. und ihren Na-
kommen in dem Kaland. Als aber die Reformation ihren Anfang nahm, und denen Leuten die Augen ein wenig eröffnet wurden, sahen sie gar bald,
was diese Caland-Brüder vor ein ärgerliches Leben und weiter in Schilde führeten, dahero stunde
ihnen nicht länger an, sie zu dulten und ihren ungeziemenden Lebens-Wandel mit dem Mantel der
Christlichen Liebe zuzudecken, sondern rotteten sie
mit Strumpf und Stiel aus. Es hatten sich
aber, wie man aus alten Documentis wahrnimmt,
diese Sodalitia Calendarum sehr weit ausgebreitet
und an vielen Orten in Teutschland eingenistelt, unter andern auch zu Wittenberg, Kemberg, Koßwick,
Zerbst, Halle, Coburg, Weyda, Zwickau, Lößnitz ꝛc.
aufgehalten, und wurden daher diejenigen Gebäude,
darinnen die Caland-Brüder ihre Zusammenkünffte anstelleten, insgemein die Köller oder Keller genennet, vid. Besoldus p. 2 consil. 70 n. 89, auch
ist heut zu Tage in dem Würtzburgischen noch gebräuchlich, daß daselbst die Amt-Leute Keller tituliret werden. Einige Doctores, wie nicht weniger
Herr D. Heineccius in Tract. de Sigillis Veterum cap. 14 § 1 wollen die Calands-Brüder-
schafft auch für einen Ordinem, dergleichen bey
den Mönchen und Nonnen sind, ausgeben: allein
sie irren darinnen, sintemalen in solthane Brüderschafft sowohl Manns als Weibs-Personen, Layen
und Geistliche genommen worden. Daher auch
Hospinianus in Tract. de Monachatu selbsten nicht
weiß, zu was er diese Caland-Brüderschafft machen soll. Treffen es also wohl diejenigen, die selbe
ein Sodalitium nennen, am allerbesten. Von denen Caland-Brüdern haben ex instituto gehandelt Herr Lic. Feller in Leipzig in peculiari Oratione de Fraternitate Calendariorum, Feustkin-
gius de Dominis & Calendarum Fratribus, qui
Kembergæ floruerunt. Insbesondere aber der
ietzige Superintent in Zwickau Herr D. Christian
Gotthülf Blumberg, in seinem An. 1721 herausgegebenen curieusen Tractätgen von Kalands-Brü-
derschafften, allwo er diese Materie sehr gelehrt ausgeführet.

§. 21.
Worinne die Beschaffenheit der Errschätzigen Güter bestehe.

Gleichergestalt gehören hieher die Errschätzigen Güter, deren Art und Nutzen wir gleichfalls mitnehmen und berühren müssen. Es hegen aber einige
Rechts-Gelehrte von dergleichen Gütern gantz besondere Gedancken; nehmlich sie halten davor, es
würden hierunter nur die bona Ecclesiastica und
zwar solche verstanden, welche das Stifft, Kloster,
Kirche, oder Pfarre einem andern dergestalt eingeräumet, daß, so offt der Besitzer solthaner Güter entweder durch Todes-Fall, Kauff, Tausch oder auf
andere Art verändert würde, alsdenn dem Stifft
oder Kloster als Domino Directo, ein gewisses
Lehn-Geld gezahlet werden müssen. Das Wort
Schatz bedeute allhier nicht thesaurum, sondern einen censum, laudemium oder andere Abgabe, das
vocabulum Ehr aber zeige an, daß das Gut denen
Geistlichen zustehe, denn diese würden an stat Herren noch heut zu Tage Erren genennet. Alleine es
haben sich dieselben hier abermals nicht wenig ver-

gangen und ist daher die Erklärung Dn. Schilteri
in Comment. ad Jus Feud. Alleman. pag. 629,
und Herrn Reichs-Hoff-Raths de Berger in Elect.
Discept. Forens. pag. 1324 seq. jenen ihrer weit
vorzuziehen, da nemlich letzt belobte JCti behaupten,
daß man unter den Ehrschätzigen Gütern nicht alleine Bona Ecclesiastica, sondern auch alle und iede
Bona Emphyteutica seu Censitica verstehen müsse,
von welchen mutato possessore dem Erb-Zins-
Herrn, ex pacto & consuetudine, ein laudemium oder Lehn-Geld zu bezahlen sey. Welches alles
desto besser zu verstehen, man muß voraus zu wissen
vor nöthig erachten, daß nach denen Römischen
Rechten, in dem Fall, da der Emphyteuta sein
prædium Emphyteuticum verkaufft, oder auf andere Art und Weise veräussert, der neue Besitzer
den funffzigsten Theil des Kauffs-Pretii i. e. 2 von
100 dem Domino Directo entrichten muste.
Welche quinquagesima nichts anders gewesen, als
was wir heut zu Tage laudemium oder Lehn-Geld
nennen. Hierinnen waren nun eben die Römischen
Bona Emphyteutica von denen Teutschen ihren
unterschieden, indem nemlich die Teutschen von solcher quinquagesima nichts wusten. Nachdem
aber die Römischen Rechte in Teutschland einni-
stelten, fiengen auch an einigen Orten die Erb-Zins-
Herren an von denen Zins-Gütern, mutato possessore, die Lehn-Waare oder laudemium einzuführen. Und bey welchen Gütern nun dergleichen
Lehn-Waar aufgebracht wurde, dieses hiessen Ehrschätzige Güter. Und ist secundum mores Germaniæ an solchen Orten, wo das laudemium hergebracht, diese Lehn-Waar ordentlicher Weise vi-
gesima pars pretii, oder welches eben so viel 5 pro
Cent; wiewohlen nun an etlichen Orten gar 10 pro
Cent Lehn-Waare eingeführet, so muß doch derjenige, welcher mehr Lehn-Waar als 5 pro Cent
prätendiret, sein hergebrachtes Recht, woferne es
nicht notorisch, rechtlich beweisen, denn die Gewohnheit des Orts, wo die Lehn-Waare oder laudemium zu zahlen eingeführet ist, muß stricte in Obacht genommen und nicht auf unexprimirte Fälle
extendirt werden. Und weiln es nun von der Materie der Lehn-Waare meistentheils auf die Gewohnheit ankömmt, so müssen, wenn Streitigkeit hierüber
entstehet, die Lehn-Register und Erb-Bücher fleißig
nachgeschlagen werden. Es bedeutet aber Ehr nicht
alleine 1) honorem, sondern auch 2) conservationem, daher man insgemein saget: das Gut in Ehr
und in Würden zu halten, d. i. in guten Zustand erhalten. Ferner und 3) haben die Teutschen das Wort
Ehr genommen, auch pro laudemio, welches bey
der Investitur dem Domino Directo muß gezahlet
werden, welchen significatum man noch heut zu
Tage bey der in Gerichten recipirten Formel findet,
da man saget, das Gut in Ehr und Würden nehmen, d. i. sich mit dem Gut belehnen, und selbiges
sich gerichtlich zuschreiben lassen. Vid. Frantzkius
in Tract. sing. de laudemiis Cap. 4 num. 35 seqq.
& Cap. 5 passim, item Cap. 7. Wegen solches
Laudemii wurden nun nicht allein ehedessen die Güter in Ehrschätzige Erb-Zins-Güter und in schlechte
Erb-Zins-Güter eingetheilet, sondern man hat auch
diese Eintheilung an manchen Orten noch bis dato beybehalten, und heissen die Ehrschätzigen Güter solche
Bona Emphyteutica, wovon mutata possessore

der

der Ehrschatz oder Laudemium muß entrichtet werden.   Unter denen schlechten Erb-Zins-Gütern, aber verstehet man solche Bona, wovon zwar ein annuus Canon abgeführet wird, darneben aber der Lehn-Herr mutato possessore die grosse Lehn-Waare nicht fordern kan.   Unter die schlechten Erb-Zins-Güter gehören gemeiniglich die bona civium bey denen Städten, welche daher, wenn kein Lehn-Geld davon zu entrichten, freye Stadt-Güter genennet werden.   Der Bauren ihre Güter aber, wo es hergebracht, sind ordentlicher Weise Bona Emphyteutica Ehrschazica.   Hieraus ist nun satsam zu ersehen, wie ungegründet dererjenigen Meynung sey, wenn sie unter den Errschätzigen Gütern nur bona Ecclesiastica verstehen.   Sie haben sich gewißlich nicht in das Wort Ehr schicken können, oder wenig darum bekümmert, allein wenn sie nur Du Fresne in Gloss. ad voc. Honor. in behörige Betrachtung gezogen hätten, würden sie leichte ersehen haben, daß sothanes Wort auch pro Laudemio gebrauchet werde.   Zwar wollen sie ihre Meynung zu behaupten die Ursache zeigen, warum sie die Erschätzigen Güter nur vor bona Ecclesiastica halten, nemlich sie sagen, das Wort Err hiesse so viel als Herr, und würden die Geistlichen nicht Herren, sondern Erren titulirt.   Alleine, daß das Wort Err oder Ehr allhier eine gantz andere Bedeutung habe, ist in vorhergehenden schon gezeiget worden, und ob zwar schon heut zu Tage nur allein die Geistlichen Erren tituliret werden, so wurden ehedessen, wie man aus vielen alten Monumentis darthun kan, auch die Politici Erren geheissen.   Scheinet also derer Herren Dissentientium ihre Meynung keinen Beyfall hierinnen zu gewinnen, sintemalen aus den Antiquitäten ein anders gründlich darzuthun. Vid. Vadianus dict. loc. pag. 60. Wehner. voce Erschätz.

§. 22.

Was ferner vor Güter unter die Allodialia zu rechnen?

Ferner sind unter die Bona Allodialia die Sattel-Güter mit zu zehlen.   Es werden dergleichen diejenigen Bona derer Landsassen i. e. Schrifft- und Amtsassen genennet, wovon sie weder servitia, noch einigen Canonem prästiren dürffen, und also denen Allodiis plenis sehr nahe kommen, welches Wehner. Observat. Pract. ad hanc voc. item Rudinger. Centur. 4 Observ. 37 & Rhet. Comment. pag. 83. Gylm. Symphor. Tom. 3 voc. Nobilitas, Schilter. Dissert. de Schrifftsass. Cap. 1 n. 12, quæ in novissima Exercitat. ad ff. Editione invenitur Tom. I, gar deutlich gezeiget.   Sonsten melden Sande in Consuet. Geldr. Libr. 3 Cap. 1 §. 3, ingleichen Schilter. in Dissert. de Investitur. Simult. Cap. 2 § 1 & Instit. Jur. Feudal. Cap. 9 § 31, daß man in Holland unter den Sattel-Gütern gewisse Feuda verstünde, und zwar solche, davon der Vasall bey der Belehnung ein gesatteltes Pferd lieffern müste.

§. 23.

Wozu die Precarey-Güter gehören?

Weiter gehören zu den Gattungen derer Allodial-Güter die Precarey-Güter.   Sie haben zwar etwas gleichförmiges in gemeinem Kayserl. Recht in L. 14 § Cod. de SS. Ecclef. Nov. 7 Cap. 4,

Nov. 120 Cap. 2. Cujac. Lib. 4 Obferv. 7, allwo die Worte Χρήσεως δόσις pro precaria genommen werden, eigentlich aber muß man ihren Ursprung dem Päbstlichen Rechte zuschreiben.   Mit dergleichen aber hat es folgende Beschaffenheit.   Wie die Pfaffen anfiengen sich und ihre Klöster wacker zu bereichern, hiernächst nun auf allerhand Räncke dachten, dieses ihr Vorhaben glücklich auszuführen, so erfanden sie nebst andern modis adquirendi auch diesen.   Sie lagen denen Leuten, die zumahl keine Kinder hatten, und dennoch ein hübsches Vermögen besassen, perpetuirlich in den Ohren, und vermogten sie durch viele Vorstellungen, pro salute animarum, dahin, daß sie ihre sämmtliche Güter dem Kloster oder der Kirche schenckten, mit dem angehenckten Erbieten, daß, wo sie solches thun würden, sodann das Kloster nicht allein den Usumfructum von sothanen verehrten Gütern, sondern auch den Gebrauch von noch verschiedenen Stücken derer Kloster-Güter ihnen verstatten würde.   Verstunden sich nun die Leute hierzu, wurde ihnen, wie schon gedacht, der Ususfructus, so lange sie lebten, eingeräumet, und über dieses noch etliche ansehnliche Kloster-Güter zur Nutzung verstattet, welche beyde sie Zeit Lebens behielten, so balden aber sothane donatores verstorben, so bald fielen auch ordentlicher Weise die verehrten, und über dieses noch die von dem Kloster oder der Kirche ihnen eingeräumten Güter dem Kloster oder der Kirche als Domino Directo pleno jure anheim.   Und diese Güter nennte man Precarias oder Precarey-Güter. Vid. Capit. Carol. M. beym Baluzio Tom. 1 pag. 347. Mabillon. 3 Analect. 19 in f. & Frantzkius in cit. Tract. de Laudemio Cap. 12 n. 15.   Immittelst aber, und so lange dieselben sothane Güter besassen, musten sie, woferne keine andere Zeit beliebet worden, von 5 Jahren zu 5 Jahren selbige von dem Kloster renoviren lassen, um die Verjährung dadurch zu verhindern. Vid. Can. 1 extra. de precar. Baluzius Tom. 1 Capit. pag. 332, 411, 515, 803, 814; auf solche Weise wurde nun denen Klöstern ein unglaublicher Reichthum zugeschantzet.   Es dachten nemlich die Leute wunder, was ihnen hierdurch von der Kirche oder Kloster vor Beneficia erwiesen würden, indem sie nemlich von selbigen noch einmal so viel Güter zurück bekamen, als sie demselben verehret hatten.   Nun fragten sie eben nichts darnach, wer ihre Güter nach ihrem Tod bekommen würde, sondern es war ihnen gnug, daß sie bey ihren Lebzeiten auf solche Weise ihr hübsches Auskommen haben konnten, ob es gleich zum Präjudiz ihrer nachgelassenen Erben oder nahen Anverwandten gereichte. Vid. Baluzius Tom. II Capit. pag. 406, 428, 450 seqq. 472, 506, 588, 931, 950 &c. Marculph. Form. 19, 22, 25, 27, 29; Constit. Corradi ap. Cujac. Lib. 5 Feud. Lindebrogius in Glossar. voc. Precario, & Du Fresne in Glossar. voc. precario.   Und wie es mit denen precariis sowohl bey alten, als neuern Zeiten gehalten worden, davon findet man gar schöne Anmerckungen aufgezeichnet beym Paulo Sarpio de Beneficiis § 19 ibi: Pour retourner au tems d'après la postérité de Charlemagne, il s'inventa en France un moyen, par où les Eglises augmentèrent leurs biens à l'infini, quoi qu'il semblât être tout à l'avantage des seculiers; & ce fut un contract appellé Precaire

taire, par lequel quiconque donnoit son bien
à l' Eglise, recevoit d' elle l' usufruit de ce bien,
& la valeur de deux fois autant, durant sa vie;
& quand on vouloit aussi se dépoüiller de l'usufruit, elle donnoit trois fois autant d' autres
biens ecclesiastiques à joüir; & cet usage passa
meme en Italie. Pour lors le contract tour-
noit au profit de celui, qui triploit ses revenus,
& à la commodité de ceux, qui se voioient sans
enfans, ou qui se souci oient plus du bien pre-
sent, que de leur famille; mais au vrai, le gain
é toit du côté de l' Eglise, qui, par leur mort,
acquéroit tout leur fonds. „ d. i. Damit wir
wieder auf die Zeit nach der Posterität des Caroli
Magni kommen, so erfunde man in Franckreich ein
Mittel, durch welches die Kirchen ihre Güter un-
endlich vermehrten, ob es wohl das Ansehen hatte,
daß es alles zum Besten derer weltlichen Personen
gereichte. Und dieses bestunde in einem gewissen
Contract, so Contractus Precarius genennet wurde, vermöge dessen derjenige, so sein Gut der Kirchen
gab, von dieser den usumfructum solchen Gutes,
und zwar den doppelten Werth ad dies vitæ genoß.
Und daferne man sich auch des ususfructus entschlagen wolte, räumete die Kirche einem solchen dreymahl so viel andere geistliche Güter zum Genuß ein.
Und dieser Gebrauch schlich sich auch in Italien ein,
denn es gereichte der Contract damals zum Nutzen
desjenigen, der dadurch dreymal so viel Revenuen
wieder bekam, und zur Commodität dererjenigen,
welche keine Kinder hatten, oder welche sich mehr
um ihr eigen Gegenwärtiges, als um ihrer Familie
Bestes bekümmerten; doch hatte in der That die
Kirche den nahen und besten Vortheil, als welche
durch jener Leute ihren Tod, alle ihre Güter an sich
brachte. Ob nun wohl durch diesen Fund sich die
Kirchen und Klöster einen unbeschreiblichen Reichthum zuwege brachten, und wo nur ein reicher Fisch-
zug zu hoffen war, sie ihre Netze gar bald auswurfen,
und alles zu sich zogen; So geschahe es aber dadurch,
daß die rechtmäßigen Erben sehr lädiret wurden, weiln
sie unverschuldeter Weise um das ihrige kamen. Dahero entstunden viele Qverelen, u. wurden die Bischöfe
und Directeurs solcher Kirchen und Klöster sehr ausgeschrien, und auf unerhörte Art verkleinert und bla-
miret, daß sie nach fremden Erbschafften strebeten,
und die rechtmäßigen Erben zu defraudiren suchten.
Damit aber solchen häufigen eingelauffenen Klagen
auf einige Weise abhelfliche Maasse geschehen möchte, so schrieben die Herren Patres, als sie auf dem
Concilio Turonensi III versammlet waren, vor
ihre Clerisey Can. 51 eine Apologie, und excusir-
ten sie folgender massen: Diligenter tractare & inquirere pariter cœpimus in conventu nostro,
sicut pia Serenissimi Principis nostri nobis injunxit admonitio, de illis hominibus, qui exhe-
reditati esse dicuntur, si aliquis esset, qui nostris temporibus voluisset dicere, se a quolibet
nostrum istis privari rebus, quas pater ejus, aut
mater, aut frater vel aliquis propinquorum ad
Ecclesias Dei dedisset, & in ejus nomine iterum
precaria a Rectoribus Ecclesiarum acciperetur.
Sed in eodem conventu nostro neminem reperimus, qui de hac re adversus nos conqueri voluisset. Nam pæne nullus est, qui res suas ad
Ecclesias donet, nisi de rebus Ecclesiasticis aut

Jurist. Oracul V Band.

tantum qu̇antum donavit, aut duplum, aut triplum usufructuario accipiat, & quibus ille tunc,
vel quantis filiis aut propinquis a rectoribus
impetraverit, post discessum ejus eadem conditione, qua ille tenebat, posteri ejus sibi vindicent. Hic usus, & hæc ratio apud nos usque
modo de talibus tenebatur. Nam nobis visum
est, prædictis heredibus hanc dare opinionem,
ut si voluissent traditiones parentum suorum
consequi, de qua illi jam erant per legem ex-
clusi, rectoribus Ecclesiarum se commendarent
& hereditatem illam in beneficium, unde se
adjuvare ac sustentare possent, acciperent.
d. i. Wir haben, wie uns unser Durchlauchtigster
Fürst gnädigst erinnert, in unserer Versammlung
nicht unterlassen, die Sache wegen dererjenigen
Leute, die exherediret zu seyn scheinen, fleißig zu
tractiren und zugleich zu untersuchen, wenn iemand
wäre, der zu unsern Zeiten sich verlauten lassen wolte, daß er von denen Unsrigen dererjenigen beraubet werde, welche dessen Vater, oder Mutter, oder
Bruder, oder Anverwandter der Kirche GOttes
geschencket hätte, und in Regard dessen wiederum ein
Precarey-Gut von denen Kirchen = Directeurs erlanget. Allein in derselben unserer Versammlung
haben wir keinen wahrgenommen, der disfalls wider uns hätte Klage führen wollen. Denn es ist
beynahe keiner, der das Seinige den Kirchen schencket, wo er nicht von denen Kirchen-Gütern entweder
so viel, als er geschencket, oder zwey=gar wohl dreyfach mehr Nutzen empfängt, und was er alsdann
oder wie viel Kinder oder Anverwandten dergleichen mit geniessen solten, von denen Directeurs erlanget, nach dessen Tod in eben der Condition, womit er binculiret gewesen, seine Nachkommen sich
zueignen. Damit ist es bey uns bis ietzo so gehalten worden. Denn wir haben schon lange denen
oberwehnten Erben diesen Rath gegeben, daß, wenn
sie, was ihre Eltern geschencket, wiederum erlangen wollten, wovon sie aber schon per legem ausgeschlossen wären, sie sich bey denen Kirchen-Dire-
cteurs auf alle ersinnliche Weise insinuiren, und
diese Erbschafft, als eine besondere Wohlthat, zu
ihrer Unterhaltung annehmen solten. Das hiesse
aber eben so viel: Wasche mir den Pelz, und mache ihn nicht naß. Ob diese Argumenta denen
Erben ab intestato sufficient zu seyn geschienen
oder scheinen können, daran ist sehr zu zweiffeln.
Denn es bleibet wohl dabey, daß derjenige, dem
das Eigenthum von einer Sache zustehet, mehr
habe, als derjenige, so einige Zeit nur die Nutzungen
davon ziehet. Uibrigens discouriren von denen Precarey-Gütern weitläufftig der Herr Geheim. Rath
Böhmer in Jure Ecclesiastico Lib. 3 Tit. 14 &
in Not. Lit. 5 ad Corvin. Jus Canon. Lib. 2
Tit. 42, und der Herr Geh. Rath Thomasius in
Not. ad Lancellot. pag. 1172 seqq. Add. Lehmannus in Chron. Spirens. Lib. 1 Cap. 43 pag. 153 &
154. Hornius in Jurisprud. Feud. Cap. 2 5 19 &
Frantzkius de Laudem. Cap. 12 n. 12. Sonsten
pflegen viele Doctores die Precarey=Güter und
Feuda darum vor eines zu halten, weiln hier sowohl
einer das Eigenthum, als auch der andere die Nutzungen alleine behielte. Was diese beyden Stücke
anbelanget, hat, es wohl in so weit seine Richtigkeit
welches auch auf andere Allodial-Güter appliciret

werden

werden kan. Daß aber die übrigen Requisita in substantialibus, so die Leges Feudales nothwendig erfordern, bey denen Precarey-Gütern gänzlich ceßiren, lieget klar am Tage; Und also ist nicht zu sehen, woher die Doctores auf die Gedancken gerathen seyn müssen, daß sie zwischen beyderley Güter in allen Stücken eine völlige Gleichheit haben zeigen wollen. Es ist auch das Precarium von der Precarey sehr unterschieden, welches darinnen bestehet, wenn einem ein Gut auf Willkühr des Eigenthums-Herrn gegeben wird, so aber allezeit nach Gefallen des Concedentis revociret werden kan. Can. fin. extr. de precar.

§. 24.
Worinnen die bona libellaria bestehen.

Endlich kommen wir auf die Bona Libellaria. Es sind aber die Rechts-Gelehrten hierinnen abermahls nicht einig, die nun von der in denen Diplomatibus medii ævi gegründeten Meynung des Rittershusii Part. 1 Exposit. method. Novell. Cap. 8 n. 51 seqq. und Herrn Geheim. Rath von Ludwigs in cit. Tr. Sect. 2 Cap. 2 § 4 in not. X, welche die Benennung dieses Contractus a voc. libellus herleiten und behaupten, daß dieser Contractus sine libello seu scriptura nicht hätte können celebriret werden, abweichen, statuiren, daß der Nahme von libella, dem diminutivo von libra, welches nicht allein ein Pfund, sondern auch eine gewisse Summe Geldes bedeutet, zu deriviren sey. Vid. Wesenbecius C. 14 Feud. & Coccejus in Hypomn. Feud. 2 § 11. Zwar wird sothaner bonorum libellariorum in denen Pandecten nicht gedacht, sondern es geschiehet nur allein dererselben Meldung in L. 24 § 1 Cod. de SS. Eccles. & Nov. 7 pr. In übrigen aber ist es mit dergleichen Gütern folgender gestalt beschaffen: Wenn einer ein Gut einem Bauer um einen billigen Preis überläßet, damit derselbe so wohl sich und seine Familie ehrlich ernehren, als auch Nutzungen übrig behalten kan, so wird darbey die Condition mit angehänget, daß er solches Gut nebst seinen Erben zwar perpetuirlich besitzen, iedoch aber davor in recognitionem dominii directi einen gewissen Canonem jährlich entrichten, und zur gesetzten Zeit, ob schon keine Veränderung vorgienge, mit einer gewissen Summe Geldes das Gut wiederum lösen und renoviren lassen soll. Zudem muß der hierüber gemachte Contract in Schrifften abgefasset werden, wenn nun der Accipiens disfalls säumig ist, und zur bestimmten Zeit den Zins nicht abführet, so stehet es alsdann in des Domini Directi seinem Gefallen, Käuffern entweder zu pardonniren, oder das Gut wiederum einzuziehen. Cujacius 1 Feud. 2 fol. 480. Everard. Topicis in loco a Feudo ad Emphyteusin 29 vers. 55 & 57. Wie aber die meisten Doctores meynen, so soll das in libellum gegebenes Gut von einem Erb-Zins-Gut nach dem gemeinen Kayserlichen Recht in folgenden Stücken unterschieden seyn, daß 1) zu Anfang bey diesem alsbald Geld loco pretii seu pensionis gezahlet, und

dieser Contract in Schrifften verabfasset werden müsse, welches beydes aber in Emphyteusi ordentlicher Weise nicht erfordert würde, 2) in bono libellario die renovatio zu gesetzter Zeit, wenn auch gleich der Besitzer nicht mutiret würde, geschehen müsse, 3) der Käuffer das dominium plenum hierüber bekäme, und 4) dergleichen prædium wegen des zur bestimmten Zeit nicht abgeführten Zinses nicht verlohren gienge. Alleine daß deren Raisons nicht in allen die rechte Farbe halten, ist schon kürtzlich dargethan worden. Hingegen wollen Beyerus cit. loc. posit. Feud. 71 in not. Lit. Z und Struvius Syntagm. Jur. Feud. Cap. 2 Aph. 10 n. 4 beweisen, daß dieser Contract gar nichts besonders habe von der Emphyteusi, und alle andern Differentien ungegründet wären. Dieses ist wohl ausser allen Zweiffel, daß in Jure Feudali Longobardico der Emphyteuseos mit keinem Wort nahmentlich gedacht, sondern allezeit e. gr. in 2 F. 9 §, 1 F. 13, 2 F. 26 § 1, 2 Feud. 39 pr. 2 F. 41, 49 unter dem Contractu libellario die Emphyteusis verstanden werde, welches aber nur abusive geschiehet. Sonsten meynen Frantzkius cit. Tract. Cap. 2 fin. Stryckius cit. Tract. Cap. 2 qu. 29 & Menckenius in Comp. ff. si ager vectigalis, daß die Meyer-Güter in Nieder-Sachsen nichts anders, als eben dergleichen bona libellaria wären, es hat aber Herr G. R. von Ludwig in cit. Tract. das Contrarium sattsam erwiesen.

Und dieses wären also die hauptsächlichsten Arten derer Bonorum Colonariorum Germanorum. Man könnte zwar noch mehrere Gattungen solcher Allodial-Güter sammt deren Rechten, wie sie vor Alters beschaffen gewesen, und benahmet worden, e. gr. Erbmannen-Petermannen-Gotteshausleute-Baumannen-Guldbauern-Freybauern-Leibtochter-Leibzüchter-Herren Günstler-Freystiffter-Neustiffter-Bruckhayen-Eschhäuen-Cörber-Erbechsen-Heertagsbauern-Semperleute-Fauten-Gabbelleute-Widhaber-Schaafnösser-Robathen-Neureuthen-Butterrechten-Banckzinsen-Rauchzinsen-Blutzinsen-Sackzinsen-Fehmgelder-Umgelder-Schaarwerck-Rauchhun-Fastnachthun-Schöppenbrot-Schultzenkühe-Gotteskühe-Stock-Güter und andere mehr anführen: alleine weiln heut zu Tage dergleichen meistentheils bey uns Teutschen erloschen und abkommen sind, theils aber, ob sie schon dem Nahmen nach unterschieden, in der That mit denen in gegenwärtigem Tractat abgehandelten Allodial-Gütern einerley Beschaffenheit und Recht haben, als daß man nicht vor nöthig zu seyn erachtet, in Berührung dererselben einige Weitläufftigkeit zu gebrauchen, oder sich dabey aufzuhalten.

Schlüßlichen annectiren wir allhier noch dieses, daß nemlich oberzehlte Bona Colonaria von denenjenigen unterschieden sind, welche der völlige Eigenthums-Herr durch seine Leute und Gesinde anbauen lässet, mithin die daraus kommende Fructus immediate percipiret, welches sich aber von selbsten verstehet.

Rechtliche

✠✠✠✠✠✠✠✠✠✠✠✠✠✠✠✠✠✠✠✠✠✠✠✠✠

Rechtliche Betrachtung
Von Erben-Zins-Gütern.

§. 1.
Verbindung mit dem vorigen.

Wie wir nun in vorgängigem, gründlichen Unterricht von denen Allodial-Gütern überhaupt nach deren Ursprung denen Rechts-Gelehrten zum Besten ertheilet; Also wollen wir auch nunmehro von denen Erb-Zins-Gütern ins besondere handeln, und diese nach Deneckens Vorschrifft zum Rechts-Gebrauch theoretico-practisch vorstellen.

§. 2.
Erben-Zins-Güter sind denen verpachteten Gütern ziemlich ähnlich. Der Erben-Zins-Mann hat nicht allein den blossen Usumfructum; Sondern participiret auch einiger massen von dem Dominio. Von dem Kayser Zenone ist derselbe in eine besondere Form gebracht.

Unter denen Bauer-Gütern werden sich vor andern einen Platz mit zueignen die Erben-Zins-Güter, oder prædia emphyteutica, welche zwar denen verpachteten Gütern ziemlich nahe kommen, doch aber auch in verschiedenen Stücken davon unterschieden sind, zumalen dieselbe eine solche Beschaffenheit haben, daß der Erben-Zins-Mann oder emphyteuta nicht allein den blossen Usumfructum oder Nießbrauch von den ihm eingethanen Land-Gut geniesset, sondern auch einiger massen von dessen Dominio oder Eigenthum participiret, und daher das eingeräumte Gut nicht nur geniessen, sondern auch einiger massen davon disponiren können. Da nun dieser Erben-Zins-Contract gleichsam in der Mitten zwischen dem Pacht-Contract und einem Kauf gestanden, daß es zweiffelhafft geschienen, auf welche Seite derselbe zu ziehen sey, so ist endlich von dem Kayser Zenone desfalls eine eigene Verordnung ergangen, daß dieser Contract seine eigene Art und Eigenschafft haben, und von vorbesagten beyden Conventionibus einiger massen unterschieden seyn solle, wie solches zu sehen ex Leg. 1 Cod. de jure Emphyteutico.

§. 3.
Die Gelegenheit zu diesen Contracten. Daß die Römer die eroberten Provinzien ihren Soldaten eingeräumet, wovon sie nur einen geringen Canonem erleget. Dieser Contract ist vermuthlich schon vor Zenonis Zeiten bekannt gewesen. Ist nicht allein von der Herrschafft, sondern auch Privat-Leuten gebrauchet. Auch wohl Häuser in Städten dazu gebrauchet.

Die Gelegenheit, wodurch diese Erben-Zins-Contracte eingeführet worden, ist sonder Zweiffel daher entstanden, daß die Römer diejenigen Ländereyen, Aecker und Güter, so sie von ihren Feinden erobert, nicht allein ihren Krieges-Leuten, um dieselbe zu bewohnen, eingeräumet, sondern auch andern Landes-Einwohnern dieselbe zu cultiviren überlassen, wozu sie denn verschiedene Ursachen gehabt, und zwar nicht allein diese, daß die Ländereyen an allen Orten mit Einwohnern besetzt und fruchtbar gemacht würden, sondern auch daß solche in die eroberte Länder eingesetze Römische Unterthanen ih-

nen gleichsam zu einer Vormauer dienen könnten, um die benachbarten Feinde desto eher im Zaum zu halten. Dannenhero auch einige von solchen Coloniis Militares genannt wurden. Onuphrius Panvinius de Rep. Rom. l. 21. Sigonius de Jur. Provinc. c. 10. Julius Frontinus in Tract. de Coloniis. Und ist glaublich, daß da zu des Kaysers Zenonis Zeiten die Wenden, Gothen, Rügier und andere barbarische Nationen, sowol in Italien als Africa und andern Römischen Provintzien eingefallen, Länder und Städte verwüstet und verheeret, daß daher diese Art Contracts sehr nützlich und dienlich geschienen, damit die verwilderte und verwüstete Ländereyen wieder fruchtbar und zu Unterhaltung derer Einwohner geschickt gemacht werden möchten: welchen Colonis man denn nur eine gantz leidliche und geringe Pacht unter dem Nahmen eines Canonis auferleget, weil sie ohne dem sehr schwere Arbeit, Mühe und Unkosten anwenden müssen, die zum Theil mit Holtz, zum Theil mit Dornen und Disteln verwachsene und verdorbene Aecker hinwiederum in Stand zu bringen, und zur Cultur geschickt zu machen; Videat. Appian. Lib. 1 de bello Civili. Leyserus de Jur. Georg. Lib. 9 cap. 15. Und ist zwar nicht zu zweiffeln ist, daß dieser Erben-Zins-Contract schon geraume Zeit vor des Kaysers Zenonis Zeiten erblich gewesen, so ist doch derselbe durch dessen eingeführtes Gesetz allererst in eine gewisse Form gebracht, und ihm gewisse Schrancken gesetzt worden. Georg. Frantzkius in tract. de Laudemiis cap. 9 n. 21. Ob es auch wohl scheinen will, daß solches Recht zuerst nur von der Landes-Obrigkeit gebrauchet sey, so ist es doch nachher auch von andern Privat-Personen nachgeahmet, daß dieselbe ihre Aecker und Ländereyen, so verwildert und verwüstet gewesen, einem Erben-Zins-Mann um solche auszuarbeiten überlassen. Ist also die Gelegenheit dieses Contracts daher veranlasset, daß wilde und wüste Land-Güter iemand pro Canone eingethan, doch aber nachher, als man die Nützlichkeit dieses Contracts befunden, ist aufkommen, daß auch wohl angebauete, und in fruchtbarem Stande befindliche Land-Güter nach Erben-Zins-Recht iemand eingethan sind, auch so gar Häuser und Gebäude in Städten unter diesem Nahmen gewissen Pacht-Leuten. Struv. Synt. Civ. except. 1 thess 52. Carpzov. Part. 2 Const. 29 Def. 7.

§. 4.
Beschreibung des Erb-Zinses. Verwandtschafft des Erb-Zinses mit der Verpachtung und mit dem Kauf.

Es ist aber der Erben-Zins, oder das Erben-Zins-Recht ein Dominium utile, so von dem Ober-Eigenthums-Herrn in einem unbeweglichen Gut iemand eingeräumet ist, unter der Bedingung eines gewissen jährlichen Erben-Zinses zu Recognition des Ober-Eigenthums eingeräumet. Alvarus Valascus

Hhh 3   scus

scus de jur. emphyteutico quæst. 1.   Dn. Harprecht. ad § 3 Institut. de locatione n. 4.   Es kommt dieser Contract, wie schon oben erwehnt, zum Theil mit dem Vermischungs-Contract, zum Theil aber mit dem Kauff überein; gestaltsam derselbe mit dem erstern dieses gemein hat, daß vor den Nießbrauch eines Land-Guts ein gewisses jährliches Geld oder Pension bezahlet wird, von dem Kauff-Contract aber participiret es so weit, daß der Erben-Zins-Mann von dem Eigenthum etwas geniesset, und daher auf gewisse Masse von dem Erben-Zins-Gut disponiren kan, welches bekannter Massen einem Conductori oder Pachter gantz nicht zukommt.   Nicht weniger hat der Emphyteuta die Actionem Vindicatoriam, wann ihn iemand in seinem Recht oder Erben-Zins-Gut, Eintrag oder Verhinderung zu machen, oder ihn sonst aus der Possession zu setzen, sich unterstehen wolte.   Leg. 1 § 1 de jur. Emphyteutico. Leg. ultima Cod. de Reb. al. novella 7 Cap. 1.   Dahingegen ein Pachter dergleichen Vindications-Klage nicht anzustellen, befugt ist, sondern nur wenn er in seiner Succession turbiret wird, durch die Actionem personalem locati Conducti sich rathen oder aber seinem Verpächter zu Hülffe ruffen, und demselben litem denunciiren kan.

§. 5.
Beruhet regulariter auf Land- und unbeweglichen Gütern. Auch dann und wann auf Häusern.

Regulariter wird solches Erben-Zins-Recht in Land-Gütern, als Höfen, Aeckern, Wiesen, Holzungen und dergleichen constituiret, alldieweilen solche Güter zu Ertragung der Früchte am allerbeqvemsten sind.   Es hindert aber auch nichts, daß nicht Häuser und Gebäude in Städten solten können zum Erben-Zins eingeräumet werden, wie man dergleichen verschiedene Exempel antrifft, daß bey Stifftern, Klöstern, und dergleichen geistlichen Corporibus solche Erben-Zins-Verleihung zum öfftern geschehen.   Videatur Frantzkius de Laud. Cap. 9 n. 24 & 28.

§. 6.
Gehöret zu den Contractibus nominatis und bonæ fidei. Nutzen dieser Distinction.

Wie nun nach der Römischen Jurisprudentz die Contracte in gewisse Genera eingetheilet werden, so daß ein Theil von denselben Contractus nominati, so einen gewissen Nahmen, auch ihre gewisse determinirte Eigenschafft haben, genennet werden; und ein Theil Contractus innominati, welchen solche gewisse Grentzen eben nicht gesetzet sind: also ist dieser Contract, nachdem er obgedachter Massen von dem Kayser Zenone, auch nachhero Justiniano seine gewisse Maaße und Regeln erhalten, sonder Zweiffel unter die Contractus nominatos, wie auch bonæ fidei zu rechnen.   Dn. Leyserus in jur. Georg. Lib. 1 Cap. 15 n. 10.   Welche Distinctio denn bey Ausübung dieses Rechts nicht gantz ohne Nutzen ist, indem bekannt, daß die Contractus nominati so beschaffen sind, daß, wenn dieselbe einmal geschlossen, von beyden Seiten keine contrahirende Partey zurück weichen kan, in Contractibus innominatis aber, so lange die Tradition nicht erfolget, solches freygelassen sey.   Leg. 5 princ. ff. Caus. dat. Caus. non secut. 18.

Erstes Rechtl. Bedencken, LVII.
Ob bey Errichtung eines Erben-Zins-Contractes ein schriftlicher Auffsatz nothwendig erfordert werde?

§. 1.
Ob dieser Contract nothwendig einen schriftlichen Auffsatz erfordere?

Ob aber bey Errichtung eines solchen Erben-Zins-Contracts nothwendig ein schrifftlicher Auffsatz erfordert werde, solches ist unter denen Rechts-Lehrern mit ziemlicher Heftigkeit gestritten worden, worzu denn wohl am meisten Anlaß mag gegeben haben, daß in Leg. 1 C. de jure Emphytevtico der schriftlichen Verfassung gedacht wird, und zwar in folgenden Formalien:

In quo (Contractu) cuncta, quæ inter utrasque contrahentium partes super omnibus vel etiam fortuitis casibus, pactionibus, scriptura interveniente habitis placuerint, firma illibataque perpetua stabilitate modis omnibus debent custodiri.   Leg. 1 Cod. de jur. Emphyteut.

§. 2.
Opinio affirmantium. Opinio negantium ist vorzuziehen. Rationes davon. Eine Schrifft wird regulariter nicht zu einem Contract erfordert.

Wannenhero auch ein grosser Theil derer Rechts-Gelehrten dieser Meynung beypflichten, daß ein Erben-Zins-Contract ohne schriftliche Verfassung unkräftig sey.   Afflictus decis. 72 n. 7. Donellus Lib. IX Comment. de jur. Civ. cap. 13 p. 445. Cacheranus dec. 53 n. 1. Bronckhorst. Cent. 1 assert. 78. Und deren mehr, welche in grosser Anzahl anführet Harprecht ad § 3 Inst. de locat. cond. n.

Dessen aber ungeachtet ist die widrige Meynung probabler, daß dieser Contract wohl bestehen könne, wenn gleich nichts in Schrifften verfasset wäre; Allermassen es fast durchgehends bey allen Contracten also üblich, daß zu deren Substantz ein schrifftlicher Auffsatz nicht erfordert werde, sondern nur zu desto mehrer Festigkeit und Beweis der getroffenen Handlung dieselbe gebrauchet werden.   Leg. 4 ff. de fide instrument. Leg. 15 Cod. eodem.   Uiberdem auch in andern textibus juris, als unter andern in Leg. 2 Codicis de jure Emphytevtico, wie auch in Leg. 3 dict. tit. wie auch in § 3 Instit. de Locatione Conductione von dieser Necessität den Contract schriftlich aufzurichten, nichts enthalten, sondern vielmehr in diesem letztern textu folgendermassen disponiret:

Et siquidem aliquid pactum fuerit, hoc ita obtinere, ac si naturalis esset Contractus.   Wodurch deutlich genug angeieiget wird, daß was in diesem Contract auch mündlich abgeredet worden, solches seine Rechtliche Beständigkeit und Festigkeit haben müsse

§. 3.
Dahin auch die Zenonianische Rechts-Verordnung zu verstehen.

Wogegen denn die obbenannte Verordnung des Kaysers Zenonis nicht im Wege stehet.   Denn obwohl daselbst angeieiget wird, daß eine schriftliche Abfassung könne gemacht werden, so wird doch nicht gesagt, daß selbige allezeit, und iedesmahl vorhanden seyn müsse, vollends da in eben der Zenonianinianischen Rechts-Verordnung sogleich beygefüget wird:

Daß wenn ein und anders wegen der Unglücks-Fälle dabey nicht abgeredet wäre, solches auf gewiffe Maffe unter dem Emphyteuta und Domino Emphyteuseos einzutheilen wäre; aus welchen Worten so viel erhellet, daß auch gewiffe Pacta, und mündliche Conventiones können aufgerichtet werden, welche von den Contrahenten zu beobachten sind. Kan nun solches an der einen Seite in dem Contract geschehen, warum solte solches nicht in dem Haupt-Werck gültig seyn können?

§. 4.

Bey Auffhebung des Contracts wird gleicher Gestalt kein schrifftlicher Auffsatz erfordert.

Ebener gestalt, wenn die Contrahenten ihren Erben-Zins-Contract wieder aufheben oder verändern wollen, wird dazu eben so wenig, wenn es den Partheyen nicht beliebet, ein schrifftlicher Auffsatz unumgänglich nöthig seyn, nach der Rechts-Regel: Quod in firmando Contractu requiritur, illud etiam in eo diffolvendo obtinet. Authentica econtra Cod. de repudiis. Leg. 80 ff. de solutionibus. Paulus de Castro in Leg. 31 ff. de servit. præd. ruft.

§. 5.

Objectum des Erben-Zinses, Land-Güter, Aecker, Wiesen, ꝛc. und zwar ungebaute und unfruchtbare, hernacher auch fruchtbare und wohlgebaute. Einige statuiren, daß in Häusern und Gebäuden kein Erben-Zins bestehen könne. Rationes dagegen.

Das Obiectum dieses Contracts bestehet regulariter, wie schon oben gedacht, in einem Land-Gut, Aecker, Wiesen, Ländereyen und dergleichen, Per Leg. 2 Cod. de jur. Emphyteut. welche zwar zu Anfangs, wie dieser Contract üblich worden, insgemein ungeschlachte, ungebaute und unfruchtbare Ländereyen gewesen, wohin denn auch eigentlich das Wort Emphyteusis zielet, als welches eine Einpfropffung, Verbefferung, Anbauung, Cultivirung, hinter sich hat; Allein es sind auch nachhero wohl-angebaute und fruchtbare Aecker, denen Erben-Zins-Leuten eingeräumet, um dieselbe bey der guten Art zu erhalten, welches nicht allein denen dieserwegen gegebenen Rechts-Verordnungen gemäß, sondern auch durch die heutige Praxin und Obfervantz bestätiget wird. Rutger Ruland. de Commiff. & Commiff. part. 3 lib. 5 cap. 9 n. 23. Elbert. Leonin. ad Rubric. Cod. de jur. Emphyteut. n. 5. Und ob zwar oben schon angezeiget, daß auch Häuser und Gebäude in Städten zu diesem Contract können gezogen werden, so findet sich darunter ein Widerspruch von einigen nicht unberühmten Rechts-Gelehrten, insonderheit Donello in lib. 9 Commentar. in jus Civ. cap. 13 n. 30, welchen auch folgen, Bachovius, Hunnius, Bocerus, und einige andere mehr; Allein es sind deren Argumenta nicht von der Wichtigkeit, daß man denselben absönderlich wider die hergebrachte Obfervantz bey zupflichten hätte. Denn 1) kan ein Haus eben so wohl iemand einen Nutzen geben, wenn es ihm zum Erben-Zins eingeräumet wird, als ein Land-Gut. 2) Es kan solches ebenfalls unter der Bedingung, es in Bau und Befferung zu bringen oder zu erhalten, überliefert werden.

3) Es kan davon ein gewiffer Canon, in recognitionem dominii directi ausbedungen werden, als bey Land-Gütern.

Da nun in keinen Rechten sich verboten findet, daß nicht ein solches Gebäude solte zum Erben-Zins können übergeben werden, ja vielmehr aus denen beschriebenen Rechten erhellet, daß auch dann und wann von ædibus vectigalibus Erwehnung geschiehet, wie zu sehen ex Leg. 15 § 51 de Vectigalibus ff. de damno infecto. Worunter berühmte Rechts-Lehrer Erben-Zins-Häuser verstehen. vid. Harpprecht ad § 3 Inftit. de Locat. & Conduct. n. 142. Als ist nicht zu zweiffeln, daß vorgedachter maffen auch Häuser und Gebäude zum Erben Zins können übergeben werden.

§. 6.

Ob stehendes Korn, Ställe, Scheuren, können zum Erben-Zins gegeben werden? Nicht wol vor sich, aber doch als accefforia.

Allein das würde wohl etwas mehrers zu untersuchen seyn: Ob dergleichen Sachen, so auf der Erden wachsen, als stehendes Korn, Ställe, Scheuren ꝛc. zum Erben-Zins können eingeräumet werden?

Ob nun zwar es wohl so wenig denen Rechten gemäß seyn möchte, daß dergleichen Dinge vor sich und allein confideriren, köndten iemand zum Erben-Zins concediret werden, allermaffen die Natur dieses Contracts so beschaffen zu seyn scheinet, daß daraus eine perpetuirliche Nutzbarkeit empfunden werden müffe. Harprecht ad cit. § 3 de locat. & Conduct. n. 144: So ist doch nicht zu zweifeln, daß, wenn dergleichen Sachen mit einem Land-Gut vereiniget sind, daß sie vor deffen Pertinentien oder Zubehör können behalten werden, so ist wohl ohne Zweiffel, daß dergleichen Annexa und Accefforia zum Erben-Zins können mit übergeben werden. Alvar. Valafcus de jur. Emphyteut. quæft. 12 n. 3. Dahin gehören auch die auf dem Lande stehende Früchte, wenn nemlich iemand ein Land-Gut mit samt den stehenden Früchten concediret wird. Leg. 14 ff. de rei vindicat. Leg. 27 ff. de Ufufructu. Nicht weniger was zu einem Hause gehöret, und darinnen Erd-Nied-und Nagel-fest ist. Leg. 13 § ultimo & Legg. seqq. ff. de Action. emti. Ebener gestalt ein Leibeigener, so zu dem Erben-Zins-Gut etwa gehörig seyn möchte. Leg. 3 ff. de diverfis & temp. præfcript.

§. 7.

Ebener Gestalt die Servitutes, und jura incorporalia, zu jagen, zu fischen ꝛc.

Dann auch die Servitutes, als zum Exempel: Die Trifft-Gerechtigkeit, das Jus Lignandi auf des Nachbaren Boden ꝛc. § 3 Inftit. de servit. Ruft. præd. Leg. 1 ff. Communia prædiorum. Denn ferner, auch das Recht zu jagen, zu fischen, Vogel zu stellen. Afflictus in cap. 1 § sciendum de feud. Cognit. Diese und dergleichen Gerechtigkeiten können zwar nicht principaliter zum Erb-Zins gegeben werden, wie man sich denn auch kein Exempel davon erinnert; allein mit einem Land-Gut können dieselben gar wohl sub hoc jure an iemand conferiret werden, welches erwiesen Molinæus in Confuet. Parifl. tit. 1 § 1. Gloff. 8 n. 8. Schrader de feud. Part. 3 cap. 2 n. 55.

Zwey-

Zweytes Rechtl. Bedencken, LIX.

Ob Bäume zum Erben-Zins können gegeben werden?

§. 1.

Ob Bäume können zum Erben-Zins gegeben werden? Aff. mit dem Grund und Boden. Ob solches auch geschehen thue ohne den Grund und Boden? Neg.

Ob aber iemand die auf der Erde stehende Bäume, zum Erben-Zins können gegeben werden, solches würde sich hiebey fragen lassen. Da denn auf den Fall, wenn solche Bäume zugleich mit dem Grund und Boden zum Erben-Zins überliefert werden, so hat solches wohl wenig Zweiffel, alldieweilen sie in solchem Fall vor ein Theil des Grundes, und vor Immobilia gehalten werden. Allein dieses würde etwas mehr zweiffelhafft seyn: Ob die blössen Bäume ohne den Grund wohl können iemand Jure Emphyteuseos zugeschrieben werden; Es wollen zwar solches behaupten Jason in Leg. 1. Cod. de Jur. Emphyteutico und Baldus ad eandem Legem: Allein solche Meynung kan schwerlich bestehen, alldieweilen solche Bäume ohne den Grund und Boden zu betrachten zu dem Jure Superficiario gehören. *ſ sed si gregis* 38 Inst. de rer. divisione. Nun ist aber das Jus Superficiarium von dem Erben-Zins-Recht mercklich unterschieden, L. 3 §. si quis 4 ff. de reb. eor. qui sub tutela. l. 16 §. fin. ff. de Pignoratit. Act. Bocer. Class. 2 Disp. 14 thes. 13. Harpprecht. ad §. 3 Instit. de Locat. Cond.

§. 2.

Mit den Bäumen wird der Grund und Boden præsumtive mit überliefert.

Sonsten aber wird insgemein davor gehalten, daß, wenn iemand einige Bäume, Holtzung, oder dergleichen zum Erben-Zins gegeben wird, alsdenn auch der Grund und Boden mit übergeben sey; Ebener gestalt, als wenn iemand einige Weinstöcke, oder Weinwachs eingeräumet wäre, davor zu halten ist, daß der Grund und Boden, wo dieselbige befindlich, zugleich mit überliefert sey. Leg. 13 in princ. ff. de servitut. præd. rust. Und daher wird geschlossen, daß wenn gleich nachhero solcher Boden verändert, und mit andern Gewächsen besetzet wird, dennoch dadurch die Concession des Erben-Zinses nicht aufhöret, oder verändert sey. Schrader de feud. Part. 6 cap. 6 n. 116. Valasc. de jur. Emphyteut. quæst. 12 n. 2.

Drittes Rechtl. Bedencken, LX.

Ob ein Lehn-Gut zum Erben-Zins könne gegeben werden?

§. 1.

Ob ein Lehn-Gut könne zum Erben-Zins gegeben werden? Neg. als mit Lehns-Herrn Consens.

Es könte hieber auch die Frage aufgeworffen werden: Ob ein Vasall berechtiget sey, sein Lehn entweder gantz oder grösten Theils zu Erben-Zins-Recht einzuräumen? Welches zwar von Johanne Fabro will affirmiret werden; Allein die mehresten und bewehrtesten Dd. statuiren hieselbst das Contrarium, daß nemlich eine solche Concession des Er-

ben-Zinses nicht gültig sey, es wäre denn, daß der Lehn-Herr darzu seine Einwilligung gäbe, wie denn solches behaupten: Fridericus Schenck in ſ Rursus quib. mod. feud. amitt. tit. 5 lib. 1 feud. n. 3. Jacobus de Belvisio, Baldus, Alvarottus. Johannes Reinaldus & alii in Cap. Imperialem tit. 55 feud. lib. 21. Curtius Jun. in tract. Feud. part. 4 n. 91.

§. 2.

Die Ratio davon.

Die Ration hiervon bestehet darinn, weil die Einräumung eines Erben-Zinses vor eine Alienation oder Veräusserung zu halten ist. Novella 1 cap. 1. Leg. fin. Cod. de reb. alien. non alienandis. Nun aber ist bekannt, daß alles dasjenige, was vor eine Alienation oder Veräusserung angesehen werden kan, bey den Lehnen verboten ist. Lib. 2 feud. tit. 52 & 55. Und zwar wird insgemein davor gehalten, daß solches nicht allein in feudis propriis, sondern auch impropriis stat finde; Alldieweilen nemlich die feuda impropria von der ordinairen Art und Eigenschafft der Lehn-Güter nicht abgehen, als worinne sie ausdrücklich von dieser Eigenschafft ausgenommen sind; Bocerus Class. 2 disputat. 15 thes. 41.

§. 3.

Hat einen Abfall in feudis hereditariis. Sonsbeccii Meynung, daß ex observantia dergleichen Contract gültig sey.

Unterdessen wenn ein Lehn solchergestalt eingeräumet ist, daß es gantz und gar erblich, und also auch ad heredes extraneos übergeben werden kan, in solchem Fall würde ein anders zu statuiren seyn; Es wollen auch vorbesagte Autores, Namens Curtius Junior, wie nicht weniger Sonsbeck in Commentario ad usus feud. part. 12 n. 94 und andere vorgeben, daß wenn gleich nach den Lehn-Rechten eine solche Verleihung des Erben-Zinses ungültig sey, dennoch aber die Gewohnheit hierinne ein anders eingeführet hätte, daß nemlich ein Lehn-Mann seine unfruchtbar liegende Ländereyen, ohne des Lehn-Herrn Consens, zum Erben-Zins einräumen könne; Ja auch so gar wäre er befugt, die wohl angebaueten Ländereyen seinem nechsten Anverwandten, so ihm demnechst in dem Lehn succediren, zu Erben-Zins ohne Einwilligung des Lehn-Herrn zu übergeben. Fridericus Schenck. in d. ſ rursus tit. 5 feud. 1 n. 5. Alldieweilen nemlich in solchem Fall eigentlich zu reden keine Alienatio geschiehet. Harpprecht ad §. 3 Instit. de Locat. & Conduct. n. 156.

Viertes Rechtl. Bedencken, LXI.

Ob Stamm-Güter zum Erben-Zins können gegeben werden?

§. 1.

Ob Stamm-Güter können zum Erben-Zins gegeben werden. Affirmat. auf Lebens-Zeit des Possessoris, Rationes davon.

Es wird auch nicht undienlich seyn, zu untersuchen: Ob die Bona maioratus, oder Stamm-Güter, welche entweder durch ein Fideicommiss. oder sonst auf andere Art an eine Familie verbunden sind, ob solche zu einem Erben-Zins können gegeben werden? Und ob zwar hierinne die Meynungen auch unterschiedlich sind,

sind, so ist doch die probableste Opinion, daß dergleichen Stamm-Güter nicht weiter, als auf Lebens-Zeit des Besitzers können zum Erben-Zins concediret werden; Denn weilen alle Anverwandten des mit solchen Gütern versehenen Geschlechts ein jus quæsitum auf die Succeßion haben, wenn der Poßeßor mit Tod abgehet, so kan derselbe durch seine Verleihung des Erben-Zinses, denen Agnatis wider den Willen und Verordnung des ersten Disponentis nicht præjudiciren, indem ihnen das Succeßions-Recht ipso jure zufällt. Ludovicus Molina de Contract. disp. 470 n. 1. Gozadinus Consl. 75. Arius Pinellus de Bonis Maternis Lib. 1 Part. 3 n. 65. Zu dem weilen das Recht des Poßeßoris, vermöge der von dem ersten Acqvirente gestelleten Verordnung nicht weiter als auf dessen Leb-Zeit gehet, so muß die Rechts-Regel dabey eintreffen; Resoluto jure dantis, resolvitur jus accipientis. Leg. 31 ff. de Pignoribus & Hypothecis, ibique Glossa. Leg. 9 § 1 ff. locati, ibique Paulus Castrensis. Harprecht ad § 3 Inst. Locat. Conduct.

§. 2.

Was bey Kirchen-Gütern zu beobachten, wenn daraus Erben-Zins-Gut will gemacht werden. Müssen gewisse Solennitäten beobachtet werden.

Daß die Kirchen-Güter ohne Unterscheid und besondere Solennitäten nicht können veräussert und von der Kirche abgebracht werden, solches ist so wohl aus den gemeinen Rechten bekannt, als auch anderwerts der Nothdurfft nach abgehandelt. Wie nun nach Anweisung des vorhergehenden R. B. § 2 die Constitution eines Erben-Zinses unter die modos alienandi gerechnet wird, also ist daher zu schliessen, daß wenn Kirchen oder andere geistliche Güter sollen zum Erben-Zins gegeben werden, alsdenn zuförderst eine gnugsame und zulängliche Ursach, welche den Nutzen des Contracts zum Grunde hat, müsse obhanden seyn, wie nicht weniger des bey der Kirche befindlichen Capituli (nehmlich bey Capitular-Kirchen) Consens und Einwilligung, und zwar vermittelst eines schrifftlich aufgerichteten Contracts, und andern requisitis, welche anderwerts angezeiget sind; Vid. Bocerus Classe 2 disputat. 14 thes. 11. Harprecht cit. loc. n. 164.

§. 3.

Sonst ist der Contract nichtig, wenn gleich die Kirche den Canonem lucriret.

Woraus folget, daß wenn diese Solennitäten aus der Acht gelassen, oder übergangen sind, der Erben-Zins-Contract nicht bestehe, wenn gleich derjenige, welchem der Erben-Zins concediret, sich um die Kirche wohl verdienet gemacht. Novella 7 in princ. vers. ult. Novella 120 Cap. 5. Cap. 2 de Reb. Ecclesl non alienand. in 6. Ludolphus Schrader in tract. feud. Part. 4 Cap. 2 n. 13.

Diesem stehet nicht entgegen, daß gleichwohl die Kirche das Dominium directum behalte, und an statt der übergebenen Länderen wiederum ihren gewissen Canonem alljährlich erhalte, allermassen quoad (1) solches Ober-Eigenthum keinen Nutzen träget, worauf doch bey Unterhaltung der Kirchen und geistlichen Corporum hauptsächlich mit zu sehen. Afflictus ad tit. 1 in princ. n. 42 Lib. 1 feud.

Und quoad (2) der Canon zwar in die Stelle des übergebenen Guts eintritt, doch aber weilen der-

Jurist. Oracul V Band.

selbe geringe, und mit dem Früchten nicht proportionirlich, vor profitabel nicht geachtet werden kan.

§. 4.

Eine Exceptio ist in geringschätzigen und übelbestellten Ländereyen.

Auf solchem Fall aber, wenn der übergebene Acker von geringem Ertrag, steinigt oder ungeschlacht ist, also daß offenbarlich die Kirche bey dessen Uibergebung wenig oder nichts verlieren kan, oder wenn derselbe in einem geringen Platz bestehet, so können die vorgedachten Solennitäten so genau nicht erfordert werden, nach der bekannten Rechts-Regel: Quod de modico non curet prætor. Per Leg. scio ff. de rest. in integ. ibique Glossa. Authen. Hoc jus porrectum Cod. de sacrosanct. Ecclesl Andreas Gail. Lib. 1 Observat. 151 n. 13. Oder auch wenn ein solcher Acker über Menschen Gedenken unbebauet gewesen ist, oder in dessen Cultivirung grosse Mühe, Arbeit und Unkosten anzuwenden. Schrad. de feud. Part. 4 Cap. 2 n. 15.

§. 5.

Oder wenn der Acker bey Menschen-Gedencken unbebauet gewesen.

Es ist hiebey nicht undienlich die Frage zu erörtern: Ob die vorerwehnten Solennitäten gäntzlich zurück gelassen und übergangen werden können, wenn der Concedens den Beweis über sich nehmen wollte, daß der Contract zu der Kirchen Vortheil gereiche? Welche Frage von den meisten negative beantwortet wird, welche ihre Raison von der Verwaltung eines Vormundes hernehmen, daß nemlich ein Pupill oder Unmündiger eine Erbschafft ohne seines Vormundes Willen, nicht antreten könne, wenn sie gleich vortheilhafft sey, wie solches verordnet in Leg. 9 § 3 ff. de Autorit. & Consl tut. & Curat. § neque tam. 1 Instit. de Aut. tut. Und weilen die Vorsteher von Kirchen und geistlichen Corporibus in den meisten Stücken denen Vormündern und Curatoren gleich sind, so wird von deren Verwaltung auf diese insgemein ein Schluß gemacht. Camillus Borellus in Summa decisl tit. 33 de emphyteusl n. 127. Nicolaus Eggebrecht in synopsl jur. emphyteut. Conclusl 541, welches doch mit der sub § 4 gesetzten Modification zu verstehen. Ein anders ist auch, wenn die Ober-Vorsteher der Kirche ex postfacto befinden sollten, daß der getroffene Erben-Zins-Contract zu der Kirche Nutzen und Aufnehmen abzielet, und sodann denselben vor gültig erkennen, alsdann ist kein Zweiffel, daß selbiger bestehen könne; allermassen, wenn schon zu Anfang die gebührenden Solennitäten nicht gebrauchet wären, so kan doch solcher Fehler, durch die hernach folgende ersetzet und verbessert werden. Cap. Cura Pastoralis 11 de jure Patronatus. Harprecht cit. loc. n. 171.

§. 6.

Ein Erben-Zins, so von der Kirche dependiret, soll nach einiger Meynung nur auf das dritte Geschlecht dauren.

Es wird insgemein davor gehalten und gelehret, daß ein Erben-Zins, so von einer Kirche, oder Pio Corpore gegeben wird, wenn nicht dazu gesetzt ist: Ob selbige in perpetuum, oder auf ewig soll eingeräumet seyn, nur bis auf das dritte Geschlecht, oder generation gültig sey, wie solcher Meynung beypflichten: Cravetta de Antiquit. temp. Part. IV n. 76. Trentacinq. Variarum resolutionum Lib. III resol. c. 3. Alexander

Jii

in

in Leg. 6 ff. de sequirend. hæred. Menoch. præsumt. 209 n. 15.

§. 7.
Andere behaupten das Gegentheil. Rationes solcher Meynung.

Allein andere statuiren mit mehrerm Recht, daß
ein Erben-Zins, so von der Kirche oder von der
Geistlichkeit mit gebührender Solennität vergeben
ist, nicht allein auf Kinder und Kindes-Kinder,
sondern auch auf auswärtige Erben vererbet werde,
und zwar daher, weilen in Rechten deutlich gnug
versehen, daß wenn die Solennitäten, so das geistliche Recht erfordert, gebraucht werden, ein Kirchen-Gut gar wohl könne alieniret werden. Cle-
mentina 1 & 2 de Reb. Eccles. non alienand.
Können nun solche Kirchen-Güter gäntzlich veräussert werden, wie vielmehr wird es vergönnet seyn,
selbige zum Erben-Zins zu reichen, denn in solchem
Fall behält dennoch das Ober-Eigenthum, und
wird nicht alles Nutzens, von dem eingeräumten
Gut beraubt, indem sie den jährlichen Canonem
behält. Welche Conclusion denn auch ihren Grund
findet, in Novella 120 Cap. 6 §. 1, allwo der Kayser Justinianus denen Vorstehern der Kirchen und
Gottes-Häuser die Macht einräumet, nicht allein
auf gewisse Zeit der Kirchen unbewegliche Güter,
zum Erben-Zins zu geben, sondern auch solche auf
ewig und unwiderruflich auf solche Art iemand überliefern.

Ein gleiches ist zu schliessen aus dem Cap. Ad
Aures de Reb. Eccles. alienand.

§. 8.
Einen eröffneten Erben-Zins kan ein Prälat ohne Solennitäten wieder austhun.

Wenn ein Kirchen-Gut, welches von langen Zeiten her iemand zum Erben-Zins gegeben ist, der
Kirchen wieder heim fällt, so wird der Vorsteher
solcher Kirchen-Güter oder Prälat befugt seyn, solches Erben-Zins-Gut hinwiederum an andere Er-
ben-Zins-Leute mit eben denen Conditionen, worunter es vorhin gestanden, einzuräumen, ohne dazu
die sonst gewöhnliche Solennitäten, so bey Veräusserung der Kirchen-Güter nöthig sind, zu gebrauchen. Cap. 2 Extr. de feud. in princ. Lib. 1 feud.
tit. 16 §. in Clericorum. Schrad. in tract. feud.
part. 4 Cap. 2 n. 20.

§. 9.
Doch nicht auf härtere Conditiones, als derselbe vorhin gestanden. Ursache davon.

Jedoch aber ist dieses mit der Ermäßigung anzunehmen, daß die neue Concessio des Erben-Zinses keine härtere oder nachtheiligere Conditiones in
sich fasse, als vorher gewesen; Und daher wenn der
Erben-Zins vorhin an eine besondere Person verliehen ist, so kan die neue Concession nicht auf eine
gantze Stadt oder Gemeine eingerichtet, auch nicht
an eine vornehme oder mächtige Person gestellet werden. Lib. 2 feud. tit. 34 §. similiter. Die Ursach
bestehet darinne, weil eine Stadt oder Gemeine niemahls ausstirbt, und also gar keine Hoffnung ist, daß ein solcher Erben-Zins hinwiederum
an die Kirche zurück fallen werde. Leg. 56 ff. de
Usufruct. Leg. 8 ff. de usu & Usufruct. Legat.
Und mit grossen und mächtigen Herren ist nicht gut
auszukommen, wenn dieselbe in Güte sich zu Abstattung der Billigkeit nicht anschicken wollten, Leg. 1

in fine & leg. sequ. ff. de alienar. iudic. mut.
fact. Tot. tit. Cod. Ne liceat potentioribus.
Gleichergestalt, wenn in vorigen Zeiten der Erben-
Zins nur auf eine gewisse Generation oder Ge-
schlechts-Zahl concediret ist, so kan derselbe nicht
auf ewig und perpetuirlich durch die neue Uibergabe übergeben werden. Dict. tit. 34 Lib. 2 feud.
Curtius Iun. in tract. de feud. Part. 2 quæst. 6.

Fünftes Rechtl. Bedencken, LXI.
Ob ein Prälat die eröffneten Erben-Zins-Güter seinen Anverwandten conferiren könne?

§. 1.
Ob ein Prälat die eröffneten Güter seinen Verwandten conferiren könne?

Es wird unter andern auch hierbey nicht wenig
controvertiret: Ob ein Prälat oder Vorsteher einer
Kirche ein solches eröffnetes Gut, so der Kirche heim
gefallen, seinen Vetter und Verwandten übergeben
und verschreiben könne? Daß es vielfältig geschehe,
sonderlich bey denen Bischoffthümern, und dergleichen geistlichen Chargen, solches giebt die tägliche
Erfahrung gnugsam an die Hand, indem sich
insgemein die Nepotes oder Anverwandten eines
solchen geistlichen Oberhaupts dadurch ziemlich zu
bereichern pflegen.

§. 2.
Meynung und Rationes der Affirmantium.

Es sind auch nicht wenige, so diese Frage affirmiren, wie nachgesehen werden kan bey Nicolao
Everhardo in Topicis legal. in loc. a feud. ad
emphyteus. n. 16. Welche denn unter andern pro
ratione anführen, wie es der Natur gemäß sey,
daß ein iedweder seine nechsten Verwandten denen
auswärtigen Personen vorziehe. Leg. 30 Cod. de
fidei Commiss. Und daß das Jus Canonicum
selbsten statuire, wie man seine erste Liberalität seinen nechsten Freunden erweisen solle; Can. non sat.
14 §. 1 distinct. 86.

§. 3.
Die Negativa ist in Legibus Iustinianeis gegründet, insonderheit Novella 120.

Allein die widrige Meynung, daß solche Collatio auf Vettern und Verwandten nicht geschehen
solle, ist in puncto juris sonder Zweiffel wohl vorzuziehen, per textum in Novella 120 Cap. 5. Authentica Quibuscunque Cod. de SS. Eccles. Die
Worte solcher Novellæ, weil sie merckwürdig sind,
wollen wir hierbey mit anführen: Oeconomis vero & orphanotrophis & reliquis Venerabilium
domorum ordinatoribus, nec non omnibus
chartulariis & parentibus eorum & filiis & aliis,
qui per genus eis, vel nuptiarum jure conjun-
cti sunt, interdicimus emphyteusin & locationes sive hypothecas rerum ipsis venerabilibus
domibus competentium, aut per semet ipsos,
aut per interpositam personam accipere &c.

In welchen Worten deutlich gnug verboten
wird, daß nicht nur die Haus-Verwalter, sondern auch übrige Vorsteher und Auffseher derer Kirchen und Klöster ihren Anverwandten keine Erben-
Zins-Güter, oder andere Ländereyen zur Pacht einthun sollen, vermuthlich aus der Ursach, daß eine

solche

solche Alienatio oder Uibergabe eines Kirchen-Guts, an einen Vetter oder Verwandten den Verdacht erwecke, daß solches zum Nachtheil der Kirchen angesehen sey, und ausschlagen möge. Can. Decenter 6 Distinct. Alciatus de Præsumt. reg. 1 præsumt. 29. Harprecht ad § 3 Instit. de locat. Conduct. num. 169. Was nun die Dissentirende von der natürlichen und in Legibus nicht improbirten Inclination gegen die Verwandten und Angehörigen anführen, solches lässet sich zwar appliciren, wenn einer von seinen eigenen Gütern disponiret und Ordnung machet, nicht aber wenn von fremden, insonderheit Kirchen-Gütern, die Rede ist: Es wollen zwar die Contra sentientes noch mehrere Gründe zu Behauptung ihrer Meynung anführen, welche aber samt und sonders anhero zu wiederholen zu weitläufftig fallen würde, daher wir den geneigten Leser zu denen obangezogenen Autoribus, um daselbst völligere Nachricht einzuziehen, verwiesen haben wollen.

Sechstes Rechtl. Bedencken, LXII

Ob die Anverwandten und Gefreundte des letztern Erben-Zins-Mannes bey Conferirung des auf gewisse Generationes verliehenen und nun erloschenen Erben-Zinses sich ein Vorzugs-Recht anmassen können?

§. 1.

Ob die Anverwandten und Gefreundte bey Conferirung eines erloschenen Erben-Zinses sich ein Vorzugs-Recht anmassen können? Solches wollen einige Affirmando behaupten.

Es ist auch diese Frage von denen ICtis nicht wenig von beyden Seiten disputiret: Ob ein Prälat und Kirchen-Vorsteher, oder auch sonst ein Privat Erben-Zins-Herr einen solchen Erben-Zins, welcher nur auf gewisse Generationes eingeräumet, nach Erlöschung derselben denen nechsten Anverwandten des letztern Erben-Zins-Manns hinwieder einzuräumen schuldig sey, oder ob er denselben iederman, wem er will, conferiren könne? Wie nun sich verschiedene finden, welche vor die Anverwandten und nächsten Angehörigen sprechen, und denenselben das Recht zuschreiben wollen, daß sie in Conferirung des Erben-Zinses, nicht vorbey gegangen werden können: Mynsing. Cent. 5 Observat. 16 & Cent. 6 Observat. 79. Ripa in Leg. 1 ff. de Privileg. Cred. Antonius Gabriel in Commun. Conclus. Lib. 7 tit. de jure emphyteut. Conclus. 1. Decius Conclus. 1.

§. 2.

Opinio negantium scheinet besser fundiret zu seyn. Rationes solcher Meynung.

Nichts destoweniger scheinet die conträre Meynung, welche dem Erben-Zins-Herrn freye Hand lässet, bessern Grund zu haben. Denn (1) ist die Concession eines Erben-Zinses, eben wie die Locatio Conductio ein freyer Contract, vermöge dessen ein ieder Macht hat, das Seinige Titio, Cajo, oder Mevio, nach seinem Gefallen zu vermieten und zu übergeben. Leg. 11 Cod. de Locat. Leg. Invitum 11 Cod. de Contrahend. emtione. Und wie der Erben-Zins-Contract mit dem Kauf und Miete viele Verwandschafft hat, also ist solches auch wohl

Jurist. Oracul V. Band.

in hoc puncto zu appliciren. (2) Wird in Novella 7 Cap. 3 gesagt:

Daß ein solches Pactum ungültig sey, wenn verabredet wäre, daß eine Kirche oder Kloster, nach abgestorbenem Geschlechte des Erben-Zins-Manns, schuldig wäre, dessen Anverwandten, das Erben-Zins-Gut wieder einzuräumen.

Wenn nun die nächsten Anverwandten an sich ein Recht hätten, das Erben-Zins-Gut nach erloschener ersten Linie wieder zu prätendiren; so könte ein solches Pactum nicht wohl ungültig seyn.

(3) Weil nach abgestorbener Linie das Erben-Zins-Gut frey zu dem Erben-Zins-Herrn zurücke fällt, und die Verbindlichkeit zwischen ihm und dem Erben-Zins-Mann aufgehöret, auch die nächsten Anverwandten kein Rechts-Fundament vor einem Fremden aufweisen können; so ist der Erben-Zins-Herr wohl befugt, das Gut vor sich zu behalten, oder iemand fremdes zu übergeben, zumal ein ieder freye Macht hat mit seinen Sachen zu schalten und zu walten. Leg. 21 Cod. Mandati. Dn. Harprecht. ad tit. Inst. Loc. n. 175.

Siebends Rechtl. Bedencken, LXIII.

Welche Personen Erben-Zins-Güter vergeben, oder acquiriren können? und wie das Erben-Zins-Recht constituiret werde? desgleichen worinne das Recht des Erben-Zins-Herrn und Emphyteutæ bestehe?

§. 1.

Welche Personen Erben-Zins-Güter vergeben oder auch acquiriren können?

Bey denen Personen, welche einen Erben-Zins entweder andern übergeben, oder aber vor sich acquiriren können, findet sich eben nicht viel besonders anzumercken, als nur, daß es solche Personen seyn müssen, welche über ihre Güter vollkommen Herr sind, und denen sonst die freye Administration und Commercium nicht verboten. Struv. Syntag. Jur. civ. exercit. 11 thes. 58.

§. 2.

Bey Unmündigen, Minderjährigen, müssen gewisse Requisita beobachtet werden.

Nur ist bey Unmündigen und Minderjährigen zu beobachten, daß, gleichwie deren Güter ohne gewisse Solennitäten nicht können verkauffet oder veräussert werden, also auch solches bey diesem Erben-Zins-Contract in Obacht genommen werden müsse, weilen derselbe vorgedachter Massen unter die Species Alienationis gerechnet wird.

Ebenergestalt müssen bey Kirchen- und Kloster-Gütern diejenigen Requisita, so sonst bey dergleichen Güter-Veränderung nöthig sind, vorher gehen, sonst dieselbe keine Gültigkeit haben, wie oben schon berühret: Struv. cit. loc.

§. 3.

Auch Ehemänner in re dotali müssen der Frauen Consens haben. Frauens-Personen kan die Constitutio des Erben-Zinses nicht abgesprochen werden.

Ein Ehemann, ob er zwar nach dem Jure civili dominus rei dotalis, quamvis revocabilis ist, Leg. 30 Cod. de jur. dot. so kan er doch nicht solche Güter zu Erben-Zins-Recht vergeben ohne der Frau-en

Jii 2

en Einwilligung und Consens. Princip. Instit. Quibus alienare licet. Frauens-Personen werden zwar einiger massen den Minderjährigen gleich geschätzet; Cap. cum contingat. Extra. de jur. jurand. ibique Imola. Dennoch aber sind sie in diesem Negotio nicht geringers Rechts, als die Männer, und kan ihnen die Constitutio eines Erben-Zinsens nicht verweigert werden, absonderlich da dieser Contract auf den Nutzen zielet, daß der Aecker dadurch verbessert werden. Gail. Lib. 2 observ. 89 n. 2.

§. 4.
Auf was Weise das Erben-Zins-Recht constituirt werde? Durch einen Contract, oder letzten Willen, wird ein jus ad rem conferiret.

Was nun anbelanget die Constitution und Festsetzung des Erben-Zins-Rechts, so geschiehet dieselbige entweder durch einen Contract, vermittelst dessen der Erben-Zins-Herr sich verpflichtet machet, iemand ein gewisses Gut zum Erb-Zins zu übergeben, und zwar kan solches geschehen, entweder vermittelst eines Kauffs, da der Erben-Zins-Mann um ein gewisses Geld das Erben-Zins-Gut an sich löset, oder aber durch eine freywillige und Schenkungs-Weise geschehene Versprechung, woraus dern ein jus ad rem und actio personalis entstehet; Leg. 20 Cod. de pact. Oder durch einen letzten Willen, wenn der Erben-Zins-Herr iemand das Erben-Zins-Recht in gewissen Ländereyen durch ein Testament vermachet, oder ihn darinne zum Erben einsetzet, welches denn ebenfalls seine Krafft hat.

§. 5.
Durch die Tradition wird das Erben-Zins-Recht völlig constituiret. Dabey können gewisse Pacta angefüget werden.

Das volle Erben-Zins-Recht aber wird sodann übergeben, wenn die Traditio auf solches Pactum oder letzten Willen erfolget, da denn entweder ein gewisser schrifftlicher Aufsatz oder mündliche Abrede getroffen wird, wodurch sich der Erben-Zins-Mann zu einem gewissen jährlichen Canone verbindlich machet. Leg. 1 cod. de jur. emphyteutico. Es können dabey die Contrahenten nach Belieben gewisse Pacta hinzu setzen, zum Exempel: Ob der Erben-Zins perpetuirlich seyn oder nur auf gewisse Generationen dauren solle: Ob der Erben-Zins-Mann seines Rechts verlustig seyn solle, wenn er in einen oder zweyen Jahren seinen Canonem nicht bezahlet. Gallerat. de renunc. tom. 3 renunc. 113 n. 1.

§. 6.
Ob ein gewisses Geld vor die Einräumung des Erben-Zinses bezahlet werden müsse?

Es ist oben angezeiget, daß der Erben-Zins-Contract, entweder vermittelst eines gewissen Stück Geldes, so der Erben-Zins-Mann auszahlet, oder ohne dasselbe könne geschlossen werden. Weilen nun dieser Punct annoch einer weiteren Erläuterung bedürfftig ist, indem die Rechts-Lehrer hierinne nicht einerley Meynung sind, so ist hiebey zu untersuchen: Ob bey Einräumung eines Erben-Zinses nothwendig sey, daß ein gewisses Geld an stat eines Kauff-Pretii von dem Erben-Zins-Mann bezahlet werde, oder solches wohl zurück bleiben könne.

§. 7.
Opinio Affirmantium & Rationes.

Verschiedene ICti, von nicht geringer Autorität, behaupten die Affirmativam, und sind der Meynung,

daß ohne eine solche Constitutionem pretii, der Erben-Zins nicht bestehen könne, worunter die Vornehmsten sind: Alberinus de Rosate. Raphael Fulgosus. Guarnerius de Castellis in leg. 1 Cod. de Jure Emphyteut. Hostiensis in tit. de Locato n. 11. Ferretus consl. 181 n. 3. Bertrandus Lib. VII Consl. 34 n. 5. Deren Rationes lauffen vornehmlich dahin aus:

1) Daß in Leg. sin. Cod. de Jure Emphyteutico gesaget wird: Es solle dem Erben-Zins-Herrn der funfzigste Theil des Pretii an stat einer Recognition oder Laudemii gereichet werden: Weil man nun nicht wissen könne, welches der 50 Theil des Pretii sey, wenn nicht ein gewisses Stück Geldes bey Verabredung des Contracts beliebet und fest gesetzet wäre; als scheinet hieraus nothwendig zu folgen, daß der legislator präsupponiret habe, daß ein gewisses Pretium bey Eingehung des Contracts müsse gesetzet seyn: Denn man könne ja keinen Theil des Pretii angeben, wenn nicht ein Pretium selbst vorhanden wäre.

2) Könne solches erwiesen werden aus der Authentica Qui res Cod. de Sacrosanctis ecclesiis, allwo gesagt wird, daß vor die Einräumung eines Erben-Zinses ein gewisses Geld gegeben sey, woraus also scheinet zu folgen, daß die Intentio pretii ein nothwendiges Ding sey.

§. 8.
Opinio negantium hat den Vorzug. Rationes derselben.

Allein andere Rechts-Gelehrte, und zwar in grösserer Anzahl, statuiren das Gegentheil, daß nehmlich eine gewisse Geld-Summe bey Eingehung des Erben-Zins-Contracts dem Erben-Zins-Herrn zu zahlen überall nicht nöthig sey, und zwar sind dieselben nahmentlich: Cynus. Salicetus, Baldus & Iason in Leg. 1 Cod. de Jure Emphyteut. n. 3. Corasius, ibid. n. 11. Natta Consl. 49. Parisius Lib. 3. Consl. 77. Clarus § Emphyteusis Quæst. 3. Alvarus Valascus in tract. de Jure Emphyteut. Quæst. 10. Johannes Orosius ad Leg. 7. ff. de Pactis. Welche Meynung auch sonder Zweiffel den Rechten gemässer ist, und zwar:

1) Weilen in denen von der Emphyteusi redenden Rechts-Verordnungen nirgends mit ausdrücklichen Worten und klaren Expressionibus gesetzet ist, daß bey Eingehung des Erben-Zins-Contracts nothwendig ein Stück Geldes oder Pretium erfordert werde, wie solches zu sehen ex Leg. 1 & 2 Cod. de Jure Emphyteut. Leg. 1 & toto titulo ff. Si ager vectigalis. § 3 Instit. de Locat. Conduct. Nun aber müssen wir keine mehrere Substantialia zu Vollkommenheit eines Contracts affingiren, als welche in den Gesetzen nahmentlich verordnet sind. Per Leg. 19 Cod. de Collat. Nov. 18 cap. 5.

2) Es wäre überdem ungereimt gewesen zu sagen, daß der Erben-Zins-Contract der Location sehr nahe käme, wenn dabey allemahl ein Pretium seyn müste, denn auf die Art würde derselbe vielmehr ein förmlicher Kauff seyn.

§. 9.
Beantwortung der gegenseitigen Ursachen.

Die obangeführte Rationes contrariæ sind nicht von der Stärcke, daß man denselben absolut folgen müste. Denn der 50 Theil der Pretii kan alsdenn nicht

nicht allein determiniret werden, wenn wircklich ein Pretium vor das Erben-Zins-Gut gegeben wird, sondern auch, wenn ein Uiberschlag gemacht wird, was solches werth seyn könne.

Die 2 Ration aber schliesset weiter nichts, als daß ein gewisses Kauff-Geld bey dem Contract beliebet werden könne, wenn solches den Partenen gefällig, nicht aber, daß solches eben absolut also seyn müste.

§. 10.
Die Præscriptio kan auch unter die modos acquirendi gezehlet werden. Selbige geschiehet auf verschiedene Weise. Kommt hierinne denen Lehnen ziemlich gleich.

Nechst diesen beyden modis acquirendi kan auch 3) die Præscriptio stat finden, wenn nehmlich entweder iemand ein gewisses Land-Gut von demjenigen, der nicht rechter Eigenthums-Herr ist, zum Erben-Zins empfänget, und selbiges bona fide 30 Jahr geniesset; oder 2) wenn iemand ein Land-Gut als einen Erben-Zins, welches ihm nicht förmlich und ordentlich eingeräumet, in derselbigen Qvalität 30 Jahr besitzet, dem Erben-Zins-Herrn den gebührlichen Canonem und andere Præstanda leistet, obgleich, wie gedacht, keine förmliche und ordentliche Constitutio Emphyteuseos geschehen, so ist kein Zweifel, daß nicht ein solches Land-Gut hiernächst dem Erben-Zins-Mann verbleiben müsse. Argument. Leg. 3, 4 & 6. Cod. de Præscript. 30 vel 40 annorum. Denn in solchem Fall wird durch den tacitum consensum Domini & Coloni, welche beyderseits sich als Erbenzins-Herr und Erbenzins-Mann aufführen, der Erbenzins wircklich festgestellet, Leg. fin. Cod. de Fundo patrimoniali. Struvius Syntagmat. Juris Civilis Exercit. II Thes. 4, ebener Gestalt, wie ein Lehn, welchem der Erben-Zins viel gleich kommt, innerhalb 30 Jahren wohl kan præscribiret werden. Und diese Meynung wird von den Doctoribus fast durchgehends beliebet und fest gestellet: Clarus Lib. 4 sentent. § Emphyteus. Quæst. 7. Balbus de Præscript. part. 2. Quæst. 10 n. 36. Menochius de Præsumtionibus Lib. 3 præsumt. 108 n. 4, und andern mehr, welche in großer Anzahl anführet Harprecht. ad § 3 Institut. de Locat. Conduct. n. 233.

§. 11.
Worinne das Recht des Erben-Zins-Herrn bestehe?

Wenn nun also das Jus Emphyteuseos entweder durch einen Contract oder letzten Willen eingegangen, so bestehet das Recht des Erbenzins-Herrn darinne:

1) Daß der Erbenzins-Mann ihn vor seinen Obereigenthums-Herrn erkennen, halten und respectiren muß.

2) Daß der Erbenzins-Mann verbunden ist, ihm jährlich seinen gewissen Canonem oder Erben-Zins, auch unangefordert, zu entrichten.

3) Daß er zu gewissen Zeiten seinen Erbenzins-Contract renoviren und aufs neue confirmiren zu lassen schuldig ist.

4) Daß er um seinen Consens muß angesprochen werden, wenn das Erbenzins-Gut solle veräussert werden.

5) Daß ihm das Vorzugs-Recht, oder protimiseos bey den Erbenzins-Gütern, wenn sie etwa solten verkaufft werden, zustehet. Leg. final. § sed ne has Cod. de Iure Emphyt. Iohannes Köppen.

Decis. 52 n. 4. So gar, daß, wenn auch schon ein naher Anverwandter sich des juris retractus bedienen wolte, dennoch der Erbenzins-Herr vorgezogen werden muß. Berlichius Part. 2 Concl. 39 n. 4 & Decis. 98.

6) Wollen auch die mehresten behaupten, daß der Erbenzins-Mann schuldig sey, seine Früchte, so er zu verkauffen willens ist, seinem Guts-Herrn zu offeriren, ob selbiger sie zu kauffen nöthig habe. Per. Leg. 1 Cod. de Metallariis & metallis. Welches aber iedoch noch einigem Zweifel unterworfen.

Ubrigens aber stehet dem Erbenzins-Herrn frey, sein Recht an iedermann zu veräussern und zu verkauffen, wo es ihm gefällig ist. Carpzov. part. 2 Const. 39 defin. 10. Leyserus de Iure Georg. Cap. 15 n. 14.

§. 12.
Das Recht des Emphyteutæ.

Hingegen bestehet das Recht des Erben-Zins-Manns darinne, daß demselben das sogenannte utile dominium oder nutzbare Eigenthum (welches andere das Unter-Eigenthum nennen) zukommt. Struvius Exercit. II Thes. 68. Aus solchem dominio utili fliesset nun, daß der Emphyteuta befugt ist

1) Alle Commoditäten und Nutzbarkeiten, so aus dem Erbenzins-Gut nur einigermassen herfliessen, sich zuzueignen. Fulginius in tract. de Emphyt. Rubr. de Diversis quæstion. quæst. 16. Und ob zwar nicht gesaget werden kan, daß der Erbenzins-Mann völliger Eigenthums-Herr sey: Leg. 1 §. 1 ff. Si ager vectigal. So ist doch sein Recht dem dominio sehr ähnlich, er wird auch in den Römischen Rechten zu unterschiedlichen mahlen dominus genannt, wiewohl in sensu improprio. Leg. Possessores 12 Cod. Fundo patrimoniali in fin. Daher denn auch fliesset, daß der Erbenzins-Herr selbst ihm das Erbenzins-Gut nicht nehmen kan, so lange er seinen Canonem zu rechter Zeit bezahlet und sonsten præstanda præstiret, Dict. Leg. 1 in princip. ff. Si ager vectigalis.

Achtes Rechtl. Bedencken LXIV.
Ob solche Sachen zum Erben-Zins gehören, welche nicht wieder wachsen?

§. 1.
Ob solche Sachen zum Erben-Zins gehören, welche nicht wieder wachsen? Affirmatur.

Es ist hiebey von den interpretibus unter andern die Frage aufgeworffen worden: Ob der Erbenzins-Mann solche Aufkünffte mit geniessen könne, da die verbrauchten Sachen nicht wieder wachsen, als z. E. wenn in dem District des Erbenzins-Guts eine Marmor-Stein- oder Schieffer-Grube sich hervor thut.

Da denn die meisten in sententiam affirmativam incliniren, dessen Fundament hergeholet wird ex Leg. Fructus 7 §. Si vir 13 ff. soluto matrimonio; wo der ICtus Papinianus den Ausspruch thut, daß wenn eine Frau ihrem Mann ein solches Land-Gut zum Braut-Schatz zubringet, worinne dergleichen Stein-Gruben befindlich, alsdenn die ausgegrabenen Marmor und Steine dem Manne, als ufuctuario, zustehen; woraus nicht ohne Wahrscheinlichkeit argumentiret wird, daß auch ein Erbenzins-

Mann,

Mann, welcher auf gewisse Art fast noch ein besseres Recht, als ein maritus in rebus dotalibus hat, ebenfalls befugt sey, sich dergleichen Einkünffte anzumassen. ~Dominus Harprecht. ad § 3 Instit. de locat. & conduct. n. 259. Wobey denn, ausser vorbesagter Ursache, auch noch diese Ratio hinzu kommt, daß das Erbzins-Gut durch Eröffnung einer solchen Grube nutzbarer und einträglicher gemacht wird, da sonst an solchen Orten wenig zu wachsen pfleget. Ludov. Molina de Hispanor. primogen. Lib. 1 Cap. 23 n. 9.

§. 2.
Ein verborgener Schatz gehöret dem Erben-Zins-Herrn. Rationes solcher Opinion.

Wenn ein verborgener Schatz in einem solchen District sich finden sollte, wird, nach der gemeinesten Meynung der ICtorum, derselbe dem Erbzins-Herrn zugehören, jedoch aber so, daß, wenn ihn der Erbzins-Mann, oder ein anderer gefunden, demselben die Halbscheid davon überlassen werde. Leg. Un. vers. ult. Cod. de Thesauris. §. 39 Instit. de Rerum divisione. Und zwar aus der Ursache, weil, nach Ausweisung vorangezogener Rechts-Stellen dem vollen Eigenthums-Herrn die Aufhebung eines verborgenen Schatzes zukommt, wovor der Erbzins-Mann eigentlich nicht gehalten werden kan, auch zu präsumiren, daß bey Uibergabe eines solchen Erbzins-Guts die Meynung des Erbzins-Herrn nicht sey, zugleich ein solches Recht an den Erbzins-Mann mit zu übergeben; kan also, wider dessen Absehen und Meynung der Contractus emphyteuticus nicht extendiret werden. Per Leg. 19 ff. de Rebus creditis in princip. Leg. 3 § 1 ff. de Obligationibus & Actionibus. Dieser Meynung pflichten also bey Alvarus Valascus de Iure Emp. Quæst. 25 n. 1. Harprecht. ad § 3 Institur. de Loc. Conduct. num. 272.

§. 3.
Ein Fischteich gehöret dem Erben-Zins-Mann. Er muß doch aber den Teich nicht ganz ausfischen.

Aus dem obbenannten dominio utili fliesset ferner, daß wenn in dem überlassenen Erbzins-Gut ein Fisch-Teich oder stehende See sich findet, worinne die Fische laichen und sich fortpflanzen, so gehöret allerdings der Nutzen davon dem Erbzins-Mann, und kan er die Fische nach seinem Gefallen gebrauchen, weilen nehmlich das Recht zu fischen, mit dem usufructu gezogen wird. Leg. 9 § 5 ff. de usufruct. Leg. 10 § 3 ff. Quibus modis usufructus amittitur. Es ist unterdessen doch dabey zu beobachten, daß der Emphyteuta nicht berechtiget ist, die Teiche ganz und gar auszufischen, weil er sonsten das Erbzins-Gut deterioriren würde, welches ihm nicht frey stehet. Guido Papæ Decis. 91 n. 4.

§. 4.
In einer Holzung stehet dem Erben-Zins-Mann frey, sein nöthiges Holz zu bauen. Einige wollen solches nicht zugeben, bey Eichbäumen, welche langsam wachsen. Andere halten das Gegentheil, so auch den Vorzug behält. Ist mit gewissen Bedingungen zu verstehen.

Auf gleiche Maasse, wenn eine Holzung in dem District des Erbzins-Guts mit begriffen ist, so kan dem Erbzins-Mann nicht verwehret werden, zu seiner nöthigen Feuerung, oder sonst zu seinem nöthigen Gebrauch, Holtz zu hauen, insonderheit, wenn es solche Art Holtz ist, welche leichtlich wieder wächset. Per Leg. Sylva 30 ff. de Verborum significatione. Bey welchem Punct zwar einige Dissension unter den Rechts-Lehrern sich hervor thut, da nehmlich etliche davor halten wollen, daß diejenigen Bäume, so in langer Zeit erst wieder wachsen, als z. E. Eichen, von dem Erbzins-Mann nicht dürften abgehauen werden. Vid. Arius Pinellus ad Leg. 1 Cod. de Bonis maternis n. 59. Welcher verschiedene andere, so seiner Meynung beypflichten, als Paulum a Monte Pico, Arnulphum Ruzeum, und Sigismundum Lofredum anführet, wobey sie die Raison beybringen, daß dasjenige nicht könne vor wieder wachsend angegeben werden, welches in langen Jahren erst heran wachset. Leg. antepenult. Familiæ herciscundæ. Allein die widrige Meynung findet mehr Beyfall, wird auch wohl den Rechten gemässer seyn, daß allerley Bäume, so wohl die langsam, als die bald wieder wachsen, von dem Erbzins-Mann können gehauen und gebrauchet werden. Per Leg. Ex Sylva 10 ff. de usufructu. Alexander Cons. 118 n. 3. Garsias de Expensis & meliorat. Cap. 2 n. 35. Parisius Lib. 1 cons. 3 n. 32. Bocerus Class. 2 Disput. 14 thes. 45. Harprecht. cit. loc. n. 287. Jedoch ist hiebey ebenfalls die Mäßigung zu gebrauchen, daß das Holtz haushälterisch und Forstmäßig müsse gehauen, auch wieder junge Bäume angepflanzet werden, damit das Erbzins-Gut in beständigem guten Wesen erhalten werde. Leyserus de Jure Georgico Cap. 15 Lib. 1 n. 25.

§. 5.
Die Wildbahn kan der Emphyteuta mit Massen gebrauchen.

Bey Wild-Bahnen oder solchen Behältnissen, wo Wild gehalten wird, kan der Erbzins-Mann ebenfalls sich desselben mäßig gebrauchen, so daß solches nicht zu Grunde gerichtet und ganz verödet werde. Leg. 62 § 1 ff. de usufructu.

Neuntes Rechtl. Bedencken LXV.
Wer die Onera und den Schaden des Erben-Zins-Gutes tragen müsse?

§. 1.
Der Erben-Zins-Mann muß alle Onera des Guts tragen.

Weilen nun der Erbzins-Mann alle Commodität, Aufkunfft und Nutzbarkeit des Erbzins-Guts geniesset, so ist er auch schuldig, die Onera, so davon aufkommen müssen, zu tragen, es mögen dieselbe realia oder personalia, ordinaria oder extraordinaria seyn, nach der Rechts-Regel: qui sentit commoda rei, obstrictus etiam est ad ferenda onera. Leg. 1 & 2 Cod. de Collatione fundi patrimonialis. Es auch an sich unbillig wäre, den Ober-Eigenthums-Herrn, welcher nur einen-geringen Canonem geniesset, mit Abstattung der Onerum zu beschweren. Müllerus ad Struvium Exercit. 2 Thes. 68.

§. 2.
Worinne kein Unterscheid der Person zu beobachten.

Und ist hierinne kein Unterscheid zu machen, unter geistlichen oder weltlichen Personen, allermassen auch so gar eine Kirche, wenn sie sich Erbzins-Güter geben läßt, zu denen Oneribus, so vorher darauf gehaftet, sich anschicken muß. Authentica idem prædium Cod. de sacrosanct. Eccles. Leg. de his Cod. de Episc. & Clericis. Leg. finali Cod. de Exactione tributorum Lib. 10.

§. 3

§. 3.

Auch nach einiger Meynung die Onera von vorigen Zeiten übernehmen.

Nicht weniger wollen einige behaupten, daß ein Erbenzins-Mann auch so gar von den Zeiten, da nicht er, sondern sein Antecessor die Erbenzins-Güter genossen, vor die Onera hafften müsse, iedoch aber sich an seinen Vorwirt hiernächst halten könne, wozu sie anführen Leg. 5 ff. fin. de Censibus. Leg. 7 ff. de Publicanis. Jedoch aber möchte solches wohl in dem Casu, wenn der Possessor seines Vorwirts Erbe nicht ist, einigem Zweiffel unterworffen seyn.

§. 4.

Der Emphyteuta muß den Schaden, der nicht total ist, vor sich stehen.

Zu den Oneribus des Erbenzins-Manns kan auch gerechnet werden, daß er den Schaden an dem Erbenzins-Gut, welcher das Gut nicht gantz und gar umkehret und verstöret, tragen muß, Leg. 1 Cod. de Jure Emphyteut. aus der Raison, weilen ihm das dominium utile zustehet, und alle Commodität ihm zufließet. §. 3 Instit. de Locat. conduct. Wenn also Hagel-Schaden, grosse Dürre, Wasser-Fluten, Krieges-Züge und dergleichen den Erbenzins-Mann betreffen, so kommt der Schade auf ihn allein, und muß er, dessen ungeachtet, den Canonem entrichten, wie solches durch ein Præjudicium der Herren Leipziger bestätiget Carpzov. Part. 2 Const. 38 Defin. 19, folgendes Inhalts:

§. 5.

Præjudicium davon.

Ob sich wohl der Erbenzins-Mann zu Abstattung des vollständigen Erben-Zinses nicht verstehen will, mit Vorwenden, daß er, bey ietzigem Krieges-Wesen seibige Mühle nicht wohl und vollständig nutzen und brauchen könne; dieweil er dennoch solchen Erben-Zins einmahl richtig beliebet, die Krieges-Unruhe auch die Mühle nicht gantz zu Grunde aus verderbet, noch die Nutzung ihm gäntzlich entzogen worden, in welchem Fall allein, bewehrter Rechts-Gelehrter Meynung nach, die remissio canonis statt hat rc. So hat sich Georg Fischer mit seinem Einwenden nicht zu behelffen, sondern er ist die rückständige Erbzinsen, bey Vermeidung der gerichtlichen Execution, nochmahls zu entrichten schuldig. V. R. W. Carpzov. cit. loc. n. 11.

§. 6.

Ein anders obtiniret, wenn sich ein gäntzlicher Verderb ereignet.

Wenn iedoch der Verderb und Schaden so groß seyn solte, daß das Erbenzins-Gut überall nicht mehr zu gebrauchen ist, als wenn solches von einem grossen Flusse weggerissen wird rc. alsdenn verstehet sich von selbsten, daß kein Canon weiter könne bezahlet werden, weilen sodann so wohl das dominium directum, als utile aufhöret. Dict. §. 3 Instit. de Loc. Conduct. Es kan sich hiebey ein Erbenzins-Mann vorsehen, daß er sich durch gewisse Pacta auf begebende Unglücks-Fälle von dem Canone liberiret, welches alsdenn muß gehalten werden. Stryck de Cautelis Contract. Sect. 2 cap. 9 §. 41.

Zehendes Rechtl. Bedencken LXVI.

Ob ein Erben-Zins-Mann das Erben-Zins-Gut verändern, verpachten, veralieniren und verschencken, auch die dabey vorhandene Holtzung gäntzlich ausrotten könne?

§. 1.

Es kan ein Erben-Zins-Mann die Erben-Zins-Güter verändern.

Nächst dem gehöret auch zu denen Rechten des Erben-Zins-Manns, daß derselbe von denen Erben-Zins-Gütern disponiren, dieselbige nach seinem eigenen Nutzen einrichten, und also das Gut einigermassen, wenn es dadurch nicht verschlimmert wird, verändern kan. Struv. Exerc. II Thes. 69 per Leg. 1 & 13 ff. de usufruct.

§. 2.

Verpachten.

Es kan folglich der Erben-Zins-Mann sein Erben-Zins-Gut verpachten entweder auf eine kurtze oder lange Zeit. Finckelthaus Observat. 3 n. 13. Valascus de jur. emphyteut. Quæst. 38 n. 8. Besoldus Lib. 2 Cons. n. 229.

§. 3.

Aber nicht wohl eine Holtzung gäntzlich ausrotten.

Daß aber ein Erben-Zins-Mann eine Holtzung gäntzlich ausrotten, und daraus eine Wiese, Weinberg, Garten oder Acker präpariren solte, solches wird ihm nicht anders vergönnet seyn, als wenn durch eine solche Veränderung das Erben-Zins-Gut einträglicher und besser wird. Und weilen solches auf ungewissen eventibus und von der Fruchtbarkeit der Zeit und andern Umständen dependiret, so ist das sicherste, daß der Erben-Zins-Mann sich solcher Ausreutung gäntzlich enthalte, dieweilen es lange Zeit erfordert, ehe eine solche Holtzung wieder in ihren vorigen Stand gebracht werden kan. Arius Pinellus ad Reg. 1 Cod. de bon. matern. part. 2 n. 5. Cæpolla de servit. Rust. Cap. 22 n. 10. Dafern aber iemanden ein unfruchtbarer Boden zum Erben-Zins eingeräumet ist, so wird ihm leichter vergönnet seyn, die formam rei zu verändern, dieweilen das Erben-Zins-Gut leichter in seine erste Form wieder gebracht werden kan. Harprecht ad §. 3 Instit. de locat. Conduct. n. 102.

§. 4.

Wie weit demselben verstattet ist, das Erben-Zins-Gut zu alieniren. Muß dem Erben-Zins-Herrn angezeiget werden.

Auf gewisse Masse ist auch dem Erben-Zins-Mann verstattet, das Erben-Zins-Gut zu veralieniren, zu verkauffen, zu verschencken, im Testament zu vermachen, iedoch mit dieser Ermäßigung, daß der Emphyteuta schuldig ist dem Obereigenthums-Herrn den vorhabenden Kauf zu wissen zu machen, nebst Anzeigung des Pretii, was davor geboten worden, damit, wenn dem Herrn gefällig, das Gut vor den Preis zu behalten, solches ihm frey stehe: Dafern er aber sich vernehmen lasset, daß ihm solches nicht anständig sey, oder er nach geschehener Anmeldung 2 Monat stille schweiget; Alsdenn kan der Erben-Zins-Mann das Gut ohne weiters Bedencken verkauffen und übergeben, iedoch daß der neue Käufer so beschaffen sey, daß dawider mit Bestande Rechtens

tens nichts einzuwenden. Leyserus in jur. Georg. Cap. 15. Fulgineus de emphyteusi tit. de alienat. Quæst. 2. Donellus Lib. 9 Comment. jur. Civil. Cap. 14. Und alsdann ist der neue Käufer oder Erben-Zins-Mann schuldig, ein gewisses Laudemium oder Annehmnals-Geld (welches der 50ste Theil des Pretii zu seyn pfleget) zu entrichten. Franzkius in tract. de Laud. Cap. 8. Welche quantitas Laudemii doch eben nicht beständig oder aller Orten eingeführet, sondern an einigen Orten mehr, an andern weniger entrichtet zu werden pflegt. Stephanus Gratian. in discept. for. Cap. 180 n. 2. Besoldus in thesaur. pract. Lit. 2 num. 12.

§. 5.
Ob ein Erben-Zins-Gut könne verschencket werden? Opinio negantium. Affirmantium.

Was nun diesemnächst die Schenckung betrifft, so ist unter denen Rechts-Gelehrten sehr streitig: Ob ein Erben-Zins-Mann ohne vorhergehende Einwilligung des Domini sein Erben-Zins-Recht verschencken könne? Viele zwar wollen solche Frage negative beantworten, worunter sich befinden Fachineus lib. 5 Controverl. Cap. 97. Hunnius lib. 3 Variar. resolut. tract. 8 part. 2 Quæst. 12. Andere hingegen, deren nicht eine geringere Anzahl, incliniren auf affirmativam, wie solches unter andern statuiren Franzkius de Laud. Cap. 9 n. 68. Arumaeus Exerc. justin. Borchold de feud. Cap. 3 n. 42. Harprecht ad § 3 Instit. de locat. num. 317. welcher viele andere mehr, so dieser Meynung zugethan, benennet.

§. 6.
Deren Rationes.

Deren vornehmste Ration hergenommen ist ex Leg. 1 Cod. de fund. Patrimon. allwo der Kayser Constantinus verordnet, daß ein Erben-Zins-Mann, welcher von der Kayserlichen Kammer oder sonst einer Republic ein Erben-Zins-Gut innen hat, könne sein Recht an einen andern mit Vorbehalt des Canonis verschencken: Wenn nun solche Schenckung bey denen von der Kammer dependirenden Erben-Zins-Gütern vergönnet ist, so schließen vorbemeldte Autores daraus, daß solche auch bey privatis müsse zuläßig seyn, weilen keine sufficiente ratio differentiæ unter diesen beyden könne gezeiget werden.

2) Sey in Rechten zugelassen, daß ein Erb-Zins-Gut ohne Guts-herrlichen Consens könne legiret werden. Nun aber sey ein Legatum und donatio in ihrem Wesen von einander wenig unterschieden. § 1 Instit. de Legat. Leg. 36 ff. de Legat. 2.

3) Die Ursach, daß bey dem Verkauf der Erben-Zins-Mann seinem Herrn Anzeigung thun müsse, bestehe darinne, daß derselbe Macht habe, sich des Verkaufs und Näher-Rechts zu bedienen. Leg. 3 Cod. de jur. emphyteut. Allein diese Ratio cessire bey der Schenckung gantz und gar, dieweilen selbige bekanntermaßen auf eine pure Freygebigkeit ankomme. Dominus Harprecht cit. loc. n. 338. Indessen ist nicht zu leugnen, daß ein Erben-Zins-Mann sicherer thue, wenn er seine vorhabende Schenckung dem Eigenthums-Herrn anmeldet, weilen etliche gar so weit gehen, daß sie vorgeben, ein Erben-Zins-Mann sey seines Rechts verlustig, wenn er ohne Vorwissen des Herrn das Erben-Zins-Gut verschencket. Corbulo de jur. emphyteut. Cap. 14 lin. 13 n. 5. Wie dann auch der Herr Brunnemannus der Mey-

nung ist, daß in solchem Fall dem Erben-Zins-Herrn frey stehe, durch Auszahlung des Pretii das Erben-Zins-Gut an sich zu lösen. Brunnemann. ad Leg. Ult. Cod. de jur. emphyteut. Welcher Meynung aber andere nicht völlig beypflichten. Vid. Struv. in Decis. Sabbath. Cap. 10 decis. 3. Bey Kirchen- und Kloster-Gütern muß diese Anmeldung bey dem Prälaten oder Vorsteher der Kirche geschehen, und ist nicht nöthig, einem gantzen Dom-Capitel oder Convent solches anzumelden. Corbulo in cit. tract. Cap. 14 ampliatione 6. Blumbacher in tract. emphyteut. quæst. 27 n. 2.

Eilftes Rechtl. Bedencken LXVII.
Vom After-Zins und Verpfändung der Erben-Zins-Güter.

§. 1.
Das Erben-Zins-Gut kan einem andern in Sub-Emphyteusin übergeben werden.

Gleichwie nun vorangezeigter maßen der Erben-Zins-Mann bemächtiget ist, mit gewissen Requisitis sein Erben-Zins-Gut zu veräussern, also hat er vielmehr die Gerechtigkeit, das Erben-Zins-Gut einem andern hinwiederum jure emphyteutico zu übergeben, und zwar ohne dem Eigenthums-Herrn desfalls um seinen Consens anzusprechen. Zœsius ad tit. de locat. n. 104. Valasœus de jur. emphyteut. quæst. 13 n. 11. Welches daher bewiesen wird, weilen einem Lehn-Mann nicht verwehret ist, sein eingeräumtes Lehn hinwiederum an einen andern zum After-Lehn zu übergeben, da er doch nicht einmahl so viel Recht hat als ein Erben-Zins-Mann. Struv. de feud. Cap. 2 thes. 10 n. 2. Nun aber ist die gemeinste Conclusion, daß von denen feudis auf die emphyteusin valide argumentiret werden könne. Franzkius de laud. Cap. 14 n. 50. Überdem wird durch eine solche Übergabe des Erben-Zins-Guts das Recht des Erben-Zins-Manns nicht gäntzlich aufgehoben, sondern derselbe bleibet vor wie nach zu Abstattung des Canonis an den Dominum directum verpflichtet. Franzkius cit. loc. n. 51. Und zwar wird diese Meynung als allgemein angegeben. Vid. Zœsius ad tit. si ag. vectigal. n. 107. Graveus de Commiss. emphyteus. thes. 27. Struv. de feud. Cap. 12 thes. 11. Ein solcher Contract wird sub-Emphyteusis oder ein Affter-Erben-Zins genennet.

§. 2.
Ob ein solcher Affter-Zins erlösche, wenn der erste Erben-Zins verändert wird. Wird von etlichen affirmiret.

Bey diesem Affter-Zins oder Affter-Erben-Zins kan die Frage entstehen: Ob solche sub-Emphyteusis erlösche oder aufhöre, wenn das Erben-Zins-Gut entweder durch den Tod des Concedentis, oder sonst auf andere Art durch einen Kauf an einen neuen Possessorem kommt. Und ob auf solchen Fall der neue Käufer die Constitution der sub-Emphyteuseos genehm halten müsse, oder ob er selbige aufzuheben berechtiget sey, dergleichen Casus vor einigen Zeiten in der Nachbarschaft zugetragen, wovon die Herren Helmstadienses ein Responsum in sententiam affirmativam ertheilet.

§. 3.

§. 3.

Die Verpfändung der Erben-Zins-Güter ist regulariter nicht verboten. Prajudicium Dn. Hahnii.

Die Versetz- oder Verpfändung gegen ein angeliehenes Geld ist zwar einer Alienation einigermaßen ähnlich, allein bey denen Erben-Zins-Gütern findet sich nicht, daß solche nach den gemeinen Römischen Rechten einem Erben-Zins-Mann verboten sey, vielweniger daß derselbe seines Erben-Zins-Guts verlustig werde, wenn er ohne des Guts-Herrn Einwilligung eine solche Verpfändung vornimmt, per L. 16 §. final. Leg. 17 & leg. 31 ff. de Pignoratitia actione. Hahnius ad Wesenbecium lib. 6 tit. 3 pag. 322, allwo er folgendes Prajudicium ad requisitionem Johannis Mund de 13 Febr. 1622 anführet:

Daß auf den Morgen Ackers oder Garten, darauf der mit Lit. A notirte Erben-Zins-Brief lautet, Geld wohl mögen erborget werden, und derjenige, welcher dieses Gartens oder Ackers sich anmaßen thut, solches abzutragen und zu bezahlen schuldig sey; von Rechts wegen.

§. 4.

Durch Special-Landes-Ordnungen ist solche Verpfändung an vielen Orten untersaget, als in den Fürstenthümern Braunschweig und Lüneburg.

Unterdessen ist doch an vielen Orten durch Special-Statuta und Landes-Ordnungen eingeführet, daß solche Erben-Zins-Güter nicht ohne des Eigenthums-Herrn Einwilligung und Consens so wenig verpfändet als verkauft werden können, wohin unter andern zielet die Constitutio weil. Herrn Henrich Julii, Hertzogens zu Braunschweig und Lüneburg, vom 3 April 1593, worinnen alle dergleichen Hypothecationes aufgehoben und verboten; bey welchen Umständen denn unzweiflich ist, daß solche Verpfändung null und nichtig, auch nach Gewohnheit der Umstände sich ein Erben-Zins-Mann seines Rechts verlustig machen kan.

Zwölftes Rechtl. Bedenck. LXVIII.

Auf was Art und Weise der Erben-Zins verlohren wird?

§. I.

Auf was Art ein Erben-Zins verlohren wird. 1) Consolidatione, wenn das beliehene Geschlecht ausstirbt.

Endlich ist noch zu untersuchen, auf was Art und Weise der Erben-Zins aufhöre oder verlohren werden könne, welches wir in möglichster Kurtze annoch abhandeln wollen.

Die Ursachen, daß ein Erb-Zins-Recht aufhöre, sind entweder allgemein, welche bey allen und ieden Contracten vorkommen können, oder solche Ursachen, welchen diesem Contract allein eigen sind. Die allgemeinen modi extinguendi emphyteusin sind: 1) Consolidatio, wenn ein auf die blosse Familie vergebenes Erbenzins-Gut nach abgestorbenem Geschlechte wieder an den Dominum zurück fällt. Struv. exercitat. 2 th. 72.

§. 2.

2) Prascriptione.

2) Die Prascription, wenn entweder der Dominus Directus das Erbenzins-Gut, so etwa an einem andern übergeben, durch Rechts-verwehrte Zeit

Jurist. Oracul V Band.

bona fide in Possession gehabt, und also die Prascription wider den Erbenzins-Mann erfüllet; Oder wenn der Emphyteuta durch Rechts-verwehrte Zeit den Erbenzins-Herrn den Canonem verweigert, und das Gut als ein völliges Allodium besitzt, welcher modus destituendi mit demjenigen, was von Sattelfreyen Gütern und deren Prascription gemeldet, gar nahe übereinkommt, derowegen wir uns auf solches bezogen haben wollen.

§. 3.

3) Cessione.

3) Ist die Cessio oder Renunciatio, wenn der Erbenzins-Mann das Gut nicht länger behalten will, sondern es dem Ober-Eigenthums-Herrn wieder zurück giebet; welches zwar mit dessen Willen und Genehmhaltung geschehen muß; alldieweilen dieser Contractus als ein Bilateralis von einer Parten einseitig und eigenmächtig nicht kan aufgehoben werden. Parladorus rer. quotid. lib. 2 Quast. 16 n. 9.

§. 4.

4) Wenn die Jahre der Concession verflossen.

4) Wenn der Erbenzins nur auf gewisse Jahre oder Geschlechter eingeräumet ist, und solche Generationes erloschen, oder die Jahre verstrichen, so ist an sich selbst klar, daß das Recht seine Endschaft erhalten habe, weilen das eingeräumte Recht durch das beygefügte Pactum der gewissen Jahre seine Endschaft erreichet.

§. 5.

5) Wenn das Gut gantz zu Grunde gehet.

Wenn das Erben-Zins-Gut gantz zu Grunde gehet, als wenn es z. E. mit Wasser stets und beständig überströmet wird, wenn es von einem grossen Flusse weggespület und weggetrieben wird, oder dergleichen Unglücks-Fälle; das hebet nothwendig den gantzen Erben-Zins-Contract auf. Baptista Ayn. lib. 2 de Alluvionibus Cap. 17 in fine. Denn weilen das Erben-Zins-Recht ein Jus in re ist, so muß nothwendig sublata ipsa re vel subjecto auch das Jus in re vernichtiget werden. Principio Institut. de usufructu.

§. 6.

Causa propria. 1) Wenn das Gut verderben oder verwüstet wird.

Die Causa propria, welche den Erbenzins-Mann seines Rechts entsetzen, bestehen darinne:

1) Wenn derselbe das Erbenzins-Gut verderben, veröden und wüste werden lässet. Authentica qui rem Cod. de sacrosct. eccles. welche Rechts-Verordnung, ob sie zwar nur von Kirchen-Lehnen handelt, doch auf andre Lehn und Erbenzins-Güter, als worinnen einerley Ration militiret, appliciret wird. Mynsing. Cent. 6 Observat. 86. Auf die Weise, wenn der Erbenzins-Mann die fruchtbaren Obst-Bäume, so etwa in Garten stehen, niederhauet, und zu Feuer-Holtz gebrauchet, wenn er die Aecker unbebauet liegen, und mit Dorn und Disteln verwachsen lässet, so ist solches eine zulängliche Ursach, ihn des Erbenzins-Guts zu entsetzen. Carpzovius part. 2 Constit. 38 definit. 23.

§. 7.

Die Versäummerung muß irralich notabel seyn. Das Gut muß dadurch selbst afficiret werden. Dieselbe muß entdecket doch oder exaqte lata & lata verantwortet seyn.

Es werden aber doch dreyerley Stücke zu beobachten seyn:

1) Daß

1) Daß die Verschlimmerung des Erbenzins-Guts ziemlich notabel und von Importantz sey, immaßen es mit einem geringen Fehler so genau nicht genommen wird.

2) Daß die Deterioration das Gut selbsten afficire, und nicht bloß die Früchte angehe.

3) Daß der Erbenzins-Mann solches entweder aus Vorsatz (dolo) oder auch durch eine nicht zu entschuldigende Nachläßigkeit (Culpam latam & levem) verursachet. Menochius de arbitrar. quæst. lib. 2 cent. 1 cas. 78. Denn was durch eine geringschätzige Nachläßigkeit (culpam levissimam) verdorben und verschlimmert, solches kan den Erben-Zins-Mann seines Rechts nicht verlustig machen. Leg. 5 § 2 ff. commodati. Johannes Harprecht ad § 3 Instit. de locat. & conduct. n. 422.

§. 8.
Es hindert nicht, wenn gleich die Bäume von dem Emphyteuta selbst gesetzet seyn.

Und ist hiebey zu mercken, daß, wenn der Erben-Zins-Mann auch die von ihm selbst gesetzte und gepflantzte Bäume ohne Noth und Ursach umhauet und verwüstet, solches ebenfalls vor unerlaubt zu halten, und den Erben-Zins-Mann seines Rechts verlustig machen kan. Johannes Harprecht in dict. § 3 Instit. de locat. n. 439. Dessen Ursach darinne bestehet, theils daß die Anpflantzung der Bäume und Verbesserung des Erben-Zins-Guts dem Erben-Zins-Mann vermöge des Contracts oblieget, theils auch daß die einmal gesetzten Bäume dem Grunde und Boden fest anhangen, und pars fundi geworden. Leg. 44 ff. de rei vindicat. Und gehören also auf gewisse Masse dem domino directo zu.

§. 9.
2) Ursache: Die Nicht-Bezahlung des Canonis. Der Erben-Zins-Mann ist schuldig, seinen Canonem freywillig zu offeriren.

Die zweyte Ursach, warum ein Erben-Zins-Mann seines Rechts könne verlustig werden, ist, wenn er seinen Canonem bey einem Kirchen-Gut innerhalb zweyen Jahren, und bey einem Secular-Gut innerhalb dreyen Jahren nicht bezahlet. Leg. 2 Cod. de jur. emphyteut. Und zwar ist der Erben-Zins-Mann schuldig, seinen Erben-Zins freywillig zu liefern, und darf nicht warten, bis daß er von dem Herrn dazu angefodert wird. Dicta Leg. 2 Cod. de jur. emphyteut.

§. 10.
Wem der Beweis in hoc puncto obliege? Resp. dem Emphyteutæ.

Hiebey ist annoch zu fragen: Wem das onus probandi obliege, wenn ein Streit entstehet, ob der gebührende Erben-Zins zu rechter Zeit bezahlet sey? Da denn wohl nicht zu zweiffeln, daß der Erben-Zins-Mann den Beweis führen müsse, und zwar aus folgenden Rationibus: (1) Weilen die solutio in facto beruhet, und aber die facta regulariter nicht præsumiret, sondern durch Beweis dem Richter scheinbar gemacht werden müssen. Leg. ult. Cod. de solut. (2) Weilen zwischen zweyen Parteyen, deren die eine in negativa, die andere in affirmativa sich fundiret, regulariter der Affirmans zu beweisen schuldig ist. Müllerus ad Struv. exerc. 2 thes. 73 Lit. D. Welche solutio denn regulariter entweder durch Quittung oder Zeugen kan beygebracht werden.

§. 11.
Dritte Ursach: Verkauffung des Erben-Zins-Guts ohne Vorbewust des Herrn.

Nechstdem wird auch das Erben-Zins-Gut dadurch verlohren, wenn der Erben-Zins-Mann selbiges ohne Vorbewust und Einwilligung des Domini Directi, und ohne demselben den Kauff zu notificiren, verkauffet. Dicta Leg. ult. Cod. de jur. emphyteut. ibique Salicetus. Jason; Sichardus & Dd. Commun. Besoldus in delibat. jur. tit. 3 num. 8.

§. 12.
Worinne ignorantia juris nicht entschuldigen solle.

Welches denn so weit extendiret wird, daß auch so gar, wenn der Erben-Zins-Mann eine ignorantiam juris vorwenden könte, dennoch solches nicht entschuldigte. Lege Leges sacratissimi 9 Codic. de Legibus & Lege Constitutiones 12 Cod. de jur. & fact. ignorantia. Und ob zwar sonsten denen Bauers-Leuten, Weibern und Soldaten die Ignorantia Juris auf gewisse Masse zu statten kömmt; Leg. ult. Cod. eod. tit. So wollen doch die Rechts-Lehrer in diesem Fall denenselben kein Vorrecht zugestehen. Tiraquellus de retractu § 4 Glossa 7 n. 17. Corbulo de jur. emphyteut. Cap. 14 ampliatione 46. Nicht weniger behält die vorbemeldte Regel ihren Platz, obgleich das Erben-Zins-Gut von einer Privat-Person verliehen, item, wenn es vor ein Stück Geldes von dem Erben-Zins-Herrn angekaufft wäre. Corbulo Cap. 15 ampliat. 46. Muller. ad Struv. exerc. 2 thes. 73 Lit. K.

§. 13.
Exceptiones: Wenn der Kauff mit Bedingung geschlossen, oder die Traditio noch nicht erfolget.

Wenn aber der geschehene Verkauff entweder unter gewisser Bedingung abgeredet, oder der Erben-Zins-Mann nur versprochen, das Gut zu verkauffen, item, wenn die Traditio des verkaufften Erben-Zins-Guts noch nicht erfolget, alsdenn hat die Caducität des Guts keine stat. Elbertus Leoninus in Leg. final. Cod. de jur. emphyteut. Molinæus ad Consuetud. Parisi. § 13 Gloss. 5 n. 2 & 3. Denn es kan vor keine vollkommene Verkauffung gehalten werden, wenn die Traditio oder Uibergabe noch nicht geschehen ist. Leg. 67 ff. de verb. significat. Harprecht ad § 3 Instit. de Locat. & Conduct.

§. 14.
Mit der Permutation hat es gleiche Bewandnis.

Was von dem Verkauff anitzo gesagt ist, solches ist auch zu appliciren, auf die Vertauschung oder Permutation, als durch welche ebenfalls das Erben-Zins-Gut auf einen andern transferiret wird. Franzkius de Laudem. Cap. 9 n. 107. Muller. ad Struv. Exercit. 2 thes. 71 pag. 733. Wannenher vorbemeldte Autores schliessen, daß auch bey einer Permutation der Erben-Zins-Mann seines Guts verlustig werde. Johannes Afande de prohibita alienat. Part. I Cap. 4. Von dieser Meynung aber, weil sie noch ein und andern Zweiffel unterworffen, treten ab Fulgineus, de emphyteusi quæst. 15 n. 253. Brunnemann ad Leg. 3 Cod. de jur. emphyteut.

Drey-

Dreyzehendes Rechtliches Bedenken LXIX.

Ob der Erben-Zins-Herr den Erben-Zins-Mann eigenmächtig aus dem Erben-Zins-Gut entsetzen und vertreiben könne?

§. 1.

Ob der Dominus den Emphyteutam eigenmächtig ausstossen könne? Einige affirmiren solches. Andere negiren es.

Es pfleget die Frage aufgeworffen zu werden; Ob der Erben-Zins-Herr eigenmächtiger Weise den Emphyteutam könne delogiren, oder aus dem Erben-Zins-Gut heraus setzen?

Welches zwar von einigen will affirmiret werden, deren vornehmste sind, Jason & Salycetus ad Leg. 2 Cod. de jur. emphyteut. Johannes Sichardus ad Leg. eand. n. 19. Julius Clarus lib. 4 receptar. sententiar. quæst. 9. Hingegen statuiren andere, daß billig zuföderst der Erben-Zins-Mann mit seiner Verantwortung gehöret, und eine ordentliche Cognitio müsse angestellet werden, weilen unstreitig ist, daß der Erben-Zins-Mann könne ein und andere Entschuldigungen haben, so ihm nicht können genommen werden. Carpzovius Part. 2 Constit. 38 n. 6. Richterus Part. 2 Decis. 84 num. 3. Müllerus ad Struv. exercitat. 2 thes. 73 lit. D.

§. 2.
Rationes derselben.

Denn es ist regulariter niemand befugt, sich selbst Recht zu sprechen. Leg. un. Cod. ne quis in sua Causa judicet. Ja so gar, wenn auch unter den Contrahenten es also solte abgeredet seyn, daß der Dominus den Erben-Zins-Mann eigenmächtig ausstossen könne, wollen doch die mehresten solches nicht anders gestatten, als mit richterlicher Hülffe. Leg. 13 ff. quod metus causa. Müllerus ad Struv. cit. loc. pag. 730. Wenn iedoch der Erben-Zins-Herr selbst die Jurisdiction hat, so könnte er die Sache vor seinem Gerichte ausmachen, iedoch daß der Erben-Zins-Mann zuförderst gehöret, und das Gericht mit unpartheyischen Personen besetzet werde.

§. 3.
Einige Abfälle, da der Emphyteuta nicht zu privilren.

Es sind aber auch hiebey annoch einige Abfälle zu bemercken, wenn die Caducitas des Erben-Zins-Guts keinen Fortgang hat, sondern der Erben-Zins-Mann entschuldiget ist, und zwar

§. 4.
(1) Wenn er einen Theil des Canonis bezahlet, und mit etwas im Rest bleibet.

(1) Wenn der Erben-Zins-Mann einen Theil des Canonis bezahlet, und etwas im Rückstand bleibet, so pfleget der gelindeste Weg mit demselben gehalten, und er nicht vor gantz verlustig seines Guts erkläret zu werden.

Aus der Ration, weilen die Haupt-Ursach des Verlustes von dem Erben-Zins-Gut mit darinne bestehet, daß der Erben-Zins-Mann den Dominum gleichsam seines Rechts priviren, und nicht mehr vor einen Ober-Eigenthums-Herr erkennen wolle; welches aber derjenige nicht thut, welcher einen Theil von dem Erben-Zins abführet. Carpzovius Part.

Jurist. Oracul V Band.

2 Constit. 38 definit. 4. Es sind zwar andere widriger Meynung, worunter sich findet Jason in Leg. & Cod. de jur. emphyteut. Berlichius part. 2 conclus. 46. Allein die itzt angeführte Meynung ist sowol der Aequität, als auch der Rationi juris gemässer, also sonder Zweiffel vorzuziehen.

§. 5.
(2) Wenn viele Erben sind, so bezahlen müssen.

(2) Wenn viele Erben sind, so einen Canonem bezahlen müssen, es bleiben aber einige im Rest, so wollen zwar die obangeführte Dd. gleichfalls statuiren, als wenn das gantze Erben-Zins-Gut auf solchem Fall verlohren werde;

Allein es wird auch billig hierinne opinio æquior, & benignior vordringen, daß nur desjenigen Theil verlohren werde, welcher säumig ist. Carpzov. Part. 2 Constit. 38 definit. 5. Weilen unbillig gehalten wird, daß der Unschuldige vor den Schuldigen Straffe leiden solle. Leg. 8 § 1 ff. de Publican. & Vectigal.

§. 6.
(3) Wenn der Herr den Erben-Zins nach 3 Jahren annimmt.

(3) Wenn der Erben-Zins-Herr nach verflossenen dreyen Jahren den Erben-Zins annimmt, als dann hat er sich seines Rechts, das Erben-Zins-Gut einzuziehen, begeben, so daß er hernach den Erben-Zins-Mann nicht ausstossen kan, Faber in Cod. lib. 4 tit. 42 definit. 16. Berlichius Part. 2 Conclus. 46 n. 12; denn auf solchen Fall erkennet er den Emphyteutam aufs neue hinwieder, welcher sonst seines Recht wäre verlustig gewesen. Leg. 6 § 1 & Leg. 7 ff. de leg. Commissoria, juncta Leg. 3 ff. eodem tit. Und weilen ohnedem die Pönal-Verordnungen, wozu auch diese Caducitas mit zu rechnen, pro odiosis gehalten werden, so werden dieselbe eher restringiret als extendiret. Leg. penultima ff. de pœnis. Im Fall aber der Dominus von dem verlessenen Erben-Zins-Recht keine völlige Wissenschaft gehabt, und also ex errore den Canonem angenommen hat, alsdenn wird ihm die Annehmung des Canonis nicht schädlich seyn. Carpzovius Part. 2 Constit. 38 definit. 7. Es ist aber deswegen der Emphyteuta von Bezahlung der rückständigen Pensionen nicht befreyet, sondern dieselbe muß er, unerachtet die letzten angenommen sind, dennoch richtig machen. Antonius Faber in Cod. lib. 4 tit. 42 definit. 14. Carpzovius cit. loc. definit. 8.

§. 7.
(4) Wenn der Herr verstirbet, und sich nicht vorher erkläret, daß er den Emphyteutam ausstossen wolte.

(4) Wenn der Dominus Directus verstirbet, und wegen der versessenen Pension den Erben-Zins-Mann noch auch sich erkläret, daß er das Erben-Zins-Gut einziehen wolle, alsdenn sind die Erben nicht befugt den Erben-Zins-Mann demnächst auszustossen, weilen davor gehalten wird, daß das Jus declarandi nicht auf die Erben gehe. Dicta Leg. 2 Cod. de jur. emphyteut. Bartolus & Alexander in Leg. 83 P. 1 de verb. obl. Mynsing. Cent. 3 observat. 97.

§. 8.
(5) Wenn eine unvermeidliche Verhinderung in den Weg fällt.

(5) Wenn iemand durch eine rechtmäßige Verhinderung als etwan eine weite Reise, oder daß er

durch Feindes Gewalt abgehalten, oder von demselben in Gefangenschafft gebracht, bey Pest-Zeiten, grossen Wasser-Fluten und dergleichen verhindert worden, den Canonem zu rechter Zeit zu bezahlen, alsdann ist derselbe gleichfalls entschuldiget, und hat die Einziehung des Erben-Zins-Guts keine stat. Ripa de Peste Part. 2 n. 12. Redoannus quæst. 79 cap. 2 n. 24.

§. 9.
(6) Wenn die Zahlung von der Obrigkeit verboten wird.

(6) Wenn iemand von seiner Obrigkeit verboten wird den Erb-Zins zu bezahlen, welches aus verschiedenen Ursachen kan, so cessiret gleichfalls die Caducitas. Marta in ff. tit. de Emphyteusi cap. 105. Riccius lib. 5 Collect. decis. 1704.

§. 10.
(7) Wenn der Herr dem Emphyteutæ schuldig ist, und die Compensatio stat hätte.

(7) Wenn der Erben-Zins-Mann selber einige Forderungen gegen den Dominum Directum hat, weil zu vermuthen, daß der Erben-Zins-Mann willens sey, solche Schuld gegen den Canonem abzurechnen. Corbulo de jur. emphyteut. cap. 15 limitat. 5. Jason in Leg. 2 Cod. de jur. emphyteut. n. 60. Hartm. Pistor. Observat. 70. Welches denn in solchem Fall noch mehr stat finden müste, wenn der Erben-Zins-Mann sich declariret hätte, daß er eins gegen das andere zu compensiren willens wäre. Carpzovius Part. 2 Constit. 38 definit. 10.

§. 11.
(8) Wenn kurz nach verflossenem Termino die Bezahlung geschiehet, und mora purgiret wird.

(8) Wenn gleich die gesetzte Zeit, da der Erben-Zins bezahlet werden solte, verstrichen, so kan doch bey dem Erben-Zins-Mann, wenn er kurz nachher die Pension einschicket, ehe der Eigenthums-Herr wegen der Privation sich erkläret, der Verlust des Erben-Zins-Guts dadurch vermieden, und mora purgiret werden. Cap. potuit 4 extra. de locato Conducto. Es will zwar unter einem Kirchen- und Secular-Gut hierinne ein Unterscheid gemacht werden, daß nemlich bey Kirchen-Gütern zwar die purgatio moræ durch schleunige Bezahlung geschehen könne, allein bey weltlichen Gütern solches keine stat finde, wie solches statuiren Fachineus lib. 1 Controv. 98. Berlichius Part. 2 Conclus. 48 num. 47.

§. 12.
Ehe nemlich der Herr sich Ratione Caducitatis erkläret.

Doch wollen auch andere hierinne den gelindesten Weg gehen, und die purgationem moræ, so lange der Guts-Herr die Caducität noch nicht erkläret, zulassen. Dan. Möller ad Leg. 2 Cod. de jur. Emphyteut. n. 6. Zasius in Leg. 43 ff. de verb. Obligat. n. 14. Carpzov. Part. 2 Constit. 38 definit. 11.

§. 13.
Der Emphyteuta hat, wenn er spoliiret wird, Remedia possessoria.

Wie nun aber die vorangeführten Rechts-Verordnungen auf Seiten des Erben-Zins-Herrn ziemlich favorable sind, also kommt hingegen dem Erben-Zins-Mann zu gute, daß, wenn er eigenmächtiger Weise von dem Ober-Herrn spoliiret werden solte, er, gleichwie ein anderer Spoliatus, vor allen Dingen wieder in seine völlige Possession gesetzet, und ihm alles restituiret werden muß, ehe er sich mit ieman einzulassen habe. Ursillus decis. 392 n. 20. Riccius in decision. Part. 5 pag. 1804. Alciatus Responso 193. Gravetta Cons. 212. Ruin. Cons. 50 n. 11. Guido Papæ decis. 107, welcher referiret, daß also in dem hohen Rath in Dauphiné gesprochen sey, welches auch in dem hohen Gericht zu Neapolis decidiret zu seyn berichtet Afflictus decis. 97.

Formular eines Fürstlichen Erben-Zins-Briefes.

Zum Beschluß dieser rechtlichen Betrachtung wird hiebey ein Exemplum eines von gnädigster Landes-Herrschafft constituirten Erben-Zinses auf ein gewisses Wirths-Haus, oder Krug, samt dessen Pertinentzien beygefüget, woraus erscheinet, daß auch solche Güter, so nicht in lauter Ländereyen bestehen, zum Erben-Zins gegeben werden, auch sonst die Conditiones nach Gefallen der pacifcentium eingerichtet werden können; welche Constitutio Emphytenseos folgenden Inhalts ist:

"Von GOttes Gnaden, Wir Georg Wilhelm, Hertzog zu Braunschweig und Lüneburg, für uns, unsere Erben und Nachkommen an der Regierung urkunden und bekennen hiemit, als wir unsern in Wendthausen belegenen Krug Ernst Lauen sel. auf gewisse Condition ad dies vitæ, laut der den 9ten Septembr. 1668 darüber ertheilten Concession und von Impetranten darüber ausgestellten Reversus gnädigst eingethan, und dann mit dessen Absterben sothanes Ernst Lauen an beregtem Kruge concedirtes Jus erloschen, und wir solchen Krug als unser Eigenthum wieder an uns zu nehmen wohl befugt gewesen, desselben, ietzo an Ulrich Henning Meyer wieder verheyrathete Wittwe, Sophia Maria Meyerfelds, aber uns in Unterthänigkeit zu vernehmen geben und gebeten, daß, weil ihr voriger Mann ermeldter Laue ein ansehnliches an den in gar baufälligem Stande empfangenen Krug verwandt und selbigen in guten Stand gesetzet, folglich sie und ihre Kinder, wann sie nach Einhalt vorangeregter Concession den Krug ietzo quittiren solten, in grossen Schaden, ja völligen Ruin gesetzet werden würde; Sie und ihre aus erster Ehe erzeugte Kinder bey dem Kruge gelassen, und ihnen selbiger samt dessen Pertinentzien als ein Erben-Zins-Gut, gegen Entrichtung eines jährlichen gewissen Canonis und Weinkauffs verliehen werden möchte; So haben wir in Erwegung der von Supplicantin angeführten Umständen, solch ihrem Gesuch gnädigst stat gegeben, und darauf wegen des davon zu entrichtenden Canonis und Weinkauffs-Handlung mit ihr zulegen lassen, da dann für sich und ihre Kinder und Erben erster Ehe, sie sich dahin erkläret, daß sie vorietzo sofort als einen Weinkauff 6 Rthlr. an die Probstey-Register bezahlen, auch solchen Weinkauff, so offt der Possessor dieses nunmehro constituirten Erben-Zins-Guts verändert wird, ohnweigerlich entrichten, und damit das habende Erben-Zins-

Zins-Recht recognosciren, auch zum jährlichen Krug-Gelde, so lange vermöge des mit den Brauer-Amts-Genossen unserer Residentz Celle errichteten Contractus kein fremd Bier in dem Kruge geschencket werden darff, jährlich zwölff Rthl. nach Aufhebung dessen aber, und wenn wiederum fremd Bier in dem Kruge geselt werden dürffte, funffzehen Rthl. sammt zwey Rthl. Haus-Zins und einen Rthl. vier Gr. 4 Pf. hergebrachter Probstey-Zins-Gelder in unserer Amts-Vogtey Register, nicht weniger den schuldigen Korn-Zehenden jährlich ohne Abgang entrichten, auch den davon gehörigen Hand-Dienst leisten wollen: welch ihr Erbieten wir denn also, daß davon die Hälffte iedesmal auf Ostern, die andere Hälffte auf Michaelis entrichtet werden soll, gnädigst angenommen; So haben wir dagegen Impetrantinnen und dero Erben erster Ehe nahmentlich Jürgen Wilhelm Frantz. und Annen Sophien Lauen, und dero Nachkommen diesen unsern Krug mit dessen Zubehörungen, als nemlich 17 Stück Saat-Land klein und groß von zwey und einem halben Hl. Rocken Einfall, 2 Stücke Garten-Land einen Hl. Rocken Einfall, 1 kleinen Baum-Garten in Gnaden eingethan. Thun das auch hiemit und Krafft dieses dergestalt und also, daß sie Impetrantin und ihre mitbeschriebenen und deren Descendenten mehrbesaaten unsern Krug, als ihr Erb-Zins-Gut, wie Erb-Zines Recht und Gewohnheit ist, hinfüro nützen, gebrauchen, und darinne hergebrachter massen die Krug-Nahrung und Wirtschafft,

iedoch daß sie davon die gehörige Accise, und was sonst dem Publico davon gebühret, ohnweigerlich entrichten, ohne einige Hinderung fortsetzen und treiben mögen. Wobey wir dennoch uns expresse vorbehalten haben wollen, daß im Fall sie oder vorerwehnte ihre Erben und Nachkommen mit alljährlicher Abführung vor specificirter an unsere Probstey Wendthausen und Vogtey E. gehöriger Gelder nicht richtig einhalten, sondern darunter saum- und nachläßig werden, oder da durch Feuer und Krieg die Gebäude, welches GOtt verhüte, ruiniret und verheeret würden, selbe in den nechsten drey Jahren nicht wieder aufbauen, oder auch diesen Krug oder einige dessen Zubehörungen an Acker oder Garten ohne unser oder unsers zeitigen Amts-Vogts zu E. Vorwissen und Consens zu versetzen, zu verpfänden, zu verkauffen, oder sonst zu alieniren sich unternehmen würden, eo ipso damit dieses constituirte Erb-Zins-Recht erloschen seyn, und uns oder unsern Nachkommen solcher Krug cum pertinentiis ohne einige Erstattung wieder zufallen, da hingegen aber die desfalls ausgelobte Krug- und Zins-Gelder alsdann auch ceßiren. Zu Urkund dessen haben wir diesen Erb-Zins-Brief eigenhändig unterschrieben, und mit unserm Fürstlichen Cammer-Secret bedrücken lassen. So geschehen und gegeben auf unserer Residentz Celle, den 18 Martii An. 1689.

Georg Wilhelm.

✻✻✻✻✻✻✻✻✻✻✻✻✻✻✻✻✻✻✻✻✻✻✻✻✻

Rechtliche Betrachtung

Von denen Zins-Gütern

oder Bonis Censiticis.

§. 1.

Die Zins-Güter sind den Erben-Zins-Gütern in etwas ähnlich.

Denen Erb-Zins-Gütern, wovon in voriger Rechtlichen Betrachtung gehandelt, sind einiger massen ähnlich die Zins-Güter, oder Bona Censitica, welche ebenfalls, wie die itzt gemeldten, von einem Ober-Eigenthums-Herrn verliehen, und eine gewisse Recognition alljährlich abzustatten schuldig sind.

§. 2.

Bedeutung des Worts Census. Censores bey den alten Römern. Der König Servius Tullius hat die Römischen Bürger zuerst censiren oder beschreiben lassen.

Das Wort Census, wodurch diese Art Güter regulariter bezeichnet werden, hat bey denen Lateinern verschiedene Bedeutungen. Bey denen urältesten Zeiten der Römischen Republic wurde, wie aus des Livii Historie bekant, alle 5 Jahre die gesamte Bürgerschafft der Stadt Rom durch gewisse dazu verordnete Leute in eine gewisse Rolle oder Anschlag gebracht, welche daher Censores oder Censitores genennet wurden, auf welche Art zu allerletzt der Römische König Servius Tullius die erste Beschreibung der Bürgerschafft verrichten lassen. Dionysius Halicarnass. lib. 4.

§. 3.

Nachhero die Bürgermeister, endlich die vorgemeldten Censores.

Nachhero ist solcher Census oder Beschreibung der Bürgerschafft durch die Bürgermeister geschehen, und endlich, wie gedacht, gewisse Personen dazu bestellet, welche nicht allein die Anzahl der Bürger nachsehen, sondern auch auf ihr Vermögen und Sitten Achtung geben müssen, da denn vermuthlich auch zuletzt, wie das Römische Kriegs-Heer durch einen gewissen Sold unterhalten worden, in einen gewissen Anschlag gebracht worden, was ein ieder zu Unterhaltung der Militz zu contribuiren hätte.

§. 4.

Was das Wort Census schlechtsin in sich halte. Mehrerley Bedeutungen des Worts Census.

An gegenwärtigem Ort wird das Wort Census in solchem Verstande genommen, daß dasselbe bedeutet eine gewisse jährliche Præstation oder Pension, so von einem verliehenem Land-Gut dem vorigen Herrn bezahlet wird. Solches Gut wird

Kkk 3   daher

dahero wegen dieser davon aufkommenden Pension ein Bonum Censiticum oder ein Zins-Gut genennet. Es sind zwar noch mehrere Bedeutungen dieses Worts, indem dasselbe dann und wann auch vor das Zinsbare Gut selbsten, zuweilen auch vor alle übrige Arten von Pensionen, welche quocunque modo von einem andern bezahlet werden müssen, genommen wird, wie solches aus verschiedenen Stellen des Juris Canonici zu colligiren, welche Bedeutungen aber, weil sie nicht dieses Orts sind, allhier weitläufftig anzuführen nicht nöthig seyn wird.

§. 5.

Census wird unterschieden in Reservativum und Constitutivum.

Der Haupt-Unterscheid, welcher bey dieser Sache zu beobachten, bestehet darinne, daß der Census entweder Reservativus ist, nemlich, wenn jemand einem andern ein gewisses Land-Gut, Aecker, Wiesen oder dergleichen übergiebet, mit dem Bedinge, daß der Besitzer alljährlich einen gewissen Zins dem vorigen Herrn entrichten solle;

Und diese Bedeutung des Zinses ist eigentlich hujus loci. Demnächst aber findet sich noch eine Art Census, nemlich Constitutivus, welcher eben nicht in specie wegen eines übergebenen Guts, sondern in Ansehung eines vorhergehenden Contractes jemand eingeräumet und versprochen wird. Die letztere Art gehöret zwar nicht eigentlich, da wir von Land-Gütern reden, zu diesem Vorhaben; Jedennoch aber, weilen die Beschaffenheit der Sache nicht deutlich gefasset werden kan, wenn nicht diese beyderley Arten der Zins-Verfassung gegen einander gehalten werden, als wollen wir auch diese kürtzlich erörtern.

§. 6.

Beschreibung des Census Reservativi.

Es ist also der Census reservativus ein solches Recht, vermittelst dessen jemand alljährlich eine gewisse Pension von einem an jemand anders übergebenen Land-Gut zu bezahlen schuldig ist, zu Recognition des vorhin daran gehabten Eigenthums.

§. 7.

Unterscheid des Census von der Emphyteusi. (1) Censitus kan sein Zins-Gut alieniren. Der Emphyteuta aber nicht.

Damit aber der Unterscheid zwischen denen vorhin abgehandelten Erben-Zins-Gütern und diesen Bonis Censiticis um desto deutlicher vor Augen liege, so wollen wir die hauptsächlichsten Differentias dieser beyden Contracten recensiren, und zwar (1) Kan der Zins-Mann (Censitus) das ihm zum Zins verliehene Gut, ohne den Zins-Herrn um dessen Consens anzusprechen, veräussern und verkauffen, ohne daß er sich dadurch seines Rechts verlustig mache, Struvius Syntag. jur. feud. cap. 2 pag. 69. Valascus de jur. Emphyteut. quæst. 32 num. 31. Ein Erben-Zins-Mann aber ist solches nicht befugt, sondern macht sich durch eine solche Alienation des Erben-Zins-Guts verlustig. Leg. final. Cod. de Jur. Emphyteut.

§. 8.

Wegen vieler Inconvenientien ist auch die Alienation des Zins-Guts in einigen Ländern verboten, als unter andern in dem Sächsischen, Heßischen.

Unterdessen ist doch hiebey zu bemercken, daß, weilen dergleichen Alienatio offtmalen viele Incommoda nach sich ziehet, als ist in verschiedenen Provintzien per constitutiones locales eingeführet, daß dergleichen Zins-Güter nicht ohne Unterscheid sollen verkaufft, oder mit Pfändungen beschweret werden, wie denn unter andern solches in denen Sächsischen Provintzien also eingeführet, und per observantiam bestätiget worden. Vid. Constit. Electoral. Part. 2 Constitut. 23. Ordinatio judicialis Saxon. tit. 46 Wenn aber. Struv. Syntag. Jur. Feud. cap. 2 § 70. Gleicher gestalt ist auch in denen Heßischen Provintzien eingeführet, daß die Zins-Güter, insonderheit so zu der Fürstl. Cammer gehören, nicht sollen distrahiret werden. Vid. Fürstl. Heßische Ordnung der Rent-Cammer Rubrica von Zertheilung der Zins-Güter. Wo aber das gemeine Recht in vigeur und durch die Landes-Ordnung nicht aufgehoben, ist die Oppignoration solcher Güter regulariter zugelassen.

§. 9.

2da Differentia: Daß eine Renovatio oder Laudemium bey den Zins-Gütern nicht nöthig ist. In einigen Ländern, als Chur-Sachsen wird auch diese Renovatio erfordert.

(2) Die zweyte Differentz der Erben-Zins- und Zins-Güter bestehet darinne, daß regulariter bey Veränderung des Zins-Herrn und Zins-Manns eine Renovation oder neue Belehnung nicht erfodert, noch auch ein Laudemium bezahlet wird. Struv. in cit. tractat. cap. 2 pag. 70. In dem Erben-Zins aber verhält sich solches anders. Carpzov. part. 2 Constit. 39 definit. 4. Nichts destoweniger sind auch in diesem Stück verschiedene Landes-Ordnungen von dieser dispositione juris communis unterschieden, und verordnen, daß auch die Zins-Güter, wenn der Zins-Herr verändert wird, renoviret, und das Zins-Gut gleichsam durch eine neue Belehnung conferiret werden solle, wie solches insonderheit in Churfürstenthum Sachsen also hergebracht; wie zu sehen ex Carpzov. Part. 2 Constit. 39 definit. 4. Struv. in cit. tract. pag. 70.

§. 10.

Doch bey deren Unterlassung wird das Zins-Gut nicht verlohren.

Wenn unterdessen der Zins-Mann solche Renovation der Belehnung etwa aus Unachtsamkeit oder Verhinderung unterlassen, so wird er deswegen dennoch seines Zins-Rechts nicht entsetzet werden können, wie solches wohl sonsten bey denen Lehnen üblich ist. Lib. 2 feud. tit. 24. Denn weilen der Zins-Mann ein viel stärckeres und grösseres Recht hat, als ein Vasall, so kan man in allen Stücken von dem Lehn auf die Zins-Güter nicht argumentiren, ob sie wohl sonst eine Gleichheit zusammen haben. Hartmann. Pistoris Observat. 95.

§. 11.

Welches auch einige ICti von dem Erben-Zins-Gut statuiren.

So gar wollen die Rechte, daß auch nicht einmahl der Emphytevta oder Erben-Zins-Mann wegen Unterlassung solcher Renovation seines Rechts verlustig werde. Berlich. decision. 68 n. 12. Frantzkius de Laud. Cap. 5 n. 54. Vielweniger wird der Zins-Mann wegen dieser Ursach seines Rechts entsetzet werden können, da er gleichfalls viel eine

eine ſtärckere Befugniß hat, als der Erben-Zins-
Mann. Carpzov. Part. 2 Conſtit. 39 definit. 5.

§. 12.

Differentia 3: der Zins-Herr hat kein Nähe-Recht bey Verkauffung des Zins.

(2) Hat auch der Zins-Herr bey Verkauffung
des Zins-Guts, kein Vorzugs-Recht oder Jus pro-
timiſios. Carpzov. Part. 2 Conſtit. 39 definit. 7.
Hergegen hat der Erben-Zins-Herr ein ſolches
Recht unſtreitig, ſo ihm durch expreſſas Leges vergönnet. Leg. Ult. Cod. de Jur. emphyteut. Lauterbach. in Compendio jur. cit. ſi ager vectigal.
pag. 122.

§. 13.

Differentia 4: die Zins-Güter werden nicht verlohren, wegen zurück gebliebener Zahlung, wie die Erben-Zins-Güter.

(4) Werden die Zins-Güter wegen der nicht bezahlten Penſion, niemahlen verlohren, wenn auch
gleich viele Jahre dieſelbe nicht abgeführet werden.
Valaſcus quæſt. 32 n. 30. Ein anders iſt bey dem
Erben-Zins eingeführet, daß, wenn der Erben-Zins
in drey Jahren nicht bezahlet, ſo denn das Gut verlohren ſey, ſiehe oben fol. 441 das 12te R. B. Novella 7 Cap. 3.

§. 14.

Differentia 5: der Zins-Mann bezahlet einen Cenſum, der Emphyteuta einen Canonem.

(5) So bezahlet der Erben-Zins-Mann einen
gewiſſen Canonem oder Erben-Zins, der Zins-
Mann aber einen Cenſum oder Zins. Martini de
Jur. Cenſ. Cap. 1 n. 79. Carpzov. dict. Conſtit.
39 definit. 1 n. 4. Unterdeſſen werden die beyden
Benennungen beydes Tages vielfältig unter einander vermiſchet. Valaſcus quæſt. 32 n. 27.

§. 15.

Differentia 6: der Zins-Mann hat dominium directum & utile,
der Emphyteuta aber nur das utile.

(6) Die Haupt-Differentz, woraus alle die vorigen flieſſen, iſt dieſe, daß bey dem Contract vende-
ſitico ſo wohl das dominium directum als utile
an den Zins-Mann übergeben wird, und der Zins-
Herr nichts anders als das Recht eine jährliche Penſion zu genieſſen ſich vorbehält. Carpzov. dict.
Conſtitut. 29 definit. 1. Bey dem Erben-Zins
aber, wie in vorigen angezeiget, hat der Erben-Zins-
Herr das Dominium Directum, hergegen der Emphyteuta nichts mehr als das Dominium utile,
und iſt alſo deſſen Poteſtät viel enger als eines Zins-
Manns, eingeſchräncket, Molinæus ad conſuetu-
dines Pariſienſes Part. 2 in princ. n. 21.

§. 16.

Dieſer Zins iſt eine Recognition des vorhin gehabten dominii, kan
dem Zins nicht übermäßig, oder den Früchten gleich ſeyn.

Dieſer Canſus oder jährlichen Zins wird nun vor-
erwähnter maſſen nicht ſo wohl als eine Compenſation derer von dem Zins-Gut auffkommenden Früchte, ſondern vielmehr als eine bloſſe Recognition
der vorhin gehabten Dominii bezahlet, und dabey
folget auch, daß ſolcher Zins nicht übermäßig ſeyn
könne, alſo, daß er mit den Früchten eine Gleichheit habe, weil ſonſten das Negotium, in eine Location oder Verpachtung degeneriren würde. Dn.
Zollius in diſſertatione de cenſu reſervativo,

§. 17.

Wird alle Jahr regulariter abgeſtattet auch wohl alle halbe Jahr
oder alle Monat.

Ueberdem pfleget regulariter dieſer alljährlich abgeſtattet zu werden, weilen dieſe Methode ſo wohl
vor den Zins-Herrn als Zins-Mann am commo-
deſten und vorträglichſten iſt.

Es hindert aber auch nicht, daß nicht ein ſolcher
Zins etwa alle halbe Jahr oder alle Monat könne
bezahlet werden, wenn es den Partheyen alſo beliebig iſt. Denn es heiſſet in dergleichen Diſpoſitionen: Partium voluntas dat legem Contractui.
Conſ. leg. ult. Cod. de rer. permut. § 3 Inſtit. de
Locationibus.

§. 18.

Welche Perſonen ein Zins-Gut acquiriren können.

Bey den Perſonen, ſo ein Zins-Gut acquiriren
können, wird nicht viel beſonders zu obſerviren ſeyn,
nachdemmahlen dieſelbe durchgehends mit den
übrigen Perſonen, ſo nicht von dem Commercio
humano ausgeſchloſſen, mit übereinſtimmen.

§. 19.

In was vor Gütern das Zins-Recht conſtituiret werde. Sind regulariter unbewegliche Güter. Oder auch Particular-Stücke.

Nechſt dem wird auch anzuſehen ſeyn: In was
vor Sachen und Gütern dieſes Zins-Recht könne
conſtituiret werden?

Da denn die Natur ſelbſt an die Hand giebt, daß
regulariter es müſſen unbewegliche Güter, als zum
Exempel: gantze Höfe mit zubehörigen Aeckern,
Wieſen, Holtzungen, Fiſchereyen, Hut-und Weyde-Recht, und dergleichen, woraus ein jährlicher
Nutzen zu ziehen, ſeyn, oder es kan auch ein Parti-
culier-Stück, als ein gewiſſer Acker, eine Holtzung,
ein Weyde-Diſtrict ꝛc. zu einem gewiſſen Zins eingeräumet werden.

§. 20.

Siebende Differentz von Erben-Zins-Gütern, daß dieſelbe regulariter in terris incultis beſtehen, nicht aber die Zins-Güter.

Und beſtehet die ordentliche Differentz auch hierinnen zwiſchen dem Zins und Erben-Zins, daß dieſer regulariter in unbebaueten wüſt-und öden Feldereyen beſtehet, welche der Erben-Zins-Mann
anzubauen und daraus fruchtbare Güter zu machen
angewieſen wird, hingegen wird ein Zins-Gut regulariter in einem fruchtbaren Stande dem Zins-
Mann überliefert, daß er es in ſolchem Stande erhalten ſolle. Valaſcus de jur. Emphyteut. quæſt.
32 n. 8. Es folget hieraus, daß ſolche Güter oder
Feldereyen, welche gar keinen Nutzen beingen können, als an etlichen Orten die puren Sand-Berge
ſo beſchaffen ſind, vor unfähig zu halten, daß darinnen ein Cenſus conſtituiret werde. Conrad. de
Contract. Cenſit. tract. 4 quæſt. 72 Concluſ. 2.
Zollius dicta diſſertat. § 12.

§. 21.

Die Sachen, ſo durch den Gebrauch conſumiret werden, dienen
nicht zu dieſem Zweck.

Nechſt dieſen laſſen ſich auch ſolche Sachen, welche durch den Gebrauch conſumiret werden, als
Korn, Wein, Geld, ꝛc. nicht zu einem Zins übergeben, alldieweilen deren Weſen, wenn ſie gebraucht werden, aufhöret, und alſo dem Domino
Directo kein Recht darinnen reſerviret werden kan,
indem

indem es heißt: Non entis nullae sunt qualitates. Martini de jure Censuum Cap. 4 n. 5.

Erstes Rechtl. Bedencken LXX.
Ob wegen grossen Miswachses an der jährlichen Pension eines Zins-Gutes etwas zu erlassen?

§. 1.
Ob der Zins wegen grossen Miswachses zu verringern sey? Neg. Rationes davon.

Es könte hiebey die Frage vorgestellet werden: Ob wegen einer ungewöhnlichen und ausserordentlichen Unfruchtbarkeit und Miswachses der Census, oder jährliche Pension müsse erlassen werden? Welche Frage denn, von vielen zwar negative beantwortet wird, aus der vorhin schon angeführten Ursach, daß die Pension oder Zins den Früchten nicht gleich pflege zu seyn, sondern nur in einer modica quantitate zu bestehen pflege, überdem auch dieselbe bloß zu einer Recognition vor das vorher gehabte Eigenthum bezahlet wird, dann auch ferner bey den Erben-Zins-Gütern es also gehalten wird, daß wegen eines Particular-Schadens der Canon oder Erben-Zins dennoch nicht aufhöre, sondern seinen Fortgang behalte. Leg. 1 Cod. de jur. Emphyteut. Novella 7.

§. 2.
Da Mevius führet eine andere Meynung.

Allein der Herr Mevius führet in seinen Decisionibus hierinnen eine andere und gelindere Meynung, daß nemlich der jährliche Zins bey einfallenden Kriegs-Läufften oder Miswachs-Jahren billig müsse erlassen und aufgehoben werden, und führet davon folgende Raisons an:

§. 3.
Dessen Rationes.

1) Weilen in dieser Art Zins-Gütern der Zins-Mann nicht personaliter oder wegen seiner einzigen Person obligat sey, sondern die Schuldigkeit des Zinses dependiret aus dem Gut, Acker oder Wiese, so dem Zins-Mann eingeräumet und übergeben ist. Salicetus ad Legem si argentum Cod. de donar. n. 3. Wenn also solches Gut oder Acker dem Zins-Mann keine Früchte oder Vortheil einträget, so könne auch das ratione dieser Früchte zu bezahlende Quantum nicht mit Recht gefodert werden. (2) Sey der Zins oder Pension gleichsam ein Theil der aufkommenden Früchte, und müsse aus den Früchten aufkommen, wenn also jene wegen unvermeidlichen Unglücks-Fällen zurück blieben, müssen auch diese erlassen werden, weil sie als correspectivà, sich eins nach dem andern richten müssen, Anchoran. Consil. 38 n. 3 (3) Vollends da dieser Contract einiger massen der Location oder Pacht ähnlich sey, bey welcher bekannter massen es also gehalten wird, daß wenn der Pachter keine Früchte geniessen kan, er auch an den Pacht nicht gebunden sey. Leg. item quaeritur 13 §7 ff. locat. (4) Sey die Natur dieses Zins-Contracts, daß derselbe nicht anders als von fruchtbaren Ländereyen und Gütern eingeräumet würde, würde auch nach einiger Meynung aufgehoben, wenn ein grosser und mercklicher Theil des Zins-Landes gar zu Grunde gienge, wie solches erwiesen werden will aus Gailii Lib. 2 Observat. 7 n. 14. Wenn also die Früchte aus dem Zins-Gut nicht erfolgten, so könte auch kein Zins mit Billigkeit erfordert werden. Mev. part. 9 decil. 44.

§. 4.
Welche auch der Billigkeit sehr ähnlich scheinen.

Ob nun wohl die erste Meynung in puncto juris stricti nicht wenig Ansehen hat, so ist doch die letztere der Billigkeit und Mildigkeit ähnlicher; und ist also billig, vollends bey solchen Umständen, da der Pensionarius in Ruin gerathen könne, derselben zu folgen.

§. 5.
Die Personen, so diesen Contract schliessen können. Ein Prälat bey der Kirche, ein Magistrat bey Stadt-Gütern kan nur auf gewisse Maasse einen Censum constituiren.

Die Personen, so dergleichen Contractum Censualem schliessen und eingehen können, sind alle diejenigen, so sonsten das völlige Dominium ihrer Güter haben, anbey auch in puncto der freyen Administration ihnen keine gewisse Gräntzen oder Einschrenckung gesetzet ist, also daß hiebey nichts besonders, so nicht bey andern Contracten gewöhnlich, zu beobachten seyn wird. Weilen nun prælatus bey der Kirche, ein tutor bey Pupillen-Gütern, ein Magistrat bey Stadt-Gütern nicht die völlige Administration oder potestatem alienandi haben, als wird daraus folgen, daß von dergleichen Personen nicht anders als auf gewisse Maasse und Consibus derjenigen, denen in Rechten solches verbehalten ist, eine solche Constitutio census geschehen müsse. Dn. Zollius in dicta dissertatione §. 2.

Zweytes Rechtl. Bedencken, LXXI.
Ob ein Lehnmann von seinen Lehn-Gütern einem andern etwas als ein Zins-Gut einräumen könne?

§. 1.
Ob von Lehn-Gütern ein bonum pensiticum seu constituiret werden? Videtur negandum.

Eine sonderliche Consideration ist hieber wegen der Lehn-Güter zu beobachten, als wovon verschiedentlich die Frage ventiliret worden: Ob ein Lehn-Mann befugt sey, von seinen Lehn-Gütern einige sub jure censuico andern einzuräumen? Beym ersten Ansehen scheinet es, daß dieses negative zu beantworten sey, weil die Einräumung eines Zins-Guts unter die modas alienandi gerechnet werden könte, zumahlen in selbigen so wohl das Dominium utile als directum weggegeben wird.

§. 2.
Daß Erfahrung weiset das Contrarium. Vollends, wenn solche mit Wissen dergleichen Consirmation consirm geschehen.

Nichts desto weniger weiset die Erfahrung, daß dieses vielfältig geschehe und von denen Lehn-Gütern offtmahls an gewisse Colonos die gleichen Zins-Güter übergeben werden, wie solches attestiret Dn. Leyserus in jur. Georg. lib. 1 Cap. 18 n. 16. Welches denn um desto mehr zugelassen seyn wird, wenn solche Lehn-Güter schon bey vorigen Zeiten zu einem solchen Zins-Gut gemacht und an einen Zins-Mann verliehen sind. Lib. 2 feud. tit. 9 & in. 50 Struv. in syntag. jur. feud. Cap. 17 §. 6.

§. 3.

§. 3.
Oder bey ansehnlichen Lehn des Römischen Reichs.

Noch weniger Zweiffel wird es haben bey grossen und ansehnlichen Lehnen des Römischen Reichs, als Fürstenthümern, Graffschafften und dergleichen, von welchen nach Ausweise der täglichen Erfahrung allerley Güter zu Zins, Erben-Zins, Affter-Lehn und dergleichen, an ihre Unterthanen verliehen und übergeben werden, ohne daß desfalls iemahls ein Zweiffel erreget worden, als ob solches mit Recht nicht geschehen könne, im Betracht die Reichs-Stände nicht allein als Vasalli des Römischen Reichs, sondern auch als ansehnliche Status Imperii mit der hohen Landes-Obrigkeit versehen sind, und also vermöge derselben eine weit grössere Potestät gebrauchen können, als bey andern Vasallis üblich ist.

Drittes Rechtl. Bedencken, LXXII.
Ob ein Census auf gewisse Viehhäupter könne gesetzet werden.

§. 1.
Ob ein Census kan in gewissen Viehhäuptern gesetzet werden? Affirmatur.

Es wird aber gefragt: ob denn ein solcher Census wohl könne auf gewisse Viehhäupter, als zum Exempel: Kühe, Schafe, Ziegen, ꝛc. gesetzet werden? Welches denn, weil die Verpachtung dergleichen Viehhäupter zugelassen und an vielen Orten üblich, dem Ansehen nach affirmative wird zu beantworten seyn, wie denn auch der Meynung beypflichtet laud. Dn. Zollius in prædict. dissertatione p. 13.

§. 2.
Jedoch ist solcher Zins nur temporarius.

Jedoch aber weilen dergleichen Viehhäupter nicht beständig bey Leben bleiben können, so ist an sich leicht zu schliessen, daß ein solcher Census nicht perpetuus, sondern nur temporarius seyn könne, also folglich mit dem Ableben des Thieres aufhören müsse. Zollius prædict. loco.

§. 3.
Ohne, wenn derselbe auf eine gantze Heerde gesetzet würde.

Wenn unterdessen iemanden ein Zins-Recht auf einer gantzen Heerde Viehes eingeräumet wäre, so könnte solches wohl einen Censum perpetuum abgeben, vollends wenn die Heerde allezeit wieder durch die junge Zucht ersetzet würde, weil bekant, daß eine Heerde im Stande bleibet, wenn gleich etliche einzelne Viehhäupter davon niederfallen. Arg. Leg. proponebantur de judiciis.

Viertes Rechtl. Bedencken, LXXIII.
Von der Art und Weise, wie ein Census oder Zins-Gut könne constituiret werden.

§. 1.
Die Art und Weise, wie ein Census zu constituiren. Entweder durch einen solennen Contract:

Die Constitution dieses Zinses geschiehet auf eben diese Weise, wie sonst die dominia rerum von einer Person auf die andere transferiret werden, nemlich entweder durch einen solennen Contract, wel-

Jurist. Oracul V Band.

cher dieses Zinses halber principaliter geschlossen, oder durch solche pacta, welche andern contractibus angehänget und einverleibet sind. Das erste geschiehet, wenn iemand ein gewisses Gut oder Pertinens übergeben und eingeräumet wird, daß der Possessor dagegen alljährlich eine gewisse Pension an den Concedentem abtragen solle, dergleichen Contract seine ausdrückliche Approbation findet in Leg. fin. cod. de rerum permutatione.

§. 2.
Oder durch ein Pactum adjectum.

Auf die letztere Art aber kan solches in allen dergleichen negotiis, worinnen das Eigenthum einer Sache überliefert wird, durch dergleichen pacta, welche in continenti dem Haupt-Contract beygefüget werden, geschehen und dabey eine jährliche Pension vorbehalten werden, in welchem Fall denn dieser Zins-Contract vor einen Anhang und Zubehör des Haupt-Contracts zu halten ist. Wie nun die Unterschiedlichkeit solcher Handlungen, wodurch das Dominium transferiret wird, sehr groß ist, also würde zu weitläuftig fallen, alle dergleichen modos hieselbst zu recensiren; jedoch wollen wir einige von den vornehmsten hieselbst anführen. Es kan aber solche reservatio census geschehen:

§. 3.
Bey einem Kauff.

(1) Bey einem getroffenen Kauff, wenn nemlich ein Eigenthums-Herr seine Land-Güter oder einzelne Stücke verkauffet, und übergiebet, sich aber dabey das Recht vorbehält, eine jährliche Pension davon zu geniessen, welcherley pactum nicht allein in Rechten gültig ist, sondern auch die Natur des Kauff-Contracts wircklich mit annimmt. Arg. leg. 7 §. 5 ff. de Pactis. Leg. 75 & 79 ff. de contrahenda emtione. Leg. 2 Cod. de Pact. inter emt. Leg. 12 ff. de Præscriptis verbis. Leg. 6 ff. Rescind. vendit.

§. 4.
Bey der Constitutione dotis.

(2) Kan solches geschehen in constitutione dotis, wenn nemlich iemand seiner Tochter ein Stück Guts zum Braut-Schatz mit giebet, sich aber daraus eine gewisse jährliche Hebung vorbehält, welcherley pactum, eben wie das vorige, den Rechten nicht zuwider ist, nach der Rechts-Regel: quod quisque rerum suarum sit moderator & arbiter. Leg. 21 Cod. Mandati.

§. 5.
Bey einer Transaction.

(3) In der Transaction, wenn zwey Personen über ein Stück Guts streiten, hernacher aber durch einen Vergleich ihre Differentien solchergestalt endigen, daß dem einen das Gut eingeräumet; dem andern aber eine jährliche Hebung daraus zugebilliget werde, welches ebenfalls in Rechten privilegiret, daß sie exceptionem litis finitæ zuwege bringet. Leg. Fratris & Leg. ut responsum Cod. de Transaction.

§. 6.
Bey einem Tausch.

(4) Kan es geschehen bey einem getroffenen Tausch, wenn 2 Personen ihre Ländereyen mit einander verwechseln,

wechseln, und sodann derjenige, welcher das geringste erhält, sich durch eine jährliche Pension prospiciret, damit der Werth der permutirten Stücke einiger massen gleich sey.

§. 7.
Bey der Erbtheilung.

6) In der Erbtheilung, wenn zwey Mit-Erben ihre ererbte oder angestammte Güter solcher Gestalt unter sich theilen, daß zu Vermeidung der Ungleichheit, der eine Mit-Erbe, welcher austrägliche Theile erhalten, dem andern, der etwas geringers bekommen, ein jährliches gewisses Geld-Præstandum entrichte, wie dergleichen Pactum vor Jahren bey einer vornehmen Familie beliebet worden, da zwey Gebrüdere sich dahin verglichen, daß derjenige, dessen Güter einträglicher und wichtiger, dem andern, der etwas geringere erhalten, einige 100 Thl. zur jährlichen Pension heraus geben solle, dergleichen Pacta gleich, wie die obigen, in Rechten nicht improbiret sind. Valascus de Jure Emphyteut. quæst. 32 n. 29.

§. 8.
Durch die Præscription.

Nächst dem wird auch die Præscription von denen modis acquirendi in diesem Stück nicht auszuschliessen seyn, wenn nemlich iemand durch Rechtsverwährte Zeit aus einem gewissen unbeweglichen Gut alle Jahr eine gleichmäßige Pension gehoben; so wird davor gehalten, daß derselbe dadurch ein gewisses Recht erhalten, und also auch hinkünfftig die Pension zu fordern berechtiget sey. Zollius dict. Dissert. §. 14. Wobey doch zu beobachten, daß solche Pensiones und Hebungen alle Jahr müssen gleich seyn. Martini in Tract. de Censibus cap. 3 n. 96.

§. 9.
Einige setzen selbiges auf 10 oder 20 Jahr. Andere auf 30, welches den Rechten am ähnlichsten.

Wie viel Zeit aber zu dieser Præscription erfordert werde, darunter sind die Rechts-Lehrer unterschiedener Meynung, indem einige davor halten, daß die Præscriptio innerhalb 10 Jahren inter præsentes, und innerhalb 20 Jahren inter absentes könne erfüllet werden. Hartmann. Pistoris lib. 2 tit. 52 observat. 2. Andere hingegen halten davor, daß wenigstens eine Zeit von 30 bis 40. Jahren zu dieser Præscription erfordert werde. Möllerus lib. 1 Consth. Sax. consth. 40. Martini cap. 3 n. 73. Welche letztere Meynung denn auch den Rechten scheinet am gemässesten zu seyn, alldieweilen nicht allein die Præscriptio vor ein Remedium odiosum pfleget gehalten zu werden, sondern auch die 10 jährige Zeit allzu kurtz scheinet, solche Last iemand auffzulegen, indem entweder per errorem, oder sonst auf eine widerrechtliche Art dergleichen kan eingeführet seyn.

§. 10.
Wenn ein Pacht-Contract zu erweisen, hat überall keine præscriptio stat.

Wenn aber beygebracht werden kan, daß diejenigen Güter, welche der Possessor vor Zins-Güter ausgiebt, von den Vorfahren verpachtet sind, alsdenn kan überall keine Præscriptio gültig seyn, weilen bekanter massen ein Conductor oder Pachter niemalen eine rechte Possession des gepachteten

Guts erlanget hat; also folglich auch keine Præscription vorschützen kan, auch überdem der Conductor in mala fide gewesen, also auch deßfalls die Præscription verhindert wird. Carpzov. part. 2 consth. 4 defin. 2.

§. 11.
An Seiten des Zins-Manns kan die Præscriptio auch stat finden.

Auf gleiche Masse kan an Seiten des Zins-Manns die Præscriptio ihren Fortgang gewinnen, wenn iemand von einem gewissen Gut 30 bis 40 Jahr einen gewissen Centum, und zwar in einer Quantität entrichtet, alsdenn kan derselbe sich mit der Præscription schützen, wenn etwa der Zins-Herr prätendiren wollte, daß selbiges Gut nur lociret oder verpachtet wäre. Carpzov. part. 2 consth. 40 defin. 1, allwo folgendes Præjudicium bey demselben zu befinden:

Ob nun wol solche 4 Aecker für Laß-Gut ausgegeben werden, da ihr aber dennoch dieselbe bis daher in die 37 Jahr für Erb-Gut besessen, und auch dafür verzinset und verschosset hättet, so würdet ihr dabey billig gelassen, V. R. W.

§. 12.
Wobey einen titulum beyzubringen nicht nöthig. Bona fides ist nach dem Jure Canonico allentshalben nöthig. Welcher doch nicht nöthig zu beweisen.

Und zwar wird dabey eben nicht erfodert, daß der Possessor einen Titulum beybringen müsse, alldieweilen der Titulus in der 30 jährigen Præscription nicht erfordert wird. Leg. 8 §. 1 Cod. de Præscript. 30 annorum. Die bona fides aber wird bey diesem Negotio billig erfordert, alldieweilen nach dem Jure Canonico mala fides, wenn der Possessor weiß, daß er kein Recht zu der Sache hat, alle Præscription gäntzlich ausschliesset. Cap. 5 Extr. 10 de Præscript. Es hat aber doch der Possessor nicht nöthig solchen bonam fidem zu beweisen, weilen derselbe vor sich præsumiret wird. Colerus ad cap. ult. X. de præscription. n. 39.

§. 13.
Eintheilung des Zins-Contracts nach dem subiecto: Geistlich oder Weltlich.

Das also acqvirirte Zins-Recht kan nun theils nach seinem subiecto, theils nach der Zeit, theils aber nach denen dabey vorgefallenen Pactis abgetheilet werden. Nach dem Subiecto ist dasselbe entweder weltlich oder geistlich, allermassen die Erfahrung, daß von geistlichen Gütern dergleichen Pensiones reserviret werden, so entweder auch ad pias causas destiniret sind, oder auch von weltlichen Personen, von Kirchen und Clöstern, daran sie ihre Güter geschencket, reserviret werden, worinnen dieser Contract mit den Precarien, so wie anderwerts beschrieben, ziemlich nahe übereinkommt; Der weltliche Zins aber ist, wenn von Secular-Personen dergleichen Contract gemacht wird. Von den erstern kan nachgesehen werden cap. 6 X. de Religiosis domibus.

§. 14.
In Geld- und Frucht-Zins.

2) Wird der Zins eingetheilet in Geld- und Frucht-Zins, wovon der erstere in baarem Gelde, der

der andere in Früchten, als Korn, Obst, Heu und
dergleichen bestehen kan. Mevius part. 9 doc. 84.

§. 15.

Nach der Zeit in perpetuum oder temporarium.

3) Ratione der Zeit ist der Zins entweder perpetuirlich, oder nur auf gewisse Zeit gesetzet. Zwar
seiner Eigenschafft nach, ist dieser Contract mehr
vor einen perpetuirlichen, als temporarium anzusehen, alldieweilen derselbe vor ein jus reale zu halten, welcher dem Zins-Gut stets anhanget; Unterdessen aber stehet doch denen Contrahenten frey, nach
Gelegenheit der Umstände, auch auf gewisse Zeit
eine solche Zins-Hebung zu verabreden, oder nur
auf eines Menschen Lebens-Zeit zu restringiren, welcher denn nach Verfliessung solcher Zeit aufhöret,
und seine Endschafft erreichet.

§. 16.

Nach den beygefügten Pactis.

4) Kan auch eine Eintheilung nach denen den
Zins-Contract beygefügten Pactis gemacht werden,
daß nemlich derselbe entweder nur schlechterdings
die Zins-Hebung in sich fasset, und könte also census purus genannt werden, oder es kan derselbe
noch andere Conditiones und Neben-Pacta in
sich halten, welche denn ebener Gestalt, als der
Haupt-Contract billig zu observiren, und zum Effect
zu bringen sind.

Fünfftes Rechtl. Bedencken, LXXIV.

Ob das Zins-Recht unter die bewegliche oder unbewegliche Güter zu rechnen?

§. 1.

*Ob das Zins-Recht ad immobilia oder mobilia zu referiren?
Eigentlich ist es ein genus tertium.*

Es könte hiebey die Frage vorkommen: ob ein
solcher Zins unter die beweglichen, oder unbeweglichen Güter zu referiren sey? Eigentlich davon zu
reden, würde dieses Recht so wenig zu dem einen
als andern gehörig seyn, weil es ein Jus incorporale
ausmachet, und also ein tertiam Classem constituiret: Leg. A Divo Pio §. In venditione ff. de
Re judicata. Denn bona mobilia und immobilia können keine andere Güter genannt werden, als
welche aus wircklichen corporibus bestehen, und
in die äusserliche Sinnen fallen, consequenter mit
Augen gesehen und mit Händen begriffen werden
können. Lauterbach. in Compend. Juris tit.
de Rerum divisione pag. mihi 21.

§. 2.

*Es kan dennoch zu den mobilibus oder immobilibus gezogen wer-
den, nachdem es einer rei immobili oder mobili
anhänget.*

Es kan aber doch dieses Recht per indirectum
zu den mobilibus oder immobilibus gezogen werden, nemlich das erstere, wenn der Zins aus einem
immobili bezahlet wird, wie denn solches insgemein geschiehet. Gailius lib. 2 Observat. 10.
Sollte aber der Zins von einer re mobili constituiret seyn, wie iedoch sehr selten geschiehet, so würde
dasselbe ad bona mobilia zu bringen seyn, wie auf
solche Art alle den Gütern anhangende Gerechtigkeiten, nach diesem Unterscheide, in mobilia und immobilia pfleget eingetheilet zu werden.

Jurist. Oracul V. Band.

Sechstes Rechtl. Bedencken, LXXV.

Von dem Effect des Zins-Rechtes sowol in Ansehung des Zins-Herrn als des Zins-Mannes.

§. 1.

*Effect des Zins-Rechts an Seiten des Herrn: Daß er seinen Cen-
sum alle Jahr einfordern kan. Auch durch gewisse Straffen
den Zins-Mann dazu anhalten.*

Aus dem, was bisanhero vorgetragen, wird nun
der Effect dieses Rechts leichtlich können abgenommen werden. Derselbe ist an Seiten des Zins-
Herrn, daß er befugt ist, seine jährliche Pension oder
Zins von dem Censuario einzufodern und beyzu-
treiben. Wobey denn derselbe die Macht hat,
durch gewisse Straffen den Zins-Mann zur richtigen Zahlung anzuhalten, auch zu Erstattung der
verursachten Unkosten denselben zu adigiren, insonderheit wenn der Zins-Herr die Jurisdiction über
den Zins-Mann haben sollte; * Wo aber solches
nicht ist, hat sich der Zins-Herr bey der ordentlichen
Obrigkeit, worunter die Zins-Leute gesessen, zu melden. Carpzov. Part. 2 Const. 39 def. 3. Daß
aber der Zins-Mann sein Zins-Gut nicht verliere,
wenn er gleich etliche Jahre säumig ist, wie solches
in den Erben-Zins-Gütern hergebracht, solches ist
schon oben verschiedentlich erinnert worden.

§. 2.

*Effect an Seiten des Zins-Manns: 1) Daß er seinen jährlichen
Zins abstatte. 2) Das Zins-Gut davor quoad Dominium
directum & utile geniesse.*

Ratione des Zins-Mannes ist der Effect, daß
demselben so wol das Dominium utile als Directum übergeben sey, und also derselbe ein weiteres
und besseres Recht habe, als der Erben-Zins-Mann.

Siebendes Rechtliches Bedencken, LXXVI.

Ob in dubio die Præsumtion für einen Erben-Zins-oder Zins-Contract sey? wie auch von der Renovation.

§. 1.

*Die Wörter: Erben-Zins, und Zins werden offt unter einander
verwechselt. Ist also auf die Qualität des Contracts und
nicht auf die Worte zu sehen.*

Es ist leichtlich aus dem Inhalt des Erben-Zins
oder Zins-Briefes abzunehmen, was vor ein Contractus unter den Parteyen getroffen sey; denn
wenn e. g. die Contracte so eingerichtet seyn, daß
daraus zu schliessen, es sey so wol das Dominium
directum als utile eingeräumet worden, so ist sonder Zweiffel ein Contractus censiticus geschlossen,
Carpzov. Part. 2 Const. 39 Defin. 9. Und hindert nicht, wenn gleich das Wort: Erben-Zins in
den Concessionen gebrauchet wäre, weil selbige Be-
nennungen des Erben-Zinses und Zinses offtmaln
mit einander verwechselt werden. Heißt es also in
solchen Fällen: Voluntas potior est voce dicen-
tis, ne dum scriptura scribentis. Leg. 7 ff. de
Supellectile legata. Carpzov. dicta defin. 9.
allwo er ein merckwürdiges Præiudicium-beyfü-
get, welches wir seiner Deutlichkeit halber anzuführen nicht undienlich erachten:

Obwol euer Gut vor ein Erben-Zins-Gut gehalten werden will, immassen auch solches in dem

Lehn-Brief also genennet wird: dieweil aber dennoch alle Gerechtigkeit des Guts, so dem Lehn-Herrn zuständig, und also zugleich auch das Dominium Directum, so in Erb-Zins-Gütern, oder bonis Emphyteuticis, sonst bey dem Lehn-Herrn verbleibet, nebenst dem utili dominio euren Vorfahren und euch verliehen worden; so mag bemeldtes Gut vor ein recht Erben-Zins-Gut nicht gehalten werden, sondern es ist vor ein Zins-Gut billig zu achten. V. R. W.

§. 2.

Ob in dubio vor einen Erben-Zins- oder Zins-Contract zu präsumiren? Die Chur-Sächsische constitutio spricht vor den censum.

Wie nun aus dem bisher angeführten guten Theils geschlossen werden kan, ob ein Contractus censiticus, oder emphyteuticus celebriret sey, also ist die Frage annoch zu erörtern, wenn die Worte des Contracts so dunckel seyn, oder sonsten man aus den Umständen nicht wissen kan, ob ein Erben-Zins oder Zins-Contract vorhanden sey? Die Churfürstl. Sächsische Decision, so in zweiffelhafften Fällen ertheilet ist, gehet dahin, daß man mehr vor die bona censitica, als emphyteutica präsumiren solle. Constitut. Electoral. Saxon. part. 2 Const. 39.

§. 3.

Ratio Carpzovii.

Wovon der Herr Carpzovius diese Ration giebet, daß ein ieder Contract also zu interpretiren sey, daß derselbe zu seiner ersten Natur wieder gelange. Nun wird die Natur des Dominii dadurch gleichsam in einen ausserordentlichen Stand gesetzet und alteriret, wenn selbiges in das Dominium directum & utile gleichsam zerrissen und vertheilet wird, wie bey dem Erben-Zins geschiehet. Bey dem Zins-Contract aber sind solche beyde Arten des Dominii wiederum vereiniget, welches der eigentlichen Natur des Dominii gemässer, also viel eher als die Zerreissung desselben zu vermuthen. Carpzovius part. 2 Const. 39 defin. 8.

§. 4.

Hätte also der Zins-Herr das onus probandi auf sich, daß es Erben-Zins-Güter seyn.

Woraus denn folgen würde, daß, wenn man nichts weiß, ob die Güter Emphyteutica oder Censitica seyn, das Onus probandi dem Zins-Herrn obliege daß nemlich dieselbe Erben-Zins-Güter seyn. Daniel Möller dicta Const. 39.

§. 5.

Andere wollen das contrarium behaupten. Vollends wenn das Gut vorher dem Erben Zins-Herrn zugehört.

Einige Rechts-Lehrer wollen aber hierinne das Contrarium statuiren, vollends in dem Casu, wenn man weiß, daß das Zins-Gut in vorigen Zeiten dem Zins-Herrn eigenthümlich zugehöret. Valascus de Jure Emphyteut. quæst. 32 n. 35. Denn die Præsumtio würde in solchem Fall auf des Herrn Seite stehen, daß er nicht alles Recht von sich werde abandonniret, sondern etwas, nemlich das Ober-Eigenthum vor sich behalten haben, quia nemo præsumitur suum jactare. Carpzov cit. def. 8. Eberhardus in locis topicis in loc. Ab Emphyteusi ad censum.

§. 6.

Ein anders ist zu präsumiren, wenn das Erben-Zins-Recht præscribiret seyn soll.

Ein anders aber wird insgemein geschlossen, wenn das Zins-Recht präscribiret ist, alldieweilen vor angeführter massen die Præscriptio einiger massen vor odices gehalten, und wider dieselbe präsumiret wird, daß daher in solchem Fall viel eher vor ein Jus emphyteuticum, als censiticum geschlossen zu werden pfleget. Francisc. Balbus de præscriptione part. 2 quæst. 2 n. 11. Carpzov. part. 2 const 40 defin. 4.

§. 7.

In einigen Provintzien muß die renovatio der Zins-Güter gesucht werden, als unter andern in den Sächsischen Landschafften. Special-Landes-Ordnungen derogiren den gemeinen Rechten.

Ob nun zwar oben angezeiget, daß die Zins-Güter bey Veränderung des Possessoris nach gemeinen Rechten keiner Renovation benöthiget sind, so sind doch viele Provintzien, wo solches nicht in Uibung ist, sondern die Renovatio der Erben-Zins-Güter bey geschehener Veränderung muß gesucht werden, wie solches unter andern in den Sächsischen Landen also durch Special-Landes-Verordnungen eingeführet, testante Carpzov. part. 2 const. 30 defin. 4. Und da nun bekannt, daß dergleichen Special-Landes-Ordnungen den gemeinen Rechten derogiren, so ergiebt sich daraus, daß solchen Landes-Constitutionen billig nachgegangen werden müsse.

Achtes Rechtl. Bedencken, LXXVII.

Was für Remedia Juris dem Zins-Herrn zukommen?

§. 1.

Was vor Remedia dem Zins-Herrn zukommen? Wenn er noch keine Pension gehoben, hat er nur eine Actionem personalem.

Endlich wird auch noch zu untersuchen seyn, was vor Remedia juris dem Zins-Herrn, wenn er die Pension in Güte nicht erhalten kan, bevorstehen, alldieweilen zu der Wissenschafft der Rechte dieser Punct vornemlich mit gehöret, daß man die rechte Action in Judicio anzustellen wisse. Leg. 79 ff. de Judiciis. Hiebey ist nun vornemlich bey dem Censu reservativo dahin zu sehen, ob der Zins-Herr seine Pensiones allbereit gehoben, oder ob er sich dieselbe nur habe versprechen lassen, und noch nicht in die Possession derselben gesetzet sey. In dem letztern Fall kommt dem Zins-Herrn nur bloß eine Personal-Action zu, aus demjenigen Contract, worinne ihm der Zins ist vorbehalten oder versprochen. Ludwel ad § fin. Institut. de servitut. præd. rustic.

§. 2.

Dessen Ratio.

Welches denn daher rühret, weilen aus einem Versprechen oder blosser Convention keine andere Actio, als eine Personal-Klage entstehet, welche die Person, so solches versprochen, verbindet ihr Versprechen zu erfüllen. Zollius in dict. dissert. § 20.

§. 3.

Wenn der Zins-Herr schon den Censum gehoben, hat er actiones reales & remedia possessoria. Dergleichen sind: Interdictum uti possideris; & het sonst principaliter nur auf res immobiles. Wird doch das Interdictum utile auf res incorporales extendiret.

Ein anders aber ist, wenn die Pensiones schon einige Jahre bezahlet, und also der Herr in die Posses-

sion

fion der Zinshebungen gesetzt ist, so haben nicht allein actiones reales, sondern auch remedia possessoria stat, und können den morosum Censitam zu seiner Schuldigkeit anhalten, und durch einen kürzern und leichtern Weg dem Zins-Herrn zu seinem Recht verhelffen. Dergleichen ist nun erstlich das Interdictum uti possidetis, welches so wol abzielet zu Erhaltung als zu Defendirung und Conservirung der Possession gegen alle, so dieselbe zu turbiren sich unterstehen. Denn obwol dieses Interdictum principaliter auf unbewegliche Güter gesetzt und gemeynet ist, so wird doch das Interdictum utile auf res incorporales, nemlich jura & actiones extendiret. Leg fin. ff. uti possidetis. Leg. 8 § 5 ff. si servitus vindicetur. Lauterbach. in compend. jur. ad tit. uti possid. p. m. 598.

§. 4.

Ferner competirt ihm Interdictum unde vi. Item Remedium ex Can. Redintegrandæ.

Nechst dem komt dem Zins-Herrn auch zu, das interdictum unde vi; oder auch das remedium ex canone redintegranda de restitutione spoliatorum, nemlich hauptsächlich in solchem Fall, wenn der Zins-Mann nicht allein mit Worten, sondern auch mit der That und einiger Gewaltsamkeit die Zins-Zahlung verwegert, um also den Zins-Herrn gäntzlich seines Rechts, so viel an ihm ist, zu entsetzen. Menoch. de recuperand. possess. remed. i n. 81. Denn obwol sonst der Zins-Herr die Possession animo behält, so wird doch dieselbe durch solche Facta, welche die Zins-Hebung mit Gewalt verwegern, turbirt und auffgehoben. Martini in tract. de censibus c. 30 & seqq.

§. 5.

In petitorio ist das gewöhnlichste Remedium Actio Confessoria. Diese Action könte noch einiger Meynung mit den Interdictis cumulirt werden.

Im Petitorio, wenn darinne geklaget werden muß, ist die actio confessoria das gewöhnlichste Mittel, welches in diesem Fall anzustellen, gleich wie solche Action mehrentheils in servitutibus und andern dergleichen juribus stat findet. Derselben Inhalt gehet dahin aus, daß der Zins-Herr proponiret, welcher gestalt N. N. sein Zins-Mann vermöge des zwischen ihnen getroffenen Contracts schuldig sey, auf die und die Zeit aus denen ihm eingeräumten Land-Gütern, Wiesen oder Aeckern eine gewisse Pension zu bezahlen, welchen er aber einige Zeit her nicht nachgekommen, sondern mit seiner Pension zurück geblieben; weshalben man wolle gebeten haben in Rechten zu erkennen und auszusprechen, daß dem Kläger solches Recht die Pension zu erheben zukomme, einfolglich der Bekl. schuldig sey, selbige nicht allein von diesem Jahr zu entrichten, sondern auch damit hinkünftig zu continuiren, auch de non amplius turbando Caution zu stellen. Zollius in dissert. de cens. reservat. § 20, allwo er auch davor hält, daß der Zins-Herr ietzt ermeldte actionem confessoriam mit denen interdictis recuperandæ oder auch retinendæ possessionis cumuliren könne, argum. Leg. 6 § 1 ff. si serv. vindic. dergleichen cumulation sonsten in rebus corporalibus nicht zugelassen ist.

§. 6.

Auch die Actio hypothecaria. Der Zins-Herr gehet allen Creditoribus beym Concurs vor.

Einige wollen auch davor halten, daß die actio

hypothecaria in diesem Fall könne angestellet werden: allein solches hat kein genugsames Fundament, weilen sich nirgends in Rechten findet, daß dem Domino Censu eine hypotheca tacita gegeben sey. Valascus de jur. emphyteut. quæst. 32 n. 13 & 14. Es ist auch dem Zins-Herrn dergleichen actio hypothecaria nicht einmal nöthig, weilen das jus Censuale stärcker ist, als das jus Hypothecarium, indem nicht allein der Zins-Herr gegen einen iedweden possessorem agiren kan, ohne daß ihm exceptio excussionis könne entgegen gesetzet werden, sondern auch er allen übrigen Creditoribus, wenn es zum Concurs kommen solte, vorgezogen wird. Carpzov. p. 1 Constit. 28 def. 54 & 55. Denn solche Erb-Zinsen oder Korn-Pächte und dergleichen pensiones haben eben das Privilegium, als die tributa & collectæ publicæ, welche allen Creditoren bekanter massen vorgezogen werden. Joh. Michael Beuther. de jur. præd. p. 1 c. 11.

Neuntes Rechtliches Bedencken LXXVIII.

Von den Modis amittendi Censum.

§. 1.

Modi amittendi censum. 1) Wenn die Zeit der gesetzten Zinshebung verflossen.

Die modi amittendi censum sind diesem nächst annoch zu beleuchten, worunter der erste ist, wenn die Zeit, auf welche der Zins eingeschräncket, verstrichen. Leg. fin. ff. si ager vectigalis. Als wenn zum Exempel der Zins auf die Lebens-Zeit des Zins-Manns gegeben, oder auf eine gewisse Anzahl Jahre versprochen wäre, da denn vor sich ausgemacht, daß nach Abkauf solcher Zeit der Zins zu Ende sey.

§. 2.

2) Durch die Præscription.

2) Durch die Præscription, wenn entweder der Zins-Mann die Freyheit, den Zins zu bezahlen, oder der Zins-Herr das Recht, das Zins-Gut wieder anzunehmen, præscribiret. Martini de jur. vectisuum c. 8 n. 145.

§. 3.

3) Durch gäntzlichen Untergang des Zins-Guts.

3) Wenn das gantze Zins-Gut untergehet, entweder durch Erdbeben, oder durch Feuers-Brunst, oder totale Uiberschwemmung des Wassers. Denn wenn das Zins-Gut gäntzlich zu Grunde gehet, muß nothwendig auch der Zins aufhören, Leg 1 Cod. de jur. emphyteut. Leg. si locus ff. quemadmodum servitut. amittantur, nicht aber wird der Zins gäntzlich aufgehoben, wenn nur ein Theil von dem Zins-Gut den Untergang empfindet. Arg. § 3 Institut. de usufructu. Solte aber der Zins-Mann entweder mit Vorsatz oder per culpam aliquam Schuld und Ursach an solchem Verlust seyn, so ist er schuldig, dem Zins-Herrn das interesse zu bezahlen. Leg. repeti ff. quibus mod. ususfructi. amittitur.

§. 4.

Ob von einem neuerbaueten Hause der Zins zu bezahlen, der von dem alten gebührte? Neg. Ratio.

Wenn nun ein Haus durch Feuers-Brunst aufgegangen, und es wird hernach ein ander Haus auf die Stelle wieder gebauet, fragt sich, ob solches neue Haus dem Zins wieder unterworfen sey? Regulariter wird solches negiret, dieweilen das neue Gebäude nicht eben das mit dem alten ist, sondern pro alio ac diverso zu halten. Leg. 83 § 5 ff. de verb. obligat. Leg. quid tamen § 1 quib. mod. ususfruct. amittitur. Zollius prædict. dissert. § 20.

§. 5.

4) Wenn das Zins-Recht dem Herrn cediret wird.

4) Muß der Zins erlöschen, wenn das Zins-Recht dem Zins-Herrn cediret oder übertragen wird, welches iedoch mit Einwilligung des Zins-Herrn billig geschehen muß. Corbulo de jur. emphyteut. c. 8 n. 4.

§. 6.

5) Wenn das Recht des Zins-Herrn aufhöret.

5) Wenn das jus des Zins-Herrn selbst aufhöret, als wenn er etwa mit den Gütern belehnet wäre, und solche Belehnung ihre Endschaft erreichte. Leg. 11 § 1 ff. quemadmodum servitut. amittuntur. Leg. 8 § 1 de peric. & commod. rei venditæ.

§. 7.

6) Wenn ein pactum de caducitate census bey geschehener Alienation oder nicht Bezahlung des Zinses gemacht.

6) Wenn dem Zins-Contract das pactum beygefüget ist, daß der Zins-Mann seine eingeräumte Güter bey deren Verlust nicht veräußern solle, es wäre denn mit des Herrn Einwilligung, oder auch daß der Zins-Mann seinen Zins in gewisser Zeit bey Verlust des Zins-Guts bezahlen solle: denn daß dergleichen pacta wohl können beygefüget werden und gültig seyn müssen, bezeuget Valascus de jur. emphyteut. quæst. 32 n. 31. Dergleichen pacta, um die Bezahlung in richtiger Ordnung zu halten, sehr nützlich sind, weilen sonst, wie oben gedacht, der census so wenig wegen geschehener Veräußerung als unterlassenen Zahlung sein Gut nicht verlieret.

Zehendes Rechtliches Bedencken LXXIX.

Ob ein Zinsherr den Zinsmann, wenn dieser sich nicht gebührlich aufführet, vertreiben könne?

§. 1.

Qu. Ob ein Zinsherr den censitum wegen übeler Aufführung wohl expelliren könne? Negatur wegen leichter oder geringer Ursache. Dessen Ursach.

Es ist hiebey die Frage: Ob ein Zins-Herr seinen Zins-Mann, wenn er sich etwa in allen nicht, wie sichs gebühret, aufführet, aus dem Zins-Gut hinwieder aussetzen und vertreiben könne? Welches denn um leichter und geringer Ursachen willen wohl nicht thunlich seyn würde, aus Ursachen, weilen auf den Zins-Mann das völlige Dominium sowohl directum als utile übertragen worden, und also derselbe über das Zins-Gut völliger Herr ist. Nun ist bekannt, daß, wenn schon einer sich nicht allzu löblich aufführet, man demselben seine Güter nicht nehmen könne, weilen selbiges eine species confiscationis bonorum seyn würde, welche nur in gewissen schweren Verbrechen stat findet. Carpzov. in praxi criminali Quæst. 18.

§. 2.

Wenn gleich der Zins-Herr demselben sein ausgelegtes Geld wieder erstatten wolte. Ein Landes-Herr kan seinem Unterthan ohne genugsame Ursach seine Güter nicht nehmen. Jedoch könnte er genöthiget werden, sein Zins-Gut zu verkaufen.

Und zwar solches auch in dem Fall, wenn gleich der Zins-Herr seinen Zins-Mann dasjenige Geld, so er etwa bey Treffung des Contracts empfangen, wieder erstatten wolte; zumahlen auch sogar ein Landes-Herr ohne Recht einem Unterthanen das Seinige nicht nehmen kan, sondern bey seinen Gütern und Haabseligkeiten verbleiben zu lassen gehalten ist, vielweniger wird solches einem Zins-Herrn frey stehen. Ziegler ad Lancellott. § nobilis n. 185. Leyser in jur. Georg. l. 1 c 18 n. 73. Welcher letzt benannte Herr Autor der Meynung ist, daß ein solcher Zins-Mann, welcher allzu unartig, widerspenstig und verdrießlich gegen seinen Herrn und andere Benachbarten sich aufführet, nach Gestalt seines Verbrechens könne dahin genöthiget werden, daß er sein Zins-Gut müsse verkaufen lassen, und sich an andere Oerter begeben. Constit. Elect. Saxonica 8 p. 2. Matth. Berlich. p. 2 concl. 9 n. 20 & dec. 56 n. 8.

§. 3.

Ein Guts-Herr kan auch in gewissen Fällen seines Ober-Eigenthums verlustig werden.

Und zwar solches um desto mehr, weilen auch ein Zins- oder Guts-Herr wegen seiner Insolenz und Übermuths, wenn er seine Untersaßen unter dem Schein seiner Gebührnissen schändlicher Weise um das Ihrige bringet, und mit neuerdichteten Gefällen plaget und qvälet, seiner Jurisdiction und Ober-Eigenthums könne entsetzet werden. Leyser cit. loc. n. 74. Gailius l. 1 obf. 17 n. 10. Mynsinger cent. 5 obf. 8. Auf gleiche Art kan auch ein Patronus, der gegen seine Clienten allzu hart und tyrannisch verfähret, und, anstat er sie beschützen solte, dieselben unterdrücket und beschweret, seines Protections-Rechts entsetzet werden. Thomas Maulius de homag. tit. 2 n. 20. Und gewiß ist diese der berühmten ICtorum vorgebrachte Klage wohl nicht ohne Grund, weilen die Erfahrung lehret, daß viele von den Zins- und Guts-Herrn in den Gedancken stehen, daß sie eine löbliche und heldenmäßige That verrichtet hätten, wenn sie den armen Unterthanen neue Lasten auflegen, und sie also mehr beschweren können, da doch dergleichen Vergrößerung der Kosten bey denen Unterthanen vielmehr vor eine unverantwortliche Sache und Laster-volles Beginnen angesehen werden solte, welches an sich eben so unrecht ist, als wenn einer dem andern sonst was entwendet, nur daß es dem äusserlichen Schein nach anders angefangen und dabey eine andere Methode gebrauchet wird.

§. 4.

Herrn Bernhardi Bertrams Sächsischen Cantzlers Meynung von den Bauren-Gütern.

Wobey mercklich ist, daß nach des Herrn Zollii Bericht in vorbenannter Dissertation de censu reservativo, der Fürstl. Sächsische Cantzler, Herr Bernhard Bertram, an einem Orte geschrieben, daß es bey ihm keinen Zweifel habe, welcher Gestalt alle Bauren-Güter zu alten Zeiten eigentlich genannte Zins-Güter gewesen, und also von allen Laudemiis befreyt geblieben seyn, nachhero aber durch Geiz der Guts-Herren und übel gebrauchte Patienz der Guts-Leute und Unterthanen ihnen sowohl die Laudemia als

als andere Beschwerungen auferleget seyn. Welche
Meynung, wie weit sie in der Wahrheit gegründet
sey, wir anderer Rechtsverständigen judicio anheim
geben.

OBSERVATIO LXXX.

Von dem Unterschiede zwischen dem Censu
reservativo und constitutivo; was und wie
vielerley der Census constitutivus sey?

§. 1.

**Differentiæ zwischen dem Censu reservativo und
constitutivo.**

Wie nun, was bisher verhandelt, zu Erkenntniß
des Census reservativi mehrentheils hinlänglich seyn
wird: also wollen wir nun auch von der andern Art
des Census, nehmlich dem Censu constitutivo, ein
und anders erörtern, welches denn um desto deutlicher zu verrichten, wir zuförderst die differentias
zwischen dem Censu reservativo und constitutivo berühren wollen.

§. 2.

**Differentia 1) In dem Reservativo giebt der Zins-Herr ein ge-
wisses ihm gehöriges Gut sub reservatione censui. In dem
Constitutivo wird nur in genere ein Gut dem
Censico eingeräumet.**

Da denn die erste Haupt-Differentz darinn bestehet, daß in dem Reservativo der Zins-Herr ein
gewisses Gut, so ihm vorher zugehöret, an den Zins-
Mann übergiebet, und sich eine gewisse Pension davon vorbehält: in dem Constitutivo aber geschiehet
solche Uibergabe nicht, sondern es wird dem Zins-
Mann sonst durch einen Kauf- oder andern Contract
so viel von fremden Gütern zugewandt, daß er daraus dem Zins-Herrn eine gewisse Pension bezahlen
müsse. Martini de jur. cens. c. 3 n. 1.

§. 3.

**Differentia 2) In dem Reservativo muß der Zins-Mann seinen
Zins offeriren. In dem constitutivo kan er die Abforderung abwarten.**

2) So ist der Zins-Mann in dem Censu reservativo schuldig, seinen Zins unangefodert dem Zins-Herrn
zu offeriren und zu überliefern; in dem Censu constitutivo aber hat er solches nicht nöthig, sondern kan
wohl abwarten, daß ihm die Pension abgefodert
werde.

§. 4.

**Differentia 3) Der Reservativus ist der præsumtioni usurariæ
pravitatis nicht unterworfen: Wohl aber der Constitutivus.**

3) Ist der Census reservativus niemahlen der præsumtioni usurariæ pravitatis unterworfen, welchen
doch der Constitutivus gar leicht auf sich ziehen kan.
Martini c. 7 n. 121. Zollius § 19.

§. 5.

**Diff. 4) Der Constitutivus ist von geringerm Præjudiz,
als der Reservativus.**

4) Ist der Census constitutivus von geringerem
Præjudiz, als der reservativus, weilen in diesem
das Dominium prædii zugleich mit übergeben wird,
welches aber bey dem Constitutivo sich nicht allemal
findet.

§. 6.

**Diff. 5) Bey dem Reservativo ist keine Hoffnung der Reluition,
welche doch bey dem Constitutivo sich zuweilen findet.**

5) Ist in dem Reservativo keine Hoffnung einiger Reluition, daß nehmlich der Zins-Mann von

seiner Pension, so lange das Gut im Stande ist,
sich los machen könne; hingegen bey dem Constitutivo
kan nach Gestalt der Umstände wohl eine Reluition
oder Ablegung geschehen. Dn. Martini c. 7 n. 114.

§. 7.

Beschreibung des census constitutivi.

Es wird der Census constitutivus (sonst auch genannt impositicius) beschrieben, daß er sey eine solche
Handlung, wenn jemand vermittelst eines in Rechten
approbirten und zulänglichen Tituli ein Recht, eine
gewisse jährliche Pension zu geniessen, entweder an
einem gewissen Gut und Länderey, oder von des
Pensionarii Person versprochen und fest gesetzet wird.
Vid. Dn. Frantzkius Lib. 1 Resol. 1 n. 15. Dn. Jac.
Bornius in Dissert. de Censu constitutivo cap. 1 § 6.

§. 8.

Dessen Eintheilung in Realem & Personalem.

Die Haupt-Eintheilung dieses Census ist größten
Theils allbereit aus der in § præcedenti gegebenen
Description zu ersehen, da nehmlich derselbe entwe-
der in realem oder personalem getheilet wird.

§. 9.

Beschreibung des Census realis.

Der Census realis ist derjenige, wenn jemand auf
ein gewisses unbewegliches Gut, als auf einen Weinberg, Holtzung, Wiesen, oder dergleichen, ein jährlicher Zins assigniret wird, welchen er aus solchem
Gut zu heben haben solle.

§. 10.

Des Personalis.

Personalis ist hingegen, wenn sich die Zins-Hebung blosserdings auf eine gewisse Person gründet,
welche sich verbindlich machet, alljährlich eine gewisse Revenue dem andern Theil zu bezahlen.

§. 11.

**Es kan auch ein Genus mixtum seyn, so von beyden Arten
etwas participiret.**

Wozwischen denn annoch ein Genus intermedium
sich finden kan, wenn auf einem gewissen Gut eine
Pension gestellet wird, doch so, daß, wenn gleich das
Gut verlohren gehen solte, dennoch die Person obligat bleibet, die Zins-Zahlung zu continuiren, welche Art des Zinses mixtus genennet werden könte.
Diese beyderley Arten können nun wieder nach dem
Unterscheid ihres Objecti entweder in Frucht-Zin-
sen, welche in Korn, Obst, Wein zc. bestehen, oder
in Geld-Zinsen, welche bloß mit baarem Gelde abgeleget werden, subdividirt werden.

§. 12.

**Die Pensiones können in redimibiles & irredimibiles
getheilet werden.**

3) Können auch die pensiones in redimibiles, oder
ablösliche Zinsen, und irredimibiles, oder unablös-
lichen Pensiones abgetheilet werden. Denn ablösliche Zinsen sind diejenigen, welche von dem Consti-
tuente oder Zinsgeber iederzeit können wieder abgeleget werden, wenn nehmlich das davor erlegte Pretium oder Werth, nebst denen etwa rückständigen
Pensionen wieder abgezahlet wird. Unablösliche
Zinsen aber sind, welche nicht nach blossem Belieben
des Constituentis können aufgehoben werden, wenn
nicht der andere Theil dazu seinen Consens und Einwilligung giebet, welche Differentia aus dem Instrumento

mento oder Contract, worinnen der Census beliebet worden, herzunehmen ist.

OBSERVATIO LXXXI.

Von noch ein und andern Merckwürdig-keiten, den Censum betreffend.

§. 1.
Worinn der Reservativus und Constitutivus übereinkommen.

Der Census constitutivus realis kommt nun mehrentheils mit dem vorhin beschriebenen reservativo überein, weilen beyde Arten aus einem gewissen Land-Gut, oder bono immobili bezahlet werden; nur ist die geringe difference darunter, daß in dem reservatio der Dominus Census vorher Eigenthums-Herr gewesen, welches aber in dem Constitutivo sich insgemein anders verhält.

§. 2.
Der Census personalis hat eine Gleichheit mit dem wiederkäufflichen Zins.

Der Census personalis aber kommt meistentheils mit den wiederkäuflichen Zinsen oder annuis reditibus überein, dannenhero auch diejenigen Gesetze, welche den allzu grossen Wucher in diesen wiederkäuflichen Zinsen verbieten, hieselbst Platz finden und beobachtet werden müssen, weil alle solche Contracte, welche quocunque prætextu mehr, als Landübliche Zinsen iemand zueignen wollen, durchgehends verboten sind.

§. 3.
Wiefern derselbe von dem Mutuo differire?

Es scheinet zwar, daß dieses negotium von dem Anlehn oder Mutuo entweder gar nicht, oder doch wenig unterschieden sey, weilen in beyden Contracten ein gewisses Geld, als ein Capital an iemand überliefert wird, daß er dagegen eine jährliche Pension oder Zins-Hebung geniesse; Nichts destoweniger wird doch dafür gehalten, daß zwischen dem Mutuo und diesem Zins-Contract ein wircklicher Unterscheid sey, wie solches weiter ausgeführt Dn. Bornius in dict. Dissert. cap. 4 § 2. Tabor in Tract. de Altero tanto part. 3 artic. 9 & 10.

§. 4.
In diesen Contracten ist alle Uibersetzung, so über 5 pro cent steiget, unzuläßig.

Gleichwie nun obgedachter massen dergleichen Conventiones, welche iemand in den jährlichen Pensionen übersetzen, in allen Reichs-Abschieden, auch ältern Gesetzen verboten sind: also ist auch solches in diesem Contractu Censitico oder Pensionario zu beobachten, daß nehmlich von 100 alle Jahr nicht mehr als 5, oder von 20, 1 bezahlet werde. Ordin. Polit. de Anno 1548 Tit. von wucherlichen Contracten.

§. 5.
Was über diese Proportion gegeben, kan wieder zuruck gefordert werden.

Wenn solche Proportion nicht beobachtet, sondern 6, 7 oder 8 alljährlich zur Pension verschrieben sind, so wird ein wucherlicher und verbotener Contract daraus; daher denn derselbe, in so weit er diese Proportion überschreitet, vor null und nichtig zu achten und aufzuheben ist: dannenhero denn entweder die überflüßigen Zinsen davon abgezogen, oder das Capital so viel verhöhet werden muß, daß die rechte

Proportion der Zinsen herauskommt: Rodericus Lib. 1 de Annuis reditibus quæst. 9.

§. 6.
Auf was Art solches zu rechnen?

Was nun also über die gebührende Zinsen bezahlet ist, wird nicht so gleich, wie es in Mutuo üblich, von dem Capital abgezogen, sondern wenn der Verkäuffer oder der das Capital ausgethan, bey dem Contract verbleiben will, so wird der Uiberschuß von den künfftigen Pensionen abgezogen, auch das Interesse von den zu früh bezahlten Zinsen decourtiret. Carpzovius part. 3 const. 24 defin. 15. Jacob. Bornius in dict. Dissert. cap. 5 § 6. Wenn aber der Verkäuffer seinen Zins wieder an sich nehmen will, alsdenn ist der Uiberschuß billig von dem Capital zu decourtiren, weilen keine jährliche Pensiones mehr vorhanden sind, woran sich der Verkäuffer bezahlet machen könne, daher ferner folget, wenn der excessus usurarius so groß ist, daß er das Capital übersteiget, so ist solches nicht allein dadurch erloschen, sondern es hat auch der Verkäuffer per conditionem indebiti den Uiberschuß wieder zu fordern. Arumæus Exerc. 14 Thes. 8.

§. 7.
Wie das quantum bey dem censu reali anzuschlagen?

Es ist also zwar bey solchen Pensionen, welche von einem gewissen Capital in baarem Gelde abgetragen werden, leicht die rechtmäßige Proportion der Zinsen auszurechnen und zu finden: allein bey dem Censu reali, welcher aus einem gewissen Land-Gut zu bezahlen, würde solches mehr Schwierigkeit verursachen, indem nicht allein ein Land-Gut nicht alle Jahr gleiche Fruchtbarkeit sehen läßt, sondern auch der Preis der Früchte gar mercklich differiret, und was ein Jahr im hohen Preis, solches fällt im andern gantz herunter. Es wäre also wohl kein besser Expediens, als daß alle Jahr die Früchte nach dem Marckt-Preis geschätzet, oder in Anschlag gebracht würden, wie solches in Vorschlag bringet Dn. Bornius in dict. Dissert. cap. 5 § 7. Allein es wird bey dieser Methode ebenfalls wohl eine Difficultät sich finden, alldieweilen, wenn über diese Sache Streit entstehet, insgemein schon verschiedene Jahre verstrichen, die Früchte consumiret, und nicht mehr in rerum natura vorhanden sind, dannenhero wohl kein besserer Expediens zu treffen, als daß man einige von den letzten Jahren in eine Summe addire, die fruchtbaren Jahre gegen die unfruchtbaren zusammen halte, und so denn ex æquo & bono ein gewisses Quantum von den vorigen Jahren auswerffe, wie solches auch bey andern Occasionen in hiesigen Landes-Ordnungen beliebet und eingeführet ist. Daß aber dergleichen Conventiones solten gäntzlich aufgehoben und improbiret werden, wie vorbelobter Auctor von den Oesterreichischen, Französischen und Hispanischen Provintzen solches berichtet, würde sich wohl eben nicht thun lassen, alldieweilen der Census realis sonst insgemein vor einen Contractum licitum & permissum gehalten wird, wenn nur der Misbrauch, so einen unbilligen Wucher nach sich führet, davon abgesondert bleibet.

§. 8.
Pacta adjecta, so den Pensionarium beschweren, sind dabey nicht zugelassen.

Ob zwar sonsten bekannter massen bey einem Haupt-Contract gewisse Neben-Pacta und Conventiones

tiones können mit eingegangen werden, so müssen doch dieselbe so beschaffen seyn, daß sie den Pensionarium nicht mehr beschweren, als es die Rechte und Reichs-Constitutiones zulassen.

§. 9.

Als unter andern, daß der Käuffer der jährlichen Zinsen solle Macht haben, sein Geld wieder zu fordern.

Aus solchem Grunde ist bey diesem Contractu pensionario nicht erlaubt, daß der Käuffer der jährlichen Zinsen oder der das Capital ausgethan, solle Macht haben, sein ausgelegtes Geld wieder zu fordern, wie solches weitläufftig erweiset Carpzov. p. 3 constit. 24 def. 17. Zumahlen solches in der Policey-Ordnung de Anno 1548 ausdrücklich verboten in folgenden Worten:

Unangesehen, wie dieselbe Gült-Verschreibung gestellet, und was darüber gegeben, genommen oder gehandelt, wollen wir, daß dieselbige und alle andere unziemliche Pacta oder Gedinge für wucherlich und unkräfftig geachtet, gehalten und von dem Richter erkannt werden sollen.

§. 10.

Hingegen gilt keine Renunciation.

Und obgleich die Parteyen dieser Anordnung des Reichs-Abschieds von beyden Seiten renunciiren wolten, ist doch solches von keinen Kräfften, weilen contra expressam prohibitionem legis keine renunciatio gültig ist. Hartmann. Pistoris Observ. 63 n. 1. Gailius L. 2 Obs. 39 num. 11.

§. 11.

Pactum prohibitum ist, wenn der Verkäuffer alle Gefahr des Capitals über sich nimmt.

Wird zu solchen unziemlichen Pactis mit gerechnet, wenn der Verkäuffer der wiederkäufflichen Zinsen alle Gefahr, so bey dem Capital sich ereignen könte, über sich nimmt, Cap. 1 & 2 de emt. vendit. in extravag. Dn. Bornius cit. dissert. p. 18.

§. 12.

Item, wenn verabredet wird, daß die Pensiones solten anticipirt werden. Wer früher bezahlt, wird davor gehalten, als ob er mehr bezahlt.

Ist ein unzuläßiges Pactum, wenn die Parteyen sich bereden wolten, daß die Pensiones vor Ablauff des Jahres bezahlet, und also anticipiret werden solten. Denn weilen in Rechten davor gehalten wird, daß derjenige mehr bezahle, welcher vor der Zeit sein Geld abführet, als folget daraus, daß auch dadurch der Pensionarius beschweret, und mit übermäßigen Zinsen graviret werde. Cencius de cens. quæst. 54.

§. 13.

Das Obstagium ist gleichfalls verboten. Textus der Policey-Ordnung.

Ist auch zu ietzigen Zeiten das Obstagium oder die Leistung, so vor Alters bey den Obligationen üblich war, verboten und aufgehoben, da nehmlich der Schuldmann oder Verkäuffer der Zinsen sich verpflichtet machte, nebst einer gewissen Anzahl Diener und Pferde in eine Herberge einzureiten und bis

zu geschehener Zahlung zu zehren, wodurch vor Alters viele Familien herunter kommen sind. Vid. Constitut. Polit. de anno 1577 tit. 17 in verbis: So wollen wir die Leistungen in künfftigen Schuld- und Gült-Verschreibungen einzuverleiben gäntzlich verboten haben.

§. 14.

Pactum illicitum ist, wenn der Schuld-Mann alle onera übernimmt.

Ist auch ein unzuläßiges Pactum, wenn der Verkäuffer oder Schuldmann alle Onera, so wohl publica als privata, welche etwa auf dergleichen Capitalien gesetzet werden möchten, über sich nimmt, weilen dadurch ebener Gestalt die Zins-Zahlung dem Käuffer zu schwer gemacht wird. Frid. Martini de cens. c. 6 n. 310.

§. 15.

In einigen benachbarten Provinzien ist der Zustand der Zins-Leute viel härter, wie von den Wenden und Obotriten, so von den Teutschen überwunden, die Historien melden. Selbige können nach Belieb. u aus den Ländereyen heraus gesetzet werden.

Ob nun wohl die Condition der Zins-Leute nach vorerzehlten Rechten ziemlich erleidlich ist, so ist doch nicht zu leugnen, daß an verschiedenen Orten der Zins-Leute Zustand beschwerlicher und mit mehrerer Last verknüpffet sey. Denn weilen einige benachbarte Völcker, als unter andern die Wenden und Obotriten von den Teutschen überwunden und unters Joch gebracht worden, so sind dieselbe fast auf eben die Art, als vor diesen die Saracenen in Spanien bey den Ländereyen, um dieselbe zu bauen, und in Fruchtbarkeit zu erhalten; zwar gelassen, aber auf gewisse Masse mit einer Leibeigenschafft beleget worden, auch an etlichen Orten dabey die Gewohnheit eingeführet, daß solche Zins- oder Guts-Leute nach Gefallen der Guts-Herren wiederum daraus gesetzet, und die Ländereyen ihnen genommen werden kunten. Ziegler. in dissertat. de præd. censit. rural.

§. 16.

Sind vor alters Lassen, und die Güter Laß-Güter genennet worden.

Daher dergleichen Güter Laß-Gut, und die Guts-Leute selbst Lassen genannt worden. Dergleichen Zins-Leute vor Alters auch vielfältig bey Kirchen und Klöstern gefunden sind, welche nicht allein als Unterthanen, sondern auch mehrentheils als Leibeigene der Kirchen oder Klöstern unterwürfig gewesen, und denselben dienen müssen, wie solches aus verschiedenen alten Diplomatibus zu ersehen. Wir könten also diese bey Kirchen und Klöstern gewöhnlichen Zins-Güter hier weitläufftig anführen und mit Exempeln erläutern, wie die Röm. Päbste gegen einen gewissen Canonem sowohl Kirchen als Klöstern die Protection versprochen: Wir wollen uns aber nur mit derer Bauren Erb- und Zins-Gütern Erkenntniß allhier zufrieden stellen, und was das Trifft u. Weyde-Recht nebst andern Dienstbarkeiten anbetrifft, in den übrigen Titeln der ff. an behörigen Orten theoretico-practisch einzuschalten vorbehalten.

Practische Anwendung zum Leibeigen-Recht.

§. 1.

Wie wir nun oben bey dem Dorff-Rechte die nützlichsten Fälle wegen der Verpachtung der Land-Güter nach Mevii Vorschrift nützlich angewiesen, und practisch mit Rechtl. Bedencken erläutert vorgestellet; Also wollen wir auch die oben schon berührte in das Dorf-Recht einschlagende Leibeigenschaft noch brauchbarer, wegen der ietzigen Zeiten-Läuften, vor Augen stellen und anweisen, wie solche practisch im gemeinen Leben zu nutzen seyn.

§. 2.

Denn es ist iedermann bekannt, bevorab auf dem Land Gesessenen, und die bey den Gerichten anwarten, was Gestalt nach denen erlittenen Kriegs-Ruinen und Verheerungen, da bey Wiedereinrichtung der verödeten Land-Güter und Acker-Wercke, die durch den Krieg vertriebene, oder sonst aus andern Ursachen entwichene Unterthanen und Bauren von denen Oertern, da dieselben entweder der Freyheit sich anmassen, oder von andern zu Bauers- und Dienst-Recht angenommen, zu dero alten und vorigen Condition vindiciret und abgefodert werden, viele und fast unzählige Quæstiones und Streitigkeiten sich erheben; Zumahlen diejenigen, so zu den Entwichenen Recht und Zuspruch zu haben vermeynen, bey der unvermeidlichen Nothdurft, da ihre Güter und Acker-Höfe des edlen unentbehrlichen Kleinods der Leute nicht entrathen können, dieselben allenthalben aufforschen, und zuweilen aus der Begierde, sich aufzuhelfen, um solche sich bemühen, die der Bauers-Pflicht mit guter Fuge entbhöniget zu seyn, erachtet werden. Da entgegen die eine Zeitlang der süssen Freyheit gewohnet, oder auch, welche ihre Güter mit fremden Leuten eingerichtet, und in Possessione seyn, sich der Abfolge durch alle scheinliche Behelfe und Ausfluchte verwiedern. Nun ziehen die darüber entstehende Disputaten nicht geringe Ungelegenheiten bey sich her. Dann so lange solche erzäuget und zu Recht hangen, so die Seinigen rechtmäßig wieder fordert, derselben mit unwiederbringlichen Schaden entrathen, und wegen Mangel der Leute oftmahlen seine Felder wüste und ungebauet liegen lassen; Der aber, so dergleichen Leute bey sich hat, ob er gleich den Genieß auf eine Zeit behält, die Eventus adversæ litis besorgen, und nebst Ungewißheit, ob er die gefoderte Leute behalten könne oder nicht, welche nicht geringes Nachdencken, Nachtheil und Hinderniß bey sich führet, die Gefahr stehen, daß nach Austrag der Sachen, daferne die Vorenthaltung unbefugt erkannt würde, allen Hinder-Schaden und Unkosten erstatten, auch, wann die Leute ab- und wegkommen, eine den Rechten nach schwere Condemnation leiden müsse. Welches

das Publicum, cum ex litium multitudine, tum ex neglectu Agriculturæ, zugleich nicht wenig empfindet, und besorglich hinführo, wann dergleichen Processus erweitert, und gar ordinarii würden, man mit mehrern Schaden in Publicis & Privatis vermercken dürfte.

§. 3.

Als nun sowohl bey obliegender Amts-Verrichtung, als daneben auf Rathfragen unterschiedener Partheyen dem Mevio hievon viele Casus und Quæstiones vorgebracht, derer etliche nicht ausser Zweifel sich befunden, hat er die Sachen der Wurden und Erheblichkeit geschätzet, daß nicht ohne Nutzen zu manniges daran Zweifel habenden, und der Rechten Bericht-Begierigen, Information, die vorlaufenden Fragen zusammen getragen, und darüber eine gründliche, den Rechten und vernünftigen Ursachen zustimmige Decision, verfasset würde. Dabey gewünschet von baß Verständigen, und der Weltläufe und Gewohnheiten mehr Erfahrnen solcher Arbeit, Nutzen und Frucht zu erreichen; Als aber er bishero nicht erfahren, daß iemand sich hierob ingemein bearbeitet hätte, habe er nach seinem geringfügigen Vermögen, aus Begierde der Justiz, bey iedermänniglichen, bevorab in denen täglich vorkommenden Fällen zu dienen in etwas denen, so daran gelegen, an die Hand gehen, und vermittelst des getechten Gottes Anrufung um Suggestion und Beförderung, dessen, was christlich, recht und billig ist, seine unvorgreifliche Gedancken nicht verborgen lassen wollen.

Und bestehet diese Entscheidung in nachgehenden vier Haupt-Puncten:

I. Von dem eigentlichen Zustand und Condition der Bauers-Leute, so man Leibeigene nennet.

II. Von den Befugnissen und Mitteln, worauf und wordurch die Herrschafften diejenige, so sie als Bauers-pflichtige ansprechen, abzufodern, und als Leibeigene zu halten berechtiget seyn.

III. Von denen Exceptionen, Vorstand und Behelffen, so gegen obbemeldte Ansprache zu Erhaltung der Freyheit der Vorenthaltung derer, so zuvorhin andern untertthänig gewesen, gebrauchet werden; wie weit dieselbe dem Rechten gemäß oder nicht.

IV. Von dem Proceß, so in diesen Fällen zu observiren, und was bey Entbindung, oder Verdammniß der Beschuldigten ein Richter in acht zu nehmen habe?

Rechtliche

Rechtliche Betrachtung auf die erste Haupt-Frage

Von dem eigentlichen Zustand und Condition der Bauers-Leute, so man Leibeigene nennet.

§. I.
Von dem Unterschied der Bauers-Leute.

Anfänglich ist zum Grunde aller von der Bauerschafft entstehenden Fragen und Irrungen wohl zu erforschen und anzumercken, in was Condition, Stand und Qualitäten die Bauers-Leute seyn. Wie aber der mehrere Theil derer, so den Titel eines Rechts-Gelahrten sich anmassen, der Unart ist, daß, wann sie von denen Dingen und Gewohnheiten, so in Teutschland sich heutiges Tages begeben, urtheilen sollen, auf des Römischen Reichs vor Alters gemachte Satzungen und Ordnungen alleine sehen, dabey aber vergessen, daß die Zeiten, und mit denenselben alle Dinge veränderlich seyn, darum zum öfftern weit verfehlen, und sich verstossen; so geschiehet auch in dieser Materie, so die Bauers-Leute die man zu diesen Zeiten findet, angehet, denen viele alles ohne Unterscheid, was man in jure veteri Romano von den Agricolis, Colonis Ascriptitiis, Rusticanis, und dergleichen Leuten lieset, appliciren, und darnach ihre Meynung richten; Da sie doch zuerst diejenigen, so an sich gantz unterschiedener Condition gewesen, confundiren, und wann, was von iedem gesetzt, allein auf heutige Bauers-Leute soll gezogen seyn, ihre Unwissenheit an den Tag geben, daneben durch die übelzustimmende Application zu vielen Weitläufftigkeiten, Irrthum und schädlichen Opinionen Anlaß geben. Dannenhero dann nöthig, wie die Vocabula in den Röm. Rechten gebraucht, und welche wir in Teutschland vor Bauren achten, zuvorher wohl zu unterscheiden. Und zwar ist das Nomen agricolarum in jure generale, alle dieselbe begreiffend, so des Acker-Baues abwarten. Illorum vero alii dicuntur Rusticani, alii Ascriptitii, seu glebæ ascripti, alii Originarii, alii Censiti, alii Coloni, & horum iterum non unum genus. Rusticani illi dicti sunt, qui in jure habitantes nemini ad servitia tenebantur, sed & agris, qui illorum proprii erant. Capitationem & annonam in publicum dependebant. Cui ut sufficerent, a nemine ad obsequia avocari poterant, gravi in contra agentes constituta pœna, l. 1 & 2 C. ne rustican. ad ull. obseq. Adscriptitii sunt, qui mediante scriptura terræ excolendæ addicebantur, & quia glebæ sic adscripti fuerunt, inde nomen acceperunt. Hi a servis nihil, vel parum distant, ideoque matris conditionem sequuntur, l. ne diutius 2t C. de Agric. & censit. libertatem nunquam præscribunt, l. cum satis 23 pr. C. d. tit. nec a solo secedere queunt. Originarii qui ex ascriptitiis, vel aliis colonis nascuntur, ita dicti, quia jura originis suæ sequuntur, l. originarios 11, l. definim. 13 C. de Agric. & censit. Censiti qui & censibus ascripti vocantur, l. si quis presbyt. C. de Episc. & Cler. colendo agro quidem addicti erant, sed non perinde ut glebæ ascripti arbitrio dominorum obnoxii. Hi certi nihil, sed

Jurist. Oracul V Band.

ut domino visum pendebant, vel serviebant. Sed illi ad certam saltem pensionem, seu censum tenebantur, qui capitalis illatio, in l. pen. C. de Agric. & censit. inde & tributarii coloni illi vocantur, de cætero vero, quadam pane servitute quoad dominos dediti, etsi quoad alios liberi erant, vid. l. 2 C. in quib. caus. colon. censit. Coloni autem illi sunt, quia una cum filiis & rebus suis liberi, coguntur tamen terram colere & canonem præstare, l. agricolarum 18 C. de Agric. & cens. l. 1 C. de Præd. Tamiac. Hi dominum habent, sicut ascriptitii, quo respiciunt verba, l. cum satis § fin. C. de Agric. & censit. ubi cum initio dixisset: Nemini liceat adscriptitium, vel colonum alienum in rus recipere, additur, admonente domino, vel ipsius ascriptitii, vel terræ, ut indicetur terræ dominum, dominum coloni non esse, quo & respiciunt verba, l. originarios 11 domino, vel fundo C. eod. Ex istis quidam perpetui dicuntur, l. un. C. de val. mendicant. quidam conditionales, qui cum per triginta annos in colonaria conditione morati essent, deinde una cum liberis suis coloni fiunt & in ista permanere & ne puncto quidem temporis a fundo discedere debent, l. colonos 15, l. cum satis 23 § 1 C. de Agric. & censit. alii inquilini, qui ad colendos agros sunt obligati, sed quibus discedere licet a terra, & alibi in suburbiis habitare & agriculturam per alios exercere, Gloss. in l. definimus 13 C. d. tit. alii coloni simplices, qui terræ non sunt obligati, sed homini ex certo contractu, pro tradito fundo, aut solvenda mercede intra certa tempora agrum colentes, vid. Joh. de Plat. in l. fin. n. 4 & seq. C. de Agric. & censit.

Eben also befindet sich jetzt im Römischen Reich Teutscher Nation ein grosser Unterscheid der Bauers-Leute, und ist in allen Landen und Herrschafften dero nicht eine einzige Art, darum so vielmehr zuvorher darunter zu distinguiren, weil sich befindet, daß, was zuweilen von einer Sorten von Rechts-Gelehrten, die auf die Landes-Manier, Arten und Gewohnheiten ihre Scripta gerichtet, geschrieben, auf andere gantz unterschiedene Art übel appliciret, und dadurch viele in Irrthümer verführet werden. Man siehet aus denen alten Reichs-Constitutionen, und andern Teutschen Urkunden, daß unter dem Nahmen der Bauren oder Bauers-Leute alle diejenigen begriffen, so nicht Adelichen noch Bürgerlichen Standes, sondern auf dem Lande des Acker-Werckes abwarten, und dannenher ihr tägliches Brot erwerben. In welchem Prädicat das Wort so viel als im Lateinischen, die Agricolæ und Rusticani bedeuten; Und seynd etliche, die keiner Herrschafft, ausserhalb dem Römischen Kayser unterworffen; So des Heil. Reichs freye Bauren genennet werden. De quibus Mager in tract. Advocat. armat. cap. 6 n. 27, ita scribit: Rustici homines liberi nullique domino subjecti plurimi in Franconiæ partibus, præsertim Marchionatu Brandenburgensi, ac Principatu Elwacensi & passim aliis in locis reperiuntur, adeo ab omni vicinorum dominorum jugo, ac potestate exempti ac liberi, ut sese una cum suis prædiis

bonis, ac tota familia in cujuscunque Principis
ac Domini vicinioris fidem & protectionem
pro libitu conferre poſſint, ea conditione, ut
exiguum duntaxat cum gallina carnis priviali
honorarium ad judicium ſuſceptæ protectionis
advocato annuatim perſolvant.   Quo in loco
hujus exempla & alia lectu digna reperies anno-
tata.   Etliche werden Bauren genennet, ſo unter andern Fürſten, Graffen, Städten und Herrſchafften
auf dem Lande geſeſſen, und den Acker-Bau auf
ihren eigenen Gütern treiben, ſeynd aber nicht dienſt-
hafft, ſondern freye Leute, die nichts anders als die
gemeine Land-Onera tragen, zuweilen von ihren
liegenden Gründen Recognition-Gelder entrichten,
im übrigen von aller Dienſtbarkeit befreyet, dergleichen in Schwaben und andern Orten zu finden,
und Frey-Bauren genennet werden.   Andere ſeyn
die zu Frohnen und Dienſten zwar nicht gebrauchet
werden, gleichwohl Aecker und Häuſer von ihrer
unmittelbaren Obrigkeit einhaben, und davon jährlich einen gewiſſen Zins oder Pacht entrichten, darum man dieſelbe Pacht-Leute nennet, wie in Sachſen, Thüringen, und andern Orten mehr ſolche ſich
aufhalten.   Andere werden nicht alleine zur Pacht,
ſondern auch zu Dienſte und Frohnen für die Aecker, welche ihnen eingethan, gebrauchet, darneben
der Herrſchafft mit einer Leibeigenſchafft verbunden,
daß ſie nicht weichen oder auffſagen können, aber
wanns jenen beliebig, auffſtehen müſſen.   Und dieſelben werden nach dieſes Landes Art, eigentlich
Bauren genennet, dergleichen in Chur-Branden-
burg, Mecklenburg, Holſtein ꝛc. zu finden.   Welche
der erſt erzehlten Art ſeyn, nachdem dieſelbe ihrer
Perſonen halber auſſer denen mit ihnen getroffenen
Vergleichen zu Dienſte und Subjection nicht weiter verbunden, dann andere Unterthanen, die auf
dem Lande und in Städten ſich aufhalten, ſo iſt
auſſer Zweiffel, daß ihnen frey ſtehe, ſo weit es andern unverboten, aufzuſtehen, und nach erlegten gewöhnlichem Abſchuß an andere Oerter ſich zu begeben.   Davon auch hie die Frage und Erörterung
nicht, ſondern alleine von den letzten ſeyn ſoll.

§. 2.
**Von dem Unterſchied der Bauers-Leute, ſo in dieſen und benach-
barten Landen ſich befinden.**

Dero Condition iſt bey den Rechts-Gelehrten
nicht auſſer Diſputation, dennoch beruhet darauf
der Grund, der vorgenommenen Puncten und Fragen, wie denn auch was von Bauers-Leuten zu halten.   Etliche laſſen ihnen gantz keine Freyheit, und
vergleichen dieſelbe den Leibeigenen Knechten, in Geſtalt, wie davon die alte Kayſerliche Rechte ſtatuiren; Inter quos reperies Blarer. in Tract. ad L.
Diffamari cap. 1 n. 23. Oldendorp. claſſ. 3 act.
art. 9. Huſan. de Propr. Hominih. c. 2 num. 36.
Andere laſſen ihnen gar zu groſſe Freyheit, und achten ſie vor freye Leute, die nur wegen des Grundes,
ſo ſie poſſidiren, und mit den gewöhnlichen Dienſten
entgelten, zu dienen verbunden, auſſer deme ſich der
Freyheit zu gebrauchen haben.   Quare libertis,
qui e ſervitute manumiſſi ſunt, æquiparant, qui
a liberis non differunt, niſi quod in ſervitute
olim fuerunt liberati, gratitudinem certam patronis debent, de quib. vid. Sichard. in l. libertorum 11 n. 4 C. de Teſtib. Menoch. lib. 2 de

Arbitr. jud. quæſt. caſ. 230 n. 7.   Aber dieſe Argumenta und Applicationes, welche aus der Römer alten Rechten genommen, und dero gantz ungleichen Teutſchen Sitten und Gewohnheiten beygeleget werden, befinden ſich, wie obgedacht, nicht
überall einſtimmig.   Von den Teutſchen Völckern
lieſet man zwar in alten Hiſtorien, daß es freye
Völcker, und die Römiſche Knechtliche Dienſtbarkeit bey ihnen unerhöret, auch ſehr gehäßig geweſen,
unde Gail. de Pignorat. obſ. 8, 1, 2 ſcribit: Germaniam veros ſervos nunquam habuiſſe, cui ap-
plaudit, Zaſ. lib. 2 ſing. reſp 7 n. 76, gleichwohl
hat es unter ihnen dienſtbare Leute gehabt.

§. 3.
Von dem Urſprung der Bauers-Leute.

Davon Tacitus lib. de morib. Germanorum
alſo meldet: Aleam (quod mirere) ſobrii inter
ſeria exercent, tanta lucrandi perdendive temeritate, ut cum omnia defecerunt, extremo ac
noviſſimo jactu de libertate & de corpore contendant.   Victus voluntariam ſervitutem adit.
Quamvis junior, quamvis robuſtior, alligari ſe
ac venire patitur.   Ea eſt in re prava pervicacia: ipſi fidem vocant.   Servos conditionis
hujus per commercia tradunt, ut ſe quoque pudore victoriæ exſolvant.   Ceteris ſervis, non
in noſtrum morem deſcriptis per familiam mi-
niſteriis, utuntur. Suam quiſque ſedem, ſuos penates regit. Frumenti modum dominus, aut pecoris autveſtis, ut colono, injungit: & ſervus hactenus paret.   Cetera domus officia, uxor ac liberi
exſequuntur.   Verberare ſervum ac vinculis &
opere coercere, rarum.   Aus welchen Worten
ſattſam zu erſpüren, daß bey den alten Teutſchen die
Knechte, oder Leibeigene keine andere geweſen, als
die ihre eigene Sitz und Weſen gehabt, keine
ſonderbare Dienſte leiſten dürffen, ohne, daß ſie
ihren Herrſchafften, nach dero Auflagen etwas an
Korn, Viehe und Kleidern gegeben.   Wie hernach
fremde Völcker die Teutſchen mit gewehrter Haufen überfallen, und etliche derſelben mit Gewalt be-
krieget, und unter ſich bezwungen, hat ſich der überwundenen Dienſtbarkeit vermehret; Bevorab aber
melden die Hiſtorien, daß um das Jahr nach Chriſti
Geburt 499 durch Chlodovæum des Nahmens den
Erſten, nach dem Exempel der Römer, die Teutſchen unter das Joch gebracht.   Geſtaltſam Chri-
ſtophorus Lehmann in ſeinem Speyeriſchen Chronico lib. 2 cap. 20 davon alſo mercklich ſchreibet: Es hat aber die Leibeigenſchafft in Teutſchland folgender Geſtalt angefangen, um das Jahr
nach der Geburt des HErrn Chriſti 499 hat ſich
zugetragen, daß zwiſchen den Teutſchen ſelbſt, nemlich, den Francken dieſſeits Rheins ein, und den Ale-
mannern, das iſt, Schweitzern, Schwaben, Bayern,
Thüringern, Heſſen, Meißnern andern Theils,
groſſe Kriege entſtanden, weil berührte Völcker ungern geſehen, daß den Francken ſo groß Glück beygewohnet, und was dieſſeits Rheins gelegen, unter
ihre Gewalt bezwungen, derohalben die Füß zuſam-
men geſetzt, und die Land in Germania prima und
ſecunda am Rhein-Strom von ihrer Gewalt zu erretten und ledig zu machen, fürgenommen, erſtlich
mit König Hildrich, und hernach mit deſſen Sohne,
König Clodoveo groſſe Kriege geführt, in welchen
beyde

beyde Theil überaus ernstlich und streng mit unaussprechlichem Blut-Vergiessen zu unterschiedlichen malen gestritten, und ist sofern kommen, daß die Alemanier, oder Teutsche Völcker jenseit Rheins die Städte und Land in Germania prima bis gen Cölln den Francken sämmtlich wieder entwältiget, und sie am grössern Theil des Rhein-Stroms wieder ausgeschaffet. Hernach hat König Clodoveus abermalen mit den Alemaniern bey Tollkirch ein Treffen gethan, darinne er mit seinem Volcke in so grosse Gefahr gerathen, daß ihme alle menschliche Hülff vergebentlich geschienen. In solcher höchsten Noth und Gefährlichkeit ist ihme zu Gedächtniß kommen, daß sein Gemahl dem Christlichen Glauben zugethan, des HErrn Christi Allmacht und starcken Arm offtermals hochgerühmet, darauf er doch als ein Heide, nichts gehalten, ietzo aber in der Angst eines grossen mächtigen Helffers sich bedürfftig befunden, derohalben den HErrn Christum um seinen Beystand angeruffen. So hat auch der HErr, als der sich anzuruffen befohlen, und auch Erhörung versprochen, Clodoveo sich gnädig und behülfflich in solcher Noth erwiesen, also daß er die Feinde mächtig geschlagen, überwunden, und statlichen Sieg erhalten. In solchem Glück hat er bey sich das Mittel ermessen, dem Siege nachzusetzen, und dem Krieg mit den Alemaniern auf einmal den Garaus zu machen, Turon. lib. 2 cap. 30 & 31. Sigebert. Rhenan. lib. 3 cap. 1 & 2. Æmil. sub Clodoveo. Sigon. de regn. Ital. lib. 16ᵖ Ist den Feinden, so dem Schwert entflohen, über den Rhein nachgefolget, und im Schrecken, aller Land und Städte mächtig worden: Dieweil dann Clodoveus bey den Römern den Brauch in acht genommen, daß sie die Uiberwundene mit Leibeigenschafft beladen, und dadurch alle Mittel wider sie zu kriegen, abgeschnitten, hat er gleichmäßige Streng und Schärffe vorgenommen, und die Alemannier aller Wehr und Waffen entblößt, anstat, daß er Mann, Weib und Kindern das Leben geschenckt, alle sämmtlich zu Knechten, und mit Leib und Gut ihme zu eigen gemacht, und aus ihrer uralten Teutschen Freyheit so tieff herunter gesetzet, daß sie weder selbst Krieg erheben konten, noch zu Kriegs-Händeln, oder andern Obrigkeitlichen Verwaltungen gezogen worden, sondern Diener und entwehrte Leute seyn und verbleiben müssen. Cui narrationi consentiunt alii Historici fide digni, Trithem. lib. 1 Annal. Francor. Beat. Rhenan. lib. 2 rer. German. Joh. Stumff. in Chronic. Helvet. lib. 3 cap. 57 & lib. 4 cap. 27. Es seynd hernach viele von denen, theils durch ihre tapffere Thaten, theils aus Gnaden, theils vor ein gewisses Löse-Geld der Servitut erlassen, und auch über andere gezwungene gesetzet, die da vornemlich darzu gebrauchet, daß sie die eroberte Länder, dem Könige zu gute, durch ihren Dienst gebauet und bewohnet haben; Dannenhero sie homines fisci, fiscalini und fiscales, und des Königs geeignete Knechte, derer Leib und Gut der Königl. Cammer unterworffen, genennet seyn, wie bey dem Lehman. d. l. 2 cap. 14 & Stumff. d cap. 27 zu lesen. Sie werden auch Lazzi, oder Lassen genennet, von Lassen, quia in provincia ad excolendam terram relicti sunt, sicut servi a servando, Wehner. Pract. Observat. in verb. Lassen, Reinking. de Regim. Secular. lib. 1 class. 4 cap. 14 n. 28. Es

seyn hernach mit dergleichen Conditionen dieselbe an die Klöster, Communen, Städte, Edelleute, und welche sonst den Gütern belehnet oder verehret, gebracht worden, denen sie dieselbe Dienste leisten wollen. Es ist aber nach derselben Zeit die Dienstbarkeit sehr gemildert und geändert, zumalen an vielen Orten bey nachfolgenden Kriegen, und anderen begebenen Occasionen ein gut Theil derselben sich in die vorige Freyheit gesetzet, den andern, damit sie dem Exempel nicht folgeten, und zur Rebellion Lust gewinnen, viel von ihren Pflichten und Diensten erlassen, und zuföderst dahin getrachtet worden, daß man der Leute zum Acker-Bau nießhafft, im übrigen, als Sclaven und dienstbare Knechte, nach dem alten Römischen Gesetze nicht zu handhaben wären.

§. 4.
Wie weit Bauers-Leute vor Leibeigne zu achten.

Darum wer genauest dero heutigen Statum betrachtet, wird befinden, daß sie sich über alle, mit keiner Art derer dienstbaren Leute, davon die Römischen Rechte gedencken, eigentlich vergleichen lassen. Dannenhero Zasius singul. resp. l. 2 c. 7 n. 8 also vernünfftig schreibet: Homines proprii Germanorum Principum, aut nobilium sunt servi anonymi, nec ascriptitii, nec coloni, nec capite censi, nec statu liberi, de omnium tamen natura aliquid participantes, cui astipulantur Cothman. consil. 42 n. 22 vol. 1. Stamm. de Serv. Personal. l. 1 c. 2 n. 2. Sie seynd nicht gantz freye Leute, immittelst seynd es auch nicht vollkömmlich mancipia und Leibeigene, darum sie von etlichen Halbeigene genennet werden, Wesenb. consil. 18 num. 17 part. 1. Wiewol das Wort Leibeigen von ihnen zu mehrmalen gebrauchet wird, und als es heisset, loquendum cum vulgo, sentiendum cum peritis, so muß man bey dieser Materie solche Worte beybehalten. Worinne aber ihre Dienstbarkeit und Freyheit, so viel sie beyder theilhafft seyn, bestehe, lässet sich in universum nicht wohl beschreiben; Angesehen dabey ein iedwedes Land und Territorium seine eigene Weisen, Gewohnheiten und Gebräuche hat. Alibi enim melioris conditionis sunt, quam nonnullis in locis, Cothman. d. consil. 42 num. 25. Darum dieselbe wohl erforschen und beleuchten muß, wer von der Bauren Zustand, Gebühr und Rechten urtheilen will, sicuti JCti quæstionibus his dijudicandis hoc consilium suppeditant, ut quia rusticorum conditio mire variat, quid statuta, mores & pacta in singulis locis exigant, permittant, vetent, exacte consideretur. Koppen illustr. quæst. 13 num. 1 & seqq. Vultej. de Feud. cap. 4 num. 7 & seqq. lib. 1. Zasius in § præjudiciales num. 24 ibid. Harprecht. num. 5 Instit. de Action. Worinne, solchem nach, dero Dienst und Pflicht bestehet, sie auch von Anfang bewidmet seyn, darinnen werden sie vor keine freye Leute gehalten, sondern pro servis & mancipiis; darum in denen Fällen, so ihre Obligationen concerniren, das Argumentum a servis & ascriptitiis ad rusticos bey nicht erscheinender sonderbaren ratione diversitatis, gültig und concludent ist; Im übrigen was den Dienst und Pflicht, damit dieselbe dem Fundo und dessen Herrschafft verbunden, nicht angehet, hält man die Bauren nicht den mancipiis und servis gleich, darum die von diesen redende Rechte denenselben unfüglich zugeleget werden, sondern was von freyen Leuten in denen Rechten statuiret, wird ihnen mit der Exception, ne fundi ejusque domini conditio contra servitiorum debita reddatur deterior, freygelassen. Ideo de rusticis nostri temporis recte asseritur, quod de colonis ait Joh. de Platea in l. cum satis 23 § 1 per ill. text. C. de Agric. & censit. quod liberi non sint quoad culturam agrorum; a qua discedere non possunt; qua naturam vero liberi maneant. In specie de rusticis sic statuit Stamm. d. lib 3 cap. 2 num. 3: Hinc & manet ipsis patria potestas in liberos, legitima in judicio standi persona, rerum acquisitio, acquisitarum dominium, cum dominis etiam, nedum aliis contrahendi potestas & inde civilis obligatio testamenti de suis propriis bonis condendi facultas, successio, & quæ similia, vid. Zas. singul. respons. lib. 1 cap. 3 num. 67 & seq. Husan. de Hominib. Propr. cap. 6 num. 24 & mult. seqq. quæ servis non esse permissa ex Jure Civili plusquam notum est. Und ob gleich die Höfe, so die Bauren bewohnen, sammt den Aeckern und andern Zubehör, so dabey gelieffert worden, derselben Eigenthum nicht seyn, sondern der Herrschafft verbleiben, darum darüber nicht disponiren, oder Veränderung vornehmen können, ja wenn ihnen aufgesaget, weichen müssen, so ist doch gleichwohl, was ausser deme sie haben oder erwerben, ihr eigenes Gut, und können darüber schalten und walten, handeln, und Vermachung thun, ja auch über die Aecker und Wiesen, so sie von der Herrschafft haben, mögen sie mit denenselben contrahiren, Cothman. resp. 42 num. 94 & 96 vol. 1. Dem vorbemeldten ersten Respect ist nachfolgig, daß nach dem die Bauerschafft dahin gerichtet, damit die Acker-Wercke und Feld-Arbeit nützlich und wohl bestellet, auch darzu iedern Ortes Herrn zuträglich bedienet werden, die darzu gelegte Bauren, pro glebæ ascriptis & parte fundi cui serviunt zu halten seyn, juxt. l. cum scimus C. de Agric. & censit. Sichard. in l. hac edictali § his illud n. 3 & 4 C. de Secund. Nupt. unde servi terræ ipsius, cui nati sunt, existimantur l. un. C. de Colon. Thracens. ejusdem quodammodo membra sunt, l. cum satis 23 C. de Agric. & censit. quæ a corpore suo separari non possunt, Luc. de Penna in l. quemadmodum C. d. tit. Darum desselben Rechtens und Wesens, dessen der Grund, dem sie zugehörig seyn, fähig; die ihnen aufgelegte Dienste, wie es des Landes, oder des Gutes von Alters hergebrachte Gewohnheit erfordern, zu leisten schuldig, Husan. d. tract. cap 2 num. 38, ihr Wesen und Herrschaft nicht verlassen, noch ohne dero Belieben von dannen sich begeben können, Joh. de Plat. in l. quemadmodum num. 6 C. de Agric. & Cens. sondern dabey beständig bleiben, und bis zu rechtmäßiger Erlassung dienen müssen, Gail. de Arrest. Imper. cap 8 num. 19, ihre Kinder auch in gleicher Condition und Dienstbarkeit gebohren werden und verbleiben. Husan. dict. tract. cap 2 num. 38.

Rechtliche Betrachtung auf die zweyte Haupt-Frage

Von den Befugnissen und Mitteln, worauf und wodurch die Bauerspflichtige zur also genannten Leibeigenschaft zurück gefodert und gehalten werden.

§. 1.

Die entwichenen Bauren müssen ihrem Herrn abgefolget werden.

Als Vorbemeldem nach, der Zustand der Baursleute, so Leibeigen gehalten werden, dieses bey sich führet, daß sie als ein Pertinens der Höfe und Aecker, ohne der Herrschaften Belieben und Willen sich von ihren Aeckern und Höfen nicht ab- und an andere Oerter begeben können, sondern da es geschehe, nicht anders, als wenn sie sich selbsten weggestohlen, die Rechte schätzen und achten, l. 1 C. de Serv. fug. l. cum satis 23 pr. verb. ad exemplum servi fugitivi sese diutinis insidiis furari intelligitur C. de Agric. & censit. So ist ausser allem Zweiffel, daß die Herrschaften die entwichene wieder zu fordern und abzuholen berechtiget. Hinc abscedentis coloni revocandi possessionis domino plenam tributam esse ex jure autoritatem legitur in l. fin. in fin. C. de Col. Palæst. Und damit allem Muthwillen so vielmehr begegnet und vorgebeuget würde, ist dem Amt der ordentlichen Obrigkeiten durch die Rechte auch dieses beygeleget, daß ob in Lande, Städten, und sonsten entwichene Bauers-Leute sich aufhalten, und ihr Brot erwerben, sich aber von ihren schuldigen Diensten entziehen wolten, denenselben, wann bereits dieselbe niemand abforderte, solches nicht solle verstattet, sondern die Thüre gewiesen, und an ihre Herrschaften und Aecker verwiesen werden, Nov. 80 c. 4. Joh. de Plat. in l. quemadmodum n. 11 C. de Agric. & censit. ubi id favore publicæ utilitatis, quam sustentat agricultura, constiturum ait, cum ejus gratia judex officium interponere debeat non modo non rogatus, sed etiam contra id, quod rogatur, Bartol. in l. hoc autem 4 ff. de Damn. infect. Darum in Städten zum Bürger-Recht dergleichen Entläufer nicht sollen wissentlich angenommen, sondern zuvorher, wie sie von ihren Herrschaften abgeschieden, erkundiget werden. Wann nun dabey die Obrigkeit von denenselben, wie zu mehrmahlen geschiehet, hintergangen wird, ist dieselbige entschuldiget, und stehet die Lügen zu bestehen dem Lügners periculo. Non enim recipientibus ex eo damnum est, quando occultato statu suo alii tanquam liberi sedem sub ipsis locaverunt, l. omnes 8 C. de Agric. & Censit. So vielmehr aber, wann iemand seine entlauffene Unterthanen verfolget, soll ihm darinne die Rechts-Hülffe geboten, und die entwichene an ihren Ort sich wiederum zu begeben, angehalten werden, l. omnes 6 ff. de Agric. & Censit.

§. 2.

Von denen Mitteln, dadurch die Abfolge zu erhalten.

Zudem haben die Rechte bey Androhung ernster Straffe verordnet, daß niemand wissentlich eines andern unerlassene Unterthanen aufnehmen, und bey sich behalten soll, da aber iemand solches aus guter Meynung gethan, und hernach, daß es fremde Bauers-Leute wären, in Erfahrung gebracht, auf erstes

erstes Erfordern der Herrschaft, oder wer von derselben darzu bevollmächtiget, dieselbe abfolgen lassen
solle, l. omnes 8 l. cum satis 23 § fin. C. de Agric.
& Censit. Wer darwider handelt, ist unterschiedlichen Straffen unterwürffig, wie bey der 4 Frage
davon soll gemeldet werden.

Die Mittel, so zu Abforderung der entlohnigten
Leibeigenen zu gebrauchen, seynd unterschiedlich.
Wann kund und unleugbar ist, daß dieselbe mit
keinem Fuge und Rechte abgewichen, bedürft es keines sonderbaren Processes, alleine der Ansprache
darauf, welcher die Gewalt und Jurisdiction des
Ortes hat, schuldig ist ohne Vorzug den Ausgetretenen in seines Herrn, oder derer, so dazu bevollmächtiget, Hände zu liefern und abfolgen zu lassen.
Da es nicht geschehe, soll er von der Obrigkeit unverzüglich darzu angehalten werden. Sic constituit Justinianus in Nov. 17 cap. 14: Suscipien-
tes alienos agricolas sic odio habebis, sic com-
pelles cito reddere, quos suscipiunt male. Wie
aber dasselbe ergehe, soll unten bey der 4ten Frage
ausführlicher gemeldet werden. Wann es aber zweifelhaft und streitig ist, ob der Bauer mit Recht oder
nicht gefodert, oder von ihme mit Grunde oder nicht
die Freyheit vorgewandt werde, dann auch dem
Tertio einige Exception zuständig sey, demnach die
Deduction und Cognition vonnöthen, so muß der da
fodert, seine Klage gebührlich vorbringen, damit das
Gegentheil darüber gehöret, und was recht, verordnet werde, l. si coloni 14 C. de Agric. & censit.
Stamm. de Servit. Person. lib. 3 cap. 25 num. 5.
Nemo enim, licet vel injuste possideat, sua possessione ante causæ cognitionem decedere &
postea litigare cogitur, l. fin. C. de Rei vind.
l. 2 ff. uti possid. c. licet Episcopus X. de Præb.
& dignit. in 6. Schurff. consil. 9 num. 5 & seq.
Cent. 1. Wie aber die Opponenten unterschiedlich,
also seynd auch verschiedene Actiones wider dieselbe
anzustellen. Dann im Fall der abgewichene Bauer
sich bey andern bereits zu Dienst und Pflichten wiederum niedergelassen, und derselbe sich dessen, als
des Seinigen annimmt, dienet zur Abforderung zuerst das Genus actionis, quod rei vindicationem
vocamus, quæ non modo ob res immobiles &
mobiles, sed etiam ob res animatas & se mo-
ventes competit: quomodo ex jure cognitum
vindicare civitatis incolas, l. de jure 37 in pr. ff.
ad Municip. dominum subditos, C. dilectus SS.
X. de Appellat. & vasallos, Wesenbec. in rubr.
C. de rei vindic. num. 19. Abbatem monachos,
Azo in Summ. C. de rei vindic. num. 8. Frid.
Martin. de jur. censuum cap. ult. num. 53, & in
rusticis propriisque hominibus idem obtinere
traditum leges apud Jacobin. tit. de Royd. n. 9.
Husan. de Propr. hominib. num. 70.

§. 3.
Was zur Vindication eines Leibeignen erfodert werde?

Damit aber dieß Mittel recht gebrauchet werde,
ist vonnöthen, daß von Seiten des vindicirenden
Theils das Dominium, oder Eigenthums-Recht
an der vindicirten Person angezogen und bewiesen
werde, an Seiten dessen aber, so belanget wird, befindlich sey, daß er Possessor vel quasi derselben,
oder dafür rechtlich zu achten. Welche die beyden
Haupt-Requisita seynd aller Vindicationen. Der

in etwas in hac proposita specie, wegen der vielfältigen darüber entspringenden Zweiffel, zu beleuchten die Nothdurft erheischet.

§. 4.
Die Leibeigenschaft ist zu beweisen.

Und zwar bedarf die Leibeigenschaft an Seiten
des Vindicantis so viel mehren Beweises, nachdem
die Libertät in den Rechten dergestalt favorable, daß,
wenn darüber Zweiffel vorfiele, ob iemand ein Freyer,
oder Leibeigener sey, alsdenn die Præsumption vor
die Freyheit zu fassen und anzunehmen wäre. Nec
enim quis præsumitur mancipium, aut proprius
homo, sed quilibet liber a natura & ingenuus.
Faber in Cod. lib. 8 tit. 3 defin. 2 n. 12. Libertatis enim tanquam rei inæstimabilis, l. libertas 106
ff. de Reg. jur. conservatio summe favorabilis
habetur, l. libertas 122 ff. de tit. quam onerare
ipsæ leges abhorrent. l. 1 § quæ venerandæ ff.
quar. rer. act. non dat. l. si quam C. de Oper.
libert. idcirco in dubio pro ista judicare volunt.
Hippolytus Riminald. consil. 6 n. 8 & consil. 413
n. 28 & seq. Ex qua generali præsumptione
etiam colligitur, operas & præstationes, de quarum causa & titulo haud constat, non sponte
& libera subditorum voluntate factas, sed precario, vel coactæ per vim imperantium extor-
tas videri, adeoque & dominis jure suo eas exi-
gentibus onus probationis incumbere. Moller.
lib. 4 Semestr. cap. 38. Bær. decis. 132. Quod
tamen non obtinet, si domini sint in notoria &
quieta possessione exigendi servitia, eaque ali-
quamdiu præstita sint. Uti infra dicetur.

§. 5.
Wer von Bauern gebohren, bleibet ein Bauer, so lange bis er frey wird.

Die Leibeigenschaft oder Bauers-Pflicht wird
durch die Modos bewiesen und ausfindig gemachet,
dadurch dieselbe eingeführet und constituiret wird.
Darunter der erste und vornehmste die Nativitas
vel Origo. Wann iemand unter eines andern
Herrschaft und Gebiete von leibeigenen Bauerspflich-
tigen Eltern gebohren worden. Id extra omne dubium est originem facere subditum, quod non
modo jure communi, l. fin. C. de Municip. l.
originarios 11 C. de Agric. & censit. sed etiam
universali consuetudine sic receptum. Unde
isti homines sub alterius ditione a propriis hominibus nati, coloni originarii vocantur. Weil
nun solchen zur Leibeigenschaft angebohrnen Erbun-
terthanen nicht gebühret, ohne Vorwissen und ausdrücklicher Erlaubniß ihrer Herrschaften abzuziehen,
und an andere Oerter sich zu begeben, wie dasselbe
in der Pommerischen Bauer-Ordnung mit klaren
Worten versehen, cap. 11 §. Diesem rc. hat die
Herrschaft allein fundatam intentionem, und im
Fall dagegen keine erhebliche Exception vorgebracht
würde, davon unten mit mehrem Meldung geschehen soll, seynd solche Leute alsofort derselben zu übergeben. Ita jubent Imperatores in d. l. originarios. Die Ursache dieses Rechtens ist offenbar,
nachdem inter principia juris man erlernet, daß
Kinder iederzeit die Conditionem, Statum und
Eigenschaft ihrer Eltern folgen. Und da unter diesen ein Unterscheid befindlich, welcher Condition der
Vater ist, solche wird geerbet auf die Kinder. Etsi
enim

enim in iis, qui servilis conditionis sunt, jure communi ea regula fuit recepta, quod partus ventrem sequitur, l. servorum 5, l. lex naturæ 24 ff. de Stat. homin. nempe quia illo nemo pater censetur, nisi quem nuptiæ demonstrant, istæ vero inter servos & ancillas contrahi non poterant, sed saltem contubernia, l. 2 C. de Incest. nupt. inde etiam ex ascriptitio & libera matre natus non pro ascriptitio, sed libero habetur, l. fin. C. de Agric. & censit. Nov. 54. Quia tamen rustici quantum ad statum suum pro liberis hominibus, ratione servitiorum & obligationis saltem pro servis, seu glebæ ascriptis censentur, uti superius declaravi, matrimonium inter illos consistit, ideoque ratio cessat, nec minus, quam in aliis liberis personis justum est, liberi patris conditionem sequuntur, l. definimus 13 C. de Agric. & Censit. Nov. 162 cap. 2.

§. 6.
Von der Bauer Kindern aus unehelicher Geburt.

Welches aber von denselben alleine zu verstehen, welche aus ehelicher Geburt an diese Welt kommen. Bey denjenigen, so aus unehelichem Beyschlaf gezeuget und gebohren werden, nachdem solche den Rechten nach als Vaterlos geachtet werden, siehet man auf die Condition und Eigenschaft der Mutter, und wenn dieselbe eine Leibeigene unerlassene Unterthanin ist, gebieret sie dergleichen Kinder, so unter deroselben Herrschaft gehören, l. mulier 6 de Agr. & Censit.

§. 7.
Wann die Bauren abgefolget werden, ob alsdenn die Kinder mitfolgen?

Und zwar, da die Mütter tempore partus iemand dienstpflichtig, ob sie gleich an andere Oerter gehöreten, und hernach abgefodert würden, behalten die Herrschaften die Huren-Kinder bey sich, wie dasselbe durch die Gewohnheit also hergebracht. Wann auch Bauren-Kinder kurz, oder etliche Tage nach der Geburt wären ausgetragen, oder andern vor die Thüren geleget, und solches hernach offenbar würde, wo sie hingehörten, hat die Herrschaft zu denenselben, welche man Fündlinge nennet, Zusprache, iedoch daß denen, von welchen sie erzogen, und wem sie zugehören, nicht bewust gewesen, die nöthige Atzung-Kosten wiederfahren, l. 1 C. de Infant. Expos. Joh. de Plat. in l. omnes 1 C. de Agric. & censit. Dessen sich aber diejenigen nicht zu erfreuen, welche selbst die Bauer-Kinder exponiren, oder daß es geschehe, wissentlich zugeben, denen die Ansprache hernach benommen, l. 2 C. d. tit. Nov. 153. Es erheischet hieneben sothanes Geburts-Recht, daß die Eltern Leibeigene unerlassene Unterthanen, tempore nativitatis gewesen. Denn genugsam ist, daß iemand unter eines Herrschaft gebohren, sondern der Eltern Condition machet die gebohrne zu Leibeigenen. Nec enim locus, sed qualitas nativitatis facit liberos proprios homines. Darum ob iemandes Eltern unter demselben, so die Ansprache thut, gewohnet, auch zuweilen gegen Geld, Aecker oder andern Nutzbarkeit gedienet hätten, wenn nicht bekenntlich, daß sie zu Bauer- und Pacht-Recht gesessen, oder sich eingelassen, und zwar zu der Zeit, da dieser gebohren, ist er des Zuspruches zu entfreyen. Daran sich heutiges Tages viele stuß-

sen. Und alle diejenigen, dero Vor-Eltern unter ihnen, oder unter den ihrigen gewohnet, und wie Vögte, Hirten, Schäfer Heur-Leute, und dergleichen Personen, so ihrer Dienste halben, ausser andern Umständen, und der geleisteten Pflicht nie Leibeigen geworden, alleine gedienet, unter die Leibeigenen ziehen, da doch der Eltern Leibeigenschaft zuerst ausfündig zu machen ist, und aus vorigem nicht zu schliessen.

Hierüber entstehet zum öfftern Streit, wann iemandes Leibeigener sich unter einem andern niederlässet, und allda heyrathet, oder auch, ob er daselbst nicht thäte, mit seinem Weibe das er hat, Kinder zeuget, wem dieselben zugehören, ob, wenn der Vater zu voriger Dienstbarkeit, davon er unerlassen, gefordert würde, die an fremden Orten gezeugte Kinder mitfolgen müssen, oder, wo sie gebohren, verbleiben? So iemand eines andern Unterthanen wissentlich angenommen und beweibet hätte, da er leicht gedencken sollen, daß er ihn seiner Herrschaft nicht vorenthalten, darum mit Rechte an sich nicht ziehen möchte, ja ihn vielmehr zu dem gebührenden Gehorsam anweisen, ist unzweiffelhaft, daß die alsdann gebohrne Kinder nebst ihrem Vater, er abfolgen zu lassen, schuldig. Uti Novell. Tiberii 17 decidit: Jubemus colonos, quos contingit detineri ab aliis una cum prole medii temporis restitui. Nemo enim ex mala fide, quam inducit rei alienæ scientia, l. fin. ib. Bartol. C. und. vi. c. si virgo 34 q. 2. Mascard. de Probat. conclus. 1002, 36; nec non alia quævis vitiosa possessio, Rol. a Vall. cons. 9 num. 38 vol. 3, lucrum acquirere debet. Idem confirmat textus in terminis, in l. 1 C. de rei vindic. Quem casum expressius definit Imp. Leo in Novell. 29. Ob aber ein gleiches von denen Fällen zu urtheilen, da der Grund-Herr, unter welchem sich eines andern Leibeigener niedergesetzet, nicht anders gemeynet, er sey frey, und anderswo nicht bewiedmet, und ihn an sich zu behalten befugt, ist nicht ausser Zweiffel. Etliche seynd der Meynung, daß allhie kein Unterscheid zu machen, ob iemand bona an mala fide fremde Bauren an sich gehalten und besessen, ex hac ratione, quod partus non sit in fructu, l. in pecudum 28 §. 1 ff. de usur. & fruct. ideoque licet bonæ fidei possessor fructus acquirat, in iisque percipiendis dominorum jure fruatur, l. qui scit 25 §. 1 ff. d. tit. l. bonæ fidei 48 pr. ff. de acquir. rer. dom. id tamen ad partum pertinere non possit, cum eius acquirendi causa non sit. Aber wo das Argumentum a servis ad rusticos allhie etwas gelten kan, so ist billig vorbemeldter Unterscheid zu machen. Und wer in guter Meynung und der eigentlichen Condition des Bauren unwissend eines andern Leibeigenen unter sich gehabt, ist zwar denenselben, nicht aber die unter seiner Botmäßigkeit gebohrne, abfolgen zu lassen, schuldig. Also wird bey dieser Quästion in den Rechten der Unterscheid gemachet, uti ex l. Julianus 17 §. 1, l. præterea 20 ff. de Rei vindicat. l. 1 C. eod. videre licet, ubi malæ fidei possessori saltem restitutio partus injungitur & per argumentum a contrario sensu, quod in jure validum, in bonæ fidei possessore aliud servandum, sat manifeste arguitur. Eo faciunt & illa jura, quibus continetur, quod partus ancillæ furtivæ, apud bonæ fidei possessorem editus, vel ab eo habitus, fur-

tivus

tivus non sit, usucapi possit, & si admissus, vindicari, l. si ego 11 § Idem Julianus ff. de Publie. in rem act. l. si aliena 10 § fin. l. non solum 33 § 3 ff. de usucap. l. qui vas 48 § ancilla ff. de furt. Demnach solche Kinder nicht können mit abgefodert werden, deswegen dann auch der andere keine Action hat; Dann wolte man dieselbe considerien, tanquam accessionem ipsius rustici, wird darauf nichts zu fodern seyn, nachdeme solcher Respectus in den Rechten nicht zuläßig. Propter dignitatem hominum noluerunt hominem esse alterius accessionem, l. justissime 44 in pr. ff. de Ædilit. edict. Sonst aber hat der Grund-Herr wegen seiner Bauren-Kinder, die unter ihm nicht gebohren, keine absonderliche Vindication, nachdem er derselben dominium, welches das Fundamentum und necessarium requisitum solcher Action ist, nie erlanget. Eo respicit legum distinctio, an nascantur liberi ancillarum, quibus rusticorum proles æquiparatur, ante litem contestatam an vero postea. Et quidem illi una cum parente vindicari non possunt: sed si speciale jus ad illos se quis habere putet, specialiter agere debet, l. fin. C. de lib. Caus. l. partum 10 ff. de usur. & fruct. Ubi JCtus ait partum possessor non debet restituere, si cum mater peteretur, jam natus fuisset, nisi & specialiter pro hoc egisset. Sed jam dictum est ejus causa nullam actionem competere domino parentis, cum ille partus dominium nunquam assecutus sit. Inde etiam fit, ut exceptio rei judicatæ, si in causa petitæ matris judicatum sit, non noceat petenti partum & vice versa, l. si quis 7 § de fruct. 3 ff. de Exc. rei jud. So ist über dem auch Rechtens, daß ein bonæ fidei Possessor, zeit währenden seines guten Glaubens und Besitzes nicht weniger Recht habe, als ein wahrhafter Herr. Bona fides enim tantum possidenti præstat, quantum veritas, l. bona fides ff. de Reg. Jur. Solch Recht aber währet nicht länger, als bis die Klage wegen des Bauren erhoben, die hernach von ihm gebohrne müssen dem Stamme folgen. Ita enim habent verba Imp. in d. l. fin. C. de Liber. caus. Hos solos qui in lite nati erant omnem fortunam matrum (loquitur de servis, nos quia de colonis res est, ad patrem applicemus) complecti oportet, aut justis tradi dominis aut libertate cum lucis auctoribus frui. Rationem ponit, l. 2 ff. de usur. & fruct. Quale est cum petitur tale reddi debet ac propterea postea captos fructus partumque editum restitui oportet. Explicatur hoc in l. Julianus § 1 ff. de rei vindic. Lucrum ex eo homine qui in lite esse cœperit, quis facere non debet, & in l. præterea eod. Nec enim sufficit corpus ipsum restitui, sed opus est ut & causa rei restituatur, id est, ut omne habeat petitor, quod habiturus, si eo tempore, quo judicium accipiebatur, restitutus illi homo fuisset, itaque partus ancillæ restitui debet, quamvis postea editus fuisset.

§. 8.
Daß sich iemand, der sonst frey, zum Bauer machen könne.

Zum andern wird die Leibeigenschafft angenommen und bewiesen ex pacto vel contractu, wann sich iemand, so zwar zuvor frey ist, hernach unter eines andern Herrschafft zu Bauer- und Pacht-Recht

Jurist. Oracul V Band.

---

niedergesetzet, und die gewöhnliche Dienste leistet. Es seynd etliche in der Meynung, als wann dergleichen Vereinigungen und Placita zu Rechte ungültig wären. Bald. in l. fin. C. de Transact. Petr. de Ferrar. in append. ad prax. rubr. 26 num. 3. Sichard. in pr. C. de Locat. num. 3, ubi ait, ne valere quidem perpetuam locationem operæ factam ab homine libero, præsertim in certo loco. Aber nebst deme, daß derselben der Grund aus den alten Rechten, so von der Römischen Knechtschafft melden, übel angeleget wird, auch der gemeinen Gewohnheit entgegen ist, werden dergleichen Verträge, daburch iemand zu stetswährenden Diensten sich verbindet, dem gemeinen Kayserlichen, § fin. Inst. de Jur. Person. l. cum scimus C. de Agric. & Censit. l. fin. C. de Transact. Geistlichen, 6 grandi X. de Suppl. negl. Prælat. in 6 ja Göttlichen Rechten, Deut. 15 v. 11 & seqq. gemäß besunden. Demnach unstreitig erachtet, daß ein ieder bemächtiget sich seiner Freyheit zu begeben, und Bauers-Pflicht auf sich zu nehmen, Gail. de Arrest. cap. 7 num. 6. Jacob in de Hom. n. 7 & 8. Husan. de Propr. homin. c. 3 n. 5. Ex conventione quis fieri potest homo alterius. Joh. de Platea in l. definimus n. 6 in fin. C. de Agric. & Censit. Wenn nun darüber ausdrückliche Abreden verfasset, oder sonst mündlich geschlossen, und dieselben durch Schrifften oder Zeugen zu bekundschafften, hat keinen Streit, was daraus befunden wird, sondern wie der Vergleich getroffen, muß der Obligirte sich verhalten, und mag, so lange ihm eingehalten wird, er sich nicht davon erimiren, noch kan ein ander zu ihm einig Recht erlangen. Da über den Vergleich Streit vorlieffe, ist zufoderst dabey des Landes Recht und Gewohnheit zu erforschen, denenselben zu geleben. Cothman. consil. 41 num. 17 vol. 1. Und wie es mit andern gehalten, die dergleichen Höfe oder Aecker inhaben, des Rechtens seyn, die andere auch nur fähig. Cothm. d. consil. 42 n. 90.

§. 9.
Wann vermuthlich sey oder nicht, daß der sich unter eines andern Herrschafft nieder gelassen, sich und die Seinigen Bauers-pflichtig machen wollen.

Wann aber dergleichen klare und ausdrückliche Abreden nicht befindlich, entstehen darüber hieli Disputaten und Zweyhelligkeiten: Ob derjenige, so sich unter eines andern Gebiete häuslich niedergelassen, zugleich, sich seiner Freyheit begeben, und Bauers-Pflichtig gemacht habe. Da dann diejenigen, so vor Bauren wollen gehalten werden, viele Ausflucht und Titulos suchen, damit sich von der Bauers-Pflicht zu exrticiren. Zwar wird in zweiselhafften Fällen iederzeit pro libertate, wie obberegt, präsumiret und gemuthmasset. Libertatem nemo flocci pendere vel jactare, Autor. vot. Cameral. 8 cam. decis. num. 39 tom. 4 pag. 1, aut rem inæstimabilem vili pretio vendere præsumitur. Tiber. Decian. resp. 76 n. 27 vol. 3. Darum wer sich unter eines andern Gebiete blosser Dings niedergelassen, und zuweilen gegen Einraumung etlicher Aecker Dienste geleistet, dannenhero nicht stracks vor einen Leibeigenen zu halten, oder, daß derjenige sich zu Bauers- und Pacht-Recht verbunden habe, zu schliessen, vielweniger die blosse Einliegen lieger, die auf Höfen und Katen liegen, davon aber nicht dienen, noch die vorjährige Miete oder Lohn-Dienste leisten, als Hirten, Schäfer, Bau-Knechte, Mägde, Vögte, Schützen, und die von ihnen gebohren, als Leibeigene Bauren anzusprechen.

§. 10.
Ob und wann iemand seine Kinder zur Bauer-Pflicht verbinden könne?

Demnechst, so andere Anzeige der angenommenen Leibeigenschafft dazu kommen, obgleich der Anfang oder einiger Vergleich nicht beweislich, wird dieselbe vermuthet, und demnach iemand so lange vor einen Leibeigenen geschätzet, bis er andergestalt seine Freyheit ausgeführet habe. Bey solchem Zweiffel wird dafür gehalten und präsumiret, daß die Leibeigenschafft von demjenigen angenommen sey, 1) welcher der Herrschafft des Ortes Handstreckung gethan, ihr getreu und dienstfertig zu seyn, obgleich der Bauers-Pflicht mit keinem Wort gedacht, cum illa manus porrectio inter rusticos ex consuetudine habeatur pro signo acquisitæ in aliquem potestatis. Husan. d. tract. c. 4 n. 10. 2) Welcher ein Wesen, Hof oder Katen, so zuvor ein Bauer bewohnet, bezogen, und davon seinen Vorfahren gleich gedienet, obschon nicht gemeldet, daß er ein Leibeigener Bauer werden sollen. Qui rem ipsam suscipiunt & præstant, frustra nomen non conventum objiciunt. Nec enim verbis opus, ubi rerum testimonia, omni voce potentiora, adsunt. 3) Welcher das Rauch-Huhn jährlich versprochen oder gegeben, id quod argumentum proprii hominis esse putatur, Zas. singul. respons. lib. 1 c. 3 n. 79. Cothman. consil. 42 n. 37 vol. 1, modo ex consuetudine aliud non observetur, aliaque adminicula deficiant, Cothman. cons. 47 n. 163 & seq. vol. 1, ubi secus in vulgaribus gallinis, den gemeinen Pacht-Hünern, obtinere demonstrat. 4) Welcher von ihrer Herrschafft einmal die gewöhnliche Hof-Wehr empfangen. 5) Welcher auf beygemessenen Ungehorsam von denen, so sie vor Leibeigene halten, andern Bauers-Leuten gleich mit Gefängnissen, Busse, und sonsten bestraffet, dagegen auch wider andere ihn Schutz gehalten und genommen. Illa enim omnimodo Jurisdictio multæ & carceris inflictio, ut & tutela arguit, in quos exercetur, devinctos & proprios esse homines. Uti ex Specul. in tit. de Feud. § quoniam n. 8 trad. Cothman. d. cons. 42 num. 52 vol. 1. 6) Welcher nicht allzeit gewisse Dienste oder Pachte, sondern wie es der Herrschafft zu statten gekommen, oder beliebig gewesen, geleistet, darum zuweilen dieselbe gemehret und gemindert. Jus enim illud statuendi servitia & canones pro usu, vel arbitrio infert, non esse simplices colonos, vel emphyteutas, quibus imponuntur, sed proprios homines potestati imponentium obnoxios. Cothm. dict. cons. 42 n. 53 & 78. Dergleichen Anzeigen der Leibeigenschafft könten viel mehre vorgebracht werden. Davon aber nicht besser noch sicherer kan geurtheilet werden, als wann zufördest auf des Landes Gewohnheit gesehen, und daraus examiniret wird, was der Bauers-Pflichtigen Gebühr sey, und wie weit andere, so sich unter einer Herrschafft gesetzet, und zu Dienst oder Pacht ein-

gelassen, dazu verbindlich gemacht haben. Unde a Cothmanno d. consil. 42 num. 17 admonitum est, quoad originem, definitionem & substantiam in hoc negotio non ex jure communi, sed secundum regionis, provinciæ & loci consuetudinem & morem conventiones exquirendas & asserendas esse. De forma enim constituendi hominis proprii non potest dari certa regula, Jacob de Homag. n. 25, sed ea petenda est ex singulorum populorum moribus. Idcirco qui præstant, quod aliis rusticis ex more, vel consuetudine injungitur, inter rusticos & proprios homines connumerandi, Cothman. d. consil. 42 n. 38 seqq. Wie aber es bey den Diensten, Pachten, und Subjection hergebracht, dem muß der Bauer stets geleben, und mag seine Pflicht mit keinem andern Titel bemänteln, als wofür die Herrschafft ihn gehalten. Nec enim colonus, vel homo proprius causam possessionis immutare potest. Vide Cothman. d. consil. 42 num. 74 seqq.

Wann aber bereits offenbar, daß sich iemand seiner Freyheit begeben und zum Leibeigenen gemachet, fället darüber Disputat ein, ob dann auch seine Kinder zu Leibeigenen werden, und der Herrschafft untergehörig seyn? So viel ist gewiß, daß die nach angenommener Leibeigenschafft gebohren werden, ihrer Eltern Condition nicht weniger folgen, als droben von der leibeigenen Leute Kinder gedacht worden. Hic enim id juris est, quod liberi nati ex propriis hominibus nostris proprii fiunt. Die aber zuvor bereits an diese Welt gekommen, folgen ihres Vaters Zustand und Qualität, wie solches zur Zeit der Geburt beschaffen. Id enim ratio dictat, ut nati antiquam patris conditionem retineant, quæ fuit cum nascerentur, non vero novam sequantur, quæ ex patris voluntate supervenit, in terminis vid. Fab. in Cod. l. 7 tit. defin. 7 n. 8. Darum, wofern die Eltern bey geleisteter Bauers-Pflicht von ihren Kindern nichts gedacht, oder dieselbe mit zu Leibeigenen gemachet, bleiben die sonder allen Zweiffel frey, ohnangesehen sie bey den Eltern in erfolgender dero Unterthänigkeit erzogen und erhalten. Ja, obgleich bey der Annehmung indefinite der Kinder Erwehnung geschehen, aber nichts von denen, so bereits gebohren, ausdrücklich gemeldet, ist dasselbe von andern nicht, dann denen, so hernach würden in die Welt kommen, zu verstehen, arg. l. 2 C. de Libert. & eor. lib. Fab. in d. defin. 7 num. 8, ubi ait, quod credibile sit, si quis de se tantum suisque liberis egerit, de iis cogitatum, quos natura jurisque ratio patris cogeret sequi statum: id est, qui postea nascerentur, non vero antea natos, vid. Stamm. de Servit. Person. cap. 15 n. 3. Wann aber die Eltern nicht alleine sich selbsten, sondern auch die Kinder, so von ihnen bereits gebohren, der Herrschafft als Leibeigene übergeben wollen, und davon ex ratione juris communis solte judiciret werden, ist solches den Kindern nicht nachtheilig, noch an ihrer Freyheit behinderlich, zumalen ausser der Eltern Macht ist, dergestalt ihre Kinder zur Leibeigenschafft zu verbinden. Darum solche Pacta dieselbe, wann sie zu ihren vollenkommenen Jahren gerathen, nicht halten dürffen. Faber

ber, d. defin. 7. Liberos privatis pactis, vel
actu quocunque administrationis non posse
mutata conditione servos fieri certi juris est.
l. liberos C. de Liberal. caus. Quare Pacta &
transactiones parentum filios in servitutem non
redigent. l. transaction. 16 C. de transaction. Jus
enim libertatis, quod illis agnatum & ipsa natura inditum per parentes, quibus in liberorum
libertatem nihil potestatis relictum est, auferri
iis sine facto suo non debet, idcirco a parentibus, neque venditionis nec dominationis titulo, nec pignoris, aut aliquo alio modo in alium
transferri possunt. l. 1 C. de Patrib. qui fil. suos
distrax. Es geschiehet dennoch zum öfftern, daß
die Kinder der Eltern Beliebungen genehm halten,
darbey nach erreichetem ihren völligen Verstande
beharrlich bleiben, und in der gewohneten Bauers-
Pflicht die Dienste leisten. Solche haben meines
Erachtens sich auf die Freyheit nicht zu beruffen, welcher sie sich approbatione pactorum paternorum
begeben.

Also, wann nach der Eltern Absterben, die bemeldte Kinder sich dero Eltern Höfe und Güter anmassen, machen sie sich verbindlich, demselben hin-
fürters zu geleben, was jene ihrentwegen gelobet
und versprochen haben, uti tradidum videbis in
terminis ap. Fab. d. defin. 7. Husan. de Propr.
hominib. cap. 3 num. 31. cum enim liberum sit
liberis se abstinere a parentum successionibus,
si eas praeoptent, respectu retentorum bonorum & continuatorum servitiorum voluntatem
defuncti suo consensu firmant. Uti Imp. loquitur in l. si ab eo 7 C. de lib. caus. ut etiam
imposterum ratam habere teneantur, l. cum a.
matre C. de rei vindic. l. vindicantem 17 ff. de
Evict. l. venditrici 3 C. de reb. alien. non alien.

Da auch sonst iemand in seinen Nöthen, da er
Schutzes, Zuthat und Unterhalts vor sich und die
Seinigen benöthiget gewesen, sich samt denselben zu
Leibeigenen gemachet, damit er also der Nothdurfft
geniessen möchte, darauf auch von der Herrschafft
auffgeholffen worden, wird es dafür geachtet, daß alsdann die Kinder eben so wol als die Eltern bey der
Bauers-Pflicht zu beharren, verbunden seyn, und
sich dadurch nicht befreyen können, daß den Eltern
sie ihrer Freyheit zu entöhnigen, nicht zuläßig. Husan. dict. cap. 3 num. 33 & seqq. Licet enim
parentibus propter nimiam paupertatem ege-
statemque victus causa liberos vendere, aut
alio modo in alium transferre. l. 2 C. de Parent. qui fil. distrax. Et licet cum pretium
offertur, quanti venditus valere potest, aut mancipium pro eo praestatur, repetitio ejus alias
locum habeat, juxt. d. l. 2. Id tamen non valebit, ubi & ipsius venditi causa facta venditio,
nec ob beneficia exhibita locus erit regressui
ad libertatem invito domino.

§. 11.

Wie die Bauern erworben werden.

Zum Dritten, wer von iemand einen Bauren
gekauffet, oder sonst ander Gestalt an sich gebracht,
daß er dessen Herr einmal geworden, hat damit die
Leibeigenschafft zu behaupten. Und zwar geschiehet die Veräusserung und Translation der Unter-

thanen unterschiedlich, entweder zugleich mit dem
Fundo und Gütern, oder auch absonderlich der
Personen alleine.

§. 12.

Wann dafür zu halten oder nicht, daß, nebst den Gütern die Bau-ers-Leute mit veralleniret seyn.

Wann Güter verkauffet, geschencket, verpfändet, oder auch zum Genieß-Brauch ausgethan werden, und solches mit allen und ieden Pertinentien,
oder auch derer nicht expresse gemeldet würde, ist
ausser allen Zweiffel, daß die dazu gehörige Leute,
welche zum Ackerbau dienstpflichtig, und darzu bis
zu der Zeit gedienet haben, mit unter solchem Contract begriffen seyn, daferne sie nicht ausdrücklichen
ausbedungen worden. Gail. 2 Observ. 62 n. 5.
Welches dann dem Verkäuffer, Verpfänder, und
andern Grund-Herren frey stehet. Quilibet enim
contractui legem dicere potest, quam velit,
eamque servare tenetur alter acceptando, cum
antea liberum sit accipere velit, nec ne. Dann
weil die Bauers- und Dienstpflichtige Leute, als
ein vornehmes Antheil und Zubehör der Güter seyn,
müssen dieselbe unter den Contract mit gemeynet
seyn, zumalen solche pro parte fundi in den Rechten gehalten werden. Ist dannenhero, daß dieselbe
zu einem Acker-Wercke dienen, und frohnen müssen,
daß dasselbe Dorff darinne sie wohnen, dessen, dahin
sie dienen, pertinens sey, zu beweisen, Gail. d. n. 5,
daferne nur dieselbe zu dem Gute, welches verkaufft,
oder sonst übergeben, von dem Einhaber zuvorn usque ad tempus traditionis belegen, und gedienet
haben. Ex isto enim usu & destinatione perti-
nentiae fiunt. c. cum ad sedem X. de restit.
spoliat. Tiraquell. de retract. lign. §. 36 gl. 3 n. 4.
Inde & hic canon legitur, quod pro parte praedii
alienati transit etiam quantitas adscriptitiorum
tanquam rerum concordantium & a solo inse-
parabilium, l. quemadmodum ib. Joh. de Platea C. de Agric. & Censit. Und ist daran nicht
zu zweiffeln, wann zur Zeit des Verkauffes, oder
der Translation ex quovis alio titulo die Leute,
so in Anspruch genommen werden, in den Gütern
verhanden und dienstbar gewesen. Hierüber entstehet zuweilen Streit, wann die Bauers-Leute,
und dero Kinder zu obberührter Zeit sich nicht bey den
Gütern befunden, gleichwol zuvor allda gebohren,
oder diensthafft gewesen, und nicht erlassen seyn, ob
der Käuffer, oder Successor, quocunque etiam
ex titulo praedium accipiat, sich solcher hernach,
aufbefundenen Bauren, und wider derselben Kinder die Vindication wohlbefugt anmassen könne:
Was andere hiervon disputiren, stelle ich ietzo dahin, und achte dafür, es sey vornehmlich auf die Worte
der Contracte und was dabey vorgelauffen, zu sehen. Demnach zu erwegen, ob darunter etwas
begriffen, so der contrahirenden Theile Meynungen
alleine auf diejenigen Leute und dero Kinder beenge,
welche zur Zeit des Vergleiches, oder der Tradition
verhanden; Als wann alleine der beym Gute verhandenen Bauren, oder des ietzigen Zustandes der
Güter restrictive gemeldet. Item, wann die Tradition auf dasjenige gerichtet, so in einem Inventario enthalten, und darinne alleine gewisser Personen
gedacht wird, ausser welche sonst keine, als dieselbe
samt ihren Kindern verstanden werden. Imglei-

chen,

chen, da ihr Contracte nur gewisse Bauern specificiret, in diesen und dergleichen Formalis, wo sonst nichts angefüget, das einen andern Verstand mache, sind keine, denn nur die gegenwärtige unter der Uiberweisung begriffen, von denen übrigen ist zu achten, als wann dieselbe der Tradens sich vorbehalten hätte. Da aber dergleichen Restriction nicht erschiene, und Zweiffel darüber vorfiele, daferne unleugbar, daß das Gut sammt allen Gerechtigkeiten keine, oder nur gewisse Ausbescheiden übergeben, ist nicht anderst zu schliessen, dann alle und zu dem Gute gehörige Bauern, ob sie schon tempore traditionis nicht gegenwärtig gewesen, oder an andern Oertern gedienet, und sich aufgehalten hätten, dennoch pro traditis zu schätzen, und der Successor zur Abforderung und Vindication berechtiget sey, so wohl, weil die Bauern tanquam portio fundi zu den Gütern gehören, und so lange sie davon nicht abgesondert, pro accessorio, quod conditionem principalis sequitur, zu achten, als sonsten, weil eine vornehme Gerechtigkeit der Güter ist, daß die Bauern als Ascripti glebæ davon nicht abzubringen, und wer alle Herrlich- und Gerechtigkeit cediret, solche auch mit überwiesen habe. Tradita enim & apprehensa possessione alicujus castri, vel villæ, omnes ejus pertinentiæ rite censentur traditæ & apprehensæ. Gail. 2 Observ. 120 n. 7. Zas. singul. respons. lib. 2 c. 3. Darum, Krafft derselben, der die Güter besitzet, auch die angehörigen Leute zu vindiciren befugt. Und irret nicht, daß dieselbe nicht specificatim angewiesen, oder der Vindicante in der That solche iemahlen gehabt und besessen. Nam ex universitate juris, vel facti una re apprehensa tota illa censetur tradita, unde castrum cum omnibus pertinentiis, rusticis, agris, pecudibus & similibus licet non apprehensis, qui immittitur uno in loco, pervasisse & tanquam traditum accepisse intelligitur. Bartol. l. 3 ib. Angel. num. 1. Romam. num. 8 ff. de acquir. possess. Surtl. consil. 135 num. 67 & 160 n. 12. Natta' consil. 429 n. 3 & 9. Adeptio namque possessionis se extendit ad connexa & pertinentias. Symphor. supplic. Cameral. tom. 1 p. 1 tit. 7 de Possess. Vot. 6 num. 147 & seq.

Ausserhalb der Güter, die Bauern und dero Kinder absonderlich zu verkauffen, verschencken, oder sonst zu veräussern, ist in den gemeinen beschriebenen Rechten gäntzlich verboten. Qui enim colonos utiles credunt, aut cum prædiis eos tenere debent, aut profuturos aliis relinquere cum fundo, l. 2 & l. quemadmodum 7 C. de Agric. & Censit. Die Gewohnheit aber hat in diesen Ländern ein anders eingeführet, und zwar solcher nach, wann es mit der Unterthanen Willen geschiehet, hat es kein Bedencken, und müssen hernach billigen und halten, was sie einmahl genehmet. Ob sie aber könten gezwungen werden, ihre Höfe und Wesen zu verlassen, und fremder Herrschafft sich zu untergeben, befindet sich in Ansehung der gemeinen Rechte, und vernünfftiger Ursachen nicht ausser Zweiffel. Aus den Rechten ist leicht zu behaupten, daß dergleichen Alienationes wider der Unterthanen Willen nicht zuläßig, ausser dem vernünfftig, daß diejenige, so sich in Ansehung eines gewissen Grundes dienstbar gemachet, contra fidem mentemque pacti à se, vel prædecessoribus initi nicht davon möchten ab, und an andere Oerter nach Gutdüncken ihrer Herren gebracht werden, bey welcher Licentz die Unterthanen in viel

schlechtern Zustand, dann das unvernünfftige Vieh gerathen dürfften. So wird auch den Rechten gemäß zu seyn, vermeynet, daß ein Bauersmann nicht möchte genöthiget werden, ausser seiner Herrschafft Gebiete, die sonst übliche Dienste zu leisten. Husan. de Propr. hominib. cap. 6 n. 89, ubi addit hanc rationem, quod in operarum promissione hoc actum intelligatur, ut eo loco redderentur, ubi dominus moratur, vel ubi prædia, quorum ratione debentur, sita sunt, ex Jacobin. de Royd. n. 7. So viel weniger möchte er an fremde Oerter unter fremde Herrschafften alieniret werden, dahin auch die Fürstl. Pommerische Bauer-Ordnung zielet, Tit. 11 § Es ist auch ein Unterschied rc. welche auf dem Fall, wann ein Bauer seines Hofes gantz entsetzet wird, denselben sammt allen Angehörigen befreyet, auch keine weitere Macht zur Veränderung den Herrschafften nachgiebt, als so weit sie denselben zu ihrer Nothdurfft zu gebrauchen haben. Die Erfahrung aber bezeuget, daß hierinne anderer Gestalt gehandelt werde, und fast eine gemeine Gewohnheit sey, mit den Leibeigenen, als mit den Pferden oder Kühen, Handel und Verkehrung zu treiben; zweiffele aber sehr, ob in löblichen Gerichten solche ohne Unterscheid würden aus Vorwand der Gewohnheit gut geheissen werden, Zasius scribit 1 singul. resp. c. 3 n. 79, non aliter ratam fore venditionem, quam si bona fide fiat alienatio, alioquin superiorem implorarum intervenire debere.

§. 13.
Wann und wie durch die verjährete Zeit die Leibeigenschafft eingeführet und bewiesen werde.

Bey allen Fällen aber, da iemand seine Bauern einem andern überlasse, es geschehe Kaufs, Pfands, Theilungs, oder anderer Weise, folgen die Kinder ihren Eltern, und die Weiber ihren Männern. Sic enim jura cavent, ut ad quem spectant coloni censiti, ad illum spectare debeant originarii, scil. eorum liberi, l possessionum 11 C. Commun. utriusque jud. l. definimus 13 C. de Agr. & Censit. ubi cavetur, ut translatio agricolarum valeat, sed ita, ut prædii ejus dominus, a quo coloni probantur fuisse traducti, translatorum agnationem restituat, vid. ib. Joh. de Plat. n. 2 & seq.

Vors Vierte, wer Urtheil und Recht, dadurch ein Bauer ihme vorher zuerkannt, vor sich hat, ob bereits solches alleine wider den Bauren, und nicht denjenigen, so ietzo selbigen hat und brauchet, erhalten, ist dennoch solches der Leibeigenschaft genugsamer Beweis, und mag der den Bauern in Diensten hat, aus dem Prätext, daß wider ihn nicht judicirt, sich der Abfolgung mit Recht nicht verwidern, er wolte dann beweisen, daß derselbe sein Leibeigener sey. Und ob wohl ex juris principio bekannt, quod res inter alios acta, vel judicata aliis non noceat, l. 1 & tot. tit. C. inter al. act. vel jud. So wird doch dafür gehalten, daß in Sachen die Leibeigenschafft betreffend, wann wider einen geurtheilet, die Sententz allen, so mit denenselben in Gemeinschafft leben, und bey gleicher Condition sich aufgehalten, ungeachtet dieselbe minderjährig, abwesend, oder nie darüber gehöret, præjudicire, Fab. in Cod. lib. 7 tit. 25 defin. 5. Darum, wann ein Vater oder Brüder einem Gute, oder Person Bauerspflichtig erkannt, dessen Kinder, Bruder und Schwestern, so sich in derselben Condition, worauf geurtheilet worden,

bey

bey ihnen gefunden, derselben Verdammniß sich untergeben müssen, bis so lange sie durch rechtliche Mittel sich deter entheben. Es geschiehet auch auf andere Art, daß iemand durch Urtheil und Recht ein Leibeigener wird, und so vielmehr, daraus solche Condition erweislich, inmassen, wann einer so frey ist, dergleichen Uibelthaten begehet, so am Leben zu bestraffen, dennoch andere schwere Arbitrair Verdammnisse verdienet, ist einem ieden, der Jurisdictionem plenam cum mixto & mero imperio hat, erlaubet, denselben an stat der Busse dahin zu halten, daß er sich Bauerspflichtig machen, und die Zeit seines Lebens dienen müsse. Uti hoc latius deducit Stamm. in tractat. de Servit. Personal. lib. 3 c. 7 & 8. Nec dubium est, condemnatione ob crimen hominem liberum ad servitutem posse transferri. Husan. de Propr. hominib. c. 3 n. 22. Capiic. deciс. 139 v. 2 & 3 Jac. de S. Georg. in tract. de Roid. n. 16 & 25. Id quod cum reipubl. ad utilitatem, tum delinquenti ad emendationem præstantius est quam virgæ & carceres, qui raro cuiquam proficiunt. Sed illa pœna solum ferit delinquentes, non eorum liberos jam natos, qui manent liberi, l. sancimus C. de Pœn. Stam. de Serv. Personal. cap. 15 num. 3.

Zum Fünften wird die Bauers-Pflicht erworben und bewiesen durch die in vieljähriger Zeit erduldete und unangefochtene Leibeigenschaft. Id enim indubitati juris est, præscriptione acquiri jus servitutis in proprios homines & amitti libertatem, ut dominium proprium hominum, l. litibus 20 in princ. C. de Agric. & Censit. Husan. d. tract. c. 3 n. 10 & seq. Darum, ob bereits dargethan würde, daß wer ietzo von iemand zu Bauers-Pflicht gezogen und abgefodert wird, oder auch dessen Eltern freye Leute gewesen, oder auch unter anderer Herrschaft als Dienst-Pflichtige gedienet hätten, wann dagegen ausfündig gemachet, daß in denen nächsten Jahren, und zwar so vielen als zur Verjährung erfodert, er oder seine Eltern in der Leibeigenschaft gestanden, müssen sie dem zuletzt befundenen Possessori erfolgen. Is enim effectus præscriptionis est, ut non modo possidenti exceptionem, sed etiam amittenti rem præscriptam actionem in rem præbeat. Demselben ist nicht entgegen, was in l. 3 C. de Long. tempor. præscript. quæ pro libert. geschrieben, sola temporis longinquitate etiamsi sexaginta annorum curricula excesserit, libertatis jura minime mutilari oportere. Ohne, daß in Sachen, da favore libertatis die Rechte etwas sonderliches verordnen, das Argumentum a servis ad rusticos nicht allerdings gültig ist, nachdem diese nicht gar in den verächtlichen knechtelichen Stand, wie solcher bey den Römern beschaffen, versetzet werden, sondern ausser der Pflicht im übrigen der Freyheit gebrauchen. Uti hanc differentiæ rationem allegat Stam. de Serv. Personal. lib. 3 c. 13 n. 2. So gehet solche Meynung dahin, daß die Zeit alleine keinen Leibeigenen mache, obgleich iemand lange Jahre zu Diensten gebrauchet würde, wann es nicht gutwillig, sondern gezwungen geschehe. Da aber etliche aus freyen Willen sich auf Bauers-Höfe niedersetzen, und eine geraume Zeit als Leibeigene bewohnet, der Grund-Herr auch keine andere Opinion gefasset, so ist hie nicht alleine auf die Zeit, sondern auch auf den verjährten beharrlichen Willen zu sehen. Wie lange Zeit und Jahre dazu gehörig seyn, daß

einer Bauerpflichtig und Leibeigen werde, ist unter den Rechts-Gelehrten streitig, auch bey vollkommenen unterschiedlichen Fällen nicht auf eine Weise entschiedlich. Wann durch ein Privilegium iemand erhalten, daß, wer in seinen Gütern sich niederlasset, sein Leibeigener sey, oder auch durch eine Gewohnheit also eingeführet, daß, wer zu Bauer-Diensten und Gebühr sich einmahl verstehet, ob er gleich nicht die Bauers-Pflicht stipulirt und zugesaget, ein Bauer werde; Uti de tali consuetudine Germaniæ testatur Zas. l. 2 resp. singul. c. 12, so ist ein Jahr darzu genugsam. Sonsten, wenn solcher Gebrauch nicht eingeführet, noch mag dociret werden, oder auch kein Statutum, vel Privilegium aufzuweisen, so gehöret eine geraumere Zeit darzu, und ist nicht genugsam, daß etwa etliche Jahre nach einander einer unter iemands Gütern sich befunden, und auf Erfodern, oder sonst Dienste geleistet, dann daraus alleine die Leibeigenschaft nicht zu schliessen. Ex solo enim tempore sine alia causa non inducitur titulus, vel obligatio in futurum, l. obligationum § placet ff. de O. & A. Vasq. illustr. controv. lib. 2 cap. 83 n. 28. Modest. Pistor. consil. 25 n. 21 p. 2. Darum, wann derselbe entwiche, hat, der seiner gebraucht, keine Action zu dessen Abforderung, er vermöchte denn, aus einer andern Ursache die Verbindlichkeit des Entwichenen zu erstreiten. Vor welchen bis auf zehen Jahr die Præsumtio libertatis in solchem Falle militiret, darum dann deren Gegentheile, ob es gleich in possessione vel quasi der Servitut gewesen, die Probation obligeet, c. quia verisimile X. de Præsumpt. gloss. in l. sicut § si quæratur ff. si servit. vindic. Alciat. de Præsumpt. rog. 2 præs. 1 num. 2. Mascard. de Probat. conclus. 136 num. 3.

Nach Verlauf zehen Jahren, ob zwar vermöge der Rechte die Leibeigenschaft dadurch alleine nicht constituirt wird, entstehet dennoch darauf eine so starcke Præsumption und Vermuthung, daß, wer so lange Zeit untern Gütern als ein Bauer gewohnet, Bauer-Höfe eingehabt, und davon gedienet, Pächte entrichtet, oder sonst geleistet, was nach Landes oder des Ortes Gewohnheit Bauers-Leuten gebühret, hernach, wann er gleich zuvor frey gewesen, und das Gelübde zur Bauers-Pflicht nicht erweislich, nicht anders, dann vor einen Bauren zu halten, darum, wo er entwichen, wiederum an den Ort folgen müsse, bis er dagegen erwiesen, wie nicht aus Bauers-Pflicht, oder dergleichen Schuldigkeit, sondern andern der Freyheit zustimmigen Ursachen er sich zu Dienst- und andern Leistungen gebrauchen lassen. Ita decisum in l. litibus 10 princ. C. de Agric. & Censit. quod qui longo prolixoque tempore (quod est deconnii inter presentes, vicennii inter absentes l. fin. & tot. tit. C. de Præscript. long. tempor.) ut coloni alicubi commorati sunt, iis ne contradicendi quidem licentia relinquatur, longi temporis præscriptione colonorum impetum excludente. Vide Husan. d. c. 3 n. 10. Ex continua enim longi hujusmodi temporis præstatione oritur titulus & obligatio in futurum, l. cum de in rem ff de Usur. Joh. de Platea in d. l. litibus n. 3. Fr. Balb. in tract. de Præscript. 1 part. 5 part. princip. quæst. 10 n. 5. Wesenbec. consil. 4 n. 73 p. 1. Idemque contra rusticos obtinere confirmat Alexand. consil. 113.n. 28 lib. 1, quia ad ea, quæ per decennium præstant, imposterum tanquam obligati compelli

compelli possunt. Balb. d. q. 10 n. 6. Moller. lib. 4 Semestr. c. 38 n. 9. Wann nun durch diese Præsumptionem Juris die Herrschaften ihre Intention behaupten wollen, wird dazu erfodert zuerst Causa serviendi, daß ein Titel und Ursache erscheine, deswegen die Dienste und andere Gebühr geleistet werden, so darinne bestehet, daß er dafür einen Hof, Katen, oder Acker eingehabt und genutzet, oder sonst, was einem Bauren zuständig, auf sich genommen. Quindo nulla legitima causa serviendi subest, ex solo temporis cursu & præstatione non inducitur titulus, vel obligatio in futurum. Bartol. in l. cum de in rem ff. de Usur. Vasq. d. cap. 83 n. 28. Chassan. in consult. Burgund. rub. 11 § 2 n. 19 & 25; præexistente veroaliqua causa, ex qua servitia præstita arguuntur, eaque ad titulum servitutis inducendum habili, possunt subditi compelli ad faciendum imposterum, quæ antea per longum tempus præstiterunt; Vasq. d. c. 83 n. 22. Bald. de Præscript. 1 part. 3 princ. q. 10 n. 22 & 24. Alexand. consf. 114 vol. 4, unde petitio hac in re non tam fundatur super tempore quàm super causa, quæ numeratur a prima præstatione, quæ facta est ad instantiam domini injungentis, quæ alii proprii homines præstant. Bald. in l. si certis C. de Pact. Molin. q. 20 n. 208. Stamm. d. tr. c. 13 n. 17. Ea vero causa omnis ad inducendum titulum sufficit, qualis inducit longi temporis præscriptionem. Bartol. d. l. Chassan. d. n. 19. Barbat. consf. 35 n. 15 vol. 2. Zum andern ist auch vonnöthen, daß die Dienste in Qvalität und nach Weise eines Bauren geleistet werden. Sola operarum, vel census præstatio sine ista qualitate non probat, nec infert subjectionem, nedum agricolationem, die Leibeigenschaft. Mascard. de Probat. conclus. 1346. Stamm. de Servit. Person. libr. 3 cap. 1 num. 4. Darum diejenigen, so als Dienst-Boten vor ein Jahr-Lohn in Diensten seyn, obgleich dieselben zum Acker-Bau gebrauchet werden, nimmer Leibeigene werden, wie lange sie auch bey diesem Stande verharreten, sondern, wann es ihnen beliebig, auffagen, und davon ziehen können, per l. scienti 6, l. si vestram 11 C. de ingen. manumiss. A servis enim & rusticis differunt famuli, qui pro mercede serviunt, nec ullo tempore ex familitio in servitutem, nisi alia accedit causa, vel conventio, incidunt. Zas. lib. 2 sing. resp. 3 n. 70. Ita & si quis non pro fundo, vel alterius rei occasione, sed in persona saltem sub vel cum aliquo moratus, servitia plane personalia præstiterit, decem annorum præstatio non sufficit ad introducendum titulum hominis proprii faciendi, sed ad minimum 30 anni requiruntur. Bald. d. q. 10 n. 11 & 26. Chassan. d. § 2 n. 24. Jason in l. si certis annis C. de Pact.

Ob wohl aber die zehenjährige Zeit mit dergleichen Vermuthung der Grund-Herren Intention bestärcket, daß die, so lange als Bauers-Leute gedienet, nach wie vor bey solcher Condition verharren, und wann sie entweichen, folgen müssen, bleibet ihnen dennoch frey dagegen zu beweisen, daß sie nicht als Leibeigene, sondern wie freye Leute in Dienste, und daraus abzuscheiden, berechtiget gewesen. Est enim illa præsumptio, quàm diuturnum servitium inducit, non juris & de jure, sed saltem juris præsumtio, quæ admittit probationem in contrarium, Dec. Jas. & Castrens. in l. si certis annis. Chassan. § 2 n. 29, ideoque vult audiri rusticum, si offerat demonstrationem, quod alia quam servitutis causa, forte ex urbanitate, liberalitate,

ad preces, pro certa mercede, ex errore, vel simili operas exhibuerit. Vasq. d. c. 83 n. 18. Alexand. consil. 113 vol. 1, & consil. 190 in fin. vol. 2. Sic alia quævis conventio eum titulum excludit, nempe talis, unde subjectio colligi non potest, darum, wann zuvor verglichen, daß auf gewisse Jahrschare, oder auch so lange es einem oder dem andern Theile beliebet, gegen den Genieß gewisser Aecker, der Einhaber gewisse Dienste leisten solte, wird die Præsumptio tituli ex patientia aufgehoben; Inmaßen augenscheinlich, daß, wann in solchem Fall der Bauer Dienste leistet, er sich dennoch zum Bauer-Recht nicht ewiglich verbinden wollen. Also viel weniger die Verjährung wider denjenigen anzuziehen, der vor gewisse Belohnung an Gelde, oder sonst Dienste zu leisten, versprochen. Talis enim obligari videtur ex contractu locationis. Conductor vero, quia possidet, non præscribit, l. male 2 C. de Præscr. 30 vel 40 annor. Imgleichen, wann aus gutem Willen und Freundschaft, oder auf Bitte in langer Zeit jährliche Dienste entrichtet seyn, kan sich dannenhero niemand einiger Præscription anmaßen. Id enim, ut operæ, vel servitutes rusticæ præscribantur, requiritur eas jure obligationis, seu servitutis processisse, secus si jure familiaritatis, vel amicitiæ. Gail. de Arrest. c. 7 n. 17. Nec enim possidet, nedum præscribit, qui jure familiaritatis tenet, l. qui jure 41 ff. de Acquir. vel. amit. possess. Ita si metu, vel ex coactione servitia præstica sint, non derogant libertati; Id tamen, quando dominus in possessione exigendi est, non præsumitur, sed probari debet. Vid. Carpzov. in Jurisprud. Romano-Saxon. p. 2 constit. 4 defin. 3.

Es ist aber nicht genugsam, daß iemand vorwenden wolte, es wäre ihm nicht in die Gedancken gekommen, dadurch, daß er sich anderswo niedergesetzet, und einen Bauer-Hof angenommen, sich Bauerpflichtig zu machen, zumahlen da gegen des Grund-Herrn Meynung, daß er ihn zu Bauer-Recht haben wollen, nebst den Actibus contrariis weit mehr gilt. Daneben ist Rechtens, quod propositum in mente retentum nihil operatur, l. si majores C. de Transact. l. si repetendi 7, ib. gloss. & Dd. C. de Condict. ob caus. Wann demnach bey vorgemeldten Umständen iemand entweichet, der so lange Jahr gedienet, muß er alsofort an vorigen Ort folgen, und hernach sein Recht ausführen, daferne er nicht in possessionem libertatis sich völligst versetzet hat, oder auch eine Zeit lang unter einem andern gesessen. Wann dieses geschehen, wird er nichts desto minder vindiciret, hat aber des Gegen-Beweises alsdenn so weit zu genießen, daß er bis zur Ausführung der Sachen nicht an vorigen Ort folgen dörffte.

Wer nebst seinen Vorfahren oder Nachkommen dreyßig gantzer Jahre in Dienste gewesen, wie ein Bauersmann, der und dessen Nachkommen seynd hernach nicht anders als Leibeigene zu schätzen, also, daß ob sie nach Verlauf so langwieriger Zeit ihre Freyheit, die sie einmal verabsäumet, zu beweisen, sich anmassen wolten, dazu dennoch nicht zu verstatten, sondern was der Leibeigenschafft gemäß, erdulten müssen. Præscriptione enim 30 annorum quis sit homo alterius, proprius & angarius, si operas serviles tanto tempore præstitit, l. agricolarum 18, l. cum satis 23 § 1 C. de Agric. & Censit. ibid. Johan. de Plat. l. pen.

l. pen. C. de fund. rei privat. Balb. d. tract. 4 part. princ. quæst. 6 per tot. Menoch. l. 3 Præsumpt. 131 n. 9. Inter quod tempus & decennium id interest, quod illo præscribitur & sic constituitur, hoc saltem præsumitur servitus, quare contra illud non locum habet probatio, contra hoc admittitur. Similia recepta sunt in vasallo de feudo alias libero serviente per triginta annos. Mynś. 4 obś. 29 in fin. Borchold. de Feud. Cap. 7 c. 3 n. 3, in subdito onera per id tempus sub territorio supportante, Gail. de Arrest. Imper. c. 7 n. 17. Sufficit vero ad istam præscriptionem constare de non interrupta servientis per 30 annos præstatione, & quidem in qualitate hominis proprii. Jac. de S. Georg. in tract. de Serv. & Collect. subś. n. 20, ac præter ea de recipientis bona fide, quam tempus præsumi facit, Titulo vel alio quodam opus non est, ideoque nec in probatione præterea quidquam articulandum, aut in exceptione id allegatum operatur. Was bey den Verjährungen in den Rechten von den Conjunctionibus temporum & possessionum vel quasi verordnet, dasselbe gehöret auch anhero.

Was anlanget die Bauern, so andern zuvor zugehörig, aber ohne derselben rechtmäßige Alienation auf einen andern transferiret, und von demselben besessen, und zu Bauers-Diensten gebrauchet, mit derer Präscription hat es die Beschaffenheit, wie in andern unbeweglichen Dingen. Quoad præscriptionem enim & alias pluribus in casibus mancipia, seu proprii homines pro rebus immobilibus & tanquam partes terræ habentur, l. longæ 3 ib. Gothofr. ff. de Divers. Tempor. Præscript. l. hac edictali 6 § 1 C. de Secund. nupt. Joh. de Platea in l. cum satis in pr. n. 3 C. de Agricol. & Censit. Dannenhero, wo der Possessor in bona fide und justo Titulo denselben empfangen, auch unverruckt und ohne Ansprache zehen oder zwanzig Jahre gebrauchet, ist nicht zu zweiffeln, daß er juxta leges præscriptionis, ein Herr darüber geworden. Da es aber an dem Titulo ermangelte, werden zum wenigsten 30 Jahre dazu erfordert. Wann über Menschen Dencken iemand, und dessen Vorfahren in Besitz und Gebrauch eines Bauren und dessen Eltern gewesen, so ist er ein unzweiffentlicher Unterthan. Vide de his plurib. Husan. de tract. c. 5 n. 7 & mult. seqq.

§. 14.
Von der Bauern Eheweiber, und wie dieselben ihren Männern folgen müssen.

Wann iemand durch Verjährung zu einem Grund, Ackerwercke oder Hofe gelanget, nicht weniger als die dazu gehörigen Bauers-Leute pro parte fundi in den Rechten gehalten werden, als zu mehrmahlen bereits erwehnet, betrifft die Präscription, zugleich die bemeldte Personen, daferne sie nur zu der Zeit, oder hernach, wie derselbe die Possession des Fundi erreichet, dabey vorhanden, und iemahlen (daß es continuirlich geschehen, ist nicht vonnöthen) unter des Possessoris Gewalt gewesen. Ausser dem hat er keine Action. Tantum enim præscriptum, quantum possessum, Bartol. in l. si quis ff. de itin. act. privat.

Sechstens, hat die Herrschafft Fundatam intentionem wider seiner Leibeigenen Unterthanen Eheweiber. Darum, wo iemand seine unerlassene Bauern antrifft, mag er dieselbe sammt ihren Weibern vindi-

ciren und abfodern, ohnangesehen dieselbe zuvor frey, oder unter eines andern Herrschafft gebohren, und pflichtig gewesen. Ipsum enim conjugium cum rustico, vel proprio homine est modus constituendi in uxore juris servitutis rusticæ. Husan. d. tract. c. 5 n. 44. Hæc tanquam consors omnis vitæ & socia divinæ humanæque domus, l. ff. de nupt. non tantum domum mariti, sed & conditionem sequitur, l. fœminæ ff. de Senator. l. mulieres C. de Dignitat. l. fin. § iidem ff. ad Municip. utriusque fortunæ ejus, tam adversæ quam prosperæ particeps, l. si cum dotem 23 § si maritus ff. Solut. matrim. l. si non solus 10 § 1 in fin. ff. si quis omiss. cauś. testam.

Es ist aber auch dieses ohne guten Unterschied nicht zu verstehen. Dann dergleichen Fälle sich öffters begeben, da solches Recht sich nicht will practiciren lassen, oder auch alleine mit gewisser Masse. Es besteit sich entweder ein unterlassener Bauers-Mann mit einer Person, so frey ist, und nicht Bauerspflichtig, oder mit einer Dirne, welche einer andern Herrschafft in Leibeigenschaft untergehörig, und noch nicht erlassen. Beym ersten Casu hat es des geringsten Zweiffels, wann die Verlobte die Condition des Mannes weiß, und gleichwohl in ein Ehe-Gelübde sich eingelassen. Jure civili quidem inter ascriptitiam & liberam non valet matrimonium. Novell. 22 cap. 17, nisi de facto, ut in l. fin. ib. Joh. de Plat. in princ. C. de Agric. & Censit. Hodierna tamen consuetudine, qua non perinde servis & ascriptitiis æquiparantur rustici, horum cum aliis plene liberis valent nuptiæ & quæ inde subsequuntur. In iis enim moderni proprii homines plus participant cum libertis, qui ne juramento quidem adigi possunt, ut cum certis saltem personis matrimonium contrahant, l. intestato § si quis ff. de suis & Legit. hæredib. Zaś. lib. 1 sing. resp. c. 3 num. 78. Wann nun aus Gottes Wort und der Natur iedwedem wissend, daß die Frau dem Mann folgen, und mit seiner Gelegenheit vorlieb nehmen muß, so hat solch Weibes-Bild sich der bewusten Leibeigenschaft mit untergeben, und darüber nicht zu beschweren. Scienti & volenti non fit injuria. Und ob sie gleich ausbedungen, dem Mann darinne nicht zu folgen, kan es ihr nicht helffen, zumahl sie wissen soll, daß solche Condition an Seiten des Mannes impossibel, an ihrer aber, der Natur des ehelichen Bundes entgegen ist.

Da die Verlobte des Mannes Condition nicht gewust, sondern sich einbilden lassen, oder geglaubet, er sey frey, und niemand dienstbar, so lange Res integra und die fleischliche Vermischung nicht dazu gekommen, mag dergleichen Irrthum an der Qualität des Bräutigams Person so viel wircken, daß auf ihr Begehren die Verlöbniß rescindiret, und sie befreyet werde, im Fall nur vermuthlich, daß bey tragender Wissenschafft des wahrhafften Zustandes dieselbe nicht anderer Gestalt sich verheiliget hätte. Dann wie bey solchem Fall die Sponsalia diese Tacitam conditionem in sich begreiffen, dafern der Mann frey ist, so ist sonder Zweifel bey dero Mangel das Ehe-Gelübde nicht verbindlich. Wann aber die Personen bereits in den Ehestand getreten, und sich fleischlich erkannt haben, wird mit der Dissolution so leicht nicht verfahren, und bin ich der Meynung, daß darum die vollzogene Ehe nicht zu rescindiren, daß der Mann ein Bauer, und der Herrschaft

schafft folgen muß, ob es bereits der Ehe = Frauen beschwerlich, und keine sondere Ehre wäre. Sanchez. de Matrimon tom. 2 lib. 7 disput. 19 n. 9. Lancellot. Instit. jur. canon. lib. 2 tit. quæ matrimon. imped. poss. in princ. Vital. de Camban. in tract. de Clausul. Non errore doctus § ostenso n. 5. Cuchus lib. 5. Instit. Major. tit. 12 n. 55. Dann wiewohl sonst dergleichen Errores, welche den Consensum liberum behindern, oder auch durch des einen Theils Arglistigkeit verursachet werden, dazu mögen angezogen werden, daß die verirrete oder betrogene Person das Ehe = Gelübde zu vollziehen, nicht gezwungen werde, wenn aber dieses durch die fleischliche Vereinigung einmahl vollzogen, so wird das Matrimonium darum nicht aufgehoben, sondern es muß alsdann das, nach Gottes Worte unauflösliche Band, fest gehalten werden, auch sich dieselbe imputiren, daß sie nicht besser nachgeforschet, und verlieb nehmen, was Gott gefüget. Dagegen von etlichen objiciret wird, was in den gemeinen Rechten von den Mancipiis und Knechten verordnet, ex quibus certum est, quod si quæ nescia ex errore servum duxerit, matrimonium, etiamsi copula carnali consummatum, non valeat, c. si quis ingenuus, c. si fœmina 29 q. 2. Item quod matrimonium liberæ cum ascriptitio non valet ideoque dissolvitur. l. fin. C. de Agricol. & censit. Novell. 22 cap. 17. Denn unter denen Personen, davon die itzo berührte Rechte melden, und unter den Bauers-Leuten sich ein mercklicher Unterschied, bevorab, so viel die Ehe = Sachen betreffen, befindet. Jenen ist sich zu verehlichen, ausdrücklich verboten, also auch, daß sie sich würden in ein Ehe = Gelübde einlassen, solches nicht vor eine rechtmäßige Ehe gehalten wird, darum, was ipso iure irritum, so viel leichter aufgehoben wird: Bauers = Leuten aber ist, mit andern freyen Personen sich zu verloben, unverboten, und bleibet zwischen ihnen eine nicht weniger beständige rechtmäßige Ehe, dann unter gantz freyen Leuten, darum die Ursachen, so bey jenen in ander Recht machen, hie nicht befindlich seyn, quod latius explicatum vide apud Sanchez. d. lib. 7 disp 19 n. 9. Cypræum de Sponsal. cap. 13 § 38 in fin. Es ist aber eine Frau, die also betrogen, oder geirret hat, dem Manne an dem Ort, da er der Leibeigenschaft abzuwarten vonnöthen, nicht anders zu folgen schuldig, dann, woferne ihr Stand oder Wesen es zulassen wolte, und sie salvo honore debito & sine magno detrimento es thun könte. Ausser dem sie sonst dazu nicht zu zwingen. Vid. Sanchez. d tract. lib. 1 disput. 41 n. 3. Heig. pag. 1 illustr. quæst 14 n. 22 & seqq. Vielweniger aber kan die Herrschaft dieselbe wider ihren Willen von dem Orte abholen, da sie sich aufhält. Wie es denn geschehen mag, wann sie wissentlich sich mit einem Bauers = Pflichtigen verlobet hätte.

Wann die Personen, so sich unter einander zur Ehe verbunden, beyderseits Leibeigene, aber nicht einer Obrigkeit untergehörig seyn, entstehen darüber diese Fragen: Ob dieselbe sich ohne ihrer Herrschaft Willen zur Ehe verloben können, und wann es geschehen, dannenhero die Verlöbniß unkräfftig, oder zu rescindiren, ob das verehlichte Frauens-Bild dahin abzufolgen, da der Mann Bauerspflichtig, und dann, ob solches ohne Entgeld geschehen müsse?

Die Ehe, welche den eingenatutten Rechten nach, iedwedem frey ist, kan von der Herrschafft niemand verbieten werden, cap. 1 de Conjug. Serv. Sanchez d. lib. 7. disp. 21 n. 3 seq. daß aber darzu ein Leibeigener nicht schreite ohne Vorwissen und Willen seiner Obrigkeit, solches ist an vielen Orten, wie dann auch in den Pommerischen und benachbarten Landen, durch die wohlhergebrachte Gewohnheit eingeführet, und zwar nicht ohne vernünfftige Ursache, daß, weil der Bauerpflichtigen Heyrathen, bevorab mit fremden, der Herrschafft, ohne daß derselben an ihrer Unterthanen Beweibungen wegen der Dienste, und sonsten nicht wenig gelegen, nicht geringe Ungelegenheiten und Wunder erregen, dieselbe mit derselben Willen sollen vorgenommen werden.

Wann es sich aber zuträget, daß die Leibeigene, der Obrigkeit unersuchet, sich in die Ehe-Gelübde einlassen, so lange Res noch integra, und die fleischliche Beywohnung nicht erfolget, achte ich dafür, daß der Herrschafft Dissens und Contradiction, bevorab auf Einführung beweglicher Motiven, die Vollenziehung des Gelübdes behindern könne. Wie mir dann dergleichen Exempla nicht unbekannt seyn. Dann weil die Gewohnheit, welche so viel Krafft als ein geschrieben Gesetze hat, der Herrschafft Consens erheischet, so ist solchen nachfolgig, daß dessen Hinandsetzung derselben Macht gebe, das Gelübde krafftlos zu machen, wenn die Obrigkeit die verlobte Person nicht erlassen will, welches dann dieselbe, so lange es in vorgemeldten Terminis stehet, nicht schuldig, und hat deswegen weder der Bräutigam und Braut, noch deren Herrschafft einige Action, sondern sie bleiben geschiedene Leute.

Nachdeme aber die Ehe consummirt ist, mag zu Verhütung der Aergerniß und Schändung des heiligen Ehestandes bey Christen die Gewalt der Obrigkeit so viel nicht gelten, daß solch Band, so Gott unverbrüchig bis auf den Tod gehalten haben will, alleine aus denen zeitlichen Respecten aufgelöset werde. Indignum enim foret jure potestatis bene concordantia matrimonia dissolvere, l. 1 in fin. ff. de Lib. exhib. Derowegen wie wegen nicht erlangeten der Eltern Consens die Sponsolia zwar zurück zu ziehen, wann aber der Beyschlaf darzu gekommen, als untuglich gehalten, dadurch das vollführte Ehe-Werck zu zerreissen? Phil. Melanchth. in loc. communib. tit. de conjug. Chytræ. ad c. 18 Levit. Beust. de Matrimon. c. 46. Wesenbec. in Paratitl. ff. de rit. nupt. num. 8. Also ist aus selbigen Ursachen nicht zuläßig, der Ober-Herren Gewalt, wegen eines oder andern Privat-Consideration, über die Ehen zu gehen und schalten zu lassen. Quo scilicet majus scandalum vitetur, nec irreparabilis fiat injuria vitiatæ & desertæ mulieri. Multa enim impediunt matrimonium contrahendum, quæ non dissolvunt contractum, l. patre ib. gloss. ff. de his qui sunt sui vel alien. jur. c. quemadmodum 25 in fin. X. de jurejurand.

Bey der Abforderung ereignen sich hernach die meisten Difficultäten, zumahlen niemand der Seinigen gerne entrathen will. Als nun gleichwohl die Ehe, wie itzt gemeldet, darum nicht zu zertrennen, und lieber andere Mittel zu Ersetzung der Privat-Schaden zu ersinnen, dann solches zu verstatten, so muß die Frau dem Manne folgen. Wann demnach iemands Unterthanin unter einer fremden Herrschaft

sich

sich befreyet, kan sie von dannen nicht abgeholet werden. Da auch ein fremder Bauers-Mann die Ehe mit einem Weibe, so eines andern Leibeigene, vollenzogen, kan die Herrschafft diese mit Recht nicht behalten, und von dem Mann abreissen. Nec enim ferendum est circa ascriptitios a viris conjuges separari, l. pen. Commun. utr. judic. Weil aber niemand des Seinigen wider seinen Willen zu entöhnigen, noch den Unterthanen frey zu geben, sich durch Ehe-Gelübde ihren Herrschafften zu entziehen, ist allerdings billig, daß der Herrschafft Erstattung wiederfahre. Solche befindet man in etlichen Landen durch Statuta, oder Gewohnheiten, auf gewisse Masse gerichtet, indem, wer occasione conjugii eines andern leibeigener Leute sich anmasset, oder seiner Herrschafft vorenthält, schuldig ist, eine solche Person wiederum in dero Stelle zu schaffen, oder, da ihm solches nicht müglich, so viel als worfür dergleichen Person nach üblichem Gebrauche, pfleget losgekauffet zu werden, abzutragen, darinn die Land-Gebräuche zuweilen ein gewisses determiniten. Da solches also nicht hergebracht, stehet es bey dem Richter, und dessen Moderation, wie hoch er den Bauren, oder wegen dessen Entrathung den entstehenden Schaden taxiren wolle. Dabey auf das Alter, Vermögen, und Qvalität der Person vornehmlich gesehen wird, und weiß ich der Exempel, daß zuweilen wegen einer entfreyeten Dirne, der Ehemann, so viel als ihr Braut-Schatz sich erstrecket, zuweilen, wann solcher gar zu geringe, auf ein höhers verdammet worden.

Es ist aber auch bey diesem Puncte, nach Anweisung der Rechte und Vernunsst zu unterscheiden, ob die Herrschafft die Heyrath seiner Leibeigenen mit eines andern Unterthanen wissentlich zugelassen habe, oder nicht? Und zwar, wem wissend ist, daß der sich mit seiner Unterthanin ehelich einlassen will, einem andern Bauerspflichtig, darum der Avocation iederzeit gewärtig seyn, auch das Weib dem Manne nachfolgen müsse, der hat meines Erachtens, nicht Fug und Recht, vor die Seinige Erstattung zu begehren, oder bis solche einkomme, dem Manne, oder auch der Herrschafft das Weib zuvor enthalten. Dann wie in den Rechten versehen, daß, wer seinen Knecht, oder Magd, mit einer Freyen sich zu verehlichen, wissentlich verstattet, dessen verlustig, und ihm die Freyheit werde, weil er weiß, oder wissen soll, daß zwischen solchen Personen die Ehe nicht bestehe, woferne sie nicht beyderseits frey seyn, uti habet dispositio Auth. Ad hoc C. de Latin. libert. tollend. Novell. 22 cap. 11; also nach Gleichheit der Ration, ist es dafür zu halten, daß wer weiß, daß die Frau dem Manne folgen muß, und denn seine Leibeigene solchem beylegen lässet, sich derselben begeben habe. Scientia enim & patientia loco traditionis, renunciationis & dimissionis habetur, uti in terminis decisum in l. 1 in fin. C. de SCt. Claudian. toll. Und noch ausdrücklicher ist es in l. fin. C. de Agric. & censit. decidiret, quod qui adscriptitiæ conditionis hominem, ab eo cum quo matrimonium esse non poterat abstrahere neglexerat, scire debet in suum damnum hujusmodi desidiam reversuram. Wann aber der Bauersmann eines andern Unterthanin, mit der Herrschafft gutem Wissen und Willen heyrathet, ist die Frage, ob dann dadurch er nicht alleine

Jurist. Oracul V. Band.

leine das Weib, sondern auch den Kerl abfolgen zu lassen, verbunden? Da zwar etliche dem Sentiment zugethan seyn, daß die Herrschafft, eben als im vorigen Falle, seines Unterthanin ohnig sey, und dessen Begehren, so um seine Unterthanin spreche, jenem verweigere. Ich ersehe aber maximam diversitatis rationem, darum die andere Meynung sicherer halte. Dann dadurch, daß ein fremder Bauer sich mit iemands Leibeigenen, & vice versa zur Ehe verknüpffet, wird deren Condition nicht verändert, sondern wie obberührt, wann die Herrschafft weiß, daß sein Bauer nicht heyrathen kan, er folge dann an den Ort, da der Ehe-Gatte dienstpflichtig, und nichtlos kommen mag, dennoch darein expresse, vel tacite verwilliget, so wird derselbe ex præsumpta voluntate consentientis pro manumisso geachtet.

Wann aber die Herrschafft wohl weiß, daß ob sein Bauer einer andern Herrschafft Bauer-Weib, oder Dirne zur Ehe nimmt, denn das Weib dem Mann, und nicht dagegen der Mann dem Weibe folgen müsse, so kan die tacita manumissio hie nicht arguiret werden, sondern vielmehr, daß ob gleich die Heyrath getroffen, er seines Unterthanen sich nicht begeben, denselben aber darum sich bekümmern lassen, wie er sein Ehe-Weib loß machen wolle. Ubi enim actus necessario non infert, aut exigit alienationem, taciturnitas vel patientia non est pro voluntate, nec alienatio præsumitur. Nicht anders aber ist die Zusprache wider die Ehe-Weiber, so aus fremder Jurisdiction genommen seyn, gegründet, dann so die Herrschafft des Ehe-Mannes mächtig ist, welchem die Frauen als necessaria vitæ conditionis maritalis accessoria folgen müssen. Darum auf beackerte Fälle, wann der Mann entlieffe, und das Weib sitzen liesse, oder auch verstürbe, ehe diejenigen, welchen er untergehörig, ihn zu ihrer Gewalt und Mächten gebracht hätten, höret die Ansprache wider die Weiber und derer Kinder, so unter ihre Bothmäßigkeit gewesen, damit auf, in Ansehung, wie ausser des Mannes jene dazu kein Recht noch Action haben, und diese nicht weiter als ratione mariti & patris verbunden.

§. 15.

Eigene Recognitionen und Bekänntnisse machen allein auf gewisse Weise die Leute zu Leibeigen.

Vors siebende, werden zum Beweisthum der Leibeigenschafft der angesprochenen Bekäntnisse und Recognitionen eingeführt, davon in den Rechten vernünfftiglich verordnet, daß, ob dieselbe einmahl geschehen wären, dennoch blosser Dinge alleine zur Behauptung nicht gnugsam seyn, l. cum scimus 22 in pr. C. de Agric. & censit. ubi legitur, jura nolle præjudicium generare cuiquam citra conditionem, neque ex confessionibus, neque ex scriptura, nisi etiam ex aliis argumentis aliquod accesserit incrementum. Additur ratio: Melius enim est in hujusmodi difficultatibus ex pluribus capitulis conditiones ostendi, & non solis confessionibus neque scripturis homines forte liberos ad deteriorem detrahi fortunam. Ob derowegen in Schrifften enthalten, oder auch mündlich von iemand bekannt würde, er sey eines andern Dienst-Pflichtiger, kan er dagegen sich so lange mit dem Leugnen schützen, bis daß durch andere Præsumptiones, oder Adminicula die Leibeigen-

Ooo   schafft

schafft gläublicher gemachet werde. Husan. de Pr.
homin. c. 5 n. 4. Sicut enim propter magnum
præjudicium, quod libertati rei inæstimabili, l.
libertas ff. de R.I. infertur, per legislatores provisum est, ne quis se servum confitendo statui
suo nuda confessione præjudicet, l. nec si volens, l. libero C. de Liberal. cauf. ita & per Imperatorem in quasi servitute hac inducenda
cautum, ne oris, vel calami quædam inconside-
rata præcipitatio libertati officeret, & hominem,
qui liber in dubio præsumitur, glebæ adscrip-
tum censeret. Nec interesse putatur, utrum
in judicio an extra illud, an etiam coram notario facta fuerit confessio. Joh. de Plat. in d. l.
cum scimus pr. n. 4. Dummodo non in for-
ma judicii fiat, veluti si apud acta lite super judicio liberali, seu quod de statu est, contestata,
pars se rusticæ, vel adscriptitiæ conditionis esse
confiteatur. Tunc coram judice, vel si ex ejus
jussu notarius exceperit, dicta confessio vim tituli & judicati habet. Joh. de Plat. d. l. n. 1. Inter ea vero adminicula, quibus nuda confessio
adjuvatur & vim majorem accipit, est confessionis iteratio, d. l. cum scimus in fin. princ. Ubi
requiritur (1) ut utraque sit ex aliquo intervallo
separata, cum quæ in continenti subsequitur,
pro eadem habeatur. Vid. Fab. in Cod. lib. 7
tit. 3 def. 4. (2) sine vi & necessitate cum judicio
& ex causa facta, d. l. cum scimus in fin. pr.
(3) conformis & (4) publica, seu publicis actis
insinuata. Fab. in Cod. lib. 7 tit. 1 destin. 19.
Simile adminiculum accedit nudæ recognitioni,
si ea causam habet legitimam & de qua legitime
constat. Luc. de Penn. in d. l. cum scimus in
princ. veluti si scriptura non enunciative, sed
principaliter & dispositive emissa continet solennem stipulationem, vel pactionem, qua quis
se ad servitutem; vel ascriptitiam conditionem
obligavit, Joh. de Plat. in d. l. in princ. vel si
ea recognitio effectum habuit, dum quis ali-
quamdiu operas rustici præstitit domino, cujus
hominem se esse confitetur. Guid. Pap. decis.
272. Faber d. tit. 1 defin. 19 in fin. ad quod triginta annos requirit, Joh. de Plat. d. l. ego decennium sufficere puto, per ea, quæ supra allegata sunt. Item si ista annexum habeat privilegium antiqui temporis, mentionem faciens
prioris alterius & antiquioris, designato die &
consule, uti Fab. d. def. 19 ostendit.

§. 16.

Aus der Anverwandten Leibeigenschafft ist nicht zu schließen, daß dero
Angehörige auch Leibeigene seyn.

Wann nun solche blosse Recognition dem Con-
fitenti nicht schädlich, so viel weniger ist dieselbe,
und ob bereits dazu weit andere Muthmassungen
stoffeten, andern nachtheilig. Dannenhero iema-
des Aussage von seiner Leibeigenschafft, nicht beweiset, daß sein Vater, oder seine Kinder, die er vor
solcher Bekänntniß gezeuget, viel weniger seine Brüder, daferne sie mit ihm in gleicher Condition nicht
befunden, Leibeigen seyn. Fab. in Cod. d. lib. 7 tit.
1 defin. 29. Absurdum foret unius confessionem nocere, vel præjudicare alteri, l. Seia. ff.
ad Sc. Vellejan. l. Quintus ff. Mandat. si quis in
§ 1 ff. ad Sc. Syllanian. & maxime in causis status, quo graviores istæ sunt præjudicii unius

professio non probare poterit contra alios, l.
transactione 26 C. de Transact. l. neque natales
10 l. in alien. 17 C. de Probat. Faber in term. d.
tit. 1 def. 3 n. 1.

Eben so wenig gelten auch die Argumenta, so von
eines andern Person, die etwa Bauerspflichtig ist,
genommen werden. Denn, ob bereits der Vater
Leibeigen, so folgt nicht, daß der Sohn, welcher niemahlen in solcher Qvalität beweislich erfunden,
Leibeigen seyn müsse. Also kan der Sohn leibeigen,
und der Vater und Mutter frey seyn. Unter Brüdern und Schwestern ist noch von geringerer Kraft solche Illation, per text. expresf. in l. ad probationem 22 C. de Probat. Es können in einem Dorfe Leute wohnen, und ob der eine leibeigen, doch von
dem andern solches nicht fort, ohne andern gnugsamen Grund geschlossen werden. Stamm. de Serv.
Perf. l. 3 c. 1 n. 4 in fin. welches manchen zu, und
in den Vindicationen verleitet.

§. 17.

Wie weit durch Erb-Register und Bücher die Leibeigenschafft
bewiesen werde.

Zu Bescheinung dessen, dadurch die Leibeigenschafft eingeführt, oder erhalten, werden zu mehrmahlen die Erb-Register, oder Erb-Bücher gebraucht, so die von Adel auf ihren Höfen, und die
Beamten in ihren Bezircken, von Sachen, Diensten, Pächten, und andern Gebührnissen der Bauren halten, und zusammen schreiben pflegen. Wie
weit dero Krafft sich erstrecke, ist nicht ausser der
Rechts-Gelehrten Disputat. Daß dieselbe vor
sich privatæ scripturæ seyn, darum wider Bauers-
Leute, oder andere keinen plenam fidem haben,
ist den Rechten mehr zustimmig, l. instrumenta 5, l.
rationes 6, l. exemplo 1 C. de Probat. Matth. de
Afflict. decis. 364. Præsertim si ejusmodi libri
ita scripti, ut nec quo tempore, nec quibus
præsentibus conscripti fuerint, intelligi queat.
Admodum enim periculosum foret contra libertatem præprimis, quæ naturalis & semper
præsumitur, credere privatis scripturis, unde
multis rigidis & avaris dominis occasio pateret
satisfaciendi suis libidinibus & rusticos pro lubitu onerandi. Molinæ. ad consuet. Parisienf.
§ 8 glossf. 1 n. 11 & seq. Carpz. in Jurisprud. Romano-Saxon. part. 2 constit. 4 c. 6 n. 3 & 4.
Wann aber solchen Schrifften andere Argumenta
und Muthmassungen adminiculiren, so erreichen sie
nach dero Gestalt Glauben wider die Bauers-Leute, Rutg. Ruland. de Commissar. & commissf.
part. 2 lib. 5 cap. 13 n. 2, als wann die Landes-Ge-
bräuche solche Bücher autorisiren, oder wann sie alt
und ordentlich geschrieben seyn, ingleichen, wenn in
archivis solche befindlich, auch mit Zeugen der Einhalt zu beweisen, wie denn auch, wenn, der sie geschrieben, längst verstorben, oder auch da diejenigen,
wider welchen der Buchstabe lautet, verwilliget,
daß solches eingeschrieben würde, ihm es auch vorgehalten, wie dann auch ferners, da die Bauren
derselben vor sich gebrauchen. In diesen und dergleichen Fällen haben dieselbe Schrifften einen
glaubwürdigen Schein für sich, vid. Moller. lib. 3
Semestr. c. 37. Carpz. dict. defin. 4 n. 6 & 7.
Georg. Frantzk. de Laudem. c. 4. Hartm. Pistor.
Pract. observ. 159. Dessen Gültigkeit eines vernünfftigen Richters Dijudication heimzustellen, zu-

mahlen

mahlen alle Adminicula nicht gleich beständig und kräfftig. Darum geschehen kan, daß zuweilen nach Beschaffenheit der Umstände plena, zuweilen nur semiplena probatio, ja unterweilen nur præsumptio dannenhero entstehet.

§. 18.
Ob, und wie der Bauers-Leute Gezeugnisse zum Beweisthum der Leibeigenschafft gültig?

Zum Beweisthum der Leibeigenschafft wird öffters das Gezeugniß anderer Bauers-Leute genommen. Ob nun solches vor, oder wider ihre Herrschafften zu Recht beständig sey, wird von etlichen in Zweiffel gezogen, die anhero das Exemplum libertorum ex L. libertorum 11 C. de Oper. Libert. appliciren wollen. Aber die tägliche Praxis hat es also eingeführet, daß solche Gezeugnissen an sich unverwerfflich, da sie nicht aus andern Ursachen verdächtig gemachet würden. Sichard. in l. libertorum n. 4 C. de Testib. Dann solte dasselbe nicht gültig in diesen Sachen geachtet werden, würden die Herrschafften inopia probationum, an vielen Rechten und Befugnissen, so nicht anders als durch ihre Leute erweislich, sehr periclitiren. Es ist aber in solchen Fällen zu Verhütung alles Verdachts, Rechtens und üblich, daß den Gezeugen, so viel den Actum testimonii betrifft, ihre Eyd und Pflicht von der Herrschafft zuvor erlassen werde, arg. c. venerab. X. de Test. cog. c. veniens in fin. X. de Testib. Harprecht. de Proceß. Judic. disput. 11 concl. 4. Wesenb. in Paratit. l. ff. de Testib. n. 3.

§. 19.
Die weeligen Bettler können zur Bauers-Pflicht angehalten werden.

Ausser vorerzehlten ist in den Rechten noch ein Modus, dadurch die Leibeigenschafft zu erhalten, zu diesen Zeiten so viel mehr zu mercken, weil dessen Praxis dem gemeinen Besten zugleich, und denen veröedeten Acker-Wercken sehr ersprießlich wäre. Indem die Rechte verordnen, daß starcke weelige Bettler von denen die sie antreffen, mögen angegriffen, vor Gerichte gebracht, und zur Bauerschafft angehalten werden. vid. l. un. C. de Mendicant. valid. Dann es ist nicht allein nützlicher, sondern auch nicht unbillig, die so durch Arbeit ihr Brot erwerben können, zum Acker-Bau zu bezwingen, dann bey der Bettelev, so ausserhalb der wahren Noth ein Diebstahl ist, zu männiglichen Verdrieß, und der Bettelnden selbst eigenem Verderb zu lassen. Davon sehr gedeylich Novell. 80 c. 5 geordnet ist, und zu wünschen wäre, daß heutiges Tages darüber die Landes- und Städte-Obrigkeiten mit Ernst hielten. Ich bin auch der Meynung, daß, wann iemand in seiner Bothmäßigkeit einen muthwilligen gesundenen Bettler und Müßiggänger, der kein wahrhafftes Gezeugniß seiner Noth und Elendes hätte, heutiges Tages antreffe, er daran nicht sündigte, daß er denselben zu seinen Diensten und Pflichten, vermittelst Leistung eydlicher Gelübde anhielte, da er hernach auch entlieffe, oder ungehorsam würde, mit ihm, als seinen Unterthanen zu verfahren hätte. Solches ist obgesetzten Rechten gemäß, dem gemeinen Besten erträglich, und gereichet zu Verwehrung und Abschaffung der grossen Gefährden und Ungelegenheiten, so aus dem

Jurist. Oracul V Band.

Mißbrauch des Bettelns erwachsen, darum es ehe zu befördern als zu hindern, und wird daneben den Bettlern und andern Leuten damit gedienet. Und ob wohl in den Reichs-Constitutionen verordnet, daß solche müßige starcke Bettler sollen ausgetrieben werden, Ord. Polit. Anno 1577 c. 27; ist doch nicht verboten, dieselbe zu Dienst und Gehorsam zu bringen, wie die vorige Constitutiones solches erlauben, und viel zuträglicher ist; Nur daß dabey die Bescheidenheit gebrauchet, und unter dem Schein des Rechtens, die so warhaffte, elende, breßhaffte, alte und miserable Leute seyn, dadurch nicht bedrucket werden, wie in d. Nov. 80 c. 3 dieser Unterscheid wohl gemachet ist.

§. 20.
Was pro possessore eines Bauren zu halten, und deßwegen ihm belanget werden?

Was von Seiten des Vindicantis erfordert werde, ist bishero beschrieben. An anderer Seiten, damit die Abforderung Stat und Raum gewinne, ist von nöthen, daß der um die Abfolge angesprochen wird, des Bauren habhafft und mächtig sey, also, daß er ihn übergeben könne. Ut enim rei vindicatio locum habeat, desideratur a parte rei conventi possessio, l. qui petitorio 36 ff. de rei vindic. l. actionum 25 in pr. ff. de Obl. & action. cujus negatione declinatur judicium, l. fin. ff. d. tit. Aus was Ursachen aber der Bauer, so angesprochen, bey demselben sich aufhalte, machet hiebey keinen Unterscheid. Non ad rem pertinet, ex qua causa quis possideat, ab omnibus qui tenent & habent restituendi facultatem peti potest, etiam apud quem res deposita est, vel commodata, vel qui conduxit & qui similes, sive alieno, sive suo nomine possideant, l. officium 9 ff. de rei vindic. Hoc saltem interest, quod qui alieno nomine possident, non tenentur statim respondere, sed spacium desiderare possunt, intra quod dominis, vel his quorum nomine alias tenent, denuncietur, l. 2 C. ub. in rem act. Id quod statim in primo termino fieri debet, antequam aliquid aliud ab ipsis opponitur, d. l. 2 ib. Sichard. num. 5. Vultej. num. 19. Menoch. recup. posseß. remed. 15 n. 490 & seqq. Si nominatus non comparet, possessione ejusve commodo æque ac detentor excidet, d. l. 2. Donell. comment. jur. civil. lib. 20 c. 3. Si nominatus non fuerit, ipse nec in proprietate, nec in possessione sententia, vel quod agitur, præjudicat, uti de colono judicium, sine nominatione domini suscipiente tradunt Wesenbec. in d. l. 2 n. 10. Innoc. in c. fin. X. ut lit. non contestat. Ipse vero qui non nominavit condemnatur, & si a principio nominationem omiserit, postea non admittitur, sed jubetur restituere perinde, atque si se liti obtulisset. Menoch. remed. recup. posseß. 51 n. 490. Afflict. decif. Neapol. 126 & ib. Not. a. Cæsar. Ursill.

§. 21.
Von einem Rechts-Mittel, damit ohne weitläufftigen Proceß die Bauren zu ihrer Pflicht wieder gebracht werden können.

Es geschiehet aber zuweilen, daß iemand des Bauren nicht mächtig ist, noch dessen Possession hat, dennoch in den Rechten pro Possessore geachtet, darum denselben zu schaffen, oder dem Kläger

das

das Interesse zu erstatten, schuldig wird. Als wann jemand sich pro Possessore ausgiebt, und gleichwol nicht ist; Hic quia se liti obtulit possidere qua actionem istam censetur, l. is qui se liti 25 ff. de rei vindic. Desgleichen, wenn einer, aus Beysorge, daß er möchte um den Bauren angesprochen werden, denselben arglistiger Weise aus dem Wege schaffet, oder verhenget, daß er entkomme, wird er nicht minder zur Restitution verdammet, als da er den Entwichenen in den Händen hätte, per text. express. in l. quod si dolo ff. de rei vindic. Is enim qui ante litem contestatam dolo possidere desiit, pro possessore habetur & actione in rem tenetur, l. sin autem 27 § sed & is 3, l. qui petitorio 36 in pr. ff. de rei vindic. Quis possidere desinat dolo, prolixe explicat Coras. lib. 6 Miscell. cap. 5. Bergel. de dol. lib. 4 cap. 8 n. 63 & seqq. & lib. 6 reg. 17 n. 2 & seqq. Wann zuvorher ihm, ohne seinen Vorsatz der Bauer entkommen, hat er dazu nicht weiter zu antworten, als er dazu Ursache und Anlaß gegeben.

Zum andern, ist in den Rechten, denen die Bauers-Leute entlauffen, ein absonderlich Remedium zu gute erfunden, dadurch ohne sondere Weitläufftigkeit (und viel leichter denn durch voriges), dieselbe wiederum an den Ort, da sie abgeschieden, beyzubringen. Welches in l. 14 C. de Agric. & censitis, dieses Einhalts zu lesen: Si coloni, quos bonâ fide quisque possedit, ad alios fugæ vitio transeuntes necessitatem propriæ conditionis declinare tentaverint, bonæ fidei possessori primum oportet celeri reformatione succurri & tunc causam originis & proprietatis agitari. Darum dann condItione ex hac lege die Ansprache anzustellen ist, uti monetib. Luc. de Pen. q. 3. Hierinne wird an Seiten dessen, dem der Bauer entlauffet, nicht erfordert, daß er das Eigenthum beweise, sondern daß die fördersamste Restitution ihm zuzuerkennen sey, wann er nur beybringen kan, daß er mit gutem Gewissen denselben gehabt, und gebrauchet, d. l. 14 Verb. quos bona fide quisque possedit, ib. Luc. de Penna. Menoch. recup. poss. remed. 10 n. 30, darauff alsbald ihm derselbe abzufolgen. Und ob bereits vorgeworffen würde, daß er ihm nicht zuständig, oder auch kein Leibeigener sey, wird dennoch solches nicht vor zur Erörterung zugelassen, als wenn der Entwichene erst an seinen vorigen Ort gebracht worden, alsdann, darum zu sprechen, einem jeden frey stehet. Qui enim fugit, etsi libertatem arripiat, in ea tamen possessione, quia se servisse scit, dolose versatur, ideoque non auditur, antequam in servitutem redeat. l. moc. in c. 2 X. de serv. non ordin. eousque uelis perfuga quasi accusator sui est. Novell. 53 c. 4 in princ. contra quem semper præsumitur, l. vis ejus 5 C. de Probat. Qui recipit, etsi bonâ fide faciat, tamen ubi conditionem fugitivi a repetente resciscit, contra id, quod vitiose factum, se nulla exceptione tueri potest, l. 1 § denique 3 ff. quod vi aut clam. Dieses ist ein stattliches Mittel, so keines sonderbaren Disputats bedürfftig, Darum die Rechts-Gelehrten dafür achten, daß es contra stricti juris rationem favore agriculturæ & odio fugæ singulariter erfunden, und eingeführet sey. Ripa in cap. sæpe n. 31 X. de Restit. Spoliat. Cornel. consil. 18 n. 10 lib. 1 &

consil. 56 n. 18 lib. 2. Wie demnach bey Entwendung der unbeweglichen Güter die Regel gilt, quod spoliatus ante omnia sit restituendus, also haben auch die Kayserl. Rechte vor gut angesehen, wider die verpflichtige Leibeigene dergleichen Mittel darzureichen, das seinen geschwinden Lauff hätte, und durch die Exceptiones und Vorwürffe, so mehrere Nachforschung bedürfften, nicht aufgehalten würde. Demnach dieses alleine von demjenigen, so die Abfolge fordert, beyzubringen, daß er in usu & possessione vel quasi des Abgewichenen gewesen. Welches aber diejenige, so nudi detentores sind, nicht angehet, denen, weil sie pro possessoribus in den Rechten nicht geschätzet werden, dieselbe Remedia, quæ istis solis concessa sunt, nicht zu statten kommen, uti ex Ripa in c. sæpe n. 5 de restit. spoliat. & Luc. de Penn. in d. l. si colon. q. 21. Menoch. d. remed. 10 n. 52 & seq. demonstrat scribens depositario, commodatario & similibus, qui alieno nomine detinent, istam conditionem non proficere, succurri tamen iisdem, vel officio judicis, vel remedio exc. reintegranda.

Es lauten die Worte, oberzehlter Constitution, einzig von den bonæ fidei possessoribus, dannenhero der gemeine Schluß der Rechts-Gelehrten, dies Mittel demjenigen, so weiß, daß der Entlauffene ihm mit Rechte nicht zuständig, und keine rechtmäßige Ansprache zu demselben hat, nicht vorträglich sey, sondern exceptione malæ fidei, abzutreiben, Luc. de Pen. in d. l. si coloni q. 2, ibid. Joh. de Plat. Ripa in d. c. cum sæpe num. 34. Menoch. d. remed. 10 n. 21. Etsi enim interdicto unde vi permissum sit spoliato prædoni, ut ante omnia restituatur, in hoc tamen, de quo agimus, remedio secus sentiendum, quia aliter constitutum, dum bonæ fidei possessoris saltem sit mentio, quod majus & vitium mala fide alienum hominem detinentis esse videtur, minus legis auxilium concedi debuit. Es wird aber pro bona fide allezeit præsumiret, l. merito ff. pro soc. Vasq. lib. 2 illustr. q. c. 79 n. 15 & eo ipso probatur, quod contrarium non ostenditur. Covarruv. de Sponsal. part. 2 cap. 8 § 1 n. 4. Alciat. de Præsumpt. Reg. 3 præs. 2, darum, wer nicht in continenti malam fidem beweisen kan, mit diesem Vorwurff nicht auffkommen mag.

Hieneben erscheinet aus den Worten der bemeldten Constitution so viel, daß dieselbe nicht weiter sich erstrecke, dann wider diejenigen, zu welchen sich der Leibeigene verfüget, und in Dienste, oder sonst begeben hat, der auch weiß, daß ihm derselbe nicht gebühre. Id quod scire intelligitur, qui sciat suum non esse, l. fin. C. und. vi. Daran ist aber nicht gelegen, ob er wisse, daß er eines andern unerlassener Leibeigen sey, oder dessen unwissend, Menoch. d. remed. 10 n. 16. Wann sich aber hierüber zutrüge, daß jemand einem Bauren, so einem andern entlauffen, und sich bey dem Tertio aufgehalten, hernach justo titulo & bona fide an sich brächte, und nicht anders wüste oder glaubte, denn daß er des Verkäuffers, oder ex alia causa genieten eigen, und derselbe zur Alienation befugt gewesen, so würden des Possessoris Exceptiones billig zuvorher gehöret, und die Abfolge bis nach der Erörterung verzogen. Angel. Joh. de Plat. & Luc. de Penn. in d. l. si coloni, Menoch. d. remed. 10 n. 37.

n. 37. Maranc. de Ord. Judic. distinct. 7 n. 37. Ju Anmerckung, daß ein solcher bonæ fidei Possessor mehr Recht und Fug hat, denjenigen, so abgefordert, zu behalten, dann der ihn anspricht, zu fordern. Possessionis enim commodum pro eo militat. Possessoris in dubio potiores sunt partes & in pari causa prævalet, qui hodie ex justa causa & bona fide possidet, quam qui olim possedit, sed possessionem vult recuperare. Und ob wohl derselbe, so fremde entwichene Unterthanen, die kurz zuvor bey einem andern in Bauers-Pflicht sich aufgehalten, damit, wie obberührt, vor der Restitution nicht zu hören, da er des Eigenthums sich anmaßet, oder die Freyheit anziehet, sondern solch Vorwenden nach der Abfolge erst zu beleuchten, ist dennoch dasselbe nicht auf die, so nicht ex fuga, sondern mediate ex justo titulo dieselbe annehmen, zu extendiren. Wider diejenigen muß rei vindicatione, wie zuerst angezeiget, verfahren werden.

Wann auch offenbar, und ohnleugbar wäre, daß der Entwichene demjenigen, so ihn bey sich hat, eigenthümlich zugehöre, oder ein freyer Mann, und dasselbe alsofort zu beweisen stünde, so ist der Anfang nicht von der Abfolge zu machen, welche zwar wegen dergleichen Einwürffe, so mehrere Erkundigung erheischen, nicht kan verzögert werden, darum aber billig hindangesetzet wird, was klar und am Tage. Ita licet spoliatus ante omnia restituendus sit, tamen restitutio non fit, ubi statim constat de dominio spoliantis ex confessione spoliati, per restes, aut instrumenta. Vid. Menoch. recup. possess. remed. 1 num. 215 & mult. seqq. Welches gleichwohl nicht anders zu verstehen, dann so die angesprochene Person ihre Freyheit, oder aber, wer dero Besitz und Gebrauch hat, vor sich den Eigenthum mit gutem Schein und Grunde prätendiret und beweiset. Sonst aber ist der Vorwand nicht gnugsam einem andern, den ihm Entlauffenen zu verwehren, daß derselbe frey, oder einem andern, und nicht dem Ansprechenden zuständig. Diese exceptio de jure tertii gilt nichts, l. loci 4 § competit. 7 ibid. Dd. & Costal. ff. si serv. vindic. l. si donationis 9 § si quis 1 ff. de Condict. Caus. dat. Dann ob wohl die Rei vindicatio damit kan hintertrieben werden, quod vindicans non sit Dominus, etsi nec qui possidet & convenitur, dominium prætendat, l. fin. C. de rei vindic. l. ult. ff. de rei vindic. ideoque & repetenti servum fugitivum proprietas alterius opponi queat, l. cum servo 6 C. de serv. fugit. So gehet das alleine dieselbe an, so in ihren Klag-Libellen zum Grunde setzen, daß die vindicirte, oder angesprochene Güter und Personen die ihrigen seyn. Quando enim jus tertii elidit & enervat intentionem actoris, ut eam a veritate excludat, tunc a possessore allegatum ad absolutionem proficit. Bald. in d. l. cum servum. Tiraquell. in l. si unquam verb. revertatur n. 358 C. de revocand. Donat. Menoch. adipisc. poss. remed. 4 n. 595. Fr. Vivius decis. 291 n. 8 & 11 lib. 2. Wann aber, wie bey diesem Remedio ex d. l. si coloni geschiehet, das Fundamentum der Ansprache nicht die Proprietät und Eigenthum, sondern der bisherige Besitz und Gebrauch seyn soll, so wird dergleichen Exceptio nicht angesehen, ist auch des Klägers Intention nicht entgegen, zumahlen, ob er nicht

Herr sey des Entlauffenen, darum der andere wider den er klaget, sich dessen nicht anmassen kan. Wie dann Tenor legis dasselbe ausweiset.

§. 22.
Von den Actionen, dadurch die Freyheit oder Leibeigenschafft zu erhalten.

Sonst ist auch ausser Zweiffel, daß andere Remedia petitoria, vel possessoria wegen der Bauren mögen gebrauchet werden. Welches weitläufftiger zu examiniren, dieses Ortes und Zweckes nicht ist.

Wann einer, so in Bauers-Pflicht eine Zeitlang gestanden, oder auch dazu abgefordert wird, sich auf die Freyheit beruffet, und die Leibeigenschafft leugnet, hat er dazu das Genus actionum, quas præjudiciales vocamus, zu gebrauchen, dadurch er bey dem Richter anhalten kan, daß nach befundener seiner Freyheit er sich dero ohnbehindert gebrauchen möge. Menoch. d. remed. 10 n. 35. Luc. de Penn. in d. l. si coloni q. 3. Dabey so viel die Beweisführung betrifft, zu betrachten, wie, und welcher Gestalt der sich auf seine Freyheit beruffet, zur Dienstbarkeit gebracht sey. Da befunden würde, daß die Herrschafft, darunter er die Servitut erdulden müssen, durch Gewalt, oder Argelist ihn dazu gemüßiget, ob er bereits durch die Flucht sich davon erretten wollen, ist dennoch alsdann dieselbe nicht als eine böse Anzeige, sondern der Bezwungene als ein Possessor libertatis anzusehen, darauf auch des Commodi possessionis nießhafft, so von der Beschwerden des Beweisthums ihn entlästiget. Vis ejus, qui se dominum contendit, ad imponendum onus probationis servo minime prodest, l. vis ejus ib. Jason, Bald. Sichard. & alii C. de probat. Ut quis sit in possessione libertatis, vel servitutis dijudicetur, non inspicitur, quidnam is patiatur, sed quid sine vi & dolo malo habeat, id possidere censetur, & exinde discernendum, an probare debeat nec ne, l. quod autem 10, l. igitur 12 ff. de Lib. caus. Dagegen, da nicht erweißlich, oder offenbahr, daß jemand zu der Dienstbarkeit durch Gewalt oder Betrug gebracht, muß er die Freyheit beweisen, und inmittelst nichts desto minder dem Dienstleistungen bis zu der Sachen Ausführung unterwürffig verbleiben.

Rechtliche Betrachtung auf die dritte Haupt-Frage.
Von den Ursachen und Behelffen, durch welche sich jemand wider die Abforderung schützen könne.

§. 1.
Von Erlassung der Bauers-Leute und dero Rechten.

Ob gleich einer Leute zur Leibeigenschafft in Ansprache nimmt, und der vormaligen Eigenthum, oder Possess bewiesen, seyn dennoch allezeit dieselben nicht alsofort auszuliefern und abzufolgen, sondern es kommen viel erhebliche Ursachen vor, darum in diesen Fällen die Zusprache vergeblich, und zu Disputaten erwachsen. Zuförderst hintertreiben die vorbeschriebene Actiones, und Rechts-Mittel alle Modi, und Ursachen, dadurch die Leibeigene dero Pflicht befreyet, und entweder andern Herrschafften unter unterwürffig, oder vor sich selbsten freyeigene Leute werden.

Hierunter ist der erste und vornehmste die Ab- und Erlassung der Leibeigenen. Ob zwar nach den Kayserlichen Rechten die Ascriptitii & Coloni nicht könten ohne den Grund, dem sie Dienstpflichtig, einiger Gestalt an andere veräussert werden, wie davon obgedacht worden, so ist doch die Ab- und Erlassung nicht verboten. Joh. de Plat. in l. quemadmodum num. 7 C. de Agric. & Censit. Dieselbe ist ein Recht dem Eigenthum angehörig, unde pars & nota dominii vocatur a Cothman. consil. 38 n. 60 vol. 1 & satis innuitur in l. possessoris 12 C. de Fund. Patrimon. in verb. cum fundorum domini sint. Dann weil es eine species alienationis und Entwendung eines vornehmen Antheils der Güter, so ohne Leute nicht mögen niessbar seyn, so erfordert es an Seiten des Erlassenden die Eigenthums-Gerechtigkeit, daß entweder derselbe ein Herr der Güter sey, oder von dem Grund-Herren dergleichen Macht und Gewalt erlanget, die Unterthanen ihrer Pflicht zu erlassen. Davon kein Zweiffel zu machen, wann in Pfand- oder Pension-Verträgen, die Auf- und Ablassung zugleich dem Pfand-Träger, oder Pensionario mit eingeräumet worden. Welche aber nicht weiter, dann wie es einem verständigen Haus-Wirte anstehet, sich dessen gebrauchen sollen, und Krafft solcher Vorschreibung nicht bemächtiget seyn, dadurch die ihnen übergebene Güter in ärgern und verderblichen Stand zu bringen. Civiliter enim potestas ipsis data accipi debet, a qua excipiuntur tacite, quæ in detrimentum vergunt, l. si cui 9 ff. de servitut.

§. 2.

Lehn-Leuten ist unbenommen, die zum Lehn gehörige Bauern zu befreyen.

Die so Lehens-Weise, Jure feudi, Güter besitzen, ob sie bereits den Eigenthum darinne nicht haben, als gleichwohl ihnen plenissimum Jus utendi fruendi, seu utile dominium salva saltem proprietate & reverentia superiori debita, darinne zuständig, gebrauchen sich dieselbe über die Unterthanen der Auff- und Ablassung. Menoch. Recup. Possess. remed. 10 n. 73, ubi addit hanc rationem, quod etsi vasallus ratione feudi directo Domino subsit, non tamen & ita vasalli homines eisubsint, cum homo mei hominis non sit meus dem homo, l. Modest. ff. de Donat. c. Imperialem § firmiter de prohib. Feud. alien. per Frid. unde nec a directo domino in homines vasalli jus dici, Ruin. consil. 2, 17 n. 5 l. 1. Curt. Jun. consil. 2 n. 1 & 2, nec onus aliquod imponi possit. Jac. d. S. Georg. tract. de Homag. col. 8. Oldrad. consil. 233. Dergleichen Recht wird den Emphyteutis in d. l. possessores 2 in fin. C. de Fund. Patrimon. beygeleget. Wann demnach die Güter, da die Lehenschafft, oder Emphyteusis erledigt, aufhören oder ablauffen, an die Dominos Directos wiederum gelangen, haben diese Erlassene, wo sie nicht fraudulenter dimittiret, zurück zur Bauers-Pflicht zu beruffen, keinen Fug. Ingleichen, Beamte und Verwaltere, so mit vollenkommener Macht und Gewalt über Güter gesetzt seyn, haben die Auf- und Ablassungs-Rechte, ob sie ihnen bereits nicht ausdrücklich erlaubet worden, da in ihren Bestallungen dieselbe nur nicht ausbedungen. Derowegen, wann von denen iemand erlassen zu seyn beweisen mag, hat er der Freyheit zu geniessen, oder auch die Macht, sich unter andere Herrschafften nieder zu lassen. Utilitatis enim communis causa sic receptum est, ut administratores & officiales ejusmodi censeantur habere mandatum cum libera generale. Cyn. & Bald. in l. 1 C etiam per procur. Surd. Cons. 335 n. 48. Pruckm. consil. 3 n. 111 vol. 1, quod tantumdem valet, quantum speciale in casibus, ubi requiritur, l. procur. 57 seqq. ff. de Procur. c. qui ad agendum X. de Procur. in c. 6. Bald. in l. illud § 1 ff. de Minor. Tiraq. de retr. lignag. § 1 gloss. 13 n. 23. Ideoque expedire possunt, quæ speciali mandato opus habent. Jason in l. Præses n. 7, ibi Alex. & Castr. C. de Transact. Si quæ egerint, pro actis dominorum habentur. Bartol. in l. si publican. § fin. ff. de Publican. Innoc. in c. cum dilecta X. de Rescript. qui pro male gestis contra illos actiones habent, ne vero nemo cum ipsis imposterum contrahat, & ita negotia illorum deserantur, non rescindi quod gestum ipsorummet interest.

§. 3.

Von etlichen, denen die Güter nicht eigenthümlich, doch die Erlassung zuständig.

Wenn auch ein Ehemann mit seinem Weibe Land-Güter erfreyet, weil er bey währender Ehe pro domino dotis in den Rechten gehalten wird, pr. Inst. quib. alien. lic. l. si prædium 23 C. d. Jur. dot. l. cum in fundo 78 in pr. ff eod. l. dotale 13 § 7 ff. de Fund dotal. erlauben ihm die Rechte, so lange er solvendo ist, und ohne Nachtheil der Frauen es geschehen kan, potestatem manumissionum, l. servum 21 ff. de Manumiss. l. 3 C. de Jur. dot. l. 1 l. fin. C. de serv. pign. dat. manum.

Welchen ex lege, aut voluntate dominorum solche Gewalt nicht beygeleget, haben sich auch der Erlassung zum Präjuditz der Eigenthums-Herren nicht zu gebrauchen. Darum dann derer nicht bemächtiget seyn die Vormünder, so der Unmündigen Güter in Verwaltung haben, l. si tutor 6 C. de serv. pign. dat. manumiss. l. nec fideicommissariam 6 C. qui manum. non poss. es geschehe dann mit der Unmündigen grossen und scheinbaren Nutzen. Demnach auch die alleine vor ausgeliehene Gelder Pfands-Weise die Güter innen haben, oder als Conductores vor gewisse jährliche Pensionen derselben gebrauchen, welche die Leibeigene in dem Stand, und so gut als sie von ihnen einbekommen, ausserhalb, was per casus fortuitos abgehet, wiederum zu lieffern schuldig seyn, vielweniger denen aus Gunst und guten Willen Land-Güter eingeräumet, oder ein Bauer übergeben, dessen zu seinem Nutz und Dienste zu gebrauchen, mögen sich der Erlassung nicht anmassen. l. si non 4 C. de his, qui non dom. manum. Aus solcher Consideration ist auch in den Pommerischen Land-Constitutionen und Adelichen Privilegien, bevorab in denen, so zu Wollin An. 1569 verfasset, versehen, daß ob zwar die Adelichen Jungfrauen und Wittwen bis zu Erreichung ihrer gebührender Aussteuren, und dessen, was von ihnen erweislich, den Ehemännern zugebracht,

bracht, in den Lehnen und andern Gütern ihrer Väter und Ehmanns das Jus retentionis & hypothecæ privilegiatæ haben, und Krafft dessen die Administration der Güter ihnen gelassen wird, dennoch nicht berechtiget seyn solten, die Bauers-Leute so dazu gehörig, ab- und frey zu lassen, sondern als eine Alienation und Verschlimmerung ihnen ausdrücklich verboten. Wann aber die, so nur auf gewisse Zeit und Masse die Güter innen haben, der Ab- und Uiberlassung sich unterfangen, mögen die Erlassene, so lange als jener Possess und Geniess-Brauch der Güter währet, der Freyheit geniessen, oder bey andern in Diensten verbleiben, also, daß der Grund-Herr derer sich nicht weiter, dann die Præscriptionem libertatis zu behindern, anmassen kan, nach geendigten dero Rechten und Verschreibungen muß er dem Grund-Herrn wiederum folgen, und kan sich durch jenes Erlaß und Urlaub nicht schützen, uti exemplo usufructuarii probatur ex l. 1 in fin pr. versic. sin vero gratias C. Commun. de Manumission. Resolut enim jure dantis resolvitur jus accipientis, l. grege § cum pignori ff. de pignorib.

§. 4.

Wenn die Eigenthums-Herren zur Erlassung nicht bemächtiget.

Sonsten geschicht wohl in mehren Fällen, daß auch die unstreitige Herrschafften der Güter dennoch nicht bemächtiget seyn, die Leibeigenen los zu geben. Wie dann solches denen Grund-Herren benommen, so die Bauers-Leute in ihren Besitzen und freyen Mächten nicht haben, sondern andern einmal überlassen. Illorum enim saltem est jus in- & destituendi, qui in possessione esse deprehenduntur, unde & nota possessionis habetur. Cothman. consil. 38 n. 167 vol. 3. Demnach wer seine Güter andern Pensions- oder Pfandweise übergeben, ob ihm gleich das Dominium unveruckt verbleibet, so hat er dessen nicht weiter, als er dasselbe sich vorbehalten, zu gebrauchen, darum auch über die gelifferte Bauers-Leute keine Macht, daß er wider des Pensionarii, und Pfand-Einhabers Willen, dieselbe zu seinem Nutzen weiter, als beym Contract excipiret, gebrauchen, weniger dieselbe gantz erlassen möge. Und ob solche Erlassung geschehe, hat der Befreyete derselben sich wider den Grund-Herrn zwar zuträglich zu bedienen, aber, so lange der Pfand- oder Pension-Contract währet, muß der Bauer nach wie vor dem Einhaber zu Dienste verbleiben, und nicht ehe weichen, oder der Freyheit gebrauchen, dann wann der erste Contract erlöschet, per text. in d. l. sancimus in pr. versic. sin autem proprietarius C. Commun. de manumiss. Welches aber von denen alleine zu verstehen, die zur Zeit des getroffenen Vertrags und Lieferung mit übergeben und angewiesen, andere, so darunter nicht begriffen, bleiben unter der Herrschafften freyen Disposition. Es werden auch die vor Angewiesene billig gehalten, so zwar nicht gegenwärtig gewesen, dennoch ist vermöge des Contracts der Pfand-Einhaber, oder Pensionarius von dannen, da sie anzutreffen, abzufodern befugt. Als wann ihnen, die zu den Gütern gehörige Leute verschrieben. und Macht gegeben, solche zu ihrem Dienste beyzuschaffen, alsdann die Herrschafft an denenselben kein Recht sich zuzutheilen hat.

Zuweilen mag auch geschehen, daß eine Herrschafft Bauren in Besitz und Gebrauch hat, dennoch dieselbe zu erlassen nicht befugt, weil solche andern bereits verschrieben, oder verhypothecirer worden. Dann so jemand einen Bauer-Hof mit den dazu gehörigen Aeckern und Leuten unterpfändlich verschrieben hätte, und der Gläubiger nicht verstatten wolte, daß der darauf wohnende Bauer solte erlassen, oder anders wohin verbracht werden, hat er dasselbe nicht alleine zu verwehren, sondern wenn es geschehen, darwider die Pfands-Verfolgung. Und erachte in solchem Falle, daß kein sonderlicher Unterscheid zwischen andern Leibeigenen und Knechten sey, davon in l. 3 C. de Serv. pignor. dat. manum. umständlich statuiret ist, aus welchen denn auch zu schliessen, daß solches alleine mit denen, so specialiter, und nahmentlich verobligiret, also zu halten. Wann aber generaliter, und insgemein Güter seynd zum Unterpfand, oder Hypotheck verschrieben, ist die Erlassung der Herrschafft unbenommen, es geschehe denn in fraudem der Gläubiger, zu welchem Ende, obgleich keine Pfand-Verschreibung geschehen, die Veräusser- und Erlassungen krafftlos seyn. l. 1 & tot. tit. ff. qui & a quib. manum. non lic. l. 1 & tot. tit. C. qui manumitt. non poss.

§. 5.

Von der Erlassung der gemeinen Bauren.

Wann ein Bauer vielen Herrschafften gemein ist, wie denn zum öfftern sich begiebt, fället davon eine zweiffelhaffte Frage für, ob einer ohne des andern Willen solchen gemeinen Leibeigenen erlassen könne? Darüber verschiedene Meynungen entstehen, so ich dahin gestellet seyn lasse, achte aber dafür, daß die Gemeinheit zuerst wohl zu unterscheiden sey. Dann zuweilen an einem Bauer-Hofe der eine das Eigenthum hat, der andere aber nur gewisse Hebungen, oder wenige Dienste, so aus alten Verschreibungen herrühren. Diese hindern demjenigen, so des Bauren eigentliche Herrschafft ist, an der Erlassung nichts, sondern ist nur zu allen demjenigen, so jenem dadurch abgehen würde, verbunden. Zuweilen ist des Hofes und Bauren Eigenthum vor sich gemein. Dabey vermeyne ich, daß dieser Unterscheid zu machen sey, ob die Erlassung bereits geschehen, oder annoch geschehen solle. Wann ein gemeiner Bauer von einem erlassen, bleibt er billig bey der einmal erlangten Freyheit, und kan nicht vindicirt werden. arg. l. 1 & 2 C. de Commun. serv. manum. Was aber der andere dabey an Schaden und Ungelegenheit empfindet, solches ist jener, entweder durch Wiederanschaffung eines andern so guten Bauren, oder auch durch billigen Abtrag zu ersetzen, schuldig, uti hoc in terminis decisum ap. Fabr. in Cod. l. 7 tit. 2 defin. un. Da aber die Erlassung noch nicht vollenzogen, ob zwar favore libertatis in servo communi ein anders constituiret, in l. 1 § 1 & 2 C. d. tit. achte ich dennoch bey den Bauren ein anders zu observiren, darum so lange Res integra ist, welcher der Erlassung widerspricht, und den Bauren zu den gebührenden Diensten beyzubehalten begehret, mehr, als der ihn von Handen bringen will, zu hören sey. In pari enim causa quoad usum, ad quem res destinata est, semper potior habetur causa prohibenhibentis, l. Sabinus 28 in pr. ff. Commun. divid.

§. 6.

Die Erlassung ist stricti juris und wird außer dem buchstäblichen Inhalt nicht erweitert.

Welches ietzo angezogenes nicht alleine von den Bauren, so zum öfftern von denen, die sie zu erlassen, nicht berechtiget, Verier-Brieffe mit Gelde an sich bringen, sorgfältig in acht zu nehmen, sondern auch denjenigen considerabel seyn soll, welche von solchen Leuten die Bauren an sich handeln, so dessen kein Recht haben, noch ein sicher Gewehr seyn können. Daneben aber ist auf den Einhalt der Erlassung zu sehen. Welche ist stricti juris, darum nicht leicht außer den buchstäblichen Laut zu extendiren. Ob demnach ein Bauer erlassen wird, bleiben seine Kinder, so zu der Zeit bereits in die Welt gebohren, daferne dieselbe nicht zugleich ausdrücklich mit erlassen, unter der Pflicht. Vielweniger ist aus iemands Erlassung auf dessen Bruder und Schwester Freyheit zu schliessen. Wann aber der Mann erlassen, und an andere Oerter sich zu begeben erlaubet wird, ist außer Zweiffel, daß die Frau, und dagegen, wann die Frau losgegeben, daß der Mann zugleich mit frey sey, angesehen, dieselbe in einem unzertrennlichen Bund leben, und nicht mögen in dergleichen unterschiedlichen Stand gesetzet werden, dadurch die eheliche Pflicht behindert würde. Darum, wer dem einen Ehegatten dergleichen etwas einwilliget, dem andern ob individuam vitæ societatem, solches auch vergönnen muß, Mindan. de Proceß. lib. 3 cap. 19 num. 18 & 23 in dubio auch dafür zu achten, daß dessen Meynung nicht anders gewesen. Sonst außer denen, so ein völliges Recht an den Bauren haben, kan niemand wider der Herrschafften Willen iemand seiner Bauers-Pflicht erlassen. Und ob der Kayser iemand Erlassungs-Brieffe, und Indult ertheilete, seynd dieselbe dennoch ohngültig, l. fin. ff. de Natal. restit. Zaf. lib. 1 resp. sing. 3 n. 81, ubi ait, Maximilianum Imperat. a quodam homine proprio persuaderi non potuisse, ut ei, nisi consentiente domino, manumissionis beneficium largiretur. Id enim nec sumit sibi justus Princeps, nec jus gentium naturale permittit, ut liceat alteri utut privato suum auferre.

§. 7.

Wenn den Bauren die Höfe und Aecker abgenommen, welches den Herrschafften vergönstiget, werden dieselbe frey.

Zum andern, werden die Leibeigene vor Erlassene und Befreyete gehalten, wann die Herrschafften ihnen die Höfe und Aecker, darauf dieselbe gewohnet, und davon sie gedienet, entziehen, und dieselbe entweder mit andern wiederum besetzen, oder auch zum Ackerwercke legen, und die Leute abziehen lassen. Denn als in denen an der Ost-See belegenen Provintzien die Bauers-Leute keine Bona Emphyteutica, aut censitica, oder auch an den Aeckern das Eigenthum, vel jus perpetuæ coloniæ nicht haben, sondern dieselbe der Herrschafft zubehörig, so stehet derselben auch frey, wenn es beliebig, die Bauren davon abzusetzen, die Aecker zu sich zu nehmen, und damit eigenes Gefallens zu schalten, und mag sich dagegen der Leibeigene nicht setzen, ob gleich er und seine Vorfahren darauf viele undenckliche Jahr

zu Dienste gewohnet, und gemessene Dienste geleistet hätten. Zumalen ihnen darinne keine Præscription wider die Herrschafft zu statten kommt. Husan. de Propr. homin. cap. 2 num. 30 & seqq. Cothm. resp. 42 num. 55 l. 1. Und ist im Hertzogthum Pommern, wie auch in Mecklenburg durch eine Landes-Beliebung vorgesehen, daß kein Bauer ex longissima agrorum possessione jus perpetuæ coloniæ erwerben, und sich zueignen möge. Cothman. consil. 97 n. 4 vol. 2. Dagegen aber werden die Abgesetzte frey. Dann weil die Leibeigenschafft von dem Fundo herrühret, und dieselbe dannenhero verpflichtet, weil sie, oder ihre Vorfahren unter den Herrschafften sich zu wohnen gegeben, und vor gewisse Aecker dienstpflichtig zu seyn, angenommen, so heisset es billig, quod cessante causa cesset effectus, und wann die Herrschafft die Aecker und Höfe den Leuten nicht gönnet, so muß er ihnen auch ihre Freyheit nicht mißgönnen. Davon in der Fürstlichen Pommerischen Bauer-Ordnung tit. 11 §. Es ist auch ein Unterscheid, ausführlich geordnet. Zwar hat sich bey Veränderung der nächsten Zeiten bezeben, daß zum öfftern die Grund-Herren keinen Mangel der Leute, sondern zu dero besetzten Höfen und Wesen Begierde gehabt, darum ihnen abgetrieben, und da sie dennoch mit gnügigen Dienst-Volck zu ihrem Acker-Bau versehen, abziehen lassen, ietzo aber, da das Dienst-Lohn übermäßig steiget, die Bauren beym Kriege an der Anzahl sehr geringert, suchet ein ieder dieselbe wiederum auf. Aber es ist fast unchristlich, zum wenigsten aber wider die Billigkeit, daß da zu Friedens-Zeiten den Leuten entzogen, wovon sie ihren Unterhalt nehmen sollen, und dieselbe lieber wollen abgehen lassen, dann beybehalten, nachdeme sie an andern Oertern um ein Stück tägliches Brots sich sauer werden lassen, und von andern aufgenommen, ietzo sollen an den Ort gezogen werden, da man ihrer zuvor mit gutem Willen ohnig seyn wollen. Dagegen die Bauers-Leute alleine wohl versichern kan, wenn sie erweisen, daß sie oder ihre Eltern zwar unter einem andern gewohnet oder gedienet, aber ihnen ihre Höfe eingezogen, oder da sie sich bey den Gütern zu bleiben, anerboten, abzuziehen, freygegeben. Zumalen nichts billiger seyn kan, dann, daß wer in guten Zeiten seine Leute nicht beybehalten, sie zur bösen, wenn sie ihre Condition mit ihrem Wissen einmal verändert, nicht wieder fodern, sondern denen, so sie aufgenommen und erhalten, gönnen müsse. Wer ein Stück Viehe wegtreibet, damit er nicht mehr füttern dürffe, ist nimmer so unbesonnen, daß er es hernach von demjenigen, so es angenommen und erhalten, wieder fordern dürffte, wie vielweniger solte iemand mit gutem Gewissen einen Menschen, dessen er sich durch die Absetzung begeben, wieder zurück fordern, wenn er eine Zeitlang in der Freyheit, oder auch unter andern Herrschafften gelebet hätte, da derselbe ihm nicht anders, denn zu dieser Condition verpflichtet, daß er ihn vor seine Herrschafft erkennen wolte, so lange er von ihm als sein Bauer gehalten würde, welches aber bey solcher Absetzung nicht geschiehet.

§. 8.

Die Eltern mögen nicht abgetrieben und die Kinder behalten werden.

Dieser Modus liberationis begreifft alle diejenige,

nige, so vertrieben, oder mit dem Vertriebenen mit Wissen der Herrschafft abziehen, darum nicht alleine die Eltern, sondern auch die Kinder, ja Brüder und Schwestern, welche zum Gehöffte gehören, damit daß der Grund ihnen abgenommen, erlassen seyn, und ob dessen der Herrschafft alsofort gereuete, so bald die Entsetzete einmal aus seinem Gebiete abgezogen, hat er keine Gerechtigkeit an denselben. *Semel remittentibus jura sua, non est dandus regressus,* l. quæritur 14 § si venditor 9 ff. de Ædil. edict. Papinian, 20 § 1 ff. de Minorib. l. 2 ff. ad Turpill.

Es ist auch der Herrschafft nicht frey, die Eltern ab- und auszutreiben, und die Kinder zu andern, als des Hofes, davon ihre Väter entsetzet worden, Diensten zu gebrauchen, sondern, woferne keine von ihnen bey dem Gehöffte, oder einem andern das gleich gut sey, gelassen würde, oder der Vater die Kinder nicht gutwillig lassen, oder auch diese gerne bleiben wolten, muß die Herrschafft sie dimittiren, wie an obbemeldtem Orte der Pommerischen Bauer-Ordnung solches offenbar enthalten, und vor sich billig ist. *Certo enim respectu saltem illi, quos proprios vocamus homines, devincti sunt ad servitia, nempe ratione fundi, quem colunt, unde pro glebæ ascriptis, vel colonis habentur. Quocirca adempto fundo desinet ei innexa obligatio, nec invitos detinebit, qui volens causam serviendi adimit.* Wann nun, wie öffters geschicht, die Herrschafften prätendiren, daß die Alten, so abgetrieben, erlassen, die Jungen aber behalten, und in der Leibeigenschafft verbleiben, wie solches nicht präsumirlich, muß es von der Herrschafft erwiesen werden, sonst bleibet der Angesprochene frey, und in seinem gegenwärtigen Stande.

Dieses ist aber den Herrschafften nicht unbenommen, die Bauren von einem Hofe auf den andern zu versetzen. Dann hierinn ist der Bauer der Herrschaft zu Willen zu seyn schuldig, und weil er Wohnung und Aecker, davon er sich erhalten, und Dienste leisten kan, wiederum bekommt, hat er sich frey zu machen keine Ursache.

§. 9.
Wann durch Erb-Schichtungen die Bauern frey werden?

Vors dritte, wann bey einem Bauer-Wesen Erb-Schichtung, so Species cessionis bonorum ist, muß gehalten werden, und darauf die Herrschaft die Hoffwere, so sammt andern derselben Schulden, die Priorität vor andern Creditoren hat, zu sich nimmt, auch den Creditoren das ihrige fort zutheilet, darüber der Bauer genöthiget wird, seine Zimmer und Hof zu verlassen, und davon zu ziehen, daßselbe ihm auch verstattet wird, ist ausser Zweiffel, daß nicht weniger als im vorigen Falle, also auch der in diesen vor der Herrschaft hingelassen wird, hernach sich der Freyheit zu gebrauchen, oder auch unter andern sich nieder zu lassen, und diese ihn auf gethane Pflicht als ihren Leibeigenen hinfüro zu halten, berechtiget seyn. Zumahlen eine Herrschafft zustehet, die verarmete Bauren aufzuhelffen, und da solches nicht geschiehet, und dieselbe sich nicht bergen mögen, es ihnen nicht verdencken kan, daß sie sich an andere Oerter begeben. Und als in neulicher Zeit dergleichen Casus allhier vorgekommen, so nach obgesetzter Meynung abgerichtet, das eine Theil aber

Jurist. Oracul V Band.

den Bescheid Leuterando angefochten, ist von der löblichen Juristen-Facultät zu Rostock derselbe als den Rechten gemäß, und wohl gesprochen, bestätiget worden.

So vielmehr aber ist solch Vornehmen an stat der vollkömmlichen Erlassung oder Absetzung zu schätzen, wann die Herrschafft des verarmeten Bauren Aecker und Höfe alsofort zu sich nimmt, und sein Abziehen geschehen lasset.

§. 10.
Ob, und wenn den Bauren die Auffsage zuläßig?

Zum vierten ist an etlichen Orten die Dienstbarkeit also beschaffen, daß dieselbe mag auf- und losgekündiget werden. Zumahlen in Ober-Teutschland, bevorab Hessen und Thüringen gantz gemein und gewöhnlich, daß, wenn die Pflicht nur ratione certi fundi geleistet wird, jemand gegen Abtretung der Aecker und Gründe, auch Hinterlassung so viel Häupter Vieh als er empfangen, welches Eisern Vieh genannt wird, eigenes Beliebens abziehen könne, und dadurch frey werde. *Id quod dubium non esse putat Husan. in tract. de propr. hominib. cap. 8 n. 1 & 2, si obligationis sit realis, puta si propter concessionem prædii, de quo nunc iterum domino cedat, factus sit homo proprius, nec juraverit, se non contraventurum.* In denen Nieder-Sächsischen Oertern aber, da nicht blosser Dinge wegen gewisser Aecker, sondern daneben die Personen vor sich als Leibeigene gehalten werden, seynd solche Renunciationes und Loskündigungen nicht zuläßig, sondern so lange der Herrschaft den Bauren nicht vertreibet, muß er nolens volens in Dienst und Pflichten bleiben, wie dann solches im Hertzogthum Stettin-Pommern also gehalten wird. Daß in Mecklenburg ein gleiches observiret werde, bezeuget Husan. d. c. 8 n. 7.

Im Fürstenthum Rügen, da den Bauren mehr Freyheit gelassen wird, ist üblich, daß, wann ein Bauersmann seiner Herrschaft drey andere tüchtige Wehrs-Leute vor, und einen daraus in seine Stelle zu wehlen, frey stellet, er dadurch befreyet werde, die Herrschaft auch einen davon anzunehmen, und jenen zu erlassen schuldig sey. Solches aber wird anderswo also nicht gehalten, wiewohl billig zu seyn scheinet, daß wenn zu unverworfflicher Erstattung ein anderer Bauersmann präsentiret wird, und dessen Gelegenheit den vorigen gantz gleich, oder auch wohl besser ist, daß die Herrschaft denselben annehme, und jenes sich begebe, dessen Verwiederung dann eine mera malitia seyn würde, *cui judex neutiquam indulgere debet,* l. in fundo 38 ff de rei vindic. l. fin. C. per quas person. acquir. *quod enim nobis non obest. aliis prodest, nolle admittere malignum habetur.* Wann nun jemand einen andern angenommen, und dafür seinen Leibeigenen erlassen, geniesset dieser seiner völligen Freyheit, und obgleich der substituirte hernach entliesse, oder sonst unnütz würde, ist er nirgend zu verbunden, weniger unter vorige Bauers-Pflicht zu beruffen, *per text. expresse in l. 1 C. de Serv. Reipubl. manumit. ubi Gordianus sic sancit: Non ex eo, quod is, quem dederas vicarium, in fugam se convertit, jugo servitutis, quod manumissione evasisti, iterato cogeris succedere.*

P p p

§. 11.

§. 11.
Durch den Grund-Gang der Höfe werden die Bauren frey.

Zum Fünften, werden die Leibeigene befreyet, wann die Höfe und Aecker durch Wasser-Fluten, oder andere Zufälle gantz verdürben und untergiengen, Husan. d. cap. 8 n. 17 ex Jacobin. de Royd. n. 44. Welches doch meines Erachtens nicht weiter gilt, als daferne die Herrschaften, denen sie auch ihrer Person halber verbunden, sie an andern Orten zu versorgen, unterliessen. Dann da dieselbe in andern dero Gütern solcher benöthiget wären, würden sie sich davon nicht loswircken können. Also auch, wenn die Aecker gantz unfruchtbar werden, daß davon sich der Leibeigene nicht erhalten möchte, die Herrschaft ihm auch keine Hülffe hierinne bezeugete, wird in solchen Fällen der Abzug verantwortlich geachtet, darum der Entwichene nicht wieder gefolget, noch ex l. si coloni C. de Agric. & censit. der geschwindere Proceß verstattet, Luc. de Penn. in d. l. si coloni quæst. 16. Menoch. recup. possess. remed. 10 n. 39, ubi ait, si ob sterilitatem, vel alia justa aliqua ex causa coloni non possent inhabitare loca dominorum, ea juste queunt deserere.

§. 12.
Durch die Säviz der Herrschaft werden die Unterthanen von ihrer Dienstbarkeit befreyet.

Sechstens, wann eine Herrschaft seinen Unterfassen so tyrannisch, unmenschlich oder grausam hanthieret und gehalten hätte, daß er seines Lebens Gesundheit, Wohlstandes oder Habe bey ihm nicht sicher wäre, wird recht und billig zu seyn vermeynet, daß er desselben verlustig, und der so übel zugerichtete von seiner Jurisdiction und Gewalt frey werde. Quam sententiam tenent Husan. d. c. 8 n. 22. Fab. in l. un. C. de Offic. Comit. Sacr. Pal. Gail. 1 Obs. 17. Guid. Pap. decis. 62. Thom. Grammat. decis. 104 per tot. Quia enim reipublicæ utile est, ne quis re sua male utatur, § in potestate Inst. de his, qui sunt sui vel alien. existimatum est abusum mereri omissionem juris sui, l. 3 C. locat. l. jubemus 14 Auth. qui rem C. de SS. Eccl. l. hoc amplius 9 § fin. ff. de Damn. infect. l. cognovimus 3 C. de mancip. & Colon. Nullum vero esse fœdiorem, minusque tolerandum, quam qui exercetur nimia sævitia in homines, inter quos naturalis cognatio est, l. ff. de Just. & Jur. Ideoque multis casibus receptum, ut propter illam homines inhumani orbentur humanis juribus, veluti imperantes potestate in subditos, judices jurisdictione, l. un C. si quacunque præd. potest. Gail. d. c. 7 n. 4. Domini feudi jure in vasallos, Jas. in Prælud. feud. n. 96 Vasq. illustr. controv. 8 n. 17 & seqq. l. 1, vasalli feudo, Mynsing. 5 Observ. 8 n. 3. Zas. in Epit. Feud. n. 545, parentes potestate patria, l. Divus ff. parent. manum. Patroni jure in libertos, l. fin. in fin. C. de Bon. libertor. maritus sociali convictu uxoris. Schneidew. in Instit. tit. de Nupt. rubr. de Divort. § quæ sint caus. divort. n. 17 & seqq. Schurff. cons. 42 cent. 1, Emphyteutæ emphyteusi, l. jubemus 14 Auth. quæ rem C. de SS. Eccles.

§. 13.
Wie zu verfahren, wenn die Bauren über Säviz klagen?

Wann und wie die Herrschaft aus ietzo besagter Ursache seines Rechtens an dem Bauren sich entöhnige, bedarf guter Bescheidenheit. In Anmerckung, daß im Fall den Bauren wider ihre Obrigkeit der Rücken zu zeitig, und viel gesteiffet würde, sie dadurch sich des Gehorsams gantz zu entbrechen, balde, und liederlichem Vorwenden, Gelegenheit suchen, ja Rebellion und Aufruhrs endlich unterfangen dörften, zumalen sie Natura queruli, und fast vor eine Sünde achten, wenn sie gutwillig gehorsam seyn, ja vielmalen auf GOtt zürnen, daß sie von ihm dienstbar gemachet werden. Darum die Alten also dieselbe beschrieben:

Ungentem pungit, pungentem rusticus ungit. Item:

Rustica gens optima flens, pessima ridens. Wie unsinniger nun dieselbe von dem Stand der Obrigkeit halten, ie weniger ist ihnen Anlaß zu geben, denselben zu vernichten, oder sich davon zu befreyen. Dagegen, weil es gleichwohl Menschen seyn, so nach GOttes Ebenbilde erschaffen, und zum ewigen Leben (da wir alle gleich seyn werden) erwehlet, ist nicht zu verantworten, wenn sie unmenschlich, und ärger denn die Hunde tractiret werden. Darum diejenige, die vermeynen, daß die Bauren kein Recht haben müssen, wann sie ihre Gewalt zur Säviz mißbrauchen, auch wohl einzubinden, bevorab, da unter denen offtmals gefunden, so von einem Bauren viel weniger, denn einer Bestie halten, einem Hunde lieber das Brot als jenem gönnen, und dahin trachten, wie alles ihr Vermögen sie zu sich ziehen, und Ubermuth anwenden mögen. De quibus sic scribit Angelus in l. Sanc. C. de Pœn. quod semper hominibus suis sunt infecti, & pleni avaritia, quam de die cogitant, de nocte somniant. Darum auch, obgleich iemand über die gräusame Gewalt, so er unter dem Dienst-Joch leiden muß, nicht klagete, weil er etwa aus Furcht ärgern Tractaments nicht klagen dörffte, gebühret dennoch der hohen Obrigkeit, Amts halber darauf zu sehen, und zu verhüten, daß wider unschuldige Leute nicht zu sehr tyrannisiret werde. l. illicitas 6 § ne potentiores, ff. de off. præsid. Grammat. d. decis. 104 n. 15. Gail. d. Observ. 17 n. 7 in fin. & 2 Obs. 62 n. 15 scribit: Cavendum, ne illud liberum domini arbitrium in tyrannidem & Cyclopicam sævitiam abeat, & ita subditi assiduis operis, angariis & parangariis graventur, ut non suppetat eis tempus se suosque alendi, id si fiat, vel ex officio superior providere & oportunum remedium adhibere debet. Hanc pauperum hominum defensionem magnam apud Deum Eleemosynam esse scribit Bald. in d. § ne potentiores.

§. 14.
Welches pro sævitia zu achten?

Es wird auf vielerley Weise solche unzuläßige Säviz gegen die Dienst- und Bauers-Leute verübet, und erzehlen die Rechts-Gelehrten nachfolgende Species, wann einer seine Leute mit tödtlichem Gewehr, ob sie bereits Landgebräuchlicher Straffe würdig, gewaltsam überfähret, verwundet, mit unmäßigen Schlägen tractiret, um wenigschätzige Sachen mit harten Gefängniß beleget, ohne Ursache in Helden, Schlossen, Hafften und andern Instrumenten affligiret, neue ungewöhnliche, oder unerträgliche Onera und Exactionen aufbürdet, mit neuen, oder

gar

hat zu gestrengen Strafen züchtiget, mit ungemessenen, unerträglichen Frohnen und Diensten belästiget, dahin, daß er ihre Güter und Habe an sich bringe, trachtet, Gail. d. Obs. 17 n. 1 & seqq. oder ihnen von den Diensten so viel Zeit nicht überlässet, daß sie des ihren abwarten, und so viel erwerben mögen, davon sie sich, oder die ihrigen unterhalten könten, Gail. 2 obs. 62 n. 16 in fin. der Bauren Weiber oder Kinder gewaltsam schändet, in Summa, in Strafen, Diensten, Anlagen, Exactionen, dasjenige aufdringet, was wider Recht, Fug und Billigkeit ist, auch der Bedruckte mit seinem Vermögen nicht lang ertragen mag.

§. 15.
Von den rechtmäßigen Zwang-Mitteln wider die Bauren.

Dahin nicht gehöret, was die Herrschaft zu Erhaltung des Gehorsams und schuldigen Dienste, auch verdienter Bestrafung der Unthaten vornimmt. Dann in Rechten wohl erlaubet, auch zum gemeinen Frieden höchstnöthig, daß die Bauren zur Gebühr in Zwang und Furcht gehalten werden. Habere dominium liberam potestatem ascriptitium suum castigatione moderata corrigere, Imper. in l. fin. C. de Agric. & censit. ait. Darum die Herrschaften bemächtiget dieselbe mit Pfändungen, tanquam ordinario contumaciae remedio, so lange zu belegen, bis sie zu ihren Diensten sich gehorsamlich anschicken. Gail. d. observ. 17 n. 8. Coler. de Process. executiv. part. 1 c. 3 n. 156 & seqq. Sixtin. de Regal. lib. 2 c. 13 n. 64. Da auch solche nicht helffen wollen, in Landgewöhnlichen Gefängnissen, Schlossen und Haften zu halten, auch mit mäßigen Schlägen zu coerciren, Auth. ad hoc ib. Bald. C. de Latin. Lib. toll. Borcholt. Cons. 9 quæst. 5 lib. 1, oder da sie gar nichts gutes thun wollten, zu bezwingen, daß sie ihre Güter verkauffen, und an andere Oerter weichen müssen. Berlich. Pract. Conclus. 9 n. 40 part. 2. So seynd auch dieselbe wegen habender Jurisdiction und Gebiets berechtiget, dero Unthaten härter abzustraffen. Grammat. d. decis. 104 n. 6. Und soll darinne, wo nicht graves & notoriæ causæ vorkommen, die höhere Obrigkeit niemand leicht behindern, noch mit mandatis sine clausula von rechtmäßigen Zwang-Mitteln abhalten, damit die Unterfassen nicht zum Muthwillen dadurch mehr gereitzet, oder in der Obstination bestärcket werden, Reichs-Abschied de Anno 1594 § So soll auch. Gail. d. Obs. 17 n. 8 in fin. Mindan. de Mandat. lib. 2 cap. 13. Wann auch iemand der versicherten Meynung ist, daß er nichts dabey vornehme, als was recht und verantwortlich, hat er sich vor etwa auskommenden Inhibitionen nicht zu fürchten. Borcholt. d. cons. 9 quæst. 1. Decius cons. 103 n. 1. Und obgleich dabey ein wenig der Modus excediret würde, wann es nicht zu beschwerlich und gantz unverantwortlich, ist darum tanquam ob sævitiam nicht zu verfahren, sondern es hat sich iemand zu imputiren, der die rechtmäßige Straffe verdienet, und zum hefftigern Eifer und Excess Anlaß gegeben. Sonst wird auch vor dergleichen Sävitz, darum die Leibeigenschafft verlohren, nicht gehalten, was dem Leibeigenen von andern wiederfähret, obschon die Herrschaft denenselben Schutz zu halten, oder Recht zu verhelffen, unterliesse, sintemahl es einhellig von den Rechts-Gelehrten

Jurist. Oracul V Band.

lehrten verneynet wird, daß die privatio juris pœna commissionis ist, darum ob culpam in omittendo niemand des Seinigen verlustig werde. Cum omissio officii longe mitius delictum sit, quam commissio perniciosi vitii. Gail. 2 de Pac. publ. cap. 6 num. 2. Quo circa putatur eos, qui hominibus suis justitiam denegant, vel oppressos non adjuvant, jurisdictione quidem non privari, aut potestate justa exui, si tamen isti apud superiorem de omissa defensione conquerantur, non modo injungendum, ut defendant, sed etiam condemnandos ad damna, quæ subjecti inde fuerint perpessi. Nov. 80 cap. 7. Jacobin. de Royd. num. 46. Bald. in l. omnes, & Auth. statuimus C. de Episc. & Cleric. Grammat. d. decis. 104 num. 9.

§. 16.
Ob und wenn ein Bauer wegen empfundener oder besorgter Sävitz entweichen, oder auf die Freyheit sich beruffen möge?

Der Proceß, so wegen der Herrschaften Sävitz, und unbarmhertzigen Handlungen zu Erreichung der Libertät vorzunehmen, ist nach Unterscheid derselben verschieden. Dann hiebey zuförderst in acht zu haben, ob die Sävitz und Tyranney, darüber geklaget wird, der Beschaffenheit, daß solche gantz unleidliche Gefahr Leibes, Lebens, und andere unverbesserliche Schaden bey sich habe, und dieselbe länger nicht möchte erduldet werden, auch hernach, was daraus entstunde, nicht zu verbessern. Oder aber, so gar übermächtig nicht sey, gleichwohl in die Harre unerträglich und zu schwer fallen würde. Beym ersten Fall ist ausser Zweiffel, daß nicht alleine die Leibeigene dannenhero ihre Freyheit zu suchen berechtiget, und den Herrschaften billig ihr Recht an denenselben aberfannt wird, sondern auch vergönnet sey, ihre Beschwer öffentlich anzuzeigen, und davon zu gehen, l. un. verb. confestim contestatione proposita cum sua suorumque domo jurisdictionem ejus evitare C. si quacunque præd. potest. Zumalen denen nicht zu verargen, wenn sie aus Furcht gestrenger Proceduren, sich heimlich davonmachen, und an andern Orten oder Gebieten Sicherheit suchen, l. quid sit 17 § item apud 3, l. bovem 43 § qui ad amicum 1 ff. de Ædilit. edict. ubi pater eum, qui ob immoderatum usum vel sævitiam fugit, non haberi pro fugitivo. Menoch. recup. possess. remed. 10 n. 83. Dannenhero die Herrschaft alsfort hinwiederum dieselbe ab- und zurück zu fordern, nicht befugt, sondern exceptione atrocis sævitiæ, & ob istam amissi dominii hintertrieben wird, arg. c. liter. § fin. x. de Restit. spoliat. Luc. de Penn. in l. si coloni quæst. 12 C. de Agric. & Censit. Unde d. l. coloni, de cujus remedio supra actum est, in tali casu locum non habebit, ideoque nisi prævia cognitione nec restitutio fiet. Menoch. remed. 10 num. 86. Gail. d. observ. 17 num. 4. Und ob zwar sonsten verboten und strafbar, fremde Unterthanen an sich, und wider ihre Ober-Herren in Schutz zu nehmen, Reichs-Abschied Anno 1529 § wie auch Chur-Fürsten R. R. de Anno 1545 in pr. l. 2 C. ut nem. rustic. alt. in patroc. So mag dennoch bey befundener nothdringlichen Ursache des bedrängten und übel gehaltenen Leibeigenen Abscheides niemanden verübelt werden, daß er denselben annehme

und vertrete. Thom. Michael. de jurisdict. concl.
138. Thoming. consil. 13 n. 43 & seqq. Welches gleichwohl nicht anders zu verstehen, dann soferne die Sävitz und verübte auch besorgte Grausamkeit offenbar oder leicht, und mit kurtzen erweislich. Dann wann dieselbe von der Herrschaft geleugnet, und darzu weitläufftiger Beweisthum erfordert würde, mag der Entwichene mit Fug sich nicht verwiedern, noch von iemand aufgehalten werden, auf
geleistete sichere Caution, daß er über Gebühr nicht
solle beschweret, oder übel tractiret werden, an den
Ort, von wannen er abgeschieden, sich wieder zu begeben, per d. c. liter. § fin. x. de restit. spoliat.
Zumahlen darum, daß der Bauer über seine Herrschaft sich zu beschweren, er nicht fort seiner Pflicht
sich entziehen, sondern zuerst darüber bey dem Richter klagen, und rechtlichen Behör und Entscheides
erwarten soll, per l. cum satis C. de Agric. &
censit. Menoch. d. remed. recup. 10 num. 88.
Dann von Seiten der Leibeigenen Beweis der beklagten Sävitz zu erfordern, l. 1 verb. adeat judicem, & facinus comprobet C. in quib. caus.
col. cens. dom. l. pen. § 1 verb. si hoc approba-
tum C. de Agric. & censit. Pro domino enim
contra illos stat præsumptio, quod recte & rite
suo officio funguntur, l. 1 C. de Offic. civil.
jud. Alciat. in 3 reg. princ. præf. 6, intra fines
suos se continent, c. dilecto x. de offic. Archid.
& ab illicitis exactionibus abstinent, l. meminerint C. und. vi. Ideoque superior ante istam
probationem domino nec inhibere, nec eum ad
aliquid condemnare debet, Stam. de Serv. Pers.
l. 3 c. 34 n. 4 in fin. Darum auch bey dem andern obgedachten Falle, wann die Sävitz und Wüten wider die unschuldige Bauers-Leute nicht sogar
schrecklich und gefährlich, daß dieselbe zu Verhütung dero äußersten Verderbs zu entgehen, gezwungen werden, sollen sie nicht erst zur Flucht greiffen,
sondern zuvorher bey ihrer Herrschaft höhern Obrigkeit klagen und Schutz suchen, vid. l. cum satis 33
§ 1 verb. nulla nec tunc licentia concedenda fundum ubi commorantur relinquere C. de Agric.
& censit. Von dannen erst der Beklagte zu verwarnen, und wann die vorige unrechtmäßige Handlungen nicht bescheiniget, oder sonst von denselben
härtere und eifrigere Proceduren besorglich, bey Androhung ernster Strafe einzubinden, sich gegen die
Unterfassen mildiglich und bescheiden zu bezeigen, sie
auch mit ungewöhnlichen Dienst, Straffen, oder andern Beschwerden nicht zu belästigen. Daneben
aber dem Kläger anzufügen, seine Klage, daferne er
auf Befreyung solche anstellen würde, zu beweisen.
Ad hoc enim, ut dominus propter sævitiam jurisdictione privari possit, requiritur 1) monitio,
2) pœnæ privativæ comminatio, 3) contumacia
rei nolentis parere. Borcholt. de Feud. p. 10
n. 55. Cravett. consf. 6 n. 108. Sic enim non
modo æquum, sed & praxi receptum est, ne
prætextu afflictionum effugia hominibus natura
ad querelas & provocationes pronis præbean-
tur, ab admonitione prius incipi, & deinde in
facti circumstantiis inquiri. Gail. d. obs. 17 n. 14.
Mynsing. 5 obs. 8. Bald. in c. 1 § public. de Pac.
tenend. Requiritur a nonnullis trina admonitio, antequam ad privationem perveniatur.
Jason in Auth. Statuimus C. de Episc. & Cler.

Sed id arbitrio judicis relinquendum, qui pro
ratione circumstantiarum & securitate de sævitia
conquerentis providebit necessitati, ne & in
periculo sit rusticus, nec iniquis querelis da-
mnisque operetur dominus. Da nun auf geschehene Ausführung erschiene, daß die Sävitz und
Grausamkeit unmäßig, und darüber der Kläger sich
zu beschweren befugt gewesen, so wird der zu sehr
gepreßte Unterthan billig los erkannt, und hat der
Beklagte sich selbsten beyzumessen, warum er seiner
herrlichen Gewalt so sehr mißbrauchet. Welches
dennoch dahin nicht zu deuten, daß auf iede Beschwerde ein Leibeigener sich loswircken könnte, sondern alleine von denen unleidlichen Pressuren und
Crudelitäten zu verstehen, welche Leib, Leben, alle
Haabe und Güter betreffen, und dabey ein Bauer
seinen Unterhalt nicht haben könnte, sondern gantz verarmet, oder ungesund und presthaftig geworden ist.
Die übrigen seynd zwar strafwürdig und zu beklagen,
auch darüber bey der höhern Obrigkeit die Remedirung zu suchen und abzulangen, aber nicht ohne Unterscheid zu der Losmachung der Leibeigenen erheblich.
Darum bey solchen Fällen nichts mehr als die Ersetzung der erlittenen Schaden, und inskünftige die
Versicherung wider alle Gefahr von dem Richter
erkannt und angeordnet wird, der Bauer aber bey
seinem Stande und Diensten bleiben muß, ex præ-
scripto l. cum satis 23 § 1 C. de Agric. & censit.
Jacob. de S. Georg. de Royd. num. 80. Stamm.
de Servit. person. lib. 3 c. 36 num. 24.

§. 17.

Wem die Cognition wegen der geklagten Sävitz zuständig?

Wann die Leibeigenen wegen der zugefügten beschwerlichen Aufflagen, Plagen und Betrübnissen
entwichen, so lange dieselbe sich nicht unter einet andern Botmäßigkeit nieder gelassen, daferne die Sævitia nicht ansehnlich und offenbar, müssen sie bis zu
mehrer Ausführung an den Ort, von dannen sie sich
eigenwillig begeben, wieder zurück kehren, können
aber immittelst bey ihrer Herrschafft Ober-Herrn
Schutz und Recht suchen. Ein ander mag sich solches Prætextes nicht anmassen, noch der Herrschafft
hierinne vorgreiffen, weniger die Cognitionem in
puncto sævitiæ an sich ziehen, so alleine der Obrigkeit, darunter der Bauer samt seinem Herrn gesessen, tanquam judici competenti zuständig. Wann
aber der Entwichene an andern Orten bereits wohnhafft, und die Herrschafft auf den Abschied eine Zeitlang in Ruhe stünde, daß er sich einem andern unterthänig machen können, dürffte er nicht so fort aufstehen und folgen, sondern da er bey der Abforderung, und deswegen angestellten Zusprache, exceptionem amissi ex sævitia dominii, aut liberationis vorwenden würde, ist es in diesem Fall nicht
anders zu halten, als obgedacht bey andern Vindicationen, dabey die opponirte Exceptiones zu desselben Richters Erörterung stehen, für welchen die
Abforderung geschiehet.

Zum Fünfften, wird vermeynet, wann eine Herrschafft seinen Bauren in seinen Nöthen nicht be-
hülff- oder beförderlich ist, sondern derselbe daraus
zu kommen, sich an andere Oerter begeben, oder
auch bey andern Leuten Hülff und Unterschleiff suchen muß, er hernach denselben wiederum zu voriger
Dienstbarkeit abzufordern, nicht befugt, der Bauer
aber

über frey, und worunter er sich begeben, näher zu demselben berechtiget sey. Ita enim de servis constitutum, ut qui ægrotantes, vel alio malo laborantes ejecerint, aut non curaverint, dominium amittant, tanquam si pro derelicto habuerint, l. servo 2 ff. qui sin. manumiss. ad libert. l. un. § sed scimus 3 C. de Latin. Libert. tollend. Novell. 22 cap. 12, ubi in fine additur, non imposterum inquietabuntur ab iis, qui possidere eos olim odio habuerunt. Ita & si quis servo alimenta debita negaverit, alibi eum ali passus, vindicatione carere responsum, in l. fin. ff. pro derelict. Qui enim pereuntem contempsit, suum dicere non poterit, l. 2 C. de Infant. exposit. Unde & argumentum ducitur, quod si neglectus servorum privat dominio, multo magis liberorum hominum, qui licet proprii sint aliorum, minus tamen leviusque quàm servi apud Romanos devincti. Nec caret ea sententia rationibus, ut enim rusticus domino ad serviendum, sic dominus rustico ad auxiliandum in inopia & necessitatibus obligatus est. Unde si hic non reddat vices subdito, eumque à periculis conservare studeat, meretur domini nomen amittere. Bald. consil. 439 vol. 3. Grammat. decis. 104 n. 14. Præterea qui non præstat, quæ debet, permittit vero abire rusticum, ut alibi sibi necessitates quærat, pro derelicto habere eum intelligitur, idcirco revocationis jure caret, d. l. fin. ff. pro derelict.

§. 18.
Ob und wenn wegen versagter Hülffe und Zuschub in den zustossenden Nöthen ein Bauer sich der Dienstbarkeit entziehen möge.

Solche Fälle, da aus Noth und Armuth sich Bauers-Leute haben an andere Oerter begeben müssen, haben sich zu diesen noch währendem Krieges-Zeiten vielfältig begeben, und massen sich etliche an, denenselben vorberegtes Recht zu appliciren, darum die, so ihren Unterhalt anderswo suchen müssen, sich auf ihre Freyheit beruffen, die aber, so solche vertriebene Leute in Dienste und Pflicht angenommen, die Abfolge verwiedern, und darüber in diesen und benachbarten Ländern Streit und Disputaten sich erhoben. Ob, und wie weit solches zu Rechte stat finde, mag aus denen Requisitis geurtheilet werden, welche die Gesetze und Vernunfft darzu erfordern, daß wegen der nicht geleisteten Hülffe und Rettung jemand sich an andere Oerter begeben müssen. Darunter dann zuerst vonnöthen, daß die Noth und Ungelegenheit, welche einen Bauren betrifft, so groß und unvermeidlich, daß derselbe sich unter seiner Herrschafft Gebiete nicht länger füglich und erträglich behelffen und erhalten können, sondern anderswo Zuschub und Mittel zu suchen gezwungen. Dann so lange er sonst sein Hinkommen haben mögen, geschiehet der Abzug nicht aus Noth, sondern aus freyem Willen, und hat sich jemand über die Herrschafft zu beschweren keine Fug und Ursache. Zum andern, gehet solches auch nicht weiter dann auf die Nöthe, in denen die Herrschafft ihnen Hülffe, Beystand und Rettung zu bezeigen, schuldig ist, dergleichen seynd die Verschaffung nothdürfftigen Unterhalts, Beschirmung wider fremde Gewalt. Darunter aber nicht gehörig, wann jemands Bauren anderswo einer Missethat beschuldiget, und in Hafft gebracht seyn, ob alsdann die

Herrschafft seiner sich nicht annehme, sondern es zur eigenen Verantwortung hinliesse, ja, ob er gleich seinen Unterthanen an dem Ort, da er delinquirt, welches er nicht schuldig wäre, abfolgen liesse, er aber hernach absolvirt würde, ist er darum der Leibeigenschafft nicht verlustig, l. servus 13 ff. de Stat. hom. Drittens, ist auch darauf zu sehen, ob die Herrschafft in den zustossenden Nöthen sich des Bedrängten und Geklagten anzunehmen bemittelt sey, oder wegen des bekannten Unvermögens es müsse wider seinen Willen anstehen lassen, und dazu kein Mittel erfinden könne, oder welches erhaben möchte, nicht muthwillig hinlasse, d. l. un. § sed scimus 3 verb. cum ei erat libera facultas, ex verb. quo poterat modo eum adjuvare C. de Latin. libert. toll. Impossibilium nulla est obligatio. Dann vors vierte, daß er darüber geschehen lasse, daß sich sein Leibeigener an andere Oerter begebe, und vor sich selbsten, oder bey andern Hülff, Trost und Rath suche, und dabey sub conditionem libertatis, vel alieni domini gerathe. Id enim requiritur, ut adversus discedentem super dominio amittatur voluntas, uti habet, d. Novell. 22 c. 12, seu ut pro derelicto haberi videatur, d. l. 2 ff. qui sin. manumiss. Quare ad minimum tale quid requiritur, factum vel omissum, unde colligatur, maluisse servum sibi vel alii relictum, quam à se ex debito adjutum. Wann nun die Krieges-Läuffte dagegen gehalten und examinirt werden, befindet ein jeder, der nicht immittelst im Priester-Johannis-Lande gelebet, und was Krieg bedeute in etwas erfahren, daß die Noth so schwer gewesen, daß niemand sich selbst von dem Ruin, Plünderung und Verheerung salviren können, darum auch seinen Leuten zu Hülff zu kommen nicht vermocht, wie gern er auch gewollt, sondern alles müssen über sich und die seinigen ergehen lassen, darüber niemahls gethan, dadurch mit seinem Willen er sich seiner Leute begebe, oder andern überliesse, zumahlen was ergangen, die unumgängliche Noth erzwungen; Aus welcher der Bauer sich seinem Herrn zum Nachtheil der Freyheit nicht anmassen, noch ein ander aus der zur Gnüge sonst betrübter Leute Schaden und Unglück mit Vorenthaltung dessen unterlassenen Unterthanen bereichern soll. So viel weniger, wie mehrmahlen geschiehet, die Herrschafften nicht wissen oder erfahren, wo ihre Unterthanen hingeflohen. Cum naturæ & juri adversum sit, aliquem cum alterius damno locupletari, l. cum hoc ff. de condict. indebit. multo magis immane & iniquum ex alienis calamitatibus & damnis lucra quærere. Dannenhero sind die Umstände allhie reifflich zu betrachten, und da ferne vorbemeldte Requisita nicht anzutreffen, cessiren die darauf begründete Rechte. Gleichwohl aber ist hieben anzumercken, daß, ob schon die Abforderung stat habe, dennoch da der Abschied aus Noth geschehen, die Entwichene nicht pro fugitivis zu achten, auch dergleichen Processus, wie wider dieselbe erlaubet, alsdann nicht stat haben.

§. 19.
Was eine Herrschafft seinen Unterthanen zum Auffenthalt zu leisten schuldig?

Es träget sich zuweilen zu, daß Bauers-Leute bey ihrer Herrschafft, nachdem dieselbe die Güter wieder besitzen, und in etwas gebauet, sich angeben,

und

und ihre vorige Höfe und Oerter beziehen wollen, dabey die vorhin gehabte Aecker, Hoffwehre und andern nöthigen Zuschub begehrende, solches aber die Herrschafften verweigeren, und darum dieselbe wiederum weg, und an andere Oerter sich begeben, da wollen nach etlichen Jahren dieselbe wieder gefordert werden, und entstehet die Frage, ob sie nicht frey seyn. Dann ich der Meynung gelebe, daß, wenn die ietzt erzehlte Umstände concurriren, den Bauren sie selbst nicht helffen können, oder wollen, dennoch dieselbe gleichwohl weggehen, und andern zu Dienste gelassen, solche pro derelictis zu achten, angesehen, obzwar die Leibeigene dienstpflichtig, und eigenes Gefallens nicht abziehen können, dennoch, weil auch die Herrschafft ihnen in ihren Nöthen beyzuspringen, verbunden, wenn sie einmahl wegen nicht geleisteter schuldiger Hülffe sich weg begeben, also nach Belieben nicht revociren können. Wer das eine, so er schuldig, nicht thun will, muß das andere, so darauf erfolget, leiden und gut heissen: Zumahlen im widrigen ein Bauer viel elender und geringer wäre, dann ein unvernünfftiges Thier, welches frey wird, wenn es von seinem Herrn ausgetrieben, oder nicht unterhalten wird. Es seynd auch sonsten die Herrschafften ihren nothleidenden Bauren Unterhalt zu schaffen, verbunden. Etsi enim regulariter tradi solet, rusticos subditos operas suo victu præstare debere, arg. l. suo victu 18 ff. de Oper. libert. Jacob. de S. Georg. de Royd. n. 6. Guid. Pap. decis. 217 & 472. Zas. lib. 1 singul. resp. c. 3 n. 84. Id tamen cessat, vel ex consuetudine provinciæ, aut ex conventione, Joh. Ferrar. Montan. lib. 6 de feud. c. 3. Husan. de propr. hominib. c. 6 n. 92, vel ex rusticorum inopia, qui si tam pauperes sunt, ut nisi alantur, operari non possint, dominus ad alimenta tenetur. Zas. d. l. n. 56. Apostol. ad Guid. Pap. decis. 217. Da nun die Herrschafften die Nothdurfft ihren Unterthanen zu reichen verweigerten, und wegen Mangel dieselbe an andere Oerter abziehen müsten, seynd sie nicht weniger dero Pflicht entfreyet, als wenn sie abgetrieben werden. Bapt. Portan. in tract. de Aliment. c. 11 n. 1 & 2. Coler. in tract. de Aliment. lib. 2 c. 5 n. 36. Und hat iemand so viel geringer Ursache sich zu beschweren, wann er alsdann zugiebt, daß sein Unterthaner sich anderswo niederlässet, und es eine Zeitlang darbey bewenden lässet, angesehen er alsdann dazu gewehlet hätte, daß es lieber des Unterthanen ohnig seyn, als ihm seinen Unterhalt geben wollen. Ein gleichmäßiges ist von denen Fällen zu halten, da die Herrschafften ihren Unterthanen dasjenige zu leisten, sich verweigern, worzu sie den Rechten und Landes-Gewohnheit nach verbunden. Jedoch ist hierzu nicht gnugsam, daß dieses von den Bauers-Leuten vorgegeben, sondern es muß dero wahrhaffte Nothdurfft, und daß sie ausser der erforderten Hülfe sich nicht zu erhalten gewust, und dagegen der Herrschafft beständige Verwiederung erwiesen werden.

§. 20.

Wenn die Herrschafften nach Absterben dero Bauern der Wittwen und Kinder sich nicht annehmen, sind dieselben von der Abforderung befreyet.

Es ist hierbey noch ein Casus wohl zu mercken, so gar gemein, daß wann Bauren versterben, Wittwen und Kinder hinter sich verlassen, die Herrschafften sich nichts, oder wenig um dieselbe bekümmern, da sie doch ihnen ihren Unterhalt zu schaffen, und sie zu versorgen schuldig wären, wenn sie künfftig ihrer Dienste gebrauchen wolten. Darüber gerathen die armen Wittwen und Waysen ins Elend, müssen sich von dannen begeben, und seynd genöthiget das Brot entweder zu betteln, oder bey andern durch Dienste zu erwerben, zuweilen geschicht auch, daß von frommen Christen dieselbe aufgenommen, und erzogen werden. Hernach, wann die Herrschafften vermercken, daß sie ihnen wohl zu Dienste seyn, oder einen Post Geldes, pro redimenda libertate seu potius vexa, davon haben möchten, alsdann mit der Zusprache hervor kommen. Nebst deme aber, daß dieselbe durch die verjährte Zeit, wie drunten soll gemeldet werden, erlöschet, so ist auch ein solches den Rechten zuwider, uti perspicue decisum in Novell. 153 cap. 1, ubi notabilia hæc habentur verba: Si nostris præcipitur legibus, ut ægrotantes servi a dominis suis pro derelicto habiti, & quasi desperata valetudine, cura dominica non dignati, prorsus ad libertatem rapiantur, quanto magis eos, qui in ipso vitæ principio aliorum hominum pietati relicti, & ab ipsis enutriti fuerunt, non sustinebimus in injustam servitutem pertrahi.

§. 21.

Wenn und durch welche Aemter, Dignitäten und Handwercke die Bauren von der Leibeigenschafft frey werden?

Zum sechsten, wird die Befreyung von der Leibeigenschafft, denen Dignitäten, Aemtern und Würden, die sich bey einem Bauren, und dessen Diensten übel schicken, zugeschrieben, als wann ein Bauer in Krieges-Diensten vornehme Chargen erreichet, das Doctorat angenommen, Fürstliche Raths-Stellen bedienet, in Städten zum Magistrat, oder andern vornehmen Aemtern gerathen, und was dergleichen mehr seyn möchte. Solches aber scheinet den gemeinen beschriebenen Rechten abstimmig. His enim vetitum originarios colonos admitti ad aliquam militiam seu dignitatem, ideoque nullis privilegiis, nulla dignitate, nulla census autoritate excusantur, sed amputatis omnibus, quæ aliquoties per gratiam sunt elicita, domino vel fundo reddendi, l. originarios 11, l. colonos 19 C. de Agric. & censit. l. servi 3 C. de Agric. & Mancip. domin. Joh. de Plat. in l. si coloni ib. Luc. de Penn. quæst. 8 C. de Agric. & censit. Imo ad aliquem ordinem illos admoveri injuriosum & dignitati adversum reputatur, l. 1 C. de Agric. & Mancip. domin. Soli episcopali dignitati tributum est, ut liberet a servitiis & ascriptitia conditione, Novell. 123 c. 4. Hinc multis in locis Germaniæ sic servatur, ut ascriptitii seu liberi homines dignitatum habeantur incapaces, & quamdiu a dominis suis prece vel precio non sunt liberati, daß sie von ihrer Herrschafft der Leibeigenschafft nicht ledig und gefreyet, ad tribus & collegia non admittantur, Gail. de Arrest. Imp. c. 8 n. 19. Von diesen Rechten ist die gemeine Gewohnheit abgetreten, und nachdem die Bauers-Leute eben wohl zu solchen Aemtern und Würden gerathen, vor billig angesehen, daß sie dabey gelassen, und in ihrem Stande dem gemeinen Besten zu dienen, frey werden, Sichard. ad rubr. C. de Oper. libert.

libert, n. 17, exemplo liberti, qui si ad eam dignitatem pervenit, ut inconveniens sit operas ab eo præstari patrono, ipso jure liberatur, l. interdum 34 ff. d. tit. l. fin. C. de Agric. & censit. Dabey von etlichen vermeynet wird, daß sie gleichwol der Herrschafft hierinne Satisfaction thun müssen, daß entweder ein Bauersmann von ihnen in ihre Stelle geschaffet, oder auch was er bey Abgang eines Bauren an Schaden und Ungelegenheit erlitten, erstattet werde. Welches dann ex æquo & bono nach Gestalt der Personen, Qvalität und Vermögen ex judicis arbitrio, non vero patris desiderio abzurichten. Ich vermeyne aber den gemeinen Rechten und der Vernunfft gemäß zu seyn, daß alleine diejenigen, so hinter der Herrschafft Wissen und Willen zu einigen Dignitäten, Aemtern, Würden und Kriegs-Diensten gelangen, sich der vollkommenen Freyheit nicht zu erfreuen, sondern bemeldter Ansprache zu erwarten haben, und in die beregte Erstattung zu verdammen. Wann aber die Herrschafft weiß, daß einer seiner Leibeigenen sich dergleichen Sachen angenommen, worzu Bauers-Leute nicht erhoben werden, solchen nicht alsofort widerspricht, noch seine Zugehörige davon zeitig abmahnet und abfordert, so ist es nicht anders zu achten, als wann er sich dero begeben, und denselben zu höhern Aemtern und Würden zu greiffen, frey gelassen. Sic enim constitutum, ut qui sponte domini admittitur ad cubiculum principis, statim liber sit, l. 3 C. de Præpos. Sacr. cubic. item qui scientibus dominis militaverint, statim liberi fiant, l. super 6 C. qui militar. poss. Si quis servum dignitate habere fuerit passus, spolietur illius dominio & omni jure, l. si quis 8 C. d. tit. si servus, sciente domino, & non contradicente, in clerum ordinatus fuerit, ex hoc ipso quod constitutus, liber erit. Novell. 123 cap. 17. Tale silentium & patientia vim habet consensus, ratificationis & traditionis, & l. si ego § 1 ff. de Public. in rem action. l. 3 ff. de Usufr. Cothmann. Consil. 1 n. 147 vol. 4. Wann derowegen eine Herrschafft zulässet, daß seiner Leibeigenen iemand auf Universitäten des Studirens in freyen Künsten pflegt, in Städten Kauff-Handel, oder ein Handwerck lernet, zum Kriege sich begiebet, oder dergleichen etwas vornimmt, daraus erscheinet, daß er sein Bauer zu bleiben, nicht bedacht sey, demselben aber so lange zusiehet, und nachhänget, bis daß er hernach sich zum gewissen Amt, Nahrung und Handthierung niederlässet, so ist die Revocation zu späte, und hat sich der Ausgesprochene der Exceptionis concessæ tamdiu libertatis nicht unfüglich zu behelffen. Stamm. de Servit. personal. lib. 3 c. 27 num. 12.

§. 22.
Wann und durch wie viel jährige Præscription die Freyheit erworben werde?

Und kan dagegen die Herrschafft der Ration, quod nemini auferri quod suum, nemoque se subtrahere invito domino conditioni suæ debeat, nicht gebrauchen, weil solches mit seinem Wissen und Willen geschehen, und er es entweder zeitig hindern, oder aber, da er es etliche Jahr geschehen lassen, hernach genehm halten muß. Talis quippe pa-

tientia ejus, quod non licet sine patientis voluntate, tacitam in se habet renunciationem. Fr. Balb. de Præscript. part. 1 princ. quæst. 5 n. 6. Unde Imp. in l. edicimus 7 § 1 C. de Murileg. sic ad dominos rescripserunt de eo casu, ubi quis homines suos se rustica conditione exuere patitur. Conventi mox juri agrorum debitas personas retrahere festinent, vel de cætero sciant repetendi facultatem silentii sui conniventia perdidisse.

Zum siebenden ist nichts gemeiners, dann daß von denen, so zur Leibeigenschafft gefordert werden, oder bey welchen dieselbe sich auffhalten, die verjährete Zeit und dero Krafft wider die Zusprache gebrauchet werde, dabey ist unterschiedlich zu beleuchten, wer die Præscriptionem anziehe: Dann hierinne die Rechte unterscheiden diejenige, so selbsten der Libertät sich anmassen, und welche die Herrschafft über die, so zuvor andern unterthänig gewesen, sich zueignen.

Die ersten betreffende, darbey seynd unterschiedliche Casus wohl zu discerniren. Einmal, wann dieselbe ohne rechtmäßige Ursache aus Muthwillen und bösem Vorsatz von denen Orten, woselbst ihnen die Bauers-Pflicht oblieget, sich weg begeben, und ihres Standes wohl wissend seyn, dennoch wer freye unverhaffte Leute wollen gehalten seyn, ob bereits zehen, zwantzig, dreyßig und mehr Jahre sie dabey verblieben, mag ihnen keine Præscription zu statten kommen. Fab. in Cod. lib. 7 tit. 4 defin. 4. Zas. consil. 19 n. 28 & seqq. lib. 2. Bald. in l. 1 C. de Servis. fugitiv. Mala fide in libertate morato diu, prodesse non potest longi temporis præscriptio, l. 1 C. de Long. temp. præscript. quæ pro libert. Idem constitutum de ascriptitiis, in l. cum scimus 22 § 1 C. de Agric. & censit. ut si coloni filius per triginta, quadraginta, vel ampliorum annorum curricula, quia agriculturæ per patrem satisfiebat, in libera conversatione moratus esset, nihilominus domino relinquatur vindicatio. Qui enim se domino, vel agro obnoxium esse scit, si discedens libertatem sibi arrogat, hac fuga furtum sui facit, l. 1 C. de Serv. fugit. & in mala fide est, qui suæ conditionis, & quæ inde nascitur, obligationis conscius, in fugam conversus latitat, l. fin. C. ne de stat. defunct. l. quod autem 10 ff. de liber. caus. Possessor vero malæ fidei non præscribit, c. possessor X. de R. I. ut non alia res, sic nec libertas furtiva præscribitur. Secundum quam sententiam sæpius judicatum, & eos, qui scientes servitutem malignam libertate publice ostentassent, scio retractos ad rusticas operas, non obstante temporum prolixitate. Id eo usque extenditur, ut nec si centum annorum curricula effluxerint, valeat contra servitutem præscriptio, Fab. in Cod. d. defin. 1 n. 2. A quo tamen alii dissentiunt. Husan. de propr. homin. c. 50 n. 8. Jacobin. de Royd. n. 44, quorum sententiæ calculum adderem, si in uno homine casus ille contingeret, quem rarissimum fore puto. Etsi enim longissimum vitæ tempus in homine ad centum annos computetur, l. ut inter 23 C. de SS. Eccles. inter myriades vix unus tamen illud attingit, & si detrahitur,

hitur, quod infantia, aut pueritia transmittit, nunquam possessio libertatis cum mala fide ad centum annos porrigetur, sed aut tot anni bonam fidem insinuabunt, aut colonum reddent inutilem, & vana contra malam fidem remedia.

Es betreffen dieselbe Rechte, so præscriptionem libertatis cum mala fide nicht zulassen, nicht alleine diejenigen, so vor sich der Leibeigenschafft sich entziehen, sondern auch derer Kinder und Kindes-Kind, welche sie mit wegnehmen, und zugleich den Herrschafften entzohnigen wollen. Fab. d. defin. 1 num. 3. Darum dieselbe, dahin sie gehören, ob ihnen bereit unwissend, wie und wann ihre Eltern von denen Oertern, da sie Bauerspflichtig abgeschieden, zu folgen schuldig. Ignoratione sua enim illi defuncti vitia non excludunt. l. cum hæres. 11 ff. de divers. tempor. præscript. Ob gleich ihre Eltern vor mehr dann fünff Jahren bereits verstorben. Etsi enim jure sic provisum reperitur, ne de statu defunctorum post quinquennium quæratur, ideoque præscriptio quinquennalis pro defuncti hominis libertate competit, tot. tit. C. ne de stat. defunct. post quinq. id tamen ad alios non pertinet, quam defunctos, haud vero ad eorum liberos aut agnatos, quibus post viginti & plures annos fieri controversiam nihil prohibet, cum non de defunctorum, sed vivorum statu tunc quæratur principaliter, etsi incidenter de iis etiam dispiceretur, id quod ad adscriptitios etiam pertinet, vid. Fab. in Cod. lib. 7 tit. 6 defin. 1. Nur wird dieses erheischet, daß sie in mala fide seyn, und nicht anders wissen, denn daß sie Leibeigene und unerlassen. Gleiche Bewandniß hat es mit denen Kindern, so nach der muthwilligen Vorweichenden Abzuge zu der Zeit, da sich iemand der Freyheit angemasset, ihm gebohren seyn, dieselbe müssen nebst ihren Eltern zur Bauer-Pflicht folgen, l. cum satis 23 pr. verb. cum omni sobole C. de Agric. & censit.

Zum Andern, begiebt sich offtmals, daß mit der Herrschafften gutem Wissen die Unterthanen abscheiden, und sich an andere Oerter begeben, wann sie derselben zu Dienste, oder sonsten nicht zu gebrauchen haben. Wie nun dieselbe keine fugitivi seynd, noch die im vorberegten Casu der Präscription entgegen lauffende Ursachen sich bey ihnen befinden, so seynd die Rechte gegen diese viel milder und gelinder. Und ob zwar innerhalb dreyßig Jahren dieselbe wider die Herrschafften, ohne andere zustossende Ursache und Umstände, die Præscriptionem welche vollführen können, juxt. l. cum satis 23 pr. C. de Agric. & censit. seynd sie und ihre Kinder dennoch nach 40 Jahren sicher, und mögen nicht mehr abgefordert werden, l. omnes 4 in fin. C. de Præscript. 30 vel 40 ann. Des Behelffes denn auch diejenigen, so vorsichtig geworden, zuweilen geniessen mögen, als wann sie nach der Flucht in der Nähe, da ihre Herrschafften wohnen, sich aufhalten, und nicht zur Leibeigenschafft wiederum gezogen werden, de quo casu loquitur Johann. de Platea in d. l. cum satis in pr. num. 1. Accedens illa dominorum desidia purgamentum est fugæ & malæ fidei. Quia enim post longum tempus veluti decennii, ex quo inducitur oblivio, l. si id. quod gloss. & Bartol. in l. 1 C. de Servis

Fugit. desinit animo quis possidere, si postea intra 30 annos non est de suo recuperando sollicitus, frustra imposterum movetur querela. Zuweilen aber, und in etlichen Fällen, gereichet denen obberührten die dreyßigjährige Präscription zur Freyheit. Sicut in l. cum qui 6 C. de Fund. rei privat. de his, qui collegio, curiæ, burgis, cæterisque, qui corporibus per 30 annorum spacium sine interpellatione servierunt, constitutum est, ut contra illos postea cesset colonatus quæstio, si intra illud tempus non fuerint repetiti. Dieses, so vorgemeldet, gehet auch die Bauer-Kinder an. Dann wie sie ohne Unterschied der Geburt, ob solche vor oder nach dem Abzuge geschehen, folgen müssen, wenn die Verjährung nicht ergänzet, per d. l. cum satis in pr. so seynd dieselben nach solcher Zeit frey, und gebrauchen sich der vorigen Zeit ihrer Eltern, wie hernach davon gemeldet wird.

Zum Dritten, geschiehet es, daß Bauers-Leute, alte oder junge, nicht anders vermeynen, dann sie seyn frey und erlassen, zu solcher Meynung auch aus einem beweglichen Titel und Ursache bewogen werden, alsdann seyn ihnen geringere Zeite zur Präscription wider die Ansprache zuträglich, wie davon in l. 2 C. de long. tempor. præscript. quæ pro libertat. gemeldet wird. Præstat firmam defensionem libertatis ex justo initio longo tempore obtenta possessio. Favor enim libertati debitus & salubris jampridem ratio suasit, ut his, qui bona fide in possessione libertatis per viginti annorum spacium sine interpellatione morati essent, præscriptio adversus inquietudinem status eorum prodesse debeat, ut & liberi et cives Romani fiant. Fit quidem in hac constitutione mentio viginti annorum, sed ut quæ in legibus Codicis sunt rescripta imperatorum ad certos casus, & de iis propositas quæstiones saltem reddita & adaptata fuerunt, ita de ea præscriptione, quæ inter absentes perfici debuit, consultos Imperatores in fine d. l. 4 satis manifeste apparet, nec colligendum, idem inter præsentes in eadem provincia servari debere. Id principio dictæ legis adversum est, ubi præscriptioni libertatis longum tempus præfinitum, quod inter absentes vicennium, inter præsentes decennium est, l. un. C. de Usucap. transform. l. fin. & tot. tit. C. de Præscript. long. tempor.

Solcher Präscription haben sich zu erfreuen, welche aus unumgänglicher Krieges- oder anderer Noth, oder mit gutem Willen der Ober-Herren, iedoch ohne ausdrückliche Erlassung abgeschieden, zehen oder zwanzig Jahr hero in der Freyheit bestanden, und sich als erlassene Unterthanen öffentlich verhalten, da ihre Herrschafft in demselben Lande, oder ausserhalb dessen ihr Domicilium, und gute Wissenschafft des bemeldten Verhaltens gehabt, und nicht einsmalen sie zu der Dienstbarkeit gefordert, oder, da es geschehen, dieselbe dero sich verwidert, oder dabey die Herrschafften es bewenden lassen. Fab. in Cod. lib. 7 tit. 4 defin. 1 n. 4. So viel mehr, wann iemand seine entwichene Unterthanen zu seinem Dienste zu bringen zusammen suchet, dabey aber einen an dem Orte, da er andere auff-

gefor-

geforschet, wissentlich vorbey gegangen Fab. d. de fin. 1 n. 10. Imgleichen auch alle, so sonst ein scheinliche befugte Ursache gehabt, sich vor freye Leute zu halten, obgleich den Herrschafften unwissend gewesen, daß sich der Abgeschiedene vor eine freye Person ausgebracht hätte. Als da seynd diejenigen, so bey Landes-Ruinen, oder andern Zufällen, weil sie bey ihren Herrschafften nicht Schutz, Trost und Hülffe erlangen mögen, sich an andere Oerter begeben, und ihr täglich Brot zu erwerben, einen gewissen Stand ergreiffen müssen. Wann nun der Herrschafft in vorbemeldter langer Zeit solche hinwieder an sich, und in Dienst zu ziehen, unbemühet ist, mag der in solcher abgenöthigten Freyheit bestandene hernach exceptione præscriptionis sich schützen. Also auch in allen denen Begebenheiten, wann Bauers-Leute nicht aus Muthwillen entweichen, sondern aus verantwortlichen Ursachen an andere Oerter abscheiden müssen, und vernünfftiglich zu schliessen, daß die Herrschafften sich ihrer nicht weiter annehmen wollen, solches auch in obbemeldter langer Zeit nicht thun, hat die gedachte Präscription stat. Illa causa discessus non injusta & subsecuta domini negligentia titulum præscriptioni justum præbet, cui accedens bona libertate fruentis fides tantum præstat possidenti, quantum veritas & vindicantem excludit, qui sibi imputare debet, cur tam longo tempore, tam oscitanter siluerit.

Diese Præscriptio longi temporis findet auch Stat und Raum in allen denen Fällen, wann Bauers-Leute von andern, als ihren Herrschafften, als etwa Pensionariis, Schreibern, Pfand-und dergleichen Einhabern, erlassen, und sicherlich vermeynen, daß dieselbe dazu berechtiget seyn. Ob nun, wie in obigen ausgeführet, solche Ablassung zu Anfangs krafftlos ist, dennoch, wann der also Erlassene lange Zeit sich der Freyheit gebrauchet, so wird dieselbe verjähret, und hat der Eigenthums-Herr hernach zu der Abforderung keine Fuge. Fab. in Cod. lib. 7 tit. 5 defin. 1. Was sonsten ad præscriptionem in den Rechten erfordert wird, oder wenn dieselbe in andern Fällen ihre Krafft erreichet, dasselbe ist allhie auch anzusehen und in acht zu nehmen.

Das Recht, so die Eltern zur Präscription haben, geniessen dero Kinder. Darum, wann jene eine Zeitlang in der Freyheit bestanden, ob zwar dieselbe den Rechten nach nicht verjähret, mögen die Kinder die Präscription ergäntzen. Darum, wann so lang als viel an denen Jahren zur Zeit des Absterbens ermangelt, die hinterlassene Kinder noch unangefochten bleiben, haben sie, ob gleich sie nechst, vor oder nach des Vatern Tode zur Welt erst gebohren worden, sich der Verjährung zu behelffen. Liberi enim cum parentibus pro eadem habentur persona, l. fin. C. de Impuber. & al. substitut. Et notum est de jure conjungi tempora antecessorum & successorum in præscriptionibus, i. Pomponius 13 § 1 ff. de Acquir. possess. Cothmann. consil. 42 n. 8. vol. I. Id quod in his quæstionibus obtinet.

§. 23.

Ob der, so eine Zeitlang von seinen Bauers-Leuten Dienst-Geld genommen, hernach dieselben nach Belieben zum Dienste beruffen könne?

Nicht anders aber haben obbemeldte Personen

mit der kürtzern Verjährung sich zu behelffen, dann daferne diejenige, welchen sie dienstpflichtig gewesen, sie zum Gebrauch der Freyheit, oder bey andern sich zu Dienst niederzulassen, wissentlich abziehen lassen, und sich an ihnen nichts vorbehalten. Zum öfftern geschiehet, daß dieselbe unter ihren Herrschafften verbleiben, aber entweder gäntz nicht zu Dienste gehen, weil man ihrer nicht benöthiget ist, oder auch vor die Dienste ein gewisses Geld nach Belieben der Herren entrichten müssen. Ob nun dasselbe bereits lange Jahr also, hergebracht, mögen dennoch die Unterthanen sich gegen die Herrschafften mit der Verjährung nicht schützen, sondern seynd die Dienste dessen, so in vorigen Zeiten nach des Herrn freyen Willen geschehen, ungeachtet auf Erfordern zu leisten schuldig. Vid. Joh. de Platea in l. domini num. 3 C. de Agric. & censit. Berlich. part. 1 Pract. conclus. 6 n. 8. Carpzov. in Jurisprud. forens. part. 2 constit. 4 defin. 4, ubi pulchram addit rationem, quod dominus, quando non potest operis commode uti, pecuniam accipiens videtur cum rusticis contractum locationis inire, l. patronus 25 § 1 ff. de Oper. libert. l. 1 C. eod. qui non parit præscriptioni titulum. Idem est, si ex gratia remittuntur servitia ista, jus non tribuit ultra, quam domino placet. Ita si in favorem & causa domini loco operarum a rusticis exigitur pecunia, in arbitrio domini manet, pecunias an operas imposterum exigere velit; quod secus, si alternativa est permissio operarum, vel pecuniæ, tunc debitorum erit electio, de quo latius vid. Carpz. d. constit. 4 defin. 5. Welches aber nicht weiter dann de præscriptione longi temporis zu verstehen, wann aber dreyßig Jahr lang jemand von seinen Bauers-Leuten ein gleichmäßiges Dienst-Geld, zur uniformem pensionem genommen hätte, wird es dafür gehalten, daß nach der Zeit er nicht berechtiget, ihnen ein mehres an Gelde oder Diensten aufzulegen, sondern seinen freyen Willen, den er vorhin gehabt, ex præsumptione bereits Maaß und Ziel gesetzet habe, vid. Schurff. consil. 23 n. 14 & consil. 69 n. 7 cent. 1. Koppen. decis. 13 per tot. es sey denn durch Statuta und Gewohnheiten ein anders ausdrücklich ausgeführet, uti Koppen. d. l. n. 12 de constitutiône Marchiæ Brandenburgensis testatur.

§. 24.

Was zur Präscription der Freyheit erfordert wird?

So wird auch ferner zu solcher Präscripton erfordert, daß die Herrschafften darunter hinläßig gewesen, daß in langer Zeit die Unterthanen nicht wiederum abgefordert seyn, dannenhero zu schliessen, daß in pœnam negligentiæ die Verjährung Stat gewinne, quod innuit Imperator in l. cum scimus 22 § 1 C. de Agric. & censit. verb. cum non possit dominus incusari propter suam desidiam. Wann demnach jemand nicht erfahren, wo sein entwichener Unterthan sich aufgehalten, noch mittelst fleißiger Erforschung davon Nachricht erlangen können, oder aber, wann ers bereits gewust, dennoch an der Abforderung behindert worden, ist ihm der Zeit-Verlauff nicht entgegen. Non valenti agere non currit præscriptio. Wann er auch des Bauren nicht bedürfftig, indeme in seinen Gütern des Abziehenden Eltern oder Bruder verbleiben, so die Höfe bewohnen, und Dienste leisten, also der Entwichene durch einen andern seine Stelle bekleidet, ist er extra culpam negligentiæ, davon in d. l. cum scimus § 1 sehr mercklich dispensiret wird, quod si coloni filius per 30 vel 40 annorum curricula, vivente patre in libera conversatione morabatur, & dominus terræ, quia per patrem ei satisfaciebat, ejus præsentiam non exigebat, excusari non potest longinqua libertate abutendo, & quod per multos annos agrum non coluit, neque aliquid colonarii operis celebravit. Es ist aber aus der Constitution wohl anzumercken, wie weit ihm unnachtheilig sey, daß er seine Leibeigene eine lange Weile in der Freyheit gehen lässet, nemlich zuerst, wann er jemand der Seinigen in Bauer-Diensten behält, so des Abgeschiedenen Person nicht weniger repräsentiren, als wann er zur Stelle geblieben. Utrumque necessarium, ut ex cognatis aliquis in agro maneat, eumque colat, Luc. de Penn. in d. l. cum scimus versic. eum casum. Ita habent legis verba: Cum enim pars quodammodo corporis ejus per cognationem in fundo remanebat, non videtur neque abesse, neque peregrinari, neque in libertate morari. Welche Ursache auffhöret, wann von des Entwichenen Freunden niemand unter der Herrschafft übrig, seiner Eltern Gehöffte und Aecker, entweder mit andern besetzet, oder auch gar niedergeleget, und eine langjährige Zeit unbewohnet gelassen, darüber die mit der Herrschafft guten Willen Abgeschiedene pro præsente nicht mehr kan gehalten werden, sondern der Präscription, wann andere Requisita dazu kommen, sich zu behelffen hat. Zum andern, so meldet die Constitution von denen, qui in libera conversatione morantur, so sich blosser Dinge der Freyheit gebrauchen. Wann aber dazu kommt eine Ursache und Titel, dadurch der Leibeigene, entweder gantz von seiner Pflicht befreyet, oder auch anderer Herrschafft unterwürffig geworden, und demselben wolte der primus dominus so lange Jahr, als zur Präscription erfordert, nachsehen, würde hernach dero er sich nicht zu behelffen haben, sondern leiden müssen, daß sein gewesener Unterthan in dem Stande verbleibe, welchem er selbst so lange Zeit stillschweigend zugesehen hätte. Als wann er sich in Städten zum Bürger-Recht, oder unter andern zu Bauer-Recht niedergelassen, sich eines Handwerckes, oder des Studirens angenommen, und was dergleichen mehr ist. Vors dritte, restringiret sich die obbemeldte Satzung durch die angefügte Ration, cum non possit dominus desidiæ incusari, daraus folget, wann erscheinet aus der Herrschafft Anstellungen, daß er nach dem Abgeschiedenen nichts frage, sondern sich dessen vermuthlich begeben wollen, die Verjährung ihm hernach unter Augen stehe. Wann nun solches zu muthmassen, ist bey vielfältig variirenden Umständen Richterlicher Ermäßigung heimzustellen.

§. 25.

Von den Statuten und Gewohnheiten, die jemand, so eine gewisse Zeit in Städten gewohnet, befreyen, und wie solche zu verstehen.

Vors Achte wird die Abforderung nicht verstattet wider diejenigen, so eine gewisse, dazu in den Rechten, Privilegien, Statuten, oder Gewohnheiten bestimmte Zeit, zu welchen der Ansprache præscribiret wird, in Städten sich haus- und bürgerlich aufhalten. Cujusmodi privilegia & statuta valere tradit Bruningus de Van. Univers. speciei. concl. 4 lit. c in fin. arg. l. fin. C. de Agric. & censit. Nec enim id a jure communi alienum, Novell. 123 cap. 17. Also ist im Lübischen Recht, lib. 1 tit. 3 artic. 3, geordnet, daß, wann ein Bürger in einer Stadt die Lübischen Rechte gebrauchet, Jähr und Tag gesessen, und alsdenn von einem andern als Leibeigener angesprochen würde, davon ledig und frey zu erkennen sey. Cujusmodi jus etiam ex privilegio civitas Neciensis Subsydiæ habuit, teste Fabr. in Cod. lib. 7 tit. 4 defin. 4. In den Hamburgischen Statutis part. 1 tit. 2 artic. 2 ist solche Zeit auf zehen Jahr erweitert, und nach dero Verlauf wider die, welche so lange Bürger gewesen, die Ansprache präcludiret. Nun scheinen manchem solche Privilegia und Statuta unbillig und widerrechtlich, bevorab, wann nach so kurtzer Zeit eines Jahres der Leibeigenen jemand soll entbürget seyn. Aber wie dergleichen Privilegia und Statuta gültig geachtet werden, dadurch einer unter des andern Botmäßigkeit sich nieder gelassen, alsofort Bauerspflichtig und Leibeigen wird, wie davon in quæst. 2 gedacht worden, so seynd diejenigen viel weniger verwerflich zu schätzen, dadurch jemand nicht alsofort, sondern nach Verlauf Jahr und Tages der an sich favorabeln Freyheit zu geniessen hat. Bevorab, da sich niemand hiegegen zu beschweren, als über seine Negligentz, daß er weiß, die Leibeigenen können zur Freyheit gerathen, dennoch innerhalb Jahr und Tages sich, dieselben in ihrer Pflicht zu erhalten, nicht bemühet. Zumahlen die Rechte, so den Verjährungen gewisse Zeiten vorschreiben, zugleich von den Herrschaften den Fleiß erfordern, daß inwendig solchem vorgestreckten Ziel die Ihrigen dieselben fleißig wahrnehmen, da es aber nicht geschehe, sich über andere nicht beklagen, sondern sich den Nachlaß sollen belieben lassen.

Es gehöret aber solche Freyheit vor diejenigen alleine, so aus einer befugten verantwortlichen Ursache von ihren Herrschaften oder dero Gütern abscheiden, welche, ob sie zwar die Erlassung nicht erhalten, dennoch, da sie nicht wider ihren Willen oder ohne Ursache abgeschieden, pro fugitivis nicht zu schätzen, darum von andern mögen auf- und angenommen werden, da sie auch über die in den Rechten verordnete Zeit unangesprochen verbleiben der Freyheit fähig seyn. Die aber, so ohne einige Ursache muthwillig boshafter Weise austreten, und sich zum Bürger-Recht in Städten begeben, seynd ad præmia malitiæ nicht zu verstatten, arg. l. in fund. ff. de Rei vind. Ista enim mala fides uti omnes præscriptiones alias sic etiam statutarias, penitus destruit & tollit, Bald. in tract. de Præscript. part. 3 n. 10 & 14. Viv. l. 1 Opin. commun. 276 in fin. Viel weniger diejenigen, so vermittelst eines cörperlichen Eides, oder, welches eben so viel ist, an Eides stat angelobet, nicht zu entweichen, und gleichwohl dagegen handeln. Welchen wider ihr Gewissen das gewonnene Bürger-Recht, so perjuris nicht zu ertheilen, nicht zum Vortheil gereichen, noch die Præscriptio behülflich seyn kan. Derowegen bey löblichen Regimenten solche muthwillige Umläufer wissentlich zu Bürgern nicht angenommen,

nommen, sondern, wie sie von ihren Herrschaften abgeschieden, erkundiget wird. Da die Obrigkeit mit falschen Berichten darinne verleitet würde, stehet es zu der Aufgenommenen Pericul und Gefahr, ob sie sich a vitio fugæ entledigen, und ihren Abschied bescheinigen könten. Dazu dann genugsam ist, daß die Herrschaft wohl gewust, was Gestalt sein Leibeigener nicht alleine entwichen, sondern sich auch in eine Stadt, da vorbemeldte Rechte gebrauchet werden, bürgerlich niedergelassen, gleichwohl zu rechter Zeit denselben nicht vindiciret. Negligens enim & omittens quæ scit, aut scire debet, negligentia amitti, sibi imputare id debet, non de alio conqueri.

Wie kürtzer aber die Zeit, so zu bemeldter Præscription bestimmet, so viel bescheidentlicher ist dabey zu verfahren, daß niemand ohne Ursache und Fuge seiner Leibeigenen entöhniget werde, uti ad d. artic. fin. in commentar. ad Jus Lubec. prolixius demonstratum reperies. Darum, ob zwar, vermöge des Statuti, vel Privilegii, einer vor Jahr und Tag die Bürgerschaft gewonnen, und in der Stadt sich bürgerlich erhalten hätte, ist dennoch in Städten gewöhnlich, daß bey vorfallendem Zweifel, und wann der Angefochtene nicht zu lange allda gewohnet, zu seiner mehrern Sicherheit, und den Herrschaften guten Willen zu beweisen, derselbe nach Gestalt seines Vermögens, ein gewisses an Gelde zu erlegen, angehalten werde. Nicht, daß statute tali statuto er solches præcise schuldig sey. Qui enim ipso jure tutus & liber est, non eget emptione libertatis, arg. § sed si rem 10 Instit. de Legat. L non ut ex 159 ff. de Reg. Jur. Bevorab nach Lübischen Rechte, da in d. artic. fin. er aller Ansprache frey geachtet wird, quod indefinite in statuto scriptum indefinite accipiendum. Cothman. consil. 40 n. 36 & 57 vol. 1; sondern alleine darum, damit er seines Gewissens, Freyheit und Rechten je vielmehr verwahret werde, und daß gleichwohl billig angesehen wird, daß derselbe, so ohne besondere Negligentz seines Unterthanen ob statuti, vel privilegii jura entrathen muß, einige Ergetzlichkeit von dem erlange, so ihm deswegen guten Danck schuldig. Welches aber alleine zu des Richters billigmäßigen Dijudication stehet, von dem nach Befindung der Umstände, bevorab des angesprochenen Abschiedes, Verhaltens, Vermögens, und der Zeit hierinne zu verordnen, ut nec onerosus actor, nec delicatus reus sich zu beschweren Ursache habe, juxta l. si Servos 25 ff de Pignor. action.

Es währet aber solche einmal erlangte Freyheit nicht länger, als iemand bey dem einmal angenommenen bürgerlichen Wesen verharret. Da hernach derselbe sich wiederum aufs Land zum Bauer- oder Pacht-Recht, ob es bereits an andern Orten geschehe, einliesse, wie er damit des Bürger-Rechts entöhniget, so hat er sich auf die, denselben anhängige Freyheiten nicht zu berufen. Fab. in Cod. lib. 7 tit. 4 def. 4 num. 4. Ita enim constitutum de cæteris, ut ex certa causa libertatem nacti ea cessante ad pristinam conditionem revertantur. Novell. 123 cap. 17. Darum, da sonst keine andere Exceptiones entgegen, seynd die vorige Herrschaften, daß der Leibeigene bey dem Bürger-Recht die Freyheit erlanget, nach dessen Endschaft dieselbe zu vindiciren, nicht behindert. Welches aber dero in Städten, und bey gehabter Freyheit erzeugten Kindern unpräjudicirlich ist. Semel

Jurist. Oracul V Band.

iis jus quæsitum non potest sine culpa ex facto patris auferri, l. ult. ff. de Pact. l. filiam 9 ff. de Senator.

Es haben auch nicht andere auf die Statuta sich zu berufen, denn die in Städten, da dero Observantz ist, das Bürger-Recht gewonnen, und sich darauf häuslich gesetzet haben. Die sonst in denenselben ihren Aufenthalt gehabt, können sich dero nicht behelfen. Darum das Dienst-Volck, Handwercks-Gesellen, und Herrenlose Gesindlein, wo nichts anders zum Behelf von ihnen mit Rechte zu gebrauchen, auf die Ansprache abzufolgen. Es wäre dann durch rechtmäßige Ordnungen, oder vieljährige Gewohnheiten eingeführet, daß aus den Städten niemand, so lange er allda verbliebe, abgefolget werde. Wie dann zu Stralsund mit den Rugianischen Leuten von undencklichen Jahren es also gehalten, daß sie nicht gezwungen werden zu den Herrschaften und Gütern, von dannen sie einmal abgeschieden, so lange sie in der Stadt verharren, dienen, oder wohnen wollen, sich zur Bauers-Pflicht zu begeben, zumahlen vermeynet wird, daß sowohl die Stadt aus denen mit den Einwohnern der Insel Rügen habenden Verwandnissen und Vereinigungen, durch die längst verjährete Üiblichkeit, solches hergebracht, und von den Alten, dero Bestes und Aufnehmen zu befördern, beständig beybehalten, als auch das Recht, so die Bauers-Leute, welche allda nicht so gar hart eingebunden, und dergestalt leibeigen seyn, wie an andern Orten, sondern von Alters mehrer Freyheit sich gebrauchet, von langen Jahren gehabt, ihnen mit Rechte nicht zu abrogiren sey. Jedoch haben sich dessen nicht zu getrösten, die in Fuga begriffen werden. Darum, wann die Bauers-Leute muthwilliger Weise entliefen, alsofort verfolget, und zu Stralsund angetroffen würden, wird es mit ihnen als fugitivis gehalten, die ob maliciam der Freyheiten, so andern Unschuldigen eingeräumet, unfähig seyn.

Rechtliche Betrachtung auf die vierte Haupt-Frage:

Von dem Processu, so bey Abforderung der Dienst-Leute vorzunehmen, und was durch Urtheil und Recht hierinne zu erkennen.

§. 1.

Es ist iedwedem erlaubt, seine vorflüchtige Leibeigene zu verfolgen und anzugreifen.

Wie nicht auf einerley Art und Weise die Leibeigenen, so in Ansprache genommen, sich verhalten, so kan auch bey dem mercklichen Unterscheid nicht ein einziger gleich durchgehender Modus procedendi gebrauchet werden. Andergestalt ist zu verfahren wider die, so in der Flucht begriffen werden, auf andere Art, wann dieselben in possessione libertatis, oder unter andern Herrschaften sitzend befunden. Wie dann auch unterschiedlich zu procediren, wann des Klägers Vorbringen, und die unterlassene Leibeigenschaft offenbar ist, und dann bey erforderter weiter Nachforschung der streitigen Intentionen.

Und zwar zuerst, so lange die Entwichenen in Fuga, und vorflüchtig verbleiben, ist einem iedweden, die dieselben entstrichen, ihnen nachzuiagen, und wo er sie findet, eigenes Gewalts und Willens anzugreifen, etlaubet. Nec enim dubium alicui esse potest, quin liceat fugientes colonos propria autoritate capere, quamdiu sunt in actu fugæ, ne ultra elabantur, l. un. C. de Colon. Palæstin. Joh. de Plat. in l. omnes num. 2 C. de Agric. & censit. Menoch. remed. recup. possess. 10 n. 49. Luc. de Penna in l. si coloni quæst. 6 C. de Agric. & censit. Gail. de Arrest. Imper. cap. 8 n. 16. Cum etiam debitorem fugientem ita sistere liceat, l. ait Prætor § si debitorem ff. de his quæ in fraud. credit. Ubi enim judicis copia deest, in omnem fugitivum manus injectionem concessam esse, ut ad examen resultans deducatur, juri congruit, l generali 54 ib. gloss. Joh. de Plat. Luc. de Penn. & alii Dd. C. de Decurion. Und ob zwar niemand, bevorab eine Privat-Person sich einiger Eigenthätlichkeit in fremden Gütern anmassen, vielweniger iemand gefänglich annehmen soll, entschuldiget dennoch die Verfolgung des Vorflüchtigen das Periculum so in mora, zumahlen dieselben sonst leicht entkommen, und ihren Herrn das blosse Nachsehen lassen möchten: Ubi periculum in mora est, ibi receditur a regulis juris communis. Sicut & in aliis casibus, ea de causa licitum est propriæ & privatæ autoritatis exercitium, uti in disputatione inaugurali, quam ea de materia scripsit Mevius, pluribus de monstratum legitur. Und ob auch wohl die Privati carceres hochstrafbar seynd, uti videre est ex l. 1 C. de Privat. carcerib. dennoch seynd zu Bestrickung der eingeholeten Entläufer dieselben zuläßig. Faber in Cod. lib. 9 tit. 5 defin. 1.

Es ist aber mit diesem Nachjagen und Ergreifung vorsichtig umzugehen, daß es nicht ausser der unvermeidlichen Noth, und wann man sonst vermittelst Richterlichen Hülfe des Entlaufenen mächtig werden könte, unternommen werde. Denn es ist nur ein Remedium extraordinarium, welches nicht zu ergreifen, denn da man des Ordinarii zu gebrauchen, behindert wird. Si enim ad judicem facilis est accessus, consultius erit causa status summatim exposita judicis officium invocare, Zas. in l. fin. n 10 ff. de Jurisdict. ubi ait Episcopum Constantiensem, quod Rotweilæ plebanum quendam capere mandasset, magistratui illius neglectæ hujus doctrinæ pœnas dedisse. Darum auch, wann gleich der Vorflüchtige in fuga in eines andern Territorio ergriffen, hat der, welcher seiner mächtig geworden, nicht mehr Gewalt über ihn, denn daß er denselben in gute nothwendige Verwahrsam, und da er ihn gutwillig mit fort bekommen möchte, mit sich wegnehme, da er aber mit Gewalt zu zwingen, bey der ersten Obrigkeit, so des Ortes die Jurisdiction hat, sich anzugeben, und dessen Autorität, oder Hülfe mit zu nehmen, schuldig sey. Menoch. dict. remed. 10 n. 53. Unde quemvis delinquentem, vel alium fugitivum deprehensum privato carceri includere licet, ubi publicus nullus est, tamen apprehendens quamprimum poterit illum reddi curabit officialibus loci, aut exercenti jurisdictionem, vid. Fab. d. defin. 1 tit. 5 lib. 9. Mynsi. 2 Observ. 29. Wurmbs. pract. observ. lib. 1 tit. 1 observ. 9.

§. 2.
Jede Obrigkeit ist verbunden, einem zu seinen Unterthanen zu verhelfen.

Es ist, vermöge der Rechte, eine iede Obrigkeit verbunden, denen, so ihre vorflüchtige leibeigene Leute verfolgen, die hülfliche Hand zu bieten, damit sie dero bester massen mächtig werden. Est enim generalis Epistola Divorum Marci & Commodi, uti Ulpianus in l. 1 § 1 in fin. ff. de serv. fugit. qua declaratur Præsides & magistratus & milites stationarios dominum adjuvare debere in inquirendis fugitivis, & ut inventos reddant, & ut hi apud quos delitescunt puniantur, si crimine contingantur, & in l. omnes C. de Agric. & censit. jubentur Præsides omnes omnino fugitivos ascriptitios colonos, vel inquilinos sine ullo sexus, muneris conditionisque discrimine ad antiquos penates, ubi censiti atque educati sunt, redire compellere. Dazu dann dieser Proceß in den Rechten vorgeschrieben, daß, im Fall man nicht eigentlich wüste, wo die Flüchtigen latitireten und anzutreffen, bey der Landes-Obrigkeit an anderer Oerter Herrschafften Steck-Briefe aufzubringen seyn, durch welche dieselbe an denen Orten, so weit ihre Gewalt und Jurisdiction sich erstrecket, möchten aufgeforschet, angehalten und zurechte gebracht werden. Vid. l 1 § hoc autem 1 verb. ut fugitivos inquirere volentibus literæ ad Magistratus dentur, l. Divus 3 ff. de Serv. fugit. Novell. 17 cap. 14 verb. literis uteris publicis ad provinciarum præsides &c. Dannenhero es pro parte Officii præsidialis, oder eines Landes und Stadt-Obrigkeit Amt geachtet wird, denen so daran gelegen, Macht zu geben, auch die Hand zu bieten, daß die vorflüchtigen Unterthanen aufgefraget, und zur Gebühr gebracht werden, uti habent verba l. requirendi 2 C. de Serv. fugitiv.

§. 3.
Wie weit vergönnet sey, die Entlauffenen in anderer Leute Gebieten und Häusern aufzuforschen?

Damit nun den Unterschleiffen und Occultationen so vielmehr gewehret würde, ist hiebey zugelassen, daß iedes Ortes Obrigkeit, auf des Herrn, der über das muthwillige Entweichen seines Unterfassen sich beklaget, Ansuchen, an denen Orten, auch in anderer seiner Botmäßigkeit untergehörigen Gütern und Häusern, dadurch einige Vermuthung der Unterschleif glaublich sey, durch die Gerichts- und andere Diener Umsuchung thun möge, ohne Unterscheid, weme die Possessiones zugehöreten, uti statutum in l. Divus 3 ff. de serv. fugit. Quod facultas data sit ingrediendi tam Cæsaris, quam Senatorum & paganorum prædia volentibus scrutari cubilia, atque vestigia occultantium. Id quod ad alias inquisitiones rerum furto ablatarum communis JCtorum sententia extendit. Alexand. in l. hoc amplius § de his in pr. & num. 4 ff. de Damn. infect. Schneidevin. in § conceptum 2 Inst. de Obligat. quæ ex delict. Alciat. consil. 462 n. 1. Dabey aber, wie bereits angeregt, der Obrigkeit Anordnung erfordert wird, ausser derselben niemand sich unternehmen soll, unter frembder Jurisdiction in eines andern Güter und Häuser zu gehen, und allda das Seinige aufzuforschen. In Anmerckung quod per se injuriosum est alienam domum invito domino ingredi, l. qui domum ff. de injur. multo magis si id fiat cum accusatione aliqua improbæ occultationis. Darum, wann dergleichen Haus- und Nachsuchung ohne der Obrigkeit Zulaß ergehet, der Gesuchete aber nicht gefunden wird, solches actione injuriarum nicht unbillig zu vindiciren. l. injuriarum § fin. l. qui in domum ff. de injur. l. 3 ff. de acquir. rer. domin. Dargegen, wann des Ober-Herrn Vergönstigung erlanget ist, ob gleich der Inquisitus nicht angetroffen, excusiret

excusiret ipsa magistratus autoritas a suspicione & actione injuriarum. Alberic. de Rosat. in d. l. Divus. Joh. de Plat in d. l. quasdam C. de Metall. Eine Obrigkeit aber soll auf blosses Anhalten und Vorwenden eines iedern so leicht dergleichen Perquisitiones nicht indulgiren, zumalen solche ohne dringende Ursache dem Haus-Frieden entgegen seynd, und nicht geringe Ungelegenheit bey sich führen. Domus enim cuique tutum liberumque præstare debet præsidium, l. plerique ff. de in jus vocand. & nihil tam durum, tamque inhumanum est, ac cuilibet permittere, quo publicatione rerum familiarum & paupertatis detegatur vilitas & invidiæ exponantur divitiæ, l. 2 in pr. C. quand. & quib. quart. pars. Derowegen hierinne vorsichtiglich zu verfahren, also, daß die Muthmassungen, oder Præsumtiones, dannenhero vermuthlich der Entlauffene an dem durchforschenden Orte sich verborgen halten möchte, wohl zu überlegen, uti hoc ipsum innuit JCtus in l. Divus 3 per verb. in fin. vestigia occultantium.

Es ist nebst dem annoch ein zuträglich Mittel, daß bey verfehlender Nachricht, wo der Entwichene aufzufinden, durch die ordentliche Obrigkeit per edictum publicum, oder auch öffentliche Abkündigung von den Cantzeln ein iedweder ermahnet werde, so er Wissenschafft davon hätte, es an bestimmten Orte anzumelden. Und ob wohl sonst niemand verbunden ist, einen Ubelthäter, und dessen Auffenthalt anzuzeigen, l. qui vas § qui furem ff. de Furt. Hartm. Hartman. obs. Pract. l. 2 tit. 50 obs. 13. Goden. consil. 2 tit. de Injur. n. 8 in fin. so ist dennoch auf der Obrigkeit Gebot ein ieder solches bey Vermeidung der auf den Ungehorsams-Fall angedroheten, oder auch anderer Arbitrar-Strafe, wie solche adversus receptatores pflegt imponiret zu werden, alsdann die Flüchtigen anzumelden, schuldig, Jul. Clar. in Pract. Criminal. § fin. quæst. 27 vers. sed quæ eo.

§. 4.
Strafe derjenigen, so fremde Unterthanen hegen oder weghelffen.

Wann nun in diesem von der Obrigkeit etwas nachgelassen, oder auch von andern darwider gehandelt wird, seynd darauf in den Rechten gewisse Strafen verordnet. Und zwar daferne jene ihr obrigkeitliches Amt, ohne eine erhebliche Ursache hinansetzet, statuiren die Rechte darauf multam centum solidorum, welche nach der gewöhnlichen Ausrechnung, so viel als ein hundert Ungarische Gülden austragen. Hoc reperies in l. 1 § hoc autem 2 ff. de Serv. Fugitiv. ubi JCtus ait, Multam centum solidorum in Magistratus statuta, si literis acceptis inquirentis non adjuvent. Dagegen die, so der Verfolgung oder Aufforschung entgegen seynd, auch unterschiedlich gestrafet werden, und zwar, der in seinem Hause oder Gütern auf der Obrigkeit Anordnung die Nachsuchung nicht zulassen will, wird mit ietzo bemeldter Straffe beleget. d. l. 1 § 2 Wer aber den vorflüchtigen Bauern gehauset, zu Dienste an- und aufgenommen, ist zuerst verbunden, denselben mit alle dem, so ihm zugehörig, folgen zu lassen, und da er weiter entkäme, dafür vollkommene Erstattung, wie hoch die Herrschafft das Interesse taxiren würde, zu thun. Zum andern, was der Entwichene mittlerzeit verabsäumet, und seiner Herrschafft nicht geleistet, abzuführen. Drit-

tens, wann dannenhero, daß die Aecker wüste haben liegen müssen, und die Land-Steuern dem gemeinen Besten abgegangen, dero Ersetzung. Und dann Viertens, annoch eine ansehnliche Geld-Busse, wie dieses alles mit mehrerm zu vernehmen, ex l. omnes 8 ib. Johan. de Platea l. servos 12 C. de Agricol. & censit. l. un. C. de Colon. Thracens. Nov. 17 c. 14. ubi additur ratio, quare tam severe statuatur contra illos, qui alienos recipiunt & detinent colonos, nempe quia admodum odiosum est & impium, quod inde quæritur lucrum. Dann weil die Rechte Fugam servorum & colonorum unter die Dieb-Stähle rechnen, ist nicht zu verwundern, daß diejenigen, so dazu Zuschub, Hülff und Unterschleif darthun, mit ernsten Bestraffungen angesehen werden; In Anmerckung, daß, ob bey andern Diebstählen der Schade gemeiniglich den Werth der abgenommenen Güter nicht weit übertrifft, die Menschen dennoch aus ihrer unschätzlich, was den Ackerbau, der Herrschafften Unterhalt, und Landes-Zulagen dadurch abgehet, und da den Consequentiis mit harten Bussen nicht vorgekommen wird, weiter zu Verderb zuwachsen würde, unter die grössesten Schaden zu rechnen. Darum ob damna & pericula graviora die Straffen auch geschärffet werden. Sonst aber ist unbenommen, auch nicht verboten, in eines andern Jurisdiction, oder Grentzen, denjenigen, so sich allda aufhält, und zu seiner vorigen Condition soll abgefordert werden, so lange, bis daß er in sichere Hafft und Verwahrsam genommen werde, in guter Acht zu haben, selbst, oder durch andere bewachen zu lassen, auch wohl gar, da er befindlich, mit der Hafft anzuhalten, bis daß der Obrigkeit des Orts, so bald man dero mächtig seyn kan, es angezeiget, und rechtliche Verordnung erreichet werde. Dann wie niemand zu verüblen stehet, daß er sein Gut, wo ers antrifft, beobachte, damit entzwischen er zum Richter gehet, dessen nicht verlustig werde, auch unter fremden Gebiete solchem einen Custodem beysetzen mag, so ist so vielmehr unstrafbar diejenigen, so leicht entlauffen könten, also zu warten, daß sie nicht entgehen, da sie sich der Flucht, oder des heimlichen Versteckens vermercken liessen, und ist, was von dem Vorflüchtigen droben vermeldet, auch bey solchem Fall zulässig. Paria enim habentur esse fugitivum & de fuga suspectum. gloss. in l. quæsitum 14 ff. de Pignor. Rebuff. de Litter. Obligator. artic. 6 gloss. 3. n. 72 & seq. Dec. consil. 75 n. 2. Præparamentum fugæ idem operatur, ac quod ipsa fuga. Coler. de Process. Execut. p. 1 cap 2 n. 126. Melius enim est occurrere in tempore, quam post exitum vindicare, l. 1 C. quand. licet unicuique sine jud. Wo hierüber das Austreten der Unterthanen so böslich geschehe, daß die Herrschafft bedrohet, oder befehdet würde, ist deroselben Behausung, Atzung und Unterhalt so vielmehr strafbar angesehen, daß den Reichs-Abschieden nach, die Receptatores als friedbrüchige solten tractiret werden. Wie in der Cammer-Gerichts-Ordnung lib. 2 tit. 14 versehen, Gail. de Arrest. Imp. c. 8 n. 15.

Es betreffen aber diese Rechte keine andere, dann die gute Wissenschafft tragen, wie die bey ihnen sich aufhaltende muthwillig von ihrer Herrschafft entlauffen, und sich darunter zu begeben, pflichtig seyn,

also denenselben wider jene Auffenthalt und Unterschleiff wissentlich geben. Die dessen unwissend,
und zu der Meynung verleitet, als wann es entweder freye Leute oder auch mit gutem Willen und
Rechte abgeschieden, oder aus unumgänglicher Noth
abgetrieben, sind billig entschuldiget. Uti Imp. Constantinus rescripsit: Quod si servus fugitivus in-
genuum se mentitus sub mercede apud aliquem fuerit, nihil is, qui eum habuit, poterit incusari, l. quicunque 4 C. de Serv. fugit. Imgleichen ceßiren
ausser allem Zweiffel solche Sanctiones zu denen Zeiten, wann durch Krieg, Pest, Brand, und dergleichen Unfälle, die Bauern von dem ihrigen haben entweichen müssen, nebst dem, daß dieselbe pro
fugitivis, in quibus dolus & malitia requiritur, l.
quid si § 1 & seq. ff. de Ædilit. Edict. nicht zu halten, so seynd sie, so selbige in dergleichen Nöthen
aufnehmen, ehe zu rühmen, als zu tadeln.

So befindet sich auch aus den Rechten, daß solche Straffen evitiret werden, wann innerhalb 20
Tagen nur die Abfolge von der Zeit, wann darum
gefodert, oder auch erschienen, daß der Angesprochene als ein Vorflüchtiger an seinem Ort zu verweisen sey, ergehet, per text. in d. l. 1 § 1 ff. de Serv.
fugit.

Wie es mit den Fugitivis die Rechte wollen gehalten haben, solches ist auch bey den Vagabundis,
die keine gewisse bleibende Stelle, oder Wohnung
haben, zu observiren. Gail. de Arrest. cap. 8 n 17.
Menoch. d. remed. 10 n. 50. Fugitivus enim est, si
quis erro sit, d. l. 1 § fugitivum 5 ff. de Fugitiv. Wann
nun kein ander Mittel zur Hand, dadurch ein solcher Umläuffer möchte in Hafft gebracht, und verwahret werden, auch so eilend die richterliche Hülffe
nicht zu erhalten, ist gleicher Gestalt, wie vorhin
gedacht, denselben, wo er zu erhaschen, anzugreifen,
und in Verwahrsam zu bringen, zuläßig.

§. 5.
**Wie es mit denen Unterthanen zu halten, so unter andern Herr-
schafften sich niedergelassen?**

Wann sich aber zuträget, daß der vor einen vorflüchtigen Unterthanen angesprochen wird, sich bereits unter einer andern Herrschafft niedergelassen,
indem er entweder als ein freyer Mensch allda sein
Domicilium und Wohnung angestellet, oder zu
Bauers- und Pacht-Recht angenommen, oder auch
Dienste sich vermietet hätte, ist alsdann nicht frey
gelassen, also, wie von vorigen Fällen gemeldet, zu
verfahren, und eigenmächtig zuzugreiffen, zumalen
vorbemeldte Remedia alleine contra fugitivos eorumque receptatores verordnet seynd, sondern ein ieder muß alsdann bey denen, so Macht und Jurisdiction über den Beschuldigten haben, gebührende
Ansuchung thun, und rechtliche Verfügung erwarten. Luc. de Penn. & Joh. de Plat. in l. si coloni C.
de Agr. & censit. Gail. d. c. 8 n. 17. Menoch. dict.
remed. 10 n. 53. Dann eben so wenig als sonst einem Herrn erlaubet ist, sein Gut iemanden, der dessen habhafft, de facto, und propria autoritate abzunehmen, l. si quis in tantam G. und. vib 2 § cum
igitur, de vi publ. l. exstat. ff. quod met. cauf. gebühret iemand aus fremden Gebiete der Herrschaft
unersucht einen Bauers-Mann, oder Leibeigenen
abzuholen. Judiciorum vigor jurisque publici tutela
ideo in medio posita est, ne quis sibi ipsi permittere

valeat ultionem, l. nullus 14 C. de Judæ, unde nemo
sui suæque causæ judex esse debet, l. 1 C. ne quis in
sua caus. nec permittendum singulis, quod publice
per magistratus fieri debet, ne sic occasio majoris tumultus, l. non est singulis 178 ff. de R. J. & partes ad
arma deveniant, l. æquissimum in pr. ff. de Usufr.
Es mag auch in diesem Falle die höhere Obrigkeit
nicht zufahren, und ehe der Bauer, oder derselbe,
so einig Interesse an ihm haben möchte, gehöret, denselben mit Gewalt abholen, sondern alleine mandatum
cum clausula abgehen lassen. Es seynd auch in diesen
Fällen die Steck-Briefe, den Rechten nach, nicht
zu ertheilen, sondern durch ordentlich Recht zu verfahren, es wäre denn vermuthlich, daß der Angesprochene entweichen, oder entkommen möchte, vielweniger ist auf empfangene Steck-Briefe bey sothaner
Beschaffenheit, daß einer sich unter einer Obrigkeit
häuslich aufhält, dero unersucht zuzugreifen.

§. 6.
**Wie iemand, der seine Unterthanen aus frembdem Gebiete gewaltsam
und zur Ungebühr abholet, zu belangen, und was er
damit verwircke?**

Da iemand in eines andern Territorio, District,
oder Botmäßigkeit zufähre, und die Leibeigenen, so
von ihm abgeschieden, ohne Vorwissen, Willen und
Belieben des Orts Obrigkeit, da er das Periculum
moræ nicht vorzuwenden, und zu beweisen hätte, angriffe, und etwa in Banden und Helden legte, oder
sonst wegführete, ist solches ausser Zweifel pro violatione jurisdictionis zu achten. Darum actione injuriarum a potestate in cujus territorio vis illata est,
zu belangen. Chassan. in consuet. Burgund. rubr. 12
§ un. n. 2 & seq. Coler. de Process. executiv. part. 1
c. 5 n. 82. Carpzov. in Jurisprud. Forens. Romano
Saxon. p. 1 const. 32 def. 27 n. 3 per text. in c. ex parte 1.
X. de V. S. Es kan auch nach Gestalt und Masse,
wie die Gewalt und Ungebühr so gebrauchet worden,
beschaffen, ein solcher Violentus invasor, ex lege Julia de vi publica, aut privata gestrafet werden. Welches
judicis arbitrio heimzustellen.

So ist auch Rechtens, daß die mit thätlicher Gewalt abgeholete Person vor allen Dingen an den Ort,
von wannen dieselbe weggekommen, restituiret, und
hernach dijudicirt werde, ob selbige abzufolgen sey, zu
Id enim ex juris principiis notum est,
quod spoliatus semper ante omnia restituendus est,
c. nullus 2 q. 2 tot tit. X. de restitut. spoliat. Gail. 2
obs. 75, 2. Es wäre denn alsofort ex primo intuitu
offenbar, daß, dem der Bauer entführet, oder auch
der Bauer selbsten zu demselben keine Ansprache und
Recht hätte. Nec enim spoliatus eo casu ante omnia
restituitur, quando constat de non jure petentis restitutionem & jus restitutionem denegantis apertum est,
Gail. 1 Observ. 22, 4. Anton. Gabriel l. 5 Commun.
conclus. tit. de restit. spoliat. conclus. 1 n. 101, idque
vel per testes jam examinatos, vel per confessionem
judicialem spoliati, vel alias ex actis per circumstantias & conjecturas inevitabiles, aut ex facti, vel simili
notorietate. Vid. Cothmann. consil. 67 num. 36 & seqq.
vol. 2.

Ob aber nicht, der sich sothaner eigenthätlichen gewaltsamen Abführung unterfangen, des Rechtens,
so er an dem Abgeholeten gehabt, dadurch verlustig
sey, und solches demjenigen, so die Gewalt gelitten, zuwachse? wird durch unterschiedliche Meynungen in Disputat gezogen. Hierüber so viel richtiger

riger meine einfältige Meynung zu exprimiren, seynd drey Personen hiebey zu betrachten. Erstlich derjenige, so Dominus territorii ist, oder die Jurisdiction an dem Orte hat, von dannen andere den Leibeigenen thätlich entführet, aber sonst an dem Entführten nichts zu prätendiren gehabt. Zum andern, welcher des Bauren-Dienstes gebrauchet, indem sich derselbe etwa unter ihm zu Bauer- und Pacht-Recht niedergelassen, oder vor Dienst-Lohn auf gewisse Zeit vermiethet. Dann auch drittens, den Leibeigenen vor ihm selber.

Wegen der violirten Jurisdiction, oder verübten Gewaltsamkeit, hat die Obrigkeit, sie sey hohen oder niedrigen Standes, wie offt gedacht, der actionum injuriarum & de vi wider die, so daran schuldig, zu gebrauchen. Da man auch des Entführten mächtig würde, denselben bis zu gemachetem gebührenden Abtrag zuvor enthalten, auch demselben an höhern Orten Schutz zu suchen, aber an ihm kein Recht, welches dieselbe Obrigkeit zuvorhin nicht gehabt, anzumassen. Illud enim juris remedium, quo violentus invasor, vel occupator rei suæ amittit occupatum, præsupponit quandam in tenente possessionem, nec illi, qui non possidet, dominium ablati ex alterius malefacto cedit. Bald. Salyc. Bartol. n. 23 in l. si quis in tantam C. und. vi. Demnach, wann aus iemands Botmäßigkeit Einliegere, die eines andern Herrschafft leibeigen wären, unbefugter Weise weggeführet würden, wird daran der Eigenthum nicht verlohren, weniger des Ortes Obrigkeit acquirir, sondern die verwirckte Straffe gehöret derselben alleine zu.

Anreichende diejenigen, so einig Recht oder Prätension zu dem Bauer gehabt, lasse ich davon andern ihre Meynung frey, achte aber, daß sie dessen, so in l. si quis in tantam C. unde vi. constituiret, wider die violentos invasores & occupatores zu gebrauchen haben. Demnach wer mit Gewalt und de facto die bey andern im Dienst sich aufhaltende Leute wegzuführen sich anmasset, die Entführete alsofort an den Ort, von dannen die eigenthätliche Abholung geschehen, zu restituiren schuldig, daneben alles seines Rechtens ohnig sey. Dann aus den Rechten befindlich, daß der Verlust des durch Thätlichkeit abgenommenen Gutes, als ein commune & ordinarium remedium contra violentias erfunden. Dadurch die Beraubete, des erlittenen Muthwillens eine billige Ergezlichkeit, und die Urhebere eine rechtmäßige ernste Strafe, andern zur Warnung befunden, und dadurch die allgemeine Securität, Friede und Ruhe stabiliret würde. Und ob wohl etliche vermeynen, solche Constitution gehöre alleine ad res immobiles illarumque occupatores, ist dennoch ex veriori magisque communi JCtorum opinione, in löblichen Gerichten üblich, daß auch die Occupatores rerum mobilium, vel se moventium, gleiches Recht und Verdammniß billig erdulden. Ripa in c. sæpe n. 89 X. de restit. spoliat. Menoch. recup. possess. 9 n. 265. Nulla enim justa diversitatis ratio apparet, quare quod ad reprimendam hominum audaciam & conservandam humanæ societatis tranquillitatem, quæ nulla re magis quam violentiis turbatur, repertum est, ad res immobiles restringi, & eadem injuria idem metus malumque in cæteris superesse debeat. So ist auch obgedacht, daß die

Bauers-Leute den Rechten nach, loco rerum immobilium geschätzet und gehalten werden. Auch irret hiegegen nicht, was geschrieben wird, quod civiliter possidens, si ab alio corporaliter detentam possessionem occupat, non incidat in pœnam, d. l. si quis in tantam. Ripa in d. c. sæpe num. 78. Cæpoll. cautel. 100. Unde cum quis subditum suum, ubicumque sit, animo civiliter possidere videatur, colligitur apprehendentem a pœna esse immunem. Id enim non aliter accipiendum, quam ubi quis suum occupat, in suo fundo, vel territorio. Secus in alieno quod invadere non licet ad suum vi apprehendendum, quia ibi est in alterius potestate.

Und gilt dieses nicht alleine in dem Fall, wann sich eines andern Unterthan zu Bauers- und Pacht-Recht niedergelassen, sondern ob er nur als ein Dienst-Bote bey demselben sich aufhielte. Wie alsdann mit Gewalt das seinige abzuholen, verboten, so wird es auch gleichmäßig bestraffet. Nam commodatario id remedium juris tribuitur, nedum conductori vel alii bonæ fidei possessori, vid. Menoch. recup. remed. 9 n. 184. Ripa d. c. sæpe n. 77. Es ist aber der Gewaltthäter seines Leibeigenen nicht ipso jure entlohniget, noch etlanget ex ipso facto der Beschädigter an demselben das Dominium, sondern weil viele Ursachen vorkommen können, warum ein anders zu statuiren, wird zuvorher Richterliche Erkenntniß und Anspruch erfodert, gloss. & Bartol. n. 28 in d. l. si quis in tantam. Ripa in d. c. sæpe n. 99. Tiraquell. in l. si unquam verb. reservatur n. 152 & 187 C. de revocat. donat. Dannenhero, woferne der Abgeholete in dessen, der sich der That-Handlung unterstanden, Gewalt befunden, conditione ex l. si quis in tantam wieder zu fordern und zu bitten, daß er alsofort restituiret, und das Recht an demselben jenen aberkannt werde. Menoch. d. remed. 9 n. 310. Wo er sonst hinwiederum zu iemands Mächten wiederum gelanget, dienet demselben wider den Spoliatorem das Recht zur Exception, daduch er amissum dominium ihm vorzuwerffen hat.

§. 7.

Wie in Fällen die Abholge betreffende, nach Unterscheid der Fälle unterschiedlich zu procediren.

Ob auch geschehe, daß keine Gewalt bey der Abholung verübet, dennoch die Leibeigene, so in anderer Herren Dienste, wie obgedacht, begriffen, heimlich aus frembder Botmäßigkeit abgeführet würden, wird von vielen nicht ohne vernünfftige Ursache davor gehalten, daß nicht weniger als in obgesatztem Casu, der sich dessen unterfänget, seines Rechtens ohnig werde. Pœna enim d. l. si quis in tantam, non modo si quis vi, sed etiam si clam, inscio & invito possessore alterius possessionem ingressus fuerit, locum habere creditur. Accurs. & Bartol. num. 17 in d. l. si quis in tantam. Menoch. d. remed. 9 n. 264. Id enim legibus vetitum est, res alienas, vel possessiones per suam auctoritatem usurpare, l. fin. C. und. vi; unde etiam vi non adhibita vi tamen illud occupatum censetur, quod contra animum & voluntatem possessoris occupatur. Tiraquell. de jur. constit. p. 1 n. 69. Ruin. consil. 165 n. 4 lib. 5. Cravett. consil.

consil. 107 num. 3. Dabey zum Beheiff dem Beschuldigten nichts gereichet, daß der abgeholete Bauer gutwillig gefolget und mitgezogen, zumalen derselbe also heimlich abzuscheiden, nicht berechtiget, sondern seines versprochenen Dienstes abzuwarten, und hernach mit gutem Willen seine Erlassung zu suchen, oder auch durch rechtliche Wege zu erhalten, schuldig.

Es hat aber die bemeldte Poena amissionis nicht anders stat, dann so die ohnrechtmäßige Abführung, sie sey violenta, oder clandestina, ihr vorgesetztes Ende erreichet, und der Abgeholeter ausserhalb dessen Jurisdiction, so denselben sich gehabt, dadurch gebracht sey. Non obtinet constitutio d. l. si quis in tantam, contra eos, qui alienas invadere Possessiones tentant, sed non peragunt, dum, vel ante repelluntur, vel quod abducere conantur, illis eripitur. Quod violenter ab iis actum punietur, non vero amittent, quod nondum receperunt, Ripa in d. c. sæpe 71. Bartol. & Salyc. in l. si quis ad se C. ad L. Jul. de vi. Daneben, wann einer auf seinem eigenen Grund und Gütern, oder in anderer Obrigkeiten Territoriis denselben, zu welchem, als seinen Leibeigenen er Anspruch hat, angriffe, oder in Hafft bringen liesse, hätte es auch damit eine andere Beschaffenheit, und möchte sich der, so den Angegriffenen in Dienste hat, nachdem ihm aus seiner Possession nichts gewaltsam, oder heimlich abgeholet, des Bauren darnach sich nicht anmassen, oder die bemeldten Actionen mit Fuge gebrauchen, sondern in dessen Territorio die Gewalt und Thätlichkeit verübet würde, mag die Remedia violatæ jurisdictionis anwenden.

Denselben, so zur Dienstbarkeit abgeholet wird, endlich betreffend, ist anzusehen, ob er eine Zeitlang in Possessione libertatis gewesen, und sich öffentlich vor einen freyen Mann gehalten, oder auch sonst darwider scheinbare Ursachen vor sich anzuziehen hätte. Dann wie an einer Seiten, wer kundlich eines andern unerlassener Unterthaner ist, und sich seiner Gebühr ungebührlich entzogen, sich nicht zu beschweren hat, wo er an Orten und Stellen, da man ihn antrifft, angegriffen, und ad statum suum redigirt wird, also, da entgegen, wer in quasi possessione libertatis mit gutem Scheine sich befindet, und darauf unter einer fremden Herrschafft gesessen, soll nicht aus eigener Macht angetastet, sondern durch ordentliches Recht coram competente judice vindiciret werden. Sonst im widrigen der dagegen handelt, machet sich des Rechtens, so er an ihm hat, verlustig, und der Bedrängete wird seiner vollkommenen Freyheit fähig, Salyc. in d. l. si. quis in tantam. Menoch. d. remed. 9 n. 300 & seqq. Es wäre dann, daß er betrüglich, und unrechtmäßiger Weise sich in die quasi possessionem gebracht hätte. Hæc enim paria sunt & simile præjudicium habent, in servitute constitutum & in possessione libertatis esse, sed non sine dolo malo, l. cum quæ 21 C. de liberal. caus.

Wann nun dergleichen Gefährlichkeiten bey dem eigenthätlichen Abholen entstehen, und einer dadurch leicht grösser Streit, Unlust und Schaden empfinden kan, als offt derselbe werth, um welchen es zu thun ist, so ist der sicherste und vorträglichste Weg, bey der Obrigkeit, darunter sich der Leibeigene aufhält, und befindet, um die Abfolge Ansuchung zu thun, und der rechtlichen Hülffe zu gewarten. Durch welche Rechts-Mittel dasselbe vorzunehmen sey, ist bey dem andern Haupt-Punckt beleuchtet. Daneben ist zu betrachten, wem in solchen Fällen das Richterliche Amt zuständig.

§. 8.

Wann die Entwichene sofort vor Erörterung bey angezogenen Exceptionen abzufolgen?

Dabey ist wohl zu unterscheiden, in welcher Gestalt und Qvalität, der so in Anspruch wegen der Leibeigenschafft genommen wird, sich unter der fremden Herrschafft, und Landen befinde. Wann offenbar, daß derselbe dem, so ihn iezo anspricht, nach Bauers- und Pacht-Recht dienstpflichtig gewesen, aber ausgetreten, und sich seiner Pflicht äussert, possessionem libertatis aber noch nicht erreichet, ob er gleich dieselbe prätendiren möchte, oder auch eine geringe Zeit sich derselben, weil er anzutreffen, der Herrschafft unwissend, gebrauchet hätte, quod æquiparatur isti casui, si nunquam in possessionem libertatis devenisset, Menoch. recup. possess. remed. 10 num. 38, ist zu Recht heilsamlich versehen, daß, wer also begriffen wird, alsofort seiner kundbaren vorigen Herrschafft zu übergeben, und da er wider dieselbe ad libertatem provociren wolte, weil auch in Causis status die Rechts-Regel, quod actor rei forum sequitur, üblich, l. si in possessione 3 C. ubi caus. stat. ag. & qui ad libertatem ex servitute proclamat, actoris partes sustinet, l. liberis § ult. ff. de liber. caus. vor ihr, oder dessen ordentlichen Obrigkeit darüber Recht suchen, und nehmen solle, per text. l. 1 & 4 C. ubi caus. stat. agi. Dann ein iedweder leicht abzunehmen, daß wann in solchen Fällen dem Leibeigenen frey stehen solte, wann er in fremde Jurisdiction und Gebiete gelanget, allda Status Controversiam stiftet ohnstreitigen vorigen Herrschafft zu moviren, und ihn darüber vor eine fremde Obrigkeit zu ziehen, dadurch den muthwilligen Dienst-Leuten ihren Frevel und Bosheit zu üben, Thür und Fenster würden eröffnet, auch den Herrschafften grosse Molestiä, Beschwerden, und dem werthen Acker-Bau schädliche Behinderungen zugefüget werden. Welchem vorzubeugen, die Rechte es also verordnet, daß wer sich nicht schuldig erachtet, in der Dienstbarkeit länger zu verharren, derselbe durch ordentlich Recht an gebührendem Orte seine Freyheit suchen, immittelst aber bis solche ausgeführt, in seinem Stande verbleiben, da er austreten würde, pro inique fugitivo zu halten, demnach alsofort an seinem Ort remittiret werden solle. Und sind es gar merckliche Worte, welche der Kayser in d. l. 1 setzet: Libertatem sibi vindicans non injuria eo loco litigare compellendus est, unde quasi fugitiva recessit. Unde remittere eam in provinciam, in qua servivit, Præses Provinciæ, qui in eo loco jus repræsentat, curæ habebit, sed non ubi deprehensa est, audire debet. Daraus anzumercken, daß die Landes- oder Stadt-Obrigkeit, dahin der Vorflüchtige sich begeben, denselben nicht eins mit seiner vorgeschützten Libertät, oder andern Ausflüchten hören, weniger sich darüber einer Cognition anmassen, sondern blosser Dinge den Entwichenen dahin, von wannen er gekommen, zurück weisen solle. Welches

ches aber nicht zu dem Verstand zu detorqviren, als wenn vor der erforderten Remißion der Richter, bey welchem dieselbe gesuchet, sich nirgends um bekümmern, sondern dem Petitori in allem Glauben geben solte, welches auch ungereimt seyn würde, sondern es gehen die erzehlte Worte nur dahin, daß er sich der Cognition, über die Präterten, daraus der Vorgewichene ad Libertatem proclamirt, nicht anmasse. Sonsten aber ist nicht alleine zugelassen, sondern auch nöthig zuvorher summarie zu erforschen, ob der Angesprochene ein Leibeigener, und in der Dienstbarkeit gewesen. Und wie mit der beschuldigten Fuga beschaffen. Ex Cin. in d. l. 1 & Bart. in l. de jure in fin. princ. ff. ad Municipal. Menoch. recup. poss. remed. 10 n. 38 in fin. & num. 45. Zumalen dasselbe offenbar seyn muß, daß er entwichen, in der Leibeigenschafft dienstbar gewesen, und wider seines Herrn Willen ausgetreten sey, dann wo dieses nicht ausfündig gemachet, so geschiehet die Abfolge nicht obgesezter Maßen, sondern es ist die Sache zu ordentlichem Rechte zu erweisen.

Es begiebt sich aber öffters, daß die von ihrer Herrschafft, und dero Gütern abweichen, in Conditione fugitivorum nicht bleiben, noch bald verfolget werden, sondern solche also verändern, daß sie in Städten, oder an andern Orten sich als freye Leute niedersetzen, oder auch unter andern Herrschafften Dienst- und Bauers-pflichtig werden, darunter Höfe annehmen und bauen. Nach solchen Geschichten, wann sie eine Zeitlang in dem Zustand beharren, und hernach die vorige Herrschafft um die Abforderung bemühet, wird die Remißion also, wie im vorigen Casu gemeldet, nicht füglich gebeten, sondern woferne sich der Entwichene auf die Libertät beruffet, oder wer denselben zu Dienste und Pflichten angenommen, daran einig scheinliches, und in continenti nicht hintertreibliches Recht vorwendet, gehöret dieselbe Sache zur Erkundig- und Abrichtung der ordentlichen Obrigkeit. Dafür ist dieselbe zu halten, unter welcher sich die Persona vindicanda häuslich, oder sonsten aufhält. Quando enim dominus vult se dominum ostendere, & quem servum dicit, cum in libertate vel alterius possessione deprehenditur, in servitutem redigere, actoris partes sustinet, reique, id est, servorum sequitur l. si in possessione 3 C. ubi caus. stat. ag. Menoch. d. remed. 10 n. 41.

§. 9.

Wer in diesen Sachen Richter sey?

Und zwar gehöret die Cognition vor die unmittelbare Obrigkeit, darum die von Adel, und andere Land-Begüterte in ihren Districten und Gebieten hierüber in prima instantia die Cognition haben und judiciren, so ihnen nur sonst die Jurisdiction zuständig ist. Es wären dann die Sachen also beschaffen, daß die unmittelbare Obrigkeiten sich der Sachen parteylich anmasseten, und der Reorum annehmen, wie dann geschiehet, wann die angesprochene Unterthanen sich unter ihnen gesetzt, und dienstpflichtig geworden, selbige auch nicht wollen abfolgen lassen, mit dem Vorwand, daß sie näher denn der die Zusprache thut, dazu berechtiget seyn. Weil sie nun Part werden, können sie nicht Richter seyn,

Jurist. Oracul V Band.

---

seyn, sondern wird die Sache billig ad judicem immediate superiorem devolviret. Eo enim casu quando servit colonus ei, sub quo reperitur, non ille, sed hic possessor conveniendus est, sicut, si aliquis est in possessione obedientiæ, conveniendus est ipse, non qui obedientiam facit, c. constitutus X. de Relig. Domib. Luc. de Penn. in l. si coloni C. de Agric. & censit. ideoque ejus judex abeundus, ubi restitutio recusatur. Wie dann ein ebenmäßiges geschiehet, da super denegata, vel protracta justitia sich Leute beklagen, und es bescheiniget wird, daß gebührende Ansuchung geschehen. In casu enim denegatæ justitiæ, quia ob hanc judex inferior amittit causæ cognitionem & jurisdictionem. Alexand. in l. ne pupillo si quis ipsi n. 12 & 13 de nov. op. nunciat. Bald. in l. fin. § illud per ill. text. C. de Tempor. appell. superior per modum simplicis querelæ adiri potest; si protrahitur, superior promotoriales decernit pro ea intra certum tempus administranda, Gail. 1 Observ. 28 v. 7.

§. 10.

Wie die Possessio libertatis vel servitutis in diesen Fällen zu unterscheiden.

Es tragen sich hieneben auch dergleichen Fälle zu, daß nicht leicht vor der Hand zu unterscheiden, ob der Leibeigene, darum gesprochen wird, der vorgewandten Libertät ohngeachtet, alsfort zu remittiren, oder aber, wie zuletzt gemeldet, darüber die Cognition an dem Ort, da er sich aufhält, zuerst ergehen solle. Bey solchem Zweiffel bestehet die Erkundigung darinne, ob der Entwichene in possessione libertatis, oder, der ihn zurück fordert, in possessione servitutis sey: Uti Menoch. d. remed. recup. 10 num. 42 scribit: Si dubium sit, quis actoris, & quis rei partes sustineat, tunc summatim cognoscitur, quorum alter sit in ea quasi possessione, vel libertatis, vel servitutis & qui fuerit repertus in possessione, is rei partes sustinebit, quia ista eum operatur effectum, ut probandi onus in adversarium rejiciat. l. 1 C. de alien. judic. mut. caus. Wenn aber jemand vor sich Possessionem libertatis, vel servitutis anziehen könne, bedarff eines gutes Unterscheides. De quo sic Dd. discernunt. Aut rusticus jam ab aliquo apprehensus est, puta, ut ab ipso tanquam proprius homo detineatur, nec recens ex fuga sit, tunc apprehendens possidere censetur, nec primus dominus intelligitur possessor, ideoque possessionis non gaudet commodis; Aut a nemine possidetur, sed sibi libertatem tribuit, & tunc dominus non intelligitur amisisse possessionem, nisi diu ille in libertate steterit, l. 3 § quod si servus ff. de acquir. poss. l. si is § si servus ff. de Usucap. ad quod aliqui decennium requirunt, sed sufficit brevius tempus pro ratione circumstantiarum, ex quibus id determinabit arbitrium judicis, cui relinquendum est. Inspici enim debet dominorum negligentia & fugientium conditio, seu commoratio & quæ in ea sunt peracta. Cyn. in l. C. ubi caus. stat. Menoch. recup. poss. remed. 10 n. 119 & seq.

Es vermeynen zwar etliche; Daß bey vorkommendem Zweiffel, wer in Possessione vel quasi sey; Ja auch, wann die Possessio notoria a parte

R r r

rei,

rei, und derselbe etliche Exceptiones, und Behelffe wider die gesuchete Abfolge einwendet, wann mir erwiesen, daß der Angefochtene des Klägers Leibeigen sey, dieser gegen Caution abzufolgen, und hernach, wer recht oder unrecht habe, zu disputiren sey. Aber solches ist den Rechten nach, nicht zuläßig, sondern wie zur Zeit der Ansprache iemand befunden, so muß er verbleiben bis zu dero Austrag, juxta illud: Uti possidetis, ita possideatis. Nunquam privandus est possessor commodo suæ possessionis, pendente lite § commodum Inst. de Interdict. l. moveor 4 C. si serv. export. Lancellot. inter. de Attentat. pag. 3 c. 24 q. 1 n. 38 & 69, nec possessor licet injustus ante causæ cognitionem decedere opus habet, l. ult. C. de R. V. c. licet V de Præbend. & Dignit. Schurff. consil. 9 n. 5 & seq. cent. 1, adeo ut ex ea causa ne quidem cavere cogendus sit, quod res interitura, aut ipse ad fructus refundendos non sufficiat. Faber in Cod. l. 1 tit. 10 defin. 9 num. 5, multo minus ob cautionem alterius, id quod juste a se haberi prætendit adimi. Id quod a jure & ratione alienum. In quo statu quis tempore cœpti judicii reperitur, in eo etiam manere, ac pro tali reputari debet, donec aliud probatum & desuper pronunciatum fuerit, l. ordinata C. de Liber. cauf. l. lite C. eod. Bartol. in l. is potest ff. de Acquir. hæred. Alciat. de Præsumpt. reg. 2 præf. 1 num. 2.

In Processu aber ist unterschiedlich zu verfahren, In Betrachtung, daß zuweilen des angesprochenen Leibeigenschafft aus desselben Bekänntnissen, oder andern Gezeugnissen offenbar ist, zuweilen dieselbe streitig. Beym ersten Casu hat das vindicirende Theil, entweder mit dem Angesprochenen alleine zu schaffen, oder aber auch mit demselben, der dessen Besitz und Gebrauch hat. Wann kein anderer Interesse an der Sache hat, als der, so leibeigen befunden wird, ist ohne weitläufftigen Proceß derselbe anzuhalten, daß er sich unter seine vorige Herrschafft begebe. Novell. 17 cap. 14 verb. provinciarum præsides in eas fugientes agricolas confitentes aut convictos tradant possessionibus. Und ob derselbe sich auf die Freyheit beruffen, und sich mit dergleichen Ursachen, dadurch sie erlanget würde, behelffen wolte, da dieselbe nicht alsofort offenbar und erweislich, sondern lange Nachforsch- und Beybringung erheischet, ist er deru ungeachtet zu folgen schuldig, hat er hernach dazu Recht und Fug, mag er solches durch ordentliche Mittel ausführen, wie droben mit mehrern erwiesen.

Wann bey andern der Angefochtene sich dergestalt aufhält, daß jener ein nähers und bessers Recht, als der ihn anspricht, zu ihm zu haben vermeynet, ist zu unterscheiden, ob er von demselben angenommen, da er von seiner Herrschafft muthwillig, und per Fugam abgeschieden, bald darauf verfolget, und nicht lange unter dem Beklagten sich aufgehalten, oder aber wie der Abscheid ergangen, zweiffelhafft, und die beschuldigte Fuga nicht offenbar. Wann erster Beschaffenheit es zu seyn, angezogen würde, ist gnugsam die Fugam zu erweisen, und darauf juxt. l. si coloni 14 C. de Agricol. & censir. wie bey der andern Haupt-Frage mit mehrern angezeiget, zu verfahren.

Von Beweisführung.

Sonsten, wie auch in allen andern Fällen, da die Leibeigenschafft streitig, oder, daß dero das vindicirende Theil sich nicht mehr zu behelffen habe, durch eingewandte Exceptiones contendiret wird, geschieht keine Abfolge, ehe die Sache durch rechtmäßige Cognition erörtert, und was recht, erkannt worden. Und zwar wann die Leibeigenschafft, oder Bauers-Pflicht dessen, so angesprochen und gefordert wird, Gegentheil nicht gestehet, lieget dem Kläger ob, dieselbe zu beweisen, l. fin. C. de ord. cognit. Stamm. in tract. de Personal. Servit. lib. 3 cap. 31 num. 1, welches geschiehet durch die Modos, davon bey der andern Frage ausführlicher gehandelt, und wann daraus befindlich, daß iemand, oder dessen Vorfahren vorhin die Leibeigenschafft gehabt, ist dasselbe zur Abfoderung gnugsam. Olim Dominus & hodie talis præsumitur. Alciat. de Præsumpt. reg. 2 præf. 20. Menoch. de Præsumpt. lib. 6 cap. 61 n. 2 & seq.

Wann dieselbe entweder gestanden oder auch erwiesen, dagegen aber, wie obberegt, Exceptiones eingeführet, warum der Angesprochene zu folgen nicht schuldig, weil er etwa frey zu seyn vorwendet, oder der ihn im Besitz und Gebrauch hat, die Verjährung oder einen andern Titel vorschützet, so wird von den Excipienten, wie sonst Rechtens, der Beweis seines Vorwendens erfordert.

12

Die Processe sind in diesen Fällen abzukürzen.

Es seynd aber so viel immer möglich, die Processe in diesen Sachen einzuziehen und zu beschleunigen, l. si coloni 14 verb. celeri reformatione C. de Agric. & censit. ib. Luc. de Penn. q. 19. Unde non nisi summarium de iis processum instituendum concluditur. Joh. de Platea in d. l. si coloni. Menoch. remed. recup. possess. 10 n. 117, quemadmodum communi omnium opinione receptum est, omnia, quæ agriculturam concernunt, judicia summaria & cita esse debere, ne id vitæ omnis fundamentum & penuarium convellatur, aut turbetur.

Was unter der Abfolge begriffen werde?

Wann die Abfolge der abgefoderten Bauers-Leute erkannt oder angeboten wird, seynd darunter begriffen, darum auch mit abgefolget werden müssen, derselben Ehe-Weiber: Jedoch, daß zuvorher wann dieselbe nicht dem vindicirenden Theile, sondern unter dem sich der abgeforderte niedergelassen, gehörig, Erstattung von dem Bauersmanne, oder da er es nicht der Billigkeit nach vermöchte, in subsidium von der Herrschaft geschehe. Wie in 2 quæstione mit mehrern angezeiget. Ingleichen die Kinder, so von ihnen gezeuget, folgen dem Vater, l. un. in fin. verb. cum agnatione restituat. C. de Col. Thracens. jedoch mit dem Unterscheide, davon auch bey jetztbemeldter andern Haupt-Frage bereits gehandelt ist. Also auch, was der Bauer am Viehe, Fahrniß und sonst hat, nimmt er mit sich, wann er wegziehet. d. l. un. in fin. verb. cum omni peculio C. de Colon. Thracens. Davon zuerst

ein

einbehalten wird, was er von der Herrschafft nach
Landes-Gebrauch an Hof-Wehr empfangen, als
welches deroselben und nicht dem Bauren zuständig,
darum von diesem nicht kan veräussert, sondern immer muß beybehalten werden.   Daneben auch,
wann der Bauer in Schulden vertiefft, die Herrschafft vor allen andern Creditoren zu sich nimmt,
was er ihnen sonst angeliehen, wie auch, was iemand dem Bauren zu seiner Einrichtung oder Unter-
terhalt vorgestrecket.   Darum auch, obschon der
Bauer mit den Seinigen nacket und bloß davon gehen sollte, muß er erst bezahlen, oder leiden, daß es
ihm abgenommen und einbehalten werde.   Da solches nicht zureichen könnte, ist die abfordernde Herrschafft dasselbe zu bezahlen, nicht verbunden.   Darum
derselben die Abfolge aus solchem Vorwand mit Rechte nicht mag versaget oder verzögert werden, uti in
terminis decisum reperies in l. nimia 11 C. de
Obligat. & Action.   Es bleibet aber dem Creditori die Action wider seinen Schuldner, wohin selbiger komme, und ist dessen Herrschaft schuldig,
demselben iederzeit Rechts zu verhelffen.   Was nach
abbezahlten Schulden übrig, das behält der Bauer
bey sich, und nimmt es mit, dahin er abgefordert.
Dann die Meynung, was ein Bauer unter der
Herrschaft, da er gesessen, erworben, allda in solchen
Fällen bleiben müsse, ist irrig, wider die Rechte und
Vernunft, id enim quod nostrum, sine facto nostro auferri non debet, L. id quod nostrum ff.
de R. J. Demnach auch, was in sterblichen Fällen
zum dritten, Erb-Fällen, und sonsten den Herrschaften nach Landes-Gewohnheit gebühret, wenn ein
Unterthan abgefordert, weil dessen Person allda nicht
Leibeigen, noch zubehörig, mit keinem Fuge oder
Schein begehret wird.

Was zu Auferziehung und Unterhalt fremder
Bauers-Leute nothdürftig angewandt, so ferne dieselbe dagegen gedienet, kan nicht gefordert, vielweniger deßwegen dieselbe vorenthalten werden.   Qui
recipit ab eo servitia, cui præbet alimenta, ille
horum nomine nihil excipere potest, sed com-
pensasse censetur, l. sed si vir 13 § ult. ff. de
Donat. int. vir. & uxor. L. sicut 48 ff. de Oper.
libert. eum enim quis alere tenetur, cujus operis
utitur, l. in rebus 18 § possunt ff. commodat.
Wann aber die Personen des Zustandes, Alters oder
Kräfte nicht seyn, daß sie ihr Brot verdienen können,
gleichwohl in Städten und Dörffern aus Mitleiden
aufgenommen und erhalten werden, wann dabey den
Herrschaften nichts zu imputiren, warum dieselbe
sich ihrer eigenen Leute nicht angenommen, sondern
andern zu den Thüren kommen lassen, wie solches bey
ietzigen Kriegs-Läufften sich ofte begeben, so seynd
dieselbe gegen Erstattung der Atzung abzufolgen.
Dieser aber kan sich niemand mit Rechte verwei-
dern, zumahlen ein ieder mit höchstem Danck erkennen sollte, daß iemand der Seinigen sich also angenommen, daß er ihrer mächtig seyn kan, die sonst
um, oder aus Noth an andere Oerter entkommen
wären.   Da sonsten zu erweisen, daß die Herrschaften gekonnt, aber nicht gewollt sich ihrer Leute annehmen, sondern weil sie dero nicht benöthiget, sie ins
Verderben gehen lassen, und alsdann andere sich
dero angenommen, seynd sie gar nicht abzufolgen,
sondern frey von den unbarmhertzigen Herren, contra quos severe sancit Nov. 153.

Jurist. Oracul V Band.

§. 14.
Ob die Abfolge alsofort geschehen müsse, und was dabey in
Acht zu nehmen?

Hierüber entstehet Zweiffel, ob die Abfolge alsofort, wann solche begehret und erkannt, geschehen
solle, oder aber, wann die angesprochene Person sich
auf eine gewisse Zeit zu Dienste verpflichtet, solche
erst abzuwarten sey?   Daferne dieselbe muthwilliger
Weise entwichen, und ausserhalb gewöhnlichen Zeiten, wann Dienst-Volck gemietet wird, sich zu
iemandes Diensten begeben, und dieser des unrechtmäßigen Abschiedes Wissenschaft hat, oder leicht
haben können, ist die Abfolge nicht zu verweilen, angesehen ein solcher keine Fuge hat, einem andern die
Seinigen zu vorenthalten, und wie er gewust, daß er
selbige nicht annehmen solle, sich im wenigsten zu beklagen, daß aus seiner Unfuge ihm Ungelegenheit zuwachse.   Dagegen wer seinen Unterthanen so viel
Zeit und Gelegenheit lässet, daß sie abscheiden, und
bey andern in Dienste sich einlassen mögen, oder,
wann dieselbe durch Krieg und dergleichen Zufälle
abgetrieben werden, ihnen nicht Unterhalt schaffet,
sondern daß sie ihr Brot durch Dienste erwerben,
zugiebet, derselbe muß auch gedulden, daß sie ausdienen, damit andere unschuldige Leute, so bey guter
Meynung, ja den Herrschaften nicht zu geringem
Nutzen, dieselbe in ihr Brot und Lohn genommen,
dadurch nicht in Schaden und Versäumniß geführet
werden.   Qui permittit antecedens, pati cogitur
consequens, cum illa patientia cum scientia
conjuncta vim consensus & ratihabitionis habeat, Bartol. in l. 2 C. de acquir. & retin. poss.
Wann auch bey so befundenen Umständen, der eines
andern Unterthanen bona fide & animo inculpa-
bili angenommen, erhalten, aufgeholffen und eingerichtet, durch die urplötzliche Abforderung zu grossem Schaden gerathen, und darüber an dem Seinigen Verderben leiden müste, indem er so geschwinde zu andern Dienst-Boten nicht gerathen möchte,
ist dergleichen Verordnung nicht allein wohl verantwortlich, sondern Christ- und billig, daß iemand seinen Unterthanen, der ihm zu gute beybehalten, da
er sonst in andern Wegen dessen entöhniget seyn möchte,
eine Zeitlang, und zwar bis dahin, wann gedinget
Dienst-Volck ab- und zu-gehen pfleget, zu lassen
schuldig sey.   Daran nicht allein denen, so fremde
Unterthanen aufnehmen, sondern auch welchen sie
zugehören, gelegen.   Denn wo dieser bemeldten Aequität, unangesehen die Herrschaften so strenge und un-
bescheiden hinfuro verfahren wollten, würde die Zeit
lehren, ob in Nöthen die Ihrigen werden angenommen und beybehalten, nicht vielmehr aber ihnen die
Revocation schwerer gemacht werden.

Immittelst, daß die Angesprochene zu Vollführung des schuldigen Dienstes gelassen werden, sind
die, bey denen sie sich aufhalten, verbunden, damit
sie nicht entkommen, sondern nach Verlauf der Zeit
können gefolget werden, gute Acht zu haben.   Wer
zu solcher Obligation sich nicht einlassen will, thut
besser, er lasse, wer ihm nicht zuständig, gehen, dann
er sonst zu allem Interesse der Herrschaft obligiret.
Jedoch nicht weiter, als so ferne er in culpa, daß
der Entlauffene weggekommen.   Wann er aber
darzu weder Ursache und Anlaß gegeben, oder auch
nicht zu erweisen, daß er hätte die Fugam verhindern können, und solches muthwillig unterlassen,

wird Fuga servorum inter casus fortuitos gerechnet, l. contractus 23 ff. de Reg. Jur. l. 5 § sed an etiam 6 ff. de Commod. qui in nullo bonæ fidei judicio præstantur, l. quæ fortuitis 6 C. de Pign. action. l. 1 C. Commod. l. 1 C. depof. l. 1 § si magistratus 11 ff. de Magistr. conven. l. 2 § si eo tempore ff. de admin. rer. ad civit. pertin. Talis vero diligentia requiritur, quam in suis rebus præstat diligentissimus paterfamilias. In illo enim actu, ubi sola tenentis versatur utilitas, illa præstanda est, l. 5 nunc videndum 2 ff. de Commod. Quare a quo aufugit famulus, is ex levissima tenebitur culpa. Wann auch üblich, und vor sich billig, daß, wenn fremde Unterthanen wider der Herrschaften Willen zu Dienste, wie obgedacht, behalten, deßwegen Caution, daß nach geendigter Dienst-Zeit er dieselbe lieffern, und wie der überlassen wolle, bestellet werde, ist dadurch der Cavente nicht weiter als obgesetzten nach er sonst gehalten, worzu verbunden, und da ihm dergleichen culpa, so vor sich nicht präsumirlich, nicht zu überweisen, von der Ansprache ob subsecutam fugam zu entfreyen. Und obwohl auf erfolgte widrige Fälle, zu Beybringung der Hinterläßigkeit viele Argumenta eingeführet werden, ist doch diese als die sicherste Richt-Schnur dabey in acht zu nehmen, wie gemeiniglich von fleißigen Haus-Wirthen das Dienst-Volck gebrauchet und gehalten werde. Dabey niemand schuldig, darum auch nicht zu beschuldigen, daß er fremde Unterthanen durch andere bewachten lassen, und in custodia continua gehabt. Id enim in iis saltem fieri oportet, qui fugitivi sunt, l. 1 § diligens 7 ff. de Fugit. aut ita comparati, ut custodiri soleant, l. si ut certe § sed an 5 ff. commod. In cæteris sufficit nihil factum, vel omissum, unde fugæ causa, vel prompta occasio esset. Atque de hac distinctione pluribus agit l. si a bonæ 21 in fin. l. qui petitorio 36 § si qui rem ff. de Rei vindic. l. illud 40 in pr. ff. de Petit. hæred. ubi primo distinguitur inter bonæ & malæ fidei possessores & quoad illos inter servorum conditionem, an tales fuerint ut custodiri debeant, an vero integræ opinionis. Die beste und vornehmste Caution aber, so hierinne ein Richter erkennen kan, ist meines Erachtens, daß der Angesprochene endlich angeloben müsse, nicht zu weichen, sondern seinem Herrn, wann die einem andern angelobte Dienste zu Ende seynd, zu folgen. Darum, wenn zu solchem die Unterthanen angehalten werden, hat sich niemand zu beschweren. Und ist alsdann auch derjenige, bey welchem dieselbe dienen, auf erfolgte Flucht nicht obligiret, wo nicht beybringlich, daß er Hülffe, Rath, Zuschub und Anlaß zu solcher, sonst unvermuthlichen Bosheit und Meineide gegeben hätte, welches aber nicht präsumiret wird. Wann auch der, so Caution angehalten wird, begehren würde, dieselbe vermittelst beregten Eides von den Unterthanen selbst anzunehmen, bin ich der Meynung, daß er nirgends weiter womit zu beschweren sey.

§. 15.

Von dem Fall, wenn der Bauer umkommen.

Ferner wird gefraget, wenn der Bauer, so einem andern zuständig, verstürbe, oder sonst Schaden an seinem Leibe erlitten, ob dann, der ihn gehabt, und dem andern vorenthalten, deßwegen zur Erstattung anzuhalten? Welches ausser Zweiffel Rechtens, wann der ihn gehabt, zu dem Todes-Fall und andern Schaden Anlaß und Ursache gegeben. Uti enim superius scriptum est, ob culpam quivis tenetur, qui in rem actione convenitur. Idcirco qui per insidiosa loca misit servum, vel qui in harena esse concessit, cum hic periisset, in eum actio competit, per d. l. qui petitorio 36 § 1 ff. de rei vindic. Nec hic interest inter bonæ & malæ fidei possessorem, Donell. lib. 10 Comment. Jur. Civ. cap. 5. Welches aber demjenigen nicht beyzumessen, wer des Bauren zu gewöhnlichen Diensten gebrauchet, so dieser darüber beschädiget, oder gar getödtet würde, arg. l. utique autem 10 § 1 ff. d. tit. Qui enim in re licita versatur, extra omnem culpam est. Wann nun ohne einige dazu gegebene Ursache sich ein Unfall begiebt, so ist die Qualitas possessorum zu unterscheiden. Dann welche wissen, daß sie zu den Bauren gantz kein Recht, oder beständige Fuge haben, gleichwohl um ihres Geniesses willen die Abfolge vorsetzlich verwiedern, denen soll der hernach erfolgte Todes-Fall billig nicht vorträglich seyn, l. illud quoque 40 in pr. ff. de Per. hær. sie vermöchten dann zu beweisen, daß eben sowohl derselbe bey seiner Herrschaft würde verstorben und verunglücket seyn, so würden sie von anderer Erstattung entbunden, l. item verberatum 15 § fin. ff. de rei vindic. Wer aber nicht weiß, noch glauben darf, daß der Bauer, so angesprochen, dem Vindicanti eigentlich zustehe, also in bona fide ist, derselbe ist von allen Ansprachen wegen obberührter unglücklichen Fällen frey, uti distinxit d. l. illud quoque in pr. ff. de Petit. hæred. Wie dann auch derselbe, so rechtmäßige Verwiederungs-Ursachen gehabt, moram enim non facit, qui juste ad judicium provocat, l. si quis solutioni 24 ff. de usur. Und ist hie kein Unterscheid, ob sich Vorbemeldtes begebe, nachdem der Krieg Rechtens befestiget, oder hernachmahlen. Quod dicitur post litem contestatam omnes possessores esse pares, & quasi prædones teneri, l. sed & si 25 § si ante litem 7 ff. de Pet. hæredit. id eo saltem pertinet, ut pro possessoribus habeantur, licet tunc possidere desierint, & ut fructus teneantur, quia vi litis contestationis omnis causa restitui debet, l. 2 ff. de usur. Quidquid consequitur eam obligationem quæ ex quasi contractu judicii accepti est, l. 3 § 11 ff. de Publ. in rem act. in eo æqua omnium possessorum, vel qui pro iis in jure habentur, conditio est. Sed quæ infliguntur, in pœnam malæ fidei saltem, quibus accensetur interitus præstatio, ibi diversa post litem contestatam manet malæ bonæque fidei possessorem coercitio. Bona autem fides semper affuisse etiam post litem contestatam præsumitur, donec mala probetur. Hiemit will ich nun die Erörterung der vorgesetzten Puncte schliessen. Dabey bedingende, daß ich eines Baßverständigen Judicio nicht alleine nicht vorzugreiffen, sondern vielmehr diese Schrifft demselben zu submittiren, gemeynet.

Rechtliche

✠✠✠✠✠✠✠✠✠✠✠✠✠✠✠✠✠✠✠✠✠✠✠✠✠✠✠✠

Rechtliche Betrachtung

Von der Bauren Dienstbarkeit insgemein.

§. 1.

Nachdem wir bey den Dorff-Leibeigen- und Bauer-Rechte sowohl dessen Ursprung, Wesen und Freyheiten der Bauern betrachtet, als müssen wir nunmehro auch von den Herren-Diensten überhaupt oder von der Dienstbarkeit insgemein allhier handeln. Wenn man den menschlichen Zustand an sich und wie er von Natur sich befindet, ansiehet, so ist es klar, daß alle Menschen eines Standes, und alle frey gebohren sind. Denn wie die Natur den Menschen also hervor zu bringen trachtet, daß er an Leibes- und Gemüths-Beschaffenheit vollkommen sey, also gehet auch ihr Absehen dahin, daß ein ieder seines eigenen Thuns Meister, und er sich selbst nach seinem Gefallen regieren könne. Wie aber wohl niemand wird in Zweiffel ziehen, daß die Freyheit besser sey als die Knechtschafft, also ist dasselbe auch daher abzunehmen, daß ein Herr zwar ohne Knecht aber, (eigentlich zu reden) ohne Herrn seyn könne. Es ist demnach die Vernunfft dasjenige Mittel, welches dem Menschen ein Knechtisches oder ein hohes Gemüth eingiebet, weiler durch die Vernunfft der Mensch erkennet, was zu seinem Zweck und Besten dienet, und die dazu benöthigte Mittel anzuschaffen geschickt ist.

§. 2.

Es findet sich dennoch zuweilen, daß die Natur von ihrem Zweck einen vollkommenen verständigen Menschen hervor zu bringen, abirret, und denselben nicht erreichet: und alsdann bringet sie zwar einen Menschen, doch der am scharffsinnigen Verstande und Klugheit nicht so vollkommen ist, weiere hervor. Welcher zwar in seinen äusserlichen Gliedern und Leibes-Gestalt, wie andere beschaffen ist, doch gleichwohl, wenn man seine innerliche Kräffte und das wesentliche Stücke des Menschlichen Adels, nemlich die Vernunfft ansiehet, daran einen grossen Mangel leidet, u. fast einem unvernünfftigen Thiere ähnlich kommt. Denn bey diesen ist bekannt, daß sie nicht völlig verstehen, was sie thun, sondern wenn sie zu Dienst der Menschen etwas verrichten sollen, von iemand müssen geleitet und angeführet werden: Gleicher gestalt sind auch diejenigen, so von Natur einfältig und albern gebohren, ihrer Sinnen nicht so mächtig, daß sie ihren Sachen in allem selbst vorstehen können, und müssen also, damit sie nicht ihr eigen Verderben ihnen zuwege bringen, von iemand anders regieret und angeführet werden.

§. 3.

Dieses sind nun diejenigen, welche Aristot. lib. 1 Polit. c. 3 nennet Knechte von Natur, welche nach Eingeben der gesunden Vernunfft eines andern Botmäßigkeit solcher gestalt zu erkennen schuldig sind, daß wenn sie von freyen Stücken nicht wolten, man sie mit Gewalt unter dessen Herrschafft bringen müsse, damit also ihrem schwachen Verstande durch eines andern Vorsichtigkeit gerathen werde.

§. 4.

Es hat im übrigen die Natur insgemein und mehrentheils die Menschen also erzeuget, daß sie den Gebrauch der Vernunfft völlig besitzen, dafern nicht die Zartheit des Alters oder einige andere Verhinderung in den Weg fället, also, daß ein ieder sein eigen Herr und seines Thuns Meister ist. Dieserwegen sagen die Rechte, daß alle Menschen frey, nicht aber als Knechte gebohren werden, §. 2 Inst. de jure nat. Gent. & Civil. leg. 4 ff. de justitia & jure. Novell. 74 c. 1. Welches auch dem allgemeinen Zustande der Menschen am meisten gemäß, nachdem von Natur alle Menschen einander gleich sind, l. 23 de reg. jur. Daher denn auch die rechtliche Præsumtion entspringet, daß eine iegliche Sache so wohl, als Person vor frey gehalten werde, bis erwiesen sey, daß solche der Dienstbarkeit unterworffen, Husanus Tr. de Homin. propr. cap. 1.

§. 5.

Und wie bey Erschaffung der Welt, und ersten Anfange des Menschlichen Geschlechts alles gemein war, nicht zwar auf eine Platonische Art, da ein ieder hinnehmen können, was er wolte, ob es schon von einem andern gebraucht worden; sondern weil so wenig Leute vorhanden, und der Geschöpffe so viel waren, daß ein ieder sich dessen so viel nehmen konte, als er wolte; Also ist hernach bey Vermehrung der Menschen unmöglich gewesen solche Gemeinschafft zu behalten, sondern war nothwendig, daß sich ein ieder etwas gewisses zueignete, weil es unmöglich und den Frieden zu erhalten nicht zuträglich war, daß eine Sache vielen zugleich dienen konte. Demnach war das nächste Mittel, daß was ein ieder von denen Geschöpffen und Gütern ergriffen, und sich zugeeignet, solches ihm allein mit Ausschliessung der andern verbleibe. Welches der Ursprung ist, daher das Eigenthum und Besitzung der irdischen Dinge hergeflossen, l. 1 §. 1 ff. de acquir. possess.

§. 6.

Wie nun also das Eigenthum und Unterschied der Güter eingeführet, zudem auch die Menschen sich immermehr und mehr angehäuffet, begab sich zuweilen, daß gantze Völcker und Nationen mit denen Gütern und Ländereyen, so ihre Vorfahren vor Alters ergriffen, theils aus verkehrten Begierden, theils aus Mißgunst nicht friedlich waren, sondern nach dem, was andern zugehörte, sich sehneten, folglich auch mit Gewalt den Eigenthums-Herren das Ihrige hinweg zu nehmen trachteten. Damit nun diesem Uibel begegnet würde, und solche Freveler nicht

nicht unendliche Macht hätten, ihre Gewaltsamkeit an iedermann nach Gefallen zu verüben, haben sich nothwendig die andern Völcker müssen zusammen thun, und solche Störer der gemeinen Ruhe durch Gewalt der Waffen eintreiben, woraus denn Kriege, Gefangenschafften erfolgen müssen und auch die Dienstbarkeit ihren Anfang genommen hat. § 2 Instit. de Jure Nat. Gent. & Civ. Novella 74 c. 1. Nov. 89 c. 1.

§. 7.

Denn weil es in dem Gutdüncken der Uiberwinder stunde, ob sie wegen juris talionis, (dadurch ich denjenigen, welcher mir das Leben nehmen will, den Tod anzuthun befugt bin) die Gefangenen wie das Vieh todt schlagen wolten, oder dieselbe am Leben erhalten: Meierus in Analyſ. polit. Ariſt. l. 1 c. 4; so ist doch daſſelbige gar zu hart, und der Menſchlichen Vernunfft so wohl, als der allgemeinen Nutzbarkeit ungemäß geschehen: Dann einen Feind, der die Waffen niederwirfft, und den Uiberwinder um Gnade anschreyet, man nach Anweisung der Natur mit gutem Gewiſſen nicht tödten kan. Arnlæus de Republica cap. 3 sect. 5. Also ist daher die Gewohnheit entstanden, daß die Obsieger ihre im Kriege gefangene und überwundene Feinde beym Leben erhalten, und doch als Knechte gebrauchet, wohin zu verstehen ist, was § 2 Inst. de jure personar. gesagt wird, daß die Dienstbarkeit durch das Völcker-Recht wieder die Natur, das ist, wider die Intention der Natur eingeführet sey, und wird auch dieser wegen, das Lateinische Wort Servus a servando vom Erhalten hergeleitet, § 3 Inst. eod.

§. 8.

Wiewohl nun dieses in genere wahr ist, so folget doch nicht daraus, daß alle die, so im Kriege gefangen sind, oder sonst in ihrer Feinde Hände gerathen vor Sclaven von Rechts wegen zu halten seyn, dieweil die Rechtmäßigkeit des Dienstes daher dependiret, ob der Krieg rechtmäßig sey oder nicht, welches zwar nicht nach seinen innerlichen Ursachen zu entscheiden, sondern nur nach denen äuserlichen, das ist, ob der Krieg von dem geführet werde, der dazu berechtiget ist, Struvius Syntagm. Jur. Civ. Exerc. 3 § 17, Exerc. 41 § 20. Ejusd. Diſſert. de Victoria & Clade § 112 & 113. Daher kommts, daß diejenigen, so in einer innerlichen Meuterey, Auffruhr und Rebellion gefangen worden, auch in alten Zeiten nicht einmal als Sclaven geachtet worden, weil dieselben eigentlich keine Feinde sind, l. 21 § 1 l. 24 ff. de Captiv. & postlim. rev. Eben so wenig auch diejenige, welche von Räubern gefangen worden, l. 7 ff. eod. l. 13 ff. qui testam. fac. poſſ. Hähnius ad Wesemb. tit. de statu homin. n. 4. Womit denn auch Grotius in seinem Werck de Jure B. & P. l. 3 c. 7 § 1 übereinstimmet, wenn er davor hält, daß solche Gefangene nicht für Knechte, oder Leibeigene zu halten, sondern nur diejenigen, welche in einem öffentlichen und förmlichen Krieg gefangen. Seit dem die Christliche Religion in Europa ausgebreitet worden, ist es durch allgemeine Beystimmung eingeführet, daß man die Gefangene nicht mehr vor Leibeigene hält, also auch sie nicht verkauffen, oder zu Sclavischen Diensten zwingen kan, sondern man hält sie nur so lange in Verwahrung, bis sie durch ein gewisses Geld sich gelöset. Solches Löse-Geld oder Rantzion zu determiniren stehet bey dem Obsieger und ge-

höret solches, wenn schlechte Soldaten gefangen worden, demjenigen, der sie gefangen genommen, wenn es aber vornehme Herren oder hohe Officiers, stehet solches bey den Generalen, welchen der gemeine Soldat die Gefangene gegen eine recognition ausliefern muß. Reuterbestallung zu Speyer de An. 1579 § 94 & 95. Struvius Diſſert. de Vict. & Clade § 11. Dafern aber mit Barbarischen Völckern, als Türken und Tartern und dergleichen ein Krieg obhanden, werden die in demselben Gefangene annoch heutiges Tages Leibeigene, wie auch solche Völker mit unsern Gefangenen verfahren, Reichs-Abschied zu Speyer de An. 1542 § und wiewohl nun 11. Stamm. de Servit. person. l. 1 tit. 1 § 4.

§. 9.

Gleichwie aber alles, was in Rechten geschloſſen ist, auf selbige Art, wie es geschloſſen, kan auffgehoben werden l. 35 ff. de Reg. J. l. 80 ff. de solut. Also hat auch das Völcker-Recht, wodurch obenerwehnter maſſen die Leibeigenschafft eingeführet, hinwiederum die Freylaſſung erdacht, wodurch nemlich ein Herr seinen Knecht loslaſſen, und in die vorige Freyheit wieder versetzen kan, l. 4 ff. de J. & J. Vor welche Wohlthat aber zu einer gebührenden Danckbarkeit dem Freygelaſſenen obgelegen, ihre alte Herren noch eigener maſſen zu erkennen, und mit gewiſſen Diensten ihnen auffzuwarten, wie man aus denen Titeln in ff. und Codice de Operis libertorum sehen kan.

§. 10.

Immaſſen nun bey den Römern allbereits die strenge und harte Leibeigenschafft zu einer ziemlichen Milderung u. Gelindigkeit gebracht worden, so ist sonderlich nach Einführung der Christlichen Religion geschehen, daß die Leibeigenschafft der Alten, welche über Tod und Leben sich erstreckete, auffgehoben, und nur ein geringer Schatten davon übrig geblieben ist. Denn die ersten Christen hielten vor ein sonderliches Werck der Liebe, wenn sie einen leibeigenen Sclaven entweder selbst loslaſſen, oder von ihren Herrn los kauffen konten; daher denn auch geschehen, daß viele von denselben, in Hoffnung die Freyheit zu erhalten, sich zum Christenthum gewendet. Dieser gestalt ist die alte Knechtschafft allgemach in Abgang gerathen, also daß man heutiges Tages davon nur einige Merckmahle in denen eigenen Leuten oder Lathen, wie sie nach Sächsischer Sprache genannt werden, findet, Balthaſ. de oper. subdit. c. 1. Denn in diesen findet man noch die Merckzeichen der alten Leibeigenschafft, gleichwie vorzeiten bey denen Freygelaſſenen der Gehorsam und die Dienste ein Merckmal des vorigen Zustandes war, Hugo in Diſſert. de Statu Regionis Germanicæ c. 1 § 7. Und ist also nur der Effect der alten Leibeigenschafft und Manumiſſion, welcher in Leistung der Dienste bestehet, bis auf heutigen Tag in Gebrauch geblieben. Balthaſ. de oper. subd. c. 1.

§. 11.

Weil man sich aber vornemlich darum zu bemühen hat, was zu unsern Zeiten gebräuchlich, und von denselben nicht weit abgehet, weil bekant ist, daß selbiges vielmehr Nutzen schaffe, als die alten Solennitäten, so längst in Abgang kommen, zu wiſſen; Also wird nöthiger seyn von unsern heutigen Diensten, welche in Teutschland gebräuchlich etwas zu reden, und dieselben zu untersuchen, und weil aus dem Anfang und Ursprung

sprung

sprunge einer Sache Beschaffenheit guten theils zu erkennen, also wird dienlich seyn, auch von unsern Teutschen Herrn-Diensten dem Anfange nachzusuchen, damit dessen Beschaffenheit desto klärer hervor strahle.

Rechtliche Betrachtung
Von Ursprung der Dienste.

§. 1.

Bey den alten Teutschen waren diejenigen Rechte der Leibeigenschafft, der Freylassung und andern dabey gemachten Verordnungen, welche bey den Römerm im Gebrauch gehalten wurden, ganz unbekant; Wie solches bezeuget Tacitus de moribus Germanorum. Hahn. ad tit. de manumiss. n. 1. Diesemnach werden wir kein besser Zeugniß von der in Teutschland eingeführten Dienstbarkeit herbey zu bringen haben, als des berühmten Lehmanni Speyerische Chronica, welcher im zweyten Buch Cap. 20 davon einen vollständigen Bericht erthei̇let. Seine Worte sind diese: "Anno Christi 499 haben die Francken am Rhein mit denen Allemaniern grosse Kriege geführet, darinne endlich die Francken und deren König Clodovæus die Oberhand behalten, und also alle überwundene Teutsche nach Exempel der Römer in Dienstbarkeit gesetzet. Diesem Exempel hat hernach Kayser Carolus M. nachgefolget, als er den Sachsen und Westphalen obgesieget, und derselben Landen die Leibeigenschafft auffgeladen. Es werden aber hiebey wohl diejenigen auszunehmen seyn, welche entweder damahls den Christlichen Glauben angenommen, oder sich allbereits vorhin zu demselbigen bekennet haben, denn es ist ausser allem Zweiffel, daß schon vor Caroli Magni Zeiten einige von denen Sachsen die Christliche Lehre bekennet, Herm. Conr. in Diss. de Constit. Episc. §. 6.

§. 2.

Diesen also in die Leibeigenschafft gebrachten Leuten, sind damals von Kayser Carolo Magno gewisse Verordnungen vorgeschrieben, darunter diese die Vornehmsten sind; daß sie solten wöchentlich gewisse Frohn-Dienste verrichten: nemlich welcher Leibeigene so viel Pferde oder Ochsen gehabt, daß er damit in einem Tage seines Herrn Acker bauen und pflügen können, daß derselbe sonst in selbiger Wochen seinem Herrn zu keiner Frohn-Arbeit verbunden seyn, iedoch sonsten wöchentlich einen Tag Frohn schaffen solle. Welcher aber in einem Tage die schuldige Frohn nicht verrichten können, der hat den andern Tag mitzusetzen müssen: Der aber so viel Pferde u. Ochsen nicht gehalten, daß er seines Herrn Arbeit in einem Tage nicht bestellen können, und einem andern erbeten, daß er ihm zugespannet, und doch durch dessen Beystand sein Tagewerck geschaffet, so hat ein solcher noch einen Tag in der Wochen mit der Hand arbeiten müssen. Welcher kein Pferd oder Ochsen zum Ackerbau gehalten, der hat 3 Tage in ieder Woche seinem Herrn von frühe Morgen bis zur Nacht mit der Hand arbeiten müssen. Die übrigen Tage sind sie ihrer eigenen Arbeit nachgegangen. Dieses sind Lehmanni Worte am angezogenen Orte.

§. 3.

Hieraus ist zu sehen, daß die Leibeigenschafft, so Carolus Magnus denen Uiberwundenen auffgeleget, nicht so streng und herbe gewesen, als der Leibeigenen bey den Alten. Denn es haben sich viele von denen Sachsen, als sie des Kaysers Glück und

Gelindigkeit gegen die Uiberwundenen gesehen, freywillig ergeben, und sind dannenhero auch nicht mit einer so schweren Dienstbarkeit beleget, als die mit öffentlicher Gewalt Bezwungene: Man pfleget sie dieserwegen eigene Leute, oder auch Halbeigene, so nicht ganz frey, dennoch auch nicht vollkömmlich Mancipia und Leibeigene seyn, zu nennen, und die Lateiner nennen sie: Deditios, Adscriptitios, Glebæ addictos, homines proprios. Husanus de hominibus propriis c. 2 n. 21. Hahnius ad Tit. de Manumiss. n. 1. Weilen auch Carolus Magnus viele von seinen überwundenen Feinden, damit sie völlig unter den Gehorsam gebracht würden, aus ihrem alten Wohnsitz und Land weggeführet, und an andere Oerter versetzet, so hat er dennoch in denen eroberten Ländern einige zurück gelassen, die den Acker bauen und das Land bestellen solten, damit nicht das Land zur Wüsteney, und deren Obsiegern selbst unnütz werden möchte. Diese zurück gelassenen Leute sind der Ursach wegen Lassen, sonsten auch homines fisci, fiscalini oder fiscales genennet worden, wie erzehlet wird vom Lehmanno in der Speyerischen Chronica lib. 2 c. 24. Hahnius c. l. Glossa im Land-Recht lib. 3 art. 44 verb. Da liessen sie die Bauren, ꝛc.

§. 4.

Weil aber auch die Gesetze und auffgelegtes Joch denen Leuten hart und unerträglich vorkam, so haben sie sich etliche mahl unterstanden sich zu empören, und durch Gewalt ihrer Freyheit wieder zu erobern: welches denen Ursach gegeben, daß man sie immer mehr und mehr mit Gelindigkeit tractiret, und den auffgelegten Dienst erträglicher gemacht, solcher gestalt, daß man sie zu ein mehren nicht angehalten, als den Herren ihren Acker zu bestellen. Hahnius d. l. und dieses sind diejenigen Herren-Dienste, welche heutiges Tages vieler Orten die Hals-Eigenen der Herrschafft oder andern Guts-Herren zu leisten schuldig sind, dieweil man befindet, daß dieselbe dahin gerichtet sind, daß die Acker bey den Aemtern oder derer Guts-Herren dadurch bestellet werden. Diesemnach sind dergleichen Leute nicht ganz und gar leibeigen, doch auch nicht ganz und gar frey, und werden deswegen nicht allein von Dignität und Aemtern, (wohin auch das Notariat mit zu rechnen) sondern auch von Gilden und Innungen ausgeschlossen. Ordinat. Notarior. de A. C. 1512 §. 2. Arnisæus de Republica c. 3 sect. ult. num. 7. Dannenhero man in denen Geburts-Briefen insgemein pfleget die Formul zu finden; daß er niemands Lasse oder eigen sey.

§. 5.

Es sind aber nicht allenthalben die Bauers-Leute solchen Diensten unterworffen, immassen in Francken, der Marck Brandenburg und andern Orten Teutschlandes dergleichen Bauern gefunden werden, welche niemand unterworffen, sondern unter dem Römischen Reich unmittelbar begriffen sind, so deswegen des Heil. Röm. Reichs Frey-Bauren genannt werden. Magerus de Advocat. arm. c. 6 n. 27. Eyben. Elect. Jur. Feud. c. 8 n. 14. Diese ob sie zwar von ihrer benachbarten Fürsten und Herren Bothmäßigkeit und Gerichten frey und exemt sind, können sich doch in derselben Schutz und Schirm mit allen ihren Gütern, Länderenyen und zugehörigen Sachen begeben. Mevius in Tr. von dem

dem Zustande, Abforderung und Abfolge der Bauers-Leute qu. 1 n 13. Ahasv. Fritschius de Jure
ac statu Pagorum c. 6. An etlichen Orten werden sie so gar unter die Patritien gezehlet, haben
das Recht denen Land-Tägen beyzuwohnen, dürfen sich auch Adelicher Wappen gebrauchen, welches von Ost-Frießland bezeuget Eyben Elect. Jur.
feud. d. l. Also wird auch in dem Osnabrucki-
schen Friedens-Schluß von denen unmittelbaren
Dorffschafften des Heil. Röm. Reichs Meldung
gethan, art. 5 § 2.

§. 6.

Endlich werden auch einige Bauren gefunden,
welche zwar denen Fürsten und Ständen des Reichs
unterworffen, doch aber von Diensten frey sind,
und welcher Aecker und Ländereyen ihnen erblich zustehet, und ausser denen allgemeinen Unpflichten,
Contribution und Landschat wenig oder gar nichts
zur Recognition ihrer Aecker geben, werden deswegen Freygelassen, freye Leute, freye Bauren genennet. Stamm. de Servit. person. l. 3 c. 3 Fritschius d. Tr. c. 6. Es giebt auch einige Land-
Leute, welche ihre Aecker von einem Guts-Herren
haben, und davor einen jährlichen Zins an Korn
oder Geld entrichten müssen, im übrigen aber von
Herren-Diensten befreyet sind: Diese werden insgemein Zins- oder Pacht-Leute, an andern Orten
Land-Siedler genennet, Stamm d. l. n. 1. Mevius & Hahnius c. l.

§. 7.

Daß aber noch heutiges Tags eigene Leute oder
Lassen an vielen Orten Teutschlandes gefunden werden, ist gewiß und allenthalben bekannt, gleichwie
von Mecklenburg, Pommern, der Marck Brandenburg, Schwaben, Preussen, Liefland und vornemlich von Westphalen bezeugen Elbertus Leoninus
lib. 6 Emend. & Observ. Jur. Renneman. de
Jure person. Disp. 6 § 42, Disp. 40 § 13. Seb.
Kreisser. Instt. Roman. Bavar. lib. 1 tit. 3 & seq.
Struv. synt. Jur. Civ. Exerc. 40 § 70 & alii ab
eo citati. Woher es wohl scheinet den Ursprung
zu haben, daß die gebohrne Westphälinger in vielen Städten in Nieder-Sachsen vor Zeiten nicht
einmal in die Zahl der Bürgerschafft angenommen,
vielwenigter zu Raths-Herren erwehlet, welche Gewohnheit heutiges Tages zu Helmstädt, im Gebrauch seyn soll. Cellar. polit. l. 1 c. 7 de Civ.
n. 15. Und ist auch in dem Hertzogthum Hannover
davon noch einige Merckmale übrig, indem in einigen Aemtern üblichen Recht der Köhrmede, welches,
daß es eine Art der Leibeigenschafft sey, aus denen
alten Erb-Registern zu schliessen, in welchen folgende Worte befindlich: Daß Amt hat keine Hals-
oder Leibeigene, ausser dem Dorff Osterwald muß
die Köhrmede geben. Was dieses Köhrmede vor
ein Recht sey, ist ebenfalls aus obangezogenen Lehmanni Speyerischer Chronica zu finden, allda er
saget: Die Leibeigenen haben ihren Kindern kein
Testament machen können, sondern wenn ein Leibeigener Mann verstorben, ist der Herrschafft das
beste Stück Viehe, Pferd oder Ochse heimgefallen,
und das hat man Haupt-Recht oder Haupt-Fall
genennet. Und saget hievon Brunnemann. ad l.
1 ff. de bonis libert. daß an stat des Stück Viehes oder auch an einigen Orten des besten Kleides

dem Herrn etwas an Gelde könne gezahlet werden.
Die Lateiner haben dieses Recht genant, Jus mortuarium. Mantzius in Cent. Decis. qu. 23 n. 1.
Joh. Fried. Balthasar tit. 4 Resolut. Bavar. 4.
Sichardus ad leg. libert. C. de Testibus Struv.
syntagm. Jur. Civ. Exerc. 40 § 73. Besoldus
in Thesauro practico, voce Haupt-Recht. Wehner. in Observ. praet. voce Köhrmede etc. Haupt-
Fall. In der Stadt Speyer soll auch dergleichen
Recht in Uibung seyn, welches daselbst Bütteil genannt wird. Lehmann. lib. 4 c. 23.

§. 8.

Aus diesem ist nun zu sehen, daß die Dienste, so
heutiges Tages im Schwange sind, entweder von
eigenen Leuten, die an gewisse Aecker und Länderey-
en verbunden, oder zu einer Erkäntlichkeit vor erlangte Freyheit oder ex subjectione geleistet werden. Weilen aber dieses Recht, die Herren-Dienste zu fordern, vornemlich von dem alten Herkommen
und Gewohnheit dependiret, Husanus de hom.
prop. c. 6 n. 90, und deren Grund oder Ungrund
bloß daraus zu defendiren ist. Balthas. de operib.
subd. c. 2. Nach der Rechts-üblichen Regel, daß
das Herkommen oder die Observantz ein Recht mache, l. 37 ff. de leg. l. 13 f ult. vers. usurpatum ff.
de injur. & famos. libell. Struv. syntagm. Jur.
Civ. Exerc. 2 th. 22 & 40. So ist auch in dieser
gantzen Sache auf solches Herkommen zu sehen, dergestalt daß, wenn im gantzen Lande die Dienste denen Unterthanen obliegen, alsdenn keiner sich davon
ausschliessen könne: Wo aber eine solche durchgehende Gewohnheit sich nicht findet, daselbst auch
keine Universal-Schuldigkeit zu dienen, erzwungen
werden kan.

Rechtliche Betrachtung von der Natur und Eintheilung der Dienste.

§. 1.

Was die Benennung der Dienste anbetrifft, so
haben sie nach Unterscheid der Länder von Alters
her nicht einerley Nahmen bekommen. Denn es
werden dieselbe an einigen Orten genennet Rob-
wohlt, anderswo Scharwerck. Balth. de Oper.
subd. c. 3. An andern Orten werden sie genennet
Frohn-Dienste von dem alten teutschen Worte
Frohn, das ist heilig, weil nemlich diese Dienste zu
einem Andencken und Recompens der erlangten
heiligen Freyheit geleistet worden. Wehnerus Observ. pract. verbo Dingnotel. Balthas. d. l. In
den Braunschw. Lüneburgischen Landen, auch benachbarten Oertern nennet man sie insgemein Herren-Dienste, weil es nemlich solche Arbeit oder
Dienste sind, welche entweder dem Guts- oder dem
Landes-Herrn von denen Unterthanen geleistet werden. In denen Römischen Rechten werden sie genennet Operæ Rusticorum. Operæ Libertorum l. 1 ff. de oper. libert.

§. 2.

In denen Justinianischen Gesetzen werden diese
Dienste beschrieben, daß sie seyn eine Tag-Arbeit
oder Tages-Verrichtung (Officium diurnum)
wobey denn des Tages sonderlich Meldung geschiehet, entweder weil solche Dienste iede Tage mußten
geleistet werden, l. 20 § 5 ff. de statu lib. oder weil
die

die gewöhnliche Arbeit bey Tage geschiehet, l. 1 & 3 ff. de Oper. libert. l. 2 ff. de ann. leg. Denn wiewohl hierdurch die Nacht nicht ausgeschlossen wird, und mannigmahl die Dienste, als Botenlaufen und dergleichen bey Nacht müssen verrichtet werden, wird doch die Benennung daher genommen, was insgemein zu geschehen pfleget, l. 3 & seq. ff. de leg. Wenn man aber nach heutiger Art die Herren-Dienste, und wie sie ietzo im Gebrauch seynd, beschreiben wolte, könte man sagen, daß sie sind eine Tages-Arbeit, welche von denen Unterthanen und Bauers-Leuten dem Landes- oder Guts-Herrn zu dero selbst eigenen oder ihrer Land-Güter Nutzen aus Schuldigkeit muß geleistet werden.

§. 3.

Es ist hieraus der Zweck der Herren-Dienste leicht abzunehmen, welcher bestehet in der Nutzbarkeit und Verbesserung entweder des Herrn selbst, oder seiner Aecker und Land-Güter, l. 24 l. 26 § 1 ff. de Oper. libert. Doch scheinet auch der Neben-Zweck dieser zu seyn, daß, weilen zwischen Herren und Unterthanen soll eine gleichmäßige Treue seyn, Zasius de feud. Part. 7 n. 56, dieserwegen die Guts-Herrn gehalten sind, ihrer Dienst-Leute Güter zu schützen, auch ihre Privilegia und gute Gewohnheiten im alten Stande zu erhalten, argum. feud. 2, 6. Struvius synt. Jur. feud. c. 2 aph. 5, & c. 12 aph. ult. Dannenhero auch schon oben angezogen ist, daß die Leistung der Herren-Dienste ein ziemlicher Beweisthum sey der unternommenen Schutz-Gerechtigkeit. Und wollen einige Dd. hieraus schliessen, daß, wenn ein Herr seiner Pflicht hierinne nicht nachkomme, auch die Unterthanen nicht schuldig sind, die Herren-Dienste abzustatten, Balthas. de Operib. subd. c. ult. Erhard. de Oper. Rustic. Concl. 33. aus der Ursache, weil demjenigen, so seiner Schuldigkeit nicht nachkommet, auch nicht muß geleistet werden, was ihm gehöret, cap. frustra 57 de R. J. in 6to, wiewohl wir solcher Meynung allhier nicht beypflichten wollen. Vid. Husanus c. 8 num. 22. Jedoch mag vielleicht mit mehrer Gewißheit gesagt werden, daß, wenn ein Herr seine Leute allzu tyrannisch tractiret, er seiner Dienste sich dadurch verlustig mache. Arg. 2 feud. 26 § Domino, 2 feud. 47. Stam. de Servitute pers. l. 3 c. 34 & seqq. Mevius ad Jus Lubec. lib. 1 art. 3 tit. 3. Struvius synt. Jur. Civil. Exerc. 40 th. 7.

§. 4.

Nach den alten Römischen Gesetzen wurden die damahligen Dienste getheilet in Officiales & fabriles, l. 5 & 9 § 1 ff. de Oper. libert. Officiales wurden genannt, welche der Person des Herrn geleistet wurden, als den Herrn zu begleiten, ihm aufzuwarten, ꝛc. l. 38 § 1 ff. de Oper. libert. Fabriles aber waren diejenigen, welche in einer Kunst oder Handwerck bestunden, und theils zur Ergötzlichkeit dieneten, als da waren Musicanten, Seil-Täntzer, Gauckeler, Hof-Narren, kurtzweilige Räthe, l. 7 § 5 ff. de Oper. libert. theils aber zur Nutzbarkeit und Commodität des Herrn dienen konten, als z. E. Zimmer-Leute, Schneider, Bau-Meister, Mahler und dergleichen. Zasius l. 1 singul. Respons. c. 3 n. 7. Nach heutiger Manier aber werden die Herren-Dienste entweder nach ihrer Grösse oder nach ihrer Art eingetheilet: Nach der Grösse sind sie entweder gewisse

Jurist. Oracul V Band.

gesetzte oder gemessene Frohn-Dienste, benannte Frohn-Tage, oder wie sie in dem Land-Tags-Abschiede des Hertzogthums Braunschweig de anno 1597 § 3 & 4 genannt, Ordinair-Herren-Dienste, welche nehmlich zu gewissen Zeiten und auf gewisse Tage ordentlich müssen verrichtet werden. Oder es sind ungemessene Frohn-Dienste, welche nicht auf gewisse Zeit, noch in gewisser Anzahl angesetzet, sondern nach des Herrn Gutbefinden und Belieben, oder auch des Landes Gewohnheit angesaget werden, und so oft müssen geleistet werden, als es die Noth erfordert. Gailius l. 2 Observ. 62 n. 12. Richter Decis. 98 n. 8. Hahnius ad tit. ff. de oper. libert. Struv. tit. ff. de statu hominum. Knichen de vestit. pact. c. 3 n. 45. Wehner verbo Dincknotel. Dahin gehören die Burg-Feste, Flachs- und Erndte-Tage, wiewohl auch nunmehro an den meisten Orten solche Dienste auf gewisse Zeiten gesetzet sind.

§. 5.

Der Art nach werden die Herren-Dienste entweder mit Wagen und Pferden, und durch Fuhr-Werck geleistet, heissen deswegen Wagen- oder Spanndienste, oder sie werden mit dem Leibe und der Hand verrichtet, und heissen deswegen Handdienste. Struv. tit. de statu hominum in f. Fritschius Tr. de Jure pagorum C. 8 th. 6. Es scheinet, daß dieser Unterscheid von der Grösse der eingeräumten Aecker ihren Ursprung gehabt: Dann denjenigen, welchen der Herr so viel Landes übergeben, daß sie davon Pferde und Ochsen halten können, hat obgelegen, mit ihren Pferden oder Ochsen den Dienst zu thun, und dieselben werden genennet Voll- und Halb-Meyer, oder Voll- und Halb-Spanner. An einigen Orten nennet man sie auch Anspanner, Pferdner, Hüfener. Welche aber so viel Land nicht bekamen, daß sie davon Vieh halten konten, oder die auch gar kein Land hatten, haben müssen durch ihre eigene Person den Herren-Dienst leisten, welche deswegen genennet werden Hand-Frohner, Köther, Kothsassen, ja auch Brincksitzer und Hintersattler. Vid. Gandersheimische Land-Tags-Abschied, de anno 1601 §. 29. Fritschius d. Tr. cap. 9.

§. 6.

Es werden auch zuweilen die Herren-Dienste in gewöhnliche und land-gebräuchliche und ungebräuchliche Herren-Dienste abgetheilet. Gewöhnliche Dienste sind die, welche nach hergebrachter Gewohnheit, entweder des gantzen Landes oder eines gewissen Dorfs und Platzes, gethan werden müssen. Ungebräuchliche aber heissen, welche wider das alte Herkommen und Gewohnheit gefordert werden. Welche aber nicht anders prätendiret werden können, es sey denn, daß zwischen dem Herrn und Unterthanen solche specialiter abgeredet, oder es bishero so gehalten worden, daß der Herr zu ungewöhnlichen Diensten die Leute angehalten. Fritsch. d. Tr. c. 8 n. 5. Wenn man die Sache nun zweifelhaft ist, und man nicht eigentlich weiß, welche Art des Herren-Diensts gebräuchlich oder ungebräuchlich sey, muß man zuförderst die alten Verträge und Abschiede ansehen; sind dieselben nicht vorhanden, muß die Observantz und das Herkommen den Richtschnur geben, und darnach das Urtheil gefället werden. Fritsch. d. l. Balthas. de oper. subd. c. 12.

Rechtliche Betrachtung, von den Dienst-Herren.

§. 1.

Die Personen, darauf hieben Acht zu geben ist, sind zweyerley, erstlich die Guts-Herren, denen Dienste geleistet werden, und hernach die Unterthanen, so sie abstatten müssen. Von denen Herren ist diese General-Regel zu mercken: Alle diejenigen, welche die hohe Landes-Obrigkeit haben, oder die Gerichtbarkeit eines Orts hergebracht, oder die durch einen Vertrag u. Verjährung die Herrendienste erworben, oder welche bey ihrem Ober-Eigenthum und Domino directo sich die Dienste vorbehalten, denenselben und deren Erben müssen die Herren-Dienste geleistet werden. Arg. 2 feud. 5 § un. in fin. 2 feud. 7 pr. l. 4 & 6 ff. de oper. libert. Gailius de Arrestis c. 10 n. 2. Hahnius ad tit. Dig. de Oper. libertor. n. 4. Matth. Stephani de Jurisdictione p. 1 l. 2 c. 7 n. 185. Richt. Decis. 150. Balthas. de Oper. Subd. c. 7. Diesem nach können nun Herren-Dienste prätendiren, erstlich die Patronen, oder welche einen Knecht freygelassen nach denen Römischen Rechten, welche zu einer Ergötzlichkeit vor die geschehene Freylassung sich einige Dienste und Aufwartung von ihren gewesenen Knechten vorbehielten, t. t. ff. Cod. de Oper. libert. 2) Nach unserer heutigen Art, alle Chur-Fürsten, Fürsten, Grafen und Stände des Heil. Röm. Reichs, welche in ihren Ländern und über ihre Unterthanen die Herren-Dienste zu fordern befugt sind. 3) Auch diejenigen Frey-Herren und von Adel, welche entweder mit denen Diensten belehnet, dieselben durch ein Special-Privilegium erhalten, oder durch einen langen Besitz dieselben hergebracht. Andr. Knichen de vestit. pact. c. 3. 4) Die Klöster und Kirchen, so solche von Alters besessen. Knichen cap. 15. 5) Alle und iede Privat-Leute, welchen entweder von der Landes-Herrschaft oder sonsten rechtmäßigen Herren die Dienste geschenckt, abgetreten, oder rechtmäßiger Weise zugewandt sind, oder auch die sie auf andere Weise sich erworben.

§. 2.

Allhier wird nun unter den Rechts-Lehrern in Zweifel gezogen und gestritten, ob ein Landes-Fürst oder Guts-Herr die Dienste, so ihm seine Leute thun müssen, an andere abtreten und überlassen könne? Es wollen einige solches nicht zugeben, aus der Ursache, weil die Dienste an gewisse Personen gebunden sind, und dahero anderen nicht cediret werden können: Allein das Gegentheil ist der Wahrheit gemäßer, weil heut zu Tage die Herren-Dienste nicht sowohl in Ansehung einer gewissen Person, sondern vielmehr in Regard eines gewissen Land-Guts oder Fürstlichen Amts, zu welchem sie gehörig sind, geleistet werden, daran sie doch nicht so unzertrennlich hangen, daß sie nicht könten davon abgesondert, und an ein anderes verleget werden. Denn wie ein freyer Mensch, welcher wegen überhäufter Schulden sich bey einem andern in Dienste begiebet, oder demselben an die Hand gegeben wird, wie das Sachsen-Recht redet, wohl einem andern kan überlassen werden, wenn der Creditor seiner Dienste selbst nicht nöthig hat, arg. L. 3 ff. de usufr. leg. Colerus de Process. Execut. p. 1 c. 9 n. 91: also kan auf gleiche Weise ein Dienst-Mann, wenn der Herr dessen Arbeit nicht benöthiget ist, oder wenn demselben eine Noth dazu dringet, wohl an iemand anders überlassen und cediret werden. Hahnius ad tit. de oper. libert. n. 4. Balthas. de Oper. Subdit. c. 16. Wie man denn überall heutiges Tages siehet, daß nach üblicher Observantz durch gantz Teutschland die Herren-Dienste versetzet, verkauft, und auf alle Rechts-erlaubte Weise einem andern übergeben werden. Es kan aber dieses nicht ohne Unterscheid schlechthin Platz finden, sondern ist auf folgende Masse zu verstehen: daß wenn die Uiberlassung geschehen solte zu offenbarer Last und Beschwerung der Unterthanen, als wenn nehmlich der Herr sie wolte an iemand ausser Landes, oder der weit entsessen wäre, abtreten, und die Leute zwingen, demselben den Dienst in natura zu verrichten, würde solches nicht geschehen können, l. 20 § 11. 2 ff. de Oper. libert. Hahnius ad d. t. n. 4. Husanus de homin. propr. c. 6 n. 89. Mev. Tr. von Abfolge der Bauers-Leute quæst. 2 n. 94. Wenn auch derjenige, dem die Dienste abgetreten, ein gar zu strenger und tyrannischer Mann wäre, welcher in Abforderung der Herren-Dienste mit ihnen allzu rechtmäßig verführe, wollen einige, daß die Unterthanen nicht schuldig seynd, dorthin ihre Dienste zu verrichten. Balthasar d. l. Colerus de Processu Exec. p. 1 c. 9 n. 42.

§. 3.

Aus obangezogenen Grund-Regeln ist nun gar leicht zu ermessen, welche sich der Herren-Dienste nicht anzumassen haben, nehmlich: Welchen weder die Landes-Obrigkeit zukommt, noch die Gerichte zuständig, oder die durch Verträge, und Präscription oder altes Herkommen das Recht hierzu sich nicht erworben, oder welche auch solches vermöge des directi Dominii oder Ober-Eigenthums sich nicht vorbehalten haben. Und ist in dieser gantzen Sache die Landes-Gewohnheit, und eines jeden Orts von Alters hergebrachte Weise am meisten in acht zu nehmen, damit der Land-Mann dem nicht zu dienen benöthiget werde. Fritsch. de Jure Pagorum c. 8.

§. 4.

Es kan hieben folgende Frage noch auf die Bahne gebracht werden: Wenn ein Herr, dem die Dienste müssen geleistet werden, stirbet, und hinterlässet viele Kinder und Erben, ob dann einem ieglichen a part müsse gedienet werden? Einige leugnen dieses schlechterdings, und zwar aus folgenden Ursachen. Erstlich, daß die Herren-Dienste nicht sowohl der Person des Herrn, als dem Land-Gute anhängig sind: wenn nun viele Erben das Land-Gut zugleich administriren, werden deswegen nicht zwey Güter daraus, sondern bleibet eines. Zum andern, weil die Jurisdiction oder die Gerichte, davon die Herren-Dienste mehrentheils dependiren, eine res incorporalis ist, und also nicht kan getheilet werden. Arg. 2 feud. 55 § 3. Doch, dessen ungeachtet, hat die affirmativa mehr Wahrscheinlichkeit, daß nehmlich die Herren-Dienste unter vielen Erben eines Guts-Herrn wohl können getheilet und einem ieden das Seine davon assigniret werden, doch aber mit diesem Unterscheid, wenn die Güter selbsten unter denen Mit-Erben getheilet sind, denn alsdenn sollenfalls die daran klebenden Herren-Dienste ebenfalls getheilet werden. Und hindert nichts, was von der Jurisdiction vorgebracht ist, weil dieselbe zwar an sich nicht zu theilen, doch aber ihre.

Aus-

Ausübung und das Exercitium gar wohl eine Theilung leiden kan. Bartolus in l. 37 ff. de admin. Tut. Husanus de Homin. propr. c. 86. Daferne aber die Güter an sich unzertheilet bleiben, müssen auch die Herren-Dienste unzertheilet an das Gut geleistet werden.

Rechtliche Betrachtung, von den Dienstpflichtigen Leuten.

§. 1.

Unter denen Personen, welche hiebey in Obacht zu nehmen, sind vors andere Dienende, oder welchen den Herren-Dienst zu leisten obliegt: Dieselben sind nun alle diejenigen, welche ein pflichtiges Bauer-Gut in Besitz haben, und weder durch ein Privilegium noch alte Verträge, hergebrachte Gewohnheit oder Verjährung die Dienstfreyheit erlanget, dieselben allerseits und deren Erben sind entweder selbsten oder durch einen tüchtigen Substituten den Herren-Dienst abzustatten verpflichtet. Diesemnach gehören zu dieser Anzahl erstlich nach den Römischen Gesetzen die Freygelassenen, (liberti) welche zur Danckbarkeit vor die geschenckte Freyheit, ihren gewesenen Herren arbeiten musten, v. t. t. ff. & Cod. de Oper. libert. Vors andere nach allgemeiner durch Teutschland üblichen Praxi die Bauern und Ackers-Leute, welche vornehmlich dieser Last unterworffen. Dieselbe, weilen sie von Jugend auf zu harter Arbeit, pflügen und ackern gewehnet sind, und durch ihren Schweiß ihr Brodt erwerben, als sind sie vor Alters am geschicktesten gehalten, die Ländereyen des Landes-Fürsten, worinnen vor Zeiten die Einkünffte vor Fürsten und Herren fast eintzig und allein bestanden, zu bauen, und deren Aecker zu bestellen: Dahingegen diejenigen, so in Städten bey etwas freyern Wissenschafften und nicht so saurer Arbeit erzogen worden, von dieser Last ordinär befreyet sind, als welche eine Art der Knechtschafft nach sich ziehet, l. 4 ff. si quis a parent. manum. l. 10 ff. de obseq. parent. præstand. l. 26 §. 12 ff. de condict. indeb. Husan. de Homin. prop. c. 6 n. 52.

§. 2.

Und zwar ist die allgemeine rechtliche Präsumtion, daß alle und iede Bauer-Güter und deren Besitzer den Landesüblichen Herren-Dienst leisten müssen; es wäre denn, daß sich iemand durch eine Präscription, altes Herkommen, oder sonderliches Privilegium davon frey gemacht hätte. Daher kommt auch, daß wer von Herren-Diensten frey seyn will, seine vorgeschützte Freyheit beweisen müsse, arg. leg. 2 ff. de prob. Denn es ist regulair, daß wer sich von einer allgemeinen Landes-Unpflicht eximiren oder entziehen will, seine Exemtion durch zulängliche Beweis beybringen müsse, c. 7 de privileg. in 6. Balthasar. de oper. subd. c. 8.

§. 3.

Wenn demnach ein Edelmann oder ein Geistlicher ein Land-Gut an sich bringet, das den Herren-Diensten und andern Landes-Pflichten unterworfen ist, ist er wegen seines Adelichen oder Geistlichen Standes davon gantz nicht befreyet, l. 6 §. 4 ff. de mun. l. ult. §. 24 eod. Knichen de vestit. pact. p. 2 c. 3 n. 91 & seq. Denn wenn auch die Kirche selbsten

Jurist. Oracul V Band.

von diesem Onere nicht befreyet ist, wenn sie pflichtige Güter an sich erhandelt, can. si tributum 27 caus. 11 qu. 1 can. tribut 22 caus. 23 q. 8. so kan sich viel weniger ein Edelmann entziehen, weil jene viel grössere Privilegia hat, arg. l. 22 pr. Cod. de SS. Eccles. cap. non minus 4 c. 7 X de immunit. Ecclesiæ. Denn weilen heutiges Tages, wie oben angezeiget, viel Herren-Dienste in Ansehung gewisser Ländereyen geleistet werden, davon sie ohne des Guts-Herrn Willen nicht können getrennet werden, so kommen sie folglich auf einen ieden Besitzer, er mag seyn von was Stande wolle, l. 16 Cod. de Episc. & Cler. denn eine iegliche Sache wird transferiret mit ihrem Onere l. 10 ff. de remissione pignoris l. 12 Cod. de Distract. pignor. Und wie die Juristen zu reden pflegen, so folget das Onus dem Gute auf dem Fusse nach, wie der Hund dem Hasen, oder wie der Aussatz dem Aussätzigen, Speidel. speculo Notab. verbo Bauren-Güter, Fritschius Tr. de Jure pagorum c. 7 §. 8. Knichen. de vestit. pact. d. l.

§. 4.

Und dieses ist aus der natürlichen Billigkeit genugsam daher abzunehmen, daß wenn ein Bauer-Gut, so ein Edelmann an sich gebracht, dadurch so fort von den Anlagen befreyet würde, solches denen übrigen Unterthanen zu einer unerträglichen Last gedeyen, und sie dadurch über die Massen würden beschweret werden, da doch die Onera als odiosa vielmehr sollen eingeschrencket, als vermehret werden, cap. Odia 15 de R. J. in 6. Ja es würde gar unbillig und göttlichen und weltlichen Rechten zuwider seyn, wenn die Unpflichten, so vorhin allen und ieden oblagen, hernach einigen wenigen solten aufgebürdet werden. Denn was man sich von einem andern nicht gerne will gethan wissen, soll man selber ihm auch nicht anthun, Matth. 7 v. 12. cap. 13 X. de Majorit. & obed. Wer wolte aber gerne sehen, wenn anderer Lasten ihm aufgeleget würden? Und haben die allgemeinen Rechte heilsamlich verordnet, daß niemand um eines andern willen solle beschweret werden, l. 1 ff. de alien. jud. mut. caus. Welches auch so gar dem Landes-Fürsten oder einem souverainen Regenten selbst nicht verstattet ist, zu Nachtheil der andern Unterthanen einen also von Unpflichten zu befreyen, daß andere vor ihn bezahlen müssen, arg. l. 2 §. 10 & 16 ff. ne quid in loco publ. Balthas. de oper. subd. n. 10. Fritschius alleg. loco. Und wenn auch gleich die andern Eingesessenen eines Einwohners Unpflichten über sich nehmen, und denselben dadurch frey machen wolten, ist doch solches ohne Consens des Ober-Herrn ungültig, l. 2 & 3 Cod. sine censu vel reliquis fund. compar. non poss. Dieweil die Verträge und Contracte der Privat-Leute dem Ober-Herrn von dem Fisco nicht schädlich seyn, l. 24 & 28 ff. de Pact. Und was unter dem einen abgeredet, kan dem andern nichts präjudiciren, arg. tit. Cod. inter alios act. vel jud. Card. Tuschius Concl. 265 I. R. Vielweniger kan ein Verkäuffer, der ein Bauer-Gut verkaufft, den Käuffer vom Herren-Dienst frey schaffen, weil er die Freyheit hat, per l. 20 ff. de acquirendo rer. domin. Knichen. de vestit. pact. d. l. Weilen nehmlich, wie schon erwehnet, eine iegliche Sache auf den Käuffer kommt, mit sammt dem darauf haftenden Onere, und weil es billig ist, daß derjenige, der

der des Nutzen von einer Sache geniesset, auch das Ungemach davon empfindet, l. 10 de reg. juris. Knichen. d. l. n. 107. Balthasar de oper. subd. c. 10. Und diese Meinung ist überall in Gerichten üblich, und in praxi recipiret, wie dem Knichen. d. cap. unterschiedliche Præjudicia angeführet. Daher denn auch an vielen Orten die Edelleute keine Bauer-Güter an sich kauffen dürffen, ohne sonderliche Concession der Herrschafft, weilen man befürchtet, daß mit der Zeit die Unpflichten davon in Abgang kommen, und sie zu adelichen Gütern möchten gemacht werden. Ordinatio polit. Anhalt. tit. Bauer-Güter, Ordin. pol. Saxo-Vinar. tit. 36, welche allegiret von Fritsch. de Jure p. t. 7 § 8 Balthas. de oper. subd. c. 10. Wie denn auch noch vor wenig Jahren in einem benachbarten Fürstenthum einem gewissen von Adel, dem unterschiedliche Ländereyen von seinen Meyern und Dienst-Leuten gar nahe und bequem lagen, dennoch von der Herrschafft nicht wolte vergönnet werden, die Besitzere abzumeyern, und deren Ländereyen zu seinem eigenen adelichen Hof zu gebrauchen, weil man in Furchten stehen möchte, daß der Herren-Dienst und andere Herrschafftliche Gefälle mit der Zeit möchten in Abgang gebracht, oder in Zweiffel gezogen werden, daher denn auch, wiewohl unterschiedenen Universitäten nach geschehener Transmißion der Acten dem Guts-Herrn die Freyheit der Abmeyrung zugesprochen hatten, dennoch das Urtheil hinwiederum impugniret, und von dem Land-Fiscal ratione interesse Principis darwider agiret worden.

§. 5.

Es wird diesem nach auch eine Kirche von dem Herren-Dienst nicht ausgenommen, wenn sie sich Bauer-Güter ankauffet, ebener Gestalt, wie verordnet ist, daß sie zu Bauung Brücken und Wege müsse hergeben, l. 7 de SS. Eccles. auch alle übrige Privilegiati die Erbzins-Leute der Landes-Herrn, auch das Kayserliche Haus selbsten, l. 4 Cod. de priv. Domus Augustæ, l. 7 Cod. de oper. publ. Denn eine Sache wird transferiret mit dem ihr anklebenden Onere arg. l. 5 Cod. de SS. Eccl. Rosenthal. de feud. C. 6 Concl. 80 n. 3. Gailius l. 2 Observ. 58 n. 12. Und es kan sich von der Verbesserung der Brücken und Wege niemand frey machen, er möge in so hohen Würden stehen, als er wolle, l. 11 ff. de Vac. & Exc. Muner. l. 7 Cod. de Oner. publ. Struvius syntagm. Juris Civ. Exercit. ult. th. 80. Hahn. ad Tit. de viis publicis. Dann dergleichen Unpflichten der Hoheit des Standes nicht nachtheilig sind, weil sie vor keine operas sordidas zu halten, l. 4 Cod. de Priv. Domus Aug. Und es auch kein Onus ist, so der Person, sondern den Gütern anhanget; weiln auch so wohl Kirchen und andere privilegirte Oerter von den Brücken und Stegen den Nutzen geniessen, müssen sie auch nach Erforderung der Billigkeit selbsten, die Beschwerung davon mit übernehmen, arg. l. 10 ff. de R. l. l. 1 § fin. de aqua pluv. arc. Brunnem. ad l. 7 Cod. de SS. Eccles. l 7 de oper. publ. Dahero denn, wenn zu solcher Reparation eine Collecte angeleget wird, hievon kein einziger befreyet ist, welches einige auch auf die Collecten, welche zu Ergäntzung der Mauren, Wälle und Graben angeleget werden, extendiren wollen, wie davon bey dem

Hahnio am angeführten Ort ein Præjudicium anzutreffen.

Rechtliche Betrachtung von der Dienst-Freyheit.

§. I.

Aus diesem, was bishero ausgeführet, erhellet zugleich, wer von dem Herrendienst befreyet sey. Welche nehmlich keine Bauer-Güter in Besitz haben, oder wenn sie solche gleich haben, dennoch entweder durch ein Privilegium, Vertrag, altes Herkommen, oder eine Präscription sich davon befreyet haben, Hahnius ad tit. de Jure Immun. Dergleichen sind nun erstlich die von Adel, welche freye Ritter-Güter in Besitz haben, Struv. Syntagm. Jur. Civ. Exerc. ult. th. 47 in fin. 2) Die Geistlichen, l. 6 Cod. de Episc. & Cleric. c. 2 X. de Immun. 3) Die Räthe und hohe Bediente des Landes-Herrn, l. 11 Cod. de Assess. 4) Die Doctores, Professores und andere privilegirte Leute, l. 6 & 11 C. de profess. & Med. Allein auch die Personen können sich mit ihrer Freyheit nicht schützen; Erstlich, wenn eine allgemeine Noth verhanden, Struv. d. l. c. 2 X. de Immun. Zum andern, wenn die Dienste von einem Gute erfodert werden, welches einer von iezt genannten Personen an sich erhandelt: Denn, wiewohl sie nicht eben schuldig sind, selbst zu dienen, müssen sie doch den Dienst durch iemand anders verrichten lassen, l. 7 § 10 ff. de Vacat. & Excusat. Muner.

§. 2.

Bey Abhandlung derer Personen, so zu dem Herrn-Dienst obligat sind, ist noch diese Frage zu berühren: Wenn ein Besitzer eines Dienst-pflichtigen Guts verstirbet, und hinterlässet unterschiedliche Erben, ob ein ieder vor sich den gantzen Dienst abstatten müsse, oder nur so viel er von dem Gut geerbet hat? Es ist die Frage eben so zu beantworten, wie die obige in § 29, daß nehmlich ein Unterschied zu machen sey, ob die Erben das Bauer-Gut unter sich getheilet, und alsdann müssen sie nach ihrem Erbtheil den Dienst abstatten. Zum Exempel, wer den dritten Theil des Guts geerbet hat, leistet auch den dritten Theil von demjenigen Dienste, den der Verstorbene schuldig gewesen, wie solches beweiset arg. l. 22 ff. Depos. oder aber sie stehen alle mit einander noch in unzertheilten Gütern, und alsdann hat der Herr Macht, den Dienst zu fordern, von welchem er will: dafern ihn aber einer geleistet, sind die andern dadurch frey, l. 2 § 2 de Verb. Oblig. Husan. de homin. propr. c. 6 n. 83 & seq. dabey denn derjenige, welcher vor die andern gedienet hat, sich an denenselben zu erholen berechtiget ist. Es ist aber hiebey das rathsamste, daß einer von denen gesammten Erben ausgemacht werde, welcher in aller Nahmen den Herren-Dienst abstatte, und sich solches von denen andern wieder gut thun lasse, l. 25 § 15 ff. famil. Hercisc. L. 2 § 2 ff. de Verb. Oblig. Husanus d. l.

§. 3.

Weil aber durch solche Eintheilungen derer Dienst-pflichtigen Güter, die Dienste nicht allein geschwächet werden, sondern endlich gar wircklich in Abgang kommen, als ist an vielen Orten durch die Landes-Ordnungen eingeführet, daß die Land-

Leute

Letzte ihre Dienstpflichtige und Meyer-Güter nicht vertheilen dürffen: wie zum Exempel, die Mecklenburgische Policey-Ordnung tit. vom Gewerb und Handthierung der Bauren Fürstlich-Anhaltische Policey-Ordnung, tit. Bauer-Güter, Würtenbergische Policey-Ordnung tit. 16 disponiren, vid. Fritsch. de Jure pagor c. 7 § 6. Wie auch auf solchen Schlag in denen Fürstlichen Braunschweig-Lüneburgischen Landen unterschiedlich Verordnungen gemacht sind, dadurch denen Unterthanen verboten wird, ihre Höfe zu vertheilen, davon etwas zu versetzen, zu verkauffen, oder auf einige Weise zu teralieniren, damit nicht, wenn solcher Gestalt die Leute von Mitteln herunter kommen, der gebührende Dienst der Herrschafft entgehen möge, dahin gehöret Sr. Durchl. Hertzogen Georg Wilhelm wiederholtes Verbot, wegen nicht Beschwer- und Veräusserung der Erben-Zins und Meyer-Güter de an. 1648 d. 25 Maji. Gandersheimischer Abschied de ann. 1601 art. 84. Hertzog Heinrich Julii Constitution wegen verbotener Alienation der Lehn-Erb-Zins-und Meyer-Güter d. 3 Apr. 1595.

§. 4.

Wiewohl nun dieses in genere und an sich wahr ist, daß die Erben nicht schuldig sind, einen mehrern Dienst zu thun, als der Vorfahr gethan hatte, so gilt doch solches nicht weiter, als wenn der Dienst von einem gewissen Gut oder Hofe dependiret: Dafern aber der gemeldete Dienst auf andere Gestalt, als entweder aus der Huldigungs-Pflicht, oder einer Lehn-Unterthänigkeit herflieset, alsdenn gehet er vielmehr die Person an, und ist solchermassen ein ieder schuldig, vor seine Person zu dienen, es mögen ihrer so viel seyn, als sie wollen. Husan. de hominib. propr. c. 6 n. 80. Balthas. de oper. subd. c. 8.

Rechtliche Betrachtung, in was vor Arbeit der Herren-Dienst bestehe.

§. 1.

Nechst diesem ist nun auch zu betrachten die Arbeit, darinnen die Herren-Dienste bestehen: Dieselbe ist nun auch nach Unterscheid der Landes-Art und hergebrachten Gewohnheit gantz unterschiedlich, also daß wir dieselbe nicht alle und iede erzehlen könten, iedennoch aber soll von den vornehmsten etwas erwehnet werden. Man könnte davon diese General-Regel setzen: Alles dasjenige, was den Gesetzen und der Erbarkeit nicht zuwider, und was da dienet den Acker-Bau und Nutzen des Guts-Herrn zu verbessern, wie auch die allgemeine Sicherheit zu befördern, darinne kan ordinair der Herren-Dienst bestehen. Dahin gehöret nun erstlich die Arbeit, so zu Pflügung und Bestellung des Ackers erfordert wird, als wozu am allermeisten der Herren-Dienste gebrauchet werden: welche Arbeit denn, wie schon oben angeführt, entweder mit der Hand oder mit Wagen und Pferden verrichtet wird. Auf solche Art pflegen die Herren-Dienste angehalten zu werden, zu pflügen, egen, säen, mehen, Korn einbinden, Heu machen, dasselbe einfahren, davon siehe Landtags-Abschied zu Saltzthal de anno 1597 § 1. Ebener Gestalt muß das Weiber-Volck Flachs ausziehen, ausgäten, bracken, dasselbe reine machen, item sie müssen Boten lauffen, und was sonst der

Herr benöthiget ist, verrichten, wie aus angeführtem Landtags-Abschied § 8 in mehrern zu sehen. Von diesen und dergleichen Arten des Herren-Dienstes ist überhaupt dieses zu mercken, daß darinnen die Art und Gewohnheit des Landes am meisten in acht zu nehmen sey. Denn es sind die Landes-Gewohnheiten darinnen so different, daß, was an einem Orte täglich in Uibung ist, an dem andern für etwas ungewöhnliches und neuerliches angesehen wird.

§. 2.

Es gehöret zum andern hieher die Bewachung eines Schlosses, so dem Guts-Herrn zuständig, wiewohl einig Dd. solches auf einen bringenden Nothfall restringiren, wann nehmlich das Land durch Krieg beunruhiget wird, oder man einen feindlichen Uiberfall zu besorgen hat, Husan. de Homin. propr. c. 6, 98, oder auch Mord-Brenner und Vergiffter solten im Lande sich finden lassen, oder sonst auf einige Weise dem Herrn einige Gefahr obhanden wäre. Balth. de Op. Subd. c. 11. Carp. in Jurispr. for. p. 2 Const. 41 Def. 1. Richt. Decision. 98 n. 26 & 27. Denn auch sonsten, vermöge des abgestatteten Huldigungs-Eides ist ein Unterthan schuldig, seinen Landes-Herrn und dessen Schlösser und Häuser zu verthädigen, 2 feud. 5 f. allwo gesaget wird, daß, welcher unter eines Landes-Herrn Bothmäßigkeit sey, desselben Leben, Glieder und behaltenen Ehrenstand zu bewahren schuldig, (si ideo, sunt verba, jurat fidelitatem, non quod habeat feudum, sed quia sub jurisdictione sit ejus, cui jurat: nominatim vitam, mentem & eins erectum honorem, custodire jurabit;) welche Worte denn anzeigen, daß es nicht allein von dem Landes-Fürsten, sondern auch von andern Guts-Herren, welche zwar nicht die hohe Landes-Obrigkeit, sondern nur die Gerichte haben, zu verstehen: denn es ist erweislich, daß auch denen, welche nur die bloße Jurisdiction besitzen, die Unterthanen Wache halten, per leg. 3 ff. de offic. praef. vigil. Nic. Boerius Dec. 213 n. 9. Es wird auch diese Wachhaltung so wohl stat haben bey einem neuerbaueten als wieder ergäntzten Schlosse. Denn wenn ein Schloß oder Festung durch eine Belagerung oder andern Zufall herunter gerissen und gantz der Erden gleich gemacht wird, und hernach an eben demselben Orte, oder nahe dabey an anders wieder erbauet, behält solches alle Rechte und Freyheiten, auch Dienst-Pflichte, welche das vorige hatte, arg. l. 33 ff. de Serv. pr. rust. Weilen nehmlich dafür gehalten wird, daß dieses letztere an des ersteren Stelle komme, und fast eben dasselbe sey, l. 2 § qui injur. ff. si quis caut. Matth. Berlich. p. 2 Concl. 64 n. 35. Es kan doch gleichwohl ein Landes-Herr seine Dienstpflichtige Leute einem Privato nicht übergeben, daß sie dessen Schlösser und Festungen bewachen müssen. Zasius ad leg. si non sortem 26 § libertus 12 ff. de Cond. indeb. weilen die Bewachung ein solcher Dienst ist, welcher nur in einer Aufwartung bestehet (Opera officiales), nicht aber durch eine Kunst oder Handarbeit verrichtet wird (fabriles), Boerius Dec. 112 n. 18. Es ist aber ausgemacht, daß die Servitia officialia einem andern nicht können überlassen werden, sondern bloser Dinges an die Person des Landes-Herrn gebunden sind, l. fabriles 6 l. oper. 9 § 1 ff. de oper. libert. Zasius in d. l. 26 § 12 ff. de Cond. ind. n. 17 & 18.

§. 3.

Hieraus fließet die an vielen Orten in Teutschland eingeführte und zu dem allgemeinen Aufnehmen merklich gereichende Gewohnheit, daß unter dem jungen Land-Volck eine gewisse Anzahl pfleget ausgenommen, und in denen Kriegs-Sachen geübet zu werden, welche zur Zeit der Noth in die Festungen geleget und insgemein der Ausschuß genennet werden. Dieser Ausschuß bestehet an einigen Orten ordinair in dem zehenden Theil der Unterthanen, zuweilen auch nachdem die Gefahr groß ist, in dem dritten oder fünfften Theil. Diesen nun damit ihnen die gethane Dienste nicht allzuschwer fallen, als wird ihnen zu solcher Zeit, wenn sie wircklich Kriegs-Dienste thun, von dem Landes-Herrn Sold gereichet, Carpzovius jurispr. for. p. 2 Const. 51 Defin. 5. Berlichius p. 2 Concl. 64 n. 24, es wäre denn, daß auch dieses durch ein altes Herkommen abgeschaffet wäre. Carpz. d. def. n. 3; dann die Gewohnheit ist iederzeit an stat eines expressen Gesetzes. Wie denn auch an einigen Orten der Ausschuß immediate von den Unterthanen muß bezahlet werden, weil nehmlich diese Verfassung nicht allein zu des Landes-Herrn Besten, sondern zu aller Landes-Einwohner Sicherheit und Aufnehmen gereichet, und die allgemeine Gefahr und Schaden verhütet, und wiewohl sich einige finden, welche aus politischen Gründen vorgeben, daß die Bauern zu dergleichen Krieges-Arbeit ungeschickt seyn, ist doch das Gegentheil aus der Erfahrung bekannt und wohl ausgeführet von Eyben. Electis juris feud. c. 4 §. 9 & 10.

§. 4.

Es hat auch hieraus seinen Ursprung, daß weilen heut zu Tage zum Kriege dienlicher befunden wird, anstat lauter ungeübter Bauers-Leute gewisse regulirte Milliz anzuwerben, und dieselbige in beständigen Diensten zu behalten, (dadurch nicht allein die Städte und Festungen beschützet, sondern auch dem Feinde im Felde das Haupt könne geboten werden), daß die Unterthanen schuldig sind, zu Erhaltung solcher Milliz einen Beytrag zu thun, und ist also nach heutiger Manier die Contribution eingeführet, und denen Einwohnern zur Schuldigkeit gediehen. Es redet von solcher Sache gar artig Tacitus l. 4 Hist. wenn er saget: neque quies gentium sine armis, neque arma sine stipendiis, neque stipendia sine tributis haberi queunt. Denn weil die geworbenen Soldaten nicht vor sich selbst und zu ihrer eigenen Sicherheit sich so vieler Mühe und Gefahr unterwerfen, sondern denen übrigen Unterthanen und dem gesammten Lande zum Besten, so kan man ihnen nicht aufbürden, daß sie auf ihre eigenen Kosten dienen und zu Felde gehen sollen, absonderlich weil sie alle übrige Handthierung und Gewerbe dabey hindan setzen müssen, und die Unterthanen können sich nicht beschweren, wenn sie zu ihrer Erhaltung was hergeben müssen, weil dadurch ein sehr grosser Nutzen und Commodität auf sie gebracht wird. L. 10 ff. de R. J. Conringius diss. de comp. Imp. th. 29 in f. Und weil aller und ieder Vortheil hierunter versiret, so ist es billig, daß auch alle sich der Last unterziehen, und was zur Erhaltung derer vor das Vaterland streitenden Soldaten nöthig ist, durch die Contributiones und andere Landes-Anlagen willig beybringen. Denn auch nach Aussage H. Schrift ist ein Arbeiter seines

Lohnes werth, und saget daher der glorwürdige Kayser Justinianus gar wohl in l. 2 C. de quadriennii præser. daß weil die Soldaten Tag und Nacht vor das gantze Land in saurer Mühe und Arbeit begriffen sind, warum solten sie denn nicht etwas davor zu geniessen haben? Es wird auch davon in dem Reichs-Abschied de anno 1654 §. 180 folgende Verordnung gefunden: Sonderlich aber sollen eines ieden Chur-fürsten und Standes Landsassen, Unterthanen und Bürger zu Besatz- und Erhaltung der einem oder andern Reichs-Stand zugehörigen nöthigen Festungen, Plätzen und Guarnisonen ihrem Landes-Für-sten, Herrschaften und Obern mit hülflichem Beytrag gehorsamlich an Hand zu gehen schuldig seyn.

§. 5.

Es werden zwar die Landes-Anlagen und Contributiones von denen Unterthanen insgemein vor eine Neuerung und beschwerliche in alter Zeit nicht gehörete Last gehalten, dennoch aber ohne allen Grund; allermassen gewiß und unzweifflich ist, daß auch bey den Alten, ja so lange Herrschaft und Unterthanen in der Welt gefunden worden, der Tribut im Schwange gegangen, wiewohl sie nicht allezeit einerley Namen gehabt, oder auf einerley Weise eingefordert worden. Denn es kan die Einforderung der Contribution auch diesfalls nicht unbillig genannt werden, weil Gott der Herr selbsten sie gut heisset und billiget, welches, wenn es die Gelegenheit leiden wolte, aus dem Alten sowohl als Neuen Testamente deutlich zu erweisen wäre; doch wird dieses Orts genug seyn, nur dieses einzige anzuführen, daß unser Herr und Heiland Christus selbsten Tribut gegeben, Matth. 17 v. 27, auch befiehlet, daß man solle dem Kayser geben, was des Kaysers ist, Matth. 22 v. 21, welches weitläufftiger mit Exempeln und Rationibus ausgeführet zu finden beym Casparo Klockio de Contribut. c. 1. Hugone Grotio de Jure B. & P. l. 1 c. 2 p. 27, allwo er erweiset, daß ein Unterthan auch in seinem Gewissen verbunden sey, Tribut abzustatten, weil der Zweck desselben dieser wäre, damit die Obrigkeit Mittel in Händen hätte, die Gehorsamen zu schützen, und die Freveler zu strafen.

§. 6.

Es finden sich auch in denen Römischen Gesetzen klare deutliche Merckmale, daß schon zu der Zeit von denen Gütern und Vermögen der Untersassen gewisse Contributiones, oder wie sie daselbst genennet werden, Intributiones gefordert worden, wie zu sehen ex l. 22 §. ult. ff. ad municipalem & de incolis l. 6 § 4 ff. de muner. & honor. l. 27 de V. S. also wird auch in l. 18 § 29 ff. de muner. & honor. wie auch in l. 1 Cod. ne rusticani ad ullum obseq. Meldung gethan von dem Kopf-Gelde, oder Capitatione, woraus zu sehen, daß auch solche Art der Contribution schon vor Alters üblich und im Gebrauch gewesen; und zwar wird solches Kopf-Geld, wenn es durch gantz Teutschland soll ausgeschrieben werden, vornehmlich alsdenn gefordert, wann gegen den Türcken ein Feld-Zug obhanden ist. Reichs-Absch. de anno 1518 §. Und nehmlich dieser, it. de an. 1542 §. und wiewohl l. Klockius de Contr. c. 17 § 105.

§. 7.

Es bestehet nun ferner der Dienst zweytens darinne, daß die Unterthanen schuldig sind, die alten Festun-

gen

gen zu repariren, auch, da es nöthig ist, neue aufzubauen. Balthaf. de op. subd. c. 8. Denn weil dergleichen Festungen und Schlösser zu Erhaltung und
Beschützung des gantzen Landes vor feindlichem Anfall gereichen, und also ein ieglicher Unterthan vor
sich Nutzen daraus schöpfet, Conr. Diss. de Comit.
Imp. th. 29: also sind auch alle und iede Unterthanen
verpflichtet, zu Beförderung ihrer eigenen Wohlfahrt und Sicherheit Hand mit anzulegen, und dergleichen Befestigungs-Werck aufzuführen, woraus
denn auch den Ursprung hat, daß an einigen Orten
die Leute gewisse Dienste thun müssen, welche Burg-
feste Tage genennet werden.

§. 8.

Ob nun aber denen Ständen des Reichs frey
stehe, neue Festungen und Schantzen in ihrem Gebiet aufzubauen, ist zwar hier nicht weitläufftig zu
untersuchen, doch gleichwohl ist zu sehen ex Limn.
lib. 4 de jur. pub. c. 7, daß schon vor Alters denen
Ständen des Reichs freygestanden, in ihren Gräntzen Festungen zu erbauen, dafern solches nicht geschehe, zum Verdruß und Aemulation eines andern,
sondern zu seiner eigenen Defension, l. 3 ff. de op.
publ. Klockius de Contr. c. 9 tit. 8. Dieserwegen ist iederzeit verboten gewesen, dergleichen Schlösser und Festungen aufzurichten, welche denen Land-
Räubern und Dieben zum Unterschleiff dieneten,
Reichs-Abschied zu Regenspurg 1667 § und wiewol
wir nun 60. Erklärung des Landfr. tit. wider der
Gan-Erben Schloß. Conring. Exerc. de Com.
Imp. th. 24. Anietzo aber ist unter dem Römisch.
Kayser, und denen Reichs-Ständen abgeredet, daß
niemand solte frey stehen, in den Gebiet der Reichs-
Ständen neue Festungen aufzurichten, es wäre
denn, daß auf allgemeiner Reichs-Versamlung
alle Stände darüber frey gehöret, und dazu ihren
allgemeinen Consens gegeben hätten, Inst. Pacis
art. 8 § 2, Reichs-Abschied zu Regenspurg de an.
1654. Conring. de negot. Convent. Imperii th.
93. Balth. de op. subd. c. 8. Wenn nun dergleichen Festungen aufzurichten sind, nach erheischender Nothwendigkeit und Gefahr des Vaterlandes,
so müssen die Unterthanen zu Errichtung solcher Festung beytreten, wie oben weiters ausgeführet.

§. 9.

Es bestehen 4) die Dienste in Verbesserung Wege
und Stege, wovon niemand eine Befreyung oder Privilegium sich anmassen kan, wie oben im K. B. von
Dienstpflicht-Leuten § 5 erwiesen; die Obsicht aber
darauf stehet dem Landes-Fürsten oder hohen Landes-
Obrigkeit zu, 2 feud. 56. Denn es gewiß ein recht
Fürstliches und hohes Werck ist, wenn dahin gesehen wird, daß die Unterthanen sicher und bequemlich reisen können, l. 1 § 1 ff. qui dejecerint vel
effuderint. Und wird insgemein vor ein Zeichen
eines guten Regiments gehalten, wenn in einem
Lande die Wege gut gehalten werden; Weshalben nicht allein in dem Fürstenthum Lüneburg-Zelle,
sondern auch in dem Churfürstenthum Hannover
gar nützliche Ordnungen gemacht, und denen Dorffschafften bey harter Straffe anbefohlen worden, die
Wege und Land-Strassen im guten Stande zu erhalten. Es pfleget aber in Ansehung der Wege
wohl ein gewisses Weg-Geld oder Pflaster-Zoll an-

gesetzet zu werden, welches nicht sowol ein Zoll zu
nennen, als vielmehr eine Ersetzung der Arbeit und
Unkosten, so zu Verbesserung der Wege angewandt
wird, Balthasar de Operibus Subditorum c. 8.
Denn weilen die Landes-Herrschafft vor Erhaltung
der Wege Sorge träget, auch zu deren Reparirung
offtmals grosse Unkosten anwendet: als ist es nicht
unbillig, daß sie davor von denen, welche den Weg
gebrauchen, eine Ersetzung fordern lasse, l. 10 de R. I.
Und scheinet dieses wohl das vornehmste Fundament
aller Zölle zu seyn, Klockius de Contrib. cap. 3
num. 114.

§. 10.

Es ist aber aus Lehmanni Speyerischer Chronica l. 2 c. 44 zu sehen, daß allbereit eine solche Art
Zolles oder Weg-Geld zu Zeiten der alten Fränckischen Könige im Gebrauch gewesen, Conf. Speidelius Notab. voce Weg-Geld: und wiewohl ohne
Einwilligung und Vorbewust derer Churfürsten im
Römischen Reich kein neuer Zoll kan angeleget werden, Instrumentum Pacis art. 9 § 1 & 2. Klo-
kius de Contrib. c. 3 n. 112: So kan dennoch
dessen ungeachtet zu Erbauung und Erhaltung der
Brücken und Land-Strassen von einem ieden
Reichs-Stande und Landes-Obrigkeit ohne Bewilligung der Churfürsten gar wohl eine Zulage
angestellet werden, Balthaf. de op. subd. c. 8.

§. 11.

Aus dem bishero angeführten wird nun leicht zu
schliessen seyn, worinnen der Herren-Dienst nicht
bestehe, und was vor Arbeit die Unterthanen zu
verrichten nicht schuldig, daher denn solches keiner
weiteren Ausführung bedürffen wird, sondern aus
der oben angeführten Definition das meiste disfalls
leicht wird auszumachen seyn. Dieserwegen schreiten wir nun zu der Art und Weise, dadurch 1) die
Herren-Dienste können erwörben werden, und 2)
auf was Art selbige geleistet werden.

Rechtliche Betrachtung von Erwerbung der Dienste.

§. 1.

Es sind unterschiedliche Arten, dadurch der Herren-Dienst kan zuwege gebracht werden, doch die
gewöhnlichsten Arten bestehen in nachfolgenden 6
Puncten, welche anitzo nach der Ordnung durchzugehen sind. Und zwar ist der erste Modus con-
struendi, wann zwischen den Herren und den (1)
Unterthanen solches durch einen expressen Vertrag
und Abrede beliebet worden, denn es kan ein Unterthan sich und seine habende Güter also obligat
machen, daß er seinen Zustand dadurch verschlimmert, l. 22 C. de Agric. & censitis, Coler. de
Proc. execut. p. 1 c. 9 n. 25 & seq. Stamm. de
Servit. pers. l. 3 c. 12 n. 4 & seq. denn weil diese
solche Verträge sind, welche nicht wider die Erbarkeit
lauffen, als müssen solche schlechterdings gehalten
werden, ob es gleich den Bauren zu einer grossen
Last gedeyet, l. 7 § 7 ff. de Pactis. Gailius de Arrestis Imperii c. 7 n. 6, und zwar so sind dieses gleichen Verträge und Verpflichtungen öffters auch in
dem Huldigungs-Eide mit begriffen, ob sie schon
nicht mit Nahmen genennet werden, und deren
keine ausdrückliche Meldung geschiehet, c. 2 de sup-

plenda

plenda negligentia Prælator. in 6. Gailius de Arreſtis, d. cap. 7 n. 7 & c. 6 num. 23. Thomas Maulius de Homagio tit. 4. Balthaſar. de Oper. ſubd. c. 9, wiewohl man nicht behaupten kan, daß iederzeit vermöge des abgeſtatteten Huldigungs-Eides die Unterthanen müſſen Dienſte thun, nachdem es ſich begeben kan, daß einer einem Herrn unterworffen ſey, und doch einem andern die Dienſte leiſten müſſe.

§. 2.

Die andere Art den Herren-Dienſt zu erwerben, ſind die Statuta und Special-Geſetze einer ieden Provintz, welche wie ſie in allen andern Sachen, alſo ſonderlich in dieſem Stück den Vorzug haben; dem es iſt ausgemacht, daß in allen Sachen. man zuförderſt die Rechte des Orts, wo eine Handlung getroffen wird, anſehen müſſe, l. 6 ff. de Eviction. Struv. Synt. Jur. Civ. exerc. 32 th. 15, und haben die Statuten und Landes-Rechte einer ieden Provintz, wenn ſie rechtmäßig aufgerichtet, eben diejenige Krafft und Gültigkeit, als ein allgemeines Reichs-Geſetz, Struvius Exerc. 2 th. 43. Daß nun dergleichen Statuta provincialia von denen Dienſten an unterſchiedlichen Orten, zum Exempel in der Pfaltz, Bayern, Sachſen, Churfürſtenthum Brandenburg zu finden ſeyn, bezeuget Balthaſar. de Oper. ſubd. c. 9. Stammius de ſervit. per. l. 3 cap. 14, und weiſet dabey die tägliche Erfahrung, daß ſolche auch andern Orten Teutſchlandes in Uibung ſeyn.

§. 3.

Die dritte Art die Herren-Dienſte zu conſtituiren iſt das Herkommen und die alte Gewohnheit, welche in unterſchiedlichen Ländern im Römiſchen Reich bekannter maſſen im Schwange iſt, und hat dieſelbe nach der Rechts-Lehrer Meynung eben die Feſtigkeit, die ein expreſſes Geſetze hat, welches erwieſen wird aus l. 32 §. 1, l. 33 ff. de legib. Gail. l. 2 obſ. 62 n. 12. Denn alles dasjenige, was durch ein Statutum kan eingeführet werden, (wie von denen Herren-Dienſten oben erwieſen) ſolches kan auch durch die Gewohnheit in Uibung gebracht werden, weilen die Statuta und Gewohnheiten in dieſem Stück gleich geſchätzet werden, und findet in beyden einerley Recht ſtat. Matth. Weſenbec. p. 1 Conſ. 1 n. 56. Balthaſar. de Oper. ſubd. c. 9. Daher denn auch ausgemacht iſt, daß nach der Landes-Gewohnheit ſowol in denen mittlern als höchſten Reichs-Gerichten geſprochen wird; denn es müſſen die Statuta und vernünfftige Landes-Gewohnheiten im Gericht accurat in acht genommen, und darauf geſehen werden, ſo gar, daß wenn ein Richter ein Urtheil abfaſſet, das denen Statuten oder dem alten Herkommen zuwider iſt, er ſelbſt kan verklaget werden, und den Schaden des Proceſſes zu erſetzen ſchuldig iſt, eben als wenn er wider die allgemeine Reichs-Geſetze ſententioniret hätte, cap. veniences 19 X. de jurejur. c. 3 X. de eo qui mittitur in poſſ. l. 3 C. de Ædificiis privatis. Authent. jubemus in fin. Codic. de Judiciis. Woher auch kommt, daß wenn iemand zu einem Aſſeſſore der Kayſerlichen Kammer ſoll aufgenommen werden, derſelbe zuvor durch einen cörperlichen Eid verſprechen muß, daß er nach denen allgemeinen Reichs-Verordnungen, Kayſerlichen Rechten, und löblichen Gewohnheiten eines ieden Orts das Recht ſprechen

wolle, welches auch bey andern Fürſtlichen Cantzleyen und nachgeſetzten Gerichten pfleget zu geſchehen, d. c. 19 X. de jurejur. And. Gail. l. 1 Obſerv. 30 n. 12 & ſeq.

§. 4.

Wenn nun an einem Orte zwiſchen dem Herrn und Unterthanen keine ausdrückliche Verträge obhanden, auch keine ſolche Statuta oder Landes-Gewohnheit ſich findet, dadurch die Unterthanen ſchuldig ſind Herren-Dienſte zu thun, alsdenn können auch dieſelbe nicht gefordert werden; Es wäre denn, daß (4) die äuſſerſte Nothwendigkeit ſolches erforderte. Denn wie die Noth kein Geſetze hat, nach Verordnung der Geſetze ſelbſten, l. 10 ff. comm. div. cap. 4 X. de cenſu, c. 2 X. de obſ. jejun. Alſo iſt der äuſſerſte Nothfall in allen Rechts-Verordnungen ausgenommen und gilt alsdenn keine Freyheit noch Begnadigung, Struv. ad tit. de jur. immun. th. 73 in fin. Balthaſar de oper. ſubd. c. 9: kan alſo zuweilen geſchehen, daß die Unterthanen wegen unumgänglicher Noth müſſen Dienſte thun, wenn zum Exempel eine Rotte Räuber ſich verſammlen, und dem Lande Gefahr verurſachen ſolten, oder wenn ſich ſonſten Mord-Brenner und Feinde angefunden, weswegen die Feſtungen zu bewachen, oder eine Peſt einfiele, um welcher willen die Päſſe und Eingänge des Landes zu beſetzen, c. 2 X. de Immunitat. Eccleſ. Huſanus de hominibus propriis c. 6 n. 96.

§. 5.

Zu dieſer Nothwendigkeit kan man referiren diejenigen Fuhren, welche in Jure Juſtineaneo Angariæ und Parangariæ genannt werden, und dergleichen Fuhren bedeuten, welche wegen einer einfallenden ſchleunigen Nothwendigkeit zu Fortbringung vorkommender Laſten der Herrſchafft müſſen geleiſtet werden; und beſtunden dieſelben vor Alters mehrentheils in Fortführung der Waffen, und Krieges-Bereitſchafft, auf welche Art auch noch heutiges Tages die Krieges-Fuhren, Artillerie-Pferde, Vorſpann von den Einwohnern gefordert wird, l. vel C. de Fabric. l. 1 C. de quibus muner. nem. lic. ſe exc. t. t. Cod. de curſ. publ. Ang. & Parang. Regn. Sixtinus de Regalibus c. 5. Balthaſ. de oper. ſubd. c. 3. Caſp. Klockius de Contr. c. 1 n. 63. Es ſind iedennoch aber dieſe Art Fuhren von denen andern gewöhnlichen Herren-Dienſten einiger maſſen unterſchieden, weil ſie unter die Regalien gezehlet werden, 2 feud. 56 und folglich denenjenigen nur zuſtehen, welche die hohe Landes-Obrigkeit beſitzen, auch nicht anders, als aus dringender Noth zu fordern ſind, da hingegen die andern ordinairen Herren-Dienſte auch von andern Adel und Unadel können erlanget, und auſſer dem Nothfall gefordert und exigiret werden. Sixtinus d. l. Balthaſar. d. c. Darinne aber kommen ſie überein, daß dieſe Angariæ und Parangariæ eben ſo wie die andern Dienſte von denen Höfen und Bauer-Gütern müſſen geleiſtet werden, l. 2 Cod. de præpoſ. Sacr. Cubic. l. 11 ff. de vacat. & Excuſat. Munerum. Klockius de Contributionibus c. 1 n. 163. Sixtinus de Regalibus c. 15 n. 9. Wiewohl ſich einige finden, welche auch dieſe Angarias und Parangarias unter die Perſonal-Dienſte zehlen,

zehlen, welche von einem ieden Unterthanen ohne Anstehung der Güter müssen geleistet werden. Sixtinus d. l.

§. 6.

Es ist funfftens eine Art Herren-Dienste zu erlangen die Præscriptio oder Verjährung, wenn nemlich die Dienste von den Unterthanen so lange geleistet sind, als die Gesetze solches zu einer Präscription erfordern: Denn daß auch solcher gestalt die Unterthanen ferner zu dienen können gezwungen werden, erweiset l. 20 pr. Cod. de Agric. & Cens. Klockius de Contribut. c. 2 n. 46. Maul. de Homagiis tit. 4 n. 2. Es ist aber unter denen Dd. nicht ausser Zweiffel, oder richtig ausgemacht, wie viel Zeit zu Erfüllung einer solchen Präscription nöthig sey. Doch scheinet die beste und probableste Meynung, daß dazu 30 Jahr (welches longissimum tempus genannt wird) erfordert werden, l. 23 §. 1 Cod. de Agric. & Cens. l. 6 de fund. rei priv. Gail. de Arrestis c. 7 n. 17, und wird zu dieser Präscription kein titulus erfordert, sondern es wird derselbe eben wie die bona fides bloß durch die geraume Zeit präsumiret, Mev. tr. von Abfolgung der Bauers-Leute qu. 2 n. 134 & seq. Denn nach allgemeinen Rechten die 30jährige Zeit eine solche Präscription effectuiret, auch in denen höchst wichtigen importanten Sachen. Balth. c. 9. Dafern aber der Herr eine nicht längere als 10jährige Posseßion erweisen könte, (longi temporis) als-denn muß er auch den Titel, das ist, woher er das Recht bekommen, ob ers erkaufft, geerbet, getauschet rc. beweisen, Mev. d. l. n. 117. Denn eine blosse 10jährige Zeit nicht zugleich die Präsumtion eines rechtmäßigen Tituli mit sich führet, sondern vielmehr präsumiret wird, daß die Dienste von denen Leuten mit Furcht und Gewalt expresset seyn, Mev. d. l. Balthas. c. 9. Und wircket diese letzt genannte Art der Präsumtion nur in so weit eine Præsumtionem juris, daß wenn das Gegentheil, und daß die Leute vorhin frey gewesen, kan erwiesen werden, die Dienste hinwiederum ceßiren; dahingegen bey der 30jährigen Präscription kein Beweis in contrarium stat findet, Mev. d. l. 1 n. 136.

§. 7.

Nachdemmalen aber hievon selten Zweiffel vorkommt, und die Dienste nunmehro aller Orten schon also entweder präscribiret, oder sonsten eingerichtet, wie es iede Landes-Art mit sich bringet, als werden dieselbe heutiges Tages unter die fructus der hohen Gerichtbarkeit von etlichen gezehlet, und wer sich jene erworben, demselben auch diese zugebilliget, Gailius de Arrestis c. 10 n. 2. Klockius de Contrib. c. 2 n. 38. Denn die Gerichtbarkeit oder Jurisdiction vor das Fundament der Onerum und Dienste von denenselben gehalten wird, Balthas. c. 7. Richter Decis. 256. Aus welchen Ursachen auch Cravetta cons. 6 n. 110 die Unterthanen nennet Servos obedientiarios.

§. 8.

Unterdessen, obwohl ietzt gemeldte Meynung, daß die Herren-Dienste ein connexum der Jurisdiction seyn, von vielen Dd. behauptet wird, welche mehrentheils der Autorität des berühmten Cameralisten Andreæ Gailii folgen; So ist doch hingegen die

Jurist. Oracul V Band.

widrige Meynung, wenn die Sache genauer eingesehen, und mit der heutigen Praxi zusammen gehalten wird, besser gegründet. Denn wenn sich vorbemeldter JCtus Gailius auf l. 3 & 4 ff. de operis servorum, item l. 4 ff. de oper. libert beruffet, so ist aus solchen Texten nicht abzusehen, daß die vorseyende Thesis daraus könne behauptet werden; Allermassen zwar daselbst gesagt wird: Quod fructus hominis in operis consistat: Allein gleichwie der Titel dieser legum ausweiset, daß allhie von Leibeigenen Personen gehandelt werde, also kan hieselbst kein anderer Verstand als dieser seyn: Daß derjenige, welchem der Ususfructus von einem Leibeigenen vermacht oder sonsten eingeräumet ist, sich der Arbeit von solchem Servo gebrauchen könne, und also der eigentliche Nutzen oder Gebrauch eines solchen Sclaven Leibeigenen in der von demselben zu erwartenden Arbeit bestehe. Hieraus aber kan nicht mit Grunde geschlossen werden, daß ein Gerichts-Herr auch allemahl dem Herren-Dienst von seinen Nachsassen zu fordern berechtiget sey, indem bekannter massen ein gar grosser Unterscheid unter denen Römischen Leibeignen und unsern heutigen Dienst-Leuten ist, nicht weniger auch die alte Herrschafft über die Leibeigene Sclaven von der heutigen Jurisdiction gantz weit entfernet, also daß in solchen differenten Dingen kein bündiger Schluß von einem auf das andere gemacht werden kan. Eben so wenig kan aus dem letztern textu die vorgemeldte Regel erzwungen werden, als in welchem nichts weiter gesaget wird, als: Daß ein Freygelassener, der einem Patrono gewisse Dienste versprochen, auch selbige dessen Sohn nach seinem Absterben zu leisten schuldig sey. Ob aber dieses einen beständigen Schluß geben könne, daß dem Gerichts-Herrn auch zugleich Dienste gebühren, solches wird nicht leicht iemand behaupten können, allermassen ebenfalls ein grosser Unterscheid ist unter einem Patrono, der einen Knecht frey gelassen, und einem, der mit Gerichten versehen ist. Es hat dennoch eine viel grössere Wahrscheinlichkeit, daß die Herren-Dienste und was dem anhängig, vielmehr zu der hohen Landes-Obrigkeit, als zu der Jurisdiction gehörig sind, wie solches von berühmten JCtis also statuiret und behauptet wird, vid. Klockius de Contribut. Cap. 2 n. 34. Richterus Decis. 150. Berlichius part. 2 Concl. 65 n. 14. Und hieraus fliesset, daß wenn ein Zweiffel sich findet, ob diese Dienste der Unterthanen dem Gerichts- oder dem Guts-Herrn zuständig sind, in dubio vor den Grund oder Eigenthums-Herrn zu sprechen, und demselben die Dienste zuzueignen seyn, Mollerus lib. 4 semestr. cap. 32. Knichen de vestituris part. 2 Cap. 3 n. 1. Ob aber der Dienst-Herr oder Dienstpflichtige præsumtionem juris vor sich habe, und also den Beweis führen müsse, davon soll zur andern Zeit etwas ausführlicher und weitläufftiger gehandelt werden.

Rechtliche Betrachtung.
Von der Art die Dienste zu fordern.

§. 1.

Wenn wir nun auch die Art und Weise, wie die Dienste gefordert und geleistet werden, besehen wollen, so ist zufoderst zu betrachten derselben Quan-

tität

tität, dabey denn die oben angeführte Distinction anhero zu erholen, da die Dienste unterschieden sind, in gewisse und determinirte oder ungewisse und indeterminirte. Jene werden genennet, welche auf eine bestimmte Zeit und gewisse Tage angesetzet sind, diese aber, welche nach des Herrn Gefallen und Willen angesaget werden, und an keine gewisse Anzahl noch Masse gebunden sind. Was nun die bestimmten und gewissen Dienste anbelanget, so sind darinnen vornehmlich die Gewohnheiten und alte Herkommen eines ieden Landes zu beobachten, wie denn an einigen Orten, alle Woche ein Tag, an andern zwey Tage gedienet wird, nachdem die Ländereyen groß, und die Aecker fruchtbar sind. Wiederum dienen einige mit der Hand, andere aber mit dem Spanne, durch Pferde oder Ochsen, also daß diejenigen, welche so viel Landes besitzen, daß sie davon Pferde und Ochsen halten können, dem Herrn zu Dienste anspannen, fahren oder ackern müssen. Welche aber gar kein Land haben, oder doch dessen wenig besitzen, mit ihrer Hand-Arbeit dem Herrn zu Dienste seyn müssen, Knichen de vest. pact. p. 2 c. 3 num. 30. Wehn. pract. Obs. voce Dingn. Klock. de Contr. c. 2 n. 52.

§. 2.

Es ist hiebey die Frage zu erörtern, ob ein Herr könne den Herrn-Dienst verändern, wenn die Ländereyen bey den Höfen und Gütern verbessert sind, entweder, wenn von andern was zugekaufft, oder der Herr selbsten zu dem Hofe etwas zugeleget hätte? Unsere Meynung gehet dahin, daß dem Herrn nicht könne gestritten werden, in solchen Fällen den Dienst zu vergrössern und zu vermehren. Dann weil die Grösse der Herren-Dienste nach der Qvantität der Ländereyen und Pertinentien beym Höfe anzuschlagen, arg. 2 feud. 44, so folget daraus, daß wenn die Güter vermehret oder verringert, auch die Dienste vergrössert oder kleiner gemacht werden müssen, l. 2 C. de Alluv. l. 4 § 1 ff. de Cens. Jedoch aber wird es sicherer seyn, wenn der Dienst-Herr bey der Verbesserung die Condition mit beyfüget, daß hinkünfftig ein mehrer Dienst solle geleistet werden, immassen es sonsten nicht ohne Zweiffel seyn möchte, insonderheit wann von der zugelegten Länderey ꝛc. ein gewisser Zins oder Canon gereichet wird. Sonsten giebt die Erfahrung, daß es den Unterthanen offtmals zum äussersten Verderben gereichet, wenn sie aus Armuth ihre meiste Aecker und Wiesen verkauffen, und dennoch den völligen Dienst dem Herrn abstatten müssen.

§. 3.

Allein eine solche Convention oder Handlung, daß einer ein Stück Landes von einem Hoffe an sich kaufft, und dennoch der völlige Dienst bey Hoffe bleibe, ist zu Recht gantz nichtig und unbündig, weil dieselbe wider die Gesetze lauffet, arg. l. 5 Cod. de leg. l. 7 § 7 & 16, l. 28, l. 38 ff. de pactis. Denn wenn die Aecker von einem Hoffe zum andern alieniret werden, so werden auch zugleich die daran hafftende Onera an den neuen Possessor transferiret, l. 12 Cod. de distract. pignor. Dahero denn diejenigen, welche etwas Land von einem Hoffe käufflichen oder durch Pfand-Recht an sich zu bringen, den Verkäuffer subleviren, und entweder selbst helfen dienen, oder zu dem Dienst-Gelde etwas zu

Hülffe geben müssen, vid. Ducis Henrici Julii Declaratio de anno 1612 d. 29 Maji. Dafern aber ein Landes-Fürst oder Guts-Herr selbsten seinem Untersassen neue Ländereyen eingiebt, so ist an sich selbsten offenbar, daß die neu-übergebene Länderey unter eben der Bedienung mit dem Onere, darunter vorhero der Hoff übergeben worden, transferiret werde, weil ein Accessorium die Natur der Principal-Sache behält, l. 8 Cod. de jure Dotium, c. 42 de R. I. in 6. Dahero denn, gleichwie das Haupt oder der Hoff an sich, mit Diensten beschweret war, also dasjenige, was nachgehends zu demselben hinzukommt, eben so wenig davon befreyet seyn kan.

§. 4.

Diese Veränderung aber, oder Verhöherung der Dienste kan auf zweyerley Weise geschehen. Daß entweder auch die Art der Dienste verändert wird, oder daß dieselbe im alten Stande bleibet. Und zwar kan ein Herr auf beyderley Arten die Dienste dergestalt erhöhen, daß ein Köther oder Kothsasse, wann ihm mehr Landes von dem Herrn zugeleget wird, da er sonsten nur einen Tag in der Wochen den Hand-Dienst verrichten müssen, nunmehr zwey Tage dienet: Oder auch, wenn ein Koth-Hof verbessert worden, daß ein voller Meyer- oder Acker-Hoff daraus entstanden, (wiewohl man an wenig Orten deren Grösse ausgedrucket finden wird) alsdenn kan der Herr an stat der Hand-Dienste hinkünfftig die Spann-Dienste mit gutem Recht fordern. Gleichwie auch auf gleiche Masse ein Hüsener oder halber Bauer, wenn sein Hoff zu einem vollen Hofe gemacht worden, so viel Herren-Dienste folglich zu leisten schuldig ist, als sonsten von einem gantzen Hof insgemein abgestattet wird. Bald. de oper. subd. c. 12.

§. 5.

Was die Art und Beschaffenheit der Herren-Dienste anbelanget, werden dieselbe unterschieden in gewöhnliche und ungewöhnliche. Welche Arten, damit man sie recht von einander unterscheiden könne, was von Herren-Diensten, nemlich vor gewöhnlich, und welche vor ungewöhnlich zu halten, so hat man zuförderst dabey die Special-Gewohnheit eines ieden Orts wohl zu observiren, und was bey einem ieden Amte, Dorff und Gemeine vor Alters im Gebrauch gewesen, fleißig einzusehen. Nachdem es zum öfftern geschiehet, daß die Special-Gewohnheit von der allgemeinen Observantz gäntzlich abgehet; Dafern nun dergleichen altes Herkommen erweislich ist, kan ein Herr davon mit Recht nicht abgehen, noch die Unterthanen wider die alte Gewohnheit beschweren.

§. 6.

Was nun eigentlich ein altes Herkommen zu nennen, und wie lange solches müsse in Übung gewesen seyn, solches ist vornehmlich allhie mit zu untersuchen. Einige wollen zu einem alten Herkommen zum wenigsten eine Zeit von 40 bis 50 Jahren und überdem einige Actus, so auf einerley Weise exerciret worden, erfordern. Wehnerus Observ. pr. l. 5 verb. von Alters. Balthas. de Oper. subd. c. 11. Andere behaupten, daß die blosse Observantz vieler nach einander gefolgter gleichstimmiger Actuum um genug sey, und keine Zeit oder Präscription erfordert werde, Mynsing. Cent. 6 Observ. 42 n. 3. Wenn aber eine sonderliche Observantz des Orts nicht zu finden, so ist auf die allgemeine Gewohnheit des gantzen Landes zu sehen. Wehnerus Observ. pr. voce Dingnoel. Dafern daraus ebenfalls keine Gewißheit zu nehmen, ist die Determination zu machen, nach der Art und Grösse, was andere Meyere von dergleichen Condition und Gütern an selbigem Ort zu leisten pflegen. Knichen de Vestit. pact. p. 2 c. 5 n. 28. Schrader de feudis pag. 6 cap. 6 num. 9.

§. 7.

Dafern endlich das Herkommen und die Gewohnheit des Landes ungewiß, zweiffelhafftig und ungleich ist, also daß es an dem einen Orte so, an dem andern Orte anders gehalten wird, alsdenn muß der Strenge und Beschwerung nicht zu viel nachgesehen, sondern die Herren-Dienste also eingerichtet werden, damit die Bauers-Leute durch die vielfältige Arbeit nicht gantz unterdrücket, sondern auch ihre Sachen abzuwarten Zeit haben mögen. Massen sie sonst mit ihrer sauren Mühe ihr Brot und Unterhalt nicht würden erwerben können. Contra leg. 19 ff. de Operis libertorum. Gailius lib. 2 Observ. 62 n. 13. Colerus de Processu Executivo p. 1 cap. 9 n. 68. Balthas. de Oper. subd. c. 12. Speidel. Notabil. voce Frohn.

§. 8.

Bevoraб aber ist darauf zu sehen, daß in der Zeit die gebührende Masse nicht überschritten werde. Denn weil einem ieden Dinge seine eigene Zeit billig muß gelassen werden, und solches unter die schönsten Tugenden in allen menschlichen Handlungen gezehlet wird, Novella Leonis 109: Also ist solches vornemlich auch in diesem Stück wohl zu bemercken, indem die Unterthanen nicht nach ihrem Belieben und Gutdüncken sich eine Zeit erwehlen können, ob sie den Herren-Dienst leisten wollen, sondern dieselbige Zeit in acht nehmen müssen, welche ihnen von dem Herrn vorgeschrieben wird. Balthasar de Oper. subd. c. 13. Colerus de Proc. Exec. p. 1 c. 5 n. 102, aus der Ration, weil sie zu des Herrn Nutzen müssen angewandt werden, l. 24 ff. de Oper. libert.

§. 9.

Es sind ferner die Herren-Dienste also einzurichten, daß dieselbe bey Tage abgestattet werden. Weshalben sie auch in den Röm. Gesetzen Officium diurnum, ein Tages-Werck oder Tag-Arbeit genennet werden, l. 1 & 3 §. ff. de oper. libert. und zwar wird der Tag allhie vor die Zeit genommen, welche von Aufgang der Sonnen bis zu deren Untergang dauret, welcher von denen Rechts-Lehrern sonst genennet wird dies artificialis, Colerus Processu Execut. p. 1 cap. 9 n. 4. Denn schon vor Alters also verordnet worden, daß die Herren-Dienste ohne Abbruch der menschlichen Ruhe und ohne Verderb der Gesundheit solten geleistet werden l. 17 ff. de operis libert. arg. l. 137 § 2 ff. de verborum Obligationibus, daß also bey Nacht regulariter kein Herren-Dienst stat findet. So sind gleichermassen die Dienst-Leute nicht den gantzen Tag mit der Arbeit zu übertreiben, sondern zu gewissen Zeiten ihnen Ruhe-Stunden zu gönnen.

Jurist. Oracul V. Band.

l. 26 pr. ff. de Oper. libert. Colerus de Processu Exec. p. 1 c. 9 n. 97. Daher denn nach heutiger Gewohnheit um Mittags-Zeit den Leuten pflegt eine Stunde Frist gelassen zu werden. Wiewohl wenn die hohe Noth obhanden, wird auch solches offtmals nicht observiret, l. 10 ff. communi divid. c. 4 X. de R. I. Colerus d. l. Oder auch wenn die alte Gewohnheit und Landes-Arten anders mit sich bringet, Balthasar de Oper. subd. cap. 13. Husanus de Homin. propr. cap. 6 num. 96. Wehnerus pract. Observ. voce Dignotel. Stamm. de servitute pers. libr. 3 c. 21 n. 3.

§. 10.

Weil auch die Sonn- und Feyer-Tage zu geistlichen Verrichtungen und nicht zu weltlicher Arbeit verordnet sind, als muß auch an denenselben kein Herren-Dienst exigiret werden, l. ult. Cod. de feriis. Colerus de process. Exec. p. 1 c. 9 n. 68. Wehnerus d. l. Es wäre denn, daß ein unvermeidlicher Nothfall solches erfordere, als wenn Brieffe zu bestellen, welche keinen Aufschub leiden, und dergleichen, Balthasar d. l. Was aber in der Wochen vor Tage zum Herren-Dienst zu nehmen, solches stehet in des Herrn freyer Willkühr und Belieben; Doch ist dabey auch diese Masse zu gebrauchen, daß die Dienst-Tage nicht so gleich hinter einander gesetzet werden, als wenn etwan einer zwey oder drey Tage die Woche dienen müsse, solche Tage nicht so gleich hinter einander angesetzet werden, sondern allezeit eine Frist darzwischen bleibe, daß auch die Leute ihre eigene Arbeit zu verrichten Zeit haben, l. 22 § 1 ff. de Op. lib. Wenn aber auch hiebey ein Nothfall sich zutrüge, wie etwan in der Erndte wohl geschehen kan, wird der Herr hieran nicht so präcise gebunden seyn.

§. 11.

Es ist aber kein Dienstmann schuldig sich zum Dienst anzubieten, oder einzustellen, als wenns ihm angesaget ist, l. 1 ff. de oper. serv. l. 3, 9 & 24 ff. de oper. libert. Dann aber, wann sie angesaget sind, müssen die Leute präcise erscheinen, und können sich nicht damit entschuldigen, daß sie den Dienst auf einen andern Tag wieder einbringen wollen. Denn also gesagt wird in l. 25 pr. ff. de oper. libert. Absurdum est credere alio die debere officium, quam quo is vellet, cui præstandum est. Hahnius ad tit. de oper. libert. sub fin. Und stehet auch nicht in der Unterthanen Belieben, wann ihnen der Dienst angesaget, ob sie wollen Geld davor geben, wie unter andern disponiret in Land-Tags-Abschied des Hertzogthums Braunschweig an. 1597 § 1. Und wann sie also auf geschehene Ansagung nicht erscheinen, stehet dem Herrn frey, ob er sie mit einer Geld-Straffe, oder Gefängniß darzu anhalten wolle.

§. 12.

Wenn aber iemand durch Kranckheit, Leibes-Schwachheit, hohen Alter und dergleichen Ursachen verhindert wird, kan er sich dadurch von wircklicher Leistung des Herren-Dienstes excusiren, l. 17 & 23 § 1 ff. de op. lib. Hahn. ad tit. de op. lib. sub fin. Daher in leg. 34 ff. eod. tit. gesagt wird, daß wenn ein Freygelassener kranck wird, dem Patrono seine gebührende Dienste verlohren gehen. Denn in genere ein Kranckheit von dergleichen Oneribus befreyet, welche mit der Hand und den Leibes-Kräfften müssen geleistet werden, l. 2 § 7 ff. de Vacat. muner. Und wird so gar die Kranckheit vor eine rechtmäßige und übertragende Entschuldigung angenommen, wenn gleich der Krancke zu seiner Unpäßlichkeit einiger massen hätte Ursach gegeben, Balthasar de Oper. Subd. c. 10, immassen zum wenigsten das gewiß ist, daß wegen Befreyung von dem Dienste sich niemand wird eine Kranckheit über den Hals ziehen, und heist es also hier, afflictis non est addenda afflictio, can. 2 cauf. 7 qu. 1. Es wird hieher auch der Fall gezogen, und ist zur Entschuldigung zulänglich, wenn den Bauren ihre Ochsen, Pferde durch eine Plünderung genommen wären, daß sie mit den Pferden den Spann-Dienst nicht verrichten können. Hahnius ad tit. de Oper. libert. sub fin.

§. 13.

Wiewohl nun ein solcher Bauer, der in Kranckheit lieget, vor seine Person von dem Herren-Dienst entschuldiget ist, l. 15 ff. de Oper. libert. cum text. alleg. so ist derselbe schuldig, iemand anders an seinen Platz zu stellen, und dadurch seine Schuldigkeit zu erfüllen, l. 1 Cod. de præp. arg. l. 16 & auth. adscript. Cod. de Episcopis & Clericis arg. l. 137 § 5 ff. de verb. oblig. denn es sind die Herren-Dienste nach heutiger Art ein munus mixtum, welche nicht pur an der Person hangen, und auch nicht blosserdinges von den Gütern abgestattet werden. Daher denn folget, daß bey der Kranckheit die Dienst-Leute vor ihre eigene Person frey sind, doch aber durch einen andern den Dienst leisten müssen. l. 2 § 7 ff. de vacat. mun. Worinne die allgemeine Landes-Gewohnheit übereinstimmet. Balthasar de oper. Subd. c. 10 p. m. 234. Dabey doch erfordert wird, daß derjenige, so zu dienen abgeschicket wird, dazu geschickt sey, und eben die Arbeit verrichten könne, so der Principal thun solte, l. 2 in f. Cod. de præp. argent. weil sonsten der Dienst dem Herrn würde gantz unnütz fallen, da doch auf dessen Nutzen alles abzielen muß. l. 24 ff. de oper. libert.

§. 14.

Bey der Zeit der Herren-Dienste fällt annoch diese rechtliche Frage vor: Wenn ein Dienstmann von dem Herrn an einen abgelegenen Ort geschickt wird, allda etwas zu verrichten, und zwar also, daß auf der Hin- und Herreise einige Tage aufgehen würden, ob dieselben Tage mit dem Herren-Dienst zu rechnen seyn, oder nicht? der Zweiffel bestehet darinn, daß die Tage, an welchem der Bauer nach dem bestimmten Ort hingehet, zu des Herrn Nutzen nichts beytragen, worauf doch in diesem Stück nach Anweisung der angeführten Legum vornemlich zu sehen: Allein dessen ungeachtet hat die affirmativa als der Billigkeit so wohl, und den Rechten gemäß, billig den Vorzug. Vornehmlich weil die klare Disposition der Rechte hinbey kommt, da in l. 20 § 1 ff. de oper. libert. decidiret wird, daß wenn ein Patronus einen Freygelassenen aus einer Provintz nach Rom beruffet, und zwar erscheinen müsse, doch aber, was inzwischen vor Zeit vergehet, ehe er nach Rom kommen kan, solches dem Patrono abgehe. Es bestätiget dieses obgemeldeter Braunschw.

Land-Tags-Abschied de an. 1597 § 1, Balthas. de Oper. subd. c. 13. Denn regulariter muß allda dem Herrn gedienet werden, wo er sich aufhält, l. 21 ff. de op. libert. oder wo die Land-Güter, in Ansehung welcher die Dienste zu leisten sind, belegen, Stamm. de homin. propr. l. 3 c. 21 n. 6. Und sind die Leute nicht ausser Landes oder ausserhalb der Bothmäßigkeit ihres Fürsten zu beruffen. Casp. Klockius de Contrib. c. 2 n. 6 & c. 3 n. 310. wo nicht durch die Gewohnheit ein anders angeführet wäre, Husanus de homin. propr. c. 6 n. 90 d. l. Brunnem. ad l. 18 ff. de op. lib.

§. 15.

Wenn nun ein Unterthan ausserhalb Landes seinem Herrn zu dienen schuldig ist, alsdenn muß solches geschehen auf des Herrn Unkosten, Husanus de homin. propr. c. 6 n. 92, Brunnem. ad leg. 20 ff. de oper. subd. Da sonsten die Leute auf ihre eigene Kosten ihren Dienst thun müssen, auch ihnen nicht einmahl Essen und Trincken vom Herrn muß gereichet werden, l. 18 ff. de oper. libert. Casp. Klock. de Contr. c. 2 n. 50, Richter Dec. 98 n. 10, Hahnius ad tit. de oper. libert. n. 4, wenn nicht die Unterthanen also arm sind, daß sie sich ihres Lebens Unterhalt in Vorrath nicht schaffen können, solchen falls wird der Herr ihnen müssen Lebens-Mittel verschaffen, nachdem es unbillig wäre, die Leute vor Hunger vergehen zu lassen, l. suo victu 18 ff. de oper. libert. l. 21 ff. eodem. Denn auch die äusserste Armuth von andern Landes-Beschwerden und Verrichtungen excusiret, Klockius de Contribut. c. 13 sect. n. 58 & seqq. Daher denn billig ist, daß auch in dieser Art der Bauerpflichten die armen Leute einige Erleichterung empfinden, weilen sie sonsten zu etwas unmügliches würden gedrungen werden, wozu doch denen Rechten nach keiner obligat ist, l. 185 de R. I. l. 35 ff. de Verb. obligat. cap. nemo potest 6 de R. I. in 6to. Wesfalls denn auch dem Herrn keine Actio zukommen kan, weil solche wegen der Unterthanen Armuth würde vergeblich und umsonst seyn, l. 6 ff. de dolo malo.

§. 16.

Hieraus ist zwar nicht zu schliessen, daß die Armuth von den Herren-Diensten gantz und gar befreyet, doch folget daraus, daß dieselbe also zu mäßigen, und einzurichten, daß den Leuten so viel Zeit übrig gelassen werde, daß sie ihr Brot erwerben, und sich Unterhalt verschaffen können, l. 19, 22 § ult. l. 26 pr. l. penult. § 2 ff. de oper. libert. Und in l. 38 pr. ff. de oper. lib. ist die merckliche Redens-Art zu finden, daß nur solche Herren-Dienste können gefordert werden, welche ohne Gefahr des Lebens zu leisten sind, add. Gail. de Arrest. Imp. c. 10 n. 6.

§. 17.

Am allerbesten aber wird dieses decidiret durch die vorhandene Verträge, eingeführte Gewohnheiten und Observantz eines ieden Orts, Balth. de Op. subd. c. 18. Wie denn also an vielen Orten gewöhnlich, daß denen Bauers-Leuten, wenn sie auf den Herren-Dienst kommen, etwas gewisses an Brot und Käse gereichet werde, zu einer Alimentation,

tation, welches an einigen Orten genannt wird die Pflicht: Gleich als wenn solches gegeben würde zu einer Ersetzung vor die den Tag über gethane Arbeit.

§. 18.

Es geschiehet zuweilen auch, daß der Herren-Dienst ohne einige Schuldigkeit und nur bittweise von den Bauern geleistet werde, und alsdenn ist um desto weniger Zweiffel, daß alles auf des Herrn Unkosten geschehen müsse, Husanus de hom. propr. c. 6 n. 63, Thomn Maulius de Homagiis tit. 4 n. 21, Casp. Klockius de Contr. c. 2 n. 30, Balthaf. de op. subd. c. 15, Colerus de Proc. Execut. p. 1 c. 9 n. 89, Speidelius Notab. voce Frohn. Dann wenn einem aus Freygebigkeit ein Dienst geleistet wird, ist derjenige die Unkosten herzugeben schuldig, dem er zu statten kommt, l. 18 § 2 ff. commodati.

§. 19.

Sonsten sind regulariter bey dem Herren-Dienst die Leute nicht allein schuldig sich selbst zu beköften, sondern müssen auch selbst das Werckzeug, damit sie arbeiten wollen, mitbringen. Als zum Exempel, wer den Spann-Dienst thun soll, muß seine eigene Ochsen oder Pferde bey sich haben, oder wer graben soll, muß sich seines eigenen Grabscheids bedienen. Und wann gleich solche Instrumenta in dem Herrn-Dienst vergiengen, oder zerbrochen würden, ist doch der Dienst-Herr nicht schuldig dieselbe wieder machen zu lassen, oder auch wenn die Ochsen und Pferde bey währendem Dienst umfallen, dieselbe zu bezahlen, Speidelius Not. in voce Frohn, Balthasar. de Oper. subditor. cap. 15, Husanus de Hom. propr. cap. 6 n. 95, Casp. Klockius de Contribut. c. 2 num. 51, Berlichius lib. 2 Concl. pr. 65 num. 16 & seqq.

§. 20.

Es ist allhier die Frage zu erörtern, wenn die Leute in währendem Herren-Dienst von dem einfallenden Feinde, oder Räubern beraubt, oder ihre Sachen verdorben werden, ihre Pflüge zerschlagen und ihre Pferde ausgespannet, ob der Landes-Fürst oder Guts-Herr solchen entstandenen Schaden zu ersetzen schuldig sey? Und wiewohl sich einige finden, welche kein Bedencken tragen dieses zu bejahen, ist dennoch die Meynung besser gegründet, welche solches mit Nein beantwortet, daß nemlich der Herr davor nicht zu stehen habe. Denn was ein anderer thut, muß mir billig keinen Schaden geben, dabey ich nichts gethan habe, l. 5 § 5 ff. de oper. novi nunciat. l. 55 de R. I. Und kan man hie nicht sagen, daß die Dienst-Leute ihr Vieh und Instrumenta dem Herrn währendes Dienstes vermietet haben, (wie die so contrairer Meynung sind, vorgeben) sondern vielmehr, daß sie ihrer Schuldigkeit ein Gnügen gethan. Sixtin. de Regal. l. 2 c. 13. Balthaf. de op. subd. cap. 3. Wie denn in genere sonsten ein iedes Ding seinem Herrn verdirbt, l. 9 Cod. de pignorat. act. Und wenn man schon einräumen wollte, daß diese Leistung des Herrn-Dienstes mit dem contractu locationis conductionis wegen Uibernehmung der Gefahr und Præstation des Schadens einige Verwandschafft habe, so ist doch bekannt, daß der Uiberfall von Räubern

oder Plünderung von Feinden unter die Casus fortuitos gezehlet werden, welche denn der Conductor über sich nehmen muß, l. 9 § 3, l. 15 § 2, l. 25 § 6 ff. locati conducti. Sixtin. de Regal. d. l. Balzen. d. l.

§. 21.

Bis anhero ist durch obangeführtes der Ursprung der Herren-Dienste, die Personen, welche er geleistet, und von welchen er erfodert wird, wie auch in was Stücken dieselbe bestehen, und welcher gestalt dieselben nicht allein erworben, sondern auch abgestattet werden, kürtzlich betrachtet; ist also noch übrig, deren Effect vorzunehmen, und theils die Obligation, theils auch die daraus entspringende Actiones, welche so wohl zu Einförderung der Herren-Dienste, als deren Befreyung dienen, durchzugehen.

Rechtliche Betrachtung,

Worinne die Verbindlichkeit des Dienst-Herrn und der Dienstpflichtigen Leute bestehe.

§. 1.

Die Obligation oder Verbindlichkeit, welche hierbey vorkommt, ist zweyerley Art. Dann entweder ist dieselbe zu sehen an der Person des Guts-Herrn, welcher die Bauren zu dienen zwingen kan, oder sie ist zu sehen an den Bauers-Leuten selbst, welche dem Dienst unterworffen sind. Was die Pflicht oder Obligation des Herrn betrifft, so ist dieselbe allbereit aus dem, was oben angeführet, guter maßen abzunehmen, und bestehet vornemlich darinnen, daß ein Herr denen Bauren nicht mehr auflege, als was das Recht und Billigkeit zuläst, das alte Herkommen und Landes-Gewohnheit mit sich bringet, und die alte Pacta und Verträge im Munde führen, daß er nicht auf Neuerung begierig sey, und mit ungewöhnlichen Lasten die Leute beschwere, wie dahin das Verbot gehet, in l. 23 Cod de Agric. & Censit. daß die Herren der Ländereyen, welche Meyer unter sich haben, ihnen nichts neues aufbürden, noch gewaltsam mit ihnen verfahren. Dann widrigen Falls die Herren sich schwerlich versündigen, und ihre eingeräumte Gewalt und Jurisdiction hefftig mißbrauchen würden. Gail. de Arrestis Imp. c. 10 n. 7 & lib. 1 observ. 77 n. 3, lib. 2 obs. 62 in f. Speidel. in Not. voce Frohn.

§. 2.

Aus welchen Ursachen denn wohl zu beklagen ist, daß an vielen Orten durch Härtigkeit der aufgelegten Dienste und dabey gebrauchtes tyrannisches Verfahren, die Unterthanen offtmahls zur Desperation gebracht und dahin bewogen sind, daß sie lieber Leib und Leben aufsetzen, und durch die Rebellion sich dem Gehorsam gantz entziehen wollen, als durch eine solche harte Pressure sich bis auf den äussersten Grad ausmergeln lassen sollten. Die Exempel in der Lieffländischen alten Historie können solches klar zu Tage legen und die Grausamkeit des aus dieser Ursache entstandenen Kriegs soll billig hierinne allen ein Exempel seyn, in diesem Stück den gelindesten Weg zu gehen: Ja in unserm Teutschlande selbst ist im 16ten Seculo aus dieser Ursache ein gefährlicher und weit aussehender Bauren-Krieg entstanden, wie erzehlet wird von Sleidano lib. 5 de

Ttt 3   Repu-

Republica. add. Knichen de veſtit. paďis p. 2 c.
3 n. 58. Klockius de Contr. cap. 18 n. 327 & ſeq.

§. 3.

Iſt alſo allen Guts-Herren wohl zu recommendi-
ren, daß ſie bey Erforderung der Dienſte die Hu-
manität und Gelindigkeit ſich vor Augen ſtellen, und
was dorten Seneca gar wohl ſaget, ſich ſtets im
Gedächtniß vorbehalten: Dieſes, ſagt er, iſt der Inhalt meines Unterrichts, daß du alſo lebeſt mit denen, die dir untergeben ſind, als wie du wünſcheſt,
daß deine Oberen mit dir umgehen möchten. So
offte dir beyfällt, was groſſe Gewalt du über deinen Knecht habeſt, ſo offt laß dir auch zu Sinne ſtei-
gen, daß dein Ober-Herr eben ſo groſſe Gewalt
über dich habe. Aber ſprichſt du, ich bin niemand
Leibeigener: Iſt wohl, du weiſt aber nicht, ob du
nicht noch dienen müſſeſt, wenn du dich erinnerſt,
daß die hocherhobene Hecuba, der reiche Crœſus,
die hochgeehrte Mutter des Darii, der weiſe Plato
ſelbſt andern dienen müſſen, alſo verfahre mit deinem Knecht gnädig. Bis hieher Seneca. Deshalben der Herren vornehmſtes Abſehen ſeyn ſoll,
daß ſie ihren Unterthanen die Dienſte nicht verdoppeln, ſondern damit alſo gütig verfahren, daß ſie
dabey ſich und die Ihrigen nach Nothdurfft ernehren können, l. 19, 22 § ult. l. 26 pr. ff. de oper. lib.
Gailius libr. 2 obſ. 62 inf. & lib. 1 obſ. 16, Struvius Syntagmate Juris Civil. ad. tit. de oper. libert. Fritſchius de Jure Pagor. c. 8, Sixtinus de
Regalib. l. 2 c, 13 & ſeqq.

§. 4.

Was nun die Obligation der dienſtpflichtigen
Bauren anlanget, ſo beſtehet dieſelbe darinne, daß
ſie die Herren-Dienſte, welche der Herr auf
Rechtserlaubte Weiſe an ſich gebracht, gebührend abſtatten müſſen, und zwar nicht nach ihrem
eigenen Gefallen, ſondern alſo, wie es ihre Pflicht
mit ſich bringt, maſſen ſonſt der gebührende Zweck,
welcher beſtehet in dem Nutzen des Herrn, nicht erhalten würde, ſondern vielmehr demſelben zur In-
commodität gereichen müſte, l. 24 ff. de op. lib.
Denn ſo weit die Dienſtpflichtigkeit ſich erſtrecket,
werden die heutigen Bauers-Leute, wenn andere Umſtände mit hinzukommen, einiger Rechts-Lehrer
Meynung nach vor Knechte geachtet, Joh. Schno-
bel ad ff. Diſſ. 1 § 27. Wiewohl ſie im übrigen
vor freye Leute gehalten, und derer Rechte, ſo frey-
en Perſonen zukommen, überall theilhafftig ſind,
Struvius ſyntagm. Juris Civ. ad Tit. de Colluſ.
de teg. Dannenhero gemeldte Bauers-Leute die
Väterliche Gewalt über ihre Kinder exerciren können, auch vor Gerichten kräfftig handeln und ſchlieſſen, etwas ſich rechtmäßig acquiriren, daſſelbe als
ihr Eigenthum beſitzen, von andern bündig etwas
erhandeln, Contracte ſchlieſſen, jemand ſich obligat
machen, in ihrem letzten Willen das Ihrige vermachen, von andern etwas erwerben, und was dergleichen mehr iſt, Zaſius Singular. Reſponſ. lib. c. 3
num. 67 & ſeqq. Huſanus de homin. propr. c. 6 n.
24 et ſeqq. Mevius Tract. von Abfolge der Bauers-Leute, qu. 1. n. 33 ſqq. Wehner. Obſ. pr. voce
Leibeigenſchafft, Gailius de Pignoribus obſ. 8 n. 3.
Welches aber alles denen, ſo gantz Leibeigen ſind, nicht
zukommt, wie aus denen Verordnungen und Geſetzen
klar am Tage.

§. 5.

Wenn man aber in genere von dem Zuſtande
der heutigen Bauers-Leute etwas gewiſſes ſetzen
ſolte, würde ſolches ſehr ſchwer fallen, dieweilen eine iede Provintz, Fürſtenthum und Land, ja offtmals eine gewiſſe Stadt oder Amt gewiſſe Gewohnheiten und Statuta hat, wornach ſich dieſe Sache
richten muß. Dahero die ICti bey Erörterung derer Fragen, ſo von dieſer Sache handeln, den Rath
geben, daß man ſich zuförderſt zu erkundigen habe,
was das eingeführte Herkommen, alte Verträge
und ſonderbare Geſetze an einem ieden Orte vor
Dienſte erfordern, wie weit die Leute dem Herrn
obligat ſind, wie weit ſie ſich von dem Vinculo der
Dienſtbarkeit befreyet achten können, und ſolchem
nach ſein Urtheil abfaſſen, Kœppen 2 illuſtr. Quæſtion. 1 n. 1 & ſeq. Vultejus de feud. l. 1 c. 4 n. 7
& ſeqq. Mevius dict. Tract. quæſt. 1 n. 29 & ſeqq.

§. 6.

Wiewohl die heutigen Bauer-Leute an ſolchen
Orten, wo die Halseigenſchafft hergebracht, in allen Stücken nicht vor Leibeigen, noch auch vor bloſſe
Meyer, oder die auch ein Stück Ackers von ihrem
Herrn Mietsweiſe inne haben, noch vor Freyge-
laſſene, noch vor capite cenſos zu achten, ſondern
eine gantz neue Art von Leuten ausmachen, welche
von den ietzt erzehlten Speciebus allen und ieden etwas an ſich hat, wie ſolches vermeynet Gailius de
Pignor. Obſ. 8 n. 3. Wehner. voce Leibeigenſchafft; ſo werden ſie dennoch von etlichen, was den
Ackerbau und die daher rührende Dienſtpflichtigkeit anlanget, einiger maſſen vor Knechte gehalten,
l. 1 Cod. de Col. Thracenſ. oder auch vor ſolche
Leute, welche an ein gewiſſes Bauer-Gut verbunden, und glebæ addicti genennet werden. Gail. de
Arr. c. 8 n. 14, und alſo von dem Bauer-Gut,
deſſen ſie gleichſam ein Theil ſind, nicht können ab-
geſondert werden, l. 7 Cod. de Agric. & Cenſ. &
ibi Lucas de Penna. Mevius alleg. Tr. qu. 1 n.
36 & ſeqq. Daher kommt, daß dieſelben ihren
Hoff oder Gut, daran ſie gleichſam von Natur gebunden ſind, d. l. 1 C. de Col. Thrac. nicht verlaſſen, und an andere Oerter ziehen können, es wäre denn Sache, daß der Herr damit friedlich wäre,
ſondern ieder Zeit bey ihrem Hofe bleiben, und bey
demſelben dem Herrn dienen müſſen, weil entweder
ſie ſelbſt oder ihre Vor-Eltern ſich einmahl alſo
vor ſich und ihre Nachkommen verbindlich gemacht
haben, l. 23 § 1 C. de Agr. & Cenſ. Gail. de Arreſt. Imp. c. 8 n. 14 & ſeq. Mevius d. l. Arnſæus
de Republ. c. 3 ſect. 9 n. 14. Und wenn ſie alſo
davon lauffen, ſtehet dem Herrn frey ſie in der Fluche
zu verfolgen, und eigenes Gewalts in Hafft zu nehmen. Gail. d. n. 13, Mevius d. Tr. qu. 4 num. 2
& ſeqq.

§. 7.

Dergleichen leibeigene Leute ſind nun nicht allein
zu denen Dienſten verbunden, ſondern müſſen auch
ihre Aecker und Ländereyen durch eine jährliche Prä-
ſtation von dem Herrn erkennen, und von denenſelben einen jährlichen canonem oder Zins abſtatten,
welches genennet wird Wieſen- oder Landgeld, Roth-
Zins, Silber-Zins, Zinsgeld, Wehn. pr. Obſ.
voce Dienſt. Oder ſie müſſen auch gewiſſe Rauch-
Hüner, oder wie ſie an andern Orten genannt werden

den, Haupt-Hüner, Herbst-Hüner, Gohe-Hüner, Zins-Hüner 2c. oder zu Fastnacht, Ostern oder Pfingsten eine Anzahl, Eyer, Käse 2c. zu einer Recognition der Jurisdiction und Merckmahl der Dienstbarkeit abstatten, Zaf. Singul. Resp. l. 1 c. 3 n. 79, Speidelius Notab. voce Leibeigene Leute, Wehn. voce Fastnachts-Hüner, allwo er hinzu setzt, daß bey zweiffelhafften Fällen, und wenn sonsten die Umstände nicht das Widerspiel auweisen, durch solche Abstattung der Rauch-Hüner die Jurisdiction, ja auch die Ober-Gerichte, und das Eigenthum könne bewiesen werden, add. Husan. de homin. propr. 6 n. 64. Cothm. vol. 1 Conf. 40 n. 34, 35 & 38. vol. 1 Conf. 45 n. 126 & 162. Dahero wenn ein Edelmann unter eines andern Gerichten einen oder andern Bauren hat, welcher ihm die Rauchhüner abstattet, so ist daraus zu schliessen, daß derselbe auch die Jurisdiction über solche Leute zu exerciren befugt sey. Nach der Lehre Kœpp. Dec. 48 n. 23 & seq. Cothm. c. l. Aber weil dasselbe nur von dem Casu zu verstehen, wenn das Herkommen eines Orts solches approbiret und andere Beweisthümer mehr zu Hülffe kommen, d. Resp. 45 n. 155. So ist es auch mit solchem Unterscheid anzunehmen. Denn sonsten an sich und blosserdings kan die Leistung solcher Hüner die Jurisdiction nicht erweisen, Wehner d. l.

§. 8.

Unterdessen aber sind die Leibeigene an vielen Orten weit härter gehalten, als oberzehlet. Wie man denn befindet, daß einiger Orten die eigenen Bauren ohne Einwilligung des Herrn nicht einmahl eine Heyrath schliessen können, ja so gar alles, was sie im Vermögen haben, als ihre Aecker, Wiesen, Häuser, Ochsen, Pferde, Schaafe, ja auch bey den Pohlen so gar die besten Kleider, alles dem Herrn zuständig ist, und denen Bauren weiter nichts als der blosse Gebrauch zukommt, welcher doch von dem Herrn nach seinem Belieben und Gefallen kan ausgeruffen und hingenommen werden. Wie solches auch vor Alters von denen Colonis Censitis oder Censitis adscriptis verordnet ist in l. 2 Cod. In quibus causis Coloni. Arnisæus de Republica cap. 3 sect. ult. num. 7 & seqq. An einigen Orten erheben die Dienst-Herren von denen hinterlassenen Gütern zugleich mit denen rechtmäßigen Erben, also daß sie zuweilen die Halbscheid der Güter, zuweilen den 3ten oder 4ten Theil davon bringen. An einigen Orten fallen ihnen die besten Kleider oder Hausgeräth zu, Zaf. 2 Responf. Sing. c. 3 n. 78. Arnisæus d. l. Anderswo als in Schwaben, Burgund, und Savoyen, als da sie dem Zustande der Freygebohrnen näher kommen, mögen sie nach Belieben Heyrathen vollziehen, besitzen ihre Güter, und vererben dieselben auf die Ihrigen, stehen ihren Sachen vor, und schliessen mit den Herren selbsten bündige Contracte, Zaf. d. c. 3 n. 77. Allda können sie auch die ihnen eingeräumte Ländereyen veralieniren, wenn sie zuvor dem Herrn um dessen Einwilligung ansprechen, welcher aber dawider nicht dissentiren kan, dafern ihm nicht ein augenscheinlicher Schade oder Gefahr dahero bevorstehet, Arnisæus d. l. num. 3 & 13.

§. 9.

Diese alle nun entweder Bauren oder Leibeigene sind schuldig dem Herrn zu dienen, und wenn sie

nicht freywillig wollen, können sie zu deren Abstattung genöthiget werden. Denn gleichwie der Herr ihnen die Aecker und Ländereyen zu nutzen und zu brauchen eingeräumet, sie auch dabey schützet und handhabet, also müssen sie hingegen davor Dienste thun, und können des Oneris sich keinesweges entschlagen, wo sie nicht von dem Herrn etwan die Dienst-Freyheit erlanget hätten, Conringius de finibus Imp. c. 19 n. 7 in fin. allwo er eine neue gottlose und unleidliche Lehre nennet, wenn sich die Unterthanen ihres Herrn Gehorsam und obliegender Schuldigkeit entziehen wollten.

§. 10.

Weil nun in denen alten Röm. Rechten gar viele Verordnungen und Gesetze von denen Sclaven gemacht und annoch zu finden sind, als entstehet die Frage: Ob solche Gesetze und Verordnungen, welche nicht allein von den Knechten, sondern auch von denen Diensten der Freygelassenen gestellet sind, auf die heutigen Herren-Dienste der Bauers-Leute könne appliciret werden? Es scheinet zwar, daß es müsse mit Nein beantwortet werden, weil es anletzo eine viel andere Beschaffenheit hat, und unsere heutige Bauers-Leute viel einen gelindern Zustand als die alten Leibeigene, welchen jene Gesetze gegeben sind, haben, Zasius singul. Responf. l. 1 c. 3 n. 89. Stamm. de servit. l. 3 c. 2. Dennoch aber wird die Frage von den Doctoribus communiter bejahet, und zwar aus folgenden Ursachen: Erstlich weiln die Gesetze, welche von den Leibeigenen reden, vielfältig auf andere Sachen und folglich auch auf die Herren-Dienste mit Nutzen extendiret werden, nach dem Exempel l. 10 de pœnis, l. Barbar. 3 ff. de offic. præf. præt. Zum andern, daß die wirckliche Leibeigenschafft auch noch heutiges Tages in denen Türcken-Kriegen stat finde, Reichs-Abschied zu Speyer de anno 1542 § Und wiewol nun. Drittens, daß unsere heutige Lassen, oder eigene Leute, ob sie wohl in allen denen Römischen Sclaven und Freygelassenen nicht gantz ähnlich sind, in einigen Stücken dennoch ihrer Eigenschafft gar nahe kommen. Dann oben allbereit ausgeführet, welcher massen die Herren-Dienste ursprünglich aus der Sclaverey, und der hernach folgenden Freylassung ihren Anfang genommen. Ja es weisen auch noch die heutige Bauers-Leute in vielen Stücken, und vornemlich in Abstattung der Dienste einige Merckmahle des knechtischen Zustandes, wie solches weitläufftig ausgeführet zu finden beym Zasio singul. Resp. l. 1 c. 3 n. 75 & seqq. Stamm. de Servitute persl. l. 3 c. 2. Hahn. ad Tit. de statu hom. n. 5. Mev. Tr. von Abfolge der Bauers-Leute quæst. 1 n. 27 & seqq. Gailius de Arrest. Imp. c. 8 n. 14 & seqq. Arnisæus de Republ. c. 3 sect. 8. Wehner voce Leibeigenschafft. Daher denn allerdings nicht zu leugnen ist, daß die Verordnungen, so von den Knechten handeln, auch heut zu Tage auf die Dienst-Leute können erkläret werden, Hahn. ad Tit. de oper. libert. Brunnem. ad l. 1 C. de oper. libert. Stamm. de Servit. persl. l. 1 tit. 1 c. 2. Casp. Klock de Contribut. c. 2 n. 23. Es wäre denn, daß die Statuta oder der eingeführte Gebrauch an einem Ort solches nicht verstatten wollte. Balthaf. de Oper. Subd. c. 1, Kœppen Dec. 1 n. 3 & seqq. Mev. d. Tr. n. 30.

Rechtl.

Rechtliche Betrachtung
Von den Mitteln und Actionibus, wodurch die Dienste mainteniret und wieder erlanget werden.

§. 1.

Wie nun kein Recht iemand nütze wird, dafern man dasselbe durch gebührende Actiones nicht vertheidigen und handhaben kan, also ist nun hier auch zu sehen, durch was Action die Herren-Dienste zu maintenieren sind: Dabey ist dieser Unterscheid zu machen, daß entweder der Herr zu streiten hat wider einen tertium, welcher sich von seinen Leuten der Dienste anmassen will, oder wider die Bauren selbsten, welche sich des Dienstes verweigern: Bey der ersten Beschaffenheit ist entweder der Streit nur bloß wegen der Possession, oder von der Proprietät der Dienste selbsten. Wenn nun der Herr wider einen tertium in puncto der Possession der Dienste Streit hat, so kan er sich des Interdicti uti possidetis bedienen wider denjenigen, welcher ihn in Geniessung der Dienste verhindern will, oder in denenselben turbieren, l. 3 §. 2 & 3 ff. uti possidetis. Dabey müssen zweyerley Puncte vornehmlich erwiesen werden. Erstlich, daß der Herr in rechtmäßiger Possession der Dienste gewesen sey, zum andern, daß er von solcher Possession mit Gewalt oder wider Recht sey heraus gesetzt. Wesenb. ad tit. ff. uti possidetis. Struv. Syntagm. Juris Civil. Exerc. 45 th. 21. Balth. de Oper. Subd. c. 18. Dafern man nun in Possessorio summarissimo begriffen ist, muß die gegenwärtige Possessio, in Possessorio ordinario aber die ältere Possessio erwiesen werden, cap. 9 X. de Prob. Struv. d. l.

§. 2.

Ist nun der Herr aus seiner Possession durch einen tertium gantz heraus gesetzt, alsdann kan er sich der Remediorum restitutoriorum gebrauchen, nemlich erstlich interdicti de vi & vi armata, oder auch unde vi, dann die Leibeigenen werden vor Membra der Höfe und Bauer-Güter geachtet, und also nach denen unbeweglichen Gütern geschätzet, l. cum satis inhumanum 23 §. 1 C. de Agric. & Cens. Brunnem. ibid. 2) Des Remedii c. 10 X. de restit. Spol. 3) Der Imploration officii judicis, des Remedii ex canone redintegranda 3 c. qu. 1. Welches letztere nicht stat findet gegen einen iedweden Possessorem, wiewohl er selbsten den Guts-Herrn nicht spoliiret hätte, noch um die Spoliation Wissenschaft trüge, und ist also solches unter allen denen Rechts-Mitteln das allervorträglichste. Balth. de operis subditor. cap. 18. Struvius Syntagm. Jur. Civ. Exerc. 45 th. 114.

§. 3.

Es begiebt sich zuweilen, daß die eignen Leute und Bauren ohne gnugsame Ursache davon lauffen, und sich in eines andern Herrn Schutz und Gewahrsam begeben; in solchem Fall kan der erste Herr sich helffen durch das Remedium ex l. si Coloni 4 C. de Agric. & Censitis, gegen denjenigen, welcher den flüchtigen Bauren aufnimmt, daß er denselben wieder müsse heraus geben, Stamm. de serv. pers. l. 3 c. 26. Und obgleich derselbe excipiren würde, daß er selbsten Herr des Entlauffenen wäre, sol-

ches auch alsofort zu erweisen sich erbieten würde, ist er doch damit nicht zu hören, sondern es muß der Flüchtige vor allen Dingen seinem rechten Herrn wieder ausgeliessert werden. Aus der Ration, weilen der Bauer durch seine Flucht an seiner eigenen Person einen Diebstahl begangen, und seinen Herrn der gehabten Possession spoliiret hat. Die Frage aber wegen des Eigenthums oder wem der Flüchtige eigentlich zu lassen sey, ist ins petitorium zu verweisen: Und ist hierinne kein Unterscheid, es mag der halbeigene Bauer zu einer vornehmen Dignität gelanget seyn oder nicht. Menoch. in remedio 10 recuper. possess. Brunnem. ad l. 14 C. de Agric. & Cens. Es muß aber der Eigenthums-Herr oder vorige Besitzer eine rechtmäßige Possession erweisen, die er vorhin gehabt, ehe der Bauer davon gelauffen, denn die angezogene lex si Coloni ausdrücklich von der possessione bonæ fidei redet. Vors andere muß er erweisen, daß der Bauer durch die Flucht zu dem Beklagten kommen sey, und er ihn auf solche Art noch ietzo habe, Stamm. tit. 27 c. 1.

§. 4.

Dafern man aber in das Judicium petitorium kommt, und von dem Eigenthum des Leibeigenen selbst agiret, so kommt dem Herrn, iedoch auf unterschiedliche Art gegen einen tertium entweder zu die Actio confessoria oder negatoria. Die erstere hat alsdenn stat, wenn ein Herr unter eines andern Botmäßigkeit Stehende zu Herren-Diensten verbinden wollte, und gehet dieselbe Actio dahin, daß der Kläger vor einen rechten Eigenthums-Herrn derer Dienste ausgesprochen, und folglich ihm der freye Gebrauch solcher Herren-Dienste gelassen werde, und desfalls der Beklagte zulängliche Caution leisten müsse, Balth. de Oper. Sub. c. 18. Struv. Synt. Juris Civilis ad Titulum Si Servitus vindicetur. Thom. Maulius de Homagiis tit. 4 num. 25.

§. 5.

Die Actio negatoria aber kommt dem Herrn solchenfalls zu, wenn ein tertius seine Leute, Unterthanen und Hintersassen zu Herren-Diensten zwingen will, dazu sie bey Recht nicht verbunden sind, zu dem Ende, daß der Beklagte von solcher unrechtmäßigen Forderung oder Zwange abstehe, auch die disfalls verursachten Schäden erstatte, und zur Sicherheit er künftig von fernern Beunruhigungen abzustehen, Rechtsgenüge Caution stelle, arg. l. 7 ff. si servitus vindicetur. Thom. Maulius de Homagiis t. 4 n. 6. Balth. de oper. Subd. c. 18. Herm. Vultej. vol. 1 Consil. Marpurg. 30 n. 13.

§. 6.

Uiber diese ordinaire Actiones ist annoch auf solchen Fall, wenn einer eines andern Herrn Halseigenen oder Lassen in seine Gewahrsam aufnimmt, oder ihn in seine Aecker und Ländereyen einsetzen und dem Herrn nicht wieder erstatten will, gegen demselben verordnet, Condictio ex l. cum satis 23 §. 2 C. de Agricolis & Censit. welche Actio dahin gehet, daß der Beklagte dem Leibeigenen mit sammt den erzeugeten Kindern herausgeben, überdas dem Herrn das Interesse prästiren, und noch wegen seiner ungebührlichen Vorenthaltung mit gebührender Strafe angesehen werde, d. l. 23, jung. l. 8 & 12 C. de Col. & Cens. Brunnem. ad l. 53 §. 2 C. de Agric. & Censit.

Cenſ. Struv. Synt. Jur. Civ. Exerc. 4 ſ 72. Und dieſe Actio gehöret ebenfalls ad petitorium, und iſt daher von dem Remedio ex l. 4 C. de Colonis & Cenſitis wohl zu unterſcheiden.

§. 7.

Weil aber auch die Bauren ſelbſt bey Abſtattung des Herren-Dienſtes vielmals einen halsſtarrigen Ungehorſam ſehen laſſen, als iſt darauf vornemlich mit zu ſehen, was Art dieſelben bey ſolchem Fall zu ihrer Gebühr und ſchuldigen Pflichten durch bevorſtehende Rechts-Mittel angehalten werden. Welches um deſto mehr zu unterſuchen, ie weniger ſolche Art Leute mit der Güte ihre Schuldigkeit zu thun pflegen. Das gewöhnlichſte Mittel iſt, daß ihre Güter in Arreſt geleget, die Genieſſung ihrer Früchte ihnen geſperret, ihr Vieh gepfändet, der Hof mit allen darauf befindlichen Inſtrumenten gleichſam in Beſchlag und ſequeſtre geleget werde, ja wenn dieſes noch nicht zulänglich ſeyn wollte, ſtehet dem Herrn frey die Leute ins Gefängniß zu werffen, und mit Waſſer und Brot zu ſpeiſen, weil denen Guts-Herren gegen ihre Halseigene vergönnet iſt, mit Gefängniß zu verfahren, und Privat-Gefängniß zu halten. Hahnius ad tit. de Statu hominum ñ. 2 & ad tit. de liberali cauſa, allwo dieſes mit einem præjudicio beſtärcket zu finden, Struv. Synt. Jur. Civ. Exerc. 49 th. 16, worinnen ſie können ſo lange gehalten werden, bis ſie Gehorſam leiſten, und die angeſetzten Herren-Dienſte, wie dieſelbe von altem Herkommen oder abgeredete Verträge dem Herrn zuſtändig ſind, willig ableiſten, arg. l. 6 ſ 1 ff. de pœnis. Gail. Arreſt. Imp. c. 10 n. 1. Sixtin. de Regalib. l. 1 c. 13 n. 65. Stamm. de Serv. perſ. l. 3 c. 24 n. 2. Die gewöhnlichſte Manier aber iſt, daß ihnen eine gewiſſe Geld-Straffe angeſetzet, und auf den Ungehorſams-Fall eingetrieben wird, worinnen denn die Gebräuche und Gewohnheit eines ieden Landes Maaß und Ziel geben. Wann die Leute aber auf keinerley Weiſe zu bändigen, und zu ihrer Gebühr zu bringen ſind, können ſie gar dahin genöthiget werden, daß ſie ihre Güter verkauffen, und ſich an andere Oerter begeben müſſen, Berlich. p. 1 dec. 65 n. 1 & 7. Richter. deciſ. 98 n. 11 & 12, allwo gemeldet wird, daß Anno 1632 auf Anfrage Hans George von Kochberg zu Uhlſtedt von der Juriſten-Facultät zu Jena alſo geſprochen: Wofern eure Unterthanen eines Theils oder alle ihre ſchuldigen Frohnen, wohin dieſelbe richtig vertheilet, in Verweigerung ſtehen: ſo ſeyd ihr euch eurer Gerichte gegen die Ungehorſamen, welche auf Zuſprechen und ferner Anmahnen ſich widerſpenſtig erzeiget, zu gebrauchen befugt. Könnt demnach einen ieden Widerſpenſtigen mit 8 Tage Gefängniß, oder 10 Gulden Geldbuße zu milden Sachen anzuwenden, belegen, und bey dem dieſes nicht fruchtet, demſelben, daß er ſein Gut, ſo mit Frohnen beſchweret, losſchlage und verkauffe, gebieten, ihm auch, wann euch die Ober-Gerichte zuſtehen, das Dorff verbieten. B. R. W.

Ja daß ſie auch mit der Lands-Verweiſung können geſtraft werden, erweiſet Carpz. Juriſpr. for. p. 2 conſt. 51 def. 6. Endlich ſind auch die Dienſt-Leute ſchuldig, wenn ſie ihren gebührenden Herren-Dienſt verſäumen, den daraus entſtehenden Schaden und Intereſſe zu erſetzen, Richter. cit. l.

Juriſt. Oracul V Band.

§. 8.

Das andere Remedium, welches ein Herr wider ſeine widerſpenſtige Dienſt-Leute gebrauchen kan, iſt, daß er kan das Officium Judicis anruffen, um die Leute zu ihrer Gebühr und Leiſtung des Dienſtes anzuhalten, l. 1 ſ 10 ff. de officio præf. urb. l. 9 ſ 3 ff. de Officio Proconſ. Thom. Maulius de Homagiis l. 4 n. 24. Dahero kömmt es gar offt, daß auf Anhalten der Guts-Herren, mandata inhibitoria gegen ihre widerſpenſtige Unterſaſſen müſſen erkannt werden; wann ſie von ihren Herrn ſelbſten nicht können erhalten werden, Balth. de oper. Subd. c. 18. Petr. Fridericus de mandato l. 2 c. 46 n. 1.

§. 9.

Wann nun die Bauren oder Halseigene Leute zu Evitirung ihres ſchuldigen Dienſtes gar weglauffen, alsdann kommt dem Herrn zu die Conditio ex l. ſi Coloni C. de Agric. & Cenſ. oder wie ſie andere nennen Conditio ex moribus, Thom. Maulius de Homagiis tit. 4 n. 24. Balth. de Oper. Subd. c. 18. Durch welche Action die Bauren wieder zu ihren Höfen und zu ihrem Dienſt gefordert werden. Welches weitläuftiger ausgeführt zu finden beym Mevio in Tract. von dem Zuſtand und Abforderung der Bauren. Und dieſe Remedia Juris können alsdenn von dem Herren gebrauchet werden, wann derſelbe deſſen recht gewiß, und dabey kein Zweiffel iſt, und nur bloß die Bauers-Leute widerſetzlicher Weiſe ſich ihres Dienſt entziehen.

§. 10.

Wann aber von der Poſſeßion oder dem Recht der Dienſte ſelbſten zwiſchen dem Herrn und den Dienſt-Leuten Streit entſtehen, und noch nicht ausgemacht iſt, wer recht oder unrecht habe, ſo iſt vornemlich auf die Poſſeßion zu ſehen, wann nemlich der Streit in Poſſeſſorio begriffen iſt, alſo daß wann die Guts-Herren oder Aemter erweislicher maſſen den Herren-Dienſt wircklich genoſſen haben, ſie dabey zu laſſen, und wenn ſie darinne ſpoliiret ſind, ohne einige Einrede wieder darein zu ſetzen, iedoch ſolchermaſſen, daß denen Bauren und Hinterſaſſen ihr Recht, wenn ſie etwas zu haben vermeynen, in petitorio auszuführen bevor bleibe. Denn es muß eine rechtmäßige Poſſeßion niemand ohne gnugſame Unterſuchung Richterlichen Spruch genommen werden, wann es auch gleich ein unbefugter Beſitzer wäre, cap. Conquerentes de reſtit. ſpol. ibique Canoniſtæ, l. meminerint C. unde vi. cum fundum de vi & vi armata, Richt. dec. 98 n. 57 & 58. Wenn aber im Petitorio die Klage angeſtellet wird, und der Guts-Herr Kläger iſt, ſo hat die Actio præjudicialis utilis ſtat, ſolchergeſtalt, daß vermittelſt derſelben die Unterthanen zu ihrer Leibeigenſchaft und deren Pflichten abzuſtatten genöthiget werden; Oder die Actio confeſſoria, welche mehr auf Dienſte und deren Pflicht gehet, da die erſte mehr den freyen oder leibeigenen Zuſtand angehet, und wird vermittelſt dieſer lettern ausgemacht, ob die Leute der Dienſtpflichtigkeit unterworffen ſind oder nicht. Herm. Stam. de Servit. perſon. l. 3 c. 28. Struvius Syntagm. Jur. Civ. Exerc. 40 th. 71 & Exercit. 46 th. 68.

§. 11.

Und wiewohl ſonſten insgemein diſe Rechte nicht präſumiren, daß ein Herr ſeine Leute zu ungebühr-

lichen

lichen Diensten ziehen, und seiner Jurisdiction sich mißbrauchen werde, weilen bey vorfallenden Zweifel ein Delictum nicht präsumiret wird, l. 15 ff. pro Socio, sondern allenthalben vor die Obrigkeit und zu deren faveur präsumiret wird, c. in præsent. c. 6 X. de renunc. c. sicut nobis 16 in fin. X. de sententia & re judicata. Uiberdem auch unter dem Vorwande einer rechtmäßigen Klage die Unterthanen ihre Halsstarrigkeit zu verstecken pflegen, welche vielmehr mit nachdrücklicher Straffe zu belegen als überzuhelffen sind, Gail. l. 1 obf. 17 n. 7. Carpz. l. 1 Responf. tit. 6 Resp. 56 n. 4 & 5. Knichen. de vestit. pact. p. 2 c. 1. num. 56 & seqq. und dieserwegen es das Ansehen gewinnen möchte, daß die Bauren ihre vorgeschützte Freyheit erweisen müsten; so ist dennoch dessen ungeachtet des Herrn Obliegen, daß wenn er die Actionem confessoriam anstellen will, er das ihm zukommende Dienst-Recht erweisen müsse, arg. l. 16 C. de prob. Struv. Syntagm. Jur. Civ. Exerc. 13 th. 43. Carpzov. l. 1 Resp. 76 n. 1 & seqq. Nemlich aus der Ursache, weil eine iede Person an sich frey und keiner Dienstbarkeit unterworffen präsumiret wird, wie allbereit in obigen erwehnet. Worzu kommt, daß die Bauren, in dubio vielmehr Bittsweise, oder ex Jure familiaritatis, als aus einer Schuldigkeit die Dienste geleistet zu haben scheinen. Cæpolla de Servit. Rusticor. præd. c. 1 n. 26. Gilmannus in Symphor. Supplic. t. 4 p. 1 voto 8 n. 53.

§. 12.

Dafern aber die Bauren Kläger sind, und die Actionem negatoriam anstellen, dadurch von den Diensten sich frey zu machen, so bleibet es ebenfalls dabey, daß die Herren müssen erweisen, daß die Unterthanen zu denen Diensten verpflichtet sind, wenn nemlich jene in den blossen Negativis bestehen, die Herren aber excipiendo affirmiren, daß ihnen die Dienste zukommen. Denn in Rechten ausgemacht, daß wenn der Kläger nur bloß in seiner Klage etwas verneinet, der Beklagte aber etwas behauptet, und affirmando zum Grunde setzet, alsdann dasjenige, was Behauptungs-weise und nicht was Verneinungs-weise vorgebracht, zu beweisen sey, per l. Act. 23 C. de prob. Und ob sonsten gleich die Possessio oder quasi possessio von dem Onere probandi befreyet, so ist es doch allhier ein anders, und bleibet dieses unerachtet die Probatio bey dem Beklagten, Schneidew. ad § aquæ Instit. de Action. n. 40 & seqq. Carpz. l. 1 tit. 7 Resp. 67 n. 8 & seqq. Richter dec. 98 n. 62 & sqq.

§. 13.

Wann aber die Bauren bey der blossen Negativa nicht bestehen bleiben, sondern zugleich sagen würden, es hätte sich der Herr unrechtmäßiger Weise mit Gewalt, heimlich oder Bittsweise der Dienste angemasset, oder daß sie nur die Dienste aus Freundschaft und gutem Willen precario gethan hätten: Alsdenn lieget ihnen der Beweisthum ob. Richter. d. decif. n. 64. Carpz. l. 1 tit. 1 Responf. 68. Denn ein procarium oder Bittweise geschehener Gefalle wird zu Recht nicht präsumiret. l. 16 de prob. Carpz. jurispr. for. p. 2 Constit. 41 Def. 18 n. 8. Richter. d. dec. n. 56.

§. 14.

Es würde num allhie zu handeln seyn von der Art und Weise, wie die Herren-Dienste bewiesen wer-

den, weil aber darinnen nichts sonderliches zu bemerken, sondern alles aus den General-Regeln des Beweisthums leichtlich kan entschieden werden: als wird vor unnöthig geachtet sich dabey aufzuhalten, und wird vielmehr nunmehr zu untersuchen seyn, wie sich die Unterthanen helffen können, wann sie durch ungebührliche und unnöthige Dienste von ihren Herren beschweret werden. Bevor aber ist annoch die Frage zu erörtern, ob die Amts- und Erb-Bücher, welche fürnemlich bey den Aemtern oder Adelichen Höfen pflegen vorhanden zu seyn, einen gnugsamen und völligen Beweis in diesem Stück geben können? Es finden sich viele, welche solches nicht einräumen wollen, und zwar aus folgenden Ursachen. Erstlich, weil solche Erb- oder Haus-Bücher mehrentheils also geschrieben sind, daß man nicht weiß zu welcher Zeit, in wessen Gegenwart und von wem sie verfasset werden? wannenhero sie ein mehrers nicht, als eine blosse Privat-Schrifft gelten könnten, welche keinen völligen Beweis giebt, l. 4 C. de probationibus. 2) Wann man diese Frage mit ja beantworten wolte, würde daraus folgen, daß die Guts-Herren in ihren eigenen Sachen Zeugen wären, welches aber den Rechten schlechterdings zuwider, l. 10 de Testibus. Ja auch 3) würde daraus folgen, daß die Dienst-Herren zu ihrem Vortheil in solche Bücher etwas schreiben, hernach solche eine Zeit lang zurück legen, und dann den aufgeschriebenen Dienst von den Leuten fordern könnten, welches eine grosse Unbilligkeit, und überall nicht zu dulden wäre, Carpzov. l. tit. 7 Responf. 61 num. 7. Balth. de Oper. subditorum cap. 17. Mollerus semestr. l. 4 cap. 37. Wehner. pr. Observat. verbo Bücher, num. 11. item Erb-Bücher, Hartmannus Pistoris Observ. 195 n. 2.

§. 15.

Allein, wiewohl die ietztgemeldete Rationes scheinen von einiger Wichtigkeit zu seyn, werden sie doch nicht die Krafft haben, daß man denselben schlechterdings beypflichten könne, sondern die Affirmation wird allhier sonder Zweiffel vorzuziehen seyn, daß nemlich solche Erb- und Haus-Bücher in puncto der Herren-Dienste völligen Beweisthum machen. Vid. Fürstliche Braunschweig-Lüneburgische Resolution der Hoyaschen Landschaft ertheilet, de Anno 1697 § 12, allwo folgende Worte zu finden: Wegen der Erb-Saal- und Lager-Bücher lassen Wir es gnädigst dabey, daß denselben derjenige Fides, welcher solchen Büchern nach ihren Requisitis in Rechten beygeleget wird, allerdings verbleibe: Wenn nur dieses dabey ist, daß sie rechtmäßig in forma publica errichtet und agnosciret, und sonsten nichts dabey befindlich ist, das ihren Glauben schwächen könnte. Wehner. dicto loco. Carpz. Resp. 61 num. 21. Die forma publica aber bestehet darinnen, wenn sie von der allgesammten Dorffschaft oder denen Unterthanen einmahl vor Recht erkannt worden, Carpzov. Responf. 62 num. 2 & seqq. Balth. de Oper. Subditor. cap. 17. Denn dadurch haben sie sich einmahl dieselbe zu halten verbindlich gemacht, Carpz. d. Resp. num. 12.

§. 16.

Dafern aber gleich diese Approbatio nicht da wäre, so können dennoch solche Bücher zum Beweisthum dienen, wann nur folgende Adminicula dabey

bey sind. Erstlich, wann die Haus-Bücher gar alt sind, Molin. in Consuetud. Parisiens. p. 188 gl. 1 n. 7 & 26. Zum andern, wenn sie in einem öffentlichen Archiv befindlich u. daraus genommen sind, Kœppen Dec. 46 num. 19. Hartmannus Pistoris dicta observat. num. 11. Drittens, wenn deren Bücher mehr vorhanden sind, welche auf einerley Art verfasset, und ordentlich beschrieben sind, Moller. Semestr. l. 4 cap. 37. Viertens, wenn die Bauren sie selbsten zum Beweisthum anführen, alsdann beweisen sie auch wider dieselbe, Molinæus dicto loco num. 19. Fünftens, wenn die Bauren bey Anziehung solcher Bücher nicht widersprechen, Pruckm. vol. 1 consl. 29 n. 50. Sechstens, wenn selbige Erbbücher nicht allein von einen, sondern von mehrern hinter einander, welche alle glaubhafte Leute gewesen, beschrieben, Hartm. Pistorius d. Obsl. n. 11. Siebendens, wann nur etwas, was in diesen Büchern enthalten, mit der Wahrheit einstimmig, just und correct erfunden wird, Aymo Cravetta Consl. 158 num. 6. Zum achten, wenn in solchen Haus-Büchern eine so langweilige Abstattung der Dienste befunden wird, welche zur Präscription gnug wäre, Nicol. Boerius Dec. 105 n. 5. Matth. Wesenb. Consl. 166 n. 47. Neuntens, wenn der Streit ist von einer nicht so gar importanten Sache. Es ist aber nicht nöthig, daß alle diese Requisita zugleich und auf einmahl da seyn, sondern ist genug, wenn deren eines oder etliche sich befinden: Wiewohl dem Gutachten des Richters, und der Gewohnheit des Orts hiebey viel nachzusehen, Carpz. l. 1 Resp. 63. Balth. de Operib. Subd. cap. 17.

§. 16.

Was nun denen Bauren, wann sie mit ungewöhnlichen und ungebührlichen Diensten wider die Billigkeit beladen werden, vor remedia zustehen, solches ist ebenfalls nach Unterscheid der vorkommenden Fälle zu entscheiden. Also, wenn sie in der Possession ihrer Freyheit gekräncket werden, oder man ihnen mehr Dienste auflegen wollte, als sie bisher wircklich gethan, kommt ihnen das Interdictum uti possidetis, zu statten, dadurch sie gerichtlich suchen können, daß sie nicht ferner in ihrer quasi possessione libertatis gekräncket werden, zugleich auch ihnen das Interesse gut gemacht werde, Struv. Syntagm. Jur. Civil. Exercit. 45 th. 122. Thom. Maulius de Homagiis tit. 4 num. 17. Sixtinus de Regal. n. 2 c. 13 n. 35.

§. 17.

Vors andere stehet denen Bauren zu, actio ex leg. 1 C. in quibus causis Coloni Domin. accusl. possunt. Zu dem Ende, daß der Herr dasjenige bezahlen müsse, was er über die Gebühr von den Leuten erpresset, und ihm künftig verboten werde, ein mehrers zu fordern, als worzu die Unterthanen verpflichtet sind, Klockius de Contrib. cap. 2 n. 60. Thom. Maulius de Homagiis 4 n. 17. Husan. de Homin. propriis c. 7 n. 27.

§. 18.

Uiberdem kan denen Bauren geholffen werden durch die implorationem Officii Judicis, dahin, daß die unbillige Exactiones denen Herren untersaget werden, arg. leg. 23 §. 1 Cod. de Agricolis & Censitis, l. 6 ff. de Officio Præs. Colerus de Processu executivo p. 1 c. 8 n. 60. Gail. lib. 1 obsl. 17

Jurist. Oracul V Band.

n. 3. Carpz. l. 1 Responsl. 53 n. 3. Thom. Maulius de Homagiis tit. 4 num. 17. Ja wann auch selbsten die Unterthanen über der Herren Unbilligkeit und widerrechtliche Beschwerung weder durch sich noch iemand anders nicht klagen sollten, kan und soll doch ein Richter von Amts wegen denen Leuten beyspringen, daß sie über die Gebühr und unbilliger Weise nicht belästet und geplaget werden, l. illicitas exactiones 6 §. 2 ff. de Offic. Præs. Sixtinus de Regal. l. 2 c. 13 n. 54 & 55.

§. 19.

Das vierte Mittel, so denen Bauren in diesem Falle zukommet, ist die Actio negatoria utilis, dadurch sie bitten, daß gesprochen werde, es komme dem Herrn kein Recht zu, entweder einige Dienste zu fordern, oder mehr, als ihm zukommen, zu exigiren und vorhin geleistet worden sind. Und folglich ihm auferleget werde, daß er ein mehrers nicht, als was vor Alters geleistet worden, auch hinkünftig fordern könne, Thom. Maulius de Homagiis d. l. Balth. de Oper. Subd. cap. 18.

§. 20.

Uiber die oberzehlte actiones vermeynen auch die Rechts-Lehrer, daß denen Bauren auch die Actio injuriarum und utilis legis Aquiliæ zukomme; jene zwar deswegen, weil zur Ungebühr von ihnen die Dienste gefordert, und solches insgemein mit Schmäh-Worten oder Schlägen pfleget vergesellschaftet zu seyn. Denn so wenig einem andern privato frey ausgehet, wenn er iemand injuriiret, eben so wenig kommt es einer Obrigkeit zu: Dannenhero wenn sie injuriose etwas thut, sie eben sowohl mit der actione injuriarum kan belanget werden, wie expresse Ulpianus sagt, in leg. 32 ff. de injuriis. Die Actio Legis Aquiliæ aber fordert den Schaden und Interesse wieder, arg. l. 3 ff. si quadrup. pauper. fec. dic. Carpz. l. Responsl. 53 n. 19, allwo er hinzusetzet, daß man wegen des Nahmens und Art der Action hiebey sich nicht viel zu bekümmern habe, weilen heutiges Tages nicht mehr nöthig ist, in der Klage das Genus actionis zu exprimiren, Schneidew. ad §. 1 n. 6 Instit. de Action.

Rechtliche Betrachtung
Von Verlust des Herren-Dienstes.

§. 1.

Schließlich ist nur noch mit wenigen zu bemerken, auf was Art der Herren-Dienst seine Endschafft gewinne, und auf was Maasse dessen Recht erlöschen könne. Die vornehmsten Arten sind diese; Erstlich durch die Nachläßigkeit oder tacitum consensum des Dienst-Herrn, wann nemlich die Bauren durch Rechts vorgeschriebene Zeit die Dienst-Freyheit präscribiren. Welches nach gemeiner Meynung der Doctorum in 30 oder 40 Jahren geschehen kan, iedoch auf solche Maasse, daß den Bauren der Dienst rechtmäßig angesagt, und sie sich dennoch deren geweigert hätten. Dann sonsten, wann gleich ein Dienst-Mann in 100 Jahren seinen Dienst nicht thäte, hat er doch deswegen keine Freyheit erlanget, Johann. Euch. Erhard. de Oper. Rusticor. Concl. 32 lit. F. Balthasar. de Op. Subdit. c. 10. Maulius de Homagiis tit. 4 n. 27.

§. 2.

§. 2.

Zweytens erlöschet der Herren-Dienst durch ausdrücklichen Consens des Dienst-Herrn, wenn nemlich auf gewisse Zeit oder auf ewig die Dienste denen Bauren erlassen werden, arg. l. 14 de Servit. Th. Maulius de Homag. tit. 4 num. 27. Allein dieses ist auf solche Maasse zu verstehen, wie die eingeräumte Dienst-Freyheit denen übrigen Dienst-Leuten nicht zur Last und Beschwerung gereichet, also daß was dem einen abgenommen, nicht dem andern auffgebürdet werde. Erhard. de Oper. Rustic. Concl. 131 lit. C. Balthasar. de Oper. Subd. c. 10, wovon weil schon oben ausführlicher Bericht gethan ist, allhie weiter nichts anzufügen.

✳✳✳✳✳✳✳✳✳✳✳✳✳✳✳✳✳✳✳✳✳✳✳✳

Rechtliche Betrachtung

Von den Privilegiis der Bauers-Leute.

§. 1.

So gründlich die Materie bey den Röm. Teutschen bürgerlichen Recht von Privilegien und Freyheiten wir überhaupt abgehandelt, so nöthig erachten wir denen Rechts-Gelehrten zu seyn, daß diese auch die Privilegia der Bauers-Leute theoretico practisch einzusehen, allhier Gelegenheit finden; Subveniendum simplicitati rusticanæ, ubicunque judicantem æquitas moverit, saget Ulpianus in leg. 1 § ult. ff. de edendo. Und weiset dadurch, daß weil die Bauers-Leute sich regulariter um Stadt-Sachen, und die Subtilitäten des Rechts wenig bekümmern, und nach den Worten Horstii, Forum vitant & superba civium potentiorum limina, sondern nur einzig und allein mit ihren Aeckern und Pflügen bemühet sind, und dahin ihre einzige Sorge wenden, daß sie ihre Scheuren mit Korn füllen: also sie auch nicht schuldig sind, das strenge Recht so genau zu observiren, als andere, welche sich desselben besser erkundigen können, leg. 25 § 1 de probat. leg. 2 § fin. de jure fisci, leg. fin. Cod. de testam. Jason in leg. ult. Cod. de juris & facti ignorantia. Struvius Syntagmate Juris Civilis Exerc. 27 § 56. In specie folget dieses daraus, daß die Bauers-Leute wegen ihrer präsumirten Simplicität davor gehalten werden, daß sie nicht in dolo seyn, wie dann solcher gestalt Ulpianus saget, daß wenn in albo Prætoris etwas geschrieben wäre, welches ein einfältiger Bauers-Mann unversehens auslöschete, derselbe der ordinairen Straffe, welche sonst auf dieses Verbrechen gesetzet, nicht unterworffen sey, in leg. si quis de Jurisdictione omnium judicum. vid. Corneus in Consil. 205. Es kommt vors andere einem Bauers-mann diese Præsumtion zu statten wider die Vermuthung eines Wucherlichen Contracts, es wäre denn, daß offenbar und deutlich erwiesen wäre, daß der Bauer eine Uibersetzung vorgehabt, wenn derowegen ein Bauersmann sich ein Stück Landes vor einen geringern Preis erkauffet, dabey aber sich vorbehalten, daß in gewisser Zeit der Verkäuffer das Land wieder an sich kauffen sollte, vermuthen die Rechte nicht, daß solches in fraudem usurarum geschehen sey. Drittens, da auch sonst, wenn einer etwas wider die Verordnung der Rechte an sich kauffet, wider denselben die Præsumtio Juris militiret, daß er solches aus Bosheit und bösem Vorsatz gethan habe: So ist doch ein anders bey den Bauers-Leuten, welche wenn sie gleich etwas solcher gestalt erkauffet, dennoch wie andere des Kauff-Geldes nicht verlustig sind. Accurs. in leg. quemadmodum Cod. de Agricolis & Censitis. Weil einem Bauersmann nicht leicht kan ein böser Vorsatz zugetrauet werden, sondern man vielmehr gedencken muß, daß ers aus Einfalt und Unwissenheit gethan. Corneus lib. 2. Consl. 140. Wollen die Rechte, daß wenn ein Bauer die Lehn zugesinnen versäumet, daß demselben nicht also stricte müsse mit gefahren werden, daß die pœna caducitatis stat finde, sondern man müsse seine Simplicität einiger massen in Consideration ziehen, Ancharanus consl. 393 per leg. Titius § Lucius ff. de liberis & posthumis. Diese Ignorantia Juris kan dennoch den Land-Leuten nicht so generaliter eingeräumet werden, daß dieselben in allen und ieden Fällen müsse stat finden: Denn es finden sich viele Abfälle, darinnen die prätendirte Ignorantz so wenig einem Bauer hilfft, als einem andern. Welche Abfälle auf folgende 6 Puncte reduciret werden vom Renato Choppino de privilegiis Rusticorum lib. 1 part. 2 cap. 5. Und zwar hilfft einem Bauren nichts die Unwissenheit gegen das natürliche Recht, weil solches allen und ieden durch die Vernunfft ins Hertz geschrieben, und weil Bauren so viel vernünfftig sind als andere Menschen, desselben Ignorantz nicht anders als höchst affectiret und unleidlich kan geachtet werden. Dannenhero wenn ein Bauer iemand durch falsche Müntze betrogen hat, wird er durch seine Ignorantiam Juris nicht entschuldiget, posito, daß es handgreifflich zu mercken, daß die Müntze untüchtig sey, sondern hat sich der Straffe unterwürffig gemacht; auf welche Maasse denn in keinem Delicto, welches directe gegen die Vernunfft laufft, als Mord, Ehebruch &c. die Ignorantia sonderlich excusiren wird.

§. 2.

Zum andern hilfft die Ignorantia einem Bauers-Mann nicht, wenn die Gesetze expresse gedencken, daß so wohl Einfältige als andere unter dem Gesetz sollen begriffen seyn. Renatus Choppinus de privil. Rustic. l. 1 c. 5 n. 1 per leg. si quis in tantam Cod. unde vi.

§. 3.

Drittens was dazu in Rechten verordnet ist, und specialiter determiniret, daß es solle genau in acht genommen werden, wird auch die Ignorantia Juris einem

einem Bauers-Mann schädlich seyn, und kan sich durch die Restitutionem in integrum nicht helffen, Ancharanus in Repetitionibus cap. 1 de Constitution. Decius in leg. edita Cod. de edendo. Als zum Exempel, wenn ein Bauers-Mann in den verordneten 10 Tagen von einem gefälleten Urthel nicht appelliret, oder sonst Remedia suspensiva gesucht hätte, wird er schwerlich unter dem Prätext einer Ignorantz restituiret werden, oder wenn ein Erbzins-Mann in drey Jahren von seinen Landen den gebührenden Erbzins nicht entrichtet hätte, ist er seines Landes verlustig, und kan sich mit seiner Unwissenheit zur Entschuldigung nicht behelffen, Accurs. in leg. Juris Cod. qui admitti. Wenn aber ein Bauer in einem Kauff-Contract allen und ieden Exceptionibus renunciret hat, ist ihm deswegen nicht benommen, wann er in dem Kauff mehr als über die Helffte übersetzet ist, sich des Remedii l. 2 Cod. de rescindenda venditione zu gebrauchen, es wäre denn, daß könne deutlich erwiesen werden, daß der Bauer von diesem Beneficio wohl informiret, und er darauf in der Renunciation sonderlich mit gesehen habe, Alexand. Vol. 6 consl. 1. Tiraquellus in repetitionibus in leg. si unquam Cod. de revocandis Dominationib. num. 102.

§. 4.

Viertens kömmt die Unwissenheit den Bauren nicht zu statten, wider die Solennitäten, welche die Rechte bey einer Handlung erfordern, weil auch in solchen Fällen das weibliche Geschlecht nichts voraus hat, sondern an den allgemeinen Rechts-Verordnungen sich muß begnügen lassen, Glossa in leg. ambiguitatis Cod. de Testam. Salicetus in leg. quic. Cod. qui admitti. Also wenn zwischen Bauers-Leuten Ehe-Pacta vorgehen und dabey der Braut eine Gegen-Vermächtniß constituiret wird, doch aber ohne schrifftlichen Auffsatz, kan man fragen, ob deswegen solche Gegen-Vermächtniß unbündig sey, weil selbige nicht ad acta gebracht, oder insinuiret ist. Wiewohl nun in solchem Fall scheinet, daß ein Bauers-Mann müsse vor entschuldiget zu halten seyn, weil ihm solche Subtilitäten und rigor juris unbekannt ist, ist doch das Gegentheil in dem Parisischen Parlament gesprochen, referente Choppino cit. Tract. lib. 1 cap. 5. Auf gleiche Maasse, wenn an einem Orte ein Statutum oder special hergebrachte Gewohnheit ist, daß wer ein verkaufftes Gut retrahiren oder daran das Näher-Recht behaupten will, auf gewisse Maasse das Kauff-Geld ins Gericht liefern und deponiren müsse; so wird ein Bauers-Mann nicht entschuldiget seyn, wann er solche Solennität unterlässet, sondern ist seines Näher-Rechts verlustig, Tiraquellus de retractu conventionali § 4 Gl. 7 v. 14.

§. 5.

Hiezu setzen einige, daß wenn ein solcher Contract eingegangen sey, welcher nach dem Völcker-Recht bündig und schlüßig wäre, eben so wenig ein Bauers-Mann könne zurück treten, noch unter dem Schein seiner Einfalt sich losmachen, ob er gleich etwan dabey einen Verstoß gethan hätte, denn daraus unzehlige Unruhe und Streitigkeit entstehen würde, auch es niemals an Prätext fehlen würde

einen Contract umzustossen, wenn solche Entschuldigungen solten gültig seyn; überdem auch das Völcker-Recht allen und ieden billig muß bekannt seyn, und niemand dessen Unwissenheit vorschützen kan, ohne den Vorwurff einer gantz grossen und mercklichen Unachtsamkeit. Tiraquellus d. Tr. de Retractione conventionali § 4 Gl. 7 v. 18. Hieraus schliessen einige, daß wenn auch ein Bauers-Mann ein Lehn veräusserte oder verkauffte, er dessen verlustig zu achten sey, weil solches nicht allein in den Lehn-Rechten vorgeschrieben wird, sondern auch bey der Belehnung solches pfleget abgeredet zu werden.

§. 6.

Es kan die Ignorantia Juris den Bauren nicht zu statten kommen, wenn sie gantz nahe an der Stadt, oder in denen Vorstädten wohnen, allda sie leicht Gelegenheit haben können, Rechts-Verständige um Rath zu fragen und sich belehren zu lassen. Romanus in leg. Juris ignorantia Cod. qui admitti. Denn es haben die Alten im Sprichwort gesaget, daß wie der Bauer in den Wald gienge, sich mit Holtz zu versorgen, also er in die Stadt zu gehen pflegte sich mit Rath zu versehen, Baldus in d. leg. Juris ignorantia. Jedennoch muß derjenige, welcher solches vorbringet, erweisen, daß dem Bauren die Gelegenheit nicht ermangelt habe, sich Raths zu erholen, Salicetus in d. leg. Juris Cod. qui admitti.

§. 7.

Daß in Criminalibus eine prätendirte Ignorantz einen Bauers-Mann nicht gantz und gar entschuldigen könne, ist allbereits aus obigen abzunehmen, weil nemlich dergleichen Delicta alleizeit contra Jus naturæ, welches dem Bauren so wohl als Gelehrten bekannt ist, lauffen. Dannenhero die Kayser Severus und Antoninus in leg. 1 Cod. de interd. Matrimon. rescribiren, daß unter dem Prätext einer bäurischen Einfalt sich kein Vormund solte gelüsten lassen seine Unmündige zu heyrathen.

§. 8.

Allein dieses findet man doch täglich, daß einfältigen Bauers-Leuten die Straffe der Verbrechen gemildert wird, und sie nicht mit der ordinairen Straffe beleget werden, so sonst die Gesetze geordnet. Auf welche Maasse, da sonst bekannt, daß ein Todtschläger am Leben gestrafft wird, Levit. 24, Deut. 5, leg. 3 § 1 ff. ad leg. Cornel. de Sicar. So wird doch offtermals den Bauers-Leuten nur die Straffe der Landes-Verweisung oder des Staupen-Schlages zuerkannt, wenn sie die Soldaten, so ihnen viel Drängsal und Ungemach zugefüget, erschlagen haben, weil man siehet, daß viel Soldaten die Bauers-Leute nicht als Menschen, sondern als unvernünfftige Thiere tractiren, und weil sie fast nichts thun als mit Gewalt und Unrecht den Leuten das Ihrige rauben, und vielfältige Missethaten begehen, als sind sie auch nicht würdig, daß sie die Beneficia legum geniessen sollen, leg. auxilium 37 in fin. ff. de minor. leg. fin. § fin. Cod. de Jure deliberandi, cap. boni 21 X. de electionibus. capit. Constit. 2, cap. 42 X. de Appellat. capit. cum super 8 X. de concessione præbendæ. Zwar könten sie in solchem Fall nicht gantz frey ausgehen,

Uuu 3   und

und müssen wegen ihres Excesses bestraffet werden, doch nicht mit der Härtigkeit, als sonst die Rechte erfordern. Solcher gestalt ist An. 1640 im Julio von der Jenischen Juristen-Facultät auf Anfrage des Amtmanns zu Rada Andreæ Reuters wider einige Amts-Unterthanen, welche 2 Soldaten und ein Weib erschlagen, respondiret: "Auf überschickte Inquisitions-Acta G. A. U. D. und etliche Einwohner zu Möckeren die begangene Niedermachung zweyer Soldaten und eines Soldaten-Weibes betreffend, darüber ihr unsere Rechts-Berichtung gebeten, sprechen wir nach fleißiger Lesung und Erwegung vor Recht: daß zwar die Inquisiten insgesamt nach Gelegenheit dieses Falls mit der ordentlichen Todes-Straffe zu verschonen, sie sind aber wegen ihrer verübten unziemlichen Rache und Verbrechung und zwar ermeldter G. A. U. D. und H. P. des Landes, N. W. aber und H. S. ein ieder auff 3 Jahr lang nicht unbillig zu verweisen. Also ist auch im selbigen 1640sten Jahre im October auf Anfrage Richter und Schöppen der Mufflingischen Reichenfeldischen Gerichte zu Hohen-Leuben von gemeldten JCtis Jenensibus respondiret: "Hat J. S. und M. S. der Jüngere gestanden und bekannt, daß sie einen Soldaten vom Pferd gestossen, ihm dasselbige abgenommen, und solches erstlich nach F. vertauschet, auch 6 Gülden und ein altes Pferd dafür bekommen, den Soldaten aber tödtlich geschlagen, und mit seinem Messer vollends ermordet; so sind sie gestalten Sachen nach, und daß sie aus einer unziemlichen Rache solche Unthat verübet, mit Staupen-Schlägen des Landes ewig zu verweisen, refer. Dn. Richtero Decil 1 n. 3 & 4.

§. 9.

Es wird diese gantze Sache und Privilegia ex simplicitate dependentia von Richtero cit. Decil. 1 gar wohl abgefasset folgender Gestalt: Es irret entweder ein Bauers-Mann in solchen Dingen, welche das Jus naturale & Gentium angehen oder welche angehen das Jus divinum oder Jus positivum. In Jure Naturali, Gentium & Divino findet die Einfalt der Bauers-Leute keine Entschuldigung. Daher, wenn einer, wie oben erinnert, iemand mit Gewalt dasjenige wegnimmt was er meynet, das ihm gehöret, so verfällt er in die Straffe des Legis, si quis in tantam Cod. unde vi, das ist, daß wenn die Sache ihm gehöre, und er dazu Recht hat, er derselben verlustig werde: Wenn er aber ohne dem dazu nicht berechtiget ist, er so viel als sie werth ist, dem Spoliato bezahlen müsse. Allein es wird dieses von Sfortia Oddo de restitut. in integr. part. 1 qu. 10 tit. 2 num. 12 & seqq. folgender Gestalt limitiret; daß nemlich ein Bauers-Mann solche Straffe nicht verdiene, erstlich, wenn die Wegnehmung geschehe, in continenti, und in einem schleunigen Fall. Vors andere, wenn er nicht in andern Sachen verschlagen und klug sey, und sich also erwiesen habe. Drittens wenn er in der Art der Wegnehmung nicht einer heimtückischen Bosheit könne überwiesen werden, zum Exempel, daß er nicht etwan heimlich hinein geschlichen, sondern frey öffentlich zugegangen wäre, citante Richtero Decil 1 n. 31. Das aber sonsten regulariter die pœna d. leg. si quis in tantam stat finde auch bey den Bauers-Leuten, ist die Ratio diese, weil die Ignorantia Juris, in lucro captando nicht entschuldiget, und niemand durch seine Bosheit sich bereichern muß. In dem Punct der Ketzerey findet ein Bauers-Mann leichte Entschuldigung, dieweil die Ketzer beschrieben werden, daß sie wegen ihrer Ehre und Ansehens neue falsche Meynungen auf die Bahn bringen, und solche mit einer hartnäckigen Vergenheit vertreiten, in Can. Hæreticus 28 & Can. seq. Causa 24 qu. 3. Welche Qvalitäten aber auf einen Bauren nicht leicht qvadriren. Weiter ob wohl in dem dritten Gebot allen und ieden auferleget wird, den siebenden Tag von ihrer Arbeit zu feyren, und solchem zu folge in leg. 3 Cod. de feriis verordnet wird, daß alle Richter und Stadt-Leute, auch alle und iede Handwercker und Zünffte an dem hochheiligen Sonntage ruhen sollen, dennoch die auf dem Lande lebende ihren Ackerbau frey und ungehindert abwarten mögen. Welches zwar nicht dahin zu verstehen, daß allezeit und ohne Unterscheid die Aecker am Sonntage mögen bestellet werden, sondern nur bey erfordernder Necessität, da zum Exempel die Früchte auf dem Felde stehen, und ein langwieriger Regen befürchtet wird, welches aus den folgenden Worten abzunehmen: Ne occasione momenti pereat, commoditas cœlesti provisione concessa. Und wird generaliter davor gehalten, daß die Dinge, welche in omittendo bestehen, und sonsten eine gute Præsumtion vor sich haben, leichtlich durch eine Entschuldigung propter rusticitatem zu mildern seyn.

§. 10.

Was das Jus positivum und civile angehet, distinguiret Richterus cit. loco ferner, daß entweder solche Rechts-Verordnungen notorisch, und durchs gantze Land iedwedem bekannt sind, oder sie sind es nicht. Ist jenes, so kan ein Bauers-Mann sich ebenfalls nicht entschuldigen, wie zum Exempel, wenn ein Freygelassener, der auf dem Dorffe wohnet, seinen Patronum oder gewesenen Herrn ohne Erlaubniß des Richters verklaget, kan er sich mit seiner Simplicität nicht behelffen, sondern ist in die Straffe der 50 Solidorum verfallen, leg. 2 Cod. de in Jus vocando. Die Ration ist diese, daß solche Gesetze damals so allgemein und bekannt gewesen, daß es auch dem Geringsten zur Wissenschafft kommen, auch dem Natur-Recht guten theils gemäß, daß der, so mir die Freyheit geschencket, mit sonderlicher Reverenz von mir tractiret werde. Hieher kan auch gezogen werden das Exempel der Verehligung zwischen einem Vormund und seiner Pupillin, welches oben angeführet, vermöge leg. 1 Cod. de interdicto Matrimonio. Auf gleiche Maasse kan ein Aufrührer sich auf seine Einfalt und Rusticität nicht beruffen, noch eine Mitigation seiner Straffe hoffen, leg. 38 § 2 de pœnis. Welches denn aus oballegirten Regeln und Rationibus zur Gnüge erhellet, und niemand unbekannt seyn kan, was er vor Pflicht und Unterthänigkeit seiner Obrigkeit schuldig sey. Wiewohl auch hierinne die Gnade und Gelindigkeit als eines von den vornehmsten Zieraten eines Regenten billig stat findet, und bey dem vormahligen allgemeinen Bauren-Aufruhr recommendiret wird, in dem Reichsabschiede zu Speyer de an. 1526, worinnen folgende Erinnerung befindlich: Es soll sich auch eine iede Obrigkeit gegen denen so der bäurischen Aufruhr halben ausgetreten,

nach

Gelegenheit eines ieden Verhandlung dermassen erzeigen, daß man so viel sich immer leiden will, mehr Gnade und Gütigkeit, denn die Schärffe und Ungnade spüren und finden möge. Richterus cit. Decis. 1 in fin.

OBSERVATIO I.
Von den Privilegiis, so den Bauers-Leuten circa Jus Personarum zustehen.

§. 1.

Unter denen Juribus personarum stehet voran mit die Vormundschafft, welche, weil sie eine ziemliche Last und Mühe, auch nicht wenig Verantwortung nach sich ziehet, vor ein nicht geringes Onus gehalten wird, und deswegen niemand sich gerne drein stecket, wer davon loskommen kan, leg. 1 ff. de Excus. Tutor. Die Bauers-Leute haben in diesem Stück das Vorrecht, daß sie sich von einer Tutel befreyen können, indem ihre Einfalt und Unerfahrenheit sie davon frey spricht, nach dem Responso Kaysers Hadriani und Antonini in leg. si duo § ult. de Excusat. Tutor. Vornemlich ist in den alten Römischen Rechten dieses constituiret bey denen Meyern, so der Römischen Kayser eigene Domanial-Länderey Meyers-weise inne hatten, welche damals genennet wurden Coloni patrimoniales Cæsaris, welche von Vormundschafften in allen befreyet wurden, per leg. ult. Cod. qui dare Tutores und in leg. semper § Conductores ff. de Jure immunit. Bey den Colonis fiscalibus aber, welches dergleichen Meyer waren, welche aus dem publico Aecker und Ländereyen zu bestellen Meyers-weise innen hatten, wurde dis Privilegium nicht attendiret, per leg. Coloni Cod. de Excus. Tutor. Ob aber diese Dispositiones juris antiqui annoch heutiges Tages durchgehends in Uibung seynd, wird sich hiebey zweiffeln lassen, und attestiret sonderlich Renatus Choppinus, daß in Franckreich diese Entschuldigung nicht durchgehends zulänglich sey, lib. 1 de Privil. Rustic. c. 4 n. 2, aus der Ration, weil derjenige billig die Vormundschafft eines Unmündigen über sich nimmt, welcher hernechst dessen Erbschafft zu gewarten hat, nach der Rechts-Regel, daß der sich nicht der Last entziehen könne, welcher sich des Vortheils bey einer Sache anmassen will. Wozu (2) auch diese können hinzugesetzet werden, daß wenn diese Verordnung überall gelten solte, entweder die Pupillen auf den Dörffern gantz und gar keine Vormünder kriegen würden, oder doch dieselbe weit von ihnen müsten entlegen seyn, welches zu mächtigem Verderb der Unmündigen hinausschlagen würde. Daß in dem Fürstenthum Lüneburg solches Privilegium ebenfalls nicht allegiret werden könne, ergiebet die von Fürstlicher Regierung sub dato den 16 Augusti 1692 an sämtliche Beamte ausgelassene allgemeine Verordnung, wodurch folgende Disposition gemacht: Begehren demnach hiemit an euch, ihr wollet, wann in dem euch anvertrauten Amte Eltern sterben und unmündige Kinder hinterlassen, oder da auch dieselben schon vorhanden, und solche euerem Gerichts-Zwang unterworffen, daran seyn, daß denenselben sofort tüchtige Vormünder, bey welchen sie der geführten Administration halber gesichert seyn können, gestellet, und

von ihnen in der in Rechten determinirten Zeit ein förmliches und zu Recht beständiges Inventarium verfertiget werde, euch gedachter Administration halber alljährig und so offt ihrs nöthig befindet, richtige Rechnung thun lassen, und also darauf mit ein Auge haben, daß den Kindern der Ihrigen Nachlaß nicht durchgebracht, sondern zu ihrem Nutz und Vortheil administriret werde, und sie also künfftig sich dessen zu erfreuen haben mögen. Also auch in dem folgenden Fürstl. Edict vom 22 Novemb. 1692: Wir ordnen und wollen hiermit gnädigst, daß an den Orten, allwo in unserm Fürstenthum und Landen, solche unvernünfftige Gewohnheit (daß die zur andern Ehe schreitende Mütter ihren Kindern keine Vormünder bestellen, von dem Nachlaß des verstorbenen Mannes kein Inventarium errichten, sondern alle Güter dem letzten Manne zufreyen, und hernach die Kinder nach ihrem Gutdüncken abfinden) bisher eingeschlichen und beobachtet worden, dieselbe hinfüro gäntzlich abgeschaffet seyn, und wenn die Wittwen zur andern Ehe schreiten wollen, und von dem verstorbenen Ehe-Manne noch unmündige Kinder im Leben haben, sie solches ieden Orts Obrigkeit anmelden, und denenselben Vormünder zu bestellen bitten sollen rc. Weilen nun in solchen Verordnungen ausdrücklich gesetzet, daß die unter der Aemter Gerichts-Zwange gesessen, sonderlich gemeynet sind, so ist daraus leichtlich abzunehmen, daß darunter die Bauers-Leute meistentheils zu verstehen sind, als welche mehrentheils diejenigen Personen constituiren, welche die Amts-Jurisdiction erkennen. Doch möchte man dieses aus obangezogenen Legibus schliessen, ist auch sonsten der in Praxi recipirten Meynung gemäß, daß diejenigen unter den Bauren, so weder lesen noch schreiben können, und überdem von schlechtem Verstande und einfältiges Kopffs sind, zu einer Vormundschafft nicht leicht zu lassen, weil dieselbe sonsten sowol den Pupillen in Schaden führen, als sich selbst einer grossen Verantwortung unterwerffen. Struv. Synt. Jur. Civ. L. 31 § 56.

§. 2.

Es kan hieher mit gezehlet werden, daß, wenn ein Bauers-Mann wegen seiner Simplicität von einer Vormundschafft entlediget wird, solches ihm an seiner Ehre unschädlich sey, nach dem Ausspruche leg. 3 § ult. ff. de susp. Tutor. Denn die Nota infamiæ, welche bey Remotion von der Vormundschafft sich befindet, ex delicto vel mala administratione vel animo defraudandi pupillum herrühret, welches von demjenigen, welchem die Natur einen scharffsinnigen Verstand nicht gegönnet, nicht kan gesagt werden.

§. 3.

Wiewohl auch sonsten ein Vormund, wann er von seinen Pupillen Geld unter sich hat, solches entweder auf Zinse legen, oder davor unbewegliche Güter ankauffen muß, oder solche Gelder selbst verzinsen, ja auch, wenn er die Nutzung des Geldes befliessentlich unterlassen, und mit seinen Gütern nicht bezahlen kan, extra ordinem muß bestraffet werden, per leg. ob fœnus ff. de administr. Tutor. So kan dennoch ein Bauers-Mann, welcher solches aus Einfalt unterlassen, vor entschuldigt gehalten wer-

werden, wie bey dem Parisischen Parlement gesprochen worden, ref. Choppino cit. Tr. lib. 1 c. 5.

§. 4.

Es ist zwar auch den Land-Leuten bey den alten
Römern ein und andere Immunität von Oneribus personalibus eingeräumet, vid. lex devotum
Cod. de metatis & lex ne quis Comitum Cod.
de Salgamo hospitibus &c. Allein es wird schwerlich solche Verordnung heutiges Tages ferner in
Uibung seyn, sondern vielmehr kommen die Landes-
Beschwerden ietzo mehrentheils auf dem Land-Mann
an, und werden an einigen Orten dieselbige dergestalt gehäuffet, daß nicht allein der ICtus Baldus
zu seiner Zeit exclamiret, daß das arme Bauers-
Volck durch vielerley Tributa unterdrücket würde,
welches vor diesem dem Kayser nur ein geringes gegeben, in leg. ex hoc Jure ff. de Justitia & Jure
n. 28, sondern auch noch heutiges Tages davon eine
grosse Klage führen, Becherus Discursu Politico
von den Ursachen des Auf-und Abnehmens der
Städte und Republiqven, Comineus und Caspar
Klockius de Contributionibus cap. 1. Unter
dessen rühmet Choppinus sonderlich die Freyheit, so
der Land-Mann von Bürgerlichen Aemtern und
dem Stadt-Getümmel in seiner stillen Ruhe auf
dem Lande geniesse; davon Seneca gar wohl sagt:

> Ergo stet quicunque volet potens
> Aulæ culmine lubrico;
> Me dulcis saturet quies
> Obscuro positus loco,
> Leni perfruar otio.

Aus welchen verschiedene Ursachen Monarchen sich
das Land-Leben und die Bestellung des Acker-Baues
mit eigenen Händen gefallen lassen; und nach Ablegung ihres Königlichen Purpurs sich bey dem Acker-
Bau ergötzet; Das Exempel des Persischen Königes
Cyri, des Kaysers Diocletiani, Attali Königs von
Asien, und aus den neuesten Zeiten Caroli V sind
dessen ein unverwerffliches Zeugniß. Dannenhero der Poet saget:

> Quondam collectas Consule messes
> Et sulcata diu trabeata rura Colono.
> Ut jura daret populis posito modo Prætor
> aratro
> Servaretque suas ipse Senator oves.

Wiewohl doch in genere die Bauren nicht von
allen negotiis publicis auszuschliessen, und vor Alters
zu wichtigen Geschäfften zuweilen mit gezogen worden
sind. Es erweiset solches die in dem Hertzogthum
Crain vor Alters her übliche Gewohnheit, mit welcher ein neu angehender Hertzog gleichsam inaugu-
ri ret wurde, wie dieselbige Manier erzehlet wird von
dem Herrn Baron de Valvasor in der Ehre des
Hertzogthums Crain. Nemlich es stellet sich ein
Bauer auf einem im weiten Felde belegenen vier-
eckigten Stein nicht weit von der Stadt St. Viti.
Zu dessen Rechten stehet eine schwartze Kuh, zur Lin-
ken aber ein mageres Pferd, und um ihn herum ist
die gantze Menge der Unterthanen versammlet.
Alsdenn kommt der Ertz-Hertzog gegen ihn über das
Feld an, unter Begleitung seiner Minister und Hof-
Bedienten. Vor ihm her wird die Land-Fahne
und des Hertzogthums Wappen getragen, alle Be-

diente sind prächtig und wohl gekleidet, der Ertz-
Hertzog aber selbsten kommt in Bauren-Gestalt aufgezogen. Er trägt einen schlechten Bauren-Rock,
Hut und Schuhe, in den Händen führet er einen
Stock, als ob er einen Hirten präsentirete; Wenn
ihn der Bauer ersiehet, ruffet er aus: Wer ist der,
der mit so prächtiger Gesellschafft daher kommt?
Die um ihn herstehende antworten, es sey der Landes-Fürst. Darauf fraget er weiter, wird er auch
ein gerechter Richter seyn, das allgemeine Beste befördern, vor den Christlichen Glauben eiffern, und
der Fürstlichen Hoheit sich würdig machen? Wird
er vor dem Christlichen Glauben sich als einen Beschützer gebrauchen lassen? Alle antworten ihm einhellig; Ja er ists und wirds auch künfftig seyn.
Jener fähret fort; Durch was Recht wird er mich
denn von diesem Sitze wegbringen? Darauf antwortet der Graf von Görtz, als Erb-Marschall:
Man wird diesen Ort von dir kauffen vor 60 Gülden, und das Pferd und die Kuh sollen deine seyn,
wie auch des Fürsten Kleider, und dein Haus soll
hinkünfftig von Tribut befreyet seyn. Hierauf giebt
der Bauer dem Hertzog einen gelinden Backen-
streich und saget: Er solle Hohen und Niedrigen
recht richten. Der Hertzog steiget darauf auf den
Stein, fasset sein entblößtes Schwerdt, und thut
damit etliche Hiebe durch die Lufft, und verspricht
allen und ieden unpartheisch Recht zu sprechen. Es
ist aber diese Ceremonie seit mehr als 200 Jahren nicht
mehr beobachtet worden. Es ist auch bekandt, daß
in Schweden der Bauren-Stand einen eigenen
Stand des Königreichs ausmache, und zu publiqven Geschäfften, so wohl zu Rath gezogen werde,
als der Adel und Geistliche Stand.

OBSERVATIO II.
Von den Privilegiis der Bauers-Leute circa Jura Rerum.

§. 1.

Wegen der annoch auf dem Lande stehenden Früchte ist die heilsame Verordnung gemacht, daß dieselbe von niemand sollen verkaufft oder Geld darauf
gethan werden, weilen nemlich, wann solches verstattet wird, solcher Gestalt der Land-Mann ausgesogen, von seinen Lebens-Mitteln gebracht, und
hart vervortheilet wird: Wie denn auch dergleichen
Attentata pflegen eine Theurung unter dem Korn
zu machen und überhaupt zu des Landes Beschwerde zu gereichen: Und wird dergleichen Convention
unter die wucherlichen Contracte gezehlet, sonderlich
wenn der Käuffer weiß, daß die Früchte mehr austragen werden, als das ausgethane Geld sich be-
laufft, die Fürstl. Zell. Pol. Ordn. cap. 46 hat solche Convention expresse improbiret und verboten,
in verb. Es soll keiner dem andern auf die Saat
im Felde oder Gras auf den Wiesen, ehe er sie ein-
erndten wolle noch auf Wolle, Wachs, Flachs,
Honig, Pech, Linnen oder anderes auf gewissen
Kauff leihen oder vorstrecken, sondern es mag und
soll einer dem andern in seinen Nöthen billige Vor-
streckung thun; aber wann er ihm mit Korn oder
Heu, Wachs, Flachs, Honig, Pech, Linnen, oder
anderer Waare bezahlen soll, so soll es nicht anders
geschehen, noch bedinget werden, denn daß er ihm
dasselbe in dem Werth und Anschlag, wie zu der

Zeit,

Zeit, wenn die Bezahlung geschehen soll, der gemeine Marckt-Kauf solcher Waaren ist, thue und anschlage.

§. 2.

Zu den Privilegiis der Land-Leute kan gezogen werden, was die Kaysere Valentinus, Theodosius und Arcadius in leg. qui agros Cod. de omni agro deserto verordnet, daß wenn ein Bauers-Mann einen ungebaueten Acker, welcher von seinem vorigen Herrn verlassen worden, anbauet, und beackert, er denselben also fort in 2 Jahren präscribiren könne. Denn es wird davor gehalten, daß wenn ein Stück Landes eine Zeitlang brack und unbauet gelegen, es alsdenn gleichsam durch seine eigene Nahrung sich verbessert, und also zur Fruchttragung bequemer gemacht ist als dasjenige, was durch steten Gebrauch gleichsam ausgesogen; Denn die Erfahrung bezeuget, daß wenn dergleichen Land nicht fleißig durch Mist und auf andere Arten wieder gedünget und verbessert werde, das Land bald verderbe und zu Tragung austräglicher Früchte ungeschickt werde. Nach heutiger eingeführter Ordnung wird vornemlich denen Bebauern und Besetzern neuer Höfe, welche durch Abtritt der Possessoren wüste worden, vornemlich zu einem Beneficio eingeräumet: Erstlich, daß dem neuen Wirth, bey Antritt des Hofes 3 Jahr von allen Præstandis ohne Abkürzung gegönnet werden. Zum andern, werden alle Pertinentien des Hofes, an Wiesen, Aeckern, Ländereyen, Holtzungen, welche ohne Amts- oder Guts-Herrn Consens, versetzet, verkaufft, vel quovismodo veräussert, wieder herbey geschaffet und frey gemacht. Drittens hat er vor die Privat-Schulden des abtretenden Vorwirths nicht zu antworten, sondern muß derselbe sie aus dem Seinen bezahlen, auch wenn er auf dem Hofe bleiben will, um die Kost arbeiten, vid. Fürstl. Zell. Regierung allgemeine Verordnung vom 30 Jul. 1690 wegen Besetzung der gantz wüsten und sonst abgängigen Höfe.

§. 3.

Zu Beförderung des Ackerbaues und Anfrischung der Bauren zu desto williger Arbeit ist von den Kaysern Valentino und Valente in leg. 2 Cod. de fundo rei privatæ, wie auch von Gratiano, Theodosio und Arcadio leg. 2 Cod. de locat. prædior. Civil. verordnet, daß der Meyerzins denen Bauren nicht solle gesteigert werden, welche durch ihren Fleiß und unermüdete Sorgfalt das Land in guten Stand gebracht, und daß man in Determinirung des Zinses nicht so wohl sehen müsse auf den ietzigen Zustand, da das Land in Gail und Gaar gebracht, und einmahl fruchtbar gemacht worden, sondern vielmehr auf solche Zeit, da es brack und ungebauet gelegen, leg. 3 Cod. de præd. Navicular. Und dieses zwar nicht unbillig, weil bekannt ist, daß der Bauerstand die härteste Arbeit, grössesten Fleiß, und unermüdete Bemühung erfordert: Also daß keine Profeßion ist, dabey man sein Brot mit so sauren Schweiß verdienen müsse, als der Ackerbau. Davon der Poet saget:

Jupiter ipso colendi
Haut facilem esse viam voluit
Eremusque per artem
Movit agros curis acuens mortalia corda.

Man findet davon eine artige Erzehlung beym Plinio Historiarum lib. 18 cap. 16. Es war zu Rom vorzeiten ein Bauer, welcher weil er auf seinem geringen Acker mehr Früchte bekam, als seine Nachbarn auf ihren grossen, und deswegen in Verdacht gerieth, als ob er mit verbotenen Künsten umgienge, auch solcher Ursach wegen vor dem Ædile Sp. Albino angeklaget wurde; er brachte auf dem bestimmeten Gerichtstag, als er zu seiner Verantwortung verbeschieden war, alle seine Instrumente mit vor dem Richter, bey sich hatte er seine Tochter, welche starckes Leibes, wohlgesetzter Gliedmassen, und fertiger Fäuste war, daneben trug er auf der Achsel eine schwere Hacke, und hinter sich führete er ein paar wohlgefütterte Ochsen mit einem schweren starcken Pfluge. Wie nun seine Anklage vorgebracht wurde, sagte er: ihr Römer, hier sehet ihr meine Hexen-Künste, womit ich meinen Acker fruchtbar, meine Gärten voller Früchte, und meine Scheuren voll Getraide mache. Und wenn ich meine saure Arbeit, Schweiß, Wachen und Mühe könnt nur vor eure Augen legen, solltet ihr leicht erkennen, womit ich meine Zauberey verrichte; worauf er durch allgemeinen Beyfall absolviret worden. Was sonsten die Verhöhung der Zinse betrifft, so ist auch solches fundiret in feud. 26 § Si quis per triginta, vid. Hahnius vom Erb-Meyer-Recht cap. 18 n. 1 & 2 & seqq. Ernest. Cothmannus vol 2 Cons. 79 n. 153. Vultejus de Feudis A. 1 c. 10 n. 47.

§. 4.

Denen Bauerhäusern ist das Recht gegeben, daß was in dieselbe von den Miethern des Hauses gebracht ist, dem Herrn des Hauses nicht tacito pignore obligat ist, dieweil der Eigenthums-Herr ohne dem sich an die Früchte des Feldes halten kan. Eine andere Beschaffenheit aber hat es mit denen Gebäuden in der Stadt, welche an einen Fremden vermietet werden, leg. solutum § solutam ff. de pignorat. actione, Accursius & Baldus in leg. certi Cod. de locato, leg. eo jure § in rusticis ff. in quibus causis pignus.

§. 5.

Es ist auch dieses in den Verpachtungen der Bauer-Güter singular, daß wenn nach Verlauf der Zeit, worauf die Pachtung angeschlagen, der Pachter dennoch in denen Gütern bleibet, er tacite eine neue Pacht wieder eingegangen zu seyn scheinet. Bey Stadt-Gütern aber, als Häusern, Stuben rc. ist dieses üblich, daß, nachdem einer lang drein gewohnet, er auch die Miete bezahlen müsse, leg. item quæritur § qui impleto ff. locati. Dafern aber kommen beyderseits Conductor überein, daß wenn jemand ausser der Zeit ihme die Geniessung des gemietheten Gutes benehmen, und ihn heraus selbsten will, er sich der Exception bedienen könne, daß er nicht schuldig sey zu weichen, bevor ihm durch gebührende Zeit die Lose angekündiget sey, Choppinus de Privilegiis Rusticorum L. 2 c. 3 § 6.

§. 6.

Ein sonderliches Recht vor die Ländereyen ist unter andern, daß wenn jemand der Zugang oder Zufuhr auf seinen Acker durch die Gewalt des Flusses oder einen Erdfall benommen ist, alsdenn sein Nachbar ihm über sein Land einen Weg verstatten müsse, leg. si locus ff. quemadmodum Serv. amittant. Jedoch hat hierbey ein Richter auf die Billigkeit in so weit zu sehen, daß nicht der Weg mitten durch das Land genommen, sondern derselbe also eingerichtet werde, damit es dem Eigenthums-Herrn den wenigsten Schaden thue, auch wenn der Acker dadurch sehr verschlimmert wird, denselbigen davor einige Erstattung geschehe. Wenn auch die Zeit also beschaffen, daß ohne grossen Verderb der Früchte der Weg nicht kan verstattet werden, als wenn das Korn auf dem Lande stehet, oder das Gras bald soll gemehet werden, alsdenn ist der Weg überall verboten, arg. leg. Si cui simplici ff. de Servitut. leg. certo ſ si totus ff. de Servitut. Rustic. prædior. Choppinus cit. loc. c. 4.

§. 7.

Wegen der von dem Lande abgesonderten Früchte, oder des Getreydes könnte man fragen: Wenn bey entstehenden Kriegs-Zeiten ein Meyer gezwungen wird, die Zinsen, so er sonst seinem Guts-Herrn entrichtet, den Soldaten zu lieffern, ob er alsdenn dadurch von seiner Schuld befreyet, oder ob er den Guts-Herrn noch einmal bezahlen müsse? Vor die Freyheit scheinet zu sprechen lex Paulla Gallin. § Julian. Sev. ff. de legatis 3, allwo decidiret wird, daß der Meyer Jul. Maurus, welcher von dem Fisco gezwungen war, die seinem Guts-Herrn gebührende Zinse, wegen dessen Verbrechens an den Fiscum zu bezahlen, nicht nöthig habe, die Zahlung noch einmahl zu thun, womit überein zu stimmen scheinet lex si merces § culpæ ff. loc. & lex si is cum quo ff. comm. divid. Allein in dieser gantzen Sache wird nicht übel können gebrauchet werden die Distinctio Matt. Afflicti, daß man darauf zu sehen habe, ob die Meyer in Bezahlung der Zinse eine moram committiret oder nicht. Wenn sie zu rechter Zeit parat gewesen, die Zinsen zu bezahlen, könne man sie nicht noch einmahl zur Zahlung anhalten, weil ihnen keine Schuld beygemessen werden kan; wären sie aber in der Bezahlung säumig gewesen, und käme ein Krieges-Tumult dazwischen, dadurch die Meyer gezwungen würden, die Zinsen an andere Oerter hinzugeben, so wären sie doch schuldig, ihren rechten Guts-Herrn noch einmal zu bezahlen, Decisio Neapolitana 160. Choppinus lib. 2 cap. 9 § 5.

OBSERVATIO III.
Von den Privilegiis der Land-Leute circa Contractus.

§. 1.

Weilen die Bauers-Leute ihre Ländereyen mehrentheils von andern, als Guts-Herrn, ex contractu emphyteutico erkennen, als ist auf desselben Beschaffenheit und Eigenschafft vor andern zu sehen. Es erzehlet davon Renatus Choppinus de Privilegiis Rusticorum lib. 3 cap. 3 folgenden Casum.

Casus.

Sempronius und Mevia zweene Bauers-Leute nehmen Meyers-weise ein Land-Gut an, vor sich und ihre Kinder. Es verstirbet aber der Mann, und Mevia hinterlässet nach anderweitiger Verehligung Kinder, welche nicht von Sempronio erzeu-

get waren, diese verlangen in das Meyer-Recht einzutreten. Fragt sich, ob solches recht? Der Zweiffel dabey ist dieser, daß beyderseits Ehe-Leute scheinen nur auf solche Kinder gesehen zu haben, welche entweder dazumahl schon von ihnen erzeuget, oder noch erzeuget werden könten, nicht aber von denen, welche das Weib von einem andern Manne erzielen würde, leg. cum vir 35 ff. de condit. & Demonstrat. Und ist nicht wahrscheinlich, daß in solchen Contract der letzte Mann und dessen Kinder mit eintreten könne, da derselbe sich nicht ad Canonem verpflichtet, auch sonst überall eine Obligatio ad casum inopinatum nicht extendiret wird, und allem Vermuthen nach die beyden Contrahenten bey Schliessung ihres Meyer-Contracts auf die andere Ehe nicht werden gedacht haben. Im Gegentheil aber sind folgende Rationes vor die Kinder letzter Ehe zu consideriren. Daß ein ieder von den Ehe-Leuten absonderlich vor sich und seine Erben versorget haben, und die Elterliche Vorsorge vor der Kinder Bestes ohne Unterscheid beschäfftiget ist, Baldus in authentica qui rem Cod. ● SS. Ecclef. Socinus in d. l. cum vir. Ein gleiches statuiret Papinian. in leg. cum avus ff. de Condit. & Demonstrat. leg. cum acutissimi Cod. de Fidei Commissis. Auf welche Maſſe auch die Lehn-Rechte verordnet, daß wenn bey weiblichen Lehnen eine Frau verstirbet, welche womit belehnet ist, und hinterlässet Kinder aus unterschiedlichen Ehen, dieselben alle zugleich ohn Unterscheid in dem Lehn succediren sollen. c. 1 de gradib. Succeſſ. in feud. & ſ mulier, si de feudo fuerit controversia, es wäre denn, daß ein anders durch das Herkommen eingeführet, oder daß das Lehn in Ansehung der ersten Ehe eingeräumet wäre, denn in solchem Fall würden nur die Kinder erster Ehe in dem Lehn folgen, arg. leg. sed si plures § in arrogata ff. de vulg. & pupil. substit. leg. 1 § Id. quod ff. de Collat. bonor. Der Spruch ist dahin ausgefallen, daß die Kinder letzter Ehe mit zu der Meyerstat solten gelassen werden.

§. 2.
Casus.

Zwischen einem Guts-Herrn und Meyer war die Abrede gemacht, daß wenn nach Ablauff einer gewissen Zeit der Meyer dem Guts-Herrn würde 400 Gülden bezahlen, er das Meyer-Land erblich besitzen, und von Bezahlung der Zinsen befreyet seyn solte. Der Meyer geräth in Schulden, und soll das Meyer-Gut durch öffentliche Subhastation an den meistbietenden verkaufft werden: Der Guts-Herr aber widerspricht solchem Verkauff, und will, man soll ihm das vor die 400 Gülden lassen. Die Creditores aber widersprechen demselben aus dem Fundament, daß die Bezahlung solcher 400 Gülden in des Meyers Willkühr und freyes Belieben gestellet gewesen, und derselbe also nicht könte gezwungen werden, es vor solchen Preis zu lassen. Es könne also dem Herrn kein ferneres Recht zukommen, als das, wenn das Meyer-Gut an den meistbietenden los geschlagen wäre, der neue Possessor dem Guts-Herrn hinkünfftig die Zinsen entrichten müsse.

Auf der andern Seite wurde vorgebracht, es wäre durch das Herkommen und Statutum des Orts verordnet, daß ein Meyer, welcher zu Abstattung des Zinses dem Guts-Herrn verbunden wäre, von

von seinem Meyer-Gute nicht abtreten dürffe. Und durch solches Verbot würde zugleich dasjenige vorgeschrieben, daß ein solches Meyer-Gut gerichtlich nicht dürffe an einen Fremden verkauffet werden. Und vermöchten ohne dem die gemeinen Rechte, daß wider des Gläubigers Willen, demselben kein neuer Schuldner könne obtrudiret, noch auch eines vor das andere könne bezahlet werden. Es hätte sich der Guts-Herr in dem Meyer-Contract einen gewissen Meyer ausersehen, welcher ihm von dem Gute Zinse geben solte, an dessen stat könte man ihm nicht einen andern an die Stelle setzen, mit welchen er vielleicht alle Jahr wegen des Zinses würde zu streiten haben: Sondern wenn derjenige Possessor nicht bleiben könte, müste ihm anietzo die accordirte Summe bezahlet, und dadurch der Meyer-Zins abgekauffet werden. Was das Decisum in der Sache gewesen, wird vom Choppino, welcher den Casum erzehlet, lib. 3 cap. 3 § 4 nicht gemeldet. Wiewohl es scheinet, daß wenn sonst die Alienationes der Meyer-Güter per subhastationem nicht sind lege publica verboten gewesen, daß des Meyers Argumenta überwogen hätten.

§. 3.

Daß unter Ehe-Leuten die Schenckungen verboten seyn, ist sowol de jure communi als Statutario nonnullorum locorum bekannt. Nun setzt man folgenden Casum.

Casus.

Sempronia eine Bauers-Frau schencket ihrem Manne Sejo ein Bauer-Haus und etwas Länderey, und verpflichtet sich per constitutum vor denselben zu bezahlen mit Renunciation des Senatus Consulti Vellejani; Unter solches Instrument unterschrieben sich der Frauen nechste Anverwandten, welchen nach ihrem Tode ihre Erbschafft zufallen würde, daß sie mit demjenigen, was abgeredet, zufrieden seyn, und darein willigen wolten. Nach der Frauen Tode melden sich der Frauen Erben an, und wollen die geschenckten Sachen von dem Wittwer heraus haben. Der Mann opponiret ihnen, daß sie in die Schenckung gewilliget, und folglich das Recht, das sie einmahl fahren lassen, sich nicht wieder anmassen könten. Vielmehr würde ihnen exceptio doli im Wege stehen, da sie wider ihre eigene Hand und Bekenntniß sich setzen, und dieselbe anfechten wolten.

Im Gegentheil wurde vorgebracht, es wäre die Schenckung ein actus ipso jure improbatus, folglich null und nichtig, und könte durch die hinzukommende Approbation nicht gültig gemacht werden, leg. at interim § Si uxor ff. donation. int. vir. & uxor. in verb. invitis hæredibus, leg. ult. C. Si major factus venditioni rei suæ. Denn das Verbot der Schenckung zwischen Ehe-Leuten in jure publico eingeführet, damit nicht solchergestalt die Eheliche Liebe gleichsam venal werden, und wann keine Geschencke erfolgeten, erkalten, und davon viele Mißverstände entstehen möchten. Wie also der Fundamenta von beyden Seiten erwogen, ist gesprochen, daß ungeachtet der geschehenen Bewilligung die Schenckung vor nichtig zu halten. Choppinus alleg. Tr. lib. 3 cap. 4 n. 1.

Jurist. Oracul V Band.

§. 4.
CASUS.

Eine Bäurin übergiebet alle ihre Güter Schenckungs-weise ihrem Vetter Lucio, behält sich aber den Usumfructum vor, und nimmt die Abrede, daß was sie hernach im Testament verordnen würde, solches von Lucio alles solte erfüllet werden. Nach einiger Zeit wird sie anders Sinnes, und nimmt Lucio alles Geschenckte wieder. Nach ihrem Tode will ihr nächster Erbe solches von dem Lucio wieder heraus haben, und belanget denselben in possessorio ex Interdicto uti possidetis, mit folgenden Gründen: Es wäre diese Schenckung nichts anders als eine donation mortis causa, indem darein des Todes Meldung geschehe, und die Veränderung ihres letzten Willens ausdrücklich resolviret würde. Gleichwie nun wenn einer auf den Todes-Fall schenckte, daß es auf keinerley Weise solte können revociret werden, solches vielmehr vor eine unveränderliche donationem inter vivos als mortis causa zu halten: Also im Gegentheil, wann einem bey Lebzeiten geschencket ist, wann er in demselben die Veränderung bey Errichtung seines letzten Willens vorbehalten, und reserviret, daß der Beschenckte seine letzte Verordnung erfüllen solte, so folgte daraus entweder, daß diese Donatio eines annoch lebenden entweder eine Donatio mortis causa sey, welche zu ieden Zeiten können verändert und revociret werden, oder daß die Schenckung gantz null und nichtig sey, als wenn etwas solchergestalt verehret worden, daß es doch die Donatrix selbsten behalten wollen contra leg. in ædib. § donari. ff. de donationibus.

Der Donatarius hingegen wendete vor, es wäre die Zurückbehaltung des Ususfructus in Rechten angesehen vor eine Tradition, und weilen nun eine Donatio mortis causa nicht seyn könne, wann das Geschenckte dem Donatario zugleich überreichet wird, als müsse dieser Actus nothwendig vor eine Schenckung unter lebenden und unwiederruflich gehalten werden; Wie denn auch so gar, wenn ein Legatum iemand vermacht, und davon der Ususfructus zurück behalten wird, solches kein Legatum bleibet, sondern simpliciter in eine Schenckung verwandelt wird, Andr. Isernia in cap. 1 § qualitates olim feuda alien. pot. Alexand. in Consil. 207 vol. Baldus in fin ff. de legatis 1. Bartolus in leg. legatum ff. eod. auf welche Maasse auch der Neapolitanische Rath vor den Legatarium gesprochen, ref. Afflicto Decis Neapolit. 275. Daher denn viel fester zu schliessen, weil in dem Contractu Donationis die Zurückbehaltung des Ususfructus eingerücket, derselbe nichts anders, als pro donatione inter vivos zu halten sey. Und könne zur Sache nichts hindern, daß in dem Instrument der Schenckung eingerücket, daß der Donatarius, was in dem letzten Willen verordnet, erfüllen solte. Denn in einer zweiffelhafften und ungewissen Redens-Art müsse man vielmehr dahin zielen, daß die Sache stehen bleibe, als daß sie übern Hauffen geworffen werde. Und deswegen wären die Worte von Erfüllung des letzten Willens nicht von einer unumschränckten Macht und Weggebung aller Güter zu verstehen, sondern nur von einer mäßigen Qvantität, was etwan die

Schenck-

Schenckerin an Arme vermachen oder zu ihrer Begräbniß verordnen würde, nicht aber daß die gantze Schenckung durch anderwärtige Præstationes könne wieder vernichtiget und umgestoßen werden, leg. hæc adjectio ff. de verborum significatione. Nach Uiberlegung der Sache ist gesprochen, daß der Donatarius die Güter behalten, er aber doch die letzte Verordnung der Donatricis erfüllen solte. Choppinus lib. 3 cap. 4 § 3.

§. 5.
Casus.

Bey einem Kauff haben sich zwey Bauers-Leute beredet, daß wenn der Verkäuffer innerhalb Jahr und Tag das Kauff-Geld wieder erstatten würde, alsdenn der gekauffte Acker dem Verkäuffer solte wieder zurück gegeben werden. Solches geschiehet eben, wie die Früchte auf demselben reif sind. Und ist also gefraget worden, wem die Früchte zugehöreten, ob sie unter Käuffer und Verkäuffer solten getheilet, oder ob sie nach Proportion der Zeit, so lang der Verkäuffer das Kauff-Geld genossen, sollen zugebilliget werden.

Vor den Käuffer schiene zu militiren, daß gleich wie er die Zinsen bezahlen muß, so lange er das Geld genossen, ehe er die gekaufften Sachen extradiret: Also im Gegentheil, wenn er das Geld bezahlet, auch der Käuffer die Früchte von so viel Monaten genießen müsse, als der Verkäuffer das Kauff-Geld zu seinem Nutzen gebrauchet, Arg. leg. curabit 5 Cod. de Actionibus emti.

Allein dessen ungeachtet verordnen die Rechte, daß nach zerschlagenem Kauff, zwar der Käuffer die schon genossenen Früchte behält, und mit dem Lande nichts heraus geben darff, Panormitanus in capit. ad nostram de emt. & vendit. leg. si fund. Cod. de pactis inter emtor. Die Früchte aber, welche reiff sind, und von dem Lande noch nicht abgesondert, fallen bekanntlicher maßen dem zu, der ihn retrahiret, wo nicht in dem Kauff vorher ein anders beliebet worden. Dieweil solche Früchte vor Accessiones und Pertinentzien des Landes gehalten werden. Wie denn auch solcher gestalt diese Sache decidiret zu finden bey dem Choppino lib. 3 cap. 5 § 1.

§. 6.

Nicht allein ex pacto wird das Jus retrahendi verstattet, sondern auch ex Conjunctione Sanguinis, Tiraquellus de Retractu lib. 1 § 1 gl. 9. Richter Decis. 76 n. 13. Es begiebt sich aber folgender Casus.

Bertoldus, ein Bauers-Mann hat seinen Acker an iemand Fremdes verkaufft, Vinidius sein Vetter widerspricht solchem Kauff, und will das Verkauffte retrahiren. Bertoldus ist endlich damit zu frieden, und wird die Sache vor dem Richter ausgemacht, daß Vinidio als nächstem Anverwandten das Gut solle zuerkannt werden. Kurtz darauf wie der Spruch geschehen, erkläret sich Vinidius, er verlange nunmehr das Gut nicht, und wolle sich seines Näher-Rechts nicht bedienen. Der Käuffer hingegen will sein Geld wieder haben, und giebt vor, daß gleichwie man durch eine Stipulation einen bündigen Contract schließe, also auch durch die Kriegs-

Befestigung quasi contrahiret werde, ja vielmehr, nachdem die Urthel Rechts-kräfftig worden, könne keine Partey a re judicata abgehen. Es könne ihm nichts präjudiciren, daß der nächste Anverwandte seinen Willen nunmehr ändern wolle, weil der geschlossene Kauff einmal aufgehoben, nachdem mahl Ulpianus in leg. 10 § 2 de bonor. possessione contra Tab. diesen Fall mehrentheils decidiret: Consanguineo, sagt er, serius perperam desistente semel dictam sententiam exequi oportet, und was einmal abgeurtheilet, dem müssen beyde Parteyen ohne Aenderung nachkommen, nach dem Rescripto Divi Pii in leg. 31 ff. de re judicata. Und aus solchen Rationibus ist in obgedachtem Casu gesprochen, daß der Agnate von dem Kauffe nicht könne zurück treten, wie es erzehlet Choppinus cit. Tr. lib. 3 cap. 5 § 2. Dafern aber nur lis contestiret, oder die Actio nur angestellet wäre, wird der nächste Anverwandte annoch können per pœnitentiam zurück treten, er muß aber die Proceß-Kosten und Interesse denen Litigantibus erstatten. Tiraquellus § 36 gl. 2 n. 14. Vincentius de Franchis Decis. 346. Nic. Boerius Decis. 48. Berlichius Decis. 41 n. 46. Struvius Syntagmate Juris Civilis exercit. 23 tit. 66.

§. 7.

Von demjenigen, welcher tempore contractæ emtionis noch nicht in rerum natura, auch noch nicht concipiret war, doch aber innerhalb der Zeit, da der Retractus angestellet werden konte, gebohren wird, fragt sichs: ob derselbe bey Verkauff des Guts retrahiren könne? Pro negativa scheinet zu incliniren, daß lex XII Tabularum nur diejenigen ad hæreditatem beruffet, welche zu der Zeit, wenn der Erblasser stirbet, in rerum natura sind, und also, wenn einer nach seines Groß-Vatern Tode erst concipiret wird, kan er dessen Erbschafft nicht behaupten, als suus hæres, noch die Bonorum Possessionem als Cognatus; allein dessen ungeachtet ist bey gegenwärtigem Fall ein anders. Denn es wird das Beneficium retrahendi allen denenjenigen eingeräumet, welche zur Zeit ihrer Geburt die Freyheit vor sich finden, den Retractum anzustellen, arg. leg. 2 § proximum de suis & legitimis, denn die Gültigkeit des geschlossenen Kauffs ist noch allezeit in pendenti, so lange bis die Zeit des Retractus verflossen ist. Aus welchen Ursachen denn auch dem Kinde das Recht zu retrahiren zugesprochen, recensente Choppino lib. 3 cap. 6 § 5, um desto mehr, da zu Recht ausgemacht, daß ein ungebohrnes Kind in favorabilibus vor schon gebohren gehalten werde. leg. 26 ff. de statu hominum. Alphonsus a Caranza Tr. de partu legitimo cap. 2 § 4. Struvius Syntagm. Jur. Civ. exercit. 3 th. 3.

§. 8.

In Bezahlung des Arbeits-Lohn, so zur Zeit der Erndte oder sonsten durch Mehen, Einfahren und dergleichen verdienet wird, ist dieses sonderlich, daß wiewohl sonst nach allgemeinen Rechten ein Arbeits-Lohn oder Zins in locatione & conductione nicht könne geforderet werden, als bis die gantze Arbeit gethan, oder die Zeit verflossen, davon man eins ist worden, gl. in leg. cede Cod. de locat. leg. 1 § si pensio ff. de migrando. Bartolus in leg. 1 § divus ff. de variis & extraordinariis cognitionibus.

bus, dennoch in Bezahlung solches Arbeits-Lohns, vornemlich keine stat findet, sondern muß solches Lohn alle Tage, wenn mans verdienet, richtig gemacht werden, weil es solche Leute zu ihrem täglichen Unterhalt bedürffen, arg. leg. legatus ff. de legationibus, leg. si vero § ult. ff. mandati leg. adversus Cod. de locationibus. Und solches zwar nicht unbillig, einmal, weil solche Arbeit, welche bey dem Acker-Bau verrichtet wird, eine von den nützlichsten Verrichtungen ist, so zu des Menschen Nutzen dienen können: Dann auch, daß dergleichen Arbeits-Leute solches mit ihrer sauren Mühe verdiente Geld nicht entbehren können, sondern damit Tag vor Tag ihr Leben unterhalten müssen; Weswegen denn auch in den göttlichen Gesetzen geordnet, daß niemand des Arbeiters Tag-Lohn bey sich behalten soll bis an den Morgen.

Hingegen aber dienet zu der Haus-Herren Beneficiis, daß hin und wieder durch Statuta und Landes-Ordnungen constituiret, auch an sich recht und billig ist, daß dieselbe von dem Gesinde, oder andern Arbeitern mit dem Lohn nicht dürffen übersetzet werden, überdem auch nicht schuldig sind, denselben Korn zu säen, oder ihnen andere Feld-Früchte in natura zu geben, noch weniger, daß sie ihnen Pferde, Viehe oder Schweine unterhalten müssen, sondern sich das Gesinde an einem billigen und erträglichen Lohn an Gelde, Schuhen oder Leinwand ersättigen lassen sollen. Denn wie viel Ackers-Leute durch nachläßige Dienste, welche doch einen übermäßig hohen Lohn haben wollen, und öffters herunter kommen, siehet man täglich vor Augen, als daß viele um alle das ihrige und an den Bettel-Stab kommen, vid. Fürstl. Zellische Policey-Ordnung cap. 45 § 3 Es hatten in diesem Stück die alten Teutschen nach dem Zeugniß Taciti de moribus Germanorum eine gute Manier, denn sie ihren Knechten die Art der Arbeit nach ihrem Gutdüncken auflegten, und das Lohn nach Austrag ihrer Güter bestimmeten. vid. Baldus in rubr. de operis libert.

§. 9.

In Determinirung der Zinsen haben die Bauer-Güter dieses voraus, daß, wann in pacto antichretico die Aufkünffte und Früchte eines Ackers nicht gar gewiß seyn, der Uberschuß, welcher über die Land-üblichen Zinsen genossen ist, nicht iederzeit am Capital abgehe, nach der Verordnung leg. 17 Cod. de usuris, item leg. 14 eodem & leg. u § 1 ff. de pignoribus. Richterus Decis. 74 n. 13, allwo folgendes Præjudicium, so im Junio Anno 1640 auf Anfrage des Schönburgischen Secretarii zu Glaucha in dem Jenischen Schöppen-Stuhl ergangen: So viel die Gelder, welche sub dato antichreseos ausgeliehen worden, betreffen thut, weil dem Creditori das obberührte Stück Gut an stat der Zinsen zur Nutzung eingethan worden, so mag er die eingehobene Früchte und Nutzungen, sofern iedoch dieselbe den Land-üblichen Zins, als jährlich 6 von 100 nicht übertrifft, wieder heraus zu geben, nicht angehalten werden, denn wegen Ungewißheit der Früchte, und deren veränderlichen Qvantität, wie auch wegen der grossen Mühe, so zu deren Einsammlung muß gebrauchet werden, geben die Rechte vieles nach, was sonst nicht stat finden könte, Carpz. Part. 2 Const. 30 Defin. 40. Rauchbar

Constit. 20 num. 38 part. 1. Wie hoch nun der Excessus in solchen Fällen über die gewöhnlichen Zinsen als 5 von 100 zu verstatten sey, kommt auf das Arbitrium Judicis an, und finden sich wohl Præjudicia, daß solches auf duplicatas usuras oder auf 100 adjudiciret worden, zuweilen auch wohl geringer, nach Unterscheid der Umstände.

§. 10.

Es hat sich hiebey folgender Casus zugetragen: Ein Schwieger-Vater verspricht seinem Schwieger-Sohn 500 Thlr. zum Braut-Schatz, und weil sie beyderseits Bauers-Leute sind, der Vater aber zu der gantzen Summe an baarem Gelde nicht gelangen kan, als bezahlet er ihm nur die Halbscheid, und vor die übrige Hälffte übergiebt er ihm einige gewisse jährliche Aufkommen an Korn-Zinsen vor den Rest des noch schuldigen Braut-Schatzes. Beyde kommen hernach vor Gerichte, und wie der Schwieger-Sohn den Nachstand seines Geldes haben will, wendet der Schwieger-Vater vor, daß diese Korn-Zinsen sollen zu Gelde geschlagen, die Reichs-üblichen Zinsen abgerechnet, und das übrige an Capital abgezogen werden. Dahingegen opponiret der Schwieger-Sohn, es wäre bey dem Braut-Schatz dieses als ein sonderliches Privilegium verordnet, daß dieses nicht zu einer andern Specie könne reduciret, noch zu der Qvantität der üblichen Zinsen eingeschräncket werden, ex leg. Insulam § usuræ ff. soluto matrimonio & capit. salubriter X. leg. Juris. Nachdem die Sache gerichtlich untersuchet worden, ist gesprochen, daß die Korn-Zinsen zu Gelde müssen angeschlagen werden. Renatus Choppinus de Privileg. Rusticor. lib. 2 cap. 6.

§. 11.

Von der Societate ist die Frage entstanden, als eine Bauers-Frau, welche doch freyer Geburt, mit ihrem Manne abgeredet, daß ihre Güter nicht solten unter einander gemein seyn, da sonsten die Communio bonorum ex statutis loci stat hätte. Wie nun die Frau ohne Kinder vor dem Mann verstorben, verlanget der Herr des Bauren die Halbscheid von den Gütern, als welche der Frauen zugehöreten, und gründet sich darauf, daß wann eine Frau denselben Zustand gewinne, den ihr Ehe-Mann hätte, die Frau durch das Ehe-Band mit dem Halseigenen auch zugleich Leibeigen worden. Gleichwie nun nach dem Statuto loci bey Absterben eines Ehe-Gatten die Halbscheid der Güter an den Patronum verfiele, also müste dasselbe auch allhie stat finden, und die Frau nicht anders als Leibeigen consideriret werden. Gleichwie auch auf solche Maße, die Adelichen und Standes-Frauen, wenn sie sich mit einem Bürger verheligen, nichts anders als Bürger-Frauen würden, und im Gegentheil nach dem Zeugniß Plinii die Tochter des Quintiliani, welche den Ninium Celarem einen vornehmen Herrn gefreyet, zugleich in dessen Ehren-Stand mit erhoben worden sey: Ebener gestalt, wenn eine Adliche Wittwe, welche sonsten von Contributionen frey ist, wenn sie einen Bauren freyete, der Contributions-Pflicht unterworffen würde, Guido Papæ qu. 380.

Hierwider opponiret der Bauer, es hätten sie beyde keine Societatem bonorum mit einander aufgerichtet, sondern vielmehr dem Statuto des Landes durch

ihre

ihre Ehe-Pacten expresse derogiret. Denn wer ihnen hätte wehren wollen, die communionem bonorum fahren zu laſſen, oder vielmehr re integra mit einander abzureden, daß ihre Güter mit einander nicht ſolten vermenget werden? Und könne auch nicht davor gehalten werden, daß ihre Abrede in fraudem Patroni geſchehen ſey, weilen der Patronus ohne dem, wenn von ihnen Kinder entſproſſen wären, nichts von der Erbſchafft bekommen hätte; Dieſemnach müſten ihre Ehe-Pacten in allen Punkten obſerviret werden. Authentica excipitur de bonis quæ liberis. Hierauf repliciret der Patron, es wäre ihm durch ihre Ehe-Verſprechen einmahl ein Jus quæſitum erlanget, daß die Frau ihm als Leibeigen zugehörte, und deſſen Effecte könten durch die ihm zugeſetzte Pacta ihm nicht wieder benommen werden. Auf den allegirten legem de bonis quæ liberis wird geantwortet, es wäre daſelbſt gehandelt von einer freyen Schenckung von demjenigen, welcher über das Land-Gut zu diſponiren habe, welchem frey ſtehe alles zu verordnen, und damit nach ſeinem Willen und Belieben zu verfahren, ob ſolches gleich per accidens einem tertio ſchädlich. Was aber auch der Gegentheil ex capit. 1 feud. de filio naturali ex matrimonio anführet, ſey vielmehr eine Special-Gewohnheit der Meyländer, als ein univerſales Geſetz zu achten. Aus welchen Rationibus auf Seiten des Patroni ſprechen wollen, Boicus in cap. quæſiviſti de Teſtamentis. Recenſet Choppinus lib. 2 cap. 2 § 3.

§. 12.

Eine Schwieger-Mutter hat ihrem Schwieger-Sohn bey verabredeten Ehe-Pacten verſprochen, er ſolte einige von ihren Wieſen ſo lange brauchen, bis ihre andere Tochter zur Majorennität gelanget wäre. Kurtz darauf, ehe die jüngſte Tochter 25 Jahr erreichet, wird ſie verheyrathet, und der neue Ehe-Mann will ſo gleich den erſten Schwager von dem Gebrauch der Wieſen verſtoſſen, der erſte Eidam aber verklagt die Schwieger-Mutter, ſie ſoll ihm den Genieß der Wieſen ſchaffen nach Einhalt der abgeredeten Ehe-Stifftung, bis die jüngſte Tochter das 25 Jahr ihres Alters erfüllet habe: Und dieſer wegen ſolle ſie ihn vor Gericht vertreten, damit der letzte Schwieger-Sohn ihn bey den Gebrauch und Genieß der Wieſen bis dahin laſſen müſſe. Denn bis ins 25 Jahr der jüngſten Tochter habe ſie ſich verpflichtet gemacht, ihm die Wieſe zu laſſen, nach Ausſpruch leg. cum filius ff. de Conditionibus & Demonſtrationibus. Solchergeſtalt diſponiret auch lex cum filius familias ff. de legatis 3: Daß, wenn geſetzet würde, daß einer zur Puberrät gelanget wäre, ſolches in dubio zu verſtehen von einem ſolchen, da keine Reſtitutio in integrum mehr ſtat findet, welches bekanntlicher Maſſen am Ende des 25 Jahres geſchiehet. Uiber dem allegirte der Kläger das Geſetz des Kayſers Juſtiniani, leg. ſi quis Cod. de his qui veniam ætatis impetrav. und leg. ex his verbis Cod. quando dies legatorum, allwo expreſſe geſaget wird, wenn einer iemand alſo etwas ſchenckt, wenn er zu ſeinen vollkommenen Jahren gelanget, daß es denn von einem ſolchen Alter zu verſtehen ſey, welches das 25 Jahr überſchritten. Hierwieder brachte die Schwieger-Mutter vor, ſie hätte dem Schwieger-

Sohn nichts abſolute und jure verſprochen, ſondern darauf geſehen, daß, ſo lange ihre jüngſte Tochter, deren legitima tutrix ſie war, noch bey ihr bliebe, der erſte Schwieger-Sohn dieſes genieſſen ſolte: Welches denn alſo civiliter zu verſtehen, als wann ſie geſagt hätte, bis die Tochter würde in ihre eigene Tutel kommen, oder der Mutter Vormundſchafft geendiget, und ſie in eines Mannes Gewahrſam kommen. Dannenhero das Wort Majorennität auf die Vereheligung allhier zu ziehen ſey, und daß ſolches Rechtens, wolte ſie behaupten ex leg. cum filio familias ff. de legatis 3, leg. quod pupillæ ff. quando dies legatorum, welcher diſponiret, daß, wenn von einer Pupillin iemand etwas verordnet habe, ſolches in dubio bis an die Jahre zu verſtehen, da ſie freyen kan oder wird. Auf gleiche Maſſe, wenn iemand die Alimente bis an ſeine mündige Jahre vermacht ſind, werden ſie einem Manns-Bilde nicht weiter gereichet bis ins 18 Jahr, und einem Weibs-Bilde bis ins 14. decidente Hadriano Imp. in leg. Mela ait ff. de alimentis & cibariis legatis. Woju die Schwieger-Mutter hinzu ſetzte legem ſi filiæ familias ff. de legatis 3. allwo geſagt wird, daß, wenn iemand einer Jungfer etwas vermachen wird, cum in ſuam tutelam venerit, oder wann ſie zu ihren mündigen Jahren kommt, ſolches alsdenn müſſe gereichet werden, wenn ſie viripotens geworden. Aus welchen Fundamenten ſie beſtreiten wollte, daß ſie ihrem Verſprechen allbereit durch die bisherige Einräumung der Wieſen gnug gethan. Nach Verhörung beyder Parteyen iſt der Kläger abgewieſen worden. Choppinus lib. 2 cap. 3 § 3.

OBSERVATIO IV.

Von den Privilegiis der Bauers-Leute, circa ultimas voluntates.

§. 1.

Was geſtalt die Rechte zu Gültigkeit der Teſtamente unterſchiedliche Solennitäten und unter andern dieſe erfordern, daß dazu 7 Zeugen, welche ſpecialiter darzu erbeten, erfordert werden, iſt bekannt, vid. Struv. in Jurispr. Rom. Germ. l. 2 tit. 15 § 11. Allein die Land-Leute haben in Jure civili dieſes Vorrecht erhalten, daß wenn ſie fünf Zeugen bey Errichtung ihrer Teſtamente gebrauchen, alsdenn die Diſpoſitio gültig und zu Recht beſtändig ſey, leg. ult. Cod. de Teſtam. Nach den Päbſtlichen Rechten aber ſind dieſe Subtilitäten denen Bauern noch ferner erlaſſen, und können ſie einen letzten Willen beſtändig errichten vor zweyen Zeugen und dem Paſtoren des Dorffs, Capit. cum eſſes 10 X. de Teſtam. Dann nach ſelbigen Rechten wird überall eine ſo groſſe Solennität bey den Teſtamenten nicht erfordert, als nach denen Kayſerlichen Rechten verordnet ſind, wird auch in denſelben mehr dem göttlichen, natürlichen und Völcker-Recht nachgegangen, Ferdinandus Vaſquius de Succeſſionib. part. 1 lib. 2 § 12 n. 54 § 21 limitat. 1 n. 1, welche des Päbſtlichen Rechts-Verordnung in denen Landen, wo das Sächſiſche Recht gültig, angenommen und darnach geſprochen wird. Matth. Coler. part. 1 decil. 35. Weſenb. part. 3 conf. 130. Wie unter andern das Reſponf. Facult. Jurid. Jenenſ. auf

Anfrage

Anfrage Thomä Wentzels im Febr. 1538 attestiret: Hat euer Eydam Michel Köpel zu Reichenbach im Altenburgischen Lande gelegen, eure Tochter wegen ehelicher Liebe und fleißiger Wartung in Gegenwart 4 Zeugen zum Erben seiner gantzen Verlassenschaft instituiret und eingesetzet, und darneben ferner seiner Schwester 30 Gülden nach seinem Hintritt zum Legato heraus zu geben verordnet. Ob nun wohl dieselbe seine Schwester solchen letzten Willen in formalibus und dahero mangelhaft und gantz unkräftig machen will, daß allein 4 Zeugen dabey gewesen, welche auch noch von dem Testarore nicht specialiter wären ersuchet worden: Dennoch aber weilen vermöge der langwierigen Observantz, und von vielen Jahren her in diesen Sächsischen Landen hergebrachte Gewohnheit in denen Verordnungen und letzten Willen, so von Bauers-Leuten in Dörffern aufgerichtet worden, nach Disposition der Canonischen Rechte zu sprechen und zu urtheilen, Inhalts welcher die Solennitäten, so vermöge gemeiner Kayserlichen Rechten, bey Aufrichtung eines Testaments nothwendig seyn, (worunter denn auch die sonderbare Erforderung und Ersuchung der Zeugen zu verstehen) nicht eben so genau in acht genommen werden dürffen, sondern hierinnen, wie es sonsten nach geistlichen- und aller Völcker Recht in den Contracten und andern Handlungen, unter dem Lebendigen hergebracht und erfordert wird, zu halten, und daher für gnugsam zu achten, wenn ein Testament auf dem Dorffe in Gegenwart des Pfarrers und anderer zwo oder mehr Personen, oder aber in Ermangelung des Priesters vor 4 Zeugen, (oder so, daß an stat des Priesters 2 zu nehmen, (aufgerichtet worden, wofern nun solchen Zeugen der Testator seinen letzten Willen deutlich eröffnet, ob sie schon nicht eben in specie darzu erbeten und erfördert worden: Als ist auch obangeregter eures Eydams letzter Wille seiner Schwester Widerfechtens ungehindert, gestalten Sachen nach, und wofern die 4 Zeugen ihre Aussage, immaßen sie zu thun schuldig, eidlich bekräftigen, vor mangelhaft nicht zu achten, sondern bey Kräften zu lassen, und wird demselben allenthalben billig nachgegangen. B. R. W.

Dafern aber nur ein Zeuge und der Prediger bey dem Testament gegenwärtig gewesen, ist dasselbe ungültig; Es wäre denn, daß darinn legata zu milden Sachen verlassen, wie die Scabini Jenenses 1539 Melchior Ronnenburg respondiret: Hat eure Schwägerin, Justina, Michael Garles Eheweib in Gegenwart M. Valentini Engerleins, anietzo Pfarrers zum Pfuchsheim und Bartel Hefftens, ihrem Ehemann, weil er sie in allen Ehren gehalten, ihr gepfleget und gewartet, zum vollkommenen Erben in allem, was ihr zuständig, gesetzet. Ob nun gleich des folgenden Tages gemeldte Testirerin, besagten Pfarrer und Dorff-Schultzen den Richter wieder zu sich erfodert, und in Beyseyn derselben ihren letzten Willen wiederholet; so ist doch solcher zu Recht nicht beständig, und derentwillen Michael Garles der hinterlassenen Erbschaft sich anzumaßen nicht befugt, betreffend aber das Legatum ad pias causas wird solches nicht unbillig vor kräftig erachtet. V. R. W.

Wenn auch der Priester solches Testament geschrieben, und hernach drey Zeugen dazu beruffen worden,

obschon der Pastor nicht darunter wäre, ist dennoch solches zu Recht bündig und kräftig, wie oben gedachte Jenenses An. 1632 respondiret: Weil solcher letzter Wille mit des Pfarrers Rath gemacht, auch mit seiner eigenen Hand geschrieben seyn soll, so ist derselbe als eines Bauersmanns Disposition zu Recht gültig. Hieraus folget iedoch nicht, daß das Päbstliche Recht an solchen Ländern wozu obstringire, und eine Schuldigkeit mache; Denn diejenigen Länder, welche sich solcher Gewohnheit bedienen, solches dem Pabst zu Gefallen oder aus Zwang annehmen, sondern aus freyem Belieben, stillschweigender Approbation, oder Consensu publico: Gleichwie zuweilen ein freyes Volck des andern Gesetz und Ordnungen wohl annimmt, daraus dennoch keine Subjection noch Unterthänigkeit abzunehmen. Daß aber außer Sachsen in den übrigen Provinzen des Römischen Reichs obgedachte Dispositio des geistlichen Rechts nicht üblich sey, bezeuget Carpz. part. Const. 4 def. 40. Überhaupt aber ist von dem Testament der Bauers-Leute zu wissen, daß die Unterlassung einer geringen Soleonität, so aus Unerfahrenheit unterlassen worden, deren Testamente nicht unkräftig machen, per leg. 1 §fin. de ventre inspiciendo. Richterus decil. 28 n. 9, allwo er von solcher Sache ein præjudicium allegiret.

§. 2.

Daß ein Testamentum inofficiosum, oder welches wider die väterliche Liebe und natürliche Neigung errichtet, per querelam könne umgestoßen werden, erweiset lex 3 Cod. de petit. hæredit. nicht allein wenn die Kinder ausgeschlossen, sondern auch die Kindes-Kinder. Es wird aber folgender Casus proponiret.

Ein Bauersmann macht bey seinem Absterben ein Testament, und setzet seine Söhne zu Erben ein, seinen Tochter-Sohn aber gehet er vorbey. Dieser klaget querela inofficiosi testamenti, jene aber setzen ihm entgegen, daß des Klägers Mutter einmal sich der gantzen väterlichen Erbschaft begeben, und also davon ausgeschlossen wäre. Denn die Renunciation hätte nicht allein den Effect, daß die Erbschaft von der Tochter auf den Sohn nicht könne transmittiret werden, sondern stehe auch im Wege, daß der Nepos für seine eigene Person und jure proprio nicht könne zur Erbschafft gelangen, Bald. in leg. qui se Patris Cod. unde liberi. Alexander Consil. 13 vol. 5. Und seye nicht zu leiden, daß ein Erbe auch jure proprio die letzte Verordnung des Testatoris anfechte, leg. si tertius §ult. de aqua pluvia arcenda, leg. cum a matre Cod. de rei vindicatione, leg. stipulatio ista Cod. de verborum obligationibus. Überdem ob zwar nicht zu leugnen sey, daß der Nepos vielmehr jure proprio als beneficio matris zu seines Groß-Vaters Erbschaft gehöre, so ist doch solches zu verstehen, wenn die Mutter vorher verstorben, der Neffe aber am Leben geblieben, und nicht auf solchen Fall zu deuten, wenn die Mutter die Erbschaft renunciiret hat, als wovor sie eine Standes-mäßige Aussteuer erhalten, arg. leg. fuit quæstionis 24 ff. de acquirenda hæreditate & capit. quamvis pactum X. de pactis. Worwider aber der Nepos regeriret, es könne ihm die Groß-väterliche Verlassenschaft durch seiner

seiner Mutter Renunciation nicht entzogen werden, weil ihm solche gebührete, von Natur selbsten, und durch die Verordnung der Civil-Gesetze, nicht aber von der Disposition seiner Mutter. Daher wenn schon die Mutter in ihrer Renunciation gesagt hätte, daß sie auch vor sich und ihre Kinder der Anwartschaft sich begeben: wäre doch die Vorbeygehung des Nepotis zu Recht unbündig, welche einer unbilligen Enterbung gleich wäre, und daher das Testament als nichtig wieder aufzuheben, Accurs. in leg. pact. quod dotali Cod. de Donat. Bartolus in leg. qui superstitis ff. de acquir. hæred. Idem leg. 4 ff. ad leg. Falcid. Angel. Conf. 302. Aretinus conf. 344. Es hätte zwar die Mutter bey ihren Lebzeiten ihre geschehene Renunciation widerruffen können, doch weilen sie wohl gewust, daß sie ihren Kindern nichts präjudicirete, und dieselben tanquam nepotes dennoch zu der Groß-väterlichen Erbschaft gelangen könten. Nachdem die Sache in gebührende Deliberation kommen, ist die Dispositio des Testaments bekräfftiget. Wiewohl wann kein Juramentum zu solcher Renunciation kommen, dabey ein grosser Zweiffel seyn würde, ob solche kräftig, vid. Coler. decif. 38. Carpz. part. 2 conft. 35 def. 6. Renatus Choppinus de Privil. Ruftic. lib. 3 c. 7 § 5.

§. 3.

Es ist an einem Orte ein Statutum, daß niemand mehr im Testament per legata zu vergeben Macht haben solle, als den fünften Theil seiner Güter; daselbst findet sich ein Bauers-Mann, welcher einem den Usumfructum von allen seinen Gütern im Testamente verschreibet. Es wird gefraget, ob also diese Dispositio von dem Usufructu wider das Statutum läufft, und solche kräfftig sey oder nicht. An Seiten des Legatarii wurde vorgebracht, daß ein solches Gut, worauf ein anderer den Usumfructum hat, nicht wircklich legiret sey, weil der Nießbrauch nicht ein Theil des Eigenthums, sondern eine Art der Servitut ist, leg. 1 de Usufructu. An der Gegenseiten aber von dem Erben streitet favor legitimæ, welcher durch das Statutum bis auf vierfünftel Theil erhöhet worden. Weilen nun die legitima durch kein Onus noch Condition oder andere Einschränckung kan restringiret werden, als wäre daraus zu schliessen, daß auch von solcher Portion die Constitutio Usufructus ungültig sey. Weswegen der Kayser Justinianus expresse geordnet, daß das Pflicht-Theil oder die legitima durch Abziehung des Usufructus eben so wenig zu verschlimmern sey, als davon den Kindern der blosse Usufructus kan gegeben, und die Proprietät einem andern zugewandt werden. Authentica noviffima Cod. de inofficioso Testamento. Man finde auch bey auswärtigen Völckern, daß die väterlichen Erb-Güter an Fremde nicht haben können veralieniret werden, wie von den Lacedämoniern bezeuget Heraclides in politiis. Nach Examinirung beyder Partheyen Rechts-Gründe ist gesprochen, daß die Constitutio Usufructus zu Recht ungültig sey, Struv. Syntagm. Jur. Civ. Exerc. 10 th. 30.

§. 4.

Man hat ein Landes-Gesetz an einem Ort, daß niemand mehr, als seine Güter ertragen können, soll ad pias causas vermachen. Nun hat Aurelius im Testament folgende Clausel gesetzt: Alles übrige, so wohl väterliches Erb-Gut, als von mir selbst erworbene Mittel soll mein Erbe den Armen austheilen. Der Advocatus Fisci dringt im Nahmen der Armen drauf, es müsse dieses Legatum ohne einzigen Abzug ausgezahlet werden. Gleichwie in Lege Falcidia die quarta hæreditatis nicht abgezogen wird, wenn die Dispositio ad pias causas gerichtet. Authentica similiter Cod. ad L. Falcid. Und zudem erfordere favor piæ causæ, daß man in dubio vor die Armen sprechen müsse. Der Erbe excipiret, es sey ein grosser Unterscheid zwischen der leg. Falcidia und legitima: Man verstehe allhier in quæstione de legitima, als welche durch das Statutum loci auf ein gewisses gesetzt. Nun sey bekannt, daß zum Nachtheil der legitimæ ad pios usus nichts könne vermacht werden. leg. 1 § ad municipium ff. ad leg. Falcid. Vielmehr aber zu Recht ausgemacht sey, daß die legata ad pias causas durch die legitimam vermildert und verringert werden. Auch ein Testament unkräftig werde, wenn die Kinder gäntzlich übergangen, oder ohne erhebliche Ursache enterbet sind. Wenn auch gleich die Armen wären zu Erben eingesetzet, leg. quoniam 33 Cod. de inofficiosis Testamentis. Bartolus in leg. Papinianus § si Imperator. Accurfius in leg. si quis ad declinandum Cod. de Episc. & Cler. Daher obschon von diesem Casu keine expresse Disposition zu finden, müsse man doch per consequentiam ex sensu consuetudinis vor die legitimam sprechen. Nach gehörten Juribus der Partheyen ist nicht unbillig vor die legitimam gesprochen. Choppin. cit. Tr. § 8.

OBSERVATIO V.

Von den Privilegien und Singularibus der Bauers-Leute circa succeffionem ab intestato.

§. 1.
Casus.

Ein Bauer nimmt eine Frau, und lebet eine Zeitlang mit derselben in der Ehe: nachgehends verreiset er anderwertshin, und bekommt daselbst Zeitung, daß seine erste Frau Titia gestorben, darauf heyrathet er Semproniam, und zeuget mit derselben Lucium. Wie er verstirbet, und seine Erbschaft soll getheilet werden, kömmt Zeitung, daß seine erste Frau Titia noch im Leben sey. Daher wollen die andern Geschwister Lucium nicht vor einen rechten Sohn erkennen, sondern halten ihn pro concepto ex adulterio, und wollen ihn zu der Erbschaft nicht zulassen. Führen zu dem Ende an, daß das letztere Eheband, so lange das erstere stehet, null und nichtig, und also die Conjunction des Vaters mit Sempronia nicht anders als concubitus mariti cum aliena muliere, welches sonst mit einem Wort Adulterium genannt wird, seyn könne, woraus denn unwiderreiblich folget, daß derjenige, welcher nicht echt und recht geboren, zu Participirung der Erbschafft nicht könne zugelassen werden. Lucius hingegen wendet vor, es habe sowohl sein Vater und Mutter von dem Leben der ersten Ehe-Gemahl nichts gewust, und seyn also in bona fide in contrahendo matrimonio gewesen. Gleichwie nun adulterium absque animo frangendi fidem conjugalem nicht begangen wer-

de

de, also könne auch allhier Lucius nicht als ein unnechter angesehen, noch von der Erbschaft verstoßen werden. Nach Erkundigung der Umstände ist gesprochen, daß Lucius zu der Erbschaft mit gehörig sey, vid. cap. 3 X. qui fil. sint legit. Choppinus c. 1 lib. 3 cap. 8 § 3.

§. 2.

Wiewohl nach dem Sprichwort die Liebe mehr unter sich, als über sich steiget, und dieserwegen in der ersten Verfassung der Römischen Gesetze nicht sowohl die Eltern von den Kindern, als die Kinder von den Eltern geerbet, so ist doch durch die hernach ergangenen Verordnungen zum Soulagement der verlohrnen Kinder den Eltern das Successions-Recht eingeräumet. Nun verstirbet Aurelia eine Bäurin, welche im fünften Monat schwanger gangen, und das Kind wird so bald nach ihrem Abschiede von ihr geschnitten: Der Vater Sempronius verlanget die Erbschaft, als welche von dem Kinde auf ihn geerbet, hæreditatis petitione: Weilen die Frucht bey Anschauung des Lichts hätte geschienen zu leben. Ob nun gleich das Kind alsofort gestorben, wäre doch gnug, wenn solches nur einen Moment die Mutter überlebet, und hätte solches dennoch die Erbschaft an den Vater transmittiret, nach Verordnung Käysers Justiniani in leg. 2 & 3 Cod. de posthumis hæredibus instituendis, um desto mehr, da auch eine Frucht, wenn sie nicht vollkommen zur Welt käme, dennoch ein Testamentum aufhebe, juxta leg. 10 ff. de liberis & posthumis & leg. 9 ff. unde cogn. allwo Ulpianus respondiret, wann ein schwanger Weib verstirbet, und die Frucht von ihr geschnitten wird, habe es mit der Frucht die Beschaffenheit, daß ihr die väterliche Erbschaft gebühre; wozu käme, daß man unterschiedliche Exempel deren hätte, die aus Mutter-Leibe geschnitten, und doch das Leben erhalten und zu höhern Alter gekommen wären, nach Zeugniß Plinii historiæ naturalis l. 7 c. 9. Allein der Frauen Anverwandten replicirten, es hätte das Kind im fünften Monat unmöglich ein Leben haben können, und wäre einerley, ob eines gar nicht lebendig gebohren, oder also gebohren würde, daß er augenblicklich sterben müste, wie denn deswegen Castrensis in dict. leg. 3 Cod. de posth. hæred. instit. statuiret, daß ein solcher partus ein Testamentum nicht rumpire. Hierauf antwortet der Vater, es wären alle Rechts-Lehrer darinne einig, daß ein Kind von 6 oder 8 Monaten, ob es schon alsofort sterbe, dennoch das Testamentum aufhebe, Angelus in leg. penult. Cod. de bon. publ. & aliis substitut. Bald. vol. 3 consl. 113. Und beweiset das Exempel beym Gellio lib. 3 cap. 16, daß da eine Mutter im 13ten Monat ein Kind zur Welt gebohren, der damalige Prætor Lucius Papirius solches Kind zur Erbschaft zugelassen, daß bey den Weibes-Personen keine gewisse Zeit der Geburt attendiret werde. Und käme dahero die Unvollkommenheit der Frucht im fünften Monat nicht hindern, daß man das Kind nicht vor lebendig halten möge: Wie denn Hippocrates von der Lebhaftigkeit einer Leibes-Frucht folgende Regeln setzet: Daß wenn man die Tage von der Empfängniß bis zur Bildung verdoppele, alsdenn die Zeit der ersten Bewegung heraus komme; so fern man solche Zahl wiederum triplicire, werde dadurch die Zeit der Geburt angedeutet, nemlich es empfahe die Leibes-Frucht ihre Bil-

Jurist. Oracul V Band.

dung in 45 Tagen, die Bewegung gegen den 90 Tag und werde ans Licht gebohren im 9ten Monat. Und bezeugen Diogenes, Apolloniades beym Censorino in libro de die natali, daß ein Manns-Bild in den ersten 4 Monaten, eine Tochter aber in den ersten 5 formiret werde. Als das Gericht beyderseits Vorbringen überleget, so ist gesprochen: Daß das Kind seiner Mutter Erbe worden sey, rec. Choppino de Tr. l. 3 c. 8 § 4.

§. 3.

An einigen Orten ist die Gleichheit in der Succeßion also eingeschräncket, daß der erstgebohrne zu Conservation der Güter, Meyer-Höfe und Familien vor denen andern Kindern etwas voraus hat. Nun begiebet sich, daß Cajus verstirbet, und hinterlässet eine Schwester Luciam; mit der schon verstorbenen Schwester Semproniæ unterschiedlichen Kindern. Diese erben zugleich mit ihrer Mutter Schwester Lucia, und wird demnach die gantze Erbschaft in zwey Theile abgetheilet, davon der eine an ietztgenannte Luciam, der andere an Semproniæ Kinder verfället. Nun sollen ietztgemeldte Kinder ihr Erbtheil wieder unter sich theilen, und da verlanget der Erstgebohrne dasjenige voraus, was nach den Statutis loci dem Erstgebohrnen jure præcipui gebühret. Weilen nemlich die Erbschaft auf ihre Mutter per fictionem Juris & Jus repræsentationis verfället, und darauf auf sie transmittiret werde. Denn sie nicht suo Jure, sondern Beneficio Matris zu der Erbschaft käme, und folglich auch solche Eintheilung müsse behalten werden, als wenn ihre Mutter noch im Leben wäre. Die andern Geschwister über opponiren hiewider, man müste auf die Qvalität der Erblasserin sehen, durch deren Tod die Erbschaft auf sie verstammet wäre: Dieselbe wären ihr nicht in gleich absteigender, sondern in der Seiten-Linie verwandt, und überdem die Erbschaft allbereit unter Lucia und ihnen zwey gleiche Theil abgetheilet: Welche Gleichheit denn auch unter ihnen selbst zu beobachten sey: Es wäre ein Unterschied zu machen, unter der Repräsentation des nähern Grads, so von der Mutter dependirete, und unter der mütterlichen Erbschaft. Jene zwar wäre allhie befindlich, nicht aber diese, indem sie ihrer Mutter Bruder succedirten, als ihre Mutter schon längst nicht mehr im Leben gewesen. Die Decision ist dahin ausgefallen, daß der Erstgebohrne sich seines Vorrechts zu gebrauchen befugt wäre. Auf gleiche Maße kan gefraget werden, wann ein Bauersmann, wo ein solches Statutum gültig, von einer ledigen Weibes-Person einen Filium naturalem erzeuget, sich solche aber hernach im Tod-Bette ein oder zwey Tage vor seinem Ende nach Absterben seines hernach genommenen Ehe-Weibes zur Ehe geben läst: Ob derselbe Sohn, der also auf dem Todt-Bette legitimiret ist, das Recht der Erstgeburt wider die andern echte gebohrnen Kinder gebrauchen könne? Es scheinet, daß solcher Filius naturalis nicht einmahl habe können legitimiret werden in fraudem der andern Kinder, oder auch bey so bewandten Umständen des Fisci, per leg. filiæ meæ 59 ff. soluto matrimonio, & cap. si te præbendam de renunciationibus. Denn das kaum vor eine bündige Ehe zu halten sey, da eben der Tag, die Zeit der Hochzeit und des Todes ausgemacht. Der Erstgebohrne regeriret: Es

D y y hätte

hätte das Eheband eine solche Kraft, daß generaliter alle diejenigen, die vorhin ausser der Ehe gezeuget, durch dasselbe legitimi würden: Es könne auch dem Vater nicht übel ausgeleget werden, daß er seine Mutter so späte vor seinem Tode geheyrathet, sondern wäre es vielmehr alles Favoris würdig, da er den Flecken seines vorhin geführten Lebens so rühmlich abgewischet, daß er durch väterliche Pietät den Fehler seiner unehelichen Geburt verbessert, da er aus löblichem Absehen ihn denen andern Kindern gleich gemachet, und endlich, da er die gantze Action seines Lebens durch ein so ruhmwürdiges Nachspiel beschlossen. Wenn nun einem Vater frey stehe, in seinem Letzten nach seinem Belieben ein Testament zu machen, cap. ult. X. de Successione ab intestato. Benedictus in c. Raynucius in verb. in extremo positus. Warum er denn nicht auch seine unehelichen Kinder durch die eheliche Verknüpffung solle können ehelich machen: Da die väterliche Schuldigkeit in diesem Stück zwar spät, doch auf göttliches Eingeben von ihm erfüllet wäre. Baldus in cap. naturales de feudis, si de feudo fuerit controversia. Abbas in cap. commissum de sponsalibus. Aus diesen Bewegungs-Gründen ist der Filius naturalis durch Richterlichen Spruch pro legitimo erkläret, und das Vorrecht der Erstgeburt ihm verstattet. Chopp. d. libro 3 c. 9 § 4.

OBSERVATIO VI.

Von den Privilegiis der Land-Leute circa Judicialia.

§. 1.

Weilen denen Bauers-Leuten theils wegen ihrer stetig habenden Arbeit, und dadurch causirter grossen Verhinderung, als auch wegen ihrer nicht allzu grossen Mitteln zu grossem Schaden gereichet, wann sie durch die Langwierigkeit des Processes in viele Kosten geführet, und an ihren Verrichtungen mercklich gehindert werden: Als wird von der Landes-Obrigkeit nicht unbillig dergleichen Ordnung verfasset, daß denenselben zu schleunigem Recht ohne Auffenthalt und Verzögerung geholffen werde. Es ist in diesem Stück höchstrühmlich, was die Fürstl. Braunschweig-Lüneburg-Zellische Policey-Ordnung zum Faveur des armen Landmanns und Ersparung überflüßiger Müntze und Unkosten verordnet, daß dafern vom Lande Klagen nacher Hofe gebracht werden, iederzeit dabey ein Bericht von dem Judice primæ instantiæ als Amtleuten, Vögten und Gerichts-Innhabern beygefüget werden soll, damit sofort die Gerechtigkeit der Sachen erkennet, was darinnen geschehen sey, cognosciret, und sofort ein billiger Bescheid gegeben werden könne: Zu dem Ende den denen obgedachten Richtern erster Instantz injungiret, die streitigen Parteyen ohne einigen Verzug zu hören, und nach angewendetem Menschmüglichen Fleiß gütlicher Entscheidung einen ieden ohne Verzug oder Parteylichkeit Recht wiederfahren zu lassen. Fürstliche Braunschweig-Zellische Policey-Ordnung cap. 10.

§. 2.

Dahin auch gehöret, daß zu Beschleunigung des Beweises alle Contracte und Handlungen bey den Unter-Gerichten angemeldet, in ein gewisses Gerichts-Buch mit allen Umständen in beyder Contrahenten Gegenwart eingeschrieben, und dafern hernach Beweisthum zu führen nöthig, davon unter der Beamten Hand und Pittschaft extradiret, und darauf als einen rechtmäßigen vollständigen Beweis erkannt werden solle. Fürstl. P. O. c. u.

§. 3.

Wie sonsten zu Recht bekannt, daß ein unförmlicher Libell ungültig, und in Judicio nicht zuzulassen ist, und eine Urtel, so super inepto libello gesprochen, ipso jure kräfftig, Gail. lib. 1 observ. 66, sogar, daß einige Doctores statuiren, daß ein Richter eine unförml. Klag-Schrifft solle mit den Zähnen zerreissen, Innocentius in capit. examinata de judiciis n. 2. Also kommt den Bauers-Leuten ihre präsumirte Simplicität in so weit zu statten, daß wenn sie einen libellum ineptum übergeben, derselbe deswegen nicht zu verwerffen, sondern die Sache ex æquo & bono determiniret werden solle, bevorab, wenn die Klage vor den Amt-Leuten und Gerichts-Verwaltern in erster Instantz vorgetragen wird. Denn die geringen Klagen der Land-Leute vor ihren Unter-Gerichten die Subtilitäten der Rechte nicht so genau zu suchen sind, nach der Meynung Baldi und Saliceti in authentica nisi breves Cod. de Sent. ex brevic. recit. Alex. Cons. 71 col. pen. lib. 2, Jason in leg. 1 ff. de officio Assessorum. Dann denen Bauers-Leuten das Recht in der Kürtze und ohne Verzug zu ertheilen, § 1 in authentica de quæstoribus, so gar, daß solche Streitigkeiten ex officio Judicis, wanns auch gleich der Kläger nicht recht gesuchet. Fab. in leg. mulierem Cod. si maticipium ita veneric. Speculator in § 1 vers. privata tit. de denunciationibus. Und deswegen disponiret § 1 si vero forsitan in Authent. de quæstore, daß wenn unterschiedliche Bauers-Leute in der Stadt vor Gericht erscheinen, nur einer soll zurück behalten, und die übrigen nach Haus gewiesen werden, damit nicht der Ackerbau ins stecken gerathen möge, und ihre nöthige Arbeit versäumet werde. Denn nach Columellæ Meynung lib. 2 dem Ackerwerck nichts schädlichers ist, als die Versäumniß, wohin auch zielen die Verordnungen der Römischen Kayser in leg. 1 Colonos, und leg. litibus Cod. de Agricolis & Censitis, leg. unica Cod. ne operæ a collatoribus exigantur tot. tit. Ut nemo ad suum Patrocinium suscipiat Rusticanos, §. Agricultores in Authentica de Statu & Consuetudine contra libertatem Ecclesiæ. Davon Hesiodus artig saget:

Nemo forum sequitur, quem non fovet annua messis

Et bene clausa domi Cereris gratissima dona,

Hæc quærenda prius, dehinc si vacati peto vulgus,

Et fora, in alterius rebus certamina pone.
Choppinus lib. 3 cap. 1.

§. 4.

Dafern ein Bauers-Mann sein Erbmeyer-Recht verlohren, ist zwar de Jure communi constituiret, daß er zugleich aus der Possession gesetzet sey, vielmehr aber das dominium utile verlohren gehe. Dessen ungeachtet aber, wenn der Guts-Herr eigenmächtig zugehet, und den Meyer von seinem Lande verjäverjaget, statuiren zwar Innocentius und Baldus, daß solchen Falls der Guts-Herr eigenmächtig den Besitz in den Häusern und Gütern des Meyers nehmen möge, obschon derselbe seine Thüre verschließe. Innocentius in cap. 1 de immun. Eccles. Baldus in cap. 1 feud. de controversia inter Dominum & fidelem. Allein das Gegentheil wird von Choppino cit. loco statuiret, und daß der Dominus per interdictum unde vi ohne Verzug aus den Gütern wieder gesetzet, und alsdenn die Sache de integro cognosciret werde, alleg. ns præjudicium, quo ita judicatum. Wohin gehöret, daß alle Gewaltsamkeit und violenta possessio in den ehemaligen Longobardischen Gesetzen streng verboten: Wie davon die Verordnung also lautet: Wenn die Leute, so in einem Dorffe zusammen wohnen, eine Prätension haben auf ein Feld, Wiesen oder Acker, und ein Theil würde sich mit Gewalt versammlen, und sagen, laßt uns gehen, und jene aus dem Orte verjagen: Und würde solchergestalt ein Auflauf daraus entstehen, so sollen die Gewaltthäter vor den verübten Einfall der Gegen-Parthey, welche auf dem Felde oder Wiesen oder Holtzung ihre Arbeit verrichtete, zwantzig Solidos zu bezahlen schuldig seyn, in leg. Luytprandi Long. Regis tit. de rustica collectione.

§. 5.

Dieses stünde hiebey zu fragen: Ob die Kirchen-Meyer und andere von Geistlichen dependirende coloni sich des Fori Ecclesiastici zu bedienen haben, also daß sie vor keinem andern, als geistlichen Gerichte zu stehen schuldig seyn? Felinus in cap. 2 de foro competente machet einen Unterscheid, ob die Kirche oder der geistliche Guts-Herr vor sich und seine Meyer privilegiret sey, daß sie insgesammt vor der geistlichen Obrigkeit sollen belanget werden oder nicht. In dem ersten Fall vermeynet er, daß die Meyer vor das geistliche Gericht gehören, welches auch alsdenn stat finde, wenn sie von ihren Guts-Herren wegen ihrer Kirchen-Länderey belanget würden. Allein nach heutiger Praxi findet solche Distinctio keinen Platz, sondern es müssen die Meyer ohne Unterscheid vor der weltlichen Obrigkeit stehen, weil sonst daraus ein untertheiltes Regiment und grosse Confusion entstehen würde. Denn auch weil solche Meyer vor ihre Person Weltliche sind, und ad ordinem sacrum nicht gehören, auch die Streitigkeiten von den Meyer-Gütern ein res mere secularis ist, welche zum geistlichen Gerichte nicht kan gezogen werden. De Praxi Regni Galliæ bezeuget solches Choppinus alleg. lib. 3 cap. 1 §. 4. Jedennoch aber excipiren die Gesetze den Casum, wenn die Meyer der Geistlichen halbeigen, und durch lange Gewohnheit vor das geistliche Gericht gezogen sind, leg. 2 Cod. de Episcopis & Clericis. Bartolus in leg. privatæ C. de Excusationibus munerum.

§. 6.

Eine Art der Cognitionis Judicialis ist auch das compromissum oder die Erwehlung gewisser Schiedes-Leute. Dieselbe findet ebenfalls unter den Bauren vielfältig stat, also daß in denen angeordneten Meyer- und Land-Gerichten die meiste Decision auf gewisse arbitros, oder wie sie dem Gebrauche nach genennet werden, erkohrne Achters-Leute, entschieden werden, wie aus dem oben angeführten Formular des im Stifft-Hildesheim gebräuchlichen Meyerdings

Jurist. Oracul V Band.

in mehren zu ersehen. Es ist zwar in Jure Romano vornemlich Novella 82 cap. 11 als ein nothwendiges requisitum zu dem Compromiß erfordert, daß bey demselben eine Pœna iederzeit soll gesetzet werden, und ohne dieselbe das Arbitrium nichtig seye, leg. 1 de receptis arbitris, leg. non distinguemus 32 §. 1 ff. eod. Allein nach der heutigen in Gerichten üblichen Gewohnheit, ist derselbe nicht mehr nöthig, sondern es gilt das Compromissum, wenn es nur schlechthin concipiret: testante Mevio part. 2 decis. 200 und hat eben die Festigkeit als eine gerichtliche Sentenz. Es wäre denn, daß der Ausspruch des Arbitri durch gebührende Rechts-Mittel, als Appellatio, Deductio nullitatum, reductio ad arbitrium boni viri, innerhalb 10 Tagen suspendiret wäre, Rutgerus Rulandus de Commissariis part. 3 lib. 9 cap. 3 num. 6 & seqq. Dennoch aber ist es zur Festigkeit des Compromisses allerdings dienlich, daß eine Strafe hinzugesetzet werde, auf den Fall, so eine oder die andere Parthey dem Ausspruch kein Genüge thun wolte, vid. Brunnem. in Introductione ad praxin forensem 2 §. 3. Man setzet folgenden Fall: Zweene Bauers-Leute, Cornelius und Sempronius, erwehlen in ihrer Streit-Sache einen Schieds-Mann, und setzen eine Straffe vor denjenigen, welcher dem Laudo würde kein Genüge thun: Titius thut den Ausspruch, und condemniret Cornelium: Dieser aber wegert sich der Sentenz nachzukommen; und appelliret ans Ober-Gericht, allwo, indem man die Processus Appellationis ausgefertiget und den Partheyen zugestellet hat, wird Cornelius anders Sinnes, und will es nunmehr bey dem Urthel des Scheide-Mannes lassen, allein Sempronius ist damit nicht zufrieden, sondern klaget auf die verabredete Straffe, welche durch die Appellation einmahl verwircket wäre. Denn sagte er: Es wäre von dem JCto Celso expreße respondiret, wenn der Schiedsmann, welchen die Partheyen erwehlet, den Spruch gethan hätte, daß vor den 1 September die geklagte Schuld sollte bezahlet werden, und wäre nicht geschehen, so würde, wenn gleich der Schuldner hernach das Geld offerirte, dennoch die beliebte Straffe verwircket. leg. ff. 23 de receptis. Allhie nun hatte sich der Beklagte nicht allein in Erfüllung des Urtels säumig erwiesen, sondern auch so gar an das Ober-Gericht appelliret. Da denn nichts helfen könnte, daß er kurtz darauf anders Sinnes worden, und der Appellation renunciiret, weil er einmahl in die Straffe verfallen, welche durch die Pœnitentiam nicht aufgehoben wäre. Sempronius dahingegen vermeynete, man müsse bey Erwählung eines Schieds-Manns nicht so rigorös verfahren, als in ordentlichen Gerichten: Denn hier stritte man über eine gewisse Forderung, dorten über eine ungewisse. Vors Gerichte kommt man mit der Intention entweder alles zu gewinnen oder alles zu verlieren: Zum Arbitrio aber, daß man etwas behalte, und etwas fahren lasse. Im Gerichte verfähret man strenge, und nach den Regeln des Rechts: beym Compromisso gehe man gelinder, und richte sich guten theils nach der Billigkeit. Hierzu käme, daß man mehr auf den Sensum der contrahirenden Partey, als auf deren Worte sehen müsse: Und da nun der Beklagte alsofort wegen der Appellation seine Meynung geändert, und wie kaum die Processus erhalten, alsofort die Appellation fahren lassen, wäre solches eben so viel, als wenn gar nicht appelliret wäre: Allermassen eine geringe Zeit wenig importiren könne, auch allhie dem Appellato noch keine Unkosten oder Beschwerlichkeit durch die Appellation zugezogen wäre. Und wäre in dem geistlichen Recht verstattet, daß man die moram purgiren könne auch in solchen Verträgen, dabey eine pœna abgeredet, capit. potuit de loc. Nach Untersuchung beyderseits angezogener Rechts-Gründe ist erkannt, daß der Appellate in die Straffe verfallen sey. Hierzu dienet auch dieses Fundament, daß wenn in dergleichen Fällen nur bloß der Beklagte zu rechter Zeit nicht bezahlet, oder omittendo pecciret, er die Straffe zu entrichten schuldig sey; wie vielmehr, da er sich würcklich gegen die Urtel opponiret, und also auch committendo wider seine Zusage peccitet. Und hat Servius gar wohl respondiret, daß wenn in einem Compromisso eine gewisse Zeit und Straffe gesetzet sey, nach der gesetzten Zeit keine Entschuldigung die Straffe auffheben könne, in leg. transjectitiæ 23 § ult. ff. de obligationibus & Actionibus. Conferatur lex Celsus 23 de receptis.

§. 7.

Gleich wie die Einsammlung der Feld-Früchte eine von den nöthigsten und zu dem menschlichen Unterhalt allernützlichsten Verrichtungen ist, welche auch zuweilen bey veränderlichem Wetter wenig Auffschub leidet, dafern man nicht den bescheheten Segen unverantwortlich will verderben lassen:

Als haben die Rechte denen Bauers-Leuten zur Zeit der Erndte völlige Freyheit von Judicial-Handlungen eingeräumet. Also daß zu solchen Zeiten sie auf keinerley Weise von ihrer Arbeit abzuhalten seyn, Mev. part. 2 Decif. 176 num. 2. So gar, daß wenn Zeit solcher Erndte-Ferien iemand, der mit seiner Feldarbeit bemühet ist, citiret wird, die Citation null und nichtig wird, Zang. de Except. part. 2 c. 7 n. 1. Und kan solche Exceptio zu ieden Zeiten, so wol im Anfange des Processes als in der Mitten opponiret werden. Vantius de Nullitatibus ex defectu Jurisdictionis ordinarii n. 130, und wenn dieser Exception ungeachtet der Richter zum Beschluß der Sachen fortschreitet, und eine Urtel publiciret, ist dieselbe ebenfalls null und nichtig, Mev. cit. Def. num. 2. conf. Stryckius in Introductione ad praxin forensem cap. 8 §§, Gailius lib. 1 Observ. 53 n. 12 & seqq. Brunnem. de processu civili cap. 6 n. 27. Und ob wohl solche Erndte-Ferien überall auch denen, welche auf dem Lande nicht zu arbeiten haben, gemein sind, Emeric. Rosbach. Processu Civili tit. 28 num. 5, approbiret dennoch Brunnemann. tit. cap. 6 solches nicht, weil es eine Meynung wäre, welche zu Verlängerung des Processes diente, und wann auch die Bauers-Leute Procuratores ad Acta bestellet hätten, könnte die Erndte-Arbeit zu Beförderung ihrer Sachen nicht hinderlich seyn per ea quæ tradit Speculator lib. 2 part. 5 tit. de feriis § 1 n. 8. Doch diesem sey wie ihm wolle, so sind doch an den meisten Orten selbige Ferien general. Und hat zu dem Ende der Kayser Trajan. an Minutium Natalem rescribiret, daß die Erndte-Zeit über alle Gerichtliche Handlungen cessiren sollten. Denn wie Hesiodus saget:

Æstas non semper fuerit, componite nidos,
Hic labor, hinc laudem fortes sperate Coloni.

Und siehet man diesemnach, daß solche Zeit über, so wol von denen Gerichts-Assessoren, als andern desselben Bedienten gefeyret werde, und sie solche Zeit entweder zu ihrer Gemüths-Ergötzlichkeit oder zu Excolirung ihrer Studien anwenden: Dann zu der Zeit man am allerbequemsten seinen Meditationen obliegen, und entweder auf dem Lande sich eine Veränderung machen oder in seiner Studier-Stube mit den Todten, ich will sagen, mit den Büchern sich besprechen kan.

§. 8.

Dieses aber fraget sich, wenn iemand von dem Richter eine Dilation erhalten, zum Exempel auf 4 Wochen, und solches 14 Tage vor der Erndte, ob alsdenn die Erndteferien zugleich in der Dilation mit begriffen oder nicht? Die gemeinste Opinion distinguiret: Entweder das Ende der Dilation fällt præcise in die Ferien, oder hat allererst nach geendigten Ferien ihre Endschafft. Wenn die Dilation eben aus ist, wenn gerichtliche Ferien sind, so wird der erste Gerichtstag allererst nach geendigten Ferien angesetzet, und hat eher keine accusatio contumaciæ stat, weilen dieses als actus jurisdictionis contentiosæ auf einen Feyertag nicht geschehen kan, leg. 1 ff. de feriis. Ist aber die Dilation also beschaffen, daß die Ferien in der Mitten desselben einfallen, so ist wieder ein Unterscheid zu machen unter langwierigen und kurtzen Ferien. Die kurtzen Ferien als zum Exempel das Oster-Fest und andere Feste der Christlichen Kirchen, weil sie nur 2 Tage währen, verlängern deswegen den Terminum nicht. Die langen Ferien aber als Erndte und dergleichen, verdienen billig eine Special-Consideration. Wiewohl die gantze Sache auf das Arbitrium des Richters und dessen Gutbefinden ankommt, welcher auch zu Vermeidung alles Zweiffels und Disputs bey Ansetzung eines Termini bey bevorstehenden Ferien pfleget hinzu zu setzen, daß der Termin entweder exclusis oder inclusis feriis zu verstehen sey. Mevius part. 3 Decif. 276 n. 6.

§. 9.

In leg. Ex quacunque causa 2 ff. si quis in jus vocatus, ist denen Bauers-Leuten zu gute constituiret, daß wenn sie aus Einfalt und Unwissenheit vor Gerichte nicht erscheinen, wenn sie dahin beruffen wären, es ihnen nicht solle schädlich seyn. Denn die Feld-Arbeit mannigmahl so beschaffen, daß wenn dieselbe einmal zu rechter Zeit zu verrichten unterlassen wird, die Hoffnung eines gantzen Jahrs verlohren gehet, und wie der Poet sagt:

Frigidus agricolam si quando continet imber,
Multa forent, qui mox cœlo properanda
sereno
Maturare datur.

Und dieserwegen sind einige Dd. in denen Gedancken, daß die Bauers-Leute als Contumaces nicht können condemniret werden: Oder dafern ja die Sententia condemnatoria ergienge, ihnen das Beneficium appellandi nicht könne abgeschnitten werden, sondern ihnen solches billig bevor bleiben müsse, Baldus, Castrensis & Alexander in leg. a § ult.

§ ult. ſi quis in jus vocatus. Imola in leg. ex conſenſ. § ult. ff. de Appellat. Franciſcus Ripenſis in Tr. de Peſte. Gleich wie auch in leg. 5 ff. de edendo denen Bauren, welche ihrer Simplicität halber die Actionem nicht zu rechter Zeit oder nicht auf gebührende Weiſe vorgebracht, Hülfe verſprochen wird. Wie weit nun noſtris moribus ſolche Leges in uſu ſeyn, und ob zum Exempel ein Bauer, der bey Straffe zu erſcheinen citiret iſt, ſich unter dem Vorwand ſeiner Simplicität entſchuldiget, und wenn er nicht erſcheinet, von der Straffe befreyen könne, daran wäre billig zu zweifeln, nachdemmal ein unveränderliches Natur-Geſetz, welches auch den Bauren bekannt, daß ein ieder ſeiner Obrigkeit Gehorſam und Folge leiſten müſſe: Wie oben bereits weiter erwieſen. In dem Stück aber könte man dieſe Rechts-Verordnungen gar wohl appliciren, wenn ein Bauers-Mann vor einer fremden Obrigkeit citiret, und er aus Einfalt vor derſelben erſchiene, daß er alsdenn von der etwa ihm zu dictirenden Straffe befreyet wäre, arg. de l. 2 ſi quis in jus vocatus. Denn ſonſten keiner Obrigkeit frey ſtehet, eines andern Unterthanen directe vor ſich zu beſcheiden, noch auch einem Unterthanen pfleget allemal frey auszugehen, wenn er einer ſolchen Citation pariret, ſondern ihm ſolches insgemein von ſeiner Obrigkeit bey Straffe verboten wird, Colerus de Proceſſu Executivo part. 7 n. 3. Wozu ſie mit allem Recht befugt iſt, Cacheranus Deciſ. 17 n. 12, Mevius part. 7 Deciſ. 391. Ja auch zum öfftern, wenn die Unterthanen in foro incompetente allbereit erſchienen ſind, ſie deswegen in Straffe geſetzet werden, wobey denn billig die Simplicität derer Bauers-Leute in Betrachtung kommt, indem ein Bauer nicht fähig iſt zu unterſcheiden, wie weit die Rechte der Juriſdiction ſich erſtrecken, und was circa fori competentiam in Actionibus realibus vel perſonalibus zu beobachten.

§. 10.

Ob aber ein Bauers-Mann ſich könne contra lapſum fatalium, wenn er entweder zu rechter Zeit keine Appellation interponiret oder introduciret, mit der Entſchuldigung ſeiner Simplicität behelffen, kan allhie gefraget werden? Und weilen die Rechts-Verordnung univerſal iſt, daß wer die Fatalia verſäumet, hernach von der Action auszuſchlieſſen ſey, in leg. nemo Cod. de tempor. Appellationum, Gailius lib. 1 Obſerv. 111, und davon die Bauren nicht ausgenommen werden, alſo können auch wir ſie nicht ausnehmen. Wiewohl Choppinus de Privil. Ruſtic. l. 3 c. 2 § 2 bezeuget, daß bey dem Pariſiſchen Parlament per Decreta denen Bauers-Leuten nach Verſäumung der Fatalium verſtattet ſey, die Sache von neuen vorzutragen und gerichtlich zu ſuchen. Daß aber ſonſten die übrigen Entſchuldigungen, welche contra lapſum fatalium reſtitutionem in integrum meritiren, auch bey den Bauers-Leuten ſtat finden, iſt auſſer Zweifel. Zum Exempel, wann eine gantze Gemeine klaget, kan dieſelbe leichtlich contra quodvis præjudicium in integrum reſtituiret werden, per leg. Ergo ſciendum 22 § fin. ff. ex quibus cauſis majore, leg. Respubl. 4 Cod. eodem. Denn eine Republik, Stadt oder Gemeine das Recht hat,

welches den Minderjährigen gegeben, leg. 9 ff. de Appellationibus, ſo gar daß wenn per jus ſtatutarium zu Suchung der Reſtitution in integrum eine gewiſſe Zeit geſetzet wäre, u. auch ſolcher Termin verſtrichen, wird auch darwider die Gemeine reſtituiret. Sfortius Oddus de reſtitutione in integrum part. 1 quæſt. 19 art. 7 n. 66 & ſeqq. Mevius part. 6 Deciſ. 414. Und aus eben der Urſach wird ein Tertius wider eine Gemeine nicht leichtlich reſtituiret, wenn auch gleich derſelbe læſionem erweiſen könte, und gute Urſachen der Reſtitution beybrächte, wie ſolcher geſtalt bey der Fürſtlichen Wolffenbüttelſchen Cantzeley Anno 1701 Menſe Martio geſprochen. Solcher geſtalt auch wenn ein Bauers-Mann auch ſo verarmet wäre, daß er die Gerichts-Sportulen und Proceß-Koſten nicht herbey ſchaffen könte, alsdenn hat er ſich ebenfalls generalis beneficii pauperum, quibus non currunt fatalia, Gailius lib. 1 Obſ. 42 n. 3, zu bedienen.

§. 11.

Gleicher geſtalt wäre zu unterſuchen, wenn ein Bauers-Mann mit ſeinem Gegentheil litem conteſtiret, coram judicio incompetente, ob er alsdenn annoch exceptionem fori opponiren könne? Und iſt der Billigkeit am gemäſſeſten, daß ſolche Exceptio, wiewohl ſie an ſich dilatoria iſt, und vor der Kriegs-Befeſtigung muß beygebracht werden, dennoch wegen præſumirter Unerfahrenheit des Rechtens von den Bauers-Leuten angenommen werde, wie ſolches behaupten Speculator in § 1 verſ. ſed nunquid de Compet. Jud. adit. Angelus in leg. ult. Cod. de except. Afflictus in Conſtitut. Neapolit. de revocand. tranſeunt. ad alien. habitat. Es iſt aber hiebey der Unterſcheid zu beobachten, daß wenn ein Bauers-Mann leichtlich Rechts-Verſtändige zur Hand haben könne, dabey er Information einziehen, und ſich belehren könne, ihm alsden die Exceptio nicht ferner poſt litem conteſtatam gegönnet werde, Jaſon in leg. ſi convenerit ff. de Juriſd. omnium Judicum. Welches auch der Wahrheit gemäß, wenn nicht von dem Landes-Herrn ſelbſten dem Bauers-Mann hinwieder indulgiret wird, dann ſolchen Falls die Fürſtliche Verordnung über alle geſchriebene Geſetze gehet, Franciſcus Ripa Tractat. de Peſte, Choppinus l. 1 § 1 n. 3.

§. 12.

Ein Meyer iſt wegen ſeines Meyer-Guts vor Gericht erfordert: Weil er aber das Gut nur im Namen ſeines Guts-Herrn beſitzet, als will er deswegen keinen Proceß führen, ſondern bittet an ſeine ſtat ſeinen Guts-Herrn zu citiren: Quæritur ob derſelbe könne angehalten werden, ſeinen Guts-Herrn citiren zu laſſen, oder auf ſeine Gefahr den Proceß zu übernehmen? Es ſcheinet, daß die Gloſſa in cap. Accedens ut lite non conteſtata, dahin inclinire, daß der Meyer dennoch den Proceß fortführen müſſe, und per nominationem Autoris nicht ſofort befreyet ſey. Allein das Contrarium iſt bey dem Pariſiſchen Parlament decidiret, und geſprochen, daß der Meyer nicht ſchuldig ſey, ferner ſich in lite einzulaſſen, oder die Gerichtlichen Producta anzunehmen, ſondern der Guts-Herr ſelbſten ſeine Intereſſe zu beobachten habe, und alſo der zweiffelhaffte Verſtand legis 2 Cod.

Yyy 3   ubi

ubi in rem activ, solcher gestalt erkläret sey.
Chopp. cit. cap. 2 n. 4 l. 3.

§. 13.

Nicht allein in Beobachtung der Fatalien, im
Auffzug des Gerichtlichen Proceſſus, ſondern auch
in ipsa lite, haben die Geſetze zum Faveur der
Land-Leute ein und andere Verordnungen eingeführ-
ret. Denn man ſetzt, es habe eines Bauers-
Manns Advocatus in den gerichtlich übergebenen
Schrifften etwas geſetzet oder bekannt, entweder
aus Irrthum oder weil ihn der Bauer unförmlich
informiret, das der Sache ſchädlich ſey: Dawider
wird der Bauers-Mann quovis tempore zu reſtituiren ſeyn : Denn wenn gleich der Bauersmann
ſolches unterſchrieben hätte, iſt doch zu vermuthen,
daß er ſolches aus Unwiſſenheit und Unerfahrenheit
der Rechte gethan habe. Baldus capit. ult. de
Confeſſionibus & in capit. Si cautio de fide
inſtrumentorum. Und iſt in dieſem gantzen negotio ſehr wohl zu mercken die löbliche Verordnung der Kayſer Gratiani und Valentiniani, daß
die Richter auf der Bauer-Leute Sachen gute Acht
geben ſollen, und nicht zulaſſen, daß ſie durch Subtilitäten der Rechte um das Ihrige gebracht werden, leg. 4 Cod. de Defenſoribus Civitatum.
Was ſonſten in genere die Errores und Verſehen
der Advocaten anbetrifft, ſo wollen einige davor
halten, daß ſolche denen Parteyen ſchädlich ſeyn,
Choppinus l. 3 part. 2 cap. 1 n. 1 per leg. 1 Cod.
de erroribus Advocatorum. Andere aber ſtatuiren vielleicht mit beſſerm Grunde, daß der Irrthum des Advocati der Principal-Partey nicht
ſchädlich ſey, per leg. 2 Cod. eodem, Mev. part.
2 Deciſ. 45 n. 9. Weilen nemlich der Advoc-
tus nicht Dominus litis wird, wie der Procurator,
und alſo deſſen Acta die Principalen nicht ſolchergeſtalt obligiren, als eines Procuratoris, conf.
Mev. part. 7 Deciſ. 134.

§. 14.

Bey Verhör der Zeugen wird mit einem Bauers-Mann nicht ſo ſtricte verfahren, als bey andern,
und wenn er ſchon unter ſich ſtreitende und einander
widerſprechende Zeugniſſe beybringet, wird dennoch
keine Falſität daraus präſumiret, Angelus in §. &
licet authenticæ de Teſtibus. Matthæus de
Afflictis in Conſtitut. Neapol. de revocand.
tranſeunt. ad alien. habitat. Andere ſind nicht
dieſer Meynung, ſondern glauben, daß wenn ein
Bauer einmahl ſo, das andere mahl anders aus-
ſaget, man ihn zu Erkündigung der Wahrheit gar
torquiren könne, §. 51 vero in authentica de Teſtibus. Johannes Andreæ in cap. cum Johannes de fide inſtrumentorum. Baldus in leg.
Scripturæ Cod. eodem. Jaſon in leg. Si quis
id quod ff. de Juriſdict. omnium Judicum.
Doch überhaupt von der Sache zu reden wird es
vornemlich auf des Richters Gutbefinden ankommen, und derſelbe am beſten diſcerniren, von was
Art und Gemüth der Bauer ſey, und wie die Sache
beſchaffen, darüber er Zeugniß abgeleget, und daraus wird er erkennen, wie weit er die Ausſage annehmen, oder verwerffen ſoll. Denn die Conſide-
rirung der Umſtände ein Zeugniß entweder glaub-
hafftig oder unwarſcheinlich machen kan. Die

Art der Rede, die Beſtändigkeit des Geſichts, die
Erröthung und die furchtſame Art des Vorbringens, dann auch in was Credit der Zeuge insgemein ſey, ſind alles ſolche Anzeigungen, daraus man
guten Theils abnehmen kan, wie weit einem Zeugen zu glauben ſey oder nicht. Wie alſo gar wohl
diſcurriret Arcadius Garriſius lib. ſing. de teſtib.
in leg. de min. in fine ff. de quæſt. Chopp. l.
3 part. 2 cap. 1 n. 2.

§. 15.

Ob ein Mitglied der Gemeine ein Zeuge ſeyn
könne in ſolchen Dingen, welche die Gemeine ſelbſt
angehen? In dieſer Frage wird von denen Dd. di-
ſtinguiret: ob die Sache, darüber das Zeugniß geführ-
ret wird, aller und ieder Einwohner Nutzen in ſpecie
betreffe. Wie zum Exempel wann über der Ma-
ſtung geſtritten wird, ein ieder Intreſſe hat, da er
ſein eigen Vieh mit dazu zu treiben berechtiget iſt: O-
der ob der Streit ſey über einer ſolchen Sache, darinnen einzelne Perſonen keinen Vortheil zu ſuchen
haben. In dem erſten Fall können die Einwohner
der Gemeine keine Zeugen abgeben, weil es ihre
eigene Sache iſt, und ſo wohl wider natürliche als
Civil-Rechte läufft, daß einer von ſeiner ſelbſt eigenen Sache Zeugniß ablege, leg. 10 Cod. de Teſtibus. Welches auch alsdenn ſtat findet, wenn
die Gemeine wegen einer Schuld verklaget wird,
doch aber kein Geld im Vorrath hat, und alſo bey
Verluſt der Sache ein ieder Einwohner aus ſeinem
Beutel etwas herſchieſſen muß, Caſtrenſis in leg.
ſicut ff. quod cujuſque univerſitatis. Dafern
aber der Streit von einer ſolchen Sache iſt, welche
nicht einen iedweden inſonderheit angehet, auch zu
eines ieden in ſpecie Nutzen oder Schaden nicht
ausſchläget, als wenn zum Exempel geſtritten wird,
welcher das Jus Patronatus zu behaupten, oder
wer zu Reparirung der Kirchen concurriren müſſe,
im Fall die Gemeine einen Vorrath am Gelde hat,
alsdenn kan ein Mit-Glied aus der Gemeine in ſolchen Fällen gar wohl Zeugniß ablegen, Baldus in
capit. inſuper de Teſtib. Faber in leg. in tantum § univerſitatis ff. de rerum diviſione. Cynus in leg. omnibus Cod. de Teſtibus. conf.
Mevius part. 2 Deciſ. 86.

§. 16.

Wiewohl ſonſten insgemein nach Eröffnung des
Zeugen-Verhörs keine Zeugen mehr können über
eben dieſelbe oder directe contrarios articulos ver-
höret werden. Brunnemann. de Proceſſu Civili cap. 20 n. 80 ſeq. Haben doch die Land-
Leute die Freyheit, daß ſie nach Eröffnung des Rotuli annoch Zeugen vorſchlagen, und abhören laſſen
können, dafern ſie deswegen das Nobile Officium
Judicis imploriren, Jaſon in leg. 1 § edendo ff. de
edendo. Saliceus in leg. 1 Cod. de juris &
facti ignorantia. Allein es iſt dieſes mit ſolcher
Behutſamkeit zu ſtatuiren, daß es nicht angehet,
wenn der Land-Mann die Rechts-Verſtändige zu
Rath ziehen, und von denſelbigen ſich informiren
laſſen können : Denn wenn ſolches geweſen, iſt es
nicht billig, daß ein Bauer, nachdem er beyderſeits
Parteyen Zeugniſſe erſehen und geleſen, nochmahls
ein Zeugen-Verhör verſchlagener Weiſe fordern
wolle, und gleichſam ſeiner verdorbenen Sache
da-

dadurch auffzuhelffen gedencke. Bartolus in §
Nunciatio ff. de novi operis nunciatione. Baldus in leg. Jur. Cod. qui admitti. Glossa in
Distinctione 30 § 1 & 2 quæst. 4 Decis. Gratianopol. 124. Chopp. lib. 3 part. c. 2 n. 4.

§. 17.

Von Führung des Beweises ist die vornehmste
Art die Beybringung schrifftlicher Urkunden. Gleich
wie aber keine Probatio bestehen kan, da einer wider ein ander streitende Sachen vorgiebet: Also
gehet auch der Beweis übern Hauffen, wenn die
producirten Instrumente einander widersprechen.
allein nach Baldi Opinion in leg. Scripturæ Cod.
de fide Instrumentorum hat ein Bauers-Mann
Freyheit, dafern er zwey wider einander lauffende
Instrumenta im Gericht vorgebracht, dieselbe ohne
seinen Präjudiz wieder zurück zu nehmen, weilen
der Einfalt in solchen Fällen etwas nachzugeben
sey. Allein Salicetus in prædicta lege will gantz
das Contrarium behaupten, aus der Ursache, weil
niemand kan die Rechtliche Meynung, so er durch
seine Urkunden dem Richter beygebracht, hernachmals hinwieder benehmen, Felinus in capit.
Imputari de fide Instrumentorum. Denn so
bald ein Instrument gerichtlich vorgebracht ist, ist
hernach die aus denselben entstehende Probatio
beyden Parteyen gemein, Mascard. Conclusione
916. Menochius lib. 2 præsumtione 45. Carpz.
part. 1 Defin. 7. Und kan daher der Producente
solche Urkunden und Briefschafften in præjudicium Adversariorum nicht wieder zurück nehmen,
oder was er dadurch behauptet, retractiren. Es
wäre denn, daß er das Instrument mit solcher Protestation vorgebracht, daß er nur dasselbe in partibus utilibus approbiren wolle, Brunnem. processu civili cap. 19 n. 5. Stryck. Introduct. ad
prax. forens. cap. § 6. conf. Chopp. de privil.
Rustic. l. 3 part. 2 c. 2 n. 1.

§. 18.

Es müssen die Brieflichen Urkunden regulariter
vor dem Beschluß der Sachen im Gericht vorgebracht werden. capit. cum Dilectus 9 X. de Instrumentis. Es wäre denn Sache, daß dieselbe
allererst nach der Submißion gefunden wären.
Mynsingerus Centuria 6 Observat. 56. Und zu
Abkürtzung des Processes kan ein Richter einen gewissen Termin anberaumen, in welchen alle Instrumente beyzubringen, widrigen Falls aber nicht ferner
angenommen werden sollen. Ummius de Processu Disputat. 16 n. 28. Autor Parthenii litigiosi part. 2 cap. 13 n. 19. Wann nun ein Bauers-Mann etwa unterlassen würde, seine Instrumente in angesetzter Frist ad Acta zu bringen, fraget sich, ob er alsdenn wegen seiner Unerfahrenheit
in Rechten oder Versäumniß seines Advocati in
integrum zu restituiren sey? Es negiret solches
Baldus in verb. Concordia n. 3 in lib. Statutorum, und setzet die Ration hinzu, daß in solchen
Dingen, in welchen die Rechte eine gantz genaue
Observantz erfordern, und welche zu der Form der
Gerichte gehören, so wenig die Einfalt der Bauers-Leute, als die Schwachheit des weiblichen Geschlechts eine Entschuldigung mache, leg. Quamvis
Cod. ad SCtum Turpillianum, leg. Properan-

dum § ult. Cod. de Judiciis, leg. si tibi § quædam ff. de pactis, leg. 2 Cod. de abolitionibus.
Allein was negligentiam Advocati betrifft, sind
bewährte JCti anderer Meynung und schliessen mit
guten Gründen, daß wenn eine Streit-Sache durch
des Advocati Versäumniß verdorben, ein Terminus versessen, oder sonst etwas verabsäumet, alsdenn denen Parteyen Restitutio in integrum nicht
zu versagen sey, Mauritius in Tract. de restitut.
in integr. cap. 397 & 407. Denn obwohl sonsten
die Rechte wollen, daß eines Procuratoris Negligentz die Partey mit entgelten müsse, und der sich
einen nachläßigen Procuratorem erwehlet, mit den
Schaden müsse vorlieb nehmen, per leg. cum
Mandato 23 in ff. de minoribus, leg. sed etsi §
ult. ff. de inst. act. So ist es doch mit dem Advocato ein anders, weilen derselbe nicht Dominus
litis wird, wie der Procurator, leg. 23 Cod. de
Procuratoribus, und wider denselben die Actio
mandati zu Erhaltung des Regressus nicht kan
angestellet werden. Wozu kommt, daß die Parteyen die Judicial-Sachen, sonderlich, wenn sie
den Proceß nicht verstehen, bloß auf den Advocaten ankommen lassen, und demselben trauen, er werde alles gebührend in Obacht nehmen, daher auch
in justa & probabili Ignorantia sind, und deswegen restitutionem in integrum meritiren.
Mev. part. 3 Decis. 29 n. 7 & seqq.

§. 19.

Der Endzweck aller Gerichte ist die Execution,
welche nachdem eine Sache nach ihren Gründen
untersuchet ist, von dem Richter billig verhänget
wird. Emericus a Rosbach de Processu Civili
tit. 79. Dafern nun der Beklagte dasjenige, wozu er schuldig erkläret ist, nicht in der Güte verrichtet, oder bezahlet, wird er durch Obrigkeitliche Gewalt dazu angehalten, dessen Form und Weise vorgeschrieben ist in leg. a Divo Pio 15 ff. de re judicata. Gleich wie auch die Fürstliche Zellische
Hofgerichts-Ordnung die Methode vorschreibet,
daß erstlich die bewegliche und fahrende Haabe und
bereitesten Güter genommen, da dieselbe nicht zureichen möchten, zu den unbeweglichen fortgeschritten, u.
endlich die nomina und Jura angegriffen werden
sollen. Fürstliche Zellische Hoff-Gerichts-Ordnung part. 3 tit. 2 §. Dabey aber haben die Instrumenta Rustica den Vorzug, daß selbige nicht
mit der Execution dürffen angegriffen und weggenommen werden, per leg. Executores & authentic. Agricultores Cod. quæ res pignori. Borellus Tom. 2 Decis. 32 n. 374, es wäre denn Sache daß andere Güter nicht vorhanden wären, woraus dem Kläger zu seiner ausgeklagten Schuld
geholffen werden könne. Colerus part. 1 c. 3 n.
189. Carpzovius de Processu tit. 25 n. 14.
Darvon disponiret auch die itzt angezogene Hoff-Gerichts-Ordnung part. 3 tit. 2 § 3 in folgenden
Terminis: Instrumenta Rustica als auch Pferde
und Zieh-Ochsen, imgleichen nothwendige Saat-Korn und was zum Ackerwerck oder Feld-Bau nöthig ist, sollen anders nicht, als nach Zulassung der
gemeinen Rechte, (wenn nemlich sonst keine Güter,
in welchen die Execution geschehen kan, verhanden)
angegriffen werden. Conferatur Brunnemann.
de proc. Civ. c. 19 n. 25. Dergleichen Gesetze
wer-

werden auch bey andern auswärtigen Nationen vielfältig angetroffen, wie dann in specie in der Normandie durch ein Gesetz des Königs in Franckreich Francisci I constituiret worden, daß kein Creditor solle Macht haben der Normändser Pflug-Ochsen durch die Gerichts-Diener hinweg nehmen zu lassen, noch auch ihre Kühe, Pferde, Pflüge und was sonst zu Bestellung des Ackers für Werckzeuge gebraucht werden, und solches zwar nicht ohne trifftige und übertragende Ursache. Denn eine Execution, welche jemand seiner Lebens-Mittel beraubet, ist unbillig und ungerecht, so lange andere Güter verhanden. Weil in derselben die gebührende Ordnung der Execution hindan gesetzet wird, ex cit. leg. 15 de re judicata, auch wider alle Billigkeit laufft, so lange man andere Güter findet, alle Instrumenta der Handthierung wegzunehmen, und dadurch gleichsam die Alimenta zu entziehen, welches in jure eben so geachtet wird, als ob man jemand des Lebens beraubete, leg. 4 ff. de agnoscend. & alend. liber. vid. Mev. part. 5 Decis. 207. Nun kan der Bauer ohne Werckzeug nicht arbeiten:

> Quandoquidem sunt hæc duris agrestibus arma,
> Queis sine potuere seri, nec surgere messis:
> Vomis & inflexi primum grave robur aratri,
> Fordaque Eleusinæ Matris volventia plaustra
> Tribulaque, Trabeque & iniquo pondere rastri
> Virgea præterea Cœli vilisque supellex,
> Arbuteæ crates & mystica Vatmus Iachi.

Dieserwegen haben auch die alten Phrygier ein Gesetz gehabt, daß wenn jemand ein Acker-Instrument wegstehlen, oder einen Zug-Ochsen aus Muthwillen todt schlagen würde, derselbe solle das Leben verwircket haben. Stobæus Sermone 41 und Ælianus erzehlen, daß bey den Atheniensern sey verordnet gewesen, daß niemand einen Ochsen, welcher das Joch führet, im Pfluge oder Wagen zöge, schlachten solle, weil derselbe auch den Acker bestellen hülffe, und zu Beybringung der Früchte zu des menschlichen Lebens Unterhalt concurrirete, lib. 5 variarum Historiarum. Choppinus lib. 1 part. 1 cap. 7.

OBSERVATIO VII.
Von den Vorzügen der Bauers-Leute in Criminalibus.

§. 1.

Es ist schon in superioribus erinnert, was gestalt aus einer präsumirten Simplicität in ein und andern die Bauers-Leute von der Straffe eines Delicti befreyet werden, oder doch dieselbe mitigiret wird, wobey zugleich angemercket, in welchen Fällen solche Excusatio nicht von statten gehe, wohin der geneigte Leser verwiesen wird. Anietzo wollen wir noch einige Fälle, sammt deren rechtlichen Erörterung bemercken, und die darinnen vorfallende Gründe pro & contra anzeigen.

Es ist bekannt, daß per Jus Civile geordnet, daß denjenigen, der eines Entleibten Tod nicht rächen

will, dessen Erbschafft genommen, und selbe dem Fisco zugeeignet werde. Nun begiebt sich, daß ein Bauers-Mann entleibet wird, Claudia seine Frau klaget den Thäter an, so wohl vor sich als Vormünderin ihrer Kinder. Nach lang geführtem Process und weitläufftigen Umschweiffen, wird sie der Klage müde, und übergiebt dieselbe, sammt dem daraus rompetirenden Straff-Gelde an Catullum. Catullus treibet die Sache schläffrig, also daß es fast gar liegen bleibet, daher belanget der Procurator Fisci die Wittwe, daß sie des Mannes Erbschafft verlustig sey, indem sie von der Klage abgelassen: Denn die Cession an Catullum wäre nur ein bloßer Schein, als wenn sie in der Klage beharrete, damit nur derselbe desto freyer mit dem Beklagten colludiren, die Sache ins weite Feld geschoben, und der Beklagte seiner gebührenden Straffe entgehen möchte. Dieserwegen begehret er die Wittwe in die Straffe des SCti Turpilliani zu condemniren, nicht allein der Geld-Straffe, so der Todschläger geben müste, sie zu priviren, sondern auch der Erbschafft verlustig zu erklären. In der ersten Instanz erhielt der Fiscal, was er suchte. Als aber die Sache durch Appellation an das höchste Gericht gebracht wurde, ward dagegen vorgebracht: Es wäre die Cessio Actionum in Rechten vergönnet, und so gar auch nicht verbotten, wegen eines Criminis Capitalis zu transigiren, per leg. transigere Cod. de transactionibus, ibique Cynus. Und wäre bey Cession einer Action einerley, ob einer durch sich selbst eine Klage anstellete, oder durch einen andern, welcher zum Procuratore in rem suam bestellet, zum wenigsten wäre die einfältige Bauer-Frau zu entschuldigen, da sie nach äusserstem Fleiß die Anklage getrieben, nachmahls aber durch die weitläufftigen Umschweiffe hätte die Sache verlassen, oder an jemand anders abtreten müssen, da sie Armuths halber es zum endlichen Zweck nicht bringen können. Accursius in leg. propter veneri § ult. ff. ad JCtum Syllanianum, argumento leg. si Procuratorem § si ignorantes ff. non dati, glossa & Archi-Diac. in Canone turbatur: quæst. 4. Endlich möchte die Sache beschaffen seyn, wie sie wolte, so müste doch die Geld-Straffe und Erbschafft eher den Kindern zufallen, als dem Fisco. Denn obwohl bey ereignendem Fall, wenn jemand eine Erbschafft als unwürdig genommen wird, das Jus accrescendi nicht stat hat, leg. seq. ff. ad SCtum Syllanianum, leg. Sororem Cod. de his quæ ut indignis: So sey es doch ein anders, wenn solche Unwürdigkeit auf den Favorem, oder die Beleidigung einer gewissen Person ihr Absehen hat, denn alsdenn wird nicht das weggenommene an den Fiscum gebracht, sondern dem Beleidigten hinterlassen. Daher weiln die Mutter ihres Mannes Tod nicht rächete, müste viel eher den Kindern, als dem Fisco die zuerkennende Straffe adjudiciret werden, weil den Kindern ein viel grösseres Unrecht durch Unterlassung der Klage zugefüget würde, als dem Fisco, Bart. in leg. hæreditas Cod. de his quæ ut indignis, per leg. 1 Cod. de leg. § 1 de his quæ ut indignis. Gleichwie aus eben dem Fundament, weiln eine Frau zum andermal freyet, die Gegen-Vermächtniß nicht dem Fisco, sondern den Kindern erster Ehe zufällt, Authentica hæres Cod. de secundis rändis nuptiis. Aus obangehörten Fundamenten ist die Appellation angenommen, und Processus erkannt. Chopp. l. 3 c. 11 n. 2.

§. 2.

Daß ein Todtschläger, der zwar nicht den Vorsatz einen zu erschlagen gehabt, doch aber eine straffbare Unvorsichtigkeit begangen, und dadurch jemand entleibet, von der Straffe nicht befreyet sey, bezeuget die Peinliche Halsgerichts-Ordnung ad Tit. 147. Es haben aber zweene Bauer-Knaben von ihrem Schulmeister Urlaub zu spielen gebeten, und wie der eine dem andern mit einem Stock unversehens in den Mund stosset, verwundet er ihm die Kehle, daß er in kurzer Zeit sein Leben beschliesset. Die Freunde des Verstorbenen klagen den Thäter als einen Todtschläger an, und verlangen, daß er mit der Pœna homicidii beleget werde. Der Angeklagte leugnet das Factum zwar nicht, doch schützet er sein noch unvollkommenes Alter, bäurische Einfalt, und nie gehabten Vorsatz vor, daher dann der Unter-Richter das Urtheil gefället, es solle der Beklagte von der ordinairen Todes-Straffe, wie auch von der dort üblichen Geld-Straffe frey seyn, doch aber von seinem Schulmeister mit Ruthen gezüchtiget werden, damit andere lerneten, in solchen Fällen vorsichtiger und mit mehrer Behutsamkeit verfahren. Der Ankläger aber ist mit dem Ausspruch nicht friedlich, sondern appelliret an den Ober-Richter, mit Vorgeben, es wäre die bäurische Einfalt und bäurischer Unverstand des Angeklagten in einem so schweren Verbrechen keine zulängliche Entschuldigung, daß er nicht denen Gesetzen gemäß, am Leben könne gestraffet werden. Zumalen man in denen geschriebenen Gesetzen aufgezeichnet finde, daß als iemand dem andern im Schertz Ursach zum Tode gegeben, derselbe auf 5 Jahr durch Urthel und Recht verwiesen sey, leg. qua actione 7 § 4 ff. ad leg. Aquiliam. An Seiten des Angeklagten wurde geantwortet: Es wäre zwar bey den alten Griechen verordnet gewesen, daß die Crimina alle gleich und alle Todtschläge mit der Lebens-Straffe beleget worden: Dieserwegen hätte der Spartaner Draco einen Kleinen und unverständigen Knaben, welcher den andern mit dem Messer gestossen, des Landes verwiesen, nach Zeugniß Xenophontis lib. 4 de Expeditione Cyri. Allein solche Gesetze wären wider die Vernunfft und Billigkeit, und hätten die Römer viel klüger und gerechter constituiret, daß die Verbrechen nach Unterscheid des bösen Vorsatzes zu ästimiren seyn: und daher ein Knabe, welchen die Zartheit seines Verstandes entschuldiget, mit der Straffe der Todtschläger ex lege Cornelia nicht zu belegen sey. Wie denn Augustinus erzehlet, daß zu seiner Zeit einige, so albernes Verstandes, mit Prügeln und andern tödtlichem Gewehr etliche ums Leben gebracht, die doch deswegen am Leben nicht gestrafft worden: indem der Wille als eine Tochter des Verstandes bey ihnen ermangele, in libro quæstionum Veteris & Novi Testamenti.

Es wäre zwar nicht zu leugnen, daß die blosse bäurische Einfalt oder das kindische Alter keine gnugsame Entschuldigung mache: Doch so, wenn dabey ein boshafftiger Vorsatz oder meuchel-listige Nachstellung befindlich: Wie man denn hin und wieder Exempel finde, daß bey so bewandten Umständen die ordinaire Todes-Straffe dictiret worden: Gleichwie solcher gestalt Quintilianus lib. 5 erzehlet, daß die Atheniensischen Ober-Richter (Areopagitæ) einen Knaben, welcher aus blossem Muthwillen den Krähen die Augen ausgestochen, denselben mit Leibes-Straffe beleget, weil sie vernünfftig geschlossen, es wäre solches ein Zeichen einer ganz boshafften Natur. Und beym Æliano lib. 5 findet man, daß ein unerwachsener Knabe, weil er etwa von der Dianen Golde zu Athen gestohlen, ohne Ansehung seines kindischen Alters mit der Straffe der Kirchen-Räuber angesehen sey. Allein solches seyn alle dergleichen Fälle, da die Malitia ætatem suppliret, und aus der vorgedachten Bosheit erscheine, daß das Gemüth ganz in der Untugend verwildert sey. Da aber solche Umstände nicht befindlich, müste man billig mit dem unverständigen Alter der Jugend ein Mitleiden haben: Dahin gehe, was Ambrosius sagt, nur die vorsetzlichen Uibelthäter sind der Missethat schuldig und der Straffe unterworffen, Can. 15 qu. 1 capit. referente de delictis puerorum. Woraus zu schliessen wäre, daß in iezt-angezogenem Fall die Strenge der Gesetze mit einigem Temperament zu mildern sey. Durch diese und dergleichen anführende Gründe sind die Richter bewogen die Defension zu verstatten, enarrante Choppino libro 1 cap. 11 § 3. Auf gleiche Weise, wenn ein Bauers-Mann über die Gasse fähret, und unversehens ein Kind, welches von dem beladenen Wagen Korn-Aehren abziehen will, überfähret, also daß das Kind den Tod davon nimmt, kan dem Fuhrmann keine Straffe des Todschlages aufgeleget werden: Nachdem derjenige, welcher auf öffentlicher Strassen und bey Tage fähret, probabiliter dencket, es würde iedermann aus dem Wege gehen, leg. argent. 2 ff. commodati, sonderlich, wenn er bey Erblickung des Kindes demselben zugeruffen, es solte aus dem Wege gehen. Und kan man ihm nicht imputiren, daß er mit dem Wagen nicht ingehalten, bis das Kind weggegangen, weil solche Wagen so langsam fortgehen, daß Zeit und Raum genug ist, aus dem Wege zu weichen. Mev. 1 part. Decisio 121.

§. 3.

Es erstrecket sich auch zuweilen die Straffe des Verbrechens auf die Nachkommen, iedoch nur in gewissen harten und schweren Missethaten. Als in crimine læsæ Majestatis, perduellionis, proditionis &c. Struvius in Jurispr. lib. 3 tit. 18 § 1. Was ist aber von folgendem Casu zu halten? Ein Bauer, welcher noch in väterlicher Gewalt ist, begehet ein Delictum, und wird deswegen von dem Vater enterbet. Nachgehends verstirbet der Sohn, und dessen hinterbliebene Wittwe fordert vor die Nepotes die Alimenta aus dem Grund, daß obwohl der Vater seinen Sohn wegen seines Excesses von der Anwartschafft der Väterlichen Güter ausgeschlossen, dennoch solches dem Nepoti nicht könne nachtheilig seyn, welcher dem Vater auch vor sich selbst und suo jure erben müste. Dann in Rechten versehen, daß wenn ein Sohn in Väterlicher Gewalt verstirbet, die Nepotes hæredes sui werden, so gar, daß sie durch ihre Geburt das Groß-Väterliche Testament unkräfftig machen, ex provisione Legis Juniæ Vellejæ. Zum wenigsten waren

Jurist. Oracul V Band.　　　　　B ll　　　　　　waren

wären die Alimenta also favorabel, daß von denenselben sich der Groß-Vater nicht entziehen könne, wenn auch gleich der Punct wegen der Erbschafft ausgesetzet würde. Celsus in leg. dotem dedit 6 ff. Collatione bonorum. Wie aus diesen Gründen der Unter-Richter dem Kindes-Kinde die Alimenta zuerkannt, appelliret der Groß-Vater an das Ober-Gericht, und bringet daselbst vor, daß zwar an sich richtig, daß das Verbrechen des Sohnes dem Nepoti nicht schaden, noch auch derselbe von der Groß-Väterlichen Erbschafft unter den Prætext der Enterbung des Sohnes verstossen werden könne, wenn der Nepos von dem Groß-Vater als ein rechtmäßiges Kind erkennet, und er in potestate ac familia avi constituiret wäre. Denn wenn dem Nepoti wegen seiner Conception und Geburt selber nichts erhebliches könne entgegen gesetzt werden, müsse derselbe nicht allein mit Unterhalt versehen, sondern auch zu der Groß-Väterlichen Erbschafft verstattet werden. Weilen aber allhie das Verbrechen des Sohnes auch darinne bestehe, daß er wider des Vaters Willen eine Frau genommen, so könne dem Vater wider seinen Willen kein hæres suus gebohren werden, da er in des Sohnes Heyrath nicht gewilliget, leg. in bello § in medio tempore ff. de captivis, und könne also das Kind vor keinen rechtmäßigen Nepotem gehalten werden, welches wider des Vaters Wissen concipiret wäre, per leg. Paulus ff. de statu hominum. Bevor man also frage, ob die Alimenta zu erkennen, müsse man zuförderst ausmachen, ob ein rechtmäßiges Kind, oder Kindes-Kind vorhanden sey. Dafern solches noch nicht gewiß, würden auch keine Alimenta zuerkannt, leg. si quis a liberis 6 § si vel parens 8 ff. de agnoscendis liberis. Wenn man auch den Fall setzen wolte, daß der Sohn bey Lebzeiten des Vaters emancipiret, oder aus der Väterlichen Gewalt losgelassen wäre, und derselbe nachmahls wider des Vaters Willen eine Frau genommen, und von derselben einen Sohn erzielet hätte, daß derselbe beneficio Prætoris zu der bonorum possessione zuzulassen sey: so sey doch solches per leges pandectarum aus den Ursachen geordnet, weil ein Vater über die emancipatos kein Recht behielte, und also solchenfalls ein Sohn in Schliessung einer Heyrath ohn des Vaters Willen nicht so stricte verbunden wäre: so sey doch nunmehr durch Justiniani Verordnung der Unterscheid inter suos & emancipatos aufgehoben. Gleichwie nun einen Enterbten die sonst höchst privilegirte bonorum successio Carboniana nicht zu statten käme, leg. qu. de inofficioso Testam. leg. 1 § componimus ff. de Carboniano Edicto. Gleichwie auch einem Enterbten die Alimenta mit Recht versaget würden, Speculator in tit. qui filii sint legitimi versf. quid si filia. Faber in Authentica sed post 25 Annum Cod. de inofficioso Testamento: Also gebühren auch des Enterbten Sohn die Alimenta nicht, in solchem Fall, wenn aus eben demselben delicto die Enterbung des Sohnes, und unrechtmäßige Conceptio des Nepotis entspringet. Denn sonsten würde die Straffe der Enterbung, welche durch so viele Gesetze bestätiget, und ein heilsames Mittel der Haus-Zucht wäre, verspottet, und zunicht werden, dafern nicht deren Effect auch auf die Nepotes erstrecket würde, als welche a radice

infecta herstammen, und des Väterlichen Ungehorsams ein mercklices Zeugniß sind. Wie die Fundamenta pro & contra im Rath überleget, sind dem Nepoti die Alimenta zuerkannt, enarrante Choppino de Privil. Rustic. lib. 3 cap. 11 § 5. Conferatur Mev. part. 4 Decis. 317. Hahn. ad tit. de agnosc. & alend. liberis pag. 203.

CONSILIUM LXXXII.

Von dem Rechte der Städte, krafft dessen sie nach dem L. 3 Cod. de Commerc. und den Teutschen Gewohnheiten den Wein- und Bier-Schanck allein ausüben, und die nahe gelegenen Dörffer und Flecken davon ausschliessen können.

De jure prohibendi commercium & mercatum vinarium & cerevisiarium, civitatibus, Lege 3 Cod. de commerc. & moribus Germaniæ, adversus pagorum ac villarum incolas eisdem vicinos, concesso.

Facti Species.

Es hat das Hoch-Adeliche Stifft zu Comburg mit der Freyen Reichs-Stadt Rothenburg an der Tauber die Unterthanen zu Gebsattel, so ein in dem Rothenburgischen Territorio, ohngefähr eine halbe Stunde von Rothenburg gelegenes Dorff ist, pro diviso gemein, iedoch also, daß das jus Superioritatis territorialis über solchen Ort erweldter Stadt allein zuständig, und hingegen erst-hochermeldtem Stifft und dessen Unterthanen nur ein und anderes jus, vermög besonders aufgerichteter Verträge, alldaselbst zugehörig ist.

Unter solch-letzteren nun hat nicht nur das Stifft selbsten zu gedachtem Gebsattel die Erb-Schenckstat, sondern es ist auch desselben Unterthanen, wie den Rothenburgern, durch einen besonderen, An. 1567 aufgerichteten Vertrag Num. 11 der Weinschanck, iedoch also und dergestalten, vergönstiget worden, daß sie sich mit dem blossen Wein-Auszapfen begnügen, sonsten aber niemand nichts Warmes zu essen geben, auch weder Reuter, noch Fuhrleute beherbergen oder stellen, noch auch Hochzeiten, Weinkäuffe, und dergleichen halten dörffen.

Nicht weniger ist durch einen andern Anno 1618 eingegangenen Vergleich ratione der Handwercker und Ehehafften die Verordnung gemacht worden, daß über diejenige Ehehafften und Handwercke, welche, zur Zeit dieses letzteren Vertrags, zu Gebsattel sich wircklichen befunden, keine weitere gestattet werden sollen, laut N. 12.

Obwohlen nun die Stadt Rothenburg sowol vor, als nach diesen beeden Verträgen, a tempore immemoriali, iederzeiten den Wein-Handel en gros, so nemlichen Faß- oder Fäßlein-weis beschiehet, dergestalten einseitig exercirt, daß keiner, in dero Land-Wehr situirten, Dorffschafft dergleichen zu thun, iemalen gestattet worden; So hat sich iedennoch ein gewisser Comburgischer Unterthan zu mehrbemeldtem Gebsattel, Nahmens Peter Bäurlin, schon vor anderthalb Jahren gantz neuerlich unterstanden, einen solchen starcken Wein-Handel en gros daselbsten vorzunehmen, daß er, seinem eigenen Berühmen und eingezogener Kundschafft nach, inner einer einzigen

einzigen Jahres-Frist, gegen die 7 bis 800 Eymer verkaufft, und dardurch so viel verursacht, daß nicht nur viele Bürger von Rothenburg und andere in der Nachbarschafft gelegene Wirte allen ihren Wein, so sie zu Hochzeiten, Kirchweihen, Metzel-Suppen, Wein-Käuffen, zur Erndt-Zeit und sonsten gebraucht, bey ihm Fäßlein-Weis abgeholt, sondern auch die fremde Fuhr-Leute die Stadt Rothenburg fast gäntzlich qvittirt, und sich von daraus mit Wein haben versehen lassen.

Alldieweilen nun aber solches nicht nur der Stadt an ihrem Wein-Commercio, (worauf sie iedoch in der Reichs-Matrickel sehr hoch angelegt) wie nicht weniger an dem Zoll, Um- und Boden-Geld höchst schädlich, sondern zumalen ihren Stadt-Rechten und Privilegien, so dann denen mit Comburg aufgerichtetem Verträgen è diametro entgegen ist: als hat zwar dieselbe (wie die adjuncta des mehreren ausweisen) um dessen Abstellung sowol bey dem Comburgischen Herrn Amtmann in loco, als auch zuletzt bey dem Hoch-Adelichen Stifft selbsten, unter ausführlicher Vorstellung ihrer hierinnen falls habenden rechtlichen Competentien, sich äusserst bemühet.

Es hat aber solches alles, wie die in originali hiebey liegende Antwort-Schreiben zu erkennen geben, bey denselben nicht das geringste verfangen wollen.

Dessentwegen man, ehe in der Sache etwas weiters vorgenommen werde, vor rathsam befunden, sich von einem ohnparteyischen Collegio Juridico, mittelst Ausbitt eines ausführlichen Parere, über folgende Quæstion gründlich belehren zu lassen:

Quæstio.

Ob die von Löbl. Stadt angeführte und in Actis enthaltene rationes & recessus also beschaffen, daß, in krafft derselben, dem Peter Bäurlin und andern seines gleichen, der Wein-Handel en gros, um willen ihm nur das Wein-Schencken erlaubt, mit rechtlichem Bestand inhibirt und verboten werden möge?

Uiber diese Frage nun, als wir Decanus und andere Doctores der Juristen-Facultät bey der Fürstl. Würtembergischen Universität zu Tübingen unsere rechtliche Gedancken zu aperiren freundlichen ersucht worden, haben wir, nach obhabender Amts-Incumbentz, keinen Umgang genommen, in unserem deswegen versammleten Collegio darüber reiflich und sorgfältig zu deliberiren, und daraufhin, nach gnugsamer aller pro & contra militirenden rationum Erwägung, den einmüthigen Schluß gemacht, daß dieselbe, denen Rechten und in facto vorkommenden Umständen nach, nicht anderst, dann affirmative, zu decidiren sey.

Dann obschon prima fronte es kein geringes Ansehen hat, als ob dieselbe schlechterdings mit Nein zu beantworten sey, ex seqq. rationibus:

Alldieweilen (1) dergleichen Verbot so wohl der naturali & in communi gentium foro obtinirenden libertati commerciorum, als auch denen gemeinen Rechten des Teutschen Reichs e diametro zu repugniren scheint.

Jurist. Oracul V. Band.

Sicut enim jure naturali, eique innixis communibus gentium moribus unicuivis, in consequentiam juris, quod habet, dominici, libera emendi vendendique ac de suis rebus quomodocunque disponendi facultas competit; sic, ut eapropter nihil tam naturali æquitati conveniens censeatur, quam voluntatem domini, rem suam in alium transferre volentis, ratam haberi; in § 40 I. de rer. divis. ac proin quilibet liber rerum suarum moderator & arbiter dicatur, in L. 21 Cod. mandat. eaque de causa gravis injuria reputetur, si quis de rebus suis aliquid facere vel non facere cogatur invitus; in L. 14 C. de contrah. emt. hincque etiam communis hominum societatis, utpote cujus tanto magis colligandæ ergo varii contractus per mores gentium sunt inventi, L. 5 ff. de just. & jur. ibique Scribb. libertatem commerciorum salvam & integram relinqui, plurimum interesse, omnes sana ratione utentes agnoscant; per ea, quæ ex Philone, Plutarcho, Libanio, & Floro notat Grotius de J. B. & P. l. 2 c. 2 n. 13. Cui jungi meretur Mevius in Nucleo Jur. nat. & Gg. Inspect. 4 § 35 n. 4. Scaccia de Commerc. § 1 Q. 6 n. 5 & sq. Perez. ad tit. C. de monopol. n. 2. Ziegler. de jur. majest. l. 1 c. 38 § 3 & 4. Fritsch. in Comm. synopt. ad L. un. C. de monopol. c. 1 n. 21 & mult. sqq. & Coccejus in posit. pro explicat. Jur. Gent. Pos. 5 n. 2 & Pos. 6, adeo, ut, privationem vel impedimentum facultatis disponendi de rebus propriis ad arbitrium contra bonos mores impingere nominatim definiat Zasius in L. 61 de pact. Hartmannus Pistoris in Observ. singular. Obs. 182 n. 5, & cum illis Petrus Schultze in Diss. de venditione necessaria c. 2 § 1.

Ita quoque leges positivæ in Imperio Romano-Germanico obtinentes eo concorditer conspirant, ut pariter unicuivis, honestum ac licitum e rebus suis lucrum ac commodum contrahendo quærere, liberum relinqui, neminique citra justam & urgentem causam, facultas emendi vel vendendi adimi vel arctari debeat; prout in specie de contractu emtionis venditionis notabilis occurrit sanctio in L. 2, ubi ita Impp. Quoniam, rescribunt, intercipere contractum emendi vendendique fas prohibet Cod. de præd. & omnib. reb. navicular. & in L. 6 § 4, ubi Præsidibus provinciarum sollicite injungitur, ne patiantur, licita negotiatione aliquos prohiberi ff. de offic. præsid.

Et quod in specie etiam Status ac Membra Imperii Germanici libertatem commerciorum, præprimis quoad victualia, sancte custodire, eamque inter se invicem modis omnibus sartam tectamque servare teneantur, saluberrimè dispositum legitur in Rec. Imp. de A. 1555 § 14 verbis: Sondern ein ieder den andern mit rechter Freundschafft und Christlicher Liebe meynen, auch kein Stand noch Glied des Heiligen Reichs dem andern, so an gebührenden Orten Recht leiden mag, den freyen Zugang oder Proviant, Nahrung, Gewerb, Renth, Gilt und Einkommen abstricken noch aufhalten solle ꝛc.

Und obschon, (2) dieses generale juris principium, bey qvästionirtem Object der Ursachen nicht

Ʒ ʒ ʒ 2   appli-

applicabel zu seyn scheint, weilen, so viel in specie das Wein-Commercium, wovon dis Orts allein die Frage, anbetrifft, davon die communior Ddrum sententia notorie dahin gehet:

Quod, uti in universum omne commercium, ita imprimis Jus Oenopolii & Zythopolii, seu jus divendendi vinum ac cerevisiam, per mores Germaniæ, regulariter, pagis ademtum, solisque civitatibus proprium ac peculiare redditum sit; plenius id firmante Pfeillo in Conf. 202 num. 34 & seqq. & Fritschio in Supplem. Speidelio-Besold. vocab. Weinschenck's-Recht vers. Ex eadem ratione, ibique alleg. ejusd. Tract. de Jure Oenopol. Junctis, quæ traduntur ab Eod. in tract. de jure & statu pagor. German. c. 19 § 1 & sqq. & Carpzov. Jur. for. p. 2 c. 6 def. 4, ibique Goswino ab Esbach in addition.

So scheint iedennoch dergleichen consuetudo der Ursachen von keinem rechtlichen valore zu seyn, weilen dadurch denen Städten ein der libertati commercandi manifesto adversirendes, und deswegen in allen Rechten verbotenes Monopolium, zu gröstem Präjudiß der Dorffschaften zugelegt würde.

Cujusmodi consuetudines monopolium inducentes alias, tanquam irrationabiles, reprobari, constat ex illis, quæ porro tradit modo laud. Fritsch. in Comment. Synopt. ad L. unic. C. de monopoliis c. 8 per tot. junct. c. 5, 6 & 7. Addat. Decianus in tract. crim. l. 7 c. 21. Herm. Lather. de cens. l. 3 c. 14 & Ddres commr. ad d. l. un. C. de monopol.

Gesetzt aber gleichwohlen, daß solche consuetudo in einigen teutschen Provintzen und Landen in vim legis recipirt sey; allermassen in specie de Elector. Saxonico, Ducatu Saxo-Gothano, Anhaltino, Mecklenburg. und andern solches bezeugen, und mit ausdrücklichen derselben Ordinationibus politicis bestärcken, Fritschius in d. tract. de jure & statu pagor. Germaniæ c. 19 § 1 & 2. Marsmann. in Miliologia part. 2 c. 9 n. 22 & seqq. & Leisserus in Jure Georg. l. 3 c. 21 n. 14 & sqq.

So scheint iedennoch, 3) daß solche consuetudo und Verordnung, utpote libertati commerciorum adversa, & proin odiosa; vid. Carpz. in deciss. illustr. part. 2 dec. 104 n. 5, 9 & 10, sich auf andere Orte um so weniger extendiren lasse, als zumahlen aus der Erfahrung bekannt, daß dergleichen Wein-und Bier-Commercium vieler Orten auch denen Dorffschaften und derselben Innwohnern frey gelassen werde; prout non saltem de Comitatu Schwarzburgico in individuo notat sæpe laud. Fritsch. in d. tract. c. 19 § 3 & 4. sed etiam generalius id firmat Titius in Jure privato Rom. German. l. 8 c. 3 § 14, ubi, istam consuetudinem non universalem, nec ubivis receptam esse, testatur.

Allermassen insonderheit von denen Dörffern in Schwaben und Francken, als in welchen der Wein-Handel so frey, als in denen Städten getrieben wird, die tägliche Erfahrung selbsten das klare Gegentheil ausweiset.

Dessen nicht zu geschweigen, daß a prohibitione zythopolii, wovon eigentlich mehrberührte consuetudo zu verstehen, sich so schlechterdings ad œnopolium nicht argumentiren lasse;

Aliam enim vini, quam cerevisiæ, rationem esse, nec privilegium civitatum de non vendendo cerevisiam extraneam illi, qui cauponam vinariam instituere, vel vinum divendere velit, opponi posse, prolixe repugnat Carpz. in dec. illustr. P. 2 dec. 104 per tot. Cui iungi meretur Joh. Otto Tabor de Jure cerevisiæ. c. 3 § 6 sub fin. Leisser. in Jure Georg. l. 3 c. 20 § 7. Henr. Mich. in Resp. 23 pag. nob. 387 & seq. & Ertel. in prax. aur. jurisd. civ. part. 1 in Append. pag. nob. 70 in fin.

Wollte man aber 4) zu Behauptung qvästionirten Verbots, sich an Seiten wohllöblicher Stadt Rothenburg irgends auf dieses beziehen, daß dergleichen Wein-Handel, wie selbiger dermahlen eingeführet werden will, ab antiquissimis temporibus niemahlen zu Gebsattel im Gebrauch gewesen, sondern selbiger iederzeit allein von der Stadt selbsten, mit Exclusion deren in ihrer Landwehr situirter gesamter Dorffschaften exercirt worden sey, mithin in effectu den Schluß dahin machen, daß die Stadt Rothenburg qvästionirtes Jus prohibendi wenigstens per præscriptionem temporis immemorialis acqvirirt habe;

Quippe per quam præscriptionis speciem etiam talia Jura, quæ alias impræscriptibilia sunt, acquiri posse apud omnes in confesso est; per ea, quæ de singulari eiusdem efficacia & privilegiis docet B. Collega noster, Dn. D. Harppr. in Vol. nov. consf. 4 n. 641 & sqq. & in Diss. de præscript. immunit. a Collect. c. 2 th. 30.

So läßt sich iedennoch darwider mit nicht geringem Schein regeriren, daß, weilen aus denen transmittirten actis nirgends zu ersehen, daß qvästionirtes Jus œnopolii iemahlen in Dispute gezogen, oder von wohllöblicher Stadt Rothenburg contradicirt, und darüberhin an Seiten Gebsattel davon desistirt worden sey, solchemnach auch desselben jus prohibendi ne quidem per lapsum temporis immemorialis habe præscribirt werden können.

Consuetudinem namque ac præscriptionem liberæ facultatis restrictivam circa ea, quæ ipsa meræ sunt facultatis jure naturali vel gentium concessæ, (quorsum etiam jus divendendi vina referendum videtur; arg. eorum, quæ de coctione & venditione cerevisiæ, ex Petro Ant. de Petra & Struvio, notat Henr. Balth. Roth. in Diss. Jenæ habita de præscript. rer. quæ sunt meræ facult. th. 15 junct. th. 14), si non ex una parte contradictio est, & ex altera acquiescentia simul intervenerit, nihil prorsus operari, tametsi lapsus mille annorum accesserit, extra omnem dubitationis aleam positum est, per firmata Surdi consf. 121 n. 81 & sqq. Rothii in d. Diss. th. 6 & mult. sqq. B. Collegæ nostri Dn. D. Harpprechti in vol. nov. consf. 10 n. 57 & sq. & consf. 31 n. 202. Dni Bar. de Lyncker in vol. 1 Resp. 65 n. 36 & sqq. & Dni Wernheri in select. observ. for. part. 5 obsf. 71 n. 1 & 2.

Und obschon 5) wohllöbliche Stadt sich hieben vornemlich auch auf den zwischen Ihro und dem Hochadelichen Ritter-Stifft Comburg Anno 1567 aufgerichteten Vergleich zu fundiren vermeynt, vermöge dessen denen Innwohnern zu Gebsattel, sowohl Rothenburgischer als Comburgischer Herrschaft, weiter nichts als das blosse Weinausschencken, seu

facultas,

facultas, uti videtur, vina saltem minutatim, seu
in mensura minuta, vulgo Maaß-oder Kannen-
weis, vel uti hanc in rem loquitur Ordinatio
Provinc. Saxon. apud Falcknerum in Diss. de
Jure prohibendi c. 4 § 48, vor dem Zapffen mit
dem Kannen-Maaß; non vero etiam in mensura
majore, seu, ut Ddres hic loqui amant, ad grossum, in vernacula, Faß-weis, oder bey Fassen,
Eymern und Tonnen, divendendi (conf. hic Dn.
Collega noster D. Graß. in Diss. de negotiation.
Cleric. prohibit. c. 4 § 10 & c. 5 § 7. & Falckn.
in d. Diss. c. 4 § 48) vergönnt und zugelassen
worden.

So will es iedennoch das Ansehen gewinnen, als
eb selbiger sich intra tam arctos limites nicht einschräncken lasse, sowohl weilen die in bemeldten
Vergleich vorkommende formalia restrictiva: sondern sich an dem blossen Weinschencken begnügen
lassen, rc. ihren Gegen-Respect nicht auf den Wein-
Verkauf, so en gros oder Faß-und Eymer-weis
beschiehet; sondern allein auf das damahls von denen Gebsattlern zugleich unternommene Speisen und
Beherbergen der Gäste und Fuhrleute, als worüber
sich das Stifft Comburg, in Krafft seiner in loco
privative habender Erbschenckstat alleinig beschwert,
Jus enim epistomiale, vulgo das Zapffen-Recht,
seu ut alibi vocatur, das Schenck-Recht, a jure
hospitii, vulgo Wirtschaffts-Gastgeben-oder
Tafern-Gerechtigkeit, multum differre nemini
ignotum est; vid. Ertel. in d. praxi aurea part. 1
c. 12 Obs. 2 versf. Unter dem Getränck, gehabt zu
haben scheinen;

Constat autem, quod transactiones super certis duntaxat controversiis vel litibus, tametsi
verbis generalibus initae, ad illas solas referri,
nec ad alia, quae in lite haud fuere, extendi debeant; ex L. 31 C. & L. 12 ff. de transact. ibique
a DD. vulgo notatis. Eo quod illae sua natura
strictissimi juris sint; Klock. tom. 1 consf. 50 n. 43.
B. Dn. D. Harpprecht. Resp. 19 n. 146 & sqq.

Als auch weilen demjenigen, welchem das Schenck-
Recht competit, zugleich und in consequentiam
desselben auch das Jus den Wein Eymer-und Faß-
weis zu verkauffen, concedirt zu seyn scheinet;

In Betracht, daß das Schenck-Recht in verschiedenen Respecten vor grösser gehalten wird, als das
Jus den Wein en gros zu distrahiren, also, daß
öffters einem das letztere competirt, ohne daß er sich
auch jenes anmassen darff; da hingegen die concessio des ersten fast allezeit auch dieses letztere nach
sich ziehet. Quo facere videntur, quae hanc in rem
in simili tradit Dn. Wildvog. inter alia sic scribens: Hiernächst ist auch ein Unterscheid zu machen
unter der Verkauffung, welche Faß-oder Tonnen-
weis geschiehet, und welche Maaß-oder Kannen-
weis verrichtet wird; gestalt das erstere zwar niemanden, dem die Früchte auf seinem fundo wachsen,
verwehrt ist; das andere aber mehr ad mercaturam, als ad facultatem naturalem percipiendi
fructus, gehört, und eine species der Handlung ist,
in Resp. 215 num. 13 junct. num. 16 ibi: Immaß-
sen auch denenjenigen Personen, welchen sonsten ihre
eigene Gerste zu brauen, oder auch Bier im gantzen
zu verkauffen erlaubt ist, dennoch der Bierschanck
als eine besondere species mercaturae ex privile-

gio dependens, nicht verstattet wird. Addantur, quae de negotiatione vinaria ad minutum
Clericis, uti videtur, magis interdicta, quam
quae sit ad grossum, sollicite notat Dn. Collega
noster D. Graß in d. Diss. cap. 4 num. 10.

Am allerwenigsten aber scheint 6) wohllöbliche
Stadt Rothenburg der andere quoad passum con-
cernentem, zu dero vermeintlichen Vorstand, denen Actis beygelegte Vergleich de Anno 1618
hierinnen vorträglich zu seyn.

Wohlerwogen, obschon darinnen diese Verordnung gemacht worden, daß diejenigen Handwercker und Ehehaften, welche tempore initae huius transactionis zu mehrgedachtem Gebsattel sich
befunden, keine weitere eingeführt und pasiret werden
sollen; so scheint iedennoch der daraus von Seiten
wohllöblicher Stadt auf den anietzo neuerlich einfüh-
renden Wein-Handel en gros formirte Schluß, der
Ursachen, nicht anzugehen, weilen wie ex parte des
Hoch-Stiffts Comburg in desselben Antworts-
Schreiben, sub N. 13 nicht ohne Schein excipirt
worden, dergleichen Weinhändler weder unter denen
Handwercks-Zünfften begriffen, noch auch solcher
Handel unter die Ehehaften gerechnet werden mag.

A diversis autem nullam esse illationem nemo est, qui nesciat; ex L. 10 C. de probat. L. 12
§ 1 de acq. vel tam. poss. & congestis Barbosae in
axiom. voc. Separata ax. 2.

Hocque omnium minime in transactionibus,
utpote, regulariter, omnem extensionem respuentibus, procedere nemo ullus diffitebitur,
arg. L. 31 C. de transact. L. 99 de verb. obl. &
eorum, quae tradit Richter. velit. acad. 15 th. 62.
Pruckm. vol. 1 consf. 14 n. 39 & mult. 1sqq. &
Wesenbec. consf. 15 n. 4.

Daß aber, wie wohllöbliche Stadt 7) ferners
in ihr an Comburg erlassenes Beschwerungs-Schrei-
ben sub Num. 14 einfliessen lassen, quaestionirter
Wein-Handel aus der Ursachen nicht gestattet werden möge, weilen, wann dergleichen starckes commercium denen gesamten Gebsattlern, deren einzele
Haushaltung sich bereits über 80 erstrecken, frey gelassen werden müßte, dadurch Jhro und ihren deswegen sehr hoch angelegten Bürgern fast alle Gelegenheit, ihre in grosser Anzahl habende Weine un-
terzubringen, entzogen, und sie mithin in den grösten
Schaden und Nahrungs-Abnahm gesetzet würden;

Solches scheint in statu juris deswegen von keiner Erheblichkeit zu seyn, weilen solch Vorwenden
der Effect mehrers auf eine decrescentiam & cessa-
tionem lucri, als auf ein damnum proprie ac
juridice sic dictum sich zu qualificiren scheint; in
Betracht, daß, wann gleich die Commun zu Gebsattel sich dergleichen starcken Wein-Commercii,
als nunmehro daselbst eingeführet werden will, bis
anher enthalten, daraus iedennoch nicht folgt, daß
per hanc omissionem dessen Jus der Stadt Rothenburg allein und privative zugewachsen sey;

Æque ac etiam ex eo solo, quod meus vicinus in sua area, per tempus immemoriale, non
aedificaverit, vel aedes suas altius non sustulerit,
mihi nullum jus servitutis de non aedificando,
vel altius non tollendi quaesitum dici potest. per
L. 9 de serv. praed. urb. L. 8 L. 9 C. de servitut.
Gloss. in L. 11 de serv. praed. urb. quae statuit, si

per mille millia annorum in areola mea, quæ juxta tuum palatium fuit, non ædificaverim, non tamen exinde vicino jus servitutis vel prohibitionis acquiri. Quam tanquam singularem, commendat & sequitur, cum pluribus a se laudatis, Everhardus jun. in Vol. 1 consl. 70 n. 14. Michaelis in Resp. 24 pag. nob. 409 & Autor Theatri Servit. tit. 6 § 18.

Aut si quis in alio loco per tempus longissimum, solus Diversorium vel Molendinum habuerit, exinde nullum jus privativum vel aliorum exclusivum sibi vindicare valet, per tradita Menochii de præsumt. l. 5 præs. 29 n. 22. Mevii ad Jus Lub. l. 3 t. 12 art. 7 n. 1 & seqq. Mulleri ad L. 55 de R. I. Exemplo 4. Richteri Vol. 1 consl. 55 n. 13 & sqq. Rothii in Diss. de præscript. rer. mer. facult. th. 6, 13 & 14. Michaelis in d. Resp. 24 p. 409 in fin. Pfeilii in consl. 202 n. 19.

Eo quod actibus meræ facultatis, eorumque exercitio nulli certi termini a lege vel homine sint præscripti, sicque nec ex eorum omissione, quantocunque licet tempore continuata, aliqua obligatio, possessio vel præscriptio acquiri valeat. Berlich. p. 2 concl. 3 n. 8. Roth. in d. Diss. th. 4 & 6. Cephalus consl. 451 n. 354 & sqq. Balbus de præscript. in part. 4 partis princ. 5 Q 1. Cravetta de temp. antiq. part. 4 § materia n. 98 & sq. Pfeil. d. consl. n. 20. Nicol. Everhard. jun. vol. 1 consl. 9 n. 40.

Hat nun aber die Stadt Rothenburg sich wegen des bisher einseitig geführten Wein-Handels en gros, wider die Commun zu Gebsattel keines juris privativi vel privilegiarii zu berühmen, so scheint nichts richtigers zu seyn, als daß selbige auch den Ihro, durch der Gebsattler vorhabende gleichmäßige Commercirung zuwachsenden Abbruch nicht anders, als eine Entgehung eines solchen Lucri ac Commodi, welches sie allein derselben freywilligen, wiewohl revocablen Unterlassung zu dancken haben, nicht aber als ein Damnum proprie ac juridice sic dictum anzusehen, und also auch dieselbe an dessen nunmehrig eigener Einziehung zu verhindern keine zu Recht beständige Ursache haben.

Damni namque vel potius incommodi, quod quis ex eo incurrit, quod alter suo jure, ex cujus omissione alter interea aliquod commodum percepit, nunc ipsemet uti velit, nullam in jure rationem haberi, notissimum est ex L. 26 ff. de damn. infect. ibique vulgo notatis, & traditis Marsmanni in Miliolog. c. 9 n. 41. Wesenbecii consl. 306 n. 53. Richter. consl. 55 n. 29.

Cum is, qui jure suo utitur, nemini faciat injuriam; L. 55, L. 151 de R. I. L. 3 § Is tamen de lib. exhib.

Tametsi hoc, per consequentiam, in detrimentum vel incommodum alterius tendat, dummodo id bona fide & non principaliter animo alteri nocendi, vel ipsum vexandi, fiat; L. 6 C. de servit. L. 24 § f. L. 26 de damn. infect. L. Cum eo de serv. præd. urb. Pfeil. in d. consl 202 n. 6. Gail. l. 2 O. 69 n. 27. Mevius ad Jus Lub. l. 3 t. 12 art. 7 n. 17. Stryck. in Diss. de damno reb. alien. lic. ill. c. 2 n. 12 & sqq. junct. n. 91 & sq. & in Diss. de jure æmul. c. 2 n. 20 & sq. Richter. in d. consl. 55 n. 6.

Hincque etiam, extra casum statuti prohibentis, hodienum cuilibet licitum est in suo exstruere molendinum, etiamsi vicinis exinde damnum, seu lucri intertrimentum afferatur, quando scilicet, per novi molendini, forte propinquioris vel alias commodioris, exstructionem, molitorum frequentia, qui ad vetera ibidem existentia molendina confluere solebant, diminuitur, solitaque utilitas intervertitur, post Bart. Jason. Bald. Salyc. aliosque Henr. Michaelis in d. Resp. 24 pag. nob. 410. Rol. a Valle l. 3 consl. 92. Wesenbec. consl. 34 n. 28 & consl. 67. Mev. p. 9 dec. 61 post plures Stryck. in Diss. de damn. reb. alien. lic. illat. c. 2 n. 80 sqq.

Idemque etiam de Furno tradit Cæpolla de serv. c. 50 n. 2. Papæ dec. 298. Pileus Q. 36.

Et de Tabernario, Cerdone, Milite & similibus, Baldus lib. 4 consl. 463, ubi ita: Si, inquit, habes domum seu hospitium, & multa lucraris, & ego facio aliud hospitium juxta te, & non immitto in tuum, licet pauciores homines veniant ad te, jus habes possidendi, sed non prohibendi. Sic unus Cerdo non alium a cerdonaria, nec unus Miles obstat, ne alius stipendia quærat, quoniam dona ingenii, fortunæ, honorumque omnibus patent; nam communia mundi communia sunt omnibus, quia natura communis est. Queis consimilia tradit Jason ad L. Quo minus Q. 11 col. 7. & Ripa ibid. n. 82 de flumin. Cephalus l. 3 consl. 357 n. 11. Wesenbec. d. consl. 67 n. 16, ubi dicit, quod nullus prohibeatur ædificare diversorium prope vicinum, qui per centum vel mille annos solus eo loci ædificatum habuit diversorium.

Idem quoque de Castro seu Curia, per quam reditus cum alterius detrimento augetur, respondit Wesenbecius consl. 12 n. 69; de Quæstoribus Baldus l. 2 consl. 277; de Proxenetis Petr. de Ancharano consl. 157; de Curato Cornejus l. 4 consl. 297 & de Macellario Panormitanus & alii in cap. significante X. de appellat.

Woraus dann 8) dieser fernere Schluß sich von selbsten ergiebt, daß bey solcher Bewandsame die a damno hergenommene Ratio mehrers vor die Commun zu Gebsattel, als wohllöbliche Stadt Rothenburg zu militiren scheine; wohlerwogen eines theils durch die ex parte Rothenburg intendirende Prohibition deroselben gantz unverschuldeter Dingen ein solches Jus entzogen würde, welches Ihro, in Kraft des natürlichen und allgemeinen Völcker-Rechts undisputirlich competirt.

Da hingegen durch das von Gebsattel suchende alleinige Coercitium dieses Juris dasselbe iedem Theil æqualiter frey und in salvo verbleibet.

Quæ ratio servandæ æqualitatis omnino suadere videtur, ut potius huic, quam illi, sit deferendum; arg. eorum, quæ alias tradit Tiraqu. de jure primogen. Q. 4 n. 3. Cephalus consl. 545. n. 15 & seqq. post Hondedæum & Cravettam, B. Dn. D. Harpprecht. in Resp. 85 n. 498 & sq.

Andern Theils aber die Commun zu Gebsattel, wann sie solchem Verbot in merum commodum ac lucrum der Stadt Rothenburg stat thun müste, an Erwerbung ihrer benöthigten Nahrung, als welche sie mit dem alleinigen Ackerbau, da sie zumahl

von

von vielen andern Gewerben wircklich erschüttert ist, nicht zuwege bringen kan, allzugrossen Stoß und Hinderniß leiden würde.

Cum tamen semper illius, qui certat de damno vitando, quam qui saltem de lucro vel commodo captando solicitus est, potiorem rationem habendam esse jura nostra æquißime præcipiant, L. f. § 5 C. de jur. delib. ibique Ddres, L. 53 de R. I. L. Regula in princ. de jur. & facti ignor. Brunn. conf. 149 n. 56. B. Dn. D. Harpprech. in conf. Tubing. 33 n. 119.

Wie scheinbar aber gleichwohl alle solche rationes ersten Anblicks in die Augen fallen, so will uns jedennoch, salvis melioribus bedüncken, daß wohllöbliche Stadt Rothenbueg dergleichen gantz freyes und uneingeschräncktes Wein-Commercium, wie selbiges in Facti Specie beschrieben worden, zu mehrbesagtem Gebsattel gantz neuerlicher Dingen einfuhren ◯ssen, nicht gehalten, sondern dasselbe in totum tantum zu verbieten jure optimo berechtiget sey.

Solches decisum nun so viel gründlich und distincter zu stabiliren, so präsupponiren wir förderst, daß gegenwärtige Qvästion 1) nicht von solchen Weinen, welche ein oder anderer Gebsattlerischer Innwohner von eigenen Weinbergen des Jahrs einkeltert, zu verstehen sey; Sintemahlen, daß dergleichen eigenes Weingewächs, ab objectum ejusmodi juris prohibitivi, de quali hic agitur, nicht gehörig, sondern davon zu excipiren sey, das erachten wir ausser Zweiffel zu seyn, argumento eorum, quæ de Negotiatione Clericis quidem in genere ac regulariter interdicta, sed tamen quoad propria eorundem vina, seu ex propriis eorundem Vineis collecta, ipsis nihilominus permittenda paßim traduntur, per c. Clericus dist. 91 Can. Nunquam de consecrat. dist. 5 cap. Quanquam X. de celebrat. miß. & quæ de hac limitatione plenius notat Gutierez in tract. de Gabell. Q. 93 n. 70. Redoanus de spol. eccl. Q. 2 n. 14 post multos, Farinacius in fragm. crim. lit. C. num. 172. Molina de just. & jur. tom. 2 disp. 342 n. 14. Linck. in dist. de Clericis artif. & negot. c. 3 n. 41 & sqq. Dn. D. Graß. in diss. c. 5 limit. 6.

Junctis, quæ etiam de Nobilibus, eorumque œnopolio, similem in modum firmat Klockius de Contribut. c. 12 n. 265 & sq. Fritsch. in suppl. thef. Befold. voc. Weinschanck-Recht, verf. Quær. An nobilibus competat jus œnopolii? & in Exerc. de Jur. Commerc. th. 13. Joach. Schepliz in Consuet. Brandenburg-part. 4 tit. 4 § 1 Leißer. in J. Georg. l. 3 c. 21 n. 11. Dn. Wildvogel Resp. 215 n. 3.

Et de mercimonio Rusticorum quoad fructus ex propriis ipsorum fundis collectos haud prohibito Joh. Christoph. Falckner. in Diß. de Jure prohibendi c. 4 § 53 in fin.

Nicht weniger und pro 2do erachten wir auch in substrato davon principaliter nicht die Frage zu seyn: Ob denen Gebsattlern der Wein-Handel mit denen Rothenburgischen Bürgern und Innwohnern selbsten dergestalten interdicirt werden möge, daß sie denenselben keinen Wein in gantzen oder en gros zu verkauffen befugt seyn sollen?

Wohlerwogen gleichwie dieses eine solche Sache ist, deren Effectuirung principaliter ab arbitrio sæpe

laudatæ Civitatis, eiusdem Juri superioritatis territorialis innixo, vermöge dessen dieselbe ihren eigenen Unterthanen die Einfuhr fremder Weine in ihre Stadt oder Territorium, ex justa & legitima causa, selbsten directo interdiciren, und dadurch dergleichen Commerciun mit denen Gebsattlern Comburgischer Herrschaft facillime verhindern kan.

Licet enim pro negativa hujus puncti decisione operose ac mordicus pugnet Phil. Knipschildius in tract. de Jur. Civit. Imper. lib. 5 c. 22 n. 53 & seqq.

Contrarium tamen, præter experientiam fori quotidianam, satis evincit L. 2 & tot. tit C. quæ res venir. non poss. L. 11 C. de vectigal. & tradita Cujacii ad tit. C. quæ res export. non deb. Marquardi de jur. commerc. singul. l. 4 c. 5 per tot. Hammel. de action. c. 44 n. 6. Taboris de jure cerevis. c. 5 § ult. Fritschii d. voc. Weinschanck-Recht.

Also hat auch dieselbe sich darüber mit denen Gebsattlern oder dem Ritter-Stifft Comburg selbsten in einige Dispute einzulassen nicht nöthig, sondern kan der Sache selbst durch alleinige Publicirung eines Pönal-Verbots, und desselben genaue Beobachtung, citra tertii concursum, gnugsamen Rath schaffen.

So dann schließt sich auch 3) von dem Object gegenwärtiger Qvästion diejenige species Venditionis ac Commercii von selbsten aus, da nemlich der Wein Kannen- oder Maaß-weis vor dem Zapffen verkaufft wird; Alldieweilen diese Gerechtsame denen sämmtlichen Gebsattlern, sowohl in Kraft des zwischen beyderseitigen Herrschaften aufgerichteten Vertrags und von solcher Zeit an bis hieher ununterbrochen continuirter Observanz indubitato competirt, als auch von wohllöblicher Stadt selbsten im geringsten nicht controvertirt wird.

Wiewohlen im Fall, da diese Gerechtsame, in fraudem transacti, dergestalt exercirt werden wolte, daß zwar der Wein Maaß-weise vorgemessen, gleichwohl aber damit so lang angehalten werden sollte, daß auf einmahl und gegen einerley Emtorem eines oder etliche Jmi Weins verkaufft würden, auch das Auszapffen per indirectum ad præsentem Qvæstionem referirt werden möchte; dessentwegen wir auch, was allenfalls von dergleichen Fraudalenz, denen Rechten nach, zu halten seyn möchte, inferius kürtzlich zu subnectiren nicht ermangeln werden.

Und solchem nach käme es impræsentiarum eines Theils und ratione Objecti allein auf diejenigen Weine an, welche die Gebsattler von andern quomodocunque erhandelt, andern Theils aber und quoad modum alienandi wäre die Frage allein von dem: Ob denen Gebsattlern dieselbe anders, als vor dem Zapffen, mithin Faß- oder Fäßlein-weis quomodocunque in loco wiederum zu verhandeln mit rechtlichem Bestand verboten werden möge?

Daß nun aber solche Qvästion Rechtsbeständiger maßen in affirmativam zu decidiren sey, das erachten wir aus folgenden Gründen richtig und ausser Zweiffel zu seyn:

Alldieweilen vors erste wohllöbliche Stadt Rothenburg die dispositionem Legis 3 Cod. de commerc. & mercatorib. indubie vor sich hat, vermöge deren denen Städten überhaupt das Jus & exercitium omnis Mercaturæ & Negotiationis,

in

in vernacula nostra alles Gewerb, Kauffmann-schafft, und Hanthierungen, als eine besondere prærogativ und præcipuum, wider alle diejenige, so ausserhalb derselben situirt oder denselben nicht incorporirt seyn, klar und deutlich zugeeignet worden.

Ita namque prudentissime Urbibus & Civitatibus prospexit laudabilis Constitutio Impp. Honorii & Theodosii, ut omne commercium, quod iisdem sit perniciosum, aliis interdixerit;

Verbis: Nobiliores natalibus & honorum luce conspicuos, & patrimonio ditiores perniciosum urbibus Mercimonium exercere prohibemus, ut inter plebejos & negotiatores facilius sit emendi vendendique Commercium, in d. L. 3 C. de commerc.

Dann obschon diese heilsame Constitutio nur particularis zu seyn scheint, indeme dieselbe allein denen Nobilioribus und Ditioribus die denen Städten schädliche Commercia und negotiationes interdicirt, mithin es das Ansehn gewinnt, als ob dieselbe in tam amplum ac adeo generalem sensum nicht angenommen und verstanden werden möge;

So läßt sich iedennoch die generalitas intentionis Imperatoriæ ex generalitate rationis ejusdem finalis gantz sicher colligiren, als welche keine andere, als diese gewesen, damit denen Negotiatoribus und Plebejis die Commercia desto leichter erhalten, und denen Städten an ihren Gewerben und Merciimoniis kein schädlicher Abbruch oder Eintrag zugefügt werden möchte.

Wie nun aber dergleichen widriger Effect unausbleiblich daraus erfolgen würde, wann denen Bauren auf den Dörffern, besonders solchen, welche denen Städten nahe anliegen, die Commercia und Hanthierungen promiscue frey gelassen würden;

Also läßt sich auch daraus der gantz bündige Schluß machen, daß auch die Constitutio selbsten von den letzteren sowohl, als denen in derselben expresse nominirten Nobilioribus und Ditioribus, gemeynt und zu verstehen sey.

Ubicunque enim eadem ratio finalis alicujus dispositionis prohibitoriæ militat, ibi quoque ipsa dispositio sibi locum vindicat; L. 32 ad L. Aquil. L. 27 § 2 ad L. Jul. de adulter. Thomas de Thomasset in flor. LL. reg. 299. Tuschus in pract. concl. tom. 6 lit. R Conclus. 31 per tot.

Quoniam, quod una via vel modo prohibitum est, non potest alio permissum censeri; L. 32 de pact. L. 8 § 20 de transact. aliisque txx. parall. quos exhibet Barbosa in axiomm. voc. Prohibitio ax. 18, Scaccia de Commerc. § 1 Q. 7 ampl. 11 n. 2.

Sic, ut eapropter casus in ejusmodi lege vel dispositione quidem non expressus, sed tamen ita comparatus, ut ratio legis expressa in eodem æque, ac in casu expresso, militet, habeatur pro comprehenso. Tiraquell. in L. Si unquam vers. Libertis n. 45 & seq. C. de revoc. don. post plures Barbosa in axiomm. voc. Ratio ax. 14.

Prout etiam in terminis, ut ajunt, terminantibus, cum pluribus aliis, hanc ipsam Legem sic interpretatur sæpe laudatus Henricus Michaelis, sic apposite scribens:

Imprimis autem in terminis nostris optime & benignissime Urbibus ac Civitatibus prospexit Constitutio Impp. Honorii & Theodosii, in L. 3 C. de Commerciis. Hæc enim in Lege principalis finis hic est, ut facilius sit inter negotiatores & plebejos emendi vendendique commercium, & hoc fine, vel hac ratione finali omne commercium urbibus & negotiatoribus ac plebejis damnosum prohibetur. Dn. Tabor de jure cerevis. c. 3 § 1 & c. 6 § 7 & 9 vers. Enimvero. Ubi igitur ratio hujus prohibitionis reperitur, ibi quoque ipsa prohibitio constituenda est; quia, ubi eadem ratio finalis est, ibi idem jus, adeo, ut ob identitatem rationis casus in lege non expressus ꝓ expresso habendus sit; nec extensa per ꝑ lex dici debeat, sed casus potius in ipsa lege comprehensus; nec debeat considerari casuum diversitas, sed ipsa ratio, identitas, similitudo & paritas rationis, quæ est lex communis ad omnes casus. Schrader cons. 23 n. 36 & seq. ubi late. Nic. Everhardus jun. cons. 9 n. 25, 53, 60 & latius n. 81 & seqq. cum ibi citatis, & in terminis Facultas Juridica Tubing. in Vol. 2 Consil. German. cons. 38, bene Tiraquell. de retr. lignag. § 1 Gl. 9 n. 22 & seq. Unde fluit regula: Quodcunque commercium urbibus est damnosum, illud in d. L. 3 C. de commerc. est prohibitum, ut facilius sit inter negotiatores & plebejos emendi vendendique commercium, Berlich. dec. 31 n. 1 & seqq. ubi quoque Præjudicium Curiæ Lipsiensis subnectit. Sed mercimonium, quod vel Nobiliores prædiorum urbibus vicinorum, vel eorum subditi, rustici, aut inquilini, cerevisiis coquendis, vel aliis fovendis augendisve opificiis exercent, illud ipsum urbibus est damnosum. Ergo illud in d. L. 3 est prohibitum &c. Major est in ipsis verbis legis, uti dictum. Minor est a se & ex re ipsa prorsus indubitata &c. & fatentur eam tot Principes & Civitates Imperii, quæ propterea publica lege hæc interdixerunt. Unde dubitari nulla rationis specie potest, quin mercimonium illud nobilioribus, eorumque subditis, rusticis ac inquilinis, publica illa lege tertia Cod. de Commerce. sit interdictum, & Civitates in ista prohibitione privilegium jura fundatum habeant, uti ex Carpzovio & aliis pluribus docet Mevius ad Jus Lubec. l. 3 t. 6 art. 7 in fin. in Resp. 23 pag. nob. 367 & seq.

Wie nun also, secundum juris theoretici veritatem & analogiam, kein Zweiffel waltet, daß ermeldte Lex 3 sich auch auf diejenige commercia & mercatus, welche auf denen Dörffschafften und von derselben Innwohnern unternommen werden, quoad suam dispositionem prohibitoriam erstrecke;

Also hat es auch, vor das zweyte, mit derselben Praxi & Observantia hodierna seine ebenmäßige gantz richtige Gewißheit;

Wohl-

Wohlerwogen vor solch letztere nicht nur die generalis & ordinaria juris præsumtio, (vi cujus, in consequentiam Juris Romani in aliquo loco generaliter factæ receptionis, in dubio pro observantia cujusvis ejusdem legis præsumendum; arg. Ord. Cam. Imp. p. 1 tit. 13 pr. & tit. 57, it. p. 2 tit. 31 in fin. p. 3 tit. 54 pr. Rec. Imp. de An. 1654 § 77 & 99, Ord. Jud. Imp. Aul. tit. 1, 5 & ult. in fin. & eorum, quæ, post plures a se laudatos, docet B. Dn. Lauterbach. in Concluss. for. Ex. 1 Concl. 1 & B. Dn. Strycke in Usu ff. mod. § 31) so lange auf das kräfftigste militirt, bis gegnischer Seits das contrarium quoad locum quæstionis, wie Rechtens, probirt seyn wird; per ea, quæ porro tradit modo laud. Dn. Lauterbach. in dd. Concluss. Ex. 20 Conclus. 6 & Dn. Stryck. d. l. § 33.

Sondern es bezeuget dieselbe auch, præter ipsam notoriam fori experientiam, die communior Ddrum Schola, wann dieselbe uno quasi ore, und in genauer Conformität dieser Legis, quoad Commercia & negotiationes, diese allgemeine regulam formiren, und dieselbe zum theil mit conformen Præjudiciis bestärcken:

Quod nempe Civitates in dicta Lege ejusdemque prohibitione Privilegium jure fundatum habeant, sic, ut, vi illius, regulariter, omne commercium ac mercatum, præprimis vinarium ac cerevisiarium, non singulariter exceptum, Pagorum ac Villarum incolis æque ac nobilibus sibi vicinis jure interdicere valeant, prout latius videre est apud Bb. nostros Dnn. Antecessores. in tom. 2 Consil. diverss. JCtor. German consl. 38, Dnnos JCtos Ingolstadienses, d. tom. 2 consl. 39, Dnnos JCtos Colonienses, in Cons. quod exhibet Henricus Michaelis sub fin. d. cons. 23 pag. nob. 401. Berlichium decis. 31. Carpzovium J. for. p. 2 C. 6 def. 4. Fichardum vol. 2 consl. 51 n. 5 & seqq. Rauchbarum p. 2 Q. 12 n. 5 & 6. Pfeilium vol. 1 consl. 201 n. 42 & seq. Klockium de ærario l. 2 c. 11 n. 6. Taborem in tr. de jure cerevisiario Part. 1 c. 3 § 1 num. 3 & § 7 & 8, it. c. 6 § 9, junct. P. 2 c. 7 pag. nob. 76 & 98. Falckner. in d. Diss. de jure prohibendi c. 4 § 42 & seqq. Michaelem in d. Resp. 23 per tot. & Resp. 24 pag. nob. 416 & seqq. Fritschium in tract. de jure pagorum German. c. 19 § 1, 2 & 6 & in Supplem. Thesauri Besold. voc. Weinschanck-Recht verss. Ex eadem ratione quod œnopolium. Leisserum in Jure Georg. l. 3 c. 21 § 14 & 15. Titium in Jure priv. lib. 8 c. 3 § 13 & 14. Georgium Marsmannum in Miliologia p. 2 cap. 9 n. 24. Dnum Collegam nostrum, D. Grassum in d. Diss. c. 2 in fin. verss. prohibentur quinto.

Allermassen auch dahero, vors dritte, ohne Zweifel erfolgt, daß viele Stände des Reichs die dispositionem sæpedictæ Legis 3 C. de commerc. durch besonders verfaßte Constitutiones politicas recentirt, und die Jura commerciorum & negotiationum in ihren Landen denen Städten, mit exclusion der übrigen Lands-Unterthanen, die auf den Dörffern wohnen, gleicher massen solitario zugeeignet haben.

Jurist. Oracul V Band.

Immassen hievon die Chur-Fürstl. Sächsische Verordnung verbotenus annotirt zu werden wohl meritirt, quæ, inter cætera, ita se habet:

Unsere in GOtt ruhende Vorfahren gantz reiflich und weislich erwogen, auch ihre Ordnungen mehrentheils dahin gerichtet, daß ein Stand bey dem andern hinkommen möge; und weilen Handthierungen, Kauffmannschafften und Handwercke zu treiben, desgleichen Maltzen, Brauen und Schencken, eigentlich denen Bürgern in Städten zu Erhaltung des Bürgerlichen Standes, aus sonderbaren erheblichen Ursachen geeignet, auch derselben Wesen und Wohlstand darauf gleichsam gewidmet und gegründet; die Prälaten, Grafen, Herren, und von Adel, so wohl unsere Aemter und andere Gerichts-Herren, Bauren und Dorffschafften, sich solcher bürgerlichen Handthierung enthalten, und zum Verderb unserer Städte nicht Ursach geben; dahero Stands- und Adelichen Personen ihrer Ritter-Solden und Güter, und die Bauren ihres Pflügens und Ackerwercks warten, und also ein ieder seiner Vorfahren Fußstapffen nachfolgen solle, damit unter Stands-Personen, Adel, Bürgern und Bauren ein Unterscheid zu finden sey 2c. in der so rubricirten Erledigung der Landes-Gebrechen de Anno 1661 Tit. Justitien-Sachen § und aber apud Fritschium in tr. de Jur. pagor. German. d. cap. 19 § 2. Cui aliam consimilem ejusdem Electoratus ordinationem de Anno 1653 in pleno tenore exhibet Leisser in d. tr. l. 3 c. 21 § 9.

Dergleichen Inhalts sich auch die Fürstl. Mecklenburgische Constitution befindet, his nempe formalibus relatu pariter dignis concepta:

Dieweil Brauen, Schencken, Kauffmannschafft treiben, und dergleichen Händel zur Bürgerlichen Nahrung gehören, dardurch auch die Städte erhaben werden müssen, darum ordnen und wollen wir, daß die auf dem Lande sich solcher Bürgerlichen Handthierung sollen entäussern, der Adeliche Stand, sich seinem Adelichen Wesen und Wandel nach, von seinem Ritter-Gold und Ritter-Gütern unterhalten, der Bauersmann sich seines Pflugs und Ackerwercks nehren, und sonderlich Bier zu brauen und zu verpfennigen, oder Handwercke auf den Dörffern zu treiben enthalten sollen, damit ein ieglicher seiner Nahrung, so ihm gebührt, warte; in Ordinat. Polit. Mecklenb. tit. 29.

Und von gantz gleichem tenor seynd auch die Ordinationes politicæ vieler Chur-und Fürstenthümer, wie auch anderer Landen anzutreffen.

Prout Ordinationem Bavaricam, Brandenburgicam, Brunsulcensem, Lüneburgensem, Saxo-Gothanam, Anhaltinam, Magdeburgicam, Misnicam, aliasque hanc in rem collaudat Klockius in Tr. de ærario l. 2 c. 11 n. 6 verss. Hinc in Ordinationibus. Schepliz in Consuet. March. p. 4 t. 17. Tabor de Jur. cerevif. P. 1 c. 2 § 5 & P. 2 c. 7. Fritsch. dd. ll. Michaelis in d. Resp. 23 pag. nob. 398. Limnæus Jur. publ. tom. 3 l. 7 c. 9. Mevius ad Jus Lub. l. 3 t. 6 art. 12 in addit. ad num. 4.

Bey welchen zwar, in Absicht ad dispositionem Juris Romani, dieser singulaire Unterschied sich befin-

Aaaa befin-

befindet, daß selbige zum theil das denen Städten dardurch zugewachsene Jus prohibendi, so viel in specie das Wein und Bier-Commercium anbetrifft, auf eine gewisse distantiam locorum, nempe milliarem, (woher auch das so genannte Städtische Meilen-Recht seinen Namen und Ursprung hat, quod omnium plenissime explicat Georgius Marsmannus in spec. Tract. de hoc Jure edito) einschräncken;

Wie solches insonderheit von denen Sächsischen Landen und andern, in welchen das Sächsische Recht recipirt, bezeuget Carp. in Jurisp. for. p. 2 c. 6 def. 4 n. 1 & def. 5 n. 2 & 3 & modo laud. Marsmannus in Epist. dedicat. dicti Tract. ubi Jus Saxonicum milliarium succincte explicatur.

Jedoch ist dadurch die dispositio mehr allegirten Legis 3 C. de Commerc. an und vor sich selbsten keines wegs auffgehoben, sondern vielmehr confirmirt, und nur quoad illimitatam suam generalitatem, in Absicht auf ermeldte Provintzien, um etwas moderirt worden; welches jedoch auf andere Orte, wo selbiges nicht specialiter recipirt, keines wegs extendirt werden mag.

Quamvis ejusdem moderaminis observationem, ob æquitatis, cui innixum videtur, rationem, etiam aliis locis commender Michaelis in sæpe cit Resp. 23 pag. nob. 400 in fin.

Gleichwie nun aber ex hucusque generaliter deductis so viel erhellet, daß so wohl secundum Juris Romani dispositionem, als auch juxta Mores & Statuta hodierna, denen Städten en general respectu der Dorffschafften das Jus prohibendi omnis generis negotiationes & mercatus, jure quodam privilegiario, competire; also tragen wir auch unsers Orts kein besonderes Bedencken, in Krafft dieses allgemeinen Rechtens, ein gleiches Jus auch vor wohl-löbliche Stadt Rothenburg, wider die Innwohnere zu Gebsattel besonders Comburgischer Herrschafft, ratione des in quæstione verfirenden Wein-Handels, zu adseriren;

Und dieses zwar um so mehr, weilen viertens, wohllöbliche Stadt, laut Facti Speciei, schon von uralten, ja unerdencklichen Zeiten her in gantz ruhig und ohninterrumpirter quasi Possessione solches commercii solitarie gewesen, indeme bey Menschen Gedencken man sich nicht erinnern kan, daß iemals von denen Gebsattlern, ausser denen nechst abgewichenen anderthalb Jahren, dergleichen Wein-Handel wäre affectirt, vielweniger exercirt worden;

Dann ob es schon freylich 'andem ist, daß wohllöbliche Stadt ihr hierinfalls habendes Prohibitions-Recht nicht ex sola Possessione vel Præscriptione zu behaupten benöthiget ist; indem, per antea deducta, sie sich desselben, als eines denen Städten insgemein, per Jura expressa Moribusque hodiernis confirmata, beygelegten Juris privilegiarii, qua talis, zu prævaliren hat; Conf. denuo laud. Marsmannus in epistola dedicatoria d. tract. pag. 4 in fin. & seq.

Nachdeme aber gleichwohlen anbey nicht zu leugnen, daß diesem Privilegio, unter andern auch per contrariam loci consuetudinem vel præscri-

ptionem legitimam, derogirt, und das Gegentheil in einem und anderem Ort, salvo de cætero hoc privilegio in universum spectato, eingeführt werden möge;

Quicquid enim per privilegium concedi potest, illud etiam per contrariam consuetudinem vel legitimam præscriptionem in totum, vel tantum tolli potest, per ea, quæ de jure coquendi & vendendi cerevisiam alterutro horum modorum etiam in Nobiles transferendo, contra dissentientes, operose ac solide stabilit Schraderus cons. 44 n. 24 & mult. seqq. Tabor de jure cerevisiar. p. 1 c. 3 § 4 & 9. Michaelis d. Resp. 23 pag. 389 & seqq. ubi de requisitis talis consuetudinis plenissime disserit. Leisser. in J. Georg. l. 3 c. 21 § 10 in med. Dn. D. Graß. d. l. c. 5 § 10; so ist daher leichtlich zu schliessen, daß, da im Gegentheil in substrato nichts dergleichen zu befinden, wohllöblicher Stadt Rothenburg an dieser coucurrirenden Ration nicht wenig gelegen, sondern selbige sich deren, zu fernerer Behauptung ihres Rechtens, mit bestem Nutzen zu bedienen berechtiget sey;

So gar, daß auch im Fall, wann dieselbe sich keines privilegii expressi zu berühmen hätte, wir ohne den geringsten Anstand darvor hielten, daß sie sich mit dieser alleinigen immemoriali consuetudine loci itemque possessione vel quasi, wider die Gebsattler, genugsam würde schützen können.

Constat siquidem, talem consuetudinem, cujus initium memoriam hominum sensitivam excedit, habere vim Tituli, Constituti, Legis, Privilegii, aut etiam Servitutis legitime quæsitæ, ex L. Hoc jure § Ductus aquæ ibique Dd. ff. de aq. quotid. & æstiv. L. 1 in fin. L. 2 § Labeo ff. de aq. pluv. arc.

Quas in terminis hic recte urget sæpelaud. Michaelis in d. R. 23 pag. nob. 428 & Marsmannus d. Tr. P. 1 c. 7 pag. 199 & seqq.

Und obschon, fünfftens, ex parte des Hoch-Adel. Stiffts zu Comburg davor gehalten werden will, daß, weil denen Gebsattlern, durch den An. 1567 auffgerichteten Vertrag, das Weinschanck-Recht zugestanden worden, solchemnach denenselben das völlige Jus œnopolii, nemlich den Wein auch en gros und Faß-weis zu verkauffen, weiters nicht disputirt werden möge;

So läßt sich iedennoch ex principiis hucusque stabilitis darauf gar leichtlich antworten; wohlerwogen, indem eines theils solcher Vertrag einig und allein des Juris epistomialis oder des Rechts den Wein von dem Zapffen auszuschencken specificis verbis Meldung thut;

Von dessen concessione niemand leugnen wird, daß selbige von dem Wein-Handel en gros wohl unterschieden seyn möge, noch viel weniger, daß jenes dieses letztere per necessariam vel tacitam consequentiam nicht allezeit nach sich ziehe;

Æque ab etiam alias ex Jure braxandi cerevisiam non statim etiam sequitur jus eandem divendendi; cum unum absque altero existere vel competere bene queat; bene observante Falcknero in d. Diss. de jure prohibendi, c. 4 § 46 & 48, in fernerem Betracht, daß das letztere also be-

beschaffen, daß, prout ipsissima rei evidentia demonstrat, dardurch denenjenigen, welchen das Jus œnopolii, regulariter, allein zuständig, ein viel grösserer Schade und Abbruch jan ihren habenden Rechten, als durch jenes, zugefügt werden mag;

Sic, ut propterea a concessione juris minoris ad majus nonnisi ineptissime hic argueretur; cum ab hoc solo ad illud valide concludi sana ratio & lex permittat, per txx. congestos a Barbosa in axiomm. jur. voc. Magis ax. 3.

Andern Theils aber ex antecedentibus so viel erhellet, daß, sowol vor, als nach diesem Transact der Wein-Handel en gros niemahls von denen Gebsattlern exerciret, sondern allein von wohl-löblicher Stadt selbsten einseitig und privative geführt, mithin dardurch utrinque rebus ipsis & factis so viel an den Tag gegeben worden, daß die in bemeldtem Vertrag von dem Weinschencken enthaltene verba nicht anderst, dann in proprio & stricto significatu, zu verstehen und anzunehmen seyen;

Tralatitium namque est, quod actus subsecuti in executionem præcedentis tractatus facti intelligantur; L. 3 de manumiss. L. 13 § f. de usurp. & usuc. Tuschus pract. concl. lit. A concl. 152 n. 1. Menochius de præs. l. 2 præs. 74 num. 3.

Observantia namque cujusvis præcedentis dispositionis & conventionis certissima & optima interpres est; L. 37 de LL. L. 17 C. de judic. C. 8 X. de consuetud.

De qua passim asseritur, quod antecedentis actus natura per eandem declaretur; Bald. vol. 2 consl. 136. Berojus vol. 3 consl. 91 n. 16, in tantum, ut dicant, nullam ambiguæ dispositionis meliorem seu certiorem dari declarationem, quam quæ ex actibus & factis subsecutis desumitur; Mandellus de Alba consl. 62 n. o & consl. 64 n. 31, sic, ut incivile reputetur, de eo, quod tanti temporis, quale in substrato occurrit, observantia dilucidam ac certum fecit, nunc demum dubitare vel eidem contravenire velle; post Cravettam, Parisium, Decianum & Pruckmannum, B. Dn. D. Harpprecht in Vol. nov. consl. 4 n. 548 & sqq. in fernerer Erwegung, daß, wann mehrberührte verba dictæ Transactionis in isto sensu pleniore, welcher nunmehro Comburgischer Seits denenselben gantz neuerlich affingirt werden will, damals wären verstanden worden, sich in dubio nulla ratione præsumiren liesse, daß innert solch langer und anderthalb hundert-jähriger Zeit die Commun zu Gebsattel solches ihnen dardurch zugestandenen höchst-profitablen Juris, und desselben exercitii, zu ihrem grösten Präjudiß, allerdings enthalten haben würden;

Cum in dubio de nemine juris sibi proscui ac utilis neglectus vel jactatio præsumatur: L. 25 de probat. post plures, Barbosa in axiomm. jur. voc. Jactatio ax. 2 & voc. Negligentia ax. 4.

Als läßt sich daraus kein anderer Schluß machen, als daß mehrgedachter Vergleich ultra suos terminos, von welchen derselbe nominatim concipirt ist, sich um so weniger ad effectum graviorem exten-

Jurist. Oracul V Band.

diren lasse, als eines Theils die natura Transactionis selbsten;

Quippe de qua constat, quod sui natura strictissime sit juris; Kloekius tom. 1 consl. 50 n. 43, ac proinde quam strictissime exaudiri debeat, ut neque a persona ad personam, neque etiam a re ad rem extendatur, neque denique ultra verba, quæ in illa occurrunt; Bb. Dnn. Antecess. ap. Besold. consl. 75 n. 34. Fritsch. consl. 16 n. 27. B. Dn. D. Harpprecht. in Respp. crim. & civ. Resp. 29 n. 146 & sqq.

Andern Theils aber auch die qualitas præsentis Objecti an und vor sich selbsten dergleichen extension in dubio zu statuiren keines weges zulässet; anerwogen es an Seiten der Stadt um ein solches Privilegium zu thun ist, dessen völlige, wiewohl in gratiam & intuitu certi saltem pagi sibi vicini supponirende, Renunciation von so grossem Präjuditz wäre, daß selbige dardurch an einem von ihren vornehmsten Juribus und Reditibus den grösten Stoß leiden würde;

An Seiten aber der Commun zu Gebsattel Comburgischer Herrschafft in effectu ein solches Jus servitutis in alieno territorio stabilirt würde, wordurch der Stadt Rothenburg ihr quoad Jus œnopolii habendes Privilegium völlig zernichtet und unnützlich gemacht würde.

So wenig nun aber, respectu priore, mit Bestand Rechtens von wohl-löblicher Stadt präsumirt werden kan, daß sie, mittelst Einräumung der allenigen facultatis, den Wein vom Zapffen ausschencken zu dürffen, sich ihres quoad Jus œnopolii in universum, seu, ut in simili loquitur Michaëlis in d. Resp. 23 pag. 380, quoad Jus & Privilegium, Vina promiscue & publice, omnibus quibuscunque, quomodocunque & quantumcunque libet, divendendi, habenden Prohibitionis-Rechtens, in Respect und zum Nutzen der ihnen so nahe gelegenen Commun zu Gebsattel, völlig hat begeben wollen;

Cum notissimi juris sit, quod omnis Renunciatio, tanquam odiosa, strictissime sit interpretanda, nec ultra specificata ullatenus extendenda; per congesta Barbosæ in axiomm. jur. Vocab. Renunciatio ax. 3 versl. Renunciationes ultra specificata.

Besonders, wann die verba Renunciationis juxta ordinarium suum significatum und ohne Zwang ad certum saltem minusque præjudiciale objectum commode restringirt werden können;

Allermassen die in quæst. Transaction befindliche Worte: Den Wein vor dem Zapffen auszuschencken; item: Sich an dem blossen Weinschencken begnügen lassen etc. also evidentissime qualificirt seyn, daß selbige, ohne die geringste, der übrigen Structuræ verborum hujusdem Transactionis inferirende, Violentz, gar wohl de solo Jure epistomiali stricte sic dicto, und um so mehr verstanden werden mögen, als sonsten auch im Fall, da jemanden die facultas vendendi cerevisiam concedirt worden, selbige in dubio, secundum interpretationem fori, regulariter, allein von dem Auszapffen verstanden zu werden pflegt; per ea, quæ in terminis docet sæpe laudatus Falcknerus:

A a a a 2 Ven-

Venditio, scribens, cerevisiæ sit dupliciter:
Aut vor dem Zapffen mit dem Kannen-Maaß, aut
durch Schroten, Faß-Vierttel und Tonnen-weis,
uti Ordinatio Provinc. Saxon. loquitur. Contra utrumque jus prohibendi civibus competit
adversus eos, qui vel tales non sunt, vel istam
licentiam probare non possunt, ceu quæ nec ex
braxandi, nec ex hordei torrefaciendi jure sequitur, sed specialem iterum concessionem &
probationem requirit. Nec, qui vendendi jus,
ut, e. g. die Alten Erb-Kretschmar, rite probant,
licentiam zu Schroten exinde simul possunt evin-
cere, sed eam non minus, quam venditionem,
quippe quæ in dubio tantum vom Schencken
vorm Zapffen mit der Kanne intelligenda est, in
specie adstruere necesse habet. in d. Diss. de
jure prohibendi c. 4 § 48.

Eben so wenig läßt sich auch, nach dem letztern
Respect, bey nächst-angeführten Worten einige interpretatio extensiva der Ursachen adhibiren, alldieweil aus denen Rechten gleicher massen bekannt:

Quod omnia ejusmodi jura ac regalia, per
modum cujusdam quasi servitutis in alieno territorio competentia, pariter strictissimam interpretationem recipiant; sic, ut ab una specie,
tametsi ejusdem generis, ad alteram argui vel
extensio fieri nequeat, per ea, quæ ex Klockio,
Meichsnero, Hertio & aliis docet Dn. Engelbrecht. in elegantiss. Tract. de Servitutib. Juris
publ. sect. 2 membr. 3 § 14 & 15, ubi hoc variis
Exemplis illustrat, post Cravettam, Rol. a Valle
& Knipschildium, B. Dn. D. Harpprecht in
Consill. Tubing. consl. 49 num. 235.

Quod in terminis etiam Commercio cerevisiario eundem in modum applicat Falcknerus:

Ubi, scribens, & illud notandum, quod exercitium horum commerciorum extraordinarie
modis prædictis (puta præscriptione, consuetudine, vel expressa concessione privilegiaria)
competens strictissime sit interpretandum, nec
minimam patiatur extensionem ultra id, quod
vel expresse concessum, vel possessum & præscriptum est, in sæpius alleg. Diss. cap. 4 § 52
in fin.

Wann nun nebst diesem allem, sechstens, auch
dieses in besondere Consideration gezogen wird, daß
durch dergleichen, ex parte des Comburgischen
Stiffts und desselben Unterthanen zu Gebsattel intendirende, extension mehrberührten Transacti das
von einer wohllöblichen Stadt Rothenburg a tempore immemoriali privative ac quiete exercirte
Wein-Commercium en gros der Ursachen völlig
ruinirt und zernichtet würde, weilen, wann dergleichen starcker und gantz freyer Wein-Handel, wie
selbiger von Peter Bäuerlin schon von anderthalb
Jahren her de facto geführet worden, da selbiger,
laut Facti Speciei, nur innerhalb einer einzigen
Jahres-Frist eine Summe von 800 Eimer en gros
vor sich allein debitirt haben solte, allen Gebsattlern,
(massen was einem erlaubt, denen übrigen, ob defi-
cientem rationem diversitatis, nicht zu denegiren),
promiscue gestattet werden müßte, es, in Ansehung
sowol der nahen und kaum eine halbe Stunde im-
portirenden Distanz beyder Orten von einander,
als auch des dermaligen numeri der Gebsattli-

schen Civium, als welche sich bereits über die 80
erstrecken, es nicht wohl anders seyn könte, als daß,
wie es die würckliche Experienz in antecessum genugsam zeigt, alle derjenige Wein, welcher sonsten
von fremden und benachbarten Fuhr-Leuten aus der
Stadt selbsten abgeholt worden, hinkünfftig zu gedachtem Gebsattel gefaßt, und also denen Bürgern
zu Rothenburg das Brot, wie man zu reden pflegt,
gantz unbilliger Dingen vor dem Munde abgeschnitten und hinweg genommen würde;

So läst sich dergleichen Extension zu rechtlichem
Bestand um so weniger behaupten, als eines Theils
wohl-löbl. Stadt Rothenburg und dero Bürgerschafft, in Ansehung solches a tempore immemoriali einseitig exercirten Wein-Commercii en gros
gleich als wegen anderer ihrer negotiationum ci-
vicarum, specialiter angelegt, und ihre Reichs- und
Kreis-Præstationes davon zu tragen verbunden
ist;

Andern Theils aber auch dero, als eines best-an-
gesehenen Reichs-Standes, Interesse und Aufrecht-
Erhaltung einen mehreren nexum und Verwandschafft cum statu & interesse totius Imperii, als
der Gebsattlerischen Innwohner hat, und dahero
dieser in allweg zu präferiren ist.

Sicut enim Civitates Imperiales, tanquam immediati Imperii Status, indubie jure Personarum publicarum gaudent, ac instar Principum
censentur, horumque juribus utuntur; per ea,
quæ, ex pluribus aliis, notat Phil. Knipschildius
in tr. de jur. & privil. Civit. Imperial. l. 2 c. 1
n. 30 & mult. sqq. junct. c. 2 n. 26 & mult. sqq.
ita quoque earundem Interesse ac Utilitas, ceu
pariter publica, (Confer. Rol. a Valle vol. 1
cons. 5 n. 19 & consl. 86 n. 63 & sq. in Vol. 2
cons. 76 n. 9. Romanus consl. 310 per tot. Hippol. de Marsiliis singulari 531), singularium ejusmodi Pagorum, præprimis sub earundem jurisdictione 2torum, utpote jure saltem Privatorum
gaudentium, utilitati ac lucro absque ullo pariter dubio præferenda venit. arg. L. un. § f. C.
de caduc. toll. Nov. 39 c. 1 Cap. Imperialem in
princ. de prohib. feud. alien. & eorum, quæ tradit Wesenbec. consl. 50 n. 15 & consl. 332 n. 348.
Marsmannus in Miliolog. p. 2 c. 9 n. 37. Carpzov.
l. F. p. 1 C. 31 d. 41 n. 5 & Gailius l. 2 Obs. 57
n. 7 & 8.

Quo optime faciunt, quæ in iisdem fere terminis graviter urget sæpe cit. Michaelis, sic
scribens:

Publica utilitas magnæ est importantiæ & potentiæ, illique innititur, quod privata utilitas
publicæ cedere atque hæc illi semper præferri
debeat. Dieweil dann nicht unbekannten Rechtens, quod liberæ Imperiales Civitates jure Principis utantur censeanturque, inferiores vero,
hoc est, mediate Imperio subjectæ, loco privatorum habeantur; ut testatur Gailius l. 2 Obs. 57
n. 7 & 8 und dem Heil. Römischen Reich hoch und
mercklich daran gelegen, daß des Reichs Städte,
durch Privat-Gesuch oder Vortheil, nicht in Abgang gerathen, oder ihnen entzogen, sondern daß dieselbe bey ihrem alten löblichen Wesen, Wohlstand,
Nahrung und Gewerb gelassen, gehandhabt und
gefördert werden mögen, als will erfolgen, daß des
Käuffers

Käuffers P. Q. eigennützlich Privat-Gesuch und vornehmen gemeinem Wohlstand obgedachter Stadt billig weichen, und er davon abzuhalten seyn solle, in d. Resp. 24 pag. nob. 421 & sq.

Wie dann auch, siebendens, zu so mehrerer Befestigung des bisherigen decisi, derjenige general-medius terminus, welchen die Rechts-Lehrere zu Justificirung des, allen Städten in universum, quoad omnis generis commercia, negotiationes & mercatus, privative concedirten, privilegii hin und wider anführen, annoch superabdirt zu werden wohl meritirt, als welche uno quasi ore den einmüthigen Schluß machen, daß, wann zwischen denen Städten und Dörffern quoad commercia & negotiationes kein Unterscheid gehalten werden solle, dardurch nicht nur eine gantz ungereimte, übelständige, und dem gemeinen Wesen höchst schädliche confusio deren in allen Rechten best fundirten und durch so viele Secula, cum publico commodo, genau observirten distinctionis hominum in civicos ac rusticos, (de qua conf. imprimis Michaëlis in d. Resp. 23 pag. 369 & Marsmannus in Miliolog. P. 2 c. 9 n. 29 & seqq.) inducirt;

Quam rationem etiam Serenissimi Conditores supradictarum singularium Ordinationum politicarum, inter alias, prudentissime præ oculis habuere; uti literalis earundem tenor demonstrat apud Autores sub tertia decid. ratione jam allegatos, eamque etiam graviter urget Marsmannus in d. Miliol. P. 2 c. 9 n. 29 & sqq. Michaëlis in d. Resp. 23 p. 370, ibique passim & Dn. Collega noster, D. Graß in Diss. supra alleg. c. 2 vers. Ut autem societatis pag. 6, sondern auch zu gäntzlicher Desolir- und Depeublirung der Städte, woran iedoch allen regnis, principibus ac rebuspublicis das meiste gelegen.

In Civitatibus quippe potissima vis ac præcipuum robur est ac præsidium reipublicæ, puta imperii, regni, provinciæ, imo vitæ ac felicitatis humanæ. Nam civitas demum est societas optima & perfectissima, iis bonis cumulata, quæ ad bene beateque vivendum requiruntur; bene notante Aristotele Polit. l. 7 c. 4. & Conringio in Diss. de Cive & Civit. in gen. spect. § 39 & 40.

Sic, ut propterea Marsmannus eum, qui civitatibus invidet sua incrementa & privilegia, quibus præ vicis & pagis gaudent, isti non male assimilet, qui reliquis corporis partibus suadeat, ne stomacho vel ventriculo alimenta præbeant; in d. tr. p. 2 c. 9 n. 21, ubi sic:

Civitates, inquit, in provinciis sunt, quod stomachus in corpore humano. Dum enim civitates aluntur, alunt ipsæ totam provinciam, &, dum servantur, servant ipsæ totam patriam, suntque veluti commune quoddam penuarium, quæ omnibus membris, tam superioribus & intermediis, quam inferioribus, (id est, tam principi, ac nobilibus, quam rusticæ plebi) id impertiuntur, quod conducit. Ceu de hoc egregium extat magni cujusdam Principis judicium apud Taborem de jur. cerev. c. 3 § 1 in fin. quod repetit Mart. Naurath. in addit. ad Hippol. de Collib. tract. de increm. urb. c. 16 lit. b pag. 243 & sq. & in addit. ad Ejusd. Nobilem

lit. x pag. 903. Ex diverso, si reliqua corporis humani membra in stomachi intertrimentum conspirarent, ne manus ad os cibum ferrent, nec dentes comminutum transmitterent, tum quidem venter inedia premeretur; numne, dum hac stolida invidia ventrem reliqua membra domare vellent, ipsa una totumque corpus ad extremam tabem necemque venirent? Sic &, qui civitatibus mercimonia ac civiles negotiationes subtrahere student, ipsas quidem civitates destructum eunt, verum ut & ipsi eum tota patria marcore tandem & tabe flaccescant. Hucusque Marsmannus d. l. Thür und Thor aufgethan würde;

Wohlerwogen so gewiß dieses ist, daß, regulariter, alle Handthierungen, Kauffmannschafften, Gewerbe und Handwercker denen Städten, als um deren und dem gemeinen Wesen davon zuwachsenden Nutzens willen diese vornehmlichen erbauet, demonstrante Mevio in Comm. ad Jus Lubec. l. 3 t. 6 art. 7 ibique in not. Nicol. Everhardo jun. Consl. 9 n. 56 & sqq. & Henrico Michaële in d. Resp. 23 pag. nob. 363 & imprimis pag. 371 zu eigen gewidmet seyen; uti hanc in rem loquitur Serenissimus Elector Saxoniæ apud Fritschium in tr. de jure pegor. German. cap. 19 § 2 n. 6, auch zu deroselben so mehrerem Flor und Aufnahm denen letztern viele besondere Jura und Privilegia successive ertheilt worden, als ohne welche dieselbe insgemein zu frigesciren pflegen; observante sæpelaud. Michaële in d. Resp. 23 p. 366, & Marsmanno in d. Epist. dedicat. pag. 33 & in ipso Tract. P. 2 c. 9 n. 37.

So gewiß ist auch dieses, daß, wann hingegen die Commercia und Handthierungen denen Dorffschafften promiscue solten frey und commun gemacht werden, dardurch viele zu gäntzlicher Quittirung der Städte veranlaßt, und in dem gemeinen Handel und Wandel eine solche Unordnung und Mischmasch erfolgen würde, wovon nichts anders, als vieler Schaden und Unheil, dem gemeinen Wesen zuwachsen könte.

Quam in rem porro graviter & ex vero disserit sæpe laudatus Michaëlis his pariter relatu dignis formalibus:

Plane si mercatura & opificia libera essent paganis, villanis, aliisve ruri habitantibus, nec ad civitates restricta, omnis occasio, ratio, & fiducia interclusa esset hominibus in unum aliquem locum & angulum civitatis coëundi sequæ concludendi, quod communis esset eorum, qui ruri habitarent, cum civibus conditio, & ex eo causa colendæ separatæ societatis civicæ cessaret; cui consequens futurum esset, ut & civitates nullæ conderentur, & conditæ ac frequentatæ paulatim ad prima sua reciderent principia, & barbarorum more villis & pagis, vicisque & castellis beati, optimum & potissimum reipublicæ & bonæ beatæque vitæ decus ac firmamentum abjiceremus &c. Si enim commercia & opificia cum pagis & villis communicentur, cessabit habitandarum civitatum causa & occasio, & dispersa per agros commerciorum & opificiorum ratio quærendorum ex illis per civitates lucrorum spem aut prohibebit, aut admodum

dum

dum angustam reddet; quod uti civitatum impediret incrementa, ita quoque rebus rusticis male consuleret, cum inter pauciores emtores exiliora sint rerum ruri partarum pretia, & præterea carius constent, quæ a paucioribus venditoribus in usum vitæ rusticæ expetuntur. Utriusque autem partis incommoda & detrimenta in rempublicam redundarent, cujus ea ratio est, ut, afflictis membris, quibus constat, civibus nempe atque incolis suis, beata ipsa esse non possit; nec contra felicia membra in ea societate & republica, quæ cum penuria rerum, ad securam, bonamque & beatam vitam peragendam pertinentium, conflictetur. Unde vitanda est omnino illa, non fœda saltem, iniqua & absurda; verbo Justiniani in L. 23 C. de testam. sed & publice privatimque nociva rusticæ ac civicæ professionis confusio, nec paucorum commoditati communis omnium salus subjicienda, in sæpius alleg. Resp. 23 p. 371 & sq.

Welchem allen nach dann, und da zumahl Achtens und Letztens, ein wohllöblicher Magistrat, im Fall, da denen Gebsattlern in ihrem ungerechten Gesuch, wider den klaren Buchstaben oballegirten Vergleichs, und die bisher uralte Observantz, connivirt werden sollte, sich nicht ohne Grund einer grossen Schwierigkeit und Aufstandes von ders nothleidenden Bürgerschaft zu befürchten hätte.

Prout equidem eiusmodi confusionis admissionem non abs re seditionis civicæ seminarium appellat, post Noldenium, sæpe laudatus Marsmannus in d. Epist. dedic. p. 27 & in ipso Tr. p. 2 c. 9 n. 29 in fin. Junct. quæ in simili considerat Michaelis in d. Resp. 24 psg. nob. 419, um so mehr, als ohnedem bey gegenwärtiger Zeit das Wein-Commercium in loco, nach Innhalt der Acten, ziemlich darnieder liegt; so können wir unsers Orts nochmalen, salvis tamen melioribus, nicht anders urtheilen, als daß mehr Wohlermeldt derselbe in Kraft der ihm zustehenden obern Landes-Herrlichkeit, solcher Neuerung und Eingriff in dero jura und regalia bestmöglichst Einhalt zu thun, sowohl berechtiget als necessitirt sey.

Siquidem vulgarissima Juris & Ddrum est definitio, quod quilibet magistratus obligatus sit, subditorum suorum antiquas libertates, jura & privilegia tueri ac confirmare, sarta tectaque conservare, ac subditos in eo statu, in quo reperiuntur, relinquere, contra insultus, innovationes, & injurias aliorum modis omnibus defendere, & non uni tantum parti reipublicæ, sed toti corpori, justo tamen inter omnes servato, uti officiorum ac munerum, ita quoque beneficiorum & jurium, ordine ac divisione, per omnia æqualiter studere. Knipschild. de jur. & privil. Civit. Imperial. l. 5 c. 3 n. 61 & 66 junct. c. 12 n. 6 & sqq. Heigius p. 1 Q. 18 n. 35 & sq.

Wobey wir nur noch dieses wenige oben versprochener massen ohnangefügt nicht lassen sollen, daß, im Fall die Gebsattler ihr ex Transactione habendes Weinschancks-Recht künftighin auch also extendiren wollten, daß, weil sie den Wein en gros zu verkauffen nicht befugt, sie sich dessen etwa, mittelst der Auszapffung, also unterfangen wollten, daß sie, auf solche Weise etliche Imi zumahl ausmessen möchten,

solches ihnen gleichermassen von Rechts wegen nicht zu gestatten wäre, weilen dieser modus, denen Rechten nach, nicht anders, als in fraudem & elusionem des ihnen verbotenen Wein-Handels en gros adhibirt gehalten werden könnte.

Qualis quod æque, ac alter modus, quo vinum in mensura majore palam & aperte divenditur, prohibitus censendus sit, non est dubitandum, per jura generalia, quæ exhibet Barbosa, in axiomm. jur. voc. indirectum ax. un. & voc. Fraus ax. 9.

Welchem allen keinen Abbruch zu gebähren vermag, was oben in denen prämittirten Rationibus dubitandi pro contraria sententia an- und ausgeführet worden; Dann, so viel deren erstere, welche wir a naturali commercandi libertate hergenommen, anbetrifft, so ist zwar dieselbe das allgemeine asylum und sacra anchora aller dererjenigen, welche sich in keine Civil-Ordnung zu schicken wissen, oder sich ihre unordentliche Gewinnsucht darwider præoccupiren lassen; daß aber gleichwohlen auf dieselbe lediglich nichts ankomme, das ist eines Theils aus dem zu schliessen, daß eben darum, weilen solche facultas nicht juris, sed saltem libertatis naturalis, seu, ut alias loquuntur, non Juris naturalis præceptivi, sed tantum permissivi ist; ut explicatius id effert, post Covarruviam & Georgium Morum de Nigro Monte, Marsmann. in d. P. 2 c. 9 n. 31 versf. Distinguendum; solchemnach dieselbe, gleich vielen andern Juribus, de quib. conf. Sebast. Medices de venat. piscat. & aucup. q. 5 n. 9 & sqq. Dn. Collega noster D. Majer in tract. de jure venandi cap. 3 th. 13 per tot. Dn. Böhmer in jure publ. universf. part. spec. lib. 2 c. 10 per tot. Nic. Everhard. jun. consf. 10 n. 20 & sqq. Aliique, quos laudat Marsmannus d. l. wie per pacta & præscriptionem, also auch per LL. consuetudinem ac privilegia, in commodum & utilitatem publicam, gar wohl ad certa loca, vel certos personarum ordines, mit Ausschliessung der andern habe eingeschränckt werden können.

Multa siquidem jure naturæ ac moribus Gg. omnibus sunt licita & permissa, quæ, inspecta Republicæ utilitate, & juxta æquissimum ac providum reipublicæ regimen, per legem aut consuetudinem humanam, certis personis vel hominum ordinibus interdici queunt, uti bene hoc effert Medices d. l. & cum illo Marsmann. d. l. Add. Michaelis in d. Resp. 23 pag. nob. 377.

Und ist dergleichen Moderation, welche in specie quoad facultatem commercandi, per leges humanas omnium temporum, gemacht worden, so gar dem Natürlichen oder Völcker-Recht nicht zuwider zu achten, daß vielmehr dieselbe dadurch zu ihrem rechtmäßigen und billigen Gebrauch specialius eingeleitet und adaptirt worden.

Libertas etenim commerciorum non æstimanda est præcise ex negotiatione ista lucrativa ejusque liberiore sine ulla restrictione relicto exercitio, sed potius ex negotiatione ista œconomica, qua indigentiæ cujuslibet succurritur, & socialium communicatio uti jure appetitur, ita & imperturbata relinquitur; illius moderatio & ad suum ordinem restrictio hujus commoda & necessarium usum minime tollit, Mevius ad Jus Lub. l. 3 t. 6 art. 12. ibique in add. 2. Non est.

eſt itaque dubitandum, quin juri commerciorum in exercitio modus aliquis poni, aut nego-
tiandi licentia quibusdam juſte prohiberi poſſit,
tum in genere ex causa publicæ utilitatis, cui
privatorum commoda merito poſtponuntur;
Carpz. l. 1 R. 43 n. 20 & ſqq. tum ex ratione con-
venientiæ ordinis, quæ ex cujuslibet ſtatu &
conditione pendet, ut appoſite de hoc loquitur Dn. Collega D. Graſſ. in d. Diſſ. c. 2 § Uti
autem ſocietas.

Daß nun aber das geſammte Jus commerciorum, tum per ipſum Jus Romanum, tum per
mores Germaniæ modernos univerſales, denen
Städten allein zugeeignet, und die Dorfſchaften,
per regulam, davon excludirt ſeyn, das verhoffen
wir ex ſupradictis auſſer Zweiffel zu ſeyn. Conf.
tamen denuo Fritſch. de jure œnopolii c. 3 n. 1
& 2. Tabor. de Jure cereviſiar. in append. poſt.
pag. nob. 98. Marsmann. d. c. 9 n. 31 verſ. negotiatio. Michaelis d. Resp. 23 pag nob. 377 & ſq.

Andern Theils aber läßt ſich deſſen Unſchlüßigkeit
auch daraus erkennen, weilen, wann auf dieſen medium terminum einige Reflexion zu machen wäre,
daraus unwiderſprechlich folgen würde, daß die Geb-
ſattler auch des Juris Tabernæ oder Wirthſchafts-
Rechts, ceu quod pariter libertatis naturalis videtur, anmaſſen könnten.

So wenig nun aber das Hoch-Stifft Comburg ihnen ſolches, ex hoc principio, zugeben wird, ſo wenig
kan auch wohllöblicher Stadt Rothenburg, deſſen
Unterthanen, aus dergleichen allzu generalem principio, dergleichen gantz neuerlichen Eingriff in ihre
jura und Gerechtigkeiten zu geſtatten, de jure zugemuthet werden.

In Betracht, daß, gleichwie hierinnen das Stifft
Comburg ohne Zweiffel auf ſein ab antiquis temporibus hergebrachtes und durch den Vertrag de An.
1567 confirmirtes Recht in contrarium gantz billig
fundiren würde; alſo auch gleichermaſſen einem wohl-
löblichen Magiſtrat wider ſolche vorkehrende Libertät
ſich ſowohl generaliter mit ſeinem habenden Jure
Superioritatis territorialis, als auch in ſpecie mit
dem, allen Städten in univerſum quoad commercia & negotiationes privative concedirten,
und ratione des Wein-Handels en gros, durch
nechſtermeldten Vergleich gantz illimitirt verblieb-
nen, auch bis auf gegenwärtigen ohnrechtmäßigen
Eingriff quiete und ſolitarie exercirten privilegio
zu ſchützen non niſi iniquiſſime verwehret werden
könnte.

Und mag hierwider der am Ende dieſer rationis
dubitandi allegirte Reichs-Abſchied von Anno 1555
§ 14 der Urſachen nicht hindern, weilen was in demſelben von Aufhalt und Abſtrickung des Proviants,
Nahrung und Gewerbs disponirt zu finden, ſich,
wie der klare Buchſtab ſelbſten ausweiſet, auf die
zwiſchen Städten und Dörffern, nach der allgemeinen Reichs-Obſervantz, quoad commercia & negotiationes haltende, und faſt in allen Provintzen
heilſamlich obtinirende Ordnung ne quidem per
umbram juris, und um ſo weniger appliciren läſſet,
als aus denen an uns transmittirten actis ſo viel ne-
benbin zu erſehen, daß de cætero der gemeine Handel und Wandel zwiſchen beyden Orten quæſtionis
iederzeit frey und ungehindert gelaſſen worden.

Daß aber, wie in ſecunda dubitandi ratione
ferners eingewandt worden, quæſtionirtes Verbot
der Urſachen nicht beſchehen möge, weilen ſelbiges
in effectu auf ein in allen Rechten verbotenes und
dem gemeinen Weſen höchſt-ſchädliches Monopolium hinaus lauffen würde:

So iſt darwider zu mercken, daß, gleichwie nicht
alle monopolia in Rechten verboten, auch nicht
alles, was dem Schein eines monopolii gleichet,
ſogleich auch deſſen ſchädliche Natur und Qvalität
revera an ſich hat; prout hoc juſtis rationibus
& dilucidis exemplis evictum dat Ahasv. Fritſch.
in tr. de Jure monopolii C. 10 per tot.

Alſo auch dieſe denen Städten vor den Dorff-
ſchaften, jure privilegiario competirende Handlung-
und Commercitens-Gerechtigkeit in die claſſem
monopoliorum illicitorum der Urſachen nicht referirt werden möge, alldieweilen die conceſſio ſolchen Juris privilegiarii ex neceſſitate & utilitate
reipublicæ prudentiſſime ponderata, da man
nemlich eines Theils befunden, daß durch dieſes
Mittel die Städte, wovon der Wohlſtand einer
Republick und derſelben Regenten vornemlich dependirt, zu ſo mehrerem Flor und Wachsthum zu bringen ſeyn; Conf. Marsmann. in d. P. 2 c. 9 n. 36
verſ. Siquidem privilegia; andern Theils aber
dem gemeinen Weſen viel vorträglicher ſey, wann
die Bauerſchaft allein bey ihrem Ackerbau und Vieh-
zucht gelaſſen würde, bene demonſtrante Mich.
in d. R. 23 pag. 369 & ſeqq. denen Städten beſchehen, und alſo dadurch dem gemeinen Weſen überhaupt, mittelſt ſolcher Separation, weit beſſer und
profitabler, als wann die commercia & negotiationes in communi gelaſſen worden wären, gerathen worden.

Cuiusmodi privilegiariæ conceſſiones quod
a vitio, & quod eidem ut plurimum junctum
eſt, damno monopolii quam longiſſime abſint,
& res ipſa loquitur, & in terminis, tam quoad
œnopolium, quam zythopolium civitatibus
competens, ſolide propugnat Fritſchius in d.
tr de jure monopol. c. 10 & in ſupplem. Theſ.
Beſold. voc. Weinſchanck-Recht, verſ. Quæritur
de œnopolii juſtitia. Tabor de jure cereviſiar.
P. 1 c. 6 § 9 & P. 2 pag. nob. 98 verſ. Dann obwohl nicht ohne. Leiſſer. in J. Georg. l. 3 c. 20 § 3
verſ. & quamvis œnopolium.

Und obſchon, juxta tertiam dubitandi rationem, nicht zu leugnen, daß verſchiedener Orten in
Teutſchland, beſonders in Schwaben und Francken
in ſpecie der Bier- und Wein-Handel auf den
Dörffern ſo frey als in Städten getrieben werde:

So hebt doch dieſes weder die oben in contrarium
ſtabilirte regulam generalem auf; noch vielweniger aber mag ſelbiges ad hunc effectum operiren,
daß deswegen wohllöbliche Stadt Rothenburg ſich
ihres ab immemoriali einſeitig und privative exercirten œnopolii, zu ihrem und ihrer Bürgerſchaft
ſo groſſem Præjuditz und Nachtheil wider Willen
zu begeben genöthiget werden könnte; Indem, was
ein oder anderer Dominus territorialis, aus beſondern Urſachen, ſeinen Landes-Unterthanen zu gut, in-
dulgirt oder nachſiehet, einem dritten keine normam
vel legem zu geben vermag.

Cum facto alterius nemo debeat vel poſſit
prægravari aut onerari, L. 27 § 4 de pact. L. 57

§§

§ 5 de N. O. N. Barbosa in axx. jur. voc. Factum ax. 23.

Zumahlen die freye Zulassung des Wein-Handels bey denen Dorfschaften, wo der Wein selbsten starck gebauet wird, um so leichter beschehen mögen, als in solchen, wo dergleichen nicht befindlich, hingegen aber deren nächst daran gelegenen Stadt, welche, wegen solches ab antiquissimis temporibus privative exercirten Juris œnopolii, in der Reichs-Matricul um ein nahmhaftes höher angelegt, an dergleichen Commercii einseitiger Beybehaltung ein sehr grosses gelegen ist.

Ita, ut a diversis etiam hic nulla fieri possit illatio. Sixtin. in Consf. Marp. vol. 1 consf. 10 n. 44.

Allermassen dahero auch denen gesammten in der Rothenburgischen Landwehr situirten, sowohl eigenen, als andern Herren zugehörigen Dorffschaften, dergleichen zum Exempel die Brandenburgische seyn, solcher Wein-Handel niemahlen gestattet worden, mithin daraus wohllöblicher Stadt quasi possessio quoad Jus tale commercium prohibendi zur Genüge an den Tag liegt, nach Ausweis Num. act. 6.

Und dieweilen ex supra stabilitis Rationibus decidendi genugsam erhellet, daß wohllöbliche Stadt Rothenburg ihr disfalls habendes Prohibitions-Recht nicht ex aliqua præscriptione herzuleiten genöthiget sey, sondern sich zum Theil auf ihre Superioritatem territorialem, eique, qua Civitati, in hoc puncto competirendes privilegium generale, zum Theil aber auf den Anno 1567 getroffenen Vergleich selbsten, und demselben gemäß, bis hieher citra interruptionem continuirtes solchen Juris exercitium & quasi possessionem jure optimo zu fundiren habe;

So kömmt auch auf die vierte, a natura & jure actuum meræ facultatis hergenommene rationem dubitandi um so weniger an, als dieselbe auf diesem falschen præsupposito fundamentali, als ob nemlich auch der Wein-und Bier-Handel einen dergleichen actum meræ ac liberæ facultatis involvire, beruhet.

Dann obschon dieses suppositum, antecedenter ad Leges civiles, wodurch die facultas über die commercia in universum disponiren zu können, denen Summis Imperantibus vindicirt, und von denselben hernach gewisse Ordnungen und Verfassungen in utilitatem rerum publicarum gemacht worden. De cuiusmodi Ordinationum politicarum justitia & validitate vid. Carpz. l. 1 R. 42 n. 12 & sqq. Mev. ad Jus Lub. l. 3 t. 5 art. 12 n. 1. ibique in addit. Dn. Hofmann. in Consf. L. 3 consf. 7 n. 1 & sqq. Dn. Wildvog. Resp. 215 n. 12. Fritsch. d. voc. Weinschancks-Recht, versf. Ratio autem wohl admittirt werden mag.

In Betracht, daß extra hanc; dispositionem freylich einem ieden die libera facultas ein oder ander commercium zu treiben, sowohl nach dem natürlichen als Völcker-Recht zugestanden.

Nachdem aber solcher facultati naturali, per supremas potestates, wircklich derogirt worden, also nemlich und dergestalt, daß selbige das Jus über alle commercia und negotiationes, in commune commodum, zu disponiren an sich gezogen, also, daß viele actus, welche vorhero liberæ ac meræ facultatis naturalis gewesen, nunmehro denen obrig-

keitlichen juribus und regalibus accensirt werden, auch zu folge dessen, in specie alle Kaufmannschaften, Handthierungen und Gewerbe denen Städten, per singulare privilegium, privative zugeeignet worden; So ist daraus leichtlich zu schliessen, daß alle solche actus weiters mit den actibus meræ facultatis, utpote quorum naturam ipsos per hoc penitus exuissent simili recte statuitur a Dn. Barone de Lyncker, verbis: Quid vero analogiæ habebit jus braxandi cum rebus meræ facultatis, in quo tamen omne, quod facultatis meræ erat, penitus extinctum est, und in demselben nicht das geringste mehr von der natürlichen Freyheit übrig ist, in Vol. 1 Resp. 65 n. 46 & 47, junct. omnino n. 40 & sq. keine Gemeinschaft haben, und nach derselben Natur nulla amplius ratione censirt werden mögen; prout hoc in individuo de Jure œnopolii & Zythopolii plenius firmat Marsmann. d. P. 2 c 9 n. 37 versf. Si etenim Subdit. & n. 27 versf. Sed quoniam ejusmodi actus meræ facultatis, Leisser. in Jur. Georg. l. 3 c. 20 § 3 & c. 21 § 7 & seqq. Dn. de Lyncker. d. Resp. 65 n. 40 & mult. sqq. Ertel. in praxi aur. jurisdict. civ. in append. part. 1 p. 66 & 72. Tabor de jure cerevis. p. 1 c. 4 § 1.

Belangend die fünfte rationem dubitandi, daß nemlich in Krafft des per Transactionem de An. 1567 concedirten Juris epistomialis, denen Gebsattlern auch das Wein-Commercium en gros concedirt zu halten sey, so ist auf deren ersten Beweisgrund förderst dieses zu mercken, daß ob zwar nicht zu leugnen, daß in die bemeldtem Vertrag von dem Weinschencken enthaltene verba ihren Principal-Respect und Opposition auf das Speisen und Beherbergen der Gäste und Fuhrleute haben; weilen aber iedoch dieselbe mit einem epitheto taxativo conjungirt seyn, daß nemlich die Gebsattler sich mit dem blossen Weinschencken begnügen lassen sollen; welches in effectu so viel ist, als wann es hiesse: Daß sie sich allein mit dem Weinauszapffen oder schencken begnügen sollen; Cujusmodi particulæ, Allein, hæc notoria vis est, ut omniaprœter expressa excludat; per congesta Bes. in th. pract. voc. Allein.

Nebst diesem auch, juxta supra deducta, daß jus den Wein auszuschencken in dubio nicht auch die facultatem den Wein en gros, seu quomodocunque & quantumcunque libuerit, zu distrahiren unter sich begreifft;

Zumahlen wann, wie in substrato, selbiges iemanden in alieno Territorio, und zwar auf einem Dorf, und per viam ac modum cujusdam Transactionis vergönnt wird, als nach welchen gesammten Particular-Circumstantiis dergleichen extensior & amplior significatus, salvis ordinariis interpretandi regulis, um so weniger supponirt werden kan, als zugleich durch die hernach gefolgte anderthalbhundertjährige uniformem Observantiam, der Gebrauch solcher Worte quoad sensum strictiorem genugsam eclaircirt worden.

So können wir in der Wahrheit nicht absehen, wie man Comburgisch- oder Gebsattlerischer Seits zu Behauptung quæstionirten Commercii solcher Worte sich mit rechtlichem Bestand werde prævaliren, oder ein unparteyischer Judex dieselbe zu Begründung eines widrigen judicii sich werde können verleiten lassen.

Quoad

Quoad secundam vero ejusdem rationem fundamentalem, daß nemlichen das Weinauszapffen von mehrer Importanz sey, als das Wein-Commercium en gros, und deswegen sich von jenem auf dieses gar wohl argumentiren lasse, so dient darauf eines theils zur Antwort, daß dessen Gegentheil allbereits in der fünfften ratione decidendi zur Genüge vor Augen gelegt worden;

Andern theils aber solches assertum sich mit denen, zu Bescheinigung dieser rationis dubitandi angeführten, passibus noch lange nicht erweisen lasse; sintemalen, was den ex Respp. Dni Wildvog. angeführten locum betrifft, selbiger wie der übrige u. völlige contextus deutlich ausweißt, nominatim von eigen gezeugten Weinen, und von selbst gebauter Gerste gebrautem Bier, so dann in specie von dem, was in specie in der Stadt Pegau, nach derselben besondrem Privilegio, auch mit dem alldasigen Administratore auffgerichteten Pacht-Brief, Rechtens sey, verfaßt, und deswegen auch dahin specialissime zu restringiren ist.

Belangend aber die ex Diss. Dni D. Graffi de Clericis angezogene Stelle, so hat es damit keineswegs diese Meynung, als ob im Fall, da denen Clericis das Wein- oder Bier-Commercium, contra regulam ordinariam, illimitate conceditur wird, selbige sich dessen nicht eben so wohl mit dem Auszapffen, als mit der Verhandlung en gros, zu bedienen befugt wären; sondern es wird damit allein auf die majorem Ordinis clericalis Decentiam abgezielet, daß nemlich dieselbe ihrem Stand convenabler handeln, wann sie solchen Handel mehrers en gros, als durch Auszapffen,

Utpote quod propolarum & mangonum est proprium, ac cum variis incommodis conjunctum, Limnæus Jur. publ. l. 6 c. 5 n. 77, Dn. D. Graff. in Diss. c. 5 n. 10 p. 45. Addat. Dn. Leyser. in medit. ad ff. Specim. 189 medit. 7. zu führen sich angelegen seyn lassen.

Und ob schon, juxta Sextam dubitandi rationem, der Wein-Handel unter keine besondere Zunfft gehört, noch mit den Handwerckern eine Gemeinschafft hat, so hindert doch eines theils dieses nicht, daß ein wohl löblicher Magistrat sich des An. 1618 mit Coburg eingegangenen Vergleichs nicht auch ad præsentem scopum adminiculative solte bedienen können;

In Betracht, daß weilen daraus so viel abzunehmen, daß die Stadt sich ihres quoad Opificia habenden prohibitions-Rechtens wider Gebsattel zu bedienen immerhin sehr ernstlich angelegen seyn lassen, auch dasselbe, durch Eingehung dieses ad certas saltem Opificiorum species restringirten Vergleichs, de cætero auf ein neues fest zu setzen gesucht, solchem nach so viel mehrers zu præsumiren, daß selbiges auch ein gleiches ratione Juris œnopolii, als woran ihro ein mehrers gelegen, und dessen quasi possession, so viel nemlich den Wein-Handel en gros betrifft, sie bis anher ohn-interrupt conservirt, werde gewollt und bewerckstelliget haben;

Andern theils aber läßt sich solcher Vergleich auch der Ursachen ad præsens objectum etwas

Jurist. Oracul V Band.

nähers appliciren, alldieweilen darinnen expresse auch der Ehehafften, daß nemlich auffer denenjenigen, welche damals bereits zu Gebsattel eingeführet gewesen, keine weitere geduldet werden sollen, Meldung beschiehet;

Wie nun aber damalen das Jus œnopolii daselbst præcise an das Auszapffen, seu ad facultatem vina minutatim divendendi.

Quæ quod omnino in numerum der Ehehafften sit referanda, constat ex illis, quæ docet Dn. Ertel. in praxi aur. jurisd. civ. p. 1 c. 12 Obs. 2 & in Ejusdem Append. poster. pag. nob. 66. Fritsch. in Supplem. Thesaur. Belold. voc. Weinschanck-Recht in princ. Leisser. in Jur. Georg. l. 3 c. 20 § 3 restringirt und eingeschränckt gewesen, also nehmlichen und dergestalten, daß das übrige Wein-Commercium, so en gros beschiehet, einig und allein von der Stadt Rothenburg selbsten, wie noch exercirt worden; also läßt sich auch daraus der ganz sichere Schluß machen, daß wohllöbl. Stadt sich desselben eben so frugifere, als des andern de Anno 1567 wider Gebsattel bedienen möge.

Und dieweilen aus obangeführten rationibus decidendi satsam erhellet, daß qvæstionirter Wein-Handel nicht nur wohl-löbl. Stadt Rothenburg jure privilegiario allein zuständig, sondern auch von derselben a tempore immemoriali iederzeiten privative und mit Exclusion der gesamten in ihrer Landwehr gelegener, so wohl eigener, als fremder Dorffschafften, exercirt und maintenirt worden, so können auch die in Septima dubitandi ratione plena manu angeführte Jura, als welche, wie die vierte ratio dubitandi dieses falsche præsuppositum, als ob nemlichen dergleichen Wein-Commercium noch heut zu Tage ein actus meræ facultatis naturalis seye, zum Grund haben, wider das Vorhaben einer wohl-löblichen Stadt so gar nichts operiren, daß vielmehr dieselbe grösten theils, pro fundando contrario effectu, retorquirt werden mögen; wohlerwogen ex hoc ipso principio inverso, weilen nemlich qvæstionirtes Commercium in dem Rothenburgischen territorio in universum der Stadt Rothenburg selbsten, vi privilegii generalis, allein zuständig ist, selbige auch dessen quasi possession in hæc usque tempora ab immemoriali ohne Abbruch conservirt, sich der widrige Schluß von selbsten dahin ergiebt, daß, wann ie einige Qvæstio damni dabey stat finden mag, selbige ratione subjecti passivi auf niemand anders, als die Stadt selbsten und dero Bürgerschafft, denen dieses jus allein zukommt, qvadriren, mithin auch dieselbe von Rechts wegen sich allein darüber beklagen möge.

Wo mithin dann auch die achte und letzte ratio dubitandi von selbsten corruirt; dann wann die Commun zum Gebsattel, wie aus den bisherigen deductis ganz richtig, wegen dieses Wein-Handels kein fundirtes Recht hat, so kan auch durch dessen Verbot ihr kein damnum proprie sic dictum zugefügt werden;

Cum omnis privatio præsupponat habitum; Barbosa in axiomm. jur. voc. Privatio ax. 6 & 9,

Bbbb &

& spoliatus dici haud queat, qui nunquam possedit, arg. L. 1 5 9 de vi & vi arm. Menoch. de recup. poss. remed. in prælud. n. 1, und kommt dabey auf den Vorwand, daß sie sich mit dem alleinigen Ackerbau nicht ernehren könne, der Ursachen nichts an, weilen eines theils diese ratio von allen Dorffschafften wider die ab antiquissimis temporibus prudentissimè recipirte, und bis daher, per contrariam experientiam, ihres Nutzens halber genugsam legitimirte Separationem commerciorum & opificiorum a pagis & vicis allegirt werden könnte;

Andern theils aber dieselbe in specie von der Commun zu Gebsattel um so weniger mit Grund der Wahrheit allegirt werden mag, als nicht nur, in Krafft deren mit dem Hoch-Stifft zu Comburg auffgerichteter zweyer Verträge, deroselben das Jus verschiedene Handwercker zu treiben, sondern auch den Wein vor dem Zapffen auszuschencken, und dieses letztere zwar ohne Präscribirung eines gewissen Qvanti von Eymern oder Fassen, so zu besserer ihrer Fortbringung, contra regulam ordinariam, concedirt und eingeräumt worden, also daß sie ihre Nahrung und Subsistenz von dem alleinigen Ackerbau zu bestreiten nicht genöthiget ist.

Wannenhero wir nochmals bey obigem deciso es bewenden zu lassen im geringsten keinen Anstand finden, und nunmehro dieses Responsum, im Namen GOttes beschliessen; salvo tamen denuo, si datur, meliore quorumcunque judicio. In Urkund unsers Collegial-Signets.

Tübingen den 1 Decemb. An. 1722.

Rechtliches Bedencken, LXXXIII.

Ob denen von Adel, sonderlich im Sachsen-Lauenburgischen und Mecklenburgischen das Brauen zu feilem Kauf zuständig?

EXTRACT.

Wo iemahln in der Welt eine Sache gewesen, davon ein ieder nach der Convenience seines Interesse bald pro bald contra raisonniret und gesprochen, so ist es gewiß diejenige, wenn dem Adel und dessen Ritter-Gütern auf dem Lande über das Brauen zu feilem Kauf Qvästion gemachet wird. Denn wenn solches die Städte anfechten, heißt es das Brauen sey ein sordidum mercimonium, dem Adel honteux, es sey solches und alle Negotiation in den Adel-Turnier-Ordnungen, auch in dem Kayserl. Rechte der Nobilität verboten, und fehlet es denn auch an andern flosculis politicis nicht; welche eine Indignität aus dem Brauen vor den Adel machen sollen: Da hingegen, wenn man an Seiten der Fürstl. Aemter, es sey nun gegen die Städte, oder gegen den Adel, das Brauen als eine Revenue und Cammer-Intrade defendiret, wie denn in etlichen gedruckten Amts-und Cammer-Ordnungen, oder Amts-Rechnungen eine eigene Rubric von Brauen sich findet; So ist eben dieselbe Sache so gar nicht mehr sordida, vilis et probrosa, daß man sie vielmehr gar mit dem höchsten Charactere dignitatum Geist- und Weltlichen Standes gar

wohl compatible hält, und aus der Historie und Politic vorstellet, wie nicht allein der Venetianische, Genuesische und Holländische Adel, sondern auch grosse Potentaten, Könige und Fürsten Commercia ohne diminution des lustre ihres Standes treiben. Es heist alsdenn ferner: Das Brauen auf dem Lande sey keine Mercatur, sondern ein Mißbrauch der Land-Gütere, eben so wenig als Wein und Oel pressen, Viehzucht, Wachs, Honig, Wolle rc. zu verkauffen eine Mercatur heisse. Ja wenn ab Seiten der Fürstl. Aemter dem Adel das Brauen widersprochen wird, so bekömmt der vorhero respectu des Adels, als crasseux und unsauber vorgestellete Brauen einen andern Habit, wird mit dem hohen Charactere eines Regals revetiret und auf den Thron derjenigen hohen Jurium gesetzt, deren ohne Landes-Fürstl. Privilegia, Investitur, Concession oder Immemorial Präscription und also absque titulo niemand auch auf seinem eigenen Grund und Boden sich anmassen könne. Da nicht zu sehen, wie alle diese Dinge mit einander stehen, und sich die Regalität des Brauens mit der vorhero soutenirten sorditie compatiren könne. Dahero noch andere JCti seyn, welche daß das Argumentum de sorditie des Brauens in ordine Juris den Stich nicht halte, ingenue gestehen, iedoch nun demselben eine noch andere etwas reputirliche Kleidung geben, und es eine und zwar per se & sua natura denen Städten privative zugehörige Bürgerliche Nahrung nennen, deren also sich der Adel auf dem Lande zum Präjuditz und Abbruch derer Städte nicht annehmen könne: Welches zwar in seinem rechten Verstande und an Ort und Enden, da die Städte ein jus prohibendi durch Landes-Recesse, rechtmäßige erworbene Privilegia oder sonst hergebracht, seine gute Richtigkeit hat: Allein wo man solches in Thesi & in genere durchgehends als ein omni, soli & semper competens behaupten wolte, kömmt es dermahlen mit keinen unter obigen Propositionen, man mag die Sache consideriren wie man will, überein. Denn, wann es sua natura eine privative Bürgerliche Nahrung ist, so kan es eben so wenig ein Regale seyn, als wenig andere Bürgerl. Negotia vor Regalia ausgegeben werden können; Und wann das Brauen privative in die Städte, und nicht auf das Land gehöret, wie es denn zu conciliren, daß die Fürstl. Aemter auf dem Lande zu feilem Kauffe brauen. Mit einem Worte, es wird aus dem Brauen ein rechter Proteus gemachet, der pro re nata nach Beschaffenheit des Prätendenten, allerhand Formas und Figuras annehmen, und bald hoch, bald geringe, bald schön, bald heßlich, bald splendide, bald sordide seyn und heissen soll, so, daß man davon sagen möchte, was dorten der Poete von jenem l. 2 Satyr. 3, 7b saget:

Cum rapies in jus malis ridentem alienis,
Fiet aper, modo avis, modo saxum, & cum
volet arbor.

Die so grosse Diversität dieser propositionum rühret wohl unter andern mit daher, daß wie bey andern in Teutschland hergebrachten Rechten tota die geschiehet, also auch bey dem Brauen man nicht die Origines Historicas Germaniæ untersuchet, sondern leges civiles privatas durch eine violente Application herbey gezogen, hernach einer dem andern gefolget und was ein ieder zu seinem Scopo dienlich gefunden, aus den andern genommen. Wann man ohne alle Prävention und Paßion die Sache consideriret, so wird sich finden, daß nicht allein der Adel in Teutschland, ehe noch einst Städte gewesen, unter den Seinen gebrauet, sondern auch diese Art der Revenue von seinen Land-Gütern zu geniessen, eben so innocent, und dem Adel eben so wenig verkleinerlich oder ein sordides mercimonium zu nennen sey, als daß man auf denen Land-Gütern Wein, Oel, Eßig, Butter, Käse, Kohlen, Honig, Wachs, Flachs, Wolle bereite, Vieh aufziehe, mäste und wieder verkauffe, woraus denn von selbsten folget, daß ein ieder so lange bey solcher uralten natürlichen Teutschen Freyheit bleibe, bis die Contradicenten ein rechtmäßiges jus prohibendi mit allen rechtlichen Requisitis erweisen. Wann also die Städte, es sey nun per privilegia, gegen die Fürstlichen Aemter oder per pacta gegen den Adel oder gegen beyde durch eine auf vorgegangene prohibition und erfolgte Acquiescenz verjährte Präscription ein jus prohibendi erweislich hergebracht, und es solcher gestalt eine privative Bürgerliche Nahrung geworden; So werden dieselben billig darbey geschützet, und würde unrecht seyn, ihnen darinnen Eintrag zu thun: Hingegen aber, wenn der Adel bey seinen Gütern der von uralten Zeiten her in Teutschland und ante existentiam urbium schon gehabten Freyheit zu brauchen, sich nicht begeben, so wird sich derselbe mit denen aus dem ohne noch quæstionem status leidenden Tournit-Ordnungen von der Indignität der Commerciorum respectu nobilitatis von der sorditie des Brauens von einer privative Städtischen Nahrung und was des Wercks mehr ist, vorgebrachten Argumentis eben so wenig eine solche ansehnliche Fructification seiner Güter entziehen, noch von dieser Revenue einen andern odorem persuadiren lassen, als wenig in similibus terminis Fürsten und Herren, Geist- und Weltlichen Standes sich dessen begeben. Mit wenigen alles zu sagen: Es kommt alles, was von Brauen pro & contra geschrieben, raisoniret und disputiret wird, nicht auf eine quæstionem juris in thesi, massen kein textus desfalls weder aus dem Civil-noch Canonischen, noch Feudal-noch Reichs-Rechten produciret werden kan, sondern bloß und lediglich auf die quæstionem facti an, ob der Prätendent, es sey ein Fürstl. Amt, Stadt, Adelicher oder anderer Nachbar ein jus prohibendi in alieno hergebracht habe oder nicht. Wenn solches die Landes-Herrschafft hergebracht, als der Churfürst in Bayern mit dem weissen Bier, so ist es ein Regale Fisci; Haben solches die Städte mit Bestand zu behaupten, ist es eine private Bürgerliche Nahrung; Hat es ein Nachbar auf des andern Gütern hergebracht, so ist es eine privativa servitus prædialis.

Ex Cap. 1 § 1 pag. 1, 2, 3.

Daß von dem Adel in Teutschland von uralten Zeiten her Bier gebrauet, und des Adels Brauen älter als die Städte selbst und dera Brauen sey, auch von keiner Contradiction gegen des Adels Brauen im Sachsen-Lauenburgischen, als etwa in An. 1589 gehöret worden.

Daß vor dem bey den alten Teutschen in dem so genannten Germania Magna an der Weser,

Jurist. Oracul V Band.

Elbe und Saale in etlichen Seculis her gar keine Städte gewesen, ist eine incontestable Veritæt, wie solches in facto aus dem Tacito de moribus Germ. c. 16, ibi: nullas Germanorum populis urbes habitari satis notum est. Ne pati quidem inter se junctas sedes, Julius Cæsar. de bello Gall. 1, 6. Ammian. Marcellino lib. c. 3, ibi oppida ut circumdata utibus lustra declinant; zu erweisen und weiter ausgeführet von Herm. Conringio de urbib. Germ. § 24, 27, ibi illud certissimum esse videtur ætate Caroli M. in omni Saxonia, i. e. Westphalia, Angaria omnique illo tractu, qui est inter Visurgim, Albim, Melibocum montem & Salam amnem, imo nec trans Albim ad Eidoram usque, ubi nunc floret ducatus Holsatiæ, nullam omnino urbem inventam esse. Christ. Lehmann. Chron. Spirens. l. 1 c. 5. Joh. Gryphiandro de Weichbildis Saxonicis c. 34 n. 2, 3. Philipp. Knipschild de jure ex privil. civit. imper. l. 1 c. 5 n. 4, 5, 6.

Daß hingegen der Adel zu solchen Zeiten in Teutschland, und zwar mit besondern Prærogativen vor denen andern Einwohnern gewesen, dieser auch seine Länderey und Acker durch seine Servos und Colonos bebauen lassen, ist ebenfalls bey dem Tacito de mor. Germ. c. 7, c. 13, c. 25 in mehrern zu lesen. Massen der Autor de Juribus Imperii bey dem Gryphiandro c. 1 n. 3 saget: Nondum tempore Caroli M. erant in nova Saxonia aliquæ civitates aut oppida munita, sed villæ campestres atque arces f. castra; In villis rustici, in arcibus f. Castris Nobiles & Saxonum satrapæ residebant.

Gleichwie aber ferner dero Zeit der Adel schon Bier aus Korn gebrauet, potum ex hordeo & frumento ad similitudinem vini corruptum nennet es Tacitus c. 23, welches sie bey Hochzeiten, Landes-Diäten und publiqven Zusammenkünfften geschencket, und in grosser Qvantität und abundance vertruncken. Tacitus c. 22, vid. Conring. in tr. de habit. corpor. Germ. cauf. pag. mihi 22. Lehm. Chron. Spir. l. 1 c. 24.

So ist ja offenbar und am Tage, daß das Brauen des Adels auf denen Land-Gütern eher gewesen, als bey denen Städten, ja als die Städte selbst: Es ist nun ferner leicht zu begreiffen, von was Importanz dieses Brauen müsse gewesen seyn, da bey solchen Adelichen Land-Gütern öffters 30, 40, 50, 60 Familien und wie Lehm. lib. 2 c. 19 C. Spir. observiret, öffters 100 bis 200, ja teste Carolo du Fresne in Glossario ad scriptores mediæ & infim. latinitatis voce Familia, wohl 700 Familien und Unterthanen sich befunden, so darzu gehöret und theils freye (ingenui), theils Servi, oder wie sie in etlichen Documentis genennet werden, liti, leuti, litones oder Lazzi gewesen. Wie denn derer Documentorum die Menge bey dem Joh. Pistorio in Thesau. antiquitarum Germ. bey dem P. Nicolao Schaten in Annal. Paderborn. in des Marculphi Formulis, Goldasto tom. 1 antiquit. Alemann. J. Mabillonio de re diplomatica, Serrario in annalibus Moguntinis, Madoro in Antiquit. Meibomio zu lesen, da allemahl bey denen Adelichen Villis & curiis als pertinentiæ verbunden,

Bbbb 2   den,

den, und mit verkaufft oder verschencket worden die mancipia, accolæ, homines tam ingenui, quam servi, cum filiis suis & omni supellectile, cum Familiis utriusque Sexus, woraus also leicht die Rechnung zu machen, daß vor so viele zu denen Adelichen Gütern gehörige Familien und Leute, an Bier ein sehr grosses erfordert worden, auch aus dem Bier dero Zeit eben sowol ein Revenue der Land-Güter gemachet, als von Vieh, Käse, Honig, Wachs, Wolle, Korn, Wein ꝛc. wie aus denen Capitulis Caroli M. de villis, so von dem sel. Conringio ediret seyn, zu sehen, c. 61, 62, ibi ut, quid & quantum de morato, vino cocto, meto & aceto, quid de cerevisia &c. habeamus scire valeamus. Wie denn in der Welt keine ratio zu sagen ist, von wem, und warum dem Adel hätte verboten seyn können, aus Korn Bier brauen, und unter seine Leute verkauffen zu lassen, und wer eine solche Servitut, solches auf den Adelichen Gütern einzustellen, bey dem in der grössesten Stuffe der Freyheit und Macht dero Zeit stehenden Adel auch nur anmuthen können? Städte waren noch nicht da, und über ihre Leute hatten sie eine absolute theils despotische Herrschafft. Nach der Hand sind nun zwar insonderheit post tempora Heinrici Aucupis & Ottonum Imper. die Städte in Teutschland immer mehr und mehr gebauet, und zum Splendor gebracht, allein es findet sich doch in keinem Historico oder Diplomatibus das geringste Vestigium, Titel oder Buchstabe, daß der Adel das Brauen verlohren, oder sie dieser ansehnlichen Revenue sich begeben. Lehmannus Chron. Spir. l. 2 c. 19 saget, der Adel habe sich dero Zeit allein vom Kriege, Wein oder Feld-Bau ernähret. Wie nun denenselben freygestanden, aus Trauben-Wein pressen zu lassen, und solchen zu verkauffen, wie auch solchen Wein-Handel von ihnen attestiret Tacitus de morib. Germ. c. 23: Also hat denen andern, an Orten, da kein Wein, sondern Korn gebauet, daraus Bier zu brauen, und solches denen Land-Gütern zum Besten zu verkauffen, nicht verboten seyn können, massen das eine sowol als das andere aus der Erden gewachsen, und durch Menschen Hand zum Trunck präpariret werden müssen. Gestalt aus seinen Documentis beym Goldast. tom. 2 Rer. Alemann. p. 1 n. 42, 49, 59, 69 zu sehen, wie sie von ihren Land-Gütern gewisse præstationes wie von andern reditibus, also auch vom Bier seglas certas, cerevisiæ durch die dispositiones ad pias causas de cerevisia, einfolglich das Bierbrauen ie und alle Wege, als eine ansehnliche Revenue bey ihren Gütern exerciret.

So fleißig auch in specie von den Cis- und Transalpinischen Orten, Helmoldus, Albertus Abbas Stadensis, Adamus Bremensis, Cranzius, Spangenberg und die so geschriebenen als abgedruckten Chronica Vandaliæ, Hamburgensia, Lubecensia und Holsatica alles was bey denen Städten dero Zeit vorgegangen, aufgezeichnet; So findet sich doch in deren keinem etwas von einem Jure prohibendi, so die Städte gegen den Adel exerciret hätten. Es ist vielmehr aus Adami Trazigers, gewesenen Syndici, Hamburgensis, Chronico Hamburgensi MSCr. *) ad annum 1268 zu sehen, daß dero Zeit erst als die Städte das fœdus Hanseaticum unter sich errichtet, die Bremer angefangen, ihr Bier an auswärtige Oerter zu führen, die Hamburger aber damit noch nicht, sondern erst in nachfolgenden Zeiten solches angefangen. Zeilerus in Contin. Itinerar. German. c. 10 referiret solches ad annum 1272, und setzet darbey, daß die Hamburger dero Zeit solche Kunst zu brauen, "id est ein Commercium darmit ausser der Stadt zu treiben,, noch nicht gewust. Wormit auch übereinkommt, was in einem Chronico Vandaliæ MScripto, citante Dn. Sulteto in tract. von dem Entsetzungs-Proceß und Achter-Folgung der Brau-Erben in Hamburg p. 2 tit. 2 § 37 sich folgender gestalt aufgezeichnet findet: An. 1308 do qvam dat Hamburger Beer erst up, un was glück dem Bremer Beer. Wann also die grossen und mächtigen Städte erst Anno respective 1266, 1272, 1308 angefangen ausser denen Ring-Mauern ihr Bier zu debitiren; So ist leicht zu gedencken, in was schlechtem Zustande bis dahin das Brauen derer übrigen Städte gewesen seyn müste, und ob dieselbe, sonderlich die kleinen Städte auf ein Jus prohibendi, so auf denen freyen Adel. Gütern zu exerciren auch nur haben dencken können.

*) Der Herr von Westphalen hat dieses Chronicon in seinem II Theile der Monumentorum ineditorum rerum Germanic. mit abdrucken lassen.

Ex Cap. II § 1 pag. 13.

Die von denen Städten und in specie denen Ratzeburgern gegen derer Adelichen Güter Brauen gemachte prætensio, ist in der That eine Actio de Servitute und folglich von denen Brauern actio confessoria angestellet, worinne die Probation dem Kläger incumbiret.

Daß dieses also sey, kan man aus der Definition und Natur der Servitutum in continenti zeigen; denn Servitutis proprium und natura ist, wie der textus in l. 15 § 1 ff. de servit. saget: ut quis aliquid in suo pati vel non facere teneatur.

Nun wird von denen Brauern gegen den Adel prätendiret, daß dieser in suo leiden solle, daß jene ihr Bier auf dem District der freyen Adel. Güter debitiren, und das non facere bestehet darinne, daß der Adel auf seinen Gütern selbst zum feilen Kauff unter seine Gerichts-Unterthanen nicht brauen soll. So finden sich auch hier duo prædia, denn das dominans sollen die Brau-Häuser in denen Städten seyn, welchen solches inhäriret, das serviens prædium aber sollen die Adelichen Güter seyn. Da also alle Requisita servitutis sich bey dieser Prätension finden, so heisset es nach der Regula: Cui competit definitio, eidem & definitum. Nicol. Everhard in topica legali tit. a definitione n. 2. Joh. Anton Mangilius de imputat. qu. 16 n. 18.

Dahero auch die Dd. sonderlich die an Seiten derer Städte die Feder führen, das jus braxandi inter servitutes urbanas recensiren, und actionem confessoriam utilem zu Behauptung dessen tribuiren Joh. Otto Tabor de jure Cerevis. c. 2 n. 7. Theodos. Schöpffer alias Züchander a Budde jure brax. p. 1 c. 2 n. 46, 47 & plenius p. 2 c. 5 n. 66, 67. Henricus Hahnius de jure rer. c. 5 conclus. 56 n. 1. Justus Hahnius, Henrici Frater de jure colon. perpet. conclus. 333, ubi servitutem discontinuam vocat. Richter p. 1 consil. 55 n. 28. Carpzov. p. 2 Const. 41 def. 15

&

& Conſt. 6 def. 6 n. 7. Peter Müller. ad Struv. Exercit. 13 § 53 tit. 8. Beſold theſ. pract. voce Bierbrauen.

Iſt alſo am Tage, daß die von denen Brauern angeſtellete Actio in der That anders nichts, als confeſſoria de ſervitute in prædiis nobilium prætenſa ſey, woraus denn zwar von ſelbſten folget, daß denen Brauern als Actoribus das onus probandæ ſervitutis, nicht zwar dem Adel probatio libertatis incumbire, cum in actione confeſſoria ſemper actori incumbat probatio competentis ſibi in alieno ſervitutis, & res quælibet tamdiu præſumatur libera, usque dum probetur ſervitus. l. 8 l. 9 c. de ſervit. & aqua. Franciſcus Maria Pecchius de ſervitutibus c. 1 qu. 10 per tot. Chriſtoph Creſpus de Valdaura in deciſionibus Regni Arragoniæ obſ. 22 n. 1. Klock. de contrib. c. 19 n. 426 & relat. Camer. Relat. & Vot. 127 n. 62. Imo etiamſi poſſeſſor fundi negatoria actione, pro ſua libertate ageret, tamen non poſſeſſori probatio libertatis, ſed alteri probatio ſervitutis incumberet. Hammelius de Action. c. 6 n. 12. Richter deciſ. p. 1 g. 98 n. 63. Carpz. lib. 1 Reſp. 67. Fulvius Pacian. de probat. l. 2 c. 20 n. 6. J. del Caſtillo de uſufruct. c. 7 n 9, 10.

Allein wir wollen auch in dieſem Punct noch etwas mehrers und ferner deduciren, warum die Brauer allhier die probationem ſervitutis in fundo nobilium beyzubringen ſchuldig ſeyn.

§. 2.

Daß nach natürlichen Völcker-Rechten ein ieder ſowol Adel als Unadel befugt ſeine Land-Güter, ſo gut er kan zu nutzen, und darauf Bier zu brauen, oder Brantewein zu brennen, und ſolches in ſuo zu verkauffen der Adel alſo darbey ſo lange bleibe, bis die Städte erweiſen, daß ſie deſſen durch præſcription oder pacta contraria verluſtiget worden.

Vors erſte iſt es eine jure naturæ & gentium ausgemachte und von niemand geleugnete Sache, daß ein ieder Eigenthümer, wes Standes, Würden und Condition er auch immer ſeyn mag, die Früchte, Einkünffte und Gefälle ſeiner Land-Güter, ſo gut er immer kan, genieſſen, nutzen, verkauffen und verſilbern mag, alſo daß ſowohl Fürſten und Herren ratione ihrer Aemter, als die privat Poſſeſſores der Land-Güter, ſie ſeyen Adel- oder Unadeliche, Geiſt- oder Weltlichen Standes, ihren Rocken, Weitzen, Gerſten, Haber, Buchweitzen, Stroh und Heu, Flachs und Hanff, die Baum-Früchte an Aepffel, Birn, Pflaumen, Nüſſe ꝛc. die von denen Wein-Trauben gepreßte Moſt, Weine und Eßig; die Füllen, Pferde, Kälber, Ochſen, Kühe, Schafe, Schweine, Tauben, Bienen, Fiſche, Wild, die davon reſpective gekommene Butter, Käſe, Milch, Honig, Wachs, Wolle; das gefällte Bau- Brenn- und Buſch-Holtz, und daraus gebrannte Kohlen, in Summa alles, was aus- von und auf denen Gütern zu Gelde zu machen, ie und alle Wege ohne iemands Behinderung zu verhandeln, zu verkauffen, zu verpachten, zu vertauſchen, zu verſetzen, und nach ſeiner Convenience zu fructificiren freygeſtanden, als welches ja wohl vom Anfange der Welt her ſo lange Agricultur, Haushalt, und Vieh-Zucht auf

dem Lande geweſen, nie vor ſordide gehalten, in keinen Geſetzen verboten, und bis dieſe Stunde frey von iedem domino fundi exercitet wird. Es iſt zwar ohne dem, ſo lange keine pacta oder præſcriptio in contrarium erwieſen, der Handel und Wandel eines ieden Dinges, nach allen Völcker- und natürlichen Rechten, als res meræ facultatis iedermänniglich vergönnet, und kan eo jure in ſpecie niemand den andern daran prohibiren, eleganter Sam. Pufendorff de jure Nat. & Gent. lib. 5 c. 5 § 7. Cuilibet ſua licet vendere, quando & cui velit, niſi forte illa nobis ſuperſint, alterautem iis carere nequeat, quo caſu lex humanitatis requirit, ne aliis tali pacto ſua|conditione reddatur deterior; at vero, ſi quis, citra tale pactum cum domino mercium, proprio auſu viam ſibi ad monopolium velit ſternere, alios per vim & clandeſtinas machinationes eodem accedere prohibendo, quo reliqui omnes ab ipſo emere neceſſum habeant, hunc & in legem humanitatis peccare & cæterorum libertatem proterve involare manifeſtum eſt. Add. Hugo Grot. de jure belli & pacis l. 2 c. 2 § 13 n. 5 und noch ausführlicher in dem tractatu de mari libero c. 8 per tot. Sigiſmundus Scaccia de Commerc. & camb. § 1 qu. 1 a n. 45 usque ad n. 83.

Nun iſt nicht abzuſehen, was das aus dem lieben Korn auf dem Lande gebraute Bier allein für Schuld haben ſolle, daß die von Adel und Poſſeſſores derer Land-Güter ſolches nicht unter ihren Leuten nach dem Exempel Fürſtl. Aemter verkauffen ſollen, da ihnen kein Menſch die übrigen auf denen Land-Gütern vorfallenden Nutzungen, und auch diejenigen nicht, ſo durch Arbeit aus andern Materialien und Früchten præparitet werden, als Wein, Oel, Eßig, Moſt, Kohlen, Wachs, Flachs, Butter, Käſe ꝛc. zu verkauffen diſputiret noch diſputiren kan? Wenn denn alſo das Brauen auf dem Lande, ſo ferne es NB. nach dem natürlichen und Völcker-Rechten conſideriret wird, eine res meræ facultatis iſt, wie die ſonſt eiferigen Patroni des Städte-Brauens de jure naturæ & gentium ſelbſten geſtehen müſſen, und deswegen das refugium zu einer vermeinten nachhero eingeführten Reſtriction und Prohibition legum civilium (de quo an verum ſit, infra capite 3 pluribus) nehmen. Theodoſ. Schöpfer de jure bruxandi p. 1 c. 2 n. 55, 56, 111, usque 130. Georg. Marsmann vom Meilen-Rechte p. 2 c. 9 n. 22. Joh. Otto Tabor de jure cerevis. c. 3 § 1.

So flieſſet hieraus ferner, daß, was einem ieden als res meræ facultatis jure naturæ zuſtehet, keinen Beweis ex parte utentis erfordere, ſondern derjenige, ſo ein jus prohibendi exerciren will, dieſes letztere erweiſen müſſe, bis dahin ein ieder bey ſeiner vorhin gehabten natürlichen Freyheit bleibet, ſo gar, daß wer ſich in re meræ facultatis fundiret, auch in poſſeſſorio nicht einſt nöthig hat, den Beſitz zu probiren, cum aſſiſtentia juris ac libertatis naturalis operetur per ſe manutentionem, etiamſi poſſeſſio non probetur. Ludovicus Poſthius de manut. obſerv. 45 n. 3 & ſeqq. Hercules Mareſcottus var. Reſol. l. 1 c. 11 n. 3. Verginius de Boccatiis de interd. uti poſſid. cap. 8 num. 6. Stephanus Gratian. diſceptat. forenſium c. 810 num. 8 Pa-

Pacific. de Salvieno in decision. Rotæ dec. 39 num. 2, 3.

Einfolglich ist am Tage, daß wie die ★ ★ ★ ★ ★ Brauer wider solche jure naturæ & gentium zugelassene Freyheit fechten, also ihnen der Beweis obliege, daß der Adel solche Freyheit rechtmäßiger Weise verlohren habe. Es kommt denn Udo hinzu, daß wie in c. 1 § 1 aus denen bewährtesten Historicis Germaniæ erwiesen, daß der Adel in Teutschland das Brauen auf seinen Gütern zu feilem Kauffe, und davon eine Revenue zu machen, von uralten undencklichen Zeiten hergebracht, ja des Adels Güter und Brauen, eher als die Städte selbst in diesen Orten Germ. Magnæ, in specie in Saxonia und an der Elbe gewesen; Ist dem aber also, wie es wahrhafftig nach aller Historicor. Zeugnisse ist, so giebet die natürliche Folge, daß wenn die Städte dem Adel, was er vor dem gehabt, prohibiren wollen, abermaln die probatio ihnen und nicht dem Adel incumbire, als welcher so zu reden die ältesten Brieffe und antiquiorem possessionem wegen des Brauens vor Existentz der Städte hat, und dahero von dem onere probandi vermöge der Rechten durch die bekannte Regel: Olim Dominus, hodie dominus, olim possessor hodie possessor præsumitur, relevirt wird, L. 16. C. de probat. c. cum ecclesia X. de causa poss. & prop. & olim 17. X. de restit. Spol. Didac. Covarruv. in regul. possessor. p. 2 § 1, imprimis Anton Gomez. ad l. 50 Taur. n. 37. Petrus Rebuff. tr. de pacifico possessore n. 269. Andreas Alciatus de præsumt. reg. 2 præs. 21. Menoch. l. 6 de præs. 64 n. 35.

Wie wenig aber die Brauer mit dieser Probation fortkommen können, ist theils ex c. 1 zu sehen, theils soll es hernächst in c. 3 & 4 ausführlich vorgestellet werden, wenn wir allda auf die leges torneamentorum kommen, woraus der Städte erstes jus prohibendi gegen den Adel in Teutschland in der Historie genommen werden will. Jetzo urgiret man nur, daß denen Städten die Probatio incumbire.

Aus diesem Principio fließet 3) noch ein anderes Argument, warum der Adel allhier bey dieser Prätension zu beweisen nicht schuldig. Denn weiln derselbe, wie vorgedacht, von uralter Zeit, das Brauen auf seinen Gütern ante existentiam civitatum in Teutschland hergebracht, so wird keine mutation præsumiret, sed res intelligitur manere in priori statu, usque dum contrarium probetur, l. 22 ff. de Probat. eum qui voluntatem mutatam dicit, probare hoc debere, l. 27 c. de testament. ibi quod enim mutatum non est, cur stare prohibetur. Alciat. de præsumt. p. 3 reg. 2 præs. ib. Mascardus de probat. conclus. 1032 n. 1. Menoch. l. 1 præsumt. 48 n. 5, welches Principium nicht allein in Privat-Sachen, sondern auch in statu publico statt hat. Hug. Grot. de jure bell. & pac. l. 2 c. 9 § 11 n. 1, ibi mihi non præsumenda videtur mutatio aut translatio, nisi certis documentis probetur. Caspar Klock. de contribut. c. 19 n. 64. Theod. Reinking. de Regim. sec. & eccles. l. 1 class. 3 c. 12 n. 26, 27, 28, 29, 30. Zacharias Victor de exemt. imper. conclus. 40 num. 21. Anton Wilhelm Ertel in Schauplatz der Landes-Fürstlichen Ober-Botmäßigkeit im 3ten Aufzuge sub n. 17 p. 71.

Müssen also die Brauer vel hoc principio die Probation übernehmen. W. 10. Woferne man dem Adel die Probation aufliegen wolte, würde es in rei veritate auf eine probationem negativæ loslauffen und so viel gesaget seyn, es soll der Adel beweisen, daß er seine uralte Gerechtigkeit und Freyheit, Korn auf seinen Gütern zu vermaltzen, und zu verbrauen unter seine Leute zu debitiren, NB. nicht verlohren, nicht renunciiret, nicht abgeleget habe. At vero negativæ per rerum naturam nulla est, nec requiritur probatio, l. 21 C. de non num. pec. c. 11 X. de probat. Menoch. de præf. l. 2 præf. 50 n. 8. Vincent. Caroccius de locat. conduct. p. 3 de negativa prob. Zumalen dieses alles ja eine negativa, und eo ipso schon per se probiret ist, quod contrarium ab adversa parte non probetur, uti ex professo demonstrat. Fr. Herculanus JCtus Perusinus tr. de probanda negativa n 1 - 10.

Sonderlich in Dingen, so einem jure naturæ competiren, wofür ohne dem schon so lange præsumiret wird, bis diese Assertationes, die alle mit einander in facto bestehen, erwiesen werden, facta enim non præsumuntur, sed ab eo, qui in iis se fundat, probanda sunt. Mascard. de probat. conclus. 732 per tot. Card. Mantica de conjectur. ult. volunt. l. 2 tit. 1 n. 4.

Aus welchen allen also ein ieder siehet, daß die Brauer aus denen Städten gegen den Adel die Probation zu führen schuldig, dieser aber, so lange solche Probation nicht erfolget, sagen könne: Quoad vos liberas ædes possidemus. Ehe wir aber noch dieses Caput qvittiren wollen wir noch examiniren, was denn allhier von denen Brauern zu probiren sey.

§. 3.

Daß die Brauer allhier 3 Stücke beweisen müssen, nemlich 1) daß allen und ieden von dem Adel im Lande die Prohibitio geschehen. 2) Daß alle und iede darauf, und zwar 3) in Rechts verjährter Zeit acqviesciret haben.

Wann man keinen Unterscheid unter prohibition und jure prohibendi machen wolte, so solte es im ersten Anblick scheinen, als sey nichts leichters denn ein jus prohibendi zu beweisen: allein wann man die requisita eines juris prohibendi consideriret, so gehöret, zumaln vieles, und zwar sonderlich, wo man dergleichen jus prohibendi in alieno wider eine Universitatem oder corpus behaupten will, eine grosse und überaus schwere probatio darzu, ehe man von einem jure prohibendi sprechen kan. Denn wir versiren hier in servitute negativa und zwar discontinua, wie man sie in praxi nennet, da denn muß probiret werden: 1) Prohibitionem publicam esse factam universis & singulis. 2) Universos & singulos prohibitioni acquievisse. 3) Idque per tempus immemoriale vel minimum 30 annorum cum patientia continua, wie solche requisita ad possessionem vel qu. juris prohibendi s. negativi erfordern Joh. Maria Novar. de Gravam. Vasall. tom. 2 gravam. 3 per tot. Caspar Klock. de ærar. l. 2 c. 8 n. 19. Jacob Cancer p. 2 var. resol. c. 2 n. 106. Rosenthal de feudis c. 5 concl. 25 n. 3. Hering. de Molendin. q. 11 n. 108.

Das

Das erste Requisitum pfleget zwar wohl das aller-
leichteste zu seyn, denn was ist wohl faciler als iemand
zu contradiciren und etwas von andern zu prätendiren? Allein damit ist noch lange keine servitus negativa erwiesen, sonsten und wo contradictiones
und prohibitiones solæ einem seine jura nehmen
könnten, niemand seiner Gerechtigkeit eine Stunde
sicher seyn würde: Sondern es gehören allhier zwey
zum Kauffe, nemlich daß der prohibitus darauf
willig acqviescire, denn woferne keine Acqviescenz erfolget ex parte prohibiti, sondern derselbe sein
jus vor als nach continuiret, wird durch solcherley
contradictiones & prohibitiones so gar kein jus
prohibendi acquiriret in alieno. Cancerius lib. 3
var. resolut. c. 4 n. 147. Joh. Papon. ad consuet.
Burbon. art. 543. Ant. Thesaur. decis. 16 n. 6.
Donat. Ant. de Marinis ad Fr. Revert. dec. 68
obs. 1 n. 4, daß vielmehr der prohibitus seine
possessionem libertatis in ea continuanda stär-
ker und firmer machet. Klock. vol. 1 cons. 29
n. 691 & n. 497. Franc. Balbus de præscript. 4
part. 5 pr. quæst. 5 n. 3. Nic. Boerius dec. 125 n. 5.
Barth. Cæpoll. in tract. de servit. urb. præd. c. 50
n. 2. Aym. Cravetta de Antiquit. temp. part. 4
§ Materia singularitatis n. 99. Jacob Thoming.
Consil. 17 n. 71. Sixtin. de Regalibus lib. 2 c. 3
num. 64.

Insonderheit ist bey diesem Articulo patientiæ
noch dieses momentum allhier wohl zu consideriren,
daß da in præsenti gegen eine gantze Ritterschaft
das Jus prohibendi vor der Ratzeburger Brau-Gil-
de behauptet werden will, es gantz und gar nicht
gnug ist, wenn gleich ein und ander von Adel mit
dem Brauen acqviesciret hätte. Besondern es ist
præcise nöthig zu beweisen, daß NB. alle aus der
Ritterschaft auf sothane prohibitionem der Brauer-
Gilde, und zwar libero consensu acqviescirt haben;
Non enim hic sufficit hujus vel illius ex universitate acquiescentia, Ægid. de Bellamera concl.
626, sed præcise necessum est, totam universitatem & in Collegio scivisse, passam esse & acquievisse. Jac. Cancer. d. cap. 40 n. 217. Myler
ab Ehrenbach in metrolog. c. 19 § 16. Hering.
de Molend. quæst. 11 n. 117. Besold. de jure universit. c. 6 n. 3. Anton. Thesaur. decis. Pedem.
16 n. 17. Sogar daß auch hier nicht eine acquiescentia majoris partis gnug, sondern durch die
Dispatienz auch nur etlicher wenigen das Recht
der gantzen Universitati conserviret werden kan, uti
prolixe deducit Casp. Klock. vol. 1 cons. 29
n. 519 & seqq. Nic. Myler ab Ehrenbach loc. cit.
Joh. Goedd. Consil. Marpurg. 16 n. 371 & 422.
Jac. Cancerius d. c. 4 n. 117, 118.

Dann ferner muß auch die Prohibitio und acquiescentia NB. vor der Zeit der angefangenen
Klage geschehen seyn, nam actus lite pendente
facti, ut qui liti causam dedere, nec in possessorio
nec in petitorio proficiunt, sed habentur pro
attentatis, turbidis & nullis. Lud. Posth. de
manuten. obs. 48 n. 7 & per tot. Mev. p. 1 dec.
188 n. 3, 4. Jac. Cancerius d. c. 4 n. 95 & 1, 14
n. 72. Robertus Lancellot. de attentat. p. 2 n. 4
n. 49 & p. 3 c. 31 n. 184, 185, 186. Vergin. de Boccatiis de interdicto uti possidetis c. 3 n. 10.

Insonderheit aber fallen solche Actus weg, wenn
sie pendente appellatione geschehen, massen ein,

obgleich auch judiciale inhibitorium nicht der Wirkung ist, iemanden seine jura zu nehmen, wenn davon appelliret worden, nam appellatio extinguit
judicatum, ut habeatur, ac si sententia non esset
pronunciata, Mev. d. decis. 188 & p. 7 decis. 271
n. 2. Lancellot. de attent. p. 2 c. 2 in præf. n. 81
usque 120. Joh. Baptist. Asinius in praxi §3 c. 2
limit. 2 n. 1. Matth. de Afflict. dec. Neap. 295 n. 3.

Es ist aber auch ferner die blosse prohibitio und
Patienz nicht gnug, sondern es muß auch ad effectum acquirendæ servitutis negativæ in fundo
nobilium allhier eine Präscription mit ihren requisitis erwiesen werden, ita ut nulla intervenerit in-
terruptio vel contrarius actus, idque per 30 ad
minimum annos cum patientia conformi. Hering. de Molend. qu. 11 n. 108 & seqq. Rosenth.
de feud. c. 5 conclus. 25 n. 3 & in glossa t. e.

Ja weilen allhier de servitute discontinua die
Frage ist, wird nicht unbillig eine præscriptio immemorialis erfordert, juxta receptam in praxi
circa servitutes discontinuas sententiam. Mynsing. cent. 4 obs. 53. Bernh. Wurmser. tit. 27 obs.
5 n. 11, 12. Barthol. Cæpoll. 1 de servit. P. R. c. 20
n. 7. Henr. Hahn. ad Wesenb. tit. de servit. n. 5.
Justus Hahn. de jure colon. perpet. conclus. 251,
252, 255. Und ist auch hiebey der Terminus a quo
acquietum est, circa probationem wohl zu notiren: denn es muß die Zeit, woraus die præscriptio
will formiret werden, schon ante litem cœptam
pasiret seyn, adeoque tempus litis cœptæ subdu-
cendum, unde si lis tanto tempore pendet, ut
subducto tempore litis non possint reperiri testes justæ ætatis ante litem cœptam, præscriptio
plane sit improbabilis. Seravin Olivar. Razzal.
decis. Rot. 1455. Alexand. Lodovis. decis. Rot.
Rom. 205 n. 4 & decis. 298. Massen lite cœpta
die præscriptio sich so gar nicht anheben kan, daß
sie auch, wenn sie angefangen, interrumpiret wird,
præprimis, si lis sit contestata: c. illud X. de
præscription. 30 vel 40 annor. l. 2 C. de annali
except. Gebhard. de usucap. c. 1 § 4 n. 9. Gail. 1
obs. 74 n. 71. Mynsing. decad. 2 resp. 17 n. 11, 12.
excent. 4 obs. 16 n. 5. Guid. Papæ dec Gratianop. 416. So müssen auch alle Requisita der Præscription accurate, & uti loquuntur Itali, pun-
ctualiter probiret werden, ita ut si quam minimum deficiat, in dubio contra eam sit judicandum. Joh. Maria Novarius de gravam. Vasall.
gravam. 3 n. 22, 23. Franciscus Vivius dec. Neap.
226 n. 4. Franciscus Cardin. Mantica dec. Rot.
Rom. 289 n. 4. Actolin. resolut. forens. 4 n. 12.

Ex Cap. III § 1 p 20 seqq.

Mit den Turnier-Ordnungen Henrici Aucupis
ist es nicht richtig, und wenn sie schon in vim
legis publiciret wären, geben sie doch zum
Brauen nichts wider den Adel, sondern vielmehr vor denselben.

Weilen, wie in Cap. I ausgeführt, der Adel in
Teutschland von uralter Zeit das Brauen hergebracht, so siehet man auf der andern Seite wohl,
daß demselben nicht beyzukommen, woferne nicht
amissio dieses Rechtens erwiesen, dahero suchet man
zuförderst aus der Historia Germaniæ ex oppo-
sito eine Couleur zu geben, und zu sustiniren, daß
der

der teutsche Adel von solcher Freyheit abgetreten, und solches zu denen Zeiten Henrici I Aucupis sich angehoben. Denn als dieser löbliche Kayser die Adelichen Tournier-Spiele introduciret, da habe er in denen dem Adel gegebenen legibus Torneamentorum Articulo XI verordnet:

Welcher von Adel gebohren und herkommen wäre, der seinen Stand anders als im Adel-Stande hielte, sich nicht von seinem Adelichen Stande, Renthen und Gütern, die ihm sein Mann- oder Erb-Lehn, Dienste-Lehn, Rath-Geld, Herren-Sold oder Eigenthum jährlich ertragen mag, sondern mit Kaufmannschaft, Wechseln, Fürkauffen und dergleichen Sachen nähren, oder sein Einkommen mehren wollte, dadurch sein Adel geschwächet und verachtet würde, wo er auch seinen Anstössern und Hinterfassen ihr Brot vor dem Munde abschneiden wollte, derselbe, so er der Stücke eines oder mehr überfahren und dawider thun würde, solle im Tournier nicht zugelassen werden, wo er aber darüber einreiten und tourniren wollte, solle man ihn um das Roß tourniten, und auf die Schrancken setzen. Wie solche leges recensirt werden a Rüxnero im Tournier-Buch proær. p. 10. Bunting. in Chronico Brunsvic. ad an. 932.

Hieraus will nun geschlossen werden, weil der Adel in solche Leges torneamentorum consentiret, immassen die Tourniere etliche Secula herdurch bis ad annum 1487 gehalten, so sey damit nicht allein die Prohibition, sondern auch die Acqviescentz wegen des Brauens gegen den Adel gnugsam erwiesen, wie denn dieses argumenti von denen legibus torneamentorum sich gegen den Adel sonderlich bedienen Franciscus Pfeil in cent. 2 consf. 102 n. 37. Schöpfer. de jure braxandi p. 1 c. 2 n. 100. Klock. de contribut. c. 12 n. 255.

Antwort.

Vors erste ist es in facto mit diesen legibus torneamentorum nicht richtig, ob selbe auch authentique, und iemahlen in rerum natura gewesen. Denn obgleich an der Verité der vom Kayser Henrico Aucupe angeordneten Tournier-Spiele an sich wohl kein Zweiffel ist, so werden doch von gelehrten Leuten diese leges torneamentorum pro suppositiciis gehalten, darinne Rürnerus viel nach seinem Plaisir gesetzet, gestalt in keinem Reichs-Kreise oder andern Chur- und Fürstlichen Archivo ein Original davon iemahln gewesen, noch ein Mensch zu nennen, der das Original gesehen. Melch Goldastus ab Haiminsfeld in ration. ab lit. der Reichs-Satzung p. 305 moqviret sich über des Rüxneri fabulöse Erzehlung von diesen Legibus, daß er nemlich solche von einem Sächsischen Pastore wolle bekommen haben, welcher letztere aber nach der Copirung das Original verbrannt haben solle, damit nicht ein anderer hernach darüber kommen und solches corrumpiren möchte. Ad quæ festive Goldastus, o frivolam causam nec caput nec pedem habentem! propter unicam enim hanc & principem causam debuisset autographum sartum tectum conservare, quo potuisset dubitationum radices ex hominum mentibus eradicare. Andr. Knichen in l. 2 de pactis vestit. c. 4 n. 101 remarqvirt Rüxnerus den ersten Tournier ad annum 939 setze, da doch Kayser Henricus Auceps Anno 936 gestorben, und also schon der Zeit 3 Jahr todt gewesen,

auf welche Art nicht Henricus Auceps selbst, sondern sein Geist oder anima den ersten Tournier gehalten hätte, daher zu sehen, wie wenig dem Rüxnero zu trauen. Es macht auch Rüxnerus noch mehr das Werck damit verdächtig, wenn er saget, es wären diese Leges gegeben durch Hülffe Pfaltz-Grafen Conradi am Rhein, Hertzog Hermanni in Schwaben, und Hertzog Bernhardi in Bayern, da doch ein solcher Pfaltz-Graf am Rhein, Namens Conrad in rerum natura damahln nicht, wohl aber Pfaltz-Graf Eberhard gewesen. Witichind. Corb. l. 2 hist. Sax. Luitprand. l. 4 C. 10. Tolnerus in hist. Palat. c. 7 & 8. Marquard. Freher. Origin. Palat. p. m. 16.

Ingleichen hat zu der Zeit kein Hertzog Bernhard in Bayern, sondern Arnolphus Malus regieret. Henr. Meibom. ad Witik. Corbei. lib. 2 verb. Arnolphus Bojor. dux. Gobelinus Persona in Cosmodrom. æt. VI cap. 46, ubi eum Arnoldum vocat. Hermannus Contractus ad annum 937.

Dahero schreibet Fauchet tr. de l'origine des Chevalliers p. 9, je doute, si les Ducs & Comtes, qui au dit livre sont nommez, pour autheurs de ces articles, &c. Spangenberg in Chronico Mansf. c. 124 schreibet: Er besorget, Rüxnerus habe zu viel zu denen Nahmen gethan, das nicht könne bewiesen werden, denn schwerlich zu glauben, daß die Sächsischen Grafen und Herren zu der Zeit Hebräische und Griechische Tauf-Nahmen gehabt, und in Chronico Hennebergensi: Rürner habe oft gedichtet, was ihn gewollt ohne Grund und Beweis. Der sel. Cammer-Gerichts-Assessor Mauritius in in der Differt. de duello § 28 schreibet: Se nescire, qua fide vel autoritate leges hæ torneamentorum Henrico I acceptæ ferantur. Der Reichs-Hof-Rath Freyherr von Andler nennet diese leges torneamentorum vanitates, quæ nihil operentur, in Jurisprudent. lib. 2 tit. 26 n. 106 & in summario: Inde non posse duci argumentum, gestalt auch diejenigen Scribenten, so zu Henrici aucupis Zeiten, oder doch in dem Seculo X gelebet, und seine res gestas auch mit allen und oft den geringsten Kleinigkeiten beschrieben, als da sind Luitprandus, Witikindus, Hroswita, Adamus Bremensis, Regino Prumiensis, Hermannus Contractus &c. nicht ein Wort von diesen Legibus torneamentorum melden, dahero Christoph. Besold. in thes. pract. voce Tournier raisonable Ursachen gehabt zu schreiben: Es wollen verständige Politici und Historici dieser Zeit nicht zwar ratione ipsorum hastiludiorum, sondern respectu circumstantiarum confictam dieses für suspect und unglaublich halten. Mit einem Worte, man kan von diesem verrosteten figmento wohl recht sagen, was dort beym Martial. l. 1 in apophoret. p. 1 stehet.

Sunt spinæ, tricæque, & si quid vilius istis.

Was will man also aus solchen ungewissen und von iedermann pro spuriis gehaltenen altväterischen Mährlein für Argumenta nehmen, dadurch dem Adel solche Revenüen seiner Güter sollen entzogen werden, gewiß, wo man denen Leuten an ihr Geld und Gut will, gehöret mehr darzu als aniles fabulæ, unde jura non esse petenda monet Imperator procem. Instit. § 3. Man mag aber endlich diese Tournier-Ordnung vor authentique oder supponiret, fabulös oder wahr annehmen, so ist doch nicht

iu.

zu sehen, wie ein Verbot des Brauens und eine Revenüe davon bey Adelichen Gütern zu machen, daraus zu erschnitzeln sey. In dem lateinischen Idiomate, worinne dero Zeit und nicht im Teutschen die leges publicæ geschrieben worden teste Conringio de Orig. Jur. Germ. c. 25 pm. 151. Dn. Mauric. de Receſſ. Imper. § 28 lauten die Worte beym Goldaſto tom. II Conſtit. Imper. p. 40 alſo art. 111 Quisquis a ſtirpe Nobilis non contentus bonis, quæ ſive hæreditario aliove jure obtinuiſſet, reditibus quæ ſuis & quæ ſibi more recepto à colonis ſuis ſubditis operis aliisque quibuscunque feudatario, aut quocunque jure alio deberentur, ac ſi à conſiliis Principi alicui eſſet conſtituta hoc nomine penſione quisquis, in quam his omnibus non contentus negotiaretur, augendi patrimonii causa coemtisque frugibus, vino, aut aliis ſpeciebus rebusque annonam flagellaret, ludis æqueſtribus his prohibeatur, aut ſi decurrere aliorum exemplo præſumeret, equo mulctatus ſepta inſcendere compellatur.

Hier iſt die Frage, ob dem Adel, die bis dahero bey ſeinen Gütern und von ſeinen Leuten, laut dictorum cap. 1 gehabte Revenüe des Brauens benommen ſeyn könne, und ob nicht vielmehr ſelbige dadurch confirmiret, dem es wird geredet von einem ſolchen von Adel, qui non contentus bonis, quæ ſive hæreditario aliove jure obtinuiſſet rediribusque ſuis & quæ ſibi NB. more recepto à Colonis ſuis, ſubditis, operis aliisque quibuscunque feudatario aut alio quocunque jure deberentur. Und werden alſo im Gegentheil diejenigen reditus, ſo der Adel more recepto quocunque jure von ſeinen Gütern und Colonis genoſſen, beſtätiget. Nun aber hat der Adel more per Germaniam recepto aus dem Brauen ein reditum ſeiner Güter gemachet, und könnte dem Adel-Stände derο Zeit ſolches unmöglich verkleinerlich ſeyn, da ſich die Kayſer ſelbſten von ihren Villis und Land-Gütern, quantum de cereviſia habere potuerint, berechnen laſſen, wie oben cap. 1 ausgeführet: So iſt auch bis dieſe Stunde der Adel mit ſeinen Gütern content und verlanget keinen Tropffen Bier in den Städten zu debitiren, ſondern will ſich gern in dem Diſtrict ſeiner Güter halten, und damit nur bey ſeinen Colonis und Subditis bleiben. Ferner ſo redet der Art. XI von denen, qui coemtis frugibus, vino aut aliis ſpeciebus rebusque annonam flagellarent.

Solche dardanariſche Verkauffung, ſorditiem, Schacherey aber und Kornſchinderey verlanget keiner unter dem Adel, noch die Annonam in denen Städten, durch Verkauf- und Wiederverkauffung des Korns zu flagelliren, ſondern ein jeder ſuchet nur ſeine Güter aufs beſte als er kan in ſuo wie andere allda gefallene proventus zu nutzen und zu fructificiren. Geſtalt auch allhier nicht die Verkauffung des auf denen Adelichen Gütern gewachſenen Korns oder Wein (welches in aller Welt, und bis dieſe Stunde die Rheinländiſche, Fränckiſche, Schwäbiſche und Oeſterreichiſche Ritterſchaft, ja Kayſerl. Majeſtät und andere Potentaten ſelbſt, ohne tache ihres Standes thun) ſondern NB. coemtio vini & frugum annonæ flagellandæ causa, dem Adel verboten wird, dergleichen propolium und Korn-Verkaufferey der Adel nicht treibet. Da alſo nicht

der Verkauf des Weines oder Korns dem Adel verboten iſt: So iſt in dieſem Fall keine ratio des Unterſcheides zu ſehen, warum dem Adel ſeinen Wein, Oel, Eßig, Milch und Honig zu verkauffen, von nen Patronis des Städtiſchen Bierbrauens zugeſtanden werde, das Bierbrauen und Verkauffen aber nicht? da beydes liquida ſeyn? dasjenige, woraus ſie gemachet werden, beydes auf Land-Gütern wächſet, beydes durch Dienſte und Knechte Hände zum Gebrauch præpariret werden muß? Gewiß iſt dieſe Replick, ſo man auf dieſe Inſtantz thut, ſehr froide und jejun, daß nemlich ein anders es dahero ſey mit dem Korn, wie ſelbiges in ſua ſpecie unverändert gelaſſen werde, das Bier aber müſte per operas viles & miniſteriales erſt præpariret werden. Item, daß der Wein nicht anders als durch den Trunck bey Adelichen Gütern genutzet noch zu Gelde gemachet werden könne, wohl aber das Korn; wer ſolche Replick brauchet, den würde man fragen müſſen: Ob denn der Wein nicht ebenfalls durch der Domeſtiqven Hände und ſerviliſche Arbeit aus denen Trauben gepreſſet, zu Faſſe und Keller gebracht, und zum Commercio præpariret werden müſſe? Ob nicht das Honig durch Dienſte von dem Wachs ſepariret, und ebenfalls durch operas miniſteriales in Tonnen geſchlagen werden müſſe? Ob Butter, Käſe, Rüben, Oel ꝛc. von ſich ſelbſt in prima ſua ſpecie gelaſſen werden? Ob Wolle, Flachs, Hanf, Kohlen ſich ſelbſt alſo præpariren, oder operas viles erfordern? Und ob in allen dieſen Fällen der Edelmann ſelbſt die Hand anſchlage? Eine Differentz bey ieden Dingen zu finden und zu ſagen: Bier werde anders als Wein, Oel und Eßig bereitet. Wein wäre kein Bier, & vice verſa, iſt eine ſchlechte Sache, die Frage aber iſt nur, ob daraus de jure folge, und es einen rechten Schluß gebe. Wein und Korn werden nur ausgepreſſet und reſp. ausgedroſchen, das Bier aber erſt ex alia ſpecie gekocht. Ergo ſtehet dieſes dem Adel nicht ſo frey als jenes? Dorten ſaget Jaſon in l. illam n. 7 C. de collat. domine, ubi hoc ſcriptum eſt, doce. Wo iſt der textus juris civilis, canonici, feudalis & receſſuum Imperii, der dieſes ſtatuiret? Oel und Kohlen werden auch nicht in prima ſpecie gelaſſen, da doch das Holtz und Rübe-Saamen wohl könnten per ſe verkauffet werden. Diejenigen Reichs-Fürſten, ſo Bergwercke haben, könnten ja die ausgegrabenen foſſilia und mineralia, ſo, wie ſie die Natur formiret, verkauffen, man hält aber Pucher, Seigerer, Friſcher, Abtreiber, Garmacher, Wäſcher, Seige und Schmeltz-Wercke, ſepariret durch Hülffe der Oefen und des Feuers das Glöt, Bley, Kupffer, Silber, Meßing, Alaun, Vitriol, Schwefel, gieſſet eiſerne Oefen und verkauffet ſelbe. Die Fürſtlichen Aemter an Orten, da es ſich thun läſſet, ihre Glas- und Ziegel-Hütten, allwo aus Aſchen Gläſer geblaſen, und aus Erde Steine zum Verkauf gebrannt werden. Vid. Seckendorf im Teutſchen Fürſten-Staat c. 3 tit. 1 von Berg-Regal § 3 & 4 tit. 6 von Wald-Nutzungen. Klock. de ærario lib. 2 c. 15 n. 6, 7, 8, ubi de coctura laterum der Fürſtl. Ziegel-Ofen. Maximilian. Fauſt ab Aſchaffenburg conſ. pro ærar. tota Claſſe XVI. da die Menge von dergleichen Specificationibus zu leſen, ſo Fürſten und Herren ur Verbeſſerung ihrer Revenüen mit Berg- und Waſch-Wer-

len, Glas-und Stein-Schleiffen, Ziegel- und Koh-
len-Brennen, Manufacturen, Saltz-Sieden rc.
treiben; Wer hat aber deswegen, daß diese Dinge nicht in sua prima specie gelassen werden, es
vor eine der honneur und Dignität der hohen Personen unanständige Sache ausgeben wollen? Man
siehet, wohin Studia partium bey einer Sache
poußiren, daß man rationes debitiret, von deren
fœible und Contrario die gantze Welt convinciret
ist, wir werden hiervon in dem 3 § noch weiter inferius handeln, haben dieses nur occasione legum
torneamentorum anführen wollen. Wormit
also hoffentlich dieses Tournier-Argument gnugsam
tourniret, und was davon zu halten, ans Licht gestellet seyn, inzwischen aber sich ein ieder verwundern wird, wie Gelehrte und der rerum Germanicarum kundige Leute auf dieses ridicule Argument
von Tournier-Ordnungen gerathen, selbes gantz
serio debitiren und dem Adel, darauf seiner Revenüen sich zu begeben, auch nur anmuthen können.

§. 2.

Es kan ex leg. 3 C. de Commerciis & mercatoribus nicht behauptet werden, daß dem A-
del alle negotiatio verboten sey, und daß
das Bier-Brauen oder Brandtewein-Brennen
zum Verkauf eine solche negotiatio sey, davon dieser l. 3 disponiret oder solche dem Adelichen Stande verkleinerlich sey.

Woferne man das Bier-Brauen und Brante-
wein-Brennen auf diesen Fuß einer Negotiation
oder Kauffmanschafft nehmen wolte oder könte
(wie doch von denen auf denen Adel-Gütern vorfallenden Fructificationen durchaus nicht kan gesaget werden): so wäre allhier leicht zu remonstriren,
wie wenig dieser l. 3 C. de Commerciis & mercatoribus auf das Brauen applicable, und daß
dem Adel alle negotiatio und in specie diese gantz u.
gar nicht hierdurch verboten. Denn es ist unter denen
Juristen ausgemachet, daß dieser lex nur rede de
propolio & monopolio, oder wie Tabor in dem
über diesen legem ex professo geschriebenen Commentario § 5, 6, 7 dieses expliciret, de propolio
& mercimonio, quod tanquam ars & opificium tabernam instituendo, merces in hoc emendo, ut minutatim vendantur, exercetur, welcher
massen auch solchen l. 3 expliciret Dn. Ab. Andler. tom. 11 Const. Imp. vom Adel n. 105. Cicero
nennet solches mercaturam sordidam lib. 1 offic.
Sordidi, inquit, putandi, quum mercantur a mercatoribus, ut statim vendant, nihil enim profi-
cient, nisi admodum mentiantur. Nemlich da
die Leute zu öffentlichem Laden ausstehen, einkauffen,
und wieder bey Ellen und kleinen Gewichte oder
Maasse verkauffen, oder wie das Königl. Frantzösische Edict de dato Versailles M. Decemb. 1701
redet, qui ont des boutiques ouvertes, etalage,
ou enseignement à leurs portes & maisons. Dergleichen sordities mit dem Bier-Verkauff e. g. bey
Nösel und Quartieren, gantzen und halben Maassen,
das Bier in seinem Adel-Wohnhause zu verzapffen,
Trinck-Gäste daselbst zu setzen rc. dem Adel nie in den
Sinn kommen, u. das ist eigentlich das Mercimonium, so dem Adel in hac lege 3 C. de Commerc. untersaget wird, denn es wird nicht allein denen Nobilioribus, sondern auch denen NB. qui patrimo-

nio ditiores sunt, der Handel in denen Städten
verboten, und zwar zu dem Ende, ut inter plebejos & negotiatores facilius sit emendi vendendique commercium, welches, wo man es von andern Dingen, als der kleinen Handlung in detail
und zwar auch ausser denen Ring-Mauern der
Stadt verstehen wolte, diese Absurdität mit sich
führen würde, daß reiche und grosse Capitalisten
nicht handeln solten, die doch die besten Negotian-
ten seyn, welchen Knoten auch der Tabor l. c. befunden, darum durch die plebejos & negotiantes,
wovon der lex redet, geringe Leute, die sich mit Ver-
einzelung der Waare ernähren, u. keine grosse Mittel
haben, verstanden werden müsten. Ita enim omnes
de hoc genere mercimonii exercendi hanc legem exponunt. Præter Taborem Joh. Marqu.
de jure mercat. l. 1 c. 10 a. n. 70 usque 81. Anton de Gamma Decis. Lusitan. 322 n. 6. Limnæus de jure publ. lib. 6 c. 5 n. 77. Knichen
p. 2 de pact. vestitur. c. 4 n. 11. Petr. Rebuff. de mercator. minut. vend. Glossa 15 ad
verba marchands vendans ou distribuans leurs
denrées en detail.

Sonsten aber ausser dieser Art der Krämerey in
Kleinigkeiten ist grundfalsch, daß dem Adel die Negotiation en gros verkleinerlich, probrös oder an
ihrem Stande, honneur und Charactere präjudicirlich sey. Ja Lutherus de censu l. 3 c. 13 n. 48
führt ex Gothofredo an, daß dieser lex 3 C. de
Commerc. gar nicht in usu mehr sey, und hingegen
bey dem Harmenopulo es also laute: Mercimonia exercendi potestas omnibus esto, welches
nostro sensu die pure Wahrheit ist. Man höre
abermahln den König von Franckreich hiervon in
obbesagten edicto de Anno 1701; Nous avons,
saget der König im Edict, toujours regardé le
commerce en gros, comme une profession honorable, qui n'oblige à rien, qui ne puisse rai-
sonnablement compatir avec la noblesse, ce qui
nous a meme porté plusieurs fois à accorder
des lettres d' annoblissement en faveur de quel-
ques uns des principaux negotians, pour leur
temoigner l' estime, que nous faisons de ceux
qui se distinguent en cette profession. Mercu-
re Historique ad An. 1702. Joh. Marquard.
ein berühmter Städtischer JCtus in seinem tractatu de jure mercat. l. 1 c. 10, nachdem et alle Argumenta contra negotiationem nobilium der
Länge nach recensirt, saget endlich n. 60: Sed ut ingenue dicam, quod res est, nunquam ego his
aut aliis potui induci, ut crederem nobilitatem
per quodlibet exercitium mercaturæ splendo-
ris sua eclipsin pati. Welches auch vor ihm
Joh. Limnæi ipsissima verba seyn l. 6 Jur. publ.
c. 5 n. 75.

Wann nicht diese Materie so offt von andern
ausgeführet wäre, könte man allhier dieses mit
verschiedenen Instantzen refutiren und diejenigen,
so den Adel ex capite sorditimei von allem Handel
und Wandel excludiren wollen, fragen, wie es denn
zugehen können, daß grosse Herren selbst Handel
treiben, denen man doch wohl solches weder zur sorditie noch Indignität deuten wird? e. g. Wie
der König in Franckreich, und vornehmen ur-
und Fürsten des Reichs, den Saltz-Handel treiben
können?

können? Wie die Könige in Spanien und Engelland sich in der Kauffleute Compagnie zu Antwerpen vor dem engagiren können? Wie der Adel in Genua, Venedig, Lucca, und anderer Orten die grössesten Trafiquen ohne Verlust der Nobilität führen können? quæ magno numero historicę & politicè deducit Marquard de Jure mercaturæ d. l. a. n. 48 usque ad finem.

Allein wir wollen in einer notorischen Sache allhier mit diesen Generalibus den gelehrten Leser nicht aufhalten, sondern nur diese speciale Instanzen vorstellen. Es gestehet Hertzog Frantz in der Lauenburgischen Deduction mit angedruckten Beylagen (n. 19) selbst, weisens auch die Fürstl. Cammer-und Amts-Rechnungen in specie in dem Hertzogthum Sachsen-Lauenburg aus, welch eine ansehnliche Einnahme von Braun und Branteweinbrennen in die Fürstl. Amts-Register gebracht, daß Maltz und Brau-Häuser gehalten, und das gebrauete Bier auf die Land-Kruge zu feilem Kauf gesandt, ja denen Unterthanen anders woher Bier zu holen bey Strafe verboten werde. Man sehe nur an, was Hertzog Julius von Braunschweig-Lüneburg-Wolffenbüttel den 30 Oct. 1379 ad Cæsarem selbsten geschrieben, tom. 1 Actor. Brunsvicens. Beylage n. 94, n. 509.

> Er sey unter denen Fürsten nicht der erste noch der letzte, der solch Bierbrauen zum feilen Kauf angefangen, sondern es hätte Marckgraf Johannes zu Brandenburg, Hertzog Wilhelm der Jüngere zu Braunschweig-Lüneburg und mehr andere Fürsten dergleichen gethan.

Und in der Braunschweig-Lüneburgisch-Hannoverischen Amts-Ordnung, so in Zellischen Volumine der Policey-Ordnung gedrucket, stehet Act. 31 p. 1045:

> Die Brauer-Rechnung auf denen Aemtern solle also eingerichtet werden, daß alle dasjenige, so vor Zuwachs an Maltzung, Bier, Cofent (wo bleibet hier das argument de sorditie) Brau-Asche und sonsten zu heben, nicht weniger darinne begriffen sey, als was auf Gebäude, Brau-Geräthe, Feuerung, Dienste rc. darauf gehet; Item was vor Vortheil oder Schade bey der Brauerey iedes Jahr gewesen.

Und der Churfürst von Bayern eignet sich selbst das Weisse-Bier-Brauen zum feilen Kauffe alleine zu, und machet eine grosse Cammer-Revenue davon. Knipschild. de Jure civit. Imp. l. 5 c. 22 n. 19.

Hier fraget sichs, wenn das Brauen zum feilen Kauffe res sordita & nobilitatem obfuscans sey, wie denn grosse Fürsten und Herren dasselbe auf ihren Aemtern und Land-Gütern exerciren können? denn der Adel es auf keine andere Weise auf seinen Gütern treibet, als Fürsten und Herren es auf ihren Fürstl. Aemtern thun. Man fraget ferner, wie denn, wenn das Brauen ein sordides und dem Adel unanständiges Werck ist, es geschehen könne, daß dem Adel das Jus des Brauens, Maltz-Hauses, Schenck-Stät-und Schenck-Rechts von Fürsten und Herren in feudum ohne Verkleinerung ihres Standes gegeben werden könne? und wie sich solches mit denen legibus torneamentorum (falls

Jurist. Oracul V. Band.

das Brauen damit gemeinet) reime? Quales tamen concessiones juris braxandi in feudum dari posse, & rota die dari Nobilibus una cum prædiis testantur Andr. Knichen. de pact. Vestit. p. 2 c. 4 n. 107. Tabor de jure cerevis. c. 2 § 6 c. 3 § 4. Schöpfer de jure braxandi p. 1 c. 2. Carpz. p. 2 const. 6 def. 4 & lib. 1 Resp. 37 n. 8. Richter. Vol. 2 cons. 184. Besold. thes. pract. lit. B voce jus braxandi. Hieronymus Treutlerus cons. 117 n. 4.

Ja dieser letztere will gar ein Regale aus dem Brauen machen. Regalia aber, wo man das Brauen darzu qvalificiren könte, möge ja den Adel nicht verunehren, welches Argument de speciali concessione, investitura, vel privilegio super jure braxandi Nobilibus dato, mit der vorgegebenen Vilität und sorditie vor incompatible hält der sonst pro jure braxandi civitatum militirende Justus Hahn. de jure Colon. perpet. conclus. 369, ibi: si mercatura hæc adeo vilis est, ut nobilitas propterea amitti possit, non video, qui idem illud negotium, quod uni nobilitatem detrahit, alteri novo prætextu vel acquirendi modo eandem conservare possit.

Wann man es aber 2) recht bey dem Lichte besiehet, so ist das Brauen zu feilem Kauffe, welches ein Adel oder Land-Haus-Vater auf seinen Gütern treibet, an sich keine Mercatura oder Negotiatio, sondern ein iedermänniglich zugelassener Ususfructus seiner Güter, welchen zu debitiren nie dem Adel für unanständig geachtet worden, dahero auch in Actis Brunsv. d. 1 Hertzog Julius abermahln dem Adel das Wort redet, wenn Se. Durchl. sagen:

> Es könte ihnen das Brauen eben so wenig verwehret werden, als denen die Wein-Wachs haben, denselben lesen, keltern und auspressen, und was sie dessen in ihrer Haushaltung entrathen können, verkauffen lassen.

Massen hierinnen eben der Ususfructus der Land-Güter bestehet, und geschiehet dergleichen Handlung nicht NB. als a mercatore, sondern als a bono patrefamilias. Hieron. de Laurentiis decis. Avenionens. 14 n. 7. Stracha de mercatura part. 1 n. 23 & 48. Guid. Papæ quæst. 41 & 432, & in terminis des Adel. Brauens, daß solches nicht pro mercatura, sondern pro fructu fundi zu achten, Andr. Knichen. p. 2 de pact. vestit. c. 4 n. 114, 115, ubi Paponum Vincent. de Franchis, Anton. Solan. Surdum, Salonium & Fabium de Anna, allegat. Der Frantzösische Autor Coquille sur les coutumes de sivernois tit. du droit d'ainesse art. 1 schreibet, daß auch in Franckreich, da sonsten der Adel bey Verlust der Adel. Exemtion und Prärogativen der kleinen negotiation sich enthalten muß, dennoch einem Edelmann an seiner honneur und Stande unschädlich sey, daß er mager Vieh kauffe, und gemästet wieder verkauffe, wenn er Weyde und Mast habe. Wie denn auch tota die so wohl bey Fürstl. als Adel. Land-Oeconomien geschiehet, daß wer Mast und Weyde hat, Schweine und junge Füllen kauffet, selbige in die Mastung auf die Weyde treibet, und hernach wieder verkaufft. vid. Zellische Holtz-Ordnung

nung § gr, ibi:) Jedoch, da sich befindet, daß einer keine dergleichen Zucht hätte, und doch Schweine in die Mast zu treiben berechtiget wäre, dem soll unbenommen seyn, etliche Schweine, wie an einem ieden Ort gebräuchlich, und für denen Holtzungs-Gerichten gefunden wird, NB. zu kauffen, und dieselbe an stat seiner eigenen Speck-Schweine, nebst denen jungen Ferckeln, in die Mast zu treiben.

Da nun aber solche Sachen von Land-Gütern zu verkauffen aller Welt Rechten nach permittirt ist, und ein solches dem Adel. Stande kein maculam anhänget, so siehet man gewiß nicht, wie solches durch Verkauffung des Bieres und dessen Distrahirung unter seine Gerichts-Unterthanen geschehen möge: denn eines so wohl als das andere ist nur ein Ususfructus derer Land-Güter, und gar keine verbotene Handlung, wie denn Theod. Schöpffer. tract. de jure braxandi part. 1 c. 11 n. 1132 das Brau-Recht ad jura usufructuarii referiret, und desfalls ad l. 9 pr. ff. de usufru. provociret, quod scil. ad usufructuarium spectet non tantum quicquid in fundo nascitur, sed & NB. quicquid inde percipi potest.

Es bedarf desfalls keiner grossen Ausführung, als welcher Arbeit uns andere vortreffliche JCti enthoben, massen diese Qvästio vor den Adel, und daß demselben das Brauen zum feilen Kauffe auf seinen Gütern zustehe, vortrefflich und in terminis terminantissimis ausgeführet von zween in Chur- und Fürstl. Diensten gestandenen Räthen, Joachimo Mynsingero und Ludolpho Schradero, von jenem Decad. 15 responf. 1 qu. 3 per tot. von diesem aber consil. 44 per tot.

Dergleichen Ausführung pro jure braxandi Nobilium auch von denen Herren JCtis Altorffinis in denen vor kurtzen herausgekommenen Consiliis Altorffinis B. Linckii à Dn. Leuchtio editis, responf. 70 per tot geschehen. Dergleichen in specie vor den Lauenburgischen Adel ausgearbeitetes responfum JCtorum Giessensium de 7 August. 1671 ad acta Spirensia übergeben. Und wie schon gedacht, es hat darunter der Adel den Praxin der Fürstl. Cammer und Aemter vor sich, immassen manches Fürstl. Amt sehr schlecht stehen würde, wann das Brauen davon genommen werden solte. 3) Wird von allen Dd. lex 3 C. de Commerciis limitirt, daß denen von Adel die negotiatio nicht disreputirlich noch contemtible sey, wann sie solche nicht selbst, sondern per ministros suos thun (zu verstehen, was sie von ihren Gütern nützen und zu Gelde machen können): wie also legem hanc expliciren und limitiren Brunnemann. ad d. l. 3 n. 2. Andr. Tiraquell. de Nobil. c. 27 n. 7 & c. 33 n. 22. Guttierez. pract. quæft. l. 1 qu. 117. n. 10. Mynsinger. cént. 6 obf. 54, ibi: Tradunt plerique mercaturam tum demum præjudicare vel obesse Nobilitati, si quis eam per se exerceat, secus si per alios, ut quia opera servorum aut institorum eâ in requis utatur; & postea n. 16 dicit: Et per hoc hodie utcumque excusari possunt Nobiles, vel etiam in majori dignitate consistentes, ne per mercaturæ exercitium videatur diminui ipsorum vel Nobilitas vel dignitas, quemadmodum ita in terminis

judicatum refert Paulus Christinæus Vol. 3 Decif. 106 n. 6, 7 und in terminis des Brauens Ludolphus Schrader. d. Conf. 44 n. 15 verbis: Posito, quod cerevisiam coquere vile & sordidum artificium sit, Nobilibus tamen opera servorum & ministrorum suorum cerevisiam coquere permissum.

Man weiß zwar wohl, daß hierauf auf der andern Seiten replicirt werde, daß nicht una via & per indirectum permittiret werden müsse, was directe verboten: allein ausser daß diese Regel vielen limitationibus unterworffen, wohin auch diese gehöret, wie zu sehen bey dem Tabore in analectis ad Barbos. loc. comm. l. 9 c. 43 tit. indirecte XI. Reiger. in Thesauro in voce facta n. 29, 30, 31; So verstehet man Adel. Seiten dieses nicht von solchem Marschandiren, als die Seiden-und Wand-Krämer, und dergleichen feil haben, sondern von denen Sachen, so auf Adel. Gütern und in deren District vom Land-üblichen Nutzen zu Gelde zu machen, darunter sie ihrer Dienste eben so innocemment gebrauchen, als wenn sie durch selbe die Aecker pflügen, bemisten, säen und egen, das Korn austreschen, selbiges wie auch sonst ihre Fische, Honig, Wolle, Butter, Käse, Kälber und andere auf ihren Gütern gekommene proventus zu Marckte bringen und verkauffen lassen, deswegen aber noch nie quæstionem status gelitten haben, dergleichen Exempel man auch an denen Geistlichen hat, welchen zwar sehr übel anstehen würde, einen Kretschmar oder Wein-Schanck selbst zu exerciren, aber dennoch permittirt ist, durch andere solches verrichten zu lassen, wenn es von ihren Gütern gefallen. Ascanius Tamburinus de Jure. Abbat. tom. 1 Disp. 15 qu. 21 n. 29, 30. Auguft. Barbof. de jure ecclef. l. 1 c. 40 n. 29, 30. Joh. Vannez Parladorius l. 1 rer. quotid. c. 3.

Wie denn an denen Rhein-Ländern deswegen der Clericorum ihr Wein unter dem Namen des Pfaffen-Weins, und auf denen so genannten Pfaffen-Stuben verschenckt wird. Nun aber verselbet der Adel nicht selbst das auf denen Gütern gebrauete Bier, schencket auch selbiges nicht bey Kannen, Qvartieren und Stübgen selbst aus, sondern lässet solches denen Krügern über, eben wie Fürsten und Herren auf ihren Aemtern, auch Fürstl. Ministri selbsten, so Land-Güter und darzu Gelegenheit haben, es mit ihrem Bier und Brantewein halten, und den Debit durch andere verrichten lassen, idque absque omni maculâ honoris. Und endlich

4) giebt dieser Sache den völligen Ausschlag, daß die Sachsen-Lauenburgische Ritterschafft, wie in cap. 1 remonstriret worden, bisher in continuirlicher possessione vel quasi ultra seculum, ja ab immemoriali tempore her sich befünden, auf ihren Land-Gütern zu brauen, und mit dem Biere ihre Krüge zu besetzen; In welchem Fall abermal alle JCti, auch so gar diejenigen, so wider den Adel schreiben, darinne einstimmig sind, daß alsdenn der Adel bey solchem Brauen müsse gelassen werden, und solches an ihrer Würde unschädlich sey. Also setzen davon Georg. Marsmann, ein Syndicus der Chur-Sächß. Stadt Bautzen, in der kurtzen doch gründlichen Nachricht vom Sächß. Meilen-Recht part.

part. 1 c. 1 p. 10 verbis: Wo von langen Jahren durch eine beständige Gewohnheit die von Adel auf ihren Gütern Bier zu feilem Kauffe brauen, und in ihren Kretzschmern verschencken lassen, daselbsten ist solche Nahrung NB. dem Adelichen Stande und dessen herrl. Glantz unnachtheilig. Et in tract. de Metrologia part. 2, cap. 9 §32, ibi: hodie de consuetudine etiam sine Nobilitatis detrimento cauponariam in suis prædiis exercere faciunt.

Ebenfalls spricht darunter denen Nobilibus, wenn sie in possessione des Brauens, obgleich nicht per tempus præscriptibile sich befinden, das Wort Theod. Schöpffer, ein Qvedlinburger und sonst eyffriger Impugnator des Adelichen Brauens, in tract. de jure braxandi part. c. 2 n. 207, ib: isi nobiles per longum sed ad obtinendam præscriptionem insufficiens temporis spatium in quieta fuerint braxandi possessione, tunc in eadem erunt defendendi, usque dum in ordinario processu civitates contrarium obtinuerint.

Mit welchen auch gleicher Meynung ist Joh. Otto Tabor in seinem en faveur derer Städte geschriebenen Tractat de jure cerevis. part. 1 c. 3 § 4 inquiens. Consuetudo patriæ veniet attendenda, nec coctio ista aut venditio probrum aliquod naturale continet, (wie kömmt dieses mit der vorgegebenen sorditie überein? Und wer siehet also nicht, daß man mit dieser Ration nur die Leute amusiren wollen)? ut consuetudo in illud nihil possit. Unde nec Nobilitati distractionem istam officere, si privilegio vel investitura jus hoc obtentum sit, arbitramur cum Limnæo. Wie solches mit mehrern noch zu sehen ist bey Ludolph. Schrader. citato sæpius consil. 44 n. 24 & seqq. Joachim. Mynsinger. Decad. 15 resp. 1 quæst. 3 n. 77. Benedict. Carpz. part. 2 const. 6 def. 4 n. 4. Matth. Berlich. part. 1 decil. 31 n. 5 & 6. Goswin ab Esbach. in notis ad Carpz. part. 1 const. 16 def. 72. Und so viel von diesem Argumento, daß das Bier-Brauen und Mercatur dem Adel unanständig sey.

§. 3.

Daß das Brauen extra casum specialiter acquisiti juris prohibendi keine privative Städtische Nahrung sua natura und an sich selbst sey, sondern gleich denen Fürstlichen Aemtern auf dem Lande auch dem Adel competiren könne.

Diejenigen JCti, so der Städte Brauen gegen die Nobilität verfechten, haben endlich wohl gesehen, daß das Argument, so sie von der sorditie und Dignität des Brauens gegen den Adel brauchen (weil sie Fürsten und Herren, und deren Aemter in gleichem Facto finden) den Stich nicht halten wolte, sie auch dem Adel in Casu, da derselbe mit dem Brauen beliehen, das Brauen zustehen, und vor anständig achten müsten, dannenhero endlich das Haupt-Argument darauf genommen, daß man gesaget, das Brauen gehöre zu denen Städten, sey eine bürgerliche Nahrung, ita Berlich. p. 1 decis. aur. 21 n. 6, ibi: Nobilibus non tam propter

sorditiem, quam & quidem principaliter propter difficultatem commercii, perniciem & detrimentum, quod per hoc civitatibus & civibus infertur, jus cerevisiæ coquendæ interdicitur. Joh. Otto Tabor de jure cerevisiarum c. 3 § 1, 3 & 4 cujus verba supra § 2 citavimus. Justus Hahn. de jure colon. perpet. conclus. 345. Ziegler. de jurib. majest. l. 1 c. 41 th. 12.

Nun ist wohl nicht zu leugnen, daß diese Thesis an Ort und Enden, da die Städte entwedervon uralter Zeit her, oder gar per Recessus provinciales, pacta expressa, oder per prohibitionem & acquiescentiam vicinorum das Brau-Wesen privative hergebracht, seine Verität allerdings behalte, und dargegen nichts zu sagen sey, ja denen Städten, so es solchergestalt hergebracht, Unrecht geschehen würde, wenn sie dessen entsetzt, und wider alles Herkommen neue Brauereyen in der Nähe angerichtet werden wolten, als zum Exempel im Churfürstenthum Sachsen, da denen Städten das Brauen mit gesamter Landes-Bewilligung auf öffentlichen Land-Tägen privative einmal beygeleget, constitutiones prohibitivæ publicirt, und der Adel darauf acquiesciret, ja selbst um dergleichen Verordnung in genere gebeten, teste Marsmann. in Miliolog. p. 2 c. 9 n. 56 p. 369. Resolutio Electoralis Gravam. de 21 num. 1661 Rubr. Justiz-Sachen Gravam. 126, ibi:

Dahero unsere getreue Landschafft selbst beweglich in Unterthänigkeit erinnert: dergleichen exempla sich auch in andern Fürstenthümern und Landen finden. Desgleichen kan diese Propositio auch in hoc sensu wohl wahr bleiben, daß die von Adel ihr Bier nicht in die Städte zum Verkauff schicken, oder wann sie allda Häuser haben, in der Stadt zu feilem Kauffe nicht brauen müsten, quem casum decidit Daniel Mollerus in L. 4 semestr. c. 17.

Allein generaliter dieses zu sagen, es sey das Brauen NB. per se & sua natura aller Orten eine privative Städtische Nahrung, solcher gestalt, daß auch in suo districtu die von Adel ihr Bier nicht debitiren sollen, lässet sich mit beypflichtigen Rechten nicht behaupten; Einmahl sind keine textus juris verhanden, die das Brauen denen Städten privative beylegen; Dahero auch Hertzog Julius in actis Brunsvicensibus, auf diese thesin, daß dergleichen und in specie die Brau-Nahrung privative an die Städte gehöret, part. 1 pag. 544 replicirte und ad marginem drucken lassen: Wo stehet dieses (nehmlich, daß das Brauen und aller Handel an die Städte privative gehöre) geschrieben, wann dieses Vorgeben wahr seyn solte, so müste kein Fürst Holtz, Eisen, Bley, Korn und andere Victualien verkauffen.

Es ist auch ferner die Frage gar nicht darvon, ob es denen Städten profitabler sey, wenn alles Bier-Verkauffen ihnen auf dem Lande privative cum jure prohibendi eingeräumet würde, denn aus diesem ad utili ad id, quod justum est, genommen Argument würde noch lange kein medius terminus formiret werden, daraus legaliter der Schluß folge, daß man deswegen dem Adel u. Land-Begüterten, ihre von so uralter Zeit hergebrachte Jura quæsita nehmen und sie dahin obligiren könne, daß sie nun nicht mehr pro libertate naturali mit dem ihrigen auf ihrem Grund und Boden disponiren, sondern das Land-Korn in die Städte necessario verkauffen, und hernach das daraus von dem Käufer in denen Städten gebrauete Bier und Brantewein mit ihrem Gelde wieder kauffen, und hinaus holen sollen, anstat sie sich und die angehörige Dörfer selbsten providiren können; wie etwan vor dem, die Schweden und Dänen, ehe sie das Bierbrauen selbst angefangen, denen Teutschen das Korn zugefahren, und das in Teutschland gebrauete Bier wieder gekauffet, oder wie die Engelländer, ehe sie zu denen Zeiten Henrici VII die Lacken-Fabriqven selbst anlegeten, die Wolle nach Holland und Brabant brachten, und die daraus fabricirte Tücher und Etoffen wieder kauffen. Pufendorff. Introd. à l'histoire des principaux etats de l'Europe par Claude Ruxel tom. 1 histoire d'Angleterre pag. 369.

Ferner ist und heisset nicht alles, wovon sich Bürger ernähren, sofort eine NB. sua natura privative Bürgerl. Nahrung, solchergestalt, daß man die Land-Leute davon excludiren könne, wie hingegen die Land-Leute wohl schlechte Approbation damit finden würden, wann sie dasjenige, was sie auf dem Lande treiben, e. g. Acker, Obst, Garten und Wein-Bau, it. Viehzucht wolten privative, cum exclusione derer Städte & cum jure prohibendi exerciren. Es sind viel Dinge, die der Landmann sowol als der Bürger gebrauchet, aber deswegen heisset nicht sofort dieses oder jenes sey NB. per se & sua natura eine Bürgerliche oder Land-Nahrung cum jure prohibendi; sondern das heisset eigentlich eine Bürgerliche Nahrung, wann diese entweder a prima sui exstructione, oder per pacta cum vicinis, oder per prohibitionem & acquiescentiam per tempus praescriptibile ein Werck zur privative Bürgerlichen Nahrung hergebracht, welches in Thesi & Regula wegen Varietät derer Oerter, des Herbringens, Situation, der Vigilantz oder Negligentz derer incolarum ohnmöglich zu determiniren, sondern es aboutiret auf eine quaestionem facti, und kömmt demnach bey dem Brauen es allemal wieder auf die petitionem principii los, wovon wir im Cap. 3 geredet, nemlich ob solches cum jure prohibendi hergebracht. Ist solches erweislich, so haben die Städte es billig als eine Bürgerliche Nahrung privative zu prätendiren, und werden billig darbey geschützet; Ist aber solches nicht, so laufft das Argument von der Bürgerlichen Nahrung bey dem Brauen in circulum. Denn es ist ja wohl eine fast ridicule Sache, daß man aus dem Brauer-Rechte ein Handwerck, ein Opificium machen wolte, wie Schöpferus zu deduciren sich bemühet, de jure brax. p. 1 c. 2 a n. 550 usque 564.

Denn auf solche Art würde man Fürsten und Herren, die das Brau-Recht exerciren, unter die Handwercker referiren müssen, quod nihil absurdius, ja dieses gantze Argument von Bürgerl. Nahrung wird per praxin der Fürstl. Aemter auf dem Lande refutiret. Denn es hat der hochsel. Hertzog Julius Frantz nicht etwan 1, 2, 3 Meilen von denen Städten, sondern gar mitten, in- und bey denen Städten, auf seinen Aemtern zu Lauenburg und Neuhaus das Brauen exerciret, wie dieses Aemter

Rechnunge besagen. Welches darmit gar nicht zu conciliiren, daß wann die Frage vom Adel ist, das Brauen eine bürgerliche Nahrung seyn soll, wenn aber die Fürstl. Aemter solche Revenue für sich haben wollen, alsdann man wohl auf dem Lande es exerciren könne. Hertzog Frantzens Räthe sagten zwar damaln Anno 1593 in der bey der Lauenburgischen Deduction sich befindlichen Beylage (n. 19):

Daß ihre Fürstl. Gnaden Vögte und Amt-Leute sich der Krüge und Bier-Verkauffens gebrauchten, mit denen hätte es eben die Gelegenheit, wie mit denen Städten und Bürgern, wovon der Adel unterschieden wäre.

Allein wie solte es mit denen Fürstlichen Aemtern auf dem Lande gleiche Bewandniß haben, als mit denen Städten, wann von Bürgerl. an die Städte privative gehöriger Nahrung die Rede ist? Ein Negotium oder Sache wird ja nicht anders seyn, noch heissen können, wenn es vom Cajo, als wenn es vom Titio exerciret wird. Ein Species Thlr. gilt keinen Heller mehr, er sey in eines von Adel oder Ammanns Händen; und solte hier wohl decimus tertius Herculis labor seyn diese Dinge zu conciliiren, oder man müste die Distinction unter der Schultzens Kuh, und des Bauern Kuh zu Hülffe nehmen, und sagen mit dem Poeten:

Intererit multum, Davusne loquatur? an herus?

Colchus? an Assyrius? Thebis nutritus? an Argis?

Mit einem Wort, wie vom Anfang gesaget, alles was vom Brauen gesaget, geschrieben, raisonniret und disputiret wird, kommt bloß darauf an, ob ein legitime atqvirittes jus prohibendi erwiesen. Ist solches bey denen Städten, so ist es eine Bürgerl. Nahrung privative; Ist solches universaliter bey dem Landes-Herrn, so ist es ein regale; Hat solches ein Nachbar auf des andern Boden, ist es eine Servitus.

Da nun aber solches jus prohibendi contra Nobiles im Hertzogthum Sachsen-Lauenburg obangezogener massen nicht hergebracht, so fället auch dieses Argument weg.

§. 4.

Daß das Jus braxandi an sich kein Regale, weder nach gemeinen, noch Sachsen-Lauenburgischen Local-Rechten sey, sondern einem ieden auf seinen Gütern Bier zu feilem Kauffe zu brauen vergönnet, wofern nicht ein Jus prohibendi legaliter hergebracht.

Dieser Punct kommt auf dreyerley momenta an, denn daß man ein Jus vor ein Regale ausgeben könne, solches muß aus dreyerley Fundamenten geschehen, 1) daß es in 2 feud. 56 inter Regalia numeriret werde; 2) daß es die Natur und Eigenschafft habe, so Regalia haben, und ihm die definitio Regalium competire, denn wohl nicht zu leugnen, daß mehr Regalia, die ad administrationem reipubl. gehören, ihrer Natur nach seyn, ob sie gleich nicht in 2 feud. 56 numeriret seyn, als e. g. das jus secularisandi, veniam aetatis concedendi jus civitatis, nundinarum &c. Vid. Sixtin. de Regal. l. 1 proœm. n. 17. Carpz. de Regal. c 1 aph. 10; 3) Daß

z) Daß entweder expresso pacto inter imperantes & parentes oder tacito consensu subditorum per prohibitionem præcedentem & subsecutam patientiam, per tempus præscriptibile, dieses oder jenes Jus zum Regale gemachet, und dem Imperanti alleine tribuiret sey, wohin gehöret, was Zieglerus saget tr. de jure majest. l. 1 c. 3 § 23: Usu & consuetudine induci potest, ut jura, quæ olim Regalia non fuerunt, pro regalibus habeantur & vicissim. Was nun den ersten modum betrifft, so giebt litera & inspectio textus 2 feud. 56, daß kein Brauen allda genannt; Und ist wohl eine vergebliche Arbeit, so Hieronymus Treutlerus in consil. 107 anwendet, wenn er in dem textu 2 feud. 56 sub nomine angariarum & perangariarum das Brauen suchen will, gerade als sey und bestünde es in einem publiqven Vorspanne, oder daß das Bier bey denen Posten versandt werden müste; Er hätte die Intention der Privat-Utilität besser zu teutsch und deutlich zu Tage geleget, wenn er gesaget hätte: Es würde das Brauen sub nomine NB. thesauri in 2 feud. 56 verstanden; à raison, weil es Geld einbrächte. Aber wer siehet die Absurdität nicht? Anlangend den 2dum modum, so wird auch daraus jus braxandi zum Regali nicht zu qvalificiren seyn, denn man nicht aus einem ieden Dinge, so Fürsten und Herren haben, oder thun, gleich Regalia machen muß, wie Barthol. a Chassanæo in Catol. glor. mundi p. 5 consil. 14 det Regalien 208. Petrus Anton. de Petra aber de jure quæsito per principem non tollendo c. 21 viel hundert und dreyzehen machet, welches billig reprehendiret wird a Knichenio de jure territ. C. 1 n. 341 & Bodino l. 1 de republ. c. 10.

Massen auch Fürsten und Herren vieles thun, auch viele jura, als domini particulares ihrer Güter haben, so ein ieder privatus auch exerciret, auf welche Art man aus Agricultur und Vieh-Zucht, (weil solche bey denen Dominial-Aemtern exerciret werden) Regalia machen könte. Ja wie gar recht die Juristen-Facultät apud Taborem part. 2 de jure cerevis. c. 7 in resol. rationum dub. antwortet, man könte auf die Art aus Essen, Trincken, Tantzen, Spazierenfahren, Spielen rc. Regalia machen, sondern Regalia sind solche Jura, die dem Imperanti NB. als Imperanti & supremi Principi, qua tali quatenus tali, competiren. Denn Regalia werden a Regio charactere also genannt, daß sie zu dem Regiment gehören, sive quæ Imperanti qua tali in signum supremæ majestatis ac præeminentiæ & ad officium administrandæ reipubl. pertinentia competunt. Heinric. a Rosenthal. de feud. c. 5 concl. 1. Bocerus de Regalibus c. 1 n. 1. Pruckmann de Regalibus c. 2 n. 1. Conrad ab Einsiedel de Regalibus c. 3 n. 354. Vultej. de feud. l. 1 c. 5 n. 7.

Nun aber wird ja wohl von dem Brauen und Bier-Verkauff nicht gesaget werden können, daß dasselbe zur Regierung und Hoheit des Landes, oder zu dem officio & charactere supremo & majestatico imperantis gehöre, oder eine so hohe Præeminentz sey; denn ja dessen die Brauer in denen Städten theilhafftig werden, insonderheit werden solches diejenigen nicht sagen, noch das Brauen vor ein zur höchsten Dignität des Landes-Herrn gehöriges Re-

gal ausgeben können, die vorher deswegen den Adel davon ausschliessen wollen, daß es eine res sordida, und eine dem Adel unanständige Kauffmannschafft sey, als welche propositiones sich mit einander nicht compatiren können. Bleibet also zu consideriren übrig der dritte Modus, ob das Brauen entweder ex communi placito expresso der gesammten Ritter- und Landschafft, oder ex tacito consensu derselben præcedente prohibitione, & subsecuta acquiescentia subditorum per tempus præscriptibile ein Regale geworden sey, wie an etlichen Orten nicht zu leugnen ist, daß sich allda der Adel auf beschehene Prohibition dessen durch Acqviescenz begeben, und dahero die Landes-Herrschafft allein beygeleget, wie in denen Böhmischen und Kayserlichen Erb-Landen, uti ex Rescriptis Imperatoriis Rudolphi & Matthiæ a Marsmanno in miliolog. in epistola dedicatoria membr. 2 citatis zu sehen; dergleichen auch in Bayern recipiret ist, vid. Jus Bavaricum provinc. p. 3 c. 13.

Ex Cap. IV § 7 pag. 53 seqq.

Daß auch durch Policey-Ordnungen dem Adel sein uraltes Brau-Recht nicht genommen werden könne, woferne derselbe darinne nicht entweder expressis verbis, oder durch eine wahre Acquiescenz per tempus præscriptibile consentiret.

Es scheinet wohl, daß Hertzog Frantz der jüngere, der wohl nichts in dieser Sache unversucht gelassen, auch auf diesen Fuß das Werck in der Beylage (n. 11, 13) nehmen, und dahin es gerne haben wollen, daß man das Brauen als eine Policey-Sache tractiren, und also durch eine Policey-Ordnung denen Städten es beylegen möchte, verbis:

Wollen den Punct des Brauens bis zu Berathschlagung einer allgemeinen Policey-Ordnung unsers Fürstenthums verschoben und ausgesetzet haben.

Wie aber der Adel hierein durchaus nicht consentiren wollen, laut Beylage (n. 12, 17, 18, 20); so ist aus diesem Werck nichts worden, sondern nach mehr als 10jähriger vergeblich tentirter Concertirung dieses Puncts das Final gewesen, laut der Beylage n. 26, daß die Sache zum ordentlichen Proceß verwiesen seyn solte. Alldieweil doch einige auf die Gedancken gerathen, und etwan sagen möchten: Wenn es mit Policey-Ordnungen ausgemacht werden könte, so hätte ja die Herrschafft allezeit noch potestatem statuendi & concedendi leges, si hoc, könne es ja alle Stunden noch reguliret und durch eine Policey-Ordnung das Brauen den Städten cum exclusione & prohibitione Nobilium beygeleget werden, das wäre denn der geradeste und kürtzeste Weg: So will man auch noch diesen Articulum untersuchen. Es ist nun zwar schon hiervon oben capite IV § 1 in fine etwas occasione der Brau-Rolle angeführet, daß keine Privilegia (so in der That eine species statuti in diesem Fall, wie hingegen dergleichen Policey-Ordnung in effectu ein Brauer-Privilegium seyn würde) denen Brauern wider den Adel ein Recht geben können, woferne dieser darein nicht gutwillig consentiret oder acquiesciret, woraus also wohl von selbsten folget, daß es eben so wenig mit Policey-Ordnungen angehe, denn es ja denenjenigen, so dem Adel nach dieser Revenue trachten, gleichviel seyn könte, und hingegen dem Adel eben gleich sensible seyn würde, ob dieser durch Privilegia und Rollen, oder durch Policey-Ordnung und Statuta darum gebracht werde. Allein man will noch ein opus supererogationis thun, und nun auch zeigen, daß auch durch keine Policey-Ordnungen, leges oder statuta dergleichen Verbot, sonderlich in Sachsen-Lauenburgischen, es sey dann, daß der Adel darein consentire, cum effectu juris geschehen könne. Einmahl, ist in genere bekannt, daß dergleichen Statuta, die einem Theil seine Güter und Jura quæsita nehmen, und dem andern beylegen wollen, nicht gelten, si altera pars reclamet, ita, ut injustum habeatur statutum, quod in odium & præjudicium particularium personarum, & collegiorum conditur, unde recte a tali statuto appellatur, Jul. Cæsar Ruginellus de Appellat. § 2 c. 3 n. 891, ubi ex Rota Romana diverf. decif. 50 n. 17, refert casum statuti prohibentis, ne deferatur triticum ad molendina extra civitatem existentia, in præjudicium dominorum, qui habent molendina intra civitatem. Sigismund. Scacc. de Appellat. c. 2. qu. 17 limit. 20 num. 4, 5.

Ubi elegantem rationem adducit, quod scilicet tale statutum contra certas personas conditum non sit proprie statutum, quia natura statuti est, ut sit commune, & princeps ita statuens præsumitur male informatus & circumventus & n. 7 hoc ampliat: si statutum latum sit in præjudicium multarum personarum, e. g. unius quarterii civitatis, vel provinciæ, quod & tradunt Dn. Lynker. de gravam. extra judic. c. 3 p. 2 § 54 n. 1, 2, 3, 4. Mev. part. 5 decif. 171. Petr. Cornel. Brederod. de appellat. p. 1 fol. 520 lit. C, D. Petr. Gregor. Tholosan. tr. de appellat. l. 2 c. 22 n. 4.

Ja es ist ein solch statutum, in odium & præjudicium certarum personarum conditum, & jus quæsitum ipsis auferens, adeo nullum, ut ne appellatione quidem opus sit, sed NB. semper de iniquitate excipere liceat, in terminis per multa allegata Casp. Klock. de Contribut. c. 6 n. 149, 150, nec NB. ullo unquam tempore juri contra istiusmodi statuta appellandi præscribatur, si patientia & acquiescentia subsecuta non sit. Mev. part. 4 decif. 387 n. 6, 7, ubi decidit casum, quo statuto libertas ante hac omnibus communis sublata erat, quod tale statutum, tanquam iniquum, non valeat, etiamsi ab eo appellatum non sit. Add. Antonin. Thesaur. decif. 16 n. 6. J. P. Surd. consil. 65 n. 9.

In specie aber 2) und in terminis istiusmodi prohibitionis, quod ne quidem tunc valeat, etiamsi NB. statuto munita sit, aut per modum statuti vel legis fiat, können wir dem Gegentheil mit aller JCtorum, so von dieser Materie geschrieben, einhelliger Meynung überzeugen. Ita Andreas Rauchbar. JCtus Saxonicus part. 1 qu. 27 n. 11, ubi casum de prohibitione cerevisiæ non aliunde emendæ, per statutum & legem facta, quod non valeat, decidit. Joh. a Koppen decif. 19 n. 15, ibi: communis in jure conclusio est, prohibitionem prædictam etiam statuto munitam non va-

lere. Thomas Merckelbach inter consilia Klockii Vol. 1 Consil. 102 n. 834 usque 865, in specie n. 850, ejusmodi statuta, videlicet si Magistratus subditis suis mandet, ne ab aliis, quam a se, vel in isto aut isto loco cerevisiam vel sal emant &c. quod antea libero arbitrio subditorum relictum erat, de jure non subsistant.

Nicolaus Boërius in decif. Senatus Burdegalens. decif. 125 per tot. & in fine ibi: Ideo nec in præjudicium aliorum, ne etiam subditorum valet talis ordinatio vel statutum etiam per indirectum factum.

Nicolaus Mylerus ab Ehrenbach de torculo publico & bannali c. 19 metrologiæ § 4 n. 1 ibi: Hanc resolutionem negativam JCti adeo extendunt, ut talis prohibitio bannalis, ne quidemstatuto munita valeat.

Alphonsus ab Azevedo in Constit. Regias Hispan. l. 8 tit. 14 de las ligas y monopodias l. 4 n. 28 ibi: Si Comes vel Baro, vel alius faciat tale statutum, debent se opponere rustici vel alii, quorum interest, seu appellare ab alio abusivo statuto ad curiam, quæ ista solet reformare.

Jacobus Cancerius JCtus Hisp. Barcinonensis var. Resol. p. 3 c. 13 n. ibi: Cum sit certum, statuta & decreta dominorum castri facta in damnum Vasallorum, ob privatam domini utilitatem, tanquam irrationabilia & ambitiosa esse nulla.

Rosenthal de feud. c. 5 conclus. 26 ibi: An statuto subditos ad sua molendina & in iis, quæ faculcatis meræ sunt, coarctare possint, quod negative decidit, sive publici f. privati reditus inde augeantur.

Anthonius Thessaurus JCtus Pedemontanus decif. 16 n. 5 ibi: Quinto ampliat, ut nec etiam per indirectum possit dominus furni (in his enim terminis loquitur) si edictum faciat; & post,

Ut non possit hoc statuere. Sexto ampliat, ut hujusmodi bannis indiscretis non teneantur subditi parere, etiamsi fidelitati juramento sint adstricti; Etsi fiant a domino hæc proclamata, illisque subditi non pareant, persistunt in quasi possessione libertatis.

Didacus Covarruv. a Leyva in c. possessor mal. fid. p. 2 § 4 n. 7 ibi:

Nec jure permittitur domino hæc violentia, adeoque quidem, ut nec per statutum ipsius domini aut populi id fieri possit, cum id tendat in grave præjudicium aliorum.

Es sind diese rationes bey dem Sachsen-Lauenburgischen Adel um so mehr in Consideration zu nehmen, als in diesem Hertzogthum keine Landes-Ordnung, ehe Ritterschafft und Landschafft darüber gehöret, publiciret werden können, wie Hertzog Frantzen Augusti und Julii Frantzen Hof-Gerichts- und Kirchen-Ordnung und Reversalien, ausweisen, welches auch noch in dem Landes-Recessu de an. 1702 art. 15 laut n. 62 von neuen gnädigst confirmiret. Wie würde aber wohl iemaln zu hoffen seyn, daß die Ritterschafft in eine solche Policey-Ordnung consentiren solte? In-

Summa

Summa es lauft abermahl in diesem Articulo die Sache da hinaus, daß eben so wenig mit Policey-Ordnungen, als andern prohibitionibus beyzukommen, woferne derselbe nicht in dergleichen prohibitiones consentiret und acquiesciret, denn es würde diese Art des Statuti (si invitis nobilibus condatur) nicht besser herauskommen, als wenn man durch Policey-Ordnungen die Vieh-Zucht, Korn-und Geld-Pachte, Zehenden, Dienste von denen Adelichen Gütern wegnehmen, denen Bürgern beylegen, und sagen wollte: Diese Dinge, Vieh-Zucht, Ackerbau rc. wären vor den Adel zu sordide; Und damit die Commercia in denen Städten desto besser florirten, müste man denen Bürgern derer Adelichen Güter, Aecker und Weyden pro locario einräumen, daß sie mit dem Vieh und Korn allein handeln könten; eben so wenig aber als man dem Adel durch Policey-Ordnung solche seine Güter und Jura nehmen kan, eben so wenig wird man ihm auch die Bräu-Gerechtigkeit auf seinen Gütern durch solche Mittel entziehen können.

Uiberdem ist auch 4) allhier ein sehr delicater Punct, und wohl zu advertiren, daß wann ein superior herdurch griffe, und die Inferiores ex metu sive reverentiali, sive majoris mali, auf dergleichen prohibitiones ihres superioris acquiescirten, man solches nicht sofort pro consensu, oder vera patientia & acquiescentia annehme und ausgäbe. Denn ausser dem, daß es mit denen prohibitionibus eines superioris eine gantz andere Beschaffenheit hat, als wenn ein privatus contra privatum, da solcher Respect, Furcht und Submißion cessiret, dergleichen in incorporalibus thut, und jura aliena dadurch accedente præscriptione acquiriret, massen des inferioris Inaction, so er aus Reverence gegen den superiorem thut, nicht gleich eine solche patientiam, als in incorporalibus erfordert wird, operiret, noch dem superiori einig jus in petitorio oder possessorio tribuiret, deßfalls man sich auf die oben § 4 occasione der a silentio Assessorum Notariatur bey dem Hof-Gerichte genommenen Objection ex Klockio und andern JCtis allegiret, geliebter Kürtze halber beziehet. Ausser diesem, sagt man, ist noch dieses anzuführen, daß die Rechte von einer Acquiescenz der Unterthanen gegen ihre Obern dieses in specie erfordern, ut non sit meticulosa, also, daß wo Comminationes von Executionibus gegen die Contravenienten von Pfändung, Straffe und dergleichen dabey vermachet, ein superior mit solchen Prohibitionen und einer solchen abgezwungenen aus Apprehension harten Tractaments geschehenen Acquiescenz weniger denn nichts ausrichtet, noch daraus etwas profitiret. Ita Knichenius de jure territorii c. 3 n. 222, 223, 224, 225, quæ de verbo ad verbum repetit in Comment. ad Jus Sax. Elect. de non provoc. voce Dux Saxoniæ c. 9 p. 228 ibi: Denique reqniritur, ut possessio vel quasi non sit violenta, injusta, meticulosa, quemadmodum enim investitura seu titulus manifestus non juvat violentos & injustos possessores, contradicente jure leg. f. C. fund. & felt. rei dom. 1 auctoritatem § ubi Dd. C unde vi l. vitia n. l. 7 C. de acqvir. poss. Raydens. l. 1 cons. 2 n. 29. Wesenbec. cons. 4 n. 28. Roland a Valle cons. 89 circa fin. vol. 2, justa & violenta possessio edocetur. Cravetta cons. 643 n. 6, quorum indices sunt arrestatio, pignoratio, incarceratio, mulcta & similes. Joh Garf. de expens. c. 9 n. 35. Bursatus cons. 360 n. 83. Namque ex actibus meticulosis & violentis non acquiritur præscriptio, consuetudo aut aliud jus. Desgleichen ist also decidiret in supremo Pedemontano Senatu apud Antonin. Thes. decis. 16 n. 7 in fine ibi: quod intellige, nisi subditi coacti, & propter metum acquievissent, nam præscriptio ex violento actu non quæritur. Da er denn auch noch ein und andere a propos kommende ampliationes hinzu thut, daß e. g. nicht genug sey, daß 2 oder 3 particulares acquiesciret haben, sed NB. totam universitatem obedientiam præstitisse requiri. Jungantur, quæ supra a nobis cap. 2 § 3 daß die Brauer allhier drey Stücke beweisen müsten, deducta. Desgleichen Aymo Cravetta a Saviliano in cons. 643 n. 9 ibi: Quid hic dicendum? cum sub pœnis minime levibus subditis interdicitur (scil. quod de Jure in suo cuivis licet) metum enim prohibitio id genus pœnalis infert. Neque purgari temporis lapsu metus dicitur, causa metus semper perseverante, id est, Principis imperio. Und in fine n. 10, da er das Argument de prohibitione privati contra privatum refutiret, antwortet er gantz nervose: Alia est causa subditorum, qui prohibitionibus principis pœnalibus reclamare non audent, per metum enim tacuisse creduntur.

Ja es führet dieser Autor n. 8, 9 auf eine Route, welche, wann man sie weitlauftig anführen wollte, herrliche Materien zu disqviiren geben sollte. Z. E. Ob ein Princeps, der da wuste, daß die privati solche Jura hätten, in bona fide mit solchen prohibitionibus sey, und dahero solche iemahln præscribiren könne? Sonderlich wann man betrachtet, daß ein Princeps gleichsam als supremus tutor, curator & defensor subditorum, die Unterthanen bey ihrem Rechte zu schützen, seines Landes-Fürstlichen Amts halber, schuldig ist, und dahero die Frage abermahln seyn wollte: An is, qui alium in suis juribus defendere tenetur, eius jura sibi vel aliis prohibendo tribuere & præscribere possit, welche Frage aus denenjenigen principiis juris zu resolviren, so da de præscriptione tutoris vel curatoris in bonis vel pupilli vel minoris handeln.

Von

des Heil. Röm. Reichs Abschied.

So brauchbar wir nun das natürliche und göttliche mit dem menschlichen Recht auf verschiedene Art durch die vorgängigen besondern Stadt-Handwercks-und Dorff-Rechte theoretico-practisch betrachtet, und solches im I, II, III und IV Bande des Juristischen Oraculi in nützlicher aus einander fliessenden Ordnung vorgestellet; so unentbehrlich wird nunmehro nach denen besondern Arten der menschlichen Rechte das teutsche Reichs-Grund-Gesetz vorausgesetzt zu betrachten seyn, ehe wir zu dem Römischen als subsidiarischen Recht in Teutschland mit Nutzen schreiten können. Wie nun solches Reichs-Grund-Gesetze dermahlen aus dem jüngsten Reichs-Abschiede bestehet, der Anno 1654 publiciret, diese aber bey Endigung eines Reichs-Tages durch die bis dahin zum völligen Stande gebrachten Reichs-Schlüsse zusammen gefasset werden, dergestalt, daß diese von Chur-Maynz im Nahmen des Kaysers aufgesetzet, und nachdem die Stände ihre beliebige Einwilligung darzu gegeben, ausgefertiget, am Ende aber aller gegenwärtig gewesenen Stände oder derer Gesandten Nahmen beygefüget werden; Alsdenn wird der gleichen Reichs-Abschied von Ihro Römisch-Kayserlichen Majestät sowohl als dem Churfürsten zu Maynz als Reichs-Cantzler, oder dem Reichs-

Vice-Cantzler unterschrieben, vom Römischen Kayser aber und denen dazu verordneten Ständen besiegelt; nach dieser Expedition wird solcher Abschied auf dem Reichs-Tag und in der Stände Landen publiciret, denen höchsten Reichs-Gerichten auch davon Nachricht ertheilet; die Originalien aber davon werden iederzeit in den Kayserlichen und Maynzischen Reichs-Archiven hinterleget, und wird alsdenn dergleichen Reichs-Abschied vor ein Reichs-Gesetz gehalten, nach welchem der Kayser mit den Ständen in ihren Landen iederzeit ihr Recht handzuhaben in soweit verbunden seyn.

Also haben wir vor höchstnöthig angesehen, denjenigen Reichs-Abschied, welcher 1654 von Kayser und Ständen auf vorgemeldete Art gemachet, in der Reichs-Stände Landen publiciret, und sowohl im höchsten Reichs-als der Stände Gerichten die Gerechtigkeit darnach verwaltet wird, als den letzten, welcher vor den jüngsten Reichs-Abschied, und vor einen kurtzen Innbegriff aller vorigen Abschiede zu halten, allhier zum teutschen Rechts-Grund zu legen, und mit denen auserlesensten Noten erläutert, nach dem besten Original collationiret, in Abdruck mitzutheilen, ehe wir zu den Römischen Rechts-Principiis nach unser natürlich entworfenen Ordnung uns wenden können.

Abschied

der Römisch-Kayserl. Majestät und gemeiner Stände auf dem Reichs-Tage zu Regenspurg An. 1654 aufgerichtet.

Wir Ferdinand der Dritte von GOttes Gnaden, erwehlter Römischer Kayser, zu allen Zeiten Mehrer des Reichs, in Germanien, zu Hungarn, Böhmen, Dalmatien, Croatien und Sclavonien rc. König, Ertz-Hertzog zu Oesterreich, Hertzog zu Burgund, zu Braband, zu Steyr, zu Kerndten, zu Crain, zu Lützenburg, zu Würtenberg, Ober-und Nieder-Schlesien, Fürst zu Schwaben, Marggraf des Heil. Römischen Reichs zu Burgaw, zu Mähren, Ober-und Nieder-Laußnitz, Gefürsteter Graf zu Habspurg, zu Tyrol, Pfirdt, zu Kuburg und zu Görtz, Landgraf im Elsaß, Herr auf der Windischen Marck, zu Portenaw und zu Salins rc. Bekennen und thun kund allermänniglich, gleichwie Wir uns von Anfang unserer durch GOttes Gnade und unserer und des Heil. Reichs Churfürsten einhelliger Wahl angetretener Kayserl. Regierung mit sonderbarer Kayserlicher Sorgfalt, väterlicher Liebe und Affection, mit deren Wir dem H. Reich Teutscher Nation unserm geliebten Vaterland zugethan, ohne Ersparung

oder Scheu einiger Kosten und Gefahr, äussersten Fleisses und Eifers dahin iederzeit bemühet, wie demselben der so lang erwünschte Friede, nach so vielen Land und Leute grundverderblichen Kriegen und Christen-Bluts-Vergiessungen wieder zu bringen und zu erheben: Also haben Wir uns auch weniger nicht, nachdem derselbe endlich im 1648sten Jahr durch Verleihung des Allerhöchsten und Zuthun der gesammten Chur-Fürsten und Ständen zu Münster und Oßnabrück geschlossen und verkündet worden, mit sorgfältigem Gemüth und Gedancken treulich angelegen seyn lassen, wie besagter Fried gehandhabet und befestiget, alles Mißtrauen gestillet und aufgehebt, und was in demselben sowohl, als dem darauf ohnlängst hernach gehandelten Nürnbergischen Execution-Receß enthalten, und daraus einem und andern gebühren möchte, ohnverlängt wircklich vollzogen und zu Werck gerichtet, auch männiglich in vollständigen Friedens-u. Ruhestand gesetzt, und dabey beständig erhalten werden möge; zu solchem Ende auch, und weil es sich nicht allein mit vergli-

chener

chener Ratification des Friedens, sondern auch mit
Abdanckung und Abführung allerseits kriegender
Theilen Völcker und Enträumung der besetzten Plätze,
eine ziemliche Zeitlang verlohren, und wegen solcher
Abführung und Räumung der Plätze, allererst in
Unser und des H. Reichs Stadt Nürnberg ein neuer
Convent und Tractat gehalten werden müssen, auch
andere mehr Difficultäten eingefallen, um derentwillen man zu deren in besagtem Friedens-Schluß
art. 8 § 3 vor gut befundener allgemeiner Reichs-
Versammlung in der hierzu bestimmten 6 monat-
licher Zeit, nicht wohl, füglich und sicherlich gelangen
können, und Uns dahero bedencklich, ja fast unmöglich fallen wollen, der Zeit einen Reichs-Tag auszuschreiben und auszukündigen, unterdessen gleichwol
alsobald nach vorerwehntem Friedens-Schluß, wie
auch deren darüber erfolgter Ratificationen Unsere
Edicta und mandata Executorialla an alle und iede,
so Kraft desselben etwas zu restituiren und zu prästiren schuldig gewesen, damit sie solches ohngesäumt
wircklich prästiren und leisten sollen, sowohl an die
Kreisausschreibende, als andere Chur- und Fürsten
den beschwerten anruffenden Parteyen hierzu ohnver-
zügliche hülffliche Hand zu reichen, und zwar auf
die von Chur-Fürsten und Ständen selbst vorgeschlagene Weise und Form sub arctiori & exequendi modo, wiederholter Dingen ins Reich publiciren
und ergehen lassen, auch denen, welche es nach Anleitung des Friedens-Schlusses begehrt, Unsere absonderliche Kayserl. Commissiones an die nächstgesessene Chur-Fürsten und Stände des Reichs von
beyderseits Religionen ertheilet, und von Kayserl.
Amts wegen allen möglichen Fleiß dahin angewendet, damit einem ieden dasjenige, worzu er vermöge
des Friedens-Schlusses befugt, beständig wiederfahren möge.

§. 1.
Von Erfüllung des Friedens.

Dann wenigers nicht, aus ebenmäßiger getreuer
väterlicher Sorgfalt und eifriger Bemühung es auch
endlich dahin gebracht, daß nicht allein die Abtretung
der Festung Franckenthal werckstellig gemacht, und
dahingegen Unsere und des H. Reichs Stadt Heil-
bron ihrer darinn gelegener Besatzung entfreyet, und
die Stände allerseits von dem dahero zugewachsenen
beschwerlichen Contributions-Last entlediget, sondern
auch diejenige Mißverständniß und Beschwerlichkeiten, welche wegen der Chur-Pfältzischen Belehnung,
Renunciation und Ratification, wie nicht weniger
wegen Weiden, Parckenstein und Bleystein seithero
des Nürnbergischen Receß eingefallen, und dadurch
viel Verhindernisse, so die gemeinnützige Rathschläge und Handlungen auf dem Reichs-Tag hätten aufhalten, auch zu neuen Spaltungen Ursach und Anlaß geben können, aus dem Weg geräumet worden,
und darauf folglich, nachdem sich nunmehr auch die
Zeiten etwas stiller und friedlicher veranlasset, und
andere verhinderliche obstacula geleget, mit Aus-
schreibung des gegenwärtigen allgemeinen Reichs-
Tages länger nicht zurück stehen, sondern denselben
zu noch mehrer Erweisung unserer angelegenen Sorg-
fältigkeit für die gemeine Wohlfahrt unsers geliebten
Vaterlandes, mit Rath und Gutbefinden der sämtlichen unsers und des Heil. Reichs Chur-Fürsten
publiciren und verkünden, hierzu den letzten Monats-
Tag October neuen Calenders des 1652 Jahrs, in

Jurist. Oracul V Band.

unserer und des Heil. Reichs Stadt Regenspurg einzukommen gnädigst ansetzen und bestimmen, zugleich
auch bey Chur-Fürsten und Ständen die gnädigste
sorgfältige absonderliche Erinnerung thun lassen, uns
zu sonderbaren Ehren und Gefallen, auch dem gemeinen Wesen zum besten, dabey gleichergestalt in eigener Person sich einfinden, und zu völliger Abhandlung und Beschliessung deren auf diesen Reichs-Tag
verschobenen Puncten gefast seyn wollen, damit nemlich der aufgerichtete Friede nicht allein zwischen
Haupt und Gliedern, und diesen unter sich selbst, so
wohl mit den ausländischen Cronen desto mehr befestiget, sondern auch dasjenige, was nach Innhalt
desselben zu exequiren hinterstellig, und darinnen zu
weiterer Deliberation und Vergleichung zwischen
Haupt und Gliedern auf eine allgemeine Reichs-
Versammlung verwiesen worden, alles reifflich bedencken, berathschlagen und erörtern helffen mögen *).

*) Vide Decretum Cameræ Imperialis de dato 7 Sept.
1654, ubi ad Secundam Octobris hujus Recessus ob-
servatio & inchoatio injungitur & propalatur.

§. 2.

Wie Wir Uns nun mit Hindansetzung aller anderen wichtigen Geschäfften und erheblicher Ursachen,
die wir in unserm Erb-Königreich und Landen aufhalten können, bald nach dem angesetzten Termin in
eigener Person selbsten nach ermeldter unserer und
des Heil. Reichs Stadt Regenspurg sammt unser
Kayserlichen Hof-Stadt mit göttlicher Verleihung
erhaben, und sich daselbsten wenigers nicht des als H.
Reichs Chur-Fürsten und Stände theils gleichergestalt persönlich, theils aber durch dero Gevollmächtigte Räthe, Botschaften und Gesandte, in ziemlicher
guter Anzahl eingefunden; Also wäre uns auch nichts
liebers und annehmlichers gewesen, als daß mit gewöhnlicher Eröffnung des Kayserlichen Reichs-Tags
Proposition hätt können gleich sobald ohnverlängt
verfahren, und darauf die Reichs-Consultationes
dem Herkommen nach, angetreten werden.

§. 3.
Von Gültigkeit des Friedens.

Nachdem sich aber gleich zu Anfang dieses allgemeinen Reichs-Tags und schon vorhero einige andere
inzwischen eingefallene bekannte Difficultäten und
Mißhelligkeiten ereignet, derenthalben Wir und mit
uns Chur-Fürsten und Stände, sammt deren abwesenden Räthen, Botschaften und Gesandten, aus
reiflicher Betracht- und Erwegung, daß an derselben vorderster Abhelf- und Entledigung nicht des
Reichs allgemeine Sicherheit und Ruhestand, nicht
wenig gehaftet, mit vorerwehnter Eröffnung unserer
Kayserlichen Proposition eine Zeitlang viel lieber einhalten, Chur-Fürsten und Stände auch solche Ver-
weilung um des gemeinen Wesens Besten willen ge-
dultiglich übertragen, als etwan hernach bey dem
Congreß und Zusammentretungen selbst, oder gleich
in limine derselben zu anderweiten verhinderlichen
Weiterungen und Mißverständnissen Ursache und
Anlaß geben: Immittelst aber und damit die Zeit
vergeblich nicht zugebracht würde, etliche zu völliger
Beruhigung des Reichs, auch Erhaltung gleichen
Rechtens, Fried und Einigkeit in demselben und unter den Ständen höchstnöthige Materien, als der
Justitz, des Vechtischen Evacuation und Lothringi-

D dd d 2   schen

schen Wesens, durch absonderliche Deputation und Unterredung zu mehrer Beförderung und Erleichterung der folgenden Reichs-Deliberationen vorbereitlich, doch ohne künftiges Präjudiz und Nachtheil des Reichs-Herkommen, consuliren und vornehmen lassen, und solchemnach den 16 Jun. des nächst abgelegten 1653 Jahrs zu Eröffnung unsers Kayserlichen Fürhalts, nechst Wiederholung deren dreyen, in obberührtem unserm Kayserl. Ausschreiben enthaltener Haupt-Puncten schreiten, darauf auch dieselbe von Chur-Fürsten und Ständen, auch der Abwesenden Räthe, Botschaften und Gesandten in reiffe Deliberation und Berathschlagung ziehen lassen.

§. 4.
Erster Hauptpunct.

Und aber bey dem ersten Hauptpuncten und dessen Subdivision, wie der mit so grosser Mühe, Arbeit und Kosten erhobener Fried 1) zwischen Haupt und Gliedern, und 2) diesen unter sich selbsten, wie auch 3) denen ausländischen Cronen stabilirt, das uralte Recht durch den Frieden-Schluß wieder aufgerichte Vertrauen befestiget, und mithin das werthe allgemeine Vaterland von aller weiterer Mißverständniß beständig gesichert bleiben möge, in dem zu Münster und Oßnabrück zwischen uns, auch Chur-Fürsten und Ständen des H. Reichs und beyden auswärtigen Cronen aufgerichteten, publicirten und ratificirten allgemeinen Reichs-Friedens-Schluß, mit allerseits transigirenden Theilen Willen und Belieben art. 17 die Versehung beschehen, daß derselbe zu aller und ieder darinnen enthaltener Pacten und Vereinigungen Gewiß-und Sicherheit, ein ewiges Gesetz und sanctio pragmatica des Heil. Reichs Fundamental, Satz-und Ordnungen verbündlich seyn, zu solchem Ende auch, dem nechsten Reichs-Abschied einverleibt werden solle.

§. 5.

So haben Wir um dessen allen mehrer Bestärck- und Befestigung willen berührten allgemeinen Reichs-Frieden-Schluß, und die darüber zu Münster und Oßnabrück aufgerichtete Instrumenta Pacis sammt dem arctiori exequendi modo und Nürnbergischen Executions-Receß gegenwärtigem Reichs-Abschied von Wort zu Wort nachfolgenden buchstäblichen Inhalts inseriren und einrücken lassen.

§. 6.

Setzen demnach, ordnen, wollen und gebieten, allen und ieden Hohen und Niedrigen, Geistlichen und Weltlichen, Ohn-und Mittelbaren, sie seyen Stände des Reichs oder nicht, und dahero sowohl unsern a), als der Stände, Räthen, Beamten und Officirn, als allen unsern und des Heil. Reichs, auch der Stände hohen und niedern Gerichten, Richtern und Beysitzern von beyden Religionen, ohne Ausnahme eines Menschens, hiemit ernstlich, und bey Vermeidung derer in ermeldtem Frieden-Schluß beygefügten Strafen und Pönen, daß alles dasjenige, was darinnen und allen deren Puncten und Artic켉n enthalten, auch nach demselben, und bey gegenwärtiger und künftiger allgemeiner Reichs-Versammlung zu dessen allen mehrer Handhabe, Execution und Befestigung ferner vor gut befunden und beschlossen worden, oder noch geschlossen werden möchte, vor ein gegebenes Fundamental-Gesetz

des Heil. Reichs, und immerwährende Richtschnur, und ewige norma judicandi, stet, fest, und ohnverbrüchlich gehalten, demselben allerdings richtlich nachgelebet, von niemand, was Würdens, Stand oder Wesens er auch sey, mit Rath oder That öffentlich oder heimlich dem entgegen gehandelt, noch iemand einem andern de facto eigenes Gewalts zu beeinträchtigen, zu turbiren, seines Rechtens oder dessen Gewehr zu entsetzen, zu befehden, zu überziehen oder zu bekriegen, noch sonsten Macht und Fug haben solle, sein Recht mit Gewalt und vermittelst der Waffen zu suchen, der aus ermeldten Frieden-Schluß geziemender Restitution sich zu widersetzen, oder einen, so das Seinige nach Inhalt desselben ordentlicher rechtlicher Weise und ohne Exceß b) wieder erlangt, ausserhalb rechtlicher Erkänntniß, aufs neue zu beschweren, alles bey obangeregten Strafen und Pönen den Frieden-Schluß selbsten einverleibt.

a) Concluditur, Aulam Cæsaream Viennensem, Consilium Aulicum, ejusque wirkliche Reichs-Hof-Räthe ad hanc dispositionem adstrictos esse. Ordinatio Judicii Aulici id ipsum etiam in specie volente.

b) Si cum Excessu in puncto Restitutionis vel alias Commissio vel causa tractata ea iterum tractari posse, & restitutio aliter fieri posse videtur.

§. 7.
Von Beobachtung des Friedens.

Alsdenn nächst diesem in Berathschlagung des ersten Hauptpunctens unserer Kayserl. Proposition, bey dem ersten und zweyten membro, zu Befestigung und Handhabung des Friedens zwischen Haupt und Gliedern, und diesen unter sich selbst, und des H. Reichs Beruhigung vor nützlich u. rathsam ermessen worden, die Ursachen, um derentwillen ein und anderer Stand bisanhero, wie auch, dieses allgemeinen Reichs-Frieden-Schlusses wircklich und vollkömmlich nicht geniessen mögen, aufzuheben, zumahlen auch das H. Reich von denen noch immerzuwährenden, auch künftig ferner besorgenden Unruhen und Bewegungen, vornemlich aber von aller ausländischen und einheimischen Gewalt, fremden Besatzungen, Einbrüche, Durch-und Uberzügen, Qvartieren und Contributions-Last beständig zu entledigen, und fürderhin zu versichern, hingegen aber wegen deren, von den benachbarten annoch im Krieg stehenden Theilen, vornemlich aber den Fürstlichen Lothringischen und andern zugestossenen Völckern von nächstangelegenen Chur-und Ober-Rheinischen, auch Nieder-Rheinischen, Westphälischen Kreisen, sowohl als sämmtlichen übrigen Ständen, wegen Einräumung derer im Reich noch inhabenden festen Plätzen und Orten, auch Landen und Herrschaften, sammt Abführung aller ihrer auf des Reichs Boden liegenden Völcker, und dessen künftiger Aeusser-und Entmüßigung, wie wenigers nicht die mit der Besatzung der Versicherungs-Platze und Festung Vecht, um deren fördersamste Wiederabtretung und Restitution, insgemein aber Wiederaufhelffung des bey vorgewesenen langwierigen Krieges-Läuften fast gänzlich zerfallenen heilsamen Justitz-Wesens und dessen Reformation bey unsern und des H. Reichs Cammer-Gericht zu Speyer, allerhand Klagen und Beschwerden vorkommen, und Wir dann von Zeit an unserer Kayserlichen mühsamen Regierung zu Kayserlichem Gemüth vielfältig gezogen, und dahin iederzeit sorgfältig

bedacht

bedacht gewesen, welcher gestalt, so bald nach erlangtem allgemeinen Reichs-Frieden, das Justitz-Werck, ohne welches kein Reich in ordentlichem friedlichem Wesen erhalten werden kan, in fürderlichem Gang wiederum zu richten und zu stellen, wie neben dem Unterhalt und Einsetzung unsers und des Heiligen Reichs Cammer-Gerichts, zugleich auch der ohngesperrte, richtige und schleunige Lauff der heilsamen unparteyischen Justitz befördert, und die geurtheilte Sachen iedesmahls ohne Verzug vollstreckt werden mögen, und uns darbey des im Jahr 1644 von der zu Franckfurt am Mayn gehaltener Ordinari Reichs-Deputation c) eingeschickten Gutachtens, sammt obberührten unsers Kayserlichen und des Heiligen Reichs Cammer-Gerichts zu Speyer dazumaln zugleich mit einkommenen Consideration und Dubiorum, zuförderst aber was bey denen Westphälischen zu Münster und Oßnabrück abgehandelten General-Friedens-Tractaten, und darüber aufgerichtetem Instrumento Pacis von Reformation und Execution der Justitiæ, abgehandelt und beschlossen worden, guter massen gnädigst erinnert.

c) Hic Imperii Conventus ita dicitur a certis illis Statibus, qui specialiter ad illum deputati sunt, & a Moguntino vocari debent. Appellantur autem des Reichs Ordinari deputirte Stände, R. I. 1641 § Uber dieses, 92 Tales vero Status sunt: 1 Omnes Electores, 2 Ex Principibus: Archidux Austriæ, Episcopus Wurtzburgensis, & Monasteriensis, Dux Bavariæ, 3 Ex Prælatis: Abbas Weingartensis, 4 Ex Comitibus Comes Fürstenbergensis, 5 Ex Civitatibus: Colonia & Nurnberga, R. I. 1555 § So sich dann, 65 His postea additi sunt Dux Juliacensis & Landgravius Hassiæ. R. I. 1559 Auf daß dann, 50. Insuper adhuc accesserunt Episcopus Constantiensis, Provincia Burgundia, Dux Brunsvicensis & Pomeraniæ, R. I. 1570 § Und damit solche rc. Novissime ut utriusque religionis numerus esset æqualis, adjuncti sunt Saxo-Altenburgicus, Brandenburgico-Culmbacensis, Mecklenburgensis, Wurtenbergensis, Unus Comitum Wetteraviensium, Civitas Aquisgranum, Uberlinga, Argentoratum & Ratisbona, R. I. 1654 § Und dieweil rc. Itidem Conventus primum An. 1555 fuit institutus & quidem duntaxat ad sedandos majores repentinosque in Imperio motus. R. I. 1555 § So sich dann rc. 65. Hodie instituitur ob quædam puncta, quæ in habitis Comitiis componi nequivere, vid. R. I. 1641 § Wiewohl wir dann, 90 & R. I. 1654 § Denn zweyten Puncten rc. Et quamvis primum ad certas personas fuerit restrictus, tamen postea ad hæredes & successores fuit extensus. R. I. 1559 § Auf daß denn, 50. Hunc Conventum etiam Imperatori Moguntinus notificare tenetur, ut ille pro libitu suo Commissarios mittat R. I. 1555 § So sich dann rc. 65 in fin. addatur Speid. spec. voc. Deputation.

§. 8.

So haben wir d) um so viel mehr Ursach genommen, diesen punctum justitiæ seiner selbst Nothdurfft und Wichtigkeit nach, auch ob moræ periculum, vor allen Dingen, doch ohne Auffenthalt oder Verzögerung der obbemeldten übrigen beyden Bechtischen und Lothringischen Sachen, absonderlich aber wegen berührten unsers und des heiligen Reichs Cammer-Gerichts Unterhalt, vors erste, dann zweytens wegen dessen Widersetz-und Bestellung, drittens, wegen angeregter Reformation und Execution der Justitz, und viertens wegen des Orts oder Translation desselben, in gewöhnliche Reichs-Consultationes bringen zu lassen, und solchem nach mit Chur-Fürsten und Ständen und der abwesen-

den Räthe, Botschafften und Gesandten, und sie sich hinwiederum mit uns darinne allem, nachfolgender massen verglichen, und diesem Reichs-Schluß, darob hinfüro festiglich zu halten, einverleiben lassen.

d) Hic 4 Puncti justitiæ recensentur membra. 1 Sustentationis Cameræ, de qua agitur § seq. 2. Restaurationis, de hac agitur in § 21 usque § Diesem nechst 34. 3. Reformationis & Executionis justitiæ, de illa agitur in d. § 34 usque § Damit auch die, rc. 159, de hac in d. § 159 & 3 sqq. 4. Translationis Cameræ, de qua vid. § Als auch bey dem § 167.

§. 9.

Vom Unterhalt des Cammer-Gerichts.

Und zwar so viel anfänglich berührtes unsers und des Heiligen Reichs Cammer-Gerichts Unterhalt betreffen thut, so soll noch zur Zeit der alte e) modus contribuendi, nach Besag der Cammer-Matricul gehalten, doch hinfüro von iedem Stand, seine auf alle scheinende Franckfurter Messen, nach dis Orts verglichener Erhöhung f) und darauf eingerichteter Cammer-Matricul fallender Zieler, iedesmahls wenigst vier Wochen g) vor derselben, in desjenigen Kreises Cassam oder Legstat, wohin dieselbe gehörig, erlegt, damit die Gelder um so viel möglicher ante terminum zusammen gebracht, und nacher Franckfurt h) zu des Cammer-Gerichts Pfennigmeisters Einnahm richtig übermacht werden können.

e) Ut modus hic fuit, ut quivis Status suam quotam secundum collectarum Imperii quotam proportionaliter computatam ad sustentationem Cameræ solveret; Institutus est primum An. 1548 § Und wiewohl Chur-Fürsten rc. 30. Quo modo autem antea Camera fuit sustentata, vid. apud Roding. p. 1913 & seq.

f) Ist noch nicht in Observantz.

g) Theils Stände thun ihre Liefferung in die Legstät, meistentheils bezahlen dem Pfennigmeister in der Franckfurter Messe.

NB. Die Legstäte sind: Nürnberg, Augspurg, Cölln Regenspurg, Ulm rc.

h) Vid. Decret. comm. de 4 Decemb. An. 1695, ubi in arbitrio ponitur, ob dem Kreis-Einnehmer oder Cammer-Gerichts Pfennigmeister selbst entrichtet wird.

§. 10.

Würde aber dem also nicht nachgelebt, und insonderheit ein unbezahltes Ziel das andere nachfolgende erreichen, und nicht vorhero zur Kreis-Cassa oder Legstat geliefert werden, so soll der Säumige nach vorher gegangenem extra-Judicial monitorio, i) ie und allweg, so offt sich solches begebe, in ein Marck Golds k), oder, wann sich seine Angebühr höher erstrecket, das duplum l) desselben zur Straff verfallen seyn, und darauf die Execution, iedoch auf Maaß und Weis, wie hernach in dem § wegen des modi exequendi enthalten, vorgenommen werden.

i) Cum quidam Status in mora solvendi suam quotam essent; antequam tale monitorium adversus illos daretur, prius Fiscali supplicanti decretum contra Procuratores, ut quivis illum Statum, cui procurando inserviret, de sustentatione Cameræ solvenda admoneret. Anno 1656 fuit conclusum G. B. 2 Jan. 1656 Deinde monitoriis & Requisitorialibus jam emanatis ad evitandam realem executionem, idem factum G. B. 6 Febr. 1657 & 4 Dec. 1658.

Dddd 3

Primo

Primo: Monitoria emittit Camera seu Cæsar Requisi-
toriales an Kreis-ausschreibende Fürsten.

Secundo: Fiscalis facile extrahit processus, docente experientia ; ad declarationem banni tamen serius pervenitur.

Ita Advocatus Fisci præmisso, insinuato & reproducto
monitorio In causa Fiscalis contra Ober-Rheinische,
Westphälische und Fränckische Kreis x. monitorium, &c. Das siebende erste neue Ziel und $\frac{1}{17}$ alten Ausstands betreffend, rubricirt, postquam Extrajudiciales nullum effectum sortitæ fuerunt, judicialiter moram Statuum accusavit, & ad pœnam dupli imploravit, 22 Septem. 1657.

k) Ist 96 Reichsthaler, oder 72 Goldgülden, den Gülden zu zweyen Current-Gülden oder 30 Batzen gerechnet. Ein Marck Silbers ist 8 Reichsthaler. Ein
Kammer-Gülden 4 Kopffstück oder 20 Batzen. Ubi
bene venit notandum 1 quod quotiescunque desi-
gnationes expensarum damni & interesse in camera
exhibentur, in iis Designationibus computatio ad
rationem horum florenorum Cameralium sit institu-
enda. 2. Quod facta taxatione hi floreni Camerales in sententiis vocantur Rheinische Gülden. Hinc
cum in causa Reesen contra Dedinghofen Appellationis, Reo pro quovis floreno 20 Batzios deponen-
te, Actor erronee putaret, quasi verba 8 Gülden 16
Kreutzer Rheinisch de aureis florenis Rhenanis, qui
hodie valent 30 Batzen, prout supra dictum, essent
accipienda, & ad supplementum ageret, ejus petitio
pure denegata fuit 24 November 1658.

l) Id est, der Angebühr oder desselbigen Ziels, nicht aber
des gantzen Ausstands. Intelligendus vero hic §
non solum de quotis, quæ post hunc Recessum de-
bebantur, verum quoque de jam antea debitis & in
dex terminis solvendis, de quibus agitur infra § wegen der bey x. 14 und sonst wie oben. Ideo, si Status
in his antiquis solvendis sint morosi, in pœnam dupli incidunt, sed cum Fiscalis 22 Septemb. 1657 & ita
septem terminis jam elapsis demum prima vice mo-
rosorum Statuum moram accusaverit: Queritur, u-
trum ille ad horum omnium terminorum duplum
agere & exigere possit.

§. 11.
Erhöhung der Besoldung.

Dieweil auch die jährliche Besoldung, den Beysitzern und andern des Cammer-Gerichts Bedienten, zu erhöhen allschon bey nächst vorigem Regen-
spurgischen Reichs-Tag An. 1641 aus vorkomme-
nen erheblichen Ursachen für nöthig befunden, und
der damals nach Franckfurt veranlaßter Ordinari-
Reichs-Deputation das Quantum zu bestimmen,
Gewalt aufgetragen und dieme zu folge von erst berührten Deputation die Erhöhung der Assessorn
auf tausend Reichsthaler jährlich, und also nach
Proportion für die Präsidenten und andere Offi-
cialn bestimmt, von Uns auch, als Römischen Kayser, gnädigst ratificirt und gut geheissen worden;
So lassen wir es auch sammt Chur-Fürsten und
Ständen, und der abwesenden Räthe, Botschafften und Gesandten bey solcher Erhöhung der gestalt bewenden, daß nun hinfuro von Dato dieses
Abschieds einem ieden Assessorn jährlich tausend
Reichsthaler, und also auch denen Präsidenten und
übrigen General-Bedienten, was sich in der Proportion eines ieden zuvor gehabten Besoldung, solcher Erhöhung nach, gebühren mag, beständig gereicht werde, als nemlich dem Cammer-Richter
vier tausend vier hundert Reichsthaler, vier Präsidenten, iedem tausend dreyhundert ein und siebenzig, funffzig Assessorn, iedem tausend, dem Fiscal
auch tausend, dem Advocato Fisci fünf hundert ein

und siebenzig und ein halber, dem Medico zwey-
hundert achtzig fünf, dem Cantzeley Verwalter,
als Boten-Deputato hundert zwey und siebenzig
und ein halber, dem Pfenningmeister dreyhundert
vier und vierzig, den Lesern wegen der Gegen-
Schreiberey m) fünf und vierzig, zweyen Pedellen,
iedem neuntzig, und zwölff reitenden Cammer-Boten iedem zwey und dreyßig und ein halber Reichs-
thaler, entrichtet und bezahlt werden solle n).

m) Quid ea sit vid Concept. Ord. Camer. p. 1 tit. 54
§ 10 scil. Assignatio diei & mensis per lectorem facienda, quando pecunia pro sustentatione Cameræ
in lectoria deponitur, & rursus inde a Quæstore re-
cipitur. Hujus annotationis liber vocatur die Contra Roll.

n) Quod attinet personas Cancellariæ & Lectoriæ ad-
dictas, earum salaria, quorum summam vid. apud.
Roding. pag. 1008 in fin. & seq. per Electorem
Moguntinum solvuntur. Ord. Cam. p. 1 tit. 44 pr.
& quidem ex taxis Cancellariæ, aus den Cantzley-
Gefällen, quæ Moguntino tanquam Archi-Cancella-
rio debentur. Hæ taxæ si solvendis salariis non suf-
ficiant, Moguntinus in sufficientiam supplere tenetur, e contra abundantia eveniente eidem relicta.

§. 12.

Und nach demmahlen o) auch unter lauffenden
Kriegsläufften, und seither des getroffenen Frieden-
Schlusses den Cameral-Personen, und deren respective Witwen, Waysen und Erben ein nahmhaftes an ihren und der Abgestorbenen Salarien
ausstehet, so sollen zu Verhütung allerhand Confusionen und Ohnrichtigkeiten den Beysitzern auch
auf iedes zurück-und unbezahlt ausstehendes Jahr
erst angedeut erhöhete-Besoldung p) doch gegen Auffhebung und Cassirung ihrer wegen der Neglecten, so
wohl der noch Lebenden, als Abgestorbenen, wie
auch Resignirender, so viel die von dem Pfennigmeister designirte unbezahlt hinterstellige Jahren q)
betrifft, habender Anspruch und Forderungen) mit
Einschliessung unsers Kayserlichen Fiscals und Advocati Fisci, gefolget und abgetragen, ein solches
doch allein auf diejenige Zeit, in deren sich der ein
und andere in loco in dem Ort des Gerichts unsers und des Heil. Reichs-Stadt Speyer befunden, auch demselben und seinem Amt wircklich abgewartet hat, verstanden.

o) Den Beysitzern x. Non autem reliquis personis Cameralibus, quia non illis, sed duntaxat Assessoribus
neglecta debentur, utpote quibus solis negligentium
Assessorum labores accrescunt, O. C. P. 1 pr. & § 1.
Quod autem Fiscali ejusque Advocato residuum salarium secundum augmentatam portionem solvendam esse in hoc § constitutum sit, singularis est gratia. Quod neglecta judicis attinet illa non inter
Assessores distribuantur, sed dispositioni Statuum Imperii, reservantur, Deen, I. C. tit. 195. Idem puto dicendum de neglectis Præsidum.

p) Oritur hic dubium ex § præcedenti vers. Daß nun
hinfuro a dato &c. ubi dicitur, terminum adau-
cti salarii a quo, debere incipere a dato hujus Recessus Anno 1654. Ergo non auctum est quoad ex-
stantia salaria Resp distinguendo inter veteres Assessores qui ante hunc Recessum recepti, & quibus adhuc a nonnullis annis salaria exstant, horum enim
residua salaria simul ad 1000 Imperiales adaucta sunt.
Secus in junioribus post hunc Recessum receptis, in
quibus supra d. § locum habet, &c.

q) Qui Anni in multis personis Cameralibus usque
ad Annum 1636 se extenderunt. Insuper notandum,
quod hæc dispositio etiam obtinet in den Gnaden-
Geldern, quæ Assessorum mortuorum viduis & liberis

ris dantur, & sane quadrans salarii annui Assessoribus solvenda.

§. 13.
Neglecta der Verstorbenen gehören der Cassa.

Und was über Abstattung a) deren solchergestalt ausständiger Salarien von denen verfallenen Ordinar-Zielen zurück verbleibt, das solle zu der Stände fernerer Verordnung, wie ingleichen auch fürs künftige die Neglecta der verstorbenen und resignirten Assessoren um der Besoldung desto mehrer Versicherung willen, zur gemeinen Cassa gezogen werden, die Neglecta der noch Lebenden aber, wie auch der Abwesenden, unter den Gegenwärtigen hinfuro zu distribuiren und auszutheilen gestattet und bleiben.

a) Verba: Gegenwärtigen, ꝛc. Qui scil. officium suum obeunt. Nam ægroti & cum venia absentes, Neglectorum non sunt participes, quod olim quoad ægrotos secus obtinuit, nam licet præsentes ægroti sint, hstisque operentur, tamen etiam neglecta dividi solent testatur Magenhorst ad O. C. p. 1 t. 7.

§. 14.
Mittel, die Besoldung zu erlangen.

Betreffend a) aber die Media, und woher das Argumentum wegen der erhöheten Besoldungen und vermehrten numeri Assessorum zu nehmen, darauf auch ein rechter beständiger und versicherter Fuß des Unterhalts halber zu machen. Da sollen zwar die bey diesem Reichs-Tag zu Stand und Stimm aufgenommene b) Fürsten und Grafen in die Anlag mit gezogen werden. Dieweil aber auch dieses Mittel nicht zulänglich noch erklecklich, und darüber kein anders als hieroben in § und zwar so viel bedeutet, ꝛc. ordinari Beytrags-Mittel, wobey die Cameraln ihrer Besoldung halber gesichert seyn können, zu practiciren, als ist des Cammer-Gerichts Unterhaltung nach dem alten Fuß auf das erhöhete Salarium und die vermehrte Anzahl der Beysitzer, so viel als von nöthen, erhöhet, die Cammer-Matricul darauf eingerichtet, und die Cammer-Gulden auf Reichsthaler übersetzet worden, wie solches der hierüber verfertigte Aufsatz mit mehrerm ausweiset, wobey es (salvo calculo & futura moderatione) welche von den Kreisen und auf derselben erstatteten Bericht, von der nächst bevorstehenden Extraordinari-Visitation, und zwar dergestalt eingerichtet werden soll, damit der Cammer-Gerichts-Verwandten Salaria völlig beygetragen, auch Chur-Fürsten und Stände darüber nicht beschweret werden, so lang und viel verbleiben und demselben nachgegangen werden soll) bis hiernächst ein ander Mittel c) sich erzeigen, und mit unserm gnädigsten, auch gemeinem der Stände Consens und Einwilligung verordnet, oder sonsten ein anderer Fuß und Austheilung eingeführet, und in wircklichen Stand und Gang gebracht seyn wird. Und soll den Ständen bevorstehen, ihre Land-Stände, Bürger und Unterthanen zur Beyhülfe zu ziehen d), und wollen wir der Stände hiebey gethane Erinnerung, und wegen Revision und Moderation der Matricul beschehenes wiederholtes Begehren e) dergestalt in Obacht nehmen, wie hierunten bey Beschliessung dieses Reichs-Abschieds mit mehrerm vermeldet.

a) Hinc Fiscalis contra illust. Principes & Comites morosos in causâ Fiscali agit. Schwäbischen Kreises ausschreibende Fürsten die Cammer-Gerichts-Unterhaltung betreffend, egit, sententiaque paritoria est lata.

b) Roding p. 1021.

---

c) Jam olim a Statibus Imperii Imperatori diversa media pro sustentatione Cameræ oblata fuere, R. I. 1522 § Weiter als sich ꝛc. 18 & septem in R. I. 1529 § Weiters als sich bevor 29. Item alia septem a Collegio Camerali in suis consid. de Anno 1643 ad Francofurtensem Deputationem transmissa punct. 3 § Demnach dann erstlich ꝛc. quæ recenset Roding p. 1016 & seqq. Sed nullum ex his hactenus fuit practicabile, uti apparet ex hoc § & § Und zwar so viel ꝛc. 9 supra.

d) Idem jam antea in Collectis Imperii & Contributionibus Turcicis constitutum reperimus, & quidem eam ob causam, quod ne Statuum æraria nimis exhaurirentur. R. I. 1566 § Dieweil nun ꝛc. 41. R. I. 1576 § Und nachdem ꝛc. 11. Si exactioni harum collectarum & contributionum subditi resistunt, in pœnam dupli incidunt, R. I. 1566 § Derowegen haben wir ꝛc. 40. R. I. 1576 § Dieweil denn ꝛc. 14 R. I. 1594 § Demnach sollen ꝛc. 12; Magistratus illos vel ipse ad debita quotæ ac pœnæ exsolutionem compellere, vel si non sit adeo potens, contra eos refractarios mandata ad pœnam dupli in Camera obtinere potest. R. I. 1576 § Dawider auch ꝛc. 15. R. I. 1582 § Dawider auch, 14 & quidem sine clausula nisi vel cum clausula petantur, vel alia justa causa subsit, Den. I. C. tit. 182 § 6. Ob identitatem rationis ejusmodi mandata contra subditos, si in sustentatione Cameræ Domino assistere detrectarentur, quoque obtineri posse puto. E contra vero subditi adversus magistratus tam ratione sustentationis Cameræ, Cap. Leop. § circa fin. quam d. collectarum non facile audiendi, sed a limine judicii ad debitam paritionem ablegandi. Quomodo alias Dominus contra subditos contumaces in præstandis debitis oneribus procedere possit, ex parte tradit Gail. de Arrest. cap. 10.

e) Aliquoties hæc Revisio & moderatio matriculæ a Statibus est petita, ut videre est ex multis Imperii Recess. tamen illa nondum secuta.

§. 15.
Mittel, die Säumige zu exequiren.

Wegen des modi exequendi a) wider die Säumige, dieweil der alte viel zu langsam und nicht zulänglich, so haben wir uns sammt Chur-Fürsten und Ständen und der abwesenden Räthen und Gesandten eines andern nachfolgenden dergestalt verglichen; Daß die ausschreibende Fürsten b) iedesmals, wann ein oder anderer Chur-Fürst oder Stand seine Angebühr nicht abgestattet, und sonderlich, wann auf vorher gegangenes, aber aus der Acht gelassenes extrajudicial monitorium ein unbezahltes Ziel, das andere erreichet, auf Requisition unsers Kayserlichen und des Heil. Reichs Cammer-Gerichts, ohne Unterscheid und Respect der höhern oder niedern Ständen, auch ohnerwartet der Achts-Erklärung, die Execution auf des Säumigen Kosten c) vornehmen, iedoch das hiebey, so viel die oben in § und zwar anfänglich, ꝛc. bestimmte Pön einer Marck Goldes oder dupli betrifft, die exceptio impossibilitatis und der Ohnvermögenheit in alle Weg in Obacht genommen, und gegen die unvermögende Stände, und welche nicht vorsetzlich mit der Zahlung zurück halten, nicht auf solche Pön, sondern allein auf das simplum des Nachstands exequirt werden solle, zum Fall auch einer oder ander, wider den gemeinen Reichs-Schluß und die verglichene Execution, sich wider Verhoffen einigerley Weise de facto widersetzen solte, daß sodann derselbe als gleich in pœnam banni gefallen seyn, und vom Richter, auf unsers Kayserlichen Fiscals gerichtliches Anrufen, und des für ungehorsam und widersetzlich denuncirten Stands schleunige vorgehende summarische Vernehmung und Erkenntniß des Richters, ohne Respect und Hinderung anderer Disposition,

sition, so hierwider angezogen werden möchte, gegen
ihme mit der Declaration pœnæ banni fürgefahren,
zu solchem Ende er auch der Opponent unserm Fisco
zu Speyer vom Executore also gleich nahmhafft gemacht; d) und nichts desto minder, wann ihme die
obhabende Execution füglich zu vollziehen zu schwer
fallen wollte, mit Zuziehung, zween oder drey anderer benachbarter Kreisen zur wircklichen Execution, nach Inhalt der Executions-Ordnung procedirt werden, also auch unser Kayserlicher Fiscal gegen
die Säumige und gegen deren eigen zustehende Haab,
Güter, Renten und Gefälle, Arresten, Kummer
und Pfanden zu begehren e) Macht haben, die
Stände und iedes Orts Obrigkeit auch auf dessen
Imploration ihme unweigerlich darzu hülffliche Hand
zu bieten schuldig seyn, und gegen dem, so solches
verweigerte, mit geziemender Strafe, secundum
Judicis arbitrium, verfahren werden.

a) Ad hunc modum Fiscalis in causa Fiscalis conrra
Worms und Pfalz-Simmern, als Ober-Rheinischen
Kreis-Fürsten und Executores Mandati Executorialis S. C. die Cammer-Gerichts-Zulage betreffend,
rubricirt den 22 Septemb. 1657. prima vice egit &
imploravit officium Judicis.

Olim ehim Fiscalis ı tenebatur impetrare monitorium adversus Status morosos sub pœna 10 marcarum auri, quo reproducto, si non doceretur de
paritione, agebat ad declarationem pœnæ atque arctius petebat, quod postea præmissis pro re circum-
stanti aliquot paritoriis decernebatur & morosis Statibus insinuabatur; eo reproducto deinceps Fiscalis
agebat ad declarationem pœnæ Banni, hac declaratione demum secuta, demum impetrabat mandatum
de exequendo seu immissoriale adversus directores
Circulares, & procedebatur, prout habetur in O. C.
p. 3 t. 48 § 4 & seqq. Verum hisce ambagibus re-
sectis, hodie præmisso ad Status morosos extrajudiciali a Camera emanato monitorio sed non attento
ad Implorationem Fisci, a Camera ad Directores
Circulares Banni declaratione uti hic, illd. re-
quisitoriales flocci pendant, a Camera per mandata
Executorialia S. C. astringuntur ad executionem faciendam § Wofern aber ꝛc. ib. add. Roding. p. 35
& seq. junct. p. 1022 & seqq.

b) Executio olim incumbebat dem Kreis-Obristen. vid.
Ord. C. p. 3 t. 48 § 7 & 8. quanquam utriusque officium sæpe ab una persona sustineatur. Vid. R. I.
1555 § Und damit 56. Tamen in eo differunt,
quod ausschreibende Fürst habeat jus convocandi
Status Circulares, & in Conventibus Circularibus
Directorium gerat, ejusque officium sit perpetuum:
Sed der Kreis-Obriste præest militiæ & demanda-
tam executionem perficit, R. I. 1512 § Desgleichen
sollen ꝛc. Cura de reprimendis seditionibus ac tu-
multibus in suo Circulo exorientis vel exortis incumbit, suosque adjunctos, si illi opus esse visum
fuerit, in certum locum convocare ac desuper cum
illis consultare debet. R. I. 1555 § Und soll dem ꝛc.
60 & seqq. hujusque officium est temporale vid.
ib. § Und sollen ꝛc. 59. Deinde Extraneus potest
esse ein Kreis-Obrister, non vero ein Kreis-aus-
schreibender Fürst. d. R. 1555 § Und auf den
Fall ꝛc. 57.

c) Ita in causa Lützelburg contra Kaysersberg Citationis
11 Februarii 1659 Executio per sententiam sumptibus exequendi, injungendo illi paritionem eman-
data fuit, vid. not. ad § 154, ubi insuper Executio
in eventum ad Circuli totius sumptus extensa fuit.

NB. Cum in Anno 166: subdelegati Circuli Rhe-
nani Superioris Commissarii ad eorundem sustentationem, aliquam pecuniæ summam, quam in isto
Executionis actu a Statibus receperunt, in sui suo-

rumque sustentationem & salarium penes se retine-
rent & Fiscalis desuper 9 Decembr. 1662 officium
Judicis imploraret, tandem 26 Januarii 1663 extraditio injuncta fuit per sententiam sequentibus formalibus: Solle die durch Herren Beklagten, Principum se. Circularium des Ober-Rheinischen Kreises
subdelegirte Executions-Commissarii bey Bißthum
Basel aufgehobene 1243 Rthlr. und Bey Kaysersberg
28 Rthl. 60 xr von ihnen subdelegirten zur Ungebühr vorenthaltene Gelder dem Pfenning-Meister
wircklich erlegen.

d) Quod etiam fieri debet, si quis sententiæ Cameralis
Executioni se opponat add. § Ob sich aber, ibi in-
frà. Hinc Anno 1619, 11 Februarii, notabilis sententia lata, cujus tenorem vid. infr. in not. ad § Ob
aber sich ꝛc. ibi.

e) Illud hactenus non, fuit practicatum, neque ante
hunc Recessum ista arrestatio & pignoratio ob retar-
datas solutiones rum sustentationis Cameræ per h. §
verb. Die alte viel zu langsam, dictum Fuit, quam
Collectarum Imperii promissa fuit. Gail. de Arrest.
cap 11 n. 32, utrum vero, quod hic de sustentatione
Cameræ sancitum est, ad Collectas Imperii extendi
possit, dubio non caret.

§. 16.
Limitatio.

Sodann a) bleibts vermöge der Anno 1576 gemachten Disposition darbey, daß der Cammer-Gerichtliche Unterhalt und Extantien bey dem Stamm-
Haus oder dessen Possessore zu fordern und zu exequiren, es wäre dann, daß das Haus oder Familie, ihre Herrschafften, sowohl als des Cammer-Gerichts notificirt hätte, auf welchen Fall erst gemeldte
Forderung und Execution gegen ieden possessorem
pro quota zu richten wäre.

a) Hinc cum Dominatus Neuenstein inter plures quidem esset divisus, ista verò divisio Cameræ Impe-
nondum notificata, & Comites finem Hohenloe-
Neuenstein domum mugilitiam possiderent, pecuniam
ad sustentationem Cameræ suo Procuratori cum speciali Mandato, ut illam pecuniam non nisi ad apocham pro istorum quota exsolveret; transmisissent,
eo mandato non obstante, Procurator Anno 1657 a
Camera jussus est solvere pecuniam transmissam ad
Generalem apocham cum hac clausula, auf Abschlag
der Forderung.

NB. Divisio inter Comites fratres de Hanau
facta, ratione sustentationis Cameralis per Recessum
oralem notificata fuit Cameræ 24 Julii 1663.

§. 17.
Status in exequendo morosus.

Wofern aber ein oder ander ausschreibender Fürst
in mota exequendi wäre, soll derselbe vom Cammer-
Gericht hierzu per mandata executorialia angehalten,
oder die Execution einem andern Stand in dem Kreis,
neben dem Kreis Nach- und Zugeordneten, oder
auch auf deren Verweigerung den ausschreibenden
Fürsten des benachbarten Kreises aufgetragen, und
von denselben unterweigerlich vollzogen werden.

§. 18.

Also auch a) wann die ausschreibende Fürsten
von ihrer Angebühr in mora solvendi begriffen, so
sollen gegen dieselbe die Ausschreibende des benachbarten Kreises gleichfalls, wie oben in § wegen des
modi exequendi &c. erwehnet, mit den Executionen
verfahren, oder erst berührtermassen, auf die Strafe
der Acht procedirt, und dieselbe nach Inhalt der
Reichs-Constitutionen, Executions und dieser Verordnung, exeqvirt werden.

a) Imo

a) Imo per sententiam in puncto de exequendo ipsis Principibus Circularibus, wegen des Erlags ihres eigenen Ausstands intra certum terminum ad docendum de paritione tempus praefigitur.

§. 19.
Von Eintreibung der Kammer-Zieler.

Wegen der bey a) Chur-Fürsten und Ständen bis dato unbezahlt ausstehenden Zielern oder Restantien, setzen, ordnen und wollen wir, daß ein ieder Chur-Fürst oder Stand an seinem Rest, er sey klein oder groß, zwey Drittel, auch zwölf Zieler, in zwölf Franckfurter-Messen, also in sechs Jahren abgetragen, und zwar, damit sowohl als mit Abstattung der neu erhöheten Zielern auf die nächstkünftige Franckfurter-Messe der Anfang gemacht, und damit unaussetzlich continuirt, auch die Execution wider die Säumige auf vorgehende Requisition unser und des Heil. Reichs Cammer-Gerichts, sumptibus eorum b) durch die ausschreibende Fürsten fürgenommen, auch auf den Fall der Widersetzung ad poenam banni, und sonsten, wie oben der künftigen neuen Zieler halber versehen, procedirt werden solle, der übrige ein Drittel aber, so bey künftiger Revision des Pfenning-Meisters Rechnung sich befinden wird, auf unsere und der Ständen weitere Verordnung und Disposition (doch vorbehaltlich dessen, was in nächstfolgenden §. Und sollen von deme, &c. in fine eventualiter beygesetzt) ausgestellt seyn.

a) Hinc si alicujus Status totum residuum fuisset 9000 Imperiales, hujus duae partes effecissent 6000 Imperiales. Istis porro in 12 partes divisis, unaquaeque pars evadit 500 Imperiales: quos dictus status in singulis duodecim proxime sequentibus Nundinis Francof. solvere debuisset, nechstkommende Frankfurter Meß, scil. circa Festum Michaelis An. 1654. Ita terminus duodecimus & ultimus in Nundinis Francof. circa festum Paschatis Anno 1660 habitis exspiravit. De Computatione duarum trientium seu tertiæ partis restantium, & desuper datis sententiis, earumque explicatione vid. Roding. p. 1023.

b) Sic in causa Fiscalis cont. Oberrheinische Kreis-ausschreibende Fürsten, Mandati Executorialis S. C. Cammer-Gerichts-Unterhalt betreffend, 7 Julii 1662 reservatio sumptuum repetendorum, & citatio ad videndum se incidisse iu poenam banni, judicialiter decreta fuit his formalibus &c. Und mögen die Kreis-Fürsten die ausgelegte Executions-Kosten, und was davon dependirt, von denen säumigen solches verursachenden Ständen, nach Inhalt des jüngern Reichs-Abschieds per Executionem einziehen, dann ist gegen N. und der Stadt Hagenau die vom Fiscali gebetene Citation ad videndum se incidisse in poenam banni, hiemit erkennt.

§. 20.
Wer hiervon zu befriedigen.

Und sollen von deme, was am Hinterstand in den zwölf Zielern einkommt, die alten Assessores und andere an dem Unterhalt mitgenießende Cammer-Bediente, sammt der abgestorbenen Witwen und Erben nach Proportion eines ieden Hinterstands von dem Pfenning-Meister bezahlt, und von den laufenden Zielern die anwesende und fürters ankommende neue Assessores, als gleiche Arbeit verrichtende, unterhalten, inskünftige aber unter denselben in den Austheil- und Bezahlungen das alte Herkommen observirt werden, nehmlich daß alleteit das ältere vor dem jüngern Ziel, und keines vor dem andern abgestattet werde, wornach sich denn der Pfenning-Meister in allem unfehlbar zu richten, und daraus keineswe-

Jurist. Oracul V Band.

ges zu schreiten hat. Solten aber wider alles Verhoffen die ⅓ nicht auslangen, oder der Cameralen Hinterstand völlig auslöschen mögen, auf solchem Fall soll ihnen von dem übrigen ⅓ vollkommene Satisfaction beschehen, derselbe auch in denen darauf folgenden zweyen Jahren oder vier Zielern gleichfalls in die Cassa eingetragen werden.

§. 21.
Wie der Unterhalt ohne der Stände Beschwerung geschehen möge.

Und bey diesem ersten Puncto a) haben wir auch Chur-Fürsten und Stände, und der abwesenden Räthe, Gesandten und Botschaften vorbehalten, daß mit der Zeit auf Mittel und Wege solle gedacht werden, wodurch das Cammer-Gericht ohne der Stände Beschwerung könne unterhalten werden.

a) De hoc medio jam ab anno 1521 usque ad hodiernum diem consultatum est. vid. R. I. 1521 §. Und dieweil 12, R. I. 1522 §. Weiters als sich, 2c. 18, R. I. 1526 §. Nachdem 2c. 1529, weiters als bevor, 2c. 27 &c.

§. 22.
Von Besetzung des Cammer-Gerichts.

Die Ersetz- a) und Bestellung unsers Kayserlichen und des Heil. Reichs Cammer-Gerichts anreichend, da erinnern Wir Uns neben Chur-Fürsten und Ständen, auch der abwesenden Räthe, Botschaften und Gesandten, guter massen genugist, was in der Cammer-Gerichts-Ordnung p. 1 tit. 4 dießfalls versehen, aus was Ursachen auch derselben Zeit nicht allerdings nachgegangen werden können, und dahero viel verschiedene Beysitzerstellen ohnersetzt verbleiben müssen: Verordnen demnach und wollen, daß der in der Ordnung vorgeschriebene Modus inskünftige streng observirt, und die Assessores ihrer ohne das Obliegenheit nach, demselben festiglich einfolgen und geleben, und auf verspürten Saumsal in praesentando nach Verfliessung der 6 Monaten, iederzeit vierzehen Tage, oder längst ein Monat hernach, nach Inhalt ietzt angezogener Unserer und des Reichs Cammer-Gerichts-Ordnung, ohngeachtet aller darwider eingewendeter Bedencken, die vacirende Stelle, aus anerwachsenen Rechten ohnfehlbar zu ersetzen, und damit länger nicht an sich halten, noch zu der Stände des Reichs, und ihrer der Assessoren selbsten nicht geringen Ungelegenheit, keineswegs länger unersetzt lassen sollen.

a) Hi menses computandi a die insinuatae requisitionis, qua Collegium Camerale Statum vel Circulum praesentantem requirit, ut in locum Assessoris demortui vel discedentis alium idoneum repraesentet. O. C p. 1 tit. 4 §. 2, junct. visit. 1559 §. Nachdem. Notandum vero, quod olim, quando Circulus aliquem Assessorem praesentare debuit, tantum quibusdam Statibus illius Circuli a Camera scriptum fuerit, utpote in Circulo Primo: prout in ordine collocatur in O. C. p. 1 tit. 2 & Denais I. C. tit. 72 §. 1: tantum modo scriptum Würzburgensi, Eystetensi & Brandenburgensi. In Secundo: Saltzburgensi & Bavaro: In Tertio: Augustano & Würtenbergensi. In Quarto: Argentinensi, Fuldensi & Lotharingico. In Quinto: Monasteriensi & Juliacensi In Sexto: Magdeburgensi & Saxonico, adjectum tamen literis, ut Requisiti Principes id caeteris Statibus indicarent. Illud tamen raro factum, quemadmodum haec omnia refert Magenh. ad O. C. p 1 tit 2. Ubi & hoc addit: quod elapsis Sex mensibus Collegium Camerale non statim Assessores, prout vigore O. C. d. t. 4 poterat, denominaverit ac elegerit. Sed semel atque ite-

iterum Principibus praesentantibus scribere solitum fuerit. Deinde quod non omnes Principes & Civitates in d. tit. 2 enumerati sint in possessione praesentandi, quod etiam innuit d. t. 2 in fin. Cum hodie Circuli mutati sint, quibus statibus nunc scribendum experientia docebit.

§. 23.
Reformirter Religion Präsentation.

Doch soll darbey von ihnen ebenmäßig als von Chur-Fürsten und Ständen dasjenige beobachtet werden, was wegen Präsentirung gewisser Personen von beyderseits Religionen (mit Einschliessung der Reformirten) im Friedens-Schluß verordnet ist, also daß iedesmahl eine Person von derselben Religion aufgenommen werde, deren der Praesentandus hätte seyn sollen.

§. 24.

Dieweil aber die Ersetzung der in Instrumento Pacis verglichener Anzahl vor dieß erste mahl etwas schwerer fallen möchte, so soll vor dieß erste mahl allein, und weiter nicht der ad praesentandum bestimmte sechsmonatliche Termin hiemit und von dato dieses Schlusses anzurechnen, auf ein Jahr lang extendirt und erstreckt seyn.

§. 25.
Wie die Präsentation geschehen solle.

Doch soll derjenige Chur-Fürst oder Kreis, welcher balder, als in Jahrs-Frist zur Präsentation tauglicher Personen gelangen kan, damit ohneingestellt verfahren, auch iedem Assessori von Zeit seiner Bedienung das erhöhete Salarium gereichet werden.

§. 26.

Zum Fall auch a) ein oder ander präsentirender Chur-Fürst, oder anderer Stand in seiner Präsentation säumig befunden würde, soll es andern mit ihme zu präsentiren berechtigten Ständen nicht präjudicirlich b), sondern demselben erlaubt seyn, ohnverhindert solchen Verzugs mit der Präsentation fortzuschreiten.

a) Verum Electores tanquam Electores cum aliis Statibus simultaneam praesentationem non habent, sed quivis pro se praesentat. Secus vero est, si considerentur Status Imperii jus simultaneae praesentandi in suis Circulis habentes. Sic Elector Brandenburgicus tanquam Burggravius Norimbergensis in primo Circulo: tanquam vero Marggravius Brandenb. in Sexto Circulo simultaneam praesentationem habet. vid. O. C. p. 1 tit. 2.

b) Forsan quod Collegium Camerale non ob factam praesentationem, alium, qui istis Statibus non adeo placeret, in Assessorem eligere posset.

§. 27.
Einen allein zu präsentiren ist genug.

Gleichwohl aber, und weil bey diesem Puncto, allen erwogenen Umständen nach, Chur-Fürsten und Ständen bey so langwierigen Kriegsläuften, mit so vielen qualificirten Personen, als die Ordnung zusammt dem jüngsten Friedensschluß in praesentando erfordert, so bald nicht wohl möchten aufkommen können, so sollen dieselbe nicht eben gebunden noch gehalten seyn, inskünftige iederzeit zwo oder drey qualificirte Personen zu präsentiren, sondern es soll das Collegium Camerale, wann ein Praesentatus qualificirt genug erfunden wird, denselben anzunehmen schuldig seyn.

§. 28.

Sintemahlen a) auch bey dem Cammer-Gericht bishero dieser modus vielfältig practicirt, wann gleich zwo oder drey Personen präsentirt, und nur eine aus denselben qualificirt befunden worden, daß deswegen um fernere Adjunction geschrieben, und die qualificirte Person aus diesem alleinigen Vorwand nicht admittirt werden wollen, daß den Beysitzern hierdurch das bey dem Cammer-Gericht hergebrachte jus electionis geschwächt würde, dieser modus aber nur zu mehrer Verlängerung der Sachen als Beförderung des Justitz-Wesens gereichig, so wollen und ordnen wir, wann aus dießfalls zwo oder dreyen präsentirten Personen gleich nur eine tauglich, und wie sichs vermöge der Ordnung gebühret, qualificirt befunden werden solte, dieselbe, unverhindert des bishero gebrauchten modi eligendi, acceptirt, angenommen, und keine weitere Adjunction begehrt, auch nicht so stark auf das Studium juridicum quinquennale auf teutschen Universitäten, sondern auf die Qualitäten, Geschicklichkeit und Experientz gesehen werden solle.

a) Cum hodie multi apud Hollandos, Italos, Gallos &c. tam linguarum quam aliorum corporis exercitiorum causa demorentur, & ibi simul strenuam operam juri navare soleant, non pauci etiam intra minus quinquennio spatium diligentia fundamenta juris sufficienter edocti, citius ad forum se conferant, hinc constitutum, ut non exacte observato studio juridico quinquennali in Academiis sub Imperio sitis, magis dexteritas & causas juridicas disceptandi experientia attendatur: quo adauctus Assessorum numerus in hac penuria vere & solide eruditorum hominum eo commodius suppleri possit.

§. 29.
50 Beysitzer.

Den numerum Assessorum von beyden Religionen betreffend, lassen wir es bey dem Instrumento Pacis, und daß die Anzahl der funfzig Beysitzer, sowohl aus dem Adel und Ritterschaft, als von Gelehrten, gleich ietzo von dato dieses Reichs-Abschieds zu verordnen, und ihnen obberührter massen den Unterhalt sicherlich zu verschaffen. Haben auch darüber allbereit ein schema praesentantium allhie verfassen lassen.

§. 30.

NB. Notandum. Weilen erst berührtes schema praesentantium, wegen deren in iedem Kreis präsentirender Particular-Ständen von diesem Reichs-Schluß nicht allerdings verglichen werden können, als hat daßelbe, iedoch im Hauptwerck dem Friedens- und gegenwärtigen Reichs-Schluß ohne Nachtheil, vor dießmahl ausgestellt verbleiben müssen.

§. 31.
Jülichische Präsentations-Stelle und Erstantien.

Und nachdem bishero in dem Nieder-Rheinischen Westphälischen Kreis, deren über die Jülichische Lande obschwebender Differentien halber, die vacirende Assessorats-Stellen hiebevor ohnersetzt, und ihre obliegende Angebührniß zu Unterhaltung des Cammer-Gerichts ohnentrichtet verblieben, so sollen dieselbe Lande und des ausschreibenden Fürsten-Amts halber im Streit begriffene Herren Interessirten in längerer Anstehung unserer Kaiserlichen Decision, oder des im Friedens-Schluß veranlaßten gütlichen Vergleichs, sich selbst vergleichen, oder diejenige,

selbigen

selbigen Kreises Stände, denen das jus præsentandi mit gebührt, mit Vorbehalt eines ieden Rechts, die Præsentation zu Werck richten.

§. 32.

Und nichts destoweniger die Cammer-Gerichts-Unterhaltung von den Inhabern der streitigen Landen, sowohl von dem Vergangenen als Künftigen getragen, oder obgedachter massen gegen dieselbe frequirt werden.

§. 33.
Präsentirende Fürsten des Ober-Rheinischen Kreises.

In dem Ober-Rheinischen Kreise sollen diejenige Fürsten, welche bishero die Præsentation verrichtet, benannt Wormbs, Speyer, Straßburg, Pfaltz-Simmern, Zweybrücken und Hessen, selbige eben-mäßig hinfuro verrichten, iedoch den übrigen Fürsten und Ständen selbigen Kreises, so an dem Jure præsentationis zu participiren vermeynen, ihre Befugniß zu suchen, ohnbenommen, auch den andern Kreisen in diesem passu, so wenig durch die Verordnung, als oben angeführte Ursache keinesweges präjudicirt seyn, hingegen wollen die Reichs-Städte erst gedachten Kreises sich von solchem jure præsentandi nicht aus-schliessen lassen, und beziehen sich auf die vorgangene contradictiones.

§. 34.
Von Abkürtzung des Processes und Abschaffung der articulirten Klage.

Diesem nächst a) nun beym dritten Haupt-Puncte, wie nehmlich die Processe an unserm Kayserlichen und des Heil. Reichs Cammer-Gericht abzukürtzen seyn mögen, sich befunden, wie viel Zeit, sowohl in puncto libellorum, wie auch der Defensionalen, Elisiv-Ar-tikeln und der responsionum auf dieselbe, als auch in puncto exceptionum, und sonsten durch allerhand ter-giversationes, ohnnöthige repetitiones und andere gesuchte Ab- und Umwege vergeblich zugebracht, die Sachen damit meistentheils ohne Noth viel Jahr lang aufgezogen, die Acta sich dadurch sehr überhäuft, und die Processe sowohl zu der litigirenden Partheyen größten Schaden und Nachtheil, als zu dieses höch-sten Gerichts im Reich mercklicher Verkleinerung, gleichsam unsterblich gemacht werden, und einmahl nöthig, dergleichen und andere Mängel und Gebrechen nach aller Möglichkeit abzustellen, und die Mittel und Wege, wodurch zancksüchtige Partheyen, Ad-vocaten und Procuratoren die Sachen in angeregte Weitläuftigkeit einführen können, abzuschneiden, zu-mahlen aber nicht wohl möglich, alle und iede Um-stände bey den Processen und Handlungs-Terminen auf einmahl vorzusehen, sondern deren dießfalls künf-tig erscheinenden Mängeln und deren Verbesserung halber dem arbitrio Judicis b) nach Anleitung der Ordnung p. 2 tit. 36 und Reichs-Abschied zu Speyer Anno 1557 § Ferner nach dem hierbey, rc. anheim zu geben; So haben wir uns demnach mit Chur-Fürsten und Ständen, und der abwesenden Räthe, Botschaften und Gesandten hierinne auch nachfolgen-der massen verglichen, daß nehmlich, und fürs erste, solle der bisher in mehr Wege misbrauchte modus zu articuliren c), und ad articulos zu respondiren, sammt allen denen bishero nach sich gezogenen Ter-minen d) und Anhängen, dabey und darüber auch beflissentlich vorgangenen ohnnöthigen Disputationen und Aufzüglichkeiten, (nur allein die Probationalen e),

Jurist. Oracul V Band.

da die Partheyen wollen f), und wenn es die Noth-durft erfordert, wie auch die responsiones und Ant-worten auf dieselbe, ausgenommen) hinfuro gäntz-lich caßirt und aufgehoben, und hingegen in Sachen simplicis querelæ, ein ieder Kläger vor Gericht, mit seiner Nothdurft bereit erscheinen, und bey Ausrich-tung der Processe oder Ladung seine Klage g) oder Libell nicht Artikels- sondern allein summarischer Weise h), darinnen das Factum kurtz und nervose, iedoch deutlich, distincte und klar, auch da ihme be-liebt, oder der Sachen Weitläuftigkeit und Umstände es erforderten, Punctenweise verfaßt und ausgeführt sey, mit angehengter Conclusion und Bitte, nicht allein den Gegentheil zu citiren, sondern auch zu con-demniren i), oder aber neben der Supplication, um die Ladung abgesondert k), gleichwie solches judicia-liter zu beschehen) l) extrajudicialiter übergeben m), und nach erhaltener Citation, sowohl dieselbige, als auch besagten libellum in so vielen von unsers Kayser-lichen und des Reichs Cammer-Gerichts Lesern, oder die expedirende Protonotarien vidimirten Co-pien n), so viel der Citirten seyn werden, durch den Cammer-Boten, wie üblich und Herkommens, in-sinuiren lassen soll, damit der Citirte in diesem allen sich wohl ersehen und reiflich bedencken könne, ob er dießfalls weichen, oder in dem Proceß verfahren wolte, mit der rechtlichen Bedrohung und Anhang, da der Kläger solches nicht beylegen würde, daß ihme auch ehender kein Proceß erkennt, oder so sie nicht mit überschickt, der Beklagte zu erscheinen und zu ant-worten wider denselben, weniger wider denselben in contumaciam procedirt werden solle oder könne.

a) Cum tam in O. C. quam apud rerum Cameralium scriptores variorum articulorum mentio fiat, utpote Positionalium, probatorialium, defensionalium, per-emtorialium, Causalium, Elisivorum, Re-Elisivo-rum, superelisivorum, additionalium, superadditio-nalium, Exceptionalium, Replicatoriorum, Decla-ratorialium, ad eorum explicationem & differentiam recte percipiendam pauca hic adjicienda. Dicuntur vero positionales (qui sæpe etiam paritiones appel-lantur) illi articuli, quos actor in suo libello articu-late ad veritatem a reo mediante Categorica respon-sione eliciendam proponit. Probatoriales sunt, quos ex istis positionalibus a Reo per responsionem ne-gatis extractos, vel alias quovis modo ad proban-dum per Documenta vel Testes producit, ac simul commissionem petit. Defensionales sunt, quibus Reus suam defensionem (suas exceptiones peremp-torias) proponit. Nam licet verbum defensio ali-quando late sumatur pro quavis exceptione, sive sit dilatoria sive peremptoria l. 56 de Condict. indeb. l. 4, 9 & 11 C. de Except. tamen in praxi articuli de-fensionales dilatoriis Exceptionibus semper oppo-nuntur & pro peremptorialibus sumuntur, v. O. C. p. 3 tit. 27 & 28, R. I. 1570 § Demach solten rc. 89. Quanquam secundum Dd. accurate loquendo sit ad-huc aliqua differentia inter defensionales & perem-ptoriales. Nam dicunt defensionales proprie dici, quos reus ad sui defensionem allegat, actori nullam actionem competere, vel eam ipso jure esse subla-tam, quoties est exceptio solutionis, compensatio-nis, novationis, delegationis, acceptilationis cessio-nis. Cum enim hic nulla adsit actio, nec Exceptio, quæ actionis exclusio, adesse potest? Quatenus vero hæ defensiones Reum defendunt, & per consequens agentem repellunt, ejusque intentionem excludunt, largo modo dici possunt Exceptiones, Gloss. in c. 1 verb. defensionis d. L. C in 6. Specul. in Rubric. de Except § 1 n. 4. Hinc etiam usu obtinuit, ut hæ defensiones vocentur Exceptiones intentionis seu fa-cti. Exceptiones peremptorias vero d. Dd. volunt es-se

Eeee 2

se eas, quæ actionem propositam perimunt; ita tamen, ut non ipso jure illam tollant, sed ope exceptionis illam demum elidant, Gloss. in d. cap. 1 § peremtoriæ. Hinc illas congruentius vocari elisorias arbitratur Specul. d. § 1 n. 1. Add. l. 27 § 2 de pact. Cum eandem ob causam practici articulos peremtoriales sæpe elisivos indigitant, nec raro defensionales, peremptoriales & elisivos pro iisdem sumunt. Duorum posteriorum distinctio quam habet Roding. p. 724 in fin. a nemine hactenus tradita, multo minus a practicis usurpata

Si reus hisce elisivis semel exhibitis alios articulos postea adjungit, vocantur superelisivi, seu additionales elisivorum. Articuli, qui elisivis ab Actore opponuntur, appellari solent Reclisivi. Exceptionales dicuntur exceptiones articulatim propositæ, sive istæ exceptiones sint dilatoriæ sive peremptoriæ, O. C. p. 3 tit. 24 in fin. tit. 26 pr. & tit. 28. Quæ hisce exceptionalibus opponuntur, vocantur replicatorii, vid. O. C. P. 3 tit. 26 § 1 & 2, tit. 29 § pen. & ult. Declaratoriales sive Declaratorii sunt, quibus articuli ante propositi melius explicantur. Hi aliquando vocantur etiam Additionales ; Verum Additionales proprie sunt, qui prioribus de novo adduntur, cujuscunque sint generis illi priores. Qui vero his additionalibus adhuc super adduntur, appellantur superadditionales additionalium. Denique Causales articuli sunt causæ a Reo in processibus mandatorum C. C. & pignorationis articulatim proponendæ, quare d. mandatis parere non teneatur, vel quare pignoraverit ; Quos illis causalibus actor opponit, modo solent vocari Replicatorii, modo Elisivi, modo defensionales, & tantum de Articulis.

b) Ex hoc fundat Collegium Camerale liberam, qua utitur, facultatem conficiendi communia generalia Decreta & Conclusa quoad Processum Cameralem, Juxta tamen Ord. Camer. & Recess. Imper. ante factos &c. add. § 88.

c) Sed cum modus articulandi in causa restitutionis in integrum olim fuerit de necessitate & sub præjudicio absolutionis, quod specialiter hic a prohibitione articulandi non est exceptum : Q. quid hoc casu observandum ? Resp Assensu Dominorum Assessorum, & in hoc genere actionis modum articulandi sublatum esse.

d) Vigore Ordinationis Cameralis, Actor in primo termino articulatum & pro arbitrio summarium libellum producebat, O. C. p. 3 tit. 12 § 2, in secundo termino Actor, si summarium libellum in primo termino produxerat, illum repetebat litem contestando, ac terminum articulandi postulabat. d. p. 3 t. 13 § 3 & 4. Reus vero vel litem contestabatur, vel suas exceptiones declinatorias, dilatorias, aliasve litis ingressum impedientes, si quas habebat, articulatim opponebat, d. t. 13 § ult & tit. 24. In tertio Actor hasce Exceptiones aut respondendo negabat, aut adversus illas exhibebat suam replicam, eamque vel summariam vel articulatam d. p. 3 t. 25. In quarto, Reus in puncto negatorum Exceptionalium Commissionem petebat, d. p. 3 tit. 26 pr. Vel si actor Exceptionales non negasset, sed artic. &c. Replicas vulgo replicatorios articulos exhibuisset, ad illam aut negando respondebat, aut omissa hac responsione duplicabat, d. t. 26 § 1. In quinto, Actor in puncto negatorum Replicatoriorum commissionem petebat d. t. 26 § 1. Vel si Reus d. Replicatorios non negasset, sed duplicam produxisset, in puncto dictarum exceptionum concludere tenebatur, in p. t 26 § 2. Reus in puncto exceptionalium deductionis probationis, Probation-Schrifft, & in puncto prætensorum replicatoriorum exceptiones contra personas dictaque testium, Exception-Schrifft, junctim exhibebat: In sexto, Actor e contra proferebat exceptiones contra rei deductionem prohibitoriam in puncto prætensorum exceptionalium annexis Replicis contra Rei exceptiones ac deductione probationis in puncto replicatoriorum. In septimo, Reus producebat replicas in puncto exceptionalium junctis duplicis ac Ex-

ceptionibus contra prætensam deductionem probationis in puncto Replicatorjorum. In octavo, Actor proponebat duplicas in puncto prætens. Exceptionalium, conclusiones vero in scriptis ac replicas in puncto Replicatoriorum. In nono, Reus exhibet duplicas in puncto replicatoriorum, ac concludebat in scriptis in puncto exceptionalium. In decimo, utrinque verbaliter concludebatur. Hisce exceptionibus dilatoriis per sententiam rejectis Reus statim in eadem audientia litem contestari tenetur. O. C. p. 3 tit. 26 in fin. Et in termino undecimo, reus contra articulos in suo libello propositos excepit, quod sint irresponsales, generales, obscuri, captiosi, impertinentes. In duodecimo, actor replicat, ac in hoc puncto concludebat, simul utraque parte in eadem vel proxima audientia oretenus concludente, d. p. t. 15 pr. § 1 & 2. In decimo tertio, rejectis quoque per sententiam his exceptionibus Reus libello respondebat ac positionales negabat, defensionalesque proponebat. In decimo quarto, Actor contra responsiones exhibebat utraque parte in hoc puncto concludente d. p. 3 tit. 15 § 4, ac defensionales respondendo negabat, vel omissa responsione summarie aut articulatim replicabat. De his aliisque terminis, qui ad 26 extensi fuerunt, in quibus omnibus vel actori vel Reo singulariter aliquid agendum fuit, vid. O. C. part. 3 tit. 15 & seq. Schw. in Process C. lib. 1 c. 47 n. 8. Sciendum vero tot terminos ad quamvis litis disceptationem præcise, non fuisse requisitos, sed pro diversitate causarum ac varietate circumstantiarum illam disceptationem plures aliquando requisivisse, aliquando illorum dimidia, tertia vel quarta parte fuisse contentam. Multitudo vero omnium terminorum per cassationem articulatorum libellorum, exceptionum defensionalium, peremptorialium, elisivorum articulorum adque illos responsionum, vigore huius Recessus proportionaliter ad dimidiam partem sublata est. Denique notandum Rodingum pag. 663 manifeste vitiose antiquos terminos numerare secundum titulos Ord. Cam. quia in tit. 31, 32, 33 agitur de causis appellationum, quæ terminis simplicis querelæ annumerari nequeunt. Deinde in tit. 30 agitur de reconventione, & in tit. 24 usque 29 agitur de exceptionibus dilatoriis & peremtoriis, quorum termini cum aliis terminis causæ principalis coincidunt.

e) De quibus vid. § dieweil aber 14 & § In welchem Ende 49.

f) Olim per Recess. de Anno 1600 in causis restitutionis in integrum summarius libellus necessarius fuit, hodie non ita, etiam sub præjudicio absolutionis, exceptis probatoriis articulis.

g) Ita in causa Kühorn contra Gerlach Citationis, processus pro tempore denegati ob non annexum libellum, & quia rubrum nigro non respondit.

h) Add. Wehn. voc. Justitz-Wesen Carpzov. in constit. 27.

i) Conclusio enim & petitio ut adversarius citetur, & de forma solius Citationis, ut vero condemnetur, formam libelli respicit, ideo ne libellus, qui supplicationi pro Citatione inseritur, sua forma substantiali careat, & ita ineptus & informis esset, necessario petitio de condemnando adversario est annectenda. add. Roding. p. 485 in fin. Sin vero libellus separatus exhibeatur, ei petitio ad condemnandum adversarium, supplicationi vero petitio, ut adversarius citetur, annectitur.

k) Libellus separatus a supplicatione pro Citatione cum illa supplicatione sc. extrajudicialiter exhibeatur.

l) Ante hunc enim Recessum demum in primo termino libellus a supplicatione separatus judicialiter ut plurimum producebatur, nuda supplicatione pro extrahendis Processibus extrajudicialiter prohibita.

m) Scil in Cancellaria cuidam Notario, qui ibi ad recipiendas supplicationes pro extrahendis processibus ac postmodum ad senatum Assessorum deferendas perstabatur. Add. Roding. p. 464. vulgo nominatur:

tur: Magister supplicationum; Hoc vero officium singulis hebdomadibus inter Notarios per vices circumvolvitur. Extrajudicialiter etiam exhibentur memorialia & supplicationes pro maturandis Decretis Extrajudicialibus ac judicialibus sententiis, verum non in Cancellaria, sed in Curia Camerali Domino Judici ejusque vicario ad Senatum eunti.

a) Hoc ad supplicam in Sachen Dr. Sebitzii contra Meyern Appellationis 16 Febr. 1655, ob multitudinem causarum, sumptuum & minuendos labores Cancellariæ & Lectoriæ ita correctum, ut adjuncta instar ipsorum Processum originaliter & copialiter singulariter singulis citatis insinuentur, qui citati facta collatione copiarum cum originalibus hæc originalia insinuanti nuncio Camerali vel Notario immatriculato restituere teneantur. Si vero uni insinuatio fiat, ille originale retinet, insinuante secum copiam auscultatam auferente.

Quod si quis originalia documenta simul exhibuerit, quæ insinuanti committere nolit, tunc copiam a Lectoria vidimari, eamque loco originalium Reo insinuari curat.

Quæ vidimatio hisce formalibus fieri solet: Daß gegenwärtiger Libellus cum originalibus documentis, krafft dessen in auswendigen rubricirter Sachen die Proceß erkannt, dem jüngsten R. A. gemäß am Hochlöblichen Kayserlichen Cammer-Gericht erhibirt und concordirt worden, Attestor Nott. Cam. Imp. Lector.

§. 35.
Vom Beweis der Klage durch Urkunden ꝛc.

Beneben bleibt einem ieden Kläger unverwehrt, sondern hiemit vergönnt und zugelassen, auch in seine Willkühr gestellt, ob er die Probatoria um sein selbst Bestes willen zu Beschleunigung der Sachen gleich bey Ausziehung der Processen, oder auch in dem ersten Termin a), vornehmlich wann sie in brieflichen Urkunden bestünden, mit Production und Einführung der Klage einbringen, oder sich sonsten in andere Wege zum Beweisthum gefaßt machen, oder solches alles dahin, bis der Beklagte mit seiner Verantwortung einkommen, auf den zweyten terminum verschieben wolle b), doch soll dasjenige, was solchergestalt bey Ausziehung der Processen extrajudicialiter eingebracht, mit sammt der Ladung und Klag-Libell gleichmäßig authentisirt, dem Beklagten vorhero insinuirt, und verkündigt werden, und hätte darauf der Actor und Kläger auf den ersten Termin oder Gerichts-Tag in ausgangener Ladung bestimmet, vermittelst genugsamer Legitimation c) die verkündigte Ladung-Mandat zusammt dem libello gebührlich und mit kurtzen Worten, (allermassen in der Ordnung part. 3 tit. 13, und Deputation-Abschied Anno 1600 § So seynd auch, ꝛc. in reproductione auferlegt und befohlen), gerichtlich einzuführen d), auch im Fall, wie oben veranlasset, er bey Ausziehung der Processe seine briefliche Documenta oder andere Probatorien, damit er die vorgemeldte Klag-Puncten zu beweisen vorhabens, beygelegt hätte, oder noch in diesem ersten Termin vorlegen wolte, dieselbe allzumahl anstat des Beweises zu wiederholen, der Documenten Recognition zu bitten, doch sonsten ihme, da er keine Probatoria beygelegt, die Reproduction der Citation und Einführung der Klage obbesagter Gestalt zu Werck zu richten, ohnbenommen.

a) Aliud est in causa Appellationum, in quibus appellans ea, quæ in Libello Gravaminum processibus de novo deducere vel melius probare sibi reservavit, non potest in primo Reproductionis Termino loco novæ deductionis vel probationis producere, sed tenetur exspectare, donec judex Appellationis super

forma vel relevantia pronunciat, eoque appellantem ad deductionem vel probationem admittit. Sic in Causa Berlin contra Altrog, Appellationis, Ist die fernere Deduction und Probation-Schrifft, primo Reproductionis Termino exhibita, per sententiam 20 Octobr. 1656 rejicirt worden. Itemque in causa Walters contra Meurer Appellationis 12 Novembr. 1656, absque pœna tamen.

b) Tempus enim talia Documenta producendi ideo arbitrio Actoris relictum, ne ei commodum, quod alias ex Rei Responsionibus haberet, ac sua probatoria (ne superfluis probationibus oneraretur) dirigere posset, ei adimeret &c. Nec Reo ex hisce probatoriis suas exceptiones ac Responsiones dolose ac captiose formandi occasio præberetur.

c) Quæ tunc erat vel productum Procuratorium vel cautio § So dann sollen ꝛc. 41 hic. Hodie cautionis præstatio Procuratori Actoris prohibita est, & tenetur in hoc termino procuratorium sub Præjudicio circumductionis termini producere G. B. 13 Decembr. 1659 § 2 pr. Quod tamen non adeo stricte observatur.

d) Si Procurator ante hunc primum terminum Processus reproducat, punitur. Hinc 8 Febr. 1652 talis sententia lata: In Sachen Wildenbergern contra Grägern Citationis ad videndum exigi debitum, ist das gebetene Ruffen, wider die Beklagte abgeschlagen und um weilen Dr. N. N. die ermeldte Citation zu frühe reproducirt, ist gegen ihm die Straffe nach Ermäßigung vorbehalten. Deinde, licet Actor in termino Processus non producat, tamen ei adhuc sunt utiles proximæ 6 juridicæ ad evitandam circumductionem termini. Si vero inter has non reproducat; Terminus circumducitur, ac Processus pereunt. Hinc 13 Aprilis 1660 ita pronunciatum: In Sachen Wolff Juden zum Schu in Frankfurt contra Creditores in Actis benannt, Citationis ad videndum fieri Cessionem bonorum eum salvo conductu: Ist das, den 17 Jan. jüngst des Ruffens halber beschehenes Begehren abgeschlagen, sondern erkannt, daß die ausgegangene Proceß, um deswillen sie in gebührender Zeit nicht producirt, gefallen seyn. Si vero reus compareat intra d. 6 juridicas sive postea, & ob intra illas juridicas non factam reproductionem absolutionem petat, ita solet pronunciari: In Sachen ꝛc. ist erkannt, daß die ausgegangene aber zu spät reproducirte Ladung gefallen, und derentwegen Beklagte davon zu absolviren und entledigen: Die Kläger in die Gerichts-Kosten, so an diesem Kayserlichen Cammer-Gericht derentwegen aufgeloffen, ihme, Beklagten, nach rechtlicher Ermäßigung zu entrichten und zu bezahlen fällig ertheilend. NB. de modo hodie reproducendi abbreviato &c. vid. C. D. de 13 Decembr. 1659.

§. 36.

Würde hierauf nun der Citirte, deme in allweg ein geraumer, und nach Gestalt der Sachen und Entlegenheit des Orts, nach Ermäßigung des Richters bequemlicher Termin von dem Tage der beschehenen Insinuation, wenigst auf 60 Tage a) anzusetzen, nicht alsobald in solchem Termin erscheinen, und also der Kläger, gegen ihme in contumaciam zu procediren gedrungen, so verbleibt es bey der Ordnung und bisheriage üblichen Gerichts-Brauch, daß, wann das Ruffen erkennt b), dem Kläger nach Verfliessung der sechs Juridicarum c) zugelassen seyn solle, gegen dem ungehorsamen und nicht erscheinenden Antworter in contumaciam, (iedoch mit hinfüriger d) Aufhebung der bißherigen gebräuchlichen zweyen Wegen, entweder auf die Pön der Acht oder Immißion ex primo vel secundo Decreto zu procediren) e) in der Haupt-Sache ordentlicher Weise bis zu Ende nach Belieben (allermassen in der Ordnung, part. 3 tit. 43 versehen worden,) zu verfahren.

a) Hic

a) Hic terminus 60 Dierum locum habet in caufis Appellationum indistincte: in caufis vero Mandatorum cum Cl. memini in quibusdam caufis 30, in aliis 60 Dies ad arbitrium Cancellariæ in processibus præfixos fuisse, quamvis non fine ratione hæream, an & ibi prædictum arbitrium fundatum fit. Ita in caufa Blau Felderin contra Landau Mandati, ad 3 tantum septimanas terminus datus A. 1655. vid. Roding. p. 486 § 2.

b) Non vero a die Proclamatis per pedellum facti, nam iste non eo ipfo die, quo Proclama decernitur, illud facit, fed die fequenti vel etiam ulteriori, postquam nomina illorum, contra quos Proclama decretum, ex libro sententiarum (aus dem Urtheil-Buch) exscripserit.

c) Hæ Juridicæ non funt utiles, fed continuæ, Deput. 1600 § gleichermaffen 90.

NB. Fiscalis post 3 Juridicas in contumaciam procedere poteft. G. B. 3 Martii 1651 § peq.

d) Sed obft. quod Receff. Deput. Anno 1600 § Im Fall aber 98 in Contumaciam tutorum vel Curatorum non in caufa principali contra minores fed adverfus ipfos Tutores vel Curatores vel ad b annum vel ad immissionem procedendum fit. Resp. Quamvis hactenus hoc de cafu nihil correctum fic vel dispositum, meo tamen judicio dispositionem d Rec. de Anno 1600 cum fua ratione decidendi hactenus firmam adhuc valere, & per hanc dispositionem non immutatam crederem) quæ mea conjecturatio tandem in caufa Münchhaufen contra das Wein-Amt zu Hildesheim Appell. 12 Decembr. 1659 per sententiam confirmata, & immissio ex primo Decreto in bona Tutorum in contumaciam decreta fuit. vid. Rod. lib. 3 t. 57.

e) Hæ duæ viæ tamen adhuc locum habent 1) in caufis, in quibus ante hunc receffum ad Bannum vel ad dimissionem est institutus. Hinc 6 Julii 1655 talis sententia lata: In Sachen Georg Qvesters und Consorten wider Abraham M. Juden zu Altenau und Consorten Appellationis, ift auf ungehorsames Aussbleiben ermeldten Appellatens, und darauf am 13 Decemb. 1644 ergangenes Ruffen zu Recht erkannt; daß gemeldte Appellanten in seines Appellaten Güter ex primo Decreto zu immittiren und einzusetzen fin, idque in contumaciam. Eodem modo vel agitur ad pœnam Banni contra Tutores Contumaces, vel petitur immissio ex primo Decreto in bona tutorum vel Curatorum, non vero pupillorum, idque in contumaciam. vid. Rod. pag. 849 usque 869.

Quidam putant: Si Reus non compareat, quando Processus reproducuntur, tunc non dari primum terminum, fed tunc demum, quando Reus contra reproducentem agit. Ast hoc falfum. 1) Quia Terminus reproductionis est terminus primus. G. B. 13 Decembris 1659 § 2. 2) Quia in Deput. 1600 § gleichermaffen ic. 102 Appellatus, qui contumax fuerat in primo termino, dicitur comparere in fecundo termino. 3) Quia in Q C. part. 3 t. 46 pr. expreffe dictur contumaci, qui post unum vel alterum terminum comparet, ad illos (scilicet habitos terminos) reditum effe præclufum. E. ille terminus, in quo contumax poftea comparet, non poteft dici primus præfertim respectu totius processus, quamvis ratione comparitionis, quatenus contumax jam prima vice comparet, primus possit vocari. Quam distinctionem adhibet & Roding. p. 704.

Clausula: Und folches in contumaciam in Interlocutoria nunquam additur, nifi quando omnino nullus Procurator comparuit. Verum aliquando ita folet interloqui: Ift der Krieg Rechtens für befestiget, vorgewandten Einrede ohngehindert, angenommen und folches in Contumaciam. Hic exceptio est apposita, ergo Reus comparuit. Responf. Reus primum comparuit, & exceptiones oppofuit, mox eo mortuo hæredes citati fuerant contumaces. Ita Gylm. voc. Clausula § ult.

§. 37.

Es follen auch **a)** hinfuro in denen Sachen, worinne Ruffen gebeten, die Acta alfogleich aus der Leferey zur Cantzeley geliefert, dafelbften die Protocolla complirt, auf den Befcheid-Tifch gelegt, und neben andern dafelbft hin gehörigen Sachen alle Tage expedirt werden; Wann nun der Kläger feinet feits in termino reproductionis obigem allen ein Genügen geleiftet **b)** haben wird, fo foll der Citirte und Beklagte ebenmäßig in primo hoc termino erfcheinen, und (weil er fich aus der Ladung und beygeflügten libello, auch einverleibtem Gehalt der Action auf die Sache unter währendem Erfcheinungs-Termin, genugfam bedencken, auch feinem Anwalt Bericht und Handlung zuftellen können), in diefem Termin auf die Klagen mit hinfuriger Verwerf- und Abfchneidung des Wegs der Peremptorialien, Elifiv- Additional- und anderer waferley Artickeln, nur allein die Probatorialien ausgenommen, kurtz, nervofe, und deutlich, auch unterfchiedlich und klar, ob und worinne das factum anders als vom Kläger vorbracht, und wie es fich eigentlich verhalte, und auf ieden Puncten mit allen feinen Umftänden, anzeigen, wie auch, was er dabey dilatorie oder peremptorie einzuwenden haben möchte, alles auf einmahl; bey Strafe der Præclufion, einbringen, wie nicht weniger, wann die probatoria felbften mit inftituiret werden, auf dieselbige mit feiner Nothdurft gleichfalls verfahren, und folches in Krafft des im Jahr 1570 in Unferer und des Heil. Reichs Stadt Speyer aufgerichteten Abfchieds §. Demnach follen die gewöhnliche, ic. ohngeacht, was daran in dem Anno 1594 nachgefolgtem Reichs-Receff § Wiewohl nun folche, ic. daran geändert und renovirt feyn möchte, doch hievon die Declinatorien fori, wie hernach § Und hat der Beklagte, ic. zu fehen ausgefcheiden **c).**

a) Notandum, quod acta, in quibus fubmiffum in judicio Camerali in tres claffes distribuantur, quorum prima Claffis pertinet ad menfam Decretorum (gehört auf den Befcheid-Tifch) quæ in Senatorio magno (in der groffen Rathftuben) pofita est, ad quam fe unus Senatus quotidie ab hora nona usque ad Decimam alternatim confert ad expediendas leviculas quasdam fubmiffiones, quæ eo pertinent: uti funt Prorogationum terminorum, Compulforialium, Taxationis expenfarum, Commiffariorum, Dilationum, Responfionum, Proclamatis, Publicationis Atteftationum, Legitimationis Procuratorum ac fimilium punctorum levium, quæ de plano atque fine perlectione diverforum Productorum expediri poffunt. Secunda Claffis continet illa acta, in quibus in fententiis non adeo graves fubmiffum est, attamen perlectionem diverforum productorum requirunt, uti funt declinatoriorum, Defertionis, Devolutionis, Supplicationum, Inhibitionum ac fimilium, in quibus fingulari indagine opus est; Sed fine longa perveftigatione expediri poffunt. Et hæc acta in Sabbathinis (i. e. die Sabbathi) expediuntur, hinc illæ relationes vocantur fabbathinæ, ac ordinariis relationibus, quæ fiunt in actis tertiæ claffis, opponuntur. Fefto autem in Sabbathum incidente, pridie ejus fabbathina referuntur. Deput. und als weiter 21. Hine Gylm. voc. fententia § die Gemeine ic. dicit die gemeine fchlechte Befcheid; Difcernuntur ab interlocutoriis, die ad Referendum übergeben, dann wann man findet, ift Zeit zugelaffen und erkannt, item abgefchlagen,

vor-

vorgewandter Einrede ungehindert zugelassen, daß seyn interlocutoriæ, so des Samstags referirt werden. Tertia Classis complectitur submissiones definitivas ac graves interlocutorias, super quibus Assessores ordinarias relationes concipere ac habere debent.

b) Quod hactenus forsan ob multitudinem experiendorum & rarum Dominorum Assessorum numerum non est in usu.

c) Si autem his per omnia non satisfactum, Reus non tenetur comparere. Actore vero Proclama petente, illud denegatur. Hinc quidam consultum putant, ne Reus eo die, quando Processus reproducuntur, compareat, sed demum secunda audientia, & quidem ex hac ratione, quo eo melius observare possit, num omnia præstanda præstita sint. Verum illud non semper satis tutum. Nam si actor comparens die Mercurii peteret Proclama illud die Veneris, si alias sententiæ publicarentur, decerni posset, quod tempus nulla Audientia intervenit, & ita facultas postero die comparendi esset adempta, Reusque postea comparens Florenum proclamatis (den Ruff-Gulden) pendere cogeretur.

d) Sensus est, si reus in primo termino habeat opponere fori declinatorias, quod tunc sub pœna præclusionis illas opponere debeat, necesse vero non sit, ut simul exceptiones merita causæ concernentes proponat, & quidem ob rationes in alleg. R. I 1594 § Zu dem ꝛc. 6 adductas. Quanquam illis declinatoriis omnes exceptiones dilatorias & peremptorias in vim dilatoriarum præponendas itidem sub pœna præclusionis annectere obligatus sit. d. R. I. 1594 § in Appellation-Sachen 64. Si vero non declinatorias, sed dilatorias vel peremptorias in vim dilatoriarum proponendas habeat, tum cum his simul exceptiones merita causæ concernentes ubique sub pœna præclusionis exhibere cogitur, add. § Und hat der Beklagte § wäre dann ꝛc. verba: mit hauptsächlicher Handlung. Quoad exceptiones vero dilatorias similes, uti sunt declinatoriæ fori ac peremptoriæ in vim dilatoriarum proponendæ prorogatio plane non conceditur, uti infr. hic versic. nichts destoweniger.

§. 38.

Wäre es dann a), daß die Sachen dermassen wichtig umschweiff- und weitläufftig angesehen und befunden würde, daß dem Citirten über alle angewendete Müh und Fleiß mit hauptsächlicher Handlung fertig zu erscheinen unmöglich gefallen, soll ihm solches coram Deputatis zu entschuldigen, und prorogationem termini, doch ohne Gefährde, zu bitten, erlaubt, hingegen derselbe die Ursachen solcher Prorogation, nach Erkenntniß des Richters, eidlich zu betheuren erbietig und gefaßt seyn b). Nichts destoweniger aber, sowol in diesem Fall, als insgemein, soll ein ieder Beklagter und Antworter, wann er vorzügliche oder andere dergleichen exceptiones vorzunehmen hätte, dieselbe auf diesen ersten Termin, præcise alle sämmtlich mit einander in Schrifften, oder mündlich, iedoch der Ordnung gemäß vorbringen, mit dem Anhang, so iemands deren eine oder mehr, oder sie alle unterlassen würde, daß ihme hernach der Weg solches zu thun, oder vorzubringen benommen seyn, auch darauf ferners beschehen solle, was recht und in der Ordnung p. 3 tit. 24 und dem Reichs-Abschied de Anno 1594 § in Appellations-Sachen ꝛc. versic. Doch mit dieser vermehrter Erklärung, verordnet.

a) In causa Büdinghausen contra Schwäbischen Kreis, Citationis Procurator Citatorum cum in termino reproductionis non produxerit exceptiones seu responsiones ad libellum, sed eo petierit, prorogationem termini, ideo quod Prorogatio dicti termini coram Deputato nec ante reproductionis terminum non pe-

tita fuerit, In pœnam dimidiæ marcæ argenti condemnatus est, 7 Martii 1659. Prorogatio tamen ea vice fuit decreta.

b) Quod hactenus nunquam observatum, nec tamen est sublatum, sed penes arbitrium Judicis stat. Adde Decret. Generale de 13 Decembris Anno 1659 § 4 v. deneben aber.

§. 39.
Von der Kriegs-Befestigung auf den Fall.

Hätte dann a) der Kläger zu Beschleunigung seiner Sachen, seine habende Documenta, Beweisthum, Urkunden und Instrumenta, Verträg, letzten Willens Verordnungen oder andere probatoria in Ertrahirung der Proceß beygeleget, also, daß sie mit der Klag dem Citirten in vidimata Copia zugebracht und intimirt werden mögen, so solle der Antworter auch auf dieselbe in diesem ersten Termin seine Nothdurfft zu verhandeln schuldig seyn, doch, daß ihm, oblauts, der Terminus nach Gestalt der Sachen, und Entsessenheit der Personen nach Ermäßigung des Richters geräumlich gesetzt werde, wo aber nicht, und der Kläger solche erst, an diesem ersten Gerichts-Tag einbrächte, wäre dem Beklagten unverwehrt, Abschrifften und Zeit darauf zu handeln b) zu begehren, iedoch, daß er nichts destoweniger auf den Libell, wie oben stehet, antworte, auch in puncto recognitionis auf des Klägers Erfordern, sich der Gebühr recognoscendo vel diffitendo c) unter gewöhnlichen Präjuditz d) und Straff des Procuratorn e) vernehmen lasse.

a) Ut Procuratores ex adverso omnium Recessuum oralium & productorum copias peterent, constitutum in O. C. Ratisb. 1507 art. Wie man Copeyen begehren soll pr. & O C. p. 3 tit. 40 pr. Quæ copiarum Petitio duravit ad Annum 1659, ubi per G. B. de 13 Decembris ejusdem anni sancitum, ut Procuratores ex adverso contra Recessus nullos habeant, præterquam in sequentibus 4 punctis (1) ut producta, quorum recognitio efflagitatur, in continenti recognoscant vel diffiteantur. (2) Ut producta tanquam supernumeraria, aut purificato termino exhibita rejici postulent. (3) Ut Contumaciæ accusati contumaciam realiter purgent. (4) Ut pure submittant; His 4 punctis quintus additus, ut in ex adverso petitam actorum publicationem ac Communicationem uno verbo consentiant. G. B. 11 Januarii 1660 § 1 & 2. Itaque Copiæ Recessuum non petuntur, sponte communicantur. Producta juxta G. B. in Duplo exhibentur. Copiam adjunctorum sive Beylagen Adversarius pro suo lubitu ex cancellaria redimere potest.

b) Hodie ex Decreto Generali de 13 Decembris 1659 Terminus non conceditur, sed ipso jure sive legaliter currit.

c) Hæc recognitio vel diffessio olim fiebat coram Deputatis, O. C. p. 3 tit. 11. Hodie in illo ordine fieri debet, in quo recognitio petitur & quidem in continenti, G. B. 13 Decembris 1659 § 5 v. Wann aber etwan. Nisi considerabilis circumstantia adsit, quare istud in continenti fieri nequeat, tunc Procurator petitam recognitionem ad suum ordinem tamen reservare potest. G. B. 11 Jan. 1660 § ult. Si reus duntaxat opponat exceptiones fori declinatorias, nec eventualia annectat in puncto Principalis causæ, productorum sigilla recognoscere vel diffiteri ante disceptationem d. Exceptionum non tenetur. Gylm. voc. sigillorum recognitio. Procuratores formulas recognoscendi varias adhibent, ut recognosco, recognosco bona fide, salva veritatis substantia. Recognosco bona fide citra tamen approbationem contentorum; Recognitio, quæ fit cum clausula (salva veritatis substantia) hoc importat, quod externa forma sigilli sit illæs & integra, non autem, quod credatur sigillum

ejus

ejus esse, cujus asseritur. Gylm. d. t. § Etiamsi sigillum.

d) Illud præjudicium est, ut non recognita vel diffessa
pro recognitis a judice accipiantur. Hoc in causis
arduis non procedit. Gail. 1 de P. P. cap. 15 num. 16.
Deinde in reliquis causis plerumque judex mitius
procedit, ac prius interloqui solet hoc modo: In
Sachen rc. ist von Ambts wegen der Bescheid: Daß
D. N. N. die Benlage lit. A die 19 Man 1659 einkommen, noch in heutiger oder nachstfolgender Audientz recognosciren oder diffitiren solle, mit dem Anhang, wo er solchem also nicht nachkommen wird, daß
alsdann dieselbe für bekannt hiemit angenommen
werden solle. Aliquando etiam Procuratori pœna
ordinationis dictatur, uti factum 5 Julii 1661.

e) Adde Decret. de 13 Decembris 1659 § 3 lit. D.

§. 40.

Exceptionibus dilatoriis Eventual-Handlung in causa principali adjungenda, secus est in Declinatoriis.

Und hat der Beklagte a) in dem ersten Termin,
wann schon uffzögliche exceptiones eingebracht
würden, pro arbitrio Judicis deren ungeachtet, mit
Vorbehalt, was nächst oben von den Declinatorien
erwehnet, auch in seiner Eventual hauptsächlichen
Handlung b) zu verfahren, so ihm iedoch, wenn die exceptiones erheblich befunden werden solten, gantz unnachtheilig senn, zumalen von den Declinatorien,
wann sie einkommen, vorderst gesprochen, und der
Beklagte in solchem Fall vor Erörterung des puncti
competentiæ fori, sich in der Haupt-Sach einzulassen nicht verbunden, hingegen wann die Unerheblichkeit der vorgebrachten verzüglichen Einrede c) so
weit befunden würde, daß sie allein zu vorsetzlich und
muthwilligem Aufschub der Haupt-Sach, eingewendet worden, alsdann derselbe Beklagte in ein Marck
Silber oder Gold, nach Beschaffenheit der Personen und Sachen, auf Ermäßigung des Richters
condemnirt, und dann mit der Haupt-Sach fürderlich verfahren werden soll d).

a) Ad intellectum hujus § notandæ sunt sequentes regulæ (1) Exceptiones Dilatoriæ cum Eventual-
Handlung in causa principali a reo statim in primo
termino sub præjudicio præclusionis viæ agendi proponendæ sunt. sup. § 31 v. Wie auch, wie er daben,
& hoc § 34 in pr. (2) Declinatoriæ fori vero in causis S. Q. de quibus hic quæstio etiam sine Eventual-
Handlung solæ produci possunt, d. § 31 sub fin. &
hoc §. (3) Quod si vero Eventual-Handlung simul
producta fuerit, tunc hæc exceptioni declinatoriæ
præjudicare non debet, hoc § 34 v. Se ihm iedoch.
(4) Quo etiam casu neque ante decisionem harum in
causa principali amplius progredi tenetur, v. Zumalen über. (5) Exceptionibus Declinatoriis solis & sine
Eventual-Handlung ad remorandum processum principalem propositis seu irrelevantibus Reus in pœnam
aliquot Marcarum argenti vel auri condemnandus
est, v. Hingegen wann.
Cum in hoc eodem § Reo ab initio in causa principali
eventualiter zu verfahren injunctum & in § seq. dispositum sit, daß vor Erörterung competentiæ fori
Reus sich nicht in die Haupt-Sache einzulassen schuldig, videtur hic Recessus sibi contradicere. Resp.
Juxta præcedentia mea conciliatio esset, prius de in
primo termino proponenda Exceptione causæ principalis, posterius vero de eo casu intelligendum esse,
quando actor in causa principali ad Replicas progredi
tentaret, quo casu Reus ulterius ante decisam exceptionem declinatoriam vel puncto competentiæ respondere non tenetur.

b) Hæc eventualia sunt Exceptiones peremptoriæ merita causæ concernentes, quæ in eventum irrelevan-
tiæ dilatoriarum & peremptoriarum, in dilatoriarum
vim oppositarum à Reo proponuntur, quo dicta irre-

levantia existente causa principali eo celerius finiri
possit. Punctus enim Dilatoriarum cum causa principali simul est deducendus, Deput. 1600 § Dieweil auch 120.

c) Intellige quibus eventualia non fuere annexa, ac
ita causa principali esset retardata.

d) Et quidem in contumaciam non agentis. G. B. dem
13 Decembris 1659 § 4 v. Oder existente irrelevan-
tiæ &c. Cujus contumaciæ pœna est, ut Actoris Libellus pro confessato accipiatur, quod secus est in contumacia non comparentis, vid. Roding. p. 857, sed Q.
si Declinatoriæ sint aperte frivolæ ac ad retardandam
causam principalem duntaxat oppositæ, anne eadem
pœna contumaciæ locum habeat? Resp. Neg. in
pœnam vero pecuniariam aliquot marcarum argenti
vel auri Reum condemnandum esse arbitror, uti hic
de frivolis Dilatoriis ad retardandam causam propositis traditur, idque propter identitatem rationis, nam
utrobique causa retardatur, ob quam dolosam retar-
dationem inprimis dicta pœna pecuniaria hic constituta.

§. 41.

Juramentum dandor, præstandum ad articulos probatoriales, cæterum non.

Dieweil aber e) auch die Beschleunigung der
Probationen von den articulis und deren selben vermittelst des Eids f) dandorum & respondendorum beschehenen Antworten dependiret, so wird der
Gebrauch solcher Articfeln und Antwortungen, doch
nicht, wie bishero ohne Unterscheid, sondern allein
auf die aus dem Klag-libello gezogene Probatorial-
Artickel, daran der Sachen Substantz und Haupt-
Wesen hanget, und zwar ohne Verstattung sonde-
rer Terminen, wie auch mit Abschneidung der Peremptorialien, Elisiv- und Additionalien, den Parteyen
so es begehren werden, vorbehalten, das vergebliche
Disputiren g) aber über die responsiones gäntzlich
abgestellet, wie dann auch dem Richter das arbitrium auf ein oder den andern, oder auf alle Puncten,
die Antworten, in iedem Theil des Gerichts zu erfordern frey und unbenommen bleibet.

e) Hic § ut & § Zu welchem Ende 49 in pr. hactenus
in hoc summo Judicio ad praxin nondum applicati
sunt.

f) Notandum, si articuli probatoriales modo hic præ-
scripto ex substantia Libelli, vel etiam Exceptionum
extraherentur, quod illi mediantibus juramentis dandorum & Respondendorum essent exhibendi, ut evitetur dolus in talibus articulis ponendis ac responsionibus dandis.

g) Hæ enim Disputationes litigantium utrum responsiones sint sufficientes, ac juri consentaneæ, ideo hic
abrogantur, quoniam tantum causam retardant. vid.
O. C. p. 3 t. 15 § 3, 4 & 5, ac deinde. quoque nullam
utilitatem habent, quia judex, cui alias incumbit, ubi
illum monuerit æquitas litigantibus in quacunque
parte judicii veritatem inquirere per leg. penult. de
interrogat. ibique Gothofr. per se videbit, utrum sufficienter ac debito modo responsum sit, nec ne, æ
ubi arbitrabitur, ac unum vel alterum articulum non
ita responsum esse, ulterius responsiones poscit.

§. 42.

Procuratoria in primo termino producenda sub præjudicio
aut cavendum.

So dann sollen h) im übrigen die Procuratores
ihre Gewalt und legitimationes in diesem ersten
Termin vermög der Ordnung und Deputation-
Abschieds de Anno 1600 § wenigers nicht rc. zu
benden Theilen, sub præjudicio i) richtig einbringen,
oder darüber caviren k).

h) Sic tenetur in primo termino Mandatum procuratorium in causis, in quibus periculum damni irreparabilis

tabilis vel annullationis est in mora, præcise producere, in aliis autem caussis potest cavere de importando mandato, quod sit porrectis duobus digitis ad sce-
ptrum, d. Deput. Abschied de Anno 1660 § Weniger
69. Quamvis non meminerim, hanc distinctionem
vel a parte vel a Judice unquam attentam fuisse, sed
cautiones prædictas indistincte esse admissas. vid.
Commune Decretum de Anno 1659, 13 Decembris §
Zum andern, ubi, quoad actorem Procuratorium præjudicio circumductionis termini & respective absolutionis a Citatione, quoad Reum intra 3 menses præcise importandum. Si nec tum exhibeatur a parte
citati, agetur in Contumaciam secund. Ordinationem.

b) Scil. Proclamatis, quo Decreto, postea uti alias, in
contumaciam proceditur.

c) Quod actorem atque Appellantem attinet, hodie neutri cavere licet, sed uterque Procuratorium in primo
termino præcise producere est adstrictus. Actor quidem sub præjudicio circumductionis termini, Appellans vero sub præjudicio absolutionis a Citatione, G. B.
13 Decembris 1659 § 2. Hujus differentiæ ratio est,
quia in caussis Appellationum circumductio termini
locum non habet. R. I. 1566 § So viel 115. Reus
autem & appellatus eo demum casu, ubi illis Procuratorium inferre est impossibile, ad Cautiones de illo
intra certum tempus inferendo præstandas admittuntur: Sin vero intra illud tempus non inferantur,
petitur proclama, & eo decreto, postea in contumaciam juxta Ord. Camer. proceditur. d. G. B. § 2. Procurator vero, qui Procuratorium non intulit, si est in
culpa, arbitrarie punitur. Deput. 1600 § Da ein Procurator 70. Insuper etiam parti læsæ omne damnum
inde ortum resarcire tenetur, ibid. § præced. Sin
vero non Procurator, sed pars contumax sit in culpa,
merito & pars damnum datum restituere cogitur.

§. 43.

Uiber dieses verordnen wir und wollen, daß eine
iede Partey, wie auch deren Procuratores a) und
Advocaten, davon iedoch der Churfürsten und
Stände verpflichtete wirckliche Räth b), so viel ihrer
Herren Rechtfertigungs-Sachen betrifft, zu excipiren, entweder in eigener Person, oder vermittelst eines special Gewalts durch dero Procuratoren,
wann es entweder die Partey begehrt, und der Richter es darauf erkennet, oder auch von selbsten in welcherley Theil des Gerichts von Amts wegen auferlegt, das Juramentum calumniæ dahin zu erstatten schuldig seyn, daß sie nemlich eine gerechte Sach
zu haben glauben, was sie vorbringen und begehren,
nicht aus Gefährde oder böser Meynung, noch zu
Auffschub und Verlängerung der Sachen, sondern
allein zur Nothdurfft thun, die Wahrheit nicht verhalten, auf des Gegentheils Vorbringen oder Erzehlung der Geschicht in allen seinen Umständen ohn
Gefährde antworten, und sobald sie aus denen Beweisthümern oder sonsten in Progressu der Sachen
befinden würden, daß sie eine unrechte Sache hätten,
darvon abstehen, und sich deren gäntzlich entschlagen
wollen. Damit auch c) ein ieder, er seye gleich
Partey, oder ein Advocatus extraneus, in specie,
was er schwören solle, und sich vor den Meyneid und
dessen Straffen desto mehr zu hüten, wissen möge,
so haben wir eine gewisse Form des Special-Gewalts begriffen, und dem Inhalt des Eides einverleiben lassen, damit derselbe fürters von denen dem
Cammer-Gericht weit entsessenen Parteyen und
Advocaten, eigenhändig, oder wer des Schreibens
nicht kündig, in dessen Gegenwart auf sein Begehren und in seinem Namen mit ausdrücklicher dessen

Jurist. Oracul V Band.

Vermelden, von der Obrigkeit oder Amtmann des
Orts, oder sonsten a persona publica, oder auch in
Mangel derselben, durch zween andere ehrliche Männer unterschrieben, iedesmals in dem ersten Termin
producirt und darauf der Eid auf die gantze Sache
wircklich abgelegt werden.

a) Quanquam Procuratores in suis supplicationibus 5
& 25 Septembris 1656 exhibitis detrectabant præstationem juramenti calumniæ in propriam animam,
præsertim ex hac ratione, quod ipsis merita caussæ non
adeo cognita essent, tamen eo non attento 28 Jan.
1657 per Decretum illis injunctum, ut ad petitionem
adversæ Partis vel Judicis sententiam illud juramentum tam in C. S. Q. quam Appellationum, in quantum ipsis caussa esset cognita, in propriam animam, Juramentum vero de non frivole appellando duntaxat
in animam Principalis præstarent, Resol. 28 Jan. 1657:
sub hoc posteriori juramento plerumque comprehenditur Juramentum novorum deducendorum, de quo
agitur in § Wie ebenmäßig 73. Dixi plerumque,
quia illud tantum procedit, quando Appellans nova
vult proponere, quod plerumque sit, nam si ad acta
priora submittit, tunc quidem juramentum de non frivole appellando, non vero novorum deducendorum
præstare tenetur. Idem obtinet in Appellationibus
a simplici interlocutoria; quia in illis regula: Non
probata probabo, non deducta deducam, locum non
habet, Gylm. voc. Probationis § Regula. Hinc nec
juramenti novorum deducendorum præstatione opus
est. E contra, si appellatus velit non deducere, juramentum novorum deducendorum præstare tenetur,
minime vero de non frivole appellando, d. § 77, in fin.
Procuratores in omnibus hisce casibus unam eandemque formulam Mandati ad præstandum juramentum
de non frivole appellando solent producere, adhibita
tamen hac distinctione, quod appellantis Procurator
confestim jurare teneatur, Procurator vero Appellati
se tantum ad præstationem juramenti offerat, expe-
ctetque judicis sententiam, utrum novorum deductione ac per consequens de juramento opus sit.
Idem juramentum etiam Appellatorum Advocati
præstare tenentur; Præjudicium habemus in caussa
Birus contra Bartels latum & 13 Martii latum
& 20 Octobris 1657 confirmatum. Procuratores vero
Appellatorum hoc juramentum in propriam animam
non præstant. Denique notandum, quod Procuratoribus præstatio juramenti malitiæ in animam propriam soleat injungi.

b) Ergo Consiliarii Principum honorarii, vel etiam von
Haus aus tenentur hoc juramentum præstare, sic in
caussa Lichtenstein contra Schönburg Mandati de non
gravando & edendo per sententiam, ab Advocato uti
Consiliario Domini Rei immediati Status Imperii juramentum malitiæ ad delationem partis a judice per
sententiam 17 Junii 1659 delatum & 13 Decembris
ejusdem anni realiter per procuratorem præstitum
fuit.

Ex Resolut. ad Procurat. supplic. 28 Jan. 1657 publicata: Die Juramenta Appellationis & Calumniæ belangend, sollen die Procuratores nach Innhalt der ihnen jüngst zugestellten Formel in causis tam simplici
querela, quam appellationum das Juramentum Calumniæ auf Erfordern des Gegentheils oder Richtli-
chen Bescheid, sowol in ihrer Principalen als ihre eigene Seel indifferenter, so viel ihnen von der Sachen wissend, das Juramentum Appellationis de non
frivole appellando aber iedesmal auch obngefordert
in des Principalen Seel allein zu schwören schuldig
seyn, und hat es disfalls bey dem vor diesem angesetzten Termin sein Bewenden.

c) Sed quæ est formula juramenti malitiæ? Resp. Eadem,
quæ est juramenti calumniæ, cum hac sola differentia,
quod in illo verbo calumniæ surrogatum sit verbum
malitiæ, cæteris clausulis omnino firmis, quæ declaratio jussu domini Referentis in causa Birus contra
Bartels Appellat. facta, & vers. fin. In dem ersten
Termin. Quandoquidem in principio hujus § jura-

men-

mentum non nisi ad declarationem partis vel judicis præstatur, quæ delatio ante primum terminum fieri nequit, adeoque productio specialis Procuratorii in primo termino necessaria non est, hinc verba quoad terminum otiosa esse videntur, quod absque dubio occasione juramentorum de non frivole appellando, in quibus procuratorium speciale in primo termino juxta § 112 sub præjudicio desertionis producendum, ad hunc separatum locum per errorem translatum vel extensum est, de cæteris add. Roding. p. 343.

§. 44.

Da auch a) wegen des Beklagten nicht gebührenden Erscheinens, das Ruffen gebeten, obgleich in desselben Nahmen, nach eingeführter Sachen, nach diesem Termin ein Procurator coram Deputatis, (als bishero mit nicht geringer Gefährlichkeit beschehen), sich anmelden, und daß er in nächst bevorstehender seiner Ordnung sich mit Handlung vernehmen laffen wolle, erbietig machen würde, solte doch deffen ungeachtet, in puncto proclamatis ergehen, was recht ist, also auch, wo der Kläger in termino der ausgewirckten Citation nicht erscheinen, oder sonsten nachmals ungehorsam erfunden würde, soll der Beklagte gegen demselben desjenigen Wegs, welcher Ord. part. 3 tit. 32 von des Klägers Ungehorsam gesetzt ist, sich, ob er wolle, zu gebrauchen haben.

a) Id est, dicta oblatione non attenta, nihilominus Proclama, modo nulla alia denegationis causa adsit, decerni debet Quo decreto Reus postea comparens contumaciam purgare se præmissa L. C. Libello Actoris responder tenetur, si non debito modo responder, Actor petit, ut Judex litem pro contestata, libellum pro confessato accipiat, ac Reo viam defensionales proponendi præcludat, idque in contumaciam non agentis, ai quando etiam se ad ulteriora admitti adjungit, his formalibus: Weilen meinem Libello nicht respondirt worden, bitte den Krieg Rechtens für befestiget, die Klage für bekannt, und Gegentheilen den Weg, Defensionales vorzubringen, hiemit zu benehmen, mich aber zu ferner Handlung zuzulaffen, und solches in contumaciam (subaudi non agentis). Interea temporis, donec judex interloquatur, potest adhuc Reus libello respondere, si vero hoc omittat, judex libellum pro confessato accipit, Reo viam Defensionales proponendi præcludit, Actoremque ad ulteriora admittit. Quo facto Actor Commissionem petit, vel alio modo suum confessatum libellum probat, ac deinde submittit, si actor ad ulteriora se admitti non petierit, tunc nec judex in sententia expresse illum admittit. Est tamen in potestate Actoris, utrum statim submittere, an suam actionem pro confessata acceptatam (sicta probatam) vere per testes, documenta vel alio modo probare malit. Si confestim submittat, Reus deinceps etiam post sententiam ex ista ficta probatione pro Actore latam contrarium probare victorque evadere potest. vid. Schw. 43 n. 2).

Quidam Procuratores etiam, quando Reus contumax est, in non comparendo, Libellum pro confessato acceptari postulant hisce verbis: Weilen nach erkannten und beschehenen Ruffen mehr dann 6 Gerichts-Tage verfloffen, als bitte den Krieg Rechtens vor bestätiget, die Klage für bekannt, dem Gegentheil Defensionales fürzubringen, zu benehmen, mich aber zu fernerer Handlung zu verstatten und solches in contumaciam (scil. non comparentis). Verum errant illi vigore O. C. p. 3 tit. 43 § penult. Libellus propter contumaciam non comparentis pro confessato nunquam accipitur, sed actor duntaxat ad illius probationem admittitur. Ideo tantum petere debet, ut lis pro contestata accipiatur, ac ipse ad probandum ulterius admittatur. Add. Schw. 1 Proc. 72 ult. Ubi notandum, quod Reus hac tamen petitione non obstante, antequam Judex interloquatur, comparere, atque contumacia prius purgata fuas Exceptiones fori declinatorias, dilatorias ac defensionales opponere possit.

§. 45.

Von Beweis der Replick durch Urkunden.

Wann nun der Beklagte oder Antworter vorgesetzter maffen auf des Klägers Libell oder Klage excipiendo und mit seiner Gegenhandlung verfahren, so soll der Kläger auf den andern Termin repliciren,

und gleichfalls seine Nothdurft einbringen, weniger nicht zu Beweisung deffen, was ihm von dem Beklagten verneinet worden, so viel nöthig und ohne Uberfluß bereit seyn, dergestalt, daß so der Beweisthum mit brieflichen Documenten zu erstatten, er auch dieselbe, wo es nicht bereits zuvor beschehen, in diesem zweyten Termin zumahl produciren, recognitionem, wann, und so viel vonnöthen, und sonsten der Sachen und des facti halber ferner schrifftliche Ausführung thun, und darauf der Beklagte in nechstfolgendem Termin die Gebühr zu verhandeln gleichergestalt schuldig seyn.

§. 46.

Im Fall aber dem Beklagten nach Wichtig- und Weitläuftigkeit der Sachen auf eingewendete Erheblichkeit prorogatio termini zu Einbringung seiner a) Antwort und Gegenhandlung zugelaffen wäre, alsdenn fället solche Gegenhandlung auf diesen Termin, und soll der Beklagte auf des Klägers Anbringen antworten, seine Gegennothdurft und Gegenklage, so er deren befugt zu seyn vermeinte, wie auch seine Documenta, oder was ihm sonst zum Beweisthum dienen möchte, einbringen, und solchergestalt hat der Kläger (wo er nicht alsobald contradiciren b) möchte oder könnte), in dem nechstfolgenden dritten Termin auf solche seines Gegentheils Antwort und hauptsächliche Handlung, Gegenklag, und was in vim probandi eingebracht, zu procediren.

a) Quæritur, utrum hæc duo verba idem denotent? Respon. quod non. quia verbum Antworten, respicit negationem vel affirmationem Rei, quando ille Libelli narrata vel negat vel affirmat, obtinetque vicem responsionum olim ad libellum articulatum dari solitarum. Vox Gegen-Nothdurft, quæ in hoc, uti quoque in præced. & seqq. § § alias vocatur Gegen-Handlung, Hauptsächliche Handlung oder Gegen-Handlung, significat id, quando Reus factum aliter narrat, quam ab actore narratum, ac omnia reliqua, quæ Reus ad sui defensionem proponit, succeditque in locum defensional-um, antiquitus usurpatorum; Hinc etiam illorum nomine sæpissime adhuc Reus factum jam narrat, nomen vero Gegen-Klag nihil aliud quam reconventionem denotat.

b) Procuratores quotiescunque nihil novi ulterius proponi velint, oretenus concludunt ac dicunt, Sage, generalia contra, vel brevius per Ellipsin: Generalia contra per O. C. Ratisbon. 1507 art. Wie man Copeyen &c. 6 in pr. Hinc dicit Thylm. pentecost. 6 obl. 59 & pentecost. 7 O. 12: Quoties audiuntur verba: Sage generalia contra, repetire mein Einbringen, toties in illo puncto submitti & concludi.

§. 47.

Dahero, und wann dasjenige, was der Kläger klagweise vorgebracht, zu Behauptung seiner Intention dienlich oder nothwendig erachtet, und mit lebendiger Kundschaft beweisen kan und will, vom Beklagten in seinen exceptionibus und hauptsächlicher Gegenhandlung nicht gestanden, sondern negirt worden, soll der Kläger in dem darauf folgenden andern, oder wann der Beklagte Prorogation erhalten, im dritten Termin Commissarios zu ernennen und Commission zu bitten, darinne auch beyde Theile, wie sichs nach Ausweis a) der Ordnung gebührt, zu verfahren schuldig seyn.

a) Scil. coram Dominis Deputatis, ubi petitio Commissionis ut & exceptio usque ad finem hujus puncti decretæ scil. vel denegatæ comissionis ventilatur. vid O. C. p. 3 tit. 7 § Erstlich als & sqq. Add. Rod. p. 569 usque 593. Est vero commissio duplex, ordinaria vel extraordinaria, illa tantum lite pendente & judicialiter, vel in communi vel optima forma (quæ posterior alias dicitur commissio in meliori forma) peti potest. Hinc cum in causa Sachsen-Lauenburg contra Lübeck mandat. der Pfändung S. C. den Viehtrieb bey kleinen Grünau betreffend, 10 Decembr. 1655
Commissio

Commissio ordinaria in optima forma a Syndico Lübecensi peteretur, Extrajudicialiter ad judicium remittebatur, ubi tandem ad Adversæ partis contestatum in Commissariis nominatos, concessa tamen d. adversæ parti adjunctione Necarii, fuit decreta Commissio Extraordinaria, vulgo Commissio ad perpetuam Rei memoriam dicta. Hinc si petitur lite nondum pendente, tunc duntaxat ad perpetuam Rei memoriam dicta petitur, & Extrajudicialiter peti potest, vel lite pendente, atque in hoc casu in arbitrio petentis est, utrum eam judicialiter aut extrajudicialiter rogare velis. Roding. p. 569 & seqq. Et hæc Commissio regulariter solummodo communi forma decernitur. Roding. p. 576.

Exemplum extrajudic. Decretæ Commissionis est in causa Walded contra Ost-Friesland in puncto liquidationis, ubi notabile, quod postquam, (1) ipsa Commissio, deinde ejus rescriptum extrajudicialiter decretum fuerat, tamen deinceps petitum ulterius rescriptum judicialiter remitteretur, tamen ad exhibitum denuo supplicam extrajudicialiter decreti.

NB. Præjudicium Extrajudicialiter decretæ Commissionis in Sachen Hoyische Erben contra Hoyische Creditores Anno 1664.

§. 48.

Desgleichen, wann dasjenige, so der Beklagte in seiner Exception schrifft- und hauptsächlicher Gegenhandlung vorgebracht, und ihm zur Behauptung seiner Intention zu beweisen von Rechts wegen obliget, er auch mit lebendiger Kundschaft darzuthun gedencket, vom Kläger in seiner Replickschrifft negirt, und nicht gestanden worden, hätte er, der Beklagte ebenmäßig in dem darauf folgenden dritten oder respective vierten Termin zu beobachten, was anietzo des Klägers Beweisthum halber erwehnet worden.

§. 49.

Zu welchem Ende dann einer ieden Partey dem Beklagten sowohl als dem Kläger, wann die Nothdurft und der Sachen Eigenschaft des Gegentheils klare Antwort zu haben erforderte, etliche kurtze Probatorial-Artickel ohne Uberfluß oder Weitläufftigkeit aus der Substantz des Klag-Libells, oder respective Exception-Schrifft zu ziehen, und vor der Benennung der Commissariorum zu übergeben, auch des Gegentheils Antwort darüber zu begehren, doch ohne Verstattung sonderbarer Termine, wie oben enthalten, bevorstehen; das Disputiren aber über die responsiones abgestellt, und hingegen, wann nicht singulariter singulis, durch das Wort Wahr oder nicht wahr, so viel ihr eigen Geschicht betrifft. So viel aber fremde Geschicht belangt, durch das Wort glaub Wahr oder nicht Wahr seyn, ohne allen Anhang, er habe Namen wie er wolle, pure & simpliciter lauter und richtig geantwortet werden soll, alsdenn der oder diejenige Artickel für gerichtlich gestanden, auch die responsiones pro puris angenommen, und der ander Theil zu keinem fernern Beweis gehalten seyn solle.

§. 50.
Von Satz-Stücken, auch dem Beweise.

Den punctum probationum a) betreffend, soll ad probandum nichts zugelassen, oder von der Partey zu probiren unternommen werden, was impertinent, unnothwendig, und worüber die Parteyen in facto nicht discrepiren und streitig seyn. Was dann die dilationes probandi (deren beyde streitende Parteyen respective sich zu gebrauchen benöthiget seyn möchten), antrifft, weil dieselbe vermöge der Ordnung part. 3 tit. 16 §. Was aber ꝛc. nach Gestalt und Gelegenheit der Sachen und Parteyen gemäßiget, und keinem Procuratori die zweyte oder

Jurist. Oracul V Band.

---

dritte Dilatio sine causæ cognitione, und ohne umständliche und glaubhafte Anzeige angewendeten genugsamen Fleisses und vorgefallener Verhinderung gegeben werden sollen; auch im Deputations-Abschied Anno 1600 §. Obwohl ꝛc. in Unserer Kayserlichen und des Reichs Cammer-Gerichts-Ordnung, derselben prorogationes gar abgeschafft, aber mit der vierten Dilation, Vermög und Inhalts der gemeinen Rechte zu halten verordnet worden, als soll es dabey sein Verbleiben haben, ausserhalb, daß hinfüro nach Verfliessung des ersten termini probatorii, oder erster Dilation, die zweyte dilatio nicht anders als cum causæ cognitione b), wie obgemeldt, ertheilet, bey der dritten c) aber diejenigen requisita und Solennitäten der Rechte d), die bey der vierten bishero bräuchlich gewesen, in acht genommen werden.

a) Sie in causa Eggeling contra Grand Appellationis modo Executorialium Dr. Stirtzen ad dilationem obtinendam produxit speciale mandatum de jurando, & admissus 3 Decembris 1657. Sic etiam in causa Reckheim Mandati 16 Decembris 1562 petita tertia dilatio ob eam causam denegata fuit, quod mediante speciali Mandato ad juramentum se non obtulerit.
NB. Interdum quoque non data dilatione valent testimonia producta, quia satis est, quod a jure habeamus terminum probandi usque ad sententiam. Hartman. d. dilat. obs. 2 n. ult.

b) Quæ cognitio consistit in eo, ut judex cognoscat, utrum secundam dilationem postulans commissionem ultra omnem adhibitam diligentiam in prima habita dilatione ex certis causis ac impedimentis sint legitima ac sufficientia, satisque a d. postulante probata. Et probatio reliquis mediis deficientibus juramento fieri potest. Roding. p. 558 in fin.

c) Pro unaquaque dilatione conceduntur Tres menses. Dr. Gambs in hoc subsistebat statuebat, hoc esse arbitrii Judicis. Adde ad hunc §. Roding. p. 652 & Hartmann. d. loco. Unde patet, quod ulterius spatium detur, non vero angustius.

d) Hæ sunt: ut tertiam dilationem postulans præstet solenne juramentum, se non malitiose aut calumniandi animo eam petere, ac ut alieno nomine illud præstans speciale mandatum producat, quo facto, Judex solet interloqui hoc modo: In Sachen ꝛc. ist der Bescheid, wofern Dr. N. auf vorgebrachten Special-Gewalt, in heutiger oder nechstfolgender Audientz juramentum tertiæ Dilationis dem jungern N. N. gemäß erstatten wird, daß ihm alsdann die gebetene Zeit hiemit zugelassen und aufgesetzt seyn soll. Hæc etiam in hujus tertiæ dilationis prorogatione observanda esse, testis est Guil. 1 obs. 91 n 16 & 18. Tenor vero sententiæ In d. prorogatione talis esse solet: In Sachen ꝛc. ist erkannt: Schwöret Dr. N. einen Eyd zu GOtt und auf sein heiliges Evangelium, daß sein Angeben in der Anzeige den 6 Martii jüngsthin eingebracht, die Wahrheit sey daß er die gebetene Prorogation nicht aus Gefehrde oder Verzug der Sachen begehret, sondern deren Nothdurfft sey, daß ihm alsdann dieselbe Prorogation auf 2 Monat nach Ausgang der dritten Dilation angezogen hiemit erkennt seyn solle. Denique notandum, licet de jure Justinianeo quilibet terminus litigantibus certe rei expediendæ causa concessus, dicatur dilatio, de jure tamen Camerali terminus ad probandum concessus solus vocetur dilatio probandi, seu absolute dilatio. Reliquæ vero dilationes semper nominentur termini.

§. 51.
In disceptatione finium &c. quælibet pars schema producat.

Wann es um Gräntzen, Weidgäng, Jagen und andere dergleichen Jura und Gerechtsamkeiten zu thun, und den Augenschein einzunehmen vonnöthen, soll zu des Richters besserer Information, eine iede Partey einen richtigen Abriß zu produciren schuldig seyn.

§. 52.
Von Fertigung des Beweis-Rotuli.

Im übrigen verbleibt es allerdings bey der Ordnung des gemeldten tit. 16, und was sonderlich §. 10. versehen, daß, so die Parteyen also zu beweisen zugelassen,

Ffff 2

gelassen, ihnen vor Einbringung derselben Beweisung ferner keine Schrifft im Recht fürzuwenden gestattet werden soll, es wäre dann aus beweglichen tapffern Ursachen durch des Cammer-Richters und der Beysitzer Decret und Erkänntniß zuvor zugelassen, Item, so fern der Kläger sich zu keiner Beweisung erboten, oder Cammer-Richter und Beysitzer aus dem Proceß und Fürtrag erfunden, daß keiner Beweisthum ferner vonnöthen, soll der Kläger auf vorgedachte des Antworters eingebrachte Handlung in diesem Termin a) kürtzlich beschliessen, sonsten aber die geordnete Commissarii, nachdem sie die Zeugen auf alle Artickel und interrogatoria ihrer Ordnung nach abgehört, ihren rotulum oder relationes über der Zeugen Aussagen, mit Zuthun des Adjuncti oder Notarii iedesmals dergestalt abfassen, daß nach einem ieden Beweis-Artickel, aller und ieder Zeugen Aussage, in ihrer Ordnung mit den Worten, wie ieder Zeuge geredt, also gleich ordentlich subnectiret, und wann also dem ersten Artickel aller und ieder Zeugen Sage untersetzet worden, folgends der andere Artickel, wiederum voran und abermahl demselben aller und ieden Zeugen depositiones wörtlich und ordentlich untergestellet b), auch in solcher Ordnung durch alle Artickel, wie auch bey den interrogatoriis verfahren werde, damit der Richter aller Zeugen Sagen auf einem ieden Artickel allezeit unter Augen haben könne, und des sonst nothwendigen vielfältigen Aufsuchens oder mühsamen Extrahirens überhoben bleibe.

a) Ubi verba sequentia omissa videntur, seine Nachschrifft, dergleichen alles, was in der Sachen fürzubringen, gerichtlich übergeben, und deßhalb in derselben Schrifft x. Hoc vero productum (dieselbe Schrifft) est Replica, cui actor conclusionem scriptam annectere debet. Procurator vero d. productum judicialiter exhibens etiam simul verbaliter concludere tenetur hisce formalibus: Jn Sachen rc. übergebe diese Replick-Schrifft, handle, bitte Jnhalts und gnädig förderlich Urthheil, idque hodierno stylo ita dictante.

Sed quaeritur: Si Commissarius in formando Rotulo contra hunc § peccaverit & quale praejudicium subsit, an nullitas Rotuli, nova propriis sumptibus confectione vel arbitrio Domini Committentis admittenda? Ad primum conclusit contradicente Dr. Gambs Dr. Stieber in causa Dieben contra Dieben Cicat. In quo lis adhuc sub judice, sed nunc per sententiam 13 Febr. 1661 decisa, per quam prior informis Rotulus rejectus & posterior correctus acceptatus est.

b) Sed quid si Commissarius hoc non observaverit? Resp. Examen testium quidem subsistit, Rotulus tamen rejicitur, ac novus secundum modum hic praescriptum conficiendus est, uti factum in causa Dieben contra Dieben, Anno 1661. Sed quaeritur: Anne Commissarius etiam mulctandus? Licet in praedicta causa non sit factum, tamen puto, quod sie & quidem arbitrarie, uti etiam, si dicta testium negligenter conscripserit, puniri debet p. c. 11 de probat. Hinc d. 29 Novemb. 1560 in duas Marcas auri quendam punitum esse testatur Gail. 1 obf. 134 a. 14.

§. 53.
Interrogatoria criminosa rejicienda.

Es sollen aber keine interrogatoria criminosa & quae turpitudinem respondentis continent, bey Strafe a) nach Ermäßigung gesetzet, weniger er der Zeuge darüber examinirt und angefraget werden.

a) Quaeritur vero: Utrum Commissarius hanc poenam imponere atque exigere possit? Quae pro dimidia parte Fisco Caesareo ac testes producenti debetur. vid. Ruland. de Commiss. part. 1 lib. 3 c. 11. Idem de illa poena dicendum puto, cum hac tamen distinctione, ut dictam dimidiam partem non producens, sed testi laeso deberi arbitrer.

§. 54.

Nach Verscheinigung der Zeit, so zum Beweisthum gegeben worden, soll in dem a) vierten termino der Kläger, (auch respective der Verantworter, wann derselbe Gegen-Beweisthum geführet hat), so bald die Ordnung b) dessen Procuratoren betreffen würde, Publication und Oeffnung der Zeugen-Sage und Kundschaft, so durch ihn geführet worden, begehren, auch andere seine jura und documenta einbringen, und dem Gegentheil derselben Abschrifft, auch, ob er wolle, wider dieselbe, und alles anders, so eingelegt worden wäre, zu reden und zu handeln, und nechstfolgenden Termin zulassen, doch so dieselbe Gegen-Parteyen alsobald gemeine Einrede darwider vorwenden c), und weiter dargegen in Schriften nicht handeln möchten, sollen sie solches auf diesen oder hiernechst folgenden Termin zu thun ebenmäßig Macht, und des Orts bey der Ordnung sein Verbleiben haben.

a) Intellige, si prorogatio fuerit facta, & actor demum in tertio termino petierit Commissionem. Add. supra § Dehers und wenn 47. Caeteroquin, si in secundo termino commissio impetrata, in tertio termino Rotuli publicatio & communicatio roganda. Nam rotum illud tempus, quo commissio peragitur, & ad finem perducitur, licet plures dilationes in illa date, duntaxat pro uno termino juxta Ord. Camer. p. 3 tit. 16 & 17 computatur.

Hoc § facta collatione praecedentium & sequentis apparet, si, qui produxit Rotulum non, sed illi, contra quem productus fuit, competere: primo produc. Exceptionem Schrift contra Rotulum seu depositum, memini tamen, in praxi aliter observatum fuisse. Sic in causa Eggeling contra Brandt Appellationis nunc Executorialium Dr. Sieber, utpote appellantis Procurator, 8 Martii 1658 produxerat Rotulum Commiss. & petierat recognitionem, publicationem & communicationem, qua habits terminum 4 mens. Dominus Judex per sententiam 7 Maji non tantum Publicat, sed etiam petitum tempus producendi se. procuratorii, & demum 11 Febr. 1659 Dr. Gambsen ad agendum terminum praefixit, quo praed. Dr. Stieber in hoc puncto 6 Febr. 1660 produxit Replicas & Dr. Gambs 14 Maji 1660 fragmenta futuri scripti cum promissione proxima supplementi exhibendi. Sic in causa Dieben contra Dieben Cicat. Dr. Gambs actoris procurator 1 Maji 1658 produxit Rotulum examinis Testium cum solitis petitionibus & post Dominus Judex 20 Sept. ejusdem Anni utrique parti terminum 2 mens. ex officio praefixit, cui parendo Dr. Gambs primus 24 Febr. 1660 produxit Deduction- & Probation-Schrift procuratore ex adversa parte in petenda prorogatione occupato: Mem, tamen in causa Schmidt contra Reutkingen Mandati executorialis de administranda justitia Dri. Gambs 6 Aprilis 1657 producenti rotulum & 4 Maji eodem Anno petenti terminum ad 4 Menses per sententiam 8 Maji ejusd. Anni terminum denegatum & adverse parti N8. vigore Rec. Imper. & § 50, respondendi ad Rotulum intra duos Menses injunctum, qui 3 Julii exhibuit Exception- und Probation-Schrift: Quo facto 8 Junii mihi terminus econtra agendi praefixus.

b) Scil. Novarum, O. C. part. 3 t. 7; verum hodie Rotuli eorum Deputato solent produci, ibique eorum recognitio, publicatio & communicatio postulari, quam consuetudinem propter tarditatem Novarum introductam arbitror. Notandum, licet adversa pars sigilla recognoscat, in Rotuli publicationem & communicationem consentiat, tamen Rotulum aperiri non solere, antequam judex per sententiam publicationem & communicationem admittat. Secus est in Actis prioribus, quae, quam primum modo facta ab adversa parte recognitio sigillorum a lectoribus ad privatam instantiam unius vel alterius partis aperiri assolent, ac illorum inspectio conceditur.

De Praxi hodierna, ut jam dictum, publicatio vel communicatio cum ejusdem recognitione fit coram Domino Deputato, sed tunc demum, cum ipse Rotulus ibidem producitur; Nec exspectatur communis ordo Procuratoria.

c) V. G. si putet, nullitatem in actu examinis testium esse commissam, vel Commissionem intra concessas dilationes probandi non esse peractam &c. Et in rotulum esse nullum, vel illum nimis sero produci, tunc per generalia contradicit.

§. 55.

§. 55.

Wie auch in diesem Fall, da dem Kläger kein Beweisthum aufferlegt, oder derselbigen nicht vonnöthen, solle alsdann dem Antwortter auf des Klägers vorig Einbringen in diesem Termin schrifftliche Conclusiones a) vorzubringen zugelassen werden, und darauf beyde Theile, wo nicht in diesem, doch in nechstfolgendem Termin mündlich zu beschliessen, schuldig seyn.

e) Id est, Reus adversus Actoris Replicam eique annexas conclusiones, suam duplicam cum annexa scripta conclusione in hoc scil. tertio termino proponere tenetur. Procurator vero illam Duplicam judicialiter exhibens simul verbaliter concludit hisce verbis: In Sachen re. übergebe diese Duplic-Schrifft, handle, bitte Inhalts, und gnädig fürderlich Urtheil. Ex quo apparet illud, quod hic in fine dicitur, &c. Utramque partem in hoc proximo termino verbaliter concludere debere, non amplius observari. Notandum porro, quod, si quis concludere tergiversetur, illi terminus ad submittendum a judice praefigi soleat, cum hac comminatione, quod alias causa pro conclusa sit accepta.

§. 56.

Facta publicatione Rotuli & probationis judicialiter productae, utrique parti unum tantum productum, cum quo simul concludat, permissum.

Und demnach mehrentheils zu des Richters Ermessen stehet, was und wie viel den abgehörten Zeugen oder deren Aussagen, zu glauben, und aber hierüber offtermalen viel überflüßige Wechsel-Schrifften, dem Deputations-Abschied de Anno 1600 §. Nachdem ieden re. zuwider, nur zu Verlängerung des Processes einkommen, so wollen und meinen wir hiermit ernstlich, daß die Partheyen auf die publicirte attestationes in zweyen, also eine iede Partey in einer Schrifft, eigentlich beschliessen sollen a), nemlich wann die Beweisung gerichtlich eingebracht, daß der Antwortter dargegen in der darzu erhaltenen Zeit in quinto termino b), so nach Grösse des Rotuls und Attestationen oder sonsten nach Gelegenheit der Sachen zu ermessen, von dem Tag an zu rechnen, als ihm die Copey obberührter einbrachter Beweisung aus der Cammergerichts-Cantzley auf sein fleißiges Anhalten behändiget worden, seine Einrede, exception und Auszug und in demselben omnia zu produciren c) schuldig seyn solle.

a) Id est, illa pars, contra quam Rotulus productus, primo unicum scriptum (nempe suas Exceptiones contra personas & dicta testium) producere potest, eique scriptam conclusionem simul annectere: Deinde altera pars, quae Rotulum produxit, itidem unicum scriptum (scil. suas) Replicas contra alterius Exceptiones) producere potest, atque ei una scriptam conclusionem annectere tenetur: Verum, quod duo illa scripta attinet, illud non semper observatur, sed saepe etiam Duplicae exhibentur. Deinde hic non immerito quaeritur, utrum per h. §. abrogatae sint deductiones probationum (die Probation-Schrifften) quae olim a Producente Rotulum, antequam altera pars excipiebat, exhiberi solebant: vid. synops. de Audient. §. 151.

b) Intellige, si vel actor vel reus in quarto termino Rotuli publicationem ac communicationem petierit, nam si ista petitio in secunda vel tertia facta sit, tunc in tertio vel quarto contra publicatas attestationes excipitur.

c) Itaque omnia producere & in scriptis concludere in uno termino sunt peragenda, quod olim in diversis terminis fieri solebat. O. C. p. 3 tit. 13 & 3 seqq.

Sed tamen in antiquiori Ordinatione Camerae von Termin erster Instantz §. 15 & seqq. omnia producere.

§. 57.

Ebenmäßig auf solche des Antwortters Exception-Schrifft und übriges Einbringen, soll der Kläger in erfolgendem sechsten Termin in hierzu bestimmter oder erbetener Zeit, sub praejudicio praeclusionis viae, seine Replic und Gegenschrifft, auch schrifftliche Beschliessungen produciren, und sie also beyderseits in diesem Termin schrifft- und mündlich zu a) beschliessen verbunden seyn, jedoch mit Vorbehalt des richterlichen arbitrii und dessen Erkenntniß, ob nach bewandten Sachen dem Kläger oder Beklagten der letzte Satz zu gestatten.

a) Sensus est. Actor suas Replicas cum annexis scriptis conclusionibus in hoc Sexto termino exhibere, ac insuper utraque pars tam Actor quam Reus verbaliter concludere tenetur. Ast quod Reum attinet, cum ille secundum praesentem stylum in praecedenti termino jam verbaliter concluserit, ideo actor duntaxat in hoc Sexto termino verbaliter concludit.

§. 58.

Von Reproducirung der Appellations-Processe.

In Appellation-Sachen, lassen wir es bey bey der Ordnung p. 3 tit. 31 und in folgenden Reichs- und Deputations-Abschieden gemachten Verbesserung so fern bewenden, daß in primo termino der Appellant, durch seinen gevollmächtigten Procuratorn mit kurtzen Worten die ausgegangene Appellation-Proceß reproduciren a), formalia mit Vorbringung actorum vel instrumenti appellationis & documenti requisitionis alsbald justificiren und so fern von einer Beyurtheil, die nicht Krafft einer Endurtheil b) hätte, appellirt worden wäre, an stat der Appellation-Klag sein Instrumentum oder schedulam appellationis mündlich oder in Schrifften unter gewöhnlichem praejudicio c) nicht allein wiederholen, sondern auch in diesem Fall der appellation ab interlocutoria d) solch sein Instrumentum oder schedulam appellationis in so vielen durch einen Protonotarien vidimirten Copien e), als der Appellanten seyn, denselben, damit sie mit ihrer Gegen-Nothdurfft in termino darauf gefast erscheinen können, mit sammt den Appellations-Processen, insinuiren lassen, auch in puncto compulsorialium, inhibitionum & attentatorum, auf die Pön, oder sonst gebührend, verfahren soll.

a) Quibus verbis hodie hi Processus reproducendi, ostendit G. S. 17 Decembris 1659 §. 3; scriptus vero Recessus hisce formalibus concipi solet:

Durchlauchtigster Fürst, Römischer Kayserl. Majest. Cammer-Richter, Gnädigster Herr.

Krafft original gemeinen Gewalts sub Lit. A reproducire ich ergangene und verkündte völlige Appellations-Proceß originaliter cum retroscripta Nuncii relatione, will Termino lapso erscheinen vernehmen. Ubergehe darauf pro Justification formalium Instrumentum Appellationis sub Lit. B, Documentum Requisitionis Actorum intra 30 Dies sub Lit. C, nec non ipsa Acta priora clausa & sigillata.

In puncto solennium, weilen nach Ausweisung Documenti praestitorum solennium sub Lit. D. die Appellanten denselben coram Inferiore Domino judice ein Gnügen geleistet, so producire wegen des Advocati causae diesen special Gewalt ad praestandum juramentum

tum de non frivole appellando Lit. E, biß solches
alsobald abzustatten erbietig.

In puncto causæ principalis exhibire diesen Libellum
summarium sub Lit. F, bitte Inhalts desselben, wie
imgleichen der Gewälten, Documentorum atque
Actorum recognitionem, respective publicationem
& recognitionem, zuforderst aber visa executione
Ruffen in contumaciam; Hierüber ꝛc. Euer Hoch-
Fürstlichen Durchl. Hoch-Adlich Mild-Ritterliches
Amt unterthänigst anruffend.

Euer Hoch-Fürstl. Durchl. ꝛc
Unterthänigster N. N.

Hic enim Recessus in scriptis hodie solet exhiberi vigore d. § 3, idque propter suam amplitudinem, G. B.
9 Jan. 1660 § 1, ne illum dictando judiciales Audientiæ nimis impedirentur, quoad reliqua add. Synod.
de Audient. § 112 usque 131.

b) Contineret tamen ejusmodi gravamen, quod per appellationem a Definitiva tolli nequiret. Nam ab aliis interlocutoriis non appellatur. O C. p. 2 tit. 19
§ fin. Deinde bene observandum 1) quod a talibus
sententiis non viva voce, sed in scriptis appellandum sit, ac Instrumento seu schedulæ Appellationis
gravamina expresse sint inserenda, d. t. 19 § 3. 2) Quod
in Appellatione non exhibeatur libellus, sed dictum
instrumentum sive schedula loco libelli repeti debeat, cujus hæc est ratio, quia ejusmodi Appellatio
duntaxat ex dicto instrumento sive schedula & actis
prioribus est justificanda. Dep. 1600 § nachdemmahl ꝛc.
18. Hinc Regula: Non probata probabo. non dedu-
deducam, non habet locum in talibus interlocutoriis.
Ita ex Guid. Pap. consil. 124 n. 3 & consil. 119 n. 7
tradit Gylm. voce probationis § regulæ.

c) Scil. absolutionis. Solennia Appellationis sunt v.
gr. Juramentum calumniæ ex privilegio coram jú-
dice a quo præstandum, itemque cautio & depositio
certæ pecuniæ. Formalia sunt Appellationis inter-
positio, Actorum Requisitio &c.

d) Ergo in definitiva insinuatione Instrumenti Appellationis opus non est, quamvis de stylo & ob majorem securitatem aliud observetur.

e) Hoc correctum, ut supra ad § 28 not.

§. 59.
Attentata contra inhibitiones.

Und wann a) gegen die ausgelassene Inhibitionen gehandelt, oder attentirt worden, solches auch
notorie und in continenti zu erweisen wäre, sollen hinfuro auf Begehren des Appellanten alle
mandata de revocandis attentatis, auch extrajudicialiter b) erkannt, und solcher Punct förderst
zur Execution gebracht, keines weges aber der Supplicant mit seinem Begehren erst zum Gerichtlichen
Proceß verwiesen werden.

Hic § nondum practicatus est, und wird es gemeinlich
judicialiter verwiesen. Exemplum Extrajudicialiter
decreti Mandati etiam ante hunc Recessum notari
meretur in causa Adeleps contra Rautenberg und
Oppershausen, ubi talia attenta per extrajudiciale
mandatum revocata 30 Decembris 1661. Sunt cæte-
roquin etiam exempla in contrarium, ut in causa
Königsmarck contra Halberstadt, item Lambrecht
contra Rondes.

b) Quod si tamen judicialiter in puncto Attentatorum
processum sit, tum attentata post inhibitionem commissa per sententiam revocari possunt. Sic factum
in causa Weißbender contra Chelium; Item in Sachen Königsmarck contra Halberstädtische Land-
Stände, beydes Appellationis &c. Mandatum tum re-
vocatorium sæpius extrajudicialiter petitum & judicialiter remissum, tandem 5 Febr. 1662. Mandatum
cum Citatione ad videndum se incidisse in pœnam
decretum. Item in causa Hardenberg contra Schaeß-
berg, Mandatum ut & citatio ad videndum se inci-

disse in pœnam simplicis inhibitionis decretum. 9
Octobris 1662.

NB. Mandata attentatorum revocatoria petuntur judicialiter in ordine Novarum.

§. 60.
Judici a quo quid notandum.

Deßgleichen sollen die Procuratores bey Straffe
der Unkosten des verzögerten Rechtens a), die Parteyen aber der desertion verbunden seyn, die compulsoriales b) gleich mit der Citation zu begehren,
und solches nicht mehr ad primum terminum zu
verschieben, welche dann auch mit und neben den
andern Processen insinuirt, und demselben einverleibt werden solle c), daß der Judex a quo seine rationes decidendi, mit und neben den actis prioribus, bey Straffe zweyer Marck lötiges Golds,
zum Cammer-Gericht verpitschiert einschicke.

a) Sub his sumptibus continentur omnia damna interesse, ac expensæ propter retardatam litem exorta.
Horum omnium designationem primo exhibet Appellatus, Procurator Appellantis contra hanc excipit, postea Judex taxat, & Appellato injungit, ut juramentum super summa taxata præstet, quo facto dictam summam Appellato Procurator solvere jubetur.

b) Exceptio est, nisi Judex inferior ad eundem acta &
rationes decidendi ante emanatos processus edere
pronus sit, vel jam edita sint, quo casu ad petitionem appellantis ejusque periculo citatio & inhibitio absque Compulsorialibus decreta fuerunt, in Sachen Stammers contra Schlicken Appellat 11 Septembris 1657. Idem obtinet in casu, quo gravamen
circa actitata extrajudicialiter vel alias peccatum,
vel nulla acta adsunt, JCti in causa Universitatis
Rostochiensis contra B. und R. daselbsten Doctori
Gambs nomine Doctoris Rottmanns supplicanti 3
Novembris 1657 Citatio & Inhibitio absque Compulsorialibus cum mandato de non gravando contra
immunitatem & Restit. cum clausula decreta fuit.

c) Hoc fit a Cancellaria, nam supplicantes illud non
petunt, nec opus est, ut petant. Et valde errat Roding. p. 565 versu: in causis, quando scribit, Compulsoriales ad edendas rationes una cum Citatione
sub præjudicio desertionis esse petendas.

§. 61.

Ob er auch a) schon die Urtheil auf einer Universität oder Collegio Juridico eingeholet hätte, gestalt denn solche Collegia Juridica bey Abfassung der
Urtheil die ex facto genommene rationes decidendi allemal kürtzlich aufzusetzen und auf Erfordern Judicis a quo ohne Entgeld b) auszustellen
schuldig seyn sollen, und sollen dieselbe in eine sonderbare hierzu bestellte Truhen, zu deren dem Collegio der eine, und den Lesern der andere Schlüssel
zuzustellen, so lange auffbehalten werden, bis der
Referent desselben vonnöthen haben wird, nichts
destoweniger solle der Appellant, bey Straffe der
Desertion, gleich bey Verkündung seiner Appellation und vor Verfliessung deren a die interpositæ
appellationis nechstfolgender 30 Tage, vom Unter-Richter die acta priora zu requiriren c), und
da sie fertig werden, um die Gebühr auszulösen,
oder wenigst solcher seiner requisition beglaubten
Schein, wormit die acta selbsten d) in primo
termino zu produciren, er der Judex a quo aber
zu der Edition alsobald und unerwartet der Com-
pulsorialen gegen Versicherung ziemlicher Belohnung, die gebührende nothwendige Anstalt zu machen, und die Acta erster Möglichkeit zu ediren, schuldig seyn, oder wann einiger vorsetzlicher Auffzug
hierinne

hierinne verſpürt würde, gegen demſelben, auf die in der Ordnung p. 1 tit. 31 § Dann auch ꝛc. beſtimmte Straffe der 20 Marck lötiges Golds, verfahren werden.

a) Quoad deſertionem notandum, quod Judex juxta Mynſ. etiam Deſertionem ex officio attendere & deſuper non implorato pronunciare poſſit. Sic enim factum in cauſa Baumhöffers contra de Brühn. Item in Sachen Merten contra Blumen 27 Junii 1658. Item in Sachen Hohenzollern contra Creiꝛemlich. Appellationis & Mandati de 11 Febr. 1659.

b) Sed ex qua cauſa Imperator & Status Imperii illis Collegiis injungere potuere, ut ſuum laborem in conſcipiendis ac deſcribendis rationibus decidendi ſine ulla remuneratione præſtent? Reſp. Hic § intelligendus eſt de eo caſu, ubi iſta Collegia ſail. Univerſitatis pro dicto labore mercedem quidem acceperunt, nec tamen rationes decidendi ſimul transmiſerunt.

c) Quamvis in pleriſque cauſis, in quibus requiſitio taliter facta non fuit, ab Appellatis eorumque Procuratoribus ad deſertionem Dominus Judex imploretur, mihi tamen hactenus de nullo prejudicio conſtat, quo talis ſententia deſertoria ex hoc capite publicata fuerit. Imo in cauſa pro deſerta pronunciata fuit in Decembr. 1657 in cauſa Rockelfinck contra Reck Appellat. Sic & mihi licet in priori termino reproductionis producenti priora acta in cauſa Günterotꝛ contra Bremen Appellat. per ſententiam 8 Febr. 1658 publicatam ad ducendum intra debitum tempus requiſitionem actorum factam, certus terminus præfixus fuit, in priori & hoc caſu reſtituto in integrum brevi manu ex nobili officio judicis judicialiter & hoc poſtremo caſu eventualiter petita fuit.

d) Si quis tempus ad productionem documenti requiſitionis vel Actorum ipſorum conſtitutum, vel etiam petitum labi ſinant, Appellatus, modo ſit præſens & petat, a Citatione abſolvitur. Etiamſi Appellans ante abſolutionem juſtas Cauſas alleget, quare acta intra dictum tempus producere nequiverit. Gylm. voce Acta § Amplia & § ſallit in cauſis cum ſeqq.

§. 62.

Von Abforderung der Acten erſter Inſtantz.

So dann ſollen die acta priora vom Unter-Richter in Gegenwart der Parteyen, da ſie wollen oder ihrer Bevollmächtigten, inrotulirt, und hinfüro nimmer offen a), ſondern allezeit verſchloſſen und beſiegelt edirt, und da hierwider gehandelt, und die acta priora hinfürter offen und nicht beſchloſſen edirt, und von der Partey ſolcher geſtalt angenommen und producirt würden, der Richter a quo nicht weniger als die Partey, die ſie alſo angenommen und im Gericht producirt laſſen, ex arbitrio Judicis geſtrafft werden.

a) (1) Ut poſtea, ſi forſan defectus allegetur, ratione juramenti a Judice inferiori præſtandi fieri poſſit, quod juris eſt. Gylm. voc. Acta § Acta non ſigillata. (2) Ne aliquid addendo, aut delendo aut corrumpendo, falſitas committatur.

§. 63.

Dabey gleichwohl wenigers nicht die Appellanten in den von Richtern voriger Inſtantien beſtimmet und angeſetzter Zeit, die acta ferner zu reqviriren, und deswegen ulterius documentum vorzubringen, ſub præjudicio abſolutionis a) verbunden ſeyn ſollen.

a) Quod ut plurimum poſt ſe trahit deſertionem propter fatalia vel jam elapſa, vel mox elabenda. Dixi vel plurimum. Quia poſſunt caſus contingere, ubi adhuc tantum temporis reſtat, ut nova Citatio impetretur, intraque 4 menſes inſinuetur, v. G. a Senatu Spirenſi 1 Novembris appellatur & Acta requiruntur, plenarii proceſſus 6 Novembris obtinentur, 8 ejuſdem inſinuantur: Eſt igitur

terminus reproductionis 7 Januarii. Judex a quo intra ſex ſeptimanas Acta edere promittit, terminus eſt 12 Decembris, Judex Acta non edit, neque ſit ulterior requiſitio. Ideo Appellatus in termino Reproductionis petit abſolutionem a Citatione, Judex Cameræ ultimo Januarii Appellatum abſolvit. Cum in hoc caſu a die interpoſitæ Appellationis duntaxat tres menſes præterlapſi & quartus adhuc ſuperſit, intra quem nova citatio impetrari inſinuarique poteſt, appellationem propter dictam abſolutionem a Citatione reddi deſertam minime dici poterit. Sed quæritur, ſi acta poſt terminum a judice inferiori ad primam factam requiſitionem præfixum in termino Citationis quidem producantur, non vero ulterius requiſitionis documentum exhibeatur, an prejudicium abſolutionis etiam adſit? Reſp. Quod ſic. Nam uti cauſa ſit deſerta, ſi Acta, licet in termino primo producantur, intra præſtitutos 30 dies non requirantur, ita quoque hic prejudicium abſolutionis aderit.

§. 64.

Abbreviatio longi proceſſus.

Zu Beförderung des Proceſſes und Abſchneidung aller unnothwendigen Weitläufftigkeiten, ſoll hinfüro in Appellation-Sachen das weitſchweiffige articulirte Libelliren ebenmäßig abgeſtellt ſeyn, und ein ieder Appellant hinfüro ſeine gravamina appellationis iedesmahls ſummariter und Punctenweis verfaſſet a), gleich mit der Supplication pro proceſſibus, übergeben, darinnen, nach Inhalt des An. 1575 ergangenen, und An. 95 durch die Viſitatores beſtätigten gemeinen Beſcheids, ungehindert des Deputation-Abſchieds de Anno 1600 § 114. Es ſeynd ꝛc. abſonderlich 1) worinne er ſich beſchwert erachte, 2) was er beſſer zu beweiſen b), oder 3) von neuen vorzubringen c) gedencke, anzeigen d), und ſolche ſeine Gravamina oder Appellations-Urſachen den Appellaten in ſo viel beglaubten Copien, wie hie oben vermeldet, als der Citirten ſeynd, und in der Ladung mit gewiſſen numeris oder literis gezeichnet werden ſollen, inſinuiren laſſen.

a) Hoc ſi non obſervetur, Libellus ſeu gravamina Appellationis rejiciuntur. Hinc in cauſa Baumhöffers contra Johann de Brühn Appellationis, a Martii 1656 durch Dr. Gambs und den 24 May durch Dr. Mokel reſpective eingebrachte gravamina und Reſponſiones als unförmlich und dem J. R. A. ungemäß mit vorbehaltener Straffe nach Ermäßigung hiemit verworffen, ſondern ermeldtem Dr. Gambs zu Einbringung eines verbeſſerten und gedachtem R. A. gemäſſen Libells, oder was ſich ſonſten zu handeln gebühret, Zeit zwey Monaten pro termino & Prorogatione von Amts wegen angeſetzt.

b) Notandum. poſt publicationem hujus Receſſus per Decretum Generale 30 Octobris 1655 publicatum, Procuratoribus Cameræ injunctum fuiſſe in hoc § mentionata melius probanda & deducenda ad marginem gravaminum annotanda & adſcribenda eſſe, quo non facto, Proceſſus cum his formalibus plerumque denegantur, wofern Supplicant deducenda & probanda ad marginem notiren würde, darauf ergehen ſoll, was recht iſt: Imo hodie Procuratores hoc non obſervantes vel ordinaria vel arbitraria pœna mulctantur, quemadmodum factum eſt Doctori Gambs in cauſa Dr Lubberti contra Poſen vid. d. Decretum. Non licet autem hæc melius probanda & ulterius deducenda in extrahendis Proceſſibus adjungere, vel etiam in primo reproductionis termino producere, ſed exſpectandum, donec Dominus Judex ſuperior Appellantem ad dictam probationem vel deductionem admittat, ſic cum D. G. in cauſa Berlin contra Iltrog ꝛc. Appellationis 5 Septembris 1655 optima intentione promovendæ cauſæ & maturandæ juſtitiæ in primo termino Probation- und Deduction-Schrift producerem per ſententiam 26 Octobris 1655 præced. Deductionem und Probation-Schrift als contra modernum Receſſum Imperii cum pœna arbitraria rejecta fuit: Nec memini, quod Appellans per ſententiam unquam ad meliorem probationem & deductionem admiſſus fuerit, quod tamen in cauſa Schillingſcher Wittib contra Ambſel Juden, factum fuit.

c) Licet enim in prima inſtantia quidem petis, non tamen ſatis probata & deducta, in ſecunda melius probare & de novo deducere promiſſum ſic, tamen aliquid de novo petere plane non licet, quia appellatio tantum eſt ad Judicem ecm Appellationis devolvit a quibus appellatum, ideo in de novo petitis deficit jurisdictio.

d) Atque hæc tria puncta in margine gravaminum scil. libellorum Appellationis a Procuratoribus sub pœna arbitraria sunt annotanda, B. B. den 30 Octobris 1655 § 7. Si hæc annotatio intermissa, ita decerni solet: Wofern Supplicant die Gravamina probanda & deducenda ad marginem notiren wird, soll ergehen was recht ist, und um willen er solches unterlassen, ist ihm die Straffe nach Ermässigung hiemit vorbehalten.

§. 65.

Gravamina appellationis.

Wolte er aber a) keine Ursachen oder gravamina appellationis, wie dann solches in seiner Willkühr gestellet ist, eingeben, sondern simpliciter ad acta priora submittiren b), und beschliessen, so soll er dessen in supplicatione pro processibus Anregung thun, damit es den Processen eingerückt, und dardurch zu des Appellaten Wissenschafft gebracht werde, derselbe auch in ein und andern Fall sich darauf gefast machen, und in primo termino die Gebühr zu verhandeln wissen möge: es soll auch eine iede Partey oder deren Advocaten und Procuratorn in erster Instantz alle die gerichtlich einkommene acta per copias fleissig bey sich aufhalten, damit sie sich deren auf begebenen Fall zu ihrer Nothdurfft bedienen können, weil die Acta, so der Judex a quo edirt, vornemlich zu des Ober-Richters Information dienen sollen, iedoch seynd diejenige Parteyen, welche ietzo vor Publication dieser Reichs-Constitution vor dem Unterrichter allbereit in lite verfangen, und die Acta copialiter nicht aufbehalten hätten, noch vom Richter füglich erhalten künten, wann sie durch Urtheil gravirt, und davon an unser des Heil. Reichs Cammer-Gericht zu appelliren verursachet werden, hierunter nicht zu gefähren, sondern in solchen Fällen ziemender Unterscheid zu halten, wie dann auch den Parteyen und ihren Anwälden nicht zu verwehren, sondern in alle Weg zu gestatten, daß sie sich, nach Eröffnung der actorum priorum, in denselben, ob sie auch complet und vollkommen oder mangelhafft edirt worden, ferner ersehen, und befindenden Dingen nach um ulteriores compulsoriales bitten mögen.

a) Secus est, si ab interlocutoria appellatum fuerit, veluti supra § 51. Item secus in causis pauperum, ubi Dominus Judex Appellationis ob præsumptam illorum malitiam, declaratione licet facta, quod loco gravaminum statim ad acta submittere velint, nihilominus noviter deducenda melius probanda, & in quo supplicans se gravatum prætendit, in scriptis producere & aliquo modo deducere injungit. Sic in causa Führemans pauperis contra Wilterdings Erben, Dr. Gambs supplicanti per Decretum 28 Septembris 1659 publicatum, præmissis licet compulsorialibus & actis prioribus productis eisque perfectis notabiliter contigit.

b) Si appellante ita submittente. Appellatus melius probare, vel de novo deducere velit, illud etiam Appellante invito facere potest, arg. § Nach in Fällen, tenetur tamen præstare juramentum novorum deducendorum infra § wie ebenmässig in fin. Non vero statim in primo termino, sed tantum ad illud præstandum, mediante exhibito speciali mandato se offert, exspectans sententiam judicis judicantis, utrum novorum deductione opus sit, an pro Appellato ex actis prioribus sententia ferri possit. Si judex dicta deductione opus esse arbitratur, ad præstationem juramenti & novorum deductionem admittit; Appellantem vero, qui nova vult deducere, quod attinet, ille in primo termino juramentum de non frivole appellando, quod hoc casu in se complectitur juramentum novorum deducendorum, tenetur quidem præstare, sed tamen quoad novorum deductionem itidem exspectare sententiam Judicis super Gravaminum irrelevantia, quæ ex Actis prioribus atque Appellati oppositis exceptionibus apparebit,

pronunciatam. Hinc novorum deductio se probatio ulterior in primo termino exhibita per sententiam absque tamen pœna rejecta fuit in causa Berlia, contra Altorff, 20 Octobris 1656. Et in causa Molters contra Meurers 12 Novembris eodem Anno:

Sed quæritur, si appellans ad acta priora submittere velit: Appellatus vero beneficio de novo deducendi & melius probandi uti constituerit, an audiatur & oblatio ad præstationem juramenti de non frivole appellando sub prejudicio desertionis necessaria sit? Utrumque Affirmarem, & hinc in causa Augspurgischer Confessions-Verwandten zu Creutzenach contra Kulmann prær. Appellat. a Aprilis 1660 Procuratorium ad jurandum prod. Dr. Gambs, quanquam hoc ab aliis factum esse nunquam meminerit. Junge Roding. p. 340 & 741.

§. 66.

Wofern aber die Sache entweder so wichtig und weitläufftig, oder die Parteyen so arm, daß sie die Schrifften, und was sonsten einkommen, iedesmals abschreiben zu lassen nicht vermögen, oder aber wegen ihrer Advocaten Absterben, oder auch sonsten erhebliche Verhinderungen a) vorhanden, warum den Appellanten Gravamina so zeitlich einzubringen nicht möglich, und solches beweislich dargethan würde, soll in des Richters arbitrio stehen, ihm bis zum ersten Termin, oder auch gestalten Sachen nach, weiter Dilation zu ertheilen.

a) Sie Dr. Gambs in causa Teick contra Stifft Asped. in puncto des Wassergangs daselbst 10 Octobris 1657 ex impedimento, quod Advocatus causæ in obsidione Civitatis Monasteriensis detentus esset, supplicavit pro dilatione novæ deductionis & melioris probationis ad 3 menses, quam etiam per Decretum 12 ejusdem mensis obtinuit.

§. 67.

Von Ausbringung der Appellations-Processe.

So dann soll a) sich Appellant in alle Wege mit Ausbring- und Insinuirung der Proceß bey Straff der Desertion dergestalt befördern, damit die Insinuation wenigst vor Ablauff der vier ersten, nach interponirter Appellation, folgenden Monaten, ohnfehlbar beschehen b), und also nach der Insinuation, zum wenigsten nach zweyen Monaten bis zu Verfliessung der fatalium introducendæ, zur Reproduction, und dem Appellaten zu nothwendiger Bedenck- und Einbringung seiner Gegennothdurfft, übrig verbleiben, welche fatalia c) hinfüro so leicht, auch nicht anders als aus erheblichen Ursachen d) in ereignenden Nothfällen, zumalen in demselben nur etwan auf zwey oder drey Monaten prorogiret werden sollen e).

a) Adde Decretum generale de dato 1657, 28 Jan. § 2, ubi habetur, quod si sontica causa impedimento sit, restitutio brevi manu peti possit. Ita Lt. H. in causa Hugenpott contra Hugenpott Appellationis, obtinuit Restitutionem in integrum brevi manu 1657. Aliquando etiam eo casu, quo impedimenta non adeo evidenter edocta sunt ob jus & prejudicium, quod Appellatus ex lapsu quæsivit, Citatio ad videndum se restitui adversus lapsum fatalium introducendæ Appellat. decernitur. Ita factum in causa Rechthaußen contra Bodenwir Appellationis 27 Octobris 1657. Item Kloster Loccum contra Dietsort, 13 Martii 1657.

b) Sin vero Appellans post lapsum horum 4 mensium justas causas afferre possit, ex quibus evidenter appareat, quod seipsum nimis haud coarctaverit, brevi manu usque ad futuram Visitationem restitui vigore B. B. 28 Jan. 1657 § 2. Si circa finem horum mensium mox labendorum quis prorogationem petat, & appareat, Appellantem aliquot menses otiosos abire sivisse, atque seipsum nimis coarctasse, licet legitimum impedimentum, quod postea forsan ex improviso acciderit, alleget, prorogatio solet denegari; Sic contigit in causa Türcheim contra Lippe Appellationis, ubi processibus Appellationis plenariis jam decretis expeditis, non obstante petita prorogatione sub finem ûnem ferè Quadrimeſtris prorogatio denegata, ac deinde Appellatio deſerta pronunciata. Reſtitutio brevi manu quidem petita, ſed illa itidem denegata, Appellans tandem coactus fuit citationem ad videndum ſe reſtitui impetrare.

c) Scil. introducendæ Appellationis, quæ ſunt ſpatium ſex menſium a die interpoſitæ Appellationis, enumerandorum I O. C. p. 2 tit. 30 pr. & § 2. Cum igitur Proceſſus Appellationis intra iſtos ſex menſes ſint reproducendi, Appellato autem ex his duo ad deliberandum de ſuis exceptionibus hic ſint conceſſi, reliqui 4 menſes inſinuationi dictorum proceſſuum duntaxat relicti, ac hodie fatales facti ſunt, quia iis non obſervatis Appellatio uti propter neglecta fatalia deſerta redditur

d) Add. Und die auch beſcheint werden müſſen, ſic elegans præjudicium contigit in cauſa ſämmtlicher Garen-Meiſter zu Elberfeld und Barmen contra Hochſtein: Ubi tale Decretum fuit publicatum, noch zur Zeit abgeſchlagen: Sondern, woſern Supplicant die Urſachen petitæ prorogationis ſpecificiren und etlicher maſſen beſcheinigen wird, ſoll darauf ergehen, was recht iſt, 13 Octobris Anno 1660. Hinc apprime notandum, ne appellans quoad hoc fatale ejusque prorogationis petitionem ſe nimium conſtringat, cum facilè talis prorogatio denegari & hoc ipſo appellatio deſerta fieri poſſit, quod nuper contigit in cauſa Türckheim contra Lippe, Appellationis, ubi Proceſſus Appellationis plenariè decreti & jam expediti non obſtante ſub finem ferè quadrimeſtris petita prorogatione ob ejusdem denegationem pro deſertis declarati, atque appellans coactus fuit ab initio reſtitutionem in integrum brevi manu, quæ itidem denegata, tandem citationem ad videndum ſe reſtitui adverſus lapſum fatalium petere.

Quamvis exceptio deſertionis ab Appellato in primo termino non oppoſita in ſeqq. terminis non poſſit objici, hoc tamen judex ex officio attendere, & cauſam ut deſertam pronunciare poteſt, uti multoties in Camera judicatum, licet crederem in hoc paſſu Dominos Aſſeſſores non usque adeo inter ſe convenire.

Iisque aliquo modo probatis, C. G. 24 Octobris 1651, quæ probatio tamen hodie non adeo ſtrictè obſervatur, ſed allegatio cauſæ ſufficientis ac relevantis ſufficit.

e) Hæc tamen prorogatio aliquoties nonnunquam concedi ſolet, ita ut hæ prorogationes connumeratæ ſæpe ſe ultra 7 vel 8 menſes extendant.

§. 68.
Supplicationes pro proceſſibus cito expediendæ.

Zu dem Ende Wir dann unſere Cammer-Richter, Präſidenten und Aſſeſſoren hiemit alles Ernſtes erinnert haben wollen, damit ſie die pro proceſſibus einkommende Supplicationes ohne Aufſchub expediren, der Cantzeley-Verwalter und Boten-Meiſter aber unter gebührender Strafe, dann die Boten bey Verluſt ihres Dienſtes dahin anhalten laſſen, daß ſie ſo bald drey, zween, oder auch nur ein Proceß auf eine Straß vorhanden, mit demſelben alsbald fortreiſen, und die Inſinuation verrichten, keinesweges aber, wie bishero vielfältig beſchehen, auf fernere mehrere Proceſſe und anders, ihrer Gelegenheit nach, mit Aufenthalt und Gefahr der Sachen, warten ſollen.

§. 69.
Was der Appellat zu beobachten.

Würde aber der Appellat, daß die formalia appellationis anzufechten, und exceptiones non devolutionis a) oder deſertionis, und andere dergleichen Einreden b), vorzuwenden haben, ſoll er dieſelbe alleſammenhafft in dieſem erſten Termin ſchrifft- oder mündlich in gefliſſener Kürtze auf Maaß und Weiſe, wie in der Ordnung tit. 32 im Anfang und § 1 und Deputations-Abſchied de Anno 1600 § Wir ſetzen, ordnen und wollen auch, rc. vorgeſchrieben worden, ohnfehlbarlich und ſub præjudicio des Reichs-Abſchieds de Anno 1594 § In Appellations-Sachen aber, rc. vorbringen, darauf auch weiter in Recht procediret, gehandelt und verfahren werden ſoll, wie oben von den Dilatoriis angezeigt und geordnet ſtehet.

Juriſt. Oracul V Band.

a) Aſt hæ Exceptiones non pertinent ad formale, ſed materiale Appellationis: Nimirum ad ſummam non appellabilem; ideo acuratè eſſe conceptum, melius diſtinguit § ſequens, qui formalia & devolutioni opponit.

b) Ut ſunt dilatoriæ, add. § ſequ. præjudicio ſcil. præcluſionis opponendi dictas Exceptiones deſertionis ac non-devolutionis, attamen ex dicta præcluſione non adeo magnum damnum Appellato exoriri puto, quia judex utrasque ex officio attendere debet. vid. Gail. 1 O. 123 & 137.

§. 70.
Gravamina exhibita, Appellatio inſinuata.

Wann auch a) bey Ausbringung der Proceſſe einige Appellations-Klage, oder Beſchwerden übergeben, und beygelegt worden wären, ſollen dieſelbe den Appellaten in beglaubter Abſchrifft bey Inſinuation der Proceſſe, (wie oben in cauſis ſimplicis querelæ verordnet,) zugeſchickt, und er in dieſem primo termino entweder pure, im Fall er die formalia oder Devolution nicht anzufechten, noch andere dilatorias einzuführen, oder da er deren vorzubringen hätte, eventualiter mit und neben denen aufzüglichen Exceptionibus ſeine Aufzüge gegen ſolche Gravamina b) auch Antwort und hauptſächliche Gegenhandlung, oder was ihme derentwegen zu thun gebühren möchte, zugleich auch zu übergeben c), Inhalt der oballegirten Abſchieden de Anno 1570 § Sonſten in andern rc. juncto d) § ſequenti, dabey es nachgehends in An. 1594 § In Appellations-Sachen rc. ſchuldig und gehalten ſeyn, wo aber von Beyurtheil e), ſo nicht Krafft eines End-Urtheils hätte, appellirt worden wäre, ſoll der Appellat, da er wider die formalia oder devolutionem, oder andere verzügliche exceptiones vorwenden wolte, demſelben iederzeit in der Haupt-Sache ebenmäßig ſeine Eventual-Handlung und Antwort zugleich anhängen.

a) Junge huic § ſupra 58. Et porro notandum, quod in cauſa quadam Freyberg contra Franckenberg Appellationis ad 19 Octobris 1655 reproductis proceſſibus Appellati Procurator in primo termino ſine ulla exceptione oppoſita comparuerit, & loco der Handlung Terminum 6 Menſium petierit, & quamvis juxta hunc R. diſpoſitionem ipſus utpote non agentis contumacia ab Appellante accuſata & deſuper ſubmiſſum fuerit, attamen per ſententiam Cameralem 10 Decembris 1657 latam, prior ſententia a qua Appellato confirmata fuit, absque dubio ex hac decidendi ratione, quod etſi Appellato hoc caſu vix excipiendi impoſterum ſit præcluſus, quod tamen judex juxta acta priora & merita cauſæ principalis pronunciare poſſit, uti & in aliis cauſis contumaciæ fieri ſolet & poteſt.

b) Add. Synopſ. de Audientiis § 25.

c) Poteſt omittere quoque, & præjudicium præcluſionis tum locum ſolum habet, non etiam deſertionis. Sic ſine Eventuali producto ſive Handlung in cauſa Principali exceptio non-devolutionis, in cauſa Dieſt contra Blaßfield Appellationis 10 Novembris 1659 oppoſita eſt.

d) Non obſtante Receſſu de Anno 1600 § Wir ſetzen 117.

e) Vide O. C. p. 2 t. 29 § Wo aber rc. Unde colligendum, quod Triplex interlocutoriarum diſtinctio ſic facienda, nempe quod aliæ ſint ſimplices meræ, aliæ vim definitivæ, aliæ gravamen aliquod irreparabile continentes, a primis neque in judiciis inferioribus, neque hic in Camera Appellatio datur; a ſecundis appellatur perinde ac a definitiva; a tertiis appellandum eſt in ſcriptis & quidem cum gravaminum inſertione.

§. 71.

Auch in Fällen a), da der Appellant nichts neues einbringet, ſondern nur actu der vorhergegangenen Inſtanz loco gravaminum erholen würde, ſolle der Appellat in dieſem primo termino, wann er auch nichts neues einzubringen hat, auf eben ſelbige acta auch alsbald ſchlieſſen.

a) Qsi novæ se deducturum initio dixit, nihilominus primo termino ad acta priora simpliciter submittere potest, non contra, qui statim se submissurum indicavit, primo termino novam libellandi facultatem habet.

§. 72.

Im übrigen den andern, wie auch den dritten und folgenden Termin betreffend, lassen Wir es bey der Ordnung, tit. 32 und 33 part. 3, und demjenigen, was hieroben in causis simplicis querelæ ist angeregt und verbessert worden.

§. 73.

Liberum utrique parti non deducta deducere.

Wie ebenmäßig a) bey dem Ausschlag Deputation = Abschieds de Anno 1600 §. Es sey in dem ꝛc. und daselbst angezogener Ordnung part. 3 tit. 33 §. Im Fall aber ꝛc. nochmahlen bewenden, also daß in dieser Instantz, nicht allein nach Ausweis gemein beschriebener Rechten, was in priori instantia nicht vorkommen oder deducirt worden, de novo zu deduciren und zu beweisen, sondern auch was in voriger Instantz allbereit vorbracht, ferner und besser zu beweisen verstattet werden soll b), iedoch mit dieser Maaß und Bescheidenheit, daß der Appellant bey Einführung des Processes, davon hieroben Erwähnung geschehen, sich zum Eid erbiete c), und denselben dergestalt zu leisten schuldig seyn soll, daß er seines angegebenen neuen Anz und Vorbringens in erster Instantz nicht Wissenschafft gehabt, oder solches dermahlen nicht einbringen können, oder einzubringen nicht für dienlich oder nöthig geachtet, nunmehr aber davor halte, daß solches alles zu Erhaltung seines Rechtens dienlich und nothwendig sey, gleiche Meynung hat es mit dem Appellaten d), wann derselbe in zweyter Instantz was neues fürbringen wolte.

a) Ib. G. B. sc. in l. ult. §. 1 C. de Appellat.

b) Hæc locum tantummodo habent in Appellationibus a sinitiva, vel ejus vim habente: Nam si Appellatum a simplici interlocutoria, ibi non probata probare, non deducta deducere minime licet, ideo nec juramento novorum deducendorum opus est: Davon hie oben, id est, von welcher Einführung ꝛc. sc. in §. In Appellation-Sachen 58.

c) Hoc juramentum novorum deducendorum olim saltem in quibusdam appellationibus, & quidem duntaxat ratione Appellantis, in usu fuit, nimirum 1) si ab Austregis appellatum. O. C. p. 2 t. 6 pr. 2) in causis spoliorum, d. p. 2 t. 8 §. Wo aber vers. 8. 3) in causis moderationis per beschwerten Reichs = Ständen Anschlag, R. A. 1555 §. Und damit 126.

d) Hinc cum in causa Augspurgischer Confession-Verwandten zu Creutzenach contra Cullmann, Appellans ad acta priora submiserit, Appellatus vero de novo deducere & melius probare constituerit, procuratorium ad præstandum juramentum de non frivole appellando tam Appellati principalis quam Advocati nomine Anno 1660 produci debuit: Quod tamen de casu solum est intelligendum, quo appellans nulla gravamina exhibuit, sed ad acta submisit; E contra Appellatus solum nova deducere & melius probare intendit. Alias etiam eo casu, quo Appellans ded. & prob. sibi reservavit, tunc Appellatus via excipiendi per indirectum & absque hoc juramento nova producere & probare potest. Sed quoad Appellatum præjudicium est præclusionis viæ deducendi, quoad Appellantem vero pœna est desertionis ob non præstitum juramentum, quod juramentum hodie in primo reproductionis termino sub prædictis præjudiciis præstari necesse est, vig. Gener. Decreti 11 & 12 Jan. 1660.

§. 74.

Wofern auch die eine oder andere Parthey in dem, was in priori instantia allbereits einkommen, veritatem & circumstantias facti a), besser erläutern und ein mehrers ausführen oder beweisen wolte, soll es ihnen gleichfalls ohnverwehrt seyn.

a) De ipso autem facto intelligendus §. præcedens, alioquin in hoc §. frustraneus esset repetitio.

Consilium quod hic litigantibus, eorumque Advocatis præscribitur, jam suo tempore dedit Gail. 1 O. 128 n. 4 & 5.

Porro notandum, quod non sufficit solum factum probare, sed necessario etiam ejus qualitas probandi, alioquin probatio non sit concludens, nec idonee relevet, Gail. 1 de P. P. 15 n. 10. Quia omissa qualitate censetur factum, ibid. n. 3. Tunc vero factum cum sua qualitate probandum est, si illa qualitas sit de substantia actionis, ita ut alteretur per eam factum in judicium deductum, ac mutetur species actionis vel exceptionis, vel faceret, quem admitti ad id, ad quod alias non admitteretur. Gail. ib. n. 21 & 22; si vero qualitas non alteret modum agendi, sufficit probare principale factum absque qualitate ac probans simplex factum absque qualitate obtinere debet. Quia qualitas facto impertinenter adjecta pro non adjecta habetur, neque eam allegantem ad onus probandi astringit, d. n. 22 & 23. Observandum & hoc, quoties a lege vel statuto aliquid cum adjecta qualitate profertur, necesse sit utrumque probare, factum nimirum cum sua qualitate Gail. ibid. n. 4. Hinc agens ex Constitutione sactæ pacis, non solum factum, quod Reus dejecerit vel verberaverit, aut pulsaverit, sed etiam qualitatem facti, videl. armatam manum, vim publicam & dolum ex proposito in libello deducere ac probare debet. Gail. ibid. n. 1.

§. 75.

Es sollen und mögen auch die Partheyen vor dem Judice a quo ihre streitige Sachen dergestalt insinuiren und ausführen lassen, damit, wann dieselbige vermittelst der Appellation an Unser und des Heil. Reichs Cammer = Gericht gelangen, sie alsdann die vorigen Instantz = Acta zu Abkürtzung des Processes, loco gravaminum und der hauptsächlichen Handlung utrimque wiederholen, und darauf alsbald in der Haupt = Sache submittiren können.

§. 76.

Von Mandaten sine clausula.

Belangend die mandata sine clausula a), sollen auch die Beklagten, oder deren Procuratores fürterhin in primo termino Zeit ad excipiendum zu bitten nicht mehr Macht haben, sondern de reali petitione zu dociren, oder ihre exceptiones, da sie einige zu haben vermeynen, wircklich einzubringen schuldig seyn; Wann nun dieselbige von denen Referenten ohnerheblich und vor frivolæ erkennet, also daß sie deswegen nicht anzunehmen, so soll zur Gegen = Handlung kein fernerer Termin angesetzt, sondern soll der Beklagte ad parendum per sententiam b) angehalten, auch von dem Richter der Termin nach Gelegenheit des Orts moderirt werden, es wäre dann Sache, daß ihme in puncto paritionis c) nochmahliger terminus anzusetzen wäre, auf welchen Fall vermöge Deputation = Abschieds Anno 1600 alsbalden der ersten paritoriæ nicht allein Declaratio pœnæ eventualiter anzuhängen, sondern auch die arctiores in eventum nicht bescheinter Parition ohne ferner Anruffen aus der Cantzeley gefolgt werden sollen.

a) De his vid. Rod. p. 169 usque 223, ibi: nicht mehr Macht haben ꝛc. Nam vigore Deputat. 1600 §. in welch in astem 49 in fin. Procuratoribus concessum erat, ut in primo termino ex causis singulariter relevantibus, consideratis tamen circumstantiis & longinquitate loci, ubi Rei commorantur, unum, duos, tres, quatuor, vel ad summum 5 menses ad excipiendum petere viceret. Cum vero illi d. §. abuterentur, & promiscuo tempore ad excipiendum peterent, ideo hic in totum ista facultas petendi præfatum tempus tollitur, ac sancitur, ut in primo termino vel de reali paritione doceatur vel excipiatur. Sed cum in mandatis S. C. tantum 30 dies dentur ad comparendum & docendum de paritione vel ad excipiendum. Reo autem propter amplitudinem causæ vel distantiam loci vel alia justa impedimenta impossibile sit, ut in præfixo termino ad excipiendum paratus sit, iniquum videtur, Reo ob tam angustum terminum præcludi viam excipiendi. Quæritur igitur, quomodo illi succurrendum? Resp.

Resp. ante præfixum terminum comparitionis prorogationem illius termini coram Deputato petere poteit. Rod. pag. 795. Hinc cum quidam procurator illud non obfervaret, fed in præfixo termino tempus ad excipiendum peteret, talis fententia contra eum 16 Julii 1655 eft lata: **In Sachen Bremiſen Wittib und Erben contra Zigenmeyer Mandati Executorialis S. C. iſt gegen D. R. um deswillen er dem J. R. A. zuwider nicht excipirt, noch ad reali paritionem docirt, die Straf nach Ermäßigung hiemit vorbehalten.**

In extrahendis mandatis S. C. Procurator impetrantis incaute contra ftylum agit, petendo terminum ad replicandum; Hoc ipfo enim cum nulletenus fubmittat, judicis pronunciationem retardat. Nam Exceptiones aut funt irrelevantes, & tunc iis rejectis paritio ulterior fub folita comminatione injungitur: feu relevantes funt, judex juxta hunc §. terminum præfigere tenetur, & Impetrans tum in ordine terminorum replicas exhibebit.

b) Paritoriæ fententiæ vel fimplices funt, quæ exceptionibus non productis nedum rejectis dantur, quæ nullius fere funt præjudicii aut effectus: vel funt plenæ, quibus exceptiones ut frivolæ refelluntur hac claufula, **Einwendens ohngehindert,** qua claufula omnis exceptio rejicitur & tenetur Reus docere paritum effe fub pœna: Idque regulariter in Mandatis, præfertim iis, quæ S. C. funt, obfervatur, ut parendum, non ut excipiendum fit. Quod fi paritio, quantumvis infufficiens allegatur, declaratio pœnæ non facile fit, fed ulterior paritio decernitur. Exceptiones etiam relevantes non efficiunt caffari mandata, fed impetrans ad replicandum admittitur.

c) Cum in verf. præced. hujus §. **Wann nun** in cafu propofitarum frivolarum exceptionum difpofitum fit, quod judex fine admiffione termini ad replicandum, Reum ftatim ad parendum per fententiam aftringere, & ad hoc terminum pro diftantia loci moderare debeat, in verf. autem fequ. **Es wäre dann.** Idem fub comminatione injungat, hinc §. hic aliquo modo obfcurus videtur. Meo judicio fic conciliari poteft, quod in priori verf. loquatur de fimpliciter propofitis exceptionibus fine oblatione ad paritionem, faltem aliqualem. Pofterior vero. de cafu confeffi debiti feu facti quæftionis adeoque oblata fed non fufficienti paritione. Quamvis de praxi hodierna Dominus judex non nifi aliquot præmiffis paritoriis talem eventualem declarationem pœnæ fcil. quoad arctiores fine ulteriori imploratione ex Cancellaria concedere folent. Adde §. **In dem auch** §. **1. ꝛc. Paritoria Prima pflegt auf 3 Monat, Secunda auf 2 Monat, Tertia auf 6 Wochen gerichtet zu ſeyn; dennoch fiat declaratio pœnæ.**

§. 77.
Exceptiones relevantes.

Auf den Gegenfall aber, da die vorernannte Exceptiones und Einreden vor erheblich und relevant geachtet werden, ſoll darauf der Kläger im zweyten deshalben erhaltenen Termin und gebetener Zeit a) **ad replicandum per interlocutoriam gelaſſen, oder auch ihm von Amts wegen, im Fall keine Zeit gebeten, ein gewiſſer Termin, Krafft der Viſitations- und Deputations-Abſchieden in puncto fub & obreptionis** b) **mit den probatoriis zu verfahren beſtimmt, alſo der terminus replicandi ſo viel möge eingezogen, über die Replic aber keine fernere Schrifft oder Handlung, doch ſalvo Judicis arbitrio zugelaſſen werden** p).

a) Hodie tempus ad replicandum non petitur, quia qui replicare vult, habet terminum legalem fcil. 3 menfes ftylo ita diftante, melius tamen. Actor facit, fi Exceptiones funt irrelevantes nullæque refponfione dignæ, ut ftatim contradicat & ad iftas fubmittat, ac propter non factam & doctam paritionem petat declarationem & arctius pœnæ mandatum, quia inde nullum præjudicium metuendum. Nam, judex fi illas exceptiones effe relevantes exiftimaverit, non confeffi caffat mandatum, fed Actori ad replicandum, terminum ex officio præfigit, fin vero judex viderit, non opus effe refponfione, tunc illis tanquam irrelevantibus rejectis, Reo paritionem injungit.

b) Hæ duæ voces pro eodem fumuntur **fub** l. 1. C. fi nuptiæ ex refcript. pet. interque illas nullam effe differentiam cum Menoch. Caf. 201 n. 10 & aliis ftatuit. Mind. de procefſ. cap. 13 n. d. Communiter vero Doctores iftas voces ita diftinguunt, ut obreptio fit, quæ per veri taciturnitatem, vel confufam & perplexam veri narrationem fit, Menoch. d. c. 201 n. 9. Verum huic diftinctioni obftant L. 10 §. 2 de in jus vocand. l. 29 § 2 ac l. 29. de falf. Nam in cafibus ibi relatis veritas eft celata, & illa fuppreffio

Jurift. Oracul V Band.

---

veritatis dicitur obreptio, non vero fubreptio: Dekade l. 1 C. fi nupt. ex refcript. pet. Ubi Imperator confectum illum confenfum, quem impetrans, nuptias fe a puella falfo habere afleverat, & quem primo appellaverat obreptionem, mox vocat fubreptionem, ut hinc intelligamus etiam fubreptionem appellari, cum falfum narratur. Ex quibus patet, dictam diftinctionem, licet a plurimis Doctoribus fit recepta, juri Juftiniano parum congruere, Denique & hoc addendum, Menoch. d. c. 201 n. 13 &c. valde errare, dum putat vocabula fub- & obreptio defcendere a verbis furripio & obripio. Nam illa defcendere a verbis fubrepo & obrepo apertiffime conftat ex a Menoch. allegatis l. 29 § 2 Mandat. & l. 29 de falf.

c) Hinc, fi reus videt in Replicis aliquid novi vel etiam aliquid aliud, quod refutatione indigeat, propofitum effe, folet a judice petere, ut fe ad duplicandum admittat, tunc judex, fi ita opus effe arbitratur, Actorem ad triplicandum admittit, atque ad hoc certum terminum præfigit.

§. 78.

Nächſt dieſem a) **ſoll der Beklagte alle ſeine Behelff in primo termino in ſeinen Exceptionibus unter gewöhnlichen præjudicio ſammenhafft einzugeben verbunden ſeyn, und da er gleich folgends dupliciren** b), **und in facto, oder ſonſt etwas neues einbringen wolte, ſolches iedoch keineswegs geachtet werden, es wäre dann Sache, daß in denen Replicis auch etwas neues einkommen, und ihme Beklagten darnach Anlaß zu dupliciren gegeben worden wäre, oder daß er Beklagter ſeines neuen Einbringens vorhin nicht Wiſſenſchafft gehabt, ſondern erſt in Erfahrung gebracht, und ſolches auch eidlich erhalten** c) **hätte, welchen Falls dann auch der Kläger mit ſeiner weitern Nothdurfft darüber in alle Weg vorhero zu vernehmen.**

a) In caufa Sternenfels contra Sternenfels Mandati de dividendo bona communia S. & fervati transact. C. C. D. Judex in puncto Mandati S. C. per fententiam 14 Febr. 1656. Reo paritionem injunxit, & cum poftmodum in puncto Mandati C. C. inter partes diu difceptatum, nihilominus tandem per aliam fententiam Mandatum & Proceffus 17 Febr. 1660 plene caffati funt.

b) Quod hodie extra interlocutum Domini judicis non eft permiffum, vid. Generale Decretum de Anno 1659, 13 Decemb. § 4 verf. **Die Schrifftwechſelung & G. B. 9 Jan. 1660 § 4.**

c) Cum enim præfumptio contra Reum fit, quod illa, quæ jam proponere vult, antea bene fciverit, & eadem in Exceptionibus ad protrahendam caufam, vel etiam, quia cogitavit, fe velle fua fundamenta usque ad duplicam differre, cum fciat, Actorem ad triplicandum vel plane non, vel non facile admitti, uti hoc quotidiana experientia docet, dolo & ex propofito omiferit, ideo ipfi non immerito, hoc juramentum injungitur, fi Reus duplicare cupit.

§. 79.
Narrata fupplicationum.

Alle Supplicanten ſollen ihre narrata zugleich etlicher maſſen beſcheinen a), **damit der Referent in Erkennung der Proceſſen nicht malitioſe hintergangen und vervortheilet werden möchte, wie dann auch die mandata ſine clauſula allein in den vier Fällen** b), **cauſis pignorationis, de relevandis captivis, und andern in Cammer-Gerichts-Ordnung und Reichs-Verfaſſungen enthaltenen Fällen, erkennet, und auſſer denſelben nicht zugelaſſen, ſondern babey iedesmahls die darzu erforderte Umſtände und Requiſita fleißig beobachtet werden.**

a) Ita D. G. Supplicanti in caufa Kämpfers contra Gembers pro mandato auf die Pfändungs-Conſtitution S. C. 19 Auguſti 1657 verbis formalibus decretum: **Wofern Supplicant ſein Angeben dem jüngſten R. Abſchied gemäß beſcheinen würde, ſoll ferner ergehen, was recht iſt.** Tandem denuo Supplicanti cum adjunctione Inftrumenti fuper facto & jure conquefto proceffus 27 Novembris 1657 decreti fuerunt. Etiam poffeffio juris, ob quod pignorationi facta, aliquo modo probanda: Ita decretum Anno 1658, 15 Septembris in duabus caufis Rhein-Gaſſen contra Zweybrücken, und

Schneiber

Schweinfurt contra Würtzburg Mandati der Pfändung. vid.
not. infr. ad § 152.

p) Illi 4 casus recensentur in O. C. p. 2 tit. 23 & apud Roding. p. 170.

§. 80.

Ob aber dem Impetranten bey Decision der gantzen
Sache seine narrata gleich anfangs zu verificiren, oder
aber dem impetrato sive reo seine eingewendete exceptiones sub- & obreptionis zu beweisen obliege?
das lassen wir alles zu Ermäßigung und Befindung
des Richters, welcher nach Gestalt und Gelegenheit
der Sachen, auch deren Umstände, daraus er sich
informiren muß, ob nehmlich dem Kläger oder dem
Beklagten das onus probandi aufzubinden sey, nach
Bescheidenheit der Rechten zu urtheilen hat, anheim
gestellt seyn.

§. 81.

Von Mandaten cum clausula.

In den mandatis cum clausula soll der Beklagte
anstat der bishero gebräuchlich gewesenen Causal-
Artikel eine kurtze, nervose und summarische Ausführung q) seines Rechtens, auch in primo termino,
Krafft Reichs-Abschieds de Anno 1594 § Dieweil
auch circa mandata cum clausula &c. wiederum von
neuem r) sub præjudicio gerichtlich überreichen, damit er sich desto eher und besser in der Sache finden
könne, soll der Impetrant iedesmahl die Supplication
pro mandato demselben in Abschrifft beyschliessen s):
wann nun der Beklagte seine Exceptiones und Einrede, warum er dem mandato zu pariren sich nicht
schuldig erachtet, nach Disposition des gedachten
Recesses de Anno 1594 § Dieweil auch circa mandata cum clausula &c. in primo termino vorbracht,
soll darauf der Impetrant entweder noch in selbigem
termino per generalia, (da er sie vor unerheblich erachtet), contradiciren, oder in genommener Zeit t) und
nächstfolgendem andern termino repliciren, dargegen
dem Reo und Beklagten in dem dritten Termin zu
dupliciren u), ob er wolle, bevorstehen, doch daß
man in hoc termino beschliessen, und über die Duplic-Schrifft regulariter keine triplicas gestatten soll,
es wäre dann, daß es der Richter also ermessen und
zulassen würde.

q) In hac deductione Reus proponit causas, quare emanato
mandato parere non teneatur. Hæ causæ ante hunc Recessum per articulos proponendæ erant, ideo isti articuli
dicti sunt causales, & licet illæ causæ hodie summarie
proponantur, tamen sæpissime adhuc dicuntur causales.

r) Quamvis enim in alleg. R. A. de Anno 1594 § 82
idem ratione producendarum exceptionum seu causalium
dispositum sit, cum tamen hoc ipsum paulatim per abusum & contrariam observantiam in desuetudinem veni-
set, hinc d. dispositio de novo, sub præjudicio dicti Recessus scil. præclusionis viæ excipiendi introducta & repetita fuit. Ideoque reus suas causas, quare mandato parere non teneatur, statim in primo termino proponere tenetur, olim autem procuratores tempus ad excipiendum petere potuerunt, quod per hunc § abrogatum.

s) Quandoquidem textor supplicationum tam in his quam
aliis Processibus ipsis mandati verbotenus, mutatis tantum casibus vel pronominibus inseritur; hinc non apparet, nec opus in stylo est, ut Copia supplicationum
processibus adjungantur & insinuentur. Alias verum est,
quod praxeos Cameralis non adeo quari melius se ex supplicationibus, quam ex mandatis de Actoris intentione
informare possint, & illa ratio fuit, quare hic constitutum,
ut supplicatio semper mandato adjungeretur, simulque Reo
insinuetur; Quamvis hoc adhuc nunquam fuerit observatum.

t) Illud tempus hodie non colligitur, quia impetrans in supplicatione pro mandato, illius temporis loco terminum
legalem postulare debet, quem judex in Decreto & postea

---

in mandato præfigit, S. B. 13 Decembris 1659 § 4 in princip. Qui terminus Reo ad duplicandum est communis, uti
alias in Citationibus obtinet.

u) Sed quæritur, si Reus hisce Duplicis nova proponat,
utrum illa a judice attendenda? Et attendenda anne Reus
quoque, uti sit in Mandatis S. C. juramentum novorum de
rum præstare cogatur? Videtur, quod non; Quia, uti
Actor in suis Replicis aliquid novi proponens, etiamsi fiat
in Mandatis S. C. non præstat dictum juramentum, ita
nec Reum ad illius præstationem adigi posse autumo.
Quod vero in Mandatis S. C. Reus duplices producere volens, illud præstare cogatur; Ratio est, quia ibi Duplicæ
sunt prohibitæ § Ingleichen wann ꝛc. 82 ibid. Wie oben
ꝛc. § Daher und wann ꝛc. 47 usque 58.

§. 82.

Ingleichen wann einer Zeugen-Verhör oder anderes ordentliches Beweisthum zu führen vonnöthen,
sollen die Processe und dessen gerichtliche Termine
observiret und gehalten werden, wie oben in den
Sachen simplicis querelæ angedeutet, iedoch alles mit
Vorbehalt der Richterlichen Ermäßigung, und nachdem die Umstände und Wichtigkeit, auch Nothdurfft ein und andern Sachen zulassen und erfordert
werden.

§. 83.

Remedium l. diffamari.

Cammer-Richter, Präsident und Beysitzer Unsers
Kayserlichen und des Heil. Reichs Cammer-Gerichts
sollen auch fleißige Aufsicht haben, damit das remedium legis diffamari nicht misbraucht, sondern hierinn
die Disposition sowohl der gemeinen Rechten, als der
Reichs-Satzungen in gute Obacht genommen, und
keine citatio ex lege diffamari anderer Gestalt, es wären dann die Diffamanten in specie nahmhafft gemacht, die angegebene Diffamation auch, noch vor
der Ladung, durch schrifftliche oder andere glaubliche
Urkunden und anzeigentlicher massen, beygebracht
und erwiesen, erkennet, nach Erkennung der Processen aber soll vor allem die Diffamation vollkomm-
lich erwiesen x), und auf deren Beweisung die Haupt-
Sache an das Gericht remittiret werden, wohin diese
ihrer Eigenschafft und Umständen nach gehöret y).

x) Si diffamans diffamationem negat, hæc probatio diffaman-
to incumbit, & si in probatione deficit, diffamans a Citatione absolvitur, ac diffamatus in expensas condemnatur.
Add. Roding. p. 823 & sequent.

y) Si plures sint diffamatores sub diversis jurisdictionibus
habitantes, tunc, licet causa principalis ad Cameram non
pertineret, tamen propter ipsius continentiam ibi trac-
tanda esset.

§. 84.

Die bishero allzulang begehrte und zugelassene
Terminen z) sollen möglichst abgekürtzet, und nicht
leichtlich mehr, als vier Monat verstattet werden.

z) Procuratores enim sæpe etiam in re intra unum mensem
expedienda 6, 8 vel 10 menses petebant, sed non raro
etiam judex petitos menses concedebat, cujus occasione
causa ad multos annos differebatur; ut autem huic malo
mederetur, ideo hic constitutum, ne ad summum plures
quam 4 menses petantur, vel concedantur.

§. 85.

Exceptiones frivolæ.

Nicht weniger die Advocati und Procuratores bey
ihrem Eid und Pflichten, in was Terminen es gleich
sey, keine frivolas exceptiones ohne Unterscheid, ob
sie die Haupt-Sache oder anders berühren, noch
sonsten einige unerhebliche erdichtete Ursachen und Prorogation willen, oder vergebene Wiederholungen a)
wodurch die Sache nur vorsetzlich aufgehalten b)
wird, einbringen, und wann sie darüber betreten,
nicht allein die in Unkosten des verzögerten Rechtens
con-

condemnirt, sondern auch mit einer namhaften Strafe, nach des Richters Ermäßigung angesehen werden, welches dann nicht weniger und ebenmäßig von den Partheyen, da sie Anlaß darzu geben, zu verstehen, und selbige gleichförmig abzustrafen c), auch Cammer-Richter und Assessores sowohl hierauf, als auch auf den Kläger, ob er einige rechtmäßige Klage und Gegen-Ursache gehabt, oder nicht, ihr fleißiges Aufmerckens halten, und gegen denjenigen, welche ohne rechtliche Ursache sich in Rechtfertigung eingelassen, mit der Strafe der temere litigantium d), welche nach Beschaffenheit der Sachen und deren Umstände gleich auf ein gewisses e) zu setzen, verfahren.

a) Hæc requisitio fit in scriptis vel a principali ejusque Advocato, quando scil. ea repetit, quæ jam ante hac per sententiam rejecta erant, vel a procuratore in verbalibus Recessibus, qui rursus producens talia rejecta scripta, ob id etiam aliquando punitur; ita 13 Martii 1657 talis sententia lata: In Sachen Mooß contra Frankfurt Mandati de Exequendo C. C. läßt man sich dieser Sachen ohngehindert bey angezeigter Execution und Parition bemenden, dann ist gegen Dr. N. und Advocatum causæ, um willens die vormalß bey diesem Kayserlichen Cammer-Gericht verworffene Schrifft, am 19 Augusti jüngsthin sub lit. D nachmalen eingeben; die Strafe 4 Marck Silber von einem ieden aus dero eigenen Seckel innerhalb respective acht Tagen und einem Monat ohnfehlbarlich zu entrichten und zu bezahlen hiemit vorbehalten.

b) Eam ob causam quidam Procurator in unam Marcam argenti condemnatur 13 Decembris 1658 sequenti modo: In Sachen Köler contra Ingelheim, Executorialium Immissorialium. Dann ist gegen Dr. N. wegen der in dieser Sache verspürter vorsetzlicher Tergiversation und Aufzugs, auch denen Actis gantz zuwider unbegründetes Angeben die Strafe einer Marck Silber in den Armen-Seckel innerhalb 8 Tagen ohnfehlbar zu bezahlen, hiemit vorbehalten, auch dergleichen Beginnen sich hinfüro bey ohnnachläßigem andern exemplarischen Einsehen sich zu enthalten auferlegt.

c) Id est non minus Principalis quam Procurator puniendus. Hoc tamen non ita intelligendum, quasi uterque eâdem pœnâ sit afficiendus, sed quod quisque, prout in illo major dolus vel culpa reperitur, majori etiam pœnâ sit mulctandus.

d) Temere litigare dicitur, qui imprudenter & inconsulto, hoc est prudentibus & jurisperitis non Consultis litigat. Menoch. d. A. I. Q. Cas. 445 n 10. Vel qui justam litigandi causam non habet. Vmmius de Proæss. Dif. 11 n 28. Quænam autem justa causa dicenda, arbitrio judicis relinquendum. Menoch. de A. I. Q. Cas. 445 n. 10, viginti unam recenset Vmmius d. Disp. 22. n. 33.

e) Quæ plerumque si non excidit, saltem ad minimum summam Marcæ auri puri assequitur. Ita in causa Schüler contra Moscherosch Cit. super nullitate Reus Moscherosch 17 Febr. 1660 in pœnam unius Marcæ auri condemnatus fuit.

§. 86.
Von Strafen der Partheyen.

So oft auch der Richter iemand in die Strafe erkennt f), soll dem, so gestraft wird, iedesmahl ein Termin sub pœna dupli g) und mit Anbedrohung der Real-Execution h), dieselbe, unerwartet eines neuen Processus i) Unsers Kayserlichen und des Heil. Reichs Cammer-Gerichts Fiscalen zu bezahlen also bestimmet k), und wann die Bezahlung in termino nicht erfolgt, auf blosses Anrufen l) die Executio cum declaratione pœnæ dupli erkennt, und des Orts Obrigkeit, oder da es iemanden, so dem Reich ohne

Mittel unterworfen, betrifft, den ausschreibenden Fürsten selbigen Kreises aufgetragen, von denen auch, wie in puncto executionis versehen, ohnweigerlich vollzogen werden.

f) scil. in pœnam temere litigantis vel similem, de qua hic quæstio, secus est in casu declarationis pœnæ Mandato vel Executorialibus sententiæ definitivæ annexis inserta: Tunc enim arctiori vel mandato de Exequendo sive duplo opus est. Imo in causa D. Pröbstings Erben contra Frankfurt Mandati Consors Johann Ochs mercator Francofurtensis per sententiam in contumaciam & pœnam 14 marcarum auri mandato insertam declaratus Qui cum ex satis plausibilibus rationibus petiisset Restitutionem in Integrum contra dictam declarationem, & transegisset cum parte Impetrante, nihilominus ad Instantiam Fiscalis 5 Julii 1661 dimidietas pœnæ ad 4 marcas auri moderata fuit.

NB. Addita tamen comminatione pœnæ dupli.

Hic § intelligendus tantum de eo casu, ubi quis condemnatur in pœnam Fisco applicandam, nam si pœna in bursam pauperum fuenda, tunc quidem etiam ad solutionem terminus præfigitur, sed duntaxat simpliciter, & non sub pœna dupli, neque annectitur realis executionis comminatio, uti videre licet ex sententiis ad § præced. ascriptis. Ast hic non immerito quæritur, quando ejusmodi pœna Fisco & quando bursæ pauperum applicetur? Resp. quando est infra marcam auri puri, semper bursæ pauperum adjudicatur. Si unam vel plures marcas auri ascendat, semper Fisco applicatur.

g) Hinc si quis in pœnam unius marcæ auri puri, quæ valet 96 Rthr. condemnatus, illam intra præfixum terminum non solvat, jam incidit in pœnam dupli, & tenetur adhuc solvere unam aliam marcam auri, atque ita in universum duas marcas scil. 192 Rthlr.

h) Realis executio hic dicitur, quæ prævio mandato de exequendo, vel etiam imploratione Fiscalis apud magistratum, sub quo partes condemnatæ habitant, fit per Directores Circuli vel Magistratum, sub quo partes condemnatæ habitant, fit per Directores Circuli vel Magistratum loci. Aliter vero sumitur, quando in sententiis ita pronunciari solet: Dann ist obberührten Beklagten zu wircklicher Execution und Vollziehung dieser ergangenen Urtheil Zeit 2 Monat pro termino & prorogation von Amtswegen angesetzt. Nam ibi intelligitur satisfactio sententiæ a Condemnato præstanda.

i) Ita ut fiscalis mandatum de solvendo pœnam impositam vel etiam Citationem ad videndum exigi pœnam impositum, vel etiam Citationem ad videndum se declarati in pœnam dupli &c. prius impetrare & sic novum Processum instituere necesse non habeat, sed termino elapso statim declarationem pœnæ atque executionem petere possit.

k) Quod hisce formalibus fieri consuevit; Dann ist gegen ernelten Kläger wegen seines frevelmüthigen litigirens die Strafe eines Marcks Löthiges Golds dem Kayserlichen Fisco ohnnachläßig zu bezahlen hiemit vorbehalten, und Dr. N. daß solches geschehen seye, Zeit zweyer Monat pro termino & prorogation von Amts wegen angesetzt; Mit dem Anhang, wo er solchen also nicht nachkommen wird, daß sein Principal ietzt alsdann, und dann als ietzt in pœnam dupli gefallen seyn, und der Realexecution halben auf des Kayserlichen Fiscals ferner Anruffen ergehen soll, was Recht ist.

l) Solet vero fiscalis sequenti modo implorare: In Sachen rc. Demnach in der durch die am 17 Februar. jüngst gnädigst eröffnetem Urtheil ad parendum angesetzter Zeit Herrn Gegen-Anwald in Competenti suo ordine de paritione debita quoad interesse Fisci nicht docirt, als bitte termino purificato obtenti præjudicii gnädigste Manutenenz, und nunmehr mit fernerer Declaration der anbedroheten Pön zu verfahren, wie auch das Mandatum de exequendo auf die ausschreibende Kreis-Fürsten zu erkennen, und gnädig förderlich Urtheil.

§. 87.

Gestaltsam auch ausser dessen iede Obrigkeit, unter deren Jurisdiction die bestrafte Parthey gesessen, unserm und des Heil. Reichs Cammer-Gerichts Fiscalen, auf sein Anrufen und Bescheinung der erkannten Strafe zu deren Erhebung, durch wirckliche Execution schleunig zu verhelfen schuldig und verbunden seyn soll.

§. 88.

Ordo præfixarum ordin. & extraordin.

Die Unterscheidung der ordinari und extraordinari Präfir-Ordnungen sollen hiemit gäntzlich aufgehaben seyn, und in eine Ordnung novarum gezogen werden, damit aber eins mit dem andern nicht confundirt, sonderlich aber die causæ privilegiatæ nicht gesteckt werden a), so sollen iedesmahl drey Tage in der Woche, Morgens von 7 Uhr bis 10, dann alle Nachmittag von 1 bis 5 Uhr, ausser Winterszeit, da zwo Stunden davon zu nehmen, recessirt; Dann secundo, in den Canicular-Ferien und andern Vacantien, ausgenommen der Feyer-Tagen, Vormittags wenigst auch, wann die Assessores in Rath zu gehen pflegen, gehandelt, und tertio, den Procuratoren ein gewisser Modus ihre producta und Handlungen einzubringen, von den Beysitzern, doch also und dergestalt, vorgeschrieben werden, daß wann sich in dem Progreß der Sachen erzeigen solte, daß es so vieler Audientien nicht bedürffte, sondern dieselbe etliche Tage in der Wochen am Vormittag wohl eingestellt bleiben b), und die Ordnung nichts desto weniger, wo nicht täglich, doch in wenig, und zum längsten in 6 Tagen unter allen Procuratoren herum lauffen könne, so sollen Cammer-Richter, Präsident und Beysitzere, solches bey künfftigen Visitationen zu erinnern, und neben den Visitatoren, es dergestalt zu moderiren ihnen angelegen seyn, damit man durch solche viele Audientien über die Noth nicht bemühet, oder von andern Verrichtungen verhindert, hingegen aber auch die Ordnung nicht gesteckt werde; Nachdem es aber den Assessoribus bey Continuation der stetigen, auch vormittägigen gerichtlichen Handlungen schwer, und so wohl in Vergreiffung, als Ablegung ihrer Relation hinderlich fallen dürffte, so offt und so lange in den audientiis publicis zu sitzen, indeme auf diese Weis einer die Ordnung gar offt treffen, und von andern seinen obliegenden Verrichtungen divertiren und abhalten würde, so soll inskünfftige zu Respect und Hoheit unsers Gerichts zwar iedesmahls einer von den vier Präsidenten allein, doch vor Mittag c), (wofern bey künfftiger Visitation kein anders für gut befunden werden solte), ohne Zuziehung einer Assessorn, am Nachmittag aber, mit und neben ein oder zweyen Beysitzern, solchen audientiis präsidiren d).

a) Hæc dispositio in generali decreto d. 30 Octobris 1655 valde immutata, quod tamen decretum ipsum per Decretum de 13 Decembris 1659 rursus in quibusdam immutatum, add. G. B. 11 Jan. 1660.

b) Hinc cum modus productæ in judicio exhibendi Procuratoribus An. 1659 præscriptus, intra paucos dies. id efficeret, ut quotidianis pomeridianis audientiis nedum antemeridianis, non indigeretur, An. 1660 constitutum, ut quavis hebdomade træummodo tribus diebus scil. Lunæ, Mercurii, Veneris Audientiæ celebrarentur, vid. Roding. p. 1041 & seq.

Et licet alias audientiæ pomeridianæ hyeme usque ad horam quartam, æstate vero usque ad quintam celebrari deberent; verum cum nec istis horis opus esset, sed quivis ordo rerum agendarum quotidie inter cunctos Procuratores intra spacium unius vel ad summum duarum horarum circumvolveretur, postmodum sancirum, ut Audientiæ dictis tribus diebus ab hora prima usque ad Tertiam tantum celebrarentur, quod adhuc observatum.

c) Ratio est, quia Assessores ante meridiem relationibus habendis interesse debent; Ideo unus ex Præsidibus solum audientiis antemeridianis, judex Cameræ, si Spiræ præsens est, vel eo absente Præses, cum uno Assessore Audientiis pomeridianis præsidere solet, utroque tum judice quam Præside non præsente, unus Assessor solus sedet.

d) Hodie lunæ & sabbathi a 9 usque ad 10 solus Judex vel Præses Cameræ, iis vero absentibus unus Assessor, post meridiem idem vel Judex vel Præses cum unico Assessore, vel etiam hic iis absentibus solus præsidere solet. Abrogatum per generale Decretum 13 Decemb. 1659.

§. 89.

Ob wir uns nun wohl gäntzlich versehen, wann die Audientien also täglich gehalten, und die Procuratores zu einem gewissen modo die mündliche Receß vorzubringen, ernstlich angewiesen werden, daß alsdann die entweder selbst genommene a) oder angesetzte Gerichtliche Termine nicht mehr, wie bishero geschehen, eludirt, sondern die Producta und gerichtliche Handlungen zu gebührender Zeit eingebracht werden möchten.

a) Pro his terminis callectis hodie habemus terminos legales.

§. 90.

Nachdem man aber dessen hierdurch nicht gnugsam versichert, und wohl beschehen kan, daß, wann von einem Procuratore die Ordnung gehet, und darauf in etlichen wenig Tagen hernach der angenommene oder präfigirte Termin zu Ende lauffet, auch wohl zu vermuthen, daß ihm von der Partey die nothdürfftige Handlung albereits vorhero und ehe ihn die Ordnung verlassen zugeschickt, dieselbe aber von ihm allein zu dem End hinterhalten worden sey, damit er dadurch ein Vortheil erlangen, oder anderer Ursachen halber den Proceß verlängern, und hierinne von den Procuratorn allerhand Gefährlichkeit zu Verlängerung der Processen gar leichtlich gebraucht werden können, so soll ein ieder Procurator, so mit der Handlung gefaßt, dieselbe noch in währender seiner Ordnung, wann gleich der Termin noch nicht gar zu Ende gelauffen, bey seinem Eid und Pflichten einzugeben, schuldig seyn, a) und da er solches unterlassen, und dessen überwiesen würde, in pœnam temere b) retardatæ litis, aus seinem selbst eigenen Seckel zu bezahlen, verdammet werden.

a) Hoc quidem & eum vigore Constit. Imperii de An. 1594. § und damit hierunter, jam obtinuit, sed cum jam in desuetudinem abierit, hinc per hunc Recessum renovatum vid. Schwan. Præx Camer. c. 27, 28. Roding p. 226 & 634.

b) Jam diu procuratoribus sub fide juramenti idem fuit injunctum, non tamen sub pœna temere retardatæ litis ab ipsis solvenda, sed sub pœna termini purificati, R. A. 1594 § und damit x. 54. Verum cum pœna termini purificati parti noceat, quæ tamen sæpe in culpa erat, non vero procuratori, qui in culpa existebat, ideo sublata pœna termini purificati; substituta est pœna litis temere retardatæ procuratoribus ex propria crumena solvenda. At cum

cum hodie omnes ordines quavis Audientiâ absol-
vantur, hic ut & sequens § nullum usum habent.

§. 91.

Also soll auch a), wann einem Procuratori der
Termin zur Handlung verstossen, und inmittelst
ehe ihn die Ordnung erreicht, des Gegentheils-
Procurator dieselbe bekommt und anruffet b), ihm
sub præjudicio c) obliegen, die Nothdurfft einzubringen, und damit zu elusion der gerichtlichen Terminen fern nicht an sich halten.

a) Hic § per Generale Decretum Cameræ 13 Decemb.
1659 §. 5 quoad dispositionem sublatus est in totum.

b) Quod fiebat his ferme verbis, weil ich gewisse Nachricht erlanget, daß Hn. Gegen-Anwalt Handlung beyhanden und Terminus schon 16 May jüngsthin verflossen, als bin ich derselben Production gewärtig, sonsten bitt
ihm den Weg dieselbe vorzubringen zu benehmen:
Verum hoc casu negligentia seu malitia Procuratoris noceret principali? Imo maxime nocet, Principali tamen nisi cum Procuratore colluserit, adversus hunc suum regressum habet, si non &, sit solvendo, restitutionem in integrum petere cogitur.

c) Scil. præclusionis viæ agendi; Sic cum in causa V.
contra B. Appellationis, Procurator Appellantis ad
implorandam partis appellatæ, inque ejusdem procuratoris ordine, termino collecto effluxo, sub prætextu, quod, hæc causa sit antiqua, vel ante hunc
Recessum judicialiter reproducta, acta prioris instantiæ, quibus forsan instructus non erat, producere
recusasset, idoque Procurator appellatus juxta Ordin. absolutionis petiisset, cui proinde sententia ab-
solutoria insecuta; contra quam Procurator Appellans ex duplici capite, quod scil. hic Recessus tantum de causis & Processibus post, non ante Recessum judicialiter reproductis intellexisset, seque insuper non solvendo esse fassus fuisset, idque juramento obtinere obtulisset, ex quo tandem restitutionem in integrum petiit, ea per sententiam reservatione marcæ argenti concessa & decreta fuit.

§. 92.

Fiscalische Proceß.

Dieweil auch die Fiscalische Proceß zumalen dahin privilegiirt seyn, daß dieselbe zu schleuniger Erörterung nach Möglichkeit befördert werden, wie
dann zu dem Ende, unserm Fiscalischen Procurator, vermöge der Cammer-Gerichts-Ordnung part.
I tit. 17 §. In den ordentlichen Audientien rc. von
allen Procuratoren zum ersten, und so offt er will
zu handeln erlaubet a), so soll der gegentheilige
Procurator, es ruffe gleich unser Procurator Fisci
in contumaciam an oder nicht, seine Handlung,
wann er damit gefast, auch ante lapsum termini,
ohnerwartet seiner Ordnung, einzugeben verbunden seyn.

a) Scil. in causis partium litigantium, non vero sustentationis Cameræ.

Quomodo Fiscalis alias agat, vid. Commune
Decretum 19 Februarii 1657 Roding. p. 438.

§. 93.

Berührtem Kayserl. und des Heiligen Reichs
Cammer-Gerichts-Fiscalen, soll von Cammer-Richter, Präsidenten und Beysitzern, die eine zeithero
verbliebne Bey-und Zuordnung zweyer Deputirten auf Maaß und Weis, wie es die Ordnung
part. I tit. 16 vermag, und zwar eines der Catholischen Religion zugethanen und eines Augspurgischen Confeßions-Verwandten Beysitzers, wiede-

rum gleich so bald beschehen, und werckstellig gemacht werden. Worbey dann Cammer-Richter,
Präsidenten und Beysitzer so wohl, als auch unsers
Kayserlichen Fisci Procurator und Advocatus zu
fleißiger steter Observantz und Festhaltung desse-
nigen, was unsers Fisci halber in der Cammer-
Gerichts-Ordnung und anderer Reichs-Constitutionen, sondern aber in obbemeldtem 16 Titul, wie
auch in dem Deputation-Abschied de Anno 1557 §
Nachdem wohlbedächtlich verordnet rc. hiermit
ernstlich anerinnert, unser Fiscal aber soll insonderheit gehalten seyn, in Exemptions-Sachen a), ob
er deswegen implorirt sey oder nicht, von Amts-wegen, auf des Fisci Kosten anzuruffen und zu verfahren.

a) Sic absque requisitione Fiscalis proprio motu in
causa Fiscali contra Chur-Cölln & Consorten die
Waßporten von Bassenheim, Mandatum Cassatorium, Inhibitorium & de relaxando Captivo in specie
die Herrschafft Olbrück betreffend, impetravit, re-
produxit, & usque ad submissionem ad definitivam
processum fuit.

§. 94.

Auf den unverhofften Fall a) aber, daß durch
alle diese dahin zielende Dispositiones, besonders
die vor- und nachmittägige Audientien die gerichtliche Ordnung der Procuratoren zu dem schleunigen Lauff keines weges zu bringen, oder dahin zu
halten: So wird Cammer-Richter, Präsidenten
und Assessorn hiermit und in Krafft dieses anbefohlen und Gewalt auffgetragen, daß sie einen gewissen modum, die producta und schrifftliche Handlung in ipso termino gerichtlich zu einer gewissen
Stunde, oder wann die Ordnung hierdurch zu viel
auffgehalten würde, coram Deputatis, oder auch
extrajudicialiter, doch in Gegenwart eines Procuratoris, Notarii und Lesers, wie auch auf eine
solche Weise, daß alle collusion und confusion
verhütet werde, zu übergeben, und er sich zu vergleichen, zu schliessen, durch gemeine Bescheid zu
publiciren, einzuführen, und bis auf künfftiger Visitatoren, und darauf einer allgemeinen Reichs-
Versammlung erfolgende Ratification oder Aenderung, darob zu halten.

a) Add. G. B. 13 Decembris 1659 § ult. Per hoc vero
commune Decretum jam ei. quod in hoc & sequenti § traditum, a Collegio Camerali consultum est,
ideo d. §§ nullam amplius utilitatem habent.

§. 95.

Und wann also die producta hinfüro extrajudicialiter überreicht werden solten, würde
es alsdann der vormittägigen Audientien oder
auch in den Canicular- und andern Ferien desto weniger bedürffen, sondern dieselbe um so viel
mehr zu moderiren, einzuziehen oder abzustellen
seyn.

§. 96.

Zu dermahliger gründlicher Abhelff-und Verbesserung derer, bey den Procuratoren, Advocaten
und Parteyen vorgehenden Fehler und Unordnungen, auch beflissentlich suchenden Räncken und Ver-
vortheilungen, ihre Parteyen bey der etwa in der
Poßeßion habender streitigen Güter unter währendem Rechtsstand zu erhalten, ordnen, setzen und
wollen wir, daß zu dessen aller Abschneidung und
Ver-

Verhütung, die Procuratorn und Advocaten sich künfftig, nach Inhalt unser bereits hieroben in puncto der Klaglibellen und Responsionen beschehener Verordnung, also durchgehends bloßlich in Erzehlung des Facti und Geschicht aufhalten, die Disputationes und Allegationes juris aber, welche mehrentheils die Sachen nur zu verwirren und schwer zu machen pflegen e), also auch in facto selbsten, dasjenige, was nicht zur Sachen dienlich, nicht einmischen, sondern bey Straffe nach Ermeßigung übergehen, jedoch ad marginem b) einen oder mehr textus juris oder bewehrte Scribenten, welche in terminis terminantibus von den Sachen-Schreibern zu allegiren c), wie auch rechtliche Consilia d) und Berathschlagungen, mit vorangesetzter facti specie und den rationibus dubitandi in Gestalt einer quasi relation e) zu übergeben, erlaubt seyn, solche Consilia aber weder in referendo noch votando Ziel oder Maaß geben, noch so viel das factum belangt, einerley weis attendirt werden soll f).

a) Deinde datur adversario occasio cavillandi ac allegatos textus juris & Dd. in sensum plane alienum detorquendi: Clientes magnos sumptus in concipiendis & describendis tam amplis scriptis impendere coguntur. Judici infertur tædium, ista scripta multis impertinentibus juribus ac vulgaribus regulis quæ coram eruditis allegare tædiosum est, referta perlegendi, atque multa alia incommoda inde oriuntur, prout hoc satis experientia docet.

b) Id non semper, præsertim ab extraneis Advocatis observatur, qui plerumque textus juris ac allegatos Doctores contextui inserere assolent.

c) Jura in perverso sensu non alleganda, alioquin allegans punitur. Hinc 20 Octobris 1657 audivi talem sententiam: In Sachen R. contra M. Appellationis, dann ist gegen Dr. N. wegen seiner taxirlichen Schrifften, übel angezogenen Reichs-Constitutionen und Ordnung die Straffe eines Marck Silbers in den Armen-Säckel innerhald 8 Tagen ohnfehlbarlich zu bezahlen hiermit vorbehalten.

NB. Hic modus multum facit ad expeditionem causæ & informationem Domini Referentis.

d) Hæc consilia vero exhibentur vel judicialiter vel extrajudicialiter, judicialiter non aliter, quam cum aliis productis tanquam adjuncta (als eine Beylage) exhiberi possunt, & tunc ista pars actorum, ac desuper pars adversa audienda Sin vero extrajudicialiter exhibentur, illud fit vel cum memoriali pro maturanda sententia judici ad senatum eunti porrecto, vel etiam lectoribus ad lectoriam traduntur, utroque casu quidem Actis apponuntur, eorum tamen pars non fiunt. Adde Rod. p. 771 & seq. Notandum vero, si dicta Consilia seu informationes juris lectoribus tradantur, quod tunc si eis dimidius Thalerus exsolvatur, hi illa consilia ad acta registrant, uti vocari consuevit, ac protocollo judiciali nomen ejus, qui ea exhibuit, inserunt. Ejusmodi consilia, vel aliæ ex actis conceptæ facti species, ac relationes loco materialium pro maturanda sententia judici & singulis Assessoribus ad domum non raro etiam offeruntur.

e) Quod quidem etiam judicialiter pro informatione Domini judicis fieri potest: Sed plerumque non habito ordine neque facultate producendi tale Consilium vel Relatio ex actis ad lectoriam & acta cum exsolutione taxæ scil. dimidii Imperialis reponitur, idque cum denominatione ejus, qui exhibuit, Protocollo inseritur, imo quandoque Dominis Assessoribus singulis vel quibuslibet extrajudicialiter ad domum præsentatur.

f) Horum verborum sensum exprimit Reichs-Hof-Raths-Ordnung de Anno 1654 tit. 4 § 5 die Consilia &c. hisce verbis: Aber darauf, scil. auf besagte Consilia soll mehr oder weiters nicht geachtet werden, als so viel solche denen Haupt-Actis und darinne erwiesenem facto gemäß befunden, auch anderer Gestalt nicht in votis angezogen werden Quo etiam faciunt verba Gail. 1 O. 107 n. 12 quando ait: Quæ (scil. Consilia extrajudicialiter exhibita) tamen parum aut nihil prosunt, si factum, ex quo jus oritur, non sit antea

in Actis sufficienter deductum ac probatum. Nam hujusmodi scripturæ extrajudiciales parte altera non audita, pars actorum non sunt, & ideo fidem quatenus factum in Actis non deductum concernunt, nullam faciunt, quia Judex secundum allegata & probata judicare debet. Hactenus ille.

§. 97.

Gerichtliche Präjudicial-Termini.

Indem auch fürs andere, bishero die gerichtliche Präjudicial-Termini zu der Parteyen äußerstem Schaden vorsetzlicher Verzögerung des Processes, wenig in acht genommen und observiret worden, so soll hinfüro zu Verhütung dessen, sowohl von den Advocaten und Procuratorn, als dem Richter selbst der Cammer-Gerichts-Ordnung und Reichs-Constitutionen hierinnen fleißiger nachgelebt, und ernstlich darob gehalten werden, nemlich wann die Zeit des ablauffenden Termins von den Parteyen nicht in acht genommen, noch vor dem gewöhnlichen præjudicio salvirt worden, alsdann das præjudicium alsobald zu seiner Würcklichkeit gebracht, und dem Theil, so sich selbsten nicht gewachet, zu Schaden gereichen soll, würde aber die Partey vor Abfließung des Präjudicial-Termins vigilirt, ein impedimentum legale allegirt, zugleich probirt, oder aber, daß sie dem mandato zum Theil würcklich, und nicht nur mit Worten, sonderlich aber in mandatis de solvendo ein Genügen gethan; und im übrigen noch um fernere Dilation angesucht und gebeten haben, alsdann noch ein kurtzer Termin, und etwa halb so viel Zeit als das erste in sich begriffen, zu Erweisung der vollkommenen Parition verstattet werden.

§. 98.

Der Procuratorn allzulange Recessiren.

Gleichergestalt a), und weilen vors dritte durch der Procuratorn allzulange Recessiren die Audientien, den Reichs-Abschieden, Visitationen-Memorialien und gemeinen Bescheiden zuwider, nicht wenig verlängert, und die nun zusammen gezogene Ordnung der Procuratorn der Ursachen gesteckt werden, dieweil die Procuratorn die darauf gesetzte Strafen der Geringfügigkeit halber zum Theil nicht achten, theils auch von den Pedellen nicht ein-auch wohl gar von den Parteyen durch die Procuratorn wieder eingefodert werden: So wollen und verordnen wir, daß inskünftige dem delinquirenden Procuratori, und zwar vors erstemahl ein Marck Silbers das andere, dritte, vierte, fünfte und sechstemahl aber, nach Ermäßigung des Richters, etwa doppelt, oder noch mehr, abgefordert, zumahlen aber solche Strafen nicht bis zur Publication der Urtheile verschoben, sondern dergleichen lange Receß von den Notariis und Protonotariis in den Audientiis alsobald notiret, das Protocollum in concilio alle Tage exhibirt, die verwirckte Strafen gegen die Uebertreter alle Wochen (durch decreta extrajudicialia b) angekündet, und durch die Pedellen, welche hierzu sonderbar zu beeidigen alsobald würcklich eingezogen werden sollen, würde sich alsdenn derselbe Procurator ferner und mehrmahlen betreten, und ihm solche Straf keine Warnung seyn lassen, auf solchen Fall soll das arbitrium Judicis ruhen, und gegen ihm als Ungehorsamen mit würcklicher Degradation, auch gestalten Sachen nach, gäntzlicher Amotion seiner Stelle, verfahren, und diese letztere beyde Strafen, gegen demjenigen, welcher die Geld-Straffe von seinem Principal wieder einnimmt, und nicht aus seinem selbst eigenen Säckel tkel bezahlt, neben Zurückgebung der also mala fide eingenommenen Geld-Strafe, ohne Mittel und unnachläsig vorgenommen werden.

a) Adde Decretum generale 30 Octobris 1655 § Welters sollen. Notandum, quod ex post facto Protocolla & Recessus singulis mensibus a Collegio Camerali perlustrati; Et Procuratores justo longiores Recessus habentes pœna Ordinationis arbitraria vel etiam graviori mulctati fuerunt Addatur Porro Decret. generale 12 Maji 1658. Deput. 1600 § ob auch wohl n. 76 & seq.

b) Hoc non observatur, sed pœna usque ad sententiæ publicationem differtur. Quæ pœna tamen Procuratoribus ad supplicam pro illius remissione vel moderatione porrectam vel in totum vel in parte sæpe remitti solet.

§. 99.
Citatio ad reassumendum.

Damit auch zum vierten, wann etwa vor Beschliessung der Sachen ein oder ander Theil von den streitenden Parteyen mit Tod abgehet, von deren nachgelassenen Erben a) und deren Procuratoren, als welche sich ohne vorgehende citation ad reassumendum zu legitimiren nicht begehren, keine Gefährlichkeit zu Verlängerung des Processes gebraucht werde, so sollen die Gewalt gleich Anfangs auf die Parteyen Erben mitgestellt werden, und auf einer oder anderer Partey tödtlichen Hintritt nicht nöthig seyn, die Erben ad reassumendam litem zu citiren, sondern wann anders das Procuratorium vorhero von dem bestellten Procurator gerichtlich producirt worden, derselbe alsdann bis zum Schluß der Sachen verfahren, auch sowohl die Definitiv- als Beyurtheil, dafern die Erben annoch nicht nahmhaft gemacht, in des Procuratoren Person b) gefasset und gesprochen werden, wie er Procurator dann schuldig seyn soll, innerhalb drey Monaten, oder auch unerwartet solcher Zeit, so bald er es in Erfahrung gebracht, seines abgelebten Principalen c) Todesfall, und desselben hinterlassener Erben Nahmen bey der Cantzley zu dem Ende an- und einzubringen, damit die Bescheid desto förmlicher begriffen und verfasset werden mögen.

a) Hoc ita, cum quis pro suo principali interesse, non autem in Tutore, qui Procuratorio inseruit, se tutoris nomine agere, ut & in Consortibus, item syndicis, qui non suo nomine, sed utilitatis publicæ nomine agunt, item in monachis, ubi deletur verbum Erben & substituitur successor.

b) Ita factum in causa Fischers contra Schultzen Appellationis 13 Aprilis 1660, ubi Procurator simul arbitrarie punitus, quod hæredum nomina intra tempus hoc præscriptum non indicasset.

c) Si enim duo Consortes unum constituerant, tunc uno mortuo, ejus hæredes ad reassumendum erant citandi, Gylm. voc. Procuratores § si duo Rei. Ex quo sequitur, quod hodie Procurator illius mortui hæredum nomina indicare, istorumque nomine Procuratorium producere teneatur.

§. 100.
Procuratoris Abgang, und Procurator substitutus vel substituendus.

Als auch weiter zum fünften, wann etwa der Procurator Todes verfahren, oder seinen Stand sonst verändert, von den Parteyen, so der Gerechtigkeit ihrer Sachen nicht wohl trauen, mit Bestellung eines andern Procurators viel Jahr über, ja so lang zugewartet wird, bis ermeldte Parteyen endlich durch neue citationes ad reassumendum a) darzu gezwungen werden, dem vorzukommen, sollen inskünftige die Parteyen schuldig seyn, gleich zu Eingang des Rechts-Stands dem Procuratorn einen Substitutum (jedoch ohne Bestallung b), und allein

Jurist. Oracul V Band.

---

dahin, bis sich der Fall begiebt, beyzuordnen, welcher auf den Fall des Procuratoris vor der Sachen Endschaft erfolgenden tödtlichen Hintritts, oder sonsten anderwärtige Veränderung seines Stands, alsobald ohne weitere Bestellung den Proceß zu continuiren, mächtig und gehalten seyn, doch der Partey unbenommen, sondern freygestellt, ob sie den Substitutum behalten, oder einen und mehr andere c) Procuratores, gleichwohl aber zeitlich und längst in zwey Monaten, von Zeit an des zu wissen gemacht Absterbens bestellen wollte, bis dahin der Substitutus den Proceß zu vollführen, auch der Richter den Sentenz wider ihn zu fällen, die Partey aber ihn solchenfalls nichts desto minder billigen Dingen nach zu contentiren hätte. Dafern aber der Substitutus, ehe dann der Procurator mit Tod abgehen d), und die Principales solchen Abgangs von den Procuratorn, wie ihnen billig aufzuerlegen, zeitlich berichtet würden, so sollen ermeldte Principales oder Parteyen abermalen unverzüglich einen andern zu substituiren verbunden seyn.

a) Hisce Citationibus adhuc hodie opus est: (1) Si in causa ante hunc Recessum introductis Procuratorio secundum tenorem dicti Recessus, in hæredes concepto, ac substitutionem continente, nondum prolato, illæ causæ, per mortem utriusque vel alterutrius partis vel Procuratoris desertæ, sive ante sive post illum Recessum jam factæ sint, vel etiam imposterum fiant. Nam ille, cujus vetus Procuratorium jam antea in Camera acceptatum non tenetur novum producere, arg. verb. Sollen inskünftige; hic antequam adversa pars id efflagitet, aut Judex ex officio novi procuratorii productionem injungat, Stylo ita dictante. (2) Si in causis tam antiquis quam novis i. e. tum ante quam post hunc Recessum introductis vel imposterum introducendis, præstita cautione de procuratorio importando, Principalis (quod hunc dissentit Roding. p. 499 § seq.) antequam Procuratorium subscribat, vel Procurator priusquam Procuratorio substitutum inserat, vim fungatur. (3) Si Procuratore vel ejus substituto defuncto superstes Procurator vel substitutus quoque, antequam novus Procurator aut Substitutus constituatur, vitam obeat. (4) Si habent actionem aut feudum, quod antiquum ex pacto & providentia est, propter delictum adversus tertium, etiam Dominum commissum banniatur, liberi vel agnati hanc actionem repetunt. (5) Idem obtinet, si quis dictam actionem abdicasset, quod in prejudicium liberorum atque agnatorum fieri nequit. (6) Nec diversum erit in bonis allodialibus, si ea sit ratio actionis abdicare, ut liberis hæc remissione legitima tollatur vel minuatur. (7) Si Procurator in causis, ubi adhuc nondum adest Substitutus, causa se abdicet, vel a Procuratore removeatur. Nam, ubi adest Substitutus, utcunque dicti casus contingunt, antequam alius constituatur vel substituatur.

b) Add. Deput. A. de Anno 1600 § Als auch besunden vers. 66 in fin.

c) Quod fieri solet, si probe vigilare velit, vel etiam, quando sunt plures litis consortes, ut in causa Stadt Lübeck und Stadt-Hamburg contra Sachsen Lauenburg, Dr. Erhardt & Dr. Goll. Nunc Dr. Mütge & Dr. Johann George von Gülchen, sibi invicem substituti.

d) Si olim quis Procuratores duos generali Procuratorio instructos in diversis causis habebat, uno mortuo, citatione ad reassumendum non erat opus. Quia superstes ad instantiam partis adversæ, copiam illi fignatam ad istam causam, in qua constituitur Procurator mortuus erat, apponere tenebatur. Nam propter superstitis Procuratoris generale Procuratorium pars adhuc censetur præsens. Ruland. de Commiss. lib. 2 cap. 5 n. 36 & Gylm. voc. Procuratores.

§. 101.
Specialia mandata procuratoris invalida, und Forma generalis Procuratoris.

Und demnach sexto, zu mercklicher Verzögerung der Processe, die Parteyen allein Special-Gewalt, und zwar mehrentheils nur auf die Sachen, worinne sie des Klägers nicht aber Beklagten Stelle vertreten, ihrem Procuratorn zuzustellen, und dahero itzt ermeldte

ermeldte dero Procuratores, kraft solcher Special-
Constitutionen sich aller Qualification zu andern
Sachen, so viel auch deren vorkommen mögen, entschütten, und die Gegentheil zu Ausbittung neuer
aufftzigen Citationen ad reassumendum genöthiget:
Als sollen inskünftige ihnen einige dergleichen specialia procuratoria a) zu übergeben, nicht zugelassen b), sondern die Parteyen ihre Procuratores mit
General-Gewalten zu allen Sachen zu legitimiren
angehalten, und die bey diesem Reichs-Tag darüber
g faßte gewisse Form, dergleichen General-Gewalts
der künftigen Cammer-Gerichts-Ordnung einverleibt, die Uibertreter auch zu Erlegung der im widrigen verwirckter Straf mit desto mehrern Nachdruck
angehalten werden: wollte aber aus erheblichem
Bedencken der Principal dem Substituto eine Sache
specialiter auftragen, soll er solches zu thun befugt,
oder da auch über das noch ein specialius mandatum von Rechts und des Gerichts Gebrauch wegen,
so in dem procuratorio oder unter dessen General-
Clausel nicht enthalten, requirirt werden möchte,
alsdann auf solchen Fall dergleichen specialia mandata zu Beförderung der Processe mehr erwehnte
Partey oder deren Procuratorn mit und neben den
General-Gewalten, oder sonsten zu gebührender Zeit
ohne alle Verweigerung sub præjudicio einzubringen, verbunden seyn.

a) Id est, quod unam vel plures singulares causas, non
vero quoad speciales actus in una causa, cum juxta Gail.
& quotidianam experientiam extra dubium semper fuerit,
quod Procurator tam Actoris quam Rei quoad dict. singulares actus speciale Procuratorium producere coactus
fuerit. R. K. 1600 & Denais. verb. Procuratoria, junga
Roding. p.666.

b) Contrarium fuit observatum in causa D'Orville contra
Pött Appellationis, nunc Executorialium in specie die
Stadt Franckfurt betreffend, ubi Doctore Sollen licet contradicente & desuper submittente Procuratorium speciale
a Dre Stiebern, an illam causam nomine Senatus Francofurtensis importatum per sententiam fuit admissum, ex
hac forsan ratione, quod tertius Procurator D. Abraham
Ludwig von Gülchen alias ordinario Procuratori in omnibus
causis Francofurti active & passive substiturus sit. Is vero
in hac causa parti adversae, contra quam executio Senatui Francofurtensi injuncta est, Procurator sit constitutus,
eoque sin hac causa ut substitutus copiae signate Cameralis Procuratorii, quod alias in his casibus produci solet,
inseri, nec sic generale Procuratorium produci potuerit.
Huic sententiae jam allegatae clausula haec specialiter inserta fuit, erstatten Sachen nach x. in aliis vel similibus causis sine speciali permissione judicis in consequentiam traheretur.

§. 102.

Wenigers nicht, sollen zum siebenden die Procuratores zu Beförderung der Audientien, bey der oben
im dritten Puncte angesetzten Strafe, wann producta und schriftliche Handlungen zu übergeben,
nichts anders als die blosse Titulatur derselben, und
Bitt-Innhalts derselben im Receßiren melden, alles
anders aber in schriftliche Receße dem Gegen-Pro-
curatori zu seiner Nachricht, und sich darinne nach
Nothdurft zu ersehen, in seiner oder seines Substi-
tuirten a) Gegenwart communiciren, auch gleich Anfangs seiner Ordnung dergleichen schrifftliche Receße vorbringen, damit der Gegentheil mit dem
schrifft-anstat mündlichen Receß b) alsobald c) gefast erscheinen, und darauf die Gebühr verhandeln
müge.

a) Scil. Protocollisten Gegenwart. Hoc adeo stricte non requiritur, sed sufficit, quod productio judicialiter fiat,
sive praesens sit altera pars sive absens.

b) Hi Recessus loco exceptionum, Replicarum vel Dupli-
carum quidem produci possunt, alias tanquam producta

---

supernumeraria sunt prohibiti, S. S. 13 Decembris 1659
§ 4. vers. Alles ander x.

c) Non tamen precise in eadem, sed vel proxima vel secunda, vel etiam ulteriori audientia, quamdiu adhuc
ordo adversarii durat.

§. 103.

Prorogationes prorogationum.

Zum achten, keine prorogationes prorogationum mehr zu bitten zugelassen, sondern regulariter a)
über einmahl keine Prorogation b) iedoch vermittelst
gnugsamer Bescheinigung der Special-Anzeige der
Verhinderung c) zu bitten, nicht erlaubt, solche prorogationes, auch damit die ordinari Audientien nicht
aufgehalten, sondern befördert werden, allein coram
Deputatis begehrt werden.

a) Ex quo colligitur, regulam hic positam, quod scil. prorogationes prorogationum petere non sit admittendum,
habere suas Exceptiones & ita illarum petitio in totum
nec hodie prohibita sit, sed permissa, si quis justas causas adducere, easque legitime probare possit, & judex
easdem pro relevantibus habeat, uti jam antea in R. L.
1594 § Sollen sich aber x. 52 in fin. & § seq. Procuratores harum prorogationum loco hodie novum terminum
rogare solent.

b) Hoc quoad secundam prorogationem non adeo stricte observatur, quemadmodum & sine ulla distinctione in causis Appellationum extrajudicialiter Secunda, Tertia, imo
quarta prorogatio saepius petitur & obtinetur. vid. omnino
Decret. Generale d. 13 Decembris 1659 § 4.

c) Hujus vero impedimenti causa non solum est allegande
ac vel statim, vel etiam postea probanda, sed quoque
debet esse justa & relevans. Caeteroquin, si non sit relev-
vans, vel etiam non sufficienter probetur, terminus pro
purificato accipitur, ac Procuratori prorogationem petenti poena arbitraria imponitur. S. S. 13 Decembr. 1659
§ 4 in fin. folgend nun x. 104 ibi: Visitation. Hæc visi-
tatio a Moguntino per duos Deputatos instituta fuit,
Anno 1656.

§. 104.

Mängel der Cantzeley, Leserey und Sportul.

Folgends nun a), die bey unserer Kayserlichen und
des Heil. Reichs Cammer-Gerichts-Cantzley und
Leserey befindliche Mängel und Unordnungen, und
wie denselben abzuhelffen, auch die Stände vor
übermäßigem Tax b) und Sportul-Geldern nicht zu
beschweren, betreffend, sintemalen unsers Neven des
Churfürsten zu Maintz Liebd. tragenden Ertz-Can-
cellariats-Amts halben, vermöge der Reichs-Constitutionen c) und Observantz, die Bestell- und
Visitirung derselben obliegt, so werden sie auch nicht
unterlassen, dero zu Beförderung der heilsamen Justitz im Reich tragenden sonderbarem Eifer und Begierde nach, mit allem Fleiß darob und daran zu
seyn, damit ist und inskünftige, ermeldte Cammer-
Gerichts-Cantzley nicht allein mit qualificirten Personen ersetzet, sondern auch alle andere dabey befindliche Mängel und Gebrechen, sonderlich der Acten,
Protocollen auch deren mehr emsigern Completuren
halber, vermittelst ordentlicher Visitation, förderlich
remedirt werde, allermassen sie sich dann hierzu erbietig gemacht.

a) Vide & resolut. Cameræ den 28 Jan. 1657 ad supplicationem Procuratorum loco Decreti § Die Sollicitanten
betreffend, Item § 6 Was dann die Procuratores.

b) Vid. huc das Mayntzische Decret.

c) Conferatur Instrumentum Pacis Cæsareo-Suecicum
art. 8 p. 3.

§. 105.

Statuten und Gewohnheiten zu observiren. Violatores primarum Instantiarum. Bürger und Unterthanen nicht
leicht wider ihre Obrigkeit Proceß zu erkennen.

Benebenst sollen Cammer-Richter, Präsidenten
und Beysitzer bey Administration der heilsamen Justitz

stitz sowohl die Statuten und Gewohnheiten a), als die Reichs-Abschiede und gemeinen Rechte vor Augen haben und wohl beobachten, und sich in den Schrancken der Cammer-Gerichts-Ordnung halten, daraus nicht schreiten, die erste instantia und Austräge bey Erkennung der Proceße fleißig in acht nehmen, was dargegen vorgegangen, wieder abthun b), fürs künftige die Violatores dergleichen ersten Instantien, mit geziemender Strafe pro arbitrio Judicis ansehen, wie auch insonderheit den Unterthanen und Bürgern wider ihre Obrigkeiten die Proceße nicht leichtlich erkennen c), sondern vorher um Bericht schreiben, und dem, was im Deputation-Abschied de Anno 1600 wegen der armen Parteyen d) verordnet, gleichergestalt auch mit allen andern Unterthanen fleißig observiren.

a) Consuetudines scil. approbatas. vid. Denaif. in pr. Cam. vocab. consuetudines.

b) Sic in causa Mecklenburg contra Braunschweig, Mandatl de solv. vel dimittendo Hypoth. S. C. inter eosdem Mandati de adimplenda transactione cum Clauf. 7 Febr. 1660 ex hoc capite mandata cassata & ad Austregas causa remissa.

c) Ergo non plane denegantur, sed & quandoque, quamvis raro Processus etiam absque praemissis his literis Informatoriis decreti fuerunt. Literae hae informatoriae clausae exhibendae sub praejudicio rejectionis. Hinc in causa Siegen contra Nassau de Anno 1660 22 Novembris literae informatoriae apertae rejectae & tempus 3 septimanarum supplicanti concessum ad clausas literas informatorias producendas.

d) Sic cum in causa pauperis Müller zu Gollheim contra Sachsen-Altenburg, ex plane frivola & temeraria causa supplicaret pro mandato, Berichtschreiben contra Serenissimum Principem decerneretur, idque D. G. 16 Martii 1658 & supplicans seinen Gegen-Bericht exhibuerit, desuper tale Decretum publicabatur: Ist Supplicanten sein Begehren abgeschlagen, und soll derselbe bey Straffe des weissen Thurns, sich innerhalb 3 Tagen aus dieser Stadt begeben.

Ferners ist zu notiren, daß hiebevor die Berichtschreiben sine expressa communicatione, da solche nicht in gehöriger Zeit einkommen, alsdann auff Supplicanten ferner Anruffen in contumaciam ergehen solle, was recht ist ze. bloß hin erkennt worden: Hodie secus, & cum illa clausula Comminatoria mihi in causa Sackenreuter contra Eyb: Supplicanti pro absolutione a praestit. jurament. ad Effectum agendi decretum, noch zur Zeit abgeschlagen, sondern soll dem Beklagten von Eyb als Obrigkeit um seinen standhafften gründlichen Bericht, warum Kläger also abgewiesen worden, innerhalb 2 Monaten zu thun zugeschrieben werden mit den Anhang, daß sonsten nach Verfliessung solcher Zeit auff des Supplicanten weiter Anhalten um die gebetene Relaxation und anders, was recht seyn wird, endlich decretirt werden solle, 19 Augusti 1658.

§. 106.

Zünfften und Handwercks-Sachen: Scheltung Meister und Gesellen.

Wie nun solches a) von den causis mandatorum & simplicis querelae eigentlich zu verstehen, allwo der Bürger und Unterthan directe wider seine Obrigkeit klaget, also soll es daneben auch gehalten werden, wann Sachen, die an sich, bey einem Stand insgemein eingeführten guten Policey, Zunfft- und Handwercks-Ordnungen anhangen, durch Appellation an Unser Kayserliches und des Heil. Reichs Cammer-Gericht gezogen werden wollen, daß der Richter, ehe er die Proceß erkennet, iedes Orts Obrigkeit, und des Status publici, mit einlauffendes In-

teresse, mit seinen Umständen wohl erwegen, fürnemlich aber in dergleichen Sachen keine Inhibition leichtlich erkennen, sondern dafern solche Sache wider selbigen Orts hergebrachte vernünftige, und den Reichs-Constitutionen nicht ungemäße Handwercks- und andere herbrachte rechtmäßige Ordnung lauffet, zu Abschneidung des in denen Reichs-Constitutionen so hoch verbotenen Auftreibens b), und Scheltung der Meister und Gesellen, und anderer Ungelegenheiten ab- und an des Orts Obrigkeit, als die ohne das die Gewalt haben, dergleichen Statuta nach Gelegenheit der Läuffte und Zeiten zu widerruffen und zu ändern, verweisen.

a) Vigore hujus §. 5 Octobris 1657 talis sententia publicata est: In Sachen geschworner Meister und Barbierer Handwercks der Stadt Nürnberg eines, wider sämmtliche Badermeister daselbst andern theils Appellationis, ist allem Vorbringen nach zu Recht erkannt, daß durch Richter voriger Instantz kraft Obrigkeitlicher Macht ihre Handwercks-Ordnung nach Gelegenheit, Lauff und Zeit zu widerruffen und zu ändern wohl geurtheilt, übel darvon appellirt, deswegen solche Urtheil zu confirmiren und zu bestätigen sey, als wir dann solches hiemit confirmiren und bestätigen, die Gerichts-Kosten an diesem Kayserlichen Cammer-Gericht derentwegen auffgeloffen aus sonderbaren bewegenden Ursachen compensirend und vergleichende.

Non obstante hoc §. 100 sind in Sachen Bader contra Barbierer zu Bremen plenarii Processus a Martii 1658 in Consilio D. G. erkannt worden. Contraria vero fuit de venae sectione (wegen der Aderlassung) quam Tonsores Balneatoribus concedere noluere, & cum magistratus Bremensis pro Tonsoribus pronunciaret, Balneatores appellarunt & obtinuerunt plenarius processus: Prior tamen sententia 18 Sept. 1658 confirmata. Nachgehends ist in Sachen Kramer-Amt zu Bremen contra die Kürschner daselbst pro plenariis Processibus auch zwar supplicirt, aber anfangs in Consilio den 8 Junii 1658 pure abgeschlagen; Als nun wiederum supplicirt, und der §. 100 folgender gestalt erläutert worden: Weil nemlich der Magistrat zu Bremen dem Kramer-Amt die Peltzner Mützen zu verkauffen ab, und den Kürschnern zuerkannt, und, ob zwar einer Obrigkeit frey stehe, ihre Handwercks-Ordnung nach der Gelegenheit der Zeit und Läuffte zu widerruffen und zu ändern, vermeinet doch der Supplicant, daß sie einem Amt die concedirte Privilegien, und durch Urtheil dahin erlangte Rechte gar zu benehmen, und einem andern zuzueignen, gantz keine Macht habe, und dieser §. von denen insgemein, nicht aber in praejudicium etlicher weniger, gleich disfalls Anwalds Principalen eingeführte Zunfft- und Handwercks-Ordnung, und darzu nicht pure ad denegationem processus sondern dahin disponirt, daß Herr Ober-Richter ohne vorhergehende Bewegung iedes Orts Obrigkeit, und status publici mit einlauffenden Interesse (quale hic in utrumque casum nullum, sed tantum quoad partes utrinque subest): Proceß NB. nicht leichtlich, adeoque cum jura, uti hic, satis jam producta & facta sunt, ohne Difficultät erkennen, auch, da selbige Ordnungen wider den Reichs-Constitutionen nicht ungemäße Handwercks- und NB. andere hergebrachte rechtmäßige Ordnungen, dergleichen aber disfalls vorbedeutetes Massen von vielen Jahren hero beyhanden, tuncket, so dann selbige, wie sie in specie mit dem verbotenen Ufftrieb und Scheltung der Meister und Gesellen erläutert und declarirt worden, an des Orts Obrigkeit, welche ohne dem den Gewalt dergleichen, ut supra, exemplificata statuta, zu ändern hat, verweisen solte ze. huc usque narrata supplicae. Ist darauf den 16ten Junii dict. Anno folgendes Inhalts decretirt worden: Ist gebetene Citatio, iedoch periculo partis, wie auch compulsoriales erkennt, das übrige Begehren bishero abgeschlagen.

Alia

Aliá Sententia secundum hunc § publicata 20 Octobris 1658: In Sachen der ältesten Roth- und Weiß-Brauer-Zunfft zu Lübeck Appellanten wider sämmtliche Gesellschafft der Schönen-Fahrer Appellaten, dann Bürgermeister und Rath der Stadt Lübeck Intervenienten, ist erkennt, daß solche Appellation ohnzuläßig und nicht anzunehmen, sondern an gedachten Bürgermeister und Rath als Obrigkeit, die Vermög der Heil. Reichs Satzungen dergleichen Ordnung nach Gelegenheit der Läufften zu widerruffen und zu ändern haben, zu verweisen.

b) Quæritur: quid hæc vox denotet? Resp. Opifices vel eorum servi inter se hanc habent irrationabilem consuetudinem, ut, si quis ex illis verbis injuriosis afficiatur, so er vor einen Schelmen oder sonsten gescholten wird, vel etiam alias diffametur, quod nunc amplius nolint cum ipso operari, donec suam innocentiam probaverit, & ista consuetudo sic vocatur auftreiben, & in Constit. Imper. prohibita nimirum in R. I. 1559 § Es sollen auch 78 ibi: und soll derjenige, so geschmähet worden, keineswegs aufgetrieben, sondern bey seinem Handwerk gelassen, und die Handwercks-Gesellen mit und neben ihm zu arbeiten schuldig seyn, so lang bis die angezogene Injurie und Schmach gegen ihm, wie sichs gebührt, erörtert wird.

§. 107.

Wechsel-Sachen. Kauffmanns-Gebrauch.

Als auch bey den Handels-Städten, in Wechsel-Sachen, zu Meß-Zeiten und sonsten casus vorfallen, da nicht allein nach Kauffmanns-Gebrauch, sondern nach aller Rechtsgelehrten Meynung die parata Executio stracks Platz haben soll, und innerhalb 24 Stunden, oder etlichen wenigen Tagen, zu geschehen pfleget; so lassen wir es auch, damit die Creditores nicht öffters aus bloser Widersetzlichkeit der Schuldiger, nicht allein um die Schuld selbsten, sondern auch um allen Credit, Ehr und Nahrung gebracht werden, darbey dergestalt verbleiben, daß in solchen Wechsel-Fällen, dem Richter erster Instantz unbenommen seyn soll, ohngehindert einiger Appellation, oder Provocation, nach der Sachen Befind- und Ermäßigung, entweder mit oder ohne Caution der Glaubigern, die Execution zu vollziehen, und die Debitores zur Schuldigkeit anzuhalten.

§. 108.

Häuffung der Appellationen.

Wie aber zu verhüten, daß die appellationes nicht so häuffig an unser Kayserl. und des Heil. Reichs Cammer-Gericht gezogen werden, da haben wir sammt Churfürsten und Ständen, und der abwesenden Räthe und Gesandten, deren uns von den Beysitzern im Jahr 1643 eingeschickten Vorschlägen und Anführungen reiflich nachgedacht, und mit Umständen alles wohl erwogen, wie den litigirenden Parteyen der Weg zu Einbringung etwa unnöthigen Appellationen, vermittelst Vorschützung gewisser Verordnungen, vorgebogen, und nicht, wo nicht zu Unterdruckung, iedoch Verzögerung des Rechtens, zu eines und des andern zancksüchtigen Vortheil und Belieben, der Weg sogar offen stehen und gelassen werden möge; Und ist solchem nach unser verordneter Will und Meynung, erinnern auch ernstlich hiemit und in Krafft dieses, daß Churfürsten und Stände, dero Gericht mit qvalificirten Leuten also bestellen sollen und wollen, damit sich niemand darwider zu beschweren, oder doch um so viel weniger zu beklagen dahero Ursach nehme, als wären die-

selbe im Reich hin und wieder dermassen übel besetzet, daß man sich bey ihnen in rechtlichen und andern wichtigen Sachen einer gleichmäßigen Billigkeit zuweilen nicht zu versehen habe, und dahero aus Cammer-Gericht zu appelliren gedrungen werde.

§. 109.

Richters Ungeschicklichkeit, und dessen Strafe.

Wann auch aus denen anbemeldten unserm Kayserl. und des Heil. Reichs Cammer-Gericht durch Appellation oder sonsten eingebrachten Rechtfertigungen, entweder von wegen Ersetzung der Gerichten, oder Administrirung der Justitien, einiger Mangel, oder sonsten in facto genugsam verificirt befinden würde, daß aus des Richters a) Ungeschicklichkeit, oder Unerfahrenheit, auch Versäumniß, Corruption oder Bosheit, zu jemands Präjuditz, Nachtheil und Schaden geurtheilet und gesprochen, das Recht versagt, oder verzogen worden wäre; so soll gegen der schuldhafften Obrigkeit, sowol, als deren geordneten Unterrichtern gebührende Bestrafung fürgenommen, und durch unsern Kayserlichen Fiscal zu Einbringung solcher Straff, wie sichs gebühret, verfahren werden.

a) Potest etiam inferior judex actione & libello, præsertim ad hoc simpliciter directo ob omissionem & Commissionem in Processu contra æqui, boni & justi judicis officium factum in subsidium utpote in causa principali condemnari, uti factum in causa D'Orville contra Hörs Appellationis 28 Augusti 1656, vide & reservatam actionem subsidiariam contra Magistratus & Deputatos Commissarios in causa Stammel contra Cölln Mandati Execut. S. C. 7 Julii 1657. vid. lib. sent. fol. 121.

§. 110.

Zweiffelhoffte Sachen.

Zweytens soll der Richter erster Instantz a); die Parteyen in zweiffelhafften Sachen nicht allein vor angefangenem Rechtstand und litis contestation, sondern auch in quacunque parte Judicii, durch alle dienliche Mittel und Wege, auch schiedliche Erinnerungen in Güte von einander zu setzen, und hierdurch alle weitläufftige, kostspaltige Rechtfertigung zu verhüten, sich befleißigen, iedoch ehe denn er die Güte den Parteyen vorschlägt, vorhero in den Sachen sich wohl informiren, und sein Absehen, bey diesen gütlichen Vergleichen, dahin iederzeit sorgfältiglich stellen, damit die eine öffentlich ungerechte Sache führende Partey zu demselben nicht gelassen, noch der Recht habende Theil damit beschweret, noch auch die Justitz, wider des andern Theils Willen, verzogen werde.

a) Nunquam Camera, nisi in causa Revisionis, vel, si lis inter Camerales sit, quo casu plerumque vel ad instantiam partis unius, vel etiam proprio motu ad hunc finem Commissiones decernuntur, quod in aula Cæsarea quotidianum. Imo in causa Dieden contra Dieden Mandati de non transfer. 13 Febr. 1661 per sententiam Commissio in optima forma juncta clausula inter partes tentandæ concordiæ decreta fuit.

§. 111.

Privilegia de non Appellando.

Drittens sollen hinfüro der Stände Privilegien de non appellando stricte observirt, und zu solchem Ende die, mit aller Churfürsten und Stände privilegiis de non appellando, verzeichnete in der

Raths-

Raths-Stuben hangende Taffel renovirt und erneuert, deren sowol die ohnbeschränckte, als auf eine
gewisse Summe limitirte Privilegia und die Forma-
litäten a) derselben eingerückt, und zu mehrer und
besserer dem Cammer-Richter, Präsidenten und
Assessorn, Nachricht und Observantz, in dem Rath
öffentlich aufgehenckt werden.

a) Ejusmodi sunt, ut coram inferiori judice juramentum Appellationis & curio præstetur, & deponatur
florenus Appellationis (der Appellation-Gülden).
Item, quod in cæteris causis nonnisi quoad certam summam, in quibusdam autem v. g. in causis computa-
tionis rationum, cambiorum, injuriarum, &c. plane
appellare non liceat, & quæ sunt similia.

§. 112.
Summa appellabilis.

Viertens, soll die Summa appellabilis von 300
Gülden, bis in 400 Reichsth. Capital a), sowohl
auch die Krafft des Reichs-Abschieds b) de Anno
1600 um rechten Zins und Nutzungen angestellte
Proceß, und derentwegen verordnete 12 Reichs-
Gülden c), künfftig auf 16 Reichsthaler, doch mit
Vorbehalt eines jeden Stands Rechten, Gerechtig-
keiten und Freyheiten, erhöhet werden.

a) Daß auch Interesse zum Capital geschlagen, vid.
elegans præjudicium in Sachen Mengers contra Ros-
sische Erben Appellationis, & Cletzel. de Appellat.
cap. 13 n. 28. Myns. 5 obs. 83 n. 5 & text. 1. si plures
9 §. 3, summæ ff. de pactis. Gylm. tom. 4 Symph. p. 1
vot. 46 n. 4 & sequ. vid. Roding. p. 265. Gail. 1 O.
123 num. 3.

Ex hoc § nunc solent quotidie in Camera impetrari Mandata de non impediendo, uti Constitutione
Imperii, & notandum, quod etiam aliquando inhibitio pro facti qualitate soleat decerni: uti mihi factum
in Gerlich contra Stadt Bremen.

b) § Wiewol nun rc. 14 ibi: um rechte Zins rc. unab-
löslichen R. I. 1570 § was aber rc. 67; secus vero est
in reditibus reluitioni obnoxiis. Nam ibi non solum Reditus seu usuræ, sed etiam ipsa sors per actionem potest repeti, ideo ad constituendam summam
appellabilem eo casu imprimis sors est consideranda.
Et quamquam annui reditus redimibiles prohibiti
sint in Policey-Ordnung 1548 & 1577 tit. 17 § antepen. tamen in multis Germaniæ provinciis & Civitatibus Imperialibus in usu sunt. vid. Gail. 2 obs. 20
n. ult. Porro & hoc inquirendum, quare in reditibus irreluitivis tantum 6 Imperiales pro summa appellabili, & sic quatuor pro 100 computati sint; Cum
alioquin in dict. § antepen. 5 pro 100 concessi fuerint,
& ita considerata summa appellabili scil. 400 Imperiales debuissent poni 20 Thaleri: ubi summa appellabilis debet esse 20 Imperiales, tot enim Imperiales
pro reditibus seu usuris sortis 400 Imperialium, quos
requirit hic § ad summam appellabilem, nimirum 5
pro Centum computati quotannis exsolvendi sunt;
Cum tamen in reditibus irreluitivis tantum 4 pro
centum, non considerato, quod 16 Thaleri sint summa appellabilis, respectu d. summæ computentur;
Rationem diversitatis investigare hactenus non
potui.

c) Scil. ad 3 Kopfstück, nicht aber Kammer-Wehrung
scil. 4 Kopfstück gerechnet, vid. R. A. de Anno 1570
§ Als wie denen & R. I. de Anno 1600 § wie wohl
num 15 vers. derowegen dann, & praxis Cameralis,
juxta quam floreni ad dictum valorem computati
fuerunt, etiam & nunc computantur.

§. 113.
Effectus devolutivus. Summa devolubili non existente revisio concessa.

Doch mit diesem Zusatz und bescheidentlicher Erinnerung, auf den Fall die Summe nicht appella-

bel, und den effectum devolutivum an das Cammer-Gericht nicht gehaben könte, daß alsdann der
Partey ordentliche Obrigkeit auf derselben gebührendes Ansuchen und Begehren die vollkommene
Acta, vermög des Reichs-Deputation-Abschieds
de Anno 1600 auf deren zuvor mit Zuziehung und
in Gegenwart beyderseits Parteyen, oder die Ge-
walthaber fürgehende Inrotulation, (ohne nebensei-
tige Recommendation), durch gewisse unparteyische
Rechtsgelehrte revidiren, oder auf unparteyische Universität a), oder Collegium Juridicum, zu schicken,
und dero rechtliches Gutachten darüber zu erfodern,
schuldig seyn b), jedoch abermahls diese Verordnung
den Ständen des Reichs an ihren erlangten und
hergebrachten Privilegiis, Freyheiten, Lands-Ord-
nungen, Statuten und sonsten ohne Nachtheil, verstanden, sondern dieselbe in ihren Kräfften gelassen
werden.

a) Alia Editio habet durch gewisse unparteyische Rechts-
gelehrte, oder auf unparteyische Universität x. vid.
R. Imper. de Anno 1570 § 67 & de Anno 1600 § Es
soll auch den Unterthanen. vid. Auth. contra supplic.
C. de prec. Imp. off. & Nov. 119.

b) Et in hoc casu judex datum Responsum vel sententiam præcise sequi & exequi tenetur, quando vero
acta ante sententiam transmittuntur, judex idem observare debet. Sin vero judex proprio motu Responsum petat, istud etiam reformare potest. Notandum porro, si ante sententiam transmissi Actorum
petatur, & causa fuerit dubia, sententiam non facta
Actorum transmissione, esse ipso jure nullam, Vant.
de Nullit. ex defect. jurisd. ord. n. 146 usque 153, &
est justum gravamen appellandi, Gylm. voc. sententia § sententia ante habitum; Denique observa &
hoc, quod si judex inferior Revisionem Actorum intra legitimum tempus petitam deneget, in Camera
Mandata de concernenda Revisione S. C. impetrari
solere.

§. 114.
Geringes Vermögen der Partey.

Auf daß auch um geringen Vermögens willen,
niemand an seinen Rechten verkürtzet, oder Hülflos
gelassen werde, so ordnen und wollen wir, daß wann
ein Appellant in Ermangelung a) gnugsamer Nachricht b) von der Obrigkeit und Untergericht, worunter derselbe gesessen und begütert, wie auch, wann
keine sonderbare Gefahr des Meyneids erscheinen
thäte, vermittelst eines leiblichen Eids c) erhalten
kan, daß sein Vermögen sich nicht über 2000 fl. erstrecket, wann er in sententia um 300 fl. so viel das
Capital anlanget d), beschweret wäre, daß ihme die
Proceß erkannt, und in der Sachen, was recht ist,
geurtheilet werden soll.

a) Si vero appellans a suo magistratu & inferiore judice
nancisci queat testimonium, ipsum non plusquam duo
millia florenorum, qui efficiunt 1333 ⅓ Imperiales in
bonis habere, tunc non opus est juramento hic me-
morato, uti hoc satis manifeste apparet ex sequenti
sententia alternative concepta ac 13 Martii 1657 publicata: In Sachen Klenting contra Kurwagen
Appellat. ist Dr. G. zu Einbringung von seiner
Principalen Obrigkeit, darunter dieselbe gesessen, und
begütert, daß ihr Vermögen über 2000 Gülden sich
nicht erstrecke, oder aber eine verbesserte Special-Voll-
macht von ermeldter Obrigkeit, oder einer andern
persona publica in ihrer Gegenwart ausgefertiget
und unterschrieben, Zeit 3 Monaten pro termino &
prorogatione von Amts wegen angesetzet, mit dem
Anhang, wo er solchem also nicht nachkommen wird,
daß alsdann auf des Gegentheils ferner Anruffen ergehen soll, was recht ist.

b) i. e. documenti, vid. Ord. p. 1 t. 41 pr.

c) Ita

c) Ita D. G. fupplicati ad oblatum juramentum in caufa Klenckitzg contra Kurwagen plenarii proceffus appellationis 16 Augufti 1655 decreti fuerunt, vid. Roding. p. 265 n. 2.

d) Sub voce Capital etiam comprehenduntur ufuræ ceffæ & adjudicatæ, prout fupra ad § 100 verba: Capital fuit dictum. Hinc fi fors cum præfatis ufuris cumulata efficiat 300 floren. i. e. 200 Imperiales, ejusmodi appellati proceffus decernendi funt.

§. 115.
Erhöhung der Summæ appellabilis.

Und ftehet diefem nächft, fünftens, bey des Heil. Reichs Chur-Fürften und Ständen fammt und fonders über ihre auf eine gewiffe Summa habende und hergebrachte Privilegia de non appellando, um deren fernere Erhöhung bey Uns als Römifchen Kayfer, von dem diefe und andere dergleichen Begnadigungen herrühren, in fo weit gebührend anzuhalten, und nach Geftaltfam der Sachen Umftänden Unferer Refolution und Verordnung darüber zu erwarten.

§. 116.
Gülden auf Reichsthaler zu reduciren. Electio fori.

Weilen auch der Stände Privilegia guten Theils auf eine gewiffe Anzahl Gülden gerichtet, als follen bey künftiger Vifitation a), auf vorgehende Communication und Berathfchlagung mit denen Beyfitzern, nach der bisherigen Obfervantz, anftatt derfelben eine gewiffe Erleuterung und Reduction auf Reichsthaler verglichen werden, dabey wollen wir auf der Stände Suchen und Erinnerungen, uns inskünftige mit Ertheilung der Privilegiorum de non appellando, wie auch Electionis fori b), und andere dergleichen, welche zu Ausfchlieffung und Befchränkung des Heil. Reichs Jurisdiction, wie auch der Stände ältere Privilegien oder fonften zu Präjuditz eines tertii ausrinnen wollen, die Nothdurft väterlich beobachtet, und mit Conceffion der Privilegien erfter Inftantz, oder fonderbarer Aufträgen auf diejenige, welche dieffelbe bisher nicht gehabt, oder hergebracht, fürters an Uns halten.

a) Quamvis vifitatio nondum fuerit habita, tamen hodie computatio fit ad Imperiales, quia horum valor omnibus per totum Imperium non eft ignotus, quod fecus eft in florenis.

b) Hoc privilegium ex omnibus Statibus Imp. duntaxat habet Rex Sueciæ, vid. J. P. art. 10 § Deinde concedit 11, &) Duces Brunfwicenfes, vid. Roding. p. 285. Hifce Auftregæ expreffe in privilegio electionis fori funt refervatæ.

§. 117.
Juramentum calumniæ in privilegiis de non appel.

Auch zum fechften, in Fällen, da die Privilegia das Juramentum calumniæ erfordern, foll felbiges allezeit vor dem Unter-Gericht, vom Appellirenden in der Perfon a), oder wann Grafen und Freyherren intereffirt, durch Procuratores, denen der Eid vorhero wohl zu fchärfen, fub præjudicio caufæ, wircklich abgelegt, und nicht erft bey Unferm Cammer-Gericht zu präftiren anerboten, der Appellant auch von dem judice a quo, ohnweigerlich darzu gelaffen c), ein enger Termin zu wircklicher Abftattung angefetzt, gleichmäßig die Caution, wann fie im Privilegio erfordert, vor dem Richter nächft voriger Inftantz, in der darinne beftimmten Zeit abermahl fub præjudicio geleiftet.

a) Aliud obtinet in Advocato appellantis, qui non in inferiori fed fuperiori judicio juramentum Appella-

---

tionis de non frivole appellando juxta § feq. vel in propria perfona vel per procuratorem ad id conftitutum præftare poteft & debet. Huic § jungatur fupra § 37 & Rod. p. 339.

b) Quid fi privileg. Judex a quo requirat, ut folennia ibi præftentur, ille vero appellantem ad ipfius oblationem non admittat, vel tergiverfetur; Num appellans in primo reproductionis termino fpeciale mandatum ad jurandum importare debeat? quod fic. Ita in caufa Bebling contra Schulenburg Appellationis 1659, 7 Julii hæc caufa deferta ex hoc capite pronunciata, reftitutio tamen impetrata. Sed in caufa Olshem contra Bammelskein Reftitutio non obtenta, cum tamen omnibus fatis innotuerit. Videatur etiam Nov. 126 c. 3 § 11. Verba decret. Com. 28 Jan. 1657 ita habent: damit auch ferner dasjenige, was im jüngern Reichs-Schluß § zumalen aber 2c. der Advocaten halber wegen des juram. calumn. de non frivole appell. verfehen, defto füglicher ins Werck gerichtet werden möge, follen nach Verflieffung dreyer Monaten a dato diefes dieffelbe iederzeit ad jurandum, vel in eventum, ad videndum fe incidiffe in pœnam non jurantium (welche hiemit, fo viel die Advocaten betrifft, falvo judicis arbitrio, auf ein Marck Löthiges Goldes gefetzt wird) citirt, und folches den Proceffibus Appellationis einverleibt, wenigers nicht neben den Parteyen befagten Advocaten infinuirt; Auch zu dem Ende dieffelbe in den fupplicationibus pro Proceffibus nahmhaft gemacht, oder darauf nichts erkannt, fondern die Proceß abgefchlagen werden: Die Parteyen aber anlangend, hat es bey dem præjudicio defertionis in alle Wege feine Bewendung.

§. 118.

Zumahlen aber a) iederzeit, zum fiebenden, das Juramentum calumniæ de non frivole appellando, bey wann das Privilegium ein anders in fich nicht begreift Reproducirung der Proceß coram Judice ad quem, im erften termino mit Vorzeigung eines Special-Gewalts, fowohl des Advocatens, welcher in der Appellations-Sache dienet, als des Principalen felbften, und zwar fub pœna defertionis, abgelegt, danebens auch beyden, fowohl Principalen als Advocaten, in dem Appellations-Eid diefe verficherte Clauful eingerückt, und der Appellant des Fugs oder Unfugs Rechtens, dahin erinnert werden, daß er von feinem neuen Einbringen novorum deducendorum, fo ihm bereits bey Ablegung des Eids vorkommen, oder in Vollführung der Appellation vorkommen möchten, in erfter Inftantz keine Wiffenfchaft gehabt, oder dieffelbe damahlen einzubringen nicht vermocht, oder für undienlich und unnöthig geachtet, nunmehr aber davor halte, daß die ihme zu Erhaltung Rechtens dienlich fey, auf den Fall auch der Principal-Advocat pendente lite mit Tode abgehen, oder fonften geändert feyn folte, fo foll üig ernannten Appellations-Eid der Subftituirte und Surrogirte, auf zuvor aus denen actis genommene genugfame Information, zu wiederholen fchuldig feyn b), alfo foll es auch mit den Succefforen der verftorbenen Partey ebenmäßig gehalten werden.

a) Addatur Decretum Commune de dato 23 May 1658. Item de dato 28 Jan. 1657 § 7. Quæritur: an, ficuti a juramento in caufis S. Q. Confiliarii Principum tuti funt, fecundum § 37 fupra: Ita etiam ab hoc juramento de non frivole appellando exempti fint? Refp. In caufa Teutfchmeifter & confortes contra Stadt Helmftädt & confortes Appellationis pretendebat procurator appellans ex fundamento hujus § & identitate rationis & ejusdem difpofitionis, licet hactenus fuo proprio judicio non adeo tutus eventualiter produxerit 17 Maji 1658 tum nomine Danielis de Priorth & Dr. Cruffi utpote amborum Confiliarioliariorum Teutonicorum; quod cum Procurator appellatus ex sequentibus rationibus contradixisset, quod in hoc § specialiter desuper nihil dispositum nec exceptum sit, adeoque regula in casibus non exceptis tanto firmior maneat, nec exceptionem, utpote strictam, ultra expressa extendendam esse; Tandem per sententiam 20 Octobris latam D. Mockel ad solennia quidem admissus, sed in hoc juramenti puncto nihil pronunciatum, eoque contestatum fuit, Consiliarios etiam in hoc casu ad jurandum de Calumnia non esse cogendos, quamvis hoc juramentum reipsa videatur comprehendi sub protestatione solennium. Sic in causa Tuborelli contra Tridentinum Appellationis 20 Septembris 1659, Advocato & Episcopo juramentum de non frivole appellando per sententiam expostulatum fuit.

Queritur: Quando universitas appellavit, an singulis vel eorum nomine alicui jurandum, an sufficiat solche procuratorio sigillo & nomine totius Senatus munito illud fieri per Procuratorem? Resp. Cum in causa Hannover contra Langen Appellationis, Senatus Hannoveranus coram duce Hannoverano tanquam judice a quo praetenderet juramentum cum Procuratorio generali sigillo munito cum aliis solennibus praestare, praedictus autem Dominus judex a quo per Decretum injungeret subscriptionem a singulis faciendam & tandem super hoc puncto disputaretur in Camera, & Appellatus allegaret praejudicium in causa hactenus simili Golden contra Speyer, ubi in iisdem fere terminis Anno 1643 7 Julii publicat. per quod singuli vel saltem praecipui Senatus jussi erant Procuratorium propria manu & nomine subscribere, hinc in puncto causae Hannoveranae 12 Decembris 1659 sententia inferioris Domini judicis in hoc puncto 7 Octobr. 1658 emanata, confirmata, decisum fuit, singulas personas Senatus vel per Procuratorium ab omnibus personis separatim subscriptum hoc juramentum per Procuratorem praestare debere. Memini tamen, quod appellatus elegerit unum vel alterum v. g. Consulem, Seniorem, Syndicum & Senatorem seniorem.

Porro Advocatus causae Appellationis, etsi quoque Principalis sit, citandus tamen est ad praestandum juramentum calumnia de non frivole appellando, ut Advocatus. Ita decretum in causa Lubber contra Posten, in qua Dr Lubbers simul Advocatus & Principalis fuit, sed non ab ipso tanquam Advocato juramentum exactum fuit. Ratio fortassis est haec, quod in priori casu fuerint Consortes, quibus inservivit advocando, in posteriori non.

Exemplum sententiae desertoriae ob non factam Requisitionem actorum & praestationem juramenti calumniae de non frivole appellando publicatae 11 Febr. 1659:

In angemaster Appellation-Sach Curt Aschen von Mauerholz wider Johann Rittern Appellationis, ist solche Sache als desert an diesem Kayserlichen Cammer-Gericht nicht angenommen, sondern erkannt, daß dieselbige an Richter voriger Instanz zu remittiren und zu weisen sey, als wir sie hiemit remittiren und weisen, ermeldten Appellanten in die Gerichtskosten an diesem Kayserlichen Kammer-Gericht deretwegen aufgelauffen für den Appellaten nach Richterlicher Ermäßigung zu entrichten und zu zahlen fällig ertheilend.

Alia in causa Hohenzollern contra Kreutzenach Appellationis & Mandati de revoc. attent. ob non factam requisitionem actorum intra 30 diem & non in primo reproductionis termino oblatum Mandatum ad praestandum juramentum de non frivole appellando, quamvis ex parte citatorum nemo comparuerit, & exceptiones desertionis opposuerit, sed Procurator Appellans Proclama contra non parentes petierit. tamen dicta causa ex officio deserta pronunciata & mandatum cassatum est 8 Martii 1659.

b) Nota, quamvis hoc raro fiat, cum plerumque ignoretur, Advocatus primus vivat, vel mortuus sit, hoc tamen in causa Schillingischer Wittwen contra Ambseln Juden zum Schuch in Franckfurt Appellationis,

praedicatam, & juramentum de non frivole appellando ad promissam sententiam in animam successoris Advocati 22 Novembris 1659 judicialiter praestitum fuit, forsan quod Advocatus Praedecessor ante praestitum juramentum mortuus, idque judicialiter dicatum fuerit. Addatur ad hunc § Roding. p. 344.

§. 119.
Causa non devoluta.

Würde sich aber, achtens, nach erkannten und producirten Appellations-Processen in puncto devolutionis befinden, daß die Appellation aus denen in Recht gegründeten Ursachen an Unser Kayserlich Cammer-Gericht nicht erwachsen, auf solchen Fall soll nicht allein die Sache non devoluta, an Richter voriger Instanz mit Wiedererstattung der Unkosten verwiesen, sondern auch der muthwillige Appellant in poenam temere litigantis, die der Richter gestalten Umständen nach zu schärfen hätte, condemniret werden.

§. 120.
Libido litigandi, und Advocatus temere litigantis.

Und nach dem allen a), neuntens, im Reich die libido litigandi dermassen bis anhero zugenommen, daß bey den Unterrichtern fast kein Urtheil gefället, von welchem nicht appellirt werde, so soll auch dargegen und wider solche temere appellirende Theile die angesetzte Strafe erhöhet, und nach Ermäßigung des Richters solche Parthey von zwey, drey, bis auf zwanzig Marck Goldes, nach Beschaffenheit des Falls und Umstand der Sachen, oder auch wohl gar am Leib gestraft, und die Appellationes anderer Gestalt nicht, als auf Vorzeigung glaubwürdigen Scheins, welchen der Unterrichter auf Begehren unweigerlich heraus zu geben schuldig, daß alles, nach Erforderung iedes Orts Privilegii gebührender massen verrichtet, oder daß man darzu von dem Unterrichter nicht gelassen werden wolle, bey unserm Kayserlichen Cammer-Gericht angenommen, noch die Processe auf blosse überreichte Supplicationes erkennt, vornehmlich aber auch der frevelmüthige Advocatus b) causae mit gebührender Strafe, nach Gestalt des Verbrechens und Muthwillens, und zwar mehr als die der Rechten etwa unerfahrne Partheyen, welche oftermahls die Sache nicht verstehen, angesehen werden.

a) Ita in causa Amelungen contra Staalmann Appellationis 23 May 1656 [...]llans ob temerariam Appellationem in poen[...]rum Marcarum auri, & in causa N. contra SW[...]ellantes ob eandem rationem 8 May 1657 in poenam unius Marcae auri condemnati fuerunt.

b) Non memini, quod Advocatus causae vel solus vel cum parte litigante in hanc poenam declaratus fuerit, quamvis in causa d'Orville contra Vorst Appellationis nunc Executorialium ob scriptum taxativum, & contra fidem actorum importatum Advocatus Dr. Stengelin una Marca auri puri, Procuratores vero subscribentes & producentes singuli una marca argenti mulctati fuerunt per sententiam 7 Julii 1659 latam. Patribus rudioribus nonnunquam juramentum remittitur. Roding. p. 352.

§. 121.
Sententia nulla & iniqua.

Indem auch nunmehr, zum zehenden, von vielen Jahren her mit vieler Zeitverlierung unnöthiger Dinge vielfältig disputiret worden, ob sententia nulla oder injusta sich erhalte, und zwar darum allein, daß a sententia nulla in dreyßig Jahren die Klage praescribirt, qvirt, a sententia iniqua aber intra decennium appellirt werden kan und soll, so soll zu Verhütung dergleichen unnöthigen Gezancks, in allen beyden Fällen, das ist, a sententia tam nulla quam iniqua, das fatale interponendæ s) obserbirt, darüber auch hinfuro bey unserm Cammer-Gericht stet und festiglich gehalten werden.

s) Sed quid de Fatali introducende statuendum? Meo judicio, quandoquidem per hanc Constitutionem ex veteri jure nihil correctum, nec dispositum, crederem ob strictam cujusvis novæ Constitutionis interpretationem hoc fatale manere in dispositione antiqua, & nullum certum tempus præfixum esse.

§. 122.
Nullitates insanabilem habentes defectum.

Bey denjenigen Nullitäten aber, welche insanabilem defectum a) aus der Person des Richters oder der Parthey, oder aus den substantialibus des Processus nach sich führen b), verbleibt es bey der Disposition der gemeinen Rechten c).

a) Nullitas insanabilem defectum habere dicitur illa, quæ nullo jure aut exceptionibus oppositis adjuvari, & ita quasi sanari seu validari potest. Talis nullitas ex persona judicis contingit, si iste sit bannitus, furiosus, imperitus. minorennis, aut privatus, qui plane nullam jurisdictionem habeat, aut denique talis sit, qui nequiverit judicare. Ex persona litigantium, si dicatur, aliquem esse minorem, mente captum, prodigum, servum, bannitum, excommunicatum, Monachum &c. Ex substantialibus Processus oritur insanabilis nullitas, si non adsit citatio, libelli oblatio, litis contestatio, probatio, conclusio ac sententia judicis. Hæ nullitas licet per se quidem sit insanabilis, aliquando tamen ope exceptionis sanari potest; Et quidem, quod attinet judicem, si excipiatur, illum quidem esse bannitum, sed a sententia banni appellasse, ideo pro bannito nondum habendum. Item illum esse furiosum, sed sententiam ante furorem esse latam; Item illum esse imperitum, scil. in jure Communi, non tamen in isto artificio, quo judicavit ; Item esse minorennem, sed partes in illum consensisse &c. Quod attinet litigantes, potest excipi, licet processus cum minore factus sic ipso jure nullus, tamen illud non procedere: 1) Quando minor causæ victoriam reportavit. 2) In interdicto de libero homine exhibendo. 3) In Actione populari, quoties res ad ipsum minorem spectat. 4) In alimentorum petitione &c. Item litigantem nondum esse prodigum a Magistratu declaratum, item esse servum, sed id ei in casu l. vix certis de jud. & etiam aliis casibus nihil nocere. Item esse bannitum vel excommunicatum, sed illum ab appellasse, aut, quod ▓▓▓ attinet, illum per factam citationem ▓▓▓▓ tum esse. Item esse monachum, sed illu▓ ▓▓ procedere, quoties utilitas suadeat, vel necessitas requirat, pro dignitate, officio vel obedientia sibi commissa in judicio contendere. Add. Vmm. de process. Disp. 1 thes. 4, 5 & 8. Quod denique substantialia processus attinet, regeri potest, esse processum summarium, ubi nec libello nec L. C. opus sit: Item licet de Jure Camerali conclusio habeatur pro requisito substantiali Processus, id secus vero esse quoad jus Commûne, prout docet Gail. 1. O. 107 n. 1 &c. Adde Vant. de nullitate cap. ult. per tot.

b) Hæ vero nullitates in supplicatione pro Processibus in specie sunt deducendæ, alias decernitur : Wofern Supplicant diejenige Nullitäten, welche angegebener Maßen insanabilem defectum ex persona judicis vel litigantium, vel ex substantialibus Processus nach sich führen, in specie dem jüngern N. L. gemäß beybringen wird, soll darauf ferner ergehen, was recht ist. Sæpe etiam prius decernuntur Berichtschreiben, uti factum in causa matrimoniali Stelling contra Langwedel. Item in alia causa Schul. contra Moscherosch ꝛc.

c) Quod scil. nullitas intra 30 annos deduci possit ; Nec tamen opus est, ut necessario intra decendium contra nullitatem hanc lesus protestetur, ad maturandam vero causam melius facit, qui cito protestatur, & licet quis intra decendium appellet, protest tamen, quia hæc appellatio loco protestationis, omissa Appellatione super sola nullitate agere. Sic in causa Helmstädt contra Södern ad intra decendium interpositam appellationem contra evidentes nullitates 6 Novembris 1657 decretum fuit. Protestantes vero solent instrumentum super facta protestatione confici curare, quo eam probare possint. Hoc si neglectum fuerit, vel etiam nulla Protestatio interposita, necesse est, ut nullitates ex Actis deducant, antequam Processus impetret. Roding. pag. 399 in fin. Deinde Notandum quod in causa Nullitatis principaliter deducendæ agi soleat hisce formalibus : Daß übel und nichtiglich procedirt und geurtheilet, quæ formalia etiam in sententia reperuntur. Si vero incidenter nullitas deducatur, quia illa nullitas semper alternative cum Appellatione est proponenda, hoc modo peti solet : Daß, wo nicht Richtiglich, jedoch Widerrechtlich, vel etiam copulative, daß Nichtiglich und Widerrechtlich geurtheilt. Et tunc judex, si tam iniquitatem quam nullitatem simul invenit, ita pronunciat : Daß nichtig und widerrechtlich (übel) geurtheilt, überflüßig und wohl davon appellirt. Si autem duntaxat iniquitatem ostendat, daß Widerrechtlich übel geurtheilt, wohl davon appellirt ; Si denique judex nullitatem insanabilem inveniat, ut in sententia ipso jure nulla sit, & absque ulla appellatione rescindenda ; Quia hoc casu & Appellatio superflua, sequenti tenore pronunciari solet ; Daß nichtiglich geurtheilt, überflüßig davon appellirt, derowegen solche Urtheil für null und nichtig zu declariren und zu erkennen.

Tutius tamen est, & hic super nullitatibus saltem intra decendium protestari. Nullitas quomodo principaliter, quomodo incidenter deducatur, docet Roding. p. 395. Exemplum principaliter deductæ nullitatis in causa prædicta Helmstädt contra S. ubi ad intra decendium interpositum protestationem contra evidentes nullitates citatio ad videndum deduci principaliter nullitates 6 Nov. 1657 decreta.

§. 123.
Der Stände Privilegia sind zu attendiren.

Schließlich und zum eilften befehlen Wir den Assessoren Unsers und des Heil. Reichs Cammer-Gerichts hiemit ernstlich, der Stände Privilegia reiflich zu erwegen, fleißig in acht zu nehmen, und steif darüber zu halten, damit also leicht dergleichen Appellationes nicht angenommen werden, welche solchen Privilegiis u. darinnen enthaltenen Summen zuwider laufen, in gestalten dann Cammer-Richter, Präsidenten und Beysitzer, wann sie in Zweifel stehen, ob die Summa appellabilis oder aber dem Privilegio vielleicht nicht conform seyn möchte, die begehrte inhibitiones nicht zu erkennen a), sondern abzuschlagen, oder wenigst dem Judici a quo vorhero um Bericht zu schreiben b) schuldig seyn sollen.

a) Ita mihi in causa Stelling contra Langwedel ab initio pro Processibus Appellationis, & postmodum pro Citatione super nullitate supplicanti 4 Jan. 1657 Ein Berichtschreiben an B. und R. der Stadt Hamburg decretum, quo expedito insinuato & utrinque communicato tandem 2 Sept. ejusdem anni, processus pure denegati fuere.

NB. Solche Berichtschreiben non habent effectum suspensivum.

b) Rat. quoniam quamdiu judex superior adhuc de jurisdictione sua dubitat, judici inferiori inhiberi non debet.

§. 124.

§. 124.

Revisionis abbreviatio, und Executionis promotio,

Nach Berathschlagung a) des Puncti appellationis haben Wir mit Chur-Fürsten und Ständen, und der abwesenden Räthe und Gesandten, wegen Abkürtzung der Revisionen und Beförderung der Execution über die gesprochenen Urtheile, in reifer Uiberlegung, wie die vielfältigen Revisiones zu verhindern, und denselben zu begegnen seyn möchte, uns dahin verglichen. Setzen, ordnen und wollen auch, daß gleichwohl der Effectus suspensivus bey den gesuchten revisionibus wider die Cammer-Gerichtliche Urtheile inskünftige aufgehoben, und allein devolutivus b) stat finden soll, jedoch mit der Condition, daß die Parthey, vor welche die Sententia gesprochen, und von deren die Execution begehret wird, genugsame Caution de restituendo, auf den Fall der Verlustigung der Sachen, in dero Revision-Gericht leisten soll, welche Cautions-Leistung alsdann dem Gegentheil in Schriften zu seiner Nachricht und fördersamsten Erklärung zu communiciren, würde nun derselbe solche Caution nicht sufficient erachten, und dargegen excipiren, auf solchen Fall hätte sich der Judex zu interponiren, und das arbitrium zu halten, dafern aber der Richter über des obstegenden Theils Vermögen, wie auch die offerirte Caution, ob dieselbe sufficient, oder dabey noch etwas desiderirt würde, nicht genugsam informiret, so soll er ohne fernere Schrift-Wechselung alsobald entweder bey den Kreis-ausschreibenden Fürsten der Obrigkeit, oder aber durch Mittel einer Commißion, wie er es für gut, und zu Beschleunigung des Processes nützlich befinden würde, der eigentlichen Beschaffenheit sich wohl erkundigen, und alsdann darauf sprechen, da jedoch der Judex vermeynen würde, daß die Partheyen über die angezogene Informationes, noch mit einer Schrift zu vernehmen, soll ihnen solches zu thun erlaubt, weitere Schriftwechselung verboten, auch von ihnen jederzeit zu Einbringung der Schriften, mehr nicht als zween Monate zu bewilligen, vergönnet werden, und damit der Process nicht gar zu lang continuire, und die Audientien dadurch verhindert werden, soll besagter Punctus cautionis coram Deputatis vollführet werden, wie und welcher Gestalt aber Chur-Fürsten und Stände dießfalls zu caviren haben möchten: Obwohl dieselbe dato bey der schriftlichen Caution gelassen worden, so soll doch solches aus allerhand Ursachen und Bedencken, wie auch wann ein Armer nicht zu caviren hätte, dem Richter allerdings anheim gegeben, beneben solche Cassatio effectus suspensivi revisionum auf die künftige, und nicht auf diejenige revisiones, welche schon vor diesem in Camera gesucht worden, verstanden werden, wie denn auch in den künftigen revisionibus, welche in Geistlichen oder Religionssachen gesucht werden möchten, der effectus suspensivus noch so lang zu lassen, bis auf bevorstehenden prorogirten Reichs-Tag oder andern Reichs-Convent man sich hierüber ebenmäßig eines andern vergleichen wird, doch sollen unterdessen dergleichen Religions- oder Geistliche Sachen allezeit vor andern Revisions-Sachen zu Entscheidung befördert werden, und die bey hiesigem Reichs-Tag zu schleuniger Hinlegung aller alten Revisions-Sachen verordnete extraordinaria visitationes, ihren ohnfehlbaren gewissen Lauf so lange haben und behalten, bis sie vollkom-

Jurist. Oracul V Band.

mentlich erlediget seyn; Zu den neuen Revisionen aber, und damit dieselbe alsobald vorgenommen und erörtert werden, soll erforderter Nothdurft nach der vierte Theil von gemeldten extraordinariis Visitatoribus gezogen werden, wie solches alles hierunter mit mehrerm versehen.

a) Revisio hæc multifariam differt ab ea quæ coram judice inferiore petitur, de qua vid. auch. quæ supplic. Cod. de precibus Imper. offer.

NB. De Revisione SCtum de Anno 1619, quod in corpore Communium Decretorum reperitur, notandum, cum autem illius dispositio hic non repetita vel confirmata, ea propter valde dubium, an illud SCtum adhuc vires habeat, nec ne, sed potius Constitutio hæc nova sola observanda & sequenda sit.

b) Idem jam olim constitutum erat in R. I. 1502 art. Cammer-Gericht betreffend, 2 § und damit 16. Sed cùm illud Anno 1555 in O. C. p. 3 tit. 50 non expresse repetitum esset, inter Camerales in utramque partem acriter disputatum est, utrum Revisio effectum suspensivum habeat, atque sic consequenter executionem impediat, an non? de quo videri potest Schw. 1 c. 75 n. 22 usque 28. Revisionem executionem impedire concludit Gail. 1 O. 154 n. 3 & 4, Idem de Arrest. cap. 12 n. 3 & 4. Contrarium sentit Bender. d. Reviß. concl. 20, cum Gail. facit Mind. de mandat. cap. 28, ubi n. 8 inquit : in præjudiciis a Bendero dict. conclus. 20 n. 79 allegatis, in quibus effectus suspensivus locum non habuit, singularem subfuisse rationem. Alia præjudicia, in quibus, interposita Revisione non attenta, sententia executioni mandata, & quæ circa annum 1571 contigere, recenset Gylm. voc. Execut. Postea vero per pragmaticam sanctionem constitutum, ut pendente Revisione in Executione non procedatur, Deput. A. 1600 § Als auch Streit ꝛc. 144. Excepto 1) in causis mandatorum de relaxando captivo, 2) in causis decretorum alimentorum, Deput. 1600 § belangend ꝛc. 146, in Causis petitionis hæreditatis, restitutionis in integrum ac similibus, licet executio etiam fuerit suspensa, tamen in puncto liquidationis procedi potuit, d. § Als auch Streit ꝛc. 144. Cum deinceps tempore sequenti litigantes freti, quod Executio ante finitivum judicium Revisionis non haberet locum, Revisionis beneficio nimis abuterentur per SCtum Cameræ 1619 constitutum, ut Assessores semper antea cognoscerent, utrum revisioni esset, deferendum vel non: Si itaque a sententia, a qua revisio petita, de jure communi & imperii Constit. non potuerit appellare vel ipsa appellatio effectum suspensivum non habuerit, potuerunt Revisionem denegare & sententiam executioni mandare. S. B. 1618 per tot. Sed hæ controversiæ per hunc § sunt decisæ.

§. 125.

Revisio quando petenda.

In Fällen, da die Appellationes vermöge gemeiner Rechten nicht zuläßig, sollen auch die revisiones nicht stat finden, und ein jeder der Revision zu suchen begehrt, dieselbe in den nächsten vier Monaten a) von Zeit an der ausgesprochenen Urtheile, bey Strafe der Desertion bey unserm Neven dem Chur-Fürsten zu Mayntz b), oder wann derselbe bey der Sache interessirt, bey Chur-Trier ausbringen, und dem Cammer-Gericht insinuiren c), wie nicht weniger seine Revisions-Beschwerden, da er einige zu produciren willens d), summariter, kürtzlich und unterschiedentlich übergeben, oder im Fall er daran rechtlich verhindert, vermittelst dessen Bescheinung, einen anderweitigen Termin hierzu begehren e), auch zugleich sowohl die Parthey als der Advocat, entweder selbsten, oder vermittelst ihres bestellten Anwalts, ju-

Jiij

ramen-

ramentum revisorium abzulegen schuldig und verbunden seyn, und da eines oder das andere im angesetzten termino der vier Monaten unterlassen, und dem nicht Folge geleistet würde, die vermeynte Revision als nicht gesucht, oder vor nichtig gehalten, und die Urtheile simpliciter, als in rem judicatam erwachsen, der Execution untergeben und anbefohlen, das juramentum revisorium aber sowohl wegen der Anwalt, als der Principalen u. Procuratoren eigenen Schwörens halben, gestalten Dingen nach, wie es bishero gebräuchlich gewesen, bey unserm Cammer-Gericht abgelegt werden.

a) Sic, cum Senatus Francofurtensis, utpote in causa d'Orville contra Porß Appellationis in subsidium 28 Augusti Anno 1656 condemnatus per Notarium Gochenauern 24 Novembris eod. anno, adeoque intra legitimum adhuc tempus, in Camera Revisionem intimaret, non tamen produceret legitimum procuratorium, Revisio 12 Decembris prædicti anni non pure, sed ad importatum insufficiens mandatum, relicta libera facultate intra quadrimestre producendi sufficiens, rejecta est. Cum autem postmodum in tertia juridica post terminum, adeoque sero nimis Revisionem suam renovaret, & aliud procuratorium etiam insufficiens produceret, per sententiam 13 Martii 1657 latam Revisio utpote serius intimata rursus ut pure, ut & tres aliæ revisiones, inhærendo prioribus per tot sententias rejectæ fuerunt.

b) Ita prædictus Senatus in Causa d'Orvilliana ab Electore Moguntino ut & Electore Bavaro tanquam vicario Imperii ob prætensum jus publicum Imperii petiit & obtinuit quartam Revisionem & Resp. Citat. quæ product. 12 Octobris 1657.

Adhuc enim supplicans narrat, 1 se sententia Camerali gravatum esse, & ideo beneficio revisionis uti coactum. Deinde Moguntinum implorat, ut ejus Revisionem interpositam Cæsareæ Majestati & futuris Revisoribus indicare, haud dedignari, eamque judicio Camerali quamprimum notificare velit; quo facto Moguntinus literas notificatoriales (Denuntiations-Schreiben), Cameræ insinuandas edit; Has deinde Revisionem petens, per aliquem judicio Camerali non subjectum produci curat. Quamvis ante hunc Recessum etiam Procurator Cameræ juratus dictas literas certo modo, de quo Roding. pag. 919 & seq. in judicio Camerali exhibere poterat, tamen id hodie, quia simul juramentum Revisorium præstandum ac gravamina Revisionum, quæ tendunt ad taxationem Cameræ, exhibenda sunt, tantummodo fit per procuratorem extraneum.

c) Ergo non sufficit impetratio, sed & insinuatio Cameræ non tantum extrajudicialiter, sed etiam quam maxime judicialiter facta. Sic in prædicta causa D'Orvilliana Senatus Francofurtensis obtinuit quidem intra quadrimestre, & insinuavit Cameræ extrajudicialiter præd. Revisionem, quæ cum judicialiter remissa in prima post terminum audientia non fuerit extrajudicialiter producta, exinde Revisio utpote sero nimis intimata, per sententiam rejecta fuit. Sed quæritur: An etiam Advocati & Consiliarii effectivi Statuum teneantur hoc juramentum Revisorium præstare? videtur, quod non; quandoquidem tales Advocati vigore hujus Recess. §. über dieses 57 a juramento calumniæ adeoque & Revisorio exempti sunt. Quo non obstante tutius & verius est, etiam hos Advocatos ad hoc juramentum astringi: 1. Quia dispositio hujus §. nec hos vel alios a necessitate jurandi excipit, sed generaliter loquitur, indeque fictio novæ exceptionis locum non habet; 2. Plerumque & sæpius Status Imperii vel ob commodum continuandæ possessionis, remedio hoc Revisionis abutuntur, quorum & Consiliariorum libido hoc sacramento tanto magis constringi potest. Nec obstat d. §. h. R. utpote qui ab hoc casu vel processum frequentia vel favore judicati summi Imperii Dicasterii toto cœlo distat, & applicatio est a plane separatis, & sic in sæpius men-

tionata causa d'Orvilliana contigit, & desuper judicatum fuit, de quo videatur totum Protocollum in Causa Waldeck contra Ostfriessland S. Q. nunc Execut.

Notandum, quod Consiliarii Comitis, modo Principis Frisiæ se obtulerint ad juramentum Revisorium 5 Julii 1655. Ad finem hujus §. adde Roding. p. 917 & sequent.

d) Sicuti in causis Appellationum in potestate appellantium est, utrum gravamina Appellationis exhibere, an ad Acta priora submittere malint, vid. supr. §. wolte er aber ꝛc. 65. Ita quoque Revisionem petens pro suo arbitratu gravamina Revisoria producere vel hisce omissis solam Revisionem Actorum petere potest. Novi vero aliquid deducere minime licet, quia alias non esset Revisio, sed potius additio & Novatio Actorum, super qua judices non essent auditi. Ideo l. per hanc C. de tempor. Appellat. videlicet non deducta deduci, ac non probata probari posse, in Revisorio judicio locum non habet. Gail. 1 Obs. 154 n. 2 ibi: Rechtlich behindert, i. e. legitime impeditus seu legali impedimento retardatus.

e) Sc. a Camera. Ita in causa Waldeck contra Ostfriessland aliquot gravamina insinuata sunt & ad plura producenda prorogatio petita, quæ etiam a judice Cameræ est concessa.

§. 126.
Revisio frivola, und Sententia per Revisores confirmata.

Damit dann auch die Partheyen von den frivolis revisionibus um so vielmehr abgehalten werden, so sollen die acta, so man zur Revision zu bringen vermeynt, nicht allein von den Revisoren nach Beschaffenheit der Sachen tarirt, und die Sportulæ von demjenigen, der sich der Revision gebrauchen will, alsbald a) wircklich ad Archivum hinterlegt werden, und er, da sententia per revisores confirmirt, oder auch von der Revision wiederum abgewichen, oder derselben renunciiret werden wolte b), solcher hinterlegter Gelder, (es wäre dann, daß die Partheyen sich vor wircklicher Vernehmung der Sachen gütlich vergleichen würden), verlustig seyn, sondern in alle Wege, auch wann die Temerität und der Muthwille zu groß, die Parthey und Advocaten über dieses alles noch darzu mit einer ansehnlichen Geld und auf den Fall ihrer Unvermögenheit mit Leib-Strafe, nach Ermäßigung, belegt, die Strafen zwar zu Unser Kayserlichen und des Heil. Reichs Cammer-Gerichts Nothdurft, die Sportulæ aber, zu der Revisoren Unterhalt verwendet werden. Was aber die Taxation der alten nun von vielen Jahren zusammen geschwollenen Revisions-Sachen belanget, da soll vor dieß erste mahl durch die Assessores, wann sich die Parthey auf das ausgegangene Kayserl. Edict c) die Sache zu proseqviren erklärt, auf der Revisoren Ermäßigung vorgenommen, der Parthey nachrichtlich verkündiget, und durch dieselbe zum Archivo eher nicht, als wann an die Sache Hand geschlagen wird, eingetragen werden.

a) Non statim, quando Revisio insinuatur, sed statim post factam a revisoribus taxationem.

b) i. e. nimis sero & post tempus in Ordinatione præfixum. Deput. Abschied de Anno 1557 §. Wiewohl ferner 25 und Denais. Jur. Cam. c. 271 §. 12.

c) Summa hujus Edicti est, quod omnes scil. Status five medii Imperii intra anni spatium post publicationem revisiones antehac petitas & intimatas sub præjudicio desertionis renovare & reassumere debeant, qua ratione multi hodie sunt præclusi. Roding. p. 911.

§. 127.

§. 127.
Summa revisibilis.

Zu Abkürzung der vielfältigen Revisionen sollen, gleichwie eine gewisse summa appellabilis, also auch revisibilis, und zwar auf 2000 Rthlr. Capitals a), ohne Einrechnung der Zinse und Interesse, hiemit gesetzt, auch in den Sachen b) und Fällen, da von dem Unter-Richter an Unser Cammer-Gericht nicht appellirt werden kan, auch von demselben Cammer-Gericht, da sie daselbst in Gestalt simplicis querelæ c) angebracht d), keine Revisio stat haben.

a) Quia hic expresse requiritur, summam Capitalis continere duo millia Imperialium; ergo in omni Appellatione non est necessarium, ut summa appellationis sit talis, ratione simplicis Capitalis, sed videtur, quod sliquæ pensiones possint in istam summam computari. vid. Roding. p. 265.

b) Quod explicandum secund. § 119 scil. de Appellationibus, quæ vigore juris communis non admittuntur, in quibus proinde & tanto minus revisio locum habet: Aliud vero obtinet in casibus, qui ob privilegium inferioris judicis non sunt appellabiles, utpote in quibus causa in Camerá per processum S. Q. jam decisa, privilegium inferioris attendi necesse non est. Roding. p. 927.

c) Imo etiam in causis, quæ per aliam viam sive Mandati ad Cameram semel devolvuntur, & ibidem sententia publicata fuerit, in quibus regulariter Revisio non datur.

d) Utpote cum in Camerá in causa S. Q. pronunciatur simplici interlocutorio in contumaciam vel alio modo, quo Appellationes de jure non admittuntur, in quibus regulariter Revisio non datur.

§. 128.
Ueberhäuffte Revisiones, Visitationes.

Wie nun die überhäuffte Revisiones zu erledigen, und dann die Visitationes a) und Revisiones wiederum in vorigen Gang zu bringen, obwohl dißfalls ein gewisser Modus in der Cammer-Gerichts-Ordnung und Reichs-Abschieden vorgeschrieben, die Obstacula, derentwegen die Visitationes und Revisiones b) bißhero ins Stecken gerathen, durch den allgemeinen Friedens-Schluß aus dem Weg geräumet worden, und zwar Anfangs in der Cammer-Gerichts-Ordnung versehen, daß iedesmahl zween aus dem Fürsten-Rath, und von ieder Banck einer, und unter diesen zweyen denen Ordinari-Visitationen, Abwechslungs-Weis entweder selbst in Person beywohnen oder einen andern Fürsten an seine stat dahin verordnen soll; Dieweilen aber der Ursachen halber diejenige, welchen in Person zu erscheinen die Ordnung getroffen sich zu mehrmalen, ohnerachtet der im widrigen Fall angesetzten Strafen von fünftausend Goldgülden c) entschuldiget, und dardurch die Visitationes oder vielmehr Revisiones allerdings gestecket: So sollen nun hinfüran den sonsten, vermög des Reichs-Constitutionen, den Visitationen in Person beyzuwohnen iedesmals die Ordnung betrifft, solche persönliche Erscheinung in seine Willkühr gestellet, und ihm aus seinen qvalificirten Räthen, gleich den andern beschriebenen Ständen iemand, iedoch zu mehrerm Respect aufs wenigste einen von seinen vornehmsten Ministris, an seine Stelle zu verordnen, erlaubt seyn.

a) Hæ Visitationes primum Anno 1507 introductæ sunt, vid. O. C. 1507 Art. daß eines ieden Jahrs 14. Ubi

Jurist. Oracul V Band.

constitutum; ut Camera quotannis a certis Imperii Statibus visitaretur, & quidem certo die per judicem Cameræ visitatoribus denominando. Postea vero Anno 1521, cum Carolus V Regimentum Imperii restauraret, sancitum, ut quamdiu d. Regimentum & Camera in loco remorarentur, hæc ab illo visitaretur, O. C. 1521 art. Wie das Cammer-Gericht 54, Ordin. des Regiments 1521 § Es soll unser rc. 10. Ast, cum mox etiam Regimentum suis vitiis laborare inchoaret, Anno 1526 antiquus visitandi modus receptus, ac constitutum, ut utrumque a Statibus Imperii visitaretur, R. A. 1526 § 28, R. A. 1529 § Und nachdem rc. Deinde Regimento in totum sublato, (nolebant enim Status Imperii illud amplius suis sumptibus sustentare, vid. R. I. 1530 § Weiter nachdem rc. 74 & O. C. 1531 § Item Dieweil rc. 30) ac dispositione visitationis in melius formata, placuit, ut dies visitationis non quemadmodum antea a Judice Cameræ determinaretur, sed perpetuo esset 1 Maji Anni cujusvis, atque quilibet Status secundum ordinem, quem in sessionibus in Comitiis teneret, ad illam visitationem a Moguntino requisitus propriis impensis veniret, R. A. 1532 art. 2 § Und nachdem rc. 2. Quæ dispositio in O. C. p. 1 r. 50 confirmata, atque in hoc Recessu § Nachdem nun rc. 172 repetita est.

b) Quanquam Constitutores judicii cameralis tantam confidentiam ac spem de illorum, quos dicto judicio præfecturi essent, singulari integritate, magná Juris peritia, ac prudenti in judicando dexteritate habuerint, ut sententias ab ipsis prolatas omnino ratas ac firmas manere, eisque acquiescendum esse voluerint, O. C. 1495 art. 1 verb. Und was. Quia vero partes in Camera succumbentes de sententiarum ibi latarum iniquitate ac nullitate conquererentur, arg. R. A. 1532 art. 3 § Ferner als 15 & Und sollen rc. 17. Ut istis querelis succurreretur, Anno 1531 Revisio & Syndicatus sunt introducta, R. A. 1532 art. 3 § Und damit rc. 16, de quibus vid. Roding. pag. 890 usque 935.

c) Quanquam primitus Visitatoribus ac Revisoribus emanentibus nulla pœna constituta erat, cum vero ex illorum frequenti emansione multa damna non solum Visitatoribus atque Revisoribus comparentibus, sed etiam partibus litigantibus exorirentur, sancitum, ut dicti emanentes tam Visitatoribus ac Revisoribus venientibus, quam litigantibus sumptus itineris ac commorationis refunderent, R. A. 1559 § Solte aber rc. 2 seq. Cui pœnæ postea & alia adjecta, nimirum hæc, ut emanentes, si essent Principes vel Principum dignitate decorati, 3000 aureos florenos ad sustentationem Cameræ insuper solverent. R. A. 1566 § Wir setzen, ordnen, rc. 81. Cum quidam Principes præfatam pœnam 3000 aur. floren. tanquam aliquatenus levem contemnerent, illa ad 5000 aureos florenos adaucta est, R. A. 1570 § Aus besondern 102. Et de his 5000 floren. loquitur præsens §. Sed quæritur: Cum hic necessitas Principibus in persona comparendi remittatur, anne etiam ista pœna 5000 aur. floren. si ne quidem aliquem ministrum mittant, adhuc hodie locum habeat? Ego autumo, quod non, quoniam illa pœna tantummodo necessitatem personalis comparitionis concernebat, qua necessitate sublatá, etiam pœna censetur sublata, puto tamen, illos utique ad pœnam 1000 Aur. floren. qua reliqui Status non venientes vel suos non mittentes plectuntur, adstrictos esse, uti & sumptus itineris commorationisque reliquis Visitatoribus, Revisoribus ac litigantibus refundere tenentur per § seq. in medio.

§. 129.

Zum andern, soll auf eines aus den Revisoren Nichterscheinen, die Acta darum nicht wie von Alters, und vermöge der Ordnungen beschehen, ohnrevidirt gelassen, und auf das nachfolgende Jahr verschoben, sondern an des abwesenden Stands Stelle, gleich der andere, welcher ihm in ordine

suc-

succedirt, von Speyer aus beschrieben, und also die Anzahl complirt, und doch nichts desto weniger derjenige so nicht erscheinet, die Unkosten, welche auf den Saumsal und sonsten ergangen, neben der in den Reichs-Abschieden statuirten Straffen erlegen, es wäre dann Sach, daß ein solcher beschriebener Stand, den ihme in der Ordnung folgenden Mitstand von gleicher Qvalität a) bewegen könte, daß er zu selbigem mahl an seiner stat den Visitations- und Revisions-Tag zeitlich genug beschicken thäte, welchen Falls er der verhinderte Stand die nächstfolgende Visitation hinwieder verrichten zu helffen, verbunden seyn soll.

a) i. e. ut Princeps Principem, Comes Comitem, una Civitas aliam substitueret.

§. 130.
Extraordinari Deputation.

Damit dann auch zum dritten die alte überhäuffte in grosser Menge bestehende Revisiones dermahlen ehest revidirt und expedirt werden, so ist ein extraordinari Deputation a) aus denjenigen Ständen, welche mit qvalificirten, der Cammer-Sachen erfahrnen Subjecten dermalen versehen, in so starcker Anzahl, daß sie in vier absonderte Räthe vertheilet werden können, nemlich von vier und zwantzig Ständen verordnet, welche auf den 1 Novemb. dieß lauffenden 1654 Jahrs in unserer und des Heil. Reichs-Stadt Speyer sich einfinden, nächst Verrichtung der Visitation, forderst dasjenige, was jetzo in puncto justitiae geschlossen, und etwan bis dahin noch nicht völlig zum Effect gebracht seyn möchte, werckstellig machen, und die Revisions-Sachen unter Hand nehmen, darinnen fleißig verfahren, und dann so viel möglich erörtern, damit auch das gantze Jahr hindurch wieder bis auf den ersten Novemb. des folgenden 1655 Jahrs vollfahren, auf solche Zeit aber durch eine anderwerte Deputation in gleicher Anzahl abgelöst werden, welche bis auf den ersten May An. 1656 bleiben, alsdann durch eine andere gleichmäßig ersetzet, und solche Abwechselung von halben zu halben Jahren, bis die alte Revisiones alle erledigt, ohnaussetzlich fleißig continuirt, und wiederholet, hierzu aber iedesmahls diejenigen Stände, welche in vorhergehenden Extraordinari-Deputationen noch nicht bemühet gewesen, so lange bis es unter allen Ständen herum gelauffen, nach Inhalt des hierunten gesertigten schematis deputirt, auch sie die deputirte Stände, nach der, in solchem schemate versehenen Ordnung, von unserm Neven dem Chur-Fürsten zu Mayntz, iedesmal zeitlich, und zwar die erste Classe auf den ersten Novemb. nächstkünfftig, die andere, wieder auf den ersten Novemb. des 1655 Jahrs, die dritte, den ersten May An. 1656 und also fortan alle fünf Classen nach einander von halben zu halben Jahren beschrieben, und ihr der Deputirten, oder beschriebenen Ständen wirckliche oder zum wenigsten zu diesem Actu verpflichtete Räthe b), die der Rechten und des Processes wohlerfahren und in den revidirten Sachen, mit Advociten oder Urtheil sprechen, vorhin nicht gebraucht worden, noch sonsten interessirt seyn, verordnet und gebraucht, sonderlich aber auch keinen zween unterschiedliche Gewalt oder Vota auffgetragen werden,

damit aber die etwan von neuem vorfallende Revisions-Sachen in der Zeit nicht wieder aufschwellen, sondern mit und neben den alten erlediget werden, so soll iedesmal aus den geordneten vier Extraordinari-Revisions-Räthen, einer zu den neuen Revision-Sachen specialiter deputirt, und solche von demselben erlediget, nach deren Erledigung aber ihm auch alte Revisions-Sachen unter die Händ gegeben werden, des Chur-Fürsten zu Mayntz Liebd. sollen auch denjenigen Ständen, welche zu der Revision deputirt seyn, die Parteyen, welche sich in dem, durch Unser unlängst ins Reich und dessen Kreise ausgelassenes Kayserliches Edict bestimmten Termin bey ihrer Cantzley angegeben, benennen, beneben auch dem Cammer-Gericht zu wissen machen, daß selbiges die Acta auffsuchen lasse, und dieselbe zu diesem erstenmahl, auf Ratification der Revisoren taxire, und den Parteyen verkündige.

b) Ad hanc Deputationem extra Episcopi & Principis Ratisbonensis ut & Mecklenburgici Deputatos Dom. Doctorem Bazium & D. Hain & cæteris Statibus nemo comparuit Spiræ, qui proinde re plane non incepta nedum expedita abierunt. vid. Roding. pag. 928.

c) Ergo etiam Consiliarii vel alii, qui non sunt Statuum Deputati Juramento adstricti, quemadmodum in Anno 1654 nonnullos ad id requisitos fuisse memini, sed si tales Statibus nullo juramento adstricti sunt, ad hunc actum speciali juramento adstringendi.

Quod attinet Electorem Moguntinum, ad illum non pertinet cognitio, an Revisio sit frivole interposita, sed illam, sive frivola sit sive non, interpositam esse, iste duntaxat Cameræ denunciat. Utrum vero Camera interpositæ Revisioni deferre teneatur, distinguendum inter formalia ac materialia Revisionis: Si illa deesse invenit, Revisioni deferre non tenetur, ideo illius prosecutionem denegat. Circa materialia, utrum scil. Revisio frivole vel bene sit interposita, soli Revisores cognoscunt.

§. 131.

Es sollen aber auch die deputirte Revisores, ehe sie nach verflossener ihrer Zeit von Speyer wieder abreisen, die unter Handen habende Sachen, darinnen sie zu arbeiten angefangen, vollends erörtern, und sich vorhin daraus nicht hinweg begeben.

§. 132.

Nachdem nun die alte Revisions-Sachen expedirt, und aus dem Weg geräumet worden sind, sollen die ordinari Visitationes wieder eingeführt, und alle Jahr, Inhalts der Cammer-Gerichts-Ordnung fortgesetzet, auch weilen von An. 1582, also in siebentzig Jahren keine ordinari Visitationes und Revisiones gehalten worden, der vorstehenden ersten extraordinari Visitation Unsers Cammer-Gerichts, von unsern Kayserlichen Commissariis und der deputirten Chur-Fürsten und Stände Abgesandten, ein gewisses schema verglichen, und in unsers Neven des Chur-Fürsten zu Mayntz Liebd. Cantzeley auffbehalten, auch derselben in Beschreibung zu solcher jährlichen ordinari-Visitation, beständig nachgegangen werden.

§. 133.

Wenigers nicht, sollen die Revisores zwischen den Parteyen, die sich zu solchem Ende einfinden möch-

möchten, jedoch ohne Auffzug und Hinderung anderer Sachen, die gütliche Vergleichung, sonderlich in den wichtigen Sachen, vor allen Dingen zu versuchen a), auch die Acta, da metus errorum vorhanden, vor andern fürnehmen u. expediren, wo aber die Revisio frivole gesucht wird, soll derselben von denen Revisoribus keines Wegs deferirt werden.

> a) Quod in hoc judicio Revisorio singulare, in aliis vero causis cum styli vel plane in observantia non sit, partes litigantes ad amicabilem tractatum persuadere, nedum urgere possunt: Imo nuper in causa de Wedige contra Franckfurt, item Dieden contra Dieden, aliud observatum, vid. notata supra ad § zweytens 104.

§. 134.
Concept Cammer-Gerichts-Ordnung.

Das An. 1613 begriffenes, und unter währenden damahligen Reichs-Tag vorbrachtes, von uns und den Ständen des Reichs, bis anhero noch nicht zu Vollkommenheit gebrachtes Concept der neuen Cammer-Gerichts-Ordnung, soll bey nächstkünfftiger Visitation von den Visitatoribus mit Zuziehung und Vernehmung der Assessoren, wie auch etlicher erfahrner Cammer-Gerichts-Procuratorn und Advocaten berathschlaget, revidirt, zugleich alles dasjenige, was allhier verglichen und verordnet, eingetragen und das Werck gantze præparatorie mit Gutachten also eingerichtet werden, daß man es auf nächstkünfftigem prorogirten Reichs-Tag völlig erledigen könne.

§. 135.
Dubia Cameralia.

Ratione Dubiorum Cameralium a), (so wohl den Proceß als die Jura selbsten betreffend,) sollen die Assessores dieselbe hierzwischen zusammen tragen, zeißlich überlegen, und das hierüber gemachte Conclusum, nicht weniger zur Mayntzischen Cantzeley zu dem Ende überschicken, damit von daraus den verordneten Visitatoren und Revisoren davon bey Zeiten Communication beschehen, dieselbe sich darinnen der Nothdurfft ersehen, und bey bevorstehender Visitation die befundene Mängel um so viel desto besser examiniren, und denenselben abhelffen können.

> a) Quale dubium Ratione Processus hoc esse videtur quod in Deput. Absch. Anno 1600 expresse dispositum sit eo casu, quo utrinque apud Acta existentibus Procuratoribus causa pure submissa fuerit, mortuo ex post uno vel altero Procuratore, vel in partibus litigantibus, Judex nihilominus nec citata altera parte definitive pronunciare possit, cujus contrarium in praxi quotidiana, & Procurator urgens sententiam semper & ubique ad ordinar. impetrationem citationis ad reassumendum remittit.

§. 136.
Præjudicia Cameralia.

So viel aber die bey diesen Puncten von den Assessoren selbsten in ihrem An. 1643 nacher Franckfurt den Deputirten überschickten Bedencken berührte Contrarietäten und præjudicia Cameralia anbelanget, welche sich theils auf die Advocaten a) und Sachenwalter nicht unbillig ziehen lassen, sollen die Assessores solche gegen einander lauffende Præjudicia in alle Wege verhüten helffen, und da sich dergleichen Fälle begeben würden, fürderlichst in pleno sich eines gewissen vereinbaren.

a) Deputati, qui Francofurti Anno 1643 conveniebant, punctis, super quibus Dominorum Assessorum considerationes desiderabant, inter alia in puncto 11 Assessores de hactenus percepta contrarietate præjudiciorum, quæ plerumque Advocatos dubios redderet, utrum ulterius contendere, an cedere debeant, in posterum vitanda, admonuerant. Hanc imputationem a se devolventes Assessores regerebant, in Camera considerata facti specie ac circumstantiis, quarum minima subinde decisionem subverteret, quia jus ex facto oriatur, nulla contraria præjudicia existare, sed sæpe Advocatos & Procuratores in culpa esse, dum ex juris imperitia vel affectibus pro contrario præjudicio haberent, quod tamen revera tale minime esset. Inde hic dicitur, quanquam non immerito de dictis Advocatis ac Procuratoribus istud asseri queat, tamen Domini Assessores nihilominus etiam ista contraria præjudicia, quæ forsan revera adesse possent, evitare debere, ac in pleno se concordare.

§. 137.

Es sollen auch Chur-Fürsten und Stände des Reichs bey ihren Unter-Gerichten die Verordnung thun, damit so viel möglich, bey denenselben, die Norma der Cammergerichtlichen Processes observiret werde, jedoch mit diesem ausdrücklichen Vorbehalt, dafern bey solchen Judiciis ein anderer Modus eingeführt, und bis dahero beständig hergebracht worden, daß es auch dabey sein ohngeänderter Verbleiben haben soll, gleichwohl aber, was von Abschneidung der productorum Weitläufftigkeit oben versehen, in Acht genommen werde.

§. 138.
Pfändungs-Constitution.

Demnach sich auch a) unterschiedene Stände beschwert, daß die Pfändungs-Constitution im Cammer-Gericht, in Erkennung der Processen und nach eingewendeten Exceptionibus, bey Aufferlegung der Parition, also weit extendirt, daß dadurch derjenige, so in ruhiger Possession ist, gantz unerkanter Sachen der Possess unter dem Schein, als ob solche strittig, entsetzet, und den impetrirenden Theil, durch einen Nebenweg zugeeignet werde, was er so gleich directo zu erlangen nicht getrauet b), und solches vornehmlich durch Behuff und Veranlassung des An. 1600 auffgerichteten Deputations-Abschieds, § Wann zwischen zweyen Partheyen rc. c) Also soll, nach dem der Cameralen Gutachten hierüber allbereit eingeholet worden, bey nächst bevorstehender Visitation, das Werck mit den Assessoribus nochmalen mit Fleiß examiniret, etwas gewisses præparatorie verglichen, und auf nächstkünfftigen prorogirten Reichstag gebracht, und allda von uns, mit Zuziehung Chur-Fürsten und Ständen, völlig erörtert werden.

a) Ad obtinendos processus super constitutione pignoratitia hodie non solum requiritur verisimilis probatio possessionis istius juris, super quo pignoratio facta. Ita decretum 1618 15 Septembris in duabus causis simul: Rhein-Grafen contra Zweybrücken, und Schweinfurt contra Würtzburg supplic. pro Mandat. auf die Pfändungs-Constitution, worinne den Supplicanten auferlegt die Beweisung ihrer possession istius juris, worinne sie durch die Pignoration turbirt worden, & hoc non sine ratione, quia est remedium retinendæ possessionis 2) wird auch requirirt, daß die Restitutio pignoris abgeschlagen worden sey, und dasselbe bescheint werde. Ita Decretum in causa Künsperg contra Brandenburg & consortes 13 Julii 1660. vid. Rod. p. 101.

b) V. G Duo Status imperii sc. Cajus & Mevius inter se contendunt de iure venandi in certo quodam loco. Caius perspiciens, Mevium esse in possessione venandi, ideo si via iuris procederet, se in possessorio succubiturum; quo autem occasione constitutionis super pignoratione possessionem sibi acquireret, venatur in isto loco, Mevius Caio retia aufert, canes atque feras captas abducit. Caius impetrat mandatum de restituendo super constit. pignor. Mevio autem, exceptionibus suis reiectis, imungitur paritio, ut nimirum ablata restituat, & ita Mevius ex sua quieta possessione per viam indirectam delicitur, & Caio dicta possessio possessorio nondum debito modo discusso, attribuitur.

c) Verum cum hic in genere de constitutione super pignoratione agatur, hactenus perspicere nequivi, quomodo dictus § Wann zwischen, qui tantummodo de quibusdam pignorationum speciebus loquitur, in genere ad omnes pignorationes extendi possit.

§. 139.
Proceß in Pfandungs-Sachen.

Auf daß auch der Proceß in Pfandungs-Sachen, zuförderst aber in puncto causalium a) sive citationis, nicht so lange verstrecket, und nach Möglichkeit abgekürzet werde, so sollen gleich mit und neben den Exceptionibus sub- & obreptionis, auch die Pfandungs-Ursachen und hauptsächliche Handlung, wie oben erläutert, übergeben b), und in diesen beyden Puncten pari passu, jedoch solchergestalt, verfahren werden, daß einer den andern an Decision und Erörterung derselben nicht verhindere, sondern wann in puncto paritionis die Sachen zur Genüge instruirt, ohnerwartet bis man in puncto causalium submittiret c) ein Urtheil gefället, wie nicht weniger die causæ mandatorum auf die Pfandungs-Constitution, und von Arresten, wann inter easdem partes, de eodem jure, ex novo facto disputirt d) wird, iederzeit demjenigen Senatui committirt werden, von welchem zuvor darinnen gesprochen worden, und wann nach verworffenen Exceptionen paritoria ergangen, der Impetrant in puncto causalium vor der wircklichen Parition zu verfahren, nicht schuldig seyn, im übrigen aber Cammer-Richter und die Präsidenten ihre Aufsicht haben, damit keine Sachen demjenigen Referenten, welcher vorhin die Proceße erkannt, ad expediendum gegeben.

a) Observandum, quod in processu super constitutione pignorationis duplex punctus sit discependus, ac in utroque puncto pari passu procedendum. Unus vocatur punctus mandati, item punctus paritionis, & in eo tantummodo agitur de pignoribus restituendis ac procediur, uel in aliis mandatis S. C. Alter appellari consuevit punctus causalium, quia pignorator in eo suas causas, ob quas pignoraverit, proponere, ac jus pignorandi sibi competens deducere tenetur. Alias etiam vocari solet punctus Citationis, quia in emanatis Processibus super constitutione pignorationis, pignoratori non solum mandatur, ut pignora restituat, sed etiam citatur ad proponendum suum jus pignorandi. Et quamvis pignorans etiam citetur ad docendum de paritione, quod nimirum mandato paruerit, ac pignora restituerit, tamen hæc citatio pertinet ad punctum paritionis seu mandati. Illa citatio vero ad punctum Causalium pertinet. Denique & hoc notandum, quod pignoratus in puncto mandati sit Actor & pignoraris Reus, in puncto vero Causalium pignoratus sit Reus, & pignorans Actor, ibi: die Pfandungs-Ursachen. Notandum, quod hic verba Pfandungs-Ursachen, hauptsächliche Handlung, Causales, jus pignorandi idem denotent. Causæ pignorationis vero Causales dici consuevere, quia ante hunc Recessum illæ causæ per articulos erant proponendæ, & quamquam hodie ille modus articulandi sit sublatus, prout de causalibus traditum supra in § in den mandat's N1. nomen tamen adhuc mansit, idem accidit in verbo defensionales.

b) Potest uterque punctus scil. mandati & causalium vel in unico scripto, vel in duobus, prout unicuique libuerit, deduci ac proponi: Si pignorator Causales in primo termino non exhibeat, ei alios posthac exhibendi via precluditur ac perpetuum silentium imponitur, ut in causis S. Q. & Appell. supra disp.

c) Cum vero in puncto Causalium duplex exhibere liceat, in puncto vero mandati, utpote quod semper sine clausula decernitur, ultra replicas procedere prohibitum sit, citius in hoc quam in illo puncto concluditur.

d) V. G. Si Ticius in certo loco sibi jus piscandi attribuat, ac Sempronium ibidem piscantem pignoret, piscesque auferat, Sempronius vero impetret mandatum de restituendo, ac post illud insinuatum Titius quidem ablata ea vice restituat, sed tamen Sempronium iterum in dicto loco piscantem secunda vice pignoret, ac Sempronius illud mandatum de restituendo impetret, tunc idem jus ex novo facto inter easdem partes disputari dicitur. Etsi a Ticio talis pignoratio aliquoties fiat, & Sempronius toties mandatum impetret, illud quod prima vice impetratum dicitur, causa primi mandati, quando secunda vice, causa secundi mandati, & ita deinceps, ita etiam in causis Appellationum, si v. gr. Cajus adversus Mevium tres distinctas actiones habeat, unam ex hereditate, secundam ex mutuo, tertiam ex injuriis, & Cajus in omnibus succumbens ad Cameram appellet, illa de qua primum appellatum, vocatur causa primæ appellationis, & de qua secundo, nominatur causa secundæ Appellationis, & de qua tertio, tertiæ Appellationis, & sic deinceps. Sin vero Mevius ab aliqua ex his appellet, illa simpliciter causa Appellationis vocatur, uti vocatur & illa, quæ per plures instantias per viam Appellationis demum ad Cameram devolvitur.

§. 140.
Assessor valedicturus Cameræ.

Wann auch ein oder ander Beysitzer vom Cammer-Gericht sich zu begeben, entschlossen, soll vor allem, wo derselbe in den Senatibus re- & correferendo, oder sonsten votando interessiret, seine Re- und Correlation auch respective vota zuvor erstatten, ablegen und compliren, da er auch etwan mit einer Relation gefaßt, alsdann solches dem Cammer-Richter fördersamst anzeigen, derselbe auch ihn mit solcher verfasten Relation alsobalden anhören lassen.

§. 141.
Der Assessoren Wittwen und Kinder.

Hingegegen aber und damit qualificirte Leute sich an das Kayserliche Cammer-Gericht zu begeben, und davon so leichtlich nicht wieder auszusetzen, sondern beständig dabey verharren, desto mehr Ursache und Anlaß haben mögen; So ordnen und setzen Wir, wollen auch hieher kräftig wiederholet haben, was in der Ordnung part. 1 tit. 49 in principio versehen, daß Cammer-Richter, Präsidenten, Beysitzer, Advocaten, Procuratores, Protonotarii, Notarii, Leser, Schreiber, Boten und alle zum Cammer-Gericht gehörige Personen, auch deren nachgelassenen Wittben und Kinder, so lange sie ihr häuslich Anwesen bey und an dem Cammer-Gericht haben, ohnverrückten Stand halten, und sich der Ort nicht in die Bürgerschaft verheyrathen, oder sonsten unter andere Jurisdiction begeben, sammt allem ihrem Hausgesind und Haushaltung, so lange sie in den Schrancken ihrer Cameral-Function verbleiben, aller Orten, Ungelds, Dats, Mauth, Zoll und aller Beschwerung, auch andern Gerichts-Zwangs frey seyn, und damit durch niemand in keine Wege beschweret, sondern bey solcher Befreyung unbetrübt gelassen und gehandhabt, auch bey dem zwischen Chur-Pfalz und dem Cammer-Gericht im Jahr 1579 aufgerichteten Vertrag gelassen, derselbe beyderseits observirt, und die über desselben Verstand schwebende streitige Puncte, te, durch gütliche Conferenz oder in andere Wege erläutert werden, beneben gleichwohl sie die Cammer-Gerichts-Verwandte sich auch keiner Wirthschaft oder Kaufmannschaft brauchen sollen.

§. 142.

Dann wie es wegen derjenigen Cameral-Kinder, welche eigen Hauswesen anstellen, zu halten, soll es salvo utriusque partis jure tam in petitorio, quam possessorio, auf die zwischen dem Cammer-Gericht und der Stadt Speyer veranlaßte Commißion ausgestellt, und dieselbe befördert werden.

§. 143.
Modus referendi.

Den Modum referendi a) belangend, da ist bekandt, welchergestalt der bishero gebrauchte Modus und Ordnung sehr langsam herum gangen, und öfters mit einer Relation, angesehen, sowohl das Votum als die Acta, ad calamum dictiret, über eins, zwey, drey und mehr Jahr umgangen worden: damit nun auch hierinne nothwendige Verordnung und Verbesserung beschehe, so soll das bishero im Brauch gewesene Dictiren künftig eingestellt und verboten, hingegen die Relationes, gleichwie bey andern Tribunalibus zu geschehen pfleget, allein, doch langsam abgelesen werden, damit die übrigen Beysitzer die Nothdurft vermercken, und so viel möglich abnotiren mögen, in alle Wege aber, ehe zu der Relation geschritten werde, der Referent zu Anfang derselbigen, nur mit wenig Worten, worauf submittirt und beschlossen worden, und was ungefehr die merita causæ seyn, anzeigen, sonsten aber alle andere generalia zu erzählen, gänzlich unterlassen, sondern alsobald, was er aus den Acten nothdürftig, und zu der Sachen dienlich protocollirt, mit der gebühren-den Kürze geschicklich referiren, und sich hingegen aller überflüßigen Weitläuftigkeit in Referir- und Lesung allerdings enthalten, fürnemlich aber die Puncts, so allbereit durch ordentlichen Bescheid erörtert, in die Relation nicht wieder einziehen.

a) De modo Referendi præter hæc, quæ hic traduntur, videri potest Denais. de jur. Camer. tit. 259 usque 265. Quod ipsas Relationes attinet, illarum magnam Copiam invenies quoad decernendos Processus apud Gylmannum, quoad vero sententias seu Decisiones causarum, in votis Cameralibus Klockii ac decisionibus Meichsneri.

§. 144.
Ablesung der Relation.

Und nachdem secundo, ein oder ander Beysitzer dasjenige, was referirt oder gelesen worden, vielleicht nicht recht eingenommen, oder ihm sonsten wieder aus der Memorie gefallen seyn möchte, derentwegen die abgelegte Relation actorum gern selbst lesen wollte, so soll des Referenten extrahirte Relatio actorum in Senatu vorgelegt, und einem jeden Beysitzer sich in derselben mehrers informirt zu machen bevorstehen, nach beschehener Durchlesung und eingenommener Information aber, die Relation (die er nicht lang aufzuhalten, wieder an seinen Ort geben, damit sich auch andere daraus informiren, folgends an einem gewissen absonderlichen Ort, von welchem unten Anregung beschicht, geleget werden, welches also in Sachen, sie seyen definitive, oder in einer wichtigen Interlocutorie beschlossen, wie gleichergestalt in sabbathinis relationibus a) observirt und gehalten, und keiner, der sich eines widrigen

unterstehen, und ex ipsis actis und nicht aus seinem Protocoll oder Extract referiren wollte, angehört, sondern abgewiesen werden, jedoch soll den mit dem Referenten in eodem Senatu begriffenen Assessoren b) ohnverwehrt, sondern zugelassen seyn, die Acta mit sich nach Haus zu nehmen, und sich zur Nothdurft darinne zu ersehen.

a) Sabbathinæ Relationes sunt circa simplices interlocutorias vel actorias occupatæ & olim diebus sabbathi expediebantur. Sabbathini alias quæstio est, de cujus decisione contrariis hinc inde præjudiciis exstantibus nihil certi statutum est.

b) Et insuper etiam reliquis Assessoribus, qui ex aliis Senatibus præsenti relationi adjunguntur, ad suum votum dare debent.

§. 145.
Correferent.

Diesem nächst, und damit zum dritten die Sach um so viel desto schleuniger ihren richtigen Lauf haben möge, soll der Referent mit seiner Relation actorum & voto, ehe und zuvor derjenige Referent, so ihm der Ordnung nach vorsitzet, seine Relation abzulegen den Anfang macht, zu dem Ende gefaßt seyn, damit unter solcher Zeit der Correferent die Acta originaliter zu sich nehmen, gleichergestalt sich darinne informiren, und wenn etwan der Referent, in facto sich verstossen, solches erinnern möge.

§. 146.

In alle Wege aber, zum vierten, die angefangene Relationes continuiret, von den Correferenten, sobald Referenten ihre Vota abgelegt, correferirt, und die Vota der Ordnung nach ohneingestellt, und zwar ohne Einmischung einiger andern Sachen, abgelegt, keine andere neue Sachen ante conclusionem angefangen, noch auch die Supplicationes, die man etwan den vorigen Tag nach gehaltenem Audientien a) zu decretiren behindert worden, tempore Senatuum expedirt, folglich hierdurch die bishero eingebrochene Misbräuche abgestellt werden, in dem sonsten Referent die Acta referirt, das Votum aber suspendirt, oder doch die andere ihre Vota darüber nicht eröffnet, die Zeit verlohren gehet, auch wohl gar etliche aus den Beysitzern darunter verstorben, und die Acta in nicht geringer Anzahl hin und wieder in Rathsstuben unexpediret erliegen blieben.

a) Hodie a meridie ad senatum non itur, ideo hæc post audientias supplicationes expediuntur aut Processus decernuntur, sed hæc omnia fiunt ante meridiem.

§. 147.
Ausführung des Voti soll kurz seyn.

Denen Referenten soll fünftens, das lange Ausführen ihres voti sive de facto sive de jure, oder von demjenigen, was allbereit in Relatione actorum vorbracht, langwierig zu reden nicht: vielweniger aber, wie hieroben auch vermeldet, die Vota ad Calamum mit vergebentlicher Zeitverlierung zu dictiren, verstattet werden.

§. 148.

Würde dann, zum sechsten, der Correferent oder nachfolgende Votanten sich mit dem Referenten vergleichen und übereinstimmen, so hätten sie sich allein per verbum placet zu erklären, im widrigen, und da ein oder anderer Votant, zu mehrer Verstärckung des Referenten oder Conferenten Meynung ichtwas vorzubringen hätte, wäre ihm solches nicht zu benehmen, sondern in allerweg frey zuzulassen.

§. 149.

§. 149.

Wann nun vors siebende das Conclusum gemacht, der Sententz zu Papier gebracht, und im Senat beliebet, so soll dieselbe alsbald dem Notario angeben a), von dem Re- und Conferenten unterschrieben, und folgends gebührend publicirt werden.

a) Si sententia est majoris momenti, tunc Referens ipse concipiæ sententiam, sin minus utpote paritoria, simplex vel plena aut actoria sit, tam datur cum summario tenore ad copiendum Notario vel Protonotario.

§. 150.
Referentis subscriptio.

Vorgehend dieses soll der Referent a) zum achten die Relation sammt seinem Voto eigenhändig unterschreiben, und in dem Fall, da entweder unanimiter oder per majora mit ihm geschlossen worden, dem Cammer-Richter oder dessen Amts-Verwesern verpitschiret übergeben b), derselbe auch alsdann solche verpitschirte Relationes actorum und abgelegte Vota in eine Kisten im Gewölbe, darzu zween Schlüssel zu machen, zu welcher der Cammer-Richter einen, und der erste Assessor den andern Schlüssel haben soll, zu legen schuldig seyn, und solche niemand anders, als den Revisoren, oder wann es sonsten etwan in puncto executionis oder liquidationum vonnöthen, gegen Recognition c) aushändigen.

a) Item est Conreferens. vid. Denais. Ius Camerale c. 281 §. 8.
b) Sed quæritur, si per Majora contra Referentem concludatur, utrumne & tunc suas relationes obsignatas judici tradere teneatur? Autumo quod sic; Possent enim he relationes, si forsan Revisio petatur, Revisoribus inservire.
c) Hæc recognitio nihil aliud est quam Documentum (vulgo ein Schein) quo Revisores vel etiam Assessores in puncto liquidationis sententiam concipere volentes, constentur, se hoc vel illo die, has vel illas relationes accepisse.

§. 151.
Rathsgang.

Zum neunten, soll der Rathsgang Sommerszeit eine viertel Stunde nach sieben seinen Anfang nehmen, und ohne Einmischung anderer Nebensachen bis auf 9 Uhr in definitivis, dann ein Viertheil nach neun, bis auf zehen, in interlocutoriis ohnausgesetzt verfahren werden.

§. 152.
Expedirung der Acten.

Und weilen zehends a), oft eine Relation angefangen, dieselbe aber nach der Hand incomplet auf sich, und zwar um deswillen ersitzen bleibt, weilen um dieselbe nicht mehr sollicitirt, einfolglich die Zeit auch umsonst verlohren gehet, so sollen alle diejenige Parteyen, welche ihre Acta gern expedirt sehen wollten, gleich nach diesem Reichs-Tags-Schluß, wenigst innerhalb Jahres-Frist durch ihre Procuratores bey dem Cammer-Gericht sich anmelden b), und dann nach ein, zwey oder drey Monat öfters wieder anmahnen, die Assessores aber alsdenn schuldig seyn, solche Acta vor allen andern zu expediren, und den interessirten Parteyen zu schleunigen Rechten zu verhelffen.

a) Hoc non est in usu vel saltem absque præjudicio, ideoque in libero cujusvis arbitrio, causam reassumere velit nec ne.
b) Potest etiam in causis, ubi periculum moræ, cum supplica adiri Præses tempore feriarum & peti, ut supplica per Notarium reliquis Assessoribus communicetur.

§. 153.
Mangelhafte Acta.

Als auch die Erfahrenheit zum eilften, mit sich gebracht, daß die Beysitzer zu Zeiten mangelhafte Acta,

oder in welcher noch nicht allerdings submittirt gewesen a), ad referendum vorgenommen, unterdessen, nachdem man derentwegen viel Zeit verzehrt, erst gewahr worden, daß darinne derenthalben nicht wohl fortzukommen, ohne daß auch die Visitations-Memorialien mit sich bringen, daß ein Referent b) die Sache wohl erwogen, keine incompleta acta c) ad referendum bringen', und dadurch Anlaß geben soll, daß auf die gethane Submissiones nicht gesprochen werde, so soll gegen denjenigen Procuratoren, Advocaten und Sollicitatoren, welche Anlaß hierzu geben, und ehe dann legitime submittirt, um Urtheil anhalten, gebührendes Einsehen beschehen.

a) Si una parte submittente altera, cui nulla scripta amplius exhibere licet, submittere nolit, judex ad instantiam illius partis tergiversanti, ut in hodierno vel nechstfolgender Audientz submittat, per interlocutoriam injungere solet, adjecta comminatione, nisi ita egerit, quod tunc causa pro conclusa acceptari debeat.
b) Hic versus non habet ordinatum vel justum sensum, quandoquidem officium Cancellariæ & Lectoriæ, non autem Referentis est, complere acta, eaque completa ad Referendum ad locum competentem tradere. N⁘. Add. ad h. §. c. 11 traf. 70 qu. §. Ubi docetur, judicantem oportere cuncta rimari.
c) Cum 2 Octobris 1598 ob incompletum Protocollum & acta, exceptiones ad manus Referentis non pervenissæ, impetratum mandatum confirmaretur, deprehenso errore postero die per Notarium utrique Procuratori indicatum, talem sententiam tanquam invalidam esse delendam. Postea invento exceptiones esse relevantes, Mandatum fuit cassatum, impetrante in expensas condemnato teste, Gylm. voc. error. gr. Potest & hic illud notabile addi, cum Anno 1645. 8 Julii sententia ex integris quidem actis concepta, sed per inadvertentiam Protonotarii sententias prælegentis non publicaretur, quod postero die a quodam Notario in publica audientia aperto capite Domino judice atque Assessoribus ita jubentibus, quamvis in Audientia non præsentibus, sit prælecta & publicata.

§. 154.

Ingleichen zum zwölfften, wann an dem Bescheid-Tisch die Acta zu lesen, oder Expensas zu taxiren zwar angefangen, solche aber wegen Kürtze der Zeit, in selbiger Stunde nicht vollzogen werden kan, sollen dieselbe nicht sogleich aus Handen und abseits gelegt, sondern folgendes Tages allerdings complirt a) und expedirt werden.

a) Verum Acta complere lectoribus incumbit. Resp. Hic non agitur de Actorum Completione, sed tantummodo dicitur, quod inchoata Actorum prælectio & expensarum taxatio compleri i. e. ad finem produci atque expediri debeat.

§. 155.
Acten des abgegangenen Assessoris.

Als auch zum dreyzehenden, nach Abtretung oder Absterben eines oder des andern Assessoris, die Acta, welche dieselbe hinter sich gehabt, so lang bey der Leserey ohnerlediget pflegen aufenthalten zu werden, bis und dahin seine Stelle mit einem andern Subjecto wieder ersetzet, und dessen Successor oder Nachfolger sich persönlich bey dem Gericht einfindet, dahero auch verursachet worden, daß solche Acta oftmals lange Zeit ohnausgetheilt erliegen blieben, diesem nun vorzukommen, ordnen und wollen Wir, daß solche Acta, obverstandener massen, nach Abtretung oder Absterben eines Beysitzers, nicht bis zu Ankunft seines Nachfolgers zurück gelegt, sondern alsobald unter den andern, sonderlich aber denjenigen Assessoren, die zuvor dabey und in dem Senatu des abgetretenen oder verstorbenen Beysitzers begriffen gewesen, ausgetheilt werden sollen.

§. 156.

Welches dann auch zum vierzehenden, auf Absterben des Referenten in Acht zu nehmen, daß auf solchen

solchen Fall der Correferent alsdenn Referent seyn, und solchergestalt nichts destoweniger in relatione der angefangenen Sachen verfahren werde.

§. 157.
Favor vel odium Religionis.

Mehrermeldten unsers Kayserlichen und des Reichs-Cammer-Gerichts Beysitzern wird hiemit und in Kraft dieses anbefohlen, daß sie keinesweges auf die eine oder andere Religions-Sachen a), noch derselben oder den streitenden Parteyen zu Lieb oder Leid, im Fall entstehender zweyspaltiger Meynung, auf die eine oder andere Seite sich lencken, sondern wie das ihnen als Sacerdotibus und getreuen Vorstehern der heilsamen Justitz, und ihren geleisteten Pflichten nach gebühret, den geraden Weg hindurch gehen, und ein ieder, was er den Rechten, Reichs-Constitutionen, Religion- und Profan-Frieden, auch dem Instrumento Pacis gemäß zu seyn befindet, ohne einigen anderwärtigem Respect oder Absehen erkennen, deswegen auch die Rationes, Ursachen und Motiven seines Voti, (damit man daraus sehen möge, ob sie den Rechten und erstgemeldten Reichs-Verordnungen conform und gemäß oder nicht), in Schrifften übergeben b), und wann sich befinden würde, daß der eine oder andere nicht ex justitia, sondern ex affectu judiciret und geurtheilet, derselbe litem suam gemacht haben, und dem Syndicatui unterworffen seyn soll.

a) Si causæ Religionis agantur, pariter Assessorum peti potest. Sic quoque in causis magni momenti potest peti, ut Senatui, cui illæ demandatæ, alius Senatus adjungatur.

b) Hoc in reliquis causis secus est, nam in illis Re- & Correferens tantummodo suæ Religionis in scriptis comprehendunt, adjectis rationibus suorum votorum, aliorum vero Assessorum vota, horumque rationes ac motive a Proto- vel Notario inter votandum breviter annotantur.

§. 158.
Calendarium.

Ob auch wohl mit und neben uns Chur-Fürsten und Stände vor gut befunden, daß in alle Wege zu Abwendung vieler Confusionen, Unordnungen und Mißverständnissen, sonderlich an denen Orten, wo beyderley Religionen in Uibung und vermischet, zu nöthiger Beförderung der Justitz und Commercien in puncto Calendarii a), eine gemeine Reichs-Vergleichung hochnöthig, so hat man sich doch dißmahl aus gewissen Ursachen weiter nicht vergleichen können, als daß bey bevorstehender extraordinairer Visitation, ob, und was gestalt bey unserm Cammer-Gericht und in der Stadt Speyer hierunter eine Gleichheit einzuführen, conferirt, benebenst die Handlung obbedeuter durchgehender Reichs-Vergleichung reassümirt, und auf nächster prorogirter Reichs-Versammlung etwas gewisses statuiret werden soll.

a) Cum feriæ Camerales secundum utrumque Calendarium celebrentur, putarunt Statuum Imperii Deputati, qui Anno 1643 Francofurti convenerant, maturationem justitiæ eam ob causam in Camera valde impediri, Verum Assessores in suis Consid. de Anno 1643 punct. 17, aliud remonstrare conati sunt. Nihilominus tamen cum non solum Spiræ, sed etiam alibi, ubi utrumque Calendarium observatur, tam administratio justitiæ quam commercia ob multa ac varia festa modo ab huic modo illi Religioni addictis celebrata...

Jurist. Oracul V Band.

branda valde impediantur, ne alia incommoda quam plurima inde exoriantur, hic sancitum, ut in prima extraordinaria visitatione de concordando Calendario, quoad Cameram ac Civitatem Spirensem, consularetur, quoad reliqua loca ista consultatio in prorogatis Comitiis reassumeretur.

§. 159.
Vollziehung der ausgesprochenen Urtheil.

Damit auch die ausgesprochene Urtheil ohnverlängt zur Vollziehung gebracht, und der bishero in puncto executionis übliche Proceß nach aller Möglichkeit abgekürtzt werde, soll iedesmahl also gleich in ipsa sententia definitiva, (wie in processu mandatorum zu geschehen pfleget), in allen Sachen, da die Execution zu thun übrig und von nöthen, dem berlustigten Theil, anstat der Executorialium a) ein, nach Gelegenheit der Parteyen Entsessenheit, geraumer Termin zur Parition, und ad docendum de paritione, bey der, den Executorialien einverleibter ordinari Straff, oder nach Ermäßigung des Richters, und comminatione realis executionis, angesetzt werden b).

a) Cum hodie taxa Executorialium & Citationum ad reassumendum per hanc dispositionem Cancellariæ adempta sit, ex quo gravatam se prætendit, hinc in locum Executorialium documentum sententiæ ad arbitrium tamen partis sc. an petere velit nec ne, hactenus surrogatum, pro cujus taxa ordinaria instar Cautionis drittehalb Rthl. pro singulis autem foliis protocolli judicialis unus florenus Cameralis ad 4 Capitatos computatus solvitur, quam eandem taxam, quamvis cum Contradictione Advocatorum & Procuratorum Cancellaria etiam in Mandatis de exequendo S. C. prætendit, & hucusque de facto exigit. vid. Rod. pag. 935 & seq.

NB. Executoriales proinde non amplius sunt in usu, imo memini, aliquando factum, quis is, qui ante hunc Recessum obtinuit sententiam definitivam & Executoriales, in Cancellaria post publicationem hujus R. iis remuneraveris, & per extrajudiciale Decretum obtinuerit tales Executoriales, sententiæ licet publicatæ, nihilominus inseri.

b) Præfigitur vero dictus terminus sub hac clausula: So dann seyn berührtem Beklagten zu wircklicher Vollziehung und Execution dieser Urthel Zeit 2 Monaten pro termino & prorogatione von Amts wegen angesetzt, mit dem Anhang, wo er solchem also nicht nachkommen wird, daß er ietzt als dann, und dann, als ietzt in die Pön 10 Marck löthiges Goldes halb dem Kayserlichen Fisco, und zum andern halben Theil Klägern unnachläßig zu bezahlen, hiemit erkläret seyn, auch der Real-Execution halber auf ferner Antruffen ergehen soll, was recht ist. Si jam Reus intra præfixum terminum tali sententiæ non satisfacit, Actor termino elapso, implorat judicem, ut Reum ad non doctam nec factam paritionem in pœnam dictæ sententiæ insertam declaret, ac Mandatum de Exequendo ad certum Directorem Circuli decernat, atque ex Cancellaria sine ulteriori Imploratione concedat, cum refusione expensarum ac damnorum.

§. 160.

In welchem Termin der Condemnatus, ob er parirt habe oder nicht, anzuzeigen schuldig, und ihm derenthalben weiter Zeit nicht gegeben a) werden, wo er aber solches nicht thäte, soll alsdann auf Anruffung des obsiegenden Theils, vermög ergangenem Urtheil, er in die darinne benannte Pön, sammt Kosten und Schaden, erklärt, und die Execution, sowohl auf den Pön-Fall, als in der Haupt-Sachen seiner Obrigkeit, oder des Kreises, in dem er gesessen und begütert, ausschreibenden Fürsten, per mandata executorialia b), nach Inhalt unserer Cammer-Gerichts-Ordnung, oder wann dieselbe bey der Sachen interessirt, auch sonsten erhebliche Ursachen vorhanden, nach Gutbefinden des Richters, den ausschreibenden Fürsten, eines oder mehr benachbarten Kreisen, von unserm Kayserlichen Cammer-Gericht aufgetragen und anbefohlen werden, welche dann auf solchen des Cammer-Gerichts Befehl, und des obsiegenden Theils gebührliches Ansuchen, ihm förderlichste Hülff und Vollziehung mitzutheilen schuldig seyn sollen.

a) Nisi ex justis & edoctis causis & impedimentis, ut supra dispositum, prorogatio petita sit, vel aliquid loco paritionis productum. Quo casu, ut quotidie fieri solet, terminus prorogatur, vel ulterior paricio injungitur.

b) Quæ maxime differunt ab Executorialibus: Supra dicta Mandata enim executorialia sive de exequendo dantur contra Magistratum, vel Principem Circularem, cujus Jurisdictioni vel Circulo condemnatus subjectus est, ad faciendam contra eum Executionem.

Executoriales vero dantur contra partem condemnatam ad docendum de paritione, vid. § præced.

NB. Quamvis juxta h. § regulariter Mandatum de exequendo nonnisi præmissa declaratoria decerni soleat, memini tamen in causa Hausmann contra Schunck Wittibe Appellar. 2 Aprilis 1658, sc. juxta tenorem sententiæ pro qualitate illius causæ declarationem pœnæ pro tempore denegatam, & nihilominus mandatum de Exequendo contra Senatum Bremensem uti ordinarium Magistratum decretum fuisse: Sic etiam in causa Engelbrecht contra Budier Appell. denegata Restitutione in integrum & declaratione pœnæ Mandatum 9 Martii 1655 contra Senatum Hamburg. decretum.

Sententia in Camera Imper. 11 Febr. 1639 in causa Lützelburg contra Kayserburg Citationis nunc Mandati Executorialis publicata; In Sachen Anthoni Reinhard von Lützelburg wider Bürgermeister, Rath und Gemeine der Stadt Kayserburg Beklagte Citationis itzo mandati de immittendo 300 Gülden jährlicher Zinse betreffend. In puncto Mandati de exequendo wider Herrn Bischoffen zu Worms und Fr. Mariam Eleonoram Pfalz-Gräfin bey Rhein tutorio nomine, und des Rheinischen Kreises ausschreibende Fürsten, ist dem Kayserlichen Fiscal und Licent. Henning ihrer der Declaration pœnæ halber beschehenes Begehren noch zur Zeit abgeschlagen, sondern Dr. Gambs, wie auch Lt. Albrechten den Reichs-Satzungen ungemässen und respective bereits verworffenen und sonsten unerheblichen Einwendens ungehindert glaubliche Anzeig zu thun, daß den ausgegangenen Verkünd- und reproducirtem Kayserlichen Mandato, und 13 Martii 1657 darauf erfolgter Urthel so viel die seithero dem jüngeren Reichs-Abschied verfallene pensiones anlanget, wircklich nachgelebet sey, Zeit 3 Monaten pro termino & prorogation von Amts-wegen angesetzet, mit dem Anhang, wo er solchen also nicht nachkommen würde, daß es alsdann bey angeregtem Urthel bleiben solte, und im Fall den Herrn und Fr. Citirten bey obhabender Execution einige Widersetzlichkeit ferner begegnen, ihnen auch dieselbe zu vollenziehen zu schwer fallen würde, sollen sie dem Kayserlichen Fiscal seine obliegende Amts-Gebühr zufolge dem J. R. A. vorzunehmen, davon umständlich Bericht zu thun, und nichts destoweniger und dessen ohnerwartet, mit Zuziehung ein oder des andern benachbarten Kreises zu wircklicher Execution (jedoch ohne Beschwernüß des Klägers, sondern auf der Condemnirten oder in Entsetzung dessen auf gemein Kreis-Kosten) nach Besag ermeldter Reichs-Constitution verfahren, dann wollen die Parteyen der vorbesagten

Reichs-Schluß verfallenen Pensionen ein ander Verzicht und Forderung nicht erlassen, mögen sie es, ob sie wollen an diesem Kayserlichen Cammer-Gericht besser ausführen; Adde insuper Decret. Commune de 28 Jan. 1657 § ult.

§. 161.
Thätliche Widersetzung der Execution.

Ob sich aber ein oder anderer a), was Würden, Standes oder Wesens er immer seyn mag, solcher vom Kayserlichen Cammer-Gericht befohlener Execution, in einigerley Weis thätlich widersetzen würde, soll derselbe in pœnam banni gefallen seyn, und gegen demselben ohne Respect und Hinderung einiger anderwärtigen Disposition, so hierwider angezogen werden möchte, nach Inhalt der Cammer-Gerichts- und Executions- auch unserer hiebevor Verordnung, § wegen des modi Exequendi &c. verfahren werden.

a) Intellige de eo, qui condemnatus in termino non paruerit & executioni Magistratus vel Principis Circularis restiterit: Aliud est in Executore ipso, cui Executio sub pœna 10 Marcarum auri, uti in aliis Mandatis S. C. est demandata.

§. 162.

In Fällen und Sachen aber, welche, weilen die Urtheil allein ad omittendum vel non faciendum gerichtet, keiner andern Execution unterworffen, als daß der verlustige Theil a certo aliquo facto abstinere, soll demselben, auf den Fall einiger Contravention, ebenmäßig eine gewisse Pön bestimmet, und da er dem ergangenen Urtheil zuwider handelte a), nicht allein mit der Declaration pœnæ gegen ihn verfahren, sondern auch ein kurtzer Termin ad præstandam cautionem de non amplius turbando, impediendo, excedendo, attentando, offendendo, angesetzt, zugleich auch die Execution wegen des verwirckten Pön-Falls auf obbeschriebene Weis, vermittelst der mandatorum executorialium an seine Obrigkeit, oder die Ausschreibende Fürsten, wircklich verfügt, und im Fall er sich derselben widersetzen, oder auch die ihm solchergestalt auferlegte Caution in angesetztem Termin nicht leisten, und also in pœnam banni fallen würde, ferner, wie sich vermög der Reichs-Satzung, Cammer-Gerichts- und Executions- auch unserer Ordnung gebührt, gegen ihm procedirt werden, jedoch soll mehr gedacht unser und des Reichs Cammer-Gericht sich der Achts-Erklärung weiter nicht, als so weit es demselben vermög der Reichs-Abschied und Cammer-Gerichts-Ordnung gebühret, unternehmen, sonsten aber de modo & ordine, wie einer oder ander Stand in die Acht zu erklären, in nächster prorogirten Reichs-Versammlung, nach Veranlassung des Instrumenti Pacis, gehandelt und verordnet werden.

a) Sententia autem in his casibus ferme sequenti tenore concipi solet: In Sachen A. Klägern contra B. Beklagten S. Q. ist allem Fürbringen nach zu Recht erkannt, daß Beklagter B. Klägern geklagter Massen zu turbiren nicht gebühret, sondern daran zu viel und unrecht gethan, gedacht. Beklagten in die Gerichts-Kosten, so deswegen auffgeloffen, ihm Klägern nach rechtlicher Ermäßigung zu entrichten und zu bezahlen fällig ertheilet, sodann wird offtberührtem Beklagten sich alles weitern Turbirens bey Straffe 10 Marck Löthiges Goldes, halb dem Kayserlichen Fisco, zum

zum andern halben Theil Klägern, unnachläßig zu bezahlen, hiemit alles Ernstes anbefohlen; mit dem Anhang, wofern er dieser ergangenen Urtheil zuwider
handeln wird, daß er alsdann in berührte Pön gefallen seyn, auch auf ferner Anruffen ergehen soll, was
recht ist. Si postea huic sententiæ contraveniat, tunc
ad instantiam læsæ partis citatur ad videndum se de-
clarari in pœnam sententiæ insertam, & si comparens
non habeat justas excusationes, ac relevantes exceptiones, in dictam pœnam declaratur, atque brevis
terminus ad præstandam cautionem de non amplius
turbando præfigitur, simulque insuper Mandatum de
exequendo ratione pœnæ commissæ decernitur, prout
de mandatis Executorialibus supra in § In welchem
Termin 160 traditum est. Sed quæritur, quare judex non statim sententiæ annectat, ut pars victa intra
certum terminum cautionem præstet de non contraveniendo? Resp. Hoc ideo fit, quia in factis negativis præsumitur pars victa acquiescere sententiæ, donec contraventio probetur, proinde hac cessante,
cautione non opus est, cum sententia semetipsam per
se exequi videatur. Quam ob causam etiamsi pars
victrix confestim post latam sententiam talem cautionem petat, a Judice denegatur. Gylm. voc. pignora
§ an per silentium. Ubi addit, exceptionem esse in
interdicto uti possidetis: Ast rationem differentiæ
nescit.

§. 163.
Prætextus impossibilitatis.

Demnach auch Klagen vorkommen, daß bey der
Churfürsten und Stände Gerichten, oder nachge-
setzten Obrigkeiten, denen klagenden Parteyen, und
sonderlich Fremden und Entsessenen, in wichtigen
Sachen sub prætextu impossibilitatis, oder Ohnvermögenheit des Beklagten, schlechte oder gar keine
Ausrichtung beschehe, und dann die Reichs-Constitutiones de Anno 1566 und 1600 § Ob auch
promotoriales &c. diesem Paß bereits seine gebührende Abhelffung gegeben, als hat es dabey in
alle Wege sein Verwenden, und sollen unsere Cammer-Richter, Präsidenten und Beysitzer, ob solchen
Reichs-Verordnungen fleißig zu halten, wie auch
Churfürsten und Stände die förderliche und gleiche
Administration a) der Justitz ihnen bestes Fleisses angelegen seyn lassen.

a) Administratione intra certum terminum facienda
demandata, sed vel plane denegata, vel ulterius protracta causa ipso jure & præterita prima instantia devolvitur ad judicem Cameralem; Sic factum nuper
in causa Poppe contra Schweinfurt promotorialium,
in qua causa ad protractam administrationem justitiæ
18 Junii 1662 parti imploranti Citatio & Compulsoriales, non attento primæ Instantiæ judice, decretæ
fuerunt.

§. 164.
Recursus ab officialibus ad Pontificem. Mandata de
non evocando.

Als sich dann auch a) die Stände zum höchsten
beschweret, daß in den Ertz- und Stifften, Cölln,
Lüttich und Münster, wie auch andern Orten des
Reichs, allerhand Misbräuch, wegen Vornehmung
der Appellationen und Recursen von den Officialibus ad Pontificem und die Nuntios entstehen, indem man sich derselben fast von allen Urtheilen
ohne Unterschied, es beträffe gleich Civil- oder Pro-
fan-Sachen, bedient, die Jurisdictiones wider die
Ordnung confundirt, die Civil-Sachen ausserhalb
des Reichs zu fremden Gerichten gezogen, und die
Parteyen, mit Verspielung vieler Zeit und Unkosten
umgetrieben werden, dahero erfolgt, daß nicht allein
viel Mandat-Proceß de cassando entspringen, son-

dern die Nuncii vielmalen durch Gegen-Mandata
cassatoria, den Parteyen die Cammergerichtliche
Verbot aufzuheben bey starcker Geld-Pön, oder
geistlicher Censur anzubefehlen pflegen, und uns,
dann Churfürsten und Stände und der abwesenden
Räthe und Gesandten um Abstellung dergleichen,
zu Abbruch und Schmälerung unserer und des
Heil. Reichs Hoheit, auch Confusion der Jurisdic-
tionen gereichender unordentlichen nachtheiligen Proceduren, durch bequeme thunliche Mittel der Gebühr
ersuchet: So wollen wir in Erinnerung, was auch
dieser Sachen halber bereits im Jahr 1548 den 3ten
October, von weiland unserm geliebten Vorfahren
am Reich Kayser Carl dem Fünfften an die Stände
des Reichs vor Rescripta und Mandata de non
evocando vorgangen, an den Päbstlichen Stuhl zu
Rom hierinne die Nothdurfft dahin beweglich gelangen lassen, damit den Nunciis dergleichen ohnzuläs-
siges Verfahren im Reich und über dessen Glieder
und Unterthanen mit Ernst verboten, und fürters
nicht mehr gestattet, und da dargegen ich was attentirt oder gehandelt würde, solches keine Krafft
haben, sondern wiederum cassirt b), aufgehaben,
auch insgemein die Evocationes vor fremde Gericht
und ausserhalb des Reichs, wie sie dann ohne das
bey unserm Reichs-Hoffrath und Cammer-Gericht
nicht geachtet, keineswegs zugelassen, auch im übrigen dasjenige, was die Stände wegen der Nun-
ciorum Absolutionem a juramentis, und dergleichen Relaxationes in den Gerichten, sie geschehen
dann von dem ordentlichem Richter ad effectum
agendi nicht zu attendiren c) seyn sollen, hiebey erinnert, beobachten.

a) Sic Dr. Gambs obtinuit Mandatum pœnale S. C. super
dispositione hujus § in causa Schencking contra Bühren, quod reproductum 1 Octobris 1655. Item in causa
Lenhardt contra Würß Mandati reprod. 4 Julii 1655.
vid. Roding. p. 87 & 88. Ita in causa Capituli Coloniensis contra Nuncium Apostolicum ex eodem
fundamento Mandatum Cassatorium & inhibitorium
S. C. emanatum & postmodum per sententiam pari-
toriam sine præjudicio tamen causæ principalis confirmatum fuit, 10 Septembris 1659.

b) Hinc tam in Camera quam Aula Cæsarea mandata
Cassatoria sæpe decernuntur, add. Capit. Leopold:
§ 19, ubi idem repetitum, quod hic traditum.

c) Quoniam Nuncii Apostolici in Causis Civilibus nullam potestatem habent, ideo nec eorum absolutio
erit admittenda.

§. 165.
Cammer-Gericht repräsentirt den Kayser und des Reich.
Respect des Cammer-Gerichts.

Damit aber auch unserm und des Heil. Reichs
Cammer-Gericht, als welches uns sammt Churfürsten und Stände des Reichs repräsentirt, und nun
wiederum so ansehnlich und statlich ersetzt wird, Inhalts der vorigen Reichs-Abschied und Ordnungen,
seine Autorität, Jurisdiction und Gewalt, wie sich
gebühret, erhalten, zumalen denen alda eingeführten
rechtlichen Processen ihr freyer, stracker und un-
hinderter Lauff gelassen werde: So wollen, setzen,
ordnen und befehlen wir, daß ein ieder, was Würden, Standes oder Wesens er seyn mag, solches unser Kayserl. und des Reichs höchstes Gericht in- und
ausserhalb desselben in seiner gebührenden Würde
und Ehren halten, dessen Erkenntnis, Gebot und
Verbot mit geziemenden Respect empfangen und

annehmen, demselben allen schuldigen Gehorsam leisten, sonderlich aber bey Insinuation 2) der Cammergerichtlichen Processen, und sonsten schrifft- und
mündlich, sich aller Orten der Bescheidenheit gebrauchen, hingegen in und ausserhalb Gerichts der
freventlichen oder schimpflichen Handlungen und
Thätlichkeiten, wie auch anzüglicher und des Gerichts Respect entgegenlauffenden Worten, sodann
das Gericht und Urtheilsprecher ohngebührlich be-
schmitzen, oder da sich iemand ob des Cammer-Gerichts Decreten und Urtheil zu beschweren vermeinte,
solches an andere Ort b), als wo sichs nach Inhalt
der Reichs-Satz- und Ordnungen gebühret, zu ziehen und anzubringen, sich gäntzlich enthalten, auch
ein ieder, so offt derselbe, wer er auch sey, hierwider
handelte, unserm Kayserlichen Fisco eine Straffe,
wie es der Richter nach Beschaffenheit der Personen und der Verbrechung ermäßigen wird, zu bezahlen, verfallen seyn soll; Mit nachmaliger Wiederholung und Bestätigung desjenigen, was in der
Cammer-Gerichts-Ordnung part. 2 tit. 35 versehen,
daß nemlich der Justitiæ und denen am Kayserlichen
Cammer-Gericht anhangenden Processen und dahin gehörigen Sachen, ihr freyer ungesperrter stracker Lauff gelassen werden soll, worunter in specie
auch diejenige Sachen, welche vor Aufrichtung des
Frieden-Schlusses am Cammer-Gericht schon anhängig gemacht worden, und Krafft desselben, articulo 3 § Quemadmodum vero tales &c. zur
Restitution entweder schon gebracht, oder noch gebracht werden müssen, mit begriffen, und daselbst
fürters auszuüben seyn sollen.

a) Sic in Causâ Dr. Schützen contra Campanische Erben Mandati de non molestando 21 Martii 1651 per
sententiam Reus condemnatus fuit in pœnam unius
marcæ auri puri, ob id, quod Processus Camerales in
publicam plateam dejecerit; & sic quotidie vel ad
admonitionem alterius partis, vel ex officio Fiscalis
implorat judicem Cameralem ad puniendum.

b) Scil. apud Visitatores Cameræ vel Revisores, aut apud
Imperatorem, aut denique apud omnes Status Imperii in Comitiis.

§. 166.

Ebenmäßig a) sollen hinfüro in denen an unserm
Kayserlichen Cammer-Gericht Recht hangenden
Sachen, oder welche noch künfftig dahin erwachsen
und anhängig gemacht b) werden möchten, änder-
wärts einige Gebot, Verbot, Mandat, Inhibition,
Restitution, Avocation, Suspension und Aufschlag,
ausserhalb in den Reichs-Satzungen und gegenwärtiger Verordnung selbsten zugelassener Rechts-Mitteln nicht ausgewirckt c), und die Sach dadurch
oder in einigen andern Weg ins Stecken gebracht,
sondern die contravenirende Theile in eine nahm-
haffte Pön von zehen Marck Golds, halb unserm
Fisco, und halb der beschwerten Partey ohnfehlbar
zu bezahlen condemnirt, und nichts destoweniger, was
solcher gestalt gegenwärtiger Verordnung zuwider,
auf ungestüme oder sonst verdrehete Proceß von uns
und unserm Reichs-Hoffrath, oder sonst erlangt
wäre, oder künfftig erlangt würde, vor krafftlos gehalten, und dessen unverhindert in Rechten, wie sichs
gebührt, verfahren, geurtheilet, und was also mit
Recht ausgesprochen, zur Execution gebracht
werde.

a) Elegantissimum præjudicium in causâ Waldeck contra Paderborn Mandati de non impediendo prosequi

vel trahi litem ad aliud judicium, quam ubi cœpta,
cum Citatione solita ad videndum se incidisse in pœnam, l. ult. C. de in jus vocand. quod multo labore,
supplicationibus & molestiis tandem in pleno Camerali Senatu decretum fuit Anno 1655.

b) Sub quibus etiam comprehenduntur processus extrajudicialiter in Camera per supplicam petiti, sed per
Decretum denegati, ex qua denegatione nascitur litis
pendentia & præventio Cameralis ad eum effectum,
quod Processus ex post in eadem in Aula Cæsarea, & in eadem
causâ promanati, ad exceptionem hujus præventionis
oppositam & per Attestatum Cameræ edoctum vin-
cula Cæsarea cassari soleant: ita factum in causâ Re-
stio contra Herlen Anno 1655 vel 56.

c) Hinc, si talis sit causa, quæ vigore Constitutionum
Imperii ad Cameram non pertineat, ut est causâ feudalis, Principatus ac Comitatus concernens, O. C p.
2 t. 7. Item causâ Telonii, Capit. Leopold. §. 24 &c.
Illa, licet in Camera sit accepta, tamen nihilominus
ab Imperatore ad Aulam Cæsaream avocari potest.

§. 167.
Translation des Cammer-Gerichts.

Als auch bey den allgemeinen Friedens-Tracta-
ten der Translation berührten Cammer-Gerichts
halber Erinnerung beschehen, und solcher Punct auf
gegenwärtigen Reichs-Tag verschoben worden, so
befinden wir uns und mit uns Churfürsten und Stände
nach reiffer wohlbedächtlicher Uiberleg- und Berathschlagung der Sachen, berührte Translation noch
zur Zeit nicht thunlich, wollen aber die Sicherheit
dieses unsers höchsten Gerichts angehöriger Personen uns dergestalt angelegen seyn lassen, und dieselbe
vermög der Ordnung am 49 tit. p. 1, die wir anhero und in diesem Reichs-Abschied alles ihres Inhalts wiederholen, in unserer und des Heil. Reichs
Verspruch, Schutz und Schirm sammt und sonders
hiemit nochmals aufgenommen, auch alle Churfürsten und Stände, sonderlich die nächstgesessene des
Orts, wo das Cammer-Gericht iederzeit gehalten
wird, ersucht, und demselben auferlegt haben, durch
die in des Reichs Executions-Ordnung versehene
Mittel, gemeldete Personen bey solchem unserm
und des Reichs Schutz und Schirm auf alle Begebenheit zu handhaben und zu erhalten, da auch
wider Verhoffen sich insfünfftige (da GOtt vor sey)
neue unversehene Motus, Kriege oder Vehden im
H. Reich wiederum anspinnen solten, wollen wir
nicht weniger uns ihrer und dero Sicherheit in Zeiten väterlich annehmen, dessen auch die benachbarte,
und andere Churfürsten und Stände unverlängst
erinnern, sonderlich aber Bürgermeister und Rath
unserer und des Heiligen Reichs Stadt Speyer
hiemit absonderlich ermahnet haben, daß sie in vorfallenden wichtigen Sachen und Actionen, woran ihre
und unsers Kayserlichen Cammer-Gerichts Sicherheit hasstet, mit dem Collegio Camerali vertrau-
liche Communication pflegen, welches ihnen gleichwohl an ihrer Reichs-Ohnmittelbarkeit und Rechten
in andere Wege ohnnachtheilig seyn soll: Und weilen das Besatzungs-Recht in der Festung Philipps-
burg der Kron Franckreich Protection halben,
doch auf dero eigenen Kosten, durch den Münsteri-
schen Frieden-Schluß gestattet und eingeräumt, gedachter Besatzungs-Unterhalt aber von der Kron
Franckreich, nach Besag und Inhalt des Instrumenti Pacis bishero nicht richtig beygeschafft, sondern das Stifft Speyer dem Frieden-Schluß zuwider, dessen hochbeschwerlich entgelten und darüber

leiden

leiden müffen, bey fo geftalten Sachen auch die
Stadt Speyer und derfelben Inwohner, fammt
unferm Kayferlichen Cammer-Gericht und allen deffen
anverwandten Perfonen in ftätiger Gefahr, Unficherheit,
Theurung und andern nicht geringen Ungelegenheiten,
mit groffen Unftatten und Diftraction
ihrer obliegenden Functionen fich befinden thun, fo
wollen wir durch Schreiben und Schickung an des
Königs von Franckreich Liebden die Sachen dahin
richten helffen, damit disfalls, wie auch in andern
von verfchiedenen Ständen, und infonderheit unferm
und des Reichs zehen Städten im Elfaß führenden
Klagen, dem Inftrumento Pacis ein Genügen befchehe,
und die dawider lauffende Befchwerniffen
förderlich abgeftellt, und fürbaß nichts mehr vorgenommen
werden follen, da benebens auch über die
in puncto zwifchen den Cameralen und der Stadt
Speyer obfchwebende Differentias unfere Kayferl.
Commifßion, nach Benennung beyderfeits Confidenten,
förderlichft verordnen und zu Werck ftellen
laffen.

§. 168.
Auftrage.

Was dann a) Churfürften und Stände und der
abwefenden Räthe, Botfchafften und Gefandte, gefucht
und gebeten, daß die primæ inftantiæ und
Aufträg bey unferm Kayferl. Reichs-Hoffrath hinfart
nicht weniger, als bey dem Cammer-Gericht
ftricte obfervirt werden möchten, da haben wir, felther
unferer angetretenen Kayferlichen Regierung,
folche Privilegia allezeit gnädigft beobachtet, daßfelbe
auch weiters zu thun vorermeldtem unferm Reichs-
Hoffrath ernftlich und gemeffen eingebunden.

a) Ex difpofitione hujus & fuperioris §. 110 in f. in caufa
Mecklenburg contra Braunfchweig & Conforten, Mandati
de folvendo vel dimittendo hypothec. C. C Item
mandati de adimplenda tranfactione cum claufula per
fententiam 17 Febr. 1660 publicatam compenfatis expenfis
mandata caffata & impetrans ad judicium Auftregarum
juxt. Ord. p. 2 tit. 21 §. penult. remiffus
fuit.

§. 169.

Demnach auch im Frieden-Schluß verfehen, daß
neben zween von der Römifchen Kayferl. Majeftät
zu dem Kayferlichen Cammer-Gericht präfentirenden
Catholifchen Beyfitzern, die Catholifchen Churfürften
und Stände fich wegen der ihnen gebührenden
Präfentation der vier und zwantzig Beyfitzer vergleichen
folten, fo ift folches bey gegenwärtigem allgemeinen
Reichs-Convent, nach Befag hiebey gefetzten
Schematis richtig gemacht und gefchloffen
worden, daß nemlich diefelbe fulgender geftalt zu
präfentiren haben follen:

Des Heil. Reichs-Churfürften zu	Mayntz	2
	Trier	2
	Cölln	2
	Bayern	2
Catholifche Kreis	Oefterreichifcher Kreis	2
	Burgundifcher	2
	Bayerifcher	2
Catholifche Stände in den vermifchten Kreifen	Fränckifchen	2
	Schwäbifchen	2
	Ober-Rheinifchen	2
	Weftphälifchen	2

§. 170.
§ De Indaganda.

Nachdem auch a) in dem Frieden-Schluß §. de
Indaganda &c. verfehen, daß bey gegenwärtigem
Reichs-Tag auf billige Weg und Mittel gedacht
werden folte, wie denjenigen Schuldnern, welche
durch den Krieg, oder auch durch allzu groffe Aufschwellung
der Zinfen und Intereffe ins Verderben
kommen, dergeftalt geholffen würde, damit aus denen
zwifchen ihnen und den Gläubigern einkommenden
Klagen und Streitigkeiten nicht neue gefährliche
Unruhe und Weiterung im Reich entftehen möchten:
Wir auch dem zu Folg, fowol von unferm gehorfamften
Reichs-Hoffrath b), als unferm Kayferl.
Cammer-Gericht darüber zwey ausführliche Gutachten
einholen, und folche denen anwefenden Churfürften
und Ständen, und der abwefenden Räthe,
Botfchafften und Gefandten zu ihrem weiteren Gutbefinden,
gnädiglich communiciren laffen: So haben
ermeldte Stände diefen Punckt, fammt allen
mit einlauffenden Umftänden in den drey Reichs-
Räthen reiflich überlegt, und uns mit einem gefamten
Reichs-Bedencken wieder vorgebracht, darauf
wie uns dann nach der Sachen fernerer Erwegung,
folgender Reichs Satzung und Ordnung, zu der allgemeinen
Wohlfahrt, fo dann der Gläubiger und
Schuldner befferer Verficherung, und damit man
beyderfeits in Fried, Ruhe und Einigkeit bey einander
ftehen und bleiben möge, entfchloffen.

a) Quætitur: An beneficium hujus & feqq. §§ tantum
ad mutuum & annuos redirus, an vero etiam ad alios
contractus, puta empt. vendit. locat. Conduct. & fimiles
extendi poffit? Refp. Quod non: Et ita in
pleno Senatu conclufum referente Domino G. F.
Affeffore.

b) Anno 1653 in § Nun befindet æ. ubi in fine etiam
his pofterioribus annumerantur illi debitores, qui
quidem fua bona adhuc poffident, fed tantis debitis
aggravati funt, ut illorum bona ad fatisfaciendum
Creditoribus, fi alioqua ipfis aliquid ad fe fecundum
fui ftatus dignitatem fuftentandum relinqui deberet,
ad longum non fufficerent. Sed quæritur, quinam
proprie tales fuis bonis lapfis ac ufuris nimis gravati
debitores fint? Cum iftud fit facti, quivis debitor
hanc conftitutionem allegans, illud tanquam fundamentum
fuæ intentionis probare tenetur. Add. Roding.
pag. 215 § Difputationes. Ubi in fin. idem,
utrum fcil. probatio creditori vel debitori injungenda,
arbitrio judicis, fed male meo judicio, committit.

§. 171.

Setzen demnach a) ordnen und wollen, daß erftlich
unter diefe Satzung allein b) die durch den
Krieg von Mittel gekommene, oder durch hohe Aufwachfung
der Penfionen und Zinfen befchwerte
Schuldiger gezogen werden, diejenige aber, bey welchen
es folche Befchaffenheit nicht hat, fondern die
ihren Creditoribus mit Reichung der Penfionen
oder Zinfen zuhalten können, fowol auch die, fo
zwar das ihrige unter dem Kriegs-Wefen mit andern
gelitten und beygetragen, dannoch aber folvendo
geblieben, und derowegen ihre Debitores
nach Inhalt deren von fich gegebenen Obligationen
zu befriedigen von Rechts wegen verbunden, darunter
im geringften nicht begriffen feyn können, oder
follen. Zum zweyten: Demjenigen ebenmäßig
nachgelebt werden foll, was Churfürften und Stände
in ihren Territoriis nach deren ihnen am beften
bekannt

bekannten Zustand und erlittenen Kriegs-Schäden, wie es in Credit-Sachen unter ihren Unterthanen und Bürgern zu halten, allbereit verordnet c), und nach Anleitung folgender Regeln weiter verordnen möchten. Zum dritten: Daß alle Creditores und Debitores in dieser Constitution auf ihr christliches Gewissen ernst- und beweglich erinnert und ermahnet werden sollen, damit sie beyderseits vor allen Dingen dahin sehen, daß sie nach gestalter Möglich- und Billigkeit, und mit derselben redlicher guter Beobachtung sich mit einander in der Güte setzen und vergleichen, in unverhoffter Entstehung aber solcher Güte, alsdann der Richter in Entscheidung der Sachen auf diese Unsere Constitution das Absehen haben, und derselben, iedoch mit Special-Ausnahm der Holsteinischen Constitution und des Fürstlichen Hauses Anhalts mit ihrer Landschaft des Credit-Wesens halber getroffenen und von Uns confirmirten Transaction beständig nachkommen sollen.

a) Sed quæritur : Cui incumbat probatio qualificationis ad hanc dispositionem, an Debitori an Creditori? Memini, hoc in Camera inter partes in scriptis & oralibus Recessibus pro & contra disputatum, sed hactenus per sententiam vel judicata nihil decisum, eoque publica Imperii decisione opus habere, vid. infra not. ad § 176 n. 1 verb. Zu probieren. Add. Rod. p. 215, 216 & 221. In causa tamen Dahlberg contra Trarbach. Mandati de solvend. S. C. 14 Febr. 1656 probatio qualificationis ad beneficium § de Indaganda reis scil. Debitoribus reservata hisce formalibus : Dann ist Beklagten das angezogene Beneficium jüngsten Reichs-Schlusses, wofern selbige dessen fähig zu seyn vermeynen, ob sie wollen, wie sichs gebühret, auszuführen, hiemit unbenommen, sondern vorbehalten.

In causa Hareff contra Rotnberg Appellationis, nunc executorialium beneficium d. § de indaganda Reo scil. Debitori petenti, qui solvendo fuit tempore belli & adhuc est, denegatum fuit 20 Maji 1659, in causa Gölnitz contra Solwied Mandati de solvendo vel dimitt. hypoth. S. C. 20 Septembris 1659 Paritoria ad omnes pensiones indistincte data cum reservata Reo qualificatione ad Nov. Imperii Recessum.

b) Ex his verbis observandum, quod hæc Constitutio duo genera debitorum duntaxat comprehendat: 1) Qui ob calamitates bellicas suis bonis exuti sunt 2) Qui nimio usurarum cursu aggravati sunt; & quidem ita, ut si solvere cogerentur, prioribus per omnia similes redderentur.

c) Hujus particularis dispositionis probatio in causa Aschenberg contra Vittringhoven 16 May 1662, his formalibus injuncta fuit : Ferners ist Dr. Gambs, ob und was für eine absonderliche Verordnung, über den § de indaganda &c. in der Grafschafft Marck angemacht u. eingeführet worden, anzuzeigen und glaublich zu bescheinen, Zeit 2 mens. pro termino & prorogatione ex officio angesetzt.

§. 172.
Capitalia

So viel nun die Capitalia anlangt, sollen erstlich dieselbigen einem ieden Creditori unversehrt und ohne einige Abkürzung richtig verbleiben, und hierwider keine Präscription oder Verjährung, wegen der bey währendem Krieg unterlassenen Forderung a) der Zinsen oder Capital angezogen noch gelten; iedoch fürs andere von den Creditoribus die sonsten aufkündliche b) Capitalia vor drey Jahren a dato dieses Reichs-Abschieds nicht aufgekündiget werden sollen. Falls aber drittens ein Creditor nach Verfliessung erst gemeldter drey Jahren solche Aufkündigung thäte c), soll dem Debitori in den nächst darauf folgenden

siehen Jahren d) freystehen und zugelassen seyn, die Capital-Summam particulariter, und auf gewisse, nachdem die Summa groß oder klein ist, proportionirte billigmäßige zween, drey, vier, fünf, sechs, oder zum höchsten sieben Termine mit baarem Gelde, oder auf den Fall er viertens bey diesen Geldklummen Zeiten keine baare Mittel hätte e), noch erlangen künte, durch Dargebung anderer beweg- und unbeweglichen Güter, an statt baarer Bezahlung (iedoch daß dem Creditori die Wahl nach Besag gemeiner Rechten f) frey stehe) auf deroselben vorhergehende zwischen den vorigen und gegenwärtigen Zeiten auf das Mittel gestellte billige Schätzung abzulegen, der Creditor aber solche anzunehmen schuldig seyn. Wäre es aber, daß fünftens der Debitor in solchem Stande begriffen, oder darein geriethe, daß er das Seinige nur muthwillig verzehrte, oder seinen Sachen also schlecht vorstünde, daß keine Hoffnung zur Besserung und seinem Aufnehmen vorhanden, so soll er erst besagten beneficii der Particular-Bezahlung und des Anstands der Zeit nicht zu geniessen haben, es wäre dann, daß er auf andere Wege dem bey solcher Bewandniß in Gefahr stehenden Creditori gnugsame Caution leisten würde g). Wann auch sechstens der Creditor vor sich und die Seinigen keine Unterhaltung und Rettungs-Mittel hätte, soll ebenmäßig demselben diese das Capital concernirende Verordnung, iedoch salvo Judicis arbitrio, nicht im Wege stehen h). Siebendens, wegen deren unter währendem Krieg abgepreßten Obligationen soll es bey der Verordnung des Instrumenti Pacis gelassen werden.

a) Sed quæritur, utrum illa exactio tantum de ea re, quæ propter Carentiam judicis atque agendi facultatem, an vero etiam de ea, quæ ex proprio motu misericordiæ forsan accidente, sit intermissa, intelligi debeat? Cum sua misericordia & benignitas nemini nocere debeat, ego etiam de posteriori intermissa exactione intelligam. De priori vero duntaxat quosdam ex novellis accipere, scribit Roding. p. 216 in fin.

b) Ergo aliud observatur in Capitalibus non redimibilibus, quæ proinde in dispositione Constitutionum priorum, quod scil. extra pactum, ut cessante in pensionum solutione venditore, liceat emptori forsem cum reditibus repetere, pactum reluitionis non valeat, vid. Deputations-Abschied de Anno 1600 § Ferners ist 38. quam reductionem vel reluitionem Capitalium redimibilium post triennium hoc jamque effluxum judicialiter in Camera sæpius factum & petitum meminit Dr. Gambs, imo & desuper judicatum fuit in causa Cramers contra Hasserts Appellat nunc Executorialium 13 Decembris 1658. Roding. p. 217 putat, idem, quod in redimibilibus, valere quoque in non redimibilibus, dict. Rec. quod non videtur improbabile.

Qualia sunt in mutuo atque annuis reditibus reluitivis, nam in reditibus irreluitivis Capitalia a Creditore nunquam repeti possunt, vigore Policey-Ordnung 1577 tit. 17 § antepen. Quod tamen postea ita limitatum, ut, si debitor se obliget, quod, quamprimum in mora solvendi annuos reditus deprehendatur, Creditori Capitalia cum Reditibus repetere liceat, Deput. 1600 § Ferners ist 2c. 38. Et hoc modo Capitalia alias per se irreluitiva, per accidens fiunt reluitiva. Jam quær. Utrum ad ista Capitalia hic § quoque extendendus sit? Ita ut illa demum tribus annis elapsis renunciare, ac per terminos hic præfixos repetere liceat? An vero Creditor statim tota Capitalia simul cum reditibus una vice exigere posset? Cum hic ex Capitalibus irreluitivis fiant reluitiva.

Initiva, **arbitror**, aliorum meliori judicio salvo, hunc § in istis quoque locum habere.

c) Debitor vero, si hanc renunciationem facere conaretur, particularem solutionem invito creditori obtrudere nequit, imo opinor, illum perdere beneficium hujus Constitutionis, ut non solum ad generalem solutionem totius Capitalis, sed etiam omnium usurarum teneretur, quia frustra legis auxilium implorat, qui in ejus fraudem aliquid committit.

d) Quær. An hi anni computentur a dato post h. Recessum elapsorum trium annorum, an vero a die factæ a Creditore renunciationis? Posterius affirmandum esse, suadent rationes sequentes 1) per verba **Falls der Creditor solche Auffkündung thäte.** 2) Ratio sumpta a mente actoris, qui obærato debitori beneficio particularis solutionis subvenire voluit, cui non consuleretur, si debitori post 10 tantum annos renunciaretur, & ille tum sortem una vice integram solvere teneretur, & 3) Creditor sibi imputet, quod præfixo termino non exegerit creditum. Sed mihi videtur prius verius, cum omnes hæ rationes claudicent.

NB. Utique verior est opinio, quod, quocunque etiam anno facta sit Renunciatio, illi 7 anni a lapsu dictorum 3. Annorum præcise sint computandi. Quoniam hi anni Debitori ad sui respirationem, & ad particularem solutionem tantum conceduntur. Nec obstat, quod dici posset, creditorem sibi debere imputare, quod renunciationem non citius instituerit; Nam, si ille forsan in favorem Debitoris istam renunciationem distulisset, & hanc dilationem ipsi nocere debere, iniquum esset, imo iniquissimum, si Creditor demum post decem annos a dato hujus Recessus, renunciationem interponens, adhuc 7 integros annos exspectare, ac particulari solutione, quæ multa incommoda sæpe habet, contentus esse deberet.

e) Hoc a debitore allegandum & probandum est, alioquin non auditur, sed ei solutio parata pecuniæ adjungitur: Et istud intelligendum, si in causa jam pendente a Debitore allegetur, se non habere paratam pecuniam. Potest alias etiam Debitor, qui extrajudicialibus interpellationibus ad paratæ pecuniæ solutionem compellitur, impetrare Citationem ad vidend. se admitti ad beneficium Auth. Hoc nisi C. de solut. & tunc, si debitor se non sufficienter ad dictum beneficium qualificat, Citatio cassatur, & ille in expensis condemnatur. Add. Roding. p. 489 & sequ.

f) Scil. juxta Auth. Hoc nisi C de solut. cujus requisita proinde specialiter alleganda & probanda, quod mihi injunctum per sententiam a Febr. 1652 in causa **Reiffenbergischer Erben contra Günther von Wanscheid** Citat. super denegat. justitia. Sic cum in causa Sulzer contra Creditores Debitor Sulzer impetraverit & 12 Novembris 1655 reproduxerit Citationem ad videndum, se admitti ad beneficium Auth. Hoc nisi C. de solut. sed Creditores excipiendo probaverint, debitorem vel Impetrantem d. Auth. in suis requisitis non satisfecisse, hinc 20 Octobris 1657 per Cameralem sententiam Citatio cassata & impetrans condemnatus fuit. Sic in causa **Helmstädt** Mandati 13 Decembris 1658 specificationem omnium bonorum tam mobilium quam immobilium, ut & proventuum ad electionem actoris exhibere Reus per sententiam jussus est. Adde Roding. p. 489 in fin. & p. seq.

g) Sic particularis solutio sortis cum injuncta tamen sufficienti cautione Reo condemnato concessa in **Sachen Kramers contra Haffers** Appellationis nunc Executor. 17 Decembris 1658.

h) Ratio, quia si creditor & debitor in eadem paupertate commorantur, merito in pari causa, ubi Creditor de damno vitando, Debitor vero de re alterius retinenda certat, Creditoris conditio potior esse debet.

Sed quæri hic posset, cum hodie quoad veteres pensiones, ita judex soleat interloqui, quando ergo

illas absque ulla dubitatione exigere sit licitum? Respondeo: Post decem a dato hujus Recessus, quod est 17 May 1654 elapsos annos, nimirum Anno 1664. Porro et hoc notatu non indignum, quod in causa Schabel contra Hohenloh, Mandat. Immissor. S. C. 8 Martii 1659 & in causa Gödelmann contra Stadt Simmern Mandat. de dimitt. hypoth. S. C. 8 Octobris 1657. Item in causa Dr. Juggerts contra dictam Civitatem Simmern Mandat. pœnal. S. C. 2 Decembris 1656 post declarationem pœnæ atque artius jam ante hunc Recessum productum, pensiones veteres atque post hunc Recessum cessis per tenorem sententiæ super tradita fuisse separatas. Insuper & hoc observatum est; in quibusdam causis debitori injunctum esse, ut ratione veterum pensionum ad ab actore producta ageret. vid. Rod. p. 220, quæ sit ratio diversitatis, me adhuc latet. Dr. G. autumat, illa præjudicia locum in causis § sequi hic propositis obtinere. De quo tamen alii volunt dubitare.

§. 173.
Verflossene Pensiones oder Zinsen.

Die verflossene a) und noch unbezahlte Pensiones oder Zinsen betreffend, soll 1) aus verschiedenen ins Mittel gebrachten Vorschlägen und remediis generaliter nach dieser Zeiten und des Römischen Reichs, wie auch der Creditoren und Debitoren reiflich erwogenen Zustand, hiemit aller Ausstand, der Zinsen und Interesse bis auf dato dieses Reichs-Abschieds, bis auf den vierten Theil gäntzlich caßirt und aufgehoben, jedoch hiebey dem Schuldiger, welchem auch dieses Bezahlende ein Viertheil abzutragen, unmöglich seyn solte, sein Unvermögen gehöriger massen zu probiren b) vorbehalten. 2) Würde aus erst gedachten Ursachen, und damit dem Debitori keine Unmöglichkeit aufgebürdet, dem Creditori aber inskünftige einige mögliche Gewißheit verschafft werde, vor gut angesehen, daß besagter von den caßirten Zinsen verbleibender Rest ein Viertheil nach zehen, a dato Reichs-Abschieds anfangenden Jahren dergestalt bezahlt werde, daß jedes Jahr neben einem current, auch ein altes Ziel unfehlbar erlegt, und solches von Jahren zu Jahren, so lang bis der gantze Rückstand des ausgesetzten vierten Theils völlig abgetilget sey, ununterbrüchlich continuirt werden soll. Wofern aber 3) obberührter massen das Capital vor Abstiessung dieser zehen Jahren, abgestattet seyn würde c), so soll der Schuldiger das residuum dieses ¼ innerhalb den nächstfolgenden drey oder vier Jahren zu bezahlen gehalten, der Creditor aber die in Händen habende Original-Verschreibung nicht eher aus Handen und von sich zu geben schuldig seyn, bis ihm die schuldigen Zinsen ebenmäßig vor voll erlegt worden.

a) Non meminit ullus procuratorum quoad hunc quadrantem præteritarum pensionum extra casus in § sequ. exceptos pronunciatum, sed in omnibus hæc reservatio verbis formalibus tenori sententiarum adjici solet: **Und wollen die Parteyen einander wegen der vor diesem Reichs-Schluß verfallenen Pensionen Spruchs und Anforderung halber erlassen, mögen sie solches, ob sie wollen bey diesem hochlöblichen Kayserlichen Cammer-Gericht weiter ausführen.** Quamvis dies solvendarum harum pensionum juxta vers. 2 hujus § nondum, sed demum post decennium venturus sit. Add. Roding. p. 218 & 219.

b) Quandoquidem debitori hoc in passu injungitur probatio impossibilitatis, dubitare liceat, annon eadem ratione & consequentiæ vi ipsi injungendæ sit probatio qualificationis ad h. Rec. juxta § 165 supra. Nisi forte quis dicat, fortiorem hic subesse injungendæ probationis rationem, quandoquidem hic debitori

bitori per remiſſionem trium quadrantium maximum jus & beneficium acquiſitum ; Cui proinde ſe a quarto quadrante eximere volenti probatio non inique injungitur. Tertio Exceptio alterius tanti in Cauſa Städter contra Hamburg Mandati Executorialis C. C. in Camera oppoſita per ſententiam 24 Novembris expreſſa rejecta fuit.

e) Scil. ad inſtructam exactionem creditoris. Adde Notata ad § præced. von Lußkündung.

§. 174.
Künftige Zinſen.

Anreichend die künftigen Zinſen und Intereſſe, ſollen von nun an dieſelben, ſie ſeyn aus wiederkäuflichen Zinſen, oder vorgeſtreckten Anlehen, herrührig und verſprochen, jedoch nach Ausweiſung der Reichs-Conſtitutionen a), und weiter nichts als fünf pro Cento alle und iede Jahre in verglichenen Terminen unfehlbar gezahlet, und im Fall des Saumſals auf bloſſe Vorzeigung der Obligation b) per paratam executionem c) wider den Schuldiger verfahren werden: damit aber gleichwohl durch obgeſetzte regulas die Schrancken der Billigkeit nicht überſchritten, und in richtigen Sachen alle Verwirrung und Weitläuftigkeit verhütet werde, ſo wird davon ausgenommen, 1) was zwiſchen dem Gläubiger und Schuldner allbereit verglichen iſt, bey dem es billig ſein Verbleiben hat d), es wäre dann, daß der Debitor erweiſen könte, daß er erſt nach dem getroffenen Vergleich durch das Kriegsweſen ins Verderben gerathen e) ſey, 2) die vollzogene Urtheile f) und vollführte Executiones g). 3) Was an Capital oder Zinſen allſchon bezahlt iſt, derowegen keine Zurückforderung oder Abkürtzung ſtat haben ſolle. 4) Was in den Kriegs-Läuften zur Rantzion, Brandſchatzung und Rettung Leibes, Lebens, Häuſer und Güter, auch Abtragung der Satisfactions-Gelder erborget worden, und ſollen die dargegen habende Widerſprüche und Gegenabreitung auf das gemeine Recht geſtellt ſeyn. 5) Was zu Erkauf- und Wiederaufbauung der verwüſteten anietzo wieder in eſſe ſtehenden und inmittelſt genoſſener Güter ausgeliehen worden. 6) Was ein fidejuſſor oder ein expromiſſor für eine andern allbereit hat bezahlen müſſen, oder noch künftig auſſerhalb des Reichs, wo dieſe Conſtitution nicht bindig, bezahlen muß, ſo viel aber das Intereſſe von dem, was er ausgelegt haben mag, belanget, und er zu fordern vermeynen möchte, ſoll es damit gehalten werden, wie oben von den Zinſen verſehen, und wie es 7) h) in cauſis piis i) & privilegiatis zu halten, ad judicis arbitrium verwieſen ſeyn.

a) Vid. Receſſ. Imp. de Anno 1600 § 35 ſed quæritur: An Copiæ obligationum a Lectoria vel Status alicujus Cancellaria vidimatæ ſufficiant, an vero originalium exhibitio in Camera ad extrahendos Proceſſus requiratur ? Prius olim & tempore belli ob periculoſas originalium translationes obtinuit, & adhuc hodie aliquando deſuper denunciantur. Poſterius autem in cauſa Kellerſche Wittwe contra Beplen 10 Octobris 1659 his formalibus decretum : Noch zur Zeit abgeſchlagen, ſondern, wofern Supplicant, daß er obligationem in primo termino ad agnoſcendum vel diſtendum beylegen wolle, ſich erbieten wird, ſoll ferner darauf ergehen, was Recht iſt. Er absque dubio eſt, prout inciderimus in unum vel alterum Referentem, ita proceſſus ad vidimatas copias vel extrahi vel negari.

b) Sed quæritur : Utrum iſta obligatio in originali ſit exhibenda ? Quanquam tempore belli ob periculoſas Originalium transmiſſiones Aſſeſſores vidimatis

Copiis contenti erant ; Cum vero hodie ob ſecuras vias dictæ transmiſſiones non adeo periculoſæ, ut plurimum Originale deſiderant ac decernere ſolent, wofern Supplicant die angezogene Obligation in originale beylegen wird, ſoll ergehen, was Recht iſt. Si vero Originalia non tuto transmitti poſſint, illorum Copia a Statu Imperii, non vero a Notario aut etiam Civitate municipali vidimata ad decernendos proceſſus pro ſufficienti habetur. Hinc etiam ita decerni ſolet ; wofern Supplicant die ſub lit. A angezogene Obligation in originali oder probante forma beylegen wird, ſoll ergehen, was Recht iſt. Hoc caſu ſufficit, Copiam obligationis a Statu Imperii vidimatam apponere.

c) Scil. quæ habet, clauſulas executivas mit oder ohne Recht, vel jurisdictionem ad decernere expreſſe prorogaverit, præſertim, cum quoad hoc punctum priores Conſtitutiones non ſint correctæ.

d) Scil. ex præſumptione juris vel conſtitutionis, qui medio tempore transigendo aliquid promiſit, i. e. ipſum præſtare poſſit, & per bellum non ſit depauperatus.

e) Sic eum Adminiſtratores Hoſpitalis ad S. Georgium Spiræ in cauſa Emmerichſchen Erben contra das Hoſpital zu Speyer Mandati de ſolvendo &c. excipiendo allegarent, ſe poſt transactionem per injurias bella ad incitas redactos, ipſas per ſententiam 10 Decembris latam probatio injuncta fuit. vid. quoque Roding. p. 222 §. in caſu.

f) Scil. hoc utrumque requiritur, & non ſufficit judicatum eſſe ſuper uſuris, niſi ſimul executio facta ſit : Sic in cauſa Göbelmann contra Simmern Dr. Büchers contra Königsberg & alia infinita exſtant præjudicia, in quibus cauſis paritoriis & declaratoriis licet præmiſſis nihilominus poſt Receſſum hunc Imperii paritoriæ ad penſiones poſt hunc Receſſum ceſſas directæ & publicatæ, & reliquæ cauſæ ſc. penſiones ante hujus R. I. ad ulteriorem deductionem conſulta formula paulo ante citata reſervatæ fuerunt.

g) Hinc, licet non ſolum aliqua res per ſententiam definitivam ſit alicui adjudicata, vel etiam ſolutio debiti liquidi per mandatum injuncta, ſed etiam aliquot paritoriis latæ, imo etiam ipſa declaratio pœnæ facta, atque arctiores inſinuati reproductæ ſint, nec tamen realis executio ſit inſecuta, tunc Judex uſuras ante hunc Receſſum jam adjudicatas ac ceſſas ſeparat ab illis, quæ poſt illum ceſſæ ſunt, & ſuper his mandata & paritorias decernit, iſtas vero ad ulteriorem deductionem confuſes formula pronunciandi reſervat. Formulam illam & præjudicia vid. ſupra ad § præced.

h) Quamvis conventus & Collegia religioſa : Item viduæ, pupilli & ſimiles perſonæ in jure absque dubio pro privilegiatis habeantur, non memini tamen hactenus arbitrium Domini Judicis hic exceptum & reſervatum ad ſingularem aliquam deciſionem fuiſſe extenſam, ſed manſiſſe in terminis ſupra allegatis beneficii generalis. In cauſa Sancti Germani, Sancti Guidonis Stifft und Kloſter ſeu Claræ alleſammt in Speyer contra Straßburg.

i) Hæ ſunt, quæ ſpectant ad fundationes ac ſuſtentationes Eccleſiarum, Monaſteriorum, Scholarum, Hoſpitalium &c. Cauſæ privilegiatæ ſunt, quæ concernunt viduas, pupillos, dotem, alimenta &c. In utrisque tamen cauſis arbitrium judicis hactenus nullam diverſitatem a reliquis cauſis fecit, ſed ubique idem modus pronunciandi obſervatus fuit.

§. 175.
Moratoria.

Dieſer Unſerer bisher geſetzter Verordnung ſoll allerdings nachgegangen, und darüber ſteiff und feſt gehalten werden, ungehindert aller hiebevor ertheilten Moratorien: Wir wollen auch inskünftige keine andere Moratorien, dieſer allgemeinen Reichs-Verordnung zu entgegen, nicht ausgehen nach ertheilen laſſen.

§. 176.

§. 176.

Nachdemmahlen a) aber bey uns Chur-Pfaltz Liebden mit einem beweglichen Memorial alleruntertänigst, wie auch bey den Ständen gebührend einkommen, woraus deroselben absonderlicher und mit andern Chur-Fürsten und Ständen nicht gemeiner Zustand erscheinet, und uns darauf gesammte Stände ersucht, Wir wolten vor seine Liebden über voriges, ein special billigmäßiges Mittel allergnädigst zu treffen und zu verordnen Uns belieben lassen: als haben Wir darüber Unserm Kayserlichen Reichs-Hofrath gemessen anbefohlen, auf alle dienliche Wege und Mittel zu gedencken, wie darinne Seiner des Chur-Fürsten Liebden noch ferner möchte geholfen, und der Stände billige Erinnerung, so viel als immer möglich und erträglich, seiner Liebden zum Besten in Acht genommen werden.

a) Elector Palatinus eodem anno ab Imperatore consensu Statuum obtinuit moratorium ad 20 annos, quod reperire est in Roding. Sub hoc moratorio Palatini Electoris etiam comprehenduntur ejusdem civitates, oppida, pagi & alii subditi, quatenus scil. per Constit. expromissionem & fidejussionem debita Principis vulgo Commissariat, oder auch andere Schulden susceperunt. Sie, cum in causa Göler von Ravensburg contra die drey Lägstätt des Churfürstlichen Commissariats Mandati de solvendo S. C. Citatio ad reassumendum impetrata, & 20 Octobris 1674 in Camera judicialiter reproducta fuisset, citati ob prædictam causam, me licet sæpius admonente, ne quidem in respectum Domini judicis comparere, multo minus exceptiones reponere voluerunt, quapropter in contumaciam hactenus decretum nondum fuit. Aliud est in debitis, quæ in propriam utilitatem & necessitatem contraxerunt, in quibus juxta Constitutionem Palatinam peculiarem ab ipsis Palatinis officialibus ad exsolutionem condemnantur. Addatur elegans præjudicium in causa Beckers contra Heydelberg Cirat. muna Executor: Ubi Civitas in simili causa per sententiam condemnata, hactenus executionem respuit, nec Camera Imperialis ulterius progredi conatur.

§. 177.

Demnach auch bey gegenwärtigem Reichs-Tage, wegen Entraumung der Festung Vechta von der Schwedischen Besatzung vielfältige Handlung zwischen Chur-Fürsten und Ständen unter sich selbsten, wie auch den Schwedischen Commissariis gepflogen, und endlich über alles ein Receß sub-dato Regenspurg den 22 Martii jüngsthin aufgerichtet, und bey der Chur-Mayntzischen Cantzeley deponirt, auch um gemeinen Bestens willen von uns sammt Churfürsten und Ständen bewilliget worden, daß des Bischofs zu Münster Andacht, und andern mit dem Unterhalt derselben Besatzung beladenen Ständen, zu Ersetzung des im Ober-Rheinischen Kreise, und bey anders Ständen der übrigen sechs, zu der Schwedischen Militz Satisfactions-Geldern gezogenen Kreisen befundenen Nachstands, die nothwendige Summa Gelds durch Executions-Mittel einzuholen, und andere Geld-Aufnahm auf bewilligtes Interesse ohnverzüglich beyzubringen, solche aufgenommene und vorgeschossene Gelder aber von den säumigen Ständen sammt Abtrag Kostens und Schadens, ohne Nachtheil deren, welche ihre Angebühr zu rechter Zeit entrichtet, oder vermöge des Nürnbergischen Recesses zu compensiren haben, abgestattet, gleichwohl aber auch hierdurch der zu Nürnberg gedachten Bischofs

Jurist. Oracul V Band.

zu Münster Andacht bescheener Versicherung nichts benommen, und wider die säumigen Stände mit der Execution zu verfahren, seiner Andacht nochmahls erlaubt, was aber auch vor andere in dem Nürnbergischen Receß versehen, denselben ebenmäßig vorbehalten seyn soll, als hat es dabey allerdings sein Verbleiben.

§. 178.
Stabilirung Fried und Rechtens.

Nachdem auch Chur-Fürsten und Stände hiebey befunden, daß zu Stabilirung Fried und Rechtens in alle Wege reiflich zu berathschlagen, welcher Gestalt das Heil. Römische Reich, wider alle auswärtige Gewalt und etwan herfürbrechende Empörungen, auf alle Fälle gesichert und bey beständigem Ruhestand erhalten werden möchte, in mehrerer Erwägung, daß von vielen Jahren her, und zwar nach oftbesagtem Münster- und Osnabrückischen Friedenschluß eben sowohl als vorhin verschiedene gewaltsame Einbrüche wider Chur-Fürsten und Stände des Reichs, bevorab aber gegen die Chur- und Ober-Rheinische, wie auch Westphälische Kreis-Stände, von andern im Krieg stehenden Partheyen de facto fürgenommen, und vollzogen worden, und daß solchen unleidlichen dem Heil. Römischen Reich sowohl verderb- als schimpflichen Proceduren, ohne fernerem Nachsehen, mit beständigem Ernst zu begegnen die höchste Nothdurft erfordert; Als haben Wir auf solch gehorsamstes Einrathen Uns mit ihnen, und Sie mit uns sich durch gegenwärtigen Abschied verglichen: Setzen und ordnen also, daß der in dem Reichs-Abschied de anno 1555 heilsamlich aufgerichteter, und hernach in annis 1559, 1564, 1566, 1570, 1576, 1582, 1594. mit nützlichem Zusatz und Verbesserung wiederholter Executions-Ordnung, wider vorgemeldte und alle andere eines oder andern Orts entstehende Gewaltthätigkeiten und Empörungen, mit rechtem Eifer und Fleiß nachgegangen, und auf alle begebende Nothfälle die darinnen enthaltene Hilfleist- und Verfassung mit wircklicher starcker Hand unverzüglich zu Werck gestellt, und obgemeldte Reichs-Verordnung, als eine unfehlbare, rechte Richtschnur in allen und ieden Puncten von männiglich festiglich gehalten, auch zu dessen mehreren Versicherung in gesammten des Heil. Römischen Reichs Kreisen die darzu gehörige der Kreis-Obersten und andere nach- und zugeordneter Aemter und Stellen unverzüglich und zwar auf das längste von dato dieses Reichs-Abschieds bis den ersten nächstfolgenden Monats Septembris, vermittelst werckstellender Kreis-Zusammenkünften solchergestalt ersetzt werden sollen, damit sie auf allen, und in mehrberührter Executions-Ordnung versehenen und entstehenden Nothfall auf des Kreis-Obersten erstes Erfordern sich alsobald zusammen thun, und die erheischende Nothdurft wohlbedächtlich verordnen können.

§. 179.
Kreis-Obersten Amt.

Und wann der Kreis-Oberste seinem Amte mit gebührender Wachsamkeit und Aufsicht ein Genügen zu leisten ermangeln würde, so sollen alsdann die Nach- und Zugeordnete solches zu thun schuldig seyn, und desjenigen Kreis Obersten, welchem auf Erfordern gehöriger Beystand wiederfährt, über die zugeschickte Hülfe das Directorium haben, gleichwohl

E I I aber

aber ohne Vorwissen, Einrathen und mit Bewilligung deren zu Hülfe gekommenen Kreis-Obersten, und der hülfleistenden Kreise Nach- und Zugeordneten, nichts hauptsächliches fürzunehmen bemächtiget seyn.

§. 180.

Und gleichwie dieses hoch-angelegene Werck zu allgemeiner Wohlfahrt, und des Heil. Reichs beständigen Ruhestand zielet, wovon kein Chur-Fürst oder Stand, noch derselben Unterthanen zu eximiren, also soll, auf den Fall sich iemand obgesagter Execution-Ordnung widersetzen, und an Unserm Kayserlichen Reichs-Hofrath oder Kayserlichen Cammer-Gericht einigerley Processe dargegen zu suchen sich gelüsten lassen würde, ein solcher keinesweges angehört, sondern a limine Judicii ab- und zu schuldiger Parition angewiesen, in dessen Entstehung aber, nach laut der Executions-Ordnung, wider denselben zu verfahren erlaubt u. frey gelassen, und hiervon einiger Immediat- oder Mediat-Stand, Stadt, Landsaß und Unterthan nicht ausgenommen, sonderlich aber sollen iedes Chur-Fürsten und Standes Landsassen, Unterthanen und Bürger zu Besetz- und Erhaltung der einem oder andern Reichs-Stand zugehörigen nöthigen Festungen, Plätzen und Guarnisonen ihren Landes-Fürsten, Herrschaften und Obern mit hülflichen Beytrag gehorsamlich an Hand zu gehen schuldig seyn.

§. 181.
Wie hoch die Execution-Verfassung zu stellen.

Wie hoch aber in iedem Kreis die nothwendige Verfassung zu stellen, nachdem in vorberührten Reichs-Abschieden und Executions-Ordnung, gewisse Maaß und Verordnung enthalten, also lassen wir es neben Chur-Fürsten und Ständen für dießmahl auch dabey bewenden.

§. 182.

Wolte aber derjenige Kreis, so der Gefahr am nächsten gesessen, über seine, nach der Executions-Ordnung gebührende Quotam, sich in eine mehrere Verfassung stellen, so soll gleichwohl derselbige, einem andern Kreis über seinen Anschlag und obliegende Portion Hülfe zu leisten, nicht schuldig seyn.

§. 183.

In Kreis-Handlungen sollen über die in der Executions-Ordnung enthaltene und dahin gehörige Verfassungs-Sachen iederzeit die Majora stat haben, und die mindern Stimmen denen mehrern nachzugeben verbunden seyn.

§. 184.

Weil aber verschiedene Stände, und in specie die Reichs-Städte zu angedeutetem Quanto sich nicht eher verstehen wollen, bis die in puncto moderationis matriculæ hernach bedingte Erkundigung zur Richtigkeit gebracht, und damit die nothwendige Verfassung hierdurch nicht gehindert werde, soll aller möglicher Fleiß angewendet werden, damit solche Erkundigung noch vor dem ersten Septembris bey denjenigen, welche sich zu diesem nothwendigen Werck dießfalls beschwert befinden, für die Hand genommen und erörtert werden, inzwischen aber sollen dieselbigen nach der alten Reichs-Matricul ihre Quotas mit beyzutragen schuldig seyn.

§. 185.

Und obwohl bey diesem Reichs-Tag in Berathschlagung kommen, ob und wie besagte Executions-Ordnung nach des Heil. Reichs gegenwärtigen Zustand zu verbessern, und in vollkommenen Stand einzurichten, ingleichen wie es in denen mit ungleicher Religion vermengten Kreisen, wegen der an Seiten der Augspurgischen Confessions-Verwandten, bey den Defensions-Verfassungen begehrten, Parität zu halten, dieweil es aber dießmahl sich eines endlichen zu vergleichen die Zeit ermangelt, so soll ein ieder Kreis obgedachter maßen, so bald möglich, und noch vor dem erstfolgenden Monat Septembris sich absonderlich zusammen thun, die Nothdurft überlegen, und was mit gemeinem Schluß vor gut befunden wird, auf dessen unter sich selbst vorgehenden Communication, zuförderst uns als dem Oberhaupt, dann auch zu unsers lieben Neven des Chur-Fürsten zu Mayntz Cantzeley dasselbige einschicken, damit es auf nächstfolgender Reichs-Deputation oder anderwärtigen Reichs-Versammlung (davon hernach Meldung beschehen wird) ferner erwogen, und mit gesammter Hand vollends beschlossen, und in selbigen Reichs-Abschied gebracht werden möge.

§. 186.
Werbungen im Reiche.

Nachdem auch Chur-Fürsten und Stände uns immittelst allerunterthänigst heimgestellt, ob nicht bey ietzigem bekannten Abgang der Mannschaft, da fremde Werbungen im Reich, insonderheit in denen an Leuten am meisten entblößten Kreisen auf eine gewisse Zeit einzustellen; So haben Wir uns erinnert, was Wir auf derselben getreues Einrathen allbereit für geraumer Zeit dießfalls für Mandata publiciren und ergehen lassen, bey denen und der Reichs-Abschieden Verordnung es dann nochmahl sein Verbleiben hat.

§. 187.
Lautern, Simmern.

Uiber das und nachdem a) sich auch zwischen Unsern lieben Oheimen des Heil. Reichs Chur- und Fürsten, des Pfaltz-Graf Carl Ludwigen und Pfaltz-Graf Ludwig Philippsen Ld. Liebd. wegen beyder Fürstenthümer Lautern und Simmern, sammt darzu gehörigen Landen einige Streitigkeit erhoben, solche aber durch die von uns hierzu verordnete Kayserliche Commissarien, Unser auch liebe Neve, Oheimen und des Reichs Chur- und Fürsten, der Chur-Fürsten zu Mayntz, Sachsen und Brandenburg, auch Bischofen zu Aichstädt, Hertzogen zu Würtenberg und Hertzogen zu Hollstein Liebden und Andacht, in Kraft von Uns Ihnen aufgetragener Commißion auf gepflogene gütliche Handlung endlich in Seiner des Chur-Fürsten zu Mayntz Gegenwart hingelegt und verglichen worden, wie derentwegen aufgerichteter Vergleich sub dato Regenspurg den 22 Novemb. (12 Decemb.) Anno 1653 mit mehrerem nach sich führet, dessen Confirmation auch von Uns, als Römischen Kayser, beliebet worden; Als soll derselbige in allen seinen Puncten, Clausulen und gantzem Inhalt nicht weniger, als ob er von Wort zu Wort darinnen begriffen, kräfftig und beständig seyn und bleiben.

a) Super

e) Super hac differentia in Camera Citatio ex L. diffamari a Principe Palatino de Simmern contra Electorem Palatinum Anno 1653 emanata, tandem per transactionem publicam hic confirmatam lis sopita fuit.

§. 188.
Hessisch Primogenitur-Recht.

Demnach auch in dem zu Oßnabrück und Münster in An. 1648 aufgerichteten Friedens-Schluß art. 15 § finali wohlbedächtlich und um mehrer des Reichs Sicherheit willen, mit einmüthiger Einstimmung Chur-Fürsten und Stände verabschiedet, und verglichen worden, daß das im Fürstlichen Haus Hessen so wohl Casselischer als Darmstätischer Linie eingeführtes und von uns und unsern Vorfahren am Reich bestätigtes Primogenitur-Recht fest und beständig bleiben, und unverbrüchlich observirt werden solle, und aber nach solchem geschlossenen und publicirten Frieden einige Strittigkeiten in beyden obbemeldten Fürstlichen Linien, und zwar noch unter währendem diesen Reichstag von der Hessen-Homburgischen Linie erregt, fürbracht, und von uns erörtert worden, sonderlich aber in der Fürstlichen Hessen-Casselischen Linie zwischen den Hochgebohrnen unsern und des Reichs Fürsten, Wilhelmen, Friederichen und Ernsten respective Vettern und Brüdern, allen Landgrafen zu Hessen, Fürsten zu Hirschfeld, gedachten juris primogenituræ, und der alleinigen Landsfürstlichen Regierung, auch sonsten anderer Prätension halber, schwere Differentien und Irrungen entstanden, und dann auf unsere Kayserliche Verordnung zu Abwendung aller daraus besorgenden Weiterungen und gefährlichen Consequentien durch Vermittelung des Chur-Fürsten zu Maynz Liebden und unsern hierzu deputirten geheimen Räthen und Commissarien, bey ietziger Reichs-Versammlung alle diese Strittigkeiten und Irrungen mit beyder Theil Belieben zu Grund gütlich beygelegt, und verglichen, auch dabey abgeredt und verabschiedet worden, daß dieser so mühsamlich geschlossener Vertrag, mit allen seinen Artickeln in diesen Reichs-Abschied in vim sanctionis pragmaticæ & legis publicæ inter contrahentes eorumque Hæredes confirmirt und bestätiget.

§. 189.

Also wird ietztgedachter Vertrag, wie derselbe den 1 (11) Januarii dieses 1654 Jahrs allhier verglichen und vollzogen worden, alles seines Inhalts und mit allen seinen Clauseln, obbemeldter bester massen hiemit bestätiget, u. bekräftiget, dergestalt, daß derselbe, als eine Sanctio pragmatica u. immerwährendes statutum & pactum gentilitium im Fürstlichen Haus Cassel, so wohl von den interessirten Theilen, und dero Manns-Leibs-Lehens-Erben und Nachkommen, als auch deroselben Land und Leuten, Vasallen und Unterthanen, wie auch sonsten und insonderheit in allen und ieden Reichs-und andern Gerichten und Austrägen, steif und fest gehalten und beobachtet, und dargegen weder in-nach ausserhalb Rechtens in etwas an Hand genommen, oder gehandelt werden solle, bey Vermeidung unser und des Reichs schwerer Ungnad und Pön fünffhundert Marck löhtiges Golds.

Jurist. Oracul V Band.

§. 190.

Wie dann auch in diesem Punct der obangezogene Friedens-Schluß zu mehrer Beruhigung des Reichs und Erhaltung guter Verständniß inskünftige so wohl im Fürstlichen Haus Hessen-Cassel, als Darmstadt fest und beständig bey der darinne den Contraventoribus gesetzten Straff, ohnangefochten bleiben, gelassen und observirt werden soll.

§. 191.
Secundus Punctus propositionis Cæsar.

Den zweyten Puncten unserer Kayserlichen proposition, und darunter die casus restituendorum ex capite Amnestiæ & Graviminum anlangend, da wäre uns sehr lieb gewesen, wann diese derentwegen noch obschwebende Strittigkeiten in unserer Gegenwart gleich andern mehr, auch zu wircklicher Abhelff- und Vergleichung hätten gebracht werden können: Sintemalen aber die Natur und Eigenschafft derselben solches bey iedem casu particulari, sonderlich wo ein und ander Theil mit seiner Nothdurfft und Beweisthum allererst gehört werden muß, nicht erleiden wollen; So haben wir uns mit Chur-Fürsten und Ständen dahin verglichen, daß dieser gantze Punct auf einen ordinari Deputations-Convent nacher unser und des Heil. Reichs Stadt Franckfurt gegen nächstkünfftigen ersten Octob. dieses Jahrs anzusahen, soll verwiesen werden, massen wir denselben auch Krafft dieses hiemit dahin remittiren und verweisen, dergestalt und also, daß in dem Chur-Fürstlichen Collegio zwischen den dreyen Augspurgischen Confeßions-Verwandten und protestirenden Chur-Fürsten, ein viertes unter ihnen alternirendes Votum, vor dißmal (weil in den künfftigen prorogirten Comitiis weiter davon zu reden) bey demselben Deputations-Tag, keines Wegs aber bey einiger anderweitiger Reichs-Versammlung, Chur-Fürstlichen Collegial-und Wahl-Tag stat haben, und mithin die von uns jüngsthin und am 21 April vorgeschlagene Subdeputation gefallen seyn, und die ordinari Deputirte (darzu wir unsere Kayserliche Commissarien insonderheit verordnen wollen) denselben punctum ordentlich, und zwar diejenige Fälle, welche unter den Catholischen und Augspurgischen Confeßions-Verwandten hafften, alternatim fürnehmen, und deßhalben in cognoscendo, decidendo, & executionem decernendo vollkommene Gewalt haben sollen, massen auch wir erbietig seyn, die Execution dessen, was sie erkennen werden, denjenigen, welchen es vermöge des Instrumenti Pacis und des arctioris modi exequendi gebühret, und erst gemeldte ordinari Deputation erkennen wird, ohne einigen Auffenthalt, und ohne fernere Cognition allergnädigst anzubefehlen und wircklich verrichten zu lassen; Es sollen sich aber in casibus liquidis die Deputati in cognitione nicht auffhalten, sondern dahin sehen, damit dieselbe ohngesäumt exequirt werden, in illiquidis aber, soll den partibus frey und anheim gestellt seyn, ob sie sich persönlich oder durch ihre Anwälde hinc & inde gegen einander eingebende memorialia und Schrifften bey der Deputation wollen vernehmen lassen, fordert aber sollen die erforderte requisita restitutionis, und daß der Casus dem Instrumento Pacis, Kayserli-

chen

chem Executions Edict, arctiori exequendi modo, Nürnbergischen Receß, oder in denen Fällen, so durch den Friedens-Schluß nicht geändert, dem Religions-Frieden gemäß, consequenter ad punctum restitutionis ex capite Amnestiæ vel Gravaminum qvalificirt seye, bewiesen werden. Die casus dubios aber, und welche allererst ex Instrumento Pacis ihre Interpretation haben müssen, betreffend, soll vor allen Dingen versucht werden, ob man sich darüber in der Güte vergleichen könne, widrigen Falls aber dieselbe auf den nächsten Reichs-Tag ausgestellt und verwiesen werden, und circa modum das Chur-Mayntzische Reichs-Directorium, die allbereits bey demselben zu Nürnberg oder hie eingegebene, oder noch hinfüro einkommende Casus specificiren, und dieselbe der ordinari Reichs-Deputation communiciren, von welcher alsdann de ordine ein gewisses statuirt werden soll, in causis politicis die majora, doch weiter nicht als dem Instrumento Pacis gemäß gelten, und was man also vor gut befinden und vergleichen wird, das soll an Unsere daselbst habende Commissarios iedesmals, wie Herkommens, zu Fassung eines völligen Schlusses gebracht, und es gleicher gestalt in den übrigen des Reichs-Defension und Execution, und Policey-Ordnungen auf denselben Deputation-Tag ebenmäßig verwiesen, und daselbst, iedoch allein præparatorie tractirenden und in ein Gutachten verfassenden, hernächst aber in prorogatis Comitiis zu allgemeiner Genehmhaltung referirenden Puncten observirt werden.

§. 192.

Hinterständig gebliebene und andere ohnerörterte Sachen.

Wann aber bey erstgemelter ordinari Deputation über die besagte Materien auch Sachen vorfielen, die ohne Unser und der gesammten Chur-Fürsten und Stände Verordnung zu keinem Schluß zu bringen, so sollen dieselbe neben allen andern, welche dißmal wegen Kürtze der Zeit völlig zu erledigen nicht möglich gewesen, auf nachstkünfftigem Reichs-Tag ausgestellt und verwiesen werden, welchen wir mit der Stände Belieben vor dißmal, doch ohne Nachtheil und Abbruch der sämmtlichen Chur-Fürsten hergebrachten Rechtens, dero vorhergehende Reqvisition und Consens zu Reassumir- und Continuirung des ietzigen innerhalb zweyen Jahren von dato, benantlich auf den siebenzehenden May An. sechzehnhundert sechs und funfftzig, allhier was einzukommen, und wieder anietzo hinterständig blieben, u. inzwischen etwa zu gemeiner Berathschlagung noch fürfallen möchte, fürzunehmen und zu handlen, hiemit ohne weiteres Ausschreiben bestimmet, und dergestalt eröffnet haben wollen, daß auf ietztgemelten prorogirten Reichs-Tag, ohnerwartet einer ferneren Formal-Proposition, alle und iede Materien, welche im Friedens-Schluß zu diesem Reichs-Tag verwiesen, und in die Kayserliche Proposition in den dreyen absonderlichen Puncten gebracht worden, es sey darvon allhier geredt oder nicht, darunter die Wahl-Capitulation nach Inhalt des Instrumenti Pacis in obgemeldten Reichs-Räthen alsobald für die Hand genommen, berathschlaget, und erörtert werden, und gleiche Krafft haben sollen, als wann sie bey diesem Reichs-Tag wären ausgemacht wor-

den; Im Fall aber immittelst dieser Zeit Sachen fürfallen würden, die man gleichfalls bey künfftigem prorogirten Reichs-Tag in Berathschlagung zu ziehen hätte; So wollen wir dessen Chur-Fürsten und Stände bey Zeiten erinnern, damit sie die ihrige auch derentwegen nach Nothdurfft instruiren mögen.

§. 193.

Attentata wider den Friedens-Schluß.

Wir setzen und ordnen auch a) daß kein Stand gegen den andern oder dessen Land und Leute, oder auch gegen seine eigene Unterthanen und Bürger in Religions-Sachen wider den Friedens-Schluß mit Gewalt und eigenmächtiger Beginnung das geringste nicht attentiren oder vornehmen, sondern ein ieder dasjenige, was er vermeynt das ihm gebühre, mit behörigem Wege Rechtens suchen, und denen, so darwider beschwehrt würden, auf Begehren, mandata inhibitoria gehöriger Orten ertheilet und vollzogen werden sollen.

a) Sic, cùm Elector Palatinus Comitibus Rheni vel Rhein-Grafen, in pago aliquo, ubi dictus Elector prætendebat jus Patronatus, Rheingravius vero in dubio habebat jus territorii adeoque etiam annexum reformandi, ministrum seu Parochum Reformatæ Religioni addictum ex pretenso jure Patronatus præsentaret, & de facto seu vi majore introduceret; Ego D. G. nomine Rheingraviorum supplicavi pro mandato super Constit. des Religions-Frieden, ut & Restituendo & non amplius offendendo S. C quod tamen per Decretum 30 Aprilis 1656 utpote ad prædicta narrata, uti petitum, denegatum; Tandem vero mihi ex h. §. supplicanti pro mandato inhibitorio & Restitutorio f. e. 4 Jun. ejusdem anni Mandatum inhibitorium sine, Restitutorium vero cum Clausula decretum fuit. Pariter cùm in causa Dynhausen contra Paderborn ob prohibitum privatum exercitium Religionis 3 Novembris 1659 ex eodem h. § supplicaretur pro mandato Cassatorio, Inhibitorio & Restitutorio S. C. in Camera 8 Novembris his formalibus Decretum emanabat: Noch zur Zeit abgeschlagen, sondern wofern Supplicant, daß sein Principal in An. 1624 auf seinem Hause in possessione vel quasi (in quo consistebat fundamentum alleg. Instrumentum Pacis) des Exercitii Augustanæ Confessionis gewesen, und die Eheliche Copulation, Tauf, Administration des Heil. Nachtmahls sub utraque, und, dergleichen, durch einen Evangelischen Prediger exercirt habe(qui actus Reo supplicanti prohibebantur) ... auch, daß die beygelegte Executoriales intuitu des Exercitii der angezogenen Actuum ergangen seyn, dem R. A. gemäß (vid. supr. § Alle Supplicanten. 73) etlicher Maßen bescheinet würde, soll ferner darauf ergehen, was Recht ist. Animadversiones in hunc R. A. supra in feriæ sunt Commentarius D. Pauli Gamsii, in jud. Camer. imp. antehac Advocati & Procuratoris.

§. 194.

Und dieweil nach Besag des Frieden-Schlusses neben dem gesammten Chur-Fürstlichen Collegio, aus den Fürstlichen und Städtischen zu den alten Ordinari-Deputirten, nemlich Oesterreich, Burgund, Würtzburg, Constantz, Münster, Bayern, Braunschweig, Pommern, Hessen, Weingarten, Fürstenberg, Cölln und Nürnberg, aus den andern Fürsten und Ständen, so viel zu verordnen seyn, damit es auf gleiche Anzahl von beyden Religionen eingerichtet und bestellet werde; So haben wir Uns mit Chur-Fürsten und Ständen dahin verglichen, daß hinfüro Sachsen-Altenburg, Brandenburg-Culmbach, Mecklenburg, Würtenberg, und

und clare von den Wetterauischen Grafen, samm
denen auch dißmal von neuem bewilligten vier
Städten, Achen und Uberlingen, Straßburg und
Regenspurg zu denen vorigen gezogen werden, und
sie sämmtlich ohnerwartet einer von unsers Neven
des Chur-Fürsten zu Maynz Liebden vorhergeben-
den Beschreibung in termino des ersten Octobers
zu Franckfurt erscheinen und verrichten sollen, wie
obstehet.

§. 195.
Moderatio matriculæ.

Damit aber auch die hinterbliebene und auf
nächstkünfftige gemeine Reichs-Versammlung ver-
schobene Materien, sonderlich aber die, zu welcher
Erledigung ein mehrere Information aus den Kreisen vonnöthen; bey künfftigem Reichs-Tag desto besser und geschwinder richtig gemacht werden mögen;
So wollen wir immittelst, wie wir Uns mit Chur-
Fürsten und Ständen deshalben vergleichen, an
alle Kreis-ausschreibende Chur-und Fürsten gnädigste Erinnerungs-Schreiben ausfertigen und abgehen lassen, damit in puncto moderationis matriculæ bey iedem Kreis gebührende Information
eingezogen, und hiehero dem Reichs-Abschied de
Anno 1582 nachgegangen, nicht weniger der Münz
halber nothwendige Probation-Täge angestellet
und gehalten, auch der über diese beyde Puncte von
iedem Kreis verfaßter Bericht Uns und Unsers lieben Neven des Chur-Fürsten von Maynz Liebden
beyzeiten und so bald möglich, was aber ein ieder
Kreis wegen guter Policey zu verordnen, vor-rath-
sam ansehen wird, nach Franckfurt zu obgemeldter
Ordinari Reichs-Deputation förderlich überschickt
werde.

§. 196.
Seßion-Streit.

Als sich auch bey gegenwärtiger Reichs-Versammlung zwischen etlichen Ständen des Reichs
der Seßion halben Streit und Irrungen erhaben,
deren sich dieselbe Stände und an dero stat ihre
Räthe und Botschafften dismals auch endlich nicht
vergleichen mögen; Demnach wollen wir, daß einem ieden Fürsten, Prälaten, Grafen und Stand
die bey ietzigem Reichs-Tag gehaltene Seßion und
zu End dieses Abschieds beschehene Subscription,
an seinem hergebrachten Gebrauch und Gerechtigkeit in einige Wege nicht nachtheilig, schädlich oder
vorgreifflich seyn soll, und seynd wir des gnädigsten
Erbietens, nach Befindung eines ieden Gerechtigkeit, sie wegen solcher Irrung der Seßion, auf
ziemliche leidliche Wege zu vereinigen, und zu vertragen, oder sonsten nach Billigkeit der Sachen zu
entscheiden.

§. 197.
In Fürsten-Rath auffgenommene.

Uiber diß haben wir die bey nächst verwiche-
nem Reichs-Tag mit der Chur-Fürsten und Stände Einwilligung in Fürsten-Rath auffgenommene,
aber wegen deren selbiger Zeit noch unvollzogener,
von dem Chur-Maynzischen Directorio ausgestellter Conditionen nicht introducirte Fürsten, die Hochgebohrne, Eitel Friderich von Hohenzollern, Johann Anton Hertzogen zu Crumau und Fürsten
zu Eggenberg, und Wentzeln, Fürsten und Regie-
rern des Hauses Lobkowitz vor sich und ihre Erben,
nachdem sie obberührte Conditiones erfüllet, wie

ingleichen die auch Hochgebohrne Fürsten, Leopold
Philips Carl Fürsten von Salm, Maximilian
Fürsten von Dietrichstein, weiland Johann Ludwigen, Fürsten zu Nassau Hadamar, und dessen
Erben, Octavio, Fürsten von Piccolomini, Herzogen zu Amalfi, folgends aus dem Haus Nassau
diejenige, welche nach erstgemelten Fürsten von Uns,
laut Unserer den 26 jüngst verflossenen Monats Februarii an die Chur-und Fürstliche Collegia ertheilter Resolution, in Fürsten-Stand erhoben worden.
Ingleichen Johann Weickard, Fürsten von Au-
ersperg rc. auf der Chur-Fürsten und Stände
und der abwesenden Räthe Bothschafften und Gesandten vorgehendes Wissen und Consens, bey
diesem Reichs-Tag zu wircklicher Seßion und
Stimm, iedoch dergestalt introduciren lassen, daß
diejenige, welche ohne vorgehende Vollziehung der
schuldigen Præstationen, und insonderheit der im
Reich ohnmittelbarer Begüterung wegen dero vortrefflichen Meriten dismal, iedoch nach Besag der
selben zum Chur-Maynzischen Directorio
abgegebener schrifftlicher Erklärung admittirt und
eingeführt worden, von niemand, wer er auch seye,
über kurz oder lang, pro exemplo oder præjudicio, nicht an-noch zu einiger Consequenz gezogen, und dieses beneficium sessionis & voti, auff
dero Erben und Successorn nicht extendiret werden
soll, sie haben sich dann vorhero mit ohnmittelbaren
Fürstenmäßigen Reichs-Gütern versehen, u. soll forthin ohne vorgehende Real-Erfüllung aller nothwendigen und bestimmten Requisiten, und insonderheit erstgemelter Begüterung, und ohne der Chur-Fürsten
und Stände Vorwissen und Consens keine Seßion und Stimm im Fürsten-Rath zugelassen werden. Solches alles und iedes, wie hieroben geschrieben stehet, und Uns Kayser Ferdinand den
Dritten berühren thut, gereden und versprechen
Wir bey Unsern Kayserlichen Würden und Worten, stäts, fest, und unverbrüchlich, auffrichtig zu
halten, zu vollziehen, und stracks nachzukommen,
und zu geleben, sonder Gefährde.

§. 198.

Dessen zu Urkund haben Wir Unser Kayserlich
Insiegel an diesen Abschied hencken lassen.

§. 199.

Und Wir die Chur-Fürsten und Stände, und
der abwesenden verordneten Räthe, Botschafften
und Gesandten bekennen auch öffentlich mit diesem
Abschied, daß alle und iede obbeschriebene Puncten
und Artickel, als wie obstehet, mit Unserm guten
Wissen, Willen und Rath vorgenommen und beschlossen seyn; Willigen auch dieselbe alle sammt
und sonderlich hiemit und Krafft dieses Briefs, gereden und versprechen auch in guten wahren Treu-
en, die so viel einen ieden, oder den, von dem er
geschickt, oder gewalthabend ist betrifft, oder betreffen mag, wahr, stets, fest, auffrichtig und unver-
brochen zu halten, und zu vollziehen, und dem nach
allem Vermögen nachzukommen und zu geleben;
sonder Gefährde.

§. 200.

Und seynd diese hernach beschriebene Wir die er-
schienene Churfürsten und Stände, und der Abwesenden verordnete Räthe, Botschaften und Gewalt-
habere.

Chur-

Churfürsten persönlich:

„Von GOttes Gnaden, Johann Philipps, des H. Stuhls zu Mayntz Ertz-Bischoff, des H. Röm. Reichs durch Germanien Ertz-Cantzler, Bischoff zu Würtzburg und Hertzog zu Francken. Carl Caspar Ertz-Bischoff zu Trier, des H. Röm. Reichs durch Gallien und das Königreich Arelaten Ertz-Cantzler. Maximilian Heinrich, Ertz-Bischoff zu Cölln, des H. Röm. Reichs durch Italien Ertz-Cantzler, Bischoff zu Hildesheim und Lüttich, Administrator zu Berchtesgaden, in Ober-und Nieder-Bayern, auch der Obern-Pfaltz, Westphalen, Engern und Bullion Hertzog, Pfaltzgrafen bey Rhein, Landgraf zu Leuchtenberg, Marggraf zu Franchemont. Carl-Ludwig, Pfaltzgraf bey Rhein, des H. Röm. Reichs Ertz-Schatzmeister, Hertzog in Bayern, rc. alle vier Churfürsten, und in dero auch anderer Churfürsten und Churfürstlicher Administratorn Abwesenheit, als von wegen Carln Casparn, Ertz-Bischoffen zu Trier, und Churfürsten obgedacht, Carl Heinrich, Freyherr von Metternich, Winnenburg und Beylstein, Herr zu Berburg und Königswarth, der Ertz-und hohen Thomb-Stiffter zu Mayntz und Trier respective Capitular-und Chor-Bischoff Tituli Sancti Lubentii, in Diekirchen; Johann Anethan, der Rechten Licentiat, Churfürstl. Trierischer geheimer Rath und Cantzlar. Joh. Heinrich Gobellus, der Rechten Doctor, Churfürstl. Trierischer Rath und Stadt-Schultheiß zu Trier. Maximilian Heinrich, Ertz-Bischoffen und Churfürsten zu Cölln obgemeldt, Wilhelm Egon, Graf zu Fürstenberg, Heiligenberg und Wertenberg, Landgrafen in der Baâre, Herr zu Hausen im Kintziger Thal und auf Weitra, der hohen Ertz-und Stiffter Cölln und Straßburg Thumherr, Chur-Cöllnischer geheimer Rath; Joh. Christoph Altenhofen, der Rechten Doctor, Churfürstlich Cöllnischer Hofrath. Albrechten in Ober-und Nieder-Bayern, auch der Obern Pfaltz Hertzogen, Pfaltzgrafen bey Rhein, Landgrafen zu Leuchtenberg, als des Churfürstenthums Bayern Administratorn, Maximilian Graf Kurtz, Freyherr von Senfftenaw, Herr zu Drossendorff und Lichtenberg, auf Haltenberg, Obrister Landhofmeister, Obrister Cämmerer, geheimer und Administrations-Raths Director, auch Pfleger zu Friedberg, Maximilian Wilibald, des Heil. Rom. Reichs Erb-Truchsäß, Graf zu Wolffegg, Freyherr zu Waldburg, Ziel und Marstetten, geheimer Rath, Cämmerer und Statthalter zu Amberg, Carl Augustus, Freyherr von Leibelfingen, Cämmerer und Hofrath, Johann George Oexel, der Rechten Doctor, geheimer Rath Hieronymus Störtz, der Rechten Licentiat, und Revisions-Rath. Johann Georgen, Hertzogen zu Sachsen, Gülch, Cleve und Berg, des Heil. Röm. Reichs Ertz-Marschallen und Churfürsten, Landgrafen in Thüringen, Marggrafen zu Meissen, auch Ober-und Nieder-Laußnitz, Burggrafen zu Magdeburg, Grafen zu der Marck und Ravenspurg, Herrn zu Ravenstein, Heinrich von Friesen auf Rötha, Schönfeld und Jessen, Churfürstlicher Sächsischer geheimer Rath, Hans Ernst von Pistoris, auf Seusselitz, Churfürstl. Sächsischer Appellation-Rath und Ordinarius bey der Universität Wittenberg. Friedrich Wilhelmen, Marggrafen zu Brandenburg, des H. Röm. Reichs Ertz-Cämmerern und Churfürsten, zu

Magdeburg, Stettin, Pommern, der Cassuben, Wenden und in Schlesien, zu Crossen Hertzogen, Burggrafen zu Nürnberg, und Fürsten zu Halberstadt, Minden und Rügen, Joachim Friedrich Freyherr von Blumenthal, Churfürstlich Brandenburgischer geheimer Rath, Statthalter des Fürstenthums Hälberstadt, und Ober-Hauptmann zu Gröningen auf Peötlin, Stavenaw, Prötschen, Nerodorff und Klobbick Erbherr, Matthias von Krockow, Churfürstlich Brandenburgischer geheimer Rath, und bey der Hinter-Pommerschen Regierung Hofgerichts-Präsident, auf Ossecken und Gerberaw Erbherr, Claus Ernst von Platen, Churfürstlich Brandenburgischer geheimer, auch Hof-und Cammer-Gerichts-Rath, auf Qvitzo, Johann von Portmann zum Steinenhaus und Landfort Erbgesäß, Com. Pal. Cäs. Churfürstl. Brandenburgischer geheimer Rath. Carl Ludwigen, Pfaltzgrafen bey Rhein, Churfürsten obgedacht, Friedrich von der Lipp, genannt Horn, Churfürstlich Pfältzischer geheimer Rath und Amptmann zu Moßbach, und Johann Ludwig Mieg, der Rechten Doctor, Churfürstlich Pfältzischer geheimer Rath. Von wegen des Haus Oesterreich, Georg Achatius, Graf zu Losenstein, Unser geheimer Rath, Cämmerer, Obrister Stallmeister und Ritter des güldenen Bließ; Isaac Volmar, Unser geheimer Rath, Johann Jacob Goppold, Ober-Oesterreichischer Regiments-Rath, Johann Oßwald Hartmann, Nieder-Oesterreichischer Regiments-Rath. Von wegen des Haus Burgund, Aureli Augustin de Malinek, Ritter, Königl. Hispanischer geheimer Rath, und Supplication-Meister, auch Obristen Admiralität-Raths erster Consiliarius. Geistl. Fürsten persönlich. Joh. Philipp, Ertzbischoff zu Mayntz und Churfürst als Bischoff zu Würtzburg, und Hertzog in Francken. Lotharius Friedr. Bischoff zu Speyer, Probst zu Weissenburg und Odenheim. Maxim. Henrich, Ertzbischoff zu Cölln und Churfürst, als Bischoff zu Hildesheim und Lüttig, auch Probst zu Berchtesgaden. Dietrich Adolph, erwählter und bestätigter Bischoff zu Paderborn, Graf zu Pirmont. Franciscus Wilhelmus, Bischoff zu Regenspurg und Oßnabrück. Christoph Bernhard, Bischoff zu Münster, Burggraf zu Stromberg, und Herr zu Borkenloe. Joachim, Abt des Fürstlichen Stiffts Fulda, der Römischen Kayserin Ertz-Cantzler, durch Germanien und Gallien Primas. Carl Caspar, Ertz-Bischoff zu Trier, und Churfürst, als perpetuus Administrator der Fürstlichen Abtey Prüm. Wilhelm, Administrator des Fürstlichen Stiffts Stabel. Geistlicher Fürsten Botschafften. Von wegen Paridis, Ertz-Bischoffs zu Saltzburg, Legaten des Stuhls zu Rom, auf dessen Ableiben, Thum-Probsten, Thum-Dechanten und Capituls daselbsten: Nachmals Guidobaldi, erwählten Ertz-Bischoffen zu Saltzburg, Legaten des Stuhls zu Rom, Johann Baptista, Graf von Ladron, der Ertz-und Hoch-Stiffter Saltzburg und Trient Thumherrn. Frantz Nicolaus, Graf zu Ladron, Herr zu Castell, Roman, Castellan, Castelnovo, Gemüdt und Sommeregg, Unsers geliebten Sohns des Römischen, auch zu Hungarn und Böheim Königs Cämmerer, und Ertzstiffts Saltzburg Erbmarschalck, Michael Oßwald, Graf von Thun, Herr zu Terschen, Clösterle, Castelpsund, Sarenthal, Felixburg und Schönstein, auch Unsers geliebten Sohns des Römischen und zu

Hungarn

Hungarn und Böheim Königs Cämmerer. Johann von Pfaltz zum Thurn und Gradisch, Fürstlicher Saltzburgischer geheimer Rath, Cammer-Director und Pfleger zu Wartenfels. Balth. Zanchenberger, der Rechten Doctor, geheimer Rath, des geistlichen Consistorii Director, und Probst an St. Virgili Berg zu Friesach; Volpert Moltzel, der Rechten Doctor, geheimer Rath, Hof-Cantzler, Lehen-Probst und Pfleger zu Neuhaus, Ludwig Frantz von Rehlingen zum Goldstein, Radegg und Mühlheim, Hofrath, Caspar Joachim Reuter, der Rechten Doct. Hof- und Cammer-Rath, auch Pfleger zu Glanegg. Claudii d'Achey, Ertz-Bischoffen zu Bisantz, Anatolius d'Agne. Leopold Wilhelmen, Ertz-Hertzogen zu Oesterreich, ꝛc. als Administratorn des Hochmeisterthums in Preussen, Meistern Teutschen Ordens in Teutsch- und Welschen Landen, George Wilhelm von Eckerhausen, genannt Klüppel, Ertzhertzoglicher Rath und Cämmerer, Statthalter zu Mergentheim, Land-Commentur der Balley Francken, und Commentur zu Ellingen und Nürnberg, Teutschen Ordens Ritter: Sebastian Poth, Hoch- und Teutschmeisterischer Rath und Cantzley-Director. Melchioris Ottonis, Bischoffens zu Bamberg, Philipp Valentin Voit von Rineck, Thum-Probst zu Bamberg, Thum-Cellarius zu Würtzburg, und der Neben-Stiffter zu St. Stephan und St. Gangolff zu Bamberg Probst: Cornelius Gobelius geheimer Rath. Auf dessen Ableiben, Thum-Dechanten, Senioris und Capituls daselbst, nachmals Philipps Valentins, erwählten Bischoffen zu Bamberg. Cornelius Gobelius. Johann Philipps, Ertz-Bischoffen zu Mayntz und Chur-Fürsten, als Bischoffens zu Würtzburg. Johann Philipp von Vorburg, Churfürstl. Mayntzischer geheimer, auch Fürstlicher Würtzburgischer Rath, und Probst zu Münster in Grönfelden, Dechant und Capitular des Stiffts Worms. Cornelius Gobelius obgedacht. Lotharii Friedrichen, Bischoffen zu Speyer, ꝛc. nach dessen Abreiß, Johann Philipp von Vorburg obgedacht. Leopold Wilhelmen, Ertz-Hertzogen zu Oesterreich, ꝛc. als Bischoffen zu Straßburg und Landgrafen im Elsaß, Johann von Gifften, des Stiffts Straßburg Rath, Cammer-Director und Amtmann zu Schirmeck und Mutzig. Francisci Johannis, Bischoffens zu Costantz, Herr der Abtey Reichenau, George Köberling, der Rechten D. Rath und Cantzler. Sigismundi Francisci, Ertz-Hertzogen zu Oesterreich, Bischoffen zu Augspurg und Gurg, als dero Stifft Augspurg confirmirten Administratoris. Johann Rudolphen, erwehlten Probsten und Herrn zu Elwangen. Joh. Ulrich Schenck von Castel, der Thum-Stiffter zu Aichstätt und Augspurg Thum-Probst und Thum-Dechant. Johann Jacob Speidel, der Rechten Licentiat, Unser Kayserlicher auch Ertzhertzoglicher, und des Fürstlichen Stiffts Augspurg respective Rath, Lehen-Probst und Vice-Cantzler: Uradislaus Metzger, der Rechten Licentiat, des Fürstlichen Stiffts Augspurg Rath, und Juris Professor zu Dillingen. Marimilian Heinrichen, Ertzbischoffen, zu Cölln und Churfürsten, ꝛc. als Bischoffen zu Hildesheim, nach dessen Abreiß, Johann Gottfried von Hörde zu Engerfeld und Stromede, des Thum-Stiffts zu Hildesheim Thum-Herr. Johann Dauber, der Rechten Doct. beyde Churfürstliche Cöllnische Stiffts-Hildesheimische Räthe. Dietrich Adolphen, erwählten und bestatigten Bischoffen zu Paderborn, nach dessen Abreiß, Georg Melchior von Gantz, genannt Renckner zum Birckenhorn, Unser Kayserlicher auch Churfürstlicher Cöllnischer und Bayerischer Rath. Albrecht Sigismunden, Bischoffen zu Freysing, in Ober- und Nieder-Bayern, auch der Obern-Pfaltz Hertzogen, Pfaltz-Grafen bey Rhein, Landgrafen zu Leuchtenberg. Johann Georg, Freyherr von Puech zu Walckersaich und Thann, Unser Kayserlicher Rath und Fürstlich Freysingischer Räthen Präsident, Thum-Dechant daselbst, auch Probst auf St. Petersberg. Johann Christoph Mäntzel, der Rechten Licentiat, Rath. Leopolden Wilhelmen, Ertz-Hertzogen zu Oesterreich, als Bischoff zu Passau. Joh. George Graf von Herberstein, Freyherr zu Neuburg und Guttenhag, Herr auf Lanckowitz, der Fürstl. Stiffter Regensburg und Passau Thum-Herr. Johann von Gifften obgedacht. Johann Weingärtler, der Rechten Licentiat, Fürstlicher Hof- und Cammer-Rath, Rath zu Passau. Caroli Emanu:lis, Bischoffen zu Trient, Grafen zu Chialland. Cornelius Gobelius. Antonii, Bischoffen zu Brixen. Cornelius Gobelius obgedacht. Wilhelm Balthasar. Johann Frantzen, Bischoffen zu Basel. Joh. Philipp von Vorburg, obgedacht ꝛc. Christoph Bernharden, Bischoffen zu Münster, nach dessen Abreiß, Bernhard Weydenbrück, der Rechten Licentiat, Comes Palatinus, und Fürstlich Münsterischer geheimer Rath. Idem, wegen der Burggrafschaft Stromberg. Marximilian Heinrichen, Ertzbischoffen zu Cölln und Churfürsten, als Bischoffen zu Lüttich, auf dessen Abreiß, Johann Gottfried von Hörde: Johann Dauber obgedacht. Johannsen, erwählten Bischoffen zu Lübeck, Erbens zu Norwegen, Hertzogs zu Schleßwig, Hollstein, Stormarn und der Dithmarschen, Grafen zu Oldenburg und Delmenhorst. Johann Krull, beyder Rechten Doctor, und Fürstl. Magdeburgischer Hof- und Justitien-Rath. Christian Craßius, Fürstl. Lübeckischer Cantzley-Director, und geheimer auch Cammer-Rath. Johann, Bischoffen zu Chur, Herrn zu Groß-Estingen. Wilhelm von Fürstenberg, der Ertz- und Stiffter zu Trier, Paderborn und Münster Capitular, Fürstl. Münsterischer geheimer und Cammer-Rath. Bernhard Wiedenbrück obgedacht. Joachim, Abten zu Fulda, auf dessen Abreiß, Cornelius Gobelius, obernannt. Romani, Abten zu Kempten. Johann Christoph Giel von Gielsperg, Rath und Pfleger zu Hohen-Thann: Johann Jacob Speidel, der Rechten Licentiat, obermeldt. Johann Jacoben, Probsten und Herrn zu Elwangen; auf dessen Ableiben Dechanten und gemeinen Capituls daselbst, nachmals Johann Rudolphen, erwählten Probsten und Herrn zu Elwangen. Johann Jacob Speidel, der Rechten Licentiat, obgedacht. Leopold Wilhelmens Ertz-Hertzogen zu Oesterreich, als Administrator bey der Fürstlichen Stiffter Murbach und Luders. Joh. von Gifften. obgedacht. Marimilian Heinrichen, Ertz-Bischoffen zu Cölln und Churfürsten, als Probsten zu Berchtesgaden, auf dessen Abreiß, George Melchior von Gantz, genannt Renckner zum Birckenhorn, obgedacht. Lotharii Friedrichen, Bischoffen zu Speyer, als Probsten zu Weissenburg und Odenheim, nach dessen Abreiß, Johann Philipp von Vorburg, mehrgedacht. Carl Casparn, Ertzbischoffen

zu

zu Trier und Churfürsten, rc. als perpetui Administratoris der Fürstl. Abtey Prüm, auf dessen Abreiß, Johann Wilhelm Hillesem, der Rechten Licentiat. Wilhelm Administratorn des Fürstl. Stiffts Stabel, nach dessen Abreiß, Ignatius Franciscus de Haas, der Rechten Doctor. Unser Kayserlicher auch Fürstlich Stablischer und Fürstlich Essischer Rath. Arnolden, erwählten und bestätigten Abten des Kayserlichen freyen Stiffts Corvey. Dietrich Kloidt zu Breitenbach, Rath und Cantzler. Georg Melchior von Gantz, genannt Renckner zum Birckenhorn, rc. Francisci Johannis, Bischoffen zu Costantz, als Herrn des Gotteshaus Reichenaw, Georgius Köberlin D. Fürstlich Constantzischer Rath und Cantzler. Weltliche Fürsten persönlich. Carl Ludwig, Pfaltzgraf bey Rhein, des Heil. Röm. Reichs Ertz-Schatzmeister und Churfürst, Hertzog in Bayern rc. wegen des Fürstenthums Lautern. Ludwig Philipps, Pfaltzgraf bey Rhein, Hertzog in Bayern, und Graf zu Sponheim, wegen des Fürstenthums Simmern. Philipp Wilhelm, Pfaltzgraf bey Rhein, Hertzog in Bayern, Graf zu Veldentz und Spanheim. Eberhard, Hertzog zu Würtemberg und Teck, Graf zu Mümpelgart, Herr zu Heydenheim. Georg, Landgraf zu Hessen, Graf zu Catzenelnbogen, Dietz, Ziegenhayn, Nidda, Isenburg und Büdingen. Wilhelm, Marggraf zu Baaden und Hochberg, Landgraf zu Sausenberg, Graf zu Spanheim und Eberstein, Herr zu Rötteln, Badenweiler, Lahr und Mahlberg. Julius Heinrich, Hertzog zu Sachsen, Engern und Westphalen, wegen dessen Brudern Augusti, Hertzogen zu Sachsen, Engern und Westphalen. Wentzel, Hertzog in Schlesien zu Sagan, Fürst und Regierer des Haus Lobkowitz, gefursteter Graf zu Sternstein, Herr zu Clumnitz und Raudnitz, an der Elbe, Ritter des güldenen Vließ, Unser Kayserlicher geheimer Rath, Cämmerer und Hof-Kriegs-Rath Präsident. Leopold Philipps Carl, Wild- und Rheingraf, Fürst zu Salm, Herr zu Vinstingen und zu Anholt. Maximilian, Fürst von Dietrichstein zu Niclaspurg, Herr zu Hollenburg, Finckenstein und Thalberg, Erbschenck in Kärndten, Ritter des güldenen Vließ, Unser Kayserlicher geheimer Rath und Obrist-Hofmeister. Octavio Piccolhuomini d'Aragona, des H. Röm. Reichs Fürst, Hertzog zu Amalfi, Graf und Herr zu Nachot, Gratlitz und Hertzmanitz, Ritter des güldenen Vließ, Unser Kayserlicher geheimer und Hof-Kriegs-Rath, Cämmerer, Hatschier-Guardi Hauptmann und General-Lieutenant, rc. Joh. Weickard, Fürst von Aursperg, Graf zu Gottsche und Weltz, Herr zu Schön- und Seisenberg, Ritter des güldenen Vließ, Obrist-Erb-Land-Marschalck und Obrist-Erb-Cämmerer in Unserm Hertzogthum Crain und der Windischen Marck, Unser Kayserlicher geheimer Rath, und Unsers geliebten Sohns des Römischen, auch zu Hungarn und Böheim Königs Oberst-Hofmeister und Oberster Cämmerer. Weltlicher Fürsten Botschaften: Von wegen Marien Annen, in Ober- und Nieder-Bayern, auch der Ober-Pfaltz Hertzogin, Pfaltzgräfin bey Rhein, Churfürstin, Landgräfin zu Leuchtenberg, gebohrner Königlichen Printzessin zu Hungarn und Böheim, Ertz-Hertzogin zu Oesterreich, Hertzogin zu Burgund, Gräfin zu Tyrol, rc. verwittibten und bevollmächtigten Regentin in Vormundschaft ihres Sohns Ferdinandi Mariä,

Hertzogen und Churfürsten in Bayern, rc. wegen der Hertzogthümer Ober- und Nieder-Bayern, Herrmann Egon, Graf zu Fürstenberg, Heiligenberg und Werdenberg rc. Churfürstlich Bayerischer geheimer Rath und Cämmerer. Johann Ernst der Rechten Doctor, geheimer Rath und Hof-Cantzler. Johann Wampe, der Rechten Doctor, Hofrath. August, postulirten Administratoris des Primat- und Ertz-Stiffts Magdeburg, Hertzogen zu Sachsen, Jülich, Cleve und Berg, Landgrafen zu Thüringen, Marggrafen zu Meissen, auch Ober- und Nieder-Lausnitz, Grafen zu der Marck und Ravensberg, Herrn zu Ravenstein, Friedrich Ulrich von Hagen, sonst Geist genannt, Dom-Herr zu Magdeburg. Joh. Kruß, beyder Rechten Doctor, Fürstlich Magdeburgischer Hof- und Justitien-Rath. Carl Ludwigen, Pfaltzgrafen bey Rhein und Churfürsten, rc. auf dessen Abreiß, wegen des Fürstenthums Lautern, Johann Friedrich Pawel von Rammingen. Arnold Peil, der Rechten Doct. beyde Chur-Pfältzische Räthe. Ludw. Philipsen, Pfaltzgrafen bey Rhein rc. nach dessen Abreiß, wegen des Fürstenthums Simmern, Johann Friedrich Pawel von Rammingen. Arnold Peil, der Rechten Doct. obgedacht. Philipp Wilhelms, Pfaltzgrafen bey Rhein, Hertzogen in Bayern, rc. nach dessen Abreiß, Frantz von Gise zu Sinningen, geheimer Rath und Oberster Cantzler: Gottfried Weser, Hofraths-Director. Christinä, der Schweden, Gothen und Wenden Königin, Groß-Fürstin in Finnland, Hertzogin zu Ehsten, Carelen, Bremen, Verden, Stettin, Pommern, der Cassuben und Wenden, Fürstin zu Rügen, Frauen über Ingermanland und Wißmar, wegen des Hertzogthums Bremen, Friedrich Bohle, auf Pritzlaw und Gillin, Cantzler und Regierungs-Rath in Vor-Pommern. Friedrichen, Pfaltzgrafen bey Rhein, rc. Johann Michael Heintz, Doct. Pfaltz- und Baadischer Rath. Leopold Ludewigen, Pfaltzgrafen bey Rhein, Hertzogen in Bayern, Grafen zu Veldentz und Sponheim, rc. Joh. Conrad Varnbüler von und zu Hemmingen: Wilhelm Bidenbach von Trewenfels, Fürstlicher Würtenbergischer respective geheime Regiment- und Ober-Räthe. Friedrich Wilhelmen, Hertzogen zu Sachsen, Jülich, Cleve und Berg, Landgrafen in Thüringen, Marggrafen zu Meissen, Grafen zu der Marck und Ravensberg, Herrn zu Ravenstein, wegen beyder Fürstenthümer Altenburg und Coburg, Augustus Carpzov, der Rechten Doct. Rath und Cantzler zu Coburg. Johann Thomä, der Rechten Doctor, Hof- und Justitien-Rath zu Altenburg. Wilhelmen, Hertzogen zu Sachsen, Jülich, Cleve und Berg, Landgrafen in Thüringen, Marggrafen zu Meissen, Grafen zu der Marck und Ravensperg, Herrn zu Ravenstein, wegen des Fürstenthums Weimar. Zacharias Prüeschenck von Lindenhofen, geheimer Rath, Land-Director und Ober-Aufseher im Fürstenthum Eisenach, Weimarischen Theils. Ernsten, Hertzogen zu Sachsen, Jülich, Cleve und Bergen, Landgrafens in Thüringen, Marggrafens zu Meissen, Grafens zu der Marck und Ravensperg, Herrn zu Ravensperg, wegen des Fürstenthums Gotha. Georg Achas Heher, Comes Palatinus Cæsareus, Amptmann auf Heldburg, Eißfeld und Veilstorf. Wilhelm Schröder, beyde der Rechten Doctores und Hofräthe. Wilhelmen und Ernsten, Gebrüdern, Hertzogen zu Sachsen

sen

sen, Jülich, Cleve und Berg, Landgrafen in Thüringen, Marckgrafen zu Meissen, Grafen zu der
Marck und Ravensperg, Herrn zu Ravenstein, wegen des Fürstenthums Eisenach. Zacharias Prü-
schenck von Lindenhofen. Wilhelm Schröter, beyde
obgedacht. Christians, Marckgrafens zu Brandenburg, zu Magdeburg, Stettin, Pommern, der
Cassuben und Wenden, auch in Schlesien zu Crossen Hertzogens, Burggrafens zu Nürnberg, und
Fürsten zu Halberstadt und Minden. Joh. Georg
Hofer von Löwenstein, auf Zell und Lesnberg, Rath
und Amtmann zu Streitberg und Baxersdorff:
Johann Christoph Pühler auf Döhlaw, der Rechten Doctor und Hofrath. Albrechten, Marckgrafen zu Brandenburg, zu Magdeburg, Stettin,
Pommern, der Cassuben und Wenden, auch in
Schlesien zu Crossen Hertzogen, Burggrafen zu
Nürnberg, Fürsten zu Halberstadt und Minden.
Erstgedachter Johann Georg Hofer von Löwen-
stein re. Tobias Appolt, der Rechter Doctor, Hof-
rath und Lehen-Probst. Augusti, Hertzogen zu
Braunschweig und Lüneburg. Johann Schwartz-
kopff, D. geheimer Cammer-Rath und Cantzler.
Chrysostomus Köhler, D. Geheimer- und Hofrath.
Christian Ludwigen, Hertzogen zu Braunschweig
und Lüneburg, wegen der beyden Fürstenthümer
Zell und Grübenhagen. Heinrich Dietrichs, Doct.
Hofrath. Georg Wilhelmen, Hertzogen zu Braun-
schweig und Lüneburg. Heinrich Speyrmann,
Doctor, Hofrath. Friederichen Wilhelmen,
Churfürsten zu Brandenburg re. wegen des Für-
stenthums Halberstadt. Claus Ernst von Platten,
Churfürstl. Brandenburgischer Geheimer- auch Hof-
und Cammer-Gerichts-Rath, auf Pintzole; Johan
von Portmann zum Steinenhauß und Landfort
Erbgesessen, Com. Palat. Caes. Chur-Brandenbur-
gischer geheimer Rath re. Andreas Neumann,
Chur-Brandenburgischer Rath. Christinä, der
Schweden, Gothen und Wenden Königin re. wegen beyder Hertzogthümer Verden und Vor-Pom-
mern re. Matthias Biörenclaw auf Elmahof und
Wannestein, Regierungs-Rath in den Hertzogthü-
mern Bremen und Verden. Friedrich Wilhelmen,
Churfürsten zu Brandenburg re. wegen Hinter-
Pommern. Claus Ernst von Platten, Johann von
Portman obvermeldt. Adolph Friederichen, Her-
zogen zu Mecklenburg, Fürsten zu Wehden, Schwerin und Ratzenburg, auch Grafen zu Schwerin,
der Landen Rostock und Stargard Herrn, Baltzer
von Rieben auf Schönhausen Landrath. Daniel
Nicolai, der Rechten Doct. geheimer Rath.
Adolph Friederichen, Hertzogen zu Mecklenburg, in
Vormundschafft Gustav Adolphen, auch Hertzogen
zu Mecklenburg, Fürsten zu Wenden, Schwerin
und Ratzenburg, Grafen zu Schwerin, der Landen
Rostock und Stargard Herrn. Balthasar von
Rieben: Daniel Nicolai, D. obbenannt. Eber-
harden, Hertzogen zu Würtenberg und Teck, Grafen zu Mümpelgart, Herrn zu Heidenheim, auf
dessen Abreiß, Wolffgang Georg, Graf und Herr
zu Castel: Johann Conrad Varnbühler von und
zu Hemmingen: Johann Eberhard von Stockholm.
Georg Wilhelm Bidenbach von Treuenfels.
Johann Ulrich Zeller, beyder Rechten Doctor,
Fürstl. Würtenbergischer respective Land-Hof-
Meister, geheimen Regiments-Raths-Präsident,
Geheime und Ober-Räthe. Wilhelmen, Landgrafen

zu Hessen, Fürsten zu Hirschfeld, Grafen zu Catzeneln-
bogen, Dietz, Ziegenhain, Nidda und Schauenburg.
Adolph Wilhelm von Krosieg, geheimen Raths-
Präsident. Regnerus Badenhausen, und Sebastian Friedrich Zobel, beyde Regierungs-Räthe.
Georgen, Landgrafen zu Hessen, Grafen zu Catzen-
elnbogen, Dietz, Ziegenhain, Nidda, Dsenburg und
Büdingen, nach dessen Abreiß, Just Sinolt, genannt
Schütz, D. geheimer Rath und Regierungs- wie
auch Universität-Cantzler zu Giessen. Friederichen,
Marggrafen zu Baden und Hochberg, Landgrafen
zu Sausenberg, Grafen zu Sponheim und Eber-
stein, Herrn zu Röttelen, Badenweiler, Lahr und
Mahlberg, wegen Baaden-Durlach. Felix Linsemann, D. Hof- und Kirchen-Raths-Director.
Wilhelmen, Marggrafen zu Baden und Hochberg,
Landgrafen zu Sausenberg. Grafen zu Sponheim
und Eberstein, Herrn zu Röteln, Badenweiler, Lahr
und Mahlberg, nach dessen Abreiß, Johann Adolph
Krebs vom Bach, geheimer Rath und Cantzler.
Friederichen, Marckgrafen zu Baden und Hoch-
berg re. wegen der Marckgrafschafft Hochberg.
Felix Linsemann, D. obgenannt. Augusti, Hertzo-
gen zu Sachsen, Engern und Westphalen, nach Ab-
reiß dessen Bruders Julii Heinrichs, Hertzogen zu
Sachsen. Enoch Keil, Rath mit Substitution,
Danieln Nicolai, Doctors, obgemeldt. Friederich
Wilhelmen, Churfürsten zu Brandenburg re. we-
gen des Fürstenthums Minden. Claus Ernst von
Platten: Johann von Portmann. Wilhelm
Heinrich von Portmann, Com. Pal. Caes. Carlen
Emanuelen, Hertzogen zu Saphoi, zu Chabläis
und zu Augst, Printzen zu Piemont, Grafen zu
Genff, zu Rhemont und zu Niza, Herrn zu Presk
und Ast. Joannes Baptista de Bigliatoribus,
Comes a Lucerna, ejusque Valle, Consiliarius
intimus. Marien Annen, in Obern- und Niedern-
Bayern, auch der Obern-Pfaltz Hertzogin, Pfaltz-
Gräfin bey Rhein, Churfürstin re. obaedacht, in
Vormundschafft ihres jüngern Sohns Maximilian
Philipsen re. wegen der Landgraffschafft Leuchtenberg, Herrmann Egon, Graf zu Fürstenberg, Heiligenberg und Wertenberg re. Johann Ernst, und
Johann Wampel, beyde der Rechten Doctorn.
Augustin, Johann Casimirs, Christian, Ernst Gott-
liebs, Johannsen, Lebrecht und Immanuels, Fürsten zu Anhalt, Grafen zu Ascanien, Herren zu Zerbst
und Bernburg, für sich und respective in Voll-
macht und Vormundschafft Friederichen und Wil-
helm Ludwigs, auch Fürsten zu Anhalt. Marti-
nus Milagius, gesammter geheimer Rath und Cantz-
ler, Wilhelm Heinrich von Freyberg, Rath und
Hofmeister zu Dessaw, mit Substitution Georg
Achatzen Hehers, der Rechten Doctorn, Com. Pal.
Caes. und Fürstl. Sächs. Gothischen Hof-Raths.
Des gesammten Chur- und Fürstl. Hauses Sach-
sen, wegen der Gefürsteten Grafschafft Henneberg.
Hans Ernst von Pistoris auf Seuselitz, Augustin
Strauch, D. Churfürstl. Sächs. Appellation-Räthe.
Mit Substitution August Carpzovii, der Rechten
Doctors, Rath und Cantzlers zu Coburg. Adolph
Friederichen, Hertzog zu Mecklenburg, als Fürsten
zu Schwerin. Daniel Nicolai, D. Adolph Frie-
derichen, Hertzogen zu Mecklenburg, als Fürsten zu
Ratzenburg, Daniel Nicolai, Doct. obernannt.
Wilhelmen, Landgrafen zu Hessen re. als Fürsten zu
Hirschfeld. Adolph Wilhelm von Krosieg: Regne-

rus Badenhausen, und Sebastian Friedrich Zobel, obgedacht. Des Haus Lothringen wegen der Marckgrafschafft Nomenii. Niclas Fournier von Neidecke, Fürstlicher Lothringischer geheimer- und Cammer-Rath, Secretarius Status und General-Postmeister. Leopoldus Friederichen, Hertzogen zu Würtenberg und Teck, Grafen zu Mompelgart. Johann Conrad Varnbüler von und zu Hemmingen: Georg Wilhelm Bidenbach von Treuenfels, obvermeldt. Philippen Frantzen, Hertzogen zu Arnberg, Arschott und Croy, Fürsten zu Porcean und Rebecque, Marckgrafen zu Mont Cornet, Grafen zu Lalaing, Herrn der Städt und Landen von Enguien. Johann Ernst von Altmantshausen: Ludwig von Nouveforge: Jacob Christoph Raßler, der Rechten Doct. respective Fürstlicher Arnbergische und Gräfliche Waldeckische Räthe. Eitel Friederichen, Fürsten von Hohenzollern, Grafen zu Sigmaringen und Veringen, Herrn von Heigerloch und Wehrstein. Jacob Christoph Raßler, der Rechten Doct. obernannt. Anna Maria, verwittibten Fürstin zu Eggenberg, gebornen Marckgräfin zu Brandenburg, in Vormundschafft ihrer Söhnen, Johann Christian und Johann Seyfrieden, Gefürsteter Grafen zu Gradisch, Hertzogen zu Crumaw, und Fürsten zu Eggenberg etc. Dieterich von Germersheim auf Bzy-Schwasna und Hapershofen, Unser Kayserlicher auch Fürstlicher Eggenbergischer Rath und Ober-Hauptmann des Hertzogthums Crumaw. Mauritz Heinrichen und Johann Frantzen Desiderati, respective Fürsten zu Nassau, Hadamer und Siegen. Matthias Geych, Unser Kayserl. Rath. Ludwig Heinrichen, Fürsten zu Nassau, Grafen zu Catzenelnbogen, Vianden, Dietz, Herrn zu Beylstein; Dann Wilhelm Friederichen, Fürsten zu Nassau, Grafen zu Catzenelnbogen, Vianden, Dietz und Spiegelberg, Herrn zu Beylstein und Ließfeld, und Johann Moritzen, Fürsten zu Nassau, Grafen zu Catzenelnbogen, Vianden, Dietz, des Ritterlichen Johanniter-Ordens in der Marck, Sachsen, Pommern, und Wendland Meister, Herrn zu Beylstein. Andreas Neumann, Churfürstl. Brandenburgischer Rath. Prälaten, persönlich. Dominicus, Abt zu Weingarten. Placidus, Abt zu St. Emmeran in Regensburg. Wegen der Prälaten Schwäbischer und Rheinischer Banck. Thomassen, von Salmansweil. Wunibalden zu Ochsenhausen. Johanns zu Elchingen. Mauri zu Irsee. Matthäi von Ursperg. Friederichen zu Roggenburg. Ludwigen zu Roth. Johann Christoph zu Mindern, genannt Weisenaw. Matthäi von Schussenried. Conraden von Marthal. Wilhelmen von Petershausen und Sanct Georgen zu Stain am Rhein. Gottfrieden zu Wettenhausen. Ulrichen zu Zwyspalten. Placidi zu Gengenbach, aller Abten und Probsten berühmter Gottteshäuser. Dominicus Abt zu Weingarten. Georg, Abtens zu Kayersheim. Hanns Jacob Handlaß, Chur-Bayrischer Rath und Cantzler zu St. Emeran in Regenspurg. Heinrichen, Freyherrn von Reuschenberg, Teutsch-Ordens Land-Commentur der Balley Coblentz. Christoph, Freyherr von Lutzenrode, Teutschen Ordens-Ritter. Johann Caspar Pisping, der Rechten Licentiat und Syndicus, beyder Stiffter Werden und Helmstatt. Johann Werner Hundbissen von Walrams, Land-Commenturs der Balley Elsaß und Burgund, Commenturs zu Alschhausen. Sebastian Voth, Hoch- und Teutschmeisterischer Rath und Cantzley-Director. Simon Eyrich, Ober-Vogt zu Alschhausen; Lotharii Friederichen, Bischoffen zu Speyer, wegen der Probsten des Stiffts Odenheim. Johann Philipps von Vorburg, obgemeldt. Heinrichen, Abten zu Werden und Helmstatt. Melchior Borcken Prior. Johann Caspar Pisping, Licentiat. Bernharden, Abten zu S. Ulrich und Afra in Augspurg. Hans Jacob Handlos obgemeldt etc. Heinrichen, Abten zu Münster in St. Gregorien-Thal, und Dominici bey St. Georgen zu Dzni. Dominicus Abt zu Weingarten. Isaac Abt zu St. Corneli Münster. Johann Peter von Beyweg, Licentiat &c. Des freyen Adelichen Ritter-Stiffts zu Bruchsal am Brühe Rhein. Johann Bernhard Hauser, Doct. Abbatißin Botschafften. Anna Salome, Aebtißin des Kayserl. frey weltlichen Stiffts Essen, geborner Gräfin zu Salm und Reifferscheid. Ignatius Franciscus de Haas, der Rechten Doctor, Unser Kayserl. und Fürstlich Stablisch auch Eßischer Rath. Mariæ Franciscæ, Aebtißin des Kayserl. freyen weltlichen Stiffts Buchau am Federsee, geborner Gräfin zu Montfort. Jacob Christoph Raßler, der Rechten Doct. Anna Sophien, gebornen Pfaltz-Gräfin bey Rhein, Hertzogin in Bayern, des Kayserl. freyen weltlichen Stiffts Qvedlinburg postulirten und confirmirten Aebtißin, Gräfin zu Veldentz und Sponheim. Zacharias Brüheschenck von Lindenhofen, Fürstlicher Sachsen-Weimarischer geheimer Rath. Johanna Sabina, Aebtißin des freyen weltlichen Stiffts Andlau, Frauen zu Huchshofen. Johann von Giffen, obgedacht. Anna Christina, Aebtißin des freyen weltlichen Stiffts Lindau. Niclaus Wilhelm von Reinach; Fürstlicher Baßlischer Rath und Land-Hofmeister. Elisabeth Loysen, Pfaltz-Gräfin bey Rhein, in Bayern Hertzogin, Gräfin zu Veldentz und Sponheim, des Kayserl. freyen weltlichen Stiffts Hervorde Aebtißin. Johann Böschen, Doctor, Syndicus der Stadt Speyer. Wegen des freyen weltlichen Stiffts Gernroda. Wilhelm Heinrich von Freyberg, Fürstl. Anhaltischer Rath und Hofmeister zu Dessau, mit Substitution Georg Achatz Hehers, der Rechten Doct. Com. Pal. Cæs. und Sachsen-Gothaischen Hoffraths. Mariä Margarethä, des Kayserl. gefreyten Stiffts Nieder-Münster in Regenspurg. Mariä Elisabethä, Aebtißin des Kayserl. gefreyten Stiffts zu Ober-Münster in Regenspurg. Matthias Wolsching, beyder Rechten Doctor. Franciscæ, Aebtißin des freyen Stiffts zu Burschfeld. Winandt, Freyherr von Frentz. Mariä Sabinä, Aebtißin des Kayserl. weltlichen Stiffts Gandersheim. Matthias Wolsching, Doctor. Margarethen zu Rotenmünster. Mariä Barbarä zu Gutenzell, Scholasticæ zu Hegbach. Mariæ Scholasticæ zu Baind Aebtißinnen. Dominicus Abt zu Weingarten. Wetterauische Grafen und Herren in Person. Johann, Graf zu Sayn, Wittgenstein und Hohenstein, Herr zu Homburg, Vallendar, Neumögen, Lohr und Klettenberg. Friedrich Casimir, Johann Philipp, und Johann Reinhard, Gebrüdere, Grafen zu Hanau und Zweybrücken, Herren zu Lichtenberg und Ochsenstein, Erb-Mar-

schall

schall und Ober-Vogt zu Straßburg; Philipps, Graf zu Leiningen und Rixingen, Herr zu Wasserburg, Schawenburg, Forbach und Mersburg, des H. Röm. Reichs Semper-Frey, für sich und im Namen seines Vettern Graf Johann Ludwigen zu Leiningen und Rixingen. Johann Augustus, Graf zu Solms, Herr zu Müntzenberg, Wildenfels und Sonnenwald. Johann Casimir, Graf zu Leiningen und Dagsburg, Herr zu Aspremont. Johann Ludwig, Wild- und Rhein-Graf, Graf zu Salm, Herr zu Vinstingen. Chur-Maynz, wegen der Herrschafft Königstein. Carl Adam, Graf und Herr zu Mansfeld, Edler Herr zu Heldrungen, der Herrschafften, Schluckenau und Heinspach, unsers geliebten Sohns des Römischen, auch zu Hungarn und Böheim Königs rc. Cämmerer. Helnrich der Zehende, jüngere Reuß, Herr von Plawen, Herr zu Gräz, Cranichfeld, Geraw, Schleiz und Lobenstein. Melchior und Herrmann von Hatzfeld, Grafen zu Gleichen, Herren zu Blanckenheim, Cränichfeld, Wildenburg, Drachenberg, Stetten, und der Rosenbergischen Herrschafft, Unserer Cämmerer, geheimer Rath, General-Feldmarschall, wie auch respective Hofrath und Obriste. Otto Albert, Herr von Schönburg, Herr zu Glauchau und Waldenburg. Georg Heinrich, Herr von Fleckenstein, General-Wachtmeister. Schwäbische Grafen und Herren in Person. Friederich Rudolph, Graf zu Fürstenberg, Heiligenberg und Werdenberg, Landgraf in der Bar und zu Stülingen, Herr zu Heuwen und Hausen. in Kintziger Thal auf Lischau, Trackau und Kornhaus, Unser Kays. Hof-Kriegsrath, General-Feld-Zeug-Meister und Obristff zu Roß und zu Fuß. Johann Jacob, des Heil. Röm. Reichs Erb-Truchses, Graf zu Zeil, Herr zu Waldburg, Würtzach, Marstetten, Wolffeag und Waldsee, Ritter, Unser Hof-Kriegsrath, Cämmerer, General-Feld-Wachtmeister und Obrister zu Roß und Fuß. Ernst, Graf zu Oettingen, Unser Geheimer Rath, Cämmerer und Reichs-Hof-Raths-Präsident. Ferdinand Friederich, Herrmann Egon, Wilhelm Egon, Gebrüdere, Grafen zu Fürstenberg, Heiligenberg und Werdenberg, Landgrafen in der Baar, Herrn zu Hausen, im Kintziger Thal und auf Weitra, Unser Kayserl. Reichs-Hofrath, Cämmerer, General-Feld-Wachtmeister, Leibguardi Trabanten-Hauptmann und Obrister, auch respective Chur-Cöllnische und Chur-Bayerische geheime Räthe. Frantz Christoph und Frobenius Maria, Gebrüdere, Grafen zu Fürstenberg, Heiligenberg und Wertenburg, Landgrafen in der Baar, Freyherren zu Gundelfingen, Herren zu Hausen im Kintziger Thal, Wildenstein und Meßkirchen, Unsere respective Kayserliche und auch Königliche Reichs-Hofrath und Cämmerer. Johann Ludwig, Graf von Sultz, Landgraf in Kleggaw, Herr zu Thingen, Momlar und Müntzburg, Unser Cämmerer und Erb-Hof-Richter zu Rotweil. Maximilian Wilibald, des Heil. Röm. Reichs Erb-Truchses, Graf zu Wolffegg, Freyherr zu Waldburg, Herr zu Waldsee, Zeil und Marstetten, Unser Kayserlich. Hof-Kriegs-Rath, Cämmerer, General-Feld-Marschall-Lieutenant, Obrister, auch Chur-Bayerischer geheimer Rath und Stadthalter der Obern-Pfaltz. Krafft Adolph Otto, Graf zu Kronenberg und Hohen Ge-

roltseck, Herr zu Poritschen und Flerchingen, Unser Kayserl. Rath und Cämmerer. Otto, des Heil. Röm. Reichs Erb-Truchses, Graf zu Trauchburg und Friedberg, Herr zu Waldburg und Scheer rc. Unser Reichs-Hofrath, Cämmerer und Obrister, Carl Friederich, Graf zu Hohen-Embs, Gallard und Vaduz, Herr zu Schellenberg, Dörenbeurn und Lustenau rc. Unser Cämmerer. Johann, Graf zu Rechberg und Rotenlöwen, Freyherr zu Hohen-Rechberg, und Herr zu Aicha, Unser Cämmerer. Adam Matthias, Graf zu Trautmannsdorff, Freyherr auf Gleichenberg, Neggaw, Burgaw und Totzenbach, Herr auf Temitz, Grafenstein, Leitemischel und Schlüsselberg, Unser Kayserl. Rath, Oberster Land-Marschall, Königl. Stadthalter und Land-Raths-Beysitzer im Königreich Böheim rc. Frantz Ernst Schlick, Graf zu Passau und Weisenkirchen, Herr auf Plan, Gottschaw, Hauenstein, Kupferberg, Wellisch Altenburg, Capitua und Ernstadt, Unser Reichs-Hofrath und Cämmerer. David Ungnad, Graf zu Weissenwolff, Freyherr zu Sonn- und Ersseag, Herr der Herrschafften Steyregg, Erlach, Rait und Grueßkirch, Unser geheimer Rath, Cämmerer und Hof-Cammer-Präsident, auch Oberster Land-Hofmeister im Land ob der Ens. Georg Ludwig, des Heil. Römischen Reichs Erb-Schatzmeister, Graf von Sintzendorff, Freyherr auf Ernstbrunn, der Hertschafft Feidau, Rennersdorff, Sintzendorff und Neuenburg an dem Yhn, Unser Rath, Cämmerer und Hof-Cammerer, Vice-Präsident. Johann Joachim, des Heil. Römisch. Reichs Erb-Schatz-Meister, Graf und Herr von Sintzendorff, Frey Herr auf Ernstbrunn, Herr zu Rogendorff iß Pergstall, S. Martinsburg und Teutschen Prodersdorff, Unser Reichs-Hofrath und Erbschenck in Oesterreich ob der Ens. Maximilian Graf von Wallenstein, Herr auf Doprewitz, Stahl Schwigen, Kloster Gräz, Duchs, Ober-Leutensdorff, Lautschin und Neuen Waldstein, Unser geheimer Rath und Oberster Cämmerer. Wegen der Inhabern der Herrschafft Justingen in Schwaben, Albrecht Ernst, Freyherr von Freyberg von Eisenberg rc. Unser Kayserl. auch Unsers geliebten Sohns des Römischen. auch zu Hungarn und Böheim Königs, und Chur-Bayerischer respective Rath und Cämmerer, mit Substitution Johann Reinharden Hadinger. Fränckische Grafen und Herren in Person. Joachim Albrecht, Sigfried und Heinrich Friederich, Grafen von Hohenlohe und Herrn zu Langenburg. Wolff Georg, Graf und Herr zu Castel. Friedrich Ludwig, Graf zu Löwenstein-Wertheim, Rochefort, Birnenburg und Montaigu, Ober-zu Herr zu Chassepierre, Hert zu Scharpffeneck, Breuburg, Herbemont und Neuerburg, der Zeit des Gräflichen Fränckischen Collegii Director. Ferdinand Carl, Graf zu Löwenstein-Wertheim, Rochefort und Montaigu, Ober-Herr zu Chassepierre, Herr auf Scharpffeneck, Breuburg, Herbemont und Neuerburg, Unser und Unsers beliebten Bruders Ertz-Hertzogen Leopold Wilhelmen zu Oesterreich rc. Cämmerer. Johann Adolph, Graf zu Schwartzenburg, Herr zu Hohen-Landsberg, Gimbotn, Muraw, Seehauß, Hohen-Cottenheim, Marckbreit rc. Ritter des Güldenen Velleris, Unser geheimer Rath und Cämmerer, Königl. Spanischer Kriegsrath, auch Unsers geliebten Bruders

Leopold Wilhelms, Ertz-Hertzogen zu Oesterreich, geheimer Rath und Oberster Cämmerer. Friederich Ludwig von Sainßheim, Freyherr auf Hohen Kottenheim, Seehaus, Sinchingen und Erlach, Churfürstl. Bayerischer Cammerer. Johann Heinrich Nothafft, Graf und Herr von Warenburg auf Cronheim ꝛc. Unser Reichs-Hofrath und Cämmerer. Westphälische und Nieder-Sächsische Grafen und Herren in Person. Jobst Maximilian, Graf von Bruncforst, zu Gronsfeld und Eberstein, Freyherr zu Battenburg und Rimburg, Herr zu Alpen und Hunneppel, Unser Feld-Marschall und Obrister. Johann, Graf und Herr zu Ost-Frießland, und Rittberg, Herr zu Esens, Stedesdorff, Widmond und Melrich. Ferdinand Ludwig, Graf zu Manderscheid, Geroltstein und Rüttich, Herr zu Cronenberg, Bettingen und Thaun, wegen der Grafschafft Geroltstein. Ernst Valentin, Graf zu Salm und Reifferscheid, Herr zu Dick, Alstter und Hackenburg, Erb-Marschalck des Ertz-Stiffts Cölln, Unser Cämmerer und Oberster, wegen Reifferscheid. Ferdinand, Graf von Linden und Recfum, Freyherr von Borscheim, Tirnes und Steinbock, Herr zu Blaringen, Hautin und S. Simon, Unser Cämmerer und Reichs-Hofrath. Lotharius, Freyherr von Metternich, Winneburg und Beylstein, Herr zu Zopffer und Königsberg, Unser Reichs-Hofrath, Cämmerer und Obrister zu Roß und Fuß, Chur-Trierischer geheimer Rath, Land-Hofmeister und Amtmann zu Coblentz, für sich und interessirte Herren zu Winneburg und Beylstein. Philipps Emrich, Freyherr von Metternich, Winneburg und Beylstein, Herr zu Berburg und Königswart, Unser Kayserl. wie auch Unsers geliebten Sohns des Röm. auch zu Hungarn und Böhmen Königs, bestellter Oberster und Burggraf zu Eger. Christian, Graf zu Rantzau, Herr auf Brettenburg, Ritter, Unser Cämmerer und Königl. Dännemärckischer geheimer und Land-Rath, Statthalter in den Fürstenthümern Schleßwig und Hollstein, Gubernator zu Steinberg, Sudertheil, Ditmarschen, Langeland, wegen der Grafschafft Rantzau. Rudolph, des Heil. Röm. Reichs Erb-Schatzmeister, Graf von Sintzendorf, Freyherr auf Ernstbrun, Herr zu Rogendorf im Pegstall und St. Martinsburg, ꝛc. Erbschenck in Oesterreich ob der Ens, ꝛc. Wegen der Wetterawischen Grafen. Johann, Graf zu Sayn, Wittgenstein und Hohenstein, Herrn zu Homburg, Valendar und Neumagen, auch Lohr und Klettenberg, des Gräflichen Wetterauischen Collegii itziger Zeit Directoren, nach dessen Abreise, Adolph, Wild- und Rheingrafen, Grafen zu Salm, und Herrn zu Vinstingen Vice-Directorn. Wilhelmen Otto, Grafen zu Ysenburg und Büdingen. Ernst Casimirs, Grafen zu Nassaw, Saarbrücken und Saarwerden, Herrn zu Lahr, Wißbaden und Itzstein. Wolrads, Grafen zu Waldeck, Herrn zu Pirmont, Cüllenburg und Tonna, ꝛc. Johann Ernst Casimirn, Johann Ludwigs, Gebrüdern und Vettern, Grafen zu Nassau, Saarbrücken und Saarwerden, Herren zu Lahr, Wißbaden und Itzstein, ꝛc. wie auch übriger sämmtlicher Grafen zu Nassau beyder Linien. Friederich Casimirs, Grafen zu Hanau obgemeldt. Wilhelm Philipps Adamen, Philip Reinhards, Ludwigen, Moritzen, Johann Augusti,

Georg Friederichs, Philip Carl Ottens, und Heinrichs Trajectani, wie auch Johann Augusti, und Georg Friederichs zu Solms in Vormundschafft weiland Graf Ludwigs Christophs zu Solms seligen hinterlassenen unmündiger Söhnen und übriger Grafen zu Solms, Hrn. zu Müntzenberg, Wildenfelß und Sonnenwald, Heinrich Ernsts, und Johann Martins, Grafen zu Stolberg, Königstein, Rütschefort, Wernigerode und Hohenstein, Herrn zu Epstein, Müntzenberg, Breuberg, Lohra und Klettenberg. Georg Friederichs, Wild- und Rheingrafen, Grafen zu Salm, und Herrn zu Vinstingen ꝛc. Emichs und Johann Casimirs, Grafen zu Leiningen und Dagsburg, Herrn zu Aspremont. Joh. Ludwigs, Wild- und Rhein-Grafens, Grafen zu Salm, Herrn zu Vinstingen. Friederich Emichs, und Joh. Philipps Gebrüdern, Grafen zu Leiningen und Dagsburg, Herrn zu Aspremont. Johann Ludwigs, und Johann Ernsts vor sich und wegen Ludwig Arnolden, allerseits Grafen zu Ysenburg und Büdingen. Ludwig Alberts und Christians, Grafen zu Sayn und Wittgenstein, Herrn zu Homburg ꝛc. wegen der Grafschafft Sayn. Georgen, Ludwig Alberts, Christian und Bernhards, aller Grafen zu Sayn und Wittgenstein, Herrn zu Homburg; Georgen, Grafen zu Sayn und Wittgenstein, in Vormundschafft Ludwig Casimirs, auch Grafen zu Sayn und Wittgenstein sel. unmündiger Söhne. Christianæ, Gräfin zu Sayn und Wittgenstein, gebohrner Gräfin zu Waldeck Wittibin, in Vormundschafft weiland Graf Ernsts zu Sayn und Wittgenstein sel. unmündiger Söhne. Reinhards und Georg Wilhelms, Grafen zu Leiningen, Herren zu Westerburg und Schaumburg, des Heil. Röm. Reichs Semper-Freyen. Friederichs und Johann Ernsten, Grafen zu Wied, Hrn. zu Runckel und Ysenburg. Georg Friederichs, Johanns und Volraths, Brüdern und Vettern, Grafen zu Waldeck, Pirmont und Culenburg, Freyherren zu Tonena, Palandt, Wittein, Werth ꝛc. Wie auch Annæ Catharinæ, Gräfin zu Waldeck, gebohrner Gräfin zu Wittgenstein, Wittib, und Volraths, Grafen zu Waldeck, in Vormunds Nahmen über weilands Philipps Grafen zu Waldeck hinterlassene Söhne, Christian Ludwigen und Josiasen, Grafen zu Waldeck, ingleichen Georg Friederichs, Grafen zu Waldeck ꝛc. in Vormunds Nahmen, Heinrichs Wolraths, Grafen zu Waldeck, Pirmont und Culenburg. Wilhelm Wyrichs, Grafens zu Daun, Falckenstein und Limburg, Herrn zu Oberstein, Bruch und Reupoltzkirchen. Christian Günthers, Antonii Günthers, und Ludwig Günthers, Gebrüdern der Vier-Grafen des Reichs, Grafen zu Schwartzburg und Hohenstein, Herren zu Arnstatt, Sondershausen, Leutenberg, Lohra und Klettenberg, dann Aemilien, Gräfin und Frauen zu Schwartzburg und Hohenstein, gebohrner Gräfin zu Oldenburg und Delmenhorst ꝛc. und Heinrichs des andern Jüngern, der Zeit ältisten Reussen, Hrn. von Plawen ꝛc. in Vormundschafft weiland Ludwig Günthers, Grafen zu Schwartzenburg und Hohenstein seligen hinterlassenen unmündigen Sohns Albrechts Antonii, Grafens zu Schwartzburg und Hohenstein. Carl Adams, Grafen und Herrn

Herrn zu Mansfeld, Edlen Herrn zu Heldrungen, Herrn der Herrschafft Schluckenaw und Heinspach, Unsers geliebten Sohns des Römischen auch zu Hungarn und Böheim Königs Cämmerers, in Vollmacht Philippen, Grafen und Herrn zu Mahsfeld, Edlen Herrn zu Heldrungen, Unsers Geheimen-Raths, Cämmerers, General-Feldmarschallen und Obersten der Festung Raab, wie auch Christian Friederichs, Grafen und Herrn zu Mansfeld, Edlen Herrn zu Heldrungen, Seburg und Schreplaw. Friederichs Casimirs, des ältern Geschlechts-Grafen zu Ortenburg. Albrechts, Grafen zu dem Berg, Marggrafen zu Bergen uffm Zoom, Grafen zu Walheim, Bormehr und Chambiete, Freyherrn zu dem Byland, Wisch, Pertuner, Herrn zu Dixmuden, Erb-Cammerherrn des Fürstenthums Geldern und Grafschafft Zutphen, Capitains der Königlichen Spanischen Leibgvardi und über eine Bende von Ordonantz. Heinrichs des Andern Jüngern der Zeit Aeltesten, Heinrich des Fünfften, Heinrichen des Neunten jüngern, Heinrichen des Zehenden jüngern, und Heinrichen des ältern vor sich und respective in Vormundschafft Heinrichen des Ersten jüngern, allesammt Gebrüder und Vettern, Reussen, Herrn von Plawen, Herrn zu Graitz, Cranichfeld, Geraw, Schleitz und Lobenstein. Christian, Georg Ernstes, Otto Albrechts, Wolf Heinrichs und Wolf Friederichs, Herren von Schönburg, Herren zu Glaucha und Waldenburg. Johann Vietor, Doctor, Gräflicher Waldeckischer Rath, und Henricus Rotschied, Syndicus, Johann Cramer, Nassau-Sarbrückischer Rath, als wegen Johann Ernst Casimirs und Johann Ludwigs von Nassau Mitbevollmächtigter. Philipps Adamen, Grafen zu Solms, Herrn zu Müntzenberg, Wildenfels und Sonnewald, Erb-Herrn zu Humpoletz, Herultz und Okraulitz. Andreas Neumann, Churfürstl. Brandenburgischer und Pfältzischer Rath. Georg Friederichs, Grafen zu Solms in Lichischer Vormundschafft. Ægidius Hardenius, Licentiat und Solmischer-Rudelheinischer Rath. Johann Philipps, Ertzbischof zu Mayntz und Chur-Fürsten, wegen der Grafschaft Königstein, Herrman Andreas Laser. Heinrich Ernsten und Johann Martin, Grafen zu Stollberg, Königstein, Rutschefort, Wernigeroda und Hohenstein. Joannes Franck, D. Capituli Razeburg. Syndicus. Christiams, Grafen zu Sayn und Wittgenstein, Herrn zu Homburg. Andreas Neumann. Wegen der sämmtlichen Gebrüdern und Vettern der Grafen zu Waldeck. D. Johann Vietor, Gräflicher Waldeckischer Rath. Johann und Wolrad, vor sich und dero Vettern Christian Ludwigs und Josiä, Grafen zu Waldeck, rc. wegen der Grafschafft Pirmont, rc. Johann Vietor, Doct. Der gesammten Gebrüder und Vettern, der vier Grafen des Reichs, Grafen zu Schwartzenburg und L.chenstein. Jacobus Senfart und Elias Augustin Hußler, Licentiat, Gräfliche Schwartzenburgische Hof- und Cantzeley-Räthe, zu Arnstadt und Rudelstadt, mit Substitution Doctor Johann Vietors. Der sämmtlichen Reussen, Herren von Plauen. Doctor Johann Albert auf Wiedersperg, Reuß-Plawischer Rath, Cantzler, und des Consistorii zu Gera Director, Der gesammten Grafen von Mansfeld, Edler Herren zu Heldrungen. Heinrich Deyghofen, Doctor.

Friederich Casimirs, Grafen zu Ortenburg. Johann Albert Portner, Gräflicher Ortenburgischer Rath. Albrechts, Grafen zu dem Berg, rc. Georg Melchior von Gans, genannt Renckner, zum Birckenhorn, Unser, wie auch Churfürstl. Cöllnischer und Bayerischer Rath. Derer gesammten Herren von Schönburg, Herren zu Glaucha und Waldenburg. Johann Albert, Doctor, Wegen der Schwäbischen Grafen und Herren. Haugen, Grafen zu Montfort, Herrn von Bregentz zu Dettnang und Arga, Unsers Raths und Cämmerers. Hautzen, Grafen zu Königseck und Rotenfels, Herrn zu Aulendorf und Stauffen, Unsers Reichs-Hofraths und Cämmerers, beyden Ausschreibenden. Jacob Christoph Raßler, der Rechten Doctor, und des Gräflichen Collegii Syndicus. Joachim Ernsten, Grafen zu Oettingen, rc. Johann Kreuselmann, der Rechten Doctor, und Gräflicher Oettingischer Rath. Marien Annen, verwittweten Churfürstin in Bayern, rc. in Vormundschafft obgedachten ihres Sohns, des Chur-Fürsten in Bayern, rc. wegen der Grafschafften Wiesenstein und Haag, und der Herrschafft Mindelheim. Johann Ernst: Johann Wampel, beyde der Rechten Doctorn. Frantz Carl, Grafen zu Fürstenberg, Heiligenberg und Werdenberg, Land-Grafen in der Baar, und Herrn zu Hausen im Kitzinger-Thal, und Johann Wilhelmen, Grafen zu Königseck und Rotenfels, Herrn zu Aulendorf und Stauffen, Unsers Raths und Cämmerers. Jacob Christoph Raßler, der Rechten Doctor. Christoph Carlen, des Heil. Röm. Reichs Erb-Truchsässen, Grafen zu Trauchenburg und Friedberg, Herrn zu Waldburg und Scheer. Daniel Johann Butzer von Botzenberg, beyder Rechten Doctor, Unser Kayserlicher Rath, Comes Palatinus und Advocatus an Unserm Kayserlichen Hof. Christoph und Hans Ernsten, Gebrüdern, des Heil. Röm. Reichs Erb-Truchsässen, Grafen zu Friedberg und Trauchburg, Herrn zu Waldburg und Scheer. Jacob Christoph Raßler, der Rechten Doctor. Joachim, Abts zu Fulda, rc. als Freyherrn zu Grafenegk, vor sich und in Vormundschaffts Namen dessen minderjährigen Vetters Joachim-Gottfrieds. Philipp, Freyherr von Grafenegk, Herr zu Burgberg, Teutschen Ordens Ritter, Commentur zu Virnsperg und Rotenburg. Wilhelmen, Grafen zu Hohen-Waldeck, Herrn zu Maxelrain, Chur-Bayerischen Raths, Cämmerer, Obristen-Jägermeisters und bestellten Obristen. Johann Ernst Doctor, Chur-Bayerischer Hof-Cantzler. Marqvard Fuggers, Grafen zu Kirchberg und Weissenhorn, Herrn der Herrschafft Biberbach, Ritter des Ordens S. Jacobi dell' Espada, Unsers Cämmerers und Unserer geliebten Gemahl Obristen-Hofmeisters. Nicolaus Fuggers, Grafen zu Kirchberg und Weissenhorn, Herrn zu Nordendorf, des Heil. Röm. Reichs Pflegern zu Wörth, Unsers Cämmerers. Marimilian und Frantzen Fuggers, Grafen von Kirchberg und Weissenhorn, Herrn zu Oberndorf, Churfürstl. Bayerischen Cämmerern, Rath und Obristen-Stallmeistern, auch Stadthaltern zu Ingolstadt, aller der Marx-Fuggerischen Linie, Johann Speidel, der Rechten Licentiat, obgedacht; Johann Eusebii Fuggers, Grafen zu Kirchberg und Weissenhorn, Herrn zu Kirchheim, Unsers Cämmerers und Cammer-Präsidenten zu Speyer.

Speyer. Christoph Rudolphs und Otto Heinrich Fuggern, Gebrüdern, Grafen zu Kirchberg und Weissenhorn, Freyherren zu Polweil, Herren im Weilerthal, Unsers respective Cämmerers, und dann Bonaventure Fuggern, Grafen zu Kirchberg und Weissenhorn, Herrn zu Mückenhausen, Chur-Bayerischen Raths und Cämmerers, auch Pflegers zu Landsperg, der Hans Fuggerischen Linie. Johann Frantzen Fuggers, Grafen zu Kirchberg und Weissenhorn, Herrn zu Babenhausen, Unsers Kayserlichen Raths, auch Unsers und Chur-Bayerischen Cämmerers. Leopold Fuggers, Grafen zu Kirchberg und Weissenhorn, Herrn zu Tragberg, Pfandschafft-Inhabers der Herrschafft Ronsperg, Ertz-Hertzog Ferdinand Carls zu Oesterreich Cämmerer und Obristen-Stallmeister. Johann Fuggers, Grafen zu Kirchberg und Weissenhorn, Herrn zu Leder, der Jacob Fuggerischen Linie: Leopold Fuggers, Grafen zu Kirchberg und Weissenhorn, wegen der Herrschafft Wasserburg. Ehrenreich Harter, rc. Wilhelm Fuggers, Grafen zu Kirchberg und Weissenhorn, Unsers Raths und Cämmerers, auch Chur-Bayerischen Geheimen Raths, Cämmerers und Pflegers zu Braunaw, Carl Fuggers, Grafen zu Kirchberg und Weissenhorn, Chur-Bayerischen Raths, Cämmerers und Vice-Doms zu Landshut, Gebrüdern, Johann Sebastian Gatzin, der Rechten Doctor, Fürstl. Regenspurgischer Rath, Lehen-Probst und Pfleger zu Auburg. Meinraden, Fürsten in Hohenzollern, rc. und Wolf Dieterichen, Grafen und Herrn zu Thöring, in Vormundschafft weyland Paul Andreasen, Grafen von Wolckenstein hinterlassenen Sohns, Maximilian Felixen, Grafen zu Wolckenstein. Ludwig, Graf von und auf Coloredo, Grafen zu Waldsee, Herrn auf Dobra Flayans, Opotschen, Kawanitz, Poitzewintz und Schundbar, S. Johannis Hierosolymitani, Ordens Rittern und Obristen-Meistern in Böheim auf Strakonitz, Unsers Geheimen- und Hof-Kriegs-Raths, Cämmerers, General-Feld-Marschallen und Obristen. Ernsten, Grafen zu Abensperg und Traun, Herrn auf Meisaw, Braunsperg, Wolfpaßing und Puckfluß, Unsers Kayserl. Hof-Kriegs-Raths, Cämmerers, General-Wacht- und Obristen-Land- auch Hauszeugmeisters, Obristen-Land-Marschallen in Oesterreich unter Ens. Weyland Werner Tserclas, Grafen von Tylli sel. hinterlassenen Erben, wegen der Grafschafft Breitenegk, Matthias Wolsching, der Rechten Doctor. Francisci, Abten des Gottes-Haus S. Blasii auf dem Schwartzwald, wegen der Herrschafft Bandorf, Jacob Christoph Raßler, Doctor. Wegen der Fränckischen Grafen. Gesammter abwesenden Grafen von Hohenlohe, und respective Herten zu Langenburg. Sodann Wolfgang Georgen, Grafen und Herrn zu Castel: dann Georgen Albrechts, Grafen zu Erbach, und Herrn zu Breuberg hinterlassenen Söhnen; Friederich Ludwig, Graf zu Löwenstein Wertheim, rc. mit Substitution Johann Alberts J. U. D. auf Wiedersperg, Reußisch-Plauischen Cantzlers, und Johann Kreuselmanns, Gräfl. Oettingischen Raths. Ferdinand Carls, Grafens zu Löwenstein Wertheim, rc. Johann Scherer, beyder Rechten Doctor. Chur-Mayntz wegen der Herrschafft Rieneck. Hermann Andreas Lasser. Johann Wilhelms, Herrn zu Limburg, des Heil. Röm. Reichs Erbschenckens und

Semper-Freyens für sich und in Vormundschafft seiner Vettern, Herrn zu Limburg, des Heil. Reichs Erbschencken und Semper-Freyen, vorerkteildter Friederich Ludwig, Graf zu Löwenstein-Wertheim, rc. als wegen des gesammten Fränckischen Gräflichen Collegii Gevollmächtigter, mit Substitution ernanntes Doctor Johann Alberts, Reußisch-Plaulischen Cantzlers, und Johann Kreuselmänns, Oettingischen Raths. Wegen der Westphälischen und Nieder-Sächsischen Grafen. Johannetten, weyland Johannsen, Land-Grafen zu Hessen hinterlassenen Wittwe, gebohrner Gräfin zu Sayn und Witgenstein, Frauen zu Homburg, als Mit-Inhaberin der Grafschafft Sayn: und dann Valentin Ernsten, Grafen zu Manderscheid und Blanckenheim, Freyherrn zu Junckerrath, Herrn zu Thaun, und Erb-Hofmeistern des Ertz-Stiffts Cölln, in Chevogts Namen Ernestinen, Gräfin zu Manderscheid und Blanckenheim, gebohrner Gräfin zu Sayn und Witgenstein, auch Mit-Inhaberin der Grafschafft Sayn. Heinrich Steiger, und Johann Peter von Benrog, beyder Rechten Licentiat, Gräflicher Manderscheidischer und Saynischer Rath. Wilhelmen, Land-Grafen zu Hessen, Fürsten zu Hirschfeld, rc. wegen der Grafschafft Schauenburg: Adolph Wilhelm von Krosieg, Geheimer Raths-Präsident, Regnerus Badenhausen, und Sebastian Friederich Zobel, beyde Regierungs-Räthe. Antoni Günther, Grafen zu Oldenburg und Delmenhorst, Herrn zu Jehevern und Kniphausen. Hermannus Mylius zu Gnadenfeld, Unser Kayserl. und Königl. Dännemärckischer, auch Gräflicher Oldenburgischer Rath, Comes Palatinus und Land-Richter zu Kniphausen. Ernst Wilhelm, Grafen zu Bentheim, Tecklenburg, Steinfurt und Limburg, Herrn zu Rheda, Weuelinghofen, Hoya, Alpen und Helfenstein, Erbvogten zu Cölln, wegen der Grafschafft Bentheim. Andreas Neumann, Chur-Brandenburgischer Rath, und Wilhelm Pagenstecher, Doctor und Gräflicher Bentheimischer Rath. Moritzen, Grafen zu Bentheim, Tecklenburg, Steinfurt und Limburg, Herrn zu Rheda und Weuelinghofen, Hoya, Alpen und Helfenstein, Erbvogten zu Cölln, rc. Friederich Ludolph Winckel, der Rechten Doctor, Gräflich Tecklenburgischer Rath und Hofgerichts-Commissarius. Ernst Wilhelmen, Grafen zu Bentheim, Tecklenburg, Steinfurt und Limburg, rc. in Vormundschaffts Namen dessen Brudern Philipps Conraden, Grafen zu Bentheim, wegen der Grafschafft Steinfurt, Andreas Neumann, und Wilhelm Pagenstecher, obgemeldt. Enno Ludwigen, Fürsten zu Ost-Frießland, Herrn zu Esentz, Stedesdorf und Wittmund, Unsers Reichs-Hofraths und Cämmerers. Enno Wilhelm, Freyherr von Inhgusen und Kniphausen, Edler Herr zu Lützburg, und Christian Regensdorff, Fürstlicher Ostfrießländischer Rath. Augusti, Hertzogen zu Braunschweig und Lüneburg, als Inhabern der Grafschafft Blanckenburg. Johann Schwartzkopff, beyder Rechten Doctor und Cantzler: und Chrysostomus Köhler, beyder Rechten Doctor, Rath. Christian Ludwigs, Hertzogs zu Braunschweig und Lüneburg, als Inhabern der Nieder-Grafschafft Hoya. Heinrich Dieterichs, Doctor, Rath. Georgen Wilhelms, Hertzogen zu Braunschweig und Lüneburg, als Inhabern der Ober-Graf-

Grafschafft Hoya. Heinrich Speyrmann, Doctor, Rath. Augusti Ludwig, Grafen zu Barby und Mühlingen. Johann Schwartzkopf und Chrysostomus Köhler, obgemeldt. Christian Ludwigs, Hertzogen zu Braunschweig und Lüneburg, als Inhabern der Grafschafft Diepholz. Heinrich Dieterichs, obgedacht. Wilhelm Leopolden, Grafen zu Rheinstein und Tattenbach ꝛc. wegen Rheinstein. Erasmus, Graf zu Rheinstein und Tattenbach, und Heinrich Beust, beyder Rechten Licentiat, Gräflicher Rheinstein-Tattenbachischer Rath. Herman Adolphen, Grafen und Edlen Herrn zu Lippe. Hermannus Mylius zu Gnadenfeld, obgenannt, und Johannes Groß, J. U. L. Valentin Ernsten, Grafen zu Manderscheid und Blanckenheim, Freyherrn zu Junckerrath, Herrn zu Thaun und Erppis ꝛc. wegen der Grafschafft Blanckenheim. Johann Peter von Beyweg, beyder Rechten Licentiat, Gräflicher Manderscheidischer, Blanckenheimischer und Saynischer Rath. Ernsten, Grafen zu der Marck und Schleiden, Freyherrn zu Lumey und Serien, Herrn zu Kerpen und Schaffenburg, wegen der Graf- und Herrschafften Schleiden, Kerpen und Schaffenburg. Ignatius Franciscus de Haas, beyder Rechten Doctor, Unser Rath und Comes Palatinus, und Johann Wilhelm Hillesheim, obgedacht. Alexander, des Heil. Röm. Reichs Grafen von Velen, Freyherrn zu Raßfeld und Bretzenheim, Herrn zu Schwermbeck, Engelradt, Hagenbeck und Crudenburg, Unsers Kriegs-Raths, General-Feldzeugmeisters und Oberstens zu Roß und Fuß. Daniel Johann Butzer von Botzenberg, Doctor, Unser Rath. Johann Lotharii, Freyherrn von Waldbott zu Bassenheim, Herrn zu Pirmund und Zewenich, Chur-Maynz- und Cöllnischen respective Raths, Amtmanns zu Lohnstein und Andernach, wegen der Herrschafft Pirmund: Johannes Hillesheim, obbenannt. Der Frey- und Reichs-StädteGesandte. Rheinische Banck. Wegen der Stadt Cölln. Constantin von Liebkirchen auf Tracusdorf, Bürgermeister, Gerwinus Minertshagen, beyder Rechten Doctor und Syndicus. Aach. Theodorus Speckhawer, alter Bürgermeister, Balthasar Phibus, alter Burgermeister, Carolus von Perg, Syndicus, und Gabriel Messen, Stadt-Secretarius nach ihrer Abreise substituirter Gewaltträger, Erhard Schreiber, beyder Rechten Doctor, und der Stadt Augspurg Raths-Consulent. Straßburg. Johann Jacob Kips, des beständigen Regiments der Herren Funffzehender daselbst. Marcus Otto, beyder Rechten Doctor, Rath und Advocat. Lübeck. David Gloxinius, der Rechten Doctor, ältester Syndicus, und des Geistlichen Consistorii Präsident daselbst und Johannes Popping, Rathmann. Wormbs. Zacharias Stenglin, der Rechten Doctor, der Stadt Franckfurt Abgesandter und Syndicus. Speyer. Johann Bösch, der Rechten Doctor, Syndicus. Franckfurt am Mayn. Philipp Ludwig von Mehlheim, Schöpf und Raths-Verwandter, Zacharias Stenglin, J. U. D. und Syndicus, mit Vertretung der Städte Wetzlar und Gelnhausen. Von wegen der zehen Elsäßischen Reichs-Verein-Städten, Hagenau, Colmar, Schlettstadt, Weissenburg, Landau, Ober-Ehenheim, Kaysersberg, Münster in St. Gregorienthal, Roßheim und Türckheim, Johann Jacob Barthius, Syndicus zu Hagenau:

Daniel Gier, Stättmeister zu Collmar: Johann Balthasar Schneider, der Stadt Colmar Syndicus und Vogt zum Heil. Creutz: Georg Heinrichs, Bürgermeister zu Schlettstadt. Dortmund. Dietering Degging, der Rechten Doctor, Syndicus. Goßlar. Laurentius Duve, der Rechten Doctor Syndicus. Bremen. Johann Wachman, Junior, der Rechten Doctor und Syndicus. Simon Anthon Erbbruchhausen, Doctor und Rathsverwandter. Mühlhausen und Northausen in Thüringen. Johann Georg Pfaffenreuter, der Rechten Doctor, der Stadt Regenspurg Consulent. Schwäbisch Banck. Wegen Regenspurg. Petrus Portner: Paulus Memminger: Esaias Gumpelsheimer, des innern Geheimen-Raths: Johann Jacob Wolff: Johann Georg Pfaffenreuter, beyder Rechten Doctor: Johann Caspar Lentz, Licentiat, Raths-Consulenten: und Georg Gewolff, Syndicus und Stadtschreiber. Augspurg mit Befelch der Städt Dünckelspühl und Biberach. Erhard Schreiber, und Johann Jacob Kolb, beyde der Rechten Doctores und Raths-Consulenten. Nürnberg. Burckhard Löffelholz und Calberg, des ältern Geheimen Raths: Jobst Christoff Kreß von Kreffenstein auf Raitzelsdorff, des innern Geheimen Raths; und Tobias Oelhasen von Schöllenbach, Doctor, Raths-Consulent, mit Befelch der Stadt Windsheim. Ulm, mit Befelch der Stadt Memmingen, Ißni, Gingen, Aalen und Pfopffingen. Albrecht Stamler, alter Bürgermeister, auch Geheimer- und Kriegs-Rath, Siegmund Schleicher, David Güether, und Sebastian Ott, der Rechten Doctores und Raths-Consulenten. Eßlingen. Georg Wagner, Burgermeister, Valentin Heyder, Doctor, und Georg Friederich Walliser, Stadtschreiber. Reutlingen. Frantz Helbling, Bürgermeister, und Johann Wendel Kurrer, Licentiatus, Syndicus, mit Substitution Valentin Heyders, Doctoris. Nördlingen. Wolffgang Jacob Sattler, Doctor, Advocat. Rotenburg. Niclaus Görling, des innern Raths, und Johann Georg Pfaffenreuter, Doctor, und der Stadt Regenspurg Consulent. Schwäbischen Hall. Georg Friederich Seifferheld, Geheimen Raths, Hieronymus Klöpffer, Doctor, und Johann Philipp Schragmüller, Doctor, beyde Consulenten. Rothweil, mit Befelch Weyl und Pfullendorff. Johann Werlin, Doctor, Syndicus. Überlingen, mit Befelch Wangen und Buchhorn. Johann Hupert, Cantzley-Verwalter. Hailbrunn. Augustus Friederich Heuglin, Licentiatus, Syndicus. Schwäbischen Gmünd. Jacob Steinhaul, Doctor, Syndicus, und Michael Weingart, Stadtschreiber. Lindau, mit Befelch Leutkirch. Valentin Heyden, Doctor, Fürstlicher Würtenbergischer Rath und Syndicus daselbst, mit Befelch der Städte Memmingen und Leutkirch. Ravenspurg. Nicolaus von Deuring zu Ilmsee und Erckheim Stadt-Amman. Johann Jacob Kolöffel, beyde des Geheimen Raths, Ferdinand Geist von Wildeck, und Johann Morell, beyde des innern Raths. Schweinfurt. Marcus Heeberer, Syndicus, mit Substitution Tobiasen Oelhafens, Doctoris. Kempten. Friedrich Rentz, Doctor, Syndicus, mit Substitution Valentin Heyders, Doctoris. Wimpfen.

pfen. Johann Adam Lenck, Bürgermeister. Weissenburg am Nordgaw. Johann Philipps Heeberer, der Rechten Licentiat, Advocat und Syndicus, mit Substitution Tobiasen Oelhafens, Doctoris. Offenburg, mit Befehl der Stadt Gengenbach und Zell am Hammersbach. Johann Witisch, Stättmeister. Buchaw am Federsee. Erhard Schreiber, beyder Rechten Doctor und der Stadt Augspurg Raths-Consulent, und Johann Georg Dürr, Stadt-Secretarius daselbst.

Dessen zu Urkund an stat und von wegen der Churfürsten haben Wir Johann Philipps, Ertz-Bischoff zu Mayntz, des Heil. Römischen Reichs durch Germanien Ertz-Cantzler und Churfürst, Bischoff zu Würtzburg und Hertzog zu Francken rc. Maximilian Wilibald, des Heil. Römischen Reichs Erb-Truchseß, Graf zu Wolffegg, Heinrich von Friesen auf Rhötha, Schönfeld und Jessen, Joachim Friedrich, Freyherr von Blumenthal. Bayerische, Sächsische, Brandenburgische, Churfürstliche Geordnete und Räthe zu diesem Reichs-Tag. Michael Oßwald, Graf von Thun, Saltzburgischer, Hermann Egon, Graf zu Fürstenberg, Bayerischer, Johann Krul, der Rechten Doctor, Magdeburgischer, und Johann Friedrich Pauwel von Rammingen, Pfaltz-Lauterischer Abgeordneter; der Geist- und Weltlichen Fürsten wegen, Dominicus, Abt zu Weingarten. Von wegen der Prälaten, Johann Vietor, Doctor, wegen der Wetterauischen Grafen und Herren. Und Wir Cammeter und Rath zu Regenspurg, auch Constantin von Ließkirch auf Traenßdorff, wegen Bürgermeister und Rath der Stadt Cölln; Unser und der Frey- und Reichs-Städte wegen, Unsere Insiegel an diesen Abschied thun hencken. Der geben ist in Unser u. des Heil. Reichs Stadt Regenspurg, den siebenzehenden Tag des Monats May, Anno Sechzehnhundert Vier und Funffzig. Unserer Reiche des Römischen im Achtzehenden, des Hungarischen im Neun und Zwantzigsten, und des Böhmischen im Sieben und Zwantzigsten.

Ferdinand.

Johann Philipp El. A. M. Ep. H. &c.

Ad mandatum Sacræ Cæsareæ Majestatis proprium.

Schema Deputationum Extraordinariarum, pro Visitatione Cameræ Imperialis & Revisionibus ibidem expediendis, absque præjudicio Sessionis & præcedentiæ cujuscunque, & salva ulteriori nominatione eorum Statuum, qui in subsequentibus Classibus non sunt comprehensi.

§ 201. Classis vel Deputatio Prima.

1 Chur-Mayntz.	1 Chur-Sachsen.
2 Chur-Trier.	2 Chur-Brandenburg.
3 Oesterreich.	3 Pfaltz-Lautern.
4 Bamberg.	4 Sachsen-Gotha.
5 Constantz.	5 Brandenburg-Culmb.
6 Regenspurg.	6 Wolffenbüttel.
7 Münster.	7 Mecklenburg-Schwerin.
8 Bayern.	8 Hessen-Darmstatt.
9 Ein Prälat.	9 Baden-Durlach.
10 Ein Graf.	10 Ein Graf.
11 Stadt Cölln.	11 Stadt Straßburg.
12 Stadt Augspurg.	12 Stadt Regenspurg.

§ 202. Classis vel Deputatio Secunda.

1 Chur-Mayntz.	1 Chur-Sachsen.
2 Chur-Cölln.	2 Chur-Pfaltz.
3 Saltzburg.	3 Pfaltz-Simmern.
4 Burgund.	4 Sachsen-Altenburg.
5 Würtzburg.	5 Brandenburg-Onoltzb.
6 Speyer.	6 Braunschweig-Zell.
7 Augspurg.	7 Hinter-Pommern.
8 Pfaltz-Neuburg.	8 Hessen-Cassel.
9 Ein Prälat.	9 Hollstein.
10 Ein Graf.	10 Ein Graf.
11 Stadt Aachen.	11 Augspurg.
12 Rothweil.	12 Nürnberg.

§ 203. Classis vel Deputatio Tertia.

1 Chur-Mayntz.	1 Chur-Brandenburg.
2 Chur-Bayern.	2 Chur-Pfaltz.
3 Aichstätt.	3 Bremen.
4 Straßburg.	4 Pfaltz-Zweybrücken.
5 Hildesheim.	5 Sachsen-Weymar.
6 Freysingen.	6 Braunschweig-Callenb.
7 Oßnabrugk.	7 Würtemberg.
8 Lüttig.	8 Mecklenburg-Güstrou.
9 Ein Prälat.	9 Henneberg.
10 Ein Graf.	10 Ein Graf.
11 Schlettstatt.	11 Lübeck.
12 Uberlingen.	12 Ulm.

§ 204. Classis vel Deputatio Quarta.

1 Chur-Mayntz.	1 Chur-Sachsen.
2 Chur-Trier.	2 Chur-Brandenburg.
3 Worms.	3 Pfaltz-Lautereck.
4 Paderborn.	4 Magdeburg.
5 Passau.	5 Eisenach.
6 Brixen.	6 Grubenhagen.
7 Basel.	7 Vor-Pommern.
8 Leuchtenberg.	8 Anhalt.
9 Ein Prälat.	9 Sachsen-Lauenburg.
10 Ein Graf.	10 Ein Graf.
11 Ober-Ehenheim.	11 Worms.
12 Schwäbisch Gemünd.	12 Speyer.

§ 205. VISITATIONIS EXTRAORDINARIAE, Classis Quinta.

1 Chur-Mayntz.	1 Chur-Sachsen.
2 Chur-Cölln.	2 Chur-Pfaltz.
3 Teutschmeister.	3 Sachsen-Coburg.
4 Trient.	4 Halberstadt.
5 Fulda.	5 Hochberg.
6 Elwangen.	6 Verden.
7 Corvey.	7 Hollstein.
8 Baden-Baden.	8 Lübeck.
9 Ein Prälat.	9 Mümpelgart.
10 Ein Graf.	10 Ein Graf.
11 Wangen.	11 Franckfurt.
12 Offenburg.	12 Rotenburg.

Recht-

Rechtliches Bedencken,

Ob durch den letzten neueſten Reichs-Abſchied de Anno 1654 und den Kreis-Schluß de eod. An. die Conſtitutio provincialis Brunſvico-Luneburgenſis de An. 1617 abrogiret ſey?

Rationes dubitandi.

Ob wohl eine ausgemachte Sache iſt, quod lex poſterior deroget priori, ſolches auch allhier ſeine Application zu finden ſcheinet, da die Conſtitutio de An. 1617, worin der ſechſte Zins-Thaler zugelaſſen, durch den Reichs-Abſchied de Anno 1654 ſo wohl als durch den Kreis-Schluß de eod. an. auffgehoben worden, als worinnen nur 5 pro cent zugelaſſen ſind, anerwogen nicht zu leugnen iſt, daß die Reichs-Abſchiede mit ad jura communia gehören, mit Conſens der Reichs-Stände gemachet ſind, und dieſelben mit verbinden, ſolches auch in der Cantzley-Ordnung agnoſciret und unter andern mit befohlen worden, daß nach denen Reichs-Abſchieden erkannt werden ſolle; welches aus eben den Gründen von denen Kreis-Schlüſſen zu ſagen iſt, die gleichfalls per modum pacti auffgerichtet ſind, und ihre verbindliche Krafft in ſingulis circulis haben, aus welcher Abſicht es denn auch ohne Zweiffel geſchehen, daß von beyden gewiſſe Extracte in die Hoff-Gerichts-Ordnung transferiret ſind, mithin alſo es das Anſehen gewinnen will, als wenn die letzten Urtheil ihren Beſtand haben müſten.

Rationes decidendi.

Weil aber dennoch in der conſtitutione Friderici Uirici de An. 1617 in denen Verſchreibungen 6 pro cent zugelaſſen, und pro obſervantia hujus legis ſo lange präſumiret werden muß, donec fuerit abrogatio probata, cum princeps ex ſua intentione jus faciat perpetuum, l. 6 pr. C. de ſecund. nupt. welches abſonderlich von einen lege provinciali um deſto mehr zu präſumiren iſt, da ſolches in ſpecie als ein lex domeſtica zu conſideriren, auf welches principaliter zu ſehen, und nur das jus commune in ſubſidium dabey zu gebrauchen iſt. Dahero dann folget, daß ſolche jura provincialia durch die Reichs-Abſchiede nicht ſo fort gehoben werden, als welche gleichfalls nichts anders, als ein jus ſubſidiarium, die in Ermangelung der Landes-Ordnungen ihre Verbindlichkeit haben, anzuſehen ſind, welchen aber die Landes-Ordnungen durchgehends prävaliren, zumahl in denen letzten Reichs-Abſchied de an. 1654 in proceſſualibus vieles geändert iſt, wodurch doch die Proceß-Ordnungen eines ieden Ortes nicht geändert und aufgehoben, ſondern vielmehr ſo lange in ihrem Vigore verblieben ſind, bis die hohe Landes-Obrigkeit ſolches nach gedachtem Reichs-Abſchiede eingerichtet, alſo daß ſelbige auch von denen materialibus billig zu glauben, dahero das bekannte proverbium juris erwachſen: Land-Recht bricht gemeine Rechte; hiernechſt keines weges in Zweifel zu ziehen, daß die Reichs-Stände auch contra Receſſus imperii, leges provinciales machen, und in ihren Landen einführen können, cum liberum exercitium juris territorialis tam in eccleſiaſticis quam politicis ſtatibus imperii confirma-

tum ſit in Inſtr. pac. art. 8. adeoque etiam leges contra jus commune in ſuis provinciis condere poſſint, adeo ut neque leges imperii, etſi poſteriores, hiſce ſtatutis in cauſis privatis ſubditorum derogare valeant, Dn. A. Coccej. in prud. jur. publ. c. 23 n. 4, welches mit unterſchiedlichen præjudiciis behauptet Stryck. de cautel. teſtam. c. 1 § 12, item in uſ. mod. lib. 38 tit. 16 § 7, Berger. in Oeconom. juris lib. 1 tit. 1 § 28 in f.

Im übrigen dadurch, daß aus gedachtem Reichs-Abſchiede und Kreis-Schluß ein Extract hinter die Hoff-Gerichts-Ordnung angedruckt worden, die derogation der vorgedachten Conſtitution keines weges zu ſchlieſſen iſt, zumahl auch die vorgedachte conſtitutio provincialis der Cantzley-Ordnung eben ſo wohl beygefüget, und daraus billig zu inferiren, daß deren Krafft durch den vorgedachten Reichs-Abſchied und Kreis-Schluß nicht verloſchen;

So halten wir davor, daß vorgedachte Conſtitutio provincialis de Anno 1617 durch den Reichs-Abſchied de An. 1654 und Kreis-Schluß de eodem anno nicht abrogiret ſey, und dannenhero die letzte Urtheil billig reformiret werden müſſe.

Facult. Jurid. Halens.

Autores,

welche von denen in dieſem V Bande bisher abgehandelten Materien geſchrieben.

I) De Jure Opificum ſcripſerunt

1) Ahasv. Fritſch. de Collegiis opificum, Jen. 1669, 4to.

2) J. Strauch. de jure Collegiorum opificum, Jen. 1669, 4to.

3) Joh. Volckm. Bechmann de jure tribuum, Jen. 1669, 4to.

4) Joh. Wolffg. Textor de Jure Opificum, Heidelb. 1675, 4to.

5) Fridr. Philippi diſſ. de Collegiis Opificum, Lipſ. 1680, 4to.

6) Adrian Beyer Tyro Opificiarius, Jen. 1683 4to.

7) Ejusd. Boethus, Jen. 1685 & 1690, 4to.

8) Ejusdem Syntagma Juris Opificiarii, Jen. 1686, 4to.

9) Ejusdem Magiſter prudentiæ juris Opificiarii, Jen. 1688, 4to.

10) Ejusd. de Collegiis Opificum, Jen. 1688 4to.

11) Ejusd. de Jure prohibendi, vom Zünffte-Zwang, Jen. 1688, 4to.

12) Ejud. de domeſticis Opificum, von Meiſter-Söhnen, Jen. 1695, 4to.

13) Ejusd. Advocatus rerum opificialium peritus, Erf. 1705, 4to.

14) Grottfr. Kaſt diſſ. inaug. ſub tit. ſpecimina ſtatutorum & conſuetudinum, quæ inter Mechanicos vigent, irrationalium, Argent. 1715.

15) Joh G Heineccius de Collegiis & corporibus opificum, Hal. 1723.

    16) Joh.

16) Joh. Petr. de Ludewig differ. Jur. Rom. & Germ. de Opifice exule in pagis, Hal. 1724.

17) Juſt. Chriſtoph. Dithmar de Collegiis opificum apud Germanos emendandis, Frft. 1731.

18) Chr. Heinr. Hiller de Abuſibus, qui in Germania noſtra in Collegiis vigent opificum deque medelis contra eos adhibendis, ed. nov. 1731, 4to.

II) De Jure Pagorum ſeu Villicorum ſcripſerunt

1) Jo. Oetting. de jure & controverſiis limitum, Ulm. 1667.

2) Joh. Otto Tabor de Servis & hominibus propriis, Gieſſ. 1669.

- b) Ahasv. Fritſch. de Jure Univerſitatis agrorum, vom Fluhr-Rechte, Jen. 1670, 4to.

3) Ahasv. Fritſch. de Jure Fluviatico, Hamb. 1672, 4to.

4) Ejusd. Tr. de Jure hortorum, Jen. 1673, 4to.

5) Ejusd. Tr. de meſſe, Jen. 1674, 4to.

6) Ejusd. Tr. de Jure pagorum Germanorum, Jen. 1674, 4to.

7) Bapt. Aymi Tr. de Jure Alluvionum per Ahasv. Fritſchium, Jen. 1675, 4to.

8) Heinr. Linck. de Jure Finium, Jen. 1677.

9) a) Stryck. diſſ. de jure Furnorum Frft. 1677.

- b) Gerh. Feltmanni Jus Georgicum, de incluſione animalium aliisque rei agrariæ argumentis, Lipſ. 1678, 4to.

10) G. A. Struv. de Jure Ovium, Jen. 1682.

11) Petr. Muller. de Jure Apum, Jen. 1685.

12) Jodoc. Hackmann. de Jure Aggerum 1690.

13) Engelbrecht. diſſ. de jure alluvionum, Helmſtadt 1695.

14) Gottfried Chriſt. Leyſeri Jus Georgicum, Lipſ. 1698 & 1719 fol. 1741.

15) Joh. Deneckens Dorff-und Land-Recht, P. I Zelle 1704, P. 2 ibid. 1723, P. 3 ibid. 1736, 4to.

16) Chriſt. Thomaſ. diſſ. de Hominibus propriis ac liberis Germanorum, Hall. 1704.

- b) Joh. Paul. Kreſs. diſſ. de privilegiis agriculturæ apud Germanos, Jen. 1711, 4to.

- c) Bernh. de Rohr Haushaltungs-Recht, Leipz. 1716, 4to.

17) Immanuel Weber. de jure circa Sacra pagorum Imperii immediatorum, Gieſſ. 1717.

18) Joh. Petr. de Ludewig Jus clientelare, Hal. 1717, 4to.

19) Dav. Gottl. Strubens Comm. de jure villicorum, vulgo vom Meyer-Rechte, Zelle 1720 & 1735, 4to & 1739.

III) De Receſſibus Imperii.

1) Ericus Mauritius de Receſſibus Imperii, Tub. 1664.

2) Noe Meureri Loci communes oder Hand-Büchlein, darinnen alle Reichs-Abſchiede, vom erſten Römiſchen Kayſer, bis auf Rudolphum II, Mogunt. 1680 fol.

3) Ant. Gunth. Fritzii Paratitla Receſſuum Imperii, Franckf. 1694, 8.

4) Joh. Wolffg. Textoris diſp. ad Receſſum Imperii d. Anno 1654 inter diſp. Francofurt. 1698, 4to.

5) Leges Fundamentales, Pacificationes principaliores, Receſſus noviſſimus, diverſæque ſanctiones pragmaticæ, juſſu Landgravii Haſſiæ editæ, Caſſel 1701, 4to.

6) Nucleus Legum Germanicarum fundamentalium, adjectus eſt Ludovici Hugonis Juris-pr. Particulari Germanicæ edit. a Fridr. Aug. Hackmann. Helmſt. 1708, 4to.

7) Melch. Goldaſti Reichs-Satzungen des Heil. Röm. Reichs, Franckf. 1712 fol.

8) Ejusd. Reichs-Handlungen, Mandate ꝛc. 2 Tomi, Franckf. 1713 fol.

9) Ejusd. Collatio Conſtitutionum Imperialium, IV Tomi Franckf. 1713 fol.

10) Joh. Steph. Burgermeiſteri Teutſches Corpus Juris publici oder Codex diplomaticus derer Teutſchen Rechte und Gewohnheiten, Ulm 1717, 4to.

11) Aller des Heil. Röm. Reichs gehaltene Reichs-Tags-Abſchiede und Satzungen 1548, 1552, 1559, 1563, 1567, 1594, 1599, 1607, 1614, 1615, 1621, 1642, 1660, 1692, Franckf. 1720 Fol.

12) Kurtzer Begriff aller des Heil. Röm. Reichs-Abſchiede, Ratisb. 1720.

13) Der jüngere Reichs-Abſchied zu Regenſpurg de An. 1654 in kurtzen doch deutlichen Summarien auf eine neue und nützliche Art vorgeſtellet mit Beyfügung, was durch den jüngſten Viſitations-Abſchied de an. 1713 und des Cammer-Gerichts gemeine Beſcheide des Proceſſes halber ferner verordnet, Franckf. 1720, 4to.

14) Chriſt. Gottfr. Hoffmanni. diſſ. de Ratione interpretandi Leges Romano-Germanici imperii publicas, Lipſ. 1720.

15) Joh. Jacob Schmauſſ. Corpus Juris publici Academicum, enthaltend des Heil. Röm. Reichs Grund-Geſetze, Leipz. 1735 und 1745, 8.

16) Burch. Gotth. Struvii Corpus Juris publici Academicum, 1738, 8.

7) Joh. Gottf. v. Meiern Acta Comitialia Ratisbonenſia publica oder Regenſpurgiſche Reichs-Tags-Handlungen und Geſchichte von den Jahren 1653 und 1654 T. I Lipſ. 1738, fol. T. 2 Gotting. 1740 fol.

Zweyter Haupt-Theil
Der
Römisch-Teutschen bürgerlichen
Rechts-Gelahrheit.

Ad Libr. XXIII Pandect. Tit. I.

Caput I.
De Sponsalibus, von der ehelichen Verlobung und deren Rechte.

§. 1.

Verbindung mit den vorhergehenden und nachfolgenden Capiteln.

Wie wir nun in vorhergehenden Theilen unsern Rechtsgelehrten Lesern die verschiedenen in Teutschland zu wissen und auszuübenden Rechte, nach unserm Grundriß gebührend vorgestellet, und diese überall mit brauchbaren Beyspielen practisch erläutert, die dißfalls an- und gründlich ausgeführten im Röm. teutschen Reiche üblichen Rechte auch sowohl mit Reichs-Gesetzen als denen besten Autoribus, welche von diesen angeführten Rechten und Reichs-Grund-Gesetzen nützlich geschrieben, zum allgemeinen Gerichtsbrauch vor Richter, Consulenten und Advocaten bewährt vorstellig gemacht; Also wollen wir nunmehro auch nach unserm gelegten Rechts-Grunde die natürlich gemachte Rechts-Ordnung der Röm. teutschen Rechte befolgen, und nach dem Principio essendi dieser Personen Beschaffenheit mit deren Ursprung denen zustehenden Rechten nach fernerhin zu betrachten, uns angelegen seyn lassen, nachdem wir dem an uns schrifftlich eingelauffenen Gesuch in vorgehenden Capiteln durch Einschaltung des Dorff- und Bauer-Rechts in weitläufftiger Entwerffung vorhero gebührend Genüge gethan, weil dessen Wissenschaften noch heutiger Art in Römischen Rechten nicht so gründlich gefunden, und also dessen heutiger Gerichtsbrauch daselbst nicht kan gelehret werden; gleichwohl allen Rechtsgelehrten überhaupt in Teutschland so nützlich als die andern teutschen vorgängig gesetzten besondern Rechte theoretico-practisch zu wissen nöthig seyn. Mithin müssen wir also aus folgenden Ursachen unser Augenmerck vornemlich auf das Recht der Ehen nunmehro gerichtet seyn lassen; Angesehen die eheliche Gesellschafft unter denen dreyen, so eine gantze Familie ausmachen, unstreitig die erste, und also die vornehmste, weilen diese nicht nur der Ursprung gantzer Familien, son-

dern auch der Republicken, ja des menschlichen Geschlechtes dergestalt vorstellet, daß ohne diesen Stand weder Eltern noch Kinder, weder Herren noch Knechte, weder Fürsten noch Unterthanen, nach heutiger Welt-Art bey uns Teutschen gefunden werden können: Dahero wir also nicht unbillig das Haupt-Principium aller menschlichen Gesellschafften vorgängig zu betrachten ordentlich vor uns zu nehmen, die gröste Ursache finden. Dieweil aber die Lehre von dem Recht der ehelichen Gesellschaft in dem Römisch-Teutschen Reiche verschiedene antecedentia voraus setzet, ohne welcher Wissenschafft wir von der ehelichen Gesellschaft und dessen Rechten nichts gründliches vortragen können: Als wollen und müssen wir nach unserm Grundriß in denen Pandecten des Römisch-Justinianischen Rechts den Tit. I L. XXIII de Sponsalibus oder Eheverlöbnissen voraus zu betrachten vor uns nehmen, und daselbst theoretico-practisch anweisen, wie Eheverlöbnisse persönlich, durch Briefe und Gevollmächtigte zu errichten, durch Mahlschätze und priesterliche Trauung zu bekräftigen, und von sich selbst oder durch Consistoria wieder aufzuheben und zu trennen seyn, mit diesem allegirten Tit. I ff. aber in Cod. repetitæ prælectionis den Tit. I L. V de sponsalibus & arrhis sponsalit. & proxeneticis und Tit. II L. V si rector provinciæ sponsalit. ded. so weit diese in Teutschland gebräuchlich, vereiniget anweisen, und zuletzt den Unterschied der verschiedenen teutschen Landes-Gesetze in dieser ehelichen Verlöbniß-Materie zugleich vorstellig machen, ehe wir zu dem Recht der vollzogenen Ehen selbst gebührend schreiten können; zumalen ohne diesen vorhero gelegten Grund der ehelichen Verlobung wir unserm Rechtsgelehrten Liebhaber in dem Recht der Ehen viel vergebliche und baufällige Lehren vortragen müsten, die wir solchergestalt vermeiden, und uns in dem Recht der Ehen auf diesen gelegten Rechts-Grund in Fortsetzung unserer Röm. Teutschen Rechts-Gelahrheit desto gesicherter verlassen können.

So gründlich wir also den Titel von Recht der ehelichen Verlobung in unserer Römisch-Teutschen Rechts-Gelahrheit theoretico-practisch nach unser mit Thomæ Cormerii und anderer klugen Rechts-Gelehrten Lehrart auf verschiedene nützliche Art in Teutschlands Gerichten anzuwenden zum Gebrauch vorgestellet; So ordentlich werden wir in Pandecten hernach den Tit. II L. XXIII de Ritu nuptiarum mit dem in Codice L. V befindlichen Tit. IV de Nuptiis, Tit. V de incestis nuptiis, Tit. VI de interd. matrimon. inter tut. & pupil. T. VII si potestate prædicus &c. adspirare tentaverit nupt. Tit. VIII si nuptiæ ex rescr. petant. Tit. IX de secundis nuptiis, Tit. X si sec. nupt. mul. cui usumfr. L. VI Tit. XL d. indict. viduitat. L. VIII Tit. LVIII de infirm. pœnis cœlibat. mit denen Pandecten vereinigt, so viel als in Teutschland applicabel, in folgendem Capitel durchzugehen und practisch anzuweisen uns bemühen.

§. 2.

Ob nach dem Recht der Natur es derer Ehegelöbnisse bedürffe, und was Ehegelöbnisse seyn?

Da nun nach dem Rechte der Natur es keine Ehegelöbnisse bedarff, vielmehr nach selbigen weiter nichts zu einer gültigen Ehe, als nur mutuus viri & fœminæ consensus de matrimonio ineundo, & vel statim vel post intervallum temporis per copulam carnalem consummando erfordert wird, mithin nach dem Rechte der Natur dieses eine gültige Ehe, wenn die Personen sich mit einander versprechen, und gleich nach solchem Ehe-Versprechen die Ehe durch die fleischliche Vermischung vollziehen: So ist doch bey denen meisten Völckern dieses zu einer Gewohnheit worden, daß man nicht uno impetu sogleich zur Ehe schreitet, sondern vielmehr per certos temporum intervallis distinctos actus sothanen consensum conjugalem von sich gebe, wie solches Joh. Sam. Stryck a) mit folgenden Worten anführet: Nam cum connubium, uti inquit Schilt. Exerc. ad ff. 36 §. 2, non tantum civitatis seminarium sit, sed etiam cujusque privatorum sortis momentum, ob geminam & ancipitem in eo viam, quarum altera ad miseriam ducit, altera ad felicitatem; hinc primæ prudentiæ civilis lex est, ut ne præcipitanter nec impetu, sed maturato consilio, plenoque consensu hæc societas coeatur. Quamobrem nec simul & semel contrahi consuevit, sed solemni quodam negotio pertractari, ita ut quasi gradibus quibusdam ad ejus consummationem perveniatur. Quorum primum constituunt sponsalia, quæ moribus plerarumque gentium moratiorum nuptias præcedere solent, worinnen mit ihm B. Thomas. b) einstimmet. Es sind aber die Ehegelöbnisse nichts anders als eine Zusage der künfrigen Hochzeit und Ehe, wie solche der JCtus Florentinus c) beschreibet: Sunt mentio & repromissio futurarum nuptiarum. Diese ob zwar kurtze Definition erläutert die gantze Sache, und hält alle essentielle und wesentliche Stücke derer sponsaliorum in sich, angesehen ein iedes Ehegelöbniß dieses präsupponiret, daß ein Theil den andern um die eheliche Liebe und Vollziehung der Ehe mit ihm anspricht, der andere Theil aber hinwiederum demjenigen, so ihn darum anspricht, die Ehe mit ihm zu schliessen, und durch den Beyschlaf zu vollziehen angelobet oder verspricht.

a) Disp. de Natura Sponsaliorum & divisione cap. 1 §. 2.
b) Diss. de pactis futurorum sponsaliorum §. 3 not. 1 p. 6.
c) In l. 1 ff. de sponsal.

§. 3.

Wie viel Stücke zu einem Ehegelöbnisse erfordert werden?

Wie nun also zwey Stücke, soll andergestalt ein Ehegelöbniß gefunden werden, conjunctim und zusammen erfordert werden, nemlich mentio und repromissio, also ergiebt sich daraus von selbst, daß wo nicht alle beyde Stücken wahrhaftig und beysammen vorhanden, alsdem auch noch kein wahres Ehegelöbniß zu behaupten, sondern es sind zur Zeit weiter nichts als bloße Tractaten, welche keine Verbindlichkeit haben. Denn die bloße Anwerbung (mentio) d. i. wenn ich eine Person zu ehelichen mich erkläre, und sie um ihre Einwilligung und Versprechen mit mir die Ehe zu vollziehen ansuche, machet noch lange kein Ehegelöbniß aus, sondern es sind weiter nichts als nur bloße Tractaten über eine zu vollziehen sich vorgesetzte Ehe. Kommt aber die Repromißion und Zusage des andern Theils darzu, mittelst dessen der andere Theil solche Anwerbung annimmet, und sich mit dem andern zu verehelichen verspricht, alsdenn durch diese Acceptation und Zusage werden erst wahrhafte Sponsalia und Ehegelöbnisse daraus sagt: Stryck. a) Mentio, quæ indicat nuptiarum commemorationem, id est collocationem de futuris nuptiis, non facit sponsalia, sed repromissio: quamdiu ergo non adest promissio ab utraque parte facta, tamdiu adsunt meri tractatus, qui nullam adhuc producunt obligationem, usque dum consensus in idem placitum seu promissio utriusque partis accesserit, quam tamen promissionem duos separatos actus requirere, unum ubi mas fœminæ promittit nuptias, illaque acceptat, alterum, ubi fœmina mari itidem acceptanti easdem repromittit, haud puto, sed ex promissione unius, cum hoc modo duorum in idem placitum adsit consensus, perfecta nasci sponsalia certum est.

a) Diss. de natura sponsaliorum cap. 1 §. 4.

§. 4.

Von den Ehegelöbnissen selbst sind die solchen vorhergegangenen Handlungen und Tractaten zu unterscheiden, als welche letztere keine Verbindlichkeit in sich halten.

Alle diese Handlungen nun, die vor der wircklichen Versprechung der Ehe vorhergegangen, heissen Tractatus Sponsalitii, welche von denen wahrhaften Ehegelöbnissen wohlbedächtig zu unterscheiden sind. Denn wie vollkommen geschlossene Ehegelöbnisse eine vollkommene Verbindlichkeit mit sich führen, also äussert sich bey diesen Tractaten dergleichen Verbindlichkeit nirgends, sondern wie sonst in andern negotiis bloße Tractaten keine Verbindlichkeit involviren, also geniessen auch dergleichen Tractaten, über eine sich vorgenommene Ehe, keine Verbindlichkeit, vielmehr stehet dem Anwerber frey, so lange noch die Weibs-Person nicht eingewilliget, und ihm die Ehe wieder versprochen, abzustehen, und sich mit einer andern einzulassen, Wernher a), Brückner. b), Lyncker. c), daferne nur nicht zu der Werbung und gepflogenen Tractaten auch die fleischliche Vermischung gekommen, als wodurch die Sache in einen andern Stand gesetzet und aus diesem sen Tractat mittelst der fleischlichen Vermischung eine Verbindlichkeit die Ehe zu vollziehen entspringet. Carpz. d) Sonst bleibt es bey der Regel, daß die blossen Tractaten gantz keine Verbindlichkeit in sich enthalten. Also wenn Titius um Meviam entweder selbst, oder durch andere Personen bey ihrem Vater anhalten und anwerben lassen, der Vater bedancket sich der Anwerbung und zu seinem Hause tragenden Affection halber, bezeiget auch seiner Person kein Mißfallen, bittet sich aber, weil er in so wichtiger Sache sofort sich nicht resolviren könne, eine 14tägige Bedenck-Zeit aus, alsdenn er eine gewisse Resolution erhalten sollte, Titius aber, weil er befürchtet, wenn die Antwort nicht beyfällig sondern abschlägig erfolgete, würde er dadurch in Prostitution gerathen, fragt daher nicht weiter nach, sondern lässet Meviæ Vater wissen, er möchte nunmehro seine Tochter nicht haben, sondern hätte sich eines andern besonnen, so mag der Meviæ Vater wider ihn nicht ad consummationem matrimonii klagen. Denn wenn er gleich sein fundamentum darein setzete, daß Titius um seine Tochter angehalten, er hingegen ihm dieselbe nicht versaget, sondern nur bey einer so wichtigen Sache eine kleine Dilation verlanget, welche keinem Vater zu versagen, es hätte auch Titius sich solche Bedenck-Zeit nicht mißfallen lassen, mithin der Zeit abwarten, und von ihm die Resolution, welche, daß sie favorabel gefallen seyn würde, er eidlich erhalten wollte, abholen sollen; so ist doch darwider mit Grunde Rechtens zu behaupten, daß weil 1) die geschehene Anwerbung an und vor sich selbst keine Verbindlichkeit machet, indem Titius hierdurch nur der Meviæ Vater seine Intention eröffnen, und das Ja-Wort erbitten wollen. 2) Da der Meviæ Vater deshalben Bedenck-Zeit verlanget, Titio gleichergestalt solche Frist zu fernerer Uiberlegung nicht versaget werden können, massen wie sonst in negotiis judicialibus bekannt, quod dilatio uni parti concessa etiam alteri communis sit e), solches auch in dilatione extrajudiciali stat finden muß; 3) Meviæ Vater sich es selbst imputiren muß, daß er nicht sofort seinen Consensum ertheilet, und also durch seine Repromißion das vinculum obligationis sponsalitiæ befestiget, solchergestalt die Sache bis dahin nur in terminis tractatuum bestanden, woraus keine Obligation entstehen kan. 4) Das Einwenden der Meviæ Vater, er sey mit dem Ja-Wort parat gewesen, nunmehro zu spät geschiehet, da Titius schon zurück getreten, diesertwegen die Ehe-Klage nicht stat finden könne f). Also auch ist dieses noch vor kein Verlöbniß zu halten, wenn ein paar Personen sich mit einander einer zukünftig zu schliessenden Ehe halben bereden, mit einander grösten theils einig sind, und dieses mit einander verabreden, ihrer Eltern oder anderer Anverwandten Consens in solches vorzuhabende Ehegelöbniß auszubitten, auch nach solchem Erfolg in Gegenwart einiger Zeugen die sponsalia legitima zu vollziehen. Denn dieses sind alles nur noch blosse Tractatus de futuro contractu, mithin entstehet daraus noch keine Verbindlichkeit g). Eben dieses ist auch zu sagen, wenn jemand bey dem Vater oder der Mutter um die Tochter anhält, die Eltern sagen ihre Tochter dem Freyer auch zu, und bringen die Eltern ihre Tochter endlich darzu, daß sie sich gleichfalls darein ergiebt, und ih-

ren Willen in der Eltern ihren Willen stellet. Denn wenn die Tochter solche ihre Einwilligung dem Manns-Bilde oder Freyer nicht selbst giebt, sondern nur denen Eltern, so mag dieses um so vielmehr, da derer Eltern ihre Zusage der Tochter nichts präjudiciren kan, noch vor keine Ehegelöbniß, sondern vor blosse Tractaten gehalten werden, mithin stehet beyden Theilen frey davon abzustehen h).

a) Princ. Juris Eccles. Cap. 13 § 3.
b) Decis. Matrim. c. 5 n. 14.
c) Cent. 6 Decis. 511.
d) Juris Prud. Consilt. lib. 2 Def. 27. Brackner l. c. a. 4 n. 32. Linck. Consi. Altorf. 77 n. 3.
e) l. 6 C. de temp. restit. l. fin. C. de fruct. & lit. Exp.
f) vid. Gerhard. de Conjug. § 130. Stryck. de Dissens. sponsal. Sect. I & in Us. Mod. ff. tit. de sponsal. § 2.
g) Wildvogel Respons. 192 n. 42.
h) Berger Consil. 134 p. 128.

§. 5.
Exempel hiervon.

Eben dieses ist auch von dem Falle zu sagen, wenn nemlich eine Manns-Person einem Weibs-Bilde versprochen, er wolle sie heyrathen, oder mit ihr ein Ehegelöbniß schliessen, als wohl Stryck. a) leugnen, und daß daraus eine Verbindlichkeit entstehen solte, behaupten will. Jedoch ich halte davor, der selige Herr geheime Rath Stryck präsupponire den Casum, wenn nemlich die Weibs-Person bereits das Ja-Wort gegeben, und solch Versprechen acceptiret hat. Denn ausser diesem Falle, weil das andere requisitum essentiale, nemlich repromissio ermangelt, solchennach keine warhafte Sponsalia vorhanden, so stehet auch der Weibs-Person kein jus agendi darwider zu, vielmehr hat sie es sich selbst zuzuschreiben, daß sie dieses Versprechen nicht sogleich acceptiret, und ihr Gegen-Versprechen dargegen gethan hat. Woraus denn wieder von sich selbst erhellet, daß wenn eine Manns-Person einer Jungfer versprochen, er wolle keine andere, als sie, heyrathen, er hieraus keinesweges verbunden werde, noch die Jungfer in dem Falle, wenn er eine andere Person nachgehends heyrathen wollte, wider ihn eine Ehe-Klage ringeben möchte, weil dieses noch keine sponsalia machen kan b); es hätte denn die Jungfer dieses Versprechen acceptiret, das Manns-Bild auch selbiges ernstlich, und nicht im Scherze vor Zeugen, (mithin nicht clandestine) versprochen, denn in diesem Falle stehet der Weibes-Person ex pacto nicht unbillig ein Recht zu, dergestalt, daß, obschon nicht gesaget werden mag, es wären warhafte sponsalia pura vorhanden, noch der Jungfer frey stehe, wenn er sich nicht verheyrathet, eine Ehe-Klage wider ihn einzugeben, und ihn zu Vollziehung der Ehe mit ihr anzuhalten, unterdessen aber in dem Falle, wenn nemlich er sich an eine andere Person verlobet, und verehelichen will, alsdenn mag die Jungfer billig interveniren, und diese Ehegelöbnisse ob jus ex pacto sibi quæsitum hindern, ja wegen dieses pacti, ihn zu ehelichen anhalten c). Nicht anders, als wie es sich bey dem pacto re non alii quam mihi vendenda äussert, da denn der Besitzer solcher Sache zwar nicht angestrenget wird, wider seinen Willen solche Sache zu verkauffen: Unterdessen aber, wenn er solche einem andern verkauffen will, alsdenn habe ich das Vorrecht darzu, aus diesem pacto, daß er nothwendiger Weise mit, und keinem andern dieselbe Sache verlassen muß.

a) Tr. de Dissens. Sponsalit. Sect. 1 § 26.

b) Sanchez de matrim. lib. 1 Disp. 19 num. 5. Guttierez Quæst. Canon. lib. 1 c. 21 n. 13.

c) Guttierez n. 13. Sanchez d. Disp. 9 n. 8. Besold Thesaur. Pract. Voc. wollen p. 1009. Stryk de Dissens. Sponsal. Sect. 1 § 27 & 28.

§. 6.
Ob man von dem gegebenen Jawort wieder abgehen könne, welches vermeinet wird.

Wie nun also ordentlicher Weise alle und iede Heyraths-Tractaten unverbindlich, dergestalt, daß aus selbigen niemand zu Vollziehung einer Ehe, mit dem andern angehalten werden kan, vielmehr einem ieden frey gelassen, davon nach eigenem Gefallen wieder abzugehen, so fragt sichs, ob dasselbe auch auf das Ja-Wort zu appliciren sey? Denn es ist bekannt, daß man zur Ehe gemeiniglich durch 4 Stufen gerathe. Denn iederzeit gehet doch die Anwerbung vorher, dadurch ich meinem Willen, diese Person zu ehelichen, ihr erkläre, und ihre Gegen-Erklärung mir ausbitte. Und dieses sind nun die eigentlichen Tractaten. Auf diese Anwerbung erfolgt alsdenn entweder eine abschlägige Antwort, welche man bey uns Teutschen mit dem solennen Namen eines Korbes benennet, oder aber das Ja-Wort. Dieses involviret nun so viel, daß weil doch eine Manns-Person bey der Jungfer oder Wittwe um eheliche Liebe, und daß sie mit ihm sich verehelichen solle, anhält, mittelst dieses Ja-Worts sie sich verbindlich machet, ihn zu ehelichen. Und wäre also dieses Ja-Wort zu Inducirung einer gültigen Obligation schon genug. Alldieweil aber öffters solches Ja-Wort nur dem Frey-Werber, nicht aber dem Bräutigam selbst gegeben wird, es auch öffters wohl ohne Beyseyn einiger Zeugen geschiehet, so pfleget gemeiniglich eine wirckliche und solenne Verlobung in Beyseyn einiger Zeugen angestellet zu werden, bey welcher der Bräutigam nochmals um Einwilligung anhält, die Braut aber in Beyseyn derer Zeugen ihr bereits gegebenes Ja-Wort wiederholet, welches denn das Ehegelöbniß heisset. Und diesem folgt denn die Ehe, oder Hochzeit selbst. Wenn man nun diese Frage entscheiden will, ob das Ja-Wort von denen Tractaten unterschieden sey, und eine wahrhafte vim obligandi habe, so muß man billig aus denen præmissis den Unterscheid zwischen denen Tractaten und dem Ja-Wort erkennen. Denn bey denen blossen Tractaten ist noch kein wahrhaffter und eigentlicher Consens oder Einwilligung, quod partes sponsus & sponsa, maritus & uxor, fieri velint, vorhanden, daher denn auch keine Verbindlichkeit oder actio daraus entspringen kan, sondern die Paciscenten können nach eigenem Gefallen, zu welcher Zeit es wolle, davon wieder abgehen, immassen dasselbe auch bey allen und ieden Arten der Conventionum und Verträge sich äussert, daß eher keine Verbindlichkeit erwächset, als bis diejenigen, welche zeithero in Tractaten mit einander gestanden, auch datein allerseits völlig gewilliget haben. Anders verhält es sich mit dem Ja-Worte: denn wenn man gleich nicht dieses zugeben will, daß das blosse Ja-Wort einen consensum in nuptias futuras in sich enthalte und begreiffe, (wiewohl wir aus angeführ-

ten Ursachen auch diesen Consensum bey dem Ja-Worte finden, indem wenn mich der andere um eheliche Liebe, und daß ich mit ihm eine Ehe vollziehen solle, anspricht, ich gebe ihm aber das Ja-Wort, so willige ich ja in alles dasjenige, was er von mir bittet, mithin auch in die zukünfftige Ehe ein, daß aber noch ein ordentliches vor Zeugen aufgerichtetes Ehegelöbniß darzu kommen soll, eines Theils sonst, wenn die Rechte nicht clandestina sponsalia verhindern wollen, nicht nöthig, auch das öffentliche Ehegelübniß nicht etwan eine neue, und vorher noch nie geschehene Erklärung der Einwilligung in die künfftige zu vollziehende Ehe giebet, sondern es ist vielmehr lediglich nur eine solenne Wiederholung derjenigen Einwilligung, die bereits bey dem Ja-Worte geschehen ist. Daher wir denn auch sehen, daß niemand ein Ehegelöbniß anstellet, wenn er nicht zuvor mit der Braut richtig, und dieselbe, samt denen Eltern, ihre Einwilligung davon gegeben, daß also die tägliche Praxis selbst an die Hand giebt, wie allerdings das Ja-Wort eine wahrhaffte und vollkommene Einwilligung in die zukünfftig zu vollziehende Ehe sey, so muß ein ieder doch bekennen, daß durch dieses Ja-Wort ein consensus in sponsalia futura declariret werde. Giebt man mir nun dieses zu, so folget, daß auch virtualiter der consensus in futuras nuptias gegeben werde, weil derjenige, welcher ein Ehegelöbniß mit den andern zu vollziehen verspricht, der muß auch versprechen, mit ihr die Ehe zu vollziehen, weil die Ehe das implementum und veluti necessarium consecutivum der Ehegelöbnisse ist, mithin hält das Ja-Wort in der That und wahrhafftig promissionem matrimonii mediante festivitate sponsalitia & deinceps nuptiali ad implendam in sich. Daher denn auch Ill. Wernher a) mit also beypflichtet: Quando igitur post tale pactum peculiaria sponsalia celebrantur, non tunc demum fides de matrimonio datur, sed eam datam esse, & matrimonium promissum coram arbitris declaratur. Quod si ut quandoque fieri solet, peculiares solennitates v. g. nova & solennis mentio ac repromissio futuri matrimonii, accedant, hæc necessaria haud sunt, nec rei naturam immutant, aut obligationi ipsi aliquid addunt vel detrahunt. Quamobrem cum in hujusmodi pactis futurorum sponsaliorum mentio fit, hoc non eo pertinet, quasi nondum adsit de fide conjugali promissio, sed quod publice ac solenniter sponsalia celebrari, & velut repeti debeant.

a) Diss. priori de obligatione ex pactis futurorum sponsalium § 2.

§. 7.
Des Herrn von Wernher Meynung hierüber.

Eben angezogener Ill. Wernher l. c. § 4 bekräftiget alles dasjenige, was ich in gleich vorhergehendem § gesaget habe, nicht unrecht mit folgenden Worten: Nec vero aliud dici posse videtur, si modo attendamus, quid agatur tali casu a paciscentibus, quorum alter desiderium suum exponit, alter eidem annuit. Sive quis ipse sive per alium, precetur, declarat regulariter, quod fœminam in matrimonium expetat. Hæc dum vel statim, vel interjecto aliquo spatio, ad deliberandum dato, consentit, vinculum futuri fœderis

deris adstringit, & sic revera mentio & repromissio futurarum nuptiarum adest, h. e. ipsa sponsalia per solennem declarationem, si ita videatur, & benedictionem sacerdotalem consummanda. Igitur, vel nulla ulteriorum sponsaliorum mentio injicitur, vel si fiat per eadem solennis, eademque haud necessaria declaratio & festivitas sponsalitia indigitatur. Nisi ut dixi, alius omnino animus præferatur, aliudque evidenter actum esse appareat. Unde ulterius conficitur, ex hujus generis pactis æque ac ex sponsalibus, efficacem obligationem & actionem oriri. Quodsi alter præfracte urgeat, se non matrimonium, sed sponsalia promisisse, in promtu fuerit, quod huic regeratur, ut nempe promissum impleat, & sponsalia celebret, ad ipsum matrimonium ductura.

§. 8.

Wenn das Ja-Wort erfolget, sind auch so gleich wahrhafftige Ehegelöbnisse getroffen.

Solcher gestalt erhellet aus angezogenen Beweis-Gründen, daß wenn auf der Manns-Person vorhergegangene Anwerbung das Ja-Wort von der Jungfer und deren Eltern erfolget sey, alsdenn augenscheinlich wahrhafftige Ehegelöbnisse getroffen, und eine Ehe-Versprechung erfolget sey. Non video, schreibt Wernher l. c. § 12, quomodo evidentius super ipso matrimonio pactum iniri queat. Vir vel ipse vel per alium desiderium suum exponit, quod matrimonium cum fœmina contrahere velit: Er begehrt sie zur Ehe; hæc ejusque parentes consentiunt: Sie geben das Ja-Wort von sich, daß er sie zur Ehe bekommen solle. In hoc sane regulariter omne pactum, quod das Ja-Wort vocatur, pure & sine conditione initum, consistit. Et vero hæc utique luculentissima ipsius matrimonii promissio est. Ulterior declaratio omnis superflua est, & si accesserit, non nisi priorem confirmat, ejusdemque solennis repetitio est. Enthält nun also das Ja-Wort eine wahrhaffte promissionem matrimonii in sich, mithin constituiret solches ein wahrhafftes Ehegelöbniß, ob es wohl sponsalia nondum publice & solenniter declarata sind; so folget von sich selbst, daß solches Ja-Wort nicht anders, als wie die ordentlich cum solennitate vor Zeugen vollzogene Ehegelöbnisse, alle Krafft zu verbinden genießen, weil, wie gezeigt worden, wenn gleich auf eingeholtes Ja-Wort ein ordentliches Ehegelöbniß vor Zeugen geschiehet, die neuen und solennen Sponsalia keine neue Krafft zu verbinden produciren, vielmehr diejenige Obligation, mit der die Contrahenten nach erfolgtem Ja-Wort einander verhafftet waren, und welche nach gegebenem Ja-Wort schon wahrhafftig existirete, confirmiren, oder deutlicher zu sagen, die nach erfolgtem Ja-Wort solenniter vollzogene Sponsalia nichts anders, denn publica declaratio & repetitio fidei jam datæ & obligationis utrinque contractæ sind. Aus diesen und andern Gründen mehr erhellet, daß allerdings das Ja-Wort unter die blossen Tractaten nicht zu zehlen, sondern vielmehr eine Verbindlichkeit nicht anders, als wie die vor Zeugen aufgerichtete Ehegelöbnisse habe, auch nach erfolgtem Ja-Wort denen beyden Personen wieder abzutreten, und sich anderwärts zu versprechen oder zu verehelichen nicht nachgelassen werde. vid. Titii Probe des Geistlichen Kirchen-Rechts lib. 4 cap. 1 §32 verb. das Ja-Wort aber und die Verlöbnisse sind verbindlich, und erfordern dasjenige, was versprochen ist. Stryk. Tr. de Dissens. sponsal. Sect. 1 § 26 & in Us. Mod. tit. de sponsal. § 1. Leyser. in Medit. ad ff. Spec. 290 pos. 1. Wernher. Disp. cit. woselbst er auch des dissentirenden sel. Hrn. Thomasii Meynung, welcher in seiner Disp. de pactis futurorum Sponsaliorum das Ja-Wort vor blosse Tractaten und also unverbindlich erkannt hat, gründlich widerleget.

§. 9.

Es wäre denn, daß an einem Orte eine gewisse forma denen Ehegelöbnissen vorgeschrieben.

Und dieses verhält sich nun also in dem Falle, wenn nemlich an einem Orte nicht eine gewisse forma denen Sponsalibus vorgeschrieben, dergestalt daß wenn solche forma negligiret, alsdenn alles null und nichtig seyn solte. Dergleichen seyn kan, wenn nemlich an einem Orte und Provintz ausdrücklich disponiret, es solte kein Ehegelöbniß gültig seyn, wenn es nicht vor 2 oder 3 Zeugen geschlossen worden. Denn in diesem Falle hat das Ja-Wort, wenn es nicht vor 2 oder 3 Zeugen, sondern vielmehr clandestine ist gegeben worden, keine Krafft und Verbindung, dergestalt, daß ob auch schon die Weibs-Person dem Manns-Bilde auf sein Anhalten das Ja-Wort gegeben, dennoch sowol die Weibs-Person als das Manns-Bild so lange, als bis nicht öffentliche Ehelöbniß vor zwey Zeugen getroffen worden, davon wieder abgehen und pönitiren könne. Jedoch geschiehet dieses nicht deswegen, als ob das Ja-Wort an und vor sich selbst keine Krafft zu verbinden hätte, sondern vielmehr ex autoritate legis. Wernher. disp. cit. §35 verb. Id vero non est ex natura & indole hujusmodi pactorum de sponsalibus ineundis, sed ex autoritate legis: qualis ubi extat, nemini in mentem venire potest, obligationem fingere, quam illa impedit, & nasci debere, quam illa negat. Daher in Sachsen, weil daselbst bey Verlobung dergleichen Personen, welche keine Eltern mehr haben, zwey Zeugen pro forma essentiali erfordert werden, das Ja-Wort nicht verbinden mag, wenn es nicht in Beyseyn zweyer Personen ist gegeben worden; ist es aber in Beyseyn 2er Personen geschehen, wohin auch der Fall zu rechnen, wenn die Jungfer zweyen an sie abgeschickten Freywerbern das Ja-Wort mit gegeben hat, so ist solches Ja-Wort kräfftig und verbindlich, daß weder der Bräutigam noch die Braut wieder abtreten und abspringen kan, wenn gleich keine solenne Ehegelöbniß und Verlöbniß-Schmauß gegeben worden. Nicht minder, weil in Sachsen in dem Falle, wenn beyde, oder aber nur eines von denen verlobten Personen noch Eltern hat, daferne diese einwilligen, zur Gültigkeit derer Ehegelöbnisse keine Zeugen vonnöthen seyn; so folgt, daß auch in diesem Falle das blosse Ja-Wort ohne Celebrirung solenner sponsaliorum, wenn die Eltern einwilligen, genug sey, und eine verbindende Krafft Rechtens habe a). An allen denjenigen Orten aber, wo keine forma sponsalibus præscripta vorhanden, ist das blosse Ja-Wort ohne alle Ausnahme dergestalt gültig und verbindlich, als wenn öffentliche und solenne Ehegelöbnisse getroffen worden.

a) Wernher. Disp. cit. § 35.

§. 10.

§. 10.

Worinnen das wesentliche Stück der Ehegelöbnisse bestehe.

Wenn nun dieses zum voraus gesetzt, so kommen wir nun näher zur Haupt-Lehre von denen Ehegelöbnissen. Das wesentliche Stücke und die Natur derer Ehegelöbnisse aber bestehet nun einzig und allein in consensu, oder daß nemlich sowol diejenigen, welche sich mit einander versprechen, und verheyrathen wollen, als auch dererselben ihre Eltern, oder diejenigen, in quorum potestate sunt, hierin vollkommen einwilligen, und die Contrahenten sich erklären, sie wollen ein Ehegelöbniß mit einander schliessen, und dieselbe abgeredte Ehe nachgehends mit einander vollziehen. Denn der Mahlschatz, Ring, Eid und dergleichen, werden nur mehrerer Gewißheit halber gebrauchet, und durch diese Zeichen nicht sowohl die Einwilligung gegeben, als vielmehr der Consens exprimiret, und dadurch bewiesen. Bleibt also das wesentliche Stücke ieder Ehegelöbnisse allein die Einwilligung oder Consensus, wodurch alleine eine Verbindlichkeit entspringet. Von diesem wesentlichen und Essential-Stücke eines ieden Ehegelöbnisses werden wir nun in diesem Artickel ausführlich handeln: ehe wir aber diese Abhandlung vor die Hand nehmen, mit wenigen zeigen, wie der Consensus Sponsalitius von dem Consensu matrimoniali, mithin die Ehegelöbnisse von der Ehe selbst unterschieden, seyn. Denn es ist bekannt, daß sowohl die Ehegelöbnisse, als auch die Ehe selbst, zum wesentlichen und essentiellen Stücke Consensum, oder aber beyder Theile Einwilligung erfordern, dergestalt, daß nach dem l. 30 ff. de R. I. consensus, nicht concubitus eine Ehe machet. Unterdessen, wie sonst bekannt, daß nicht alle und iede Contractus Consensuales, wenn gleich ein ieder von ihnen zu seiner Essentz, Natur und Wesen die Einwilligung oder Consens erfordert, dennoch nicht einerley Natur und Wesens sind, weil sonst alle und iede Contractus Consensuales mit einander confundiret, und vermenget würden, vielmehr bey einem ieden negotio ein solcher Consensus erfordert wird, den die Natur desselben negotii verlanget. Also bey dem Kauff-Contract wird erfordert consensus de re & pretio, bey dem Pacht-Contract aber Consensus de mercede, u. d. gl. Also wenn man dieses auf gegenwärtigen casum appliciret, wird man sogleich befinden, wie ein anders sey die Ehe, ein anders das Ehegelöbniß, mithin muß auch die Einwilligung in die Ehe, und die Einwilligung in ein Ehegelöbniß allerdings nothwendig von einander unterschieden seyn. Denn wie überhaupt der Consensus de faciendo oder de facto futuro nicht zu vermengen ist, cum consensu de praesenti, qui cum facto ipso conjunctus: also ist auch die Einwilligung in das Ehegelöbniß oder consensus sponsalitius nicht derjenige Consensus, welcher bey der Ehe sich ereignet. Der besondere und diverse Endzweck derer Ehegelöbnisse und der Ehe, bestärcket dieses noch mehr. Denn diejenigen, welche sich mit einander verloben, haben nicht diese Intention, daß sie von derselben Zeit an Eheleute seyn, und wie Eheleute mit einander leben wolten, sondern sie haben nur diese Intention, nemlich ein Ehegelöbniß mit einander zu schliessen, und dadurch sich ihrer Personen, damit sie sich indessen nicht ander-

wärts versprechen möchten, zu versichern, die Ehe aber erst nach Verlauff einiger Zeit zu vollziehen; solchergestalt giebt das Ehegelöbniß nur ein jus ad rem, und eine actionem personalem ad consummandum matrimonium. Hingegen der Endzweck der Ehe ist, daß solche Personen gleich von derselben Zeit an, sich ehelich zusammen halten, und die Pflicht derer Eheleute gegen einander erzeigen wollen. Mithin folget, daß bey denen Ehegelöbnissen kein consensus matrimonialis seyn könne, nicht minder bey der Ehe kein Consensus Sponsalitius sich äussern möge a). Noch deutlicher beschreibet den Unterscheid des Consensus Sponsalitii und matrimonialis. Ill. Böhmer b) mit folgenden Worten: Omnino ille consensus, qui in sponsalibus cernitur, non idem est cum eo, qui nuptiis & dum uxor ducitur, intervenit. Ille sponsalia, hic demum nuptias efficit: uterque respicit matrimonium, ille futurum, hic praesens; ille matrimonialem praecedit eoque solis verbis sine intentione cohabitandi futurae nuptiae repromittuntur. Hic vero illum postea ex intervallo sequitur, eoque ita consentiunt, ut statim conjuges fiant & conjugalis societas inter ipsos constituatur, alter alteri jus sui corporis det, & vicissim ab altero accipiat, idque sobolis procreandae gratia cum promissione omnium officiorum, quae Deus mutuo a conjugibus requirit.

a) Stryk Differt. de natura sponsaliorum cap. 1 § 6· Carpz. JPrud. Consist. Lib. 1 tit. 8 def. 130 num. 13· Wildvogel Disp. de differentia consensus sponsalitii & matrimonialis th. 15·

b) in Prolegom. differ. de diverso sponsalium & matrimonii jure praemissis § 2.

§. 11.

Unterscheid zwischen den Consensum Matrimonialem und Sponsalitium.

Und daher kan es nicht anders kommen, daß weil der Consensus matrimonialis und sponsalitius von einander unterschieden, alsdenn auch die Ehe und Ehegelöbniß nothwendig von einander unterschieden seyn müssen, und nicht mögen mit einander confundiret werden. Wir wollen den Unterscheid derer Ehegelöbnisse und der Ehe, und die davon dependirenden besondern Rechte kürtzlich erwehnen. Es werden aber die Ehegelöbnisse und die Ehe 1) also unterschieden, wie nemlich antecedens und consequens. Denn die Ehegelöbnisse sind gezeigter massen hauptsächlich deswegen erfunden worden, daß man nemlich gleichsam Stuffen-weise zur Vollziehung der Ehe, als einer schweren und gefährlichen Sache gelangen möchte, mithin äussert sich nicht allein die Sache selbst, als auch in der Zeit ein mercklicher Unterscheid unter denen Ehegelöbnissen und der Ehe selbsten a). Der andere Unterscheid ergiebt sich 2) ratione formae. Denn der Consensus Sponsalitius wird bloß ohne sonderbare Ritus und Solennitäten unter denen Parteyen oder Contrahenten gegeben und erkläret, dahingegen der Consensus conjugalis oder matrimonialis in der Kirche von dem Pfarr-Herrn erkläret werden muß, und muß die Priesterliche Copulation oder Einsegnung darzu kommen. Also auch können die Ehegelöbnisse sowol pure, schlechterdings, ohne Beyfügung einer

einer gewissen Bedingung, oder aber auch in diem sub conditione, nicht minder sub modo, wenn derselbe nur honestus und possibilis ist, wie alle andere negotia civilia gültig geschlossen werden, dahingegen die Ehe nicht mag in diem, oder sub conditione, oder sub modo getroffen werden, sondern sie muß allerdings pure, ohne einige geringste Bedingung, eingegangen und geschlossen werden, theils weil solche ein actus legitimus, dergleichen actus aber nach dem l. 77 ff. de R. I. keine Condition leiden, theils aber auch deswegen, weil so lange die Conditio noch nicht erfüllet worden, der consensus conjugalis, qui præsentem cohabitandi facultatem desiderat, quam conditio talis adimit, gänzlich ermangelt, arg. l. 9 ff. de Sponsal. Ziegler Diss. de condit. th. 17 verbis: Matrimonium ipsum sive nuptiæ omnem prorsus respuunt conditionem. Quia enim illæ per conjunctionem maris & foeminæ de præsenti definiuntur: & talem, quæ individuam vitæ consuetudinem continet, ſ 1 I. de patr. potest. earum natura pati nequit, ut conjunctionem talem factam & nihilominus in futurum & incertum eventum suspensam dicamus b).

a) Hottomannus Disp. de sponsal. cap. 7 pr. Augustinus in Can. institutum 39 causs. 27 qu. 2.

b) add. Cypræus de sponsal. c. 8 § 13 n. 3. Ritzel. in Synops. matrim. c. 5 theor. 8 sub lit. f. Bechstadt. de condit. sponsal. part. 1 c. 2 n. 2. Carpz. JPrud. Cons. lib. 2 tit. 11 def. 208. Nicolai de divort. part. 2 c. 4 n. 1 seqq.

§. 12.
Unterschied zwischen denen Ehegelöbnissen und der Ehe selbst.

In Ansehung des Effectus äussert sich 3) auch folgender Unterscheid zwischen denen Ehegelöbnissen, und der Ehe selbst. Also ist bekannt, daß eine Ehefrau gleich von derselben Zeit und Stunde an, da sie mit ihrem Manne ist getrauet worden, dessen Stand und Würde, Namen und Privilegia erhalte, und alle Ehre und Privilegia geniesse, die ihrem Manne zustehen, dergestalt, daß wenn sie aus unadelichem Stande gebohren, sie heyrathet aber eine adeliche Standes-Person, sie dadurch alle Rechte derer Adelichen Weiber geniesset, und selbstgeadelt wird a): Hingegen mag dieses auf die Braut, so lange sie mit ihrem Bräutigam noch nicht getrauet worden, nicht gezogen werden. Denn diese mag vor der Priesterlichen Trauung derer Rechte, Freyheiten, Standes und Würden, ihres zukünfftigen Mannes und Bräutigams, zur Zeit noch nicht sich erfreuen b). Und hindert nichts, wenn gleich im l. 15 § 24 ff. § 2 Inst. de injur. dem Bräutigam wegen derer seiner Braut angethanen Injurien auf gleiche Masse, wie dem Manne, wegen derer seiner Frauen zugefügten Injurien, die actio injuriarum zustehet, aus Ursachen, quia in actionibus propter injuriam competentibus non tam vinculi matrimonialis habetur ratio, quam potius affectionis, wie solches die Worte des l. 1 § 3 ff. de injur. folgender massen besagen: Spectat enim ad nos injuria quæ in his fit, qui vel in potestate nostra, vel affectui subjecti sunt c).

a) l. 8 ff. de Senator. l. 10 C. de nupt. l. 13 C. de dignit. Moller lib. 2 Semestr. cap. 8.

b) Mynsinger Cent. 6 obs. 78. Tiraquell. de LL. Connubial. Gloss. 2.

c) Vid. Matthæi de Crimin. ad Lib. 47 tit. 4 cap. 1 n. 11. Wildvogel Diss. de differentia consensus sponsalitii & matrimon. th. 16.

§. 13.
Der Unterschied zwischen Bräutigam und Braut und denen Eheleuten wegen fleischlicher Vermischung.

Noch weiter ist bekannt, daß, wenn die Ehe durch die Priesterliche Trauung ist vollzogen worden, ein iedes von denen Ehegatten ein Recht an des andern seinen Leib hat, dergestalt, daß die Ehe-Frau ihrem Manne, und vice versa, der Mann seiner Ehe-Frauen die eheliche Pflicht leisten muß, und keines dem andern den Beyschlaff, oder die eheliche Pflicht und fleischliche Vermischung versagen kan: in uxore enim adest obligatio ad copulam carnalem, in quam eo ipso consensit in matrimonium, so gar, daß wenn ein Theil halsstarriger Weise, ohne rechtmäßige Ursache, dem andern die eheliche Pflicht zu leisten verweigert, solches vor eine boshaffte Verlassung in denen Rechten gehalten, und deswegen die Ehe hinwiederum getrennet wird a). Anders aber verhält es sich mit der Braut und Bräutigam vor der Priesterlichen Trauung, und Vollziehung der Ehe. Denn weil die Sponsalia kein jus in corpus sponsi & sponsæ geben, bevorab, da die Braut und der Bräutigam bey Vollziehung derer Ehegelöbnisse sich nicht verbindlich gemachet haben, einander sogleich ehelich beyzuwohnen, sondern ihre Verbindung nur darauf abzielet, nach Verlauff gewisser Zeit, die Ehe, nach Vorschrifft derer Rechte, vollends zu vollziehen, und alsdenn einander ehelich beyzuwohnen, so ist auch die Braut nicht schuldig, wenn ihr Bräutigam den Beyschlaff von ihr verlanget, ihm solchen zu verstatten, vielweniger mag der Bräutigam deswegen, weil ihm seine Braut den Beyschlaff vor der Priesterlichen Einsegnung verweigert hat, ad exemplum des Ehemannes, die Trennung derer Ehegelöbnisse verlangen, weil dergleichen Verweigerung des Beyschlaffes, wie sie rechtmäßig und ohne allen vitio ist, vor keine desertionem malitiosam, derentwegen die Ehe getrennet wird, gehalten werden kan, vielmehr der anticipatus concubitus, oder fleischliche Vermischung, vor der Priesterlichen Trauung, wenn er auch gleich mit beyder Theile Bewilligung geschehen, an und vor sich ein delictum ist, welches ausser der Kirchen-Busse, noch mit Geld-Straffe, oder Gefängniß bestraffet wird b). Ja wenn einer seine Braut wider ihren Willen genothzüchtiget, oder entführet, wurde selbiger nach Römischen Rechten, mit der, auf die Nothnufft, oder den raptum und Entführung gesetzten Straffe beleget, l. un. C. de rapt. virg. worvon, und ob dasselbe bey uns heut zu Tage noch stat finde, wir unten bey der Lehre, von denen Verbrechen weitläufftiger handeln werden.

a) Nicolai de repud. & divort. part. 2 c. 2 n. 32 seqq. Lyncker. Respons. Vol. 2 Consil. 1 n. 4.

b) Churfürstl. Sächsische Kirchen-Ordnung, Tit. von Ehegelöbniß, Rubr. von Straff der Unzucht, und des Ehebruchs, pr. & § 3 da aber eine ledige Manns-Person. Carpz. JPrud. Consist. lib. 2 def. 132 & p. 4 c. 27 def. 11. Bodinus Disp. de anticipato concubitu.

§. 14.

Der Unterschied zwischen Ehe-Gelöbnissen und der Ehe.

Also sind die Ehe-Gelöbnisse, und die Ehe selbst, ratione effectus, weiter darinnen von einander unterschieden, daß, da sonst ein Ehe-Weib nach vollzogener Ehe sowohl vermöge Göttlicher und Canonischer Geistlicher, als auch Weltlicher und Römischer Rechte, in die Gewalt ihres Mannes verfällt, von deren Effectibus in dem 4 Art. ausführlich handeln werde, dieses hingegen auf die Braut, so lange die Ehe nicht wircklich vollzogen worden, keines weges zu appliciren, und mag nicht gesagt werden, daß die Braut in potestate sponsi sey a). Daher wie die Frau ihrem Manne ad operas præstandas verbunden, (davon an seinem Orte in diesem Titel weitläufftiger gehandelt werden wird), so ist doch die Braut vor der Verehlichung nicht schuldig, ihrem Bräutigam einige Dienste zu erzeigen, und zu leisten, vielmehr alles dasjenige, was sie arbeitet und dadurch erwirbt, arbeitet und erwirbt sie vor sich b). Ferner fliesset auch daraus, daß wie sonst dem Ehe-Manne das dominium dotis, und der ususfructus von dem Vermögen seiner Ehe-Frauen zustehet, dennoch der Bräutigam vor Vollziehung der Ehe sich dieses Rechtes nicht anmassen könne, er hat weder das dominium dotis, noch den usumfructum von dem Vermögen seiner Frauen, aus Ursachen, weil der dos bloß deswegen gegeben wird, auch der ususfructus dem Ehe-Manne allein darum zustehet, damit er nemlich die onera matrimonii davon bestreiten könne c); mithin da der Bräutigam vor Vollziehung der Ehe noch keine onera matrimonii trägt, so muß auch cessante ratione dem Bräutigam der effectus onerum matrimonii billig verweigert werden. Ja wenn dem Bräutigam gleich vor Vollziehung der Ehe, der Dos eingehändiget und übergeben worden, so geniesset er doch vor der Hochzeit noch keines weges das dominum dotis, noch mag er sich derer Nutzungen davon, oder des ususfructus von dem Vermögen seiner Frauen, ob ihm selbiges gleich in seine Hände geliefert und gegeben worden, anmassen, vielmehr stehet dieses alles noch der Braut alleine zu, quia res data non tam dos, quam doti est destinata, l. 7 in f. ff. de jure dot. Unterdessen wenn die Braut ihrem Bräutigam den dotem der Hochzeit wircklich übergeben hat, so stehet ihr nicht frey, solchen dotem von ihrem Bräutigame wieder abzufordern, quod enim schreibt der JCtus in dem l. 8 ff. de condict. causa data causa non secut. ex ea causa nondum coito matrimonio datur, tanquam in dotem perventurum, adeoque quamdiu pervenire potest, repetitio ejus non est. Worvon gleicher gestalt unten ausführlichere Erklärung geschehen wird. Woraus wieder fliesset, daß auch an denen Orten, wo eine communio bonorum unter denen Ehe-Leuten ist, solche zwischen Braut und Bräutigam so lange, bis die Ehe durch die Hochzeit ist vollzogen worden, nicht stat finde, folglich der Bräutigam weder die Ausantwortung, noch die Disposition und Administration des Vermögens seiner Braut, vor Vollziehung der Ehe begehren könne d).

a) Arg. Can. 13 Cauf. 32 qu. 2. Treutler. Vol. 2 Diff. 6 th. 7. Bœhmer Disp. de diverso sponsalium & matrimonii jure cap. 1 § 12 verb. Ita non sponsa sed uxor marito ad obsequium & reverentiam quandamque subjectionem obligatur, & maritus quandam domesticam disciplinam in uxorem, nullam in sponsam habet, & in genere quæ jura permittunt in uxorem, denegant sponso in sponsam.

b) Bœhmer. Disp. de diverso sponsalium & matrimonii jure cap. 3 § 19.

c) L. 20 C. de jur. dot. l. 76 in fin. ff. de jure dot.

d) Cypræus de jure sponsal. c. 5 § 12. Rodenburg. de jure conjug. tit. 2 cap. 1 seqq.

§. 15.

Der Bräutigam ist nicht schuldig die Braut zu ernähren.

Der Mann ist verbunden, seine Frau zu ernähren, zu kleiden, ihr Gesinde zu halten, die gantze Familie zu ernähren, selbige wenn sie kranck ist, auf seine Unkosten curiren und heilen zu lassen, wenn sie Gevatter wird, ihr das Pathen-Geld, und wenn sie zur Hochzeit gehet, das Hochzeit-Geschencke aus seinem eigenen Vermögen und Beutel zu geben, noch minder, wenn sie gestorben, selbige begraben zu lassen, u. d. gl. welches ich an seinem Orte weitläufftiger ausführen werde. Weil aber alles dieses alleine ad onera matrimonii gehöret, zu dem der Bräutigam nicht verbunden ist, so ist er auch alles dieses zu thun nicht schuldig a). Hat aber der Bräutigam dem ohngeachtet seine Braut ernähret und ihr alles dasjenige gegeben, was ein Ehe-Mann seiner Frau zu geben schuldig, so müssen ihm alsdenn auch nothwendig die fructus dotis promissæ zustehen und gegeben werden b).

a) Ritzel, de matrim. cap. 7 theor. 2. Bruckner. in Decif. matrim. cap. 1 n. 14. Wildvogel. Disp. cit. th. 18,

b) L. 42 § 1 ff. solut. matrim. Colerus de aliment. lib. 2 cap. 5 n. 19.

§. 16.

Eine Braut darf ihren Bräutigam nicht folgen.

Ferner ist bekannt, daß eine Ehe-Frau schuldig sey, ihrem Manne nachzufolgen, wohin er sich nur wendet, wenn er auch gleich eines Verbrechens halber relegiret, und des Landes verwiesen wird, immassen die Landes-Verweisung die Ehe nicht trennet, und eine Ehe-Frau alle die Unglücks-Fälle ihres Ehe-Mannes zugleich mit übertragen muß a), worvon wir gleichfalls unten mit mehrern reden werden. Hingegen von der Braut mag nicht gesaget werden, daß sie schuldig sey, sponsum vagantem zu folgen, aus Ursachen, quia non censetur ante nuptias elegisse mariti domicilium. Bœhmer Disp. cit. cap. 1 § 15 verb. In eo vero conveniunt omnes, sponsam sponsum, si ille delicti alicujus sive 1) ante sponsalia, sive 2) durantibus illis perpetrati inculpatus, ut alio migrare & domicilium peregrinum quærere necesse habeat, sequi minime teneri. Non enim quoad primum casum indulgendum esse dolo intervenienti, si nempe sponsus culpam, quæ in contrahendis sponsalibus sibi impedimento esse credebatur, celaverit, quia is semper & ubique exceptus intelligitur, dum consensum impedit, l. 7 pr. ff. de dolo. cap. 28 X. de jurejur. Schneidewin. pr. I. de act. n. 25. Imo quoad utrumque casum emigratio ac peregrino in loco perpetua commoratio difficillima est conditio, cujus

jus

jus, si sponsa notitiam habuisset, nunquam forte in desponsationem consensisset, ac quia talis accedit casus, qui si tempore sponsaliorum affuisset, sponsa procul dubio matrimonio renuisset.

a) L. 1 C. de repud. l. 24 C. de donat. int. V. & U. Nov. 22 cap. 15, c. 3 C. 13 qu. 2 c. 9 X. de conjug. leprof. c. 4 C. 34 qu. 1 & 2.

§. 17.

Die Braut folget dem Bräutigam nicht in foro und domicilio.

Also ist auch bekannt, daß eine Ehe-Frau gleich nach der Verehligung das forum und domicilium ihres Ehe-Mannes erkenne, und dasjenige forum samt dem domicilio, welches sie vor der Hochzeit gehabt hat, verliere. Denn so bald eine Weibs-Person geheyrathet, gehet sie aus dem Hause und Familie ihres Vaters aus, und kommt in das Haus und domicilium ihres Mannes, ja sie verlieret auch das forum und Gerichts-Stand, so sie zeithero vor ihrer Verehelichung gehabt, und muß nunmehro vor denjenigen Gerichten stehen, unter derer Gerichtsbarkeit ihr Mann stehet, und vor welchem Gerichte er Recht nehmen muß a). Und dieses forum behält sie auch nach dem Tode ihres Mannes, l. 22 ff. ad municip. auch in dem Falle, wenn sie gleich Zeit ihres Wittwen-Standes sich von einem andern hat schwängern lassen b), folglich wenn de dote, de bonis tempore matrimonii quæsitis, und andern effectibus matrimonii Streit entstehet, muß selbiger nach denen Gesetzen und Statutis, desgleichen vor denen Gerichten desselben Gerichtes, wo der Mann gewohnet hat, ausgemachet und entschieden werden, l. 65 ff. de judic. Anders verhält es sich mit der Braut, als welche, so lange sie noch eine Braut, und die Ehe noch nicht durch Priesterliche Trauung vollzogen ist, weder ihr domicilium noch forum noch jurisdiction verändert, sondern sie behält bis zur Copulation, so wohl das domicilium, als auch forum und Jurisdiction ihres Vaters c). Daher wenn sich Titia, so unter der Stadt-Obrigkeit, wo sie wohnet, ihrer Jurisdiction stehet, mit einem Geistlichen, der sein forum vordem Consistorio hat, verlobet hat, mag dieselbe vor Vollziehung der Ehe nicht vor dem Consistorio belanget werden, sondern die Klage muß vor der Stadt-Obrigkeit angestellet werden, dergestallt, daß wenn die Sache vor der Hochzeit schon Rechtshängig gewesen, die Sache auch nach vollzogener Hochzeit dennoch ob litis pendentiam vor eben demselben Gerichte muß continuiret werden d).

a) L. 65 ff. de judic. l. 19 ff. de jurisdict. omn. jud. l. fin. §. 3 ff. ad Municip. l. 5 ff. de R. N. l. 1 § 2 ff. de lib. agnosc. l. fin. C. de incol. l. un. C. de mulieribus in quo loco.

b) Carpz. p. 2 Dec. 15. Lauterb. Diss. de domicilio th. 21.

c) L. 32 ff. ad municip. l. 19 l. 29 ff. de jurisdict. Cypræus de jure connub. p. 1 c. 5 § 15. Struv. S. J. C. Ex. 9 th. 28 in fin.. Brisson. lib. 1 Select. Antiquit. c. 18. Zanger. de Except. p. 2 cap. 1 n. 59 seqq. Wildvogel Disp. cit. th. 19.

d) Clem. unic. cit. lit. contest.

§. 18.

Die Schenckungen sind unter Braut und Bräutigam erlaubet.

Darinnen äussert sich auch ein besonderer Unterscheid, zwischen denen Ehe-Gelöbnissen und der Ehe, daß wie notorischen Rechten nach, die Schenckun-

Jurist. Oracul V Band.

gen unter denen Ehe-Leuten nicht zuläßig, vielmehr verboten sind, tit. ff. de donat. int. V. & Ux. aus Ursachen, ne occasio daretur, sese mutuo amore spoliandi bonis, dergestallt, daß der Ehe-Gatte, dem solche Sache von dem andern Zeit währenden Ehestandes ist geschencket worden, das Eigenthum von der geschenckten Sache nicht bekommt, sondern der schenckende Ehe-Gatte solche Sache, wenn sie noch in natura vorhanden, mittelst der Reivindication vindiciren, oder wenn sie consumta ist, deren Werth per conditionem fordern a); so findet doch dieses bey denen verlobten Personen nicht stat, als welche vor der Hochzeit so wohl nach Römischen Rechten, als auch moribus hodiernis gültiger Weise einander etwas schencken können, dergestallt, daß das Eigenthum davon auf denjenigen Theil verfällt, welchem solches ist geschencket worden, auch wenn die Ehe darauf erfolgt ist, solches nicht wieder revociret werden mag b), wovon an seinem Orte weitläufftigere Ausführung geschehen soll. Ferner, daß die Ehe-Leute von einander erben, ist wohl ausgemacht, wird auch bey der Lehre von der Erb-Folge ohne gemachten Testamente weitläufftiger ausgeführet werden. Alldieweil aber erfordert wird, daß die Ehe auch wircklich vollzogen sey, dergestallt, daß nach Römischen Rechten die deductio in domum, nach Sächsischen Rechten aber die Beschreitung des Ehe-Bettes nothwendig erfolgt seyn muß, soll andergestallt die Erb-Folge unter denen Ehe-Leuten stat finden: so folget von sich selbst daraus, daß der Bräutigam von seiner Braut und vice versa die Braut von ihren Bräutigam nicht erben könne c), welches auch in dem Falle stat findet, wenn gleich die Braut geschwängert worden, vor der Trauung aber verstirbt der Bräutigam. Denn in diesem Falle erbet die Braut von ihrem Bräutigam keinesweges, ob sie gleich von selbigem geschwängert worden, aus Ursachen, weil zur Succeßion und Erbfolge derer Eheleute ein matrimonium justum & legitimum per benedictionem sacerdotalem confirmatum erfordert wird, welches aber in diesem Falle ermangelt. Und ob schon nach Canonischen Rechten dergleichen sponsalia concubitu firmata vor eine wahrhaffte Ehe gehalten werden, so findet doch dieses nicht in universum stat, aus Ursachen, weil die öffentliche Solennitäten noch ermangeln, daß solche Ehe vor eine rechtmäßige Ehe gehalten werden möge, sondern solches äussert sich nur allein in Ansehung des Vinculi, daß nemlich nunmehr solche durch den frühzeitigen Beyschlaff bestärckte Ehe-Gelöbnisse, weil sie dadurch in ein wahrhafftes matrimonium gerathen sind, nicht wie andere Ehe-Gelöbnisse wieder getrennet werden mögen. In andern Stücken aber, so nicht das vinculum matrimonii angehen, bleiben solche Ehe-Gelöbnisse wahrhaffte Ehe-Gelöbnisse, und geniessen dieselben vor der Priesterlichen Trauung keine Wirckungen einer rechtmäßigen Ehe, mithin mögen auch dergleichen Personen einander ab intestato nicht erben d). Wovon bey der Lehre von der Erb-Folge ein mehrers soll gedacht werden.

a) L. 5 § 18 ff. de donat. int. V. & Ux.

b) L. 32 § pen. ff. de donat. int. V. & Ux. l. 1 C. de don. inter nupt. Bœhmer Disp. de divers. sponsalium & matrimonii jure cap. 1 § 30. Schneidewin. ad § 2 I. de donat. n. 62.

c) Lau-

c) Lau.erb. Coll. Pract. p. 2 p. 1731 & 44 & ad tit. de sponsal. § 35. Kohl. de succesf. conjug. n. 1 n. 17.

d) Berlich. p. 3 concl. 25 n. 37. Boehmer Disp. de diverso sponsalium & matrim. jure cap. 3 § 24.

§. 19.

Der Unterschied der Ehe-Gelöbnisse und Ehe wegen des Trauer-Jahrs.

In wie weit die Ehe-Gelöbnisse von der Ehe in Ansehung des Trauer-Jahres, nicht minder der anderweitigen Verehlichung differiren, ist oben von uns schon zulänglich gezeiget worden, daher wir uns auch darauff beruffen haben wollen. So ist auch sonst notorischen Rechtens, daß eine Frau in Ansehung ihres doris oder Einbringens eine stillschweigende Verpfändung in ihres Mannes sämtlichen Vermögen, und noch darzu cum jure prælationis habe a). Hingegen wenn die Braut, vor der Verehlichung ihrem Bräutigam ihr Vermögen dotis loco zum voraus inseriret, es macht der Bräutigam aber vor der Hochzeit ein Falliment, so kan dieselbige sich nicht des juris prælationis, weder nach Römischen, noch Sächsischen Rechten, wie sonst eine Ehe-Frau bedienen (b. Obschon selbiger das Privilegium zustehet, daß es denen Creditoribus personalibus und Chirographariis, so nehmlich kein dinglich Recht haben, vorgezogen werden muß c)

a) L. 74 ff. de jur. dot. l. 17 ff. de reb. aut. jud. possid. l. ult. C. qui potior in pign.

b) Lauterb. Diff. de tacito pignor. th. 14. Hartmann Pistor. Obf. 110 n. 7.

c) Hartm. Pistor. Obf. 120 n. 8. Carpz. J. Prud. forenf. p. 2 c. 24 def. 5. Boehmer Disp. de diverso sponsalium & matrimonii jure cap. 1 § 22 & cap. 3 § 25.

§. 20.

Der Unterschied zwischen 2 Ehe-Weibern und Bräuten, in Ansehung der Straffen.

Auch darinnen äussert sich ein Unterscheid zwischen denen Ehe-Gelöbnissen und der Ehe, daß wenn einer das Laster der Vielweiberey begehet, und zu gleicher Zeit zwey Weiber am Leben hat, alsdenn selbiger am Leben mit dem Schwerdte bestraffet wird a). Anders verhält es sich, wenn sich einer nur mit zweyen verlobet hat. Denn in diesem Falle fällt die Straffe des Schwerdts gänzlich weg, und nach dem jure civili wird derselbe infam, l. 1 in fin. l. 13 § 1 ff. de his qui not. infam. l. 13 ff. ad L. Jul. de adult. l. 18 C. eod. l. 2 C. de incert. nupt. mag von dem Richter noch darzu willkührlich bestraffet werden c), muste auch das quadruplum arrhæ, d. i. den empfangenen Mahlschatz selbst, und noch so viel darzu, als der Mahlschatz 4 mahl mehr werth war, der Braut wieder heraus geben und restituiren d). Ja die Braut könnte nach Römischen Rechten noch darzu ad interesse klagen, aus Ursachen, quia in stipulationibus facti post moram ad interesse agitur d) und wenn die Manns-Person sich mit zweyen versprochen, die eine Braut aber geschwängert, so wurde derselbe nach Römischen Rechten nicht allein infam, sondern wenn er vornehmen Standes war, wurde noch darzu die Helffte seines Vermögens confisciret, wenn er aber nicht so vornehmen Standes, war er mit Ruthen gestrichen, und verwiesen e). Was disfalls bey

uns heut zu Tage Rechtens sey, wird noch in diesen 1 Cap. ausführlich gezeiget werden.

a) O. C. C. art. 121. Constit. Elect. Sax. 20 p. 4 ibique Daniel Moller. & Carpz. in JPrud. for. Idem in Pract. Crim. p. 2 qu. 66 n. 34 seqq.

b) L. 18 C. ad L. Jul de adult. Nov. 117 c. 11 Auth. Hodie C. de repud.

c) Hartm. Pistor. p. qu 206 n. 15.

d) Corasius lib. 2 Miscell. c. 5.

e) § 4 I. de publ. judic. l. 18 C. ad L. Jul. de adult. Mantz. ad § 11 I. de nupt. Wesenb. Paratit. ff. ad L. Jul. de adult. n. 15. Gœddeus ad l. 101 pr. ff. de V. S. n. 5.

§. 21.

Der Unterschied zwischen Ehebruch unter Verlobten und unter Verehlichten.

In Ansehung des Ehebruchs äussert sich auch noch ein besonderer Unterschied zwischen der Ehe und denen Ehegelöbnissen. Denn so ist nach Römisch Rechten dem Ehe-Manne erlaubt, seine Frau, wenn er sie im Ehebruch ergreifft, nebst dem Ehebrecher zu tödten, welches aber dem Bräutigam, ohngeachtet er seine Braut bey einem andern Kerlen in Hurerey antrifft, nicht vergönnet a), wovon am gehörigen Orte weitläufftigere Ausführung geschehen soll. Bey welcher Gelegenheit ich so viel nur gedencken will, daß wenn ein paar Ehe-Leute einander umbringen, die pœna parricidii stat finde b), welches aber in dem Falle nicht stat findet, wenn die Braut dem Bräutigam, oder der Bräutigam die Braut tödtet, vielmehr weil zwischen Braut und Bräutigam dergleichen nahe Conjunctio noch nicht ist, als zwischen Ehe-Leuten, so fällt die pœna parricidii weg, und wird solches Verbrechen nur als ein ein blosser schlechter Todtschlag bestraffet c).

a) L. 24 pr. ff. ad. L. Jul. de adult. urg. l. 43 § 3 l. 7 ff. l. 22 l. 23 § 1 ff. eod. Lauterb. Disp. de ira ejusque effectibus in jure th. 62 & 63.

b) L. un. C. de his qui par. & liber. art. 139 O. C. C. Constit. Elect. Sax. 3 p. 4.

c) Boehmer Disp. cit. cap. 3 § 32.

§. 22.

Der Unterscheid zwischen Ehe-Gelöbniß und der Ehe in Ansehung der Trennung.

So ist auch zwischen der Ehe und denen Ehe-Gelöbnissen darunter ein Unterschied, daß die Ehe, weil sie ein vinculum indissolubile in sich enthält, nicht so leichte getrennet wird, als die Ehegelöbnisse u. Sponsalia. Denn diese letztere werden eher dissolviret, als die Ehe selbst. Also können die Ehe-Gelöbnisse mutuo consensu aut dissensu, d. i. wenn so wohl Braut und Bräutigam zufrieden sind, getrennet werden, nicht aber die vollzogene Ehe, davon und von andern Arten, wie die Ehe-Gelöbnisse wieder dissolviret werden, bey den folgenden Artickel wird ausführlich gehandelt werden. Denn alle diese Fälle, wo die Ehe-Gelöbnisse getrennet werden mögen, derentwegen mag die bereits vollzogene Ehe nicht wieder dissolviret werden. Welches ich in folgenden Artickel bey der Lehre de repudio, oder wie die Ehe-Gelöbnisse getrennet werden mögen, ausführlich zeigen werde, darauf ich den geneigten Leser beliebter Kürtze willen verwiesen haben will.

§. 23.

§. 23.
Das Weſen der Ehegelöbniſſe beſtehet in der beyden Verlobten Einwilligung.

Solchergeſtalt beſtehet nach Maßgebung des §10 das gantze Weſen und Natur derer Ehegelöbniſſe in conſenſu ſponſalitio de futuro matrimonio ineundo, oder, daß die Perſonen und Contrahenten einwilligen und verſprechen, einander künfftighin zu heyrathen. Und wie alſo dieſer Conſenſus ſponſalitius, oder die Einwilligung in ein Ehegelöbniß das Weſen eines ieden Ehegelöbniſſes iſt, alſo folget auch daraus, daß wenn beyde Theile, und wenn Eltern vorhanden ſind, auch dieſelben in das Ehegelöbniß gewilliget haben, ſelbiges zu Recht beſtandig und gültig, wenn auch gleich die Contrahirenden dieſes mit einander bedungen, daß ſolches und die Ehe-Pacta zu Pappier noch gebracht werden ſollte. Denn dieſer Bedingung ohngeachtet iſt doch das Ehegelöbniß zu Recht beſtandig, noch mag ſelbige vor bloſſe Tractaten angeſehen werden, oder einem Theile freyſtehen, vor der Zeit, ehe dieſes zu Pappier gebracht wird, zu pönitiren, und davon wieder abzugehen, aus Urſachen, weil zur weſentlichen Subſtantz derer Ehegelöbniſſe allein die Einwilligung beyder Theile erfordert wird, hingegen nach Maßgebung des l. 4 ff. de pignor. die ſcriptura ad eſſentiam matrimonii gehöret, wie ſolches Ill. Leyſer. in Meditat. ad ff. ſpec. 290 poſ. 2 & 3 weitläufftiger ausführet, dieſer Conſenſus ſponſalitius muß nun aber ſeyn: 1) mutuus, 2) verus, 3) liber, 4) ſufficienter & legitime declaratus. Von welchen 4 Requiſitis des Conſenſus ſponſalitii wir nun gleich mit mehrern handeln, und dieſelbe weitläufftiger ausführen wollen. Anlangend nun das erſte Requiſitum, daß nemlich der Conſenſus mutuus ſeyn müſſe, iſt ſo viel davon zu gedencken, daß nemlich alle beyde zugleich einwilligen, und ſich beyderſeits gegen einander verbinden müſſen, oder wie Kemmerich. in Acceſſ. ad Inſtit. lib. 1 ſect. 3 tit. 11 § 31 ſchreibet: Ut ita utriusque voluntas in idem placitum, circa ineundum matrimonium ejusque conditiones conſpiret. Es wird auch an dieſem Satze niemand zweiffeln, deßwegen, weil die Ehegelöbniſſe eine zukünfftig zu vollziehende Ehe zum Endzweck haben, die Ehe ſelbſt aber ein ſolches negotium, welches der Menſchen in glücklichen Zuſtand verſetzen, auch hingegen, wenn ſie mißlinget, in zeitliches Unglück und Labyrinth ſtürtzen mag, mithin, da um ſo vielmehr ſonſt zu weltlichen Contracten niemand den andern wider ſeinen Willen forciren mag, vielmehr auch dieſe iedesmahl, daß alle beyde auch darein einwilligen, erfordern, kein Menſch aber einiges Recht hat, den andern zu zwingen, mit ihme, zu welchem der andere doch keine Neignng vielmehr Abſcheu hat, eine Ehe zu treffen, ſo muß auch nothwendig dieſes bey denen Ehegelöbniſſen als ein haupt-weſentliches Stücke angeſehen werden, daß nemlich alle beyde Perſonen hierein einwilligen. Hieraus flieſſet, daß wenn auch alle beyde Theile nicht einwilligen wollen in die Verlobung, keine Sponſalia geſchloſſen werden mögen, wenn auch gleich die Eltern ſolches wollen, und darein einwilligen, daferne nicht die Kinder hernach ſelbſt dieſes genehm halten, und auch vor ihre Perſon einwilligen.

§. 24.
Die Einwilligung muß im Ernſt und wahrhafftig geſchehen.

So muß auch gezeigter maſſen der conſenſus verus ſeyn, d. i. daß auch die Perſonen wahrhafftig in das Ehegelöbniß einwilligen, und einwilligen können. Weil nun aber der Mangel des Verſtandes und Vernunft (defectus rationis) Irrthum, Betrug, Verſtellung und Schertz der veritati conſenſus gantz zuwider, und nicht geſaget werden mag, daß in ſolchem Falle eine wahrhafftige Einwilligung in ein Ehegelöbniß geſchehen ſey, weil, wo kein Verſtand und Conſens vorhanden, da kan auch keine eigentliche Obligation ſtatt finden; ſo folget, daß alle dieſe Stücke entfernet ſeyn müſſen, ſoll anderſtgeſtalt ein wahrhaftes Ehegelöbniß vorgegangen ſeyn. Iſt nun dieſes wahr, ſo folget von ſich ſelbſt, daß ein Kind, ein närriſcher, thörichter, im Kopffe verrückter, raſender, Zeit der Raſerey und Thorheit (wohl aber zu denen Zeiten derer dilucidorum intervallorum) äuſſerſt betrunckener (mithin wenn die Trunckenheit nicht ſo übermäßig, daß ſie den Gebrauch des Verſtandes nicht verhindert, ſo können die Sponſalia auch in der Trunckenheit gültiger Weiſe geſchloſſen werden), immaſſen denn auch, wenn derſelbe den folgenden Tag die in der äuſſerſten Trunckenheit geſchloſſene Ehegelöbniße nüchtern genehm gehalten, und das Ehe-Verſprechen wiederholet, item die Gratulationes von andern angenommen hat, dadurch die ſonſt an und vor ſich ſelbſt ungültige Ehegelöbniſſe gültig gemacht werden, immaſſen überhaupt ausgemachten Rechtens, quod ratihabitio, (modo ſpontanee & recto judicio facta) ſponſalia vitioſe, e. g. in ebrietate, aut dolo, metu, errore, contracta, firma reddat a), in ſeiner äuſſerſten Trunckenheit keine Ehegelöbniſſe ſchlieſſen können, aus Urſachen, weil ſie ſämmtlich zu ſolcher Zeit keinen Verſtand haben, mithin, weil die Einwilligung oder der Conſenſus in das Ehegelöbniß eine zuvorhergegangene reiffe Uiberlegung, Entſchlieſſung und Willen erfordert, alle dieſe Stücke aber ohne Verſtand ſich nicht äuſſern können, deßwegen denn auch die Römiſchen Rechte von dergleichen Perſonen ausdrücklich diſponiret, quod nec velle, nec intelligere, nec ſe obligare poſſint. Keinesweges aber halte ich mit Petro Müllero b) davor, daß indiſtincte alle in dem Zorne geſchloſſene Ehegelöbniße null und nichtig ſeyn ſollten. Denn obgleich es den Caſum geben könnte, daß auch im Zorne ſich einer mit einer Jungfer oder Weibs-Perſon ehelich verſprechen könnte. Z. E. in dem Falle, es entſtehet unter Brüdern ein Streit, und bildet ſich einer ein, die andern ſähen ihn gerne ſterben, entſchlieſt ſich dannenhero im Zorne, ſich zu verheyrathen, und verſpricht ſich auch in ſolchem Zorne mit einer Weibs-Perſon, ſo muß man doch darauf hauptſächlich ſehen, ob, (welches doch ſehr ſelten geſchiehet, und daher vor allen Dingen zu beweiſen iſt) der Zorn ſo groß geweſen, daß er allen Gebrauch der Vernunft und Verſtandes benommen hat, oder aber der Zorn nicht ſo hefftig, ſondern derſelbe dennoch bey geſundem Verſtande geblieben. Im erſten Falle iſt das Ehegelöbniß allerdings ungültig, weil alsdenn der Gebrauch der Vernunft, mithin die Einwilligung ermangelt, im andern Falle aber iſt ſolches Ehegelöbniß, da allerdings facultas conſentiendi da geweſen, zu Recht beſtändig und gültig c).

b) Pufen-

a) Pufendorff. de Jure-Naturæ & Gentium lib. 3 cap. 6
§ 4. Leyser in Medit ad ff. spec. 290 pos. 4. Dede-
kennus Vol. 3 lib. 2 sect. 3 u. 4 & sect. 7 n. 1. Brouwer de Jure Connub. lib. 1 cap. 4 n. 11 seqq. Dante
in Cas. Conscient. cap. 19 sect. 1 qu. 12 & 14. Nævius
im Eherechte cap. 3 § 33 p. 106. Richter. p. 1 Dec. 8
n. 10 p. m. 78.

b) Tr. vom Recht der Liebes-Brieffe § 13 p. 32.

c) Lauterbach. Disp. de Ira § 23.

§. 25.
Der Irrthum schleußt die Einwilligung bey Verlobten aus.

Auf gleiche Weise habe ich gesaget, daß der Irrthum den Consensum verum verhindere und aus-
schliesse. Daher denn in dem l. 116 § 2 ff. de R. J.
und l. 15 ff. de jurisdict. ausdrücklich enthalten:
Errantis nullum esse consensum, aus Ursachen:
quia deficit voluntas, hæc enim præsupponit
id, quod intellectu concipitur, quando autem
id se aliter habet, cessat consensus & sic obligatio. Wenn man also ein solcher Irrthum sich ver-
offenbaret, so mag nicht gesaget werden, daß ein
consensus verus vorhanden sey, mithin mögen auch
die solchergestalt geschlossene Ehegelöbnisse nicht kräftig und verbindlich seyn, vielmehr sind sowohl die
Ehegelöbnisse als auch die vollzogene Ehe selbst dieses
Irrthums halber ipso jure null und nichtig. Jedoch
muß man wohlbedächtig einen Unterscheid machen,
ob der Irrthum die Essential-Stücke der Ehe angehe, oder aber nur gewisse Accidental-Stücke, oder
wie die Rechtsgelehrten reden; An objectum, in
quo erratum est, ad substantialia matrimonii
pertineat, an vero ad accidentialia. Im ersten
Falle, wenn der Irrthum die essentiellen und wesentlichen Stücke der Ehe angehet, so ist das Ehegelöbniß nicht kräftig und verbindlich, aus oben angeführter Ursache, weil in solchem Falle von Seiten
des Irrenden keine wahrhafte Einwilligung in solches Ehegelöbniß vorhanden. Hierunter aber gehöret nun, wenn der Bräutigam in der Person irret:
Z. E. er will mit Helenen ein Ehegelöbniß treffen,
es wird ihm aber eine andere Person untergeschoben,
aus Irrthum siehet er Xantippen vor Helenen an,
schliesset auch in solcher Meynung das Ehegelöbniß
mit ihr. Denn in diesem Falle ist das Ehegelöbniß
wegen des begangenen Irrthums, und daher ermangelnden Consenses unkräftig und ungültig,
dergestalt, daß wenn auch gleich der Beyschlaf darzu gekommen, nichts desto minder solches Ehegelöbniß und die Ehe ungültig bleibet a). Dem auch
das von dem Dissentirenden angeführte Exempel
Jacobs, welcher die ihm betrüglicher Weise vor die
Rahel beygelegte Leam nicht verstieß, sondern behielt,
nicht zuwider ist, weil die nullitas bloß in Ansehung
Jacobs entstanden, und diesem frey gestanden, ob
er sich seines Rechts gebrauchen wollen, da aber sich
hier Jacob seines Rechtes nicht gebrauchen wollen,
hieraus niemanden eine necessitas aufgedrungen werden mag b). Weiter gehöret auch unter die Substantialia die Jungferschaft: Also wenn einer vermeynet hat, die Person, mit der er sich versprochen
hat, sey eine Jungfer, er findet sie aber hernach nicht
als eine Jungfer, sondern daß sie sich schon von einem
andern die Jungferschaft hat nehmen lassen, so ist
das Ehegelöbniß, wenn es auch gleich durch die Priesterliche Trauung und den Beschlaf vollzogen wor-

den, dennoch ungültig, und unverbindlich, und ist die
unschuldige Person von der schuldigen die erweißlich
gemachte Schäden und Unkosten zu fordern befugt,
auch diese mit willkührlicher Strafe zu belegen c),
aus Ursachen, weil hier ein error circa substantialia
matrimonii vorhanden ist (wie Stryck. de Dissens.
sponsal. Sect. 5 § 59 behauptet); dessentwegen der
consensus in das Ehegelöbniß wegfällt, und wenn
der Bräutigam dieses, daß sie keine Jungfer mehr
sey, sondern sich schon mit einem andern fleischlich
vermischet, und Unzucht getrieben hätte, gewust hätte,
er sich wircklich mit ihr in kein Ehegelöbniß eingelassen haben würde. Und obschon scheinen möchte, als
ob der error circa virginitatem kein error circa
substantialia matrimonii sey, aus Ursachen, weil
die Jungferschaft nicht ad essentiam matrimonii
gehöret, indem ja auch mit einer Wittwe gültiger
Weise die Ehe vollzogen werden könne; so ist dieselbe
doch unstreitig bey der Ehe mit einer Jungfer de
essentia matrimonii, worvon Brouwerus l. c. n. 19
folgende Ursachen anzugeben weiß: Eadem mulier
non videtur, quæ integra promittitur & corru-
pta traditur. Auro puro & obryzo comparatur
virgo illibata & præflorata æri, at nulla venditio est, si æs pro auro veneat, vel plumbum pro
argento, quia cum in substantia error sit, consensu emtoris destituitur contractus - - Absque
terrenis & externis bonis felix potest esse conjugium, at vix sine sperata conjugis pudicitia.
Oblectationis & amoris gratia ducitur uxor, at
quænam oblectatio ex delibato flore, ex devir-
ginata virgine. Und da sonst die Ehe selbst, wenn
der Mann seine Frau nicht als Jungfer erfunden,
getrennet werden kan, wie doch Carpz. Jurisprud.
Consist. l. 2 Def. 193 sqq. Nicolai de Repud. p. 2
c. 3 n. 44. Laymann. in Theol. Moral. Tom. I
lib. 3 tit. 4 cap. 5 n. 3. Nævius im Ehe-Rechte,
cap. 3 § 49 p. 128 seqq. behaupten, und welches
Nævius l. c. p. 130 seqq. weitläuftig ausführet, wie
vielmehr muß nicht solches Ehegelöbniß null und nichtig seyn, wenn der Bräutigam vor Vollziehung der
Ehe erfähret, seine Braut sey keine Jungfer d).
Eben dieses findet auch stat, wenn die Braut vor
der Verlobung mit Gewalt genothzüchtiget worden,
aus eben dieser Ursache, weil, wenn der Bräutigam
vor der Verlobung solches gewust, er sich nicht mit
ihr ehelich versprochen haben würde. Mithin fällt
der Unterscheid, den Cypræus e) machet, ob die
Braut sich, dem ohngeachtet, vor eine Jungfer aufgeführet und ausgegeben habe oder nicht? und im
ersten Falle solche Ehegelöbnisse als null und nichtig,
im letzten Falle aber vor gültig erkläret, hinweg,
und sind in beyden Fällen solche Ehegelöbnisse null
und nichtig f). Ja auch der Weibs-Person stehet
in dem Falle, wenn sie höret, ihr Bräutigam habe
vor der Verlobung sich mit andern Weibs-Personen geschleppet, und in Unehren ein Kind gezeuget,
frey, wegen dieses erroris circa substantialia, von
ihrem Ehegelöbnisse wieder abzugehen, und ist dasselbe
null und nichtig. Sane & sponsa, schreibt Stryck.
de Diss sponsal. Sect. 2 § 34, honestum desiderat
sponsum, qui non vagis libidinibus maculaverit
corpus. Daher obschon Sanchez. de matrim.
lib. 1 Disp. 63 n. 9. Finckelthaus Obs. 20 n. 85.
Cypræus de sponsal. c. 13 § 57. Simon van Leu-
wen

wen Cenf. For. lib. 1 cap. 11 n. 29, aus Ursachen, weil die Unkeuschheit schändlicher und schädlicher als bey einem Manne sey, davor halten, als ob in solchem Falle das Ehegelöbniß dennoch zu Recht beständig und gültig wäre, so ist gleich zu betrachten, daß was einer von andern Theile verlanget, daß soll er ihm auch seines Orts gewähren, weil bey ledigen Personen diese Condition stillschweigend bedungen wird, daß iedes zu dem andern in der Qvalität sich begeben wolle, welche es zur Zeit der Verlobung vorgegeben, nemlich, daß sie mit andern sich nicht in Unkeuschheit verbunden gehabt, davon Ulpianus in l. 13 § 5 ff. ad L. Jul. de adult. wohl geschrieben: Maritus pudice vivendo mulieri bonos quoque mores colendi auctor sit. Periniquum enim videtur esse, ut pudicitiam vir ab uxore exigat, quam ipse non habet, und dannenhero zeiget auch sowohl angeführte Ursache, die in den l. 13 § 5 ff. ad L. Jul. de adult. und can. 2 conf. 32 qu. 6 gegründet, als auch die Praxis selbst, daß auch in diesem Falle dasselbe Ehegelöbniß des begangenen Irrthums halber null und nichtig sey g). Welches auch in dem Falle stat findet, wenn gleich der Bräutigam hernach ein ehrbares und keusches Leben geführet hat. Nævius l. c. In allen beyden Fällen, es mag der Bräutigam oder Braut sich zuvorher unkeusch aufgeführet haben, ist doch daran kein Absehen zu machen, wenn die beyden Verlobten einander condoniren, und des Fehltritts ungeachtet, die Ehe vollziehen wollen. Denn in solchem Falle ist das Ehegelöbniß gültig, nur daß wenn die Braut schwanger, dem Bräutigam von der Obrigkeit billig auferleget werden muß, die Hochzeit bis nach der Geburt aufzuschieben, und sich von der Braut zu enthalten h). Ob aber in dem Falle, wenn einer eine erbare, unbescholtene Wittwe heyrathet, er vermeynet aber sey eine Jungfer, wegen solchen begangenen Irrthums die Ehegelöbnisse oder auch die Ehe null und nichtig sey? ist eine Frage, welche mit einem Unterscheide zu beantworten. Hat die Wittwe sich auf sein Befragen fälschlich vor eine Jungfer ausgegeben, so ist solches Ehegelöbniß, oder auch wohl gar die vollzogene Ehe dieses begangenen Betrugs halber null und nichtig. Hat hingegen sich die Wittwe nicht betrüglicher Weise vor eine Jungfer ausgegeben, so ist solches Ehegelöbniß null und nichtig, aus Ursachen, weil hier von Seiten des Manns-Bildes zwar ein error circa substantialia matrimonii ist, iedoch es ist nicht ein error invincibilis, sondern vincibilis, weil die Manns-Person von seiner Seite darinnen eine Schuld und Nachläßigkeit begangen, daß sie sich nicht genauer und sorgfältiger darum bekümmert hat, mithin wird ihm dieser error, weil er nicht involuntarius ist, billig imputiret i). Dieses gehöret auch mit unter die errores circa substantialia matrimonii, wenn diejenige Person, mit der ich mich ehelich versprochen habe, zu Leistung der ehelichen Pflicht untüchtig und unvermögend ist, denn auch in diesem Falle ist die Ehe und das Ehegelöbniß ipso iure null und nichtig k). Wovon wir denn bey der Lehre von der Trennung derer Ehegelöbnisse, sowohl auch der Ehescheidung ausführlich handeln werden.

a) Brouwerus de jure connub. cap. 10 seqq. Stryck. Diff. de Obligatione Sponsaliorum & Dissolutione cap. 1 § 9.

b) Havemann. Gamalog. Synopt. tit. 8.
c) Carpz. Jurisprud. Confist. lib. 2 Def 186 & 187. Gerhard. Loc. de Conjug. § 109 seqq Nicolai de repud. cap. 2 n. 48 seqq. Nævii Ehe-Recht cap. 3 § 47 p. 120.
d) Stryck de dissensu sponsal. sect. 1 § 24.
e) de sponsal. c. 13 § 48.
f) Stryck. de dissensu sponsal. sect. 2 § 24.
g) Carpz. Jurispr. Confist. lib. 2 def. 189. Brouwerus de Jure Connub. lib. 1 cap. 18 n. 36. Nicolai de repud. & divort. c. 2 n. 66. Stryck l. & § cit. Nævii Ehe-Recht cap. 3 § 44.
h) Gerhard. Loc. de Conjug. § 3.
i) Brouwerus de Jure Connub. l. 2 cap. 18 n. 35. Stryck. de Dissensu Sponsal. sect. 5 § 62.
k) Simon de impotentia conjugali.

§. 26.

Wie die Ausnahme bey dem Irrthum in accidentalibus beschaffen?

Anders verhält es sich mit dem errore circa accidentalia, wenn nemlich einer an den Gaben des Gemüthes oder Glückes geirret hat. Z. E. er hat vermeynet, das Frauenzimmer sey adelichen Standes und Herkommens, und sie ist doch nur von bürgerlicher Geburt, oder er hat vermeynet, sie sey frisch und gesund, sie ist aber kränklicher Leibes-Constitution, (iedoch nehmen wir den Fall aus, woferne es eine solche Krankheit ist, die ansteckend, oder nicht leicht zu curiren, und die verhindert, daß das Haus-Wesen nicht mag observiret werden, z. E. Franzosen, Schwerenoth, Phrenesis und dergleichen, als welche, weil sie eines Theils an und vor sich selbst, iedem einen Abscheu von der fleischlichen Vermischung zuwege bringen können, und der Mann leichte angestecket werden mag, andern Theils auch gemeiniglich auf die Kinder mit fortgepflanzet wird, und denn nicht minder durch dergleichen Personen die Haushaltung nicht abgewartet werden kan, vielmehr das Haus-Wesen nothwendig negligiret werden muß, verursachen, daß solche Sponsalia ungültig seyn müssen, weil leichte zu vermuthen, daß der gesunde Theil, wenn er dieses gewust hätte, sich nicht mit dem solchergestalt kranken Theile eingelassen und versprochen haben, folglich daraus allerdings ein defectus consensus). Item, er hat gedacht, die Weibs-Person hiesse Johanna, und nachgehends erfähret er, sie heisse Elisabeth, oder Sibylla, weil, wenn ihm die Person gefällt, der Nahme ihm nicht mißfallen kan, auch sonst Rechtens, quod error nominis nullam dispositionem vitiet a). Nicht minder er hat vermeynet, sie sey reich, und habe so viel Geld im Vermögen, er findet aber nachgehends, daß sie arm und nichts, oder weniges Vermögen habe, sie hat sich auch niemals vor reich ausgegeben, noch den Bräutigam dadurch induciret b). Nicht minder, er hat gedacht, sie sey der Evangelisch-Lutherischen Religion zugethan, da sie doch Catholisch ist, (welches wohl Stryck. l. c. Sect. 2 § 32 & 33 vor einen solchen Irrthum hält, derentwegen die Ehegelöbnisse null und nichtig wären, wenigstens doch getrennet werden könnten), tugendhaft, klug, raffiniret und conduisiret, er findet aber nachgehends, daß sie ein zänckisches, versoffenes, boshaftes, albernes, einfältiges, grobes und tummes Weibs-Bild sey, (wiewohl wir hierinnen mit Stryckio de Diff. Sponsal. Sect. 2 § 31 davor halten, daß in solchem Falle, wenn vornemlich aus der Ungleichheit derer Gemüther, und der recht besondern bösen Art der

Weibs-

Weibs-Person, oder des Manns-Bildes nicht anders zu schliessen, als es würde eine unglückselige Ehe erfolgen, ob rationes politicas, und damit in der Republick nicht grössere Ungelegenheit, Schaden und Aergerniß entstehen möchten, bevorab, da von Seiten des Bräutigams oder Braut, daß sie sich nicht besser um die Gemüths-Beschaffenheit des andern Theils erkundiget hätten, deswegen keine so grosse Nachläßigkeit angeführet werden kan, weil es theils unmöglich, alle Eigenschafften des andern Theils aus der blossen Conversation zu erforschen, andern Theils aber auch die Personen, sie seyn Weibs-Bilder oder Manns-Personen, sich so zu verstellen wissen, daß der andere Theil dessen Gemüths-Beschaffenheit nicht so vollständig erforschen kan, solche Ehegelöbnisse viel lieber zu trennen, als iemand zu deren Vollziehung zu zwingen). Denn dieser error circa accidentalia kommt in keine Consideration, (in soferne er nicht gantz verborgen gewesen, dergestalt, daß der Bräutigam solches aller angewandten Mühe ohngeachtet, nicht erfahren können. Denn wenn er aller angewandten Mühe ungeachtet, doch dieses nicht erfahren können, folglich ist es ein error invincibilis, so ist dergleichen error invincibilis circa accidentalia auch zulänglich, den consensum sponsalitium auszuschliessen, mithin sind auch in diesem Falle die sponsalia ungültig und unkräfftig c), mithin können die Ehegelöbnisse dieses erroris halber keinesweges getrennet werden, worvon B. Joh. Sam. Stryk. Dissert. de obligatione sponsaliorum & dissolutione cap. 2 § 10 folgende Raison angiebt: Ob has autem qualitates Sponsalia non vitiantur, sed valida sunt, cum hic unusquisque sibi imputare debeat, quod non melius in has qualitates inquisiverit. In re enim tanti momenti non soli oculi, sed etiam aures sunt consulendæ. Inquirendum & audiendum est, quale ingenium, qualis propensio sit ejus, cum qua vivendum, quid in animo abditum verset, quid hactenus a familiaribus observatum fuerit eo in genere. Es wäre denn per modum conditionis dergleichen ausdrücklich beygefüget und bedungen worden, oder der andere Theil versiret in dolo, und beredet den andern betrüglicher Weise ein anders, mithin ist des andern sein dolus Ursache daran, daß er sich irret, seu dolus alterius causam errori dedit, als in welchem Falle auch der error circa accidentalia ebener massen verursachet, daß das Ehegelöbniß ungültig, und unkräfftig wird, und werden also in sothanem Falle die Ehegelöbnisse, item die Ehe selbst, wegen des von dem andern darbey begangenen Irrthums auch null und nichtig, obschon dieser Irrthum bloß nur accidentalia betrifft d).

a) § 29 I. de Legat. ibique Anton. Pichard. n. fin. l. 4 C. de testament. ibique Brunnem. n. 1 & 3. Linck. Consul. 26 n. 11 p. 218.
b) Stryk Disp de Diss. Sponsal. Sect. 2 § 29.
c) Besold. Consil. Tubing. 80 n. 64. Stryk. l. c. Sect. 2 § 37.
d) Stryk. de Dissens. Sponsal. Sect. 5 § 57. Besold. Consil. Tubing. p. 5 Consil 237 n. 55 & 89. Kemmerich Access. ad Instit. lib. 1 Sect. 3 tit. 11 § 37 p. 347.

§. 27.
Der Betrug bey den Ehegelöbnissen machet diese ungültig.

Um so vielmehr erhellet, daß der Betrug, so von einem von denen Verlobten bey Schliessung derer Ehegelöbnisse ist begangen worden, die Ehegelöbnisse ungültig und unkräfftig mache, und zwar ebenfalls ob defectum consensus, weil in solchem Falle, wo eines betrüglicher Weise ist verleitet worden, mit dem andern ein Ehegelöbniß zu schliessen, die Einwilligung in dasselbe allerdings ermangelt. Zwar mag nicht gesagt werden, daß bey einem Contractu, der auf Betrug und Verleitung eines andern ist geschlossen worden, alle und iede Einwilligung in solchem gäntzlich ermangele und cessire: Unterdessen ist doch dieser Consensus dolo elicitus nicht purus, sondern hält diese stillschweigende Bedingung in sich, wenn die Sache sich also verhält, folglich wenn diese stillschweigende Bedingung ermangelt, so cessiret auch dieser consensus, mithin auch die daraus sonst entspringende Obligatio und Verbindlichkeit a). Daher denn auch in Römischen Rechten, wenn ein Contractus bonæ fidei dolo extortus und betrüglicher Weise geschlossen worden, selbiger ipso jure null und nichtig geachtet wird, l. 7 ff. de dol. mal. l. 16 § 1 ff. de minor. l. 6 C. de præscript. long. temp. findet nun dieses bey andern Contracten stat, um so vielmehr muß solches auch von denen Ehegelöbnissen gesagt werden, sintemal darinnen de re maximi momenti gehandelt wird, mithin darbey um so vielmehr alles treu, ehrlich und redlich geschehen und vorgehen soll, oder wie Stryk Disp. de sponsaliorum Dissolutione § 5 schreibet, ubi cum de re maximi momenti agatur, exuberare debebat bona fides b). Von der Art und Weise, wie dergleichen Betrug begangen werden könne, zu handeln, wäre zu weitläufftig, auch alle Exempel, immassen der Betrug auf sehr vielfältige Art und Weise ausgeübet werden kan, anzuführen unmöglich, nur wollen wir die Worte Brouweri de J. connub. lib. 1 cap. 19 n. 3 und 5 anführen, wenn er generaliter einige Exempel des Betrugs, sowol von Seiten derer Manns-Bilder, als auch derer Weibs-Personen gedencket, und zwar n. 3 die von Seiten derer Manns-Bilder folgender massen: cum se nobilem jactat plebejus, aureos montes prætendit pauper, patriciis ortum se fingit infimæ sortis homo, ut fallat nolentem nisi nobili patricio diviti se jungere, hingegen n. 5 führet er Exempel von Betruge derer Weibs-Personen also an: Execrandarum mulierum & detestandorum hominum est, pudicos in libidinem flectere, animos philtris, poculis amatoriis veneficisque, atque hoc modo decantatos ad spondendum matrimonium impellere. Hic dolus eo magis cæteris plectendus est, quia non sine periculo alterius vitæ vel ad minimum turbatæ mentis structus. Ist demnach ein solcher Betrug und betrügliche Uiberredung vorgegangen, und dadurch ein Theil zu Schliessung derer Ehegelöbnisse verleitet worden, so ist dasselbe, daferne nicht der betrogene Theil, nachdem er den Betrug erfahren hat, dennoch ausdrücklich und nahmentlich das Ehegelöbniß, welches wegen des begangenen Betrugs sonst ungültig und unkräfftig wäre, ratihabiret, und genehm gehalten, oder aber, wenn die Ehe bereits vollzogen, nach erfahrnem Betrug, (denn alles dasjenige, was ietzt gesagt werden wird, findet nicht stat, wenn es vor der Zeit geschehen, ehe er den dolum erfahren hat, seiner Frauen ehelich beygewohnet hat, quia per subsecutam voluntariam ratihabitionem do-

lus

his purgatus c) null und nichtig, auch unverbindlich, wenn auch gleich ein dolus bonus, nicht aber malus begangen worden. Denn obschon Cothmann. Resp. 5 n. 524, Reusner. lib. 3 decil. 5, Beust. de matrimon. p. 2 cap. 44, Richter. p. 1 decil. 87 n. 27 davor halten, daß auch in dem Falle, ubi bonus dolus commissus das Ehegelöbniß nicht null und nichtig, sondern zu Recht beständig und gültig wäre, so ist doch derselben Meynung ungegründet, weil auch bey dem dolo bono die Einwilligung, und also der Grund eines ieden Ehegelöbnisses ermangelt. Ferner ist das Ehegelöbniß eines begangenen Betrugs halber null und nichtig, wenn auch gleich dasselbe von dem betrogenen Theile, daß es unverbrüchlich gehalten werden solle, beschworen, und eidlich bestärcket, oder aber durch die fleischliche Vermischung vollzogen worden, mithin nicht mehr res integra vorhanden d). Denn was den abgelegten Eid anlanget, so ist aus der Eigenschafft und Natur eines ieden Eides zulänglich bekannt, daß selbiger keinem negotio eine verbindende Krafft zuwege bringen könne, welches sonst vermöge derer Rechte niemanden obligiren mag, aus Ursachen, damit nicht, wenn alle ungültige, und in denen Rechten verbotene Handlungen, mittelst Eides, rechtmäßig und verbindend gemachet würden, der Eid nicht ein Mittel und Beförderung der Ungerechtigkeit werden möchte, auch erfordert der Eid, soll er sonst einigen Effect genießen, veritatem, judicium und Justitiam, welche 3 Comites aber in diesem Falle ceßiren, mithin auch die Krafft des Eides solchergestalt erlöschen muß. Gestalt denn der Canon: Juramentum sequitur naturam actus, cui adjicitur, ejusdemque qualitates recipit, bekannt e), mithin muß derjenige Betrug, welcher den Contract unguiltig und unkrafftig macht, nothwendig auch das Juramentum ungültig machen, daher denn auch die Dd. statuiren, quod juramentum tale, cui dolus causam dedit, divino canonicoque jure nullam obligationem producat, wie solches zu sehen beym Frantzkio lib. 2 Resol. 5 n. 63, Covarruvia ad cap. quamvis p. 3 §4 n. 2. Betreffend die Ursache, warum dergleichen, mittelst Betrugs eingegangene Ehegelöbnisse auch nicht möchten gültig und verbindlich seyn, wenn gleich der Beyschlaff darzu gekommen, bestehet darinnen, theils weil der concubitus extra matrimonium an und vor sich selbst eine straffbare Scortatio, Hurerey oder Verbrechen ist, mithin als ein neues wiederholtes Verbrechen ein vorhin begangenes Verbrechen nicht gültig machen kan, theils damit auf solche Weise denen boshafften Personen nicht Thor und Thüre aufgethan würde, dergleichen betrüglicher Weise geschlossene und ungültige Ehegelöbnisse durch ein neues Verbrechen, d. i. durch unzeitigen Beyschlaff gültig zu machen. Sæpe enim solent, schreibt Brouwerus l. c. n. 4, sponsioni concubitum adjungere astutæ puellæ, ut dolo captos majoribus intricent pedicis atque efficiatur, quasi re non amplius integra, difficilior resiliendi potestas, welcher Bosheit aber auf dergleichen Weise am füglichsten begegnet werden mag f). Eben dieses ist auch von dem Falle zu sagen, wenn nemlich die Ehe bereits durch Priesterliche Copulation und Trauung ist vollzogen worden. Denn auch diese durch die Priesterliche Copulation und Trauung, nicht minder

auch durch den Beyschlaff vollzogene Ehe ist null und nichtig, mithin muß selbige als ein matrimonium invalidum und nullum rescindiret werden. Denn obgleich Molin. de Justit. & Jur. Tr. 2 Disp. 352 n. 5, Covarruv. de matrim. p. 2 §7 n. 4, daß solche Ehe nicht wieder getrennet werden könte, obschon die Ehegelöbnisse ob dolum annulliret würden, behaupten wollen, so gründen sich doch dererselben Argumenta schlechtweg 1) auf den Satz, die Ehe wäre ein Sacramentum, 2) die Priesterliche Einsegnung würde auf solche Weise zum Gelächter gemachet, und denn 3) es solte keine vollzogene Ehe außer denen in H. Schrifft angeführten Ursachen wieder getrennet werden. Weil aber, was den ersten Beweis-Grund anlanget, schon im vorigen Articul weitläufftig dargethan, es sey die Ehe kein Sacrament, sondern ein bloßes weltliches Geschäffte, der andere von der copula sacerdotali hergenommene Beweis-Grund nicht minder deswegen unerheblich, weil die copula sacerdotalis in diesem Falle zu einem negotio per se illicito und invalido gekommen, mithin keinen besondern Effect und Wirkung, der an und vor sich null und nichtigen Sache geben mag, vielmehr der Betrüger, weil dadurch die Kirche, Gemeinde, der Pfarr und Braut zugleich betrogen worden, deshalber nachdrücklich zu bestraffen, als wohl durch die Unzertrennlichkeit der Ehe zu belohnen, wenigstens dem Betrogenen unter dem Vorwande der copulæ sacerdotalis die Rechts-Wohlthaten nicht abzuschneiden sind. Hiernächst auch die dritte Raison eines Theils noch dubiös, wenigstens diese mehr Wahrscheinlichkeit vor sich hat, daß auch die Ehe außer denen in H. Schrifft ausdrücklich benahmten Fällen getrennet werden könne, davon an seinem Orte weitläufftiger gehandelt werden wird; andern Theils, wenn auch gleich die Ehen aus keiner andern Ursache getrennet werden solten, als Ehebruchs und böslicher Verlassung halber, dennoch solches nur von denen zu Recht beständigen und gültigen Ehen anzunehmen, die durch Betrug erlangte Ehe aber, weil die Einwilligung ermangelt, ipso jure null und nichtig, folglich keiner eigentlichen Trennung bedarff, so folget, daß solche Ehe auch billig getrennet werden könne g), welches auch in dem Falle stat findet, wenn gleich der dolus nicht circa substantialia, sondern allein accidentalia matrimonii begangen worden, von welcher Lehre wir gleich in folgenden § handeln werden.

a) Hahn. ad Wesenbec. tit. de dolo n. 1. Richter. Des. 88 n. 31.

b) add. Böhmer. J. E. P. Lib. 4. tit. 1 §141. Kirche Disp. de eo quod justum est circa persuasiones intuitu sponsaliorum § 21.

c) arg. c. 9 X. de desponsat. impub. Richter p. 2 Decil. 87 n. 28.

d) Cypræus de Sponsal. c. 13 §18. Gerhard. Loc. de Conjugio § 116. Setser. de jurament. c. 25 num. 18 Lynoker. Centur. 1 Resolut. 70.

e) vid. Stryk. de Dißenf. Sponsal. Sect. 2 § 10.

f) confer. Stryk. d. Disp. de sponsaliorum dissolutione § 5.

g) Stryk. de Dißenf. Sponsal. § 49, 50 & 51. D. Kirche Disp. de eo quod justum est circa persuasiones intuitu sponsaliorum § 23.

§. 28.

Der Betrug erstrecket sich auf die Ehe selbst und deren Ungültigkeit.

Solchergestalt sind alle betrüglicher Weise geschlossene, auch bereits vollzogene Ehen, und Ehegelöbnisse, wegen des also ermangelnden consensus ipso jure ungültig, (obschon, wenn ein solcher aus dergleichen Ehegelöbnisse klaget, er mit seiner Klage nicht sogleich a limine judicii abgewiesen wird, sondern darzu gelassen werden muß, dahingegen der andere beklagte Theil sich exceptionis doli in vim litis ingressum impedientis, ohne sich auf seine Klage einzulassen, wenn solcher dolus bald bewiesen werden kan, bedienen mag, Berger Consil. 138 p. 131), ohne daß man mit Beustio de matrim. p. 2 c. 44 p. 197 und Molina de Justit. & Jur. Tr. 2 Disp. 352 einen Unterscheid machen dörffe, an dolus circa substantialia matrimonii, an circa accidentalia commissus. Denn wenn sich einer vor reich, oder Adelichen Standes und Geburt fälschlich ausgiebt, und dadurch eine Weibs-Person verleitet, mit ihm sich ehelich zu versprechen, welches sie sonst nicht gethan haben würde, wenn sie gewust, daß er nicht Adelichen Standes, oder nicht so reich, als er sich ausgiebt, sey; so sind die Ehegelöbnisse ebener massen null und nichtig, obgleich der dolus allein blosse accidentalia matrimonii, nicht aber essentialia betrifft a). Worvon Krause Disp. de eo quod justum est circa persuasiones intuitu Sponsaliorum § 22 folgende Rechts-gegründete Ursachen anführet: Nam utroque in casu sive substantialia sive accidentalia matrimonii dolus attingat, non potest non consensus impediri atque excludi, consensus autem, uti docet B. Gerhard loc. de Conjugio § 116, ad substantiam matrimonii pertinet, atque, uti in L. 30 ff. de R. I. dicitur, matrimonium facit. Quæ cum ita sint, ut consensui, tanquam essentiali matrimonii, dolus obsit, necessario sequitur, sufficit itaque quod deceptus haud consensurus fuisset, si falsa persuasionis fundamenta scivisset. Und hindert nichts, wenn gleich, wie aus vorhergehendem § zu ersehen, sonst der error circa accidentalia matrimonii die Ehegelöbnisse, und die Ehe nicht ungültig machet, sondern diesem ungeachtet die Ehe, oder Ehegelübniß dergestalt beständig und gültig, daß sie nicht wieder getrennet werden mögen. Denn es ist ein grosser Unterscheid unter dem Irrthum und dem Betrug zu machen. Dem betrogenen Theile kan nichts imputiret oder beygemessen werden, angesehen er durch des andern seinen Betrug darzu verleitet worden: derjenige aber, welcher sich nur irret, ist alleine in der Schuld, daß er nicht genauer nachgeforschet, ob der andere Theil auch alle diejenigen Qvalitäten, die er verlanget und begehret, auch wircklich an sich habe, und hingegen der andere Theil, wenn er sich nicht dergleichen Qvalitäten beygeleget gerühmet; ist ausser aller Schuld gesetzet. Bey dem Betruge kommt auch noch die Bosheit des Betrügers in Betrachtung, welche Bosheit wider die Natur und Vorschrifft derer Rechte dem Betrüger nicht zum Nutzen, und dem unschuldig betrogenen Theile zum Schaden ausschlagen kan b); mithin ist nicht darauf zu sehen, in qua materia dolus commissus, und ob der Betrug ein wesentliches und substantielles Stück der Ehe angehe, oder

nicht? sondern es ist genug, wenn nur der eine Theil, durch des andern Theils Betrug zur Einwilligung bewogen worden c). Jedoch muß der begangene Betrug Ursache gewesen seyn, daß der betrogene Theil sothanes Ehegelöbniß geschlossen habe, dergestalt, daß wenn ein solcher Betrug nicht geschehen wäre, auch solches Ehegelöbniß nicht wäre von ihm geschlossen worden. Widrigenfalls, wenn es nur ein dolus incidens gewesen, so ist aus denen Rechten bekannt, daß derselbe keinen Contract ungültig mache, vielmehr dieser dolus entweder actione ex contractu, oder aber exceptione doli purgiret werden müsse d). Die Ursache, warum der dolus incidens den Contract nicht so, wie der dolus, qui causam contractui dedit, ungültig mache, bestehet darinnen, daß gleichwohl der betrogene Theil von Anfange her den Willen gehabt, diesen Contract zu schliessen. Est enim dolus accidens machinatio fraudulenta ad eum, qui alias negotium erat gesturus, in re, super qua contractus geritur, circumveniendum adhibita e). Wenn demnach Mevius den festen Entschluß bey sich gefasset, auch solchen iemanden eröffnet, er wollte Cajam heyrathen, da Caja solches erfuhret, so beredet sie Mevium betrüglicher Weise, sie wolle ihn zum Heyraths-Gut inseriren, und weiß ihn sonsten durch allerhandlistige Beredungen in seiner Liebe zu erhalten, er schliesset nachgehends mit ihr ein öffentliches Ehe-Gelöbniß, so sind solche Ehe-Gelöbnisse doch zu Recht beständig und gültig, aus Ursachen, weil dieser Betrug nicht Ursache gegeben, daß sich Mevius mit ihr versprochen, vielmehr er aus freyem Willen nullo vel dolo vel metu inductus sich die Cajam zur Braut auserlesen, und dieselbe nach seiner Intention geheyrathet haben würde, wenn auch gleich diese betrügliche Uiberredung nicht gekommen wäre. Anders verhält es sich, wenn Mevius, bey sich noch nicht den festen Entschluß, sie zu heyrathen, gemacht, sondern noch deliberiret hätte, deßwegen sich noch vor endlichen Entschluß um der Caja Aufführung und Vermögen erkundiget hätte. Denn in diesem Falle, wenn dergleichen dolose persuasiones darzu gekommen, wären selbige mehr pro dolo, qui causam dedit, als wohl pro incidente zu achten. Nicht minder, wenn auch gleich Mev. den Vorsatz zuvor gefasset, die Caj. zu heyrathen, nachdem aber Caja solchergestalt sich so betrüglich reich gemachet, hat er solches entweder sub ratione conditionis oder sub ratione modi acceptiret, mithin den consensum sponsalitium ad eum eventum restringiret, so tantum dotis nomine solutura sit. Denn weil in solchem Falle dasjenige, was zuvor pure intendiret wurde, in ein negotium conditionate degeneriret, so folget, daß wenn die Braut dasselbe nicht halten könne, alsdenn solches Ehe-Gelöbniß, wegen des begangenen doli, und da die Conditio nicht erfüllet werden kan, null und nichtig seyn müsse f). Ausser diesen Fällen aber bleibt es bey der Regel, daß der dolus incidens die Ehe-Gelöbnisse nicht unkräfftig und ungültig mache. Ist aber kein dolus incidens vorhanden, vielmehr ein solcher dolus, qui causam dedit Sponsalibus, so sind die Ehe-Gelöbnisse auch wegen des Betrugs null und nichtig, mithin unverbindlich, wenn auch gleich der betrogene Theil selbst einige Schuld, Nachläßigkeit und Versehen darbey begangen, Z. E. es hat sich der betrogene gebüh-

Theil nicht fleißig genug vorgesehen, und wie es ihm gebühret hätte, erkundiget. Ob auch alles wahr sey, was ihm der andere betrieglicher Weise vorgeredet hat g). Denn obschon in diesem Theile der Betrogene allerdings eine culpam begangen, mithin derselbe sich über eine Verletzung zu beklagen, nicht gegründete Ursache zu haben scheinet, iemehr sonst in denen Rechten bekannt, daß einer den Schaden, den er durch seine Schuld oder Versehen empfindet, sich selber, nicht aber einem andern zuschreiben, und beymessen muß, cap. 86 de R. J. in 6, auch Rechtens, quod is damnum sentire non videtur, quod ex sua culpa sentit, l. 203 ff. de R. J. so wird doch dieser Zweiffel durch folgende Worte Krausii Disp. cit. § 24 gehoben, wenn er also darauf antwortet: Verum cum decipientis calliditas longe deterior sit simplicitate decepti, propterea, quod hæc culpam tantummodo, illa autem dolum, omni modo coercendum involvit, negotium etiam, de quo hic agitur, adeo grave & arduum sit, ut totius vitæ futuræ vel felicitatem vel infelicitatem afferat, dubidantum non est, hoc etiam in casu ejusmodi sponsalia pro irritis atque invalidis declaranda esse, worinnen auch mit übereinstimmet Stryck. de Dissens. Sponsal. Sect. 2 § 12 und das daselbst angeführte Responsum der Juristen-Facultät zu Wittenberg. Nicht minder, wenn auch gleich der Bräutigam oder die Braut nicht selbst den Betrug begangen, sondern ein dritter Mann oder tertius hat den andern also fälschlich betrogen, und dadurch den andern zu Schliessung eines Ehe-Gelöbnisses mit einem andern verleitet, so ist doch das Ehe-Gelöbniß auch ob dolum tertii null und nichtig und unverbindlich, wenn auch gleich der Bräutigam, und vice versa, die Braut dem tertio solches nicht geheissen, noch etwas davon gewust. Denn obschon Stryck. l. c. Sect. 2 § 16 der widrigen Meynung, und daß ob dolum tertii das geschlossene Ehe-Gelöbniß nicht wieder getrennet werden möge, aus diesen Ursachen behaupten will, weil da der eine von denen Contrahenten von solchen begangenen Betruge nichts gewust, ihme nichts imputiret werden möge, mithin müsten die Ehe-Gelöbnisse zu Recht bestehen und gültig seyn, der betrogene Theil aber hätte weiter kein mehrers Recht, als daß ihm wider den Betrüger bloß die actio doli zustünde, arg. l. 2 ff. proxenet. so pflichte ich doch dem Sanchez de matrim. lib. 2 Disp. 64 n. 5 und dem gelehrten Hrn. D. und Prof. Krausio zu Wittenberg l. c § 27 bey, daß allerdings auch diese Ehe-Gelöbnisse null und nichtig, und unverbindlich wären, weil 1) der dolus ganz und gar den Consensum verhindert, zu denen Ehe-Gelöbnissen und der Ehe aber, als einem negotio arduo ein Consensus liberrimus erfordert wird, 2) in diesem Falle das Interesse auf keine Weise ermessen, oder durch die actionem doli dem betrogenem Theile einige Satisfaction geschehen kan, auch sonst 3) in dem Canonischen Rechte, besonders im c. 11 X. de desponsat. impub. die klare Verordnung getroffen, daß wenn die Eltern, (mithin ein tertius und nicht der Bräutigam) die Tochter zu Schliessung eines Ehe-Gelöbnisses mit Mevio gezwungen, obschon Mevius in bona fide gewesen, dennoch die Ehe-Gelöbnisse null und nichtig seyn sollen, welches ar-

Jurist. Oracul V Band.

gument ob identitatem rationis allerdings auch auf den Dolum zu appliciren ist. Und obschon 4) derjenige, welcher bona fide contrahiret hat, ausser aller Schuld, mithin mit Recht das eheliche Versprechen annehmen können, auch der andere stricto jure zu Erfüllung des Versprechens angehalten werden möge, so haben doch die Leges Civiles der Billigkeit halber, wider solche Ehe-Gelöbnisse und andere Contracte die restitutionem gegeben, wenn auch gleich einer nicht von denjenigen, von welchen er belanget wird, sondern von einem tertio zu Schliessung eines Contracts gezwungen worden h), aus Ursachen, quia libertas consensus deficeret in contrahente, folglich auch ex eadem æquitate gesagt werden, daß dergleichen Sponsalia ungültig und unkräfftig, so gar, daß weil das Jus Canonicum nicht einmal hierwider eine Restitution verlanget, es auch der Restitution nicht einmal bedarf i).

a) Stryck. de Dissens. Sponsal. Sect. 5 § 51 seqq.
b) L. 1 l. 3 ff. de dol. quippe iniquum est, ut quis capiat fructum suæ callivitatis; l. pen. C. de legat. aut ex dolo habeat patrocinium, c. ex liberis X. de dol. & contum.
c) Besold. p. 5 Consil. 238 n. 51 & Consil. 283 n. 82. Cothmann. Vol. 1 Consil. 1 n. 720 seqq. Wernher. Vol. 4 p. 3 obs. 66 p. m. 161. Nicol de Repud. n. 21. 91. & 189. Gerhard. Loc. de Conjugio § 116. * Lyncker. Cent. 2 Resol. 171.
d) L. 7 pr. & § 3 ff. de dol. mal. l. 13 § 4 & 5 de act. emt. l. 21 ff. solut. matrimon. Lauterb. Coll. Theor. ff. tit. de dolo malo § 8.
e) Bargal. Tr. de dolo l. 2 c. 10 de dolo incid. n. 2 p. 185.
f) Stryck. de Dissens. Sponsal. Sect. 2 § 17. Krausii Disp. de eo, quod justum est circa persuasiones intuitu sponsaliorum § 28.
g) Kemmerich. Access. ad Instit. Lib. 1 Sect. 3 tit. 11 § 38.
h) L. 14 § 3 ff. quod met. cauf.
i) Boehmer. Disp. de matrimonio coacto cap. 1 § 11.

§. 29.

Von was vor einem Fall dieses zu verstehen, daß der Betrug die Ehe-Verlobung ungültig mache.

Daß aber dergleichen Sponsalia und Ehe-Gelöbnisse, welche auf vorhergegangenen Betrug entweder eines Theils von denen Contrahenten, oder aber auch wohl gar eines tertii geschlossen sind, null und nichtig seyn, verstehet sich nur bloß von dem Falle, wenn der betrogene Theil, pœnitiren, und von solchen getroffenen Ehe-Gelöbnissen wieder abgehen will. Hieraus folget, daß allein dem betrogenen Theile, nicht aber dem betrügenden selbst das Recht zustehe, davon wieder abzugehen, und zu pœnitiren, mithin wenn der Betrüger gleich vorgeben wollte, er hätte den andern Theil betrogen, folglich weil dergleichen Sponsalia ipso jure null und nichtig wären, so sey er auch daran nicht gebunden, sondern vielmehr stünde ihm die Freyheit zu, davon wieder abzugehen, es will aber der betrogene Theil dem geschehenen Betruge ohngeachtet, doch darbey verbleiben, und verlanget die Vollziehung der Ehe, so ist der Betrüger schuldig, die Ehe zu vollziehen, und kan von dem Ehe-Gelöbniß nicht wieder abgehen, aus Ursachen, weil die Rechte dem Betrogenen, nicht aber dem Betrüger zu statten kommen, auch niemand durch seinen Betrug

trug sich einen Nutzen schaffen mag, die von dem Betrüger vorgeschützte exceptio doli auch de propria turpitudine handelt, mithin cum nemo ex sua fraude exceptionem sortiri possit, solche nicht attendiret werden mag, überhaupt auch in den Rechten versehen, daß wenn ein Contract ob dolum alterius null und nichtig seyn soll, dieses nur zu verstehen, volente scilicet decepto, non decipiente a), welches allerdings auch auf die Ehegelöbnisse billig zu appliciren ist b). Zu mehrer Bestärckung wollen wir noch die Worte des angezogenen Krausii Disp. cit. §. 25 anführen, wenn er also schreibet: Interim tamen facile concedimus nullitatem hanc, de qua huc dum egimus, esse tantummodo secundum quid, minime vero absolute talem, urgeri enim potest solum a decepto, non vero à decipiente. Atque adeo integrum hoc est decepto, ut si dolum urgere & ex capite nullitatis sponsalia voluerit impugnare, liceat, sin dolo ac fraude non obstante ad matrimonii consummationem agere velit, pariter non impediatur. Tantum vero abest, ut decipienti hoc idem concedendum esse arbitremur, ut videlicet fraude ac malitia ante usus exceptione gaudere possit, ut potius si ab altera parte ad consummationem matrimonii agatur, eum exceptione hac non audita, cogendum putemus: cum tali ratione propriam turpitudinem allegare videatur, quod jura non permittunt.

a) Brunnem. ad l. 7 ff. de dol. n. 3. Bargal. de dol. lib. 2 divil. 6 n. 52.

b) Ziegler. ad Lancell. lib. 2 tit. 6 §. 10. Bœhmer. J. E. P. lib. 4 tit. 1 §. 142. Stryk. de Dissenl. sponsal. sect. 2 §. 14 & 15. Kemmerich. Access. ad Instit. lib. 1 sect. 3 tit. 11 §. 38.

§. 30.

Ob Verlöbnisse, im Schertz versprochen, gültig seyn?

Aus demjenigen, was wir §. 29 angeführet haben, erhellet auch gantz ungezweiffelt, daß, soll andergestalt ein wahrhaftiger Consensus sponsalitius vorhanden seyn, oder sollen die Contrahenten auch wahrhaftig in ein Ehegelöbniß mit einander gewilliget haben, keines von beyden Parteyen darbey sich verstellet, oder aber sich mit dem andern nur im Schertze versprochen haben müsse. Denn wenn ich iemanden etwas nur in der Verstellung, oder im Schertz verspreche, ich habe aber nicht den geringsten Willen bey mir, ihm dasselbe, was ich ihm also verstellet oder im Schertze verspreche, zu geben, so ermangelt ja der consensus verus augenscheinlich, folglich ist dasselbe negotium wegen ermangelnden consensus unverbündlich a), folglich wenn ein galanter, junger, frischer Mensch einer alten oder ungestalten Weibs-Person ohne Vorsatz sich zu obligiren, die Ehe verspricht, und denen Zeugen, oder denenjenigen, welche dabey zugegen gewesen, eröffnet, es sey nur seine Verstellung, und habe er nicht die Intention sie zu heyrathen, so ist ob defectum consensus veri solches entweder im Schertz oder Verstellung geschlossene Ehegelöbniß ungültig und unverbündlich b); obschon dasselbe wegen solcher ungebührlichen Verstellung oder Schertzes, auch daraus entstehenden Aergernisses halber nicht unbillig, nach Beschaffenheit der Person und derer Umstände mit Gefängniß oder Geld-Straffe zu belegen, auch dem beleidigten Theile vornemlich, wenn selbiger Un-

kosten aufgewendet, ad interesse, und zu Erstattung derer Unkosten und verursachten Schaden verbunden c). Ob nun zwar wohl die im Schertz oder Verstellung geschehene Ehegelöbnisse unverbindlich sind, wenn aber die Manns-Person solche seine sponsam putativam, die in denen Gedancken gestanden, er habe ihr wircklich und im Ernst die Ehe versprochen, geschwängert hat, alsdenn, weil ihr doch durch solche Schwängerung ein damnum irreparabile zugewachsen, er ihr auch solchen erlittenen Schaden zu erstatten und zu vergelten nicht vermögend ist, nicht minder die Weibs-Person vermuthlich unter keiner andern Persuasion, als weil er ihr die Ehe versprochen, den Beyschlaf verstattet, so mag er mit seinem Vorwande, er habe ihr niemals im Ernst die Ehe zugesagt, sondern es sey nur sein Schertz gewesen, oder er habe sich nur so verstellet, nicht gehöret werden, sondern weil er durch den Beyschlaf oder Schwängerung den Schertz und die Verstellung schwinden lassen, mithin nummehro einen Ernst daraus gemacht, und durch den Beyschlaf, daß er nunmehro sie ernstlich meyne, ipso jure gezeiget hat, so gelten dergleichen Ehegelöbnisse, und ist er schuldig, und verbunden seine Braut zu heyrathen d). Eben dieses ist auch zu sagen, wenn derjenige, welcher dem andern die Ehe versprochen, solches aber nur entweder aus Verstellung, oder im Schertze gethan hat, solch sein Versprechen eidlich bestärcket und beschworen hat, theils weil daselbst die Regel stat findet: Quacunque arte verborum quis juret, Deum, qui conscientiæ testis est ita, hoc accipere, sicut ille, cui juratur, accipit c. quacunqu. XXII qu. 5. Theils auch nicht zu verstatten, daß GOtt der Allerhöchste zum Zeugen einer Sache, die nach der Intention des Schwörenden niemals existiren solle, angeruffen, und also dadurch schändlich verspottet werden möchte e). Bey dieser Materie finden wir noch dieses zu erinnern, daß Ill. Leyser. in Medit. ad ff. Specim. 290 pos. 5 ausdrücklich statuiret, wie nemlich auch diejenigen Ehegelöbnisse zu Recht beständig und gültig wären, wenn auch schon der eine Theil vorgäbe, er hätte es nur aus Verstellung gethan, aus Ursachen, weil die exceptio simulationis anderer Gestalt nicht, als wenn beyde Theile sich dißfalls vereiniget, stat fände, dahingegen die nur von einer Seite vorgegebene Simulation auf einen Betrug hinaus lieffe, und tanquam allegatio propriæ im geringsten nicht attendiret werden möchte, mithin das also geschlossene Ehegelöbniß nicht minder zu Rechte beständig und gültig. Welcher Meynung wir denn, weil sie in der Billigkeit gegründet, zwar beypflichten, obschon dasjenige, was wir sonst in diesem § angeführet haben, die communis Dd. opinio ist.

a) Cocceji Disp. de Simulatione th. 16.

b) l. 3 §. 1 & 2 ff. de O. & A. cap. 3 X. de voto. Sanchez. de matrimon. tom. 1 l. 1 D. 9 n. 5. Laymann. Theol. Moral. lib. 8 tr. 10 p. 1 cap. 2 n. 10.

c) Sanchez. d. §. 9 n. 2. Zœsus ad decret. lib. 4 tit. 1 n. 19. Nævius Disp. de patria potestate & ejus principali causa legitimo matrimonio §. 15.

c) Zœsus l. c. n. 20. Nævius Disp. alleg. §. 15.

d) Diana Resol. Moral. tom. 11 tr. Resol. 8. Stryck. de J. Sens. Disp. 10 cap. 3 n. 10. Nævius Disp. cit. §. 15.

§. 31.

§. 31.

Die Einwilligung der Verlobten muß ohne Zwang freywillig geschehen.

So muß auch gezeigter maſſen, ſollen andererge-
ſtalt die Ehegelöbniſſe kräftig und verbindlich ſeyn,
die Einwilligung in ſolche Ehegelöbniſſe gantz frey und
ungezwungen oder uneinſchränckt ſeyn, oder der
conſenſus ſponſalitius und matrimonialis muß ſowohl nach dem Rechte der Natur und Völcker-
Rechte, als auch nach Römiſchen und Canoniſchen
Rechten liberrimus ſeyn. Hieraus flieſſet, daß weder zur Ehe noch Ehegelöbniſſen iemand wider ſeinen
Willen genöthiget oder gezwungen werden möge,
theils weil die Freyheit ſich zu verehelichen ein Stück
der natürlichen Freyheit iſt, worinne niemand leichte
zu turbiren iſt, theils auch, weil dieſer conſenſus
ex intimo amoris affectu, cogi ſane neſcio herrühren muß. Und obſchon die libertas matrimoniorum in denen weltlichen Geſetzen verſchiedentlich
aus rechtmäßigen Urſachen eingeſchräncket werden
mag, dergeſtalt, daß ein Landes-Fürſte gar wohl
anbefehlen kan, es ſollten gewiſſe Perſonen einander
nicht heyrathen, oder auch, es ſollten gewiſſe Perſonen nicht anders als mit Conſens und Einwilligung
ihrer vorgeſetzten Perſonen ſich verehelichen, ſo kan
doch weder ein Fürſte und Obrigkeit ihre Unterthanen, noch die Eltern ihre Kinder, durch Gewalt und
eingejagte Furcht zwingen, daß ſie, wenn ſie gar
nicht heyrathen wollen, wider ihre natürliche Zuneigung und Willen ſich de facto verheyrathen, oder
aber wider ihre Neigung und Willen an eine gewiſſe
Perſon, zu der ſie keine Liebe tragen, vielmehr vor
ihr einen Abſcheu haben, dennoch verehelichen ſollten. Und zwar flieſſet dieſes aus der Natur und
dem Weſen der Sache. Es erfodert ein iedes Ehe-
Gelöbniß und Ehe eine Verknüpffung und Verbindung der Gemüther gegen einander. Dieſes kan
ſich nun niemals äuſſern, wo nicht die Gemüther
gleichſtimmig mit einander ſind, auch iedes einen innerlichen Zug, Trieb und Verlangen nach dem andern empfindet. Dieſe innerliche Zuneigung kan
nun durch keine Zwangs-Mittel erhalten und erwecket werden, ſondern ſie verlanget einen freyen und
ungezwungenen Lauf, daher denn die Argenis beym
Barclajo lib. 3 Argenid. c. 5 mit folgenden recht
emphatiſchen Worten redet: Scis conjugia plus
animorum quam corporum fœdere eſſe ſuavia:
Liberæ hominum mentes ſunt, nec ullis legibus
cogi poſſunt velle quod nolint, und Quintilianus Declam. 376 beſtärcket dieſes um ſo vielmehr
mit folgenden Worten: Sed quid objicis? Uxorem inquit non ducis; quam volo. Quid tum?
neſcis, noſtri arbitrii eſſe matrimonium? Affe-
ctus noſtri vobis non ſerviunt. Non potes
efficere imperio, ut vel amem quem velis, vel
oderim: matrimonium omne tum perpetuum
eſt, ſi mutua voluntate jungitur. Cum ergo
mihi quæratur uxor ſocia thori, vitæ conſors,
in omne ſeculum mihi eligenda eſt, alioquin
quid proficis invitum cogendo? repudiabo.
Weil nun alſo keine Zwangs-Mittel kräftig ſind, die
Gemüther zweyer Perſonen, die ſonſt vor einander
einen Abſcheu haben, mit einänder zu vereinigen, zu
verbinden, und in Liebe gegen einander zu erhitzen,
ſo folget, daß auch einem ieden Menſchen die natürliche Freyheit ſich nach eigenem Gefallen frey und

ungezwungen an iemanden zu vermählen, zu deſſen
Perſon er innerliche Neigung und Liebe trägt, gelaſſen werden müſſe, folglich muß bey der Ehe aller
Zwang und Furcht gäntzlich exuliren und wegbleiben, widrigenfalls, wenn dergleichen Ehe oder Ehegelöbniß aus Zwang und Furcht geſchloſſen worden
iſt, ſowohl die Ehe, als auch Ehegelöbniſſe, ſowohl
nach Römiſchen als Canoniſchen Rechten ipſo jure
null und nichtig a), daß wider ſolche aus Zwang
und Furcht geſchloſſene Ehegelöbniſſe der gezwungene
Theil ſich erſt in integrum reſtituiren laſſen dörffe,
als wohl Sanchez. de Sacramento matrimonii,
l. 4 Diſp. 10. davor hält, daß allein die aus Zwang
oder Furcht völlzogene Ehe nur null und nichtig wäre, die Ehegelöbniſſe ſelbſt aber, wenn ſie gleich aus
Zwang oder Furcht geſchloſſen worden, wären doch
nicht ipſo jure null und nichtig, ſondern ſtricto jure
gültig, dergeſtalt, daß dem gezwungenen Theile hiewider nicht allererſt mit der reſtitutione in integrum zu ſtatten gekommen werden müſſe: Denn in
dem Jure Canonico, und hauptſächlich nach Maßgebung des c. 11 X. de deſponſat. impub. iſt die
Sache gantz klar entſchieden, daß dergleichen Ehegelöbniſſe ipſo jure null und nichtig wären, und keinesweges allererſt durch die reſtitutionem in integrum getrennet werden müſten, wie ſolches Gonzalez Tellez b) ſowohl auch Bœhmer c) weitläuftig behaupten. Der Effect von der Frage, ob
die Ehegelöbniſſe ipſo jure null und nichtig, oder
aber, ob ſie ipſo jure gültig wären, und erſt durch
die Reſtitutionem in integrum getrennet werden
müſten, beſtehet darinnen: Sind die Ehegelöbniſſe
ipſo jure null und nichtig, ſo entſtehet daraus kein
impedimentum honeſtatis publicæ, das iſt, es
entſtehet zwiſchen dem gezwungenen Theile und des
andern, mit dem der gezwungene Theil ſich verſprechen müſſen, keine Anverwandten keine affinitas imperfecta, folglich kan der gezwungene Theil ohne
vorhergegangene Diſpenſation den Bruder des ihm
aufgedrungenen Bräutigams gültiger Weiſe heyrathen. Sind die Ehegelöbniſſe aber ipſo jure gültig
und in Recht beſtändig, wenn ſie gleich nachgehends
ex æquitate mittelſt der reſtitutionis in integrum
getrennet werden, ſo entſtehet daraus eine wahrhafte
affinitas imperfecta, mithin kan die gezwungene
Braut den Bruder des ihm aufgedrungenen Bräutigams oder andere Anverwandten deſſelben ohne
vorhergegangene Diſpenſation nicht heyrathen. Der
andere Effect beruhet auch darinnen, daß wenn die
Sponſalia metu contracta null und nichtig ſind, ſo
ſtehet dem gezwungenen Theile die querela nullitatis
gantzer 31 Jahre zu, dahingegen wenn die Ehegelöbniſſe ſtricto jure gültig und es der reſtitutionis
in integrum bedarff, die querela nullitatis binnen 4 Jahren bey Verluſt derſelben angeſtellet werden muß.

a) l. 14 C. de nupt. l. 11 ff. de ſponſal. l. 2 ff. de R. N.
Struv. S. J. C. ad tit. quod met. cauſ. §. 11. Kitzel. in
Synopſ. matrim. c. 4 th. 16 lit. C.

b) ad c. 8 X. de deſponſat. impub.

c) in J. C. lib 4 tit. 1 §. 114 und Diſp. de matrimonio
coacto cap. 1 §. 10. Carpz. Juriſpr. Conſiſt. l. 2 def. 17
& l. 3 def. 55 n. 7. Cypræus de ſponſal. c. 13 §. 29. Gail.
2 obſ. 93 n. 1. Caninus ad c. 14 X. de ſponſal. num. 1.
Covarruv. de matrim. c. 3 §. 5 n. 7. Beuſt. de matrim.
p. 2 c. 44. Lauterbach. Coll. ff. tit. de ſponſal. §. 23.

§. 32.

Der Zwang bey Eheverlobungen bringet keine Ehe denen Rechten nach zur Gültigkeit.

Solchergestalt ist sowohl die Ehe als die Ehegelöbnisse, wenn einer darzu wider seinen Willen gezwungen worden, wegen der ermangelnden freyen Einwilligung sowohl nach Römischen, als Päbstischen Rechten, ipso jure null und nichtig. Man machet auch keinen Unterscheid, ob einer von denen Contrahenten, z. E. der Bräutigam die Braut, oder die Braut den Bräutigam darzu gezwungen hat, oder aber, ob ein Tertius oder Drittemann, z. E. die Eltern, oder ein Anverwandter, oder gantz Fremder den einen Theil zu Schliessung eines solchen Ehegelöbnisses gezwungen, der Bräutigam aber oder die Braut hat davon Wissenschaft gehabt. Denn in allen diesen Fällen sind solche aus Zwang und Furcht geschlossene Ehegelöbnisse ipso jure null und nichtig, aus Ursachen, weil im ersten Falle er selbst vor seine Person die Braut gezwungen hat, sich mit ihm ehelich zu versprechen, im andern Falle aber, da ein Tertius oder Drittemann die Braut gezwungen, und er darum Wissenschaft gehabt, er doch in dolo manifesto ist, quod sponsalia cum invita & reluctante inire satagat a). Ob aber in diesem Falle, wenn die Braut (vice versa der Bräutigam) zwar von einem Tertio gezwungen worden, sich mit dem Bräutigam ehelich zu versprechen, es hat der Bräutigam aber weder selbst beym Zwange cooperiret, noch etwas davon gewust, vielweniger daß er das Frauenzimmer darzu zwingen solle, begehret, auch das Ehegelöbniß ipso jure null und nichtig sey? ist eine andere Frage. Nun scheinet zwar vor die Gültigkeit sothanes Ehegelöbnißes zu streiten, daß gleichwohl der Bräutigam in bona fide, mithin extra culpam, folglich er das Eheversprechen gar wohl und mit Recht annehmen können, die Braut auch an ihr Versprechen nicht unbillig stricte jure verbunden worden. Weil aber die leges Civiles ex aequitate, auch alsdenn die restitutionem in integrum gaben, quoties quis non ab eo qui convenitur, sed ab alio vim passus est b), aus Ursachen, weil gleichwohl in demselben Falle die freye Einwilligung bey dem Contrahenten ermangelt, in Canonischen Rechten aber alle diejenigen Ehegelöbnisse, welche nicht freywillig, sondern Zwangs-weise gethan und geschlossen worden, wegen der ermangelnden freyen Einwilligung vor ipso jure null und nichtig gehalten werden, ohne daß erst hierwider die restitutio in integrum vonnöthen sey, auch in dem c. 11 X. de desponsat. impub. der Casus, daß auch die Ehegelöbnisse, wenn gleich nur der tertius ohne Wissen und Willen des Bräutigams die Braut ur Einwilligung gezwungen, null und nicht seyn sollten, in terminis entschieden, wie solches Sanchez. l. c. n. 3 und Bœhmer J. C. l. 4 tit. 1 §. 115 weitläuftig bemercken, so folget, daß auch dergleichen Ehegelöbnisse ipso jure null und nichtig seyn müssen.

a) l. 5 C. quod vi met. cauf. Brückner. Decif. Matrim. c. 21 n. 9. Bœhmer. J. C. lib. 4 tit. 1 §. 115. & Disp. de matrimonio coacto §. 11.

b) l. 14 §. 3 ff. quod met. cauf.

§. 33.

Die Kinder können wider ihren Willen zur ehelichen Verlobung von Eltern nicht gezwungen werden.

Aus diesem Principio, daß alle Ehegelöbnisse, welche nicht freywillig, sondern aus Zwang und Furcht geschlossen, wenn gleich solcher Zwang und Furcht nicht etwan von dem Bräutigam oder der Braut, vielmehr von einem Tertio ohne Vorbewust und Willen des Bräutigams oder der Braut herrühret, null und nichtig sind, fliesset weiter dieses, daß die Eltern unter dem Vorwande der väterlichen Gewalt ihre Kinder wider ihren Willen und Zuneigung nicht mögen zwingen, sich mit einer gewissen Person, die sie ihnen vorgeschlagen, zu verheyrathen. Zwar war vor Zeiten die väterliche Gewalt überaus starck und rigorös, dergestalt, daß denen unter väterlicher Gewalt noch stehenden Kindern nach Maßgebung des l. 4 ff. de R. J. der freye Wille verweigert wurde, wenn es daselbst hieß: Velle non creditur, qui obsequitur imperio patris vel domini, woraus sich denn von sich selbst ergiebt, daß vor Zeiten bey denen Römern von allen und ieden negotiis, die Einwilligung derer Kinder nicht primario erfordert worden. Dem ohngeachtet bey denen Ehegelöbnissen wurde die Einwilligung derer Kinder auch bey denen Römern nicht ausgeschlossen. Denn obschon bey denen Römern ein Vater sowohl seinen Sohn als Tochter verloben konnte a), so war doch denen Eltern die absoluta coactio nicht freygelassen. Wiewohl auch zwischen denen Töchtern und denen Söhnen ein gewaltiger Unterscheid war. Denn wenn der Vater seinen Sohn verloben wollte, so wurde hauptsächlich dieses erfordert, daß er ausdrücklich und nahmentlich darein willigte b), widrigenfalls, wenn er nicht darein willigte oder dissentirete, konnte das Ehegelöbniß nicht vor sich gehen, sondern war ungültig, l. 13 ff. de sponsal. hingegen die Töchter waren weit schlimmer dran, als die Söhne: Denn diese konnte der Vater nach seinem eigenen Gefallen verloben c), und war es schon genug, obgleich dieselbe nicht expreße darein willigten, wenn sie nur nicht widersprachen, als wodurch sie tacite einwilligten d); dahingegen gezeigter maßen vonnöthen war, daß der Sohn nahmentlich und ausdrücklich, nicht aber tacendo darein willigte. Ja wie die Söhne indistincte widersprechen mochten, also konnten die Töchter der von ihrem Vater intendirten Verlobung nicht ob quamvis causam, sondern allein in diesem Falle, si indignum moribus vel turpem sponsum pater iis elegisset, widersprechen, wie Ulpianus e) ausdrücklich bezeuget. Außer diesem Falle aber, wenn nemlich keine von diesen angeführten zwey Fällen vorhanden, mochte die Tochter nicht dissentiren, vielmehr konnte der Vater ihres dissensus ungeachtet, die Tochter zu Vollziehung der Ehe mit demjenigen, den er ihr zum Bräutigam auserlesen hatte, zwingen f). Hingegen nach denen Canonischen Rechten wurde dieser Rigor Juris Civilis gäntzlich abgeschaffet, dergestalt, daß nach Maßgebung des c. 6, 13, 14 und 21 X. de Sponsalibus, c. 7 in fin. X. de desponsat. impub. weder die Söhne noch Töchter, wenn sie von denen Eltern gezwungen worden, mit einer Person ein Ehegelöbniß zu schliessen, aus solchem Ehegelöbniß nicht verbunden worden, vielmehr selbige erzwungene Ehegelöbnisse ipso jure null und nichtig waren. So

machet

machet man auch nach den Canonischen Rechte keinen Unterscheid, ob die Töchter rechtmäßige Ursache zu dissentiren hätten, oder nicht? angesehen es genug war, daß die Töchter nicht hierein willigen wolten, wie solches Ill. Böhmer J. C. l. c. § 117 weitläufftiger aus denen Antiqvitäten und denen Conciliis beweiset, zugleich auch § 118, daß bey denen alten Teutschen die Eltern ihre Kinder beyderley Geschlechts zu einer Ehe oder Ehegelöbnisse zu zwingen nicht befugt gewesen, vielmehr hauptsächlich derer Kinder Einwilligung erfordert worden, und wenn sie wider ihren Willen zu einem Ehegelöbnisse gezwungen worden, solches auch bey denen alten Teutschen null und nichtig gewesen, beweiset. add. Gundling. de efficientia metus in promissionibus cap. § Hertius de matrim. putat. c. 10. Und dieser Disposition des Canonischen Rechtes, wie dieselbe ohnedis in der natürlichen Billigkeit gegründet, gehen wir heut zu Tage in Praxi noch beständig nach, dergestalt, daß Eltern ihre Kinder, ohne Unterscheid, sie seyn männliches oder weibliches Geschlechts, zu einer Ehe nicht zwingen können, vielmehr solches Ehegelöbniß sowohl, als die vollzogene Ehe, ipso jure null und nichtig ist, vielmehr, wenn die Eltern unbührlichen und harten Zwang an ihren Kindern verübet, sind dieselben billig nach Beschaffenheit derer Umstände mit Geld oder Gefängniß-Straffe zu belegen, welches Ill. Böhmer J. C. l. c. § 119 und 120 mit zweyen Præjudiciis bestärcket g).

a) l. 38 ff. solut. matrim. l. 13 ff. de sponsal.
b) l. 11 ff. de sponsal. l. 38 ff. solut. matrim.
c) L 19 ff. de R. N.
d) l. 12 pr. ff. de sponsal.
e) in l. 17 § 1 ff. de sponsal.
f) Romanus Tesser Diss. de deteriore fœminarum conditione in matrimonio contrahendo thes. 2 § 13. Thomasius Diss. de Usu practica tit. Instit. de nupt. § 12 not. K. K K. p. 45 seqq.
g) add. B. Berger Consil. 133 p. 126.

§. 34.

Die ehelichen mit Zwang beschehenen Verlobungen werden durch keine geleistete Eide gültig.

Weiter folget aus obigem Principio, daß wie dergleichen Ehegelöbnisse oder Ehe, worzu einer gezwungen worden, ipso jure null und nichtig sind, also erlangen dieselbigen auch keine mehrere Krafft und Würckung, wenn sie gleich beschworen werden, sondern des geleisteten Eides ungeachtet, sind dieselbigen doch ipso jure null und nichtig, aus Ursachen, weil ein iedes Juramentum metu extortum seiner Natur nach keine Krafft zu verbinden hat, auch das Jurament eine an und vor sich selbst ungültige Handlung nicht gültig machen kan, cum sequatur naturam actus, cui accedit a). Es wäre denn solcher Eid nicht zu der Zeit, da solches Ehegelöbnis ist geschlossen, und der eine Theil darzu gezwungen worden, sondern erst eine Zeitlang darnach von dem vorhin gezwungenen Theile freywillig und ohne Zwang abgeleget worden. Denn in solchem Falle wird der metus und coactio durch den nach der Zeit freywillig und ohne Zwang abgelegten Eid purgiret, mithin das zuvor noch ungültige Ehegelöbniß dadurch gültig und kräfftig gemacht. Jedoch muß in diesem Falle derjenige, welcher sich auf solchen Eid

fundiret, auch beweisen, daß der schwörende Theil solchen Eid wahrhafftig, freywillig, und ohne Zwang abgeleget habe, widrigenfalls, wenn er solches nicht beweisen mag, so wird, weil einmal die præsumtio wider ihn und vor den gezwungenen Theil vorwaltet, davor gehalten, daß der schwörende zu Ablegung dieses Eides sowol, als zu Schliessung derer Ehegelöbnisse gezwungen worden, mithin sind dieselben Ehegelöbnisse, ob sie schon nach der Zeit beschworen worden, weil der metus und coactio tempore juramenti noch nicht cessiret hat, vor ungültig, null und nichtig zu achten. Ja es sind dergleichen erzwungene Ehegelöbnisse, ob sie gleich beschworen worden, dergestalt ungültig, null und nichtig, daß auch der schwörende nicht einmal um Relaxation des Eides anhalten darf, aus Ursache, quia hoc quod nullum est, nulla indiget rescissione aut relaxatione, wie solches Böhmer b) mit mehrern bestärcket.

a) c. 2 X. de eo qui duxit in matrim. Sanchez de matrim lib. 4 Disp. 20 n. 14. Covarruv. de matrim. cap. 3 § 5 n. 1 seqq. Beust. de matrim. c. 44.
b) J. C. lib. 4 tit. 1 § 122.

§. 35.

Die Kinder können auch überhaupt zu keinem ehelichen Leben von Eltern gezwungen werden.

Weiter fliesset auch dieses daraus, daß wie die Eltern nicht mögen ihre Kinder zwingen, sich an eine ihnen vorgeschlagene Person wider ihren Willen zu verloben oder zu verheyrathen, also mögen selbige auch nicht ihre Kinder männliches oder weibliches Geschlechtes, wenn dieselben lieber in ehelosen Stande bleiben wollen, zwingen, sich zu verehelichen, wenn sie ihnen gleich keine gewisse Person vorschlagen, und sie darzu nöthigen, vielmehr ihnen die Freyheit, eine gewisse Person zu erwehlen, welche sie wollen, lassen, wie solches der l. 21 ff. de R. N. sowohl auch der l. 12 C. de nupt. besagen, aus Ursachen, quia in contrahentibus libera voluntas requiritur, l. 14 C. eod. So mögen sich auch die Eltern, welche ihre Kinder, die lieber ehelos bleiben wollen, zur Ehe zwingen, nicht damit behelffen, quod jure perfecto intersit ipsius habere nepotes natorum, familiam conservari & in posteros propagari, feudum vel fideicommissum non extingui, aus Ursachen, weil alle diese Einwilligungen denen Eltern kein jus perfectum geben, auch dasjenige, was bloß durch Uiberredung und Bewegungs-Gründe auszuwircken, darzu niemanden die libertas matrimonii zu entziehen ist a). Hierbey aber entstehet nun die Frage, wenn der Vater seinen Sohn oder Tochter, die ehelos zu bleiben, sich entschlossen haben, mit Gewalt gezwungen, sich zu verehelichen, ob zwar der Vater ihn nicht gezwungen, eine gewisse Person zu heyrathen, vielmehr ihm frey gelassen, eine Person sich zu erwehlen, welche er gewolt, und ihn nur schlechterdings oder in genere gezwungen, ad matrimonium ineundum, ob alsdenn das Ehegelöbniß oder die Ehe null und nichtig, oder aber zu Recht beständig und gültig sey? Welche Frage wir denn mit Böhmero l. c. § 124 sowohl auch Brouwero de Jure connub. c. 17 p. 19 dergestalt beantworten, daß nach Maßgebung des l. 22 ff. de R. N. sothane Ehegelöbnisse oder Ehe zu Recht beständig und gültig, keinesweges aber ipso jure null und nichtig sey.

a) Klock

a) Klock. tom. 4 Cons. 37 n. n. Alexander Sperellus in Decis. for. Eccles. 172 n. 42. Böhmer J. C. lib. 4 tit. 1 § 123.

§. 36.

Der Unterthanen Kinder können zum ehelichen Leben von der Obrigkeit nicht gezwungen werden.

Aus dem § 31 angeführten Principio folget weiter dieses, daß auch der Obrigkeit nicht frey stehe, ihre Unterthanen zu zwingen, sich zu verehelichen: deficit enim lex, schreibt Böhmer J. C. P. lib. 4 tit. 1, quae magistratui hoc jus cogendi concedit, mithin wenn gleich bey denen Protestanten die in denen Canonischen Rechten verbotene Priester-Ehe allerdings vergönnet und erlaubet, mithin ein Priester sich zu verehelichen guten Fug und Recht hat, so mögen doch die Priester, weil die protestirenden Kirchen-Ordnungen denen Geistlichen zwar die Freyheit zugestanden, sich zu verehelichen, sie aber nicht gezwungen haben, sich wider ihren Willen nothwendig zu verheyrathen, nicht gezwungen werden, wenn sie ehelos bleiben wollen, sich wider ihren Willen zu verheyrathen, wie Carpzov. a) gar wohl bemercket hat, add. Ord. Eccles. Brandenb. d. a. 1542 tit. vom H. Ehestande verb. daß die Freyheit iedermann offen stehe, und zugelassen, iedoch welche sich des Coelibats halten können, darzu nicht gedrungen werden sollen ꝛc. Hieraus folget, daß ein Landes-Fürst und Obrigkeit den ehelosen Stand nicht verbieten, noch die Unterthanen durch Zwangs-Mittel und Straffen anhalten könne, sich wider ihren Willen zu verehelichen. Denn obschon sonst bey denen Römern auf den ehelosen Stand verschiedene Straffen, besonders, daß solche Personen das ihnen im Testamente verlassene Legatum oder Vermächtniß, wenn sie nicht binnen 100 Tagen sich verheyratheten, verlustig seyn solten, gesetzet, wie der Lex Papia Poppæa bezeuget, um dadurch die Leute zur Verehelichung und Fortpflanzung des menschlichen Geschlechtes anzuhalten b); so ist doch dieses eine solche coactio oder Zwang gewesen, quæ absolutam vim non inferebat, sed adhuc libertatem matrimonium ineundi vel repudiandi subditis relinquebat, gestalt denn auch obangezogener Lex Papia Poppæa von dem Kayser Constantino in dem l. 1 C. de infirm. pœn. aufgehoben worden, worvon Sozomenus l. c. folgende Ursache anführet: Cum igitur animadverteret Imperator eos, qui virginitatem & orbitatem propter amorem Dei consectarentur, ob id pejore loco esse, stultum esse existimavit credere, humanum genus humana posse cura ac diligentia amplificari, cum natura juxta Dei dispensationem, semper detrimentum accipiat & incrementum. Itaque legem dedit ad populum, ut cœlibes & orbi pari jure, quo reliqui omnes fruerentur.

a) JPrud. Consist. lib. 2 Def. 5.

b) Tacitus lib. 3 Annal. Jacob Gothofred. in not. ad L. Jul. & Pap. de maritand. ordin. ⦿ 336 seqq. Lipsius in notis ad Tacitum l. c. Sozomenus lib. 1 Hist. Eccles. cap. 9.

§. 37.

Was wegen der Verheyrathung ohne Zwang bey den Römern gebräuchlich gewesen.

So war auch bey denen Römern die ungezwungene Freyheit, sich nach eigenem Willen ohne allen Zwang zu verheyrathen; dergestalt beliebt, daß auch denen Præsidibus Provinciarum, nach unserer Mund-Art zu reden, denen Land-Vögten, Stathaltern, Vice-Roys untersaget war, Zeit ihrer Regierung sich mit einer Person, die ihrer Obrigkeitlichen Gewalt unterworffen war, zu verheyrathen, zu dem Ende, damit sie sich nicht ihrer Gewalt mißbrauchen, und Personen wider ihren Willen zwingen möchten, sich an sie oder deren Kinder und Anverwandten zu verheyrathen, worvon in gegenwärtigen Tit. 2 Art. 1 § 71 weitläufftiger Ausführung geschehen, worauf ich mich denen berufen haben will. Nicht minder nach besagten Römischen Rechten, war auch die Verordnung getroffen, um damit die Ehen ja ganz frey und ungezwungen geschlossen werden möchten, daß niemand mittelst Landes-Fürstlichen Rescripts sich ausbitten solte, eine Person wider ihren Willen zu heyrathen, aus Ursachen, weil durch dergleichen sub- & obreptitie erschlichene Rescripte die Freyheit, nach eigenem Gefallen zu heyrathen, eingeschräncket werden würde, vielmehr wenn iemand ein solches Rescript gesuchet und erlanget, mittelst dessen eine Person den andern zu heyrathen schuldig seyn solte, so war nicht allein dasselbe Rescript ohne alle Wirckung, und die andere Person, des Rescripts ungeachtet, den Impetranten zu heyrathen nicht schuldig, sondern es wurde der Impetrante in solchem Falle mit der Confiscation seines Vermögens, sowohl auch der Deportatione, oder nach unserer heutigen Verfassung mit der Landes-Verweisung bestraffet, die aus solcher Ehe erzeugten Kinder aber waren nicht rechtmäßig gebohrne Kinder, sondern liberi illegitimi a), worvon in dem Codice Theodosiano folgende Ursache angeführet wird: Nos enim peti de nobis nuptias supplicatione prohibemus, quas deceat de voluntate parentum vel ipsis adultis puellis aut mulieribus impetrari. Und dieses muß auch heut zu Tage bey uns stat finden, iemehr dadurch die ungezwungene Freyheit, sich nach Gefallen zu verehelichen, unterstützet wird. So viel ist hierbey zu erinnern, daß durch solche Disposition denen Kindern nicht verwehret werde, wenn sie sich mit andern zu verehelichen willens, die Eltern aber ohne erhebliche Ursachen darinnen dissentiren, bey dem Landes-Fürsten zu suchen, daß er den consensum parentum supplire, und ihnen ohngeachtet ihre Eltern ohne Raison sich wider solche Ehe setzen, sich mit einander zu verehelichen die Freyheit ertheilen solle b).

a) l. 1 C. si nupt. ex rescript. pet. ibique Brunnem.

b) Carpz. JPrud. Consist. lib. 2 def. 57.

§. 38.

Ob nach Römischen Rechten durch Einräge die Personen zum ehelichen Leben anzuhalten gewesen?

Nicht minder war bey denen Römern die Freyheit bey Vollziehung einer Ehe dergestalt favorable, daß nach Römischen Rechten auch nicht einmal eine pœna conventionalis auf den Fall, daferne ein Theil davon abgehen wollte, denen Ehegelöbnissen gültig, und mit Effect beygefüget werden konnte, vielmehr wurde solche stipulatio als contra bonos mores lauffende angesehen, wie der JCtus in dem L. 134 ff. de V. O. also redet: Inhonestum visum est, vinculo pœnæ matrimonia obstringi sive futura sive jam contracta. Und deswegen stünde dem andern

Theile

Theile aus solcher stipulatione pœnali keine actio zu, weil es denen Römern billig schiene, durch Straffen, die Freyheit, sich nach eigenem Gefallen zu verehelichen, iemanden abzuschneiden a). Haupt-sächlich gründete sich dieser Satz wohl darauf, daß nach Römischen Rechten die Repudia und Divortia frey gelassen, dergestalt, daß auch um schlechter und geringer Ursachen willen iemand seine Braut verstoffen, oder sich von seiner Ehefrauen scheiden lassen konte. Nach der Zeit aber, da diese über-mäßige Freyheit derer Verstoffungen und Ehescheidung sehr eingeschräncket wurde, mithin der Grund, woraus man die pœnam conventionalem vor unanständig und unerbar ermessen, wegfiel, so wiche man selbst bey denen Römern davon wieder ab, der-gestalt, daß Kayser Leo in Nov. 18 dergleichen pœnam sponsalibus adjectam vor zuläßig hielte, und daß dieselbe mediante actione von demjenigen, welcher darwider handeln würde, eingetrieben wer-den könte, verordnete. Und diesem Satze, daß auch bey denen Ehegelöbnissen eine gewisse pœna con-ventionalis ausgemachet, und auf denjenigen, wel-cher von denen Ehegelöbnissen wieder abgehen wür-de, gesetzet, auch auf solchen Fall, mittelst gerichtli-cher Klage, eingefordert werden könne, wird auch heut zu Tage noch bey uns in Praxi nachgegangen, bevorab, da die von denen dissentirenden angeführte Disposition Pabst Gregorii IX in c. 29 X. de sponsal. weil darinnen von denen in der Unmündig-keit geschlossenen Ehegelöbnissen geredet wird, bloß auf die sponsalia imperfecta & nondum obliga-toria gehet, solchemnach ultra casum expressum auf die sponsalia perfecta, so an und vor sich selbst ihre verbindende KraftRechtens haben, und alle Reue ausschliessen, nicht angezogen werden kan b). Zwar möchte scheinen die Frage, ob man bey denen Ehe-gelöbnissen gültiger Weise, und cum effectu eine pœnam conventionalem beyfügen könne, wäre heut zu Tage vergebens, weil bey uns die Ehegelöb-nisse nicht so leichte wieder getrennet werden können, dergestalt, daß wenn einer gleich die stipulirte Con-ventional-Straffe gerne erlegen wolte, dennoch sel-biger von der Verbindlichkeit die Ehe zu vollziehen nicht befreyet werde, sondern dem ohngeachtet die Ehe zu vollziehen gerichtlich angehalten werden könne. Weil aber doch sich nach Gelegenheit verschiedene Fälle eräuffern können, wo nemlich einer zu Voll-ziehung der Ehe von der Obrigkeit nicht kan ange-halten werden, z. E. wenn der Bräutigam wo an-ders hin sich geflüchtet, und an einem fremden Ort sich bereits mit einer andern Person verheyrathet hat, auch der äufferste Zwang, und daß dem Bräu-tigam, der sich weder durch dictirte Geld-Straffe, noch durch Gefängniß, zu Vollziehung der Ehe, mit seiner versprochenen Braut wider seinen Willen an-getrauet werden solle, nicht zu rathen, vielmehr der-gleichen coactio absoluta schnurstracks zu misbil-ligen und zu verdammen ist; so sehen wir nicht war-um nicht in diesem Falle, da der halsstarrige Bräu-tigam wegen seiner Halsstarrigkeit und Bosheit, auch gebrochenen Treue, ohne dis von der Obrigkeit ex officio, wenn auch gleich keine pœna conven-tionalis stipuliret worden, noch über die Geld-Busse, wormit er der Braut gewissen Abtrag zu thun, und eine gewisse Geld-Summe, so nach dem Stande und Interesse der Braut von dem Richter zu er-

Jurist. Oracul V Band.

messen ist, zu seiner Straffe auszuzahlen gezwungen werden kan c). Responsum Facultatis Juridicæ Hallensis ap. Stryk. c. l. verb. Im Fall sie aber in Güte sich hierzu nicht anschicken wollte, ist sie Klägern zu seiner Satisfaction 200 Thl. ingleichen dem Con-sistorio daselbst eine Straffe von 100 Thl. zu erlegen verbunden. Da dieses sine expressa stipulatione ohne disRechtens, warum nicht so vielmehr, wenn der-gleichen pœna conventionalis ausdrücklich hinzu-gesetzt, auf solchen Fall dergleichen ausgedungene Straffe eingetrieben werden solle, mithin erhellet dar-aus, daß diese abgehandelte Frage keines weges otieus und vergebens aufgeworffen sey d).

a) l. 21 § 1 ff. de condit. & demonstrat.
b) Vid. Stryk. de Dissens. sponsal. Sect. 1 § 14. Böhmer J. C. lib. 4 tit. 1 § 130. Grœnwegen de LL. abrog. ad l. 5 C. de sponsal n. 10.
c) Carpz. JPrud. Consist. lib. 2 def. 133. Mevius p. 3 Dec 383 n. 7. Scryk. de Dissens. Sponsal. Sect. 1 § 15.
d) Vid. Berger Oecon. Jur. Lib. 1 tit. 3 § 6 not. 2. Stryk. de Dissens. Sponsalit. Sect. 1 § 14. Brouwer. de Jure Connub. lib 1 c. 24 n. 26. Lauterbach. Coll. ff. Tit. de Sponsal. § 33 & Disp. de pœna conventio-nali § 47.

§. 39.

Ob die Eltern und wie zu der Einwilligung derer Ehegelöbnisse bey ihren Kindern anzuhalten?

Wie nun alles dieses, was in vorhergehenden §§ ist angeführet worden, genugsam zeiget, was maffen aller Zwang bey Schliessung derer Ehege-löbnisse und der Ehe untersaget und verboten sey, also, damit ja bey dem ganzen negotio alles frey und ungezwungen ergehe, besagen die Rechte, daß daferne nur einige Muthmassung und erhebliche Furcht eines Zwangs zu vermuthen, sodenn die Weibs-Person sequestriret werde a). Also wenn die Eltern um Ertheilung ihrer Einwilligung in das zwischen denen Partyen abgeredete Ehegelöbniß und Ehe ohne erhebliche und rechtmäßige Ursache nicht williigen wollen, und daher die Kinder sich bey dem Consistorio oder der Obrigkeit über solche ungebühr-liche Härtigkeit ihrer Eltern beschweren, und daß das Consistorium die Eltern vorfordern, sie um die Ursache ihrer verweigerten Einwilligung befragen, und daferne solche vor unerheblich befunden würden, sodenn den defectum consensus parentum suppli-ren solten; so muß in solchem Falle die Braut noth-wendig sequestriret, und zu einem unpartyischen, un-verdächtigen Mann. z. E. zu denen nächsten Anver-wandten, oder auch auf den Vater collu-diren, oder auch zu einem Priester, oder andern un-verdächtigen Manne, widrigenfalls, wenn es eine verdächtige Person ist, die entweder dem Vater zu-gethan, oder aber auf der Braut oder Bräutigams Seite ist, so muß die Sequestration in Ansehung dieser Person wieder aufgehoben, und sie einem an-dern anvertrauet werden b). Coccejus hat l. c. hiervon folgende gegründete Ursache angeführet: Nam penes parentem hoc casu relinqui non debet. ne minis forte, aut verberibus, ut fidem fortassis datam retractet, dissensumque declaret, adigatur, multo minus autem penes procum aur ipsius consanguineos, ne si libero aditu gaudeat, furore amoris percitus, ejus corpori vel pudicitiae vim inferat, pollicitationibus persuadeat, ut promissioni semel factæ stet. Jedoch verhält sich

Qqqq

diese

dieses nur also in dem Falle, wenn die Eltern ohne erhebliche rechtmäßige Ursache, z. E. damit der Vater der Tochter ihr Mütterliches Vermögen nicht herausgeben dürffe, ihre Einwilligung verweigern. Haben die Eltern aber rechtmäßige Ursache, weswegen sie nicht einwilligen wollen, so findet auch die Sequestration nicht stat. Daher wenn der Sohn und Tochter ohne Vorbewust und Einwilligung ihrer Eltern sich heimlich mit einander versprochen haben, (worunter aber der Fall nicht zu zehlen, wenn zuvor die Kinder um Einwilligung in solche Ehe ihre Eltern angesuchet, diese aber ohne erhebliche Ursachen, nur damit sie ihrer Kinder Vermögen noch länger nutzen könten, sich darwider gesetzet, und darauf ohne Zuziehung ihrer Eltern in Beyseyn ihrer Anverwandten, sich mit einander versprochen haben c); Nach der Zeit aber, da sie mercken, daß ihre Eltern hierein nicht willigen wollen, suchen sie bey dem Consistorio oder Obrigkeit Hülffe, daß dieselbe den Consens ihrer Eltern suppliren wolle, der Bräutigam aber über dieses noch begehret, daß seine Braut sequestriret werden möchte: so mag ihnen hierinnen nicht gefüget werden, aus Ursachen, weil die Sequestration nur in dem Falle geschehen könne, wenn die Eltern angehalten werden können, die Ursachen ihrer rechtmäßigen Verweigernng anzugeben, in diesem Falle aber die Eltern deswegen nicht gezwungen werden mögen, quod vel solus neglectus consensus paterni causam justam dissentiendi præbuerit vel ex eo colligendus, si liberi clandestina sponsalia iniverunt, wie die Juristen-Facultät zu Halle beym Stryckio in Us. Mod. ff. tit. de sponsal. § 16 qu. 6 p. 28 & 29 so wohl auch Mevius zu Jus Lubec. lib. 1 tit. 4 art. 2 n. 7 seqq. d) bestärcken.

a) C. 14 X. de sponsal. Wissenbach. ad Cod. de prohib. sequestr. pec. Bœhmer. J. C. lib. 4 tit. 1 § 131.

b) Ruland. de Commiss. lib. & cap. 4 n. 16. Struv. Dec. Sabbath. c. 6 Decis. 27. Cothm. lib. 1 Resp. 1 n. 14. Kitzel. in Synops. Matrim. 3 theor. 20 lit. T. Cocceji Disp. de fœminarum sequestro cap. 2 § 4.

c) Coccej. Disp. de fœminarum sequestro cap. 2 § 4.

d) Carpz. lib. 2 JPrud. Consist. def. 30 n. 5. Bœhmer. J. C. Pr. lib. 4 tit. 1 § 131.

§. 40.

Wenn die Sequestration bey Verheyrathung derer Kinder der Eltern Zwang, oder auch verheyrathender Witwen wegen von der Obrigkeit anzuordnen.

Hiernächst so findet auch die Sequestration stat, wenn die Eltern ihre Töchter durch Drohungen oder auch Schläge, und andere äusserliche Gewalt zwingen wollen, entweder eine gewisse Person wider ihren Willen zu heyrathen, oder aber theils gar nicht, theils doch eine gewisse Person nicht zu heyrathen. Denn in solchem Falle ist der Richter schuldig, so wohl ex officio, als auch auf Ansuchen des Bräutigams, das Mädgen so lange, bis die Haupt-Sache ausgemacht, zu sequestriren a). Hieher gehöret auch noch der Fall, wenn nemlich eine Jungfer, die keine Eltern mehr hat, iemanden die Ehe versprochen, nach der Zeit aber will sie wieder abgehen und wendet vor, sie sey darzu gezwungen worden: Denn in diesem Falle muß das Mädgen nothwendig sequestriret werden. Sic enim, schreibt Cocceji. Disp. de fœminarum Sequestro cap. 2

§ 6, ut pudicitia ejus interea, donec metus probatus fuerit, extra periculum sit, pariter honestarum matronarum custodiæ committi debet b). Also wenn ihrer zwey eine Witve oder Jungfer, die nicht mehr unter väterlicher Gewalt stehet, zur Ehe begehren, ein iedes spricht, sie habe ihm die Ehe versprochen, man weiß also nicht, wer unter diesen dem andern vorzuziehen sey, so muß der Richter, damit nicht indessen einer von denen beyden Competenten die Witve oder Mädgen bereden, oder auch wohl zwingen möchte, sich mit ihm fleischlich zu vermischen (daferne nur auch wider einen von denen Competenten erheblicher und wahrscheinlicher Verdacht vorhanden c), solche Weibs-Person nothwendig sequestriren, und bey einer unverdächtigen Person bewahren lassen. C. 14 X. de sponsal. c. 10 X. de sentent. & re judic. c. 2 & 4 X. de sponsal. duor. Card. Tusch. Pract. Concl. lit. 5 concl. 202 n. 17. Stryck. Disp. de Confinatione cap. 6 th. 5 p. 38 in fin. nach welchem Erfolg denn der Richter die Weibs-Person an angezogenen Orten, wo sie sequestriret und verwahret wird, nachdem sie zuvor eidlich versprechen müssen, die Wahrheit zu sagen, befraget, mit wem sie sich zuerst versprochen habe, und wenn sie darauf ihre Erklärung gethan, alsdenn darf der Richter selbige nicht demjenigen übergeben, vor welchen sie sich erkläret hat, sondern es muß dem andern Competenten eine Frist gelassen werden, binnen welcher er seinen Beweis führen könne, daß ihm die Ehe zuvorher versprochen worden, und nach dessen seinem Beweis wird die Sache entschieden, die Frauens-Person aber bis zur Entscheidung noch in Sequestration behalten e). Ja Carpzov. behauptet nicht ohne Grund, daß wenn eine Weibs-Person eine Manns-Person wegen versprochener Ehe in Anspruch nimmt, der Beklagte tüchtige Caution bestellen muß, bis zu Ausgang der Sache sich nicht anderwerts zu verloben, zu verehelichen, oder sonst so was vorzunehmen, was der angestellten Klage zuwider lauffe; dahingegen wenn eine Manns-Person wider ein Frauenzimmer eine Ehe-Klage eingiebt, selbige bis nach Austrag der Sache bey ihren Anverwandten oder sonst unbescholtenen unverdächtigen Personen verwahret und ernähret werden müsse. Nicht minder, wenn ein Vormund seine Mündel Zeit ihrer Unmündigkeit mit einem Junggesellen verlobet, mag dem Vormunde die längere Erziehung seiner Mündel nicht verstattet, sondern der Mündel bey einem andern sequestriret, und erzogen werden. Agmon Gravetta tom. 1 consil. 190. Paulus de Castro cons. 127 n. 3. Cocceji Disp. cit. cap. 2 § 8, welcher folgende Ursache angiebt, quia puella ex sponsalibus per tutorem contractis nequaquam est ligata, sed quando ad adultam ætatem pervenit, resilire potest. Ast si penes tutorem staret, sponsus ipsius pudicitiæ facili negotio insidiari posset, & eam, antequam perveniret ad nubilem ætatem, de facto deflorare, adeoque per indirectum impedire, ne puberis ætatis facta a sponsalibus resilire queat. Eben also mag die Sequestration auch billig stat finden, wenn nemlich der Vormund oder Curator seine Mündel oder Pflegbefohlene nimis festinanter, oder aber sie an eine Person ungleichen Standes verheyrathen will, item wenn die

Mut-

Mutter und der Vormund uneins darinnen sind, die Mutter will, daß die Tochter Cajum heyrathe, der Vormund aber verlanget, sie solte Titium heyrathen f), woselbst er auch mit Bachovio ad Treutler. g) nicht ohne Grund behauptet, daß wenn der Vormund oder Curator seiner Mündel oder Pfleg-befohlnen, ungeziemende Dinge zumuthet, oder nach ihrer Ehre trachtet, alsdenn in solchem Falle die Curandin oder Mündel von ihm weggenommen, sequestriret, und bey einer andern unverdächtigen Person aufferzogen werden müsse, wovon bey der Lehre von denen Vormünden zu reden Gelegenheit seyn wird.

a) C. 14 X. de sponsal. c. 3 qu. 9 c. 33 qu. 2. Gail. 2 obs. 45 n. 7. Wibelius de Contract. Mulier. p. 41. Petr. Muller. ad Struv. S. J. C. Ex. 21 th. 50 lit. J. Colerus de Proc. Execut. p. 1 c. 2 n. 140 seqq. Cocceji Disp. de Sequestro fœminarum cap. 2 § 5.

b) Kitzel. in Synops. Matrim. cap. 10 Theor. 13 lit. g.

c) Stryck. de dissens. sponsal. Sect. 4 cap. 3 § 2.

d) Guttierez de matrim. c. 37 vers. rursus n. 3.

e) Lib. 3 Def. 52 JPrud. Consist.

f) L. 1 l. 20 C. de nupt. Carocius de sequesto p. 1 qu. 1 p. 526. Carpz. JPrud. Consist. lib. 2 tit. 3 Def. 48. Cocceji Disp. cit. cap. 2 § 8.

g) Disp. 26 th. 11 Lit. F.

§. 41.

Wie weit die Furcht bey zutreffenden Ehe-Verlobungen stat oder nicht stat finde.

Wie nun auf diese Maße durch verschiedene Exempel gezeiget worden, daß sowohl in Römischen, als Canonischen Rechten, die Ehe und Ehe-Gelöbnisse frey und ungezwungen vollzogen und geschlossen werden müssen, widrigen falles, wenn dieselbe aus Zwang oder Furcht geschlossen worden, selbige der ermangelnden Einwilligung wegen, die doch ein wesentliches Stücke einer ieden Ehe ist, ipso jure null und nichtig sind; Also wird erfordert, soll ein solches Ehe-Gelöbniß auch wircklich null und nichtig seyn, daß auch ein metus justus vorhanden, und die Person zur Einwilligung gezwungen worden. Denn nicht eine iede Furcht ist genug, sondern es wird vielmehr metus justus erfordert, soll anderer gestalt das Ehe-Gelöbniß oder die Ehe null und nichtig seyn. Non tamen, schreibt Stryck. Diss. de sponsaliorum Dissolutione § 12, qualiscunque metus sufficit, ut sponsalia nulla sint, sed justus qui in constantem virum cadit. Hieraus fliesset, daß metus vanus, oder eine eingebildete Furcht und Schrecken, durch welche sich sonst ein gesetzter Mensch nicht würde haben schrecken lassen, nicht genug ist, vielmehr wenn sich iemand aus solcher unerheblichen Furcht oder vano metu bewegen lassen, ein Ehe-Gelöbniß einzugehen, mag er nicht beswegen das Ehe-Gelöbniß, weil es metu extortum ist, anfechten, sondern solches Ehe-Gelöbniß ist allerdings zu Recht beständig und gültig a). So wird auch, ob es ein metus justus sey oder nicht? nicht sowohl auf die personam inferentis, als vielmehr auf die personam patientis gesehen, l. 21 pr. ff. l. 2 l. 4 C. quod met. caus. nicht anders, als wie ein metus præsens erfordert wird, cujus causa præsens imminens, l. 9 pr. ff. quod met. caus. ita ut nisi hoc vel illud fiat, malum e vestigio præsens sit b).

Jurist. Oracul V Band.

Daher denn, weil der metus mortis l. 3 in fin. ff. quod met. caus. nicht minder der metus verborum l. 3 § 1 ff. eod. Wesenbec. Paratitl. ff. tit. quod met. caus. n. 3, ferner der metus vinculorum und carceris, l. 7 § 1 l. 22 l. fin. § 1 ff. quod met. caus. l. 9 ff. ex quib. caus. maj. Deßgleichen der metus amissionis bonorum vel majoris partis, c. 2 X. quod met. caus. c) in denen Rechten pro metu justo gehalten wird (wovon an seinem Haupt-Orte weitläufftigere Ausführung geschehen wird); so müssen, wenn eine solche erhebliche FurchtUrsach gewesen, daß sich iemand zu einem Ehe-Gelöbnisse oder Vollziehung der Ehe dadurch bewegen lassen, solche Ehegelöbnisse so wohl, als die Ehe selbst null u. nichtig seyn, welches sich aber obgedachter maßen bey dem metu vano, item, wenn eine Jungfer weiß, daß eine Pistole nicht geladen sey, es drohet sie aber die Mannsperson, wenn sie sich nicht mit ihm versprechen würde, so wolle er sie mit dieser (ungeladenen) Pistole erschiessen, und darauf verspricht sie sich mit ihm, nicht äussert. Und ob wir zwar hier von der Lehre de metu justo nicht weiter Ausführung thun mögen, in Betracht, wir davon an seinem Orte weitläufftiger handeln werden, auch mich darauf beruffen haben will; so ist doch in Ansehung dieses Satzes, daß nemlich dieses nur ein metus justus sey, qui cadit in constantem virum, zu gedencken, wie nemlich hierbey vieles auf das Ermessen des Richters ankomme, welches die Furcht und Schrecken nach der condition & statu derer Personen ermessen muß, indem es auch unter denen Manns-Personen solche giebt, welche sich nach ihrer Constitution und Temperamente leichter schrecken lassen, als andere, zu geschweigen daß die Weibs-Personen ohne diß von Natur furchtsamer, mithin bey denenselben eine Furcht, die sonst bey denen Manns-Personen metus vanus seyn würde, doch metus justus seyn kan d). Davon wir an seinem Orte ex professo handeln werden. So viel ist nur hierbey noch zu sagen, daß die blossen Droh-Worte, item suspicio mali inferendi nicht genug seyn, eine rechtmäßige Furcht zu erwecken, daferne es nicht minæ capitales, auch die Person nicht also beschaffen, a qua Executio minarum metuenda, quæque alias solita facile exequi minas l. 6 ff. l. 9 C. quod met. caus. So viel ist nur hierbey noch zu sagen, daß allerdings auch dieses ein metus justus sey, mithin die Ehe-Gelöbnisse deßwegen als null und nichtig angefochten werden können, wenn eine Weibs-Person, item ein Manns-Bild bedrohet und äufferst geschrecket worden, ein Ehe-Gelöbniß mit der andern Person zu vollziehen, es williget aber solche Person noch nicht ein, unterdessen aber lassen ihr diejenige Personen, welche sie zuvor so sehr bedrauet und geschrecket haben, und aus deren Händen und Gewalt sie noch nicht ist, nicht mit frieden, sondern da sie sehen, daß sie sich nicht geben wolte, reden sie ihr gütlich zu, und bringen sie darzu, daß sie endlich darein einwilliget, quia metu semel incusso, si deinde ex intervallo consentiret, metu nihilominus id fecisse putatur.

a) l. 3 ff. ex quib. caus. major. Stryck. Us. Mod. ff. tit. quod met. caus. § 12. Voetius ad tit. ff. quod met. caus. § 11.

b) Lauterb. Coll. ff. lib. 4 tit. 2 § 11.

c) Myn-

c) Mynsinger. Cent. 3 Obf. 27. Hahn. ad Wesenb. tit.
quod met. cauf. n. 3. Lyncker. Vol. 1 Resp. 187 n. 12.

d) Havemann. in Gamalog. l. 1 tit. 6 pos. 2 n. 13. Menoch. de A. J. Q. l. 2 caf. 135 n. 1. Boehmer. J. E.
P. lib. 4 tit. 1 § 133.

e) Peck. lib. 1 de Testam. Conjug. c. 9 n. 1. Lynck.
Vol. 1 Resp. 157 n. 23.

§. 42.

Ob metus reverentialis die Ehe-Verlöbnis ungültig mache.

Weil nun angezeigter massen metus justus erfordert wird, sollen anderer Gestalt die Ehe-Gelöbnisse, oder die Ehe selbst ipso jure null und nichtig seyn, so fragt sich, ob denn der metus reverentialis auch dergestalt erheblich sey, daß wenn derentwegen ein Theil sich zur Verlobung oder Verehelichung hat verleiten lassen, solche ipso jure null
und nichtig? Metum reverentialem aber nennen wir
denjenigen, quando quis solius reverentiæ intuitu, ob quam superiori resistere nequit, consentit, oder wenn ein Theil bloß aus Ehrfurcht
und Respect gegen iemanden, ohne allen Zwang
und Bedrohung, sich mit einer Person verlobet und
verspricht, Boehmer. J. C. lib. 4 tit. 1 § 133. Der
Casus kan dieser seyn, wenn die Eltern ihrer Tochter anrathen, sie sollte sich mit Cajo verheyrathen,
die Tochter hat zu grossen Respect und Furcht vor
die Eltern, und weil sie meynet, wenn sie es ihnen
abschlüge, so würden diese sich darüber ärgern, und
betrüben, auch über sie erzürnen, und williget daher in solches Ehe-Gelöbniß mit Cajo ein, welches
sie sonst nicht gethan haben würde, wenn sie frey
gewesen, und sich nicht vor ihren Eltern gefürchtet
hätte, mithin hat sie sich nicht aus gantz freyem
Willen, sondern alleine aus Respect und Furcht
vor ihre Eltern, dergestalt verlobet und versspro-
chen. Desgleichen wenn der Landes-Fürst, oder
sonst ein grosser vornehmer Herr, (dem sie zu widersprechen, und ihm zuwider zu handeln sich fürchtet, und daß, wenn sie nicht einwilligen würde, sie
in seine Ungnade, und dadurch in grosses Unglück
verfallen würde, sich befürchtet,) die Anwerbung
thut, und Freywerber ist, die Weibes-Person williget also aus Furcht vor dem Fürsten oder vornehmen Herrn in das Ehe-Gelöbniß ein, welches sie
sonst nicht gethan, noch eingewilliget haben würde,
wenn sie sui arbitrii gewesen. Und in diesem Falle
halten wir davor, daß, quia metus reverentialis
actum non rescindit, & metum sola reverentia
non probat a), solche Ehe-Gelöbnisse allerdings zu
Recht beständig, und nicht mögen unter dem Vorwande einer Furcht hinwiederum getrennet werden,
bevorab, da sonst alle und iede negotia civilia,
welche ob metum reverentialem sind getroffen
worden, ipso jure gültig, und darwider keine restitutio in integrum stat findet b), worvon Lauterbach Coll. ff. tit. quod met. cauf. § 15 folgende Gründe anführet: 1) Quia metus requiritur, qui in constantissimum cadere potest, metus autem reverentialis est vani hominis d. l. 6
ff. 2) Ille tantum metus locum facit restitutioni, qui ab alio infertur, d. l. 9 d. l. 21. Reverentialem autem quilibet sibi infert. Und wenn
gleich einige vorwenden, daß nach Maßgebung derer Römischen Rechte diejenigen negotia, welche
metu reverentiali sind geschlossen worden, mittelst

der restitutionis in integrum wieder rescindiret
werden müssen, und zu dessen Behuf der l. 1 § 6 ff.
quar. rer. act. non dat. Absühren, worinnen der
Casus enthalten, ubi libertus liberatur a promissione, si liquido appareat, eum metu solo vel
nimia patrono reverentia ita se subjecisse, auch
in dem l. pen. ff. de furt. die verecundia magna
in Consideration gezogen würde, so antwortet doch
Ill. Boehmer. J. C. Pr. lib. 4 tit. 1 § 123 darauf
gantz gegründet also: Enim vero sicuti uterque
textus nimiam reverentiam supponit, & Prætor statuit, se causa cognita desuper constitutu-
rum esse: ita ex circumstantiis de hoc metu judicandum est. Woraus denn ungezweiffelt fliesset, daß wie der metus reverentialis keine Ursache
der restitutionis in integrum abgiebt, also auch
die solcher gestalt geschlossene Ehe-Gelöbnisse zu
Recht beständig und gültig sind, keinesweges aber
unter dem Vorwande eines Zwangs oder Furcht
wieder getrennet werden mögen c). Es wären
denn zu solchem metu reverentiali noch allerhand
Drohungen, auch wohl Schläge und andere Ge-
waltsamkeiten gekommen, denn in solchem Falle ist
dieses allerdings pro metu justo, nicht aber reverentiali zu achten, folglich in dergleichen Fällen
sind die Ehe-Gelöbnisse ipso jure null und nichtig
d), um so vielmehr, da auch nach Römischen Rechten in diesem Falle die restitutio in integrum stat
finden muß e). Gestalt wir denn auch mit Brouwero de Jur. Connub. lib. 1 cap. 17 § 14 seqq.
und Stryckio de dissens. Sponsalit. Sect. 2 § 18
bey der Lehre von dem dissensu sponsalitio davor
halten, man müsse nicht so indistincte allen metum
reverentialem vor unzulänglich verwerffen, sondern auch auf die mores austeros parentis & in
liberos suos facile sævientis sehen, dergestalt, daß
wenn der Vater ein stürmischer harter Mann ist,
der seine Kinder, wenn sie nichtnach seinem Willen
leben, auf das härteste und übelste tractiret, bey
solchen Umständen der metus reverentialis, obschon keine Drohungen vorhergegangen, dennoch
aus der Beschaffenheit und Sitten des Vaters billig pro justo zu achten.

a) Lynckli Consil. p. 92 n. 3 & 4. Wildvogel Resp. 69
n. 15.

b) L. 22 ff. de R. N. l. 6 C. de his quæ vi met. cauf.
Schæffer. lib. 2 qu. 2 n. 74. Wildvogel. Resp. 228
n. 17.

c) Stryck. Diff. de dissolut. Sponsal. § 14. Harprecht.
Disp. de bene- & maledict. parent. § 9 & 10. Lauterbach. Coll. ff. Tit. de sponsal. § 23.

d) Bruckner. in Decif. matrim. c. 21 n. 22. Stryck. Diff.
cit § 14.

e) L. 11 l. 12 C. quod met. cauf. Gail. 2 Obf. 93. Hahn.
ad Wesenbec. tit. quod met. cauf. n. 3. Mevius p.
2 Decif. 41 & p. 5 Decif. 273. Harprecht. consil. 53 n.
117 & 124.

§. 43.

Ob die Eheliche Verlobung gültig, welche durch übermäßige Beredung vollzogen?

Es fragt sich aber hierbey, was denn von dem
Falle zu halten, wenn nemlich ein Theil zu Schliessung derer Ehe-Gelöbnisse durch übermäßige Beredungen (minas immodicasque persuasiones) ist
verleitet worden, ob dergleichen Ehe-Gelöbnisse,
dem ungeachtet, zu Recht beständig, oder aber, ob

sol-

solches, weil dergleichen allzuviele und unmäßige Uiberredungen doch die Freyheit zu restringiren scheinen, solche Ehegelöbnisse nicht anders, als die durch Zwang und eingejagte Furcht extorquirte Ehegelöbnisse ipso jure null und nichtig sind. Und hier halten wir nun davor, daß derer bloßen Uiberredungen, Vermahnungen, Anrathungen, Schmeicheleyen halber, wenn nicht entweder justus metus, oder eine dolosa promissio darzu kömmet, dergestalt, daß auch der klügste Mensch dadurch verführet werden könnte, ordentlicher Weise kein Ehegelöbniß wieder getrennet werden könne, aus Ursachen, weil dadurch die Freyheit zu entschließen, was man wolle, ja mit nichten genommen, noch durch guten Rath und modestes Zureden niemand zu etwas wider seinen Willen gezwungen wird, mithin nicht gesaget werden mag, es wäre dadurch einige Gewalt und Zwang begangen worden a). Quemadmodum enim, schreibt Krause, Disp. de eo quod justum est circa persuasiones intuitu sponsaliorum § 1, suadere nihil aliud est quam conari, quem verborum lenocinio in hanc vel illam sententiam trahere, ita persuadere est effectu ipso animum movere, ut in sententiam suam descendat. Und daß durch dergleichen persuasiones niemand zu etwas wider seinen Willen gezwungen werde, zeuget die von Stryck. Diss. de jure persuasionis cap. 1 n. 16 angeführte Beschreibung der Uiberredung, quod sit modesta quædam inductio hominis ex nostra sententia, quid faciendi vel patiendi. Daher denn auch ordentlicher Weise die persuasiones, quatenus non conjunctæ sunt cum dolo fraudibus & verbis minitantibus vor erlaubt, unstrafbar geachtet werden b). Daher denn auch, wenn gleich eine Person vorgiebt, sie sey zu Schließung dieses Ehegelöbnisses überredet worden, solches Ehegelöbniß, da ihr solcher Uiberredung ohngeachtet, dennoch die Freyheit zu erwehlen, was sie selbst vor gut befunden, zugestanden hat, um so vielmehr, da ja die meisten Ehen heut zu Tage durch dergleichen persuasiones geschlossen werden, nicht getrennet werden mag, vielmehr zu Recht beständig und gültig ist c). Ja wenn auch schon dergleichen Uiberredung allzu ofte und ohne Ablaßen geschehen, und die Person dadurch ermüdet ihre Einwilligung in das Ehegelöbniß gegeben, so mag dennoch, obschon die Rechts-Lehrer, besonders Gonzalez c) lehren, immodicam persuasionem, sollicitationem & instigationem extorsioni æquiparari, ita ut per talem importunam sollicitationem obtenta & per metum extorta ad paria judicentur, nicht gesagt werden, daß sothanes Ehegelöbniß null und nichtig wäre, vielmehr weil dieser einfältigen und continuirten Uiberredungen ohngeachtet, die Weibs-Person, item Manns-Person, dennoch nach ihrer Freyheit erwehlen können, was sie gewollt, und ihr am angenehmsten gewesen, mithin ihr freyer Wille, einzuwilligen oder nicht, unumschränckt gewesen, also die libertas consentiendi oder dissentiendi dadurch nicht abgeschnitten worden, so folget, daß auch die auf solche Uiberredung geschlossene Ehegelöbnisse allerdings zu Recht beständig und gültig seyn; Es wäre denn, daß die Eltern, oder auch der Landes-Fürst, oder sonst ein großer Herr, die Gewalt über dieselbe Person hat, so unaufhörliche und übermäßige Uiberredungen oder Persuasiones gebrauchet habe, (denn

wenn es ein fremder oder anderer Anverwandter ist, der keine Gewalt über die Person hat, selbige auch von den Persuasore nicht dependiret, so findet auch dieses nicht stat, weil sie diesen ohne alle zu besürchtende Gefahr frey widersprechen können), weil alsdenn, und in solchem Falle, in Ansehung dieser überredenden Personen dergleichen persuasiones immodicæ, wenn sie unaufhörlich seyn, zu einer Concussion gedeihen, und dadurch bey solchen Personen, die der Gewalt des Persuasoris unterworffen seyn, wenn dieselben täglich und unabläßig geschehen, soviel wirken, daß solche Person, um der täglichen Qvaal und Marter abzukommen, aus Furcht vor solcher ihr unerträglichen Marter, wider ihren Willen und Zuneigung einwilliget. Daher denn auch Krause Disp. de eo quod justum est circa persuasiones intuitu sponsaliorum § 14 & 15 den Fall, wenn die Eltern dergleichen beständige und übermäßige Persuasiones gebrauchet haben, ob sie schon sonst keine Bedrohungen oder aber Gewalt gebrauchet haben, also decidiret, daß dergleichen Ehegelöbnisse, weil sie nicht freywillig, sondern aus Zwang geschehen, allerdings ipso jure null und nichtig wären, zugleich auch die Objection, daß gleichwohl hier keine coactio, vielmehr ein bloßer metus reverentialis, der doch gezeigter maßen zur Trennung derer Ehegelöbnisse nicht zulänglich, vorhanden wäre, § 16 mit folgenden Worten widerleget: Tantum enim abest, ut sub ejusmodi nimiis atque immodicis persuasionibus nudum quendam latitare metum reverentialem existimemus, quum in eo tantum hic consistat, quando videlicet desideriis atque jussui alterius alter ob reverentiam quam debet eidem contradicere non audet, ut potius hæ persuasiones, de quibus hic nobis sermo est, plus in se contineri videantur, quam nudum aliquem metum reverentialem. Quid enim? in tantum hæ libertatem consensus impediunt, ut quid faciendum vel statuendum sit, ob tædium atque impatientiam, ne constantissimus quidem animus existimare queat. Um so vielmehr, wenn von Seiten der Eltern, oder aber des großen Herren, zu denen persuasionibus noch allerhand Drohungen oder andere violentiæ darzu gekommen, muß solches Ehegelöbniß um so vielmehr null und nichtig seyn, wenn auch gleich dasselbe Ehegelöbniß beschworen worden. Juramentum enim sequitur naturam actus, cui accedit, neque majorem inducit validitatem, quam ipsum in se habet negotium, l. 5 C. de Legibus, und wenn gleich nach denen Principiis Juris Canonici ein iedes Juramentum super re in se non turpi præstitum gehalten werden solle, obschon der actus, zu welchem dasselbe kömmet, seiner Natur nach ipso jure null und nichtig wäre e), so wird doch angezogene Disposition des Canonischen Rechtes alleine auf den Fall gezogen, wenn dergleichen Handlung nicht durch Gewalt oder mit Betrug verursachet und geschloßen worden f), um so vielmehr, da sonst ein iedes Jurament, soll es verbinden, die 3 Comites, nemlich Justitiam, intellectum & veritatem præsupponiret, so aber im gegenwärtigen Falle ermangelt, mithin darf ein solches Jurament nicht allererst relaxiret werden.

a) l. 13 § 5 ff. de incend. ruin. naufr. Lyncker. Vol. 1 Resp. 143 n. 26 & Resp. 173 n. 3. Leyser. in Medit. ad ff. Spec. 290 pos. 6. Wildvogel. Resp. 218 n. 6.

b) Alexan-

Q q q q 3

b) Alexander lib. 4 conf. 118 n. 2.

c) Boehmer J. C. Pr. lib. 4 tit. 1 § 134.

d) ad c. 15 X. de Sponsal. Harpprecht. Vol. nov. Conf. 44 n. 340. Lyncker. Resp. 157 n. 30. Tabor Decif. 13 n. 38 & Decif. 169 n. 33. Consil. Altorf. Vol. 2 Resp. 12 n. 35 seqq.

e) Cap. 18 X. de Jurejur.

f) Cap. 2 de pactis in 6.

§. 44.
Was vor Beredung gemachte Furcht intrege bringen.

Wie nun also ordentlicher Weise die persuasiones nimiæ & immodicæ, wenn sie nicht von denen Eltern oder Fürsten, item andern grossen Herren, der Gewalt über solche Person hat, denn in solchem Falle entstehet daraus auch ein justus metus, wie Boehmer I. C. Pr. lib. 4 tit. 1 § 134 folgendermassen anführet: Magnatum & potentiorum persuasiones operantur metum reverentialem, adeoque de his illud dicendum est, quod § antec. jam est dictum & de hoc casu plerique loquuntur, qui justum inde metum & coactionem trahunt. Neque enim his precibus & sollicitationibus facile resisti potest, & plerumque qui hæc ad sponsalia concilianda elegit, id ideo facit, ut reluctantem cogat, invitamque metu majoris mali evitandi inducat) geschehen, das Ehegelöbniß nicht ungültig machen, so mögen doch dergleichen persuasiones nimiæ, wenn sie dolosæ sind, das Ehgelöbniß null und nichtig machen. Denn wenn gleich in diesem Falle das Ehegelöbniß nicht wegen derer oft und sehr vielen Überredungen ungültig ist, so machet doch dieses, daß solche Überredung betrüglich gewesen, weil jeder dolus gezeigter massen den Consens ausschliesset, das Ehgelöbniß ungültig. Weil wir noch bishero bey der Lehre stehen, daß die aus Furcht und Zwang geschlossene Ehegelöbnisse null und nichtig seyn, so müssen wir auch noch dieses gedencken, daß, soll andergestalt die Ehe oder Ehegelöbnisse null und nichtig seyn, der gezwungene Theil hierzu keine Schuld oder Ursache gegeben habe. Denn wenn der gezwungene Theil Ursache zu solchem Zwange gegeben hat, z. E. es hat sich ein junger Mensch in ein Mädgen verliebt, und kommt öfters zu ihr, er wird vermahnet, seine Visiten einzustellen, unterlässet es aber doch nicht, dergestalt, daß er in Unzucht bey dem Mädgen ergriffen, und bey solcher Deprehension gezwungen wird, sich mit dem Mädgen ehelich zu versprechen, (daferne nur dieses nicht ein abgekartetes Wesen gewesen, und das Mädgen, das es schon mit ihren Freunden oder andern Personen überleget hat, den jungen Menschen nicht dazu betrüglicher Weise verleitet hat, weil alsdenn ein dolus von Seiten des Mädgen gewesen, folglich dem jungen Menschen allerdings die exceptio metus zustehet) so ist solches Ehegelöbniß allerdings zu Recht beständig, und kan sich derselbe wider solches nicht mit der exceptione metus schützen, quia ei, qui in re illicita versatur, omnia imputantur z) Weiter wird auch erfordert, ut coactio duraverit, nec qui coactus est, sequente forsan consensu libero metum antea incussum purgaverit, d. i. daß auch der Zwang und die Furcht beständig gedauret habe, und nicht derjenige, welcher also gezwungen worden, nachgehends freywillig eingewilliget habe, wozu er anfänglich mit Gewalt gezwungen worden. Denn in solchem Falle, wenn der an-

fängliche Zwang und Furcht nachgehends durch erfolgte freywillige Einwilligung purgiret worden, so mag auch solch Ehegelöbniß wegen des vorhergegangenen Zwanges keinesweges als ungültig angefochten werden b). Dergleichen purgatio metus äussert sich nun in dem Falle, wenn der gezwungene Theil eine Zeit darauf, nachdem er zu dem Ehegelöbnisse gezwungen worden, (mithin findet dieses nicht stat, wenn es an eben demselben Tage, oder doch eine kurtze Zeit darauf geschehen, als er darzu gezwungen, quia causa metus adhuc durante, metus adhuc durare intelligitur c), sich von freyen Stücken, ohne daß er darzu von neuem gezwungen, oder von iemanden bedrohet worden, einwilliget, oder solche Handlungen vornimmt, ex quibus libera voluntas & consensus argui potest, z. E. er gehet täglich, oder doch öfters mit seiner Braut, zu der er gezwungen worden, auf das freundlichste um, und lässet kein Merckmahl einiges Widerwillens von sich blicken, oder aber er küsset sie, und dergleichen d).

a) Corvinus in Jure Canonico lib. 2 tit. 13 § 12. Boehmer J. C. Pr. lib. 4 tit. 1 § 135. Basilius Ponce de matrimonio lib. 4 cap. 19 n. 10. Stryck. de Dissens. Sponsal. Sect. 4 § 5.

b) C. 6 X. de sponsal. Boehmer. I. C. lib. 4 tit. 1 § 136.

c) Gail. 2 obs. 93 n. 30.

d) Brunnem. ad l. 2 C. de his, quæ vi met. n. 4. Coccej. Disp. de foeminarum sequestro cap. 2 § 6.

§. 45.
Ob die durch Furcht erzwungene Verlobung auch die Ehe ungültig mache?

Ob aber alsdenn iemand noch den Zwang und Furcht vorschützen, mithin die Ehe wegen ermangelnder freyen Einwilligung als null und nichtig anfechten könne, wenn die Ehe schon bereits durch die Priesterliche Trauung oder auch wohl gar die eheliche Beywohnung ist vollzogen worden? Wir wollen hierinnen einen Unterscheid machen, ob nemlich die Frage von der Manns-Person sey, oder aber von dem Weibs-Bilde. Im ersten Falle, so mag man sehen, ob der Mann die ihm mit Gewalt aufgenöthigte Frau fleischlich erkannt, und ihr die eheliche Pflicht geleistet habe oder nicht? Hat sich der Mann mit seiner Frauen fleischlich vermischet, mag sich derselbe mit dem Zwange oder Furcht nicht schützen, wenn er gleich anfänglich zum ehelichen Versprechen, oder auch wohl gar zur Priesterlichen Copulation gezwungen, angesehen, da vermöge der Natur niemand aus Zwang und mit Gewalt, wenn er nicht bey sich selbst einen innerlichen Trieb und Zuneigung empfindet, sich mit iemanden fleischlich vermischen kan, er durch die fleischliche Vermischung stillschweigends seinen Consensum darein gegeben, und den metum also purificiret hat a): Hat der Mann aber nach der Priesterlichen Copulation die ihm aufgenöthigte Weibs-Person nicht fleischlich erkannt, in demselben Falle kömmt ihm noch die exceptio metus und coactionis zu statten, daferne nicht andere indicia metus purgati vorhanden seyn. Was den andern Fall anlanget, so ist hierbey ein guter Unterscheid zu machen, ob die Weibs-Person dem Manne freywillig die eheliche Pflicht geleistet habe oder nicht? item ob andere erhebliche indicia metus purgati vorhanden seyn oder nicht? Hat die Ehefrau dem Manne die eheliche Pflicht freywillig und ohne Zwang geleistet, als durch welche freywillige eheliche Beywohnung

der

der metus purgiret wird b), oder es seyn andere erhebliche Anzeigungen des metus purgati vorhanden, z. E. sie hat nach der priesterlichen Trauung ohne einigen Zwang freundlich mit ihrem Manne geredet und umgegangen, ihn geküsset, u. d. gl. in demselben Falle mag nachgehends dieselbe keinesweges sich der exceptionis metus bedienen, aus Ursachen, weil dadurch der metus und coactio genugsam purgiret worden. Wenn aber die Weibs-Person entweder bey der Trauung nein gesagt, item sie hat öffentlich geweinet, da sie zur Kirche gekommen, auch wohl gar gesagt, sie würde gezwungen, sie willigte nimmermehr in solche Ehe, und ist doch ohne rechtmäßige Ursache getrauet worden, oder sie ist nach der Trauung davon gelauffen, oder sie hat ihrem Manne die eheliche Pflicht versagt, item sich bey dem Unterleibe eingenehet, der Mann aber hat sie mit Gewalt gezwungen, und durch solche Gewalt den Beyschlaf erzwungen, oder die Eltern, Freunde und Anverwandten haben sie darzu gezwungen, oder bedrohet, wenn sie solches nicht thäte, ihr allerhand Gewalt anzuthun, in demselben Falle, wenn sie auch gleich 2, 3 und mehr Jahre bey ihrem Manne gelebet, auch aus dem gewaltsamen Beyschlafe Kinder erzeuget hätte, ist doch die Ehe null und nichtig. Denn aus dem blossen Beyschlafe, wenn er nicht freywillig, sondern aus Zwange geschehen, wird noch keine purgatio metus bewiesen c).

a) c. 2 X. de eo qui dux. in matrim.
b) c. 13 § 21 X. de Sponsal. Carpz. JPrud. Consist. lib. 2 def 29 n 11. Brunnemann J.C. lib. 2 cap. 16 § 3.
c) Herold. Tr. de Ratificat. p. 67 n. 45 seqq. Stryk. de Dissensu Sponsalit. Sect. 5 § 55.

§. 46.
Was zu dergleichen Zwang-Ehen erfordert werde, wenn diese richtig seyn sollen.

Ferner soll das Ehegelöbniß oder auch die Ehe selbst Zwangs, Gewalt und Furcht halber null und nichtig seyn, so wird auch erfordert, daß ein Theil præcise und directe zu solchem Ehegelöbnisse oder Ehe gezwungen worden, oder wie Boehmer J. C. lib. 4 tit. 1 § 139 schreibet: Coactio demum illa sponsalia vitiat, quæ præcise ad matrimonium ineundum facta est, non ad alium finem, worinnen auch mit ihm Stryk. in Not. ad Brunnem J. E. lib. 2 c. 16 § 3 verb. licet minor sit metus, übereinstimmet. Mithin wenn mein Feind, der mich in seiner Gewalt hat, mir den Tod drohet, ich bitte aber um mein Leben, und verspreche, seine Tochter, Schwester, oder andere Anverwandtin von ihm zu heyrathen, um dadurch seinen Zorn zu lindern, und mich aus der Todes-Gefahr zu erretten, verlobe mich auch sogleich mit derselben, alsdenn mag ich mich nicht mit der Ausflucht einer Furcht und Zwanges behelfen, aus Ursachen, wie Gonzalez ad c. 15 X. de sponsal. und mit ihm Ill. Boehmer l. c. anführet, quia tunc non compellitur, ab alio ad matrimonium contrahendum, sed voluntarie id contrahens eligit ut medium, ad gravius periculum effugiendum. Eben also, wenn einer seines Verbrechens halber zum Tode verurtheilet worden, es bittet aber ein Mädgen vor sein Leben, und ihn zu ihrem Ehemanne aus, der Landes-Fürst schencket ihm auch sein Leben, und der Delinqvente verspricht ihr auch die Ehe, so mag er sich wider solches Ehe-Versprechen nicht mit der Ausflucht, er sey darzu gezwungen worden, schützen a).

Schließlich bey der Lehre, daß die Ehe und Ehegelöbnisse, wenn solche aus Zwang und Furcht geschlossen worden, null und nichtig seyn, ist noch dieses zu gedenken, daß, weil dieses in facto beruhet, derjenige, welcher vorgiebt, er sey zur Ehe gezwungen worden, solchen Zwang und Furcht beweisen müsse, aus Ursachen, weil der Zwang und Furcht, Drohungen, da sonst omnis præsumtio delicti exclusiva ist, niemals vermuthet wird, vielmehr erwiesen werden muß. Und zwar ist es nicht genug, daß derselbe beweise, er sey gezwungen worden, sondern die Zeugen müssen specifice deponiren, auf was vor Weise, und durch welchen Zwang er gezwungen worden, d. i. wie und auf was Weise, durch welche Handlung er gezwungen worden, damit nämlich der Richter aus denen angegebenen Handlungen, aus denen einer behaupten will, er sey gezwungen worden, erkennen und urtheilen könne, ob es auch ein wahrhafter und erheblicher Zwang und Furcht gewesen, oder ob es nicht vielmehr ein metus injustus oder reverentialis nur sey. Den modum des Beweises anlangend, so ist es wohl gantz augenscheinlich, daß der Beweis durch Zeugen geführet werden müsse, welche bey der Verlobung oder Hochzeit gewesen, und mit ihren Augen gesehen haben, wie und auf was Weise der gezwungene Theil widersprochen habe, und wie solcher gezwungen worden, oder die bald nach der Verlobung von dem gezwungenen Theile gehöret, daß er gezwungen, oder ihn bey Erwähnung der Verlobung weinend gesehen haben. Unterdessen, wenn durch Zeugen der Zwang nicht so directe und plene erwiesen werden kan, es sind aber doch allerhand Muthmassungen eines vorhergegangenen Zwanges vorhanden, so sind diese conjecturæ keinesweges hindan zu setzen, und zu negligiren. Mithin wenn die Zeugen aussagen, das Mädgen hätte beständig widersprochen, und wäre fast gantz ausser sich selbst gewesen, oder sie hätte beständig geweinet, item geschrieen u. d. gl. mehr, so kämen zwar die Conjecturæ nach vollzogener Ehe in keine Consideration, dergestalt, daß wenn der Zwang und die Gewalt nicht auf andere Weise kan dargethan und erwiesen werden, die Ehe derenthalben nicht sogleich wieder zu trennen ist, aus Ursachen, weil nicht mehr res integra vorhanden: Unterdessen wenn die Ehe noch nicht gantz vollzogen, vielmehr bestehet die Sache noch in terminis sponsaliorum, so kommen auch dergleichen Conjecturæ in dergestaltige Consideration, daß nach Beschaffenheit dererselben bald auf das suppletorium, bald auf das purgatorium zu erkennen ist b).

a) Schnetter Disp. de matrimonio cum damnato ad mortem contrahendo § 13. Stryk. ad Brunnem. J. C. lib. 2 cap 16 § 3 verb. licet minor sit metus.
b) Krause Disp. de eo quod justum est circa persuasiones intuitu Sponsaliorum § 20. Lyncker. Vol. 1 Resp. 187 num. 14.

§. 47.
Die Art, wie die eheliche Einwilligung geschehen müsse.

Bisher haben wir nun von der Natur, Wesen und Eigenschaften des Consensus sponsalitii gehandelt. Nunmehr müssen wir auch noch von der Art u. Weise, wie die Einwilligung declariret werden müsse, handeln. Und zwar muß die Declaratio Consensus categorica und sufficiens seyn. Die Einwilligung in solches Ehegelöbniß muß klar und deutlich, und ungezweifelt, nicht vaga, anceps, ambigua, generalis und

und obscura seyn. Man muß augenscheinlich, klar, deutlich und ungezweifelt aus denen Worten wissen, es habe derselbige mit dem andern sich versprochen, und ihr wahrhaftig und gewiß die Ehe versprochen. Daher so lange man nicht gewiß weiß, sondern es ist noch zweifelhaft, ob er ihr die Ehe versprochen habe, oder die Worte können auch in einem andern Verstande genommen, und auf was anders, als die Ehe, gedeutet werden, so wird aus solchen Worten nicht vermuthet, es sey ein Ehegelöbniß geschlossen worden. Cum enim, schreibt Huber. in Prælect. Jur. Civ. ad tit. ff. de sponsal. § 11, nihil in rebus humanis sit majoris, in omnem vitam momenti, ratio vult sponsalia non intelligi, nisi verbis indubitatis expressa & acceptata. Vaga & generalia verba in re tanti momenti non sufficiunt, etsi alter dolo in illis proferendis sit usus. Quia eo longius a matrimonio res abest, quo magis dolosa verborum ambiguitas voluntatem abfuisse demonstrat. Daher mag aus diesen Worten: ich will dir ewig getreu verbleiben, ich will dich nimmermehr und in Ewigkeit nicht verlassen, nicht gefolgert werden, als ob dadurch die Ehe wäre versprochen worden, aus Ursachen, weil diese Worte auch de ope, auxilio, alimentisque verstanden werden können, wie Huberus l. c. bemerckt: Dafern nur nicht der Beyschlaf erfolgt, und kurtz vor demselben, oder doch bey selbigem diese Worte gefallen wären. Denn in diesem Falle sowohl auch bey allen andern verbis ambiguis zeiget der Beyschlaf zur Gnüge, daß solche Worte von nichts anders, als von der Ehe verstanden worden. Desgleichen die Worte: du bist mein, oder du sollst meine seyn, ob zwar Cypræus de sponsal. cap. 4 § 12 n. 5, und die daselbst angeführten Doctores behaupten, daß in diesem Falle das Ehegelöbniß geschlossen sey, geben dennoch (dafern nicht zu vorher ein Beyschlaf um die Ehe geschehen, oder aber nach der Zeit solche Worte, die auf beyden Theilen eine Einwilligung ausdrücken, darauf gefolgt, weil in solchem Falle diese obscure Worte durch die klaren vorhergehenden oder nachfolgenden zulänglich erkläret werden) a), nicht eine Vermuthung, daß man die Ehe zugesagt habe, weil bey uns diese gemeine Redens-Art, du bist mein, nur eine besondere Gewogenheit gegen einen oder gegen eine anzeigen, auch solche Worte allzugemein, und nicht allein auf die Ehe, sondern auch auf was anders gezogen werden können, mithin sind sie bloß und schlechthin, nicht aber von dem Bande der Ehe zu verstehen, nach der Regel, wenn ein Wort allgemein ist, daß es auf einen gebräuchlichen und schlechten Handel kan gezogen werden, so ist es von dem blossen Handel nur schlechthin zu verstehen b). Ferner wenn einer eine Jungfer sein Hertzgen, sein Schatz und Kind nennet, oder ihr sonst die zärtlichsten und verbindlichsten Nahmen giebt, so wird dadurch die Einwilligung in ein Ehegelöbniß nicht erwiesen noch vermuthet c). Eben also, wenn iemand eine Jungfer in einem Briefe seine Liebste nennet, ist doch dadurch der Consensus sponsalitius bey weiten noch nicht declariret, noch mag, daß dadurch die Einwilligung in ein Ehegelöbniß gegeben, und das Ehegelöbniß geschlossen worden, bewiesen werden. Hopp. l. c. cap. 2 § 4. Von gleicher Gültigkeit sind auch diese Worte: Es soll uns niemand scheiden, als der Tod. Item: Wir sind ein Leib und zwo Seelen. Denn auch dadurch wird

der Consensus sponsalitius nicht klar und ungezweifelt declariret, da doch solches hauptsächlich nothwendig ist, soll anders ein wahrhaftes Ehegelöbniß vorhanden seyn, bevorab, da auch eine Handlung nicht etwan auf den Willen eines Theiles alleine ankömmt, sondern beyderseits Einwilligung darzu erfordert wird d). Nicht minder die Worte: du gefällst mir eintzig alleine, sind auch keine verbindende Worte, weil derjenige, der solche Worte schreibet, mehr geschertzet und geschmeichelt zu haben scheinet e). Also auch, wenn eine Manns-Person einer Jungfer ein Glas Bier oder Wein zubringet, mit diesen Worten: Wenn du das Glas annimmst, must du meine seyn, und die Jungfer nimmt das Glas an, entstehet daraus keine Verbindung, noch ehelich Versprechen, aus Ursachen, weil diese Worte bloß im Schertze gesprochen, und man in Assambl-een öfters also schertzet, mithin aus blossen solchen Worten kein ehelich Versprechen erzwungen werden mag f), welches auch auf den Fall zu ziehen, wenn eine Manns-Person einer Jungfer ein Glas Wein also zurincket: Ich trincke deine Gesundheit meine Braut: Præterquam enim, schreibt Hoppius Disp. de Joco cap. 2 § 6, quod per sponsæ appellationem non inducantur sponsalia, ipse quoque modus contrahendi plane est ridiculus, & nullam veritatis speciem præ se fert, cum evidenter satis pateat, ejusmodi verba joco fuisse prolata. Gleiche Bewandniß hat es auch mit dem Falle, wenn ein paar unverehelichte Personen mit einander spielen, und einander in dem Spiele selbst aufsetzen, die Weibs-Person verspielet, darauf denn das Manns-Bild in der Jungfer spricht: Ich habe sie nunmehro gewonnen, mithin seyn sie nunmehro meine, die Jungfer aber antwortet darauf: Ja, es sey also. Denn es zeigen alle Umstände, daß hier weiter nichts, als ein blosser Schertz, getrieben worden, mithin entstehet daraus keine zu Recht beständige Verbindlichkeit g). Immassen denn auch dieses von allen andern Spielen, wo nämlich laut des Spieles sich eine Weibs-Person aus allen andern Manns-Personen eine erwählet, wovon Hopp. l. c. cap. 2 § 11, Joh. Brunellus de sponsal. concl. 18 n. 13 ein paar Exempel anführen, billig anzunehmen ist. Diese und alle dergleichen Worte, sie mögen auch seyn, wie sie wollen, muß man nicht so bloß und schlechthin ansehen, wie sie geredet, oder geschrieben worden, sondern man muß vielmehr auf den Sinn, Meynung und Endzweck der redenden oder schreibenden Personen, wie solche sich aus denen Umständen der Zeit, des Ortes u. d. gl. beroffenbaren, sein Absehen richten. Denn wenn von ihnen keine Meldung des Verlöbniß geschehen ist, so mag weder eine Zusage der Ehe, noch daß einige Tractaten darüber gepflogen worden, daraus geschlossen werden. Es ist aber ein anders, eine Handlung, ein anders ein Versprechen, daß einer handeln wolle, und ein anders die Wahrheit, ein anders aber ein höflicher Schertz. Die verblümten Worte ohne Einwilligung sind nicht genug h). Es saget auch nicht gleich einer etwas zu, welcher saget, ich verspreche, wenn er es aus Schertz gesagt hat: Man kan ihn auch nicht wegen des Versprechens belangen, und wer in Schertz etwas thut, thut es nicht im Ernste, weil schertzhafte Worte dunckel, zweifelhaft und ungewiß sind; in Ehe- und Verlöbniß-Sachen aber wird eine zweifelhafte und zweydeutige Einwilligung nicht

nicht angenommen, sondern es wird eine gewisse, klare und deutliche erfordert i). Daher wenn eine Manns-Person ein Weibs-Bild gefragt, ob sie ihn heyrathen, oder zum Manne haben wolte, und diese antwortet darauf: Ist es auch fragenswerth? so mag daraus kein Ehegelöbniß oder ehelich Versprechen erzwungen werden, weil diese Worte annoch sehr dunckel, zwey-deutig und obscur: Dergleichen Worte aber sowohl angeführter massen keine verbindende Krafft Rechtens haben k), vielmehr pro verbis jocosis verstanden wer-den müssen l). Und obgleich Stryk. in Not. ad Brun-nem. J. C. lib. 2 cap. 16 § 3, sowohl auch Hopp. l. c. cap. 2 § 14 einen Unterscheid machen, ob die Weibs-Person keine Eltern mehr habe, oder ob sie noch El-tern habe, und in dem ersten Falle, weil sie deutlicher und klärer antworten sollen, daß solche Worte kein eheliches Versprechen involvirten, behaupten, in letz-ten aber, daß aus solchen Worten allerdings schon zulänglich die Einwilligung erhellete, vorgeben, weil nach Römischen Rechten schon genug wäre, wenn die Tochter nicht widerspräche m); so ist doch dieser Unterscheid, weil er aus dem Römischen Rechte, und dem darinnen gegründeten Rechte der väterlichen Ge-walt über ihre Tochter bey Vollziehung der Ehe her-geleitet, solcher aber nach Maaßgebung des § 190 nach den Canonischen Rechten, und der heutigen Praxi cessiret, billig zu verwerfen.

a) l. fin. ff. de hered. instit. l. 23 ff. de hered. petit. Cavalcanus Consil. 8.

b) l. 19 § 2 ff. de ædilit. edict. Muller vom Recht der Liebes-Briefe § 16 p. 42. Hoppii Disp. cit. cap. 2 § 7.

c) Carpz. JPprud. Consist. lib. 2 Def 19. Rhetius Disp. de Virginibus cap. 5 § 3. Stryk. Disp. de jure blandi-tiarum cap. 2 num. 48. Hoppii Disp. de Joco cap. 2 § 4.

d) l. 8 ff. de oblig. & act. Muller. l. c. § 19 p. 49.

e) Muller l. c. p. 50. Cypræus de sponsal. cap. 4 § 12 n. 17. Hopp. Disp. de Joco cap. 2 § 9.

f) Cypræus de sponsal. cap. 4 § 16 n. 5. Hoppius Disp. cit. cap. 2 § 5.

g) Carpz. JPrud. Consist lib. 2 Def. 19, Cypræus de sponsal. cap. 4 § 16 n. 3. Hoppius Disp. de Joco cap. 2 § 8.

h) l. 38 ff. de oblig. & act.

i) Cothmann. Resp. 86 n. 7. Carpz. JPrud. Consist. lib. 2 Def. 19.

k) l. 12 § 2 C. de ædific. privat. l. un. C. de Nov. oper. nunciat.

l) Carpz. part. 4 C. 20 Def. 9. Hopp. Disp. cit. cap. 2 § 14.

m) l. 7 § 12 ff. de sponsal.

§. 48.

Die Erklärung und Einwilligung der Ehegelöbnisse kan mündl. und schriftlich geschehen.

Und weil die Einwilligung in die Ehegelöbnisse nicht allein mündlich, sondern auch schrifftlich, durch Briefe zu erkennen gegeben wird, so muß ich hier mit weni-gen davon folgendes handeln. Es müssen die Worte, daraus man die Einwilligung in solches Ehegelöbniß ermessen will, nicht anders, als wenn die Einwilligung nur mündlich erfordert wird, clara, certa, indubitata, nicht aber generalis, incerta, ambigua und obscura seyn, daher ich alles dasjenige, was im vorherge-henden § ist gesagt worden, auch hieher gezogen ha-ben will. Wenn nun aber die Worte in dem Liebes-Briefe klar, deutlich und ungezweifelt ein eheliches

Versprechen anzeigen, so sind dieselbigen allerdings verbindlich, daferne nur derselbe Brief von dem Aus-steller wircklich eigenhändig unterschrieben, denn ohne diesen kan gar leichte ein Betrug begangen werden a), auch solcher Brief wircklich an denjenigen gelangen, an welchen er ausgestellt ist. Denn wie in solchem Falle, wenn solcher Brief nicht demjenigen Theile, an welchen er geschrieben worden, sondern einem andern, an den der Aussteller solches Briefes doch nicht schreiben wollen, eingeliefert worden, weder diejenige Person, welcher der Brief unrecht, und wider den Willen des Schreibenden ist aus Irrthum übergeben worden, noch die andere Person, an welche solcher Brief ge-richtet, welchem solcher Brief nicht übergeben worden, sich daraus eines Rechtes wider den Aussteller anmassen kan, und dieser aus solchem Briefe nicht verbunden ist b): Also, ehe solche Briefe eingehändiget, oder von ihm (oder ihr) angenommen worden, ziehen sie dem Schrei-benden keine Verbindlichkeit zu c). Denn durch die angenommenen Briefe wird erst dafür gehalten, daß gleichsam eine Verbindung der gesammten Einwilli-gung aller beyder geschehen sey, und alsdenn wird endlich eine Verbindlichkeit eingeführet d), doch also, daß derjenige, welcher den Brief annimmt, auch wisse, was darinnen wircklich enthalten e): Denn wenn er ihn nicht eröffnet und lieset, (und zwar nicht obenhin, sondern nach Verlauf einiger Zeit, und mit wohl überlegtem und bedachtem Gemüthe) so beweisen solche Liebesbriefe anderer Gestalt nichts wider ihn: Menoch. d. A. I. q. l. 2 cas. 21 n. 5. Peter Muller vom Recht der Liebes-Briefe § 21.

a) Brederod in resolut. Instit. ad § 4 de testam. ordin.

b) Paris Consf. 127 n. 23.

c) Ripa in l. 31 n. 135 in fin. ff. de jure jur. Alciat. lib. 8 consil. 70 n. 5.

d) Baldus in l. 2 ff. de pact. Tiber. Decian. Vol. 2 Resp. 109 n. 16 & 17. Wildvogel Resp. 195 n. 15. Klock. Vol. 3 Conf. 192 n. 92.

e) Clement. 1 vers. scienter.

Von Liebes-Briefen.

§. 49.

Woher das Wort Literæ oder Briefe herstammet.

Und weil diese Materie von Liebes-Briefen we-gen ehelicher Verlobung heute zu Tage gar zu offt in Gerichten pro und contra bestritten wird; Als wollen wir Petri Mulleri Dissertation von dieser Materie der Liebes-Briefe in und ausser der Ehe allhier zum Gerichts-Brauch vor die Rechts-Ge-lehrten einschalten.

Die Briefe (deren erste Erfinder die Phönicier sollen gewesen seyn, Isidorus lib. 1 c. 3 de origini-bus, daher denn Lucanus spricht: Daß die Phö-nicier, wo man anders dem Gerüchte glauben soll, sich zuerst unterstanden, die Reden, damit sie bestän-dig bleiben möchten, mit ruden Figuren zu zeichnen,

Phœnices primi, fama sic creditur, ausi,

Mansuram rudibus, vocem signare figuris);

leiten einige nach dem Lateinischen Literæ von lino ich trage auf und streiche an her, weil dasjenige, was man schreibet, auf das Papier gelinde getragen, und gestrichen wird. Andere deriviren es von den li-turis, weil die Alten gewohnt gewesen, auf wäch-serne Tafeln zu schreiben, und es hernach auszulö-schen, so wie wir ietzo auf Papier schreiben, und dasselbe wiederum leichtlich Ausstreichen können a).

Me-

Melanchthon in Ortographia.   Andere leiten es
her von lineaturis oder Schreibung, so daß aus
diesem alten Wort nachgehends einige Buchstaben
heraus genommen worden, und das Wort literæ
entstanden.   Becmann de Origine lat. lingu. p.
m. 626.   Andere nennen die literas gleich als legi-
teras beständig zu lesende Sachen, weil sie demjenigen, der sie lieset, gleichsam eine Reise verursachet b).
Bey den Lateinern, heissen Literæ eigentlich so viel,
als Buchstaben c), und werden demnach in so fern,
von den Griechischen Noten und Zeichen, die man
σημεια nennet, und mit denen die acta publica geschrieben wurden, unterschieden, wie man aus l. 33
§ 1 ff. ex quib. cauſ. maj. vig. quinq. annis, l. 40
pr. de mil. teſtament. l. 15 C. eod. l. 11 § 3 ff. de
inſtit. act. siehet, denn die Noten sind keine Buchstaben l. 6 ſ ult. de bon. poſſ. und daselbst Gothofr. in Not. lit. R. Es waren auch diese Noten
nichts anders, als gewisse Compendia der Wörter,
die man nicht allein deswegen erdacht, daß sie von
niemanden so leicht gelesen werden können, sondern
auch, weil man damit geschwinde schreiben konte,
siehe Salmuth ad Panciroll. tom. 2 rer. memorab.
Man nimmt sie auch entweder in allgemeinem Verstande vor eine iede Schrifft, oder Instrument und
Document, l. 56 ff. de procurat. ingleichen vor die
Verschreibung, als l. 56 ff. mandat. Calvinus in
lex. Jurid. ſub voce Literæ. Bey den Juristen heißt
literas ſcire so viel, als schreiben und lesen können,
l. 10 & ult. C. de teſtam. fig. Inſtit. de excuſ. tut.
Oder man nimmts im genauern Verstande vor die
Briefe und Schreiben, welche man nicht unfüglich
die Gespräche der Abwesenden nennen kan, welche
Benennung sonst Aym. Cravetta in repetit. rubric. de legat. 1 n. 121 hat, weil wir durch Briefe
mit dem Abwesenden reden, Cicero l. 7 ad Attic.
epiſt. 19, ja wer da schreibet, hat das Ansehen, als
ob er redete, l. 21 § 1 verb. ſua voca vel literis ff.
qui teſtamenta facere poſſ. Nov. 44 in præf. ibi:
Quæ charta loquebatur, so daß deshalben die
Briefe, als das beste und eigentlichste Instrument
nicht allein den Willen eines Schreibers ausdru-
cken, wie sonst Ovidius spricht l. 3 Triſt. Eleg. 7,
daß der Brief ein treuer Diener seiner Rede
wäre d),

Litera ſermonis fida miniſtra mei;

sondern auch ein Versprechen in sich halten, und eine
tüchtige und rechtmäßige Verbindung in sich fassen,
l. 26 § 2 ff. depoſit. l. 24 ff. de conſt. pecun. l. 2
ff. de obl. & act. Maſcard. de probat. concluſ.
627 n. 46.

a) Dergleichen wächserne Tafeln, auf welchen die Alten
geschrieben, findet man auf vielen Bibliothecken an
vielen Orten, man hat auch tausend Stellen, bey den
lateinischen Autoribus, die davon zeugen: Wie denn
die Alten auf diese wächserne Tafeln, mit einem Stylo
oder Griffel schrieben, der unten spiz, oben aber breit
war, so daß sie mit der spizen Seite die Buchstaben ein-
krazen, mit der breiten aber dieselbe auslöschen, und
die Rizen des Wachses wiederum bestreichen, und
gleich machen können.

b) Es sind dergleichen derivationes mehrentheils ungewiß, auch kommen sie zu verschiedenen malen sehr gezwungen heraus, wie sie denn auch überhaupt einen
schlechten Nuzen haben. Eigentlich gehören sie vor
die Criticos, oder diejenige unter den Gelehrten, so
man sonst Wörter-Könige nennet, denn diese sind be-

mühet einem ieden Wort seinen Paß abzufodern, und
zu fragen, wo es herkommt.

c) Weil der Herr Autor in dem Lateinischen das Wort
Literæ gebrauchet, so handelt er auch anizt von dessen
Bedeutung ausführlich, im teutschen aber wäre es
nicht nöthig gewesen, denn da braucht man bloß das
Wort Brief oder Schreiben. Es hätte also dieser §
in der deutschen Uebersetzung schon weggelassen werden können, wenn man sich nicht gescheuet, an des
Autoris Arbeit etwas zu verstümmeln. Indessen
brauchen wir auch nicht einmahl eigentlich zu wissen,
wo das Wort Brief herkommt, ob es von bringen,
oder von überbriefen seinen Ursprung hat, es ist schon
genug, daß wir wissen, was es bedeutet. Ein Schreiben, kommt wohl, wie ieder siehet, von dem Worte
schreiben her, weil man die Briefe schreibet.

d) Es sind noch sonst verschiedene Arten übrig, dadurch
man seine Gedancken einem andern entdecken kan,
denn so haben einige Personen, und insonderheit wie
vermuthlich, verliebte Leute, das Reden mit den Händen erdacht, da man demjenigen, der uns sehen kan,
durch die verschiedene Positur und Stellung der Hände
dasjenige zu verstehen giebet, was man nur will, welches, sonst im lateinischen manuloquium genennet wird,
und hat man davon eine besondere lateinische Schrift
und Disputation, welche man auch annoch des Lesers
Curiosität zu vergnügen, deutsch heraus geben könte.
So kan man auch alle seine Gedancken einem andern
zu erkennen geben, wenn man auf der Flöthe und
Violin spielet, und einen ieden Ton einen Buchstaben bedeuten lässet, welches der andere, der es höret,
auffschreiben, und nachgehends zusammen setzen und
lesen muß, folgends erkennen kan, was der andere ihm
hat sagen wollen. Sonsten ist auch die Invention
bekannt genug, daß zwey Perso-
nen, so von einander reisen, sich die 24 Buchstaben
des Alphabets auf den Arm in die blosse Haut sollen
schneiden lassen, und das Blut aus ihrem eigenen
Arm dem anderen wechselsweise zukommen lassen,
denn alsdenn würde es geschehen, daß wenn der eine
z. E. zu Paris, der andere in Leipzig wäre, und der
zu Paris auf seinen Arm, und auf den Buchstaben (J)
schlüge, der andere in Leipzig auch, per sympathiam
und wegen der Gemeinschafft des Blutes empfinden
müste, und also könte der eine auf so viel Buchstaben
schlagen als er wolte, der andere aber müste, wenn
er es empfände, alles auffschreiben, folgends könte er
alles wissen, was ihm der erste sagen wollen, doch
diese Invention ist meines Wissens noch nicht probat
erfunden.

§. 50.

Es giebet vielerley Arten von Briefen.

Es sind aber verschiedene Arten von Briefen:
Als Begnadigungs-Briefe, Wechsel-Briefe, An-
stands-Briefe, Ladungs-Briefe, Compaß-Schrei-
ben, Revers oder Gegen-Bekenntniß, Scheide-
Briefe, Credentz- oder Treu-Briefe, Anruffungs-
oder demüthige Bitt-Schreiben, Danck-Briefe,
Danck-Schreiben, von welchen allen zu handeln,
weder die Zeit noch unser Vorhaben leidet a). Wir
haben uns anizo vorgenommen, bloß von einer Art
der Briefe, nemlich den Liebes-Buhlen- oder Jung-
fer-Briefen zu handeln. Es heissen aber die Briefe,
Liebes-Briefe, weil sie von der Liebe, das ist, von
einem verborgenen Feuer zeugen, wie Virgilius
spricht : Æneid. verſ. 693 oder von einer Flamme,
4 Æneid. v. 66. Diese Liebe, die sonst eine Bewegung des Appetites ist, durch welche das Gemüth
mit demjenigen vereiniget wird, was ihm schön zu
seyn deuchtet b), wird von Virgil. 4 Æneid. v. 1
eine Wunde, eben daselbst v. 3 die Venus, ja gar
eine Raserey v. 90 genennet:

Ardet amans Dido traxitque per oſſa furorem.

Es brennet die Dido vor Liebe, und die Raserey hat ihr Marck und Bein durchgegangen c).

a) Es haben auch andere davon schon gehandelt, wie man denn insonderheit von Wechsel-Briefen des berühmten Jo. Christoph Francken Jus Cambiale hat. Den Unterscheid der Briefe lernet man am besten aus den Brief-Stellern erkennen, als in welchen man hunderterley Arten von Briefen findet. Siehe Talanders und Salanders neuesten Brief-Steller, Menantes neue Briefe, ingleichen Neukirch von deutschen Briefen ꝛc.

b) Daß die Liebe allerdings die Schönheit zu ihrem Object hat, ist ausser allem Zweiffel, nur kommen die Menschen darinne nicht überein, wenn sie von einer Sache urtheilen sollen, ob sie schön sey oder nicht, indem es heißt:

Qui diligit ranam, ranam putat esse Dianam,
Wer einen Frosch liebet, hält den Frosch vor die Dianam, und:

Was man liebet, das ist schön,
Ob es groß sey oder klein,
Beydes bringt Vergnügen ein,
Ob es braun sey oder weiß,
Beydes ist von gleichem Preis,
Das muß alle Welt gestehn,
Was man liebet: Das ist schön.

c) Das tertium comparationis oder die eigentliche Ursachen, warum die Liebe mit der Raserey verglichen wird, ist wohl darinne zu suchen, weil die Liebe der stärckeste und allerempfindlichste Affect ist, ja weil verliebte Leute, zu allen Sachen, ohne weitläufftig darüber zu reflectiren, fast wie rasende Personen zu bringen sind. Ja es fehlet auch an Exempeln nicht, daß Leute gar aus Liebe närrisch geworden.

§. 51.

Die Liebe ist entweder honett oder geil.

Wie aber die Liebe ein Affect ist, der weder gut noch böse ist, so wird auch nach der Beschaffenheit, der ihr anhängigen Qvalität, so entweder etwas moralisch gutes oder böses ist, entweder eine Tugend oder ein Laster. Daher ist manche Liebe honett, manche aber wiederum geil a). Damit wir nicht irren, spricht Guazzius de civili conversatione differt. IV edit. Reisner. so müssen wir wissen, daß es zwey Göttinnen der Liebe giebet, eine im Himmel, und die andere auf der Erde. Und ist die erste die Mutter der geilen, die andere aber der honetten Liebe. Die geile Liebe ist nichts anders als eine verblendende Leidenschafft der Seelen, so dem Gemüth die Augen benimmt, das ingenium vom rechten Wege abführet, und es aufgeblasen machet, ja die memorie gantz und gar zernichtet, und dabey die irdische Güter verschleudert. Sie ist eine Sache ohne raison, ohne Ordnung und ohne einige Beständigkeit b). Sie ist ein Fehler eines ungesunden Verstandes, und endlich der Untergang der menschlichen Freyheit: Mit einem Wort, der Anfang derselben ist die Furcht, das Mittel Sünde, und das Ende Schmertz und Angst. Die honette Liebe aber ist die Ursache guter und löblicher Affecten. Daher machet sie die Leute gesprächig, geduldig, großmüthig, und benimmt ihnen alles bäurische Wesen. Sie führet sie gar familiair zur Gesellschafft, und bey der Arbeit Furcht, Verlangen und Reden, ist sie ein guter Regente, ja endlich die vollkommenste Zierde des menschlichen Lebens c): Es hat demnach ein Poet die Liebe folgender maßen re-

Jurist. Oracul V Band.

dend eingeführet: Was sie rares, fremdes und edles hat, das hat sie alles, du darffst gar nicht zweiffeln, sowohl von mir als von sich selbsten.

Quicquid habet rarum, peregrinum & nobile id omne,
A me ne dubites pariter provenit & ipsa.

Guazzus d. l.

a) Der Grund dieser Eintheilung, ist theils in den verschiedenen Objecten, die man liebet, als auch in denen verschiedenen Arten zu suchen, welche man liebet. Denn so liebet man GOtt, den Nächsten, gute Freunde, und Personen anderes Geschlechts, alle aber auf verschiedene Art. Daher denn auch die Liebe selbst nothwendig unterschieden seyn muß.

b) Die Frantzosen drucken dieses gut aus, wenn sie sagen:

L'amour est je ne scai quoi,

die Liebe ist, ich weiß nicht, was. Und diese Deffinition kan man auch schon von der Liebe behalten, ob sie gleich gar nicht erkläret, was die Liebe ist. Denn die meiste geile Liebe, wie sie der Autor nennet, hat wohl durchgehends keinen Grund, und bestehet in der Einbildung, folgends ist sie, ich weiß selbst nicht, was.

c) Daher ist das sanguinische Temperament, wenn es durch die Vorstellungen der gesunden Vernunfft, und die Verbesserung des Willens von der geilen Liebe gereiniget ist, das allerschönste und beste auf der Welt, indem es sich in alle Leute zu schicken, und durch eine angenehme Auffführung aller Hertzen zu gewinnen weiß. Indessen so können die sanguinei wegen ihres vielen Blutes auch leichtlich in die geile Liebe verfallen, da denn alles gute, so bey ihrem Temperament befindlich ist, umgekehret und verstellet wird.

§. 52.

Dergleichen Liebe pfleget entweder durch eine Unterredung oder Briefe entdeckt zu werden.

Dergleichen Liebe aber pflegen die Verliebten sich einander auf verschiedene Arten und durch vielerley Mittel und Wege anzudeuten; Nemlich entweder durch mündliche Unterredung, indem vielleicht Dido und die Trojanische Feld-Herr in eine Höle zusammen kommen:

(Speluncam Dido, Dux & Trojanus eandem deveniunt).

Oder durch Briefe, so von lauter Zucker und Gewogenheit angefüllet sind, zu geschweigen, daß offtmalen das Papier noch weit kostbarer ist, als dasjenige, so man darauf schreibet. Insonderheit ist es zu unsern Zeiten dahin gekommen, daß nicht allein Manns-Personen in ihrer Jugend die Liebes-Bücher und Romainen lesen, und aus denselben schöne Redens-Arten zusammen bringen a), sondern auch das delicate und galante Frauenzimmer sich es vor eine Ehre schätzen, wenn sie den Amadis und die verliebte Schäfferin, auch andere dergleichen Schrifften mehr b) Tag und Nacht lesen können, so daß dergleichen der Diana gleich gesinntes Frauenzimmer, wenn sie andere Personen ihres Geschlechts erblicken, so davon nichts wissen, und dergleichen Dinge hindansetzen, selbige sofort vor Bauer-Mägden halten, da sie doch vielmehr durch dergleichen Zierathen nur verliebter werden, und durchs Schreiben auf der papiernen See ihre Liebhaber zu besuchen sich angewöhnen c), wie Muretus diese Meynung führet d), indem er spricht, daß das gelehrte

Rrr 2   Frauen-

Frauenzimmer insgemein wollüstig sey, und dieses bezeuge Sappho, es sey auch nicht zu verwundern, denn sie lesen viel Historien, welche sie sündigen lehreten, wie Flaccus spricht. Wiewohl er wird von Lælio Bestiola e) widerleget f). Wir verwerffen auch nicht ohne Unterscheid alle Gelehrsamkeit an einem Frauenzimmer, sondern lassen vielmehr diejenige mit allem Fleiß zu, welche zu guten Sitten dienen, insonderheit wofern ein Frauenzimmer Mittel hat, und es also die Vernunfft erfordert, daß sie ihre Zeit lieber in Studiren als in andern Sachen zubringen möchte g), weil keine Bemühung honeter, angenehmer, unschuldiger, und einem Menschen anständiger ist, als die, so man auf die Gelehrsamkeit anwendet. Es ist auch nicht durchgängig wahr, daß gelehrtes Frauenzimmer iederzeit solte wollüstig seyn, denn so spricht Ludov. Vives selbst h): Es pfleget zu geschehen, und ich habe es erfahren, daß alle böse Frauenzimmer ungelehrt und unwissend, hingegen die Gelehrte fromm und lobenswürdig seyn, ich kan mich auch nicht besinnen, daß ich ein unzüchtig Frauenzimmer gesehen haben solte, so gelehrt gewesen wäre. Wird nicht ein brünstiger und listiger Liebhaber, viel eher ein unerfahrnes und einfältiges Frauenzimmer zu etwas überreden können, als ein anderes, so Verstand und Gelehrsamkeit zu ihrem Schutz hat.

a) Dieses ist nicht mehr mode, und pfleget man diejenige nur auszulachen, so aus den Romainen allerhand hochtrabende Redens-Arten zusammen raspeln, und sie hernach mal à propos zu Marckte bringen. Denn ordinair siehet man gleich, daß dergleichen Redens-Arten gar zu romanisch, das ist, fantastisch sind, wenn man sie im gemeinen Leben anbringen will. Indessen kan sich derjenige doch, der gute Romainen fleißig lieset, in der deutschen Sprache üben.

b) Itzo hat man sie besser als: Zieglers Asiatische Banise, Talanders und Menantes Romainen, das Carneval der Liebe, die unzehlichen Französischen zu geschweigen, ingleichen die Octavia, Aramena &c.

c) Jener Vater wolte deswegen seine Tochter weder lesen noch schreiben lassen, damit sie nicht Gelegenheit hätte Romainen zu lesen, oder an ihren Liebsten zu schreiben. Allein ob dieses der rechte Weg sey ein Frauenzimmer von der Liebe abzuhalten, mögen andere urtheilen. Ich halte davor, daß die Liebe in den alten barbarischen Zeiten, da man weder lesen noch schreiben können, eben so gut unter den Menschen gepflogen worden, als wohl itzo. Und überhaupt heist es von der Liebe: Ingeniosus Amor, die Liebe ist Sinn- und Kunst-reich, man mag ihr gleich wehren, wie man immer will.

d) Libr. 8 var. lect. C. 21.

e) Tom. 1 Libr. 13 c. 23 fol. 10, 12.

f) Und dieses mit allem Recht, denn aus diesem Beweise müste auch folgen, daß die Gelehrte überhaupt die allerwollüstigsten Leute seyn müsten, weil sie viel Historien lesen, so sie sündigen lehreten: Welchen Schluß doch wohl niemand so leichtlich machen wird.

g) Denn sonst haben die Frauenzimmer ihre Haus-Sachen ordinair zu besorgen. Doch dächte ich, daß wie nichts eine Manns-Person hindern kan, daß sie nicht zugleich einem ansehnlichen Amt vorstehen, gelehrt seyn, und das Haus-Wesen besorgen solte, auch zugleich ein Frauenzimmer der Gelehrsamkeit und Wissenschafft einige Stunden widmen, die übrige Zeit aber ihr Haus-Wesen abwarten solte.

h) Lib. de Offic. Mariti C. 4 de discipl. fœm. p. 87.

§. 53.
Wohin gegenwärtige Abhandlung zielet.

Allein es mag hieran seyn, was da immer wolle, so wollen wir doch in unserer Abhandlung uns um die delicate Ausdruckungen der Briefe anitzo nicht bekümmern, sondern diese Arbeit andern überlassen a), auch wollen wir nicht von denen Briefen guter Freunde handeln, sondern unser Absehen bloß allein dahin richten, daß wir darthun, in wieweit die Liebes-Briefe, so eine Manns-Person an ein Frauenzimmer, oder ein Frauenzimmer an eine Manns-Person schreibet, die Krafft haben, die Versprechung der Ehe darzuthun, und selbige zu beweisen, oder wofern die Liebe in etwas groben Expressionen ausgedrucket wird, in wieweit man präsumiren könne, daß iemand einen Ehebruch begangen, oder auch eine Person geschwängert. In dieser Art der Liebe spricht Zasius b) kan eine Manns-Person einem Frauenzimmer nicht nachgehen, als entweder sie auf inhonorte Art zur Unkeuschheit zu bewegen, oder auf honette Art zur ehelichen Verlobung. Es sind also die Liebes-Briefe nach unserm Begriffe nichts anders: als Schrifften, daraus man eine Prätension auf das Versprechen der Ehe, zwischen Personen, so zum Ehestand tauglich sind, machen, oder selbes Versprechen beweisen kan, oder bey einer Schwängerung, oder einem Ehebruch wider den Schreiber, eine böse Meynung oder Präsumtion entstehen kan.

a) Dieses thun die Brief-Steller, darunter gehöret des galanten Frauenzimmers Secretariat-Kunst.

b) Inter var. matrimonial. tom. 2 consf. 10 n. 8.

§. 54.
Das Eheverlöbniß und die Ehe kan durch Briefe vollzogen und bewiesen werden.

Wie aber andere Sachen, und zwar durchgehends, wenn sie durch einen Consens vollzogen werden können, durch Briefe können ausgemachet werden a): So ist es auch gewiß, daß man durch Briefe oder Schreiben auch ein Ehe-Verlöbniß eingehen, oder die Ehe vollziehen und beweisen könne b). Daß auch dergleichen Liebes-Briefe gefunden werden, kan man sowohl durch geistliche, als weltliche Exempel beweisen c). So zeiget die Geschichte der Maccabäer, 1 Buch Cap. 10, daß sie bey denen Alten üblich gewesen, denn daselbst bittet Alexander sich des Ptolomäi Tochter zur Gemahlin aus, da er in sein Vaterland zurück gekommen, und den Thron, zusammt dem Reiche seiner Vorfahren eingenommen hatte. Auf gleiche Art ist auch die Ehe zwischen dem Kayser Maximiliano und der Tochter Caroli des Herzogs von Burgund durch einen Brief vollzogen. Denn Caroli Tochter schrieb auf Befehl ihres Herrn Vaters mit eigener Hand einen Brief, daß sie aus Gehorsam gegen ihren Herrn Vater die Ehe versprechen wolle, und bereit wäre, die angefangene Heyrath auf alle Art und Weise, als es dem Vater anständig wäre, zu vollziehen. Diesen Brief hat der Vater, wie er mit seiner Tochter eigener Hand geschrieben worden, zusammt einem Ringe an Maximilianum geschickt, in welchem ein Edelstein, nemlich ein Diamant, eingeschlossen war. Cominæus c. 57 und 116, auch 117. Bey Everhardo consl. 178 finden wir ein Exempel von einem Mäidgen, welches einem jungen Menschen die Ehe in folgenden senden Briefe versprochen: Ich will keinen andern heyrathen als dich, und dieses Versprechen hat sie auch gar heilig gehalten, und den Bräutigam angemahnet, daß er ihr in ihrer Liebe gleich kommen solte.

a) § unic. Instit. de oblig. ex consens. l. 2 § 2 ff de oblig. & act.

b) l. fin. ff. de sponsal. ibi: in sponsalibus constituendis &c. Wenn man ein Eh-Verlöbniß machet, ist wenig daran gelegen, ob man es selbst thut, und dabey zugegen ist, oder durch einen andern, oder auch gar durch Briefe. l. 5 ff. de ritu nupt. cap. fin. de procurat. in 6. c. ex parte 14 de conversat. conjugat. ubi Glossa super verb. internunciis. c. honorantur 13 caus. 32 q. 1. Covarruv. var. resolut. Tom. 1 de matrim. part. 2 c. 4. Abbas in c. accedens 24 ad fin. de præbend. Cardin. Tusch. l. 6 conclus. pract. 985 n. 2. Carol. Ruin. vol. 1 consl. 6 n. 7. Paris vol. 4 c. 55 in init. Anton Quetta inter consil. matrimon. Germanor. Nicol. Buckeri Tom. 2 Cons. 13 n. 2. Coras. l. 3 miscellan. c. 4.

c) Ich glaube, es sind Liebes-Briefe in der Welt gewesen, so bald die Leute haben schreiben können, und die Buchstaben erfunden haben.

§. 55.

Man muß die Personen betrachten, so dergleichen Briefe schreiben.

Man muß aber insonderheit die schreibende Personen betrachten, so dergleichen Briefe verfertigen, und dabey erwegen, ob sie in dem Stande und von der Beschaffenheit seyn, daß sie ihre Briefe auf eine gültige Art und in dem Vornehmen die Heyrath zu vollziehen ablassen können, und daß sie durch nichts verhindert werden, das Versprechen der Ehe anzunehmen. Denn woferne diejenige, so da schreiben, noch als Kinder in der Väterlichen Gewalt stehen, so müssen sie sich hüten, daß sie nicht wider derselben Wissen und Willen dergleichen Dinge anfangen. Denn es wäre wider die Wohlanständigkeit, eine so schwere Sache auf eine so schlüpfrige und nicht genug überlegte Manier anzufangen: hingegen ist es billig, daß man den Eltern, welche so viel Arbeit, Beschwerde und Sorgen ihrer Kinder wegen gehabt, die Ehre erweise, und ohne ihr Vorwissen kein Ehe-Verlöbniß eingehe, fürnemlich deswegen, weil sie für ihre Kinder die heilsamsten Anschläge fassen, und wegen der sonderbaren Liebe, welche sie gegen dieselbe hegen, sie wohl zu versorgen pflegen a). Recht kindlich saget jener Jüngling bey dem Poeten: Ich will keine heyrathen, sollte sie gleich schöner als die Göttin der Liebe, und weiser als die Krieges-Göttin seyn, wenn mein Vater seinen Willen nicht darein giebet. Dieses befielet auch das göttliche Recht, denn im 2 Buch Mos. am 34 Cap. v. 16 stehet: Du solt deinen Söhnen ihre Töchter zu Weibern nicht nehmen, ingleichen im 5 Buch Mos. Cap. 7 v. 3. Eure Töchter solst du nicht geben ihren Söhnen und ihre Töchter solt ihr nicht nehmen euren Söhnen. Man kan auch im Jesus Sirach Cap. 7 Vers 26, 27 nachschlagen. So nahm Hagar ihrem Sohne Ißmael ein Weib aus Egypten-Land im 1 Buch Mos. Cap. 21 v. 21. Hierbey entstehet die Frage: Wenn ohne der Mutter Einwilligung die Heyrath zugesaget worden, was alsdenn Rechtens? Zwar wenn man die väterliche Gewalt nach dem bürgerlichen Rechte, nach wel-

chem die Mutter über die Kinder keine Gewalt hat, ansiehet, so wird zu der Kinder Verheyrathung die mütterliche Einwilligung nicht erfordert b). Aber nach der Gewohnheit unserer Zeiten hat man nöthig der Mutter Einwilligung zu ersuchen, fürnemlich wenn der Vater verstorben c). Es kömmt nemlich der Mutter diese Ehre zu wegen der Beschwerlichkeiten, die sie in der Geburt und in der Aufferziehung ausgestanden, dahero vermahnet der alte Tobias seinen Sohn recht ernstlich, daß er seine Mutter nicht verachten solle, wenn er im 4ten Cap. seines Büchleins Vers 3, 4 spricht: Ehre deine Mutter dein Lebelang, dencke daran, was sie für Gefahr ausgestanden hat, da sie dich unter ihrem Hertzen trug.

a) l. 3 § 1 ff. de administr. & per. tut. l. 67 de ritu nupt. Chemnitius part. 2 exam. concil. Trid. sub fin. tit. de clandestin. matrim. fol. 269. In angeführten l. 67 ist enthalten, daß nicht allein bey dem Leben des Vormundes, sondern auch nach seinem Tode, dessen Sohn des Vaters Pfleg-Befohlene nicht heyrathen könne, weil der Vater verbunden ist, Rechnung abzulegen seiner Pflegbefohlnen. Hierauf wird § 1 eine Frage auffgeworffen: Wenn ein Groß-Vater die Vormundschafft seiner Enckelin von einem seiner Söhne geführet, ob er dieselbige an einen Enckel von einem andern seiner Söhne verheyraten könne? und wird mit ja beantwortet, aus dieser Ursache: quia par affectionis causa suspicionem fraudis amovet: summæ affectionis avitæ intuitu, hujusmodi nuptiæ concedendæ sunt. Weil der Groß-Vater gleiche Liebe gegen alle seine Kindes-Kinder heget, so höret aller Verdacht des Betruges auf: In Ansehung der zartesten und innigsten Liebe des Groß-Vaters, sind dergleichen Heyrathen zugelassen.

b) Ludwel exerc. Inst. 2 th. 6 lit. b. Man kan hierbey des Herrn Geheimen Rath von Ludewigs Diss. de differentiis juris Romani & Germanici in consensu connubiali extra patrem nachschlagen, allwo er diese Materie sehr weitläufftig ausführet, und differ. 1 zeiget, daß nach dem Römischen Rechte, die Mutter über ihre Kinder gar keine Gewalt gehabt, deßhalb auch der Mutter Einwilligung in der Kinder Verheyrathung nicht nöthig gewesen.

c) L. 20 C. de nupt. allwo diese Worte: si patris auxilio destituta: matris & propinquorum & ipsius quoque requiratur adultæ judicium. Wenn die Tochter ohne des Vaters Hülffe ist, so wird das Gutachten der Mutter und Anverwandten, wie auch der Tochter selbst, wenn sie erwachsen, erfordert. Siehe gedachte Diss. differ. 1 Cap. 2, allwo unter andern Ursachen § 1 diese angeführet wird: Weil nach dem Teutschen Rechte die Kinder unter der mütterlichen Gewalt stehen.

§. 56.

Wenn ein Jüngling mit einer Jungfer Liebes-Briefe wechselt und sich darinnen verschwöret?

Wie aber? Wenn ein Jüngling einer Jungfer und diese in Gegentheil einem Jünglinge einander die Ehe versprochen und sich zugleich verschwören haben: Werde ich dich nicht zum Weibe nehmen, so soll mich der Teuffel holen a); Sind sie verbunden? Daß diese und dergleichen Verschwörungen den versprechenden Theil nicht verbinden, wenn ein junger Mensch mit Hindansetzung der väterlichen Einwilligung geschworen, bezeuget Wahrmund von Ehrenberg de fœderib. lib. 2 pag. 92. Er schreibet auch eben daselbst, daß in dem Ober-Appellations-Gerichte zu Dreßden also gesprochen worden. Gleicher gestalt verhält es sich, wenn er bey seiner Seele geschworen, wie Asinius de exec.

§ 1 c. 16. Baldus in c. etsi 7 de jurejur. also dafür halten, weil nicht iedes Versprechen b) noch ie der Eid-Schwur zu halten. Denn denen Gesetzen ist es gemäß, daß eine schändliche Zusage entweder einer unanständiger Sache oder welche denen Rechten nach unmöglich ist, keine Verbindlichkeit nach sich ziehe, cap. ult. X. de pact. in 6 c) und Socin. in reg. 206. Da nun in denen Rechten ausdrücklich vorgeschrieben, daß die Kinder bey ihrer Verheyrathung der Eltern Einwilligung vonnöthen haben, wie in dem vorhergehenden § ausgeführet, so ist offenbar, daß ein junger Mensch in diesem Fall ganz und gar wider die Rechte etwas versprochen, und zu einer unmöglichen Sache sich verbindlich gemachet: so machet dergleichen Verbindung einen Handel mangelhafft und unkräfftig, l. impossibil. ff. de Verb. Oblig. und befreyet von dem Kirchen-Banne, Gloss. in c. quæstio de appell. ja es ist eher zu erdulden, den Eid nicht zu erfüllen, als etwas schandbares zu thun, d. c. 8 caus. 12 qu. 4. Jedoch damit andere sich daran spiegeln, ist die Leichtsinnigkeit derer, welche dergleichen Liebes-Briefe schreiben, zu bestraffen, daß sie so freventlich und unrecht geschworen, oder vielmehr dergleichen Verschwörungen gethan haben, wie nechst dem Hrn. Beust Daniel Moller d) erkannt, daß nemlich ein Jüngling wegen seines vertwegenen Eidschwurs von der Obrigkeit willkührlich bestraffet werde, siehe Mülleri Hypomnem. de annulo pronubo th. 17.

a) Es ist dieses unter jungen Leuten nichts ungewöhnliches, welches die vielen Exempel beweisen. Ja einige verfallen gar auf die Thorheit, daß sie dergleichen Briefe mit ihrem Blute unterschreiben.

b) c. 8 caus. 22 qu. 4; in diesem c. wird das Exempel des Herodis angeführet, und von ihm gesaget: Saltatrici præmium turpiter promisit, crudeliter solvit. Turpe, quod regnum pro saltatione promittitur; crudele, quod mors Prophetæ pro juris jurandi religione donatur. Er hat der Tänzerin den Lohn schändlich versprochen, und auf grausame Weise gegeben. Schändlich ist es, daß das Königreich vor einen Tanz versprochen; Grausam, daß des Propheten Tod wegen des Eidschwurs geschencket wird.

c) In diesem c. hat der Pabst Bonifacius VIII verordnet: pacta cum prælatis facta (dum tamen alias sint licita & honesta) debere ab ipsis fratribus perpetuo inviolabiliter servari. Daß diejenigen Verträge, welche von Prälaten sind gebilliget worden, und welche vergönnet seyn, auch nicht wider die Ehrbarkeit lauffen, ja ieber Zeit von denen Brüdern im Kloster unverbrüchlich sollen gehalten werden.

d) Semestr. lib. 1 c. 47.

§. 57.
Wenn die Eltern denen Kindern vergönnen Liebes-Brieffe zu schreiben und sie gar lesen?

Ein anders aber ist zu sagen, wenn die Eltern denen Kindern vergönnen, die Liebes-Briefe zu schreiben a), ja die von den Kindern an die Liebsten gestellete Brieffe selbst lesen b), in welchen dergleichen eheliche Versprechungen geschehen, und nicht widersprechen; in diesem Falle wird das Nachsehen, so mit der Wissenschafft verknüpfft, vor die Einwilligung gehalten c). Denn wer zu einer Sache stille schweiget, scheinet in dieselbe zu willigen cap. qui tacet 43 X. de Reg. Jur. in 6. Wenn

also die Eltern ihren Kindern es einmal verwilligen, so ist ihre Einwilligung unwiderrufflich. Tiraq. d. legib. connubial. Gloss. 5 num. 91. Denn wer seinen Willen zu einer Handlung giebet, dem wird ordentlicher Weise die Reue nicht verstattet, er kan auch seinen Beyfall nicht wiederrufen, l. 11 de serv. præd. rust. l. ult. ff. comm. præd. Tiraquell. d. l. Gloss. 8 quæst. 14 num. 125.

a) Denn daraus ist zu schliessen, daß die Eltern völlig gewillet seyn, ihre Kinder an dieselben, an welche die Liebes-Brieffe geschrieben werden, zu verheyrathen. Es pflegen aber dieses die Eltern insgemein zu thun, wenn sie wissen, daß ein junger Mensch von vornehmen Eltern, grossen Vermögen, und dergleichen ist. Solte aber die Person arm seyn, so wird man dergleichen selten hören, es wäre denn, daß das Frauenzimmer nicht eben in gutem Ruffe stehe.

b) Noch mehr aber ist der Eltern Einwilligung daraus zu schliessen, wenn sie die Liebes-Brieffe selbst schreiben, oder doch denen Kindern in die Feder dictiren.

c) l. 1 § 3 ff. de tribut. act. allwo die Glosse nachzusehen in Worten: imposuisse. Die Worte in dem 3 § sind sehr nachdencklich, welche diese: Scientiam hic eam accipimus, quæ habet & voluntatem, sed (ut ego puto) non voluntatem sed patientiam: si igitur scit, & non protestatur & contradicit. Durch die Wissenschafft verstehen wir allhier diejenige, welche auch den Willen hat, oder wie ich dafür halte, eine Nichtwiderstrebung, sondern ein Nachsehen: Wenn es also der Herr weiß, und nicht öffentlich darwider protestiret und widerspricht. Siehe auch l. 4 § item qui in fin. ff. de precar. Natta lib. 2 consil. 174.

§. 58.
Ein Unsinniger kan keine Liebes-Briefe schreiben.

Nechst diesem muß derjenige, so Liebes-Briefe schreibet, eine gesunde Vernunfft haben a). Denn die allzuviele und fremde Hitze entzündet in dem Unsinnigen und Wahnwitzigen die Lebens-Geister, und treibet dieselbigen um, daß sie solche nicht zu gebrauchen weiß, daher wird auch dafür gehalten, daß er wegen solcher Untüchtigkeit keinen Verstand habe, siehe davon den Herrn Schilter philosoph. jur. c. 5 § 2, mithin wird er vor unwissend und nicht wollend angesehen, weil er keinen Willen hat b). Hierbey wird nicht unbillig gefraget: Ob einer, der von dem Liebes-Affect sich über die Massen einnehmen lässet, mit einem Unsinnigen zu vergleichen? Welches billig bejahet wird. Weil die Liebe den Verstand verkehret, Boer. Dec. 23. Denn es ist nichts hefftiges als die unsinnige Liebe, Nov. 74 c. 4 § 1, und dergleichen Verliebte lassen nichts als Praleren an sich blicken, und thun allerhand thörichte Versprechungen, dahero saget der P. Syrus mimus von ihnen gar recht:

Amare & sapere vix Deo conceditur,

Lieben und darbey vernünfftig seyn, ist kaum den Göttern gegeben c). Daher wird von den Liebenden gesaget, daß sie nicht wissen, was sie thun, daß sie nachsinnig sey nach dem Ausspruch Petr. Theodor. cap. 10 aph. 4 lit. h. Welches wir für wahr halten, wenn einer ohne alle Vernunfft etwas zusaget und verspricht. Manz. ad Instit. de inutilib. stip. § 8 n. 6, daß also der Poet Propertius sehr wohl gesaget:

Sine sensu vivere amantes.

Die

Lieben und darbey vernünfftig seyn, ist kaum den Göttern gegeben c) Daher wird von denen Liebenden gesaget, daß sie nicht wissen, was sie thun daß sie unsinnig seyn nach dem Aussspruch Petr. Theodor. cap. 10 aph. 4 lit. h. Welches wir für wahr halten, wenn einer ohne alle Vernunfft etwas zusaget und verspricht. Mantz. ad Instit. de inutilib. stip. § 8 n. 6, daß also der Poet Propertius sehr wohl gesagt:

Sine sensu vivere amantes.

Die Verliebten leben ohne Vernunfft, ingleichen, Seneca in Hippol. die Raserey, das ist, die unsinnige Liebe, überwindet und herrschet, was die Vernunfft vermag.

Pectus insanûm vapor
Amorque torret, intimat, sævas vorat
Penitus medullas, atque per venas meat
Visceribus ignis mersus, & venis latens,
Ut agilis altas flammas percurrit tabes.
Imo
Nulla vis flammæ, tumidique venti
Tanta, nec teli metuenda torti,
Quanta cum conjux viduata tædis ardet
& odit.

Liebe brennet in der Brust,
Sie verzehret Marck und Bein,
Dringt durch alle Adern ein;
Ob sie schon verborgen ist,
Und verstellet ihre List;
Bricht sie doch in Flammen aus,
Und geht helle Gluth heraus,
Ihr gleicht nicht des Feuers Macht,
Wenn ein Sturm-Wind saust und kracht,
Wird ein Pfeil gleich noch so sehr
Losgedrückt, doch ängstet mehr,
Wenn der Liebste nicht bewust,
Liebe brennet in der Brust.

Seneca in Med. Choro. Act. 3 und Schenck d) erzehlet, daß ein Mädgen vor grosser Liebe gestorben sey. So wird auch von den Medicis selbsten die Liebe unter die Arten der Unsinnigkeit gezehlet, wie davon ein Zeuge ist Paul Zachias e); denn daß dieselbe zuweilen eine Raserey verursache, bezeugen nebst der Erfahrung Boer. dict. dec. 23 n. 75. Bertazol. cons. 228. Cothm. consil. vol. 1 resp. 15 n. 14. Chassan. in consuetudin. Burgund. n. 13. Gail. 1 observ. 110 n. 23. Wurmser. in nucl. controvers. lib. 1 controv. 34 und andere mehr, weil nach der Lehre des Pauli Cypræi f) es das Ansehen hat, daß derjenige, der in Liebes-Gedancken begriffen, den Gebrauch der Sinne und der Vernunfft verlohren, seinen freyen Willen nicht darein gebe. Jedoch wenn nicht klare Anzeigungen u. starcke Beweisgründe vorhanden, und solche mit dem Gutachten verständiger Medicorum bestärcket sind, so wird von iemanden nicht vermuthet, daß er sich durch die Liebe also habe fesseln lassen g), weil die Vollkommenheit des Gemüthes und eine gesunde Vernunfft eine solche Eigenschafft ist, die iedem Menschen von Natur anhänget, die Raserey aber ist eine Eigenschafft, die nur zufälliger Weise zu Zeiten dazu kommt, dergleichen aber ungewiß und zweiffelhafft und deswegen zu beweisen ist h). Denn

was natürlich, davon ist zu muthmassen, daß es allezeit da sey i), sonst künte ein ieglicher unter dem Schein der Raserey die Ehe-Verlöbnisse in Zweifel ziehen und gar auffheben, als ob er durch die Liebe eingenommen, und überwunden und als unsinniger Weise etwas versprochen und geschrieben habe.

a) Doch ist hierbey zu untersuchen, ob die Raserey in Wahrheit sich bey ihm befinde, oder ob er sich nur also stelle, massen es Exempel giebet, daß einer sich unsinnig stellet, um desto eher es sich gereuen zulassen, bey einem Frauenzimmer Freyens vorgegeben zu haben.

b) l. 45 ff. de rit. nupt. § 5, l. 2 § 2 ff. sol. matrim. allwo gehandelt wird, daß der Wille der Tochter müsse darbey seyn, wenn ihr Vater wegen der Mitgifft klagen wolle, es wird aber diese Ausnahme hinzu gesetzet: quasi ex voluntate filiæ videri; experiri patrem, si furiosam filiam habeat. Wenn der Vater eine unsinnige Tochter habe, so habe es das Ansehen, als ob er gleichsam nach dem Willen seiner Tochter klage. Siehe auch l. 4 ff. de divort. allwo untersuchet wird, ob eine Unsinnige sich von ihrem Manne scheiden, und ob der Mann ihr eine Scheide-Brief geben könne? und wird geantwortet: furiosam repudiari posse, quia ignorantis loco habetur: repudiare autem non posse, neque ipsam propter dementiam, neque curatorem ejus, patrem tamen ejus nuntium mittere posse. Ein Mann könne seiner unsinnigen Frau einen Scheide-Brief geben, weil sie als eine Unwissende gehalten wird: eine Unsinnige aber könne sich nicht von ihrem Manne scheiden, weder sie selbst wegen ihrer Unsinnigkeit, noch ihr Curator. Jedoch könne ihr Vater einen Scheide-Brief ausstellen. Ingleichen l. 14 locat.

c) Dergleichen sind auch diese Redens-Arten:
Amans quid cupiat, scit:quid sapiat, non videt.
Amans quod suspicatur, vigilans somniat.

Wer in der Liebe liegt, denckt nur an seine Lust:
Doch was vernünfftig ist, das fehlt in allen Sachen.
Argwohn und Fantasey beklemmet seine Brust;
Denn davon träumet er, ob er schon scheint zu wachen.

d) Observat. medic. lib. 1 pag. 157 verb. Mania.

e) quæst. med. legal. lib. 2 tit. 1 qu. 16.

f) de sponsal. c. 13 § 63 & 64 per tot.

g) Weil, wie albereit oben erwehnet, einer sich zuweilen so zu stellen pfleget, damit er nicht könne gezwungen werden, eine solche Person zu heyrathen, mit welcher er sich allzusehr in den Liebes-Brieffen verbindlich gemachet.

h) Mascard. de probat. conclus. 825

i) Hahn. ad Wesenbec. de probat. n. 15.

§. 59.

Ob sich derjenige verbinde, wenn einer Liebes-Brieffe schreibet, die durch allzu hefftigen Zorn beweget wird?

Wenn einer durch allzu hefftigen Zorn eingenommen, währender Hitze, einen Liebes-Brief an eine Jungfer schicket, und darinnen Vorschläge zur Heyrath vortragen sollte, welches die Jungfer annähme, hernachmals aber ihn gereuete, daß er dergleichen gethan, entstehet die Frage: Ob diese Brieffe verbinden? Es kan aber sich solches zutragen, wenn z. E. unter Brüdern ein Streit entstanden, und einer sich einbildet, die andern sähen ihn gerne sterben, daß er sich deshalb entschliesset, in den Ehestand zu treten. Solte der unmäßige Zorn können bewiesen werden, so muß man sagen, daß dergleichen Brief demjenigen, der ihn geschrieben, nicht

nicht mehr verbinde als einen Unsinnigen a) nach dem Ausspruch des Virgilii:

Furor iraque mentem
Præcipitant.

Wut und Jach-Zorn übereilet das Gemüthe.

Es ist auch keine Seuche dem menschlichen Geschlechte schädlicher als der Zorn. Seneca.

a) Nach Inhalt des l. 48 d. R. J. Was aus Jach-Zorn geschicht, oder gesaget wird, ist nicht ehe kräftig, bis eine Beständigkeit darzu kommt, daß es aus gutem wohlbedächtigem Gemüthe geflossen, denn, setzet Godofredus d h. l. in n. lit. e. hinzu, ex perseverantia animi deliberatio præsumitur, aus der Beharrlichkeit wird ein wohlbedachtes und festgesetztes Gemüthe geschlossen. Ingleichen l. 2 C. ad L. Jul. Maj. in welchem l. der Kayser Alexander an den Faustinianum schreibet: Du hast eine Sorge, die von meiner Secte gantz entfernet ist, als wenn du ein Laster der verletzten Majestät begiengest, wenn du nicht fortfährest, auf deinen Knecht zu zürnen, welches du allezeit zu thun gantz unbedächtig geschworen hast. Siehe auch Colleg. Argentor. de testament. § 6. Perez. in C. de sentent. pass n. pen.

§. 60.

Wenn ein Betrunckener Liebes-Briefe schicket, muß man einen Unterscheid machen, ob er recht betruncken sey, oder nicht.

Wenn ein Trunckener Liebes-Briefe überschicket, muß man unterscheiden: Ob er so sehr betruncken gewesen, daß weder das Gemüthe, noch Fuß und Haupt seine Schuldigkeit in Obacht nehmen können; massen was er in diesem Falle geschrieben oder versprochen hat, ist ungültig, denn ein solcher wird einem Rasenden verglichen, Borcholt a), und wird von dem Seneca eine freywillige Unsinnigkeit genennet, ist auch allein der Zeit nach von der Raserey unterschieden b). Ein Trunckener und wohl Bezechter wird auch nicht vor meineidig gehalten, wenn er dasjenige hält, was er geschworen c. 22 qu. 4. Oder ob die Truncknheit nicht gar zu groß gewesen, und einer nur etwas mehr als er sonst pfleget, getruncken, iedoch seiner Vernunft nicht beraubet, sowohl zu Abfassung der Liebes-Briefe, als auch die Verlöbniß selbst zu begehen, tüchtig und geschickt wird seyn. Denn des P. Syri Mimi Ausspruch davon ist dieser: Amor & vinum in tua sunt potestate antequam bibas: postquam biberis, tu es illorum possessionis & mancipii. Die Liebe und der Wein sind in deiner Gewalt, ehe du trinckest: Nachdem du getruncken, bist du derselben Knecht und Sclave. Massen es sich oft begiebet, daß einige, wenn sie vom Weine und Bier erhitzet sind, ihre Geschäffte mit aufrichtigerem Gemüthe verrichten, als wenn sie gantz und gar nüchtern sind. Von den Persianern schreibt Herodotus lib. 1 c) daß sie von den wichtigsten Staats-Sachen sich berathschlaget, wenn sie sich vorhero wohl bezecht. Es ist aber nicht genug, daß man sage: Man sey so betruncken gewesen und in so grosser Blindheit gestecket, daß man den Tag hernach sich derjenigen Sachen nicht erinnern könnte, welche man den Tag vorher begangen. Denn dergleichen nichtswürdige Menschen ahmen zum öftern das Exempel des Meisters in der Liebe nach, der da in einem Briefe, welchen der Trojanische Fürst Paris der schönen Helenen übersendet, spricht:

Ebrietas ut vera nocet, sic ficta juvabit.
Fac titubes blæso subdola lingua solo.
Et quicquid dices faciesve protervius æquo,
Credatur nimium causa fuisse merum.

Wer sich recht will lustig machen,
Muß verstellen seine Sachen,
Als ob er betruncken sey.
Taumelt er zu beyden Seiten,
Und man höret ihn von weiten,
Reden ohne Zucht und Scheu;
Fängt er auch gleich an zu schertzen,
Nach der Reihe rum, zu hertzen,
Und zu treiben Kälberey:
Wird man meynen, er sey truncken,
Wenn er in den Schlaf versuncken,
Finde sich hernach die Reu.

Es hält demnach Cypræus dafür, daß dieses durch die Zeugen, welche bey ihm gewesen, als er sich in Weine betruncken, müsse bewiesen werden; allwo die Worte, welche derjenige, so die Truncknheit anführet, ausgestossen, zu erwegen, und gleich wie sonst seine Rede, Geberden und andere Verrichtungen, Gauckeleyen und Gang d) wohl zu beobachten; so kan man aus dem Zuge der Buchstaben (wenn sie ungestalter sind, als er sonst nach seiner Gewohnheit pfleget die Buchstaben zu ziehen), schliessen, wie groß die Truncknheit gewesen. Sollte sich aber zutragen, (welches öfters zu geschehen pfleget), daß er niemand bey sich gehabt, als er den Brief abgefasset, oder daß die Schrifft nur ein wenig von seiner gewöhnlichen Schreib-Art abgehe, so kan nach vorkommenden Umständen, worüber der Richter nach seinem Willkühr erkennet, dem Aussteller des Briefes darüber der Eid aufgeleget werden; damit er sich reinige, daß zu der Zeit, da er den Brief geschrieben, so sehr betruncken gewesen sey, daß er nicht verstanden, was er gethan oder geschrieben habe.

a) de pact. c. 13 n. 14 arg. l. 6 § 7 ff. de re militar. allwo enthalten, daß denenjenigen, die von Weine betruncken, einen Fall gethan, die Lebens-Straffe zu erlassen sey.

b) Perez. ad C. de injur. num. 3. Zach. qu. med. legal. lib. 2 tit. 1 qu. 11. Wurmser lib. 4 controv. 2.

c) Eben dieses schreibet auch Tacitus de mor. German. den Deutschen zu: Kein Volck ist denen Gastereyen und Schmausen mehr ergeben, als die Deutschen. Doch wird ihnen auch von dem Gellio noct. Attic. lib. 5 cap. 13 und vom Julio Cæs. in bello Gall. dieses Lob beygeleget: Daß sie denen Fremden und Gästen alle Höflichkeit erwiesen, sie aufgenommen, beherberget und köstlich gespeiset und geträncket. Von dem übermäßigen Trincken und Zutrincken ist nachzusehen des Kaysers Rudolphi Ordinat. polit. de an. 1577 tit. 8. Ingleichen die Churfürstl. Sächsische Landes-Ordnung, worinnen insonderheit diese Worte merckwürdig: Es soll auch niemand, wes Standes, Würden oder Wesens sie seyn, an keinem Ende mit dem andern weder zu halben noch zu gantzen truncken.

d) Hierbey ist des Herrn Heineccii Disp. de incessu animi indice nachzusehen, allwo er cap. 2 die unterschiedene Arten des Ganges und der daher zu nehmenden Zeichen der menschlichen Neigungen zeiget, und von den Liebhabern des Truncks § 14 dieses anmercket: Denen Trunckliebenden kan man zueignen eine leichtsinnige, nachläßige, liederliche, von allem Wohlstande verabscheuende unflätige Bewegung, ungewisse und schwache Tritte und Schritte.

§. 61.

§. 61.

Wie die Worte in Liebes-Briefen zu verstehen?

Bisher haben wir von denen Personen, so die Liebes-Briefe schreiben, gehandelt. Was nun die Worte, so in die Liebes-Briefe geschrieben werden, anbelanget, ist zu wissen: Daß die Worte, welche in den Liebes-Briefen geschrieben sind, müssen verstanden werden nach der Rede-Eigenschaft, welche ein Ritter folgen muß, wenn nicht anderswoher sonnenklar erhellet, daß der Brief-Aussteller ein anders gewollt habe, l. 69 pr. ff. de leg. 3 a), der gemeine Gebrauch zu reden, oder dem das gemeine Volck folget, oder wie andere wollen, nach dem gemeinen Verstande muß in acht genommen werden, nach Inhalt des l. 52 § 4 ff. de legat. 3, l. 18. § 3 ff. de instr. vel instrum. legat. b). Und zwar müssen die Worte verstanden werden nach dem gemeinen Gebrauch zu reden in derjenigen Sprache, in welcher sie ausgesprochen werden, weil die Wörter und Redens-Arten einen andern Nachdruck und Eigenschaft haben in der lateinischen Sprache, einen andern in der Teutschen, einen andern in der Französischen und so ferner c). Ernestus Cothmann. responf. 50 n. 56 vol. 3. Man muß auch mehr auf den gemeinen Brauch zu reden sehen, als auf die eigentliche Bedeutung des Rechts. Scheffer 3 qu. 10 num. 10.

a) In dem angeführten l. ist diese Regel enthalten: Man müsse anderer Gestalt von der Wörter Bedeutung nicht abgehen, als wenn offenbar, daß der Testamentmacher ein anders verstanden habe. Man sehe hier den Gothofr. d. l. in not. l. q.

b) In diesem l. ist enthalten, daß unter dem Geschirre und Gefäßen, so bey einem Grunde und Boden bleiben, auch die Kochtöpffe und Schüsseln enthalten seyn, weil man ohne diese kein Mus kochen könne. Es sey auch kein grosser Unterscheid unter den küpffernen Koch-Töpffen und dem Kessel, welcher über dem Herde hänget: In diesem mache man das Wasser zum Trincken über dem Tische bey dem Weine warm: In jenem aber werde das Mus gekochet. Wenn nun der eherne Kessel unter dem Hand-Geschirr begriffen ist, so werden auch die Krüge, mit welchen das Wasser in den Kessel gegossen wird, unter diese Art gebracht, und so gehe es weiter. Und wird diese Regel gesetzet: Es sey am besten, daß man nicht die eigentliche Bedeutung derer Wörter nachforsche, sondern fürnehmlich was der Testamentmacher dadurch habe verstanden und begriffen wollen: Hernach was in iedem Lande gebräuchlich, das darunter vermuthlich begriffen werde. Man kan davok auch nachsehen Socin. reg. 536 in e. die Wörter müssen eigentlich 2c. in den Worten octavo fallit. Menoch. de arbitr. jud. quæst. c. 199 n. 11. Schmid. consil. Argentor. 18 n. 15 vol. 1.

c) Insbesondere ist nöthig, daß man sich die Wörter, wie sie in dem Rechte genommen werden, wohl bekannt mache, wovon D. Strauch. in Lexico particul. jur. nachzusehen, so ist auch nicht aus der Acht zu lassen, daß man sich die idiotismos ieder Sprache bekannt mache, wenn man die Sprachen erlernet, man kan hierbey des Adrian. Beyeri Philologema juridicum de orthographia & prosodia nachlesen, allwo man unterschiedenes antrifft, was zum rechten Verstand der Worte gehöret.

§. 62.

Was die Worte auf sich haben: Du bist mein?

Hierbey ist die Frage zu erörtern: Wenn iemand freundlich und liebkosend geschrieben hat: Du bist mein, oder du sollst mein seyn, ob daraus zu vermuthen, daß man die Ehe zugesagt? Es meynen

Jurist. Oracul V Band.

zwar einige, daß in diesem Falle dafür zu halten, daß das Eheverlöbniß geschlossen sey, siehe Cypræ. de sponf. cap. 4 § 12 n. 5. Jedoch in unsern Ländern deutet diese gemeine Redens-Art: Du bist mein, nur eine besondere Gewogenheit des Gemüths gegen einen oder gegen ein a); denn solche Worte sind allzugemein, und können nicht allein auf die Ehe, sondern auch worauf anders gezogen werden, Cypræ. d. l. c. 4 n. 5, und also sind sie bloß und schlechthin, nicht aber von dem Bande der Ehe zu verstehen, nach der Regel, wenn ein Wort allgemein ist, daß es auf einen gebräuchlichen und schlechten Handel könne gezogen werden, so ist sie von dem blossen Handel nur schlechthin zu verstehen, l. 19 § 2 ff. de ædil. edict. b) Es müßte dann seyn, daß andere Worte, welche auf beyden Theilen eine Einwilligung ausdrücken, vorhergegangen oder darauf gefolget: alsdenn kan man auf die Ehe einen Schluß machen, wie merckwürdig Cavalcaneus consil. 8 incipit, coram rever. in 3 col. gerathen hat, weil die vorhergehenden Worte aus den folgenden ihre Auslegung bekommen, nach dem l. fin. de hæred. instit. und daselbst Bald. ingleichen l. 23 verf & verbum und daselbst Bart. ff. de heredit. petit. Jason. in repetit. l. 31 num. 28 ff. de jurejur. und in der Auth. si quis in aliquo n. 10 C. de edend. Wenn der Brief diese Worte in sich hält: Ich will euch haben und nehmen, die Leute mögen reden, was sie wollen. So kommen diese Worte mit der Zusage der Verlöbniß überein, und ist nichts daran gelegen, ob sie schon nicht auf die gegenwärtige, sondern zukünftige Zeit ihr Absicht richten, denn nach dem cap. ex parte 9 de sponsalib. c) können die Worte, welche die Vollziehung der Ehe auf die zukünftige Zeit setzen, Eheverlöbniß von der gegenwärtigen Zeit machen, und dieser Meynung ist auch der selige Luther: Es ist ein lächerlicher Poß, als solten verba de futuro: accipiam te (Worte von zukünftiger Zeit) ich will dich haben, nicht binden d). Denn es ist einerley, ich verspreche, daß ich dich zum Weiben will oder ob ich schreibe: Accipiam, seu accipio te, ich nehme dich.

a) Und zwar mit Recht. Denn bey denen Deutschen ist die Gewohnheit, daß sie nicht gleich ein Eheverlöbniß eingehen, sondern es pflegen unterschiedene Graden und Stuffen vorherzugehen, wie der Herr Geh. Rath Thomasius in seiner Disput. von Ja-Wort wohl ausgeführet. Es wird nicht undienlich seyn, aus derselben und zwar § 4 lit. r dieses anzuführen: Was die Beschaffenheit des vorhergehenden Vergleichs oder Abrede (in die eheliche Gesellschaft zu treten) anlanget, kan man sich selbige nach unterschiedenen Graden oder Stuffen vorstellen. "Es können sich zwey Personen nur 1) in einige Tractaten einlassen, ohne sich zu verbinden, welches die Anwerbung heisset; oder sie können 2) sich so viel erklären, daß sie sich verloben wollen, welches das Ja-Wort pfleget genennet zu werden, und ist nichts als ein pactum de sponsalibus, die Zusage der Verlöbde, oder 3) noch näher verknüpffen, indem sie einander zu beyrathen versprechen, welches man die Verlöbniß nennen kan, oder 4) sich gäntzlich als Ehe-Leute verbinden, und darauf einander ehelich beywohnen, welches die Hochzeit, Heyrath oder Ehe kan genennet werden., Wenn demnach nichts anders vorgegangen, als daß einer an ein Frauenzimmer böslich schreibet, und darinnen saget, du solst mein seyn, so ist aus diesen Worten kein Eheverlöbniß zu schliessen, man kan daraus nicht einmahl erzwingen, daß man sich in einige Tractaten habe einlassen wollen.

b) In diesem l. wird der Unterscheid unter einem Worte und Zusage gezeiget: Ein Wort wird von einer Zusage also unterschieden. Durch ein Wort verstehen wir dasjenige, was dem Worte nach ausgesprochen ist, und mit der blossen Rede sich endiget. Eine Zusage aber kan gezogen werden, entweder auf eine blosse Zusage oder Versprechen, oder auf eine solche, die mit gegebener Hand und gewöhnlichen Solennitäten geschicht.

c) Die Worte des Pabsts Alexandri III im angeführten Capitel sind diese: Von Seiten des Weibes ist uns hinterbracht, daß Andreas geschworen hat, er wolle sie von der Zeit an zu seinem Weibe haben, und ihr als seinem Weibe die Treu halten. Sie hat ihm auch geschworen, daß sie ihn vor ihren Ehemann, und ihm als ihrem Manne die Treu halten wolle. Nachdem dieses vorgegangen, hat Andreas sie verlassen. Weil nun niemand frey stehet, sein Eheweib ohne offenbare Ursache der Hurerey von sich zu lassen, und sich alsdann mit ihr aussöhnen muß, oder so lange als sie lebet, sich enthalten: So befehlen wir, daß ihr ihn nach vorhergegangener Vermahnung durch die Kirchen-Buße zwinget, daß er zu seinem Weibe wieder komme, und ihr mit ehelicher Liebe begegne.

d) Diese Worte stehen in dem Bedencken Lutheri von Eheverlöbniß Tom. III Jen. Germ. fol. 435. Es lauten aber die Worte vollkommen also: Aber dieß ist ein lächerlicher Poß, daß verba de futuro, wie sie es nennen, nicht binden sollen. Denn weiß doch gantz Teutschland wohl, daß unsere Sprache gegenwärtig Gemüth und Verheissung mit diesen Worten aussprechen, wann wir also sagen: Ich will dich haben, ich will dich nehmen ꝛc. Item: Aber verbum de præsenti das gegenwärtige Wort: do accipio, das ist, ich gieb, ich nimm, ist mehr die wirckliche und persönliche Uiberantwortung, und gehöret zu der öffentlichen Verlöbniß, und Zusammengeben, welche wirckliche und persönliche Uiberantwortung ja von niemand, dann von den unverständigen und unerfahrnen Wäschern mag eine Verlöbniß genennet werden. Siehe nur angeführte Dissert. von Ja-Wort § 23 lit. y.

§. 63.

Wie diese Worte: Du bist mein Hertzallerliebstes Hertz auf dieser Welt zu verstehen?

Wenn in dem Liebes-Briefe diese Worte enthalten: Du bist mein Hertz, allerliebstes Hertz auf dieser Welt, oder: Ich will dich nicht verlassen, ob daraus die versprochene Ehe zu folgern? Hierauf ist zu antworten, daß diesen Worten anderer Gestalt keine Bündigkeit, ein Ehe-Verlöbniß oder eine Ehe einzugehen, beyzulegen, als wenn die Einwilligung klar und offenbar ist, siehe Beust. de jurejur. tit. 8 part. 1 a). Wenn demnach eine Abhandlung der Eheberedung vorhergegangen, und solche Worte in den Briefen erfolgen, so ist zu schliessen, daß eine Ehe abgeredet sey. Und von diesen Fällen ist Cypræus tractat. de spons. c. 4 § 12 n. 13 zu verstehen, der hinzusetzet, das Wort nimmermehr, welches eben so viel gesaget ist, als niemahls, oder stetswährend, oder auf die gantze Lebens-Zeit, und wenn von dem Willen beyder Theile auf beyden Seiten es bekannt ist, dergleichen Exempel er beyfüget aus dem Euripide in Oreste, welcher Pyladem fraget: Willst du meine Schwester niemahls verlassen? und Pylas darauf antwortet: Ich will deine Schwester niemahls verlassen, so ist ohne allen Zweiffel davor zu halten, daß eine Ehe abgeredet und vollzogen sey.

a) Siehe hiervon vorgehende Noten lit. c & d, allwo dieses mit mehren ausgeführet. Es zeiget auch dieses die gesunde Vernunft, denn wenn vorhero keine Abhandlung von Eheverlöbnissen, oder die Eheverlöbnisse selbst vorhergegangen, so kan aus dergleichen

unbedächtigen Reden auf die Ehe-Verlöbniß oder Ehe kein bündiger Schluß gemacht werden, um so viel mehr, weil die meisten Kirchen-Ordnungen ausdrücklich haben wollen, daß die Ehe-Beredungen öffentlich und in Gegenwart der Zeugen geschehen, diejenigen Ehe-Verlöbnisse aber, welche heimlich geschehen, von keiner Bündigkeit seyn sollen. Siehe hiervon die Magdeburgische Kirchen-Ordnung tit. X sub rubr. von ehelicher Trauung und Ehe-Sachen, allwo § 3 ausdrücklich verordnet: Gleichwie es nun zum Gehorsam gegen die Eltern gehöret, daß Kinder nichts ohne derselben Rath anfangen; also sollen beydes Söhne und Töchter, ohne Vorwissen und Bewilligung ihrer Eltern, ohne Unterscheid des Geschlechts und Grads, in keine eheliche Versprechung sich einlassen, und da es geschehe, ist dieselbe von der Magdeb. Regierung und Consistorio vor unkräftig und unverbindlich zu erkennen, auch sind die Personen, so darzu geholffen, und sich gebrauchen lassen, von der Obrigkeit mit allem Ernst zu bestraffen. Es ist aber dieses nicht allein von Kindern, welche Eltern haben, zu verstehen, sondern auch von denen, so keine haben, denn am angeführten Orte § 5 ist klar verordnet: Wie dann auch diejenigen, so keine Eltern sondern Vormünder haben, diesen gleichfalls die gebührende Ehre erweisen, und sowohl derer als anderer Anverwandten und treuer Befreundten Rath gebrauchen. Ja es wird daselbst § 7 dieses auf alle Erwachsene und die ihr selbst Herren seyn, ausgedehnet, wann es heißt: Es sollen auch nicht allein der Kinder heimliche Verlobung, ohne der Eltern Willen, unkräftig, sondern auch alle andere heimliche Versprechungen verboten seyn, und alle diejenigen, so heyrathen wollen, ob sie gleich weder Eltern noch Anverwandten oder Vormünder haben, dennoch in zweyer oder dreyer Personen Gegenwart solches vornehmen, anderer Gestalt die eheliche Zusage nicht verbindlich seyn.

§. 64.

Es soll uns niemand scheiden denn der Tod.

Von gleicher Gültigkeit sind auch diese Worte: Es soll uns niemand scheiden denn der Tod, wie bey dem Terentio a) der Pamphilus versprochen, er wolle die Glycerium nimmermehr verlassen.

Per omnes tibi adjuro Deos, nunquam me
eam deserturum,
Non, nisi capiundos mihi sciam inimicos
omnes homines:
Hanc mihi experiri, contigit: conveniunt
mores:
Valeant, qui inter nos dissidium volunt,
Hanc nisi mors mihi adimet nemo.

Ich schwöre dir bey GOtt, ich will dich nicht verlassen,
Und solte iedermann mich gleich deswegen hassen:
Mein einzig Sehnen ist, ach! gieb mir doch dein Hertz,

Es ist mein rechter Ernst, es ist fürwahr kein Schertz.
Du bist mein ander Ich, es kommen deine Sitten
Mit meinen überein. Weg wer uns will zerrütten,
Weg, wer die Liebe stört, wer stürtzet uns in Noth,
Mich trennet nichts von dir als nur allein der Tod.

So sind auch diese Worte: Wir seynd ein Leib und zwo Seelen, von grossem Nachdruck, denn wenn dieselben von beyden Seiten b) einmüthig angenommen werden, wovon unten mit mehren c), so kan man daraus eine beständige Liebe schliessen und darthun.

a) Andr. Act. IV Scen. II. Siehe hierbey der Madame Dacier Frantzösische Uibersetzung, welche diese Stelle deutlich und nachdrücklich erkläret.

b) Jedoch

b) Jedoch mit dieser Erklärnng, wie allbereit zu vielen malen erinnert, daß einige Handlungen vorhergegangen, denn wenn diese ermangeln, so binden dergleichen Worte eben so wenig, als die vorhergehenden.

c) Siehe unten § 67.

§. 66.

Ich sorge, uns möchte niemand scheiden, denn GOtt.

Was aber die Worte anbelanget: Ich sorge, uns möge niemand scheiden denn Gott, wie auch diese: Wann ich heyrathen sollte, wolte ich keine andere nehmen, denn euch, so meynet davon Cypræus d. l. c. 4 § 12 n. 15, daß sie zweiffelhaft sind. Denn dadurch erkläret man seinen Willen und Meynung nicht deutlich, der doch hauptsächlich nothwendig ist. Eine Handlung kömmt auch nicht auf den Willen eines Theils alleine an, sondern es wird beyderseits Einwilligung darzu erfordert, siehe l. 8 ff. de oblig. & act. a) Wenn solche Worte an die Liebste geschrieben: Ich will mich mit dir verloben, wenn du dich wohl aufführen, und wider meinen Willen nichts thun wirst, so setzen sie nichts gewisses; Denn ein anders ist, sich verbinden, ein anders, eine noch zukünfftige Verbindung zusagen: Du gefällst mir einzig und allein; Der solche Worte schreibet, scheinet mehr geschertzet und geschmeichelt zu haben b). Diese und dergleichen Worte, sie mögen auch seyn, wie sie wollen, muß man nicht so bloß und schlechthin ansehen, wie sie geschrieben da stehen, sondern man muß vielmehr auf den Sinn, Meynung und Endzweck der schreibenden Personen sein Absehen richten; Denn wenn von ihnen keine Meldung der Verlöbniß geschehen ist, so mangelt so viel, daß eine Zusage der Ehe daraus könne geschlossen werden, ja daß sie nicht einmahl Tractäten anzeigen. Es ist aber ein anders eine Handlung, ein anders Versprechen, daß man handeln wolle, und ein anders die Wahrheit, ein anders aber ein höfflicher Schertz. Die verblümten Worte ohne natürliche Einwilligung sind nicht genüg c). Es saget auch nicht gleich einer etwas zu, welcher saget, ich verspreche, wenn er es aus Schertz gesaget hat, man kan ihn auch nicht wegen des Versprechens belangen, und wer in Schertz was thut, thut es nicht in Ernst d), weil schertzhaffte Worte dunckel, zweiffelhafft und ungewiß sind, welche nach der Lehre des Baldi in l. 17 ff. de legib. e) & in consil. 302 col. 2 lib. 3, Aym. Cravett. consil. 415 n. 12 in unterschiedlichen mannigfaltigen Verstande können verstanden und ausgeleget werden; In Ehe- und Verlöbniß-Sachen aber wird eine zweifelhaffte und zweydeutige Einwilligung nicht angenommen, sondern es wird eine gewisse, klare und deutliche erfordert f).

a) Der angeführte l. 8 lautet also: Unter diesem Beding, wenn ich will, geschiehet keine Verbindung: Denn es ist eben so viel, als nicht gesagt, worzu man nicht kan gezwungen werden, es zu geben, wenn man nicht will. Es ist auch der Erbe desjenigen Versprechers, der niemahls etwas geben wollen, nicht verbunden: Weil diese Bedingung bey dem Versprecher selbst niemahls entstehet.

b) Siehe hierbey Joach. Hoppii Disp. de Joco, allwo er diese Materie sehr weitlaufftig ausführet, und cap. 2 § 9 nicht allein diese Worte: Du gefällst mir einzig und allein, sondern dergleichen mehr anführet, z. E. Du bist mein Hertze § 4. Wenn du das Glas annimmst, must du meine seyn § 5. Ich trincke deine Gesundheit, meine Braut § 6. Du bist mein und solt meine seyn § 7 u. b. g. und saget von allen der-

gleichen Reden, daß sie nur aus Schertz und Kälberey herfliessen, mithin keine Verbindung nach sich ziehen. Er thut auch § 11 den Grund hinzu, daß man nicht sowohl auf die Worte, als vielmehr auf das Gemüthe und Willen acht zu geben habe, und daß in so einer wichtigen Sache, als die Eheberedung ist, klare, deutliche und verständliche, nicht schertzhaffte Reden erfordert werden.

c) l. 38 de obligat. & action. Es lauten die Worte also: Nicht durch die blossen Buchstaben, sondern durch der Rede Inhalt, der durch die Buchstaben ausgedrücket wird, werden wir verbunden. Es werden hier Figura literarum und Oratio einander entgegen gesetzet, und erkläret der Godofredus ad h. l. in not. lit. i sehr fein. daß figura literarum nichts anders sey, als die Buchstaben selbst, Oratio aber dasjenige, was wir aus den vorgeschriebenen Buchstaben durch unsern Sinn heraus ziehen. Siehe auch Bald. vol. 1 consil. 27.

d) l. 3 § 3 ff. de injur. Wenn einer aus Schertz und Kälberey schläget, oder indem er streitet; den kan man nicht wegen angethaner Beschimpfung belangen. Ingleichen l. 3 ff. de serv. corrupt. allwo enthalten, daß der Richter bestraffet den offenbaren Betrug desjenigen, der eines andern Knecht verführet, in übrigen wenn es einer ohne Betrug thut, so wird er nicht bestraffet. Oder wenn er es aus Possen gethan. Siehe auch Nicol. Rucker. inter consil. matrimon. varior. tom. 2 consil. 34 num. 14.

e) Dieser l. 17 ist sonderlich merckwürdig, welchen alle Rechtsgelehrten wohl inne haben und verstehen sollen, er lautet aber also: Scire leges, non hoc est, verba earum tenere, sed vim ac potestatem. Das heißt nicht, die Gesetze wissen, wenn ich nur derselben Worte inne habe, sondern ich muß auf den eigentlichen Sinn, Ursache und Nachdruck derselben acht haben.

f) Cothmann. resp. 86 n. 7. Carpzov. Jurisprud. Consist. lib. 2 def. 19.

§. 67.

Welches die Wirckung der Liebes-Briefe sey.

Es folget nun die Wirckung der ausgestellten Liebes-Briefe. Davon ist zu sagen: Wenn sie den rechten Inhalt eines Briefes in sich begreiffen, und auch gehörig unterschrieben sind (denn ohne diese kan gar leicht ein Betrug begangen werden a), Brederod. in resolut. Instit. ad § 4 de testam. ordin.) und ein Versprechen in sich enthalten, so ist aus denenselben eine Verbindlichkeit zu schliessen, wenn nur anders die Versprechung also beschaffen, daß sie durch dergleichen Brief geschehen kan b), diese Briefe auch an den gelanget seyn, an welchen sie ausgestellet, Paris consil. 127 n. 23. Denn ehe sie eingehändiget, oder von ihm (oder ihr) angenommen worden, ziehen sie dem Schreibenden keine Verbindlichkeit zu c), denn durch die angenommene Briefe wird erst darfür gehalten, daß gleichsam eine Verbindung der gesammten Einwilligung aller beyde geschehen sey d) und alsdenn wird endlich eine Verbindlichkeit eingeführet e); doch also, daß derjenige, so den Brief annimmt, wisse, was würcklich darinnen enthalten f): Denn wenn er ihn nicht eröffnet und lieset, und zwar nicht obenhin, sondern nach Verlauff einiger Zeit und mit wohl überlegten und bedachten Gemüthe, so beweisen sie anderer Gestalt wider ihn nicht g).

a) Es haben sich demnach diejenigen zu hüten, welche einem andern auftragen, daß er in ihrem Namen einen Liebes-Brief aufsetze, daß sie solchen nicht eher unterschreiben, bis sie ihn vorher fleißig durchlesen, damit nicht in demselben solche Worte einfliessen, so

eine Verbindlichkeit nach sich ziehen. Es ist auch
keinem zu rathen, daß er einem andern auftrage seinen Namen zu unterschreiben, ob es schon sein guter
Freund zu seyn scheinet. Sehr gefährlich aber ist es
denenjenigen, welche weder schreiben noch lesen können, und andern auftragen, einen Liebes-Brief aufzusetzen, denn ob ihnen der Brief gleich vorgelesen
wird, so ist er doch nicht gewiß, ob es der rechte Inhalt sey, weil der andere ihm den Brief anders vor-
lesen kan, als er ihn geschrieben.

b) Bartol. ad l. 24 n. 2 ff. de constit. pec. und daselbst
Paul. de Castro n. 2. In dem l. 24 ist dieser casus
enthalten. Der Vormund Titius hat dem Sejo
als Gläubiger seiner Unmündigen einen Brief gesen-
det in diesen Worten: Von dem dir erborgten
Gelde sind bey mir 90 Thaler übrig geblieben, wegen
meiner Unmündigen Contract, welche ich den 14 May
in guter und gangbarer Müntz-Sorte wieder bezahlen
will, werde ich dir es auf den bestimmten Tag nicht
entrichten, so will ich so viel Zinse, als es austräget,
bezahlen. Hierbey wird nun gefraget, ob der Luclus
Titius anstat seiner Unmündigen durch diese Bürgschafft Selbst-Schuldner worden? und wird geantwortet, wenn eine gewöhnliche und denen Gesetzen
gemässe Versprechung darzu gekommen, so wäre
Titius Selbst-Schuldner. Weil aber heutiges Tages
bey den Teutschen der Römer Stipulation unbekannt,
und iedes pactum und Vergleich kräfftig und bündig,
so ist auch in Briefen keine Stipulation der Römer
mehr nöthig, sondern ist genung, wenn einer wohl
bedächtig was verspricht und zusaget.

c) Ripa in l. 31 n. 135 in fin. ff. de jurejur. Alciat. lib. 8
consil. 70 n. 5.

d) Baldus in l. 2 ff. de pact.

e) Tiber. Decian. vol. 2 resp. 109 n. 16 & 17.

f) Clement. t. in vers. scienter und Baldus in l. 1 ff.
mandat.

g) Menoch. de arbitr. judic. quæst. lib. 2 cas. 21 n. 5.

§. 68.

**Ob derjenige, welcher den Brief annimmt, und stille schweiget,
wieder sich eine Vermuthung mache?**

Ob aber derjenige, welcher einen Liebes-Brief,
worinnen von dem geschehenen Ehe-Versprechen gehandelt, annimmt, wenn er nicht widerspricht, sondern stille schweiget, dadurch wider sich eine Vermuthung mache, also, daß es das Ansehen habe, als
ob er alles, was darinnen enthalten, durch sein Stillschweigen gebilliget habe? Hierauf wird geantwortet, ob schon in solchen Sachen, so einen Schaden
und Nachtheil nach sich ziehen, das Stillschweigen
und Gedult keine Einwilligung wircket; weil aber
doch die Ehe auch ohne Worte kan vollzogen werden,
siehe Mülleri Tract. de annulo pronubo, thes. 13 a),
auch die Worte nicht das wesentliche Stück
des Ehestandes ausmachen, welches bey einem
Stummen und Tauben erhellet; so scheinet es b), daß
dieses Stillschweigen und die mit demselben verknüpfte
Gedult die Einwilligung und Bekräfftigung mit sich
bringen c): fürnemlich weil nächst diesem Stillschweigen ein wircklicher Handel darzu kömmt d),
in welchem Falle das Gutbefinden des Richters
nicht auszuschliessen, wie wichtig nemlich die Vermuthung sey, welche aus diesem Stillschweigen entstehet, füge unten den § 71 bey.

a) Gedachte Dissertation ist mit Fleiß hierbey zu conferiren, weil er daselbst mit mehren ausführet und behauptet, was er hier mit wenig Worten berühret.

b) Der Herr Autor saget wohl bedächtig, es scheinet.
Denn wenn keine andere Umstände darzu kommen,
auch vorhero keine besondere Abhandlungen vorher
gegangen, oder gefolget, so ist diese Folge aus dem
blossen Stillschweigen wohl nicht zu schliessen.

c) Berlich. part. 1 concluf. 36 num. 2.

d) Nicol. de Passer. de script. privat. p. 129 & seq.

§. 69.

**Wenn einer saget, er habe den Brief nicht geschrieben, ist eine Ver-
gleichung der Hand gegen andere Briefe anzustellen.**

Wenn einer saget, er habe die Briefe, so wider
ihn vorgezeiget, nicht geschrieben, ist von dem Richter
eine Vergleichung der Briefe anzuordnen, das ist,
es werden andere von ihm geschriebene Briefschafften, zwey oder mehr Briefe vorgeleget, und von dem
Richter und der Schreibe-Kunst erfahrnen gegen
einander gehalten und verglichen, daß derselben
Gleichheit oder Unterscheid daraus an den Tag geleget werde. Bey diesem Vergleichungs-Hülffs-
Mittel ist anzumercken, daß man niemahls zur Vergleichung schreite, wenn nicht alle andere Beweis-
Gründe ermangeln a). Hierbey entstehet die Frage:
"Ob solche Vergleichung einen vollkommenen oder
halben Beweis ausmache?" Und wird geantwortet:
Weil die Vergleichung der Briefe trüglich, und die
Brief, so von einem Abwesenden abgeschicket worden, leichtlich können verfälschet werden, so gar, daß
man viele findet, welche anderer Leute Hände und
Buchstaben so natürlich nachmahlen, daß kaum der
allererfahrneste eine Hand vor der andern erkennen
kan b), gleichwie Trentacinquius c) erzehlet, daß
zu der Zeit des Pabsts Pii V zu Rom einer d) gewesen sey, welcher in denen Sachen, so in der Päbstlichen Cantzeley pflegten ausgefertiget zu werden,
des Pabsts Hand also nachgemahlet und verfälschet,
daß auch Seine Heiligkeit selbst seine Hand von
derselben kaum erkennet hat, noch dessen Cantzley-
Beamter und Datarius. Doch setzet er hinzu:
daß dieses grosse Bubenstück sey entdecket, er selbst
gefangen und aufgehangen worden; man kan dem
beysetzen Joseph. Ludov. decis. Perus. 7 num. 15.
Ein dergleichen Exempel des Falsches und Betruges
ist zu lesen beym Rittershus e). So ist denen Verständigen die Vergleichungen der Hände nicht unbillig verdächtig und gefährlich, ja gar betrüglich
vorgekommen f): Daß demnach diese Vergleichung
nur eine halbvöllige Beweisung ausmachet g).
Wenn iemand sagt, er habe den Brief nicht geschrieben, und keine andere Briefschafften vorhanden, ob
der Richter den Schreibenden zum schreiben zwingen
möge? Der Casus ist dieser: Die Caja zeiget wider
den Titium einen Liebes-Brief vor; Dieser saget, er
habe ihn nicht geschrieben. Andere Briefe und
Schrifften sind nicht vorhanden, mit welchen der
vorgezeigte Brief könne verglichen werden, so entstehet die Frage: Ob der Richter denjenigen, so
seine Hand und Siegel leugnet, zum Schreiben
zwingen könne, daß daher die Vergleichung angestellet werde? Hierauf wird geantwortet. Obgleich
dem Richter nicht verwehret, in Ermangelung ordentlicher und gewöhnlicher Beweisungen das äusserste zu versuchen und zu thun, Nov. 73 c. 1 h) und
weil dergleichen Schrifft auf Begehren des Richters geschehe, es das Ansehen hat, als ob sie gerichtlich zum Acten geschehen sey, mithin diese Meynung, so es bejahen, zu ergreiffen sey i); Allein weil
dergleichen Vergleichung wegen der sehr leichten
Aenderung der Hand die Wahrheit wenig befördert, so überlassen wir es dem Gutdüncken eines
Richters, welcher diese Vorsorge zu beobachten hat,
daß er fleißig acht gebe, mit was Veränderung des
Gesichtes

Geſichtes k), des Gemüthes und des Leibes derjenige, welcher eine von ſich ausgeſtellte Schrifft
leugnet, ſchreibet l).

a) Brunnem. ad l. 10 C. de fid. inſtrum. In dieſem l.
verordnet der Kayſer Juſtinianus, daß die Vergleichung der Briefe aus denen Handſchrifften anderer
Geſtalt nicht ſolle angeſtellet werden, ſie ſind denn
von dreyen Zeugen unterſchrieben, damit vorhero denſelben Briefen ein Glaube beygeleget werde, als bis
ſie ſelbſt ausgeſaget, entweder alle oder zwey von ihnen: alsdann ſoll aus ſolcher bewährten Schrifft die
Vergleichung angeſtellet werden. Alle Vergleichungen aber ſind alſo anzuſtellen, diejenigen, welche die
Vergleichung machen, müſſen vorhero mit einem
Eide bekräfftigen, daß ſie weder um Gewinſt, Feindſchafft oder Gunſt und Freundſchafft willen dieſes
thun.

b) Zaſius lib. 2 ſing. reſponſ. cap. 2. Ruland. de com-
miſſar. part. 2 lib. 5 cap. 38 in pr.

c) lib. 2 variar. reſol. 7 n. 6.

d) Ein dergleichen Exempel iſt auch zu finden in Da-
Stryckii Tract. de cautel. teſtam. in appendice teſta-
mentor. quorund. illuſtr. da num. 7 das Teſtament
des Herzogs von Mecklenburg Johannis Alberti angeführet, allwo § 50 p. 1160 dieſe Worte: Nachdem
wir unter andern vielfältigen Uibelthaten ꝛc. vermer-
ket und befunden, daß das Laſter der Falſchheit, welches zuvor in dieſem Lande unerhöret und unbekannt
geweſen, auch mit eingeriſſen, alſo und dergeſtalt, daß
ein Ehrvergeſſener Bube mit Nahmen Wilhelm Fle-
nov, welcher ſich etliche Jahr an einander vor einen
Notarium gebrauchen laſſen, etlicher unſerer löbliche
Vor-Eltern der Herzogen zu Mecklenburg ſeligen u.
m. Ged. Fürſtl. Secret nachgraben laſſen, falſche
Briefe davor gemacht, die Siegel davor gehenget, und in
ſolchen Briefen unſern freundlichen lieben Brüdern,
und uns ſelbſt, ſowohl auch denen von Roſtock, dem
Stifft Schwerin, und andern mehren von Adel, ſtat-
liche Güter und Dörffer ab- und andern zugeſchrieben, dieſelbe auch vielen unterſchiedlichen Adels-Per-
ſonen, auch andern unſern Unterthanen ꝛc. Welche
Briefe uns denn auch in mercklicher Anzahl, von unſern Landſaſſen vorgebracht, unter andern ſonderlich
viel Briefe faſt in die 40 befunden worden ꝛc. u. ſ. w.
welcher auch ſeinen verdienten Lohn deshalben bekommen.

e) de differ. jur. civ. & canon. l. 4 c. 14. Maſcard. de
probat. vol. 2 concl. 330.

f) Ruland. de commiſſ. d. l. Franciſc. Marcus quæſt.
937 part. 2.

g) Theſſaur. lib. 1 quæſt. forenſ. c. 24 n. 20. Covatruv.
pract. quæſt. cap. 22 tom. 2 n. 7.

h) In der angeführten Nov. c. 1 iſt dieſe Cautel enthalten: Wenn iemand bey einem andern etwas ſicher
beylegen will, der lege dem Scheine deſſen, der es
annimmt, nicht alleine Glauben bey: Darüber hat
man auch im Gerichte geſtritten. Denn weil derjenige, von dem man ſagte, daß er einen ſchrifftlichen
Schein ausgeſtellet, ſeine Hand nicht recognoſciren
wollen, und ſolche geleugnet: iſt deshalb ein groſſer
Lerm entſtanden, und er gezwungen worden, daß er
einen andern Schein ſchriebe, damit man aus dem
neuen ihn wegen des geſchriebenen Scheins überfüh-
ren möchte: Dieſer hat zwar dem andern gleichſam
ähnlich geſehen, iedoch iſt er in allen nicht ähnlich geweſen, iſt alſo die Sache unörtert blieben. Derjenige nun,
welcher bey einem andern etwas verwahrlich nieder-
legen will, der ruffe Zeugen an. und zwar ſo viel, als
es möglich, ehrliche glaubwürdige Männer, zum wenigſten drey: daß man nicht in der Schrifft allein
und deſſen Unterſuchung beſtehen bleibe: ſondern der
Richter ſich auch auf die Zeugen verlaſſen könne.
Denn ſolche Bezeugungen nehmen wir an, von welchen die gegenwärtigen Zeugen ſagen: Daß derjenige, welcher eine Urkunde ausgeſtellet, ſolche in ihrer

Gegenwart unterſchrieben habe, und daß ſie ihn ſehr
wohl kennen.

i) Siehe Menochium de arbitr. jud. quæſt. concluſ. 114
n. 19. Cardin. Tuſch. concluſ. 48; n. 4.

k) Man kan hierbey des Herrn Prof. Schneiders fundament. philoſ. moral. nachſehen, was er part. 1 cap.
11 § 13 von den Zeichen des Angeſichts vor Anmerkungen giebet, ingleichen von den Lügen part 3 cap. 7
§ 7 und von den Sitten part. 2 cap. 9 § 1 ſeq.

l) Siehe Ruland. de Commiſſ. part. 2 lib. 5 cap. 39
num. 7.

§. 70.
Ob der Eid ꝛc. habe?

Die Worte, welche in der Verliebten Briefen
zweiffelhafft und auf Schrauben geſetzet ſind, alſo,
daß ſie auf beyden Seiten, ſowohl von der verſprochenen als nicht verſprochenen Ehe können verſtanden werden ſind im zweiffelhafften Fall mehr vor
die Ehe auszulegen, wann anders ſolche Handlungen vorhergegangen, welche ein Ehe-Verlöbniß anzeigen a), denn ſonſt ſcheinet vielmehr, daß man vor
die Freyheit ſprechen müſſe. Es iſt der Wahrheit
gemäß, was Franciſc. Vivius deciſ. 241 n. 19 p. 2
und P. Æmil. Verald. lib. 2 dec. 211 n. 19 ſagen,
die Liebes-Briefe beweiſen nicht, daß eine Ehe allbereit völlig vollzogen ſey, ſondern nur, daß ſie noch ſolle
vollzogen werden. Dieſe Umſtände muß nun ein
Richter alle mit einander überlegen, alſo, daß er nach
derſelben Beſchaffenheit den Eid auslegen und dadurch die Sache entſcheiden könne. Daher geſchiht
es, daß bey dergleichen vorkommenden Umſtänden
dem einen oder dem andern Theile der Eid in dieſer Formel aufgeleget kan: Würde Kläger,
daß ihm Beklagte die Ehe zugeſaget, vermittelſt
Eides beſtärcken, ſo erſcheinet aus denen Acten ſo
viel, daß Beklagte ihres Einwendens ungeachtet,
das mit Klägern getroffen Verlöbniß gewöhnlichen
Brauch nach, mit dem Kirchgang zu vollziehen
ſchuldig ꝛc. 1) Denn der Eid wird anſtat der Erfüllung zugelaſſen, wenn man vor die Ehe ſchwören
will, wenn nur nebſt einem halbvölligen Beweiſe
auch wichtige Vermuthungen darzu kommen b).
Ja wenn nur eine einzige ſtarcke Vermuthung vor
den Kläger in einer Ehe-Sache, den Contract dadurch zu beweiſen, ſich herfür thut, ſo kan ihm darüber der Eid (iedoch voraus geſetzt einen halbvölligen Beweis) deferiret werden, nach Inhalt des
cap. fin. § fin. X. de jurejurand. c) Es iſt auch
kein Zweiffel, daß unvollkommene Beweiſungen darzu müſſen genommen werden, wenn gehandelt wird,
die Ehe zu beweiſen d).

a) Es kommt alſo in dergleichen Fällen einzig und allein darauf an, wie der Herr Autor zu vielen malen
erinnert, ob einige Handlungen vorhergegangen, woraus ein Verlöbniß zu ſchlieſſen: Dieſemnach iſt in
dergleichen Fällen dieſes vor eine gewiſſe Regel zu
halten, wenn dergleichen vorher gegangen, ſo ſind alle
dunckele und zweydeutige Reden, Wercke und Verrichtungen vor die Ehe auszulegen.

b) Jedoch leidet dieſes ſeinen Abfall, wenn in beſondern
Landes-Ordnungen ausdrücklich verordnet, daß heimliche Ehe-Verlöbniſſe nicht kräfftig und gültig ſeyn
ſollen, dergleichen auch in der Magdeburgiſchen Kirchen-Ordnung cap. 10 § 7 zu finden: Alle andere
heimliche Verſprechungen ſollen verboten ſeyn ꝛc. wie
ſolches allbereit oben § 63 lit. b angeführet.

c) Siehe Hilliger lib. 24 Donell. enucl. c. 16 lit. y.

d) In dem § fin. d. c. iſt enthalten: "Wenn der Kläger
in ſeinem Beweiſe gantz und gar nicht fortgekommen

„so muß der Beklagte obsiegen, ob er schon nichts ge-
„leistet hat. Wann aber vor den Kläger eine Muth-
„massung vorhanden, so kan dem Beklagten der Eid
„deferiret werden, um seine Unschuld zu bezeugen, wo
„nicht der Richter, nachdem er der Personen und Sa-
„chen Umstände genauer eingesehen, dasselbe dem
„Kläger deferiren will. „ Man sehe auch Beust. de
sponsal. c. 42 § 1 § fin. c 43 und 44, wo auch so gar von
dem Ruffe gehandelt wird, daß er darzu helffe. Berlich. l. 1 concl. 39 n. 16, ingleichen Moller. ad constit. Elect. Const. 23 n. 16 seq.

e) Siehe Mascard. de probat. conclus. 1034 n. 23.

§. 71.

Wann mit einem Liebes-Briefe zugleich ein Ring mit über-
schicket wird, ob daraus ein Ehe-Verlöbniß zu
erweisen?

Wie aber? wenn mit einem Liebes-Briefe zugleich
ein Ring mit überschicket wird, kan daraus erwiesen
werden, daß unter ihnen ein Verlöbniß eingegangen
sey?. Herr Müller in seinem Tr. de Annulo
pronubo a) macht einen Unterschied: Entweder ist
der Brief zugleich mit dem Ringe in der Meynung
und Absicht, und mit solchen an die Liebste abgefaßten
Worten abgeschicket, daß sie eine Ehe eingehen wollen,
dergleichen Worte bey dem Zabo b) anzutreffen:
„Ich schicke euch hiermit einen Ring zu einem gewissen
„Zeichen meiner rechten und redlichen Liebe, und da-
„mit euch und keine andere zu meinem Ehe-Weibe zu
„haben, und euch hiermit zu vermählen u. zu nehmen; „
in diesem Falle macht sich eine Jungfer, welche den
Brief mit dem Ringe annimmt, ob sie schon darauf
keine Antwort ertheilet, wegen ihres Stillschweigens,
welches der Einwilligung gleichgültig gehalten wird,
verbindlich c): Oder aber, es ist gar kein Brief
abgeschicket, geschiehet auch darbey keine Meldung
der ehelichen Liebe und Zuneigung; ob nun also schon
ein Ring vorhanden, so ist er doch kein kräftiger und
bündiger Beweis, daß die Ehe versprochen und zugesaget sey d).

a) Thes. 26. Dieser Auctor ist mit Fleiß an dem angeführten Orte nachzusehen, weil er allhier eben diese Meynung
nur kürtzlich anführet, welche er daselbst weitläufftiger abgehandelt.

b) Lib. 2 n. 37. Eben diese Worte sind auch in dem
Tract. de annulo pronubo thes. 26 angeführet.

c) Jedoch mit der Erklärung, daß es, wie schon
allbereit oben § 55 erwehnet worden, mit der Eltern,
wenn sie noch leben, oder nach deren Tode, mit der
Vormünder und Befreundten Einwilligung geschehe.
Wann sie aber weder Eltern noch Vormünder haben,
so wird dennoch nach den meisten Kirchenordnungen
erfordert, daß das Ehe-Verlöbniß in zweyer oder
dreyer Zeugen Gegenwart vollzogen werde. Siehe
oben § 63 lit. b.

d) Denn ohne vorhergegangene Abhandlung oder Ehe-
Verlöbniß ist aus der blossen Schenckung eines Rin-
ges kein Verlöbniß zu muthmassen, weil dergleichen
Verehrung auch in andern Verrichtungen, oder um
anderer Ursachen willen, aus Schertz und Kurtzweile,
oder sonst aus einer ungeziemenden Liebe geschehen
kan, wie der Herr Joach. Hoppius in seiner Disp.
von Kälberyen und Schertz cap. 2 § 21 mit mehren
ausführet, und zum Exempel anführet den Ovidium,
welcher seiner Liebsten einen Ring verehret, und aus
dem Terentio den Pamphilum, der der Philumenæ
aus Muthwillen und Kurtzweile den Ring vom Finger
abgezogen.

§. 72.

Von der geilen unzüchtigen Liebe.

Es mag genug seyn, was bisher von denen Liebes-
Briefen, welche eine anständige ehrliche Liebe anzei-

gen und beweisen, oder zum wenigsten eine Vermuthung in Ansehung der Ehe-Verlöbniß machen, ist
abgehandelt worden. Nun folgen diejenigen Briefe,
welche eine unzüchtige, unehrliche Buhlen-Liebe an
den Tag legen. Allwo kürtzlich zu sagen, wie ferne
dieselben, in dem Fall einer Schwächung und eines
begangenen oder noch zu begehenden Ehebruchs etwas
wircken a). Es bestehet aber die Entdeckung einer
unflätigen und unzüchtigen Liebe, welche in den Briefen
geschiehet, darinne, daß entweder einer sich bewirbet
und emsig bemühet, sich eine unvergönnete Liebe zuwege zu bringen, oder sich rühmet und öffentlich in
den Briefen gestehet, daß er eine unvergönnete Sache
mit einem Frauenzimmer ausgeübet habe. In dem
erstern Falle ist dieselbige unzüchtige Anhaltung und
Anreitzung nichts anders, als eine gewaltthätige Ver-
suchung der Keuschheit, eine Beschimpfung und Schmähung, welche in Schriften geschicht. Denn eben so
kräftig ist dasjenige, was mit Briefen, als was mit
der Zunge formiret worden, angedeutet wird. b).
Es hindert auch nicht, daß dergleichen Anhaltung
nicht scheine, aus einem boshaftigen Gemüthe und
Betruge herzukommen, sondern aus Affection und
Liebe. Darauf wird geantwortet, daß allerdings
ein Betrug vorhanden, weil es eine verkehrte Liebe
ist, die nur nach unvergönneten Dingen trachtet, und
nichts anders, als eine Verschlagenheit, Betrüglich-
keit, eine Nachstellung, um ein ehrlich Frauenzimmer zu hintergehen, und dieselbige ihres kostbarsten
Schatzes, nemlich ihrer Keuschheit, zu berauben.
Gleichwie nun derjenige einem Frauenzimmer eine
Schmach anthut, wenn er ihr wider ihren Willen
einen Kuß giebet c), und doch nicht zu entschuldigen,
wenn er einwendet, er habe es aus Liebe gethan, sondern als ein Injuriante zu bestrafen ist, wie die Juristen-Facultät in Leipzig d) gesprochen hat: Also
ist auch derjenige, welcher einen solchen Brief schreibet, als ein solcher, der seines bösen Hertzens Sinn
mit Vorsatz offenbaret, da doch derjenige, der einen
Kuß giebet, es aus einer unversehenen plötzlichen
Bewegung thut, von der Strafe nicht freye e). Daher
lehren auch die Doctores, daß ein Lehnmann seines
Lehnguts verlustig werde, wenn er durch Liebes-
Briefe, Geschencke und Gaben, und dergleichen seines Lehn-Herrn Ehefrau anspricht, um derselben
ihre Keuschheit zu berauben, siehe 2 feud. 24 und
1 feud. 5 f), allwo sie diese Worte: sich befliessen hat,
bey ihr zu schlafen, also auslegen: so viel, als an ihm
gelegen, allen Fleiß angewendet, das Verbrechen
zu begehen, z. E. indem er das Hausgesinde und die
Wächter bestochen, nach überschickten Liebes-Briefen
sich fast eingeschlichen hat. Siehe auch Schenck Baro
addit. num. 11. Struv. in syntagm. jur. feudal. cap. 5
n. 9, allwo er dieses also erkläret: sich bemühet hat,
bey ihr zu schlafen, oder auch durch Liebes-Briefe,
Geschencke und dergleichen zum Beyschlaf angereitzet
hat. Ingleichen Ludwell. synops. juris feudal. 6 c. 16.
Bocer. class. 4 disp. 17 th. 44. D. Rhetius in Comment. ad jus feudal. comm. lib. 1 tit. 5, allwo er doch
hinzusetzet: daß ein Lehn-Mann seines Lehn-Guts
nicht beraubet werde, wenn die Bemühung ohne
Nachtheil gewesen, oder er freywillig von seinem
Vorhaben abgestanden, nach Inhalt 2 feud. 51 §
si voluerit g). Baro Schenk d. l. n. 11.

a) Denn

a) Denn weil in dem gemeinen Leben dieses sehr gewöhnlich ist, dergleichen unzüchtige Leute auch lästerliche Briefe aufzuzeigen haben, so ist die Schuldigkeit eines Rechts-Verständigen, auch dergleichen Fälle genau zu untersuchen, und selbige denen Rechten gemäß zu entscheiden.

b) Siehe L. 38 ff. de oblig. & act. weitläuftig Gœddeum cap. concluf. 10 n. 149 & cap. 3 n. 190 mit der folgenden concluf. ingleichen den l. 13 C. de contrah. & commit. stipul. Wir entscheiden hiermit die Streitigkeiten des alten Rechts, und verordnen allgemein, daß ein iegliches Versprechen, es mag entweder in Geben, oder in Thun, oder in Geben und Thun zugleich bestehen, auf die Erben und wider die Erben gehen und gelten solle, es mag nun der Erben ins besondere Meldung geschehen, oder nicht. Denn was in den Haupt-Personen recht ist, warum soll es nicht auf die Erben und wider dieselben gehen, und dergleichen Versprechungen also gehalten werden, als ob sie nur im Geben wäre abgefasset worden, da die Erben das Thun nichts desto minder vollbringen können: es wird also die subtile und unnöthige Sorgfalt aufgehoben, Ach welcher man meynte, es sey nicht möglich, daß ein Thun, welches andern aufgeleget worden, von einem andern könne ins Werk gerichtet werden. Und, da fast aller Menschen Natur gleich ist, warum solten nicht auch alle entweder mehr oder weniger das Thun vollbringen können: damit nicht durch dergleichen Subtilitäten der Menschen Willen entkräftet werden.

c) Siehe den Herrn Struv. syntagm. jur. civil. exercit. 43 thes. 58.

d) Wie dessen ein Zeuge ist Herr D. Strauch dissert. ad ff. 19 th. 14.

e) Siehe hiervon § 1 Inst. de injur. allwo unterschiedene Arten erzehlet werden, wodurch einer Jungfer und Frau ein Schimpf angethan wird, als zum E. wenn man auf ein Frauenzimmer ein Paßquill machet, wenn einer einer ehrbaren Frau oder einer vornehmen Jungfer auf der Strasse nachgehet, und sie von Schritt zu Schritt begleitet. Es ist auch nicht ohne Nutzen den Tractat, de Injuriis quæ haud raro novis nuptis inferri solent, zu lesen, allwo der Herr Auct. unterschiedene Arten der Beschimpfung anführet, und unter andern Membr. I auch von dem Stroh-Krantze und Heckerling streuen handelt, auch zeiget, daß der Bräutigam denselbigen belangen könne, welcher seiner Braut Heckerling gestreuet, und weiter pag. 15 diese Frage aufwirft: Wenn ein Bräutigam einen, den er auf handhafter That ergreifft, daß er die Nacht vor der Hochzeit seiner Braut Heckerling streuet, also schläget, daß er einige Tage hernach verstirbet, ob er mit der ordentlichen Lebens-Strafe zu belegen sey? Und dafür hält, daß die ordentliche Lebens-Straffe nicht stat finde, weil es kein vorsetzlicher Todtschlag sey. Er untersuchet auch, ob ein Bräutigam deswegen, weil seiner Braut Heckerling gestreuet worden, selbige verstoßen könne? und antwortet mit nein, weil keine rechtmäßige Ursache vorhanden. Er mercket auch pag. 25 an, daß die Landes-Verweisung in solchem Fall stat finde. Dahin gehöret auch der ungebührliche Einspruch, welcher nach denen Umständen gelinder oder härter pfleget bestrafet zu werden, siehe daselbst p. 35 seq. Jedoch leidet dieses seinen Abfall, denn wann ein Frauenzimmer einem Jünglinge selbst Anleitung giebet, oder ihn wohl gar auf Kindtauffen, Hochzeiten, Gastereyen, Täntze und dergleichen bestellet, so kan sie alsdenn daraus keine Beschimpfung machen, wenn ein Jüngling sie auf der Strasse begleitet, und ihr sonst zu Gefallen gehet. Man kan hierbey nachsehen l. 15 § 15 ff. de injur. welcher dieses Inhalts: Welcher eine Jungfer ein unzüchtigen Worten wegen ihrer Keuschheit anredet, ist sie mit Mägde-Kleidern bekleidet, so ist das Verbrechen geringer; am wenigsten aber begehet er ein Verbrechen, wenn das Frauenzimmer im Huren-Kleide einher gehet, und nicht in einem solchen, dergleichen ehrbare Weiber zu tragen pflegen. Von dem Hurenkleide hat der Godofredus

ad h. l. lit. u eine sonderliche Anmerckung, welche man daselbst nachlesen kan. So vermeynte Juda aus der Kleidung, daß Thamar eine Hure wäre, in 1 Buch Mos. 38 v. 14, 15.

f) In 1 Feud 5 § item si fidelis, sind diese Worte enthalten: Wenn ein Lehnmann seinem Herrn Hörner aufgesetzet, das ist, bey seinem Weibe geschlaffen, oder bey ihr zu schlaffen sich bemühet, oder mit ihr schändlich gespielet, oder bey seiner Tochter, Sohnes Tochter, oder Sohnes Braut, oder bey der Schwester seines Lehn-Herrn geschlafen hat, der ist seines Lehn-Guts verlustig. Allhier kommt das Wort curbitare vor, welches der Godofr. Antonius Jure feudal. disp. XI § V lit. a von dem Longobardern so viel bedeutet, als schänden, und Unzucht treiben. Es wird auch allhier gedacht, wer mit der Frau garstig spielet, oder wie es Anton. d. l. lit. h erkläret, dasjenige berühret, was er nicht berühren soll. Ob ein Kuß bey der Frau vergönnet sey, entscheidet er daselbst also: Wenn er aus Unzucht und Geilheit herrühre, die Landes-Gewohnheit auch es nicht mit sich bringe, so habe eben diese Strafe stat.

g) Der angeführte § 3 lautet also: Wenn ein Lehn-Mann seinen Lehn-Herrn beleidigen wollen, aber nicht vollbracht, so verlieret er sein Lehn-Gut nicht, es sey denn, daß er ihm nach dem Leben gestellet, und solches bewiesen ist. Wobey Anton. d l. lit. h diesen Unterscheid machet: Entweder hat er aus Reue davon abgestanden, da er doch sein Vorhaben hätte können ins Werck stellen, alsdenn wird er des Lehns nicht verlustig: Oder aber, es ist eine andere Hinderniß darzwischen kommen, daß er sich enthalten, und alsdenn ist er des Lehns verlustig.

§. 73.

Verehelichte Personen sollen keine Liebes-Briefe an andere ausstellen.

Die Verehelichten aber müssen sich hüten, daß sie dergleichen Liebes-Briefe an andere nicht ausstellen, in welchen auch nur ein Schein einer allzugrossen Wohlgewogenheit mehr, als billig ist, enthalten; denn wenn solche vorgezeiget oder ohngefähr verlohren worden, so erwecken sie nichts, als nur lauter Zanck, Haß und Argwohn; Sintemahl die Eifersucht und das Mißtrauen der ehelichen Treue die eheliche Liebe aufs höchste störet a), u. der Scaliger 3 Poet. 14 lehret, daß dieses der heftigste Affect und Gemüths-Beunruhigung unter allen bey dem weiblichen Geschlechte sey: So rechnet auch der Plutarchus lib. de tranquill. anim. die Eifersucht unter die eigentlichen und dem weiblichen Geschlechte insbesondere anhangende Gemüths-Bewegungen. Siehe des Herrn Müllers dissert. de frigusculo cap. 3 th. 13 b). Es kan auch dem Ehegatten nicht verarget werden, wenn er dergleichen allzugrosse Bekanntschaft und vertrauten Umgang, ärgerlichen Gespräche, so mit einem andern gehalten, und gegebene Küsse übel empfindet und aufnimmt, noch weniger aber ist zu mißbilligen, wenn er an dergleichen Brief-Wechsel seinen Unwillen und Mißfallen bezeuget c). Dabey wird gefraget: Ob ein Mann seiner Frauen, wenn er sie siehet an einen andern einen Liebes-Brief schreiben, eine Ohrfeige geben könne, und umgekehrt, ob das Weib in solchem Falle dem Manne eine Ohrfeige geben könne? Was den ersten Fall betrifft, wird er geantwortet: daß man die Umstände vernünftig erwägen müsse. Also, daß, wenn die Frau aus Einfalt und Dummheit etwas begehet, sie mehr mit Worten zu bestrafen sey d); wenn sie es aber vorsetzlich, boshaftiger Weise thut, daß also der Frauen Schuld vorher-

vorhergehet, so kan man nicht sagen, daß der Mann ein Unrecht begangen habe, wenn er sich seines Rechts bedienet, und ihr eine Ohrfeige giebt e), und es ist besser, einem Uibel vorzukommen, als nach verzweifelter Sache ein Hülfs-Mittel suchen. Denn es ist einerley, Liebes-Briefe schreiben, oder mit fremden Ehe-Männern Gastgebote anstellen, oder des Nachts aus dem Hause bleiben; nur darinne sind sie unterschieden, daß diese Handlung einer schändlichen That näher Thür und Thor aufsperret, jene aber als etwas entfernter dafur gehalten werden, daß sie vielmehr alle Gelegenheit zu ergreifen suchen. Daß nun wegen ausgestellter Liebes-Briefe eine Frau von ihrem Manne Ohrfeigen bekommen könne, bejahet der Herr Stryck nach Inhalt der Nov. 117 c. 8 f) in der Differt. de alapa cap. 2 th. 8. Was den andern Fall betrifft, kan eine Frau ihrem Manne keine Ohrfeigen geben; siehe Herrn Stryck cit. l. n. 19, sondern muß die Sache auf eine andere Weise angreifen g).

a) Alhier muß die Vermahnung des allerweisesten Königs in Sprichw. Cap. 5, 18, 19, 20 billig stat finden: Freue dich des Weibes deiner Jugend. Sie ist lieblich, wie eine Hinde, und holdselig wie eine Rehe, laß dich ihre Liebe allezeit sättigen, und ergötze dich allewege in ihrer Liebe. Mein Kind, warum wilst du dich an der Fremden ergötzen, und hertzest dich mit einer andern? Ingleichen Sirach 9, 10=13: Sitze nicht bey eines andern Weib, und berge dich nicht mit ihr, und prasse nicht mit ihr, daß dein Hertz nicht an sie gerathe, und deine Sinne nicht bethöret werden.

b) Es führet der Herr Müller daselbst dieses weitläufftiger aus, und gedencket, daß der König in Arragonien, Alphonsus, habe pflegen zu sagen: Alsdenn könne man erst seine Ehe ruhig und ohne Klagen führen, wenn der Mann taub, das Weib blind werde.

c) Es lieget also einem Manne ob, daß er in seinem Hause das Regiment führe, und solches nicht dem Weibe überlasse. Hiebey kan man lesen, was Friedr. Glabov in der Beschreibung des Lebenslauffs Romuli cap. 3 §. 5 von den dreyerley Arten des Weiber-Regiments schreibet, wenn er spricht: "Wo das "Regiment der Weiber mit Gewalt geschiehet, ist das "Haus, in welchem die Frau wohnet, ein rechtes "Tauben-Haus, und der Mann muß täglich seinen "Kopf, wenn er auffstehet, einem starcken Patien- "ce-Pflaster bestreichen. Zwinget ihn aber sein unzei- "tiger Eifer, das Maul aufzusperren, mag er nur zufrie- "den seyn, wenn er mit Socrate einen mit Donner ge- "mischten Regen ausstehen muß. Mit wenigen: sein "Staats-Streich ist dieser, daß er, wie Mecænas, "schläfft, wenn ein Augustus seinen Mist besteiget. "Sein Symbolum ist aus dem Horatio:

Fœnum habet in cornu longum : fuge.

"Wo das Weiber-Regiment heimlich getrieben wird, "hat der Mann zwar nicht so viel Unlust, wie bey "der ersten Regiments-Art; weil ihm das meiste "verborgen bleibet. In der That aber ist er nichts "anders als ein Kätzchen, womit der Affe die Kasta- "nien heraus scharret. Er bildet ihm ein das Haupt "zu seyn, und ist es auch dem Scheine nach; doch "weiß er nicht, daß eine Laus über seine Glandulam "pinealem Rendevous hält. Dieser mag wohl mit "seinen unwissenden Röthen Owenum um Rath "fragen:"

Warum muß denn der Mann unschuldig Hörner tragen,
Wenn gleich die Frau allein das Eheversprechen bricht?

Ich will dir dieses gleich mit wenig Worten sagen,
Weil man von Ehemann als von dem Haupte spricht.

"Ist endlich die Regierung nur bittweise bey der "Frauen, so ist leicht zu schliessen, es sey der Mann "eine mit Erbsen-Stroh ausgestopffte Maschine, die "nur ein vier Pfennigstück vom Judicio besitzet. "Denn es giebt Leute, welche, ich weiß nicht, was "für einen Zug befinden, wenn sie ein Frauenzimmer "zu Gesichte bekommen. Alles ist ihnen übermensch- "lich. Die ungeheureste Nase scheinet ihnen recht "artig proportionirt zu seyn; eine dicke Baß-Geigen- "Gestalt eine geziemende Fettigkeit u. d. gl. Sie se- "hen stets durch das Verkleinerungs-Glas einer nar- "rischen Hochachtung, so die Unterschrifft führet:

Wer eine Zofe liebt, meynt wunder, wie sie lachet,
Wenn sie gleich einem Sack die Larve scheußlich machet.

"Und diese sind es, welche kem weiblichen Geschlecht "nicht allein die äusserlichen Zeichen der Höflichkeit "erweisen, sondern auch vorsetzlich sich demselben zu "Sclaven darbieten. So ist denn billig, daß sie den "angebotenen Scepter nicht verachten. Allein was "braucht es viel Redens? Du bist noch unverheira- "thet, und kanst dich also zu keinen von diesen dreyen "Orden zehlen. Gut. Ist die Sache so mit dir "bestellet, kan Propertius an meiner stat reden: "

Was wunderst du dich viel, daß meine Frau regiert,
Und meinen faulen Kopf mit starcken Hörnern ziert?
Ein Schiffmann weiß geschwind den Tod dir anzusagen:
Und ein Soldate darf nur seine Wunden fragen,
Wenn ihn die Einbildung von aller Frucht befreyt.
Die Worte hab ich offt in meinen jungen Jahren
Mit grosser Müh und Fleiß vernünfftig über- legt;
Nun da ich sie allein im Alter mit erfahren,
So dencke, daß mein Stand ein Beyspiel für dich trägt.

d) Nach der Vermahnung des Apostels Petri 1 Epist. am 3 Cap. v. 7: Desselbigen gleichen, ihr Männer, wohnet bey euren Weibern mit Vernunfft, und gebet dem weibischen, als dem schwächsten Werckzeuge, seine Ehre, als auch Mit-Erben der Gnade des Lebens, auf daß euer Gebet nicht verhindert werde.

e) Siehe den l. 13 §. 1 ff. de injur. Derjenige, welcher sich des gemeinen öffentlichen Rechts bedienet, wird nicht dafur gehalten, daß er solches um einer Beschimpfung wegen thue. Denn die Ausübung und Vollziehung des Rechts hat keine Beschimpffung bey sich.

f) In angezogner Nov. cap. 1 werden die Ursachen erzehlet, warum ein Mann seine Frau verstossen könne, und unter andern §. 4, 5, 6 diese vor erheblich gehalten: Wenn sie mit fremden Ehe-Männern wider den Willen ihres Mannes aus dem Hause bleibet; es müste denn seyn, daß sie sich bey ihren Eltern aufhielte. Wenn sie den Ritterspielen, Schauplätzen und Comödien beywohnet, und daselbst zusiehet, wider Wissen und Verbot ihres Mannes.

g) Der Apostel Petrus in der 1 Epist. am 3 Cap. v. 1 bis 6 giebet ihnen diese Vermahnung: Desselbengleichen sollen die Weiber ihren Männern unterthan seyn,

seyn, auf daß auch die, so nicht glauben an das Wort, durch der Weiber Wandel ohne Wort gewonnen werden, wenn sie ansehen euren keuschen Wandel in der Furcht, welcher Geschmuck soll nicht auswendig seyn mit Haarflechten und Gold umhängen, oder Kleider anlegen, sondern der verborgene Mensch des Hertzens unverrückt, mit sanftem und stillem Geiste, das ist köstlich für Gott. Denn also haben sich auch vor Zeiten die heiligen Weiber geschmückt, die ihre Hoffnung auf Gott setzten, und ihren Männern unterthan waren. Wie die Sara Abraham gehorsam war, und hieß ihn Herr, welcher Töchter ihr worden seyd, so ihr wohl thut, und nicht so schüchtern seyd. Hierbey ist nicht zu vergessen des Herrn Du-Puy Christliche Sitten-Lehre, worinnen er seine eintzige Tochter als ein Vater, unterweiset, und unter andern derselben im 34 Capitel. Von der Schuldigkeit der Weiber gegen ihre Männer herrliche Lehren giebt. Es ist dieses Capitel würdig, weil es sehr vernünftig abgehandelt, hieher gesetzet zu werden, doch mag genug seyn, daraus nur einiges anzuführen. Er spricht daselbst pag. 308 edit. Halens. Wenn du einen Mann hast, der gerne spielet, bemühe dich durch deine süssen Worte, durch deine Liebkosungen, vor allem aber, durch deine Haushältigkeit ihn bey dir zu behalten: führe ihme zu bequemer Zeit und mit möglichster Vorsichtigkeit die Unordnungen zu Gemüthe, welche das Spiel in denen grösten Häusern verursachet hat rc. p. 312. Wenn dein Mann diejenige Liebe, welche er dir schuldig ist, andern erweiset, so nimm deine Zuflucht weder zu denen Schmähungen gegen ihn, noch daß du dich gegen die besten Freundinnen darüber beschwerest. Das erste Mittel wird zu nichts dienen, als deinen Mann zu erbittern, seine Gemüths-Regung mehr aufzuwecken, die Bande zu zerreissen, durch welche er noch an dich verknüpfet war, ihn nur vorsichtiger zu machen und kluge Erfindungen auszudencken, dir sein unordentliches Leben zu verbergen, ihn in seinem Bösen desto mehr zu stärcken? Und du wirst am Ende keinen andern Nutzen davon haben, als daß du euch alle beyde zum Mährlein der Welt machen wirst, u. d. gl. vernünftige Lehren mehr.

§. 74.
Ob eine Frau ihrem Manne die geschriebenen Briefe vorzeigen solle?

Wir wollen setzen, daß ein Liebes-Brief einer Frau überbracht würde, ob es rathsam sey, daß sie solchen ihrem Manne vorzeige? Eine gute aufrichtige Gemüths-Neigung scheinet gewiß ein Zeichen seiner Treue von sich zu geben, und des Mannes Gemüthe in Stille und Ruhe zu setzen; doch ist nach dem Urtheil des Guazzi de civil. conversat. part. 7 dieses eine üble Wirckung: das Weib reitzet den Mann an, und giebet ihm Gelegenheit zu zweifeln, daß sie nicht eine andere Liebe verberge, indem sie ihm diese offenbaret, und was noch schlimmer ist, sie stürtzet sowohl ihren Mann, als auch ihren Verliebten in Gefahr. Sie handelt klüglicher, wenn sie dergleichen Briefe zerreisset und verbrennet. Es ist sehr merckwürdig, was der Borellus in summa decis fol. 2 tit. 23 gegen das Ende schreibet. Er spricht: Ich weiß, daß zuweilen ein Mann dergleichen Briefe in der Frauen Kästgen gefunden, und daß die Frau zu ihrer Entschuldigung vorgebracht habe, sie habe zwar die Briefe mit unwilligen und erzürneten Gemüthe angenommen, und sie zu dem Ende behalten, daß sie ihm des Brief-Ausstellers boßhaftiges Gemüthe offenbarete, weil sie aber bey sich angestanden, hätte sie solche verschwiegen und verborgen, damit sie ihn nicht in Gefahr der Rache stürtzen möchte a); der Mann habe es geglaubet, worauf viele Morde und Todtschläge erfolget, und Häuser und Geschlechte zu Grunde gegangen.

Jurist. Oracul V Band.

Aber Gott weiß, was böse Weiber vor grosse Dinge auswircken. War dieses Weib vom Ehebruch frey, und verwilligte sie in sein Begehren nicht, so konnte sie nur zu Hause bleiben, und die Briefe verbrennen, und sich also in ihrer Unschuld verwahren. Daß sie aber so viel Briefe bey sich behalten, gewinnet das Ansehen, daß sie es aus Liebe zu derselben Aussteller gethan; allein, daß sie dem Tode entgehen möchte, hat sie ihrem Galan den Tod zuwege gebracht, und sich also die Liebe in einen Haß verwandelt.

a) Das gemeine Sprüchwort heisset: Weiber List gehet über alle List. Es mahlet dieselbige der König Salomon in Sprüchwörtern am 7 Capitel mit lebendigen Farben ab, wenn er daselbst v. 1 seq. saget: Mein Kind, behalte meine Rede, und verbirge meine Gebot bey dir. Daß du behütet werdest für den fremden Weibe, für einer andern, die glatte Worte giebt. Denn im Fenster meines Hauses kuckete ich durchs Gegitter, und sahe unter die Albern. Und ward gewahr unter den Kindern eines närrischen Jünglings, der gieng auf der Gassen in einer Ecken, und trat daher auf dem Wege an ihrem Hause. In der Dämmerung, am Abend des Tages, da es Nacht ward, und dunckel war. Und siehe, da begegnete ihm ein Weib, mit Huren-Schmuck, listig, wild und unbändig, daß ihre Füsse in ihrem Hause nicht bleiben können: Jetzt ist sie haussen, jetzt auf der Gassen, und lauret an allen Ecken, und erwischte ihn, und küssete ihn unverschämt, und sprach zu ihm: Ich habe Danck-Opffer für mich heute bezahlet für meine Gelübde. Darum bin ich herausgegangen, dir zu begegnen, dein Angesicht früh zu suchen, und habe dich funden. Ich habe mein Bette schön geschmücket mit bunten Teppichen aus Egypten. Ich habe mein Lager mit Myrrhen, Aloes und Cinnamet besprenget. Komm, laß uns gnug buhlen, bis an den Morgen, und laß uns der Liebe pflegen. Denn der Mann ist nicht daheim, er ist einen fernen Weg gezogen.

§. 75.
Ob die an eine Ehefrau übersendeten Briefe eine Anzeigung des Ehebruchs verursachen?

Hier entstehet nun die Frage: Ob die an eine Ehefrau übersendete Briefe eine Anzeigung des Ehebruchs und der Unzucht machen? Es ist bekannt, daß die Anzeigungen (welche Beweis-Gründe sind, die die vorgetragene Sache durch ihre eigene Krafft und Natur beweisen, l. ult. C. de probat. l. 34 in fin. C. ad L. Juliam de adult.) a) zweyerley sind: Einige sind gewiß und ausser allem Zweifel, und klärer als die Sonne, d. l. ult. C. de probat. b) andere aber nur wahrscheinlich, und die in der Vermuthung bestehen, welche gemeiniglich das vor wahr anzeigen, wovon die Rede ist, l. 8 §. 1 C. de quaestion. c). Was nun die Liebes-Briefe anlanget, so können solche nicht mehr als ein Kuß, vor welchen doch eine stärckere Vermuthung zu streiten scheinet, zu denen gewissen und unzweifelhaftigen nicht gezogen werden. Doch sind die Fälle zu unterscheiden: Entweder gestehet der Aussteller in seinen Briefen, daß er die Unzucht und Ehebruch begangen, indem er sich dieser schändlichen unehrbaren That berühmet, oder beschreibet dasselbige umständlich, wie man zu reden pfleget, also daß daraus des Verbrechens Geständniß verstanden wird, und alsdenn machen dieselbige, (weil Unzucht, Ehebruch und was heimlich und verborgen pfleget begangen zu werden d), schwer zu beweisen sind, und nur durch Vermuthungen und Muthmassungen können bewiesen werden) e), nach einiger Lehre f) eine Vermuthung der fleischlichen Vermischung. Denn gleichwie

Tttt

wie durch einen Brief bewiesen wird, daß eine Verbindlichkeit eingegangen und vollzogen sey g); Also darf man nicht zweifeln, daß auf eben die Weise, durch den Brief dessen, der solchen ausstellet, und darinnen die Bekenntniß des begangnen Ehebruchs enthalten, der Ehebruch selbsten bewiesen werde, zum wenigsten zu der Wirckung, daß derjenige, welcher den Brief ausgestellet, darüber kan peinlich befraget werden, wenn mehrere Umstände, von welchen in der peinlichen Hals-Gerichts-Ordnung h) gehandelt wird, darzu kommen. Der Sanchez i), nachdem er einige Rechts-Lehrer, welche hin und wieder das Gegentheil statuiren, erzählet, schliesset, wenn ein Aussteller in den Liebes-Briefen die fleischliche Unzucht gestehet, so mache ein solch Bekenntniß ausserhalb Gerichte nichts anders aus, als eine Anzeigung zur peinlichen Frage. Es sind zwar einige Rechts-Gelehrte, unter welchen sich auch Nicol. de Passeribus k) befindet, welche dafür halten, wenn eine Ehefrau ihren eigenen Ehebruch gestehet, welches gar selten geschieht, es müßte denn ein sehr unverschamt freches Weibes-Bild seyn, so werde wider dieselbige, welche es gesteht, der Ehebruch völlig bewiesen l). Doch halten wir dafür, daß man den Inhalt der Briefe genau einsehen, und die Entscheidung des Richters Gutbefinden anheim stellen müsse m), wie auch der Menochius n) dafür hält. Oder aber, es wird in dem Briefe zum Exempel ein Ehemann von einer Ehefrau ersuchet, daß er ihr zusprechen möge, und in diesem Falle lehret Menochius o), daß ein noch zukünftiger, nicht aber geschehener Ehebruch zu schliessen sey p): Denn in zweifelhaften Fällen muß man allezeit die gelindere Meynung ergreifen q). Jedoch müssen hierbey alle Umstände wohl erwogen werden, ob in dem Briefe der Abwesende um eine solche Zeit, welche vielleicht dem Beyschlaf gewidmet worden, eingeladen, und ob andere Leute sie beyde an einem verdächtigen Orte gesehen, ob sie mit einander sich die Hände haltende spazieren gegangen und dergleichen mehr, welches alles wir dem Urtheil eines verständigen Richters überlassen.

a) Der angeführte l. 34 lautet also. „Wenn einige Ehebruchs wegen angeklaget worden, und unter dem Schein der nahen Anverwandtschafft, die wider sich angestellte Anklage zerstöret haben, weil sie durch Meldung der Bluts-Freundschaft dem Verbrechen allen Glauben benehmen, indem man dafür hält, man dürffe dem was angeführet nicht gläuben, oder das Verbrechen habe nicht können begangen werden: Wenn sich diese nachhero in eine eheliche Gesellschaft werden vereiniget haben, so werden sie dasjenige Verbrechen, weswegen sie angeklaget worden, mit offenbaren Glauben und augenscheinlichen Anzeigungen entdecken. Wenn daher dergleichen angetroffen worden, befehlen wir, daß dieselbigen ernstlich bestraffet, und als ein überwiesenes und zugestandenes Verbrechen geahndet werde.

b) Der angeführte l. ult. ist dieser: Es sollen alle Ankläger wissen, daß sie eine solche Sache öffentlich rügen sollen, die mit tüchtigen Zeugen bewiesen, oder mit offenbaren Documenten bestärcket, oder mit Anzeigungen, die zum Beweiß unzweiffelhaftig und klärer als die Sonne sind, versehen. Man kan hierbey den Godofredum ad h. l. lit. y. nachsehen, allwo er die vornehmsten Arten der Beweisungen und darunter auch den Augenschein einer That erzählet.

c) Ein Richter muß auch nicht in denenjenigen Verbrechen, welche zum öffentlichen Gerichten gehören, zu Untersuchung der Wahrheit von der Peinigung den Anfang machen: sondern sich vorhero wahrscheinli-

cher und vermuthlicher Beweis-Gründe bedienen. Und wenn sie durch diese als gewisse Anzeigungen bewogen worden, daß sie vermeinen, sie müssen zur Tortur und Marter schreiten, um die Wahrheit zu erforschen: so müssen sie es alsdenn erst thun, wenn der Personen Zustand und Herkommen es zulässet.

d) Siehe Menochium de arbitr. jud. qu. lib. 2 cap. 116.

e) Siehe Mascardum de probat. concl. 57 n. 6 & 7.

f) Siehe Hostiens. c. præter. n. 5 X. de testib. das angezogene cap. 27 hält dieses in sich: „Wenn einer beschuldiget wird, daß er eine fleischlich erkandt, ob die Zeugen zu befragen seynd, ob sie es gesehen, oder ob allein der Ruf der Nachbarschaft gnug sey, oder ob den geschwornen Zeugen Glauben beyzulegen, welche bekennen, daß ihnen der fleischliche Beyschlaf bewust, von dem Sehen aber nichts bejahen? So antworten wir, wenn ein übereinstimmend Zeugniß von Sehen abgeleget wird, oder auch von dem Hören, und der einhellige Ruf eine starcke Vermuthung an die Hand giebet, und andere rechtmäßige Hülffs-Mittel beystimmen, muß man bey dem Zeugniß der geschwornen Zeugen beruhen: Denn ein fürsichtiger und gescheuter Richter wird die Bewegung seines Gemüths bekräftigen aus den Beweisthümern und Zeugnissen, von welchen er weiß, daß sie sich zur Sache mehr schicken., Ingleichen Menoch. lib. 5 de præsumt. præf. 41 n. 39. Parisium consil. 54 n 64 vol. 4. Zanger de quæst. & tortur. cap. 2 n. 211. Bocer. tract. de tortur. c. 3 n. 113.

g) Siehe Aym. Cravetta de antiquit. temp. § vidimus abunde, part. 2 n. 39. Mascard. vol. 2 de prob. concl. 626 num. 7.

h) Siehe den Art. 25 nach welchem diese Umstände zu erwegen: „Ob der Verdachte eine solche verwegene, oder leichtfertige Person, von bösen Leumuth und Gerüchte sey, daß man sich der Missethat zu ihm versehen möge? Ob sie an gefährlichen Orten verdächtlich gefunden? Ob ein Thäter in der That gesehen worden? Wenn jemand einer Missethat halben flüchtig wird, u. d. g. Man kan auch den Artic. 32 hinzu thun, worinnen enthalten: „Wenn einer überwiesen wird, daß er von ihm selbst Ruhms, oder anweise ungenöther Dinge gesagt hätte, daß er die geklagte oder verdachte Missethat gethan, so ist peinlich darauf zu fragen., Ingleichen den Art. 120. Ingleichen der Herr Ludovici in seinem Commentario ein Urtheil beyfüget, woraus zu ersehen, daß einer Inquisitin, wegen ihres Geständnisses des Ehebruchs die Lebens-Straffe dictiret worden.

i) de matrim. lib. 10 de divort. disp. 12 qu. 3 n. 48.

k) de privat. scriptur. lib. 3 pag. m. 526.

l) Und dieser Meynung ist auch der Herr Ludovici der in der not. h. angeführet, da der Inquisitin wegen des gestandenen Ehebruchs die Lebens-Straffe zuerkannt worden.

m) Es hat aber der Herr Autor in diesem gantzen § von solchen Briefen gehandelt, worinnen derselbe Aussteller den begangenen Ehebruch zugestehet, da nun also das eigene Geständniß vorhanden, so ist kein Zweifel, daß der Ehebruch völlig bewiesen sey. Denn ein anders wäre zu sagen von solchen Briefen. in welchen mit ausdrücklichen Worten bezeigte Uibelthat nicht zugestanden wird, von welchem Falle der Herr Autor im nachfolgenden bis zum Ende des § handelt.

n) Lib. 5 præsumt. 41 n. fin.

o) de præsumt. lib. 5 præsumt. 41 num. 29.

p) Wann nicht andere Umstände darzu kommen, z. E. daß beyde mit einander allein gewesen, daß andere im Verborgenen zugesehen, und dergleichen, so ist dieses bloß daraus nicht zu schliessen, wenn einer von einer Ehefrau ersuchet wird.

q) Siehe den L 155 § ult. de reg. jur. In peinlichen Sachen muß man alles zum gelindesten auslegen. Ingleichen l. 168 § 1 eod. Was geschehen ist, wenn es verborgen ist; leget ein iglicher nach seiner Neigung aus. Ferner l. 20 ff. de reb. credit. Allhier wird gleichfalls gelehret, daß man eine Sache auf das allerge-

allergelindeste außlegen müsse. Mithin folget, daß aus einem solchen Briefe, worinnen eine Frau iemand zu sich bittet, kein künftiger Ehebruch könne erwiesen werden, wie Menochius vermeynet.

§. 76.
Ob die Scheidung von Tisch und Bette könne verstattet werden?

Wenn durch das Bekänntniß des schuldigen Theils, so in dem Briefe geschehen, der Ehebruch gnugsam bewiesen, so entstehet die Frage: Ob die gäntzliche Ehescheidung, oder nur von Tisch und Bette stat habe? In Sachen des Ehebruchs, welcher von einer Gräfin begangen worden, antwortet J. Fichard. consil. 69 folgender gestalt: Ob der Ehebruch durch der berüchtigten Person eigene schriftliche und mehrmahls gethane Confeßion zu Recht gnugsam und so weit bewiesen, daß Ew. Gnaden als der unschuldige Theil, von derselben der Ehe halben ledig gesprochen, und Ew. Gnaden sich nach Christlicher Ordnung anderweit zu bestatten vergönnet und zugelassen werden solte? Darauf antworte ich, daß ich gäntzlich dafür halte, daß durch obbrührte Schrifften und Mißiven, wann dazu die Personen, so hievor darüber (doch ausserhalb Rechtens und unbeeidiget, und also nichtiger Weise, doch allein um der Sachen Berichts von ihnen zu vernehmen), in Stand Rechtens förmlicher Weise abgehört, und dieselben auf voriger ihrer Sage bestehen würden, der angezogene Ehebruch gnugsam möchte erwiesen, und darauf die Ehescheidung begehrt, auch erkennet werden. Denn obwohl Sie, Julia, von ihrer vorigen schriftlicher Bekänntniß abfällt, und dieselben, als seyn sie listiglich und durch falsch Bereden, auch wohl mit Gewalt von Ihr expracticirt und gebracht worden, zu vernichten unterstehet, wie aus ihrem Schreiben sub litera H zu sehen, so würde doch solches sie nichts fürtragen, dieweiln deren Schreiben zu viel, und unterschiedliche auf einander ergangen sind, welche in sich selber verdächtig, und einiger Zwang daraus nicht mag verargwohnet werden: wenn denn der thätige Ehebruch auch durch die obgedachte Zeugen bekundschaft wird, und also eins dem andern adminiculiret, so hielt ich (wie obgemeldt) dafür, daß es Ew. Gnaden zu der Beweisung gnugsam werde würde, auch daß Ew. Gnaden auf dieselbige die Ehe-Scheidung wohl begehren möchten a). Er führet daselbst weiter aus, daß die Lehrer des geistlichen Rechts wegen des Ehebruchs die Scheidung von Tisch und Bette verstatten b); Die Consistoria aber, welche der Augspurgischen Lehre zugethan sind, die Scheidung, was das Eheband selbst anlanget, verstatten, also, daß dem unschuldigen Theile vergönnet, zur andern Ehe zu schreiten, wie Beza in seinem Tractat de repud. & divortiis ausführet; Doch dergestalt, daß vermittelst richterlicher Erkänntniß die Ehe-Scheidung geschehe c), und die anderweitige Verheyrathung verstattet werde, denn also schreibet Philipp. Melanchthon in seinem Buche von der Ehe: Die Ehe-Scheidungen sind ohne Erkänntniß der rechtmäßigen Richter nicht vorzunehmen, sondern die unschuldige Person, wenn sie die Ehe-Scheidung verlanget, muß den Richter ersuchen, daß die Person, welche dergleichen verbrochen hat, vorgefordert werde.

a) Es ist der Ehebruch ohne allen Zweifel eine rechtmäßige Ursache die Ehe zu scheiden, wie darinnen alle Rechts-Lehrer übereinstimmen, und Christus selbst

Jurist. Oracul V Band.

Matth. cap. 5 und 19 lehret. Wann demnach ein Ehemann sein ehebrecherisches Weib, oder hingegen Theil nicht behalten will, so kan er bey dem Consistorio klagen, daß er von ihr geschieden werde. Denn der Ehebruch ist dem Wesen des Ehestandes zuwider, und gleichwie eine Ehe aus zweyen eins machet, also zertrennet der Ehebruch solche eheliche Einigkeit; Es wird demnach begangenen Ehebruchs halben eine Ehe sowohl nach Göttlichen, als auch Kayser- und päbstlichen Rechten getrennet. Nun kommt es hierbey an, ob denn der Ehebruch völlig bewiesen seyn, wenn die Ehe-Scheidung stat haben solle? Hierinne sind die Rechts-Lehrer auch einig, daß es schon gnug sey eine Ehe zu scheiden, wenn einigermassen der Frauen Unzucht dargethan, daß sie nemlich dergleichen Liebes-Briefe geschrieben und mit verdächtigen Manns-Personen an verdächtigen Orten umgehe, und dergleichen, es sey aber nicht nöthig, daß der Ehebruch völlig bewiesen werde, und daß die immissio seminis geschehen sey. Ein anders aber ist, wenn auf die Lebens-Strafe geklaget wird, denn diese hat nicht stat, wenn nicht klärlich der Ehebruch völlig bewiesen, und daß immissio seminis geschehen sey, die Inquisitin bekennet und gestehet. Jedoch ist einem Ehemann nicht erlaubet, sein Weib wegen begangenen und überall bekannten Ehebruchs, aus eigener Macht, ohne der Kirchen und Consistorii Urtheil, von sich zu jagen; Und so er dieses gethan, muß er die Frau vor allen Dingen zu sich nehmen, und ordentlich auf die Ehe-Scheidung klagen. Deßhalb ist in der Magdeburgischen Policey-Ordnung cap. 41 die selbst eigene Scheidung verboten, und daselbst § 2 verordnet: Sollten auch zwey Ehe-Leute sich selbsten von einander begeben, ungeachtet, daß sie gleich nicht ausserhalb Landes gewichen, und sie wollten sich beyderseits nicht wieder mit einander vergleichen und zum Versöhnniß bringen lassen, so sollen sie beyde, oder das unversöhnliche Theil, nach vorgegangener Verhör, auf Unsers Consistorii Verordnung, von der Obrigkeit so lange mit Gefängniß bestraffet werden, bis sie einander, wie Christlichen Ehe-Leuten oblieget, ehelich beywohnen.

b) Es fließet dieses aus dem Grunde des Canonischen Rechts, als ob die Ehe ein Sacrament wäre, deßwegen habe die völlige Scheidung nicht stat. Max kan hierbey nachsehen Can 1, 2, 3 seq. C. 32 qu. 7, allwo c. 1 gelehret wird: Wenn eine Scheidung darzwischen kommt, wird das eheliche Verbindniß nicht aufgehoben: also daß sie unter sich Ehe-Gatten sind, ob sie schon abgesondert: mit derjenigen aber begehen sie einen Ehebruch, mit welcher sie auch nach ihrer Scheidung getrauet sind. Ingleichen c. 2: Obschon der Ehe-Gatte wegen der Hurerey außgestossen wird, so bleibet doch das vorige Band. Deßhalb wird einer des Ehebruchs schuldig, welcher eine abgeschiedene auch wegen der Hurerey beyrathet. c. 5: Es hat geliebet, daß nach der Evangelischen und Apostolischen Lehre, weder der, so von seinem Weibe, noch die, so von ihrem Manne geschieden, mit andern sich verheprathen können, sondern müssen also bleiben, oder sich mit einander versöhnen. Wenn sie dieses verachten, sollen sie zur Kirchen-Busse angehalten werden, und dergl. mehr. Es ist zwar auch bey denen Protestanten die Scheidung von Tisch und Bette angenommen, aber nur in gewissen Fällen, wenn nemlich heftiger Zanck und Streit unter Ehe-Leuten vorgehet, so pfleget alsdenn wohl darauf erkannt zu werden, wie in der Magdeburgischen Policey-Ordnung cap. 41 § 7 verordnet: Würde aber die Versöhnung, wie fleißig und öfters auch dieselbe versuchet worden, dennoch nicht verfangen, auch die Straffen nicht geachtet werden; So sollen aus solchem Fall, unsere Regierung und Consistorium befehliget seyn, solche unversöhnliche Ehe-Gatten von Tisch und Bette, auf gewisse Zeit zu scheiden, ob sie sich immittelst eines bessern besinnen, und einander Christlich und friedlich, wie rechtschaffenen Ehe-Gatten gebühret, hiernechst mit gebührender Bescheidenheit und guter Vernunft beywohnen wollen. „ Man kan hierbey des Herrn D. Wagners Tractat von der Scheidung zu Tisch und

Tttt 2   Bette

Bette nachlesen, allwo er diese Materie weitläuftiger untersuchet.

c) Siehe die vorhergehende Note lit. a, wo dieses allbereits berühret, und aus der Magdeburgischen Policey-Ordnung bewiesen worden.

§. 77.

Ob dem Aussteller des Briefes der Reinigungs-Eid könne aufgeleget werden, wenn weiterer Beweis ermangelt?

Letztlich wird gefraget: Wenn einer einen Liebes-Brief ausgestellet, in welchem er seine Liebste mein Hertzgen, oder mit einem andern angenehmen Worte, genennet hätte, und freundlich mit ihr umgegangen, diese aber hernachmahls saget, daß sie von ihm geschwängert, ja ihr die Ehe zugesaget worden, der Aussteller des Briefes aber es verneinet, ob ihm der Reinigungs-Eid könne aufgeleget werden, falls andere Beweisung ermangeln sollte? Hierauf wird mit Ja geantwortet a). Weil wider den Brief-Aussteller, fürnemlich wenn andere Hülffs-Mittel darzu kommen, die Vermuthung streitet; und in zweiffelhaftem Falle wird vermuthet, daß das Weib von der Manns-Person zum unvergönneten Beyschlaf sey überredet worden, fürnemlich aber, wenn das Weib einen guten Wandel und ehrbares Leben geführet. Hierbey entstehet die Frage: Ob eine solche Schwängerung, so durch Liebkosung und schmeichelnde Beredungen geschieht, vor eine gewaltthätige zu halten sey? Daß es eine gewaltthätige Schwängerung sey, behaupten Decianus b), Menochius c) und Tuschus d). Allein diese Meynung scheinet etwas hart und gestrenge zu seyn, und wenn diese angenommen wird, so müste fast iegliche Schwängerung mit der Lebens-Straffe beleget werden; denn es giebt fast kein Exempel, in welchem nicht auf Seiten dessen, der die Unzucht begehet, listige Uiberredungen und Versprechungen darzu gekommen seyn. Siehe Boss. tit. de coit. damnol. & punib. n. 66 ver. sed adverte. In der Brandenburgischen Consistorial-Verordnung ist verordnet, daß derjenige, welcher ein Mädgen zur Unzucht mit liebkosenden Worten überredet, obschon dabey die Ehe nicht versprochen worden, dieselbe heyrathen, oder ausserordentlich bestraffet werden solle. Siehe Hrn. Stryks diss. de jure blandit. cap. 6 n. 54. allwo er die Worte der Ordnung tit. 62 §. 1 e) anführet: Wenn von der geschwächten Person oder ihren Eltern und

Freunden könnte ausgeführet und dargethan werden, daß der Beyschläffer sie zu solchem Laster mit süssen Worten, mit oder ohne Vertröstung der Ehe beredet, soll der Thäter die geschwächte Person zu nehmen schuldig seyn, oder in Wegerung dessen, vermöge der Rechte gestraffet werden. Und dieses mag genug seyn, was von den Liebes-Briefen gehandelt und gesaget worden.

a) In der Magdeburgischen Policey-Ordnung cap. 37 v 20 ist in diesem Falle der Reinigungs-Eid erkannt, wenn also verordnet worden: Wenn bey der Klage, nach fürgegangener heimlichen Verlöbniß, das Beyschlafen, auch wohl gar die Schwängerung erfolget, und daß die Ehe vollzogen werde, kein Bedencken seyn würde, die Manns-Person auch zwar den Beyschlaf gestehet, die eheliche Zusage aber ins Leugnen stellen wollte, so verordnen wir hiermit, daß solche Manns-Person condemniret werden solle, auf vorhergehende gnugsame Verwarnung vor der Gefahr und schweren Straffe des Meineides, mit seinem leiblichen Eide, daß er der beschlaffenen Person, wann auch gleich keine Schwängerung daraus erfolget, die Ehe nicht zugesaget habe, sich zu reinigen. Ingleichen § 44: Würde aber ein Theil fürgeben wollen, daß seine Meynung gar nicht gewesen, sich mit solcher Person, welche er subarrhiret und ihr den Mahl-Schatz gegeben, ehelich zu verbinden, so soll er solches zu erweisen, oder sein Gewissen, vermittelst wircklich abgelegten Eides zu reinigen, falls er es nicht thun könnte, mit selber Person die Ehe, Christlich hergebrachtem Brauch nach, zu vollziehen schuldig seyn.

b) Tractat. criminal. tom. 2 tit. de rapt. cap. 7 lib. 2 n. 7 & cap. 15 tit. de stupr.

c) de arb. jud. quæst. lib. 2 cas. 288 n. 10 in fin.

d) Pract. concluf. tom. 6 concluf. 312 num. 4 & tom. 7 concluf. 7 n. 2.

e) Siehe auch die Magdeburgische Policey-Ordnung cap. 37 § 26, allwo dieses verordnet: Da auch eine ledige Manns-Person mit einem ledigen Weibs-Bilde in Unehren zu thun haben, ihr aber dabey versprechen würde, wann sie schwanger worden, sie wiederum zu Ehren zu bringen, so soll er, wann er solches Versprechen geständig oder überführet, die geschwängerte Weibes-Person ihm ehelich trauen zu lassen schuldig seyn, iedoch soll diese Trauung ohne sonst gebräuchliche Kirchen-Ceremonien zu Werck gerichtet, und beyde Personen solcher getriebenen Unzucht halber, von des Orts Obrigkeit bestraffet werden. Wann aber nach denen Umständen diese Personen einander nicht heyrathen würden, ist daselbst cap. 59 § 1 verordnet: Daß die Manns-Person die geschwächte nach ihrem Stande und Herkommen ausstatten, und das Kind bis in das funfzehende Jahr alimentiren solle.

Ad

✠✠✠✠✠✠ ✠✠✠✠✠✠✠✠✠✠✠✠✠✠✠✠✠✠✠✠✠✠

Ad L. XXIII Pand. Tit. I Cap. II.
Practische Anwendung von Sponsalibus.

§. 1.

Verbindung des vorigen mit der practischen Anwendung.

So gründlich wir im vorgehenden Capitel und §§ von deren Ehe-Gelöbnissen mündlich- und schrifftlichen Einwilligung gehandelt und solches theoretisch erwiesen ausgeführet haben; So nöthig will von deren Ehe-Verlöbnissen practischen Anordnung in Teutschlands Gerichten der Grund-Riß unsers Juristischen Oraculi erfordern, daß wir eine vorgängige Einleitung, aus was Gesetzen die Irrungen, welche in Ehelichen Verlobungs- und Ehe-Sachen entstehen, zu beurtheilen, und zu entscheiden, allhier unseren Lesern zur Betrachtung voraus setzen, ehe wir in unsern dießfalsigen Lehr-Sätzen und practischen Anordnungen fortfahren können; angesehen wir bereits bey des 1 Capitels § 1 angezeiget, wie wir in dem Römischen Recht mit dem Titulo de Sponsalibus in Pandecten dem Titulum X in Institutionibus de Nuptiis, so wohl als Codice vereinigt vorstellen müssen: damit nun der Grund von denen Lehr-Sätzen so wohl als in Responsis, Consiliis, desto deutlicher zu begreiffen, wollen wir diejenigen Gesetze, welche wir in Teutschlands Ehe-Gerichten zu brauchen vonnöthen haben, hier mit wenigen, iedoch zulänglich betrachten.

Aus was Gesetzen die Irrungen, so in Ehe-Sachen entstehen, zu judiciren und zu entscheiden.

§. 2.

Allhier finden sich unterschiedene widrige Meynungen. Einige wollen allein die göttliche Rechte, andere die Canonische und Päbstliche, etliche auch die gemeinen Kayser-Rechte pro norma derer Ehe-Gerichte behaupten. Desgleichen geben etliche vor, es sey das Principal-Absehen auf die Gewohnheit vor und nach Mosis Zeiten, noch andere auf praxin primitivæ Ecclesiæ, oder die Gebräuche der ersten Kirche nach Christi Tod zu richten; Dabey sich aber allenthalben viel Zweiffel ereignet. Denn so viel die göttlichen Rechte betrifft, so ist ein bekannter Unterscheid unter Gottes Ceremonial- Policey-und Moral-Gesetzen zu machen; Inmassen die ersten und andern allein die Jüdische Republick, und grösten theils nach dem Fall angehen, auch daher andere Völcker nicht obligiren; Indem das Ceremonial-Gesetz Gottes geistliche Reich per typos durch die Opffer, Gottes-Dienst, Sacramente, besondere Feste und gewisse Observanz, in Habit, Speise, Ort und Zeit präfiguriret, Ægid. Hunnius Art. de leg. & Evang. pag. 64. Welches nur so lange gewähret, als die Hohenpriester aus dem Stamm Levi, nach der Aaronischen Ordnung, einander succediren sollen, aber auffhören musten, als Christus, der rechte Hohe-Priester, aus dem Stamm Juda, nach der Ordnung Melchisedech, dieses hohe Amt angetreten, welcher aus diesem Stamm keinen Vorgänger, auch sonst keinen Nachfolger gehabt hat, Paul. ad Hebr. 7, 8. Die Policey-Gesetze aber auch nur so lange in Uibung verblieben, als die Jüden ihre eigne Republick gehabt. Genes. 49. Als welche Gesetze, zumal aufs Land Canaan gerichtet, zum theil den Levitischen Gottes-Dienst betreffen, als die Frey-Städte und dergleichen, zum theil auch von Christo selbst improbiret und abgethan, als von der Polygamie, Scheide-Brief und dergleichen. Nachdem aber das Jüdische Regiment zerstöret, haben die Gesetze, als welche mit der Regiments-Form genau verbunden, auch hinweg fallen, und deren Observanz exprimiren müssen. Ob aber gleich heute zu Tage ein und das andere Politische Gesetz bey einem Fürsten eingeführt und zu halten befohlen würde; So geschehe es doch nur aus Fürstlicher Willkühr und ex justitia quadam directiva, wegen der innerlichen Billigkeit und Convenientz mit denen Sitten und indole seines Volcks, und nicht ex justitia coactiva, als wann seine Unterthanen und andere Völcker zu dessen Gehorsam verpflichtet wären.

§. 3.

So ist auch nicht zu verneinen, daß zwar zur Apostel-Zeit, und so lange die Jüdische Policey gestanden, die Observantz der Ceremonial-Gesetze nicht schlechterdinges aus den Augen gesetzet worden, damit die Apostel, Jüden und Heiden, die annoch schwach im Glauben gewesen, gewinnen möchten, wie 1 Cor. 9, 20 seq. junct. Act. 16 v. 3. It. C. 21 v. 20, 26. Galat. 2 v. 3 & 14, ingleichen C. 5 v. 16 zu sehen. Aber wie die Jüdische Policey zerstöret und die Gläubigen mehr gestärcket, so hat es geheissen, Christus ist euch nicht nütze, wann ihr die Beschneidung und typos, oder Fürbilde auf Christum halten und nicht abschaffen wollet; Welchem nach der Abyßiner Observantz bey dem Preto Chan, oder wie andere schreiben, Johanne Pretioso nicht eben zu loben, daß sie, der Reginæ Sabæ, Maquedæ, zu Gedächtniß die Beschneidung und Abendmahl zugleich verrichten; Wiewohl, wie aus des Abyßinischen Königs, Claudii Confession, die er dem König in Portugall zugesendet, zu sehen, sie heute zu Tage die Beschneidung nicht als ein Sacrament, und pro cultu Religionis halten, sondern als eine politische Ceremonie, welche bey denen Knaben und Mädgen zu geschehen pfleget, welches Königs Claudii Worte wir aus D. Danhauero de Eccles. Æthiopic. C. 6 anzuführen vor dienlich erachten, verb. Quod vero attinet rationem circumcisionis, non utique circumcidimus, sicut Judæi: quia nos scimus verba doctrinæ Pauli, fontis sapientiæ, qui dicit: Et circumcidi non prodest, & non circumcidi non juvat; Sed potius nova creatio, quæ est fides in Dominum Jesum Christum. Et iterum

Tttt 3   rum

runt dicit ad Corinthios, qui assumsit circum-
cisionem, non accipiat præputium. Omnes
libri doctrinæ Paulinæ sunt apud nos, & docent nos de circumcisione & præputio. Verum circumcisio est apud nos secundum consuetudinem regionis: Sicut incisio faciei in
Æthiopia & Nubia: Id vero quod facimus non
fit ad observandas Leges Mosaicas, sed tantum
propter morem humanum. Desgleichen wiederholen sie jährlich die Tauffe in die Ephipha-
niæ, so selbe auch entschuldigen, daß es allein geschehe zum Gedächtniß Christi Tauffe. Fr. Alva-
rez in Itiner Cap. 95. Halten auch annoch die
Jüdischen Special-Gesetze, daß ein Bruder seines
verstorbenen Bruders Weib nehmen, und ihm
Saamen erwecken muß, da doch solches Gebot ad
conservandas genealogias, imprimis Christi,
denen Jüden allein gegeben; desgleichen die Ehe-
scheidung, welche Moses nachgelassen, die aber
Christus improbiret, und uns ad primam institu-
tionem verweiset, und judaisiren also in vielen
Stücken.

§. 4.

Was aber die Moral-Gesetze belanget, so verbinden dieselbe alle Menschen, daher auch die daraus kommende Ehe-Gesetze Levit. 18 v. 24 seqq. &
Cap. 26 allen Völckern und Nationen gemein sind,
und deshalben Gott wegen der Uibertretung, die
Cananiter und andere Heiden, durch die Israeliten aus ihren Ländern getrieben. Denn nachdem
der allergütigste Schöpffer den Menschen nach seinem Ebenbild erschaffen, und desselben Verstand und
Willen per modum habitus infusi mit göttlicher
Weisheit, Heiligkeit u. Gerechtigkeit erleuchtet, so ist
solcher habitus hernach virtute phantasmatum
& activitatis intellectus, durch Anschauung und
Betrachtung derer Creaturen und allerweisesten
Ordnung in himmlischen und irdischen Dingen, ie
mehr und mehr excitiret worden: cum omnis habitus per se & sua natura in suos actus tendet,
dadurch die Ursache entstanden, den Schöpffer zu
lieben, auch mit schuldiger Devotion und Dienst zu
begegnen. Und weil solcher habitus, den wir insgemein das Licht und Recht der Natur nennen, in
actibus singularibus zu operiren pfleget, so wäre
solches auch beym eingesetzten Ehestand geschehen,
und hätten die ersten Eltern bey demselben Gottes
heilige Ordnung überall beobachtet. Dieweil aber
Gott über solche Ordnung gehalten wissen will, so hat
seine göttliche Güte nach dem Fall, wie die Zerrüttung
der menschlichen Sinne, ie mehr und mehr zugenommen, dieselben durch Mosen in Moral-Gesetzen wiederholen, und durch Christum auch die A-
postel, und unter diesen insonderheit durch Paulum,
ferner erklären lassen.

§. 5.

Denn es ist allerdinges an dem, daß von obermeldten donis congenitis nur geringe Reliqvien
und rudera, dadurch die principia honestorum
& turpium ein wenig erkannt werden mögen,
überblieben, deswegen ein Mensch von Natur
das Böse von Guten nicht wohl unterscheiden,
und Gottes heiligen Willen erkennen kan, zu
dem der Wille dasjenige, was judicium intelle-

ctus zuweilen noch begreifft, nicht approbiren will;
worzu die Begierden und potentiæ inferiores
kommen, welche den Willen zum Bösen und ad
sensum reprobum solicitiren, daher es nach dem
Ausspruch des Apostels Pauli Röm. 7 v. 18 19 rc.
wohl heisset: "Das Gute, das ich will, das thue
ich nicht, sondern das Böse, das ich nicht will.
Denn ich sehe ein ander Gesetz in meinen Gliedern,
das widerstrebet dem Gesetz meines Gemüths, und
nimmt mich gefangen in der Sünden-Gesetz, so in
meinen Gliedern ist. „ Welches Sünden Gesetz
denn nichts anders ist, als die verderbte Natur,
und sündlichen Begierden, so dem Licht und Gesetz des Gemüths und dem anerschaffenen Recht und principio directivo morum widerstreben. Und deswegen müssen wir uns unterschiedene Eigenschafften
und facultates animæ einbilden, damit wir uns
solche Krafft unserer Seelen vorstellen mögen,
als eines theils den Verstand, welcher die Objecta
fasset und unterscheidet; hernach andern theils den
Willen, der dasjenige, so der Verstand gefasset
und unterschieden, approbiret oder verwirfft, und
die innerliche Reitzung, so das Gesetz der Glieder
heisset, davon wir durch Gottes Wort und Empfindung unsers verderbten Zustands überführet
worden, daß alle dona congenita excellentiora
verlohren und verkehret seyn, ob wohl sonst bey einem iedweden Geist, und also auch bey der menschlichen Seele actus simplicissimi zu concipiren, da
cogitare & operari mit einander verbunden, und
also dergleichen actus separati & invicem subor-
dinati bey einem Spiritu individisibili vor sich schwerlich stat finden können. Jedoch weil die menschliche Seele mit dem Leibe auf das genaueste vereiniget, und was den Leib in Guten oder Bösen,
nach disposition der Nerven und organorum afficiret, die Seele zugleich empfindet, so wohl im
gantzen Leibe das Directorium hat; obsequia aber
aus vielen widrigen verderbten Bewegungen langsam oder nicht erfolgen, so können daher solche diversæ facultates animæ wohl paßiren und behalten werden.

§. 6.

Dieweil nun die Moral-Gesetze uns das verderbte Recht der Natur vollkommen restituiret, indem sie von Menschen nicht allein alle Tugenden
in einem heiligen Leben äusserlich erfordern, sondern auch die innerliche Begierden und Bewegung
wider das 5, 6 und andere Gebote verdammen, wie
aus Matth. 5, Röm. 7 und an andern Orten erscheinet; als müssen wir auch dieselbe Gesetze beym
Ehe-Rechten erwegen und appliciren; Bey deren
Erkündigung aber nicht beym heidnischen Schrifften beruhen, oder daraus das Gesetz der Natur zu
restauriren trachten. Denn die Heiden haben das
wenigste von Gottes Willen und Ordnung, auch
nichts von denjenigen Tugenden, welche den Menschen mit Gott verbinden, verstanden, nemlich von
der Liebe gegen Gott und Menschen, die in uns
nunmehr durch den Christlichen Glauben entzündet
werden muß. Denn wie Gott im Stande der
Unschuld nichts gefallen hätte, sondern Sünde gewesen wäre, was der Mensch wider die communi-
cirte und angebohrne Heiligkeit und Weisheit gethan und vorgenommen, also ist auch nach dem Fall,

da

da auffer Christo alles unter die Sünde gethan, Paulus ad Galat. 3 & ad Rom. 3 dem Höchsten nichts gefällig, als wenn der Mensch in dem Glauben und Vertrauen auf Christum, Gott und dem Nechsten nach seinem Beruf dienet, Gott fürchtet, und ihm in Glück und Widerwärtigkeit vertrauet; Indem doch unser Glück in des Höchsten Hand stehet, und kein Mensch versichert ist, ob das zeitliche Glück ihm und den Seinigen zum Nutz oder Schaden gereichen werde, und deswegen menschliche Klugheit, gute Intention, eigene Heiligkeit und eingebildete Gerechtigkeit, zumal in statu justificationis nostræ, nichts heisset. Welchem nach auch unsere Theologi nicht ohne Ursach anstehen, die berühmten weisen Heiden, als Socratem, Platonem, Aristidem, Senecam, Ciceronem, Catonem, Scipionem und andere vor Candidaten des ewigen Lebens zu erkennen, wie etliche aus denen Römisch-Catholischen und Reformirten zu thun pflegen, D. B. Meisner. de Leg. Lib. 3 qu. 15 n. 11.

§. 7.

Wann wir aber gleich derer vernünfftigen Heiden Schrifften, zu Erkundigung des Ehe-Rechts und andern natürlichen Gesetze, vor gnug nicht erachten, so ästimiren wir gleichwohl dieselbe nicht wenig, und schreiben deren Erhaltung GOttes sonderbarer Providentz zu, als dadurch bey dem, der sie mit Verstand höret und lieset, eine Anreitzung zur Tugend entstehen kan; Gestalt wie die Heiden aus dem blossen Licht der Natur, und denen reliquiis des Ebenbildes GOttes, einen äusserlichen, erbaren Stand und mäßiges Leben führen können, also vielmehr die Christen, vermöge des geoffenbarten Moral-Gesetzes und vollkommenen Eröffnung des Willens GOttes, ein tugendhafftes Leben, sowol in- als äusserlich zu führen geflissen seyn sollen. Hierüber ersehen wir aus denen Heidnischen Schrifften, daß sie einen GOtt und Numen, so nach seiner Weisheit Himmel und Erde regieret, und der Mensch einige Wissenschafft des Guten und Bösen von Natur wisse, und daher Belohnung und Straffe zu erwarten habe. Denn also schreibet Cicero Lib 2 de Leg. Hanc video Sapientissimorum fuisse sententiam, legem neque hominum ingeniis excogitatam, neque scitum esse populorum, sed æternum quiddam, quod universum Mundum regit imperandi, prohibendique sapientia: Ita principem Legem illam & ultimam voluntatem dicebant, omnia ratione cogentis, aut vetantis Dei. Und bald hernach: Est ratio perfecta a rerum natura, & ad recte faciendum impellens, & a delictis avocans, quæ non tum denique incipit Lex esse, cum scripta, sed tum, cum orta est. Orta autem est simul cum mente divina. Quamobrem Lex vera atque princeps apta ad jubendum, & ad vetandum ratio est recta summi Jovis. Deswegen die Heiden bey Vollbringung sündlicher Thaten sich nicht entschuldigen können, sondern ἀναπολόγητοι gewesen, und die Wahrheit in der Ungerechtigkeit aufgehalten; Röm. 1 v. 18 und 20, weil sie bey der gläubigen Kirche nicht gründlichen Unterricht von göttlichen Willen gesuchet haben, und wir Christen können uns nun bey dem hellen Licht des Evangelii desto weniger entschuldigen.

§. 8.

Es ist aber das natürliche Recht und erfolgete Moral-Gesetze quoad objecti & efficaciæ diversitatem zweyerley. Denn göttliche Majestät hat den Menschen bey dessen Erschaffung zweyerley geistliche Gaben communiciret; Etliche von seiner göttlichen Heiligkeit, kraft welcher der Mensch nicht allein GOttes unleugbare Existentz, dessen heiliges Wesen, und wie er zu ehren, und zu fürchten, verstanden, sondern auch, was nach solchen göttlichen heiligen Wesen vor ihm recht oder unrecht, gut oder böse sey, eigentlich gewust; daher die daraus fliessende Gesetze bey GOtt und Menschen unveränderlich seyn und bleiben müssen; Weil alle actus contrarii wider des Schöpffers Heiligkeit lauffen, und dessen Wesen gleichsam destruiren. Andere dona gratiæ, und daraus fliessende Gesetze der Natur, haben des Schöpffers unerforschliche Weisheit zum Grunde, wie nach göttlichem decreto, und so zu sagen, idea, die Universal-Oeconomie und der gantze Staat des menschlichen Geschlechts in Regiments- Haus- oder Ehe-Stand, desgleichen in Handel und Wandel, sowohl in Besitzung und Gebrauch der irdischen Güter administriret werden solle; welche Gesetze in Ansehung der Menschen gleichfalls unveränderlich sind. Inmassen das Geschöpff und ein inferior des Superioris vorgeschriebene Ordnung und Gesetz zu halten verbunden, und solches weit zu ändern befugt ist. In Ansehung GOttes aber, scheinen dieselbe nach dessen Allwissenheit und Vorsehung pro diversitate subjecti, objecti & finis wohl geändert zu werden.

§. 9.

Welchemnach die ersten natürlichen Gebote durch die Moral-Gesetze, approbante Christo, in ein Compendium von der Liebe GOttes und des Nächsten verfasset, und was hierwider geschiehet, solches ist Sünde und Unrecht, dem nicht entgegen, daß GOtt denen Israeliten befohlen, gülden und silbern Gefäß von denen Egyptiern zu entlehnen, und ihnen solche zu entwenden; Weil die Menschen in Ansehung GOttes als Domini directi Himmels und der Erden, in denen zeitlichen Gütern kein absolutum dominium und Eigenthum, oder ein immutabile jus quæsitum erlangen mögen, sondern wann sie solche misbrauchen, oder sich sonst versündigen, so kan GOtt ihnen dieselbe, tanquam commissa felonia, iederzeit entziehen. Desgleichen auch in andern Fällen, wenn nach Unterscheid der Umstände, das suppositum, oder die Sache verändert wird, keine Veränderung des natürlichen Rechts daraus entstehet, und dergestalt ist auch bey dergleichen andern Fällen zu judiciren. Also hat GOtt bey der andern Art des natürlichen Gesetzes offt deren Obligation auf gewisse Zeit, Ort oder Person determiniret, oder restringiret. Denn wer will hierinne dem HErrn des Erd-Kreises Ziel und Maaß vorschreiben, wie er nach seiner göttlichen Fürsehung regieren soll, dahin wir die Heyrath Adami Kinder, von der Vermehrung des menschlichen Geschlechts, Polygamiam Patrum, die verbotenen gradus bey der Heyrath, und dergleichen

refe-

referiren; Welcher gestalt es keiner Dispensation nöthig gehabt, wenn GOtt zu Anfang ex singulari conditione subjecti vel objecti, auch anderer Umstände ein und andern casum ab obligatione præcepti eximiret. Zudem wird auch unnöthig seyn, Legem Dei positivam universalem zu statuiren; welches wir mit D. Bruckneri Decis. Matrim. Procœm. n. 38 seqq. keinen beständigen Grund zu haben vermeynen. Und was nun GOtt den Menschen per Legem hanc moralem in Ehe- und andern Sachen geboten, solches kan vor sich, wie oben erwehnet, kein Mensch ändern, als dem allein gloria obsequii zukömmt. Was aber in göttlichen Wort nicht determiniret, das stehet seinen Vicariis auf Erden, der weltlichen Obrigkeit zu, daß sie per sanctionem civilem, nach der Sache und ihrer Unterthanen Erfoderung und Nutz, die göttlichen Gesetze weiter erstrecken, deshalben die Moral-Gesetze allein normam judicandi in Ehe-Sachen nicht geben mögen.

§. 10.

Es mögen aber die Irrungen in Ehe-Sachen auch nicht präcise aus denen Päbstischen und Canonischen Rechten judiciret werden, denn vor allen Dingen ist in Ehe-Sachen zu unterscheiden, ob von Wesen und Eheband, seu de jure, vinculo & substantia matrimonii gehandelt und disceptiret wird, nemlich von der Verbindung einer neuen Ehe oder von der Ehescheidung, und was dem anhängig ist, oder wenn der Handel und Streit allein ein Factum occasione der Ehe betrifft, zum Exempel, ob und wie Eheleute einander in zeitlichem Gut succediren? Wie und wann die versprochene, oder gehörige Mitgifft, alimenta, Gerade, und dergleichen zu erstatten; Das letztere gehöret eigentlich vor den weltlichen Richter, und wird nach dessen Gesetzen entschieden, das erstere aber gehöret vor das geistliche Gerichte, quia dicitur, quid spiritualitatis continere, wofern beym letzten ermeldte facta nicht connexa, oder blosse Incident-Puncte beym geklagten Ehe-Recht sind, da der geistliche Richter entweder zugleich darüber erkennet, oder nach geendigter Ehe-Klage solchen Punct an den weltlichen Richter remittiret. Es kan aber das Canonische Recht alsdann pro norma judicandorum nicht schlechterdinges gehalten werden, weil dasselbe von denen Scholasticis falsche principia, als wann die Ehe ein Sacrament sey angenommen, und solches durchs Concilium Tridentinum sess. 24 Can. 1 bestärket worden. Aus welchem principio unterschiedenes deduciret wird, so dem Canoni der göttlichen Schrifften nicht gemäß ist; Inmassen die Römische Kirche aus der Evä Formirung und Vermählung an Adam ein sacrum signum Verbi incarnati & desponsatæ Ecclesiæ cum Christo machen, und dadurch ein vinculum indissolubile, wann auch gleich von denen Eheleuten ein Ehebruch vorgieng, und andere daraus gemachte Schlüsse behaupten will, Paul. Layman in Theol. Moral. Lib. 5 Tr. 10 Cap. 2 & 11.

§. 11.

Da jedoch bey der Ehe die in H. Schrifft erforderte Eigenschafften eines wahren Sacraments nicht anzutreffen; Inmassen dieselbe nicht in Neuen Testamente von Christo eingesetzet, es mangelt auch an einen elemento visibili, so wird uns gleichfalls dadurch gratia justificans nicht versprochen, oder versiegelt, zudem ist die Ehe denen Christen nicht allein verordnet, auch wissen die alten Kirchen-Lehrer und Concilia von solchem Sacramento nichts, wie D. Hülsem. solches in Manual. Confess. August. contra P. Hageri Collat. d. Confess. cum Concilio Trident. Diss. 11 pag. 494 und D. Ziegl. ad Lancell. L. 1 Tit. 9 Sect. 2 mit mehrern deduciren. So wollen wir doch gern gestehen, daß durch den von GOtt geordneten Ehestand zugleich etwas geistliches und sonderliches präfiguriret worden. Deswegen die Ehe aber nicht alsbald ein Sacrament ist, und absolutam indissolubilitatem inferiret. Allermassen schöne Gedancken und Applicationes sind, daß, wie durch die Ehe der Mann des Weibes und hernach der gantzen Familie Haupt wird, also Christus das Haupt seiner Gemeinde worden sey, desgleichen wie das Haupt der Sitz der Seelen ist, welche alle menschliche Leibes-Bewegungen, actiones rationales, vitales & animales per organa convenientia, partesque solidas & fluidas, zu Erhaltung des Lebens, disponiret, also Christus, tanquam caput mysticum corporis sui seine gläubige Gliedmassen durch sein Wort und heilige Sacramenta gleichsam disposita organa sind, per quæ sua divina Gratia fide prehensa in nos derivetur; Also ferner, wie Mann und Weib durch die Ehe ein Fleisch werden, da sich die Seelen und Leiber, und zwar die Seelen absonderlich mit einander, nach göttlicher Ordnung, dermassen verbinden, daß ein Sinn, ein Wille, ein Ja, und ein Nein, in Freud und Leid, beständig und unveränderlich seyn soll, also Christum mit seiner gläubigen Gemeinde durch sein Wort und Sacramenta beständig und ohne Veränderung, oder Verlassung bey Unglück und Verfolgung verbindet. Und wie Neonymphi, oder neue Eheleute Vater und Mutter verlassen, und einander mit Muth und Blut anhangen; Also auch Christi Gliedmassen Vater und Mutter, oder die alte sündliche Natur verlassen, und an dem neuen Verbindniß mit Christo fest hangen sollen, wie zu solchen Gedancken der Apostel Paulus Eph. 5 v. 23 seqq. Anleitung giebt.

§. 12.

Ingleichen befinden wir in Canonischen Rechten, daß die Päbste die Ehescheidung ob infidelitatem, oder wenn ein Ehegatte ungläubig wäre, item ob frigiditatem & continuas insidias gelassen, jedoch weder wegen des Ehebruchs, noch anderer Ursachen das Eheband gäntzlich getrennet wissen wollen, verbieten daher, daß der unschuldige Theil sich anderweit, so lange der schuldige lebet, nicht verehelichen mögen, sondern verstatten allein die Scheidung von Tisch und Bette; Zu geschweigen, daß sie in gradibus jure divino prohibitis dispensiren, so wohl die Prohibition disfalls allzuweit erstrecken, hierüber der Eltern Consens bey der Kinder Verehelichung nur ex honestate erfodern, und dergleichen, Andr. Vallens. ad Daret. Lib. 4 c. 19 n. 2 ex L. 4 C. 1 S. 9 n. 2, Covarr. P. 2 c. 7 § 4 n. 22, so aber alles auf unerwiesenen und streitigen hypothesibus beruhet, nemlich daß die Ehe Sacramentalem unionem Christi cum Ecclesia repräsentire, und da

her

her solches Band unzertrennlich verbleiben müsse, desgleichen, daß der Pabst Christi Statthalter sey, und bey ihm der Verstand göttlicher Gesetze beruhe. Denn obwohl etliche Canonisten nicht gestehen wollen, daß der Pabst wider die göttlichen Gesetze dispensiren könne, so räumen sie doch ein, daß er dieselbe in circumstantiis singularibus zu interpretiren und zu erklären Macht habe. H. Zoesius ad decret. L. 4 T. 19 n. 9 seqq. so einerley ist; Weil solche Erklärung aufs Interesse des Römischen Kirchen-Staats, und auf die Dispensations-Gebühren in casibus prohibitis ankömmt; Deswegen in Canonischen Rechten dergleichen traditiones von andern der heiligen Schrifft gemässen Decretis, und andern zu Recht beständigen Satzungen billig zu separiren, und solchen nach die Canonischen Rechte schlechterdinges in Ehe-Sachen vor Decisiv-Gesetze nicht anzunehmen.

§. 13.

Vielweniger kan man in Erörterung der Ehe-Sachen bey denen gemeinen Kayser-Rechten beruhen. Denn es haben die Römer vor dem die Ehe-Pacta denen andern Contractibus gleich geachtet, und selbe per mutuas sponsiones & stipulationes verrichtet; Ingleichen verordnet, daß die Ehegelöbnisse willkührlich, wie andere sponsiones & pacta conventa, getrennet werden können, gestalt die Kayser Diocletianus & Maximianus in L. ﹡C. de sponsal. rescribiret; alii desponsatae renunciare conditioni, & nubere alii non prohibentur. Desgleichen sanciret Kayser Valerianus und Gallienus in L. 2 C. de repud. gleichfalls: Non dubitamus sponsam sponso nuntium remittere posse, etiam si praesente illo consilium mutare voluerit. Ob zwar dieses nicht zu negiren, daß man von rigore stipulationum abgewichen, und bey Ehegelöbnissen auch pacta nuda pro validis paßiren lassen, wie davon Barn. Brissonius de formul. L. 1 pag. 573, Paul Cypraeus de sponsalibus C. 3 § 3 seqq. und andere zu sehen. Insonderheit aber ist hierinnen denen Kayser-Rechten nicht zu folgen, da sie die Concubinen und Beyschläferinnen ad diuturnam modo vitae consuetudinem zulassen. Inmassen in L. 1 § fin. ff. de concub. ausdrücklich zu lesen: Concubinam cujuscunque aetatis habere posse, nisi minorennis XII annorum sit, und in L. 3 & 4 heißt es: Quia concubinatus per LLes nomen assumpsit, extra Legis poenam est; concubinam vero ex sola animi destinatione aestimare oportet. Also straffen auch die Kayser-Rechte die Hurerey, seu simplicem fornicationem nicht, sondern es verringert dieselbe allein die existimation, ja es ist zugelassen, daß einer eine öffentliche Hure und prostibulum per L. d. 3 eod. zur Concubine haben möge, und wenn ein Ehemann mit dergleichen scorto publico venali zu thun hat, so heisset solches kein Ehebruch, deswegen die Ehefrau auf die Ehescheidung und divortium klagen möge, daferne er nicht juxta Novell. 117 Cap. q. § si quis in sua ein solches Weibs-Stück der Frau zum Chagrin in seinem Hause heget, derselbe auch, ohnerachtet der Frauen, oder ihrer Eltern und Freunde geschehenen öfftern Erinnerung, davon nicht abstehen wolle, zu geschweigen, daß auch der erste Christliche Kayser Constanti-

Jurist. Oracul V. Band.

nus M. in L. 29 C. ad L. Jul. de adult. rescribiret, daß die Keuschheit seu ratio pudicitiae allein von denen Matronen und Haus-Müttern, quae matrifam. nomen obtinent, erfordert würde, die gemeinen Weiber aber und nach heutiger façon, die Canaille hielten die Gesetze nicht würdig, daß sie zu deren Observantz gezogen, und die Straffe des Ehebruchs oder Hurerey bey ihnen stat finden möchte, oder, wie die Worte lauten; Has immunes a judiciaria severitate stupri & adulterii, esse, quas vitae vilitas Legum observatione dignas haud crediderit, welches in L. 2 h. 4 C. Theodos. auch also zu befinden ist.

§. 14.

Und hat, so sich zu verwundern, die Stadt Rom sammt denen Römischen Päbsten und Präsulen solche doctrin behalten; Inmassen der Milch-Zins und Huren-Zoll sowohl von denen gemeinen Weibern selbst, als auch von Clero und denen Geistlichen, daß sie Concubinen halten dürffen, oder auch die Straffen, daß sie solche bey ihren Pfründen nicht halten wollen, bekant ist, als davon Melchior Goldast. Tom. 2 Constit. Imper. Carpzov. Pr. Crim. P. 2 qu. 70 n. 7 seqq. Herm. Laterus de Cens. und andere bezeugen. GOttes Gebote aber machen keinen Unterscheid unter vornehmen und geringen Stands-Personen; Es ist auch vor seinem Gerichte einerley, und sind alle der Obligation und Straffe seiner Gebote unterworffen, sie mögen Königl. Fürstliche Personen, ingleichen Herren, Diener oder Knechte seyn; Zudem Staats-Weiber, Dames, oder Mägde heissen, sive sint lenae, mulieres scenicae, famulae tabernarum, vel conditionis similis, sondern wie der weise Seneca de Clement. c. 16 L. 2 recht geschrieben: Nemo Regi tam vilis sit, ut illam perire non sentiat. Also soll vielweniger ein Christlicher Gesetzgeber der geringen Unterthanen Laster zu ihrem Verderb etwas übersehen und indulgiren, wie auch der höchstlöbl. Churfürst zu Sachsen, Augustus in P. 4 Const. 28 rubr. von Straffe der schlechten Hurerey, seu simplicis fornicationis gethan hat.

§. 15.

Hierüber sind die gemeinen Kayser-Rechte auch nicht sicher zu observiren, daß sie viel unerhebliche Ursachen, so nicht gnug zur Ehe-Scheidung, oder divortio seyn sollen, eingeführet und approbiret, als unter andern, wenn ein Eheweib ohne des Mannes Willen des Nachts aus seinem Hause bliebe, es sey denn, daß sie bey ihren Eltern, oder die Theatra, oder nach heutiger Art zu reden, die Opern und Comödien besuchet hätte, wie in Tit. ff. de divort. & C. de Repud. sowohl in der 17 und 22 Novell. zu ersehen, zudem daß gedachte Civil-Gesetze die Ehescheidung ex bona gratia, quoties dulciter & sine querela contigerit, verstatten, L. ult. C. de rei ux. act. Gudelin. de Jure noviss. L. 1 C. 10. Vielweniger ist es mit gedachten Kayser-Rechten zu halten, da sie keinen Ehebruch heissen, und davor straffen, wenn ein Ehemann wider die eheliche Pflicht mit einer andern ledigen Weibes-Person fleischlich zuhält, sondern allein hierinne das formale eines Ehebruchs setzen, wenn eine Manns-Person, die ehelich oder unehelich ist, alienum to-

Uuuu   rum

rum violiret, oder in eine andere Familie ein fremdes Pfropffreißigen, seu sobolem peregrinam einsetzet, es mag sonst die eheliche Treue, seu fides
conjugalis gebrochen werden oder nicht, Carpzov.
Pr. crim. P. 2 qu. 52 n. 41 cum Dd. allegg. da
doch gleichwohl darinnen nach Christi Erklärung
Matth. 19 v. 9 & Marc. 10 v. 11 die Form und Eigenschafft des Ehebruchs bestehet, wenn durch fremden Beyschlaff die eheliche Pflicht und Treue gebrochen wird, welches die teutsche Redens-Art durch
das Wort Ehebruch seu fractionem tori & fidei
conjugalis wohl exprimiret, und der weltlichen
Obrigkeit Entscheidung, seu humano arbitrio nicht
überlassen wird, wo göttliche Ordnung seu naturæ
Lex & juffus divinus specialis vorhanden ist.

§. 16.

Jedoch wollen einige JCti das Kayser-Recht
hierinne entschuldigen, daß es zwar rationem formalem adulterii in violatione tori setze, es habe
aber die ordentliche Straffe des Ehebruchs nicht ehe
stat, als wenn ein Eheweib geehebruchet, weil nebenst der forma criminis zugleich die Gefährde und
Schade beobachtet werden müsse. Und sey bey einem Eheweib die Untreue und Schade viel grösser
und empfindlicher, wenn sie einen andern zulässet,
als wenn der Mann extra gehet; Inmassen dergleichen untreues Weib des Mannes gantze Familie
schimpffet, und dem Ehemann fremde Kinder und
Erben zu seiner unleidlichen Schande zubringet, dergleichen dem Weibe durch des Mannes Ehebruch
mit andern Weibern nicht zuwächset, wovon der
berühmte JCtus Ulricus Huberus also schreibet:
Viro magna est, omnium Gentium reputatione,
contumelia, uxorem habere adulteram; mulieri
vero nulla; sed miseratio favorem magis conci-
lias: ad hæc vir periculum metuit suppositionis
partus, qua non potest injuria esse atrocior:
quale uxori periculum nullum contingit. Daher weil beym Eheweibe der Schade und Schande
grösser, und pœna Leg. Juliæ veteris de adulte-
riis, welche vor dem nicht capital gewesen, durch
den Kayser Constantinum in L. 30 C. ad L. Jul.
de adult. capital worden, und die Lebens-Straffe
eingeführet; So habe er in Absicht der erhöheten
Straffe auch grössern Verlust und Schande, dieses vor einen formalen Ehebruch erkennet, da die
ordentliche Lebens-Straffe stat finden soll, wenn
ein Mann mit einem verehlichtem Weibe die Ehe
breche, nicht aber, wenn der Mann die eheliche
Treue violiret, ob er sonsten ebenfalls ex natura
actus & fidei datæ ruptæque ein Ehebrecher zu
nennen sey.

§. 17.

Es sind aber die Worte in denen gemeinen Kayser-Rechten allzu klar, und lassen sich auf die bloße
Reflexion der erhöheten Straffe unmöglich appliciren, sondern, daß man vor einen eigentlichen Ehebruch allein gehalten, wenn ein Mann mit einem
verehlichtem Weibe zuhält, gestalt in L. 6 §. 1 ff.
ad L. Jul. de adult. ausdrücklich zu lesen: Proprie adulterium in nupta committitur propter
partum ex altero conceptum composito nomine, damit L. 34 eod. und andere textus übereinkommen, auch solchem nach das Wort adulte-

rium daher kommen soll, quo quis ad alterius torum eat, quod modo in muliere nupta fieri
potest: so aber dem Canoni juris divini zuwider,
darnach sich alle Sanctiones humanæ billig richten
sollen. Daraus folget, daß dem göttlichen Recht
auch die Proportion und Bestraffung des Ehebruchs
nicht gemäß, sondern eine Weiber-Sanction sey,
wenn nach des Kaysers Justiniani nov. Constit. 134
cap. 10 ein Ehebrecher mit dem Schwerdt, die Ehe-
brecherin aber nicht am Leben gestrafft, sondern in
ein Kloster verstossen werden soll, da doch bey dieser
libido turpior und viel schädlicher ist, als beym
Ehemann, ob sie gleich auch bey diesem nicht zu loben, sondern nach Zustand der Umstände gebührend zu bestraffen, daher solche Sanction insgemein der Instantz der Kayserin Theodoræ, quam
in hoc genere haud morosam fuisse perhibe-
tur, zugeschrieben wird, und demnach in Sachsen
per Constitutiones publicas dieser Unterscheid
eines Ehebrechenden Mannes oder Weibes billig
auffgehoben, und beyde, gestalten Sachen nach,
am Leben zu bestraffen verordnet worden, Constit.
Elect. Saxon. 19 p. 4 ibique   Carpzov. & in
Pr. Crim. p. 2 qu. 54.

§. 18.

Ferner ist auch nicht sicher, daß eine Gott wohlgefällige Ehe nach der Gewohnheit vor und nach
Mosis Zeit, oder nach der praxi primitivæ Ecclesiæ, oder nach denen Gebräuchen in der ersten
Zeit und Seculis nach Christi Tod judiciret, und
davor erkannt werde. Denn vor Mose hat ein
Bruder die Stief-Schwester, die nur von Vater
vollbürtig, geheyrathet, wie bey Abraham und Sara Gen. 20 zu sehen. Also hat ein Mann mehr,
als ein Weib, zur Ehe genommen, wie Jacob mit
Lea und Rahel Genes. 29 gethan, und Moses hat
selbst Deut. 24 die Ehe-Scheidung zugelassen; anderer Exempel zu geschweigen, da doch die ersten beyde Gottes Befehl 3 B. Mos. 18 und das letzte der
Einsetzung der Ehe 1 B. Mos. 1, 2 und Christi Erklärung Matth. 19 entgegen sind. Was aber die
erste Kirche betrifft, so haben die Christen zwar damals nicht allein, was uns nachgelassen, und in
Christlicher Freyheit bestanden, sondern auch was
erbar vor Gott und der Welt geschienen, beobachtet, damit sie ihren Feinden, denen Jüden und Heiden, kein Aergerniß geben möchten. Es sind aber
gleichwohl diese Gebräuche nach der Regel und
Richtschnur der göttlichen Gesetze zu prüffen, da zumal die erste Kirche bey solcher Reinigkeit nicht allzulang bestanden.

§. 19.

Bey welchen Umständen wir sehen, daß die Ehe-
Affairen singulatim von ermeldten Gesetzen nicht
sicher debattiret werden können; Jedoch zum Schluß
zu kommen, so muß göttliche Ordnung nebst dem
Recht der Natur- und Moral-Gesetzen, so fern sie
von ehelichen Stand handeln, wohl zum Grund
gesetzet, solchen die in dieser Materie recipirten Canonischen Gesetze, so fern dieselbe Gottes Wort
nicht zuwider) beygeführet, und in derer Evangelischen Fürsten Republiqven, nach den Religions-
Frieden-Schluß de An. 1555 und Westphälischen
sanctione pragmatica de An. 1648 die Provincial-
Gesetze

Gesetze appliciret, und die Irrungen eröttert werden, iedoch sind auch die gemeinen Kayser-Rechte nicht bey Seite zu setzen, als welche Decisa in vielen Fällen und Umständen in Ehe-Sachen ebenfalls bey Abfassung der Urthel zu beobachten sind. Damit wir aber solche Application derer Gesetze etwas genauer betrachten, so ist zu mercken, daß ausser der Sanction die bey der Einsetzung der Ehe 1 B. Mos. 1, und 2 zu befinden, daß Gesetz der Natur uns allein axiomata & conclusiones generales zeiget, was recht oder unrecht, honestum aut turpe sit. Die Moral-Gesetze aber uns des göttlichen Willens deutlicher versichern, als von den ehelichen Verbindung, von verbotenen Graden in der Bluts-Freund-und Schwägerschafft, Ehescheidung und dergleichen. Wenn nun in denen göttlichen Gesetzen eine Sanctio moralis specialis, als von verbothenen Graden 3 Buch Mos. 18 und 20 und der Ehescheidung Matth. 19. Marc. 10. Item von der Vergiessung menschlichen Bluts rc. angetroffen wird, wider dieselbe ist kein weltlich Gesetz, von was Autorität dasselbe auch sey, zu attendiren, weil, was darwieder verordnet wird, wieder diejenigen Gesetze läufft, welche Gott nach seiner Weißheit dem gantzen menschlichen Geschlecht ins Hertz geschrieben, und hernach durch Mosen die Propheten Christum und die Apostel wiederholet, auch also actus contrarius turpitudo naturalis heisset, von keinem Menschen, wie oben gedacht, geändert werden kan; und wenn auch ein weltlicher Herr von natürlichen Verstande dermassen abwiche und ein Gesetz gebe, dadurch die Cucurbitation und Ehebruch oder Todtschlag, Betrug rc. approbiret und nachgelassen würde, so wird es doch deswegen kein Recht, es operiret auch keine wahre Obligation, noch effectum civilem, sondern der Gesetzgeber und der nach solchem Gebot lebet, versündiget sich an seinem Schöpffer, wie Nebucadnezar durch das Gesetz von Anbetung des gegossenen Bildes, Jerobeam durch den Kälber-Dienst, und die solche angebethet haben. Also erzehlet Polydor. Virgil. de Invent. rer. Lib. 10 von Schottländern, es sey vor dem bey ihnen ein Gesetz im Brauch gewesen, daß der Adel seiner Unterthanen Weiber gemein gehabt, und iedweden Landes-Herren habe von einem Bräutigam seines Gebiets die Braut zur beliebenden Caresse präsentiret werden müssen, ob er das erste mahl bey ihr schlaffen wölle, dadurch sich allerdinges der Herr und Unterthanen, iedoch einer mehr als der andere, an Gott gröblich versündiget hat. Inmassen hernach König Malcolinus, auf Ansuchen seiner Gemahlin, Margarithæ, diesen sündlichen Gebrauch, so wider Gottes special-Ordnung läufft, gantz abgeschaffet.

§. 20.

Ein anders aber ists, wenn in natürlichen und Moral-Rechten sich nur ein General-Gesetze befindet, als daß Treu und Glauben, oder pacta conventa gehalten werden, niemand den andern bevortheilen, iedwedes keusch und mäßig leben solle, und so fort, dessen latitudinem kan ein weltlich Gesetz hernach extendiren und restringiren, oder so zu reden, corrigiren, welche Correction aber anders nicht geschiehet, als wie der Prätor in Kayser-Rechten. L. 7 § 1 ff. de I & I potestatem corri-

Jurist. Oracul V Band.

gendi jus civile hatte, nemlich, daß er den effectum civilis obligationis weisen mögen, wo Lex civilis vim obligandi habe, oder nicht, also thut auch die weltliche Obrigkeit durch ihre Civil-Gesetze, dadurch sie zeigen, wo das General-Moral oder natürliche Recht, nach seiner Unterthanen und Landes Nutzen, eine rechtliche Verbindung und efficaciam obligandi haben möge, oder nicht. Zum Exempel, daß nach denen Kayser-Rechten ein Weib vor einen andern nicht verbindlich gutsagen und intercediren, desgleichen ein Sohn, so in väterlicher Gewalt ist, das Geld, welches er zur Uppigkeit und Schwelgerey auffgenommen, nicht bezahlen dürffe. Desgleichen ein Weib nach Sachsen-Recht ohne Vormund nicht verbindlich handeln und sich obligiren können. Also beym Ehe-Affairen, daß beym Ehe-Gelöbnissen einige Worte effectum civilem haben, etliche nicht, daß die verbotene Gradus der Bluts-Freundschafft bey der Heyrath auf mehr Gradus erstrecket, gewisse Solennitäten vor und bey Hochzeiten erfordert, der Ehebruch einer Ehe ohne vorgehend Decret nicht scheiden mag, und dergleichen. Welche determinationes denen Moral-Gesetzen nicht zuwider sind, oder sie wahrhafftig corrigiren, sondern vielmehr erklären, wo denenselben, nach eines menschlichen Ordens, Geschlechts und anderer Qvalität, Obligatio und actio civilis mitzutheilen sey, oder nicht, welche Gewalt Gott seinen Vicariis, denen weltlichen Fürsten auf Erden, verliehen hat, daher sie auch in conscientia obligiren, und ist also solche Ordinatio humana nicht der Menschen Caprice allein secundum rationem socialitatis, wie insgemein vorgegeben wird, zu zuschreiben.

§. 21.

Und nun dergleichen nützliche Gesetze und Erleuterungen des göttlichen Willens und Moral-Rechts finden sich häuffig, so wohl in denen Canonischen, als gemeinen Kayser-Rechten. Inmassen daher das Canonische in Ehe-und Kirchen-Sachen, beym Heil. Römischen Reich, auch in derer Evangelischen Fürsten Republiqven fast überall recipiret ist, nicht zwar ex autoritate Papæ, weil der Pabst in allen geistlichen Sachen, die quocunque modo nach dem Päbstischen Recht davor gehalten werden, die höchste Gewalt habe, sondern weil dieses in causis Ecclesiasticis denen Kirchen favorabler, auch wegen vocation, ordination der Geistlichen, item Kirchen-Visitation rc. viel nützliches enthält, in Ehe-Sachen aber, ausser der doctrin de Sacramento conjugii, viel dienliche und billige Decisiones in Special-Fällen vorstellet, und deswegen aus Landes-Fürstlicher Willkühr beybehalten, so wohl nebenst denen provincial-Kirchen-und Ehe-Gesetzen observiret wird, die übrigen böse Satzungen aber, deswegen Herr Ziegler de orig. ex increm. Jur. Can. mit Luthero das gantze Canon-Recht lieber exterminiret, wo nicht auffs neue verbrant wissen wollen, lassen wir billig fahren und an seinen Ort gestellet seyn.

§. 22.

Indem doch nicht negiret werden kan, daß in Jure Canonico viel Gutes, so zur Erleuterung der

Uuuu 2

Moral-Gesetze, auch in vielen Fällen billig und dienlich ist, aus denen Schriften der Väter erster Kirchen, desgleichen aus denen Decretis und Conciliis tam generalibus, quam specialibus, dafern nur die Extracte mit denen autenticis überein kommen, so wohl aus denen gemeinen Kayser-Rechten anzutreffen. Wiewohl es gleichwohl auch in etlichen Catholischen Reichen und Landen nicht schlechterdinges recipiret ist, gestalt in Franckreich die Canones & Bullæ Pontificum anders nicht Krafft und vim obligandi haben, als wenn sie vorher examiniret, und vom König approbiret worden. Also haben auch vor dem die Sachsen das Päbstische Recht, laut Speculi Lib. 1 Art. 3, anders nicht angenommen, als wenn es ihr Land- und Lehn-Recht nicht ändert, so auch noch heute zu Tage in gewissen Materien bey denen Evangelischen Ständen, so fern sie derer Landes-Fürsten Ordnung u. Observantien nicht zuwider, also gehalten wird, wie davon Giesbert Voetius de Polit. Eccles. P. 1 Lib. 1 Tr. 2 cap. 12, 13, 14; ingleichen D. Joh. Struuch de Origine & lib. nec non autor. Jur. Canon. und Illustr. Stryk ad Brunnem. Jus canon. Lib. 1 cap. 3 & 4 aliique allegati mit mehrerm bezeugen, welche wir am Ende dieser Materie von Ehen weitläuftiger zu benennen und anzuführen uns vorbehalten.

RESPONSUM LXXXV.

Von Bothmäßigkeit eines Consistorii und dahin gehörigen Sachen.

§. 1. Was ein Consistorium sey, was vor Personen und Sachen dahin gehören, ist nicht vonnöthen, weitläuftig zu erinnern. Indeß hat ein Friede und Ruhe liebender Landes-Herr wegen Unterthanen von diverser Religion darauf zu sehen, damit dem ohnausbleiblichen Qvärelien wegen unpartheyischer Administration der Justiz vorgebeuget werde: Zudem ist bey Protestanten öfters ein Streit, in waserley geistlichen Sachen Dominus Territorii oder dessen nachgesetzte Regierung, ohne Collision derer hohen Collegiorum, zu dediciren Macht habe?

§. 2. Man wird also dem geneigten Leser hoffentlich keinen unangenehmen Gefallen thun, wenn zu Erläuterung beyder Puncte dieses Responsum aus der Theologischen und Juristen-Facultät in Leipzig beygefüget wird:

An Herrn Johann Hogium, Königlichen E. A. zu Cöln am Rhein, Unsere freundliche Dienste zuvor.

Wohl-Edler und Vester, Geehrter Herr und guter Freund!

Auf desselben an uns gethane 15 Fragen E. W. Decanus, Ordinarius, Seniores und andere Doctores der Theologischen und Juristen-Facultät in der Universität Leipzig so wohl in Göttlichen als Weltlichen Rechten gegründet und zu erkennen seyn,

Und Anfangs auf die erste Frage

Ist ein gewisser Reichs-Stand Augspurgischer Confession vor seine Römische Catholische Unterthanen ein geistlich Consistorium auffzurichten willens, da denn in unterschiedenen Puncten, wie weit

dessen Bothmäßigkeit sich erstrecken, auch was vor Sachen eigentlich dahin gehören und vor demselben angebracht und ausgeübet werden sollen, und zwar anfänglich, ob, wenn zwischen denen Patronis und dem Consistorio Irrung und Mißverständniß vorfiele, dessen Erörterung dem Landes-Herrn, oder gedachtem Consistorio zu überlassen sey? Zweiffel entstehet. Ob nun wohl sonst, vermöge der Rechte, ein Richter auch in denen Sachen, welche das Exercitium seiner Gerichtbarkeit betreffen, und wenn die Frage ist, ob die Sache vor ihn gehöre, oder nicht, gar wohl erkennen und urtheilen kan, in sonderbarer Betrachtung, daß solche nicht so wohl ihn selbst als sein Amt angehet, welches ihme, vermittelst derer in Rechten vorgeschriebenen Mittel selbst zu vertheidigen, und darinne Recht zu sprechen nicht zu verwehren ist, dahero es denn auch allhier das Ansehen gewinnen möchte, daß, wenn zwischen einem Patrono und dem Consistorio wegen des Pfarr-Lehns und sonsten Streit entstünde, dieses solchen vor sich ausmachen könte, und die Sache nicht erst an den Landes-Herrn gelangen lassen dürfte.

Dennoch aber und dieweil hierbey dieser Unterscheid zu machen, ob eine Sache das blosse Exercitium Jurisdictionis und Judicis competentiam, oder aber ein gewisses Befugniß und ander Recht betrifft, über welches zwischen einem Richter und dem andern Streit und Irrung entstanden, da denn bey dem ersten zwar der Richter selbst, ob die Sache vor ihn gehört, weil solche, wie gedacht, nicht sowohl ihn selbst, als sein Amt, angehet, erkennen, des letzten halber aber, und da der Streit zwischen ihm und dem andern Part ist, und also sein eigen Interesse betrifft, er der Parthey Stelle vertritt, und daher selbst nicht Richter seyn kan, sondern eines andern Cognition und Rechtspruch sich nothwendig unterwerfen muß, dergleichen denn auch gegenwärtiger Fall, und da sich zwischen Patrono und dem Consistorio, so sich des Pfarr-Lehns anmassen will, Streit ereignet, da denn die Sache ungeachtet solche an sich und vor sich selbst zwar Ecclesiastica, und wenn zweene Patroni wegen der Vocation, Präsentation, oder auch der Person, so zum Pfarr-Amt berufen werden soll, und andern dergleichen Sachen nicht einig werden können, solches vor dem Consistorio ventiliret und ausgemacht werden muß, allhier des Consistorii eigen wird, bey welcher Bewandniß dann dasselbe nicht mehr als Richter, sondern Part zu betrachten ist.

So mag auch bey so gestalten Sachen das Consistorium in dergleichen vorfallenden und ihm selbst angehenden Irrungen der Cognition und Rechtsprüche sich nicht anmassen, sondern es wird alsdenn die Sache an den Landes-Herrn zur gebührenden Erörterung billig verwiesen.

Zum andern auf die andere und dritte Frage.

Fället Zweifel vor, wenn ein Unterthan Augspurgischer Confession wider einen Pfarr Römisch-Catholischer Religion persönliche Klage und Zuspruch vor dem Consistorio angestellet, ob in dergleichen Sachen von des Consistorii Urthel und Abschieden der Unterthan Augspurgischer Confession an die hohe weltliche Obrigkeit, als den Landes-Fürsten, das Kayserliche Cammer-

Cammer-Gerichte oder Reichs-Hof-Rath appelliren könne?

Ob nun wohl der Landes-Herr, so viel die Causas Ecclesiasticas betrifft, denen Römisch-Catholischen, weil selbige die Evangelischen vor Ober-Richter nicht erkennen, anstat der Appellation eine Leuterung verstattet, dahero sie auch solches remedii stat der Appellation ad secularem in andern bürgerlichen Sachen sich zu gebrauchen gesonnen, in Meynung, daß die geistlichen Personen der Bothmäßigkeit der weltlichen Obrigkeit nicht unterworfen, und dahero auch vermittelst des remedii Appellationis denen Consistoriis und geistlichen Gerichten nicht entzogen und der weltlichen Obrigkeit Gerichts-Zwang untergeben werden kuaten. Dennoch aber und dieweil vermöge sowohl gött- als weltlicher Rechte die geistlichen Personen der weltlichen hohen Obrigkeit allerdings unterworfen, welche Bothmäßigkeit, ob sie zwar durch Eingriff derer Bischöfe u. Römischen Päbste der hohen Obrigkeit vor diesem eine Weile entzogen, dennoch durch den Paßauischen Vertrag u. darauf erfolgten Religions-Frieden denen protestirenden Ständen wieder überlassen worden, vermöge welcher ihnen nunmehr die potestas ecclesiastica externa, und daher auch die Jurisdiction über die geistlichen Personen zukommet, welche sie durch die in ihren Landen verordnete Consistoria zu exerciren pflegen, dadurch aber die Clerici der Bothmäßigkeit der hohen weltlichen Obrigkeit nicht entzogen, sondern ihnen nur ein absonderlich und privilegirtes forum, in welches denenselben pfleget recht gesprochen, und andere, sowohl geistliche, als Civil-Sachen, so weit diese geistliche Personen angehen, tractiret und verabschiedet werden, gegeben worden; solches aber von oft gemeldter hoher weltlicher Obrigkeit dependiret, und derselben als Ober-Richter die Inspection darüber zukommet, welcher denn die Sachen nach Befinden, davon vor sich avociren, auch was sowohl die Civiles, als Ecclesiasticas Causas betrifft, durch absonderliche Befehle eins und das andere darinn anordnen kan, und dahero auch die Appellationes von denen Urtheln und Abschieden, in welchen die Partheyen sich beschweret zu seyn befinden, an denselben zu richten seyn, immassen dann solches nicht allein in denen Consistoriis dieser, sondern auch anderer Orten bey denen protestirenden Ständen bräuchlich und eingeführet ist. So mag auch in denen wider einen Römisch-Catholischen Clericum von dem Consistorio angestellten Civil-Klagen und denen darinne gegebenen Abschieden und gemachten Verordnungen an den Landes-Fürsten oder Kayserliches Cammer-Gerichte nach Beschaffenheit der Sache und des Orts gar wohl appelliret werden.

Zum dritten auf die vierte und fünfte Frage.

Will gezweifelt werden, ob die Geistlichen, wenn die Sache nicht ihr Amt und Kirchen-Güter, sondern ihr Eigenthum betrifft, und sie etwa aus einem mit ihnen geschlossenen Contract oder ihres Verbrechens halber belanget und in Anspruch genommen werden, solche nothwendig vor dem geistlichen Gerichte und Consistorio geschehen, oder aber sie auch vor dem weltlichen Gerichte und Fürstlicher Cantzley sich zu stellen, und allda Recht zu gewarten, angehalten werden könten.

Ob nun wohl vor denen Consistoriis nur geistliche und Kirchen-Sachen, auch die diesen gleich zu halten, erörtert werden; was aber Contractus, Vergleiche und andere Civil- auch Criminal-Sachen belanget, solche an die weltlichen Gerichte zu verweisen seyn.

Dennoch aber und dieweil, daferne diese letztere geistliche Personen betreffen, und dieselben aus einem Contract und anderer Handlung und Obligation personaliter belanget, oder auch wegen eines Verbrechens, dessen Bestrafung auf eine Geld-Buße, Gefängniß, Suspension oder Remotion ab officio hinaus laufet, besprochen werden, solche nach Gebrauch und Herkommen derer Evangelischen Consistoriorum alleine vor dem geistlichen Gerichte, als welches derer Clericorum forum privilegiatum etiam in causis civilibus & pœnalibus ist, ausgeübet zu werden pflegen; Es wäre denn, daß das Verbrechen also bewandt, daß es die Landes-Verweisung, Staupenschlag, oder gar eine Todes-Strafe mit sich brächte, da denn auch die Clerici denen weltlichen Gerichten zur Bestrafung übergeben, oder actio realis coram Judice seculari rei sitæ wider einen Pfarr-Herrn, oder andere geistliche Personen, so unter der weltlichen Obrigkeit liegende Güter hat, angestellet werden, da denn in des Klägers Gefallen und Wahl stehet, den Clericum entweder in foro Ecclesiastico, oder auch rei sitæ zu belangen.

So mögen auch ausser diesen letztern Fällen die geistlichen Personen vor die weltlichen Gerichte nicht gezogen werden.

Zum vierten auf die sechste Frage.

Will der Herr ferner: Ob die geistlichen Personen ihrem foro privilegiato und dem Consistorio mit Bestande renunciren, und alsdann vor die weltlichen Gerichte gezogen werden können? berichtet seyn. Ob nun wohl sonst vermöge der Rechte ein ieder desjenigen, so ihm zu gute verordnet, sich begeben kan, und es also das Ansehen gewinnet, daß auch die geistlichen Personen ihrem Privilegio fori renunciren könten, immassen denn auch solches in denen Kayserlichen Rechten ihnen frey gelassen zu seyn scheinet.

Dennoch aber und dieweil in denen Päbstlichen Rechten, welche dießfalls auch bey denen protestirenden Ständen eingeführet, dergleichen renunciationes gäntzlich verboten, die geistliche Jurisdiction auch, bewährter Rechts-Lehrer Meynung nach, also beschaffen, daß selbige zumahl auf einen Secularem, welcher solche Gerichtsbarkeit nicht hat, nicht prorogiret werden mag, zumahl da nach Art der heutigen Tages in dem Römischen Reiche üblichen Gerichtsbarkeit eine Obrigkeit durch die Prorogation eines ihrer Unterthanen ihre Jurisdiction einer andern Obrigkeit in einer oder der andern Sache zu überlassen nicht schuldig, sondern denselben allezeit, ihres hierbey unterlaufenden Interesse halber, wieder avociren kan.

So mögen auch die Geistlichen solchergestalt, und wenn sie gleich die Jurisdiction des Consistorii prorogiren und ihrem Privilegio renunciren wollen, vor die weltlichen Gerichte nicht gezogen werden.

Zum

Zum fünften auf die siebende Frage.

Will der Landes-Herr die unter ihm gehörigen geistlichen Personen, wenn sie in gewissen Sachen Zeugniß geben sollen, alsbald vor seine Cantzeley laden, dannenhero der Herr, ob solches mit Vorbeygehung des Consistorii geschehen könne? zu wissen verlanget. Ob nun wohl der Landes-Herr in Ansehung des Consistorii, als welches von ihm dependiret, superior ist, und aber bekannt, daß die Unter-Obrigkeit Unterthanen auch ohne vorgehende subsidiarische Requisition vor dem Ober-Richter citiret und geladen werden mögen, und dahero es das Ansehen gewinnen möchte, daß auch die Clerici solchergestalt mit Uibergehung des Consistorii alsbald vor dem Landes-Herrn citiret werden könten.

Dennoch aber und dieweil solches anderer Gestalt nicht, als wenn die Sache per Appellationem, oder sonst an denselben gediehen, zu verstehen ist, im übrigen aber dem Unter-Richter die erste Instantz billig gelassen, und also die Zeugen verhören vor dem Richter, dessen Jurisdiction immediate diese unterworfen, dergleichen allhier das Consistorium ist, wenn nicht sonderbare und erhebliche Ursachen vorhanden, aus welchen der Superior solche entweder vor sich selbst abzuhören, oder dießfalls gewisse Commissarios zu verordnen, der Nothdurft zu seyn befindet, geschehen muß.

So mögen auch so schlechterdings und ohne sonderbare und genugsame Ursachen die Geistlichen, wenn sie Zeugniß ablegen sollen, mit Uibergehung des Consistorii, vor dem Landes-Fürsten nicht geladen werden.

Zum sechsten auf die achte Frage.

Ist der Landes-Fürst der Meynung, daß wenn ein Priester wegen seiner ausserhalb der Pfarr-Wohnung befindlichen Fahrniß zu belangen, er auch derowegen Actione reali vor dem Iudice seculari rei sitæ in Anspruch genommen werden könne?

Ob nun wohl nach etlicher Rechts-Gelehrten Meynung es davor gehalten wird, daß die Fahrniß der Person anhange, und dannenhero ein Clericus seiner Mobilien halber realiter belanget wird, nirgend anders als vor dem Consistorio die Klage angestellet werden könne?

Dennoch aber und dieweil diese Regel nur allein auf die Erbfälle und andere Rechte, da principaliter de Jure personæ gehandelt wird, nicht aber das Forum Clericorum und dessen Competenz, wenn realiter geklaget worden, und also mehr auf das Objectum actionis als die Person des Beklagten gesehen wird, zu ziehen ist, da denn vermöge derer klaren Rechte, auch bewährter Rechts-Lehrer Meynung nach, res sita ein absonderlich forum machet, also, daß wenn auch gleich super re mobili actio realis angestellet wird, dem Kläger frey stehet, entweder in foro domicilii, so allhier das Consistorium ist, oder auch rei sitæ zu klagen, auf welchen letzten Fall der Beklagte, wenn gleich dieser Richter nicht seine ordentliche Obrigkeit, sich vor denselben einzulassen schuldig ist.

So mag auch ein Priester, welcher Actione reali seiner Fahrniß halber besprochen wird, vor der weltlichen Obrigkeit, darunter solche gelegen, und also

auch vor dem Landes-Herrn, wenn solche immediate unter demselben anzutreffen, gar wohl belanget werden.

Zum siebenden auf die neunte Frage

Wird gezweiffelt, ob der Landes-Fürst vor sich oder seine Regierung die Sache und Personen, so sonst ins Consistorium gehören, nach Belieben ziehen, und also die Jurisdiction mit demselben zugleich exerciren könne?

Ob nun wohl das Consistorium von dem Landes-Fürsten dependiret, und in seinem Nahmen Recht spricht, dem Ober-Richter auch unverwehret ist, nach Befinden, und wenn sich eine Suspicion wider den Unterrichter ereignet, demselben, welcher Gestalt er in einer oder der andern Sache verfahren solle, vorzuschreiben, iemand ihme per modum commissionis zu adjungiren, ia gar die Sache nach Gelegen zu avociren, und es also das Ansehen gewinnen möchte, daß er also in allen Sachen zugleich mit dem Consistorio concurriren, und solche nach Belieben vor sich alsbald ziehen könne?

Dennoch aber und dieweil denen Consistoriis, gleichwie anderen Unter-Gerichten, nach heutiger allgemeiner Observantz und Rechte ihre Jurisdiction nicht cumulative, sondern subordinate verliehen, vermöge welches der Obere, ungeachtet er in gewissen Fällen die Acta und Sachen von dem Unter-Richter abzufordern berechtiget, ohne Unterscheid solche nicht gleich vor sich ziehen; sondern dem Unter-Richter seine erste Instantz, wenn er sich derselben recht gebrauchet, allerdings lassen muß, und ihn also in seiner wohl erlangten Jurisdiction mit Recht nicht turbiren kan.

So mag auch der Landes-Fürst die Personen und Sachen, so vor das Consistorium gehören, ohne genugsame Ursachen und nur nach Belieben alsbald vor sich oder seine Regierung mit Recht nicht ziehen.

Zum achten auf die zehnde und eilfte Frage

Wollen die Römisch-Catholischen die Gewalt, einen von einem geleisteten Eide loszusprechen, wie auch, wenn über Zinsen und andern wucherlichen Contracten zu erkennen, die Sache vors Consistorium gezogen wissen.

Ob nun wohl die Päbstischen Rechte solches ausdrücklich haben wollen, als welche alles, was nur über einen Eid zu erkennen, ingleichen wie hoch die Zinsen und Wucher von ausgeliehenen Gelde zugelassen, denen Geistlichen Gerichten und der Kirchen Gewalt, zu determiniren zuzukommen vermeynen.

Dennoch aber und dieweil allhier nicht, wie weit ein Eid zuläßlich oder nicht, oder auch, ob er einen in Gewissen, sondern wen, und ob derselbe in weltlichen Gerichten ad effectum agendi vel non einen verbinden, oder er davon loszuzehlen sey, die Frage ist, welches denn der weltlichen Obrigkeit, vermöge derer alten Kayserlichen Rechte zu erörtern iederzeit zukommen, und nachdem die protestirenden Stände sich der Päbstlichen Gewalt, welche wie andere also auch dieses Recht zur Ungebühr zu sich gezogen gehabt, wieder entlediget, und die von denen Bischöfen vor diesen gebrauchte Rechte wieder an sich genommen,

nommen, dieselben, vermöge ihrer Landes-Hoheit nach vorher gegangenem Erkänntniß derer Facultät und Schöppen-Stühle sich der Gewalt die geschwornen Eide zu relaxiren zu gebrauchen pflegen, immassen denn auch vermöge der Cammer-Gerichts-Ordnung, solche Befugniß der Kayserlichen Cammer zu Speyer und deren Assessoribus mitgetheilet worden, pag. 2 tit. 24. Ziegl. de jur. maj. l. 1 c. 21 § 3. Carpz. p. 2 c. 36 def. 1; hierbey in denen Reichs-Abschieden gantz deutlich enthalten, daß die wucherlichen Contracten und andere daher rührende Sachen an sich selbst Bürgerliche Händel seyn, und also, wo nicht etwa eine geistliche Person deshalben belanget wird, vor denen weltlichen Gerichten alleine geschlichtet und erörtert werden müssen. Carpz. l. 3 Jpr. Eccles. Def. 2 n. 17.

So mögen auch solche Sachen vor das Consistorium nicht gezogen werden.

Zum neunten auf die zwölfte Frage

Wollen gemeldete Römisch-Cathplische die Convocationes Synodorum Provincialium gleichfalls durch das ihnen vergönnete Consistorium verrichten lassen.

Ob nun wohl dieses ein Actus Ecclesiasticus und daher vor das Consistorium zugehören, scheinen dürffte.

Dennoch aber und dieweil die Convocatio Synodorum, als welche zu dem Ende, daß über Glaubens- und denen Sachen, so zur guten Kirchen-Disciplin gereichen, gerathschlaget, und ein gewisser Schluß gefasset werde, auszuschreiben seyn, und denen protestirenden Reichs-Ständen, vermöge ihrer Landes-Fürstlichen Hoheit und derselben anhängenden Juris circa religionem, als ein sonderbares Regal zukommt, hingegen denen Consistoriis nur die Jurisdictio verliehen, und dannenhero diese dasjenige, so ad superioritatem gehöret, nicht verrichten, noch mit Fug zu sich ziehen können:

So mag auch solches die Synodos nicht convociren, sondern es bleibet solch Recht dem Landes-Fürsten billig.

Zum zehnden auf die dreyzehnde Frage

Wollen die Römisch-Catholischen, wenn eine Haupt- oder Filial-Kirche zu erbauen, dieses alles des aufgerichteten Consistorii Gutachten anheim stellen, wie, wo, wenn, und welchergestalt selbiges verrichtet werden solle?

Ob nun wohl denen Consistoriis insgemein die Aufsicht über dasjenige, was die Administration derer geistlichen Güter betrifft, zukömmet.

Dennoch aber und dieweil dieses nicht auf die Erbauung neuer Kirchen zu verstehen, welches der hohen Obrigkeit, als ein absonderliches Regale allein zustehet, indem wenn gleich sonst denen Consistoriis die Jurisdiction und Obsicht über die Verwaltung geistlicher Güter anvertrauet, jedoch alle dasjenige, was ad superioritatem und Erweiterung der Religion dienet und abgesehen, dem Landes-Fürsten allein zukommt, absonderlich, wenn in seinem Lande eine andere Religion, als welcher der Fürst selbst zugethan,

eingeführet, die ob sie durch Erbauung neuer Kirchen, und sonsten zu erweitern sey, niemand anders, als demjenigen, welchem das Jus circa Religionem zustehet, nemlich dem Landes-Fürsten allein zu verstatten, wiewohl das Consistorium darüber sein Pflichtmäßiges Gutachten auf Erfordern darzu geben und zu der hohen Landes-Obrigkeit Decisio stellen kan: So mag auch bey Erbauung derer Haupt- und Filial-Kirchen das Consistorium allein nicht den Ausschlag geben, sondern es wird solches auf Genehmhaltung und Verwilligung des Landes-Fürsten billig gestellet.

Zum eilfften auf die vierzehnde Frage

Will Streit vorfallen: Ob, wenn sich ein Pfarr-Dienst erlediget, und der Patronus zu Ersetzung desselben sich säumig erweiset, dadurch der Landes-Fürst, einen neuen Pfarr-Herrn zu vociren veranlasset wird, der Patron aber solches nicht gestatten will, der Sache Erörterung sodann auf des Consistorii Ausspruch zu stellen sey?

Ob nun wohl sonsten, wenn zwischen Patronen sich über die Vocation eines Priesters Streit ereignet, solcher vor dem Consistorio erörtert werden muß; Dennoch aber und dieweil in gegenwärtigem Fall der Streit nicht zwischen Patronen, sondern dem Landes-Fürsten, so die Jura Ecclesiastica hat, und die Nachläßigkeit des Patroni durch Bestallung eines neuen Priesters ersetzet, und dem Patrone, sich ereignet, das Consistorium aber von dem Fürsten als Superiore dependiret, und also dasselbe in dessen Sache nicht Richter seyn und decidiren kan:

So ist auch das Consistorium in dergleichen Sache zu erkennen nicht befugt.

Zum letzten auf die funfzehnde Frage

Wollen die Catholischen in Veräusserung der Kirchen-Güter des Consistorii Consens allein erfordern; Hergegen den Episcopum oder Landes-Fürsten gäntzlich darinne ausschliessen.

Ob nun wohl dem Consistorio die Obsicht auf die Verwaltung derer Geistlichen Güter zustehet; inmassen denn auch dasselbe, wenn sich darüber Streit ereignet, zu erkennen und zu urtheilen hat.

Dennoch aber und dieweil bey Veräusserung derselben, nach Anleitung so wohl Pähst- als Kayserlichen Rechte des Episcopi Decretum und Consens das vornehmste Requisitum ist, und aber bey den protestirenden Ständen der Landes-Fürst dessen Stelle vertritt:

So mag auch dessen Decret bey Veräusserung der Kirchen-Güter nicht aussen gelassen werden, sondern in Verbleibung dessen seynd die hierüber geschlossenen Handlungen vor nichtig und unkräfftig billig zu achten. A. V. R. W.

M. Julio 1683.

Ordinarius, Decanus, Seniores und andere Doctores der Theologischen und Juristen-Facultät in der Universität Leipzig.

RESPON-

RESPONSUM LXXXXVI.

1) Ob vermöge des bey dem Fürstlichen Hause Albanien An. 1657 geschlossenen Pacti und getroffenen Convention die libertas matrimonii ineundi cum virgine Nobili habe können eingeschräncket werden?

2) Ob solch Pactum die Fürstlichen Herren Successores obligire?

Quæstio I.

Rationes 1) dubitandi.

Obwohl Fürstliche Häuser in ihrem Flor, Dignität und wohl hergebrachten Würde per matrimonia imparia nicht verbleiben mögen, sondern pflegen geschwächet zu werden, und nun aber 2) dem gemeinen Wesen sehr daran gelegen, quod familiarum illustrium dignitates, earumque bona conserventur, quia in earum conservatione Jus publicum atque publica salus consistat, Nicol. Reusn. Consi. 8 n. 24 & 25 lib. 3 per l. 1 § quamvis 13 ff. d. ventr. insp. & ibid. Doct. Georg. Feldm. de impar. matr. c. 1 n. 21 Deme denn 3) beytritt, daß dergleichen imparibus matrimoniis ratio potentatus, uti ait ex Papiniano, Conr. Rittersh. Comment. Nov. Just. p. 4 cap. 11 num. 6 entgegen stehet; Dannenhero diese 4) ipsis legibus XII tabul. schon vor unzuläßig gehalten worden, Salmuth. Resp. jur. pro matr. princ. cum virgine nob. p. 16, auch lege Julia de maritandis ordinibus außdrücklich verboten sind. L. oration. Div. Marci 16 in princ. l. lege Papia 23. L. lege Julia 44. L. Senat. filia 45. D. de ritu nupt.

Und pfleget 5) bey adelichen Weibes-Personen, die sich in den Fürstlichen Stand verheyrathen, ein großer Hochmuth zu erfolgen, cum propter dominum efferri & superbe agere præsumantur, Luc. de Penna in L. quemadm. C. de Agricol. & censit. vers. tot. lib. X, dadurch denn dem Lande oftmahls großes Unheil kan verursachet werden.

Wie denn auch 6) nicht auszubleiben pfleget, daß die Fürstlichen Agnaten und Anverwandten, nicht weniger vornehme Herren, gegen dieselben, die sich in eine solche ungleiche Ehe eingelassen, etwas geringer und verächtlich, welches denn auch die Liebe der Unterthanen gegen ihren Herrn und Obern mercklich verringert, daraus denn große Spaltung und Uneinigkeit erfolget, und keine gute Harmonie unter Herrn und Unterthanen erhalten wird, cum inæqualitas maxime apud illustres personas sit discordia inductiva, conservativa & nutritiva. Roland. a Valle vol. 3 consi. 100 n. 17, & consi. 55 n. 8. Joh. Ludw. Dec. Luc. 74 n. 15. Herm. Vultej. Marp. consi. 35 n. 233 Vol. 3. Wie solches mit unterschiedenen Exempeln könte aus bewährten Historicis beygebracht werden, wenn man sich nicht der Kürtze befleißigen wolte. Vid. Salmuth. d. Resp. 22, 23.

Massen dann 7) gleichfalls zu befürchten, daß auf vieles Ein- und Zulassen Friedhäßiger Personen große Widersinnigkeit, unversöhnlicher Haß, und also eine unglückliche Ehe gestifftet werden. Æqualitas igitur personarum in matrimoniis contrahendis attendi debet, non solum quoad opes & fortunas, sed etiam quoad statum, vitæque conditionem, in qua præcipue honestatis & dignitatis ipsius familiæ ratio habenda est, Carpz. Jurisp. Consist. p. 2 def. 9 n. 5 & ibi allegat. cum inæqualium conjunctio haud constans & stabilis esse soleat. Arist. lib. 8 Ethic. c. 1.

Da nun 8) das bey dem Fürstlichen Hause Albanien de Anno 1657 errichtetes Pactum, zu Abhelfung aller derer in matrimonio impari befindlichen und schweren Ungleichheiten, zuförderst ist angesehen gewesen, als gewinnet es nicht ein geringes Ansehen, daß durch selbiges die libertas matrimonium ineundi cum virgine Nobili gar wohl habe können eingeschräncket werden.

2) Decidendi.

Dieweil iedoch 1) durch eine Heyrath, so zwischen einem Reichs-Fürsten und einer Adlichen Dame vorgenommen ist, dem Fürstl. Splendeur und Ansehen nichts entzogen, vielweniger dadurch ein hohes Fürstl. Haus zu Grunde gerichtet wird. Nic. Myler. ab Ehrenbach. in gamol. person. imp. illust. c. 5 th. 7. Quoniam uxor per connubium jam desinit esse de familia patris, & in familiam mariti transit, arg. L. 13 in verb. init. C. de dignit. lib. 13 tit. 1. Tiraquell. de lege connub. L. 1 gloss. 1 n. 31. Quia maritus & uxor duo sunt connexa, & una quasi caro, can. admon. caus. 38 qu. 8. Christ. Joach. Bucholtz in resp. jur. cum def. sorore, n. 368. Adeoque fictione juris unum idemque corpus efficiunt. Hier. Cang. in L. cum quiddam. Et sic maritus secundum Ulpianum, fœminam clarissimam dignitatem tribuit. L. fœminæ 8 ff. de Senat. And. Tiraquell. de nobilitate c. 18 n. 1 & seq. Herm. Vultej. v. 3 consi. 34 n. 168.

Sondern selbiges 2) dessen ohngeachtet bey dem Fürstl. Splendeur und Hoheit, vor wie nach, unverletzt verbleibet, und zwar darum, weil in antiquitate germanica sub nomine Nobilium, Hertzoge, Grafen und Freyherren begriffen waren, darum dann ex Nobilibus, Hertzoge und Grafen sind erwehlet worden. Pauermeister de Jurisd. lib. 1 c. 11 n. 12. Joh. Nolden. de nobilit. cap. 1 num. 58. Phil. Knipsch. de præced. Nobil. qu. 2 n. 248 & qu. 6 n. 460 & sequ.

Massen dann auch vor diesem nur dreyerley Art Leute in Teutschland gefunden worden, als erstlich Adelingi, zweytens Frilingi, oder freye Leute, und dann drittens Lassi, oder glebæ addicti, sive adscriptitii, eigene Leute, Lassen, Lehm. Chron. Spir. lib. 2 c. 4. Lindenb. gloss. in verb. Adelingi. Die denominatio principum & comitum aber rührete nur allein von ihrer Bedienung her, und wurde gantz nicht auf die Erben transferiret. Besold. p. 2 consi. 81 n. 35 seq.

Darum denn auch 3) in der Heil. Schrift, weder alten noch neuen Testament, dergleichen matrimonia imparia verboten worden, Salm. alleg. Resp. p. 31 ; welches dann nicht würde unterlassen, sondern zum wenigsten am einem oder andern Ort kürtzlich berühret, und untersaget seyn, wann dergleichen ungleiche Heyrathen solten das gemeine Wesen in Unruhe setzen, und dem Splendeur des Fürstl. Hauses viel entziehen können.

Dahero man dann auch 4) nirgends findet, daß es denen natürlichen Rechten entgegen stehen solte, weil solches vielmehr libertatem naturalem, und folglich auch matrimoni zu befördern bedacht ist, cum inter omnes homines, cognationem quandam natura constituit. L. 3 ff. de just. & jur. & jure naturæ omnes homi-

hominés æquales ſint. L. 32 in fin. ff. de R. J. vid. Salm. de Reſp. p. 39. Nic. Myler d. c. 5 th. 7. 5) eben ſo wenig lauffen ja dergleichen matrimonia wider derer Völcker Recht, denn ſelbiges zufordert ſeinen Grund ſetzet in utilitate & neceſſitate publica, §. 2 Inſt. de iure N. C. & G. in verbſ: nam uſu exigente & humanis neceſſitatibus.

Nun erfordet offtmahls die gemeine Wohlfahrt in ſchlimmen Zeiten, daß eine ungleiche Ehe inter principem & Nobilem virginem müſſe vorgenommen werden, darwider kein pactum mit Beſtande Rechtens errichtet werden kan, cum neceſſitas non ſolum ius civile vincat, ſed & canones ei ſubſiſtere ſoleant, arg. L. alienationes in f. ff. fam. erciſc. pater filium 38 init. ff. de legat. 3, L. 1 init. ff. de fund. dot. cap. Nemo de R. J. in 6to c. conſilium X. de obſerv. ieiun. c. ultim. de ſer. c. non minus X. de immunitate eccleſ. ibi: niſi Epiſcopus neceſſitatem facit. tot. diſtinct. 19 cum ſim. Regner. Sixt. Conſ. 21 n. 5 vol. 3. Cravetta conſ. 6 n. 91.

Wie vielmehr muß ein pactum conventionale, tanquam lex privata neceſſitati & utilitati communi, die in dem Völcker-Recht ihren Grund hat, allerdings weichen, und kan in Rechten nicht beſtehen, cum pactis privatorum, imo etiam publicarum perſonarum, iure Gentium, & publico derogari nequeant. L. 38 ff. de pact.

Deine dann ferner 6) das Jus Civile ausdrucklich beytritt, maſſen darinnen zugelaſſen, ut quis libertam ſuam uxorem ducat, & liberi eorum efficiantur legitimi. Nov. 18 in f. Nov. 78 §. ſi quis autem. Additurque hoc in quolibet cum liberta matrimonium contrahente, cuius cunque dignitatis ſit, locum habere, nun iſt aber auſſer Zweiffel zu ſetzen, daß die conditio der libertarum in Republ: Roma viel geringer geweſen, als heutiges Tages, virginum & perſonarum nobilium. v. text. in L. humilem C. de inceſt. nupt. L. 1 C. de liber. natur.

Ferner pflichtet auch 7) dieſem ipſum Jus Canonicum, darauf man ſonſt in materia matrimoniorum bey unſern geiſtlichen Gerichten und Conſiſtoriis viel zu ſehen pfleget, nicht undeutlich bey, maſſen nach ſelben Rechte Nobilis & dignioris conditionis perſona quamlibet vilem uxorem ducere poteſt. can. recurrat. cauſa 32 qu. 4 c. 2 & ult. X. de coniug. ſerv.

Zufordert iſt 8) hierbey wohl zu bedencken, daß von Anfang der Welt her bis ietzige Stunde dergleichen imparia matrimonia frequenti uſu, conſuetudine & obſervantia ſind allemahl comprobiret und gut geheiſſen worden, quæ minime ſunt mutanda, quæ longæva conſuetudine obtinuerunt, L. minime 23 ff. de LL. Sylvan. conſ. 3 num. 43. Quia potius conſuetudo in omnibus attendi debet. Carpz. Juriſpr. Conſiſt. lib. 1 def. 10 n. 9 & 10. Gail. lib. 1 obſerv. 36 n. 1.

Da nun aber 9) das bey dem Fürſtl. Hauſe Albanien Anno 1657 geſchloſſene pactum und getroffene Convention von allen dieſen angeführten iuribus und Rechts-Gründen abgehet, und dahin anziehen will, daß es keinem Albaniſchen Fürſten verſtattet ſey, ſich cum virgine Nobili zu verheyrathen.

Und zwar 10) aus dieſem irrigen Fundament, daß die Fürſtliche Hoheit und Splendeur mercklich verringert werde, da doch ein anders in prima & ſecunda ratione decidendi ausgeführet, und alſo dieſes pactum in falſa quadam cauſa gegründet iſt.

Dannenhero ſelbiger 11) darum unſers Dafürhaltens nicht beſtehen kan, einmahl, quia vera cauſa & ſic fundamento deſtituitur, arg. L. 8 § 3 ff. de Except. dol. l. 15 ff. de fideiuſſ.

Und dann ferner, da es von demjenigen, was in göttlichen und natürlichen Völcker-Rechten nicht allein nicht verboten, ſondern auch in gemeinen Kayſer- und Canoniſchen Rechten ausdrucklich zugelaſſen, und von Anfang der Welt bis hieher perpetuo uſu & conſuetudine unwiderſprechlich recipiret, gantz und gar abweichet, und ein anders in dem Fürſtl. Albaniſchen Hauſe ohne gnugſamen Grund einführen will, und alſo wider ſo viel Rechte gleichſam ſtreitet, cum ſolum illa pacta, quæ neque adverſus leges, plebiſcita, SCta, Edicta principum inita ſunt, iure valeant. L. 7 § 7 ff. de pact. Et eiusmodi pacta non poſſunt mutare jus publicum, l. 38 ff. eodem. Wie denn allhier geſchicht, da das jus publicum, Divinum, Naturale, Gentium, Civile, Canonicum, & perpetua conſuetudo, a primo orbis terrarum ævo dergleichen matrimonia, & libertatem contrahendi, nuptias legitimas cum virgine Nobili verſtatten, dieſes pactum auf einmahl ſolche Libertät und iura in dem Fürſtlichen Hauſe Albanien mercklich verändert und eingeſchräncket.

Und obgleich ſelbiges 12) von Jhro Kayſerlichen Majeſtät confirmiret worden, ſo begreifft jedoch dergleichen allergnädigſte Confirmation dieſe tacitam clauſulam in ſich, niſi juri ſint contraria, quorum confirmatio petatur, vid. L. 3 L. 7 C. de prec. Imper. offer. & qua confirmatione acceſſorium ſolum eſt, negotium per ſe validum, tantum confirmare poteſt. L. cum principalis 178 d. R. I. & l. 7 ff. de precar. L. bonorum 24 ff. rem ratam haberi, cap. cum noſtris 6 X. de conc. præb.

Wie denn auch 13) dieſes abſonderlich dabey in Obacht zu nehmen, daß mehrgemeldtes pactum nur allein zwiſchen Conrado und Alexandro, Gebrüdern, Fürſten zu Albanien, errichtet worden, wie ſowohl ex introitu deſſelben, als auch Schluße zu erſehen, verba initialia ſunt: Wir Conradus und Alexander, Gebrüdere und Fürſten zu Albanien ꝛc. & paulo poſt, vor Uns, Unſere beyderſeits Erben und Nachkommen ꝛc. ꝛc. Es iſt aber daſelbſt mit keiner Sylbe des gantzen Fürſtl. Hauſes Albanien erwehnet, ein gleiches iſt am Ende fol. 66 & 67 zu finden, daß nur allein Fürſt Alexander zu Albanien ſolches pactum in allen ſeinen Puncten und Clauſeln mit einem cörperlichen Eide beſtätiget; das Mittel deſſelben redet wiederum allein von demjenigen, was zwiſchen mehr hochgemeldeten Herren Gebrüdern Conrado & Alexandro wegen der damahls vorgeweſenen Verehlichung Jungfer Julianen verabredet und beſtätiget worden, und wird endlich auch ſolchergeſtalt geſchloſſen, pag. 68 fac. B, daß dieſer Erb-Vertrag von uns NB. obgedachten Gebrüdern und Fürſten zu Albanien, in dergleichen Fällen gehalten und verfolget werde.

Maſſen dann auch 14) dieſe beyden Herren Brüder allein bey Jhro Römiſch-Kayſerlichen Majeſtätum allergnädigſte Confirmation zum fleißigſten und unterthänigſten angehalten, per paulo ſubſequentia verba: So wollen wir, nemlich die beyden vorhochgemeldete Fürſten, Fürſten ꝛc. ꝛc. Und ob zwar 15 in ſubſeq. verb. pag. 70 in fac. A. in f. dieſe Clauſel befindlich, ſondern auch zugleich auf alle Fürſten zu Albanien, Dero Fürſtlichen Erben und Nachkommen in allen und ieden Artickeln gemeinet und geſchloſſen, ſo reden doch die Artickel nur allein von Fürſten Conrado und Alexandro, und dieſes letztern künfftigen Ehegemahl; und iſt alſo aus dieſen Worten nichts anders zu ſchlieſſen, als daß mehrgemeldtes pactum, die Herren Gevettern, Fürſten von Albanien, nur allein, ſo weit es zwiſchen obgedachten Herren Brüdern, und Dero Fürſtlichen Succeſſoren geſchloſſen, ſteiff und unverbrüchlich zu halten, verſprochen, unſers rechtlichen Erachtens aber nicht auf den caſum, wenn ſich von denen Herren Vettern einer, an eine Adeliche Dame verheyrathet, oder auf die gantze Fürſtliche Albaniſche Familie extendiret werden kan, weil ſelbiges ausdrücklicher und umſtändlicher in einem abſonderlichen pacto, und nicht als ein Acceſſorium tractiret und erörtert werden müſſen, cum ejusmodi pacta, recedunt a jure communi, ſtrictiſſimi juris ſunt, & ita interpretanda, ut quam minime recedant a jure communi, per jura tota.

Deciſio.

Bey allen dieſen einlauffenden Umſtänden können wir nicht anders, als dahin ſchlieſſen, daß durch mehrgemeldtes pactum de anno 1657 die libertas matrimonium ineundi cum virgine Nobili, entweder gar nicht eingeſchräncket werden können, oder doch nur allein von Herrn Conrado, Fürſten zu Albanien Nachkommen müſſe und könne verſtanden werden.

Quæſtio II.
Rationes dubitandi.

Auf die andere Frage, obwohl 1) in dubio alle pacta nicht pro perſonalibus, ohnerachtet, daß einer gewiſſen Perſon darinne gedacht wird, ſondern pro realibus zu halten, daraus auch die Succeſſores verbunden bleiben, cum plerumque pacto perſona inſeri ſoleat, non ut pactum perſonale fiat, ſed duntaxat, ut demonſtretur cum quo factum ſit, L. 7 § 8 ff. de pact. jung. L. 38 pr. de V. O. L. 13 ff. de contrah. ſtipul. add. Barth. ad L. 133 de V. O. Cephal. lib. 5 conſ. 630 num. 38. Vinn. de pact. c. 13 n. ult.

Und nun 2) dahero auch das bey dem Fürſtlichen Hauſe Albanien An. 1657 errichtete pactum gleichfalls dafür zu halten, und die Succeſſores allein Anſehen nach obligiret, in Betrachtung, daß 3) die Herren Paciſcenten dergleichen pactum Familiæ unter ſich aufzurichten gewillet geweſen, und auch wircklich aufgerichtet haben, maſſen ſelbiges aus ihrer eigenhändigen Subſcription und Unterſiegelung klar abzunehmen, dieſelbe auch 4) ſolches pactum zu errichten bemächtiget geweſen, nachdem ſie weder impedimento naturali, oder auch Civili, auch ſonſten daran gehindert worden, ſondern ihnen plena conſentiendi facultas, quæ ab uſu rationis dependet, nicht ermangelt hat, und folglich bey dieſem pacto ſich die-beyden zu einem Rechtsbündigen actione-gehörigen requiſita, als voluntas und poteſtas völlig befinden, das Objectum und Materia dieſes pacti ſcheinet auch 5) alſo beſchaffen zu ſeyn, daß darüber Rechtsbeſtändig paciſciret werden mögen, maſſen ſelbiges auf den Splendeur und beſtändiger Beybehaltung des hohen und alten Fürſtlichen Hauſes Albanien angeſehen geweſen, und darum die libertas contrahendi matrimonium cum virgine Nobili in demſelben hat reſtringiret und verboten werden wollen, es iſt 6) über dem mit einem juramento unter denen paciſcirenden Theilen corroboriret worden, welche juramenta wie aus denen Canoniſchen Rechten und der heutigen praxi bekannt, genau müſſen-gehalten werden, modo non contrarientur. juri naturæ & divino, c. cum conting. 28 X de iuram. C. quamvis. 2 de pact. in 6to.

Nichts deſtoweniger 7) iſt ſelbiges mit Jhrer Kayſerl. Majeſt. höchſter Confirmation gleichſam auctoriſiret worden; 8) ferner beytritt, daß die Succeſſores cum defunctis pro una eademque perſona gehalten werden, und alſo derſelben facta zu präſtiren ſchuldig, cum in omnia iura defuncti ſuccedant. L. 37 ff. de acquir. vel amittend. hæred. l. 156, L. 177 in f. d. R. J. L cum a matre 14 C. de R. V. Bevorab in bonis feudalibus, wann ſie 9) von denen paciſcirenden herſtammen, und deren Söhnen oder Deſcendenten ſeyn, qua per partes liberi in feudis ſuccedunt, Hartm. Piſtor. part. 2 qu. 13 n. 33. Struv. iur. feud. c. 13 aph. 16 n. 6. und gewinnet dennoch ein geringes Anſehen, daß mehrgemeldtes pactum die Fürſtliche Succeſſores obligire.

Rationes decidendi.

Dieweil iedoch 1) die Natur und Eigenſchaft derer pactorum unter andern darinnen beſtehet, daß keiner einem andern ſuo pacto könne ſchaden, oder auch Vortheil ſchaffen. Nam ſolis paciſcentibus nocet & proſunt pacta. L. 12 ff. de pact. l. 14 C. eod. Vinn. de pact. c. 15 n. 3 & 4. Schotan. diſp. 14 th. 20. Auch keiner 2) einen tertium ſuo pacto worzu verbinden kan, cum hoc pugnet cum naturali libertate, & nemo ex contractu alterius, ſed ſolum ſuo proprio conſenſu obligari poſſit. § 3 Inſt. de inutil. ſtipul. L. 3 C. ne uxor pro marito præcipue cum nemini per alium iniqua conditio inferri debeat. L. 74 ff. d. R. J. & ſæpe conſtitutum ſit inter alios res geſtas, aliis non poſſe præiudicare. L. 1 C. inter alios acta vel Jud. nec non L. 24 C. de pact. L. 63 ff. de re iud.

Bevorab da 3) dieſes qvæſtionirte pactum nur allein zwiſchen denen beyden Herren Brüdern Conrado und Alexandro Fürſten zu Albanien getroffen worden, und alſo nur deſſen Succeſſoren angehet und verbindet. Nam uti contractus ſolum contrahentes, ita etiam pacta ſolos paciſcentes, eorumque hæredes obligat, nec ad alias perſonas extendi poteſt. L. 25 init. ff. de obligat. & act. Et pactum ad alios, quam cum quibus eſt initum, non porrigitur. C. 8 ibi. Nec pacta inter alios facta aliis obeſſe patiamur. X. de tranſact. L. ſi unus 17 § 4 verſ. ante omnia, ubi Bart.

n. 1

n. 1 & Jason n. 1 & D. D. communiter ff. de pact. Etiamsi juramento confirmatum sit, wie in gegenwärtigem casu geschehen. Schurff. cent. 1 consl. 66 n. 99. Wesenbec. in parat. ff. de pact. Carpz. Jurispr. forens. part. 2 const. 29 def. 20 num. 2.

Und zwar 4) scheinen möchte, daß, weil oftgemeldetes pactum von denen Herren Vettern derer damahligen Fürsten zu Albanien eigenhändig unterschrieben und untersiegelt worden, daß es auch auf deroselben Personen extendiret sey.

Massen denn auch 5) dahin anscheinet, daß folgende Clausul darinnen zu finden, fol. 70, sondern auch zugleich auf alle Fürsten zu Albanien, dero Fürstliche Erben und Nachkommen in allen und ieden Artickeln gemeinet und geschlossen, so mag doch diese Clausul von keinen andern Artickeln, als nur die zwischen Herren Conrado und Alexandro abgeredet, und so weit es ihre Person betrifft, verstanden, auch auf andere Art und Weise auf die sämmtlichen Herren Vettern, die damahls gelebet, nicht extendiret werden, als daß sie denen darinnen befindlichen Puncten, im Fall Printz Conrad, und dessen Leibes-Lehns-Erben, auch Alexander versterben, und folglich das eröffnete Fürstliche Lehn auf sie verfallen sollte, Fürstlich nachleben, und denen Alexandrinischen Erben genau halten wollten.

Daß sie aber dadurch 6) die Successores des gesammten Fürstlichen Hauses ad prohibitionem matrimonii cum virgine Nobili ineundi verbinden wollen, ist unsers Dafürhaltens nicht ihre seria intentio einmahl gewesen, sonsten wohl solches pactum in diesem hochwichtigen Punct ausführlicher und mit nachdrücklichen Umständen deutlich und klar würden in dem quästionirten pacto ausgedrücket haben, daß nicht der geringste Zweiffel, wie selbiger sich unsers Dafürhaltens anietzo darinnen hervorthut, dieserwegen geregt werden können.

Immittelst haben sie auch 8) nicht einmahl ein solches pactum Rechtsbeständig, das alle Successores des Fürstlichen Hauses Albanien verbinden sollte, errichten mögen, weil das pactum, quod libertatem matrimonii quoad successores restringiret, dem Natürlichen, Völcker-Göttlichen, Gemeinen, Kayserlichen auch Canonischen Rechten expresse derogiret, wie bey der ersten Frage mit mehrern erwehnet, und dannenhero fortissimam omnis quasi juris resistentiam wider sich hat, auch folglich als ein pactum illicitum keine vim obligandi, ob es schon juramento befestiget, in successores transferiren kan, tum quod sit contra libertatem omni jure in matrimoniis contrahendis permissam, adeoque nullum, nec servandum L. 7 § 7 ff. de pact. L. 5 C. de legib.

Bevorab würde auch solches 9) der Freyheit, so denen Reichs-Fürsten per leges publicas zugelassen, nicht einen geringen Abbruch thun.

Es ist auch ferner 10) dieses dabey in Erwegung zu ziehen, daß oftgemeldetes pactum denjenigen, so darwider handelt, sowohl von der Lehns-Folge bey dem Fürstlichen Hause excludiret, als auch des a primo stipite & acquirente wohl erlangten und angestammten Nahmens, Titels und Wappens, und aller daher rührenden Fürstlichen hohen Regalien gänzlich beraubet, welche Fürstliche Dignität,

Jurist. Oracul V Band.

weil sie ex jure publico herrührt, nicht mag eiusmodi pacto privato geändert werden, L. jus publ. 38 ff. de pact.

So gar, daß auch bewehrte Rechts-Lehrer dafür halten, daß nicht einmahl denen Kindern durch dergleichen pacta ihr jus succedendi in feudis, und der einmahl von dem primo acquirente, wohlerlangte Nahme, Titel, Wappen und alle daher rührende Fürstliche Regalia und Hoheiten könne entzogen werden, quia primus acquirens non minus filio prospexit, quam agnato. Gravare quidem pater filium potest, ut æs alienum solvat 2 Feud. 25. Non vero penitus jus ei auferre. D. Joh. Frid. Rhet. ad lib. 1 Feud. tit. 8 § 2 verbo nihilominus revertitur, n. 1 & seq. Gerh. Feltm. de imp. matr. p. 3 c. 2 per tot. Nam feuda & ejusmodi jura imitantur naturam rerum restitutioni obnoxiarum, & per fideicommissum relictarum favore alicujus Domus illustris aut familiæ. L. 3 & auth. Quæ res C. commun. de legat. Franc. Pfeil. consl. 78 n. 76 cent. 2. Gerh. Feltm. d. c. 2 n. 20.

Ejusmodi autem fideicommissa familiæ cuique suo ordine & tempore obveniunt. L. 99 ff. de legat. 2, l. 2 l. fin. C. de V. S.

Wie denn ferner 11) gleichfalls dieses in jure publico ausgemachet, daß principes succedentes, antecessorum facta non folgen dürffen, si non tam jure hæreditatis, quam ex lege succedant, wie in unserm gegenwärtigen casu sich findet, da die Fürstlich Albanische Familie ex jure & lege feudali in ihren Fürstenthümern succediret. Causam enim non ab antecessore, sed jure proprio & ab ipsa lege habent. Hahn. in observ. ad Wesenbec. tit. de const. princ. n. 2 ad verb. primo successori præire nequit, jung. ea, welches in vorgesetzter facti specie n. 3 & 4 weitläuftig ausgeführet.

Da nun auch 12) dieses pactum gleichsam eine exhæredationem ab hæreditate parentum bey sich führet, die aber Rechtsbeständig sine legitima causa nicht geschehen kan. Nov. 115 c. 3.

Und denn 13) Imperator non præsumitur cum tanto præjudicio derer Successorum, oftgemeldetes pactum confirmiret zu haben. C. ad nostrum X. de conf. util. & inutil.

Auch 14) ohnedem Confirmationes kein neues jus tribuiren. C. 1 X. de confirm. util. & inutil. ibique D. D. Adeoque quod non est, confirmari non potest. C. cum nostris 6 de concess. præb. Gail. 2 observ. 1 n. 15.

Eiusmodi autem pacta 15) weder jure civili scripto zugelassen, cum hæreditas iure Civili neque pacto dari, neque adimi possit, L. 15 L. 19 C. de pact. noch jure non scripto oder consuetudinario, nisi paucis in casibus, uti in pacto confraternitatis, unionis prolium, unter welchen aber das pactum quæstionis nicht mit referiret werden kan, und also bey so gestalten Sachen die Herren Paciscenten in diesem negotio Rechtsbeständig, quoad successores nicht pacisciren mögen, dannenhero halten wir dafür, daß auch das quästionirte pactum die Fürstlichen Herren Successores nicht verbände.

Helmstädlenses.

Respon-

RESPONSVM LXXXVII.

Ob ein Adelicher, so mit einer Bürgerlichen ein Ehe-Verlöbniß geschlossen, sich dieserwegen die Ehe mit ihr zu vollziehen, verweigern könne, weil die Verlobte nicht gleichfalls Adelichen Standes ist?

P. P.

Auf Klage, Antwort und erfolgte Wechsel-Schrifften in Ehe-Sachen Amalien von C. Klägerin an einem, des Trosten von M. Beklagten andern Theils, erkennen Fürstlich-Braunschweigische Director, Consistorial- und Kirchen-Räthe, nach gehabtem Rath der Rechtsgelehrten vor Recht:

Daß es der eingewandten Supplication ungeachtet bey dem am 9 Junii 1706 ertheilten Bescheid n. 44 billig bleibet: und hat hiernächst Klägerin die libellirte Ehe-Versprechung zur Nothdurfft dargethan, derowegen Beklagter mit Klägers Principalen dieselbige durch priesterliche Copulation zu vollziehen schuldig, in Verbleibung dessen, ist er durch gewöhnliche Zwangs-Mittel darzu billig anzuhalten, immassen auch in übrigen ermeldter Beklagte die durch diesen Proceß verursachte Unkosten, nach deren Liquidation, und unserer Ermäßigung, Klägern zu erstatten schuldig, und wegen des bey der letzten Verhör begangenen Ungehorsams um 30 Rthl. nicht unbillig zu bestraffen. V. R. W.

Rationes decidendi.

Dieweil in Ehe-Sachen die Parteyen in persona erscheinen müssen, und Beklagter durch seinen Ungehorsam, indem er persönlich aussen blieben, die n. 44 angegebene Unkosten verursachet, das Fürstliche Consistorium auch, wie hoch solche zu mäßigen gewesen, am besten arbitriren können, so hat man bey dem Bescheid n. 44 es gelassen. Was die Haupt-Sache betrifft, ist aus denen Brieffen, welche Beklagter im letzten Termino recognosciret, sattsam zu ersehen, daß Beklagter um die Klägerin, sich mit ihr in ein ehelich Verbindniß eingelassen, angehalten, er auch die darauf gegebene favorable Resolution sowohl derselben, als ihres Groß-Vaters acceptiret, gestalt dann dessen Vater in dem Brief sub H. darein gewilliget, und nach Inhalt des letzt producirten Schreibens de dato 28 Julii 1706 Sr. Hochfürstl. Durchl. in dessen hohen Gegenwart diese Heyrath öffentlich declariret und bekannt gemachet worden, welches auf beschehene Vorhaltung bey der letzten Verhör Beklagte nicht verneinen, noch mit denen schlechten Entschuldigungen, daß sie ihm nichts geschencket, ablehnen mögen, zur Hochzeit eingeladen, hingegen weder von der Condition des Adel-Standes, noch der Dotirung von 8 bis 10000 Thlr. anfangs und da die Versprechung geschehen, etwas gedacht worden, Beklagter auch, daß man ihn disfalls hintergangen, und er per dolum darzu induciret worden, darum nicht füglich vorgeben kan, weil, wie aus allen Umständen zu ersehen, nicht die Klägerin und ihre Familie, sondern Beklagter und die Seinigen zu dieser Ehe-Verbindniß Anlaß gegeben, und selbe gesuchet, also wohl zu vermuthen, daß sie um der Klägerin Condition sich be-

kümmert haben, und derselben kundig gewesen, auch da sie solches nicht gethan, sich selbst zu imputiren haben, cum quilibet, qui cum aliquo contrahit, debeat esse ejus conditionis gnarus, cum quo contrahit; Im übrigen die von C. eines vornehmen Kriegs-Officierers, so Adeliche Chargen bedienet, Tochter, deren Vater die Röm. Kayserl. Maj. den Adel bewilliget, und da gleich wegen besagten ihres Vaters Todes-Fall, das Diploma nicht ausgelöset worden, oder sie von selbigem nicht sofort Nachricht geben können, dennoch solches ihr als einer Weibs-Person, und von deren. Majorennität keine Nachricht in Actis ist, nicht nachtheilig seyn kan; Ferner daraus, daß deren Groß-Vater mit Bekl. wegen der Ehestifftung und dotis nicht sofort einig werden können, die Ehe-Verbindniß selbsten vor ungeschlossen oder unbündig zu achten, nicht, vielmehr aus allen Umständen abzunehmen, daß Bekl. nur den Mangel des Adels, und der Mitgifft zu seinem Prätert, die sponsalia zu hinterziehen, und Klägerin zu eludiren brauchet, immassen denn auch die so viele geschriebene Brieffe, darinnen er Klägerin so familiair, und als seine Verlobte tractiret, keinesweges vor einen Schertz oder blosse Galanterie ausgegeben werden können; Endlich, daß bey der letzten Verhör Bekl. unpaß worden, gar nicht wahrscheinlich, vielmehr zu gläuben, daß dis Vorgeben bloß sich der Verhör mit Klägern zu entziehen, geschehen, diesemnach solches vor einen Ungehorsam zu achten, dahero man Inhalt des Urtheils gesprochen. M. Sept. 1706. Wittebergense.

RESPONSUM LXXXIIX.

Ob aus Schertz und zweiffelhafften Reden eine verbindliche Ehegelöbniß geschlossen werden kan?

Das erste Requisitum zu einer ehelichen Verbindung ist der Consens derer, so sich verehelichen wollen, per princ. verb. contrahunt. Inst. de nupr. Denn gleichwie bey andern Verrichtungen, also muß man auch bey Verlobungen insonderheit genaue Acht haben, auf die Intention und Meynung, woraus alsdenn die Krafft und Wirckung der Verlobung zu urtheilen ist.

Wenn demnach aus Schertz und nicht im Ernst Sponsalia contrahirt werden, so haben dieselbe keine Krafft. Dn. Sam. Strykius vol. 5 diss. 7 C. 2 § 21 n. 30. Sintemahl bey dem, welcher etwas in Schertz redet, kein Consensus oder Einwilligung seyn kan, angesehen er das, was er saget, nicht will, sondern ein anders, welches er nicht saget; Derowegen eine ironica locutio, oder verblümte Redens-Art keinen Consens mit sich führet, Gœdd. de contrah. & committ. stipul. C. 3 Concl. 6 n. 89 & seqq. Mascard. de probat. vol. 2 concl. 609 n. 15. Und sind die blossen äusserlichen Worte ohne consensu naturali zur Verbindung nicht genug, sondern es wird von beyden Seiten eine rechte Einwilligung des Mundes und Hertzens erfordert, l. non figura 38 ff. de O. & A. C. & ibi Dd. X. de sponsa duorum, Paul. Cypræus de jure connubiorum p. 1 c. 4 § 16, Johann Kitzel in Synops. matrim. C. 4 Theorem. 9 lit. A. Jodoc. Dedekenn. in Thesaur. Consil. & Decis. vol. 3

Sect. 3

Sect. 3 n. 16 § 2 p. 122, die aber aus dunckeln und undeutlichen Worten nicht mag erkannt werden, Dn. Carpz. Jurispr. Consist. lib. 2 def. 19 n. 3 & p. 4 Constit. 20 def. 9 n. 4. Denn in der Einwilligung bestehet die Substantz und der Grund einer Ehe, und wird durch selbige auch, und nicht durch den Beyschlaff vollzogen, l. nuptias 20 ff. de Rit. Nupt. C. 4 in fin. C. cum locum 14 C. apud 23 X. de sponf.

Wird derowegen bey Ehe-Sachen und Verlobungen kein zweiffelhaffter Consens angenommen, sondern es wird ein wahrhafftiger und deutlicher erfordert. Ernest. Cothmann Resp. 86 n. 7, Dn. Strykius ad jus Ecclesiasticum Brunnem. lib. 2 c. 16 § 3. Auch ist nicht ein eintziger Contract zu finden, der mehr und grössere Deliberation haben will, als eben dieser Contractus matrimonii, § nupt. 1 Instit. de patr. potest. l. 1 ff. de R. N.

Ob nun wohl die Consistoriales sehr genau die Personen, Umstände, und alle andere Beschaffenheiten betrachten müssen, arg. l. si in fundo 38 ff. de R. V. was zwischen denen Parteyen, der Wahrheit gemäß gehandelt worden sey oder nicht, und so viel immer möglich, pro matrimonio oder zu Vollziehung der Ehe sprechen sollen, zumahln in dubio vielmehr pro matrimonio, als contra illud praesumiret wird, arg. C. quemadmodum, ubi Pahormit. X. de jurejur. C. licet 47 in fin. X. de testib. Cap. fin. X. de Re judic. Cypr. de jure Connub. p. 1 de sponf. cap. 4 § 14, Monner de Matrim. p. 3 Cap. 12 n. 2, Beust de Sponf. p. 1 C. 9. Dahero auch zuweilen dem promittenti das juramentum purgationis, oder der Eid der Reinigung auferlegt wird. Denn in zweiffelhafften Reden, man allezeit derselben Verstand von dem, so sie gesprochen, nehmen muß, und werden selbige alsdenn durch einen Eid recht erwiesen, per text. in C. cum tua § fin. X. Qui matrim. accusar. poss. C. Personalis in fin. X. de except. l. non omnes § Barbaris ff. de Re milit. Paul. Cy. pr. d. a. 4 § 16 n. 3 & seqq. Kitzel. d. Theor. 9 lit. B. Jodoc. Dedeken. d. n. 16 § 3. Dennoch aber, wenn die Worte solchergestalt auf Schrauben gesetzet, daß man sie auf vielerley Weise ausdeuten kan, ist mehr pro libertate das Urtheil zu sprechen, l. quotiens 20 l. in obscura 179 ff. de R. I. l. 13 de probat. l. ult. § 1 ff. de Vulg. substit. l. 3 in f. de his, qui ut indign. l. 24 ff. de manumiss. l. 10 ff. de manum. testam. Dn. Carpz. d. p. 4 Const. 20 d. 9. So aber auf Schertz-Reden der Beyschlaff erfolgt wäre, müste doch pro Matrimonio der Außspruch geschehen, Jodoc. Dedeken. d. n. 16 § 5. Dn. Sam. Strykius in diss. de jure blanditiarum C. 2 n. 54. Ita Scabini Lipsienses in causa M. R. zu Leipzig, Menf. Aprili Anno 1588: Obgleich die Jungfrau, von der eure Frage meldet, als ihr sie gefraget, ob sie euch haben wolte, mit diesen Worten euch geantwortet: Ists auch Fragens werth? So mag dennoch aus solchen Worten keine verbindliche Ehegelöbniß genommen oder geschlossen werden. V. R. W.

RESPONSUM LXXXIX.
Ob die, so einander ehelichen wollen, mannbar seyn müssen?

Das andere Requisitum oder nothwendige Stück zu einer rechtmäßigen Ehe ist, daß die Contrahenten freye Leute seyn müssen, l. in orbe ff de stat. hom. Weil aber der Ehestand in göttlichen und natürlichen Rechten gegründet, pr. Instit. de Jure nat. Gent. & Civ. so können auch heut zu Tage nach Päbstlichem Recht, welches guten Theils in dem natürlichen gegründet, Knechte und Mägde (so nach dem heutigen Zustand unsere Leibeigene sind), entweder unter sich, oder mit einer andern freyen Person, (wenn nur dem Herrn das jus Servitutis ungekränckt verbleibet) eben sowohl, als gantz freye Leute, eine rechtmäßige und wahrhafftige Ehe-Verbündniß fürnehmen, ut constat ex c. 1 & tot. tit. X. de Conjug. Servor. Johann Kitzel in Synops. matrim. c. 3 Theorem. 15 pag. 9 & seqq. c. 9 Theorem. 6 lit. C. pag. 292. Alsdenn ist allererst zu verehelichen vergönnt, wenn Manns- und Weibs-Personen (welches auch das dritte Requisitum ist), ihre mannbare Jahre (aliud enim obtinet in sponsalibus, ea enim & ab impuberibus contrahi possunt, si nimirum ei, in quorum potestate sunt, consenserint, aut etiam impuberes pubertatem consecuti, illa ratihabuerint, c. 8 X. de sponf. impuber. Dn. Sam. Strykius vol. 2 Diss. 17 c. 2 n. 96) erreichet, so, daß bey dem weiblichen Geschlecht, das 12, und bey dem männlichen das 14 Jahr erfordert wird; Wie solches Kayser Justinianus in pr. Instit. Quib. mod. tut. fin. l. in Sponsalibus ff. de sponsalibus darthut. Deswegen auch kein Weibes-Bild, so nicht 12 Jahr erreichet, anstat einer Concubine nicht gehalten werden könte, l. 1 ff. de Concubin. Cypr. de jure Connub. p. 1 c. 9 § 2 & 7 n. 1 n. 14 & seqq. Arnis. eod. tract. c. 2 n. 1 & seqq. Joh. Kitzel d. tract. c. 3 Theorem. 2 lit. D. Auch ist nicht genug, daß vor erwehnte Jahre angefangen, sondern die Rechte erfordern selbige völlig. d. pr. Inst. quib. mod. tut. fin.

Rathsamer aber scheints, daß Manns-Personen insonderheit, vor ihr 18 Jahr zu heyrathen, sich nicht übereilen, weil sie nemlich in den jüngern Jahren kaum so viel von ihrer Handthierung haben können, daß sie sich und die Ihrigen davon erhalten mögen, Alicat. in l. pueri 204 ff. de verb. Signif. Dn. Carpz. lib. 2 Jurispr. Eccl. d. 12 n. 17. Ita responderunt Praeses & Assessores supremi Consistorii Electoral. quod Dresdae est, d. 2 Martii Anno 1613 ad consultationem Hansen Weinbergs zu Orlau.

A. e. a. v. g. f. drüber ihr euch Rechtens zu unterrichten gebeten, erkennen, und sprechen wir verordnete Präsident und Räthe, des Churfürstlichen Sächsischen Ober-Consistorii vor Recht: Ist euer Vater, Martin Weinberger, nachdem er das Schneider-Handwerck gelernet, mit Christian Ferbers Tochter, Anna Marien, daselbst in Kundschafft gerathen, hat auch dieselbe lieb gewonnen, und zu ehelichen beehret, immassen denn die Jungfrau gleichfalls Beliebung zu ihm träget, auch beyderseits Eltern darzu geneigt, wozu aber die Obrigkeit des

Orts nicht einstimmig seyn, noch die Verehelichung, weil gedachter Weinberger noch eben jung ist, zugeben will; Ob er nun wohl kaum das 17 Jahr seines Alters erfüllet, die Jungfrau aber bereits über 18 Jahr alt, und er an seinem Ort zu heyrathen nicht veraltet; derowegen noch wohl eine Zeitlang warten könte, welches ihm vielleicht auch zuträglicher und nützlicher wäre; Demnach aber beyde Personen einander mit Liebe zugethan, und nach erlangtem Consens ihrer Eltern die Ehe zu vollziehen gäntzlich entschlossen, wozu dem Weinberger auch seines Theils genugsame Jahre erreichet, also, daß ihm, wenn er seiner Gelegenheit nach, ausser der Ehe, ohne Verletzung seines Gewissens, nicht länger verbleiben mag, dieses Ehewerck nicht zu widerrathen, so wird die Vollziehung der Ehe ihnen billig verstattet, und mag disfalls von der Obrigkeit nicht verwehret werden. V. R. W.

RESPONSUM XC.

Ob der tacitus consensus der Eltern in die Ehe ihrer Kinder, wenn sie z. E. Liebes-Briefe gelesen, und nichts darzu gesagt, oder ihren Consens denenjenigen, so im Nahmen des Sohnes darum angesuchet, nicht abgeschlagen, hinlänglich ist?

Utrum tacitus parentum in matrimonium liberorum consensus, e. g. si literas amatorias legerint & tacuerint, vel consensum nomine filii desiderantibus non contradixerint, sufficiat?

SUMMARIA.

1) Tacitum parentum consensum ad matrimonium liberorum sufficere, modo certus sit, satius tamen

2) Est, in re tanti momenti, expressum parentum impetrare consensum.

II. Parentes ut consentiant in matrimonium liberorum cogi possunt.

3) Patre absque rationabili causa dissentiente, judicem liberis concedere posse potestatem absque consensu patris nuptias perficiendi.

4) Nusquam libertatem tam necessariam, quam in matrimonio esse.

III. Pater liberis dotem & donationem propter nuptias dare tenetur.

5) Paternum officium esse, ut dotem ita & donationem propter nuptias dare liberis.

6) Patrem tacentem & non contradicentem, non dissentire.

IV. Liberi ob contractum, dissentientibus parentibus, matrimonium exheredari non possunt, nisi ad turpem & indignam se applicuerint.

Als mir Endes benahmten eine facti species zugefertiget worden, über die nachgesetzte vier Fragen mein Rechtliches Bedencken zu eröffnen, so habe selbige mit Fleiß erwogen, und berichte darauf Rechtens zu seyn, und zwar auf die

Erste Frage:

Ob aus obigem nicht consensus tacitus, wie derselbe von Mevio part. 8 dec. 40 erfodert wird, zu schliessen, oder ob auch specialis nöthig sey?

Weilen 1) die Rechtsgelehrte darinnen einig sind, daß auch tacitus consensus parentum ad matrimonium liberorum sufficiat, modo ille certus & non ambiguus sit. Mev. d. 1 & part. 9 dec. 198 n. 4 & Decil. 199. Carpz. l. 2 Jurispr. Consist. def. 42.

Und nun 2) des Caji Vater nicht allein die Liebes-Briefgen der Tulliæ an seinen Sohn erbrochen, und doch nicht contradiciret, ja gar ohnlängst gegen dieselbe sich mit diesen Worten vernehmen lassen: Meine Fräulein, ich habe ihre an meinen Sohn erlassene Briefe erbrochen und gelesen: sondern auch als Tullia ihren Schwager an ihn geschickt, um dessen Consens zu erlangen, er darauf geantwortet: Cajus hätte seinen freyen Willen, und könne thun was er wolle: Sodann als Geist- und Weltliche ihn desfalls begrüsset, er zwar in Schertz geantwortet, aber doch niemals der Verlöbniß widersprochen.

Daß solchemnach dafür halte, Caji Vater habe tacite und facto ipso seinen Consens gnugsam declarirt, wiewohl in re tanti momenti, v. not. ad Pufendorff l. 6 de jur. nat. & Gent. c. 2 § 14 lit. a, sicherer und besser wäre, wann Cajus, weilen er noch ziemlich jung ist, und propter lubricam ætatem, was zu seiner künfftigen Wohlfahrt dienlich seyn möchte, nicht sowohl, als sein Vater begreifen kan, den formellen Consens seines Vaters erhielte. Bey der

Zwenten Frage:

Ob allenfalls vermöge textus in l. 19 ff. de ritu nuptiarum Caji Vater zu Gebung seines consensus anzuhalten?

Ist d. l. 19 wie auch l. 5 ff. ad legem Pompej. de parricid. klar.

Und seynd die Theologi, auch Rechtsgelahrte der Meynung: Si pater absque probabili causa dissentiat, judicem liberis potestatem concedere posse, absque consensu patris nuptias perficiendi. v. Gerhard. loco de conjugio § 90. Carpz. l. 2 Jurispr. Consistor. def. 53, Pufendorff l. 1 § 13.

Daß also hier stat haben mag, was Quintilianus ausgesprochen: Nusquam libertas tam necessaria, quam in matrimonio est. Quis enim amare alieno animo potest?

Die dritte Frage:

Ob der Vater schuldig sey, Cajum zu dotiren, mithin zu alimentiren?

Hat ebenmäßig keine Schwierigkeit, weilen in Rechten ausgemacht ist; Paternum esse officium, ut dotem ita donationem propter nuptias dare liberis. L. fin. Cod. de dotis promiss.

Und der Vater in præsente casu secundum ante deducta nicht dissentiret, vid. Colleg. jurid. Argento. ad tit. de jure dot. § 5 n. 6.

Der Sohn Cajus auch nicht ausser seinen Stand heyrathet, nec indignam ducit in matrimonium.

Endlich

Endlich auf

Die vierte Frage:

Ob Cajus dieſer Heyrath wegen von ſeinem Vater, weilen er filius unicus, exherediret werden könne?

Zu kommen, iſt gleichergeſtalt bey denen Rechtsgelehrten ausgemacht: Liberos, ob contractum diſſentientibus parentibus matrimonium exheredari non poſſe, niſi ad turpem & indignam perſonam ſe applicuerint. Rittershuſ. different. jur. civil. & canonic. l. 1 c. 4, complures allegati a Carpzovio l. 2 juriſprud. Conſiſtor. def. 54 num. 6.

Welches alles alſo von Rechtswegen, iedoch mit Vorbehalt anderer mehr verſtändigen Meynung berichten wollen ꝛc. Urkundlich ꝛc. So geſchehen Gieſſen, den 12 Auguſt. 1709.

Joh. Nic. Hertius D.

RESPONSUM XCI.

Ob das den Eltern gethane Verſprechen ihre noch nicht mannbare Tochter, wenn ſolche zu mannbaren Jahren gekommen, zu heyrathen, für wirckliche Sponſalia oder nur für Pacta præparatoria de futuris ſponſalibus zu halten, und ob man wegen erheblicher Urſachen ſich der Vollziehung der Ehe entbrechen könne?

Facti ſpecies.

Als dieſelbe uns eine facti ſpeciem nebſt ſechs Fragen zugeſchicket ꝛc.

Hat Leontius ſeines Bruders Franciſci Lehen- und Erb-Güter ererbet, iedoch cum onere, daß er deſſen adoptirten Söhnen Florindo und Cajo eine gewiſſe Summe Geldes herausgeben ſolte, welches er ihnen jährlich verzinſet, und, weil er bey einem gewiſſen Potentaten in vornehmen Kriegs-Dienſten engagiret geweſen, dieſe beyde Brüder bey ſeinem Regimente als Cadets angenommen, da denn nach etlichen Jahren des Leontii Hannibal dem Cajo die Propoſition gethan, daß, wenn er ſich reſolviren würde, eine des Leontii Töchter zu heyrathen, er ſeinen Platz leicht bekommen, und ſonſten ſein fortun machen könte, welches Cajus, weil er noch nicht Luſt zum heyrathen hatte, anfänglich difficultiret, iedoch in Bedencken genommen, und des andern Tages ſich gegen Hannibal erkläret, daß er ſich deſſen gäntzlich begeben wolle. Hat nun Hannibal hierauf dem Cajo im Vertrauen entdecket, daß die an ihm gethane Propoſition von Leontio ſelbſten herrühre, welchen man nicht diſgouſtiren müſte, weil er ſonſten ſolches hart ahnden würde, daher Cajus mehr Reflexion darauf gemachet, und mit ſeinem Bruder Florindo ſolches zu überlegen verſprochen, worauf denn ferner erfolget, daß, da beyde Brüder ſich in Geſellſchafft bey einem Glaſe Wein divertiret, Hannibal aber zu ihm gekommen, und von Cajo Antwort verlanget, welcher auf Zureden Florindi ſich endlich erkläret, ja Hannibal es noch ſo weit gebracht, daß auch Florindus eine von des Leontii Töchtern, welche doch damahls noch nicht mannbar geweſen, zu heyrathen ſich erkläret, und beyde Brü-

der endlich nach unterſchiedlich gemachten Difficultäten Hannibal Commißion ertheilet, dieſes Leontio änzubringen, ſo auch nicht allein geſchehen, ſondern auch gedachter Hannibal beyde Brüder am folgenden Tage zum Eſſen einladen laſſen, ihnen des Leontii Gewogenheit verſichert, und, daß er durch den Auditeur Eſopum alles ſchrifftlich auffſetzen laſſen wollte, berichtet, wie denn auch gegen Abend ein doppeltes Project ihnen zugeſchicket, und den andern Morgens nach einigen neuen Difficultäten, ſo wegen der eidlichen Clauſel in der Beylage ſub lit. A von denen Gebrüdern gemachet, in Gegenwart des Hannibals und Eſopi vollzogen, im Gegentheil aber nach zwey Tagen von Leontio auch ihm eine ſchrifftliche Gegen-Verſprechung ſub lit. b verſiegelt eingehändiget worden. Hat nun Leontius einige Monate darnach bey der Muſterung des Regiments ſein Verſprechen nicht erfüllet, und die verſprochenen Compagnien denen beyden Gebrüdern nicht gegeben, bald darauf das malheur gehabt, daß ſeine Güter in ſequeſtration genommen, und er ſich retiriren müſſen, zu welchem dann beyde Gebrüdere ſich verfüget, und um die verfallene Zinſen gebeten, welches Leontium ſehr erbittert, und gantz ungnädig beantwortet, dergeſtalt, daß beyde Gebrüdere ſich vor ſeinem Zorn fürchtende ſich retiriret, und genöthiget befunden, bey Leontii Ober-Richter in der Provintz, da die ſequeſtrirte Güter gelegen, wegen der verfallenen Zinſen zu klagen, ſo ihnen auch wey abfolget worden, bey welchem Zuſtand der Sachen es bis auf dieſe Stunde geblieben, dergeſtalt, daß obgleich die beyden Töchter Marilla und Cyrilla ſchon vor 3 Jahren annos pubertatis erreichet, ihnen doch von der deſponſatorum reſolution nichts kund gethan iſt, dieſemnach bey ſolchen Umſtänden gefraget wird:

Quæſtio I.

Ob die errichtete Verſchreibung für wahre ſponſalia zu halten, oder denen beyden Gebrüdern noch zu pönitiren frey ſtehe?

Rationes dubitandi.

So viel die erſte Frage betrifft, ob wohl aus der Beylage ſub A und B zu erſehen, daß Leontius denen beyden Brüdern, Florindo und Cajo, ſeine beyde damahls noch unmündigen Töchter Marillam und Cyrillam ehelich verſprochen, den dotem ihnen beſtimmet, und ſie auch ſolches Verſprechen mit ihrem ſchrifftlichen Conſens beſtätiget, und dabey ſub clauſula juratoria zu deſſen Vollenziehung ſich engagiret; wodurch ſie dergeſtalt vinculiret worden, daß ſie von ſolchem Verſprechen abzugehen nicht befugt zu ſeyn ſcheinen, dabey auch bekannt iſt, quod ſicuti puberes cum impuberibus valida ſponſalia inire poſſunt, ita illi ab iis reſilire non poſſunt, ſed hoc tantum his permiſſum ſit: c. 7 in f. X. de deſponſ. impub. und obgleich die Verlöbniß Ringe noch nicht ausgewechſelt ſind, dennoch ſolches um deſtoweniger der Validität derer ſponſalium einen Eintrag thun möchte, als bekannt iſt, daß dergleichen arrhæ ſponſalitiæ nicht ad neceſſitatem, ſondern ad majorem probationem gehören, woran es aber allhier ohnedem nicht ermangelt.

Rationes

Rationes decidendi.

Weil aber, dennoch die gantze Handlung allein zwischen Leontio und denen beyden Gebrüdern Florindo und Cajo beschlossen, und weder diß bey den Töchter des Leontii, welche die beyden Gebrüder niemals gesehen, gegenwärtig gewesen, noch sonsten ihren Consens declariret, welcher doch, ob sie gleich noch impuberes und im roten Jahre gewesen, von dieser Handlung, wenn es sponsalia vera seyn sollen, nicht ausgeschlossen werden sollen, diesemnach die gantze Abhandlung für nichts anders als für ein pactum præparatorium de futuris sponsalibus angesehen werden mag; welches auch unter andern daraus erhellet, daß in beyden Reversen expressè versehen, daß die Verlöbniß-Ringe mit ehesten ausgewechselt werden sollten, als wodurch die sponsalia publica, bey welchen secundum mores Germaniæ die Auswechselung derer Ringe in Gegenwart der Haupt-Personen zu geschehen pfleget, deutlich angedeutet und reserviret sind, welche Auswechselung doch bis dato noch nicht erfolget, und dahero die sponsalia publica noch zur Zeit nicht vollzogen sind; dabey dann die clausula juratoria nichts mehr operiret, als daß zwar die obligatio adstrictior, dennoch die natura negotii nicht verändert wird, übrigens ob die beyden Gebrüdere schlechterdings pœnitiren können, vornemlich aus der decisione quæstionis sequentis dependiren wird.

So erhellet hieraus so viel, daß die in denen beyden Reversen enthaltene Versprechen mehr für ein pactum præparatorium als für sponsalia publica zu halten.

Quæst. II.

Wenn bündige sponsalia vorhanden seyn sollten, ob nicht der veränderte Zustand des Leontii eine justam repudii causam mache?

Rationes dubitandi.

Bey der andern Frage, möchte zwar eingewandt werden, daß die Veränderung, so sich mit dem Leontio inzwischen zugetragen, nicht so beschaffen sey, daß daraus der ausgestellte Revers seine Krafft verlieren könte, zumal seine Güter nur seqvestriret sind, und noch zu hoffen stehet, daß alles in vorigen Stand gesetzet werden, mithin Leontius sein Versprechen in allen Puncten erfüllen könne, zumal ohne dem keine gewisse Zeit zu der Vollenziehung der Ehe vorgeschrieben ist.

Rationes Decidendi.

Dieweil aber dennoch aus denen Rechten bekannt ist, quod omnis promissio, etiam sponsalitia, & juramento firmata, intelligatur sub clausula; rebus sic stantibus, adeo ut notabili mutatione superveniente promissio sponsalitia inefficax reddatur; c. 25 X. de jurei. wohin denn unter andern mit zu ziehen, si sponsa notabilem bonorum jacturam patiatur, ut promissam dotem inferre non possit, c. 3 X. de condit. apposit. welches allhier seine richtige Application findet, da des Leontii Güter nun einige Jahre seqvestriret gewesen, derselbe sich ausser Landes retiriren müssen, dergestalt daß derselbe nicht capable ist, den

versprochenen dotem, so überhaupt 5000 Rthr. ausmachet, auszuzahlen, noch denen beyden Gebrüdern die versprochene Compagnie zu liessern; wie er denn ohne dem schon hierinne von seinem Versprechen abgegangen, daß, da er sich engagiret, so bald nach geschehener Musterung seines Regiments ihnen die designirte Compagnien bald darnach erwehnet, daß die beyden Gebrüdere nun und nimmermehr die Töchter haben sollten, sie möchten auch anfangen, was sie wollten, welches der Domestiqve eidlich auszusagen sich anerboten, wodurch denn Leontius seinen Widerwillen an den Tag geleget; übrigens was von der verhofften Restitution seiner Güter in rationibus dubitandi angeführet ist, bey der vierten Frage seine Entscheidung finden wird;

So halten wir dafür, daß wenn gleich verbindliche sponsalia vorhanden seyn sollten, dennoch aus denen angeführten Ursachen eine justa repudii causa herzunehmen sey.

Quæst. III.

Ob, da es sehr ungewiß ist, wenn und ob Leontius wieder restituiret werden sollte, die Gebrüdere schuldig sind, solches abzuwarten?

Quæst. IV.

Ob die Gebrüdere ohne Verletzung ihres Gewissens sich anderwärts verheyrathen können, wenn gleich Leontius die Verheyrathung in Händen behielte?

Quæst. V.

Weil Leontius nicht gerichtlich belanget werden kan, wie und welchergestalt die Gebrüdere sich am besten rechtlich præcautioniren können, und wie solches zu bewerckstelligen?

Rationes dubitandi.

Ob wohl die Güter des Leontii noch nicht confisciret, sondern nur seqvestriret sind, und dahero deren Restitution zu hoffen, mithin die beyden Gebrüdere schuldig seyn möchten, dessen eventum abzuwarten, und ohne Verletzung ihres Gewissens sich anderwärts nicht verheyrathen können, absonderlich da sie ihr Versprechen eidlich gethan, und Leontius sich in solchem Stande befindet, daß er anitzo nicht belanget werden kan, die beyden Gebrüdere aber nicht judices in propria causa seyn, noch absque sententia judicis von dem Versprechen abgehen können.

Rationes decidendi.

Weil aber dennoch in dergleichen Fällen, da iemand wichtige exceptiones hat, und der Kläger seine Ansprüche zu exerciren anstehet, und solche zum

Präjuditz

Präjudiß der Beklagten zu mißbrauchen intendiret, die Rechte die provocationem ex l. si contendat zulassen, vermöge derselben der Kläger entweder in subsidium juris, oder, so diese Citation impracticabel seyn sollte, edictaliter von dem judice des Beklagten ad agendum provociret, und angehalten werden kan, daher bey Verlust seines Anspruchs sich auf die exceptiones einlassen; welches sich denn in gegenwärtigem Fall gar wohl appliciren lässet, da die beydem Gebrüdere sehr wichtige exceptiones gegen Leontii Anspruch auszuführen intendiren, ihn in ihrem ißigen Foro ad agendum, und zu Einlassung auf die exceptiones entweder in subsidium, oder edictaliter citiren lassen, hanc enim provocationem in foro provocantis utpote rei in causa principali fieri debere, constans est Dd. sententia. Zanger. de except. P. 3 C. 26 n. 202. Schwendendorff. ad Fibig. p. 1592; welches denn so viel wircken wird, daß Leontius seinen Anspruch, so ferne er solchen aus dem Revers zu haben vermeinet, in foro derer beyden Gebrüdere entweder anstellen und ausführen, oder gewärtig seyn muß, daß sie von demselben gantz entbunden und absolviret werden; da denn, wenn solches, wie zu vermuthen, geschehen sollte, bey der dritten und vierten Frage keine rationes dubitandi mehr übrig bleiben, in mehrerer Erwegung durch den Ausspruch sich alsdann finden wird, daß sie dergleichen incertum rerum eventum abzuwarten nicht schuldig sind, sondern nunmehro mit desto ruhigerm Gewissen sich anderwärts verheyrathen können, nachdem sie sententia judiciali von dem Anspruch aus dem eidlichen Revers absolviret sind, welches ohne Zweiffel erfolgen wird, weil nicht zu vermuthen, daß Leontius in foro derer Gebrüder sich stellen und einlassen werde, bevorab wenn es mit der gegen sie gefaßten Ungnade ihm ein Ernst seyn sollte; endlich wenn er sich gleich stellen und auf die exceptiones einlassen würde, dennoch die Haupt-exceptio, quod status rerum sit notabiliter mutatus, von ihm nicht wird abgelehnet werden können, anerwogen der eventus restitutionis bonorum incertus, keinem aber anzumuthen, ut in infinitum in nexu maneat, und daß er auf einen ungewissen Fall warte, da doch die zwey Töchter schon vor 3 Jahren ihre annos pubertatis erreichet, und also die Zeit schon vorlängst angekommen, da die von Leontio versprochene Vermählung vollstrecket werden sollte:

So erhellet hieraus so viel, daß die beyden Gebrüdere an sichersten thun, wenn sie Leontium in foro proprio ex l. si contendat provociren und citiren lassen, da sich denn wegen der dritten und vierten Frage alles von selbsten finden wird.

Quæst. VI.

Wenn Leontius eine declarationem consensus derer desponsatorum post pubertatem auffgenommen oder noch auffnehmen würde, ob solches denen beyden Gebrüdern präjudiciren könne?

Rationes dubitandi.

Ob wohl sonsten in denen allgemeinen Rechten versehen, quod, quando pater pro filiabus im-

puberibus sponsalia contrahit, tunc demum filiæ puberes factæ exinde obligentur, si tacite vel expresse in ea consenserint. c. 1 in f. de desponsl. impub. in 6, bey welcher Rechts-Verordnung dann weiter nichts nöthig zu seyn scheinet, als daß die beyden Leontischen Töchter quomodocunque sich declariren, oder der Vater den consensum von ihnen auffnehme.

Rationes decidendi.

Weil aber dennoch wie in allen pactis also auch hier nöthig seyn will, ut contrahentes inter se mutuum consensum declarent, und daher dergleichen heimliche Auffnehmung des consensus desponsatorum von keiner Krafft seyn kan, und wenn solches geschehen seye, und er solche Auffnehmung und derer beyden Töchter declaration post citationem ex l. si contendat anführen solte, sich alsdenn bey Ausführung derer exceptionum finden wird, wie weit darauf zu reflectiren sey; im Gegentheil aber bey dessen Nichterscheinen und erfolgten Absolvirung von allem Anspruch denen Brüdern dergleichen heimliche Auffnehmung des consensus desponsatorum um desto weniger präjudiciren können wird, als sich gebühret hätte, solches ante præclusionem anzuzeigen, und die Jura derer Töchter zu vertreten, gleich wie er allein mit denen beyden Gebrüdern alles abgeredet;

So wird bey denen angeführten Umständen dergleichen heimliche Auffnehmung des Consensus derer beyden Töchter Florindo und Cajo künfftig nicht präjudiciren können. V. R. W.

nomine facultatis juridicæ
Hallensis mense Jan. 1724.

RESPONSUM XCII.

Ob derjenige, so sich ohne Consens seiner Mutter mit einer Person verlobet, zur Vollziehung derselben wider seinen Willen möge angehalten werden?

Facti species.

Als ihr uns eine facti speciem nebst einer Frage ꝛc. Demnach ꝛc.

Hat Freyherr Callistratus in anno 1712 etwa im 17 Jahre seines Alters auf seine Anverwandtin, Fräulein Trebatiam, eine solche Gemüths-Neigung geworffen, daß nachdem derselbe in ihrer Eltern Hause mit einer unvermutheten Leibes-Unpäßlichkeit befallen, und dadurch mit der Trebatia mehr confident geworden, er zuerst seinen Liebes-Vortrag bey der Trebatia, nachgehends auch so wohl bey deren Eltern, und der Trebatiæ Vaters Bruder verrichtet, und allerseits Consens erhalten, darauf er von der Trebatia mit einem Galanterie-Ringe in ihrem Contrefait beschencket worden, und er sie hinwiederum beschencket, gleichwohl dieses alles ohne Vorbewust des Callistrati Mutter geschehen, und er in solchem Zustand so wohl auf Universitäten, als nach der Zeit in fremde Länder gereiset, inzwischen die Correspondenz mit der Trebatia fortgesetzet, bis er endlich dieselbe abgebrochen, und nach seiner nunmehrigen Retour von derselben

aus

aus bewegenden Ursachen gäntzlich abzustehen entschlossen ist, daher gefraget wird:

Ob Callistratus gestalten Sachen nach zu Vollziehung dieser heimlichen geschlossenen Verlobung via juris angehalten werden möchte?

Rationes dubitandi.

Ob nun wohl hiebey eingewandt werden möchte, daß Callistratus mit Consens der Trebatiæ Eltern und Vatern Bruder die sponsalia vollenzogen; nachgehends aber durch Correspondentz lange Zeit dieselbe bestätiget, auch keine tüchtige Ursache, von denenselben abzugehen, voritzo anführen möchte; zumal das Vorgeben, daß er ohne Vorbewust seiner noch lebenden Mutter sich verlobet, und seine Curatores davon nichts gewust hätten, er auch noch in minorennitate gewesen, ihm nicht zu statten zu kommen scheinet, als denen Rechten nach auch die Sponsalia a minorenné und zwar etiam sine curatoris consensu contrahiret werden mögen; l. 20 D. de ritu nupt. und der Mutter Consens gleichfalls ad substantiam sponsaliorum nicht eben erfordert wird, allenfalls es auch das Ansehen gewinnen möchte, als wenn die Mutter gute Wissenschafft darum gehabt hätte, so gar, daß sie auch auf Callistrati Ansuchen der Trebatiæ sein Portrait mit Diamanten garniret, zu verehren verwilliget, und von der Trebatiæ Mutter Schwester zugleich völlige Nachricht von diesem Verlöbniß erhalten, also tacite wenigstens darein consentiret, welches ad valorem sponsaliorum schon genung seyn kan; endlich auch ihm wenig helffen mag, daß des Trebatiæ Mutter, wie er noch in fremden Landen gewesen, ihn zur Retour angemahnet, und daß seine Frau Mutter denen Gütern nicht wohl vorstünde, erwehnet, weil dieses keine zulängliche Ursache zu einer solchen Kaltsinnigkeit geben können.

Rationes decidendi.

Weil aber dennoch so wohl Trebatia als ihre Eltern wohl gewust, daß er sich ohne seiner Mutter Consens verlobet, und zu dem Ende die heimliche Correspondentz durch Brieffe mit ihm unterhalten, auch so gar der Trebatiæ Mutter, wie Callistratus sich von der Universität auf die Reise begeben wollen, ihm auf einen nahmhafften und von besagter Universität nicht allzuweit abgelegenen Ort zu einer nochmaligen Entrevuë invitiret, die Reise aber dergestalt secretiret, daß des Callistrati Frau Mutter gantz und gar nichts davon zu wissen bekommen; wie denn auch Callistratus solche Verlobung, als er von seiner Frau Mutter darum befraget worden, geleugnet, und als der Trebatiæ Mutter Schwester ihr gleichfals solches entdecket, sich nur dergestalt erkläret, daß Callistratus ein sehr junger Mensch wäre, und sie nicht wüste, ob es auch Gottes Wille, also daraus nicht geschlossen werden mögen, daß sie darein consentiret, da sie vielleicht ihren Consens suspendiret, und höflich denenselben denegiret, auch daraus, daß sie um die Beschenckung ihres Sohnes mit seinem Portrait an die Trebatiam gewust, kein Consens geschlossen werden mag, da eines theils Trebatia mit ihrem Sohne in secundo consanguinitatis gradu verwandt gewesen, andern theils dessen Frau Mutter

ihn vorhero darum befraget, ob er mit der Trebatia sich verlobet, gleichwohl er solches geleugnet, also klärlich am Tage ist, daß der Mutter Consens zu diesen sponsalibus nicht gezogen worden, ohne welche doch heut zu Tage keine sponsalia bestehen mögen; Bruckner. in decis. matrim. c. 2 n. 74. Sande lib. 2 decis. tit. 2 def. 2. Carpzov. lib. 2 jurispr. consist. def. 44; inzwischen weil diese exceptio deficientis consensus materni mehr die Mutter als den Callistratum angehet, und respectu dieses es eine exceptio juris tertii ist, solches nicht anders stat finden kan, als wenn des Callistrati Frau Mutter, so ferne er zu Vollziehung der Ehe belanget werden sollte, interveniendo einkomme, und diesen defectum consensus materni urgire, auf welchen Fall solches dem Callistrato zugleich mit zu statten kommen mag.

So halten wir dafür, daß woferne des Callistrati Frau Mutter interveniendo einkommen, und defectum ihres consensus allegiren sollte, alsdenn Callistratus zu Vollziehung der Ehe mit der Trebatia nicht angehalten werden möchte.

nomine facultatis juridicæ
Hallensis mense Majo 1715.

RESPONSUM XCIII.

Ob die Ehe-Verlobungen, welche wider die Landes-Gesetze geschehen, die Contrahirenden vollkommen verbinden?

Facti Species.

Der mir nebst einem fasciculo actorum privatorum zugeschickte Bericht, bestehet in folgenden Umständen:

Es hat der Herr W. B. H. wider Frauen C. J. H. eine Ehe-Klage angestellet, und nach geführtem Beweis eine obsiegliche Urthel dahin erhalten, daß beklagte Wittwe die geschlossene Verlöbniß durch priesterliche Copulation zu vollziehen schuldig sey. Gegen diese Urthel hat sie das remedium supplicationis interponirt, und will dabey belehret seyn:

Ob sie eine sententiam reformatoriam zu hoffen habe?

Rationes dubitandi.

Ob nun wohl an und vor sich selbsten klar ist, quod sponsalia solo consensu contrahantur; und dabey in der l. 4 pr. de sponsalibus Landes-Ordnung de Anno 1672 verordnet ist, daß mehrer Sicherheit willen in Gegenwart zweyer Manns-Personen solche Verlöbnisse vollzogen werden sollen, welches in præsenti casu geschehen zu seyn scheinet, allermassen aus der Zeugen Aussage so viel erhellet, daß die beyden Zeugen J. A. und J. M. H. in Decembr. 1716 nach des Klägers Hause, wo die Frau Beklagtin sich gleichfals befunden, gebeten worden, da sie denn, bey dieser Zusammenkunfft gesehen zu haben, aussagen, daß sich Kläger und Beklagte nicht anders als verliebte Personen gegen einander auffgeführet, und die Frau Beklagtin sich declariret, daß sie Klägern ehe-

ehelichen wollte, darauf auch den Glückwunsch angenommen, und wegen der Hochzeit geredet, und einander die Ehe zugesaget haben, wie testis 2 ad art. 8 rotunde aussaget, es dahero das Ansehen gewinnen will, als wenn solches Ehe-Verlöbniß zum völligen Schluß gekommen sey.

Rationes decidendi.

Weil aber dennoch ein beständiges Ehe-Verlöbniß ein solches wichtiges Negotium ist, welches mit gutem Vorbedacht und genauer Überlegung, ehe solches zum völligen Schluß kommet, tractiret werden muß, und dahero in der gedachten Landes-Ordnung de Anno 1672 gar wohl beurtheilet ist, daß ein solches wichtiges Geschäffte, daran der Menschen zeitliche u. unterweilen auch ewige Wohlfahrt hanget, andern geringen Sachen, welche unter denenjenigen, so mit einander zu thun haben, alleine verhandelt, und dahero allerhand Verdacht, List und Betrug unterworffen sey, nicht gleich gemachet werden könne ; welches in jure civili propter repudiorum libertatem nicht so genau in acht genommen worden, hergegen so wohl in jure canonico als heut zu Tage mehr darauf zu reflectiren ist, propter magnum, quod ex facto tam arduo posset imminere, periculum, c. fin. de procurator. in 6. adeoque apud Christianos hodiernos major adhuc requiritur circumspectio quam apud Judæos & ethnicos; Judæis enim licita erant divortia, & Romani majori adhuc licentia quam Judæi repudiabant uxores, aut a viris recedebant; unde Germani veteres pacta de futuris sponsalibus introduxerunt, ideo quod viderent societatem conjugalem ita esse indissolubilem, ut etiam ex gravissimis causis conjugibus a se invicem recedere non liceret; Thomas. in diss. de pactis futurorum sponsaliorum pag. 6 & 17; welche besondere Umstände den höchstseeligen Hertzog I. F. in gedachter Constitution de anno 1672 dahin bewogen, daß er die Ehe-Verlöbniß nicht anders zu seyn verordnet, als wenn zum wenigsten zwey oder drey ehrliche Manns-Personen dazu gezogen, und in deren Gegenwart sothane Ehe-Verbindung zu Wercke gerichtet worden, woraus denn von selbsten erfolget, daß pro forma publicorum sponsaliorum erfodert werde, erstlich, daß zwey beglaubte Zeugen auf beyderseits Personen Verlangen, und mit der Intention dazu erbeten werden, daß vor ihnen und in deren Gegenwart solche öffentliche Verlöbniß gestifftet und eingegangen werde ; zum andern, daß die wirckliche Verlobung in gebührender Christlicher Ordnung dergestalt vor ihnen geschehe, daß man daraus drittens abnehmen könne, daß dieses wichtige Geschäffte zu seinem völligen Schluß gekommen, und nichts weiter ratione dotis und dergleichen zu determiniren übrig verblieben, welches alles ex ratione dictæ constitutionis & natura hujus ardui negotii von selbsten fliesset, dergestalt, daß wenn solches nicht erwiesen werden kan, auch kein bündiges Ehe-Verlöbniß zu statuiren ist, cum enim hoc facti sit, an negotium perfectum fuerit, id omnino probandum est ; L. 16 & 23 C. de probation. Mev. Part. 5 decis. 295 n. 2 ; nec potest quisquam quasi ex negotio perfecto jus sibi arrogare vel agere, nisi negotium perfectum fuisse, tanquam fundamentum intentionis suæ, plene ostendat ac doceat ; Coc-

Jurist. Oracul V Band.

cej. de jure circa act. imperfect. sect. 3 § 9 in f. welches alles, wenn es auf gegenwärtigen casum appliciret wird, klärlich zu erkennen giebet, daß allhier keine bündige sponsalia nach der Vorschrifft der gedachten Landes-Ordnung gestifftet worden, anerwogen aus der Zeugen Aussage nicht zu befinden, daß sie zu dem Ende, und zwar auf beyder Personen Verlangen in des Klägers Haus gebeten und gefodert worden, daß vor ihnen die öffentliche Ehe-Verlöbniß gestifftet werden solte, vielmehr die Zeugen ad art. 1 aussagen, daß Kläger sie habe nach seinem Hause zu kommen bitten lassen, und ob sie wohl selbsten die Frau Beklagtin angetroffen, sie dennoch ihrer Aussage nach ad interr. tertium & quartum art. 8 nicht sagen können, daß derselbe Tag zu einer Verlobung bestimmet, und die Parteyen der Zeit zusammen gekommen, eine öffentliche Verlobung vorzunehmen, zumahlen die Frau Beklagtin dabey beständig bleibet, daß sie zu der Zeit Mademoiselle F. besuchet habe, welche die Zeugen auch zu der Zeit in des Herrn Klägers Hause angetroffen, juxta interr. 1 art. 3. Also aus diesen Umständen erhellet, daß Kläger allein einseitig seine beyde Verwandten zu sich bitten lassen, und die Intention geführet, daß Frau Beklagtin, welche mit ihm der Ehe wegen in Tractaten gestanden, um desto leichter zu bestricken, welches absonderlich aus an denen Zeugen geschehenen Anrede zu schliessen, da er bey ihrer Ankunft zu ihnen gesagt : Willkommen Vetter, hier ist meine Braut ; testis primus ad interr. 3 art. 4, keinesweges auch zu glauben, daß die Frau Beklagtin zu der Zeit sich zu dem Ende in Klägers Hause eingefunden, daß sie mit ihme die öffentliche Ehe-Verlöbniß dem allgemeinen Gebrauch nach in der Frau Beklagtin Hause gestifftet wäre ; andern Theils auch sie ihre Verwandten, und absonderlich ihren Herrn Bruder, den Herrn Post-Meister, und dessen Herrn Schwieger-Sohn, der bekannten uralten Gewohnheit nach, darzu erfodert haben würde ; zumahl keine Ursache zu befinden, warum die Frau Beklagtin obgedachte ihre nahe Anverwandten von diesem wichtigen negotio ausschliessen, und vielmehr alleine in des Klägers Verwandten Gegenwart die öffentliche Ehe-Verlöbniß vollziehen wollen ; dadurch denn kein geringer Verdacht auf den Kläger fällt, daß, weil er die Frau Beklagtin damahls auf guten Muth mag befunden haben, er auf diese Weise sie zu übereilen gesuchet, und qualemcunque promissionem matrimonii von ihr heraus zu locken intendiret, damit er nur taliter qualiter der gedachten Constitution und deren Worten nach ein Genügen thun möchte, cum tamen non verba legis servanda sint, sed vis ac potestas, l. 17 D. de legib. & in fraudem legis facit, qui salvis verbis legis sententiam ejus circumveniat ; l. 29 de legibus. Dahero es auch erfolget, daß bey der Zeugen Ankunst keine ordentliche Ehe-Verlöbniß vorgenommen worden, sondern vielmehr alles tumultuarie zugegangen, u. wie der Kläger zu seinem Vetter gesaget : Willkommen Vetter, hier ist meine Braut, sie ihr sofort Glück gewünschet, worauf sie sich zwar bedancket, und gesaget, es hätte zu Gott also gefallen, dennoch daraus nicht einsten geschlossen werden kan, daß sie in ihrem Ehe-Versprechen völlig zum Schluß gekommen, und nichts mehr auszumachen übrig gewesen, vielmehr nur dieses daraus zu schliessen, daß die Personen damahls eine

gute

gute Affection zu einander getragen, und entschlossen gewesen, eine ordentliche Ehe-Verlöbniß hiernächst unter sich der Landes-Constitution gemäß zu stifften, und durch beyderseits Anverwandten Gegenwart zu vollziehen; und obgleich testis secundus ad interr. 3 art. 4 aussaget, daß sie sich in ihrer Gegenwart verlobet, dennoch testis primus solches nicht positive aussagen können, auch ihme hierinne kein Glaube beyzumessen, da er wohl nicht verstanden haben wird, wie nach der gedachten Landes-Constitution eine bündige Verlobung geschehen muß, sondern aller beyden Zeugen Aussage nur dahin gehet, daß sie damahls zu verloben sich entschlossen gewesen, und zu einander gute Affection getragen, welches auch die beyden ad acta gegebene Hand-Briefe ausweisen; also der Kläger sich selbsten imputiren mag, daß er nicht ordentlicher verfahren, und der Landes-Constitution gemäß die Verlöbniß eingerichtet, ideo enim constitutæ sunt certæ negotiorum formæ, & cujusque negotii natura determinata & juribus suis informata, ut sint certæ notæ & characteres, quibus dignosci potest, quando eo usque partes consenserint, ut negotium perfectum sit, scilicet quando requisita ejus negotii adesse apparet; a Coccej. cit. 1 sect. 2 § 10 & 31, adeoque nisi appareat negotium jam conclusum & perfectum esse, nec aliquid agendum restare, actus adhuc imperfectus censetur, quando enim actum rest, quando aliquid adhuc ad agendum superest, l. pen. in f. C. de his quib. ut indign. adeo ut si jam plurima acta sint inter partes & prope res peracta, si tamen nondum sit perfectum negotium, nihil plane actum intelligitur; a Coccej. cit. loc. sect. 2 § 4 in f. welches absonderlich im Ehe-Verlöbnisse tanquam in re maxime ardua wohl zu consideriren ist, quæ requirit magnam curam & diligentiam, & in qua lente festinandum est; Cothmann. vol. 2 resp. 12 n. 159 & resp. 86 n 16. Zumahl ohnedem bekannt, daß solche nicht durch das schlechte Ja-Wort für vollzogen zu achten sind, da überdem noch vieles dabey wegen Einrichtung derer zeitlichen Mittel und künftig erfolgten Todes-Fälle pfleget abgeredet zu werden, welches absonderlich bey der Braut, welche sonsten am meisten dabey gesehen wird, iederzeit in Acht zu nehmen ist, welches auch die Frau Beklagtin in ihrer Exceptions-Schrifft hauptsächlich urgiret; dannenhero zwar gewöhnlich ist, daß, wenn die Verlobung zu hoffen stehet, man die Glückwünschung wegen der guten Hoffnung der künftigen Verlöbnisse annimmt, die Personen einander alle Liebes-Affection erweisen, sich auch als Verlobte nennen lassen, dennoch daraus nicht geschlossen werden mag, daß der endliche Schluß erfolget, und nichts mehr auszumachen mehr übrig ist, vielmehr alles, was bishero geschehen, bloß als ein pactum de sponsalibus ineundis oder Zusage der ordentlichen Verlöbniß anzusehen ist; Titius in der Probe des geistlichen Rechts lib. 4 c. 1 § 6. Diesem zu folge derer Zeugen Aussage, welche ohnedem in diesem wichtigen negotio nicht einst genugsam beglaubet sind, wie doch die Landes-Constitution erfordert, nichts mehr als bloß dieses bescheiniget, daß die Personen zu einander gute Affection getragen, keinesweges aber, daß sie eine ordentliche und der Landes-Constitution gemäß bündige Eheverlöbniß in ihrer Gegenwart gestiftet, bekräftigen; So erhellet hieraus allenthalben so viel, daß bewandten Umständen nach eine sententia reformatoria wohl zu hoffen sey.

privato nomine Mense Januario MDCCXVIII.

RESPONSUM XCIV.

Ob Kinder nicht befugt sind, mit ihrer Eltern Bewilligung, wenn sie ihrer Sinnen beraubet, sich zu verehelichen; iedoch ist derer Eltern Consens, welche ein ruchloses Leben führen, nicht hindan zu setzen.

Daß sowohl Söhne und Töchter ohne Consens ihres Vaters, welcher seiner Sinnen beraubet, sich verheyrathen können, solches wird deutlich erwiesen, ex pr. verb. unde quæsitum est Instit. de Nupt. iedoch also, daß nach Kaysers Justiniani Constitution in l. Si furiosi 25 C. de Nupt. L. fam. dementis 18 C. de Episc. audient. Was den Braut-Schatz und Donationes propter nuptias betrifft, die Autoritas Curatoris furiosi, benebst den Fürnehmsten in der Familie, wie auch der Magistrat oder Consistorium nicht vorbey zu gehen, Joh. Crisp. in not. ad pr. Inst. de nupt. Henr. Hahn ad Wesenb. parat. ff. de Sponf. n. 4 § tunc autem pag. 127 in part. 2 & tit. de Rit. Nupt. n. 4 p. 124 de part. 2. Jodoc. Dedekenn. de tract. Sect. 4 n. 7 p. 137.

Dieses aber hat nicht stat bey einem solchen furioso, welcher dilucida intervalla hat, d. i. der nicht stets seiner Sinnen beraubet, sondern zuweilen noch zu ihm selbst kommt, und ist alsdenn desselben Einwilligung, wenn er seiner Vernunft gebrauchen kan, nicht zu übergehen, arg. l. 12 § 2 verf. Perpetuo l. 39 pr. de Judic. Oswald Hillig. in Donell. Enucl. lib. 13 Cap. 19 lit. N. desgleichen auch eines solchen Vaters Consens, der arm, ruchlos und grausam ist; zumahlen die Rechte hierinnen keinen Unterschied machen. arg. Nov. 18 Cap. 5.

Ja so gar ist auch der Consens eines solchen Vaters nicht hindan zu setzen, der sein Kind über Seit geleget, und solches nicht hat ernehren wollen. Per l. patrem qui filiam 16. C. de Nupt. Rutil. Cypr. tr. de sponf. C. 6. §. 5. Tarnov. tract. de Conjug. l. 1, 73 q. 2. Joh. Gerh. in loco de conjug. § 91. Dn. Carpz. lib. 2 Jurispr. Consist. def. 43 n. 3 & seq. Ita respondic Consistor. Ecclef. Saxon. Supremum ad Consultationem Marien L. zu Radewald den 2 Aug. 1609: Hat N. L. um eure Tochter Gertruden gefreyet, und ihr allerhand Verheissung gethan, es auch so weit gebracht, daß ihm dieselbe in Beyseyn zweyer Zeugen ehelichen versprochen worden; nachdem er aber auf eine andere Weibes-Person sein Hertz und Gemüth geworffen, will er seinem Versprechen nicht nachkommen, mit Vorwenden, daß sein Vater in das mit eurer Tochter gehaltenes Ehe-Gelöbniß nicht gewilliget, noch davon Wissenschafft getragen. Wenn es nun gleich eurem Vorgeben nach, mit N. L. Vatern also beschaffen wäre, daß er ein ruchloser Mensch, der sich seiner Kinder wenig angenommen, noch auch diesen seinem Sohne einigen Vorschub und Hülffe gethan, sondern derselbe sich bey

bey andern seinen Befreundten Raths und hülffli-
cher Hand erholen müssen; So hat dem Sohne
doch nicht gebühret, ohne des Vaters Consens und
Einwilligung sich zu verehlichen, derowegen das
Verlöbniß mit eurer Tochter für heimlich und unbillig
zu achten, und N. L. sich anderweit zu verehlichen
wohl befugt. V. R. W.

RESPONSVM XCV.

Ob eine gezwungene Ehe = Verlobung zu Recht beständig?

Facti species.

Als derselbe uns eine Facti speciem, nebst 5 Fragen zugeschicket, und rc.

Hat Meister Hans Paul B. sich bey einer alten
Wittwen mannbaren Tochter angegeben, und vielfältig dieselbe zu gewinnen, auch sie zu beschencken
Versuch gethan, gleichwohl die Tochter von ihm
nichts hören wollen, ihn daher die Mutter zur Gedult verwiesen, er aber nicht nachgelassen, sondern,
wie die gedachte Alte eben kranck gelegen, zu unterschiedenen mahlen sich bey der Tochter wieder eingestellet, endlich der Tochter Vormund an die krancke
Mutter abgeschicket, und das Ja-Wort zu haben
verlanget; welches die Tochter anfänglich gar decli-
niret, doch sich einiger massen begvemet, worauf der
Vormund mit dem Freyer die Sache denselben
Tag weiter poußiret, und die Tochter mit starckem
Zureden dahin vermocht, daß sie vor ihrer krancken
Mutter Bette getreten, da ihr Vormund abermahl
die Werbung gethan, und ihr eine Kette um den
Hals gehänget hat, hierauf Hans Paul B sich
nach einigen Tagen abermahl eingestellet, doch noch
der Tochter beständigen Widerwillen angemercket,
dahero er so fort beym Consistorio geklaget, welches
Mutter und Tochter dergestalt erschrecket, daß wie
der Ober = Cämmerer W. mit dem vermeyntlichen
Bräutigam Hans Paul B vor angesetzten Termin zu ihr gekommen, und die Güte gesuchet, die
Tochter endlich, es mag immer seyn, gesaget, darauf aber gleich aus der Stube gegangen, wobey es
geblieben, bis der gedachte B nach etlichen Tagen
sich wieder eingefunden, und wie ihm von der gedachten alten Wittwen gerathen worden, daß er
besser thäte, wenn er die ihrer Tochter gegebene Sachen wiedernähme, derselbe darauf bald sich sehr un-
gestüm aufgeführet, auch nach einigen Tagen solches
continuiret, und grossen Trotz, als wenn alles sein
wäre, erwiesen, daß nicht wenig gefehlet, daß er
nicht gar ausgeschlagen, wodurch denn die Sache
abermahl ins Consistorium gebracht ist, und nunmehro dabey gefraget wird:

Quæstio I.

Ob allhier ein verbündliches Ehe = Verlöbniß sey,
oder ob solches nicht vielmehr wegen vorlau-
fender Umstände unkräfftig sey?

Rationes dubitandi.

Ob nun wohl bey der ersten Frage die Verbindlichkeit derer Sponsaliorum daraus erörtert werden
möchte, daß die Jungfer, wie ihr Vormund bey
ihrer krancken Mutter die Anwerbung gethan, der-

selben nicht widersprochen, sondern die güldene Kette,
so er ihr um den Hals geworfen, angenommen, und
ipso facto ihren Consens von sich geben, solches auch
abermahl, wie Hans Paul B die Sache vor das
Consistorium gebracht, in Gegenwart des Ober-
Cämmerers W bekräfftiget, und, es mag immer
seyn, gesaget, also aus diesem geminato consensu zu
schliessen seyn möchte, daß an Verbindlichkeit dieser
Verlöbniß kein Mangel zu befinden.

Rationes decidendi.

Weil aber dennoch alle Umstände an den Tag
legen, daß die Jungfer sich anfänglich beständig geweigert, und durchgehends ihren Widerwillen zu solcher Ehe an den Tag geleget, dahero auch von dem
gedachten Meister B nichts annehmen wollen, und
was bey ihrer Mutter Kranckheit geschehen, nicht
von der Art und Eigenschafft ist, daß was Verbindliches daraus geschlossen werden möchte, indem ihr
Vormund gegen seine Pflicht anfänglich mit vielem
Bereden das Ja-Wort von ihr verlanget, dabey
versichert, daß es noch kein Verlöbniß wäre, und
nichts thäte, sondern die Verlöbniß noch allzeit angestellet werden könte, worauf die Tochter endlich
gesaget, wenn ich soll und muß, Herr Vormund,
so will ich meine krancke Mutter auf ihrem Krancken = Bette nicht erzürnen, welches er der Mutter so
fort hinterbracht, darauf denselben Tag zu unterschiedenen mahlen mit dem vermeynten Bräutigam
wiedergekommen, und nach der Mittags = Kirche seine Anwerbung abermahls gethan, da er doch der
Tochter Widerwillen wohl gewust, so daß sie nicht
anders als mit Gezwange und hartem Zureden vor
der Mutter Krancken = Bette getreten, und daselbst
die Anwerbung angehöret, auch daß die Hals-Kette
ihr um den Hals gehenget worden, gelitten, welches
solche Umstände sind, die da zur Gnüge anzeigen,
daß eines Theils damahls noch keine vollkommene
Verlobung geschehen, der Jungfer Vormund solches auch bekräfftiget, und daß die Verlobung noch
allzeit angestellet werden könte, gesaget, woraus abzunehmen daß man durch solche angestellte Handlung das gantze Negotium noch nicht absolvirer.l, sondern, wie es denn in solcher wichtigen Sache billig
ist, eine ordentliche Verlobung anstellen wollen,
tamdiu autem negotium adhuc imperfectum est,
quamdiu aliquid ad perficiendum superest. l. pen.
in f. C. de his quibus ut indign. adeo ut si res jam
pæne peracta & absoluta sit, si tamen non sit absolute perfectum, nihil plane actum intelligatur; a Cocceji de jur. circa act. imperf. sect. 2 § 4 in f. zumahl
auch das blosse Ja = Wort noch nicht so fort verbindliche Sponsalia machet, wenn aus denen Umständen erhellet, daß die ganze Sache noch nicht geschlossen sey, absonderlich da bey den Teutschen löblich eingeführet ist, daß nach solchem Ja = Wort ein
ordentliche Verlöbniß angestellet wird, vor welcher noch
alles in blossen Tractaten bestehet; Thomas. de pact.
fut. sponsal. § 6 seqq. andern Theils auch diese ganze Handlung damahls so tumultuarie und präcipitan-
ter tractiret worden, daß daraus kein beständiger
Consens der Jungfer gezogen werden mag, absonderlich, da man sie mit harten Worten in die Stube vor der Mutter Bette zu treten genöthiget, und
unter solchem ungebührlichen Tractament die An-

werbung

werbung gethan, und der Jungfer die Hals-Kette angehänget, da doch vielmehr aus ihrem Bezeigen ihr Widerwille wohl abzunehmen gewesen, und dergleichen Handlungen ein so wichtiges Werck sind, worinne niemand übereilet, sondern dasselbe mit grosser Behutsamkeit, gutem Bedacht und Ordnung vorgenommen werden muß, sonsten keine Verbindlichkeit daraus entstehen mag; Thomas. cit. 1 § 3. in genere enim cauſæ arduæ magnam curam diligentiam & circumſpectionem deſiderant, Cothmann. vol. 2 resp. 86 η. 16, in quibus omnino lente admodum feſtinandum eſt, item vol. 4 reſp. 12 n. 159. welches denn auch in der Fürſtlich-Eiſenachiſchen Ehe-Ordnung de anno 1715 gar deutlich verſehen und geordnet iſt, daß ſolche Ehe-Stifftungen auf vorhergehendes Gebet und reiffliche Uiberlegung, und zuförderſt Erwegung derer verträglichen Gemüther, ſo dann nöthiger öffentlicher Werbunge, mit Zuziehung beyder Eltern und nächſten Freunde, oder ſonſten zweyer ehrlichen Perſonen, mit Vorwiſſen bey der Perſonen Beicht-Väter und Seelſorger geſchehen; Boehm. Conſ. Vol. I P. I, hingegen die heimliche und auf vorbeſchriebene Art nicht angefangene Verlöbniſſe, daraus groſſer Unrath, ſchwerer Meyneid, unordentliche Vermiſchung und Unrichtigkeit zu entſtehen pfleget, gäntzlich verboten und unbündig ſeyn ſollen: welches alles allhier doch hindan geſetzet, und dieſes vermeynte Ehe-Verſprechen mit Liſt, Uiberredung, und heimlich ohne Zuziehung der nächſten Freunde und ohne Vorwiſſen der beyden Perſonen Beicht-Väter geſchehen, und dahero von keinen Kräfften ſeyn kan; und ob wohl nachgehends, wie der gedachte B bey dem Conſiſtorio geklaget, die Jungfer ſich ante terminum auf Zureden des Ober-Kämmerers erkläret, daß es darum ſeyn möchte, dennoch ſolches ſie abermahl aus Furcht und Schrecken gethan, auch gleich im Augenblick aus der Stube von ihm gegangen, woraus ihr Widerwille mehr als zu offenbar erſchienen, und aus ſolchem unordentlichen Procedere in dergleichen ſehr wichtigen Sachen keinesweges zu verſtatten, daß derjenige, ſo ſolches unternommen, daraus einigen Vortheil oder verbindliches Recht acquiriren könne; So halten wir dafür, daß allhier keine verbindliche Sponſalia verhanden.

Quæſtio II.

Ob nicht wenigſtens wegen erfolgter ungebührlichen Aufführung des vermeyntlichen Bräutigams Veracht- und Beſchimpffung der alten Mutter, gedroheten Schläge ꝛc. dieſes Verlöbniß zu diſſolviren?

Rationes dubitandi & decidendi.

Bey der andern Frage möchte zwar eingewandt werden, daß wenn allhier bündige Sponſalia zu befinden, ſolche nicht ſo fot ob quodlibet fribuſculum zu diſſolviren ſeyn möchten; B Stryck. diſſ. de Sponſal. ſect. 2 § 46. Weil aber dennoch aus der Facti ſpecie erhellet, daß Hans Paul B gegen ſeine vermeynte Schwieger-Mutter mit unziemlichen Trotz und Verachtung ſich aufgeführet, ihr loſe Worte gegeben, ſie eine loſe Frau genennet, und ſich alles Recht im Hauſe anmaſſen wollen, auch mit dem Stocke, als wenn er ſchlagen wollen, ausgeholet, und dadurch einen groſſen contemtum gegen ihr er-

wieſen, in quo caſu etiam ad diſſolutionem ſponſaliorum deveniri poteſt; B. Stryk. cit. 1. Mev. P. 4 decil. 45. So erhellet hieraus ſo viel, daß wenn gleich bündige Sponſalia allhier vorhanden, dennoch ſolche wegen des Hanns Paul B ungebührlichen Aufführung wohl reſcindiret werden mögen.

Quæſtio III.

Ob ebenfalls die Jungfer gezwungen werden kan, dieſen Menſchen zu heyrathen, den ſie nicht ſehen noch hören kan?

Rationes dubitandi & decidendi.

Bey der dritten Frage iſt zwar nicht ohne, daß niemande erlaubet ſey, a ſponſalibus pro lubitu wieder abzutreten, vielmehr pars refractaria, dieſelbe vermittelſt prieſterlicher Copulation zu vollenziehen, durch gebührende Zwang-Mittel wohl angehalten werden möge.

Dieweil aber dennoch dieſes alsdenn ſtat findet, ſi nulla rationalis obſtiterit cauſa, c. 12 in ſ. de ſponſal. quin potius, cum libera debeant eſſe matrimonia, monenda eſt potius refractaria, quam cogenda, cum coactiones difficiles ſoleant exitus frequenter habere; c. 17 X. de ſponſal. abſonderlich, da allhier auf eine ſo gar unordentliche und unanſtändige Weiſe procediret, und man durch allerhand Cuniculos die Jungfer zu beſtricken geſuchet, und ſonſten der gedachte B ſich ſelbſten unwürdig gemachet, und verurſachet, daß die Jungfer gegen ihn keine Liebe hegen kan, ante omnia autem in ejusmodi caſu attendendum, an is, qui poſtulat, actionis jure ſe indignum reddiderit, vel aliæ circumſtantiæ afferantur, ob quas a compulſione abſtinendum.

So halten wir dafür, daß geſtalten Sachen nach die Jungfer zu gedachter Vollenziehung nicht gezwungen werden möge.

Quæſtio IV.

Ob nicht der Vormund ſich hiebey vergangen, und deshalb ihr zu allen Schadens und Intereſſe Erſetzung verbunden ſey?

Rationes dubitandi & decidendi.

So viel die vierte Frage betrifft, ob wohl der Jungfer Vormund nicht mag in dolo geweſen ſeyn, daß er dieſe Ehe zu befördern getrachtet, auch dadurch eben gegen ſeine Pflicht nicht gehandelt, daß er ſich dieſer Sache eifrigſt angenommen.

Weil aber dennoch er nicht dabey die gebührende Ordnung und Wege in Acht genommen, vielmehr ſeine Curandin zu überſchnellen geſucht, und da er ihren Diſſens und Widerwillen gewuſt, auch ihr vielmehr beyräthig ſeyn müſſen, ſich auf die Partey des gedachten B gewendet, und an allen ſolchen Unordnungen Urſach geweſen, welches billig geahndet zu werden verdienet.

So halten wir dafür, daß es beſſer ſey, wenn zuförderſt die Sache dem Magiſtratui zur Ahndung übergeben werde, der ſich alsdann, wie weit er ratione damni & intereſſe verbunden ſey, finden wird.

Quæſtio V.

Ob der Mahlſchatz, ſo Hans B gegeben, verfallen, und die Beklagte ſo viel dagegen zu erſetzen ſchuldig ſey?

Ratio.

Rationes dubitandi & decidendi.

Endlich so viel die letzte Frage betrifft, so ist zwar secundum praxin consistoriorum ausgemacht, daß dissolutis sponsalibus der Mahl-Schatz verfallen sey.

Weil aber dennoch solches billig dahin zu restringiren ist, wenn beyde Personen bereits einander beschencket, und sonsten utriusque culpa vorhanden, allhier aber sich befindet, daß von Seiten der Jungfer keine verbindliche Sponsalia anzutreffen, Hans Paul B. auch, daß solche nicht zu vollziehen sind, durch sein ungebührliches Aufführen Gelegenheit gegeben, und noch zur Zeit die Jungfer ihm keinen Mahlschatz gegeben, der zugleich mit verfallen könte; sie auch nicht eben, wenn gleich verbindliche Sponsalia vorgegangen, verbunden gewesen, ihm einen Mahlschatz wieder zu geben, als welche ad sponsaliorum essentiam nicht gehören, auch sonsten bekannt, quod demum nocentis arrha consistorio cedat; Carpz. lib. 2 jurispr. consist. def. 64 n. 14.

So ist gestalten Sachen und Umständen nach dasjenige, was Hans Paul B. seiner vermeyntlichen Verlobten zum Mahlschatz gegeben, zwar verfallen, sie aber, so viel dagegen zu ersetzen, denen Rechten nach nicht schuldig.

nomine facultatis juridicæ Hallensis mense
Januario M DCC XVII.

RESPONSUM XCVI.

Ob das Ehe-Verlöbniß, da beyde Verlobte einander keine Mahl-Schätze zugestellet, iedoch bey der Versprechung der Braut Eltern zugegen gewesen, gültig?

Auf vorherstehende facti speciem und angehängte Rechts-Frage erkennen wir rc. vor Recht.

Rationes dubitandi.

Wenn gleich bey der zwischen D. I. L. C. A. und M. D. E. beschehenen Versprechung niemand, als der Braut beyde Eltern zugegen gewesen, und nach denen Canonischen Rechten diejenigen sponsalia, so ohne Beyseyn gewisser, und wenigst zween Zeugen geschehen, pro clandestinis und für unbündig geachtet werden; Hiernächst die beyde Verlobte einander keine Mahl-Schätze zugestellet, dann einem ieden sonsten von seinen Rechten abzuweichen, und dasjenige Recht, so man ex conventione erlanget, fahren zu lassen frey stehet.

Rationes decidendi.

Dieweil aber dennoch nach der meisten Gelehrten Meynung in denen Fällen, da der Verlobten Eltern ihren Consens in die beschehene Sponsalia ertheilet, und wenigst zwey dabey vorhanden gewesen, keine mehrere Zeugen vonnöthen; Carpzov. Jurispr. Consist. Lib. 2 Def. 33 & 38. Struv. Jurispr. Rom. Germ. Lib. 1 Tit. 6 th. 3. Hiernächst daran, ob die darbey gewesene Personen beyderseits, oder einem Theil alleine verwandt seyn, nichts gelegen; Mev. P. 8 Decis. 38. Ferner die Reichung der Mahl-Schätze ad essentiam

sponsaliorum nicht gehörig, u. diese ohne selbige vor beständig allerdings zu achten sind; Hierüber die angegebene Verlöbniß pro sponsalibus publicis & puris allerdings gehalten werden muß, in Erwägung, daß beyde Theile in Beyseyn der Braut Vater und Mutter einander die Ehe bis auf Priesterliche Copulation ohne eintziges Beding vermittelst des Handschlages versprochen und zugesaget, von dergleichen Verbindung aber keinem Theil abzuspringen, noch beyderseits eigenmächtiger Weise mutuo dissensu solche aufzuheben nachgelassen, gestalt denn auch nach der bey denen Evangelischen üblichen Praxi die geistlichen Consistoria, oder andere Ehe-Gerichte dergleichen Sponsalia ohne erhebliche wichtige Ursachen, an denen es aber in gegenwärtigem Fall ermangelt, nicht dissolviren können: Cap. pen. de sponsal. cap. 1 de sponsal. duor. cap. 31 de sponsal. Carpz. Jurispr. Eccles. Lib. 2 Def. 173 & multis seqq. So erscheinet daraus allenthalben so viel, daß im Fall D. I. L. C. A. diese geschehene Verbindung und versprochene Ehe und Priesterliche Copulation zu vollziehen, ferner anstehen solte, selbiger conditione ex Canone ad consummandum matrimonium zu belangen. V. R. W.

Also ist auf obige Frage von der Wittenberg. Juristen-Facultät in Mens. Jan. 1600 an H. H. E. geantwortet worden.

Nota.

Jure Civili, etiam Jure Divino, ad sponsaliorum formam & essentiam testes non requiruntur, sed saltem ad probationem. Canonistæ tamen, & cum illis pleræque ordinationes Ecclesiasticæ ob negotii hujus dignitatem atque sanctitatem testes etiam requirunt, atque absque illis sponsalia pro rite factis non habent, ita, ut licet de consensu partium ex literis illarum constet, non tamen ad consummandum compelli, Cap. 2 X. de Clandest. Sponf. Carpz. Jurispr. Eccl. Lib. 2 D. 32. Stryk. de Concurs. Sponsaliorum § 30, atque adeo, nisi ejusmodi clandestina sponsalia postea palam repetantur, nullius momenti sunt. Vid. Ord. Ecclef. Sax. Tit. von Ehe-Gelöbniß, §. Wenn aber. Stante hac sententia, quæstio orta, utrum, si parentes adfuerint, etiam testibus aliis opus ad formam sponsaliorum? Affirmant hocce Bellarm. c. 10 de matrim. & ex nostratibus Müller. Tractatu von der ungerathenen Ehe P. 2 c. 4; quoniam parentes personæ sunt quodammodo simul contrahentes, atque sic numero testium commode esse non possunt. Huic sententiæ accedere etiam videtur Dn. Stryck de Concurs. sponsalior. th. 29. E contrario ejusmodi casu testibus non esse opus, existimare videtur Struv. Jurispr. Rom. Germ. For. Lib. 1 Tit. 6 § 3. Carpz. Lib. 2 D. 33, 38, licet paulo obscurius loquantur: quorum sententia in Ord. Ecclef. Sax. Tit. Von Ehe-Gelöbniß § Wo auch 2 Personen, probatur. Quam tamen sic intelligo, modo minimum duo ex parentibus ab utraque parte adfuerint. Cæterum nihil interest, utrum testes unius tantum partis cognati fuerint, an utriusque, utrum ab una parte advocati fuerint, an ab utraque: Stryk d. l. th. 30. Confer. Dn. Nicolai de repud. Lib. 1 c. 1 n. 37. Dn. Berger in Resol. Lauterb. Tit. de testib. p. 523, & in Elect. Process. Matrim. th. 33.

RESPON-

RESPONSVM XCVII.

Ob und wie weit die mit Bedingung eingegangenen Eheverlöbnisse verbindlich, oder
ob man von dergleichen ungestraft abgehen könne?

Facti Species.

Als dieselbe uns eine facti speciem nebst einem
fasciculo actorum zugeschicket und rc.

Hat der dasige Zehender, Johann Jeremias H.
ein Wittwer, mit des Gräflichen Gerichts-Ver-
walters zu H. Tochter, Jungfer Catharinen Elisa-
bethen G. sich ehelich versprochen, und publica sponsalia in Präsenz unterschiedlicher Leute vollzogen,
womit auch der Vater dergestalt zufrieden gewesen,
wenn der Zehender noch einige Jahr, weil die Tochter noch sehr jung ist, warten, und die Tochter während solcher Zeit beständig bleiben, und nicht pönitiren würde, unter welchen Bedingungen auch die
Mutter consentiret, gleichwohl der gedachte Zehender bald darauf auf die Vollziehung der Ehe gedrungen, darzu auch Anstalt gemacht, und der Termin
zur Hochzeit anberaumet, darauf aber die Braut
ihren dissensum offenbaret, und die Ehe zu vollziehen sich geweigert, auch zu dessen Justification allerhand Ursachen angeführet, dannenhero gefraget wird:

In wie weit solche für erheblich zu achten?

Rationes dubitandi.

Ob nun sowohl die Jungfer G. als ihre Eltern
keinesweges in Abrede seyn mögen, daß die sponsalia publice in Gegenwart unterschiedener Personen
vollzogen, und zu dessen Bekräftigung beyderseits die
arrhæ sponsalitiæ gegeben, also unter beyden Verlobten eine solche Verbindlichkeit gestiftet worden,
daß der Braut, von denen sponsalibus wieder abzutreten, nicht wohl erlaubet seyn möchte, vielmehr
aus der notoria consistoriorum praxi bekandt ist,
quod sponsa refractaria convenientibus adhibitis mediis compelli possit, ut datam fidem sponso servet; Carpz. lib. 2 Jurispr. cons. def. 133 n. 9.
Mevius P. 6. decis. 61; auch nicht hindern mag, daß
die Eltern sub conditione consentiret, als von welcher sie ipso facto wieder abgetreten, da sie alle Anstalten zur Hochzeit gemachet, Braut-Kleider angeschaffet, und sogar den Termin zur Hochzeit bereits
anberaumet, solche remissio conditionis auch denen Eltern wohl erlaubet gewesen, cum, qui eam
apposuit, illi quoque renunciare possit; Carpz.
cit. tr. lib. 2 def. 24 n. 4; ja es fast das Ansehen
gewinnen will, als ob solche conditio, die eine speciem eines Reu-Kaufs in sich hat, in sponsalibus
nicht stat haben könne, als welche sua natura pro
indissolubili gehalten wird, c. 31 X. de sponsal.
pacta autem, quæ essentiæ negotii contraria
sunt, ipso jure nulla dicenda, unde etiam nec
pœnalem stipulationem jus canonicum admittit,
c. 29 X. de sponsal.

Rationes decidendi.

Weil aber dennoch, was de obligatione desponsatorum angeführet ist, alsdann nur stat findet, wenn die sponsalia pura sind, in conditio-
natis aber der effectus obligationis schlechterdings
ab existentia conditionis vel ejus defectu depen-

diret, cum conditione deficiente, sponsalia quoque non obligent, c. 3 X. de condit. oppos. c. 5
X. eodem, und dann in casu præsenti zu finden,
daß die Eltern expresse diesen casum ausgenommen,
wenn die Tochter, als welche noch sehr jung ist, nicht
pönitiren würde, welche conditio weder pro in-
valida, noch allhier pro remissa zu achten, anerwogen die Rechte selbsten in sponsalibus impuberum,
solche ipso jure verstanden wissen wollen; c. 7 seqq.
X. de sponsal. impub. Dahero die Eltern allhier
bey denen noch jungen Jahren der Tochter, da hingegen der Zehender schon etliche 30 Jahr alt, und ein
Wittwer mit Kindern ist, diese Condition wohl dabey setzen mögen; hiernechst die Eltern das jus pœ-
nitendi der Tochter nicht benehmen mögen, auch
noch res integra gewesen, weil die Trauung noch
nicht hinzu gekommen, und die Zubereitung zur Hochzeit nur von Seiten der Eltern vorgenommen, die
Tochter aber dabey nicht concurriret, vielmehr bald
darauf ihren dissensum declariret, ferner der Jgfr.
Vater in actis gestehen müssen, daß sie nie freywillig consentiret, vielmehr durch Bedrohungen dazu gezwungen worden, welches, so ferne es gehöriger
massen zu erweisen stehet, die sponsalia völlig ungültig machet, cum libera debeant esse matrimonia, c. 13 X. de sponsal. adeoque metu contracta sponsalia nulla sint; c. 13 X. eodem. Welchen
noch dieses beytritt, daß bald nach denen sponsalibus contractis sich einige Zänckerey unter denen Verlobten ereignet, der Zehender solche dem Angeben
nach verursachet, und dahero sie einen solchen Widerwillen gegen ihn gefasset, daß sie zu keiner Reconciliation sich bequemen will, dazu auch keine Hof-
nung übrig ist, welches eine erhebliche Entschuldigung
zu pöniciren ist; der Kläger sich auch fol. 76 erkläret,
daß, wenn er raisonable Entschuldigungen hörte, er
nicht gesonnen sey, iemand zu betrüben, daß also selber in dieser Sache zum Abstande eventualiter geschieden; endlich auch absolutæ compulsiones bey
dergleichen Fällen niemahls sicher zu gebrauchen, wenn
gleich an denen sponsalibus sich kein Mangel ereignen sollte.

So erhellet hieraus so viel, daß wenn vorgedachte
Umstände, so weit sie noch nicht in actis eingestanden, von Seiten der Jgfr. G. erwiesen werden können, sie alsdenn zu Vollziehung der sponsaliorum
nicht gehalten sey.

Wollen dieselbe ferner belehret seyn:
Ob und was gegen die Verlobte für ein Regreß
zu nehmen sey?
So erachten wir für Recht:

Rationes dubitandi.

Obwohl sonsten bekandten Rechtens, daß, wer
von denen Sponsalibus abgehet, dem parti læsæ ad
satisfactionem gehalten, darnebst demselben alle
Unkosten zu erstatten schuldig sey; welches absonderlich hier in besondere Consideration zu ziehen, da
Kläger dieses für eine Injurie aufnimmt, dabey auch
vermeynen will, daß die Beklagte in denen an ihm
abgelassenen Schreiben ihn hart angegriffen, weswegen er actionem injuriarum anzustellen wohl befugt sey.

Rationes decidendi.

Weil aber dennoch das erstere alsdann stat findet, wenn die sponsalia ohne erhebliche Ursachen
dissolviret werden, dessen Gegentheil doch im vorigen
erwiesen

erwiesen ist; das andere auch sich nicht findet, cum qui suo jure utitur, nemini faciat injuriam; hiernächst aus denen bey denen Actis befindlichen Briefen nicht zu ersehen, daß die Beklagte den Kläger schimpflich tractiret, sondern ihm nur darinn die Umstände, so bey der Verlobung vorgegangen, vorgehalten, welches weder pro injuria zu halten, noch auch sonsten aliunde animus injuriandi herzunehmen ist;

So halten wir dafür, daß gestalten Sachen und Umständen nach gegen die Beklagte weder actio injuriarum noch sonsten einiger Regreß statt finde.

Facultas Juridica Hallensis
mense Februar. MDCCVII.

RESPONSVM XCVIII.

Die Sponsalia de præsenti können zwar wegen trifftiger Ursachen, nicht aber durch beyderseitigen Consens oder eines Parts Dissensum getrennet werden.

Sponsalia de præsenti quidem ob causas sufficientes, non vero mutuo consensu vel unius dissensu dissolvi possunt.

SVMMARIA.

1) Sponsalia de præsenti nec mutuo consensu, nedum unius dissensu dissolvi posse.
2) Ex sufficiente vero ratione dissolvi, ast
3) quamlibet inimicitiam non sufficere.
4) Rumoribus eo tempore, quod inter sponsalia & matrimonium intercedit, indulgendum non esse.
5) Jactationem, se esse divitem, vel æri alieno non esse obnoxium, haud præbere causam recedendi a sponsalibus.

II. Conjugium promissum consummare nolentes, incarceratione, vel mulcta pecuniaria ad hoc sunt adigendi: quandoque etiam relegatione puniuntur, omnimodo reluctantes cogendi non sunt; pœnitentia ecclesiastica renuenti dictitari solet.

6) Conjugium promissum consummare nolentes pœnis ad hoc adigendos esse.
7) Omnimodo reluctantes absolute cogendos non esse.
8) In sententia tamen non fit dissolutionis mentio, parti innocenti tamen, si donum continentiæ non habet, permittitur cum alio inire matrimonium.

III. In lite de conjugio promisso, si votum nuptiale consummatur, expensæ compensantur; sin vero ad distractionem pervenitur, pars refractaria in expensas condemnatur.

Hochwohlgebohrner Frey-Herr,
Hochzuehrender Herr und vornehmer Gönner!

Aus Euer Hoch-Wohlgebohrnen an uns abgelassenen Schreiben und dem Protocollo haben wir mit mehreren Inhalts ersehen, welchergestalt Ottilia, Carl Veichen zu Hettenhausen seligen Tochter ledigen Standes und 28 Jahr alt, sich mit einem Wittwer daselbst Joh. Wachteln, mit Consens ihrer Mutter und anderer Anverwandten ehelichen verlobet, auch da sie den andern Tag die Reue ankommen, ihren Consens verbis & facto, indem sie ihm darauf 4 Wochen lang hausgehalten, nochmals decláriret habe, nach der Hand aber dieselbe über allen angewandten Fleiß und gethaner Vorstellung zu Adimplirung dero ehelichen Versprechens sich nicht bewegen, hingegen gedachter ihr Bräutigam solches gehalten haben wolle, und weilen dann solchemnach

Jurist. Oracul V Band.

verschiedene Fragen entstehen, worüber Euer Hoch-Wohlgebohrnen unser Rechtliches Gutachten verlangen, so haben wir vorerwehntes Protocollum mit gehörigem Fleiß verlesen, und alles collegialiter wohl erwogen. Belangend nun

Die erste Frage:

Ob nicht Ottilia Veichin hac rerum facie ihr gethanes Versprechen durch Priesterliche Copulation vollziehen zu lassen schuldig?

so ist selbige sonder Zweiffel mit Ja zu beantworten schuldig, weilen 1) die sponsalia quæst. de præsenti seynd, indem nicht allein die Ottilia zu dieser Verlöbniß ihren Consens verschiedentlich, verbis & factis pure gegeben, sondern auch der Mutter und Anverwandten Consens darzu kommen, und pacta dotalia aufgerichtet worden. Wie bemeldte Ottilia solches in protocollo ib. September a. c. mit Umständen referiret.

Wobey 2) ohnstreitigen Rechtens ist: Sponsalia de præsenti nec mutuo consensu, nedum unius dissensu dissolvi posse. Gerhardus in LL. § 119 p. 243. Carpzov. p. 4 const. 20 def. 10 & l. 2 Jurispr. Consist. def. 17 def. 132 seq. Mev. p. 5 dec. 210. Richter. dec. 8. Berlich. dec. 69 & ab his Theologi & JCti magno numero allegati.

Und obwohl 3) dergleichen sponsalia aus erheblichen Ursachen wiederum können aufgehoben werden. Vid. B. Gerhardus loco de coniugio § 162 seq. Carpz. d. l. 2 Jurispr. Consist. def. 175 seq. Cypræus de sponsal. c. 13 § 10 § 59 § 68 seq. Dennoch solche Ursachen in præsenti casu nicht anzutreffen seynd, dann obschon die desponsata vorgiebt, sie könne den sponsum nicht lieben, er halte seine alte Schwieger-Mutter im Hause nicht wohl, die Leute sagten, er sey ein böser Mann, item er habe einige seiner Schulden verschwiegen; so ist doch dieses alles nicht erheblich. Quoniam non quævis inimicitia sufficit, ut dissolvantur sponsalia, Mev. p. 4 dec. 44, & rumoribus hoc quidem tempore, quod inter sponsalia & matrimonium intercedit, non est indulgendum, cum hoc spatium vacet insidiis diaboli, calumniis hominum, rumoribus & diffamationibus vulgi, ut loquitur idem Mevius part. 6 dec. 61 n. 9, & jactatio se esse divitem, aut æri alieno non obnoxium, haud præbet causam recedendi a sponsalibus, ut est recepta JCtorum sententia. v. Brunnem. ad l. 11 D. de interrog. in jur. faciend. n. 25, wiewohl der Schuld-Posten, welchen der sponsus verschwiegen, ohnedem geringe ist, und nur 25 fl. betrifft.

Daß also die Ottilia denen Rechten nach, und weilen sie besage des Protocolls vom 16 September selbst geständig ist, daß sie in GOttes Namen das Ja-Wort und den Handschlag von sich gegeben, welcher allerheiligster Name aber nicht so obenhin zu gebrauchen, auch die Trennung andern zu dergleichen leichtfertigen Rupturen Anlaß geben könte, das versprochene Ehegelübde mit dem gewöhnlichen christlichen Kirchengang und ehelichen Beylager zu vollziehen schuldig.

Was aber, welches ist

Die zweyte Frage:

Auf den Weigerungs-Fall vor remedia gegen sie an Hand zu nehmen?

ist ebenmäßig bey denen Theologis und Rechtsgelehrten ausgemacht. Nam conjugium promissum con-

consummare nolentes, incarceratione vel mulcta pecuniaria ad hoc sunt adigendi, quandoque
etiam relegatione puniuntur, Theol. Rostoch.
& Witteb. apud Dunte L. de conjug. quæst. 36
p. 1410. Dedekenn. Consil. vol. 3 l. 1 sect. 12 f.
183 seqq. Carpz. l. 2 Jurispr. consist. def. 133, 134.
Berlichius dec. 69 n. 3. Mevius part. 8 dec. 42,
davon eines oder andere Mittel denen Umständen
nach kan erwehlet werden.

Wiewohl wann sie sich keineswegs bequemen
wollte, dieselbe wegen der besorgenden unfriedlichen
Ehe und daraus entstehenden vielen Unheils mit Gewalt, oder wie man sagt, mit der Axt nicht zu copuliren, Carpz. d. l. 2 d. 135 n. 6, sondern solchenfalls sie entweder zur Kirchen-Buße zu verweisen,
oder wann sie zum heiligen Abendmahl gehen will,
die Kirche, welche sie geärgert, durch eine christliche
Ermahnung dessen zu benachrichtigen, damit iedermann vor dergleichen Verbrechen bey hoher Straffe
sich hüte und vorsehe; Sodann wäre der Disposition in sententia nicht zu gedencken, sondern gegen
den sponsum nur dieses mündlich zu erwehnen, dafern er sich nicht gedulten und ausser Ehe leben könte,
daß auf sein schrifftliches Ansuchen ihm ratione remissionis ferner Bescheid wiederfahren sollte, vid.
Resp. 1 & 2 Theol. & JCtorum hujus Academ.
Anno 1661 & 1662 apud D. Mogium in Comm.
analytic. ad c. 2 X. de sponsal. c. 3.

Endlich nun auf

Die dritte und letzte Frage:

Welcher Theil die Urthels-Gerichts-und andere
Gebühren, zu tragen gehalten sey?

zu kommen, so giebt der berühmte JCtus Mevius
part. 8 dec. 43 die Antwort und Ausschlag: aut
enim votum nuptiale consummatur, & expensæ merito compensantur, ne inter eos graviora
odia excitentur & augescant; aut vero altera
pars refragatur, ut ad distractionem sit perve-
niendum, & tunc, cessante ista ratione, pars
illa velut malitiose litigans & contumax in expensas merito condemnatur. Conf. Carpzov.
Process. tit. 24 art. 1 § 12.

Welches alles Euer Hoch-Wohlgebohrnen wir
denen Rechten gemäß zu seyn in schuldigster Wieder-
Antwort nicht verhalten wollen: Deroselben unter
göttlicher Schutz-Empfehlung zu fernern Diensten
iederzeit willig und geflissen verbleibende.

Giessen, den 2 Nov. 1706.

Decanus, Doctores und Professores
der Theologisch- und Juristischen Facultät bey Fürstl. Heßischer Universität daselbst.

RESPONSVM XCIX.

Confirmatio Sponsaliorum.

Catharina B. contra Georg J.

Obwohl Beklagter J. des ausdrücklichen Ehe-
Verspruchs nicht bekenntlich seyn will, so ist er doch
desselben sowohl mit seinen geführten Reden, als verübten Wercken und verschiedenen actibus amatoriis
dermassen überwiesen, daß es zu ärgerlicher und unver-
antwortlicher Consequentz, sonderlich zu Dorlißheim, da dergleichen Exempel sich bereits an Michael

Josten in Neulichkeit erzeigt, und noch mehr in-
künftige zu befahren seynd, ausschlagen und gereichen würde, wann man sie, nachdem es mit der
Kundschaft zwischen beyden so weit gelanget,
wiederum von einander trennen, und mit dem grossen Geheimnisse der H. Ehe also leichtfertiger Weise
spielen lassen wollte. Dann er gestehet 1) selbsten,
daß er sie von 3 Jahren her vielfältig frequentirt, und
in ihrem Hause ungescheuet ein-und ausgegangen
sey, auch wohl zu denen Zeiten, da er das H. Abendmahl empfangen.

Bey dem blossen Schwätzen und Löffeln ist es
2) nicht geblieben, sondern er hat auch bey dem Hn.
Pfarrherren zu Dorlißheim bekannt, daß er Catha-
rinam um ihre Liebe und derenselbigen beständige
Continuation, nach des Kirrweilers Hochzeit angesprochen, und daß er sie hinwiederum lieben wollte,
die Hand darauf gegeben, sprechend, so gilts darauf,
wir wollen wohl mit einander haushalten. Und ob
er wohl bey letzterer Verhör gesagt, er habe sie seiner Lieb hingegen nicht versichert: so ist doch nicht
vermuthlich, daß sie ihm ihre Liebe zugesagt haben
würde, wann er ihr seine Liebe nicht vicissim versprochen hätte: bevorab, in Ansehung übriger Händel, so darauf gefolget sind.

Dann er 3) einmahl in der Nacht um 12 Uhr vor
ihren Kammer-Laden gekommen, und hat, seiner
eigenen Bekäntniß nach, die Banck oder Trog, welcher vor dem Kammer-Laden gestanden, hinweg ge-
rückt, den Laden aufgethan, die in der Inquisition
enthaltene buhlerische Reimen, seines Lieb halt fest,
wie der Baum die Aest, und laß nicht ab, bis man
uns trägt ins Grab, geredt, hinein gestiegen, sich auf
das Bette zu ihr gelegt, sie seiner Liebe mit gegebener Hand nochmahls versichert, und zu Bestätigung
derselben geküßt, darauf auch den Beyschlaf ihr zugemuthet. In dubio autem capitur conjectura,
quod solicitans, sponsam de congressu, cognoscere eam velit ut uxorem, non causa libidinis
explendæ. Nevitz. in sylv. nupt. lib. 2 n. 12.
Und ob er wohl bey letzterer Verhör gesagt, es sey
ihm mit dem Beyschlaf nicht Ernst gewesen, sondern
er habe nur vexirt: So läßt doch weder die spate
nächtliche Zeit, noch der modus in die Schlaf-Kam-
mer einzukommen, noch der Ort auf dem Bette, einiges Vexiren glauben: Sondern ist vielmehr vermuthlich, daß alles aus ehelicher Affection geschehen
sey: ut delictum evitetur: weilen dergleichen actus
für keine vexationes, oder unverbindliche Geschwätz
zu halten, noch er mit unverletztem Gewissen auf die
leichte Achsel nehmen kan.

Bevorab, weilen 4) er sie, nachdem er vermerckt,
daß auch sein Vater bey ihr anstehen und amour
machen wolle, nicht allein von demselben mit dem
Vorwande abwendig gemacht, daß er ein gar wun-
derlicher Mann sey, wann er getruncken habe:
Sondern auch 5) Georg Oerteln, den ledigen
Schneider, mit diesen Worten abgewiesen, er solle
sich s. v. hinweg scheren, er schaffe an diesem Orte
nichts mehr, bekomme auch das Mägdlein sein Leb-
tage nicht.

Um welcher Ursache willen auch sie 6) als ein
Wittwer von Erbstatt vor 16 Wochen um sie angehalten, zu ihrem Stieff-Vater, Hans Ludwig S.
gesagt, es könne nicht seyn, weilen sie mit dem Beklagten versprochen. Wann ihm nun, sie zu eheli-

chen

chen kein Ernst gewesen wäre, hätte er ihr auch vor anderwärtigem Glück nicht stehen, und einen andern zu nehmen verwehren sollen.

Und als Ursula, Claus S. Frau, ihn 7) gefragt, warum er ietzo über das Cartel so thue, und ob er selbiges, wann ers haben müßte, nicht lieben wollte, hat er zur Antwort gegeben, wann er sie haben müste, wäre es ein anders. Wann nun in Ehe-Verlöbnissen der tacitus consensus, welcher aus den Wercken resultiret, nicht weniger als der expressus gültig ist: so wird verhoffentlich niemand daran zweifeln, daß in Ansehung erwähnter Händel, des Beklagten Wille und Meynung gewesen sey, Klägerin zu heyrathen, ob er schon anietzo anders Sinnes seyn und die in der Inqvisition befindlich garstige Worte: Du hertziges Schätzgen bist tausendmahl mein, ich scheiß dir aufs Maul und spotte nur dein, gegen ihr geredet haben möchte.

Anlangend fürs Andere, seines Vaters Consens, giebt zwar derselbe vor, er habe um diesen Ehe-Verspruch nie nichts gewust, vielweniger darein gewilliget: Daß er aber Wissenschaft darum getragen, und denselben zu hindern in 3 Jahren niemalen bis auf die letzt begehret habe, erscheinet daher:

Daß er 1) wie der Herr Pfarherr attestirt, an Mutter und Tochter gesetzt, daß sie keine Ansprache mehr an seinen Sohn haben wollten, weilen er sich in eine andere verliebt.

Daß er 2) auch an der Catharinä Stieff-Vater begehret, er solle sich mit ihm, wegen seiner Tochter vergleichen, daß sie keine Ansprache mehr an seinem Sohn haben wolle.

Daß er 3) zu seinem Schwager gesagt, der erkauffte Hof sey eine Gelegenheit für seinen Sohn, wann der Dieb nur nicht 2 Huren genommen hätte.

Daß er 4) in Hans D. Haus, als von diesem Heyrath und Eid geredet worden, gesagt, was es wohl sey, es könne einer wohl einen Eid thun und anders gedencken.

Gleichwie es nun in solchen Fällen heißt, qui tacet, videtur consentire: Also lässet sich auch solcher tacitus consensus, ohne wichtige und erhebliche Ursachen nicht wiederum hinterziehen, weilen mit der Ehe nicht zu schertzen: Deren sich aber keine bey diesem Fall erzeiget, sondern vielmehr vermuthlich, daß entweder ein sonderbarer Neid, um deßwillen, daß ihm die Catharina öffters abgeschlagen worden, mit unterlauffe, oder daß sie nicht reich genug: Welches aber den Ehe-Verspruch um so viel weniger caßiren und aufheben kan, weilen Beklagter selbsten vermeldet, daß seiner Geschwistrig 6 und wenig bey ihnen zum besten sey. Hingegen gibt der Pfarrher ihr das Zeugniß, daß sie nicht allein in ihrem Christenthum wohl fundirt, sondern auch in aller Arbeit geübet, und deßwegen bey männiglichen, absonderlich des Beklagten eigenen Freunden, welche ihm diese Catharina von Anfang gleich gerathen und noch gern sehen, daß er sie zu Kirchen führete, lieb und werth sey.

Bey letzterer Verhör hat der Vater anfänglich gar keine Ursache seines dissensus anzeigen, sondern dafür halten wollen, es sey genug damit, daß er sage, er wolle die Heyrath rund nicht haben, letzlich aber auf starckes Zusprechen der Herren Deputirten, vorgewandt, sein Sohn könne sie nicht ernehren: Also bald aber ihm selbsten contradiciret, indem er sei-

nen Sohn für einen solchen Arbeiter dargegeben und gelobt, daß seines gleichen weit und breit nicht zu finden. Wann nun deme also ist, so muß nothwendig der erste Vorwand falsch seyn. Daß ihm die Leute viel zu leid gethan haben, gibt er zwar mit blossen Worten vor, kan aber keinen Fall specificiren, vielweniger darthun: Er verstehe dann darunter die Repuls, so sie ihm der Heyrath halben gegeben, und daß er um der Klägerin Stief-Vaters willen, den er auf der Pfaltz vor der Rathstuben bey sitzenden Ehe-Gericht in Beyseyn des Raths-Boten einen Lumpen gescholten, um 30 f. wohlverdienter Weise gestraft worden. Claus S. und Martin C. Frau, haben zwar jurato deponirt, ob hätte Klägerin sich gegen des Beklagten Vettern, auf Befragen, ob es wahr, daß sie seinen Buben habe, mit Nein vernehmen lassen, sie habe ihn nicht, begehre ihn auch nicht:: Weilen es aber mit der Zeugin diese Beschaffenheit hat, daß diejenige, welche Beklagtem anietzo lieber ihres Manns Bäsel ist, deren sie mit ihrer Aussage wohl spielen wollen: Um welchen Umstands willen ihr nicht zu glauben: Bleibet demnach Claus S. testis unicus, welcher, wann schon sonsten an seiner Person nichts zu desideriren wäre, nichts erzeugen könnte: Bevorab, weilen ihm sowohl der Pfarrher, als andere Zeugen zuwider.

Weilen nun aus allen Umständen wahrzunehmen, daß Vater und Sohn ein Complot mit einander gemacht haben, alles zu leugnen, und auch dasjenige, so sie bey der Inqvisition gestanden, wiederum zu hinterziehen; so kan man solchen malitiis, um obgehörter Ursachen willen, nicht nachhängen, sondern muß dasjenige, was der Ehe halben zwischen beyden Contrahenten mit Worten und Wercken vorgegangen, vollzogen, der Vater um deswillen, daß er um die Tochter angehalten, da er von seines Sohns langwierigen Löffeley Wissenschafft getragen, und nachmahls von Vertheidigung des falschen Eidschwurs so leichtfertig geredet; in die 3 Pf. Pfen. gestraft, der Sohn aber in die Unkosten condemniret werden.

Sententia.

In Ehe-Sachen Catharinä B. Klägerin an einem, wider Georg J. Beklagten, am andern Theil, ist auf vorgenommene Inqvisition, und verhörte Kundschaften; auch allem übrigen Vor- und Einbringen nach, mit Urthel zu Recht erkannt, daß dasjenige, so zwischen beyden Parten, der Ehe halben, sowohl mit Worten als Wercken vorgangen, christlicher Ordnung gemäß zu vollziehen sey, als wir dann Beklagten dahin, wie auch in dieß Orts aufgelauffene Gerichts-Kosten, richterlicher Ermäßigung vorbehältlich, condemniren, desselben Vater aber, wegen in dieser Sachen verübten Ungebühr, um 3 Pf. Pfen. selbige innerhalb 8 Tagen den nächsten, bey Straf des doppelten zu erlegen, dem fisco fällig, ertheilen.

Publ. den 21 Junii, Anno 1664.

Die personalia seynd bey Vater und Sohn über die massen schlecht: Es klagt nicht allein der Herr Pfarrherr heftig über sie, sondern es habens auch die Herren Deputirten, so ihn verhört, in der That erfahren, daß der Vater ein ungehorsamer, trotziger und spöttischer Mann sey: straft man ihn, so trutzt und pocht er: begnädigt man ihn, so treibt er sein

Gespötte daraus, und hat sich bereits vernehmen lassen, Klägerin müsse seinen Sohn nicht haben, er wolle ehender alles darauf wenden. Der Sohn ist zwar schon 21 Jahr alt, aber in Jahr und Tag zum H. Abendmahl nicht gangen, sonsten boshafftig genug, wie ab seinen schönen Reimen zu vermerken, und hat mit noch zwey seines gleichen leichtsinnigen Buhlern, einen Bund gemacht, daß sie mit einander davon ziehen wollen, wann sie ihre Buhlschafften haben müßten: Wodurch bey jungen Leuten in Ehe-Sachen grosse Widerwärtigkeiten und scandala verursacht werden.

RESPONSUM C.
Confirmatio priorum Sponsaliorum & Cassatio posteriorum.
Georg D. contra Maria G.
Quæstio.

Es beruhet die decisio dieser Ehe-Sachen vornehmlich auf der Frag, ob der Ehe-Verspruch, welcher zwischen Friderich W. und Maria G. mit Consens derenselben Vogts, Andreas M. geschehen, demjenigen vorzuziehen seye, welchen sie Maria, dem Georg D. clandestine und hinterrucks des Vogts gegeben?

Nun ist es zwar an dem, daß die sponsalia clandestina für ungültig zu halten, und durch nachgefolgte förmliche Verlöbniß aufgehaben werden: Weilen aber disfalls ermeldter Vogt ihr ein für allemahl gesagt, daß er, wann ein hiesiger Bürger oder Bürgers Sohn ihrer begehre, ihr keine Heyrath verwehren wolle, sonderlich weilen sie ihre 23 Jahr auf sich habe: Und nunmehr dafür halte, daß seine Vogts-Tochter mit D. besser, dann mit W. versorgt seyn werde: Sich auch dahin verlauten läßet, wann er von dem, was zwischen ihr und D. der Ehe halben vorgegangen, Wissenschafft bekommen hätte, daß es mit ihm ausgemacht, und dem W. das Jawort nicht gegeben haben wolte, und deswegen bittet, nicht allein ihn für entschuldiget zu halten, sondern auch ihren begangenen Fehler zu condoniren, indem sie, als ein einfältiges Mensch, dem W. zuviel geglaubt, sey eine arme Dienst-Magd., und müsse wegen voriger Unkosten und Straffe annoch umsonst dienen; als kan diese ratihabitio wohl zurück auf den ersten Ehe-Verspruch gezogen, und dagegen der nachgefolgte, mit Betrug des W. ausgelockte Ehe-Verspruch caßiret werden: Quia dolus, præbens causam promissioni conjugali, operatur retractationem: & talis contrahens magis decipitur, quam paciscitur.

Es kan auch der erste Verspruch für keinen Schertz aufgenommen oder ausgedeutet werden, weilen sie ihm nichts widersprochen, sondern eines verbindlichen Ehe-Verspruchs geständig und denselben zu halten begehret, mit Vermelden, daß ihr D. lieber und angenehmer sey, als W. der ihro D. anfänglich angetragen, nachmalen aber sie betrogen und fälschlich beredt, ob begehrte D. ihro nicht mehr. Weilen sie aber deswegen nicht abspringen und sich mit W. verloben sollen, bevorab nachdem D. ihr gesagt, man müsse in dergleichen Sachen nicht ieder-

mann glauben, so bittet sie, diesen ihren Fehler keiner Leichtsinnigkeit, sondern ihrer Einfalt und des W. Betrug zuzuschreiben.

Wäre demnach Procuratori Schatzen sein Begehren, fernerer Verhör abzuschlagen, sondern die Sache für beschlossen anzunehmen und zu erkennen, daß dasjenige, so der Ehe halben zwischen Friderich W. und der Beklagten, auf falschen Bericht vorgegangen, aufzuheben und zu caßiren, dagegen der zwischen Klägern und der Beklagten anfänglich getroffene und nachmalen durch den Vogt ratificirte Ehe-Verspruch zu confirmiren, und ihnen, denselben, wann sie sich jüngst ergangenem Decreto gemäß qvalificirt gemacht haben werden, zu vollziehen zu erlauben, und die Straff wider Friderich W. wegen falschen Vorbringens, vorzubehalten sey.

Sententia.

In Ehe-Sachen Georg D. Klägers, an einem, wider Mariam G. Beklagte, am andern Theil, wird Procuratori Schatzen sein, der ferneren Zeugen Verhör halben beschehenes Begehren, hiemit abgeschlagen, sondern die Sache für beschlossen angenommen, und darauf allem Vor- und Einbringen nach, mit Urthel zu Recht erkannt, daß dasjenige, so zwischen Friderich W. und der Beklagten des Ehe-Verspruchs halben, auf falschen Bericht vorgegangen, wiederum aufzuheben und zu caßiren: Dagegen der zwischen Klägern und der Beklagten vorhin getroffene, und nachmalen durch den Beklagten Vogt ratificirte Ehe-Verspruch zu confirmiren, und daß sie denselben, wann sie sich jüngst ergangenem Decreto gemäß qvalificirt gemacht haben werden, Christlicher Ordnung nach vollziehen mögen, zu erlauben sey: Als wir dann den letzteren Ehe-Verspruch hiemit caßiren, den ersten aber confirmiren, und beeden Theilen, daß sie denselben besagter massen vollziehen, erlauben: Wider Friderich W. aber die Straffe, wegen falscher Beredung, vorbehalten.

Publ. den 27 Martii 1666.

Illa begehrt den 23 Aprilis 1667 diesen Ehe-Verspruch wiederum aufzuheben, und den Gegentheil in die Unkosten zu condemniren, weilen er ergangenem Bescheid kein Genügen leisten wolle, sondern davon zu lauffen gedrohet habe, und dabey bleibe, daß er sie nicht liebe, noch zur Kirchen führen könne: im Gegentheil aber entschlossen sey, ihrer allerdings müßig zu gehen: Deswegen sie wenig Guts von ihm zu gewarten haben würde.

Er sagt, weilen sie indessen mit andern, und in specie Friderich W. Georg L. dem jüngeren, und Claus S. geredt, und allenthalben vorgeben, daß sie ihn nicht begehre, so habe er auch seine Gedanken geändert, und sey ihrer bishero müßig gegangen: könne ihr auch kein Guts thun, noch sie freywillig heyrahen.

Sie hat hingegen von ihrem Meister, Herrn Matthis Rothen, Gärtnern, und Kirchen-Pflegern zu St. Aurelien, das Zeugniß, daß sie nun in das 4te Jahr bey ihm gedient, und sich bey einem Jahr her gantz still und eingezogen verhalten, in ihrem Dienst auch getreu und fleißig erwiesen, und seiner Hausfrauen in ihrer Kranckheit viel gutes gethan habe: n. 2. Da Herr M. Huber von ihm attestirt,

es

es erzeige sich bey ihm anders nichts, dann ein lauterer Muthwill, wie in Anfahung, also auch Fortsetzung dieses Wercks: Dörffte demnach sein Frevel, Leichtfertigkeit und Trotz einer empfindlichen Straffe wohl werth seyn.

Votum.

Es ist ein unverschämtes Wesen, daß beyde Theil die Cassation ergangenen Bescheids, nachdem derselbe schon vor Jahr und Tag zu seinen Kräfften erwachsen, anietzo erst und zwar um so liederlicher Ursachen willen, begehren dörffen, eben als wann sich mit dem grossen Geheimniß der H. Ehe also leichtfertig spielen, und was heut darinnen erkannt, morgen wiederum ändern und aufheben liesse, und sonsten kein Mittel mehr vorhanden wäre, sowohl der Parteyen desultorischen Levität und harmäckigen Widersetzlichkeit mit Obrigkeitlichem Ernst zu begegnen, als auch dieses löbl. Ehe-Gerichts Ehr, Respect und Autorität zu mainteniren. Wann man es darzu ankommen lassen wolte, daß die Parteyen sich von einander wegen prätendirten Unwillens los würcken könnten, müßten gar viel Ehen mit höchstem Aergerniß der erbaren Welt, dissolviret und getrennet werden: Davor man je leichtlich seyn kan, wann den halsstarrigen und widerspenstigen Gemüthern ihr Muthwill durch Obrigkeitliche, so güt so würckliche Ahndungen gebrochen wird. Wie ich dann auch in gegenwärtigem Fall der unmaßgeblichen Meynung bin, man habe beyden Theilen ihr Begehren abzuschlagen, und es bey vormahls ergangenem Bescheid lediglich zu lassen, daneben aber auch zu erkennen, daß antwortender D. schuldig seyn solle, sich vor den Herren Deputirten rund zu erklären, ob er ergangenem und längst zu Kräfften erwachsenem Bescheid ein Genügen thun und gehorsame Folg erweisen, oder im widrigen gewärtig seyn wolle, daß er, als ungehorsam E. E. Rath geschrieben gegeben, und zu gebührender Straff gezogen werde, mit Bekehrung Kostens. Die Procuratoren könte auch im Bescheid angedeutet werden, daß sie sich dergleichen Begehren, um so geringer und unerheblicher Ursachen willen, bey Vermeidung ernstlicher Straffe hinfüro enthalten sollen.

Sentencia.

Auf Anrufen Mariä G. Implorantin, eines, wider Georg D. Antwortern, andern Theils, ist auf angenommenen Beschluß, allem Vor- und Einbringen, auch vorgenanner anderwertiger Verhör nach, mit Urthel zu Recht erkannt, daß beyden Theilen ihr Begehren cassationis, als den Rechten è diametro zuwider, abzuschlagen, und es im Gegentheil bey dem, den 27ten Martii 1666 ergangenen und zu Kräfften längst erwachsenem Bescheid allerdings zu lassen sey: Als wir dann ihr Begehren hiemit abschlagen, und es bey vorigem Bescheid lediglich bewenden lassen: Mit dem ferneren Anhang, daß Antworter sich vor denen zu diesem Geschäfft Deputirten rund erklären solle, ob er berührtem Bescheid ein Genügen thun, und gehorsame Folge erweisen, oder widrigenfalls gewärtig seyn wolle, daß er, als Ungehorsam, E. E. Rath geschrieben gegeben, und zu gebührender Straff refusis expensis gezogen werde. Sodann wird beyden Procuratoren dieses Gerichts hiemit auferlegt, sich dergleichen Be-

gehren, um so geringer und unerheblicher Ursachen willen, in so grossem Geheimniß der H. Ehe, hinfüro zu enthalten, so lieb ihnen ist, ernstlicher Abstraffung entübriget zu verbleiben. Publ. den 10ten August. 1667.

Den 10 Septembr. 1667 ist beyden Theilen, wegen ihres beharrenden Ungehorsams, aus Erkenntniß angezeigt worden, daß keines unter ihnen Macht haben solle, sich anderwertlich zu verheyrathen. Quia etiam a sponso, & in sponsam committitur adulterium & bigamia. Wann sie noch nicht zusammen gesprochen wären, möchte der entstandene Unwill bey beyden Theilen etwas operiren können, demnach aber auf sein Anhalten und Begehren sie ihm zugesprochen worden, und weder Ehebruch, noch desertio malitiosa vorgangen, so lässet sich keine separatio mehr vornehmen, damit kein Aergerniß darob entstehe, und beschwerliche Consequentien darauf erfolgen. Wird nun ein Theil dem Haupt-Bescheid pariren wollen, und begehren, daß der andere sich gleichergestalt bequeme, können als dann wider denselben die gewöhnliche Compulsions- und Zwangs-Mittel exercirt und er aus dem Thurn in die Kirche zur Copulation geführt werden. Die Anzeig solle zugleich denen Pfarr-Herren zu St. Wilhelm und Aurelien geschehen, damit sie sich darnach wissen zu richten.

RESPONSUM CI.
Confirmatio Sponsaliorum, non obstante imploratione intervenientis.
Hans Georg K. contra Annam Mariam K.

Ille klagt, nachdem er mit Margaretha B. die er mit Consens seiner Eltern geheyrathet, bereits zum erstenmal proclamirt gewesen, habe citirte K. muthwilliger Weis und lediglich zu seiner Beschimpffung einen Ehe-Verspruch prätendirt, und damit die andere Ausruffung hinterstellig gemacht. Bate demnach Deputation und Verhör nicht allein beeder Parten, sondern auch seiner Eltern, und seiner Hochzeiterin Schwester, und nach abgelegter Relation, sich von der citirten nichtigen Anspruch cum refusl. expensl. zu absolviren, einfolgig zu erkennen, daß seine vorhabende Hochzeit ihren Fürgang gewinnen möge.

Citata sagt, es habe Kläger ihr die Ehe zum anderen mahl versprochen, daß er sich aber mit einer anderen ausruffen lassen wolle, boshafftig verhelet. Seyen auch andere Personen vorhanden, welche Kläger zu ihrer Mutter und Vogt geschickt, den Consens einzuholen: Habe nach der Hand eines Wagners Tochter in der obern Strassen, Namens Dorothea H. die Ehe unmäßig versprochen: weilen sie aber die erste sey, deren die Ehe zugesagt worden, als bitte sie zu Einführung ihrer Ehe-Klag ad prox. erkannt, mit der Verhör willifahrt und zu Einführung der Klag ad prox. angesetzt.

Illa sagt, bey der Verhör, sey sie 22 Jahr alt, und habe Kläger vor 2 Jahren um Fastnacht sie von einem Schreiner-Gesellen damit abwendig gemacht, daß er sie nimmermehr verlassen wolle, und ihr darauf die Ehe mit Hand und Mund versprochen, mit Vermelden, daß er lieber die Stadt meiden und haben wolte, daß ihn der böse Feind hole, als daß er an

ihr

ihr brüchig werden solte, darauf sind sie offt und viel zusammen kommen, und habe er sie im Spatzierengehen iedesmal gastfrey gehalten. Als sie auch begehet, daß er die Sach auf einen Ort machen solle, habe er ihr vor ihrer Hausthür die Ehe zum andern mahl mit nachdencklichen Worten zugesagt, mit Begehren, sich nur noch ein wenig zu patientiren, bis er ein Haus, so ihm zum Tabackmachen anständig, bekommen könne, begehre des Wagners Tochter gar nicht, sondern gedencke an ihr treulich zu halten. Als sie nun 8 Tag vor der Ausruffung, ihm in Vertrauen bedeutet, daß dergleichen Haus im Creutzgäßlein zu bekommen sey, habe er sie angesprochen, sie solle mit ihm gehen und den Augenschein helffen einnehmen, ob ihr das Haus gefalle. Weilen er nun die letztere nur um des schnöden Gelds willen genommen; Als bitte sie dasjenige, so der Ausruffung halben vorgangen, für ungültig zu declariren, und ungeacht beschehener Proclamation, zu erkennen, daß er sie zu Kirchen zu führen schuldig seyn solle.

Maria Jacobea, der Klägerin Mutter, meldet, sie könne zwar nicht sagen, daß K. iemahlen zu ihr kommen sey, und sie um ihre Tochter angesprochen habe, dieses aber sey gewiß, daß ihre Tochter ihr hiebevor mit Freuden erzehlt, wie er ihr die Ehe zu 2 verschiedenen malen und zwar mit hochbetheurlichen Worten zugesagt, und sie deswegen zum öfftern besucht habe. Sein Vater habe bey ihr nachfragen lassen, was ihre Tochter vermöge? worauf sie geantwortet, daß sie kein Väterlich Gut, von ihr aber, bey der Verheyrathung 25 fl. zu gewarten habe. K. sey ein leichtfertiger Gesell, habe auch einer Wagners Tochter, die es ihr am Stand selbsten erzehlt, die Ehe versprochen, sey zu bedauren, daß er ihre Tochter nun 6 gantzer Jahr in dem Wahn, ob wolte er sie zu Kirchen führen, gelassen.

Michael Marqvard, der Vogt, sagt, vor ungefehr 2 Jahren, sey seiner Vogts-Tochter Stieff-Vater zu ihm kommen, mit Vermelden, seine Stieff-Tochter sey mit K. ehelich versprochen, weilen nun die Sache so weit kommen, daß man darzu nicht schweigen können, habe er gesagt, sie müsse von dem Richter ausgemacht werden. Als auch K. sich ab dem Stranghaspel beschwert, habe er ihm geantwortet, warum er seine Vogts-Tochter so lang geäfft, und ein Haus mit ihr lehnen wollen? wann er sie nicht so lang herum gezogen hätte, wäre sie schon längsten an einen Schreiner-Gesellen verheyrathet.

Votum.

Der Beklagte negirt den Ehe-Verspruch beständig, und sie hat keinen Beweis, denselben zu behaupten, kan man also ihr in ihrem Begehren nicht willfahren: Ihr Vogt weiß auch nichts davon, sondern was er gehört, ist von ihrem Stieff-Vater herkommen. Die Mutter meldet ingleichen, sie könne nicht sagen, daß Beklagter iemalen zu ihr kommen seye, und sie um ihre Tochter angesprochen habe. Die Tochter hat fälschlich auch in dem berichtet, daß sie vorgeben, Beklagter habe der Dorotheä H. die Ehe ebenmäßig versprochen, da doch selbige bey der Verhör ausdrücklich gesagt, sie habe an K. der Ehe halben nichts zu sprechen, dann ob er wohl in

diese Wort ausgebrochen, er begehre sie zur Ehe, sofern er es bey seiner Mutter, die ihm hierinne zuwider, erhalten möge, so sey es doch dabey geblieben, und zwischen ihnen einiger Ehe-Verspruch nicht vorgegangen: Dieses und nichts anders habe sie der Klägerin Mutter am Stand in der Krämergassen erzehlt, doch auch dabey gemeldet, wann K. so vielen die Ehe versprochen hätte, wie verlauten wolle, und die Sage gehe, ob hätte er vor diesem auch zwey zu Schiltigheim genommen, müsse er ein leichter Gesell seyn.

Jacob K. des Beklagten Vater, sagt, sein Sohn habe auf Befragen, ob er der Klägerin der Ehe halben etwas zugesagt, im geringsten nichts bekanntlich seyn wollen: Er, der Sohn, stehe noch unter seiner Gewalt, sey aber weder er, der Vater, noch seine Frau, als Mutter, von demselben um Einwilligung angesprochen worden, hätte auch, wann es schon geschehen wäre, seinen Consens darzu nicht geben können, weilen sie gern auf der Schiltigheimer Strassen wandle, und das Geld mit Zechen üppiger Weis verprasse: Bittend sich, bey seinem Väterlichen Rechten zu schirmen, und unbefugte Klägerin zu stillen.

Ob auch wohl Anna K. berichtet, der Vater habe gesagt, ihm und seinem Weib gefiele das Gürtler Annel wohl, wann er von ihrem Vermögen gewisse Nachricht erhalten könte, und sie mit einem ausbereiten Bett, einen Knecht darein zu legen, versehen wäre: So meldet sie doch dabey, daß er, als sie ihm, was ihre Mutter zu geben sich erboten, hinterbracht, geantwortet habe, das Vermögen sey gar gering, und müßten die 25 fl. an die Kapp allein verwendet werden. Woraus dann genugsam abzunehmen, daß er zwar gefeilscht, aber nicht gekaufft habe. Uibrige Umstände hat der Sohn bey der Confrontation zu Genügen diluirt. Halte solchem allem nach dafür, daß er von angestellter Klag zu absolviren, und dagegen sein anderwertlicher Ehe-Verspruch zu confirmiren sey, compensl. exp.

Sententia.

In Ehe-Sachen Annä Mariä K. Klägerin, an einem, wider Hans Georg K. Beklagten, am andern Theil, ist auf angenommenen Beschluß, eingenommene Verhör der Parten und beyderseits nominirter Zeugen, auch allem übrigen Vor- und Einbringen nach, mit Urthel zu Recht erkannt, daß der Klägerin ihr Begehren abzuschlagen, und Beklagter davon zu absolviren sey, als wir dann ihr Begehren hiemit abschlagen, ihn aber davon absolviren, und daß er seinen Ehe-Verspruch mit Margaretha B. vollziehen möge, ihm zulassen und erlauben, compensl. expensl.

RESPONSUM CII.
Confirmatio Sponsaliorum.

Illa ist 30 Jahr alt des Ehe-Verspruchs geständig: hat sie subarrhirt: der Mutter Consens nicht vonnöthen, um ihren Geburts-Brieff und Mütterlichen Consens, auch Schein ihres Wohlverhaltens schreiben, nicht weniger ein Concept der Ehe-Beredung durch Not. Treutteln entwerffen lassen.

Ille excipit (1) sie sey Reformirter Religion. Resp. ist erbietig, sich zu unserer Religion zu begeben:

ben: Kan das Bürger-Recht und die Hochzeit so lang eingestellt verbleiben, bis sie wird communicirt, und deswegen einen Confeßion-Zettel vorgelegt haben.

Sie habe keine Mittel, das Bürger-Recht zu erkauffen. Resp. Armuth bricht keinen Ehe-Verspruch. Treuttel und Arnold attestiren, er habe wohl gewußt, daß sie nichts vermöge, nichts destoweniger gesagt, er wolle sie behalten, wann sie schon kein gut Hemd anzuthun hätte, solche Wort auch nüchterner Weis repetirt.

(3) Stehe mit seiner Mutter in Gemeinschafft, könne ihr keine unbeliebige Sohns-Frau an die Seiten stellen. Resp. hat in diesem Stück auf seine Mutter nicht zu sehen, weilen er alt genug, und die Gemeinschafft zu Aufhebung des wiederholten Ehe-Verspruchs nichts thut. Das Geschäfft ist nicht übereilt, sondern fast ein Jahr aufgehalten worden, in welcher Zeit seine Mutter unzweiffelich Nachricht davon bekommen haben wird.

(4) Sie trage von seiner Handthierung keine Wissenschafft. Resp. er hat vorhin gewußt, wer sie seye, und was sie könne. Sie sagt, sie bestehe für eine Magd, und was sie nicht könne, wolle sie noch lernen.

(5) Werde, wann er sie heyrathen müßte, keine gute Stund mehr haben. Resp. Davor kan er selbsten seyn: Hätte er keine Lust zu ihr gehabt, solte er sie unbegriffen gelassen und ihr den Beyschlaff nicht zugemuthet, noch sie täglich besucht, etliche mal gastirt und dergestalt tractiret haben, als wann sie wircklich seine Ehefrau wäre.

Weilen nun alle diese Einwendungen nicht genugsam seynd, einen wircklichen und bekanntlichen Ehe-Verspruch zu hinterziehen, hingegen alle Substantial-Requisiten eines contrahirenden matrimonii vorhanden, als halte ich dafür, er sey dahin zu condemniren, daß er seinen nüchterner Weis gegebenen Ehe-Verspruch auf obgedachte Condition zu halten, und vermittelst öffentlichen Kirchengangs zu bestätigen schuldig und verbunden seyn solle, ref. exp.

Sententia.

In Ehe-Sachen Catharinä H. Klägerin, an einem, wider Hans Martin H. Beklagten, an andern Theil, ist auf angenommenen Beschluß, eingezogener Inquisition, und übrigem Vorbringen nach mit Urthel zu Recht erkannt, daß Beklagter seinen bedächtlich gegebenen, und öffters confirmirten Ehe-Verspruch, auf den Fall, wann sich Klägerin zu unserer Augspurgischen Confeßion begeben, und dasselbe mit beglaubtem Schein bey E. E. Grossen Rath erwiesen haben wird, zu halten, und vermittelst öffentlichen Kirchengangs zu bestätigen, seiner Einreden ungehindert, schuldig und verbunden seyn solle: Als wir ihn dann auch hierzu hiemit condemniren, und in aufgeloffene Gerichts-Kosten salvo moderamine judiciali fällig ertheilen.

RESPONSUM CIII.

Confirmatio priorum Sponsaliorum.

Margaretha K. und Maria B. contra Michael J.

Quæstio.

Weilen dieser Michael J. von zwoen um die Ehe belangt und angesprochen wird, ist nunmehr die Frag, welche er darunter zu behalten und zu ehelichen schuldig sey?

Zwar so viel die Mariam B. betrifft, würde es ihrethalben, weder mit dem Ehe-Verspruch, noch der Eltern Consens und Ratification angehen, unangesehen beyde junge Leute vor ihrem Hrn. Pfarr-Herrn geleugnet, daß sie einander zur Ehe genommen haben, aus prätendirter Furcht, sie dörfften bald Hochzeit machen müssen: weilen aber sie und ihr Vater sich entschuldiget, daß sie nicht gewußt, daß der Michel die Margareth vorhin genommen habe, und der Vater sich dahin erklärt, daß es ihm gefallen lassen wolle, wie es Meine Herren machen: In solchen Fällen auch iederzeit der erste Ehe-Verspruch dem andern vorgehe; So stehet zu erwegen, ob es mit dem anfänglichen Ehe-Verspruch dergestalt beschaffen, daß er mit wircklichem Kirchengang zu bestätigen und zu vollziehen sey?

Er hat zwar bey der Confrontation sowol den Ehe-Verspruch, als ausgelassene hohe Betheurung temere geleugnet: sich aber auch vor und nach sofern bloß gegeben, daß man die vorsetzliche Unterschlagung der Wahrheit daraus genugsam abnehmen kan. Dann erstlich hat er gestanden, er habe nicht allein Kundschafft zu der Margareth gehabt, sondern sey auch einmal in der Nacht vors Bett zu ihr kommen: welches entweder aus unkeuscher, oder ehrlicher Lieb geschehen seyn muß: jenes ist nicht zu präsumiren, weilen es auf ein delictum auslaufft: wiewohl an den præludiis Venereis, dem Küssen und Betasten auch nicht zu zweiflen, weilen es heißt, nox & amor, vinumque nihil moderabile suadent. Bleibet demnach bey diesem, daß es nemlich aus ehelicher Lieb und Affection gethan habe: Wie dann auch Catharina, Claus Matthissen, des jüngern Tochter, handtreulich attestirt, daß, als vor einem Jahr, da man den Safftran geropfft, die Margret bey ihr etliche Nächt geschlaffen, der Michel einmal vor den Laden kommen sey, und anfänglich mit ihnen hinein geredt, nachgehends aber sich mit dem Leib auf das Bett, sonderlich aber zu der Grethen Haupt gelegt, und sie beyde wie verliebte Personen dergestalt mit einander geschwätzt, daß sie daraus wohl wahrnehmen können, daß sie einander rechtschaffen lieb haben: massen er dann auch darzumal bey Teuffel holen geschworen, daß er sie, die Gret, die Tage seines Lebens nimmermehr verlassen wolle. Wegen des auf die Ehe gegebenen Straßb. halben Batzens hat ers bey der Confrontation dahin gestellt, wann er einen Eid zu thun getraue, daß er ihr denselben auf die Ehe gegeben, daß er sie behalten wolle. Ihr Vater sagt, Michael habe eine Zeit vor seines Meisters Thüren, gegen seiner andern Tochter warlich geschworen, daß seine Sache mit der Margrethen richtig und gewiß sey. Vor einem Viertel-Jahr habe er den Abend, als sie des Herrn Pfarrers spendirten Wein auf der Stuben vertrunken, der Margrethen in dem Hausöhr seuffzend vorgehalten, wann er sie genommen, warum sie nicht ehender darzu gethan. Weilen nun in solchen Fällen die Zeugnissen anzunehmen sind, die man haben kan, so halte ich dafür, daß er des geleugneten Ehe-Verspruchs, und der Verschwörung zu Genügen convincirt und überwiesen sey.

Der

Der Vater hat bey der Verhör gesagt, sein Sohn habe ihm niemahlen folgen wollen: Es gelte ihm gleich, welche er aus diesen beyden zur Frauen bekomme. Weilen er nun hierinnen indifferent, und in dubio iederzeit mehr für, als wider die Ehe zu präsumiren und zu sprechen, so ist sein tacitus consensus und stillschweigende Bewilligung zu dieser Ehe genugsam. Und ob er wohl nach der hand gedacht, die Margareth und ihr Vater haben sich vernehmen lassen, wann sie einen Peltz von dem Michel bekäme, daß sie ihn ledig schlagen wolten: Item, sie sey ihme nachgegangen: Desgleichen habe ihr Vater bey Teuffel holen verschworen, seine Tochter dem Michel zu geben, deswegen er auch seinen Willen zu der Heyrath nicht ertheilen könne: So hat man sich doch an diese contradictiones um so viel weniger zu kehren, weilen nicht allein sein Sohn Martin gesagt, der Vater sey ein einfältiger Mann, der vor den Leuten nicht zu reden wisse, sondern auch alle vorgebrachte Sachen auf blossen und unerwiesenen Worten bestehen, welche vorgehende favorable Erklärung nicht elidiren und hintertreiben können.

Nun gilt aber nicht ein ieder schlechter dissensus parentum, sonsten könten gar viel Ehen rescindirt und auffgehoben werden: sondern es muß sich derselbe auf eheliche Ursachen fundiren. Der Michel ist des Nachgehens halber, eines anderen und widrigen selbsten bekanntlich. Und wann es wahr ist, daß die Grethe sich vernehmen lassen, gegen einem Peltz ihn ledig zu schlagen, so muß er ihro hafft und verbunden gewesen seyn: Inmassen er auch seines Versspruchs mit verschiedenen Zeugen überwiesen. Wann der Vater bey Teuffel holen verschworen hätte, seine Tochter Margareth dem Michel zur Ehe zu geben, würde er um Vollziehung des Ehe-Versspruchs nicht angeruffen haben.

Der Vogt, Martin J. sagt, sein Bruder von 23 Jahren alt, habe ihn weder bey einer, noch der anderen um seinen Consens ersucht, habe er nun der Margarethen etwas versprochen, müsse ers halten: Wiewohl er erst verwichener Weynachten aus seinen Lehr-Jahren kommen, und der Vater ihme offt gewehrt, er solle sich an die Leut nicht hengen, dann er sehe, daß das Mägdlein gern einen Mann hätte.

Halte diesem allem nach dafür, daß ohne grosses Aergerniß und höchstschädliche Consequentz nicht geschehen könte, wann man Micheln und Margaretham, nachdem sie mit einander so tieff in Kundschafft kommen, er auf dem Bett bey ihro zu Nacht gelegen, als ein sehr Verliebter geschwätzt, und sich hoch verschworen, anitzo von einander trennen, und ihme die andere zu behalten, erlauben solte: Sondern bin im Gegentheil der Meynung, daß er die Margaretham, als erste Liebste, zu ehelichen, und sich mit ihro Christlicher Ordnung nach copuliren zu lassen schuldig seyn solle. Wie er wegen begangener Vermessenheit, in dem er zweyen oder dreyen die Ehe versprochen, anzusehen sey, stelle meiner geb. Großg. Junckern und Herren Belieben ich anheim: Von seinem Vermögen ist mir nichts bekannt: Solle man ihn an Leib straffen und in Gefängniß legen, ist zu befürchten, sie dürffte es hier-

nechst entgelten müssen: Ob es bey einem scharffen Zusprechen allein zu lassen, stehet dahin.

Sententia.

In Ehe-Sachen Margarethä K. Klägerin, an einem, wider Michael J. Beklagten, am andern Theil, ist auf angenommenen Beschluß, eingezogene Verhör und Kundschafften, auch allem übrigen Vor-und Anbringen nach, mit Urtheil zu Recht erkannt, daß Beklagter ungehindert, seinen der Klägerin erstmals gethanen Ehe-Versspruch auffrichtig zu halten, und Christlicher Ordnung nach zu vollziehen schuldig seyn solle: Als wir ihn auch hierzu gerichtlich condemniren, von Maria B. absolviren, der Klägerin in auffgeloffene Unkosten, nach Richterlicher Ermäßigung, fällig ertheilen, und wegen doppelten Ehe-Versspruchs, in 5 pf. Pfenn. condemniren, mit dem Anhang, wo er selbige nicht erlegen wolte, oder könnte, dagegen 5 Tage in dem Thurn bey Wasser und Brot zu büssen schuldig seyn solle. Publ. den 22 Junii An. 1663.

RESPONSUM CIV.
De consummatione Sponsaliorum.
Johann K. contra Margaretha E.

Ille bittet zu erkennen, daß Beklagte, gethanen uncondicionirten Ehe-Versspruch, mit dem öffentlichen Kirchengang Christlicher Ordnung nach bestätigen zu lassen schuldig und verbunden seyn solle, ungehindert dessen, daß sie und ihre Eltern, ohne einige erhebliche Ursach, wiederum zurück gehen wollen, weilen sie ihme nachgeschickt, ihn um die Ehe angesprochen, ihre Eltern Consens darzu ertheilt, und sie einen Ducaten von ihm auf die Ehe genommen: Er auch bereits seine eigene Werckstat und darzu gehörigen Werckzeug habe.

Illa contestirt litem negative, berichtet daneben excipiendo, es seye der Ehe-Versspruch mit der ausdrücklichen Condition geschehen, wann Kläger ein solcher Schwartzfärber seye, wie die Merckel, und auf dem Handwerck Gesind fördern dörffe: Nachdem sich nun das widrige befinde, und er die arrham wiederum empfangen, so bäte sie den condicionirten Ehe-Versspruch, als nichtig vorgegangen, zu cassiren, und ihro sich anderwertlich zu verheyrathen, zu erlauben, ref. exp.

Ille replicirt, Beklagte habe an diese subtile Distinction, zwischen Färbern und Schwartzfärbern, bey Ertheilung ihres Ehe-Versspruchs darum nicht gedencken können, weilen sie das Handwerck und demselben anhangende Privilegia nicht verstanden. Illa, es haben beyderseits Eltern deswegen vorhero genugsame Unterredung mit einander gepflogen.

Bekennet bey der Verhör, sie habe nach Klägern geschickt, und ihn in Hn. XIII Königs Garten zum Hechten heissen kommen, da sich dann das Gespräch dergestalt begeben, daß sie gesagt, was ihre Eltern bey ihr thun wollen, und mehr nicht dann zwey Ringe und eine Kappe dagegen begehrt: Er habe aber schon vor einem Jahr die Dräherin am Bubeneck zu ihr geschickt, um zu vernehmen, ob sie eine Affection zu ihme trage, worauf ihre Eltern ihme andeuten lassen, wann er ein Schwartzfärber seye,

seye, wie andere, der Gesinde halten dörffe, wolten sie ihren Willen zu der Heyrath geben. In solchem Verstand, wann er ein Schwartzfärber seye, habe sie mit ihme gelöffelt, die Ehe versprochen, und den Ducaten angenommen, womit ihre Eltern zufrieden gewesen. Weilen sie sich nun betrogen befinde, indem er kein Schwartzfärber seye, der Gesinde halten dörffe, und sie, wann er kranck würde und viel zu thun hätte, in grossem Kreutz sässe, möge sie auch ihr Verspruch nicht binden: Doch, wann er seine Zeit bey den Schwartzfärbern ausstehen und zuwege bringen werde, daß er Gesinde halten dörffe, wolle sie ihme den Verspruch, mit Belieben ihrer Eltern halten, und so lange auf ihn warten, dann sie noch Lust und Liebe zu ihm habe.

Ille sagt, seye nicht gebräuchlich, daß ein Meister erst wiederum ein Lehr-Junge werde: Könne ein gutes Handwerck: Wann ihre Eltern keine Wissenschafft davon getragen hätten, würde ihnen um den Ehe-Verspruch nicht so noth gewesen seyn.

Sein Vater sagt, es würde ihn Wunder nehmen, wann der Ehe-Verspruch nichts gelten solte, da doch beyde Theile mit einander in der Almen-Stuben verglichen. Der Beklagten Eltern haben n wohl gewußt, daß sie keine Färber wie die Merkel seyen: Und könte er mit einem leiblichen Eid betheuren, daß er der Frauen von seinem Handwerck gesagt habe, und daß er kein solcher Färber seye wie die Merckel: Doch dörffte er Gesinde auf allerley Farben halten, aber nicht länger dann 14 Tage.

Ihr Vater leugnet solches, und will gleichfalls mit leiblichem Eid behaupten, daß er um sein Handwerck nichts gewußt habe, sonsten sie ihme seine Tochter nicht zugesagt hätten. Seine Tochter habe ihn mit der Condition genommen, wann er ein Schwartzfärber seye: auf denselben Fall wolle er ihm seine Tochter nicht vorhalten.

Votum.

Weilen nun der Beklagten Mutter noch nicht gehört, ob sie Wissenschafft um sein Handwerck getragen habe, und daß er kein Schwartzfärber, wie andere, seye, welches des Klägers Vater auf seinen Eid nehmen will; als wäre meines Ermessens nöthig, daß sie gleicher gestalt beschickt und über diesen Umstand examiniret, ihro auch beweglich zugesprochen würde, beyde junge Leute, weilen sie Lust und Liebe zusammen tragen, nicht zu hinderen, bevorab, weilen die Sachen so weit kommen, daß nicht allein ihre Tochter letzlich nach ihme geschickt, und einen Ducaten auf die Ehe genommen, sondern man sich auch in der Almen-Stuben mit einander verglichen, Kläger seine eigene Werckstat habe, und sich mit dem, so er erlernet, wohl auszubringen getraue, im übrigen auch kein böses Zeugniß habe; auf den Verweigerungs-Fall werde ihre Tochter bey einem andern wenig Glück haben. Wann sie zu gewinnen wäre, wolte ich an des Vaters Beyfall auch nicht zweiffeln. Wird deswegen keines besonderen Bescheids vonnöthen, sondern allein zwey Herren zu der Verhör zu ordnen, sie zu beschicken, zu examiniren, und ihro gesagter massen zuzusprechen seyn.

Jurist. Oracul V Band.

Ulterior Relatio.

Dieweil nun nicht allein Beklagte bey der Verhör gesagt, daß sie noch Lust und Liebe zu Klägern habe: sondern auch ihre Mutter sich erklärt, daß sie ihme nunmehro das Mägdlein in Gottes Namen zukommen lassen, und meiner Herren Ausspruch in allem nachgeleben wolle, wo sie nur der zeitliche Nahrung halben einig werden können; Als wird Klägern in seinem Begehren zu willfahren und zu erkennen seyn, daß Beklagte gethanen Ehe-Verspruch mit öffentlichem Kirchengang, Christlicher Ordnung nach bestätigen zu lassen schuldig seyn, vorderst aber beyden Parten frey stehen solle, beyde Herren, so der Verhör beygewohnt, zu völliger Abhandel-und Vergleichung der Heyrats-Puncten, auf den Bedörffungs-Fall anzusprechen und zu ziehen. Weilen sie aber, nechst Zurückgebung der Hafft-Gelder, den Kauff einander eigenthätlich aufgekündet, und vor Gericht nicht kommen wären, wo man nicht ex officio inquiriret hätte; Als wird vonnöthen seyn, ieden Theil um 30 ß. anderen zum Exempel und Schrecken, zu mulctiren.

Sententia.

In Ehe-Sachen Johann K. Klägers, an einem, wider Margaretham E. Beklagte, am andern Theil, ist auf erhabene Klage, erfolgte litis contestation, vorgangene der Parten und ihrer Eltern Verhör, allem übrigen Vor-und Einbringen, auch gethanem Beschluß nach, mit Urthel zu Recht erkannt, daß Beklagte, ihrer Einreden ungehindert, gegebenen Ehe-Verspruch mit öffentlichem Kirchengang, Christlicher Ordnung nach, bestätigen zu lassen, schuldig und verbunden seyn solle, als wir sie dann auch hierzu durch unseren Richterlichen Spruch condemniren: Im übrigen, den Parten, zu endlicher Vergleichung der Heyrats-Puncten, beyde zu diesem Geschäffte geordnete Herren, da nöthig, zu erbitten, frey stellen: So dann schließlichen ieden Theil, wegen eigenthätlicher Aufkünd-und Zurückgebung der Hafftpfennig, um 30 ß. dem Fisco zu erlegen, fällig ertheilen.

Publ. den 28 May 1662.

RESPONSUM CV.
Confirmatio Sponsaliorum.

Anna Margaretha S. contra Johann Ludwig K.

Sie bittet, ihn zu Vollziehung des ihro öfters gegebenen und wiederholten Ehe-Verspruchs Obrigkeitlich anzuhalten: weilen er sich auch gegen ihrem Vater ausdrücklich vernehmen lassen, daß er keiner andern Ursach halben freqventire, als sie zu ehelichen: Ihro etliche Ringlein arrhæ loco gegeben. Und die Ehe-Pacta in der Contract-Stuben mit Beystand eines seiner Landsleute, öffentlich verschreiben lassen. Würde sonsten zu ärgerlicher Conseqventz bey anderen ausschlagen a): esset exemplum sine exemplo. vid. Menoch. 3 præf. 1 n. 90 & seqq. Novell. 127 c. 2, Coras. 3 miscell. 4 n. 7.

Ille excipirt, er habe ihro zwar die Ehe versprochen, aber trunckener und unbesonnener Weise in seinem

Aaaaa seinem

seinem 24 Jahr, tanquam minorennis, ohne Vorwissen und Beyfall seines Curatoren und nächsten Anverwandten, wie die Stadt Landau sub Sigillo Civitatis attestire. Sie hätte ihm einen Ring wiederum zurück gegeben, und damit den Kauff auffgesagt. Wäre sein äusserster Rüin und Verderben, wann er sie ehelichen müßte, ehe und bevor er sie zu ernehren getraue: wie die Curatores ratione dissensus sui allegiren. Ist zwar ein exercirtes Studenten-Mägdlein, netrix und lotrix, genannt das Wurst-Grethlin: Man hat aber doch nichts unehrliches noch zur Zeit von ihr gehört: Ist also pro honesta persona zu halten. Müßte mit ihme verderben, weilen er noch nichts rechtschaffenes erlernet, sondern den Debauchen mehr, dann den Studiis ergeben. Ist wegen gebrauchter Temerität zu straffen, und in die Unkosten zu condemniren.

Erkannt, wan Klägerin, daß Beklagter zu Zeit des Ehe-Versprruchs minorennis gewesen sey, oder desselben Curator und Befreundte um den Ehe-Versprruch Wissenschafft getragen haben, bescheinen werde, daß alsdann ferner ergehen solle, was Recht ist. ⚓ den 19 April 1695.

Illa sagt, replicando loco paritionis, es seye mit verschiedenen Personen erweislich, daß Beklagter zu Zeit gehaltener Heyraths-Abred beständig vorgegeben habe, er seye bey seinen 25 Jahren: Wann sich nun die Sache anderst verhalten, habe er nicht auffrichtig mit ihro gehandelt. Daß 2) seine Curatores und Verwandte von diesem Ehe-Versprruch gute Wissenschafft getragen haben, seye dannenhero abzunehmen, daß sie ihme einen schwartz-doppeltaffenden Rock, beneben 4 güldenen Ringen, selbige ihro, als Hochzeiterin zu verehren abfolgen lassen, wie er dann auch selbige sämtlich ihro alsobalden eingehändiget: deßwegen ihr post festum und zu spät erklärter dissens im geringsten nicht zu attendiren. Da aber auch schon der Ehe-Versprruch absque præscitu & consensu Curatoris, cognatorum & affinium geschehen wäre, weilen jedoch das Landauische jus municipale sich in diesem Fall mit den gemeinen beschriebenen Rechten conformire, wäre derselbe wenigst hoc respectu bindig und zu Werck zu richten per l. 20 de Rit. nupt. l. 8 C. eod. Carpzov. in jurispr. Consist. lib. 2 tit. 3 defin. 46 n. 2 v. tamen defin. seq. Dedecken. vol. 3 p. 150.

Ille beziehet sich wegen seiner Curatoren Dissens, auf die von der Stadt Landau eingelangte missiv, und bittet zu Bescheinung seiner Minorennität, noch ad prox.

Illa berichtet, daß Beklagter den Donnerstag zuvor sich bey ihren Eltern von neuem angemeldet, und um Verzeihung gebeten, auch was er der Ehe halben zugesagt, zu halten denen versprochen habe. Bittet deßwegen vorige Herren, zu Einziehung ferneren Berichts, abzuordnen.

Ille wendet dagegen ein, er habe allein ein und anderer Stück, so ihm zugehöret, abholen wollen, aber nichts erhalten können. Erkannt: wird mit begehrter Zeit und Deputation willfahrt.

Ille producirt Tauff-Zedel h) bescheint damit, daß er zur Zeit vorgegangenen Ehe-Versprruchs, noch nicht majorennis gewesen sey.

Bey fernerer Verhör hat sie gesagt, als ungefähr 14 Tag zuvor Beklagter in ihre Nachbarschafft gekommen und gefragt, was sein Grethel mache, von den Nachbaren auch, daß sie sich nicht zum besten befinde, ihme vermeldet worden, habe er sich alsobalden in ihrer Eltern Haus begeben, dieselben Vater und Mutter genennet, und gesagt, es komme ihme wunderlich vor, daß man bey dem Ehe-Gericht die Sache mit Schrifftenwechseln, so weitläufftig führe und ihn in Unkosten bringe, wolle mit der Tochter ferner hieraus reden, seye darauff zu ihro in die Schlaffkammer gangen, und habe sie mit diesen Worten angeredt, Schatz, Liebste, Alte Seel, Halbhut ꝛc. was macht, ihr, ich glaube nicht, daß ihr kranck seyd, siehet auf und gehet mit mir heim, meinet ihr, ich gedencke nicht mehr an euch, das sey ferne, meine Gedancken sind iederzeit auf euch gerichtet, ist mir aber nicht möglich, continuirlich bey euch zu seyn, seye darauf zu ihro auffs Bett gesessen, habe ihre Eltern Vater und Mutter und sie seine Liebste genennet, sie zum andern mahl, daß sie auffstehen und mit ihme heimgehen wolle, gebeten, weilen aber ihro dasselbe zu thun unmöglich gewesen, habe er gesagt, er könne sie nicht verlassen, sondern wolle bey ihr über Nacht verbleiben. Und obwohln die Mutter, böse Nachreden zu verhüten, ihn abweisen wollen, habe es doch bey ihme nichts verfangen, sondern er vermeldet, es werde ihn kein Mensch, aus seiner Liebsten Haus bringen, darauf er sich bis 10 Uhren bey ihr auffgehalten, darnechst auff das Lotterbette in der Stuben gelegt, und des andern Tages, nachdem er um 10 Uhren auffgestanden, wiederum zu ihr in die Kammer kommen, einen Uiberschlag und ein Paar Strümpffe von ihr begehrt, so sie ihme auch gegeben, darauf er seinen Abschied genommen, mit Vermelden, wann er nicht auf den Sonntag wieder zu ihr komme, so stelle er sich doch auf den Dienstag gewiß ein. Sonsten habe er zu Niclaus Fischern, dem Büttel auf der Weinsticher Stuben gesagt, es seye ihme bey seiner Ehe-Sachen gar nicht angst, dann er bey seinen Vögten zuwege bringen könne, daß, wann sie heut Ja gesagt, morgen Nein sagen, worauff er sich verlasse.

Ille ist geständig, daß er zu ihr gegangen, aber trunckener Weise, auf Anreitzen der Nachbaren, und zu keinem andern Ende, als sein weiß Gezeug abzuholen, wisse also nicht, daß er die von ihr angebrachte Reden gebraucht habe. 2) Daß, als er nach Landau kommen, der eine Vogt nicht bey der Stelle gewesen sey, der ander aber ihme die Kutt und Ring gutwillig abfolgen, und sich noch ferner dahin vernehmen lassen, daß er ihme auch das übrige lieffern, und ihn damit Meister seyn lassen wolle. 3) Daß ihme Klägerin nicht zuwider, wann er nur conditioniret wäre: Wisse aber keinen Dienst zu bekommen, und sie damit zu ernähren, habe ihm auch dieser Ehe-Handel bereits so viel zu Landau geschadet, daß er um die ihme versprochen gewesene Procurator-Stell gesprungen. 4) Daß er sie im Bett anrühren, sie aber dasselbe nicht geschehen lassen wollen c). 5) Daß er über Nacht in ihrem Haus geblieben seye, und bey dem Abschied gesagt, er habe sich schön bedappt, daß er über Nacht daselbst geblieben.

Votum.

Votum.

Weilen hiebevor des Beklagter Minorennität und seiner Curatoren Dissens, worauf nach dem statuto hujus loci contractus, die decisio der Sachen eintzig und allein beruhet, im Weg gestanden, diese beyde Parteyen mit einander zusammen zu sprechen: Weilen sich nicht verantworten liesse, daß einer, so unter Vormundlicher Gewalt begriffen, sich ohne derselben Vorwissen und Verwilligung verehliche: Dedek. vol. 3 p. 176. Havem. in append. n. 28. Nunmehr aber der Beklagte sich dahin vernehmen lassen, daß er seiner Curatoren Willen in seinen Händen habe, und sie ja, oder nein, wie ers begehre, sagen müssen, der eine auch gegen ihme sich erboten, ihn mit den Seinigen allerdings Meister seyn zu lassen; Als wird man sich auf den Fall, da es sich vorgebrachter massen damit verhalten solte, auf der Curatoren Consens oder Dissens so sehr nicht mehr zu reflectiren, sondern allein dem Büttel auf der Weinsticher Stuben zu beschicken und zu examiniren haben, was der Beklagte, seiner Vögte Consens halben, mit ihme geredt habe. Würde beneben Klägerin auch iemanden benamsen, der von ihme gehört, gesagt zu haben, er seye von seinen 25 Jahren, wäre derselbe gleicher gestalt, eh und bevor die Sache finaliter erörtert wird, zu vernehmen. Dann wann sich dieser Umstand wahr befindet, so hat er nicht auffrichtig mit ihr gehandelt, sondern sich seines beneficii minorennitatis dadurch verlustig gemacht. Malitia enim supplet ætatem. l. 3 C. si min. se maj. dix. & publica jura errantibus, non etiam fallentibus subveniunt. l. 2 C. d. tit. Bevorab, weilen zu Zeit an den 25 Jahren auffgerichteter Ehe-Beredung nur noch 4 Monat gemangelt, und sehr zweiffelhafft ist, ob er in denselben witziger worden sey, als er vorhin gewesen: Qui autem ita ætati proximi fuerunt, ut potuerint copula carnali conjungi, minoris ætatis intuitu separari non debent, si unus in alium visus fuerit consensisse, cum in eis ætatem supplevisse malitia videatur. C. de illis 9 de desponsat. impuber. Menoch. 4 præsumpt. 34 n. 19. Zu dem, wann einer 24 Jahr alt ist, und contrahiret etwas, ehe er seine 25 Jahr erfüllet, bestätiget dasselbe auch mit seinem Eid freywillig, ungedrungen und ungezwungen, so ist ers unverbrüch- und unwiederruflich zu halten schuldig. l. 1 juncta auth. sacramenta puber. C. si adverf. vend. 2 feud. 53 § ult. l. 3 C. si min. se maj. dix. Nun hat Beklagter so wohl, als Klägerin, die Ehe-Beredung mit dem darüber geleisteten Mund- und Hand-Verspruch bekräfftiget: N. 1 welcher Verspruch, vermöge hiesiger Stadt Raths- und Policey-Ordnung, R. O. fol. 34 b. & 18 P. O. fol. 10 n. 7 dem Eidschwur in effectu gleich gehalten wird: Darum ist er den freywillig geleisteten Verspruch unverbrüch- und unwiederrufflich zu halten schuldig, ob er schon dazumal seine 25 Jahr noch nicht gäntzlich erfüllt gehabt, sondern etwas weniges daran gemangelt: wo er anderst nicht meineidig an ihr werden will.

Sentencia.

In Ehe-Sachen Anna Margaretha S. Klägerin, eines, wider Johann Ludwig K. Beklagten, andern Theils, ist auf erhabene Klag, erfolgte

Jurist. Oracul V Band.

Kriegs-Befestigung, der Parten vorgegangene Inquisition, allem übrigen Vor- und Einbringen, auch gethanem Beschluß nach, mit Urthel zu Recht erkannt, daß Beklagter Einwendens ungehindert, den der Klägerin gegebenen und öffters wiederholten, auch gar in der Contract-Stuben mit Hand-Gelübd öffentlich bestätigten Ehe-Verspruch, Christlicher Ordnung nach zu vollziehen schuldig seyn solle, Als wir ihn dann auch hierzu durch unsern Richterlichen Spruch condemniren, und nicht allein in refusion auffgeloffener Gerichts-Kosten der Klägerin, sondern auch wegen unterstandenen leichtsinnigen Absprungs, dem Fisco um 10 pf. Pfen. fällig ertheilen.

a) In Sachen Anna S. contra Jacob T. 1650 sind die Parten um deswillen zusammen gesprochen worden. Dann die Ehe solle ehrlich gehalten werden: Hebr. 13, 4. Wann man aber damit spielet, so ist es straffbar. Nec enim contractus honestus licite potest rescindi: Sed quos Deus conjunxit, homo ne separet. Bevorab, da er zurück zu gehen keine erhebliche Ursach hat: Und deswegen, da er brüchig werden solte, kein Glück haben würde.

b) Den 18 Septemb. 1640 getaufft. Den 19 Januar. 1665 Ehe-Beredung auffgericht. Fehlen nur 4 Monat ja den 25 Jahren. pubertati proximi, habentur pro puberibus: § pupillus. I. de inutil. stipul. an etiam majorennitati proximi, habeantur pro majoribus?

c) Weiß er so viel, wird er sich auch des übrigen erinnern können, wie zu anderen Zeiten mehr geschehen, indem er sich dessen, was er voller Weise geredet und gethan, des andern Tages vollkömmlich erinnert. Die Truckenheit ist auch bey ihm so groß und starck nicht gewesen, daß er seines Verstands dadurch wäre beraubet worden.

RESPONSUM CVI.

Confirmatio Sponsaliorum.

Hans Jacob S. contra Annam Christinam K.

Es hat sich Implorant in dieser Ehe-Sachen so wohl mit Worten, als Wercken ziemlich weit verloffen, indem er nicht allein mit ihr gegessen, gettunken und geschwätzt, sondern sie auch nacher Arbogast spatzieren führen wollen, und in Georg Pfunden, Andres Clausen und sein eigen Haus zu unterschiedlichen malen beschieden, und zwar am Pfingstmontag Abends gar um 9 Uhren in der Nacht vermeint, er müsse sie haben, damit sie die Sache mit einander ausmachen. Weilen sie aber dazumahl im Ausziehen und Schlaffgehen begriffen gewesen, hat er um 10 Uhren zu Pfunden, seinem Vettern gesagt, er habe vorgehende gantze Nacht Gott angeruffen und befunden, daß nunmehr diese Frau vor ihn seyn müsse, weilen ihme Gott, daß er sie nehmen solle, in Sinn gegeben: worüber ihme jener Glück gewünscht. Und nachdem sie am Pfingst-Dienstag auf Erfordern in sein Haus gekommen, hat er sie freundlich empfangen, darinnen überall herum geführt, ihr Kammer und Kästen gewiesen, und auff ein Abendzehren bey sich behalten, unterschidliche mahl geküßt, nach ihrem Alter gefragt, und das seinige ihr daaegen eröffnet: sein Töchterlein gefragt, ob es die Annam Christinam zur Mutter haben wolle: Sie sein liebes Christel

und

und Schatz genennet: ihr die Hand gegeben, auf ihre Gesundheit getruncken: Auf den Ehe-Verspruch gedrungen, und gesagt, wann ihr Vogt seinen Willen darein gebe, solle es bey dem, was sie mit einander abgeredt, verbleiben: ihr eine Nacht Bedenck-Zeit gegeben, und sie um 12 Uhren heim begleitet: da dann die letzere Reden gewesen, daß zwischen ihnen alles richtig seye, und ein mehrers nicht mangelte, als daß der Vogt um seinen Consens besprochen werde. Dessen aber allen ungeachtet, hat er ihr durch Georg Pfunden, seinen Vettern, bald darauf wiederum absagen lassen, vorgebend, er befinde, daß sie einer solchen schweren Haushaltung von 6 Kindern, und etlichem Gesind, wie er habe, vorzustehen, viel zu blöd und schwach seye, weilen sie schon 13 Kinder gehabt, davon noch eines im Leben, zwischen welchem und den seinigen leichtlich eine Ungelegenheit entstehen könte.

Hingegen hat sie gesagt, es möchte der Unwillen vielleicht dahero rühren, daß, als er sie im Arm gehabt, und mit der andern auf ihr Fürtuch gelegten Hand angefangen zu miniren, ob wolte er darunter greiffen, sie ihme abgewehrt und gesagt, sie wollen fromme Kinder seyn, darüber er alsbald auffgestanden und gesagt, das wollen wir auch thun.

Er giebt dargegen vor, er habe einen Widerwillen daher bekommen, daß sie auf den Marckt sich so läppisch erwiesen, ihn mit Kirschensteinen geworfen, und ihme aller Orten nachgeloffen: dessen sie aber nicht bekanntlich seyn wollen.

Des Pfunden Haus-Frau hat eine andere Ursach angezeigt, nemlich diese, es habe ihn sehr verdrossen, daß, als sie zu ihme in sein Haus gekommen, nicht irgend einen Uiberschlag mit gebracht. Es seynd aber alle diese Entschuldigungen so schlecht beschaffen, daß sie das vorgangene nicht auffheben können, wo nicht ein Umstand von grösserer Wichtigkeit mit unterlieffe: Deswegen auch Andres Claus ihme geantwortet, es werde sich nicht so thun lassen, daß er ihrer anitzo nicht mehr begehre, dann er zu viel mit ihr geschwätzt. Wie dann auch sie selbsten gleicher gestalt raisoniret, ob er schon des Wörtleins-Ehe-Verspruch gegen ihr sich nicht gebraucht, so habe er sie doch seinen Schatz genennet, und sich hingegen treuestes Hertz von ihr tituliren lassen.

Dieses aber kommet ihm zu statten, daß sie gesagt, sie thue nichts ohn ihres Vogts und Mutter Willen, er aber weder bey der Mutter, noch dem Vogt um sie iemahlen angehalten: sondern in terminis einer Löffeley geblieben, und endlich seine Resolution dahin gestellt, er sage ihr der Ehe halben nichts zu, noch ab, wolle aber die Sach auf einen Monat lang zu Bedacht ziehen, in welcher Zeit er ihr andeuten lassen, sie möge einen Heyrath treffen, wo sie wolle, er begehre ihrer nicht. Das Wort Schatz, macht an und für sich selbst keine Ehe, wann nicht andere stärckere Umstände concurriren: Nun aber, was Georg Pfund deponirt, von einem inimico herrührt, und als singular, schlechte Krafft zu probiren hat.

Weilen aber kein geringes Aergerniß daraus entstehen kan, wann man nach so vielen Contestationen und Zeugnissen der ehelichen Affection und

Liebe, wiederum so leichtsinnig abspringt, und sich an eine andere anhänget; Als halte ich eine Nothwendigkeit zu seyn, daß vor gäntzlicher Erörterung der Sachen, ihme per Dominos Deputatos, daß er die Sache so weit habe kommen lassen, daß ohne Aergerniß, kein Absprung von der ersten genommen werden möge, er auch schlechtes Glück bey der andern haben werde, beweglich zu Gemüth geführet, und undunckel zu verstehen gegeben werde, daß, wann er dasjenige, so zwischen ihnen beyden der Ehe halben in Worten und Wercken vorgegangen, so leichtsinnig retractiren und hinterziehen werde, es ohne empfindliche Straffe nicht abgehen könne: Habe er eine alte Affection zu der letzteren getragen, solte er die erste ungeäfft gelassen, und keine so wichtige Umstände mit ihr gebraucht haben: er führe sie ja recht an, in dem er zu der Zeit, da sie vermeint alles richtig zu seyn, von ihr abgesprungen, sich an eine andere gehängt, und öffentlich mit derselben ausruffen lassen: Bevorab, weilen die Kundschafften klärlich mit sich bringen, daß er jener alsdann absagen lassen, nachdem er die andere genommen, und daß böse Leute ihn abwendig gemacht haben.

Solte er sich nun zu einer besseren Resolution bewegen lassen, wäre es ein gutes Werck, und der Bescheid auf Maaß und Weis, wie folget, einzurichten.

Sententia.

In Ehe-Sachen Hans Jacob S. Imploranten, eines wider Annam Christinam K. Antworterin, anderen Theils, ist auf vorgenommene der Parten Verhör, und eingezogene Kundschafften, auch allem übrigen so schrifft- so mündlichem Vorbringen nach, mit Urtel zu Recht erkannt, daß Implorant dasjenige, so zwischen ihme und der Antworterin der Ehe halben vorgegangen, auf Priesterliche Copulation zu vollziehen schuldig seyn solle. Als wir ihn dann auch hierzu condemniren und auffgeloffene Gerichts-Kosten aus erheblichen Ursachen compensiren. Publ. den 18 Octob. 1664.

NB. Weilen er aber sich nach der Hand mit einer andern behänget, und schon einmal ausruffen lassen, als muß er sich von derselben vorderst scheiden lassen, ehe er mit der ersten Hochzeit macht. Hätte zwar auch, wegen zwiefachen Ehe-Verspruchs, eine Straff verwirckt, weilen aber bey ihme nicht viel zum besten, könne man selbige ihme in honorem matrimonii, und damit keine Ursach zu einer bösen Ehe gegeben werde, nachsehen und hingehen lassen.

CONSILIVM CVII.

Wenn verlobte Personen zu Vollziehung der Ehe nicht gezwungen werden können.

Quando personæ desponsatæ ad matrimonii consummationem non cogendæ.

1) Sponsalia per consensum præsentem de matrimonio ineundo contracta cum parentum consensu, vel in duorum testium præsentia, sunt firma.

2) Nam tunc nihil ipsi matrimonio deesse videtur.

3) Diffe-

3) Differentia inter matrimonium consummatum, sponsalia de præsenti & de futuro simili quadam demonstratur.

4) Sponsalia de futuro tractatus.

5) Clandestina sponsalia sunt prohibita.

6) Personæ promissio involvit sponsalia.

7) Ob inimicitiam capitalem sponsalia dissolvi possunt.

8) Quando matrimonium infelix provideri potest, desponsati ad ejus consummationem non compelledi.

Als uns Decano, Seniori &c. zurück kommende facti species, sammt denen dißfalls ergangenen Manual-Acten zugesandt, und auf die daraus formirte drey Fragen unsere in denen Rechten gegründete Meynung, cum rationibus zu ertheilen gebeten x. erkennen darauf vor Recht:

Rationes dubitandi.

Es werden vor bündige Ehe-Verlöbnisse bey denen Evangelischen diejenigen gehalten, welche per consensum præsentem de matrimonio ineundo sind unter zwey verlobten Personen mit Bewilligung der Eltern, oder in Gegenwart zweyer Zeugen, geschlossen worden, ita, ut quoad contrahentium voluntatem, nil ipsi matrimonio deesse videatur. Carpz. Jurispr. Consist. 2 d. 131 num. 2.

Dieses deutlicher zu erklären sind einige Rechts-Lehrer, welche den Unterscheid zwischen der vollzogenen Ehe, der bündigen Verlobung, so de præsenti und der unbündigen, so de futuro benamset wird, folgendermassen vorstellen, daß nemlich unter jenen eben der Unterscheid sey, so sich findet inter tractatum de emendo, emtionem consensu perfectam & emtionem traditione consummatam. vid. Hahn. ad Wesenbec. de spons. n. 3. Jmmassen sponsalia de futuro gleichsam nur noch Tractaten sind, sponsalia de præsenti eine emtionem consensu perfectam præsentiren, das matrimonium aber der emtioni, traditione consummatæ zu vergleichen. Auch 2) publica, nicht aber clandestina sind, dann, weil durch die heimlichen und Winckel-Verlöbnissen viel Unheil angerichtet wird, sind sie sowohl in dem Jure Canonico, als auch constitutionibus ecclesiasticis Evangelicorum verboten. Cypræus de spons. C. 10 § 1 & seqq.

Wenn man nun nach diesen beyden Reqvisiten die bey denen uns zugesandten Acten befindlichen Liebes-Briefe untersuchet, findet sich, daß derjenige, so den 14 Julii des nunmehro zu Ende lauffenden Jahres v. E. M. K. an E. B. geschrieben, keine bündige Verlöbniß de præsenti im Munde führet, sondern nur einige Tractaten zur Verlöbniß anzeiget. Jmgleichen der Liebes-Brief, welcher den 22 Jul. a. c. geschrieben, hält nur einige Liebes-Worte in sich; Nicht weniger kan das am 10 Aug. dieses Jahrs an Herrn E. B. B. abgelassene Schreiben füglich ad sponsalia de futuro gezogen werden; Jmmassen darinnen von unglücklich angefangenen Verlobten Meldung geschiehet. Endlich ist auch am 10 Aug. a. c. an E. B. datirten Schreiben keine ausdrückliche Verlobung zu befinden; Solchemnach will es das Ansehen gewinnen, als wenn besagte Liebes-Briefe nicht also beschaffen, daß daraus eine bündige Ehe-Verlöbniß könne geschlossen werden.

Rationes decidendi.

Alldieweil aber doch 1) in dem am 10 Aug. an E. B. abgelassenen Schreiben diese Worte aus-

drücklich enthalten sind: Ich habe Euch aber nichts versprochen, als meine Person x. Und 2) sothane Worte eine Ehe-Verlobung präsupponiren: Auch 3) in Schrifften verfasset sind; Nicht weniger 4) mit der Beklagtin eigener Hand geschrieben. Ferner 5) nicht gebührend erwiesen, gestalt unter den Evangelischen, die in dem Stifft H. wohnen, die benachbarte Braunschw. Lüneb. Constitution von der verbotenen heimlichen Verlobung gelte und in Acht genommen werde; so will fast bedencklich fallen, davor zu halten, daß keine bündige Verlöbniß aus diesen Liebes-Brieffen könne geschlossen werden.

Nachdem aber 1) Beklagtin einen grossen Widerwillen wider E. B. gefasset, und 2) ob inimicitiam capitalem die sponsalia de præsenti bey denen Evangelischen können rescindiret werden. Brugman. jus. Eccles. lib. 2 c. 16 § 7. Carpz. Jurispr. Consist. lib. 2 def. 166. Auch 3) solchemnach ein grösser Uibel und Unglück zu befürchten stehet, wenn Beklagtin sollte zur Vollziehung der Verlöbniß mit E. B. angehalten werden; Quoties vero matrimonium infelix prævideri potest, toties desponsati ad hoc consummandum non sunt compelledi. arg. cap. 17 X. de spons.

Als halten wir gäntzlich davor, daß, obgleich die aus beygefügten Liebes-Brieffen abgenommene Ehe-Verlöbnisse bündig wäre, iedennoch gestalten Sachen und Umständen nach Beklagtin zu derselben Vollziehung nicht anzuhalten, sondern vermittelst eines Stück Geldes davon zu entbinden sey. V. R. W.

Helmstadienses.

CONSILIUM CVIII.

Ob die erstern Sponsalia durch die letztern nicht dissolviret werden?

An sponsalia priora per posteriora dissolvuntur?

1) Posterius pactum tollit prius.

2) Cum duobus sponsalia inire prohibitum.

3) Sponsalia interveniente arrha possunt confirmari.

4) Sponsalia, præsente concuratore possunt corroborari.

5) Sponsalia publica priora posterioribus præferuntur.

6) Jus, ex prioribus sponsalibus quæsitum, per posteriora sponso adimi nequit.

7) Sponsalia, sine avi consensu inita, non subsistunt.

8) Si secundus sponsus non ignoraverit, sponsam suam jam tum alteri desponsatam, sponsalia secunda non valent.

9) Nemini dolus suus debet prodesse.

10) Sponsalia posteriora, sub hac expressa conditione inita, si priora possint dissolvi, pure & simpliciter non obligant.

11) Conditione non existente, res ipsa, cui adjecta, perit.

Als uns Decano, Seniori &c. eine facti species zugesandt, und auf die daraus formirte Frage unsere in denen Rechten gegründete Meynung, cum rationibus, zu ertheilen gebeten worden x. erkennen darauf vor Recht:

Rationes dubitandi.

Obwohl 1) in denen Rechten heilsamlich versehen, daß, wenn zu verschiedenen Zeiten zwey einander zuwiderlauffende pacta errichtet sind, das erste aufgehoben, und das letzte behalten werde; per leg. 12 C. de pact. Und dann 2) aus der facti specie erhellet, daß Jungfer A. B. B. zuerst mit

J. E. K.

J. E. K. hernach aber mit H. W. T. sich in ein pactum oder Ehe-Verlöbniß eingelassen; Auch 3) sowohl die erste als andere Versprechung vermittelst einer arrha corroboriret und bestärcket: Ingleichen 4) die Ehe-Verlöbniß in Gegenwart und Beyseyn des Curatoris C. M. und anderer Zeugen bewerck-stelliget worden; So will es solchemnach das Ansehen gewinnen, als wenn die zweyte Verlöbniß, so J. A. B. B. mit H. W. T. getroffen, nicht vor ungültig und pro sponsalibus clandestinis zu halten, sondern der ersten Verlöbniß, so mit J. E. K. gemachet, vorzuziehen sey.

Rationes decidendi.

Alldieweil aber doch ausgemachten Rechtens ist, 1) daß die sponsalia publica priora denen poste-rioribus vorzuziehen sind, in Betracht, daß dem ersten Bräutigam sein jus quæsitum, so er durch die ersten sponsalia erlanget hat, nicht kan durch die zweyte Sponsalien, so mit einem andern Bräu-tigam hernachmahls celebriret sind, genommen wer-den. Und 2) aus der facti specie zu hellem Tage lieget, daß die zweyte Sponsalien, so J. A. B. B. mit H. W. T. gehalten hat, zu Rechte nicht be-ständig seyn können, in Betracht, daß sie ohne Con-sens und Einwilligung des Groß-Vaters, mütterli-cher Seiten, H. A. D. gemachet sind, welches doch gestalten Umständen nach, da der J. A. B. B. El-tern allbereit verstorben sind, mit Recht nicht gesche-hen kan. vid. Carpz. I. E. def. 45 lib. 2. Auch 3) der andere vermeyntliche Bräutigam, H. W. T. wohl gewußt hat, daß J. A. B. B. schon verlobet wäre, massen er solches von dem Groß-Vater, wie er die Anwerbung gemachet, vernommen hat. Jam vero notum est, quod nemini dolus debeat pro-desse: Card. Tusch. sub lit. D concl. 581. Ferner 4) J. A. B. B. den Bericht nach, welchen wir für wahr oder erweislich supponiren, mit ausdrück-lichen Bedingungen in die zweyte Verlobung soll ge-williget haben, daferne sie von J. E. K. loskommen könnte, und ihr Curator machen würde, daß sie von demselben keine Ansprache, und dieserwegen Ver-antwortung haben würde. Nun kan aber sothane Condition und Bedingung, vorkommenden Umstän-den nach nicht erfüllet werden, einfolglich mag die zweyte Verlöbniß zu Rechte nicht bestehen. Dan-nenhero halten wir aus obdeduirten Rechts-Grün-den davor, daß, bey so gestalten Sachen, zwischen J. A. B. B. und H. W. T. getroffene zweyte Ver-löbniß allerdings vor ungültig und pro sponsalibus clandestinis zu halten, einfolglich die zuerst mit J. E. K. geschlossene Verlöbniß und sponsalia pu-blica zu Recht beständig, denen letztern vorzuziehen, zu consummiren und zu vollziehen sind. V. R. W.

Jenenses.

DECISIO CIX.

Ob eine ohne der Eltern Einwilligung voll-zogene Ehe nichtig, und wenn die Eltern solches verlangen, hinwiederum zu an-nulliren sey?

Sententia & facti species.

Als dieselbe uns eingewandte Revision und er-folgte Gesetze in Sachen Annen N. Beklagten an einem, und Peter R. Kläger am andern Theil zu-geschicket rc.

Daß so viel das erste, dritte und letzte Grava-men anberifft, es der eingewandten Revision ohn-geachtet bey dem den 19 May 1730 eröfneten Urthel lediglich zu lassen, das andere Gravamen aber an-belangend, erhellet numehro ex actis so viel, daß Be-klagtin in die Unkosten des processus nicht zu ver-theilen, sondern solche gegen einander zu compensiren und aufzuheben. V. R. W.

Rationes dubitandi.

Es hat Peter R. gegen Anna N. wegen einer zwi-schen seinem Sohn und der Beklagtin ohne seine Ein-willigung getroffenen Ehe Klage erhoben, und um Dissolution der besagten Ehe gebeten. Nachdem nun in prima instantia ihm ferneret Beweis ratio-ne justarum dissentiendi causarum auferleget, hin-gegen auf dessen eingewandte Appellation die Ehe als null und nichtig dissolviret, und Beklagtin in die Proceß-Unkosten vertheilet, nicht weniger fiscalis sei-nes Amts anerinnert, und Klägern gegen seinen un-gehorsamen Sohn quævis jura competentia vor-behalten worden, so hat Beklagtin davon Revision gesuchet.

Ob nun wohl, so viel das erste Gravamen betrifft, nemlich die erkannte Nullität der Ehe, Beklagtin eingewendet, daß sie nebst Klägers Sohn denselben um den Consensum in nuptias wircklich mit vielen inständigen Bitten angesprochen, und also consen-sum parentis nicht negligiret, wovon doch die Ge-setze redeten, wenn sie, daß die Ehen, so ohne der Eltern Willen vollzogen, als null und nichtig anzu-sehen, verordneten; nechst dem 2) Klägers Sohn tempore sponsalium schon mündig gewesen sey, und er dahero in einer Sache, so ihm einzig und allein angegangen, seinen Consens an seine Braut zu ge-ben, oder sich selbige zu wehlen, freye Macht gehabt habe; zumahl 3) derselbe schon sui juris und tacite emancipatus gewesen, welches daraus erhelle, daß er, Klägers Geständniß nach, seinen eigenen Holtz-Handel getrieben; auch 4) das Hamburgische so-genannte Kuppel-Edict de anno 1676 auf gegen-wärtigen Casum gar nicht applicabel sey, als wel-ches zum voraus setzte, daß die Eltern um ihren Con-sens gar nicht requiriret, und die Kinder gar zur Ehe induciret worden, ingleichen, daß solche noch in väterlicher Gewalt stunden, und gar gewaltthätiger Weise aus der Stadt entführet worden, von wel-chen requisitis hier nicht ein einziges vorhanden sey, widrigenfalls schon inquisitorie wider sie verfahren seyn würde; ferner 5) sie sich mit Klägers Sohn nicht heimlich verlobet, sondern Kläger gar wohl davon gewußt, hingegen nicht die geringste Ursache seinem Sohn diese Ehe, da sie mit ihm gleiches Stan-des, fleißig, arbeitsam und eine gute Haushälterin, auch ehrlichen unbeschriebenen Wandels, Namens und Leumuths, zu verbieten, anführen können, daß eine spiritualiter & carnaliter vollzogene Ehe nicht aufgehoben werden könne; noch we-niger 6) vermöge des dritten gravaminis der Fis-calis und dessen Amt bey dieser Sache etwas zu thun habe, weil eines Theils die Sache a magi-stratu niemals als Fiscalisch angenommen, und auch nachhero da sie ihre Rechte klärlich deduciret, fisca-lisch worden, andern Theils 7) die fiscalische Per-secution sich auf das Kuppel-Edict gründen müste, so aber vorangeführter massen hier weder Platz noch Raum

Raum habe; endlich 8) bey so bewandten Umständen gleichfalls dem Kläger gegen seinen Sohn keine jura zustehen könnten, in Erwegung, daß er seinen Vater auf das inständigste um seinen Consens angesichet, und alles gethan, was seine kindliche Pflicht erfordert, hingegen Kläger demselben schon unglücklich gemacht, um seine Nahrung gebracht, und ihn noch beständig sehr sclavisch tractire; letztlich 9) das zweyte gravamen, nemlich den punctum expensarum anlangend, Beklagtin darinne, wenn es bey dem letztern Urthel verbleiben sollte, nicht fundiret zu seyn scheinet, indem sie wenigstens durch ihre heimliche Trauung Anlaß zu diesem Proceß gegeben, und Klägern unnöthige Unkosten verursachet, mithin es das Ansehen gewinnet, als ob aus denen angeführten momentis das vorige Urthel respective zu re- und confirmiren sey.

Rationes decidendi.

Dieweil aber dennoch erstlich anfänglich hiebey zu erwegen, daß Klägers Sohn sich mit der Beklagten heimlich verlobet, und ohne seinen Vater darum gebührend anzusprechen, mit derselben arrhis datis & acceptis, die ungültige sponsalia vollzogen, dahero 2) es geschehen, daß nachdem er davon Nachricht bekommen, derselbe die Vollziehung der Ehe zu verhindern, seinen Sohn arrestiren lassen, in welchem Arrest derselbe seinen Unfug erkannt, und den sub n. 3 act. prim. Inst. befindlich gerichtlichen Revers ausgestellet, die sponsalia als nulliter contracta agnosciret, auch die Beklagte ihre arrhas per procuratorem, restituris acceptis, zurück genommen, mithin solche heimliche Verlobung dadurch gäntzlich cassiret; dem ohngeachtet dennoch 3) derselbe sich bald darauf mit der Beklagtin an einem andern Ort eingelassen, und beyde dadurch sowohl die Gerichte als den Kläger dolose zu hintergehen, und durch solchen illegalen Weg zu ihrem Zweck zu gelangen, intendiret, allermassen denn 4) nunmehro des Klägers Sohn, sich von ihm gerichtlich loszusagen, induciret, damit er nur seines Arrests erlassen, und sie um desto leichter zu Erreichung ihrer Intention gelangen möchte; dergleichen Betrug aber 4) bey einer solchen Handlung; so billig mit GOtt angefangen und vollführet werden muß, nicht zu billigen, noch weniger dergleichen in fraudem legum geschehene heimliche Copulation für eine Ehe zu halten; angesehen 5) die Hamburgischen Statuta nicht allein diesen zuwider sind, sondern auch expresse verordnen, daß wenn sich solche Personen ohne Wissen, Willen und Vollbahrt ihrer lieben Eltern unter einander verloben und vertrauen, solche heimliche Verbindung für keine Ehe geachtet und gestattet werden sollt, wie die angeführten loca in Appellations-Libell mit mehrern anzeigen, dergestalt, daß bey solchen Umständen der in prima instantia auferlegte Beweis überflüßig gewesen, und nunmehro daben bereits die heimliche und nulliter unternommene Copulirung geschehen, nicht ferner zu untersuchen ist, ob der Kläger justas dissentiendi causas habe oder nicht? als welches allein, wenn die Kinder re integra und decenter um den Consens ihrer Eltern anhalten, und solcher ihnen verweigert wird, stat findet; dahero dann die rationes dubitandi als in facto unrichtig zu achten, nachdem, als die heimliche Verlobung bereits geschehen, und die Sache ausgebrochen, der Kläger erst um den Consens, und also gantz præpostere angesprochen, dieserwegen auch das Ehegelöbniß cassiret ist, und soviel die andere und dritte Ration betrifft, die Mündigkeit den Sohn nicht ipso jure von der väterlichen Gewalt losmachet, er auch sich vom Vater nicht separiret, ob sein Vater ihm gleich einen kleinen Holtz-Handel vergönnet; und quoad quartam das edictum nicht allein auf den casum raptus gehet, sondern in genere solche illegale Copulation annulliret, auch sonsten bekannt, daß die causa impulsiva keinen legem, welcher generaliter disponiret und restringiret, sondern selbe nur anzeiget, daß dergleichen Misbräuche Gelegenheit gegeben, ein solches General-Gesetze zu machen, und daher auf die rat. 5 bey so bewandten Umständen so wenig als auf die folgenden zu sehen, gestalten dergleichen illegales Verfahren eine res pessimi exempli ist, und billig geahndet werden muß, welches denn durch diese Civil-Klage nicht aufgehoben, cum fisco ratione pœnæ nullum præjudicium fiat per civilem actionem a privato motam; übrigens die Beklagte doch die erste Urthel vor sich hat, und dahero es ihr an einem colore juris nicht gäntzlich ermangelt, in welchem Fall die Unkosten zu compensiren sind, bevorab, da Beklagte das arme Recht sich ausgebeten. So ist geschehener massen zu erkennnen gewesen.

Facultas Juridica Hallensis.

DECISIO CX.

Ob eine Eheverlobung wegen veränderten Standes des Bräutigams gegen einander mit beyder Einwilligung aufgehoben werden könne?

Sententia.

Als dieselbe uns interponirte Läuterung, wie auch respective geschehene Untersuchung in Sachen Hans Heinrich E. Klägern an einem, Annen Margarethen B. Beklagten am andern, und Ehren M. Johann Heinrich C. Inculpaten am dritten Theil nebst denen übrigen Acten in 2 volum. zugeschicket ꝛc.

Daß es der von Klägern eingewandten Läuterung ohngehindert bey denen vol. 1 fol. 25 befindlichen und den 14 Jul. 1725 eröffneten Bescheide schlechterdings zu lassen, iedoch ist Anne Margarethe B. wegen der unzeitigen und zu früh procurirten Copulation mit 8 Tage Gefängniß oder 4 Rthl. Strafe zu belegen, M. Johann Heinrich C. aber hart zu verweisen, daß er ohne vorhero gethane Anfrage, und übereilig mit dem dritten Aufgebote und der Copulation verfahren, nebst der Verwarnung, daß wenn er dergleichen oder andere excessus inskünftige begehen würde, er alsdenn in härtere Strafen und Ahndungen genommen werden sollte. V. R. W.

Rationes dubitandi.

Obwohl 1) Beklagte nicht in Abrede ist, sondern ultro zugestanden, daß sie mit dem Kläger sponsalia publica vollzogen, sie also den Rechten nach schuldig gewesen, solche zu vollziehen, quippe quæ unius voluntate & dissensu dissolvi non possunt, sogar, daß wenn 2) die Verlobte sich, wie hier geschehen, pendente lite & de facto mit einem andern copuliren

copuliren laſſen, ſolche Ehe billig als ungeſchehen und für null zu achten iſt, abſonderlich da 3) der Beklagtin verboten geweſen, vor Austrag der Sache ſich mit niemand in ein anderweitiges Verlöbniß einzulaßen, quale præceptum operatur, ut mox conjuges ſeparandi ſint; c. 1 X, de matrim. contr. interd. eccl. contr. 4) ſie auch nichts erhebliches vorgebracht zu haben ſcheinet, wodurch die geſchloſſene ſponſalia pro revocatis zu halten wären, allermaſſen, ob Kläger wohl eines ſtupri von einer geſchwängerten Perſon beſchuldiget, er dennoch deſſen nicht überführet worden, ſondern ſich vielmehr vermittelſt Eides davon purgiret; 5) ferner die imputirte Deſertion nicht beygebracht, er auch niemals edictaliter citiret, noch ſonſten 6) rechtmäßig beſcheiniget, daß er ſeinen gegebenen conſenſum ſponſalium revociret, als welches auch nicht einmahl in ſeinem Vermögen geſtanden, cum ex plurimorum Dd. ſententia ſponſalia ne quidem mutuo diſſenſu diſſolvi queant. Carpz. lib. 5 reſp. 168. Heig. p. 2 qu. 16 n. 4 ſeqq. Mev. p. 5 deciſ. 191 n. 6; endlich 7) der erwehlte Soldaten-Stand keine juſta repudii cauſa ſeyn könne, als welcher zu Beſchützung des Vaterlandes höchſtnöthig und deswegen mit ſehr vielen Privilegiis verſehen iſt.

Rationes decidendi.

Dieweil aber dennoch 1) der Kläger Fol. 15 nicht leugnen mögen, daß er die der Beklagten gegebene arrhas wieder abfordern laſſen, dieſe aber ſolche allein ins Conſiſtorium zu lieffern reſolviret geweſen; insbeſondere aber 2) dieſe receptio arrharum animo recedendi a ſponſalibus und zwar bey der Gelegenheit geſchehen, dieweil er von einer geſchwängerten Perſon eines ſtupri beſchuldiget worden, deswegen er ſo gar austreten müſſen; dieſemnach 3) der Fol. 18 abgehörten Zeugen Ausſage um deſto mehr Glauben meritirt, da ſolche mit des Klägers gethanen Bekänntniß harmoniret, und anzeiget, daß er ſelber die geſchehene Ehe-Verlöbniß wieder aufgekündiget, und gnugſam declariret, daß er ſolche zu vollenziehen nicht entſchloſſen ſey, ohngeachtet 4) die Beklagte ihm gerathen, ſeine Sache mit der ſtuprata auszumachen, ſo er doch nicht gethan, ſondern darauf fortgegangen, und ſeinen diſſenſum ipſo facto beſtärcket; bey welchen Umſtänden 5) die Beklagte an die ſponſalia nicht mehr gebunden geweſen, quæ etiam mutuo diſſenſu diſſolvi poſſunt, ſi vel maxime pure & ſine omni conditione contracta fuerint; c. 2 X. de ſponſal. Stryck. de diſſenſ. ſponſal. ſect. 3 § 16 ſeqq. bevorab da 6) ſie ſolchen ihren diſſenſum dem Conſiſtorio angezeiget, und Fol. 7 ſich anderwerts zu verheyrathen Erlaubniß bekommen; bey welcher Gelegenheit 7) der Beklagte ſich erſt gemeldet, und wie man wohl mercken kan, dabey nichts anders als Geld von der Beklagten zu ſchneiden, intendiret, gleichwohl kein jus contradicendi bey ſolchem weiter vorſchützen mögen, indem er 8) eines theils der Beklagten allen Anſpruch erlaſſen, andern theils 9) ſich durch den erwehlten Soldaten-Stand zu dieſer Ehe ſelbſten incapable gemachet, da die Beklagte als Witwe, mit ihm ſich deswegen eingelaſſen, dieweil ſie dem Hofe ohne Gehülfen nicht vorſtehen könte, und dahero einen Bau-

er-Mann, nicht aber einen Soldaten freyen wöllen, ſo daß wenn ſie 10) dieſen Umſtand und Veränderung vorher ſehen können, ſie niemals ſich mit Klägern eingelaſſen haben würde, und es alſo auch hier heißt: omnis diſpoſitio & promiſſio intelligitur ſub clauſula: rebus ſic ſtantibus; inzwiſchen 11) die Beklagte daran unrecht gethan, daß, ehe der Beſcheid iſt Rechtskräfftig worden, ſie ſich ſo fort mit ihrem itzigen Ehe-Manne copuliren laſſen, deswegen ſie billig anzuſehen, wiewohl, remoto impedimento, deswegen die geſchloſſene Ehe nicht aufzuheben iſt; c. 1 & 2 de matrim. contract. contra interd. eccl. wie denn auch 12) der Prediger M. Johann Heinrich E. nicht wenig excediret, daß er ohne fernere Rückfrage die Copulation verrichtet, wiewohl er ob verba decreti Fol. 26 b noch in etwas zu excuſiren ſtehet, deswegen wir auch dieſemahl es bey einer bloſſen Weiſung gelaſſen;

So iſt geſchehener maaſſen zu erkennen geweſen.

nomine Facultatis juridicæ
Gieſſenſis. Menſe Octobr. 1715.

DECISIO CXI.

Ob die eidlich bekräfftigte ohne der Eltern Einwilligung beſchehene Ehe-Verlöbniſſe, wenn auch gleich der eheliche Beyſchlaff geſchehen, für ungültig und nichtig zu halten?

Sententia.

Als dieſelbe uns Implorations-Schrifft und erfolgte Geſetze in Sachen des receptoris T. Imploranten an einem, und dem Land-Rentmeiſter M. Imploraten am andern Theil zugeſchicket ꝛc. Demnach ꝛc. Daß Implorates Einwenden gegen das zwiſchen ſeinem Sohn und Implorantens Tochter heimlich geſchloſſene Ehe-Verlöbniß für erheblich, hergegen die gedachte Ehe-Beredung für null und nichtig zu achten, und Imploratens Sohn davon zu abſolviren, Implorant auch das Fol. 62 befindliche inſtrumentum in original auszulieffern verbunden ſey, doch bleibet ſo wohl des Imploranten Tochter auf die Alimentation und privat ſatisfaction als dem Fiſcal das intereſſe Fiſci hiebey zu beobachten unbenommen, worauf alsdenn allenthalben ergehet, was recht iſt.

Rationes dubitandi.

Ob wohl Imploratens Sohn mit Imploranten Tochter ſich dergeſtalt feſt eingelaſſen, daß er in denen Fol. 82 ſeqq. producirten Brieffen mit hohen Betheurungen und Eid-Schwüren die heimliche Ehe-Beredung beſtärcket, ins beſondere aber ſolchen Eid coram Notario und 6 Zeugen, ſolenniter wiederholet, und darinne conteſtiret, er wolte ſich hiermit bey dem groſſen Gott und ſeinem wahren Wort vor dem Notario und benannten 6 Zeugen öffentlich frey und ungezwungen erkläret haben, allein dieſer ſeiner liebſten Jgfr. Marien Magdalenen T. das Ehe-Verſprechen treu und redlich zu halten, und ſolches eheſtens zu vollenziehen, ſondern auch dieſelbe nimmer, ſo wahr ihm des höchſten

Gottes

Gottes-Gnade und die Verheissung seines heilsamen Wortes zu theil werden sollte, zu verlassen, qualia solennia juramenta puberum magnam vim habent;

auth. sacramenta puberum C. si adv. vend. überdem auch solches Ehe-Versprechen per concubitum subsequentem vollenzogen, und gleichsam in matrimonium verwandelt worden, in welchem Fall ohnedem der dissensus paternus nicht pfleget regardiret zu werden; Carpzov. lib. 2 jurispr. consist. def. 69. Struv. in jurispr. privat. tit. de sponsal. §.4; vornemlich aber Implorante darauf, daß der Implorate justas dissentiendi causas anführen solle, geklaget, der Implorate auch solche anzuzeigen um desto mehr verbunden zu seyn scheinet, weil kein Vater ohne erhebliche Ursache dissentiren kan; allenfalls das Consistorium den defectum consensus suppliren muß, welches allhier um desto mehr in Consideration zu ziehen, da des Imploratens Sohn um des Vaters Consens angehalten, auch noch gerichtlich Fol. 135, daß er ungerne des Receptoris Tochter verlassen wollte, gestanden, ja sub illa conditione sich mit derselben verlobet, wenn sein Vater keine erhebliche causam dissensus allegiren möchte, si autem parentum consensus aliquoties reverenter imploratus, isque inique denegatus est, tum sponsalia contracta rata habenda sunt; Cothmann. vol. 1 resp. 1 n. 239, zumal auch hiebey keine erhebliche Ursache angeführet werden mögen.

Rationes decidendi.

Weil aber dennoch re adhuc integra der Implorate den 3 Mart. 1713 sich gerichtlich darüber beschweret, daß Implorant und dessen Tochter seinen Sohn an sich gezogen, daß er in ein heimlich Ehe-Verlöbniß mit derselben sich eingelassen, dabey aber öffentlich seinen dissensum an den Tag geleget, und gebeten, dem Imploranten nebst seiner Tochter anzubefehlen, daß sie sich seines Sohnes gäntzlich äussern sollten, welches auch Fol. act. 2 b sub poena 200 Thl. geschehen, worauf der Implorate sub dato den 14 Martii 1713 Fol. act. 3 seine Erklärung dahin eingerichtet, daß Imploratens Sohn um seine Tochter angehalten, er auch, wenn sein Vater darein consentiren würde, ihm seine Tochter nicht versagen wollte, anbey die Beschuldigung als eine injurie aufgenommen, gleichwohl darüber ein gantzes Jahr acquiesciret, und damahls wenn er debito modo & ordine verfahren wollen, billig seine causas dissensus anzuführen, anhalten müssen, welches aber nicht allein nachgeblieben, sondern auch non obstante prohibitione pœnali, des Imploratens Sohn das commercium literarum mit seiner vermeinten Braut continuiret, und darinne mit hohen Betheurungen sein Versprechen confirmirt, ja so gar sich mit ihr fleischlich vermischet und sie geschwängert, welches Implorante dem gerichtlichen Befehl zu folge billig verhüten können und müssen, so derselbe aber so gar ausser Augen gesetzet, daß er, nachdem seine Tochter geschwängert gewesen, den 28 Febr. 1714 den jungen Menschen dahin induciret, daß er coram notario und 6 Zeugen nochmahls sein Ehe-Versprechen bestätiget, und auf den Fall, wenn der Vater den Consens ohne Allegirung erheblicher

Jurist. Oracul V Band.

Ursachen noch länger denegiren, und er inzwischen versterben würde, ihr alle das seinige per donationem inter vivos zusagen müssen, welches unrechtmäßige Beginnen nicht allein höchst straffbar, sondern auch zugleich vermögend ist, die sponsalia nulliter contracta zu validiren, cum juramentum actum legibus interdictum confirmare non possit; B. Stryck. de dissenf. sponsal. sect. 1 § 37, insbesondere aber das Königl. edictum de Anno 1694 § 9 ausdrücklich verordnet:

Da sichs zutrüge, daß Kinder, welche ihrer Eltern Consens und Approbation so fort nicht erlangen könten, um ihren Zweck zu erreichen, andere unzuläßige straffbare Mittel ergriffen, und entweder ad concubitum & carnalem copulam schritten, oder sich heimlich copuliren liessen, so wollen und verordnen wir hiermit, daß denen Eltern ihr Consensus von denen Kindern auch per ejusmodi concubitum vel benedictionem sacerdotalem keinesweges abgezwungen werden soll:

welches ohnedem auch so wohl der Billigkeit als denen gemeinen Rechten conform ist; B. Stryck. sect. 4 c. 3 § 7. Da sonsten per indirectum die heilsamen Verordnungen, welche die Kinder an den Consens derer Eltern verbinden, eludiret werden würden, also nunmehr, re non amplius integra, zu spät ist, von dem Imploraten, daß er causas dissensus allegiren solle, zu begehren, da auch dieses genug seyn kan, daß sein Sohn mit des Implorantens Tochter sich so weit engagiret, und Implorate den dissensum patris nicht allein gewust, sondern auch contra prohibitionem judicialem verhenget, daß seine Tochter mit des Imploratens Sohn nicht weiter in genauer und verbotener Conversation leben können, si enim conjunctio liberorum insciis parentibus facta ob id solum, quod parentum consensus rogatus & impetratus non sit, divino & humano jure pro spuria habetur & nullarum virium esse pronunciatur, quo magis ex eadem ratione parentes justissimam dissensus sui causam prætendent. Cothmann. vol. resp. 1 n. 231; und mag dagegen nicht hindern, daß das Ehe-Versprechen sub hac conditione, wenn der Vater keine justas dissentiendi causas anführen würde, geschehen, zumal solches in fraudem legis nur dabey gesetzet, hergegen alle Umstände klärlich anweisen, daß man per indirectum dem Imploranten zu consentiren forciren, oder die leges eludiren wollen, woraus niemande ein Vortheil zuwachsen mag; zu geschweigen daß des Imploratens eigen Geständniß nach des Imploratens Sohn nichts gelernet, und eine Frau zu ernehren nicht capable ist, und das Vorgeben, daß sich der Implorante ihm adjungiren lassen wolle, in seinem Vermögen nicht stehet, ein Vater aber billig verhüten muß, daß aus solchen imprudenten Verlobungen die Kinder nicht ruiniret werden, wie denn auch das instrumentum notarii selbsten ausweiset, daß man mehr auf seine Güter als Person gesehen haben mag, quod rursus justam dissentiendi causam præbet. Cothmann. cit. n. 253. Endlich auch hiebey nicht ausser Acht zu lassen, daß dieses Recht zwar demjenigen, welchem der Vater seinen dissensum denegiret, zugelassen, und derselbe befugt

Bbbbb

sey,

sey, seinen Vater anzuhalten, daß er justas dissentiendi causas anführen solle, hergegen daraus einem tertio kein jus agendi zustehet, wie in der That allhier zu befinden, da der Geschwängerten Vater die Klage führet, des Imploraten Sohn hergegen davon abstrahiret, ja sich gerichtlich erboten, seinem Vater zu gehorsamen, also bewandten Umständen nach des Imploraten Suchen nicht einsten gegründet ist; daher denn nichts mehr demselben übrig bleibet, als von wegen seiner Tochter ad dotationem & alimenta infanti præstanda zu klagen, hergegen er auch wegen seines ungebührlichen Verfahrens so wohl dem Fisco gerecht zu seyn, als auch das Fol. 62 befindliche und ungebührlicher Weise verfertigte instrumentum in originali auszuliefern:

So sind wir geschehener massen zu erkennen bewogen worden.

nomine Facultatis juridicæ
Lipsiensis Mense Majo
1715.

DECISIO CXII.

Ob das Juramentum Suppletorium in den Ehe-Verlobungs-Sachen stat finde?

Facti Species.

Auf eingewandte Leuterung und erfolgte Gesetze Sachen Hans E. Beklagten an einem, und Hans B. in Namen seiner Tochter Reginen B. Klägern am andern Theil erkennen rc. auf eingeholten Rath auswärtiger Rechts-Gelehrten für Recht:

Daß es der eingewandten Leuterung ohngeachtet bey dem am 18 Julii 1726 eröffneten, und num. act. 79 & 80 befindlichen Urthel zu lassen, Beklagte auch die expensas retardati processus nach deren vorhergehenden Liquidation und erfolgter unserer Mäßigung Klägern zu erstatten schuldig. B. R. W.

Rationes dubitandi.

Es hat Hans B. nachdem Hans E. sich mit der Witwe S. öffentlich proclamiren lassen, im Namen seiner Tochter bey dem dasigen Consistorio gegen fernere Proclamation protestiret, anbey auch wegen der zwischen seiner Tochter und Beklagten getroffenen Verlobung und erfolgten Schwängerung auf die Ehe geklaget. Als nun derselbe dieserhalb den Beweis übernommen, so ist Fol. 79 und 80 auf das juramentum suppletorium, und in Fall solches von Klägers Tochter abgeschworen würde, auf die wirckliche Vollziehung der Ehe und Annullation derer mit der Witwe S. getroffenen sponsalium posteriorum erkannt worden, von welchem Beklagter leuteriret. Ob nun wohl derselbe loco gravaminum angeführet; daß 1) in matrimonialibus nach derer meisten Rechts-Lehrer Meynung das juramentum suppletorium nicht stat finden könne, da dieselbe als causæ arduæ & majores zu consideriren, und so gar denen causis criminalibus äquiparitet werden, in welchen gleichfalls von dergleichen Jurament zu abstiniren ist; Carpzov. lib. 3 resp. 57 n. 18. Richter. p. 1 decis. 8 n. 38 seqq.

Zumahl da 2) von diesem Eid die Vollziehung der strittigen Ehe dependiret, und also daraus leicht erfolgen könnte, daß er wider Willen in eine unglückliche Ehe gestürtzet werde, temerarium autem videtur, salutem alterius reclamantis & dissentientis jurantis arbitrio exponere, & ita per indirectum invitum in talem detrudere societatem, quæ semel contracta indissolubilis est; Brunnem. cent. 4 decis. 34. Stryckius cons. 127; und dieses um so viel mehr 3) in diesem Casu, da bey der promissione matrimonii noch eine imprægnatio vorgegeben wird, als welche die sponsalia in verum matrimonium verwandelt, und also dieser Eid re vera de matrimonio seyn würde, welches iedennoch denen Canonischen Rechten gantz zuwider, cum matrimonium constituat vinculum indissolubile, quod a privatorum juramento non debet dependere; Berger in elect. proc. matrim. § 26. Horn. consult. & respons. class. 3 n. 10; überdem 4) dieses Jurament in diesem Casu gantz irrelevant zu seyn scheinet, weil aus denen Rechten bekannt, quod sponsalia clandestina anteriora posterioribus publicis non sint præferenda, licet vel maxime ad clandestina concubitus accesserit; c. 2 de clandest. despons. solches assertum auch 5) in hoc casu daher gegründet, weil vermöge der Braunschweig-Lüneburgischen Kirchen-Ordnung Hertzogs Julii, welche nach Inhalt des dasigen consistorial-recessus nebst denen desfalls ausgelassenen constitutionibus die itzige Norma des Consistorii daselbst ist, ausdrücklich pro forma sponsalium erfordert wird, daß zu denenselben zwey ehrbare, redliche, unpartheyische Personen genommen werden sollen, und also in Ermangelung derselben der Actus null und nichtig zu achten; cum forma LL. publicis præscripta non observata totus actus censeatur nullus; Stryck. ad Brunnem. jus eccles. lib. 2 c. 16 § 12; auch 6) der concubitus zur Perfection der sponsalium invalidorum nichts thun mag, als welcher gleichfalls in denen LL. verboten, und als ein delictum anzusehen; ferner 7) von Klägern nicht einsten semiplene die promissio Futuri matrimonii erwiesen, vielmehr sie in actis hiebey sehr variiret, und anfänglich in ihrem Klag-libell vorgegeben, daß die heimliche Verlobung auf der Hochzeit zu Burgdorff, nachgehends aber auf S. Sohnes Hochzeit zu grossen Mahnerten geschehen, sie also dadurch sehr verdächtig gemachet, cum sola variatio arguat suspicionem falsi & incerti; Farin. 3 consil. 50 n. 36. Zasius consil. 16 n. 43. Zudem 8) die abgehörten Zeugen in dieser Sache testes plane idonei sind, und keinen Glauben meritiren, massen S. seiner eigenen Aussage nach ein proxeneta gewesen, qualis in causa matrimoniali testimonium ferre nequit; Vultei. lib. 1 consil. Mart. 15 n. 192. Menoch. 1 arb. judic. quæst. 73 lib. 1 n. 29, und D. nicht nur wegen der laut attestati num. act. 19 & 20 mit der Mit-Klägerin begangenen Unzucht, sondern auch, weil er vermöge des documenti n. 101 diese Sache für Klägere dergestalt getrieben, als wenn sie ihn selbst angienge, zum Zeugniß gantz untüchtig; sonsten aber 9) aller Zeugen Aussage Beklagten nicht gäntzlich zuwider, oder etwas concludentes daher zu ziehen, vielmehr dieselben unanimiter deponiren, daß sie nicht gehöret noch gesehen,

hen, auch nicht wüsten, daß sich Beklagte mit der Klägerin solle verlobet haben; vid. depof. teft. 1 ad art. probat. 1 & 19, teft. 2 & 3 ad art. 19, und obwohl 10) teft. 2 ad art. 17 behaupten wollen, daß Beklagter ihm auf seine Proposition geantwortet habe, und er wolle Klägerin getreu bleiben, wenn sie auch getreu bleiben wollte, dennoch aus diesen Worten kein verus, & indubitatus confenfus ad ineundum matrimonium eruiret werden mag, cum & illa verba in finiftram partem verti & etiam accipi poffint de cpe, auxilio, alimentis; Berger. in œcon. jur. lib. 1 tit. 3 th. 6, ingleichen 11) auf den von denen Zeugen angegebenen rumorem, daß nemlich Klägerin und Beklagter vor der Gemeine als Braut und Bräutigam gehalten worden, um so vielweniger Reflexion zu machen, weil dieselben keine probabilem cauſam angeben, auch nicht sagen können, von wem sie es gehöret, endlich aber gestanden, daß dieser rumor von dem Kläger selbst herkäme, wodurch denn der bey dem vorigen Urtheil daraus genommene Beweis von selbsten hinweg fallen möchte; cum rumor ortus ab iis perſonis, quorum intereſt, plane nihil probet. Maſcard. vol. 2 conf. 753 n. 1, in mehrerer Erwegung, daß 12) in matrimonialibus, wenn gleich die gehörigen requiſita dabey vorhanden, demſelben gar kein Glaube beygeleget werden könne; und so viel 13) den imputirten concubitum betrifft, die dieſerhalb vernommene Zeugen poſt publicationem rotuli nichtig abgehöret, und propter intercedentem cum actrice ſanguinis cognationem ſuſpecti ſind, maßen der eine ihr Bruder, der andere aber ihr Vetter, folglich auf ihre depoſition, beſonders da sie ſingulares ſind, gar nicht zu regardiren, und in dieſem Fall aus derſelben eine Deciſion zu machen, weil die Zeit des concubitus, welche von der Klägerin Bruder angegeben, a tempore partus gar ſehr differiret, endlich 14) der Klägerin ihr eigenes in partu laut n. act. 42 beſchehenes Bekenntniß nichts helffen mag; cum ſtupratæ teſtimonio fides haud habeatur in præjudicium tertii, etiamſi juramento voluiſſet patrem deſignare. Berlich. P. 5 concl. 38 n. 52, und es dahero 15) das Anſehen gewinnet, als ob Klägerin nicht ſemiplene erwieſen, und sie dahero nicht ſowol ad ſuppletorium als vielmehr Beklagter ad purgatorium zu admittiren, in ferner Betrachtung, daß 16) dieſelbe durch das angegebene ſtuprum, wie auch durch der M. fol. 19 gethane Depoſition ſich ratione periurii ſehr verdächtig gemachet.

Rationes decidendi.

Dieweil aber dennoch 1) die gemeine Meynung derer Rechts-Lehrer, daß in Ehe-Sachen das Jurament nicht leicht ſtat finde, nur von wircklichen vollzogenen Ehen, nicht aber bloſſen Verlöbniſſen zu verſtehen, welches aber auch 2) nur auf denjenigen caſum reſtringiret wird, wenn contra matrimonium dieſes Jurament abgeleget werden ſoll, ita ut pro matrimonio juramento ſuppletorio locus eſſe poſſit, Brunn. ad l. 9 de jurejur. n. 32, Maſcard. de probat. vol. 1 concl. 1033 n. 1, überhaupt aber 3) die gegentheilige Meynung, quod etiam in materia ſponſalium juramento ſuppletorio locus ſit, viel gegründeter, da die Eides-Lei-

Jurift. Oracul V Band.

ſtung ein in Rechten vorgeſchriebenes Mittel iſt, deſſen man sich zum Beweis befundenen Umſtänden nach gebrauchen kan, wo nicht die Rechte ein anderes deutlicher verordnet, welches aber bey denen ſponſalibus sich nirgend findet, da doch ſonſten dieſelben favorabilia ſind, und daher via probandi mehr zu extendiren, als zu præcludiren, welches letztere doch geſchehen würde, wenn in Ermangelung genugſamer Zeugen, auf den Eid nicht erkannt werden könte; wodurch denn 4) auch dieſes erfolgen müſte. daß das Ehe-Verſprechen promiſcue ins Leugnen gezogen werden könte, und alſo viele ſponſalia übern Hauffen fielen, und obwohl 5) viele dieſen die gravitatem cauſæ, und daß ſolcher criminali æquipariret würde, entgegen ſetzen, dennoch dieſe comparatio nicht abſolute, ſondern ſecundum quid zu verſtehen, an und vor ſich ſelber aber die Ehe-Klage civilis bleibet, und nach deſſen regulis beurtheilet werden muß; Carpz. lib. 3 jurispr. conſiſt. def. 46, nechſtdem 6) bey dieſem caſu, daß bey der promiſſione matrimonii auch concubitus mit angegeben worden, nicht im Wege ſtehet, ſintemalen alles noch facta dubia, und vom Beklagten abgeleugnete Dinge ſind, welche dahero erſt per præſtationem juramenti erörtert werden müſſen, multa enim in dubiis tolerantur, quæ in caſu claro alias non permitterentur. Heig. P. 2 qv. 16 n. 16, adeoque quando de facto quæritur, an ſcilicet deſponſatio facta, & juramento & tranſactioni indiſtincte locus eſt, id. cit. l. n. 21 ſqq. quæ alias locum non habent, ſi de matrimonio contracto conſtat, & ad diſſolvendum matrimonium illud tendit; Carpz. cit. l. def. 44 und ſo viel 7) die objection betrifft, daß allhier ſponſalia clandeſtina nur anzutreffen, derer meiſten Rechts-Lehrer Meynung zwar dahin gehet, daß ſponſalia publica poſteriora denen anterioribus clandeſtinis concubitu formatis vorgehen, iedennoch aber hier wohl zu conſideriren, daß ſowol Kläger als Beklagten Bauers-Leute und von gleichem Stande ſind, welche die in LL. vorgeſchriebene ſolemnia nicht ſo genau verſtehen, und welchen in ſolchen Stücken etwas mehr nachgeſehen zu werden pfleget, ita ut propter ſimplicitatem imprimis in ſolemnibus excuſentur; Menoch. 2 arbitr. jur. caſ. 194 n. 83, wozu noch 8) kommt, daß aus allen in actis befindlichen Umſtänden abzunehmen, daß Beklagter Klägerin auf alle Art und Weiſe hinter das Licht zu führen geſuchet, und ihm alſo hierinne nicht nachzuſehen, cum dolus nemini debeat prodeſſe; l. 12 D. de dolo l. 3 D. de tranſact. Dannenhero 9) bey dieſen concurrirenden Umſtänden, und da vor angeführte Meynung derer Dd. noch ſehr dubiös und von vielen das Gegentheil ſtatuiret wird, in dubio in mitiorem & benigniorem ſententiam zu incliniren, præſertim cum ſponſalibus clandeſtinis acceſſerit concubitus, antequam publica ſponſalia inita fuerint, in welchem Fall, der hier zu finden, auch die meiſten diſſentientes denen clandeſtinis alle prærogativam beylegen; Stryk. de diſſenſ. ſponſ. ſect. 4 c. 3 § 3, Beuſt. de ſponſal. c. 14 p. 24.

Zumahl es auf einen gefährlichen Betrug hinaus läufft, wenn iemand, der ſich heimlich mit einem Mägdgen verlobet, und ſpe futuri matrimonii ſie denſelben admittiret, sie nachgehends ſitzen laffen, und sich mit einer andern öffentlich verloben wolte; bey welchen Umständen nicht gesaget werden mag, daß das Jurament als irrelevant anzusehen, sondern es nunmehro darauf ankommt, ob 10) aus dem von Klägern geführten Beweis semiplena probatio abzunehmen, welches gestalten Sachen nach zu affirmiren, sintemal wenigstens Klägerin bey ihrem mündlichen Verhör niemahl variiret, und wenn gleich etwas verändertes in denen Schrifften vorfallen solte, dieses vielmehr dem procuratori non satis informato zuzuschreiben, zudem aber auch die beyden von Beklagten angeführten loca gar füglich ohne Variation erkläret werden können, so daß der letzter von denen sponsalibus denuo confirmatis zu verstehen; nächst diesem aber 11) aller Zeugen deposition ad art. 1 dahin gehet, daß bishero bey der Gemeine Klägere und Beklagten für Braut und Bräutigam gehalten worden, auch dieser Rumor 12) nicht einzig und allein von Klägern herkommt, sondern vielmehr alle Zeugen aussagen, daß sie es von unterschiedenen gehöret; vornemlich aber 13) test. 2 ad art. 13 nicht in Abrede seyn können, daß als er auf Begehren des Klägers Beklagten befraget, ob er des Klägers B. Tochter noch wollte getreu bleiben, weil sie sonsten eine andere Heyrath im Vorschlage hätte, derselbe geantwortet, er wolte ihr getreu bleiben, wenn sie ihm auch getreu bleiben würde; aus diesen Worten 14) auch billig eine promissio matrimonii zu schliessen, da einzig und allein von Heyrathen hier die Rede gewesen, und aus denen hierauf von Beklagten versetzten Worten; sein Bruder würde es zwar übel nehmen, allein er müste ihm doch geben, was ihm zukäme, dessen Intention noch deutlicher zu ersehen, wie nicht weniger, 5) eben dieses Zeugen Aussage ad art. 19 keinesweges ausser der Acht zu lassen, daß nemlich beyde mit einander freundlich umgegangen, auch wohl auf der Hochzeit einander frey angegriffen, welche Umstände, wenn sie zusammen genommen werden, billig eine semiplenam imo plus quam semiplenam probationem ausmachen, zumal da 16) auf die gegen die Zeugen opponirte exceptiones wenig zu reflectiren, als welche theils nicht erheblich, theils auch, da dieselben sämmtlich beeidiget, und hier eine causa matrimonialis ist, gar nichts ausmachen, cum in matrimonialibus etiam testes inhabiles admittantur; Brunnem. cent. 5 decil. 89, wie es denn 17) eine gleiche Bewandniß auch mit dem abgeleugneten concubitu hat, indem Hans Heinrich S. in not. num. 54 eidlich deponiret, daß er Klägerin und Beklagtin in einem Winckel angetroffen, dieser jene geküsset, derselben in den Busen gegriffen, und die Brüste visitiret habe, und, als er ihn deshalb zur Rede gesetzet, derselbe geantwortet, es wäre seine Braut, und könte er solches wohl thun, nicht weniger 18) eben dieser Zeuge ad art. 7 deponiret, daß E. die B. auf der Treppe in den Arm genommen, und ihr in den Busen gegriffen, und als er Zeugen gesehen, sich gäntzlich entfärbet; wozu noch 19) kommt, daß der Klägerin Bruder laut rot. num. 23 seine Schwester aus dem Bette, worinne Kläger gelegen, herauskommen sehen, und obgleich die von demselben angegebene Zeit mit dem tempore partus nicht übereinkommt, dennoch daraus eine bündige Präsumtion gegen ihn entstehet, daß er öffters mit ihr concumbiret; auch 20) diese Aussagen keinesweges verdächtig zu machen, weil sowohl die Zeugen post publicationem attestatorum abgehöret, als auch nähere Verwandte von Klägerin sind, denn auf jenes hier als in einer causa summaria & consistoriali nicht pfleget reflectiret zu werden, auf dieses aber auch dasjenige, was bey denen obigen Zeugen erinnert worden, nicht unbillig zu appliciren; dannehero 21) bey so bewandten Umständen, da solche wichtige argumenta gegen Beklagten in actis zu finden, und daraus gar füglich eine probatio semiplena zu schliessen, es billig bey dem juramento suppletorio gelassen werden müssen, in Betrachtung, daß derselbe die ex stupro sonsten herrührende infamiam ihr keinesweges vorzuwerffen befugt, da der concubitus zwischen Verlobten keine solche infamiam nach sich ziehet, quæ inhabilitatem ad jurandum inducat; es auch sehr bedencklich gefallen, Beklagten zum purgatorio zuzulassen, darzu er gar verdächtig sich offeriret, und ob præsumtionem perjurii dazu nicht zuzulassen, diesemnach des Beklagten gravamina gar nicht erheblich sind;

So hat geschehener massen erkannt werden müssen.

nomine facultatis juridicæ
Halensis Mense April. 1727.

DECISIO CXIII.

Ob die Eltern ohne Rechtsbeständige Ursache die Einwilligung zur Heyrath denen Kindern verweigern können?

Facti Species.

Auf Imploration und erfolgte Gesetze in Sachen J. A. B. Imploranten an einem, und dessen Mutter S. D. B. Imploratinne am andern Theile erkennen rc. auf vorgehabten Rath derer Rechtsgelehrten für Recht:

Daß der Imploratinnen Einwenden ohngehindert der Implorant das mit seiner Braut getroffenen Ehe-Versprechen zu vollziehen wohl befugt, und Imploratinne darinne zu consentiren schuldig, in dessen Verbleibung deren consensus ex officio pro præstito zu halten, es könte und wolte dann Imploratinne ihr Vorgeben, daß ihr mittlerer Sohn mit des Imploranten Braut vorher sehr verdächtigen Umgang gehabt, und sie sich sonsten liederlich, und nicht wie sichs gebühret, aufgeführet, binnen 4 Wochen besser als bisher geschehen beybringen, Implorantens Gegen-Bescheinung vorbehältlich, so ergehet alsdann ferner in der Sache, was Recht ist. V. R. W.

Rationes dubitandi.

Nachdem Implorant über den verweigerten Consens der Imploratin, seiner Mutter, in die vorhabende Heyrath sich beschweret, und deswegen sich an das Consistorium gewendet, so ist anfänglich zwar mündlich hierüber verfahren, jedoch dabey vergönnet worden, die fernere Nothdurfft schrifftlich zu übergeben. Ob nun wohl Imperantinne anstat rechtmäßiger Ursachen, ihren Consens in die vorstehende Heyrath ihres Sohnes zu denegiren, anführet,

führet, 1) daß der Implorant kaum das 18 Jahr zurück geleget, und noch das Alter nicht habe, so zu Uiberlegung und Vollenziehung eines so wichtigen Wercks erfodert werde; 2) ihr Sohn kaum aus der Lehre getreten, seine Profeßion noch nicht einsten recht gelernet und absolviret, vielweniger durch Wandern excoliret, und dahero nicht capable sey, Weib und Kind zu ernehren, welches vornemlich zu attendiren, und pro justa causa denegandi consensum maternum zu halten, Böhm. Consl. vol. I P. 1, bevorab da 3) noch hinzu kommet, daß des Implorantens Braut mit ihrem mittlern Sohn sehr verdächtig gelebet, und man nicht wissen könte, ad quem gradum amoris er bey ihr avanciret, welches zwar noch nicht beygebracht, daben aber doch kein grosser Beweis nöthig ist, vielmehr dabey ad scandalum evitandum viele singularia zugelassen werden; c. 12, 27 X. de sponsal. c. 2 X. de consl. & affin. endlich 4) der fol. 7 befindliche Brief ein solches Portrait von des Implorantens Braut machet, daß die Imploratin billig Ursache zu haben scheinet, zu verhindern, daß ihr Sohn sich nicht an eine solche Person, wie sie daselbst beschrieben wird, verheyrathe.

Rationes Decidendi.

Dieweil aber dennoch 1) der Implorant bald 19 Jahr alt ist, und dahero dasjenige Alter hat, darinne einer Manns-Person zu heyrathen nirgends verboten, Imploratinne auch nicht in Abrede seyn kan, daß ihr ältester Sohn im 20 Jahr geheyrathet, und sie sich darwider nicht gesetzt; 2) Implorant seine Lehr-Jahre ausgestanden, und die Erlernung des Becker-Handwercks absolviret, und wohl eben nicht absolute, sondern nur ad bene esse das Wandern nöthig, voritzo aber genug ist, daß er sich zu seiner Profeßion habilitiret, und wenn er sonsten mit seiner Familie subsistiren will, schon genöthiget werden wird, sein Handwerck praestitis praestandis zu treiben; 3) ferner der verdächtige Umgang ihres ältern Sohns mit Implorantens Braut so wenig bescheiniget, als 4) aus dem fol. 7 befindlichen Schreiben etwas dargethan werden mag, als welches vielmehr für eine affectirte und ausgekünstelte Schmäh-Schrifft zu halten, und eben so wenig beweiset, als wenig ein testimonium injuratum tertii Glauben meritiret, also in actis keine justa causa consensum denegandi zu befinden, noch bescheiniget ist; mithin Imploratin denen bekannten Rechten nach in das Ehe-Versprechen ihres Sohnes zu consentiren schuldig oder gewärtig seyn muß, daß von dem hochlöblichen consistorio ex officio der defectus consensus suppliret werde; dabey iedoch nicht zu leugnen, daß wenn die beyden letzten Ursachen beygebracht werden könten, alsdenn der Imploratinnen dissensus mehr Grund haben würde, mithin dieserwegen ihr deren bessere Bescheinigung vorbehalten worden;

So ist wie geschehen, zu erkennen gewesen.

Nomine facultatis juridicae
Hallensis mense Februario
1724.

DECISIO CXIV.

Ob sowohl der Eltern als beyderseits verlobenden Personen Consens erfordert wird, wann anders die sponsalia gültig seyn sollen?

Facti species.

Auf gesuchte Revision und erfolgte Gesetze in Sachen Johann V. des jüngern Beklagten an einem, und Catharinen W. Klägerin am andern Theil, erkennen rc. nach vorgehabtem Rath auswärtiger Rechtsgelehrten für Recht:

Daß es der gesuchten Revision ungehindert bey denen n. actor. 23 & 30 befindlichen Urtheln billig bleibt, Beklagter auch die expensas retardati processus nach deren vorgehenden Liquidation und erfolgten Mäßigung zu erstatten schuldig, V. R. W.

Rationes dubitandi.

Nachdem Klägerin die Ehe-Klage gegen Beklagten angestellet, und aus seiner und seines Vaters responsion ad positiones den Beweis hergenommen, auch Beklagter darauf zu Vollenziehung der Ehe mit der Klägerin durch zwey Urthel condemniret worden, so hat er gegen das letzte Urthel revisionem gesuchet. Ob er nun zwar loco gravaminum anführet, 1) daß ohngeachtet er zugestehen müssen, der Klägerin die Ehe versprochen zu haben, sie dennoch mit nichts beygebracht, daß sie ihm hinwiederum die Ehe versprochen, da doch die sponsalia mentione & promissione bestünden, und ein einseitiges Versprechen keinesweges zulänglich seyn könne, 2) daß an seiner Seite es an einem deliberato consensu ermangele, und er ihr das Ehe-Versprechen damahls gethan, als er sich fleischlich mit ihr vermischen wollen, in welchem Stande er nicht alles genau überlegen können, bevorab da er auch 3) damahls truncken gewesen, und 4) das Versprechen heimlich ohne seines Vaters Consens geschehen, welches abermahl nullitatem sponsaliorum anzeiget; auch 5) nicht gesaget werden könte, daß der Vater tacite darein consentiret, weil dem Vater doch, als Klägerin ihm davon gesaget, ihr angezeiget, daß sein Sohn ihm davon nichts gesaget hätte, woraus denn der consensus bey solchem wichtigen negotio nicht wohl zu schliessen, in mehrer Erwegung der Vater selbsten bey dieser Ehe-Klage interveniendo sich gemeldet, und seinen dissensum declariret; übrigens 6) die Geständniß, daß er sich mit der Klägerin fleischlich vermischet, auch wenig zur Sache thun will, nachdem die praecedentia sponsalia einen Mangel zu haben scheinen, nicht zu gedencken, 7) daß Beklagter n. act. 34 auf eine Kirchen-Ordnung sich bezogen, nach welcher sponsalia nicht anders als vor dem pastore loci contrahiret werden können.

Rationes decidendi.

Weil aber dennoch Beklagter in seiner Antwort ad positiones nicht in Abrede seyn mögen, daß er der Klägerin die Ehe zugesaget, und seine Intention sowol verbis als factis vielfältig an den Tag geleget, und zu unterschiedenen malen wiederholet, überdem auch seine so öfters gethane Ehe-Versprechun-

gen,

gen, wie auch, daß er darauf die Klägerin fleischlich
erkannt, gegen dem Prediger des Orts gestanden,
wie aus seiner Antwort ad positionem 65 zu ersehen,
und bey solchen Umständen es eine gantz ungereimte
Exception und Einwendung ist, daß sie ihm die Ehe
nicht hinwiederum versprochen haben solte, da sie
eines theils intuitu matrimonii ihn admittiret, andern theils ad positionem 64 et bekannt, daß Klägerin zu ihm gesaget habe, sie wäre mit dem verlangten Auffschub zufrieden, wenn es gleich noch 10 Jahr
währen solte. welches sie von Vollenziehung der Ehe
verstanden, und also præcedentem desponsationem voraussetzen müssen, bey welcher die andern
angeführten defectus theils nicht zu finden, theils
nicht applicable sind; angesehen die exceptio ebrie-
tatis & minus deliberati animi aus denen vorhin
angeführten Umständen gantz ungegründet ist, hiernächst Beklagtens Vater ad posit. 60 nicht in Abrede seyn können, daß Klägerin ihm die Verlobung
mit seinem Sohne offenbaret, er also solche wohl
gewust, derselbigen aber nicht widersprochen, welches er um desto eher thun müssen, da ihm der Umgang seines Sohnes mit der Klägerin gantz bekannt
gewesen, und ohne allen Widerspruch solches zugegeben, denen Rechten nach aber genug ist, ut pater
non dissentiat, quia sic tacite consentire videtur; welches um desto mehr hier in regard zu ziehen, da nicht res integra ist, sondern Beklagter
seiner Geständniß nach sich zu unterschiedenen malen
mit der Klägerin fleischlich vermischet, und ihr wircklich beygewohnet, diesemnach des Beklagten Vaters
intervention, worinnen er seinen dissensum declariret, bey so gestalten Sachen nicht mehr stat gefunden, welche auch der Vater fallen lassen, und
also in regard seiner die n. 23 befindlichen Urthel in
rem judicatam ergangen; endlich was Beklagtens
Advocat n. act. 34 von einer Kirchen-Ordnung, und
daß diese Verlöbniß gegen solche geschlossen, angeführet, um deswillen für unerheblich zu achten, weil
die existentia derselben abgeleugnet worden, welches
auch um desto mehr zu vermuthen, weil erst post
duas sententias Beklagter auf diesen defectum
verfallen, auch das Consistorium loci hierauf keine
Reflexion genommen, wenigstens wenn gleich von
dem angegebenen dato sich eine dergleichen Kirchen-
Ordnung finden solte, an deren Publication nicht
unbillig zu zweiffeln ist, wie denn auch kein extra-
ctus authenticus davon ad acta genommen worden, so doch allenfalls, wenn solche vim legis bey
den A. C. Verwandten daselbst haben solte, nöthig
gewesen:

So ist, wie geschehen, erkannt worden.

nomine facultatis juridicæ
Tubingens. Mense Januario 1726.

DECISIO CXV.

Ob der mütterliche Consens bey Ehe-Ver-
sprechungen nothwendig erfordert
werde?

Facti species.

Als dieselbe uns Revisions-Schrifft und dawider
vorgeschützte exceptiones in Sachen P. K. Impetranten und Beklagten an einem, und E. S. Im-

petratin und Klägerin am andern Theil zugeschicket 2c.

Daß es eingewandter Revision ohngehindert bey
dem am 5 Junii 1711 eröffneten Urthel lediglich zu
lassen, und nunmehro Impetrant im Fall fernerer
Verweigerung zur Vollstreckung der Ehe durch
Gefängniß und andere Zwang-Mittel gebührend
anzuhalten, auch die der Impetratin durch diesen
Proceß verursachte Unkosten nach vorhergehender
Liquidation und erfolgter richterlichen Moderation
zu erstatten schuldig sey, V. R. W.

Rationes dubitandi.

Es hat die Klägerin E. S. gegen dem Beklagten P. K. eine Ehe-Klage in prima instantia angestellet, und selbige darauf gegründet, daß Beklagter sich mit ihr in der S. Peters-Kirche im Namen
der H. Dreyfaltigkeit verlobet, und sowol er als sie
solche Ehe-Verlöbniß mit einem Eide bestärcket, anbey Beklagter sie auf baldige Vollenziehung der Ehe
vertröstet, auch ihr zu dem Ende einen schrifftlichen
Schein sub clausula juratoria ausgehändiget hätte,
und endlich sie ad concubitum persuadiret, davon
sie schwanger worden, und eines Kindes genesen;
Beklagter hat hierauf solches Ehe-Verlöbniß nicht
abgeleugnet, sondern nur exceptionem clandesti-
norum sponsaliorum, weil noch seine Mutter im
Leben, solche gleichwohl in solches Ehe-Versprechen
weder consentiret, noch anitzo consentiren wolte, sich
anbey auf das Pœnal-Edict de anno 1676 und
Hamburgische Statuta bezogen, und unterschiedlicher Dd. Meynung angeführet, nach welchen auch
ad validitatem sponsaliorum der Mutter Consens
erfordert würde. Diesem allen aber ohngeachtet
ist in prima instantia auf die Vollstreckung der
Ehe erkannt worden, wovon der Beklagte appelliret, und als abermal in instantia secunda die vorige Urthel confirmiret, hat er letzlich davon Revision gesuchet.

Ob nun wohl Beklagter folgende gravamina angeführet, daß 1) allhier keine sponsalia concubitu
firmata vorhanden, sondern der concubitus lange
vorhergegangen und öffters reiteriret worden, auch
das Vorgeben, als ob sie von ihm geschwängert
worden, da er bereits Banco-Schreiber gewesen,
mit nichts erwiesen sey; 2) auch ferner aus dem li-
bellirten Schein keine promissio matrimonii, sondern nur die Continuation ihrer verbotenen Liebe geschlossen werden könte; nechstdem auch 3) die Klägerin nicht lange nach solchem Schein einen andern
Verpflichtungs-Schein vom Beklagten genommen
hätte, des Inhalts, daß wenn sie sich verheyrathen
würde, er ihr 400 Thlr. an Dänischen Kronen geben wolte, wodurch sie also ipso facto a promissione matrimonii abgetreten, und da auf dessen Edition Beklagter in actis gedrungen, so hätte billig
darauf erkannt, oder wenigstens dem Kläger der
Reinigungs-Eid zuerkannt werden müssen; welchem
noch 4) hinzugethan ist, daß die Klägerin, testantibus actis secundæ instantiæ, mit andern grosse
familiarité gepflogen, ja sich Beklagter 5) erboten,
zu erweisen, daß die Klägerin auch pendente lite
sich nicht keusch gehalten, welcher Beweis vornemlich abgenommen werden müssen, zu geschweigen,
was de invaliditate sponsaliorum hinc inde in
actis vorgebracht ist;

Ratio-

Rationes decidendi.

Dieweil aber dennoch Beklagter in actis prioris instantiæ weder die förmliche Ehe-Versprechen, noch, daß er der Klägerin den Schein zu dem Ende gegeben, abgeleugnet, sondern sich nur in sponsaliorum invaliditate gegründet, hergegen die darzu angeführte jura nicht hinlänglich sind, anerwogen das edictum pœnale nicht von diesem, sondern de casu raptus handelt, mithin allhier nicht applicabel ist, und ob zwar die Dd. consensum maternum ad sponsaliorum validitatem mit erfordern, auch solches in thesi heut zu Tage seine Richtigkeit hat, so ist doch in hypothesi diese sententia ad præsentem casum um deswillen nicht zu appliciren, weil Beklagter bereits lange vorher ein Bürger, und also nicht mehr unter der Erziehung seiner Mutter gewesen; nechstdem allhier res nicht mehr integra vorhanden, sondern die Klägerin von ihm geschwängert worden, quo casu sponsalia etiam inscio patre, multo magis inscia matre, contracta consummanda sunt, Carpz. P. 2 jurispr. consist. def. 60. Richter. decis. 8 n. 55, 94 sqq. also der dissensus matris, den sie auch ad acta declaritet, nunmehro nicht zu regardiren, absönderlich da nicht alles, was contra honestatis præcepta unterlassen wird, eine Nullität operiret, wie dem dergleichen erwachsene und bereits in bürgerlicher Nahrung stehende Söhne mehr ex honestate als absoluta necessitate maternum consensum erfordern müssen; im übrigen die angeführte gravamina von gantz keiner Erheblichkeit sind, zumahl quoad primum gravamen der Verbindlichkeit der Ehe-Verlöbniß nichts hindert, daß er schon einige Zeit vorher mit ihr zugehalten, indem er nicht ableugnen mögen, daß nach solcher Versprechung sie von ihm schwanger worden, wie er denn in actis primæ instantiæ tacite eingeräumet, auch cardo rei nicht darauf ankommet, ob er zur Zeit der geschehenen Schwängerung bereits Banco-Schreiber gewesen oder nicht; das andere gravamen auch contra acta und rei evidentiam läufet, da er in actis prioris instantiæ solchen Schein nicht anders als einen Verlobungs-Schein agnosciret, und mit diesem Einwurf erst in actis secundæ instantiæ aufgezogen kommen, die Worte auch solches gedachten Scheins ihn selbsten widerlegen, da er bekennet, daß er sich mit der Klägerin mit Mund und Hertzen verbunden, und nichts ihn von sie trennen solle, so wahr er die Seligkeit ererben wolle, welcher Schein von keiner verbotenen Huren-Liebe verstanden, noch Beklagter derselben zu seinem Vortheil interpretiren mag, cum allegans propriam turpitudinem non sit audiendus, nec ei credendum; l. 50 § 1 de leg. 1. C. 8 X. de don. und wenn Beklagter auch gleich die Klägerin zu betrügen, dieses intendiret hätte, so könnte ihm doch solches zu seinem Vortheil nichts helffen, omnino enim æquum est, ne quis ex eo, quod perfide gestum est, aliquid consequatur; l. apud Celsum 4 § 13 de dol. mal. except. auch endlich um die verbotene Liebe zu continuiren, nicht leicht iemand einen Schein fordern oder ausstellen wird, wie denn auch das dritte gravamen in nuda assertione bestehet, so Beklagter mit nichts erwiesen, auch, daß er solchen Schein der Klägerin gegeben, nicht einst wahrscheinlich gemachet, ohne welche Suspicion auf kein purgatorium zu erkennen, vielmehr ist wahrscheinl.

licher, was die Klägerin angeführet, daß der Beklagter ihr den Verlobungs-Schein abschwatzen, und ihr zu mehrerer Versicherung eine Handschrifft auf 400 Rthlr. überliessern wollen, wie sie in actis referiret, welches sie aber ihm abgeschlagen, mithin wäre es überflüßig gewesen, darauf zu erkennen; wie denn auch die beyden letzten gravamina in actis nicht dargethan, auch der Beklagte nur Weitläuftigkeit zu machen, solches dem klaren Augenschein nach angegeben, so haben billig die beyden vorigen Urthel confirmiret werden müssen, und da nun tres conformes vorhanden, mithin Beklagter keine andere fernere Ausflucht verstattet werden mag, gleichwohl zu befürchten stehet, daß er noch ferner in Vollziehung der Ehe sich widerspenstig erzeigen werde, so ist zugleich in sententia auf die Zwangs-Mittel mit reflectiret worden, da denn derer bewehrtesten Rechts-Lehrer Meynung nach ein solcher refractarius pœna carceris zur mulctæ indictione ad consummandum matrimonium am besten kan gezwungen werden, Mev. P. 3 decis. 383. Stryk. de diss. sponsal. sect. II § 6 in f.

Nomine Facultatis Juridicæ Rostoch.
Mense Nov. MDCCXI.

DECISIO CXVI.

Ob zu öffentlicher Verlobung allemahl zwey Zeugen erfordert werden?

Sententia.

Als die Herren uns vorbringen und erfolgte Gesetze in Sachen Marien Catharinen Implorantin an einem, und Hans Christoph Imploraten am andern Theil zugeschicket ꝛc. Demnach ꝛc.

Daraus so viel zu befinden, daß Implorat das mit Imploranthin getroffene Ehe-Verlöbniß durch priesterliche Copulation, binnen einer darzu anberaumten Frist, zu vollziehen schuldig, in dessen Entstehung derselbe durch gebührende Zwangs-Mittel nicht unbillig darzu angehalten wird. V. R. W.

Rationes dubitandi.

Obwohl Implorat nicht leugnen kan, daß er den Vorsatz, die Implorantin zu heyrathen, gehabt, dennoch dabey vorgegeben, daß das Ehe-Verlöbniß zu seiner Vollkommenheit und endlichen Schluß nicht gekommen, vielweniger erwiesen sey, daß nach denen Statuten und Schwartzburgischen Ehe-Ordnungen verbindliche sponsalia publica allhier celebriret worden, als nach welchen wenigstens in Gegenwart zweyer Zeugen das Ehe-Verlöbniß geschehen muß, in dessen Ermangelung solches für unkräftig und unverbindlich zu halten ist, welches insbesondere bey Weibs-Personen in Acht zu nehmen, gleichwohl in actis nicht beygebracht, daß dieses bey dem angegebenen Ehe-Verlöbniß beobachtet wird.

Rationes decidendi.

Weil aber dennoch aus derer Zeugen Aussage, theils aus Imploratens eigner Geständniß erhellet, daß Implorat nebst Balthasar M. von Bilsensleben bey dem Prediger J. G. S. bey welchem Implorantin damahls in Dienst gewesen, ordentlich um sie angeworben, und gebeten, daß er, ihr Herr, sie aus dem Dienst lassen möchte, darauf auch Implorantin herzu gefodert und befraget worden, ob sie den

Imploraten

Imploraten heyrathen und haben wollte, worauf sie sowohl als er nachmahls das Ja-Wort gegeben, und weil er ein Wittwer und aus der ersten Ehe Kinder gehabt, der Prediger ihm ferner vorgehalten, daß er mit seinen Kindern zufürderst schichten müsse, welches er des andern Tages sofort gethan, die Implorantin mit darzu ruffen lassen, und befraget, ob sie mit seiner Disposition zufrieden wäre, und als sie solches bejahet, er darauf geantwortet, daß sie alle das übrige haben solle, auch daß dieses alles der Ehe wegen geschehen sey, sich deutlich erkläret, diesemnach, daß das Ehe-Verlöbniß völlig zum Stande gekommen, und nicht dem Vorgeben nach in blossen Tractaten verblieben, sondern alles, was dabey abzuhandeln nöthig gewesen, erfolget und geschehen sey, daraus erhellet; auch sonsten kein anderer Mangel hiebey zu befinden, zumahl was den angegebenen defectum testium betrift, hierbey wohl zu erwegen, daß Imploratin zur Zeit der geschehenen Anwerbung in Diensten gestanden, auch bey ihrem Herrn deswegen die Anwerbung für Imploraten mit Zuziehung eines andern Beystandes geschehen, welches in diesem Falle genug gewesen, und eben so wenig von Seiten der Implorantin Zeugen hierbey nöthig gewesen, als solche, wenn die Töchter noch bey ihren Eltern noch im Hause sind, und bey denenselben die Anwerbung geschiehet, für nöthig erachtet werden, vielmehr daß das Recht und Statuta de praesentia duorum testium disponiren, allein auf den casum zu ziehen ist, wenn eine Weibs-Person sui juris ist, und für sich ausser Dienste lebt; So hat, wie geschehen, erkannt werden müssen.

Nomine Facultatis Juridicæ Jenensis
Mense Aug. MDCCXIX.

ENUNCIATUM CXVII.

1) Ob ein Soldat vom Wachtmeister und Sergeanten an, bis auf den gemeinen Mann, inclusive ohne seines Obersten und Commandanten Erlaubniß heyrathen könne?

2) Ob der Feldscherer unter dieses Mandat könne gerechnet werden?

Extat hanc in rem peculiare Rescriptum Regium datum d. 18 Mart. 1709 verb. Demnach sich bey der Miliz Zeither viele Inconvenientien hervor gethan, und befunden worden, daß der gemeine Mann meistentheils die Weibsbilder mit unzulässiger Heyraths-Versprechung zur Unzucht zu disponiren suchet, nachgehends aber sich zur wircklichen Verehligung weder verstehen, noch weniger auf die ergehende Citationes vor denen Consistoriis erscheinen will, sondern bevor sich derselbe gerichtlich zur Ehe compelliren lässet, gar aus unsern Diensten mit völliger Montur flüchtet, oder da ja einer oder andere zur Vollziehung der Ehe gebracht wird, das Weib doch allen Fleiß anwendet, den Soldaten aus den Kriegs-Diensten zu ziehen, oder gar desertiren zu machen. Uiber dieses auch unserm Militar-Etat eine unzulässige Menge Weiber sowohl, als dem Quartier-Stande zu einer unerträglichen Last gereichet; Und Wir denn das Verheyrathen bey der Miliz fernerhin ohne Unterscheid zu gestatten, nicht gemeynet, vielmehr allergnädigst resolviret haben, daß künftighin keine Verlobung, vielweniger Copulation vom Wachtmeister und Sergeanten an, bis auf den gemeinen inclusive, Platz finden und gültig seyn solle, es wärt dann, daß der Obriste oder Commandant des Regiments dem Soldaten eine ausdrückliche, authentische, und eigenhändig vollzogene Erlaubniß zu seiner Legitimation gegeben hätte.

Als begehren Wir hiermit gnädigst an euch, ihr wollet diese Unsere ernste Willens-Meynung denen sämmtlichen Pfarren in Städten und auf dem Lande, wie auch im Bitterfeldischen Bezirck, durch die Superintendenten ungesäumt wissend machen, und sie dahin anweisen lassen, daß sie in Zukunft keinen, vom Sergeanten oder Wachtmeister an, bis auf den gemeinen Mann inclusive, trauen, oder ihnen sich zu verloben gestatten sollen, er habe denn vorher, gedachter massen, eine authentische Erlaubniß von dem Obristen oder Commandanten des Regiments, darunter er stehet, originaliter produciret, daran geschieht Unsere Meynung. Datum Dreßden, am 18 Mart. Anno 1709.

Ita nostrum Consistorium Mense Jan. 1723 pronunciavit, in causa Martin Elzens, contra Susannen Elisabeth Güntherin, verb. Und hat hiernechst die Klage in Ansehen, daß Kläger zur Zeit der angegebenen Verlobung, von dem Obristen oder Commandanten des Pflugischen Cürasier-Regiments eine ausdrückliche, authentische und eigenhändig vollzogene Erlaubniß, zu seiner Legitimation dießfalls nicht gehabt, mithin solche Verlobung, wenn gleich Principalin Mutter darein pure consentiret, zu bescheinigen; nach Anleitung des allergnädigsten Befehls, de dato Dreßden, am 18 Mart. Anno 1709 ungültig, nicht stat, die beyderseits aufgewendeten Unkosten aber werden aus bewegenden Ursachen, gegen einander billig compensiret und aufgehoben. V. R. W.

Cumque deinceps dubitaretur, utrum laudatum Mandatum ad Actorem, quod Chirurgus Militaris esset, pertineret, sustulit hoc dubium Potentissimus Legislator Saxo, d. 13 Dec. 1723 verb. Uns ist gebührend vorgetragen worden, was ihr in Ehe- und Schwängerungs-Sachen, Martin Eltzens, Feldscherers beym Pflugischen Regiment, und Susannen Elisabeth Güntherin betr. unterm 30 des abgewichenen Monats Nov. unterthänigst berichtet, und wie ihr: Ob Feldscherer, nach dem Ausschreiben, vom 18 Mart. 1709 zu ihrer Verlobung des Obristen und Commandanten des Regiments Einwilligung, gleich denen Soldaten auszuwircken nöthig hätten? beschieden zu werden gebeten. Nun dann solch Ausschreiben von Feldscherern allerdings mit zu verstehen, und dergestalt dieselben so wenig als andere der Miliz zugethane Personen ohne ihres commandirenden Officiers Erlaubniß, sich mit Bestande verloben können; Als ist Unser Begehren hiermit, ihr wollet euch also darnach achten, Eltzen und die Güntherin auch dessen bedeuten. Möchten Wir euch, mit Beyfügung dessen, was bey Uns, mehrgedachter Eltz, noch besonders überreicht und gesuchet, nicht bergen; Und es geschiehe x. Datum Dreßden, am 13 Dec. 1723.

Hinc secuta est sententia prioris confirmatoria, non attenta leuteratione Mens. Febr. 1724 a Facult. Lips. lata, verb. Daß es eingewandter
Leuterung

Leuterung ungeachtet bey dem den 14 Jan. des abgewichenen 1723 Jahres eröffneten fol. 30 b. seq. befindlichen Urthel, in Ansehung, daß nach dem allergnädigsten Rescript fol. 8; ein Feldscherer unter der Militz mit begriffen, und er bey der Verlobung einen Consens von seinem commandirenden Officier vorlegen soll, so aber von Klägern nicht geschehen, billig bleibet.

Rechtliches Bedencken CXVIII.

Ob ein Bräutigam, wann er in denen Ehe-Pacten wegen seiner Braut Väter- oder Mütterlicher Erbschaft renunciret, seiner Braut damit nicht präjudiciret?

Es geschicht oft, daß Eltern mit der Aussteuer eine Tochter gantz abzufinden meynen, oder wegen anderer Ursachen nöthig befinden, daß die Tochter der künftigen Erbschaft gäntzlich renuncire, wie das allerberühmteste Exempel vorigen seculi in dem Königreiche Spanien vorgegangen, da die Infantin Maria Theresia 1659 ihrer gäntzlichen Erbschaft in die Spanischen Königreiche eidlich renunciret, als sie der vorige König in Franckreich Ludewig der XIV geheyrathet, wie aus folgenden Staats-Bedencken mit mehrern erhellet. Wenn nun dergleichen fruchtbarlich geschehen soll, ist nöthig, daß die Renunciation in ihrem eigenen Nahmen, und von ihr selbst, und zwar eidlich geschehe, auch von ihr selbst unterschrieben werde; wenn aber der Bräutigam beydes in ihrem Namen thun sollte, wird es unverbindlich seyn, und der Braut an ihrer rechtlichen Anforderung nicht schaden. Denn ob zwar die renunciationes einer künftigen Erbschaft zu Recht beständig, Covarruv. ad C. quamvis de pactis in 6to § 1 num. 1 & 3, auch durch gantz Teutschland bey denen Töchtern bräuchlich seyn, Cothmann. Vol. 2 resp. 99 n. 103. Berlich. p. 2 concl. 43; weil aber dennoch eine iedwede Renunciation nur den Renuncianten bindet, und nur einer vor sich, seinem Rechte, nicht aber eines andern renunciren kan (wiewohl hier zu attendiren, daß ein Vater oder Mutter ihrer noch nicht gebohrnen Kindern Rechte ebenfalls renunciren kan, weil diese in der Person des Vaters oder Mutter alsdenn begriffen seyn) L. penult. C. de pact. in dem eines Fremden und dritten Recht vor irrenunciabel gehalten wird, Mynsing. Cent. 5 obs. 63 n. 10. Daen. de renunc. C. 14 num. 1. Dahero insonderheit die Rechts-Lehrer dahin schliessen, daß obgleich der Mann versprochen, daß die Frau der Erbschaft renunciren soll, sie dennoch nicht darzu verbunden sey, Kellenbenz de renunc. qu. 2. in dem der Mann der Erbschaft, welche der Frauen zugehöret, nicht renunciren kan, Daen. C. 14 n. 41, weil er der Frauen Nutzen zwar befördern, ihr zu Nachtheil aber nichts thun darff, per vulg. das bloße Stilleschweigen der Braut auch keinen zureichenden Consens inferiret, wie sie sich durch ihr Stillschweigen das Recht vorbehalten, wie denn auch die Rechte allhier einen ausdrücklichen und eidlich bekräftigten Consens erfordern. C. quamvis de pactis Faber in Cod. lib. 2 tit. 3 def. 1 n. 6. Carpz. p. 2 const. 35 def. 9 seqq. es wäre denn, daß erwiesen würde, daß an einem Orte was anders eingeführet sey. Berlich. p. 2 concl. 43 n. 5. Men. p. 3 decis. 270;

Jurist. Oracul V Band.

und wenn auch dieses erwiesen würde, so muß doch zum wenigsten die Renunciation ausdrücklich geschehen, weil sonst nicht davor gehalten wird, daß sich einer seines Rechts habe begeben wollen: Und obgleich die Tochter auch gesagt hätte, daß sie renunciren wollte, so ist doch dieses nicht gnug, wo die Renunciation nicht würcklich erfolget. Petr. Greg. Syntagm. l. 41 cap. 14 n. 1. Daen. de renunciat. c. 17 n. 13. Dahero wird dafür gehalten, daß die von dem Bräutigam in der Ehe-Stifftung geschehene Renunciation der Frauen an ihrem Erb-Rechte nicht präjudiciren könne, wie also die JCti Francof. ad Oder. respondiret haben.

§. 2.

Weil man in Teutschland auch öfters bey denen ehelichen Verlobungen ungleicher Standes-Personen pfleget Streit erreget zu werden: Ob und wie weit solche eheliche Versprechungen zu rathen und zu mißrathen seyn, solche Fälle aber bey hohen und niedern Adel im Römisch-Teutschen Reiche wegen der ungleichen ehelichen Verlobungen mit Adelichen und Bürgerlichen Frauens-Personen gar öfters sich zutragen pflegen; Als wollen wir allhier ratione des hier einschlagenden Fürsten-Rechts nur 2 Rechtliche Bedencken, welche pro und contra entworffen, beyfügen, wegen mehrerer ausgearbeiteten Responsorum unserm Leser aber auf des Herrn Feltmann besondern Tractat von dieser Materie vor den Schluß dieses Vten Bandes verweisen.

Rechtliches Bedencken, CXIX.

Cum duplici voto sowohl pro als contra ausgearbeitet.

Ob ein Fürst sich mit einer von bürgerlichen Stande verehelichen könne?

1) Votum contra.

Ob ich mich wohl in dieser Seßion, wobey nunmehro die höchstwichtige Berathschlagung vorkommt: Ob Ihro Hochfürstl. Durchl. zu rathen sey, da Ihnen gefällig ihren einsamen Stand hinwieder zu ändern, sich mit einer Person bürgerlichen Standes zu verehlichen, von meiner gewöhnlichen Stimme sehr gerne gäntzlich ausgeschlossen sehen wollen; so nöthiget mich doch meine unterthänigste Pflicht, der deshalben ergangenen Fürstlichen gnädigsten Verordnung durch Abstattung meines unvorgreiflichen Gutachtens hiermit gehorsamst nachzukommen.

Die Hoheit und Fürtrefflichkeit des Fürstl. Hauses, woraus unser gnädigster Herr entsprossen, nachdem weltkündig, daß selbiges mit den vornehmsten Königlichen und Fürstlichen Häusern der Christenheit durch nahe Blut-Verwandtschaft vielfältig verbunden, bedarff keiner Ausführung.

Soll aber dasselbe in seinem uralten Flor und Glantze erhalten werden, muß es in allewege der Sonnen gleich sich selbsten in seinem eigenen Kreise bewahren, und durch gleichbürtige Verheyrathungen das mit Königlichen und Fürstlichen Familien geschlossene Band immer fester zu verknüpfen suchen. Massen niedrige Verheyrathungen niemals ohne mercklicke Vergeringerung der wohlhergebrachten Fürstlichen Hoheit eingegangen werden können; ja sie sind einem Fürstlichen Hause ein ewiger Schand-

Fleck, welcher bey der Nachwelt nimmer auszulöschen stehet. Ein Fürst findet seines hohen Geistes Ebenbild nirgend gewisser als in Fürstlichen Palästen. Wie auf den höhesten Gebirgen die reinste Lufft, also sind bey den höhesten Häusern insgemein die fürtrefflichsten Gemüths=Gaben anzutreffen. Zwar pfleget die Gütigkeit des Himmels auch niedrigen Personen Zünder und Begierde zu allen löblichen Unterfangungen beyzulegen und einzupflantzen; in hohen Personen aber hat man besondere Schätze des Gemüths als Erb=Stücke anzusehen. Und solte gleich auch bey einer Person niedrigen Standes gute Aufferziehung was ungemeines zu wege bringen können, behält doch die mit Fürstl. Geblüte vermählte Tugend einen zweyfachen Glantz, welcher dem niedrigen sonder allen Zweiffel vorzuziehen. Gleich und gleich fügt sich am besten, und leidet Ungleichheit keine wahre Vertraulichkeit. Wird aber auch wohl in einiger Menschen Gesellschafft grössere Vertraulichkeit erfordert, als in dem Ehestande? dahero ungleiche Verheyrathungen, durchgehends, auch unter gemeinen Leuten, für ungeschickt gehalten werden. Man könte zwar einwenden, daß Liebe eine Tochter des freyen Willens sey, und daß dieser zarte Affect sich allzugenauen Ermäßigungen des Verstandes ungern bequeme. Alleine, wie weit Fürsten vor anderen Menschen dem Geiste nach erhöhet sind, so weit haben sie sich denen gemeinen fleischlichen Reitzungen zu entziehen; zumahln bey ihnen vornemlich, die Regungen der Sinnen dem Urtheil der Vernunfft nachgeben müssen.

Das gemeine Volck heyrathet nach Wollust und Liebe, Fürsten nicht anders, als zu ihrer Vergrösserung. Ihre wahre Gemahlinnen sind, nach dem Urtheil der unvergleichlichen Königin Elisabeth, Land und Leute; die zur Ehe erkohrne Gemahlin aber dafür nur in so weit zu halten, als Sie den Landen Vortheil schaffet. Und können demnach Fürstlichen Personen nur diejenigen Heyrathen anständig seyn, wodurch ihre Macht vergrössert und ihr Staat mehr und mehr befestiget wird. Dieß beobachteten schon zu ihrer Zeit Darius und Nero; da jener des Cyrus Tochter Atossam, und dieser des Kaysers Claudius Tochter Octaviam zur Gemahlin erkieset.

In solchem Absehen nahm auch Maximilianus I des letzten Hertzogs in Burgund Tochter Mariam: bey welcher, wie Maximilianus selbsten zu sagen pflegete, den Abgang ihrer äusserlichen Gestalt die Schönheit des Hertzogthums Burgund und die Niederlande statlich ersetzet hatte. Sein Sohn Philippus aber erhielt durch seine Gemahlin Joannam, Ferdinandi Catholici Tochter, das Königreich Hispanien. Aus gleicher Staats=Klugheit heyrathete Ferdinandus I Uladislai Königs in Hungarn und Böhmen Tochter Annam. Wie dann das Hochlöbliche Ertz=Hertzogliche Haus von Oesterreich der Uiberkommung ihrer meisten Erb=Landen der vorsichtigen und weisen Wahl anständiger Heyrathen zuzuschreiben hat. So ist ebenfalls aus Heinrichs Landgraffens zu Hessen klüglich angestellter Ehe=Verbindung erfolget, daß seinem Hochfürstlichem Hause die Graffschafft Catzenellenbogen rechtmäßig angestammet; und Johann

Hertzog zu Cleve überkam durch die Heyrath Jülich und Bergen. Vieler andern Königl. und Fürstlichen Häuser, die sich durch Verheyrathungen groß gemacht, voritzo zu geschweigen. Was für Auffnehmen und Erweiterung des Staats kan hingegen ein Fürst von einer niedrigen Heyrath zu gewarten haben? Wird ihn auch wohl die angezielte blosse Belustigung der Sinnen und eingebildete Vergnügung bey anderen Völckern ansehnlicher oder bey seinen Unterthanen herrlicher machen? Hat er nicht vielmehr zu besorgen, daß seine unvermuthete Erniedrigung seinen besitzenden Landen eine Niederschlagung verursachen dürffte, wordurch sich dieselben in kurtzen aus Abgang zureichender Kräffte in sich selbst würden verzehren müssen? Kan Er sich auch durch Begierden so sehr einschläffern lassen, daß er nicht empfinden sollte, wie sein Fürstlicher Staat schon ins Abnehmen gerathe, indeme er nicht zunimmet? und lässet Er Ihm nicht zu Sinne steigen, daß ja durch ungleiche Verheyrathung seine Hohe Person selbst in einige Gefahr gesetzet wird? Ich will die mit bekannten Hohen Häusern durch öffentliche Verträge hingelegte Streitigkeiten nicht erwecken, noch auf die Bahn bringen; Würden aber nicht diejenigen, welche zu künfftiger dahinstehenden Succeßion gerechte Hoffnung haben, auf so ungewöhnliche Stands=Veränderung grosse Augen machen? Gewiß ists gleichwol, daß niedrige Verheyrathungen in vielen Staaten traurige Fälle nach sich gezogen haben. König Erich wurde von seinen Brüdern Johann und Carlen, nechst andern Ursachen auch darum, weil er sich mit Catharinen, eines gemeinen Soldaten Tochter vermählt hatte, des Reichs entsetzet. Wenceslaus, König in Böhmen, gerieth mit seiner Bader=Magd, und Uladislaus Jagello, König in Pohlen, durch seine Elisabeth, im Schimpff und Schande; Heinrich Stuart aber büssete über dergleichen Heyrath gar sein Leben ein. Und lässet man des Rabbi Salomon Jarchi alte Meynung dahin gestellet seyn, ob nicht die ungleiche Heyrathen zwischen vornehmen und geringen Personen unter andern eine Ursach der Sündfluth gewesen. Gesetzt aber, solche vorgestellte Fälle wären weit hergeholet, und bey diesem Fürstlichen Hause nach Beschaffenheit dessen Zustandes gantz nicht zu befürchten; So werden doch zum wenigsten derer Fürstlichen Hohen Anverwandten scheele Augen auf eine niedrige Heyrath nicht zu vermeiden seyn. Die Niedrigkeit des Gemüths ist gleich andern menschlichen Schwachheiten anfällig; und mag wohl dahero kommen daß Personen von hohem Geiste sich mit niedrigem nicht gerne gemein machen, aus Besorgniß, Sie möchten vielleicht von ihnen angestecket werden.

Und weil das Frauenzimmer zärtlicher, fürchtet sich dasselbe, wie die Erfahrung bezeuget, vor dieser Seuche am allermeisten. Wenn man nun eine niedrige Gemahlin denen Hochfürstlichen Personen zur Befreundtin oder Gespielin auffdringen wollte, was für freundlicher Auffnehmung und auffrichtiger Bezeigungen würde man sich zu versehen haben? Ja Unterthanen würde eine Landes=Frau niedrigen Herkommens leicht verächtlich werden. Denn wie schwer es einen Mahler ankommen solte, ein Bild von seiner eigenen Hand, wenn es

gleich

gleich auff dem Altare stünde, zu verehren, und um Hülffe anzuruffen, so schwer muß es Unterthanen vorkommen, sich vor einer Frauen zu bücken, die vorher entweder ihres gleichen oder auch wohl niedriger gewesen. Uldaricus Hertzog in Böhmen, war sonderlich bemühet, seine Beatrix, eines Ochsen-Hirten Tochter, in Ansehen zu bringen; Sie wurde aber von seinen Anverwandten so wohl als von Hof-Leuten und Unterthanen für einen Scheusal gehalten. Auch konte Ertz-Hertzog Ferdinand die Land-Stände nicht vermögen, daß seine von der Philippinen Welserin erzeugte Kinder als rechtmäßige Nachfolgere angenommen würden. Und Maximiliani I zweyte Heyrath mit der Blanca Maria Sfortia wurde von den fürnehmsten Deutschen Fürsten übel gesprochen. Der Fürstliche Gemahl selbst, so bald bey Ihme die Begierden gelöschet, wird seiner Gemahlin aus niedrigem Stande gemeinlich überdrüßig und müde; Woraus denn unbeschreibliches Elend zu entstehen pfleget. Kayser Theodosius liebte seine Eudociam eines Athenensischen Philosophi Tochter hefftig, gleichwohl verbannete er hernach selbige unterm Vorwand des Gottes-Dienstes nach Jerusalem. Heinrich der Achte, König in Engelland, vergaffte sich in die Annam Boleniam dermassen, daß er sich von seiner ersten Gemahlin Catharina, Königl. Gebluts aus scheingestelltem Gewissens-Kummer scheiden liesse, und dannoch muste besagte Anna in kurtzer Zeit um unbegründeten Verdachts willen enthauptet werden.

Lässet sich aber gleich ein Fürst von dero gleichen übelem Verfahren seine Gottes-Furcht abhälten, und bleibet seines Ortes in der gegen die niedrige Gemahlin gefaßten Liebe beständig, so geschiehets wohl, daß sie hingegen vielleicht dem Fürsten nicht Farbe hält, und über ihn Meister zu spielen suchet. Gestalt dann diejenigen, so aus dem Staube empor gestiegen sind, selten ihr Glück zu begreiffen, und ihre Begierden zu mäßigen wissen. Wie schwer einem schwachen Haupte starcke Geträncke, so schwehr wird es einer niedrigen Person Hochhaltung zu ertragen. Man verschräncke die Ehe-Beredung wie man wolle, wird ein verschmiztes Weibes-Bild schon auf die Gelegenheit sehen, sich des Ehe-Bandes zu einem Netze oder Fallstrick zu bedienen. Und dürfften wohl schädliche Anschläge die Fürstliche Erben, so aus der ersten Ehe herstammen, am allerehesten betreffen. Die Italienische Magd Thermusa, welche der Parthen König Phraates zur andern Ehe nahm, ruhete nicht, bis sie diesen ihren Gemahl dahin bewog, daß er seine Königliche Kinder erster Ehe als Geisel nach Rom verschickte. Endlich wenn auch alles in einer niedrigen Heyrath nach Wunsch und Verlangen des Fürstlichen Gemahls, dessen hoher Anverwandten und sämtlicher Unterthanen beschaffen wäre, ja wann gleich selbige nur als eine Vermählung zur lincken Hand unter gewissen Bedingungen eingegangen würde; Was für Neid, Mißgunst, Uneinigkeit, Zwietracht und Widerwillen würde nicht zwischen den Fürstlichen Erben erster Ehe und denen Fürstlichen Kindern anderer ungleichen Ehe, ob derer ungleichen Versorgung, dannoch zu befürchten seyn? Zumahln ein Fürst auch durch vor-

sichtigste Versehungen den in seinen Leibes-Erben ohne Unterscheid gepflantzten Fürstlichen Geist nach seinem Gutdüncken zu mäßigen und zu binden nicht vermag. Länder und Güter unter Kindern ungleich einzutheilen ist, falls die Güter nicht eine gewisse Ziel und Maaß-setzende Qualität an sich haben, dem Vater wohl vergönnet; Die Bewegungen des Gemüths aber bey denen Kindern in gewisse Schrancken einzuschliessen, ist ein Vorbehalt des Urhebers und Herrn aller Geister.

Solchem allem nach dann, wäre meines geringen Ermessens für Ihro Hochfürstliche Durchl. Unsern Gnädigsten Herrn am rathsamsten, von der im Vorschlag gebrachten ungleichen Heyrath abzustehen, und vielmehr auf eine gleichbürtige Fürstliche Alliance Gedancken zu richten.

Jedoch will hiermit der fernerweiten reiffen Uiberlegung solchen hohen Fürstlichen Anliegens nichts benommen haben.

II) Pro illo, Consiliarii Suadentis.

Nachdem Ihro Hochfürstl. Durchl. Unser gnädigster Herr, zu Erwegung dero höchst importanten Heyraths-Angelegenheit diese Conference absonderlich gnädigst veranlasset haben, befinde meines wenigen Orts ich mich so willig als schuldig mein unterthänigstes Parere gehorsamst abzustatten.

Zuförderst aber setze ich voraus, daß in dieser unserer Berathschlagung nicht so sehr dahin Absehen zu richten, was vor eine Heyrath einem Könige, Fürsten und Herrn insgemein anständig sey, sondern vielmehr, was insbesondere Ihro Hochfürstl. Durchl. Unserm gnädigsten Herrn, nach Beschaffenheit ihres in die Enge gefaßten Estats, für eine Heyrath einzugehen rathsam seyn möchte. Solches nun pflichtmäßig zu untersuchen, muß man den itzigen Fürstlichen Zustand mit unpaßionirten Augen anschauen und betrachten. Massen sich selbst zu erkennen die gröste Weisheit ist, deren Abgang bey niedrigen Personen grosse Fehler, bey hohen aber die schädlichste Vergehung nach sich zu ziehen pfleget. Zwar ist auch eine Klugheit, seine Dürfftigkeit und Noth zu rechter Zeit wissen zu verbergen; Was aber männiglich in die Augen fällt, vor andern verhalten wollen, ist eine allzumerckliche Schwachheit, welche entweder von Unempfindlichkeit oder von Sicherheit herrühret.

Nun lieget leider! der gantzen Welt vor Augen, wie durch die langwierige unselige Krieges-Läufften, viele Städte, Schlösser und Dörffer dieses Landes gäntzlich ruiniret, Handel und Wandel gesperret, die Nahrung ins Verderben gebracht, und mithin die zum Fürstl. Gehalt gewidmete Intraden um ein merckliches vermindert worden, so daß dieselben kaum austräglich, die zu unsers gnädigsten Herrn itziger einsamen Hoffhaltung unumgängliche nothwendige Ausgaben zu bestreiten. Wolten nun Ihro Hochfürstliche Durchl. eine gleichbürtige Heyrath belieben, wo würden die grossen Spesen, so zu anständiger Fürstlicher Werbung, Unterhalt und Versorgung einer Königlichen oder Fürstlichen Printzeßin und Gemahlin erfordert werden, herzunehmen seyn? Fürstliche Personen haben sich von Gott und der Natur vieler Vorrechte zu

erfreu-

erfreuen; Doch gleichwohl müssen sie, wie andere Menschen, Zeit und Glück zu Ober-Herren erkennen, und eben so wohl bey Heyrathen gleich als in einen Glücks-Topff greiffen.

Würde nun vom Glück auch die allertugendhaffteste und sittsamste Prinzeßin zugetheilet, was für Mittel würden nicht zur bequemen und ihrem Stande gemässen Leib-Züchtigung vonnöthen seyn? Wäre aber die Prinzeßin zu Eitelkeiten und üppigem Wesen mehr als andere geneigt, wie würden nicht die Begierden zu überflüßigem Frauenzimmer, kostbarer Auffwartung, ungewöhnlicher Bedienung, köstlicher Taffelhakung, übermäßiger Kleider-Pracht, ungezähmter Bau-Lust, immer neuen Lustbarkeiten, weitherkommende Raritäten, seltsamen Abentheuren, statlichen Auffzügen, Mascaraden, Wirthschafften, Ballen und dergleichen tausend plaisanten Dingen, überaus grossen Vorrath und Vorschub erheischen; Da die Armen in Grunderschöpfften Unterthanen vor itzo nicht einmal im Stande sind, die gewöhnliche Fräulein-Steuer auffzubringen, vielweniger mit andren ergebigen Hülffen der hohen Landes-Fürstl. Herrschafft unter die Armen zu greiffen. Und gesetzt, es möchten sich Mittel erweisen, wodurch dem gegenwärtiger Mangel abzuhelffen; so wäre doch über dieß ferner zu erwegen, daß Gott seine Hochfürstliche Durchl. unsern gnädigsten Herrn in Dero vorigen Fürstl. Ehe mit etlichen Fürstlichen Söhnen gesegnet; Welche schon zu denen Jahren kommen, worinnen sie unzweiffentliche Hoffnung aller Fürstlichen Tugenden und hoher Helden-Thaten von sich blicken lassen. Wie nun dererselben Standmäßige Versorgung dem Fürstlichen Herrn Väter um so schwehrer aufflieget, als weniger die anitzt so sehr ruinirten Lande auch in ihrem besten Flor aufkommlich zu seyn scheinen, so viel regierende Herren mit der Zeit zu unterhalten: Also würde solche Difficultät bey einer gleichbürtigen Heyrath ehender zu als abnehmen. Gestalt dann vieler Fürstl. Häuser Zustand gnugsam bewehret, daß nach mehr und mehr vergeringerten Eintheilung und Zerstückung derer Lande nichts gewissers als Schwäche, Ohnmacht, Unmuth, Kummer, Abwürdigung, Verachtung, ja wohl gänzlicher Untergang des Fürstl. Staats zu erfolgen pflege: Hergegen kan solcherley unvermeidlichen Kränckungen und Inconvenienten, bey Verheyrathung an eine Person zmaleichen Standes, auf mancherley Weise und Wege vorgebeuget werden. Allermassen auch die Exempel bey vielen vornehmen Fürstlichen Häusern lehren, daß durch dero gleichen von Fürstlichen Personen nach Beschaffenheit ihres Zustandes ergriffene ungleiche Heyrathen, des Fürstlichen Hauses Flor, Wohlfahrt und Aufnehmen ehender befördert als verhindert worden.

Pfalz-Graf Friderich, der Siegreiche, heyrathete zwo Adeliche Jungfrauen, anfangs Claram gebohrne von Tettingen, hernach, als diese mit Tode abgegangen, Sophiam Böcklerin, unter gewissen Bedingungen; Da sich dann die von beyden gezeugte Kinder und zwar von der ersten, Friderich Frenherr von Scharffeneck, von der andern Friederich Graf von Löwenstein, mit einigen ihnen ausgesetzten Herrschafften haben vergnügen müssen;

Die ganze Pfalz aber ward auff Pfalz-Graf Philippen gebracht. Ebener massen legte ihm Hertzog Wilhelms zu Braunschweig und Lüneburg Sohn Augustus, eines Secretarii Tochter bey; mit welcher er etliche Kinder gezeuget, darunter Juncker Ernst von Lüneburg, der allein Adel. Stand geführet; und wurden dessen Kinder von den Ratzeburgischen Stiffts-Gefällen und Intraden versehen und ausgesteuret; durfften sich aber des Landes u. der Regierung nicht unterfangen. So nahm auch George Friedrich, Markgraf zu Baden-Durlach, seines Amt-Manns zu Rötheln und Schauffenberg Tochter Elisabeth Stotzin zur Ehe, mit dem Bedinge, daß so wenig als Ihre Kinder sich einigen Rechts in der Succeßion in den Fürstlichen Landen zu getrösten haben solten. Diese hohe Fürstliche Häuser stehen, mehrer andern zu geschweigen, ob man schon in solchen ungleiche Heyrathen anzumercken hat, bis heut in dem grösten Flor und Hoch-Auffnehmen. Und setze ich zwar nicht weniger dieses Fürstliche Haus unter die vornehmsten der Christenheit; räume auch gerne ein, daß einem Fürsten wohl anstehe, zu Fortpflanzung seiner Vorfahren hohen Ruhms und Würdigkeit, sich ehender mit einer gleichbürtigen Fürstlichen Person, als mit einer andern in Ehe-Verbindniß einzulassen. Wie dann freylich die Staats-Heyrathen zu Erhöhung eines Fürstlichen Hauses bequeme Mittel abgeben können. Zu geschweigen aber, daß die von der Staats-Klugheit ausgeheckte Liebe öffters Schlangen-Eyer heckt, welche zwar die Farbe der Tauben-Eyer, inwendig aber gifftige Würmer haben; Und man sich dahero in solchen Heyrathen vorzusehen hat; Weil gemeiniglich die neue Schwägerschafften, wie zwischen dem Antonius und Kayser Augustus, über dessen Schwester Octavia vor Zeiten erfolget ist, neue Uneinigkeiten nach sich ziehen; Welches durch frische Begebenheiten unschwer zu bestärcken wäre: So muß man sich bescheiden, daß grosse Anschläge zu machen zwar in unserm Willen, deren Erfüllung aber aufm Glück bestehe; deme ein Vorsichtiger, wann er in einem Stücke deswegen widrigen Blick siehet, in dem andern zuweilen billig aus dem Wege gehet. Zumahln auch die Staats-Klugheit selbst sich vom Glücke meistern lassen und zufrieden seyn muß, wenn die Sterne gleich nicht allemal nach Wunsch und Willen in die Anstalten und Verrichtungen einfliessen. Zudeme sind die zu Großmachung und Erhaltung des Fürstlichen Staats dienende Mittel nicht so gar ein geschräncket, daß sie nicht nach Beschaffenheit der Zeit und anderer Umstände Veränderungen leiden solten. Ist es, daß einem Fürsten seine Gemahlin nicht Land und Leute zubringet, kan doch ein anderes vortheilhafftes Absehen solchen Abgang ersetzen. Hat Sie sich nicht hoher Fürstlichen Ahnen und Anverwandten zu rühmen, so erhöhet sie ihre selbst eigene Tugend; welche vor sich von so hoher Ankunfft ist, daß ihre alle Würden weichen, ja alle Vortheile aus dem Wege treten müssen. Und wird diejenige Person, zu welcher Ihro Hochfürstl. Durchl. Ihren Sinn und gnädigste Zuneigung gewendet haben, Ihre männiglich bekannte Gottes-Furcht, Demuth, Vernunfft und Bescheidenheit, zuversichtlich dahin anleiten, daß Sie sich so wohl gegen die Fürstliche Anverwandte, nicht

minder

minder gegen die Unterthanen gebührlich zu verhalten, und dero Anstalt allen Besorgnissen vorzukommen wissen wird. Das übrige muß GOtt und der Zeit heimgestellet bleiben.

Wann ich nun dieses alles bey mir reiflich überlege, so kan die Ihro Hochfürstl. Durchl. vorgeschlagene Heyrath mit eines Kauffmanns von grossem Vermögen Tochter, als was so gar ungeschicktes und unanständiges nicht widerrathen; Jedoch wann solche nach Art und Natur der Vermählung zur lincken Hand getroffen würde; Und zwar könten ohnmaßgeblich, vor dem Beylager dergleichen Ehe-Pacta abgehandelt werden: Daß (1) zwischen beyden Verlobten Personen, ob zwar solche ungleichen Standes und Herkommens, gleichwohl eine rechtmäßige Christliche Ehe seyn und bleiben; (2) die Gemahlin in den Fürsten-Stand keinesweges erhoben, sondern nur als eine Adeliche Dame (welcher Stand für-Sie ohne sonderbare Beschwerlichkeit zu erwerben) gehalten werden; Sich demnach (3) des Fürstl. Namens, Titels, Wapens, Ehren und Würden, sowol gegen das Fürstliche Haus und Unterthanen, als gegen andere, vor, und nach ihres Herrn Todes-Fall, gäntzlich enthalten; Dann (4) ihrer weiblichen Gerechtigkeit an Wittum, Morgengabe, und anderer Abfertigung halben, an das Fürstl. Haus nichts fordern, sondern sich mit einigen zwey oder drey Gütern, so ihr nach ihres Herrn Tode einzuräumen, vergnügen lassen; Desgleichen (5) die in solcher Ehe erzielte Kinder, männlichen und weiblichen Geschlechts, recht zwar und ehrlich gebohren seyn und gehalten werden, iedoch (6) ihres Herrn Vatern Fürstl. Namen, Titel und völliges Wapen zu führen sich enthalten, nur als vom Adel auferzogen und geachtet, auch (7) mit denen aus der ersten Ehe gebornen Fürstl. Söhnen an denen väterlichen Fürstl. Stamm- und Lehn-Gütern und andern Landen kein Theil haben, vielmehr davon, sie sind Lehn oder Erbe, völlig ausgeschlossen seyn, und (8) eben so wenig sich des Allodial-Zustandes und Fürstl. Mobilien erblich annmassen; hingegen (9) mit denenjenigen Schlössern, Dörffern oder Gütern, welche zu ihrem Unterhalt beniemet, vollkömmlich vergnügt, und von denen andern Fürstl. Erben gäntzlich abgetheilt seyn solten.

Stelle iedoch, wie des gantzen, hochwichtigen Wercks Fortgang, also auch diesen deshalben unvorgreiflich gethanen Vorschlag, zu Ihro Hochfürstl. Durchl. gnädigsten Approbation und beliebigen Schlußfassung:

CXX. Sententia Consistorialis.

Ob ein Edelmann sich mit einer Bürgerlichen Standes verheyrathen könne?

Edler und Ehrenvester, besonders guter Freund. Als ihr uns ein Schreiben in Ehe-Sachen euch, und eines Handwercks-Manns Tochter belangende, übersendet, und euch nicht allein, was geist- und zuläßlichen Rechtens, zu informiren, sondern auch eurem Gewissen mit Rath, Gutachten und Bescheid zu Hülffe zu kommen gebeten; Demnach erachten wir verordnete Präsident und Räthe des Churfürstl.

Sächsischen Ober-Consistorii in Rechten gegründet und zu erkennen seyn. Habt ihr nach eurer vorigen Hausfrauen tödtlichen Abgang nunmehr im Alter bey allerhand Leibes-Beschwer und Unpäßlichkeit, um welcher willen ihr Pflege und Wartung benöthiget, eines Handwercks-Manns und Dratziehers Tochter (welche über 3 Jahr bey euch in Diensten gestanden, euter Tochter Kinder treuestes Fleisses gewartet, der Gottesfurcht, Erbarkeit, Gehorsams, Demuth, Zucht und Tugend sich beflissen), in euer Hertz gefasset, derselben eure Lieb ergeben, und sie zu ehlichen euch beständig vorgesetzet; Als aber eure Freunde solches vermercket, und ihnen eingebildet, ob durch diese Vermählung euch und ihrem Adelichen Geschlechte Verkleinerung und Nachtheil zugezogen werden solte, dahero bey dem Judice seculari so viel erhoben, daß ihr im Wirthshause in Arrest genommen, und nicht alleine euch der Verehligung zu enthalten, bey 2000 Ducaten, sondern auch dem Pfarr die Copulation zu verrichten inhibiret worden, alles nach mehrern Inhalt eures Schreibens und angeheffteter Frage. Wiewohl euch nun rathsamer wäre, eine solche Person, die am Stande, und sonsten euch nicht so gar ungleich, zu erwehlen, in Betrachtung, daß ungleiche Heyrath selten wohl ausschläget, denn ie grössere Gleichheit, ie beständigere Liebe und Freundschafft, dagegen was an Stande, Herkommen, Vermögen und sonsten ungleich ist, nicht feste verbunden werden, oder in die Länge nicht Bestand haben kan, da auch schon zwischen beyden Eheleuten Fried und Einigkeit erhalten wird, so muß doch zum wenigsten einer von Adel, der eines armen Bürgers Tochter ehliget, von seines gleichen sich schimpffen und verspotten, und das Weib nicht allein von denen von Adel, sondern auch ihres Mannes Kindern und Gesinde sich verachten lassen, um welcher Ursach willen bey den alten Römern, Sachsen, und noch heut zu Tage im Königreich Dänemarck zwischen denen von Adel und Unadel keine Verehligung zugelassen. Wofern ihr dennoch dessen allen unerwogen, eure gefaßte intention zu ändern nicht gemeynet; So seyd ihr aus Zulassung Geistlichen und Landüblichen Rechtens, weil disfalls kein widriges Gesetz vorhanden, oberwehnte eure Dienerin zu ehlichen nicht allein befugt, sondern auch, da zwischen euch allbereit eine verbindliche Zusage geschehen, zu thun schuldig. Derowegen der angelegte Arrest und ausgebrachte Pœnal-Inhibition als an sich selbsten null und nichtig, hinwieder zu relariren und zu caßiren; In dessen Verweigerung habt ihr bey der Landes-Fürstlichen Obrigkeit, und sonsten eure Nothdurfft zu suchen wohl Fug; Inmassen dann auch das Ministerium dergleichen Inhibitionen zu pariren nicht verbunden. V. R. W.

RESPONSUM CXXI.

Dicasteriale in simili materia.

P. P.

Hat einer von Adel im Hertzogthum Magdeburg vor 6 Jahren eines verstorbenen Bürgers und Buchbinders Tochter geheyrathet, auch mit derselben 2 Söhne gezeuget, und ist iezo verblieben, da denn ratione successionis, ein Zweiffel entstehet, weil

Ihro

Ihro Königl. Majest. in Preussen am 30 Novemb. 1697 ein Edict in diesem Hertzogthum publiciren lassen, darinne derjenigen von Adel Heyrathen, welche sich mit Bauren, oder anderer Leute, so gar geringen Standes sind, Töchtern verehligen, pro Morganaticis erkläret, auch die von Ihnen gebohrne Kinder von der Lehns-Succeßion excludiret werden, daher gefraget wird:

Ob die Buchbinder unter die Zahl derjenigen Leute, so gar geringen Standes und Herkommens sind, zu rechnen, und dahero das Matrimonium des von Adels, so mit dergleichen Tochter getroffen worden, pro morganatico zu achten sey?

Was denn der hinterlassenen Wittwen auf solchen Fall (weil disfalls in angeregter Verordnung nichts disponiret ist) ex bonis defuncti mariti feudalibus, indem an Allodialibus fast nichts verhanden, zu ihrer Abfindung gebühre?

Und ob sie nicht eben dasjenige, was andern Adelichen Wittwen in der Magdeburgischen Landes-Ordnung ausgemacht, zu fordern befugt?

So viel nun die erste Frage betrifft: Ob wohl die Handwercker ordentlich unter geringe Standes-Leute gerechnet werden; Dahero auch die von Adel, wann sie ein Handwerck erlernen und solches exerciren, sich des Adels verlustig machen, und kein Zweiffel ist, daß auch die Buchbinder denen Handwercks-Leuten zugerechnet werden müssen; Weil aber dennoch in dem Königl. Edict die Heyrathen mit geringen Standes-Töchtern nicht generaliter verboten worden, sondern notanter dabey gesetzt, welche gar geringen Standes sind, und also dadurch homines abjectæ sortis verstanden werden müssen, unter denen Handwerckern auch ein grosser Unterscheid ist, indem etliche viel geringer sind, als andere, welches ex objecto, damit ein iedweder umgehet, ästimiret wird, denn es giebt opificia sordida, von welchen auch einige vormals in Reich nebst ihren Kindern von andern Zünfften excludiret worden, als Leineweber, Schäfer, Müller, Barbierer, Pfeiffer, Bader, welches iedoch nachmahls per Constitutiones Imperii geändert ist, Reformat. Polit. de Anno 1577 tit. 38. Wie denn noch heutiges Tages diejenigen Handwercker, welche mit stinckender Arbeit umgehen, vor andern gering geschätzet werden, als da sind, Gerber, Riemer, Sattler, und dergleichen; Hingegen der Buchbinder Arbeit so bewandt, daß sie vornehmlich denen Gelehrten, wie auch bey Fürsten und Herren bey Aufrichtung statlicher Bibliothecken zustatten kommt, und also dasjenige, womit sie umgehen, zu Beförderung der freyen Künste und der Gelehrsamkeit abzielet; So mag daher von denselben nicht gesaget werden, daß sie unter diejenigen Leute, welche gar geringen Standes und Herkommens sind, gehören, weshalb denn das Fürstliche Edict de Anno 1697 auf selbe nicht gezogen und also das Matrimonium, welches der verstorbene Edelmann mit eines Buchbinders Tochter getroffen, pro Morganatico nicht geachtet werden mag. Die zweyte Frage belangend, ist derselben Entscheidung ferner nicht nöthig, denn

weil gegenwärtiges matrimonium pro legitimo zu achten, so muß auch der Wittwen alles dasjenige aus ihres Mariti Lehn-Gütern gereichet werden, was sonsten nach dasiger Landes-Ordnung einer Adelichen Wittwen gebühret. V. R. W.

§. 3.

So nöthig wir geachtet allhier in unser practischen Anwendung bey denen Ehe-Verlöbnissen, auch das Fürsten-Recht von dieser Materie einzuschalten, und mit Rechtlichen Bedencken zu erläutern; so billig wird es auch seyn, daß wir diese im Römisch-Teutschen Reiche unter Standes- und Bürgerlichen Personen vorkommenden ehelichen Fälle bey verschiedenen Religions-Verwandten in besseres Licht vor unsere Rechtsgelehrten dermaln setzen, damit bey ereignenden Umständen ein iedweder Rechtsgelehrter seinen Hülffsbedürfftigen Nächsten desto gründlicher rathen möge; In solchem Absehen wollen wir unsere Gedancken auf die vom Geheimen Rath Christian Thomasio wohl ausgearbeitete Deduction gerichtet seyn lassen, welche er benähmet

Rechtmäßige Erörterung der Ehe- und Gewissens-Frage:

Ob zwey Fürstl. Personen im Römischen Reich, deren eine der Lutherischen, die andere der Reformirten Religion zugethan ist, einander mit guten Gewissen heyrathen könne?

Und diese Erörterung in 3 Sectionen unsern Rechtsgelehrten Leser allhier mittheilen.

Erster Abschnitt.

Von Legitimation wegen Erörterung dieser Frage, Erklärung der Terminorum und Befestigung des Status controversiæ.

§. 1.

Ehe- und Gewissens-Fragen gehören nicht für die Juristen.

Es ist ja wohl bey diesen letzten Zeiten zu erbarmen, daß die Juristen sich so ungebeten in Theologische Sachen mischen, und ausser ihren Beruff schreiten. Sie solten sich doch fein mit dem Jure Justinianeo begnügen lassen, ihres Processes abwarten, advociren, Urtheil sprechen, und mit einem Worte auf ihrem Rathhause mit ihrem Corpore Juris gebähren, wie sie immermehr wolten, so würden lange warten müssen, bis die Theologi ihnen darinnen Eingriff thäten und sie hoffmeisterten. Aber, so will ein ieder heut zu Tage dem andern in sein Amt fallen, und wird denen Theologis bald nichts mehr überbleiben, indem iedermann in der Theologie stören will. Es ist nicht genug, daß nun etliche Jahre her eine schädliche Art solcher Leute aufgekommen, die das alte Sprichwort nicht mehr wollen paßiren lassen, daß man nicht auf der Geistlichen ihr Leben, sondern auf ihre Lehre sehen solle, und an dessen stat die irrige Lehre dem gemeinen

Volck

Volck beybringen, und Wandel erfordete, welche auf keinerley Weise können gedämpffet werden, wenn man gleich alle bisher durchdringende Mittel für die Hand nimmt, und hohen Häuptern die hoch nothwendige Gefahr der dadurch einreissenden Qväckerey heimlich und öffentlich vor Augen stellet; Es kömmt auch leider nunmehr dahin, daß die Juristen sich um Ehe-Sachen bekümmern, da doch dieselbigen aus GOttes Wort unter denen Christen hauptsächlich müssen geurtheilet werden, und dannenhero auch unter denen Protestirenden nicht für die Weltliche, sondern für die Geistliche und Consistoria gehören. Doch möchte dieses alles noch hingehen. Aber hat man wohl iemals gehöret, daß sich ein Juriste bisher unterstanden hätte Gewissens-Fragen zu erörtern, und noch darzu auf dem Titel solches so unverschämt setzen zu lassen. Wenn das Ding so fortfähret, so werden sie auch gar bald sich die Freyheit nehmen, die Leute von Sünden loszuzehlen, zu predigen, und die Sacramenta zu administriren. Dieses ist ja eine offenbare Verwirrung, darein grosse Herren ja wohl billig ein Einsehen haben solten.

§. 2.
Præsupposita zu Beantwortung dieser Objection.

So zweifele ich nicht, es werden viel Schein-Theologi seuffzen, wenn sie nur den Titel meiner Erörterung erblicken werden, noch ehe sie darinnen einen paragraphum lesen. Aber ich sage: Schein-Theologi. Denn rechtschaffene Geistliche, an denen es ja Gott Lob! auch nicht mangelt, werden ein gantz ander sentiment davon fällen, und auf die Erörterung selbst sehen, am wenigsten aber solcher unvernünfftiger und ungegründeter Qverelen sich bedienen. Die ich auch deswegen nicht von Stück zu Stück zu beantworten für nöthig erachte, sondern verhoffentlich bey jungen Leuten mein Vorhaben dadurch werde genung legitimiret haben, wenn ich auf das kürtzeste darthue, daß die Gewissens-Fragen von der Ehe allerdings auch für rechtschaffene Juristen gehören. Ich präsupponire aber anfänglich, daß das Christenthum und die Theologie zwey unterschiedene Dinge seyn, deren jenes, auch was das Unterweisen zukommt, für einen ieden Christen gehöret, der in demselbigen kräfftig ist; diese aber eine Facultät ist, die von Fürsten und Herren aus menschlichen Ursachen von denen andern drey Facultäten abgesondert ist, damit alles fein ordentlich im gemeinen Wesen hergehe. Ich präsupponire ferner, daß die Theologie und Jurisprudentz, gleichwie sie beyderseits darinne mit einander übereinkommen, daß ihr Endzweck ist, das Heil des menschlichen Gemuthes zu befördern; also in diesem Stück von einander entschieden werden, daß die Theologie auf das ewige Wohlseyn, die Jurisprudentz aber auf die zeitliche Ruhe ihr Absehen richte; ja endlich präsupponire ich, daß weil die zeitliche Ruhe am allerbesten durch Haltung der Gesetze befördert wird, auch für die Jurisprudentz, (unter denen Christen sonderlich), alle Gesetze, so zu Einrichtung des menschlichen Thun und Wandels in diesem Leben gesetzet sind, mit gehören, sie mögen göttlich oder weltlich seyn.

§. 3.
Die Gewissens-Fragen gehören auch für die Juristen. Was das Gewissen sey?

Hieraus folget nun (1) daß allerdings auch die Gewissens-Fragen auf gewisse Masse für die Juristen gehören. Wir haben ja leider auch unter uns Protestirenden so viel Bücher, die da Casus conscientiæ erörtern wollen, und so widersinnliche Meynung manchmahl, daß manch bedrängtes Gewissen offt nicht weiß, wo es sich hinwenden soll. Ja es kömmt dahin, daß die Heuchler das Gewissen bey dem gemeinen Volck wie einen Rechenpfennig gebrauchen. Thut ihr Nächster was, das ihnen nicht anstehet, so heissets, der Mann thut augenscheinlich wider sein Gewissen. Hingegen, wenn sie etwas thun, daran sich auch der Nächste mit Fug ärgert, so ist ihre beste Entschuldigung, Ich bin in meinem Gewissen versichert, daß ich recht thue. Diesen Unförmlichkeiten und Heucheleyen aber kan nicht besser abgeholffen werden, als wenn man zuförderst eine deutliche Beschreibung des Gewissens præsupponiret. Das Gewissen ist nichts anders, als der menschliche Verstand, soferne derselbe das menschliche Thun und Lassen nach der Richtschnur der Gesetze betrachtet. Ist die That geschehen, so heist das Gewissen gut oder böse: Ist sie noch zukünfftig, so urtheilet das Gewissen, ob die That mit dem Gesetze übereinkomme oder nicht, und soferne dieses Urtheil rechtmäßig oder irrig abgefasset ist, wird das Gewissen gleichfalls recht oder irrig genennet. Gleichwie nun aus diesen wenigen erhellet, daß öffters in denen Casibus conscientiæ ein Autor dem Leser anstat dieses richtig beschriebenen Gewissens, und anstat der Gesetze, die dessen Richtschnur seyn sollen, seine eigene caprice, und in seinem Gehirne eingebildete Infallibilität obtrudiren will; also ist nun aus daraus gantz augenscheinlich zu folgern, daß die Gewissens-Fragen für die Juristen mit gehören müssen, soferne nemlich die Gesetze, die dem menschlichen Thun Maaß fürschreiben, für die Juristen gehören. Das Gewissen müssen wir nicht mit dem Glauben vermischen. Was Glaubens-Sachen und göttliche Geheimnisse anlanget, die lassen die Juristen billig denen Herren Theologis über; Aber in Gewissens-Sachen ist es so bewandt, daß darinnen sowol Juristen als Theologi zu Rath gezogen werden können. Diese, soferne der Fragende hauptsächlich um die Ruhe des künfftigen Lebens bekümmert ist; Jene aber, soferne die Gesetze auch auf eine Ordnung im zeitlichen Leben ihr Absehen gerichtet, und ein ieder Mensch in seinem Gewissen versichert ist, daß nicht alleine die Menschen, sondern auch der grosse GOtt, die Uibertreter seiner Gebote auch in diesem zeitlichen Leben heimzusuchen und zu straffen pflege.

§. 4.
Ehe-Sachen gehören mit für die Juristen.

Was nun absonderlich die Ehe-Sachen betrifft, so ist sowohl aus obigen leichte zu erweisen, als auch aus üblicher praxi unter denen Protestirenden zu erhärten, daß von denen Ehe-Fragen die Juristen nicht auszuschliessen seyn. Denn es ist ja die Ehe kein Glaubens-Geheimniß, oder wie die Catholicken lehren ein Sacrament, daß wir Juristen disfalls ein Sacrilegium begehen solten, wenn

wenn wir uns deſſen mit anmaſſeten; ſondern es iſt ein weltlich Geſchäffte und eine menſchliche Geſell-ſchaft, der GOtt die uralteſten Geſetze vorgeſchrie-ben, die mit nichten das ewige Leben zum Abſehen haben, ſondern auf die Fortpflanzung des menſchli-chen Geſchlechts in dieſem Leben und auf die zeitliche Ruhe und Ordnung gerichtet ſind. Es iſt zwar an dem, daß die Ehe-Sachen bey denen Proteſtirenden für die Conſiſtoria gehören, aber die Conſiſtoria ſind auch mehrentheils halb mit Juriſten und halb mit Theologis beſetzt. Frageſt du warum? Aus keiner andern Urſache, als weil (wie die Chur-Säch-ſiſche Conſiſtorien-Ordnung ausdrücklich meldet) in denen Conſiſtoriis auch von weltlichen Dingen geſprochen werden muß, unter welchen die Ehe oben an ſtehet, und zuerſt genennet wird.

§. 5.
Unterſcheid der Religionen in der Welt.

Nachdem ich mich alſo zu Erörterung dieſer Fra-ge legitimiret habe, will nöthig ſeyn, daß ich auch etwas von denen in der Frage enthaltenen Worten um beſſern Verſtands willen melde. Was die Hey-rath betrifft, iſt nicht nöthig, hier davon viel Worte zu machen, weil die vielerley Bedeutung derſelben hier eben keinen Scrupel einſtreuen wird, indem die Frage ſowohl von der Verlobung, als der ehelichen Vollziehung redet. Was aber das Wort Reli-gion anlanget, will vonnöthen ſeyn, nachdem in dem-ſelben ſowohl das Glaubens-Bekänntniß, als der äuſſerliche Gottesdienſt ohnſtreitig begriffen wird, vor allen Dingen die unterſchiedenen Religionen in der Welt hauptſächlich von einander zu unterſchei-den. Alle Religionen, die in der Welt ſeyn, ſetzen eine Offenbarung zum Grunde, dieſe Offenbarung rühret entweder vom Teufel her, der ſich ſeiner Werckzeuge hierzu bedienet, oder von GOtt. Jene wird mit einem Wort eine Heydniſche Religion ge-nennet. Dieſe aber wird wiederum in zwey Claſſen eingetheilet. Die Göttliche Offenbarung oder die heilige Schrift begreifft in ſich ſowohl die Bücher Altes als Neues Teſtaments. Die Jüdiſche Reli-gion erkennet nur die Bücher Altes Teſtaments für GOttes Wort. Aber die Chriſtliche glaubt, daß auch das Neue Teſtament ihre Richtſchnur ſey: Und ſolchergeſtalt werden wir nicht irren, wenn wir ſagen: Es wären dreyerley Religions-Verwandten in der Welt: Heyden, Jüden und Chriſten. Aber wir müſ-ſen doch die vierte Claſſe darzu ſetzen, der Muham-medaner, als welche eine vermiſchte Religion glau-ben, maſſen dann ihr Glaube aus dem Judenthum, Chriſtenthum und abſonderlichen Offenbarungen zu-ſammen gemiſcht iſt.

§. 6.
Spaltungen der Chriſtlichen Religion und deren Urſprung.

Die Chriſtliche Religion aber hat alsobald ihre Rotten und Spaltungen gehabt, und wird auch wohl dieſelben unter ſich behalten, bis das Ziel kommt, das die Göttliche Allwiſſenheit ihnen geſetzt. Dieſe Spaltungen werden hæreſes (Ketzereyen) und ſchiſmata genennet. Denn in der erſten Kirchen war keiner oder doch ein weniger Unterſcheid inter hæreſes & ſchiſmata. Zu dieſen Spaltungen half das meiſte, daß da anfänglich beſage der Apoſtel-Geſchichte der Chriſtliche Glaube ſchlecht und ein-

fältig war, auch, wie aus denen Kirchen-Hiſtorien zu ſehen, in wenig äuſſerlichen Ceremonien beſtunde, am allerwenigſten aber von dem Schulgezäncke und Philoſophiſchen Streit-Frägen etwas hielte, ſondern dieſelbe nach der Apoſtoliſchen Lehre für verdammlich achtete, und vielmehr aus der thätigen Chriſtlichen Liebe hervor leuchtete; bald darauf durch etliche, die ſich von dem Heyden-und Judenthum zu der Chriſt-lichen Religion bekehreten, dieſe Glaubens-Einigkeit und Reinigkeit getrübet und verfälſchet wurde. Die Juden waren ſo ſehr an die Moſaiſchen Ceremonien angewöhnet, daß ſie meyneten, es wäre contra de-corum, wenn man nicht auch die Chriſtliche Reli-gion mit etwas mehreren Kirchen-Gebräuchen aus-ſchmückte. Die Heydniſchen Philoſophi waren in ihrer Metaphyſic oder Lehre von GOttes Weſen zuvorher ſo erſoffen geweſen, daß obgleich durch das Bekänntniß zu dem Chriſtenthum die Zweige dieſer unreinen Lehre waren abgehauen worden, dennoch bey vielen die Wurtzel geblieben war, aus welcher dann bald neue irrige Gedancken hervorkeimeten. Die am moderateſten waren, wollten eine Vereini-gung zwiſchen der Heydniſchen und Chriſtlichen Re-ligion, nemlich mit Chriſto und Belial anſtellen, das iſt, ſie wollten die göttlichen Geheimniſſe mit dem Maaß ihrer Philoſophiſchen Diſtinctionen ausmeſ-ſen, und die Schrifft durch die erlernete Weltweis-heit erklären. Andere aber, die noch gröber waren, machten die Heydniſche Metaphyſic zur Richtſchnur der heiligen Schrifft, oder ſie hatten ſich nur dem Scheine nach zum Chriſtenthum begeben, damit ſie durch ihre verteuffelte Lehre daſſelbige irrig machen könnten. Und alſo wurde aus dem durch die Liebe thätigen Chriſtenthum allgemach ein laulichtes und todtes, welches in unnütze Streit-Frägen verſtricket wurde, oder in Haltung äuſſerlicher Ceremonien ſeine Seligkeit ſuchte; aus der reinen Glaubens-Lehre wurden gefährliche Ketzereyen, die zu dem Weg der Verdammniß führeten.

§. 7.
Wie die Apoſtel in der erſten Kirche mit den aus Schwachheit irrenden Brüdern zu verfahren befohlen?

Wenn man demnach die Ketzereyen in denen er-ſten Seculis betrachtet, ſo wird man befinden, daß die Apoſtel und Biſchöffe der erſten Kirchen diejeni-gen Spaltungen, die wegen der Gebräuche entſtan-den, oder wegen unterſchiedenen Verſtandes der hei-ligen Schrifft ſich entſponnen, wenn dadurch die Thätlichkeit der Chriſtlichen Liebe nicht gehemmet worden, auch dieſelbe der Ehre des Vaters in dem Sohne nicht präjudiciret, noch dem Heiligen Geiſte dadurch widerſtrebet worden, entweder aus Chriſt-licher Sanfftmuth erdultet, und einen ieden bey ſei-ner Meynung gelaſſen, oder doch zum wenigſten den irrenden Bruder mit Gedult aufgenommen, nicht aber ihn unter die Zahl der Heyden gerechnet, oder ihn als einen Ketzer zu meiden befohlen. Paulus, wenn er an die Corinther ſchreibet, lobet zwar nicht, daß ſie bey ihren Zuſammenkünfften Spaltungen un-ter einander hätten; Aber er ſagt doch auch zugleich, daß Rotten unter ihnen ſeyn müſten, auf daß die, ſo rechtſchaffen ſind, offenbar würden. Denen Römern befielet er, daß ſie den Schwachen im Glauben aufnehmen, und die Gewiſſen nicht verwirren ſollen: Im Griechiſchen ſtehet, ſie ſollen ihn nicht aufneh-

men

men um mit ihm zu zancken und zu disputiren, oder ihn zu verdammen, sondern wenn einer glaube, er möge allerley essen, oder er möge nicht allerley essen, wenn einer einen Tag für den andern halte, der andere aber halte alle Tage gleich, solle keiner den andern richten, sondern ein ieder solle seiner Meynung gewiß seyn, ja einer solle sich dem andern zu Liebe dessen enthalten, was er siehet, das den andern ärgert. Und nachdem er beynahe zwey gantze Capitel mit dieser Vermahnung zugebracht hatte, setzet er noch darzu, daß man sich für denenjenigen, die etwas anders lehreten, hüten sollte: Ich ermahne euch, spricht er, daß ihr auffsehet auf die, die Zertrennung und Aergerniß anrichten, neben der Lehre, die ihr gelernet habt, und weichet von demselbigen: Denn solche dienen nicht dem HErrn JEsu Christo, sondern ihrem Bauche, und durch süsse Worte und prächtige Reden verführen sie die unschuldigen Hertzen. So befielet auch Jacobus, daß man diejenigen, die von der Wahrheit irren würden, bekehren sollte. Man kan sie aber nicht bekehren, wenn man sich ihrer äussern, oder sie verketzern wollte, sondern die Bekehrung geschiehet durch liebreiche Unterweisung.

§. 8.
Ihre Warnungen für den rechten Ketzern und Gottlosen.

Was aber die rechten Ketzer der ersten Kirchen betrifft, so haben die Gelehrten schon angemercket, daß der Ursprung aller Ketzereyen entstanden ist aus dem gottlosen Principio der Heydnischen Philosophie de duobus principiis coæternis Deo & materia prima, als aus welchen Simon Magus, Menander, Basilides, Carpocrates, Valentinus, und wie des Teuffels Geschmeiße alle heißt, die sich Gnostici nenneten, Gelegenheit genommen, ihr Gift unter denen Christen auszubreiten, und die Christliche Religion zu verfälschen, Christi Lehre aufzuheben, und dieselbe mit dem Schul-Gezäncke anzufechten, dem Heil. Geist zu widerstreben, die Auferstehung der Todten zu leugnen, und unter dem Schein einer Christlichen Freyheit ein recht ruchloses unzüchtiges und unchristliches Leben einzuführen. Für diese warnen die Apostel die Christen stetswährend, und bestraffen auch dieselben bey Gelegenheit gar harte. Ja sie machen dißfalls keinen Unterscheid, ob einer in der Lehre mit ihnen einig sey oder nicht, wenn er einen unchristlichen Wandel führet. Es ist aus der Apostel-Geschichte bekannt, wie Petrus den Zauberer Simon verdammet, als er die Gabe des Heiligen Geistes mit Geld erkauffen wollte, und wie Paulus, als der Zauberer Elimas der Bekehrung des Landvogts widerstanden, durch die Kraft GOttes ihn mit Blindheit gestrafft. Ananias aber und sein Weib, die keiner Ketzerischen Lehre gefolget, wurden gleichwohl durch Petrum, weil sie dem Heiligen Geist gelogen, noch viel härter gestrafft. Die Corinther vermahnet Paulus, sie sollten mit Hurern, Geitzigen, Räubern, Abgöttischen u. s. w. nichts zu schaffen haben, auch nicht einmahl mit ihnen essen, und setzt ausdrücklich darzu, daß er dieses nicht von denen, die ausser der Kirche seyn, verstehe, denn sonst müsten sie die Welt räumen, sondern von denen falschen Brüdern, die sich dem Namen nach für Christen ausgäben. Denen Thessalonichern gebietet er, daß sie sich entziehen sollten von allem Bruder, der unordentlich wandelt.

Jurist. Oracul V Band.

Timotheum vermahnet er, er sollte sich der ungeistlichen und altväterischen Fabeln entschlagen. So iemand anders lehret, sagt der Apostel ferner, und bleibet nicht bey den heilsamen Worten unsers Herrn JEsu Christi, und (damit man nicht meynen solle, als bestünden die Worte Christi in einem Theoretischen Schul-Gezäncke) bey der Lehre von der Gottseligkeit, der ist verdüstert und weiß nichts, sondern ist seuchtig im Fragen und Wort-kriegen, aus welchem entspringet Neid, Hader, Lästerung, böser Argwohn, Schul-Gezäncke solcher Menschen, die zerrüttete Sinne haben, und der Wahrheit beraubt sind, die da meynen, Gottseligkeit sey ein Gewerbe, die man für Geld in denen Collegiis über die Theologiam Scholasticam und über die nach menschlicher Oratorie eingerichtete Predigt-Kunst beybringen könnte. Der Apostel spricht zu Timotheo: Thue dich von solchen, ja, daß er sich diese Ermahnung wohl imprimiren soll, wiederholet er sie noch ferner: Des ungeistlichen losen Geschwätzes entschlage dich: Warum? denn es hilfft viel zum ungöttlichen Wesen, und ihr Wort frist um sich wie der Krebs. Und abermahl: Aber der thörichten und unnützen Fragen entschlage dich, denn du weist, daß sie nur Zanck gebähren. Und noch ferner: Es werden Menschen seyn, die von sich selbst halten, geitzig, ruhmräthig, hoffärtig, Lästerer, den Eltern ungehorsam, undanckbar, ungeistlich, störrig, unversöhnlich, Schänder, unkeusch, wilde, ungütig, Verräther, Frevler, aufgeblasen, die mehr die lieben Wollust denn GOtt. Die da haben den Schein eines gottseligen Wesens, aber seine Krafft verleugnen sie, die meide. Sie lernen immerdar, und können nimmer zur Erkänntniß der Wahrheit kommen. Sie widerstehen der Wahrheit, es sind Menschen von zerrütteten Sinnen, untüchtig zum Glauben. Siehest du mein lieber Leser, das sind die rechten ungläubigen Heterodoxi, Ketzer u. s. w. Und eben solche Leute verstehet der Apostel, wenn er Titum vermahnet: Einen Ketzerischen Menschen meide, wenn er einmahl und abermahl ermahnet ist. Und wisse, daß ein solcher verkehret ist, und sündigt, als der sich selbst verurtheilet hat. Oder wenn man diesen Versicul mit dem vorhergehenden connectiren will, so wird durch einen ketzerischen Menschen in Metaphysischer Zäncker verstanden. Der thörichten Fragen aber, sagt daselbst der Apostel, der Geschlechts-Register, des Zancks und Streits über dem Gesetze, entschlage dich, denn sie sind unnütze und eitel. Eben dieses inculciret auch der H. Petrus in seiner andern Epistel, wenn er sagt: Er habe nicht den klugen Fabeln gefolget, da er kund gethan habe die Kraft und Zukunft unsers HErrn JEsu Christi, wenn er seinen Christen vorher sagt: daß unter ihnen würden seyn falsche Lehrer, die neben einführen würden verderbliche Secten, und verleugnen den Herrn, der sie erkaufft hat, und würden über sich selbst führen ein schnell Verdammniß, und durch Geiz mit erdichteten Worten würden sie an ihnen handthieren, sie würden wandeln in der unreinen Lust, die Herrschafften verachten, thürstig, eigensinnig, wie die unvernünftigen Thiere seyn, lästern, da sie nichts von wissen, das zietliche Leben für Wollust achten, von ihrem Almosen prangen und prassen, stolze Worte reden, da nichts hinter ist, und durch Unzucht zu fleischlicher Lust reizen, diejenigen die recht entrunnen waren, ihnen Freyheit verheissen, da sie doch selber Knechte des Verderbens waren. Lutherus setzt in seiner Vorrede über diese Epistel, daß der Apostel die falschen Lehrer mit ihrem Geitz, Hochmuth, Frevel, Hurerey, Heucheley abmahle, daß man greiffen müsse, daß er den heutigen geistlichen Stand meyne, der alle Welt mit seinem Geitz verschlungen, und in ein frey, fleischlich und weltlich Leben freventlich führet. Gleichwie aber zwar nicht zu leugnen, daß die Worte des Apostels gar füglich darauf appliciret werden können (wiewohl mich von Hertzen wundert, daß sich Lutherus nicht gefürchtet, man werde ihn als einen Atheisten und Verächter GOttes und des heiligen Predigt-Amts bey seiner hohen Obrigkeit verklagen): also dünckt mich iedennoch nicht ungegründet zu seyn, wenn man sagen wollte, der Apostel hätte, wo nicht hauptsächlich, doch zum wenigsten mit auf sein seculum gesehen. Denn man wird befinden, daß alle diese prædicata auf die obspecificirten alten Ketzer und Gnosticos können gar füglich appliciret werden. Zumahl wenn man erweget, daß Petrus bald darauf ihnen Schuld giebt: Sie wollten aus Muthwillen nicht wissen, daß der Himmel vor Zeiten auch gewesen, darzu die Erde aus Wasser und im Wasser bestanden durch GOttes Wort, als welches nicht unfüglich auf das bekannte Heydnische Principium de materia prima Deo coæterna mit gezogen werden kan. Hiernechst so zielet auch der heilige Johannes dahin, wenn er in seiner andern Epistel schreibet: Wer übertritt und bleibt nicht in der Lehre Christi, der hat keinen GOtt, wer in der Lehre Christi bleibet, der hat beyde den Vater und den Sohn. So iemand zu euch kommt, und bringt diese Lehre nicht, den nehmet nicht zu Hause und grüsset ihn auch nicht. Denn für denen der Apostel warnet, das sind entweder diejenigen, die die Lehre von denen Christlichen Liebes-Wercken hintertreiben, denn diese Lehre treibet Johannes durchgehends in seinen Briefen, und er setzet auch alsobald die Ursache seiner Erinnerung hinzu: Denn wer ihn grüsset, machet sich theilhaftig seiner bösen Wercke. Oder er verstehet abermals die groben Ketzer und diejenigen, von denen er kurtz zuvor gesagt hatte: Viel Verführer sind in diese Welt kommen, die nicht bekennen JEsum Christ, daß er in das Fleisch kommen ist, dieser ist der Verführer und Widerchrist. Endlich so haben auch die Vernahmungen des Apostels Judä kein ander Absehen, wenn er sagt, es wären etliche Menschen neben eingeschlichen, gottlose, die die Gnade unsers GOttes auf Muthwillen ziehen, und verleugnen GOtt und unsern HErrn JEsum Christ, den einigen Herrscher, es wären Träumer, die das Fleisch beflecken, die Herrschaften aber verachten, und die Majestäten lästern, sie lästerten, da sie nichts von wissen, was sie aber natürlich erkenneten, darinnen verdürben sie wie das unvernünfftige Vieh; Sie murmelten und klagten immerdar. Sie wandelten nach ihren Lüsten und ihr Mund redete stoltze Worte, und achteten das Ansehen der Personen um Nutzens willen: Sie waren Spötter, die nach ihren eigenen Lüsten des gottlosen Lebens wandelten, und machten Rotten, fleischliche, die keinen Geist haben.

§. 9.

Wie man für diesen Ketzer gemacht, und was man für einen Unterscheid inter hæreticum & schismaticum erkennet.

Gleichwie nun die Apostel auf besagte Weise mit denen Ketzern erster Kirche verfuhren, also haben auch derer Discipel und Nachfolger in denen ersten drey Seculis gleichergestalt verfahren, und wenn sie gleich etliche Synodos gehalten, und etliche Lehren verdammt, so ist doch solches mehr auf die Lehren, als auf die Personen angesehen gewesen, ausser, wenn sie etwa mit einem Manne zu thun gehabt, der Unruhe gestifftet, und vieler Uibelthaten schuldig gewesen, oder sich betrüglicher Weise in ein Kirchen-Amt eingeschlichen, als welche sie wohl von der Christlichen Gemeine ausgeschlossen, oder des Amts wieder entsetzet, wie zum Exempel dem Felicissimo, Basilidi und Martiali geschehen. Nachdem aber auch die Römischen Kayser zu der Christlichen Religion sich zu bekennen angefangen, und solchergestalt das Christenthum öffentlich eingeführet, und von denen Kaysern beschützet worden, ist aus der Kirchen-Historie gar deutlich zu ersehen, daß dem Clero an und für sich nicht verstattet worden, andere, die mit ihnen in der Lehre uneinig, zu Ketzern zu machen, sondern daß solches durch die Synodos und Concilia geschehen müssen, die von denen Römischen Kaysern zusammen beruffen worden, und denen dieselben auch präsidiret. Und obwohl dieses eingeräumet werden muß, daß allerdings in dergleichen Conciliis die heilige Schrifft für die Richtschnur dererselben gehalten worden, und solchergestalt die Ketzereyen, die aus dem Heydnischen Principio de duobus principiis coæternis in denen ersten dreyen Seculis hergerühret, von denen Kaysern salvo Christianismo ohnmöglich approbiret werden können; So ist doch auch hinwiederum nicht zu leugnen, und wird sonderlich von denen Protestirenden beyderley Religionen eingeräumet werden müssen, daß wo von denen Kirchen-Gebräuchen oder auch von denen Streit-Fragen in der Lehre Zwiespalt entstanden, der von unterschiedener Auslegung der heiligen göttlichen Schrifft (derer beyde einige wahrscheinliche Argumenta für sich gehabt) hergerühret, allezeit bey denen Römischen Kaysern gestanden, nach Anhörung der votorum der ad Concilium zusammen beruffenen Bischöffe, eine Decision oder Schluß, was im Römischen Reiche für eine rechtgläubige Lehre gehalten werden sollte, zu fassen, massen dann aus diesen Ursachen in dem vierten Seculo bald die Arianer, bald die Rechtgläubigen obtiniret, bald Athanasius verwiesen, bald wieder restituirt und geschützet worden, nachdem man denen Kaysern dieses oder jenes für wahr persuadiret. Also war nun die Macht eine Lehre für Ketzerisch zu erklären, bald anfangs würcklich bey denen Kaysern als ein regale, wiewohl sie die Clerisey dißfalls als Kirchen-Räthe gebrauchten, und dieses währete so lange, bis durch die Conniventz und den übermäßigen Respect der Kayser die Clerisey und Päbste immer nach und nach sich mehr Recht, als ihnen gehörete, hinaus nahmen, und endlich die Jura Ecclesiastica gar an sich zogen. Zwar ist wohl an dem, daß vor denen Conciliis beyderseits streitige Parteyen wider einander geschrieben, auch öffters in denen Schrifften einander ziemlich harte tractiret; Aber doch wird man nicht leicht finden,

finden, daß in dem vierten Seculo, ehe und bevor eine Lehre von einem Concilio verdammet worden, die Gegner einander als Ketzer sollten tractiret, vielweniger einander von der bürgerlichen Conversation zu excludiren solten versuchet haben. Und wenn dieses ja geschehen, so weisen doch die Umstände der Historie selbiger Zeit, daß dergleichen Vornehmen nicht öffentlich approbiret worden, sondern vielmehr de facto geschehen. Wiewohl auch dieses noch wohl würdig ist in acht zu nehmen, daß weil damals die Druckerey nicht im Gebrauch gewesen, ein überaus grosser Unterschied dahero zwischen der damaligen Schreib-Art, und der heutigen entstehe, welche doch von dem wenigsten pflegt in acht genommen zu werden. Denn wenn gleich damalen etliche unruhige Köpffe durch Schrifften einen Streit in der Kirche anfiengen, oder auch die auf der Rechtgläubigen Seite waren, aus unzeitigem Eiffer, oder allzuhitziger Schreib-Art einen Exceß begiengen, so konte doch daraus nicht der tausende Theil Aergerniß und Spaltungen entstehen, als wenn durch öffentlichen Druck dergleichen Dinge wären befördert worden. So war auch damalen kein gewisser und einmüthiger Unterscheid inter hæreticum & schismaticum, ja man war darinnen nicht einmahl recht einig, wie man einen Ketzer abstrahendo a decreto legum humanarum recht klar und deutlich beschreiben solte. Wannenhero Augustinus ausdrücklich meldet, quod hæreticum definire difficile sit, der Unterscheid aber unter einem Ketzer und schismatico wurde mehrentheils darinne gesucht, wenn einer aus Schwachheit anfing einer irrigen Meynung beyzupflichten, nennete man ihn Schismaticum, wenn er aber aus Bosheit dieselbe hartnäckigt defendirte, wurde er aus einem schismatico ein hæreticus. Oder wenn einer, der einer streitigen Meynung zugethan war, noch in der Christlichen Gemeine bliebe, hiesse er ein Schismaticus; Wenn er aber sich von der Gemeine selbsten absonderte, oder per synodos und Concilia davon abgesondert wurde, paßirete er hernach für einen formalen Ketzer.

§. 10.
Von denen Spaltungen der Protestirenden nach der Reformation.

Wie es ferner in denen folgenden Seculis, da die Päbstliche Autorität immer mehr und mehr überhand genommen, mit dem Ketzermachen hergegangen sey, ist nicht nöthig, daß es von mir weitläufftig berühret werde, weil es zu meinem Vorhaben wenig oder nichts thut. Nachdem die Mißbräuche des Pabstthums überhand genommen, und es der Güte Gottes gefallen, die Menschen aus der Finsterniß heraus zu reissen, hat Lutherus in Sachsen und Zwinglius im Schweitzer-Lande bey Anfange des XVI Seculi angefangen, wider das Pabstthum zu lehren, und zu disputiren, und die Leute auf das Verdienst Christi zu weisen, und als auf beyden Theilen durch Gottes Beystand guter Fortgang erschiene, hat An. 1524 Carolstadt zu Wittenberg sich Luthero widersetzt, und von dem Heil. Abendmahl etwas heraus gegeben, welches da es Zwinglius seinen Zuhörern recommendiret, und dessen Freund Oecolampadius bald darauf ein gleichförmiges Buch von dem Verstand der Worte der Einsetzung schriebe; entstande bald der Streit vom

Jurist. Oracul V Band.

Abendmahl zwischen Luthero und denen andern, wiewohl endlich An. 1535 zu Eisenach zwischen Luthero und denen Schweitzerischen Theologis, allbereit nach Zwinglii und Oecolampadii Tode dieserwegen einiger Vergleich auffgerichtet wurde. Nachdem aber auch noch bey Lebzeiten Lutheri zwischen ihm und dem Melanchthone einig Mißtrauen und heimlicher Groll sich ereignete, auch Lutherus in seiner An. 1544 verfertigten kleinen Confeßion mit denen Schweitzern übel zu frieden zu seyn bezeugete, brannte das nur ein wenig zusammen gescharrte Feuer von neuen an, welches desto heller ausschluge, als nach Lutheri und Melanchthonis Tode der Zwiespalt dieser beyden vortrefflichen Männer, immer mehr und mehr fortgepflantzet und hefftiger worden, massen dann diejenigen, so von Lutheri Schrifften nicht einen Finger breit weichen wolten, die Discipel des Melanchthonis für Crypto Calvinisten ausgaben, u. sie beschuldigten, daß sie weder kalt noch warm wären, diese aber jene für plumpe und hitzige Köpfe ausrieffen, die mit ihrem unzeitigen Eiffer nur Unfug in dem gemeinen Wesen anrichteten. Diese Flamme wurde durch den Streit de adiaphoris, der An. 1549 sich erhub, und de ubiquitate, den Brentius An. 1557 erregte, imgleichen de prædestinatione, der nach dem Mümpelgardischen, zwischen Jacobo Andreæ, und Theodoro Beza Anno 1586 gehaltenen Gespräch, entstunde, theils auffgeblasen, theils im Brennen erhalten, und ist leider bekannt, was dieselbige nur in Sachsen bey Regierung Churfürsts Augusti, Christiani u. s. w. nachdem eine oder die andere Partey die Oberhand hatte, für Unfug und Unglücke angerichtet. Beyde Parteyen pflegen, wie gewöhnlich, alle Schuld von sich abzuweltzen, und auff die Gegner zu legen. Wer aber die præjudicia und præconceptas opiniones bey Seite leget, befindet gar leichtlich, daß hin und wieder auf beyden Seiten menschliches Absehen, Affecten und Schwachheiten mit unter gelauffen, zumahl wenn man hinter MCS. geräth, die zu selbiger Zeit von dem einen und dem andern sind verfertiget worden, als in welchen man eine gantz arcanam historiam antrifft. Ich habe ohnlängst ein Teutsch MCS. gelesen, welches den Titel hatte: Historica relatio de Johanne Friderico Electore, Mauritio & Augusto, Ducibus Saxoniæ, Luthero & Philippo, in welchem ich sehr viel ungemeine Dinge angetroffen. Der Autor war zwar nicht dabey gesetzt, aber es gaben es viele Umstände, daß es D. Matthæus Ratzenberger, der an Churfürst Johann Friedrichs Hofe gewesen, verfertiget hatte, und vielleicht eben das Chronicon MSC. seyn mochte, das Hortleder Tom. II von den Ursachen des Teutschen Krieges lib. 1 c. 29 f. 153 (ed. Goth. Ann. 1645) citiret. So habe ich auch einen etwas ausführlichen Bericht von D. Crells Tode gelesen, in dem ich viele sonst unbekannte Umstände gefunden. Nachdem auch in XVII Seculo bey dem dreyßigjährigen Krieg auch unter andern dieserwegen harte gestritten wurde, ob die der Reformirten Religion zugethane die Privilegia der Augspurgischen Confeßions-Verwandten im Römischen Reich mit geniessen solten, ist dieses nicht alleine in dem Instrumento Pacis zu Oßnabrück artic. 7 mit versehen, sondern auch in dem letzten Artickel noch ferner deutlich benennet worden,

daß

daß diese Vergleichung so wohl Geistlichen als Weltlichen für eine immerwährende Richtschnur gegeben seyn solte, und daß derjenige, so derselben mit Rath und That entgegen handeln würde, er sey geistlich oder weltlich, ipso jure & facto in die Straffe des Friedebruchs gefallen seyn solte.

§. 11.
Welche noch heut zu Tage von zanckfüchtigen Theologis geheget werden.

Nun wäre zwar höchlich zu wünschen, daß mit dem Instrumento Pacis, auch aller Zanck und Streit unter der Clerisey beyder protestirenden Religionen wäre gäntzlich mit gehoben, und vielmehr von beyden Theilen dahin getrachtet worden, wie entweder die streitigen Religions-Puncte durch freundliche und Christliche Unterredungen gehoben werden können, oder doch zum wenigsten denen unruhigen Köpffen, die da meynen, daß das Christenthum in dem Zancken und Streiten bestehe, auff beyden Theilen durch scharffe Pönal-Gesetze Ziel und Maaß gesetzet worden wäre, daß sie die Vereinigung der Gemüther, durch Erweisung Christlicher Wechsel-Liebe nicht ferner gehindert hätten; Aber so ist es leider an dem und offenbar, daß der Satan, der ein Friedens-Störer von Anfang ist, nach der Zeit noch immerdar seine Werckzeuge gefunden, die die alte Uneinigkeit stetswährend fomentiren und mehr und mehr häuffen, und also das Beyspiel des Herrn vom Samariter und Juden lieber aus der Schrifft auskratzen wolten, als als daß sie einander, ich will nicht sagen für Brüder, sondern nur für Nächsten, unter denen die Christliche Liebe gemein seyn soll, erkennen wolten. Wer bist du, sagt Paulus, daß du einen fremden Knecht richtest? Er stehet oder fället seinem Herrn. Er mag aber wohl auffgerichtet werden, denn Gott kan ihn wohl auffrichten. Ich möchte wohl einem solchen Zäncker ins Hertze sehen, wie ihm zumuthe wäre, wenn er über einen andern locum des Apostels an die Corinther geräth: Sintemal Eiffer und Zanck und Zwietracht unter euch sind, seyd ihr denn nicht fleischlich, und wandelt nach menschlicher Weise? Denn so einer sagt, ich bin Paulisch, der der ander aber, ich bin Apollisch, seyd ihr denn nicht fleischlich? Wer ist nun Paulus? Wer ist Apollo? Diener sind sie, durch welche ihr seyd gläubig worden, und dasselbige, wie der Herr einem ieglichen gegeben hat. Ich will nichts weiter erinnern, denn ich müste sonst das gantze Capitel hersetzen, weil es sich durch und durch auf die itzigen Zeiten schickt. Ich halte, wenn Paulus auffstehen und diesen Text recht einschärffen solte, man würde ihn an etlichen Orten für einen formalen Syncretisten halten, und aus dem Lande hinaus jagen.

§. 12.
Die Protestirenden sollen einander nach Anleitung der Apostolischen Weise nicht verdammen.

Aber hiervon wird es vielleicht zu anderer Zeit Gelegenheit geben, mit mehrern zu reden. Itzo ist wohl dieses zu unserm Zweck hauptsächlich nöthig, mit wenigen aus dem, was oben erwehnet worden, deutlich zu melden, zu was für einer Classe der Religions-Streit, so zwischen denen Lutheranern und Reformirten im schwange gehe, zu rechnen sey. Es

kan kein Theil das andere beschuldigen, daß es Heidnisch, Jüdisch oder Türckisch gesinnet sey. Denn sie sind beyderseits Christen. Sie setzen das Alte und Neue Testament zum Grund ihrer Lehre, und haben weder mit denen Teuffelischen Offenbarungen, noch mit dem Talmud oder Alcoran etwas zu schaffen. Also ist ihre Spaltung, eine Spaltung unter denen Christen, und zwar keine solche, wie die ersten Ketzereyen waren, davon wir § 8 geredet. Denn beyderseits bekennen, daß man ein rein, gut und Christlich Leben führen solte, beyderseits verfluchen das Heidnische Principium de duobus principiis coæternis. Was ist es denn nun eigentlich für eine Spaltung und Zwiespalt, und sollen wir es denn ein schisma oder hæresin nennen? Ich will es dir wohl nicht sagen, weil ich es nicht weiß, und weil ich noch niemand gefunden, der es gewust hätte, ob gleich ihrer viel, bald auf diese Meynung, bald auf eine andere gefallen. Unter beyden Parteyen sind weder die gesammten Lutheraner, noch die gesammten Reformirten einig, zu was eine Partey die andere machen wolle. Sie sind nicht einig, worinnen der genaue Unterscheid bestehe zwischen einem Ketzer und einem Schismatico, weil bey der ersten Kirchen dieses vor Synonyma gehalten wurden, und bey denen heutigen Zanckhändeln fast ein ieder diese terminos nach seiner eigenen Caprice brauchte. Sie sind ferner nicht einig, wie viel, und welches eigentlich die vornehmsten Glaubens-Artickel seyn, und welche nachmals zu denen Articulis secundariis gerechnet werden sollen. So lange aber diese Puncte nicht accurat und solide abgehandelt werden, so lange kan man auch auf obgemeldte Frage nichts gegründet antworten. Nichts destoweniger, wenn wir diese Zwiespalt gegen die Zwiespalt der ersten Kirche halten wollen, können wir vielleicht mit gutem Grunde sagen, daß dieselbe mit der Art verglichen werden könne, von welcher wir oben num. 7 geredet: Denn die Lutheraner und Reformirten setzen nicht alleine die Schrifft zum Grunde, sondern sie agnosciren auch die Symbola der ersten Kirchen. Sie streiten mit einander über die Auslegung der Heiligen Schrifft, massen sie denn sich beyderseits auf die Texte der Bibel beziehen, und iedes das andere bereden will, daß seine Erklärung die beste sey. Lutherus selbst scheinet diesen Gedancken Beyfall gegeben zu haben, wenn er an einem Ort vom Heiligen Abendmahl ohngefehr auf solche Weise redet: Er bleibe bey dem eigentlichen Verstande der Worte der Einsetzung. Hätte der Herr Jesus figürlicher Weise dieselbe wollen verstanden haben, so würde er es ihm so wenig zum Verdammniß auslegen, als seinen Jüngern, wenn sie in seinen Predigten zuweilen aus Schwachheit seine Meynung nicht recht verstanden hätten. Und gewißlich, dieses Exempel von denen Jüngern schickt sich sehr wohl hieher, weil es vor beyde Theile, wenn man ohne Partenligkeit reden will, angeführet werden kan. Also nun, wenn ich glaube, die Worte der Einsetzung seyn eigentlich und nicht figürlich zu verstehen, und mir daneben Gottes Gnade versichere, wenn ich ja über Verhoffen irren solte, so muß ich auch eben diese Gnade meinem Neben-Christen nicht entziehen und ihn verdammen, wenn ihm die andere Auslegung wahrscheinlicher dünckt. Mit einem Worte, ich erkenne aus dem, was ich oben

n. 7 allbereit angeführet, daß dergleichen Verdammungen, der Lehre des Apostels schnurstracks zuwider seyn.

§. 16.
Formirung des status controversiæ.

Nachdem ich also dieses zum Grunde meines Discurses geleget, ist noch in diesem Capitel vonnöthen, mit wenigen den statum controversiæ recht deutlich zu erklären. Ich habe die Frage von den Lutherischen und Reformirten eingerichtet, und also protestire ich, daß man dasjenige, was ich bey Erörterung derselben erwehnen werde, nicht auf andere Religionen extendiren wolle, wenn es nicht die regulæ bonæ interpretationis offenbar zulassen. Ich habe auch dieselbe von Fürstlichen Personen formiret, weil ich nicht willens bin, von der Ehe der Unterthanen hier etwas zu handeln, so ferne dieselbe nach Gelegenheit vieler Umstände mehrere Betrachtung erfordert; Und zwar so rede ich nur von Fürstlichen Personen im Römischen Reich, und bekümmere mich also nicht um die Leges Fundamentales oder Statuta in andern Ländern, aus denen man etwan wider meine Decision was fürwenden wolte. Endlich so ist auch die Frage nur von gutem Gewissen, nicht aber von Politischer Klugheit, weil ich dafür halte, es sey nöthig, bey Zeiten zu erinnern, daß man das Justum mit dem utili hier nicht vermischen wolle, wiewohl zu Ende dieses Discurses noch etwas weniges überhaupt von dem Nuhen dergleichen Heyrathen absonderlich erwogen werden soll.

II · Abschnitt.
Von denen Fundamenten, aus welchen die Frage erörtert werden muß.

§. I.
Bey Erörterung der Frage muß man erstlich auf das natürliche,

Alles kan mit gutem Gewissen geschehen, was nicht durch die Gesehe verboten ist. Diese aber sind von vielerley Arten. Und solcher Gestalt müssen wir auch nunmehr besorget seyn, daß wir in Erkiesung der Argumente, durch welche wir die Frage erörtern wollen, nicht anstossen. Unter denen Göttlichen Gesehen ist für allen Dingen das natürliche Recht in Betrachtung zu ziehen. Denn wenn dieses der Ehe, davon die Frage ist, zuwider wäre, wäre wohl kein Zweiffel, daß Christliche Fürsten ihr Gewissen hauptsächlich verlehen würden, wenn sie sich in solche Ehen einschliessen, in Ansehen dieses Geseh alle Menschen bindet, und auch denen Heiden in ihr Herh geschrieben ist.

§. 2.
Hernach auf das allgemeine grossenbare Göttliche Geseh sehen.

Neben diesem Geseh ist auch noch ein Stück eines allgemeinen Göttlichen Rechts, das Gott bey Anfang des menschlichen Geschlechts publiciret hat, und sonderlich was den Ehestand betrifft, bey der Einsehung desselben dem Menschen zur Richtschnur fürgeschrieben hat, oder doch zum wenigsten bald hernach Adam und seinen Kindern, wie auch nach

der Sündfluth Noah und den Seinigen gegeben hat. Wann dannenhero wider die Ehe-Quæstiones aus der heiligen Schrift etwas, so zu diesem Geseh gehöret, angeführet werden könte, wäre es wiederum unstreitig, daß wir die vorgelegte Frage mit nein beantworten müssen, weil auch dieses Geseh alle Menschen bindet, und auch die Thaten der Heiden wider dasselbige für dem Herrn Greuel sind.

§. 3.
Das Mosaische, Ceremonialische und Policey-Geseh præjudiciret den neuen Christen nicht.

Was aber das übrige Mosaische Geseh anlanget, es sey nun das Ceremonial-Geseh, oder das, so zur Jüdischen Policey gehöret hat, so wird man mir verhoffentlich verzeihen, wenn ich sage, daß daraus kein Argument weder vor die Lutheraner und Reformirten, noch wider dieselbe gewonnen werden könne. Das Ceremonial-Geseh hat bey der Ankunfft des Heilands auffgehöret, und das Policey-Geseh ist von Gott nicht zu dem Ende gegeben worden, daß es ausser der Jüdischen Republick andere Völcker obligiren solte.

§. 4.
Der Codex Theodosianus und Justinianeus können Fürstlichen Personen nicht im Wege stehen.

Fürstliche Personen sind wohl Göttlichen, nicht aber menschlichen Gesehen unterworffen. Denn sie machen dieselbigen, und heben sie auch nach Gelegenheit wiederum auf. Dannenhero wenn gleich ex Codice Theodosiano, oder ex Jure Justinianeo wider die Ehe beyderseits Religions-Verwandten Fürstlicher Personen etwas fürgebracht werden solte, würde doch dieses bey uns in wenige Obacht gezogen werden, weil diese Rechte nur für die Unterthanen im Römischen Reich Teutscher Nation, nicht aber für die Fürsten und Stände selbsten recipirt worden.

§. 5.
Aber wohl pacta und leges fundamentales.

Jedoch können so wohl Fürstliche Personen als andere Menschen ihre Gewissens-Freyheit mit Gelübden oder Conventionen einschrencken, und müssen wir dannenhero allerdings bekümmert seyn, ob dergleichen Pacta und leges fundamentales in dem Teutschen Reich vorhanden seyn, die Fürstliche Personen verhinderten, daß sie durch Eingehung und Vollziehung dergleichen Ehen ihr Gewissen nicht verlehen solten.

§. 6.
Der Fürsten ihre Gewissens-Freyheit dependiret nicht von der Meynung der Theologorum.

Vielleicht aber dependiret auch der Fürstlichen Personen ihre Gewihens-Freyheit von der Meynung anderer Menschen, oder doch zum wenigsten von dem Bey- und Abfall derer Theologorum? Ich meyne nicht. Zwar sollen freylich Christliche Fürsten, wenn ihnen die Gesehe, welche die Richtschnur ihrer Gewissen seyn sollen, nicht genüglich bekannt wären, gelehrte Leute und unter denenselben auch Theologos zu Rathe ziehen, daß sie ihnen

anzei-

anzeigen, wo und auf was Maaße ihr Thun und Lassen disfalls der Richtschnur der Gesetze unterworffen sey. Aber deswegen dependiret ihre Gewissens-Freyheit nicht von der Meynung der Rathgeber. Zeigen sie die göttlichen Verbote denen Fürsten an, so respectiren diese den Rathschlag nicht, soferne er von Menschen hergekommen, sondern soferne er sie auf GOttes Wort weiset. Thun sie aber dieses nicht, sondern beziehen sich nur auf die Autorität anderer Menschen, es mögen nun dieselbige Theologi oder Politici seyn, es mögen opiniones singulares oder communes seyn; So haben Fürsten und Herren allerdings rechtmäßige Ursache, solche Rathgeber als schlechte Menschen zu betrachten, die ihnen keine Gesetze geben können, sondern die sich nach denen Gesetzen der Fürsten richten müssen, und wäre es ohnedem denen Theologis von beyderseits protestirenden Religionen eine Schande, wenn sie ein anders prätendiren solten. Ihre Vorfahren und Urheber der Reformation haben der Christen ihre Gewissen von dem Joch der menschlichen Autorität der Päbstischen Clerisey, und der Infallibilität des Pabsts erlösen wollen. Wie würde dieses nun der unförmlich seyn, wenn sie uns anstat der Päbstischen auf ihre Autorität weisen, und sich eine Infallibilität zuschreiben wolten, zumalen da auf diese Weise unser Zustand viel elender seyn würde, als der Römisch-Catholischen, weil wir auf solchen Fall so viel widersinnliche Infallibilitäten haben würden, ich will nicht sagen Provintzien, sondern beynahe als Städte in Teutschland sind, da doch die Catholicken (ja heut zu Tage nicht einmal alle) nur von der Infallibilität eines einigen Pabstes eingenommen sind.

§. 7.
Ob die aus Christlicher Antiqvität hergenommenen Exempel etwas zur Erörterung dieser Frage beytragen?

Wir müssen aber auch von denen Exempeln Christlicher Antiqvität noch was erwegen. Ob vielleicht aus denenselben etwas zum Grunde der vorgelegten Frage genommen werden könne. Ich halte in dergleichen Fällen diese Art zu disputiren allezeit für gefährlich, und mit der man sehr behutsam umgehen muß. Es ist eine alte Regel: Exempla non probant, sed illustrant. Alle Exempel sind denen Regeln unterworffen, und also können sie in moralibus keine Regel machen. Wenn man bemühet ist zu erweisen, daß eine That recht oder unrecht sey, und zu dessen Behuff ein ander gleichmäßiges Exempel anführet, verwickelt man sich ohne Noth in einen Streit, der die Schwierigkeiten nicht tilget, sondern mehret. Denn ein ander, der Lust zu zancken hat, nimmt dadurch Gelegenheit anstat der Haupt-Frage auf das Exempel zu fallen, und entweder zu weisen, daß das angeführte Exempel eben so streitig sey, als das, davon die Frage ist, oder einen Unterschied zwischen dem Exemplo quæstionis und dem Exemplo probationis zu suchen, der denn gar leicht zu finden ist, und alsdenn zanckt man sich, ob das argumentum recht a pari gewesen, oder ob man a diversis ad diversa inferirt habe. Man sehe es nur in denen Disputationibus Academicis, ein Respondens wird allezeit behutsamer verfahren, wenn er den majorem schlechtweg negi-

ret, als wenn er seine Gelehrsamkeit will sehen lassen, und ex liberalitate ein Exempel per modum instantiæ vorbringt, und damit weisen will, daß major nicht univerfal sey. Hat er einen schlauen Opponenten, der exercirt ist, als er, so wird derselbe gemeiniglich die Instantz anpacken, und ihn von der Haupt-Materie wegzuführen suchen. Exempel sind sehr gut, wenn ich mit Leuten zu thun habe, die ich informire, und die mir vertrauen, daß ich ihnen die Wahrheit sagen werde. Denn bey dieser Bekenntniß kan ich mit einem Exempel mehr ausrichten, als mit vielen Discursen, es mögen nun natürliche, künstliche oder Moral-Sachen seyn, die ich zu erklären habe. Wenn ich aber wider einen disputire, so wird er allezeit an einem Exempel etwas finden, dessen er sich ja sowol wider mich bedienen kan, als ich mich dessen wider ihn bedienet habe. Und haben disfalls die Exempel, so aus heiliger Schrifft oder der alten Kirchen-Historie genommen werden, für andern keine prærogativ. Die heilige Schrifft lobet nicht allemahl ausdrücklich, was zu loben ist, und schilt nicht allemahl, was zu schelten ist, sondern man muß öffters das judicium von denen Exempeln aus anderwärtig beygebrachten Haupt-Regeln herholen. Loths Blut-Schande wird bey der Erzehlung nicht gescholten, aber das 3 Buch Mose weiset, daß sie unrecht sey. Die Polygamie der Alt-Väter wird noch heute disputiret, ob sie recht oder unrecht sey. Josuä Handel mit denen Gibeonitern, und der zwey Stämme Israel mit denen Kindern Benjamin, die Lügen der Egyptischen Wehemütter, Naemans Begleitung seines Königs in das Haus Rimnon sind alles Exempel, die noch unterschiedenen Scrupeln unterworffen sind, das Opffer für die Todten, und das Exempel Raziä aus den Büchern der Maccabäer anitzo zu geschweigen. So sind auch fast noch schwerere Knoten in denen Exempeln, die aus der ersten Christlichen Kirchen pflegen hergeholet zu werden. Daß man zu Zeiten der Patrum Concilii Niceni, um dieser andern Uibelthaten, als um des Ehebruchs willen Ehescheidungen zugelassen; daß zu Zeiten Juliani Apostatæ die Christen nicht in terminis nudæ patientiæ wider ihn geblieben u. s. w. Das solte man wohl denen Gelehrtesten sauer werden, aus dem Grunde zu resolviren. Dieses zu geschweigen, daß gar offte bey denen alten Exempeln und derer Justitz grosse præjudicia fürgegangen, und bis auf unsere Zeiten fortgepflanzet worden. Wir stellen Lucretiam, Curtium u. s. w. als Exempel sonderlicher Tugend vor, und wenn man es untersucht, meritiren sie nichtsweniger, auch nach denen blossen Regeln gesunder Vernunfft. Ambrosii Verfahren mit Theodosio wird gemeiniglich als ein Exempel eines gottseligen Eiffers ausgestrichen, und kan doch gantz nicht defendiret werden. Viti Winsemii Pedantische Hartnäckigkeit, da er sich eher von der Profeßion absetzen liesse, als daß er sich die propositiones inusitatas wolte nehmen lassen, heist bey vielen ein Exempel Christlicher Beständigkeit. So ist auch ein grosses præjudicium, das bey denen Exempeln fürzugehen pflegt, daß man justitiam vel injustitiam eines Thuns gemeiniglich ab eventu zu judiciren pfleget, da doch dieser Schluß gantz nichts tauget. Wiewohl einer, der die Thorheiten der Welt bemercken will, viel Materie zu seinen observatio-

nibus

ribus bekömmt, wenn er nur ein wenig Achtung giebt, wie so gar widerwärtig die judicia vor glück- und unglücklichen Ausgange einer Sache fallen, nachdem die Leute einem Menschen gewogen oder ungewogen seyn. Gehet es einem wohl, so sagen die Freunde, es wäre die Frucht seiner klug gefuhreten Anschläge, die Feinde aber sprechen: Je ärger, ie besser Glück: Gehet es einem aber übel, so sagen die Feinde: Wie man es treibt, so gehet es, die Freunde aber im Gegentheil: Geschiehet dieses am grünen Holtze, was will am dürren werden. Ja die Naseweisen Menschen wollen auch die unerforschlichen Gerichte GOttes ergründen, und zwar nach ihrer thörichten und unvernünfftigen passion auf unterschiedene und widersinniche Weise. Ich will nur ein einiges und zwar gantz gemeines Exempel geben. Wenn ein Mann in seiner besten Jugend stirbt. Der eine sagt: GOtt habe sein undanckbares Vaterland gestrafft, denn es war seiner nicht werth. Der andere spricht: Er ist bald vollkommen worden. Der dritte: GOtt hat ihn weggerückt für dem bevorstehenden Unglück. Der vierte: Es ist ein Vorzeichen unglücklicher Zeiten, wenn GOtt solche Leute wegnimmt. Der fünffte: Es ist wohl so gut, daß ihn GOtt weggenommen, wer weiß, was der Mann noch für Unfug angerichtet hätte. Der sechste: Er muß Vater und Mutter seyn ungehorsam gewesen, weil er sein Leben nicht über die Hälffte gebracht. Der siebende: Da siehet man GOttes Straffe. Der Mann hat diese oder jene Witbe sehr gekränckt (wenn er gleich einer Witbe wider eine andere Witbe bedienet gewesen) die hat ihn nun zu Tode gebetet. Der achte: So gehets, wenn man GOttes Augapffel angreifft. Der Mann hätte sollen die Geistlichen mit frieden lassen. Und wer wolte die judicia alle erzehlen, die von einem einigen Fall pflegen gefället zu werden. Ich könte wohl noch ein Exempel geben: Wenn ein Prediger von einem Ort an den andern ziehet. Aber man möchte wider meine Intention unzeitige Applicationes darauf machen. Genug ist es, daß aus diesen allen erhellet, daß in Streit, und sonderlich in Gewissens-Fragen die Exempel mehr hinderlich als förderlich zur Erörterung derselben seyn.

Dritter Abschnitt.

Erörterung der Frage: Ob Lutherische und Reformirte Fürstliche Personen einander mit gutem Gewissen heyrathen können.

§. 1.

Bejahung der vorgenommenen Frage, weil diese Heyrath nicht verboten.

Nachdem wir den statum controversiæ deutlich erkläret, und das Fundament, woraus die vorgelegte Frage erörtert werden soll, satsam untersucht, antworten wir auf die fürgelegte Frage: Ob Fürstliche Personen im Römischen Reich, deren eine Lutherisch, die andere Reformirt ist, einander mit gutem Gewissen heyrathen können? allerdings mit ja, aus der Ursach: Weil solches in göttlichen Gesetzen, so die Fürsten angehen, nicht verboten, noch denen

Pflichten, mit welchen sie dem Römischen Reich verwandt sind, nicht zuwider ist. Alles aber, was nicht verboten ist, kan ich mit gutem Gewissen thun, es wolte denn einer mir etwan des Ciceronis dictum vorwerffen, non omne, quod licet, honestum est; welches bey unsern Zeiten gar leicht geschehen kan, als in welchen nicht leicht ein dictum aus der Bibel von denen Heuchlern und Pedanten pfleget verschonet zu bleiben, daß es nicht von ihnen nach ihrem Eigennutz und Bosheit verdrehet werde, geschweige denn ein dictum eines Philosophi, wiewohl aber der von mir gesetzte Canon so unstreitig wahr ist, daß das Gesetze kein Gesetz, und das Gewissen kein Gewissen wäre, wenn es triegen solte, und solchergestalt kein gescheider Mann besagtes dictum Ciceronis mit Ernst dawider opponiren kan; so kan doch zum Uiberfluß gar leicht und mit zweyen Worten darauf geantwortet werden, daß Cicero entweder verstehen wolle; non omne quod licet, decorum esse, in Ansehen sowohl bey alten als neuen Scribenten nichts gewöhnlicher ist, als daß das decorum mit dem honesto vermischet werde; oder: non omne, quod licet, præceptum esse, weil ex moralibus bekannt, daß die gebotenen Dinge die vornehmste speciem honestatis machen, und nach Grotii stylo justa seu honesta in sensu ajente genennet werden: oder aber letztlich: non omne, quod impune est in foro humano, licitum esse in conscientia, denn es ist wiederum bekannt, daß licitum offt pro impuni, und honestum pro plene & intrinsece licito gebraucht werde. Keine von diesen drey Erklärungen gehet uns an. Nicht die erste, weil nicht von dem decoro, sondern bloß von justo anietzo geredet wird: Vielweniger die andere, weil unsere Meynung nicht ist zu behaupten, daß Lutherische und Reformirte einander heyrathen müsten, sondern nur, daß ihnen solches von göttlichen und weltlichen Gesetzen zugelassen sey. So ist auch die dritte Erklärung nicht wider unser Vorhaben. Denn die licentia mere impunis ist allemahl denen göttlichen Gesetzen zuwider: Wir aber sind zuförderst besorgt, ob wider unsere Erörterung etwas aus göttlichen Gesetzen könne vorgebracht werden.

§. 2.

Nutzen, wenn man in einer offenbaren Sache keines Beweises sich anmaßt.

Bey dieser Bewandniß aber haben wir einen grossen Vortheil, indem wir uns in negativa gründen, daß wir keinen Beweis für unsere Sache führen dürffen, sondern bloß besorgt seyn müssen, dasjenige, was wider unsere Antwort aus GOttes Wort fürgebracht werden könte, gründlich zu widerlegen. Und wenn ich die Wahrheit sagen soll, so ist es allezeit in dergleichen Fällen am sichersten, denn wir suchen niemand zu attaqviren, sondern nur unsere Meynung zu vertheidigen. Ein reus würde wunderlich seyn, einen Gegen-Beweis zu führen, wenn er versichert ist, daß der Kläger nichts in seinem Beweis wider ihn ausgeführet; einer der sich wider seinen Feind vertheidiget, thut besser, wenn er in seinem Lager unverrückt lieget, als wenn er durch viele Bewegung demselben eine Blösse zeiget. Gemeiniglich pflegt ein Calumniante, der die Zu-

läßig-

läßigkeit einer Sache anpacken will, wenn er gleich für sich keine Gründe hat, die gebrauchten Gründe seines Gegners, die derselbe aus guter Intention, seine Sache desto mehr zu erleuchten, fürgebracht, anzutasten, und mit der grösten Sophisterey etwas zu zancken herauszusuchen. Zu geschweigen, daß auch zuweilen diejenigen, die gute Sachen defendiren, aus Unverstand derselben mehr Schaden zufügen, wenn sie keinen Unterscheid unter denen argumentis probantibus & illustrantibus zu machen wissen, und nur meynen, es könne eine Sache nicht besser defendiret werden, als wenn man nur fein viel davon schreibe, und den Leser mit der Menge der Argumente überfalle, da es denn offt geschicht, daß unter 50 rationibus wohl gar kein argumentum probans anzutreffen, wodurch zwar der Pöbel geblendet wird, aber ein gelehrter Mann darüber nur lacht. In Manzii commentario rationali ad Instituta kan man dieses in allen Seiten gewahr werden. Seine überhäufften rationes füllen einen gantzen Folianten: Wenn man aber die tüchtigen von denen andern absondern wolte, fürchte ich, es werde der Commentarius nicht grösser bleiben als die actiones des Dauphins in Franckreich, die ohnlängst in einem Satyrischen Catalogo librorum in 24 und in Kalb-Fell eingebunden, verzeichnet stunden. Wenn z. E. ein Priester die Zuläßigkeit des Beichtpfenniges behaupten will, wird er viel besser thun, wenn er die objectiones von Simon, von dem dicto: Umsonst habt ihrs empfangen, u. s. w. gründlich widerleget, als wenn er seine thesin durch die approbation der Kirchen, daß sich die Priester vom Altar nehren sollen, oder wohl gar, daß man dem Ochsen, der da drischt, das Maul nicht verbinden solle, oder durch andere dergleichen Dinge zu beschützen sucht. Andere mehr Exempel anietzo zu geschweigen.

§. 3.
Aus dem Recht der Natur kan nichts wider unsere Decision fürgebracht werden.

Was demnach die göttliche Gesetze, und zwar anfänglich das Recht der Natur anlangt, so wird man wohl schwerlich daraus etwas wider unsere Decision anführen können. Das Recht der Natur weiß von dem NB. äusserlichen Gottesdienst nicht mehr, als daß es recht und billig sey, daß man GOtt ehren solle, wenn und wie er es von uns verlange: Die Art und Weise GOtt zu ehren, und von seinem Wesen deutliche propositiones zu geben, woraus der Unterscheid der Religionen fließt, kömmt allzumal von einer, dem natürlichen Trieb entgegen gesetzten Offenbarung her. So erkennet man auch in der Lehre vom Ehestand, so viel aus dem Gesetz der Natur die contrahirenden Personen betrifft, weiter nicht, als daß sie zum Kinderzeugen geschickt seyn sollen. Und ob man gleich fürwenden wolte: eine iede Gesellschafft sey nach den natürlichen Rechte darzu geordnet, daß durch dieselbige das Wohlseyn des menschlichen Geschlechts, und der vereinigten Personen selbst befördert werde: In gegenwärtigem Fall aber müste die eine Person gewärtig seyn, daß sie von der andern zu ewigem Verderben, gegen welches alles zeitliches Wohlseyn für nichtig zu achten, verführet würde; oder es erfordert das Recht

der Natur, daß die Eltern alles Unheil ihren Kindern, so viel möglich, verhüten, dieses könne aber in diesem Fall nicht geschehen, wenn die Kinder in der Religion des unrechtgläubigen Theils auferzogen würden, so ist doch aus dem, was wir allbereit im I. Abschnitt ausgeführet haben, zu sehen, daß die Lutherische und Reformirte Religion keine solche zwiespältigen Religionen seyn, dabey, wenn sonsten Christi Lehre und Geboten nachgelebet wird, dergleichen ewiges Unheil, weder von denen Eheleuten, noch von denen Kindern zu befahren sey.

§. 4.
Noch weniger aus heiliger Schrifft. Antwort auf den Text Gen. 6, 1.

Also wollen wir uns ohne fernern Umschweiff alsobald zu der heiligen Schrifft wenden, und sehen, ob daraus etwas angeführet werden könne, das erweise, daß GOtt dergleichen Ehe in seinem, Adam oder Noah offenbarten allgemeinen Gesetz verboten hätte, aber wir werden auch hierinnen nicht das geringste antreffen, obschon von denen, die unserer Meynung zuwider sind, more sophistico, viel dicta aus der heiligen Schrifft pflegen gemisbraucht zu werden; Wir wollen dieselbigen nach Ordnung der Bücher der heiligen Schrifft kürtzlich betrachten. Das erste Buch Mosis muß schon sich zu ihrem Vorhaben drehen lassen, und zwar die Zeiten vor der Sündflut: Moses sagt Genes. c. 6 v. 1 & sqq. Da sich aber die Menschen begunten zu mehren auf Erden, und zeugeten ihnen Töchter, da sahen die Kinder GOttes nach den Töchtern der Menschen, wie sie schön waren, und nahmen zu Weibern, welche sie wolten. Da sprach der HErr, die Menschen wollen sich meinen Geist nicht mehr straffen lassen, denn sie sind Fleisch, Ich will ihnen noch Frist geben hundert und zwantzig Jahr. Es waren auch zu den Zeiten Tyrannen auf Erden: denn da die Kinder GOttes die Töchter der Menschen beschliessen, und ihnen Kinder zeugeten, wurden daraus Gewaltige in der Welt, und berühmte Leute. Da aber der HErr sahe, daß der Menschen Bosheit auf Erden groß ward, und alles Tichten und Trachten ihres Hertzens nur böse war immerdar, da reuet es ihn, daß er die Menschen gemacht hatte. Hieraus will man nun schliessen, daß Lutherische und Reformirte Personen einander mit gutem Gewissen nicht heyrathen künten. Aber wahrhafftig dieser Text wird wohl mit denen Haaren darzu gezogen. Ich will ietzo nicht anführen die Streitigkeit der Ausleger über den Verstand dieses Texts, indem etliche der Meynung sind, daß durch die Kinder GOttes entweder die guten Engel oder wohl gar die Teuffel verstanden werden, und also der Verstand dieser Worte sey: Daß die Engel oder die Teuffel sich mit denen Weibes-Personen vermischt hätten, und aus dieser Vermischung Riesen und Tyrannen gezeugt worden wären: Aber wie schickt sich das auf die Heyrath der Lutheraner und Reformirten? So wenig als beyde mit denen Teuffeln sich werden wollen vergleichen lassen, so hochmüthig würde es heraus kommen, wenn einer von beyden sich in Ansehung der andern einen Englischen Vorzug zuschreiben wolte. Wir wollen nur bey der gemeinen

meinen Auslegung, als der wahrscheinlichsten, bleiben, daß die Kinder der Patriarchen und Nachkommen deß Seths, sich mit denen Kindern und Nachkommen des gottlosen Cains vermischt haben, welche sich von der rechtgläubigen Kirche abgesondert, und nicht alleine eine offenbarliche Abgötterey getrieben, und anstat des wahren GOttes Sonne, Mond und Sterne angebetet, sondern auch ein gottloses, ungerechtes und unflätiges Leben geführet, und daß wegen dieser doppelten Bosheit der Menschen, als von welcher der Text klar besagt, GOtt die Sündflut auf Erden habe kommen lassen. Mit was für einem Gewissen wolte nun einer von denen beyden protestirenden Religionen diesen Text auf die Heyrath der Lutherischen und Reformirten ziehen? Welche von beyden Religionen treibet Heydnische Abgötterey, und verleugnet den wahren GOtt? Welche von beyden Religionen treibet die ihrigen zu einem gottlosen Leben an? Bekennen sie nicht vielmehr alle beyde GOtt und den Vater unsers HErrn JEsu Christi? Erkennen sie nicht alle beyde: Daß man ihn in Geist und in der Wahrheit anruffen solle? Erkennen sie nicht, daß Augen-Lust, Fleisches-Lust und hoffärtiges Leben zu dem Weg der Verdammniß führet? "Ja sprichst du, die That strafft die Anschläge: Als die Kinder GOttes Gen. c. 6, 2 sahen auf die schönen Töchter der Menschen, und sie nahmen, es mochten Patriarchen, Lehrer, Eltern singen dawider, und sagen. Die galante Art, die grosse Freundschafft, Aussteur gegen die Armen, Simpeln, Betschwestern der Frommen, drunge vor. Dis liesse nicht übel. GOtt aber schalts, Widersatz, Fleisches-Lust, Verachtung seines Geistes v. 3, und setzte sofort einen Executions-Termin an.v. 4. Siehe Luther, der es trefflich ausstreicht und mit der Even Lust c. 3 vergleicht. Da gilts nicht, was Lehter warnen, es sey der Gewinn groß genug, wenn wir nur gottselig seyn und uns genügen lassen. Es soll auch auf Rossen geritten und gnädiger Herr heissen. Aber du armer Heuchler, was gehet dieses die Heyrath der Reformirten und Lutherischen an? Meynest du denn, daß unter denen Töchtern der Patriarchen nicht auch Töchter gewesen seyn, die ihren Freyern ein gutes Vermögen zugebracht haben, oder daß die unter den Nachkommen Seths vor der Sündflut nicht Leute gewesen seyn, denen GOtt Reichthum zugeworffen, als wie denen Patriarchen nach der Sündflut. Oder meynest du, daß alle Töchter der Patriarchen einfältige Betschwestern gewesen? Waren die Söhne der Patriarchen so gottlos, daß sie von dem Weg des wahren GOttes abfielen, meynest du nicht, daß es auch viel Töchter der Patriarchen gethan haben, die sich Fleisches-Lust, Augen-Lust und Verachtung des Geistes haben einnehmen lassen? Wilst du den Namen haben, daß du kein stummer Hund seyst, warum thust du deinen Mund nicht auf, wenn der Landes-Fürst in seiner Religion eine zur Sünde inclinirende Fürstin heyrathet?

§. 5.

Andere Texte aus denen Büchern Mosis, Josuä und der Richter von verbotener Heyrath mit Heydnischen Völckern.

Aber vielleicht sind die Texte aus andern Büchern klärer. Denn was ist doch wohl deutlicher,

Jurist. Oracul V Band.

als was Exod. 34. v. 10 seqq. gesaget wird. Und er sprach: Siehe, ich will einen Bund machen für alle deinem Volck, und will Wunder thun, dergleichen nicht geschaffen sind in allen Landen, und unter allen Völckern, und alles Volck, darunter du bist, soll sehen des HErrn Werck. Denn wunderbarlich solls seyn, das ich bey dir thun werde. Halt, was ich dir heut gebiete, siehe, ich will für dir heraus stossen die Amoriter, Cananiter, Hethiter, Pheresiter, Heviter und Jebusiter. Hüte dich, daß du nicht einen Bund machest mit den Einwohnern des Landes, da du einkommest, daß sie dir nicht ein Aergerniß unter dir werden, sondern ihre Altar solst du umstürtzen, und ihre Götzen zerbrechen, und ihre Hayne austrotten. Denn du solst keinen andern GOtt anbeten, denn der HErr heist ein Eiferer, darum, daß er ein eiferiger GOtt ist, auf daß, wo du einen Bund mit des Landes Einwohnern machest, und wenn sie huren ihren Göttern nach, und opffern ihren Göttern, daß sie dich nicht laden, und du von ihrem Opffer essest, und nehmest deinen Söhnen ihre Töchter zu Weibern, und dieselbe denn huren ihren Göttern nach, und machen deine Söhne auch ihren Göttern nachhuren. Ist denn nicht ausdrücklich hierinnen enthalten, daß man mit denen Ungläubigen gar keine Gemeinschafft haben solle, am wenigsten aber sich nicht mit ihnen verheyrathen? Hat GOtt dieses Gebot nicht zum öfftern wiederholet? Im fünfften am siebenden Capitel fängt Moses alsbald an: Wenn dich der HErr dein GOtt ins Land bringet, darein du kommen wirst, dasselbe einzunehmen, und ausrottet viel Völcker für dir her, die Hethiter, Gergesiter, Amoriter, Cananiter, Pheresiter, Heviter und Jebusiter, sieben Völcker, die grösser und stärcker sind denn du, und wenn sie der HErr dein GOtt für dir giebt, daß du sie schlägest, so solst du sie verbannen, daß du keinen Bund mit ihnen machest, noch ihnen Gunst erzeigest. Und solst dich mit ihnen nicht befreunden, euer Töchter solst du nicht geben ihren Söhnen, und ihre Töchter solt ihr nicht nehmen euren Söhnen. Denn sie werden eure Söhne mir abfällig machen, daß sie andern Göttern dienen, so wird denn des HErrn Zorn ergrimmen über euch, und euch bald vertilgen. Josua schärfet ihnen eben das ein, cap. 23 v. 12 seq. Wo ihr euch aber umwendet, und diesen übrigen Völckern anhangt, und euch mit ihnen verheyrathet, daß ihr unter sie, und sie unter euch kommen, so wisset, daß der HErr euer GOtt wird nicht mehr alle diese Völcker für euch vertreiben, sondern sie werden euch zum Strick und Netz, und zum Geissel in euer Seiten werden, und zum Stachel in euren Augen, bis daß er euch umbringe von dem guten Land, das euch der HErr euer GOtt gegeben hat. Ja es weiset der Ausgang, davon in dem Buch der Richter hin und wieder zu lesen, fürnemlich in dritten Capitel v. 5 seq. Da aber die Kinder Israel also wohneten unter den Cananitern, Hethitern, Amoritern, Pheresitern, Hebitern und Jebusitern, nahmen sie jener Töchter zu Weibern, und gaben ihre Töchter jener Söhnen, und dieneten jener Göttern, und thäten übel für dem HErrn, und vergassen des HErrn ihres GOttes, und dieneten Baalim, und den Haynen.

Da

Da ergrimmete der Zorn des Herrn über Israel, und verkaufte sie unter die Hand Cusan Risathaim, des Königs zu Mesopotamia, und dieneten also die Kinder Israel dem Cusan Risathaim acht Jahr.

§. 6.
Deren Beantwortung.

Mich wundert von Hertzen, daß sich, ich will nicht sagen Christen, sondern gelehrt seyn wollende Leute nicht schämen, mit so gar öffentlichen Cavillationen das heilige Wort Gottes zu misbrauchen. Denn mit was für handgreifflicher Unverschämtheit werden doch diese Texte alle auf die Ehe der Lutherischen und Reformirten gezogen? Wenn ich Commentarios ausschreiben, und denen Adversariis Ursache zu sophistisiren geben wolte, würde ich diese Antwort hervorsuchen, daß alle diese Texte nur von denen Cananitern, nicht aber von allen Heiden redeten, und daß dieses die Völcker wären, die Gott vor andern aus seinen allweisen Ursachen hätte ausrotten wollen, von welchen man also keine Illation auf alle irrende Religionen machen müste, zumahlen da man Exempel hätte, daß gottesfürchtige Leute andere Heydinnen geheyrathet hätten, ohne daß Gott dieselbigen deswegen gestrafft hätte. Denn ob ich schon dafür halte, daß man mit dieser Antwort sich eine geraume Zeit aufhalten könte, so ist doch nicht zu leugnen, daß man dadurch denen Zänkern Anlaß geben würde, sich eine gute Zeit darwider mit wahrscheinlichen Dingen zu sperren, zumahlen, wenn es an die Exempel käme nach der Erinnerung, die wir dieserwegen im 2 Abschnitt weitläufftig gethan haben: Ich würde auch einige Gelegenheit zu disputiren finden, ob das Gebot, das disfalls Gott den Israeliten gegeben hat, ein Universal-Gesetz sey, das alle Menschen, folglich auch Christliche Fürsten angehe, oder ob es nicht vielmehr unter die Gesetze zu rechnen sey, die auf das Jüdische Volck alleine gerichtet gewesen wären, oder die nur zur Zeit des alten Testaments ihre verbindliche Krafft haben sollen, in welchen Gott die Heyden etwas schärfer tractirt, als nachdem durch die Zukunft Christi die Scheidewand zwischen den Jüden und Heyden weggenommen worden. Dieweil aber die Worte der Texte offenbar seyn, daß die Endursache, warum Gott dieses Gebot den Israeliten gegeben, dahin gegangen sey, daß sie sich desto besser für der Abgötterey hüten sollen, und aber die heydnische Abgötterey allerdings auch heute von allen Christen für ein Haupt-Laster gehütet und gefliehen werden muß; so wollen wir auch allen zweiffelhafften Streit zu meiden, präsupponiren oder zugeben, daß offtbesagtes Gesetz alle Rechtgläubige angehe, und uns nicht bemühen, mit einiger Wahrscheinlichkeit zu behaupten, daß Gott nur denen Jüden, wegen ihrer Hartnäckigkeit und Bosheit dasselbige gegeben habe, und weil sie fast mehr als andere Völcker zur Abgötterey inclinieret, und ohnerachtet der göttlichen harten Strafen, dennoch durch ihres Hertzens Härtigkeit, fast allemahl wider den Stachel lecken wollen. Es sey demnach also, diese Gebote Gottes mögen alle Rechtgläubige angehen, und auch von allen Heyden zu verstehen seyn. Was gehet aber dieses abermahls die Lutherischen und Reformirten an? Gott verbeut ja ausdrücklich, deswegen einige Gemeinschafft mit denen

heydnischen Völckern zu haben, weil sie ihre meiste Speise pflegten denen Götzen zu opffern, damit also die Juden, wenn sie mit ihnen äßen, an diesem verfluchten Götzen-Opfer sich nicht verunreinigten, weshalben auch in der Apostel-Geschichte noch denen Neubekehrten fleißig inculciret wird, daß sie sich sollen vom Götzen-Opffer enthalten: Es wird ferner denen Juden verboten, sie sollen mit den Heyden keine Gemeinschafft haben, daß sie nicht veranlasset werden, sich mit ihnen zu verheyrathen, damit durch diese Heyrath die Männer nicht verführet würden, nebst denen ausländischen Weibern fremden Göttern nachzuhuren. Nun ist es aber Gott zu erbarmen, daß wenn von der Heyrath Lutherischer und Reformirter Personen die Frage ist, diejenigen, die einer von diesen beyden Religionen zugethan sind, die Zugethanen der andern Religion für Leute, die fremden Götzen opfferten, und ihnen nachhureten, ausgeben wollen. Man hat ja, Gott Lob! an vielen Orten im heiligen Römischen Reich tausendfache Gelegenheit, daß beyderseits Religions-Verwandten sehen und hören können, wie der Gottesdienst bey beyden bewandt sey, und lasse ich einen iedweden, der solches gesehen und gehöret hat, auf sein Gewissen judiciren: Ob er gespüret, daß bey denen von der andern Religion ein abgöttischer Gottesdienst angeordnet sey, oder ob man, vermöge der Anordnung, fremden Göttern nachhure, und nicht beyderseits den Dreyeinigen Gott anbete. Und doch ist der Teufel so mächtig, daß er in beyderseits Religionen die Leute mit sehenden Augen blind, und mit hörenden Ohren taub macht, und daß man der Zunge und Feder eines Lästerers mehr trauet, als seinen fünff Sinnen, nur weil er menschliche Autorität hat, und unter dem Deck-Mantel eines heiligen Eifers sein verdammtes, eigennütziges Interesse zu verbergen sucht. Es ist leider an dem, daß unter denen Christen vielfältig fremden Göttern nachgehuret wird, wenn an einem Theil zuweilen anstat des lautern und reinen Worts Gottes ein Fleischlich-Gesinneter, dasselbige mit Menschen-Kunst und sündlichen Affecten vermenget, oder wohl gar diese alleine als fremde Götter andern zu verehren vorträget, und viel unschuldige Seelen verführet, daß sie ihm nachhuren; am andern Theil aber diejenigen, die in die heilige Versammlungen kommen sollen, um darinnen zu beten, zu loben und zu dancken, mit ihren Gedancken, ja auch mit Worten und Wercken dem Hoffarts-Geitz-Huren-Läster-Teuffel u. s. w. nachhuren. Aber in diesem Stück haben die Religions-Verwandte von keiner Partey einander etwas vorzuwerffen, sondern ein iedes an seinem Ort Gott zu bitten, daß er treue Lehrer erwecke, die durch seinen guten Geist getrieben, ihre Schafe mit heilsamer Lehre, mit der das Leben übereinstimme, weiden, und ihnen mit guten Exempeln vorgehen, diese aber auch für sich als gehorsame Schafe nachfolgen, und ihr Hertz aufrichtig zu dem Herrn ihrem Gott wenden, auch alle besagte Abgötterey, die dem Herrn ein Greuel ist, von sich thun. Wann dannenhero ein treuer Lehrer aus den Israelitischen Gesetzen seinen Zuhörern etwas einschärffen will, so wird er in beyderley Religionen Gelegenheit genug finden, wenn er öffters siehet, daß eine fromme Person durch eine Heyrath mit einer üppigen, geitzigen, hochmüthigen u. s. w.

von

von beyderley Geschlechte in die Seelen-Gefahr fremden Göttern nachzuhuren, gestürtzet wird. Aber wie selten geschiehet solches? Zum wenigsten bin ich versichert, daß kein Heuchler, der um die Heyrath Lutherischer und Reformirter Personen eifert, in diesem Stück das Maul aufthun, oder die Feder ansetzen wird.

§. 7.
Gleiche Texte aus denen Büchern der Könige, Esrä und Nehemiä.

Bey denen übrigen Objectionibus, die aus dem Alten Testament pflegen vorgebracht zu werden, wird es unnöthig seyn, sich lange aufzuhalten, weil sie insgesammt abermahl von denen Heydnischen Weibern, auf die Weibes-Personen, die in der andern Religion der Protestirenden aufgezogen sind, absurdissime argumentiren. Man führet an, was 1 Reg. 3, 1 erzählet wird: Und Salomo befreundete sich mit Pharao, dem Könige in Egypten, und nahm Pharao Tochter, und brächte sie in die Stadt Davids, bis er ausbauete sein Haus, rc. item 1 Reg. 11, 1 u. f. Aber der König Salomo liebete viel ausländische Weiber, die Tochter Pharao, und Moabitische, Ammonitische, Edomitische, Zidonitische und Hethitische; Von solchen Völckern, davon der Herr gesagt hatte denen Kindern Israel: gehet nicht zu ihnen, und lasset sie nicht zu euch kommen; sie werden gewiß eure Hertzen neigen ihren Göttern nach. An diesen hieng Salomo mit Liebe, und er hatte siebenhundert Weiber zu Frauen, und dreyhundert Kebs-Weiber, und seine Weiber neigten sein Hertz. Und da er nun alt war, neigeten seine Weiber sein Hertz fremden Göttern nach, daß sein Hertz nicht gantz war mit dem Herrn seinem Gott, wie das Hertz seines Vaters Davids. Also wandelte Salomo Astharoth, dem Gott derer von Zidon nach, und Milcom, dem Greuel der Ammoniter. Und Salomo thät, das dem Herrn übel gefiel, und folgete nicht gäntzlich dem Herrn, wie sein Vater David. Da bauete Salomo eine Höhe, Chamos, dem Greuel der Moabiter, auf dem Berge, der für Jerusalem liegt, und Moloch, dem Greuel der Ammoniter. Also thät Salomo allen seinen ausländischen Weibern, die ihren Göttern räucherten und opferten. So wird auch das Exempel Ahabs fürgebracht aus 1 Reg. 16, 29 u. f. Im acht und dreyßigsten Jahr Assa, des Königes Juda, ward Ahab, der Sohn Amri, König über Israel, und regierete über Israel zu Samaria zwey und zwantzig Jahr, und thät, das dem Herrn übel gefiel, über alle, die vor ihm gewesen waren, und war ihm ein Geringes, daß er wandelte in den Sünden Jerobeams, des Sohns Nebat, und nahm dazu Jsebel, die Tochter Eth-Baal, des Königes zu Zidon, zum Weibe, und gieng hin, und dienete Baal, und betete ihn an, und richtete Baal einen Altar auf im Hause Baal, das er ihm bauete zu Samaria, und machte einen Hayn, daß Ahab mehr thät, den Herrn, den Gott Israel, zu erzürnen, denn alle Könige Israel, die vor ihm gewesen waren. "Gleichfalls wird aus den Büchern Nehemiä und Esrä fürgebracht, daß nach der Babylonischen Gefängniß denen Jüden eben sowohl, als für derselben, verboten gewesen, sich mit denen Töchtern der heydnischen Einwohner im Lande zu verheyrathen, und daß Esra und Nehemia über die, so darwider gehandelt, sehr geeifert, sie entweder verjagt, oder nicht eher geruhet haben, bis sie die fremden Weiber wieder von sich gethan." Besiehe Esr. 9, 1 u. f. 10, 2. 18. Nehem. 10, 30. 13, 23. Solchergestalt machet zwar die Menge derer Biblischen Texte, derer man sich in gegenwärtigen Fällen zu bedienen pfleget, im ersten Anblick ein grosses Aufsehen, wenn man aber auf die Connexion kömmt, so läufft es auf einen blossen Misbrauch hinaus, dergleichen Misbräuche zu wünschen wären, daß sie sonderlich von denen, die uns den rechten Gebrauch der heiligen Schrifft zeigen solten, am wenigsten begangen würden. Es ist aber leider an dem, daß man an diesem Orte nicht weniger Excesse observiren könte, als bey andern Ständen, und zwar um so viel gefährlicher, weil das gemeine Volck, oder die Ungelehrten dieselben für Heiligthümer und Oracula aufzunehmen pflegen. Nur zwey Exempel zu geben, wie müssen sich die Sprüche: Strafet, es sey zur Zeit oder zur Unzeit: Tastet meine Gesalbten nicht an, thut meinen Propheten kein Leid, und andere dergleichen, die von dem heiligen Predigt-Amte handeln, nicht öfters zur Vertheidigung unfertiger Dinge und ärgerlicher Händel verdrehen lassen? Sed hæc obiter.

§. 8.
Absonderliche Beantwortung des Arguments, das von der Heyrath Jorams mit der Tochter Ahabs hergenommen wird.

Ehe ich mich zu den Büchern Neues Testaments wende, muß ich noch etwas weniges bey dem Argument erinnern, das man von der Heyrath Jorams, des Königs in Juda, herzunehmen pfleget, von welchem die Schrifft in 2 Reg. 8, 18, und 2 Chron. 21, 6 meldet, daß er gethan habe, was dem Herrn übel gefiel, und in den Wegen Ahabs, des Königs Israel, gewandelt; Denn Ahabs Tochter sey sein Weib gewesen. Denn dieses Exempel weiß man sich vor andern zu Nutze zu machen. Dem Könige Ahab wird es sonderlich zur Sünde gerechnet, die Jsabel von Zidon zu nehmen, 1 Reg. 26, 31, da zwar Stand, Gut, Schönheit, Macht anlächte, denn Zidon war ein herrlich und zur See und zu Lande mächtig Fürstenthum. So gerieth dem Sohn Josaphats Ahabs Befreundung, denn dadurch geschah, er geb übel thäte, 2 Chron. 2, 5 u. f. 2 Reg. 8, 16. 18, denn Ahabs Tochter war sein Weib, sagt die Schrift, ja es kostete ihm sein Reich über Moab; der Feind ängstigte ihn an allen Enden; seine Residentz, Söhne und Töchter wurden des Feindes, sein Leib ein Marter- und Stanck-Haus, denn wie der Prophet Elias ihm geschrieben, so giengs. Gott plagte ihn an seinem Eingeweide mit unheilbarer Kranckheit zwey Jahr lang, bis sein Eingeweide von ihm gienge. Was vor Geruch und Anblick dieß gegeben, ist leichtlich zu gedencken. Der Tod zog die Schmach zu, nicht in Königliche Gräber zu kommen, denn er hatte es, stehet da, gemacht, das nicht sein war. Wenn dabey jemand, wie etwa ein Staatssüchtiger Hofmann und Pülster-Pfarr pflegt, dem Herrn flattiren, es gering achten, und mit trefflicher Uiberkunst, Juristerey und

Weltwitz aufziehen wolte: Distinguendum, es sey viel ein anders, mit Christlichen Kirchen-Zancke Error nur circa sinem beytragen; das Fundament ja gleich und eins; der Schulpossen und Kleinigkeiten wegen müßte man so ein heilsam Mittel, den Staat zu versichern, zu bessern nicht versäumen, u. s. w. der beliebe nur die hohe Kunst an diesen Exempeln zu erweisen, und conciliire solche mit der Regel und dem bessern Effect. Waren nicht zu Samaria fast eben solche Gottesdienste, treffliche Propheten und Wunder von Gott, als zu Jerusalem? Was fehlte Josaphats Andacht? Ließ es nicht wohl, daß die Königlichen Häuser durch ein so schönes Mittel eins wurden? Ließe sich nicht leichtlich hoffen, daß die Samarische Princeßin bekehrt, also durch sie Mutter, Vater, und ganz Israel zur einigen Wahrheit des Glaubens gebracht, und so diese Tochter eine leibhaftige Irene würde? Dictum factum, darüber fragte man Geistliche nicht. Ehestand ist ein weltlich Thun. Fürstliche Ehe-Sachen gehören vor dem geheimden Rath rc. Dieses Sophisma scheinet sonderlich auf die Heyrath der Lutherischen und Reformirten ihr Absehen gerichtet zu haben, sonderlich in den Worten: Waren nicht zu Samaria fast eben solche Gottesdienste, treffliche Propheten und Wunder von Gott, als zu Jerusalem? Wenn ich mich nicht trüge, so will der Heuchler a pari folgendergestalt schliessen: "Zu Jerusalem und Samaria war an beyden Orten die auserwählte Volck Gottes. Es war zu Samaria kein Heydnischer, sondern Jüdischer Gottesdienst; Es waren treffliche Propheten da, und dennoch gerieth die Heyrath Jorams, des Sohns Josaphats, mit der Tochter Ahabs ihm zur Sünde, weil zu Samaria der reine und unverfälschte Gottesdienst nicht beobachtet wurde; Also heissen ja wohl Reformirte und Lutherische beyderseits Christen; Sie haben beyde keinen Heydnischen Gottesdienst, es sind an beyden Orten treffliche, gelehrte Theologi und Prediger: Nichts desto weniger taugt die Verheyrathung eines Fürsten von der einen Religion, da das Wort Gottes rein, lauter und unverfälscht geprediget wird, mit einer Fürstin von der andern, da man von der reinen Bekenntniß abgewichen ist, eben so wenig, rc." Wenn der Heuchler von dem damahligen Zustand zu Samaria und Jerusalem etwas mit dem heutigen zwischen den Lutherischen und Reformirten vergleichen wolte; so wüßte ich wohl nichts füglichers, als was die Propheten des Herrn und die falschen Propheten anbelanget. An beyden Orten waren Propheten von beyderley Sorten. Die falschen Propheten machten sich groß, pralten viel von dem Worte Gottes, trieben die rechten Propheten ein, und thaten ihnen viel Verdruß, und wolten das Monopolium der Prophecey alleine haben, bis Gott einen Elias, Jehu u. s. w. erweckte, der es diesen Heuchlern wieder eintränckte, daß man mit Schrecken davon liefe. Also giebts auch unter den Protestirenden hin und wieder falsche Propheten, die anstat des wahren Gottes der Welt, ihren eigenen Lüsten und Begierden dienen, und doch unter dem Vorwand eines göttlichen Eifers rechtschaffene wahre Christen,

oder die sich nur mercken lassen, daß sie ein Verlangen darnach tragen, drücken, verfolgen, und wenn es bey ihnen stünde, gern um Leib und Leben, Ehre und Gut, ja um die Seele brächten, die das einem ieden Christen zukommende geistliche Priesterthum gerne aus der Bibel auskratzen, und sich als ein Monopolium, damit nach ihres Herzens Gutdüncken zu handeln, zueignen wolten. Aber Gott erwecket auch dann und wann einen Micha, der wider 400 falsche Propheten das Wort des Herrn aufrichtig verkündiget, und, ob er gleich von einem Zedekia auf die Backen geschlagen wird, dennoch standhaft bleibt, und seine Rettung findet, wenn ein falscher Zedekia mit seinen eisernen Hörnern für Angst des bösen Gewissens von einer Kammer in die andere laufen muß. Ja, Gott wird auch zu seiner Zeit einen Jehu erwecken, der die Propheten Baal austilgen, und um den Herrn seinen Gott eifern wird, und wenn dieses auch gleich nicht geschehen solte, so ist doch der Herr selbst mehr, als Jehu, der noch täglich sich seiner bedrängten Diener annimmt, und wenn die Gottlosen eine Glocke über sie giessen wollen, wie unter dem Schein des Rechtens man frommen Christen Fallstricke legen könne, entweder plötzlich einen Eingriff thut, und die Rohr-Stäbe Egyptens im Augenblick zerbricht, wenn sich andere am meisten darauf stämmen wollen, oder doch sonsten die Verfolger der Gottesfürchtigen mit Blindheit schläget, daß sie ganz offenbar in ihr eigen Unglück rennen, und in eine Grube, die sie andern gegraben, selbst fallen, u. s. w. In so weit gehet die Vergleichung gar wohl an. Wenn man aber die Religion zu Samaria mit einer von den protestirenden Religionen in Vergleich nehmen will, da fürchte ich, es werde ein greulicher Unterscheid daran zu spüren seyn, und abermahls mit dem Samaritanischen Gottesdienst auf einen offenbarlich Heydnischen hinaus laufen; ich will nicht eben von dem Zustande zu Samaria reden, der zu Zeiten Ahabs, des Vaters des Weibes Jorams, im Schwange gieng: Denn hiervon haben wir allbereit im vorigen § aus dem 1 Reg. 16 die Worte der heiligen Schrifft angeführet, sondern ich will nur von dem Gottesdienst zu Samaria überhaupt reden. Läßt nicht Gott dem Jerobeam durch Ahia sagen: Du hast übel gethan über alle, die vor dir gewesen sind, bist hingegangen, und hast dir andere Götter gemacht, und gegossene Bilder, daß du mich zu Zorn reitzest, und hast mich hinter deinen Rücken geworfen, 1 Reg. 14, 9. Ja, im 17 Cap. des andern Buchs der Könige v. 7 u. f. vergleicht Gott den Gottesdienst zu Samaria zu dreymahl ganz deutlich und offenbar mit dem Greuel-Dienst der Heyden. Und doch unterstehet sich ein untheologischer Maul-Christ zu schreiben: Daß zu Samaria fast eben solche Gottesdienste, als zu Jerusalem, gewesen. Heißt dieses nicht das Wort seines Gottes boshaftiger Weise gemisbraucht?

§. 9.
Von denen falschen und heuchlerischen Propheten zu Jerusalem.

Indem ich dieses schreibe, gerathe ich ohngefähr, und indem ich wegen etwas anders nachsuche, über

das

das 23 Capitel Jeremiä, worinne ich einen überaus nachdrücklichen Locum antreffe, durch welchen ich dasjenige, was ich kurtz zuvor von dem Zustand der Propheten zu Samaria und Jerusalem angeführet, gäntz offenbarlich bestätiget wird. Ich halte vor nöthig, denselben hier anzuführen, und ist unnöthig, die Ursache zu melden, ein ieder Christlich-Gesinneter wird sie greiffen: "Mein Hertz will mir in meinem Leibe brechen, alle meine Gebeine zittern, mir ist wie einem trunckenen Mann, und wie einem, der vom Wein taumelt, für dem Herrn, und für seinen heiligen Worten, daß das Land so voller Ehebrecher ist, daß das Land so jämmerlich stehet, das so verflucht ist, und die Auen in der Wüsten verdorren, und ihr Leben ist böse, und ihr Regiment taugt nicht. Denn beyde Propheten und Priester sind Schälcke, und finde auch in meinem Hause ihre Bosheit, spricht der Herr. Darum ist ihr Weg wie ein glatter Weg im finstern, darauf sie gleiten und fallen, denn ich will Unglück über sie kommen lassen, das Jahr ihrer Heimsuchung; spricht der Herr." Der Prophet redet nicht zu dem Volck von Samaria, sondern zu denen in Juda. Ja, weil ohne Zweiffel damals die Propheten zu Jerusalem auf die Reinigkeit ihrer Religion und des äusserlichen Gottesdienstes trotzten, und wahrscheinlich in ihren Predigten die Ursache des in die Babylonische Gefängniß geführten Israelitischen Volcks auf die falschen Propheten zu Samaria schoben, sich aber und ihre Genossen erhuben, daß bey ihnen des Herrn Tempel wäre, benimmt ihnen der Prophet diese Ausflucht: "Zwar bey denen Propheten zu Samaria, fähret er fort, sahe ich Thorheit, daß sie weissageten durch Baal, und verführeten mein Volck Israel. Aber bey denen Propheten zu Jerusalem sehe ich Greuel, wie sie (geistlicher Weise) Ehe brechen, und gehen mit Lügen um, (wenn sie die Gottesfürchtigen verfolgen, oder denen Gottlosen hofiren), und stärcken die Boshafftigen, (bey denen Geitz, Ehrsucht und Wollust die Richtschnur ihres Thuns ist), auf daß sich ja niemand bekehre von seiner Bosheit, (sondern immer fein sicher in den Tag hinein leben, und vermeyne, es sey genug, wenn er nur mit dem äusserlichen Worte und Wercken sich zu der wahren Religion bekenne, und den Gottesdienst abwarte); sie sind alle für mir gleich wie Sodom, und ihre Bürger wie Gomorrha, darum spricht der Herr Zebaoth von den Propheten (nicht von denen zu Samaria, sondern von denen zu Jerusalem) also: Siehe, Ich will sie mit Wermuth speisen, und mit Gallen träncken. Denn von den Propheten zu Jerusalem kommt Heuchéley aus ins gantze Land. „Lutherus erkläret es, daß durch Heuchéley verstanden werde falsch geistlich Leben und Misglauben. Es stehet weiter in besagtem Capitel: "Ich sandte die Propheten nicht, noch lieffen sie, Ich redete nicht zu ihnen, noch weissageten sie, (und doch ist kein Zweiffel, sie werden viel dem Volck von ihrem göttlichen Beruff vorgeschwatzt, und sich für Gottes Augapffel ausgegeben haben, aber Gott giebt gar ein deutlich Kennzeichen ihrer Falschheit); denn wo sie bey meinem Rath blieben, und hätten meine Worte meinem Volck geprediget, o hätten sie dasselb von ihren bösen Wegen und von ihrem

Leben bekehret; (aber so, da sie das Volck in ihrer Bosheit verstärcken, und die Fortpflantzung eines gottseligen Wandels nach allem Vermögen hindern, sind sie falschen Propheten und Augapffel des Teuffels) und ferner: Wenn wollen doch die Propheten aufhören, die falsch weissagen, und ihres Hertzens Triegerey (ihre Menschen-Kunst und weltliche Auspußungen) weissagen, und wollen, daß mein Volck meines Namens vergesse über ihren Träumen, (daß man der Bibel vergesse über denen von Menschen gemachten Büchern, und von ihnen verfertigten Künsten), die einer dem andern (nicht alleine dem Volck, sondern auch ein alter Prophet denen jungen) predige, gleichwie ihre Väter meines Nahmens vergassen über dem Baal (über den abgöttischen Dienst des Anti-Christs) ein Prophet, der Träume hat, der prediget Träume. „ Lutherus spricht, er lasse meinen Nahmen mit frieden, und sage nicht, daß es mein Wort sey, was ihm träumet, sondern es sey sein Wort, und hat seinen Nahmen. Oder: nach unserer Art zu reden, er bringe es nicht auf die Cantzel, da Gottes Wort soll geprediget werden, sondern spare es auf die Cathéder, er treibe das menschliche Wort nicht als ein Theologus, sondern als ein Philosophus); wer aber mein Wort hat, der predige mein Wort recht, (von dem seligmachenden lebendigen Glauben, von der Verleugnung seiner selbst, von einem gottseligen Leben und Wandel rc. aus denen Worten der heiligen Schrifft), wie reimet sich Stroh und Weitzen zusammen, (also, wie reimet sich die menschliche und göttliche Klugheit zusammen, das Stroh kan man wohl für sich nutzen, also auch die Menschen-Lehre oder Welt-Weisheit; aber wenn man Stroh und Weitzen unter einander mischet, hat man alles beydes verdorben. Also wenn man Welt-Weisheit und Gottes-Gelahrheit unter einander wirfft, ist es weder Welt-Weisheit noch Gottes-Gelahrheit). Ist mein Wort nicht wie ein Feuer, spricht der Herr, und wie ein Hammer, der Felsen zerschmeist, (und du elender Mensch willst ihm mit deinem Menschen-Witz u. Krafft fortheiffen, und es durchdringender machen), drum siehe, ich will an die Propheten, spricht der Herr, die meine Worte stehlen einer dem andern, (die das, was sie für meine Worte ausgeben, nicht aus den rechten Brunnen herholen, sondern von andern Menschen aus denen Postillen, aus denen Dictatis und Collegiis MSS. ohne Verstand ausschreiben, und sich auf blosse menschliche Autorität gründen), siehe, ich will an die Propheten, spricht der Herr, die ihr eigen Wort fortführen, und sprechen, er hats gesagt. Siehe, ich will an die, so falsche Träume weissagen, spricht der Herr, und predigen dieselben, und verführen mein Volck mit ihren Lügen und losen Deutungen. So ich sie doch nicht gesandt, und ihnen nichts befohlen habe, und sie auch diesem Volcke nichts nütze seynd, spricht der Herr. Wenn die Theologi von beyden protestirenden Religionen dieses wohl behertzigen, wird verhoffentlich keiner grosse Ursache finden, seine Religion mit der Religion zu Jerusalem, und die andere mit der Religion zu Samaria zu vergleichen, und die Heyrathen zwischen beyderseits Religions-Verwandten ex hoc capite zu improbiren.

Eeeee 3   §. 10.

§. 10.

Objection aus Paulo, mit den Heiden keine Gemeinschafft zu haben und ketzerische Menschen zu meiden.

Aber wir müssen nun auch die Sprüche aus denen Büchern neues Testaments untersuchen, deren sich diejenigen, die die Heyrathen zwischen Lutherischen und Reformirten anfechten, zu ihrem Vorschub bedienen. Unter diesen sind etliche, die reden gar nicht von Heyrathen, andere handeln davon. Was die erste Classe anbelangt, pflegt man sich auf Paulum zu beruffen, da er warnet, man solle nicht am fremden Joche ziehen mit denen Ungläubigen, 2 Cor. 6, 14, und ketzerische Menschen meiden, Tit. 3, 10. Denn aus diesem Text inferiret man auf folgende Weise: "Es widerstehet diesem Vornehmen St. Pauli Abmahnung 2 Cor. 6, 14 = 18: ziehet nicht am fremden Joch mit denen Ungläubigen. Denn was hat die Gerechtigkeit für Genuß mit der Ungerechtigkeit? Was hat das Licht für Gemeinschafft mit der Finsterniß? Wie stimmet Christus und Belial? Oder was für ein Theil hat der Gläubige mit dem Ungläubigen? Was hat der Tempel Gottes für eine Gleiche mit denen Götzen? Ihr aber seyd der Tempel des lebendigen Gottes. Wie denn Gott spricht: Ich will in ihnen wohnen und in ihnen wandeln, und sie sollen mein Volck seyn. Darum gehet aus von ihnen, und sondert euch ab, spricht der Herr, und rühret kein Unreines an, so will ich euch aufnehmen, und euer Vater seyn, und ihr sollet meine Söhne und Töchter seyn. Weil nun, als vorhin voraus bedungen, nur ein Christus, eine Gerechtigkeit für Gott, ein Licht, ein Glaube ist, und unmöglich zugleich von Gott und von Abgott, von Ja und von Nein, über vermeynter göttlicher Ehre, Willen und Dienste, erfüllet und getrieben zu werden, so giebt die Vernunfft an sich selbst, es sey entweder geschehen um solche Kindschaft bey Gott, oder nöthig, sich alles andern zu äußern. Ob auch gleich das Heydenthum weiter abgehet von dem rechten Christenthum, als die so genannte Ketzerey, so bleibt doch eben diese noch eine mächtige Hinderniß, die Seele zu stillen und feste zu machen an Gott. Wie denn St. Paulus so scharf abmahnet, Ketzerische Leute zu meiden, und sich vor ihrem Einschwätzen zu hüten, weil es wie der Krebs um sich fräße, 2 Tim. 2, 17." Allein die Cavillation, die in dieser Sophistischen Illation steckt, desto deutlicher zu verstehen zu geben, ist es nöthig, daß wir die beyden Texte des Apostels, einen ieden absonderlich, betrachten.

§. 11.

Deren Beantwortung.

Was den Spruch aus der Epistel an die Corinther anlangt, so warnet der Apostel die Corinther für aller Gemeinschaft mit den Heyden, damit sie nicht allein sich von aller Abgötterey entfernten, als welches die mit den Heyden familiariter conversirten, nicht wohl thun konten, sondern damit sie auch desto eher aller Gelegenheit zu sündigen meideten, weil bekannt ist, daß die Heyden nicht allein bey ihren Götzen-Diensten viele Schande und Laster begiengen, sondern auch ihre übrige Conversation von lauter Sünde wider Gottes Gebot zusammen gesetzet war. Es haben albereit etliche Gelehrte angemercket, daß um eben dieser Ursache willen in dem Apostolischen Convent zu Jerusalem beschlossen worden, daß man denen Neubekehrten keine Beschwerung mehr auflegen solte, als daß sie sich enthalten solten vom Götzen-Opfer, und von Blut, und von Ersticktem, und von Hurerey, Apost. Gesch. 15, 23. Wenn man nun dieses alles erwäget, und auf den Zustand der Lutheraner und Reformirten applicirte, so ist offenbar, daß in keiner von beyden Religionen Abgötterey vorgehe, oder dieselbigen Laster, die wider Gottes Gebot wären, gebilliget würden, oder daß, wenn Lutheraner als Lutheraner; und Reformirte als Reformirte mit einander conversiren, dadurch einer dem andern zu Lastern Gelegenheit gebe, sondern es werden weder die Reformirten bey dem Lutherischen, noch die Lutherischen bey dem Reformirten Gottesdienste, was die Kirchen-Ordnung von beyden angehet, etwas Abgöttisches antreffen; Ja, es wird ein Lutheraner und Reformirter, wenn sie nur beyde ihrem Glaubens-Bekenntniß nachgehen wollen, eben die Gelegenheit finden, mit einander gottselig zu conversiren, als mit seinem eignen Religions - Verwandten. Und solchergestalt wird der angeführte Text des Apostels so übel auf gegenwärtige Materie appliciret, als der Teufel in seiner Disputation die Seinigen anführte. Zwar ist leider zu beklagen, daß die gemeinen Conversationes unter denen, die sich Christen nennen, denen Conversationen der Heyden nicht viel nachgeben, sondern daß in denselben ja so viel Schande und Laster vorgehen, als wohl bey ehrbaren Heyden nicht geschehen ist. Aber hierinnen haben abermahls keine Religions - Verwandte denen andern etwas fürzuwerfen, und wäre zu wünschen, daß in diesem Stück die Leute von einer Religion die andern mit guten Exempeln zu bekehren suchten, und sonderlich die andern zum Exempel vorgesetzet sind, oder die ihren unzeitigen Eifer über die Heyrath der Lutheraner und Reformirten bezeigen, sich unter einander hierzu mit denen Worten des Apostels Pauli aus eben demselben Capitel aufmuntern: Lasset uns aber niemand irgend Aergerniß geben, auf daß unser Amt nicht verlästert werde, sondern in allen Dingen lasset uns beweisen, als die Diener Gottes, in grosser Gedult, in Trübsalen, in Nöthen, in Aengsten, in Schlägen, in Gefängnissen, in Aufrühren, in Arbeit, in Wachen, in Fasten, in Keuschheit, in Erkänntniß, in Langmuth, in Freundlichkeit, in dem Heiligen Geist, in ungefärbter Liebe, in dem Wort der Wahrheit, in der Krafft Gottes, durch Waffen der Gerechtigkeit, zur Rechten und zur Lincken, durch Ehre und Schande, durch böse Gerüchte und gute Gerüchte, als die Verführer, und doch wahrhafftig, als die Unbekannten, und doch bekannt, als die Sterbenden, und siehe wir leben, als die Gezüchtigten, und doch nicht ertödtet, als die Traurigen, aber allezeit fröhlich, als die Armen, aber die doch viel reich machen, als die nichts inne haben, und doch alles haben. Liebster Gott, ach wie wenig sind doch derer heute zu Tage, die diese Worte, ich will nicht sagen, practiciren, auch nicht zu practiciren verlangen, sondern die nur gläubten, daß man sie practiciren und ins Werck richten solle.

§. 12.

§. 12.

Fernere Beantwortung.

Der andere Text Pauli handelt ja wohl von einem ketzerischen Menschen, indem der Apostel dem Tito befielet: Einen ketzerischen Menschen meide, wenn er einmahl und abermahl ermahnet ist, und wisse, daß ein solcher verkehrt ist, und sündiget, als der sich selbst verurtheilet hat. Soll man nun die Ketzer meiden, so soll man sich ja wahrhafftig nicht mit ihnen verheyrathen. Hierauf aber antworte ich gantz kurtz aus dem, was ich bald anfangs im ersten Abschnitt § 7, 8 und 12 dargethan, daß keiner von denen protestirenden Religionen, die andere mit denen Ketzereyen, die zur Zeit der Apostolischen Kirchen waren, vergleichen könne, massen wir dann auch allbereit oben gegenwärtiges dictum per loca parallela erläutert, die gantz offenbar bezeugen, daß das gantz andere Ketzer sind, die der Apostel meiden heist, als die Reformirten in Ansehung der Lutheraner, aut vice versa. Und solcher Gestalt ist unvonnöthen, mit denen Gegnern von dem genauen Verstand dieses Spruchs, als der vielfältig streitigen Auslegungen unterworffen ist, zu disputiren: Ob diese Warnung alle Menschen oder Titum als einen Lehrer hauptsächlich angehe? Was durch meiden verstanden werde; und ob es nicht diesen Verstand habe, daß ein Lehrer einen Halsstarrigen, Gottlosen, nach wiederholter Vermahnung zur Besserung, fahren lassen, und Gottes Gericht überlassen solle? Was durch das Selbstverurtheilen u. s. w. verstanden werde? So haben wir auch allbereit oben den Spruch aus der 2 Epistel Johannis v. 10 angeführet, darinne der Apostel Johannes befielet, daß man den, der andere Lehre brächte, nicht einmahl ins Haus aufnehmen und grüssen solte, und weiset solcher Gestalt der 1 Abschnitt ebenmäßig, daß man daraus nichts wider die Ehe der Lutherischen und Reformirten schliessen könne, weil keine von beyden Religionen eine andere als Apostolische Lehre treibet, und nur in Auslegung derselben streitig ist.

§. 13.

Falsche Beschuldigung des Glaubens-Bekenntnisses der Reformirten.

Aber hier werde ich genöthiget, inne zu halten, indem ich mich einer harten Beschuldigung entsinne, welche, wenn sie wahr ist, alles dasjenige, was wir im 1 Abschnitt § 10, 11, 12 zum Grunde geleget, und ietzo wiederholet, dadurch ruiniret wird. Ich habe dieselbige in eines vornehmen Mannes, den ich Ehren halben nicht nennen will, dieses Jahr herausgegebenen Schrift gelesen, und kan wohl sagen, daß ich von Hertzen darüber erschrocken bin. Die Worte sind folgende: Nec sine insigni animi horrore a Christiano exaudiri potest, quod maxima pars Catechumenorum in Ecclesia satis deformata fateri cogatur: Hæc unica nostra solatio in vita & morte, quod non tenear credere, Christum pro me esse mortuum. Egregiam catechesin formandorum Christianorum, quæ a Blasphemia & mendacio incipit. Increpet te Dominus Satan! Nos aliud edocti ab Apostolo dicto ipsi audientes recte pronunciamus de Spiritu Calviniano: Hinc quoque perniger est, hunc, Lutherane, caveto. Das ist: Ein Christ kan ohne Grausen nicht anhören, daß der größte Theil der Catechismus-Schüler in der übelreformirten Kirche gezwungen wird, zu bekennen: Das ist mein einiger Trost im Leben und Sterben, daß ich nicht glauben darf, daß Christus für mich gestorben sey. Aus diesem Catechismo, der mit Gotteslästerung und Lügen anfängt, soll man das Christenthum vortrefflich lernen! Der Herr schelte dich, Satan! Wir, die wir von dem Apostel ein anders gelehret sind, und seiner Vermahnung gehorchen, rufen von dem Calvinischen Geist aus: Mein lieber Lutheraner, einen Calvinischen Menschen meide. Und wie solten demnach die Reformirten nicht unter die Ketzer gehören, für denen die Apostel warnen? Auf diese Weise sind sie ja der formale Anti-Christ, nach der Lehre des heiligen Johannis, die wir oben angeführet haben. Aber ein klein wenig Geduld. Ich habe kaum erwarten können, als ich dieses gelesen, bis ich einen Catechismum der Reformirten in die Hände bekommen, um zu sehen, was für ein Ort desselbigen zu dieser harten Beschuldigung Anlaß gebe. Ich habe aber denselben kaum aufgemacht, so habe ich die erste Frage also befunden: "Was ist dein einiger Trost im Leben und Sterben? Antwort: Daß ich mit Leib und Seele beydes im Leben und Sterben nicht mein, sondern meines getreuen Heilandes Jesu Christi eigen bin, der mit seinem theuren Blute für alle meine Sünden vollkömmlich bezahlet, und mich aus aller Gewalt des Teufels erlöset hat, und also bewahret, daß ohne den Willen meines Vaters im Himmel kein Haar von meinem Haupte kan fallen, ja auch mir alles zu meiner Seligkeit dienen muß. Darum er mich auch durch seinen Heiligen Geist des ewigen Lebens versichert, und ihm hinfort zu leben völlig und bereit macht." Ich habe beynahe meinen Augen nicht trauen können, als ich dieses gelesen, und habe mich ungewöhnlich entsetzt, als ich gespüret, daß diese harte Beschuldigung aus bösen Affecten wider die Reformirten erdichtet gewesen. Was ich damahlen alles gedacht, mag ich nicht hersetzen: Das wenigste Theil war die Vermahnung Pauli an die Epheser im 4 Capitel: Leget die Lügen ab, und redet die Wahrheit, ein ieglicher mit seinem Nächsten, sintemahl wir unter einander Glieder sind. Zürnet und sündiget nicht, gebet auch nicht Raum dem Lästerer. Alle Bitterkeit und Grimm, und Zorn, und Geschrey, und Lästerung sey ferne von euch, sammt aller Bosheit ꝛc. Es ist mir auf einmahl vorgekommen der armselige Zustand vieler tausend irrenden Schafe in der Christlichen Kirche, die keinen Hirten haben, weil ihre Hirten Miedlinge sind. Es ist mir der gantze zwölfte Psalm, dessen letzter Versicul gar ofte von denen boshafftigen Heuchlern selbst als ein Liedlein von andern Leuten, die gerechter sind, denn sie, gemisbrauchet wird, von Anfang bis zu Ende in Sinn kömmen. Ich habe zwar von Hertzen um die Bekehrung aller Maul-Christen geseufzet, bin aber dabey in eine betrübte Meditation gerathen, daß Christus und seine Apostel wohl Huter, Zöllner, Todtschläger und alle andere Lasterhafte bekehret, aber kein einig Exempel gefunden, daß iemand ein Heuchler bekehret worden, welche Meditation durch den Schluß der Bibel, Apoc. 22, 10-15, bestärcket worden, u. s. w. Ich bescheide mich gar gerne, daß

daß gegenwärtiger Paragraphus vielen nicht gefallen wird, auch viel seyn werden, die absonderlich wegen desselbigen mich fragen werden, was ich für einen Beruff hierzu habe. Aber sie können nur betrachten, was der Apostel denen Ephesern am 5 Capitel schreibet: Habt nicht Gemeinschaft mit den unfruchtbaren Wercken der Finsterniß, straffet sie aber vielmehr. Ja das Recht der Natur, das Christus selbst wiederholet, legitimiret meinen Beruff: Was ihr wollt, daß euch die Leute thun sollen, das thut ihr ihnen auch. Ich bin versichert, daß wenn ein Reformirter uns Lutheranern solche offenbarlich unwahre Dinge nachschriebe, es würde uns wohlgefallen, wenn einer aus ihren Mitteln selbst die Raison brauchte, und ihn darum straffte, und wenn es auch ein Laye wäre, zumahl wenn andere darzu wegen zeitlichen Interesse stille schwiegen; Denn wo diese schweigen, werden auch die Steine reden.

§. 14.
Antwort auf den Spruch: Daß die Heyrathen im HErrn geschehen sollen.

Nun sind die Sprüche Neues Testaments noch übrig, die von der Heyrath handeln, man beruffet sich auf die Worte Pauli 1 Cor. VII, 38. Daß sich ein Weib wohl verheyrathen möge, nur daß es in dem HErrn geschehe, in dem HErrn aber geschehe es nicht, wenn man fremde Lehre und Weise ins Haus führe, denn solchergestalt sey es wider den HErrn gefreyet, und eine Hurerey. Man beziehet sich deswegen auf Tertullianum, als welcher im 2 Buch an seine Frau im 2 und 3 Capitel aus diesem Spruch die Heyrath einer Christin mit einem Heyden bestraffe. Auf diese Objection zu antworten könnte ich zwar Tertulliani Autorität beyseit gesetzt, propter dicta Sect. 2 mich in Untersuchung der Frage lange aufhalten; Ob dadurch, wenn eine gläubige Person eine heydnische heyrathe, nothwendig folge, daß solche Heyrath nicht im Herrn geschehe, zumahl wenn die Gläubige die Intention bald Anfangs hat, vermittelst der aus der Ehe entstehenden täglichen und genauen Conversation das Hertz der ungläubigen Person zu gewinnen, und eine Seele GOtt zuzuführen? Allein zu unserm Vorhaben ist gnug, daß die gegenseitigen Ursachen wiederum heydnische Personen auf die Bahn bringen, und von denenselben gottloser Weise auf die Heyrath zwischen Lutherischen und Reformirten folgern per Sect. 1 & sæpius inculcata.

§. 15.
Von dem Text 1 Cor. VII.

Der letzte Spruch verdienete wohl eine absonderliche Erörterung, weil er unsere Frage am nächsten berühret. Den andern aber, sage ich, nicht der HErr, so ein Bruder ein ungläubig Weib hat, und dieselbige lässet es ihr gefallen bey ihm zu wohnen, der scheide sich nicht von ihr, und so ein Weib einen ungläubigen Mann hat, und er lässet es ihm gefallen, bey ihr zu wohnen, die scheide sich nicht von ihm, denn der ungläubige Mann ist geheiliget durchs Weib, und die ungläubige Weib wird geheiliget durch den Mann, sonst wären eure Kinder unrein, nun aber sind sie heilig. So aber der Ungläubige sich scheidet, so laß ihn sich scheiden, es ist der Bruder oder die Schwester nicht gefangen in solchen Fällen. Im Friede aber hat uns GOtt beruffen: was weissest du aber, du Weib, ob du den Mann werdest selig machen? Oder du Mann, was weissest du, ob du das Weib werdest selig machen? Doch wie einem ieglichen GOtt hat ausgetheilet. Aus diesem Text wollen etliche behaupten, daß in dem Neuen Testament cæteris paribus vergönnet wäre, daß man heydnische Personen heyrathen dörffte, obgleich solches im Alten Testament verboten gewesen. Andere aber sagen, Paulus rede nicht von zukünftiger Heyrath eines Christen, sondern von der allbereit geschlossenen, wenn eine heydnische Person sich zum Christlichen Glauben begäbe, ob auch deshalben die Ehe mit dem Ungläubigen zu trennen sey. Daraus folge aber gantz nicht, daß einer, der schon ein Christ sey, einen Ungläubigen heyrathen könne. Nun ist wohl nicht zu leugnen, daß gegenwärtiger Text Pauli wegen vieler Ursachen willen schwer zu verstehen ist: 1) weil der Apostel spricht, daß er dieses sage, und nicht der HErr, 2) weil er dem Worte nach von allbereit geschlossener Heyrath redet, 3) ist etwas dunckel, was das für eine Heiligung sey, durch welche die ungläubige Person von der gläubigen geheiligt wird, 4) wie der 16 und 17 Vers zu verstehen sey? Ja es liesse sich, ohnerachtet Paulus von geschlossener Heyrath redet, nicht ohne Wahrscheinlichkeit schliessen, daß nach des Apostels Meynung auch ein Christ eine heydnische Person heyrathen könne, weil 1) auch in diesem Fall gesagt werden kan, daß der Gläubige den Ungläubigen heilige, 2) weil im Alten Testament die Heyrath mit denen Ungläubigen wegen Furcht der Verführung verboten war, welche Furcht auch bey denen, die sich zeitwährenden Ehestandes bekehret haben, seyn kan. Da nun der Apostel dafür hält, daß im Neuen Testament dieses in dem lettern casu nicht zu befahren sey, würde man nicht auch sagen können es, sey gleicher Weise eben so wenig oder nicht mehr zu befahren, wenn ein Christ eine heydnische Person heyrathen wollte. Allein es ist zu unserm Vorhaben besser, wir lassen uns dieserwegen gar nicht in einen Disputat mit denen Gegnern ein, weil wir sonsten ihnen mehr Anlaß zu zancken geben, als dabey gewinnen würden. Es ist wahr, wenn der Apostel in diesen Worten vergönnet hätte, daß ein Christ eine heydnische Person heyrathen sollte, würden wir gar ein schön argumentum illustrans für unsere Decision haben; daß solchergestalt vielmehr erlaubet sey, daß eine Lutherische und Reformirte Person einander heyrathen könnten; aber wie sauer würden es uns die Zäncker machen, ehe wir dieses Argument erhielten. Im Gegentheil, wenn wir diesen Spruch fahren lassen, verlieren wir zwar ein argumentum illustrans, aber wir behalten unser Haupt-Argument §. 1 dieses Abschnitts noch ungekränckt, welches uns gnug seyn soll; Denn wenn man gleich wider uns aus der andern Auslegung schliessen wollte: Paulus will nicht, daß ein Christe eine Heydin heyrathen solle, ergo soll auch kein Lutheraner eine Reformirte heyrathen; so wäre doch nicht alleine das antecedens eben so zweifelhaftig, als die thesis contradictoria, sondern die Consequenz wäre eben so absurd, als die aus denen andern biblischen Texten, die wir bisher betrachtet haben.

§. 16.

§. 16.

Die Heyrathen zwischen denen Lutherischen und Reformirten sind denen Grund-Gesetzen des Heil. Römischen Reichs nicht zuwider.

Dannenhero bleibet es wohl dabey, daß die Heyrath der Lutherischen und Reformirten Fürstlicher Personen in göttlichen Rechten nicht verboten sey; und ist solchergestalt nichts mehr übrig, als daß wir betrachten, ob vielleicht ihre Pflicht, mit welcher sie dem Römischen Reich verhafftet sind, dieser Ehe zuwider sey. Aber gleichwie hier die Gegner nicht mit einem Buchstaben das geringste sich vorzubringen getrauen; Also ist aus dem, was wir oben im 1 Abschnitte aus dem Oßnabrückischen Friedens-Schluß angeführet haben, zu sehen, daß vielmehr, nachdem die Reformirten Religions-Verwandten ausdrücklich mit aufgenommen worden, daß sie alle privilegia und Gerechtigkeiten der Augspurgischen Confeßions-Verwandten mit genießen sollten, die aus denen göttlichen Rechten denen Fürstlichen Personen von beyderseits Religion zustehende Freyheit einander zu heyrathen, dadurch vielmehr bekräfftiget als gehemmet worden, daß also nichts mehr übrig ist, als daß wir gegenwärtigen dritten Abschnitt in GOttes Namen beschliessen.

Unmaßgebl. Gutachten CXXII.

Uiber die Ehen, so bishero nach Morganatischen Recht geschlossen worden; das ist: Wenn ein unverehelichter Höherer sich mit einer auch ledigen, aber niedrigern Weibes-Person in Ehe-Gelöbniß zwar einlässet, jedoch mit dem Beding, daß nach seinem Tode sie, und die aus dieser künftig vollzogenen Heyrath erzielten Kinder mit einem Stück Geld, oder sonst abgefunden seyn sollen, auch er alsdenn bey der Priesterlichen Copulirung seine lincke Hand in ihre rechte schlägt, und solchergestalt von beyden Theilen die Vermählung beliebet wird, de Anno 1682.

Als dort Juno sahe, daß Jupiter ohne ihr Zuthun die Göttin der Weisheit hervorgebracht, erürnete sie sich dermassen, daß sie alsobald dergleichen, und zwar zum Untergang der Götter, werckstellig zu machen sich unterfienge, sie gebahr aber keine Pallas, sondern den Typhon, ein Ungeheuer, das letzlich den Jupiter bekriegte, und ihn des Himmels entsetzen wollte. Minist. C. Richt. l. 6 c. 23. Re. Po. pr. Lex Cal. sub T. & Alii.

Wenn wir den heiligen Ehestand, nach Inhalt göttlichen Wortes Gen. II, 18 und anderer Stellen daselbst, ansehen, befinden wir, daß der HErr unser GOtt, denselben auch, ohne iemands Rath oder Hülffe, eingesetzet, hochgeehret, und mit schönen Satzungen verzäunet. Hutt. Comp. Theol. Lo. 28 Q. 2 & Lo. 10 Q. 14 f. Hotomann. illustr. Quæst. Q. 25 v Videamus.

Es hat aber menschlicher Vernunft, dabey zu beruhen, nicht gefallen wollen, sondern selbigem heiligen Stande einen weit andern Anstrich gegeben, und gleichsam in andere Falten gestochen, also, daß es beynahe scheinet, als ob gar eine andere Species,

Jurist. Oracul V Band.

oder Gattung daraus verfertiget worden, indem sie eine Ehe ersonnen, darinnen ein Höherer mit einer geringen Standes-Weibes-Person sich, vermittelst seiner-lincken Hand, also verlobet, daß sie, und ihre aus dieser Heyrath erfolgenden Kinder, nach seinem Hinntritt, mit einem Genannten abgewiesen seyn sollen. Und solche hat man hernach eine, vermöge des Salischen Gesetzes, oder nach der Morganatic geschlossene Ehe benamet. Worzu 2 F. 29 & 26 cap. Filii. Gelegenheit gegeben, wiewohl in besagten capp. weder der lincken Hand, noch, daß die vermählte, und dero Kinder des niedrigen Standes verbleiben, und werden sollen rc. einige Erwehnung nicht beschiehet, also daß diese Texte weit frömmer seyn, als deren Uibung. Es haben aber unter andern über selbige Stellen commentiret Cujac. de Feud. l. 4 T. 32. Gregor. Tholos. S. J. U. pa; l. 1 6 c. 13 n. 4, 5. Borcholt. Comm. in Consuet. Feud. c. 2 n. 22. Grot. de J. B. & P. l. 2 c. 7 § 8 f. ibiq. Ziegl. Gœdd. Medit. Ju. Feu. Disp. 7 th. 12 f. Gemm. Comp. J. F. p. m. 52 & novisl. D. Heinr. Linck Disc. Acad. de Matrim. L. Sal. contr. c. 2 n. 19.

Welche Verehligung freylich ein dergleichen Typheus, daraus oft solches Uibel entspringet, dadurch an manchen Orten der Reichs- und Land-Himmel beunruhigt, ja der Jupiter selbst darinne bekriget wird.

Dieß alles erhellet desto leichter, wenn wir die erste Art des heiligen Ehestandes dieser neuen entgegen setzen. Die erste aber ordnete GOtt der HErr also:

1) Erschuff er dem Adam nicht ein Weib, das anders aussahe, als er, sondern das (den Sexum ausgenommen) eben das menschliche Bild, ja das göttliche, darinne Adam erschaffen, an sich truge. Gen. I, 27.

2) Brachte der allmächtige GOtt die Eve nicht aus einem Steine, oder Holtze hervor, sondern aus Adams eigenem Leibe, und zwar aus seiner Seite. Gen. II, 22. Chrys. Homil. 20 ad Ephes. Tymp. Mens. Theoph. c. 39 q. 13. Schneidew. JC. Com. Inst. l. 4 T. 6 § 29 n. 82 ubi: Non ex pede, ne sit familia, sed ex costa, ut sit socia mariti. Mauser. de nupt. p. m. 332 ubi: Medium quoddam, & socia mariti.

3) Ließ der grosse GOtt sie ihm nicht durch einen erschaffenen Engel, vielweniger durch einen Bären, oder Wolff herbey schleppen, sondern der hochgelobte GOtt selbst brachte sie zu Adam. cit. v. 22. Zum unfehlbaren Gemerck, daß Eva und alle Ehe-Weiber ihren Ehe-Männern gantz gleich, und ausser der Herrschaft, eines so gut, als das andere seyn sollte, auch daß Ehe-Weiber nicht After-Kebs- oder nur Nacht-Weiber wären, sondern Ehren-Weiber, nemlich des Hauptes Leib, ohne dem jenes nicht bestehen könnte. Laud. Chrys. cit. Homil. Derer sich auch GOtt bey hellem Tage nicht schäme.

4) Darum schätzte auch Adam seine Eve um so viel höher, und sagte nicht: Er wäre aus Helffenbeine gedrehet, sie hingegen aus einem Schweinskoben gehauen, sondern er muste bekennen: Sein Ehe-Weib wäre so guten Tuches und Ehren, als er, cit. c. 2 v. 23. Hieß sie auch deßwegen nicht: Stieff- oder Linck-Weib, reformirte Concubine, Kammer-Katze, Nacht-Gesellin, geringhaltiges Ehe-Mensch rc. sondern:

Fffff

Marem

Marem occasionatum. Gœdd. V. S. ad L. 38 n. 8, als woraus eben sowohl ein Mann werden, Liv. lib. 24 v. Jam alia. laud. Gœdd. cit. n. 8. oder doch gezeuget werden könne. Gen. IV, 1, 2, das ist: Männin, Gen. II, 23, als wollte er sagen: So gut wie der Mann, und, wie wir ietzo ehrsam reden: Die Haus-Ehre ꝛc. oder vielmehr, wie GOtt der werthe Heilige Geist es ausspricht: Die Frey-Frau Gal. IV, 22.

Und dieß sind (iedoch nach ieder Stand und Band) alle ehrliche Ehe-Weiber, alldieweil GOtt der Herr vor unsere Ertz-Mutter keinen besondern Ehestand eingesetzet, sondern alles hierinne zu einem Recht gestellet. Dannenhero auch bey der Einseg-nung einerley Worte sowohl denen Bauern, als denen Königen aus heiliger göttlicher Schrifft fürgele-sen werden.

Und weil Abraham nichts anders, als dieß wuste, so nennete er Sarai: Seine Frau, Gen. XVII, 15, das ist: seine Ehe-Fürstin, B. Osiand. Explic. Gen. ibid. Dem folgte nach Isaac, indem er seine Re-becca in Sara Hütte führte, Gen. XXIV, 67. Dem ahmte Jacob nach mit seinen zwey Weibern, es war auch hernach denen Hebräern durchaus verboten, ihren Söhnen Dienst-Mägde zur Ehe zu geben. Joseph. Antiq. Jud. c. 6. Nemlich damit unter Eheleuten Gleichheit erhalten, und hinckende Ehen vermieden würden.

Die Heyden im Morgenlande thäten nicht minder, daher als Ahasverus, oder Darius Hystaspis, der Perser Kayser, das arme Mägdlein, Esther II, 7, zur Ehe nahm, ibid. v. 6, ward sie nicht sein quasi Weib, sondern er setzte ihr die Königliche Crone auf v. 17, hielt ordentlich Beylager, v. 18, und gab ihr das Prädicat: Königin, c. V, 3. Also ward sie Ahasveri Gemahlin. Diese Gleichheit, der Ehe, wird sonder Zweiffel in seiner gantzen Monarchie gehalten worden seyn. Componitur orbis Regis ad Exem-plum &c. A bove majori discit arare minor. Wie denn auch der ietzigen Perser Könige, als Cosroes der Grosse, und Usun Chassan mit ihren Ehen dergleichen gethan, ob sie gleich Christinnen erheyrathet. Zeil. cent. 3 epist. 46 f. Besold. pa. 2 Hist. Constantinop. sub Mahom. 11 n. 19 p. m. 853. Die Türcken wissen auch nur von einer Art der Ehe. Turc. Imp. p. m. 59.

Die Griechen haben ebenmäßig hierinnen nichts neues gemacht, weswegen Aristot. 1 magn. moral. c. 31 schreibt: Ein Ehe-Weib sey auf gewisse masse dem Manne gleich ꝛc. und was er mehr l. 2 Oecon. c. 2 anführet: v. Libell. q. inscr. Mores, Leges, Ritus &c. l. 3. c. 3 § In re uxoria.

Daher die Römer, welche die Rechte von Grie-chen erlernet, Liv. l. 3 v. Cum de LL. L. 2 § 4 d. O. J. ihre Ehe-Weiber, als vornehme Töch-ter und Mit-Bürgerinnen (welches bey ihnen ein überaus hohes Wort war, wie aus dem Livio, und andern zu sehen) angenommen, sie sind auch des Ehe-männlichen Geschlechts, Hauses und Würden antheilig worden, C. J. A. de Ri. Nu. § 26 n. 3. Die Frauen aber haben ihre Männer vor ihre Väter gehalten, Rittersh. Dodec. class. 3 pa. 1 c. 5 p. m. 87. Rosin. Ant. Rom. l. 5 c. 37 & Al. Was hätte aber ein Knecht oder Magd bey denen Heyden genommen, und ihren Herrn, Vater geheissen? Fer-

her war unter Römischen Ehe-Leuten alles gemein, post Plut. Christin. de Soc. conjug. diss. 4 p. m. 348. C. J. A. cit. l. & Al. Deshalben auch in der Römer Gesetzen klar verfasset: Daß ihr Ehestand eine Vereinigung Mannes und Weibes, eine Gesell-schaft eines rechten Lebens, und eine allgemeine Mit-theilung alles göttlichen und menschlichen Befugnißes sey, L. 1 de Ri. Nu. Wissenb. ff. pa. 1 dilp. 44 § 8. Christen. de Jure Matrim. diss. 3 § 7 ubi: Nulla res est, sive divini, sive humani juris, quam conjux cum conjuge non communicet &c. & Alii: Woraus die bekannte Formel entsprungen: Daß, wo der Ehemann Cajus wäre, da wollte das Eheweib Caja seyn. Welches sie selbst also sagen muste, aber auch ein grosses Geheimniß, zu Bestär-kung unsers Vorhabens in sich fasset, laud. Rosin. A. R. Paral. ad cit. c. 37. Es hat aber sonst keinen andern Verstand, als daß, wo der Mann König im Hause wäre, sie nach ihm Königin darinne seyn wolte, worauf auch zielen L. 1 de act. rerum a. L. 19 § 1 lit. p. de ann. leg. l. 41 de Leg. III &c.

Was von den alten Teutschen C. Tacitus, Came-rarius H. S. pa. 1 c. 51 p. m. 228 und andere mehr verzeichnet, ist daselbst zu vernehmen, und noch mehr daraus zu schliessen.

Also haben die alten Sachsen ihre Ehe-Weiber an Ehren und Würden ihnen gleich geachtet. L. R. l. 3 art. 45 ubi: Coæquatur &. Genoßin. Weichb. art. 65 ubi: Sie tritt in sein Recht ꝛc. und ist des Mannes Genoßin.

Eben den Weg gehen auch die heutigen Sachsen, ja alle Teutschen. Deren Ursachen der selige D. Mirus in seiner Postill unter andern setzet: Das Weib hat von ihrem Manne den Namen, Ehre ꝛc. Part. I fol. m. 449 b.

Vielmehr Exempel aller derer Völcker, so in Gleichheit mit ihren Ehe-Weibern, bey Vollziehung der Ehe sich verbunden, sind beym Speidelio in Spec. voce: Ehegelöbn. und andern Scribenten an-zutreffen, und liegt der Beweis ob dem, der das wi-drige behaupten will.

Es ist auch nichts ungereimtes. Denn, weil ehrliche Ehe-Weiber mit ihren Ehe-Männern in allem Unglück aushalten, und gemeine Bürde tra-gen müssen, so ists hinwiederum billig, daß sie auch von ihren Ehe-Männern mit deren Strahlen zu einerley Herrlichkeit erleuchtet werden. Justin. l. 23 ubi de Theogena. Igneus Comment. pa. 2 fol. m. 246 b. n. 74. Greg. S. J. U. pa. 2 l. 9 c. 4 n. 10. Carpzov. J. Consl. l. 2 d. 11 n. 3 & l. 3 d. 56 n. 1, 2 ubi pl. Christen. de Matrim. Dis-sert. 3 § 1 f. L. 10 ibique Dd. de R. J.

Setzet man nun hergegen die andere Ehe-Ge-stalt, welche hernach in der Christenheit durch den Gebrauch eingeführet worden, so hat Menschen-Witz dem heiligen Ehestande durch das Salische Gesetz eine gar andere Farbe, wie bereit notiret, an-gestrichen. Denn, obwohl die Priesterliche Copu-lation darbey gelassen worden, dieweil selbige unter erbaren Christen nicht wohl abgeschaffet werden können; Hildebr. de Nupt. Vet. Christ. T. de Hierol. & T. de Abstin. pri. noct. § Hotmisl. cum §§ Hotomann. illust. Quæst. Q. 25; so ist doch ausser derselben, diese Ehe, in Entgegenhal-tung der Hoheit und Vollkommenheit, damit die erste

erste Art der Ehe gezieret worden, nur zu einem Con-
cubernio, Jul. Paul. l. 2 Recept. sent. T. 20. Gregor. S. J. U. p. 2 l. 9 c. 1 n. 30, oder doch, wenn
viel ist, zu einem Concubinat ausgesetzet worden,
welchen die Römer eine Vice-Ehe, und halbe Ehe,
oder nur des Ehestandes Nachaffung nenneten,
dieweil an Seiten des Weibes weder Namen, noch
Ehre, sondern bloß allein Magd-Dienst, und Beyschlaff anzutreffen. L. 3 § 1 lit. f. de Concub.
L. 3 § f. ubi Goth. de lib. exhib. Rittersh. Nov.
p. 4 c. 1 p. m. 139 n. 12 & Dd. omnes in Tit.
de Concub. oder wie Covarruvias davon urtheilt,
es wären nicht Uxores, Principales, Ehe-und Ehren-Frauen, sondern aliquo modo tantum con-
cubinæ, Kammer-Weiber, Ehe-Menscher rc. weil
sie nur den einen, nicht aber auch den andern Zweck
des heiligen Ehestandes erreichen. Tom. 1 p. 1 c.
4 fol. m. 57 b n. 9 allzuwahr!

Denn 1) vermählet ihm allhier eine Manns-
Person kein menschlich und Göttlichs Bild, nemlich in der Excellenz und Herrlichkeit, darinne das
Ehe-Weib stehet, sondern sie muß nicht so gut seyn,
als er. 2) Ist sie nicht aus des Mannes Leibe und
Seite, sondern sie muß aus einer Hambuche entsprungen seyn. 3) Führet sie der liebe Gott so
nicht zu, sondern an stat zweener Vornehmen, etwan
durch ein paar Geringe darzu mit schlechten heimlichen Gepränge. 4) Sitzet sie allenthalben rc.
unten an, wo Fremde zugegen, wird ihre Stelle
gar nicht gefunden. 5) Wird zu keiner Ehren-
Versammlung gezogen, ist also lebendig todt. 6) Ist
sie nur nach ihrem natürlichen Stande gekleidet.
7) Sagt er nicht zu ihr: Das ist Fleisch von meinem Fleische, sondern sie muß Kalb-Fleisch, oder
ein an Schrot und Korn geringhaltiges Weib bleiben. 8) Ist hier keine Männin, keine in der Mut-
ter-Hütte, keine Caja, keine Gesellin rechten Lebens, keine Mittheilung-G. v. M. Befugnisses, keine Ehren-Genoßin rc. sondern sie muß nur sein
Weib zur lincken Hand, oder Frau Wibbike heissen, das ist: Am Tage eine Eule, und in der Nacht
ein Affe. 9) Giebt er ihr bey Verlöbniß und
Trauung nicht die rechte Hand, die doch ein Pfand
ist des Friedens, und ein Zeichen der rechten Einigkeit und vollkommnen Einwilligung, sowohl der Gewogenheit und auffrichtigen Hertzens rc. Zeil. cent.
4 epist. 65, sondern sie und ihre rechte Hand müssen
mit seiner lincken zufrieden seyn. 10) Wird hierüber
eine verclausulirte Ehestifftung u. Revers auffgesetzt,
welchen das arme Weib, und deren Vater und Curator, nebenst denen darzu gezogenen Zeugen rc. unterschreiben müssen. 11) Sind die von ihr zur
Welt gebrachten Kinder besser nicht als die Mutter, ohne was etwan aus Gnaden abtrifft. 12)
Müssen Mutter und Kind, ausgenommen den be-
scheidenen Theil, im übrigen leer ausgehen. 13) Nach
ihres Vaters Namen dürffen sie sich entweder gar
nicht, oder doch nur in etwas nennen. 14) Rühret von väterlicher Linie keine Anverwandschafft
her. laud. Linck. cit. disc. c 3 n. 24, 40, 41. Und
was 15) allhier bey der Ehe-Beredung nicht vorgesehen worden, das ist hernach dißfalls ewig versehen,
zumahl, wenn der Vater drüber mit Tode abgehet.
vide tamen laud. Linck. cit. c. h. 56 ad 60. Und
diß ist alles darum, dieweil das Weib mit ihm nicht

Jurist. Oracul V Band.

ebenbürtig, und demnach ihm weder am Stande
noch Ehren gleich. Denn dis glaubt die Welt
nicht, daß durch Vermählung das Weib dem
Manne gleich, und also seine Eve, Sara, Rebecce,
Rahel, Caja, Ehren-Frau, ja seine Rippe, Leib,
Fleisch und Blut, und mit einem Worte: Eins in
höhester Vollkommenheit werde, wie es denn war-
hafftig ist. Wenn aber dem also, auf was Weise kan
denn dis, so eins ist, wie berührt, in und mit sich
ungleich seyn? wenn gleich der Hertzog in Böhmen seine Bozene, oder des reichen Mannes Luc.
16 Sohn des armen Lazari Tochter ehelichte. Dieweil aber dis allhier nicht gelten muß, so kans nicht
anders seyn, als eine von Menschen, aber Gottes
Wort und der heiligen Väter Uibung nicht gemäß,
und demnach widrige neue Ehe-Gattung. Denn
was mit den ausgedruckten, und niemahl auffgeho-
benen Wort Gottes nicht überein kömmet, das ist
denselben entgegen Luc. 11 v. 23.

Hierauf werden unterschiedliche Fragen entspringen, darunter auch folgende Haupt-Fragen sich befinden werden, als 1) Was denn endlich von diesen
Morganatischen Vermählungen zu halten? 2) Ob
selbige annoch üblich? 3) Wer darein getreten?
4) Warum? 5) Was deren Wirckung?

Ehe denn wir uns aber ins Meer dieser grossen
Fragen begeben, wollen wir uns in dieser Sache
vorher gewisser Terminorum versichern, um künfftiger beliebter Kürtze willen, und dannenher diese
nach Salischen und Morganatischen Recht erspon-
nene und geschlossene Ehe, die lincke Ehe, die Weibes-
Person, das lincke Weib, und deren Kinder, die sinken
oder Schiedkinder nennen, gestalt sichs doch mit ihnen
nach des Vaters tödtlichem Hintritt, wo nicht eher,
scheidet, arg. v. 30 c. 4 ad Gal. Weil aber auch
nicht nur Geringe, sondern wohl Hohe dergleichen
lincke Ehe belieben, und darum viel Unterschied an
Titeln, Namen und andern Gepränge, so offt derer
Erwehnung geschehen müste, zu formiren, dis Orts
allzulang und verdrießlich fallen würde, als wollen
wir hinfort allhier die Ehe Männer, so linck geheyrathet, mit einem Wort: Cajos benamen, dieweil
ohne dis Cajus so viel, als ein Herr heissen soll.

Worauf mit Gott zu den Fragen. Die 1 belangende, so ist, wie allschon aus den vorhergehenden
zu verstehen, sine fuco, more Germanico zu urtheilen, nichts davon zu halten. Denn 1) hat der
Herr unser Herrscher diesen heiligen Stand, wie
oben gnug erwiesen, hoch geehrt, auch denselben
ehrlich zu halten befohlen, Ebr. 13 v. 4. Welches
aber nicht nur in Vermeidung verbotener fleischlicher Excesse bestehet, sowohl das Ehe-Weib dem
Ehe-Manne (exc. dom.) gleich gemacht, eben in
dem es sein Weib ist. Hingegen wird in der lincken Ehe dieser heilige Stand degradirt, depreciirt
und dehonestirt, geschmählert, verstimmelt und geschimpfft, auch eben also das lincke Weib zurück
gesetzet. Wovon schon viel gesagt.

2) Soll der Mann sein Weib lieben, als seinen eigenen Leib, auch ihr zu einem Fleische 1 B. Mos. 2
v. 24, Ephes. 5 v. 31 also anhangen, daß er darüber
eher Vater und Mutter verlassen werde, cit. v. 24:
Allein wo ist dis allhier in der Vortrefflichkeit?
Hier liebt Cajus seine eigene Ehre rc. mehr, als sein

Weib

Weib, hanget mehr seinen Anverwandten an, als seinen Weibe. Ja wie kan er sagen: Er habe sie lieb, da doch auf diese masse sein Hertz nicht recht-schaffen mit ihr ist, Richt. 16 v. 15, sondern mit ein-ander vermenget sind, wie Eisen und Thon, Dan. 2 v. 33. Ist sein Hertz richtig, wie ihr Hertz mit seinen Hertzen ist, so gebe er ihr seine rechte Hand, 2 Kön. 10 v. 15, wie rechtschaffene Contrahenten iederzeit gepflogen, Justin. l. 11 f. Oldend. Class. p. m. 601. Camerar. H. S. cent. 1 c. 6 v. Non ab-sim. &c. 36 per tot. cent. 2 c. 46. Zeil. supr. sonst ists mehr ein Haß, als eine Liebe.

Es soll 3) ein Ehe-Mann sein Ehe-Weib lieben, wie Christus, hochgelobet in Ewigkeit! uns geliebet hat, Ephes. 5 v. 25. Christus aber hat uns also geliebet, daß er (1) unser Fleisch und Blut in die Ei-nigkeit seiner Person auf-und angenommen, Matth. 22. Psalm 8 v. 6, 7. Hutt. Comp. L. Th. l. 3 q. 10 &c. 17, 18 &c. 30, 31. Seltzeri Gegen-Bericht p. m. 110, 280, 281, 283, 285, 291, 295, 244, 245. Hieron. in agone. August. Medit. c. 15. Welches die Nuptiæ personales sind. Hildebr. de nupt. vet. Christ. pr. & T. de Oscul. Sponf. Christ. und hat uns theilhafftig gemacht seiner Göttlichen Na-tur, 1 Joh. 4 v. 13. Joel. 2 v. 28, und uns letzlich das ewige Leben versprochen, Joh. 3 v. 16, 17. (2) Hat der Herr Christus uns in beede Hände gezeich-net, Esai. 49 v. 16. (3) uns zur Rechten gestellet, (4) in eitel köstlichem Golde, Psalm 45 v. 10. (5) öf-fentlich, (6) mit höhesten Ehren, Hos. 2 v. 19, gantz herrlich Eph. 5 v. 27; (7) uns gemacht zu Fürsten-Töchtern, H. L. 7 v. 1, Brüdern und Schwestern, Matth. 12 v. f. &c. 28 v. 10, ja zu Kindern der Rech-ten, Gen. 35 v. 18 ubi Osiand. Herberg. Magnal. p. 4 v. 31 ubi omnino. Sind demnach Ehren-Kinder, oder Kinder der Frey-Frau, Gal. 4 v. 31.

Hingegen hält sich alles in dieser lincken Ehe gantz letz. Denn 1) wird das lincke Weib vom Cajo (auf menschliche Art) so nicht angenommen, weniger des Ehe-Mannes Ehren theilhafftig ge-macht. 2) Ist allhier kein dem Cajo gleich herrli-ches Leben, kein Wittibthum, oder Auskommen dem Stande des verstorbenen Caji gemäß. 3) Wird hier nur die lincke Hand gegeben. 4) Das Weib zur lincken Hand gestellt. 5) In schlechten Klei-dern. 6) Im Verborgenen. 7) In kleinen, oder keinen Ehren, dieweil sich Cajus der Braut schämet. 8) Bleibt sie eine Aschenbrödel, wie vor. 9) Wer-den die daraus erfolgten Kinder, Kinder der Lincken, so gut wie die Mutter. Dis heisset, Christ-ehelich gelebt!

4) Soll ein Ehe-Mann sein Weib ehren, 1 Petr. 3 v. 7. C. J. A. de Ri. Nu. § 26 n 3. Desglei-chen sollen auch 5) des Ehe-Mannes Anverwandten thun, anders wird der Ehe-Mann geschimpfft, § 2 de Injur. L. 2 C. eod. Bald. L. 1 C. de in voc. Dargegen ist in der lincken Ehe keine rechte Ehre, sondern nur ein Schatten. Beym Angehörigen aber wird sie, mit des Caji Wissen und Willen, gar nichts geachtet, und geschiehet ihrer, ausser etwa zum Spott, keine Erwehnung. Daher die Weib-Sprüche in dergleichen Fällen noch wohl bekannt: Das Grafen-Geschirre ꝛc. Die Edel-Tasche ꝛc. das Bürger-Gerille ꝛc.

5) Ist ein ieder Ehe-Mann seines Ehe-Weibes Haupt, 1 Cor. 11 v. 3 can. 15 caul. 33 q. 5. Wenn nun das Haupt herrlich, edel, geehrt, und gleichsam gülden, der Leib aber gar gering, unedel, unwerth, und gleichsam Holtz oder Leimen ꝛc. was kan einer von dergleichen Ehe-Gatten anders gedencken, als ob ihm ein Minotaurus, der halb Mensch, halb Ochs gewesen seyn solle, fürgestellet würde. Oder, man ersehe eine Mißgeburt, dessen Kopf vom Löwen, der Leib aber von einem Kalbe, Ziege, Wurm, oder des etwas genommen wäre. Denn Mann und Weib sind ja ein Leib. Darum bald Anfangs dieses Scripti aus dem Horat. Humano capiti cervicem &c. angefügt worden. Gleich wie nun bis einen abscheulichen Anblick geben solte einem, der es zu Hertzen nehme; Also auch dieses Ehe-Paar demjenigen, so auf Gott und Ehre siehet.

Daß also das Morganatische Recht, Cujac. cit. l. 4 T. 32, wormit diese Lincke Ehe zerstimmelt, und geblendet, Gottes Ordnung, und dessen Willen, so wohl der gesunden Völcker Herbringen nicht ge-mäß, wohl aber ähnlich einem Politico Amoris, & Abortionis poculo, arg. L. 38 § 5 de pœn. einem höfflichen Liebes-Trancke, damit das lincke Weib desto eher daran gehe, und nicht die leeren Schaalen sehe ꝛc. und denn einem ungenennten Kin-der-Abtreiben. Denn da allhier Kinder von beyden Banden ans Licht kommen solten, so wird, respectu Caji, niemand, oder nur was unvollkommenes, so nicht gerechnet wird, L. 129 ibique Wissenb. de V. S. zur Welt gebohren. Welches alles ärgerlich.

Daher auch obangezogener D. Hildebrand, der damahl Prof. Theol. zu Helmstädt und hernach Gener. Super. in Fürstenthum Zelle ward, in ge-dachten Buch de Nupt. V. C. T. de Matrim. consc. § Interim diese unsere Ehe nicht sehr loben will, sondern hauet kurtz ab, setzende: Die alte Kir-che habe solche wo (alicubi) zugelassen ꝛc. Allein die arme betrübte Kirche muß offt viel geschehen lassen zu Entübrigung grössers Unheils. Als wie vor Zeiten die Polygamie, auch unter Christen ꝛc. ibid. T. de Polygam. § sub initia & Alii. Da-her findet man auch von dieser Ehe nichts, weder in Beustii Tr. de Jure connub. noch in Manseri Expl. de Nuptiis, noch in Carpzov. Jur. Consist. die doch ex professo vom heiligen Ehestande ge-schrieben. Würden vielleicht auch diese Ehe ge-priesen haben, wenn es darum ein so löblich Ding. Al-lein weil der heilige Ehestand, mehr Göttlich als menschlich Rechtens, auch Gott selbst dessen Urheber und Verfüger ist, so kan man ihn weder ändern, noch verringern.

Jedoch, und damit nicht davor zu halten, als ob man disseits es allzu genau suchen wolle, gleichwohl auch der Sache recht am Puls gefühlet werde, so ist das gantze Werck leicht gehoben, wenn gnugsam erwiesen, daß 1) Gott mit solcher lincken Ehe zu frie-den, 2) selbige vom Cajo aus keiner viehischen Brunst ꝛc. auch 3) nicht aus Mißtrauen gegen Gott, oder Zweiffel am ersten Artickel unsers Christlichen Glaubens, wohl aber 4) aus guten, und für Gott den Stich haltenden Bewegnissen, und End-Ursa-chen beliebet worden. Darunter aber der Vor-wand: Das Land, oder Gut ꝛc. nicht zu beschwe-ren

ren ꝛc. keines weges zu zehlen, wie mit Gott hernach bewähret werden soll. Indeß wird von lincken Ehen nichts gehalten. Denn gleich wie ein zersetzter, verkriepelter, mangelhaffter Mensch von einen unverletzten Menschen weit unterschieden; Also auch diese lincke Ehe von der rechten. Und wie Gott einen Greuel hat an dem, der jenen ohne rechtmäßige Ursache (ohn Urthel ꝛc.) also zurichtet; Also auch an diesem Morganatischen Recht, und Cajo.

Hier wird mancher gedencken: 1) Wie es denn um lincke Heyrathen so mißlich stehen, und so wenig davon zu halten seyn könne, da doch so sehr weise Leute in selbige getreten? Antwort: Weise Leute sind Menschen. So muß man auch nicht auf Exempel, sondern auf Gottes Wort, gute Gründe und Gesetze sehen, sintemal zu Rom nicht alle Leute recht thun, L. 12 de off. Præsid. so ist auch nicht löblich zu Jerusalem gelebet, sondern wohl und löblich daselbst gelebt haben, can. 71 cau. 12 q. 2. Aus dem Text aber 2 B. Mos. 25 v. 6 ist nichts hieher zu erzwingen. Denn 1) begiengen die heiligen Ertz-Väter viel Sünden, darunter auch das viele Weibernehmen begriffen, konnten daher solche überlebende Weiber leicht abgefunden, und ausgewiesen werden, weil die erste Frau nur die rechte war, ungeachtet, daß alle die andern vor rechte Ehe-Weiber genommen waren. 2) Wird an besagter Stelle 1 B. Mos. wie auch 1 Kön. 1 v. 3, 4 gar von keiner lincken Ehe, worvon wir allhier handeln, geredet, Ziegl. in Grot. de J. B. & P. l. 2 c. 7 § 8 f.

2) Es werde ja über die lincken Ehen der Priesterliche Segen gesprochen? Antwort: Wenn diß gnug wäre, so könten Buben und Bübinnen sich mit einander, um gewiß Geld, um eine Nacht vergleichen, vorher aber die Einsegnung empfangen, und also keine Sünde begehen. Die Catholicken hätten auch recht, wenn ihre Pfaffen den Segen über gebratene Hüner sprechen, damit ein Fisch draus werde. Darum ist von Priesterlicher Einsegnung eher nichts zu melden, bis diese unsere lincke Ehe vorher gerechtfertiget worden, wie ich im vorhergehenden sonderlich § Jedoch und damit ꝛc. begehret.

3) Es ist aber also durch Gebrauch eingeführet? Antwort: Was Gottes Worte, löblichen Sitten ꝛc. zuwider, das ist ein Mißbrauch, Weish. 14 v. 16, cap. f. de Consuet. Lauterbach. Coll. ff. Pand. T. LL. §§. So soll man auch Gottes Gebrauch lernen, und nicht der Welt, Arndt. Postill. Dom. 2 post Trin. fol. m. 25 a, es gilt auch ein indiscreter Gebrauch nichts, Oldend. Class. p. m. 82 & alii pl.

4) Es geschicht zu Liebe, und Ehren der vorigen Ehe? Antwort: Durch Gleichmachung der andern Ehe mit der ersten wird diese weder gehast, noch geschimpfft, arg. v 13, 14 c. 20 Matth. sondern vielmehr hochgeehrt, Ebr. 13 v. 4. So muß auch der eine Altar nicht so angeputzt werden, daß darum der andere gantz bloß stehe.

5) Es sey bey der lincken Ehe nichts schändliches, oder ungerechtes? Antwort: Wenn diß alles, was vorher wider diese Ehe gesetzet worden, unwahr, so gilt dieser Einwurff, da aber jenes fest stehet, so

behalten hierwider Platz, L. 15 v. Nam quæ de cond. instit. can. 11 dist. 12 f. &c.

6) Die lincke Ehe sey in Gottes Wort nicht verboten? Antwort: Ja von Wort zu Wort nicht, wie denn 2 F. 29 in der gantzen Bibel auch nicht befindlich. Allein in heiliger Göttlicher Schrifft stehet viel, obgleich selbiges mit vollen Worten nicht ausgedruckt. Nazianz. Das stehet man eigentlich, in domicilio primæ institutionis Gen. 2 v. 18 &c. Seltzeri Gegenber. p. m. 409 f. Woraus man diese lincke Ehe nicht, wohl aber das widrige, das ich will, behaupten kan. Soll diese Ehe nicht verboten seyn, so muß mehrangeregten § Jedoch ꝛc. Genüge geleistet werden. Denn was nicht aus Glauben geschiehet, das ist Sünde, Sünde aber ist in Gottes Wort verboten.

7) Ist doch der Majorat nicht unrecht? Antwort: Zwischen diesem, und unserer lincken Ehe ist ein mächtiger Unterschied, weil jener auf der rechten Ehe, wie sie Gott hat geordnet, bestehet, diese aber auf Menschen-Witz gegründet ist ꝛc. kan daher nichts damit bemäntelt werden.

8) Es sey eine ehrsame Art und Weise, in heiligen Ehestand zu treten? Antwort: Schmücke dich Kätzlein mit deinem glatten Balge ꝛc. denn nicht alles ehrsam, was vergönnet ist, L. 144 ibique Gotth. & Dd. Comm. de R. J. L. 197, R. J. ubi omnino & Vinnius JC. ait: Quod non vetat Lex, vetat fieri pudor. Præprimis vero Grotius de J. B. & P. l. 3 c. 4 § 2 v. Alias vero ubi, ut & in Annot. omnino. Daher Claudian. Non tibi quid liceat, sed quid fecisse decebit. Occurrat, mentemque domet respectus honesti. Dieweil aber in der 5 Objection auch geantwortet, ist weiter davon zu schreiben unnöthig, sondern es ist vielmehr klar, daß diese Einwendungen nichts relevirn.

Die andere Frage zu beantworten, so ist allerdings an dem, daß solche lincke Ehen annoch gangbar, massen nur in diesem Seculo viel gegen Mitternacht, und Mittag darein getreten.

Welche aber selbige gewesen, und damit der dritten Frage ihr Recht zu thun, ist aus offtermeldten D. Linckens Disc. c. ꝛ n. 60 zu schöpffen, allwo etliche alte Exempel eingeführt, die neuesten aber ausgelassen worden, wiewohl auch alle damahl nicht vorhanden gewesen, die mir aber ietzo auch nicht einfallen wollen, dieweil ich den Schnupffen habe, iedoch erinnere ich mich noch, daß vor weniger Zeit ein Superintendent und Pastor loci cujusd. also lincks geheyrathet, welches aber wohl gantz unnöthig gewesen.

Auf die vierte Frage zu kommen, so wird von denen Cajis meistlich vorgeben: Es geschehe darum: 1) Das Land ꝛc. mit vielen Auflagen, und Schatzungen nicht zu beschweren. 2) Zu verhüten, daß nicht so viel junge Herrschafft ꝛc. zur Welt gebohren werde.

Alles schlechte Behelffe! denn was die Auflagen betrifft, so entspringen selbige in diesem Passu entweder

weder aus dem Beylager, oder aus der Heimführung, oder aus der Verpflegung, oder aus dem
Tauff-Essen, oder aus den Sechswochen, oder aus
der Aufersiehung der Kinder, oder aus dem Absterben derselben, und der Gemahlin.

Beym Beylager ist dis zu bedencken, daß solches
nicht eben allemahl der Bräutigam ausrichte, und,
da auch an Seiten dessen etwas aufzuwenden, kan
es schon also angestellet werden, daß es dem Lande
zu erdulden, können auch leicht solche Bräute erlangt
werden, die zwar am Stande gleich, iedoch gar
gern annehmen, wie man es ihnen vorleget. Denn
auch unter grossen Frauenzimmer sich Heyraths-
Mängel ereignen, lassen daher mit sich handeln.
Es geben auch treue Unterthanen, so viel darzu nöthig, gar gerne her, weil es nicht täglich geschicht,
wenn sie nur sonst nicht überall gezauset werden, ist
auch dargegen der göttliche Segen unfehlbar zu
gewarten.

Die Heimführung kan an Zehrung und Fuhre
so viel nicht kosten, dörffen nicht eben viel Grosse das
Geleite geben, weniger Ringelrennen, Comödien,
und dergleichen Verschwendung darbey angestellt
werden, vornemlich wenn zum andern mal Beylager gehalten wird.

Bey der Verpflegung bleibt das alte Sprich-
und Wahr-Wort allhier auch bey Kräfften: Mit
vielem hält man Haus, mit wenigem kömmt man
auch aus. Wie aus Teutschland, und Italien
alte, und neue Exempel anzuführen, da Gemahlinnen so viel nicht gekostet haben, und sind wohl Königs Töchter darunter gewesen. Und da auch etwas mehrers auf eine Gemahlin eines regierenden
Herrn rc. als auf eine Bade-Magd zu erfordern,
so giebt auch GOtt darzu mehr, weil jener mehr
gehört. Es verhält sich eben auch hierinne, wie
dort mit denen Kindern von Israel beym Manna,
der viel gesammelt hatte, fand hernach nicht drüber
für den, der wenig gesammlet hatte, sondern es
hatte ein ieder so viel als er bedurffte, Exod. 16
v. 17, 18. Denn GOttes Segen gehet heimlich.
Wudrian. Creutz-Schul c. 26 pr.

Auf den Punct vom Tauff-Essen rc. ist eben dis
zu antworten, was der Heimführung entgegen gesetzt worden.

Das Kind-Bett aber, und was sie darzu ziehet,
kan sich wohl nicht viel höher belauffen, als eines lin-
ken Weibes. Mit vielen hält man Haus rc.

Dieweil auch die Aufersiehung dergleichen Kinder ein solches Werck, daran offt einem gantzen
Lande, wo nicht mehr, gelegen, und also ein Werck
von hoher Wichtigkeit ist, so kan allhier kein Kosten zu groß seyn. Jedoch ist kein Zweiffel, daß
auch hierinne viel erspart werden könne. Denn da ist
eben allemahl und überall kein grösser Hofmeister
und Hofmeisterin nöthig, Vater und Mutter können dis Geld selbst verdienen, dis Amt aber besser
und treuer verrichten. Macrob. Saturn. l. 1 pr.
Buchn. Not. in Barcl. Euphor. c. 1 verb. velut
obstetr. Ein einiger guter Præceptor aber kan
dasienige alles, was Sitten und Gelehrsamkeit anlangt, aar wohl versehen, wie Tiff..rrus bey den jungen Hertzog Christoph zu Würtenberg, aus welchem
doch ein Auszug von einem Fürsten geworden. Kl.

Würtemb. Chron. p. m. 203 &c. Aristot. l. 7 Polit. c. 17 hat hier schon gut die Bahn gebrochen.
vide & Casum de Reipubl. p. m. 276 f. 277, 278,
518, 519 ad 540 & alios. So viel junge Herrschafft der Dienste und Verschickens braucht, sind
ein armes gutes Cammer-Dienerle, und Laquay-
Junge, sowohl ein ehrlich. Kammer-Weib und
Wasch-Mägdlein schon genug. Mit denen Speisen und Kleidung kan es auch also gehalten werden,
daß nicht mehr hierinne verthan werde, als was
gnug ist. Jungen Leuten sind vielerley Speisen
schädlich, wenig und nehrende sind die besten, so bestehet es auch nicht in übermachten Kleidern, sondern
in Zucht. Justin.Hist. l. 20. Daher erzogen auch die
Lucani und Spartani ihre Kinder hart. cit. Justin.
l. 23. Ubbo Emm. de Græc. Reb. pa. 1 m. 231,
& alii. Und also hielts auch Kayser Friedrich III,
glorwürdigsten Andenckens, derselbe zog seinen Mün-
del-König Ladislaum nicht herrlich auf, und blieben deswegen beede wer und was sie waren. Boregk.
Böhm. Chr. fol. m. 487 &c. Also hielt Kayser
Ferdinand der I, glorwürdigsten Andenckens, offtmahls allein Tafel, und ließ ihm wenig darzu auftragen. Zeil. cent. 3 Epist. 94. Ich habe einen
Herrn, der weit mehr als ein Fürst war, in Ober-
Teutschland gesehen, der hielt stets allein Taffel,
darauf stunden 8 bis 12 Speisen von gekochten, gebratenen, gesottenen und gebackenen rc. Er trunck
etwa 2 oder 3 Gläslein Wein rc. Sein Vetter
lebte wie ein Patricius zu Augspurg, verließ viel
Tonnen Goldes, und führte Krieg auf anderer Unkosten. Wenn nun hohe Potentaten nicht kostbar
leben können, was sollen denn nicht auch junge
Herren und Fräulein thun können? Solchergestalt
wird von hohen Geld-Summen und Landes-Be-
schwerung nicht viel zu sagen seyn.

Ja, sprichst du, die Zeiten sind ietzo anders? Antwort: Die Zeiten waren freylich damahls besser,
weil man weniger verschwendete, den Segen GOttes zusammen hielt, und mehr Geld im Lande war;
Aber eben eben deswegen verthue man ietzo destoweniger. Kan die lincke Ehe ins Land gebracht
werden, deren sich die löblichen Vorfahren geschämet
hätten, so kan man dagegen auch alte rühmliche
Sparsam- und Räthlichkeit einführen, dem gantzen
Lande zum besten, iedoch unter der rechten Ehe nach
dem alten Schrot und Korn. Zumal, wenn solches
nur ein Vortheil daraus erwächset, denn es schadet
junger Herrschafft nichts, vielmehr nutzet es ihr,
weil sie sich dadurch von Jugend auf zum genauem
Haushalten angewohnet. So wissen auch wenig
Leute davon, wird nicht öffentlich ausgeblasen, in
7 Jahren ists vollends vergessen, und wie den rc.
wäre es doch keine Schande, wie an theils Orten
in Teutschland, Franckreich, und gantz Italien zu
sehen. Denn junge wachsende Herren rc. sind noch
lange keine regierende, oder in publico versirende
Herren. So dienet auch dis räthliche Leben darzu,
daß junge Herrschafft destomehr von sonst gewöhnlichen Vanitäten abgehalten werden, hingegen in
guten Künsten und Wissenschafften besser zunehmen, hernach GOtt, und dem Nächsten zur Zeit
fruchtbarlicher dienen können, conf. Buchn. aur.
Not. in Tac. Agricol. MSC. ad cap. 4 verb.
provinciali parcimonia. item: Mistum ac bene
com-

compositum. item: Studium Philosophiæ, ac Juris. item: Prima castrorum rudimenta &c. &c. Loca lectu digniss.

Das Absterben aber, und Begräbniß der Gemahlin, und Kinder kan auch so hoch nicht zu stehen kommen, dieweil, wenn sie bey Leben blieben, wohl mehr darauf gehen würde, auch beym Wittiber und Vater beruhet, wie kostbar er die Bestattungen ausrichten wolle, vornemlich bey abgeschiedenen kleinen oder unerwachsenen Herren und Fräulein. Wäre aber der Gemahlin Verlassenschafft groß, so könten mit weniger Empfindung des Landes grössere Begräbniß-Kosten, wenns ja nicht zu ändern, aufgewendet werden. Reiche Weiber sind gut zu beerdigen.

Was die andere End-Ursache, heimlich die Verhütung vieler junger auferwachsener Herrschafft ꝛc. angehet, so ist sich hierinne über der Welt Klugheit nicht gnug zu verwundern. Denn wormit sonst GOtt der werthe H. Geist in seinem Worte pranget, und was er vor einen sonderlichen trieffenden Segen rühmet, warum auch Eltern gesegnet werden, Psal. 127 v. 4, 6 & Psal. 128 v. 3, 4, Gen. 47 v. 12, ubi Osiand. & Luth. dessen schämet, und äussert sich die kluge Welt, und hälts entweder vor Schaden, oder doch vor keinen Segen. Heisset aber dis nicht, dem grossen GOtt im Mund hinein widersprochen?

Wir wollen aber der Sache eigentlicher ins Gesichte leuchten, und zum Grunde setzen, daß in rechter Ehe entweder erwachsene Herren, oder Fräulein sich befinden. Sinds diese, so vermählen sich dieselben, oder nicht. Geschicht das erste, so sind sie entweder schön, oder ungestalt ꝛc. sind sie schön, so sind sie schon reich gnug, und darff keines übermachten Heyrath-Guts, und Ausstattens, sondern man richtet sich nach der Vielheit der Fräulein, item nach des Landes, und gegenwärtiger Zeit Zustand. So kan auch eine Fürstin wohl an einen Grafen, eine Gräfin an einen Herrn, und sofort verheyrathet werden, wie dergleichen Exempel viel vorhanden. Auf den Fall bedarff es der hohen Spesen nicht, ist doch ehrlich, und das Land wird nicht beschweret. Sind aber die Fräulein ungestalt, und werden dennoch zur Ehe begehret, so mögen es die Freyer ihnen zuschreiben, derentwegen kan das Land nicht erschöpfft werden: so wird auch durch viel Geld niemand schöner, doch könte auf den Fall etwas absonderliches aufgewendet werden, weil es zu Ehren, und nicht alle Tage geschiehet, auch GOttes Segen davor wieder zu erlangen, wenn ja Körbe (welche alhier wohl der beste Griff wären, weil man denen, so nur nach Gelde heyrathen, keine ehrliche Tochter geben soll) nichts verfangen wolten. Im übrigen mögen die Bräutigame hoch, oder niedrig seyn, so werden sie schon vorher Erkundigung eingezogen haben, was iedes Ortes vor Mitgifft, Ausstattung, und dergleichen gefälle, wird also deswegen nichts nachbleiben. Denn die Ehen werden im Himmel gemacht, aber auf Erden durch Sparsamkeit nicht hintertrieben. Indeß können sich vernünfftige Eid-Männer trösten, daß einmal gut Erbtheil fallen werde. Denn, wo rathsam hausgehalten wird, da müssen wohl die Kammern voll werden. Vermählen sich aber einige Fräulein nicht, so können selbige auf ihre Lebens-Zeit leicht verpfleget werden, Lim. J. P. l. 4 c. 8 n. 172 § Wo aber die. Zumal, wenn auch Frauen-Klöster im Lande.

Wäre aber ein Herr mit viel männbaren Söhnen gesegnet, so ists schon gnug, wenn sie etwas, ihrem Stande gemäß, gesehen und erlernet haben, es darff aber dasselbige Sehen nicht eben in Franckreich oder Italien angestellt werden, in Teutschland auf rechtschaffenen Universitäten, und an vornehmen Höfen kan man auch was erfahren. Und da aus hochwichtigen Ursachen einen, oder den andern in Franckreich, oder Italien ꝛc. auf ein Jahr zu schicken, der Herr Väter vor nützlich hielte, dörfften sie nicht eben, als Fürsten, oder Grafen, reisen, sondern als edle, oder andere Forestirer. Dis kostet wenig, und kan doch viel gesehen werden ꝛc. Es ist auch gleicher gestalt unvonnöthen, daß einem lebenden, erwachsenen Herrn bald ein Königreich, Hertzogthum, oder Grafschafft ꝛc. eingeräumet werde, dieweil, Gott Lob! noch andere zulängliche Mittel obhanden. Denn, nachdem der älteste Herr Sohn dem Herrn Väter succediret, Arnd. Postill. Fest. Purif. fol. m. 139 a. f. Pe. Godofr. de Amor. l. 1 c. 9. Gemm. C. J. F. p. m. 53 f. Zeil. cent. 4 epist. 78, so sind die andern Herren Brüder entweder stillen, und eingezogenen: Oder hurtigen, und lebenden Gemüthes. Sind sie von der stillen Art, so ist allhier (weil auf die Naturen hierinne zu sehen, Luth. Haus-Postill. Dom. 1 po. Epiphan. L. 36 § 1 f. de Excus. Senec. de Tranq. an. c. 6 f. Pontan. de Serm. l. 1 p. m. 186) wohl das vorträglichste, daß sie im Lande bleiben, oder zu ihren Glaubens-Genossen sich wenden, und friedsamer Geschäffte abwarten, darunter zu rechnen: Bischoffthümer, Pröbsteyen, Abteyen, Stathaltereyen, Cancellariate, Cammer-Directoren ꝛc. ꝛc. Wären sie aber muthigen Geistes, so bedarff man deren eben sowol in der Welt, als an Höfen Groß-Hofmeistere, Ober-Hof-Marschalle, Ober-Jägermeistere ꝛc. in Festungen-Gouverneurs, Comandanten ꝛc. im Kriege Feld-Marschalle, General-Feld-Zeugmeister, Obersten ꝛc. darzu können selbige Herren entweder in ihren, oder in andern Landen und Reichen sich gebrauchen lassen, dardurch ihren Unterhalt suchen, etwas für sich bringen, oder wohl gar ihr Glück finden. Denn GOtt ist auch mit im Spiele ꝛc. Also erwarb Masanissa sein väterlich Reich, Liv. l. 30, Wilhelmus der Hertzog von Normandie, gantz Engelland, Flor. Angl. Silv. p. m. 7; Gottfried von Bullion das Königreich Jerusalem, Hertzog Maximilian den Chur-Hut ꝛc. ꝛc. Was der weltberühmte Hertzog Bernhard von Sachsen, höchstseligsten Andenckens, vermittelst seiner Waffen, vor ein Reich in O. T. angerichtet haben würde, hätte die Zeit einstens lehren sollen. Vergebens war ihm von der Natur ein Adler im Rücken nicht gezeichnet, ohn Bedeutung flogen die Adler nicht über seine Läger, umsonst war er nicht so streitbar, und siegreich, vergebens eroberte er nicht Brisach ꝛc. ꝛc. ohn Wunder diente ihm nicht seine Armee umsonst, sintemal er keinem vom Höchsten bis zum Niedrigsten einigen Monat Sold weder versprach noch zahlte; sondern der Krieg muste sie selbst ernehten ꝛc. Allein ein Frantzösischer Medicus, aus Franckreich zugeschickt, vergab ihn mit Gifft, wie dis bey der Weimarischen Armee damahl gar bekannt, die

Ursache

Ursache aber aus der Hist. Min. C. Rich. l. 16 c. 1 und andern Script. abzunehmen. Damit wurden die Frantzosen der Furcht entlohnigt, und Meister in Brisach, darein sie sich sonst nicht hätten stechen dörffen. Jetzo suchen sie es vielleicht, wo es dieser grosse Fürst gelassen.

Stürben sie aber, so gienge es ihnen, wie dem Leonidi, der Spartaner Könige, Justin. Histor. l. 2 § Et idcirco. dem Demetrio, der Syrer Könige, idem l. 35, denen 306 Fabiis, Liv. l. 2, denen Deciis, Idem l. 8 & 10, dem Flaminio, Idem l. 22, dem tapffern Helden Churfürst Mauritio zu Sachsen, König Gustavo Adolpho, Tylli, Pappenheimen, Touraine, und andern mehr, deren Ruhm unsterblich. pr. f. de Excus. tut.

Denn zu einem von diesen beyden müssen sie greiffen, dieweil selbige die Regierungs- und der Waffen-Künste zu verstehen verbunden sind, damit sie sowol zu Friedens- als Krieges-Zeiten denen Landen recht fürzustehen wissen, argum. pr. Proœm. instit. ibique Gloss. omnino. Dahin auch der schöne Vers zielet:

- - Duo sunt quibus extulit ingens
  Roma caput: Virtus belli, & Sapientia
  pacis.

Und solches Livius durch und durch bewähret. Darum bat auch Salomon um die Kunst wohl zu regieren, 1 Kön. 3 v. 6 ad 12. So müssen Fürsten und Herren auch Kriegs-verständig seyn, denn sie sind Lehn-Leute, so zu Felde dienen müssen. Borcholt. de Feud. c. 2 n. 4, Cujac. de FF. l. 1 proœm. verb. Vasall. condit. Wie denn das oberste Haupt, der Römische Kayser, selbst ein Soldat ist. Gloss. in Proœm. Inst. ubi: Quilibet Imperator est miles. Ja das Wort: Imperator, kömmt eben vom Kriege her. Liv. l. 30, ubi: Adversus hæc Imperator Rom. Qui Scipio Africanus erat, anderer mehr Stellen daselbst, sowohl beym Justino und Cor. Nepote ietzo zu übergehen. Wie auch der Nahme: Hertzog ꝛc. als der vor dem Heere herziehet.

Blieben aber deren etliche am Leben, und das Vaterland bedürffte ihrer, so könten sie schon beruffen werden, wie Hertzog Julius zu Braunschweig-Lüneburg aus dem Stiffte, König Heinrich der III aus Polen, Hertzog Carl von Lotharingen aus dem Kriege ꝛc. ꝛc.

Käme es endlich dahin, daß ein oder anderer junger Herr, nach ausgestandener Mühe, Gefahr und Noth, aber darbey gefundenen Aufnehmen, sich nach GOttes Fügung anderswo vermählen, und daselbst bleiben wolte, darneben aber des väterlichen Landes Hülffe bedürffte, dieweil ihm darzu nichts ausgesetzet, weniger in der Rent-Cammer so viel vorhanden wäre, so würde GOtt darzu auch Rath schaffen, weil er so viel nicht machen kan, wenn Billigkeit beobachtet, und NB. das Land oder Ländchen sonst mit unnöthigen verschwenderischen Plackereyen verschonet wird. Blieben aber deren etliche im Lande, weil sie auswärts nicht unterkommen können, so müste ihnen, vermöge väterlicher Disposition ꝛc. dergleichen Chargen, davon oben, zu ergreiffen belieben. Wenn Fremde oder Unterthanen davon ihr ehrlich Auskommen haben können, ists vielmehr der jungen

Landes-Herrschafft zu gönnen, mit mehrern Ehren und Segen. Denn das göttliche Wort: Fiat! ist ein Erhalter, Ernehrer und Vermehrer aller Creaturen, und eine ewige unvergängliche Quelle alles Segens. Darum ists eine grosse Thorheit, daß man sagt: Jetzo sey die Welt zu voll, darum werde alles zu wenig. Nein, sondern die Welt ist zu böse, die grosse Bosheit verstopfft den Brunnen der Gültigkeit GOttes ꝛc. GOtt will das Erdreich voller Leute haben ꝛc. Ist doch des Jüdischen Volckes zu Salomons Zeiten so viel gewesen, als Sandes am Meer ꝛc. und haben doch alle gnug gehabt. Nun wie groß der Reichthum der gantzen Welt ist, so ist er gegen dem unsichtbaren ewigen Reichthum GOttes nichts ꝛc. laud. Arnd. Postill. Dom. 9 po. Tr. fol. m. 121 b. m. Sind aber denn Allmächtigen GOtt viel 1000 Menschen, in einem kleinen Lande zu ernehren und reich zu machen, nicht zu viel, warum solte er dis nicht auch an ein paar Herren thun können?

Solte aber dieser Vorschlag der Welt allzu einfältig, oder gar Pfäffisch scheinen, so ist noch ein anderer im Fasse, nemlich: Es kan ein Landes-Herr vor seiner Vermählung diese Verordnung fügen, daß allemahl der älteste Sohn nur ihm gleich seyn solle, die andern Herren und Fräulein aber nur Edle seyn sollen, stürbe aber der älteste ohne eheleiblichen männlichen Erben, so solte der nechste ihm gleich und in sein (des Verstorbenen) Recht treten. Zum Exempel: Gesetzt es lebte noch ein Hertzog von Francken, wiewohl dem nicht also; Limn. J. P. l. 6 c. 3 n. 45, derselbe vermählte sich mit einer Hertzogin von Würtenberg, er befahrte aber, es möchte aus dieser rechten Ehe viel Fürstliche Herrlein und Fräulein erzeiget werden, so kan er es vor der Vermählung also disponiren, daß also der älteste Sohn (cæter. parib.) regierender Hertzog seyn, die andern aber nur edle Herren und Fräulein von Francken, zu welchem Titel ieder edle Herr mit einem austräglichen Ritter-Gut, die Fräulein aber mit einem Stücke Geldes versehen werden solte, da aber der älteste ohne männliche Leibes-Erben mit Tode abgehen würde, solte der nechste Bruder oder Vetter aus diesen edlen Herren das Hertzogthum erben, sein Recht wieder aufwachen, und geschehen, als ob er stets ein Hertzog gewesen. Auf welchen Schlag das Land mit vielen Fürstlichen Personen nicht überhäufft, gleichwohl auch Fremden nicht zu Theil wird. Denn diese Fürsten-Baum-Schule conservirt die Familie. Und so ist es auch fast in Ost-Frießland practiciret, da der regierende Herr allemahl ein Fürst war, die andern aber nur Grafen, so lange die Fürstliche Linie stande. Daher darffs keiner lincken Ehe, keiner Absetzung des Ehestandes, und dergleichen. GOttes Wort und die Sophismata politica, wenn selbige auf wahre Prudentz gegründet, stehen gar wohl beysammen, und bin ich deswegen nicht nur einmal uneins worden mit einem Politico, der in Italien lang gewesen, und in Teutschland viel Höfe gesehen hatte, auch in Jure publ. und privato hochgelehrt war, weil er davor hielte: GOttes Wort und die Politic schickten sich nicht zusammen. Von der falschen Politic, die der Teufel lehrt, gebe ich es gern zu, allein dis ist keine sana prudentia politica.

Aber

Aber wiederum auf unsere Herren und Fräulein, so aus alter rechter Ehe gebohren worden, zu kommen, so wachsen auch dieselben nicht alle groß, viel sterben in der Blüte, wie dem hochtheuren Churfürsten Augusto zu Sachsen, glorwürdigsten Andenckens, und andern hohen Häuptern mehr geschehen, viel scheiden aus dieser Welt unverheyrathet, wie der älteste Sohn des Böhmischen Königs Friedrichs, der siegreiche Hertzog Bernhard zu Sachsen, König Ferdin. der IV, der letzte Hertzog zu Altenburg, der letzte König zu Liegnitz rc. Oder sind unfruchtbar, wie Hertzog Georgens zu Sachsen Söhne, Churfürst Christianus II, Ertz-Hertzog Albrecht in Niederland, Hertzog August zu Sachsen-Dreßden, Hertzog Friedrich Ulrich zu Wolffenbüttel, die beeden Landgrafen zu Hessen, Philippus und Johannes, der Königliche Dänische Printz, Christian der V, Hertzog Ulrich von Würtenberg, und der letzte Hertzog zu Zweybrücken rc. oder bleiben gar unverehelicht, wie der Kayserliche Stathalter, und Churfürst zu Sachsen, Friedrich der Weise, glorwürdigsten Andenckens, Hertzog Friedrich von Sachsen zu Rochlitz rc. der gelahrte Fürst Georg von Anhalt, Printz Robert, und viel andere mehr.

Und damit vollends dem Kummer seine abhelfliche Maaße gegeben werde, so ist entweder GOttes zu seinen heiligen Ehren zielender allweiser Rath, einen Landes-Herrn mit vielen ebenbürtigen Herren und Fräulein gleichsam zu beschweren, oder vielmehr dadurch seinen Glauben rc. zu üben (sintemahl GOtt wohl weiß, was er thun will, Joh. 6 v. 6 oder nicht): Gefällt ihm das erste, ey wer bist du Mensch, daß du GOtt versuchen, seinen Rath-Schluß ändern, und seinen heiligen Willen durch lincke Ehe klügeln willst, es wird dir zu schwer werden rc. A. G. 9 v. 5. Wie es denn zu gehen pflegt, daß hernach der grosse GOtt, dessen Rath man verachtet hat, auch weidlich solchen Segen entziehet, daß folgends das Land gar in die Hände widriger Religion fället, da haben denn die Caji, welche GOtt lehren wollen, wie das Land nicht beschwert werde rc. was sie gesuchet, und ist hernach nicht zu helffen, sie haben selbst den Stab gebrochen. GOtt lässet ihm nicht Eingriff thun rc. Leiden es doch die Menschen übel. So wird einer auch GOtt nicht durch den Sinn fahren, mit Ergreiffung der lincken Ehe; Er hat mehr als 1000 Mittel die Menschen zu finden, darvon die lincke Ehe nicht ausgeschlossen. Curt. Hist. l. 5, ubi in margine: Homines ad fata sua veniunt, dum fata timent. Wer aber auf ordentlichem Wege rechter Ehe, rechtes Beruffes rc. gefunden wird, der hat ein gut Gewissen, und kan in Unglück getrost seyn. Wäre es aber GOttes des HErrn Wille nicht, viel Herrlein und Fräulein zu bescheren, so ist die lincke Ehe mit einander vergeblich. Ja, sprichst du, wer es gewust hätte? Antwort: Eben darum, weil du es nicht weist, auch nicht wissen, sondern GOtt in rechter unzerstimmelter Ehe vertrauen solst, auch gut ist, sich auf den Herrn verlassen, so darffst du deswegen, in GOttes Vorsehung nicht grübeln. Gnug, daß sein Wille der beste ist.

Allhier möchte ein kluger Politicus gedencken: Solte denn, der Kosten wegen, kein Unterschied seyn, zwischen einer rechten und einer lincken Ehe? Antwort: Es ist freylich ein grosser mächtiger Unter-

schied zwischen der Ehe eines Herrn, der mit einer gleichständigen Gemahlin Beylager hält, sich aber darbey, und in währender Ehe über seinen Stand, Land und Quant heraus bricht; Und zwischen einem Herrn, der ihm ein linck Weib vermählen lassen, das Werck auf sehr schlechte Bedingung gestellet hat, und NB. auch darüber hält. Zum Exempel: Wenn ein gemeiner Graf und Gräfin wie mächtige Fürsten leben wollen, ein Fürst und Fürstin wie Könige rc. Ja dis kostet allezeit mehr, als wenn ein Fürst sehr wenig, sein linck Weib aber noch viel weniger verthut. Da könte wohl GOttes Segen zu hoffen seyn, wenn anders die lincken Ehen GOtt gefallen. So aber ein Herr dem nachkömmet, was vorher verhoffentlich nicht ohne Grund angezeiget worden, so lauffen auf eine rechte Ehe keine grössere Unkosten, als auf eine lincke. 1) Weil die lincken Ehen nicht der ordentliche Weg, und also der Mangel an GOttes Wohlgefallen sich ereignet. 2) Weil das Vertrauen zu GOtt nicht also groß, und demnach weniger Segen. 3) Weil die, lincke Ehe weniger bedarff, indem einer geringen Person so viel als einer hohen nicht gebühret. Nun ist aber an GOttes Segen alles gelegen, und nicht an der lincken Ehe. Ja wenn einer 4) die Sache recht überschlägt, so kostet offt ein linck Weib wohl mehr als eine Gemahlin. Denn 1) sind die lincken Weiber hungrige, unverschämte Fliegen rc. 2) Wissen sie, daß sie wenig Zeit haben rc. 3) Nehmen sie mit geringen verlieb, kommen aber desto öffter, denn sie sind des Bettelns gewohnt, welches ein heimlicher Dieb ist, und des Jahres über mehr austrägt, als indeß auf eine Gemahlin gienge. 4) Trachten sie darnach, daß sie den Stand, der sie jetzo mit scheelen Augen ansiehet, einmahl nach Caji Tode, auf ihrs Seite bekommen mögen. Danæ. Aph. pol. p. m. 467, 15. Damit, was der Zeit: Frau Kersten beisse, hernach: Gnäd. Frau benahmet, eine neue Faustina ihrem Aurelio vermählet, im übrigen Rex Elisabeth, Regina Jacobus erfunden werde, aber darzu gehören nicht etliche Heller. Wissenschaff. pa. 1 disp. 47 § 7. So suchen sie auch 5) vor ihre Kinder nicht geringes Vermögen, damit einmal Fr. Herren, Grafen rc. daraus werden können, aber darzu wird noch mehr erfordert. Denn daß ein linck Weib und ihre Kinder nimmermehr zu was höhern solten gelangen dürffen, wenn gleich das Weib solches versprechen müssen, ist so crude schwerlich zu verstehen, sondern also vielmehr anzunehmen, daß nemlich solche Erhöhung nicht zu Schaden, oder auf Unkosten des Landes ergehen solle rc. Denn sonst dörffte das lincke Weib nach Caji Tode nicht wiederum heyrathen, welches doch zugelassen, 1 Cor. 7 v. 39, cap. pen. & ult. de Sec. nupt. sondern müste Brunst leiden, welches verboten, 1 Cor. 7 v. 9; die lincken Kinder dörfften auch nicht nach Tugend und dero Belohnung streben, welches doch göttlich und aller Völcker Rechtens. Wäre also dieser modus, welcher in Condition resolvirt wird, Barbo. Mod. ax. V, allen erbaren und guten Sitten entgegen, und daher nichtig. L. 9 de cond. instit. L. 14 eod. cap. 1 de condit. appos. ubi Dd. Christen. de Jure Matrim. Dissert. 3 Q. 32 & alii. Es giebt sich auch 6) Cajus selbst darein, denn es ist doch sein Fleisch und Blut, wer siehet nicht gern dessen Wohlergehen? 2 Sam. 18 v. 12 & 33,

Luc. XV, 20. Chrysoft. Homil. 8 ad Philipp. ubi: Sed quid agam? Pater sum. Multa etiam ultra, quam oportet, filiis gratificantur &c. &c. Liv. l. 8 v. Secutus pater & v. Jam ipse. Pe. Godofr. de Amor. l. 1 c. 8. Quare & inducit Phœbum sic ad filium loquentem Ovidius: quod vis pete munus & illud, me tribuente, feres &c. l. 2 Metam. So werden 7) die Kinder von der Mutter schon also abgerichtet, damit sie Cajo das Hertz gewinnen, was sie aber nicht völlig effetuiren können, das ersetzt die Mutter. Liv. l. 24 ubi: fessus tandem uxoris vocibus. Histor. de Min. C. Rich. l. 10 c. 24 in Pol. rem. ubi rubr. Nihil ingeniosius fœminis &c. auch wohl zu Nacht. Engelgr. L. E. Dom. post Pasch. § 2, auch wohl mit Weinen ꝛc. Richt. XIV, 16, 17. Ut flerent ocul. erud. fu. Ovid. denn sie sind sowohl Nachtigallen, als die rechten Weiber, ja oft wohl gehörter, weil sie es gefälliger machen, und sich besser gebrauchen lassen ꝛc. Sie nehmen Gelegenheit, wenn Cajus truncken, oder machen ihn truncken durch ihre Geträncke, denn was kan nicht Weiber-List? Ertappen damit den Schlüssel zum Hand-Gelde, Schatz-Kammer ꝛc. oder bekommen Unterschrifft an Renthenier, schreiben etliche 0000 darzu, verehren etwas davon, oder versprechen sonst gut Geschirr dem, der ein Auge zuthut, und auszahlt ꝛc. Aufm Morgen weiß der Cajus nichts drum, denn gehets auf einen neuen Anschlag, bald thun sie Rechnung, liquidiren 500, wenn sie 100 ausgeben. Denn wollens Handels- und Handwercks-Leute bey Frau Walpen nicht verschütten, so müssen sie wohl nach ihrer Pfeiffe tantzen, damit zur andern Zeit mehr abtrieffe ꝛc. Diß alles thut keine Gemahlin, weil sie darzu viel zu hoch, es auch nicht bedarff, auch die Griffe des Aussaugens nicht so inne hat. Denn, ie weniger die Gemüther edel, ie boshaffter sie sind. ex. g Servor. Tyr. de quib. Justin. l. 18. Alciat. de Præf p. m. 178, 354. Barbo. cap. 11 ax. 3. Kurtz: es gehet fast hierinne, wie in geringen Wirthshäusern, da man fast eben so viel bluten muß, als in vornehmsten Gasthöfen. Denn obwohl in jenen die Mahlzeit nur vor 3 Batzen ausgegeben wird, so fordert man doch hernach absonderlich vor Bier, Tischtuch, Salbet, Licht, Saltz, Stroh ꝛc. und ist doch alles überdiß Schmutzerey, wo man nicht darzu bestohlen oder erschlagen wird.

In Betrachtung dessen allen, giebt sich von selbsten, daß bey lincken Ehen schlechter Rathkauf. Denn nicht eben diese glückselig sind, sondern vielmehr die rechten, wenn Gottesfurcht, löblich Regiment, ordentlich Haushalten, Sparsamkeit und festes Vertrauen zu GOtt darzu stösset. Wie wir diß an dem Allerchristlichen Hertzog Ernsten zu Sachsen-Gotha gesehen, und annoch an dem höchstlöblichsten Hertzog Christian zu Sachsen-Merseburg, auch an andern Ruhmwürdigsten Fürsten mehr, so alle hochfürstliche Beylager gehalten, sehen. Hingegen wo diese Tugenden ermangeln, darneben aus Mißtrauen gegen GOtt, Unverstand, Muthwillen, Neugierigkeit, fleischliche Brunst das Weib zu mißbrauchen, wovon Richt. XIX, 24, 25 und 26. und can. & caus. 32 q. 4 mit mehrern, zur lincken Ehe geschritten wird, gleich als ob GOtt verstorben oder verarmet wäre, da ist nicht viel zu hoffen, denn sie wird nicht heilig angefangen, noch Christlich und ehrlich

gehandhabet, wenn sie gleich sonst dem grossen Gott gefiele.

Endlich und 5) den Effect und Wirckung ꝛc. dieser lincken Ehe abzuhandeln, so gehet dieselbe mehrentheils unglückselig aus.

1) Nicht nur um des Stachels wegen, den diese im Gewissen der Cajorum zweiffelsohne hinterlässet, und so viel Mühseeligkeit denen Beichtvätern hernach verursachet, solchen, wo nicht ehe, doch auf dem Todbette, heraus zu ziehen, sondern

2) Auch darum, dieweil in dieser Ehe die verehlichten Personen am Stande einander gantz ungleich, und durch die lincke Hand noch ungleicher werden, da doch Eheleute einander gleich seyn sollen. Sir. XIII, 20, 21. Ovid. 9 Heroid. ubi: Quam male inæquales &c. Non honor est, sed onus. Carpz. J. Consis. l. 2 d. 9 n. 5 laud. Linck disc. c. 2 n. 13, 16, 41, 42. Daher können jene so fest nicht zusammen verbunden werden, und da es auch so wäre, mags doch keinen dauerhaften Bestand haben. Denn der eine Theil ist hoch, der andre niedrig, eins ist Eisen, das andere Thon, eins ist tapffer und tugendhaft, Alciat. de præsum. p. m. 178, 354; den andern schlägt der Bauer im Nacken. Naturam expellas furca &c. den noch darzu ie länger ie mehr die Wunde der schmählichen Eheverschreibung schmertzet, und bey iedem guten Tage wiederum aufgerissen wird. Hincket also diese Ehe sowohl denen Personen als dem Contract nach.

3) Ist unter ihnen schlechtes Vertrauen, oder doch alles nur auf den Schein, da doch unter Eheleuten nichts mehr, als gutes beständiges Vertrauen anzutreffen seyn soll, weil die Ehe die höchste Freundschaft. laud. Carpz. cit. Tr. l. 2 d. 27 n. 19; das gute Vertrauen aber in der Freundschaft beyde Blätter erfüllet, wie davon Seneca mit mehrern. Wenn sich nun in lincker Ehe also mit einander stösset und kippt, da gehts alsdenn auf lauter Unvernehmen, Verachtung, Verdacht, Feindschaft, Zanck ꝛc. ꝛc. hinaus. Matth. Theatr. 1 p. m. 131. Camden. Annal. in Appar. ubi de Anna Bolena. laud. Carpz. cit. Tr. l. 2 d. 9. Welches mehr alleg. Ovid. l. 3 Metam. v. Rumor in ambiguo &c. unter der Fabel vom Jupiter und Semele vorgebildet hat.

4) Ist diese lincke Ehe eine gerade Strasse zum Untergang gantzer Familien und hoher Häuser, wie diß das Hertzogthum Ferrar in Italien gewahr worden, und darüber denen Päbsten in die Hände gerathen, und wir erfahren es, leider! in S. und, allem Vermuthen nach, wir es in P. ersehen, denn es bestehet nicht auf 2 Augen. So gebe es, wenn man unsern Herr GOtt in die Schule führen will!

5) Erwächst zwischen denen Anverwandten und Brüdern erster Ehe; und diesem lincken Weibe und Kindern lauter Haß und Uneinigkeit.

6) Kommen hieraus Ehrgeitz, Factionen, Rotten, Aufstand und allerhand Practiqven ꝛc. Dieweil dergleichen Kinder mehrentheils an Gaben Leibes und Gemüthes vortrefflich, wie bekannt. Die Mütter auch mit ihren Söhnen sich gewaltig zu spiegeln wissen. Gen. 29 v. 33; 34, 35, c. 30 v. 18, 20. Ovid. 6 Metam. v. Lydia tota. Und deren Aufkommen und Glück nicht wenig erwünschen. Sir. XXXVII, 23. 1 Kön. I, 17. Matth. XX, 21. Justin. l. 42 ubi: pro suis quæque solicitæ animum senis obsidebant.

bant. Camden. Annal. 1567 p. m. 113 f. ubi de
Jacobi V Scot. R. Concubina, & 1572 ubi de
Catharina Medicæa &c. Notanda loca! Solchen
Kindern auch, als tapffern Gemüthern, wehe thut,
wenn sie von Natur näher als die Anverwandte, und
so geschickt, wo nicht geschickter, als die Brüder erster Ehe, dennoch unter der Banck stecken sollen rc.
laud. Buchn. not. MSC. in Tac. Agricol. verbis:
Peritus obsequi cap. 2 ubi: Multi virtutis conscientia contumaciam induunt; nec concedendum quicquam putant aliorum potentiæ, quorum virtutes impares viderint &c. &c. Justin.
l. 11 § Æmulum imperii fratrem. Curt. l. 8 ubi
in margine: virtus gaudet periculis &c. Wie
man vor Jahren gnug gesehen an Hannibal, See-
städten und Corfitz Ulfeld. Was den letztern anlangt, so ist in etwas davon zu befinden in Coppen-
hagischen Bericht von Dina Winhowers rc. 1651.
Hieher gehören die Exempel der unmächtigen, als des
Cæsaris Borgiæ in Italien, des Moravii Stuar-
tini in Schottland, Don Joh. de Austr. und anderer mehr. Arg. a min. ad maj. aff.

7) Geben solche lincke oder Schiedkinder die be-
quemste Gelegenheit, wodurch eines hohen Hauses
Feinde und Uibelgesinnte sich an jene, und deren Beypflichtende hangen, und dadurch ihre Interesse suchen können. Wie dort der Affe that, der die junge
Katze im Hause nahm, und mit ihren Pfoten die
gebratenen Kastanien aus der glimmenden Asche
scharrete, hernach die verbrennte Katze hinwarf, und
das Gebratens vor sich behielte.

8) Wircket diese lincke Ehe auch beym Weibe
Ehrsucht, sintemal kein Scheermesser schärfer schiert,
als wenn ein Bauer ein Edelmann wird, und star-
ke Beine zu Ertragung guter Tage erfordert werden,
vörnemlich, weil die Mittelstrasse, als hier vonnöthen
zu halten sehr schwer, denn dieß können nur die weisen Leute; L. 9 lic. d. Si pars he. die Weibs-Personen aber schwache Werckzeuge, so leicht zu bereden
und zu bewegen. L. 2 § 2 ibique Dd. ad SC. Vellej.
Wenn sie nun sehen, daß, so lange ihre Caji leben,
sie Ehren-Frauen nicht werden können, gleichwohl
nunmehr ihren Beutel gespickt haben, da fangen sie
an, nach der Cajorum Tode zu verlangen, wenn
derselbe nicht bald erfolgen will, werden sie ihnen
gram, thun ihnen wenig gut, heitzen ihnen Bäder,
darinnen sie vergehen wie E. S. P. oder kochen wohl
gar Kräuter, wie jene 170 Weiber zu Rom, Liv.
l. 8. v. Cum primores, damit werden sie ihrer los.

9) Kömmts auch wohl gar bis auf Liebes-Trän-
ke, welche denen Cajis beygebracht werden, worauf
oft Unsinnigkeit, Unvermögen, ja der jähe Tod erfolget. Denn entweder hat Cajus sein linck Weib
lieb oder nicht. Auf den ersten Fall wird sie, um
ihres kund ihrer Kinder Vortheil willen allen Fleiß
anwenden, daß, wo es ja damit nicht höher zu bringen, solche Liebe doch zum wenigsten in dem Stande
verbleiben möge, liebt er sie aber sehr wenig, und
muß sich daher allerhand befahren, so wird sie, zu
vermeiden Schande und Schaden, dergleichen Mittel unfehlbar ergreiffen, dieweil kein elender Ding
unter der Sonne ist, als ein linck Weib, welches ihr
Cajus nicht liebet. Diese Liebe ist ihr und der ihrigen eintziges Palladium.

10) Dieweil auch die Menschen zu mißhandeln
von Natur geneigt sind, Nov. 5 c. 2 f. und ihre

Jurist. Oracul V Band.

Hertzen also gesinnet, daß sie immer etwas neues begehren, und das vorige verachten, L. 4 & 5 de adim.
leg. D. Paul. Auslegung der 11 Epistel nach Tr.
Oidenb. Class. p. m. 548 pr. 549; als kömmet es oft
dahin, daß Cajo die lincke Ehe hernach gereue, und
auf eine rechte, nach alter Art gemüntzt, gedencket,
wie König Heinrichen in Engelland wiederfuhr, der,
wiewohl er doch eine lincks geheyrathet hatte, dennoch
des Heyrathens nicht müde werden kunte, bevorab,
wenn Cajus keine gute bewegende oder End-Ursach
darzu gehabt, oder Uibereilung vorgelauffen, oder seine
Anverwandtschaft dünne wird, oder das lincke Weib
sich nicht recht schicken kan, als wie dort David in
Sauls Harnisch, 1 Sam. XVII. 38, 39. denn eine
Ziege gebieret doch nimmermehr einen Gaul, oder
Englische Docke; oder wenn er anderer Herren junge Herrschafft oder Gemahlinnen, oder sonst gleich-
bürtiges Frauenzimmer für sich siehet, wobey der
raptus Similium sich bald ereignet, gleich und
gleich rc. pares cum paribus &c. da hebt Cajus
an, sich seines lincken Weibes, wenn sie gleich nicht
zugegen, zu schämen, ihr gram zu werden, auf Aenderung zu sinnen rc. wobey die feurigen Pfeile des
Bösen nicht ausbleiben.

11) Schlägt auch wohl eine Ehe dahin aus, daß
Cajus sein linck Weib aus dem niedrigen Stande
erhebet, und sie zu seiner Gemahlin aufnimmt, aus
grosser mächtiger Liebe, Nov. 74 c. 4. Nov. Just.
Const. 3 c. 1 f. ubi omnino. Borcholt. de FF.
c. 8 n. 101, die oft ungleich fällt rc. Da diß geschicht,
so setzet sich ein solcher Herr in nicht geringe Schande rc. 1) um der unmännlichen Wanckelmüthigkeit
wegen. Denn dergleichen Personen sollen entweder
ein wichtig Ding nicht anfahen, oder da es nun verbracht, über denselben beständig halten. Liv. l. 24
v. Marcell. Was ich geschrieben habe, das habe, sagte
dort Pilatus, ich geschrieben. 2) Um der darauf gehenden Unkosten willen, die er doch eben darum vorher
fliehen wollen, und fällt nun tieffer drein. Denn solches Vorhaben kostet nichts als nur gemüntzt Gold
und Silber. 3) Auch darum, dieweil er dadurch
öffentlich bekennet, was er vorhin nicht gestehen
wollen, nemlich, daß er etwas menschliches erlitten rc.
selbiges aber nun verbessern wollen. Wo bleibt sodann der Respect bey denen Seinen, und der gute
Nachklang bey Auswärtigen? Da doch ein Grosser
auf nichts mehr, als nach GOttes Ehre, auf die
Vermehrung seiner Glorie das Absehen richten soll.
Worvon die Politici zu lesen.

Zu welcher Ehren-Verdunckelung nicht wenig
hilfft, wenn sich selbiger gewesener Cajus diese seine
nunmehr erhöhete Gemahlin an seine rechte Hand
copuliren, und also dieselbe ihm noch einmahl durch
den Priester antrauen lässet. Denn dieß ein gantz
unnöthig Werck ist, quia est, actum agere. Dieweil weder die rechte noch die lincke Hand; sondern
beyder hierauf gerichtete Einwilligung allein die Ehe
bestätigt. L. 30 de R. J. ibiq. Dd. Beust. de Matrim. c. 42 p. m. 169. Als nun diese Einwilligung
die allhier unverruckt bleibet, und ist ihnen nur
nur köstlicher wird. Antiqui forma Conjugii
quasi jure postliminii revertitur in pristinam
causam; Das verrenckte Glied wird nur in sein Ge-
lencke wiederum eingerichtet rc. darum so bedarffs
keiner neuen Copulirung, sondern ist übrig genug,

wenn

wenn die erste Ehe-Stifftung mit dem Revers ꝛc. caßiret, hingegen eine neue zum Beweis der erhabenen Gemahlin verfertigt, von beyden ehelichen Personen, und, wo es gebräuchlich, der Gemahlin Curatore mit Hand und Siegel vollzogen, solche Erhöhung von beyden Gemahlinnen in Gegenwart der Vornehmsten ꝛc. oder anderer ꝛc. bekennet einander, zum äusserlichen Zeichen, arg. § 9 de Gradib. die rechten Hände gegeben, die verneuerte Gemahlin zur rechten Hand gestellt, und sonst mit Worten und Wercken vor die ihm vermählte rechte Frau tractiret, auch, da der gewesene Cajus nicht souverain (laud. Linck c. f. n. 28.) oder etwan ein Lehnmann, der die vorige Ehe-Beredung bestärcken lassen, ibid. n. 70. vom Supremo, oder Lehns-Herrn anderweit confirmiret werde, welches leicht geschiht, wenn NB. niemanden dadurch was entgehet. Darum ist diß ein spitziges Werck, welches heisset: Rühre mich nicht, ich schreye sonst!

Und was etwan die lincken Ehen für Unheil mehr im Schilde führen. Davon zwar die Ehen der Alten, und ersten Art auch nicht allemahl gar befreyet seyn möchten, iedennoch, dieweil dergleichen sich darinne so leicht nicht begeben kan, was mir bisher specificirt, und da auch GOtt verhienge, rechte Ehe-Leute dagegen ein gut Gewissen hätten, als die keine Neuerung gesucht, sondern GOtt vertrauet, so kan man dieß hieher nicht wohl ziehen, noch die lincken Ehen damit beschönigen. Bleibt dannenher dabey, aus diesem groß, ja grösser Unglück, als aus denen rechten Ehen entspringen kan. Argus mit allen seinen hundert Augen, wenn er gleich zuöberst auf den Thurn zu Landeshut in Bayern, welcher, versicherten Nachrichten nach, 639 Stuffen hat, stünde, könnte dasselbe, so es alles an sich und nach sich ziehet, über kurtz oder über lang nicht übersehen. Barb. l 9 c. 6 ax. f. Ziegl. Not. ad Gror. p. m. 568 f. Wie auch aus den wenigen, so in dieser Schrifft gutmeynend ausfindig gemacht worden, & quæ, si non ut singula, certe ut aliqua, juvabunt, nunmehr erhellen wird.

Jedoch werden diejenigen Hohen und Niedrigen billig ausgenommen, auch allhier nicht gemeynet, welche im lincken Ehestande für GOtt und Menschen verantwortlich getreten; und selbigem mit gutem Gewissen besessen und besitzen.

Wie nun dieses einem ieden von Hertzen gewünscht wird, also verbleibet hierunter demjenigen, der dieser Sache Wichtigkeit weislicher verstehet, eine bessere Meynung hiervon abzufassen. Justin. l. 11 § Tunc Darius. Flor. l. 2 c. 8 verb. ut nihil fuer. Buchn. Not. in Liv. l. 1 c. 1, mir aber die meinige sodenn deutlicher zu erklären, Igne. Comm. pa. 2 fol. m. 241 a n. 13 v. Ego autem, billig unbenommen.

Rechtliches Bedencken CXXIII.

Uiber die Frage: Ob sich geistliche Personen, wegen ihrer Gelübde, in den Ehestand begeben mögen oder nicht?

Obschon vor dieser Zeit viel gründlicher stattlicher Bedencken von dieser Frage gestellet und ausgegangen sind: Und durch die Gnade GOttes, der Anti-Christ, welcher, wie der Prophet Daniel im 11 Capitel ihn beschreibet, weder ehelichen Frauen-Liebe, noch einigen GOttes achtet, ziemlich bekannt ist worden: Jedoch siehet man leider! wie viel Leute unangesehen, daß sie theuer erkauft, und deswegen in diesen Gewissens-Sachen nicht der Menschen Knechte seyn sollten, sich zum Theil unter des Pabsts Joch drucken und aufhalten lassen: Zum Theil in den schändlichen verderblichen Lüsten des Fleisches und unzüchtigem Leben so erfofsen sind, daß sie den Ehe-stand, der ein heiliger von GOtt im Paradies oder Lust-Garten gestiffteter Orden ist, melden, und von ihrem unordentlichen Leben nicht abstehen dürffen. Und dieweil aber etliche vielleicht schwache Leute, aus Mangel eines guten Berichts, die Christliche Freyheit in diesem Fall, und daß solches den genannten Geistlichen erlaubet sey, nicht verstehen: Ist dieser kurtze, klare und im Worte GOttes gegründete Bericht also begriffen worden, damit iedermänniglich sehen und urtheilen möge, daß der Ehestand an gewisse Personen nicht gebunden, und allen, so darzu von GOtt beruffen und tüchtig sind, erlaubet, und solches mit gewissen Bedingungen, die im Anfang dieses Berichts gesetzet, damit solches Christlichen Bedenckens nicht gemißbrauchet, sondern es zu dem gemeynten heiligen Zweck gerichtet werde.

Also soll auf diese Frage! Ob nemlich geistliche Personen, wegen ihrer Gelübde, sich in den Ehestand begeben mögen, die erste Bedingung seyn, daß man solche geistliche Personen meynet, die nicht durch Fürwitz und Leichtfertigkeit, sondern durch einen Christlichen Fürsatz, nach GOttes Ordnung ehelich und Christlich zu leben bedacht sind. Denn wollten sie diesen Stand nicht in Ehren halten, sondern durch ein unzüchtig Leben demselben einen Schandfleck anthun, es wäre besser, sie blieben in ihrem alten Wesen und Wust, denn daß sie diesen heiligen Stand verunreinigten.

Darnach und zum andern ist diese Frage von denen allein, so die Gabe von GOtt nicht haben, in keuscher Jungfrauschaft zu verharren und gnugsame Ursache finden, darum sie sich mögen und sollen allein bleiben. Denn sonst bekannt und unwidersprechlich, daß die Jungfrauschaft, wie St. Paulus 1 Cor. VII. zeiget, eine edle, hohe, besondere Gabe GOttes des HErrn ist. Dieweil aber solche nicht einem ieden wiederfähret, und sonderlich bey grossem Wohlleben und Uiberfluß schwer zu erhalten, da eine geistliche Person fühlet, sie habe solche Gabe nicht, und, nach Anruffung göttliches Namens, Hülffe und Beystands sich zum Cölibat untüchtig erkennet, begehret nach GOttes Ordnung ehelich zu werden, daß ja solches keinesweges zu straffen, sondern vielmehr zu loben sey, ist durch folgende Gründe und Ursachen beweislich:

Erstlich ist es ein grosser Irrthum den Ehestand an gewisse Personen binden, da doch dieser Spruch des allmächtigen GOttes: Es ist nicht gut, daß der Mensch alleine sey; ein gemeiner Spruch ist, der die Geistlichen und Layen trifft. Wie auch der Apostel Paulus diese gemeine Artzeney, ohne Unterschied der Layen oder Geistlichen fürschreibet, 1 Cor. VII. Unzucht zu vermeiden, habe ein ieglicher sein eigen Weib: Item, Es ist besser freyen, denn Brunst leiden. Und 1 Tim. IV nennet er solches Teuffels-Lehre, da man dem Gewissen ein Strick aufleget, und verbeut ehelich zu werden.

Zum

Zum andern ist es ein Irrthum, da man dafür gehalten hat, daß der Ehestand ein unsauberer unreiner Stand wäre. Denn es eine Göttliche Ordnung und Einsetzung ist, wie die im ersten Buch Mosis im andern Capittel stehet, und von dem Herrn Christo Matth. 19 wiederholet wird. Und soll, spricht der Apostel Hebr. 13, ehrlich gehalten werden bey allen. Kan deswegen von den Menschen nicht verboten werden, sondern soll in Christlicher Freyheit von iedem, der dazu beruffen und tüchtig ist, gebraucht werden.

Zum dritten, haben wir im Alten und Neuen Testament Exempel, wie die Kirchen-Diener, auch die stets auf Gottes Tabernackel gewartet und geopffert haben, als Aaron und seine Nachkommen; Item im Neuen Testament, St. Peter, St. Paulus, wie Clemens und Ignatius zeugen, und solches Eusebius in der Kirchen-Historie meldet, und andere ehelich gelebet haben. Und das mehr ist, vermahnet St. Paulus die Bischöffe und Pfarr-Herrn, daß sie ihre Ehe-Weiber haben, und gottesfürchtige und wohlgezogene Kinder, 1 Tim. 3 und Tit. 1. Wie auch die Canones, so man nennet Apostolorum, und im grossen Ansehen sind im Pabstthum, unter andern setzen, der sey verflucht, der sich unterstehen wird zu lehren, daß ein Priester sein Ehe-Weib nicht achten soll. In dem grossen Concilio zu Nicea, zu den Zeiten Constantini Magni, nach Christi Geburt 320 Jahr, war wohl von etlichen auf die Bahn gebracht, ob es nicht rathsam wäre den Kirchen-Dienern die Ehe zu verbieten, ward aber verabschiedet, es solte in eines ieden freyer Wahl stehen. Und hat sonderlich dieses die Patres sehr beweget, was Paphnutius erinnert, wie die Keuschheit eben so wohl in der unbefleckten Ehe wäre, als in der Jungfrauschafft. In dem Gangrenensi Concilio werden die verflucht, die da meynen, daß das Opffer eines Priesters, der ehelich lebet, nicht so gut sey, als eines Ledigen. Cyprianus der alte Märtyrer schreibet also de sacris virginibus: Wollen sie oder können sie in der Jungfrauschafft nicht bleiben, so freyen sie. Item Hieronymus ad Demetriadem scripsit: Da nun das Wort Gottes etwas zuläst, die Exempel des des alten und Neuen Testaments, und der rechten uralten Kirchen vorhanden sind, wer hat dem Siricio, Pelagio und dergleichen Päbsten die Gewalt gegeben, daß sie dem Gewissen einen Strick anlegen, und die Geistlichen von dem Ehestand ausschliessen? Da es sonderlich nicht ietzt die Meynung hat, wie etwa tempore Patrum & persecutionum, propter paupertatem Ecclesiæ; und wie St. Paulus 1 Cor. 7 v. 26 redet, um der gegenwärtigen Noth willen, da die arme Christen keine bleibende Stat hätten, daß die Kirchen-Diener, damit die Kirchen nicht so sehr beschweret wären, sich des Ehe-Stands enthalten haben; Wie auch heute apud fratres in Moravia geschicht.

Sonsten haben die Kirchen und Kirchen-Diener lange ihre Freyheit behalten, sonderlich in den Kirchen Teutscher Landen, bis daß Hildebrand der Münch Pabst, und Gregorius VII genennet ward. Der ward durch seine Botschafft an dem Bischoff zu Mayntz, ob er vielleicht das Verbieten der Ehe bey der Priesterschafft erlangen möchte; Ja er ge-

bot ihnen bey Verlierung ihrer Aemter, ihre Ehe-Weiber von ihnen zu thun. Aber als hierum zu Erffurt im October oder Wein-Monat ein grosser Synodus ward, wolten die Priester der Anmuthung keine stat geben: Sagten, der Pabst handelte solches aus ketzerischem Geist; wolte der Hurerey und aller Unreinigkeit Thüren auffthun. Sanct Paulus hätte geredt: Besser ists zur Ehe greiffen, denn Brunst leiden. Darum wolten sie nach dem Wort des Herrn ihre Ehe-Weiber behalten, und das Amt eher, denn die heilige Ehe verlassen. Sie wolten auch gerne sehen, ob man die Kirchen mit Engeln und nicht mit Menschen versehen könte. Und in Summa, so trefflich handleten die frommen Leute an der Wahrheit, daß auch der Bischoff von Mayntz in grosser Gefahr stunde, und wenig gefehlet, er wäre aus dem Stuhl von ihnen gerissen, und zu Tode geschlagen. Diß ist geschehen An. 1075 und wird gelesen in der Chronick Lamberti von Schaffnaburg, der zu denselbigen Zeiten ein Münch Benedictiner Ordens zu Hirschfelden gewesen. Zu gemeldter Zeit haben sie mit ihrer Tapfferkeit dem Pabst sein unbillig Fürnehmen gebrochen. Hernach aber, als sie mit der Zeit an Tapfferkeit abgenommen, und die Päbstischen mit ihren Listen und Practiqven nicht nachgelassen haben, ist es dahin gekommen, daß alle, die man geweihet und geordnet hat zu Dienern der Kirchen, Keuschheit haben geloben müssen. Doch ist dennoch das Wörtlein hinzu gethan: Quantum permittit humana fragilitas, so viel mit menschlicher Blödigkeit halber möglich ist. Da kan ein ieder Verständiger die Rechnung machen, haben nun alle die Pfarr-Herren und Priester, welche vor den letzten 400 Jahren auf die tausend Jahr vorhin gewesen, ehelich gelebet, und ist ihnen nicht Sünde gewesen, warlich, so ist es nicht erst in 400 Jahren, von des Pabsts Verbieten wegen, Sünde worden.

Und eben die, so heutiges Tages die Canones wider der Priester Ehe anziehen und rühmen, zutreten etliche Canones selbst muthwillig. Denn stehet nicht Distinct. 23 Canon. Præter, daß kein Hurer solle Messe halten? Siehe, wie halten sie das? Stehet nicht Distinct. 28 Cap. Si quis docuerit: Welcher vermeynet und hält, daß der Priester nicht mehr geschickt sey zum Göttlichen Amt, darum daß er ein Ehe-Weib hat, der sey verbannet. Jetzund haben sie solches umgekehret, daß sie nemlich die verbannen, die Ehe-Weiber haben, und Göttlichen Aemtern fürgesetzt sind. Dist. eadem, spricht der Pabst Martinus, daß das Band des Ehestandes so ein kräfftig Ding sey, daß die armen Priester nicht geschieden werden kan, ob gleich das Gelübd verbrochen würde. Platina in vita Pii II schreibt, daß derselbige Pabst Pius gesagt hat: Er sehe gar viel Ursachen, warum man den Priestern die Weiber abgestrickt habe: Er sehe aber grössere Ursachen, warum man ihnen ihre Weiber soll folgen lassen.

Da nun obgesetzte Gründe wohl gemercket werden, fallen alle Einreden des Gegentheils, wie denn diese die fürnehmste ist, daß obschon etwan zur Zeit der Apostel oder sonst der Ehe-Stand erlaubt worden; So können doch die heutigen Bischöffe oder

Priester solches nicht thun, dieweil sie gelobet haben, ohne Weiber zu seyn. Antwort: Erstlich kan man nicht angeloben und binden solche Gelübde nicht, so wider das Wort Gottes sind: Wie denn solches wider sein Wort, gewisse Personen, von wegen des Kirchen-Diensts, von Ehe-Stand ausschliessen. Die Gelübde binden auch nicht, die wider die erste rechte Gelübde sind, die wir in der Taufe gethan, daß wir dem Teufel, und allen seinen Wercken absagen wollen, wie unter andern Hurerey und Unkeuschheit ein Werck des Teuffels ist: Welches erhalten wird, da man nicht die von Gott verordnete Artzney, nemlich den Ehestand braucht. Item, solche Gelübd im Pabstthum, wie oben angehöret, fiunt conditionaliter, quantum patitur infirmitas humana, das ist, so viel es menschliche Schwachheit leidet. Zum dritten, sind es thörichte Gelübde, nemlich von denen Dingen, die nicht in unserer Gewalt stehen: Wie denn die Jungfrauschafft, und sich selbst um des Himmelreichs Christi willen verschneiden, nicht einem ieden gegeben, wie Christus selber zeuget, Matth. 19. Und ist auch donum sæpe temporale, das eine gewisse Zeit währet. Daruum St. Paulus 1 Cor. 7 bezeuget, er wolle keinem in dem Fall einen Strick auflegen. Ferners kan man antworten, daß diejenigen, so Hurerey zu vermeiden, sich in den Ehestand begeben, erst ihre Gelübde recht halten. Denn so sie Votum castitatis, das ist, eine Gelübde der Keuschheit gethan, mit was Antlitz, Glimpff und Fug kan man ein unzüchtiges Hertz, ein Huren-Leben, eher eine castitatem nennen, als ein eheliches Leben, welches Gott geordnet und ihm gefallen läst: Was will man Hurerey und offene Schande und Schmach, die stracks wider Gott und alle Erbarkeit streiten, unter dem thörigten Titel des Gelübds schirmen: Sie schreyen viel, die Reinigkeit sey heilig, und sie sind aber wüster denn wüste. Zu dem, Mœchatio ist non solum tactu & concubitu sed affectu & aspectu, das ist, Hurerey wird nicht allein mit Anrühren oder Beyschlaffen, sondern auch mit unzüchtigen Gedancken und Anschauen begangen: Matth. 5. Item August. in Lib. de Christiana fide: Et Gregorius in Canone, qui videtur 32 q. 5. Das ist aber die einige Hinderniß, der Pabst will allein regieren. Wenn er allerley Schande, ja öffentliche Blutschanden erlaubt, darff niemand darwider mucksen. Da ers aber nicht erlaubt, und sich einer bey ihm nicht löset, muß alles Todt-Sünde seyn, wenn schon die heilige Schrifft, die alte Concilia, ja Gott selber etwas erlaubten. Arme Leute aber und recht doppelte Sclaven sind es, die ihm seine Tyranney helffen erhalten, und auf sein Gebot und Verbot etwas geben: Und der Freyheit der Kinder Gottes nicht gebrauchen. Denn es hilfft weder Pabst noch Kayser, weder Stifft noch Kloster, weder Geld noch Gut, wenn das Gewissen verwundet ist, und ein Mensch fühlet, daß er nicht wandelt in einem Gott wohlgefälligen Beruff. Hergegen ist Armuth, Elend, alles leicht zu tragen, wenn das Gewissen zufrieden und versichert, daß es mit Gott wohl stehe, und wandele nach seiner Ordnung und Wohlgefallen.

* Dieses Bedencken führte der Churfürst Gebhard zu Cöln, als er sich mit der Gräfin Agnes von Mansfeld vermählt, zu seinem Behuf an, An. 1583.

CONSILIUM CXXIV.

Ob die Eltern denen Kindern, so heyrathen wollen, ihren Consens ohne rechtmäßige Ursache verweigern können?

An Parentes liberis, nubere volentibus, consensum sine justa causa denegare possint.

Species Facti.

Harpages, ein Vater vieler und guten theils manbarer Töchter, im Lande M. hätte schon längst gerne einige derselben bonis conditionibus heyrathen gesehen, weil er aber einen gerne von Adel zum Eidam gehabt, ob er gleich selbst kein Edelmann ist, amplam dotem aber aus seinen Mitteln wegfliessen zu lassen, sich nicht erklären mochte, hat, inter moras die älteste Tochter schier das 23 Jahr ihres Alters erreichet, wie einer ihrer Anverwandten C. nachdeme er bey einem fürnehmen Reichs-Grafen einige honorabiles Charäcteres und emplois erlanget, von seiner Mutter, des Harpages Vatern Schwester Tochter, bedeutet worden, daß eine Mariage zwischen ihm und des Harpages ältesten Tochter ihr nicht unangenehm seyn würde, verhoffend durch solch Mittel das Band der Freundschafft zu verdoppeln, weil sie ausser Zweiffel gesetzt, daß sothane Alliance in des Harpages Hause ambabus würde amplectirt werden. C. occasione schon zuvor des Orts gehabter Familiarität, appliciret sich mehr denn zuvor, mit der C. währender Absentz Correspondentz zu pflegen und selbe per literas zu continuiren, zwar keines weges anders als in terminis honestis und wie die Anverwandtschafft mit sich bringet, ohne einzige mutuelle Verbindlichkeit, nur daß etwan von vorgedachter des C. Mutter Intention und Gedancken Communication dürffte gegeben seyn. Nach Verlauff eines Jahres obligirt mehr gedachter C. seiner Mutter Schwester, eine honorable Witwe, von seinem Vorhaben dem Harpages Proposition zu thun, sein und seiner Frauen Propension zu sondiren, welche aber beyderseits, wider Vermuthen gantz abgeneigt sich stellen. Nichts desto weniger lässet er durch einen gelehrten Mann aus der Freundschafft C. die Anwerbung in Forma thun, mittelst Uiberreichung seines Hand-Schreibens; Harpages nimmt nicht allein die Proposition gar kaltsinnig an, sondern beantwortet sie auch mit einem püren Refus, mit Anhang, daß er das Schreiben C. unerbrochen wieder zurück gehen lassen würde; Inmittelst die Tochter von der Inclination gegen C. zu divertiren, wenden Vater und Mutter allen Fleiß an, ob sie gleich zu einer bessern Fortuna keine Aparence zu geben wissen, angesehen C. eines Christlichen und recht redlichen Gemüths, mit dem Harpages gleicher Extraction, u. mit einem solchen Ehrenstand versehen, daß er demselben ausser Schwieger-väterlichem Respect, den Rang mit Fundament disputiren mag, seines Salarii und anderer Einkünffte zu geschweigen, wovon seinem Stande nach eine Frau modica dote providirt, noch wohl gebührend unterhalten werden könte. Dessen allen ohngeachtet ist Harpages von seiner unvernünfftigen Widersetzlichkeit so wenig zu dimoviren, daß er auch dem Vorhaben zu

renun-

renunciren, seine Tochter unterschiedlich mit Schlägen obligiren wollen, wie die Svite der Affaire und der Ausgang erwiesen hat; nur zu dem Ende, damit sie durch so irraisonable Renitentz desto mehr animiret und gereitzet, auch des ruden Tractaments überdrüßig, zu desperaten Mitteln greiffen, und ihm Prätext und Anlaß geben möchte, dem debito der Aussteuer und Dotirung sich zu entziehen, Wie dann unterschiedlich man sich vernehmen lassen, die Tochter möchte zwar, wenn sie nicht abstehen wolte, ihren Willen haben, ihr bestes erwehlen, sich entführen lassen, und thun, was sie wolte; Allein sie, die Eltern, würden zu ihrem Propos nimmer einwilligen, L. ergreifft hierauff gleichsam ein Consilium, und wie sie erfähret, daß C. seiner Geschäffte halber in H. sich auffhält, nimmt sie ein Tempo aus ihres Vaters Haus nach gedachtem H. zu gehen. C. nach ihrer Ankunfft reiset von ihr in patriam, gerades Weges ad locum judicii, der Intention, den Harpages gerichtlich citiren zu lassen, ad videndum, wie daß, nach cognoscirter Sache, die hohe Obrigkeit ihre Autorität interponiren und den mit Unfug denegirenden Väterlichen Consens suppliren werde; Wird aber des Orts von seinen nächsten Bluts-Freunden dissuadiret aus Ursach, weil der Vater zu mehrer Erbitterung dadurch mögte gebracht werden, mit Promessen, Mittel zu erfinden, wodurch der Harpages besänfftiget, und in die Heyrath zu consentiren extrajudicialiter bewogen werden möchte. Und wie er in so guter Hoffnung nacher H. zu seiner L. zurück kehret, die inzwischen an ihre Frau Mutter ihr dortiges Sojour, nebst den Ursachen ihrer Absentirung notificiret hatte, ohne daß man sie zu revociren bemühet gewesen, reiset sie, als eine verlassene Person, mit C. an den Ort seiner Wohnung, woselbst er sie mit Alimentis und aller Nothwendigkeit eine Zeitlang versorget, bis er zu Vermeidung alles scandali durch priesterliche Hand mit ihr sich copuliren lässet. Wie aber immittelst Harpages bey dem Verlauff acqviesciret und sich gratuliret, eine Tochter ohne Braut-Schatz, gleich wie er längst gewünschet, losgeworden zu seyn, mit contestation ihr keinmal nur einen Thl. zukehren zu wollen, obgleich auf andere Gedancken zu bringen so wohl Geist-als Weltliche bemühet gewest, als wird gefraget:

Ob nicht die nuptias zu ratificiren, und bis er nach Proportion seines Vermögens, dotem seiner Töchter constituiret, deroselben Alimenta ihrem Stande nach zu prästiren, der Harpages Rechts wegen anzuhalten sey?

Responsum.

Als uns Decano, Seniori &c. vorhergehende Facti Species zugesandt und auf die daraus gezogene Frage, so aus zween Membris bestehet, unsere in Rechten gegründete Meynung, cum rationibus zu ertheilen begehret worden, erkennen darauf, und zwar anfänglich auf das erste Membrum dieser Frage, welches also lautet: Ob, der Harpages Rechts wegen anzuhalten sey, die nuptias, so C. mit der L. gehalten, zu ratificiren rc. vor Recht.

Rationes dubitandi.

Obwohl 1) das Recht der Natur von denen Kindern erfodert, daß, wenn sie sich verheyrathen wollen, sie der Eltern Consens und Bewilligung vorhero einholen, und ohne selbigen sich weder verloben noch verehlichen; Welchem nicht minder 2) das gemeine Recht beytritt, indem es geboten, daß die Kinder ohne des Vaters, in dessen Gewalt sie stehen, Bewilligung nicht heyrathen sollen, per pr. Instit. de nupt. & § 12 eod. Und heutiges Tages sowohl 3) der Mutter, von welcher man gebohren ist, und der man nach Anweisung des vierten Gebots nicht minder alle kindliche Liebe und Ehre, als dem Vater zu erzeigen schuldig, Consens und Einwilligung bey einer zu Recht beständigen Verlobung der Kinder erfodert wird, als des Vaters; Hoppius ad pr. Instit. de nupt. Carpzov. Jprd. Consist. lib. 2 d. 44. Über das erhellet aus der uns zugefertigten Facti specie, daß L. 4) ohne ihrer Eltern Vorbewust, nachdem sie gewisse Nachricht bekommen, gestalt C. seiner Geschäfte halber in H. sich auffhielte. aus ihres Vaters Haus hinweg nach H. sich begeben, und endlich mit C. an den Ort seiner Wohnung gereiset, allwo er sie eine Zeitlang versorget, bis er, zur Vermeidung aller Aergerniße, sich dieselbe durch priesterliche Hand hat trauen und copuliren lassen. Wie nun dieses alles ohne Elterlichen Consens geschehen; So will 6) solches einer straffbaren Entführung ähnlicher, als einer rechtmäßigen Verheyrathung scheinen. Nicht zu gedencken, daß 7) vor eine erhebliche Ursach gehalten werde, denen Kindern, so der Eltern Einwilligung unerwartet sich pure verlobet, oder gar verheyrathet, den Consens und Ratification zu verweigern. Carpzov. Jurispr. Consist. lib. 2 d. 57. Solchem allen nach will es fast das starcke Ansehen gewinnen, gestalt Harpages Rechts wegen nicht anzuhalten, die qvästionirten nuptias zu ratificiren.

Rationes decidendi.

Demnach aber und dieweil 1) im gegenwärtigen Fall eine Gleichheit der Personen verhanden, die einander mit Freundschafft verwandt sind: Und 2) C. ordentlicher Weise bey dem Harpages um seine älteste Fräulein Tochter schrifftlich angehalten, wie die Beylage bezeuget: Auch 3) dabey gemeldet, daß er in solcher Station lebete, in welcher er eine Frau wohl unterhalten könte; Nicht minder 4) die Eltern nach denen Rechten verbunden sind, dahin zu sehen, daß ihre mannbare Töchter Gelegenheit zu freyen erlangen mögen, arg. l. 19 ff. de Rit. nupt. So ist ihnen nicht vergönnet, ohne rechtmäßige Ursachen denen Kindern, so in den Stand der Heil. Ehe zu treten gewillet, ihren Consens zu verweigern obgleich der Vater solche in väterlicher Gewalt hat. Patria enim potestas in pietate, non atrocitate consistere debet. l. 5 ff. ad leg. Pomp. de Parric. Allermassen 6) auf solche Art der Vater seiner Gewalt mißbrauchet, einfolglich 7) selbiger billig verlustig gehet, und mit Luthero vielmehr ein Feind und Verderber seiner Kinder, als Vater geachtet wird. vid. Carpzov. lib. 2 Jprud. consift. def. 53 n. 10. Tragica enim sæpe inde oriuntur exempla, quod parentes ex mera protervia fastu & superbia ac avaritia consensum liberis denegant. Brunnem. jus eccles. lib. 2 cap. 16 § 5.

Wenn

Wenn nun 9) Eltern solten gefunden werden, so steiff und fest dabey ohne Ursache verharreten, daß sie in die Heyrath ihrer Kinder ohne wichtige raison nicht willigen wollen, so tritt die geistliche Obrigkeit, oder das Consistorium zu, und ersetzet den Mangel des Elterlichen Consenses; *Magistratus enim est communis Pater, l. 4 Cod. de defens. civit.*

Dann gleichwie 10) eine iede Obrigkeit über die Vormünder, so ihrem Gerichts-Zwang unterworffen, die Auffsicht hat, und deswegen Obervormund benamset wird; Also verhält es sich auch 11) mit denen Eltern, welche, wenn sie die ihnen obliegende Pflicht nicht gebührend beobachten, von ihrer Obrigkeit dazu angehalten werden können. Dieweil aber 12) die *causae matrimoniales, si de ipso vinculo agatur,* zum geistlichen Gericht gehören; So ist auch billig, daß 13) von selbigen auf begebenden Fall der *defectus consensus paterni* suppliret werde. Dannenhero schliessen wir aus obbeducirten trifftigen Rechts-Gründen, daß bey so gestalten Sachen und Umständen Harpages die *nuptias quaest.* zu ratificiren gezieme, oder in dessen Entstehung, auf vorhergehendes Ansuchen, das Consistorium hierinne seine Stelle zu ersetzen und zu vertreten, und die ratification ergehen zu lassen, oder diese *nuptias pro legitimis* zu declariren und zu erklären schuldig.

Rationes refutandi.

Obige *rationes dubitandi* betreffend, werden solche folgender gestalt abgefertiget. Die 1, 2 und 3 *rat. dubit.* begreifft in sich eine Regel, welche allhier einen mercklichen Abfall leidet, wie aus denen beygebrachten *rat. decid.* gar leicht abzunehmen stehet. Die 4, 5 und 6 *rat. dubit.* wird dadurch gehoben, daß E. ordentlich um die L. angehalten, die Eltern ihrer Tochter Ludovicae Anlaß gegeben, wegzugehen, 4) C. Ludovicam nicht abgeholet, sondern sie freywillig nach H. gekommen, allwo sich damahls C. seiner Geschäffte halber aufgehalten, 5) C. L. von H. nach dem Ort seiner Wohnung nicht dolose geführet, sondern, weil sie nicht wieder zu ihren Eltern kehren dürffen, sie mit sich genommen, ehrlich unterhalten und endlich sich antrauen lassen. Dann, weil 6) diejenige Eltern, so ohne erhebliche Ursach denen Kindern ihren Consens sich zu verheyrathen verweigern, *pro tacite consentientibus* gehalten werden. *arg. l. 37 ff. solut. matr.* Carpz. Jurisprud. Consistor. *lib. 21 d. 53 n. 13.*

Hat 7) C. die Vollziehung der Ehe mit der L. vorkommenden Umständen nach wohl bewerckstelligen können; Und ist 8) keinesweges dieses eine Entführung zu nennen. Die 7 *rat. dubit.* kan der Ursachen halber nicht anschlagen, daß C. bey dem Vater Harpages um die Tochter gebührend angehalten, er aber ohne Ursach darein nicht willigen wollen.

Folget nunmehro das andere *membrum* dieser Frage: Ob Harpages Rechtswegen anzuhalten sey, seiner Tochter *alimenta* ihrem Stande nach zu prästiren, bis er nach Proportion seines Vermögens derselben *dotem* constituiret?

Rationes decidendi.

Ob es wohl scheinen möchte, daß dieses der Ursachen halber negative zu erörtern sey, weil L. wider

des Vaters Willen sich an C. verheyrathet: So legen doch die bey dem ersten *membro* bereits deducirten Rechts-Gründe zu hellem Tage, gestalt ohne erhebliche Ursache Harpages in diese Ehe nicht habe consentiren wollen, und also in *effectu* sein *illegitimus dissensus pro tacito consensu* zu achten. Solchemnach folget ferner unwidertreiblich, daß Harpages schuldig sey, seine Tochter C. nach Anweisung des *legis 60 ff. de jure dot.* auszusteuern. Und weil nicht nur allein *loco alimentorum* die Aussteuerung und der Brautschatz bestellet wird, sondern auch auf diesen Endzweck abzielet, *ut filia meliorem nubendi conditionem inveniat;* So gehet unsere zu Rechte beständige Meynung dahin, daß Harpages vorkommenden Umständen nach einen *congruam dotem* seiner Tochter constituiren müsse, welcher nach seinem Vermögen, Ehren, Amt und Anzahl der Kinder, item nach des Eydams Qualität und des Orts, allwo jener wohnet, Gewohnheit und hergebrachtem *observance* einzurichten. *vid. Brunnem. ad l. alleg. 60,* Carpz. *p. 2 const. 46 d. 18 num. 6,* Martini *tit. 43 § 1 n. 7 ad ord. judic. Sax.*

Und weil solches nicht zu der Zeit, da die Hochzeit durch priesterliche Copulation vollenzogen, bewerckstelliget, als ist Harpages auch in denen Rechten gehalten, von der Zeit an Landübliche Zinsen auf solchen *dotem* abzuführen. Solte er nun hierzu in Güte sich nicht verstehen wollen, ist er durch zulängliche Mittel hierzu obrigkeitlich anzuhalten, wenn darum beym Richter gebührende Ansuchung geschicht. V. R. W.

Giessenses.

CONSILIUM CXXV.

1) Ob die gegenwärtigen Ehegelöbnisse vor eine Ehe zu achten, obgleich keine fleischliche Vermischung erfolget, indem der Consens der Verlobten für das wesentliche Stück der Ehe zu halten?

2) Ob der Vater, krafft väterlicher Gewalt die Ehegelöbnisse, wegen darzwischen kommender Feindschafft, hintertreiben könne?

Species facti.

Im Jahr 1723 ist Titii Ehefrau verstorben, und nach einiger Zeit Titio eine von des Sempronii Töchtern zu heyrathen vorgeschlagen worden, wie denn Sempronius selbsten, Titio Gelegenheit, sie zu sehen, und mit ihr zu reden, an die Hand gegeben, dabey sie aber Titio zu jung, und daß sie dahero seiner weitläufftigen Haushaltung nicht würde vorstehen können, bedüncket, und er also ein noch eine Zeit anzusehen sich resolviret: wobey es auch eine Zeitlang verblieben, bis ein Bürger von Lycopolis Heinrich Singtubbe, so des Sempronii guter Freund, sich zu Friedstat bey Titio ein-Gewerb gemacht, und die Jungfer Maevia ihm auffs neue vorgeschlagen, mit Betheuern, als ob habe sie sich dermassen geändert, daß sie gleichsam ein Mensch geworden: Worauf

Worauf und als Titius sich herausgelassen, daß wenn sich solches im Wahrheits-Grunde also verhielte, weiter davon zu reden stünde, Sempronius nicht allein Serenissimi A. V. Fürstl. Durchl. gnädigste Gedancken darüber eingeholt, die dazu gerathen, sondern auch des regierenden Landes-Fürsten, und Herrn R. A. gnädigsten Consens, wenn es ihr Vater und Mutter befehlen würden, wiewohl alles ohne Titii Vorbewust gesucht, und also an diesem Orte eine unvermuthete Resolution erfolget, der Heinrich Singtubben an Titium abgefertigt, daß dieser selbst den Consens bey Serenissimi Celsissimi Fürstl. Durchl. auswircken möcht, welches aber Titius zu thun sich geweigert, und also diese Handlung zum andernmal unterbrochen worden; Es hat aber mehr gemeldter Singtubbe sich nach ohngefähr 12 Tagen bey Titio wieder eingefunden, und ob er annoch frey, und mit keiner andern Person sich einlassen, erkundigen wollen, sondern fürgewendet, daß er der Leute Unbeständigkeit, und Wanckelmuth mehr denn zuviel empfunden, ihm mit betheuerlichen Worten versichert, daß auf Sempronii und dessen Ehefrauen Bitten zu ihm kommen, welche dieses Ehe-Werck fest zu setzen resolvirt, ja es solte Titius den Singtubben für einen Schelm an die Wand mahlen lassen, und ihn Zeit seines Lebens dafür halten, wenn nicht Sempronius und dessen Ehe-Liebste begehrt hätten, das Werck von neuem zu unterbauen, und es zur Vollkommenheit befördern zu helffen. Wodurch Titius endlich bewogen worden, nebst einem Beystand Cajo nacher Leucopolis zu reisen, allwo sie beyde von Sempronio zur Abend-Mahlzeit eingeladen, und nach derselben Titio mit der Mevia allein zu reden Gelegenheit gegeben worden, da denn Titius der Meviæ seine ehliche Intention eröffnet, und ob ihr seine Person und Gelegenheit anständig befraget, welche zur Antwort gegeben daß ihr seine Person gar wohl gefiele, und es an ihrem Consens, wenn es ihr Vater und Mutter befehlen würden, nicht ermangeln solte, worauf Titius Sempronium um die Tochter begrüsset, und zur Resolution erhalten, wenn er auch bey der Mutter sich anfinden, und seine Werbung wiederholen würde, wolte Sempronius in die Ehe consentirt, und dem Titio seine Tochter versprochen haben, wobey es diesen Abend verblieben; Des andern Tages aber, wie Titius und dessen Beystand Cajus wieder zur Mittags-Mahlzeit vom Sempronio invitirt, und als sie sich eingestellet, auf ein besonder Gemach geführet worden, hat Titius nochmahls bey der Meviæ Mutter vor der Mahlzeit, seine Werbung wiederholet, und von derselben, gleichwie vom Sempronio geschehen, eine gewierige Antwort erhalten, worauf Sempronius und dessen Ehefrau die Tochter zu sich kommen lassen, derselben in Titii und Caji Gegenwart Titii Anbringen breiter Länge nach erzehlet, und ob ihr Titius anständig, sie denselben heyrathen, und durch Priesterliche Copulation an ihr trauen lassen, und vor ihren Liebsten und Ehemann halten, annehmen und ehren wolle, sie befraget.

Wie nun Mevia diese ihr fürgehaltene Frage mit einem Ja-Wort und Handschlag bekräfftiget, sind des Sempronii Schwieger-Söhne beruffen und ihnen die geschlossene Ehe wissend gemacht worden, die dann nebst Cajo dem Bräutigam, der Braut

Jurist. Oracul V Band.

und denen Eltern Glück gewünschet, welche Glücks-Wünschung allerseits angenommen worden, darauf Titius und Mevia zur Tafel geführet worden, und durch Gesundheits-Trincken, auch andere Bezeigungen, als verlobte Personen tractiret worden, nach mehrerm Inhalt eures uns zugeschickten Berichts und der Beylagen.

Rationes 1) dubitandi.

Wenn nun gleich nach alten beschriebenen Kayserlichen Rechten von geschehenen Verlöbnissen iedes Theil nach Belieben zurück treten mag, L. 1 C. de sponsalib. verbis: alii desponsatæ renunciare conditioni, & nubere alii non prohibentur. Mit welchen das Canonische Recht zum Theil übereinstimmet, und die eigenthätige Trennung der Ehe-Gelöbnissen zulässet, wenn beyde Theile darein willigen, Cap. Præterea 2 X. de sponsalibus & matrimoniis ibi: Si se ad invicem admittere noluerint, ne forte deterius inde contingat, ut talem scilicet ducat, quam odio habet: videtur quod ad instar eorum, qui societatem interpositione fidei contrahunt & postea eandem sibi remittunt, hoc possit in patientia tolerari. Et est hæc communis opinio canonistarum, uti dicunt Panormit. & Felin. ad d. C, Præterea.

2) Decidendi.

Dennoch aber und dieweil die Evangelischen Consistoria von solcher Meynung abtreten, testibus Joachim a Beust de sponsal. pa. 2 cap. 58, Pet. Heig. p. 2 Quæst. 16 n. 4 & seqq. Benedict. Carpzov. Jurispr. Eccles. Lib. 2 tit. 10 def. 171 n. 5 seqq. vid. Bedencken der verordneten Commissarien des Wittenbergischen Consistorii de 15 Aug. 1665, D. Pauli Eberi, D. Georgi Majoris, D. Pauli Cœlii in consiliis Theologicis Witteberg. p. 4 p. m. 60. Addatur Responsum Facult. Theolog. Witteberg. Ob die Ehe-Verbindung, welche mit Consens der Contrahenten und beyderseits Eltern, in Anwesenheit anderer Freunde geschehen, wegen entstandenen Unwillens könne legitime dissolviret werden, ibid. p. m. 37.

Indem sie mit gutem Grund davor halten, daß die unbedungene Ehe-Verlöbnisse ein wahrer Ehestand seyn, Balth. Menzerus in Disput. super Quæst. Num sponsis ante solennem in Ecclesia copulationem & benedictionem concumbentibus publica pœnitentia juste imponatur? habita Giss. Mens. Mart. anno 1624. Weil zu dem Wesen des Ehestandes legitimus consensus der zusammen tretenden Theile genug ist, Wesembec. Paratit. ad tit. ff. de sponsalib. n. 6. Etiam de jure Civili Bernh. Sutholt Dissert. 2 aph. 9, Struv. Syntagm. Jurisprud. Exerc. 29 aph. 10, welches auch der ersten Einsetzung des Ehestandes gemäß ist; Gen. 2 vers. 18 it. vers. 24, 25. Wie denn die fleischliche Vermischung nicht zum Wesen und Vollkommenheit des Ehestandes gehöret, sondern nur daraus folget juxta Regulam: Nuptias non concubitus, sed consensus facit, L. Nuptias 30 ff. de Reg. Jur. & Cau. cum initiatur XXVII q. 2 ibi: cum initiatur conjugium, tunc conjugii nomen adsciscitur. Non enim defloratio virginitatis facit conjugium, sed pactio conjugalis.

Hhhhh Deni-

Denique cum jungatur puella, conjugium est, non cum viri admistione cognoscitur. Add. c. Conjuges caus. ead. quæst. ead. Carpzov. Lib. 5 Resp. 108 n. 10 it. 17 & 18. Ingleichen die Priesterliche Einsegnung nur durch die Kirchen-Gesetze eingeführet, und der Ehestand auch ohne dasselbe vollkommen ist, Henriquez Summa Theol. Moral. Lib. 2 c. 5 & c. 16, Hahn. ad Wesembec. tit. de Rit. nupt. num. 5.

Dahero die Canones selbst dergleichen unbedungene Ehe-Versprechungen, von ihnen Sponsalia de præsenti genannt, für ein Matrimonium halten, C. penult. & antepenult. X. de sponsalib. Heinr. Zoes. ad ill. tit. n. 51, und nun in gegenwärtigem Fall Mevia, als sie gefraget worden, ob sie Titium heyrathen, und vor ihren Mann annehmen wolle, nach genugsamen Bedacht, und mit Einwilligung ihrer Eltern, Ja geantwortet, wodurch allerdings Sponsalia de præsenti contrahiret worden, weilen nicht allein Sponsalia in dubio potius de præsenti quam de futuro contracta intelliguntur, arg. c. licet 47 X. de Testib. Rizel in Synops. matrim. c. 2 theorem. 2 lit. d. Anton. Quetta cons. matrim. 1 Tom. 2, Bocer. class. 1 disp. 8 thes. 8 lit. c. Sondern auch alle Umstände so viel geben, daß Sponsalia de præsenti contrahiret werden sollen. Quando enim partes mutua pactione cathegorice de conjugio in præsenti paciscuntur, h. e. quando ipse conjugii contractus cathegorice, puta pactione, in præsenti celebratur, ea intentione ut absolute aliquid, quod postea mutari non possit aut debeat, constituatur: talis pactio est initium conjugii præsentis &c. & licet sponsalia etiam in futurum respiciant, ut scilicet postea sponso adducatur & tradatur sponsa, tamen vere ratum est conjugium, & jam initium factum est præsentis conjugii, Martin. Chemnit. Doc. de Conjug. Cap. 1.

Und hat insonderheit, daß durch die Worte: Ich will dich haben, in Teutscher Sprache Sponsalia de præsenti contrahiret werden, der selige Lutherus ausgeführet Tom. 3 Jenens. Germ. fol. 435.

Als ist dahero dasjenige, was zwischen Titio und Mevia vorgegangen, er für wahren Bräutigam zu achten, vor eins.

Quæstiones II, III, IV, V, VI, VII.

Auf die
andere, dritte, vierte, fünffte, sechste, siebende und achte Frage
erachten wir Rechtens zu seyn:

Species facti.

Hat es sich ferner begeben, daß der Bräutigam Titius wegen starcken Trincken genöthiget worden, an die Seite, und in ein ander Zimmer zu treten, da sich denn die Braut bey ihm eingefunden, welche er mit einem Ringlein beschencket, ihr auch zu einem seidenen Kleide 25 Ducaten gereichet, jedoch dabey gebeten, nicht roth, grün, blau, weiß und dergleichen Plätgen und flüchtiges, sondern was erbares und seinem Stande gemässes zu nehmen, dagegen ihn die Braut ein groß Schnupfftuch und ein Rosmarien-Zweiglein, worauf ein Ring gezogen, präsentiret, so der Bräutigam zwar genommen, und den Ring an den Finger gesteckt, das Schnupfftuch aber

der Braut, weil er es nicht wohl lassen können, bis zu seiner Abreise aufzuheben überreichet; Als nun über eine Stunde ohngefehr der Bräutigam abermahl aufgestanden, und sich an vorigen Ort retiriret, hat die Braut die 25 Ducaten wieder gebracht mit Vermelden, daß sie einen solchen Zeug allda nicht haben könte, dahero sie gebeten, daß er bey sich in Friedstat den Zeug kauffen, und ihr zusenden möchte, welches der Bräutigam ihm gefallen lassen, die 25 Ducaten zurück genommen, und wie er gesehen, daß der Braut Beutel dadurch leer geworden, etliche 19 Stück Rosenobel aus dem Schiebsack genommen, und ihr darein verehret, hierbey hat der Bräutigam ihr gezeiget, daß der ihm geschenckte Ring zuweit wäre, und er besorgte, daß er ihn bey der Lustbarkeit und starcken Trincken verlieren möchte, daher er solchen, nebst seinem alltäglichen Ringe, zu sich zu nehmen, und ihn bis zu seiner Abreise beyzulegen, gebeten, auch, als sie solches zu thun sich lange geweigert, im Schertze zu ihr geredet, wo er denn damit bleiben, und ob er ihn denn dahinaus werffen (weil sie gleich an einen Fenster gestanden) solte, darauf sie endlich beyde Ringe angenommen, und bis zu seiner Abreise zu verwahren, versprochen; Wornächst Musicanten, und es zum Tanzen kommen, solche Lustigkeit auch bis in die späte Nacht gewährt, da ein ihm unbekannter Mensch mit der Braut ins Logiment gesprungen, die Stube auf und nieder in die Qver und Länge herumgestrichen, und ihn den Bräutigam bald über den Hauffen gelauffen, darüber er bey sich selbst geredet, was dieses vor ein Kerl, oder wie die Worte gefallen wären, der sich mit seiner verlobten Braut, ohnersuchet seiner, so gemein machte, und dieselbige so herum risse, welches einer von des Sempronii Schwieger-Söhnen ohngefähr gehöret, sich des Kerls als des Sempronii Kinder-Præceptoris angenommen, und es zwischen diesen zum Wort-Wechseln kommen, so aber durch die anwesende Freunde unternommen, und Titius endlich mit seiner Braut alleine gelassen worden, da er denn von ihrer künfftigen Haushaltung mit ihr vertraulich zu reden gemeynet, die Mutter oder vielmehr der Schwieger-Sohn aber bald die eine bald die andere Magd zu ihr geschickt, und daß sie herunter kommen, und zu Bette gehen solte, befehlen lassen. Ob er nun wohl sie zu verharren ersuchet, ihr auch darunter GOttes Ordnung, krafft deren sie Vater und Mutter verlassen und an ihrem Manne hangen solle, fürgestellet, hat sie doch aus Beysorge, von der Mutter übel getractiret zu werden, allemahl, so offt ein Bote kommen, sich von ihm abgerissen, da er denn, wie sie vorgiebet, herausgestossen haben soll, daß sie denn für dem Teuffel lauffen möchte, welches aber Titius weder weiß noch gestehet, sondern sie vielmehr einander einen Schlaff-Kuß und die Hände gegeben, also in aller Liebe und Freundschafft geschieden, und Titius sich in des Sempronii Haus zur Ruhe begeben: Des Morgens frühe aber ist eine Dienst-Magd zu Titio auf die Schlaff-Kammer kommen, mit Vermelden, wie er ihrer Jungfer gestern etwas aufzuheben gegeben, welches sie wieder überreichen solte, und dabey die beyden Ringe und 19 Rosenobel in Papier gewickelt, auf die Fuß-Banck des Bettes niedergeleget. Es hat auch Sempronius des Titii Beystand, Cajum aus der Herberge zu sich fordern lassen,

laſſen und ihm angedeutet, daß alles, was in vorhergehenden beyden Tagen dieſer Ehe wegen geſchloſſen, wiederruffen ſeyn ſolte und mit verbindlichen Worten betheuret, daß er dem Titio nimmer ſeine Tochter geben würde, wobey er auch aller von Cajo ſo wohl mündlich als ſchrifftlich, nachdem ſie wieder nacher Friedſtat gelanget, geſchehener Vorſtellung ungeachtet verharret, deswegen Titius entſchloſſen, die Sache gäntzlich ruhen zu laſſen, und ſich derſelben ferner nicht anzunehmen, bis ein Gerücht zu Lycopoli erſchollen, ob ſtünde Titius mit einer vornehmen Dame zu Zelle in Tractaten, welches auch der Meviä zu Ohren gekommen, und dieſe an ihres Vaters Haushälterin zu Lycopolis geſchrieben, daß ihr ſolches zuwider wäre, und ſie gerne ſähe, daß das angefangene Werck ſeinen Fortgang erreichte, wie ſie denn unterſchiedenen Perſonen, daß ſie von Titio nicht laſſen wolte, vertraulich entdeckt, auch Titium dißfalls anzufriſchen gebeten, und unter andern dabey gemeldet, daß ſie die Hoffnung hätte, er würde ihr das, was bey der Verlöbniß fürgegangen, nicht zurechnen noch entgelten laſſen, worüber ſie hingegen von den Eltern, als dieſe es erfahren, hart und faſt unmenſchlich tractiret worden, daß es endlich Titium erbarmet, u. es ihrem Vetter Hoffrath H. endeckt, welcher jederzeit ſeiner Schweſter, der Mutter, Bezeigen dißfalls höchlich improbirt, nach Tutteretho zu ſeiner Schweſter und der Jungfer zu reiſen vermocht, der dann hernach berichtet, daß er ſeine Schweſter beſſer, als er gemeynet, intentionirt, die Jungfer aber bey einer gantz widrigen Reſolution gefunden, wie ſie ihm dann bey ſeiner Abreiſe einen eigenhändig geſchriebenen Zettel gegeben, des Inhalts, daß ſie auf Begehren ihres Vettern, Hoffrath H. zu einer beſtändigen und unveränderlichen Reſolution gäbe, daß ſie Titium niemals geliebet, auch nicht leiden können, noch möge, weil er ſich gleich Anfangs ſo widerwärtig bezeiget, daß ſie daraus wohl abnehmen können, wie ein elendes Leben ſie führen müſte, wenn ſie ihn nehmen würde, deſwegen ſie ſich dahin erkläret, daß ſie ihn nimmermehr nehmen, auch ihr Leben viel lieber in einem Kloſter endigen wolle. Wiewohl nun Titius die Nachricht erhalten, daß es nicht ihr Ernſt, ſondern ſie zu ſolcher Erklärung gezwungen und gedrungen wäre, hat er doch die Gedancken ergriffen, daß, da ſie es in ihrem Gewiſſen verantworten könte, er es auch ſo gehen laſſen, und die Sache Gott befehlen müſſe, und darauf, weil wegen ſeiner ſchweren Haushaltung er unmöglich ohne Hausfrau bleiben können, ſich nacher Zelle erhoben, welches das Fürſtliche Conſiſtorium erfahren, und beyde Theile ex officio auf den 8 Januar. dieſes Jahrs citirt, auch bis zu Erörterung der Sache ſo wohl Titio als Meviä andertweits in ein Ehe-Gelöbniß ſich einzulaſſen, verboten. Wie nun dieſer Termin ſeinen Fortgang nicht erreichet, inzwiſchen der Hoffrath H. das Werck nochmals in Güte zu heben vermeynet, und zu ſolchem Ende die Jungfer zu ſich kommen, und die Trauung bey einem Abend-Eſſen in der Stille für ſich zu gehen, ſich erboten, hingegen Sempronius alles Remonſtrirens ungeachtet, bey ſeiner widrigen Meynung verblieben, und geſagt, daß er es nicht zugeben wolle, ſo lange ſeine Augen offen ſtünden, hat

Titius deiſen Verlauff an das Conſiſtorium berichtet, und die Sache zum Ende zu befördern gebeten, worauf eine Fürſtliche Commißion erkannt worden.

I Rationes Dubitandi.

Wann nun gleich ſonſten ein Vater der Tochter Ehe-Verlöbniß auffheben kan; L. in poteſtate 10 ff. de Sponſalib. Und Sempronius für ſich anführet, ob habe Titius von der wohlgemeinten Bewirth- und Bedienung verächtlich geredet, die auffrichtig angetragene Verehrung ſchimpflich refuſirt, ſeiner Tochter Kleid hochmüthig verachtet, daß noch nichts verbrieffet wäre, ohnbedachtſam an- und abgekündiget, ein unbefugtes Mißtrauen zu ſeiner Tochter honorablen Ausſteuer eröffnet, ſeine Schwieger-Söhne gering gehalten, wie ſclaviſch er ſeine Tochter halten wolle, frühzeitig angedeutet, und endlich zum letzten Abſchiede ſie zum Teuffel, dafür uns alle Gott behüten wolle, verwieſen. vid. Literæ Sempronii ad Cajum de dato Lycopoli 19 Jun. 1675. Hierüber ſich trefflich vermaledeyet, und mit vielen Eidſchwüren bekräfftiget, daß ſeine Tochter an Titium nicht verheyrathet werden ſollte;

Juramenta autem ſervari debent, Cap. cum conringat X. de Jurejur. Cap. Licet mulieres eodem in 6. Anton. comm. concl. L. 2 de jurejur. Concl. 6. Andr. Gail. 1 obſ. 22. Et qui juramentum non ſervat, animam occidit. Can. Juramenti 22 quæſt. 5.

2 Rationes decidendi.

Dennoch aber und dieweil, was von der väterlichen Gewalt, die Ehe-Gelöbniſſen auffzuheben, angeführet, von denen Ehe-Gelöbniſſen de futuro zu verſtehen, Struv. d. Exercit. 29 th. 11. Die Sponſalia de præſenti aber pro vero matrimonio zu achten, von denen das Dictum Chriſti, Quos Deus conjunxit, homo ne ſeparet, wohl zu gebrauchen, Menzer. in alleg. Diſput. und dahero um keiner andern Urſach willen auffgehoben werden mögen, als aus welchen das Conjugium ſelbſt getrennet werden kan, Panorm. & Immol. in c. quemadmodum X. de Jurejur. Gl. ad illud cap. verb. teneretur. Weſembec. ad tit. de Sponſal. n. ult. Und obwohl einige Dd. auch die entſtandene Feindſchafft unter die Sachen, worunter die Ehe-Verlöbniſſen auffgehoben werden mögen, rechnen, Paul. Cypræus de Sponſal. c. 13 § 82. Joh. Harprecht. ad Rubr. Inſt. de Nupt. n. 138, ſolches doch nur de inimicitiis ſponſorum capitalibus zu verſtehen, Carpzov. Jurisprud. Conſiſt. lib. 2. def. 176. Aus der Relatione facti aber, daß ſich dergleichen zwiſchen Titio und Mevia entſponnen, nicht abzunehmen. vid. relatio facti præmiſſa. Wie denn auch in derſelben dasjenige, was Titio von Sempronio Schuld gegeben wird, nicht zu befinden, und allenfalls die Worte, daß ſie dann für dem Teuffel lauffen möchte, ihm beym Rauſche aus Eifer entfahren, quæ autem ab ebrio dicuntur, non procedunt ex animo deliberato aut ex propoſito, L. Illud relatum 3 § 1 ff. de Injur. Bl. in L. data opera.

C.

C. qui accusare non poss. ut nec iracundiæ calore prolata, L. quicquid 48 ff. d. R. I. Felin. ad c. sciat ex literis X. d. jurejur. Gœdd. 3 Consil. Marpurg. 28 n. 113. Endlich dem Eidschwur belangend, Sempronius denselben tanquam contra bonos mores præstitum zu halten nicht verbunden, Cap. non est obligatorium d. R. 3 in 6to. Steph. Grat. Disput. forens. tom. 4 c. 692 num. 16, cum redundet in præjudicium tertii, Mancin. de Jur. p. 4 effect. 110. Seraphin. de privileg. juram. l. 51 n. 3. Card. Mantic. de tacit. & ambig. convent. lib. 12 tit. 33 n. 44, hat sich auch, da er in die Heyrath nachmahls williget, kein Gewissen zu machen, vid. in Terminis Censuram über eine Ehe-Sache, da sich ein Vater verschworen, dem Gesellen die Tochter nimmer zu geben, in Consil. Theol. Vitemberg. Tom. 4 p. m. 31.

Decisio.

So erscheinet auch dannenhero, daß Sempronii Wiederfechtens ungeachtet, die Ehe zwischen Titio und Mevia billig zu vollziehen.

Fecit de Berger
n. F. J. V.

CONSILIUM CXXVI.

Ob die letzte öffentliche Ehe-Verlobung der ersten heimlichen vorzuziehen, die erstere Braut aber den Bräutigam ad Interesse belangen könne?

Quod Sponsalia posteriora publica sint præferenda Sponsalibus privatis prioribus, Sponsæ tamen priori actio ad interesse competat.

Species facti.

Hat Maria Lucretia sich mit M. P. Titio, mit Consens ihrer Eltern verlobet, Titius auch selbige der Beständigkeit seiner Treue an Eides stat schriftlich versichert, auch nachhero seine Verbindung zu verschiedenen mahlen wiederholet. Nachdem Titius sich letztens mit eines Predigers Tochter anderweit verlobet, worein so wohl der Prediger, als auch Titii Vater deswegen gewilliget, weil Titius beständig geleugnet, daß er in Zerbst bereits verlobt sey, als hat er seine erste Braut verlassen und vorgeschützet, daß die Verlöbniß mit derselben ohne väterlichen Consens geschehen, folglich vor null und nichtig zu halten wäre; Wird demnach bey diesen Umständen gefraget:

Quæst. I.

Ob Titius seine erste oder letzte Braut zu ehligen verbunden?

Rationes Dubitandi.

Ob es nun wohl 1) scheinen möchte, daß die prima Sponsalia sub Fide juramenti zugesagt worden wären, in welchem Fall denen Eltern vielmehr obliege, ihren Consens zu ertheilen, und ihre Kinder von der Gefahr ihrer Seelen zu retten; nachgehends in denen ersten Sponsalibus gleichwohl der Lucretiä Eltern consentiret; über dieses Titius, daß er sich bereits verlobet hätte, seinen Eltern nicht eröffnen wollen, wie dann diese sonsten keine 2) causas rationabiles dissensus anführen können; zu geschweigen, daß die 3) letztere Braut oder wenigstens deren ihr Vater von der ersten Verlobung gehöret, folglich er sich mit seiner Tochter zuzumessen hätte, quod Sponsalia celebraverit, neque in Sponsalia prima diligentius inquisiverit.

Rationes decidendi.

Dieweilen aber in denen Evangelischen Kirchen durchgehends gelehret wird, quod 4) Sponsalia, sine parentum consensu contracta haberi debeant pro clandestinis & nullis, Lutherus Tom. 5 Jenens. f. 238. Carpzov. lib. 2 def. 40 n. 5, 6 seq. nachgehends auch die von Titio an Eides stat gethane Zusage denen Eltern ihr Recht nicht mindern, noch auffheben kan, cum 5) Sponsalia sine consensu parentum contracta, ne quidem jurata subsistant, Beust. part. 2 de Jure Connub. cap. 48. Joh. Harprecht. pr. Inst. de nupt. n. 134. Carpzov. lib. 2 tit. 3 def. 58, über dieses sich vielmehr die Lucretia und ihre Eltern zuzumessen haben, daß sie Titio, ohngeachtet sie den dissensum patris vermuthet, dennoch getrauet, und nicht vielmehr erwogen haben, quod 6) solus paterni consensus contemptus causa parentibus idonea sit ad dissentiendum, Gerhard. de Conjugio § 86 p. 163. Heigius part. 1 qu. 22 n. 63. (Conf. Hall. Tom. 1 P. 2). Ferner der 7) Consensus parentum Sponsæ unilateralis des Sponsi parentibus ihr Recht nicht nehmen, noch intervertiren kan; nächst dem auch, der andern Braut keine Schuld zuzumessen ist, als in welche Sponsalia beyderseits Eltern gewilliget haben, folglich selbige von der Beständigkeit derselben desto gewisser seyn können, wobey auch nichts hindert, daß des Sponsi Eltern gemeine Leute, auch Titius sui juris wäre, weilen auch so gar 8) in Sponsalibus emancipatorum der Consensus patris nöthig ist, 9) nos enim ad reverentiam patri debitam respicimus, non ut Romani, ad id, quod Pater alere teneatur Filii uxorem, nondum emancipati; Endlich auch, daß Titius die ersten Verlobung seinen Eltern nicht kund gethan, weder dieser ihrem Recht schaden, noch der andern Sponsæ zum Nachtheil gereichen kan;

Conclusum.

Als halten wir davor, daß Titius seine letzte Braut zu ehelichen verbunden sey.

Zweytens wird gefraget:

Quæst. II.

Ob Titius nicht schuldig, der ersten Sponsæ zureichende Satisfaction zu thun?

Rationes dubitandi.

Ob es nun wohl scheinen möchte, daß Titio deßwegen nichts angemuthet werden möchte, weil er seine Eltern zu Ertheilung des Consensus, den er doch gehoffet, nicht zwingen können; nachgehends in

in Sponsalibus clandestinis dissolutis bloß die
gegebene Geschencke wegfielen, und die Lucretia um
so viel weniger von einiger Satisfaction sprechen
dürffte, weil ihr nondum a patre impetratus consensus bekannt gewesen, folglich sie sich den gemachten Hazard selbsten zuzumessen habe.

Rationes decidendi.

Dieweilen aber Titius die Sponsalia mit Lucretia an Eides stat vollzogen, selbige auch nachgehends, als von seinen Eltern deßwegen Nachfrage
geschehen, Lucretiam seiner Treue nochmals versichert, gleichwol aber weder seinen Eltern, noch der
letzten Braut von denen prioribus Sponsalibus
Nachricht gegeben hat, bey welchen Umständen
die letztere vielleicht unterblieben seyn würden; Ferner Titius sich vielmehr seiner theuren Zusage erinnern, und folglich an keine andern Sponsalia eher
gedencken sollen, bis er sich der erstern halben verglichen; Endlich Titius nunmehr sein eigner Herr
ist, und folglich, durch die Satisfaction nicht seinem
Vater beschwerlich fallen darf; Letztens aus solchen
Umständen Titii dolus zur Gnüge am Tage
leuchtet.

Conclusum.

Als halten wir davor, daß Lucretia befugt sey,
von Titio der mit ihr gemachten Verlöbniß
wegen, zureichende Satisfaction zu fordern.

Drittens wird gefraget:

Quæst. III.

Ob Lucretia nicht aus der ihr an Eides stat ausgestellten schrifftlichen Versicherung auf Recognition wieder Titium klagen könne?

Rationes dubitandi & decidendi.

Ob es nun wohl scheinen möchte, daß gleichwohl
Titius das Instrumentum quæstionis wissentlich
unterschrieben, und sich dabey an Eides stat verbunden habe;

Dieweilen aber aus dieser gantzen Sache 10) kei-
ne executivische Klage zu machen, sondern die von
Lucretia gefoderte Satisfaction auf eine Injurien-
Klage ankommet, in welcher sich Lucretia dieses
Instrumenti zu ihrem 11) Beweis bedienen mag.

Conclusum.

Als halten wir davor, daß Lucretia aus dem Instrumento quæstionis 12) ad recognitionem zu
klagen nicht befugt sey. V. R. W.

de Ludewig.

DECISIO CXXVII.

Vermöge der Verordnung des Königs
von Preussen, wird der ausdrückliche
Consens der Eltern in die Ehe der
Kinder erfordert.

Secundum Ordinationem Regis Prussiæ consensus expressus parentum ad liberorum
matrimonium requiritur.

In Ehe-Sachen Margarethen Speckmanns Kl.
an einem, entgegen und wider Johann Heinrich

Lunsrothen, Beklagten am andern, so dann Elsabin Grott, Johannes und dero Eltern, wie auch
Eltern Lunsroths Intervenienten, am dritten Theil,
wird an diesem Königl. Preußischen Consistorio der
Graffschafft Ravensberg, auf vorgehabten Rath
auswärtiger Gelehrten, allem Ein-und Fürbringen
nach hiermit vor Recht erkennet, daß zwischen der
Klägerin und Beklagten, auch dessen Eltern die Güte wegen Vollziehung der Ehe nachdrücklich zu versuchen, und wann selbige durch allerhand dienliche
Mittel und Wege nicht zu erheben, mithin des Beklagten Eltern in die Ehe mit der Klägerin nicht
einwilligen wollten, Beklagter zwar von angestellter Klage zu entbinden, iedoch der Klägerin ihre
action ratione deflorationis, wann sie vermeynet,
wider den Beklagten vorzubehalten, und diesen so
wohl propter bina Sponsalia, als weilen er seiner
Bekänntniß nach, mit der Klägerin und Intervenientin in Unpflichten gelebet, in usum fisci exemplariter zu bestraffen, so dann auch dessen Ehe-
Versprechung mit gedachter Elsabin Grott Johannes wegen des ermangelnden Gutherrlichen consensus zu annulliren seyn. Inmassen wir solches
hiermit urtheilen, und die Unkosten, aus hierzu bewegenden Ursachen gegen einander auffheben und
vergleichen. V. R. W.

Daß dieses Urthel denen Rechten gemäß rc.

Rationes decidendi.

Margaretha Speckmannin hat eine Ehe-Klage
wider Johann Heinrich Lunsroth angestellet, weil
derselbe sich nicht allein mit ihr fleischlich und zwar
öffters vermischet, sondern auch die Ehe versprochen,
und dessen Eltern, welche davon gute Wissenschafft
gehabt, nicht contradiciret. Ob nun wohl Beklagter die verbotene fleischliche Vermischung auch Ehe-
Versprechung nicht in Abrede stellen mögen, vid.
ejus respons. ad posit. 17, 30, 31 fol. act. 65, auch
Klägerin den gutherrlichen Consens erhalten hat,
fol. act. 54. Nachdem aber Klägerin offtmals
angeführet, daß des Beklagten Vater nur tacite
in die Ehe quæst. gewilliget, v. fol. act. 96, us
b & passim, hingegen die Königliche Ordnung fol.
act. 128 b, der Eltern, oder die an deren stat sind, ausdrücklichen Consens erfordert, von welcher Ordination die Eigenbehörige nicht eximirt sind: So ist
zwar zuförderst amicabilis compositio ratione
matrimonii unter der Klägerin und Beklagten,
auch dessen Eltern, durch allerhand dienliche Mittel und Wege zu versuchen, insonderheit da Beklagter der Klägerin nichts böses nachsagen können,
und sie allem Ansehen nach durch sein Ehe-Versprechen zu Fall gebracht, nebens dem die Ehe-
Versprechung mit Elsabin Grot, Johannes Tochter, nicht einmal gebührend erwiesen hat, auch annoch möchte gezweiffelt werden, ob nicht selbige so
wohl, als der angegebene Concubitus ein blosser
erdichteter Vorwand seyn, so dann auch Klägerin
den Gutherrlichen Consens vor sich hat, hingegen
den Intervenienten es daran ermangelt, da doch selbiger
bey denen Eigenbehörigen vi Ordinationis in Comitatu Ravensbergico erfordert wird, Add. Mevius part. 2 dec. 231 & Part. 5 d. 129. Im Fall
aber die Güte nichts verfangen wollte, ist zwar Beklagter von angestellter Ehe-Klage zu entbinden,

iedoch

iedoch der Klägerin ihre Action ratione deflorationis, wann sie vermeynet, vorzubehalten, darneben der Beklagte propter bina sponsalia & illicitum concubitum ex propria confessione, in usum fisci exemplariter zu bestraffen, sodann auch propter defectum consensus dominici die Ehe-Versprechung zwischen dem Beklagten und den Intervenienten zu annulliren: Denn obschon ein Eigenbehöriger nicht mag gezwungen werden, diese oder jene Person zu heyrathen, wie Beklagter einwendet, so stehet doch dem Gutherrn frey, wenn er eine Person der Stelle nicht dienlich hält, seinen Consens zu denegiren, vid. fol. act. 32. Die Unkosten sind, weil Kläger probabilem litigandi causam gehabt, billig compensiret worden.

Giessen, den 28 April, 1703.   Hertius.

DECISIO CXXIIX.

Ob der Curator und Bluts-Verwandte in derer Verlobenden Verheyrathung einwilligen müssen.

Facti Species.

Auf eingewendete Erleuterung und erfolgte Gesetze in Sachen Annen Magdalenen Implorantin an einem, und Curatoren Alberti Julii Imploraten am andern Theil erkennen 2c. auf vorgehabten Rath auswärtiger Rechts-Gelehrten für Recht:

Daß soviel das erste und dritte gravamen betrifft, es der eingewandten Leuterung ohngehindert bey dem am 27 Sept. 1718 eröffneten und fol. 27 befindlichen Urtheil billig verbleibet; wegen des andern gravaminis aber nunmehro aus denen Acten so viel zu befinden, daß Implorantin mit dem zuerkannten Beweise gestalten Sachen und Umständen nach zu verschonen. Würde nun Implorantin, vermittelst Eides, daß Implorat sich mit ihr fleischlich vermischet, und Vater zum Kinde sey, erhalten, und also in supplementum schwören, so ist Implorat die gebetene alimenta Ordnungs-mäßig Implorantens Kinde abzustatten schuldig. V. R. W.

Rationes dubitandi.

Obwohl Implorantin ratione primi & tertii gravaminis einwendet, daß ihr und Imploraten keinesweges sponsalia zu celebriren, sondern nur das matrimonium zu vollziehen verboten sey, im Gegentheil auch die fol. 14 befindliche Ehe-Pacta vor geschehener Inhibition bereits geschlossen worden, mithin solches mandatum ad casus præteritos nicht gezogen werden mögen, bevorab da die sponsalia ihre völlige Richtigkeit erlanget, und curatoris consensus darzu nicht erfordert werde, also auch ratione dotis ihr Suchen nicht abgeschlagen werden könne; diesem zufolge denn Implorat, weil er zu diesem Proceß Anlaß gegeben, in die Unkosten condemniret werden müssen.

Rationes decidendi.

Weil aber dennoch die dasige Ehe-Ordnung § 7, 8, 9 dergleichen Winckel-Verlöbniß, so ohne des Curatoris und Bluts-Freunde Consens geschehen, nicht billiget, dahero auch das hochlöbliche Consistorium fol. act. 9 beyden Theilen inhibiret, sich

alles fernern Umgangs mit einander zu enthalten, und sich nicht ehender öffentlich noch heimlich copuliren zu lassen, ehe und bevor Implorat von seinen Anverwandten, so loco parentum seyn, consensum beygebracht, welche Inhibition auch abermahl den 9 Nov. 1717 confirmiret worden; diesem ohngeachtet dennoch Implorantin sich zum Beyschlaf bequemet, und von Imploraten, ihrem Vorgeben nach, schwängern lassen, und da nun hieraus klar, daß solche sponsalia ohnkräftig, solche weder per concubitum convalidiret, noch die gerichtliche Inhibition dadurch illudiret werden mögen, mithin deficiente matrimonio ihr Suchen ratione dotis nicht stat finden mögen; und ob sie zwar nunmehr pro stuprata zu achten, und sonsten der stupratæ loco satisfactionis ein gewisses quantum sub titulo dotis adjudiciret wird, dennoch solches alsdann seinen Abfall hat, wenn die stuprata in insigni culpa ist, welches hier sich in der That befindet, da sie contra inhibitionem duplicem in den Beyschlaf consentiret, und dabey bekannt ist, quod jura iis non succurrant, qui in ea deliquerunt, sie dahero kein jus agendi gehabt; Hat wie geschehen, erkannt werden müssen.

So viel aber das andere gravamen betrifft, obwohl die alimenta dem partui nicht eher zuerkannt werden können, bis die quæstio præjudicialis, wer Vater zum Kinde sey, ausgemacht, zu dem Ende der Beweis der Implorantin auferleget ist, zumahl Imploratens Curator solches geleugnet, und Implorantin solches mit nichts beygebracht; Weil aber dennoch die acta mit mehrern geben, daß zwischen Implorantin und Imploraten eine Ehe-Verlöbniß geschlossen, und fol. 9 sie sich beyde erkläret, daß sie von einander nicht lassen wollten, also der vertraute Umgang, da sie sich als Verlobte gehalten, nichts anders muthmassen lasset, als daß sie von Imploraten geschwängert worden, bevorab da er nunmehro sich absentiret, vorhero aber bey der Implorantin Eltern logiret, und die grösseste Gelegenheit zu solchem Beyschlaf gehabt, auch sich nicht äussert, daß sie mit jemand anders verdächtig umgegangen, daraus dann sich so viel hervorthut, daß sie ad suppletorium billig zuzulassen; so hat in diesem Puncte die vorige Urthel reformiret werden müssen. V. R. W.

Engelbrecht Nomine facultatis juridicæ
Mens. April. MDCCXIX.

DECISIO CXXIX.

Ob die Eheverlobung, welche durch Beyschlaf mit der Verlobten bekräfftiget, und der Eltern Einwilligung vorher nicht geschehen, ungültig sey?

Sententia.

Als derselbe uns erhobene Klage, geführten Beweis und erfolgte Gesetze in Sachen Annen Gertraut T. Klägerin an einem, Arnold A. Beklagten am andern, und Johann Heinrich A. Intervenienten am dritten Theil zugeschicket 2c.

Daß zuförderst Intervenient Johann Heinrich A. sich vermittelst Eides, worzu auch bewandten Umständen nach ein Geistlicher zu gebrauchen, zu reinizen, und daß er, als der Klägerin Schwängerung ausgebrochen, und der Prediger E. ihn wegen dieser Ehe mit seinem Sohne zugeredet, in dieselbe nicht consentiret, auch daß er seines Sohns Vorhaben in Heyrathung der Klägerin nicht verhindern, sondern zugeben wollte, daß den Sonntag darauf sein Sohn mit der Klägerin von der Cantzel proclamiret werden möchte, keinesweges sich erkläret, vielmehr dieser Heyrath beständig zuwider gewesen, zu schwören schuldig; er thue nun solches oder nicht, so ergehet alsdenn dennoch in der Sache ferner was Recht ist.

Rationes dubitandi.

Obwohl es das Ansehen gewinnen wollen, daß in dieser Ehe- und Schwängerungs-Sache sofort definitive erkannt werden mögen, angesehen die Beklagtin die Schwängerung nicht in Abrede gewesen, und aus solcher Absicht der Klägerin Vater zugesaget, und in Beyseyn unterschiedlicher Zeugen declariret, daß er die Klägerin wieder zu Ehren bringen und ehelichen wolle; test. 1, 2 & 5 ad art. 1-9. Idem ad art. 20-25, worzu des Beklagten Vater sich auch endlich verstanden, und nach testis 5 ad art. 39 geschehenen Aussage in die Heyrath seines Sohnes positive consentiret, anbey sich erkläret, ihm sein Mutter-Theil heraus zu geben, und bewilliget, daß den nechsten Sonntag nach gegebenem Consens die Proclamation geschehen könte; und obwohl nur durch einen Zeugen dieses letztere bestärcket werden können, dennoch derselbe ist allein omni exceptione major, sondern auch überdem dabey zu bedencken seyn möchte, daß es allhier vornemlich auf des stupratoris Bewilligung und Consens ankomme, welcher denselben in Gegenwart dreyer Zeugen von sich gegeben, und der defectus patris consensus allhier um desto weniger Jrrung zu machen scheinet, weil eines Theils die Eltern ohne erhebliche Ursache nicht dissentiren können, Carpz. l. 2 jurispr. consist. def. 55, dergleichen gleichwohl Intervenient nicht beygebracht; andern Theils res nicht mehr integra ist, vielmehr die Klägerin von dem Beklagten geschwängert worden, in welchem Fall, ut succurratur vitiatæ, allermahl des Vaters dissensus nicht mehr hauptsächlich regardiret wird, absonderlich da sehr wahrscheinlich ist, daß die Klägerin sich mit Beklagten ante concubitum versprochen; Struv. in jurispt. lib. 1 tit. 6 § 4.

Rationes decidendi.

Weil aber dennoch aus denen actis gar nicht erhellet, daß der Beklagte sich mit der Klägerin ante concubitum heimlich verlobet gehabt, vielmehr dieses erst, als die Schwängerung ausgebrochen, erfolget, und der Beklagte sich erkläret, die Klägerin zu heyrathen, und wieder zu Ehren zu bringen, in welchem Fall der väterliche consensus um desto nöthiger ist, als der Rechtsgelehrten allgemeine Doctrin, quod quando clandestinis sponsalibus accessit concubitus, & virgo spe matrimonii inducta consensit in corporum commixtionem, patris dissensus non amplius attendatur, Carpz. lib. 2 jurispr. consist. def. 10. eines Theils in keinem solido fundamento beruhet, vielmehr denen Rechten gemässer ist, quod stuprum non possit matrimonium conciliare; andern Theils wenn gleich solche Doctrin einen Beyfall gewinnen könte, dennoch hie-

her keinesweges zu appliciren, allwo ein verum stuprum sine sponsalibus anzutreffen, und nach der Zeit erst super sponsalibus & matrimonio Handlung gepflogen, Beklagter auch darein consentiret, Intervenient aber als Vater beständig dabey bleibet, daß er nicht consentiret habe, noch diese Ehe zugeben wolle; er auch, wie leicht zu erachten, justam dissensus causam bey so gestalten Sachen vor sich hat, bevorab da sein Sohn sich so vergangen, die Klägerin sich von ihm schwängern lassen, und dieses an und vor sich als eine justa dissensus causa anzusehen ist, also es lediglich allhier auf eine quæstionem facti, ob der Intervenient nicht wircklich in die Ehe consentiret, ankommet, da denn zwar der Prediger E. solches sehr umständlich aussaget, und um desto mehr Glauben meritiret, weil er ein unverdächtiger Zeuge, und in einem geistlichen Amte sitzet; dennoch dagegen bekannt, quod unus testis, cujuscunque dignitatis sit, regulariter non plene probet, c. 23 & 47 de testib. vielmehr also Klägerin patris consensum nur halb erwiesen, und dieselbe zum suppletorio um destoweniger zuzulassen, da sie nicht dabey gewesen, als Intervenient seinen Consens gegen den Prediger E. von sich gegeben haben soll; mithin nichts mehr übrig ist, als daß der Intervenient das purgatorium abstatte, dabey aber desto mehrere Præcaution zu nehmen seyn will, als nicht zu glauben, daß der Herr E. etwas fälschliches deponiret, vielmehr dessen Aussage wahrscheinlich ist, und dieserwegen nöthig seyn will, daß ein Geistlicher dem Intervenienten das Gewissen vorhero wohl rühre, und ihm dasjenige, was der Prediger E. ausgesaget, mit guten Gründen zu Gemüthe führe, dabey adhibiret werde, da es sich denn finden wird, ob der Reinigungs-Eyd abzustatten getrauen wird, indem in solchem Falle zwar die Ehe ihren Fortgang nicht gewinnen, dennoch die Alimentation des Kindes und die dotatio stupratæ erfolgen wird, im andern Fall, da er, wie wir glauben, nicht schwören sollte, alsdenn Beklagte sich nicht ferner wird weigern können, die Klägerin zu heyrathen.

So sind wir geschehener massen zu sprechen bewogen worden.

Engelbrecht Nomine facultatis Juridicæ
Mense Septembr. MDCCXXII.

ENUNCIATUM CXXX.

Ob das Geschencke, welches Verlobte einander gegeben, bey dem Rückgange einander wiederum ausantworten müssen?

Sponsalitia largitas, præter arrham, ad amorem, ut mos & persuasio est seculi, conciliandum, a desponsatis tam ante, quam plerumque post sponsalia, antequam nuptiæ sequantur, clari solet. Vid. tit. C. d. Donat. ante nupt. vel propt. nupt. & sponsalit. Hanc sponsa, si matrimonium haud sequatur, totam restituit, osculo non interveniente; hoc autem, si intervenerit, tantum dimidiam, L. 16 C. d. Donat. ante nupt. Moribus hodiernis osculi, quod rarissime deficere solet, respectus haud attenditur; sed sine discrimine, matrimonio haud secuto, sponsalitia largitas danti redditur, Richter. dec. 147 n. 23

in fin. D. Mencke ad Pand. t. d. sponsal. Nisi forte libertas illa simpliciter, & sine intuitu futuri matrimonii exercita fuerit, arg. h. t, junct. L. 15 C. eod. Neque vero hujusmodi sponsalitia largitas hodie Consistoriis cedit; sed personæ desponsatæ eadem sibi ultro citroque restituere jubentur; ut hinc fallatur Titius, quando Obs. ad Lauterbach. t. d. sponsal. inter hanc & arrhas, quoad jus acquisitionis & admissionis, nullam differentiam intercedere, autumat, etsi in fin. eam quæstionem ad rerum forensium peritos remittit. Ita Ordo noster Mens. Mart. 1722 in eadem causa respondit. Verb. Massen die übrigen Geschencke, die Parteyen einander allerdings auszuantworten verbunden, und ein ieder das Seinige wieder bekömmt x.   de Wernher.

OBSERVATIO CXXXI.

Si ad Sponsalia clandestina concubitus accesserit, vitiata non cogitur stupratori nubere.

Quod in sponsalibus clandestinitatis vitium per concubitum purgetur, id usu fori non nisi in vitiatæ favorem receptum est. vid. R 2 Obs. 421, adeoque in ejus odium detorqueri nequit. Quo circa non nisi volens stupratori nubit. Huic vero ex sponsalibus clandestinis, copula carnali firmitatis, nullum jus agendi competit. Unde porro consequitur, non admittendum esse, juramenti delationem super concubitu factam. Ita Consistorium Vitenberg. Mens. Majo 1709 in causa Christian Kunitzschen contra Marien Krietzen, verb. Die wegen des angegebenen Beyschlaffs unternommene Eides-Delation hat gestalten Sachen nach nicht stat.

Principium usu fori introductum, quod clandestina sponsalia per concubitum convalescant, contra vitiatam minus allegari posse, idem consistorium; quod Vitenbergæ est, censuit Mens. Jan. 1714 in causa E. H. contra M. J. P. verb. Daß Kläger zuförderst den geforderten Vorstand der Wieder-Klage und Unkosten halber auf 30 fl. hoch zu bestellen; ingleichen daß zwischen ihm und Beklaatens Principalin eine richtige und verbindliche Ehe-Versprechung vorgegangen, in Sächsischer Frist,

ermeldeten Beklagtens Gegen-Bescheinigung und anderer rechtlicher Nothdurft in ebenmäßiger Frist vorbehältlich, beyzubringen schuldig, dahingegen das übrige Suchen wegen der Einlassung auf den andern Klage-Pünct, den Beyschlaf betreffend, und darüber unternommene Eides-Delation gestalten Sachen nach nicht stat hat. V. R. W.

Rationes dubitandi.

Eundem in modum, quod vitiata, licet simul clanculum fidem de matrimonio dederit, ad hoc consummandum adigi nequeat, licet stuprator eo casu cogi possit, respondit Ordo noster Mens. Octobr. 1720 ad requisitionem Tobias Frantz Ullrichen, Stiffts-Cantzlern zu Neuzelle, in causa Margarethen Lübenauin und Michael Zschebels. Verb. Sent. Und hat dessen auf Vollziehung der Ehe, wieder die Lübenauin gerichtetes Suchen gestalten Sachen nach nicht stat. V. R. W.

Rationes decidendi.

Obwohl im Fall, da auf vorgängig heimlich Verlöbniß, oder nur gemachte Hoffnung der Ehe, die fleischliche Vermischung erfolget, der stuprator zu Vollziehung der Ehe gehalten, auch bloß in statu deflorationis factæ er sich derselben ebenmäßig nicht entbrechen kan, aber doch die Deflorirte dotiren muß, dahero daß der deflorator gleiches Recht habe, und die deflorata ebenmäßig jenen ehelichen, oder ihme etwas dagegen zu geben, gehalten, es sich ansehen lässet.

Dieweil aber dennoch das Vitium clandestinitatis fidei matrimonialis vornemlich in favorem imprægnatæ per concubitum vor purgirt zu seyn gehalten wird, auch bey dem blossen Concubitu die Donation nur in solatium ablatæ virginitatis geordnet, iedoch dem stupratori dabey die Election, an ducere eam velit, nachgelassen, also quod in favorem ipsius geordnet, in ihr dispendium nicht detorquirt werden mag, vielmehr ihr dem Favori pro se introducto zu renunciren frey stehet, und folglich die Lübenauin wider ihren Willen den Zschebeln zu ehelichen, nicht verbunden ist, zumahlen da sie keinen Dotem verlanget, als welchen Falls dieser sich zur Eheligung berührter massen offeriren könte.

So ist x.

de Wernher.

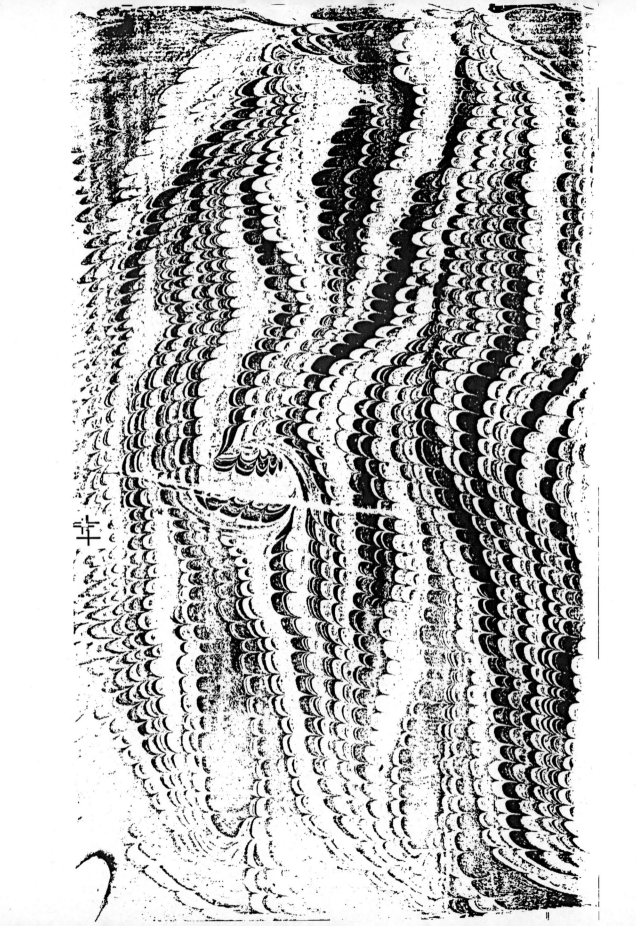